中華大典

醫藥衛生典

四川出版集團·巴蜀書社

《中華大典》工作委員會

主　任： 柳斌傑　金人慶

副主任： 李　彦　李東生　于永湛　鄔書林　張少春　李衛紅　周和平　陳金泉　李靜海

委　員： 張小影　伍　杰　朱新均　吳尚之　孫　明　王家新　徐維凡　劉小琴　毛群安　遲　計　曹清堯　彭常新　王志勇　潘教峰　姜文明　王　正　石立英　安平秋　陳祖武　詹福瑞　戴龍基　宋煥起　孫　顒　陳　昕　魏同賢　王建輝　朱建綱　高紀言　莫世行　段志洪　湯漢清　何學惠　甄樹聲　馮俊科　譚　躍　羅小衛　王兆成

《中華大典》編纂委員會

總主編：任繼愈

副主編：席澤宗　程千帆　戴　逸　吳文俊　柯　俊　傅熹年

編　委：卞孝萱　任繼愈　李明富　余瀛鰲　林仲湘　郁賢皓
馬繼興　袁世碩　席澤宗　陳美東　黄永年　章培恒
張永言　張晉藩　葛劍雄　董治安　程千帆　傅世垣
曾棗莊　龐　朴　趙振鐸　劉家和　潘吉星　錢伯城
戴　逸　張海鵬　李根蟠　吳文俊　金正耀　戴念祖
柯　俊　金維諾　白化文　汪子春　周少川　孫培青
朱祖延　傅熹年　李　申　郭書春　熊月之　柴劍虹
吳子勇　寧　可　江曉原　王渝生　吳征鎰　尹偉倫
魏明孔

《中華大典》前言

《中華大典》是運用我國歷代漢文古籍編纂的一部大型工具書。其目的是爲學術界及願意了解中國古代珍貴文化典籍的人士提供準確詳實、便於檢索的漢文古籍分類資料。

中國是世界文明古國之一，幾千年來纂寫和聚集的文化典籍浩如烟海。我國歷代都有編纂類書的優良傳統，具有代表性的《永樂大典》等大多已佚失，現存《古今圖書集成》編就距今也已數百年。爲了適應今天和以後研究和檢索的需要，一九八八年海内外三百多位專家學者和各古籍出版社同仁倡議，在已有類書的基礎上，用現代科學方法編纂一部新的類書《中華大典》。

國務院在關於編纂《中華大典》問題的批覆中指出，編纂《中華大典》『是我國建國以來最大的一項文化出版工程』。本書所收漢文古籍上起先秦，下迄清末，約三萬種，達七億多字，分爲二十四個典，近百個分典，内容廣博，規模宏大，前所未有。

《中華大典》的編纂工作堅持科學態度和百花齊放、百家争鳴方針。儘量採用古精校精刻本，優先採用我國建國後文獻學和考古學的優秀成果。對傳統文化中重要的不同學派的資料，兼收並蓄。運用現代圖書分類的方法，對搜集到的資料，精選、精編，力求便於檢索、準確可信。

這項工作從開始起就受到中共中央、國務院和有關部門的重視和支持。國家主席江澤民、國務院總理李鵬分别爲《中華大典》題詞。江澤民的題詞是：『同心同德，群策群力，認真編好中華大典，爲建設有中國特色的社會主義服務。』李鵬的題詞是：『繼承和弘揚民族優秀傳統文化。』全國政協主席李瑞環、國務委員李鐵映也作了重要指示，要求抓緊辦理。一九九〇年五月，國務院批准《中華大典》爲國家重點古籍整理項目。一九九二年九月，正式成立了《中華大典》工作委員會和《中華大典》編纂委員會，召開了《中華大典》工作、編纂會議。自此，《中華大典》的編纂工作由試點轉入正式啓動，逐步鋪開。

編纂《中華大典》，學術性很强，工作量很大，工程十分艱巨，全賴廣大專家學者和全國各有關高等院校、科研院所、圖書館、出版單位的鼎力支持與積極參與。大家本着弘揚中華民族優秀文化的心願，發揚奉獻精神，克服各種困難，團結協作，給這部巨大類書的出版提供了根本保證。在此謹表示誠摯的謝意。

對本書的批評與建議，我們將十分歡迎。

《中華大典》編纂委員會

一九九七年四月

二〇〇六年十一月修訂

《中華大典》編纂通則

一、性質：《中華大典》（以下簡稱《大典》）是對漢文古籍（含已翻譯成漢文的少數民族古籍）進行全面的、系統的、科學的分類整理和彙編總結的新型類書，是在繼承歷代類書優良傳統、考慮漢文古籍固有特點的基礎上，借鑑和參照近代編纂百科全書的經驗和方法編纂而成。編纂《大典》的目的，是爲學術界及願意了解中國古代珍貴文化典籍的人士提供各種分門別類的、準確詳細的古代漢文專題資料。

二、規模和體例：《大典》所收古籍的時限，上自先秦，下迄辛亥革命。全書共收各類漢文古籍三萬餘種，七億多字。全書體例，着重汲取清代《古今圖書集成》所採用的經目和緯目相交織這一統一框架結構的模式，同時參照現代科學的學科、目録分類方法，並根據各類學科内容的實際情況，一般將每一大類學科輯爲一典，也有將幾個相關學科共輯爲一典的。對各典名稱，均以現代學科命名，對於所收入的各種古籍資料，亦儘可能納入現代科學分類體系之中。

三、經目：《大典》共分二十四個典，即哲學典、宗教典、政治典、軍事典、經濟典、法律典、教育體育典、語言文字典、文學典、藝術典、歷史典、歷史地理典、民俗典、數學典、物理化學典、天文典、地學典、生物學典、醫藥衛生典、農業典、林業典、工業典、交通運輸典、文獻目録典。典以下以分典、總部、部、分部分級，分部之下的標目根據各學科特點由各典自行擬定。

四、緯目：共設置九項緯目，用以包容各級經目的具體内容：

①題解：對有關學科的名稱、概念、含義、特點等作總體介紹的資料。

②論説：有關理論部分的資料。

③綜述：有關學科或事物的系統性資料，凡有關學科或事物的性狀、制度、範疇、特點及學科地位、發展情況等具體内容均編入此緯目中。

④傳記：有關人物的傳記資料。

⑤紀事：有關學科或事物的具體活動或事例的資料。

⑥著録：重要人物或文獻的有關著作資料，如專集介紹、序跋、藏書題記，以及有關著作的成書經過、版本源流等。

⑦藝文：有關屬於文學欣賞性的散文或韵文。

⑧雜録：凡未收入以上各緯目，而又有較高參考價值的資料，均入雜録。

⑨圖表：根據有關經目的内容需要，圖與表附於相關專題之下，或集中彙總於某級經目之後。

《大典》以内容分類安排各級緯目，各級緯目的正文，一般以原書爲單位，按時代順序排列。每一條資料前標明出處，包括書名或作者名、篇名或卷次，以利讀者核對原書。

五、書目：每分典後附有該分典所收書之書目，書目包括書名、作者、時（年）代、版本等内容。時代以成書時代爲準，成書時代不詳者，以作者主要活動時代爲準，並遵從歷史習慣。

六、版本：《大典》在選用版本時儘量採用古人的精校精刻本，亦採用部分學術界通用的近、現代整理圈點本及現代學者校點整理本。

七、校點：爲儘可能保存古籍原貌，《大典》衹對底本中明顯的脱、訛、衍、倒進行勘正。古本中的避諱字一般不作改動，衹對缺筆字補足筆畫。後人刻書時避當朝人諱而改動的字，據古本改回。《大典》採用新式標點法。

《中華大典》編纂委員會

一九九六年八月

二〇〇六年十一月修訂

《中華大典·醫藥衛生典》編纂委員會

顧　　問： 馬繼興　鄭孝昌

主　　編： 傅世垣　李明富　佘瀛鰲　趙立勛

副 主 編： 鄭金生　黄英志　陳貴廷　吕光榮

秘 書 長： 鄭金生　李　戎

學術秘書： 李繼明　萬　芳　吴　勇　劉楚玉

編　　委：（以姓氏筆畫爲序）

王大淳　王文科　王再謨　王咏芳　王咪咪　王華秀
王樹芬　孔慶璽　艾儒棣　吕光榮　朱建平　李　戎
李明富　李繼明　吴　勇　吴家駿　宋　興　佘瀛鰲
林森榮　范永升　和中浚　段光周　陳貴廷　黄英志
梁繁榮　張旱華　張瑞賢　萬　芳　董德容　傅元謀
傅世垣　曾一林　賈德蓉　楊　宇　楊榮輝　趙立勛
廖品正　鄭金生　蕭永芝　劉楚玉　潘桂娟　謝克慶
羅永芬　嚴石林

《中華大典·醫藥衛生典》序

《中華大典·醫藥衛生典》是《中華大典》的重要組成部分，也是先期開展工作的試點之一，它包括《醫學分典》、《藥學分典》和《衛生學分典》，由成都中醫藥大學、中國中醫研究院和雲南中醫學院分工合作編纂。中宣部、文化部、國家教委、新聞出版署等十餘部委聯合組成的《中華大典》試點工作領導小組決定：先行試編《醫學分典》，在取得經驗的基礎上，再編纂其餘兩個分典。

一九八九年一月廿一日，《醫學分典》編委會在成都中醫藥大學成立，標誌着試點工作正式啓動。經過四年的試點、實踐，取得了較爲豐富的經驗，初步確定了《醫藥衛生典》的基本框架，擬訂了《醫藥衛生典》的《工作細則》、《共用書目表》和《醫學分典》的《編纂方案》、《書目表》等有關文件與資料，以及編寫出了《醫學通論總部》、《内科總部》、《兒科總部》的樣稿。從而爲《醫學分典》乃至《醫藥衛生典》編纂工作的順利開展提供了重要的前提條件。

在《醫學分典》試點工作取得經驗的基礎上，一九九三年九月，《醫藥衛生典》編委會在中國中醫研究院正式成立，《醫藥衛生典》的編纂自此全面啓動。

在中國醫學史上，也曾有過大型醫藥學類書的編纂，較早者如晉代的《雜藥方》，最大者如隋代的《四海類聚方》，較近者則當推清代《古今圖書集成》中的《醫部全録》。但清代以前的類書多已亡佚，僅存者也有資料不全、查找不便或錯訛等問題。工具書的編纂歷來是『前修未密，後出轉精』，

《醫藥衛生典》收編先秦至清末期間醫藥衛生及經史百家典籍中重要的醫藥衛生文獻資料，共約五千萬字，通過經緯交織的編纂方法，將我國古代人民對醫藥衛生的認識及防病治病的科學成果，按現代學科與專題予以分類編纂。它不僅展示了中醫藥學術的豐富内涵，也有助於廣大讀者把握中醫藥學術形成、發展的源流與脈絡。出版後，將成爲國内外醫藥衛生工作者和其他相關學科學者了解中醫藥科學知識的一個重要信息源、資料庫。

《醫藥衛生典》具有以下特點：

第一，它不僅是中醫藥界組織編纂的一部大型工具書，而且是國家中央政府『盛世修典』的一個重要組成部分。又被選作試點工程，充分體現出了黨和國家對醫藥衛生事業的關懷與重視。

第二，涵蓋面廣，内容豐富，規模空前。本典不僅博採醫藥衛生界所熟知的醫學、藥學以及衛生學等有關學科内容，還包括一般人不太了解，但已爲學術界和管理層所認識到並被視作優勢之一的『中醫藥文化』等方面的内容。資料來源廣涉經史百家文獻與出土簡帛文獻、域内傳世文獻與流失海外的文獻等多個層面；在時空上跨越先秦以迄清末；在數量上查閲文獻達一萬三千餘種，引用典籍七千種以上。如此的涵蓋面和容量規模，不僅明顯超越歷史上已有的中醫藥類書，也爲當前同類中醫藥出版物所不及。

第三，在編纂方法上具有高度的科學性和完整的系統性。本典按照現代學科分類方法，並結合我國類書編纂的優良傳統，分爲若干分典、總部、部、分部等各級經目，經目之下又設多個緯目。這樣經緯交織，系統完整，將數千萬字的資料科學有序地盡收一書，這在歷史上是罕見的。

第四，具有廣泛的實用性。由於本典搜裒歷代百家資料，又有多種目録、索引、書目表等供查檢，並在系統全面輯編文獻資料的基礎上做了一番去粗取精的工作，故對於專業人員和其他學科中需了解醫藥衛生資料的學者都具有很高的研究價值和參考價值。

第五，具有類書編纂的高水平和權威性。《中華大典》是經國務院批准，並由中央有關部委負責組織實施的國家重點古籍整理項目。本典由國内一大批著名專家和中青年學者參與編纂，歷時十一年，取得了豐富的經驗。在編纂中注意汲取古代類書輾轉傳鈔、校勘粗疏、出處不詳的教訓，總結歷代類書編纂的利弊得失，充分吸收近二百年來在古籍整理和考古研究方面的新成果，儘可能選用可靠的、經過專家校勘的善本，層層嚴把質量關，從而保證了本典的學術水平與權威性。

中國醫藥學是一個偉大的寶庫，是中國人民長期同疾病作鬥争的經驗總結，它不僅包含着對疾病診療以及衛生保健與康復的豐富經驗，而且形成了獨特的理論體系。在西方醫學未傳入中國之前，它爲中國人民的繁衍昌盛作出了卓越貢獻，就是到了現代醫學高度發達的今天，仍是中國醫藥衛生事業的重要組成部分，並越來越爲全世界所矚目。這是我們力圖編好本典的基點。在長達十一年的編纂工作中，我們抱着嚴謹認真的科學態度，發揚奉獻精神，團結合作，克服了許多困難，付出了辛勤勞動，有的同志病逝在工作崗位上。整個編纂工作，在黨中央、國務院的親切關懷下，在《中華大典》工委會、編委會和國家中醫藥管理局的指導下進行，四川省黨政領導部門和國家圖書館等全國很多單位給予有力的支持，我們在此表示衷心的感謝，並歡迎海内外廣大讀者對我們的不足之處提出寶貴意見和建議。

《中華大典·醫藥衛生典》編纂委員會

一九九九年七月十八日

《中華大典·醫藥衛生典》凡例

一、《醫藥衛生典》是《中華大典》的組成部分之一，收録一九一一年以前中國古籍文獻中有關傳統中醫、中藥及衛生保健方面的資料，其中包括日本、朝鮮等鄰近國家刊刻或撰著的部分中醫藥文獻。

二、根據《中華大典》『經緯交織』的編纂特點和體例規定，典是一級經目，分典是二級經目，總部、部、分部則分別爲三、四、五級經目。《醫藥衛生典》包括《醫學分典》、《藥學分典》和《衛生學分典》三個二級經目，分典下設總部、部、分部等經目，或於分部之下更設專題。各級經目依據學科發展的歷史狀況而設，不求整齊劃一。三個分典下的總部設置情況分別爲：《醫學分典》下設《醫學通論總部》、《基礎理論總部》、《診法總部》、《傷寒總部》、《温病總部》、《針灸總部》、《推拿總部》、《内科總部》、《外科總部》、《骨科總部》、《婦科總部》、《兒科總部》、《眼科總部》、《耳鼻咽喉口齒總部》、《典制總部》、《醫家總部》、《辭章雜記總部》。《藥學分典》下設《藥物圖録總部》、《藥學通論總部》、《人物典制總部》、《藥材總部》、《藥性理論總部》、《藥物總部》。《衛生學分典》下設《衛生學通論總部》、《環境衛生總部》、《人體衛生總部》、《怡情養性總部》、《食養藥養總部》、《人物典制總部》。

三、依據《中華大典》體例要求，本典各級經目下設有題解、論説、綜述、紀事、著録、藝文、雜録、圖表八個緯目。題解：爲對同級經目的名稱、含義、概念、特點等作總體性、概括性介紹的資料。論説：爲經目中有關理論部分的資料。綜述：爲經目性狀、特點、地位、實際應用發展情况等具體内容方面的資料。紀事：爲有關具體活動和事例的資料。著録：爲相關重要著作、文獻的評價、成書經過、版本源流諸方面的資料。藝文：爲以文學欣賞性爲主的相關資料，主要收詩賦等韻文，也收少量散文。雜録：未收入以上緯目，而又具有一定參考價值，或其科學性有待進一步研究的資料。

各級經目下之緯目的設置，視所據有資料的情况，有則設之，無則不設。各緯目之下按時代先後排列資料，時代的確定以成書年代爲準，難以考實者就近排列，或遵從歷史習慣。

四、所引資料先標明出處，出處標署以書名和篇名爲主，如無篇名或標署篇名不便者則標署卷次。原書卷帙浩繁者，除標署書名和篇名外，有的復標卷次。同名異書者，加標作者名，以便檢索。

五、所引資料若在一段之中有略去不用者，則以【略】代之，所略内容如果位於段首或段尾，則不加標識，以免繁瑣。

六、本書用字儘量保持版本原樣，對異體字未作總體統一，原則上在同段文章中進行規範。通假字、古今字一般不改，衹在同一段中加以統一，規範原則一般是就多不就少。

七、本書注文的編排遵從歷史習慣採用兩種方法：一是隨文夾注，主要用於針對字、詞的短注；《素問》、《太素》等醫經之王冰注、林億等新校正、楊上善注等作隨文夾注處理。二是低正文一格的注文排法，主要用於對正文的發揮闡釋等文字。

八、作者自注不出注家名，注家不清楚者，不出注家名。《太素》楊上善注遵從歷史習慣不出注家名。其餘注家可考證者一律出注家名。

九、本書所採用的圓括號（ ）用於處理訛字和衍字。六角括號〔 〕的用法有二：一爲標署正字和增補的脱字，二是在注文前標署注家名。（書中收録有少量簡帛文獻，其隸定字用六角括號，通假的本字、古今字的今字用圓括號，爲特例。）

一〇、在標點使用上，遵從《中華大典》通則的規定，多用逗號和句號，儘量少用或不用其它符號。

一一、遵從《中華大典》通則的規定，對古籍的卷次，用一、二、三、四、五、六、七、八、九、〇標示，不用十、百、千、萬。

一二、各總部卷末，附載資料引用書目。書目包括書名、作者（編者）、時（年）代、版本等内容。

《中華大典·醫藥衛生典》編纂委員會

一九九八年十二月八日

中華大典·醫藥衛生典

醫學分典

《中華大典·醫藥衛生典·醫學分典》編委會

顧　　問：馬繼興　鄭孝昌

主　　編：李明富　趙立勛　黄英志

副 主 編：廖品正　王大淳　李　戎　李繼明

編　　委：（以姓氏筆畫爲序）

王大淳　王文科　王志坦　王再謨　王咏芳　王華秀

艾儒棣　李　戎　李明富　李耀光　李繼明　宋　興

和中浚　林森榮　段光周　馬維騏　黄英志　張慶文

梁繁榮　董德蓉　傅元謀　曾一林　曾文斌　楊　宇

趙立勛　蔣永光　廖品正　熊大經　劉全讓　謝克慶

羅永芬　嚴石林

《中華大典·醫藥衛生典·醫學分典》編纂說明

《中華大典·醫藥衛生典·醫學分典》是全面和客觀反映我國古代醫學基本内容的一部大型醫學類書。它是組成《中華大典·醫藥衛生典》的三個分典之一。

《醫學分典》共分十七個總部。其中，《醫學通論總部》主要反映我國古代醫學通用理論，以及雖非醫學通用理論，但與醫學密切相關的論述。《基礎理論總部》主要反映我國古代以《内經》理論爲核心的醫學基礎理論。《診法總部》反映中醫學獨特診斷理論與技術方法。《傷寒總部》主要反映張仲景《傷寒論》對外感熱病的辨治理論與方法，及後世對《傷寒論》的研究成果。《温病總部》主要反映我國古代有關温熱病的辨治理論與方法。《内科總部》主要反映我國古代有關内科雜病的辨治理論和方法。《外科總部》主要反映我國古代有關外科皮膚瘡傷類病證的辨治理論和方法。《骨科總部》主要反映我國古代對因跌撲閃朒等外傷所致的筋骨損傷類疾病的辨治理論和方法。《婦科總部》主要反映我國古代對婦女正常發育、婚姻、生育健康及其病理的認識，以及對婦科經、帶、胎、産和婦人雜病等病證的辨治理論和方法。《兒科總部》主要反映我國古代對嬰幼兒生理、病理、診斷和治療用藥特點的認識，以及對兒科好發病證的辨治理論和方法。《眼科總部》主要反映我國古代對眼及視覺生理病理的認識，以及對眼科病證的辨治理論和方法。《耳鼻咽喉口齒總部》主要反映中醫對耳鼻咽喉口齒的生理病理的認識，以及對耳鼻咽喉口齒類病的辨治理論和方法。《針灸總部》主要反映我國特有的經絡與腧穴理論，以及以針灸爲治療手段的對臨床各科多種病證的辨治理論和方法。《推拿總部》

主要反映以推拿膏摩爲手段，對其各類適應病證的辨治理論和技術方法。《典制總部》主要反映我國古代各類與醫學有關的典章與制度。《醫家總部》主要反映在我國醫學發展史上有一定影響，並有文獻記録的著名醫學家的生平、籍貫、事迹及其學術貢獻和影響。《辭章雜記總部》主要搜載我國古代文獻中，用詩詞歌賦等文學形式反映的有關醫學内容的資料。

在《醫學分典》的編纂中，我們從繼承和發揚中國醫學遺産的實際需要出發，確定了通過編纂要達到的主要目標。這個目標就是：全面保存古代醫學内容，客觀反映醫學發展進程和盡力滿足不同層面讀者需求。爲了達到這一目標，我們以我國一九一一年以前成書的醫學及其相關學科古籍爲研究對象，在廣搜博採和深入研究的基礎上，通過對所輯資料的系統整理和分類重編而完成此書。爲保證《醫學分典》的編纂質量，我們先後普查古籍四千餘種，引用古籍三千餘種，全書共二千五百萬字，其字數爲《古今圖書集成·醫部全録》的兩部。其引用古籍的種數和成書規模，均超過了歷代所有醫學類書。

爲了達到我們的編纂目標，我們在不違背《中華大典》總要求的前提下，在編纂體例方面也作了適當的調整。如我們遵照《中華大典》規定，在基本上採用《古今圖書集成》經緯目體例的前提下，又從本學科的具體實際出發，並經全國專家論證會認同和《中華大典》編委會同意，將『藝文』、『雜録』、『紀事』和『傳記』等原屬緯目的内容，分别改爲《辭章雜記總部》、《典制總部》和《醫家總部》，使之成爲《醫學分典》之下的一級經目。如此，更有利於對資料的妥善安排，有利於突出重點和增強《醫學分典》資料的系統性。

爲了全面和客觀反映我國古代醫學内容，我們始終遵循《中華大典》編纂的有關規定，堅持對不同學術流派、觀點和論見應兼收並畜的原則，盡力客觀地反映各種觀點。如此，更能正確反映我國古代人民對醫學認識的不斷深化和辨證發展的過程。

爲了增強《醫學分典》的實用性，提高其在醫療實踐中的應用價值，我們克服了現存各中醫類書普遍存在的方論脱節的弊端。在選材時，力求做到方論並重。爲了與《醫學分典》有關方劑內容相區別，我們除明確提出本分典收錄方劑必須從臨床治療角度出發這一指導思想之外，還控制了方劑收錄的範圍，並嚴格規定各總部在收錄方劑時，祇能收錄在其『論説』和『綜述』的論述中涉及到的與病證治療密切有關的方劑。凡是與之無關的方劑，一律不予收入。

爲了提高《醫學分典》的信息含量，避免同名同藥方劑在方劑組成方面出現不必要的重複，同時也爲了便於讀者檢尋，我們在各臨床學科總部中，又專門設置了『方劑部』。『方劑部』的基本內容包括方名、方源、方藥組成和該方劑在『論説』或『綜述』中所涉及的主治病證名稱。

《醫學分典》作爲《中華大典》的三個試點工作分典之一，在編纂工作中得到國家衛生部、中醫藥管理局和四川省政府領導的支持與關懷，得到了《中華大典》工委會和編委會的關切和幫助，得到了有關專家的具體指導和幫助，試點工作於一九九一年通過了全國三十多位同行專家及自然科學、社會科學界其他相關領域專家的鑑定，專家們對《醫學分典》的編纂方案還提出了許多寶貴的意見和建議。同時，我們還得到了有關信息資源單位的大力支持和幫助。值此分典成書之際，謹向爲本分典編纂提供支持和幫助的各級領導，所有專家和兄弟單位與部門，表示衷心的感謝。雖然我們得到了許多幫助和支持，但因自身水平所限，《醫學分典》的不足和疏誤亦在所難免，敬祈讀者批評教正。

《中華大典·醫藥衛生典·醫學分典》編委會

一九九八年十月

醫學通論總部

原主編：趙立勳
主編：李戎
副主編：李繼明

《醫學通論總部》提要

醫學通論總部查閲文獻近二千部(種),實際采録五百三十餘種。所采文獻均編排於本總部之後的《引用書目表》,以供讀者稽核、參考。由於本總部的特殊性,如既需搜編一部叢書的序跋,同時又需搜編其子目書中的資料且需不悖於相關規定,故《引用書目表》如實編排了所采用過的叢書及其子目書。

本總部搜録編纂中國古代屬於醫學領域的、宏觀總體性的論述。這些論述,長期以來總攬着醫學全局,指導着醫學方向,在醫學發展史上具有重要意義和巨大影響,一直被歷代學者和醫家所重視。故《中華大典·醫學分典》中首列醫學通論總部。其具體内容和緯目,依照『有則設之,無則不設』的編纂原則設置如下:

題解搜編有關『醫』的醫學概念、涵義内容,以明古代醫學的定義及其範疇。而『醫』的其他非醫學意義、概念則不録。

著録搜編有關歷代重要的綜合性醫著的目録學資料,包括文獻的形成、發展、價值、刊刻、校理、著録、版本等内容,以醫書序跋爲主(但《醫心方》、《中國醫學大成》等重要綜合性醫著的目録學資料由於其成於一九一一年之後不合本大典收書範圍而未收)。歷代書目解題資料因有專典搜録,故在此僅選擇有代表性的内容從簡搜録。

醫道通論部搜編有關醫學的意義、地位，醫學與其他學科的關係等內容。古人有『醫非小道』之論，故借其稱謂，權立其名，而稱『醫道通論』。

醫德醫業通論部搜編有關醫家倫理道德規範和業務素質要求等內容。古代關於醫德與技藝兩方面的論述多相互聯繫，不宜分割，故一併搜錄，稱『醫德醫業通論』。

醫學源流通論部搜編有關醫學起源、學術發展、學派流變等總體性論述的內容。具體的學術論點及爭鳴的內容不錄，而在其他總部反映。

醫易通論部搜編有關醫學與易學的關係及醫易結合的理論性論述。作爲傳統哲學主流的易學，對醫學的影響甚大，尤其是宋代以後，許多醫家將易學思想融於醫學理論中，用以指導醫療活動，故於本總部專設此部。但易學又不能完全等同於哲學，換言之，哲學不只是包含易學一途，所以本部又不宜逕名之爲『醫哲通論部』。

醫治通論部搜編有關醫療的大綱大要和治療思想等內容。具體的治法治則等不在本總部搜錄範圍，而於其他總部中反映。

病家與醫通論部搜編有關病家應遵循和注意的原則，如擇醫、對待疾病的態度、在預防和治療疾病過程中應注意的問題等內容。這部分內容具有普遍的社會意義，故本總部予以搜錄。

本總部有關資料選擇、編纂、文獻來源標署體例、標點使用、校勘原則等規定，見前《中華大典・醫藥衛生典》凡例。

目録

醫學通論總部

題解

《周禮·天官·醫師》 醫師掌醫之政令，聚毒藥以共醫事。〔賈公彥疏〕：醫師者，衆醫之長，故掌醫之政令。【略】凡邦之有疾病者、疕瘍者造焉，則使醫分而治之。歲終則稽其醫事以制其食：十全爲上，十失一次之，十失二次之，十失三次之，十失四爲下。

《周禮·天官·食醫》 食醫掌和王之六食、六飲、六膳、百羞、百醬、八珍之齊。

《周禮·天官·疾醫》 疾醫掌養萬民之疾病。〔賈公彥疏〕：此主療治疾病。而云養者，但是療治，必須將養，故以養言之。疾病兩言之者，疾輕病重。故注《論語》云：疾甚曰病，謂疾病俱療，故兩言之。此直言萬民，不言王與大夫。醫師雖不言，或可醫師治之。【略】死終則各書其所以，而入于醫師。

《周禮·天官·瘍醫》 瘍醫掌腫瘍、潰瘍、金瘍、折瘍之祝藥、劀殺之齊。【略】凡有瘍者，受其藥焉。

《周禮·天官·獸醫》 獸醫掌療獸病，療獸傷。

《國語·晉語八》 上醫醫國，其次疾人，固醫官也。

《急就章》卷下 篤癃瘀廢迎醫匠。顔師古注：醫匠，療病之工也。古者巫彭初作醫。

《說文·酉部下》 醫，治病工也。

玄應《一切經音義》卷六 醫道：又作毉，同。於其反。《說文》：治病工也。醫之性得酒而使，故字從酉，殹聲。古者巫彭初作醫。殹，亦病人聲也。酒所以治病者，藥非酒不散也。殹，音於其反。又作醫，俗用也。

《龍龕手鏡·酉部》 醫，於其反。醫，療病也。又官名。

《廣韻·之韻》 醫，療也。亦官名。漢太常屬官有太醫令。《續漢書》曰：秩六百石。有藥丞主藥方。《說文》曰：巫彭初作醫。於其切。五毉，上同。

《尤氏喉科秘書·馮碧峰序》 醫，道之小焉者也。

《張氏醫通·石頑老人醫門十戒》 軒轅氏以治兵之餘治病，於是醫字下筆從医，《國語》之兵不解医本此。中藏矢殳，內攻藏府之疾，與用兵不異。其下從酉，疏：古酒字。從古服藥多以酒助也。後世不解從酉之故，易之旨巫，緣十三科中，原有祝由之說，所以鄉村之病，輒從事於禱，即或不靈，可無毒藥傷生之咎。因推醫字之義，爰述醫戒數端，敢祈同志，逐一揆諸。

《廣雅疏證·釋詁》 醫，巫也。醫亦爲巫者，《周官》巫馬之職云：掌養疾馬而乘治之。相醫而藥攻馬疾。《海內西經》：開明東有巫彭、巫抵、巫陽、巫履、巫凡、巫相，窫窳之尸，皆操不死之藥以距之。郭璞注云：皆神醫也。引《世本》云：巫彭作醫。《楚辭·天問》：化爲黃熊，巫何活焉？王逸注云：言鮌死後，化爲黃熊，入於羽淵，豈巫醫所能復生活？是醫即巫也。巫與醫皆所以除疾，故醫字或從巫作毉。《管子·修權篇》云：好用巫醫。《太元·元數篇》云：爲毉，爲巫祝。

《說文解字義證》卷四八 醫，治病工也，殹，惡姿也，醫之性然。得酒而使，從酉，王育說。一曰殹，病聲。酒，所以治病也。《周禮》有醫酒。古者巫彭初作醫。於其切。

《周禮·天官》有醫師。《曲禮》醫不三世，不服其藥。鄭氏《六蓺論》：黃帝佐官七人，岐伯造醫方，《帝王世紀》：黃帝使岐伯嘗味草木，典醫療疾。今經方本草之書咸出焉。劉歆《七略》：論方技爲四家，有醫經家、〔經〕方家、房中家、神仙家。《楚辭》：九折臂而成醫。《孔叢子》：三折臂，然後爲醫。《鶡冠子》：魏文侯問扁鵲曰：子昆弟三人竝醫，其孰最善？扁鵲曰：長兄視色，故名不出家；仲兄視毫毛，故名不出閭；鵲針人血脈，投人毒藥，名聞天下。

治病工也者，《廣韻》：醫，療也。《廣雅》：醫，巫也。《急就篇》：篤癃瘀廢迎醫匠。顔注：醫匠，療病之工也。《周禮》：疾醫掌萬民之疾病。《周書·大聚解》鄉立巫醫，具百藥以備疾災，畜五味以備百草。袁準《正論》：良醫療病，攻於腠理。《韓詩外傳》：太平之時，無瘖癃跛眇尪蹇侏儒折短，父不哭子，兄不哭弟，道無襁負之遺育，然各以其序終者，賢醫之用也。《隋書·經籍志》：醫方者，所以除疾疢、保性命之術者也。天有陰陽風雨晦明之氣，人有喜怒哀樂好惡之情，節而行之，則和平調理，專壹其情，則溺而生疾。是以聖人原血脈之本，因鍼石之用，假藥物之滋，調中養氣，通滯解結，而反之於素。《子華子》：醫者理也，理者意也。意其所未然也，意其所將然也。察於二然者而謹於訓，夫是之謂醫。《論衡・程材篇》：病作而醫用，如自能案方和藥，則醫不售矣。殹，惡姿也，醫之性然者，本書婜，婗也。婗，婦人惡皃。得酒而使，從酉者，鄭注：《周禮・酒正》云：醫之字，從殹、從酉省也。疏云：從殹省者去羽，從酉省者去水。故云從殹、從酉省也。一曰：殹，病聲。酒，所以治病也者，《一切經音義》六引云：殹，亦病人聲也。酒，所以治病者。藥非酒不散也。本書瘢。劇聲也。《漢書・食貨志》：酒，百藥之長。《禮・射義》：酒者，所以養老也，所以養病也。《曲禮》：居喪之禮，有疾則飲酒食肉。《史記・扁鵲傳》：疾之居腠理也，湯熨之所及也。在血脈，鍼石之所及也。其在腸胃，酒(膠)〔醪〕之所及也。《倉公傳》：濟北王病，召臣意，診其脈曰，風蹶胸滿。即爲藥酒，盡三石病已。《隋書・經籍志》：《雜藥酒方》十五卷。《周禮》有醫酒者，天官酒正，辨四飲之物，二曰醫。注云：醫，即《內則》以酏爲醴者。古者巫彭初作醫者，《海內西經》：開明東有巫彭、巫抵、巫陽、巫履、巫凡、巫相。注云：皆神醫也。《世本》曰：巫彭作醫。《呂氏春秋・勿躬篇》：巫彭作醫。

《說文解字注・酉部》 醫，治病工也。《周禮》有醫師、食醫、疾醫、瘍醫、獸醫。从殹从酉。殹，惡姿也，醫之性然。得酒而使，故從酉。此說从酉之故，以醫者多愛酒也。【略】一曰殹，病聲。亦謂瘢之省。

《說文釋例》卷二〇 醫下云：殹，惡姿《小徐》作恣。也，醫之性然。此二句一義，下句申上句。天下之精於一藝者，其性多乖戾，醫其一也。蓋小道可觀，致遠恐泥，亦其性本泥，乃精小道耳。又云：得酒而使，從酉。二句一義。使，如君臣佐使之使，藥中用酒者多也。非謂醫愛酒，如段氏說也。

《醫詁・原醫》 許愼《說文》曰：醫，治病工也。殹，惡姿也，醫之性然。得酒而使，從酉。王育說。一曰殹，病聲。酒，所以治病也。《周禮》有醫酒。古者巫彭初作醫。案：酉、酒，竝訓就也。人有病，其聲殹殹。以藥石就人血理治之，故謂之醫也。《山海經・海內西經》：開明東有巫彭、巫抵、巫陽、巫履、巫凡、巫相。郭注：皆神醫也。《世本》曰：巫彭作醫。今《太平御覽》、《玉海》引《世本》竝作巫咸，誤。《說文・巫部》：巫咸初作巫。顯然二人。顧古者有疾則禱，巫醫竝行，等諸方技。《論語》：南人有言曰：人而無恆，不可以作巫醫。南人信鬼，草木百藥多產于南方，故今巫醫之術猶盛行于江淮。《史記》云：病有六不治。其六曰：信巫不信醫。是知降神事鬼課諸虛，不若達脈處方徵諸實也。近世扶乩來仙，托諸妖妄，皆能操藥，病者輒有所委制以夭枉其生，其害可勝言哉！

《醫醫醫・醫者自醫之醫方》 讀書宜識字，顧名即思義。人事盡如斯，少弊自多利。今醫者滿天下矣，試問以醫字作何解說，莫不張口茫然，如墜烟霧。字且不識，而欲其技之良，道之精，得乎？醫之字義，從匚、從矢、從殳、從酉。匚，受物之器，受矢於器爲醫。《說文》訓爲盛弓弩矢器，加殳於右上，殳亦兵器。下復從酉。酉，古酒字。古爲毒物，故大禹絕之。石頑謂爲從古服藥多以酒助，非也。神農嘗毒，經謂藥多爲毒物，凡治某病皆謂以某藥毒之，《內經》亦多如此，即以毒攻毒之義。可見醫之爲用，盡傷人之具矣。病者既積矢殳毒酒之屬於一身，其危已可想見，醫者如再不愼之又愼，不更危乎其危乎！黃帝以治兵之餘治病，於是醫字下筆從醫。《國語》兵不解醫本此，所謂用藥如用兵也。凡欲爲醫者，可不知所從事哉！

著録

《中藏經·鄧處中序》 華先生諱佗，字元化。性好恬淡，喜味方書。多遊名山幽洞，往往有所遇。一日，因酒息于公宜山古洞前，忽聞人論療病之法，先生訝其異，潛逼洞竊聽。須臾，有人云：華生在邇，術可付焉。復有一人曰：道生性貪，不憫生靈，安得付也。先生不覺愈駭，躍入洞，見二老人，衣木皮，頂草冠。先生躬趨左右而拜曰：適聞賢者論方術，遂乃忘歸，況濟人之道素所好爲，所恨者未遇一法，可以施驗，徒自不足耳。願賢者少察愚誠，乞與開悟，終身不負恩。首坐先生云：術亦不惜，恐異日與子爲累。若無高下，無貧富，無貴賤，不務財賄，不憚勞苦，矜老恤幼爲急，然後可脱子禍。先生再拜謝曰：賢聖之語，一一不敢忘，俱能從之。二老笑指東洞云：石床上有一書函，子自取之，速出吾居，勿示俗流，宜秘密之。先生時得書，回首已不見老人。先生懾怯離洞，忽然不見，雲奔雨瀉，石洞摧塌。既覽其方，論多奇怪，從兹施試，效無不存神。先生未六旬，果爲魏所戮，老人之言預有斯驗。余乃先生外孫也，因弔先生寢室，夢先生引余坐，語《中藏經》眞活人法也，子可取之，勿傳非人。余覺，驚怖不定，遂討先生舊物，獲石函一具，開之，得書一帙，廼《中藏經》也。予性拙於用，復授次子思，因以志其實。

《中藏經·樓鑰跋》 余少讀《華佗傳》，駭其醫之神奇，而惜其書之火於獄。使之尚存，若刳腹斷臂之妙，又非紙上語所能道也。古汴陸從老，近世之良醫也。嘗與之論脉曰：無如華佗之論最切，曰性急者脉亦急，性緩者脉亦緩，長人脉長，短人脉短，究其説未暇也。一日得閩中倉司所刊《中藏經》，讀之其説具在。蓋貳卿姜公詵爲使者時所刊，凡三十餘年，而余始得之。序引之説，頗涉神怪，難於盡信。然其議論卓然。精深高遠，視脉察色，以決死生。雖不敢以爲眞正元化之書，若行於世，使醫者得以習讀之，所濟多矣。惜乎差舛難據，遂攜至姚江，以叩從老。從老笑曰：此吾家所秘，不謂版行已久。因出其書見假，取而校之，乃知閩中之本未善，至一版或改定數十百字，前有目録，後序，藥方增三之二。閩本間亦有佳處，可證陸本之失。其不同而不可輕改者，兩存焉，始得爲善本。老不能繕寫，俾從子溉手録之。蘄春土使君成父聞之，欣然欲於治所大書鋟木，以惠後學，且以成余之志。溉所録，面授而記其始末於左。藥方凡六十道，亦有今世所用者，其間難曉者有之，恐非凡識所及，《佗傳》稱處齊不過數種，又未知此爲是否。好事者能以閩本校之，始知此本之爲可傳也。

《續醫説·〈中藏經〉辨》 《中藏經》八卷，相傳華元化撰。按《唐書·藝文志》有吴普集《元化藥方》，别無中藏之名。普，廣陵人，親授業于元化之門，以術藝知名，今集中諸論，非普不能作。靈洞道士鄧處中，自序元化外孫，因弔寢室，得此書於夢中。余竊疑其妄誕。論後附方，意者皆鄧生增入之耳。如地黄煎丸，内有山藥，古方名薯蕷，爲避宋英宗諱，故易名山藥。燒肝散内有白朮、蒼朮，本草及古方書止云朮，不分蒼白二種。牢牙地黄散細注云：此方見僧文瑩《湘山野録》。文瑩，宋僧。三者可證其出於鄧生之手，覽者當自知之。

《中藏經·孫星衍序》 華氏《中藏經》，見鄭樵《通志·藝文略》，爲一卷，陳振孫《書録解題》同，云漢譙郡華陀元化撰。《宋史·藝文志》華氏作黄蓋，誤。今世傳本有八卷，吴勉學刊在《古今醫統》中。余以乾隆丁未年入翰林，在都見趙文敏手寫本，卷上自第十篇性忌則脉急已下起，至第二十九篇爲一卷。卷下自萬應圓藥方至末爲一卷，失其中卷，審是眞蹟。後歸張太史錦芳，其弟録稟贈余。又以嘉慶戊辰年乞假南歸，在吴門見周氏所藏元人寫本，亦稱趙書，具有上中下三卷，而缺《論診雜病必死候》第四十八及《察聲色形證決死法》第四十九兩篇。合前後二本，校勘明本，每篇脱落舛誤，凡有數百字。其方藥名件次序分量，俱經後人改易，或有刪去其方者，今以趙寫兩本爲定。

此書文義古奥，似是六朝人所撰，非後世所能假託。考《隋書·經籍志》有《華陀觀形察色并三部脉經》一卷，疑即是中卷。《論診雜病必死候》已下二篇，故不在趙寫本中，未敢定之。鄧處中之名不見書傳，陳振孫亦云自言爲華先生外孫，稱此書因夢得于石函，莫可考也。序末稱甲寅秋九月序，古人亦無以干支紀歲不著歲字者，疑其序僞作。至一卷三卷八卷分合之異，則後人所改。趙寫本旁注有高宗孝宗廟諱，又稱有庫本、陸本異同，是依宋本手録。元代不避宋諱，而不更其字，可見古人審愼闕疑之意。

此書四庫書既未録存，又兩見趙寫善本，急宜刊刻以公同好。卷下萬應圓等，皆以丸散治疾，而無湯藥。古人配合藥物分量，案五藏五味配以五行生成之數，今俗醫任意增減，不識君臣佐使，是以古人有不服藥爲中醫之歎。要知外科丸散，率用古方分量，故其効過于內科，此即古方不可增減之明證。余所得宋本醫學書甚多，皆足證明人改亂古書之謬，惜無深通醫理者與共證之。

《補後漢書藝文志并考・方伎》　《隋志》所載華佗諸書，今俱亡佚。外間所傳惟有趙孟頫手寫本《中藏經》上中下三卷。然此書隋、唐、宋藝文志均不著錄，至鄭樵《通志・藝文略》及陳振孫《書錄解題》始載之。其卷端有應靈洞主探微眞人少室山鄧處中序一篇。處中自述爲佗外孫，謂此書因夢得于石函。其言皆怪誕，不可究詰。序末題甲寅秋九月，古人無以干支紀歲，僞迹顯然。今繹其書上篇生成論及寒熱論，兩引《金匱要論》，蓋即仲景《金匱要略》中語。仲景之書，皆係晉王叔和所題。至《金匱要略》之名，隋唐志皆無之。始見於《直齋書錄解題》，云是書得於館閣蠹簡中，本名《金匱玉函要略》。自後《文獻通考》、《宋史・藝文志》始皆載之。則是書當是唐以後人題，并非叔和原本也。佗在漢時，安能知唐以後書名乎。

又下卷療諸藥方中，引葛元眞人百補構精丸。案《御覽》六百六十三引《列仙傳》云：葛元師於左慈。《神仙傳》云：葛元，字孝先，從左慈受九丹金液經。則元蓋左慈弟子。左慈、華佗同事曹操，行輩相等。元爲慈弟子，其輩行明後于佗，而此書稱之爲眞人，其乖甚矣。又巢元方《(疾)〔病〕源候論》二十，引范汪所錄華佗太一決疑雙丸方，治八瘕、五疝、積聚、伏熱、留飲，往來寒熱而不的顯。如此大方，而此書闕如，亦一破綻也。故阮芸臺、孫星衍皆疑爲六朝人手筆，良是。惟方伎之書，每多眞僞雜糅，去古未遙，墜簡斯在其中。如中卷諸病治療交錯致於死候論，診雜病必死候，察聲色形證決死法三篇，王叔和《脈經》五十，《千金方》三十八脈法皆引。上卷論肝藏虛實寒熱生死逆順脈證之法以下十一篇，不但文義古奧，即論脈論證皆洞見陰陽升降，虛實之微顯，於餘卷不同，非後人所能僞託。疑三篇即《隋志》《觀形察色經》十一篇即《三部脈經》也。

《肘後方・葛洪序》　亦名《時後卒救方》，隱居又名《百一方》。　抱朴子丹陽葛稚川曰：余既窮覽墳索，以著述餘暇，兼綜術數，省仲景、元化、劉戴《秘要》、《金匱》、《綠(秩)〔袟〕》、《黃素方》，近將千卷。患其混雜煩重，有求難得，故周流華夏九州之中，收拾奇異，捃拾遺逸，選而集之，使種類殊分，緩急易簡，凡爲百卷，名曰《玉函》，然非有力，不能盡寫。又見周、甘、唐、阮諸家，各作備急，既不能窮諸病狀，兼多珍貴之藥，豈貧家野居所能立辦。又使人用鍼，自非究習醫方，素識明堂流注者，則身中榮衛尚不知其所在，安能用鍼以治之哉？是使鳧雁摯擊，牛羊搏噬，無以異也。雖有其方，猶不免殘害之疾。余今採其要，約以爲《肘後救卒》三卷，率多易得之藥。其不獲已，須買之者，亦皆賤價草石，所在皆有。兼之以灸，灸但言其分寸，不名孔穴，凡人覽之可了。其所用，或不出乎垣籬之內，顧眄可具。苟能信之，庶免橫禍焉。世俗苦於貴遠賤近，是古非今，恐見此方無黃帝、倉公、和、鵲、踰跗之目，不能採用，安可強乎？

《肘後方・陶弘景序》　太歲庚辰，隱居曰：余宅身幽嶺，迄將十載。雖每植德施功，多止一時之設。可以傳方遠裔者，莫過於撰述。見葛氏《肘後救卒》，殊足申一隅之思。夫生人所爲大患，莫急於疾。疾而不治，猶救火而不以水也。今輦掖左右，藥師易尋，郊郭之外，已似難值。況窮村迴野，遙山絕浦，其間枉夭，安可勝言。方術之書，卷軸徒煩，拯濟殊寡，欲就披覽，迷惑多端。抱朴此製，實爲深益。然尚闕漏未盡，輒更採集補闕，凡一百一首，以朱書甄別，爲《肘後百一方》，於雜病單治，略爲周遍矣。昔應璩爲百一詩，以箴規心行。今余撰此，蓋欲衛輔我躬。且佛經云：人用四大成身，一大輒有一百一病。是故深宜自想，上自通人，下達衆庶，莫不各加繕寫而究括之。余又別撰《效驗方》五卷，具論諸病證候，因藥變通而並是大治。非窮居所資，若華軒鼎室，亦宜修省耳。葛序云：可以施於貧家野居。然亦不止如是。今搢紳君子，若常處閑佚，乃可披檢方書。或從祿外邑，將命遐征，或宿直禁闈，晨宵隔絕，或急速戎陣，城柵嚴阻，急遇疾倉卒，唯拱手相看，曷若探之囊笥，則可庸豎成醫。故備論證候，使曉然不滯，一披條領，無使過差也。尋葛氏舊方，至今已二百許年，播於海內，因而濟者，其效實多。余今重以該要，庶亦傳之千祀，豈止於空衛我躬乎。

舊方都有八十六首，檢其四蛇兩犬，不假殊題，喉舌之間，亦非異處，入塚御氣，不足專名，雜治一條，猶是諸病。部類強致殊分，復成失例。今乃配合爲七十九首，於本文究具，都無忖減。復添二十二首，或因葛一事，增構成篇，或補葛所遺，準文更撰，具如後錄。詳悉自究，先次比諸病，又不從類，遂具(復勞)〔勞復〕在傷寒前，霍亂置耳目後，陰易之事乃出雜治中，兼題與篇名不盡相符，卒急之時難於尋檢。今亦(攻)〔復〕其銓次，庶歷然易曉。其解散，腳弱、虛勞、渴痢、發背、嘔血，多是貴勝之疾，其傷寒、中風，診候最難分別，皆應取之於脈，豈凡庸能究。今所載諸方，皆灼然可用，但依法施治，無使違逆。其癰疽、金瘡，形變甚衆，自非具方，未易根盡。其婦女之病，小兒之病，並難治之，方法不少，亦載其綱要云。凡此諸方，皆是撮其樞要。或名醫垂記，或累世傳良，或博聞有驗，或自用得力。故復各題秘要之說，以避文繁。

又用藥有舊法，亦不復假事詮詔，今通立定格，共爲成準。凡服藥，不言先食者，皆在食前。應食後者，自各言之。凡服湯，云三服、再服者，要視病源準候，或疏或數，足令勢力相及。毒利藥皆須空腹補瀉，其間自可進粥。凡散，日三者當取旦、中、暮進之。四五服則一日之中，量時而分均也。凡下丸散，不云酒水飲者，本方如此。而別說用酒水飲，則是可通用三物服也。凡云分等，即皆是丸散，隨病輕重所須多少，無定銖兩，三種五種，皆分均之分兩。凡云丸散之若干分兩者，是品諸藥宜多宜少之分兩，非必止於若干分兩。假令日服三方寸匕，須差止，是三五兩藥耳。凡云末之，是擣篩如法。㕮咀者，皆細切之。凡云湯煮取三升，分三服，皆絞去滓而後酌量也。字方中用鳥獸屎作矢字，尿作溺字，牡鼠亦作雄字，乾作干字。凡云錢匕者，以大錢上全抄之。若云半錢，則是一錢抄取一邊爾，並用五銖錢也。方寸匕，即用方一寸抄之可也。刀圭，準如兩大豆。炮、熬、炙、洗治諸藥，凡用半夏，皆湯洗五六度，去滑。附子、烏頭，炮去皮；有生用者，隨方言之。礬石熬令汁盡。椒皆出汗，麥門冬皆去心。丸散用膠皆炙。巴豆皆去心皮，熬，有生用者，隨而言之。杏人去尖皮，熬，生用者言之。葶藶皆熬，皂莢去皮子。藜蘆、枳殼、甘草皆炙，大棗、支子，擘破。巴豆、桃杏人之類，皆別研擣如膏，乃和之。諸角皆屑之，麻黄皆去節。凡湯中用芒硝、阿膠、粘糖皆絞去滓，内湯中，更微煮令消。紅雪、朴硝等，皆狀此而入藥也。用麻黄即去節，先煮三五沸，掠去沫後，乃入餘藥。凡如上諸法，皆已具載在余所撰《本草》上卷中。今之人有此《肘後百一》者，未必得見《本草》，是以復疏方中所用者載之。此事若非留心藥術，不可盡知，則安得使之不僻繆也。

案病雖千種，大略祇有三條而已。一則府藏經絡因邪生疾，二則四支九竅内外交媾，三則假爲他物横來傷害。此三條者，今各以類而分別之，貴圖倉卒之時，披尋簡易故也。今以内疾爲上卷，外發爲中卷，他犯爲下卷，具列之云。

上卷三十五首，治内病。

中卷三十五首，治外發病。

下卷三十一卷，治爲物所苦病。

《四庫全書總目·子部醫家類一》 《肘後備急方》八卷，浙江范懋柱家天一閣藏本。晉葛洪撰。洪字稚川，句容人。元帝爲丞相時，辟爲掾，以平賊功，賜爵關内侯，遷散騎常侍。自乞出爲句漏令。後終於羅浮山，年八十一。事蹟具《晉書》本傳。是書初名《肘後卒救方》，梁陶弘景補其闕漏，得一百一首，爲《肘後百一方》。金楊用道又取唐慎微《證類本草》諸方附於《肘後》隨證之下，爲《附廣肘後方》。元世祖至元間，有烏某者，得其本於平鄉郭氏，始刻而傳之。段成己爲之序，稱葛、陶二君其成此編，而不及楊用道。此本爲明嘉靖中襄陽知府呂容所刊，始并列葛、陶、楊三序於卷首。書中凡楊氏所增，皆別題附方二字，列之於後，而葛、陶二家之方則不加分析，無可辨別。案《隋書·經籍志》：葛洪《肘後方》六卷，梁二卷，陶弘景《補闕肘後百一方》九卷，亡。《宋史·藝文志》止有葛書而無陶書，是陶書在隋已亡，不應元時復出。又陶書原目九卷，而此本合楊用道所附祇有八卷，篇帙多寡亦不相合，疑此書本無《百一方》在内，特後人取宏景原序冠之耳。書凡分五十一類，有方無論，不用難得之藥，簡要易明。雖頗經後來增損，而大旨精切，猶未盡失其本意焉。

《諸病源候論·宋綬序》 皇上秉靈圖而迪成憲，奉母儀而隆至化，明燭幽隱，惠綏動植，憫斯民之疢苦，竚嘉醫之拯濟。【略】迺下明詔，疇咨舊聞，上稽聖經，旁摭奇道，發延閣之秘藴，敕中尚而讎對。《諸病源候論》者，隋大業中太醫巢元方等奉詔所作也。會粹羣說，沉研精理，形脈治證，罔不該集。明居處愛欲風濕之所感，示針鑱蹻引湯熨之所宜，誠術藝之楷模，而診察之津涉。監署課試，固常用此。乃命與《難經》、《素問》，圖鏤方版，傳布海内。洪惟祖宗之訓，務推存育之思，補農經之闕漏，班禁方於遐邇，逮今搜採，益窮元本，方論之要殫矣，師藥之功備矣。將使後學優而柔之，視色毫而靡忒，應心手而胥驗。大哉，味百草而救枉者，古皇之盛德，憂一夫之失所者，二帝之用心，彌慈札瘥，躋之仁壽，上聖愛人之旨，不其篤歟。翰林醫官副使趙拱等參校既終，繕録以獻，爰俾近著，爲之題辭。顧惟空疏，莫探秘賾，徒以述善誘之深意，用勸方來，揚勸卹之至仁，式昭大庇云爾。

《郡齋讀書志·醫書類》《巢氏病源候論》五卷。

右，隋巢元方等撰。元方大業中被命與諸醫共論衆病之所起之源。皇朝舊制，監局用此書課試醫生。昭陵時，詔校正刊刻頒行，宋綬爲序。

《直齋書録解題·醫書類》《巢氏病源論》五十卷。隋太醫博士巢元方等撰，大業六年也。惟論病證，不載方藥。今案《千金方》諸論多本此書，業醫者可以參考。

《四庫全書總目·子部醫家類一》《巢氏諸病源候論》五十卷。浙江巡撫採進本。隋大業中，太醫博士巢元方等奉詔撰。考《隋書·經籍志》有《諸病源候論》五卷，目一卷，吴景賢撰。《舊唐書·經籍志》有《諸病源候論》五十卷，吴景撰。皆不言巢氏書。《宋史·藝文志》有巢元方《巢氏諸病源候論》五十卷，又無吴氏書。惟《新唐書·藝文志》二書并載，書名卷數并同，不應如是之相複，疑當時本屬官書，元方與景一爲監修，一爲編撰，故或題景名，或題元方名，實止一書。《新唐書》偶然重出，觀晁公武《讀書志》，稱隋巢元方等撰，足證舊本所列不止一名。然則《隋志》吴景作吴景賢，賢或監字之誤。其作五卷，亦當脱一十字。如止五卷，不應目録有一卷矣。此本爲明汪濟川方鑛所校，前有宋綬奉敕撰序。考《玉海》載天聖四年十月十二日乙酉，命集賢校理晁宗慤、王舉正校定《黄帝内經素問》、《難經》、《巢氏病源候論》。五年四月乙未，令國子監摹印頒行。詔學士宋綬撰病源序，是其事也。

書凡六十七門，一千七百二十論。陳振孫《書録解題》稱，王燾《外臺秘要》諸論，多本此書，今勘之信然。又第六卷解散病諸候，爲服寒食散者而作，惟六朝人有此證。第二十卷六貓鬼病候，見於《北史》及《太平廣記》者，亦惟周齊時有之。皆非唐以後語，其爲舊本無疑。其書但論病源，不載方藥，蓋猶《素問》《難經》之例。惟諸證之末，多附導引法，亦不言法出誰氏。考《隋志》有《導引圖》三卷，注曰：立一，坐一，卧一。或即以其説編入歟。《讀書志》稱：宋朝舊制，用此書課試醫士。而太平興國中集《聖惠方》，每門之首，亦必冠以此書。蓋其時去古未遠，漢以來經方脈論，存者尚多。又裒集衆長，共相討論，故其言深密精邃，非後人之所能及。《内經》以下，自張機、王叔和、葛洪數家書外，此爲最古。究其旨要，亦可云證治之津梁矣。王禕《青巖叢録》嘗議其惟知風寒二濕，而不著濕熱之説，以爲疏漏。然病機萬變，前人所未及言，經後人闡明者甚多，未可以一節病是書也。

《千金要方·自序》 夫清濁剖判，上下攸分，三才肇基，五行俶落，萬物淳樸，無得而稱。燧人氏出，觀斗極以定方名，始有火化。伏羲氏作，因之而畫八卦，立庖，滋味既興，痾瘵萌起。大聖神農氏，愍黎元之多疾，遂嘗百藥以救療之，猶未盡善。黄帝受命，創制九針，與方士岐伯、雷公之倫，備論經脈，旁通問難，詳究義理，以爲經論，故後世可得依而暢焉。春秋之際，良醫和緩，六國之時，則有扁鵲，漢有倉公仲景，魏有華佗，並皆探賾索隱，窮幽洞微，用藥不過二三，灸炷不逾七八，而疾無不愈者。晋宋以來，雖復名醫間出，然治十不能愈五六。良由今人嗜慾泰甚，立心不常，婬放縱逸，有闕攝養所致耳。

余緬尋聖人設教，欲使家家自學，人人自曉。君親有疾，不能療之者，非忠孝也。末俗小人，多行詭詐，倚傍聖教，而爲欺紿，遂令朝野士庶，咸耻醫術之名，多教子弟誦短文，構小策，以求出身之道，醫治之術，闕而弗論，吁，可怪也。嗟乎！深乖聖賢之本意。

吾幼遭風冷，屢造醫門，湯藥之資，罄盡家産，所以青衿之歲，高尚兹典，白首之年，未常釋卷。至於切脈診候，採藥合和，服餌節度，將息避慎，一事長於己者，不遠千里，伏膺取决。至於弱冠，頗覽有悟。是以親鄰中外有疾厄者，多所濟益，在身之患，斷絶醫門，故知方藥本草，不可不學。吾見諸方，部秩浩博，忽遇倉卒，求檢至難，比得方訖，疾已不救矣。嗚呼！痛夭枉之幽厄，惜墮學之昏愚，乃博採羣經，删裁繁重，務在簡易，以爲《備急千金要方》一部，凡三十卷。雖不能究盡病源，但使留意於斯者，亦思過半矣。以爲人命至重，有貴千金，一方濟之，德踰於此，故以爲名也。未可傳於士族，庶以貽厥私門。

張仲景曰：當今居世之士，曾不留神醫藥，精究方術，上以療君親之疾，下以救貧賤之厄，中以保身長全以養其生，而但競逐榮勢，企踵權豪，孜孜汲汲，唯名利是務。崇飾其末而忽棄其本，欲華其表而悴其内。皮之不存，毛將安附？進不能愛人知物，退不能愛躬知己，卒然遇邪風之氣，嬰非常之疾，患及禍至，而後震慄，身居厄地，蒙蒙昧昧，戇若遊魂。降志屈節，欽望巫祝，告窮歸天，束手受敗。賫百年之壽命，將至貴之重器，委付庸醫，恣其所措。

咄嗟喑嗚，厥身已斃，神明消滅，變爲異物，幽潛重泉，徒爲涕泣。痛夫！舉世昏迷，莫能覺悟，自弃若是，夫何榮勢之云哉！此之謂也。

《千金要方·林億等新校序》 昔神農徧嘗百藥，以辨五苦六辛之味，逮伊尹而湯液之劑備。黄帝欲創九針，以治三陰三陽之疾，得岐伯而砭艾之法精。雖大聖人有意於拯民之瘼，必待賢明博通之臣，或爲之先，或爲之後，然後聖人之所爲得行於永久也。醫家之務，經是二聖二賢，而能事畢矣。後之留意於方術者，苟知藥而不知灸，未足以盡治療之體，知灸而不知針，未足以極表裏之變。如能兼是聖賢之蘊者，其名醫之良乎。

有唐眞人孫思邈者，乃其人也。以上智之材，抱康時之志，當太宗治平之際，思所以佐乃后庇民之事，以謂上醫之道，眞聖人之政而王官之一守也，而乃祖(迷)〔述〕農黄之旨，發明岐摯之學，經掇扁鵲之《難》，方採倉公之禁，仲景《黄素》，元化《綠袟》，葛仙翁之《必效》，胡居士之《經驗》，張苗之《藥對》，叔和之《脉法》，皇甫謐之《三部》，陶隱居之《百一》，自餘郭玉、范汪、僧坦、阮炳，上極文字之初，下訖有隋之世，或經或方，無不採摭。集諸家之所秘要，去衆說之所未至，成書一部，揔三十卷，目錄一通。藏腑之論，針艾之法，脉證之辨，食治之宜，始婦人而次嬰孺，先腳氣而後中風，傷寒、癰疽，消渴、水腫，七竅之痾，五石之毒，備急之方，養性之術，揔篇二百三十二門，合方論五千三百首，莫不十全可驗，四種兼包，厚德過於千金，遺法傳於百代。使二聖二賢之美不墜于地，而世之人得以階近而至遠，上識於三皇之奧者，孫眞人善述之功也。然以俗尚險怪，我道純正，不述剖腹易心之異；世務徑省，我書浩博，不可道聽塗說而知。是以學寡其人，寖以紛靡，賢不繼世，簡編斷缺，不知者以異端見黜，好之者以闕疑輟功。

恭惟我朝，以好生爲德，以廣愛爲仁，廼詔儒臣，正是墜學。臣等術謝多通，職專典校，於是請內府之秘書，探《道藏》之別錄，公私衆本，搜訪幾遍，得以正其訛謬，補其遺佚。文之重複者削之，事之不倫者緝之，編次類聚，朞月功至。綱領雖有所立，文義猶或疑阻，是用端本以正末，如《素問》、《九墟》、《靈樞》、《甲乙》、《太素》、《巢源》、諸家本草、前古脉書、《金匱玉函》、《肘後備急》、謝士秦《删繁方》、劉涓子《鬼遺論》之類，事關所出，無不研核。尚有所闕，而又泝流以討源，如《五鑒經》、《千金翼》、《崔氏纂要》、《延年秘錄》、正元《廣利》、《外臺秘要》、《兵部手集》、夢得《傳信》之類，凡所派別，無不考理，互相質正，反覆稽參，然後遺文疑義，焕然悉明。書雖是舊，用之惟新，可以濟函靈，裨乃聖好生之治，可以傳不朽，副上主廣愛之心。非徒爲太平之文致，寔可佐皇極之錫福。校讎既成，繕寫伊始，恭以上進，庶備親覽。

《千金要方·林億等後序》 臣嘗讀《唐令》，見其制，爲醫者皆習張仲景《傷寒》、陳延之《小品》。張仲景書今尚存于世，得以迹其爲法，莫不有起死之功焉。以類推之，則《小品》亦仲景之比也。常痛其遺逸無餘，及觀陶隱居《百一方》、王道《外臺秘要》，多顯方之所由來。乃得反覆二書，究尋於《千金方》中，則仲景之法，十居其二三，《小品》十居其五六。粹乎哉，孫眞人之爲書也，既備有《漢志》四種之事，又兼載《唐令》二家之學。其術精而博，其道深而通，以今知古，由後視今，信其百世可行之法也。臣今所咏嘆不能已已者，乃其書法也。至於其爲人行事，則盧照隣嘗云：道洽古今，學殫術數，高談正一，則古之蒙莊子，深入不二，則今之維摩詰。則其爲人賢否，不待今之稱述而可知已。世俗妄人，方區區稱海上龍宮之事，以附致爲奇，何所發明於孫眞人哉。

《郡齋讀書志·醫書類》 《千金方》三十卷。

右唐孫思邈撰。思邈博通經傳，洞明醫術，著用藥之方，診脉之訣，鍼灸之穴，禁架之法，以致導引養生之要，無不周悉。後世或能窺其一二，未有不爲名醫者。然議者頗恨其獨不及傷寒之數云。

《四庫全書總目·子部醫家類一》 《千金要方》九十三卷，兩淮馬裕家藏本。唐孫思邈撰。思邈，華原人。《唐書·隱逸傳》稱：其少時，周洛州刺史獨孤信稱爲聖童。及長，隱居太白山。隋文帝輔政，以國子博士徵，不起。則思邈生於周朝，入隋已長。然盧照鄰《病梨樹賦序》稱：癸酉歲，於長安見思邈，自云開皇辛酉歲生，今年九十二，則思邈生於隋朝，照鄰乃思邈之弟子，記其師言必不妄。惟以《隋書》考之，開皇紀號凡二十年，讓於庚申。次年辛酉，已改元仁壽，與史殊不相符。又由唐高宗咸亨四年癸酉上推九十二年，爲開皇二年壬寅，實非辛酉，干支亦不相應。然自癸酉上推九十三年，正得開皇元年辛丑，蓋照鄰集傳寫譌異，以辛丑爲辛酉，以九十三爲九十二也。史又稱：思邈卒於永淳元年，年百餘歲。自是年上推至開皇辛丑，正一百二年，數亦相合，則生於後周，隱居不仕之說爲史誤，審矣。

思邈嘗謂：人命至重，貴於千金，一方濟之，德踰於此，故所著方書以

《千金》名。凡診治之訣，鍼灸之法，以至導引養生之術，無不周悉。猶慮有闕遺，更撰《翼方》輔之。考晁陳諸家著録，載《千金方》《千金翼方》各三十卷。錢曾《讀書敏求記》所載卷數亦同。又謂宋仁宗命高保衡、林億等校正刊行，後列禁經二卷，合二書計之，止六十二卷。此本增多三十卷，疑後人併爲一書，而離析其卷帙。葉夢得《避暑録話》稱：思邈作《千金》前方，時已百餘歲，妙盡古今方書之要，獨傷寒未之盡，似未盡通仲景之言，故不敢深論。後三十年，案百餘歲及後三十年之説，皆因仍舊誤，今姑仍原本録之。作《千金翼》，論傷寒者居半，蓋始得之。其用志精審不苟如此云云。則二書本相因而作，亦相濟爲用，合之亦未害宏旨也。《太平廣記》載思邈曾救昆明池龍，得龍宮仙方三十首，散入《千金方》各卷之中。蓋小説家附會之談，固無足深辨焉。

《士禮居藏書題跋記·子類·孫真人〈千金方〉三十卷（宋刊配元明刊本）》　嘉慶四年二月十九日，【略】《千金方》【略】取歸共十四冊。【略】余家舊藏錢述古鈔本，云是從宋閣本出者，已自侈爲善本，今得宋刻勘之，鮮有一處符合者。初不解其故，後檢《通考》，知晁所見者爲《千金方》三十卷，陳所見者爲《千金備急要方》三十卷，本其前類例數條，林億等新纂，則知鈔本即從宋閣本出，已是經後人增損原書，故與宋刻原本多所不同也。二本非特文義增減，即藥名、分兩、法制，殊有不合。前人之方，忽經後以意改削，可信不可信乎？況錢本所據，今以補入宋本之明本參考，同出一原，於明本爛板，鈔本皆缺文，宋閣本所出，益未可信其説矣。惟是《千金方》宋刻，昔人無有見及者，所見止《千金備急要方》，故不得不以此爲祖本，而於林億等纂例以前之本，反有不信爾。余得此本雖殘缺，亦自侈爲奇秘矣。

《千金翼方·自序》　原夫神醫秘術，至賾參於道樞，寶餌凝靈，宏功浹於眞畛。知關籥玄（牡）〔牝〕，駐歷之效已深，轡策天機，全生之德爲大。稽炎農於紀籙，資太一而反營魂，鏡軒后於遺編，事岐伯而宣藥力。故能嘗味之績，鬱騰天壤，診體之教，播在神寰。醫道由是濫觴，時義肇基于此。亦有志其大者，高密問紫文之術，先其遠者，伯陽流玉冊之經。擬斯壽於乾坤，豈伊難老，儔厥齡於龜鶴，詎可蠲痾。茲迺大道之眞，以持身抑斯之謂也。若其業濟含靈，命懸茲（乎）〔手〕，則有越人徹視於臟藏，秦和洞達於膏肓，仲景候色而驗眉，元化刳腸而湔胃。斯皆方軌疊跡，思韞入神之妙，極變探幽，精超絕代之巧。晉宋方技，既其無繼，齊梁醫術，曾何足云。若夫醫道之爲言，寔惟意也，固以神存心手之際，意析毫芒之裏。當其情之所得，口不能言，數之所在，言不能諭。然則三部九候，廼經絡之樞機，氣少神餘，亦鍼刺之鈞軸。況乎良醫則貴察聲色，神工則深究萌芽。心考錙銖，安假懸衡之驗，敏同機駭，曾無挂髮之淹。非天下之至精，其孰能與於此。是故先王鏤之于玉板，往聖藏之以金匱，豈不以營叠至道，括囊眞賾者歟。

余幼智蔑聞，老成無已，才非公幹，夙嬰沈疾，德異士安，早纏尫瘵。所以志學之歲，馳百金而徇經方，耄及之年，竟三餘而勤藥餌。酌華公之《緑（帙）〔袟〕》，異術同窺，採葛生之《玉函》，奇方畢綜。每以爲生者兩儀之大德，人者五行之秀氣。氣化則人育，伊人稟氣而存，德合則生成，是生曰德而立。既知生不再於我，人處物爲靈，可幸蘊靈心闕，頤我性源者，由檢押神秘，幽求今古。撰方一部，號曰《千金》，可以濟物攝生，可以窮微盡性。猶恐岱山臨目，必昧秋毫之端，雷霆在耳，或遺玉石之響，所以更撰《方翼》三十卷，共成一家之學。譬輗軏之相濟，運轉無涯，等羽翼之交飛，摶搖不測。矧夫易道深矣，孔宣繫十翼之辭，玄文奥矣，陸績增玄翼之説。或沿斯義，述此方名矣。貽厥子孫，永爲家訓，雖未能譬言中庶，比潤上池，亦足以慕遠測深，稽門叩鍵者哉。儻經目於君子，庶知余之所志焉。

《千金翼方·林億等校正表》　臣聞醫方之學，其來遠矣。上古神農播穀嘗藥，以養其生，黄帝岐伯，君臣問對，垂於不刊，爲萬世法。中古有長桑、扁鵲，漢有陽慶、倉公、張機、華佗，晉宋如王叔和、葛稚川、皇甫謐、范汪、胡洽、深師、陶景之流，凡數十家，皆師祖農黄，著爲經方。迨及唐世，孫思邈出，誠一代之良醫也，其行事見諸史傳。撰《千金方》三十卷，辨論精博，囊括衆家，高出於前輩。猶慮或有所遺，又撰《千金翼方》以輔之，一家之書，可謂大備矣。其書之傳於今，訛舛尤甚，雖洪儒碩學，不能辨之。

仁宗皇帝詔儒臣校正醫書，臣等今校定《千金翼方》。謂乎物之繁，必先得其要，故首之以藥録纂要。凡治病者，宜別藥之性味，故次之以本草。人之生育，由母無疾，故次之以婦人。疾病之急，無急於傷寒，故次之以傷寒。然後養其少小，故次之以小兒。人身既立，必知所以自養，故次之以養性。養性者，莫善於養氣，故次之以辟穀。氣之盈乃可安閒，故次之以退居。退居者當事補養，故次之以補益。若補養失宜，則風疾乃作，故次之以中風。

風者百病之長，邪氣緣而畢至，故次之以雜病，又次之以萬病。愈諸疾者，必資乎大藥，故次之以飛錬。乳石性堅，久服生熱，故次之以瘡癰。衆多之疾，源乎脈證，故次之以色脈。色脈既明，乃通腧穴，故次之以針灸，而禁經終焉。總三十卷，目錄一卷。

臣以爲晉有人欲刊正《周易》及諸藥方，與祖訥論。祖云：辨釋經典，縱有異同，不足以傷風教。至於湯藥，小小不達，則後人受弊不少。是醫方不可以輕議也。臣等不敢肆臆見，妄加塗竄，取自神農以來書行於世者而質之，有所未至，以俟來者。書成繕寫，將預聖覽。恭惟皇帝陛下，天縱深仁，孝述前烈，刊行方論，拯治生類。俾天下家藏其書，人知其學，皆得爲忠孝，亦皇風之高致焉。

《千金翼方·林億後序》 夫疾病之至急者有三：一曰傷寒，二曰中風，三曰瘡癰。是(二)〔三〕種者，療之不早，或治不對病，皆死不旋踵。孫氏撰《千金方》，其中風、瘡癰，可謂精至。而傷寒一門，皆以湯散膏丸類聚成篇，疑未得其詳矣。又著《千金翼》三十卷，辨論方法見於《千金》者十五六，惟傷寒謂大醫湯藥雖行，百無一效，乃專取仲景之論，以太陽方證比類相附，三陰三陽宜忌，霍亂發汗吐下後、陰易、勞復病爲十六篇，分上下兩卷，亦一時之新意，此於《千金》爲輔翼之深者也，從而著之論曰：傷寒熱病，自古有之，名賢睿哲，多所防禦。至於仲景，特有神功。尋思旨趣，莫測其致。有以見孫氏尊而神之之心也。是二書者，表裏相明，至纖至悉，無不該備，世又傳《千金髓》者，觀其文意，殊非孫氏所作，乃好事者爲之耳。王道集《外臺秘要方》，各載所出，亦未之見，似出於唐之末伐，博雅者勿謂其一家書也。至於合藥生熟之宜，炮炙之制，分兩升斗之齊，並載《千金》凡例中，此不著云爾。

《郡齋讀書志·醫書類》 《千金翼方》三十卷。

右唐孫思邈撰。思邈著《千金方》，復掇集遺軼以羽翼其書，成一家之學。林億等謂首之以藥錄，次之以婦人、傷寒、小兒、養性、辟穀、退居、補益、雜病、瘡癰、色脈、針灸，而禁經終焉者，皆有指意云。

《外臺秘要·自序》 昔者農皇之治天下也，嘗百藥，立九候，以正陰陽之變(診)〔沴〕，以救性命之昏札，俾厥土宇用能康寧，廣矣哉。(洎)〔泊〕周之王，小有冢卿，格于醫道，掌其政令，聚毒藥以供其事焉。歲終稽考而制其食，十全爲上，失四下之。我國家率由兹典，動取厥中，置醫學，頒良方，亦所以極元氣之和也。夫聖人之德，又何以加于此乎。故三代常道，百王不(易)〔易〕，又所從來者遠矣。自雷、岐、倉、緩之作，彭、扁、華、張之起，迨兹厥後，仁賢間出，歲且數千，方逾萬卷，專車之不受，廣廈之不容。然而載祀綿遠，簡編虧替，所詳者雖廣，所略者或深。討簡則功倍力煩，取捨則論甘忌苦，永言筆削，未暇尸之。

余幼多疾，長好醫術，遭逢有道，遂躡亨衢。七登南宫，兩拜東掖，便繁臺閣二十餘載，久知弘文館圖籍方書等，繇是覩奥升堂，皆探其秘要。以婚姻之故，貶守房陵，量移大寧郡，提攜江上，冒犯蒸暑，自南徂北，既僻且陋，染瘴嬰痾，十有六七，死生契闊，不可問天。賴有經方僅得存者，神功妙用，固難稱述。遂發憤刊削，庶幾一隅。凡古方纂得五六十家，新撰者向數千百卷，皆研其總領，覈其指歸。近代釋僧深、崔尚書、孫處士、張文仲、孟同州、許仁則、吴昇等十數家，皆有編録，並行於代。美則美矣，而未盡善。何者？各擅風流，遞相矛盾。或篇目重雜，或商較繁蕪。今並味精英，鈐其要妙，俾夜作晝，經之營之，損衆賢之砂礫，掇群才之翠羽，皆出入再三，伏念旬歲，上自炎昊，迄於聖唐，括囊遺闕，稽考隱秘，不愧盡心焉。

客有見余此方曰：嘻，博哉！學乃至於此邪。余答之曰：吾所好者，壽也，豈進於學哉。至於遁天倍情，懸解先覺，吾常聞之矣，投藥治疾，庶幾有瘳乎。又謂余曰：稟生受形，咸有定分，藥石其如命何。吾甚非之，請論其目：夫喜怒不節，饑飽失常，嗜慾攻中，寒溫傷外，如此之患，豈由天乎？夫爲人臣，爲人子，自家刑國，由近兼遠，何談之容易哉。則聖人不合啓金縢，賢者曷爲條玉版，斯言之玷，竊爲吾子羞之。客曰：唯唯。嗚呼！齊梁之間，不明醫術者不得爲孝子。曾閔之行，宜其用心。若不能精究病源，深探方論，雖百醫守疾，衆藥聚門，適足多疑而不能一愈之也。主上尊賢重道，養壽祈年，故張、王、李等數先生繼入，皆欽風請益，貴而遵之，故《鴻寶》、《金匱》、《青囊》、《緑(帙)〔袟〕》，往往而有，則知日月所照者遠，聖人所感者深。至於嗇神養和，休老補病者，可得聞見也。余敢採而録之，則古所未有，今並繕緝，而能事畢矣。若乃分天地至數，别陰陽至候，氣有餘，則和其經渠以安之，志不足，則補其復溜以養之。溶溶液液，調上調下，吾聞其語矣，未遇其人也。不誣方將，請俟來哲。其方凡四十卷，名曰《外臺秘要方》。非敢傳之都邑，且欲施於後賢，如或詢謀，亦所不隱。

《外臺秘要·孫兆校正序》 夫外臺者，刺史之任也。秘要者，秘密樞要之謂也。唐王燾臺閣二十餘年，久知弘文館，得古今方，上自神農，下及唐世，無不採摭。集成經方四十卷，皆諸方秘密樞要也。以出守于外，故號曰《外臺秘要方》，凡一千一百單四門，以巢氏《病源》諸家論辨，各冠其篇首，一家之學不爲不詳。王氏爲儒者，醫道雖未及孫思邈，然而採取諸家之方頗得其要者，亦崔氏、孟詵之流也。且古之如張仲景、《集驗》、《小品方》最爲名家，今多亡逸，雖載諸方中，亦不能別白。王氏編次，各題名號，使後之學者皆知所出，此其所長也。又謂鍼能殺生人，不能起死人，其法云亡且久，故取灸而不取鍼，亦醫家之蔽也。此方撰集之時，或得缺落之書，因其闕文，義理不完者多矣。又自唐歷五代傳寫，其本訛舛尤甚，雖鴻都秘府，亦無善本。國家詔儒臣較正醫書，臣承命，以其書方證之重者，刪去以從其簡。經書之異者，注解以著其詳。魯魚豕亥，煥然明白。臣謂三代而下，文物之盛者必曰西漢，止以侍醫李柱國較方技，亦未嘗命儒臣也。臣雖濫吹儒學，但盡所聞見以修正之，有所闕疑，以待來哲。總四十卷，并目錄一卷。恭惟主上盛德承統，深仁流化，頒此方論，惠及區宇，贊天地之生育，正萬物之性命，使歲無疵癘，人不夭横，熙熙然歌樂於聖造者也。

《外臺秘要·宋皇祐三年內降劄子》 宋皇祐三年五月二十六日，內降劄子，臣寮上言：臣昨南方州軍，連年疾疫，瘴癘其尤甚。處一州有死十餘萬人，此雖天令差舛，致此扎瘥，亦緣醫工謬妄，就增其疾。臣細曾詢問諸州，皆闕醫書習讀。除《素問》、《病源》外，餘皆傳習僞書舛本，故所學淺俚，詿誤病者。欲望聖慈，特出秘閣所藏醫書，委官選取要用者，較定一本，降付杭州開板模印，庶使聖澤及於幽隱，民生免於夭横。奉聖旨宜令逐路轉運司指轄下州府軍監，如有疾疫瘴癘之處，於《聖惠方》內寫錄合用藥方，出牓曉示及遍下諸縣，許人抄劄。仍令秘閣簡《外臺秘要》三兩本送國子監，見較勘醫書官子細較勘。聞奏答付孫兆準此。至治平二年二月二日，準中書劄子較正醫書所狀，醫書內有《外臺秘要》一項，今訪聞前較正官孫兆較對已成，所有净草見在本家，欲乞指揮下本家取赴本局，修寫進冊，所貴早得了當。候指揮奉聖旨，依所申施行。

《郡齋讀書志·醫書類》 《外臺秘要方》四十卷。

右王燾撰。燾在臺閣二十年，久知弘文館，得古方書數千百卷，因述諸病證候，附以方藥、符禁、灼灸之法，凡一千一百四門。天寶中，出守房陵及大陵郡，故以《外臺》命其書。孫兆以燾謂鍼能殺生人，不能起死人，取灸而不取針，譏其爲醫之蔽。予獨以其言爲然。

《四庫全書總目·子部醫家類一》 《外臺秘要》四十卷，通行本。唐王燾撰。燾，郿人，王珪孫也。《唐書》附見珪傳。稱其性至孝，爲徐州司馬，母有疾，彌年不廢帶，視絮湯劑。案視絮二字未詳，然《玉海》所引亦同，是宋本已然，姑仍其舊。數從高醫游，遂窮其術。因以所學作《外臺秘要》，討釋精明，世寶焉。歷給事中鄴郡太守。《藝文志》載《外臺秘要》四十卷，又《外臺要略》十卷。今《要略》久佚，惟《秘要》尚傳。此本爲宋治平四年孫兆等所校，明程衍道所重刻。前有天寶十一載燾自序，又有皇祐三年內降劄子及兆校上序。其卷首乃題林億等名。

考《書錄解題》引《宋會要》稱：嘉祐二年，置校正醫書局於編修院，以直集賢院掌禹錫、林億，校理張洞，校勘蘇頌等并爲校正。後又命孫奇、高保衡、孫兆同校正。每一書畢，即奏上，億等皆爲之序。則卷首題林億名，乃統以一局之長，故有等字也。燾居館閣二十餘年，多見宏文館國籍方書，其作是編，則成於守鄴時。其結銜稱持節鄴郡諸軍事，兼守刺史，故曰《外臺》。案《猗覺寮雜記》曰：《外臺》見唐高元裕傳故事，三司監院官帶御史者，號外臺。《書錄解題》作《外臺秘要方》，自序亦同。《唐書》及孫兆序中皆無方字，蓋相沿省其文耳。書分一千一百四門，皆先論而後方。其論多以《巢氏病源》爲主，每條下必詳注原書在某卷。世傳引書注卷第，有李涪刊誤及程大昌《演繁露》，而不知例創於燾，可以見其詳確。

其方多古來專門秘授之遺。陳振孫在南宋末，已稱所引《小品》、深師、崔氏、許仁則、張文仲之類，今無傳者，猶間見於此書。今去振孫四五百年，古書益多散佚，惟賴燾此編以存，彌可寶貴矣。其中間及禁術，蓋《千金翼方》已有此例。唐小說載賈耽以千年梳治蝨瘕爲異聞，其方乃出於此書第十二卷中。宋小說載以念珠取誤吞漁鉤爲奇技，其方乃在今八卷中。又唐制臘日賜口脂面藥，今不知爲何物，其方亦具在三十一卷中。皆足以資博物。三十七卷、三十八卷皆乳石論。《世說》載何晏稱服五石散，令人神情開朗。《玉臺新詠》有姬人怨服散詩。蓋江左以來，用爲服食之術，今無所用。又二十八卷載貓鬼野道方，與《巢氏病源》同，亦南北朝時鬼病，唐以後絕不復聞，然存之亦足資考訂也。衍道刻此書，頗有校正，惟不甚解唐以前語與後世多異。如痢門稱療痢稍較，衍道注曰：較字疑誤。考唐人方言，以稍可爲校，故薛能《黄蜀葵》詩有記得玉人春病校句。馮班校《才調集》辨之甚明。衍道知其有誤，而不知較爲校誤，猶爲未審。然大致多所訂定，故今亦并存焉。

《武陵山人雜著·讀〈外臺秘要〉書後》 此書成於天寶十一載，王冰注《素問》未出也，而引《素問》卷數與王本同，蓋後人所妄改。引《靈樞經》稱《九卷》，與《甲乙經》及《傷寒論序》合。引《甲乙經》有庚卷第七，又有辛卷第八，疑《甲乙經》原止十卷，以十干分題，後人以其文繁，乃析爲十二卷。然皇甫謐自序亦云十二卷，則不可解矣。引《傷寒例》三條，直稱王叔和，蓋唐以前人皆知此篇爲叔和作，未嘗混入正文。成無己不分朱紫，一概爲之訓釋，後人考之不詳，指摘與回護，兩無當也。引《金匱要略》，并稱《傷寒論》，可見其時《傷寒》《金匱》未分爲二書。仲景自序《傷寒卒病論》合十六卷，卒即雜之壞字，止稱《傷寒論》者，省文耳，非謂其書專論傷寒也。但序稱十六卷，而《外臺》所引有十八卷，則唐人所見，已不能無離析增加之失。流傳至宋，又取其中論雜病者別爲《金匱要略》，愈遠而愈失其眞矣。

十八卷之原次，不可得見，今以《外臺》所引彙而錄之。第二卷桂枝湯，乃太陽方。凡言某經某證，并以《外臺》所引原文字定之，非一方止治一病也。第三卷麻黄湯、葛根湯，并太陽方。小柴胡湯、小建中湯，并太陽轉屬少陽方，第四卷大陷胸湯及丸，小陷胸湯，半夏瀉心湯，大柴胡湯，柴胡桂薑湯，文蛤散，白散，并太陽誤治救逆方。第五卷大承氣湯、茵陳蒿湯、豬苓湯，并陽明方。第六卷半夏散及湯，眞武湯，并少陰方。乾薑黄連人參湯乃厥陰方。瀉心湯乃孤惑方。第七卷葛根黄連湯乃太陽轉屬陽明方。第八卷甘草乾薑湯、炙甘草湯，并肺痿方。第十卷調胃承氣湯、白虎加人參湯，并太陽轉屬陽明方。第十一卷桂枝附子湯、附子白朮湯，并濕證方。第十四卷豬膏髮煎、麻黄醇酒湯、小半夏湯、五苓散、茵陳五苓散、大黄消石湯、梔子大黄湯、消石礬石散，并黄疸方。黄芪芍藥桂酒湯、桂枝加黄芪湯，并黄汗方。第十五卷大鼈甲煎、小柴胡去半夏加栝樓湯、牡蠣散、蜀漆散，并瘧證方。烏頭赤石脂丸、桂心生薑枳實湯，并心痛方。大烏頭煎、抵當烏頭桂枝湯、當歸生薑羊肉湯、柴胡桂枝湯，并寒疝方。橘皮枳實湯，栝樓薤白白酒湯、栝樓薤白半夏湯，并胸痺方。第十六卷理中湯，亦胸痺方，柏葉湯、黄土湯，并吐血方。小半夏湯、也與十四卷方同證異，非重出也，後倣此。半夏加茯苓湯、生薑半夏湯、小橘皮湯、豬苓散、四逆湯、大半夏湯、黄芩湯，并嘔吐方。第十七卷百合知母湯、百合滑石代赭湯、百合鷄子湯、百合地黄湯，并百合方。理中湯、附子粳米湯、四逆湯、通脈四逆湯，并霍亂方。第十八卷小青龍加石膏湯、越婢加半夏湯，并肺脹方。桔梗白散乃肺癰方。其卷一、卷九、卷十二、卷十三未見徵引。大約十卷以前，即今《傷寒論》文，十一卷以後，即今《金匱要略》文。惟狐惑、肺痿二證，廁於六經之中，不知何義。諸方亦或顛倒失次，疑傳寫有誤字耳。

宋王洙在館閣，於蠹簡中得《金匱玉函要略方》三卷。上辯傷寒，中論雜證，下載各方，則其時猶未分爲二也。林億校《金匱要略》序云：所論傷寒，文多簡略，故但取雜病以下，止服食禁忌二十五篇，二百六十二方，而仍其舊名。蓋傷寒、雜病之分，自此始矣。仲景原書，先以六經提共綱，次以諸證詳其目。傷寒中兼有雜病，雜病亦不外於六經。《外臺》所引，彼此參錯，不復可分，深得仲景立言之旨。林億等截分爲二，祇覺《傷寒論》中之文支離重複而不適於用，蓋古書之不可擅改也如是。明人校刻《外臺秘要》，乃於方下附注云：此《金匱要略》方，非《傷寒論》方。閲之令人失笑。彼於醫籍源流，茫然不解，乃敢妄下雌黄，亦異事也。

首卷引《陰陽大論》文二百餘字，與《傷寒例》同，蓋唐時此書尚存，故王冰取以補《素問》之缺。今自運氣七篇外，僅存此條，其可寶爲何如。喻嘉言、程郊倩集矢於王叔和，乃并其所引《陰陽大論》而疑之。錢天來等至解《內經》冬傷於寒爲冬傷寒水之藏，且謂寒邪凜冽，中人即病，非若暑濕之能伏處身中。不思《內經》論溫瘧，明言冬中于風寒，氣藏于骨髓之中矣，亦得以冬傷寒水之藏釋之耶。醫家好以臆見詁經，無異郢書燕說，一緣讀書不廣，兼亦無書可讀。唐以前醫書，存者僅十餘種，并多脱誤。《外臺》所引如《小品方》、《經心錄》、《延處秘錄》、《古今錄驗》、崔氏、深師、許仁則、張文仲、《删繁》、《廣濟》、《備急》、《救急》、《近效》、《必效》諸方，今已亡佚殆盡。脱簡譌字，無從是正。安知數百年後，不并此書而亡之也。近孫淵如頗好古書，取十七卷所引《素女經》、《四季補益方》，刊入平津館中。不知三十四卷，尚有《素女經》八瘕方，失于採錄，可謂疏略之甚。時下醫流，舍本逐末，求如淵如者而不可得矣。興言及此，爲之慨然。

《太平聖惠方·宋太宗序》 朕聞皇王治世，撫念爲本，法天地之覆載，同日月以照臨，行道德而和慘舒，順寒暄而知盈縮，上從天意，下契群情，罔憚焦勞，以從人欲，乃朕之願也。且夫人稟五常，藥治百病，能知疾之可否，究藥之徵應者，則世之良醫也。至如風雨有不節之勞，喜怒致非理之患，疾由斯作，蓋自物情，苟非窮達其源，窺測其奧，徒煩服食以養於壽命，消息可保於長生矣。自古同今，多乖攝治。病之間起，積之於微，勢兆已形，求諸服餌，方既弗善，藥何救焉。《書》曰藥不瞑眩，厥疾弗瘳。誠哉是言也。且如人安之道，經絡如泉，或馳騁性情，乖戾形體，莫如傷敗，致損壽齡。蓋由血脈榮枯，肌膚盛弱，貪其嗜慾，不利機關，及至虛羸，不防他故，四時逆順，六氣交爭，賢者自知，愚者未達。是以聖人廣兹仁義，博愛源深，故黃帝盡岐伯之談，虢君信越人之術。揆度者明於切脈，指歸者探乎幽玄，論之則五音自和，聽之則八風應律，譬猶影響，無不相從，求妙刪繁，備諸方冊，討尋精要，演說無所不周，詮詁簡編，探賾悉聞盡善。莫不考秘密、搜隱微，大矣哉！爲學乃至於此耶，則知天不愛其道，而道處其中，地不愛其寶，而寶舍其內。夫醫者意也，疾生於內，藥調於外，醫明其理，藥效如神。觸類而生，參詳變易，精微之道，用意消停。執見庸醫，證候難曉。

朕昔自潛邸，求集名方，異術玄針，皆得其要，兼收得妙方千餘首，無非親驗，並有準繩，貴在救民，去除疾苦。並徧於翰林醫官院，各取到經乎家傳應效藥方，合萬餘道，令尚藥奉御王懷隱等四人校勘編類。凡諸論證，並該其中，品藥功效，悉載其內。凡候疾之深淺，先辨虛實，次察表裏，然後依方用藥，則無不愈也。庶使天高地厚，明王道之化成，春往秋來，布群黎之大惠。昔炎帝神農氏，長於姜水，始教民播種，以省殺生，嘗味百草，區別藥性，救夭傷之命，延老病之生，黔首日用而不知，聖人之至德也。夫醫道之難，昔賢猶病，設使誦而未能解，解而未能別，別而未能明，明而未能盡，窮此之道者，其精勤明智之士歟。朕尊居億兆之上，常以百姓爲心，念五氣之或乖，恐一物之失所，不盡生理，朕甚憫焉，所以親閱方書，俾令撰集，冀溥天之下，各保遐年，同我生民，躋於壽域。今編勒成一百卷，命曰《太平聖惠方》，仍令雕刻印版，徧施華夷，凡爾生靈，宜知朕意。

《博濟方·自序》 天地之間，運行而生成者，非五行乎？人稟五行之秀而生，故具之於形，稟之於氣也。其在天，則四時六氣運乎外，一失其道，則爲災爲沴焉。其在人，則五味七情攻乎內，一失其理，則爲疾爲沴焉。時候乖，有德者和之，疾沴生，善醫者治之。蓋醫之興，其來浸久，軒后著之於書，《周禮》明列其職，皆所以重人命也。然人之疾狀多端，醫道又不可一塗取也。方書藥錄，其數實繁，故自姬漢而下沿及於今，雖鉅言博識，編聯周施者甚衆，然不能盛行於世，何也？亦非採擇之精，治療無準。蓋明其術者，即深秘其隱要，昧於道者，乃不詳其證候，迨乎臨用，有誤十全。衮曏侍家君之任滑臺，道次得疾，過醫之庸者，不究其脈理，妄投湯藥，而疾竟不瘳。復又母氏多病，積有年所。衮遂因公暇，潛心醫術，博採禁方逾二十載矣。所得方論凡七千餘道，皆傳之於家牒，得之於親舊，故非耳剽口授，率經效用。因於其中擇其尤精要者，理療可憑，方書必驗，得五百餘首。仍於逐篇之前，或言其疾狀，或紀其脈息，或序其形證，或論其得病之由，庶使昧於醫者，可審度而修制之，工於醫者，可消息而變用之。噫，今之人若得一妙方，獲一奇術，乃緘而秘之，惕惕然惟恐人之知也，是欲獨善其身，而非仁人泛愛之心也。衮嘗念人之有疾苦，若己父母有之，汲汲然欲其痊也。故竭精研慮，編次成集，傳諸好事，斯亦博濟之一端也，故目之曰《王氏博濟方》。

《博濟方·郎簡序》 大鈞播物，融結而爲萬類，其最靈最貴者惟人。人之所稟，賢不肖雖異，然莫不自重其性命，所不免者，疾苦也。古之君子，居位行道，曷嘗不以周人之急，除民之瘼爲心哉。人而無食乎，可賑而飽之也。人而無衣乎，可溫而解之也。至於一脈內潰，五竅生釁，惛恢瞀亂，號呼楚毒，謦欬間有不可生之意。當是時，非妙診靈劑，可以起廢保命，則雖有金玉牣其室，骨肉環其前，割慈忍愛，痛心疾首，又何誅求哉！子歷官不啻數十載，或遘奇傑，或韜巾衍，所得方錄，較然神異者，用以濟人，至今未嘗少懈。居常患不能家至戶曉，使天下之人皆獲其利，以是汲汲然有不足者。今春錢塘酒官王君，惠然見過，出方書三編示予。且曰：衮平素善醫診，所摭精要方若干首，不敢自愛，欲刊摹以周施四方，冀人人得遂其生。予樂聽所云，頓起夙昔之願，稱歎者久之。雅聞其人好奇博涉之士也，因自錄素所奇異方有驗於人者，得三十餘通，請附於類例之內，以助成一家。噫！救災恤患，陽秋之大誼也。博施濟衆，仁者之首善也。惟冀一圓一劑，有瘳有喜，使幅員之衆，無札瘥，無疵癘，胥考終命，是所願也。予既嘉其秉心，贊厥美事，特舉崖略，庸紀於末。

《四庫全書總目·子部醫家類一》 《博濟方》五卷，《永樂大典》本。宋王衮撰。衮，太原人。其仕履未詳，惟郎簡原序稱其嘗爲錢塘酒官而已。此書諸家書目皆著於録，惟《宋史·藝文志》、陳振孫《書録解題》俱作三卷，晁公武《讀書志》作五卷，稍有不同。蓋三五字形相近，傳寫者有一訛也。公武又稱：衮於慶歷間，因官滑臺，暇日出家藏七十餘方，擇其善者爲此書。名醫云：其方用之無不效。如草還丹治大風，太乙丹治鬼胎，尤奇驗。今案衮《自序》有云：鄙侍家君之任滑臺，道次得疾，遇醫之庸者，妄投湯劑，疾竟不瘳。據此，則官滑臺者乃衮之父。而公武即以爲衮，殊爲失考。衮又言：博採禁方逾二十載，所得方論凡七千餘道，因於中擇其尤精要者，得五百餘首。而公武乃云：家藏七十餘方。則又傳寫之誤也。原書久無傳本，惟《永樂大典》内載有其文，哀輯編次，共得三百五十餘方，視衮序所稱五百首者，尚存十之七。謹分立三十五類，依次排比，從《讀書志》之目，釐爲五卷。其中方藥多他書所未備，今雖不盡可施用，而當時實著有奇效，足爲醫家觸類旁通之助。惟頗好奇異，往往雜以方術家言。如論服杏仁，則云：彭祖、夏姬、商山四皓煉杏仁爲丹，王子晉服四十年而騰空，丁令威服二十年而身飛。此類殊誕妄不足信。今故取服食諸法，編附卷末，以著其謬，俾讀者知所持擇焉。

《蘇沈良方·林靈素序》 沈公内翰，字存中。博古通今，古君子也。留心醫書，非所好也，實有補於後世爾。公凡所至之處，莫不詢究，或醫師，或里巷，或小人，以至士大夫之家，山林隱者，無不求訪。及一藥一術，皆至誠懇切而得之，終不以權勢財貨逼而得之，可見其愛物好生之理也。公集而目之曰《良方》，如古之良醫者，若孫眞人未嘗不以慈悲方便救護爲念也。近世有人，或得一方，小小有效，則終莫得之，此亦爲衣食故也。若夫腰金佩玉，出權貴之門，又安敢望其面目乎。余得此方十有餘年，恨篋無金帛而能成就一板，使流傳天下後世，療夫久疾沉疴，纏綿之苦者也。豈自言微功有所利也。然此方經驗有據，始敢鏤行。

《郡齋讀書志·醫書類》 沈存中《良方》十卷。

右皇朝沈括存中撰。存中博學通醫術，類其經驗方成此書。用者多驗。或以蘇子瞻論醫藥雜説附之。

《直齋書録解題·醫書類》 《蘇沈良方》十卷。蘇者，東坡。沈，即存中也。不知何人所録。其間辨鷄舌香一段，言《靈苑》所辨，猶有未盡者。《館閣書目》別有《沈氏良方》十卷，《蘇沈良方》十五卷，而無《靈苑方》。

《續醫説·蘇沈良方》 《蘇沈良方》十卷，前有永嘉道士林靈素序。余家有宋刻本，竊意靈素在二公文集中或雜記或筆談等書抄出，彙成一編，附託二公之盛名，以行其方耳。李東垣謂《蘇沈良方》猶唐家類詩，何也？蓋言不能詩者之集詩，猶不知方者之集方也。一詩之不善，止不過費紙而已，不致誤人。一方之不善，則其禍有不可勝言者矣。噫，後之集方書者，尚慎之哉。

《四庫全書總目·子部醫家類一》 《蘇沈良方》八卷，永樂大典本。宋沈括所集方書，而後人又以蘇軾之説附之者也。考《宋史·藝文志》有括《靈苑方》二十卷，《良方》十卷，而別出《蘇沈良方》十五卷。注云：沈括、蘇軾所著。陳振孫《書録解題》有《蘇沈良方》十卷，而無《沈存中良方》。尤袤《遂初堂書目》亦同。晁公武《讀書志》則二書並列，而於《沈存中良方》下云：或以蘇子瞻論醫藥雜説附之。《蘇沈良方》下亦云：括集得效方成一書，後人附益以蘇軾醫學雜説。蓋晁氏所載《良方》，即括之原本。其云或以蘇子瞻論醫藥雜説附之者，即指《蘇沈良方》，由其書初尚並行，故晁氏兩載。其後附蘇説者盛行，原本遂微，故尤氏、陳氏遂不載其原本。今《永樂大典》載有《蘇沈良方》原序一篇，亦括一人所作，且自言予所作《良方》云云，無一字及軾，是亦後人增附之後，併其標題追改也。案明晁瑮《寶文堂書目》有《蘇沈二内翰良方》一部。是正嘉以前，傳本未絕，其後不知何時散佚。今據《永樂大典》所載，掇拾編次，釐爲八卷。史稱：括於醫藥卜算無所不通，皆有所論著。今所傳括《夢溪筆談》末爲藥議一卷，於形狀性味，眞僞同異，辨別尤精。軾雜著時言醫理，於是事亦頗究心。蓋方藥之事，術家能習其技而不能知其所以然，儒者能明其理而又往往未經試驗。此書以經效之方而集於博通物理者之手，固宜非他方所能及矣。

《史載之方·自跋》 載之治病用藥，初不求異，炮炙制度，自依本法。以銖記者，蓋其審證精切，不過三四服立瘉，踰是而不效，乃察病按方之不審，便當改轍，不可泥也。此皆親試而得之，非敢夸大其説。六銖爲分，四分爲兩。

《蕘圃藏書題識·子類一》 《史載之方》二卷，宋本。向聞白隄錢聽默云：北宋時有名醫，因治蔡京腸秘之症，只用紫苑一味，其病遂愈，醫者由是知名，其人蓋史載之也。後余友顧千里游杭州，遇石家嚴久能于湖上，出各種古書相質。歸爲余言，中有《史載之方》二卷，眞北宋精槧。余心向往之久矣。客歲錢唐何夢華從嚴氏買得，今夏轉歸於余。余檢其方，果有大府秘一門用紫苑者，始信錢丈之言爲不謬。特未知用而見效之説出何書耳。至於板刻之爲北宋，確然可信。字畫斬方，神氣肅穆，在宋槧中不多覯。其避諱若炅字，尤他刻所罕。千里豔稱於前，夢華作合於後，余於此書，可云奇遇。余喜讀未見書，若此書各家書目所未收，惟《宋史新編》有云：《史戰之方》二卷。戰者，以載字形近而譌無可疑者。余重其書之秘，出白金三十兩易得，重加裝潢。遇上方切去原紙處，悉以宋紙補之。尾葉原塡闕字，亦以宋紙易去，命工仍錄其文。想前人必非無知妄作者也。上下卷通計一百單七翻，合裝潢費核之，幾幾乎白金三星一葉矣。余之惜書而不惜錢，其眞佞宋耶，誠不失爲書魔云爾。

朱師古，眉州人，年三十時得異疾，不能食，聞葷腥氣輒嘔。惟用一鐺旋煮湯沃淡飯數匕食之。每用鐺亦須滌十餘次，不然更覺腥穢不可近也。食已，鼻中必滴血一點，懨懨瘦削，醫莫能愈。乃趨郡謁史載之。史曰：俗醫不讀醫經而妄欲療人，君之疾在《素問中經》，其名曰食挂。凡人肺六葉，舒張如蓋，覆於脾則子母氣和，飲食甘美。一或有戾，則肺不能舒，脾爲之蔽，故不嗜食。《素問》曰：肺葉焦熱名曰食挂。吳曉鉦釗森曰：《素問》無此二語。余藏有明刊覆宋本亦無之，疑史君杜撰也。蓋食不下脾，瘀而成疾耳。遂製藥服之，三日覺肉香，啖之無所苦。自此嗜食，宿恙頓除。此見《宋稗類鈔》卷七方伎門。書友胡君立羣檢及告余，錄之以備參考。

蔡元長苦大腸秘固，醫不能通。蓋元長不肯服大黄等藥故也。時史載之未知名，往謁之。閽者齟齬久之乃得見。已診脈，史欲示奇曰：請求二十錢。元長曰：何爲？曰：欲市紫苑耳。遂市紫苑，末之以進，須臾遂通。元長大驚，問其説。曰：大腸，肺之傳送。今之秘無他，以肺氣濁耳。紫苑清肺氣，此所以通也。此古今所未聞，不知用何湯下耳。右《北窗炙輠錄》卷上一則，可爲錢丈之言左證矣。【略】

余喜蓄古籍，苟宋元舊刻，雖方伎必收焉。每得醫書古本，訪求藏書家目證之，辨析同異。頃因收得白沙許學士述《傷寒百證歌》《傷寒發微論》二書，檢及《直齋書錄解題》有云：《指南方》二卷，蜀人史堪載之撰。凡三十一門，各有論。未識即此方否？然茲方爲二卷，雖不名爲指南，卷數卻合。載之，向不知其何郡人，今《解題》云蜀人。向證諸《宋稗類鈔》所云朱師古，眉州人，乃趨郡謁史載之。則其所居之郡可知。向不知其何名，今《解題》云史堪。則載之乃以字行者也。聊著之以見讀書有得乃爾。觸類旁通，其樂又何如耶。

《旅舍備要方・自序》 汲少小多病，因習醫藥。常思世人榮辱汩馳，喜怒妄作，飲食不節，興居無常，倏忽之間，疾起不測。迫於倉卒，不暇藥餌，以斯致困，可不惜哉。況宦游南北，客涉道途，冒觸居多，邪氣易入。方藥備急，尤當究心。且如觸寒心痛，冒熱中暍，厥風涎潮，伏暑霍亂，亟來急治，方可安全。推類求之，不能悉數。汲自業醫以來，收經效奇方計百餘道，證詳而法略，使覽之者曉然可用，目之曰《旅舍備要方》，爲一卷。庶幾道途疾病，治療有歸，不敢私隱，具錄如左。

《旅舍備要方・孟震序》 夫醫藥之來，皆原于農黄二帝之書。其奧博微妙，莫不符契陰陽五行消長之理，脗合君臣相與之道，則固非庸流俗輩所能鈎索之也。推聖人之心，蓋深切於蠲痾濟世，欲躋天下生靈於壽域而已矣。董君汲，少服儒術，嗜閱醫經，洞徹其簡切應用者近百餘方，可以備旅舍應猝之用。編目成集，共爲一卷，號曰《旅舍備要方》。將鏤板以廣其傳。君可謂能推究聖人之所存心者哉，誠可嘉尚，余故輒爲之引云。

《四庫全書總目・子部醫家類一》 《旅舍備要方》一卷，宋董汲撰。陳振孫《書錄解題》載有《小兒斑疹論》、《脚氣治法》，不及此書。然《宋史・藝文志》載之，卷帙亦同，蓋陳氏偶未見也。汲因客途猝病醫尤難，特集經效之方百有餘道，內如蚰蜒入耳及中藥毒，最爲險急，而所用之藥至爲簡易。其雜傷五方，古書中不少概見，今亦罕傳，尤頗見奇特。蓋古所謂專門禁方，用之則神驗，至求其理，則和、扁有所不能解，即此數也。至於小半夏湯、五苓散兩方，本於漢之張機。今以半夏湯治濕痰，仍其本法。至五苓散本法，傷寒汗後不解及有水氣之病，今書中引爲通行利水之劑，殆亦變通用之。如河間益元散，本雙解半表半裏之傷寒，而後人取以醫暑歟。其治中暑一方，似即李杲清暑益氣湯之藍本。其無比香薷散，與後來《局方》稍有出入，蓋亦本古方爲加減。然云治脚轉筋疼痛，而反去主治之木瓜，則不解其故矣。小兒一門，大概與同時錢乙《藥證直訣》相出入。第以柔脆之腸胃，而多用膩粉、硃砂諸峻藥，古人氣厚，服之無妨，在後來亦未可概施也。原本久佚，今從《永樂大典》收掇排纂，得方尚幾五十，仍舊目分爲一十有二類。其觸寒、心痛、厥風、涎潮等證，有錄無書，無從校補，則亦闕焉。

《聖濟總録·趙佶序》 生者天地之大德，疾者有生之大患，方術者治疾之大法。昔者神農氏、黄帝氏獨觀太初，旁燭妙有，味百藥以辨物，審百疾以全生，其制名，其取類，其正君臣，其立佐使，其見於《大素》、《玉冊》之書，雷公岐伯之問，蓋皆開神明之藴，窮陜陜之變，原性命之理，而與天地同其覆載。中古已還，鏤之玉版，藏之金匱，功利及草木，惠澤被牛馬，所以遺天下後世甚厚。歷年既久，流弊滋甚，糟粕具在，而精意不傳。《内經》有病名而莫之究，有治法而莫之習，極其妙至於通仙而莫之悟。人之生也，其位參於天地，其靈貴於萬物，形不盈仭而心侔造化。崑崙尺宅，修之可以長生；丹田神牖，閑之可以反照；天闕神(瀘)〔廬〕，息之可以召和。去土符，書金格，煉丹卻粒，御氣凌虚，不假於物而裕然自足。嗟夫！達士可以神解，昧者且不能養其形，而况於了其心乎。内之五臟六腑，外之九竅四門，著之於色，發之於聲，寓之於三部九候之間，一失其平，則疾疢隨至。神聖治於未兆，工巧捄其已然，非天下之至精，孰能探天下之至賾；非天下之至麤，孰能祐天下之至神。

朕憫大道之鬱滯，流俗之積習，斯民之沉痼，庸醫之妄作，學非精博，識非悟解，五行之數，六氣之化，莫索其隱，莫擬其遠，曰寒曰熱，曰寒熱之相搏，差之毫釐，失以千里，而餘者損之，不足者益之，率意用法，草石雜進，夭枉者半，可勝歎哉！萬幾之餘，著書四十二章，發明《内經》之妙，曰《聖濟經》，其意精微，其旨邁遠，其所言在理，所以探天下之賾。又詔天下以方術來上，并御府所藏頒之，爲補遺一卷，治法一卷，卷凡二百，方幾二萬，以病分門，門各有論而統叙附焉。首之以風疾之變動，終之以神仙之服餌，詳之至於俞穴經絡、祝由符禁，無不悉備，名之曰《政和聖濟總録》，其所載在事，所以祐天下之至神。蓋聖人之馭世，本在於上，末在於下。無見於上則治之道不立，無見於下則治之具不行。經之所言者道也，醫得之而窮神，《總録》之所載者具也，醫用之而已疾。漢張仲景作《傷寒》而雜之以方，唐孫思邈作《千金方》而繼之以《翼》，以謂不如是，則世莫能用其術。然斯二人者，游於方術之内者也，彼超然獨見於方術之外，下顧岐伯之流而與之議，始可謂知道。朕作《總録》，於以急世用而捄民疾，亦斯道之筌蹄云。再天下後世，宜致思於忘筌蹄而自得者。俯仰之間，嚬笑之度，御五行之數，運六氣之化，以相天地，以育萬物，至於反營魂而起當生者，豈細事哉，將有來者焉。

《聖濟總録·焦養直序》 臣聞天地以溥生爲大德，所以曲成萬物而不遺。聖人贊天地之化育，故斂時五福，以敷錫於庶民。夫民之爲物也，智者寡，愚者衆，起居失常，食飲無節，外爲寒暑燥濕風以賊其形，内爲喜怒思憂恐以亂其氣，形氣乃傷，疾所由作。聖人有憂之，謂祝由不可以盡已也，遂治藥石鍼艾，以攻八風之賊，六氣之邪，爲湯液醪醴，以佐四時五行之政，防其未然，救其已病，然後物各遂其生，民不夭其命矣。又謂非立憲言不可以福萬世也，於是上法天道，下因地宜，究陰陽之本，明生死之由，考於古而驗之今，取諸己而施之人，定爲成書，著之玉版，藏之金匱，宣之於布政之堂，秘之於靈蘭之室，以俟來哲，以施無窮，其爲仁民愛物之心，斯可謂極矣。然其言至簡，其論至要，其理至深，後世學者雖有上智，非研精覃慮，則亦未易窺其奥也。故曠代之中，能以斯術鳴世者，時固有之，若夫神聖工巧，獨得先世不傳之秘，如和緩越人，亦不過十餘人而已。况去聖已遠，支分派別，析而爲衆科，業而爲專門，所以人拘其偏，而莫肯究其全，則益不逮於古矣。積習成常，流弊滋甚，懼大道將墜於湮微，故《聖濟總録》由是而作也。上下凡二百餘卷，始終幾二百萬言，逐病分門，門各有〔方〕，據經立論，論皆有統，蓋將使讀之者觀論以求病，因方以命藥，則世無不識之病，病無妄投之藥。唯法有逆從，治有先後，在乎智者擇其所當，從其所宜而已。究而言之，實醫經之會要，學者之指南，生民之司命也。惜其始成於政和，重刊於大定，既經歷百年之久，不能無三豕之訛。今皇上神極御天，修飾制度，治具畢張。以謂是書所載，雖先聖之緒餘，其所以康濟斯民，亦至治之一助也。廼詔江浙行省，刊於有司，布之天下，其或繆戾，隨加釐正。復降德音，俾下臣爲之序引。臣誠愚陋，竊不自量，仰惟聖德如天，甄陶萬類，爰自即位以來，於今七年，恩浹飛沈，仁及草木，然猶夙夜孜孜，廣求民瘼，或一物不得其所，則必爲之惻然。臣謂此書復出，則上可以輔相天地之宜，下可以永底烝民之生，物無疵癘，咸躋於仁壽之域矣。

《聖濟總録·汪鳴珂序》 宋政和間，詔纂《聖濟總録》二百卷，集天下之名醫，開古今之秘笈，大方草澤，廣搜博采，最爲賅備。其後重刊於金之大定、元之大德，迄今又五百餘年，而流傳浸少。明季秀州殷氏方叔作《醫藏目》，考述見聞所有卷帙，列此於聲聞函中，不詳篇目，殆亦未之見也。余於方書有癖嗜焉，生平所閲，略得《醫藏》之半，獨以未見《總錄》爲憾。癸卯冬杪，客遊邗江，聞潭濱黄氏曾購善本，訪之，而黄已沒，重鋟未竟，散失幾半，且多遺誤。乃購得其板片以歸。同里程君懋哉見而欣賞，季弟鳴鳳慫慂藏事，思所以成全之者，遂其校讎。殘失既修，舛錯既正，魚豕既辨，而尚缺二十七卷，再訪求於江浙藏書之家，僅有數卷，竟無完本。後又從烏程鄭虹橋、古歙鮑以文兩君處，共補得二十四卷。其第百九十五卷符禁，百九十九卷及二百卷服餌、鍼（炙）［灸］中，漫漶百有三行，卒不可得，蓋已若神龍之不見其尾矣。其書首詳運氣之微，次備六淫之變，七方十劑，三因並舉，以及鍼（炙）［灸］符禁，神仙服餌，集十三科之大成，爲醫家之總持，敢不公之於世。爰誌原委，以俟好古君子或有庋藏所缺三卷，惠而示我，延津之合，更有厚望焉。

《四庫全書總目·子部醫家類一》　《聖濟總錄纂要》二十六卷，浙江巡撫採進本。宋政和中奉敕編，國朝程林刪定。林字雲來，休寧人。初，徽宗御製《聖濟經》十卷，四十二章。又詔集海内名醫，出御府所藏禁方秘論，纂輯成編，凡二百卷，其書久而佚脱。林購求殘帙，凡得三本，互相補葺，尚闕一百七十三卷至一百七十七卷，不可復見。以其繁重難行，乃撮其旨要，重爲纂輯，門類悉依其舊。所闕《小兒方》五卷，則倩其友項睿補之，仍冠以徽宗原序，大德四年集賢學士焦惠校上序，及校刊諸臣銜名。考晁陳二氏《書目》，但有徽宗《聖濟經》，不載是書。觀焦惠序，稱始成於政和，重刊於大定，殆汴京破後，隨内府圖籍北行，南渡諸人，未睹其本歟。今未見其原書，然宋代崇尚醫學，搜羅至富，就所採錄古來專門授受之方，尚可以見其大略。其每類冠論一篇，亦皆詞簡而理明，均足以資考訂。原本之末，有《神仙服餌》三卷，或言烹砂煉石，或言嚼柏咀松，或言吐納清和，或言斬除三尸，蓋是時道教方興，故有是妄語。林病其荒誕，一概汰除，惟約取其尋常頤養之藥三十餘方，其别擇具有條理，故所錄諸方多可行用，與膠執古法者異焉。

《聖濟經·趙佶序》　自繼述以來，兢兢業業，夙夜不敢康，萬機之餘，紬繹訪問，務法上古，探天人之賾，原性命之理，明榮衛之清濁，究七八之盛衰，辨逆順，鑒盈虚，爲書十篇，凡四十二章，名之曰《聖濟經》。使上士聞之，意契而道存，中士考之，自華而摭實，可以養生，可以立命，可以躋一世之民於仁壽之域，用廣黄帝氏之傳，豈不美哉。

《郡齋讀書志·醫書類》　《聖濟經》十卷。右徽宗皇帝御製。因《黄帝内經》，采天人之賾，原性命之理，明營衛之清濁，究七八之盛衰，辨逆順之盈虚，爲書十篇，凡四十二章。

《直齋書録解題·醫書類》　《聖濟經》十卷。政和御製，辟雍學生邵武吴禔注。

《聖濟經·陸心源序》　《聖濟經》十卷，宋徽宗御製，其注題曰辟雍生吴禔注。經則《宋史·藝文志》、《直齋書録解題》、昭德《郡齋讀書志》、《文獻通考》、明《文淵閣書目》皆著於錄，注則惟見於《書錄解題》。數百年來，流傳絶罕，四庫未收，阮文達亦未進呈，至常熟張氏《愛日精廬藏書志》始箸于錄。吴禔仕履無考，據《書錄解題》，知爲福建邵武人，據結銜，知爲太學生而已。徽宗自矜其書，謂可以躋於仁壽，廣黄帝氏之傳，於《聖濟總錄序》亦諄諄言之，蓋以此書爲經，《總錄》爲傳，其意可見也。政和八年五月十一日，頒之天下學宫。後允從臣之請，敕内外學校課試命題。九月二十四日，又從大司成李邦彦之請，選博士與《内經》、《道德經》並講，趙希弁《讀書附志》言之頗詳。今觀其書，探五行之賾，明六氣之化，文淺而意深，言近而旨遠，可爲讀《素問》之堦梯，視南宋以後諸家，偏辭曲説，相去不啻霄壤。陸序稱黄帝親事廣成子於法宫，妄信左道讕言，而十篇之中，固皆言之成理，無邪説存乎其間也。昔人謂使陳後、隋煬與文士爭衡，亦當不落人後，愚謂徽宗以天下爲兒戲，自取敗亡。然于岐黄家言，實能深造自得，其敕定之《證類本草》、《聖濟總錄》，至今亦奉爲圭臬。苟使身爲醫士，與同時諸人較長絜短，豈在朱肱、許叔微下乎？然後知有斯民之責者，當以進賢退不肖爲急務，而非私恩小惠所得與焉。

《全生指迷方·自序》　德彌大者，常存乎好生之心，志彌廣者，每切于立言爲教。在上世則有伊尹，逮後漢乃見張機，祖述神農之經，發明黄帝之道。雖然，術至通神之妙，在乎知慮以爲先。藥至起生之功，必因精能而後效。天無棄物，非人莫知所能，人有常心，非道莫知所適。凝神自悟，觸理皆分，故能贊益天機，悉體陰陽之變，深窮造化，博極生死之源。候色驗形，自契一時之理，刳腸剖臆，難傳後代之精。至于湯液除疴，砭石起死，必當研窮性味，斟酌淺深。治理在于君臣，協攻資乎佐使。方書之行，其來尚矣，而人猶不能刻意研求，專心致志，攖邪抱病，則束手無能，制療處方，則委身紕繆。余竊悲之。于是，採古人之緒餘，分病證之門類，別其疑似，定其指歸。陰陽既明，虛實可考。若能按圖求治，足以解惑指迷。雖未起死回生，庶幾扶危拯困，故號曰《全生指迷》，以崇大倫之道焉。

《全生指迷方·吴敏序》 余昔任左史，遇疾瀕死，考城王貺子亨爲察衆工之用藥，而余以生。因以其所著《全生方》一編，遺余藏之，未暇讀也。繼掌外制，一日得異疾，謀諸醫未決。子亨笑曰：毋恐，此吾書所有也，視某章病當某藥。如方，信宿而病良已，於是始奇之。歸居淮南，去王城國，偶有病，秪訊於書。謫三巴，遷百粤，去醫益遠，又槖本以歸余。余因爲之表其端曰：此書直而遂，曲而通，部居彪列而脈絡潛流，形色昭彰而對治要妙。知方者讀之，智思横生，不知者猶可按圖而愈疾。眞衛生之奇寶，濟物之良術也。至理不煩，至語不費，余非知道者，而於此乎取之。子亨當官不苟，遇世變，嘗慨然再請出疆萬里。其論著此書用心，救世利物，不特此矣。

《直齋書録解題·醫書類》 《指迷方》三卷。考城王貺子亨撰，吴丞相每爲之序。貺爲南京名醫宋毅叔之壻。宣和中，以醫得幸，至朝請大夫。

《四庫全書總目·子部醫家類一》 《全生指迷方》四卷，《永樂大典》本。宋王貺撰。按《書録解題》：貺，字子亨，考城人，名醫宋毅叔之婿。宣和中以醫得幸，官至朝請大夫。是書《宋史·藝文志》作三卷，而傳本久絶，故醫家罕所徵引，或至不知其名。今檢《永樂大典》所收，按條掇拾，雖未必盡符原本，然大要已略具矣。方書所載，大都皆標某湯某丸主治某病，詳其藥品銖兩而止。獨貺此書於每證之前，非惟具其病狀，且一一論其病源，使讀者有所據依，易於運用。其脈論及辨脈法諸條，皆明白曉暢，凡三部九候之形，病證變化之象，及脈與病相應不相應之故，無不辨其疑似，剖析微茫，亦可爲診家之樞要。謹詳加訂正，分爲二十一門。依類編次，而以論脈諸篇冠之於首，因篇頁稍繁，釐爲四卷，不復如其原數焉。

《本事方·自序》 余年十一，連遭家禍，父以時疫，母以氣中，百日之間，併失怙恃，痛念里無良醫，束手待盡。及長成人，刻意方書，誓欲以救物爲心。杳冥之中，似有所警，年運而往，今逼桑榆。謾集已試之方及所得新意，録以傳遠，題爲《普濟本事方》。孟棨有《本事詩》，楊元素有《本事曲》，皆有當時事實，庶幾觀者見其曲折也。余既以救物爲心，予而不求其報，則是方也，烏得不與衆共之。

《四庫全書總目·子部醫家類一》 《類證普濟本事方》十卷，浙江巡撫採進本。宋許叔微撰。叔微，字知可，或曰揚州人，或曰毘陵人。惟曾敏行《獨醒雜志》作眞州人。二人同時，當不誤也。紹興二年進士，醫家謂之許學士。宋代詞臣率以學士爲通稱，不知所歷何官也。是書載經驗諸方，兼記醫案，故以《本事》爲名。朱國楨《湧幢小品》載，叔微嘗獲鄉薦，春闈不利而歸。舟次平望，夢白衣人勸學醫，遂得盧扁之妙。凡有病者，診候與藥，不取其直。晚歲取平生已試之方，併記其事實，以爲《本事方》。取《本事詩》之例以名之云云。即指此書。然考《獨醒雜志》，叔微雖有夢見神人事，而學醫則在其前，不知國楨何本也。叔微於診治之術，最爲精詣。故姚寬《西漢叢語》稱：許叔微精於醫。載其論肺蟲上行一條，以爲微論，其書屬詞簡雅，不諧於俗，故明以來不甚傳布。此本從宋槧鈔出，其中凡丸字皆作圓，猶是漢張機《傷寒論》《金匱要略》舊例也。國楨又記叔微所著，尚有《擬傷寒歌》三卷，凡百篇，又有《治法》八十一篇，及《仲景脈法三十六圖》、《翼傷寒論》二卷、《辨類》五卷。今皆未見傳本，疑其散佚矣。

《士禮居藏書題跋記·子類·普濟方》 殘宋本，存第一至六。此書浦姓賤售於某家，某家又售于書船，獲此厚値。幸余次第得之，俾宋刻勿致失墜，此區區之苦心，雖無錢而必勉强致之者，職是故耳。至於宋刻之可寶，序及《治藥制度總例》，時刻所無，其餘卷中錯誤，不可枚舉。莫謂方書雜伎，無足重輕，倘藥品缺少，分兩差池，致病罔效，猶諸經典缺誤處，足以妨事，所係豈鮮？淺鮮哉！書船友姓邵名寶墉，云其書得諸江陰，即浦姓賤售者，并記，復翁。

《鷄峰普濟方·顧千里序》 閬原觀察，多藏秘笈，其《鷄峰普濟方》一書，又世所罕傳，於是重加刊刻，既成，屬予爲序。予不知醫，其將何以序是哉。雖然，嘗病夫今之醫者之爲方也，舉凡方書，罔克究心，雖顯著如《千金》、《外臺》之屬，精深博大者，家有其書已鮮矣，而況讀乎，而況用乎。惟坊肆陋本，抄撮湯頭，編爲歌訣，人挾一冊，口剽目竊，以蘄速化。迨病之來，皆皮附應之，冀望其倖中，此固必不得之數也。太史公傳倉公，言意自少喜醫藥，醫藥方試之多不驗者，得見師臨菑元里公乘陽慶，謂意曰：盡去而方書，非是也。欲盡以我禁方書悉教公。然則觀國工之所以得，悟俗工之所以失，盡去其不驗非是之故方，更受古先遺傳之禁方，豈非此日之急務哉。陽慶之予不可遘，特當於昔人方書中求之耳。張氏審擇會萃，以普濟之心成書，汪君不專己有，刊普濟之書行世，厥以是乎。予既辭不獲命，輒書此，序之以待夫後之讀而用者。

《扁鵲心書·自序》　《靈》《素》爲醫家正傳，後世張仲景、王叔和、孫思邈、孫兆、初虞世、朱肱皆不師《內經》，惟採《本草》諸書，各以己見，自成一家之技。治小疾則可，治大病不效矣。〔胡珏注〕王叔和、朱肱烏可與仲景同列。若云仲景不師《內經》，試觀《傷寒》、《金匱》一書不本《靈》《素》之旨，寧有如是精深之論乎。　至皇甫士安、巢元方、王冰等，雖學《素問》，而不得方學之傳，亦依前六子方法而行。此書從古至今，未得通行。余業醫四世，皆得此法之力，而人世未深信，故難梓行。余初學醫，盡博六子之書，以爲醫之理盡矣。然調治小疾，百發百中，臨大病，百無二三，每悵己術之不精也。後遇關中老醫，叩余所學，笑曰：汝學非是岐黃正派，特小技爾。祇能調小疴，俟其自愈，豈能起大病哉。余即從而師之三年，師以法授我，反覆參詳，遂與《內經》合旨。由茲問世，百發百中，再觀六子書，眞兒戲耳。但師授固簡而當，意欲梓行，恐有未盡，遂將追隨先師所歷之法，與己四十餘稔之所治驗，集成醫流正道，以救萬世夭枉。後人得此，苟能日夜勤求，自能洞貫其理，以見余言非謬。至若賢良忠正，孝子仁人，再爲廣布，俾天下後世，上可以救君親，下可以濟斯民。余因恐遭天譴，不敢自私，刊刻流傳，願仁者勿拘成見而屑視之，斯幸矣。

《扁鵲心書·王琦跋》　《扁鵲心書》三卷，及《神方》一卷，宋紹興中開州巡檢竇材所集。錄已，嘗鋟板行世，而歲久湮沒，人間少有見者。古月老人得之，詫爲奇書，秘冊寶藏，不啻在琅函玉笈中。老人精醫理，(千)〔于〕古今方論剖析疑似，指斥譌謬，皆合軒岐正義。遇危急之疾，他人縮手告難，老人治之，往往奏效。年五十外，又得此書，嗣後治人痼疾，益多奇驗。沒後，其子道周繼其業，嘗手其書示余曰：思欲重刊，以傳于世，而家貧乏力，遲之十餘年，竟不克刊。道周亦沒，歷今又十餘年。見其孫紀雲，語及是書，因出其祖手錄副本見示，上有參論百餘條，拾遺補闕，可謂竇氏功臣。第字句不無訛錯，邊方亦有蠹蝕。問前者所見原本，則歸橫塘一藏書家，余深以不得再見爲歉，又恐此本久亦湮沒不存，爰加較勘，即以參論諸條附注其下，以付剞劂。一以愿故人昔日見示斯編之意，一以使奇方要訣流傳世上，後人用之得以起沉疴而保天年，爲益甚無窮也。回思數十年前，與古月老人父子相晤語，宛然疇昔事。歲月如馳，兩人墓木已拱，不獲親見是書重刊，爲可嘆也。老人名珏，字念菴，因姓胡氏，故自號古月老人。乾隆乙酉二月丁丑朔紫陽山民王琦書。

竇氏材，生于宋之中葉，而書中有河間、丹溪遺訛後世之語。又鍾乳粉方下，訾丹溪多服發渴淋之說爲謬。又言製法，見時珍《本草》。何緣舉元明人之書而及之，其爲後人增益無疑，兼知是編非竇氏原本矣。仲景《傷寒論》，古今奉爲不刊之典，竇氏顧有指摘。其未當者數條，蓋由膠執其詞，未嘗融貫以參領其活潑之用，致意見有差池。再後人自當分別觀之，能鑒其是，更能正其非，判然不惑，斯爲善讀古書者。

《醫醫病書·宋竇材〈扁鵲心書〉論》　竇氏述扁鵲法，其頭等方，以艾火燒之，多至五百壯，如命關、氣關各五百壯，則一千五百壯矣。二等法，則用大丹。三等法，則純用辛熱，以爲能治死症大症，小仲景之書，以爲但能治小症而已，不足學也，對天立誓，懇至肫誠。夫竇氏之眼孔，亦只見一時，未能上觀千古，下觀千古也。在竇氏當日，必有奇效，屢試屢驗，遂自信不疑，故敢對天立誓也。不知燥金行疫之時，原宜火攻，竇氏適逢其會耳。按扁鵲自云：吾未能生死人者也。竇氏述扁鵲之法，而反能生死人哉？學者於竇氏法不可不信。人非陽氣不生活，如四時之有夏也，但取其能克金而已，不必全信，以爲能治一切諸症，則非矣。自仍當以仲景之法爲得中，參之諸家，以補其不備可也。

《洪氏集驗方·顧廣圻跋》　頃在楊州郡齋，借到《太醫集業》，尋覽之餘，見板口有三因字，遂取《三因極一病證方論》互勘，知即割裂其殘本爲之耳。《太醫集業》者，第二卷之一條，並非別有此書也，《佳趣堂書目》所云誤。歸晤蕘翁，出示是跋，舉以語之，囑記於後，他年倘仍收得，必拊掌一咲。

《洪氏集驗方·黃丕烈跋》　《洪氏集驗方》，惟延令季氏書目有之，知宋板外絕無流傳之本，余故從宋本錄副，今始付雕。其書五卷皆全，無序有目，而目共五葉，其一號二號四號，係舊時鈔補，茲以烏絲欄細者別之，此用汲古鈔補宋板例也。本書字句間有不同，如黃牛角鰓或有作腮者，或云一枚，或云一箇。又慢火或作熳火。又黃耆狀如箭簳長二三尺，頭不叉者，又疑叉之誤。又洗凈寸截搥破□壁以鹽湯潤透，□係蠹蝕處，尚有系旁可審，疑□是縣字，以意補之。其餘版心刻工姓名有蠹蝕去者，空之，無足重輕，不復補寫。以上各條，皆隨舉一二，以見宋刻原本如是，非涉重刊而有訛舛脫漏也。

大抵方書之字，大有關係處在藥名、分兩、法製諸端，其餘異同可勿深論。此書刊成，求序於獨學老人，有札示余云：昨所言交感丹，愚疑用香附太偏重，因查敝處所藏方書，乃是香附一個，配茯神四兩。尊鈔是香附一斤。竊意香附一個，無一斤重之理，恐係抄胥之誤，祈再查原本。此固慎重起見。然余即以此方降氣湯、牙藥二條證之，一用半斤，一用五兩，是遞減用之，原方一斤非誤。佞宋之癖如是（如是），并附著之，以質諸深於醫理者一正其是非云。

《三因方・自序》 余紹興辛巳，爲葉表弟桷伯材集方六卷，前叙陰陽病脈證，次及所因之說，集注《脈經》，類分八十一門，方若干道，題曰《依源指治》。伯材在行朝得書，欲託貴人刊行，未幾下世，遂已。淳熙甲午，復與友人湯致德遠慶德夫論及醫事之要，無出三因，辨因之初，無踰脈息，遂舉《脈經》曰：關前一分，人命之主，左爲人迎，右爲氣口。蓋以人迎候外因，氣口候內因，其不應人迎氣口，皆不內外因。儻識三因，病無餘藴。故曰醫事之要，無出此也。因編集應用諸方，類分一百八十門，得方一千五十餘道，題曰《三因極一病源論粹》。或曰：現行醫方山積，便可指示，何用此爲？殊不知晉漢所集，不識時宜，或詮次溷淆，或附會雜糅，古文簡脱，章旨不明，俗書無經，性埋乖誤，庸輩妄用，無驗有傷，不削蘩蕪，罔知樞要。乃辨論前人所不了義，庶幾開古賢之蹊徑，爲進學之蚺蠓，使夫見月忘指可也，於是乎書。

《四庫全書總目・子部醫家類一》 《三因極一病證方論》十八卷，大學士英廉家藏本。宋陳言撰。言字無擇，莆田人。是書分別三因，歸於一治，其說出《金匱要略》。三因者，一曰內因，爲七情，發自臟腑，形於肢體。一曰外因，爲六淫，起於經絡，舍於臟腑。一曰不內外因，爲飲食饑飽，叫呼傷氣，以及虎狼毒蟲，金瘡壓溺之類。每類有論有方，文詞典雅，而理致簡該，非他家鄙俚冗雜之比。蘇軾傳聖散子方，葉夢得《避暑録話》極論其謬，而不能明其所以然言。亦指其通治傷寒諸證之非，而獨謂其方爲寒疫所不廢，可謂持平。《吳澄集》有《易簡歸一序》，稱近代醫方，惟陳無擇議論最有根柢，而其藥多不驗。嚴子禮剽取其論，而附以平日所用經驗之藥，則兼美矣。是《嚴氏濟生方》其源出於此書也。《宋志》著録六卷，陳振孫《書録解題》亦同。此本分爲十八卷，蓋何鉅所分。第二卷中太醫習業一條，有五經二十一史之語，非南宋人所應見。然證以諸家所引，實爲原書，其詞氣亦非近人所及。疑明代傳録此書者不學無術，但聞有廿一史之說，遂妄改古書，不及核其時代也。

《醫經正本書・自序》 古今方士，言醫道者多矣。宜折衷於《素問》、《難經》、《甲乙》、張仲景、王叔和等書。如言治道者，有《五經》、《語》、《孟》，皆可據依，不當別有異論。蓋有采之道聽途説而不本乎此，是謂無稽之言。人命至重，奈何弗敬。至有舉世繆誤，傷風敗俗，殞絶生命，而醫家俯首和附，莫敢指其非者。如至親危病，妄言傳染，遂相棄絶，古之人無有也，醫經不道也。嫂溺不援，比諸豺狼。顧君子之爲政化，亦置此事於度外，使下民日益聾瞽，冤魂塞于冥漠，余竊悼之，此《醫經正本書》所由作也。醫經者，黃帝岐伯之問答，方書之本也。本正則邪説異論不能搖也。是書也，脱或達于君子之前，察其稽考之久，見于試用之勤，開諭氓俗，務廣傳布，庶爲風敎之助云。

《醫經正本書・陳言跋》 言幼觀《素問》，若有所得，思竟其業，於是研精覃思，至老而不厭。以之看扁鵲、倉公以來諸家方論，其得失淺深眞贋，輒能辯之，如視黑白而數一二也。常恨士大夫不肯爲此學，一有疾病，委性命于市井膚淺之人，每爲嘆息。淳熙丁酉之孟夏，獲與進賢令君程公可久，會于松陽，辱示《醫經正本書》一卷，凡十四篇。大指言傷寒疫疾並無傳染，以救世俗親人自相棄絶之繆。因汎出本朝、李唐兩代醫政，與夫權量、脈診、湯液、方論，贊其是而絀其否，可謂精且博矣。因與講論久之，無一辭不契合者，不覺悚然起敬曰：公之書必盛傳，傳則助風敎而長慈愛，正人心而革媮薄，當與長沙太守之名並見於永久，豈曰小補云乎哉。公名迥，可久其字也，睢陽沙隨人，由太學生登隆興元年進士第云。

《直齋書録解題・醫書類》 《醫經正本書》一卷。知進賢縣沙隨程迥可久撰。專論傷寒無傳染，以救薄俗骨肉相棄絶之敝。

《醫學讀書續記・雜識》 《正本書》辨論古方銖量權衡，甚爲詳悉，以及唐宋醫局官制、醫書、本草、湯液、脈病，並有卓見，亦好古博雅之士歟？

《楊氏家藏方・自序》 夫醫之爲藝，探天地清濁之源，察陰陽消息之機，須四時之宜，藉百藥之功，以治人之疾者也。粵自神農著金石草木之書，黃帝岐伯譔《內經》《素問》，其學盛行而不廢，名世之士，若扁鵲和緩，藝成而名立，蓋班班可考。然皆心得其微，取諸左右，砭艾湯熨，變化不測，實未嘗爲方以詔後之人也。惟伊尹論湯液，漢長沙太守張仲景引而申之，始有可傳之方，蓋已末矣。夫疾病之變無窮，而吾之爲方有限，欲以有限之方，通無窮之變，其不附會臆度，繆以毫釐者鮮矣。是以有經絡形證之辯，有增減參伍之法，神而明之，祈乎其人。嗚呼！豈以後人若扁鵲和緩者，不可覬一得於千百年之間，而人之有疾，蓋死生於呼吸之際，不得已而有是也歟？由是言之，後之醫以方爲書者，凡有一得之效，舉不可廢也。余家藏方甚多，皆先和武恭王及余經用，與耳目所聞嘗驗者也。揭來當塗，郡事多暇，日發篋出之，以類編次，凡用藥相似而責效不同者，皆備列之，得一千一百一十有一道。蓋今之爲醫者，皆有嘗試之方，深藏篋中，不輕以語人，儌倖一旦之售，以神其術。今余之所得，多良醫之深藏而不語人者也。方將使人家有是書，集天下良醫之所長，以待倉卒之用，不亦慈父孝子之心乎！於是鋟木郡齋，以廣其傳云。

《保命集·自序》 夫醫道者，以濟世爲良，以愈疾爲善。蓋濟世者憑乎術，愈疾者仗乎法，故法之與術，悉出《內經》之玄機，此經固不可力而求，智而得也。況軒岐問答，理非造次，奧藏金丹寶典，深隱生化玄文，爲修行之徑路，作達道之天梯，得其理者用如神聖，失其理者似隔水山。其法玄妙，其功深固，非小智所能窺測也。若不訪求師範而自生穿鑿者，徒勞皓首耳。

余二十有五，志在《內經》，日夜不輟，殆至六旬，得遇天人授飲美酒若橡斗許，面赤若醉，一醒之後，目至心靈，大有開悟，衍其功療，左右逢原，百發百中。今見世醫多賴祖名，倚約舊方，耻問不學，特無更新之法，縱聞善說，反怒爲非。嗚呼！患者遇此之徒，十悞八九，豈念人命死而不復者哉！仁者鑒之，可不痛哉！以此觀之，是未知陰陽變化之道，況木極似金，金極似火，火極似(土)〔水〕，土極似木。故《經》曰：亢則害，承廼制。謂己亢極，反似勝己之化。俗流未知，故認似作是，以陽爲陰，失其本意。經所謂誅罰無過，命曰大惑。醫徒執迷，反肆傍議，縱用獲效，終無了然之(語)〔悟〕，其道難與語哉。

僕見如斯，首述玄機，刊行於世者，已有《宣明》等三書，革庸醫之鄙陋，正俗論之舛訛，宣揚古聖之法則，普救後人之生命。今將余三十年間信如心手，親用若神，遠取諸物，近取諸身，比物立象，直明眞理，治法方論，裁成三卷三十二論，目之曰《素問病機氣宜保命集》。此集非崖略之說，蓋得軒岐要妙之旨，故用之可以濟人命，捨之無以活人生，得乎心髓，秘之篋笥，不敢輕以示人，非絕仁人之心，蓋聖人之法不遇當人，未易授爾。後之明者，當自傳焉。

《本草綱目·序例上·歷代諸家本草》 潔古《珍珠囊》，書凡一卷，金易州明醫張元素所著。元素【略】又著《病機氣宜保命集》四卷，一名《活法機要》，後人誤作河間劉完素所著，僞譔序文詞調于卷首以附會之。

《四庫全書總目·子部醫家類二》 《病機氣宜保命集》三卷，兩淮鹽政採進本。金張元素撰。元素，字潔古，易州人。八歲應童子舉，二十七試進士，以犯廟諱下第，乃去而學醫，精通其術。因抒所心得，述爲此書。凡分三十二門，首原道、原脈、攝生、陰陽諸論，次及處方用藥，次第加減，君臣佐使之法。於醫理精蘊，闡發極爲深至。其書初罕傳播，金末楊威始得其本刊行，而題爲河間劉完素所著。明初寧王權重刊，亦沿其誤，幷僞撰完素序文詞調於卷首，以附會之。至李時珍作《本草綱目》，始糾其謬，而定爲出於元素之手，於序例中辨之甚明。考李濂《醫史》，稱完素嘗病傷寒八日，頭痛脈緊，嘔逆不食。元素往候，令服某藥。完素大服，如其言遂愈。元素自此顯名。是其造詣深邃，足以自成一家，原不必託完素以爲重，今特爲改正。其僞託之序，亦幷從删削焉。

《原病式·自序》 妙道乃爲對病臨時處方之法，猶恐後學未精貫者，或難施用，復宗仲景之書，率參聖賢之說，推夫運氣造化自然之理，以集傷寒雜病脈證方論之文，一部三卷，十萬餘言，目曰《醫方精要宣明論》。凡有世說之誤者，詳以此證明之，庶令學者眞僞自分，而易爲得用。且運氣者，得於道同，蓋明大道之一也。

《四庫全書總目·子部醫家類二》 《宣明論方》十五卷，通行本。金劉完素撰。是書皆對病處方之法，首諸證門，自煎厥、薄厥、飧泄、䐜脹，以及諸痹心疝，凡六十一證，皆採用《內經》諸篇。每證各有主治之方，一宗仲景。次諸風，次熱，次傷寒，次積聚，次水濕，次痰飲，次勞，次泄痢，次婦人，次補養，次諸痛，次痔瘻，次眼目，次小兒，次雜病，共十七門。每門各有總論，亦發明運氣之理，兼及諸家方論。於軒岐奧旨，實多闡發。而多用涼劑，偏主其說者，不無流弊，在善用者消息之耳。考《原病式·自序》云：作《醫方精要宣明論》一部，三卷十萬餘言。今刊入《河間六書》者，乃有十五卷。其二卷之菊葉法薄荷白檀湯，四卷之妙功藏用丸，十二卷之華澄茄丸、補中丸、楮實子丸，皆注新增字。而七卷之信香十方、靑金膏，不注新增字者。據其方下小序稱：灌頂法王子所傳，并有偈呪。金時安有灌頂法王，顯爲元明以後之方。則竄入而不注者，不知其幾矣。卷增於舊，殆以是歟。

《醫學啓源·張吉序》 先生張元素潔古，易水人也。八歲試經童，二十七歲經義登科，犯章廟諱黜落。於是怠仕進，遂潛心於醫學二十餘年。雖記誦廣博，然〔治〕人之術，不出時右。其夜，夢人柯斧長鑿，鑿心開竅，納書數卷於其中，見其題曰《内經主治備要》。駭然驚悟，覺心痛，只爲凶事也，不敢語人。自是心目洞徹，便爲傳道軒岐，指揮秦越也。河間劉守眞，醫名貫世，視之蔑如也。異日，守眞病傷寒八日無下症，頭痛脈緊，嘔逆不食。門人侍病，未知所爲，請潔古診之，至則守眞面壁不顧也。潔古曰：視我眞如此卑也？診其脈，論之曰：脈病爾，乃初下某藥犯某藥味乎？曰：然。潔古曰：差之甚也。守眞遽然起曰：何謂也？潔古曰：某藥味寒，下降，走太陰，陽亡汗不散也。今脈云云，當以某藥治之。守眞貇首，大服其能，一服而愈，自是名滿天下。潔古治〔病，不用〕古方，但云古方新病，甚不相宜，反以害人。每自從病取方，刻期見效，藥下如攫，當時目之曰神醫。暇日緝集《素問》五運六氣、《内經》治要、《本草》藥性，名曰《醫學啓源》，以教門生，及有《醫方》三十卷傳於世。壬辰遺失，存者惟《醫學啓源》。眞定李明之，門下高弟也，請余爲序，故書之。

《醫説·羅項序》 醫之伐病，猶將之伐敵也。夫決機戰攻之地以取勝，用兵者固皆有是心，及一旦爲背水陣，則觀者愕然矣。非有淮陰爲之辯〔拆〕〔析〕，則孰知其出於兵法，是兵之不可以無其説也。兵不可以無説，醫其可以無説乎？里中張杲季明，自其伯祖子充以醫顯京洛間，受之於范忠宣，其祖子充，蓋學於其伯祖而有得者也。於是其父彥仁〔繼〕之，季明又繼之，源流深遠，眞所謂三世之醫也。季明喜觀書，五□□間，凡書之有及於醫者必記之，名曰《醫説》。始見則曰，已得幾事矣。〔再〕見則曰，近又得幾事矣。其意欲滿千事，則以傳諸人。予念醫家之書，本之以《素問》《靈樞》，廣之以《難經》《脈訣》。而藥之君臣佐使，咸萃於《本草》。世因不外是而爲醫也。今有出一奇以起人之沉痾，則必相與驚異，以爲昔人所未到。自明者觀之，其不有似於背水陣乎。故予知是書之爲有益也。己酉歲冬，季明攜以過我，且曰：書雖未成，請姑先梓之，以勉杲之意所勿及。會予有鄢郢之役，殊倥偬然。念季明請甚篤，又覬覬於其業，蒐選宜必精，故不暇之盡譔。而徒嘆其當盛年著書，遽肯出與人共之，其存心有足大者，豈非逮事其祖多異聞，故不以得之紙上者爲己私分也歟。此予所以益重季明也。遂書以冠《醫説》之首。

《四庫全書總目·子部醫家類一》 《醫説》十卷，浙江巡撫採進本。宋張杲撰。杲字季明，新安人。其伯祖張擴，當受業於龐安時，以醫名京洛間。羅願《鄂州小集》有擴傳，叙其治驗甚詳。此書前有淳熙己酉羅頊序，亦稱擴授其弟子發，子發授其子彥仁。杲，彥仁子也。承其家學，亦喜談醫。當欲集古來醫案勒爲一書，初期滿一千事，猝不易足，因先採掇諸書，據其見聞所及爲是編，凡分四十七門，前七門總叙古來名醫醫書及鍼灸診視之類，次分雜證二十八門，次雜論六門，次婦人小兒二門，次瘡及五絕痹疝三門，而以醫功報應終焉。其間雜採説部，頗涉神怪。又既載天靈蓋不可用，乃復收陳藏器《本草》人肉一條，亦爲駁雜。然取材既富，奇疾險證，頗足以資觸發。而古之專門禁方，亦往往在焉。蓋三世之醫，淵源有自，固與道聽塗説者殊矣。

《醫説·柳詒徵跋》 張杲《醫説》十卷，《四庫》著録。自明以來，翻刻改訂者，有嘉靖癸卯鄧正初本，嘉靖甲辰顧定芳本，嘉靖丙午沈藩本，萬曆己酉張堯直本，朝鮮活字本，日本翻印本，周恭續編本。其宋刊原本見於著録者，祇此黃蕘圃、汪閬源、丁松生舊藏。今在盈山書庫之十卷，及羣碧樓藏之中央研究院之九卷，《經籍訪古志》所載九、十兩卷，今存日本圖書寮者耳。鄧正闇得於廠肆者，無第二卷，以明刻配補，固不逮丁書之具足十卷。丁書亦有殘損，嘗以它本鈔補，字迹既劣，與目錄亦不盡合。丁氏嘗以沈藩十行本與此宋刊對勘，惜其未見顧定芳本，不能推見諸刻遞嬗之迹也。今年春，館中又購得顧本，其行格一準宋本，參校三書，得失具見，爰就宋本闕字，依顧本補寫，其全葉均脱者，以顧本配之。亟付景印，以餉學者。儻亦黃丁諸先生所欣許乎？杲之家世，見第三卷《太素》之妙條，可補《宋史·方伎傳》。是書取材之富，槧印之精，《提要》及《訪古志》言之綦詳，固今日治國醫、研故書者，所當胝沫抑。吾聞時賢盛倡抽印四庫珍本之説，妄謂閣書迻錄校勘率未精審，似宜依據提要訪求公私藏庋，初刻精印爲之流布，當瘉於四庫鈔胥之本，謹舉此以爲先河云。

《儒門事親·邵輔序》 是書也，戴人張子和專爲事親者著。論議淵微，調攝有法，其術與東垣、丹溪並傳。名書之義，蓋以醫家奥旨，非儒不能明，藥品酒食，非孝不能備也。故曰：爲人子者，不可不知醫。予幼失怙，慈親在堂，踰七望八，滫髓既具，未嘗不防以藥物。每慮當有所饋，委之時醫，恐爲盡道之累，將欲遍閲方書，諸家著述繁雜，竊爲是皇皇者數載矣。近得是書，如獲寶璐，執是以證，何慮臆説之能惑。惜其板久失傳，本多亥豕之訛，因付儒醫聞忠，較計鋟梓，與世之事親者共云。

《四庫全書總目・子部醫家類二》 《儒門事親》十五卷，大學士英廉家藏本。金張從正撰。從正字子和，號戴人，睢州考城人。興定中召補太醫，尋辭去，事蹟具《金史・方技傳》。從正與麻知幾、常仲明輩講求醫理，輯爲此書。劉祁《歸潛志》稱：麻知幾九疇與之善，使子和論説其術，因爲文之，則此書實知幾所記也。其例有説有辨，有記有解，有誡有箴，有詮有式，有斷有論，有疏有述，有衍有訣，有十形三療，有六門三法。名目頗煩碎，而大旨主於用攻。其曰《儒門事親》者，以爲惟儒者能明其理，而事親者當知醫也。從正宗河間劉守眞，用藥多寒涼，其汗吐下三法，當時已多異議，故書中辨謗之處爲多。丹溪朱震亨亦議其偏，後人遂幷其書置之。然病情萬狀，各有所宜。當攻不攻與當補不補，厥弊維均。偏執其法固非，竟斥其法亦非也。惟中間負氣求勝，不免過激，欲矯庸醫恃補之失，或至於過直。又傳其學者不知察脈虚實，論病久暫，概以峻利施治，遂致爲世所藉口，要之，未明從正本意耳。

《士禮居藏書題跋記・子類・太醫張子和先生〈儒門事親〉三卷》 金刊本。

去秋有書估自禾中歸，攜得醫家書一部，皆太醫張子和先生著述。其一種曰《儒門事親》三卷，（爲卷一、二、三，今分三冊。）其一曰《直言治病百法》二卷，（爲卷四、五，今合一冊。）其一曰《十形三療》三卷，（爲卷六、七、八，附《雜記》，今分二冊。）其一曰《撮要圖》一卷，（爲卷九。）其一曰《三法六門方》一卷，（爲卷十，今合一冊。）其一曰《世傳神效名方》一卷，（爲卷十一，今成一冊。）其一曰《治法雜論》一卷。（爲卷十二，附劉河間先生《三消論》，今成一冊。）板刻既不精致，裝潢亦復破損，旁觀者嗤余之展玩不已，而問估人之索值。後與物主議易成，而向之嗤余者，叩余必得之故。余遂以此書系金人著述，其版刻亦出金源，且向稱是書總名之曰《儒門事親》十五卷，唯此各標目録，逐種分析，始悉戴人之書，自有眞面目在，非可以《儒門事親》概之也。因憶潛研老人《元史・藝文志》有《補金藝文》者，《子類・醫方》云：張從正《汗下吐法》，（有六門三法之目。）《治病撮要》一卷，《傷寒心鏡》一卷，《秘録奇方》二卷，《儒門事親》十五卷，《張氏經驗方》二卷，《直言治病百法》二卷，《十形三療》三卷，（附《雜記》一卷）取證目驗金張從正之書，多所吻合，唯《儒門事親》十五卷尚襲傳訛之多耳，幸有原書可正其誤也，書之可貴者在此。後取嘉靖刊本對勘，知尚有『扁鵲、華佗察聲色，定死生訣要病機』兩門，此偶失之。忽憶舊藏《醫家圖説》一冊，周香嚴以爲張從正《儒門事親》殘本，内有所云『扁、華訣病機』者，必此是矣。急取證之，果是新收本所缺者，版刻行款多同，唯四圍雙綫筆畫較精致。向毛汲古以爲宋板《醫家圖説》，諒重刊于宋，而不及初刊于金之古拙，抑此刊在後，印又在後，故不如彼之工？皆未暇深論，第預蓄此二種，以待今日之補全，則余之書福何其大耶？遂不惜命工重裝，費倍所獲之值，亦弗計也已。裝成爲嘉慶丙子中春，越日展觀，是爲上巳前二日。蕘翁識。

此宋刻醫家書零種，不知其何總名。玆所存者，每葉版心俱可辨識，曰《撮要》者一葉至四葉，曰《撮要圖》者五葉至八葉，爲一種。曰《五泄》者一葉，曰《五泄圖》者二葉，曰《五泄論》者三至四葉，爲一種。曰《病機》者一葉至四葉爲一種。曰《扁華訣》者一葉至五葉爲一種。雖所存不過二十一葉，而命名有四種，亦足以備醫家采釋矣。卷中有毛子晉圖書，知爲汲古舊藏。偶檢其《秘本書目》，有宋板《醫家圖説》一本，其即此歟？爰重裝之，以藏諸讀未見書齋。嘉慶冬十一月十八日雨窗，黄丕烈識。

後爲周漪塘先生借去，還書之日爲題，其簽曰：『張從正《儒門事親》中殘本則此冊，固有全本矣。』丙子中春重裝，附于金刻原書之後，内《扁華訣病機》二種，可用補金本所缺，其《撮要》云云，存其重復可耳。蕘翁。

《四庫全書總目・子部醫家類二》 《蘭室秘藏》三卷，江蘇巡撫採進本。金李杲撰。其曰《蘭室秘藏》者，蓋取《黄帝素問》藏諸靈蘭之室語。前有至元丙子羅天益序，在杲殁後二十五年，疑即硯堅所謂臨終以付天益者也。其治病二十一門，以飲食勞倦居首。他如中滿腹脹，如心腹痞，如胃脘痛諸門，皆諄諄於脾胃，蓋其所獨重也。東垣發明内傷之類外感，實有至理，而以土爲萬物之母，脾胃爲生化之源。脾虚損論一篇，極言寒涼峻利之害，尤深切著明。蓋預睹劉、張兩家末流攻伐之弊，而早防其漸也。至於前代醫方，自《金匱要略》以下，大抵藥味無多。故《唐書・許允宗傳》紀允宗之言曰：病之於藥，有正相當，惟須單用一味，直攻彼病，藥力既專，病即立愈。今人不能別脈，莫識病證，以情臆度，多安藥味，醫之於獵，未知兔所，多發人馬，空地遮圍，或冀一人偶然逢也。如此療病，不亦疏乎。其言歷代醫家傳爲名論。惟杲此書載所自製諸方，動至一二十味，而君臣佐使，相制相用，條理井然，他人罕能效之者。斯則事由神解，不涉言詮。讀是書者能喻法外之意，則善矣。

《濟生方·自序一》 古人不在朝廷之上，必居醫卜之中，雖然，醫之爲藝誠難矣，亦貴乎情也。所謂情者，當先造於四者之妙而已，古人云脈、病、證、治是也。夫微妙在脈，不可不察，察之有理，乃知受病之因，得病之因，乃識其證，既識其證，則可詳其所治。四者不失，臨病之際，可以療寒以冷，有餘者與之，不足者取之，是謂實實虛虛，損不足而益有餘。苟不明此，鮮有不致斃者，良可嘆哉。用和幼自八歲喜讀書，年十二，受學於復真劉先生之門，先生名開，立之其字也。獨荷予進，面命心傳。既十七，四方士夫，曾不以少年淺學，而邀問者踵至，今留心三十餘歲矣。偶因暇閒，慨念世變有古今之殊，風土有燥濕之異，故人稟亦有厚薄之不齊，若概執古方以療今之病，往往枘鑿之不相入者。輒因臆見，乃度時宜，采古人可用之方，裒所學已試之效，疏其論治，犁爲條類，名曰《濟生方》。集既成，不敢私秘，竟鋟諸木，用廣其傳，不惟可以備衛生家緩急之需，抑以示平日師傳濟生之實意云。

《濟生方·自序二》 余夙嗜名書，蚤印師授，以醫道行世五十餘年。此因暇日，論治凡八十，製方凡四百，總爲十卷，號《濟生方》。出而用之，十有五年，收效甚多。用鋟諸梓，以廣其傳。或謂古者處劑不過數種，鍼灸不過數處，君之方奚以多爲？余應之曰：醫者意也，生意在天地間，一息不可間斷。續此方，所以續此意；續此意，所以續此生。請勿以多議余。

《四庫全書總目·子部醫家類一》 《濟生方》八卷，《永樂大典》本。宋嚴用和撰。用和始末未詳。《吳澄集》有《易簡歸序》，稱嚴子禮剽陳氏《三因方》之論，而附以經驗之藥，以其名推之，子禮似即用和字，其人蓋在陳言後矣。澄又有《古今通變仁壽方》序曰：世之醫科不一，惟有所傳授，得之嘗試者多驗。予最嘉嚴氏《濟生方》之藥，不泛不繁，用之輒有功。蓋嚴師於劉，其方乃平日所嘗試而驗者也，則澄蓋甚重此書矣。其書分門別類，條列甚備。皆立論於前，而以所處諸方次列於後，自序稱：論治凡八十，製方凡四百，總爲十卷。用之十五年，收效甚多，因鋟梓以傳。明以來傳本頗希，又大抵脫佚錯謬，失其本旨，故醫家亦罕相研究。今據《永樂大典》所載，補闕訂譌，釐爲八卷。書中議論平正，條分縷析，往往深中肯綮。如論補益云：藥惟平補，柔而不僭，專而不雜，間有藥用羣隊，必使剛柔相濟，佐使合宜。又云：用藥在乎穩重。論欬嗽云：今人治嗽，喜用傷脾之劑，服之未見其效，穀氣先有所損。論吐衄云：寒涼之劑，不宜過進。諸方備列，參而用之，蓋其用藥主於小心畏慎。雖不善學之，亦可以模棱貽誤。然用意謹嚴，固可與張從正、劉完素諸家互相調劑云。

《直指方·自序》 余始撰《活人總括》、《嬰兒指要》，俗皆以沽名譏。及脈書一行，於是斂肅而相告曰：誠不易也，誰肯傾困竭廩以徇人哉。余曰：子亦知有天乎？天將寓其濟人利物之心，故資我以心通意曉之學。既得於天，還以事之，是蓋造物初心之所期也。或者隙光自耀，藏諸己而不溥諸人，政恐書毀櫝中，草木俱腐矣。雖然，人有四百四病，或出於前三冊之外者，可不原證擇方，揭爲直指之捷徑乎。明白易曉之謂直，發蹤以示之謂指，剖前哲未言之蘊，摘諸家已效之方，濟以家傳，參之肘後，使讀者心目瞭然，對病識證，因證得藥，猶繩墨誠陳之不可欺，庶幾仁意周流，亹亹相續，非深願歟？余嘗慨而作曰：天之予人以是物，必使之有以用是物，有是物而不能用，非惟咈天，抑亦自棄其天者也。併書此爲同志勉。

《四庫全書總目·子部醫家類一》 《仁齋直指》二十六卷，附《傷寒類書活人總括》七卷。浙江巡撫採進本。宋楊士瀛撰。士瀛字登父，仁齋其號也，福州人，始末無考。前有自序，題景定甲子。甲子爲景定五年，次年即度宗咸淳元年，則宋末人矣。此本爲明嘉靖庚戌所刻，前有余鋟序，稱《直指》列爲二十八卷，析七十九條。今考七十九條之數與序相符，而其書實止二十六卷。焦竑《國史經籍志》載有此書，亦作二十六卷，蓋序文偶誤。然士瀛所撰，本名《仁齋直指》，其每條之後題曰《附遺》者，則明嘉靖中朱崇正所續加。崇正字宗儒，號惠齋，徽州人，即刊此本者也。焦志既題曰《仁齋直指附遺方》，乃惟注楊士瀛撰，則併《附遺》屬之士瀛，亦未免小誤也。其《傷寒類書活人總括》七卷，焦志不著錄。據《仁齋直指》自序，其成書尚在《直指》前。此本以卷帙較少，故附刻於後。卷首標題亦稱朱崇正《附遺》。然核其全編，每條皆文義相屬，絕無所謂附遺者。惟卷一活人證治賦後，有司天在泉圖，五運六氣圖、傷寒脈法、指掌圖、目錄中注一附字耳。或因此一卷有附遺，而牽連題及七卷。或因《直指》有附遺，而牽連題及此書，均未可定。宋槧舊本既已不存，無從證其虚實，疑以傳疑可矣。

《東垣試效方·王博文序》　東垣先生受學於易上老人張元素，眞積力久，自得於心。其法大概有四，曰明經、别脈、識證、處方而已。謂不明經，則無以知天地造化之藴。不别脈，則無以察病邪之所在，氣血之虚實。不識證，則不能必其病之主名以療之。不處方，則何以尅其必效。故先生每治人之疾，先診其脈，既别脈矣，則必斷之曰此某證也。則又歷謂其《難》《素》諸經之旨，以明其證之無差，然後執筆處方，以命其藥味。君臣佐使之制，加減炮製之宜，或丸或散，俾病者餌之，以取其效。一洗世醫膠柱鼓瑟、刻舟覓劍之弊，所以爲一代名工者，以此也。今太醫羅君謙夫，從先生有年，得盡傳其平生之學，亦爲當世聞人。今將此方分爲九卷，授梓以傳，不獨使其師之術業表見於世，抑亦惠天下後學之士，俾獲安全之利也。其用心之忠厚誠可嘉，而余因爲序其端。噫！先生此方，特立法之大綱耳。不知(來)〔變〕者，欲以治疾，或有不效，則尤之曰：此製方之不精也，則誤矣。孟子曰：梓匠輪輿，能與人規矩，不能使人巧。又曰：大匠不爲拙工改廢繩墨，羿不爲拙射變其彀率，引而不發，躍如也。中道而立，能者從之。吾於此書亦云。先生姓李氏，諱杲，字明之，東垣其自號云。

《東垣試效方·硯堅序》　醫之用藥，猶將之用兵。兵有法，良將不拘於法。藥有方，良醫不拘於方。非曰盡廢其舊也。昔人因病製方，邪之微甚，人之虚實，莫不詳辨而參酌之，然後隨其六氣所侵，藏府所受，劑品小大，平毒多寡，適與病等，絲髮不舛，故投之無不如意。後人不揣其本，而執其方，但曰：此方治此病。幸而中者時有之，不幸而誤者固多矣。諺云：看方三年，無病不治，醫病三年，無方可治。斯言雖鄙，切中世醫之病。東垣老人李君明之，可謂用藥不拘於方者也。凡求治者，以脈證别之，以語言審之，以《内經》斷之。論證設方，其應如響。間有不合者，略增損輒效。蓋病之變無常，君之方與之無窮，所以萬(合)〔舉〕萬合也。羅謙(必)〔父〕受學其門，君嘗令以瘡病所製方録之，甚悉，月增歲益，浸以成編。凡有聞於君者，又輯而爲論，將板行於世，以廣君之道。抑予聞李君救人，講繹經書之暇，每令熟讀本(章)〔草〕。川陸所産，治療所至，氣味之厚薄，補瀉之輕重，根莖異用，華葉異宜，一一精究，初不以方示之，意蓋有在矣。謙父不私所有，推以及人，善則善矣。李君教人之本意，殆不然也。君所著《醫學發明》、《脾胃論》、《内外傷辨》、《藥象論》等書，皆平日究心，將以惠天下後世者，必須合數書而觀之，庶知君製方之旨，免泥而不通之患。若持此編，謂君之能盡在是，非李君所望於後人也。

《四庫全書總目·子部醫家類一》　《太醫局程文》九卷，《永樂大典》本。宋時考試醫學之制也，其命題有六：一曰墨義，試以記問之博。二曰脈義，試以察脈之精。三曰大義，試以天地之奥，與臟腑之源。四曰論方，試以古人製方佐輔之法。五曰假令，試以證候方治之宜。六曰運氣，試以一歲陰陽客主與人身感應之理。考《宋史》，醫學初隸太常寺。元豐間，始置提舉判局，設三科以教之，曰方脈科、鍼科、瘍科。凡方脈，以《素問》、《難經》、《脈經》爲大經，以《巢氏病源》、《龍樹論》、《千金翼方》爲小經。鍼科、瘍科則去《脈經》而增《三部鍼灸經》。常以春試，學生願與者聽。迨崇寧間，改隸國子監，分上舍、内舍、外舍。其考試法：第一場，問三經大義五道。次場，方脈及臨證運氣各二道。鍼科、瘍科試小經大義三道，運氣二道。三場，假令治病法三道。中格高等，爲尚藥局醫師以下職。乾道中，罷局而存御醫諸科，後更不置局，僅存醫學科。淳熙中，又稍變其制焉。此太醫局係紹熙二年後所置，程文以墨義爲第一道，較舊制又稍異矣。其裒爲一集，不知何人所編，世亦别無傳本，今從《永樂大典》中排纂，得墨義九道，脈義六道，大義三十七道，論方八道，假令十八道，運氣九道。謹釐次爲九卷，其文皆通貫三經及三部鍼灸之法，暨金石之品，草木之性，辨析精微，足資啓發。蓋有宋一代，於醫學最爲留意，自皇祐中，於古來經方脈論，皆命孫兆、林億、高保衡等校刊頒行，垂爲程式，故學者沿波討流，各得以專門名家。觀於是編，可以見當時討論之詳矣。

《衛生寶鑒·自啓》　天益上東垣先生啓曰：切以射不師於后羿，豈能成蹕日之功，匠非習於公輸，未易聳連雲之構。惟此醫藥之大，關乎性命之深，若非擇善以從之，烏得過人之遠矣。兹者復遇先生，聰明夙賦，穎悟生資，言天者必有驗於人，論病者則以及於國。驅馳藥物，如孫吳子用兵，條派病源，若神禹之行水。是以問病而證莫不識，投藥而疾靡不瘳。有元化滌胃之神功，得盧扁起人之手段。猶且謙以接物，莫不忠於教人，□□□□□□□□□□□□幼承父訓，俾志學於詩書，長值危時，遂苟生於方技。然以才非卓犖，性實顓蒙，恐貽□人之譏，當切求師之志。幸接大人之餘論，始塹童子以何知，即欲敬服弟子之勞，親炙先生之敎，朝思夕誦，日就月將。其奈千里子身，一家數口，內以生涯之逼，外爲官長之拘，不得免焉，是以難也。今乃謹修薄禮，仰瀆嚴顏，伏望憐鄙夫之問，爲之竭焉。見互鄉之童，與其進也。使得常常之見，得聞昧昧之思。若味親糟粕之餘，是賜獲丘山之重。過此以往，未知所裁。

《衛生寶鑒·硯堅序》 太醫羅先生，學於東垣李君，源流於易水張君，其道大行。懼夫二君之傳久而泯沒也，集錄銓次而刻之梓者，非一編矣。暇日攜成書四帙見示，而曰：且將板行，一序毋吝。繙而閱之，曰藥誤永鑑者，知前車之覆，恐後人蹈之也。曰名方類集者，古今之方，擇之已精，詳而錄之，使後人有所據依也。曰藥類法象者，氣味厚薄，各有所用，證治增損，欲後人信之也。曰醫驗紀述者，遇如是病，用如是藥，獲如是效，使後人慎之也。大抵皆仁者之用心。抑論之，天下之事，辨之不明，固有似是而非，利於此而害於彼者。況醫之爲道，陰陽虛實，千狀萬態，神聖工巧，存乎其人。合四者而一之，名曰《衛生寶鑑》。夫鑑之本明，其應物也，無心乎妍醜，而妍醜莫能揜。得是書者，誠能習而讀之，玩而味之，了然於心而無疑，一旦臨用，如鑑之虛明，物來而應，若妍若醜，無纖毫之差，其用豈不博哉。不然，未用時置之高閣，倉卒間但備檢閱。殆有辨之不明，似是而非，其所失不啻霄壤。《詩》云：伐柯伐柯，其則不遠。執以伐柯，睨而視之，猶以爲遠，殆非先生垂示後人之意也。

《此事難知·自序》 予讀醫書幾十載矣，所仰慕者，仲景一書爲尤焉。然讀之未易洞達其趣，欲得一師指之，徧國中無有能知者。寤而思，寐而思，天其勤恤，俾我李公明之授予，及所不傳之妙，旬儲月積，浸就編帙，一語一言，美無可狀。始而終之，終而始之，即無端之圜璧也。或有人焉，厭聞而惡見者，豈公徒使之然哉？彼未嘗聞，未嘗見，恥夫後於人之過也。因目之曰《此事難知》，以其不因師指也。人徒見杲書爲傷寒之法，而不知上合軒岐之經，中契越人之典，下符叔和之文，茲又言外不傳之秘，具載斯文矣。

《四庫全書總目·子部醫家類二》 《此事難知》二卷，江蘇巡撫採進本。元王好古撰。是編專述李杲之緒論，於傷寒證治尤詳。其問三焦有幾，分別手足，明孫一奎極稱其功。惟謂命門包絡與右尺同論，又謂包絡亦有三焦之稱，未免誤會經旨耳。史稱杲長於傷寒，而《會要》一書，元好問實序之，今其書已失傳，則杲之議論，猶賴此以存其一二。前有至大元年自序，稱得師不傳之秘，旬儲月積，浸就篇帙。蓋好古自爲裒輯。今本《東垣十書》竟屬之杲，殊爲謬誤。考明李濂《醫史》，亦以是書爲杲作，則移甲爲乙，已非一日矣。

《醫方大成論·王元福序》 醫家者流所蓄方書，何啻數十家。然用之可否中蒙，收效甚寡。盧陵孫氏，爲世良醫，每閱諸方，必取其常用功要者，名曰《醫方大成》。意使今之醫者，雖行萬里，不必挾他醫書，而治病之要，瞭然盡目。其於衛生之心，豈小補哉乎。

予嘗謂：人生一身，六氣所干，七情所感，不能無疾。賴前賢辨脈論證，處方施治，然後養生者得以自衛，厥功大矣。非如地理之術，相命之書，可以富貴禍福告人，而求其驗否，每未即見性。醫之得效神速，近足自衛，遠可濟人。諸藝之中，當以爲甲。昔人以與良相併言，蓋有以也。今之學醫，固不能神聖，而工巧政自罕見。余雖非專學，每觀其書，所謂脈證治因，不過以五行之造化，合一身之理。得其理，則脈證俱在是矣。因考諸書所載之方，今人之所用者無幾，而其中固有老醫所未嘗試者，況於常人蓄方者。又況良方非一書所能盡載，而諸書又非常人所能盡蓄。文江孫氏，集諸方，取功要者，各以類編，名爲《大成》。各類首又取《三因》及嚴氏諸家之說，合而爲論，庶觀者得其說而求其方，瞭然在目矣。編成求序，鋟梓以廣其傳，使閱方者一覽而盡得之，可省蓄方之繁，而行遠者亦可挾以自便，或可爲衛生之一助云。

《瑞竹堂經驗方·王都中序》 謙齋先生沙公，志文正之所志，學文正之所學，輕車埋輪，綉文直指，所至摧奸貪之膽，拯生民之命。由柏垣而登薇府，一以是心，民以是厚，今爲建昌守也，殆將小試龔黃事，爲異日姚宋張本，良相之效，豈不著哉。然公猶以爲未盡，乃退而考訂名醫方書，常經驗者，分門別類，爲一十五卷。鋟梓郡庠，因目其書曰《瑞竹堂經驗方》，以惠斯世。噫！如公之仁，可謂至矣。予故序諸篇端，欲人人之誦此書者，不惟知公之心良於醫，又當知公之志良於相，二者皆自公仁心一點中出。

《四庫全書總目·子部醫家類二》 《瑞竹堂經驗方》五卷，《永樂大典》本。元沙圖穆蘇原作薩理彌實，今改正。撰。沙圖穆蘇，《元史》無傳，其事蹟不可考。以吳澂、王都中二序核之，則其字爲謙齋，嘗以御史出爲建昌太守，是書即其在郡時所撰集也。原書本十五卷，楊士奇等《文淵閣書目》載有一部一冊，而晁瑮《寶文堂書目》內亦列其名。則是明中葉以前，原帙尚存，其後遂尠傳本。今據《永樂大典》所載，搜採編輯，計亡闕已十之五六，而所存者尚多。謹依方詮次，分立二十四門，釐爲五卷。中間如調補一門，不輕用金石之藥，其處方最爲醇正。又女科之八珍散，即四君子湯、四物湯之併方，其用尤廣，明薛己《醫案》已詳著之。至瘡科所載返魂丹，與今世瘍醫所用梅花點舌丹、奪命丹相類。內托千金散以治癰毒，亦見殊功，是皆可資利濟之用。惟幼科之褐丸子，與《蘇沈良方》中所列褐丸，名目相類，治療亦同。特彼用烏頭、桂、香附、乾薑、陳皮配合，攻補兼行，頗爲周密。此乃用黑牽牛、京三棱、蓬莪朮諸品，殊病其過於峻利。蓋金元方劑，往往如斯，由北人氣稟壯實，與南人異治故也。此在於隨宜消息，不可以成法拘矣。

《世醫得效方·自序》 工欲善其事，必先利其器，器利而後工乃精。醫者舍方書，何以爲療病之本？自《難經》、《湯液》、《靈樞》、《傷寒論》等篇出，而後之醫師著述者，殆數百家。蓋發蹤指示，俾對病而知證，因證而得藥，其用心亦仁矣哉。僕幼而好學，弱冠而業醫，重念先世授受之難，由鼻祖自撫而遷于南豐，高祖雲仙遊學東京，遇董奉廿五世醫，方授以大方脈，還家而醫道日行。伯祖子美復傳婦人、正骨、金鏃等科。大父碧崖得小方科於周氏。伯熙載進學眼科及療瘵疾。至僕，再參究瘡腫、咽喉口齒等科，及儲積古方，併近代名醫諸方。由高祖至僕，凡五世矣，隨試隨效。然而方書浩若滄海，卒有所索，目不能周，乃於天曆初元，以十二科名目，依按古方，參之家傳，昕夕弗怠，刻苦凡十稔，編次甫成，爲十有九卷，名曰《世醫得效方》。首論脈病證治，次由大方脈雜醫科以發端，至瘡腫科而終編。分門析類，一開卷間，綱舉而目張。由博以見約，固非敢求異於昔人，宜不過欲便於觀覽云耳。欽惟國朝念群黎之疾苦，惠民有局，設教有學，於醫尤切。然自愧山林鄙陋，見聞不博，妄意纂集，舛謬惟多，尤賴當道縉紳醫師進而教之，訂其訛，補其偏，俾綉諸梓，則庶幾廣聖皇好生之仁於無窮，豈不韙歟。

《世醫得效方·陳志序》 達齋危先生《世醫得效方》，蓋以其先世秘傳及至于今，凡治療所經驗者，倣《聖濟總錄》十三科之目，類而編之，計十二帙，進之本道官醫提舉司，司上之太醫院，得加稱賞，付所屬，俾刊而傳焉。家世江西之南豐，授本州醫學教授，故用心亦勤矣。歲在壬午，先生過予書林，因得北面師之，且以全帙見授。嗟乎，千方易得，一效難求，觀乎此方，則知先生家得其傳，世守其學，用無不驗，疾無不愈。以《得效》名方，迨猶影響之於形聲也。活人陰德，其有涯哉。予又安敢私有，故命工綉梓以廣其傳。庶乎先生惠濟之心，得以見於當世，嘉與民生，同躋壽域，不亦宜乎。

《四庫全書總目·子部醫家類二》 《世醫得效方》二十卷，兩淮鹽政採進本。元危亦林撰。亦林字達齋，南豐人，官本州醫學教授。是編積其高祖以下五世所集醫方，合而成書。一曰大方脈科，分子目九十有一。二曰小方脈科，分子目七十有一。三曰風科，分子目十。四曰產科兼婦人雜病科，分子目三十有三。五曰眼科，分子目十二。六曰口齒兼咽喉科，分子目六。七曰正骨兼金鏃科，分子目二十九。八曰瘡腫科，分子目二十四。共十九卷，附以孫眞人養生法節文一卷。其總目鍼灸一科，有錄無書。校檢其文，皆散附各科之中，蓋標題疏舛，實非闕佚。自序稱：創始於天曆元年，迄功於後至元三年，其用力亦云勤篤。前有至元五年太醫院題議，備列院使十一人，同知院事二人，僉院事二人，同僉院事二人，判官二人，經歷二人，都事二人，掾史一人銜名。蓋江西官醫提舉司以是書牒醫院，下諸路提舉司重校，覆白於醫院，而後刊行，亦頗矜慎。序中稱：其高祖遇仙人董奉二十五世孫，傳其秘方。雖技術家依託之言，不足深詰，而所載古方至多，皆可以資考據，未可以罕所發明廢之也。

《格致餘論·自序》 《素問》，載道之書也。詞簡而義深。去古漸遠，衍文錯簡，仍或有之，故非吾儒不能讀。學者以易心求之，宜其茫若望洋，淡如嚼蠟，遂直以爲古書不宜於今，厭而弃之，相率以爲局方之學。間有讀者，又以濟其方技，漫不之省。醫道隱晦，職此之由，可嘆也。震(昌)〔亨〕三十歲時，因母之患脾疼，衆工束手，由是有志於醫，遂取《素問》讀之，三年似有所得。又二年，母氏之疾，以藥而安。因追念先子之內傷，伯考之瞀悶，叔考之鼻衄，幼弟之腿痛，室人之積痰，一皆歿於藥之悞也。心膽摧裂，痛不可追。然猶慮學之未明，至四十歲，復取而讀之。顧以質鈍，遂朝夕鑽研，缺其所可疑，通其所可通。又四年而得羅太無諱知悌者爲之師，因見河間、戴人、東垣、海藏諸書，始悟濕熱相火爲病甚多。又知醫之爲書，非《素問》無以立論，非《本草》無以立方。有方無論，無以識病，有論無方，何以模倣。夫假說問答，仲景之書也，而詳於外感。明著性味，東垣之書也，而詳於內傷。醫之爲書，至是始備，醫之爲道，至是始明。由是不能不致疑於《局方》也。《局方》流行，白宋迄今，罔間南北，翕然而成俗，豈無其故哉。徐而思之，濕熱相火，自王太僕注文，已成湮沒，至張、李諸老，始有發明。人之一身，陰不足而陽有餘，雖諄諄然見於《素問》，而諸老猶未表章，是宜《局方》之盛行也。震(昌)〔亨〕不揣蕪陋，陳於編冊，并述《金匱》之治法，以證《局方》之未備，間以己意，附之於後。古人以醫爲吾儒格物致知一事，故目其篇曰《格致餘論》，未知其果是否耶？後之君子，幸改而正諸。

《續醫說・格致餘論》 丹溪，醫之聖者也。其爲《格致餘論》一書，超邁今古，奚容輕議。然沉潛反覆，竊有可疑者焉。論中左大順男、右大順女之說，丹溪獨指氣血之陰陽，反遺脈位之陰陽，乃以醫人之左右手立論，有戾經旨，可疑者一也。醇酒宜冷飲之論，吾見世人飲熱酒者亦無恙，飲冷酒者雖盛暑亦致病焉，可疑者二也。至如倒倉一法，且丹溪自云得之西域異人，近世余目擊士夫數人，信行此法，死者相繼，可疑者三也。噫！西域之人，殊方異域，風氣不同，稟賦亦異，此法豈可行於東南柔弱之人乎？門人誤錄於勞瘵吐血門中，爲禍甚大。且勞瘵咳血，眞陰虧損，藏府脾胃虛弱，津液枯竭，不宜吐瀉。昔徐文伯治范雲之疾，有取汗之戒，尚促天年，况吐下之法，施於勞損之人，可乎？或以是罪余輕議前人者，余應之曰：孫眞人《千金方》有房中補益法，丹溪辯之曰：苟無聖賢之心，神仙之骨，未易爲也。又曰：若以房中爲補，殺人多矣。丹溪能爲孫公之忠臣，余顧不能爲丹溪之忠臣乎？語曰：不以人廢言。使丹溪復生，其殆不廢余言矣。

《四庫全書總目・子部醫家類二》 《格致餘論》一卷，江蘇巡撫採進本。元朱震亨撰。震亨字彥修，金華人。受業於羅知悌，得劉守眞之傳。其説謂陽易動，陰易虧，獨重滋陰降火，創爲陽常有餘，陰常不足之論。張介賓等攻之不遺餘力。然震亨意主補益，故諄諄以飲食色欲爲箴。所立補陰諸丸，亦多奇效。孫一奎《醫旨緒餘》云：丹溪生當承平，見人多酗酒縱欲，精竭火熾，復用剛劑，以至於斃，因爲此救時之說。後人不察，遂以寒涼殺人，此不善學丹溪者也。其說可謂平允矣。是編前有自序云：古人以醫爲吾儒格物致知之一事，故特以是名書。蓋震亨本儒者，受業於許謙之門，學醫特其餘事，乃性之所近，竟不以儒名而以醫名。然究較方技者流爲能明其理，故其言如是。戴良《九靈山房集》有丹溪翁傳，敘其始末甚詳云。

又 《局方發揮》一卷，江蘇巡撫採進本。元朱震亨撰。以《和劑局方》不載病源，止於各方下條列證候，立法簡便而未能變通，因一一爲之辨論。大旨專爲闢溫補、戒燥熱而作。張介賓《景岳全書》云：《局方》一書，宋神宗案此方成於徽宗之時，介賓以爲神宗，殊爲舛誤，謹附訂於此。詔天下高醫奏進而成。雖其中或有過於粉飾者，神效之方，亦必不少，豈可輕議。其意頗不以震亨爲然。考震亨之學，出於宋內官羅知悌，知悌之學，距河間劉完素僅隔一傳。完素主於瀉火，震亨則主於滋陰。雖一攻其有餘，其劑峻利，一補其不足，其劑和平，而大旨不離其淵源。故於《局方》香竄燥烈諸藥，諄諄致辨。明以來沿其波者，往往以黃蘗、知母戕傷元氣。介賓鑒其末流，故惟以益火爲宗，掊擊劉朱，不遺餘力。其以冰雪凜冽爲不和，以天晴日暖爲和，取譬固是，然清風涼雨亦不能謂之不和，鑠石流金亦不能強謂之和。各明一義，而忘其各執一偏，其病實相等也。故介賓之說不可不知，而震亨是編，亦未可竟廢焉。

《脈因證治・繆遵義序》 余自歸里後，杜門不與世事接。先太宜人病痰飲，延葉眉壽治，歷四年弗痊，而眉壽謂爲痼疾難效。因徧覽方書，頗會其旨，揀方以治，不一年而瘳。後遂旁搜博採，窮幽極渺，而於長沙、河間、東垣、子和、丹溪諸書，尤三致意焉。竊嘗謂醫之有長沙，時中之聖也。而四家並峙，猶清任和之各成其聖，偏焉而至者也。學不從此參究，猶航斷港絕潢，以望至於海也，其能之乎？但四家自河間東垣而外，子和文多缺略，未爲全書。丹谿著作，類出門人記載，惟聞《脈因證治》一書，簡而該，約而盡。學者循是而窺長沙，如得其舩與楫，沿而不止，固自不可量也。而流傳絕少，歷三十年未獲一覯，心常怏怏。歲乙未，客有持來示余，欲廣諸同好，亟請付梓。不禁欣感交集，以爲一綫靈光，忽然湧現，眞爲桑榆之幸。因不辭而爲之序，以弁其首。

《脈因證治・湯望久小引》 嘗讀丹溪朱震亨諸集，如痰證卒中、陰虛發熱等門，竊歎其入理懸河之論，惝懞後世之功，不勝縷述。至《脈因證治》一書，尤先生之卓見。蓋醫者之於脈，猶聽訟之於情，訟得其情，則刑不妄措，醫得其脈，則方不混施。凡因之內外，證之虛實，治之緩急，何獨非三指得之。昌黎公所謂善醫者不視人之肥瘠，唯察其脈之病否而已。故必先求諸脈，而因，而證，而治，四者井然，詎容廢一。第脈理玄通，在乎神取，舌難掉其形似，學者譬入蜀之鳥道羊腸，往往望而裹足，幾共視爲天下之畏途，遂致六部茫然，適燕南指，不過虛應故事，以冀治之倖獲。噫！生民不幸，莫此爲甚。先生早鑑於此，而砥柱透波，特以脈字領頭，治字煞尾。唤醒後之業是道者，必當於指下猛透一針，庶不致心聾而受天人交謫。推是書也，直與日月俱明，鬼神爭奧，誠片箋片玉，足爲萬世之法程，而一日不可離，一字不可搖者也，向非先生能具隻眼，至若是哉。脫起張劉張於當時，諒必如晦翁云：吾且當避此老三舍耳。予家什襲已久，先君子願公梨棗，有志未逮，不肖望續成之，自梓以還，將見岐伯重興，而先生且不死矣。

《心印紺珠經·朱撝序》 予家祖儒醫，乃東平青字王太醫口傳心授之徒也。有李君湯卿者同其時焉。蓋守真先生，金朝人也。初傳得劉君榮甫，再傳得劉君吉甫，三傳得陽坡潘君。東平王公，實吉甫之門人也。予父既襲祖術，又授業於李君湯卿之門，而得傳心之書九篇。其論本諸天地之造化，其法源乎運氣之陰陽。推之可以應萬病之機，卷之可以爲寸心之訣。撝幼而學儒，長而學醫。理之未明，由儒而後始明，術之未精，由儒而後始精，道之未行，由儒而後始行，因披玩是書力久，而一旦豁然貫通焉。頓知法無定體，應變而施，藥不執方，合宜而用。蘊諸中，形諸外，雖未能如響之應聲，鼓之應桴，萬舉萬全，百發百中，亦嘗活人於枕席之上多矣。予恐其服膺久而忘也，輒自暇日錄之於書，以俟知者。故曰：父母有疾，病卧於床，委之庸醫，比之不慈不孝，事親者不可以不知醫。先覺之言，豈欺我哉。

《四庫全書總目·子部醫家類存目》 《心印紺珠經》二卷，兩淮鹽政採進本。明李湯卿撰。湯卿不知何許人。是書爲嘉靖丁未嘉興府知府趙瀛所校刊，上卷曰原道統，曰推運氣，曰明形氣，曰辨脈法。下卷曰察病機，曰理傷寒，曰演治法，曰辨藥性，曰十八劑。融會諸家之說，議論頗爲純正。惟以十八劑爲主，而欲以輕、清、暑、火、解、甘、淡、緩、調、奪、濕、補、平、榮、澀、和、溫數字該之，未免失之拘泥。

《醫經小學·自序》 醫，意也，臨病立意以施治也。其書，《內經》載運氣病源，靡不悉備，候天地之變，究疾病之機，盡調治之理，此神聖愛人之仁，拯羸救枉，濟物之至道也，醫道斯立。秦越人演其精義述《難經》，漢張仲景論傷寒用藥定方，晉王叔和集次及撰《脈經》，以示後學，意亦至哉。經去聖遠，遺文錯簡，後學專方而惑意，幸唐太僕令王冰重整其義，啓大法之幽玄，釋神運之奧妙，析理於至眞之中，俾學者遇證審脈，用藥去病，根本無貶損，醫之道明矣。而其爲法，制勝伐其勢，資化助其生，扶危定亂之功，本諸經論，知氣識病，治理得焉。嗟乎！學必本於經，病必明於論，治必究於方，而能變通而無滯，斯能盡夫立醫之意矣。昔丹溪朱先生以醫鳴江東，家君親從之游，領其心授。純生晚學陋，承親之訓有年矣。其於經論，習而玩之，頗嘗得其指歸，不自揆度，竊以先生之旨，輯其醫之可法，本諸經論之精微，節目更爲定次，歌語引例具圖，以便記習，至於脈訣之未備者，亦爲增正，名曰《醫經小學》。蓋欲初學者得以因流尋源，而不蹈夫他岐之惑，有志於古神聖愛人濟物之道者。其無誚愚以管窺而蠡測，或有未至，矜其志而加正焉，則不惟醫道之幸，亦斯民之幸也。

《醫經小學·楊士奇序》 醫藥肇於三皇，至周，六官有醫師，掌醫之政令，所以衛民之生也。歷代明於醫者，皆有著書，去古愈遠，後生晚出，往往不究宗旨，甚者於脈證陰陽表裏經絡氣運之說，一切懵然，惟執前人一定之方，以待病者，用覬幸於萬一，而使斯民不幸，不獲保終其天年者，蓋莫甚於今。此者憲臣有言，請於邑里建學設教，庶幾免人於夭閼。雖一時格於廷議，然其發於惻隱之誠，實切民用也。往年副都御史陳公有戒，刻劉純所輯醫家《玉機微義》，以爲施治之資矣，又欲爲施教之資也。并刻純所輯《醫經小學》以傳。其書首本草，次脈訣，次經絡，次病機，次治法，次運氣，凡六卷，一本於《素問》、《靈樞》、《難經》及張仲景、王叔和，至近代劉守眞、張潔古、李明之、朱(仲)〔彥〕修諸家之書，撮其切要，綴爲韻語，類粹以便初學。本末條理，明切簡備，醫學之指南，而端本之書也。凡善學者皆務本，況醫人之司命，其可昧本而苟乎哉。學醫者誠能熟究是編，融會於心，將所行皆正途，所用皆正法，觸類長之，於歲論十全何有哉。此書非劉氏莫之爲，非陳公亦莫之傳，學醫之幸，生民之幸也。純字宗厚，吳陵人，其父叔淵，(仲)〔彥〕修之高弟，授受有自云。

《四庫全書總目·子部醫家類二》 《普濟方》四百二十六卷，浙江范懋柱家天一閣藏本。明周定王橚撰。橚有《救荒本草》，已著錄。是書古今方劑，裒輯成編，橚自訂定，又命教授滕碩、長史劉醇等，同考論之。李時珍《本草綱目》所附方，採於是書者至多。然時珍稱爲周憲王，則以爲橚子有燉所作，未免誤矣。元本一百六十八卷，《明史·藝文志》作六十八卷，與此不合，蓋脫一百二字也。凡一千九百六十論，二千一百七十五類，七百七十八法，六萬一千七百二十九方，二百三十九圖，採摭繁富，編次詳析，自古經方，無更賅備於是者。其書蒐羅務廣，頗不免重複牴牾，醫家病其雜糅，罕能卒業。又卷帙浩博，久無刊版，好事家轉相傳寫，舛謬滋多，故行於世者頗罕，善本尤稀。然宋元以來名醫著述，今散逸十之七八，幸當明之初造，舊籍多存。今以《永樂大典》所載諸秘方勘驗是書，往往多相出入。是古之專門秘術，實藉此以有傳。後人能參考其異同，而推求其正變，博收約取，應用不窮，是亦仰山而鑄銅，煮海而爲鹽矣，又烏可以蘩蕪病矣。

《玉機微義·自序》 醫書自《內經》而下，歷數千載，善斯道而作者非一人，其間有言診者，有論證者，有集方者，莫不皆裨於世用，然奧妙之旨，奚所發揮。雖世異病殊，以方取驗，若出一人之手，迥不知世運之遠，作者之衆，然人同此心，心同此理。漢張仲景本經旨傷寒之法，言診論證，以例處方，後之學者，得有所據。晉唐以來，其道益廣，用其法者不一，或止言雜病診證，或求奇示怪，秘而不傳。好事者慕其風而繼作，或止據於方，雖有一源一意之可觀，又非百代可行之活法也。

始，純從學於江左馮先生庭榦，間嘗請其義，授以會稽徐先生所著書一帙，觀其法，求其意，蓋出於《內經》，非前所謂也。且古今作者非一人，其法各得一意，而後人執之該治，不知通變之法，與經旨多相違戾，不無得失。是以先生究探古今作者源意，摭金劉守真、元李明之、朱彥修諸氏論集，本乎經旨而折衷其要，發明中風、痿、痰、泄、瘧諸門，診證方例，非一源一意，而有通變乎白證千方者，斯爲古今可行之活法也歟，豈止集方而已。先生諱彥純，字用誠，蚤歲嘗客吳中，以《春秋》教授鄉之後彥。今沒十有二年，始遇其從弟用中，獲詢先生學行，知深於醫者也。又嘗見其《本草發揮》，竊意前書必有全帙，惜今不可見矣。嗚呼，歲月云邁，九原不作，幸而遺墨昭然，生意如在。以先生所著，取欬、熱、火、暑、燥、濕、寒等門診證方例，妄意續于諸門之末，雖心同理，而不免獲狂僭之過。因摭諸《內經》至數至名之旨，乃目其書曰《玉機微義》，未知其果是否？後之明哲，有所正焉，於是乎書。

《四庫全書總目·子部醫家類二》 《玉機微義》五十卷，兩淮鹽政採進本。明徐用誠撰，劉純續增。用誠字彥純，會稽人。純字宗厚，咸寧人。用誠原本名《醫學折衷》，分中風、痿、傷風、痰飲、滯下、泄瀉、瘧、頭痛、頭眩、欬逆、痞滿、吐酸、痓，皆條列至詳，亦不及於是事。惟周密《齊東野語》曰：小兒痘瘡，固是危事，然要不可擾之。趙賓暘曰：或多以酒麪等物發之，非也。或以消毒飲、升麻湯等解之，亦非也。大約在固臟氣之外，任其自然耳。然或有變證，則不得不資於藥云云。所列《本事方》捻金散、四君子湯加黃耆及狗蠅七枚，擂細酒服，治倒靨。天花粉、蛇蛻同煮羊肝，治目翳。證藥乃皆與今同。蓋人情之嗜慾日深，故其毒根於先天，而其發感於時氣。自元明以來，遂爲人生之通病，而著方立論者，亦自元明以後始詳。其間以固元氣爲主者，謂元氣既盛，自能驅毒氣使出。以攻毒氣爲主者，謂毒氣既解，始可保元氣無恙。於是攻補異途，寒溫殊用，痘家遂分爲兩岐，斷斷執門戶之見。是編獨審證施療，無所偏主，推原本始，備載治驗，頗能持兩家之平。較之先立成法，至於膠柱而鼓瑟者，殆不可以道里計矣。

《雜病治例·蕭謙序》 予自髫年入郡庠，讀書之餘，有志醫術，又恐工夫分用，急務相妨。竊嘆此術，自爲之固不及，若得前聞人良方錄傳，不惟及於一家一國，且遍於天下而傳於後世，豈不愈於身親爲之者耶？博訪旁求，累月經年，無可意者。迨舉天順己卯鄉試，乙未中進士，觀政戶部，奉命給賞甘州官軍。甘州，即漢張掖酒泉郡也。而名醫劉宗厚，神方妙術，猶有存者。乃延其後人，禮貌之，懇求之，慨然以《太素脈訣》、《雜病治例》見與，予如獲隋珠趙璧，喜不自勝。連日檢閱研究，知其切脈辨證，療病用藥，深有奧妙，綽有法度，救急扶危，起死回生，與夫吉凶貴賤，亦占於此。即欲板行，則力又不及焉。今幸以菲材來尹應天之上元，遂損俸資，以償夙願，且序其得之之由。噫，儒先有云：一命之士，苟存心於愛物，於人必有所濟。予讀儒書，叨承上命，而爲民牧，敢不以濟人利物爲心乎。是書之行，多人得之，不啻記里車之有所憑，因訣察理，循例治病，其濟利豈淺淺哉。

《四庫全書總目·子部醫家類存目》 《雜病治例》一卷，浙江范懋柱家天一閣藏本。明劉純撰。純有《玉機微義》，已著錄。是書成於永樂戊子，末附《蘭室誓戒》四則，叙其父橘泉翁受醫術於朱震亨。純承其家學，又從其鄉馮庭榦、許宗魯、邱克容游，盡得其法。因撮舉綱要，著爲一編。分七十二證，每證各標其攻補之法，蓋皆其相傳口訣，故略而弗詳。初無刊本，成化己亥，上元縣知縣長安蕭謙，觀政戶部時，奉命賞軍甘州，始從純後人得其本，爲鋟版以傳。

《證治要訣·胡濙序》 嘗聞醫者意也。蓋人之致疾，有風寒暑濕勞逸之異，藥之爲味，有酸苦辛鹹甘澹之殊，苟非神聖工巧，焉能測其表裏虛實之證，審其浮沉滑數之脈，變化順逆，千態萬狀。要在因病制宜，臨機應變，藥不執方，隨時增減，辯其溫涼寒熱，度其緩急重輕，定以君臣佐使，製方施治，非造詣精深，洞明閫奥者，烏能與於此哉。

本朝太醫院使戴元禮，得神農品嘗之性，究黄帝問答之旨，明伊尹湯液之法，察叔和診視之要，（精）〔啓仲景〕東垣補瀉之秘，故凡療疾，加減用藥，取效如神，雖古之扁鵲華陀，不是過矣。況其際遇明時，遭逢聖主，位總醫流，名揚四海，有正誼不謀利，明道不計功之心，惟以活人爲念。嘗著《證治要訣類方》二冊，藏之篋笥，甚爲秘惜，惟靈隱住持永樂寺僧纘西緒者，極與爲方外契交，間嘗獲覩，愛而錄之，珍藏什襲。正統辛酉，監察御史陳君嶷巡撫浙江，至寧波之慈溪，道經永樂，西緒以御史之先大夫嘗丞其邑，迨今頌其德政，由是情意歡洽，出其秘藏醫書見示，陳君遍閱，不能釋手。味其論斷，出新意於法度之中，推測病源，著奇見於理趣之極，觀其隨病加減之妙，不特藥之咸精，抑亦治療之有據，誠醫門之規矩準繩也，後之欲爲方圓平直者，可不於是而取則焉。

今陳君得之，如獲至寶，亟欲鋟梓，廣布流傳，徵予爲序，著其所得之由，其與人爲善之意，利人濟物之心，何其至哉。予惟陳君簪纓世裔，積德行善，凡有可利於人者，靡不盡心。且如今年春，朝鮮國漁人數輩泛海捕魚，被風飄至浙江，官軍以爲倭寇，擒獲解京，送院收候，饑寒困苦，君獨念之，悉備衣糧供贍，使無失所，卒復寧歸。其存心制行，率皆類是。若是書刊行，使天下後世不惟賴《要訣》而脱沉痾，亦必轉夭横而躋壽域矣，其有功於醫道，康濟斯民之德，豈淺淺哉。

《證治要訣·黄瑜跋》 《證治要訣》，乃太醫院使金華復庵戴元禮所著。元禮一代明醫，永樂中入侍太宗文皇帝，極受寵顧，供奉之暇，嘗著此書，分門析類，隨證施治，悉根於理。以人之感疾傷寒者多，故於傷寒一門傳變之證，治療之法，獨加詳爲，誠有以發仲景、東垣所未發，而爲醫學之筌蹄也。遠鄉僻地，猝然感疾，得此可不求醫也。前監察御史鳳陽陳君，嘗鋟梓以傳。曩予守東魯，迎親就養時，長兄橘泉居士，素精于醫，乃以此書授予曰：事親者不可以不知醫，能熟此書，亦事親之一端也。予寶藏之，既而屢試屢效。二十年來，遍詢中外醫流，皆未之見，豈陳之板刻歲久不行歟？惟醫，仁術也，世之人得一良方，輒秘而不以示人，亦獨何心哉。爰用錄刻，以廣其傳，庶復庵醫道之精，御史君用心之厚，爲不泯焉。

《丹溪心法·程充序》 夫驅邪扶正，保命全眞，拯夭閼於長年，濟疲癃於仁壽者，非資於醫，則不能致之矣。醫之道，肇自軒岐論難，《靈》《素》出焉。降而和緩扁倉，咸神其術。至漢張仲景作《傷寒卒病論》，始製方劑，大濟烝民。晉王叔和撰次其書，復集《脈經》，全生之術，於斯備矣。他如華氏剖腹，王氏鍼妖，與夫奇才異士，間有一節一法，取銜於時者亦多，非百代可行之活法也。嗟夫！去古愈遠，正道湮微，寥寥千載之下，孰能繼往開來，而垂法於無窮者。宋金間，上谷張元素，河間劉守眞，俱以穎特之資，深達閫奥，高出前古。元素之學，東垣李杲深得之，明內傷之旨，大鳴於時。王海藏、羅謙甫又受業於東垣，羅大無亦私淑諸賢者也。明哲迭興，肩摩踵接，著爲方論，究極精微，猶水火穀粟之在天下，不可一日無，遵而用之，困甦廢起，斯民何其幸歟。

泰定中，丹溪朱先生起江東，先生許文懿公高第，諱震亨，字彥修，婺之烏傷人，爲元鉅儒。因母病脾，刻志於醫，曰：醫者儒家格物致知一事，養親不可缺。遂遍遊江湖，尋師無所遇，還杭拜羅大無，乃得劉張李之學以歸，窮研《素問》之旨，洞參運氣之機，闢《局方》之非宜，悟戴人之攻擊，別陰陽於疑似，辨標本於隱微，審察血氣實虛，探究眞邪強弱。一循活法，無泥專方，誠醫道之宗工，性命之主宰，而集先賢之大成者也。其徒趙以德、劉叔淵、戴元禮氏，咸能翼其道。遺書傳播有年，景泰中，楊楚玉集其《心法》，刊於陝右。成化初，王季瓛附方重梓於西蜀，志欲廣布海內，使家傳人誦，不罹夭枉，其用心仁矣。而楊之集，篇目或有重出，而亦有遺，附以他論，使玉石不分。王因之附添諸方，多失本旨。充，江左一愚，夙志於此，每閱是書，實切病焉。輒不自揆，妄意竊取《平治會萃》、《經驗》等方，及《玉機微義》、《衛生寶鑑》、《濟生拔萃》、東垣、河間諸書校之，究尾會首，因證求方。積日既久，復得今中書烏傷王允達先生以丹溪曾孫朱賢家藏的本寄示，合而參考。其或文理乖訛，意不相貫者，詳求原論以正其誤。篇目錯綜，前後重疊者，芟去繁冗以存其要。此有遺而彼有載者，采之以廣其法。論既詳而方未備者，增之以便檢閱。一言去取，無敢妄有損益。庶幾丹溪之書，猶涇渭合流，清濁自別，烏鷺同棲，皂白攸分，學者免惑於他岐，疾疢得歸於正治，未知其然否乎。極知僭踰，無所逃罪，同志之士，倘矜其愚，正其訛舛而賜教之，則充之至願也。

《東垣十書·光澤王序》 我簡祖灼見《十書》，於生人大命有補於仁民之道也，乃梓行於時。至祖靖王之世，行之既久，板本漫缺。初《內外傷辨惑論》一書，偶刻兩本，後職醫者非良工，見他書間有稱東垣撰《內外傷辨》及《辨惑論》者，遂以《內外傷辨》名一書，復以《辨惑論》名餘板之本，由是一書標兩名。殊不考東垣自序，明言所撰《內外傷辨惑論》一篇耳，何嘗有二耶？乃漫以九書分十書，卻指數內《此事難知》一書，爲《十書》外集，致誤我先考惠王，復爲之別序以傳，蓋未察俗醫之謬誤也。予間考閱，知其誤分妄析，既毀《辨惑論》之重本，復還《此事難知》本，以歸《十書》之舊。嘗博訪是書，天下惟我遼藩板行，中外搢紳知慕之者，恆欲得之爲快。顧原板漫渙，不成完書，予既爲較正歸全，爰重稍朗書，刻梨行之。嗚呼！是書之行，則農黃之正典，《靈》《素》之精蘊，與夫《難經》、《脈訣》、方書等集，紛紜之得失，可以鑑別無疑，而東垣之精思妙道，亦畢露而無隱矣。此固東垣著書望後人之意也，亦固先王刻書垂世，仁民無窮之意也。重刻成，乃僭書以著其所由。

東垣，姓李氏，名杲，字明之，金鎮州人，嘗官東垣，自號東垣老人，世稱東垣先生云。

《東垣十書·王肯堂序》 嘗讀《本草》、《內經》，而知人身之脈同乎歲月日時，而通乎天地陰陽之氣。氣有正有邪，邪即天地陰陽之亢戰耳。菽粟以養其正，藥石以攻其邪，此輔相天地之書也。矧二書以來，醫學之傳，凡一百七十九家，著有二百零九部，似可無贅複矣。及閱《東垣十書》，著論立方，皆祖之《本草》、《內經》，而折衷乎秦越人、和、緩諸名醫之議者也。夫東垣以高世卓識，一掃醫學之弊，直探往聖開物之心，魯齋先生稱爲醫之王道者。《十書》獨羽《內經》，並菽粟以行於世，總之淵源於《內經》。語曰：醫不三世，不服其藥。有如此之淵源，猶之揖秦越人、和、緩諸醫而致之席也。昔明道先生曰：人子事親，學醫最是大事。今人視父母疾，一任醫者之手，豈不害事！必須識醫藥之道理，別病如何，藥當如何，故可任醫也。如自己曾學，令醫者說道理，便自見得。或己有所見，亦要說與他商量。此明道格言也。若使今時上之業儒，次之不農不工者，亦就此攻業以食於世，至篤行潛修之士，就此探求，可以應虛於黃鐘之宮，藏溫濡於黃帝之井，於以治患未形，並藥石可廢，天下咸安於性命，以仰俾聖明燮理之一二，亦無不可。是眞幷菽粟以行於世，而與天地陰陽相終始者歟。

《四庫全書總目·子部醫家類存目》 《東垣十書》二十卷，江蘇巡撫採進本。不著編輯者名氏。其中《辨惑論》三卷，《脾胃論》三卷，《蘭室秘藏》三卷，實李杲之書。《崔眞人脈訣》一卷，稱杲批評。其餘六書，惟《湯液本草》三卷，《此事難知》二卷，爲王好古所撰，其學猶出於東垣。至朱震亨《局方發揮》一卷，《格致餘論》一卷，王履《醫經溯洄集》一卷，齊德之《外科精義》二卷，皆與李氏之學淵源各別，概名爲東垣之書，殊無所取。蓋書肆刊本，取盈卷帙，不計其名實乖舛耳。

《明醫雜著·自序》 予修《本草集要》，既板行矣，或問於予曰：予之《本草》，人皆愛之，然尚復有他書可行者乎？予答之曰：有而未成也。予嘗欲著《隨證治例》，使窮鄉下邑無名醫者，可按方治病。閉戶一月，纂成五篇，後覺漸難下手而止。又見諸發熱證多端，百世醫混治誤人，遂欲分別諸證，萃爲一書。嘗著論一篇，以見大意。又嘗欲續《丹溪語錄餘論》等書，著得醫論二十條，及補陰丸朮等丸方論，皆未及成書。今方奔走仕途，何暇及焉。俟他日退休林下，庶可續成諸書以行世也。因出示之。或者曰：此雖未成書，然皆切要之論，人所急欲用者。吾聞仁者急欲救人，若蚤得一條一論，以開迷霧，濟困苦，以甚美矣。何況連篇累牘有如此，而不蚤出示人，乃曰必俟他日成書焉，無乃珍秘吝惜，恐非仁人之用心耶。予笑曰：豈有是哉！子乃以是責我。請遂出之。遂名曰《明醫雜著》，鋟梓以傳，尚俟他日續成全書，以畢予志。

《明醫雜著·薛己補注序》 先朝都憲節齋王翁，自秀才時，便存心天下，以爲吾即不得致君澤民，當以醫藥壽斯世夭札耳。及登第，任歷中外，皆得人心，至于人之疢疾，治無不驗，古人所謂良相良醫，蓋兼體之矣。所著發熱等篇，名《明醫雜著》，刊行有年，凡厥問答擬議，悉本《醫學綱目》中來，其淵源心力可想見也。然猶不自滿假，當其友之請梓，辭以政餘草集未及成書，(疆)[彊]而後可。且云俟予晚年林下，更須增損，惜乎其未果也。已輒不自分，竊以先生引而未發之意，漫爲補注，附以治驗焉。或曰：脈之不知，病安從識？子(是之)[之是]書，何獨略于診法邪？廼更入滑伯仁先生《診家樞要》共六卷，末則續備方餌，以便初學覽用。稿雖苟完，頗多簡贅之失。適摠憲及齋魏翁備兵我吳，而翁亦素通于醫，蓋今日之節齋也。每過余談及，率歎民命之當重，而藥之不可不講也。辱就鄙稿，加之筆削，行吳邑宋尹陽山梓之。但愧蒭蕘枝葉，弗足采擇耳。大方其教之，勿以老拙而棄之，曰不足與之言。

《醫學正傳・自序》 夫醫之爲道，民命死生所係，其責不爲不重，藉或不經儒術，業擅偏門，懵然不知正道，不反，幾于操刃殺人乎！粵自神農嘗百藥，製《本草》，軒岐著《素問》，越人作《難經》，皆所以發明天地人身陰陽五行之理，卓爲萬世醫家祖，不可尚矣。厥後名醫代作，躡聖門而探玄微者未易悉舉。又若漢張仲景，唐孫思邈，金之劉守眞、張子和、李東垣輩，諸賢繼作，皆有纂述，而神巧之運用，有非常人所可及也。其所以辨内外、異攻補而互相發明者，一皆祖述《素》《難》而引伸觸類之耳。其授受相承，悉自正學中來也。

吾邑丹溪朱彦修先生，初遊許文懿公之門，得考亭之餘緒，爰及母病，刻志于醫，求師于武林羅太無，而得劉、張、李三家之秘，故其學有源委，術造精微。所著《格致餘論》、《局方發揮》等編，皆所以折衷前哲，尤足以救偏門之弊，偉然百世之宗師也。東陽盧和氏，類集丹溪之書爲《纂要》，俾醫者出入卷舒之便，其用心亦勤矣。以愚觀之，尤未足以盡丹溪之餘緒。然丹溪之書，不過發前人所未發，補前人所未備耳。若不參以諸賢所著而互合爲一，豈醫道之大成哉？

愚承祖父之家學，私淑丹溪之遺風，其於《素》《難》，靡不苦志鑽研，然義理玄微，若坐豐蔀，迨閱歷四紀，于玆始知蹊徑，今年七十有八矣。桑榆景迫，精力日衰，每憾世醫多蹈偏門，而民命之夭於醫者不少矣。是以不揣荒拙，銳意編集，以成全書，一皆根據乎《素》《難》，從横乎諸説，旁通己意，而不鑿以孟浪之空言，決不離乎正學範圍之中，非敢自以爲是而附會以誤人也，目之曰《醫學正傳》。將使後學之所適從而不蹈偏門以殺人，蓋亦端本澄源之意耳，高明之士，幸勿誚焉。

《四庫全書總目・子部醫家類存目》 《醫學正傳》八卷，浙江范懋柱家天一閣藏本。明虞摶撰。摶字天民，自號花溪恒德老人，義烏人。是書成於正德乙亥，其學以朱震亨爲宗，而參以張機、孫思邈、李杲諸家之説。各選其方之精粹者，次於《丹溪要語》之後，復爲《或問》五十條以申明之。

《蒼生司命・李錦序》 癸丑暮春，程子雲來游寶婺時，余於政事之暇，同探北山之奇勝，聽鹿田之夜雨，酌龍洞之晨泉。天人至理，靡不冥搜，玄禪妙義，靡不參究，炎黄秘奥，靡不探求。視蘭亭之雅集，較多裨益，致足樂也。雲來因出手注《金匱要略直解》一編，曰：此漢張仲景雜證祖方也。後人充棟汗牛方書，悉祖諸此。余披閲一過，見其晰理簡要，方法詳明，因捐俸梓而行之矣。今年秋初，晤雲來於錢塘公署，因問雲來曰：醫方之浩繁者，有宋徽宗《聖濟總録》，周憲王之《普濟方》。迨後王氏《準繩》，徐氏《醫統》，則眇乎小矣，醫家猶有望洋之嘆。求其簡而精，博而約者，是在吾子，亦有可得聞乎。雲來又出《蒼生司命》一編，曰：此花溪老人虞天民所輯，醫家入門之秘本也。《金匱要略》如商彝周鼎，古不可遺，此編如粟菽布絲，時不可廢。因閲集中所載，證有寒熱虚實，藥有補瀉溫涼，對病治療，隨獲奇驗。眞指下之航梯，肘後之鴻寶也。徐子振公，術精洞垣，陳子子奇，爲余舊好，訂正剞劂，以公天下，以濟蒼生，其功不又普乎。余亦歡喜贊嘆而弁數言於首。

《韓氏醫通・自序》 《醫通》草成，幾欲焚去。今年，家兄命謂：先君序集《有效方》，手澤豈容勿傳。乃補葺分九章，凡九十五則，釐爲上下二卷。讀且數過，心動顔汗，向兄不能語者久之，而後語曰：人有定壽，醫善折之，聖智不能加多也。病有氣機，醫每失之，造化不容無鑿也。兄謂：弟誠能醫乎哉！夫孔門學農圃者小之，而老氏妄言罔象，又奚醫之爲也。是編聊爲醫之徹上徹下語而已爾。

《韓氏醫通・程永培跋》 韓氏天爵甫，以武職之子而究醫藝。自云稟受極弱，賴方藥以生，其所得於醫之理者，良深矣。觀其起父兄與嫂於垂危之疾，蓋以盡其孝友，所謂父母有疾，委之庸醫，謂之不孝也。既而變名挾術以游，膏粱藜藿，疑症痼疾，投藥立愈。因此而白飛霞之名滿天下。至自製諸方雖甚簡，其精妙有出于意表者，即如其用霞天膏，觸類旁通，諸無不治。惜今人惟以治痰，餘皆不之及。至于六法兼施章，尤仰見學問之淵博，則更有不可測量者。後之業醫者，撫心自問，能式此格乎否耶？

《續醫説・自序》 齊梁之人有言曰：不明醫術者，不得稱爲孝子。此過論也。宋儒謂：治病委之庸醫，比之不慈不孝，事親者不可不知醫。斯言旨哉。昔之名醫，若甄權、許智藏、李明之、朱彦修，咸以母病習醫，研精覃思，遂究奥妙。蓋君子之存心，無所不用其至也。弁雖不敏，癖于論醫，或聞師友講談之餘，或披閲諸史百家之文，凡有會于心者，輒手抄以備遺忘，積久成袟，釐爲十卷，名曰《續醫說》云。匪敢與古人頡頏，將來好事者共之。

《醫學統旨·自序》 醫，仁術也，愛之道也。先王之教至於仁，而其愛溥也。是故察脈，醫之本也。視證，醫之則也。調藥，醫之用也。立方，醫之信也。立方何以爲信？曰：方有徵則信，信則斯傳，傳則用斯行，行則斯章，章則本斯立，則愛人之心無窮，庶幾成仁術矣乎。文齡二十年來，蓋嘗用力於此，而求仁未能也。嗟夫！不精於藝，而但有愛心者，是謂徒善。徒善不能行，無本不能立，無傳不能廣。予懼夫人之病夫仁也，是《醫學統旨》之所以作也。是書也，爰輯舊聞，參之新得，俾異同歸一，繁簡合中，同志者肯究心焉，則審脈察證，處方辨藥，或不無少助。文齡不佞，抑求正於仁人爾。

《薛氏醫案·吴琯序》 明孝廟時，乃有吴人薛己，以醫方仕至南北太醫院院判。歷事武肅三朝，號稱國手。嘗好著書，自《圖經》《素》《難》以下，禁局諸方藥論，多所校正發明。併以己嘗治驗方案前後版行。第其傳播未遠，遺軼頗多，醫門之士，恆竊慨焉。頃余校書虎觀，偶得其書數種。馳送諸名醫勘閱，謂宜覆梓，以博其傳，亦仁者用心之一。因併購其全書，得若干種，合爲一部，離爲四科，科以類次。凡爲經，論內科者，爲嬰兒科者，爲婦人科者，爲外科者，各若干種卷，付之剞劂，易歲告成。予竊私喜，覆閱再三。

【略】薛氏起當明盛，久事禁中，因得徧窺奧典，通習諸科。遂能援經精義，隨病即功，立一家言以明斯道。視於諸子，其新安之集大成歟。業是科者，誠能遡此，尚論軒岐，斯亦登泰山者之先梁父乎。雖然，書不盡言，言不盡意。如必因書以求言，則有出於言表者，不必盡於書。如必因言以求意，則有出於意表者，不必盡於言。雖薛氏有不能自知者，余則烏能知之，在善學者能自得之耳。善夫，郭玉有言曰：醫之爲言意也。毫芒之際，可得而解，不可得而言，於書何有？《易》曰：神而明之，存乎其人，此之謂也。

《四庫全書總目·子部醫家類二》 《薛氏醫案》七十八卷，通行本。明薛己撰。己字立齋，吴縣人。是書凡六十種，己所自著者，爲《外科樞要》四卷，《原機啓微》三卷，《內科摘要》二卷，《女科撮要》二卷，《癘瘍機要》三卷，《正體類要》二卷，《口齒類要》一卷，《保嬰粹要》一卷，《保嬰金鏡錄》一卷。其訂定舊本，附以己說者，爲陳自明《婦人良方》二十四卷，《外科精要》三卷，王綸《明醫雜著》六卷，錢乙《小兒眞訣》四卷，陳文中《小兒痘疹方》一卷，杜本《傷寒金鏡錄》一卷，及其父鎧《保嬰撮要》二十卷。初刻於秀水沈氏，版已殘闕。天啓丁卯，朱明爲重刊之，前有明紀事一篇，載明病困時，夢己教以方藥，服之得愈。又夢己求刻此書，其事甚怪，然精神所注，魂魄是憑，固亦理之所有，不妨存其說也。己本瘍醫，後乃以內科得名，其老也，竟以瘍卒。詬之者以爲溫補之弊，終於自戕。然己治病，務求本原，用八味丸、六味丸直補眞陽眞陰，以滋化源，實自己發之。其治病多用古方，而出入加減，具有至理，多在一兩味間見神明變化之妙。厥後趙獻可作《醫貫》，執其成法，遂以八味、六味通治各病，甚至以六味丸治傷寒之渴，膠柱鼓瑟，流弊遂多。徐大椿因併集矢於薛氏，其實非己本旨，不得以李斯之故歸罪荀卿也。世所行者，別有一本，益以《十四經發揮》諸書，實非己所著，亦非己所校，蓋坊賈務新耳目，濫爲增入。猶之《東垣十書》、《河間六書》，泛收他家所作，以足其數，固不及此本所載皆己原書矣。

《丹溪心法附餘·自序》 昔予母年艾時，以家事繁冗，不暇啜粥，惟飲冷酒，以致內傷脾胃，遍身發出赤斑。是時天疱瘡傳染，斑與相類，醫之者多不能辯，遽然而卒，罔覺其咎，蓋斑無頭粒，瘡有頭粒，易分別而不知爾。厥後葬母，不得已而與鄰人訟，三載始白，既而感激，乃志於學。讀書之餘，恆取醫書《丹溪心法》覽之，見其所謂飲食內傷，脾胃發出赤斑之論，乃喟然悲歎。其前病果誤於醫者，正程夫子所謂病卧於床，委之庸醫，譬之不孝者也。終天之恨，曷有窮耶！由是心之於醫，若口之於芻豢，不能釋也。

竊惟斯道肇自軒岐，迄漢而下，代不乏賢。求其可以爲萬世法者，張長沙外感，李東垣內傷，劉河間熱證，朱丹溪雜病數者而已。然而丹溪，實又貫通乎諸君子，尤號集醫道之大成者也。先生既沒，而其遺書則有《丹溪心法》傳于世。蓋其術至精，故其爲言至切，實保命之良規，濟人之妙訣也。惜乎是書詳於法而猶略於方，《袖珍》等書，則又詳於方而略於法，皆不便檢閱。時祥符鄭尚宜、張汝孝輩，亦達於醫者也，以予言爲然。予於是乃將心法去訛留正，群方刪繁就簡，合爲一書，凡五年餘，始脫藁，不敢他有所名，名之曰《丹溪心法附餘》。其間病目分之以門，藥方聚之以類。每證之下，先具心法，後附群方，俾法不離乎方，方不離乎法。又取丹溪《本草衍義補遺》，及崔眞人《脈訣舉要》，王節齋《明醫雜著》，附載于中，而於醫之藥性脈理，病機治法，經絡運氣，六者粗備，其正誤補闕，以俟後之君子。然初學之士與養生之家，或有取焉，庶乎得醫道之正而不爲他岐所惑。僭妄之罪，固知無所逃矣。

《四庫全書總目·子部醫家類存目》《丹溪心法附餘》二十四卷，内府藏本。明方廣撰。廣字約之，號古齋，休寧人。是書成於嘉靖丙申。因程用光所訂朱震亨《丹溪心法》，贅列附錄，與震亨本法或相矛盾，乃削其附錄，獨存一家之言，別以諸家方論與震亨相發明者，分綴各門之末，然均非震亨之原書矣。

《名醫類案·江應宿序》予讀《褚氏遺書》，有曰：博涉知病，多診識脈，屢用達藥。嘗撫卷以爲名言。山居僻處，博歷何由，於是廣輯古今名賢治法奇驗之迹，類摘門分，世採人列，爲書曰《名醫類案》。是亦褚氏博歷之意也。自夫三墳墜而九邱湮，方書繁而經論廢。或指《素》《難》以語人，鮮不以爲迂者。醫之術日益濫觴，通經學古，世不多見。昔鄭公孫僑聘於晉，適晉侯有疾，卜云：實沈臺駘爲祟。史莫之知，乃問於僑。僑具述高辛元冥之遺，參汾主封之故，四時節宣之道，通國驚異，以僑爲博物君子。太史公作《史記》，傳淳于意，備書其治病死生，主名病狀，診候方脈，詳悉弗遺。蓋將以折同異，極變化，求合神聖之道，以立權度於萬世，軒岐俞扁之書，匪直爲虚詼已也。今予斯編，雖未敢僭擬先哲，然宣明往範，昭示來學，既不詭於聖經，復易通乎時俗，指迷廣見，或庶幾焉耳。學者譬之，由規矩以求班，因彀以求羿，引而伸之，遡流窮源，推常達變，將不可勝用矣。書凡十二卷，爲門一百八十有奇，間附説於其下云。

《名醫類案·江應宿跋》先君子清修力學，不偶於時。抱痾攻醫，數起人危疾，未嘗以醫名家。禁方及諸子列傳，無慮百數十種。披閲適竅，手錄以備遺忘。積二十年所，遂成是書，分門析類，爲卷十二，爲條二百有奇。草創未就，遽爾見背。應宿不肖，髫齓多病，趨庭問難，頗契其旨。弱冠，奉方伯叔父之滇南，尋遊吳越齊楚燕趙間，博採往哲奇驗之跡，載還山中。懼先集未梓，久而散逸，因取遺稿，編次補遺，亦越歲十九，凡五易鈔，更與伯兄參互考訂，勒成全書，傳之通都下邑。俾肄業之士，如遇陰陽顯晦未易辯之證，水火徵兆疑似之難明者，試觀前人已驗之成法，準古酌今，一證一方，一案一論，吻合相孚，其應如響。嗟乎！醫貴權衡，譬之用兵。孫武論兵，無出虚實。兵識虚實，則無不勝矣。或者不師古人，亦自爲法，唯司馬穰苴能之，善之善者也。抑或孳孳學古，雖中律度，如趙括徒能讀父書，不知合變，卒歸於敗耳。是則存其人焉爾矣，醫何以異此。先君子以縫掖稱作者，托於醫以隱。孤不敏，弗克繼志，姑述手澤之遺，間附見聞，以廣其傳。雖於時未必有濟，然承先君子及物之仁，則亦不敢私也。謹志。

《四庫全書總目·子部醫家類二》《名醫類案》十二卷，通行本。明江瓘編，其子應宿增補。瓘字民瑩，歙縣諸生，因病棄而學醫，應宿遂世其業，其書成於嘉靖己酉，所採治驗，自《史記》、《三國志》所載越人、淳于意、華佗諸人，下迄元明諸名醫，捃摭殆徧。分二百五門，各詳其病情方藥。瓘所隨事評論者，亦夾註於下。如傷寒門中，許叔微治秘結而汗出一案，衆醫謂陽明自汗，津液已漏，法當用蜜兑，而叔微用大柴胡湯取效，瓘則謂終以蜜兑爲穩。又如轉胞門中，朱震亨治胎壓膀胱一案，稱令産嫗托起其胎，瓘則謂無此治法，其言不確，凡斯之類，亦多所駁正發明，頗爲精審。第尸蹷門中附載鍼驗，引及《酉陽雜俎》所載高句驪人言髮中虚事，與治病毫無所涉。難産門中，引焦氏《類林》載于法開令孕婦食肥羊十餘臠，鍼之即下事，既不明食羊何義，又不明所鍼何穴，亦徒廣異聞，無裨醫療，皆未免鶩博嗜奇，然可爲法式者固十之八九，亦醫家之法律矣。瓘初成是編，未及刊刻。瓘沒之後，應宿又以瓘之醫案分類附之，而應宿醫案亦附焉。歲久版刓，近時歙縣鮑廷博又爲重刊。其中間附考證，稱琇案者，乃魏之琇所加。之琇字玉横，錢塘人也。

《醫先》卷一　上醫治未病，不治已病。治未病易而無迹，治已病勞而罔功。是故未病者多忽，而已病者始求諸醫。醫雖良，其如病成何？膏肓之諭，惜也。自秦以前，墳典完備，學出于一，養德養生無二術。云秦以後，坑焚燼澌，幸《素問》猶傳。學者棄而不講，目爲僞撰，蓋不知多參贊至言，非聖弗能也。矧天子以至庶人，修身爲本，豈有遺身而能用世邪？是在辨之早焉已矣。于是作《醫先》，蓋先未病而醫之，不施餌劑砭針，同躋仁壽之域。覽者庶以監予之心，豈曰不爲良相，當作良醫云爾。

《攝生衆妙方·自序》夫《内經》《靈樞》言攝生之旨甚詳，然編簡斷蝕，博聞莫正其訛，衍譯精微，膚士徒剽其緒，流播益遐，謬本初矣。春秋以來，乃有越人、陽慶、淳于意之徒，潛授禁方，隱垣知物，施諸治療，咸稱神明。而《術數》、《奇咳》，罔所傳布。其乃有華佗，益用刳腹洗腸之技，而遭匪其人，殞身圜棘，獄吏卻書，引火就燎，迄無遺焉。又其後，乃有東垣、丹溪，未睹堂奥，頗沿流委，匪曰能神，亦稱良師矣。今諸醫家所循習，則多其銓綜之方也。然變化無窮，裁成互異，因時治療，則豈無引而伸之者乎。余少嬰多疢，餤藥餌如膏粱，或已己病，或見已人之病，輒以其方錄而藏之，久乃遂成簡裒矣。夫物我一體，戚休同之，倘可以解患苦而養元和，將疾走告語孳孳，況敢以自私秘乎。爰分表門類，次第其事，書而付之梓人。

《四庫全書總目·子部醫家類存目》 《攝生衆妙方》十一卷，明張時徹編。時徹字維静，鄞縣人，嘉靖癸未進士，官至南京兵部尚書，事迹附見《明史·張邦奇傳》。是編分四十七門，標目繁碎。自序云：每見愈病之方，輒錄而藏之，蓋隨時鈔集而成，未爲賅備。

《古今醫統大全·自序》 昔者上古之世，洪濛未鑿，民不夭札。厥後風氣漸開，情竇日啓，疾病生焉。黄帝惻憫，濟以醫藥，而《内經》作矣。世因之，迨自秦漢唐宋以下，代不乏人，載之簡篇，汗牛充棟，咸以神其術，妙其用，而躋天下後世於仁壽之域者也。春甫家世業儒，恆讀《素問》諸書，頗探索其醫之賾隱。然而義理微茫，精滲錯別，甲可乙否，莫知適從。所以憚浩繁者，撮拾殘言，謂之捷逕。致使本源根(核)(荄)無所稽考，其不淆聖經而(賤)(戕)民生者幾希！予不自慚愚陋，以平素按《内經》治驗諸子折衷，及搜求歷世聖賢之旨，合群書而不遺，折諸方而不紊。舍非取是，類聚條分，共釐百卷，目曰《古今醫統》。蓋援上古之法，以迨歷世之良，而兼總於今日，統集異同，井然區別，彙成編帙，燦乎可觀。庶幾厭繁者有所歸，趨簡者無少失，一開卷而醫之法制權衡，始終本末，如視諸掌，其於養生，不無小補。若謂全書曰非闕典，則猶俟於賢知者焉。

《古今醫統大全·許國序》 《古今醫統》四十帙，釐爲百卷，祁徐君春甫所裒輯。上自太昊炎黄，迄於我明，本原醫經、藥品、禁方、諸名家論著，旁及經史、國典、諸雜家言，凡二百七十餘家，一百八十餘部，區別類從，鉅纖畢舉，斯已勤矣。徐君爲人，誠壹長者，操術慎而用志精。其爲醫，先調護而後攻伐，不捷出以爲奇，不亟效以爲快。遨遊諸公卿間，雖綿疴沉痼，能終任之，迄以無害，庶幾哉孔子所謂有恆者乎。故其博考遠稽，折衷辨正，若斯之勤也。余讀諸史藝文志，醫家者流爲書無慮數百種，蓋其詳哉。然古經微義，逸者過半，而新義鑿説日益多，始學眩亂，莫適爲準。又古文玄奥，驟難句讀，於是竊取晚近，以偶幸一中，而軒岐諸書，往往束而不觀，即號稱名醫。間叩以運氣脈候及俞穴所居，輒愕貽口噤。【略】

今世祖《難經》《脈訣》與《内經》等，宗高平、義烏與南陽諸家等。徐君不然，獨違衆而發其謬，謂今醫學壞於《難經》《脈訣》。《難經》所引，多非《素問》《靈樞》本文，而意旨相矛盾。《脈訣》誤以大小腸屬兩寸，而下部藏脈乃越關而上。此皆後人所托名，甚非秦越人、王叔和之本書。然《脈訣》之謬，本叔和《脈經》啓之。夫脈誤則謬治，未有不誤者。故世宗高平，非也。彦修誦法南陽、河間、東垣，能讀三家書，而不知合變。蓋其用藥執泥，如士人用帖括耳。故世泥義烏，亦非也。大都徐君上下數千載，壹準於《内經》，以律諸名家。合經者宗之，悖經者斥之。故其書首《内經要旨》，次羽翼《内經》者，次脈候，次運氣，次經穴，次鍼灸，然後及内外諸證治，婦女老弱，奇病秘方，爲説甚具，而以本草集略及養生家言終焉。要在明《内經》之旨，正炎黄之統，使軒岐問答，千古如存。其他解肌搦髓、揲荒爪幕、浣胃滌藏，神術也，存而不論。巫祝、馬鈐、楮書、高訣、趙要、彭編，異説也，削而不錄。總統百家，以歸《内經》。此徐君《醫統》之所爲作也，蓋有恆者之效也。

《醫學綱目·自序》 英爰自髫年，潛心斯道，上自《内經》，下至歷代聖賢書傳及諸家名方，晝讀夜思，廢飡忘寢者三十餘載，始悟千變萬化之病態，皆不出乎陰陽五行。蓋血氣也，表裏也，上下也，虚實也，寒熱也，皆一陰陽也。五臟也，六腑也，十二經也，五運六氣也，皆一五行也。鱗集於魚，輻軼于轂，醫之能事畢矣。是以不揣蕪陋，掇拾經傳方書，一以陰陽臟腑分病(拆)(析)法而類聚之。分病爲門，門各定陰陽臟腑之部於其卷首，而大綱著矣。析法爲標，標各撮陰陽臟腑之要於其條上，而衆目彰矣。病有同其門者，立枝門以附之，法有同其標者，立細標以次之。凡經有衍文錯簡脱簡者，一以理考而釋正之。傳失經旨，衆論矛盾者，各以經推而辨明之。庶幾諸家之同異得失，得以曲暢旁通，精粗相因，巨細畢舉，同病異法，如指諸掌，名之曰《醫學綱目》。藏之巾笥，以便考求，使夫臨病之際，自然法度有歸，不致誤投湯劑而害生亂醫，獲罪神明者矣。雖於軒岐心法之妙不敢同年而語，然亦天地生物之心一助云耳。

《醫學綱目·曹灼序》 予夙有志方藥，少困舉子業，未遑也。歲癸丑，釋褐都下，迨丁巳，承乏比部，意通都大邑，良師萃焉，聽讞之暇，留心諮訪。或枚舉一二輩，曰：是出入於公卿之門者。衆皆靡然從之，往往不暇考其術業。吁！徇名之弊，豈特仕道然哉。己未歲，先君子以腸澼背養，聞病不至，是抑不審醫之過也，使不孝長抱終天之恨焉。因自顧拙於宦者，與世之拙於醫者，安可預人家國事耶。遂絕意進取，間取《靈》《素》諸書，反覆讀之，古奧淵邃，莫知端倪。

友人邵君偉元，授予以《醫學綱目》四十卷，曰：是書出於蕭山樓全善先生所輯，簡而知要，繁而有條，悉本於《靈》《素》，亦猶律之條例，比附不出於禮經也。公以禮律佐時，獨不能以是書濟癃疢耶。予笑而受之。惜抄本相傳，魚豕盈帙，前此欲刻者數家，而難於校正，往往中止，今亦無蹈是乎？因與偉元暨劉君化卿分帙校讎，矢志弗措，有不合者，晝繹夜思，若將通之，凡再逾寒暑而後就梓。訛者正，缺者補，秩然可觀，回視舊本，若草藁矣。此書二百年來，幾晦而復明，幾廢而復舉，寧不有定數存乎。書大要本之陰陽以定其準，參之運氣以稽其變，察之色脈以明其診，酌之虛實以立其法，考之同異以正其訛。是故時至有早晚，則民病有徵應矣。氣位有正變，則勝復有微甚矣。血氣有虛實，則調治有逆從矣。氣味有厚薄，則約方有輕重矣。營衛有宜壅，則補瀉有疾留矣。其說一正於《靈》《素》《甲乙》，而參之以仲景、東垣諸君子之緒論。病必有門，門必揭其綱，治必有法，法必詳其目，巨細不遺，詳略通貫，參互衆說，而折衷之於經。能由此者，謹道如法，萬舉萬全，不由此者，實實虛虛，夭人長命。故覽其書，如大都列肆之中，丹砂、玉札、馬渤、牛溲，何所不有，而其取裁劑量，則固存乎人焉耳。

先生嘗曰：病之千變萬化，不越陰陽五行。又曰：氣失其平則爲疾，醫者意也，不過平其氣耳。嗚呼！此數言者，又爲是書之綱領乎。夫不治刑不知造律者之深意，不治病不知著書者之苦心。先生康濟之心甚盛，而幾於無所用者，予得而推廣之，亦邵、劉二君從臾之力也。同年趙君宗正，實聞而協成之。予與宗正，同官比部者也，疇昔恣刑之意，重於殺人，抑此書之行爲生人計也，亦重於殺人之慮也。處心積慮，有始終同而不異者，宜得牽連書之，以示後世焉。

《推篷寤語·自序》　舟之亡所見者，篷蔽之。人之懵所知者，寐障之。舟匿篷，則丹厓碧流在望矣。人匿寐，則開戶發牖昭如矣。非心目不及也，物翳之也，物翳去則心光，目色朗然䀏矣。余夙慕古人奇節軼行，操鉛槧以干有司之知，恆欲稍稍施用於世，顧性拙命奇，迄不如志，馳逐而不知止，久矣夫，余之寐也。歲庚午，始捐舉子業，謁天曹選，將從遊縉紳先生，以求通余寐焉。挂帆北征，時適春莫，每推篷坐舟次，縱觀淮徐齊魯之風物，仰瞻泰山之磅礴，北顧黃河之奔流，蓋天下之大觀，幾得其半矣。廼喟然歎曰：偉哉山川，天其假此以通余之瞶瞶！夫六藝之囿至廣，道德之淵至深，其高達於無上，其卑入於無下，藏若江海，達若康莊。學者曠然而通，爽然而明，則內外之分弗淆，榮辱之情靡忒，即鍾彝竹帛，猶且與吾性不相涉入也，况乎挈量進退於咫尺間哉。余自少迄茲，鑽研故紙，汎濫諸家，窮晝夜之力不廢，且濡染先公遺訓，咨諏先達名言，孜孜惟恐不逮者，歷念餘年矣。茲遊也，廼因舟中之暇，攄夙昔所知解，表見古今嘉聞懿行可垂世則者，間附己意，形之楮素，累數百條，總若干卷，庶幾哉啓昔之寐，而爲今之覺乎。雖然，昔人有言，夢中說夢，自以爲寤矣，匆匆然與人言之，不知其尚寐也。余之寤也，毋乃類此？其方夢也，不自知也，夢之眞醒也，不自知也，同余夢者亦不知也，惟先覺者知之。今學士大夫，高明俊爽，暉映先後，其於道德閫奧，固有神悟而心解矣。余也幸觀泰山之崇高與黃河之縈帶，且仰覲天子宮闕之宏麗矣，而非求如歐陽子之文章與韓文公之才抱，若蘇子所稱者，以盡余之大觀，則又烏能自已也。因名曰《推篷寤語》，以俟當世之先覺君子。

《明醫指掌·自序》　《指掌圖》者，成先君菊泉翁之志而作也。中蚤歲受讀《傷寒指掌圖》於先君，脈病證治，恍若有得。及按脈求證，因證定經，輒一二中肯綮。先君輒莞爾曰：吾家世儒，然儒之道博，其旨奧邃難究窮。醫，儒流也，窮其述，施諸方藥，少有康濟，亦足自表見，不塊然朽也。今得吾兒，吾業傳矣，傳矣。因復進中曰：醫者意也，得古人之意也。古人意所未及，因而補之，亦古人之意也。《傷寒指掌》，吳蒙齋撰賦列圖，備矣，獨雜病未之及。夫雜病浩漫，人異見，家異說，勢難持守。幾欲合衆說，集大成，使有領要，以便後習。然吾老矣，成吾志者，子也。中諾而退，於是探微索隱，逾二十年，僅有所得。敢繼吳子之式，撰成《雜病指掌圖》一帙，錄呈先君，幸獲改敎潤色之。先君因曰：是集深愜吾意，亦古人之意也，可傳矣。中仍三易其稿，書成，藏之巾笥，私便檢閱，以備遺忘。癸丑，男山遊學南畿，謁舊宗師今大司馬張蒙翁於大理寺。詢及醫藥，以是集獻。越旬，召山諭曰：集諸家彙成巨書，俾世之醫者有所指南，仁人之心也。揚前美，俾祖敎父德，流於四方，遍於後世，孝子之道也。子其梓之，我當爲若翁敘。山歸，語其弟嵩岱，同校正，遂登諸梓。子曰：亦先人之意也。敬述其顛末如右。書凡一十卷，分前後二集。其有缺略，尚俟後之君子改而正焉。

《慎齋遺書·吴球序》 醫道自東漢張仲景後，教亦多術矣，東垣溫補，河間清熱，丹溪滋陰，戴人攻伐。四家者，槪皆有聞，然俱各得仲景之一體，而非軒岐之正派也。明季江東周之幹愼齋氏，生乎二千年後，而獨得仲景之精髓，直駕李劉朱張而上，有非季世俗醫所能髣髴二三也。但遺書數卷，出于門人之記錄，未經較正，多有隱晦重複之弊，球久欲刪煩去冗，訂爲定本。年來因注《易》未遑，近日《易》注告成，南陽《金匱玉函經解》亦已脱藁。于是刪釋《遺書》，更定卷帙，陰陽藏府，氣運色脈，經解方解，病機方案，分錄十卷。以翼仲景《金匱玉函經》，作雜證之凖繩，爲後學之楷式，少醫醫者虛虛實實之病。球僭妄之罪，自知難逭。然球自年十四即業醫，繼晷焚膏，誦讀幾三十載，幸得稍知一二。而性拙，不能阿世，天之所以命我者，端在斯矣，即欲偷安而諉責，業有所不敢耳。

《赤水玄珠·自序》 孫仲子奎曰：先父學以儒術起家，乃七尺孱弱，始受《易》，爲諸生，攻制藝過苦，又屢上棘圍，罷歸，不無怏怏，體罷憊而弱益甚。余甫垂髫，日侍呫嗶，見之輒隱心焉。間嘗自念，昔人有言，事親者不可不知醫。何得究竟秘奥，俾葆和吾親無恙乎。然猶之呻吟帖括未已也。比稍長，先父學令視伯兄賈之括蒼，道遘異敎家有仙也者，指余曰：孺子何爲者？乃恂恂若爾。吾懷秘密久矣，遇而後傳，吾歷觀人間世，無如孺子可授，若能受而讀吾方，可以衛生，可以澤物，所就匪直一手一足烈矣，何必矻矻奔走，齷齪籌計爲哉。余曰：幸甚。君之禁方，亶能如陽慶公所傳五色奇咳之術，余小子事親有所藉手矣。及受讀而解驗之，果有槪於中而多奇中。因趣裝歸海陽，語先父學以故，且告之欲舍業而事方術。先父學沾沾喜曰：醫何不可爲也！良醫濟施與良相同博比衆，又何論良賈。第異人所授精良矣，顧拘局而不通洽，脱非心融機變，則其方泥而難用。

夫飲水者，必窮其源，軒岐遺經，非方術家之崑崙乎，而張仲景以下諸家，皆崑崙所達支委也。彼習業者，專則精，不專則雜。稟心者，一則恆，不一則間。飛衛之貫虱也，佝僂之承蜩也，專一故也。小子第勉之。乃發軒岐遺書，以及諸大家載籍，下帷誦讀，口玩心惟，無間寒暑，可三年所。私心又謂，索居而闚觀，孰與廣詢而遠覽，方今明盛多賢，宇宙寥闊，四海九州之士，持昭曠而晰成法者，詎無其人，余何卑卑以丘里自隘也。於是自新都遊彭蠡，歷廬浮沅湘，探冥秦淮，鈞奇於越，卒之淹跡三吴焉。所歷之地，遇明達而折伏其前，與之譚支順闌横之秘，叩下遂上爭之旨，辨陽入陰入之殊，闡經絡和代之異，與夫鑱石、橋引、案杌、毒熨之法，今三十年於兹矣。惟耳目漸廣，故得於心者津津漸融，即未能爲人治病，決死生多驗，或庶幾診視鮮戾，抽劑靡乖，慰夙心而遂生平，永親年而登大耋矣。惟是三吴諸名公，遂信余有知也，忘分下交，爭爲延致。余又懼時過苦難，因乘餘暇，探先哲之名言，出已試之鄙見，積以歲年，纂輯成帙，上之期無負先父學之訓，次之希兔遍閱之勞，下之爲子姓守故業者立法程焉，非以此而希有聞也。乃有客請余集而付剞劂，夫以名家稱者林林，而著作之盈充棟，余何必置一株鄧林間哉。客曰：楩楠豫章，櫟社之樹皆木也，良與賤之分，有目者能辨之。君有國工能而自秘其術，何示人不廣也？余曰：不佞固非楩楠豫章之良，散木之賤，亦非甘心，如客言，當置之市肆，以竢工師運斤焉，是所願也，敢自矜敝帚而秘之乎。若曰懸書國門以市譽，非予所敢。

《赤水玄珠·臧懋循序》 自古無不效之方，而世醫有不識之病。若也，爲對證之藥，此方書所由作也。《赤水玄珠》三十卷，作者蓋生生子云。生生子往客吴興，與銅壁山人習。生生子無不能，會吴興適醫，遂以醫術著。而銅壁山人多秘書，悉以授生生子。生生子故無當於今世醫，既得受銅壁山人書，則盡棄今世醫而返古焉。生生子之術愈益工，乃作而嘆曰：吾其卒爲醫乎！知本草昉於神農，官屬命於《周禮》，醫之時義遠矣。世有三不朽焉：立功，立言與立德。使吾姑以是寄吾仁術，而使天下後世無有夭死，則幾乎功。古之人與其不可傳者，俱往矣，而糟粕具存，吾間竊取之，使天下後世得假古人糟粕，而因得其所不可傳者，則幾乎言。是於不朽之業，策居二焉，雖卒爲醫可也。於是裒集諸名家書及枕中秘，爲之參伍，爲之發揮，論闕則衍其論，方闕則益其方，研精覃思，矻矻焉垂二十年而始成。昔秦越人治病，隔垣而見人之五臟，此何以故？識病故也。彼其未見人之病，而已洞識其所以病，然後按病而投之方藥，則其審隔垣，雖千里之外，百代之下，猶燭照也。故其言曰：越人非能生死人也，能令生者不死耳。嗟乎！應生而致死之，世醫之誤人，何可勝道。是書也傳，今而後，吾知夫生者可以不死矣。生生子孫奎，新都人；銅壁山人黄廉，楚人。

《四庫全書總目・子部醫家類二》《赤水元珠》三十卷，浙江巡撫採進本。明孫一奎撰。一奎字文垣，號東宿，又號生生子，休寧人。是編分門七十，每門又各條分縷析，如風門則有傷風、眞中風、類中風、瘖痱之別。寒門則有中寒、惡寒之殊。大旨專以明證爲主，故於寒熱虛實表裏氣血八者，諄諄致意，其辨古今病證名稱相混之處，尤爲明晰。惟第十卷怯損勞瘵門附方外還丹，專講以人補人採煉之法，殊非正道。蓋一奎以醫術遊公卿間，不免以是投其所好，遂爲全書之大瑕，是足惜耳。原本卷末附《醫旨緒餘》二卷，《醫案》五卷，今別自爲帙。焦氏《經籍志》載孫一奎《赤水元珠》十卷，《醫旨緒餘》二卷，而不及《醫案》，或所見非全本歟。

《孫氏醫案・孫燁序》族叔孫生，抉《靈》、《素》之秘，挾其術而周遊江左，治輒奇中，聲稱鬱勃起吳越間，揆厥由，蓋臨症殫思，務以己之精神，通於患者之精神，對病投劑，匪苟然嘗試漫爲也。即舉冊而筆其症脈治法，以爲後之參考，計積三十餘年案牣篋笥，諸搢紳往往欲授梓人以公天下，叔顧自視欿然不欲自炫，而西吳見所公屢書督成之。謂：君昭徹理奧，鎔鑄古今，著論可羽翼軒岐而覺後學，仁者以博愛爲公，君生平仁心爲質，而亟濟人。布其法之已試者，傳之後，所濟不尤奢乎。若梓工，余則捐俸任之，無預君也。不佞燁，因從旁贊之曰：古人成一家言類，藏之名山，以托不朽，叔於載籍未有之病機，與衆人望之而卻走者，皆得手應心起之，即以天下後世爲藏室，何不可者。奈何硜硜乎持己見，而重違諸薦紳之請也。春秋且逾耆，河清難俟，與其徒著之冊而托之空言，孰若身親見人習而見諸行事者之爲實哉！叔始因余言而翻然首肯，乃其二子泰來、朋來，欣欣色喜云：此不肖兄弟子職所當盡者，曷敢瑣瑣溷潘大夫暨諸公。爲用胠篋僅得十之二三，以付剞劂，不佞獲從事校閱，作而言曰：嘗讀史，司馬子長傳太倉令高矣，第叙其察病之精，而治法未詳。近諸名公，傳世醫文，接子長之統古矣，而論症與治，似有差池。今生生子所記歷驗之案，色脈病形，較若指掌，緣病立方，確如金石，修詞或未入二公之室，乃成案則鑿鑿乎補前賢之未備，爲後來之金鍼也。世之從事此業者，服而習之，其有益於民生，非渺小矣。叔亦可托之不朽哉！不佞次其鋟梓之由如此，觀者諗之。

《四庫全書總目・子部醫家類存目》《孫氏醫案》五卷，浙江巡撫採進本。明孫泰來、孫明來同編。二人皆休寧孫一奎之子，是編即所輯一奎醫案也。凡《三吳治驗》二卷，《新都治驗》二卷，《宣興治驗》一卷，不分證而分地，蓋以治之先後爲次。一奎深究醫理，其議論多見於《赤水元珠》、《醫旨緒餘》，皆已著錄。是編宗旨具載二書之中，且旁文多於正論，亦爲穴漫，蓋大意主於標榜醫名，而不主於發揮醫理也。

《醫學入門・自序》客有窺甕牖而誚之曰：子値離索之失，而考諸《素問》玄語，知本者歟？曰：本，身也。枝葉，子姓雲仍也。欲枝實繁茂，而不先培其本，智乎？身病多矣，遍百藥而不竟痊，必所嘗湯液，而猶未達，其所以倏爾閉戶四禩，寓目古今方論，倫其要，括其詞，發其隱而類編之，分注之，令人可讀而悟於心，臨證應手而不苦於折肱，沈潛之下，因以洞察纖痾，曲全生意於霜雪之餘，正以祈三春之敷榮也。不然，以司馬氏之《通鑑》，而猶自謂枉卻精神，某曷人斯，而敢擅藝自成哉。客曰：然。第世人血脈同而受病異，或因稟受，或因染襲，知大黃可以導滯，而不知其寒中，知附子可以補虛，而不知其遺毒，子能一一救諸？曰：志也未能，敢不瞑眩藥諸心身，以立萬世支本，而後謀諸仁人也。客曰：勗之。

《醫學入門・集例》因病陟醫，苦無統要入門。叔和《脈訣》，東垣《藥性》、《編注病機》、《醫方捷徑》、《醫學權輿》，非不善也，然皆各自成帙，有所不便。《傷寒論》、《活人書》、《百問歌》，非不美也，然非幼讀，不能成誦。《醫經小學》，法全辭略，眞可以入門也，而《局方》又有所未備。且意太簡古，學者亦難了悟。是於少瘥，將前數書合併成帙，中分內外。內集詳於運氣、經絡、針灸、脈藥，外集詳於溫暑、傷寒、內傷雜病、方論。醫能知此內外門戶，而後可以設法治病，不致拘象執方，夭枉人命，故題之曰《醫學入門》。

《古今醫鑒・自序》余幼業儒，讀張子《西銘》，天下疲癃殘疾，皆吾兄弟。韓子《原道》，爲之醫藥，以濟其夭死。深歎二公之言，民胞物與之心也。然膺厥任，惟宰相上佐天子，調燮陰陽，節宣元氣，庶足起疲癃而壽國脈。余誦之，直欲於身親見之。殊庸劣魯鈍，爲時所阨。會家君醫學揭來燕豫，響應中原，醫之正傳，已有所得，余因省焉。遂棄儒就學，紹岐黃倉越之心傳，闡劉張朱李之秘訣，於當時雲遊高士有裨醫教者，尤竭誠晉謁，與之上下其議論，遠宗先哲，近取名公，殫精竭神，磨光刮垢，與家君相爲淵源，蓋有年矣。每視疾則先診以脈息，次察其病原，而攻治之法，方藥之製，又酌其脈病而投之。執是以往，影響不殊。既而以脈病治方，分門別類，以古今之確論爲樞要，間亦竊附己意，參互考訂，遺者補之，略者詳之，纂輯成帙。醫有十三科，此其粗備，釐爲八卷，名以《古今醫鑑》。夫醫，意也，何取於鑑？鑑惟空，而後無遺照；醫必明，而後無遺疾。是書上考諸古，古之明驗者取之，下質諸今，今之明驗者取之。雖隱伏沈痼，罔不洞察，與鑑之照物，妍媸不爽，有相類者，此之謂《醫鑑》，此余命名意也。藁甫成，不敢自秘，爰付諸梓，以公諸天下後世，俾醫有小補，病有救援。視醫國良相，固小大不同，而疲癃可起，夭死可蘇，亦宛乎張韓二公之用心。余不佞，言之無文，聊述成書之概於篇端，其訂訛正誤，尚有竢於後之君子。

《醫林繩墨·自序》 《繩墨》一書，乃爲後學習醫之明鑑。俱領《内經》(景升)[仲景]、東垣、丹溪、河間諸先生之成法，而著方立言，非方穀一人之私論也。蓋醫之一道，其理甚微，其責甚重。活人生人，在此三指之下，兩劑之中。若無主見，未有不殺人者。穀自肄業以來，早夜精心，微危是慎。日與諸門弟子諄切講解，故以生平所讀之書，意味深長之理，時刻玩誦。或前先生所立之論未及配方，或前長者所主之方未及著論，方論不齊，難以應用，由是一一配合，必使補瀉升降得宜，寒熱溫涼有準。分門別類，酌病投湯，如涉海者授之以指南之針，如登山者告之以曲折之路。又復定立主意，俾不猶疑，庶使後之有志救世者引繩畫墨，不致以生人之道而爲死人之具也。如其中見有差訛，識有未到，凡我同志，乞爲筆削論訂之，則醫林幸甚，而醫之爲道亦幸甚。

《仁術便覽·方應選序》 岐黄家侈口而譚方伎，人持其說以爭相秦楚，幾令臧三耳矣。其所爲標本支節，傳經遞絡，浮沉緩促，洪細起伏，一切按五部而約之三關，藉令越人見垣加功巧十等，諒毋委去膏肓而洞中嗣君也。善乎太倉令之言曰：臣不能起死而能知生，人病各以其意投之，病輒效，則治之非難，而中之難也。方書醫乘何翅充棟，而操指稍稍略似，可付咸陽一炬耳。文學張君，蚤以儒生起家，已而厭棄，好養生言，用是搜古驗今，綦累成帙，因扁其名曰《仁術便覽》。一開卷間，青囊大備，若入武庫，五兵縱橫，而言約理要，指掌可覩，眞攝身者南車也。齋生久視，達命者誡非之，然使疾病無夭迁而中其疴恙，于人亦可有濟，毋亦長者之心哉。郡侯王公，當世所推轂，仁者也。公之惠此元元也，既已起疲癃而大造之矣，而尤有當于文學之言，乃飛尺檄，命應選廁一言以序之。遠哉乎！公之用心也。公之政壽一郡，公之心壽一世，令大地以内有負僊無號者，公心戚戚焉。彼其旌干所及，靡不旁皇，即令格于樹宷者，則藥籠具在，振此足致無涯，夫亦以其痌瘝之心而托之以綏乎。州太學生夏惟勤精于其學，稱國手。公嘗屬之校讎，亦謂一字千金矣，是中經首哉。

《萬病回春·自序》 余弗類，齠齡博載籍，有志效古良相，佐天子調元化，登生民於春臺和煦之境。全以數奇，謭劣弗售，遂卸仕晉，隱於春雲林麓之濱。賴家大人以醫學鳴世起家，乃世其傳，思弗克爲良相，贊廟謨以壽國脈，則爲良醫，診民瘼以壽蒼生，雖顯晦不同，而此心之春生均之，有補於世道也。顧醫之道大矣，醫之書博矣。自軒岐出而《内經》作，世之譚醫者宗焉。倉、越而下，如劉、張、朱、李，各擅專門，非不稱上乘也。第其書浩瀚淵微，未易窺測，且執滯者不能迎刃以中其肯綮，往往投之非證，反以重其膏肓。嗚呼，舛矣！欲其起死還生，使萬病之回春，不可得也，可歎哉！

丁丑歲，余懲其弊，集《古今醫鑑》、《種杏仙方》刊行於世，稍稍傳播，衛生或有取焉。頻年以來，經歷愈多，施濟愈驗，凡疾者療之，沉疴頓起，如草木之逢春，生意忻忻向榮。一得之愚，天牖其衷，更有發往昔之所未發者，並非沾沾以術自衒，而一念與人同春之心，實有不容已也。於是從苦心十禩，祖軒岐，宗倉越，法劉、張、朱、李及歷代名家，茹其英華，參以己意，詳審精密，集成此書，名曰《萬病回春》，眞有以收天下春於肺腑矣。蓋春乃造化生育之府，在天爲元，在人爲仁。天以元生萬物，俾物之瘁者回春，而後品彙毓太和。君子以仁生萬民，俾民之病者回春，而後羣生躋壽域。故二皇之世如春，謂民物咸遂其生，此回春之義所由取也。然弗忍自秘，仍付諸梓，俾海内家傳而戶曉。凡病症之原，脈絡之奧，方藥之製，以至寒燥虛實補瀉之得宜，緩急標本先後之異治，明白簡要，一覽無遺。萬病得此，可以回生，由是頤養天和，樂享太平之春以永終。聖天子仁壽天下之化，則舉萬國盡在春風和氣中矣，三皇如春之盛世，不將復見于今日乎。是書之作，未必無萬分之一助也，此固區區草茅芹曝之忠耳，敢曰醫之良與良相並。

《醫林狀元濟世全書·自序》 不佞少年時，揮毫吊古，誦愛物濟人之句，不勝神往，雅意學問，期徼一命之榮，無如非其分也，而意念則未已矣。昔人云：士苟挾一策，以推及物之仁，雖不仕于時，猶仕也。於是取父書讀之，且莫不輟，三年間，盡得其要領，少試之鄉邑，鄉邑賴之，以爲有父風。而予之意念猶未已也，乃著《醫鑑》、《仙方》、《回春》、《神彀》、《禁方》五書，行於海內，風聲日籍籍起，已而挾策北遊，燕趙梁豫之間，有車轍馬迹焉。行樂到處，王公大人，倒履投轄。今倦遊矣，耄遜于家，而名藩省郡，聘召錯道。然予之意念猶未已也，復搜討奇秘，總五書之大全，披寸靈之獨得，彙成一書，命曰《壽世保元》，自謂生平精力，殫于此矣，醫家綱目，簪于此矣，雖不獲顯諸事業，而家國天下，庶幾或有補也。第其書不啻數萬言，其值不下二三金，而四海爭購，兩京爲之紙貴，則富者得遂其求，貧者苦於難獲，則予之意念，終不能人人愜也，其能自已乎。于是披歷心神，昏夜不寐，將前所出六海遺珠，擇其簡切精當，凡人生之所未有，古來之所罕見，奇異古怪之疾，寒暑虛實之症，分門別類，種種備載。不拾人殘唾，不剿人方書，悉不佞生平之履歷，老父之商確，每有所獲，則隨錄之，積數十年，然後神理湊合，隨試輒效，不啻庖丁之牛，飛衛之虱矣。海內得是書而讀之，細心披閱，以病之症，印予之書，一一而投劑焉，辟之星火春冰，未有不煥然欲釋者。倘可以濟世，而醫經奧詣，賴是全備焉，因名之曰《濟世全書》。

《松厓醫徑・自序》　古昔聖神，御極海內，熙熙焉如登春臺，人臻壽域。此曷繇故？太和融液，淪肌理，浹腸胃，六氣不侵而災眚不作，稟氣含生之屬，靡不百體堅強，而相愉佚於耄耋期頤。中世虐政日逞，上薄天和，而民乃有夭札疵殤，自非診脈候，治方藥，霜露之恙，何所底止。故扁鵲曰：越人非能生死人，此自當生者，越人能生之耳。古來醫術，自岐黃盧扁而下，如河間、東垣、丹溪、仲景、節菴、錢、薛諸氏，無慮數十家，大都神術妙解，幾於見垣，不可軒輊。而我歙宗人松厓公，夙蘊弘猷，蜚英甲第，抱康濟斯民之念，扶顛持危之情，肫肫無已。鐫有《醫徑》，探本推原，條分縷析，精入三昧，直與河間、東垣諸君並驅爭先，久而板蠹散遺，未廣其傳。予幡閱諸書中，得其存帙，撫髀嘆曰：何事使仁者寸腔惻隱，救世熱腸不爲弘敷哉。蓋徑者，徑約直捷之謂也。取途便而奏效速，用力微而成功博。矧其分門別類，有一病則次一脈，按一脈則著一方。病者千變萬態，而或湯、或散、或飲、或丸，治法層見疊出，不必遠稽古籍，近搜旁門，惟按類推求，如持左券。夫天之生愛萬物，靡不欲其皆榮而無瘁，皆息而無消。然闔闢相乘，時序必至，所恃有體天之心，培物之命，爲醫藥者救療之，調攝之，令上蒼生愛常存，而王者熙皞不墜云爾。是書也，藥無不投之劑，人無不醫之疾，即素不諳醫者，時一展卷，治方犂然畢具，信乎初學之指南，涉海之斗杓，而窮原探本之捷徑乎。今天子方垂憫黎元，而萬方喜更生之會，得《醫徑》之書而廣傳之，是亦壽域春臺之一助也，予不事纂輯，不爲較訂，但循其舊式而更新之，以俟同志者採焉。

《雜病證治準繩・自叙》　余髮始燥，則聞長老道說范文正公未達時，禱于神，以不得爲良相，願爲良醫。因歎古君子之存心濟物如此其切也。當是時，顓蒙無所知，顧讀岐黃家言，輒心開意解，若有夙契者。嘉靖丙寅，母病阽危，常潤名醫，延致殆徧，言人人殊，罕得要領，心甚陋之。於是銳志學醫，既起亡妹于垂死，漸爲人知，延診求方，戶屨恆滿。先君以爲妨廢舉業，常嚴戒之，遂不復窮究。無何，舉于鄉，又十年，成進士。選讀中秘書，備員史館凡四年，請急歸，旋被口語，終已不振。因伏自念受聖主作養厚恩，見謂儲相材，雖萬不敢望文正公，然其志不敢不立，而其具不敢不勉，以庶幾無負父師之教，而今已矣。

定省之餘，頗多暇日，乃復取岐黃家言而肆力焉，二親篤老善病，即醫非素習，固將學之，而況乎輕車熟路也。於是聞見日益廣，而藝日益精，鄉曲有抱沉痾、醫技告窮者，叩閽求方，亡弗立應，未嘗敢萌厭心，所全活者稍稍衆矣。而又念所濟僅止一方，孰若著爲書，傳之天下萬世耶。偶嘉善高生隱從余游，因遂採取古今方論，參以鄙見，而命高生次第錄之，遂先成《雜病論》與方各八巨袟。高生請名，余命之曰《證治準繩》。高生曰：何謂也？余曰醫有五科七事，曰脈，曰因，曰病，曰證，曰治，爲五科。因復分爲三，曰內，曰外，曰亦內亦外，并四科爲七事。如陰陽俱緊而浮，脈也；傷寒，因也。太陽，病也。頭痛發熱，身痛惡寒，無汗，證也。麻黃湯，治也。派析支分，毫不容濫。而時師皆失之，不久者，幸而免耳。自陳無擇始發明之，而其爲《三因極一方》，復語焉不詳。李仲南爲《永類鈐方》，枝分派析詳矣，而入理不精，比附未確。此書之所以作也。曰：五科皆備焉，而獨名《證治》，何也？曰：以言證治，獨詳故也。

是書出，而不知醫不能脈者，因證檢書而得治法故也。雖然，大匠之所取平與直者，準繩也。而其能用準繩者，心目明也。倘守死句而求活人，以準繩爲心目，則是書之刻，且誤天下萬世，而余之罪大矣。家貧無貲，假貸爲之，不能就其半。會侍御周鶴陽公以按鹺行縣至金壇，聞而助成之，遂行於世。

《四庫全書總目·子部醫家類二》《證治準繩》一百二十卷，通行本。明王肯堂撰。肯堂有《尙書要旨》，已著録。是編據肯堂自序稱：先撰《證治準繩》八冊，專論雜證，分十三門，附以類方八冊，皆成於丁酉戊戌間。其書採摭繁富，而參驗脈證，辨別異同，條理分明，具有端委。故博而不雜，詳而有要，於寒溫攻補，無所偏主。視繆希雍之餘派，虛實不問，但談石膏之功，張介賓之末流，診候未施，先定人參之見者，亦爲能得其平。其諸傷門內附載傳尸勞諸蟲之形，雖似涉乎語怪，然觀北齊徐之才以死人枕療鬼疰，則專門授受，當有所傳，未可概疑以荒誕也。其《傷寒準繩》八冊、《瘍醫準繩》六冊，則成於甲辰。《幼科準繩》九冊、《女科準繩》五冊，則成於丁未。皆以補前書所未備，故仍以《證治準繩》爲總名。惟其方皆附各證之下，與雜證體例稍殊耳。史稱肯堂好讀書，尤精於醫，所著《證治準繩》，該博精詳，世競傳之。其所著《鬱岡齋筆麈》，論方藥者十之三四。蓋於兹一藝，用力至深，宜其爲醫家圭臬矣。

《鬱岡齋醫學筆麈·自序》余幼而好博覽，九流百家，亡弗探也。遇會心處，欣然至忘寢食。既寡交游，無同好可與談者，時時劄記，以管城君爲談麈爾。性疏懶，不耐收拾，輒復失去，其存篋者，多近年書，蓋千百之中一二也。猶子懋錕，以爲有用於世，慮復散失，因捐資刻之。呈，余不肖，五十無聞，正坐分心，多歧以至，而復行此以引後生，無乃重吾過也歟。然業已成三卷，不可止矣，始書此以志吾悔。

《醫學六要·六要説》夫醫上自炎黃秦漢，下迄唐宋金元，其書汗牛充棟，不爲不多。第純駁不同，繁則嫌其泛雜，簡又失之缺略。且義例乖違，篇章紕繆，遵行不易，披會亦難。錫家世業醫，致志三十餘年，僅得古人治病大法有八：曰陰，曰陽，曰表，曰裏，曰寒，曰熱，曰虛，曰實。而氣血痰火，盡該於中。醫學大旨有六：曰診法，曰經絡，曰病機，曰藥性，曰治法，曰運氣。蓋診法不明，安知病情，故首刻《四診法》。經絡不分，安知病根，病機不察，安知傳變，故次《經絡考》，次《病機部》。藥性不熟，何以處方，綱目雖備，切要惟緊，故次《本草選》。治病無法，何以取效，且不知天地陰陽五行生化之源，何以明經，故次《治法彙》，次《運氣略》。匪敢妄附己見，實博採羣書，各萃其要焉耳。即間效一得，亦已試之良規，不刊之大法也。其言詳而盡，其法簡而易，學者誠一究心焉，則診法諳矣，經絡分矣，而病機，而本草，則又精且察矣。施治有方，運氣默會，則又體生化之理，而隨投隨應矣。有不一一中的，而登軒岐盧扁之堂奥者乎。雖曰《六要》，實爲醫學之全書，具目者當自得。

《四庫全書總目·子部醫家類存目》《醫學六要》十九卷，浙江巡撫採進本。明張三錫撰。三錫，字叔承，應天人。是編成於萬曆乙酉，以醫學大端有六，分別論列。首《四診法》一卷，次《經絡考》一卷，次《病機部》二卷，次《本草選》六卷，次《治法彙》八卷，次《運氣略》一卷。自謂博採羣書，各彙其要。然雜録舊文，無所折衷。王肯堂叙以醫聖稱之，過矣。

《東醫寶鑑·李廷龜序》醫者雅言軒岐，軒岐上窮天紀，下極人理，宜不屑乎記述，而猶且説問著難，垂法後世，則醫之有書，厥惟遠哉。上自倉越，下逮劉張朱李，百家繼起，論説紛然，剽竊緒餘，爭立門戶，書益多而術益晦，其與《靈樞》本旨不相逕庭者鮮矣。世之庸醫不解窮理，或倍經訓而好自用，或泥故常而不知變，眩於裁擇，失其關鍵，求以活人而殺人者多矣。

我宣宗大王以理身之法，推濟衆之仁，留心醫學，軫念民瘼。嘗於丙申年間，召太醫臣許浚教曰：近見中朝方書，皆是抄集庸瑣，不足觀爾，宜裒聚諸方，輯成一書。且人之疾病，皆生於不善調攝，修養爲先，藥石次之。諸方浩繁，務擇其要。窮村僻巷，無醫藥而夭折者多。我國鄉藥多產，而人不能知爾，宜分類並書鄉名，使民易知。浚退與儒醫鄭碏，太醫楊禮壽、金應鐸、李命源、鄭禮男等，設局撰集，略成肯綮。值丁酉之亂，諸醫星散，事遂寢。厥後先王又教許浚獨爲撰成，仍出內藏方書五百卷以資考據，撰未半而龍馭賓天，至聖上即位之三年庚戌，浚始卒業而投進，目之曰《東醫寶鑑》，書凡二十五卷。上覽而嘉之，下教曰：陽平君許浚，曾在先朝特承撰集醫方之命，積年覃思，至於竄謫流離之中不廢其功，今乃編帙以進。仍念先王命撰之書，告成於寡昧嗣服之後，予不勝悲感。其賜浚太僕馬一匹，以酬其勞。速令內醫院設廳鋟梓，廣布中外。且命提調臣廷龜撰序文，弁之卷首。臣竊念太和一散，六氣不調，癃殘扎瘥，迭爲民災，則爲之醫藥以濟其夭死，是實帝王仁政之先務。然術非書則不載，書非擇則不精，採不博則理不明，傳不廣則惠不布。

是書也，該括古今，折衷羣言，探本窮源，挈綱提要。詳而不至於蔓，約而無所不包。始自內景外形，分爲雜病諸方，以至脈訣症論，藥性治法，攝養要義，鍼石諸規，靡不畢具，井井不紊。即病者雖千百其候，而補瀉緩急，泛應曲當。蓋不必遠稽古籍，近搜旁門，惟當按類尋方，層見叠出，對證投劑，如符左契，信醫家之寶鑑，濟世之良法也。是皆先王指授之妙算，而我聖上繼述之盛意，則其仁民愛物之德，利用厚生之道，前後一揆，而中和位育之治，亶在於是。語曰：仁人之用心，其利溥哉。豈不信然矣乎。

《先醒齋醫學廣筆記·自序》 予既不事王侯，獨全微尚，幽棲自遂，遠于塵累，以保天年，然無功及物，亦豈道人之懷乎？於是蒐輯醫方，精求藥道，用存利濟，隨所試效，病家藏之，好事者抄錄，轉相授受，復多獲驗。先是長興丁客部長孺手集予方一冊，命之曰《先醒齋筆記》，梓行于世，板留嚴邑，未便流通，交游中多索此書者，卒無以應。予適旅泊金沙，文學莊君斂之，時時過從，請增益羣方，兼采本草常用之藥，增至四百餘品，詳其修事，又增入傷寒溫病時疫治法要旨，併屬其季君敬之鏤板流行，傳之遠邇，庶窮鄉僻邑，舟次旅邸，偶乏明醫，俾病者按方施治，以瘳疾苦，則是書或有補于世也夫。斂之曰善。

《四庫全書總目·子部醫家類二》 《先醒齋廣筆記》四卷，戶部尚書王際華家藏本。明繆希雍撰。希雍字仲醇，常熟人。《明史·方技傳》附見李時珍傳中。天啓中，王紹徽作《點將錄》，以東林諸人分配《水滸傳》一百八人姓名，稱希雍爲神醫安道全，以精於醫理故也。是編初名《先醒齋筆記》，乃長興丁元薦取希雍所用之方裒爲一編。希雍又增益羣方，兼採本草常用之藥，增至四百餘品，又增入傷寒、溫病、時疫治法，故曰《廣筆記》。希雍與張介賓同時，介賓守法度而希雍頗能變化，介賓尙溫補而希雍頗用寒涼。亦若易水、河間各爲門徑，然實各有所得力。朱國禎《湧幢小品》記天啓辛酉，國禎患膈病，上下如分兩截，中痛甚不能支。希雍至，用蘇子五錢即止，是亦足見其技之工矣。

《壽世保元·自叙》 余讀父書，往往欲壽一世而未能也。間嘗竊取岐黃、倉、越、劉、張、朱、李諸家之秘旨，經驗之良方，彙成五書，曰《古今醫鑑》，曰《萬病回春》，曰《種杏仙方》，曰《雲林神彀》，曰《魯府禁方》，業已灼灼於世。雖然，醫妙無窮，其間標本異治，虛實瞬易，損增互換，歧中之歧，變外之變，膠古不得師，心又不得失，豈五書所能竟哉。近來倦游家居，睹聞覺日益多，紬繹覺日益熟，廼採掇名藩之異授，內府之珍藏，宇內士夫之所家襲，方外異人之所秘傳，間亦竊附己意，發諸前人之所未發，參互勘驗，百投百效者，分門別類，彙次成編，命曰《壽世保元》，以示大全，於以補諸書目之缺。夫人之一身，有元神，有元氣。神官於內，氣充乎體，少有不保而百病生矣。余謬爲保元云者，正欲保其元神，常爲一身之主，保其元氣，常爲一身之輔，而後神固氣完，百邪無能奸，百病無由作矣。如世道之在澆灕者，則用勸世歌砭而規之，使天下後世之人咸躋於仁壽之域。敢曰《壽世保元》，即調元也。調元者，宰相之事，而竊取爲名高哉。噫嘻，余放民也，遨游湖海，涉迹燕、趙、梁、豫之間，辱王公縉紳，謬爲恭敬，蓋四十禩於茲。曩魯藩君侯與余爲淮南八公之交，卻其千金之酧，又顏其扁而贈之，命曰醫林狀元，以余伎倆子不獲，致青雲居。嘗空語奇字，扁以榮銜。若謂經術有元，業術亦有元。余幸窺杏林之一斑，或者亦奪方伎之一元乎？然非余意也。書成而付剞劂氏，要亦備養生之飣餖云爾，何敢與《青囊》、《肘後》爭埒？而用文之以自點也。

《壽世保元·張位序》 余解綬歸卧林麓間，於故篋中取《醫鑑》、《回春》、《仙方》、《神彀》、《魯府禁方》諸書，時披閱焉，惋然歎曰：奇哉，金谿龔子，術至此乎！其用意良博，其濟世之念良殷且苦也。余誠慨慕，冀昕夕遇之矣。廼一日飄然來謁，余輒然喜甚，徐揖而進之。領略細論，津津名理，悉皆湊底芝蘭也。廼龔子復出秘書十卷以示余，其命名曰《壽世保元》。余反復玩視，見其立論高，著方妙，其調治療理核實而有法，大都九折臂而成，眞得醫門家鉢矣。嘻，亦大奇矣哉。曩者諸書業已傳世，今茲之集，思且殫矣，苦尤劇矣。方之前刻，則昔固精，而此尤精之精者也，昔固詳，而此尤詳之詳者也。所謂發諸名醫之所未發，傳諸名醫之所未傳者，端不在是也邪。

夫醫非仁愛不可託，非聰明理達不可任，非廉謹淳良不可信。是以古之用醫，必選名世之後，知天地神祇之次，明性命吉凶之數，處虛實之分，定逆順之理，原疾量藥，貫微達幽，度節氣而候溫冷，參脈理而合輕重，必參知而隱括焉，斯善矣。雲林龔子，身儒行之粹美，躋醫道之聖功，固回天國手，所藉以上培聖天子之元和，而下躋斯民于仁壽之天者也。頃聞魯藩幣聘，起其元妃於九死，彼且介然卻其千金。魯藩益高其誼，復寵以御醫院榮銜，錫以鞶帶華飾，賜以龍牌扁額，題以醫林狀元。龔子蓋亦有榮遇哉。

夫儒林有玉，其獨步者命之曰國士，醫林亦有玉，其十全者命之曰國手。

襲子(曰)〔者〕得不稱爲國手而當國士哉？得不稱爲國士而實國手哉？以國手彙成國醫之集，以故分門别類，靡不具悉，逆流窮源，靡不究竟，起死回生，靡不效驗，將前登岐、黄，後咸劉、李，自俞跗、涪翁而下，卓夐無與儷矣。集成以付剞劂氏，公諸寓內，則遵而守之，可以壽一人，亦可以壽千萬人。推而廣之，可以壽一世，亦可以壽千萬世，其所以裨益，寧以家計年算哉。余故善襲子，喜其集成而啓後，洵有地也。特爲之弁言簡端。

《醫貫·董采序》 《醫貫》一書，四明趙獻可養葵之所作也。聰明之士，於陰陽造化，進退消長之機，不無所窺見，故能脱去藩籬，直探本始。所言往往洞筋擢髓，而無倚傍麻糊沾滯之態。但其學不本於窮理，故儱侗直捷之病誠時有之，即其的當無弊之處，亦孤危單隻，未能曲暢旁通以盡其義，而其書頗行於世。粗工淺心，喜其説之簡易易從，而不深究其是非得失之所以然，守死句而昧活法，動取覆敗，久必盡廢其説而後已。吾師〔晚邨呂〕先生深有惜焉，而一一爲之評論駁正，且加之點抹，披沙揀金，判然心目。於是乎趙氏之書足以傳世行遠，斷斷無疑。【略】

今趙氏之説，與先生之論並存。學者試考趙氏大旨，在歸本命門，從東垣脾胃論，丹溪滋陰降火之義，而極之於無形之眞水眞火，統之於八味六味。而陰陽對待，互藏互根，水火升降出入，雷雨飛騰上下，旁通金木以盡五行之變，爲是足以括天地之機而盡靈蘭之秘矣。然而人之有生也，自無而有，人之有身也，自陰陽而水火，而血氣，而臟腑、經絡、骨節、肌肉、皮毛。至於人之致疾也。或自外而內，或由內而外，或相標本，初而不徹其所以然，雖極之微妙無形，而終滯於有迹。乃欲自高其説，以爲一以貫之，不知其一者非一，則其所謂貫者非貫，而適如彼法之所訶，顢頇而已。大抵趙氏之學，其得處即其失處，其高處即其低處，非其聰明不逮，實其本領使然也。蓋從來爲佛者本心，爲儒者本天。本心者，無物非外，本天者，外物皆內。外物而不能離乎物，則以私智爲妙用，而不免於掛一漏萬。物物而不滯於物，則以窮察爲自然，而體萬物者不遺一物。即是書觀之，亦可以見眞儒之學之有用。彼夫異端偏陂，臆度之見，當思所返，而迂儒俗學，卑鄙支離之習，亦可以知所奮矣。采不敏，竊嘗與聞先生評騭之意，敢僭一言以爲之序，而因歎人於學術是非之際，其見於事者，即一技而精粗高下，相去有如此，而不可以不謹所從事也夫。

《醫貫·念修跋》 呂氏評本《醫貫》，乾隆時爲全燬禁書之一。彼時若不自動繳銷，一經查出，即有其應得之罪。醫臺何害，亦遭波及，豈所謂以人廢言者歟。此帙扉葉之呂晚邨先生評六字，天蓋樓藏板五字，及董采序中之晚邨呂三字，均因違礙挖去，足證當時文網之密，至今猶留殘迹可稽也。徐靈胎有《醫貫砭》一書，摘文評騭趙呂二氏之言，因據半松齋原刊，分條過録。於此本上使趙論、呂評、徐砭合而爲一，俾知有所取捨焉。

《簡明醫彀·自序》 蓋聞吾儒，民物胞與，痌瘝乃身。醫雖藝乎，依仁者所必游，以弘聖賢之德業，徹性命之淵微。然而醫之人與醫之書，鈞重而弗可偏廢。世專托命於人，不窺其書，其失非尠。夫古精醫者，謂身所暨有盡，書所訖無窮，故各以其所得筆諸書，政欲令天下萬世，人人得而讀焉。以偕脱凶疾之極，而綏壽康之福，豈徒爲業醫者訓乎哉。第書緒紛遝，猝難領會，間有纂本，輒多挂漏，或門類未備，或置方而不疏病源，不析致病異同，或未經信驗，或方論未盡協古，皆於濟世不能無憾。先君桂巖翁嘗擬精輯一書行世，非徒欲醫者歸博於約，兼慮遊宦行商及僻居貧窶，倉卒感疾，延醫不給，顚連罔措者，俾得倣書修救，坐收良醫之功，厥志慇慇而未竟。

不佞宏幼業制舉，長乃顓醫，迄今五十餘載，恆以所佩庭訓及所驗心得視人疾，懍懍勿敢憑臆，勿敢徇俗，壹摹古人成法，遂興念纘緒，幷酬夙願，蒐網古今羣書，反復演互，幾換星霜，始成斯集。卷首先弁一十六篇，廼修德砭行、尊生愼疾之要及醫藥得失吃緊之綱。其次門類臚方，必溯致病所繇，與其同異，確有徵信，程古而不私創，博采而不隅執，務宣先人救世之懇衷彌彰于人心目間。即諳閲之久，而於載籍外别有證悟，可補往哲未發者，亦必公諸世，毋敢私秘。其書備而不冗，約而不漏，義類淺顯，人人可解，若射必有彀，故命曰《簡明醫彀》云。人人宜手一册，晨夕覽繹，以爲未然之防。偶或遘疾，有醫，則可據以參同，無醫，亦可恃以弭患。既免受誤於衺見，復能默契於名手，捷取守約之益，浸爲淹博之階，可以自利，可以利人，寧直天涯遊旅之寶函，實亦家居衛生之靈銓也。可謾曰吾疾自有醫之人在，而書可閣弗窺耶。則古所稱爲人子者不可不知，其謂之何？夫開卷有益，非醫者尙爾，而醫者益可知矣。嗟乎！弗自欺，乃能孚世，惟自愼，乃能益人。幼誦孔子，已知斯人徒與，迨皈竺教，遂覺同體親切。我人苦樂癢痾，胡忍二視？即於此道，未敢自謂入微，其或不愼以欺世，實未有也。神而明之，存乎其人。踵事增華，俟後之君子。

《四庫全書總目·子部醫家類存目》　《簡明醫彀》八卷，內府藏本。明孫志宏撰。志宏字臺石，杭州人。是書卷首冠《要言》一十六則，議論亦平正。其餘案門列方，淺顯易解，然未能盡醫道之變化也。

《折肱漫録·自序》　古人云：不爲良相，則爲良醫，意在濟世也。予少年病羸，徽纏一二十年，備嘗諸苦。少不知醫，多誤藥，苦殛彌甚。當茹荼時，苦極而悔，悔極而恨，惝恍侘傺，幾瀕於死。私自矢曰：吾病得愈，吾年得老，必揭此以告同患者，使毋蹈予之覆轍。有所苦，隨筆記之，久而成帙。迨後病得漸瘥，更得致身雲路，碌碌世緣，無暇問此。且念吾年未老，閱歷未深，恐識見尚有誤以誤人，姑笥而藏之。今歸田無事，年已六十矣，閱歷深，識見定矣，庶可災棃以告同患乎。乃搜故簏所存，而益以近記，題曰《折肱漫録》，蓋取三折肱成良醫之義。一曰養神，一曰養形，一曰醫藥。非身所親歷，口所親嘗，目所親覩，都不敢混載以欺人。蓋予生平，凡方書所載之症，十患四五。本草所載之藥，亦十嘗四五。夫豈勦陳言，拾道聽以侈觀覽者。予官雖不甚顯，而(宦)[宦]轍所到，必孜孜以利濟爲事。今梓是編，亦一片婆心所使，上不能爲良相，而頗存良相之心，下不能爲良醫，而略明良醫之道云爾。

《四庫全書總目·子部醫家類存目》　《折肱漫録》六卷，兩淮鹽政採進本。明黃承昊撰。承昊字履素，號闇齋，秀水人，黃洪憲之子也。萬曆丙辰進士，官至福建按察使，承昊體羸善病，因參究醫理，疏其所得以著是書。分養神、養氣、醫藥三門，其論專主於補益，未免一偏。

《景岳全書·林日蔚跋》　先外祖張景岳公，名介賓，字會卿。先世居四川綿竹縣，明初以軍功世授紹興衛指揮，卜室郡城會稽之東。生穎異，讀書不屑章句，韜鈐軒岐之學，尤所淹貫。壯歲遊燕冀間，從戎幕府，出榆關，履碣石，經鳳城，渡鴨綠，居數年無所就，親益老，家益貧，翻然而歸。功名壯志，消磨殆盡，盡棄所學而肆力於軒岐，探隱研神，醫日進，名日彰，時人比之仲景、東垣云。苦志編輯《內經》，窮年縷析，彙成《類經》若干卷問世，世奉爲金匱玉函者久矣。

《全書》者，博采前人之精義，考驗心得之玄微，以自成一家之書。首《傳忠録》，統論陰陽六氣，先賢可否，凡三卷。次《脈神章》，擇諸家珍要精髓，以測病情，凡二卷。著傷寒爲典，雜證爲謨，婦人爲規，小兒爲則，痘疹爲詮，外科爲鈐，凡四十卷。採藥味三百種，人參、附子、熟地、大黃爲藥中四維，更推參、地爲良相，黃、附爲良將，凡二卷。創藥方，分八陣，曰補，曰和，曰寒，曰熱，曰固，曰因，曰攻，曰散，名新方八陣，凡四十卷。集古方，分八陣，名古方八陣，凡八卷。別輯婦人、小兒、痘疹、外科方，總皆出入古方八陣以神其用，凡四卷，共六十四卷，名《景岳全書》。

是書也，繼往開來，功豈小補哉！以兵法部署方略者，古人用藥如用兵也。或云公生平善韜鈐，不得遂其幼學壯行之志，而寓意于醫，以發洩其五花八門之奇。余曰：此蓋有天焉，特老其才，救世而接醫統之精傳，造物之意，夫豈其微歟？是編成于晚年，力不能梓，授先君，先君復授日蔚。余何人斯，而能繼先人之遺志哉。歲庚辰，攜走粵東，告方伯魯公。公曰：此濟世慈航也！天下之寶，當與天下共之。捐俸付剞劂，閱數月工竣。不肖得藉慰先人，以慰先外祖於九原，先外祖可不朽矣。

《四庫全書總目·子部醫家類二》　《景岳全書》六十四卷，通行本。明張介賓撰。是書首爲《傳忠録》三卷，統論陰陽六氣及前人得失。次《脈神章》三卷，録診家要語。次爲《傷寒典》、《雜證謨》、《婦人規》、《小兒則》、《痘疹詮》、《外科鈐》，凡四十一卷。又《本草正》二卷，採藥味三百種，以人參、附子、熟地、大黃爲藥中四維，更推人參、地黃爲良相，大黃、附子爲良將。次《新方》二卷，《古方》九卷，皆分八陣，曰補、曰和、曰寒、曰熱、曰固、曰因、曰攻、曰散。又別輯《婦人、小兒、痘疹、外科方》四卷，終焉。其命名皆沿明末纖佻之習，至以傷寒爲典，雜證爲謨，既僭經名，且不符字義，尤爲乖謬。

其持論則謂：金元以來，河間劉守眞立諸病皆屬於火之論，丹溪朱震亨立陽有餘陰不足及陰虛火動之論，後人拘守成方，不能審求虛實，寒涼攻伐，動輒貽害，是以力救其偏。謂人之生氣以陽氣爲主，難得而易失者惟陽，既失而難復者亦惟陽，因專以溫補爲宗，頗足以糾鹵莽滅裂之弊，於醫術不爲無功。至於沿其說者，不察證候之標本，不究氣血之盛衰，概補概溫，謂之王道。不知誤施參桂，亦足戕人，則矯枉過直，其失與寒涼攻伐等矣。大抵病情萬變，不主一途，用藥者從病之宜，亦難拘一格。必欲先立一宗旨，以統括諸治，未有不至於偏者。元許衡《魯齋集》有論梁寬甫病證書曰：近世諸醫，有主易州張氏者，有主河間劉氏者。張氏用藥，依準四時陰陽而增損之，正

《內經》四氣調神之義。醫而不知此，妄行也。劉氏用藥，務在推陳致新，不使少有拂鬱，正造化新新不停之義。醫而不知此，無術也。然而主張氏者或未盡張氏之妙，則瞑眩之劑終不敢投，至失幾後時而不救者多矣。主劉氏者或未悉劉氏之藴，則劫效目前，陰損正氣，貽禍於後日者多矣。能用二家之長，而無二家之弊，則治庶幾乎。其言至爲明切。夫扶陽抑陰，天之道也。然陰之極至於龍戰，陽之極亦至於亢龍。使六陰盛於坤而一陽不生於復，則造化息矣。使六陽盛於乾而一陰不生於姤，則造化亦息矣。《素問》曰：亢則害，承乃制。聖人立訓，其義至精。知陰陽不可偏重，攻補不可偏廢，庶乎不至除一弊而生一弊也。

《醫學入門萬病衡要·自序》 醫書極博，苦無統要。如《素問》、東垣《病機醫方》、《醫學權輿》，非不善也，然皆各自成帙，學者有所不便。《傷寒論》、《活人書》、《百問歌》，非不美也，然非幼讀不能成誦。《醫經小學》，法全辭略，眞可以入門也。而《局方》又有所未備，且意太簡，學者亦難了悟。予因細將諸書，如溫暑則纂劉河(澗)〔間〕《原病式》，傷寒以陶氏《六書》爲主，併參《傷寒論》、《活人》、《百證》、《仁齋直指》等方，內傷雜病纂東垣、危氏各效名方及丹溪用藥總法，女科以《婦人良方》爲主。每病則首載症論於前，又錄謹按用藥主佐，以明發散表裏之宜，救補導化之要，更附似症非症於末，使醫者察症而知病源，隨病而治合症，如聖門之四書五經，學者不可以其近而忽之。誠醫學入門要書，萬病回春秘本也。爰公諸天下以壽天下，保身哲士，自當珎賞云。

《寓意草·自序》 聞之醫者意也，一病當前，先以意爲運量，後乃經之以法，緯之以方，《內經》所謂微妙在意是也。醫孰無意，而淺深由是，枘鑿由是，徑庭由是，而病機之安危倚伏莫不由是，意之凝釋剖判荒茫顧不危耶。《大學》誠意之功，在於格致，而其辨尤嚴於欺慊之兩途，蓋以殺機每隨於陰幽，而生機恆苞於粹白。莊周曰：天地之道，近在胸臆，萬一肺腑能語，升(墜)〔墮〕可憐。先儒人鬼關之辨精矣。昌謂醫事中之欺慊，即衆人之人鬼關也。奈何世之業醫者，輒豔而稱儒，儒人誦讀無靈者，輒徙而言醫，究竟無主之衷，二三雜揉，醫與儒之門兩無當也，求其拔類者，長沙一人而已。代有喆人，然比之仙釋，則寥寥易於指數，豈非以小道自隘，莫溯三氏淵源乎。

夫人生驅光逐景，偶影同遊，欣慨交心，况於生死安危，忍懷僥倖。芸芸者物也，何以不格？昭昭者知也，何以不致？惟虛惟無，明於太素者意也。何以不誠格一物，即致〔一〕知，尚恐逐物求知，乃終日勘病，不知病爲何(勞)〔物〕，而欲(生)〔望〕其意之隨擧隨當也，不亦難乎。昌於此道無他長，但自少至老，耳目所及之病，無不靜氣微心，呼吸與會，始化我身爲病身，負影隻立而呻吟愁毒，恍惚而來，既化我心爲病心，苟見其生，實欲其可，而頭骨腦髓，捐之不惜。倘病多委折，治少精詳，早(以)〔已〕內照，他病未痊，我身先瘁，淵明所謂〔斯〕情無假，以故不能廣及。然求誠一念，多於生死，輪上寂寂，披迴不知者，謂昌乃從紙上得之。夫活法在人，豈紙上所能與耶？譬之兵法軍機，馬上且不能得，况於紙上妄說孫吳，但令此心勤密在先，冥靈之下，神挺自穎。邇年先議病後用藥，如射者引弓，預定中的之高下，其後不失，亦自可觀，何必剜腸滌肺，乃稱奇特哉。不揣欲偏歷名封，大彰其志，不謂一身將老，(日)〔世〕態日紛，三年之久，不鳴一邑，幸値諫議卣臣胡老先生建言歸里，一切修擧，悉從朝廷(振興化育)起見，即昌之一得微長，幷蒙格外引契，參定俚案之近理者，命名《寓意草》，捐貲付梓，其意欲使四方周覽之士，大破成局，同心愍痛，以登斯民於壽域，而爲聖天子中興燮理之一助云。然則小試寓意，豈易易能哉。

《四庫全書·子部醫家類存目》 《上池雜説》一卷，編修程晉芳家藏本。明馮時可撰。時可有《左氏釋》，已著錄。此乃其雜論醫學之書，大意主於溫補，伸東垣而抑丹溪，亦偏於隅之見者也。

《軒岐救正論·自序》 予髫齡弱稟，質鈍志勞，窮獵簡編，苦心誦著。嬰疾夢遺，百治莫瘳。繼因從宦游楚慈陽，邀學博黃州胡愼庵先生於衙齋治之，三月獲痊。先生蓋明醫李瀕湖公甥孫也。因授軒岐秘典，脈旨病機，藥性方法，一一精詳。先生又私淑於立齋者也。嗣入蜀，復參印群賢，頗得肯綮。沉酣於斯，二十餘載矣。歸里後，有請診視者，目擊時師治病，昧本從標，枉斃生靈，莫勝悲怛。此無他，蓋以習醫之人，半屬匪人，而所習之法，全非正法，經書不識，旁徑樂趨。於是專傷寒者忽於雜病，主脾胃者憚於攻伐，明濕熱者暗乎溫補，或執成方而昧通靈變，或逞臆説而架言出奇，或憑口給而諛諂售奸。罔惜人命，顚倒妄行，不幾爲軒岐之亂臣賊子耶。嗟乎！醫病實多，安能先救醫，得醫病愈，而人之病無不愈也。予因是竭一得之愚，悉《靈》《素》之藴，發揮眞假脈旨，闡明藥性宜忌，昭揭病機虛實，朗懸醫病兩鑑，操要五氣，歸本一元，數月運腕，始成篇帙，計卷有六，僅字九萬。低徊久之，而猶訝諸法未備也。會二三同志，偶見而讀之曰：得乎一者可以通乎萬矣，未備云乎。令余亟梓，以救世之醫病兩家。復捐貲鳩鋟，將欲以公天下，嘉惠學者，而乃不覆瓿棄之。予維是書之作也，闡農黄之奥義，抒自苦念，糾時師之謬妄，激自熱腸，萬一寸管招尤，致使正道難明，謗呔日騰，將奈之何。韓退之先生云：其或閒居修史，不有人禍，必有天刑。昔越人世稱神醫，不免爲同官李（醓）［醯］嫉殺。東垣云：就令著述不已，精力衰耗，書成而死，不愈於無益而生乎。故從古豪傑，作用逘逘，以身殉道。倘斯論可售，挽斯世於壽域，而余戇拙無似，何惜一己之知罪乎。後之君子，抑亦諒余之所以爲救爲正也歟。

《裴子言醫·趙善鳴序》 吾快讀裴子之書而異之也。學不貫今古，識不通天人，才不近仙，心不近佛者，寧耕田織布，取衣食耳，斷不可作醫以誤世。醫固神聖之業，非後世讀書未成，生計未就，擇術而居之具也。是必慧有夙因，念有專習，窮致天人之理，精思竭慮於古今之書，而後可言醫。每見庸工治病，十失其五，良工治病，亦十失其一。由一以循累之，誤亦未忍言也。即能窮致天人之理，精思竭慮古今之書，而病伏於內，醫測於外，病以奇伏，醫以意測，幸而得則竟得矣，或偶不得，則不爲二豎所笑者無之。此扁鵲所以需上池之水，而思邈所以籍龍宮之方也。夫上池之水不易得，龍宮之方不再傳，則惟窮理讀書，以學識參造化之權，而後可若裴子者，斯其人矣。若裴子者，固數百年所未出之人也。古今之有學識者，當首推張戴人及劉河間。能與病血戰，而不奉表稱臣於病，第未免過甚耳。其餘諸家，立法非不善，實爲鄉願逋逃之藪。故謂醫有成心，不可也。謂醫有成理，尤不可也。無成理而有或效，醫信難言哉。裴子之言曰：以生死易視者易之。固數百年所未出之言也，獨謂裴子學貫今古，識通天人，才則仙而心則佛，信也，非譽矣。誦其言皆軒岐所欲言而深悔未及言，亦諸大家所欲言而格格不能言。豈帝憫枉札之禍，助其神智而授之使言歟。推此而失者可得，難者可易，而謂醫無成理，尤不可也。余以多病學醫，日爲醫而醫日下，初似可游刃，邇皆茫然。抑鬱焦思，徒廢寢食，行將耕田織布，棄醫而去，以求無誤於世。今秋得晤個亭先生，極口兆期裴子學識，且示以所著書。余向慕裴子久，而不圖其貫通至此也。一再讀之，豁乎快有所獲，裴子敎我矣。何時共晨夕而相諮晰，究竟此神聖之業哉。

《醫門法律·自叙》 醫之爲道大矣，醫之爲任重矣。中上之醫，千里百年，目未易覯。最上之醫，天下古今，指未易屈。世之言醫者，何夥耶。恃聰明者，師心傲物，擇焉不精，雖曰屢中，其失亦屢多。守門庭者，畫焉不入，自窒當機，縱未敗事，已咎在誤時。工邪僻者，心麤識劣，鶩險絕根，偶墮其術，已慘同嬰刃。病者苦醫之聚會盈庭，具曰予聖，淺者售，僞者售，圓滑者售，而以其身命爲嘗試。醫者苦病之毫釐千里，動羅顛躓，方難憑，脈難憑，師傳難憑，而以人之身命爲嘗試。所以人之有生，水火、刀兵、禽獸、王法所傷殘，不若疾厄之廣。人之有死，天魔、外道、餓鬼、畜類之苦趣，不若地獄之慘。醫以心之不明，術之不明，習爲格套，牢籠病者，遂至舉世共成一大格套，遮天蔽日，造出地獄，遍滿鐵圍山界，其因其果，彰彰如也。經以無明爲地獄種子，重重黑暗，無繇脱度，豈不哀哉！

昌也閉目茫然，惟見其暗，然見暗不可謂非明也。野岸漁燈，荒村螢照，一隙微明，舉以點綴醫門千年黯汶，擬定法律，爲率由坦道，聊以行其佛事耳。然微明而洗發黄岐仲景之大明。明眼得此，閉門造車，出門合轍，自能立於無過。即淺見寡聞，苟知因果，不昧，敬慎，存心，日引月伸，以此炤其膽，破其昏，而漸充其識。本地風光，參前倚衡，亦何愚而不朗澈也耶。

先聖張仲景，生當漢末，著《傷寒雜證方論》，維時佛法初傳中土，無一華五葉之盛，而性光所攝，蚤與三世聖神、諸佛諸祖把手同行，眞醫門之藥王菩薩、藥上菩薩也。第其福緣，不及我佛如來億萬分之一分，閱百年再世，寢失其傳。後人莫繇仰溯淵源。然且競相彼揣此摩，各呈識大識小之量，亦性光所攝，無窮極之一斑矣。我佛如來，累劫中爲大醫王，因病立方，隨機施藥，普度衆生。最後一生，重補其克足圓滿之性，量八萬四千法門，門門朗澈底裏，諸有情微逗隙光者，咸得隨機一門，深入成其佛道，與過去未來現在盡虚空法界，無量億諸佛諸菩薩光光相盪，於諸佛諸菩薩本願本行，經呪偈言歷劫宣揚不盡者，光中莫不彰示微妙，具足滅度。後阿難尊者證其無學，與我佛如來知見無二無別，乃得結集三藏十二部經典，永作人天眼目，濟度津梁。夫諸佛菩薩眞實了義，從如來金口所宣，如來口宣，又從阿難手集。昌苟性地光明，流之筆墨，足以昭示學人，胡不自澈，鬚眉、藏府中陰優游（凡）［几］席，充滿烜天赫地、耀古輝今之量，直與黄岐、仲景兩光攝合，宣揚妙義，頃刻無欠無餘，乃曰弄精靈，向棘栗蓬中、葛藤窠裏，與昔賢校短論長，爲五十步百步之走，路頭差別，莫此爲甚。發刻之稿凡十易，已刻之板凡四更，唯恐以凡人知見，雜揉聖神知見，敗絮補葺美錦，然終不能免也。甚於風寒暑濕燥火六氣及雜證多門，殫一生力補之，不能盡補，即殫千生力補之，不能盡補，從可推也。途窮思返，斬絶意識，直截皈禪，通身汗下，險矣！險矣！尚敢漫言殊途同歸也哉。此重公案，俟可補乃補之耳。

《四庫全書總目·子部醫家類二》 《醫門法律》十二卷，附《寓意草》四卷，江西巡撫採進本。國朝喻昌撰。昌既著《尚論篇》，發明傷寒之理，又取風寒暑溼燥火六氣及諸雜證，分門別類，以成是編，每門先冠以論，次爲法，次爲律。法者，治療之術，運用之機。律者，明著醫之所以失，而判定其罪，如折獄然。蓋古來醫書，惟著病源治法，而多不及施治之失，即有辨明舛誤者，亦僅偶然附論，而不能條條備摘其咎。昌此書乃專爲庸醫誤人而作，其分別疑似，既深明毫釐千里之謬，使臨證者不敢輕嘗。其抉摘瑕疵，併使執不寒不熱不補不瀉之方，苟且依違，遷延致變者，皆無所遁其情狀。亦可謂思患預防，深得利人之術者矣。後附《寓意草》四卷，皆其所治醫案，首冠論二篇，一曰先議病，後用藥，一曰與門人定議病證，次爲治驗六十二條，皆反復推論，務闡明審證用藥之所以然，較各家醫案但泛言某病用某藥愈者，亦極有發明，足資開悟焉。

《醫衡·凡例》 是書之述蓋爲邇來軒岐風雅，日趨于下，懸壺彌衆，夭枉彌多。揆厥所由，迷于習尚，嗜投溫補，則藉言汪、薛，偏用寒苦，則左袒劉、朱，僻見者膠執乎單方古方，無識者信手而一症一藥，復有纂輯名家，取舍各從己見，或甲理近是，乙故非之，或一語微疵，并棄其百，致滋後學莫所適從。故兹編立意，以定群書之是非，辨證治之同異爲主，固不爲初學啓蒙者設，亦不爲撿方覓藥者設也。其有不係醫家，而所論深得病情，有關療治者，即用選入。有雖係專科，多所著述，而議屬偏駁，語不成章，言不雅馴者，概置弗錄。有義不可缺，而其文缺者，則不揣愚陋，僭用補之。門人輩間有一得，亦復採附。將以請益先進，非敢妄附名賢之列也。

《醫宗説約·自序》 余年十二，先母周夫人見背。先君子君輔公，杜門讀書，道義自許，口不道阿堵字，以故家貧甚，嘗寄食子佩舅氏家，舅氏撫敎有加焉。於時明發有懷，因思生戚迍迍大病，每於誦讀之暇，間覽方書。先君子遂謂小子曰：汝有意於此乎？古人不得爲良相，每願爲良醫，蓋良相良醫，其功正相等耳。果能精之，則可以自療，并可以療人，亦內典所謂自利利他之道也。予拜訓之(不)〔下〕，深謝不敏，長而遭滄桑之變，寄迹於穹窿之陽，人有疾者，按方加減與之，所投輒效，因而叩戶求方者殆無虛晷。竊思古人陳案，雖各臻其妙，然論多方雜，未易窺測，不免楊朱之歎，故於晨窓夕(凡)〔几〕，究心《靈》《素》，博涉群書，斟酌盡善，成《山居述》四卷，有論有方，有經有變，頗備苦心。但力綿不克就梓，久置皮閣。今年春，偶公遜叔過(齊)〔齋〕頭，見而閱之，謂曰：汝有此而不與人共之，不亦同於懷寶迷邦者乎？且汝先子之言具在，顧其忘諸？予益唯唯，謝不敏。長夏無事，因於《山居述》中簡其要者爲主方，隨症加減，一症一方，以見其常，加減附論，以通其變，編爲俚句，名曰《説約》。庶幾學岐黄者得會歸之源，去煩苦之失耳。若曰從此活人，功與調元者等，則予豈敢。

《士材三書·尤侗序》 雲間李士材先生，近代之國醫也。所著書甚富，其行本曰《診家正眼》，以審脈也。曰《本草通玄》，以辨藥也。其藏本曰《病機沙篆》，則治法備焉，尤爲枕中秘云。予猶子生洲，爲先生高弟，合而鐫之，顏曰《士材三書》，而問序於予，予非越人，烏知醫道哉。然嘗讀《史記》至《倉公傳》而異之。夫司馬氏家學乃天官書耳，太史公之不解刀圭鍼砭，猶太倉公之不識象緯曆數也，其所擄以立傳者，不過取其自述之言與已驗之事耳，然太倉之名，卒得太史公以傳。若李先生之人與書傳矣，予又何能傳李先生。顧我念之，天下之物可以生人殺人者，惟兵與藥，而其用亦相似。

良將之用兵也，必察其地之高下險易，料其衆之虛實勞逸，而後攻守刼伏之法行焉。良醫之用藥也，診其脈之浮沉遲數，體其性之溫涼甘苦，而後補瀉收洩之法施焉。故將之操縱在心，非嘗壁刁斗之謂也，然讀孫吴之書，諳五花八陣之圖，雖非百勝之師，而亦不至於敗。醫之感通在意，非君臣佐使之謂也，然習岐黄之經，熟五氣九藏之理，雖無萬全之術，而亦不至於亡。吾聞李先生之治病，多任意而不拘法，一方出，人或相與駭之，然投之輒中，十不失一。及讀其三書，則參伍古今，窮究標本，變化而不離其宗，又何詳且慎也。先生蓋曰：醫之以法殺人者什三，以意殺人者什七。殺於法，猶可救也，殺於意，不可有也。

昔人謂意之所解，口莫能宣，其筆之書者，成法具在。使後之學者，高者神明吾意，次者亦固守吾法，足矣。且先生晚年精於二(代)〔氏〕，故其名書曰《正眼》，曰《通玄》，曰《沙篆》，均有取焉，將使讀其書者，譯貝葉而參三要之禪，覩金丹而悟九還之旨，則又未可以醫道盡先生也。生洲之先有思齋公，爲吾宗和鵲必傳異書，游先生之門而益進焉，故其譔爲《壽世青編》，頗多微言妙義。予既仰先生有素，而亦樂舉師說爲生洲勉，故不辭序之若此。太史公曰：守數精明，爲名者宗。後世修序，弗能易也，予於先生亦云。

《古今名醫彙粹·徐文明序》 夫醫道一業，非好學深思，潛心博覽者，不能究其精微，入乎堂奥也。如《素問》《靈樞》諸經，醫學之聖者也。由是以來，代有名賢，著述不啻千百萬種。然其間或泥于古法而不能融，或執乎己見而不師古，且或病者有四方風土之不一，四時令序之不同，稟質有厚薄之不齊。故業是醫者，曷可不窮究其法，研求其理哉。

本朝康熙乙卯年間，有新安羅東美先生，當代之名賢也。著作頗多，惜乎不能概行於世，流傳者雖有《古今名醫方論》四卷，《古今名醫彙粹》八卷。其《方論》四卷，久已登之棗栗，嘉惠後學矣。而《彙粹》八卷抄本，係文之祖遺家傳珍秘。是書本乎《靈》《素》二經，證以病情而彙集之也。此乃先生苦心評定者，又慈谿柯韻伯先生所參校，可謂濟世之梁筏，醫學之精髓也。思夫學問乃天下公共之事，豈可私于一己而秘之于家者也。用是于嘉慶己未年仲春，商之于陶氏柏筠堂，鐫板流通，以公同好，庶幾習是業者得以究其精微，相期進乎堂奥也云。

《醫暇巵言·尤侗序》 新安程雲來先生，嘗輯《即得方》，予既序而行之矣，居久之，復出《醫暇巵言》示予。予讀而笑曰：嘻！夫醫安得暇乎哉？世所謂名醫，吾知之矣，且起而納謁者，履滿戶焉，入其室，問其疾，各投以藥而去。其士大夫以折簡邀者，則登名於版，日中而食，肩輿而出，望門而止，候主人之顏色，酬酢未畢，索筆定案以授使者，歸而謀諸弟子，俾參劑焉。抵暮而返，則藥囊果然矣。其爲小兒醫者，晝居不出，昏夜叩人之門戶，秉燭一視，疾趨而去，若驛傳之速，漏盡始休。或要於路，或候於門，咸喜其來而恨其晚也。其下醫竊慕之，雖病者之有無多寡未可知，往往乘車從僕，招搖過市，窮日之力而後已。見者詫之曰：夫夫也忙甚，必名醫也。醫安得暇乎哉？先生曰：唯唯否否，醫而不暇，何以爲醫良？醫病萬變，藥亦萬變，是故以志一之，以氣輔之，以理持之，以神守之。寂而通之，息而游之，此豈汲汲遑遑所能治乎。夫治病猶治兵也，欒鍼之稱晉師曰：好以暇。金鼓方急，使攝飲焉，鄢陵所以勝也。諸葛之羽扇，謝艾之胡床，祭遵之投壺，安石之賭墅，皆暇也。余之治病，亦如是矣。或謂先生既暇，當註金匱之書，何取乎《巵言》？蓋聞之許子，醫者意也，意之所解，不可言傳。故先生即得方，述而不作也。若其《巵言》，籠天地，羅萬物，洸洋縱恣於堅白同異之談，雖不言醫，醫道寓焉。斲輪之說，通於讀古，解牛之旨，進於養生。觀《巵言》，則問難思過半矣。《周禮》醫事十全爲上，十失一次之，十失二三次之，十失四爲下，未有即得者。先生之即得，先生之暇爲之也夫。

《履霜集·自序》 蓋醫者意也，借望聞問切四者，以一己之心理而揣度夫病理，援五行生尅之標榜而定其所傷何部。以形式而論，似屬談空，細繹之，固有至理在焉。醫學者實理學也，即古聖所謂格致學也。憑一人有限之心理而揣摩夫無限之病理，淺試之未能盡中夫病竅。故自軒岐以來四千餘年，名醫輩出，著作汗牛。非偏于涼清，即偏于溫補，偶有得竅之方法，或終身秘而不宣，或傳授不肯盡言而自秘，私心不死者衆。故諺云：醫者後世不昌。是作也，不敢云無所偏謬，實係家傳三世臨症確驗。雖屬一得之愚，洵堪自信。本邑王鶴侶先生，亦醫友也，屢勸付梓，以廣流傳。爰詳加校定，以便付印。並擬數言，以誌緣起于簡端云。

《石室秘録·吕道人序》 今上戊辰二月花朝後三日，遠公陳子將岐天師《石室秘錄》請序於余。予讀之驚異，嘆醫道之神而奇也。夫醫至起死，奇(無)〔矣〕，而茲編實不止此。(吾)〔其〕文肆而醇，(其)意深而旨，乃性天之學，非刀(青)〔圭〕之書也。陳子學博天人，理通神鬼，人得此編之秘，何患醫道之不入於化乎。而陳子不然，長(蹟)〔跽〕而請子曰：習醫救一人，不若救一世也，救一世，不若救萬世也，亦可言大而心善乎。

吾尼山立教，不過救一世爲心也。己立立人，己達達人，未嘗敎〔人〕施德於萬世。然而尼山之書，垂之至(了)〔今〕，雖謂之救萬世可也。(欠)陳子註《素問》《內經》，余(難)〔嘆〕(星)〔其〕有志未逮，乃以華元化《青囊》術動之。陳子愀然曰：吾安得此天上奇編讀之乎。余乃正(襟)而訓之曰：子欲註《素問》乎？舍《青囊》術，何以著書，尙論爲耶。陳子憂之。而余曰：無憂也，吾當招岐天師盡傳之。蓋《青囊》秘術，華君原得之岐天師者也。陳子(我□)〔再拜〕受教。余乃邀天師至(蒸)〔燕〕市，而天師又邀仲景張公同遊客邸，晨夕(積逭)〔往還〕，罄傳方法，共一百二十八門，名曰《石室秘録》，即《青囊》之術也。無方不神，無論不異。陳子得之，乃決奥(閣)〔闡〕幽，肆力於《素問》，以大壯(□)〔其〕文瀾。而陳子尤以天師傳之未盡，更求仲景張公爲之發明，以(捕)〔補〕天師之所略。又請於天師召華元化，質今昔之異同，華君又罄傳之無隱。今(吾)〔其〕書具在，陳子不樂自秘，欲公之萬世，不欲僅活一世之人已也。與尼山己(之之)〔立立〕人，己達(之)〔達〕人(人)〔之〕心，不千古相同乎。但陳子(若)〔苦〕于家貧，不能速授梨棗，然而(吾)〔其〕言之大，其心之善，實覺覆被萬世也。陳子仍存之，以待世之好善如子者斯可矣。余因陳子請序，遂題數言於前，(尔)〔亦〕以勸天下好善之君子也。積善必有餘慶，吾於陳子見之，吾不願止陳子一人見之，天下人(尔)〔亦〕可聞吾言以自勉於爲善，無讓陳子獨爲仁人也。

《四庫全書總目·子部醫家類存目》 《石室秘籙》六卷，大學士英廉購進本。國朝陳士鐸撰。士鐸字遠公，山陰人。是書託名岐伯所傳，張機、華佗等所發明，雷公所增補凡分一百二十八法，議論詭異，所列之方，多不經見。稱康熙丁卯遇岐伯諸人於京都，親受其法，前有岐伯序，自題中清殿下宏宣秘籙無上天大帝眞君。又有張機序，自題廣蘊眞人。方術家固多依託，然未有怪妄至此者，亦拙於作僞矣。

《辨證録·自序》 丁卯秋，余客燕市，黄菊初放，懷人自遠。忽聞剝啄聲，啓扉迓之，見二老者，衣冠偉甚。余奇之，載拜問曰：先生何方來？得毋有奇聞誨鐸乎？二老者曰：聞君好醫，特來辨難耳。余謝不敏。二老者曰：君擅著作才，何不著書自雄，顧呫呫時藝，竊耻之。余壯其言，乃尙論《靈》《素》諸書，辨脈辨證，多非世間語。余益奇之。數共晨夕，遂盡聞緒論。閲五月别去，訓鐸曰：今而後，君可出而著書矣。鐸退而記憶，合以所試方，日書數則，久乃成帙。夫醫道之難也，不辨脈，罔識脈之微，不辨證，罔識證之變。今世人習診者亦甚多矣，言人人殊，究不得其指歸，似宜辨脈，不必辨證也，雖然，辨脈難知，不若辨證易知也。古雖有從脈不從證之文，畢竟從脈者少，從證者衆，且證亦不易辨也。今人所共知者，不必辨也，古人所已言者，不必辨也，必取今人之所不敢言，與古人之所未及言者而暢辨之，論其證之所必有，非詭其理之所或無，乍聞之而奇，徐思之而實未奇也。客曰：布帛菽粟，可以活人，安在談醫之必奇乎？余謝之曰：布帛菽粟，平淡無奇，而活人之理實奇也。日服之而不知其何以溫，日食之而不知其何以飽，致使其理之彰可乎？鐸之辨證，猶談布帛菽粟之理耳。客又笑曰：君辨理奇矣，已足顯著作之才，奚必託仙以衒奇耶？鐸，尼山之弟子也，敢輕言著作乎。聞二先生教，亦述之而已矣，何必諱其非仙哉。仙不必諱，而必謂是書非述也，得毋欺世以衒奇乎？書非衒奇，而仍以奇聞名者，以鐸聞二先生之教，不過五閲月耳，數十萬言，盡記憶無忘，述之成帙，是則可奇者乎，豈矜世以衒奇哉。

《證治彙補·自序》 夫書以載道，非博無由考其詳。學以窮理，非約不能操其要，神明於博約之間，而精一之道，坦然昭著矣，岐俞之學，自皇古而遞至興朝，從廟堂而數夫草澤，千載羣書，眞足充棟。不患乎書不博，而患用書者鶩博也。不患乎説不約，而患立説者拘約也。何則？索隱之材，駕前哲而攻已成之論，庸常之質，守一家而泥偶效之方，所以異學爭鳴，同人互駁，求其貫通《素》《難》，出入緩和者，幾罕覯矣。

予也謬叨家學，上參三墳之典，下考往哲之書，審其異同，窮其辨論，始知古人立説，適所以相濟而非相悖也。如仲景治冬寒，而河間發明溫暑，潔古理脾胃，而東垣發明内傷，子和攻痰飲，而丹溪發明陰虛，此六家者，古今稱爲醫學之宗。迨夫冬寒之論，至王安道而中寒、傷寒始明，溫暑之論，至巢元方而熱病、中暑方晰。内傷之論，得羅謙甫而勞傷、食傷乃别。痰飲之中分濕痰、燥痰，其説明於隱君。陰虛之中分眞陰、眞陽，其論剏自叔和。乃知古人立説，各有一長，取其所長，合爲全璧，先聖後聖，其揆一也。然廣徵萬卷，恐多岐亡羊，專執一説，是守株待兔。不若内遵經旨，外律諸家者爲當耳。于是不揣孤陋，取古人書而彙集之，删其繁而存其要，補其缺而正其偏。每症列成一章，每章分爲數節。其間首述《靈》《素》，示尊經也。下註書目，傳道統也。冠以大意，提綱領也。贅以管見，補遺略也。稿凡三易，輯成數卷，顔其端曰《證治彙補》，蓋欲以彙合古人之精意，而補古人之未備也。

大概此集編次法，即爲臨症審治法。先以病因，詳標本也。次以外候，察病狀也。次條目，審經絡也。次辨症，決疑似也。次脈象，憑折衷也。次治法，調虛實也。次刼法，垂奇方也。次用藥，(楮)〔指〕入門也。續以附症，博學問也。終以方劑，與繩墨也。每症之中，首尾編次，皆列爲十事。如是而大綱畢備，條理井然，合其章句，前後相貫。分其節目，次第成章，庶幾流覽誦讀，無太繁太簡之弊，俾賢智者俯而就之，即不及者亦跂而致之，是或繼往開來之一助耳。但病機變化，誠難盡於紙上陳言，證治玄融，豈易罄夫心中妙理。予才末學，兹集少文，是知規矩不足盡匠氏之巧，彀率無以喻射者之智，彼臨機應變，必竢神聖通心，舉錯合宜，方爲化工在手，斯實望於世之君子。

《醫經允中·方辰序》　自古仁人君子立願，不爲良相即爲良醫。蓋以吾儒讀書窮理，體天地好生之心，以行其濟世利物之事者，莫如醫也。然而寄性命于呼吸之間，較得失於毫釐之際，醫之道亦難言矣。辰幼寓居毘陵，從諸先生講學於延陵書院，因得交時育李先生。見其品行端方，學問純正，欽其爲君子儒也。詢其成德之由，自成童時即追隨業師楊子雪臣、顔子石英，皆理學眞儒。執經問難，得聞性命之微。遂立志聖賢之學，潛修遯世，不求聞達。然救民疾苦之念，時切于中，因托業於醫以利濟。又念四子五經，得程朱夫子發明，已無剩義，獨醫經亦先聖微言，死生攸寄，而自漢以來，方書一出，遂失眞傳，致民之罹于夭札者不可勝計。有胞與之責者，能不疚心。于是上遡軒岐，研窮精義，纂述醫書二十餘卷，顔曰《允中集》。捴以發明臟腑陰陽太過不及，而以本草之寒溫補瀉配合之，不過適得其中和而止，不必拘執程方，而對症用藥，治罔不驗，所謂中無定體，隨時而在者。其有裨於萬世蒼生，非淺鮮也。但先生篤學獨行，不諧于俗，故舉世莫我知。然其抱道不行于時，正先生之大幸。蓋天厚先生之生，使其優閒纂述，得成其不朽之功名也，豈以一時之顯晦爲屈伸也哉。辰年少學淺，不能表章先生之萬一。今誦讀是書，方知醫道之高明廣大，非能爕理陰陽、參贊化育者不可爲儒醫也，惟先生其無憾焉。

《馮氏錦囊秘録·自序》　大哉，醫道之不可不知也。慎哉，醫道之不可不深知也。人不知醫，則養生之道何以明？良相之心何以濟？然知之而不深，其患尤甚。病有虚虚實實之變，法有正治從治、標本攻補先後之宜。識認不清，龍雷者治作實火，中空者治作内餘，血虚作楚治作風邪外束，火冒頭疼治作太陽受寒，腎虚作瀉治作脾胃内傷，燥澀膈噎治作痰火鬱滯，無根脱氣上衝治作有餘消導，腎虚奔豚遊痛治作血塊峻攻。以至脾虚困倦之瘧疾，誤爲肝強而削伐，勞傷虚襲之微邪，誤爲傷寒而重疏，困倦内傷之微滯，誤爲傷食而重攻。且外微熱而裏和思食，少少進食何妨，因微熱而嚴禁之，每多餓死之冤。表氣虚而畏寒怕風，微微養衛最宜，疑外感而遽汗之，常有亡陽之歎。不顧本而徒顧標，標未盡而本先拔，縱標盡而何功。不切脈而惟問候，候有誤而脈無虚，候若異而何據。守千古以上之成方，奈千古以下之人，病情不合。讀萬載傳流之證論，嗟萬載傳流以下，厚薄迥殊。本厚者何妨忘本攻邪，本淺者理宜顧主逐客。凡此種種，察治稍乖，安危頓異，豈不難哉。况男婦之治不同，少長之候有別。先哲云：寧治十男子，莫治一婦人。寧治十婦人，莫治一小兒。蓋言其診治之更難也。何則？凡治病有望聞問切四法，若嬰孩一見生人，定聲啼色變，若是則聲不得其平，色不得其正，而望聞之法廢矣。饑飽未知，痛癢莫曉，欲問其所苦，詢其所由，莫得一二。且脈氣未全未固，嬉戲之餘，脈因而動，寧息之際，脈因而靜，則問切之法又廢矣。四法既廢，察治實難。自非受術精微，闡明至理，視於無形者，安得臨症別有一種玄機，洞見五内，而極得心應手之藥，口不能言之妙哉。張自業醫以來，日夕兢兢，常思人命最重，所任匪輕。况寄蜉蝣於六合，得天地好生之德以有生，敢不體天地好生之德以濟人。奈資稟庸拙，不學心聾，徒懷濟世之至誠，深媿測海之淺見。然要之，見雖淺而念則誠，計唯圖盡吾心而已。爰是殫心課纂《雜症大小合參》、《痘疹全集》、《内經纂要》、《藥性合參》，以及女科、外科、脈訣諸書，計共二千餘篇，凡歷三十載而始峻目。今聖天子道德性成，萬庶均歌堯舜，慈愛念切，群黎遍頌羲黄。奈張衰老殘疾，既不能少效蟻力，敢不復仰體天心，謹抒野人管籥之見，少佐醫林大學之觀。惟冀高明愛我，指其疵而明教之，幸甚。

《雜症大小合參·小引》　張幼年失怙，慈幃嚴課，苦攻儒業，繼以疾病時多，且力綿艱於治生，爰有習醫之舉。從師訪道，懸刺十有春秋，博及羣書，始知大道無秘，盡在先聖賢數卷中耳。乃奮然將古哲圖經諸書，按門類纂内經、大小雜症、藥性、痘疹、女科、外科、脈訣，計共二(千)［十］餘篇。既而臨症，以書驗症，以症合方，鍼綫相對，毫髮不爽，竊喜先聖賢之遺書方論不謬也。逮至閲歷愈久，更有得乎心而應乎手者，似難以言語間形容，乃益信無方可用之語更不謬。復於寤寐中以求其眞原之至理，究竟只在我身生來之所得之，愈信無書可讀之語，尤不謬也。若是則諸論諸方，可以不載不垂矣。雖然，古哲之論也，方也，猶居之有門户也，庭徑也。苟不出此，何能登堂入室，以達安身憩息之所耶。故余牢落風塵，半生牛馬，雖愛憎由人，而眞誠自矢。不揣固陋，誓成此集，知我者其惟是乎，罪我者其惟是乎？

《張氏醫通・自序》 齊一變至於魯，魯一變至於道，道之興廢，靡不由風俗之變通，非達道人，不能達權通變，以挽風俗之隤弊也。今夫醫道之變，至再至三，豈特一而已哉。余生萬曆丁巳，於時風俗雖漓，古道未泯，業是道者，各擅專科，未嘗混廁而治也。甲申世變，黎庶奔亡。流離困苦中，病不擇醫，醫隨應請，道之一變，自此而始。當是時也，煢煢孑遺，託跡靈威丈人之故墟，賴有醫藥種樹之書消磨歲月，因循十有餘載，身同匏繫，聊以著書自娱。歲己亥，賦歸故園，篋中輯得方書一通，因名《醫歸》，大都脗合《準繩》，其間彙集往古傳習諸篇，多有不能暢發其義者，次第以近代名言易之。草創甫成，同人速予授梓，自揣多所未慊，難以示人，僅以傷寒纘緒二論先行問世，頗蒙宇内頷之。壬寅已來，儒林上達，每多降志於醫，醫林好尚之士，日漸聲氣交通，便得名譟一時，於是醫風大振，比戶皆醫，此道之再變也。嗟予固陋，不能與世推移，應機接物而外，時與先聖晤對一堂，無異手提面命，遞年已來，穎秃半牀，稿凡十易。惜乎數奇不偶，曩因趨赴孝伯耿公之招，攜至霅川公署，失去目科一門。先是内姪顧惠吉，持去痘疹一册，久假不歸，竟成烏有。知機不偶，已將殘編置之高閣，無復行世之心矣。近聞懸壺之士，與垂簾之侶，互參恆德之術，聖門之教無違，炎黄之德不顯，道之三變，匪特自今。吾於志學之年，留心是道，迄今桑榆入望，歷世頗多，每思物壯則老，時盛必衰，欲挽風俗之隤弊，寧辭筆削之罪知，因是仍將宿昔所述之言，從頭檢點，爰命倬兒補輯目科治例，柔兒參入痘疹心傳，足成全編，易以通名，標諸籤額。書未竟，適逢客至，隨手開函而語予曰：在昔《韓氏醫通》名世已久，今子亦以是名，得無名實相混之慮乎？予謂不然。吾聞元氏集名《長慶》，白氏之集亦名《長慶》，二集並驅，後世未嘗因名混實，奚必拘拘於是耶。客莞爾而退。遂以《醫通》定名。迨夫三變之術，法外之法，非可言語形容也。

《四庫全書總目・子部醫家類存目》 《張氏醫通》十六卷，浙江巡撫採進本。國朝張璐撰，璐字路玉，號石頑，吳江人。是編取歷代名家方論，彙次成編，門類先後，悉依王肯堂《證治準繩》。方藥主治，多本薛己《醫案》，張介賓《景岳全書》，而以己意參定之。凡古來相傳之說，稍有晦滯者，皆削不錄，其辭氣未暢者，皆潤色發揮，務闡其意。康熙乙酉，聖祖仁皇帝南巡，璐子以柔、以璐所著《本經逢原》、《診宗三昧》、《傷寒纘緒論》及此書彙輯恭進，得旨留覽。考璐自序，是書初名《醫歸》，未及刊行，佚其目科、痘疹二册，晚年命其子以倬重輯《目科治例》，以柔重輯《痘疹心傳》，補成完帙，改題此名。時《韓氏醫通》已久行於世，璐書名與相複。自序謂元氏集名《長慶》，白氏集亦名《長慶》，未嘗混也。今刊本題《張氏醫通》，蓋亦以別於韓氏云。

《千金方衍義・自序》 《易》云：眇能視，跛能履。明乎非所能而自以爲能，不自知其才德之兼絀也。余自慚固陋，乏經國濟世之略，生遭世變，瑣尾流離。迨永清大定而後，章句荒落，株守蓬廬，惟有軒岐性命之學，日尋繹焉而不倦。時吾里有李瑾懷玆者，與余爲膠漆契，博聞強記，潛心醫學，君子人也。所可議者，務博而不知所宗，淺涉而未探窔奥。嘗與之究《玉函金匱》及《千金方》一書，非不有識堪資，而求所謂愜心貴當，尚有憾焉。深歎述古之難，如昌黎所云：補苴罅漏，張皇幽眇。洵非末學所可幾也。夫長沙爲醫門之聖，其立法誠爲百世之師。繼長沙而起者，惟孫眞人《千金方》，可與仲聖諸書頡頏上下也。伏讀三十卷中，法良意美，聖謨洋洋，其辯治之條分縷晰，製方之反激逆從，非神而明之，其孰能與於斯乎。余自束髮授書以來，即留心是道，曩所輯《纘》《緒》二論及《醫通》一十六卷付梓行世，深歎學識迂踈，僅可爲後學自邇自卑之一助。迄今桑榆在望，尚欲作蜣螂不朽，亦自愚矣。而此書不爲之闡發，將天下後世竟不知有是書，深可懼也。因不揣愚昧，彙取舊刻善本，參互考訂，逐一發明，其中反用激用之法，貫串而昭揭之。其于鍼灸一門，闕以俟專家補之。俾學者開卷了然，胸無窒礙。照宋刻本仍隸三十卷，倣趙以德敷衍《金匱》之義，又殊倣敷衍成文，爰名曰《千金方衍義》，後之君子，有以討論修飾，授之剞劂，亦斯書之幸甚。余不學無術，老無思索，意之所致，信筆成書。殆所謂眇之能視，不足以有明，跛之能履，不足以與行也。

《醫學眞傳・王嘉嗣序》 醫之道奚起乎？造物以正氣生人，而不能無夭札疫厲之患，故復假諸物性之相輔相制者以爲補救，而寄其權於醫，夭可使壽，弱可使強，病可使痊，困可使起，醫實代天生人，參其功而平其憾者也。溯自農皇肇起，辨草木以著藥性。軒岐繼作，明陰陽以著《内經》。至漢末，篤生張仲景先師，上承農軒之理，著《卒病》《雜病》兩論，率皆倡明正學，以垂醫統。仲師既沒，而經論之道，遂失其傳，舛謬紛紜，靡所止極。甚且家自爲書，人自爲學，世之所以賴有醫者，反不若無醫之爲愈。每爲曠覽，竊嘗病之。我士宗夫子，性靈獨異，學識超群。注釋經論，既已述大道而正其傳。暇日集群弟子往復論難，提命之下，及門手錄，顔曰《醫學眞傳》。其間陰陽血氣，藏府經絡，與夫五運六氣之理，凡前聖所孕含未剖者，闡著靡遺。而諸書所表章未備者，迄無餘藴。洵足補救斯人而爲功於造物，其所係豈淺鮮哉。嗣等彙集成帙，摘其要者，梓以問世，使皆知醫之傳有其眞，而學以不僞，是誠我夫子扶挽斯道之志也夫。

《醫學真傳·先生自述》 余童年喪父，家貧無所資，藉舌耕以奉母，及制舉之業不獲售，遂習岐黄之術于倪先生之門，所授書有《藥性全生集》、《明醫指掌》、《傷寒五法》幷諸方歌訣，以爲道在于是。二十三歲即懸壺治病，頗效，多有稱許者。然循方投藥，究未能刻期應驗。甲辰歲，余年二十有八，七月中旬，患痢甚篤，延時醫診治，藥日投而病日劇，月餘不得愈，遂不服藥，至仲冬而痢方止。因嘆曰：醫之不可爲也。醫治我若是，我治人想亦若是。以醫覓利，草菅人命，謂天理何。其時隱菴張先生開講經論，遂往學焉，得究觀《傷寒》《金匱》《神農本經》及《素問》《靈樞》諸書，朝夕參究，始悔前之所習，皆非醫學之根源。隱菴先生，亦以針芥之投，無微不晰。如是者十年，岐黄至理，雖未能窺其堂奥，而論證施治，已不同于往昔之見病治病，執風痰氣火感寒停食之説，遂循方而投藥也。故每遇一證，必究其本而探其原，處方用藥，不同流俗，因是人咸謂余偏執。嗟嗟！人命攸關，余豈故爲離奇而偏執耶。夫祇閱方書，不明經論，知其外，不知其内，則視余誠偏矣。以藥試病，中無定見，究其末，不究其源，則視余誠執矣。蓋醫理如剝蕉心，剝至無可剝，方爲至理。以至理而論病，則大中至正，一定不移，而豈偏執之謂哉。余觀經論之暇，每閲分門別類之方書，皆醫門糟粕也。即如《薛氏醫案》、趙氏《醫貫》、《醫宗必讀》、《裴子言醫》等書，亦皆方技之穎（誤）〔悟〕變通，非神農軒岐仲景一脈相傳之大道也。方書有云：不知十二經絡，開口舉手便錯。不明五運六氣，讀盡方書無濟。病有標，復有本。求得標，只取本，治千人，無一損。此言甚善。余因及門進論，著授《醫學眞傳》，以示正道，以斥旁門，而使學者之不可不慎也。余何敢與世爭名哉，亦俟知我者之不罪我而已。

《症因脈治·秦昌遇原序》 醫有五科，曰脈、曰因、曰病、曰症、曰治。丹溪先生以病症爲一，故以四字該之，纂成一帙，名曰《脈因症治》，實爲壽世之書。柰後代諸賢，不業是作，遂至散亡淹沒，予所深惜。然諦思之，仍有難於宗行者。蓋執脈尋因尋症，一時殊費揣摩，不若以症爲首，然後尋因之所起，脈之何象，治之何宜，則病無遁情，而藥亦不至於誤用也，是以古人先重望聞問，而獨後於切耳。余不諒，敢竊丹溪之餘語，彙成一卷，改名《症因脈治》，先辨其症，次明其因，再切其脈，據症、據因、據脈用治，庶節節可證，而法不謬施，諒必無罪於後世也。但年邁神衰，恐多疵漏，未敢授梓傳世，待後之賢者詳定而行可也。

《症因脈治·秦之楨自序》 余幼業醫，見家伯祖景明公有《症因脈治》一稿，序原丹溪先生《脈因症治》中來。時余學淺，未會其趣。後見嘉言先生《寓意草》云：治症必先識病，然後可以議藥。今之學醫者，議藥不議病，歎《内經》《甲乙》無方之書，無人考究。丹溪《脈因症治》分析精詳，反不見用，而《心法》諸書，群方錯雜，則共宗之。余因知景明公《症因脈治》之作，非無謂也，遂有纂述之志，然愼之未敢爲也。後三十年，年至慮深，每思有以成公之集而牽於生事，日無寧晷，偶憶袁先生可以濟人之語，遂乃屏絶應酬，潛心纂述。症分内外傷，因分内外因，脈分虛實，治分經絡，對症用藥，無游移多歧之惑，不十載而就意者，彼蒼好生，或丹溪、景明兩公，陰能助余也。書成之明年，余友施君宇瞻仲季見而悦之，因謂余曰：是書壽世之寶也，與其寶之一方，不若廣之天下，與其利諸目前，不若傳之後世。子爲是書以利濟一方，余兄弟爲是刻以公天下可乎？余與及門皆大歡喜，乃謝施君曰：是書出，倘有補於斯世者，惟君之力。

《醫權初編·自序》 余從事醫林近三十年矣，所治之症，每不能與古人相符者何也？蓋病情交錯，本無定體，醫亦隨機而變，安可執一以治之，故方之中有權在焉。昔人有云：讀十年書，天下無一可醫之病。醫十年病，天下無一可讀之書。此誠研窮久而閲歷深，能得權之妙者矣。夫古人創立方書，無非爲後人入道之門，若適莫相乖，皆非妙理。所以武穆論兵，謂運用之妙，存乎一心，蓋此意也。雖然，豈易言哉。苟非博覽群書，取精用宏，則遇一奇症，胸臆無主，顛倒錯亂，毫厘千里，安能隨機應變，奏功於旦夕耶。今夏偶檢敝簏，取平日所治奇症之案，與所論醫理，内有及載與不及載者，因潛心追憶，取而釐定之，名曰《醫權》，授以鋟梓。用敢質諸同道，非敢薄視夫古人。亦以見醫道之始於有書，終於無書，既不可離乎書以治病，亦不可泥乎書以立方。管見如是，不識高明有以教我否。

《顧氏醫鏡·自序》　古聖王嘗百草，著醫書，而於萬政之餘，不肯自暇逸爲勞者，誠以民生爲大，而醫事爲重也。《周禮》以醫事隸於六官，以保王躬，掌民疾，俾出政令。班固《漢書》以醫併於神仙，其職貴，其道尊。故其時神良輩出，若周之長桑、扁鵲，漢之華陀、仲景，俱表表在人耳目間。自茲而降，上祗視爲奉御之名，下直比於藝術之流，學士大夫，多所不講，而業儒不成者，即粗(躐)[獵]方書，遂號爲醫，竟藉以爲肥家之計，盛盛虛虛而遺人夭殃，致邪失正而絕人長命，醫學之荒也，由來久矣。雖唐宋以來，不乏哲人，然究寥寥易數。推其過，總由不學之咎。

然學儒之讀書也易，學醫之讀書也難，儒書則一定之可循，醫書則多歧之易炫。儒之書，孔孟之書也，夫人而知讀之矣，弗敢違也。醫之書，炎黃之書也，亦夫人而言讀之矣，而卒弗讀也。何則？文辭古雅，理道淵深，難以解悟。故庸淺之流，望而蹙額，一見藥性賦言症方歌訣等書，便奉爲至寶，不知入門一錯，悞己悞人。少年不學，老大徒傷，追悔何及。而好高之輩，又輒自稱讀金匱書，遵仲景法，偏執不化，療病投劑，務必爭奇求異，是好高偏執之殺人，與庸淺不學之殺人等耳。故張劉李朱，本醫之四大家也，其所著書，不過補前人之未備，而自成一家之言。即諸家各有所發明，亦補前人之未備者居多。是以趙氏云：讀傷寒書而不讀東垣書，則內傷不明，而殺人多矣。讀東垣書而不讀丹溪書，則陰虛不明，而殺人亦多矣。讀丹溪書而不讀薛氏書，則眞陰眞陽不明，而殺人亦多矣。故醫而不精深孔孟之理，洞徹炎黃之義，廣徵諸子，徧考各家，融會貫通，活潑治病，而欲求桴鼓響應，猶拔刺雪(汙)[污]，稱爲神聖工巧，必無之事。孰云醫爲小道，而可易視爲哉！

聞之長沙云：居世之士，曾不留心神術，上療君親，下救貧賤，中以保身。但逐榮利，企踵權豪，卒遇非常，身居死地。舉壽命委付凡流，豈不危哉。玄晏曰：人受先人之體，有八尺之軀，而不知醫事，此所謂遊魂耳。雖有忠孝之心，慈惠之性，君父困難，赤子塗地，無以濟之。此聖賢所以精思極論，盡其理也。予有感於二氏之言，因思古人有不爲良相，定爲良醫之語，遂慨然而歎，謂可以事君，可以養親，可以濟世，可以全生，可以成名者，庶幾有熊氏之風乎。於是毅然自奮，二十年夙興夜寐，殫炎黃之奧，究仲景之秘，漁獵方書，蒐羅醫案，忝得螢明。迺輯《本草必用》、《脈法刪繁》、《內經圖解》、《靈素摘要》、《格言彙纂》、《症方發明》，分爲一十六卷，統名《醫鏡》。俱以黃岐仲景爲經，諸子百家爲緯。言言採其金石，字字摘其珠璣。明剖疾病之情，悉合時地之宜。俾庸淺者讀之，則易爲領略，好高者省之，遂難施險僻。更望當世鉅公，慧眼品題，互相倡導，以挽頹風，使人皆得盡其天年，不負古聖王垂教之仁慈，是則余之大快也，而亦蒼生之大幸也。

《顧氏醫鏡·左國楫後序》　《顧氏醫鏡》既寫成定本，將付印。復爲校勘一過，祇以原錄本過於草率，此帙訛舛遂多。窮數月之力，僅稍稍訂正，其意義可通者，其辭句文字間有未適。意者或爲草創之作，未經修改。既無別本可校，自應存其面目，使後之學者，得窺昔賢著述梯徑去人不遠，而免神聖斯業者興博奧淵深、不能探涉之歎也。至書內徵引方論醫案，多與原著不同，則爲顧氏所剪裁，而非鈔錄者之誤矣。國楫未嘗學問，素不精於板本訓詁之學，遂致此書體式行格未能齊一。俗書譌字，盈篇滿楮，所幸方藥理論尚尠謬誤。文字小疵，或不致貽誤讀者，是則國楫所多引呂氏晚村之說，呂氏著作，清初曾經禁錮，殆此書不著於世之一大因歟。校勘既畢，墨有餘瀋，故附誌之。

《醫宗己任編·吳之振弁語》　天之好生，其德大矣，胡人之自殺，每甚拂乎天。兵戎水火，刑罰賦役，人皆知其能殺人也，則思所以避之，其避之而仍蹈焉不免者，不過十之二三耳，乃有不知其殺而殺焉者，就之乞生而反得殺焉者，則庸醫之殺人是矣。十室之邑，三家之村，提囊而行藥者，莫不家盧扁而人岐黃也，日操刀殺人而人不之覺，且致命焉。余見童稚夭折，少壯羸瘦，喪車纍纍，夜長鬼哭，黃耇皤髮之老，百里內外，不易多覯。此仁人君子惻怛痛心，日夜不寧，而思所以振濟之者也。於是鼓峰、東莊慨然以醫天下爲己任。鼓峰習醫術已二十餘年，原本於性命理學之要，窮研於《靈樞》《素問》之旨，參究於張、李、朱、薛之說，神奇變化，不可端倪，往來兩浙，活人甚多。庚子過東莊，意氣神合，一揖間即訂平生之交，相與講論道義，留連詩酒，因舉其奧以授東莊。東莊天資敏妙，學有源本，性命理學之要，向所研精，因源以溯流，窮本以達末。不數月間，內外貫徹。時出其技以治人，亦無不旦夕奏效。鼓峰奇驗，傳聞於人口者不可殫述，因裒集其所著與來語溪，與東莊所治之案，彙爲一編。非敢謂二子之名藉是而傳也，誠願天下庸醫末技，一旦虛中無我，洗滌腸胃，焚生平所讀之書，棄俗師所授之術，一從事於此焉，將見殺人之手，反而爲生人之具也，豈非天下之幸歟！雖然，《周官》，聖經也，而壞於元豐。馬服君書，良法也，而敗於長平。是固聾者不可與語霆雷，而瞽者不可與語黼黻，古今一轍。則二子之書，固當藏之名山，以待其人，懸之國門，而究無一識者也。

《東莊醫案·鹿鳴跋》 四明東莊兩家，其活人之奇驗傳聞於人口者，不可殫述。是編所集，計共五十八案，則尤擇其名言創論，闡發軒岐理奧，奇功異績，開拓後學心胸，無一不足以爲天下後世法者也。識者逐案研究，則其間診法之神，驗症之精，處方之當，應自得之。而吾大兄所以公世之心，亦不無小補云爾。

《西塘感症·蜚鳴跋》 《西塘感症》者，即廢翁董氏所輯《入門淺見》也。是書原本婁氏《綱目》，折衷損菴《準繩》，而又參以四明東莊兩家。每祖此以救傷寒危症，無不立應。家藏此書經歷既久，積驗甚多，家大兄因與《四明心法》《東莊醫案》彙爲一編，細加評點，不敢私之篋中，謹公諸同好。

《靜香樓醫案·柳寶詒序》 《靜香樓醫案》兩卷，爲尤在涇先生所著。先生名怡，字在涇，自號飼鶴山人，江蘇長洲縣人，邃於醫學，於仲景書尤能鑽研故訓，獨標心得。時吳下以醫名者，如葉氏桂、徐氏大椿、王氏子接，均煊燿一時。先生與之聯鑣接軫，煇映後先，於醫道中可謂能樹一幟者。所著有《傷寒論貫珠集》、《金匱心典》、《醫學讀書記》，均刊行，惟此案未經授梓。其附刻於《讀書記》後者，僅有三十餘條，非全本也。此本爲吾邑吳氏所鈔藏，咸豐兵燹後，詒於詹文橋張氏齋頭見之，假歸鈔錄，復就其中選精粹者得十之五，評錄如左。分上下兩卷，竊念近時醫學荒廢，其簡陋剽襲，毫無心得者無論已，間有鑽研古籍，不知通變者，動輒以仲景爲家法，而咎今人不能用古方，目爲庸陋，其實古方今病，往往枘鑿不相入，執而用之，僨事者多矣。及讀先生此案，而不覺憬然有悟也。先生博極群籍，尤服膺仲景之書，所著《傷寒論》《金匱》兩注。上溯仲景心傳，獨抒己見，讀其書者，無不知先生之於仲景，不啻升其堂而入其室已。乃觀此案，論病則切理饜心，源流俱澈，絕不泛引古書，用藥則隨證化裁，活潑潑地，從不蹈襲成方。可見食古期乎能化，裁制貴乎因時，彼徒執古書者，不且與王安石之《周官》、房琯之車戰，其弊適相當哉！是故讀他人之案，有不用古方者，或猶疑其服古未深，未能得力於仲景也。若先生則讀書不可謂不多，用功不可謂不切，其沈酣於仲景之書，尤不可謂其不深，乃其論病之平易近情也如是，立方之妥帖易施也如是，是則此案不第爲治病之良規，并可爲讀古之心法已，用書之以諗後之讀此案者。

《醫學心悟·自序》 古人有言：病卧于床，委之庸醫，比於不慈不孝。是以爲人父子者，不可以不知醫。雖然，醫豈易知乎哉。知其淺而不知其深，猶未知也。知其偏而不知其全，猶未知也。以卑鄙管窺之見，而自稱神良，其差悞殆有甚焉。予少多病，每遘疾則纏綿難愈，因爾酷嗜醫學。潛心玩索者有年，而四方求治者日益繁，四方從遊者日益衆。然此衷常慄慄危懼，凡書理有未貫徹者，則晝夜追思，恍然有悟，即援筆而識之，歷今三十載，殊覺此道精微。思貴專一，不容淺嘗者問津，學貴沉潛，不容浮躁者涉獵。蓋以上奉君親，中及僚友，下逮卑幼，性命攸關，其操術不可不工，其處心不可不慈，其讀書明理不至於豁然大悟不止。爰作是書，以教吾徒，而名之曰《醫學心悟》，蓋警之也。然心悟者，上達之機，言傳者，下學之要。二三子讀是書而更加博覽群言，沉思力索，以造詣於精微之域，則心如明鏡，筆發春花，於以拯救蒼生而藥無虛發，方必有功。仰體天帝好生之心，修證菩提普救之念，俾閭閻昌熾，比戶安和，永杜夭札之傷，咸登仁壽之域，豈非業醫者所深快乎。況爲父者知此可以言慈，爲子者知此可以言孝，以之保身而裕如，以之利人而各足。存之心則爲仁術，見之事則爲慈祥，尤吾道中所當景慕也。二三子識之，予日望之。

《醫學讀書記·徐大椿敘》 尤君在涇，讀書好古士也。而肆其力於醫，於軒岐以下諸書，靡昕夕寒暑，穿穴幾遍而以己意條貫之。其間凡有所得，筆之於書。日月既多，卷帙略定。辨五行之生尅，察四氣之溫嚴，審人事之陰陽虛實，與夫藥性之君臣佐使，凡成書之沿誤者，釐而正之，古人紛紜聚訟者，折而衷之。夫惟多讀古人之書，斯能善用古人之書，不誤於用意，亦不泥於用意，於長沙氏之旨，庶幾得之，可謂通其意矣。抑吾觀太史公之傳扁鵲也，云長桑君以禁方盡與之，忽然不見，後遂能生死人。其說近於鬼物，其人不可再得。而其傳淳于意也，謂得禁方於公乘陽慶，傳黃帝扁鵲脈書，五色診病，是多讀書而通於意者。扁鵲吾不得而見之矣，得見如淳于意者，斯可矣。尤君之學，不知於古人何如，然多讀書而通以意，是聞古人之風而興起者。由此書以治病，當不貽譏於人費也夫。

《醫學秘笈·佛尼勒序》 《醫學秘笈》，不知作於何人。余守順郡，極邊烟瘴之地，鮮有良醫，因求醫書以備覽也，而雲州學博李君九莖，以是書呈於余。問所從來，則其祖父上發公作令山東聊城時，有隱君子者流寓其地，爲人治病多奇效，乃父言恭公延之再三，其人誓不入官衙，後感其誠，出是書以授之曰：讀此可爲良醫矣。次日，其人即去，竟不知所之。初叩其人姓字，不答。而書中亦無作者姓字，不知即其人所著，亦得之前人歟？蓋隱者之秘笈也。乃父既得是書，歸滇後讀之，以治鄉人之疾，四十餘年，全活甚衆，鄉人德之。顧爲人狷介，隱居教子，足不出州里之外，不欲以醫得名。欲以是書付梓人而公諸世，家貧不克如願也。余觀是書所言，皆《周易》、《洪範》、《左傳》、《月令》、周邵程朱之理，而其脈症經藥皆《素問》、《靈樞》、《難經》、《金匱》之旨，發前人未發之秘，實醫道之根原，凡爲醫者所當知也。以余所見，世之業醫者未聞談及此理，而我輩士大夫家博覽醫學，以爲事親保身慈幼壽世者，亦往往未見是書。余乃得于邊隅儒學之手，不忍使是書匿于笥中，徒供蠹魚之飽，不使世之業醫者與士大夫之博通醫道者均未之見也，因與同志曹君湛、秦君濤捐資付梓，以公博採云。

《四庫全書總目·子部醫家類二》　《御定醫宗金鑑》九十卷，乾隆十四年奉敕撰。首爲《訂正傷寒論注》十七卷，次爲《訂正金匱要略注》八卷。蓋醫書之最古者，無過《素問》，次則《八十一難經》，然皆有論無方。案《素問》有半夏湯等一二方，然偶然及之，非其通例也。其有論有方者自張機始，講傷寒及雜證者，亦以機此二書爲宗。然《傷寒論》爲諸醫所亂，幾如爭大學之錯簡，改本愈多而義愈晦，病其說之太雜。《金匱要略》雖不甚聚訟，然注者罕所發明，又病其說之不詳。是以首訂二書，糾譌補漏，以標證治之正軌。次爲《刪補名醫方論》八卷，輯醫方者往往僅題某丸某散治某病，不知病狀相似者病本多殊，古人論消息，君臣佐使有其宜，攻補緩急有其序。或以相輔爲用，或以相制爲功，甚或以相反相激，巧投而取效。必明制方之意，而後能詳審病源，以進退加減，故方論並載也。次爲《四脈要訣》一卷，取崔紫虛《脈訣》，參以《內經》，闡虛實表裏之要。紫虛者，宋道士崔嘉彥之號也。其書簡括而精密，李時珍《瀕湖脈學》嘗錄以弁首，故兹亦取以爲準。次《運氣要訣》一卷，闡《素問》五運六氣之理，蓋運氣雖不可拘泥，亦不可竟廢，故次於診法。次爲《諸科心法要訣》五十四卷，以盡雜證之變。次爲《正骨心法要旨》五卷，則古有是術，而自薛己《正體類要》以外無專門之書，故補其遺，皆有圖，有說，有歌訣，俾學者既易考求，又便誦習也。自古以來，惟宋代最重醫學，然林億、高保衡等校刊古書而已，不能有所發明，其官撰醫書，如《聖濟總錄》、《太平惠民和劑局方》等，或博而寡要，或偏而失中，均不能實裨於治療。故《聖濟總錄》惟行節本，而《局方》尤爲朱震亨所攻。此編仰體聖主仁育之心，根據古義而能得其變通，參酌時宜而必求其徵驗。寒熱不執成見，攻補無所偏施，於以拯療生民，同登壽域。涵濡培養之澤，眞無微之不至矣。

《未刻本葉氏醫案·朱周夔序》　聞之士生斯世，不爲良相，當爲良醫。蓋以良相良醫，皆可救斯人之疲癃殘疾，而不忍坐視其顛連而莫告也。然非識學兼到，相固不能濟世，即醫亦不能濟人。吾考古之名相，無識何以旌別淑慝，求賢以輔治。無學何以本仁祖義，監古以善今。古之名醫，無識何以審病源之虛實，而調劑得其平。無學何以明脈理之精微，而制治有其要。是可知醫國醫人，初無二理。爲相良固難，爲醫良亦不易也。無怪乎求良醫於當代，不少概見。惟吳中天士葉老先生，庶名克副實，不愧爲良歟。粵稽葉老先生精通脈理，洞見病源，用藥尤能心小膽大。當日之無遠無近染疴求治者，日不暇給，症多怪異，而方亦新奇，每授湯丸，無不效驗。所謂不笏而饒相業，有樞以轉天心者，舍先生其誰屬。所以仲升周子，日侍左右。每見方案，無不彙而集之，積成卷帙。雖人之致病各殊，投劑亦異，未可以張冠戴李，致有毫釐千里之失。然讀書臨症之餘，備以廣博覽，亦未始無旁通之益焉。其年顧親翁，世業岐黃，亦有見及此，因即假周子原本，細心抄錄，持以示余，乞余爲序。余於披覽之下，見葉先生按症酌方，各有因心之妙用。子夏云：雖小道必有可觀者焉。良不誣也。後之學者，苟勿視爲古人糟粕，而能深求其精義，無負葉老先生揆方之精心，與周子彙集之苦志，則識學雖未必兼到，而亦稍稍有合乎不爲良相當爲良醫之遺意，豈不大有功於斯世哉。余不揣固陋，冒昧爲序，望勿以言之不文而姍笑之，幸甚。

《臨證指南醫案·李國華序》　吾吳葉天士先生，以岐黃妙術擅名於時者五十餘年。凡一時得奇疾而醫藥罔效者，先生一診視而洞悉源委，投以片劑，沉疴立起。遠近之向風慕義者無間言。余舊居胥江，與葉氏世屬通家，其門牆桃李，亦皆至戚舊交。心神其術，因錄其方案成帙，藏之有年，方欲公諸天下，今錫山華居岫雲爲之分門別類，授之梓人，余喜君之與余有同心也，因任校讐編輯之役。書既成，君囑余書其緣起。夫良醫之功同良相，人所稔知也。然良醫不能使其身壽同金石，而屢試其技於後人，亦勢之無可如何者矣。今得同心者彙録其成案，而使後人有所取法觀摩，其功顧不傳歟。使後有能者，將是編而神明變化之，則先生之遺澤流被於千百世而無窮，而先生不死矣。今因是書之成，爰書其大略如左。

《臨證指南醫案·華岫雲序》 惟近見吳閶葉氏晚年日記《醫案》，辭簡理明，悟超象外，其審證則卓識絕倫，處方則簡潔明淨。案中評證方中氣味於理脗合，能運古法而仍周以中規，化新奇而仍折以中矩。察其學，誠蓋先生固幼稟穎絕之才，衆所素稔，然徒恃資敏，若不具沉潛力學，恐亦未易臻此神化也。惜其醫案所得無多，不過二三年間之遺帙。每細心參玩，祇覺靈機滿紙，其於軒岐之學，一如程朱之於孔孟，深得夫道統之眞傳者。以此垂訓後人，是即先生不朽之立言也，故亟付剞劂以公諸世。至其一生之遺稿，自有倍蓰於此，箇中義理必更有不可思議者，自必存在諸及門處，什襲珍藏，尚未輕以示人也。然吾知卞氏之玉，豐城之劍，其精英瑞氣斷不至於泯沒，自必終顯於世，只在先後之間耳。倘有見余是刻，能悉將先生遺稿急續刻行世，此豈非醫林中之大快事，抑亦病家之大幸事也！諒亦必有同志者，余將翹企而望之，因以爲序。

《四庫全書總目·子部醫家類存目》 《臨證指南醫案》十卷，浙江巡撫採進本。國朝葉桂撰。桂字天士，吳縣人，以醫術名於近時，然生平無所著述。是編乃門人取其方藥治驗，分門別類，集爲一書，附以論斷，未必盡桂本意也。

《方氏脈症正宗·自序》 權休邑東山里人也。少貧，未能卒業詩書，將成童，輒奔走衣食。已而母吳氏初患崩漏，非沉疴異候。時權未諳岐黃，惟侍湯藥，以爲母患於醫是賴，不謂經歷多醫，五載弗效，始知庸醫悞人，不禁憾之甚。乃購古今內典《靈樞》諸書方藥，晝夜揣摩。經五寒暑，頗有心得。私心切謂：庶幾可問世，不負病者矣。於是涉江浙，越漢湘，歷病千般，恠奇百出，雖未獲全收其功，而病源頗未錯悞。徧閱懸壺之家，射獵數卷，而呼吸未得，遲數罔聞，既屈寒熱於倒懸，陷溫涼之失度，猶滿口方書，矜誇於人前者。有心無領悟，而數奇時可，談言微中，及叩其根柢，茫然莫辨者。又有強記湯散，草術單方，輒思射利(在)〔者〕。常有資高學廣，傲物偏執者，何融貫於當時。間有洞徹寒熱，時乖運否者，是曲彌高和彌寡耳。權也目擊心傷，思廣活人，乃入山誅茆，殫數年之心力，著成卷帙。準以呼吸遲數爲脈中提綱，以寒熱虛實爲病中要領，其餘二十六字兼附其間，稽病症百有餘條，盡在八字之內，融會貫通，毫髮無憾。惟有志之士鑒權苦心。置案寓目，近之則可以養身全家，遠之更得以濟世利物也。抑權嘗思雲間爲天醫落垣，明醫遞興，歲丁卯，遊屐偶及，心期就正，然而所見亦逮所聞，益歎醫道之明之難如此。近抵潤城，有蔣子伯言臂肘久患，問治於權，稍稍爲之酌劑其間，運掉如故。其事母也孝，其居心也善，已刊《妙應眞經》濟世，及觀權著，擊節稱賞。噫！異哉，千里相逢，遽成知己乎哉！憶東山之先，有前明古菴者，於《丹溪心法附餘》之外，仍著有《病源賦》、《陶氏傷寒節抄》、《本草集要》、《重選藥性類要》、《脈訣雜錄》、《醫指天機》諸書，以行於世。權固不敢步其後塵，然於脈理症候，處方用藥，排弊歸正，發明無隱，其於世也不無小補云耳。

《醫碥·自序》 文以載道，醫雖小道，亦道也，則醫書亦載道之車也。顧其文繁而義晦，讀者卒未易得其指歸，初學苦之。瑤少多病失學，於聖賢大道無所得，雅不欲爲浮靡之辭，以貽虛車誚。因念道之大者以治心，其次以治身。莊子曰：哀莫大於心死，而身死次之。醫所以治身也，身死則心無所寄，固小道中之大者。爰取少日所誦岐黃家言，芟其繁蕪，疏其湮鬱，參以己見，泐爲一書，用以階梯初學，非敢謂是載道之車，欲使升車者藉此以登，如履碥石云耳，故以碥名編。或曰：方今《景岳全書》盛行，桂、附之烈，等於崑岡，子作焦頭爛額客數矣，人咸謂子非醫病，寔醫〔醫〕，是書出其時，醫之藥石歟，碥當作砭。予笑而不敢言。

《醫碥·趙林臨序》 予友何君西池，年三十八，始成進士，其成晚，故得博通諸藝，能醫，尤其篤嗜而專精者也。然自其爲諸生時，即文名藉甚，學士惠公稱爲南海明珠。於是西池之見知於人者，獨著於詩文，餘技遂爲所掩。己酉選拔策詢水利，西池以醫喻，娓娓且千言，學士顧公亟賞之，拔置第一。予亦與選，得讀其文，然後知西池之旁通於醫，而猶未悉其妙也。西池聯捷後，尋觀政西粵，歷宰義寧、陽朔、岑溪、思恩諸邑，遷牧遼陽，則又但以善政聞。然其在思恩也，癘疫流行，西池廣施方藥，飲者輒起。制府策公下其方於郡邑，存活甚衆。遼陽民王洪病風年餘，狂易多力，投入秫火中，焦爛無完膚，傅以藥，數日愈。於是西池坐聽事，呼伍伯縛王洪庭柱間，洪且詈且歌，州人聚觀如堵。西池先威以刑令怖慴，旋予湯液，兩人持耳灌之。有頃，暴吐下，其病遽失，人咸驚爲神。嗣是西池之醫遂稍稍著矣。庚午夏，予內子病兩月不少間，諸醫皆束手，已治木矣。適西池請告歸里，亟延診，先後處大承氣、白虎、小柴胡數十劑，效若桴鼓。予謂西池：諸醫皆言陽虛宜扶陽，非參附勿用，子獨反之，何也？曰：此非粗工所知，且此輩妄引《易》義，動言扶陽抑陰。夫《易》：陽君子，陰小人。故當扶抑。醫言陰陽，俱氣耳。氣非正則邪，正虛無論陰陽均當扶，邪勝無論寒熱均當抑，何得牽西補東耶？人以溫補爲起死回生，而不識熱伏于內，而妄投桂附，竟不明其悞服殺人。而承氣湯大黃、朴硝即回陽之上品，故能扶。補瀉初無定名，蓋視病之寒熱以爲去留。今不問何證，概從溫補，何異懲溺（一水趨火滅）〔群趨火坑〕，不亦惑乎。又曰：醫（有所偏黠）〔有庸有黠〕。庸醫不知溫補之能殺人也，以爲平穩而用之，黠醫知溫補之能殺人而人不怨，以爲可以藏拙而用之，於是景岳書徒徧天下，而河間、丹溪之學絶矣。距邪閑正，吾能已乎。西池之言若此，然則西池之醫之著於天下也，所繫固不少矣。西池所輯醫書凡數種，向欲梓以問世，而不名一錢，此編乃朋好所醵刻先行者。工竣，命予弁其端。予惟西池《自序》簡括精妙，無可復益，聊綴拾其言論案驗之未著於篇者告諸世，使知西池之所長不獨在文章政事間，而衆著之以嘉惠天下也。是爲序。

《四聖心源·自序》 醫有黄帝、岐伯、越人、仲景四聖之書，爭光日月，人亡代革，薪火無傳。玉楸子憫後世作者不達其意，既解《傷寒》《金匱》，乃於己巳二月作《四聖心源》。解內外百病，原始要終，以繼先聖之業。創闢大略，遇事輟筆。庚午四月，北遊帝城，十一月終，南赴清江，辛未二月，隨駕武林，四月還署，研思舊章，十得其九，厥功未竟。八月十五開舟北上，再客京華。壬申十月，作天人之解，續成全書。癸酉二月，解長沙藥性。五月刪定《傷寒》，七月筆削《金匱》，八月修《溫疫》、《痘疹》，成於九月十七。維時霖雨初晴，商飆徐發，落木飄零，黄葉滿階。玉楸子處蕭涼之虛館，坐寂寞之閒牀，起他鄉之遙恨，生故國之綿思。悲哉，清秋之氣也，黯然遠客之心矣。爰取《心源》故本，加之潤色。嗟乎！往者虞卿違趙而著《春秋》，屈原去楚而作《離騷》。古人論述，往往失地遠客，成於羈愁鬱悶之中，及乎書竣業就，乃心獨喜，然後知當時之失意，皆爲後此之得意無窮也。向使虞卿終相趙國，屈原永宦楚邦，則《離騷》不作，《春秋》莫著，迄於今，其人已朽。其書不傳，兩人之得意不如其失意也。當時安樂之人，其得天者誠厚，然隙駟不留，尺波電謝，生存而處華屋，零落而歸山邱，身與夕露同晞，名與朝華並滅，荊棘狐兔之中，樵牧歌吟之下，其爲安樂者焉在。竊以爲天之厚安樂之人，不如其厚羈愁之士。丈夫得失之際，非俗人之所知也。顧自己巳以至壬申，歷年多矣，元草未就，是天既長與以窮愁之境，而不頻假以蕭閒之日。帝眷之隆，何可恃也，良時非多，勗之而已。

《四庫全書總目·子部醫家類存目》 《四聖心源》十卷，編修周永年家藏本。國朝黄元御撰。四聖者，黄帝、岐伯、秦越人、張機也。元御於《素問》《靈樞》《難經》《傷寒論》《金匱玉函經》五書，已各爲之解，復融貫其旨，以爲此書。其文極爲博辯，而詞勝於意者多。

又 《四聖懸樞》四卷，編修周永年家藏本。國朝黄元御撰。是書謂寒疫、溫疫、痘病、疹病皆由於歲氣，世皆以小兒之痘爲胎毒，非也。若能因其將發而急表散之，則痘可以不出。其說爲宋以來所未有。夫痘病之發，每一時而遍及遠近，且輕則大概皆輕，重則大概皆重，則謂之歲氣，亦非無理。然究由胎毒伏於內，歲氣感於外，相觸而發。必謂不係胎毒，何以小兒同感歲氣，而未出痘者乃病痘，已出痘者不病痘乎，是又未可舉一廢百也。

《重刻黄氏遺書·顧復初序》 昌邑黄坤載先生，學究天人，湛深易理，其精微之藴，托醫術以自見。著《傷寒懸解》、《金匱懸解》、《傷寒說意》、《長沙藥解》、《玉楸藥解》、《四聖心源》、《四聖懸樞》、《素靈微藴》等書，凡八種，一掃積蒙，妙析元解，自仲景以後，罕有倫比。其宗旨言中皇轉運，冲氣布濩，水木宜升，金火宜降而已。蓋乾坤之運，一闔一闢。陰陽之用，一消一長。易道易簡，理固如是，即醫亦豈有殊理哉。且惟聖人爲能法天，自大賢以下，則皆法地，夫豈不用天，天在地中故也。黄泉黑壤，深潛九幽，而一陽自地而發生，五行附地而旋轉，而變化裁成之道在此矣。余嘗取先生所言，證之《靈樞》、《素問》及《傷寒》、《金匱》諸書，意皆符合，特古人未嘗顯言，至先生始揭其秘耳。先生虛明研慮，嘗自負古今無雙。曩時讀仲景書，幾乎一字不解，迨其後，一旦大悟，遂成此八種。夫以先生之虛明而猶有所不解，其不解，殆非猶夫人之不解矣。以先生之研慮而猶有待於悟，其所悟殆非猶夫人之所悟矣。乃至於既悟，而所言之理，固猶夫人之所知也，然不能不推先生爲獨知。老子曰：知常曰明。又曰：上士聞道，勤而行之。中士聞道，若存若亡。下士聞道，大笑之。不笑之不足爲道。然則讀先生是書者，可於此而得其微意所在矣。夫易言天道，而寄其用於卜筮，先生明易，而著其理於醫術。

天下事何淺之非深，何遠之非近，豈獨醫爲然哉。器之觀察，將刻是書嘉惠學者，以復初略嘗從事於此，屬爲序言。爰述大旨，至其精微所在，不可得而陳也。

《雜證會心録·自序》 醫者意也，不得其意，則雖博極群書，而於醫茫然莫辨。得其意，則守古法而非苟同。變古法而非立異，引伸觸類，起斯人于阽危，躋生民於壽域也。余家世業岐黄，甫齠齡，即留心活人術，自《靈》《素》《内》《難》，以迄張、朱、劉、李，亦既博聞強記矣。然往往見夫讀古人書遵法奉行，卒多不驗。非古人之欺我也，蓋氣運不齊，方隅各異，稟賦懸殊，嗜好有別，後之人誦其詞而不能通其意，是以投劑寡效耳。余自顧樗櫟，豈能超出古人之範圍，第閱歷之餘，嘗與伯兄廣期審脈論證，竊慨世之業此者，徒資殘編斷簡，亹亹而談，以欺世盜名，無怪乎坐而言者，不能起而行。于是酌古準今，凡夫外感内傷，務求至當，明其理而不必泥其詞，會其神而不必襲其迹，著論若干首。寒必明其所以寒，熱必明其所以熱，虚實必明其所以虚實，且眞中有假，假中有眞，無不推詳曲盡。豈敢自矜度越前賢哉，誠以書不盡言，言不盡意，古人不能以意告今人，今人當以意會古人也。蘇子云：藥雖進於醫手，方多傳於古人。苟無所本於前，安能有所述于後。然而善師者不陣，得魚者忘筌，得心應手，不違乎法而不拘乎法也。古人有知，應許我爲知心，又何必膠柱鼓瑟而後爲善醫哉。夫子云：著之德圓而神，卦之德方以智。方智之中，具有圓神之妙，故曰《會心録》。

《醫貫砭·自序》 小道之中，切於民生日用者，醫卜二端而已。卜者，最不可憑而可憑。醫者，最可憑而不可憑者也。蓋卜之爲道，布策開兆，毫無依據，而萬事萬物之隱微變態，既欲先知洞察，此最不可憑者也。然驗者應若桴鼓，不驗者背若冰炭，愚夫愚婦，皆能辨其技之工拙也。若醫之爲道，辨症定方，彰彰可考。薑、桂入口即熱，芩、連下咽知寒，巴、黄必瀉，參、朮必補，莫不顯然。但病無即愈即死之理，證有假熱假寒之異，上下殊方，六經異治，先後無容顛越，輕重不得倒施。愈期有久暫之數，傳變有淺深之別，或藥不中病反有小效，或治依正法竟無近功。有效後而加病者，有無效而病漸除者。有藥本無誤，病適當劇，即歸咎於藥者。有藥本大誤，其害未發，反歸功於藥者，病家者不知也，醫者亦不知也。因而聚訟紛紜，遂至亂投藥石，誰殺之，誰生之，竟無一定之論，此最無憑者也。事既無憑，則技之良賤，何由而定？曰有之。世故熟，形狀偉，剿說多，時命通，見機便捷，交游推獎，則爲名醫，殺人而人不知也，知之亦不怨也。反之者則爲庸醫，有功則曰偶中，有咎則盡歸之。故醫道不可憑，而醫之良賤，更不可憑也。若趙養葵《醫貫》之盛行於世，則非趙氏之力所能爲此也。晚邨吕氏，負一時之盛名，當世信其學術，而幷信其醫，彼以爲是，誰敢曰非。况祇記數方，遂傳絶學。藝極高而功極易，效極速而名極美，有不風行天下者耶，如是而殺人之術，遂無底止矣。嗚呼！爲盜之害有盡，而賞盜之害無盡。爲盜不過一身誅之，則人盡知儆，賞盜則敎天下之人胥爲盜也，禍寧有窮哉！余悲民命之所關甚大，因擇其反經背道之尤者，力爲辨析，名之曰《醫貫砭》，以請正於明理之君子，冀相與共弭其禍。雖甚不便於崇信《醫貫》之人，或遭謗讟，亦所不惜也。

《四庫全書總目·子部醫家類存目》 《醫貫砭》二卷，江蘇巡撫採進本。國朝徐大椿撰，大椿有《神農本草百種録》，已著録。初，明趙獻可作《醫貫》，發明《薛氏醫案》之説，以命門眞水眞火爲主，以八味丸六味丸二方通治各病。大椿以其偏駁，作此書闢之，考八味丸即《金匱要略》之腎氣丸，本後漢張機之方。後北宋錢乙以小兒純陽，乃去其肉桂、附子，以爲幼科補劑，名六味丸。至明太醫院使薛己，始專用二方，爲補陽補陰要藥，每加減以治諸病，其於調補虚損，未嘗無效，獻可傳其緒論，而過於主持，遂盡廢古人之經方。殆如執誠意正心以折衝禦侮，理雖相貫，事有不行。大椿攻擊其書，不爲無理。惟詞氣過激，肆言辱詈，一字一句，索垢求瘢，亦未免有傷雅道。且獻可説不能多驗，今其書已不甚行，亦不必如是之詬爭也。

《醫林纂要探源·自序》 天下之理，有本則必有末，末則支，支則離，而本不復見矣。有源則必有委，委則紛，紛則雜，而源不可知矣。聖賢之書，人人能讀之，聖賢事業，亦人人能言之，而學爲聖賢者不見一人。其學之也，非以學聖賢也。醫，一藝爾，醫書人人能讀之，醫學亦人人能言之，而學爲醫者不見一人。其學之也，非以學醫也。雖然，亦以其末曰支，人但知末而不知本，其委曰紛，人但知委而不知源。故不患人不知書，患在多知書而究不知書。不患人不知醫，患在多知醫而究不知醫。何則？其末其委則似，而其本其源則已失之。蛇牀亂蘼蕪，鄉原賊德，今人鮮能知也，而况《内經》《難經》之奥旨乎。然匪獨今人過也，先賢立説，往往不能無偏。若長沙、東垣尚矣，餘則彼此牴牾，如節菴盡易成方，伯仁全翻脈訣，已使後學不知所從。而或則多主寒涼，或則壹談溫補，致後人喜寒涼者以溫補爲鴆毒，言溫補者視寒涼若寇讎。方書日多，閱者又無能折衷一是，以窺《內經》《難經》之旨歸，與先賢所以用藥制方之本意。稍聰明者，則且引古方以就己見，其每下者，又但言某藥某方可醫某病，而懵不察其所以然之故，是末之所以日支，而委之所以日紛也，是亦先賢之多過歟。近世言醫，亦有詳搜藥性，註釋古方，略知纂集《靈》《素》者，而學本膚淺，多爲前人成見所籠絡，此著講章評先輩八比作文法爾。又每擇焉不精，語焉不詳，於天人性命之理，六經四子之微，與夫聖賢所以律身而推之治世者，則固已隔膜數層，其何能析王陸之偏，剖毫釐千里之差，而爲中正無頗，體用具足之學，使天下後世之人，皆有以瞿然覺，憬然悟，而知所以探源求本耶。

醫書汗牛充棟，愚又豈嘗涉獵，然小道可觀，醫尤切用，但病其說之支且紛也。邇歲坐藍渡，與朱滄霖談及於此，未免慨然，因手輯成編，非能於《靈》《素》微言及藥性醫方之外，更有加奇，而於生人之道，則必探本乎陰陽。於臟腑之器，則必脗協乎五行。於經絡之行，則必合序於四時。於六淫之氣，則必詳疏其所以致病之故。於色脈之診，則必深參之朕兆之微。於某藥某藥，則必考其所以能入某臟，行某經，治某病之由。於某方某方，則必明其所以因某脈，用某藥，以治某病之旨。要欲人由此而或可以知經知權，不至有倚於一偏之失，窺治病之源，以不拂乎《靈》《素》。其前人之不足法者，則不復及之，而亦或明辨之。不然，而於末求之，方書其可盡也。故此編非言醫也，言醫之不易言也。若閱是編者，仍以脈訣藥性醫方視之，則醫者固自有脈訣藥性醫方等書讀之不盡，且不必盡讀，而更何用此編爲？覆瓿已爾。抑予之有事是書，亦猶朱子之有事於《參同契》焉，因寄所託也。夫然，則誰其能鑒之者。

《洄溪醫案·王士雄序》 袁簡齋太史作《靈胎先生傳》云：欲采其奇方異術，以垂醫鑑而活蒼生。因倉卒不可得，僅載迮耕石、汪令聞數條，而語焉未詳，余甚惜之。今夏呂君愼庵以《洄溪醫案》鈔本一卷寄贈，云得之徐氏及門金君復村者。余讀之如獲鴻寶，雖秘本而方藥不甚詳，然其穿穴膏肓，神施鬼設之伎，足以垂醫鑑而活蒼生。爰爲編次，竊附管窺，用俟高明，梓以傳世，余殷望焉。

《蘭臺軌範·自序》 欲治病者，必先識病之名，能識病名，而後求其病之所由生。知其所由生，又當辨其生之因各不同，而病狀所由異，然後考其治之之法。一病必有主方，一方必有主藥。或病名同而病因異，或病因同而病症異，則又各有主方，各有主藥。千變萬化之中，實有一定不移之法，即或有加減出入，而紀律井然，先聖後聖，其揆一也。自南陽夫子以後，此道漸微，六朝以降，傳書絕少。迨唐人《外臺》《千金》，不過裒集古方，未能原本《內經》，精通病變。然病名尚能確指，藥味猶多精切。自宋以還，無非陰陽氣血、寒熱補瀉，諸膚廓籠統之談。其一病之主方主藥，茫然不曉。亦間有分門立類，先述病原，後講治法，其議論則雜亂無統，其方藥則浮泛不經，已如雲中望月，霧裏看花，仿佛想象而已。至於近世，則惟記通治之方數首，藥名數十種以治萬病，全不知病之各有定名，方之各有法度，藥之各有專能。中無定見，隨心所憶，姑且一試，動輒誤人，余深憫焉。茲書之所由作也，本《內經》以探其源，次《難經》及《金匱》《傷寒論》以求其治，其有未備者，則取六朝唐人之方以廣其法。自宋以後諸家及諸單方異訣，擇其義有可推，試多獲效者附焉。庶幾古聖治病之法尚可復覩，使學者有所持循，不至傍徨無措。至於推求原本，仍當取《內經》《金匱》等全書，潛心體認，而後世之書亦當窮其流派，掇其精華，摘其繆誤，而後此書之精意，自能融會貫通，而心有實獲，則變化在我矣。

《四庫全書總目·子部醫家類二》 《蘭臺軌範》八卷，江蘇巡撫採進本。國朝徐大椿撰。大椿持論，以張機所傳爲主，謂爲古之經方。唐人所傳，已有合有不合，宋元以後，則彌失古法。故是編所錄病論，惟取《靈樞》、《素問》、《難經》、《金匱要略》、《傷寒論》、隋《巢元方病源》、唐孫思邈《千金方》、王燾《外臺秘要》而止。所錄諸方，亦多取於諸書，而宋以後方，則採其義有可推，試多獲效者，其去取最爲謹嚴。每方之下，多有附注，論配合之旨與施用之宜，於疑似出入之間，辨別尤悉，較諸家方書但云主治某證，而不言其所以然者，特爲精密。獨其天性好奇，頗信服食之說，故所注《本草》，於久服延年之論，皆無所駁正。而此書所列通治方中，於《千金方》鍾乳粉，《和劑局方》玉霜圓之類，金石燥烈之藥，往往取之，是其過中之一弊，觀是書者亦不可不知其所短焉。

《沈氏經驗方·自序》 余於靈蘭之書，素未究心，嘗患見人疾苦，心竊隱痛，而卒無從解免之。當讀書家食時，每於相知晤話間得一丹方，必叩其原乎？編次尤未免潦草。然採摭既博，變證咸備，實足與江瓘之書互資參考。又所附案語，尤多所發明辨駁，較諸空談醫理，固有實徵虚揣之别焉。

《續名醫類案·潘駿猷序》 醫之有案，如史之有傳，不僅爲醫者傳也。自考諸史有方術傳，醫列其中，往往詳叙其人，而方術顧略焉，體例宜爾也。自宋張杲作《醫説》十卷，始論列古今諸醫，考其得失矣。有明江瓘父子撰《名醫類案》十二卷，凡二百五門，往古治驗方論多所摭拾，每附評騭於下，辨證亦頗允洽，故得與《薛氏醫案》、《石山醫案》同爲國朝子部所收。乾隆中，浙人魏玉衡以醫名，病其未備也，廣爲《續名醫類案》六十卷。江書所漏，補載不少，而明以來事爲尤悉。雖採摭繁富，不免蕪雜，而援據既多，變證咸備，堪資考核。條下附(注)[法]，辯正尤詳，實足稱黄岐之功臣，青囊之盛業。初得徽歙鮑以文刊行之，不脛而走者百餘年。兵火後，板不存，藏是書者且罕矣。彭小皋觀察耽書史，善校讐，心精力案，雅與知不足齋主人埒，自來粤東，所藏沾溉士林輝光治譜之書，靡不精刻而廣布。玆更以活人壽世書重付剞劂，其宏濟爲何如哉！書將成，特以後序見諉。猷不文，何足叙是書，顧於醫則嘗從事焉。竊謂史以祐經濟，醫以寄死生，皆用以治人而非徒記姓名之學也。取精華，弃糟粕，審擇而善學之，醫何爲獨不然。若第論醫之爲道，則杭堇浦、余秋室兩先生固言之詳且盡矣。

《雜病源流犀燭·自序》 極天下能燭幽者，犀之角而已。角何能燭？以犀性之通靈也。犀之神力，全注于角，其通靈之性，亦全聚于角，是以燃之而幽無弗燭也。夫人得天地最秀最靈之氣，失其靈者，私汩之耳。私汩其靈，必是非莫辨。矧能燭幽若是者，吾于醫有感焉。人之有病，或感七情，或染六淫，皮毛肌肉，經絡臟腑，受其邪即成病，而病即發于皮毛、肌肉、經絡、臟腑之間，故曰雜也。雜者，表裏易蒙，寒熱易混，虚實易淆，陰陽易蔽，紛形錯出，似是實非。欲于易蒙、易混、易淆、易蔽中，確定爲勿蒙、勿混、勿淆、勿蔽之症，非本通靈之性，洞徹精微，安能如犀之無幽弗燭。秦越人視病，洞見人臟腑癖結，能燭幽也，能本通靈之性，以燭乎至幽也。夫醫何能盡如秦越人？然切脈辨症，就症合脈，反覆推究，從流溯源，縱不能洞見癖結，當必求昭悉于皮毛、肌肉、經絡、臟腑之間，或爲七情所傷，或爲六淫所犯，知其由來，審其變遷，夫而後表裏不相蒙，寒熱不相混，虚實不相淆，陰陽不相蔽，悉皆通靈之爲用也。悉皆通靈之用，原本于性生者也，雖不燃犀，奚翅幽之能

委而手錄焉。試而效，則識諸别夏以爲驗。自通籍以後，歷數州縣，製丹藥濟人，屢著奇效，其見見聞聞得經驗良方如千頁，大抵所治多急病，頗類稚川《肘後》四卷。竊思拯人疾苦，施良藥不如垂良方之爲功久且遠，以一人獨秘之方濟人，不若以獨秘者使人人洞曉，其所濟爲尤廣也。爰集各丹方，錄袖珍一冊，登諸梨棗，俾克廣布於世，好善者並可隨緣普濟矣，甯俟工明堂針灸之術，炫鐵鏡照人之奇，若古良醫俞跗割皮解肌，洗腸滌胃，始足以稱神技而積陰功耶。是在仁人君子，各發婆心，勿視是書爲迂腐不急之談，而隨地隨人，留心拯濟，厥功豈淺鮮者。孟子謂乍見之心，人皆有之，恃天下人皆有是心而爲是言也，余亦恃天下人皆有是心而刊是書，豈徒好事者之所爲歟。

《慎疾芻言·自序》 余弱冠時，家多疾病，先世所藏醫書頗多，因隨時翻閲，不過欲稍識方藥而已。循習漸久，乃上追《靈》《素》根源，下沿漢唐支脈，如是者十餘年，乃注《難經》，又十餘年而注《本草》，又十餘年而作《醫學源流論》，又五年而著《傷寒類方》。五十年中，批閲之書約千餘卷，泛覽之書萬餘卷。每過幾時，必悔從前疏漏，蓋學以年進也。乃世之醫者，全廢古書，隨心自造，以致人多枉死，目擊心傷。數年前曾作《芻言》一冊，欲以醒世，而鮮克聽從。竊思生長聖朝，毫無益於此世，而半生攻苦，雖有著述幾種，皆統談醫學，無驚心動魄之語，足令人豁然開悟。因復摳心挖骨，即《芻言》原本，更加痛快剖悉，實因悲憫塡胸，不能自已，願見者諒其苦心，虚懷體察。以之治人，則敬慎可以寡過，以之治己，則明哲可以保身，冀遇信從之有人，庶綿斯道於一綫。

《四庫全書總目·子部醫家類二》 《續名醫類案》六十卷，編修邵晉涵家藏本。國朝魏之琇撰。之琇既校刊江瓘《名醫類案》，病其尚有未備，因續撰此編。雜取近代醫書，及史傳、地志、文集、説部之類，分門排纂。大抵明以來事爲多，而古事爲瓘書所遺者，亦閒爲補苴。故網羅繁富，細大不捐。如疫門載神人教用香蘇散一條，猶曰存其方也。至腳門載張文定患腳疾，道人與綠豆兩粒而愈一條，是斷非常食之綠豆，豈可錄以爲案。又如金瘡門載薛衣道人接已斷之首，使人回生一條，無藥無方，徒以語怪，更與醫學無關。如斯之類，往往而是，殊不免蕪。又蟲獸傷門於薛立齋蟲入耳中一條注曰：此案耳門亦收之，非重出也。恐患此者不知是蟲，便檢閲耳云云。而腹疾門中載金臺男子誤服乾薑理中丸，發狂入井一條，隔五六頁而重出，又是何義例

燭乎，亦何憂病之紛形錯出于皮毛、肌肉、經絡、臟腑間乎。書既成，因名之曰《雜病源流犀燭》。

《沈氏尊生書·自序》 予自弱冠時，讀《左》、《國》、《史》、《漢》，一人一事，必究其詳，知扁鵲倉公輩，皆醫之神者。其所以能神處，務切求而根據之。遂披閱古人方書，如《靈樞》《素問》等帙，古奥質實，直追漢魏，可與《史》《漢》參論筆法，乃益愛讀焉。嗣是而後，積數十年稽古之功，往往兼習不廢，得徧悉仲景以下諸名家或論傷寒，或言雜病，或明脈法，或詳藥性，分門別戶，各有師承。正如諸子百家，流派不一，而匯歸于是，未嘗北轍南轅。甚哉，醫之道大而深也！蓋醫係人之生死，凡治一症，搆一方，用一藥，在立法著書者，非要于至精至當，則遺悞後世，被其害者必多。在讀書用法者，非審乎至精至當，則冒昧從事，被其害者更多。又況古人之書，或議症而無方，或存方而略症，或闡脈而遺藥，或論藥而置脈，神明變化，每紛見雜出于殘編剩簡中。醫者以庸陋之姿，膠執之見，貪鄙之心，相與從事，甚且讀書而不通其義，雖淺近之語，亦謬解訛傳，吾見其治一病必殺一人。即或有時偶中，儌倖得生，在醫者并不知其所以然，然猶張目大言，自據其功，以爲非我莫治，不亦可愧之甚矣乎！吾愧之，吾又憫之。因統會平日所讀方書，研審其意理。或採前人之語，或抒一己之見，參互考訂，輯爲《脈象統類》一卷，《諸脈主病詩》一卷，《雜病源流犀燭》三十卷，《傷寒論綱目》十八卷，《婦科玉尺》六卷，《幼科釋謎》六卷，《要藥分劑》十卷，共七種，計共七十二卷，總名之曰《沈氏尊生書》。蓋以人之生至重，必知其重而有以尊之，庶不至草菅人命也。係以沈氏者，以是書之作，寔由予憫人生命，思有以尊之而成，故不妨直任爲己書也。雖然，沈氏尊人之生而成是書，亦沈氏自藏之，自閲之而已，何敢表示於人，自詡爲著述也哉。特書以誌意。

《醫級·自序》 嘗聞宣聖云：不登東山，不知魯國之僅一片壤，不登泰山，不知天下之同一寰轍。此固聖門喻道之高遠，醫理亦無不然。軒岐之道尚矣！《靈》《素》遺文，由陰陽消長之理，以明四時六氣之有餘不及，推五行之運，以合聲色臭味之生尅制化。其於象藏之剛柔，情氣之從乖，發病之因由，病機之順逆，莫不燦然具備。其理一而其象紛繁，其轍同而其變不測。苟得一以自足，淺嘗而妄試，其不誤人者鮮矣。夫學問之道，不外行遠登高之義，進一步有一步之優游，歷一級有一級之憑眺，登峰造極之見，不能躐等而幾也。張、李、劉、朱，其卓卓表著者也，四家雖各自成家，亦各由級而詣其極，而始得羽翼軒岐，指南後學。他如越人、淳于，及張氏、葛氏、喻氏、王氏、薛氏輩，奚啻數十家，莫不各有發明，昭兹來學，是亦皆走趨之級也。第編緗充棟，立言未嘗不備，每苦泛濫汪洋，童年習之者，皓首而不得其傳，此由不能循級以登，致多歧亡羊，而無可把握。以故求道之士，畏其艱於誦讀，恆欲得一家宗之。夫精微廣大之藴，豈一家之學所可竟耶？余因薈萃群書，摘其要領，編章約句，推原辨證，即就證約方。首集經典明論，以示必需之要。次及傷寒，以明傳變之機。再詳雜病女科，以備治法。凡各證之後，申明治療大法，諸義備詳。方藥三卷，脈訣一章，併附《無問録》臆見一篇，冀爲後學啓蒙之階級，聊取簡要易明之意，非敢以尺寸之守，漫附於著作之林也。第由是而幾之，其於高遠，或庶幾矣。

《醫級·〈無問録〉序》 嘗觀古來遺刻醫書，立言不能無疵，而亦各有所長，後人多受其益，即有議其後者，則能辨是非，必有長可取，辨駁便有裨於後學。乃有淺試輕嘗，舉一廢百，拾人唾餘，妄肆譏評，是即聞道大笑之倫也，曷足計哉。予也因病問道，輯諸家以筆誦，積年參訂，類如傳語，不過彙辨審因，固無長可爲世取，因及門友誼之懃勤，罔計孾喻，輒以授諸梓人。刻將竣，有海昌同道故友徐于昌言，適來相晤。向曾知考訂有年，索集觀之。嘆曰：此集采輯諸論，以一症而彙辨各症之相似，用心良苦，是誠有利後學。但各印之以方，似拘而過繁，自宗一家言者視之，半洽於意而半則未愜於心，此其見解功夫不過如是，姑置弗論。獨此《無問》一編，將自古至今無人道及之隱，無處可問之疑，必欲舉而告諸世。縱所論無不當，而欲得此辨古深思之士，恐未能多覯也。余自應世以來，由吳門歷淮揚，而知近世醫風，皆出心裁，而作新奇小緩之劑，至於攻補奪命之方，百無一二，惟在結納縉紳，彌逢當事，以高其聲價。聲價既高，則遠近舟車，盈門雁集。司閽者，先後挨次紀號，診視者，方禮有正有副。（乎）[平]人性命，一憑其生殺而無議。如此，則爲世尊崇，不如是，則有才莫試，此實於今行道之亟務也。而先生並不亟此，乃以古人之所未詳，今日之無可問者，欲人潛心而共究之。雖有其人，竊爲先生所不取也，恐言於前者，反遭物議於後矣。噫，斯言也，雖鑒於時事而爲予所惜，而實與予之意志大有不然也。

夫醫所以寄死生，言之不當，幸駁於後人，則維世深心，得一白於當世，是否得失，亦惟後人之指摘爲快。稽之前車，豈無所鑑。予之集此，豈望見信於人而有疑莫晰，於心難安。則臆説生心，惟願質諸鬼神，一晰疑義，豈慮後人之砭駁哉。且人之歷世，雖無功德於人，而心力所逮，不妨作如登之想。予以病學醫，而因醫得延孱弱，且得半以養身，則一管之明，即心力俱瘁，其是與非，何妨質諸當世，敢懼指摘之加，而即爲緘默乎。夫就症論方，原在得其理耳。意會乎理，即方出心裁，亦無不當，何必拘以成方，然後學步趨之範，不以此繩墨之，則無從入手也。以今之會醫論症者，十醫必十其方，方藥同者罕見。以此論之，方亦何定，但認症既明，理則歸一。如行文舉子，文雖奇正不同，而旨則千篇一律。苟非識辨差訛，所出之方雖不同，亦必同中少異耳。則就症論方，自當采輯以爲繩墨也。惟如此而心誠求之，雖不中，亦不遠矣。此予就症論方之義也。至《無問錄》一編，積疑至今，模糊不白，苟不的辨破疑，以俟高明之一鑒，將妄於治而反戕生命矣。予自視病以來三十餘年，檢點身心，考功論過，雖不能力行善行，凡心力所及，而向善之忱，無敢怠也。是錄也，予久欲告諸世而有志未逮，今得勸勸之力，亦何憚物議之相詆耶。苟有爲予詆者，將另有別開之一生面也，不又引一人爲援乎。徐子曰：此先生願爲他人作嫁衣也。予忝相契有年，曷即予言而序之，因爲序。

《醫級·李璿序》 董子西園先生者，字魏如，世居武林，予自髫年往復，誼切通家，知先生爲尤悉。其考漢斌公，欲令先生習醫，以爲可以保身濟世。而先生未冠失怙，稟性敦敏，事母至孝，後因舉業發病，母令遵遺命學醫，以成父之志。由是先生弃罷時業，勵志醫道，虛懷訪切，手不釋卷。每論一症，必援筆自記其有似是者，彙集詳辨，集以成篇。逐篇之內，各分其症，各明其治，各引其方。凡胗視臨症之頃，旁搜直取，無不洞然。積今三十餘年，反復參訂，彙成一十二卷，命名《醫級》，此先生又所以成父志而嘉來學之意者也。是集言雖無多，簡括詳備，治無遺憾，至於前人之辨駁，雖舉一二，其詳核不復多贅，惟于含糊影響之條及行迴沉晦之論，前後傳習相沿未經道破者，必剖析而言之，意在質之高明博達之士，得參詳理解而定斷之，庶不致終千載而不明也。外此惟採集諸家各法，彙通詳辨，約勾成編，以便後學誦習。是集編次一十二卷，《集古》一卷，乃求道必自章程。《傷寒》多卷，實酌古合時。《闔範雜病》三卷，《女科》一卷，皆挈領要略，明備鼓桴。《方治》三卷，誠治療準繩，出入大法。《脈訣》一卷，詳盡正變之衡。《無問》一篇，磨出洞垣之鑒。首尾卷帙無多，實學者之津梁，診治之階梯也。予與先生論道有年，相契日久，每展論間，如瑩光一徹，心目倍靈。因勸剞劂以公諸世。其門人徐子星樞，踴躍樂勷，而先生相契有戚，亦喜贊成，於是授之梓人。予因序其概焉。

《古今醫案按·自序》 孟子言：梓匠輪輿，能與人規矩，不能使人巧。巧者何？變通之謂也。巧固不能使人，其實不出規矩，人可即規矩以求巧，而巧自無方，是亦不啻使之矣。醫之道，將毋同。自古迄今，醫書多不勝紀，一病必列一門，一門必立數法。究之法有盡，病無盡。一病之變已盡，或萃數病於一人之身，其變更無盡。醫之法於是乎幾窮。蓋以法也者，不過梓匠輪輿之規矩。病不依規矩以爲患，醫第循規矩以爲治，常者生焉，變者死焉，轉恨醫之法未備也。不知法豈能備，要在乎用法者之巧耳。聞之名醫能審一病之變與數病之變，而曲折以赴之，操縱於規矩之中，神明於規矩之外，靡不隨手而應，始信法有盡，而用法者之巧無盡也。成案甚夥，醫之法在是，法之巧亦在是，儘可揣摩。惜《名醫類案》醇疵互收，一爲去取，而巧者愈見，此余所以有《古今醫案》之選也。惟是彼之所謂巧者，自今視之，猶規矩也。倘執巧以爲巧，而不更加變通，則巧反成拙矣。故余於每條之下，妄攄鄙見以按之，辨其眞僞，別其是非，晰其同中之異，表其青出於藍。或綜數事爲數語，以隱括其大略。或纂述舊説新説，以補諸案之未逮。隨選隨錄隨按，不憚煩詞，竊附舉隅之意。第恐載籍極博，見聞有限，譬諸審曲面勢者，能免斲而小之之譏乎。然欲求巧於規矩，敢不擇材以削鐻。爰自甲午冬月爲捉筆之始，至戊戌春月乃得蕆事。時年已七十，閱歷既多，或片話之可取，因付剞劂，質諸同志。

《羅氏會約醫鏡·自序》 昔范文正有云：不爲良相，願爲良醫。誠以良相輔翼聖君，燮理陰陽，俾群生咸安化宇；良醫挽回造化，拯救困危，俾痼疾悉登壽域。其權异，其濟世安民之心則一也。自軒岐而下，《靈樞》《素問》之書，傳于奕世，後醫如仲景、河間、東垣、丹溪輩，皆能深究其理，出所心得，成一家言。凡外感內傷，業醫者循而用之，每著功效。然其得力處固多，而各持己見偏誤者，亦間有之，越人張景岳起而辨論，有以見此道中純粹以精者之難其人也。綱何人斯，敢著書立説以誤人哉？然有不容已于心者。憶自少治舉子業，即好讀醫書，朝夕研求，意欲于世稍效一得于病患者。又思古人座右語：綿世澤莫如爲善，振家聲還是讀書。余家世處湘邑，不失敦篤，而吾父孤立，昆季多人，佐家政以司課讀者，綱居長，厥任尤重。因督率群弟，奮志芸窗，不數年而皆入庠序。己卯科，四弟國後得膺鄉薦。己丑科，幸捷南宮，叨館選。荷蒙皇上特恩，敕封三代。父母均享壽八旬余。生逢覃恩，邀錫封者十餘年。乙巳歲，復晉贈爲承德郎，而綱亦與焉。一門之內，恩榮四代，愧無以報，惟午夜抱慚而已。綱今者七旬有餘，優游杖履，披覽醫書，隨境施方，其治痼疾以登壽域者，難以數記。恐後失傳，將平日所考脈法治法，得諸心而應之手者，會約爲一集。質諸高明，僉云明析簡確。在深于醫者，不得視爲陳言；即初學者，開卷亦可朗然。其于醫道，不無小補。綱是以付之梓，不數月而告成。縉紳先生，俯賜弁言，褒榮華袞。倘摘其瑕而明教之，是尤綱之所厚望也夫！

《醫鈐·白承勳序》 《醫鈐》之原，受於先輩李舟虛，什襲以來，嘗於政暇，一一披覽。觀其標一症必探其本，寓一方如解其病，發明括要處，皆不出岐伯《内經》、仲景《傷寒》、《千金》、《外臺》、《金匱要略》之闡揚也。余時有感疾，即以醫試云，多所奇應，信於己，固可信於人，信於人，誠可公於世也。昔狄梁公腦後引鍼而落人鼻贅，蘇子瞻以薑鹽爲煎而消己腹瀉。二公，宰相、名臣也，精其燮理之深心而博於方如此。余茲則不敏也，但於仁術之端信之眞而不欲私之於己耳。捐廉付剛，聚竹成書，願世之爲醫者潛心於此，何難家皆越人，而世躋春臺也。夫宣德意以咻噢斯民，守土者責也，則所以進仁壽之域，而無夭折之患者，此《醫鈐》之所以傳也，是以序云。

《吳醫彙講·自序》 粵稽炎暉紀物，首垂本草之經，雲瑞名官，肇啓靈蘭之笈。宗傳歷代，各立家言，派衍迄今，尤工蒐錄。篁南江氏有《類案》之編，東逸羅君有《彙粹》之選，惟淵源之有自，斯繼述之多人。矧吾吳文獻之邦，廼良醫薈萃之域。韓門昆季，擅盧扁之稱。葛氏喬梓，紹張劉之學。新甫啓東廿子，前朝之著述已繁。生洲路玉諸公，聖代之闡揚亦夥。《應機草》識元儀臨證之慎重，《讀書記》知在涇學業之深沉。凡此各自成書，出自諸家見地。康熙時，有過君繹之者，裒集衆賢治案，合鏤爲書，名曰《吳中醫案》，此又片善悉錄，一藝必庸，旁搜博採而成者也。夫廣羅成效，固以誌鄉先輩之典型，而各抒論言，亦以徵諸君子之詣力。况乎精是業者，高才不少，明其理者，卓識自多。匿采韜光，非乏枕中之秘，靈機妙緒，詎鮮囊底之珍。凡屬蘊藏，可勝惋惜。僕謹倣《吳中醫案》之舊帙，更輯《吳醫彙講》之新編。奧義顯詞，統爲求教，長篇短節，並日無拘。苟步試之克追，期當仁之不讓。乃荷同志，弗靳輝光，共長深思，互相賞析，或疏往訓，既發覆而摘微，或出心裁，尤領新而標異。詮玉版之秘要，欣符麗澤之占，索金匱之眞言，胥協盍簪之慶。勿謂禁方三十，獨推思邈得其奇，須知《肘後》四編，不惟抱朴窮其蘊。縱釀花爲蜜，未免書簏之譏，而集腋成裘，堪補藝林之闕。

《醫醫病書·題詞》 病人之病，賴醫人之醫，醫人之病，層出不窮，將何以恤災救患，捍衛生民哉？仲尼謂：工欲善其事，必先利其器。子輿氏謂：不以規矩，不能成方圓。醫人者規矩也，病人者所制之器也。今將修規矩以成器，作《醫醫病書》。

《醫醫病書·蔣湖書屋主人序》 自毁譽失實，人之品行學術，非確證不能明，余於醫理，見一斑焉。余質本陽虛，幼服滋陰藥，乃益弱。戊辰會試至京，去藥而習射，氣漸充。辛未旋里，居數載，稍得外感，醫治之，體愈肥，氣反弱。人目爲壯，非也，陰愈盛，陽愈衰耳。一切停飲，畏勞嗜卧、口渴中消、心悸脾泄，及喉痺外痔等症，不時迭出矣。丙子再至京，人言北京無醫，遂不問藥。丁丑冬，下榻覺羅毓君書齋，獲晤淮陰吳君鞠通，論甚豪，上下古今瞭如指掌。一日竊告毓君，胡君體肥嗜肉，不久將得中風。余心訝之。又以嚴親已得熱痺，左足拘攣，心常戚戚，因踵門叩之，所論與他醫不同，心益異之，然亦未敢遽信也。

戊寅春，君以所刻《溫病條辨》囑余重校，又見君所醫皆奇效，乃大驚服，遂信醫學自有眞也，爰請就學。君勉余先禁肉食，從之，乃峻治之，效稍稍著。是冬延余課其次子及婿，治益峻。次年余妻患寒痺，以君之方抵家，爲時醫所阻，妻竟亡，痛醫道之晦甚，因與君論醫焉。先是臨海郟君芷谷得鍼法於天臺山僧，居京以瘍醫著名。吳君欲余痰之速愈也，謂沉痼之疴，非針不達。偕訪之，論相得，心亦古，遂訂交，郟君卻余習其傳而未暇。余服君藥三載，體日癯，人皆驚，而病則愈，醫學至是日進。癸未，余成進士，歸班待選，聞慈親病，遄歸，痛不及治，匍匐抵家，嚴親扶杖行已十年矣。壬午增劇，卧不能起，誡家人不余告，至是始知之，急投以消痰之劑，數月愈。夫以七旬老人，十年劇病，非余身試有得，安敢遽屏肉食補劑，反加消導哉。後仍扶杖行者四載，卒以疽發，痛莫能救，猶是膏粱生疔之故，理雖曉然，惜郟君已於甲申卒，而傳遂絕，余深悔未曾習其傳也。是歲秋，吳君抵淮陰省墓，余鄰趙君岷江雲濤昆季痛其母時患痰厥，且各有痼疾，因余以禮迎之。君喜越中山水，且熟知余友嵊邑吴君雲章精地理，樂與之友。雲章病痰飲，諸醫皆投以補劑，故無效而轉劇，得君治之乃愈。其外沉疴怪症，君應手而愈，一如在京師時，雖醫忌且詬，識者自嘆服焉。

戊子，余至京，君已年逾七十，聰明强固，得於讀書之力爲多。君之爲人，心正口直，性剛氣傲，不如用藥之中正和平，因是毁譽不一。蓋明醫關造化，非如時醫乘命運，俗醫工便佞，有由然矣。原非至親及窮乏者，不爲立方，自以心性與君同也。幸其子及婿傳而習之。余因身受時醫補陰之誤，囑君著《醫醫病書》，辛卯歲書成，當與君《温病條辨》及未刻之《醫案》並傳不朽。余師顧南雅先生贈以楹帖云：具古今識藝斯進，眞世俗見功乃神。蓋先生辛巳梁燥痰，得君而愈，亦以身受之，故言之親切有味也。君之醫學，余何能窺其涯涘，特叙其知交之始末如此。

《吴鞠通醫案·吴慶坻序》 醫案之作，昉於明人。《四庫全書·醫家類》著録薛己、陳桷兩家《醫案》，世尠傳本。惟明江瓘《名醫類案》，國朝魏之琇《續名醫類案》，乾隆間長塘鮑氏刊行之，同治間有重刻本。江氏徵引古今方論，附以評語，頗多辨證。魏氏采摭尤繁富，而不能免蕪雜之累。若喻嘉言《寓意草》，自述其所治驗，而不以醫案名。葉天士《臨證指南》盛行吴越間，市醫淺學，奉若科律，然中多門弟子僞託，不皆出於天士，故純駁互見，膠柱鼓瑟，貽誤後來，識者病焉。淮陰吴鞠通氏，以醫名大江南北，所著《温病條辨》，上爲吴又可之諍臣，下導王孟英之先路，亦既家有其書矣。金君月笙，覃精靈蘭之秘，博觀醫家書，得鞠通氏醫案手稿，分類編次，釐爲五卷，金君謹齋爲排印行之，而督余序其端。余於醫學無所得，顧少而善病，頗事涉獵，因受而卒業焉。竊歎是書也，可以爲醫門之階梯矣。其辨微也，分肌擘理，若屠牛坦，一朝解十二牛，而芒刃不頓。其糾繆也，若老吏讞獄，雖情僞萬變，執吾法以繩之而無所於撓。至若療章氏顛狂之疾，而先激其羞惡之良心，幾幾於窮理盡性之學。治陳某腫脹之疾，與陳頌帚論藥，齊輕重以決其效不效，折座客之氣，而卒以服頌帚之心。於戲！可不謂神矣乎。昔杭先生大宗，序《名醫類案》，括以三言：曰審脈，曰辨藥，曰慎思。其論絶偉。余於是書，則但取鞠通氏之自道，曰：認證無差，一言盡之矣。認證無差，非多讀古書，善察時變者不能。今世言醫者，十九下工耳，不讀古書，不察時變，苟焉以醫爲市，其戕賊於芒昧中者，不知其凡幾矣。夫守一家之言，詎遂足爲高手醫？然得是書而深究其處方用意之所在，觸類以充其識，隅反以神其悟，繇是上通五運六氣三部九候之恉，不譽於湯齊先後緩急之序。毋以學醫人費蒙世詢病，馴至於祲沴潛消，民無夭札，則金君傳布是書之舉，不誠爲仁人之用心矣乎。

《醫醫偶録·自序》 醫之爲道，何道也？曰：君子之道也。苟非存心有恆者，何輕議哉。何則？夫藥之性能生人，亦能殺人。蓋操之不得其要，則反生爲殺矣。唯君子則立心不苟，故其爲業必精，及其臨病，必詳以審，故能化悲痛而爲歡忻。小人之性忍以貪，貪則唯利是圖，忍則輕忽視人命，逮及臨病，則誇以略，不察病之虚實，輒投瞑眩之藥，不殺人也幾希。吾固爲君子之道也。予幼年得子，方逾弱冠，柔軟多病，習懶不能自强，必非得受此道者，日夜痛心，懼夫吾歿之後，有病委之庸醫，是可以傷生滅性。孟子云：不孝有三，無後爲大。有子多病，不傳以濟生之道，一旦夭折，祖宗之祀事絶矣，豈爲人父之道哉。某今年七十有七，衰邁殊甚，桑榆之日，豈能久照，日夜用心，以輯成醫書十餘種。論法雖略，備用若師承口訣，不能融會貫通於心。又著《傷寒醫約録》二卷，《醫醫偶録》二卷，文雖鄙俚，然言簡意到。其中包括仲景不傳之妙，皆世所未嘗聞見。剖露肺肝，以罄其藴奥，實升高之梯階，當寶之如珠玉，潛心玩繹擇索，以盡厥旨。有疑輒問，不可因循，務期日進高遠。司馬温公曰：達則爲良相，不達則爲良醫。豈非君子之道乎。故宜服膺此語，敬慎而行之，他日倘能以斯濟人，亦君子也。若存心不古，以吾言爲妄謬，反以斯道殺人，負吾之用心，非吾之子也。

《杏軒醫案·初集·自序》 醫之有案也，昉於漢之倉公。繼倉公而作者，代有其人，若明之薛氏立齋，喻氏嘉言，其尤著矣。余自慚顓陋，安敢步諸聖之後塵。雖然，莊生不云乎：輪扁之斲輪也，得之於心而應之於手。余亦自道其得心應手者而已矣。且夫醫之爲術也，蔑古則失之縱，泥古又失之拘。余自業醫以來，以古爲師，亦或間出新意，以濟古法所未及，雖未能發皆中鵠，而鄭重不苟之心，固有可自信者。故凡應手之處，往往録而存之，以自驗學力之淺深。太史鮑君覺生，見之稱善，勸付剞劂，余遲疑者久之。迄今所存之案日益多，友人江君晉三，復促梓行，竊不自揆，竟徇其請，因即其信於心而應於手者，聊録一二，尚乞海內高明君子進而教之。

《杏軒醫案·續録·吴賡枚序》 曩余在都門，知鮑覺生侍讀少溝奇疾，賴程君杏軒獲全。越二十年，覺生視學中州，復病如前，杏軒又起之。心奇其人，以不得一見爲恨。嘉慶丁卯春，余攖疾南歸，遇杏軒於大梁使院，乞刀圭焉。一數年來，殆不知其疾之在體也。丁丑夏，余再至新安，杏軒亦倦遊歸，相見甚喜。晤語浹旬，盡出其所著書數種示余。上溯軒岐，旁及越人、仲景，下逮河間、東垣、丹溪諸家，靡不究其精微，擴其旨趣。就中《醫案續録》一編，説理精當，視前刻初集尤佳。余勸其付梓，杏軒讓未遑。余曰：子無然也，余見世所爲醫者多矣，讀湯頭歌括一卌，誦藥性賦一篇，遂榜於門曰醫室，號於人曰醫師。病者不察，從而求診乞方焉，幸而得貲財，愈益肆其欺謾。乘堅車，策怒馬，馳騁以耀於衢人。尊信之者日益衆，殺人日益多。其不忍爲此態者，又或達心而懦，訥於言語，拙於文詞，爲世所輕，而醫理卒以不明於天下。今先生立盧扁之幟，入孫葛之壘，使是書不脛而走，風行海内，天下望而爭趨，登蒼生於仁壽，甚盛事也。縱山川修阻，鍼砭莫及，世醫即可奉爲準繩，以奏效於旦夕。其善養生者，得領緒餘，亦足以卻病駐年，所全不已多乎。夫士君子之託業，國家之設官，皆爲養人計也。先生少業儒術，長習方書，常自恨不得用於世，以竟其學。余觀斯編所載，審是非於毫釐，察虚實於微渺，其良有司之矜慎以折獄乎。補養以培元氣，和解使無鬱湮，其良有司之和煦以愛民乎。法當攻伐，如厲鷹鸇以逐鳥雀，法當清涼，如沃淵泉以救燎原，其良有司之鋤暴安良，不事姑息乎。吾願與先生同業者，皆以先生之學爲學，其不與先生同業者，皆以先生之心爲心，則郡邑之呻吟皆起矣。先生斯編，顧可秘而不宣乎哉。杏軒曰：唯唯。然猶藏之篋笥，自是又增入數十條。今年春，郵寄是書問序於余，披閲之下，猶記曩在新安，與吾杏軒晤言一室時也。爰追述之以爲序。

《杏軒醫案·輯録·倪榜等序》 嘉慶九年，歲在閼逢困敦，先生既成《醫案初集》一編，壽諸世矣。原版不戒於火，其《續録》尚藏巾笥中。今年春，又成《醫述》十六卷，集諸家之大成，垂不刊之定論，誠醫宗之盛軌也。既乃合《醫案》前後集，付剞劂氏。而先生行踪所至，與凡所施治，隨筆劄記。及榜等録存者，歷時既久，積而盈帙。先生以出於一時，論列詳略或殊，始末未備，不欲付梓。榜等竊以近世葉氏一家，亦臨證筆記，然惜其辭多簡括，而義少辨明。若先生斯編，證必求其本，治必折其衷，發聾覺聵，引示迷津，實有前賢屐齒所未及者。昔史遷傳太倉公，論證論治，辭繁不殺，幾及三十條，豈不以活人指南，端在是乎。乃敦請於先生，排次而梓行之，因并附記數語於其後云。

《醫學三字經·自序》 童子入學，塾師授以《三字經》，欲其便誦也，識途也。學醫之始，未定先授何書，如大海茫茫，錯認半字羅經，便入牛鬼蛇神之域，余所以有《三字經》之刻也。前曾託名葉天士，取時俗所推崇者，以投時好。然書中之奥旨，悉本聖經，經明而專家之伎可廢。謝退谷於注韓書室得繕本，惠書千餘言，屬歸本名，幸有同志，今付梓而後其説。而仍名經而不以爲僭者，採集經文，還之先聖。海内諸君子，可因此一字，而共知所遵，且可因此一字，而不病余之作。

《醫學實在易·廖鴻藻序》 醫之爲道，不可謂不難也。人身臟腑經絡，隱而不可見。病有内因外因，經氣形質之深淺，學之良非易易。必精究岐黄仲景之遺書，探其原而通其變，則難者不難。無如業斯道者，每因古書之深奥，畏其難而不欲前，徒涉獵宋元以後諸雜家捕風捉影之談，欲趨易路，而不知入道之愈難也。吾鄉陳修園大令以醫名於代，所著傷寒金匱淺注不脛而走，幾於家有其書。又慮讀其書者泥於成法，弗究其理以濟乎法之窮，於是特纂一書，專破學者畏難之見，名之曰《實在易》。首詳臟腑經絡，集四診之遺規，附運氣之圖説，悉本《内經》。編中論證定方，瞭如指掌，復彙集《靈》《素》原文繫各條下，俾覽者因辨證而多涉古書，可以少助其識解，不至臨證之際茫乎而不知其源。高明之士得此書，爲先路之導，因以溯委窮源，必有以見其學之易而忘其所以爲難焉，此《實在易》之名之所以著也乎。稿甫脱，其門弟子莫不傳爲秘本。文孫心典能承家學，續刻諸遺稿，幷繕此書付梓，以廣其傳。吾願讀此書者，既不憚斯道之難而知其易，尤當因其易而進究其難，以無負著書之深意，則精於斯道者當必大有其人也。是爲序。

《重慶堂隨筆·俞世貴序》 王氏爲鹽官望族，秉衡公始遷於杭，治家嚴肅，門無雜賓，雖身通百藝而深自韜晦。嗣君永嘉公，（上一字睿廟登極時遵避所改。）天性純孝，著於戚里。冢孫鞬滄，余姊丈也，少有祖父風，尤勇於爲善，而嫉惡過嚴，人皆憚之。先府君目擊其三代之爲人而心儀其賢，乃以余四姊爲鞬滄室。時嘉慶紀元，丙辰也。踰年其祖古稀，其父知非稱觴曰，適余姊舉一男，重闈大悦，爰名其堂曰重慶。然余姊舉三男皆殤，至戊辰三月五日又舉一男，秉衡公喜曰：此兒與祖同甲子，必得籛祖之壽，因小字籛龍。即於是年著《醫學隨筆》一書，或抒心得，或採名言，皆發人所未發，洵貽厥之嘉猷也。越二載，書未脫稿而公考終。永嘉公皓首居憂，孺慕猶切，輯注未竟，遂攖疾服闋，後兩載亦謝世。余姊丈讀禮之餘，校定遺稿，意欲授梓，詎天奪其年，以四十九歲卽捐館舍，天之報施，不可問也。時籛龍年甫十四，泣而言於余曰：先人遺訓，期甥於世有所用，而曾王父於甥生之日卽著醫書一種，夫有用於世者莫如醫，甥敢不專心致志以究其志哉。第義理淵微，欲埋頭十載，而以家事累吾舅可乎？余聞而作曰：汝志如是，汝父不死矣，吾敢辭耶。遂諾之。憶甥天姿穎異，幼卽超群，王琴泉、王繼周兩先生皆器之。嗣遇金匏菴、謝玉田、孫鋏崖、謝金堂諸前輩，咸目爲不凡。惟性疏邁，所遇轗奇，瞬眼十年，未展其志，而臨診頗肯用心，屢起大證。藉有聲名，可謂不負遺訓矣。奈余未老先衰，恐不能覩其造詣之所極，謹弁數言於隨筆，以識王氏繼述之賢，而剞劂以傳不朽，是克纘家學者之責也，甥其勉旃。

《古今醫徹・顧開雍序》 懷子抱奇氏，少治儒術，壯歲棄去，以家學濟世幾三十年，功大溥。頃之，又以爲施諸利濟，不若垂之於言，功益大溥。爰著《傷寒醫徹》一書，勒成一家言。自餘雜症，以次舉，遂貽顧子使討論之。顧子廼言曰：嗟夫，古之君子皆有神明之學，上窮下際，外詧五運五氣之感，內洞三陰三陽五會之蘊，蓋有不待切脈、望色、聽聲、以至寫形，莫不曉見生死。故其治人也，合表裏有餘不足順逆之法，參其人動靜，與息相應，其道至於聞病之陽，論得其陰，聞病之陰，論得其陽。此至人之事，儒生學士，非所可與。

僕中年來，有志斯役，會人事閒之，忽忽不竟學。然竊見世人所害，莫亟於傷寒，而其變爲甚。當漢中世，有仲景氏以神功聞，而所治多冬月犯邪，病在巨陽，率用麻黃取效，閒立附子救裏，不數數然也。厥後，劉河間氏風行北地矣，切其大指，亦瀉伐之功百，溫平之功一，是二公者略相若。竊獨疑虛實嫌疑之辨，尚鐍而未啓，何也？至東垣李氏出，始發明兩感，分別內傷之因，繇是釋表不事，而建議補中。後之作者，方悟升陽導火能捄人於垂亡，而執例誤投者，往往不治。李氏之功，在《內經》豈小哉。今抱奇氏於諸家本末，詳哉言之。其爲書也，於所患探其受者何陽何陰，或似是而非也，必有條也。於所治策其施者何標何本，或患同而治異也，必有別也。昔賢未發者補之，今人沿謬者正之。取所嘗療治多疑難而已效者，據證案末。可不謂體理燦然，博而有要哉，其勤至矣。

僕因是有感焉：向嘗遊京師，意公卿大夫輻輳之地，必有國工若仲氏、李氏，翺翔其中。比同舍生犯疾，延某診視，輒進大陷胸湯，越再宿結胸而逝。夫某者，京師謂之良醫，所以致令譽繇此道也，廼一施之南人同舍生則死。斯固誤下之咎，或亦南北異禀，治北者不可移而之南乎，然不然也？抑因是又有感焉：憶兒童時，我郡多名家，所主治者，蕩滌而已。以人參立方，什不得一。勉而少用，輒問曰：服參否也？而服者亦什不得一。今天下則毋論老幼，苟有疾必參，參不已必附。非是，則言草木之汁不奏效也。計相去六十餘年耳，生民脆薄日以甚，視六十年前龐眉皓髮之侶，終身不進參附者，若太古然。豈天地元氣薄而不收，人生其時，雖大補而尚憂不足耶。然不然也？夫抱奇氏居中央，斯量地氣之剛柔，和物化，斯相古今之厚薄。既升仲氏之堂，旋入東垣之室，兼而濟之，各存其是，其書具在。儻所謂參其人動靜而與息相應，將在乎此，神而明之，豈伊異人與。僕私喜鄙言之有徵矣。

《醫階辯證・自序》 予讀歷代名醫諸書，其立言廣發前賢之未備，足開後人之學術，各逞家技，不一而足，分門別類，寒熱消補而治之，不爲不詳悉矣。以予察之，然(未)猶未盡善也。蓋有門類而無指引，譬如一室之內，非止一家，一家之內，非止一門，臨於疑似之際，存乎其人之摸索。業斯道者，智者能有幾人，智者能明而愚者即昧矣，豈非前賢之過歟？故曰：症候不明，悉入迷路。經絡不明，盲子夜行。李士材曰：天下皆輕談醫，醫者輒以長自許。一日臨疑似之證，若處雲霧之中，不辯東西南北，幾微之際，瞬息殺人矣。予輯斯集也，簡而明，淺而易。使學者察而精之，則臨疑似之症即有下手處，一定不可移。再用前賢諸方，虛者補之，實者瀉之，寒者溫之，熱者清之，如鼓應桴，不致疑誤，而病者不致含冤於地下。此予之所大欲也，故名之曰《醫階辯證》云。

《友漁齋醫話・自序》 予少多疾，年十九，先君辭世，因棄舉業，涉獵岐黃之學，嘗慨世之昧者，非實實虛虛，即平澹無濟，乃立志爲醫，遇有難治之症，遍繙方論，每至深夜，獨屢見跋不倦也，必得其要領而後已，如是推原究本，漸有所獲。初，母氏年衰欠安，擇藥物所宜，調治奏效，心竊喜悅。至於家人輩，遇有不適，爲之處方，亦多霍然，遐邇延就，歲無虛日。積今垂四十載，雖係偏知，而自問不致誤人，乃著醫話六種。凡人以攝生爲第一，故首輯

《一覽延齡》一卷。集平生見聞，有裨於學者。作《橘旁雜論》二卷。《靈》《素》《難經》，爲醫者根柢，然非經年累月，難以窮其奥旨，今以急就之法，彙以五臟見症虚實用藥之宜，亦可領其大意，編《上池涓滴》一卷。《傳》云：空言無補。必見諸實事，錄《肘後偶鈔》二卷。治病之法，前人大備，而頭緒紛紜，遽難從事，今以短章包括，直指源流，兼附樂宜，作《證治指要》一卷。其《藥籠小品》一卷，間出新意，非止辭簡，而實切於用焉。其知我者，諒不至覆瓿，不知我者，亦任其訕誚耳。前梓《友漁齋詩集》十卷，兹刻醫話八卷，齋名仍存其舊。

《醫宗備要·何國琛序》 治病之切脈，猶治水之辨九河也。九河辨而後疏治決排，各當其可，不至有壅遏衝潰之虞。南城曾香田鼎，輯《醫宗備要》一卷，原本《李瀕湖脈學》，并及《傷寒》大旨，與夫歲氣風淫等法，掇拾精要，洵醫法之權輿也。顧其書刊于嘉慶季年，板已漫漶，多訛脱。余嘗往來於吳越齊魯燕趙間，西逾晉嶺，南浮粤海，且居京師最久，遍購是書不可得。所到之區，遇號稱名醫者，與談脈理，言人人殊，甚有謂脈爲四診之一，非所重者。不知望色、聞聲、問症之餘，而終之以切脈，猶吾儒於博學、審問、愼思之後，而極之以明辨也。昨歲來鄂，以是書之有裨於醫病兩家，爰屬喻朵庵大令、諸嘯笙臬司獄詳加校勘，重付剞劂，以廣流傳。喻、諸二君，能不河漢余言者。世有扁鵲，其人洞見垣一方五藏癥結，夫固可以診脈爲名耳，不然，指纔及腕，而曰病在是矣，豈非以人之性命爲嘗試，而醫之溺人，不尤甚於水之溺人哉！是書其曷可廢乎？

錢一桂《醫略·自序》 余幼患怔忡及衄血，比年二十六，復染痁疾，甫四五發，用人蔘截止，閱兩月而病大作。訪名下士治之，每進一藥，病勢必增劇，遂勿服藥，呻吟床笫間三年。因廣購醫書，日夕蒐討，卒以自爲療治，乃得就痊。自是，遠近戚黨，有問道於余者，頗著微效，而酬應日繁，自甲辰至乙卯，凡十有二年，刻無暇晷。春秋佳日，或雨雪載途，尚不覺憊，惟值盛暑，肩輿四出，晚歸心熱如焚，飲西瓜汁一二升方能就食就寢。因思狗人之請而不愛己之身，欲何爲耶？且此十餘年間，舉業書因之束諸高閣，雖五下棘闈，壬子薦而不售，然自問竝無窮年矻矻之功，每戰輒躓，亦復何憾。丙辰春，取平日臨證存案數卷，悉以焚之。遂策蹇遨遊，溷跡燕冀晉豫間，忽忽又二十餘年，今則年六十有五矣。嗟乎，光陰如駛，人壽幾何。

竊思古人有三不朽，曰立德，立功，立言。余既無功德見於時，而醫可救人，又半途而廢，坐失居諸，今老矣，無能爲也已。客歲仲春，自保陽來章江，舍於潤齋從兄中丞署中，明窗日永，復取岐黄書逐加參考，偶有心得，輒取而筆之，或本諸曩昔見聞，偶焉記及，亦取而筆之，積帙滿案，復删繁就簡，今存四卷。夫陰陽消長，垂諸易象，五行生尅，陳於禹疇，醫之爲道，一陰陽五行之理而已。《漢書·藝文志》稱黄帝、扁鵲、白氏内外等醫經七家，痺、疝、癉等病經方十一家，黄帝、堯舜、盤庚暨容成、務成子輩房中八家，迄漢倉公，書缺有間矣。唐宋以還，著作充棟，而純駁互見。五代高陽生《脈訣》且曰：女人反此，背看之。以丹溪之賢，猶謂男女脈異。齊褚氏更以心肺診於兩尺。諸家聚訟，迄無定論。愚竊以人之飲食溲便，男女之府從同，即藏亦可知，此一言決耳。又如丹溪謂人陽有餘而陰不足，張會卿以爲陰有餘而陽不足。愚竊以男子則陽有餘而陰不足，女子則陰有餘而陽不足，並推廣男女之互有異同，具詳論説中。古今人往往道在邇而求諸遠，是以失之。我朝詔太醫輯《醫宗金鑑》九十卷，於仲景書參伍考訂，辨論入微，更無遺藴。復删補《名醫方論》，允爲至當，俾世之習軒岐者奉有規摩，以共登於仁壽之域，豈不偉與。

余不敏，囿於聞見，捫籥爲日，竊取前賢著作，擷其精華，辨其偏駁，折衷《内經》，或加臆斷，隨症而發明之，輯成斯帙，深愧古人立言之旨。曰《略》者，稽之漢代劉歆，集群書之富，總爲《七略》，子房受圯上之書，僅傳三略。非特少之爲貴，辭取達意，多亦奚爲用？特言其崖略，未及潤澤，尚望海内名賢有以教我焉，則幸甚。

《醫學從衆録·自序》 不爲宰相便爲醫，貴之之説也。秀士學醫，如菜作虀，賤之之説也。醫者學本《靈》《素》，通天地人之理，而以保身，而以保人，本非可賤之術。緣近今專業者，類非通儒，不過記問套方，希圖倖中，揣合人情，以爲餬口之計，是自賤也。余向有《金匱》《傷寒》各種醫書，纍纍數十萬言，先爲醫士治膏肓之疾，不曰《靈》《素》，則曰南陽，雖有遵經之志，卻非語下之方，畏其難者中阻，而工於欺人之術者別户分門，遂多簧鼓，而余之汲汲苦心，終爲未逮也。余觀近今醫士，不學者無論，有能讀薛立齋、王金壇、趙養葵、張景岳、張石頑、李時珍、李士材、喻嘉言八家之書，即爲不凡之士，尚可與言。蓋此八家，雖未能合内經之旨、仲師之法，而書中獨得之妙，亦復不少。兹且就世俗所共奉者，採其名言，錄其方治，約數十方而取其一二方，約數百言而括以一二言，即間有以誤傳誤與主張太過之處，復參他氏，斟酌歸於至當，顔曰《從衆錄》，簡便易知，頗切時用。是即向之所謂醫醫者，知其受病已深，正治則拒格不入，不若從治之爲得也。

《蜀中醫纂·自序》　夫天下事善作者有人，善述者亦貴有人，作者難而述亦不易，於醫道可徵焉。醫之源，原自《内經》。昔黄帝生而神靈，憫人疾苦，與岐伯諸臣問難成書，其治病也，純用針功。三代而後，針法失傳。至漢時，蜀人張仲景先生始著《金匱玉函》，立方以治六氣，故仲景爲方書之祖。厥後群賢繼起，代有著作，然多挾一己之見，非偏即陋，至言之無弊者，不過孫、李數人。甚有扯《易經》推五行，演五運六氣，及慣用寒涼者，亦著成書，於醫何切乎？意雖活人，反致用者支離穿鑿，實以殃人。仲景而外，求其理解見識如畫沙印泥者，首推景岳，次薛氏，次《必讀》而已。因取三子之書而讀之，殫精竭慮，自信頗得其旨。然卷帙浩煩，一載中僅能讀一過，往往開卷了然，閉卷茫然。竊慮業醫者，脉症方藥平時不能爛熟胸中，臨症何以神其治。爰是俯而讀，仰而思，删煩就簡，更採諸家之説，始於嘉慶元年，成於道光元年，慘淡經營，詳批辨駁，集書五卷，簡而該，詳而要，性敏者學之，不出二載，可稱名手。嘗謂醫有四法：一臨症即知人之吉凶，一也。一臨症即測人之病情，二也。一臨症即探病之所由，了得治法，三也。一臨症能窺假脉假症而反治，四也。得此四法，又何讓洞垣之目耶。學者苟求吾纂而讀之，方信此書非《保元》之專談寒涼者可比。余自揣涓滴之水，無補江河，不過善述三子之書，使學者知醫有眞詮耳。景岳有言曰：劉、朱之言不息，斯道之大魔不止。余續之曰：《保元》之書不除，斯民之厄運未已。不知識者以爲然否？書成，名曰《蜀中醫纂》，使百世後知作方書者，前有蜀人，述方書者，後又有一蜀人也。

《筆花醫鏡·自序》　天下之至變者病也，天下之至精者醫也，欲極其精以窮其變，雖千萬言不足以發明其緒。是以岐雷貸季而後，明家輩出，議論紛如，而合諸病情變幻，有難以按圖而索驥者。噉何人斯，而敢以一二淺言謂足以罄乃事乎？然至變者病，而可見者恃乎形。至精者醫，而可據者恃乎理。以形求理，即以簡馭繁。達乎此，通乎彼，固有千萬言所不能盡，而一二語足以賅之矣。噉自中歲，究心醫學，往來於江浙之間，深知其難，亦不敢自安於拙。迨服官東粤，學漸荒蕪，而習見此邦醫士，如文家相題布局，理法未清，其何以司活人之柄耶？病家固不甚講求，但以神鬼爲禍，即偶延醫診，而默受其誤者，亦終莫之知。是誠不服藥爲良矣，可慨也夫！噉久思引救，礙於官箴，茲將引退還山，略舉其要，鐫爲一編，俾人人得有簡要之方，偶遇一症，自可按對病情，審爲何臟何腑，是陰是陽，不乖乎表裏虚實寒熱之眞，即知爲心肝脾胃肺腎之疾，症既洞澈，藥自效靈，較諸授命於瞽，以身爲鵠者，其損益可昭然判也。誠願有志者熟玩是編，據爲要領，而旁參諸大家之説，自可一覽了然，將近以事親，遠以濟衆，於生靈不無稍補焉。是爲序。

《醫門棒喝初集·自序》　天地之大，事物之變，莫可涯涘，究之一理而已。見其理則觸處皆通，昧其理則動多窒礙。而理之切於身心性命者，自格致誠正外，莫重於醫，以其保衛性命者也。然非格致誠正之功，不能通醫之理，則醫固儒者之事也。原夫《靈》《素》發明天人合一之理，以衛身心性命，爲醫經之源。仲景紹聖軒岐，本《靈》《素》作《傷寒雜病論》，爲方書之祖。厥後諸賢，相繼闡發，數千年來著述代增，汗牛充棟，則今醫術宜乎勝古，何反不逮？是不患無書而患多書也。衆説雜陳，純駁不一，學者不能披揀，如涉海問津，既未窺聖經源流，遂各師心自用，授受流傳，而古法愈晦。

夫諸家之書，其無義理可取者，置勿論。即如古稱大家，若劉河間、張潔古、李東垣、朱丹溪諸先生，各以己之閲歷見解，發明經旨一節，或論外邪，或論内傷，或主補氣，或主滋陰，原非執中之論，其辭旨抑揚，不無偏處，要在讀者因流溯源，知其理之所歸，倘執其偏，不免各相牴牾矣。如明張景岳，亦由平日閲歷所見，立論主於扶陽。既稱全書，乃又肆議河間丹溪爲非，則不自知其偏也。蓋氣化流行，變遷靡定，人生稟質，南北不同。景岳與河間丹溪相去各數百年，其時氣化，其地風土，或各不同，不可相非也。又如張子和所治多藜藿中人，故其議論以汗吐下爲妙法。薛立齋爲太醫，所治多膏粱中人，故其方案多和平溫補，以緩治見功。可知各由其閲歷不同，而論説遂異。其餘諸家，亦各抒己見以立言，難免顧此失彼之弊，或不明聖經源流而師一家之説，則必以諸家爲非，是以偏視偏，無怪乎各相牴牾也。

余幼得羸疾，究心醫理，雖從師請益，歷覽諸家，十年不知端緒。蓋以聖經辭簡義廣，理藴難窺，而諸家之説，各樹旗幟，互相非議，未知孰是。後讀吳門葉天士先生醫案，見其發明奥旨，如點龍睛，而鎔鑄百家，匯歸經義。當時仁術大行，無暇著述，乃於臨證之頃，隨病設施，揭其理藴，而因時制宜，無法不備。如造化生物，無跡可求，各得自然之用，與千百年前之仲景心心相印，而得其眞傳。嗚呼！若先生者，豈不爲我朝之醫聖也與。惜楠生晚，不獲親承提命，幸得讀先生書，略窺醫理之奥，而見諸家意旨所在，醇疵兩不可掩，舍其短而用其長，隨時取益，變化無方，而理無不合矣。然則醫者既患多書，余又何述焉？特以向來未明之義，各相牴牾，而滋流弊之害者，舉其百中一二，如後條例所云，論其大略，並《内經》所列六氣，歷來注疏有未盡當者，據理辨之，就正有道，以爲保衛性命之一助。爰名之爲《醫門棒喝》，聊取解粘去縛，俾洞見本源之意耳。其由格致誠正而通達斯理者，則以是編爲贅矣。

《醫述·自序》 荀卿有言：欲觀聖王之迹，則于其粲然者矣。岐黄之道，至此亦可謂粲然矣乎。考諸《靈》、《素》、《難經》，仲景而後，如河間、東垣、丹溪，以及歷朝先哲，卓然成家者，指不勝屈。其間雖純駁不齊，苟能採其菁華，遺其糟粕，何莫非後事之師乎。余弱冠，即究心斯道，寢食于兹者數十餘年，每于臨證之暇，取先正之書反覆披閲，語有精粹，輒隨劄記。歲月既深，卷帙遂多，紛紜雜沓，因重爲編次，分門別類，列爲十六卷，題曰《醫述》。吴春麓侍御見而善之，謂醫書汗牛充棟，學者誠難遍閲。是集厚不盈尺，而于古今諸書揭要提綱，蒐輯略備，俾學者讀之可以遵道得路，誠醫林之寶筏也。余自愧譾陋，于先正群書未能盡睹，一斑之窺，知不免貽譏于大雅，特以數十年涉獵之心，不欲廢棄，尚望後之君子補其闕略云爾。

《醫述·後記》 是集編輯，始於乾隆五十七年，成於道光六年，刪繁補遺，數易其稿，所輯古今醫書三百二十餘家，經史子集四十餘種。通集計述經義六白五十餘條，先哲名論五千餘款，選案二百八十四首，附方一百九十一道，圖五，序四，自識二，凡例十二則。書分一十六卷，凡一百三十門，五百七十類。鑒閲二十八人，校録二十三人，剞劂氏二人，工費六百餘金，書版八百餘片。道光十年八月開雕，十三年三月告竣。共一千五百九十二頁，六十五萬四千零七十七字。

《醫鈔類編·自序》 士不得有爲以行其志，而至以醫名能爲良，亦小道耳，其無慙丈夫乎哉。余末之業也，雖在尊其術者，輒謂廊廟不可無良相，山林不可無良醫，而業非所習，每忽不加意。洎慈幃病而苦於延訪之不得，乃始嘆良醫之難也。語曰：人子不可不知醫，余不深媿歟。爰購諸名醫家書，襍置案頭，暇則旁涉。其始也，若觀海者之茫無畔岸，迨兼綜其全，條貫而融會，寒暑之易，屈指已十餘〔年〕，而後乃益嘆良醫之難也，益嘆業醫者多而能爲良者卒鮮，固無定怪也。予不業醫，固不以醫名，然醫之道，則頗有所得於心，而嘗驗之於人者。今且老矣，寂寂邱園，亳無建白，其謂我丈夫何。風雨之餘，即疇昔所研究諸醫論，若可法，若可傳，採錄而彙編之，得卷計二十有四，釐訂再三，數易草而稾始定。時有契交陳贄卿，以醫得名於鄉邑，出以相眎。備閲之，而恐余靳於梓也，語余曰：僕嘗從事於斯矣，不意鈎元提要，擷群書之粹而合於一，乃竟有若先生是編者。操是以求醫，簡括顯易，是昏衢而設之智燭也，猶患不人爲良哉。以公諸世，將自今以往，天下莫不獲良醫之利，而受先生之賜無涯矣。竊願以爲請。余因甘於所譽而諾焉，其爲後學行遠登高之助，殊未敢信也，抑以見余不得志於世，所爲亦僅耳。丈夫獨不爲余惜，轉爲余諒乎。

《醫鈔類編·許振禕序》 吾江右，自明喻嘉言氏以其術鳴於天下，傳其法者至今多有，而翁氏稼江晚出有名。稼江事親孝，母氏善病，每延醫疏方，必檢方書與之問難，期於至精。久之遂善其術，推以治人，輒應手效。又慮古今方書汗漫，學者不能徧觀而盡識也。乃發所藏書數百種，左右證明，擇其長説，博觀約取，條分縷析，凡歷數十寒暑，年七十二始克卒業，爲書曰《醫鈔彙編》，爲類數十，合二十四卷。凡五運六氣之説，無不備也，六部十二經絡之分，無不辨也，陰陽寒暑燥溼傳變之異，無不究也。先論證以識病之原起，次疏方以辨藥之忌宜，復綴語簡末，以啓其關鍵，揭簡端以標其要領，如網在綱，有條不紊。使閲者依病檢方，依方用藥，區分奥闢，心開目明。嗚呼！至矣，昔吾祖光祿公遇異人傳醫術，多所全活。其後不戒於火，遺書燼焉。每一念及，深用疚心。此書原板亦燬於火，印本罕見，余憫其無傳也，乃取家藏初印本，屬友人李君文石、劉君葆眞、陳君瑤岑，重校付梓。蓋有此書，而軒岐以降至於張朱王李之奇方奥義，無不畢萃其中。既爲業是術者明示塗轍，俾無異趨，兼使不知醫者閲之，無事召醫對脈，而虛實寒熱之別已了然於中，以免疑誤之失，則所謂抉造化之秘，保性命之原，使民無夭札疵癘者，將於此書之成徵之。若夫一家私言，與類方之蕪陋，則舉而廢之可也。刻既成，爲序以諗後之讀是書者。

《壽身小補·自序》 余少多病，癖嗜醫學，幕遊南北，間遇有善本，雖處奇窮異窘，亦必典質購覓。家居則於七事之外，稍得閒暇，輒手不釋卷，研思深究，或達旦不寐，或中夜獨興，融會諸書，參考衆説。乃恍然於軒岐經旨，與夫脈證從違，數十年來，屢試致效。嘗見重於公卿大夫，罔弗兢兢業業，無稍孟浪。每診一病，必察其致病之由，有病不應脈者，即思其病，脈不應病者，即思其脈，藥不應病者，即思其藥。讀書不厭百回，治病不憚三思，無論病之輕重，人之老幼男女，富貴貧賤，余實可以指天誓日，不敢稍存異心，稍望厚報也。是以其名益噪，其境益貧，蓋聊以寄吾所好云爾。今老將至矣，家庭子姪輩無一知醫，特將生平所領會者集成一書，於引經處或加注釋，於議論處或採前人之言，或抒一己之見，於立方處或於身所經驗而附録之，或用古之陳方而加減之。言脈則陰陽之形象畢具，言病則表裏寒熱之施治悉詳。分門别類，便於稽查。而其辭務爲淺近，其旨不厭浩繁，俾子弟初學者喜其明晰曉暢，易於入手，庶免斷港絶潢之慮，亦無望洋向若之驚也。余人微學淺，徒屬記聞，並不敢爲壽世計，更何敢望付梓？非秘也，愧鄙也。緣慮家中偶爾抱病，恐爲庸俗所誤，子姪輩當業儒之暇，兼看是書，亦壽身之小補也，故名之曰《壽身小補家藏》云。

是書輯於道光戊子，蒇於癸巳，寒暄六易，三姪其稿，始親手録正。今由黔至吾弟署，出其校閲，即時許可，命書手抄録成册，存於署中，以備不虞，余亦欣然從之。書成，復將余之前序親手重録，聊爲子姪輩見賞。從此萬里歸去，伏願官階叠晉，後起映彪。遥祝老幼男女身其康强，此爲備而不用也。

《仿寓意草·自序》　方書汗牛充棟，鮮不稱神效者，而用之往往不驗，古人豈欺我哉，抑病情變幻無窮，藥不執方也。若醫案諸書，成效可覩，宜足啓發後人。然如《薛氏醫案》，書盈二尺，擇焉不精，語焉不詳。一男子，一婦人，眞耶，假耶，觀者懵焉。至葉氏《臨症指南》，見書不多，文義淺薄，方求平妥，不言效驗，是書不作可也。惟喻嘉言先生《寓意草》，力大思深，議論精闢，明效大驗，彰彰可考。書雖二帙，正足以簡鍊揣摩，益人神智。予心摹神追，自思二十年來，亦頗有精心獨造，得古人法外法者。辛卯二月，宫保雲汀夫子留住節署，雨暘無事，隨筆記録，雖所忘實多，而經過一番苦心者，尚歷歷可紀。已得若干篇，何年何月何病何效，大都其人具在，信而有徵。嗣後倘有心得，仍當節録。蓋雖無格致之功，尚有虚靈之性。雖無折肱之學，實有割股之心，喻氏有知，或不至揮之門牆外乎。爰題爲《仿寓意草》云。

《仿寓意草·陸懋脩序》　臨證而不讀書，不可以爲醫。東坡有言：藥雖出於醫手，方多傳於古人。故惟讀書多乃能辨證，亦惟讀書多乃能用方。彼之不用古方者，非棄古方也，直未一見古方耳。善用方者，且讀無方之書，不執方以治病，而方自與古合。余持此論以治人久矣。余讀京江李冠仙先生書，而嘆其能讀書以臨證也。喻嘉言《寓意草》，未議藥先議病。先生本之以作此書，記其生平治驗若干篇，使人心追手摹，有可取信，而又矜平躁釋，絶不以盛氣凌人，是其高出西昌之上者也。中翰汪君藥階自京江來，攜以示余，屬爲序。校讀數過，訛者正之。先生有子，盍即刊以行世，俾世人知臨證者必多讀書，而後能辨證用方以活人耶。余臨證亦有心得，惜不獲就正於先生，而昔在京江時，側聞有李半仙者，度即是先生也，故樂爲序而歸之。

《醫學妙諦·王文韶序》　醫者意也。意之所注，往往如期而中。夫醫之書夥矣，自神農嘗百草療病，而後岐伯之刀圭，伊尹之湯液，暨乎漢唐，歷宋元明以迄於今，醫書增至千百餘種，神明變通，悉可隨機而應。第卷帙繁多，學者限於知識，如何口誦心維，此醫書之所以難得佳本也。青浦何書田先生，本儒者，精於軒岐，手著《醫學妙諦》一書，分門别款，計七十六章，每章引《内經靈樞》、《素問》及諸名家各種方書，論證根柢精審，不磨之言，爲宗旨焉。病因治法，編爲七言歌括，詞意秩然有序，後列各症條款，應用方藥，加之參論，朗若列眉，爲家塾讀本也。嘉定陳墨蓀少尉，醫承世業，學有淵源，更師事先生之嗣平翁，同游講貫，精通《靈》《素》百家，今三折肱矣。此書經咸豐庚申兵燹，已多散佚，墨蓀參互考證，缺者補之，復完全帙。數十年來，憑此編爲人治病，歷歷中肯，百不失一，眞枕中秘也。不欲自秘，將付剞劂氏，而郵書(間)(問)序於余。余素昧醫理，公餘退圃，繙閲各種方書，略知梗概。今觀是書，簡而不遺，要而不繁，初學之士，熟習而深思之，於以上溯源流，進觀堂奥，不難契靈蘭之妙諦，而參金匱之鴻文也，是爲序。

《四科簡效方·自序》　天下之難事莫如醫。同一證也，所因各異，傳變攸殊，况體有虚實，病有淺深，臟性有陰陽，天時有寒燠。雖方與病合，尚須隨證損益，以期無纖毫之扞格，庶可藥到病除，而無遺人夭殃之誤。苟非守經達權之士，惡足以語此，此成方之不可執也。古名臣大儒，録單方以便民用，洵屬利濟爲懷。第單方藥力既專，取效尤速，設不知區别而浪施，則傷人亦更易也。且自秦政漢武以後，方書輒以神仙服食諸説傳會其間，而《肘後》

《千金》諸書，則以毒藥爲常用之品。後人無其識見，紙上談兵，能無人費之嘅哉。夫以蘇文忠公之淹雅，猶過信傳聞，將聖散子、黑神丹等方極口表章，不免貽誤後世，矧其他乎。良由選方者未必知醫，而知醫者，非視單方爲瑣屑不足道，則矜爲枕秘而不傳，故行世單方，竟無善本。余未嘗學問，爲繼先君志，童年即究心醫籍。三十年來，凡見聞所及，固美不勝收。竊念窮鄉旅宦，疾病陡來，無藥無醫，莫從呼籲，爰不自揣，選其藥廉方簡，而用之有奇效無險陂者，集爲四卷，題曰《四科簡效方》，以俟仁心爲質者，版以流傳。然限于卷帙，遺漏良多，用質通方，毋嗤淺陋。

《潛齋簡效方·趙夢齡序》　古名臣大儒，往往喜録單方，以關生民疾苦，而世之醫者，每爲卑鄙不足道，何識量之不廣哉。王君孟英謂：一藥治病，即古之奇方。蓋一病原有一藥主治，識之既眞，何須多品。第病有可以常理測者，夫婦與知，其不可常理測者，雖聖亦有所不能盡。是以病機隱幻，固非良手不爲功，而病情奇怪，有非單方不能治。在昔，歐公暴痢幾絕，乞藥於牛醫，李防禦治嗽拜官，得方於下走，誠醫理之難窮，而藥之不可以貴賤爲優劣也。即今道光間，吾杭皇甫心安家有狐能治病，以仙目之。樂懷谷女方襁褓，忽啼不止，拍之則愈啼。解衣視背，見繡鍼微露其緒，而鍼已全沒。多醫治之，雜以藥敷，肉潰而鍼終不出。狐令以慈石吸瘡口，理極是也，而亦罔效。延至百日，忽賣酒家聞之，曰：易耳。第以銀杏仁去衣心，杵爛，菜油浸良久，取油滴瘡孔中，即出。移時果鍼透瘡口，而鍼則已彎，蓋強拍入之也。夫以狐而仙者豈智有不逮哉，乃不爲慈石引，而爲銀杏透，眞理之不可測矣。由此推之，一病必有一藥主治，洵非虛語，而單方之不可忽也益信，因出《願體醫話》一冊。《願體集》爲康熙時史搢臣先生著，其醫話亦皆切於濟世，而救五絕諸法，尤較他書詳備，向爲孟英舅氏俞君珍藏。孟英復以魏柳洲《續名醫類案》中按語單方合而成帙，末附自采簡效諸方，付之梓，其成厥舅志，固已足多，而所言一以生民疾苦爲心，勿私其藝，抑亦王君識量之不可及也已。

《潛齋簡效方·自記》　士雄學識淺陋，所録《簡效方》一卷，皆簡易而有效驗之方也。然見聞不廣，未敢質當世。而張孝子養之、蔣君敬堂、連君書樵，屢引史搢臣先生施藥不如施方之話相勗，遂不揆譾僿，附梓於史魏良方之後，惟四方博雅，咸以利濟爲懷，傳播秘方，諒不吝教。如荷匡余未逮，隨時皆可續登，跂予望之，虛左以俟。

《願體醫話·王士雄序》　舅氏俞公桂庭，雖不業醫，而喜讀軒岐之書。捐館後，雄于遺篋中檢得《願體醫話》一卷，繹之，皆時醫藥石之言，多急救全生之法。惜其簡略，疑非完書，(皮)[庋]而藏之者二十年矣。前年，許子領三以搢臣先生原稿持贈，乃知本無殘闕。先舅氏僅删陰證一條，尤爲有識，增補諸方，亦皆精妙。夫《肘後》《鷄峰》，世人罕讀，病來倉卒，醫輒茫然。近惟《種福堂選方》《養生經驗》二書最稱善本，海内風行。茲編雖簡，頗有補二書所未及者，胡敢秘耶？爰付攻木之工，以公于世。憶昔在婺，舅氏嘗遺書訓雄曰：凡病治愈，須存底稿。雄遵而行之。迨癸卯冬，故人周君光遠選刻拙案二卷，曰《回春録》。甲辰之案，張封翁信堂題曰《仁術志》。至庚戌，踵成八卷。今春楊大令素園，重爲删定，詳加評點，慨捐鶴俸，合梓于宜黄縣署，總題曰《王氏醫案》，凡十卷，而舅氏皆不及見。且雄才識疏庸，不能深造，將何以慰曩時之屬望耶。校此遺編，能無於邑。

《柳州醫話·王士雄序》　魏柳(洲)[州]先生輯《續名醫類案》六十卷，脫稿未久，先生尋逝。幸已邀録四庫館書，不致散佚。提要病其編次潦草，蓋未經删定之故也。雄不才，僭删蕪複，而卷帙猶繁，未能付梓，爰先録其所附按語，爲《柳(洲)[州]醫話》，以示一斑云。

《類證治裁·自序》　司命之難也在識證，識證之難也在辨證。識其爲陰爲陽，爲虛爲實，爲六淫，爲七情，而不同揣合也。辨其在經在絡，在腑在臓，在營衛，在筋骨，而非關臆度也。顧脈理易淆，洞垣誰屬，賴古作家別類分門，條列治要，且於一證，錯綜疑似，縷析絲分，參合脈象，詳哉言之，仰見心裁獨出矣。然不先窺《内經》奥旨，則皆無本之學也。

邃古聖人，盡己性，盡人性，參贊元化，仁壽斯民，其心法備載《靈》《素》各八十一篇。自越人祖述心法，垂爲《難經》。嗣後長沙《論傷寒》，分究六經。河間治溫熱，專主三焦。東垣倡益氣補中。丹溪創滋陰降火，濟偏補缺。要皆上闡經訓，下啓法門，卓然自成大家。由有明迄今，諸名家亦無不根柢聖經，發揮心得，以著於篇。學者研經，旁及諸家，泛覽沈酣，深造自得，久之源流條貫，自然胸有主裁。第學不博，無以通其變，思不精，無以燭其微。惟博也，故腕妙於應，而生面別開。惟精也，故悟徹於元，而重關直闢。平時灼有定見，臨證不設成心。診畢矣審用何法，法合矣選用何方，權衡乎稟之厚薄，病之淺深，治之標本，藥之浮沈，及一切正治從治，上取下取。或上病取下，下病取上。或從陰引陽，從陽引陰，必先歲氣，毋伐天和。乃知執一者拘，多歧者泛，師心者愎，隨俗者庸。至於體貼病情，曲折都盡，刀圭所授，立起沈疴，善矣。若猶未也，一法未合，雖古法宜裁，一方未純，雖古方宜裁，必脗合而後已，此其難，殆又在識證辨證後乎。

乃觀近日懸壺家，大率學殖荒蕪，心思膚淺。甚則治瘟疫以傷寒法，治血枯以通瘀法。與夫喜行溫補，不顧留邪，動輒攻消，不知扶正，輕者重，重者死矣。予思矯而正之，己巳計偕後，歸而就館，筆墨少閒，爰始蒐輯。丙戌後，又苦南北奔馳。今老矣，分編討究，懼有遺珠，除傷寒全帙無容贅衍外，餘多宗經立論，酌古用方。更欲略輯瘍科，兼及幼科，而老病浸尋，來日苦短，缺略之憾，統俟續成。且生平本不業醫，間有治案，附於證後，非云程式也，聊存梗概，以寓別裁之微意云爾。編名《治裁》，願與有志醫學者共裁之。

《類證治裁·林植本跋》 先伯父羲桐先生，以制舉之學，著聲藝林垂六十年。學者覽其遺文，望洋而嘆，意謂先生畢生之精力，殆竭於此，而弗暇以他及。而不知自其少壯喜讀方書，五色奇咳，術隨年進。洎乎手訂《治裁》書，壹志殫心，與老病相終始，固自有不朽之業，而如是乎身心以之者在也。今夫方伎之事，寖久失傳，則益肆爲鄙誕，以相煽惑，獨醫學以切於民生日用，理近而事常，得以相緣於忽替。自仲景著方，後賢纘而衍之，湯液之功，遂加於鍼石，未可謂所傳之不永矣。然而玉版眞言，靈蘭秘典，儒者弗問，醫亦舍旃。證若繭絲，法同射覆，所施失當，視他方伎爲禍尤烈，則豈非不學之咎哉。然且果於自信，率其謬誤，出應人急，吁可悲矣。先生熟精《靈》《素》之言，因遂博觀仲景以下諸名家書，既已窮極源流，然猶深自韜晦。遊跡所至，有主賓數年無識其能醫者。里居日久，數察奇恆，聲譽所歸，丐請至莫可卻，則慨然以生人自任，羸童貧叟，匍匐偕臻，靡不樂效其術。乃至富家大族，介其所親，延緣造請，輒十不一二應。曰：彼豈藉僕生之者。其不屑於應酬如此。是書稿凡數易，嘗語植本曰：著書貴適於用。吾年且老，用吾術生人固有盡，吾書成，庶救時之心與無終極耳。又曰：近世名家著述，其號爲集大成者，卷帙繁富，學者恆憚於誦習，又或主辨析名理，治法弗取其備，中材之士，亦無由就一人一證而悟其全。吾書務言簡意賅，使人開卷了然而已。嗚呼，此殆即先生晚年刊落浮華，粹然有用之言乎。植本愚懵無識，於先生著述精意，不能有所闡發，第就先生勤於學術而愼於用術之實，以及當時辟咡之言涉是書者著於篇，俾讀者有所據以考焉。先生生時，子芝本方習科舉，先生未嘗授以醫。及卒，而求醫者謂當有異聞，仍踵相接。不得已，循是書成法以應求者，而所投輒驗。所以勉勉於是刻者，又豈徒存先人手澤之意云爾哉。

《醫略十三篇·自序》 天覆地載，萬物悉備，莫貴於人。人所生者神也，所託者形也。疾病所傷者，形與神也。形與神俱則生，形與神離則死。死者不可復生，離者不可復反，故聖人重之。神農著《本草》，黃帝著《內經》，上揆之天，下驗之地，中審之人。世異時移，因機動變，使各得其所，不致夭殃，然非明哲，孰能究其文，通其意，以應萬病。幾千年來，得其要領者，越人設問難，仲景述傷寒而已。甚矣哉，天下疾病若彼其蕃變也，明哲如此其難得也。以天下疾病之蕃變，而求不世出之明哲，此愼疾者之所共憂也。即使明哲生於當時，無能親身戶治天下之病。即使身親其役，又烏能使天下之人盡知明哲之爲明哲也。嗟呼！古今之遠，歲月之長，海宇之廣，疾病之多，俗情之謬。藥石無知，生死難明，藏府不能言，扁鵲仲景不可復生也，素甚懼焉。廼因家君醫話，業師醫案，著《醫略》八十一卷，先刻六淫門十三卷以問世。幸天下明哲，惠而教我。

《醫略稿·自序》 《醫略稿》八十一卷，有草創之稿，有改定之稿，有膽清之稿，凡三易。道光庚子所刻《醫略十三篇》，即膽清前十三卷稿也。值壬寅兵燹，膽清改定二稿皆失，惟存草創之稿，亦不全，嘗置案頭，每欲重爲改定，奈四方就診人多，居無暇日，爲之悵然。同里趙雲生見而奇之，以爲經史子集言醫，從未有與方書合論者，遂付剞劂，以故次序顛倒，字句脫落，俱未能免，希同學諒之。

《醫學考辨·自序》 世之論醫學者，每謂人之受病，本非一端，醫之活人，亦非一術。故凡內傷外感，大小雜症，必須彙爲全集，始足備後學之津梁也。雖然，難言之矣。夫醫自仲景以下，若金元諸大家，亦各具卓識，而昔人猶謂河間詳於溫熱瘟疫，而於內傷之旨有未明，東垣詳於補氣升陽，而於陰虛之旨有未發，丹溪概用寒涼，子和一於攻下，均不能兼善盡美。況其餘諸人，豈能合內外大小，無所不精哉。余自幼羸弱多病，習舉業時即留心醫學。見古來著作家多臚列百病，靡所缺遺。然或限於尺幅，而一症之源委不能詳載，或失於融會，而前後之論說不免支離，或本非心得，徒摭拾陳言，以矜博洽，或未經治療，輒創爲臆說，以示新奇。是以醫書逾多，醫道逾晦，在後學識見粗疏，其能揀金於砂礫之中，擇粟於糠秕之內者鮮矣。余以爲多而難精，不如少而易確，因專即世俗最多最要之症，考證群書，辨別得失，其精當者錄之，其矛盾者去之，其缺略者補之，合諸賢之論，成一家之言，而於一症之寒熱虚實，標本淺深，莫不犂然備舉，且又必閱歷久試驗眞，然後付梓。是以體例不一，編次無倫，均非所計。而其餘症治之未精確者，亦不妨闕疑闕殆，另俟高明闡發焉。閱是編者，神而明之，擴而充之，以補余未逮則幸甚。

《知醫必辨·自序》 余雖稍知醫道，實儒生也。儒者佩聖門之訓，一言必愼，敢好辨哉。雖然，醫不至於殺人，不辨可也。醫殺人而予不知，不辨可也。殺人在一時，而不至流毒後世，即不辨猶可也。奈今之醫者，並不知醫，惟知求利，草菅人命，恬不爲怪，即或稍有涉獵，而偏之爲害，更甚他醫。殊不知自昔醫書，惟漢仲景《傷寒論》審證施治，無偏無倚，爲醫之聖。後世自晉叔和以下，無不有偏。迨至金元間，劉、張、朱、李，稱爲四大家，醫道愈彰，而其偏愈甚。河間主用凉，丹溪主養陰，東垣主溫補，潔古爲東垣之師，想因道傳高第，未另立書。下此，前明王、薛、張、馮，亦稱爲四大家，大率師東垣之論，偏於溫補，而張景岳則尤其偏焉者也。其實《新方八陣》何嘗盡用溫補，而其立說則必以溫補爲歸，後人不辨，未免爲其所誤耳。果醫者細心參酌，遇熱症則用河間，遇陰虧則用丹溪，遇脾虚則用東垣，遇虚寒則用景岳，何書不可讀，何至咎景岳之誤人哉。無如今之醫者，皆知有《景岳全書》而未究全書，止得其一二溫補方，遂奉爲家傳秘法，以致戕人性命，甚且自戕。自後起者，因而不改。余家後人，設不知明辨，安知不亦害人而自害哉。至於吳又可《溫疫論》，本不成書，稍有知識，何至受害。無如竟有無知者，以爲獨得之奇，殺人無數，且更傳徒，互相標榜，其害更甚於偏主景岳者。《內經》垂訓：無實實，無虛虛，無遺人禍殃。此其禍殃爲何如！若不急急明辨之，於聖門愼言之訓則得矣，而何以遂吾濟世之初心，且何以正吾後人之學術哉。然則予豈好辨哉，予不得已也。

《知醫必辨·再自序》 有友來予齋，見《知醫必辨》，遍閱之，而以爲明白曉暢，有益於人，力勸其再增十數篇，可以付梓傳世。予曰：醫不通而抄襲成文，妄災梨棗，沽名釣譽惡習，最爲可惡，予豈爲之。今予所作，不過爲教訓後人而設，意求清醒，明白若話，使子若孫一覽而知而已。若以付梓，則文多鄙俚，貽笑方家，此不可者一也。論中語多傷時，庸工所忌，設使若輩見予論，而幡然改悔，則不獨有濟於世，而先有益於醫。無如今之人，剛愎者多，虚心者少，徒增怨毒而已，此不可者二也。且既付梓，難免流傳他方，他方之醫，未必盡善，而其習氣未必如吾鄉。見吾書者，或以爲異，謂吾處並無如此戕人者，要此何用。或且菲薄潤色，醫理不通，予爲此邦之人，亦復何光耶，此不可者三也。且今不通之輩，不講醫而講術，呼朋引類，互相標榜，殺人而不動心，我生之初，所見老輩，並無此惡習也。此嘉言先生所謂生民之阨運，乃致醫道中叠生鬼蜮耳。過此以往，或阨運已終，若輩將盡。後起者能眞講岐黃，不蹈惡習，吾書又安所用之，此不可者四也。友曰：聽子之言，反覆辨論，皆有至理，竟以不付梓爲是，然子之好辨殊難辭也。予笑應之曰：予豈好辨哉，予不得已也。

《王氏醫案正續三編·周鑅〈回春録〉序》 予友王君孟英，少年失怙。其尊人彌留之際，執孟英手而囑曰：人生天地之間，必期有用于世，汝識斯言，吾無憾矣。孟英泣拜而銘諸心，版然自顧，家貧性介，不能爲利達之人，將何以爲世用耶。聞先哲有不爲良相則爲良醫之語，因自顏其室曰潛齋，而鋭志于軒岐之學。潛心研究，遂抉其微。年未冠，遊長山，即納交于予。每見其治病之奇，若有天授，而視疾之暇，恆手一編不輟也。繼瞻其齋頭一聯云：讀書明理，好學虛心。可見苦志力學，蘊之胸中者淵深莫測，乃能窮理盡性，出之指下者神妙難言。二十年來，活人無算，豈非以用世之才，運其濟世之術，而可垂諸後世者哉。今就予耳目所及之妙法，仿丁長孺刻仲淳案之例，錄而付梓，名曰《回春錄》。見聞有限，遺美極多。世之君子必有如莊歛之華岫雲其人者，更爲之遠搜博采，以廣其傳，而予糠秕在前，有榮施矣。

《王氏醫案正續三編·張柳吟〈仁術志〉序》 甲辰春，予館於蘇撫孫箕谷親家署中，偶見《回春錄》二卷，乃吾畏友王君之醫案也。亟爲卒讀，因歎孟英抱用世之才，工壽世之術，周君輯而存之，其功大矣，其傳必矣。或疑案中多引而未發之言，似非嘉惠來兹之道，余謂不然。夫醫者意也。昔人云：吾意所解，口不能宣。詎有所吝而不言耶。錄其已言，垂爲後世法，輯案者之意也。求所未言，默契作者意，讀案者之法也。試以此質之孟英，必以余爲善讀焉。後之覽者，將更有好學深思，心知其意而爲之注釋其書，神明其法，以宏其壽世之道，奚止善讀如余而已哉。惟余老矣，沒世無稱，聖人所疾。羨周君之先我著鞭，敢不勉爲追步，以期附驥而彰。爰采今年耳目所及之如干案，志諸剞劂。且《回春》之名似與《萬病回春》相襲，乃題其篇曰《仁術志》。袁子所謂堯舜之政，周孔之教，神農之藥，皆術也，皆所以行其仁也。推廣仁術，是所望于續刻之君子。

《王氏醫案正續三編·楊照藜〈王氏醫案〉序》 歲在乙巳，服官江右，廣搜百氏之書，【略】偶于坊間得武林王君孟英所著《霍亂論》一帙，其理明，其指達。指陳病機，判然若黑白之不可混淆。以爲飼鶴山人之流亞，私心竊嚮往之。己酉冬，余室人患痰飲脇痛，屢藥弗痊，漸即沉困。適孟英來撫之金谿，視吳侯醞香之疾，亟走伻相邀，惴惴然恐不得一當，乃孟英惠然肯來，投藥五劑而大效，並出初刊醫案《回春錄》見示。因縱談古今之同異，百家之得失，滔滔滾滾，折衷悉當。始知霍亂一論，不過孟英一端之緒餘，而又竊幸余向之私心傾慕者，爲不誣也。詢其近案，積有數卷，乃張柳吟、趙菊齋諸君子所輯，定而題其篇曰《仁術志》。余取而讀之，喜其崇論閎議，足爲世法，因易其名曰《王氏醫案》，與《回春錄》合爲一編，而附《霍亂論》于後。并謬加評點，付諸攻木之工，以廣其傳。蓋醫者，生人之術也。醫而無術，則不足以生人。醫而誤用其術，則不惟不足以生人，而其弊反致于殺人。夫醫雖至庸，未有忍于殺人者也。而才不足以應紛紜之變，學不足以窮古今之宜，識不足以定眞僞之幻，則其術不精，斯曰殺人而不自知，故爲醫而無才無學無識，不可也。爲醫而恃才恃學恃識，亦不可也。必也平心以察之，虛心以應之，庶乎其可也。夫古人因病而生法，因法而成方，理勢自然，本非神妙，唯用之而當，斯神妙矣。今才如孟英，學如孟英，識力精超如孟英，而每臨一證，息心靜氣，曲證旁參，務有以究乎病情之眞而後已，宜乎出奇制勝，變化無方，著之醫案，卓卓可傳如是也。余讀孟英之書于數年以前，以爲迢迢二千里，山遙水阻，必無相見之期。乃吳君病而孟英來，孟英來而余室適病，宛轉牽引，卒使數年來望風相思之友，把袂盤桓，傾吐肝鬲，極苔岑遇合之奇，夙世因緣，諒非淺鮮，孟英勉乎哉。異日者，擷衆籍之精華，訂群言之謬僞，刪繁提要，勒爲一書，以保全天下萬世之民命，厥功甚鉅，而爲力亦甚艱，天末故人所企望于良友者，詎止斯《醫案》一編而已耶。

《醫學指歸·自序》 余少時立志於儒，因祖母病篤，延醫罔效，深以不知醫理即不能事親爲憾，遂肄醫。讀《內經》諸書，乃知天人合一之道本與儒通，其理微，其法妙，愈加考核，愈覺艱深，初尚半明半昧，繼則將信將疑，幾有望洋之歎。竊以醫之爲道，外感內傷，爲證治兩大關鍵，去其所本無，復其所固有，儒如是，醫亦如是，可兩言而盡之。蓋六淫外襲，身中氣血日失和平，有汗吐下和之治，是去其所本無也。若七情暗傷，身中氣血日就虧耗，有滋塡培補之治，是復其所固有也。然不知十二經絡，不辨虛實表裏寒熱溫涼，差之毫釐，謬以千里，舉手便錯。卅餘年來，恆潛心於此辨究，如履虎尾，如涉春冰，不敢以人命爲嘗試，惟謹守規矩之中，不矜奇亦不炫異，謂我拙者聽之，笑我迂者亦聽之，終其身日，以寡過自期。平居用藥，悉遵《本草》用藥式。熟讀黃帝《靈樞·經脈》篇及諸穴分寸歌，日加探索，爰集成《經絡解》、《病證解》、《治法解》各十二篇，并繪成十二經圖、十二腑臟圖。作者謂聖，述者謂明，即僅云述，余亦何敢？不過編釋一冊，願後之子孫能儒則儒，否則，欲學爲醫，當亦如余之由儒習醫，兢兢惕惕，先討論乎是書，奉爲指歸，然後參讀古聖賢各家注集，庶幾脈證相參，經絡既明，用藥自有把握，行見危者安，困者亨，登斯人於仁壽之域，是則予之所厚望也，子孫其守藏之勿替。

《醫學指歸·鄭鑾序》 語云：爲人子者，不可不知醫。吾友趙君雙湖，純乎孝者也。幼因侍祖母疾，棄舉業習醫，盡通其術，著手輒效，活人無算，聲名藉藉江淮間。生平好陰行善，多仁人長者之行，鰥寡孤獨之賴以舉火者日數十家。寓乎醫以施濟焉，孰非孝行所推哉。今以孝旌於朝，令嗣小湖，復梓是書問世，君之醫與孝傳，小湖之醫之孝亦俱傳。吾欽其人，樂爲敘梗概云。

《市隱廬醫學雜著·自序》 不佞父兄師友莫不知醫，自幼見聞，略識門徑。中年以往，餬口四方，稍稍涉獵方書，窺測《素》《靈》微旨，家人有恙，藉以自治，親故見招，不能固卻，世方多故，遂棄青氈。二十年來，漸深閱歷，爰抒心得，用告病家，不能阿傳時流，安敢背違先哲，亦聊資考鏡云爾。

《冷廬醫話·自序》 醫理至深，豈易言哉。抑自軒岐以來，代不乏人，既已詳且盡矣，又奚待言。矧余小子，學疏識庸，莫究要妙，不亦可已於言乎。雖然，言必窮乎理之奧，則誠不能以幾及，若惟摭拾聞見，以自達其意之所欲云，又何必不言。於是涉獵之餘，隨筆載述，聊以自娛，意淺而辭瑣，殆所謂言之無文者歟。夫言之不能文，猶之可也，言而或悖於理，則言適足以招尤矣。是用不敢晦匿，求當代君子教正焉。

《醫原·自序》　余家事醫學，歷七世於茲矣。憶自入塾受書時，略明句讀，先君子即授以醫家言，命與四子書並讀。嘗謂業醫而不讀書，有終身由之而不知其道者，且爲人子而不知醫，亦非孝也。爰爲壽棠立程課，朝而儒，夕而醫，歷數十寒暑如一日，雖習舉子業，未嘗或忘。家慈又體質素弱，醫藥不離，每侍疾時，與醫家參以診劑，輒頗得效，自是尤三致意焉。年來公車粟六，迄無暇時，復以南北烽烟，逼近鄉里，邑侯延余倡辦團練，每於夜巡稍暇，人靜更闌，重述先子之緒言，因彙前賢之全說，凡四閱月，得《醫原》二十篇。非敢以言壽世也，但求無負先人之意，且敬承世業云爾。嗚呼！父書幼讀，愧守箕裘，庭訓未忘，感深風木，此則有益增余慟者矣。

《醫原·張星亘序》　道之大原出於天，凡道之所分寄，亦必探原於天，醫其一端也。蓋天之道，不外陰陽五行，稟陰陽五行之精氣，而人生焉，感陰陽五行之戾氣，而人病焉。然非見道之儒者，又孰從而探之？吾友石子芾南，淮北名孝廉也，才識既高，學術並茂，其於五子之書、百家之論，莫不探微抉奧，體用兼(眩)〔賅〕，而又以其餘力，考岐黄，闡《内》《難》，陰陽有辨，五行有分，耳目口鼻之司，肌膚筋骸之會，動静燥濕之宜，凡和緩之所未發，倉扁之所難言，莫不因人見天，葆其天之所本有，治其天之所本無，以人治人，實以天還天而已。吾與石子交最久，叩其學甚深，他日嘗惱醫家之不通儒術，率皆昧於其原而僅逐其末也，著《醫原》二十篇，因病之原，探醫之原，並探其原中之原。披閱之下，益信石子之學爲有原也。乃或者曰：醫，小道也。儒者亦爲之耶。夫就醫論，醫其小之也。固宜若醫而探原於天，則因醫見道，苟非學貫天人，又安能悟天人合一之旨，則即小以觀大可也。雖然，是書之成，在醫家必奉爲圭臬，在作者特出其緒餘焉耳。一旦居宰衡之任，司燮理之權，必能究致治清濁之原而壽人壽世，良相良醫，不難以一人收其全功，而天下亦共知儒術之大，陰陽五行之蘊，天人一原之理，無乎不在也。斯篇其石子之嚆矢也，夫是爲序。

《醫醇賸義·自序》　秦有良醫，曰和曰緩，彼其望色辨候，洞見膏肓，非所謂神靈詭異者歟，乃其論針灸、論湯藥，言言典要，開啓後人，又何其純粹以精也。豈不以疾病常有，怪病罕逢，惟能知常，方能知變，故於命名之日，早以和緩自任歟。夫疾病雖多，不越内傷、外感，不足者補之以復其正，有餘者去之以歸於平，是即和法也，緩治也。毒藥治病去其五，良藥治病去其七，亦即和法也、緩治也。天下無神奇之法，祇有平淡之法，平淡之極，乃爲神奇，否則眩異標新，用違其度，欲求近效，反速危亡，不和不緩故也。

雄自束髮受書，習舉子業，東塗西抹，迄無所成，遂乃決然舍去，究心於《靈》《素》諸書，自張長沙下迄時彦，所有著述，並皆參觀。仲景夐乎尚已，其他各有專長，亦各有偏執，求其純粹以精，不失和緩之意者，千餘年來，不過數人。因思醫學至今，蕪雜已極，醫家病家，目不睹先正典型，群相率而喜新厭故，流毒安有窮哉。救正之法，惟有執簡馭繁，明白指示，庶幾後學一歸醇正，不惑殊趨。爰將數十年所稍稍有得而筆之於簡者，都爲一集，名曰《醫醇》，共二十四卷，分爲六門：曰脈、症、治，首察脈，次辨症，次施治，此三者爲大綱。就治字中又分三層，曰：理、法、意。醫有醫理，治有治法，化裁通變，則又須得法外意也。乃災梨半載，而烽火西來，赤手渡江，愁苦萬狀，棲身異地，老病日增，風雨之夕，林木叫號，半壁孤燈，青影如豆，回首往昔，如夢如塵，良足悲矣。自念一生精力，盡在《醫醇》一書，欲再發刻，以大暢和緩之風，而坊刻定本與家藏副本，盡付祝融，求之二年，不可復得。

昔人謂：人生得幾句文字流傳，大關福命。此言誠不我欺也。近因左足偏廢，艱於步履，坐卧一室，益復無聊，追憶《醫醇》中語，隨筆録出，不及十之二三。兒子輩復請付梓，予以並非全書，不欲更災梨棗，而門下士以爲雖非全豹，亦見一斑，且指迷處正復不少，若并此湮沒，則大負從前醫尚和緩之苦心矣。勉從其請，改題曰《醫醇賸義》，而自序其巔末如此。惟願閲是編者，諒予之心，悲予之遇，匡其不逮而惠教之，則幸甚。

《醫宗會要·毛宗典序》　子輿氏曰：盡信書則不如無書。蓋病其浮僞而鮮實也。古今文人，大都不免此弊，惟醫書則否。某病主某藥，某證宜某方，如磁石引針，琥珀拾芥，其有驗於人事者，誠未可以僞爲也。顧有同病同方，或驗於此，不驗於彼，又有一人之病，應於前，不應於後者，何故？蓋病必有因。舉凡内外陰陽，盈虛消長，萬變而萬殊，所因異則治之之法亦異，所因之時地異而治又異。若是則方書之行於事者，徒執一定之書，以御萬變之病，幾何不如孟子所云盡信書則不如無乎。吾鄉湛辛彝先生，績學士也，性落落難合，視人世富貴功名，藐之若敝屣。其爲文也，必深窮其理，聱牙佶屈而不投時好。其作字也，必求顔柳之神而不襲貌似。故其於醫，自親承同邑李寶卿，巴陵許謙堂兩師傳後，遠紹旁搜，沈潛玩索。寢饋於《靈》《素》《難經》《金匱》《千金》諸書，更網羅百代，蒐括群言，折衷以求其是，而不肯隨聲附和，自儕於庸陋凡俗，(斷斷)〔斷斷〕一得以自衒者之所爲。每遇延誤危險之證，或怪怪奇奇沈疴痼疾，群醫所望而卻走者，先生率以數十百劑、一二劑定方蠲除之。由其理精，故識足，識足，故治病必高瞻遠矚，而不爲詭遇倖中之法，致病邪竄逸，久生他變，而攻之不易易也。

光緒己丑，予攜子姪館里中彭氏宅，適先生僑寓於斯。昕夕過從，樂與予談詩古文辭。一日，手出《醫宗會要》一冊，謂予曰：此書先已梓四卷問世，未臻完備，邇復重加討輯，薈萃漢唐以來諸書之精，時出緒論注釋以闡明之，彙成八卷。子能爲我刪繁而就簡，剝膚以存液乎？館課之暇，因與先生互相參考，商榷異同，義之複者伏之，辭之晦者顯之，芟去餘詠百餘首，餘論三十餘則。先生喜曰：吾三十年精血，盡瘁於是，經子筆削之，可以出而公同好，恨力未能急登梨棗，更不能不重有望於吾子也。嗟嗟！醫學失傳久矣，群生疵癘夭札，委諸氣數之適，然得先生是書以昌明之，振綱挈領，兼綜條貫，詳氣運勝復，而天人相應之道彰，別手足六經，而五行承制之理顯。外感分十種，彼株守傷寒者見類井蛙。襍證辨三因，彼區分門類者鼓同膠柱。論君相元陽中氣，補南陽之未逮，究奇經八脈胞門，尤婦科所未備。後之學者，苟從此入手，則宗旨正而徑不惑，由約及博，復由博反約，以之察病，頭頭是道，如鼓應桴。蓋信而有徵之書，而不同方書之浮光掠影，泛然無所據，使人終身由之而不知其道也。今先生謝世二十年矣，其子震益，悼其書之未付剞劂，將朽蠹湮沒而終不得顯於世也，廼鳩同志醵金以成之，而序其崖略於卷首，以告夫世之究心斯道者。嗚呼！先生不可得見，可見者僅言論耳。然猶幸是書之傳，以竟先生未竟之志事，爲先生幸，且爲海內生民萬世幸。若先生者，其功豈在孫張朱劉下哉？

《世補齋醫書・潘霨序》　醫家之有《傷寒論》，猶儒家之有《論語》也，日月江河，萬古不廢。自夫人不讀《傷寒論》，於是臨病則不逢其原，立方則不達其變，執方予病，強病就藥。余服官南北，所見所聞如一轍已。仲景傷寒方，本不獨治傷寒，而以治凡傷寒者之證。《金匱》之治雜病，與《傷寒論》本是一書，故傷寒之六經，即雜病之六經。病雖百變，經則有常，一病一名，治有主方，一病數證，證有主藥。若置六經不講，烏足以臨病人哉。乃今之醫，輒曰時有古今之異，古方不治今病。噫嘻，古今誠有異，而天之五運六氣，人之五藏六府，亦有古今之異乎？夫治病之法，泥古者非，蔑古者尤非。竊嘗取《神農本經》之言以讀仲景書，彙集名論，都爲一編。欲以破時人之扃。丙寅冬月，典榷之眔，始鋟版焉。吾鄉陸君九芝，邃於醫學。曩在里門，會出其所著醫論若干篇見示，亦以表章仲景爲事，以仲景六經爲歸，誠先得我心者矣。今夏入都，獲讀《世補齋全書》，會余拜命持節江右，即日遄行，未遑卒業。所願讀是書者，自此復知有南陽，而不迷於所向，謂非吾道之幸乎。君夙以文學名，讀書日以寸計，食古而能化，尤善索解於無字句處，活人之術，其緒餘耳。而病者遇之，輕病不知其何以已也，重病不知其何以活也，則其爲陰(□)〔騭〕大矣。哲嗣鳳石，以甲戌魁天下，良醫之食報何如。并書其事，爲後學勸云。

《醫理真傳・自序》　醫學一途，不難於用藥，而難於識症；亦不難於識症，而難於識陰陽。陰陽化生五行，其中消長盈虛，發爲疾病，萬變萬化，豈易窺測，診候之際，猶多似是而非之處，辨察不明，用藥鮮有不誤人者也。余蜀南臨邛人也，遷居於成都省城，學醫於止唐劉太老夫子，指示《黃帝內經》、《周易》太極、仲景立方立法之旨。余沉潛於斯二十餘載，始知人身陰陽合一之道，仲景立方垂法之美。所覽醫書七十餘種，每多各逞己見，亦未嘗不講仲景之法，然或言病而不道其病之所以然，或言方而不探其用方之所以妙，參差間出，使人入於其中而茫然。近閱閩省陳修園先生醫書一十三種，酌古準今，論深注淺，頗得仲景之微，亦且明透。其中分陰分陽之實據，用藥活潑之機關，間有略而未詳者，余不揣鄙陋，以管窺之見，謹將乾坤化育，人身性命立極，與夫炁機盈縮，內因外因，陽虛陰虛，病情實據，用方用法，活潑圓通之妙，詳言數十條，以明仲景立法垂方之苦心，亦足以補修園先生之未逮。因志在活人，遂不知其言之妄也，高明諒之。

《醫學一見能・自序》　備豫不虞，古之善教，而不虞之備，莫要於醫。高堂則風竹瓦霜，膝下則新雛弱笋，外而戚友，中則己身，偶有疾苦，均資乎醫，誠重矣哉！顧醫之難也，非讀書識字則不能醫，非通權達變更不能醫。一旦攖非常之疾，束手無策，只得委任凡醫，聽其措置。爲之醫者，又復混亂陰陽，顛倒寒熱，投劑不中，至於垂危。明哲之士，鑒前車，思補救，奮然求濟於方書，而諸書率皆大海茫茫，渺無涯涘，深則摘要鉤元，淺則捕風捉影，倉惶檢閱，兩俱無益。病家既窮於醫，又窮於書，惟撫膺扼腕，自恨其不能醫已耳。噫！醫固若是之難能已乎，抑以所見之書，有未遽能者乎？夫紀昌之射，六年方工，伯牙之琴，三年未妙，天下事安有一見而能者哉？顧事之在所緩者，不必求諸一見，而事之在所急者，要無取乎難能。況不測之來，危在頃刻，非開卷了然之書，何以供家俗急時之用，余因感此，集爲是書，即不知醫家，臨證查對，無不了如指掌。且是書也，雖非鈎元摘要之微，亦匪捉影捕風之陋，果能洞書中之言，通言外之意，將淺者見淺，深者見深，而吾一見能之，裨於世用也，詎有涯哉。

劉仕廉《醫學集成·自序》 同治癸酉，廉年七秩，追思少壯，不堪回首。幼奉先君命，學詩文詞賦，延師課讀，負笈從遊，多歷年所。道光丙申，先君辭世，抱歉多端，於是博覽搜奇，無不學習。道光壬寅，陡患腳疾，寸步難移，延醫調治，浪費多金，足不能動，手不能舉，項強筋痛，骨瘦如豺。病經五載，醫過百餘，九死一生，幸留殘喘。因而采買藥書，遍查腳疾，見古書所立之方，與醫家所用之藥，舒筋除濕，一一用盡，終屬不效。予從字樣之從足者搜尋，忽於痿躄門中覓出五痿症來，遵法調理。始服麗參銀花，以解前藥，繼服補中，以益正氣，手足頭項，俱能動搖。後服十全大補，去芎苓，加附片、枸杞、巴戟、鹿茸，數劑而安。改劑爲丸，萬病俱失，行走如常。嗚呼，醫道之廢弛久矣。從此重開藥肆，普集藥書，細心考究，約計十年，始行問世。歷遍朱門茅屋，臨症頗多，見病亦廣，大小沈疴，隨治即效，然終不免爲他人作嫁衣裳爾。因而退處田間，課子教孫，甫經兩載，適有邑侯陳公薌墀來守雙邑，幕友吳又香患失血，多醫罔效。疊次來請，不得已而往焉。初見陳公禮賢下士，有儒者風，言談起居，隆禮相待。又香病愈，往來甚密，吟咏唱和，前後八載，已足生平之幸。而薌翁不沒人長，每於謁大府，會同僚，徧爲延譽。由此，渭春中丞廉生方伯，及督藩臬道各州府縣，無不備至。隨處所作病論，所立藥方，所解藥性甚夥，陳薌墀勸刻於前，吳貫槎勸刻於後，皆各贈匾額，予終不敢刻。何也？予不安於小道，誠恐異日九泉難見雙親於地下，不以詩文詞賦傳，而以小道傳，不獨貽笑方家，其辜負親心也實甚。邇年來，門人欲梓，奈力瘁神疲，難爲編輯。幸同邑儘先訓導李君馥垣，熟於《靈樞》，精於法律，協同胞弟仕鵬，起而憐之，謂數十年功苦，豈忍一旦付之。於是力爲較正，令三子永鐘抄寫，一載始成，并將大小銅人針灸，齊付梨棗，以公同好。知我有人，罪我有人，予亦不稍爲計及也已。

《王氏醫存·英翰序》 醫者，神聖之傳，生人之司命，救世之宏術焉。其著於軒岐，載之《靈》《素》，辭簡而意賅，言近而指遠，自非上智之才，無以旁通曲證，而詣其精微，蓋一藝之難也如此。余早歷戎行，簿領偶暇，泛覽方訣，竊以《靈》《素》而後著書立說，代不乏人，而試律以軒岐之大指，則擇焉而不精，語焉而不詳者，蓋比比然，則益信乎一藝之難如此也。余非知醫者，竊嘗聞之，唐有大醫曰許胤宗，宋有大醫曰龐安常，二君者，皆以能醫名天下。安常喜著書，而胤宗生平獨不喜著書。其言曰：醫特意耳，思慮精則得之。脈之妙處，不可言傳。虛著方劑，無益於世，此吾所以不著書也。安常自述其著書之意曰：察脈之要，莫急於人迎、寸口，扁鵲略開其端，而吾參以《內經》諸書，審而用之，順而治之，病不得逃矣。是二說也雖異，余竊以謂由胤宗之說，可以砭著書之蔽而療其妄，由安常之說，可以立著書之法而匯其通。固始王君漢皋，老於醫，客余幕中，余嘗從問方訣，君爲述其先世授受大凡與夫脈證之所以然，總若干卷，而徵文於余。蓋漢皋之於醫，審脈辨證準以許、龐兩大醫之言，時有互相發明者。然則是書之存，匪特王氏數世之醫學藉是以傳，要其條舉件繫，反覆辨正，誠救世之鍼砭，活人之津筏。初學者苟由是而究心焉，將尋流溯源，則是書也，其庶幾首塗者之指南車乎。君早事佔俾，蹇於遇，比軍興，嘗在圍中出奇畫以濟軍，事定，卒讓功於同事者。余又以嘉君之志行，而惜君之將老也矣，因弁數言於其簡端。

《醫法圓通·自序》 嘗閱各家著作，皆有精義，獨嫌者，大海茫茫，無從問津。予亦粗知醫，每閒暇必細檢閱，隨地隨時，窮究天地生人生物，盈虛消長這個道理。思之日久，偶悟得天(□)[地]一陰陽耳，分之爲億萬陰陽，合之爲一陰陽。於是以病參究，一病有一病之虛實，一病有一病之陰陽，知此始明仲景之六經還是一經，人身之五氣還是一氣，三焦還是一焦，萬病總是在陰陽之中。仲景分配六經，亦不過將一氣分布上下左右四旁之意，探客邪之伏匿耳。舍陰陽外，豈另有法哉？予不揣鄙陋，採取雜症數十條，辨明內外，判以陰陽，經方時方，皆納於內。俾學者易於進步，有戶可入，雖非萬舉萬當，亦可爲醫林之一助云爾。

《當歸草堂醫學叢書·李芝綬序》 曩聞漢賈生之言曰：古之至人，不居朝廷，必隱於醫。誠以醫之爲道，可以事親，可以養身。推之可以保衛民生，使無夭閼之患，而登仁壽之域，醫顧不綦重哉。《靈》《素》舊典，鑽仰莫窮。下逮長沙，聿稱醫聖。至如葛氏之《肘後》，孫氏之《千金》，唐有《外臺》，宋有《聖濟》，著書滿家，彪炳宇內。其製方療病，莫不覘世運之盛衰，驗稟賦之厚薄，南北有燥溼之殊，氣候有溫涼之別，識微知著，酌盈劑虛，然後能勒爲成編，以垂永久。尙已，千餘年來，留心濟世者，代有傳人。秘文奧冊，沈埋於蠹簡者，不一而足，是有待於有心人闡揚之，使不墜於地，厥功詎不偉歟。錢塘丁君松生，博學鑑古，雅好聚書。見世之岐黃家，蔑古者惟事師心，泥古者不參通變，論甘忌辛，是丹非素，紛紜轇轕，莫挽頹瀾。爰於兵燹之餘，收拾叢殘，檢閣本之傳自《永樂大典》者，擇其精要之笈，先刊十種，廣播藝林，以公同好。屬余任校讎之役，余於斯道素未究心，扣槃捫燭，莫得指歸。且其中多訛脫之處，又無別本借以校補，謹就闕如之義，以諗丁君，俟世之精於是業者，得所考焉。

《醫學求是・自序》　昔成周醫藥之事，統隸天官冢宰，燮理陰陽，以治民病。後世則人自爲學，家自爲師，方書之充棟汗牛者，職是故也。然《內經》、仲景書外，未有無後議者，非相謗也，各有心得，而欲以所得者以濟世也。蓋醫學淵深，軒岐之室，仲景之堂，誠非易入，世之就簡易而畏艱深者，常也。若以膚淺之學而臨病，信丹溪而一以滋腎，信東垣而一以理脾，習河間之主火，景岳之扶陽，而不知諸賢各挾所長而道行，道行而名盛，名盛則以其心得而著書，執其習用之法，失於偏而不覺。後之學者，能取其長而舍其短，未始不可也。然余謂不誦《內經》，不讀仲景，焉能取其長而舍其短哉？世罕良醫，故俗有不服藥爲中醫之戒，病則每求謹慎之師。

醫者即習和緩之法，平穩之方，以逢世而盜名，著書而立說。不知景岳之書，陳修園猶以爲開便易之門，俗醫又增平穩養病之方，俗眼易明之法，貿貿者樂其淺近而由之，非特長沙之旨日晦一日，而生民之厄，勢將不可問矣，是不可以不辨也。雖然，四海之大，豈無議及者，余何人斯，不知自藏其拙，而書辨論數則，不厭重複，力訾其疏，豈非不智之甚歟？然余讀陳氏黄氏諸書，見其於《內經》、《傷寒》、《金匱》，悉心注解，而於諸賢之說，存其是而指其非，苦口婆心，以冀昌明斯道。今若漠視後學習用時方之法，病效於外而伏於內，使可治而變不治之證，不亦深可痛哉！初學作文，其道有二：誘其入彀，多熟時文；求明理法，須習先輩。作文不過求名，而治病則救命也。余習斯道，知難驟獲，嘗戒子孫不可業醫。一證不起，引爲己過，心輸夢轂，寤寐難安。及略悟其理，似得中流一柱，幽室一鐙，向之戒子孫者，轉以訓子孫矣。或謂余之治驗甚多，何不續登於此？余謂醫不愈病，何以云醫。醫案之刻，每炫其長而匿其短，有愧於心之作也。章氏陳氏，洋洋數十萬言，方按不過數則。緣證情變幻，必欲期辨其理，此乃不可不書之按也。余說付梓，自知狂妄而招衆議，即有心是之者，亦不敢引爲知己，惟冀同志之人，精求壺奧，指其疵謬而起予焉，始遂余之初願也，爰更書名曰《求是》以俟之。

《醫學求是二集・自序》　醫書自《靈》《素》《難經》以下，著述者不一家，家不一種，雖其理則一，而其書有難悟易習之殊，學者恆取其易而舍其難，斯道之所以不明也。陳修園謂景岳書開後學便易之門，學者當先明《靈》《素》《難經》，再究《傷寒》《金匱》，溯本窮源，自難而易，誠爲明論。特古文奧衍，義蘊宏深，非具明敏之資，一時難窺堂奧。觀洄溪徐氏，究傷寒錯亂之由，既集成書，復鑽窮七載，五易其稿，醫理之難精也如是，何怪後之學者由便易之門入哉。雖然，學問之道，行遠自邇，登高自卑，既由便易而入，尤當推本反始，因流溯源，義理洞然於心，然後旁覽各家，胸有所主。由易之難，再由難之易，惟不畏其難者，乃眞得其易也。今之習醫者，何多易易乎，從師一二年，記方數十紙，遂以爲某某高弟，克紹其傳。所云某病用某方者尙不甚清晰，問其致病之原，用藥之意，則固茫然，或方藥偶中，復沾沾自喜，以爲術不過是，語以讀書窮理，更迂緩視之矣。藉祖父餘蔭者，平日未讀父書，一旦欲傳祖業，執成方數紙，便稱世醫。甚有一家數病，祇有一方，一日數診，仍係一方者，貽害良非淺鮮，而其弊皆中於易視也。余也研求數十載，誠有自易而難，自難而易之境，特未嘗竟以爲易，偶涉疏虞。一證之來，審其所自，一方之用，決其相宜，不敢妄語欺人，不肯違心徇俗。海內之大，詎少博通，熒熒小光，知未遠照，第就耳目所及，覺淺顯平易之證，多誤於庸惡陋劣之方，慘然於心，不忍默然於口，惟望習是業者毋忽其易，共勉於難也可。

《存存齋醫話稿・陳錦序》　事有古守其常而今窮其變者，法家例、醫家方其是已。夫事物變無窮也，有其備之變，更出所備外。故變無窮，窮其變者有窮，變無窮，窮其變者當與爲無窮。自非挾百試之才，享神明之壽，多其閱歷，神其穎悟，鮮有能相劘相守，以窮無窮之變者。古錦充囊，積羽折軸，而成書出焉。晴初趙子精於醫，無虛日，年且老，成《醫話》一書。其言曰：

意度者勿錄也，道聽者勿錄也，襲古與違古勿錄也。違古而適合乎古，食古而不泥乎古，時或拾古之遺，糾古之失，補古之闕，釋古之疑。或日一得焉，或月一得焉，或積日月而竟無得焉，蓋四十年於兹矣。夫岐黄而下，至於仲聖，亦猶夫人耳。某藥藥某病，某病藥某藥，上古固無書讀也。彼何師而得之與？得之病耳。問得其由，切得其象，而病詔我矣。問得其象中由，切得其由中象，而病又詔我矣。雖然，中一矢而曰吾善射，捷一戰而曰吾善兵，是強獄隸著刑書也。神而明之存乎證，以問證切，以切證問，以甲證乙，以一證千，而同中之異出焉，夫是之爲病證。證者，證也。法家所謂比例，例者，比也。無以比諸，烏乎例諸。無以證諸，烏乎治諸。如晴初者，可謂老於證治而善讀書者矣。顧自以爲是焉可乎。誤於兩似而得其一眞，悔於百非而衷於一是，是則窮其變而又善自變之説也。晴初之話醫也，暴其短，不炫其長，倖其得，猶悔其失，粹然儒者之言。其臨證也，如駕危檣，行大川，守孤城，禦勍敵，一不得當，而覆敗隨之。其生人殺人，不有甚於亭疑獄之平者乎。抑予更有感於天地之好生焉，慮陰陽飲食之殺吾生也，若不自知，而脈也貢之。又博生萬物，俾各能入人而藥之。向非聖人，又誰與起病者而試嘗之，此造物之所以大也。不明乎此，而假手於庸庸者流，幾何而不蹈殺人之律乎哉。嗚呼危哉！予向不能醫，不幸而先人皆痛於沈痼，其於病也，三折肱矣。讀晴初書，爲言天下事物之變之無窮，而未易窮其變也，其見於一人之身者已如此。

《蠢子醫·自序》 甚矣，醫道之難也。醫者意也，不可以妄試，不可以輕嘗，非有祖父業儒於前，師友交導於後，而欲自恃脈理之淵博，本草之貫熟，吾恐披郤導窾，未能驟入於神，錯節盤根，焉能盡中其竅，而能奏功於一旦，獲效於十全，吾知其罕矣。予自弱冠游泮而後，潛心於舉業，何暇及醫。無奈自身多病，室人亦多病，不得不於課讀之餘，兼及於岐黄。每當用藥之時，雖按症以診脈，實不知脈理之爲何，不過望風捕影，以乞靈於藥王而已。未幾，館於沈邱，得與名士晏廷予相交。廷予以掄元經魁，得名醫李子振之傳，遂爲醫國名手，予心嚮往之，未得一遇。爾時予雖不精於醫，而地理之學，聲稱藉藉，廷予亦心嚮往之，未得一遇。未幾，互相往來，各盡其傳，時人爲之語曰：龍子嶽嶽，晏子堂堂。神悟妙契，名盡其長。繼又得《石室秘錄》一書，切理饜心，自以爲天下之觀盡於此矣，然未敢以問世也。忽而皖匪四起，兵荒頻仍，炊烟幾至不起。兼之遭家不造，長子次子，相繼而亡，諸孫嗷嗷，無以餬口。欲課以農，無田可耕，欲課以讀，無暇可乘，不得不以醫道爲生活，入五都之肆，得百錢以自足。乘人之車者，載人之危，而可妄意以試乎？而可輕意以嘗乎？因舉古人方略，與自己管見，率爲詩歌，以便誦讀。使諸孫朝而誦，夕而維，以及於古，雖不能以入神農之室，亦可以繼晏子之風也。是爲序。

《醫法心傳·劉國光序》 孔門一貫呼參，二南詔鯉，師以授之弟，父以授之子，皆本心法，以爲心傳，醫道何獨不然。三衢雷君少逸，醫名噪于一時。余守衢六年，相交最久，相知益深。嘗序其《時病論》《醫家四要》諸書行世。溯其淵源，得力于庭訓居多。其尊人逸仙先生，則受學于程芝田先生也。一日，少逸出芝田先生《醫法心傳》一書，問序于余。且言曰：程先生爲新安人，博學能文，有聲庠序，字法米南宮，又善指墨畫。其家世業岐黄，于醫理尤精。嘉道間懸壺金衢，着手奏效，衢人有繪杏林春色圖贈之者。吾先君從游多年，得其眞傳，曾著有《醫博》四十卷，《醫約》四卷。咸豐辛酉燬于兵燹，惟方案遺稿僅存。厥後託友求覓父書而不可得，乃得程先生《醫法心傳》一卷，喜不自勝。先生爲吾父之師，得先生之書，猶得吾父之書，如此而不刊刻以傳，心烏乎安？少逸之言如此。噫！少逸善承父志，能不忘本，可謂不負所傳矣。爰取斯篇而讀之，着實説理，闡發詳明，知其根底《内經》，尊崇仲景。復博覽乎唐宋以來諸名大家書，融會貫通。心悟乎古人之言，能暢達古人言中之意，心契乎古人之心，能曲繪古人意中之言，辨其是非，判其偏正，莫不以仲聖爲折衷，殆所謂神明于規矩之中，變化于規矩之外者歟。此書一出，世之習醫者家置一編，心領神會，得所宗主，不爲異説所搖，于以活人濟世，則不獨先生之心得以傳，即少逸與其尊人親炙私淑之心，亦藉之以傳，夫何異儒術之得有傳人哉。

《醫林集要尋源·自序》 夫學軒岐道者，非但古之仁人所好，國朝亦不乏人。余性至鈍，獨嗜醫學二十年矣。所讀《神農本經》，祇百餘味要藥耳。細揣自盧扁至仲景之世，藥性尚不甚多，方書更寡，而治病得手，立方傳世。自李瀕湖後，藥增千餘之數，方書日衆，《脈訣》重出，尚不能精其道耶。於戲，我知之矣。今之而行斯道者，其不及先賢，是未得古人之法也。余不揣固陋，擇藥味之精要者，集爲一本。次第分門，先者補，後者瀉，辨五味以調五化，五氣以治六淫，加以十劑治病要言，簡約不繁，便誦易記，臨症易提，湯方歌括，集解治源。又刪選先賢之氣運、脈道、經穴，繪爲圖格，《雙池脈學》、《紫虛舉要》注而解之。傷寒五法，編爲要訣。共成一帙，俾後學者易於熟記，再覽《靈》、《素》、《難經》暨先賢醫案、方書，則洞悉古人立方之善法而遵學之，諸書之有偏謬者則遺棄之，庶可以成濟世之心而行斯道矣。

《醫門補要・自序》　立言有裨於世，足爲千古可重而不廢者，必性命之學，經濟之文，所以歷久而彌彰也。然無益之説，雖長篇屢牘，焉得人人而重之？至若可重者，欲其見諸實事，大則體國經野，澤被下民而靡窮，小則拯急恤災，徵諸日用而最切，蓋莫近乎醫。醫能去病，人不能無病，病不能不醫，以醫有起死回生之力也，醫豈易言乎哉！苟醫者胸無洞見，拘定舊規，不知變通，經治必然功少。是以醫貴乎精，學貴乎博，識貴乎卓，心貴乎虛，業貴乎專，言貴乎顯，法貴乎活，方貴乎純，治貴乎巧，效貴乎捷。知乎此，則醫之能事畢矣。抑知古今內症之書，已極浩瀚，果能潛心考究，加以臨症經歷，自可日進乎神明，非比外科必須傳授，另多手法奇方，或有專長之症，試之必奏其神，又往往秘其術而藏其方，不肯一白諸人，殆欲矜其獨得，以爲射利與傳家之具也。余不憚數十年心瘁，搜求前賢之義蘊，并所歷各症之情形，更將師傳以後化出諸法，彙輯成帙，以災棗棃。愧無深文綺語，以供稱許，要使閱者燎然心目，一得之愚，未必於醫林無小補云爾。

《醫家四要・劉國光序》　凡業之精，必有可傳，凡業之傳，必有其要。羿之弓，和之矢，共鼓化狐之舟車，父以是詔其子，子以是承之父，師以是授其弟，弟以是受之師，皆不離乎近是也。雷君少逸，以醫世其學。其尊人逸仙先生方案遺稿及少逸《時病論》，余既已序而行之，茲又得其門下士程生錦雯、江生抱一與少逸喆嗣福亭共纂《醫家四要》一編，即脈訣、病機、湯方、藥性四類，蓋各掇少逸平日選讀之書，別類分門，括歌彙賦，以共成是編也。其中去泛刪繁，辭明義顯，便於記誦，極易入門，誠爲醫家至要至約之訣，學者得能參透其理，則臨證頭頭是道矣。夫人不患擇之不精，特患守之不約，不約而能精，古未之有是也。醫之爲道，始於炎帝軒岐，繼之越人長沙。世以衍其端緒，而一燈之傳，至今不替。然淺近者，既囿於見聞，無以窺其奧窔，而語高深者，又迠迠故艱其門徑，澀其句讀，以自矜爲不傳之秘。於是醫之説愈繁，醫之途愈雜，充其弊且不至以病試藥不止。草菅人命，詒誤蒼生，古今一轍，曷可勝歎。今少逸父子祖孫，一家淵源，其於脈、病、方、藥四者，既皆有以別其流派，得其要領，投之所向，無不如意。而其門下士亦頗能恪守師説，擇精語詳，共述斯編，相與以有成。吾知他日因流溯源，必有開卷瞭然如親見其父子師生講授一堂，而欽遲不已者。則是編之出也，直不啻昔人之所謂精騎三千。其循以治病，直如高屋建瓴，筋節既得，所當無不立解耳。其於壽身壽世也，何難之有？余故亟爲之序以行。

《中西彙通醫經精義・自敘》　守方隅之見者，不能馳域外之觀，而好高務廣輩，又往往舍近求遠，趨新奇而廢正道，如陳相師許行，梁武尊佛氏，不已傎乎。然果能擇善而從，則又如趙武靈王易胡服，習騎射，遂霸天下，蓋窮久變通，不拘於墟也。方今四海爲家，五洲同軌，自鴻荒以至今日，天地開闢，於斯爲盛。舉凡三才之所有，百族之所宜，上可損益乎古今，下可參酌乎中外，要使善無不備，美無不臻，駕三皇而軼五帝，豈獨一材一藝彰明較著於天下已耶。夫醫，其小焉者也。然即以醫論之，五行列於《洪範》，爲調燮陰陽之資，十全重於《周官》，實康濟斯民之助。故自軒岐以逮仲景，醫法詳明，與政治聲教相輔佐。晉唐以後，漸失真傳，宋元以來，尤多紕謬。及今泰西各國，通於中土，不但機器矜能，即於醫學亦詆中國爲非。豈知中國宋元後醫誠可訾議，若秦漢三代所傳《內》《難》仲景之書，極爲精確，迥非西醫所及。蓋西醫初出，未盡周詳，中醫沿訛，率多差誤。不及此時釐正醫道，貽害生民不知凡幾。余以菲材，值古今大變局時，自顧一手一足，毫不能扶持中外，惟於醫道，嘗三致意。因摘《靈》《素》諸經，錄其要義，兼中西之説解之，不存疆域異同之見，但求折衷歸於一是，冀五大洲萬國之民，咸無夭札，始無歉於寸心。夫醫其小焉者也，所望賢士大夫採風觀政，棄短取長，得推行盡利之方，策長治久安之術，俾中外交泰，同登熙皞雍和之盛，則誠盡美盡善矣，醫其小焉者也。

《一得集・自序》　《禮記》所載：醫不三世，不服其藥。或曰：祖孫世傳，歷久效彰。或曰：黃帝三代書，當盡讀。鄙意竊謂不難。查三世者，必有夙因前定。何則？宇宙茫茫，業醫萬計，有名滿都邑，鐵限且穿，要旨元機，豪不領會。有關尺了了，指下分明，議病處方，俱與古合，此豈非夙因與。心少斟師承，長喜讀《內經》《難經》《傷寒》《金匱》《千金》《外臺》，漢魏唐宋元明清初諸大家，寖饋其中，十更裘葛。啓扃發微，問世未遑。瑋板瑤函，多方購置。艮㕣益弃，極意講求，嗣遇李夢舟先生傳授鍼灸，其補瀉迎隨，候氣留氣諸法，皆與《靈樞》《甲乙經》古書相符。詳勘細玩，略有寸步前聞。知者延爲診治，何一出手，倖獲大效。世有狂妄，譏予泥古，予以閉門合轍，戾古炫奇者悉。盡信無書，援古引咎者謬。予不敏，每兢兢焉以隕越古繩墨爲慮。炫奇以矜能，不敢也。引咎以速謗，尤不敢也。噫嘻，心旣無家傳秘訣，而黄帝三代之書，又不能深入顯出。伐毛洗髓，恁是(風)〔夙〕因。所在望古遙集，采菁擷華，焚膏繼晷，樂此不疲。禪修用力，滿腔悲憫。打包出山，由寧而杭，倏忽三載。虛名浪得，延請踵至。積藁成冊，癖等嗜痂。諸公謬賞，囑付手民。二符之愚，以諗來者。疾我罪我，均不知焉。

《醫故·自序》 叙曰：昔史遷論原越人受禁方，獨神長桑君，而異其非人，豈匪以技進乎道，道亦非常名者哉。《周禮》以《醫師》屬于《天官》，有其政而無其書，漢《藝文志》始列醫經七家、經方十一家，爲書凡四百九十卷，方診之具大備。顧當班固時，已歎其技術晻昧，故有以瘉爲劇，以死爲生之論。逮夫六朝，其書散佚，古先道遺泯焉日亡。梁隋之際，其主競用符命，慕漢武之風，好爲神仙家言，天下懷協道藝之士，乃各緣飾其師說，託諸泰始，班班名家，而醫藥方書亦多附内學以傳焉。故自唐以前，言醫事者，其名書多依附黄帝、扁鵲。唐以後，好事者病其不親，又從而名仲景、叔和之學以張其伎。今觀《唐志》經脈、醫術兩家書，倍多于隋。宋自《三朝志》至《中興書目》，又數倍之，益以私家簿錄，而名數彌繁，存佚參半。然梁隋以來，如《漢志》所載者，十不獲一焉。元明迄今，彌以馳逐，又欲薄唐宋而反古之道，其事旣不出于經生，其書亦不見于墳記，而一二良工，取遺頗偏，恃其一得之效，昧夫淵原，盡以意增損其故方，妄易名例，以爲和緩不傳之秘，至於拙者失理，緣其術以夭枉生命，甚可悲也。

比年旅吳，見南人業醫者多致富，今歲大札，人殃于疫，叩其所治，輒不一驗，而薦紳素封之家，一疾人動聚十數醫，日訌于室，雜投水火之齊，而所失益衆，醫賤道畏貴，利人金多，貧賤有疾，或朝延而夕不至，至亦未遽能起之也。余以古者醫之在官，稽事以制食，歲計其得失以進退之。唐宋尤重其職選，官立學科試程文，至以臺館諸臣隸之。今自太醫院以及各行省官局，但取充數，考薦無聞，其能者不屑微祿，或假借醫療貴人而得官，豈原診知政之謂邪？太史公曰：使聖人預知微，能使良醫得蚤從事，則疾可已，身可活也。人之所病病疾多，而醫之所病病道少。夫以無形之脈，求百變之病，進而驗之草石之功，苟非上知，其道固甚難。而方家遺傳，率多依倚，驗與不驗，又不能身試其利害以及人，是以儒者知其無據而諱言醫，及其疾痛呻吟，且治之不暇，又未嘗能自生也。余故次叙經方之精要而近古者，辨其本末，斷自唐代，附論爲上篇。復取經籍傳注所紀雜家言，疏通證明爲下篇，以治經之義例，名之曰《醫故》。非所能通物方、弘藝術也，舍是以求，道在微眇，神而明之，存乎其人。莊子有言：知無用，而始可與言用。其斯之謂與。

《讀醫隨筆·自序》 《讀醫隨筆》者，學海之所以備遺忘也，意在溫故以求新，實無新意之可采，徒以同志傳誦一二，遠方君子多來索觀，且促付梓，不能拂其請也而應之，迹近於自炫矣。夫學海之治醫也。先治脈，次治藥。若脈有《脈義簡摩》、《診家直訣》之刻，藥以親嘗未徧，不敢臆說，久未成書。夫病證衆矣，治法繁矣，雖古之名醫，猶不能以一身盡歷天下之病變也，何況小子，敢以管蠡之見，妄事窺測乎？僅於讀書臨診之際，隨所見而記之，缺略瑣碎，固不足爲成書，亦復凌躐拉雜，未有體例，粗爲分類，以付手民。其中陳陳相因者、蹇濇未暢者、繁沓不檢者、前後重複異同互見者，觸目皆是，識淺筆孱，貽譏大雅，知不免矣。昔之人或廣蒐舊說，輯爲宏編；或澄鍊精思，約爲枕秘。以此方彼，不亦蔑乎？雖然，竊有說焉：宋人懷燕石而自以爲寶也，一旦出示於人，乃悟其非寶矣。朱奉議作《傷寒百問》早刊行世，得某友指摘之，遂改著《活人書》而傳矣。學海深羨宋人之善悟，而將勉爲奉議之能改也。然則是刻也，非自炫也，亦非非自炫也。

《醫悟·例言》 醫籍之著錄於世者，至今日無慮千數百家，求其不拘泥成法，不膠執己見，不專守一家之言，不泛徇混同之論，有實效而無流弊，又能行文顯近，擇義簡約，不艱深，不冗蔓，爲初學所易喻，亦名家所不能廢者，蓋戛乎其難之。《本經》、《靈樞》、《素問》，上古聖經也，而能讀者蓋寡。《難經》釋經見義，《金匱》、《傷寒論》以作爲述，醫學之科律也，而讀者益寡。《外臺》、《千金》、《聖濟》，唐宋間最善之本也，而知其書者幷寡。徐靈胎云：葉天士初不知有《千金》、《外臺》。此皆闢奧竅，破屯蒙，濬靈明，牖知覺，爲學人所終身鑽研靡盡之書，而時輩顧以爲難，且以爲高遠無當，獨取《本草備要》、《從新》、《醫方集解》、《瀕湖脈訣》、《醫宗必讀》諸書，以爲授受秘笈，外此一切罷去，不復過問。此數書者，其顯近簡約，誠便於記誦，無有《靈樞》、《素問》之艱苦，然其言不皆是也，且局於成法，不能通變以盡善，自信爲是，不能虚衷以求益，私一尊而薄衆説，既憚於兼收博采，沿訛襲謬之言，亦混同收入，不復訂正，最爲誤己誤人之大錯。醫事身命死生所係，是何等事，顧可混收訛謬之言，既誤己復誤人，使流害於無窮期耶！

某髮始燥即讀醫經，家世業醫，四方求診者極多，見聞較廣，深痛夫坊行本之誤人也，進而求之《三書》、《六書》、《脾胃論》、《心法》等，則大懼其偏，《金匱》、《傷寒》諸注，大率勦襲稗販，移步換形，絶無平正通達見解，且皆不宜於初學。思欲自爲一書，以爲同門先導，自己卯庚辰屬稿，每有所得，輒復删改，至今凡五六易，草創始成。經文固其原本也，其大略取材於《準繩》、《醫通》，又旁及陶、薛、張諸家，言皆有據，並無一字杜撰，集前人之精義而成書，不欲以己作爲能也。然於歷來沿襲之訛謬，則皆鑿鑿辨正，不敢稍有阿附以誤同學。其治法力求平正，無有偏執過當，且皆已試，實有效驗，並非紙上談兵，不足以當一戰。取義雖約，已足賅括衆説，進求之《準繩》、《醫通》，亦不至中無定見，爲巨帙所淆惑。同學有精習是編，因以上窺《金匱》、《傷寒》、《靈樞》、《素問》、《本經》者，雖未足爲上工，亦庶幾不至誤己以誤人也歟。

《醫學總論・錢保塘序》 同治十三年十二月，余始至成都，即識海鹽陸君芥山，性伉直樸誠，一見傾倒，言無隱情，知君少以醫名，至川未幾，補蒲江縣知縣。光緒三年秋，余患夜不成寐，將及一月，殆不可支。君適自蒲江歸，邀至診之，二劑而愈。叩其故，則曰：是名秋溫症，用人多不識耳。後二年，余自清溪歸，君亦自大足歸，比屋而居，過從益密，申以婚姻之好。又數年，君自新繁調署中江，時已得疾，自以意治之。逾年受代歸，余方在瀘州鹽局，寄家成都，次子國衡疾月餘，君爲療治再四方愈。俄得君訃，時十一年十二月廿二日也。次年君喪南歸，經瀘，念余父子之疾賴君以濟，今乃奠君舟次，傷哉！君治病不主故常，時出新意，大旨於葉天士爲近。曾起大興史氏之病於垂絶，丁文誠公疾數年，治之半載而愈，文誠作五言長古謝之。其他治驗尚多。嘗爲言近時愈危症數事甚悉，惜余不知醫，無能記憶。今君墓木拱矣，每寓中人病時，以君遺方治之，輒多效。國衡藏君所著《醫學總論》，雖寥寥數葉，皆其臨證有得之言，發明深切，足爲世俗鍼砭。後列書名，以圈之多少別於下，著其尤切要者也。余取君手定新方及採近人成方有按語者，凡三十餘條，錄附於後，編爲一卷，并述大概，付之梓人，聊副君生前濟世之苦心云爾。

《王旭高臨證醫案・方耕霞序》 臨證醫案，非古也。古人視病，不立案語，但書方藥。自宋設醫學科命題考試，醫生取其學問高等者入太醫局，自後醫生診病，相沿先立案語，後書方藥，但隨作隨棄，無有輯之者。如宋之許知可，張季明，明之薛立齋、陳維宜、孫文垣，以及國初喻嘉言，徐大椿輩，雖有醫案，類皆因治療效驗筆諸於書，其文乃記事，非臨證也。良以病多轉變，方難一定，恐泥學者眼目，故作者恝置之。然余謂醫之有方案，猶名法家之有例案，文章家之有試牘，對病書方，因題立義，相對斯須，人之性命係焉，己之得失亦係焉，雖不足爲根柢之學，而病者之情形，醫者之學識心思，盡在於是，苟能溯其脈證，觀其變化，奚啻與病者醫者一堂共語，不大可觸發手眼哉。故葉氏《臨證指南》海内風行，然葉案語意高深，方多平淡，學者踐其迹，未必入其室。因葉負一時重名，所視者非富貴膏粱，即病深氣竭，貧賤初病者廖廖焉，蓋氣體不同，方法即異，讀其書而得其用者鮮矣。余舊得無錫王泰林旭高先生方案二卷，愛而藏之，以篇頁無多未梓，更求二十餘年不可得。客春游梁溪，訪老友劉君石香，石香出十卷示余，云新得於李氏者，亟假歸讀之。其心思之敏，見識之超，清華而不高深，靈變而有矩矱，視葉案易於學步，且覆診甚多，前後推究，考其得失，尤足以資助學者。因并余所藏者去其重複，合而選之，間有字句冗沓率意處，略爲删整，依類編次，分二十六門，每門附以拙論，略見大意，其有精警與未愜意者，復隨案指出，正之有道，非敢有意毁譽也。原書十卷，約得五六，釐爲四卷，命兒輩錄出，不敢自私，付之梓人，以公同學焉。

《經歷雜論・自序》 老馬識途，以其經歷多也。諺云：熟讀王叔和，不如臨症多。蓋臨症既多，其學問見識，亦有從經歷而漸推廣者，故醫家有醫案之傳，以爲前車之鑒。然以醫案傳者，每有重複雷同之弊。兹將余二十年所經歷諸症診治之法，不拘泥古方古法而獲效者列案於後，而以余心得之法，作一論以冠於前。案驗雖多，僅記一二，凡無甚大異之案，一概删去不錄，以免煩冗。所記皆新奇創解，未曾經古人道破者，以開後學之見聞，神而明之，存乎其人，青過於藍，則幸甚矣。

《醫學探驪・自序》 醫之一道，高明者輒鄙之而不談，以其藝屬九流，與星相卜筮同歸一律。然試思之，較之星相卜筮，似稍重焉。夫星相卜筮，斷之不應，於人無益，於人亦自無損。若醫家，萬不可率爾操觚，含糊用針用藥。夫人既入病鄉，已是危境，倘主治失手，則人不將危而愈危乎。此醫者功過所由關也，可不慎歟！辰以蒲柳之姿，又生於僻壤荒村之地，見聞之陋，固不待言，然以數十年間，考之方書，詢於蒭蕘，所用針藥略有一二可信驗者，因不揣冒昧，筆之於書而自誌焉，是爲序。

《醫學衷中參西録·自序》 人生有大願力，而後有大建樹。一介寒儒，伏處草茅，無所謂建樹也，而其願力固不可沒也。老安、友信、少懷，孔子之願力也，當令一切衆生皆成佛，如來之願力也。醫雖小道，實濟世活人之一端，故學醫者，爲身家溫飽計則願力小，爲濟世活人計則願力大。而此願力之在錫純，又非僅一身之願力，實乃祖訓斯紹也。

錫純原籍山東諸城，自前明遷居直隸鹽山邊務里，累世業儒。先祖友三公纘修家乘，垂訓來兹，謂凡後世子孫，讀書之外可以學醫。蓋即范文正公不爲良相，必爲良醫之意也。錫純幼時，從先嚴丹亭公讀書，嘗述斯言以教錫純。及稍長，又授以方書，且爲指示大意。謂誦讀之暇，游藝于此，爲益良多，且又遵祖訓也。特當時方習舉子業，未能大致力于斯耳。後兩試秋闈不第，雖在壯年，而淡于進取。遂廣求方書，遠自農軒，近至國朝著述諸家，約共搜閱百餘種。知《本經》與《內經》，詒之開天辟地之聖神，爲醫學之鼻祖，實即爲醫學之淵海也。迨漢季張仲景出，著《傷寒》《金匱》兩書，爲《本經》《內經》之功臣。而晉之王叔和，唐之孫思邈、王燾，宋之成無己，明季之喻嘉言，又爲仲景之功臣。國朝醫學昌明，人才輩出，若張志聰、徐大椿、黃元御、陳念祖諸賢，莫不率由仲景上溯《本經》《內經》之淵源，故其所著醫書，皆爲醫學正規。特是，自晉、唐迄今，諸家著述，非不美備，然皆斤斤以傳舊爲務，初未嘗日新月異，俾吾中華醫學漸有進步。

夫事貴師古者，非以古人之規矩準繩限我也，惟借以瀹我性靈，益我神智，迨至性靈神智，洋溢活潑，又貴舉古人之規矩準繩而擴充之、變化之、引伸觸長之，使古人可作，應嘆爲後生可畏，凡天下事皆宜然，而醫學何獨不然哉。錫純存此意念，以孜孜研究醫學者有年，偶爲人疏方，輒能得心應手，挽回沉疴。時先慈劉太君在堂，錫純恐溫凊有缺，不敢輕應人延請。適有以急證相求者，錫純造次未遽應。先慈謂錫純曰：病家盼醫，如溺水求援，汝果能治，宜急往救之，然臨證時，須多加小心，慎勿鹵莽誤人。錫純唯唯受教。自此臨證者幾無虛日，至今十餘年矣。今匯集十餘年經驗之方，其屢試屢效者，適得大衍之倍數。方後綴以詮解與緊要醫案，又兼采西人之說與方中義理相發明，緝爲八卷，名之曰《醫學衷中參西録》。有客適至，翻閱一過而問曰：觀子之書，多能發前人所未發，于醫學誠有進化；然今凡百事皆尙西法，編中雖采取西人之說，而不甚采取西人之藥，恐于此道仍非登峰造極也。答曰：中華苞符之秘，啓自三墳，伏羲《易經》、《神農本經》、《黃帝內經》是也。伏羲畫易，在有文字之前，故六十四卦止有其象，而能包括萬事萬物之理，經文王、周公、孔子闡發之，而猶有餘蘊。《本經》《內經》之包括醫理，至精至奧，神妙無窮，亦猶《易經》之包括萬事萬物之理也。自周末秦越人後，歷代諸賢，雖皆各有發明，而較之三聖人之闡發《易經》，實有不及，故其中餘蘊猶多。

吾儒生古人之後，當竟古人未竟之業，而不能與古爲新，俾吾中華醫學大放光明于全球之上，是吾儒之罪也。錫純日存斯心，孜孜忘老，于西法醫學，雖嘗涉獵，實未暇將其藥餌一一試驗，且其藥多係猛烈之品，又不敢輕于試驗，何能多采取乎。然斯編于西法非僅采用其醫理，恆有采其化學之理，運用于方藥中者，斯乃合中西而融貫爲一，又非若采用其藥者，僅爲記問之學也。特是學問之道，貴與年俱進，斯編既成之后，行將博覽西法，更采其可信之說與可用之方，試之確有效者，作爲續編。此有志未逮之事，或即有志竟成之事也。

醫學通論總部

醫道通論部

論説

《素問·舉痛論》　黄帝問曰：余聞善言天者，必有驗於人；善言古者，必有合於今；善言人者，必有厭於己。如此，則道不惑而要數極，所謂明也。〔王冰注〕善言天者，言天四時之氣，温涼寒暑，生長收藏，在人形氣，五藏參應，可驗而指示善惡，故曰必有驗於人。善言古者，謂言上古聖人養生損益之迹，與今養生損益之理，可合而與論成敗，故曰必有合於今也。善言人者，謂言形骸骨節，更相枝拄，筋脉束絡，皮肉包裹，而五藏六腑次居其中，假七神五藏而運用之，氣絶神去則之於死，是以知彼浮形不能堅久，静慮於己亦與彼同，故曰必有厭於己也。夫如此者，是知道要數之極，悉無疑惑，深明至理，而乃能然矣。

《素問·天元紀大論》　帝曰：夫子之言，上終天氣，下畢地紀，可謂悉矣。余願聞而藏之，上以治民，下以治身，使百姓昭著，上下和親，德澤下流，子孫無憂，傳之後世，無有終時，可得聞乎。〔王冰注〕安不忘危，存不忘亡，六聖之至教也。求民之瘼，恤民之隱，大聖之深仁也。鬼臾區曰：至數之機，迫迮以微，其來可見，其往可追，敬之者昌，慢之者亡。無道行私，必得夭殃。〔王冰注〕謂傳非其人，授於情押，及寄求名利者也。謹奉天道，請言眞要。〔王冰注〕申誓戒於君王，乃明言天道至眞之要旨也。帝曰：善言始者，必會於終，善言近者，必知其遠，〔王冰注〕術明著，應用不差，故遠近於言，始終無謬。是則至數極而道不惑，所謂明矣。願夫子推而次之，令有條理，簡而不匱，久而不絶，易用難忘，爲之綱紀。至數之要，願盡聞之。〔王冰注〕簡，省要也。匱，乏也。久，遠也，要，樞紐也。鬼臾區曰：昭乎哉問！明乎哉道！如鼓之應桴，響之應聲也。〔王冰注〕桴，鼓椎也。響，應聲也。

《素問·氣交變大論》　帝曰：余聞得其人不教，是謂失道，傳非其人，慢泄天寶。余誠菲德，未足以受至道，然而衆子哀其不終，願夫子保於無窮，流於無極，余司其事，則而行之柰何。〔王冰注〕至道者，非傳之難，非知之艱，行之難。聖人愍念蒼生，同居永壽，故屈身降志，請受於天師。太上貴德，故後己先人，苟非其人，則道無虚授。黄帝欲仁慈惠遠，博愛流行，尊道下身，拯乎黎庶，乃曰：余司其事，則而行之也。岐伯曰：請遂言之也。《上經》曰：夫道者，上知天文，下知地理，中知人事，可以長久，此之謂也。〔王冰注〕夫道者，大無不包，細無不入，故天文地理人事咸通。新校正云：詳夫道者一節，與《著至教論》文重。帝曰：何謂也？岐伯曰：本氣位也。位天者，天文也。位地者，地理也。通於人氣之變化者，人事也。故太過者先天，不及者後天，所謂治化而人應之也。【略】

帝曰：善。所謂精光之論，大聖之業，宣明大道，通於無窮，究於無極也。余聞之，善言天者，必應於人，善言古者，必驗於今，善言氣者，必彰於物，善言應者，同天地之化，善言化言變者，通神明之理，非夫子孰能言至道歟！〔王冰注〕太過不及，歲化無窮，氣交遷變，流於無極。然天垂象，聖人則之，以知吉凶。何者？歲太過而星大或明瑩，歲不及而星小或失色，故吉凶可指而見也。吉凶者何？謂物稟五常之氣以生成，莫不上參應之，有否有宜，故曰吉凶斯至矣。故曰善言天者，必應於人也。言古之道，而今必應之，故曰善言古者，必驗於今也。化氣生成，萬物皆稟，故言氣應者，以物明之，故曰善言應者，必彰於物也。彰，明也。氣化之應，如四時行，萬物備，故善言應者，必同天地之造化也。物生謂之化，物極謂之變，言萬物化變終始，必契於神明運爲，故言化變者，通於神明之理。聖人智周萬物，無所不通，故言必有發，動無不應之也。廼擇良兆而藏之靈室，每旦讀之，命曰《氣交變》，非齋戒不敢發，慎傳也。〔王冰注〕靈室，謂靈蘭室，黄帝之書府也。新校正云：詳此文與《六元正紀大論》末同。

《素問·著至教論》　黄帝坐明堂，召雷公而問之曰：子知醫之道乎？〔王冰注〕明堂，布政之宫也。八窻四闥，上圓下方，在國之南，故稱明堂。夫求民之瘼，恤民之隱，大聖之用心，故召引雷公，問拯濟生靈之道也。雷公對曰：誦而頗能解，解而未能别，别而未能明，明而未能彰，〔王冰注〕言所知解，但得法守數而已，猶未能深盡精微之妙用也。新校正云：按楊上善云：習道有五：一誦、二解、三别、四明、五彰。足以治群僚，不足至侯王。〔王冰注〕公不敢自高其道，然則布衣與血食，主療亦殊矣。願得受樹天之度，四時陰陽合之，别星辰與日月光，以彰經術，後世益明，〔王冰注〕樹天之度，言高遠不極。四時陰陽合之，言順氣序也。别星辰與日月光。以彰經術，後世益明，言高遠不極。四時陰陽合之，言順氣序也。别星辰與日月光，言别學者二明大小異也。新校正云：按《太素》别作列字。上通神農，著至教，疑於二皇。〔王冰注〕公欲其經法明著，通於神農，使後世見之，疑是二皇並行之教。新校正云：按全元起本及《太素》疑作擬。帝曰：善。無失之，此皆陰陽表裏上下雌雄相輸應也。而道上知天文，下知地理，中知人事，可以長久，以教衆庶，亦不疑殆。醫道論篇，可傳後世，可以爲寶。〔王冰注〕以明著故。

《素問・疏五過論》 黄帝曰：嗚呼遠哉！閔閔乎若視深淵，若迎浮雲。視深淵尚可測，迎浮雲莫知其際。聖人之術，爲萬民式，論裁志意，必有法則，循經守數，按循醫事，爲萬民副。

《素問・徵四失論》 嗚呼！窈窈冥冥，熟知其道？道之大者，擬於天地，配於四海。汝不知道之論，受以明爲晦。〔王冰注〕嗚呼，嘆也。窈窈冥冥，言玄遠也。至道玄遠，誰得知之？擬於天地，言高下之不可量也。配於四海，言深廣之不可測也。然不能曉論於道，則授明道而成暗昧也。

《靈樞・逆順肥瘦》 黄帝問于岐伯曰：余聞鍼道于夫子，衆多畢悉矣。夫子之道應若失，而據未有堅然者也。夫子之問學熟乎，將審察于物而心生之乎？岐伯曰：聖人之爲道者，上合于天，下合于地，中合于人事，必有明法，以起度數、法式、檢押，乃後可傳焉。故匠人不能釋尺寸而意短長，廢繩墨而起平木也，工人不能置規而爲圓，去矩而爲方。知用此者，固自然之物，易用之教，逆順之常也。

《鶡冠子・世賢》 卓襄王問龐煖曰：夫君人者，亦有爲其國乎？〔陸佃注〕卓當爲悼，此趙悼襄王也。蓋趙孝成王卒，子偃立，是爲悼襄王。襄王三年，龐煖將攻燕，擒其將劇辛。龐煖曰：王獨不聞俞跗之爲醫乎？已成必治，鬼神避之。楚王臨朝爲隨兵，故若堯之任人也，不用親戚，而必使能其治病也，不任所愛，必使舊醫。〔陸佃注〕語曰：老醫少卜。蓋老醫更病多矣，堯故使之。楚王聞傳，暮鍼在身，〔陸佃注〕鍼，蓋病也。必待俞跗。〔陸佃注〕俞跗蓋非楚人，此亦寓言。《傳》曰：上古之時，醫有俞跗，治病不以湯液(體)〔醴〕灑、鑱石橋引、案杌毒熨，而割皮解肌，訣脈結筋，搦髓腦，浣腸胃，練精易形。此雖已成，所以必治，而鬼神避之也。卓襄王曰：善。龐煖曰：王其忘乎？昔伊尹醫殷，太公醫周武王，百里醫秦，申麃醫郢，〔陸佃注〕郢，荆所都。原季醫晉，〔陸佃注〕《國語》曰：晉文公使原季爲卿。范蠡醫越，管仲醫齊，而五國霸，其善一也，然道不同數。卓襄王曰：願聞其數。煖曰：王獨不聞魏文王之問扁鵲耶？〔陸佃注〕扁鵲，勃海鄭人也。姓秦氏，名越人。曰：子昆弟三人，其孰最善爲醫？扁鵲曰：長兄最，中兄次之，扁鵲最爲下。魏文侯曰：可得聞邪？扁鵲曰：長兄於病視神，未有形而除之，〔陸佃注〕此神醫也，爲之於未有。《周官》曰疾醫，曰：以五氣五聲五色視其死生，兩之以九竅之變，參之以九藏之動，夫昧於在神，而以五氣五聲五色視其死生，更以參兩驗之，亦已粗矣。然《周官》言此而已者，蓋中材之法也，岐跗豈世有哉。故名不出於家。〔陸佃注〕名在門内而已。《老子》曰：太上下知有之，其次親之譽。中兄治病，其在毫毛，〔陸佃注〕此明醫也，治之於未亂，所謂造形而悟者也。故名不出於閭。〔陸佃注〕其閭里知之矣。若扁鵲者，鑱血脈，投毒藥，副肌膚間，而名出聞於諸侯。〔陸佃注〕其所能愈粗，其所聞愈遠。魏文侯曰：善。使管子行醫術以扁鵲之道，曰桓公幾能成其霸乎？〔陸佃注〕管仲匡救桓公，常在其細，故能以其君霸。蓋桓公實怒少姬南襲蔡，管仲因而伐楚，責包茅不入貢於周室。桓公實北征山戎，而管仲因而令燕修召公之政。方是之時，諸侯莫或知焉，此其治毫毛者也。凡此者不病病，〔陸佃注〕或云不病○至於病而治之，不亦晚乎。疾甚曰病。治之無名，〔陸佃注〕或云治無名。使〔陸佃注〕或作僂。之無形。〔陸佃注〕夫病之形名著矣，然後使醫，此桓侯之所以死也。至功之成，其〔陸佃注〕或作亢。下謂之自然。〔陸佃注〕針艾之功，無所依賴，故其昧者謂之自然。推之於治，此擊壤之民，所以不知堯舜之力也。故良醫化之，拙醫敗之，雖幸不死，創伸股維。〔陸佃注〕維，攣攣也。卓襄王曰：善。寡人雖不能無創，孰能加秋毫寡人之上哉！〔陸佃注〕庶幾管仲者出焉。

《子華子・北宫意問》 子華子居於岑塞，北宫意、公仲承侍，縱言而及於醫。子華子曰：醫者理也，理者意也。藥者瀹也，瀹者養也。腑臟之伏也，血氣之留也，空竅之塞也，關鬲之礙也，意其所未然也，意其所將然也。察於四然者，而謹訓於理，夫是之謂醫。以其所有餘也，而養其所乏也。以其所益多也，而養其所損也。反其所養，則益者彌損矣。反其所養，則有餘者彌乏矣。察於二反者，而加疏瀹焉，夫是之謂藥。故曰：醫者理也，理者意也。藥者瀹也，瀹者養也。北宫意曰：正惟是，世俗之醫所不能爲也。雖然，意聞之也，有所資於意，不如無意之爲愈也。有所待於養，不如無待之爲愈也。

《潛夫論・思賢》 夫與死人同病者，不可生也，與亡國同行者，不可存也，豈虚言哉。何以知人且病也，以其不嗜食也。何以知國之將亂也，以其不嗜賢也。是故病家之廚，非無嘉饌也，乃其人弗之能食，故遂於死也。亂國之官，非無賢人也，其君弗之能任，故遂於亡也。夫生飰秔粱，旨酒甘醪，所以養生也，而病人惡之，以爲不若菽麥糠糟欲清者，此其將死之候也。尊賢任能，信忠納諫，所以爲安也，而闇君惡之，以爲不若姦佞闒茸讒諛言者，此其將亡之徵。老子曰：夫唯病病，是以不病。《易》稱：其亡其亡，繫于苞桑。是故養壽之士，先病服藥，養世之君，先亂任賢，是以身常安而國永永也。上醫醫國，其次下醫醫疾。夫人治國，固治身之象。疾者身之病，亂者國之病也。身之病，待醫而愈，國之亂，待賢而治。治身有黄帝之術，治世有孔子之經。然病不愈而亂不治者，唯鍼石之法誤，而五經之言誣也，乃因之者非其人，苟非其人，則規不圓而矩不方，繩不直而準不平，鑽燧不得火，鼓石不下金，金馬不可以追速，土舟不可以涉水也。凡此八者，天之張道，有形見物，苟非其人，猶尚無功，則又况乎懷道術以撫民氓，乘六龍以御天心者哉。夫治世不得眞賢，譬猶治疾不得良醫也。治疾當眞人參，反得支羅服，當得麥門冬，反〔得〕蒸横麥，己而不識眞，合而服之，病以侵劇，不自知爲人所欺也，乃反謂方不誠而藥皆無益於病，因棄後藥而弗敢飲，而便求巫覡者，雖死可也。人君求賢，下應以鄙與眞，不以枉己不引眞，受猥官之國以侵亂，不自知爲下所欺也，乃反謂經不信而賢皆無益於救亂，因廢眞賢，不復求進，更任俗吏，雖滅亡可也。三代以下，皆以支羅服、蒸横麥合藥。病〔日〕痁而遂死也。

《玄門脈訣内照圖》卷一　夫醫者非今而置之，藥者自曠然天地有也，即萬物而皆有之。只緣劫石變融，人物變化，神龍有騰沒之象，日月有謫蝕之災，所以四生易質而陶形，賢聖示之而隱顯，故遞世相習，遙遠依行，時人爲之相師，彼祖師之傳訓古，我今日成習，彼言達要者，非翰墨而載之，未悟者，亦難爲詳悉耳。

《甲乙經·自序》　夫受先人之體，有八尺之軀，而不知醫事，此所謂遊魂耳。若不精通於醫道，雖有忠孝之心，仁慈之性，君父危困，赤子塗地，無以濟之，此固聖賢所以精思極論盡其理也。由此言之，焉可忽乎？

《脈經·自序》　夫醫藥爲用，性命所繫，和鵲至妙，猶或加思，仲景明審，亦候形證，一毫有疑，則考校以求驗。故傷寒有承氣之戒，嘔噦發下焦之問。而遺文遠旨，代寡能用，舊經秘述，奥而不售，遂令末學，昧於原本，斥茲偏見，各逞己能，致微痾成膏肓之變，滯固絶振起之望，良有以也。

《小品方》（殘卷）　且輕命者多不信脈，亦云診脈是精妙之術，非不博者所能解，不至辨之士所能究。亦相末見，經方是官典醫所執傳，便謂其道卑賤，非君子所看，委之典醫。亦云醫者意也，便空中相傳，用藥不審本草藥性，仍決意所欲以加增之。不言醫者意也，爲多意之人，意通物理，以意醫物，使惡成善，勿必是治病者也。故經傳云：上醫醫國，中醫醫民，下醫醫病。此之謂也。黄帝矜於蒼生，立經施教，教民治病，非但慈於疾苦，亦以強於國也。

《後漢書·方術列傳下·郭玉傳》　玉仁愛不矜，雖貧賤厮養，必盡其心力，而醫療貴人，時或不愈。帝乃令貴人羸服變處，一針即差。召玉詰問其狀。對曰：醫之爲言意也。腠理至微，隨氣用巧，針石之閒，毫芒即乖。神存於心手之際，可得解而不可得言也。夫貴者處尊高以臨臣，臣懷怖懾以承之。其爲療也，有四難焉：自用意而不任臣，一難也；將身不謹，二難也；骨節不彊，不能使藥，三難也；好逸惡勞，四難也。針有分寸，時有破漏，重以恐懼之心，加以裁慎之志，臣意且猶不盡，何有於病哉！此其所爲不愈也。

敦煌卷子《本草經集注·序録》　醫者意也，古之時所謂良醫，蓋善以意量得其節也。諺言：世無良醫，枉死者半。拙醫治病，不若不治。喻如宰夫以鼫鱉爲蓴羹，食之更足成病，豈充饑之可望乎。故仲景每云：如且死者，醫殺之也。

《千金翼方·針灸上·取孔穴法第一》　醫者意也，善於用意，即爲良醫。

《聖惠方·御製太平聖惠方序》　夫醫者意也。疾生於内，藥調於外，醫明其理，藥效如神。觸類而生，參詳變易，精微之道，用意消停。執見庸醫，證候難曉。【略】昔炎帝神農氏，長於姜水，始教民播種，以省殺生，嘗味百草，區别藥性，救夭傷之命，延老病之生。黔首日用而不知，聖人之至德也。夫醫道之難，昔賢猶病，設使誦而未能解，解而未能别，别而未能明，明而未能盡，窮此之道者，其精勤明智之士歟。

《聖惠方·叙爲醫》　夫清濁形分，陰陽位設，四時序矣，萬物生矣。滋味既興，疾恙斯作。神農嘗之百草，黄帝立以九針，岐伯、雷公，備論診脈，華佗、扁鵲，廣著群書。分弦鈎毛石之功，定君臣佐使之用，立神聖功巧，判虚實浮沉。邇後伎士分鑣，名醫接踵，皆窮玄奥，盡播聲光。自古迄今，更相祖述，道符濟國，志在救人也。夫爲醫者，先須諳《甲乙》《素問》《明堂》《針經》，俞穴流注，三部九候，五臟六腑，表裏虚實，陰陽盛衰，諸家方論，並須精熟。然後涉獵詩書，該博釋、老，全之四教，備以五常，明希夷恬淡之門，達喜捨慈悲之旨。儻盡窮其大體，即自得其重玄，譬猶測影用圭，乾坤不能逃其數，宣疑設卦，倚伏洞可究其源，奚異通神，無殊造聖。是以學者必須傍探典籍，邈審妍媸，服勤以求，探賾無厭。勿恣道德，自恃己長，炫耀聲稱，泛濫名譽。心中未了，指下難明，欲別死生，深爲造次。故曰醫者意也，非常之意爾。是以上醫醫國，中醫醫人，下醫醫病，又曰上醫聽聲，中醫察色，下醫診脈。又曰上醫療未病，中醫療欲病，下醫療已病。夫如是，則須洞明物理，曉達人情，悟造化之變通，定吉凶之機要，視表知裏，診候處方，常懷拯物之心，並救含靈之苦。苟用藥有準，則厥疾必瘳。若能留心於斯，具而學之，則爲醫之道，盡善盡美，觸事皆通矣。

《聖惠方·敘診脈法》 夫脈者，醫之大業也，既不深究其道，何以爲醫者哉！是以古之哲醫，寤寐俯仰，不與常與人同域，造次必在於醫，顛沛必在於醫。故醫者必能感於鬼神，通於天地，可以濟衆，可以依憑。若與常人混其波瀾，則庶事隳壞，使夫物類，將何仰焉。由是言之，學者必當摒棄俗情，凝心於此，則和、鵲之功，因茲可得而致也。

《甲乙經·高保衡等序》 臣聞通天地人曰儒，通天地不通人曰技。斯醫者雖曰方技，其實儒者之事乎。班固序《藝文志》，稱儒者助人君，順陰陽，明教化。此亦通天地人之理也。又云方技者，論病以及國，原診以知政。非能通三才之奧，安能及國之政哉？

《本事方·自序》 醫之道大矣，可以養生，可以全身，可以盡年，可以利天下與來世，是非淺識者所能爲也。苟精此道者，通神明，奪造化，擅回生起死之功，則精神之運，必有默相於冥冥之中者，豈可謂之藝，與技術爲等耶！竊疑上古之時，如岐伯輔黃帝，伊尹相商王，皆有方書以瘳民瘼。殆及後世，周有和、緩，秦有扁鵲，漢有倉公，魏有華陀，宋有徐文伯，唐有孫思邈，又皆神奇出人意表，（皆）〔背〕望踵躡，代不乏人。自茲以往，其妙不傳，間有能者，僅可一二數。何古人精巧如是，而今人之不逮也？予嘗思之，古人以此救人，故天畀其道，使普惠含靈；後人以此射利，故天嗇其術，而不輕畀予，無足疑者。

宋雲公《傷寒類證·自序》 竊聞天地師道以覆載，聖人立醫以濟物，道德、醫藥皆源於一。醫不通道，無以知造物之機，道不通醫，無以盡養生之理。然欲學此道者，必先立其志，志立則格物，物格則學專。學雖專也，必得師匠，則可入其門矣。更能敏惠愛物，公正無私，方合其道。夫掌命之職，其大矣哉。

《原病式·自序》 夫醫教者，源自伏羲，流于神農，注于黃帝，行于萬世，合于無窮，本乎大道，法乎自然之理。孔安國序《書》曰：伏羲、神農、黃帝之書，謂之三墳，言大道也。少昊、顓頊、高（幸）〔辛〕、唐虞之書，謂之五典，言常道也。蓋五典者，三墳之末也，非無大道，但專明治世之道。三墳者，五典之本也，非無常道，但以大道爲體，常道爲用，天下之能事畢矣。然而玄機奧妙，聖意幽微，浩浩乎不可測，使之習者，雖賢智明哲之士，亦非輕易可得而悟矣。洎乎周代，老氏以精大道，專爲道教，孔子以精常道，專爲儒教，由是儒道二門之教著矣，歸其祖，則三墳之教一焉。儒道二教之書，比之三墳之經，則言象義理，昭然可據，而各得其一意也。故諸子百家，多爲著述，所宗之者，庶博知焉。

嗚呼！余之醫教，自黃帝之後，二千五百有餘年，漢末之魏，有南陽太守張機仲景，恤於生民多被傷寒之疾，損害橫夭，因而輒考古經，以述《傷寒卒病方論》一十六卷，使後之學者有可依據。然雖所論未備諸病，仍爲道要，若能以意推之，則思過半矣。且所述者衆，所習者多，故自仲景至今，甫僅千歲，凡著述醫書，過往古者八九倍矣。夫三墳之書者，大聖人之教也，法象天地，理合自然，本乎大道。仲景者，亞聖也。雖仲景之書，未備聖人之教，亦幾於聖人，文亦玄奧，以致今之學者，尚爲難焉。故今人所習，皆近代方論而已，但究其末，而不求其本。況仲景之書，復經大醫王叔和撰次遺方，唐開、寶中，節度使高繼冲編集進上，雖二公操心用智，自出心意，廣其法術，雜於舊說，亦有可取，其間或失仲景本意，未符古聖之經，愈令後人學之難也。況仲景之世四升，乃唐宋之一升，四兩爲之一兩；向者人能勝毒，及多㕮咀，湯劑有異今時之法，故今人未知其然而妄謂時世之異，以爲無用，而多不習焉。唯近世朱奉議多得其意，遂以本仲景之論，而兼諸書之說，編集作《活人書》二十卷，其門多，其方衆，其言直，其類辯，使後學者易爲尋檢施行，故今之用者多矣。然而其間亦有未合聖人之意者，往往但相肖而已。由未知陰陽變化之道，所謂木極似金，金極似火，火極似水，水極似土，土極似木者也。《經》曰：亢則害，承乃制。謂己亢過極，則反似勝己之化也。俗未之知，認似作是，以陽爲陰，失其意也。

嗟夫！醫之妙用，尚在三墳，觀夫後所著述者，必欲利於後人，非但矜衒而已，皆仁人之心也，非不肖者所敢當。其間互有得失者，由乎言本求其象，象本求其意，意必合其道，故非聖人，而道未全者，或盡其善也鮮矣，豈欲自涉非道而亂聖經，以惑人志哉。自古如祖聖伏羲畫卦，非聖人孰能明其意二萬餘言。至周文王，方始立象演卦，而周公述爻，後五百餘年，孔子以作十翼，而《易》書方完。然後易爲推究，所習者衆，而注説者多。其間或所見不同，而互有得失者，未及於聖，竊窺道教故也。易教體乎五行八卦，儒教存乎三綱五常，醫教要乎五運六氣，其門三，其道一，故相須以用而無相失，蓋本教一而已矣。若忘其根本，而求其華實之茂者，未之有也。故《經》曰：夫五運陰陽者，天地之道也，萬物之綱紀，變化之父母，生殺之本始，神明之府也。可不通乎。《仙經》曰：大道不可以籌筭，道不在數故也。可以籌筭者，天地之數也。若得天地之數，則大道在其中矣。《經》曰：天地之至數，始於一而終於九，數之可十，推之可百，數之可千，推之可萬，萬之不可勝數，然其要一也。又云：知其要者，一言而終，不知其要，流散無窮。又云：至數之機，迫迮而微，其來可見，其往可追。敬之者昌，慢之者亡。無道行私，必得夭殃。又云：治不法天之紀，地之理，則災害至矣。又云：不知年之所加，氣之興衰，虛實之所起，不可以爲工矣。由是觀之，則不知運氣而求醫無失者鮮矣。

《歷代名醫蒙求·蘇霖序》 昔人序《本草》，嘗有言曰：醫者，意也。蓋謂醫爲人之司命，必致其意能精微蘊奧，而極乎非常之妙，則天下之疾，無不可治者矣。況醫之道，有神聖工巧之殊，藥之性，有君臣佐使之別，人之致病，則寒熱燥濕，强弱盛衰，千變萬態，不可言既，苟非精其意而通其妙，烏能已人之疾，以醫自名，而流芳于千載也耶。

《醫説·諸葛興跋》 夫醫之道大矣！自神農、黄帝、岐伯、雷公而下，無非聖哲開其源，賢知導其流，故能拯黎元之疾苦，贊天地之生育。世道既降，士大夫以此爲技藝，不屑爲之，而畀之凡流，故以至精至妙之理，而出於至卑至淺之思，其不能起人之疾，反以夭其命者多矣。此范文正公所以自謂：不遇則願爲良醫。前輩亦云：治病而委之庸醫，比之不慈不孝也。

《活幼心書·和尼赤序》 夫醫，不可以無書也，太倉公乃亦以醫者意耳，不肯爲書。使倉公者常有於世焉，雖無書可也；如倉公之不常有，何哉？且吾聞學醫者與學儒無異，儒者求聖賢之心法，以有聖賢之書存焉耳。醫無其書，則軒岐之心法泯焉，而不傳久矣，又何由而學之？故醫書之浩衍與儒書相埒，殆又過之。

《瑞竹堂經驗方·王都中序》 曩予誦范文正公良相良醫之言，未嘗不斂衽嘉嘆。何則？良相輔弼元首，治天下，興利除害，選賢任能，使人樂其業，而吾仁之見諸事者，足以澤被四方。良醫導和人身，療百病，脱疴起痼，斡元氣而開壽域，使人安其生，而吾仁之藴諸心者，亦足以波及萬姓。蓋出處之轍雖異，而吾仁之用則同。君子不可斯須而忘吾仁，則吾仁之在天下，亦不可勝用矣！

《遼史·方技傳》 孔子稱小道必有可觀，醫卜是已。醫以濟夭札，卜以決猶豫，皆有補於國，有惠於民。【略】論曰：方技，術者也。其業而不畔于道，君子必取焉。

《青瑣高議·議醫》 夫醫之爲道，尤難於他術，從來久矣。方其疾也，雖金玉滿堂，子弟骨肉環圍，莫能爲計，必得良醫以起之，即醫之爲功非小焉，主執人之性命者也。此所以良醫患少而庸醫患多也。不意爲庸醫持其疾，反覆寒熱，弗辯形脈，是亟其疾使加焉，則從而失者有之。余嘗患其若是，前集嘗言之矣。意不爲諸君得也，誠欲士君子治病得其人云耳。

《宋史·吕誨傳》 以疾表求致仕曰：臣本無宿疾，醫者用術乖方，妄投湯劑，率任情意，差之指下，禍延四支。一身之微，固無足卹，奈九族之托何。蓋以身疾諭朝政也。

《宋學士全集·贈惠民局提領仁齋張君序》 嗚呼！醫其難言矣乎。人之生也，與天地之氣相爲流通，養得其道，則百順集，百邪去，苟失其養，內感於七情，外感於六氣，而疾疢既生焉。醫者診而治之，必察其根本枝末，其實也從而損之，其虛也從而益之，陰平陽秘，自適厥中。粗工或昧乎此，實實虛虛，損不足而益有餘，其病之能起者鮮矣。此其難一也。氣血之運，必有以疏載之，左右手足，各備陰陽者三。陽既有太少矣，而又有陽明者何？取兩陽合明之義也。陰既有太少矣，而又有厥陰者何？取兩陰交盡之義也。何經受病，宜用何劑治之，治之固不難，又當知有引經之藥。能循此法，則無疾弗瘳矣。粗工不辯十二經，而一概施之，譬猶羅雀于江，罾魚于林，萬一或幸而得之，豈理也哉。此其難二也。歲氣有不同，攻治亦異其宜，曰升降，曰浮沈，吾則順而承之；曰寒熱，曰溫涼，吾則逆而反之，庶幾能全其天和，而不致顛倒錯繆。粗工則倀倀然，當順則反逆，當逆則反順，如盲人適野，不辯乎西東。此其難三也。病有寒熱，熱者當投之以涼，寒者宜濟之以溫，此恆理也。然寒熱之勢方劇，而遽欲反之，必扞格而難入，熱因熱用，寒因寒用，其始則同，其終則異，庶幾能成其功。粗工則不察而混治之。此其難四也。藥性有陰陽，而於氣味見焉。然不專於陰陽也，又有所謂陽中之陰焉，陰中之陽焉，差之毫釐，繆以千里，不可不察也。粗工則不覈重輕而妄投之，過矣。此其難五也。

《診家樞要》小引　天下之事，統之有宗，會之有元，言簡而盡，事覈而當，斯爲至矣，百家者流，莫大於醫。

《金匱要略·鄧珍序》　聖人設醫道以濟夭枉，俾天下萬世，人盡天年，博施濟衆，仁不可加矣。其後繼聖開學，造極精妙，著于時，名于後者，和、緩、扁、倉之外，亦不多見，信斯道之難明也與。漢長沙太守張仲景，以穎特之資，徑造閫奥，於是採摭群書，作《傷寒卒病論方》合十六卷，以淑後學。遵而用之，困甦廢起，莫不應效若神迹。其功在天下，猶水火穀粟然，是其書可有而不可無者也。

《胡敬齋集·贈醫士胡琳》　蓋人之身，元氣不壯，外邪得以干之，猶人之學，大本不立，外物得以奪之。若國之治亦然，非以賢才不用，暴虐得以爲害歟！故立大本，所以壯學者之元氣，用賢才，所以壯國家之元氣也。必立大本，然後理可明而德可修，必用賢才，然後政可立而民可安。否則百病交侵，其滅德而喪邦也必矣。

《心印紺珠經·趙瀛序》　微哉，醫之道也！博哉，醫之書也！淺矣哉，世之人之業醫也！惟其淺也，則苦于書之博，不能究其精藴之奥，微者愈微，而醫道晦矣。惟其晦也，則簾窺壁聽，茫茫昧昧，而術日益荒，厥心先已病矣。以心病之人，而求療乎人之身病，鮮不僨也，深於醫者憂焉。

《心印紺珠經·朱撝序》　范文正公有曰：達則願爲良相，窮則願爲良醫。良相深乎道者也，良醫明乎理者也。相以道統國政，所以能成天下致治之化也。醫以理察民疾，所以能成天下延齡之生也。道者何？吾儒修己治人之道也。理者何？吾儒觀天察地之理也。相深乎道，則能漸仁摩義，移風易俗，使天下萬民安。醫明乎理，則能釋縛脱艱，全眞導氣，使天下萬民壽。爲相不知道，則政化不修，紀綱不正，豈能爲民之父母哉。爲醫不知理，則標本不明，陰陽不審，豈能爲人之司命哉。相也，醫也，匪儒弗克行也。醫而不讀《素問》，猶儒而不知《易經》。醫而不讀《本草》，猶儒而不知史書。不窮《易經》，則吉凶消長之理，進退存亡之道，若雲之蔽月矣。不閲史書，則古今治亂之迹，賢愚得失之事，若霧之掩日矣。不明《素問》，則造化運氣之微，經絡標本之妙，昧而不知。不觀《本草》，則寒熱溫涼平之性，酸苦甘辛鹹之味，茫然而罔識。儒有道統，醫有源流。周孔之道，惟顔、曾、思、孟四傳焉，孟子没後，其傳泯矣。軒岐之法，惟長沙太守一人焉，仲景没後，其法訛矣。寥寥千載之下，能續儒之道統者，程朱二先生而已。能繼醫之源流者，劉張二先生而已。程朱既出，則周孔之道煥然而復明。劉張既出，則軒岐之法截然而歸正。程朱既可與孟子爲派，劉張亦可與仲景爲儔。嗚呼！學儒而不遵程朱，異端之學也。術醫而不宗劉張，非正之術也。【略】故曰，父母有疾，病卧於床，委之庸醫，比之不慈、不孝。事親者不可以不知醫。先覺之言，豈欺我哉。吁！苟能爲醫以造乎精微之理，則猶爲相以闡夫正大之道。治病有法，治世有方，此其所以爲良相良醫也。

《原機啓微·自序》　醫爲儒者之一事，不知何代而兩途之。父母至親有疾者而委之他人，俾他人之無親者乃操父母之生死，一誤謬則終身不復，平日以仁推於人者，獨不能以仁推於父母也，故於仁缺。朋友以義合，故赴其難，難雖水火兵革弗顧；故周其急，急雖金玉粟帛弗吝。或疾，則曰素不審。他者曰甲審，遂以甲者，渠者繼曰乙亦審，又更乙者，紛紜錯擾，竟不能辯。此徒能周赴於瘡痍，而不能攜援於死生也，故於義缺已。身以愛爲主，飲食滋味，必欲美也。衣冠玩好，必欲佳也。嗣上續下，不敢輕也。疾至不識，任之婦人女子也，任之宗戚朋友也，任之狂巫瞽卜也。至危猶不能辯，藥誤病篤，故於知缺。夫五常之中，三者云缺而不備，故爲儒者不可不兼夫醫也，故曰醫爲儒者之一事。

《誠意伯文集·郁離子》　郁離子曰：一指之寒，弗燠則及於其手足，一手足之寒，弗燠則周於其四體，氣脈之相貫也。於微而至大，故疾病之中人也，始於一腠理之不知，或知而忽之也，遂至于不可救以死，不亦悲夫。天下之大，亡一邑不足以爲損，是人之常言也。一邑之病不救，以及一州，由一州以及一郡。及其甚也，然後傾天下之力以救之，無及於病而天下之筋骨疏矣。是故天下一身也，一身之肌肉腠理，血脈之所至，舉不可遺也。必不得已而去，則爪甲而已矣。窮荒絶徼，聖人以爪甲視之，雖無所不愛而損之可也，非若手足指之不可遺，而視其受病以及于身也。故治天下者，惟能知其孰爲身，孰爲爪甲，孰爲手足指，而不逆施之，則庶幾乎弗悖矣。

又　郁離子曰：治天下者，其猶醫乎。醫切脈以知證，審證以爲方。證有陰陽虚實，脈有浮沉細大，而方有汗下補瀉針灼湯齊之法，參苓薑桂麻黄芒硝之藥，隨其人之病而施焉，當則生，不當則死矣。是故知證知脈而不善爲方，非醫也。雖有扁鵲之識，徒嘵嘵而無用。不知證，不知脈，道聽塗説以爲方，而語人曰我能醫，是賊天下者也。故治亂，政也。紀綱，脈也。道德政刑，方與法也。人才，藥也。夏之政尚忠，殷承其敝而救之以質，殷之政尚質，周承其敝而救之以文。秦用酷刑苛法以箝天下，天下苦之，而漢承之以寬大，守之以寧壹。其方與證對，其用藥也無舛，天下之病，有不瘳者鮮矣。

《逐志齋集·非非子醫書序》　非非子既老，著書辯黜昔之論醫者，其説以爲雖扁鵲復生，不易吾言，信乎非非子有志也。道術之傳，豈有古今哉，智者知之，衆人惑之，今與古皆然也。由衆人而視，智者雖同時猶莫能及，況古人乎。由智者而視，才之用者，則今與古何相遠之有？古之言未必皆善，今之言未必皆非，後乎千百載，未必無善於今之人者也，顧智者知之耳。孔子，聖人也。聖人之言，固不敢及與聖人並時，今人豈無過之者乎？故道惟視善與否，今古不足論也。學者之患，在乎慕古而不知道，聞其出於古，則以爲善，雖有未至，不察也。聞其出於今，則以爲不善，雖有至者，不察也。此道之所以不明，實學者之過也。余嘗以爲秦以下言治道者，漢之賈誼、董仲舒、王吉，唐之魏徵、陸贄，宋范仲淹、司馬光，皆近時救俗之論耳，比之三代聖賢匡世範民之政，豈特不及其垣牆哉，其可議者蓋衆矣。每欲爲一書，明先王之意，以正流俗之失，懼人謂吾爲僭也，卒未敢爲。而非非子之於醫，獨不顧舉世之惑，指斥其所尊信而不疑，非果有志者，其能然乎？醫術余雖不足以應之，若非非子之志，其過於余也遠矣。然余聞之，聖人，天地之醫也，賢者，民物之醫也，此醫之大者也。漢之善醫者莫過於賈誼，誼當無事之時，流涕痛哭，以爲痱腫蹠盭，其後病發於數世之間，果驗。此以何術預知之乎？誼之策雖不即用，然其方書具存，後世可以用之否乎？使聖人生漢之初，必能制其本，疾必無自而發矣，不知聖人用何道已天下之疾也。非非子多才能而善論大事，語多驚人，苟取賈誼以下之言，定其是非，著其方書，俾疾病者可按書而治，則余將謂非非子果有志者也，果不可以今古論也。

《普濟方·方脈總論·四大奥論》　嘗歷覽諸家方論，探求醫之妙理，復讀佛書，見經中多引醫爲喻。有云醫善巧方，普救一切人，則知醫之心即佛之心也，診療之際，可不明其所以乎。蓋人之生，寓形宇内，假合四大以爲身。四大者何？地、水、火、風也。其生也由此而成，其死也由此而滅，從本不實故也。人之生死，既繫乎此，則爲醫者，正當明死生之理，以究其疾痛之源可也。夫髮毛爪齒，皮肉筋骨，腦髓面色，皆屬乎地。若地大不和，則髮焦毛拔，爪枯齒槁，皮緩肉脱，筋急骨痿，髓竭腦轉，面垢色敗，此病之源於地大者也。唾涕膿血，津液涎沫，痰淚精氣，大小便利，皆屬乎水。若水大不和，則多唾軌涕，膿潰血溢，津液不收，涎沫流出，痰壅淚盈，精走氣泄，大小不凈，盈流於外，此病之源於水大者也。至於煖氣則歸火，動轉則歸風。若火大不和，爲煩爲熱，爲焦渴，爲癰瘍，爲狂走，爲癃閉。若風大不和，則偏枯，隨爲四肢癱瘓，爲口眼喎斜，爲筋脈攣急，爲痒爲痛，爲痺爲瘴，火大風大，病故不同。四者和合，則一身安榮，有一不和，皆能爲病，況於離散者乎。矧乎四大之身，人所均有，而不自覺，知醫之神師，亦秘而不示於人，惟佛書則言之詳矣。蓋佛爲大醫王，了達生死。故能洞明此理。予因得以經中所説，一貫乎醫。後之來者，毋以予言爲迂，如以予言爲迂，是亦以佛氏爲迂矣。

《玉機微義·莫士安序》　余向讀《國語》，醫和有言曰：上醫醫國，其次醫人。唐柳子非之，余竊是之。余謂人受天地之中以生，元氣流行，各正性命，理之常也。不幸天地之氣乖，而人之氣亦戾，由是疾厲作，民夭閼，而國本動揺。惟醫師之良者，探造化之機，究陰陽之理，投藥起疾，以正人之氣。人之氣既正，則天地之氣亦正，由是民生遂，天命全，而國本固矣，是非醫國而何？【略】嗚呼！醫術之奥有如此者，俾之經國治民，特舉而措之耳，孰謂和言之非乎。

《衛生易簡方·楊士奇序》　醫者，聖人仁民之術也。古之君子，有愛民之志，而無行道之地者，往往用意醫藥，以幾有所濟利，仁者之心也。【略】然善爲醫者，如良將用師，精熟古法，而不執一道，臨敵之際，隨機制勝，故所向成功。

《衛生易簡方·夏原吉序》　醫之道，人命生死所繫，未可以藝而視之也。昔神農氏之王天下，首嘗百草以救生民之疾苦，身屢毒而不知恤。軒后繼立，爰與岐伯又覆論難，以發揮天地五運六氣之秘，推明人身五臟六腑之因，順陰陽寒暑之宜，制涼溫補瀉之法。蓋無非欲人反一身之中和，以合乎天地自然之中和，使不至有乖戾淫慝以傷害其生也。聖人仁民愛物，何其至哉。迄後和、扁、孫、董諸賢，以及近世劉、張、朱、李之輩，則又皆體承往聖之心，掀擴未發之奧，冥觀默究，巧治奇攻，故其術益精，其道益著。天下之疲癃殘疾顛連而無告者，往往得以盡其天年，而無枉橫夭折之患。嗚呼！醫之道果可以藝而視之哉。

《衛生易簡方·王直跋》 醫，仁道也，蓋始于神農、黄帝，其後扁鵲、華陀之流，皆神于其術。然世之君子，欲博施濟衆者，未嘗不用心焉。故以伊尹之聖而論湯液，陸宣公、許學士皆著方書以傳。若此者非一也，其仁之及于人可以數計哉。天地之生人，仁也，然不能使之全其生，故聖賢爲醫藥，以濟其夭死，所以成天地之仁，而爲人司命也，此其心蓋與天地流通矣，而可以藝小之耶！

《傷寒瑣言·自序》 醫之爲道，何道也？曰：君子之道也。苟非存心有恆者，可輕議哉。何則？夫藥之性能生人，亦能殺人，蓋操之不得其要，則反生爲殺矣。惟君子則然，心不苟，故其爲業必精，及其臨病，必詳以審，故能化悲痛爲歡忻。小人之性忍以貪，貪則惟利是圖，忍則輕忽視人命，逮及臨病，則誇以略，不察病之虛實，輒投瞑眩之藥，不殺人也幾希。吾固爲君子之道也。

《胡敬齋集·贈醫師胡伯源》 古人以良醫比良將，以其理之同也。將之爲道，當先完固其內，而後可以攻外。如擇用賢才，修明政事，養民以固邦本，嚴紀律以修武備，然後誅暴禁亂，則兵不血刃，而彼之民，若崩厥角稽首矣。苟不完固其內，而窮兵黷武，則國內虛耗，人民怨愁，雖使勝敵，終至危亡，况必有敗績者乎。醫之爲術亦然，當先調養營衛，完固元氣，視病之所在而攻治之，則病易去而身自安。

《奇效良方·商輅序》 予惟醫者意也，如對敵之將，操舟之工，貴臨機應變。方固難於盡用，然非方則古人之法弗傳，茫如望洋，如捕風，必有率意而失之者矣，方果可以弗用乎？【略】雖然，方固良矣，有志之士，必熟之《素問》，以求其本，熟之《本草》，以究其用，熟之診視，以察其證，熟之治療，以通其變，始於用方而終至於無俟於方，夫然後醫之道成矣。昔許胤宗謂：我善讀仲景書而知其意，然未嘗專用其方。誠名言哉。

《大學衍義補·定職官之品》 《周禮》醫師，即今太醫院之職。疾醫，今所謂內科也。瘍醫，今所謂外科也。醫之説，見於經典，始於《商書》若藥弗瞑眩厥疾弗瘳之一語。蓋藥所以攻病，故醫師所掌之政令，所聚之藥，以毒爲先，而瘍醫所療，五毒之攻，亦在五氣之養之前，其意可見矣。夫治病用藥而用其毒，如人之馭惡人，控猛獸，非善於駕馭制伏者，往往反受其害，苟非有傳授之素，講貫之功，一旦而付之斯人死生之命，不至於實實虛虛，損不足，益有餘，而夭閼人生者幾希。今世之業醫者，挾伎以診療者有之矣，求其從師以講習者何鮮也。我太祖宗內設太醫院，外設府州縣醫學。醫而以學爲名，蓋欲聚其人以敎，學既成功而試之，然後授以一方衛生之任，由是進之以爲國醫，其嘉惠天下臣民也至矣。臣願考究成周所以謂之醫師，國朝所以立爲醫學之故，精擇使判以上官，聚天下習醫者，俾其教之養之，讀軒岐之書，研張、孫之技，試之通而後授之職，因其長而專其業，稽其事以制其祿，則天下之人皆無夭閼之患，而躋仁壽之域矣，是亦王者仁政之一端也。

《韓氏醫通·緒論章》 飛霞子曰：天地萬物，氣成形也。不位不育，病之時也。人之養氣踐形而致中和者，醫之道也。失而至于鍼砭藥餌，第二義矣。《易·無妄》九五曰：無妄之疾，勿藥有喜。孔子曰：無妄之藥，不可試也。此最上義也。得醫之最上義者，氣之沖，神之化，皆此身之眞息以踵也。盧扁指豎子，華陀剖腸腑，白玉蟾呵臂癰，藥餌云乎哉，鍼砭云乎哉。

土爲沖氣，脾胃爲穀氣，沖氣寄旺，穀氣輔運，無一刻之停，此所謂眞息也。而以踵焉至虛之地，氣之樞而神之舍也。故曰萬物負陰而抱陽，沖氣以爲和。夫然後知醫之造化裁成，胥此焉出矣。《易》曰：神而明之，存乎其人。

神農嘗百草，雖非經見，理或有之。軒岐尹咸多古書，要難盡信。《周禮》大司巫掌醫卜，則醫之爲道也，技焉爾矣。

人在氣交中，如魚在水，氣能令人病不病，如水能令魚嘉與餒也。故醫運化機，天地且不能違矣，况於人乎，况於鬼神乎。五運六氣，雖準節令，久之歲差，一日之間，四序寔寓。學者善識天時，則一時有一時之運氣，豈惟歲哉。

風土異宜，自然氣隔，古分南北二政，自今輿圖以河界南北，而江之東，關之西，可類從矣。南北云者，陰陽之軌，四方之轂，八風之輻湊也。

熱生風，寒生濕，風生火，濕生痰，火生暑，痰生燥，乃人身中之五運六氣一息不停者。金形白色，洪聲宫音之類，又身之風土而父子不能以相易者。是故人之稟賦，三天兩地，一氣流行而已。氣失其平之謂疾，疾甚之謂病，三才相因之謂機，機動之謂時。《陰符經》曰：天發殺機，移星易宿。地發殺機，龍蛇起陸。人發殺機，天地反覆。又曰：食其時，百骸理。動其機，萬化安。又曰：三才既宜，三盜既安。嗚呼！此可以契醫之三昧矣乎。

醫之理，可比《周易》，鍼砭藥餌，即卜筮法也。丹溪云：冷生氣，高陽生之謬言。予謂冷生氣，是復卦䷗。熱生風，是姤卦䷫。即天根月窟之化機，《内經》所謂亢則害，承乃制者也。故王安道論曰：易也者，造化之不可常者也。惟其不可常，故神化莫能以測。《易》曰：一陰一陽之謂道，陰陽不測之謂神。世之工醫卜而自小焉者何也。【略】

宋儒謂爲人子者，不可不知醫。又謂不爲良相，當爲良醫。惜人不能以皆能也。則東坡蘇氏有言：擇醫之特出者，先告以病狀，然後使脈以合之。吾但欲愈吾之病爾，何必考其術。此深得用醫之法。然醫書有望聞問切之說，被近世熊宗立者妄註，予乃爲六法兼施之案，庶幾盡神聖工巧之用云。

《續醫說·吴恩序》 禦寇有言：醫者理也，理者意也。何稽乎？理言治，意言識，得理與意，料理於未見，曰醫。超然望聞者，無幾也。降則不理不治，不識不明。斯二者不言不詳，以故聖人尙乎辭。説者謂經始於軒岐緩鵲輩，識其意者也。仲景下，代有名士，有方有論，有原有辯有法，耿耿與繁星並麗而不磨者，聖人以道仁天下，起危而養安，斯已矣。而又立言以臣扶百代，其爲慮不廣且勤哉。

《續醫說·陸師道序》 太史公作《史記》，傳淳于公，備書其所奏治病死生驗者，主名病狀，診候方藥，具悉不遺。夫史必關天下之故而書，紀傳所略者亦衆矣，而何獨詳於一藝焉？嗟乎！人之所病，病疾多；醫之所病，病道少。苟有明效大驗，章章若是，而可不大而傳之乎！蓋將以析同異，極變化，決嫌疑，定可治，求合先聖之道，以立度量於萬世，軒岐尹鵲之空言，由是不誣，其所關豈小小哉。

《止體類要·陸師道序》 世恆言醫有十三科，科自專門，各守師説，少能相通者，其大較然也。

《瘍機要·沈啓原序》 夫醫猶理也。醫之有瘍醫，猶理之有兵也。善爲理者，正其五官，齊其百司，使紀綱法度各有所攝而不弛，則垂拱委裘，而天下可以無變。不幸而一隅乘釁，然後不得已而兵之，故兵非理之所尙也，將藉之以除亂也。彼其平居無事之時，而吾所以弭亂之本，既已縝密完固而無所疏漏，一旦有急，則除之而已耳，故兵雖試而國家之元氣不虧。醫之爲道也亦然。方其病在腠理也，湯液之所及也。其在腸胃也，湔浣之所及也。若夫隆然皮膚之間，甚至不可名狀者，彼何爲哉，其能不攻刺乎？其能不搏擊乎？顧攻有守而後攻，擊有備而後擊，苟不諦其虛實，不量其壯羸，而動曰攻擊之，吾恐病未卻而精已耗，譬則岔兵數逞，而國計内空，疥癬之疾，將不爲腹心之患者幾希。噫！可不愼乎。故明於理者，可與説醫也已。

《真珠船·知醫》 程子云：事親者不可不知醫。然王勃已云：人子不可不知醫，程子蓋述其説。隋許智藏云：人子者，嘗膳視藥，不知方術，豈謂孝乎。其説又在前。

《清容居士集·昌國州醫學記》 醫之道，即夫人身以備三才，其説與《易》、箕疇、《詩》、《禮》相表裏，亦大矣哉。蓋昔之君師，聰明神聖，因夫五行，以寓于五常之形氣，致坎離之用，以合其陰陽，推其運行以齊夫寒暑，考九州風土之宜，别溫涼燥濕之高下，蟲魚草木，纖悉備具，非博習廣聞者不能也。至於七情既發之偏，必求其中以返于正，皆吾儒傳心之極論。有察於聲氣臭味之眇忽，考之於遺書，受之於家庭，積歲年不能以竟，而掌政令者，從是稽其醫事，以制廩祿，是則寧有夭閼疵癘之憾也哉。

《醫先》 沂陽生曰：養德養生二，而無全學也。矧天地大德曰生。今以養德屬儒，曰正道；養生屬仙，曰異端。誤矣，身亡而德安在哉！故孔子愼疾，曰：父母惟疾之憂。教人存仁致中和。孟子曰：養氣，持志，集義，勿忘勿助。是故立教以醫世，酌人情而制方。周末文靡則僞，故存仁。戰國氣暴則盭，故集義。存仁，完心也，志定而氣從；集義，順心也，氣生而志固。致中和也，勿忘助也，疾安由作。故曰：養德、養生，一也，無二術也。

又 醫者意也，度時致病者意起之，立方醫之，若天時聖教不同也。羅太無見元世夷風奢靡，豐于滋味，濕熱痰火致病常多，故授朱丹溪以清金降火之法，乃辟《和濟局方》溫補之非，矯之過也。夫《局方》熱藥固不可，丹溪專用涼藥亦不可。況今元氣日耗也，用丹溪法治者，多壞脾胃。蓋痰生脾溼，熱生脾虛，必用東垣補脾法爲上。是以醫貴審氣運，察人情及致病之原。

《古今醫統大全·湯世隆序》 予嘗謂造化者，萬物之司命。君人者，三才之司命。典校者，文章之司命。將帥者，三軍之司命。而醫也者，又自天子以至庶人者之司命也，其所關係豈淺鮮哉！故先儒有云：不明五運六氣，檢偏方書何濟；不明十二經絡，開口動手便錯。而孫思邈亦曰：不明陰陽者，不足謂之太醫。旨哉斯言！誠業是業者所當深切究心者也。予獨怪今時之醫，始無見理之明，終無應變之巧，務奇詭者，或遠慕而近遺，局方書者，或舉一而廢百；此虛實損益之間，不免毫釐千里之謬，而醫之禍人不爲少矣。亶其然者，則考索未精，體玩未熟，與聞見之未廣耳。

《古今醫統大全·許國序》 夫醫非小道也，立生民之命，贊天地之功，其惟醫乎！古聖代作，辨百藥性味自神農，原百病起瘉自軒帝。制湯液七劑自伊尹。乃其傳自《內經》，《內經》衍於秦越人，爲《八十一難》。漢興，倉公傳其學，史稱脈書，即《內經》。《藥論》者，《本草》也。下及南陽仲景益著。蓋徐君有言，譬之儒家，《內經》尚矣，斯醫之六經乎。《本草》，其《爾雅》也。南陽、河間、東垣，其四子書也。惟是六七家言，是謂本業。儒不習本業，不可爲儒；醫不習本業，不可爲醫。

《古今醫統大全·沈一貫序》 天下之治方術者，亦異於古之道矣。古者人專師，師專法，累功而就業，歷試而嘗效，故挾筴寡而取用宏，彼精於己，無藉於外也。乃後世不然矣，臨病而考治，按方而索功，彼之不效，則此之是求。嗟嗟！以余觀於今天下盡然，而獨醫乎。古者人專師，師專法，師秘而不忍傳，學者久而後可得，然且齋戒以將之，盟誓以信之，誠而聽之，終而守之。其治人也，壹意攝志，罔敢貳叁。故病者之聽夫醫，猶聽神明，正反從逆，惟其所用，至割皮解肌，浣腸刳骨不惜，醫誠良而聽之誠是也。今醫師徧天下而不攻，學者亟求食而不能盡其術，病者疑信半而姑聽命焉，而又以好全惡危之心待之。病非在皮膚，而效求於旦夕，旦不效旦更，夕不效夕更，而醫不敢聚毒以盡其技，況敢言割皮解肌、浣腸刳骨之難乎。故天下不尊醫，而醫亦不自尊，急而求醫，醫亦急而求術，夫然後貴於蓄方，曰：吾其方非吾方，上古聖人之方。故病者即不信醫，信上古聖人，而醫亦不至妄投一劑以禍天下。故古之藝精而試，今之藝試而精。古之人，法治病，今之人，病合法。古之法宜簡，今之法宜繁，亦勢然已。

《古今醫統大全·翼醫通考下·趙從古議儒醫》 慶曆中，有進士沈常，爲人廉潔方直，性寡合，後進多有推服，未嘗省薦。每自嘆曰：吾老倒場屋，尚未免窮困，豈不知天命也。乃入京師，別謀生計。因遊看至東華門，偶見數朝士躍馬揮鞭，從者雄盛。詢之市人，何官位也？人曰翰林醫官也。常又嘆曰：吾窮孔聖之道，焉得不及知甘草大黃之輩也。始有意學醫。次見市廛貨藥者巧言艱苦，復又耻爲，疑貳不決。與同人共議曰：吾輩學則窮達方書，師趨名公，直非常流也。是時醫官趙從古爲太醫醫師，常輒以長書請見，從古迎候，非謂輕怠。常曰：此來窮蹇之人，因同人相勉令學醫，聞君名公也，故來師問。從古曰：醫術比之儒業，然其次也，蓋動關性命，非謂等閑，學者莫非性好專志，方達其妙。足下既言窮蹇，是志未得遂，復卻學醫，深恐鬱滯之性，未能精研。常愠色〔曰〕：吾雖窮蹇，乃自服儒，讀孔孟之書，粗識歷代君臣治國之道。今徒志學之伎術，豈爲高藝？從古曰：（吾非賤士）〔恐非淺嘗〕能矣。未（諭）〔論〕上古一皇，著設醫教，且如漢之張仲景，晉之葛洪，齊之（楮）〔褚〕澄，梁之陶隱君，非不服儒有才行輩。吾聞儒識禮義，醫知損益，〔禮〕義之不修，唯昧孔孟之教，損益之不分，最害命之至，豈可輕哉！

《古今醫統大全·翼醫通考下·治病委之庸醫比之不慈不孝》引《醫説序》 夫醫之道大矣。自神農、黃帝、岐伯、雷公而下，無非聖哲開其源，賢智導其流，故能拯黎元之疾苦，贊天地之生育。世道既降，士大夫以此爲技藝，不屑爲之而畀之凡流。是以至精至微之理，而出於至卑至賤之思。其不能起人之疾，反以夭其命者多矣。此范文正公所以自謂不爲良相，則爲良醫。伊川先生有云：治病而委之庸醫，比之不慈不孝。自昔卓然名家者，如和、緩、扁鵲、淳于意、張仲景、孫眞人等，其論醫也，莫不以保養爲先，藥石爲輔。至於察形胗脈，必致辯於毫芒疑似之末，而深痛夫世之醫者苟簡虛憍。須乃以醫之伐病如將之伐敵，當用背水陣以決勝。是徒見夫華陀之説時出其間，至於剖臆續筋之法，乃別術所得，非神農《本草經》方條理藥性常道爾。今惟仲景一書爲衆方之祖，學者當取法云。

《推篷寤語·本醫藥之術》 醫者意也，其術不盡於藥石，故古人有泥丸蓑草可以濟人之語。蘇耽橘井，食葉飲泉即愈，豈專藥石也？此在醫者有恆，能眞心濟世，不逐逐聲利之間，則雖祝由可以已病，以我正氣，卻彼邪氣，德行所積，隨施隨驗，固非常理可測。若只專專計刀錐之利，己心不正，安能卻邪？雖已試之方，珍異之藥，或未必驗。此蓋有神明助乎其間，非可擯之爲妄語也。

《赤水玄珠·祝世禄序》 醫難言哉！《靈》、《素》出自軒岐，其成言班如可誦也，成法森如可尋也。而其包涵陰陽五行之化，節序盈虚之變，金石草木飛潛靈蠢之性情，深遠無盡，與潔淨精微同旨而不可竟。是故業是者，性必夙授，質必靈明，誦其言而不泥其言，尋其法悟其所以法。無見而無所不見，而卒歸於無見，又不以無見名。無解而無所不解，而卒歸於無解，又不以無解名。而後可以融《靈》、《素》之秘奥，察腑臟之隱伏，氣血之流滯，空竅關膈之通塞，起歸人而生之也。不則且不能窺軒岐之籓籬，何論閫奥。醫難言哉！自周秦迄今，以是樹門戶者，奚啻什伯千萬，和、緩、越人、叔和、仲景、倉公、伯仁、丹溪數公而外，寥寥無聞，猶且不免後學雌黄之口。子華子有言：醫者理也，理者意也。藥者瀹也，瀹者養也。悟其意，會其理，察四然二反，而加疏瀹，始可以言醫藥。醫難言哉！

《赤水玄珠·汪道昆序》 余謂醫學之難，非強識方書之難也，遡本始而不謬所宗之難。亦非(造)[徒]知所宗之難也，以意會所宗者之心，契其旨而融其迹之難也。亦非以古人之心會於心之難也，以古人之心會之，已而用之，隨俗爲變，運化不膠之難也。是故執方則泥，用變則神，泥則功鮮而害速，神則中奇而效閎。故受醫不慎所宗，是規磨之識也。徒執其方，是刻舟之見也。何也？軒岐之訓，猶之六經，漢之仲景與私淑尼父之軻氏奚異？譬彼惡池而源於河，配林而始於岱也。世之業醫者，高之硜硜守彥脩之譚，謂《心法》在是，卑之拘局曲一定之方，膠用而嘗試之，爲朝夕布糈計，偶獲一效，遂囂然自負以爲高，而靡知顛蹶隨之，卑之卑也。舍古昔而倍前賢，即晉齊之杞不啻也，忘其本矣，安能獲古人之心，若旦暮遇之哉。

《赤水玄珠·史孟麟序》 太史公曰：聖人不得志則隱於醫卜之間。又曰：使聖人預知微，令天下早從事，何病不已。故醫有聖人之道焉，知微之謂也。知微者通於一之謂也。老子曰：通於一，萬事畢。故天成象，地成形，人有情，物有性在焉，而各得其常之謂一。無而有，有而無，虚而實，實而虚，參互錯綜焉，而不失其常之謂一。通於一而後能知微，知微而後可與言醫，醫豈易言哉！

《赤水玄珠·吴正志序》 余惟天下之言衛生者祖軒岐，軒岐家言意而不泥，理而不方，其變化之有概乎仲景氏，務以支順闌横之辨，陽入陰入之殊。爲之闡經絡而章和代，旁引廣喻，其要歸卒澤於軒岐。自丹溪後而醫方家蓋難言之矣。譬如張羅者，張之於無鳥之所，則終日不獲一。張於多鳥處，則又駭鳥矣。必張於有鳥無鳥之際，然後能多得鳥焉。夫離法而師心自用者，張之於無鳥之所也。執詞而泥其方者，張之於多鳥之處也。惟不泥其法，不離其法，以合離得之，斯張於有鳥無鳥之際，而變運不膠。

《赤水玄珠·凡例》 一、醫寄生死之關，非知性命者，不足與有言也。儒之窮理盡性，以至於命，固當取以折衷。而老氏性命兼修，釋氏明心見性，道理自可參觀，故兼採二氏爲翼。夫知三教之所以者，于醫學思過半矣。

一、醫道肇自炎帝之《本草》與黄帝之《内經》，伊尹之《湯液》。而《周禮》登之天官冢宰，誠重之也。諸如上池、金匱、青囊，或神或仙，不可枚舉，其顯在六卿廊廟者，齊則褚澄，唐則王珪、李世勣、陸宣公、狄梁公、劉禹錫、李兵部。宋則文潞公、蘇子瞻、朱紫陽，我明則劉誠意，咸有著述。此皆上古良相之芳躅，逸人之高致。逮今風斯爲下，廁之技流，烏知醫之所自耶？噫！道無汙隆，顧人力行何如耳。宣尼有言：人能弘道，非道弘人。吾黨共勗之哉。

《醫旨緒餘·孫燁序》 醫之爲道，豈眇小乎哉！陶鑄天地，和順陰陽，宣節氣化，措民物而置安全，其效與粒食蒸民者同功，而其立言秘旨，可等潔淨精微之蘊。脱若性非靈哲，養非深邃，藴積非以歲年，與夫受衷非慈祥長厚，則無能窺閫奥以觀其妙，調瘥癘，回夭札，而登之康寧黄髮也。世之業是術者，非不紛然夥矣，類眯謬自用，有稱名家，亦操方書爲套本，鮮濟則委天命不可爲，偶而獲效，輒揚揚矜詡其能，益自信執方之爲便。以斯職業，安望其究《素》、《靈》之眞詮，晰和、扁之渺緒哉！醫道之小，業醫者自小之也。

《孫氏醫案·鄭明道贈太醫孫君東宿序》 夫人間世操生死之柄者，在上有兵官、刑官，而在於下者有醫。然一獄之決，即不得其平，非旦夕死也，必省於恤刑，讞於大理，罪當然後議死，非若醫之傷人在呼吸間也。將不知兵，三軍之命，懸於呼吸。然兵不常用，非若醫之日視疾也。故醫之責爲尤重。神農嘗草木，軒轅岐伯作《内經》，彼皆所謂聖神賢哲也，然必身親爲之，誠重人命也。醫果小道乎哉！後世若東垣，若仲景，若丹溪、攖寧諸人，其術雖不逮和、緩、倉、扁，然其心專用生人爲務，故所治輒有功，古今稱良。乃若晚近之醫，其心本不務生人，惟借其名以罔利。生平於軒岐之書，未一觸目，其臨病不能察人陰陽、寒熱、虚實之變，而命藥闇於君臣佐使之宜，用方書之活套，僥倖於一生，以蘄人之利，而患者之安危，略不芥蒂於心，人死則歸怨於天命之不可爲。嗟呼，嗟呼！其兵人而不剸刃者耶！其操藥餌以行賈者耶！

《本草綱目·夏良心序》 夫醫之爲道，君子用之以衛生，而推之以濟世，故稱仁術，乃後世以藝視之，縉紳先生多所弗講。賈子不云乎：古之聖人，不居朝廷，必居醫卜之間。醫可以賤簡爲哉！【略】治生者，去其所以害吾生者而已矣；治民者，去其所以害吾民者而已矣。今天號稱治平無事，然而病在脈理者已數形見：四民之業窘，而重以旱澇之不時，所在有啼號聲，則元氣索；采榷之使十道四出，而鴟張虎視者且遍埏宇，則邪氣盛。當其時，欲如醫者按其表裏標本而治之，何者宜補？何者宜攻？其用以補者，將爲參、朮乎？抑芐與文無乎？用以攻者，將爲黄、芒乎？抑堇與烏喙乎？取其散於山澤者以調吾臟腑，必何如而後可以無誤？是必有精於其理者，若跗之滌，和之視，長桑君之方，太倉公之診，而後能挽斯世於仁壽耳。

《醫方考·江東之序》 醫，小道也，而可觀。夫人身體百骸強健聰明，豈非吉祥善事，而安事醫藥？顧百年之期，何能旦夕無恙，則醫之不可以已也。

《雲林神彀·茅坤序》 夫醫者意也，切脈察色，聽聲審形，要在推吾意與受病者兩相印而無疑，而後其陰陽榮衛始克就吾之調劑而各當。譬則射者，必有彀率，其中非爾力也，亦如醫之以意中也。上世岐黄倉扁無論，其在中古所流傳者，獨丹溪仲景得其解，而所著述迄今垂不朽。近代以來，質愚下士，爭冒醫名，以殫人財，而究則不殞人之命不止，其於彀之藩籬且大有徑庭矣。

《典故紀聞》卷一 太祖爲吳王時。【略】上曰：用法如用藥，藥本以濟人，不以斃人，服之或誤，必致戕生。法本以衛人，不以殺人，用之太過，則必致傷物。

又 諭之曰：【略】今新附之民望治，猶負疾者之望良醫。醫之術有攻治，有保養。攻治者伐外邪，保養者扶元氣。今民出喪亂，是外邪去矣，所望生養休息耳，即扶元氣之謂也。

《典故紀聞》卷三 太祖與禮部尚書朱夢炎論治民之道曰：君之於民，猶心於百體，心得其養，不爲邪淫所干，則百體皆順令矣。苟無所養，爲衆邪所攻，則百病生焉。

《典故紀聞》卷四 太祖曰：恩德亦非汎然。醫如臾扁，不施藥石，疾不自瘳。匠如公輸，不施繩墨，木不自正。君如堯舜，無綱紀法度之施，而但曰恩德，所謂從善，不足以爲政也。

《典故紀聞》卷五 太祖嘗因論兵政謂諸將曰：國家用兵，猶醫之用藥。藥以治疾，不以無疾而服藥。國家未寧，用兵以勘定禍亂。及四方承平，只宜修甲兵，練士卒，使常有備。蓋兵能弭亂，亦能招亂。若恃其富強，喜功生事，結怨起釁，適足以招怨耳。正猶醫家妄以瞑眩之藥強進無疾之人，縱不殘體殞命，亦傷元氣。故爲國者但當講武事，不可窮兵黷武。

《杏苑生春·論醫》 天地之大德曰生。聖人體天地好生之心，憫黎元之疾，辯察百藥，以知主治，由是有方書之學。余深慕焉，因述其緒餘。或問之曰：聞上醫治國，中醫治人，下醫治病，故嘗論疾以及國，原診以知政。然則子之所學可得聞乎？曰：夫致治於未亂，保邦於未危，及其救亂，則能轉禍爲福，轉敗爲成，此治國者也。專在司常敎化，令行禁止，使人不犯於政教，此治人者也。察色辯證，聽聲切脈，知五臟六腑，陰陽虚實，吉凶之兆，攻之以〔刺〕灸，絛之以湯液，扶危持顛，此治病者也。蓋上醫以道，中醫以德，下醫執伎。雖曰方伎，非天下之至精，心神默會，其孰有與於此？有觀天察地，按運氣以調寒溫，辯五行而明勝負，高者抑之，下者舉之，有餘抑之，不足補之，預爲之防，曲爲之備，乃不違乎人事者矣。經曰：不治已病治未病，不治已亂治未亂。此治國治人之道兼之矣。

良醫治病，如良將之用兵，量敵而後進，慮勝而後會，察形於外，以知其內，度勢以投劑，知彼此也。論陰得陽，論陽得陰，貴料敵也。以左取右，以右取左，以寒治熱，以熱治寒，用奇正也。辯度證疾，毒藥攻治，破大敵也。方其臨病制療，間不容髮，投機會也。差之毫釐，失之千里，死生所係，但恨未能造其妙而徒切慕焉。客曰：然則子於斯道已□經世之術，胡不以此上說吾君□敵平亂，治國安家，徒介區區，愁肝腎之微說，何異乎雕蟲琢鮭，豈忍爲小丈夫哉？曰：吾豈不知此而不爲耶？斯豈在我者耶？獨不聞伊尹大聖人也，嘗廣《湯液》之說，使身不遇湯，不過終身耕於有莘之野，或以《湯液》之說著於後世，功及生靈久。宋朝范文正公微時，嘗詣靈祠求禱而願爲相，神且不許，於是復禱，願爲良醫。蓋賢人之用心，非慕苟富貴而貪利，志在持己利物，□□行道也。夫宰相可澤天下，良醫仁及於人，雖行道有高下之殊，其濟人利物之心，則無異也。且易象明天時人事，得所謂治世安民之術，蓋上醫之事也。

《杏苑生春・王肯堂叙》 嘗謂醫亦難言矣，非醫之難也，非得其理之難也，得其理而協於其竅之難也。夫醫者意也，以我之意，迎人之意，則兩意相孚，脈絡自貫。若何而爲外感，若何而爲內傷，若何而爲積痼，若何而爲乍萌，顯證其方，默調其劑，斟之酌之，瀉有餘，補不足，扶正氣，抑邪侵，輒投輒效，百投百靈，決生死於如綫，起危亡於俄頃，無足難者。柰何哉！窅窅庸醫，徑行臆恣，遇病依方，弄人命於掌股，濟則其藥之靈也，不濟，何以數委之？嗟哉！庸醫殺〔人〕，詢已然矣。

《傷寒六書・李存濟序》 嘗聞治身猶治兵。治兵者，必精孫吴之韜略，然後能偵虛實，諳奇正，而施攻守之方。治身者，必洞岐黄之奥旨，然後能察寒熱，知標本，而施調劑之法。如舍昔人之著述而譚醫，猶舍孫吴之兵法而賈勇也，鮮有濟矣。

《類證活人書・張惟仁序》 自朱紫陽訓醫爲小道，儒者率卑瑣置之而不談，不談則不習，習醫而獲名稱者，皆業儒不成者也。然一旦病疾，則延素所（耳）〔卑〕瑣者，不惜損厚貲，託生命，以尊禮之。夫術至於託生命，則醫非小道矣！惟夫緩急卒不可倚，於是舉世惑厭，謂我命自天，而藥餌眞屬可有可無之物。即取而用之，不過曰，謂其能療疾苦耳。若然，則以爲小道亦宜。不知命盡難言矣，使吾命當生，非藥以能生也，則吞毒藥亦可以不死耳。舉世賢智之儒，不深究詰，委身庸愚，亂投金石草木，或輕信而自戮，或勢逐而咎尤，詎知一定之難挽，不思人事之有缺，咸以吾宜聖準之，其所諄諄言曰有命，命矣夫之類，似乎夭壽修短不可強者，顧何以必慎疾也。不輕嘗藥也，誅許止以弑也。至子輿氏，亦以立巖牆下爲不知命，實後先同旨。若夫人生此息，徒懸之蒼茫而毫不能移，則疾不必愼，而藥可漫嘗矣，許止孝而巖牆下可立矣。由是則軒岐誕矣，神農妄矣，伊尹、箕仲鑿矣，箴砭刀圭湯液醪醴之事，一切可廢矣。何以古今相沿必設也？若夫但取療疾苦之言，亦不經見，天地間六淫七情之所發動，輕則疾苦，重則危殆。能得治法與治之先時，危殆化而爲疾苦，不得其治法與治之後時，疾苦轉而爲危殆，豈有二哉？

《類證活人書・來復序》 以醫爲幻則末，以醫爲眞則非末。醫止爲一人之身用則小，以之爲天下人用則非小。余不佞，非知醫者，顧常謂百家之技，惟此近眞，擴而大之，可以免夭沴之患。家居題其藥室云：以羲皇之心手，運堯舜之事功，誰窮誰達，將孔孟之乾坤，躋羨期之壽命，何己何人。

《瘍科選粹・彭宗孟序》 昔先正有言：不爲良相，則爲良醫。夫醫，一技耳，何至取調變贊化之能相提而論，豈非以凡技皆局於器物，而醫必通三才，洞理道，直接前賢不能言傳之妙，始足參造化而寄生死，取類顧不大歟！古今惟姬公識此意，故制《禮》經國，列之天官冢宰。

《景岳全書・傳忠録上・明理》 萬事不能外乎理，而醫之於理爲尤切。散之則理爲萬象，會之則理歸一心。夫醫者，一心也；病者，萬象也。舉萬病之多，則醫道誠難，然而萬病之病，不過各得一病耳。譬之北極者，醫之一心也；萬星者，病之萬象也。欲以北極而對萬星，則不勝其對，以北極而對一星，則自有一綫之直，彼此相照，何得有差？故醫之臨證，必期以我之一心，洞病者之一本。以我之一，對彼之一，既得一眞，萬疑俱釋，豈不甚易。一也者，理而已矣。苟吾心之理明，則陰者自陰，陽者自陽，焉能相混？陰陽既明，則表與裏對，虛與實對，寒與熱對。明此六變，明此陰陽，則天下之病固不能出此八者。是編也，列門爲八，列方亦爲八，蓋古有兵法之八門，予有醫家之八陣。一而八之，所以神變化，八而一之，所以遡淵源。故予於此録，首言明理，以統陰陽諸論，詳中求備，用師八門。夫兵係興亡，醫司性命，執中心學，孰先乎此？是即曰傳中可也，曰傳心亦可也。然傳中傳心，總無非爲斯人斯世之謀耳，故復命爲傳忠録。

《景岳全書・傳忠録下・誤謬論》 經曰：揆度奇恒，道在於一，得一之精，以知死生。此即斯道中精一執中之訓也，凡天人之學，總無出此。矧醫之爲道，性命判於呼吸，禍福決自指端，此於人生關係，較之他事爲尤切也。以此重任，使不有此見此識，誠不可猜摸嘗試以誤生靈，矧立法垂訓，尤難苟且，倘一言失當，則遺禍無窮，一劑妄投，則害人不淺，此誤謬之不容不正也。

賓自從斯道，常稽往古，所見軒岐之下，凡明良繼出，何代無之，然必欲求其得中者，則舍《靈》、《素》之外，似亦不多其人。蓋竊見相傳方論，每多失經意，背經旨，斷章取義，假借數語以飾一偏之詭說者，比比其然。此總屬意見有不到，至理有未明，故各逞胸臆，用示己長，致令斯道失中，大違精一之義，此則醫之於人，亦何賴焉。是豈知道本一源，理無二致。自一源而萬變，則萬變仍歸於一，自二致而錯亂，則錯亂遂其爲兩。故言外有理，理外亦有言。如理有在而言不能達者，此言外之理也；有可以言而不可以行者，此理外之言也。然理外豈别有言乎？第以疑似之間，加之便佞，則眞爲僞奪，而道傍之築，從來有矣。如古之楊墨異端，今之傳奇小説，謂皆非理外之言乎？言可假借，則是非亂而强辯出，由是賢者固執，愚者亦固執。如擇善固執，則精一之謂，君子時中，則執中之謂，此賢者之固執也。其有言僞而辯，行僻而堅，必不知反，必不可移者，此愚者之固執也。執中者見事之舛，則不得不言，以利害所關，不容已也。邪僻者見人之長，則反詆其短，以鄙陋不伸，不肯已也。千古來是非邪正，每爲此害，矧以惟類知類，而當局者亦難其人耳。然此輩雖云偏拗，猶知傍理，自非曳白者所能。其奈此中尚有全不知脈絡，而止識皮毛者，亦且嚚嚚，偏能宜俗，是不過見熱則用寒，見寒則用熱，見外感則云發散，見脹滿則云消導，若然者，誰不得而知之。設醫止於是，則賤子庸夫皆堪師範，又何明哲之足貴乎？嗟嗟！朱紫難辨，類多如此。

予因溯源稽古，即自金元以來爲當世之所宗範者，無如河間、丹溪矣，而且各執偏見，左説盛行，遂致醫道失中者，迄今四百餘年矣。每一經目，殊深扼腕，使不速爲救正，其流弊將無窮也。兹姑撮其數條，以見倍理之談，其有不可信者類如此，庶乎使人警悟，易轍無難，倘得少補於將來，則避諱之罪，亦甘爲後人而受之矣。

《景岳全書·傳忠録下·醫非小道記》 予出中年，嘗遊東藩之野，遇異人焉。偶相問曰：子亦學醫道耶？醫道難矣，子其慎之。予曰：醫雖小道，而性命是關，敢不知慎，敬當聞命。異人怒而叱曰：子非知醫者也。既稱性命是關，醫豈小道云哉？夫性命之道，本乎太極，散于萬殊。有性命然後三教立，有性命然後五倫生。故造化者，性命之爐冶也。道學者，性命之繩墨也。醫藥者，性命之贊育也。然而其義深，其旨博，故不有出人之智，不足以造達微妙，不有執中之明，不足以辨正毫釐。使能明醫理之綱目，則治平之道如斯而已。能明醫理之得失，則興亡之機如斯而已。能明醫理之緩急，則戰守之法如斯而已。能明醫理之趨舍，則出處之義如斯而已。洞理氣於胸中，則變化可以指計，運陰陽於掌上，則隔垣可以目窺。修身心於至誠，實儒家之自治。洗業障于持戒，誠釋道之自醫。身心人己，理通於一，明於此者，必明於彼，善乎彼者，必善於斯。故曰：必有眞人，而後有眞知，必有眞知，而後有眞醫。醫之爲道，豈易言哉。若夫尋方逐跡，齪齪庸庸，椒、硫殺疥，葱薤散風，誰曰非醫也？而緇衣黄冠，總稱釋道；矯言僞行，何匪儒流？是泰山之與丘垤，河海之與行潦，固不可以同日語矣。又若陰陽不識，虚實悞攻，心粗膽大，執拗偏庸，非徒無益，而反害之之徒，殆又椒、硫、葱薤之不若。小道之稱，且不可當，又烏足與言醫道哉！醫道難矣，醫道大矣，是誠神聖之首傳，民命之先務矣。吾子其毋以草木相渺，必期進於精神相貫之區，玄冥相通之際，照終始之後先，會結果之根蒂，斯於斯道也，其庶乎爲有得矣。子其勉之！子其勉之！予聞是教，慚悚應諾，退而皇皇者數月，恐失其訓，因筆記焉。

《外臺秘要·陸錫明序》 語有之：運千刃者，可以發硎；操千曲者，可以聽聲。醫亦云然。上古之世，方不如醫，中古之世，醫不如方，世愈降而方愈揉。方者防也，防于未然，驗于已試。譬之輪轅輻轂合軸而致遠，檣帆樓櫓合楫而乘風。醫不習方，與瞽趨冥蹈等。昔者宓犧畫卦，炎農嘗草，本造化以開人事，而吉凶悔吝、宰命造物率繇之。五運六氣，非即陰陽順逆之指乎？五味五色，非即水火風雷之辨乎？君臣佐使，非即君一民二之徵乎？牛溲馬渤，非即雞豕犬羊之象乎？喜忌溫涼，非即損益剝復之義乎？《繫辭》所謂危者使平，易者使傾，思過半矣。聖人之心無非易，聖人之易無非醫，神而守之，變而通之，日乾夕惕而時保之，則又宣尼無過之旨，有恆之占也。聖王惟以易觀醫，故不規術而規道，軒轅《素問》，先録象以闡微，周官政令，掌之醫師，隸之冢宰。天道好生，醫道承天，謹人事以體天，道綦重矣，術云乎哉。自太史公斥爲不祥，九流置之，然而周之矯、之俞、之盧，秦之和、之緩，宋之文摯，鄭之扁鵲，漢之樓護，陽慶、倉公，其人九京，其方千古，存什一於千百後世，率遵途而問徑焉。

《外臺秘要·唐暉序》 宣尼有言：博施濟衆，不如爲仁之方。方，術也。醫方，仁術也。以身生人，與以言生人，其仁孰廣？其爲仁孰約？子試辨之。敬通氏乃窮寒暑日夜之力，購集唐王燾《外臺秘要》四十卷，爲方六千九百有奇，縷分嚴訂，以付剞劂。夫敬通氏斷葷少飲，雖不佞佛，寔大得西來意。故其言曰：醫有秘要，猶佛有秘密藏也。大醫王隨病發藥，集經五千四十八卷，開示衆生。衆生之學其道者，認賊作子不得，因賊棄子不得，指標爲月不得，指月廢標亦不得。若夫醫之有方，正類兵法之有孫吳、穰苴，離則爲野戰，執則又爲馬服子之讀父書，神而明之，存乎其人，變而通之，存乎其心。譬之維摩詰，默然無語，三十二義，一時俱墮，語不能顯，默不能藏，雖非秘，猶秘也。旨哉！陸井翁之以《易》詮醫也，其理平易，其用變易，其方又不易。明乎易，而青囊之訣思過半矣。

《外臺秘要·程衍道序》 夫天下何事不宜師古？文則六經之外必追秦漢，字則篆籀而後必法鍾王。至於醫而何獨不然？昔祖訥云：辨釋經典，小有異同，不足以傷風教，湯藥小小不達，則後人受弊不淺。

《幼科金針·錢銘銓序》 古之人有言：醫者意也。運用之妙，在於一心，法於陰陽，和於術數，神明變化，意想所至，適合病情，所謂從心所欲，不踰規矩者，斯醫也。可司一方之命，能起九死之生，其道不綦重歟！然醫學有淺深，即醫工分上下，望問聞切，同此視聽，失之毫釐，謬以千里，醫之內分諸科，莫不皆然。

《頤生微論·醫宗論》 夫醫也者，近之治身，消患于未兆，遠之治人，廣惠于無窮。然非研求《靈》《素》，玩味諸家，雖至敏者，不能闢無師之智也。夫病者聽醫，猶聽神明，醫誠良而聽之宜也。今醫師徧天下，而術未工，病者疑信半，而姑聽命焉。又以好全惡危之心待之，病非在皮膚，效期于旦夕，旦不效旦更，夕不效夕更，而醫始不能盡其技矣。故天下不尊醫，醫亦不自尊，急而求醫，醫亦急而求術。古之藝精而試，今之藝試而精；古之人法治病，今之人病合法。醫固如此，人于何尤，君子慨然以仁壽爲己任，非博綜無繇也。

《軒岐救正論·林先春序》 昔賢所云達則爲良相，不達則爲良醫。此名言也，非通論也。世有才居然相，而專任罕遭，不可謂之達者。亦有位不必相，而隨方補救，不可謂之不達者。達不達之故存乎天。醫之爲道也，達之事也，非不達之事也。不達于古聖百家之言，可謂之醫學乎？不達于虛實本標之辨，可謂之醫識乎？不達于存亡呼吸之頃，經權意剏，奇正心生，可謂之醫膽乎？達于胸，不達于筆，不足以匡時；達于舌，不達于書，不足以壽世，可謂之醫仁乎？孔子曰：己欲達而達人。又曰：辭達而已矣。【略】學也，識也，膽也，一言以蔽之曰仁。是以痌瘝在心，不憚風雨，則戶外之屨滿矣。不曰新甫功臣，即曰景岳益友，則四海之聲不脛走，無翼飛矣。往往于隱之徑不合，吾故曰達之事也。

《軒岐救正論·自序》 夫醫之爲道也，總君父師相之權，而其學也，究天人性命之微，故君子取其精以治身，推其餘以濟世，斯仁術也。乃後世以方技目之，縉紳名士，多所弗講。司馬公不云乎，達則爲良相，不達則爲良醫。醫其可以賤簡爲哉！

《軒岐救正論·病鑒·知醫》 葉敬君曰：合天地人，性命爲重。命從誰生？生命者曰父曰母。命從誰司？司命者曰君曰相曰師。司命者誰爲之總？總君父師相之權曰醫。上古神農黄帝，君而醫也，岐伯諸臣，師而醫也。中古名賢一隱，君子錯出，則皆繼醫之統，而無替其性命之傳者也，道斯隆矣。而惜乎近古及今，正教凌夷，邪說縱橫，挾治成方，委命匪人，《靈》《素》奥義，不復窮探，循枝昧本，棄繁就簡。二氣之中和，何自而調燮，生人之大命，安望其康濟。寧不爲庸妄之砍伐，致嘆狂瀾之莫挽乎。故玄晏先生云：人受先人之體，有七尺之軀，而不知醫事，此所謂遊魂耳。雖有忠孝之心，君父困危，赤子塗地，何以濟之？此聖賢所以精思極論，欲盡其理也。明道先生曰：人子事親，學醫最是大事。今人視父母疾，一任醫者之手，豈不害事。必須識醫藥之道理，别病如何，藥當何如，故可任醫也。如自己曾學，令醫者說道理，便自見得。或己有所見，亦要說與他商量。張杲《醫說》云：五經四部，軍國禮服，若講用乖越者，止於事跡非宜耳。至於醫藥一物，少有差謬，便性命及之。千乘之君，百金之長，可不深思戒慎乎！伊川先生云：治病而委之庸醫，比之不慈不孝。此數論者，深足爲有生家之明鑑也。

《軒岐救正論·醫鑒·儒醫》 故非儒則醫之術不明，非醫則儒之道不該，醫故以儒重者也。

《言醫》 學不博不可以爲醫，徒博亦不可以爲醫。醫者意也，聖賢之精蘊，形而上者之道也。布在方策者言也，形而下者之教也。學者欲求聖賢之意，不得不因言以求之，非廣博不可也。所謂教非道不立，道非教不明也。不求其意，而徒事于言，則雖讀盡天下古今奇書，皆糟粕矣，何異饕餮百種珍羞，塡塞胸中而不化者乎。

〔王士雄按〕讀書者須知出入法，若入而不出，則死于句下矣，此由才不足以勝學，故聖人有才難之歎。余謂人必具才、學、識之三長，始可以爲醫者，正此意也。又嘗撰楹帖一聯云：近人情之謂眞學問，知書味即是活神仙。附及之，與天下之讀書人共勉焉。

《醫衡·宋徵輿序》 天下以輕重委之於衡，而衡非爲輕重者也，加之以權而使物自準焉。爲累黍者，以至爲鈞石者，物自以其輕重見之於衡，而衡未始移也，是以能任天下之輕重而不辭。沈君明生曰：我之言醫，亦若是而已。病者以實見而後與之言苦，病者以虛見而後與之言甘。今之醫者，好甘則欲廢病之實，好苦則欲廢病之虛，是醫自爲虛實，非病之虛實也。彼有持衡者，好輕則欲廢鈞石，好重則欲廢累黍，人必笑之。雖然，輕重而不審，則持衡者退，物固在也。虛實而不審，醫雖欲退，寧復有人乎。嗚呼！物不能自言其輕重，五臟六腑不能自言其虛實，則是持衡者、爲醫者，終不可退也，此我之《醫衡》所以作也。

《醫衡·統論·議醫》 人謂醫近于仙，以有丹藥回生也；吾謂醫近于禪，以其同一慈悲也。

《脈訣彙辨·彭孫貽序》 天人之道一也，天有五運六氣，以成四時，人之府俞經絡實因之。聖人者，人而天者也，以天道治一身而性命各正，以天道治天下而民物仁壽。古之聖人，不爲君則爲相，五帝三王風牧稷禼皋繇伊尹巫咸太公周召畢散之徒，皆以治身者治世，燮和陰陽，祛除患害，以還天地之雍熙，故自古無不壽之聖人。聖人而不爲君與相者自孔子始，聖人而不登上壽者亦自孔子始。宓犧神農黃帝不欲其道僅傳于一時，而發明之于《靈》《素》諸書以傳萬世。孔子既不得爲君且相焉，以治一世，又不忍若容成偓佺鼓聃莊列之徒，僅以其道私之于一身，既悲閔憂勞轍環敝敝以傷其生，而勤勤焉刪述筆削《詩》《書》以傳萬世，不徒欲壽萬世之人之身，而欲救萬世之人之心，使不徒生而虛死，則醫藥之道直視爲小數，周公列之庶官之末，孔孟亦等之巫匠之流，聖人不貴也。非聖人之不貴，亦謂所欲有甚于生，所惡有甚于死，則治心又急于治身也。世雖不古，而生民之道不可絕，于是和扁之徒發明黃帝之旨，俾無絕于世，而長沙河間東垣丹溪四氏，得引申觸類，而長之著書立言，以傳述來兹，天下謂之四聖。四氏者，不居聖人之名而能心聖人之心，以救民物者也。先賢謂：不爲良相，則爲良醫。四氏之徒勞于撰述而不已者，以爲湯液劑鍬之功在一時，不若筆之于書爲功萬世之大也。近世言軒岐之言者，徧海内能盡其道者，曠世而少一遇也。

《診家正眼·尤乘序》 天下操生殺之權者，惟君與相耳。乃權位而外，又有醫士焉。人知若相不易爲，不知醫士尤不易爲。蓋若相之生殺人也，其道顯而共聞，醫士之生殺人也，其道微而難辨。其難辨者何哉？藏府在內，以三指測之，稍有謬誤，生死攸分。故昌黎有云：善醫者，不視人之瘠肥，察其脈之病否而已。脈不病，雖瘠不害，脈病而肥者死也。

《玉函經·程應旄序》 能通天地人三才之謂儒，則亦能通天地人三才之謂醫，醫之道，難言之矣。仲景有言：自非才高識妙，豈能探其理致。正以人有府藏，以迄毛膚竅理，罔不本於陰陽，肖乎物類。從醫道究極淵玄，非於參贊化育處，得窮理盡性之詣，不足以語此。

《内經博議·趙汝揆題辭》 儒可無用乎？耳目心思，等之木石，百年爲可悼也。儒可有用乎？兵刑錢穀，紹之職司，一時爲可鄙也。居今之世，志古之道，求所謂卓然自命，上不溷君王，而下不委諸草莽者，其在岐黄之業乎。夫岐黄之業，談何容易，不知陰陽消長之理者，不可與言醫。不知死生變化之故者，不可與言醫。不知草木蟲魚邱陵牝牡之性情者，不可與言醫。不知古今異宜剛柔互用應變合於秒忽者，不可與言醫。若是則五經四子之書，醫之宗旨也。二十一史前後成敗君臣興廢之所由，醫之證據也。與夫諸子百家、零星傳記，雜出於飲食藥石之書，醫之雜俎也。宰相須用讀書人，國醫須用讀書人。如是而儒之一生，無用不等之木石，有用不綴之職司，休德令聞而擅其美，豈不重賴夫醫也耶。醫之不可易言，儒之不可易言也。

《傷寒辨證·勞樹棠序》 《周禮·疾醫》以五氣、五聲、五色視其生死，兩之以九竅之變，參之以九藏之動，歲終稽考，必以十全爲上，蓋醫之難言也。先大夫少工舉業，晦跡邱園，不求利達，然性好讀書，樂施濟，經史而外，百家之書，無不窺尋，而於《千金》、《肘後》之秘，尤所究心。嘗謂棠曰：儒者讀書明理，當思有用於世，天下事物，何一不在格致中？即如醫者，拯人之疾也。語云：上醫醫國，其次醫人。

《醫方集解·自序》 諸藝之中，醫爲尤重，以其爲生人之司命，而聖人之所必慎者也。

《金匱要略編注·孟亮揆序》 古人云：不爲良相，願爲良醫。余謂醫之良，猶不僅與良相等。何也？相主生人殺人，醫則專主生人，不主殺人。相能佐天子，理陰陽，平邦國，醫直代天地，調陰陽，消疵癘，能有功於天地。而讓善于天子者，良相也，能有功於民物，而靠功於天地者，良醫也。故曰：醫良於相。雖然，余又疑之。夫賢相治天下，自皋、夔、伊、吕以降，一代有一代之良相。上醫醫國，而歧伯越人以降，不聞一代有一代之良醫。是豈湯液之用，倍難于阿衡之任歟，又豈造物之生良醫，倍艱于良相，故曠世而始一覯歟。此其故，由於世無善讀書之人，亦由於世無讀之而可用，用之而必效之書焉耳。

《醫經允中·醫經允中大旨》 夫醫何昉乎？自伏羲畫卦，神農嘗百草，黄帝著《内經》，而醫大備，是醫實大聖人，參天地，替化育，裁成輔相，開物成務之大功業也。嗣後堯舜禹湯諸聖人之行事，雖各不相襲，然其迹不同，而其順乎天時，宜乎地理，合乎人事者，其道同也，皆天地民物之醫也，故首系之以醫。夫文以載道也，道在天壤間，不可須臾離者，豈待言而顯哉。羲、禹不必以《圖》《書》而始傳，軒岐不必以《靈》《素》而始著，然而萬世賴之矣。使聖人當日不爲之辨晰精微，以救斯民之疾苦，即生齒日繁，其如夭札何？何奠安之爲也。今也《靈》《素》諸篇，昭垂天壤，皆萬世不易之大經大法，如日月經天，江河行地，與四子五經，並垂不朽，故醫而系之以經。

人而無恒，不可以爲醫。蓋王道無近功，欲速則不效，是以聖人久於其道，而天下化成。然亦非徒久也，恒久而以道爲正也。道之所在，執一而固守之道也。或時當通變，不從治而逆治，不正治而反治，亦道也。《繫辭》曰：通則久。知其恒久不易，又知其變通，乃可以爲醫。又允者，信實之謂，治病用藥，信其至當合宜，無歉于心而後可。倘有毫髮之疑，而昧昧處此，即自欺欺人，而天命不佑矣。故醫經而系之以允。

蓋天地一陰陽，在人身惟血氣。故陰陽和，和則無病。病者，氣血之偏勝也。醫者，因臟腑氣血之偏勝，而以藥治之，太過者瀉，不及者補，隨其病之偏以致于中，總不過因物付物，行所無事而已。蓋軒岐治病之適中，即與堯舜之執中，孔子之時中，其道一也。軒岐以之治萬世之疾病，堯舜孔孟以之傳萬世之道統，各因其時而未常有異，蓋中無定體，隨時而在者也。故醫經而系之以允中。

《醫經允中·醫經允中編次》 醫藥之要，莫先于切脈。經云：切脈動静，而視精明，觀五臟有餘不足，六腑强弱，形之盛衰，以此參伍，決死生之期。旨哉言也！脈候不真，則虚實莫辨，以補妄施，鮮不夭人壽命者，是切脈爲醫學之先務也。醫者，將脈理審辨于平時，庶臨症不致他岐之惑。若離經考論，是謂逐末忘源，置脈據方，不免對人試藥矣。【略】

語云：不讀四子五經，不可以爲士。不明《内經》《靈》《素》，不可以爲醫。蓋千百萬病，無有外于臟腑經絡者。如熟讀《靈》《素》，則審病在某經，必用某經之藥以治之，庶乎藥病相當，成功可必。而不然者，病原莫辨，部分差訛，其不貽致邪失正之禍者幾希矣。是《靈》《素》一書，爲證治之綱領也。

【略】

聖人之道，有體有用，《脈經》《靈》《素》辨病之表裏虚實輕重死生，體也；《本草》之寒溫補瀉對症治療，用也。間有見症分明，而用藥舛謬，一不奏效，輒歸之命，是有體而無用矣。不知脈症不外臟腑陰陽也，藥亦不外臟腑陰陽也。【略】明某經之寒熱虚實，即以某經之溫涼補瀉藥治之，則因病施藥，以藥合症，不執一方，而無方不備矣。庶乎理法兼該，體用全具，醫學之能事畢矣。

《醫經允中·有恒》 夫子讚南人之言，思得見有恒。夫有恒者，進造乎聖人君子之基也。是醫之爲道，豈非聖人君子仁民之心乎。惟天地好生，醫道亦好生，盡世之智愚賢不肖而覆載之，天地之所以爲大也。盡世之智愚賢不肖而一體之，醫道之所以爲大也。故見利弗喜，見惡弗怒，見美弗欲，包容法天，卑慈法地，静深若淵，無終食之違，而善心可不失矣。今之醫者，念典之初，不過爲生涯計，方書略檢，遂以爲獲利囮，名譽稍彰，即喬粧聲價，逢迎富貴，藐視貧寒。富貴處以珍方，而謀攫其利，貧寒輕以賤餌，而慢救其疴，良心汩於利欲，可勝悼哉。説者曰：醫之爲道，比孝順，比割股，心固切矣。然其切也，有惟慮其病之不愈，而名利兩忘焉，則有恒矣。如其恐名利兩失，而切是心也，即有强不知以爲知，而肆貪婪以僥倖，妄峻劑以致敗者，是孝順之念虚，而弒毒之禍實矣。此無他，謀利不謀道耳。顧有延之者衆則得意，延之者寡則失意，是幸人之災，樂人之禍也。富者利之所在，而妄試焉，利令智昏也。貧者利之所不在，而輕忽焉，亦利令智昏也。噫！醫者人之司命也，安得如天地好生，父母愛子，而無利己之私哉。然病者之家，病在危急，則必曰：病痊如何報謝。及痊，或詭曰：誠禱而痊耳。或詭曰：偶遇一醫一藥而痊耳。若此吝謝，以欺其心者比比也。至庸醫見病危急，乃詭曰：琥珀丸、牛黄丸、八寶丹之類。病有愈不愈，而利已先獲，甚爲得計。殊不知乘人之急而取之，不猶穿踰之類乎。病者之欺心一日，而醫者之欺心日日矣，是以君子不爲也。難乎！其有恆矣。

《醫經允中・醫學説》 大哉醫道，當志於學矣。而諺曰：學字紙廢，學醫人廢。何歟？學字紙廢，必然之勢也。使學醫人廢，殺一不辜，而得天下，聖人不爲。矧學以壽民，而先致之夭枉，奚貴於學哉。然豈無爲而爲是言者？庸醫不深究夫《本草》《内經》之藴，而徒誦訣賦之淺膚，執方書之固陋，不免以人試藥，致虚虚實實，而孤人之子，獨人之父，鰥人之夫，寡人之婦，惟不用刀耳。非以人費，比輕於紙也。特爲學者危言之，慎言之也，由于學之非其道耳。如其道，必不任其咎矣。有曰：醫不三世，不服其藥。夫三世者，伏羲、神農、黄帝三世之典籍也，豈指祖、父、孫之傳與？如以祖、父、孫言，則稟質之愚智不齊，識見之深淺亦異，安見聖人之父必聖，聖人之子亦聖乎？況得心應手之妙，有父不得傳之于子者。道在典籍，而非篤好以善之，雖十世奚益？故不惟其世，惟其學矣。

有曰：不爲良相，則爲良醫。假令伊尹、孔明，不遇三聘三顧之知，亦以耕夫泯耳。毋論聖如孔孟，即荷蕢、接輿之賢，豈必無良相之具乎？其不爲相者，時遇然也。代不乏良相之材，而得遇明君以顯者幾人哉？良相之具可學，良相之遇，不可必矣。醫道亦然，粗工見信，良工見疑，不其然乎。良在我者，學力可至，知在人者，不可得而强也。惜哉斯言，出乎仁人君子憫世之思，沿爲貪婪鄙夫藉口之實矣。彼其心存謀利，而借比良相以自高，于是拾俚篇以爲學，巧滑者得以欺世盜名，而貪污、殘忍、鄙惡者，亦以浮談罔衆，而妄治賊人，無與于學，何有于道，醫安得良哉。殊不知醫之爲學，志道據德依仁，游藝之學也。以天地陰陽五行變化之理，不可不察，吾人身心性命存亡之故，不可不知，志道也。不以貧富易念，不以物欲輕心，據德也。恤人之難，救人之災，依仁也。炮製之精，修合之善，多識於山川產擇萬物之情，游藝也。體三聖之心，窮三世之理，則道乃可明。明三聖之道，守三世之法，則病無失治。夫《本草》《内經》，猶醫之權度也。縱病之輕重大小不齊，而在我之權度精切不差，何有於人廢？何必於世傳？豈不爲良哉！是所祈於志道之君子者。

《雜症大小合參・張士甄序》 昔義興太守許嗣宗精於醫，或勸其著書貽後世，答曰：醫者意也。吾意所解，莫能宣矣。蓋深恐學古之士，泥於書，拘於法，引經斷疾，罔識變通，創爲斯説，以教天下，意深遠矣。今者業醫之家，動以百計，岐伯聖經，雷公《炮炙》，伊贄《湯液》，箕子《洪範》，越人問難。仲景《傷寒》，士安《甲乙》，啓玄子傳註，錢仲陽診議，李時珍《本草綱目》，目不經見，妄以醫名，遂至風寒燥火暑濕之六氣，喜怒憂思悲恐驚之七情，表裏虚實寒熱邪正之八要，浮沈遲數滑濇大緩之八脈，浮芤滑實弦緊洪之七表，微沉緩濇遲伏虚弱之八裏，長短虚促結代牢動細之九道，以及五行之生尅，十二經絡之傳變，腑臟陰陽，天和歲令，茫然莫解，病者當前，所投非瘥，以速膏肓。嗚呼！殆矣。不知醫者意也一語，非讀盡軒岐以下書，不能出是言，非讀盡軒岐以下書，不能行是言也。

《醫學傳燈・自叙》 醫者意也，以我之意，揣病之情，始終洞悉，然後可以爲醫。但天下之意有有本之意，有無本之意。無本者，師心自用，未嘗有所聞見，妄而不可爲訓也。有本者，得之師資，鑒之往昔，論一症，訂一方，皆有上下千古之識，不敢以己意爲臆逆也。然而幾此亦甚難矣。晉朝以前，司是術者，類皆縉紳先生，苦心濟世，精言微論，卓有可觀。後世用爲餬口之術，文人學士，概不與焉。脈理方論，已自不工，而又當兵火之後，醫經殘缺，湊合成書，其中雖有可採之説，精奥難解，不可從者十之六七，若非臨症參考，將何去而何從乎。

《血症經驗良方・許錫元叙》 嘗讀《周禮》一書，醫人掌萬民之疾，職隸天官，心竊疑之，何其鄭重也？及廣搜軒岐之書閲焉，義藴宏深，眞能補造化之所未及，始知良醫同於良相，洵不誣已。

《靈藥秘方・自序》 古有醫道通仙道之語，予始疑而未敢信，今乃知其言之果不謬。又思華陀扁鵲，非不足控今古，岐雷廣成，横於胸中，董奉韓康，不異人意，而仙機隱隱其欲動。既見夫草木之藥，不足成回天之手，舉凡二五之精，妙合而成者，復有靈藥之選。於是窮極乎乾闔坤闢，静專動植之理，水升火降，日出月納之故，謂此待斃之軀，尚可之死之生之危之存，況吾身素無疾病，服之何不可以長生，故名山觀歷，訪白鹿之眞人，神藥躬求，尋蒼牛之道士，爐火服食，遂日習而有事矣。未得，不謂其方之不靈，稍得，遽恃其術之已精。逮遇明師，始悔前非，因盡棄其所學，從事於金丹大旨。誠恐己之功行不足以延登仙伴也，所以寄跡江湖，浪遊城市，賣藥壺中，廣益世人，無非欲三千行滿，八百功成，俾他年冲舉，將拔宅而飛昇，此日棲遲，能駐顏而返少，此之謂醫道通仙道也。

《未刻本葉氏醫案·朱周燮序》 聞之士生斯世，不爲良相，當爲良醫。蓋以良相良醫皆可救斯人之疲癃殘疾，而不忍坐視其顛連而莫告也。然非學識兼到，相固不能濟世，即醫亦不能濟人。吾考古之名相，無識何以旌別淑慝，求賢以輔治？無學何以本仁祖義，監古以善今？古之名醫，無識何以審病源之虚實，而調劑得其平？無學何以明脈理之精微，而制治有其要？是可知醫國醫人，初無二理，爲相良固難，爲醫良亦不易也。無怪乎求良醫於當代，不少概見。

《臨證指南醫案·邵新甫序》 天地之大德曰生。醫者，贊天地之生者也。上古三皇，憫下民之夭扎，迺垂卦象，以明陰陽消長之機，辨氣味，以審五行生尅之理，著《靈》《素》，以立萬世醫學之原。大哉！至哉！非懷胞與之仁慈，稟天亶之聖智者，其孰能之？軒岐以後，亦代有明哲之士，窮理致知，闡揚斯旨，但理道淵深，其奥難窺，故雖懸壺之士如林，而洞垣之技罕覯，苟有能不盛盛虚虚而遺人夭殃者，則已幸矣。

《臨證指南醫案·華岫雲序》 古人有三不朽之事，爲立德、立功、立言也。蓋名雖爲三，而理實一貫，要之惟求有濟於民生而已。夫有濟於民生，則人之所重，莫大乎生死，可以拯人之生死，雖韋布之士，亦力能爲者，則莫若乎醫。故良醫處世，不矜名，不計利，此其立德也。挽回造化，立起沉疴，此其立功也。闡發藴奥，聿著方書，此其立言也。一藝而三善咸備，醫道之有關於世，豈不重且大耶！故上古聖帝，辨晰陰陽，審嘗氣味，創著《內經》，垂不朽之仁慈，開生民之壽域，其《大易》《本草》《靈》《素》諸書，炳若日星，爲萬世不磨之典。厥後亦代有名賢，窮究其理，各有著述，開示後人，以冀其躋仁壽。無如後世習是業者，其立志存心，卻有天理人欲之兩途。如范文正公雖不業醫，而其所言不爲良相，即作良醫者，斯純以利濟爲心者也。俗諺有云：秀才行醫，如菜作虀者，此淺視醫道僅爲衣食之計者也。夫以利濟存心，則其學業必能日造乎高明，若僅爲衣食計，則其知識自必終囿於庸俗，此天理人欲公私之判也。

《方氏脈症正宗·自序》 古人云：不爲良相，即爲良醫。又云：爲人子者，不可不知醫。蓋相則燮理陰陽，可以壽世，醫明寒熱虚實，可以壽人。世固人之推也，父母又人之最親者也，事雖殊而理一以貫之矣。

《方氏脈症正宗·錢為光序》 昔范文正公徵貴賤於術士，首問作相，次

《醫權初編·論醫道執一之弊》 醫者義也，義者宜也，宜者權也。道至乎權，尚有所執乎？醫道如水，隨方就圓，大無不通，小無不入，無有定形，無有定見，方爲醫道盡善者。若或執於補，或執于瀉，更有補瀉兩不敢，而惟執平和媚世之劑，此儒者之鄉願，可恥之甚者也。或執于法，或執於方，或執于運氣天時，或執于四方風土，或執于老少強弱，或執于膏粱藜藿，或執多乎內傷，或執精乎外感，或執于補腎，或執於補脾，或執于初中末三法，或執于五奪不可瀉，是皆不明乎道之權者也。然予所言，似易而實難，不熟明乎經之理，焉達乎道之權？用經不當，猶有可救，用權不當，則殺人于俄頃矣。故必須讀書多，經歷久，戰兢履薄，澄心玩索，而始得其宜也。若夫粗浮自是，或專倚世法動人，或單恃家傳得譽，何怪乎終身由之而不知道者之衆也。

《格言彙纂·論治大綱》 醫者意也，如對敵之將，操舟之工，貴乎論機應變。方固難於盡用，然非方則古人之心不傳，茫如汪洋，如捕風，必有率意而失之者矣，方果可以不用乎！雖然，方固良矣，然必熟之《素問》，以求其本，熟之《本草》，以究其用，熟之診視，以察其症，熟之治療，以通其變。始於用方，而終於無俟於方，夫然後醫之道成矣。

《五運六氣瘟疫發源·楊瑄序》 醫之爲道，蓋自上古神聖，參天地陰陽之秘，以躋一世於和平，其功最大。自後世儕于方伎之列，庸夫俗子，咸托業于其間，以爲衣食計，品益雜，技日疏，幾以人爲費，而醫之道隱矣。古人有言：不爲良相，則爲良醫。醫豈易言哉！

《醫學讀書記·徐大椿序》 文中子云：醫者，意也，藥者，瀹也。謂先通其意，而後用藥物以疏瀹之也。善哉言乎，醫理在是矣，而意之通實難。况一成之見，而欲強人之病以就吾說，其患在固執。好作聰明，而不窮究乎古人之成書，是猶兵家之廢陣圖，法吏之廢律令也，其患在不學。由前之説，在不能用意，由後之説，在誤于用意。夫然，以不學之人，與不通之識，而又熾以忮同列、競名利之心，以此用藥，其不致抱薪而救火，持水而投石者幾何哉。【略】夫惟多讀古人之書，斯能善用古人之書，不誤于用意，亦不泥于用意，于長沙氏之旨，庶幾得之，可謂通其意矣。

《不居集·吴煒序》 嘗思人身一小天地，天地不外乎陰陽，陰陽一本於太極，兩在互根，範圍曲成，皆於人身備之。故醫雖小道，然五運六氣，上律乎天時，燥濕剛柔，下襲乎水土，醫之道，直與造化通矣。

問爲醫，謂爲此二端可以救世。大矣哉！仁人之言乎。蓋中古以還，時氣多戾，補天時之闕，調人氣之和，莫近於醫。精其術者，救患扶危，一方托賴，而又著爲成書，以流傳於四海，則康濟群生，愈推愈遠，即謂之功齊良相可也。

《醫碥·自序》　文以載道，醫雖小道，亦道也，則醫書亦載道之車也。【略】因念道之大者以治心，其次以治身。莊子曰：哀莫大于心死，而身死次之。醫所以治身也，身死則心無所寄，固小道中之大者。

《脈如·郭洗沂序》　良相良醫，昔賢並重，以相操救世之權，醫擅救人之術也。古之良醫，聆音察色，洞視五臟，則其治疾也，有剖胸決脾、洗濯胃腎之變，苟無其術，不敢行其事。故蘇文忠有言：華陀不世出，天下未嘗廢醫；蕭何不世出，天下未嘗廢治。旨哉斯言，此後世《脈訣》諸書所由傳也。

《醫學源流論·自序》　醫，小道也，精義也，重任也，賤工也。古者大人之學，將以治天下、國家，使無一夫不被其澤，甚者天地位而萬物育，斯學者之極功也。若夫日救一人，月治數病，顧此失彼，雖數十里之近，不能兼及，況乎不可治者，又非使能起死者而使之生，其道不已小乎？雖然，古聖人之治病也，通於天地之故，究乎性命之源，經絡、臟腑、氣血、骨脈，洞然如見，然後察其受病之由，用藥以驅除而調劑之，其中自有玄機妙悟，不可得而言喻者，蓋與造化相維，其義不亦精乎？道小，則有志之士有所不屑爲；義精，則無識之徒有所不能窺也。人之所係，莫大乎生死。王公大人，聖賢豪傑，可以旋轉乾坤，而不能保無疾病之患，一有疾病，不得不聽之醫者，而生殺唯命矣。夫一人係天下之重，而天下所係之人，其命又懸於醫者下，而一國一家所係之人，更無論矣，其任不亦重乎？而獨是其人者，又非有爵祿道德之尊，父兄師保之重，既非世之所隆，而其人之自視，亦不過爲衣服口食之計，雖以一介之微，呼之而立至，其業不甚賤乎？任重，則托之者必得偉人；工賤，則業之者必無奇士，所以勢出於相違，而道因之易墜也。余少時頗有志於窮經，而骨肉數人，疾病連年，死亡略盡。於是博覽方書，寢食俱廢，如是數年。雖無生死肉骨之方，實有尋本溯源之學，九折臂而成醫，至今尤信。而竊慨唐宋以來，無儒者爲之振興，視爲下業，逡巡失傳，至理已失，良法併亡，惄焉傷懷，恐自今以往，不復有生人之術，不揣庸妄，用敷厥言，倘有所補所全者，或不僅一人一世已乎。

《瘍醫大全·喬光烈序》　人之所病病疾多，而醫之所病病道少。操少道，應多疾，以瘉爲劇，以生爲死，拙者失理，恬而不怪。故《易》曰：勿藥有喜。《禮》曰：醫不三世，不服其藥。誠慎之也。善乎銅鞮杜氏之言，醫不專於藥，而舍藥無以全醫。藥不必於方，而舍方無以爲藥。

《内經知要·薛雪序》　古云：爲人子者，不可以不知醫。此言似乎專指孝友中之一端而言之者也，何也？夫人之稟體，毋論其他，六淫戕其外，七情賊其中，苟不知節，鮮不病且殆也。爲人子者，可以父母伯叔、兄弟妻子及諸眷屬，付之庸醫之手乎，故不可不自知之。然知之爲知之則可，若強不知以爲知，不如無知，從來僨事，皆屬一知半解之流。而不知奴隸之夫，乳臭之子，一朝而苟得權勢，儌倖而世擁多貲，便肆其驕慢之氣，役醫如吏，藐醫如工，家有病人，遂促其調治，并以生死之權責成之。初不聞扁鵲有云臣能使之起，不能使之復生乎。在醫者亦不思往古分醫爲十四科，使其各治一科爲專科，志在濟人，今則率皆相習成風，趨炎奔競，其志不過噉名謀食而已，豈不卑哉。要知此道之源，出自軒皇君臣，以羲皇一畫之旨，終日詳論世人疾病之所以然，垂教天下後世以治法之所當然。而藥物則又出乎炎帝，躬行閱歷，察四時山川水土之宜，考五金八石之性，嘗水陸草木之味，以定其有毒無毒，寒熱溫平，攻補緩急之用。相傳各有遺書，軒皇者曰《素問》，曰《靈樞》，炎帝者曰《本草》。《素問》自王冰注後，嗣出者不下數十餘家，《本草》自陶氏《別錄》外，歷代以來，何止汗牛充棟。無柰時師心喜置身於時路，茫茫然朝値衙門，退侯縉紳，第應鄉黨，惟恐一人不悅，則謗端百出，飛禍無窮，所以無日不卑躬屈節，寢食俱廢，豈有餘力孳孳於誦讀者哉。以故卷帙繁多，如李時珍、張介賓之所集，罔弗望涯而退，奚能念及此言，似乎專指孝友中之一端而發者，捫心怡悅，務必旁通一貫，由親親而兼及於仁民耶？

《羅遺編·林學易序》　醫之爲技，通乎神者也。苟業之，則必使機應於心，而利及于世，相陰陽寒暑，審人脈絡腠理，如親入臟腑，而洞見其癥結，然後投之以方而不誤。不爲良相，必爲良醫，昔人非故張大其論，蓋鄭重乎言之矣。雖然，嘗草之說，權輿上古。或云黃帝以前，識相付而文不傳，以謂醫者意也，意所解，口不能宣。夫不傳不宣，何意與識之能憑？玉版桐君，書雖疑出後人，由來儻亦非誣。抱朴子手抄金匱萬卷，《肘後方》尤稱急要。陸忠宣聞有秘方，必手自抄錄。二子者曷嘗以醫爲業，而孜孜若此耶。且所謂手足痿痺爲不仁者，亦工于言仁，亦工于言醫矣。今不宣不傳，而曰吾意如是，吾識如是，偶得一書，則秘惜爲枕中物，夫先自痿痹也，猶曰吾以活人乎？

《羅遺編·丁希文序》 世之有疲癃殘疾，良相之責，亦良醫之責也。昔賢謂不能爲相，亦當爲良醫，豈非以造天下人之命者在相，而造一人之命者在醫乎。吾謂相之良者，能造一世之命，醫之良者，能造萬世人之命。蓋一方有良醫，天下師其術者，既利賴之矣，轉轉相承，歷之數十世世而無不利賴之，此其功不小於相，而且永於相。

《醫級·王廷模序》 《漢書》云：醫者，意也。而世不之解，輒以醫爲方伎家術目之。不知古聖王慮災疾病民，爲刑政所不及，爰立醫教，上窮七政，下察方宜，明人身形質之壯怯，合五行運氣之勝復，以此幹撿造化，調劑羣生，則醫學之道，要必由是而神明於意，而後可起沉疴以濟世，是非深明造化，洞達陰陽者，未克能識其義也。

《醫級·李璿序》 醫學之道，始於伏羲，著於岐黄，立法於仲景，以垂教後世，上可安君親而保身，下可療民病而濟世。大而陰易五行，小而昆蟲草木，近切藏腑經脉之原，遠推聲色氣運之理。旨理淵深，議論宏博，醫之義大矣哉。歷求諸家著述，皆闡發《靈》《素》經文，承接仲景方法，且有補其未備者，良由師友相承，未嘗矜奇炫異也。但立說多歧，各有純疵，間有與經文欠合之處，而前後辨駁，代不乏人，苟非彙通其義，辨晰其辭，則幾戳疑似之間，顧此遺彼，一有差訛，危敗瞬息。但長於攻瀉者，補法無多，善於溫補者，清消罔用，此皆故爲偏執。緣閱歷講論，各是其習，故利於水者不利于空也。

《産科心法·自序》 蓋醫之一道，爲司命之司，原非容易。但能存心濟人，博考羣書，臨症體察，以人性命爲重，雖未能有聖賢之學，而虚實寒熱表裏陰陽辨釋明白，用藥得當，自不致于悮人。

《傷寒瘟疫條辨·袁枚序》 技術之妙，乃進乎道。自司馬子長傳扁鵲倉公，厥後爲史者，類取神奇詭秘之說，以附於正史，予頗疑其非經。然觀《周禮》，周公所以治天下者，無一事之不備。至於醫師特令上士爲之，下逮於鳥獸亦有醫，以是知百家技藝，皆聖人之所創制，民生之不可一日無者，其爲經綸參贊之功至矣。

《治痘對症説要·車廷雋序》 醫之理精矣，微矣。醫有醫之道，軒岐《靈》《素》而外，無道也；醫有醫之法，仲景之立方，倉公之辨藥，而外無法也。

《醫鈴·承勛序》 夫醫道通於神明，草根寄乎性命，非夙儒無以盡其學，非古方無以信其傳，醫顧不重乎。若謂醫者意也，書不必著，方不必傳，爲斯言者，皆不過盜前人之言，自掩其鄙，置規矱準繩於無用，豈聖巧之體論哉。

《醫醫病書·學醫總論·醫非上智不能論》 余年三十歲時，汪瑟安先生謂余曰：醫非神聖不能。余始聆之而驚且疑也，以爲醫何如是之難哉，醫道何如是之深哉。茲經歷四十年矣，時時體念，時時追思，愈知學之難且深也。蓋醫雖小道，非眞能格致誠正者不能，上而天時五運六氣之錯綜，三元更遞之變幻，中而人事得失好惡之難齊，下而萬物百穀草木金石鳥獸水火之異宜，非眞用格致之功者，能知其性味之眞耶。及其讀書之時，得少便足，偏好偏惡，謬於一家之言，入者主之，出者奴之，愛讀簡便之書，畏歷艱辛之境。至於臨症之際，自是而猛浪者害事，自餒而畏葸者亦害事，有所偏則不得其正。非眞能用誠正之功，能端好惡以備四時之氣哉。

《醫醫病書·學醫總論·果達藝三者缺一不可論》 當日孔子稱仲子之果，端木子之達，冉子之藝，蓋各學其所長而稱之。要知果者不可不達不藝，達者不可不果不藝，藝者不可不果不達。設使果者不達不藝，豈非一鹵莽之夫，何事不壞，豈能從政？設使達者不藝，雖知其事，而無以處其事，亦未見其能了事也。達者不果，徒達而已矣。藝者不果，亦猶達之不果也。藝者不達，藝於何加？余故謂非果達藝三者兼全，不可以從政，醫者亦然。

《醫醫病書·學醫總論·醫字論》 古云：醫者意也。不通之至，醫豈可以意而爲之哉！凡有巧思者藝也，非意也。按《周禮》醫爲醬屬，取其由蒸變而成之物，而又能蒸變人之脾胃也。醫士之名醫，取其自能蒸變而成學術，自能蒸變人之疾病，由痛苦而平和。余益之以一言曰：醫者易也。有不易之定理，有交易之變通，有變易之化工。

《神農本草經·張炯序》 儒者不必以醫名，而知醫之理，則莫過於儒者。春秋時，和與緩，神于醫者也。其通《周易》，辨皿蟲之義，醫也而實儒也。世之言醫者，必首推神農，然使神農非與太乙遊，則其傳不正。非作赭鞭鉤鍘，巡五岳四瀆，則其識不廣。非以土地所生萬千類，驗其能治與否，則其業不神。傳不正，識不廣，業不神，雖曰取玉石草木禽獸蟲魚米穀之屬歷試之，親嘗之，亦僅與商賈市販等耳，於醫乎何與？吾故曰：神農，千古之大儒也。

《瘍科會粹·孫驥引言》 范文正公云，不爲良相，即爲良醫。燮理陰陽，濟世救民，其道一也。士子十年讀書，螢窗雪案，午夜辛勤，多伏處以老，即幸而遇，遇而達矣，不過一官一邑，何能大展其才，得位宰相者幾人哉。見民生疾苦，蒿目而已，心憂而已，患於位之不屬。夫位所不屬，即權所不在也，而欲以濟世，難乎不難。若夫醫者，有位無位，吾可以力及之，即無力亦可以心及之。一人可也，千萬人可也，至於恆河沙數，算數譬喻所不能盡亦可也，此所以功同於宰輔。否則，古人豈無謂而言之歟。

《瑯嬛青囊要・吕示序》 夫信今而不知好古者，其學陋，泥古而不能通今者，其學荒，一則鮮見古人之書，一則矯執古人之書，二者生人之通病也，何獨於醫而異是。然而泥古之病，較甚于信今，信今者不知古書，古書則仍在也，泥古則必附會，附會則必穿鑿。始也，創爲說以驚于世，既而著爲書以傳于後，勢不將舉古人之書鹵莽決裂而盡失其傳不止。士生斯世，不爲良相，則爲良醫。良相，醫萬人者也；良醫，醫一人以及萬人者也。醫萬人者，詹詹于成法之間，而濟以自用之聰明，以成其執拗之性，故法行而天下受其病。醫一人者，以古方爲必不可棄，不權其輕重，不揣其時宜，猝然投之，而適以戕人之生。嗚呼！良醫不幸而無賢子孫也，即有一二賢子孫，而別無門人小子以廣其授受，而惟是不學無術之輩，逞其手口，以簧鼓後世，抑豈特良醫之不幸，是天下生人之不幸也。夫醫雖小道哉？實與四書六藝相表裏。學詩而多識于鳥獸草木，是即《本草》之權輿也。學禮而致謹于䶎嚏風咳，是即《素問》之綱紀也。後漢《百官表》，太醫令一人，六百石，必擇奇材異能之人，以稱其職，誠恐一技之末，不本通儒，而天下將益受其病。今夫樂之條理，以耳審之，故醫有審聲之效焉。越人莊舄仕楚，(疾而)爲越吟，王疑以問。人或對曰：疾在思也，彼思越即越聲。不思越即楚聲，使往聽之，猶越聲也，則聽聲而病可知也。木之榮枯，以色驗之，故醫有望氣之占焉。扁鵲始見桓公曰：君病在腠理。既見曰：病在血脈。復見曰：病在腸胃。又見曰：病在骨髓，不可爲已。則望氣而病可知也。所謂技進于神，非眸而得之之謂。而吾尤喜後漢《郭玉傳》之一語，曰：醫之爲言意也。神明于古法，而行之以意，則雖百病有不足言者矣。

《醫醫偶録・自序》 醫之爲道何道也？曰：君子之道也。苟非存心有恆者何輕議哉！何則？夫藥之性，能生人亦能殺人，蓋操之不得其要，則反生爲殺矣。唯君子則立心不苟，故其爲業必精，及其臨病必詳以審，故能化悲痛而爲歡忻。小人之性忍以貪，貪則唯利是圖，忍則輕忽視人命，逮及臨病則誇以略，不察病之虛實，輒投瞑眩之藥，不殺人也幾希。吾固爲君子之道也。【略】司馬溫公曰：達則爲良相，不達則爲良醫。豈非君子之道乎。故宜服膺此語，敬慎而行之。他日倘能以斯濟人，亦君子也。

《重慶堂隨筆・論治案》 靈胎先生云：文中子曰：醫者意也，藥者瀹也，謂先通其意，而後用藥物以疏之。善哉言乎，醫理在是矣。而意之通，實難泥一成之見，而欲強人之病以就吾說，其患在固執。好作聰明，而不窮究乎古人之成書，是猶兵家之廢陣圖，法吏之廢律令也，其患在不學。由前之說，在不能用意；由後之說，在誤於用意。夫以不學之人與不通之識，又熾以忌同列競名利之心，以此用藥，其不致抱薪而救火，溺水而投石者幾何哉。語云：學書紙費，學醫人費，蓋爲此也。

〔王士雄注〕固執不通者，無才以勝其學也。好作聰明者，無學以副其才也。人必有天賦之才，而讀破萬卷，庶可以爲醫矣。第人心不同，既如其面，人體不同，亦如其心。病變無窮，證隨體異，治雖宜遵古訓，亦須活法在人，神而明之，化而裁之。非通才實學，卓識深思者，惡足以語此。

〔王士雄注〕學醫人費，舉世聞之，而不自揣其才，學輒欲爲醫者日益多。故昌邑黃玉楸之言曰：聞之《呂覽》，始生之者天也，養成之者人也，成之者遂其生也，是天人之合也。然生之者布帛也，菽粟也，殺之者，若鋒刃，若鼎鑊，若水旱，若蝗螟。生之途未能十一，殺之途不止十三，何其生之寡而殺之多也，此人事乎，抑天道耶？玉楸子曰：此未足以爲多也，有其至多者焉。屠羊說以屠羊傳，而羊不哀，其道孤也。無何，屠牛坦以屠牛傳，而庖丁起，其黨漸衆，牛始哀矣。無何，高漸離以屠狗傳，而聶政興，朱亥出，樊噲生，其徒愈繁，而狗始悲矣。無何，白起、章邯之屬以戰將名，寧成、郅都之輩以刑官著，自茲屠人者傳矣。風氣開，下流衆，苟道將、爾朱榮之徒且比肩來，索元禮、來俊臣之類更接踵至，尤而效之，抑又甚焉。至於原野厭人之肉，川谷流人之血，人始哭矣。此良可疾首痛心已，而君子未以爲痛也。何則？大難既平，且不睹兵某之事，且不聞羅織之經，其人死，其禍絶，往者已矣，來者猶幸。夫何庸工群起而談岐黃，則殺之至多而不可勝窮者，無如此甚。少嗣有陳遠公所著《石室秘錄》，論證列方，頗皆入理。奈蹈竇材故轍，假託軒歧、仲景，誣聖愚人，貽譏後世，毛達可嘗歎惜之。頃見番禺潘氏海山仙館叢書所收《女科書》三卷，文理粗鄙，勦襲甚多，托名傅青主先生手著之秘本，潘氏不知醫理，誤信梓行，玷辱青主矣。無知妄作，固不足論，以遠公之學，而托諸鬼神，誠不可解也。更有王養吾者，將郭氏《(疹)〔痧〕脹玉衡》竊為己有，假託深山野人之秘授，編其原方為六十四卦，未免傷及事主，而沈芊綠不察，采入《尊生》，何丹流受愚，重災梨棗？案雖未破，君子病之。

《醫徹·凡例》 醫學與他藝不同，毋論貴賤，為性命所依託，非小可事也。必立心貴謹，處行欲方，見聞期博，體驗惟精，庶足無愧。

《傷寒論淺注·薛步雲跋》 百事出於儒，而醫之一道，非通儒不能學也。今人以此為餬口之計，不過於《醫宗必讀》、《萬病回春》、《本草備要》、《醫方集解》、《證治準繩》、《薛氏醫按》、《景岳全書》、《馮氏錦囊》等，涉獵一二，便出視病，此自甘於庸庸，不足怪也。所怪者，素稱通品，過目成誦，而臨證定方，反不如庸庸者見病治病之為得，非不讀書之過，多讀書而不得所主之過也。

《橘旁雜論·不為良相願為良醫》 范文正公微時，嘗詣靈祠求禱曰：他日得相位乎？不許。復禱曰：不然願為良醫。亦不許。既而歎曰：夫不能利澤生民，非大丈夫平昔之志也。他日有人謂公曰：丈夫之志於相，理為當然，醫之技，君何願焉，無乃失於卑耶？公曰：嗟乎，豈為是哉。古人有云常善救人，故無棄人；常欲救物，故無棄物。且丈夫之於學也，固欲遇神聖之君，得行其道，思天下匹夫匹婦，有不被其澤者，若己推而內之溝中，能及小大生民者，固惟相為然。既相不可得矣，夫能行救人利物之心者，莫如良醫。果能為良醫也，上以療君親之疾，下以救貧民之厄，中以保身長生。在下而能及小大生民者，捨夫良醫，則未之有也。

《橘旁雜論·方技中醫術為要》 古來方技，如天文、術數，堪輿、風鑑，卜筮、醫術數類。天文惟帝皇所重。術數若遁甲風角，惟為將所重。堪輿其應，每達數百載，或數十載始驗，眞僞難知。風鑑即能先知預定。人之富貴壽考，本各自具也，卜筮不過決疑。醫則自天子以至於庶人，皆不可廢其術，療疾病，決生死，望問切脈之次，必云因何而得，所屬何藏，所係何經，當用何藥，服後能見何效。危者復安，骨者復肉。能神而明之，實為方技中之最要者也。

《兒科醒·華陽山人序》 且言之無關於民生，不足以傳於後世，與無補於當時者，雖言如弗言也。是故役神敝精，立言著書，而無所用於天下者，君子不為焉。醫之為道也，聖人所以前民用而傳後世者也，夫豈小道云爾哉。粵自黃帝三代而下，賢哲吐辭為經，烺烺炳炳，其泐為成書也已彰彰矣，而吾徒尚何言哉，尚何言哉！雖然，言今之醫而吾心戚矣。

《醫學從衆録·自序》 不為宰相便為醫，貴之之說也。秀士學醫，如菜作虀，賤之之說也。醫者學本《靈》《素》，通天地人之理，而以保身，而以保人，本非可賤之術，緣今專業者，類非通儒，不過記問套方，希圖倖中，揣合人情，以為餬口之計，是自賤也。

《醫學從衆録·凡例》 學醫始基，在于入門。入門正，則始終皆正，入門錯，則始終皆錯。

《證治針經·例言》 通天地人之為儒，醫固儒者所當知也。然非專門名家，而僅涉獵數種醫書，一知半解，食而不化，偶遇骨肉或戚友間抱疴危險，未悉病情眞諦，而率爾代庖，或從旁掣肘，皆足誤事。

醫本仁術，而小心放膽則又必合知勇而兼之。雖云小道，非上哲不能為也。

《醫學溯源·醫則》引盧不遠語 醫者依也，有身者所依賴以生全者也。想者，由心識中想像前境施設，種種名、種種言者也。故將生全有身者，當想定人身平常境界及不平常境界而為治也。又云醫者意也，而意之所變為想，以意想平治其不平常，則平常境界醫所當想者矣，故作醫想。

《醫林改錯·張潤坡序》 醫，仁術也。乃或術而不仁，則貪醫足以誤世，或仁而無術，則庸醫足以殺人。古云不服藥為中醫，蓋誠慮乎醫之仁、術難兼也。至於稍讀方書，即行市道，全無仁術，奚以醫為？

《醫效秘傳·張文燮序》 醫之事豈易言哉，非討論而悉其源，無以施臨症之功，非臨症而著其效，無以驗討論之力。二者未至，不足以言醫也。

《外科真詮·自序》 粵稽神農嘗草而藥性明焉，岐伯典醫而經方出焉。厥後《青囊》藥備，採自桐君，《金匱》書存，傳諸張氏，雖陰陽殊術，內外分科，而理本同原功無異致。范文正有言：不為良相，即為良醫。醫之功用大矣哉。

《醫門棒喝·醫稱小道》 明張景岳有醫非小道說，謂人之性命，系於醫手，而有斡旋造化之功，非可小視也。然余則猶有説焉。嘗思天下無二道，自格致誠正，而至參天地，贊化育，豈不爲儒者之大道乎。但人稟天地氣化而生，凡八風之來，六氣之變，皆能致疾，雖具參贊之能，而猝嬰非常之疾，氣血淆亂，性命卒不能留，而所謂大道者，亦不可恃矣，故夫子有斯人斯疾之歎耳。是故軒岐首明人生稟賦之源，陰陽五行之理，八風六氣之變，疾疢治療之方，後世諸賢，相繼闡發，殆無遺藴，所以衛性命而禦疾病者，周且備矣。若溯其極，實與儒理一致，故稱儒醫。儒者治國，醫者治身，治國爲大，治身爲小，而實有相須之道焉。若無格致誠正之學，則性理不明，而國不可治；無療疾藥石之方，則壽命不固，而身不能保。治國雖大，而保身猶先，無身則誰爲治？故尼山慎疾，而未達不敢嘗，或亦有見於此乎。由是言之，則醫之稱小道者，非藐之也，以其實衛於大道而不可闕，故稱小道，而與大道一源也。柰何自朱子稱醫爲賤役，世俗忘其爲性命所系而輕賤之，惟富貴是重，至於性命既危，而富貴安保？故仲景曰：居世之士，曾不留神醫藥，上療君親之疾，下救貧賤之危，中以保身養生，但競逐榮勢，孜孜汲汲，惟名利是務，崇飾其末，華其外而悴其內，皮之不存，毛將安附焉？卒遭邪風之氣，嬰非常之疾，禍患既而，而方震慄，降志屈節，欽望巫祝，告窮歸天，束手受敗。賫百年之壽命，持至貴之重器，委付凡醫，恣其所措，咄嗟嗚呼！厥身已斃，神明消滅，變爲異物，幽潛重泉，徒爲啼泣。不惜其命，彼何榮勢之云哉！觀仲景之論，眞慨切詳盡矣。當漢之時，人情已然，可知道之不明也久矣。若業醫之士，罔知責重，理闇術疏，或不自愛，而周旋世故，惟利是趨，乃爲世所輕鄙，斯道之不行也有以夫。嗟乎！有性命而後有功業，故天下所貴者性命也。其能保毓天和，而自全性命者，姑無論矣；若偶嬰疾病，則性命系於醫手，醫果賤役，性命豈不足貴歟？然則醫雖小道，職是業者，豈可不知自重哉。

《四聖心源·張琦序》 夫醫雖藝事，而拯疾痛係生死，非芝菌星鳥之術，可以詭誕其辭也。陰陽有紀，五行有序，脈絡有度，非博辨横議所能推移其則也。一病之作，古今如一，非風俗政令有時代之異也；一藥之入，順逆俄頃，非百年必世可虛遁其説也。然而宋元以來數百年間，人異其説，家自爲法，按之往籍，則判若水火，綜其會通，則背若秦越。夫豈民有異疾，藥有異治哉？俗學廢古，惡舊喜新，務爲變動，以結名譽，凡在學者，莫不皆然，而醫其一也。故《脈訣》出而《診要》亡，《本草》盛而物性異，長沙之書亂而傷寒莫治，劉朱之説行而雜病不起，天下之民不死於病，而死於醫，以生人之道爲殺人之具，豈不哀哉！故凡藝或可殊途，惟醫必歸一致。

《醫略十三篇·李承霖序》 醫學始於神農黄帝，其書在未有六經之前。六經所以經世，而未始不與醫理相發明者。人身一小天地，經脈貫注，肌髓淪浹，其理日流行於兩間。道之與藝，未嘗有二，均非淺學之士所能道。然而儒術猶有幸中之時，是非可否，無所憑以發其覆，惟醫則按脈切理，投劑立效，輕則爲離合，重則爲死生。士大夫不能博施濟衆，其可以隨分自盡，以展其有用之學者，儒固不知醫也。

《醫略十三篇·卓秉恬序》 予素不知醫，亦不信醫。非固也，誠以醫之爲道，貴能觀虛實、辨陰陽，其理甚微，其效甚捷。譬諸水然，水可以載舟，亦可以覆舟，醫可以活人，亦可以戕人。然水猶載舟之力居多，而醫則戕人之勢常勝，故不敢知而亦未嘗輕信也。

《小倉山房文集·與薛壽魚書》 談何容易，天生一不朽之人，而其子若孫，必欲推而納之於必朽之處，此吾所爲悁悁而悲也。夫所謂不朽者，非必周孔而後不朽也。羿之射，秋之弈，俞跗之醫，皆可以不朽也。使必待周孔而後可以不朽，則宇宙間安得有此紛紛之周孔哉？子之大父一瓢先生，醫之不朽者也。高年不祿，僕方思輯其梗概，以永其人，而不意寄來墓志，無一字及醫，反託於與陳文恭公講學云云。嗚呼！自是而一瓢先生不傳矣，朽矣。夫學在躬行，不在講也。聖學莫如仁，先生能以術仁其民，使無夭札，是即孔子老安少懷之學也。素位而行，學孰大於是，而何必捨之以他求？陽明勛業爛然，胡世寧笑其多一講學。文恭公亦復爲之，於余心猶以爲非。然而文恭，相公也；子之大父，布衣也。相公借布衣以自重則名高，而布衣挾相公以自尊則甚陋。今執途之人而問之曰：一瓢先生非名醫乎？雖子之仇，無異詞也。又問之曰：一瓢先生其理學乎？雖子之戚，有異詞也。子不以人所共信者傳先人，而以人所共疑者傳先人，得毋以藝成而下之説爲斤斤乎？不知藝即道之有形者也，精求之何藝非道，貌襲之道藝兩失。燕噲子之何嘗不託堯舜以鳴高，而卒爲梓匠輪輿所笑。醫之爲藝，尤非易言，神農始之，黄帝昌之，周公使冢宰領之，其道通於神聖。今天下醫絶矣，惟講學一流轉未絶者何也？醫之效立見，故名醫百無一人。學之講無稽，故村儒舉目皆是。

子不尊先人於百無一人之上，而反賤之於舉目皆是之中，過矣。即或衰年無俚，有此附會，則亦當牽連書之，而不可盡沒其所由來。僕昔疾病，性命危篤，爾時雖十周、程、張、朱何益，而先生獨能以一刀圭活之，僕所以心折，而信以爲不朽之人也。慮此外必有異案良方，可以拯人，可以壽世者，輯而傳焉，當高出語錄陳言萬萬。而乃諱而不宣，甘捨神奇以就臭腐，在理學中未必增　僞席，而方伎中轉失一眞人矣，豈不悖哉！豈不惜哉！

《素仙簡要·自序》　或有問於予曰：古人云：醫，小道也。又云：人而無恆，不可以作巫醫。何謂也？予應之曰：所謂有恆者，因其任重也。所謂小道者，言其工賤也。人之所繫，莫大乎生死，王公卿相，聖賢豪傑，可以旋轉乾坤，而不能保無疾病之患，一有疾病，不得不聽之醫者，而生殺惟命矣。夫一人繫天下之重，而天下所繫之人，其命又懸於醫者下，而一國一家所繫之人，更無論矣，其任不已重乎！而獨是其人者，又非有爵祿道德之尊，才高學廣之譽，既非世之所隆，則其自視亦不過爲衣食之計，雖一介之微，招之而立至，其業不已賤乎。任重，則託之者必得偉人，工賤，而業之者必無奇士，故有恆之士，因小道恥與同儔，有所不爲；無知之徒，此重任反掌生殺，有所不能。窺人情相逼，勢出於相違，此千古之兩端，是以良醫代乏，而道因之日墜也。故曰：必有眞人，而後有眞知。必有眞知，而後有眞醫。醫之爲道，豈易言哉。若夫尋方逐跡，齷齪庸庸，椒硫殺疥，葱薤散風，誰曰非醫也；而緇衣黃冠，總稱釋道，矯言僞行，何匪儒流，是泰山之與邱垤，河海之與行潦，固不可同日語也。又若陰陽不識，虛實悞攻，心粗膽大，執拗偏庸，非徒無益，而又害之之徒，殆又椒硫葱薤之不若，小道之稱，且不可當，又烏足以言醫道哉。不因子之問，予先已有所憾，因述人情論於集中，古人立言之意，不亦宜乎。問者唯唯而退。予時方輯《簡要》，因悉次是語以冠篇首，誠不自知其無當，望高明之家教之。

《幼科切要·杜价禄序》　夫醫者意也，謂以己之意迎合伊之病也。故善醫者必待望聞問切而後詳理開方，此古今一定不易之理也。

《醫學讀書志·自序》　古醫以拯危爲務，故尙學術，今醫以搏利爲務，學術不講久矣，惟曰醫者意也。夫醫者意也，在人思慮，出《唐書·許胤宗傳》。胤宗陳隋名醫，治療若神，人求其著作，因以此語發端，而述別脈識病用藥之難，不敢著書，非令人不尙學術也。

《痢疾明辨·自序》　嘗謂醫者意也，通其意則靈，不通其意則滯，善用其意則巧，不善用其意則拙。余嘗有句云：學醫漫說秘青囊，用法全憑用意良。又云：讀書泥古非師古，因證施方不執方。甚矣，醫貴通其意，而尤必善用其意也。何則？道本無言，因人以顯，然一落言詮，便著相矣。渾言之而無所不通者，聖言也，專言之而條分縷析者，凡言也。然規矩在此，繩墨在此，熟於規矩繩墨之成法，而能因時制宜，處處參以活法，而又動合古法，斯爲至矣。

《費氏全集·醫方論·自序》　欲救人而學醫則可，欲謀利而學醫則不可。我若有疾，望醫之救我者何如？我之父母妻子有疾，望醫之相救者何如？易地以觀，則利心自澹矣。利心澹則良心現，良心現斯畏心生，平時讀書，必且研以小心也。臨症施治，不敢掉以輕心也。夫而後以局外之身，引而進之局內，而痛癢相關矣。故醫雖小道，而所係甚重，略一舉手，人之生死因之，可不儆懼乎哉！近年以來，疊遭兵火，老成多半凋殘，學醫者紛紛日起，吾恐其無有師承而果於自用也，故於拙刻《醫醇賸義》中先標一醇字。此非不求有功但求無過之謂，若僅如是，是淺陋而已矣，庸劣而已矣，何足以言醇乎。吾之所謂醇者，在義理之的當，而不在藥味之新奇。如仲景三承氣湯頗爲峻猛，而能救人於存亡危急之時，其峻也，正其醇也。此吾之所謂醇也。夫學難躐等，百法有正宗，初學者此法，成就者亦此法，先後共此一途，行遠自邇，不惑於他歧，如是而已矣。【略】且欲學者澹其謀利之慾，發其救人之心，猶前志云。

《胎產秘書·劉萊序》　天地之大德曰生，人之百計圖維，挾術以謀生者壹，是皆以養生爲本。然衣食水火之需固人所賴以得生，而一不可少，至歧黃一道，猶爲生人所關切。若夫存利濟之心，明微漸之機，學有淵源，識超庸衆，見一病而立一方，靡不桴鼓相應，是深體天地之心，而得生生不息之旨者也。

《許氏幼科七種·程桓生序》　語曰：不爲良相，必爲良醫。良醫何以與良相並論哉？蓋醫有挽回造化之功，有維持民命之柄，行其道可以濟一方，傳其書可以濟萬世，雖著於事功不同，而其痌瘝在抱之心則一也。唯醫理實精而難窮，醫法亦因時而遞變，非洞徹乎陰陽消長之原，神明乎君臣配合之用，雖侈談《靈》《素》，自詡專門，泥古鮮通，誤人匪淺。

《痘科活人·自序》　蓋聞醫者意也。會其意以察機，則可以窮源而竟委。醫者，理也。息其心以觀理，則可以起死而回生。任意而自詡圓通，悖理而妄矜臆斷，藥不印症，勢必至病重而禍益危。醫道顧可苟焉已哉？

《醫學見能·自序》　備豫不虞，古之善敎，而不虞之備，莫要於醫。高堂則風竹瓦霜，膝下則新雛弱笋，外而戚友，中則己身，偶有疾苦，均資乎醫，誠重矣哉！顧醫之難也，非讀書識字則不能醫，非通權達變更不能醫。

《痧喉闡義·王治覃序》　醫學至廣，其理精微，非饜飫經史，融會貫通者，不足以語此。蓋書理明，則事物之理無不明，此醫之所以必重於儒者，亦以其能明理而已。世之業岐黄者比比皆是。偶或應手奏效，名重一時，及與究本窮源，囁嚅莫對，此以運售而不足與言醫理者，姑不具論；即先輩之著書林立，未嘗不卓卓可傳，第偏熱偏涼，以及主補主散，每師心自用，各樹一幟，其理雖明而不免偏重。

《保赤存真·余麗元序》　甚哉，近似亂眞者之貽害天下也。自孔子殁，聖道不明，異端迭起，然楊墨之偏詖，佛老之隱怪，其顯畔乎道者，夫人而知之矣。惟陸王之徒，專立大致良知，竊聖經之餘緒，潰聖敎之藩籬，使天下學者靡然從之，而道或幾乎熄，有心者所爲深辯而闢之也。聖道固然，即醫何莫不然。

《經脈圖考·維中丞序》　陸敬輿有活國活人之稱，范希文有良相良醫之慕，古君子以仁存心，大用之則爲良相活國，小用之則爲良醫活人。若取良醫之術表而彰之以公諸世，斯又良相活國之心，分而用之活人也。

《四時病機·文龍序》　竊謂不諳天理，不可與言醫，不解人情，不可與言醫。醫若是乎？曰：未也。明乎醫，可以治軍旅，明乎醫，可以治國家。今天下競言醫矣，而實無一醫。醫也者，必先以學問化其氣質，而後無偏僻駁雜之患，必先以閱歷擴其識見，而後無草率遷就之虞。迨至心有所得，意有所會，千變萬化，一以貫之。了然於方寸間者，而又不能以告人，告人而人亦不解，不得已而著論以示其機，集方以伸其法，是皆一片菩薩心，而其實神而明之，仍存乎其人。泥於斯不可也，離於斯亦不可也。

《四時病機·紹誠序》　予竊聞之，三折肱而爲良醫。又曰：士君子不爲良相，必爲良醫。甚矣，醫之爲學甚深，而爲功甚鉅也！夫五運六氣，不無偏至，則有札瘥疾厲，飲食男女，不無過失，則有寒熱聾瘻。人身一小天地，故醫理淵深，與《大易》《鴻範》相表裏，推而求之，治天下國家之術胥在於是。陰陽者，君子小人之辨，涼燠者，防微杜漸之機，補瀉者，興利除弊之用，診視者，開物成務之精，予於學醫，得爲政焉。

《四時病機·羅成允序》　昔范希文未達時，詣相士曰：吾可爲宰相否？未對。復問曰：然則可爲名醫乎？相士曰：嘻，君之志何前倨而後卑也？公曰：不然，惟宰相可以拯天下，亦惟名醫可以利天下，吾故願爲之也。袁了凡未弱冠，家貧，棄舉業以習醫，每語人曰：習一藝以成名，而可以利天下者，惟醫爲然。二君子後皆功昭史冊，卓古超今，而當其未達，乃皆欲以醫術利天下，則是醫之爲功也，洵不在治國平天下之後。

《鋤經書舍零墨·醫》　古稱扁鵲針廢疾立起，降及後世，至有藥不服爲中醫之説。噫！醫稱小道，尙有興衰之感，我不知大于醫者更復何如耶。

《傅青主男女科·郭鍾岳序》　天倪子慨夫子輿氏之言曰：窮則獨善其身，達則兼善天下。古今有志之士，窮者千萬，達者十百，其有兼善天下之志，而無兼善天下之柄者，不知其凡幾矣。若夫無兼善天下之柄，而行兼善天下之志者，莫醫若也。醫之中有良醫焉，有庸醫焉。良醫者，紹先聖之心源，爲民命之主宰，其培養元氣，是猶良相之治國也。庸醫者，究義理而未精，向市廛而鬻術，其貽害衆生，亦猶庸臣之誤國也。嗚呼！治國者寥寥，誤國者滔滔，此有心人所以痛心疾首者耳。

《傅青主男女科·孫兆棻敘》　善治國者以權，善用兵者以謀，善馭者以馬，善醫者以方術。得百里之地而治之，不能膏澤下民，此非能善用權者也。得三軍之士而率之，不能制勝，此非能善用兵者也。得良馬而驅策之，不能日致千里，此非善馭者也。得禁方而傳習之，不能活人濟世，此非善醫者也。夫醫特仁術之小焉者耳，古之隱君子有行之者，懷忠愛之忱，無致身之道，往往託占(著)〔蓍〕賣藥以潔其身，行其仁，初無心於表見。嗚呼！此君子不得志者之所爲也。

《存存齋醫話稿》一八　學醫猶學弈也，醫書猶弈譜也。世之善弈者，未有不專心致志於弈譜，而後始有得心應手之一候。然對局之際，檢譜以應敵，則膠柱鼓瑟，必敗之道也。醫何獨不然，執死方以治活病，强題就我，人命其何堪哉。故先哲有言曰：檢譜對弈弈必敗，拘方治病病必殆。丹溪朱氏亦曰：古方新病，安有能相值者？泥是且殺人。由是言之，世所傳經驗單方，往往僅標治某病，而不辨別脈證，其間清和平淡之品，即不對證，試用尚無大礙，若剛暴猛烈之藥，用者尚其慎之。【略】特有一種以草藥治病者，輾轉傳授，謬稱秘方，僅識其形狀氣色之草藥，采而用之，在用者自己，尚不能舉其名，而且先揉擣之，使人莫能辨識，故神其說以惑人。治或得效，則群相走告，詫爲神奇，後凡遇是病，以爲業經試驗之方，放膽用之而不疑，一服未效，再服三服。殊不知效於此者，未必效於彼。以病有淺深，體有強弱，證有寒熱虛實，斷不能執一病之總名，而以一藥統治之也。且草藥之用，往往力專而性猛，藥病偶或相當，其奏功甚捷，一不相當，亦禍不旋踵。深願世之明哲保身者，守未達不敢嘗之訓，萬弗以性命爲試藥之具，幷輾轉勸誡，俾共知用藥治病，雖專門名家，尚須詳細體察，詎可輕服草藥，存儌倖之心，致蹈不測之禍哉。

呂承源《醫學一得・醫隨世運》 運之盛衰，猶時之春 秋，其極盛極衰，猶時之冬夏，極寒極熱也。熱則衣葛飲水，寒則衣裘飲湯，一定之理。人應運而生，名醫亦應運而出，各以所長救一時之弊。盛當病熱，醫以寒治熱，用寒故多攻；衰常病寒，醫以熱治寒，用熱故多補，一定之法。衰時學醫，讀盛時之書，通其意不得泥其法。通其意，可以治熱，不泥其法，仍可以治寒，否則取寒棄熱，不合世運，病藥枘鑿，十得不免一失，况未必十得乎。生盛時而學醫，可類推已。故古人立說，各有所偏，皆世運爲之，其活人之術，固無美不備。世有不知治熱，而能以治寒自負，不知治寒，而能以治熱自夸者，吾不信也。

呂承源《醫學一得・醫道可貴》 子夏言小道，朱考亭以醫當之。聖人在上，燮埋陰陽，風雨時，寒暑節，萬物熙熙，如上春臺，同登壽域，何病之有，何醫之求，以爲小道，誠不足貴也。不然者，天地有憾，君相無權，父母雖慈，不能保其必活，子孫雖孝，不能強其再生，岐黄之業，《靈》《素》之編，贊化調元，功昭而惠溥矣。故醫之術，絀於有道之聖賢，而優於無學之儒士，輕於有用之經濟，而重於無益之詞章。

《外科明隱集・自序》 醫者義也。義者，乃係合乎全體大用之理也。爲醫之道，宜當深求遠鑑，窮追盡性，非是草率茍論之事也。古者選醫，擇人而用，非老誠諳練，仁德素著，精明豁達者不可任。今人驕狂傲慢，自矜自誇，貪婪無禮，不懂仁義，多猜善疑之輩，若得醫門之一二，便覺其能，每多悮證。（桉）［按］習醫之道，關乎性命，多有不易之處，有才須得有功，有專須得有悟。有才無功，不能近道。有專無悟，不能成名。四者缺一，恐難盡細。愛命君子，好名德者，務須勤專。每逢好而不專之人，定是半途而廢。故而聖人云：道也者，不可須臾離也。可離非道也。爲醫之道，若能明徹儒理，多讀醫書，儒醫貫通，則精妙自生，熟能生巧，悟可達情，得失之中，倍加意思，則一理貫通，百理全明。

高思敬《外科醫鏡・晏振恪序》 嗟夫，醫學之不講也久矣。百工技術，尚待專而後精，矧是道爲生人之司命者乎！惜乎世人視爲小道，鮮肯深造，馴致頹廢以至於斯。而村閭市井，稍能誦藥性讀回春者，輒爾懸壺，敗事悮時，慘同攖刃。當茲百度維新，學堂林立，推之工藝，亦莫不有學，而於醫之一道，尚付闕如，亦可慨也夫。

《疫喉淺論》附《疫喉痧原委治法論》 醫，儒術也亦仁術也。不通儒者之理，不足以言醫，不廑仁人之念，不可以業醫。或曰：醫，小道也，固儒者所不爲，亦仁人所羞語。然察陰陽五行者儒，辨正淫六氣者亦儒，能煦育萬物者仁，僅拯救一方者亦仁，醫顧可藐視乎哉。竊見今之言醫業醫者，高明固不乏人，謹厚亦多足取，而胸無經旨，略讀湯頭藥性，輒懸壺於市，營營然，逐逐然，惟沽名射利是務者，亦隨在恆有。嗚呼！是但術而已矣，遑言儒哉！遑言仁哉！

《時病論・陳蓮舫序》 泥古而不能通今者，迂儒也。守常而不能濟變者，庸醫也。醫之治人如治國然，君臣佐使，位置攸分，整飭紀綱，有條不紊，若者宜寬，若者宜猛，若者宜寬猛相濟，而後畏威懷德，政令乃得徐行。醫之用藥如用兵然，金石草木，驅使如意，整齊步伐，師出有名，若者宜守，若者宜攻，若者宜攻守兼備，而後摧堅禦敵，勝算乃得獨操。執是而言，而醫豈小道也哉！

《喉科金鑰・陸潤庠序》 聞諸古聖人治天下，醫藥開其端，次以政刑，民無夭札，皥皥如也。夫宰相燮理陰陽，調贊元化，胥是道矣。故陸敬輿筆錄醫方濟人，范希文以良醫自任，豈後世輕談醫學者，可同年語哉！

《喉科金鑰・勞乃宣序》 古人有言：世變道不變，運會開文明，以啓器用，日出日新，心思愈用愈靈，機緘不可遏世變，所爲岌岌乎。至若人之秉彝，本乎天性，五官百骸，藏府經絡，造於吾身者，爲秉彝所僑寓之鄉，絲毫不能變易。苟云變也，必海枯石爛而後已耳。神農軒轅，各以醫道濟天下，《内經》著，涿鹿戰事以起。我欲生之，彼將殺之，是賊風邪氣之流行，非正道無以弭其變也。故醫學家曰：用藥如用兵。政治家曰：治國如治病。知醫學與兵學殊途而理原一貫爾。

《脈學指南・蔡家驊序》 蓋聞范文正公有言：不爲良相，則爲良醫。夫醫小道耳，而爲昔賢所重如此！亦以士讀聖賢書，不能身登廊廟，出其所學致君澤民，毋甯留心醫藥，精究方術，上以療君親之疾，下以救貧民之厄，則其功雖不能與良相等，而有益於當世一也。

《濕温時疫治療法・胡震序》 中醫重氣化，西醫重形質。形質爲有形之醫學，氣化爲無形之醫學。無形之醫學其學深，有形之醫學其學淺，此中醫之優於西醫者，固已彰明較著矣。而學醫者往往棄中學西，是何異卻步而求前焉！尤有拓拾形質之説，欲以壓倒中醫者，眞荒唐絶倫。雖然，知形質不知氣化者，固不足以言醫，而知氣化不知形質者，亦不足以言醫，二者實如鳥之有翼，車之有輪，大有相輔而不可相離之勢。第以徹悟氣化，自然洞明形質，若徒知形質，未必窺見氣化，此則鄙人所敢斷言。故學得，宜講求氣化，爲唯一之方針，庶不致誤人者還以自誤。

醫學通論總部

醫德醫業通論部

論說

《論語·子路》子曰：南人有言曰：人而無恆，不可以作巫醫。善夫！

《左傳·定公十三年》三折肱知爲良醫。

《孔叢子·嘉言》宰我使于齊而反見夫子曰：梁丘據遇虺毒，三旬而後瘳，朝齊君，會大夫衆賓而慶焉，弟子與在賓列。大夫衆賓，並復獻攻療之方。弟子謂之曰：夫所以獻方，將爲病也，今梁丘子已瘳矣，而諸夫子乃復獻方，方將安施？意欲梁丘大夫復有虺害當用之乎？衆坐默然無辭。弟子此言何如？夫子曰：汝說非也。夫三折肱爲良醫，梁丘子遇虺毒而獲瘳，諸有與之同疾者，必問所以已之之方焉。衆人爲此，故各言其方欲售之，以已人之疾也。凡言其方者，稱其良也，且以參據所以已之之方優劣耳。

《楚辭·屈原〈九章·惜誦〉》九折臂而成醫兮，吾至今而知其信然。〔王逸注〕言人九折臂，更歷方藥，則成良醫，乃自知其病。吾被放弃，乃信知讒佞爲忠直之害也。一云：九折臂而爲良醫。一云：吾至今而知其然。一云：吾今而知其然。補曰：左氏云：三折肱知爲良醫。《孔叢子》云，宰我問曰：梁丘據遇虺毒，三旬而後瘳，大夫衆賓，復獻攻療之方，何也？夫子曰：三折肱爲良醫。梁丘子遇虺毒而獲療，諸有與之同疾者，必問所以已之之方焉，衆人爲此，故各言其方，欲售之以已人之疾也。

《素問·氣交變大論》帝曰：余聞得其人不教，是謂失道，傳非其人，慢泄天寶。余誠菲德，未足以受至道，然而衆子哀其不終，願夫子保於無窮，流於無極，余司其事，則而行之奈何？岐伯曰：請遂言之也。《上經》曰：夫道者，上知天文，下知地理，中知人事，可以長久。此之謂也。帝曰：何謂也？岐伯曰：本氣位也。位天者，天文也。位地者，地理也。通於人氣之變化者，人事也。〔王冰注〕至道者，非傳之難，非知之難，行之難。聖人愍念蒼生，同居永壽，故屈身降志，請受於天師。太上貴德，故後己先人，苟非其人，則道無虛授。黄帝欲仁慈惠遠，博受流行，尊道下身，拯乎黎庶，乃曰余司其事，則而行之也。

《素問·疏五過論》粗工治之，亟刺陰陽，身體解散，四支轉筋，死日有期。〔王冰注〕不知寒熱爲膿積所生，以爲常熱之疾，概施其法，數刺陰陽經脈，氣奪病甚，故身體解散而不用，四支廢運而轉筋，如是故知死日有期，豈謂命不謂醫耶。醫不能明，不問所發，唯言死日，亦爲粗工。〔王冰注〕言粗工，不必謂解不備學者，縱備盡三世經法，診不備三常，療不慎五過，不求餘緒，不問特身，亦足爲粗略之醫爾。

《靈樞·邪氣藏府病形》黄帝問於岐伯曰：余聞之，見其色，知其病，命曰明。按其脈，知其病，命曰神。問其病，知其處，命曰工。余願聞見而知之，按而得之，問而極之，爲之奈何？岐伯答曰：夫色脈與尺之相應也，如桴鼓影響之相應也，不得相失也。此亦本末根葉之出候也，故根死則葉枯矣。色脈形肉，不得相失也。故知一則爲工，知二則爲神，知三則神且明矣。【略】故善調尺者，不待於寸，善調脈者，不待於色。能參合而行之者，可以爲上工，上工十全九。行二者，爲中工，中工十全七。行一者爲下工，下工十全六。

《靈樞·逆順肥瘦》聖人之爲道者，上合於天，下合于地，中合于人事，必有明法，以起度數，法式檢押，乃後可傳焉。故匠人不能釋尺寸而意短長，廢繩墨而起平木也。工人不能置規而爲圓，去矩而爲方。知用此者，固自然之物，易用之數，逆順之常也。

《靈樞·陰陽二十五人》黄帝避席遵循而卻曰：余聞之，得其人弗教，是謂重失。得而洩之，天將厭之。余願得而明之，金櫃藏之，不敢揚之。

《靈樞·官能》雷公問於黄帝曰：《鍼論》曰：得其人乃傳，非其人勿言。何以知其可傳？黄帝曰：各得其人，任之其能，故能明其事。雷公曰：願聞官能奈何？黄帝曰：明目者，可使視色。聰耳者，可使聽音。捷疾辭語者，可使傳論。語徐而安靜，手巧而心審諦者，可使行鍼艾，理血氣而調諸逆順，察陰陽而兼諸方。緩節柔筋而心和調者，可使導引行氣。疾毒言語輕人者，可使唾癰呪病。爪苦手毒，爲事善傷者，可使按積抑痺。各得其能，方乃可行，其名乃彰。不得其人，其功不成，其師無名。故曰：得其人乃言，非其人勿傳，此之謂也。手毒者，可使試按龜，置龜於器下，而按其上，五十日而死矣。手甘者，復生如故也。

《難經・六十一難》 《經》言望而知之謂之神，聞而知之謂之聖，問而知之謂之工，切脈而知之謂之巧，何謂也？然望而知之者，望見其五色以知其病。聞而知之者，聞其五音以別其病，問而知之者，聞其所欲五味，以知其病所起所在也。切脈而知之者，診其寸口，視其虛實，以知其病，病在何藏府也。

《經》言以外知之曰聖，以內知之曰神，此之謂也。

《鹽鐵論・疾貪》 大夫曰：然爲醫以拙矣，又多求謝。爲吏既多不良矣，又侵漁百姓。【略】故不患擇之不熟而患求之與得異也，不患其不足也，患其貪而無厭也。

《說苑・雜言》 孔子曰：惡是何也。語不云乎，三折肱而成良醫。夫陳蔡之間，丘之幸也。

《論衡・率性》 古貴良醫者，能知篤劇之病所從生起，而以針藥，治而已之。如徒知病之名而坐觀之，何以爲奇？

《論衡・別通》 故血脈不通，人以甚病。不通者，惡事也，故其禍變致不善。【略】醫能治一病謂之巧，能治百病謂之良，是故良醫服百病之方，治百人之疾。

《傷寒論・自序》 論曰：余每覽越人入虢之診，望齊侯之色，未嘗不慨然歎其才秀也。怪當今居世之士，曾不留神醫藥，精究方術，上以療君親之疾，下以救貧賤之厄，中以保身長全，以養其生，但競逐榮勢，企踵權豪，孜孜汲汲，惟名利是務，崇飾其末，忽棄其本，華其外而悴其內，皮之不存，毛將安附焉？卒然遭邪風之氣，嬰非常之疾，患及禍至，而方震慄，降志屈節，欽望巫祝，告窮歸天，束手受敗。賫百年之壽命，持至貴之重器，委付凡醫，恣其所措。咄嗟！嗚呼！厥身已斃，神明消滅，變爲異物，幽潛重泉，徒爲啼泣。痛夫舉世昏迷，莫能覺悟，不惜其命，若是輕生，彼何榮勢之云哉！而進不能愛人知人，退不能愛身知己，遇災值禍，身居厄地，蒙蒙昧昧，惷若遊魂。哀乎趨世之士，馳競浮華，不固根本，忘軀徇物，危若冰谷，至於是也。【略】觀今之醫，不念思求經旨，以演其所知，各承家技，終始順舊，省疾問病，務在口給，相對斯須，便處湯藥。按寸不及尺，握手不及足，人迎趺陽，三部不參，動數發息，不滿五十，短期未知決診，九候曾無髣髴，明堂闕庭，盡不見察，所謂窺管而已，夫欲視死別生，實爲難矣！孔子云：生而知之者上，學則亞之，多聞博識，知之次也。余宿尚方術，請事斯語。

《傷寒論・平脈法》 上工望而知之，中工問而知之，下工脈而知之。

《甲乙經・自序》 夫受先人之(遺)體，有八尺之軀，而不知醫事，此所謂遊魂耳。若不精通於醫道，雖有忠孝之心，仁慈之性，(若)[君]父危困，赤子塗地，無以濟之。此(亦)[固]聖賢所以精思極論盡其理也。由此言之，焉可忽乎？

《脈經・自序》 夫醫藥爲用，性命所繫。和鵲至妙，猶或加思，仲景明審，亦候形證，一毫有疑，則考校以求驗。故傷寒有承氣之戒，嘔噦發下焦之問。而遺文遠旨，代寡能用，舊經秘述，奧而不售。遂令末學，昧於原本，斥兹偏見，各逞己能。致微痾成膏肓之變，滯固絶振起之望，良有以也！

敦煌卷子《明堂五臟論》 又言上醫察色，中醫聽聲，下醫診候。醫者意也，須明經脉，善會方書，又會陰陽，是名三代醫也。

《褚氏遺書・辨書》 尹彥成問曰：居今之世，爲古之工，亦有道乎？曰：師友良醫，因言而識變，觀省舊典，假筌以求魚，博涉知病，多診識脈，屢用達藥，則何愧于古人？

敦煌卷子《本草經集注・序録》 今庸醫處治，皆耻看《本草》，或倚約舊方，或聞人傳說，或遇其所憶，便攬筆疏之，俄然戴面，以此表奇。其畏惡相反，故自寡昧，而藥類違僻，分兩參差，亦不以爲疑脫。偶爾值差，則自信方驗，(若自信方驗)若旬月未瘳，則言病源深結，了不反求諸己，詳思得(夫)[失]，虛構聲稱，多納金帛，非唯在顯宜責，固將居幽貽譴矣。其五經四部，軍國禮服，若詳用乖越者，(正)[止]於事迹非宜耳。至於湯藥，一物有謬，便性命及之，千乘之君，百金之長，何可不深思戒慎耶！許世子侍藥不嘗，招弒(賊)[君]之辱；季孫饋藥，仲尼未達，知藥之不可輕信也。晉時有一才(情)人，欲刊正《周易》及諸藥方，先與祖納共論。祖云：辯釋經典，縱有異同，不足以傷風教。方藥小小不達，便壽夭所由，則後人受弊不少，何可輕以裁斷。明祖公此言，可謂仁識，足爲水鏡。《論語》云：人而無恆，不可以作巫醫。明此二法不得以權飾妄造。所以醫不三世，不服其藥，又云九折臂乃成良醫，蓋謂學功須深故也。復患今承藉者，多恃衒名價，亦不能精心研解，虛傳聲美，聞風競(注)[往]。自有新學該明，而名稱未播，貴勝以爲始習，多不信用，委命虛名，諒可惜也。

《千金要方·自序》 余緬尋聖人設教，欲使家家自學，人人自曉。君親有疾，不能療之者，非忠孝也。末俗小人，多行詭詐，倚傍聖教而爲欺紿，遂令朝野士俗，咸恥醫術之名，多教子弟誦短文，構小策，以求出身之道，醫治之術，闕而弗論。吁！可怪也。嗟乎！深乖聖賢之本意。

吾幼遭風冷，屢造醫門，湯藥之資，罄盡家產。所以青衿之歲，高尚茲典，白首之年，未嘗釋卷，至於切脈診候，採藥合和，服餌節度，將息避慎，一事長於己者，不遠千里，伏膺取決。至於弱冠，頗覺有悟。是以親鄰中外有疾厄者，多所濟益，在身之患，斷絕醫門，故知方藥本草，不可不學。

《千金要方·序例·大醫習業》 凡欲爲大醫，必須諳《素問》、《甲乙》、《黃帝鍼經》、明堂流注，十二經脈，三部九候，五藏六腑，表裏孔穴，本草藥對，張仲景、王叔和、阮河南、范東陽、張苗、靳邵等諸部經方，又須妙解陰陽祿命、諸家相法，及灼龜五兆、《周易》六壬，並須精熟，如此乃得爲大醫。若不爾者，如無目夜遊，動致顛殞。次須熟讀此方，尋思妙理，留意鑽研，始可與言於醫道者矣。又須涉獵群書。何者？若不讀五經，不知有仁義之道，不讀三史，不知有古今之事，不讀諸子，覩事則不能默而識之，不讀《內經》，則不知有慈悲喜捨之德，不讀《莊》《老》，不能任眞體運，則吉凶拘忌，觸塗而生。至於五行休王、七耀天文，並須探賾。若能具而學之，則於醫道無所滯礙，盡善盡美矣。

《千金要方·序例·大醫精誠》 張湛曰：夫經方之難精，由來尚矣。今病有內同而外異，亦有內異而外同，故五藏六腑之盈虛，血脈榮衛之通塞，固非耳目之所察，必先診候以審之。而寸口關尺，有浮沉弦緊之亂，俞穴流注，有高下淺深之差，肌膚筋骨，有厚薄剛柔之異，唯用心精微者，始可與言於茲矣。今以至精至微之事，求之於至麤至淺之思，其不殆哉！若盈而益之，虛而損之，通而徹之，塞而壅之，寒而冷之，熱而溫之，是重加其疾，而望其生，吾見其死矣。故醫方卜筮，藝能之難精者也，既非神授，何以得其幽微？世有愚者，讀方三年，便謂天下無病可治，及治病三年，乃知天下無方可用。故學者必須博極醫源，精勤不倦，不得道聽途說，而言醫道已了，深自誤哉。

凡大醫治病，必當安神定志，無欲無求，先發大慈惻隱之心，誓願普救含靈之苦。若有疾厄來求救者，不得問其貴賤貧富，長幼妍蚩，怨親善友，華夷愚智，普同一等，皆如至親之想。亦不得瞻前顧後，自慮吉凶，護惜身命。見彼苦惱，若己有之。深心悽愴，勿避嶮巇、晝夜、寒暑、饑渴、疲勞，一心赴救，無作功夫形迹之心。如此可爲蒼生大醫，反此則是含靈巨賊。自古名賢治病，多用生命以濟危急，雖曰賤畜貴人，至於愛命，人畜一也，損彼益己，物情同患，況於人乎！夫殺生求生，去生更遠。吾今此方，所以不用生命爲藥者，良由此也。其虻蟲、水蛭之屬，市有先死者，則市而用之，不在此例。只如鷄卵一物，以其混沌未分，必有大段要急之處，不得已隱忍而用之，能不用者，斯爲大哲亦所不及也。其有患瘡痍下痢，臭穢不可瞻視，人所惡見者，但發慚愧悽憐憂恤之意，不得起一念蔕芥之心，是吾之志也。

夫大醫之體，欲得澄神內視，望之儼然，寬裕汪汪，不皎不昧，省病診疾，至意深心，詳察形候，纖毫勿失，處判針藥，無得參差。雖曰病宜速救，要須臨事不惑，唯當審諦覃思，不得於性命之上，率爾自逞俊快，邀射名譽，甚不仁矣。

又到病家，縱綺羅滿目，勿左右顧眄，絲竹湊耳，無得似有所娛，珍羞迭薦，食如無味，醽醁兼陳，看有若無。所以爾者，夫壹人向隅，滿堂不樂，而況病人苦楚，不離斯須，而醫者安然懽娛，傲然自得，茲乃人神之所共恥，至人之所不爲，斯蓋醫之本意也。

夫爲醫之法，不得多語調笑，談謔諠譁，道說是非，議論人物，衒燿聲名，訾毀諸醫，自矜己德。偶然治差一病，則昂頭戴面，而有自許之皃，謂天下無雙，此醫人之膏肓也。老君曰：人行陽德，人自報之；人行陰德，鬼神報之。人行陽惡，人自報之；人行陰惡，鬼神害之。尋此貳途，陰陽報施，豈誣也哉！所以醫人不得恃己所長，專心經略財物，但作救苦之心，於冥運道中，自感多福者耳。又不得以彼富貴，處以珍貴之藥，令彼難求，自衒功能，諒非忠恕之道。志存救濟，故亦曲碎論之，學者不可恥言之鄙俚也。

《千金要方·序例·診候》 古之善爲醫者，上醫醫國，中醫醫人，下醫醫病。又曰上醫聽聲，中醫察色，下醫診脈。又曰上醫醫未病之病，中醫醫欲病之病，下醫醫已病之病。若不加心用意，於事混淆，即病者難以救矣。【略】愚醫不通三部九候及四時之經，或用湯藥倒錯，針灸失度，順方治病，更增他疾，遂致滅亡。哀哉蒸民，枉死者半，可爲世無良醫，爲其解釋。

《千金要方·序例·治病略例》 夫天布五行，以植萬類，人稟五常，以爲五藏，經絡腑輸，陰陽會通，玄冥幽微，變化難極。《易》曰：非天下之至賾，其孰能與於此。觀今之醫，不念思求經旨，以演其所知，各承家伎，始終循舊，省病問疾，務在口給，相對斯須，便處湯藥。按寸不及尺，握手不及足，人迎趺陽，叁部不參，動數發息，不滿伍拾。短期未知決診，九候曾無髣髴，明堂闕庭，盡不見察，所謂窺管而已，夫欲視死別生，固亦難矣！此皆醫之深戒，病者可不謹以察之，而自防慮也。古來醫人，皆相嫉害，扁鵲爲秦太醫令李醯所害，即其事也。壹醫處方，不得使別醫和合，脫或私加毒藥，令人增疾，漸以致困，如此者非壹，特須慎之。寧可不服其藥，以任天眞，不得使愚醫相嫉，賊人性命，甚可哀傷。【略】

夫二儀之內，陰陽之中，唯人最貴。人者稟受天地中和之氣，法律禮樂，莫不由人。人始生，先成其精，精成而腦髓生。頭圓法天，足方象地，眼目應日月，五藏法五星，六腑法六律，以心爲中極。大腸長一丈二尺，以應十二時。小腸長二丈四尺，以應二十四氣。身有三百六十五絡，以應一歲。人有九竅，以應九州。天有寒暑，人有虛實。天有刑德，人有愛憎。天有陰陽，人有男女。月有大小，人有長短。所以服食五穀，不能將節，冷熱鹹苦，更相振觸，共爲攻擊，變成疾病。凡醫診候，固是不易。又問而知之，別病深淺，名曰巧醫。仲景曰：凡欲和湯合藥，針灸之法，宜應精思，必通十二經脈，知三百六十孔穴，榮衛氣行，知病所在，宜治之法，不可不通。古者上醫相色，色脈與形不得相失，黑乘赤者死，赤乘青者生。中醫聽聲，聲合五音，火聞水聲，煩悶干驚，木聞金聲，恐畏相刑。脾者土也，生育萬物，迴助四傍，善者不見，死則歸之。太過則四肢不舉，不及則九竅不通，六識閉塞，猶如醉人。四季運轉，終而復始。下醫診脈，知病元由，流轉移動，四時逆順，相害相生，審知藏腑之微，此乃爲妙也。

《千金要方・序例・處方》 古之善爲醫者，皆自採藥，審其體性所主，取其時節早晚，早則藥勢未成，晚則盛勢已歇。今之爲醫，不自採藥，且不委節氣早晚，只共採取，用以爲藥，又不知冷熱消息，分兩多少，徒有療病之心，永無必愈之效，此實浮惑。

《千金要方・序例・藥藏》 存不忘亡，安不忘危，大聖之至教。求民之瘼，恤民之隱，賢人之用心。所以神農鳩集百藥，黃帝纂錄《針經》，皆備預之常道也。且人痾瘵，多起倉卒，不與人期，一朝嬰已，豈遑知救。想諸好事者，可貯藥藏用，以備不虞，所謂起心雖微，所救惟廣。見諸世祿之家，有善養馬者，尙貯馬藥數十斤，不見養身者，有畜人藥一錙銖，以此類之，極可媿矣。貴畜而賤身，誠可羞矣。傷人乎？不問馬。此言安用哉！至如人或有公私使命，行邁邊隅，地既不毛，藥物焉出？忽逢瘴癘，素不資貯，無以救療，遂拱手待斃，以致夭歿者，斯爲自致，豈是枉橫。何者？既不能深心以自衛，一朝至此，何歎惜之晚哉。故置藥藏法，以防危殆云爾。

《千金要方・平脈・平脈大法》 論曰：夫脈者，醫之大業也，既不深究其道，何以爲醫者哉？是以古之哲醫，寤寐俯仰，不與常人同域，造次必於醫，顛沛必於醫，故能感於鬼神，通於天地，可以濟衆，可以依憑。若與常人混其波瀾，則庶事墮壞，使夫物類將何仰焉。由是言之，學者必當屏棄俗情，凝心於此，則和鵲之功，因茲可得而致也。

《千金要方・用針略例》 又須審候，與死人同狀者，不可爲醫；與亡國同政者，不可爲謀。雖聖智神人，不能活死人，存亡國也。故曰：危邦不入，亂邦不居。凡愚人貪利，不曉於治亂存亡，危身滅族，彼此俱喪，亡國破家，亦醫之道也。

《千金翼方・針灸・取孔穴法》 且夫當今醫者，各承一業，未能綜練衆方，所以救疾多不全濟。何哉？或有偏功針刺，或有偏解灸方，或有惟行藥餌，或有專於禁呪，故以網羅諸疾，有愈於是。慨其如此，聊以養疾之暇，撰錄《灸經》，以貽後嗣，其於條例具之。醫者意也，善於用意，即爲良醫。良醫之道，必先診脈處方，次即針灸，內外相扶，病必當愈。何則？湯藥攻其內，針灸攻其外。不能如此，雖時愈疾，茲爲偶差，非醫差也。

《千金翼方・禁經上》 方今醫者，學不稽古，識悟非深，各承家技，便爲洞達，自負其長，競稱彼短，由斯對執，卒不得挹其源流也。

《北史・許智藏傳》 爲人子者，嘗膳視藥，不知方術，豈謂孝乎？

《初學記》卷二〇 《說文》曰：巫彭初作醫。《帝王世記》曰：黃帝使岐伯嘗味草木，典醫療疾，今經方本草之書咸出焉。《周官》曰：疾醫掌萬民之疾病。四時皆有癘疾，春時有痟首疾，夏時有癢疥疾，秋時有瘧寒疾，冬時有嗽上氣疾。以五穀五藥養其病，以五色五氣五聲視其死生，兩之以九竅之變，參之以五藏之動，凡民之有疾病者，分而治之。又曰：瘍醫掌腫瘍、潰瘍、金瘍、折瘍。凡療瘍，以五毒攻之，以五氣養之，以五藥療之，以五味節之。《物理論》曰：夫醫者，非仁愛不可託也，非聰明理達不可任也，非廉潔淳良不可信也。是以古之用醫，必選名姓之後，其德能仁恕博愛，其智能宣暢曲解，能知天地神祇之次，能明性命吉凶之數，處虛實之分，定逆順之節，原疾疢之輕重，而量藥齊之多少，貫微達幽，不失細小，如此乃謂良醫。且道家則尚冷，以草木用冷生。醫家則尚溫，以血脈以煖通。徒知其大趣，不達其細理，不知剛柔有輕重，節氣有多少，進退盈縮有節却也。名醫達脈者，求之寸口，三候之間則得之矣。度節氣而候溫冷，參脈理而合輕重，量藥石皆相應，此可謂名醫。醫有名而不良者，有無名而良者，人主之用醫，必參知而隱括之。

《素問·王冰序》 夫釋縛脫艱，全真導氣，拯黎元於仁壽，濟羸劣以獲安者，非三聖道則不能致之矣，孔安國序《尚書》曰：伏羲、神農、黃帝之書，謂之三墳，言大道也。

《聖惠方·叙為醫》 夫清濁形分，陰陽位設，四時序矣，萬物生矣。滋味既興，疾恙斯作。神農嘗之百草，黃帝立以九針，岐伯、雷公，備論診脈，華佗、扁鵲，廣著群書。分弦鈎毛石之功，定君臣佐使之用，立神聖功巧，判虛實浮沉。邇後伎士分鑣，名醫接踵，皆窮玄奧，盡播聲光。自古迄今，更相祖述，道符濟國，志在救人也。夫爲醫者，先須諳《甲乙》《素問》《明堂》《針經》，俞穴流注，本草藥對，三部九候，五臟六腑，表裏虛實，陰陽盛衰，諸家方論，並須精熟。然後涉獵《詩》《書》，該博釋、老，全之四教，備以五常，明希夷恬淡之門，達喜捨慈悲之旨。儻盡窮其大體，即自得其重玄，譬猶測影用圭，乾坤不能逃其數，宣疑設卦，倚伏洞可究其源，奚異通神，無殊造聖。是以學者必須傍探典籍，邈審妍媸，服勤以求，探賾無厭。勿恣道德，自恃己長，炫耀聲稱，泛濫名譽。心中未了，指下難明，欲別死生，深爲造次。故曰醫者意也，非常之意爾。是以上醫醫國，中醫醫人，下醫醫病，又曰上醫聽聲，中醫察色，下醫診脈。又曰上醫療未病，中醫療欲病，下醫療已病。夫如是，則須洞明物理，曉達人情，悟造化之變通，定吉凶之機要，視表知裏，診候處方，常懷拯物之心，並救含靈之苦。苟用藥有準，則厥疾必瘳。若能留心於斯，具而學之，則爲醫之道，盡善盡美，觸事皆通矣。

《聖惠方·叙診脈法》 夫脈者，醫之大業也，既不深究其道，何以爲醫者哉！是以古之哲醫，寤寐俯仰，不與常與人同域，造次必在於醫，顛沛必在於醫。故醫者必能感於鬼神，通於天地，可以濟衆，可以依憑。若與常人混其波瀾，則庶事隳壞，使夫物類，將何仰焉。由是言之，學者必當摒棄俗情，凝心於此，則和、鵲之功，因茲可得而致也。

《省心録》 無恆德者不可以作醫，人命死生之繫，庸人假醫以自誣，其初則要厚利，虛實補瀉，未必適當，幸而不死，則呼需百出，病者甘心以足其欲。不幸而斃，則曰飲食不知禁，嗜欲有所違，非藥之過也。厚載而出。死者何辜焉。世無扁鵲望而知死生，無華陀滌腸以愈疾，輕以性命託庸醫，何如謹致疾之因，固養生之本，以全天年耶。嗚呼！悲夫。

《史載之方·為醫總論》 道之渾淪，莫知其源，道之既判，變化無窮，莫知其端。推其變化之間，凝而爲質，五行名之；化而爲氣，五運統之；鍾而爲人，五藏應之。自此而後，物之可名，數之可推，理之可窮，而道之迹乃可得而言之也。大而天地，小而一身，理或皆然，統而論之，要其所養，一歸之無失而已。故雲霧不精，則上應白露不下，白露不下，則苑稟不榮，乃至賊風數至，暴雨數起，天地四時不能相保，與此天氣不襲，道之相失也。人之起居乖宜，將養失度，一藏有餘，一藏不足，寒溫之不能相交，榮衛之不能相通，風之氣乘隙而入，疾如飛矢，奇病苛疾，應如反掌，此天地之與人，其理未嘗不一矣。古之聖人，和於陰陽，調於四時，春夏養陽，秋冬養陰，與萬物浮沉於生長之門，故生身無奇病，而壽敝天地，無有終時。此無他，養無失而生氣不竭者也。賢人則上配天以養頭，下象地以養足，中傍人事以養五藏而無失，亦可益壽而有極時。至於庶人，不能法天之紀，用地之理，失於所養，天之邪氣，感而害五藏，水穀之寒熱，感而傷六府，地之濕氣，感而害皮肉觔脈，百病無端，從斯而至，病之一生，千變萬化，莫能窮究。故世之善醫者，不患治病之難，患識病之難，患使藥之難。何則？受病有淺深，使藥有重輕，度其淺深，分毫之不可差，明其輕重，錙銖之不可偏，淺深輕重之間，醫者之精粗，病者之性命，差之毫釐，失之千里。得失之間，死生性命之所係，醫之道，不得不爲之難也。故善爲醫者，一病之生，必先考其根源，定其傳受，審其刑尅，分其冷熱寒溫，辨其上下內外，有真有邪，有虛有實，忽隔絕痞塞不通，忽空虛微弱失守，可針可灸，可下可汗，闕於不精，勇於必驗，制之有先後，取之有輕重，條理具存，各有其常，而不可差之分毫也。【略】

夫五藏溫，病安從來？將養乖宜，病生於變。是則百病之起，雖千變萬化之幾，而要其所歸，不出於寒溫熱冷而已。冷者不可治之以溫，名曰不及。

涼而治之以熱，名曰太過。不及者，病之不能滅，而太過者，反有所傷於眞氣也。冷者熱之，寒者溫之，輕重得宜，疾徐有制，動無毫釐之失，而所療之病，舉獲萬全，此所爲分其冷熱寒溫者矣。傳曰：狂風入林，枯枝先折。猛雨破堙，隙者先壞。則八邪之所以感傷於人，莫非乘隙而入，此人之所病，不能無內外上下之辨也。肺氣喘嗽，膠痰堅實，伏在胸中，潮涎熱起，傾損性命，如此之類，病在上也。腳膝痿軟，行步無力，腰胯沉重，如此之類，病在下也。生於皮毛，染於筋骨，忽寒所中，飲食不消，忽熱毒所攻，大府秘澀，百端隨人冷熱，如此之類，病在內也。在上者吐之而安，然不可吐者，當制之以緩。在下者補之而愈，然不可補者，當制之以急。在外者可針、可灸、可汗，隨其所宜。而在內者可攻、可補、可下，隨其冷熱而已。其治之有方，其辨之有法，亦何患乎所投之藥，無必勝之驗者哉！此辨其上下內外者也。

夫五味爽人之口，五色盲人之目，嗜慾無窮，貪着不已，憂患迭生，精神弛壞，而眞殘根伐，是人之不能無虛實也。實者爲有餘，虛者爲不足。有餘者瀉之，不足者補之。而補瀉之間，又有內外之辨。故形不足者，溫之以氣，精不足者，補之以味，五藏六府之內實者，通之以藥餌，四肢八節之外實者，瀉之以針石刺，此其補瀉之有所不同也，乃所爲分其虛實者矣。夫古之人年滿百而動作不衰，今之人年未滿五十而動作有衰，非天之私於古而禍於今也。古之人知養道之術，嗜慾不能勞其目，淫邪不能惑其心，血氣安和，精神內守，故年滿百而動作不衰，蓋眞全而邪氣不能勝也。今之人不知養道之術，務快其心，逆於生樂，血氣枯衰，精神耗散，乃有胎胎相傳，病病相孕，受氣虛微，肌體羸弱，呼吸喘息之間，而百病臻湊於五藏六府者矣。此無他，精虛神乏，而外邪得以干其陰陽之正氣也。善爲醫者，保其眞，去其邪，無使其過劑之藥，反有以賊其眞也，此所謂分其眞邪者矣。乃至有隔絕痞塞不通，空虛微弱失守，雖三尺之童，亦耳聞而心識者矣。

夫病之在內，藥餌攻之，病之在外，針石取之，其有病勢之急，而藥石之功緩而難制，聖人不能。灸之法，類而舉之。若今陰毒傷寒，其四肢八節皆冷，面青唇黑，不知人事，急於氣海灸之，灸不過十數壯，而人神氣完復矣。又有夏暑之月，任意取涼，頻飲涼水，忽飲冷酒，後恣貪色慾，精氣至虛，陰邪壯盛，陰陽相奪，陰氣偏勝，獨守下元，陽氣虛微，上攻頭項。其病腳冷如雪，四肢八節俱寒，脈氣深伏，但有其熱如火，其痛難忍。方此之際，針石何濟？急於氣海上灸之，一灸不過數十壯，而日前之所飲涼水冷酒皆轉下，須臾四肢八節俱暖，而陰陽之氣仍相交際者。又有冷熱之癰腫，忽鮮赤而疼痛，忽堅硬而不痛，急以濕紙帖其上，尋其紙之先乾處便灸，一灸至百壯餘而後止。若以冷腫，而紙上不得其先乾處，即於腫處當頭着灸，亦以百壯而止。但量肌體厚薄，方可安灸，瘦薄者少灸，肥厚者多灸。忽是冷腫，灸而不痛，則以聞痛而止。因喫硫黃後有此病，更在虛處，不請安灸。夫病之可汗可下可針可灸，其緩急之序，重輕之別，操之不失其宜，施之各有其度，又何患乎人之不安，病之不愈者哉。

嗚呼！天地無全功，聖人無全能，雖黃帝岐伯之論，尚有不治之病，則今有非常之候，不得其詳，未明其實，闕而勿治，醫者不爲之辱也。苟其病之熾盛，人之危篤，醫者既明其理，又識其詳，當此之時，不可有分毫之怯，急以毒藥驗針回其生於萬死之地，舉必萬全。然非至神，無能與此，愚者行之，無異於操刀殺人也。如此所爲，闕於不精，勇於必驗者矣。此皆持之有術，治之有統，不可相踰於規矩權衡者也。

《證類本草·林樞密〈重廣本草圖經〉序》 良醫之不能以藥愈疾，猶良將不能以無兵勝敵也。兵之形易見，善用者能以其所以殺者生人；藥之性難窮，不善用者返以其所以生者殺人。吁！可畏哉。【略】然世之醫者習故守陋，妄意穿鑿，操數湯劑，幸一而數中，自謂足以應無窮之病，詰其論說，則漠然不知，顧《本草》與《圖經》，殆虛文耳。

《證類本草·序例上》 病之變狀不可一概言之，所以醫方千卷猶未盡其理。春秋已前及和緩之書蔑聞，而道經略載扁鵲數法，其用藥猶是本草家意。至漢淳于意及華佗等方，今時有存者，亦皆條理藥性，惟張仲景一部最爲衆方之祖，又悉依《本草》，但其善診脈，明氣候，以意消息之爾。至於刳腸剖臆，刮骨續筋之法，乃別術所得，非神農家事。自晉代已來，有張苗、宮泰、劉德、史脫、靳邵、趙泉、李子豫等一代良醫，其貴勝阮德如張茂先輩，逸民皇甫士安及江左葛洪、蔡謨、商仲堪諸名人等，並研精藥術。宋有羊欣、元徽、胡洽、秦承祖，齊有尚書褚澄，徐文伯、嗣伯群從兄弟，療病亦十愈其八九。凡此諸人，各有所撰用方，觀其指趣，莫非《本草》者乎。或時用別藥，亦循其性度，非相踰越。《范汪方》百餘卷及葛洪《肘後》，其中有細碎單行經用者，或田舍試驗之法，或殊域異識之術，如藕皮散血，起自庖人，牽牛逐水，近出

野老，麬店蒜齏，乃是下蛇之藥，路邊地菘，而爲金瘡所秘，此蓋天地間物，莫不爲天地間用。【略】

今庸醫處療，皆耻看《本草》，或依約舊方，或聞人傳説，或遇其所憶，便攬筆疏之，俄然戴面，以此表奇。其畏惡相反，故自寡昧，而藥類違僻，分兩參差，亦不以爲疑脱。或偶爾値差，則自信方驗，若旬月未瘳，則言病源深結，了不反求諸己，詳思得失，虛構聲稱，多納金帛，非惟在顯宜責，固將居幽貽譴矣。其五經四部，軍國禮服，若詳用乖越者猶可矣，止於事迹非宜爾，至於湯藥，一物有謬，便性命及之。千乘之君，百金之長，何不深思戒慎邪。昔許太子侍藥不嘗，招弑君之惡，季孫饋藥，仲尼有未達之辭，知其藥性之不可輕信也。晉時有一才人，欲刊正《周易》及諸藥方，先與祖訥共論。祖云：辨釋經典，縱有異同，不足以傷風教，至於湯藥，小小不達，便致壽夭所由，則後人受弊不少，何可輕以裁斷，祖之此言，可爲仁識，足爲龜鏡矣。按《論語》云：人而無恆，不可以作巫醫。明此二法，不可以權飾妄造，所以醫不三世不服其藥，九折臂者乃成良醫，蓋謂學功須深故也。復患今之承藉者，多恃衒名價，亦不能精心研習，實爲可惜，虛傳聲美，聞風競往，自有新學該明而名稱未播，貴勝以爲始習，多不信用，委命虛名，諒可惜也。

《素問入式運氣論奥·自序》 夫醫書者乃三墳之經，伏羲觀天文造甲曆，神農嘗百藥制《本草》，黄帝論疾苦成《素問》，因知其道奥妙，不易窮研，自非留心刻意，豈達玄機。

《本草衍義·序例中》 病人有既不洞曉醫藥，復自行臆度，如此則九死一生。或醫人未識其病，或以財勢所迫，占奪強治，如此之輩，醫家病家不可不察也。要在聰明賢達之士掌之，則病無不濟，醫無不功。世間如此之事甚多，故須一一該舉，以隄或然。夫高醫以蓄藥爲能，倉卒之間，防不可售者所須也。若桑寄生、桑螵蛸、鹿角膠、天靈蓋、虎膽、蟾酥、野駞、螢、蓬蘽、空青、婆娑石、石蟹、冬灰、臘雪水、松黄之類，如此者甚多，不能一一遍舉。唐元澹，字行沖，嘗謂狄仁傑曰：下之事上，譬富家儲積以自資也，脯腊膎胰，以供滋膳，參朮芝桂，以防疾疢。門下充旨味者多矣，願以小人備一藥，可乎？仁傑笑曰：公正，吾藥籠中物，不可一日無也。然梁公因事而言，獨譬之以藥，則有以見天下萬物之中，尤不可闕者也。知斯道者，知斯意而已。

凡爲醫者，須略通古今，粗守仁義，絶馳騖能所之心，專博施救拔之意，如此則心識自明，神物來相，又何必戚戚沽名，齪齪求利也。如或不然，則曷以致姜撫沽譽之慚逋，華佗之矜能受戮乎。【略】

夫用藥如用刑，刑不可誤，誤即干人命，用藥亦然，一誤即便隔生死。然刑有鞫司，鞫成然後議定，議定然後書罪。蓋人命一死，不可復生，故須如此詳謹。今醫人纔到病家，便以所見用藥，若高醫識病知脈，藥又應當如此，即應手作效，或庸下之流，孟浪亂投湯劑，逡巡便致困危，如此殺人，何太容易。世間此事甚多，良由病家不擇醫，平日未嘗留心於辨術也，可不懼哉？

《扁鵲心書·當明經絡》 諺云：學醫不知經絡，開口動手便錯。蓋經絡不明，無以識病證之根源，究陰陽之傳變。如傷寒三陰三陽，皆有部署，百病十二經脈，可定死生，既講明其經絡，然後用藥徑達其處，方能奏效。昔人望而知病者，不過熟其經絡故也。俗傳遇長桑君，授以懷中藥，飲以上池之水，能洞見藏府，此虛言耳。今人不明經絡，止讀藥性病機，故無能別病所在，漫將藥試，偶對稍愈，便爾居功，况亦未必全愈。若一不對，反生他病。此皆不知經絡故也。〔胡珏注〕近世時醫，失口言經絡部位乃外科治毒要法，方脈何藉于此。嗟嗟！經絡不明，何以知陰陽之交接，藏府之遞更？疾病情因，從何審察？夫經絡爲識病之要道，尚不肯講求，焉望其宗主《内經》，研究《傷寒》，識血氣之生始，知榮衛之循行。陰陽根中根外之理不明，神機或出或入之道不識，師徒授受，唯一《明醫指掌》《藥性歌括》，以爲熟此，儘可通行，用藥誤人，全然不辨。或遇明醫，枝梧扯拽，更將時事俗情，亂其理談，常恐露出馬脚，唯一周旋承奉。彼明理人，焉肯作惡，只得挽回數言，以蓋其誤。如此時醫，誠爲可耻。

《靈樞·史崧序》 夫爲醫者，在讀醫書耳，讀而爲不能醫者有矣，未有不讀而能爲醫者也。不讀醫書，又非世業，殺人尤毒於梃刃。是故古人有言曰：爲人子而不讀醫書，猶爲不孝也。

《小兒衛生總微論方·醫工論》 凡爲醫之道，必先正己，然後正物。正己者，謂能明理以盡術也；正物者，謂能用藥以對病也。如此，然後則事必濟而功必著矣。若不能正己，則豈能正物，不能正物，則豈能愈疾！今冠於篇首，以勸學者。

凡爲醫者，性存温雅，志必謙恭，動須禮節，舉止和柔，無自妄尊，不可矯飾，廣收方論，博通義理，明運氣，曉陰陽，善診切，精察視，辨眞僞，分寒熱，審標本，識輕重。疾小不可言大，事易不可云難，貧富用心皆一，貴賤使藥無別。苟能如此，於道幾希。反是者，爲生靈之巨寇。

凡爲醫者，遇有請召，不擇高下，遠近必赴。如到其家，須先問曾請未？曾請師，即問曾進是何湯藥？已未經下？乃可得知虚實也。如已曾經下，即虚矣。更可消息參詳，則無誤矣。

《能改齋漫録·記事》 范文正公微時，嘗詣靈（詞）〔祠〕求禱曰：他時得位相乎？不許。復禱之曰：不然，願爲良醫。亦不許。既而嘆曰：夫不能利澤生民，非大丈夫平生之志。他日，有人謂公曰：大丈夫之志于相，理則當然，良醫之技，君何願焉，無乃失于卑邪？公曰：嗟乎！豈爲是哉。古人有云：常善救人，故無棄人。常善救物，故無棄物。且大丈夫之于學也，固欲遇神聖之君，得行其道，思天下匹夫匹婦有不被其澤者，若己推而內之溝中，能及小大生民者，固惟相爲然。既不可得矣，夫能行救人利物之心者，莫如良醫。果能爲良醫也，上以療君親之疾，下以救貧民之戹，中以保身長年。在下而能及小大生民者，捨夫良醫，則未之有也。

《三因方·五科凡例》 凡學醫，必識五科七事。五科者，脉、病、證、治，及其所因。七事者，所因復分爲三。故因脉以識病，因病以辨證，隨證以施治，則能事畢矣。故經曰：有是脉而無是診者，非也。究明三因，內外不濫，參同脉證，盡善盡美。

凡學脉，須先識七表八裏九道名體證狀，了然分别，然後以關前一分應動相類，分别內外及不內外。又須知二十四脉，以四脉爲宗，所謂浮沉遲數，分風寒暑濕，虚實冷熱，交結諸脉，隨部説證，不亦約乎。

凡審病，先須識名。所謂中傷寒暑風濕瘟疫時氣，皆外所因，藏府虚實，五勞六極，皆內所因。其如金瘡踒折，虎狼毒蟲，涉不內外。更有三因備具，各有其名。所謂名不正則言不順，言不順則事不成，學不可不備。

凡學審證，須知外病自經絡入，隨六經所出，井營輸源經合，各有穴道，起沒流傳，不可不别。內病自五藏鬱發，證候各有部分，溢出諸脉，各有去處。所謂上竟上，頭項胸喉中事也，下竟下，腹肚腰足中事也。

凡用藥，須熟讀本草，廣看方書，雷公炮炙，隨方過製。汗下、補吐、輕重、澀滑、燥潤等性，量病淺深，飲服多寡，五德五味，七情八反。升合分兩，朝代不同，一一備學。將欲對治，須識前後。故經曰：先去新病，病當在後。

凡治病，先須識因，不知其因，病源無目。其因有三：曰內、曰外、曰不內外。（外）〔內〕則七情，（內）〔外〕則六淫，不內不外，乃背經常。《金匱》之言，實爲要道。《巢氏病源》，具列一千八百餘件，蓋爲示病名也。以此三條，病源都盡，不亦反約乎。

凡學醫，既明五科，每科須識其要。脉有浮沉遲數，病有風勞氣冷，證有虚實寒熱，治有汗下補吐。若於三因推明，外曰寒熱風濕，內曰喜怒憂思，不內外曰勞逸作強，各有證候。詳而推之，若網在綱，有條不紊。

凡古書所詮，不出脉、病、證、治四科，而撰述家有不知此，多致顯晦，文義重復，要當以四字類明之，四字者，即名體性用也。如脉，浮則爲名，舉有餘按不足爲體，爲風爲虚曰性，可補可汗曰用。如病，太陽傷風爲名，感已啬啬爲體，惡風自汗爲性，傳變經絡爲用。如證，太陽風證爲名，頭項疼腰脚痛爲體，不與諸經濫爲性，候其進退爲用。如治，藥桂則爲名，出處形色爲體，德味備缺爲性，汗下補吐爲用。以此推之，讀脉經，看病源，推方證，節本草，皆用此法，無餘蘊矣。

《寓簡》卷五 范文正公微時，嘗慷慨語其友曰：吾讀書學道，要爲宰輔，得時行道，可以活天下之命；不然，時不我與，則當讀黄帝書，深究醫家奥旨，是亦可以活人也。公既仕進顯貴，入爲執政大臣，出爲大師，其謀謨經畫，所活多矣，於醫則固未暇也。君子之重人命，其立志如此。予觀東晉殷浩，妙解脉法，嘗有給使叩頭祈死，詰問久之，乃言小人有母年垂百歲，抱疾不除，若蒙官一診視，便有生理，退就屠戮無恨。浩爲案脉處方，一劑便愈，於是悉焚經方。嗚呼！浩功名大繆，幸有絶藝可以起死，而深諱其事，反以能活人爲慚悔，自范公視之，浩可謂不仁者哉。浩不善用其所能，而强爲其不能，宜其敗也。

《捫蝨新話·文貴精工》 大抵文以精故工，以工故傳遠。三折肱始爲良醫，百步穿楊始名善射，其可傳者，皆不苟者也。

《醫説·服餌并藥忌·施藥》 夫人既以五穀養其生，而亦以藥石伐其病，苟無藥石，則寒暑勞苦之太過，喜怒饑飽之無節，時令不常，衛生無術，身貧而莫求醫藥，雖富者或無良劑，或客游半道卧病而無所治療，如是而喪者亦多矣。且好仁之士，有濟物之心，或蓄一驗方，或有一奇藥，計力多寡，精加修製，廣行施惠，使沉痾宿疾，苦楚萬狀，危惡之候，一藥能愈，俾呻吟變爲和氣。雖身貧力微，難以修合濟人者，誠能得一奇湯妙劑，隨所治之疾，印寫千百本，粘之於牆壁道路之間，利亦博矣。

《醫説·醫功報應·醫以救人爲心》 醫者當自念云：人身疾苦，與我無異，凡來請召，急去無遲，或止求藥，宜即發付，勿問貴賤，勿擇貧富，專以救人爲心，冥冥中自有祐之者。乘人之急，故意求財，用心不仁，冥冥中自有禍之者。吾鄉有張彦明，善醫，僧道貧士軍兵及貧者求藥，皆不受錢，或反以錢米與之。人來請召，雖至貧下亦去。富者以錢求藥，不問多寡，必多與藥，期於必愈，未嘗萌再攜錢來求藥之心。病若危篤，亦多與好藥，以慰其心，終不肯受錢。予與處甚久，詳知其人。爲醫而口終不言錢，可謂醫人中第一等人矣。

《醫説·醫功報應·聶醫善士》 儀州華亭人聶從志，良醫也。邑丞妻李氏病垂死，治之得生。李氏美而淫，慕聶之貌，他日丞往旁郡，李僞稱疾，使邀之。伺其至，語之曰：我幾入鬼籙，賴君復生，顧世間物無足以報德，願以此身供枕席之奉。聶驚懼，趨而出。迨夜，李復盛飾而就之，聶絶袖脱去，乃止，亦未嘗與人言。

《醫説·醫功報應·段承務》 宜興段承務，醫術精高，然貪顧財賄，非大勢力者不能屈致。翟忠惠公居常熟，欲見之，不可，諉平江守梁尚書邀之始來。既回平江，適一富人病，來謁醫。段曰：此病不過湯藥數劑可療，然非五百千爲謝不可。其家始許半酬，拂衣去，竟從其請，別奉銀五十兩爲藥資，段求益至百兩，乃出藥爲治，數日愈。所獲西歸，中途夜夢一朱衣曰：上帝以爾爲醫，而厚取賄賂，殊無濟物之心，命杖脊二十。遂敕左右捽而鞭之。既寤，覺脊痛，呼僕視之，捶痕宛然，還家未幾而死。

《醫説·醫功報應·醫不貪色》 宣和間，有一士人，抱病經年，百治不瘥。有何澄者，善醫，其妻召至，引入密室中，告之曰：妾以良人抱疾日久，典賣殆盡，無以供醫藥之資，願以身相酬。醫正色拒之曰：小娘子何爲出此言。但放心，當爲調治取效，切不可以此相污，萬一外人知之，非獨使某醫藥不效，不有人誅，必有鬼責。未幾，其夫疾愈。【略】未數月，東宮得疾，國醫不能治，有詔召草澤醫，澄乃應詔，進劑而愈，朝廷賜錢三千貫，與初品官。自後醫道盛行京師，號爲何藥院家。

《宋本備急灸法·小引》 古人云：凡爲人子而不讀醫書，是謂不孝。則夫有方論而不傳諸人者，甯不謂之不仁乎？

《傷寒醫鑒·自序》 天道有遭世而興，事有遇時而顯，此古今之常理，出於自然者也。且謂儒書衰滅以後，邪説蜂起，以淆亂六經之道，紅紫亂朱，無以折衷。孝武皇帝舉用俊茂，罷黜百家之非，而六經之道始明。自漢而降，註述繁錯，醫書尤甚。況醫乃人之司命，所係尤重，殆非小智所能及也。惟昔黄帝岐伯，難疑答問，上窮天道，下極地理，中盡人性，垂法萬世，以爲生民之壽域。

《歸潛志》卷一三 書《證類本草》後 余讀沈明遠《寓簡》，稱范文正公微時，慷慨語其友曰：吾讀書學道，要爲宰輔。得時行道，可以活天下之命。時不我與，則當讀黄帝書，深究醫家奥旨，是亦可以活人也。未嘗不三復其言而大其有濟世志。【略】

若夫醫者，爲切身一大事，且有及物之功。語曰：人而無恆不可以作巫醫。又曰：子之所慎，齋、戰、疾。康子饋藥，子曰：丘未達，不敢嘗。余嘗論之，是術也，在吾道中雖名爲方伎，非聖人賢者所專精，然捨而不學，則於仁義忠孝有所缺。蓋許世子止不先嘗藥，《春秋》書以弑君，故曰爲人子者不可不知醫，懼其忽於親之疾也。況乎此身受氣於天地，受形於父母，自幼及老，將以率其本然之性，充其固有之心。如或遇時行道，使萬物皆得其所，措六合於太和中，以畢其爲人之事，而一旦有疾，懵不知所以療之，伏枕呻吟，付之庸醫手，而生死一聽焉，亦未可以言智也。故自神農、黄帝、雷公、岐伯以來，名卿、才大夫往往究心於醫。若漢之淳于意、張仲景，晉之葛洪、殷浩，齊之褚澄，梁之陶宏景，皆精焉。唐陸贄斥忠州纂集方書，而蘇、沈二公良方至今傳世。是則吾儕以從政、講學餘隙而於此乎蒐研，亦不爲無用也。

《備急管見大全良方·自序》 醫所謂神聖，望而知之者也；脈病證治，其學而知之者乎，是故醫莫貴乎學。大抵識脈不如識病，識病不如識證，識證不如藥對，精於藥者，豈荒於學者所可能哉。

《陰證略例·自序》 夫竊嘗謂受天地中和之性，得聖人公恕之學，不以利欲一毫入于其心，而後可以爲儒爲醫矣。天地萬物一理也，聖人之道，一中而矣，《中庸》曰致中和，天地位焉，萬物育焉，而況醫乎。

《察病指南·自序》 醫之爲學，自神聖工巧之外無餘説。今人往往遺其三而主其一，一者何？切而知之謂之巧也。然亦曷嘗眞見其所謂巧者，特竊是名以欺世耳。間有以活人自任者，又弊於醫書之委壓，惑於議論之紛紜，無所折衷，每得其粗，而不得其精。

《察病指南・趙崇賀序》 能醫人多矣，能使人皆能醫人不多也，蓋以醫醫人有限，以醫教人無窮。施桂堂察病證有書曰《指南》，考本草有書曰《辨異》，而《續易簡》又有方有論，桂堂之心，使人人知有此書此方論也，不特自能醫人，且欲人莫不能醫人，視录录輩曰秘方、曰家藏方，小智自私，靳不示人，心之廣狹蓋可見。

《直指方・治病如操舟》 操舟在手，當風波震蕩之衝，一有轉移，則舟覆矣。醫權藥衡，主持在我，不可偏徇病家所欲，尤不可張皇，使病人驚。間有病家，粗識皮膚，辨難反覆，萬物惑焉。又有瘥後觸犯再復，隱諱不言，須詰問其由，庶得對病施藥。

《直指方・問病論》 東坡先生嘗曰：吾平生求醫，蓋於平時默驗其工拙，至於有疾，必先盡告以所患而後診視，使醫者了然，知厥疾之所在，虛實冷熱，先定于中，則脈之疑似，不能惑也，故雖中醫，療疾常愈。吾求疾愈而已，豈以困醫爲事哉。誠哉斯言，眞警遠濟世之砭劑也。何者？脈之與證，相依而行，脈者所以剖其證之未明，證者所以索其脈之猶隱。據脈以驗證，所謂得手應心者是爾，問證以參脈，所謂醫者意也是爾，烏可舉一而廢一哉！私竊怪夫近世以來，多秘所患以求診，以此驗醫者之能否。醫亦不屑下問，孟浪一診，以自挾其所長。甚者病家從前誤藥，或飲食居處有所諱誨，雖問之而不以盡告。遂至索病於冥漠之間，辨虛實冷熱於疑似之頃，毫釐千里，寧不委命一擲，與人試伎乎！此余於終篇所以特舉前輩格言，以解世俗之惑。不然，《難經》有謂問其所欲五味，以知其病之所起所在者，又果何意邪？大人小兒諸病瘥後，飲食且須旋進，常若不足，毋使食氣傷胃，其病復來。大熱方退，尤不可飽。小兒傷乳，熱復則同。

《祛疑說・辨脈》 醫者可以生人，可以殺人，所係尤重。故世子拜醫，重之至也。切脈之際，沈微弦緊之小差，投藥之間，表裏汗下之小誤，則不復有再生之理。

《衛生寶鑒・妄投藥戒》 高郎中家好收方書，及得效藥方，家人有病，自爲處治，亦曾有效。中統庚申五月間，弟婦產未滿月，食冷酪、苦苣及新李數枚，漸覺腹中痛。太夫人以自合檳榔丸七十丸服之，至夜痛尤甚，恐藥力未達，又進五十丸，須臾間大吐且瀉，其痛增極，肢體漸冷，口鼻氣亦冷，急求醫療，未至而卒。後太夫人見予訴其由，曰：天命耶，藥之過耶，君試裁之。予曰：非難知也。凡醫治病，虛則補之，實則瀉之，此定法也。人以血氣爲本，今新產血氣皆損，胃氣虛弱，不能腐熟生硬物，故滿而痛也。復以寒劑攻之，又況夏月陰氣在內，重寒相合，是大寒氣入腹，使陰盛陽絶，其死何疑。《難經》曰：實實虛虛，損不足而益有餘，如此死者，醫殺之耳，非天命也。太夫人然其言。噫，《曲禮》謂醫不三世，不服其藥，其慎如此。彼過已往而不可咎，後之用藥者，當以此爲戒之。

《宋學士全集・送戴原禮還浦陽序》 醫之爲道至矣，《周官》有疾醫，視萬民四時之病，春之痟首，夏之癢疥，秋之瘧寒，冬之嗽咳，分而治之，驗其狀而制其祿。後世官寖失職，故於其術，每擇之不精。

《世醫得效方・王充耘序》 語云：醫不三世，不服其藥。醫何以貴世業也？謂其更嘗多，而險危劇易皆得之耳聞目見，較之臆決嘗試者，得失何啻倍蓰。且藥進醫手，而方傳古人，古方之行於世者何算，一證而百方具，將爲所適從哉？夫病者懸命醫師，方必對脈，藥必療病，譬之抽關啓鑰，應手而決，斯善之善者矣。若中無定見，姑徐徐焉取古方歷試之，以庶幾一遇焉，雖非有心殺人，而人之死於其手者多矣。醫所以貴專門，方所以貴經驗也。

《世醫得效方・大方脈雜醫科・集治說》 況醫者人之司命，有病急召，愼勿以遠近暑寒而拒之。若至病家，尤須敬謹，勿爲他務，以敗正事。給藥亦量其多寡，表汗宜四，吐下宜一，加二極矣。補藥愈多愈效，餘則隨證爲之輕重，明批湯引。病若未瘉，囑其再來，庶病可瘳，而治有方矣。

《十四經發揮・宋濂序》 學醫道者，不可不明乎經絡，經絡不明，而欲決夫疢疾，猶習射而不操弓矢，其不能也決矣。

《宋學士全集・贈醫師葛某序》 古之醫師，必通於三世之書。所謂三世者，一曰針灸，二曰《神農本草》，三曰《素女脈訣》。《脈訣》所以察證，《本草》所以辨藥，針灸所以祛疾。非是三者，不可以言醫。故記《禮》者有云：醫不三世，不服其藥也。傳經者既明載其說，復斥其非，而以父子相承三世爲言，何其惑與。

夫醫之爲道，必志慮淵微，機穎明發，然後可與於斯，雖其父不能必傳其子也。吾鄉有嚴生者，三世業醫矣，其爲醫專事乎《大觀》之方，他皆憒憒，絶弗之省。又有朱聘君，家世習儒，至聘君始以醫鳴，醫家諸書，則無不精覽。一少年病肺氣上，喀喀鳴喉中，急則唾，唾血成縷。嚴曰：此瘵也，後三月死。聘君曰：非也。氣升而腴，中失其樞，火官司令，爍金於爐，是之謂肺痿，治之生。已而果成生。一六十翁患寒熱，初，毛灑淅，齒擊下上，熱繼之，盛如蒸甑。嚴曰：此瘧也，不治將差。聘君曰：非也。脈浮以芤，數復亂息，外(疆)〔彊〕中乾，禍作福極，是之謂解㑊。藥之則瘳，不藥則劇。已而果劇，治乃愈。一女婦有噦疾，每吐涎數升，腥觸人，人近亦噦。嚴曰：此寒噦也，法宜溫。聘君曰：非也。陽陰未平，氣苞血聚，其勢方格，靡有攸處。是謂之惡阻，在法不當治，久則自寧，且生男。言後輒驗。夫嚴生之醫三世矣，聘君則始習爲之，而優劣若是者，醫其可以世論否耶？

嗟夫！昔之名醫衆矣，未暇多論，若華元(佗)〔化〕，若張嗣伯，若許智藏，其治證皆入神，初不聞其父子相傳也。自傳經惑於是非，使《禮經》之意晦而不白，三千年矣。世之索醫者，不問其通書與否，見久於其業者，則瞀瞀焉從之。人問其故，則曰：是記《禮》者云爾也。其可乎哉？葛生某，淮之鉅族也，明於醫，三世之書，皆嘗習而通之，出而治疾，決死生，驗差劇，若燭照而龜卜無爽也者。士或不能具藥，輒注之，不索其償。士君子翕然稱譽之，名上丞相府，賜七品服，俾提舉諸醫官，有疾者遂倚之以爲命。嗚呼！若葛生者，其無愧古之醫師者歟。

《九靈山房集·脾胃後論序》 竊謂醫之爲學，自唐令列之執技之流，而吾儒罕言之。世之習此者，不過靳靳焉知守一定之方書，以幸其病之偶中，不復深探遠索，上求聖賢之意，以明夫陰陽造化之會歸。至於近世，先知先覺之士，迭起而發明之，學者既有以知夫前日之爲陋，遂或徒誦一家成說以爲高，而又不能博極群言，采擇衆議，以資論治之權變。甚者至於屏棄古方，附會臆見，展轉以相迷，而其爲患反有甚於前日之爲陋者。嗚呼！是豈聖賢惠茲生民之本意哉。

《心印紺珠經·自序》 相也，醫也，匪儒弗克行也。醫而不讀《素問》，猶儒而不知《易經》，醫而不讀《本草》，猶儒而不知史書。不窮《易經》，則吉凶消長之理，進退存亡之道，若雲之蔽月矣。不閱史書，則古今治亂之迹，賢愚得失之事，若霧之掩日矣。不明《素問》，則造化運氣之微，經絡標本之妙，昧而不知。不觀《本草》，則寒熱溫涼平之性，酸苦甘辛鹹之味，茫然而罔識。儒有道統，醫有源流。周孔之道，惟顔曾思孟四傳焉。孟子沒後，其傳泯矣。軒岐之法，惟長沙太守一人焉。仲景沒後，其法訛矣。寥寥千載之下，能續儒之道統者，程朱二先生而已，能繼醫之源流者，劉張二先生而已。程朱既出，則周孔之道煥然而復明，劉張既出，則軒岐之法截然而歸正。程朱既可與孟子爲派，劉張亦可與仲景爲儔。嗚呼，學儒而不遵程朱，異端之學也，術醫而不宗劉張，非正之術也。

《心印紺珠經·原道統·用藥》 不讀《本草》，焉知藥性？專殢藥性，決不識病。假饒識病，未必得法。識病得法，工中之甲。能窮《素問》，病受何氣，便知用藥，當擇何味。不誦十二經絡，開口動手便錯。不通五運六氣，檢遍方書何濟。經絡明，認得標。運氣明，認得本。求標，只取本。治千人，無一損。

《醫經小學·凡例》 方書云：醫以脈病證治爲要，誠不可缺一。蓋不明經，則無以知天地造化之蘊。不別脈，則無以察病邪之所在，氣血之虛實。不識證，則不能必其病之主名以療之。不處方，則不能克其必效。

《醫經小學·醫之可法為問》 或問丹溪朱彦修先生曰：醫之爲事，切脈察病用藥，先生必以讀儒書者能之，何也？曰：非四書無以窮理盡性，成格物致知之功；非《易》無以知陰陽造化功用，消長生成之道，升降浮沉之理。孫眞人曰：不知《易》者，不足以言太醫。

《秘傳外科方·淵然道者跋》 夫醫通仙道，業擅專門，豈後學所易曉？苟不識證之所因，則必妄投其劑以誤人，可不謹乎。

《雜病治例·蘭室集·醫家十要》 一、每日勤讀醫書，手不釋卷，倘有良友，常宜請益。蓋學海無盡，此乃務本之計。

一、早起晏眠，不可片時離店中。凡有抱病者至，必親自診視，用心發藥，莫仍前，只靠郎中，惟務安閑。蓋一日之計在於寅，一生之計在於勤。

一、照彼中鄉原立價，一則有益於己，二則同道不忤。仍可饒藥，不可減價。諺云：不怕你賣，只怕你壞。

一、行醫及開首發藥，當依經方寫出藥貼，不可杜撰藥名，胡寫秘方，受人駁問。

一、不可輕信人言，求爲學官。蓋爾隻身年幼，難以支持，恐因虛名，而妨實利也。

一、同道中切宜謙和，不可傲慢於人。年尊者恭敬之，有學者師事之。倘有醫頭，但當義讓，不可攘奪，致招怨謗。經云：禮之用，和爲貴。

一、男治乎外，女治乎內，人之常也。家中事務，錢物出入，當令閫政掌管，庶可積蓄。仍置收支工作簿，以憑照用。倘有餘，則辦首飾器皿，以備緩急。不可收買玩具及不急什物，浪費錢財。

一、鄰友人情，除親喪、疾病、慶賀隨衆外，其餘無緊要者當已之，一則省錢，二則不廢生理。至於饋送之禮尚往來，不可求奇好勝。古人有云：廣求不如儉用。

一、郎中磨作，量其所入，可用幾人，莫言人多好看。工價雖廉，食用甚貴。

一、開筵會客，命妓作樂，非不美也，當有故而爲之，量力而行之。若不守本業，惟務宴逸，其窘可待矣。及有行院干謁，送至茶筆扇帕之類，初焉便不可接，當贈湯藥一二貼，連物回還，自然絕其後患，若圖風流之報。故《太上經》曰：樂與餌，過客止。宜細（末）〔味〕之。

右前十說，皆丹溪先生誨子脩身齊家之節要，故直言而不文。當置之座隅，朝夕一覽。倘能遵而行之，則可成家立業。若不聽信，必有饑寒凍餓之憂，進退（而）〔兩〕難，悔將何及矣。

《匏翁家藏集・贈周元基序》　古者以巫醫并稱，醫果賤術乎哉？然而辨五色，審六氣，本之以七情，兩之以九竅，要非儒者不能通，醫非賤術也明矣。故世之能通乎此者，命之曰良醫。不能通乎此者，命之曰庸醫。曰良醫，雖與儒并稱可也。曰庸醫，雖與巫并稱亦可也。夫儒與巫，高卑固懸絕矣。醫者高，或可以并乎儒，卑，或不可以并乎巫，亦係乎學不學之故歟。【略】雖然，爲儒而兼乎醫，斯謂之通儒。爲儒而止用以資乎醫，謂之良醫可也，謂之通儒不可也。

《比事摘録・醫孝》　北齊李元忠，母老多病，元忠專心醫道，研習積年，遂善此技。族弟亦因母病，醫爲治療不愈，遂自精究針藥，母病乃除。隋許道幼，亦因其母疾患，（偏）〔徧〕覽經方，得以究極，世號名醫。誡諸子曰：人子當視膳藥，不知方術，豈爲孝乎！由是世相傳授。唐王勃，嘗謂人子〔不〕可不知醫。時長安曹元有秘術，勃從之遊，盡得其要。勃之所見，寔同道幼。唐有王（壽）〔燾〕，亦因母病學醫，因以所學作書行世。宋高若訥，亦因母病，遂兼通醫書，雖國醫皆屈伏。張仲景《傷寒論》訣、孫思邈方書及《外臺秘要》久不傳，悉考校訛謬行之，世始知有是。名醫多出衛州，皆本高氏學焉。此以醫爲孝者也。宋李虛巳，母喪明，虛巳且日舐睛不懈，二年母目復明。李行簡，父患癰極痛，行簡吮其敗膏，不唾于地，疾尋平。此又以孝爲醫者也。出《則如錄》。

《古今醫統大全・翼醫通考下・醫學須會群書之長》引傅滋《醫學集成》　醫之爲道，非精不能明其理，非博不能至其約。是故前人立教，必使之先讀儒書，明《易》理，《素》、《難》、《本草》、《脈經》而不少略者，何也？蓋非四書無以通義理之精微，非《易》無以知陰陽之消長，非《素問》無以識病，非《本草》無以識藥，非《脈經》則無以從診候而知寒熱虛實之證矣。故前此數者，缺一不可。且人之生命至重，病之變化無窮，年有老幼，稟有厚薄，治分五方，令別四時，表裏陰陽寒熱須辯，臟腑經絡氣血宜分。與夫六氣之交傷，七情之妄發，運氣變遷不常，製方緩急尤異。更復合其色脈，問其起居，證有相似，治實不同。聖賢示人，略舉其端而已，後學必須會群書之長，參所見而施治之，然後爲可。

《續醫說・原醫・輕自製方》引王汝言《續醫論》　東垣、丹溪之書，大行于世，今之醫者，見其不用古方，率皆效顰，輒自製方治病。藥性不明，處方無法，鹵莽亂投，反致變證多端，遂難識治。若非平日熟讀《本草》，深究《內經》，而輕自製方者，鮮不誤人也。

《續醫說・治病六難》　嘉禾周伯器鼎云：惟貴勢人之病難治者有三：群醫爭欲售所能，攻補雜施，一難也。遇下不以禮，自重者不苟往，所往者非所重，二難也。唯唯取悅，孰得盡禁其欲，三難也。余亦有三難，以補周之未備：朝病暮藥，速欲求效，四難也。獵涉方書，有病自治，五難也。不信服藥，惟仗鬼神，六難也。

《續醫說・醫僧庸妄》　陳汝中嘗病脾胃鬱火之證，求治于盛用美。盛診其脈曰：如此治可生，如彼治可以死，如此治可以少生，如彼治可以速死。既而治之，汝中遲其效。或以浮屠善醫薦者，汝中惑其說，遂求治，飲其藥，嘔血一升，遂死。噫！醫以用藥，藥以攻疾，疾不能去，而反以致死，則何以醫藥爲哉！彼浮屠者，乃庸妄人也，且不知醫經，口不辯藥性，指不察脈候，人之虛實，病之新久，一切置之不問，而惟藥攻擊之，其殺人蓋亦多矣。予咎汝中之不善擇醫而致速死，書此以爲世輕服藥者之戒。

《正體類要・陸師道序》　太史公有言：人之所病病疾多，醫之所病病道少。吾以爲，患在不能貫而通之耳。秦越人過琅琊即爲帶下醫，過洛陽即爲耳目痺醫，入咸陽即爲小兒醫。此雖隨俗爲變，豈非其道，固無所不貫哉！

《古今醫統大全·余孟麟序》 余蓋讀黄帝書云：若窺深淵而迎浮雲，一何難究哉！夫人之所病病疾多，醫之所病病道少，古人屬意甚微，窮力甚久，其術洞鬼神，含造化，至精矣，猶然噤咍睢盱，蓋其愼也。周之時，醫師隸于冢宰，歲終有稽，十而失一即次其食，未必人鏡于道，乃斤斤守法，論究經脈，五診奇胲，不敢以墮，有足尚焉。後之業醫者，較視之何如哉。靈蘭、石版，既未有能名其説，專家授受者，藥性脈理、病機治法尚芒如，而乃肆炮縱合，以規偶中之利，又未有以稽其失者。師無所承，憲無所畏，以眇微幽窅不可致思之術，而滅裂若此爲，吁！其可慨矣。

《古今醫統大全·翼醫通考下·病不可治有六失》 病不可治，有六失者：失於不審，失於不信，失於過時，失於不擇醫，失於不知病，失於不知藥。六失之中，有一於此，即爲難治，非止醫家之罪，亦病家之罪也。矧又醫不慈仁，病者猜鄙，二理交馳，於病何益？由是言之，醫者不可不慈仁，不慈仁則招禍，病者不可猜鄙，猜鄙亦招禍。賢者洞達物情，各就安樂，亦治病之一説耳。

《古今醫統大全·翼醫通考下·施藥施方》 夫人既以五穀養其生，而亦藥石伐其病。苟無藥石，則寒暑苦之太過，喜怒饑飽之無節，時令不常，衛生無術，身貧而莫求醫藥，雖當者或無良劑，或客遊半道，卧病而無所治療，如是而喪者亦多矣。且好仁之士，有濟物之心，或蓄一驗方，或有一奇藥，計力多寡，精加修飭，廣加施惠，使沉痾宿疾，苦楚萬狀，危惡之候，一藥能愈，俾呻吟變爲和氣。雖身貧力微，難以修合濟人者，誠能得奇效之方，隨所治之疾，印寫千百本，粘之於牆壁道路之間，利亦博矣。

《古今醫統大全·翼醫通考下·庸醫速報》 醫學貴精，不精則害人匪細，間有無知輩，竊世醫之名，抄檢成方，略記《難經》《脈訣》，不過三者盡之，自信醫學無難矣。此外惟修邊幅，飾以衣騎，習以口給，諂媚豪門，巧彰虚譽，摇摇自滿，適以駭俗，一遇識者，洞見肺肝，掣肘莫能施其巧，猶面諛而背誹之，又譏同列看書訪學，徒自勞苦。凡有治療，率爾狂誕，妄投藥劑，偶爾僥效，需索百端。凡有誤傷，則曰盡命。俗多習此爲套，而曰醫學無難，豈其然乎。於戲！而醫日相流於弊矣，無怪乎縉紳先生之鄙賤矣。欲其有得眞醫，亦寡矣。幸天道好生而惡殺，速昭其報，施庸横蚤亡，人皆目擊。邇有士人被誤藥而立斃，家人訟之法司，拘而審律，不過笞罪，隨釋而馳，歸未踰年，被賊肢解而死，豈非天道之報耶？小説嘲庸醫蚤亡詩云：不肖誰知假，賢良莫識眞，庸醫不蚤死，誤盡世間人。豈非天道惡之耶？故甫嘗戒諸子弟，醫惟大道之奧，性命存焉，凡業者必要精心研究，以抵於極，毋謂易以欺人，惟圖僥倖。道藝自精，必有知者，揔不謀利於人，自有正誼在己。《易》曰積善積惡，慶殃以其類至。安得謂不利乎？

《清容居士集·贈醫者陳生》 鄞衣冠家爲最盛，閭里棟宇相接屬，議醫藥尤尚選擇，輒考論其世，又察其詞色溫謹涉于儒者，始得進焉。每視疾，必先告以虚實先後，始筆簡牘，識其月日，以校輕重，有不如式者，爭詬病詆笑于時，待之也良厚，而所謂醫者，亦咸自愛重，不敢妄試。車軌混合，南士游宦，居多中原人，壤高氣厚，所服餌率宜寒凉，由是羣醫爭視好尚迎合，間有奇中，遂復以施于鄉黨，十失其半。夫泥於古者非通論，而强試其所不可，吁！亦殆矣。余官京師，時遇南士之稍適於時者，服食嗜好，茫不可分辨，疑誠中州人也。節宣之不時，亦復以攻導之法自治，問者未退，已倉卒不復救，輕千金之軀以夸眩，誠有罪，猶諉曰：是不通。至於業醫，捨風土燥濕之宜以逐近利，利未獲而害日以甚，吾不知其爲何心也。里中陳氏子某，世爲醫，祖、父，篤厚君子也，力訓諸子讀古醫書。長子辨論開博，余每見之，則曰：醫不可以泥古徇今，則非矣。又未幾而死，心每悼之。後二十年，其孫復自立不墜。余廼有言曰：夸言以爲容，非術之工也。媚時以自售，非術之究也。相其州里，審其表裏，神而行之，日踵于門者莫可禁，雖嫉媚遏抑，不足爲子懼。勗哉以樹道，何憂焉。

《賢奕編·警喻》 以術取資于世者，諸不可苟，而醫爲甚。業此術者，須精脈理，辨地宜，審歲運而本之恆心始得。維學亦然。今世談學者，多崇佛蔑孔，曷亦審諦其脈耶？惟吾孔氏之學，其脈曰仁。仁也者，吾人之生理也，探之無朕，達之無垠，猶脈之於人也。形無可見，而人之所以病不病，病之所以痊弗痊，實驗於此。故曰：切脈可以體仁。今以學自命者，舍此根心之不容已者，猥云尋之了不可得者，爲向上第一機，豈不悖哉。何謂辨地宜？往見談學于伊洛者，多詆支遠之玄詮爲邪哆，談學於江左者，則視程朱之緒言若詬詈，毋亦囿於風氣然爾。醫家者言東南地下，其病多濕與寒，治法宜散以溫，西北地高，其病多熱與燥，治法宜淸而潤，蓋五方風氣異宜，故同病亦異治也。今柄學者，須操何術使兩地無偏安邊見病耶？又歲序攸司，五行迭運，工于醫者必審此而節宣，調燮之功，乃可奏也。惟民疾三，今不古若，尼父嘆之矣。矧世愈趨狂之疾不直蕩而已，裂維蹈淫者有之；衿之疾不直忿戾而已，戕人螫物者有之；愚之疾不直詐而已，譸張俶詭不可方物者有之，猶人之病爲痼爲顚爲迷罔已，抑豈氣運到今應有此耶？尼父曰：人而無恆，不可以作巫醫。夫醫且不可無恆，而况以學自命者乎。吁！彼蔽此恆性，視人之邪慝爲無關，是自私其學而棄天下後世，大罪也！彼離此恆性，而別操無上之妙道以號於世，是誣枉其學以殺天下後世，其罪爲尤大矣！

《湧幢小品・性藥名言》 吳傑，號暘谷，武進人。學無所不通，更精於醫，遇奇疾尤效。正德末爲院使。嘗曰：調藥性易，調自性難，挈出性字。方可言醫。人以爲名言。

《赤水玄珠・沈演序》 嗟乎！醫者死生之門也。乃或目不知書，耳授數方，便欲寄人生死，甚者中本無奇，利齒啖名，盛輿服，昂意氣，以訹主人，執內豎手，囁嚅耳語以鈎奇，得重糈，名高利厚兩集焉。人有請急，故徐徐不應，以觀成敗，乃進而收其贏。責居人後，利在人先，其自爲甚巧，於病家無分毫倚賴，而世奔走之如市，彼安事矻矻以勤苦爲？

《赤水玄珠・凡例》 醫要先識人身內景，臟腑形質，手足經上下，宗氣、營氣、衛氣，呼吸出納，三焦終始及各經表裏陰陽，金木水火土，部位配合命名之義，上下不得錯綜，一經不得兩配。與《河》、《洛》、《周易》、《靈》、《素》、《洪範》、《黃庭》、《性理》諸家，合一不背，洞悉源委，始能言標本而測病機。若內景不明，羣書不究，局局然守草根樹皮之末方，左右牴牾，逢原謂何如？命門三焦包絡相火，及手足經配合，自《難經》已下，紛紛不决者，余不揣菲譾，于《醫旨緒餘》中僭爲剖析，似與《靈》、《素》、《洪範》、太極百家照徹相貫，敢以俟之具法眼者。

李梴《醫學入門・陰騭》 陰騭《永類鈐方》《體仁彙編》等書，皆載陰騭方論，何也？蓋自古得醫道之傳者，皆以好生爲心，不務聲名，不較貨利，不忌人識能，不論人恭慢，惟知救人之命，愈人之病而已。有此心胸，然後醫可明可行。至於病久不痊，尤當恐懼修省，以自重其生。如虛損癆瘵癱疽，耳目廢壞等症，皆天刑也，可不知所務乎。是以恪遵聖製，爲說于後。

恆言醫通仙道，半積陰功，然陰功可半積而已乎？我朝《爲善陰騭錄》者，陰功之大用也。富或效其平糶焚券，歸妾葬友，嫁孤保孤，施藥施棺，舉喪助葬，賑貧賑饑，代償代納，還金還產。貴或效其雪冤理枉，活降出罪，潔獄禁溺，救災興利。賤則效其補敝履檢漏屋。貧則效其習醫救疾，娶聾娶啞，放鶴放魚，渡蟻療鵲，傾囊活命。《孝順事實錄》者，陰功之大本也。生則效其養口養志，死則效其善繼善述，常則效其問安視饍，變則效其格姦諭道。幼如陸績懷橘，老如萊子戲斑。留繼母如閔損單衣，事祖母如李密陳情。貧如子路負米，微如虞衮躬耕。保身如子春傷足，受責如伯瑜泣杖。他如代命代死，求母尋母，刻木廬墓，感盜感獸，息火退水，召祥致瑞，訪藥夢藥，吮癰嘗糞，不能枚舉，歷歷可考。當置一冊座右。二書相爲表裏，本立用行，然後因微以顯其著，雖一事一物之小，亦足以動天地，達鬼神，而福澤響應，其所以敎天下後世之心，至精至仁，宛與《周書》《洪範》先後一揆。蓋孝順事實，即《書》之惟天陰騭，彝倫攸敘也。爲善陰騭，即《書》之曰食曰貨，利用厚生也。感應之速，身致顯榮，慶流後裔，即《書》之曰壽曰富曰康寧，嚮用五福也。治敎休美明白如此，宜乎家家諭而戶戶曉矣。奈何愚民泥於報應，而有意爲善，每以汗血之財，而供無益之費，甚則身心受累，而虧名節者有之，高明厚於大倫，而輕忽細務，每逞意氣之偏，而爲自便之圖，甚則妨物害衆而招咒咀者有之，皆非所以善體乎聖製也。

聖斷明言，上自卿相，下至乞丐，皆可行之。但以利人爲念，則日用間無非利人之事。如人渴則與之杯水，一物不正礙人足，則爲正之，皆方便事也。又曰：獎勸誘掖，使人爲善，乃陰騭之至大者，何必專一分財與人爲惠哉。至於禍福感應，一毫不可先萌於心，乃氣機自然而然之妙也。蓋吾身未受中氣以生之前，則心在於天，而爲五行之運用，吾身既受中氣以生之後，則天在吾心，而爲五事之主宰。一念之善，則不必其事之遂而後爲吉也，即此與天相似，吉莫大焉，况積之久而休徵以類應乎。一念之惡，則不必其迹之著而後爲凶也，即此與天隔絕，凶莫甚矣，况積之久而咎徵以類應乎。或曰：今之善者未必得福，惡者未必得禍，豈亦氣數使然歟？殊不知數起於一，一即心之一念也。義之所當爲而弗爲者，非數之所能知也。義之所不當爲而爲者，亦非數之所能知也。故曰：皇極不言數。非數之所能盡也。善而未必得福，必其偶合於善，而不足以格乎天也。惡而未必得禍，必其偶陷於惡，而未至於通乎天也。否則福善禍淫，萬古此天道也，何獨於今而疑之。惟其不屑屑然以顯露，而後有玩天理而不勇於爲善者矣。惟其恢恢乎而不漏，而後有畏天威而不終於爲惡者矣。惟其循環而無窮，變化而莫測，而後有樂善君子，雖處拂逆之境，而無怨尤之作，蓋深信夫天意之有在，而人事之所以當修也。吁！人不知之善爲大善，人不知之惡爲大惡。人不知而己獨知，天乎？人乎？故曰：禍福無不自己求之者。醫學所係甚重，必寄妻子、託死生，而後可以語此。養生者亦必有此志操。故敢述所聞，以質諸同儕，相與共守，乎聖製，非敢好爲言論也。

李梴《醫學入門·習醫規格》 醫司人命，非質實而無僞，性靜而有恆，眞知陰功之趣者，未可輕易以習醫。志既立矣，卻可商量用工，每早對先天圖靜坐，玩讀《孝經》、《論語》、小學。大有資力者，次及全部四書，古《易》白文，及《書經·洪範》、《無逸》、《堯典》。

理會大意，不必強記。

蓋醫出于儒，非讀書明理，終是庸俗昏昧，不能疏通變化。每午將入門大字，從頭至尾，逐段誦讀，必一字不遺，若出諸口。

如欲專小科，則亦不可不讀大科，欲專外科，亦不可不讀內科。蓋因此識彼則有之，未有通于彼而塞于此者。惟經涉淺深生熟，故有分科不同。

熟讀後，潛思默想，究竟其間意義，稍有疑難，檢閱古今名家方書，以廣聞見，或就有德高明之士，委曲請問。陶節菴云：但不與俗人言耳。蓋方藥不外於《本草》《素》《難》，及張劉李朱，縱有小方捷法，終不是大家數，愼不可爲其誑惑。入門書既融會貫通，而後可成一小醫，愈加靜坐玩讀儒書，稍知陰陽消長，以己驗人，由親及疏，自料作車于室，天下合轍，然後可以應人之求。及其行持，尤不可無定規，每五鼓清心靜坐，及早起仍玩儒書一二，以雪心源。

時時不失平旦之氣爲妙。

及其爲人診視，先問證起何日。從頭至足，照依傷寒初證雜證，及內外傷辨法，逐一詳問。證雖重而門類明白者，不須診脈，亦可議方，證雖輕而題目未定者，必須仔細察脈。

男必先左後右，女必先右後左，所以順陰陽升降也。

先單看，以知各經隱曲，次總看，以決虛實死生。既診後，對病家言必以實，或虛或實，可治易治難治，說出幾分證候，以驗自己精神。如有察未及者，直令說明，不可牽強文飾。務宜從容擬議，不可急迫激切，以至恐嚇。如診婦女，須託其至親先問證色與舌，及所飲食，然後隨其所便，或證重而就牀隔帳診之，或證輕而就門隔帷診之，亦必以薄紗罩手。

貧家不便，醫者自袖薄紗。

寡婦室女，愈加敬謹，此非小節。及其論病，須明白開論辨析，斷其爲內傷外感，或屬雜病，或屬陰虛，或內傷而兼外感幾分，或外感而兼內傷幾分，論方據脈，指下所定，不可少有隱秘，依古成法，參酌時宜年紀，與所處順逆，及曾服某藥否。

女人經水胎產，男子房室勞逸。

雖本于古而不泥于古，眞如見其臟腑，然後此心無疑，于人亦不枉誤，用藥之際，尤宜仔細。

某經病以某藥爲君，某爲監制，某爲引使。

凡劑料本當出自醫家，庶乎新陳炮炙，一一合則，况緊急丸散，豈病家所卒辦？但有病家必欲自制者，聽其意向，須依本草注下古法修合，不可逞巧以傷藥力。病機稍有疑滯，而藥不甚效者，姑待五鼓靜坐，潛心推究其源，再爲診察改方，必無不愈。治病既愈，亦醫家分內事也。縱守清素，借此治生，亦不可過取重索，但當聽其所酬。如病家赤貧，一毫不取，尤見其仁且廉也。蓋人不能報，天必報之，如是而立心，而術有不明不行者哉。

或問一言爲約，曰：不欺而已矣。讀入門書而不從頭至尾，零星熟得一方一論，而便謂醫者，欺也。熟讀而不思悟融會貫通者，欺也。悟後而不早起靜坐調息，以爲診視之地者，欺也。診脈而不以實告者，欺也。論方用藥，潦草而不精詳者，欺也。病愈後而希望貪求，不脫市井風味者，欺也。

蓋不患醫之無利，特患醫之不明耳。

屢用屢驗而心有所得，不纂集以補報天地，公于人人者，亦欺也。欺則天良日以蔽塞，而醫道終失，不欺則良知日益發揚，而醫道愈昌。欺不欺之間，非人之所能與也。

《古今醫鑒·附箴三首警醫一首》 明醫箴　今之明醫，心存仁義，博覽羣書，精通道藝。洞曉陰陽，明知運氣。藥辨溫涼，脈分表裏。治用補瀉，病審虛實。因病製方，對證投劑。妙法在心，活變不滯。不衒虛名，惟期博濟。不計其功，不謀其利。不論貧富，藥施一例。起死回生，恩同天地。如此明醫，芳垂萬世。

庸醫箴　今之庸醫，衒奇立異，不學經書，不通字義。妄自矜誇，以欺當世。爭趨人門，不速自至。時獻苞苴，問病爲意。自逞明能，百般貢諛。病家不審，模糊處治。不察病原，不分虛實。不畏生死，孟浪一試。忽然病變，急自散去。悞人性命，希圖微利。如此庸醫，可恥可忌。

病家箴　今之病家，多惜所費，不肯急醫，待至自愈。不求高明，希圖容易。不察病情，輕投妄試。或禱鬼神，諸般不啻。履霜不謹，堅冰即至。方請明醫，病已將劇。縱有靈丹，難以救治。懵然不悟，遲悞所致。惟説命盡，作福未至。這般糊塗，良可歎息。如此病家，當革斯弊。

警醫箴　至重惟人命，最難卻是醫。病源須洞察，藥餌要詳施。當奏萬全效，莫趁十年時。死生關係大，惟有上天知。叮嚀同志者，濟世務如斯。

《萬病回春·雲林暇筆·醫家十要》　一存仁心，乃是良箴；專施濟衆，專澤以深。

二通儒道，儒醫世寶；道理貴明，群書當考。

三精脉理，宜分表裏；指下既明，沉痾可起。

四識病原，生死敢言；醫家至此，始至專門。

五知氣運，以明歲序；補瀉溫涼，按〔治〕〔時〕處〔時〕〔治〕。

六明經絡，認病不錯；臟腑洞然，今之扁鵲。

七識藥性，立方應病；不辨溫涼，恐傷性命。

八會炮製，火候〔祥〕〔詳〕細；太過不及，安危所係。

九莫嫉妒，因人好惡；天理昭然，速當悔悟。

十勿重利，當存仁義；貧富雖殊，藥施無二。

《注解傷寒論·趙開美〈刻仲景全書序〉》　乃今之業醫者，舍本逐末，超者曰東垣，局者曰丹溪已矣，而最稱高識者，則《玉機微義》是宗，若《素問》，若《靈樞》，若《玄珠密語》則嗒焉茫乎而不旨歸焉，而語之以張仲景、劉河間，幾不能知其人與世代，猶靦然曰：吾能已病足矣，奚高遠之是務。且于今之讀軒岐書者，必加誚曰：是夫也，徒讀父書耳，不知病變已。夫不知變者，世誠有之，以其變之難通而遂棄之者，是猶食而咽也，去食以求養生者哉，必且不然矣。

《杏苑生春·習醫先學明經》　夫習醫者，當先須明經，經書既明，則醫經方論何患其不明。昔之明醫者，皆自儒而至之。蓋醫經浩博，奧妙難究，而儒者行之，雖其辭益遠，其旨宏深，有所不思，思則得之。今儒入乎醫，醫本乎儒，或謂之醫，信乎東坡、夢溪文集有《脉説》等論，醫方數卷，豈非醫自儒者哉？蓋醫之一科，亦非細事，若不通明經書，則醫科之文，何得而通數千百卷者耶？國朝立科設校，可謂得其法矣。有所謂文學、武學、醫學者，蓋欲得其專守一法，精一而不二，若欲兼之，非有全才，則不可也。抑嘗觀《千金方》論醫方之難精，由來尚矣。病有内同而外異，亦有内異而外同，故五臟六腑之盈虛，血脉榮衛之通塞，固非耳目之所察，必先診候以審之。而寸口關尺有浮沉弦緊之别，〔愈〕〔俞〕穴流注，有高下淺深之差，肌膚筋骨，有厚薄剛柔之異，唯用心精微者，始可與言於兹矣。今以至精至微之事，求之於至粗至淺之思，其不殆哉！若盈而益之，虛而損之，通而徹之，〔寒〕〔塞〕而壅之，〔塞〕〔寒〕而冷之，熱而溫之，是重加其疾而望其生也，吾見其難矣。故醫經之難精者此也。或曰：若非神授，何以得其幽微？世有愚者，讀方三年，謂天下無病可治，及治病三年，乃知天下無方可用。故學者必須博極源流，精勤不倦，使道聽塗説，而言醫道已了，深自誤哉。以此論之，則治醫者當先明經，經既明矣，則醫經之妙，可以隨取而隨得。苟懷一毫苟簡，耻於訪問，終不得造醫道之妙矣，學者當有味於斯。

《類經·脉色類·診有大方》　是以診有大方，坐起有常。〔張介賓注〕大方者，醫家之大法也。坐起有常，則舉動不苟，而先正其身，身正於外，心必隨之，故診之大方，必先乎此。出入有行，以轉神明。〔張介賓注〕行，德行也。醫以活人爲心，其於出入之時，念念皆真，無一不敬，則德能動天，誠能格心，故可以轉運周旋，而無往弗神矣。必清必淨，上觀下觀，〔張介賓注〕必清必淨，則心專志一而神明見，然後上觀之以察其神色聲音，下觀之以察其形體逆順。司八正邪，别五中部。〔張介賓注〕司，候也。别，審也。候八節八風之正邪，以察其表，審五藏五行之部位，以察其裏。按脉動静，循尺滑濇寒溫之意，〔張介賓注〕按脉動静，可别陰陽，滑濇寒溫，可知虛實。凡脉滑則尺之皮膚亦滑，脉濇則尺之皮膚亦濇，脉寒則尺之皮膚亦寒，脉溫則尺之皮膚亦溫，故循尺即可以知之。循，揣摩也。視其大小，合之病能。〔張介賓注〕大小，二便也。二便爲約束之門戶，門戶不要，則倉廩不藏。得守者生，失守者死。故視其大小以合病能。能，情狀之謂。逆從以得，復知病名，〔張介賓注〕反者爲逆，順者爲從。必得逆從，必知病名，庶有定見，而無差謬。診可十全，不失人情。〔張介賓注〕診如上法，庶可十全，其於人情，尤不可失也。愚按：不失人情，爲醫家最一難事。而人情之説有三：一曰病人之情，二曰傍人之情，三曰同道人之情。所謂病人之情者，有素稟之情，如五藏各有所偏，七情各有所勝，陽藏者偏宜於熱，陰藏者偏宜於涼，耐毒者緩之無功，不耐毒者峻之爲害，此藏氣之有不同也。有好惡之情者，不惟飲食有憎愛。抑且舉動皆關心。性好吉者危言見非，意多憂者慰安云僞，未信者忠告難行，善疑者深言則忌，此情性之有不同也。有富貴之情者，富多任性，貴多自尊。任性者自是其是，眞是者反成非是，自尊者遇士或慢，自重者安肯自輕，此交際之有不同也。有貧賤之情者，貧者衣食不能周，况乎藥餌，賤者焦勞不能釋，懷抱可知，此調攝之有不同也。又若有良言甫信，謬説更新。多岐亡羊，終成畫餅，此中無主而易亂者之爲害也。有最畏出奇，惟求穩當，車薪杯水，寧甘敗亡，此內多懼而過慎者之爲害也。有以富貴而貧賤，或深情而挂牽，戚戚於心，心病焉能心藥，此得失之情爲害也。有以急性而遭遲病，以更醫而致雜投，皇皇求速，速變所以速亡，此緩急之情爲害也。有偏執者曰：吾鄉不宜補，則虛者受其禍。曰：吾鄉不宜寫，則實者被其傷。夫十室且有忠信，一鄉焉得皆符？此習俗之情爲害也。有參朮入唇，懼補心先否塞，硝黄沾口，畏攻神即飄揚。夫杯影亦能爲祟，多疑豈法之良，此成心之情爲害也。有諱疾而不肯言者，終當自悞，有隱情而不敗露者，安得其詳。然尚有故隱病情，試醫以脉者，使其言而偶中，則信爲明良，言有弗合，則目爲庸劣。抑孰知脉之常體僅二十四，病之變象何啻百千，是以一脉所主非一病，一病所見非一脉。脉病相應者，如某病得某脉則吉，脉病相逆者，某脉值某病則凶。然則理之吉凶，雖融會在心，而病之變態，又安能以脉盡言哉。故知一知二知三，神聖諄諄於參伍，曰工曰神曰明，精詳豈獨於指端。彼俗人之淺見，固無足怪，而士夫之明慧，亦每有蹈此弊者。故忌望聞者，診無聲色之可辨，惡詳問者，醫避多言之自慙。所以志是於望聞問切，已舍三而取一，且多有并一未明，而欲得未病情者，吾知其必不能也。所以志意未通，醫不免爲病困，而朦朧猜摸，病不多爲醫困乎？凡此皆病人之情，不可不察也。

所謂傍人之情者，如浮言爲利害所關，而人多不知檢，故或爲自負之狂言，則醫中有神理，豈其能測？或執有據之鑿論，而病情多亥豕，最所難知。或操是非之柄，則同於我者是之，異於我者非之，而眞是眞非，不是眞人不識。或執見在之見，則頭疼者云救頭，脚疼者云救脚，而本標綱目，反爲迂遠庸談，或議論於貴賤之間，而尊貴執言，孰堪違抗？故明哲保身之士，寧爲好好先生。或辯析於親疏之際，而親者主持，牢不可拔，雖眞才實學之師，亦當唯唯而退。又若薦醫，爲死生之攸係，而人多不知慎，有或見輕淺之偶中而爲之薦者，有意氣之私厚而爲之薦者，有信其便便之談而爲之薦者，有見其外飾之貌而爲之薦者，皆非知之眞者也。又或有貪得而薦者，陰利其酬，關情而薦者，别圖冀望。甚有斗筲之輩者，妄自驕矜，好人趨奉，薰蕕不辨，擅肆品評，譽之則盗跖可爲堯舜，毁之則鸞鳳可爲鴟鴞，洗垢索瘢，無所不至，而懷眞抱德之士，必其不侔，若此流者，雖其發言容易，欣戚無關，其於淆亂人情，莫此爲甚，多致明醫有掣肘之去，病家起刻骨之疑，此所以千古是非之不明，總爲庸人擾之耳。故竭力爲人任事者，豈不岌岌其危哉！凡此皆傍人之情，不可不察也。

所謂同道人之情者，尤爲閃灼，更多隱微。如管窺蠡測，醢鷄笑天者，固不足道，而見偏性拗，必不可移者，又安足論。有專恃口給者，牽合支吾，無稽信口，或爲套語以誑人。或爲甘言以悦人，或爲強辯以欺人，或爲危詞以嚇人，儼然格物君子，此便佞之流也。有專務人事者，典籍經書，不知何物，道聽途説，拾人唾餘，然而終日營營，綽風求售，不邀自赴，儇媚取容，偏投好者之心，此阿諂之流也。有專務奇異者，腹無藏墨，眼不識丁，乃詭言神授，僞托秘傳，或假脉以言禍福，或弄巧以亂經常，最覺新奇，動人甚易，此欺詐之流也。有務飾外觀者，誇張侈口，羊質虎皮，不望色，不聞聲，不詳問，一診而藥，若謂人淺我深，人愚我明，此粗疏孟浪之流也。有專務排擠者，陽若同心，陰爲浸潤，夫是曰是，非曰非，猶避隱惡之嫌，第以死生之際，有不得不辨者，固未失爲眞誠之君子。若以非爲是，以是爲非，顛倒陰陽，掀翻禍福，不知而然，庸庸不免，知而故言，此其良心已喪，讒妒之小人也。有貪得無知，藐人性命者。如事已疑難，死生反掌，斯時也，雖在神良，未必其活，故一藥不敢苟，一着不敢亂，而僅僅冀於挽回，忽遭若輩，求速貪功，謬妄一投，中流失楫，以致必不可救，因而嫁謗自(交)〔文〕，極口反噬，雖朱紫或被混淆，而蒼赤何辜受害，此貪倖無知之流也。有道不同不相爲謀者，意見各持，異同不決。夫輕者不妨少謬，重者難以略差，故凡非常之病，非非常之醫不能察，用非常之治，又豈常人之所知？故獨聞者不侔於衆，獨見者不合於人，大都行高者謗多，曲高者和寡，所以一齊之傳，何當衆楚之咻，直至於敗，而後群然退散，付之一人，則事已無及矣，此庸庸不揣之流也。又有久習成風，苟且應命者，病不關心，些須惟利。蓋病家既不識醫，則倏趙倏錢，醫家莫肯任怨，則惟苓惟梗。或延醫務多，則互爲觀望，或利害攸係，則彼此避嫌，故爬之不癢，撾之不痛，醫稱穩當，誠然得矣，其於坐失機宜，奚堪耽悞乎。此無他，亦惟知醫者不眞，而在醫者不專耳。《詩》云：發言盈庭，誰執其咎。築室於道，不潰於成。此病家醫家近日之通弊也。

凡若此者，孰非人情，而人情之詳，尚多難盡。故孔子曰：惡紫之奪朱也，惡鄭聲之亂雅樂也，惡利口之覆邦家者。然則人情之可畏，匪今若是，振古如兹矣，故聖人以不失人情爲戒。而不失二字，最難措力，必期不失，未免遷就，但遷就則礙於病情，不遷就則礙於人情，有必不可遷就之病情，而復有不得不遷就之人情，其將奈之何哉？甚矣人情之難言也，故余發此，以爲當局者詳察之備。設彼三人者，倘亦有因余言而各爲儆省，非惟人情不難於不失，而相與共保天年，同登壽域之地，端從此始，惟明者鑒之。

《本草經疏·續序例上·祝醫五則》 凡人疾病，皆由多生不惜衆生身命，竭用人財，好殺鳥獸昆蟲，好箠楚下賤，甚則枉用毒刑，加諸無罪，種種業因，感此苦報。業作醫師，爲人司命，見諸苦惱，當興悲憫，詳檢方書，精求藥道，諦察深思，務期協中。常自思惟藥不對病，病不對機，二旨或乖，則下咽不返，人命至重，冥報難逃，勿爲一時衣食，自貽莫懺之罪於千百劫，戒之哉，宜懼不宜喜也。

凡爲醫師，當先讀書，凡欲讀書，當先識字。字者文之始也，不識字義，寧解文理？文理不通，動成窒礙，雖詩書滿目，於神不染，觸途成滯，何由省入？譬諸面墻，亦同木偶，望其拯生民之疾苦，顧不難哉！故昔稱太醫，今曰儒醫。太醫者，讀書窮理，本之身心，驗之事物，戰戰兢兢，求中於道，造次之際，罔敢或肆者也。外此則俗工耳，不可以言醫矣。

凡爲醫師，先當識藥。藥之所產，方隅不同，則精粗頓異，收采不時，則力用全乖。又或市肆飾僞，足以混眞，苟非確認形質，精嘗氣味，鮮有不爲其誤者。譬諸將不知兵，立功何自？醫之於藥，亦猶是耳。既識藥矣，宜習修事，《雷公炮炙》，固爲大法，或有未盡，可以意通，必期躬親，勿圖苟且。譬諸飲食，烹調失度，尚不益人，反能增害，何況藥物關乎軀命者也，可不慎諸。

凡作醫師，宜先虛懷，靈知空洞，本無一物。苟執我見，便與物對。我見堅固，勢必輕人。我是人非，與境角立，一靈空竅，動爲所塞，雖日親至人，終不獲益，白首故吾，良可悲已。執而不化，害加於人，清夜深思，宜生媿耻。况人之才識，自非生知，必假問學。問學之益，廣博難量，脫不虛懷，何由納受？不耻無學，而耻下問，師心自聖，於道何益？苟非至愚，能不儆省乎。

醫師不患道術不精，而患取金不多，舍其本業，專事旁求。假寵貴人，冀其口脂，以希世重，縱得多金，無拔苦力，於當來世，豈不酬償。作是思惟，是苦非樂。故當勤求道術，以濟物命，縱有功效，任其自酬，勿責厚報。等心施治，勿輕貧賤。如此則德植厥躬，鬼神幽贊矣。

上來所祝五條，皆關切醫師才品道術，利濟功過。仰願來學，俯從吾祝，則進乎道而不囿於技矣，詎非人生之至幸，斯道之大光也哉！

《簡明醫彀·要言一十六則·業醫須知》 古人延醫，如求良將。良將繫衆之死生，國之存亡；醫繫人之安危死生，眷屬之悲歡聚散。豈非天地間最重大事哉！故非其人不可信托，是必其德仁厚，其學淹通諳練，而後能起痾迴生，奪災行之數而造天命，慰人心焉。然則業醫者，當時刻兢兢業業，以救人之德，殺人之罪爲儆戒也明矣！每臨病，務以濟人自矢，勿重財利。若遇危難證，當明告某方某藥，勿詭言珍秘而索重價。若病果易治，勿故言難療，致病家驚憂而妄勞。如果難治，勿故言易愈，致病家虛喜而空費。或有早晚可奏效，而故以藥停阻之，以勒重酬；或前醫有成功，而故捏詞誹謗之，以自居功。又或諸醫覆絕，詒彼獨肩可挽，如癆瘵僅存皮骨，語言不能，尙誘其厚餽，乃不日旋斃之類。又或盡心富家，而勿慢貧家，延請不往，求藥不發。此等種種不一，總是重利鄙夫，忍心害理之所爲，詎可以軀命付托乎？且今醫不自揆淺陋，氣傲心姤，既不肯諮訪高明，又不肯溫讀醫書，暇則棊酒晏笑，或算計財利，此所謂學醫人費，以人命爲僥倖者也。先輩云：道未行，謂無利益不學；道既行，謂應酬無暇不學。尤不可犯此二語。古之良醫，不敢逞臆見而務博學，又不敢泥俗諦而求諸閱歷，又不執一二證驗而求圓變無窮之心悟。至老手不釋卷，虛心常廣咨詢，誠以人命爲重，自存德行也。雖然其責又在延醫者，勿輕聽人言，進用多誤，全在鑑察精確。人謀爲主，獨斷行之，不可專憑卜筮。嗟嗟！醫人有胸無心，病家有耳無眼，人命其危矣哉。

《醫宗必讀·醫論圖說·不失人情論》 嘗讀《內經》，至《方盛衰論》，而殿之曰不失人情，未嘗不瞿然起，喟然嘆軒岐之入人深也。夫不失人情，醫家所甚亟，然戞戞乎難之矣。大約人情之類有三：一曰病人之情，二曰傍人之情，三曰醫人之情。所謂病人之情者，五藏各有所偏，七情各有所勝，陽藏者宜涼，陰藏者宜熱，耐毒者緩劑無功，不耐毒者峻劑有害，此藏氣之不同也。動靜各有欣厭，飲食各有愛憎，性好吉者危言見非，意多憂者慰安云僞，未信者忠告難行，善疑者深言則忌，此好惡之不同也。富者多任性而禁戒勿遵，貴者多自尊而驕恣悖理，此交際之不同也。貧者衣食不周，况乎藥餌，賤者焦勞不適，懷抱可知，此調治之不同也。有良言甫信，謬說更新，多歧亡羊，終成畫餅，此無主之爲害也。有最畏出奇，惟求穩當，車薪杯水，難免敗亡，此過慎之爲害也。有境緣不偶，營求未遂，深情牽挂，良藥難醫，此得失之爲害也。有急性者遭遲病，更醫而致雜投，有性緩者遭急病，滯而成難挽，此緩急之爲害也。有參朮沾唇懼補，心先痞塞，硝黃入口畏攻，神即飄揚，此成心之爲害也。有諱疾不言，有隱情難告，甚而故隱病狀，試醫以脈。不知自古神聖，未有舍望聞問而獨憑一脈者，且如氣口脈盛，則知傷食，至於何日受傷，所傷何物，豈能以脈知哉？此皆病人之情，不可不察者也。

所謂傍人之情者，或執有據之論，而病情未必相符。或興無本之言，而醫理何曾夢見。或操是非之柄，同我者是之，異己者非之，而眞是眞非莫辨。或執膚淺之見，頭痛者救頭，腳痛者救腳，而孰標孰本誰知。或尊貴執言難抗，或密戚偏見難回。又若薦醫，動關生死，有意氣之私厚而薦者，有庸淺之偶效而薦者，有信其利口而薦者，有貪其酬報而薦者。甚至熏蕕不辨，妄肆品評，譽之則跖可爲舜，毀之則鳳可作鴞，致懷奇之士，拂衣而去，使深危之病，坐而待亡。此皆傍人之情，不可不察者也。

所謂醫人之情者，或巧語誑人，或甘言悦聽，或強辨相欺，或危言相恐，此便佞之流也。或結納親知，或修好童僕，或營求上薦，或不邀自赴，此阿諂之流也。有腹無藏墨，詭言神授，目不識丁，假托秘傳，此欺詐之流也。有望聞問切，漫不關心，枳朴歸芩，到手便攝，妄謂人愚我明，人生我熟，此孟浪之流也。有嫉妬性成，排擠爲事，陽若同心，陰爲浸潤，是非顛倒，朱紫混淆，此讒妬之流也。有貪得無知，輕忽人命，如病在危疑，良醫難必，極其詳慎，猶冀回春，若輩貪功，妄輕投劑，至於敗壞，嫁謗自文，此貪倖之流也。有意見各持，異同不決，曲高者和寡，道高者謗多，一齊之傳幾何，衆楚之咻易亂，此庸淺之流也。有素所相知，苟且圖功。有素不相識，遇延辨症，病家既不識醫，則倏趙倏錢，醫家莫肯任怨，則惟苓惟梗，或延醫衆多，互爲觀望，或利害攸係，彼此避嫌，惟求免怨，誠然得矣，坐失機宜，誰之咎乎？此由知醫不眞而任醫不專也。凡若此者，孰非人情，而人情之詳，尚多難盡。聖人以不失人情爲戒，欲令學者思之慎之，勿爲陋習所中耳。雖然，必期不失，未免遷就，但遷就既礙於病情，不遷就又礙於人情，有必不可遷就之病情，而復有不得不遷就之人情，且奈之何哉？故曰戛戛乎難之矣。

《醫宗必讀·醫論圖說·行方智圓心小膽大論》 孫思邈之祝醫者曰：行欲方而智欲圓，心欲小而膽欲大。嗟乎！醫之神良，盡於此矣。宅心醇謹，舉動安和，言無輕吐，目無亂觀，忌心勿起，貪念罔生，毋忽貧賤，毋憚疲勞，檢醫典而精求，對疾苦而悲憫，如是者謂之行方。稟賦有厚薄，年歲有老少，身形有肥瘦，性情有緩急，境地有貴賤，風氣有柔強，天時有寒熱，晝夜有重輕，氣色有吉凶，聲音有高下，受病有久新，運氣有太過不及，知常知變，能神能明，如是者謂之智圓。望聞問切宜詳，補瀉寒溫須辨，當思人命至重，冥報難逃，一旦差訛，永劫莫懺，烏容不慎，如是者謂之心小。補即補而瀉即瀉，熱斯熱而寒斯寒，抵當承氣，時用回春，薑附理中，恒投起死，析理詳明，勿持兩可，如是者謂之膽大。四者似分而實合也。世未有詳謹之士，執成法以傷人，靈變之人，敗名節以損己。行方者智必圓也，心小則惟懼，或失膽大，則藥如其證，或大攻，或大補，似乎膽大，不知不如是則病不解，是膽大適所以行其小心也。故心小膽大者，合而成智圓，心小膽大智圓者，合而成行方也。世皆疑方則有礙乎圓，小則有妨乎大，故表而出之。

《嶺南衛生方·鄒善序》 嘗讀沈括《良方序》，謂治病有五難：辨疾難，治疾難，飲藥難，處方難，別藥難。而於治疾尤詳。且謂古之治疾者。先知陰陽運歷之變故，山林川澤之竅發，而又視其老少肥瘠，貴賤居養，性術之好惡，憂喜勞逸，順其所宜。違其所不宜，其精過於承蜩，其察甚於刻棘，可謂至密矣，然恐非醫之淺淺者所能與。

《壽世保元·醫論》 扁鵲論醫，病有六不治：驕恣不論於理，一不治也。輕身重財，二不治也。衣食不能適，三不治也。陰陽幷藏氣不定，四不治也。形羸不能服藥，五不治也。信巫不信醫，六不治也。雲林子曰：越人之論，一、三、四、五、六是矣，二則於予心有未適然者何也？輕者彼輕也，重者彼重也，彼輕而我重之，則彼之生可活矣。不然，彼以一吝而喪生，固病者之不智，予以一吝而不治，亦醫者之不仁。噫！古之神醫如此意猶存，則世醫可知矣。

《傷寒六書纂要辨疑·啓蒙論》 凡初學醫者，先熟藥性，次明經絡，再識病名，講解脈理，以證其所生之病，乃可爲醫。病家云發熱惡寒，頭項痛，腰脊強，則知病在太陽經也。身熱目痛，鼻乾，不得眠，則知病在陽明經也。胸脇痛，耳聾口苦舌乾，往來寒熱而嘔，則知病在少陽經也。腹痛咽乾，手足自溫，或自利不渴，或腹滿時痛，則知病在太陰經也。引衣踡卧，惡寒，或舌乾口燥，則知病在少陰經也。煩滿囊縮，則知病在厥陰經也。潮熱自汗，譫語發渴，不惡寒，反惡熱，揭去衣被，揚手擲足，或發班黄狂亂，五六日不大便，則知病在正陽明胃腑也。設若脈症不明，誤用麻黄，令人汗多亡陽；誤用承氣，令人大便不禁；誤用姜附，令人失血發狂。正爲寒涼耗其胃氣，辛熱損其汗液，燥熱助其邪熱。庸醫殺人，莫此爲甚！

《景岳全書·傳忠録上·十問》 見定雖然事不難，也須明哲毋招怨。

明哲二字，爲見幾自保也。夫醫患不明，明則治病何難哉？而所患者，在人情耳。人事之變，莫可名狀，如我有獨見，豈彼所知，使彼果知，當自爲矣，何藉於我？而每有病臨危劇，尚執淺見，從旁指示曰：某可用，某不可用，重之云太過，輕之言不及，倘一不合意，將必有後言，是當見幾之一也。有雜用不專者，朝王暮李，主見不定，即藥已相投，而渠不之覺，忽惑人言，舍此慕彼。凡後至者，欲顯己長，必談前短，及其致敗，反以嫁讒，是當見幾之二也。有病入膏肓，勢必難療，而憐其苦求，勉爲舉手，當此之際，使非破格出奇，何以濟急？倘出奇無功，徒駭人目，事後亦招浮議，是當見幾之三也。其或有是非之場，爭競之所，幸災樂禍，利害所居者，近之恐涉其患，是當見幾之四也。有輕醫重巫，可無可有，徒用醫名，以盡人事。及尚有村鄙之夫，不以彼病爲惡，反云爲我作興，吁，誠可哂也。此其相輕孰甚，是當見幾之五也。有議論繁雜者，有親識要功者，有內情不協者，有任性反覆者，皆醫中所最忌，是當見幾之六也。凡此六者，俱當默識，而惟於縉紳之間，尤當加意，蓋恐其不以爲功而反以爲罪，何從辨哉。此雖曰吾盡吾心，非不好生，然勢有不我由者，不得不見幾進止，此明哲之自治所必不可少也。

《景岳全書·傳忠録下·誤謬論》 經曰：揆度奇恆，道在於一，得一之精，以知死生。此即斯道中精一執中之訓也，凡天人之學，總無出此。矧醫之爲道，性命判於呼吸，禍福決自指端，此於人生關係，較之他事爲尤切也。以此重任，使不有此見此識，誠不可猜摸嘗試以誤生靈，矧立法垂訓，尤難苟且，倘一言失當，則遺禍無窮，一劑妄投，則害人不淺，此誤謬之不容不正也。

賓自從斯道，常稽往古，所見軒岐之下，凡明良繼出，何代無之，然必欲求其得中者，則舍《靈》、《素》之外，似亦不多其人。蓋竊見相傳方論，每多失經意，背經旨，斷章取義，假借數語以飾一偏之詭説者，比比其然。此總屬意見有不到，至理有未明，故各逞胸臆，用示己長，致令斯道失中，大違精一之義，此則醫之於人，亦何賴焉。是豈知道本一源，理無二致。自一源而萬變，則萬變仍歸於一，自二致而錯亂，則錯亂遂其爲兩。故言外有理，理外亦有言。如理有在而言不能達者，此言外之理也；有可以言而不可以行者，此理外之言也。然理外豈別有言乎？第以疑似之間，加之便佞，則眞爲僞奪，而道傍之築，從來有矣。如古之楊墨異端，今之傳奇小説，謂皆非理外之言乎？言可假借，則是非亂而强辯出，由是賢者固執，愚者亦固執。如擇善固執，則精一之謂，君子時中，則執中之謂，此賢者之固執也；其有言僞而辯，行僻而堅，必不知反，必不可移者，此愚者之固執也。執中者見事之舛，則不得不言，以利害所關，不容已也；邪僻者見人之長，則反詆其短，以鄙陋不伸，不肯已也。千古來是非邪正，每爲此害，矧以惟類知類，而當局者亦難其人耳。然此輩雖云偏拗，猶知傍理，自非曳白者所能。其奈此中尚有全不知脈絡，而止識皮毛者，亦且囂囂，偏能宜俗，是不過見熱則用寒，見寒則用熱，見外感則云發散，見脹滿則云消導，若然者，誰不得而知之。設醫止於是，則賤子庸夫皆堪師範，又何明哲之足貴乎？嗟嗟！朱紫難辨，類多如此。

予因溯源稽古，即自金元以來爲當世之所宗範者，無如河間、丹溪矣，而且各執偏見，左説盛行，遂致醫道失中者，迄今四百餘年矣。每一經目，殊深扼腕，使不速爲救正，其流弊將無窮也。兹姑撮其數條，以見倍理之談，其有不可信者類如此，庶乎使人警悟，易轍無難，倘得少補於將來，則避諱之罪，亦甘爲後人而受之矣。

《景岳全書·傳忠録下·論時醫》 一、時醫治病，但知察標，不知察本，且常以標本藉口，曰急則治其標，緩則治其本，是豈知《內經》必求其本之意。故但見其所急在病，而全不知所急在命，此其孰可緩也？孰當急也？孰爲今日之當急？孰爲明日之更當急也？緩急既不知，則每致彼此誤認，尚何標本爲言乎！

一、病有緩急，效有遲速，若以遲病而求速效，則未免易醫，易醫多則高明本少，庸淺極多，少不勝多，事必敗矣。

一、任醫須擇賢者，而於危急之際，尤不可苟。若彼宵小之輩，惟妄衒己長，好翻人按，不幸遇之，多致淆惑是非，生命所係不淺。

一、經曰病生於內者，先治其陰，後治其陽，反者益甚；病生於陽者，先治其外，後治其內，反者益甚。

一、病人善服藥者，聞其氣，嘗其味，便可覺宜否之優劣，固無待入腹而始知也。獨惜乎無識無知者，但知見藥服藥，而不知藥之爲藥；但知見醫求醫，而不知醫之爲醫，亦可悲矣。

《外臺秘要·吴孔嘉序》 天下事久壞于庸人，而庸醫均之。所謂庸者，皆不學無術之人也。其遇事也，初不晰其受病之源，并不審其對治之方，而或以姑息養癰，或以鹵莽嘗試，究之鹵莽之爲害什居五，而姑息之爲害什居八，乃始藉手以貽後人曰：吾姑徐徐，無動爲大耳。不知邪氣日深，元氣日削，而大命已隨之。所謂庸臣誤國與庸醫誤人，其情同，其罪均，而其原皆本于不學。使其學之，而窮究古今之病源，細考古今之方略，其病之在標在本也，其方之宜補宜洩也，其病之或傳或變也，其方之不執不拘也。彼夫三年蓄艾，能治之於未病之先，與夫一匕回生，能治之于已病之後，皆是先聖先賢當日殫竭之心思，皆是醫國醫人當日素具之方略。儒者明理，奈何不亟亟講求，而以人命爲戲耶！

《外臺秘要·金聲序》 余因問程子：如欲知醫，何道而能精？曰：必好學。將何學？曰：先讀書。讀書可以醫乎？曰：讀書而不能醫者有之矣，决未有不讀書而能醫者也。嗚呼！天下事皆然耳，獨醫也乎。余因問程子：以子之道，醫世之人，當吾世而既日不暇給，及身後而書不盡言，言不盡意，吾懼其不傳也。盍得其人而傳之何以書？程子曰：師之求弟，甚於弟之求師。有來學者，吾願盡所學焉爾。而無如今之來學者，未嘗求學，徒以求行也。是道也，非苦心十年不可得，而今之學者來，輒問曰：欲就師授，十日足乎？一若是其亟也！吾雖欲傳，其何從而傳。嗚呼！天下之學，大抵然耳，獨醫也乎。

《軒岐救正論·自序》 予髫齡弱稟，質鈍志勞，窮獵簡編，苦心誦著。【略】嗣入蜀，復參印群賢，頗得肯綮，沉酣於斯，二十餘載矣。歸里後，有請診視者，目擊時師治病，昧本從標，枉斃生靈，莫勝悲怛。此無他，蓋以習醫之人，半屬匪人，而所習之法，全非正法，經書不識，旁徑樂趨。於是專傷寒者忽於雜病，主脾胃者憚於攻伐，明濕熱者暗乎溫補。或執成方而昧通靈變，或逞臆説而架言出奇，或憑口給而諛諂售奸，罔惜人命，顛倒妄行，不幾爲軒岐之亂臣賊子耶。嗟乎！醫病實多，安能先救醫，得醫病愈，而人之病無不愈也。

《軒岐救正論·凡例》 是編以救言者，非專救人之病，乃先救醫之病也。以一醫而治千萬人，不過千萬人計耳，救一醫便救千萬人，救千萬醫，便救天下後世無量恆河沙數人矣。奈何世之醫者，不先自救，只圖救人，每見其救人者，適所以害人耳。政先哲云：人之病，病疾多，醫之病，病道少。此論不容不著，謂此論爲醫醫可。

予經治醫案，悉皆治本扶原正法，與時師見病治病者不同。其病之輕者，雖王侯不書，病之重者，即傭介亦錄。蓋以貧賤富貴，固居處有殊，然而父生母成，官骸藏府，均稟命於大君，無貴賤一也。獨念貧賤罹病，衣食難適，藥餌何資，生死莫必，更賴德醫存心惻隱，不可輕忽也。

《軒岐救正論·醫論·醫貴廣識》 夫《內經》墳典，萬載之宗傳也。立齋先生，大成之繼聖也。《內經》、立齋，中天之日月也，諸子百家，雜出之燈光也。自《內經》以來，未有盛于先生者也。獨怪僻壞時流，僅遵偏術細法，反誇正學大道，是徒知有燈光，不識有日月也。

《軒岐救正論·醫鑑·德醫》 昔明太祖治平天下，首著《陰騭錄》，設醫局以惠濟群生，宛與軒岐一揆，遠軼漢唐，誠仁恩周溥無窮矣。稽之往代，若徐文伯、錢仲陽、楊士瀛，皆濟人爲心，不計功利。宋劉潤芳治貧家疾，輒懷金置席下，別時令家人自得之，病者一喜而疾以解。東坡亦常蓄善藥濟人。二公存心固誠善，但博施猶病，日亦不足耳。總不如存一個好念頭，凡胗疾，無論貴若王侯卿相，賤如倩傭丐兒，皆一視同仁，亦無計恭慢恩怨，悉心救療。遇有奇病未明，我見不到處，便令再延識者商治，勿專私意，勿諱我短，勿沒人長，期愈人病。遇急來請，勿避風雨。此便是受用不盡的德也。有等粗工庸手，不習經書脈理，不管病症重輕，輕易投劑，陷人垂死，反謗正道，負惡不悛。見有此人，便當逢人説害馬，免使無窮生靈，將來誤於此輩。雖曰隱惡揚善，固稱聖人，若推擴聖人之心，政要救無窮生靈，避此粗工庸手，安能恕然忍隱乎？此非不存厚道，但一片苦衷，只知有生靈之性命，不知有同類之包荒也。且亦使若輩改心易行，轉庸手而爲良工，儆戒一番，望其同躋壽域，寧不大幸。至有良工，吾又逢人贊揚，不啻口出。暴庸手之謬，舉良工之善，總爲生靈起見，何恤知我罪我，此尤是善用其德者也。遡昔勳臣，鄧禹十三子，各執一藝，而業醫者四。若公者勵操素絲，享士挾纊，榮膺上爵，奈何不遺子孫以溫飽，而獨令其役於方技之列，以竟所未竟之仁，是公又世滋其德矣。

《軒岐救正論·醫鑑·世醫》 語云：醫不三世，不服其藥。誠重之也。又嘗有云：得讀三家書，亦是世醫流。此語殊屬附會。夫醫以世稱者，乃弓冶相承，授受最精，故得以擅名當代也。且今昔方書，不啻汗牛充棟，何啻三家可資聞見，可竟斯道？以此而論，可見世間業醫者，僅熟高陽生之《脈訣》，王宗顯之《捷徑》，平居略記數十湯頭，遇病朗誦幾首歌括，非專守河澗之法，則偏執丹溪之書，訕李東垣獨理脾胃，吠薛立齋每重命門，不曰傷寒專門，則云雜病獨科，求其始會其全，由博入約者無有也，雖百世何足觀哉。故宋龐安常不足父祖所授脈訣，獨取《素》《難》，究以玄微，辨晰萬言，垂訓千秋，允爲拔出之英。則犁牛騂角，不爲世耀，祇爲世累耳，世醫云乎哉。

《軒岐救正論·醫鑑·奸醫》 或有窺病家之豐實，則明謀而索賄，假危言以示嚇者。或病本易治，故投峻劑，致令變症驚惶，從中詐財者。或病屬危急，誘利不遂，姑投緩劑，因致因循誤死者。或值內亂之家，孤孽之子，鬩牆競產，房帷妒寵，訐訟挾讎者，乘病圖害，假手進毒。若輩唯利是圖，絕人之嗣，喪人之生，既壞心術，復壞仁術，密藏陷阱，殘忍窮凶，奸孰奸於此乎！古人教人延醫煎藥，必素親信者始可託，旨深矣。其操危慮患之夫，尤當謹毖。

《言醫》 醫有上工、中工、下工，上工者良工，中工者庸工，下工者謬工，蓋謂庸工之不若良工，謬工之不若庸工也。以理言之，庸工豈止不若良工哉，并不若謬工耳。謬工之殺人，殺人而見其跡者也，見其跡，則人所易知而易遠，其爲天下之害少；庸工之殺人，而不見其跡者也，不見其跡，則人所易忽而易近，其爲天下之害多。譬猶暴君爲不善，其亡雖速，而天下之害不甚深；庸君未必能爲大不善，而天下之元氣，陰受其賊而不知，其亡雖緩，而爲害於天下，不既深乎。嗚呼！庸君誤天下，良醫誤病人，一理也。

昔南人有言曰：人而無恆，不可以作巫醫。朱子竟識巫、醫爲兩事，一註以交鬼神，一註以寄死生，歧而二之，恐爲未當。夫醫之道，始於神農，闡於黃帝，著有《素問》《內經》，以救民疾苦，所謂墳典之書，至尊至貴，莫之與並，豈可與巫覡之徒同日而語者。但醫有不同，名稱亦是有別，精於醫者曰明醫，善於醫者曰良醫，壽君保相者曰國醫，粗工褊淺、學未精深者曰庸醫，但有時運造化者曰時醫，至若擊鼓舞趨，祈禳疾病，不以醫藥爲事者，則謂之巫醫耳。世之稱爲端公、太保、夜行、卜士，北方稱爲師婆，皆此也，正南人謂之巫醫也。蓋謂一切虛誕之輩，亦是不可無恆也。

近有一等行醫者，偶得一方一藥，輒滿顏矜色，抵掌傲笑而言曰：我藥能救人之命。噫！命果何物，而可醫藥救之也哉。即古昔大聖，至神靈，至慈愛，亦不過能以藥治人之病，未聞有救人之命者。今且無論不能救人之命，即欲求與能治人之病者，亦不多見矣。予雖不敏，誦讀于斯者有年，博採于斯者有年，忘食廢寢，默契神參，以至歷危際險者又有年，亦僅知探虛實，測淺深，權緩急，能治人之病，還其不死而已，豈遂因以爲功，而曰我藥能救人之命哉。從未之敢也。

醫家之誤人有六：有學無識，一也；有識無膽，二也；知常不知變，三也；意有他屬，四也；心煩冗沓時，五也；偶值精神疲倦，六也。爲醫者不可不深加自省也。至有一等重惜名譽，知有生機而袖手，更有一等中懷勢利，因富貴貧賤而歧心；甚有一等未經明理，強作知醫，而率意妄投湯劑，以致誤彼蒼生者，又不可與醫類同日而語也。昔胡孝轅先生深痛醫道之衰，忽不自覺其失聲曰：善醫者，吾不得而見之矣，得見善學者，斯可矣。子曰：善學者，吾不得而見之矣，得見善問者，斯可矣。自此三十有年來，絕不見一善問者。

嘗見延醫之家，陳餚設醴，固不啻事神事鬼之誠且敬也，要皆出自不得已之苦心。醫者于此，自當設身處境，深用不安，適可則止，莫謂分所宜然，恣情長夜之飲，而絕不一回念。在暴病家，猶不及覺，若久病，則中外主人，俱已晨夕焦勞，臥餐且廢，復何以堪！語云：一人向隅，滿堂爲之不樂。有病之家，則不止一人向隅，滿堂亦幾向隅矣，一人豈能獨樂哉？有人心者，必不然也。更有一等嗜習而成僻者，嗜博弈，但知有博弈，而不知有病人；嗜呼盧，但知有呼盧而不知有病人；更有一等趨競公門，奔馳世務之輩，則又心無二用，但知有趨競奔馳，而不知有病人。願同志者勿類是。

〔王士雄按〕存心立品之士，首要體貼人情，臨證用藥，務期切病。不可故尚珍貴，以糜人財。如病家不甚充裕，而率用貴藥，爲人子父者，不得不竭蹶而勉從之。幸而病瘳，其家已窮。否則人財兩失，斂葬無貲。疏方尚須顧惜，況供我口腹者，忍肆其貪饞乎。至于趨競奔馳，尤不足道矣。

又 醫何以仁術稱？仁即天理，生之原，通物我於無間也。醫以活人爲心，視人之病猶己之病，凡有求治，當不啻救焚拯溺，風雨寒暑勿避，遠近晨夜勿拘，貴賤貧富好惡親疏勿問。即其病不可治，亦須竭心力，以圖萬一之可生。是則此心便可徹天地，統萬物，大公無我，而幾於聖。不如是，安得謂之醫而以仁術稱。

醫者常須愛養自家精力，精力不足，則倦倦生厭，厭生躁，厭躁相乘，則審脈、辨證、處方，皆苟率而無誠意矣，思欲救死全生，庸可期乎？今之醫者，鮮克不以奔競爲專務，徒勞而不自知，大戒也。

〔王士雄按〕不但奔競當戒，尤宜屏除嗜好，蓋嗜欲紛則靈機塞也。

《醫燈續焰·醫範》 錢乙在神宗時，治皇子儀國公病瘈瘲。國醫莫能治。乙進黃土湯，遂愈。神宗問曰：黃土湯何以愈斯疾？乙對曰：以土勝水，木得其平，則風自止。且諸醫所治垂愈，但小臣適當其愈耳。神宗悅其對，賞賚甚厚。

程篁墩云：近世有儒名者，立說斥東垣、丹溪之書爲不足觀。曰：二家動引《素》、《難》，猶儒者動引唐虞三代，何益於事？噫！爲此言者，亦悖之甚矣。

譚景升《化書》云：譽人者，人譽之。謗人者，人謗之。

《醫燈續焰·醫範》《名醫錄》云：京師有一婦人，姓白，有美容，京人皆稱爲白牡丹。貨下胎藥爲生。忽患腦疼，口增其腫，名醫治之皆不愈。日久潰爛，臭穢不可聞，每夜聲喚，遠近皆聞之。一日遂與家中云：我所蓄下胎方，盡爲我焚之。戒子弟曰：誓不可傳此業。其子告母云：我母因此起家，何棄之有？其母曰：我夜夜夢數百小兒咂我腦袋，所以疼痛叫喚。此皆是我以毒藥壞胎，獲此果報。言訖遂死。

《醫燈續焰·附餘·袁氏醫家十事》 一、醫之志。須發慈悲惻隱之心，誓救大地含靈之苦。視衆生之病，不論親疏貴賤，賢愚貧富，皆當(恫)〔痌〕瘝乃身，盡心殫力，曲爲拯理。

二、醫之學。須上通天道，使五運六氣變化鬱復之理，無一不精，中察人身，使十四經絡，內而五藏六府之淵涵，外而四肢百骸之貫串，無一不徹，下明物理，使昆蟲草木之性情氣味，無一不暢，然後可以識病而用藥。

三、醫之識。醫之用藥，如將之用兵，縱橫合變，呼吸異宜，非識見之高，不能神會而獨斷也。然此識非可襲取，非可商量，全在方寸中。虛明活潑，須滌除嗜慾，恬澹無爲，則虛空自然生白也。

四、醫之慎。醫爲人之司命，生死係之，用藥之際，須兢兢業業，不可好奇而妄投一藥，不可輕人命而擅試一方，不可騁聰明而遽違古法。倘或稍誤，明有人非，幽有鬼責，可懼也。

五、醫之養。君子之游藝，與據德依仁，皆爲實學，故古人技藝之工，都從善養中得來，若承蜩，若養鷄，皆是法也。醫雖小道，實具甚深三昧，須收攝心體，涵泳性靈。動中習存，忙中習定。外則四體常和。內則元神常寂，然後望色聞聲，問病切脈，自然得其精，而施治得宜也。

六、醫之術。醫非徒仁術，亦仙術也。諺云：古來醫道通仙道。此豈無稽之言哉！凡欲學醫，須將玄門之旨，留神講究。玄牝之門，生身之戶，守中養氣之訣，觀竅觀妙之理，務求明師指示，親造其藩而闖其室。此處看得明白，則病候之生滅，身中之造化，已洞悉矣，以之(冶)〔治〕疾，豈不易易。況人之疾，有草木金石所不能治者，則敎之依法用功，無不立愈。天臺智者禪師謂：一日一夜調息之功，可以已二十餘年之痼疾。蓋天之陽氣一回，則萬物生色，人之元氣一復，則百體皆和；宿疾普消，特其餘事耳。

七、醫之量。《書》云：必有忍，其乃有濟。有容德乃大。醫者術業既高，則同類不能無忌，識見出衆，則庸庶不能無疑。疑與忌合，而誹謗指摘，無所不至矣。須容之於不校，付之於無心，而但盡力於所事。間有排擠毆詈，形之辭色者，亦須以孟子三自反之法應之。彼以逆來，我以順受，處之超然，待之有禮，勿使病家動念可也。

八、醫之言。仲尼大聖，屢以慎言爲訓。而醫之言，尤當慎者。不可誇己之長，不可談人之短，不可浮誕而駭惑病人，不可輕躁而詆誹同類。病情之來歷，用藥之權衡，皆當據實曉告，使之安心調理。不可誣輕爲重，不可誑重爲輕。即有不諱，亦須委曲明論。病未劇，則寬以慰之，使安心調理。病既劇，則示以全歸之道，使心意泰然。寧默毋譁，寧慎毋躁。

九、醫之行。語曰：以身教者從，以言教者訟。故慎吾之言，不若端吾之行。道高天下，守之以謙，智絶人群，處之以晦。敦孝弟，重倫理，而於禮義廉耻四字，則秉之如蓍龜，遵之如柱石，久而勿失，自然起敬起信，而醫道易行也。

十、醫之守。醫雖爲養家，尤須以不貪爲本。凡有病人在，即舉家不寧，當此時而勤人酬謝，家稍不足，則百計營求，艱難更倍，即充足之家，亦於滿堂懊惱之中，而受其咨詛痛苦之惠，亦非心之所安也。故我生平於病人所餽，不敢纖毫輕受。有不給者，或更多方周給之，非以市恩，吾盡吾心而已矣。子孫習醫而能依此十事，古之聖賢，何以加此。

《醫燈續焰·附餘·為醫八要》 醫家存心，當自重，不當自輕。當自謙，不當自傲。當計功，不當計利。當憐貧，不當諂富。自重必多道氣，自輕必無恆心，自謙者久必學進，自傲者久必術疏。計功則用心於治病而伎巧生，計利則用心於肥家而詭詐出。憐貧則不擇人而醫，陰德無窮；諂富則不待請而至，卑污莫狀。

《醫燈續焰·附餘》引蔣式金《采芝八則》 立己宜養重，不宜自輕　吾黨既以斯道爲己任，則此一人之身，實千萬人之所繫命者也，必當立志淸華，持躬敦樸，以示吾道之不苟。倘復徇人喪己，徑竇甘趨，且非懷珍待聘之心，難免枉尋直尺之誚。

臨證宜計功，不宜圖利　業以治生，若謂憂道不憂貧，斯不近情之語也。

第貪得之念勝，則隨在而急欲奏功，未能殫厥心以從事，有以人圖僥倖者矣。是宜痌瘝乃身，以祈必濟，庶功成而利亦隨之，洵不必攖情得失，而已祿在其中。

持心宜善下，不宜恃能　舉問之道，虛己者多助，自恃者罔功。況岐伯之傳，義精理奧。豈一人之私智所能洞測者乎。若彼管窺，狃於一得，遂有蔑視儕類之思，是以安於寡陋，而所業日荒，古人所以有持滿之戒也。良賈深藏，允宜被服。

行道宜憐貧，不宜諂富　炎涼醜態，涉世恆情，吾黨雖無是行，而或存是心。每見遇貴介之子，持術惟患其不精，值窶寒之徒，用意輒鄰于忽略。抑思此術，原爲救人而設，煢獨無告者，更宜加以矜憐。匪第完濟世之初心，是亦陰行善之一節。

看書宜辨理，不宜執方　陳言往論，雖古人已試之明驗，然神而明之，存乎其人。況五方之風氣強弱不齊，古今人之稟性厚薄亦異，若必執成法而不善變，是何異強方枘以就圓鑿也。淵博之士，宜出自心之玄解，毋泥括帖之舊聞。

治病宜究因，不宜務末　標本之說，昔人論之甚詳，今之圖治者，不審其致之之繇，而漫施補救。如救焚者，第撲其燎原之焰，而不滅其火，焰雖熄而火性尚存，終必復燃也。是在培其根，塞其源，殲厥渠魁，而群醜自向風而遁矣。

處友宜從厚，不宜懷讒　慨自人不古處，交道寖衰，在同途共事者，更深操戈下石之慘。不知譖人者人亦譖之，曷若息厥雌黃，互相規勸，宏其黨類，各借聲援，一以收同人之益，一以維聲氣之窮。

製藥宜求精，不宜就簡　質本五行，各宜其用，製法咸宗雷公矣。然考諸出處，或一本而根梢異治，或一味而㕮咀不同，所產有地土之殊，所藏有新舊之別。愼毋指鹿爲馬，徒取充籠，認魯爲魚，漫誇具眼，致令奇方聖劑，竟介於效與不效之間，不惟無以起沉痾，而適足以損令望。

《醫燈續焰・附餘・張顧存先生回頭歌》　奉勸仁術們，亟回頭，從寬譬，不爲良相爲良醫。願得博濟行仁義，資彼青蚨牛養身，先要陰功積漸次。念關天，休計利，朱、秀水，宰相。錢、山陰，宰相。嚴、雲南，冢宰。廖、雲南，中丞。齊昌嗣。

楫曰：虛言謗人而不知悔，大言譽己而不知慚，惟以利亂厥心，不顧醜出其口，此小人之尤者也，而醫黨特甚。殊不知世有明眼，虛言大言，如見肺肝，不旋踵而爲人鄙笑者多矣。所謂謗人譽己者，適所以譽人謗己也。吳因之先生曰：造謗者甚忙，受謗者甚閑。忙者不能造閑者之命，閑者則能定忙者之品。亦名言哉。

《醫門法律・明問病之法・問病論》　喻昌曰：醫，仁術也。仁人君子，必篤於情。篤於情，則視人猶己，問其所苦，自無不到之處。古人閉戶塞牖，繫之病者，數問其情，以從其意，誠以得其歡心，則問者不覺煩，病者不覺厭，庶可詳求本末，而治無誤也。如嘗貴後賤，病名脫營；嘗富後貧，病名失精。以及形志苦樂，病同治異，飲食起居，失時過節，憂愁恐懼，蕩志離魂，所喜所惡，氣味偏殊，所宜所忌，稟性迥異，不問，何以相體裁方耶？所以入國問俗，入家問諱，上堂問禮，臨病人問所便。便者，問其居處動靜，陰陽寒熱，性情之宜。如問其爲病熱，則便於用寒，問其爲病寒，則便於用熱之類，所謂順而施之也。人多偏執己見，逆之則拂其意，順之則加其病，莫如之何，然苟設誠致問，明告以如此則善，如彼則敗，誰甘死亡，而不降心以從耶。至於受病情形，百端難盡，如初病口大渴，久病口中和，若不問，而概以常法治之，寧不傷人乎。如未病素脾約，纔病忽便利，若不問，而計日以施治，寧不傷人乎。如未病先有錮疾，已病重添新患，若不問，而概守成法治之，寧不傷人乎。如疑難證，着意對問，不得其情，他事閒言，反呈眞面，若不細問，而急遽妄投，寧不傷人乎。《病形篇》謂：問其病，知其處，命曰工。今之稱爲工者，問非所問，諛佞其間，病者欣然樂從，及病增更醫，亦復如是，乃至彷徨醫藥，偶遇明者，仍復不投。此宜委曲開導，如對君父，未可飄然自外也。更可怪者，無知戚友探問，忘其愚陋，強逞明能，言虛道實，指火稱痰，抑孰知其無責而易言耶。坐令依傍迎合，釀成末流，無所底止，良足悼矣。吾徒其明以律己，誠以動人，共砥狂瀾乎。

律一條　凡治病，不問病人所便，不得其情，草草診過，用藥無據，多所傷殘，醫之過也。

《醫門法律・明望色之法・望色論》　凡診病不知察色之要，如舟子不識風汛，動罹覆溺，鹵莽粗疏，醫之過也。

《醫門法律・明聞聲之法・聞聲論》　凡聞聲，不能分呼笑歌哭呻，以求五藏善惡，五邪所干，及神氣所主之病者，醫之過也。凡聞聲，不別雌雄長短，出於三焦何部者，醫之過也。

《醫門法律·明辨息之法·辨息論》 凡辨息，不分呼出吸入，以求病情，毫釐千里，醫之過也。

《醫門法律·明胸中大氣之法·大氣論》 凡治病，傷其胸中正氣，致令痞塞痹痛者，此在醫咎。雖自昔通弊，限於不知，今特著爲戒律，不可獲罪于冥冥矣。

《醫門法律·明問病之法·問病論》 凡治病，不問病人所便，不得其情，草草診過，用藥無據，多所傷殘，醫之過也。

《醫門法律·明切脈之法·切脈論》 凡診脈，不求明師傳授，徒遵往法，圖一弋獲，以病試手，醫一過也。

《醫門法律·明營衛之法·營衛論》 凡營病治衛，衛病治營，與夫眞邪不明，輕病重治，重病輕治，顛倒誤人，醫之罪也。

凡醫不能察識營衛受病淺深虛實寒熱先後之變，白首有如童稚，不足數也。

《醫門法律·明絡脈之法·絡脈論》 凡治病不明藏府經絡，開口動手便錯，不學無術，急於求售，醫之過也。甚有文過飾非，欺人欺天，甘與下鬼同趣者，此宵人之尤，不足罪也。

《醫門法律·申明内經法律·申治病不明標本之律》 凡病有標本，更有似標之本，似本之標。若不明辨陰陽逆從，指標爲本，指本爲標，指似標者爲標，似本者爲本，迷亂經常，倒施針藥，醫之罪也。

《醫門法律·申明内經法律·申治病不審地宜之律》 凡治病，不察五方風氣，服食居處，各不相同，一概施治，藥不中竅，醫之過也。

《醫門法律·申明内經法律·申治病不辨脈證相反之律》 凡治病不辨脈與證之相反，懵然治之，醫之罪也。或不得已，明告而勉圖其難，則無不可。

《醫門法律·申明内經法律·申治病不察四易四難之律》 凡治病，參合于望色切脈審證三者，則難易若視諸掌。粗工難易不辨，甚且有易無難，醫之罪也。

《醫門法律·申明内經法律·申治病不察新久之律》 凡治病，不辨新病邪實，久症正虛，緩急先後失序，而虛虛實實，醫之罪也。

《醫門法律·申明内經法律·申治病不先歲氣之律》 凡治病，不明歲氣盛衰，人氣虛實，而釋邪攻正，實實虛虛，醫之罪也。

《醫門法律·申明内經法律·申用藥不遠寒熱之律》 凡治病，用寒遠寒，用熱遠熱，其常也，不遠寒熱，其變也。若不知常變，一概施治，釀患無窮，醫之罪也。

《醫門法律·申明内經法律·申治病不知約方之律》 凡用方，不分君臣佐使，頭緒紛雜，率意妄施，藥與病迴不相當，醫之罪也。

《醫門法律·申明内經法律·申治病不知約藥之律》 凡用藥，太過不及，皆非適中。而不及尚可加治，太過則病去藥存，爲害更烈，醫之過也。

《醫門法律·申明内經法律·申治病不疏五過之律》 凡診病，不問三常，不知比類，不察神志，不遵聖訓，故犯無忌，醫之過也。

《醫門法律·申明内經法律·申治病不徵四失之律》 凡治病，不問證辨脈，而以無師之術籠人，此最可賤，不足罪也。

《醫衡·統論·因病似虛因虛致病論》 師嘗語余曰：醫之所病病道少，究夫病根，在心苦不虛，學苦不實。旨哉斯言也。

《脈訣彙辨·多讀書論》 《史》稱扁鵲飲上池水，故能洞見藏府，其所治病無不立起，毋待切脈而後知者也。然扁鵲常有，而上池水不常有，則凡號爲醫者，脈之名義，可不講之有素乎。夫經絡府俞，陰陽會通，玄冥幽微，變化極難。上古神農、黄帝、岐伯、鬼臾區等，神明天縱，何可幾及。降至叔世，即有人焉，才高識妙，可以仰窺聖域，亦須精求典籍，上發金匱玉函之藏，下集專家授受之旨，學以博而漸通，心以疑而啓悟，如此則借證有資，力省功倍。所謂將登泰岱，舍徑奚從，欲詣扶桑，非舟莫適。今者各承家伎，不事讀書，附會臆見，展轉相迷，初學則但知《難經》《脈訣》，汎濫則空談劉、李、張、朱。不知《難經》時與《靈》《素》相左，《脈訣》明係入室操戈，仲景專法《内經》，餘者不無出入。知而不能讀，讀而不能解，解而不能通，其中肯綮，固非淺識所能窺測。

《侶山堂類辨·醫學入門》 《金匱要略》曰：千般疢難，不越三條。一者經絡受邪入藏府，爲内所因也。二者四肢九竅，血脈相摶，壅塞不通，爲外皮膚所中也。三者房室金刃蟲獸所傷。以此詳之，病由都盡。《金匱》三條，皆重外因，以房室服食爲内因。宋成無己曰：病有三因：一者外因於天，二者内因於不能生人耳，不起之病，僕能起之。是非必死之病，而醫能活之。若使病者不死於病，而反死於醫，又何異於梃刃？是以救人之功小，誤傷之罪大。試觀栽杏叟，尚誤投藥餌，傷及母子二命，況平人乎。然此亦警世之事也。古今名流，皆生前根氣豐厚，若再加培植，即可名登仙籍，惜乎不能，何也？既已名擅當時，焉肯虛心下士。況一人之精神有限，或忙中有錯，即誤用其藥，亦不自知其非。病家延請惟艱，幸而至之，焉敢論其是非。即服藥有誤，反歸於死者之命。是以運之小者其過小，運之大者其過大。諸生能鑑予言，潛心好學，將來運之小者可大，運之大者可無過矣。開之曰：歷觀古今醫家，有子孫顯達者，有子孫式微者，大有霄壤之分。若不圖名，不貪利，虛衷受益，存心活人，有不永昌厥後者乎。

《外科大成・煉取諸藥法・五戒》 一、醫爲仁術，原謂活人，何今之醫，每於富者用心而貧者忽之耶。孰不究醫乃生死所寄，責在匪輕，希勿以貧富而分厚薄，惟體太上好生之德，均施活人之心，則大神默鑒，必嗣續繁昌。

一、今之爲醫，自恃己長，恆談彼短，一至病家，不問何疾，即毀前醫之悞治。設使前醫盡是，何復他求。蓋爲一時權便，或有所偏，未能奏效，豈可概爲前醫之所悞耶？且夫授受相傳，原係一體，顯同志者毋分人我之心，共藏仁風之道，則天人欣羡，必祿壽綿昌。

《尤氏喉科秘書・馮碧峰序》 醫，道之小焉者也。【略】予忝列黌宮，未暇問岐黃術，而習見夫庸醫之誤人也，貪夫之徇利也，早無以爲饔，夕無以爲飧者之鳴號焉，而莫如引手救也。慨然念士生當世，不獲身名民社，以宏輔相，或得一術，以濟人於危急，何莫非立達之初心。

《日知録・醫師》 古之時，庸醫殺人，今之時，庸醫不殺人，亦不活人，使其人在不死不活之間，其病日深而卒至於死。夫藥有君臣，人有強弱。有君臣，則用有多少。有強弱，則劑有半倍。多則專，專則效速。倍則厚，厚則其力深。今之用藥者，大抵雜泛而均停，既見之不明，而又治之不勇，病所以不能愈也。而世但以不殺人爲賢，豈知古之上醫，不能無失，《周禮》醫師歲終稽其醫事，以制其食，十全爲上，十失一次之，十失二次之，十失三次之，十失四爲下。是十失三四，古人猶用之。而淳于意之對孝文，尚謂時時失之，臣意不能全也。《易》曰：裕父之蠱，往見吝。奈何獨取夫裕蠱者，以爲其人雖死，而不出於我之爲。嗚呼，此張禹之所以亡漢，李林甫之所以亡唐也。原

人，三者不内外因。外因於天者，風寒暑濕之六淫也。内因於人者，喜怒憂恐之七情，及飲食房勞也。不内外因者，金刃跌撲蟲獸笞杖之所傷也。人之百病，不外此三者。夫傷寒，外因也。而《傷寒》經旨，風寒暑濕之六氣，咸所具載矣。其間分析表裏、陰陽、寒熱、氣血、邪正、虛實，内外百病，不出此十二字。靡不備悉。明乎傷寒之道，千般疢病，不出於範圍焉。故醫學入門，當從傷寒始。先難其所難，而後易其所易。蓋外因之病暴而危，内因之病徐而持。中風、瘧痢、痿、痹、疝、厥、頭腹諸痛，多係外因。故治外感者，可以活人，可以死人，治内傷者，或少有失誤，未即爲害。是以能醫内傷，而不諳治傷寒者，未可醫名也。能醫傷寒，而不諳治内傷者，未之有也。

又曰：古稱醫士爲山中宰相，謂能燮理陰陽，調和氣味，操生殺之柄耳。《記》云：醫不三代，不服其藥。許學士曰：謂能讀三代之書。予以爲世代相傳，又能讀書好學，猶簪纓世胄，士之子而恆爲士也。若僅守遺方，以爲世傳，何異按圖索驥。夫天有四時之氣，地有五方之異，人之百病，變幻多端。即如傷寒一證，有三百八十九法，可膠執遺方，能通變時疾乎？趙括徒讀父書，尚至喪師敗績，況無遺書可讀耶。守祖父之業而不好學者，可方草廬諸葛乎？伊川先生曰：醫不讀書，縱成倉扁，終爲技術之流，非士君子也。盧不遠先生曰：當三復斯語。

《侶山堂類辨・中庸之道》 中者不偏，庸者不易。醫者以中庸之道存乎衷，則虛者補，實者瀉，寒者溫，熱者涼，自有一定之至理。若偏於溫補，偏於涼瀉，是非中非庸矣。夫醫道，上通天之四時六氣，地之五方五行，寒熱溫涼，升降浮沉，信手拈來，頭頭是道。急者急治，緩者緩治，若僅守平和之橘皮湯者，又執中無權也。逆觀古今，多有偏心，偏於溫補者，惟用溫補，偏於清涼者，慣用清涼，使病人之宜於溫補者，遇溫補則生，宜於涼瀉者，遇清涼則愈。是病者之僥倖以就醫，非醫之因證以治病也，豈可語於不偏不易之至道哉。

《侶山堂類辨・醫以力學為先》 月三、六、九晨，集及門說《内經》及《傷寒論》。講畢，謂諸生曰：時俗相沿云，行醫全憑時運，予以爲不然。諸生來學，當苦志讀書，細心參究，庶可免庸醫之責。若憑時運，則何業不可爲，而習此若難之事。設使殺一不辜，而救百人，其功不能贖罪。蓋救人乃醫家分内事，況多有病之輕者，有病之自能愈者，或病雖劇而可救者。越人曰：僕

注：朱文公與劉子澄書，所論四君子湯，其意亦略似此。

《**醫方集解·凡例**》 醫家首在立品。古人云：行欲方而智欲圓，心欲小而膽欲大。人之性命，在我掌握中，專心揣求，尚虞有失，此事豈同兒戲乎。若一涉利心，則貧富歧視，同道相攻，僞藥欺售，置人命於腦後矣。試仰觀蒼蒼者何物耶？而爲病家者，亦宜以上賓禮貌相待，須思此人爲我父母妻子救命而來，豈可任我招之來、麾之去也。

《**診宗三昧·宗旨**》 石頑老人，趺坐繩牀，有弟子進問醫學宗旨。老人憮然歎曰：崇古聖人立一善政，後世輒增一害民之事，只今僞君子之風，良由文字，夭生民之患，咎始神丹。吾嘗縱觀萬類，無物不有成敗之機，人稟造化之靈，不能超乎萬類，地水火風，常交戰於一體，雖有志者，不無疾疢之厄，一有小劇，即從事於醫藥，往往貪生失生，深可哀憫。逮如愚下無知，罔悟前車已覆之鑑，總是不得正命者，日以繼踵，若夫未達不敢嘗者，自古及今，能幾人哉。當世之名於醫者，有三種大病：一種藉世醫之名，絕志聖學，株守家傳，恣行削伐，不顧本元，斯皆未聞大道之故。一種棄儒業醫，徒務博覽，不卒師傳，專事溫補，極詆苦寒，斯皆不達權變之故。一種欺世盜名，藉口給之便佞，賴聲氣之交通，高車衒術，曲體趨時，日殺無辜，以充食客之腸，竭厥心力，以博妻孥之笑。斯皆地獄種子，沉淪業識之故。此三種病，非藥可除，吾今伏醫王力，運六通智，開個教外別傳，普救夭札底微妙法門。汝等若有疑團，向前執問，(伹)[但]須迅掃胸中積染，向白地上從新點出個指下工夫，若能頓然超悟，立正宗風，何慮不直接南陽先師一脈乎。

《**診宗三昧·郭琇序**》 大人身猶天地也，天地失和，則宇宙爲殃，人身失和，則四體爲病。所以主之者，在天地惟君，人身惟心，故心爲君主。君失其治，則宇宙災困，心失其養，則四體疾疢。其弭災困，惟相之調和燮理，治疾疢，亦惟醫之調和燮理，故曰：不爲良相，即爲良醫。然相失政則殘民，醫誤治則殘命，相之與醫，豈易言哉！

《**雜症大小合參·附録良醫格言**》 凡遇同道之士，切須謙和謹慎，不可輕侮慢人。年尊者恭敬之，有學者師事之，驕傲者遜讓之，不及者薦拔之。如此存心，德厚可載福矣。

《**洞天奧旨·勸醫六則**》 人生斯世，無病即是神仙，故人能節慾寡過，使身心泰然，俯仰之間，無非樂境，覺洞天丹丘，無以故也。無如見色忘命，見財忘家，營營逐逐，墮於深淵，沈於苦海，憂愁怨恨之心生，嗔怒鬬爭之事起，耗精損氣，而疾病隨之矣。苟或知非悔悟，服藥於將病之時，覓醫于已病之日，則隨病隨痊，又何慮焉。乃求人之過甚明，求己之過甚拙，而且諱病忌醫，因循等待，及至病成，始嘆從前之失醫也，已無及矣。鐸勸世人，幸先醫治，人病難痊，宜多服藥。蓋病之成原非一日，則病之愈豈在一朝？無如求速效於目前，必至隳成功于旦夕。更有射利之徒，上圖酬謝之重，忘顧僥倖之危，或用輕粉劫藥，取快須臾，未幾毒發病生，往往不救。何若攻補兼施，損益並用，既能去邪，又能反正，雖時日少遲，而終身受惠無窮矣。鐸勸世人，毋求速效。

病關生死，醫能奏效，厥功實宏。世有危急之時，懸金以許，病痊而報之甚薄，迨至再病，醫生望門而不肯入，是誰之咎歟？等性命于鴻毛，視金錢如膏血，亦何輕身而重物乎。鐸勸世人，毋惜酬功。

病痊忘報，俗子負心，病痊索報，亦醫生之慚德。蓋治病有其功，已報而功小，治病忘其功，不報而功大。要當存一救人寔意，不當惟利是圖，勿以病家富，遂生覬覦心，勿以病家貧，因有懈散志。養癰貽患，恐嚇取錢，皆入惡道。鐸勸行醫，幸毋索報。

人不窮理，不可以學醫，醫不窮理，不可以用藥。理明，始知陰陽，識經絡臟腑，悟寒熱虛實之不同，攻補滑澀之各異，自然守經達權，變通于指下也。否則徒讀脈訣，空覽本草，動手即錯，開口皆非，本欲積功，反致損德。鐸勸學醫，幸要窮理。

醫道講而愈明，集衆人之議論，始可佐一人識見。倘必人非我是，堅執不移，則我見不化，又何能受益于宏深乎？邇來醫衍紛紜，求同心之助，杳不可多得。然而天下之大，豈少奇人，博採廣詢，裒護非淺。鐸勸學醫，幸尚虛懷。

《**張氏醫通·石頑老人醫門十戒**》 薰蕕時習戒 館師無坐板氣，地師無流藝氣，禪師無杖拂氣，煉師無丹汞氣，醫師無方術氣，方是白描畫手，本分師家。但負青囊之術者，非廣通聲氣，無以邀舉世之重名，非交通吏胥，無以履當事之戶庭，非心通目著，無以占利藪之要津。非門通車馬，無以致里巷之服膺。非堂通旌額，無以表品望之日新。苟非五通神應，不足以趨行道之捷徑也。惟端直自矢之士，不能適俗隨宜，聽諸自然而已。

恃才妄作戒　崇古存心醫道者，非聖賢士師，即神仙高隱，未嘗一一垂之國史。太史公特取扁鵲倉公，隸之列傳，非無深意存焉。因思扁鵲術，隨時尚以伎見殃，倉公匿跡自隱，以怨受侮。斯非恃才妄作之過邪？况無扁倉之才，散自負非常，得無前車之鑒乎？

任性偏執戒　人之病，病於輕藥。醫之病，病於偏執。良由世人不悟未達，不敢嘗之者，而不安於命者多矣。夫醫之任，在乎補偏救弊，故專取偏性之藥以治偏旺之氣，而時下名流，各執一己之見，壺冰斛火，信手妄施，是則偏之爲害，而道之所以不齊也。吾願大地羣生，确守有病不治常得中醫之戒，雖偏執之醫，何所施其伎倆哉。

同流合污戒　醫貴流俗而惡執著。其得心應手之機用，與手談無異。故精於弈者，稱爲國手，而醫亦有國手之稱也。弈具戰守之道，一子之得失，全局攸關。醫秉安危之機，一藥之亂投，殺活所係。雖日親時輩，自務以爲鷄羣之鶴者，猶夫弈師之隨方應請，縱得其采而心手日卑。索索無深思，昏昏有俗情，亦何取於是而甘隨碌碌耶。

因名悞實戒　醫師臨病，必先定名而後議治，庶無自欺欺人之弊。今之方家，一見發熱，便以傷寒目之，一槩禁其飲食，而與通套發散消導之藥，曷知傷寒之有礙於食者，惟寒傷營，營衛俱傷二証，其風傷衛中，絕無禁食之例，反有啜熱稀粥，以助藥力之說，而寒傷營之尺中微遲不勝峻汗者，假取膠飴稼穡之甘，入於桂枝湯內，小建其中而和其外，此即熱稀粥之變法，（逌）〔迺〕太陽病下手工夫，正傷寒分經辨治之的旨，嚴冬亦不多見，近來諸家泛指雜病爲四時傷寒，不辨伏氣時氣，混以風藥投之，是洪爐之鼓以橐籥也，况乎內傷兼挾虛風，津氣多由汗奪，不得漿粥入胃，將何收攝虛陽，且有客邪，悞藥成虛，例行清肺止血，不至劫盡虛陽，悉從火化不已，醫之悞人，莫此爲甚，敢不力陳以破世之迷而不悟者。

師事異端戒　邪說詖行，端人所恥，然文人筆機所至，時或及之，嘗觀藝林所載幻術，醫類居多，如視膏肓而知疾不可爲，飲上池而見五藏癥結，從涉誕妄，無非播揚若人術業之神，非若縛蒭爲人以療鬼，懸壺示術以惑人，種種狐媚，雖蒙昧之流，莫不知其爲詭也，况有冬月檢衣而受暑氣之說，無乃惑人大甚乎。暑本無形之氣，既能伏藏衣篋，經冬不散，服之禦寒，不必復被重裘矣。而好竊唾餘者，每常效尤，以爲默契古人心印，即適足爲明道者捧腹耳。

貴賤混治戒　醫有膏粱藜藿之不同，原其傳派多門，趨尚不類，難與並爲優劣，擅膏粱之術者，專一附桂名世，得藜藿之情者，無非枳橘見長。第膏粱之治多難愈，以其豢養柔脆，痰涎膠固乎上，精神凋喪乎下，即有客邪，非參無以助諸藥之力。藜藿之患都易除，以其具體堅韌，表邪可以恣發，裏邪可以峻攻，縱有勞傷，一朮足以資百補之功，設貴介而延未達之醫，醫氣先餒，貧薄而邀貴遊之治，治必轉重，總由平昔習氣使然，諒不能曲突徙薪以圖僥倖也。

貧富易心戒　常思越人六不治中有輕身重財一說，此病者自忽其軀耳，吾何爲不治哉，夫人之鄙嗇，天性也，若以其鄙嗇而擯棄之，則貧賤之疾痛槩可置之不問耶？司軒岐之業者，既以利濟爲任，豈宜貨利爲心，即食力之輩，執敬雖微，然須念其措置之艱，當爲極力圖治，切不可因其菲而不納之，是拒其後來之念也，惟素封之家，故示非禮，可不爲之自愼歟。

乘危苟取戒　苟取已屬非義，乘危尤爲禍樞。縱具補天浴日之功，一有此疵，則揜其善而爲不善矣。每見事非意料，莫不由此，以其信口隨手，非功即過也，然功之所在，取亦無傷，取之而病者悅，則取之，取之而病者不悅，則勿取。取與勿取，固有定分，而乘機苟且，恐非仁人所宜，即使千箱盈積，一旦非常，後世能守其業而振箕裘者，未之聞也。以是古諺有名醫無後之說，信矣。

詆毀同道戒　遊於藝者咸賴聲氣之交通，惇於誼者尤爲醫林之切務，有互資相長之功，切磨相向之益，但今之道中，多放利而行，是不得不假借吹噓之力，蓋緣巨室之疾，未必專任一醫，多有諸治罔效，下及其餘，然須察其勢不可爲者，緩言以辭之，其主氣未艾，可與挽回者，愼勿先看從前之方議，其所用之藥，未免妨此礙彼，反多一番顧慮之心矣，當此危疑之際，切須明喻死中求活之理，庶幾前後諸醫各無怨尤，且有彙集諸方議治，祇宜隨衆處方，不可特出己見而爲擔當，苟非惑其貪餌，得脫且脫，世未有日歷數醫而可保全者，於是無稽之口，隨處交傳，同人相向，往往論及。雖曰出之無心，安得謂之無過，多言多敗，金人首戒，愼之愼之。

《幼科鐵鏡·十三不可學》　一、殘忍之人，必不惻怛，不可學。

一、馳騖之人，必無備戒，不可學。

一、愚下之人，必無慧思，不可學。

一、治莽之人，必不思未，不可學。
一、猶豫之人，必無定見，不可學。
一、固執之人，必不融通，不可學。
一、輕浮之人，必多忽略，不可學。
一、急遽之人，必期速效，不可學。
一、怠緩之人，必多逡巡，不可學。
一、宿怨之人，借此報復，不可學。
一、自是之人，必以非爲是，不可學。
一、慳吝之人，必以此居奇，不可學，
一、貪婪之人，必以此(綱)〔網〕利，不可學。

予以此十三種人爲不可學，非外之以爲必不可學也，苟抱此病，先能自醫，又何不可學之有。

高世栻《醫學真傳·治病》 凡人有病，需治在醫。醫者，人之司命也。既司人命，必知人身有形之經，又當知人身無形之氣，辨有形之有餘不足，察無形之離合逆從。有形者，臟腑經絡之定位。無形者，陰陽運氣之轉輸。臟腑經脈有病，而陰陽運氣轉旋輪布不失其常，雖病可愈。形既病，而無形亦逆，便不治矣。蓋醫不能生人也，不殺人，便爲良醫矣。所痛惜者，有形無形，全不之知，離合逆從，并未曾曉，見病即治，知其外，不知其內，究其末，不究其原，妄曰醫者意也，以妄爲意，以妄爲醫，是居盲瞶而云察秋毫也，豈其然哉。

《血症經驗良方·方嘉宣序》 聞之太上立德，其次立功，其次立言。蓋存諸心者爲德，措諸事者爲功，而宣諸口者爲言，三者弗能兼也。然未有德存諸心，而功不能措諸事，而言不能宣諸口，而筆之書以傳世行遠者，則三者合焉。

《醫權初編·論文字之醫與經歷之醫不同》 文字之醫用藥多補，經歷之醫用藥多瀉，文字之醫嚴於紀律，經歷之醫精乎心法，文字之醫見功遲，經歷之醫見功速，文字之醫精乎論理，經歷之醫精乎識症，文字之醫過於迂，經歷之醫過於霸，然皆功罪各半焉。若二醫兼之，再能通首權宜，靈其機變，則萬舉萬當矣。

《醫權初編·論忙醫之誤》 庸醫誤人，固不足言。有等大行之醫，或如時疫、瘧痢、痘疹、感冒大行，醫者應接不暇，不細辨其本質虛弱，或病已將虛，或兼舊疾，而徒以三指一按，以了故事，概投以達原飲、清脾飲、芍藥湯、升麻葛根湯、麻黃湯、桂枝湯、小柴胡湯之類，恐虛弱之人，不能任此一劑也。雖最忙時，須一一再三斟酌，即萬中一錯，於心午夜能安乎？予亦素有粗率之病，故於藥室座右自撰二語云：此間正好種德，個中不厭精思。以自警。

《種痘新書·伍士玉序》 嘗聞天無私而化生，地無私而化成，聖人無私而大道行於千古。蓋無私者之爲利普也，而技藝之中，普剛莫如醫術。

《方氏脈症正宗·淳文樸序》 切聞醫不三世，不服其藥。爲是語者，亦謂甫習岐黃，寡聞渺見，恐未能按脈理辨虛實耳。然亦未可概論。試觀右之名醫，如劉河(澗)〔間〕、李東垣、張仲景、朱丹溪輩，非有家學之淵源，而著書立說，至今膾炙人口，是則非三世之言，又不可執矣。

《方氏脈症正宗·心中了了指下難明辨》 歷古於今，聖賢叠興，多學而知之者也，生而知之者僅矣。如孟子曰：舜何人也？予何人也？吾何畏彼哉！緣醫家有遺不經之言：心中了了，指下難明。斯言以出，則喪後人之志，進趨之路塞，而甘爲不能明達之日也已，適使中材之人，株守目前淺淡之方書以爲足耶。孔子曰：始作俑者，其無後乎。惟望海內有志之士，當如猛省斯言之不中，若心熟讀聖賢之奧典，深察脈理之淵源，究呼吸於微芒之際，辨遲數於過不及之間，虛心忖度，如是者至矣，何患乎指下之難明哉。設遇明師，指日可傳，蓋得於心而應於指，誠有可學而知之者矣。

《幼幼集成·裘日脩序》 余讀《太史公書》，而歎越人之善乎方也，邯鄲貴婦人，則治婦人，周貴老人，則治老人，秦人愛小兒，亦即治小兒，其施屢變，然其所奏亦並效。何哉？蓋古者卜筮、醫藥皆有專官，世授其業，不遷而爲良。苟能專其傳，精其意，通知其理而無所惑，則婦人、孺子、老幼之各得其治，吾以爲雖不必越人可也。後世專業既失，凡其治方術者，又不能精而多通，由此婦人丈夫之與小兒、始各爲科分。

《醫學源流論·劫劑論》 世有奸醫，利人之財，取效于一時，不顧人之生死者，謂之劫劑。劫劑者，以重藥奪截邪氣也。夫邪之中人，不能使之一時即出，必漸消漸托而後盡焉。今欲一日見效，勢必用猛厲之藥與邪相爭，或用峻補之藥遏抑邪氣。藥猛厲，則邪氣暫伏而正亦傷，藥峻補，則正氣驟發而邪內陷，一時似乎有效，及至藥力盡而邪復來，元氣已大壞矣。如病者身熱甚，不散其熱，而以沉寒之藥遏之，腹痛甚，不求其因，而以香燥禦之，瀉痢甚，不去其積，而以收斂之藥塞之之類，此峻厲之法也。若邪盛而投以大劑參附，一時陽氣大旺，病氣必潛藏，自然神氣略定，越一二日，元氣與邪氣相併，反助邪而肆其毒，爲禍尤烈，此峻補之法也。此等害人之術，奸醫以此欺人而騙財者十之五，庸醫不知而效尤以害人者亦(志)〔十〕之五，爲醫者可不自省，病家亦不可不察也。

《醫學源流論·醫必備藥論》 古之醫者，所用之藥皆自備之。《内經》云：司(氣)〔歲〕備物，則無遺主矣。當時韓康賣藥，非賣藥也，即治病也。韓文公《進學解》云：牛溲馬渤，敗鼓之皮，俱收並蓄，待用無遺，醫師之良也。今北方人稱醫者爲賣藥先生，則醫者之自備藥可知。自宋以後，漸有寫方不備藥之醫，其藥皆取之肆中，今則舉世皆然。夫賣藥者不知醫，犯之可也，乃行醫者竟不知藥，則藥之是非眞僞全然不問，醫者與藥不相謀，方即不誤，而藥之誤多矣。又古聖人之治病，惟感冒之疾，則以煎劑爲主，餘者皆用丸散爲多。其丸散有非一時所能合者，倘有急迫之疾，必須丸散，俟丸散合就，而人已死矣。又有一病止須一丸而愈，合藥不可止合一丸，若使病家爲一人而保一料，則一丸之外皆爲無用，惟醫家合之，留待當用者用之，不終棄也。又有不常用不易得之藥，儲之數年，難遇一用，藥肆之中，因無人問，則亦不備，惟醫者自蓄之，乃可待不時之需耳。至于外科所用之煎方，不過通散營衛耳，若護心托毒，全賴各種丸散之力，其藥皆貴重難得，及鍛煉之物，修合非一二日之功，而所費又大，亦不得爲一人止合一二丸。若外治之圍藥、塗藥、昇藥、降藥，護肌、腐肉、止血行瘀、定痛煞癢、提膿呼毒、生肉生皮、續筋連骨，又有薰、蒸、烙、灸、吊、洗、點、溻等藥，種種各異，更復每症不同，皆非一時所能備，尤必須平時豫合。乃今之醫者，既不知其方，亦不講其法，又無資本以蓄藥料，偶遇一大症，内科則一煎方之外，更無別方，外科則膏藥之外，更無餘藥，即有之，亦惟取極賤極易得之一二味，以爲應酬之具，則安能使極危極險極奇極惡之症，令起死回生乎？故藥者，醫家不可不全備者也。

《醫學源流論·乩方論》 世有書符請仙而求方者，其所書之方，固有極淺極陋極不典而不能治病且誤人者，亦有極高極古極奇極穩以之治病而神效者。其仙或托名呂純陽，或托名張仲景，其方亦宛然純陽、仲景之遺法，此其事甚奇，然亦有理焉。夫乩者，機也。人心之感召，無所不通，既誠心于求治，則必有能治病之鬼神應之，雖非眞純陽、仲景，必先世之明于醫理，不遇于時而死者，其精靈一時不散，遊行于天地之間，因感而至，以顯其能，而其人病適當愈，則獲遇之，此亦有其理也。其方未必盡效，然皆必有意義，反不若世之時醫，用相反之藥以害人。惟決死生之處，不肯鑿鑿言之，此則天機不輕洩之故也。至于不通不典之方，則必持乩之術不工，或病家之心不誠，非眞乩方也。

《醫學源流論·涉獵醫書誤人論》 人之死，誤于醫家者十之三，誤于病家者十之三，誤于旁人涉獵醫書者，亦十之三。蓋醫之爲道，乃通天徹地之學，必全體明而後可以治一病。若全體不明，而偶得一知半解，舉以試人，輕淺之病或能得效，至于重大疑難之症，亦以一偏之見妄議用藥，一或有誤，生死立判矣。間或偶然倖中，自以爲如此大病，猶能見功，益復自信，以後不拘何病妄加議論，至殺人之後，猶以爲病自不治，非我之過，于是終身害人而不悔矣。然病家往往多信之者，則有故焉。蓋病家皆不知醫之人，而醫者寫方即去，見有稍知醫理者，議論鑿鑿，又關切異常，情(而)〔面〕甚重，自然聽信。誰知彼乃偶然翻閱，及道聽塗說之談，彼亦未嘗審度，從我之說，病者如可究竟，而病家已從之矣。又有文人墨客及富貴之人，文理本優，偶爾檢點醫書，自以爲已有心得，傍人因其平日稍有學問品望，倍加信從，而世之醫人，因自己全無根底，辨難反出其下，于是深加佩服。彼以爲某乃名醫，尚不如我，遂肆然爲人治病，愈則寫功，死則無罪。更有執一偏之見，恃其文理之長，更著書立說，貽害後世。此等之人，不可勝數。嗟乎！古之爲醫者，皆有師承，而又無病不講，無方不通，一有邪說異論，則引經據典以折之，又能實有把持，所治必中，故餘人不得而參其末議。今之醫者，皆全無本領，一書不讀，故涉獵醫書之人，反出而臨乎其上，致病家亦鄙薄醫者，而反信夫涉獵之人，以致害人如此。此其咎全在醫中之無人，故人人得而操其長短也。然涉獵之人，久而自信益眞，始誤他人，繼誤骨肉，終則自誤其身，我見甚多，不可不深省也。

《醫學源流論·古今·醫家論》 醫之高下不齊，此不可勉強者也，然果能盡智竭謀，小心謹慎，猶不至于殺人，更加以詐僞萬端，其害不可窮矣。或立奇方以取異，或用僻藥以惑衆，或用參茸補熱之藥，以媚富貴之人，或假托仙佛之方，以欺愚魯之輩，或立高談怪論，驚世盜名，或造假經僞說，瞞人駭俗，或明知此病易曉，僞說彼病以示奇。如冬月傷寒，強加香薷于傷寒方內而愈，以爲此暑病也，不知香薷乃其惑人之法也。如本係熱症，強加乾姜于涼藥之內而愈，以爲此眞寒也。不知彼之乾姜，乃泡過百次而無味者也。于外科則多用現成之藥，尤不可辨，其立心尤險，先使其瘡極發，令人驚惶而後治之，并有能發不能收以至斃者。又有偶得一方，如五灰膏、三品一條鎗之類，不顧人之極痛，一概用之，哀號欲死，全無憐憫之心。此等之人，不過欲欺人圖利，即使能知一二，亦爲私欲所汩沒，安能奏功？故醫者能正其心術，雖學不足，猶不至于害人，况果能虛心篤學，則學日進，學日進，則每治必愈，而聲名日起，自然求之者衆，而利亦隨之。若專于求利，則名利必兩失。醫者何苦舍此而蹈彼也。

《醫學源流論·古今·醫非人人可學論》 今之學醫者，皆無聊之甚，習此業以爲衣食之計耳。孰知醫之爲道，乃古聖人所以洩天地之秘，奪造化之權，以救人之死，其理精妙入神，非聰明敏哲之人，不可學也。黄帝、神農、越人、仲景之書，文詞古奧，搜羅廣遠，非淵博通達之人，不可學也。凡病之情，傳變在于頃刻，眞僞一時難辨，一或執滯，生死立判，非虛懷靈變之人，不可學也。病名以千計，病症以萬計，藏府經絡、內服外治、方藥之書，數年不能竟其說，非勤讀善記之人，不可學也。又《內經》以後，支分派別，人自爲師，不無偏駁，更有怪僻之論，鄙俚之說，紛陳錯立，淆惑百端，一或誤信，終身不返，非精鑒確識之人，不可學也。故爲此道者，必具過人之資，通人之識，又能屏去俗事，專心數年，更得師之傳授，方能與古聖人之心潛通默契。若今之學醫者，與前數端事事相反，以通儒畢世不能工之事，乃以全無文理之人，欲頃刻而能之，宜道之所以日喪，而枉死者遍天下也。

《醫學源流論·古今·名醫不可為論》 爲醫固難，而爲名醫尤難，何則？名醫者，聲價甚高，敦請不易，即使有力可延，又恐往而不遇，即或可遇，其居必非近地，不能旦夕可至。故病家凡屬輕小之疾，不即延治，必病勢危篤，近醫束手，舉家以爲危，然後求之。夫病勢而人人以爲危，則眞危矣。又其病必遷延日久，屢易醫家，廣試藥石，一誤再誤，病情數變，已成壞症，爲名醫者，豈眞有起死回生之術哉。病家不明此理，以爲如此大名，必有回天之力，若亦如他醫之束手，亦何以異于人哉。于是望之甚切，責之甚重，若眞能操人生死之權者，則當之者難爲情矣。若此病斷然必死，則明示以不治之故，定之死期，飄然而去，猶可免責，倘此症萬死之中，猶有生機一綫，若用輕劑以塞責，致病人萬無生理，則于心不安。若用重劑，以背城一戰，萬一有變，則謗議蜂起，前人誤治之責，盡歸一人。雖當定方之時，未嘗不明白言之，然人情總以成敗爲是非，既含我之藥而死，其咎不容諉矣。又或大病差後，元氣虛而餘邪尚伏，善後之圖，尤宜深講。病家不知，失于調理，愈後復發，仍有歸咎于醫之(末)〔未〕善者。此類甚多，故名醫之治病，較之常醫倍難也。知其難，則醫者固宜慎之又慎，而病家及傍觀之人，亦宜曲諒也。然世又有獲虛名之時醫，到處誤人，而病家反云：此人治之而不愈，是亦命也。有殺人之實，無殺人之名，此必其人別有巧術以致之，不在常情之內矣。

《醫學源流論·古今·醫者誤人無罪論》 人命所關亦大矣，凡害人之命者，無不立有報應。乃今之爲名醫者，既無學問，又無師授，兼以心術不正，欺世盜名，害人無算，宜有天罰，以彰其罪。然往往壽考富厚，子孫繁昌，全無殃咎，我始甚不解焉。以後日與病者相周旋，而後知人之誤藥而死，半由于天命，半由于病家，醫者不過依違順命，以成其死，並非造謀之人，故殺人之罪，醫者不受也。何以言之？夫醫之良否，有一定之高下，而病家則于醫之良者，彼偏不信，醫之劣者，反信而不疑。言補益者，以爲良醫，言攻散者，以爲庸醫，言溫熱者，以爲有益，言清涼者，以爲傷生，或旁人互生議論，或病人自改方藥，而醫者欲其術之行，勢必曲從病家之意，病家深喜其和順，偶然或愈，醫者自矜其功，如其或死，醫者不在其咎，病家因自作主張，隱諱其非，不復咎及醫人。故醫者之曲從病家，乃邀功避罪之良法也。既死之後，聞者亦相傳以爲某人之病，因誤服某人之藥而死，宜以爲戒矣，及至自己得病，亦復如此。更有平昔最佩服之良醫，忽然自生疾病，反信平日所最鄙薄之庸醫，而傷其生者，是必有鬼神使之，此乃所謂命也。蓋人生死有定數，若必待人之老而自死，則天下皆壽考之人，而命無權，故必生疾病，使之不以壽而死。然疾病之輕重不齊，或其人善自保護，則六淫七情之所感甚輕，命本當死而病淺不能令其死，則命又無權。于是天生此等之醫，分布于天下，凡當死者，少得微疾，醫者必能令其輕者重，重者死，而命之權于是獨重，則醫之殺人，乃隱然奉天之令以行其罰，不但無罪，且有微功，故無報也。惟世又有立心欺詐，(買)〔賣〕弄聰明，造捏假藥，以欺嚇人而取其財者，此乃有心之惡，與前所論之人不同，其禍無不立至，我見亦多矣。願天下之人細思之，眞鑿鑿可徵，非狂談也。

《慎疾芻言·秘方》 古聖設立方藥，專以治病，凡中病而效者，即爲秘方，并無別有奇藥也。若無病而服藥，久則必有偏勝之害，或有氣血衰弱，藉藥滋補，亦必擇和平純粹之品，審體氣之所偏，而稍爲資助。如世所爲秘方奇術，大熱大補之劑，乃昔人所造以欺(一)〔人〕者。若其方偶與其人相合，或有小效，終歸大害，其不相合者，無不傷生。更有一等怪方，乃富貴人賜醫所造者。余曾遇一貴公子向余求長生方，余應之曰：公試覓一長生之人示我，我乃能造長生之方，若長生者無一人，則天下無長生之方矣。其人有慍色。是時適有老醫在其家，因復向老醫求得之，乃傲余曰：長生方某先生已與我矣，公何獨吝也？余視其方，乃聚天下血肉溫補之藥，故難其製法，使耳目一新者。余私謂老醫曰：先生之長生方從何傳授？老醫曰：子無見哂。子非入世行道之人耳。凡富貴之人，何求不得，惟懼不能長生縱慾耳，故每遇名醫，必求此方，若長生方不知，何以得行其道？我非有意欺彼，其如欲應酬於世，自不得不然耳。後果得厚酬。余因知天下所傳秘方，皆此類也。此即文成五利之餘術，萬勿以爲眞可長生也，速死則有之耳。識此，以醒世之求長生而覓秘方者。

《慎疾芻言·詭誕》 醫藥爲人命所關，較他事尤宜敬慎，今乃眩奇立異，竟視爲兒戲矣。其創始之人，不過欲駭愚人之耳目，繼而互相效尤，竟以爲行道之捷徑，而病家則以爲名醫異人之處在此，將古人精思妙法反全然不考，其弊何所底止，今略舉數端於左：

人中黄，腸胃熱毒，偶有用入丸散者。今入煎藥，是以糞汁灌人，而倒其胃矣。人中白飛淨，入(末)〔末〕藥。若煎服，是以溺汁灌人矣。鹿茸、麋茸俱入丸藥。外症、痘症，偶入煎藥。又：古方以治血寒(入)〔久〕痢。今人以治熱毒時痢，腐腸而死。河車、臍帶、補腎丸藥偶用。今入煎劑，腥穢不堪。又臍帶必用數條，肆中以羊腸龜腸代之。蚌水、大寒傷胃。前人有用一二匙，治陽明熱毒。今人用一碗半碗，以治小兒，死者八九。蚯蚓、痘症用一二條，酒冲，已屬不典。今用三四十條，大毒大寒，服者多死。蜈蚣、蠐螬、即桑蟲·蝎子、胡蜂，皆極毒之物，用者多死，間有不死者，幸耳。石決明、眼科。磨光，鹽水煮，入(未)〔末〕藥。今亦以此法入一切煎劑，何義？白螺殼、此收濕摻藥，亦入煎劑，其味何在？鷄子黄、此少陰不寐引經之藥，今無病不用。燕窠、海參、淡菜、鹿筋、丑筋、魚肚、鹿尾、皆食品，不入藥劑。必須洗浸極淨，加以薑、椒、葱、酒，方可入(日)〔口〕。今與熟地、麥冬、附、桂同煎，則腥臭欲嘔。醋炒半夏、醋煅赭石、麻油炒半夏、皆能傷(脾)〔肺〕，令人聲啞而死。橘白、橘內筋、荷葉邊、枇杷核、查核、扁豆殼，皆方書所棄，今偏取之以示異。更有宜炒者反用生，宜切者反用囫圇，此類不可枚舉。以上各種，其性之和平者，服之雖無大害，亦有小損，至諸不常用及腥毒之物，病家皆不能泡製，必至臭穢惡劣，試使立方之人取而自嘗之，亦必伸舌攢眉，嘔吐嚥(送)〔逆〕，入腹之後，必至脹痛瞀亂，求死不得，然後深悔從前服我藥之人，不知如何能耐此苦楚，恨嘗之不早，枉令人受此荼毒也。抑思人之求治，不過欲全其命耳，若以從未經(敗)〔驗〕之方任意試之，服後又不考其人之生死，而屢用之，則終身無改悔之日矣。嗟乎！死者已矣，孰知其父母思子之悲號慘戚，有令人不(忽)〔忍〕見者乎！念及此，能不讀書考古，以求萬穩萬全之法者，非人情也。以上所指，皆(之)〔近〕時之弊，若後世此風漸改，必不信世間有如此醫法，反以我言爲太過者，豈知竝無一語虛妄者乎。又有疑我爲專用寒涼攻伐者，不知此乃爲悞用溫補者戒，非謂溫補概不可用也。願世之爲醫者眞誠敬慎，勿用非法之方，世之求治者明察知幾，勿服怪誕之藥，則兩得之矣。

《名醫類案·余集序》 客有難者曰：古之醫師，天官隸焉，或論病以及國，或原診以知政，鴻術通乎神明，而元機出之妙悟，若乞靈於方劑，假寵于陳言，抑亦末矣，而奚以爲？夫自張、王絕軌，朱、李輟音，凡今之治醫者，輒謂古今異宜，南北殊習，《本草》非神農之遺，仲景亦偏隅之論，于是偭規弛墨，徧見自聖，卒至於殺人而不自知，其謬盭此。辟之治經者，則游譚而已矣；譬之習兵者，則野戰而已矣；郭玉、許允宗之言，何嘗爲庸妄者授之口寔乎。然則欲爲良工，必習諳乎《明堂》《甲乙》《玉冊》《元珠》，博涉乎三部九候、五運六氣，所謂狐腋非一皮能溫，鷄跖必數千而飽，此一夫之獲耳，其若廣壄何？曰：固也。

《名醫類案·杭世駿序》 吾所告于世醫者有三：一曰審脈。自僞王叔和之《脈訣》行，左爲人迎，右爲氣口，庸醫奉爲科律，二語不知其何本也。《六節藏家論》云：人迎陽脈，氣口陰脈，可言陰陽，不可言左右也。人迎在結喉之左右，氣口即寸口，亦曰脈口，爲諸脈之總彙，在手魚際之後一寸。人迎有左右，氣口亦有左右。明乎人迎氣口，則知四經十二從，以通乎十二原，以貫乎三百六十五氣穴，三百六十五孫絡，所謂鈎毛弦石溜，與夫春弦夏鈎秋浮冬營者，洞若觀火矣。而今之醫不知脈。一曰辨藥。神農以赭鞭鞭草木，一日而遇七十毒，以身試而著《本草經》。辨藥之性也，必深明于溫凉平毒之性，而後得君臣佐使之用固也。然陰中有陽，陽中有陰，石藥發癲，芳草發狂，辨之不易明，知之亦不易悉，苟非陶弘景、陳藏器其人，未有不誤用者。而今之醫不知藥。知脈矣，知藥矣，吾又益之亦以一言曰慎思。語云：醫者意也。黄帝有問，岐伯即知其人之病之由，雷公有問，黄帝即知其人之病之由，以意決之也，此即黄帝岐伯之醫案也。若其病不應脈，當思其病，脈不應病，當思其脈，藥不應病，當思其藥，三者相參，思之思之，其有不合者寡矣。醫之有案，蓋未有出此三者，遵其道而用之，人人皆可以爲良醫，人人皆可以立案，人和保合，使斯人各得盡其天年，而不夭折于庸妄人之手。

《沈氏尊生書·俞琨序》　《沈氏尊生書》七十二卷，錫山沈君芊綠所著也。沈君著作等身，而此書之成最晚。將付梓，問序于予。予曰：君非業醫，通於醫者也；予不知醫，喜讀醫書者也。予不能序醫書也，請即以所聞于君者序之。君之言曰：醫之難，人知之，人不能盡知之，誠知其難，則習者寥寥，自詡爲醫師者益寥寥矣，何今日醫者之多也？夫神明於醫者，必有博愛濟衆之仁，方便慈悲之力，而後病無不可救。否則，具通乎陰陽之智，三折肱之手，倉公之目，而後灼見而無疑。下此則虚心謹細，按經切脈，定症立方，從源溯流，亦良醫矣。

《怡堂散記續編·醫説》　俗言死症醫不好，癱、癆、蠱、膈是也。不死病醫得死，寒熱虚實之辨惧及用藥之孟浪也。

醫病本難，世俗庸工有猜病者，有撞病者，有糊病者。書理未明，何曾講著醫字。

或言醫學有兩種，有看病之醫，有看書之醫。予謂看書之醫苦於見症少，看病之醫苦於不知書，此醫道之所以難也。

業醫者必竟以書本爲體，見識爲用。急症當前，理不及談，藥不及議，全憑見識以爲拯救。醫者意也，此其時矣。

病有認症不差，治以對症之方，病不應藥者不治，眞氣敗也。或初服一二劑應，後遂不應者不治，亦眞氣敗也。

《怡堂散記續編·醫品》　醫之爲道，實有司命之責，庸工不識，藉以餬口，無足爲怪。中智之士，不以講習爲業，每以機變乘時，欺世盗名而不知愧，可怪也。

偏之一字，人所難免，惟醫家爲甚。大概偏溫補者多，講三法者少。三法，張子和書也。偏溫補者，其始非不知溫補之害，以之迎合俗情，偶中一二，遂以爲道在是矣，日復一日，習成偏熱，公道之心滅矣。

人之體質有寒熱，天地生物亦然。如黄柏、肉桂，同是樹皮，而寒熱各異，芩、連、薑、附，同是草根，而苦辣不同，準之以吾心，用之以治病。醫者之心，不可偏也，任吾之性可乎。

治寒以熱，治熱以寒，如冬裘夏葛，所制不同，而皆適吾體，不可廢也。

調養之藥從體，受溫補者有之，時行之病從症，去病爲急。有虚寒之體而感熱邪，亦宜清解，但分劑輕耳。

聖人制醫藥以救偏，後世以偏執殺人，抱薪救火者固多，而入井下石者亦復不少。一病到手，苟能窮病源，合色脈，存公道之心，則偏執日消，而高明日進，豈非救世之良醫也哉！醫能去偏，自居高品。

醫之爲藝，實與儒理相通，全憑講習以爲根本。少年藉家傳者執成方，苦於不學；藉聰明以餬口者，苦於貧急，欲售其技，於是迎合世情，而品難以立。要知人之學識，與年俱進，無欲速，無見小利，守聖人之言，品斯立矣，道斯達矣。

俗語云：做到老，學到老；學到老，學不了。以技驕人者，苦於不學。《禮》云：學然後知不足。

道高者和必寡，善守而不慕乎外，自有知之者。一味趨時，雖其門如市，下里之和也。

更有乘人之危而取利，棄人之貧而不荅，假藥惑俗，丸散騙人，皆下流之輩，不足與言醫。

同行妬忌，往往有之，惟庸醫爲甚，良工則無。太史公言：秦太醫李醯，知扁鵲技長於己，使客於旅肆中刺殺之，是嫉能之毒手。

《痘訣·金雲槐序》　術不師古，非善也，師古而不能變通乎古，非善之善也。凡事莫不然，而醫爲甚，非明於古人之道而心知其意，不可以言醫。漢氏以還，神其術者，咸善書以垂於世，雖其間互有短長，而所以闡《靈》《素》之微言，起膏(盲)〔肓〕之錮疾者，莫不有成效可稽，卓然爲後世法。後之操是術以應世之求者，宜何如其審慎也！吾觀今之爲醫者，於古人之書，略無所見，徒以飾智駭愚，爲婦孺所崇許。用是其門如市，日夕無虛，廣邑大都，車馬相望，而其人亦遂欣欣得計，悍然居之而不疑，而豈知人之死於其手者，固已不可勝紀也。

《金臺醫話·醫中體用》 博覽羣書，窮理格物，此醫中之體也。臨症看病，用藥立方，此醫中之用也。不讀書窮理，則所見不廣，認症不眞；不臨症看病，則閱歷不到，運動不熟。體與用二者不可偏廢也。然非平昔讀書窮理，辨證眞確，則臨時治病安得有指揮如意，運動如神之妙哉？故胸有成竹，然後目無全牛，此所以又先體而後用也。今世醫人，胸無一卷之書，動以臨症老鍊爲辭，此欺世之語也。幾見有名醫作家著書立說而不從讀書中來者哉？此可以爽然自失矣。

《金臺醫話·醫貴虛心》 凡醫見症不眞，則不可妄下藥。凡醫病不效，即自己告退，另延名醫，切不可遷延病體。或同醫一病，有過我者，即就正之，亦謙受益之道也。有不及我者，我方不能愈病，而彼方能醫愈者，即細閱彼方，深思其理，必得治病之道也。蓋一人之知識有限，原貴乎集思廣益，切不可因人而廢言也，更不可生猜忌心。若遇庸醫，斷不可與共事，恐致招怨。

《金臺醫話·醫知進退》 凡醫惟深信我者，方可任其責，否則朝陳暮李，早更夕改。彼既信我不專，我即引以自退，恐他敗事，咎歸於己，悔之無及。此所以當見機也。昔張景岳《十問》詩而終結之曰：定見雖然事不難，也須明哲毋招怨。有味哉，有味哉！

《傷寒瘟疫條辨·盧文弨序》 吾聞人之爲學也，專則精。有執一業以成名於天下者，何獨不然，如醫尤不可易爲也。雖古之人亦有兼精者，扁鵲之過邯鄲也，爲帶下醫，其在周也，爲耳目痺醫，入咸陽爲小兒醫。然今之非鵲而欲爲鵲者，何多也，此必無一事之能精已。

《傷寒瘟疫條辨·朱績孜跋》 自黄帝氏作，而生民之命遂懸於醫人之手，其或專心致志，鈎深探微，如古所稱扁鵲之徒，可以使病者立愈，危者立安，豈不快然無憾。乃世之爲醫者吾懼焉，朝學看書，暮即自誇其能，其於藥性猶未深辨，脈理猶未深悉，虛實寒熱補瀉，因應之宜，猶未深解，剽竊膚末，持其一偏之見，物焉而不化，卒使疾輕增重，疾重趨危，可悲也。

《痘疹金鏡録·張淞序》 夫醫道至今日，難乎言之矣，涉獵者失之紛，夸多者失之忍，欲求好學深思，泛應曲當者，頗未多覯。【略】矢不貳之心，而參成物之用，既療病以壽人，復著書以壽世，俾千秋金鏡粲若新磨，善人之善，孰大於此？由是而推廣之，方且功侔良相，名藉國工，爲醫家才德出衆之君子焉。論病以及國，原診以知和，又爲醫家神明不測之聖人焉。

《聖濟總録·陳蘭森序》 醫者意也，以意體之，方無不當，醫者宜也，按症宜人，藥無不妙。而要皆本于讀書數萬卷，閱歷數千人，始可以爲善世之術。倘挾書而拘泥鮮通，則不明天道，不習地利，不察人事，其與刻舟求劍，膠柱鼓瑟者奚以異哉？是在乎善學者。

《瘟症羊毛論·陳廷碩序》 余素不知醫，亦不習方藥，嘗讀《周禮》一書，言醫者至詳，有掌其政令者，有分而治之者，蓋職有專司，能有獨擅也。聚藥以供醫事，而渾名曰毒。宇宙太和，鮮大災沴，其以危困而請於醫府者，氣有不和也，須以偏勝之物攻之。當則止疾，否則必傷。慎之曰毒，不亦宜乎？其有不愈之狀，則各書所以，入於醫師，非獨藉以制其食，誠以醫不能無失，且爲後鑑也。然則方藥之有書也，殆周官法戒之遺意歟。

《醫醫病書·學醫總論·醫德論》 天下萬事，莫不成於才，莫不統於德。無才固不足以成德，無德以統才，則才爲跋扈之才，實足以敗，斷無可成。有德者必有不忍人之心，不忍人之心，油然而出，必力學誠求其所謂才者，醫也儒也，德爲尙矣。

《醫醫病書·學醫總論·醫以明理為要論》 醫之爲學，明道之一端，爲冢宰屬官，所以佐相業之調和鼎鼐，爕理陰陽者也。奈後世高者爲藝術，低者爲餬口計，日趨日下。按《内經》以明理爲要，方止有七。越人《難經》亦以明理爲要，並無方藥。自唐以後，競尙方術，遂有《千金方》《肘后方》，各家本草方書，汗牛充棟，而醫道大壞。不明理者，用毒藥如未能，操刀而使割，以致殺人無算。有宋起而救之，不以明理爲要，乃有《和劑局方》之設，醫道至此，壞而愈壞矣。蓋以方救方，如以火救火，不至於燎原不止也。局方之設，將以前所有毒藥之方，一概禁止，名之曰禁方，不準世用，而單行局方。不知《周禮》醫師掌醫之政，令聚毒藥以共醫事，若一以和劑爲主，如甘草至和之藥，膨脹得之即死。五穀爲日用之需，善而又善者也，熱病熱未退時，早食即死。能將藥之甘草並五穀悉禁之哉？此方書不足恃之明效大驗也。不明理者，雖飲食亦不能調，飲食亦能殺人。余生十五子，死者九人，爲不明理之婦人以飲食殺之者七人。明理者，雖毒藥亦應手而效。故醫必以明理爲要。《中庸》謂明善而後可以誠身，擇善而後可以固執也。

《醫醫病書·學醫總論·醫必備四時五行六氣論》 醫不備四時五行六氣之學，萬不能醫四時五行六氣之病。唐以後之醫，多爲門戸起見，蓋欲天下之病人就其學術，並非以我之學術救天下之病。雖天亦不能不備四時五行六氣之全，以爲生長化收藏，而成長養萬物之功，豈人力大於天力，但執一氣，即能概六氣之全乎？唐以後名醫之法，可採而不可宗者也，盆皆各有所偏，不能殫述。如李東垣偏於溫和，有似乎春。竇眞定名材，宋紹興中開州巡檢，又爲太醫。偏於火功，有似乎夏。劉河間偏於寒涼，有似乎秋。朱丹溪偏於補水，有似乎冬。雖不甚確，然皆有所近。學者能兼數子之所長，而以《內經》、《難經》，仲景爲主，參考百家，再渾之以太和之氣，庶乎不背於道矣。

《醫醫病書·學醫總論·名醫病論》 名醫之病，首在門戸之學，其次則以道自任之心太過，未免奴視庸俗，語言過於剛直，爲衆所不容。或臨症之際，設有以不對症之方，妄生議論者，則怒髮冲冠，幾有不顧而唾之勢。設有性情柔巽之品，不肯力爭，宛轉隱忍，又誤大事，做成庸醫殺人。嗚呼，安得許多聖人來學醫哉！

《醫醫病書·學醫總論·時醫俗醫病論》 孔子謂：如有周公之才之美，使驕且吝，其餘不足觀也已。時醫又驕又吝，妄抬身分，重索謝資，竟有非三百金一日請不至者。【略】如果眞能起死回生，亦覺太過，細按其學，甚屬平平。用藥一以三五分、八分、一錢爲率，俟其眞氣復而病自退，攘以爲己功。稍重之症，即不能了。爲自己打算則利，其知人命何？俗醫之病百出，余不忍言，即以一端而論，京師謂做賣買，紹興謂之開醫店，可耻之極，遑問其他。

《醫醫病書·學醫總論·答病家怕不怕論》 凡診病之家，多有以怕不怕問醫家者，答之不易，非可以逕情答之也。蓋膽大者答以不怕，則小病必大，大病必危，雖不怕亦必答以怕也，再三警戒，以收其放恣之念，而後可成功。膽小者答以怕甚，則病家毫無主見，甚至一日延十數醫，師巫雜進，必不可救矣。必醫者有識見，有擔當，答以有可救之理，但不可亂，而後可成功。時下一概答以不怕，蓋以都下風氣，答以怕甚，則（零）〔另〕延醫矣。只爲自己打算，不爲病人打算，惡在其爲醫也。

《吳醫彙講·唐大烈〈讀書十則〉》 嘗讀喻西昌書，有曰：邇來習醫者衆，醫學愈荒，無方之書全不考究，有方之書奉爲靈寶云云。可知吾儕之學問，全在乎無方之書爲根本也，然而典墳具在，蘊奧良多，何以考之，何以究之哉。聊紀數則，以爲引伸之鑒。

讀書須看反面 丹溪曰：方書瘦胎飲一論，爲湖陽公主作也。予族妹苦於難產，予甚憫焉，視其形肥而勤於針黹。搆思旬日，忽自悟曰，此正與湖陽公主相反，彼奉養之人，其氣必實，耗其氣使和平，故易產。今形肥，知其氣虛，久坐，知其不運，令其有孕至五六月，遂於大全方紫蘇飲加補氣藥，與十數貼，因得男兒甚快。（唐大）烈按：同一難產而有虛實之別，補氣之方，反從瘦胎飲悟出，故凡前賢議論，必明其正義，又必於反面搆思，方不爲其所囿，可見讀書不可獨泥於正面也。

讀書須悟對面 趙養葵《水火論》曰：世人皆曰金生水，而予獨曰水生金。夫肺出氣也，腎納氣也。凡氣從臍下逆奔而上者，此腎虛不能納氣歸原也，毋徒從事於肺，或壯水之主，益火之源，肺向水中生矣。（唐大）烈按：水生金，乃金生水之對面也，世人但知其一面，而不知又有彼一面，凡此之類，自在人善悟之耳。

讀書須識正旨 《素問·通評虛實論》曰：帝曰：腸澼便血何如？岐伯曰：身熱則死，寒則生。吳鶴皐註云：身熱則血敗，而孤陽獨存，故死。（唐大）烈按：腸澼便血之身熱有三：一則表邪下陷於陽明，藥中加葛根，胃氣得升即愈；一則陰盛格陽，雖爲危候，亦有用溫藥而得生者，惟陰氣已竭之身熱，於法不治。吳鶴皐但註得孤陽獨存，可知陽陷與格陽不在此例也。苟使泥於吳註，幾疑此症惟有孤陽獨存矣，幷疑凡身熱者皆死矣。故曰讀書須識正旨。

讀書必須彙參 李念莪《腫脹論》引《內經》實脹四條、虛脹二條、寒脹三條、熱脹一條，又五運六氣各有腫脹。然有提其綱者曰：諸濕腫滿，皆屬於脾。又曰：其本在腎，其末在肺，皆聚水也。又曰：腎者胃之關也，關門不利，故聚水而從其類也。可見諸經皆有腫脹，無不由於脾肺腎三者。（唐大）烈按：今醫之各有所偏者，因看書時不能參考異同，以致囿於一說，遂爲成見。張路玉《醫通·凡例》曰：從古立言，止就一端而論。誠哉是言也，故引此以爲讀書必須彙參之法。

讀書須立主見 《景岳全書·關格門》歷引經文，而曰關格一證，《內經》

本言脈體，以明陰陽離絕之危證。又歷辯越人以上魚爲溢，爲外關內格，入尺爲覆，爲內關外格，及仲景、叔和、東垣等，以在尺爲關，在寸爲格，關則不得小便，格則吐逆之非，而獨創論曰：人迎察六腑之陽，氣口察五臟之陰。人迎盛至四倍以上，此孤陽獨存，故曰格陽，格陽者，陰格於陽也；氣口盛至四倍以上，此元陰無主，故曰關陰，關陰者，陽關於陰也；若人迎寸口俱盛至四倍以上，且大且數，此陰陽相離，故名關格也。總由傷腎傷精，陽不守舍，雖與勞損症不同，實即勞損之別名也。〔唐大〕烈按：關格二字，諸先哲久已相傳爲下關上格矣，一旦獨闢爲陰陽離絕之脈証，不囿於相傳舊說，觀此可以開我儕自立主見之一助。

讀書必須隅反　王損菴曰：《內經》言緼瘧在臟者，止以風寒中於腎，言單瘧者，止以肺素有熱。然冬令之寒，既得以中於腎，則其餘令氣之邪，又寧無入客於所屬之臟者，既肺本氣之熱爲瘧，則四臟之氣鬱而爲熱者，又寧不似肺之爲瘧乎？此殆舉一可以三隅反也。〔唐大〕烈按：《內經》止說得冬令之寒，而損菴即於冬令推到春夏秋令氣之邪；《內經》止說得肺素有熱，而損菴即於肺臟推到心肝脾腎。可見讀書貴乎隅反，不可固執一說也。

讀書須善比例　喻嘉言治《金鑑》一案曰：觀其陽症、陰症，混在一區，與兩感傷寒無異，仲景不立治法，然曰發表攻裹，本自不同。又曰：活法在人，神而明之，未嘗教人執定勿藥也。於是以麻黃附子細辛湯兩解其在表陰陽之邪，附子瀉心湯兩解其在裏陰陽之邪而愈。〔唐大〕烈按：春溫之症本無兩感，嘉言以其病情同於兩感，而即以仲景之方比例治之，眞所謂活法在人，神而明之也。今人奇疾甚多，治法宜從權變，故引此以爲比例之法。

讀書須剔錯處　王安道《內傷餘議》曰：東垣《內外傷辯》有曰：飲食勞倦傷而內熱者，乃陰火乘其坤土也。又曰：勞者溫之，損者溫之，惟宜溫藥以補元氣而瀉火邪。《內經》曰：溫能除大熱耳。按：陰火二字，《靈》、《素》、《難經》未嘗言，而東垣每每言之。又勞者溫之，所以調其飲食，適其起居，澄心息慮，以待其眞氣之復常也；《禮記》所謂柔色以溫之，正與此同。今東垣謂宜溫藥補元氣而瀉火邪，又易損者益之爲損者溫之。又以溫能除大熱爲《內經》所云，而偏考《內經》並無此語，此亦不能無疑者也。〔唐大〕烈按：東垣乃醫賢中翹楚，尙有舛錯《內經》之處，况其他書哉。讀書者豈可苟焉從事哉，故引此以爲一鑒。

讀書須汰衍說　張會卿曰：瘧疾一證，《內經》言已詳盡，後世議論煩多，反滋疑貳，兹舉陳氏三因之說，以見其概。如內因五臟之瘧，在《內經》所言，不過爲邪在何經之辨，原非謂七情所傷也。再若不內外因，或以瘧邪亂神，因致狂言似鬼者有之，豈鬼祟果能爲瘧乎。至若胃瘧，既云飲食，明是內傷，且凡先因於瘧，而後滯於食者有之，未有不因乎外邪，而單有食瘧者也。陳氏之說，既以三因立論，故不得不敷衍其說，不知影響之談，不但無益，而且亂人意見。〔唐大〕烈按：此類之衍說甚多，如士材之《診家正眼》每脈中必以寸關尺爲主病，甚至將遲數之脈亦復分之，而云寸遲上寒，關遲中寒，尺遲火衰，夫三部之脈，數則俱數，遲則俱遲，如何提出一部之獨遲、獨數以爲主病乎？此亦景岳所謂敷衍其說也。諸如此類，不可爲其所惑。

讀書須辯訛字　喻嘉言《秋燥論》曰：《生氣通天論》謂秋傷於燥，誤傳傷燥爲傷濕，解者竟指燥病爲濕病，遂至《經》旨不明。〔唐大〕烈按：此一字之訛，而有毫厘千里之謬，諸書中傳寫訛字頗多，讀書者自須具眼。

《吴醫彙講·顧文烜〈書方宜人共識說〉》　國家徵賦，單曰易知，良將用兵，法云貴速，我儕之治病亦然。嘗見一醫，方開小草，市人不知爲遠志之苗，而用甘草之細小者。又有一醫，方開蜀漆，市人不知爲常山之苗，而令加乾漆者。凡此之類，如寫玉竹爲萎蕤，乳香爲薰陸，天麻爲獨搖草，人乳爲蟠桃酒，鴿糞爲左蟠龍，竈心土爲伏龍肝者，不勝枚舉。但方書原有古名，而取用宜乎通俗，若圖立異矜奇，致人眼生不解，危急之際，保無誤事。又有醫人工於草書者，醫案人或不識，所係尙無輕重，至於藥名，則藥鋪中人豈能盡識草書乎？孟浪者約略撮之而貽誤，小心者往返詢問而羈延。可否相約同人，凡書方案，字期清爽，藥期共曉。再如藥引中，生薑常寫幾片，燈心常寫幾根，竹葉、橘葉常寫幾瓣，葱管、荷梗常寫幾寸。余謂片有厚薄，根有短長，瓣有大小，寸有麤細，諸如此類，皆須以分兩爲準。又煎藥宜囑病家，各藥各罐，勿與他人共用，恐彼煎攻剋，此煎補益，彼煎寒涼，此煎溫熱。譬如酒壺泡茶，雖不醉人，難免酒氣。此說偶見於《顧體集》中，竊以爲先得我心，故亦摘而贅之。

《神農本草經·邵晉涵序》　《記》曰：醫不三世，不服其藥。鄭康成曰：愼物齊也。孔沖遠引舊說云：三世者，一曰《黃帝針灸》，二曰《神農本草》，三曰《素女脈訣》。康成《周禮》注亦曰：五藥，草、木、蟲、石、穀也。其治合之齊，則存乎神農、子儀之術。是《禮記》注所謂愼物齊者，猶言治合之劑，指本草諸書而言也。沖遠既引舊説，復疑其非鄭義，過矣。【略】《後漢書·華陀傳》：吳普從陀學，依準陀療，多所全濟，陀以五禽之戲別傳。又載魏明帝使普爲禽戲，普以其法語諸醫，疑其方術相傳，別有奇文異數。今觀普所釋《本草》，則神農、黄帝、岐伯、雷公、桐君、醫和、扁鵲，以及後代名醫之説，靡不賅載，則其多所全濟，由於稽考之勤，比驗之密，而非別有其奇文異數，信乎非讀三世書者，不可服其藥也。

《時方妙用·趙在田序》　古之長吏，與民相親，饑爲之食，寒爲之衣，水旱疾疫爲之醫藥而調劑之，用能循績丕懋，仁聞遠覃。【略】夫上醫醫國，前人如狄懷英、陸敬輿諸賢，家居時率騈集驗方以自娯，亦以救世。《物理論》曰：醫者非仁愛不可託也，非聰明理達不可任也，非廉潔淳良不可信也。

《古今醫徹·醫箴·療醫》　醫之爲道，所係非偶。人之寄也以死生，我之任也以陰騭。天下之至重惟命，一旦委付于我，則調劑之補瀉，性味之寒溫，草木之良毒，投之當則仆者起，骨者肉，夭者堅，奪造化之權，而不是過。否則見不審，識不精，稍或舛誤，有所害于人者，即有所害于己。人之父母妻子，與我無異，非病之必不可挽，而命數有盡，我忍聽其哀號也哉。故醫之臨病，勝于臨敵。運籌幃幄之中，決勝千里之外，良將是也。存乎呼吸之間，而遠退二豎之舍，良醫是也。察色不可不精，審聲不可不詳，持脈不可不靜，辨症不可不細。既責其有，又責其無，既求其始，又慮其後，既達其常，又通其變，必使有濟無損，有利無害，慊于己而無怨于人，庶陰德可積，冥譴可逃矣。噫！難言哉。

《古今醫徹·醫箴·心術》　醫本仁術也，見人疾苦，則起悲憫，伊之屬望既殷，非我救之而誰哉。臣棐董先生恆謂余曰：凡療疾，藥救固遲，丹救亦緩，惟心救最靈。要非藥與丹之緩也，苟中心不切，則視之易忽，而審之不精，安能得病之本末，握而擒之，使必從我算而無遁情。惟心之既摯，則危亡之際，痛癢攸關。彼父母妻子所不及憂者，而我代憂之，彼患人所不及計者，而我代計之，甚至睡思夢覺，莫非設身伊地。或垂亡而拯之，或慮變而防之，謀深思遠，視一病而又虞一病之起，奏一效而更覺效之難憑，攻之時即爲守地，守之時復爲攻謀，一片婆心，無少寧息，天地可鑒，鬼神可通，而靈明生焉。每見時流，擇術不精，自恃炫耀，乘人之危，取人之財，不顧人命，惟思利己，爲身計則得矣，其如冥報後報何！返而思之，有不通身汗下者非夫也。

《古今醫徹·醫箴·品行》　夫醫必自愛自重，而後可臨大病而足托。蓋我之學術優而審病確，則彼之托于我者何事，而我之受于彼者何爲，而敢易易出之？故凡希媚諂容，不邀而赴，以求悅于人者，其術固止于此也。或可治小疾，而不可治大疾，或可療常病，而不能療變病。其以輕爲重，以重致危者多矣。噫！天下之人以性命相委，而徒博此便習爲哉。雖然，醫亦非以是驕人也。蓋我所見者，惟此病之苦而已，我所憂者，唯去此病之苦而已，將救病之未遑，奚暇爲苟容之計，希倖之圖哉。且醫之爲道，無論富貴貧賤，閭閻有疾，必藉手焉，端方者視之，縱有隱曲，必求詳而始已，而患者亦直告之無憚，庶幾病得其眞，投治獲濟，故品行不可不嚴也。

《古今醫徹·醫箴·明理》　夫醫理之無盡，猶之儒業。第文之不工費其紙，醫之不工費其人，大相越也。蓋古來生知者一二人，然炎帝之於百草，嘗而后知，軒轅之於經絡，問而始悉，所謂上窮天紀，下極地理，中知人事，使非有以窮之極之，而能知之哉？後此名流遞出，無不根究理道，參物類而盡性命，而後以術鳴當時，名垂奕禩。況下此者，智不及古人，而不窮搜博覽，罕所見於中，輒以人命自司，其不僨潰者幾希。故昔賢云：讀十年書，無病不可療；更讀十年書，無病可療。知言哉。

《古今醫徹·醫箴·應機》　凡病可以意料也，而不可以意逆。料則任彼之情形，則執己之臆見。有如素實者，而有一時之虛，則暫理其虛；素虛者，而有一時之實，則微解其實，此機之從緩者也。實症而攻之過甚，宜峻補以挽之；虛症而補之太驟，宜平劑以調之，此機之從急者也。熱者清之，及半即止，繼以益陰；寒者熱之，大半即安，繼以調和，此機之從權者也。實症久而似虛，其中有實，不任受補；虛症發而似實，其原本虛，不任受尅，此機之從經者也。病在上，下取之，陽根于陰；病在下，上取之，陰從於陽，此機之從本者也。表症見，本質雖虛，猶解其表；裏症見，元氣縱弱，猶攻其裏，此機之從標者也。況乎病之來也無方，而我之應之也亦無方，千變而出之以萬慮，有能遁其情者無之。

《古今醫徹·醫箴·決擇》　夫醫有不忍之心者，而后可以言仁，有不忍而能忍之心者，而后可以言明。蓋仁所以處己，而明所以服物。凡病之必不可救者，而我從而救之，必有所見於中而驗于昔，究之終不如我欲者，亦勢之無如何也。與其無如何，寧決擇之矣。然其所以不決之故有二：一則溺於親愛，不忍遽捨，則百計以營之，思一慮之或得，從而腹誹者有焉。一則規以厚利，不肯遽斷，則巧言以彌之，冀僥倖于偶獲，從而召謗者有焉。故危篤之候，見之既確，則決之宜蚤，利與愛可勿問也。至有不明脈理，不審源流，而妄斷吉凶者，此庸陋之習，不足與于決擇之數者，又烏得托之以鳴高哉。

《傷寒論淺注·張機原序淺注》 忞其所措四字，於醫家可稱痛罵，然實是爲病家深悼也。醫家苦於不知病，病家苦於不知醫，知之一字，兩難言之。若欲愛人知人，先是愛身知己。凡勤求博采，從天之五行，人之五常，與夫經絡府藏，陰陽會通處，殫了多少體認工夫，此非醫之事而己之事也。醫不謀之己而謀之人，則醫者人也，而厥身以斃，神明消滅，變爲異物，幽潛重泉，徒爲啼泣者，己也，非人也，醫不爲之代也。從此處語醫，自是求之於己，不復求之於人。從己求醫，求之於知。從人求醫，求之於行。知行合一之學，道則皆然，醫事獨否，知則必不能行，行則未必能知，行者之精神力量，都用在行上，何由去知？但能各承家技，終始順舊，罔不行矣。

《橘旁雜論·為人子者不可不知醫》 北齊李元忠母老多病，元忠專心醫道，研習積年，遂善醫。族弟亦爲母病，醫爲治療不愈，遂自精究針藥，母病乃除。隋許道幼，亦因其母病患，偏覽經方，得以究極，世號名醫。戒諸子曰：人之嘗視膳藥，不知方術，豈爲孝乎。由是世相傳授。唐王勃嘗謂：人子不可不知醫。時長安曹元有秘術，勃從之游，盡得其要。勃之所見，與道幼同。唐有王燾，亦因母病學醫，因以所學，作書傳世。宋高若納，亦因母病，遂兼通醫書，雖國醫皆屈伏。張仲景《傷寒論》訣，孫思邈《千金方》，及王燾《外臺秘要》久不傳，悉考校訛謬行之，世始知有是書。名醫多出衛州，皆本高氏學焉。此皆以醫爲孝者也。宋李虛己母喪明，虛己旦夕舐睛不懈，二年母目復明。李行簡父患癰極痛，行簡吮其敗膏至盡，疾尋愈。此又以孝爲醫者也。

《橘旁雜論·醫家五失》 醫家乘人之危，古經比之殺人。古經云：不恤緩急，妄索事分，殺人也。不問有無，必欲多得，殺人也。懶惰睡眠，輕視人命，殺人也。辨察不明，用藥差誤，殺人也。見不即治，俄至增劇，殺人也。有此五失，挾術殺人，甚於挺刃。昔陳景仁妻張氏有微疾，醫誤投血隔之藥，遂至不起。既死魂神蕩越，一日，因景仁出郊，遂合爲一，恍惚如狂，獨歌獨笑，以終其身。觀此，臨人疾患，可不慎夫！

《橘旁雜論·三折肱醫不三世不服其藥辨》 《左傳》云：三折肱知爲良醫也。從未有人註及三折肱之意。予謂古之醫者，自備藥籠，至病家診治後，向籠取藥，或君臣未配，或輕重失宜，取而復置，置而復取，總以鄭重爲事，此爲三折肱也。又《禮記》云：醫不三世，不服其藥。後註者多以世業之謂，非也。醫必父而子，子而孫，如是其業則精，始服其藥，若傳至曾元，更爲名醫矣。其間賢者不待言，其不肖者若何？因其世業，而安心服其藥，設爲所誤，生死攸關，雖愚者不爲也。況醫道可通仙道，遠數十百年，偶出一豪傑之士，聰明好學，貫微徹幽，然而上世並非醫者，捨是人而必求所謂三世者，有是理乎！凡醫者，必讀上古《神農本草》、《黄帝素問》、《靈樞經》及仲景《傷寒論》三世之書，方爲有本之學，從而服藥，庶無誤人。三世者，三世之書也。漢儒謂《神農本草》、《黄帝素問》、《元女脈訣》爲三世之書，聊記以質博學之君子。

《橘旁雜論·醫家功德》 施效驗良方。平時須合應驗丹藥。遇急病者，請致即行。遲速時刻，生死有關。診脈不輕率任意。不因貴藥，輒減分數。不因酬薄，遲滯其往。不因錯認病症，下藥委曲迴護。不因祁寒暑雨，憚於遠赴。不因飲酒讌樂，託辭不往。耐心替病人診脈。遇貧病者，捐藥施治。不因循用藥，遲其痊愈。病本易治，而用無關緊要之藥，以圖厚謝，外科尤甚。壞良心，喪天理，不可不戒。不用霸道劫劑，求其速效。不乘人重病險瘡，掯勒厚謝。不妄驚病家。不賣假藥誤人病。不輕忽臨危病人。不厭惡穢惡病人。不與同道水火，誤及病人。不用墮胎藥。不忌時醫，輒生毀謗。不認病失眞，強用峻劑。可以步行，不必舟輿，費人財物。不待藥資，然後發藥。以上廿四條，業斯道者，能反而求之，後福無窮矣。

《橘旁雜論·為醫須明十弊論》 治病如救焚，須器械整齊，同心合力，處置有方，自然手到成功，存乎其人耳。其不能者，蓋有大弊十端，列舉於後：

一曰不辨。陰陽氣血表裏虛實寒熱，此十字是醫家綱領，風寒暑濕燥火之外感，勞倦飲食七情之内傷，必須分晰的確，施治方得有效。若胸中茫然，頭痛治頭，腳痠醫腳，此固粗工之不足道也。

二曰辨不眞。如六淫之邪。知其外感，而所傷何氣，所中何經，則又不能分曉；頭痛惡寒，知爲感冒，而伏邪發泄，不具表症，亦應汗散，凡此之類，難以枚舉。若不辨眞，與不辨無異。

三曰過於小心。孫眞人云小心膽大，原是至言，相須而不可相離，但一味小心，亦歸誤事。如實火當清，盃水難勝車薪之火，裹急當下，弱弩安及高舉之鴻？竟有以水不能制火爲無火，射不能中禽爲去遠，遂改弦易轍，得而復失，良可歎也。

四曰粗心膽大。因其平素不學，臨症之際，得末忘本。有一醫於孟夏治一症，見有畏風自汗，頭痛脈緩，竟投桂枝湯，下咽而斃，猶曰此傷寒明法也。殊不知霜降後，春分前，猶有伏暑、伏寒陽症，現病相同，況其非時者乎！

五曰假立名目。病雖多歧，原可一貫，縱使千變萬化，必窮其源，設遇一二理所難通，沉思莫測，不妨直道相告，推賢仕能，切不可不知爲知，強立名目，亂投雜治。緣病家知醫者鮮，但我不可自欺也。

六曰固窒不通。執偏知偏見，固屬害事，即援引合節，亦當思地氣之各別，天時之不同，膏粱藜藿，體質殊途，但執成法以從事，難必其無弊焉。故先賢以執成方治今病，比以拆舊料改新屋，必經匠手，此圓機之謂也。

七曰性急誤事。如臌脹一症，原有虛實寒熱氣血水蟲之分，惟虛與寒兩種，最難調治，藥非百數劑不瘳。病家不肯耐性，醫家必須明說少服無效，但服至二三十劑，必有應驗，使彼敬信，方能有濟。爲醫最忌當圓勿圓，當執勿執。遇此等症，識見不眞，希圖速效，往往捨補用峻，或下或疏，以致敗事。中風痺痿等症，皆因藏府虛損，日積月累而成，俱宜緩圖，一涉性急，多致不起。

八曰貪心損德。疾病寢擾，富貴貧賤，皆所不免，然經營勞力之人，易於受邪。即如時疫流行，多生於饑寒勞役之輩，三瘧腸澼，亦農夫居多，所謂邪之所湊，其氣必虛。予習醫有年，所治大半係貧苦之人，藥物維艱，安望其報，是必細心切問，和言安慰。若存厭惡，致起輕忽，傷德非細。

九曰妄自爲能。孫思邈，唐季之眞人，其治人疾病，必詳問至數十語，必得其情而後已。何後人反智以三部難形之脈，決人無窮之病？若非淺學無知，必遵古賢之訓。

十曰虛耗精神。醫之爲道，首重保生，未有自己不立，而能立人者也。《內經·四氣調神》諸篇，皆貴怡養。故業斯道者，遠酒色財氣，及一切耗心費神之事，養得一片精明，閒來讀書會意，臨症至誠聰明，一遇疑難之疾，方能專心搆思，志在必得，如是利濟，始爲仁術焉。較之雜務分心，用意膚淺，奚啻霄壤哉。

《橘旁雜論·再論為醫之弊》 古之聖王賢臣，始辨藥味，原病因，以救人疾患，豈小道哉！《周禮》設司醫之官，歲終則稽其醫事，十全爲上，十失一次之，十失四爲下。上世之見於史傳者，惟倉公、扁鵲、淳于意、華陀數人而已。魏晉及前明見於方術傳者，屈指亦不過百餘人耳。可見爲名醫有著述傳世，亦云難矣。何近來爲醫之多耶？殆有說焉。天下之廣，通都大邑無論矣，窮鄉僻壤，必欲如古之名醫，始可爲治，非化億兆身，豈能遍哉？其勢不得不取其近便，或邀或就，而求爲診治。夫爲醫者，始則習舉業而不售，爲商賈而乏資，爲農無力，爲工不屑，於是手擇易知易見之方書，春習(其)〔而〕夏施，而質稍慧者，借病爲鵠，漸能知黑道白，其愚者依樣葫蘆，雖至老死，終無所得。古來如狄梁公之針難產，海陵王纂之療邪鬼，皆爲一代名臣，非專專於是業者，而其技仰何神耶！吾願天下之人，有學而志淡功名，有業而不謀衣食，任聰明年壯之時，博覽古聖前賢之說，更訪明理造詣之家，溝求精蘊，志存拯濟，爲一代善良。可得也耶？可得也耶？

《四時病機·馮桂芬序》 《記》曰：醫不三世，不服其藥。鄭注曰：慎物齊也。《正義》曰：擇其父子相承至三世也。又說：《黃帝針灸》、《神農本草》、《素女脈訣》或《夫子脈訣》，不習此三世之書，不得服食其藥，於義爲紆，《正義》不取是也。考諸史傳，北齊徐之才，五世祖仲融，隱於秦望山，遇道士，遺以《扁鵲鏡經》曰：習之，子孫當以道術救世。遂爲良醫。至之才父雄，代傳其術，而之才尤著，所譔《藥對》，見《大觀本草》中。宋有徐文伯，自祖秋夫以下，世精於醫，亦之才之族。隋許智藏，祖道幼，號名醫，誠其諸子世相傳授，皆可與《記》言相證明。

陸成本《經驗良方·自序》 器無燥不濕，木無榮不萎，人無安不危勢也。今必謂癘疾不降，民不夭札，周一世而平康之，雖聖哲不能然。竊有說焉，器之濕者，得火而燥，木之萎者，得水而榮，人之危者，得草木而安，不能使之無疾，而能使之蠲疾，然則藥之功於天下亦大矣哉。夫病氣之中人，愁苦呻吟，必不可以須臾忍也。病者之求藥，蒼黃奔走，又不能以須臾緩也。然貧而病，則既不能療貧，必不能療病，於是有刀圭不給垂首待盡者，如是則施藥尚焉。余初涖外江，即聘良醫聚百藥以予貧病者，歲費且千金，弗之惜。雖然，吾之藥有盡，而人之求無已，以有盡之藥供無已之求，其勢可立匱也，於是因其施藥之法而通之以爲方。余聞農軒以來迄於周秦，皆有藥而無方，至漢張仲景作《傷寒論》而方始立。夫用藥而或盭其方，是猶器濕而反水之，木萎而反火之，非但無功也，且益之病。顧所謂方者，非必甚希可貴之物也，牛溲馬勃，敗鼓之皮，世以爲棄材，得其方用之，至與丹砂玉札同功，蓋方若斯之便也。

《傷科彙纂・盛唐序》 粤自月輪產樹，號托藥王，雷部遺碪，效收律令。蓋藥之爲用，既成形成象于天文，而醫必有傳，經作者述者于聖哲。是以炎暉紀物，彰收采之期，云瑞名官，察診候之術。與夫邠風據古，遠志稱蔞，爾疋證今，冰臺即艾。詎惟盲史，載鞠窮麥麯之名，何止蒙莊，著鷄壅豕零之品。然而毒嘗七十，神奮赭鞭，病有億千，誰探金匱。縱圖經證對，代出專家，而《素問》、《靈樞》，難窺秘奧。此疾除無妄，臂折九而醫始稱良，業貴有恆，世歷三而藥才可服也。

《傷科彙纂・陳金題詞》 人生天地當有爲，不爲良相爲良醫，弗能舉手起瘡痍，究於人世終何裨？

《傷科彙纂・自跋》 天下之物理無窮，人生之見聞有限，往往智盡即以爲理止，猶以指測海，指竭而云水盡者也，夫醫何獨不然？

《靈蘭要覽・顧曉瀾重訂緒言》 欲濟世而習醫則是，欲謀利而習醫則非。我若有疾，望醫之救我者何如？我之父母子孫有疾，望醫之相救者何如？易地以觀，則利心自淡矣。利心淡，則仁心現，仁心現，斯畏心生。

《證治針經・自序》 每怪今之談醫者曰：某書宜讀也，某家宜宗也。此不知醫之言也。夫學必有淵源，業必有傳習，德成藝成，固無不然。若同一所學，而家數派別判若疆域，則惟詩文書畫之家，乃可分道揚鑣，並足不朽，爲其得失工拙之數，己自受之，而於人固無與也。然謬種流傳，明者訶之，則亦不可不慎擇於其間矣。若夫醫爲司命，一己之得失工拙，而千百人之安危死生係之，是故病萬變藥亦萬變，活法非可言傳，至當惟在恰好。儻惟沾沾焉執一人之説，守一家之學，傳者已偏而不舉，習者復膠而不化，尚涼瀉則虛實者蒙禍，慣溫補則實熱者罹殃。即不然而或矯枉者過正，執中者無權，過猶不及，則淺近固非，而高深亦左。易觀相笑則彼固己失，而此亦未得，其不至盛盛虛虛，而遺人夭殃者幾希矣。況乎醫之爲道，非可懸揣虛擬而得也，講習久則會悟始生，閱歷多則識解漸確，讀書臨證，合則兩濟，離則兩疏，以故明逐晦生，信從疑得。非自壯至者，造堂嚌胾，備嘗此中甘苦，則童而習之，白首茫然者何限。如是而猶呶呶然號於人曰：予讀某書，宗某家者也。可乎。不可乎？夫由博反約，學道固爾，惟醫亦然。然約自博出，不博則所約何物？【略】抑聞之柯韻伯先生曰：讀書無目，遂至病人無命。痛哉斯言！於今人口耳之學，誠爲切中膏(盲)〔肓〕。願覽予是編者，先具慧眼，博觀而約取，變通以盡利，融會貫通，左宜右有，渾然無偏持一説之迹，則技也而進於道矣。

《醫述・諸箴序》 《周官》醫師掌醫之政令。《左氏傳》曰：三折肱爲良醫。古人于醫，蓋慎之矣。後世醫者，不能盡讀古人書，即以療治爲己任，術小驗，輒自以爲盧、扁不能過也，及遇疑難證，則茫無所辨，又不甘自謂不能辨，于是取其近似者而擬議焉，嘗試焉，否則，投以不足損益之藥而塞責焉。嗚呼！以彼其術而制人，死生呼吸之頃，欲賴以濟，其可得乎？而信之者，顧曰醫者意也，不在讀古書，讀書而泥古方，適足以殺人。夫古人之以書教人也，固教人以審脈理，辨藥性，已驗之方，特間存一二以備采擇，豈教人拘方而不審脈乎？抑教人因病而後投藥乎？故脈理未審，藥性未熟，用古方而殺人，是皆不善讀書者之過，而古人固不任咎也。

《醫學溯源・醫則》引程郊倩語 儒家有堯舜，醫家有軒岐也。儒家有孔子，醫家有仲景也。堯舜之道，非孔子而不傳，軒岐之道，非仲景而莫顯。世未有不讀孔子書而稱儒者，多有不讀仲景書而稱醫者。

《醫學溯源・醫則》引張璐玉語 館師無坐板氣，地師無流藝氣，禪師無杖拂氣，煉師無丹汞氣，醫師無方術氣，方是白描畫手，本分師家。〇醫有膏粱藜藿之不同，原其傳派多門，趨向不類，難與并爲優劣。擅膏粱之術者，專一附桂名世，得藜藿之情者，無非枳橘見長。第膏粱之治多難愈，以其奉養柔脆，痰涎膠固乎上，精神凋喪乎下，即有客邪，非參無以助諸藥之力。藜藿之患都易除，以其體質堅韌，表邪可以恣發，裏邪可以峻攻，縱有勞傷，一術足以資百補之功。

《保赤摘録・附五運六氣序》 目世之業醫道者，必先達運氣之理，始知病之根源。何則？天有五運，地有六氣，人有五臟六腑，三者一也。天地之陰陽回轉，人身之氣血周流，各有常度，若陰陽偏勝，乖戾失常，人之災病因之。所以不明運氣之說而爲醫者，僅知病之枝幹，未知病之根本，用藥爲方，欲勿錯謬，不亦難乎！古人云：不達運氣者，不可以爲醫。此言得之矣。

《保赤存真・許瑤光序》 人而不仁，不可以醫。人而不知，人而不勇，亦不可以醫。

《傷寒論本旨・自序》 天地之性人爲貴，自古聖王莫不重民命也。法者所以鋤暴安良，藥者所以祛疾保命，二者相輔，不可闕也。是故周官設醫師，令群醫分治民病，歲終則稽事制食，專責成也。既而生齒日繁，政令不得不變，聽民習醫業者治之，而代有神醫，無虞夭札。自漢唐以後，氣化漸衰，方書日富，方書日富則聖道日晦。降及近世，習醫者幾不知有聖經理法，民之死於病者少，死於藥者多，故有不藥爲中醫之說，良可慨也！

《願體醫話・醫話十二則》 人之嗜好，各有不同，余每遇裝金塑像，心知好事，而踴躍不前，見疾病之人，則周旋圖救，而富厚者雖得沉痾，不甚關切，遇貧寒者，縱係微疾，儼如身受。蓋富厚者延醫有資，購藥有力，主病有人，驅使有僕，何難拯救。至若貧人，以身覓食，一朝染病，不但醫藥無資，甚且饘粥莫繼，病愈沉重，心愈焦勞，往往延挨莫救。與言及此，爲之墮淚。但恨力薄，不能施濟，聊繼前志，延醫診脈送方，揚城施藥，不乏其人。然或詩書子弟，素封後人，一時落魄，而故舊滿目，體面猶存，不肯入藥局當施捨二字，隱忍而不赴局者有之。余設法體貼，使雅俗咸宜。常署其門曰：人之最苦，無如疾病，呻吟痛楚，非醫莫愈。夫病不患無良藥，而患無良方，每見藥餌誤投，反增其病。愚久懷送藥之心，因無送藥之力，數年以來，自五月起至九月止，延請明醫，分暇半日，診病切脈，內外大小，對證立方奉送。但諸公就視，非爲省其醫資，庶可免於錯誤。如肯惠然而來，每日午前接教。將此刊刷，遍貼通衢。又慮貞正貧人，得方不能措藥，乃制丸散膏藥數種，再察其衣不蔽體而帶飢容，多寡量助，惟恨不能親爲吮疽煮藥耳。家人哂余婆心過切，不憚勞苦。余曰：不然。人無貴賤同歸土，吾非斯人之徒與而誰與。如丁巳年間，揚境瘟疫甚行，一時當事以及好義者，多損資施藥。余因慨歎就醫者皆兩城附近之人，其窮鄉僻壤，何能遠涉，縱或父兄子弟代爲取討，無論未經切脈，不無有誤，且有並無親人之鰥寡孤獨，以及舉室染病之家，湯水無人接遞，況遠來求藥乎。且風俗日澆，每遇時疫，輒慮傳染，雖骨肉亦有視如陌路者。余聞之憤激，邀醫同行，令僕從肩藥，並帶藥引等類，每至一村，幾無烟火，推柴扉虛掩，守犬空鳴。召人診視，方扶攜而至，皆蓬頭垢面，蹙頞呻吟。全家病者，即就臥榻切脈，撮藥各置枕下，以錢呼鄰，煩其煎服。日涉數十里，然余固無恙也。有相愛者，謂余太輕身。余因曰：嗜好不同，吾亦行吾之所好耳。雖然，天下不無同此志者，幸勿惑於傳染之妄言而廢其初心，即以余驗之，可知其妄矣。

俞桂庭曰：天下第一好事，莫如救人之命。醫者存心濟世，即爲救命之人。救窮人一命，功勝救富人十倍。蓋富者原是養尊處優之體，而窮人趁工度日，病一日，則少一日柴米之資，焉能有餘錢以延醫服藥乎。故誤藥以殺窮人，其罪亦浮于誤藥以殺富人，富人雖死，其家尚溫飽也。窮人死後，必致父母無養，妻兒離散。醫者不察，往往視貧病而疏忽，見富貴而慎重，殊不知貧病尤當慎重也。揩臣先生之話，真藹然仁者之言，切中時弊之論。惟望有力者，仿其夏秋設局，如遇時疫流行之歲，賫藥赴鄉，沿門施診。更望爲醫者，實心詳慎，出心與出力，陰德相侔。吾鄉向有常年施診之局，而延請名醫，務宜崇實，勿圖脩奉之廉，勿尚虛名之輩，當求實有學識而敦品行者，庶不虛其利濟之功。若當道者，能身先倡率，廣爲勸募，妥立章程，行諸遐邇，仁民之政，端在斯歟！

一病有一藥可治，一證有一方可療，常見有病者而難遇其方，有方者而不遇其病。余謂天下奇方頗多，經驗者縱有濟世之心，焉能逢人說項。吾意擇一廟宇，書其門曰：施藥不如施方。凡有效驗藥方，勸其抄寫明白，實貼廟內，使有方者得以利濟，而有病者可免沉痾，久而秘方彙集，人人皆知某處有方，對證檢用，未必非恤人疾痛之一端耳。此謬竭一得之愚，不過休戚相關之念，儻有同心，設法舉行，亦惠而不費之事也。

俞桂庭曰：揩臣濟民之心，可謂無微不至矣。如此求方，其法甚妥。而最可鄙者，得一良方，秘而不露，忍使靈丹湮沒，坐看奇病危亡，昧理喪心，無踰此極。更有藉此謀利，需索重酬，市井之徒，固不足怪，號爲儒者，亦爾效尤。富病尚可求生，貧病使之待斃，撫心自問，罪可逃乎！宜鑑斯言，亟爲造福。紀文達公云：南皮瘍醫某，藝頗精，然好陰用毒藥勒索重資，不饜所欲則必死。蓋其術詭秘，他醫不能解也。一日其子雷震死。今某尚在，亦無敢延之者矣。或謂某殺人至多，天何不殛其身而殛其子，有佚罰焉。夫罪不至極，刑不及孥，惡不至極，殃不及世，殛其子，所以明禍延後嗣也。又云：歙人蔣紫垣，善解砒毒，因秘其方以索重價，致遭冥譴。皆可爲醫鑑也。

《潛齋簡效方・勸醫說三則》 勸醫說。黄退菴曰：每見有名醫家，不數年間，必獲厚貲。其間實緣得當而愈人者固多，僥倖而得者亦復不少。宜修合良藥，以施貧苦，(速)〔疏〕財帛以行利人利物之事，則天亦原其情而錫其福也。莫謂我道勝人，分應坐享，求田問舍，以傳子孫，墓木未拱，已有貲産廢棄者比比也。何如早行善事，以爲綿遠之計耶。

《曲禮》云：醫不三世，不服其藥。俗以世業相承爲解，實不然也。《橘旁雜著》言：醫必父而子，子而孫，如是則其業精，始服其藥，若傳至曾元，更爲名醫矣。其間賢者不待言，其不肖者奈何？因其世業，而安心服其藥，設爲所誤，生死攸關，雖惠者不爲也。況醫道通乎仙道，遠數十百年，偶出一豪傑之士，聰明好學，貫微徹幽，然其上世幷非醫者，舍是人而必求所謂三世者，有是理乎！漢儒謂《神農本草》、《黄帝素問》、《元女脈訣》爲三世醫書，醫必讀之，方爲有本之學也。梁茝林中丞云：古之醫師，必通於三世之書，一曰《神農本草》，二曰《靈樞》鍼灸，三曰《素問》脈訣。注疏甚明。訣可以察證，鍼灸所以去疾，本草所以辨藥，非是三者，不可以言醫。若必云三世相承，然後可服其藥，將祖、父二世行醫，終無服其藥者矣。又沈歸愚《葉香巖傳》云：先生臨沒誡其子曰：醫可爲而不可爲，必天資敏悟，又讀萬卷書，而後可借術以濟世，不然，尠有不殺人者，是以藥餌爲刀刃也。吾死，子孫愼毋輕言醫。嗚呼！可謂達且仁矣。噫！今之藉祖父聲名而學無術者，可不鑒哉。

爲醫者，非博極群書不可。第有學無識，雖博而不知反約，則書不爲我用，我反爲書所縛矣。泥古者愚，其與不學無術者相去幾何哉？故柯氏有讀書無眼，遂致病人無命之歎。夫人非書不通，猶人非飯不活也。然食而化，雖少吃亦長精神，食而不化，雖多吃徒增疾病。所以讀書要識力，始能有用，吃飯要健運，始能有益。奈毫無識力之人，狃於如茶作虀之語，涉獵一書，即爾懸壺應世，且自夸曰儒理。喻氏所謂業醫者愈衆，而醫學愈荒，醫品愈陋。不求道之明，但求道之行，此猶勉強吃飯，縱不停食而即死，亦爲善食而形消。黄玉楸比諸酷吏蝗螟，良不誣也。更有文理全無，止記幾個成方，遂傳衣鉢而世其家業，草菅人命，恬不爲羞，尤可鄙矣。語云：用藥如用兵。蓋用兵者，岳忠武以八百人破楊幺十萬；不善用兵者，趙括以二十萬人受坑於長平。噫！是非才學識三長兼具之豪傑，斷不可以爲醫也！父兄之爲子弟擇術者，尚其察諸。

王夢祖《傷寒撮要・盧蔭溥序》 唐宋名臣如陸宣公、蘇文忠公皆以文章勳業彪炳寰宇，復出其餘技，旁通《靈樞》、《素問》之書，以醫國醫民，必使沴者平，札者壽，胥一世而導之太和，而後於心乃大慰，何其仁也。

《驗方新編・凡例》 膏粱之家，喜服貴藥，而庸醫每多迎合，草菅人命，恬不爲怪。不知藥如對症，雖溲渤亦見奇功，藥不對症，即參茸每多貽誤。尤須炮製得宜，分量較準，方能奏效。

《研經言・學醫說》 夫欲學醫，必先讀無方之書，則莫善於《巢氏病源》焉。《病源》引申經意，別類分門，比《靈》、《素》爲易知，亦較《靈》、《素》而易入。習之既久，遂乃上探《靈》、《素》，兼讀《難經》、《甲乙經》二書以疏之，明乎經絡藏府之源，達於望聞問切之故。而於向者之所得，益覺融會貫通，而明體者漸漸達用矣。然後讀有方之書，《玉函》、《傷寒》、《金匱》是也。讀三書尤必兼資《脈經》以稽其異同，披本草須用《證類本草》。以觀其方法，蓋臨病之舟楫在焉。《傷寒》之理，未許其遽通也。又必浸淫乎《肘後》、《千金》及《翼》、《外臺》四書，斟酌乎《本事方》、《百證歌》、《九十論》、《明理論》等說，參互考訂，以俟其悟，殆另有一境矣。大抵醫者之於傷寒，其致力每在雜病未究之先，其得心轉在雜病悉通之後，不親歷者不知也。溯流窮源，其事止此，神而明之，存乎其人，至於《聖濟》、《局方》以下，則學成後讀之，亦足擴聰明而煉識力，不必概屏之以自隘也。

《冷廬醫話・質正》 《曲禮》云：醫不三世，不服其藥。鄭氏註云：愼物齊也。孔氏疏云：凡人病疾，蓋以筋血不調，故服藥以治之。其藥不愼於物，必無其徵，故宜戒之，擇其父子相承至三世也，是愼物調齊也。又說云：三世者，一曰《黄帝鍼灸》，二曰《神農本草》，三曰《素女脈訣》，又云：《夫子脈訣》。若不習此三世之書，不得服食其藥。然鄭云愼物齊也，則非爲《本草》、《鍼經》、《脈訣》，於理不當，其義非也。按此則所謂三世者，註疏因主父子相承之說也。近世有專主通於三世之書，而以三世相承爲俗解之誤，殆未讀註疏耳。且經書文義雖古，而辭無不達，既謂通於三世之書，何以不明言之，而曰醫不三世，故作此不了語，以炫惑後世乎。

石壽棠《醫原・醫宜識字論》 古人造字，不外形聲。形聲，陰陽之道也。

然形聲又各有陰陽。聲有四，平上去入。平，聲之陽也。上去入皆仄，仄，聲之陰也。以形言之，伏羲畫卦，一畫開天則爲一，一音奇。奇以象陽，數之始也。一畫豎之則爲丨，丨音衮。上下通也。左右倚之，則爲丿爲乀，丿，音撇，左戾也。乀，音弗，右戾也。縮之則爲丶，丶，音主。有所絶止，而識之也。曲之則爲乙。乙，音軋。乙乙，難出之貌。一，象天陽也。丨，天氣下降於地，陽統陰也。丿乀象人，乃陰精陽氣，合而成之者也。陳修園曰：左丿爲陽，右乀爲陰。作書者遇丿處，輕手揮之，陽主乎氣，輕清之象也。遇乀處，重手頓之，陰主乎精，重濁之象也。先丿後乀，氣以生形，陽統陰也。乀繼以丿，形隨乎氣，陰承陽也。丿乀左右，各自位置，陰陽對待之道也。丿乀左右不相離，陰陽互根之道也。丿乀合而爲人，合謂之抱，又謂之交。抱者負陰抱陽之義，交者地天交泰之義。觀人字字義，而人之陰陽可知矣。試以人之外形言之，鼻爲中土，鼻下名人中，人中以上，鼻目耳皆偶竅，人中以下，口奇竅。偶屬陰，奇屬陽，陰上陽下，地天泰也。頭項以下，乳偶竅，臍、前陰、後陰，奇竅。男子前陰，內偶竅，外奇竅；女子前陰，內外皆偶竅，亦地天泰也。外形既如此，而人所以生之之理，不從可想乎。

夫人在天中而附於地上，故後天胃氣爲最重，胃主地氣，爲倉廩之官，爲人身氣血生化之本，故胃之爲言彙也。胃從田，田乃五穀所彙而生之者也。又胃者衛也，布濩穀氣，衛外而爲固也。經故曰：四時百病，胃氣爲本。脾爲隄防之土，乃散輸胃中水穀之精氣，以傳於肺者耳，故脾從卑。卑者，由下申上之義。又脾者裨也，裨助胃氣以散精者也。肺從市，市從一從丨，象天氣降於地，而上下貫通者也。從冂，冂，兇去聲。冂，空也，象肺輕虛之體也。又肺者沛也，敷布水精行於藏府，沛然而莫禦也。心從丶、從乚，夫一丨丿乀方以直，丶乚圓而神，字雖萬變，未有能外一丨丿乀以結構之者。人心虛靈圓妙，故出乎一丨丿乀之外，而從丶、從乚，即圓而神之義也。又心爲身之主，故從丶。心善思，陸士衡文賦曰：思乚乚其若抽。故從乚。又心者新也，神明變化而日新也。又心屬火，小篆嘗言心字篆文，只是一倒火字耳。蓋火下交於水爲既濟，故顛倒之以見陰陽調燮之妙。考五藏惟心有包絡，蓋以心爲五藏六府之大主，主不受邪，故有包絡以爲外衛。曰包絡者，即心外之脂膜，形如油網，包裹而散絡於心者也。肝從干，干從二從丨，二偶數，偶以象陰，而貫通於上下者也。然肝雖屬藏血之陰藏，而在五行屬木，肝者幹也，如木之有幹有枝也。木於時爲春，後天震巽之木，居東方而生生氣。巽上坤下爲觀，觀之義，崇陽而抑陰也。上坤下震爲復，復之義，見陰必從陽轉也。故治肝以不伐生氣爲上。腎，水也。腎陰上交於心爲既濟，故腎字從臣從又。心爲君主，臣所以轉君也。又，手也，扶拓君主之義也。又賢者神也，妙萬物而爲言也。腎者任也，主骨而任周身之事也。《甲乙經》曰：腎者引也，引氣通於骨髓者也。

藏象如此，府象可知。府如府庫之府，主聚而散焉者也。胃爲六府之一，前論五藏先言胃者，以胃爲後天化生之原也。論五藏首言脾者，以地氣必上騰，天氣乃下降，地天交泰之義也。他如大腸屬金，爲肺之府，小腸屬火，爲心之府。人納水穀，脾化精微之氣以上升，小腸化糟粕，傳於大腸而下降。腸者暢胃中之氣也。三焦屬火，爲心包絡之府。焦從火，熱也。滿腔熱氣布濩，能通調水道下出而爲溺者也。膽屬木，爲肝之府。膽從詹，人之勇怯，於此詹之。又膽者擔也，有擔量，方足以任天下之事，故經謂十一經皆取決於膽。又謂膽爲中正之官，決斷出焉。蓋以人之勇怯擔量決斷，皆生於氣，肝膽屬木，主仁而又主生氣，仁之至者，義自盡也。膀胱屬水，爲腎之府。膀者旁也，胱者光也。謂其得三焦之氣化，則津液旁達而肌膚光澤也。此六府字義與命名，又各有精義者也。余故曰醫宜識字。

《醫醫偶録·凡例》 醫家首在立品，古人云：行欲方而智欲圓，心欲小而膽欲大。人之性命，在我掌握中，專心揣求，尚虞有失，此事豈同兒戲乎。若一涉利心，則貧富歧視，同道相攻，僞藥欺售，置人命於腦後矣。試仰觀蒼蒼者何物耶？而爲病家者，亦宜以上賓禮貌相待。須思此人爲我父母妻子救命而來，並非剃頭剔脚者，可任我招之來，麾之去也。

《醫宗會要·時醫俗學無明師傳授論》 今夫德成而上，藝成而下，苟傳授不明，胸無成竹，即末技片長，亦無可觀，而況通性命之理，以彌陰陽之憾哉。若吾乎所稱醫學，入手即熟記湯頭，耳食藥性，以抄襲糟粕爲善本，醫方合編爲四書，授受相承，遍滿山陬，無論病合不合，概以印板方加減，偶中則人競誇之，而不知其含沙射影，暗傷多少生靈也。其所稱上焉者，亦皆著蔡。有明以來，諸方況多，未能遍讀，但一二種卒業，故即以偏論，實不曉其(以所)[所以]偏之故，又安望貫通融會，左右逢源耶。蓋不從吴、楊、郭、葉先明十種外，因以求合乎《靈》《素》、孫、張之旨，斷斷乎初無頭緒，終無著落也。

如諸醫，或慣言氣虛血虛，或慣説扶陽抑陰，或慣説滋陰降火。但遇外感，皆曰傷寒。並不問何經何絡何臟腑之虛，何爲傷寒，何爲五種，何爲伏氣，何爲雜氣，甚至混風、寒、暑、濕四字爲一句。

夫三因皆與虛相漸也。《經》曰：風雨寒熱，不得虛，邪不能傷人。此必因虛邪之風，因於天時，與其身形虛實，大病乃成。仲景曰：經脈受邪，入臟腑，爲内所因也。四肢九竅，血脈相傳，閉塞不通，爲外皮膚所中也。烏得泛言虛，泛言寒耶？且陰有三陰，陽有三陽，又必分在手在（手）〔足〕，氣血多少，性情各别，故外感之門徑不分，則本氣同類不同類者不知，其相招引與否，是殆不治則不虛，誤治轉益虛也。又有一病百師醫，合不合手之説。夫必強病以合手，其死於不合手者多矣。病至而轉展更醫以來合，其死於轉展者又多矣。合吾手則治，不合吾手則病不治，其醫學之淺深高下又可知矣。是皆無明師傳授之故，即皆此地不好學，但好自滿之故也。孫思邈曰：有法可救，雖病無他。無法可憑，奄然永逝。上天以生物爲心，黔首無必死之罪。至於上界神靈，時出其方以拯災救危，則生民之塗炭於庸醫俗學也，詎淺鮮哉。

《理瀹駢文·高橋散人序》　余性好醫，知醫之難，未嘗妄爲人醫。今老矣，閱歷益多，更不敢談兹事，惟以詩遣興而已。從弟尚先著《外治醫説》，刊既成，易名《駢文》，屬余序言。余觀之，竊以爲可不序也，文已詳之矣。然其中有不必論者，亦有不得不爲之辨者。夫其所述天地萬物之理，賢聖授受之心，學人格致之功，乃醫之本也，知者自知，不知者自不知也，信者自信，不信者自不信也，此不必論者也。而其爲法，則於前人諸家外獨闢一門，人人共見其無害者也。而或以爲雖無損於人亦無益於人，此不得不爲之辨者也。【略】方今醫學失傳久矣，苟中材以下貧無所藉，俾習其術以養其生，不至重衣食而輕人命，即使無功而陰受其功者多矣。

《世補齋醫書·文集·下工語屑》　醫之爲道，莫要於不使病大。不使病大，莫要於先分虛實。虛實之不分，則一錯到底。

凡爲醫者，必先論其見地之明昧，然後可論其手法之高下。果能於病有見到處，則動手自有準對。即使當時尚未極高明，他日必爲良醫。

臨病人於俄頃，便處湯劑，何敏捷乃爾？要惟有定識於平時，乃克有定力於片刻。

醫是講學，不是市道。故商賈貿遷之術，無一書之傳，而醫家言則汗牛充棟。

諺云：十個醫，十個法。此言不然。病者只有一個病，自當只有一個法。

劉仕廉《醫學集成·凡例》　一、業醫務從傷寒入手，辨明十二經絡，每一經中皆有陰陽。無論在經在腑，一寒一熱，一表一裏，辨之不明，臨症必誤。

一、業醫務從大家入手，先講六經法律，後明藥性寒熱。若徒讀斷簡殘編，鈔本小説，髫年學習，皓首模糊，以先是爲主也。

一、法律訂自前人，運用在乎自己。學者要有靈機，救人全憑活法。若膠柱鼓瑟，萬難奏效。

一、古人立方原有君臣佐使，配合無多，效如桴鼓。或靜中有動，動中有靜，或陰中求陽，陽中求陰。必再三審慎，切勿雜湊成方。

一、《本草》所載，藥品三千，常用不過三百。當於二三百中，考究五味五色，辨明寒熱溫平，更必詳究眞僞，斯運用乃見如神。

一、藥品無論貴賤，總以有精汁、有氣味者爲佳。切莫好奇，喜開别名，致藥肆不知，胡亂稱揀，誤人性命。

一、藥之靈應，不在貴賤。方之靈應，不在多寡。藥求眞實，方求對症。若用希奇難買之藥，富者擔延時日，貧者束手待斃矣。

一、名家各有所長，有長於溫補，長於攻下，長於清涼，長於和解，長於扶陽，長於養陰，長於補先天，長於培後天，長於女科，長於小兒，吾盡摘其長而錄之。

一、醫理之説，深者見深，淺者見淺。自長沙後，醫書叠出，各執一見，欲求全手，幾無其人。學力富者少臨症，臨症多者無學力。少臨症者，仗勢學力，妄撥前人。多臨症者，胸無實據，捕風捉影。可知紙上空談與糊亂瞎撞，二而一者也。

《急救痧症全集·高鵬年序》　近來人不知醫，數厥生平，讀不了幾卷書，得一知半解，便稱醫生，臨症少把握，動輒人云亦云，有牢不可破之習，殺人利於用刃。無怪乎世人患小恙，實不甚害，一經誤投方藥，釀成大禍，而卒歸於死。噫，此匪特病家夢夢，醫家亦苦於夢夢耳。

《王氏醫存·臨證》　醫人臨證，全仗精神健旺，用志不分。若精神疲憊，亂聽亂談，粗心浮氣，先自病矣，奚以診病。

醫有八要：一要立品，二要勤學，三要輕財，四要家學，五要師承，六要虛心，七要閱歷，八要穎悟。

有家學師承者，法家也。用法而不拘於法，乃活法也。彼以記湯頭，談脈藥爲能者，是一按，藐茫若迷，抄錄方書，胡盧依樣，自誤誤人，醫云乎哉。

醫有家學師承者，承者一言一動，皆守規矩。診室女視如女姪，診幼婦視如姊妹嫂娣。故在閨門言病，有引證比例，無談笑戲謔。或脈證未明，病家之夫姑嬸嫂媽姆等人，宜代爲明告。縱有隱暗苦疾，萬勿忍而不語，倘致遺誤，是自貽害耳。

《王氏醫存·醫人之誤》 病急而醫來遲。

問證未確，遽立方劑。或術劣無能，貪利強治。

醫在病家，取藥既到，醫不過目，服藥致誤。

或醉後臨證，誤斃人命。

或醫多聚訟，袖手懷奸，以至誤事。凡此數端，都宜切戒。

《王氏醫存·藥肆之誤》 價貴者少給，價賤者多給，一誤也。炮製不合，銖兩不戥，二誤也。夾雜他藥，三誤也。幼徒未識藥材，隨手妄給，四誤也。器具不潔，五誤也。張冠李戴，以假混眞，六誤也。

《保赤存真·許瑶光序》 神農嘗草，黃帝著經，所以保世也。而伏羲畫卦，蒙列坎宮，蒙穉也，坎險也，穉則近險也。尼山序卦，有物穉不可不養之說，是保赤子以普慈心，邃古已然矣。顧慈者，仁之端也。仁而不知則術疏，仁而不勇則力薄。術疏力薄，不足以濟人，其弊也，與不仁同。醫，所以救世也。

《醫學求是·二集·醫案》 余見時醫見症象錯雜，先以險語動人，預留成則有功、敗則無過之地。豈知病家聞病之險，有力者即多延醫士，共議方藥，及群醫既聚，藏拙者多，即使有深明症情，別具膽識者，其勢亦不肯違衆力爭，以邀謗議，致症有可治而不治者良多。其無力多延醫士者，聞病之難治，束手待斃者有之。果能察脈觀色，症情雪亮於胸，斷不願故作險語，以亂病家之心。若胸中本無把握，亦不得不以險語爲護身符也。吁！醫術以濟人爲急，徒思避謗保名，不願深求至理，於心安乎？有深悉俗情之友，每以必用權術相勗，余以爲此心偶涉於私，誠恐漸沒其自有之天良也，然耶否耶？

《醫學求是·二集·陳名珍序》 醫者意也，不讀古人之書，不達古人之意，無以醫今人之病。即讀古人之書，即達古人之意，而不洞究乎今人之病，亦不可以爲醫。《黃帝内經素問》《靈樞》，岐伯所作，雷公所述，尚矣。秦越人之《難經》，張仲景之遺論，皇甫謐之《甲乙》，楊上善之《太素》，無非三皇遺文，古醫經之僅存於後者。乃自唐代列爲醫學，專付之執技之流，薦紳先生難言之，於是經學不明，群言簧鼓，日甚一日，莫可究詰。而醫學之書，汗牛充棟，確爲守眞劉氏、東垣、丹溪，與仲景齊名者，不善讀之，猶疑其各執一是，尚何有可讀之書哉。因之庸醫殺人，肩相摩，踵相接也。

《醫學辨正·庸醫殺人論》 醫道之庸，漢時已然，所以有不藥爲中醫之歎也。古之所爲庸者，尚係讀書明理之人，以其有救人之功，比之良相。自《湯頭歌訣》之書出，無論何人，稍識幾字，便可業此爲升斗計，醫道從此愈趨愈下，將人治死而曰我遵某人之法，並未有錯，病之不起，命也，非我之過也。余有一友，讀書不能成文，棄而學醫，日則懸壺於市，夜則朗誦湯頭。余曉之曰：君之學醫，可謂勤矣，然而無濟於事。欲爲良醫，須從《内經》入手，當授之以《靈樞》、《素問》，告之以五行生尅。彼持書而去，數日來還云：書中無方，不如《湯頭歌訣》之好讀，不能學也。噫！《湯頭〔歌〕訣》之害醫道，何如此之甚耶！始作俑者，其無後乎。或曰：上天以人間生齒日繁，水火刀兵之外，復降之以庸醫而收之。《湯頭歌訣》，乃閻王之催命使者，子欲鋤而去之，令人無（天）〔夭〕折，豈不爲造物所忌？況數百年之積習，何能一旦除之，雖言之而亦無人肯信也。余答之曰：上天以好生爲心，軒岐之著書立說，原爲濟世起見，不料後人之難解如此。若歸之劫運，則不必留此書，既有此書，理應有解。余生也魯，別無所長，惟於醫道之難解者，一見即知。非余之聰明所能及，是天欲明斯道也。知而不言，是違天也。信不信，關乎各人之命。諺云：藥醫不死病，佛度有緣人。聖人尚不能保萬全，我輩豈能令人無（天）〔夭〕折，不過就我所知者言之，以免爲庸醫所誤耳。

《四時病機·劉國光序》 自來濟生之道，莫大於醫，非博覽群書，不足廣擴見聞。非深明脈理，無由動中肯綮。近世淺陋者流，麤閱俗書本草，鈔記十數成方，六經茫然，氣候莫辨，侈口自命曰知醫，一臨證時，幸而獲中，誇功固無足怪，不幸適增其劇，變在俄頃，自問何安，醫慢云乎哉。

《醫門補要·自序》 立言有裨於世，足爲千古可重而不廢者，必性命之學，經濟之文，所以歷久而彌彰也。然無益之說，雖長篇累牘，焉得人人而重之？至若可重者，欲其見諸實事，大則體國經野，澤被下民而靡窮，小則拯急恤災，徵諸日用而最切，蓋莫近乎醫。醫能去病，人不能無病，病不能不醫，以醫有起死回生之力也，醫豈易言乎哉？苟醫者胸無洞見，拘定舊規，不知變通，經治必然功少。是以醫貴乎精，學貴乎博，識貴乎卓，心貴乎虛，業貴乎專，言貴乎顯，法貴乎活，方貴乎純，治貴乎巧，效貴乎捷。知乎此，則醫之能事畢矣。

《**血證論・本書補救論**》　世之讀朱丹溪書者，見其多用涼藥，於是廢黜熱藥，貽誤不少，而丹溪不任咎也。蓋丹溪之書，實未常廢熱藥。兩賢立論，不過救一時之偏，明一己之見。世之不善讀者，得其所詳，忽其所略。

《**小蓬萊婦科・彭運叙**》　慨自折肱風邈，《肘後》失傳，世之業醫者，卒多摭拾淺陋方書，強記湯藥歌決，即出而欺人獵食。究於醫之一道，不特未抉其精蘊，抑且鮮得其皮毛，害人誤事，比比皆然，堪爲浩嘆！

《**爛喉痧輯要・陸之鈞序**》　范文正公有言曰：不爲良相，則爲良醫。蓋醫雖小道，有司命之權，能施其仁心仁術，亦是以救濟蒼生也。然而難矣，醫之爲道，能生人，亦能殺人。每見夫世之業是者，多孟浪從事，臨證之頃，漫不加察，所謂陰陽寒熱表裏虛實，亦茫乎其莫辯，但熟記幾個湯頭，即自謂已盡醫家之能事矣，拘守成方，牢執己見，復不屑虛心下問，偏好言欺人，大言欺人，想其胸中，不過略知某藥治某病而已。幸而效，便自詡矜能，且多方恐嚇，惟利自圖。若試之不靈，而日見其殆，則曰：吾用藥不錯，彼病實難醫。斯時也，一誤再誤，已成不可救藥之勢，縱有高明卓識之士，特立其間，洞燭其情，不忍坐視，思欲出奇制勝，別開生面，以挽回元氣於無何有之鄉，然而鞭長莫及矣。背城借一，實蹈危機。設不幸含藥而殂，則救弊之方，適足爲彼卸過之地。吾儒所以惡紫之亂朱也，亦緣病家知醫者鮮，且又惑彼邪說，涇渭難分，此中無主，固無所適從，惟有相與扼腕，聽其垂斃而已。噫！是誰之咎歟。致使患病之家，咸有戒心，爲因噎廢食之說，互相告語曰：有病勿服藥，不藥爲中醫。蓋尋常感冒之疾，如能謹避風寒，慎起居，節疾食，正氣旺而邪氣退，原可不藥而瘳，若藥之不當，則輕者變重，重者死亡立見，不服藥之說，其殆有鑒於此乎？

《**一得集・辨正徐洄溪先生醫者誤人無罪論**》　客有疑徐靈胎庸醫殺人無過之說，予曰：先生何庸醫之問也？即當代名醫，亦惟有過無功而已。夫人偶感一疾，敦請醫師，舉室惶惶，如旱望雨，神明奉之，師保事之，偶效見功，金帛以酬謝之。萬一蹉跌，性命攸關，過將誰諉？

庸醫種種作孽，其罪可擢髮數哉！客請詳論之。余曰：有庸而詐者，迎合主意，百計阿順，宜補宜瀉，宜溫宜涼，每乘其機而利導之，全不顧病症何因，或生或死也。有庸而妄者，自作聰明，診畢即索視前醫所批之方，無論其是與不是，必與之冰炭懸殊，炫己之長，形人之短，病或不測，則曰誤服某某之藥也。

有庸而迂者，固執鮮通，一成不易。詎知病變百出，朝宜溫補，暮宜涼解，或素性本寒，病宜仍用芩連，素性本熱，病宜仍用桂附。倘必膠定成見，藥有一是，病無兩歧，遇此等朝暮變症，並病與平大相反者，其禍可立而待也。

有庸而陋者，和同無主，人云亦云，脈理既不精審，藥性又未熟諳，一味隨聲附和，不敢別參意見。病者深喜其容順易言，處方平淡，到處推薦，婦孺知名。自謂平生不任咎責，其立心尚可問耶？

或有怪僻之輩，所用之藥，輒僞託吳門葉天士一派，既不講求《神農本草》，而李時珍《綱目》又略不一觀，惟於日用無關得失之物，隨手撮取，自詡靈妙，究竟不對藥症，貽害非淺，此蓋庸而託於高也。

或有淺近之徒，習慣方藥僅祇十餘品，人有非笑之者，彼輒藉口薛立齋一代醫宗，其奏效每不出補中益氣、逍遙散、歸脾湯三方。蓋立齋神明於此，後人尚嫌其冒昧寡識，况與相去倍蓰者乎，不幾爲東施之效顰乎，此蓋庸而失於偏也。

或有近地文士，性頗聰明，略看方書，本無志於醫道，世人不察，以其文理素優，議論鋒起，家延醫者，務必邀伊商酌。伊遂於背地改換藥味，成則居功，敗則委咎。醫者將何所施其技耶？此蓋庸而取巧者也。

或有遠方邪人，詭稱鍼灸、外科，件件精能，畢竟一無所長。鍼灸則以人之皮肉試手，外科又必先用爛藥，使其瘡孔漸大，難以收功，令人心寒膽怯，而後可任己治之，且又不能權操必勝，因是以致斃命者，十有七焉。此蓋庸而行險者也。

甚且輕症用重藥，重症用輕藥，是非顛倒，誇張伎倆。不知醫之爲道，利在治症，有是症即有是藥，安可棄症不論，而故反其藥以治之，倒行逆施，其症不增劇者幾何。顧病家每每墮其術中，以爲立論既與尋常不同，其必九折肱可知矣。此眞庸而大謬者也。

甚且易病爲難治，難病爲易治。試思以難爲易，勢必以平易之藥治難病，以易爲難，勢必以奇難之藥治易病。病者如略無主意，似此藥病毫不相當，不誠難者益難，易者不易，即其錯誤，何能挽救也？此蓋庸而極壞者也。

甚且貪得無厭，或遇富厚之家，明知其症已危，必不使別請高明，設法圖救，蓋遷延日久，將爲己多啗銀錢地步，直至淹淹待斃，束手無策，閤家詬詈，走避不遑。此蓋庸而喪心者也。

甚見攀援當路，而大官顯宦，往往成竹在胸，即遇傷寒、暑濕，亦必喜用人參、附子、乾薑、熟地等峻補之品，以爲培養元氣，斷不敢使苦寒發散之藥，以尅剝之。醫者恐投其忌，一誤再誤，變症百出。噫嘻！彼雖王（候）〔侯〕將相，因己無所主持，商治於我，我仍不能主持，重其意旨，輕其性命，何不量之甚也。此蓋庸而無志者也。

客聞余言，遂躍然而起曰：君爲庸醫，窮形盡相，又將何所逃罪於天地間耶？顧靈胎本朝名醫，何議論竟刺謬若是？予曰：此殆非靈胎先生之言也。靈胎著書六種，語皆精卓可傳，詞氣之間，從未稍爲庸醫寬假。其《人參論》言近日之醫，殺命於人不知之地，而天之降禍，亦在於人不知之地。《藥方論》言名養生，而實速死，江湖惡習，聖人之所必誅。此皆其手足爰書，何忽爲庸醫開脱哉，何又以尙有微功，縱容其殺人哉。且立説尤屬誕謾無稽，既言人生死有定數，則是若殀若壽，皆命主之，何又言命無權耶？既言必生疾病，使之不壽而死，則是生疾病者，亦命主之，豈能使其病而不能使其死耶？既言命之權於是獨重，而又必假手於醫，以令病輕者重，重者死，則是命之權反出於醫之下矣，而何言獨重耶？予謂是不知命，尤不知天。試思天何事不可死人，而乃使救死之醫，充此冥使鬼役，則將殺人愈多，而立功愈大乎？竊殺人有功，務如華元之殺曹吉利，浸假濟事，誠漢家一勳臣也；乃欲殺而不能殺，可見其權仍操於天命，而斷非醫者所能奪也。故張文端公言，吾人　生福命，必不致誤死於醫手，藥縱錯投，亦惟多受痛苦而已。此蓋儒相持平之論，醫家尤不得以此藉口，適以張庸庸者殺人之膽耳。況此論文義，自相矛盾，如上文言心術不正，害人無算，天每不降之罰，下文言立心欺詐，假藥取財，其禍又無不立至。即使靈胎爲之，亦屬游戲筆墨，乃校刊時不一檢點，公然以誤人無罪命題，附之卷末，致乖本意，殊可怪也。心本庸愚寡學，悲憫徒懷，遇不可救者，既不能起死回生，而可救者多方療治，試輒獲效，又迫於處境，不得如靈胎之不受値也，淸夜捫心，罪過叢集，書以警人，並以自警。客首肯者再，爲浮一大白。

心禪和尙，醫中高手，歷數庸醫誤人之罪，儼如鑄鼎燃犀，怪異何從躲閃，即起靈胎於九京，亦必相視而笑，拍案叫絶。至其文筆之矯健，層層駁詰，痛快淋灕，非寢饋史漢十年者不辨。

《一得集·臨症必先讀書論》　俗云：熟讀王叔和，不如臨症多。或曰：古今元氣不同，古方不可以治今病。二説悞盡後學不小。似業醫者，可不必深究古法，惟求臨症多耳，此醫道所以日趨而日下也。蓋必先讀書，而胸有成見，臨症如知用方之變化。若不讀書而徒臨症，雖多亦奚爲哉。況病有虛實，變化萬端，治有補瀉，方不執一。如同一發熱，而熱有虛實，宜溫宜補，宜涼宜瀉，不讀書何以知彼虛而此實？如大匠之無繩墨，不幾倀倀無之耶。學者務須深究古法，循其規矩，而後見病知源，得心應手。蓋古人立方之意，即是規矩所在。由規矩而生巧，方爲眞巧。若眩奇以弄巧，則巧反拙矣。孟子云：大匠使人規矩，不能使人巧。是必先熟規矩，而乃能生巧。予謂學醫必先讀書，而後臨症，此物此志也。

《一得集·治病當悉未病論》　古云：欲知其假，先識其眞。若欲治病，必先知未病爲要。蓋人之臟腑經絡、氣血原本、飲食傳導，皆有一定之理，營衛之循行，晝夜有常度。憑腰之上下，而分其清濁。七竅之中，在上受清陽之灌注，在下司濁陰之傳導。呼吸應乎開闔，動靜分乎陰陽。如脈以四至五至爲常，三至二至即爲不及，不及則爲虛爲寒矣。六至七至即爲太過，太過則爲實爲熱矣。脈之鼓動應乎肌中，如按之未及於肌，而動應皮膚者，即爲浮，而病應在表。按之肌肉之分，而脈尙未得，必重按至骨，而脈始應者，即應沉，而病應在裏。故必先知平素之脈，而後乃能識病脈。知表裏虛實之大綱，而更推之以部位時令，細切何部之獨異，則病無遁情矣。故學醫者，必先讀《內經》，是以《素問》詳論臟腑、營衛、色脈常變，靡不精細。夫常者，一定之理，變者，化機萬端。先知一定之常，而能應變化之萬端，如治絲而不紊也。否則，亂緒紛紛，從何而下手耶。

《醫故·陳壽昌序》 粵自玉版閉塵，青囊受燼，巫彭既絶，俞跗無傳。後之理疾者衆，孟浪酬塞，誤(入)〔人〕實多，三世鮮歷，自名專家，九折未成，輒號精手，徒使血理忍虐，聽其鍼砭，腑肺無言，受其攻伐。問以五藥之養，六氣之辨，岐摯何所師，和緩何所道，瞪目咋舌，昏然罔知。故疾人之待醫，猶客至之有設？豈有庖廚不修，而欲養大賓者哉？

《喉痧正的·曹心怡序》 醫不通其理，不足以言醫；通其理而未得其法則，亦無術以處此也。

《疫證治例·自序》 籍受學房叔晴漣，明經最久。叔常言：學須有濟於世。籍因思：醫者，濟世之一端，遂業醫。醫書汗牛充棟，每當披覽之餘，汪洋浩渺，莫識指歸。後從先師王平石公遊，公示籍曰：是道當奉張長沙《傷寒》、《金匱》二書爲圭臬，果能潛心玩索，遊刃有餘，博及羣書，亦不過二書之緒餘而已。

《傷寒論淺注補正·勸讀十則》 一、凡積重難反之勢，驟奪其所好，世所驚疑，今且淺而商之。明藥性始於《神農本經》，論病情始於《靈樞》《素問》，以藥治病始於伊尹湯液。迨漢仲景出，集伊聖及上古相傳之經方，著《傷寒論》及《金匱玉函經》二書，《外臺》謂又有《小品》一書，今失傳。方諸舉業家，與四子書無異，而猶有疑之者，豈四子之書，亦不可讀乎？則以讀仲師書爲第一勸。

一、經方愈讀愈有味，愈用愈神奇。凡日間臨證立方，至晚間一一於經方查對，必別有神悟。則以溫故知新爲第八勸。

一、醫門之仲師，即儒宗之宣聖。凡有闡揚聖訓者則尊之，其悖者則砭之，障川東流，功在五輩。如四家中，劉河間書雖偏苦寒，尚有見道之處；朱丹溪雖未究源頭，卻無支離之處；張子和瑕瑜參半；最下是李東垣，樹論以脾胃爲主，立中以補中爲先，徇其名而亡其實，燥烈劫陰，毫無法度。嘗考醫論中，載其人富而好名，巧行其術，邪説流傳，至今不熄，正與仲師養津液及調以甘藥之法相反，不可不知。至於李時珍、王宇泰之雜，李士材之淺，薛立齋之庸，趙養葵之妄，張景岳、陳遠公、馮楚瞻之浮誇影響，不使一字寓目，方可入於精微之奧。坊刻汪訒菴等本，雖云耳食，卻有一二道得著處，但於仲師方末，雜引陶節菴諸輩臆説，不無朱紫之亂。入門時姑參其説，終爲鄉愿矣。則以專一不雜爲第九勸。

亞聖有云：予豈好辯哉？不得已也。今醫學各門成戶，所藉乎明先聖之功，溯委窮源，不絶於口，則陷溺未及久，穎慧過人者，自必悔而就學，道不孤矣。若言之過激，則怨而生謗，位置太高，則畏而思避。踽踽獨行，濟人有幾？凡我同人，務宜推誠相與，誠能動物，俾此道日益昌明，則以有言無隱，和氣可親爲第十勸。

《醫學總論》 世之醫者，志在圖利，每強其所不知以爲知。究之孔聖教學之言，實爲行醫之準，果能知之爲知之，不知爲不知，則問心無愧，而臨症亦不至張皇失措矣。且如此，則治病必無失手，既可得一世之聲名，並可考一生之學問，豈不甚善。

呂承源《醫學一得·醫忌護短》 醫理精深，病情萬變。徐靈胎教人且行且習，遇疑難證慎勿率爾開方，當搜考前賢論案，剖晰疑似，或開方已誤，即速往改正，人命重大，不得護短。此言極足法也。

呂承源《醫學一得·讀醫案》 諺云：熟讀王叔和，不如臨證多。似是而實非。必臨證多而後成好手，是以人命驗己伎倆，殺人如麻，醫道始佳，敢乎哉！然則何如？曰：廣閲前人醫案，旁觀近人治法，審其脈證，參考精研，務得其所以然，條分縷晰，胸有真把握，如此十年或二十年最好。慎勿輕於談醫，迫欲一試也。

呂承源《醫學一得·孫思邈醫訣》 智欲圓而行欲方，膽欲大而心欲細，《淮南子》語也，孫思邈引之説醫。何謂圓智？心地活潑，勿拘執也。何謂方行？主意堅定，勿游移也。何謂大膽？應用之藥，毒劣不避也。何謂細心？疑似之證，剖晰必嚴也。四者闕一不得也。又曰：醫者意也，〔原注〕許允宗亦云。以己之意，逆古人之意，故方之傳自古者，出入加減，守其常即可通其變。以己之意，會病人之意，故病之審於人者，寒熱虛實，辨其假可識其眞。醫之訣莫精於是，醫之學莫難於是矣。

《毛對山醫話》 時下庸淺醫流，有三惡習：寫方作狂草，用藥好奇異，不問病情，妄言知脈。不知醫稱司命，當如何鄭重，而率意如此，其道亦概可知矣。要知此輩，固未嘗讀書識字，略知藥性溫涼，便欲以寒投熱，恐人識其學淺，而必強書脈案；又慮多別字，故作行草，以混字跡。不慮肆人莫辯，不顧病者安危，忍心大膽，莫此爲甚。方中每用非習見之品，有本草所不載者。余嘗考其所本，不但不明出處，且未辨其氣味。不知古人常用之藥，不過數十(昧)〔味〕，如六君、四物、六味等百世不刊之方，試問有異常之藥否？聲、色、證、形、脈爲五診，故必聞聲、觀色、辨證、察形，復以脈合病情，庶幾胸有成竹。然亦有脈症兩歧者，故前人有取症不取脈、取脈不取症之義。按人身脈絡，肖乎天地流行，達乎陰陽造化，但可測其常，不能盡其變也。晉太醫令王叔和撰《脈經》，猶未能盡泄其奥。蓋脈理淵深，惟求於微茫呼吸之間，豈能了如指掌哉。陶節菴曰：指下難明者，眞言也；誇言通曉者，但能言而不能行也。其所著《傷寒全生集》，惟取浮中沈以分陰陽虛實，病之傳變，但求於動靜躁盛之間，此亦宗仲景祇別陰陽之義也。

《運氣指掌·自序》　醫家之讀《内》《難》，猶士子之讀五經。士子不讀五經，無以知天人之理，醫家不明《内》《難》，無以探陰陽之奥。醫與儒，分則二而合則一也。夫所謂陰陽之奥者何？不外五運六氣、五行生尅之理。近之業醫者，類皆謂運氣不足憑，生尅不必信，講實驗而廢理想，甚至欲廢五行，闢運氣，不幾將岐黄之道湮沒無存乎。

《外科明隱集·辨俗論》　一、醫學之道，知名莫若明理，知理須當知治，知治猶宜辨法。其原總因病無常理，藥無常方之説。近今每有一等浮滑乖巧之輩，功專知名某某，口誦三五方歌，便覺得能，偏巧遇着他病之家，聞知信然，亦不管自己得的是甚麽病證，便將一命付之其手，行險妄治，命遭枉陷，休説病家不知道怎麽死的，連病之人還不知怎麽死的哩。如此之病家，如此之醫家，眞是兩賢相遇。

一、舉世之人，皆知得病亂投醫之語。若是投着有一二成之醫者，還算病人之萬幸。若是投着不知天良有愧之輩，專以大膽行險，混治得效受功，倘若治死，亦沒賠本。如此之錯，據吾思之，亦不竟在冒充妄治之人上，多半是病家不明，其自誤也。看起來得病亂投醫，不如得病須擇醫爲最要也。

《外科明隱集·辨俗歌》　醫門原與聖道通，奥若淵海義無窮。奸詐驕狂休令任，實學遠鑒不誇能。臨疾三思猶當慎，脈理九候細察情。古人千學恐未盡，今醫一觀便覺成。好而不專終庸淺，專而兼悟定高明。得病投醫更且要，醫掌之中關死生。君子守正無妄悞，小人行險每貪功。病家如果皆明鑒，庸醫俗子怎托空。

高思敬《外科醫鏡·鮑世慶等序》　嘗聞儒有三不朽：太上立德，其次立功，又次立言。三者並重，毫無軒輊於其間也。不知嘉謨懿行，與夫禦災捍患，縱名蓋寰區，恩周黎庶，不過一時一方蒙其蔭而震其人，與後世無甚關係也。若立言，既爲今時模範，復爲他日法程，將來旁通獨類，愈求愈深，著述一時，澤流萬世，其效力不幾駕功德而益上哉。

《痘科大全·史大成叙》　天地之大德曰生，而好生者尤天地之心。但天地之大也，五運六氣之流行，癘疫疾疴之感發，群生夭札之不齊，人獨有所憾，則好生之心似又必須人爲之輔相贊育焉。則爲之察運氣之推遷，解癘疫之災殄，救夭札之顛危，非醫其誰歸？

《柳選四家醫案·繼志堂醫案·柳寶詒序》　醫者存心，須視在下無不可治之病，其不治者，皆我之心未盡耳。故其臨病人也，研精覃思，直以一心貫乎病者之食息起居，而曲折無不周至。【略】每遇病機叢雜，治此礙彼，他人莫能措手者，必細研求，或於一方中變化而損益之，或合數方爲一方而融貫之，思之思之，鬼神通之，苦心所到，必有一恰合之方，投之而輒效者，以是知醫之于病，稍涉危疑，即目爲不治而去之者，其不盡心之過爲不少也。

《馮氏眼科秘方·馮汝玖跋》　醫者必兼通内、外、鍼灸，乃稱良工，僅通一門者，未爲完備。然世之專門名家者已不多得，非徒藝之不精，亦方之未盡善也。

《醫醫醫·朝廷對於醫者之醫方》　名利者，絕技之師，天地生死，人人之具。古今中外帝王驅遣群倫，培養人才，而轉移風俗之妙用也。聖賢豪傑，或不爲利動，而不能不爲名動，唯恐不好名之説，不祇爲三代以下言也。孔子曰：忠信重祿，所以勸士。西漢經學之盛，班孟堅謂是利祿使然。至於唐以詩賦盛，宋以理學經義盛，有明以迄國朝，皆以八股取士。八股至今，至無用當也，而當未廢之前，毋論智愚賢否，莫不竭盡畢生精力以入其中，而卒之以此稱神品、稱能品、號大家名家者，不可勝數，以之致大位、擁大富、膺懋賞殊榮者，不知幾何。當時未聞有八股學堂也，不過人自爲學而已。雖有書院之名，每省不過數區，省外則無幾矣。雖有院長之號，每月不過數課，課外不他問矣。而何以八股之盛於民？所謂風會之所趨，而當王者貴也。又實爲富與貴之所驅，名與利之所使也。是可藉爲醫醫之方也。

八股之外，又有卷摺，其際八股尤爲無謂，而當時卷人才之盛，亦幾與八股相埒。蓋非工此，雖八股入彀，仍不得與於狀元宰相之榮。於是天下士夫，咸相率而成此種人才，各相慮而唯恐不及此種人才。嗚呼！時亦未聞有卷摺人才之盛又如彼，要亦風會之所趨，而當王者貴也。又何莫非富與貴之所驅，名與利之所使哉。是更可爲醫醫之方也。朝廷醫官，置太醫院，位僅三品，有差俸只百金，以外而又囿於一部，不能流通轉用，以至老死，眞所謂不甚愛惜之官也。官猶如此，則所謂醫士醫生者，更無怪世人小道目之，賤工待之矣。稍有聰明才力者，且不屑爲，而謂賢智爲之乎？雖有豪傑崛起代興，自成名流，然而一代不過數人，當其盛名鼎鼎，曾不數聞一字之褒，及其既也，要亦不過列入方伎傳中，如扁鵲、倉公、華佗、思邈而已。最可怪者，聖如仲景，《史》《漢》並無一傳，尤令人索解不得。當時八股卷摺，爲富貴之階梯，群既趨於彼矣，今日新學新政，爲終南之捷徑，群又趨於此矣。而謂辭尊居卑，辭富居貧，別有人才，其人才亦可想見。是皆所以致醫之病也。

醫道較有用於八股卷摺萬萬，一實按之，則盡人知之矣。八股卷摺，早已可廢，醫道則雖終天地不可廢。乃以早可廢者，而曾見其隆盛如彼，以萬不可廢者，而轉任其腐敗若此，不知醫者自存何心？對待於醫者又何心也？

醫道殊有濟於新政新學亦萬萬，非切言之，則人莫或知也。新政新學，似欲以醫舊政舊學之病，非善醫之，則雖終天地而仍無濟。乃新政新學，今則並舉而莫敢廢矣。醫道之有濟於新政新學者，今乃猶是癈莫能舉焉。不知醫者自有何說？對待於醫者又何說？朝廷之置醫官也，豈不以醫之爲用，衛生治疾已耳，政治無與焉。不知醫之爲道，必合格致誠政、修齊治平之事而一之，通天地人而貫之，然後可謂之醫，所謂良醫良相，所謂國手，更所謂補天手者，非虛擬之詞，實當然之事，而固有之道也。惜古今中外醫者，思想多不到此，學問向不由此，資格都不及此，遂致對待於醫者，相習而忘之，相忽而輕之，一至於此。

醫不止於衛生治疾已也。即祇以爲衛生治疾計，雖在常人，亦萬不宜苟且輕忽，而託之於庸惡陋劣之手以嘗試，况朝廷之涖天下也，將以治萬方之疾苦，使無一夫不被其澤，循至天地位而萬物育，所謂一人有慶，兆民賴之。聖躬偶然違和，即屬治於太醫。京師口號：國子監之文章，鑾輿衛之刀鎗，太醫之藥方。誠有慨乎言之也！一有不效，則各直省督撫將軍，應詔以進群醫。太醫、群醫，吾皆聞之熟矣，知之稔矣。封疆大吏，又皆非眞知醫者，烏得有眞是非，亦唯苟朝廷洪福，或藉手以奏功，不可謂非一得之能，一時之幸，然而臨大敵，則恐非眞將軍矣。王子安與程伊川曰：爲人子者，不可不知醫。愚則曰：爲人臣者，亦不可不知醫。實則凡爲人者，皆不可不知醫。所謂知者，又非一知半解之知，必灼見眞知之知，乃爲知也。

設使朝廷變通醫官，或與封疆臺閣並用，或與臺閣封疆流通轉用，或特設高爵厚祿，以寓醫官，專爲顧問天下利病。先詔天下學者，凡識字讀書之始，必兼習醫，使醫道治道合而爲一。蓋醫道無一不通於治道，治道亦無一不通於醫道，未有不諳治道而能醫病者，亦未有不精醫道而能治國者。治民如治病，良相無異於良醫，用藥如用兵，名醫即可爲名將。興利除害，補偏救弊，理本一源。鋤暴安良，驅邪養正，道原一貫。古今中外歧而爲二，其稱治者，尚非郅治，所號名醫，仍非通醫。誠能貫而通之，則人人皆能自治，皆能治人，皆能治疾，皆能治國，皆能治兵，所謂良相良醫，名醫名將，所在皆是。仁壽之宇，無敵之國，大同之世，且將見之如此，而猶慮醫界之人才不輩出如八股、卷摺之盛，吾不信也。

轉移風氣，端在朝廷，然總不越乎名與利二者之妙用。故曰：名利者，絕技之師。誠如是也，不特醫學堂無事開辦，即各學堂亦不必設立，祇懸名利以爲鵠，而高爵厚祿以爲招，則人莫不自爲學，且將合醫界學界政界兵界而一以貫之，截留無限經費，以待學成者之懋賞，此一本萬殊，萬殊一本，抱一而爲天下式之理，非故爲高論也。醫道無一不通於治道，雖古今中外大儒名醫，未嘗幾見及此，故世多墨墨誠誠，縱觀而博考之，靜按而細繹之，何一端不相通，何一理不相貫，而乃任其苟且輕賤，庸惡陋劣，各相隔閡幾千萬年，無惑乎醫道之不明不行也。今之偏重西醫與言西人之重醫，皆屬耳食目論，若徒論其解剖實驗，製藥精良，不無一得之長，然解剖亦爲吾國先代俞跗華佗輩所遺，其中得失參半，昧者未嘗索考，外篇已爲縷晰言之。若論氣化，則仍如今之中醫，茫然如墮五里霧中，若復望其能通治化，則更墮百里霧中矣，又安能語於醫道。伏願聖人在上，起百代之衰，振千秋之業，通一貫之道，開萬世之利，漸以吾國醫道之文明輸入列邦，而爲開通外人之導綫，豈不懿歟。

尤有進者，朝廷治化，莫要於賞罰，亦莫先於賞罰，如承明詔變通醫官，振興醫學，既懸懋賞以爲鼓勵之方，即訂嚴刑以爲濫竽之戒。庸醫殺人，向不論抵，此雖世人苟且輕賤之心有以自召，以致是非成敗，難於稽核，久使庸醫漏網，乃復充斥人間。今必明諭重申，先令世界之人，毋得仍蹈苟且輕賤於醫之習，以自取禍，且當格外隆重，以致敬禮，再於地方，爲立鄉醫、縣醫、府醫、省醫各等醫官名目，而今眞能通醫，可爲國師者，按臨各省，認眞考試，或令試於京師。如中式者，即録之而分布各區，一切經費，悉由各區社會及地方官合籌，分給各醫，總以優裕足贍醫之身家，使得藉以資醫窮乏。

其不録者，仍自歸爲醫士，加功探討，以待後日續選。不許即妄與人診治。更令各區之醫，遇證立案，將脈相證相治否方法，逐一詳列，存之病家，並榜諸通衢，按月分年，報官核驗，以定是非功過，而爲賞罰黜陟。然後上之大府，奏之朝廷。若果成效多著，而又能通治道者，即行破格録用，不次超遷，舉主並予上賞。若仍惡劣如前，以及大不韙者，則即治以應得之罪，或更予以不測之誅，並將舉主連坐。雖功過祇論是非，難論成敗，然有眞是非者，自必多成尠敗。雖天之降才各殊，通才談何容易，然能悉照愚方以醫醫，即不能人人合醫道治道爲一貫，亦必良醫輩出，多諳治道，一洗前習之陋，是可決也。故上賞者，爲醫醫之先聲，而嚴罰者，乂醫醫之後盾也。此皆朝廷醫醫之良方也。

《醫醫醫·世界對於醫者之醫方》 人生何生乎？莫不生於錢。人生何死乎？莫不死於病。甚矣！生命、金錢、疾病，三者固互相維繫，而變相爲用者也。生命重乎？金錢重乎？疾病重乎？非有生命，不能有金錢；非無疾病，不能保生命，則生命重矣。天之於人，既不能各長其生命，悉與以金錢，盡免其疾病，則醫又重矣。醫所以去病衛生也，無論良否，能舍金錢以生乎？抑或天別與醫以金錢乎？奈何世之人壹是皆以要錢爲本，壹是皆以一己要錢爲本，甚至一錢如命，或竟要錢不要命，或且得命又思財。此世界之普通病，即所以致醫之病也。在窮乏無告者，猶或可説，而不謂富貴利達者，轉居多數也，可謂不恕之甚矣。非強恕而行世，安得有良醫哉。庸醫殺人，不可勝道，然亦實由重視金錢者之自誤，雖即謂之自殺也可。又況有一知半解者，舍脈論病，舍病認藥，從旁助刀耶。

世之人曰：醫者意也，意爲之者也。又曰：著者易也，至便至易之事也。此不特門外漢之言，實病醫而誤盡蒼生之言。不知醫之爲言易也，精微廣大，有如易道，誠合古今中外事業學問，無有難於此者。孔子曰：人而無恆，不可以作巫醫。恆，常久也，易卦也，所謂天地之道，恆久而不已也。日月得天而能久照，四時變化而能久成，聖人於其道而天下化成，觀其所恆，而天地萬物之情可見矣。恆之時義如此，醫之道亦當如此。醫既爲子之所訓，故病遂爲子之所慎，未達不敢嘗之旨，其難其慎爲何如乎！自朱子誤注雖小道必有可觀章，謂小道如農圃醫卜之屬，於是世人更以小道目、賤工待之，至重者不過數金之酬，或只數十百錢呼之即至，且有並此區區而不畀者。一有不效，詬毀隨之，不恕之事，莫此爲甚。尤可怪者，平時既以小道賤工視之，而臨病時又以神仙望之，豈小道賤工中有神仙游戲耶？自問當亦啞然自笑。（醫本於易，章虚谷先生《醫門棒喝》論之精詳。此段發端與章不同，故持論各異，非有出入也。）

小道賤工之名，數十百錢之利，其微末亦至極矣，而謂賢者爲之乎？乃欲以求良醫而保生命，不唯不恕，亦且自輕，良醫如何可得？蓋良醫雖不好利，未嘗不自惜名。在病者之意，不過謂病有大小輕重淺深之不同，小者輕者淺者，何必定求良醫。不知不過良醫，則小者輕者淺者，必致於大，致於重，致於深，或更致於危險而不可爲此病之常勢也。善衛生者必謹小慎微，而不忽略於輕淺。以故聖人治未病，不治已病，所謂治制於未亂，保邦於未危也。奈何世人祇以金錢爲重，殆至危險而不可爲，則雖有善者，亦無如之何矣。況當是時，尚多不能舍金錢，以求保生命於一綫，卒之又不能帶入冥中，徒令後人笑其拙。嗚呼！亦可憐矣。

此種可憐情形，古今天下當如恆河沙數。《史記·扁鵲傳》謂扁鵲受桑君之術，飲上池之水，視見垣一方人，以此視病，洞見五臟癥結。嘗於趙於虢，多著神效，天下盡以爲能生死人。及於齊，齊桓侯客之，入朝見曰：君有疾在腠理，不治將深。桓侯曰：寡人無疾。扁鵲出，桓侯左右曰：醫之好利也，欲以不疾者爲功。後五日，扁鵲復見曰：君有疾在血脈，不治恐深。桓侯曰：寡人無疾。扁鵲出，桓侯不悦。又五日，扁鵲復見曰：君有疾在腸胃，不治必深。桓侯不應。扁鵲出，桓侯不悦。五日，扁鵲復見，望見桓侯而退走。桓侯使人問其故，扁鵲曰：疾之在腠理也，湯熨之所及也。在血脈，針石之所及也。其在腸胃，酒醪之所及也。今在骨髓，雖司命無奈之何，臣是以無請也。後五日，桓侯體病，使人召扁鵲，扁鵲已逃去，桓侯遂死。使聖人預知微，能使良醫得蚤從事，則疾可已，身可活也。人之所病病疾多，而醫之所病病道少。故病有六不治：驕恣不論理，一不治也。輕身重財，二不治也。衣食不能適，三不治也。陰陽並，臟氣不定，四不治也。形羸不能服藥，五不治也。信巫不信醫，六不治也。有此一者，則重難治也。夫扁鵲，良醫也，桓侯，富有之國君也。即使扁鵲好利，桓侯非不能應，况扁鵲並無是心，其所以諄諄於桓侯者，不過欲神其術，以爲廣大名譽則或有之，而不意桓侯重財輕身，轉以好利疑之，卒致疾發而不可爲，殊可哀也。

又仲景見侍中王仲宣，時年二十餘。謂曰：君有病，四十當眉落，眉落半年而死。令服五石湯可免。仲宣嫌其言忤，受湯不服。居三日，見仲宣，謂曰：服湯否？仲宣曰：已服。仲景曰：色候固非服湯之診，君何輕命也？仲宣猶不言。後二十年，果眉落，落後一百八十七日而死。此二事者，所謂聖人治未病也。愚嘗於中風虚勞兩證，輒先諄諄於人，如扁鵲之於桓侯，仲景之於仲宣，唯人不曰危詞聳聽，即曰意别有在，卒之皆竟如桓侯仲宣。噫！今天下如扁鵲仲景者無幾，而如桓侯仲宣者無限，世人其不惜爲桓侯仲宣乎？抑不願爲桓侯仲宣乎？或亦望有扁鵲仲景者乎？自計不可不早。

如必欲生命金錢並保，唯有人人讀書，必兼習醫，且必如吾之所謂醫而後可。不然則病不得不聽命於醫，醫欲良乎否乎，此不待問而知也。諺云：又要馬兒跑得好，又要馬兒不食草。世界那得有是事，世人卻多有是心，此神駿龍駒所以不世出也。

吾不敢謂世之人皆重財也，自世道衰而勢利甚，捐納之塗，夤緣之風，弊混之事，日駸駸乎天下而不可遏，雖盈千纍萬之金錢，亦必亟亟焉謀之而樂爲用，甚至傾家蕩産，以及喪耻辱身，曾不稍自顧惜。唯一旦對於醫者，則必反其所爲，縱較向所樂用者，不過千萬之一二，仍如出納之吝，而不肯少寬假，此最不可解者也。豈不曰以利爲利，謀生之事大，而衛生之事小耶，亦何輕重失宜至是耶！

又嘗見夫揮金如土，擲金若沙於嫖賭者矣。當其初入迷塗，尚未至於傾家蕩産，父兄或豫爲嚴責，師友或婉爲戒勸，皆不能阻其揮霍浪擲之心，及一旦對於醫者，則又大反其所爲，雖區區者亦必靳以與人。而卒之家産仍然傾蕩於嫖賭中，或且召染惡疾，或且流爲盗匪，並至喪失其身而不悔，此尤不可解者也。然此特無益有損之者耳，而凡小焉者毋論矣。世之人盍禁絶無益之用，而轉爲有益之用哉。

聖人之用財也，自奉儉約，待人豐厚，而於理欲之界，尤嚴防其出入。世人之用財，則反是矣，於欲路上，雖恣用千萬，不嫌其多；於理路中，雖偶用一二，即謂爲過，此聖道所以日衰，世道醫道因以日壞也。然亦間有理欲並用者，則仍是求福免禍之心，非眞能繩向理路上爲作用也。如各省官醫局及各贈醫院，皆官界社會所以分濟貧乏也，局中院中主持醫者，不知果爲良否，然一醫日診數十人者有之，且過百診者亦有之，此雖聖神不能如是，是直以爲兒戲矣。其中縱或有一得，而究之所失者多。然則官醫局與各贈醫院之設非仁者與？非也，所謂好仁不好學也。

醫本仁術，贈醫局院之發起，亦本仁心，唯不得其道，則轉以仁者之心，而反爲不仁之事。蓋得一良醫，可以活千萬人，否則反是，何如得千萬之良醫，而全活天下後世無量數之人，此其義，雖前人亦偶見及，不過責望醫者之自爲良，而不能深切著明醫者之病根，改良醫者之方藥，縱使責望再深，學堂開徧，局院設滿於天下，無當也。《醫醫醫》一篇，正所以濟仁者無窮之心，而不使偶有貽誤，稍留缺憾，祇須厚籌經費，豐給修火，多聘通醫，嚴訂功過。無論局院大小，病者多寡，限制各醫一日不得過十診，並須隨證詳立脈相病情、治否方法，以及一切禁忌，交給病人，仍一面註册存之，局院按月分年，合榜通衢，以待官府考核。照此章程，逐漸擴充，由省會以及各府州縣，自城市以至各鄉村落，一省如此，直省皆然。除富厚者足以自行奉請外，其有不能設立局院者，即合一區之衆，豫爲厚集養醫之費或上月給奉，或臨時分診給奉，皆可取之公中，總使醫者足以贍其身家而有餘，並一洗從前苟且輕賤之習，則天下隨處皆良醫，天下病者，亦皆全活而無患矣。

《醫醫醫》一篇，非特欲世界之人皆無疾病，醫盡良醫，且更望人人皆爲聖賢。人生富貴不可必，神仙不可求，而疾病則可卻，聖賢亦可爲也。古今天下之病，推而廣之，不知幾千萬種，而一證又千頭萬緒，差之毫釐，謬以千里，誠不易言醫治，約而言之，又不過外感内傷兩病。外感則風寒暑濕燥火，六淫之氣爲之，内傷則喜怒哀樂愛惡欲，七情所發，合之所謂十三因也。然人能愼起居而適其寒溫，自可以卻外感，且外感除傷寒兩感、瘟疫四感，與中風之直中臟者，則俱可以不死，而世之多死於外感者，皆醫藥誤之也。内傷則無不死者，何也？本非草木無情可治也。間嘗竊論神農黄帝岐伯仲景，爲外感之國手，若内傷，則孔孟爲國手，降而宋儒明儒旁及老莊佛氏，亦内傷之好手，其書千言萬語，莫非治人性情，洵爲内傷良藥。惜古今天下人，無一善讀而覺者，古今天下醫，更無一夢見而覺者，故死於內傷者，又不知何限。今特爲世界醫界大放光明，如能於岐、景、孔孟之書，以及各大家諸大儒之語論，一一尋繹融會，深長思之，則外感內傷，無不畢治矣。

明儒呂新吾先生有曰：以淡食爲二陳，以寡欲爲四物，以清心省事爲四君子，無方之藥，不名之醫，取諸身而已。旨哉斯言，庶幾與吾不謀而合，唯惜闡發未盡耳。吾嘗於內傷之證，輒先以言語之藥爲治其情，並屬病者以情治情，無如皆以爲迂腐，不但不服此方，且非笑之，而唯乞靈於草木，曷可得耶？世界之人，如不顧輕身重財也，則請悉遵吾方以醫醫，良醫自必輩出，以應所欲。如仍生命財產並重也，則唯人人多讀書而兼習醫，合醫道治（過）〔道〕而爲一貫，更以自治而漸進於聖賢之室，循致默化列強競爭之病，而合中外爲大同之世。勿謂聖賢不可爲也，顏淵曰：舜何人也？予何人也？有爲者亦若是。公明儀曰：文王我師也，周公豈欺我哉。曹交曰：人皆可以爲堯舜。孟子曰：堯舜與人同耳。又曰：聖人與我同類也。此皆爲聖賢之方藥也，疾病云乎哉。若以爲徒爲高論，是不爲也，非不能也，吾末如之何也已。

《醫醫醫·醫者自醫之醫方》 古之醫者，人皆神聖，而又貴爲天子，富有四海。或爲大臣，如岐伯、伊尹是。或爲達官，如長沙太守仲景是。大臣達官，雖富貴不逮天子，而身家皆自優裕，得以專一於醫，而無別慮縈擾，且復藥皆自嘗自備（今之西醫東醫，亦自備藥，頗合吾國古法，此其一得），一遇病者，無不應手奏效。蓋先於經絡臟腑，洞見癥結，更於氣化傳變，豫爲防制。非若今之西醫，必待其人死後，購而剖解，始知其病之所在，自以爲實驗，人亦莫不以爲然，然究不知其病之所在也。人唯有生氣，方有氣化傳變，既死則氣已絕，而無跡可尋。如咳嗽病，有因外感，有因內傷，有因外感而變成內傷，或只關本臟，或爲火刑金，或爲子累母，或爲母累子，或不能勝其所勝，而轉使勝其所不勝。《內經》所云：五臟皆令人咳。甚則移傳六腑。此皆古聖神人明氣化傳變之理，傳之至今，歷歷不爽者也。西醫則剖解後見肺葉焦枯，或且潰爛，遂只名之曰肺炎，凡遇咳嗽，概以肺炎治之。無論寒熱有異，即只以肺炎論，亦不知其炎之由於心，由於腎，由於脾胃與肝膽，徒執一本位爲治，無怪其多不效，而轉以爲本不治。是皆由於不明五運六氣，以及脈息之碻有可憑，故雖至死，亦不知病之所以然。今之重視西醫從學西醫者，直與西醫同夢。吾所以爲醫者立自醫之方，並欲以開通西醫者，此其一也。類乎此者，不知凡幾。

又如尋常瘧疾，寒熱來往，作止有時。一證既有來往之名，必有來往之處，來從何作，往從何止。醫者昧昧，漫不加察，雖中古以後之名，大家亦皆不知其病之所在，稍賢明者，不過能分十二經絡，或陰或陽，於邪來時所注重之經界。經界既正，則藥力專到，不致累及無辜。然必既專且久，邪始漸衰而退，非能直指病之來源也。下此則皆囫圇亂治，抄撮本證數方投之，或以止截爲功，或當邪衰自愈。以故病瘧者，無不經年累月受害。西醫亦只知以金鷄納霜截之，然亦有效有不效（陰虛者則多不效，且不宜服），即使收效一時，後必再發，更或變生他證而不可救，吾見不可殫述。豈知凡病皆不離經絡臟腑，唯此病若不在經絡臟腑，而別有所寄，發作時始由經絡而臟腑，退止時又由臟腑而經絡，而止其所休焉。以時來往者，則又胃氣爲之也。胃於五行屬土，於五德屬信，故有信若潮。如人饑則思食，皆胃之日信，與婦女之月信同然。此雖予一人之私言，然實體驗有得，聖人復起，不易吾言矣。《內經》陰陽瘧論，岐伯曰：瘧之將來也，陰陽之且移也，必從四末始也，堅束其處而決去之。只此四語，賊情賊踪賊窟治法，無不畢具。如法爲之，無論何瘧，莫不霍然，所謂搗其老巢，老賊凈盡。非聖人而能若是乎，非眞洞見臟腑經絡而能若是乎，又何須效西醫之剖解而始爲實驗耶。恐雖剖解，亦莫名其妙也。今特爲醫者揭之，以爲自醫醫人最便宜方。更以開通西醫，使知吾國古聖之法，不事剖解，向能洞見經絡臟腑之神（此證唯張子和、喻嘉言見及經旨，惜皆不能篤守聖法，而雜出多方）。

今之醫者，大率下愚者多，其較古之聖神，不知幾千萬里，且又皆讀書不成，別業不就，無聊之極，思始遁於醫之一途，於是聖神與天地參之道，遂變爲至愚無聊者之逋逃藪。況當世界苟且輕賤之積習，牢不可破，其欲以爲利者亦末矣。或別有會心者，藉此以夤緣入官，遇上官病，或其家屬病，不俟延請，行同毛遂，時運一至，偶然倖中，美差優缺，（份）〔紛〕至（杳）〔沓〕來，上官亦最樂此，所謂惠而不費也。富貴逼人，亦常有事，是則不必問其道之若何矣。若其不善夤緣，又無眞實本領，不過聊爲餬口計，且有時並口亦不能餬，徒見輕鄙於世界，且並貽譏於外人，以爲吾國醫者如是任意，推測古之道，亦不過如是。言念及此，吾又不願人之再業此。如果有發憤而欲爲此者，則請相率而進吾之方。毋慮其愚也，以學愈之。毋慮其貧也，以勤儉愈之。毋慮其餬口不能也，以夷齊首陽之日，孔子在陳之時較之，雖餓死事小也。能如是，天下何事不可爲乎。則再請進吾之多方，更以自醫。醫道務從正心博學爲體，而以繼往開來爲用，其間息邪説，距詖行，貫治道，功夫亦萬不可少。若徒以日診數人，月好數病，年活多人爲畢能事，而於國家元氣，天下痌瘝，毫無所裨，人雖眎我甚重，自待未免尚輕。良醫良相之説，非虛語也。燮理陰陽，且足以彌天地之災沴，於人事更無論矣。相位不可必期，道理要歸一致，出位之思，君子當不禁此。且不必問朝廷世界對待醫者何如，而祇裕吾胞與之懷，時切饑溺之思，尤於貧賤富貴，不易其心，所謂寧可人負我，不可我負人。此正心之説也，即自醫之第一方也。

博學者於識字讀書之始，即以《靈》、《素》、《内經》、《難經》、《傷寒論》、《金匱玉函經》、《甲乙經》、《活人書》，合四子五經《爾雅》，先後並讀，更於性理經濟書多讀，然後再讀《神農本草經》、《長沙方經》，唐宋金元明代國朝各大名家著述，以及歐亞之《儒門事親》、《西醫五種》、《廣學彙編》、《英國產科》諸書，擇其大要者，次第閱之。其餘如《千金》、《外臺》、《聖濟總録》、《證治準繩》、《古今醫統》、《名醫類案》、《三因方》之類，不過爲醫家之大類書，略爲涉獵，以備參考可耳。至若邪説詖行，有乖聖道古法而誤世者，則概從閣置，或直以從火。唯讀時須精考古書之簡脱，與後儒之參附者，勿使爲其蒙蔽而貽誤。尤須於經、史、子集中不明言醫，而於醫道有合者，心領而神會之，所謂無字句間之醫也。此博學而又須善學者也，自醫之第二方也。

學醫最忌先看本草與各方書，一經寓目，即可略識藥品，聊記湯頭，湊雜成方，於天地陰陽、五運六氣全無理會，於人身經絡臟腑、病機脈情毫無覺察，一遇病者，遂覺技癢，爲之診治。偶然倖中，自鳴得意，人有見之，亦謂知醫，於是誤盡蒼生，終無入道之日。今之醫者，大都如是。況所閱本草，既非《神農本經》，所見方書，又非古聖經方，不過坊間所刊俗本，如《本草備要》、《醫方集解》、《驗方新編》、《三指禪》、《筆花醫鏡》、《萬病回春》、《馮氏錦囊》、《東醫寶鑑》、《醫宗必讀》之類。此種最易誤人之書，卻最盛行於今之世，幾於家置一編，以爲醫道盡於此矣。況且並此種類，亦未盡讀熟讀。凡有病家，必爲彼輩先試其手，及至輾轉貽誤，始思一延名醫。而時所謂名醫者，又不過薛立齋、趙養葵、張景岳、李士材、陳修園之徒，然其自命亦頗不凡，意謂較多讀書，總屬儒醫，其實於醫道仍是隔靴搔癢。不知取法乎上，僅得其中，取法乎中，品斯下矣，又況等而下之耶。有志醫道，其唯從吾，息邪説，距詖行，而直入於聖人之室。

學醫尤忌誤解《傷寒論》。案仲景自序云，作《傷寒雜病論》合十六卷，原爲萬病立法，所謂法者，即六經氣化傳變，而方藥隨之而變之法也。以六經提綱者，使醫者必先明六經經界，則萬病不外乎六經。唐宋以來，致力於《傷寒論》者，無慮百數十家，究其所作，不出二義。一則因本文爲之註疏，猶公穀之説《春秋》；一則引本文而爲立論，猶韓嬰説詩外傳，非多以辭害義，即失斷章取義。自王叔和編次傷寒雜病，分爲兩書，於本論削去雜病，而論中雜病又存而未去者尚多，且參以私意，紊亂仲景原文，改頭換面不少。以致世之讀《傷寒論》者，謂能治傷寒即能治雜病，遂多以雜病當傷寒，以傷寒概雜病而混治之。不知天下之病，雜病多而傷寒少。如地當西北，時當嚴寒，或多傷寒，外此則皆雜病矣。若地當東南，則雜病溫病爲多，即時當嚴寒，亦不過感寒冒寒而已。醫者不明六經之法是統傷寒雜病而論，只以治傷寒之方藥概治雜病，而不知以六經之法分治雜病，此皆叔和階之厲也。叔和《序例》所引《内經》，莫不增句易字，況仲景耶。欲識眞仲景者，當於原書本論，逐條察其筆法，知《考工記》自不合於《周官》，褚先生大不侔於太史。世皆以《金匱要略》爲仲景《雜病論》，有若似聖人，唯曾子以爲不可耳，柯韻伯《傷寒論翼》辨之最精且詳。吾敢附於柯曰：王叔和者，岐伯、仲景之罪人，而後世醫道之蟊賊也。雖《金匱》由叔和而始彰，其功亦不可沒，然究功不掩罪。有志醫道者，不得仲景《傷寒雜病論》原本十六卷而讀之，愼勿以傷寒之藥治雜病，而誤盡蒼生，幸甚！幸甚！

學醫必須講究氣化傳變，欲知氣化傳變，又必先明陰陽，切忌混論陰陽，不分六經經界。臟腑固分陰陽，而一臟又各有陰陽，一腑亦各有陰陽，俱宜逐臟逐腑，一一分清，氣化傳變，始能分曉。此在古名大家已少概見，今世中外業此者，更無從夢見。人身只陰陽兩端，一病則千頭萬緒，非能先正經界，尠不墮入迷途，差之毫釐，謬以千里。世之學者，既不曾聞大道，又不力追上乘，只以苟且從事，因陋就簡，謬以襲謬，歧之又歧，全不知氣化爲何事，何能夢見岐、景耶？不能窺見岐、景，又何能與論醫道耶？君子之道，辟如行遠必自邇，辟如登高必自卑，所謂下學而上達也。若夫醫道，則必上學而旁達，篤守古聖之法，然後旁通四達，以期推廣博大，而收土壤細流之助，仍不出古聖範圍，方爲醫學正宗。

學醫更須知，凡病是隨臟腑之氣而變，又隨藥氣而變。如太陽惡寒，非必傷寒始惡寒也，無論風寒濕暑燥火，邪氣一入太陽，無不惡寒。蓋以太陽本寒水經，邪入觸動寒水之氣，遂自惡寒。陽明發熱，非必中熱即發熱也。明陽爲南方火部，無論何邪，一入陽明，未有不發熱也。如入少陽，少陰爲太陽陽明轉樞，在半表半裏之間，故又有寒熱往來之勢。或又隨藥氣而變使然，不然，何以傷寒在太陽有桂枝、麻黄等方，一入陽明少陽，又有葛根、白虎、承氣、大小柴胡等方，是一經界中已有在經在臟在腑之别。若邪未入陽明，尚在太陽，一用葛根，未有不入陽明也。尚在太陽或在陽明，一用柴胡，未有不入少陽也。是皆臟腑氣化傳變與藥氣傳變之故也，不獨傷寒爲然，雜病亦莫不然。不獨三陽爲然，即六陽六陰亦莫不然。仲景《傷寒雜病論》先以六經提綱者，亦此之故，雖未條分縷晰，善學者要當善悟而三反也。世之混論陰陽，只論寒熱虚實者，何能語於醫道，而况乎能辨寒熱虚實者亦寡矣。學者可不知所務乎，西藥不亦聞所未聞乎。

《瘧科全書·自序》 千古文人之筆，最懼雷同，獨醫學則最患不能雷同耳，未有患是症不用是方而能療是疾者。歷觀諸名家醫書，多是各立一説，殊少定見。【略】即西醫亦然，總不出強硬手段。中材以上之人，閲是書尚可活人；中材以下之人，閲是書非第不能活人，甚且誤人多多不少矣。噫，醫之道最微，微則不能不深究；醫之方最廣，廣則不能不小心，差之毫釐，失於千里。孟子云：術之不可不慎，此之謂也。故凡業醫者，不特難以議目前，實則最難辨善後。

《瘧科全書·侯家驥序》 醫之爲任重矣，天下之業醫者多矣。善醫者，固藥到回春，如響斯應，有回生起死之功；不善醫者，往往操庸劣手段以嘗試，而卒以殺人。間有一二醫者，得一最靈驗之奇方，則秘而不肯示人，藉口以方傳不效，其實持金錢主義，藉是方以博取人財。

《中風斠詮·高行素序》 病人之生死機緘，操于醫生筆下，而醫生之或致草菅人命，大率由所讀醫書有以誤之。

《學醫便讀·自序》 有清一代，人才輩出，各種學術，若經學小學，若算學，若弈，俱超越前古，醫學亦其一也。非今人之材力聰明迥異乎古人，蓋創者恆難繼者恆易，凡百學術以愈研而愈精耳。

《秋瘧指南·藍寶瓊序》 醫學一門，羣生之性命所係，其道最重，其業亦最難，非素有眞積之學，不可以爲醫，非實有康濟之心，更不可以爲醫。晚近以來，醫風不振，操是業以遊於世者，大抵薄涉淺嘗，摭拾方藥，即汲汲惟利是圖已耳。甚有侈語西醫，反薄中醫爲無用者，其粗浮怪誕，更不足道。而能疾痛相關，愼審明辨，不致貽誤生靈者，有幾哉！

《秋瘧指南·附醫家小説》 間嘗讀孔子魯論，於南人一章有曰：人而無恆，不可以作巫醫。蓋孔子所以述南人之言者，惟恐人立心無恆，致使作輟鮮終，未嘗以巫醫爲賤役，而朱子獨釋巫醫爲賤役。巫之道吾不可知，以醫爲賤役，余殆有所未解。何也？竊思醫之源流，創自神農，天生神聖，以救萬民者也。是以神農發明《本草》，軒轅作《靈》經，岐伯詳《素問》，伊尹作湯液，長沙著《傷寒》，盧醫著《難經》，和緩辨膏肓，削骨療醫，華陀之發起不誣，筆點龍睛，思邈之眞詮尚在。據考千古名醫，非聖君賢相，即仙風道骨之流。以醫爲賤役者，果何謂哉？雖然，朱子亦賢人也，揣其所以爲是言者，豈眞無謂哉，勿論他人，即鄙人亦嘗遇之。余猶記托迹三河，遇富貴家後裔，延余診其少君。入門伊始，掃榻歡迎，誠而且敬。及診視後，且言病機不治，余欲他往。奈殷勤挽駕，停留一夕，豈料坐談間毫無禮趣，且童僕無告。問其居心厚薄不可知，而其視醫爲賤役，則昭然若揭。予始疑朱子之説者，予轉服朱子之言不我欺也。然而予説是言未終，有博學先生執余手而言曰：如子之言，其置天生神聖之神農輩爲何地？且視仙風道骨之流爲何人乎？遂各粲然一笑而起。

《折肱漫録·陸圻序》 今之求醫者，率擇齒危之老，或且乘青雀，曳羅縠，蒼頭盧兒，美衣刺肥，曰：是所謂名醫者也。不則矜世傳，哆禁方，目不識六七，寫杜仲爲土中，書枳殼爲只壳，而病者亦禮而進之曰：是所謂專醫者也。嗟乎！儒之於世務既不能競其施，而獨於醫則尤相枘鑿，曰：吾儒人也。而談醫病者，必唾其面。嗟乎！此豈非天擠馮生，而難爲俗人道耶？予嘗考醫之起於名儒者，伊尹《湯液》，最爲老師。以至漢奉張機，嘗爲太守，魏稱華佗，亦擢孝廉。皇甫謐序重三(都)[部]，著經《甲乙》，殷中軍清言能品，頗善經方。而陶宏景有《别録》之書，梁簡文著《勸醫》之論。若此之倫，更僕難數，蓋以搢紳先生之徒，學緣博而獲中，識因微而造巧，故其所詣，必非麄工所敢望，而奈何以儒之敏贍穎灼，爲反足累於醫乎？即近世節齋、念西諸先生，亦未嘗不繇甲科高第治靈蘭家言，而卒以起沉痼、擅神明之譽，遂乃著書滿家，訓流來葉。彼群醫者，持一布鼓作蒼蠅聲，蹩蹩何地耶。

醫學通論總部

醫學源流通論部

論説

《世本》 神農和藥濟。

巫彭作醫。

巫咸初作醫。巫咸，堯臣也。以鴻術爲帝堯之醫。

《素問·移精變氣論》 上古使僦季貸理色脈而通神明。

《山海經·海内西經》 開明東有巫彭、巫抵、巫陽、巫履、巫凡、巫相，郭璞注：皆神醫也。《世本》曰：巫彭初作醫。《楚詞》曰：帝告巫陽。郝懿行案：《説文》云：古者巫彭初作醫。郭引《楚詞》者，《招魂篇》文也。餘詳《大荒西經》。 夾窫窳之尸，皆操不死之藥以距之。郭璞注：爲距卻死氣求更生。 窫窳者，蛇身人面，貳負臣所殺也。

《山海經·大荒西經》 有靈山，巫咸、巫即、巫朌、巫彭、巫姑、巫真、巫禮、巫抵、巫謝、巫羅十巫，從此升降，百藥爰在。郭璞注：群巫上下此山采之也。

《淮南子·修務訓》 於是神農乃如教民播種五穀，相土地宜燥濕肥墝高下。嘗百草之滋味，水泉之甘苦，令民知所避就。不此之時，一日而過七十毒。

《史記·太史公自序》 扁鵲言醫，爲方者宗，守數精明。後世(修)〔循〕序，弗能易也，而倉公可謂近之矣。

《史記·扁鵲倉公列傳》 中庶子曰：【略】臣聞上古之時，醫有俞跗，治病不以湯液醴灑，鑱石撟引，案扤毒熨，一撥見病之應，因五藏之輸，乃割皮解肌，訣脈結筋，搦髓腦，揲荒爪幕，湔浣腸胃，漱滌五藏，練精易形。

至今天下言脈者，由扁鵲也。【略】

慶有古先道遺傳黄帝、扁鵲之脈書，五色診病，知人生死，決嫌疑，定可治，及藥論書，甚精。【略】臣意即避席再拜謁，受其脈書上下經、五色診、奇咳術、揆度陰陽外變、藥論、石神、接陰陽禁書。

《漢書·藝文志》 昔仲尼沒而微言絶，七十子喪而大義乖。故《春秋》分爲五，《詩》分爲四，《易》有數家之傳。戰國從衡，眞僞分爭，諸子之言紛然殽亂。至秦患之，乃燔滅文章，以愚黔首。漢興，改秦之敗，大收篇籍，廣開獻書之路。迄孝武世，書缺簡脱，禮壞樂崩，聖上喟然而稱曰：朕甚閔焉！於是建藏書之策，置寫書之官，下及諸子傳説，皆充秘府。至成帝時，以書頗散亡，使謁者陳農求遺書於天下。詔光禄大夫劉向校經傳諸子詩賦，步兵校尉任宏校兵書，太史令尹咸校數術，侍醫李柱國校方技。每一書已，向輒條其篇目，撮其指意，録而奏之。會向卒，哀帝復使向子侍中奉車都尉歆卒父業。歆於是總群書而奏其《七略》，故有《輯略》，有《六藝略》，有《諸子略》，有《詩賦略》，有《兵書略》，有《術數略》，有《方技略》。今刪其要，以備篇籍。【略】

《黄帝内經》十八卷。

《外經》三十(九)〔七〕卷。

《扁鵲内經》九卷。

《外經》十二卷。

《白氏内經》三十八卷。

《外經》三十六卷。

《旁篇》二十五卷。

右醫經七家，二百一十六卷。

醫經者，原人血脈經(落)〔絡〕骨髓陰陽表裏，以起百病之本，死生之分，而用度箴石湯火所施，調百藥齊和之所宜。至齊之得，猶慈石取鐵，以物相使。拙者失理，以瘉爲劇，(以死爲生)〔以生爲死〕。

《五藏六府痺十二病方》三十卷。

《五藏六府疝十六病方》四十卷。

《五藏六府癉十二病方》四十卷。

《風寒熱十六病方》二十六卷。

《泰始黄帝扁鵲俞拊方》二十三卷。

《五藏傷中十一病方》三十一卷。

《客疾五藏狂顛病方》十七卷。

《金創瘲瘛方》三十卷。

《婦人嬰兒方》十九卷。

《湯液經法》三十二卷。

《神農黄帝食禁》七卷。

右經方十一家，二百七十四卷。

經方者，本草石之寒溫，量疾病之淺深，假藥味之滋，因氣感之宜，辯五苦六辛，致水火之齊，以通閉解結，反之於平。及失其宜者，以熱益熱，以寒增寒，精氣內傷，不見於外，是所獨失也。故諺曰：有病不治，常得中醫。

《容成陰道》二十六卷。

《務成子陰道》三十六卷。

《堯舜陰道》二十三卷。

《湯盤庚陰道》二十卷。

《天老雜子陰道》二十五卷。

《天一陰道》二十四卷。

《黄帝三王養陽方》二十卷。

《三家内房有子方》十七卷。

右房中八家，百八十六卷。

房中者，（性情）〔情性〕之極，至道之際，是以聖王制外樂以禁内情，而爲之節文。傳曰：先王之作樂，所以節百事也。樂而有節，則和平壽考。及迷者弗顧，以生疾而隕性命。

《宓戲雜子道》二十篇。

《上聖雜子道》二十六卷。

《道要雜子》十八卷。

《黄帝雜子步引》十二卷。

《黄帝岐伯按摩》十卷。

《黄帝雜子芝菌》十八卷。

《黄帝雜子十九家方》二十一卷。

《泰壹雜子十五家方》二十二卷。

《神農雜子技道》二十三卷。

《泰壹雜子黄治》三十一卷。

右神僊十家，二百五卷。

神僊者，所以保性命之眞，而游求於其外者也。聊以盪意平心，同死生之域，而無怵惕於胸中。然而或者專以爲務，則誕欺怪迂之文彌以益多，非聖王之所以教也。孔子曰：索隱行怪，後世有述焉，吾不爲之矣。

凡方技三十六家，八百六十八卷。

方技者，皆生生之具，王官之一守也。太古有岐伯、俞拊，中世有扁鵲、秦和，蓋論病以及國，原診以知政。漢興有倉公。今其技術晻昧，故論其書，以序方技爲四種。

《帝王世紀》 伏羲氏仰觀象於天，俯觀法於地，觀鳥獸之文與地之宜，近取諸身，遠取諸物，於是造書契以代結繩之政，書八卦以通神明之德，以類萬物之情。所以六氣、六府、五藏、五行、陰陽、四時、水火升降得以有象，百病之理得以有類。乃嘗味百藥而制九針，以拯夭枉焉。

炎帝神農氏，長於江水，始教天下耕種五穀而食之，以省殺生。嘗味草木，宣藥療疾，救夭傷人命，百姓日用而不知。著《本草》四卷。

黄帝有熊氏，【略】又使岐伯嘗味草木，典醫療疾，今經方本草之書咸出焉。

黄帝有熊氏命雷公、岐伯論經脈，傍通問難八十一，爲《難經》。教制九針，著《内外術經》十八卷。

《甲乙經·自序》 夫醫道所興，其來久矣。上古神農始嘗草木而知百藥，黄帝咨訪岐伯、伯高、少（偷）〔兪〕之徒，内考五臟六腑，外綜經絡血氣色候，參之天地，驗之人物，本性命，窮神極變，而鍼道生焉。其論至妙，雷公受業，傳之於後。伊尹以亞聖之（方）〔才〕，撰用《神農本艸》，以爲《湯液》。中古名醫有俞跗、醫緩、扁鵲，秦有醫和，漢有倉公，其論皆經理識本，非徒胗病而已。漢有華佗、張仲景。其他奇方異治，施世者多，亦不能盡記其本末。若知直祭酒劉季琰病發於畏惡，治之而差。云：後九年季琰病應發，發當有感，仍本於畏惡，病動必死。終如其言。仲景見侍中王仲宣，時年二十餘，謂曰：君有病，四十當眉落，眉落半年而死。令服五石湯可差。仲宣嫌其言忤，受湯而勿服。居三日，見仲宣，謂曰：服湯否？仲宣曰：已服。仲景曰：色候固非服湯之胗也，君何輕命也！仲宣猶不言。後二十年果眉落，後一百八十七日而死，終如其言。此二事雖扁鵲、倉公無以加也。華陀性惡矜技，終以劉死。仲景論廣伊尹《湯液》爲數十卷，用之多驗。近代太醫令王叔和撰次仲景選論甚精，(皆)[指]事施用。

按《七略》、《藝文志》：《黄帝内經》十八卷。今有《鍼經》九卷，《素問》九卷，二九十八卷，即《内經》也。亦有所忘失，其論遐遠，(稱然)[然稱]述多而切事少，有不編次。比按《倉公傳》，其學皆出(其)[於]《素問》，論病精微。《九卷》是原本經脈，其(病)[義]深奥，不易覺也。又有《明堂孔穴鍼灸治要》，皆黄帝岐伯選事也。

《抱朴子·内篇·雜應》 余見戴霸、華佗所集《金匱》《緑囊》《崔中書黄素方》及《百家雜方》五百許卷，甘胡、呂(傳)[傅]、周始、甘唐通、阮(南河)[河南]等各撰集暴卒備急方，或一百十，或九十四，或八十五，或四十六，世人皆爲精悉不可加也。余究而觀之，殊多不備，諸急病甚尚未盡，又渾慢雜錯，無其條貫，有所尋按，不即可得。而治卒暴之候，皆用貴藥，動數十種，自非富室而居京都者，不能素儲，不可卒辦也。又多令人以針治病，其灸法又不明處所分寸，而但説身中孔穴榮輸之名，自非舊醫，備覽明堂流注偃側圖者，安能曉之哉。余所撰百卷，名曰《玉函方》，皆分别病名，以類相續，不相雜錯。其九十三卷，皆單行徑易，約而易驗，籬陌之間，顧眄皆藥，衆急之病，無不畢備。家有此方，可不用醫。

《搜神記·神農》 神農以赭鞭鞭百草，盡知其平毒寒溫之性，臭味所主。

《本草集注·序録》 晉時有一才情人，欲刊正《周易》及諸藥方，先與祖納共論。祖云：辨釋經典，縱有異同，不足以傷風教。方藥小小不達，便壽夭所由，則後人受弊不少，何可輕以裁斷。祖公此言，可謂仁識，足爲水鏡。

又 自晉世已來，有張苗、(官)[宫]泰、劉(悳)[德]、史脱、靳邵、趙泉、李子豫等一代良醫，其貴勝阮德如、張茂先(裴)[輩]，逸民皇甫士安，及江左葛稚川、蔡謨、殷淵源諸名人等，並亦研精藥術。宋有羊欣、王徽、胡洽，秦有承祖，齊有尚書諸澄、徐文伯、嗣伯羣從兄(第)[弟]，治病亦十愈其九。凡此諸人各有所撰用方，觀春指趣，莫非《本草》者。

《肘後方·華陽隱居補闕序》 今搢紳君子，若常處閑佚，乃可披檢方書。或從禄外邑，將命遐征，或宿直禁闈，晨宵隔絶，或急速戎陣，城柵嚴阻，忽遇疾倉卒，唯拱手相看，曷右探之囊笥，則可庸豎成醫。

《褚氏遺書·辨書》 尹彦成問曰：五運六氣，是邪？非邪？曰：大撓作甲子，隸首作數，志歲月日時遠近耳。故以當年爲甲子歲，冬至爲甲子月，朔爲甲子日，夜半爲甲子時。使歲月日時積一十百千萬，亦有條而不紊也。配以五行，位以五方，皆人所爲也。歲月日時，甲子乙丑，次第而及。天地五行，寒暑風雨，倉卒而變。人嬰所氣，疾作于身，氣難預期，故疾難預定。氣非人爲，故疾難預測。推驗多舛，拯救易誤。俞扁弗議，淳華未稽，吾未見其是也。曰：《素問》之書成于黄岐，運氣之宗起于《素問》，將古聖哲妄耶？曰：尼父删經，三墳猶廢。扁鵲盧醫，晚出遂多，尚有黄岐之經籍乎？後書之託名于聖喆也。曰：然則諸書不足信邪？曰：由漢而上，有説無方。由漢而下，有方無説。説不乖理，方不違議，雖出後學亦是良醫。故知君子之言，不求貧朽，然于武成之策，亦取二三。曰：居今之世，爲古之工，亦有道乎？曰：師友良醫，因言而識變。觀省舊典，假筌以求魚。博涉知病，多診脈，屢用達藥，則何愧于古人。

《隋書·經籍志》 醫方者，所以除疾疢，保性命之術者也。天有陰陽風雨晦明之氣，人有喜怒哀樂好惡之情。節而行之，則和平調理，專壹其情，則溺而生疢。是以聖人原血脈之本，因鍼石之用，假藥物之滋，調中養氣，通滯解結，而反之於素。其善者，則原脈以知政，推疾以及國。《周官》醫師之職掌聚諸藥物，凡有疾者治之，是其事也。鄙者爲之，則反本傷性。故曰：有疾不治，恆得中醫。

《劉夢得文集·荅道州薛侍郎論方書》 禹錫再拜。初，兄出中臺，守江華，人咸曰：函牛之鼎，以之烹小鮮，惜乎餘地湮漫而無庸也！愚獨心有概焉，以爲君子受乾陽健行之氣，不可以息，苟吾位不足以充吾道，是宜寄餘術百藝以洩神用，其無暇日，與得位同。久欲以是理求有得於兄，而未有路。會崔生來辱書教，果惠以所著奇方十通，商古今之宜而去其幷猥，以一物足以了病者居多，非累試輒效，不在是族。或取諸眉近，亦以捃拾，慮怕人多怠忽不省，必建言顯白，揚其功於已然。其佗立論，率以弭病於將然爲先，而攻治爲後。言君臣必以時，言宣補必以性，言砭灸必本其輸榮，言祓禳必因其風俗。齊和之宜，炮劇之良，暴炙有陰陽之候，煎烹有少多之取，撓（火高反）勞以制駛，露置以養潔。味有所走，薰有所歸，存諸纖悉，易則生患，非博極遐覽之士，孰能知其所從來哉。愚少多病，猶省爲童兒時，夙具襦袴，保姆抱之以如醫巫家，鍼烙灌餌，咺然啼號，巫嫗輒陽陽滿志，引手直求，竟未知何等方，何等藥餌。及壯，見里中兒年齒比者，必睨一作睆。然武健可愛，羞己之不如，遂從世醫號富於術者，借其書，伏讀之，得《小品方》，於群方爲最古，又得《藥對》，知本草之所自出。考《素問》，識榮衛經絡百骸九竅之相成。學切脈以探表候，而天機昏淺，布指於位，不能分累菽之重輕，第知息至而已。然於藥石不爲懵矣。爾來垂三十年，其術足以自衛，或行乎門內，疾輒良已，家之嬰兒，未嘗詣醫門求治者。頃因欲編次已試者爲一家方書，顧力不足，今兒能我先所以辱睨之，喜信踰拱璧，有以賞音適道爾。常思世人居平不讀一方，病則委千金於庸夫之手，至於甚殆，而曰不幸，豈眞不幸邪？甚者，或乘少壯之氣，笑人言醫，以爲非急，昌言曰飴口飽腹，藥其如我何。所乘之氣，有時而既，於禱神佞佛，遂甘心焉。兄以愚言覆觀之，其人固比肩耳。前蒙示藥焙法，謹如教，地之慝，果不能傷，雖茈音柴胡、水寫喜速朽者，率久居而無害。萬物不可以無法，謂生不由養，致其誣乎。山川匪遐事，使之遠形不接而諭者，莫賢乎書。臨紙怡悵不宣。

《素問·高保衡等序》 臣聞安不忘危，存不忘亡者，往聖之先務；求民之瘼，恤民之隱者，上主之深仁。在昔黃帝之御極也，以理身緒餘治天下，坐於明堂之上，臨觀八極，考建五常。以謂人之生也，負陰而抱陽，食味而被色，外有寒暑之相盪，內有喜怒之交侵，夭昏札瘥，國家代有。將欲斂時五福，以敷錫厥庶民，乃與岐伯上窮天紀，下極地理，遠取諸物，近取諸身，更相問難，垂法以福萬世。於是雷公之倫，授業傳之，而《內經》作矣。歷代寶之，未有失墜。蒼周之興，秦和述六氣之論，具明於在史。厥後越人得其一二，演而述《難經》。西漢倉公，傳其舊學，東漢仲景，撰其遺論。晉皇甫謐刺而爲《甲乙》，及隋楊上善纂而爲《太素》。時則有全元起者，始爲之訓解，闕第七一通。迄唐寶應中，太僕王冰篤好之，得先師所藏之卷，大爲次註，猶是三皇遺文，爛然可觀。【略】三墳之餘，帝王之高致，聖賢之能事，唐堯之授四時，虞舜之齊七政，神禹修六府以興帝功，文王推六子以叙卦氣，伊尹調五味以致君，箕子陳五行以佐世，其致一也。柰何以至精至微之道，傳之以至下至淺之人，其不廢絶爲已幸矣。

《甲乙經·高保衡等序》 或曰《素問》、《鍼經》、《明堂》三部之書，非黃帝書，似出於戰國。曰：人生天地之間，八尺之軀，藏之堅脆，府之大小，穀之多少，脈之長短，血之清濁，十二經之血氣大數，皮膚包絡，其外可剖而視之乎？非大聖上智，孰能知之？戰國之人何與言。大哉？《黃帝內經》十八卷，《鍼經》三卷，最出遠古。

《春明退朝録》卷下 太宗詔諸儒編故事一千卷，曰《太平總類》，文章一千卷，曰《文苑英華》，小説五百卷，曰《太平廣記》，醫方一千卷，曰《神醫普救》。總類成帝日覽三卷，一年而讀周，賜名曰《太平御覽》。

《事物紀原·伎術醫卜部》 醫書 皇甫謐《帝王世紀》曰：黃帝命雷公、岐伯教制九鍼，著《內外經》，《素問》之書咸出焉。《黃帝內傳》曰：帝昇爲天子，《鍼經》、《脈訣》無不備也，故《金匱》、《甲乙》之類，皆祖黃帝。

方書 世諸方書藥法，雖損益隨時，大抵祖述黃帝。如《脈訣》之出於晉王叔和，《病源》之出於隋巢元方，《湯液經》之出於商伊尹，《傷寒論》之出於漢張機，《千金備急》出於孫思邈，《外臺秘要》出於唐王珪。宋太宗求天下名方，集《太平聖惠》。其餘紛紛，無代無之。高氏《小史》曰：炎帝作藥方以救時疾。

小兒方 孫思邈《千金方》曰：小兒六歲以下，黃帝無説。中古有巫妨始撰《顱顖經》，以占壽夭，自茲始有小兒方。則小兒方藥，始於巫妨也。

《難經》 《帝王世紀》曰：黃帝命雷公、岐伯論經脈，旁通問難八十一章，爲《難經》。楊元操《難經》序曰：《黃帝八十一難經》者，秦越人扁鵲所作。按《黃帝內(難)〔經〕》二秩，秩九卷，其義難究，越人乃採精要八十一章爲《難經》。

《本草》 《帝王世紀》曰：炎黃嘗味草木，置藥療疾，著《本草》四卷，至梁陶洪景，唐李世勣等注叙爲二十卷。宋朝開寶中，重校定。仁宗嘉祐中，命劉禹錫等集類諸家叙藥之説，爲《補注本草》。《唐書·于志寧傳》云：漢班固惟紀《黃帝內外經》，不載《本草》，齊《七録》乃稱之。世謂神農嘗藥，黃帝以前，文字不傳，以識相付，至桐雷乃載篇冊。然所載郡縣多漢時事，疑張仲景、華佗輩記其語。陶洪景《本草序》云：此書應與《素問》同類。其餘多與志寧之説同也。

百藥 《淮南子》曰：神農始嘗百草之滋味，當此之時，一日而七十毒。《世本》曰：神農和藥濟人。則百藥蓋自神農始也。《世紀》或云伏羲嘗味百藥，非也。梁陶洪景《本草序》曰：神農氏王天下，宣藥療疾，以拯夭傷。高氏《小史》曰：炎帝嘗百藥以治病，嘗藥之時，百死百生。

九鍼　《帝王世紀》曰：太昊畫八卦，以類萬物之情，六氣六腑，五臟五行，陰陽四時，水火升降，得以有象。百病之理，得以有類。乃制九鍼。又曰：黄帝命雷公、岐伯教制九鍼。蓋鍼灸之始也。

明堂　金醫家記鍼灸之穴，爲偶人，點誌其處，名明堂。《銅人腧穴圖序》曰：黄帝問岐伯以人之經絡，窮妙於血脈，參變乎陰陽，盡書其言，藏於金蘭之室。洎雷公請問，乃坐明堂以授之。後世之言明堂者以此。

醫獸　《續事始》曰：黄帝時有馬師皇者，善醫馬，通神明。故《周禮》天官有獸醫，夏官有巫馬之職也。

《資治通鑑外紀·包犧以來紀·神農氏》　又嘗百草酸鹹之味，察水泉之甘苦，令民知所避就。當此之時，一日而遇七十毒。神而化之，使民宜之。

《避暑録話》卷上　士大夫于天下事，苟聰明自信，無不可爲，惟醫不可強。本朝公卿能醫者，高文壯一人而已，尤長于傷寒。其所從得者，不可知矣。而孫兆、杜壬之徒，始聞其緒餘，猶足名一世。文壯，鄆州人。至今鄆多醫，尤工傷寒，皆本高氏。余崇寧大觀間在京師，見董汲、劉寅輩，皆精曉張仲景方術，試之數驗，非江淮以來俗工可比也。子瞻在黄州，蘄州醫龐安常，亦善醫，傷寒得仲景意。蜀人巢谷，出聖散子方，初不見于世(前)[間]醫書，自言得之于異人，凡傷寒不問證候如何，一以是治之，無不愈。子瞻奇之，爲作序，比之孫思邈三建散，雖安常不敢非也，乃附其所著《傷寒論》中，天下信以爲然。疾之毫釐不可差，無甚于傷寒，用藥一失其度，則立死者皆是，安有不問證候而可用者乎？宣和後此藥盛行于京師，太學諸生，信之尤篤，殺人無數。今醫者悟，始廢不用。巢谷本任俠好奇，從陝西將韓存寶出入兵間，不得志，客黄州，子瞻以故與之游。子瞻以谷奇俠而取其方，天下以子瞻文章而信其方，事本不相因，而趨名者又至于忘性命而試其藥，人之惑蓋有至是也！

《注解傷寒論·嚴器之序》　夫前聖有作，後必有繼述之者，則其教乃得著於世矣。醫之道，源自炎黄，以至神之妙，始興經方，繼而伊尹以元聖之才，撰成《湯液》，俾黎庶之疾疢咸遂蠲除，使萬代之生靈普蒙拯濟。後漢張仲景，又廣《湯液》爲《傷寒卒病論》十數卷，然後方大備，兹先聖後聖，若合符節。至晉太醫令王叔和，以仲景之書撰次成序，得爲完秩。昔人以仲景方一部爲衆方之祖，蓋能繼述先聖之所作，迄今千有餘年不墜於地者，又得王氏闡明之力也。《傷寒論》十卷，其言精而奥，其法簡而詳，非寡聞淺見所能賾究，後雖有學者，又各自名家，未見發明。

《扁鵲心書·奏玉帝青詞》　維大宋紹興十六年丙寅月武翼郎臣竇材奏啓玉皇上帝玉陛下，臣聞上天好生而惡死，下民畏死而貪生。上天雖云惡殺，但示勸懲於下民，非其人而殺之者有之。下民雖曰貪生，但歸生死於天命，而致枉死者有之。皇天憫下民之疾苦，故假神農、皇帝、岐伯、雷公、扁鵲、俞跗等以立醫教，救人災病，歷世綿遠。屢遭兵火，其神書散亡，僅存者《靈樞》、《素問》而已。雖不盡傳宗派，是亦能救人疾苦，保人性命。但少洞徹藏府，刳腸滌髓之神耳。〔胡珏注〕果能參悟《靈》《素》，自然洞見藏府，至於刳腸滌髓，乃後世法之巧而用之神，惜乎此書無傳，諒亦不過一技術之妙，豈亦《靈》《素》之貫天人，晰隱顯，大無不包，細無不入，爲萬世理道之神書，救人之秘典哉。後世仲景採《内經》外感風寒之旨，附以己見，定立方法，及採雜證七十餘條，集爲《傷寒》《金匱》，後之學者，咸遵守莫敢移易。殊不知《傷寒》既有多證，《内經》自然該載，何必牽扯種種雜病以爲《傷寒》誤人不少。〔胡珏注〕果能遵循仲景之法，豈有誤人。惟後學不明其旨，妄爲注解，各執己見，未免穿鑿，希冀立名，遺訛後世，將爲仲景之功臣，實爲仲景之罪人。千百年來，明傷寒法者，有幾人哉。嗣後，叔和、思邈又附益之，障蔽聖經，遺訛後世。且經云：傷寒爲病，身熱，熱雖甚，不死。論中風曰：中五藏俞穴，則爲偏風。論水脹曰：因氣爲腫。論厲風曰：地之濕氣，感則害人皮肉筋脈。如此言之，其旨深，其意廣。後之人欲移難就易，妄爲穿鑿。且舉傷寒之證，眞邪相傳，直氣盛則病愈，邪氣盛則病死。陽證無死人之理，陰證害人甚速，須加(炙)[灸]艾，方保無虞。仲景立許多承氣湯，使後人錯用致寒涼殺人于頃刻也。〔胡珏注〕三承氣湯惡能害人，後學不明陰陽承制之道而妄用承氣者害之耳，于仲景何尤。

《扁鵲心書·進醫書表》　臣聞醫家正道，《内經》爲眞。《内經》言病最詳，而無治病之法。故黄帝又與岐伯撰出《靈樞》，實爲醫門所最急者也。嗣後秦越人依《内經》旨趣，而演《八十一難》。九鍼之說，晉皇甫士安採《靈樞》之旨，撰《甲乙經》十卷。隋巢元方摘《靈》《素》緒餘，註《内經》，又撰《病原》三十卷。唐王冰抉《靈》、《素》之旨，註《内經》，撰《天元玉歷》。已上諸子，皆有著作，悉師《靈》、《素》，去古法不遠。而漢張仲景不師《内經》，惟採《本草》、《湯液》，著《金匱玉函》十卷，撰《傷寒論》十卷。晉王叔和又贅其說。唐孫思邈採《本草》、《藥性》，集成《千金方》三十卷，《玉函經》五十卷，和附仲景。重重著述，皆宗此意。廢去鍼灸及丹附大藥，盡用草木小藥，盛行湯劑。以知理小疾則生，治大病則百無一活。至千百世誤死天下蒼生。（胡珏注）《傷寒》、《金匱》之書，辨六氣之環轉，析神機之出入，陰陽消長之妙，虛實遞更之變，首尾貫通，絲絲入扣。至(干)〔于〕在經兪而用針，起陷下而用灸，并觀其自叙，可謂神(干)〔于〕師《內經》者矣。謂仲景不師《內經》廢棄鍼灸，不亦冤乎。至若叔和、思邈，俱一代之明醫，亦未宜深貶，後學當細心辨之。伏念臣河朔貞定之寒士，焉敢善善揭前輩之過。但臣世祖隸傳于醫學，內舍相傳，亦以《千金》、仲景等方，小試果效。用臨大證，心竊有疑。後得上天裨我此書，更參《內經》，百發百中，始信醫有回天之功也。

《幼幼新書·李庚序》　醫家方論，其傳尚矣。自有書契以來，雖三墳之言世不得見，而《神農本草》、《黄帝內經》乃與宓犧氏之八卦綿歷今古，爛然如日星昭垂。信乎，藥石不可闕於人，而醫書尤不可廢於天下。或者乃謂：醫特意耳，不庸著書。唐史臣以此劇口稱道於許嗣宗，殊不知張仲景、孫思邈輩，率千百年而得一人，使其方劑之書不傳，則醫之道或幾於熄矣。是或一偏之論也。

《幼幼新書·石才孺後序》　議者曰：經籍，吾道之筌蹄。方論，醫道之筌蹄。然則然矣，使經籍不存，學者無所折衷，安知夫道之淵源。使方論不着，醫者無所夷考，安知夫醫之精粗。世有盧扁華佗，則處劑意解，妙通於神，何假方論哉？奈何盧扁華佗不世有，求其不迂、不泥、不矜、不誣者蓋鮮。士大夫與其委聽於庸醫之手，曷其因方論求古人用心，以之衛生濟世耶。方論之於世，猶五穀之於日用乎，孰謂士君子耻言之。

《三因方·大醫習業》　國家以文武醫入官，蓋爲養民設，未有不自學古而得之者。學古之道，雖別而同。爲儒必讀五經三史，諸子百家，方稱學者。醫者之經，《素問》、《靈樞》是也。史書，即諸家《本草》是也。諸子，《難經》、《甲乙》、《太素》、《中藏》是也。百家，《鬼遺》、《龍樹》、《金鏃》、《刺要》、《銅人》、《明堂》、《幼幼新書》、《産科保慶》等是也。儒者不讀五經，何以明道德性命，仁義禮樂。醫不讀《靈》、《素》，何以知陰陽運變，德化政令。儒不讀諸史，何以知人材賢否，得失興亡。醫不讀《本草》，何以知名德性味，養生延年。儒不讀諸子，何以知崇正衛教，學識醇疵。醫不讀《難》、《素》，何以知神聖工巧，妙理奥義。儒不讀百家，何以知律歷制度，休咎吉凶。醫不讀雜科，何以知脉穴骨空，奇病異證。然雖如是，猶未爲博，况經史之外，又有文海類集，如漢之班馬，唐之韓柳，及我大宋，文物最盛，難以概舉。醫文漢亦有張仲景、華佗，唐則孫思邈、王冰等，動輒千百卷。其如本朝《太平聖惠》、《乘閑集效》、《神功萬全》，備見《崇文·名醫别録》，豈特汗牛充棟而已哉。使學者一覽無遺，博則博矣，倘未能反約，則何以適從？予今所述，乃收拾諸經筋髓，其亦反約之道也。讀醫方者，當推上聖養民設教爲意。庶不負於先覺也。

《脈經·何大任後序》　醫之學以七經爲本，猶儒家之六藝也。

《醫説·陸宣公哀方書》　陸宣公在忠州，哀方書以度日，非特假此以避禍，蓋君子之存心，無所不用其至也。前輩名士，往往能醫，非惟衛生，亦可及物，而今人反耻言之。近時士大夫家藏方或集驗方，流布甚廣，皆仁人之用心。本草單方，近已刻于四明。及本朝諸公文集雜説中，名方尚多，未見有類而傳之者，余屢欲爲之，恨藏書不廣。儻有能用余言，集以傳諸人，亦濟物之一端也。

《清容居士集·慶元路醫學記》　醫之書作於上古乎？後人猶疑焉。陰陽運氣之説，與《易》、《書》、《禮》相吻合。蟲魚草木之精詳，於《詩》尤近之。然其辭意奥古，卒莫能通曉，非專治者不能也。先王知之，始爲之師以教之，後復之學以長之。生人之本，繇是備矣。

《清容居士集·高一清〈醫書十事〉序》　班固氏輯劉氏《七略》爲《藝文志》，其序醫經、方藥，終以神僊十家殿之。尋宗探本，厥旨深秘。近世習老氏者，則以爲薄清凈，務名實，若班氏去取，未足爲吾學輕重。其不習老氏者，因其先後，遂以爲尊吾聖人，莫若班氏，緣聲附響，深切明著之道。二者皆所未喻也。醫經、方藥，具訓于先古，其不得已而爲之意，世莫之曉，惟空林隱竇，剋意繕性之士，必極其本致而後能知之。故其察五行乘尅之理，七情摩盪之原，兢兢揣揣，使夫身不至於已病而餘功後效，積精以適神者，斯近夫神僊之説矣。班氏深存其義而隱其説，故世之方士皆荒忽詭幻，復别爲一家，以自侈靡，而所謂非聖不言者，則有戾五福之彝訓，仁者静壽之義，於道何取焉。予嘗謂，有經天下之志，必有經天下之事。胼胝之勞，在陳之厄，其饑寒困苦，雖九死不得以自悔。視夫彈冠結綬，爭奪得喪，談性命之空而忘事理之實者，則有間矣，故每信而不敢自異。

《此事難知·醫之可法》　自伏羲、神農、黄帝而下，名醫雖多，所可學者，有幾人哉。至于華氏之剖腹，王氏之灸鍼，術非不神也，後人安得而傚之？非岐伯之聖經，雷公之炮炙，伊贄之湯液，箕子之《洪範》，越人之問難，仲景之《傷寒》，叔和之《脈訣》，士安之《甲乙》，啓玄子之傳註，錢仲陽之論議，皆其活法，所可學者，豈千方萬論，印定後人眼目者所能比哉。其間德高行遠，奇才異士，與夫居縉紳、隱草莽者，然有一法一節之可觀，非百代可行之活法，皆所不取也。豈予好辯哉，欲使學者觀此數聖賢，而知所可慕而已。或有人焉，徒能廣覽泛涉，自以爲多學，而用之無益者，豈其知本。

《此事難知·許先生論關中梁寛甫論》　近世論醫，有主河間劉氏者，有主易州張氏者。蓋張氏用藥，依準四時陰陽升降而增損之，正《内經》四氣調神之義，醫而不知此，是妄行也。劉氏用藥，務在推陳致新，不使少有怫鬱，正造化新新不停之義，醫而不知此，是無術也。然而主張氏者，或未盡張氏之妙，則瞑眩之藥，終莫敢投，至失機後時而不救者多矣。主劉氏者，未悉劉氏之蘊，則劫效目前，陰損正氣，遺禍于後日者多矣。能用二家之長，而無二家之弊，則治法其庶幾乎。

《永類鈐方·滕賓序》　古今諸子百家，註書何限，雖百喙鳴而道術裂，然猶未至納人於死，則諸子之作不作，何病哉？惟地理蓺辰家之說與醫氏方藥，不幸少誤，大者覆滅宗祀，小者寄命瞬息。此非妙達陰陽，洞視脈理，其人心胸有與造化爲徒者，則其書可輕傳誤後世哉！

《玄門脈訣内照圖·孫奂序》　夫醫藥之書，起於神農，而胤於三代，大盛乎戰國之世，綿歷數千載。

《青巖叢録》　醫家之書，自《内經》以下，藏于有司者一百七十九家，二百九部，一千二百五十九卷，而後出雜著者不與焉。《内經》謂爲黄帝之書，雖先秦之士依倣而託之，其言質奥而義弘深，實醫家之宗旨，殆猶吾儒之六經乎。秦越人《八十一難經》繼作，蓋舉黄帝、岐伯之要旨而推明之，亞於《内經》者也。漢張仲景本《内經》、《難經》之旨，著《金匱玉函經》及《傷寒》諸論，其論六氣之所傷最爲詳備。晋王叔和纂岐伯、華佗等書爲《脈經》，叙陰陽内外，辨三部九候，分人迎氣口，條陳十二經，洎三焦五臟六腑之病尤爲精密。二氏之書，誠千古不刊之典也。厥後巢元方著《病源候論》，王砯撰《天元玉策》，要皆有所祖述。然元方言風寒二濕，而不著濕熱之說，砯推五運六氣之變，而患在滯而不通，此其失也。至唐孫思邈出，以絕人之識，篤濟物之仁，其列《千金方》《翼》，所以發前言，啓後學，有功於醫道深矣。當時王燾有《外臺秘要》，所言方證符證灼灸甚詳。然謂針能殺生人而不能起死人，則一偏之論也。及宋錢乙、龐安時、許叔微迭興。龐則囿於準繩尺寸之中，許則務在出奇而應變，其術皆本於仲景。惟錢深造仲景之閫奥，建爲五藏之方，各隨所宜用，謂肝有相火，則有瀉而無補，腎爲眞水，則有補而無瀉，可謂啓《内經》之秘。惜其遺書散亡，出於閻孝忠之所集者，非乙之本眞也。若大觀間，陳師文、裴元宗輩所製二百九十七方，則欲以一定之方而應無窮之病，識者固知其昧於變通之道矣。金氏之有中原也，張潔古、劉守眞、張子和、李明之四人者作，醫道於是乎中興。潔古以古方新病不能相値，治疾一切不以方，故其書不傳，其學則明之深得之。明之推内外三傷，尤先於治脾土。其爲法專於補，其所著《脾胃論》誠根本之言也。子和以吐汗下三法，風寒暑濕火燥六門爲醫之關鍵。其劑多峻厲，其爲法主於攻。守眞論風火之病以《内經》病機氣宜十九條者爲《病原式》，曲盡精微，其治法則與子和相出入者也。張氏一再傳，其後無聞。李氏弟子多在中州。獨劉氏傳之荆山浮圖師，至江南，傳之宋中人羅知悌，而南方之醫皆宗之。爰及近時，天下之言醫者，非劉李之學弗道也。劉李之法雖攻補不同，會而通之，隨證而用之，不存其(存)〔人〕乎。

《宋學士全集·送戴原禮還浦陽序》　醫之爲道至矣，故周官有疾醫，視萬民四時之病，春之痟首，夏之癢疥，秋之瘧寒，冬之嗽欬，二氣皆分而治之，驗其狀而制其祿，甚爲不輕也。後世官寖失職，故於其術每擇之不精，有人於此，能合於古者之道，豈不猶空谷足音之可喜者乎，如吾同縣戴原禮氏是已。【略】夫醫之爲道，本於《素問》、《内經》，其學一壞於開元，再壞於大觀，習俗相仍，絕不知究其微指，唯執一定之方，類刻舟而求劍者。人訾之，則曰我之用此，不翅足矣，又惡事《内經》爲？宋之錢仲陽，獨得其秘於遺經而擴充之，金之張、劉、李諸家又從而衍繹之，於是《内經》之學大明。劉之學，朱先生得之最深，大江以南，醫之道本於《内經》，實自先生發之。原禮乃其高第弟子，其用心也篤，故造理爲特精，其傳授有要，故察證無不中，亦可謂賢也已矣。

《宋學士全集·贈醫師周漢卿序》　余惟古之神醫，一撥見病之應，因五臟之輸，乃割皮解肌決脈，結筋搦髓，揲荒爪幕以爲治，所謂鍊精易形者也，今則人誰知之？其次則湯液（體）〔醴〕釃，鑱石（橋）〔撟〕引，案（抗）〔扤〕毒熨之法耳，是法亦絕不傳。其僅存於世者，往往不能用，用或乖戾，以致夭閼而傷生者多矣。夫醫者民命所繫，一投丸之間，一授箴之際，則安危由此而分，何可不致謹於斯邪！昔司馬遷立《倉公列傳》，其所治自齊侍御史而下凡十有餘人，皆歷疏其病狀，辭雖繁而不殺者，其意蓋有見於此也。余敢竊取斯義，備以叔韡所述，序次成文以遺周君，又安知他日脩史傳者，無采於余之言哉。

《宋學士全集·贈醫師賈某序》 醫之爲道，難言久矣，然必審診以起度量，立規（短）〔矩〕，稱權衡，合色脈、表裏、有餘不足、順逆之法，復參其人之動靜，與其息之相應，然後從而治之，則其事爲甚不輕矣，非洞明應世群書之得（矣）〔失〕，尚可與於斯乎？《黃帝內經》，雖疑先秦之士依倣而託之，其言深，其旨邃以弘，其考辨信而有徵，是當爲醫家之宗。下此則秦越人、和、緩，無書可傳。越人所著《八十一難經》，則皆舉《內經》之要而推言者也。又下此則淳于意、華佗之熊經鵄顧，固亦導引家之一術。至於刳腹背、湔腸胃而去疾，則涉於神怪矣。意之醫狀，司馬遷備志之，其所謂迴風、香風者，今人絕不知爲何證，況復求於治療之深旨乎？

又下則張機。機之《金匱玉函經》及《傷寒》諸論，誠千古不刊之典，第詳於六氣所傷，而於情欲食飲罷勞之所致者，略而弗議，兼之文字錯簡，亦未易以序次求之也。又下此則王叔和。叔和纂岐伯、華佗等書爲《脈經》，叙陰陽內外，辨三部九候，分人（寧）〔迎〕氣口，條陳十二經絡，洎夫三焦五臟六腑之病，最爲著明，惜乎爲妄男子括以膚陋之脈歌，遂使其本書不盛布於世也。又下此則巢元方。其《病源候論》，似不爲無所見者，但言風寒二溼，而不著溼熱之文，乃其失也。又下此則王砅。砅推五運六氣之變，撰爲《天元玉策》，周詳切密，亦人之所難，苟泥之，則局滯而不通矣。又下此則王（壽）〔燾〕、孫思邈。思邈以絕人之識，操慈仁惻厚之心，其列《千金方》、《翼》及工害人之禍，至爲憤切，後人稍闖其藩垣，亦足以其術名。但不知傷寒之數，或弗能無遺憾也。（壽）〔燾〕雖闇劣，《外臺秘要》所言方語符禁灼灸之詳，頗有所祖述。然謂鍼能殺生人而不能起死人者，則一偏之見也。

又下此則錢乙、龐安時、許叔微。叔微在準繩尺寸之中，而無所發明。安時雖能出奇應變，而終未離於範圍。二人皆得張機之粗者也。惟乙深造機之閫奧，而擷其精華，建爲五藏之方，各隨所宜，肝有相火，則有瀉而無補，腎爲眞水，則有補而無瀉，皆啓《內經》之秘，尤知者之所取法。世概以嬰孺醫目之，何其知乙之淺哉。其遺書散亡，出於閻孝忠所集者，多孝忠之意，初非乙之本眞也。又下此則上谷張元素，河間劉（光）〔完〕素，睢水張從正。元素之與（光）〔完〕素，雖設爲奇夢異人，以神其授受，實聞乙之風而興起焉者。若從正，則又宗夫（光）〔完〕素者也。元素以古方新病，決不能相值，治疾一切不以方，故其書亦不傳。其存於今者，皆後來之所傳會。其學則東垣李杲深得之。杲推明內外二傷，而多注意於補脾土之說，蓋以土爲一身之主，土平則諸臟平矣。從正以吐汗下三法，風寒暑溼火燥六門爲醫之關鍵。其治多攻，其劑多峻厲，不善學者殺人。（光）〔完〕素論風火之病，以《內經》病機氣宜十九條著爲《元病式》，簡奧粹微，有非大觀局諸醫所可彷彿。究其設施，則亦不越補攻二者之間也。

嗟乎！自有《內經》以來，醫書之藏有司者，凡一百七十九家，二百九部，二千二百五十九卷，亦不爲不多也。他未遑深論，即今所論者言之，世之醫師果能盡心於斯否乎？脫或未盡心於斯，則夫起度量，立規矩，稱權衡，合色脈之屬，焉能察而行之？不至以人命爲戲也幾希矣。雖然，亦有要焉，逆與順之謂也。曰升降，曰浮沈，吾則順之。曰溫涼，曰寒熱，吾則逆之。果能此道矣，則去夫先醫之所治，雖不中不遠矣。然又未易以一蹴至也，非求之極博而觀其會通，安可遽反於至約之域乎？醫之道所以難言者，蓋若此而已。

《九靈山房集·滄州翁傳》 翁之治病，雖若不甚搆思，然其鈎取古法，動中肯綮多類此。其於醫門群經及古今方論，無不考索其要歸。他若諸醫爲術之精粗，施治之工拙，亦皆品彙區別，無一義之或遺。所考群經及古方論語多不錄，有曰：《內經素問》，世稱黃帝、岐伯問答之書，及觀其旨意，殆非一時之言；其所譔述，亦非一人之手。劉向指爲諸韓公子所著，程子謂出於戰國之末，而其大略，正如《禮記》之萃於漢儒，而與孔子、子思之言並傳也。蓋《靈蘭秘典》、《五常正》、《六元正紀》等篇，無非闡明陰陽五行生制之理，配象合德，實切於人身。其諸色脈病名，鍼則治要，皆推是理以廣之。而皇甫謐之《甲乙》、楊上善之《太素》，亦皆本之於此而微有異同。醫家之大綱要法，無越是書矣。

然按西漢《藝文志》，有《内經》十八卷，及扁鵲、白氏二内經，凡三家，而《素問》之目乃不列。至《隋經籍志》始有《素問》之名，而不指爲《内經》。唐王冰乃以《九靈》《九卷》牽合《漢志》之數，而爲之註釋，復以《陰陽大論》，託爲其師張公所藏，以補其亡逸，而其用心亦勤矣。惜乎朱墨混殽，玉石相亂，訓詁失之於迂疏，引援或至於未切。至宋林億、高若訥等，正其悞文，而增其缺義，頗於冰爲有功。今於各篇之内，註意與經相類者，仍斷章摘句，而釋以己意，冀與同志商確，非敢妄議前修也。《内經靈樞》，漢、隋、唐《藝文志》皆不録。隋有《鍼經》九卷，唐有《靈寶註》及《黄帝九靈經》十二卷而已。或謂王冰以《九靈》更名爲《靈樞》，又謂《九靈》尤詳於鍼，故皇甫謐名之爲《鍼經》，即《隋志》《鍼經》九卷。苟一書而二名，不應《唐志》別出《鍼經》十二卷也。所謂《靈寶註》者，乃扁鵲太玄君所箋，世所罕傳。宋季有《靈樞略》一卷，今亦湮没。紹興初，史崧併是書爲十二卷而復其舊，較之他本，頗善學者，當與《素問》並觀，蓋其旨意互相發明故也。

《本草》三卷，舊稱《神農本經》，漢《藝文志》未嘗録。至梁陶隱居始尊信而表章之，謂此書應與《素問》同類，但後人多更修飾之耳。秦皇所焚，醫方、卜術不與，故猶得全録。及遭漢獻之遷徙，晉懷之奔迸，文籍焚靡，千不遺一，今之所存，有此三卷，是其本經。然所出郡縣，乃多後漢時制，疑張仲景、華元化所記。舊經之藥止三百六十五種，陶氏進《名醫別録》亦三百六十五種，因而註釋，分爲七卷。唐李英公世勣與蘇恭參考得失，又增一百一十四種，分爲二十卷，世謂之《唐本草》。宋劉翰等又附益醫家嘗用者一百二十種。僞蜀孟昶亦命其臣韓保昇等以唐《本[草]（畫）[圖]經》參比增廣，世謂之《蜀本草》。至宋掌禹錫等補註新舊藥，合一千八十二種，它以白字爲神農所説，黑字爲名醫所傳，草石之品，可謂大備。他若雷公以下，蔡邕、徐大山、秦承祖、王季璞、鄭虔諸公所譔名本草者，凡三十九部，三百五十卷，雖顯晦不齊，無非輔翼舊經焉耳。近代陳衍作《本草折衷》，王好古作《湯液本草》，亦刪繁之遺意也。竊意舊記郡縣古今沿革不同，及一物而根苗異名，或同名異質而主療互見者，尚須考定，俾歸于一可也。

《難經》十三卷，迺秦越人祖述《黄帝内經》，設爲問（荅）[答]之辭，以示學者。所引經言多非《靈》《素》本文，蓋古有其書而今亡之耳。隋時有吕博望註本，不傳。宋王惟一集五家之説，而醇玼或相亂，惟虞氏粗爲可觀。紀齊卿註稍密，乃附辨揚玄操、吕廣、王宗正三子之非，周仲立頗加訂易，而考證未明。李子埜亦爲句解，而無所啓發。近代張潔古註後附藥，殊非經意。王少卿演繹其説，目曰《重玄》，亦未足以發人之藴。余嘗輯諸家之長，先訓詁而後辭意，竊附鄙説其間，以便後學，未敢以爲是也。

《傷寒論》十卷，乃後漢張機仲景用《素問·熱論》之説，廣伊尹《湯液》而爲之。至晉王叔和始因舊説重爲譔次。而宋成無己復爲之註釋。其後龐安常、朱肱、許叔微、韓祇和、王寔之流，因亦互有開發，而大綱大要無越乎吐汗下溫四法而已。蓋一證一藥，萬選萬中，千載之下，如合符節，前修指爲群方之祖，信矣。所可憾者，審脈時（汨）[汩]，王氏之言，三陰率多斷簡。況張經王傳，亦往往反覆後先，亥豕相雜，自非字字句句熟玩而精思之，未有能造其閫奥者。陳無擇嘗補三陰證藥於《三因論》，其意蓋可見矣。近人徐止善作《傷寒補亡》，恐與先哲之意不合。余因竊舉大要，以補成氏所未備，知醫君子，或有所取也。

《脈經》十卷，乃西晉太醫令王叔和本諸《内經素問》《九靈》及扁鵲、仲景、元化之説，哀次而成，實醫門之龜鏡，診切之指的，自與近代倣託鈐訣者不同。歷歲既深，傳授不一，各秘所藏，互有得失。至宋秘閣林億等始考證謬妄，頗加改易，意其新譔《四時經》之類，皆林氏所增入。陳孔碩、何大任、毛叔、王宗卿輩，皆嘗審訂刊傳，今不多見。近人謝堅白以其所藏舊本，刻于豫章，傳者始廣。余嘗摭其精語，并引《内經》之辭，作《診切樞要》二卷，非敢翦其冗複，間亦補其缺漏，且附私説各條之下，以與同志研究爾。

《脈訣》一卷，乃六朝高陽生所譔，託以叔和之名謬立七表、八裏、九道之目以惑學者。通眞子劉元賓爲之註，且續歌括附其後。辭既鄙俚，意亦滋晦。今代王光國刪其舊辭，而益以新語，既不出其畦逕，安能得乎本原。餘如清溪徐裔、甄權、李上交輩，皆自譔著，凡十餘家，亦每蹈襲前説，在叔和之所不取，讀者止記入式歌，以馴至乎《脈經》可也。

《病源論》五十卷，乃隋大業太醫博士巢元方等奉勅譔集。原諸病候而附以養生、導引諸法，哀成一家之書。醇玼相混，蓋可見矣。宋之監署乃用爲課試，元復循襲，列醫門之七經。然附會雜揉，非復當時之舊，具眼者當自見之。吳景賢亦作《病源》一書，近代不傳。

《太始天元玉冊元誥》十卷，不知何人所作，歷漢至唐諸《藝文志》俱不載錄，其文自與《內經》不類，非戰國時書。其間有天眞皇人昔書其文，若道正無爲，先天有之，太易無名，先於道生等語，皆老氏遺意，意必老氏之徒所著。大要推原五運六氣，上下臨御，主客勝復，政化淫正及三元九宮、太乙司政之類，殊爲詳明，深足以羽翼《內經》《六微旨》、《五常政》等篇。太玄君扁鵲爲之註，猶郭象之於《南華》，非新學之所易曉。觀其經註一律，似出一人之手。謂扁鵲爲黃帝時人，則其書不古。謂扁鵲爲秦越人，則傳中無太玄君之號，醫門倣託，率多類此。

《玄珠密語》十卷，乃啓玄子所述，其自序謂：得遇玄珠子而師事之，與我啓萌，故自號啓玄子，蓋啓問於玄珠也。目曰《玄珠密語》，乃玄珠子密而口授之言也。及考王氏《素問序》，乃云辭理秘密難粗論述者，別譔《玄珠》以陳其道。二序政自相戾，意者玄珠之名，取諸蒙莊子所謂黃帝遺玄珠，使罔象得之之語，則師事玄珠子而號啓玄者，皆妄也。宋高保衡等校正《內經》，乃云：詳王氏《玄珠》，世無傳者，今之《玄珠》，乃後人附託之文耳。雖非王氏之書，亦於《素問》十九卷、二十四卷頗有發明。余嘗合《素問》觀之，而《密語》所述，乃六氣之說，與高氏所指諸卷全不侔，疑必刊傳者所誤也。原其所從，蓋攟摭《內經》《六微旨》及《至眞要》等五篇，(泊)[洎]《天元玉冊》要言而附會雜說。其諸紀運休祥之應，未必可徵，實僞書也。苟啓玄別譔果見于世，又豈止述氣運一端而已。覽者取其長而去其短可也。

《中藏經》八卷，少室山鄧處中云：華先生佗游公宜山古洞，值二老人授以療病之法，得石牀上書一(亟)[函]，用以施試甚驗。余乃先生外孫，因(弟)[第]先生寢室，夢有所授，獲是經於石(亟)[函]中。其託爲荒誕如此，竟不考傳獄吏焚書之實，其僞不攻自破。按《唐志》有吳普集《華氏藥方》，別無《中藏》之名。普其弟子，宜有所集，竊意諸論非普輩不能作，鄧氏特附別方而更今名耳。蓋其方有用太平錢并山藥者。蓋太平乃宋熙陵初年號，(著)[薯]蕷以避厚陵偏諱而始名山藥，其餘可以類推。然脈要及察聲色形證等說，必出元化遺意，覽者細爲審諦，當自知之。

《聖濟經》十卷，宋徽宗所作，大要祖述《內素》而引援六經，旁及老氏之言，以闡軒岐遺旨。政和間，(班)[頒]是經於兩學，辟雍生吳禔爲之解義，若《達道》《正紀》等篇，皆足以裨益治道，啓迪衆工。餘如《孕元立本》《制字命物》二三章，釋諸字義，失於穿鑿，良由不考六書之過。瑕瑜具存，固無害於美玉也。【略】

其論諸醫，有曰：扁鵲醫如秦鑑燭物，姸蚩不隱，又如奕秋遇敵，着着可法，觀者不能測其神機。倉公醫如輪扁斲輪，得心應手，自不能以巧思語人。張長沙[醫]如湯武之師，無非王道，其攻守奇正，不以敵之大小，皆可制勝。華元化醫如庖丁解牛，揮刀而肯綮無礙，其造詣自當有神，雖欲師之而不可得。孫思邈醫如康成註書，詳於制度訓(詰)[詁]，其自得之妙，未易以示人，味其膏腴，可以無飢矣。龐安常醫能啓扁鵲之所秘，法元化之可法，使天假其年，其所就當不在古人下。錢仲陽醫如李靖用兵，度越縱舍，卒與法會。其始，以《顱顖方》著名于時，蓋猶扁鵲之因時所重而爲之變爾。陳無擇醫如老吏斷按，深於鞫讞，未免移情就法，自當其任則有餘，使之代治則繁劇。許叔微醫如顧愷寫神，神氣有餘，特不出形似之外，可模而不可及。張易水醫如濂溪之圖太極，分陰分陽而包括理氣。其要以古方新病，自爲家法；或者失察剛欲指圖爲極，則近乎畫蛇添足矣。劉河間醫如橐駝種樹，所在全活；但假冰雪以爲春，利於松柏而不利於蒲柳。張子和醫如老將對敵，或陳兵背水，或濟河焚舟，置之死地而後生，不善效之，非潰則北矣，其六門三法，蓋長沙之緒餘也。李東垣醫如獅弦新絙，一鼓而竽籟並熄，膠柱和之，七均由是而不諧矣。無他，希聲之妙，非開指而能知也。嚴子禮醫如歐陽詢寫字，善守法度而不尙飄逸，學者易於摹倣，終乏漢晉風度。張公度醫專法仲景，如簡齋賦詩，每有少陵氣韻。王德膚醫如虞人張羅，廣絡原野，而脫兔殊多，詭遇獲禽，無足筭者。

《金史・方伎傳》 太史公敘九流，述《日者》、《龜策》、《扁鵲倉公列傳》。劉歆校中秘書，以術數、方伎載之《七略》。後世史官作《方伎傳》，蓋祖其意焉。或曰《素問內經》言天道消長、氣運贏縮，假醫術，託岐、黃，以傳其秘奧耳。秦人至以《周易》列之卜筮，斯豈易言哉。第占之爲術以吉凶導人而爲善，後世術者或以休咎導人爲不善，古之爲醫以活人爲功，後世醫者或因以爲利而誤殺人，故爲政於天下，雖方伎之事，亦必愼其所職掌而務旌別其賢否焉。金世，如武禎、武亢之信而不誣，劉完素、張元素之治療通變，學其術者皆師尊之，不可不記云。

《胡仲子集・醫前論》 粤之鎛，燕之函，易地莫與之爭美者，積習之所致也。逢萌之射、伯牙之琴，舉世莫與之爭能者，專攻之所致也。天下之方術，莫不有所本焉，以爲悟之天，乃能自顯於世者，蓋非也。嘗觀太倉公之醫，別決死生，察人之脈，與天地相應，得之者死，其能孰加焉。方之越人，則有間矣。越人盡見人之五藏癥結，不待色脈，而知病之所在，從其胗視者，無不全活，其妙幾於神矣。向使二人者，無桑君、陽慶之徒以授之，殆亦衆工耳，未必若是之至也。然天下之如桑君、陽慶者不常有也，故天下之上工，人欲師之，非可朝求而夕以也，於是有名家者，得一術而世守之。若徐成伯、姚法衛之在元魏，魏國工也。法衛之子最，成伯之孫之才，並出一門。許智藏之在隋，隋國工也，其族人澄，及其父奭，並著一時。而智藏又得之菩提，法衛又得之道幼，李修得之李亮，王顯得之王安。向使數子者，不得其祖父之傳而傳之，安能遽自悟乎？此術之所以難也，必得其人而後傳，不得其人，必世其家而後傳，苟不得其傳，雖古猶難也，况後世乎。古之醫者，知標與本，用之不殆，今之醫者，不知標與本，足以亂經。古之醫者，知勝與伏，攻之不失，今之醫者，不知勝與伏，乃致離決，是師心自得者也。雖有函人之心，寧免爲矢人之忍乎？故君子愼之。

《胡仲子集·醫後論》 醫家者，辨百藥之性味，本之神農氏，原百病之消息，本之軒轅氏，百湯液則本之伊尹，皆古聖人也。聖人不世出，其知周乎天下之物，其道濟乎天下之衆。民焉饑寒，於我而衣食之。民焉爭奪，於我而宰制之。民焉冥頑椎魯，於我而開導之。民焉顛連蕩析，於我而拊摩之，可謂至矣。然猶有不能遂其仁且壽者，陰陽風雨晦冥感其外，男女飲食之欲傷其內，疢疾生焉。聖人隱之，於是而制爲醫藥以治之，起死於倉卒之頃，全生於沈綿之中，其事可謂重矣。而世之業其術者，奈何上工恆鮮，而粗工相屬也。其智不踰中材之人，而欲探聖人之用心，是猶以僬僥而舉烏獲之任，必不勝矣。間有款啓之見，則又惟利之規，緩急不足賴，亦鄙甚矣。古之異人，不居朝廷，多卑隱於醫卜方技，今獨不得見之乎。借曰無之，即今儒者，俛而從事焉，又安得自處其涼乎？必不然矣。【略】士有志于濟天下者，不居富貴之位，不操尺寸之柄，不得行其道，退而在下不能衣食民之饑寒，宰制民之爭奪，開導拊摩民之椎魯顛連，得一術而工之，紓人之急。父兄有疾，治之而愈，子弟悅矣。子弟有疾，治之而愈，父兄悅矣。是父兄由吾而益篤於慈愛，子弟由吾而益篤於孝敬，其利澤豈直起死衛生，沾被一人而已哉！雖儒者之爲教，不是過也。泝聖人之用心，不相遠也。吾於廷玉，雖欲不軒而輊之，獨能忘情乎。廷玉幸毋曰韓伯休不求人知也，姑用是以爲左劵。

《難經本義·劉仁本序》 粵自神農咀百藥，而寒溫辛酸甘苦品製之宜，君臣佐使之用，具諸《本草》，治藥者於焉依據。曰黃帝作《素問內經》，凡受病根源俞府，皆切脈而知，故秦越人因之，設爲八十一難問答，究竟精微，盡醫師之道焉。世之醫者，率熟胗而察脈，而審證，而治藥。若《難經》一書，誠大本領，苟不由《難經》而出，其亦庸醫乎。余觀注《本草》者，若今東陽朱彥修氏所著，已無餘蘊。而解《難經》者，不知其幾家，求諸精詣，十無一二。許昌滑君伯仁甫，挾岐黃之術，學倣於東垣李先生，精於胗而審於劑者也，癒痾起痼，活人居多。余坐足疾，人人治而弗痊，有言伯仁善治法，余致之，聽其議論，皆自《難經》而來，迥異於世之言醫者，豈異哉，究理義之精微，衆人固弗識也。

《心印紺珠經·原道統·道本一源派分三岐》

道本一源派分三岐

伏羲
神農
黃帝
岐伯仲景
子和 法如霸道以力服人
守眞 二者相兼取其中道
東垣 法如王道以德化民
歸於一理而已

學明三法醫歸一理

《心印紺珠經·原道統》 大哉醫乎！其來遠矣。粵自混沌既判，洪荒始分，陽之輕清者以氣，而上浮爲天，陰之重濁者以形，而下凝爲地。天隆然而位乎上，地隤然而位乎下，於是陽之精者爲日，東升而西墜，陰之精者爲月，夜見而晝隱，兩儀立矣，二曜行焉。於是玄氣凝空，水始生也。赤氣炫空，火始生也。蒼氣浮空，木始生也。素氣橫空，金始生也。黅氣際空，土始生也。五行備，萬物生，三才之道著矣。是以惟人之生，得天地之正氣也。頭圓象天，足方象地。天有陰陽，人有氣血。天有五行，人有五臟。蓋葛天氏之民，巢居穴處，茹毛飮血，動作以避其寒，陰居以避其暑，大樸未開，何病之有？

迨夫伏羲氏，占天望氣而畫卦。後世有《天元玉冊》，目爲伏羲之書者，不知上古之時，文字不立，斯書何以而作也？神農氏嘗百草，一日而七十毒，厥後《本草》興焉。黄帝垂衣裳而天下治，與岐伯天師更相問難，上推天文，下窮地理，中極民瘼，《内經》自此而作矣。前乎此《經》之未作也，民之有疾，惟祝由而已。後乎此《經》之既作也，民之有疾，必假砭針以治其外，湯液以療其内。厥後大樸散而風化開，民務繁而欲心縱，災沴多端，非大毒小毒常毒無毒之藥，弗能蠲矣。

醫之太原，《素問》一書而已，二十四卷，八十一篇。其間推原運氣之加臨，闡明經絡之標本，論病必歸其要，處治各得其宜，井然而有條，粲然而不紊。若《天元紀大論》、《六元正紀大論》、《五常政大論》、《氣交變大論》、《至眞要大論》數篇，乃至精至微之妙道，誠萬世釋縛脱艱，全眞導氣，拯黎元於仁壽，濟羸劣以獲安者之大典也。軒岐以下，代不乏人，扁鵲得其一二，演而述《難經》，皇甫士安次而爲《甲乙》，楊上善纂而爲《太素》，如全元起之解，啓玄子之註，所謂源潔則流清，表端則形正，歷代之明醫也。獨有漢長沙太守張仲景者，揣本求源，探微賾隱，取其太小奇偶之制，定以君臣佐使之法，而作醫方焉，如桂枝湯、麻黄湯、大青龍湯、小青龍湯。論傷寒無汗爲表實，傷寒自汗爲表虚，表實者當發汗，不可服桂枝，表虚者當解肌，不可服麻黄。至於傷寒見風，傷風見寒等證，無汗者用以大青龍湯，有汗者投以桂枝麻黄各半湯，眞千載不傳之秘，乃大賢亞聖之資，有繼往聖、開來學之功也。漢唐以下，學者豈不欲涉其淵微之旨，矧《内經》之理深幽，無徑可入也。如巢元方之作《病源》書，孫思邈之作《千金方》，蓋辭益繁而理愈昧，方彌廣而法失眞，《内經》之書，施用者鮮矣。

及朱奉議宗長沙太守之論，編南陽活人之書，仲景訓陰陽爲表裏，奉議解陰陽爲寒熱，差之毫釐，如爐火之至微，謬以千里，如燎原之至惡，其活人也固多，其死人也不寡矣。大哉守眞之劉子乎！《要旨論》《原病式》二書既作，則《内經》之理，昭如日月之明。《眞格書》、《宣明論》二書既作，則長沙之法，約如樞機之要，如改桂枝麻黄各半湯爲雙解散，變十棗湯爲三花神祐丸，其有功於聖門也不淺矣。同時有張子和者出，明《内經》之大道，續河間之正源，與麻知幾講學，而作《儒門事親》之書，乃曰吐中有汗，瀉中有補，聖人止有三法，無第四者，乃不易之確論，至精之格言，於是有劉張之派矣。若東垣老人，亦明《素問》之理，亦宗仲景之法，作《濟生拔粹》《十書》以傳於世，是以有王道霸道譬焉。明脈取權衡規矩，用藥體升降浮沉，知此則可入醫道矣。經曰：知其要者，一言而終。不知其要，流散無窮。又曰：知一爲下工，知二爲中工，知三爲上工。上工者十全九，中工者十全八，下工者十全六。此之謂也。

《醫經小學·醫之可法爲問》 問曰：醫書何先？曰：必須先讀《内經》、《本草》、《脈經》。非《内經》無以識病，非《本草》無以識藥，非《脈經》何以診候，然後卻參諸家之説。

又問：仲景《傷寒》出證見方，爲醫書之祖，亦先須看否？答曰：凡先入者爲主，《内經》盡陰陽之妙，變化無窮，諸書皆出於此。如越人演《八十一難》，止得《内經》中一二。仲景取其傷寒一節。河間以熱論變仲景之法。東垣以飲食勞役立論。恐先仲景書者以傷寒爲主，恐誤内傷作外感；先東垣書者，以胃氣爲主，恐誤外感爲内傷；先河間書者以熱爲主，恐誤以寒爲熱，不若先(生)〔主〕於《内經》，則自然活潑潑地。

問曰：讀《素問》有不曉者，奈何？曰：乃上古之書，中間多有缺文訛舛，且通其所可通，缺其所可疑。又王冰釋於強解及失經意者亦有之，須自要着力熟讀玩味。

問曰：《素》、《難》之外，更看何書爲要？曰：外感法仲景，内傷法東垣，則仲景治法更合《内經》。然於諸書皆須覽過，以長識見。

夫醫道之有《内經》以來，歷代名醫著述之藏有司者，至有元時得二百七十九家，二百九部，一千二百五十九卷，不爲不多矣。然其要者寧幾歟？惟七書而下所可法者，如有宋成無己《傷寒明理論》，金之劉守眞《原病式》，元李明之《内外傷辯》、《醫學發明》、《活法機要》，王好古《此事難知》，羅謙甫《衛生寶鑑》，朱彦修《局方發揮》及聖朝滑伯仁《十四經發揮》，徐用誠《本草發揮》，皆啓七書之精奥，爲體用之本領云。

《衛生寶鑑·蔣用文序》 醫自軒岐設教，其爲天下斯民慮，至深遠也。然去聖既遠，教雖存而不免寖至失眞，此所以必又待豪傑之士爲之維持發越，而後可以永其傳也。歷代以來，若秦越人、淳于意、張仲景、華元化、孫思邈，蓋皆其人焉。奈何自思邈而下，世代益遠，所失益甚。士之習醫業者，各尊所聞，行所知，伥伥乎莫知適從矣。是故凡遺書所存，其處方立論，紛紛乖繆。或氣運之有遺，或經絡之不審，或表裏升降而混於所施，君子於此不能無譏議焉。天愍斯民，嗣生豪傑，而劉河間、張潔古、李東垣諸公者，挺然復出，啓前聖不傳之秘，烯然爲後學之模範。然當時學者，惟眞定羅謙甫氏，獨得李氏之正傳，故所輯《衛生寶鑒》一書，論病則本於《素》、《難》，必求其因，其爲說也詳而明。制方則隨機應變，動不虛發，其爲法也簡而當。大抵皆採摭李氏平日之精確者，而間隱括以己意，旁及於諸家者也。

《玉機微義·楊士奇序》 夫醫家神農、軒岐、伊尹及秦越人、張仲景之書，萬世所宗，不可易也。歷晉、唐、宋，醫家之正派。彥純、宗厚，又私淑彥修者也。論者謂元素醫家之王道。蓋王道以養民爲本，元素之法，厚脾胃爲要，此知本之務也。

《丹溪心法·程敏政序》 醫之先謂出于神農黃帝，儒者多不以爲然。予嘗考醫之與卜，並見于《周禮》曰：醫師隸冢宰，筮人隸宗伯。並稱于孔子，曰：人而無恆，不可以作巫醫。巫，筮字，蓋古通也。然卜之先，實出于羲文周孔，則醫之先，謂出于神農黃帝，亦必有所從來。大約羲文周孔之書存，故卜之道尊。神農黃帝之書亡，故醫之道卑。然其書雖亡，而緒餘之出于先秦者，殆亦有之。若今《本草》、《素問》、《難經》、《脈經》，此四書者，其察草木鳥獸金石之性，論陰陽風寒暑濕之宜，標其(亢)〔穴〕以施鍼焫，胗其脈以究表裏，測諸秋毫之末，而活之危亡之餘，類非神人異士，不足以啓其機緘而發其肯綮。則此四書者，誠有至理，不可謂非出于聖筆，而遂少之也。

然則醫之與卜，皆聖人之一事，必儒者乃能知之。其不以爲然者，不能通其說者也。醫之方書，皆祖漢張仲景。仲景之言，實與前四書相出入，亦百世不能易者。自漢而後，代不乏賢。中古以來，予所取五人，曰孫思邈氏，其言嘗見錄于程子。曰張元素氏，曰劉守眞氏，曰李杲氏，皆見稱于魯齋許文正公。曰：朱震亨氏，實白雲許文懿公高第弟子，斯五人皆儒者也。而朱氏實淵源于張劉李三君子，尤號集其大成。朱氏每病世之醫者，專讀宋之《局方》，執一定之法，以應無窮之疾。譬之儒者，專誦時文以倖一第，而於聖經賢傳，反不究心。乃作《局方發揮》、《格致餘論》等書，深有補于醫道。而方書所傳，則有《丹溪心法》若干卷，推脈以求病，因病而治藥，皆已試之方也。朱氏沒而其傳泯焉。近世儒者，始知好之，稍行世。

然業醫者，樂檢方之易，而憚讀書之難，於《素》、《難》諸書，蓋皆不能以句，而於五人者之著述，則亦視爲迂闊之論，其茫然不知所用力，無足怪者。其以藥試人之疾，間一獲效，則亦如村甿牧豎，望正鵠而射之，偶爾中焉。或從其旁問之射法，瞠目相視，不知所對。彼老成者，日從事乎內志外體之間，雖或小有所失，而矢之所向，終無大遠，此觀射之法也。審醫之能，何以異此。【略】予故以多病好醫，而未能也，輒以醫卜並言于編首，使業醫者知其道本出于聖人，其書本足以比《易》而非可以自卑，則日勉焉，以致力乎《本草》、《素》、《難》、《脈經》之書，以及五君子之說，而尤以朱氏爲入道之門。則庶幾乎上可以輔聖主拯世之心，下可以見儒者仁民之效，而醫不失職矣。

《明醫雜著·醫論》 或問仲景、東垣、河間、丹溪諸書孰優？學之宜何主？曰：宜專主《內經》，而博觀乎四子，斯無弊矣。蓋醫之有《內經》，猶儒道之六經，無所不備。四子之說，則猶《學》、《庸》、《語》、《孟》，爲六經之階梯，不可缺一者也。四子之書，初無優劣，但各發明一義耳。仲景見《內經》載傷寒，而其變遷反覆之未備也，故著論立方，以盡其變，後人宗之。傳用既久，漸失其眞，用以通治溫暑內傷諸症，遂致誤人。故河間出，而始發明治溫暑之法，東垣出，而始發明治內傷之法。河間之論，即《內經》五運六氣之旨，東垣之說，即《內經》飲食勞倦之義。仲景非不知溫暑與內傷也，特其著書未之及。河間東垣之於傷寒，則遵用仲景而莫敢違矣。至於丹溪出，而又集諸儒之大成，發明陰虛發熱，類乎外感內傷及濕熱相火爲病甚多，隨症著論，亦不過闡《內經》之要旨，補前賢之未備耳。故曰：外感法仲景，內傷法東垣，熱病用河間，雜病用丹溪，一以貫之，斯醫道之大全矣。

或問仲景處方，藥品甚少，及東垣用藥，多至二十餘味。丹溪云：余每治病，用東垣之藥，效仲景處方，庶品味數少，則藥力專精。丹溪何以不法東垣而效仲景耶？曰：明察藥性，莫如東垣，蓋所謂聖於醫者也。故在東垣則可多，他人而效其多，斯亂雜矣。東垣如韓信將兵，多多益善。丹溪不過能將十萬，故不敢效其多。

《醫學正傳·自序》 夫醫之爲道，民命死生所係，其責不爲不重。籍或不經儒術，業擅偏門，懵然不知，正道不反，幾於操刃以殺人乎！粵自神農嘗百藥，製本草，軒岐著《素問》，越人作《難經》，皆所以發明天地人身陰陽五行之理，卓爲萬世醫家祖，不可尙已。厥後名醫代作，躡聖門而探玄微者，未易悉舉。又若漢張仲景、唐孫思邈、金之劉守眞、張子和、李東垣輩，讀賢繼作，皆有著述，而神巧之運用，有非常人所可及也。其所以辨内外，異攻補而互相發明者，一皆祖述《素》、《難》而引觸發之耳。其授受相承，悉自正學中來也。

《醫學正傳·醫學或問》 或問：醫學授受之原既得(問)〔聞〕命矣，未審吾子之學何所適從？《傳》曰：醫不三世，不服其藥。或謂祖父相承，謂之三世；或謂善讀三世之書，則爲三世之醫。子讀三世之書歟？爲祖父相承之家學歟？請明言其故可乎。曰：草莽之學，其可云乎。然醫不止於三世，而其書又奚止於三代哉，當取其可法者言之耳。予同邑丹溪朱彦修先生，(土)〔上〕承劉、張、李三家之學，而得羅太無爲之依歸，以醫道大鳴于當世，遐邇咸取法焉。予故曾叔祖誠齋府君幸與丹溪生同世，居同鄉，於是獲沾親炙之化，亦以其術鳴世。故予祖父相承家傳之學，有所自來。予惟愧夫才疏質鈍，而不能奉揚箕裘之業爲憾耳，奚足道哉。

《續醫説·原醫·至人隱醫》 醫之爲道，由來尚矣。原百病之起愈，本乎黄帝，辯百藥之味性，本乎神農，湯液則本乎伊尹。此三聖人者，拯黎元之疾苦，賛天地之生育，其有功於萬世大矣！萬世之下，深於此道者，是亦聖人之徒也。賈誼曰：古之至人，不居朝廷，必隱於醫卜。孰謂方伎之士，豈無豪傑者哉！

《續醫説·原醫·醫貴權變》 王忠文公禕云：李明之弟子多在中州，獨劉守眞之學傳之荆山浮圖師，師至江南傳之中人羅知悌，而南方之醫皆宗之矣。及國朝，天下之言醫者，非劉氏之學弗道也。劉李之法，雖攻補不同，會而通之，隨證而用之，不行其存乎。近時吾吴中稱良醫師，則以能持東垣者謂之王，持張劉者謂之伯。噫！堯舜以揖讓，湯武以干戈，苟合道濟世，何必曰同。余嘗病世之專於攻伐者，邪氣未退，而眞氣先薾然矣。專於補養者，或致氣道壅塞，爲禍不少，正氣未復，而邪氣愈熾矣。古人有云：藥貴合宜，法當應變。泥其常者，人參反以殺人，通其變者，烏頭可以活命。孫眞人所謂隨時增損，物無定方，眞知言哉。

《續醫説·原醫·視時盛衰》 葛震父云：爲醫當視時之盛衰。劉守眞、張子和輩，值金人強盛，民悍氣剛，故多用宣泄之法。及其衰也，兵革之餘，饑饉相仍，民勞志苦，故張潔古、李東垣輩，多加補益之功。至若宋之季年，醫者大抵務守護元氣，而不識攻伐之機，能養病而不能治病，其失在於不知通變也。王好古云：大定間，醫者用防風通聖散盛行于世而多效，何哉？雖市井之徒，口腹備，衣服全，心志樂而形不苦，是以多效而少失。或遇擾攘之世，饑饉之年，虀鹽糟糠，猶不能充，況加以值天地肅殺之運，豈可一例用涼藥，如承平之時，豐稔之歲哉。殊不知張仲景用桂枝于當漢之末，韓祗和則戒用桂枝于當宋之隆，此亦因時而用藥者也。

《續醫説·和劑局方》 或問曰：《和劑局方》丹溪《發揮》辯之詳矣。戴原禮乃丹溪高弟，今觀其所著《證治要訣方論》，皆祖《局方》，何也？余曰：《局方》亦何負於人哉，前後活人不知其幾。丹溪但辯其用藥者誤耳，非方之罪也。血虚證不宜用香燥之劑，痿痹證不可混作風治。亦可嘗屏棄之乎。今人遂以《局方》例不可用，或者有宜北不宜南之説，殊不知《内經》治寒以熱，治熱以寒，微者逆之，甚者從之，權變得宜，消息以爲治，安可限以南北之分，而無寒熱之異哉。原禮蓋得丹溪之心法者，其有取於《局方》，非苟然也。

《韓氏醫通·緒論章》 秦漢以前，有説無方。故《内經》諸書，鄭重亹縷，亦多累世附會竄雜之言。漢魏而下，有方無説。非無説也，言愈多而理愈晦也。自張、戴、李諸君子出，立法分類，原病處方，而後經旨燦然。丹溪朱彦修乃能集名醫之大成，尊《素》、《難》如六經，以諸子爲羽翼，醫之爲技，庶乎其顯著矣。今之日，諸書充棟，學者望洋，安得起群公而就正，删述一番，有經有傳有史，俾醫道不淪于遠泥，而有以達中和極致之功，然後爲快邪。

《東垣十書·光澤王序》 予遼始祖簡王遷國於荆，以醫於人生大命有補於國家仁民之道，其秘啓於三皇，故神農三墳五典，明著病正四百四、藥正三百六十五，極論天地人之理，皆本於中和，不欲過於正。醫之道，由是濫觴。黄帝、岐伯、鬼臾區本之，設爲論著，以成《素問》、《靈樞》之書，醫家祖之，猶儒家之祖六經也。

三代而下，盧扁、醫和之流，類深於此，世稱神醫，不見著論。至秦越人，因《靈》、《素》而述《難經》，張仲景廣《素》、《難》而究《傷寒》，王叔和括胗候而爲《脉訣》，各有成書，是殆猶六經之有四書也。自是後，庸醫俗工於諸書不能偏觀盡讀，務爲近利，漸趨苟簡。其稍有所見好名於世者，復因叔和檃括韻語，又於凡診治、藥性、方書之類，悉編歌括，以便俗學記誦，遂致遺落本論，影響承傳，而典墳《靈》、《素》之奧義，不復窮索循枝葉而昧本根，殆徒見子孫，不識宗祖者也。農黄三才之正理，何自則考見？二氣之中和，何自而調燮？生人之大命又安望其康濟，而不爲庸妄之戕害哉。

幸而天本愛道，東垣李先生倔起金元之際，慨斯道之失傳，俗工之無術也，乃上探《靈》、《素》，深究精微，悉正諸説之謬誤，驗其嘗試之已行，發其自得之獨見，於是著《脾胃論》，著《内外傷辨惑論》，著《蘭室秘藏》。而崔紫虚之《脈訣》，王好古之《湯液本草》，王履之《溯洄集》，朱彦修之《格致餘論》、《局方發揮》，王好古之《此事難知》，齊德之之《外科精義》，咸後先繼述，凡爲書十種。以其皆出於東垣也，通謂之《東垣十書》。於是農黄《靈》、《素》之旨，大明於世。越人之《難經》，仲景之《傷寒》，叔和之《脈訣》，與夫内外科書方脈，益發明救正，無復遺憾。醫之道，至東垣亦可謂集大成者矣。

《醫旨緒餘·張、劉、李、朱、滑六名師小傳》 孫氏生生子曰：醫以通變稱良，而執方則泥。故業醫者，能因古人之法，而審其用法之時，斯得古人立法之心矣；不則窺其一斑，而議其偏長，即醫如張仲景、李東垣諸公，亦妄加譏貶也，可乎哉！可乎哉！余故列其因時立法者於後。

醫學自漢秦以上無方，有方自張長沙始，故醫家以長沙爲方書之祖。晚世議長沙者，率謂其長於傷寒，而短於雜證。余惟醫如長沙，亦無間然矣。乃長沙急於傷寒者，蓋病莫大於傷寒，而變證亦莫甚於傷寒，其生死決於七日、十二四日之間，非若他疾可從容而治也。長沙察其緩急，故以傷寒爲首務爾。不然，《金匱要略》，治雜證書也，獨非長沙著述者乎？《何顒别傳》有曰：仲景受業於同郡張伯祖，善於治療，尤精經方，時人謂扁鵲倉公無以加焉。觀此，則仲景不專長於傷寒，又可知矣。而劉宗厚亦曰：吾嘗用東垣之藥，效仲景處方。宗厚，丹溪高弟也，不效丹溪，而效仲景，以仲景醫之亞聖，非丹溪可企及者，效仲景，或亦取法乎上之意云。後世慎毋輕議長沙也。

張戴人，醫亦奇傑也。世人不究其用意，議其治疾惟事攻擊，即明理如丹溪，《格致餘論》亦譏其偏。丹溪之説出，益令人畏汗吐下三法如虎，並其書置之，不與睫交，予甚冤之。予惟人之受病，如寇入國，不先逐寇而先拊循，適足以養寇而擾黎元也。戴人有見於是，故以攻疾爲急，疾去而後調養，是得靖寇安民之法矣。彼仲景麻黄、瓜蒂、大承氣，非攻擊急劑哉！審緩急而用之，此仲景意也。蓋醫難於認病，而不難於攻擊調補，戴人特揭其難者言之也。丹溪引《内經》邪之所湊，其氣必虚爲論，乃遺下文留而不去，其病爲實一句；引精氣奪則虚，又遺邪氣盛則實一句；引虚者，正氣虚也，又遺實者，邪氣實也一句，摭其可議戴人爲言，而於戴所急略而不採。丹溪且若此，余又何怪哉。且戴人名其書曰《儒門事親》，豈有儒者事親而行霸道，以害其親者哉，必不然矣。譬彼武王伐殷，先懸紂於太白，而又散財發粟；漢高入秦，降子嬰而後約法三章。彼拘拘然進調補而詘攻擊，是猶治國專用賞而不用罰也。則舜討凶，而尼父誅卯，爲多事哉？予因著於篇，以爲戴人辯白。

有謂劉守眞長於治火，斯言亦未知守眞所長也。守眞高邁明敏，非泛常可儔，其所治多在推陳致新，不使少有怫鬱，正造化新新不停之意。醫而不知此，是無術也。此王海藏之言。海藏乃東垣高弟，尚推轂如此，則其邃學可知。且其所撰《原病式》，歷揭《素問》病機一十九條，而屬火者五；又覘人心好動，諸動屬火。夫五行其於人身者各一，惟火有君有相，由此病機屬火者多也。《原病式》特爲病機而發，故不暇論及其餘，若所著《保命集》三卷，治雜證則皆妙絶矣。然則謂守眞長於治火者，其眞未知守眞所長者乎。

醫家雅議李東垣，善於内傷，而虚怯非其所長，故有補腎不若補脾之語。竊謂腎主闔闢，腎間元氣，人之司命，豈反輕於脾胃哉？蓋病有緩急，而時勢有不同，東垣或以急者爲首務也。彼當金元擾攘之際，人生斯世，疲於奔命，未免勞倦傷脾，憂思傷脾，饑飽傷脾，何莫而非傷脾也者。《内經》曰：脾胃者，倉廩之本，營之居也。又曰：五臟六腑皆稟受於脾胃，脾胃一傷，則臟腑無所受氣。故東垣惟孜孜以保脾胃爲急。彼虚怯傷腎陰者，乃燕居安閑，淫勝之疾，又不可同日而語也。不則《内外傷辯惑》與《外科精義》及《蘭室秘藏》等書，皆治雜證者，豈止内傷已哉？此可以觀矣。

余觀近世醫家明理學者，宜莫如丹溪，雖倡陽有餘陰不足之論，其用意固有所在也。蓋以人當承平，酗酒縱慾，以竭其精，精竭則火熾，復以剛劑認爲温補，故不旋踵血溢内熱，骨立而斃，與燈膏竭而復加炷者何異？此陽有餘陰不足之論所由著也。後學不察，概守其説，一遇虚怯，開手便以滋陰降火爲劑，及末期，卒聲啞洩瀉以死，則曰丹溪之論具在。不知此不善學丹溪之罪，而於丹溪何尤？丹溪爲許文懿高弟，學源考亭，其認病最眞，而投劑最確，觀春治許文懿之病及瘵風十三症，可概見矣。功首罪魁之言，余嘗爲冤之。昔荀卿喜爲高論，而李斯祖之以禍天下，則報仇行劫之説著矣。大都前哲立論，必有定見，調施經權，必合宜適，彼執方而不達變者，反爲丹溪累也，余故不惜牙頰辯之。

《續醫説・陸師道叙》　太史公作《史記》，傳淳于公，備書其所奏治病，死生驗者，主名病狀，診候方藥，具悉不遺。夫史必關天下之故而書，紀傳所略者亦衆矣，而何獨詳於一藝焉？嗟乎！人之所病，病疾多，醫之所病，病道少。苟有明效大驗，章章若是，而可不大而傳之乎。蓋將以析同異，極變化，決嫌疑，定可治，求合先聖之道，以立度量於萬世。軒岐尹鵲之空言，由是不誣其所關豈小小哉。

《萬氏秘傳外科心法・呂鳴和序》　夫醫者意也，意之所致，醫者不知其爲工。而言已傳於後。然則世之所爲醫書，皆方之積也。今之醫者，皆欲有醫之名，欲有醫之名，而不得不求乎書，其勢然也。然欲有醫之名，而不善讀醫之書，無益於醫而究咎於書。是書之靈不能益於醫，而醫之名乃能變化其書也。

《古今醫統大全・〈内經要旨〉序》　予嘗謂操舟必資於刳木，而射者必以彀。醫之有道古也。自神農氏開其天，黄帝氏繼天創始，與其臣岐伯著《内經靈素》，爲萬世醫學之鼻祖，邈乎不可尚已。嗣是而下，代有作者。如張機以熱論著《傷寒》，李杲以穀氣著《脾胃》，守眞以運氣著《原病式》，咸得《内素》之旨。迄今闡聖濟民，傳之永永。諸賢之功不可誣也。何後世之業是者，惟執方以待病，不胗候以裁方。有定之見，牢不可破，無窮之病，懵不加察。上溯正反從逆之治法，虚實補寫之權衡，蔑如也。且率用己意，别立門牆。如王之《脈訣》，七表八裏九道。朱之《纂要》，指病泥方，學者樂趨捷逕，而寖失其大道。寥寥數百載，卒莫有釐而正之者，豈不由眞經之晦塞，他岐之滋惑歟。有唐及宋，屢詔名家，校正徒勤而眞傳靡獲。方書種種，汗牛充棟，奚益哉。

《傷寒論條辨・痙書跋》　書以載道，載而不醇則反害，書乎哉！醫家之書，自《本草》、《素》、《靈》、《難經》以至《傷寒論》，方法具而體用備，書少而義精，道之原也。末流紛紛，汗牛充棟，多遂横，少遂寒，以横之牵矯諂附，獵名媒利，適所以成繩蠹祲氛，而言之醇乎哉。蓋不過徒爲鑿鑿擾擾，道愈昏而世愈惑，雖多亦奚以爲。醫道與儒道通，夫何讀儒家書三年，則必有魁天下而名世之儒出，讀醫書雖經世計，未便見有醫之能良者出於其間，爲何如人焉。儒難邪？醫難邪？世固有小視夫醫而以易易言者，蓋亦未之思而云然爾。愚於儒，且憚不能，今乃醫，何也？天既俠然以醫之道勉我，我雖不敏，不敢不勉也。苟欲勉，則凡在爲道，皆不可不勉，而後庶乎可以能勉言。

《靈蘭要覽・殷仲春序》　醫自軒岐重民生，諄諄問答，通天地之化，洞陰陽之理，比之典謨，更爲窮賾，其愼重若此。故明於此道者，自周歷漢、晉、唐、宋、金、元，著述可法者，不過數十家，亦各有所長，此道之難又若此。然稟上資，不得原委師承，終亦鹵莽。昔扁鵲得禁方於長桑，太倉授診奇於陽慶，葛洪承秘術於鄭隱，思邈得仙法於龍宮，元素之夢授，李明之正傳，朱丹溪之埽門於羅太無，王光庵之啓鑰於戴元禮，故吴中醫派，得其正脈。

《壽世保元・醫説》　大哉醫乎，其來遠矣，肇自開闢，厥初生民，有壽夭則有札瘥，有札瘥則有醫藥。故神農嘗百草，黄帝（註）〔著〕《内經》，伊尹作湯液，雷公製炮炙。與夫著書立言垂世者，若《内經》，其言深而要，其旨邃以弘，其考辯信而有徵，爲醫家之祖。下此則秦越人、和、緩者。緩獨能知晉侯之膏肓，而未有著述。惟越人所著《八十一難經》，則皆發明《内經》之旨。又下此，則淳于意、華陀，陀之能經鴟顧，固亦導引家之一術，至於刳腹背、湔腸胃而去疾，則涉於神怪矣。意之醫狀，司馬遷備誌之。又下此則張機之《金匱玉函經》及《傷寒》諸論，誠（于）〔千〕古不刊之妙典，第詳於六氣所傷，而於嗜慾、食飲、疲勞之所致者略而不議。

近代名醫，若吴中羅（天）益，滄洲呂復，皆承東垣之餘緒。武林羅知悌，丹溪朱彦修，各挹完素之流風。又若台之朱佐，越之滑壽，慈谿王節齋，餘杭陶節菴，吴郡薛立齋，咸有著述，未易枚舉。嗟夫！自《内經》以來，醫書汗牛充棟，不爲不多矣。蓋醫之有《内經》，由儒道之六經，無所不備。後賢著述，若仲景、東垣、河間、丹溪四子之説，可謂醫書之全備，猶《學》、《庸》、《語》、《孟》，爲六經之階梯，不可缺者也。故曰：外感法仲景，内傷法東垣，熱病用河間，雜病用丹溪。然《素問》論病之因，《本草》著藥之性，《脈訣》詳證之原，《運氣》法天之候，一以貫之於《内經》，斯醫道之大成，乃千古不易之定論，實爲萬世之師法矣。

《醫宗必讀・醫論圖説・四大家論》　古之名流，非各有見地，而同根理要者，則其著述不傳，即有傳者，未必日星揭之。如仲景張機、守眞劉元素、東垣李杲、丹溪朱震亨，其所立言，醫林最重，名曰四大家，以其各自成一家言。總之闡《内經》之要旨，發前人之未備，不相摭拾，適相發明也。

仲景著傷寒方論，蓋以風寒暑溼燥火六氣皆能傷人，惟寒邪爲殺厲之氣，其傷人更甚耳。且六經傳變之難明，陰陽疑似之易惑，用劑少有乖違，殺人速于用刃，故立三百九十七法，一百一十三方，所以補《内經》之未備，而成一家言者也。然所論療，皆冬月之正傷寒，若夫至春變爲溫病，至夏變爲熱病，俱未之及也。後人不解其意，乃以冬月傷寒之方，通治春夏溫熱之症，有不夭枉者幾希矣。故守眞氏出，始窮春溫夏熱之變，而謂六經傳變，自淺至深，皆是熱症，非有陰寒。蓋就溫熱立言，即《内經》所謂必先歲氣，毋伐天和，五運六氣之旨，補仲景之未備，而成一家言者也。傷寒雖繁劇之症，仲景倡論于前，守眞補遺于後，無漏義矣。獨内傷與外感相類，而治法懸殊，東垣起而詳爲之辨。如外感則人迎脈大，内傷則氣口脈大；外感惡寒，雖近烈火不除；内傷惡寒，得就溫煖即解；外感鼻氣不利，内傷口不知味；外感邪氣有餘，故發言壯厲；内傷元氣不足，故出言懶怯；外感頭痛，常痛不休；内傷頭痛，時作時止；外感手背熱，内傷手心熱。於内傷之中，又分飲食傷爲有餘，治之以枳朮丸；勞倦傷爲不足，治之以補中益氣湯，此即《内經》飲食勞倦之義，又補張劉之未備，而成一家言者也。及丹溪出，發明陰虚發熱，亦名内傷，而治法又別。陽常有餘，陰常不足，眞水少衰，壯火上亢，以黄柏知母佐四物而理之，此亦闡《内經》之要旨，補東垣之未備，而成一家言者也。内傷雖深危之症，東垣倡論於前，丹溪補遺於後，無餘蘊矣。

嗟乎！四先生在當時，於諸病苦莫不應手取效，捷如桴鼓。讀其遺言，考其方法，若有不一者，所謂但補前人之未備，以成一家言，不相摭拾，卻相發明，豈有偏見之弊哉。不善學者，師仲景而過，則偏于峻重；師守眞而過，則偏於苦寒；師東垣而過，則偏於升補；師丹溪而過，則偏于清降，譬之侏儒觀場，爲識者笑。至有謂丹溪殿四家之末後，集諸氏之大成，獨師其說，以爲極至，不復考張、劉、李氏之法。不知丹溪但補東垣之未備，非全書也。此非丹溪之過，不善學者誤丹溪也。

蓋嘗統而論之，仲景治冬令之嚴寒，故用藥多辛溫；守眞治春夏之溫熱，故用藥多苦寒；東垣以扶脾補氣爲主，氣爲陽，主上升，虚者多下陷，故補氣藥中加升麻、柴胡，升而舉之，以象春夏之升；丹溪以補腎養血爲急，血爲陰，主下降，虚者多上逆，故補血藥中加黄柏、知母，斂而降之，以象秋冬之降。使仲景而當春夏，諒不膠於辛熱；守眞而值隆冬，決不滯於苦寒；東垣而療火逆，斷不執於升提；丹溪而治脾虚，當不泥於涼潤。故知天時者，許造張、劉之室，達病本者，可登朱、李之堂，庶幾不以辭害志，而免盡信書之失乎。

《醫宗必讀·讀内經論》 古者庖犧知天而八卦列，炎帝知地而百草辨，軒轅知人而藏府別，經絡彰，命曰三墳，而《内經》其一也。班固《藝文志》曰：《内經》十八卷。《素問》九卷，《靈樞》九卷，乃其數焉。黄帝臨觀八極，考建五常。以人生負陰而抱陽，食味而被色，寒暑相盪，喜怒交侵，乃與岐伯、鬼臾區等，上窮天紀，下極地理，遠取諸物，近取諸身，更相問難，闡發立微。垂不朽之弘慈，開生民之壽域。第其理道淵深，文辭古雅，非諳熟精思，鮮有得其解者。粤考嗣系，如唐之巫咸，周之長桑，秦之和緩，宋之文摯，鄭之扁鵲，漢之陽慶倉公，俱從《内經》分其餘緒。至于仲景遺論之撰，玄晏《甲乙》之次，楊上善纂爲《太素》，金元起列爲《訓解》。唐寶應中，太僕王冰詳爲次註，元之滑伯仁摘而爲《鈔》。近世馬蒔有《發微》，鶴皋有《吳註》，張介賓有《類經》，非不各有發明，但隨文訓釋，而闕疑者十之五，淆訛者復不少。選其融治淹通如印印泥者，卒未之見也。黄帝謂雷公曰：覽觀雜學，別異比類，通合道理，其務明之，可以十全。若不能知，爲世所怨。又曰：誦而頗能解，解而未能別，別而未能明，明而未能彰，足以治群僚，不足以治侯王。張長沙曰：居世之士，曾不留神醫術，上療君親，下救貧賤，中以保身。但逐榮利，企踵權豪，卒遇非常，身居死地。百年壽命，委付凡流，豈不危哉。玄晏云：人受先人之體有八尺之軀，而不知醫事，此所謂遊魂耳。雖有忠孝之心，慈惠之性，君父危困，赤子塗地，無以濟之，此聖賢所以精思極論盡其理也。由經言及二氏之訓思之，有不通身汗下非夫也！志爲司命者，精深儒典，洞徹玄宗，通于性命之故，達于文章之微，廣徵醫籍，博訪先知，思維與問學交參，精氣與《靈》、《素》相遇，將默通有熊氏于靈蘭之室，伯高少俞對揚問難，究極義理，以爲開導，隔垣之視，不足云也。若粗獵其藩，輒以自多，便爾災木，至道未明，而冀通神運微，印神聖于千古之邈，斷不能矣。將盛盛虚虚而遺人夭殃，致邪失正而絶人長命，長沙玄晏且絶爲罪人，尚欲爲鼎湖之勳臣多見其不知量也。

《頤生微論·醫宗論》 昔在神農，開《本草》四卷，察寒熱溫平，分君臣佐使，開萬世之龍瞶，救庶民之夭枉。《黄帝内經》十八卷，上窮天紀，下極地理，遠取諸物，近取諸身闡發玄機，弘開壽域。醫師本能諳熟，便爲無本庸流。第徵辭奧義，非淺衷者敢窺也。商有伊尹，作《湯液本草》，明輕清重濁，晰陰陽升降，及十二經表裏之宜，製方之祖也。秦越人成《難經》八十一卷，爲有能之勳臣，開後學之師表。惜其悞以命門一穴，指爲右腎，考之《明堂》、《銅人》諸經，灼然見智者之一失也。

漢之倉公，識見超異，史稱其神，而迥風沓風，未詳其旨。長沙仲景，著《傷寒論》二十二篇，三百九十七法，一百一十三方，暨《金匱》《玉(亟)〔函〕》等經，屬傷寒之鼻祖，眞濟世之慈航。若法奧未詳，而妄輕投治，比之操刃，何以異焉。至憤激之説，以不服藥爲中醫，令讀者酸鼻矣。魏有華陀，鍼灸湯丸，應手取效，刳腹煎腸，神恠百端，《内照圖説》，其遺意也。晉有王叔和《脈經》十卷，分三部九候，辨人迎氣口，闡《靈》、《素》之微，集諸家之要。柰何高陽生以僞訣竊名，禍蒼生也久矣。皇甫謐獨抒微渺，直闡軒岐，著《甲乙鍼經》，精確可徵，曠越前古。齊有諸澄，謂廣嗣祈男，可以必得，師尼寡婦，療各不同，頗著卓識。至謂女人脈反于男，以心肺列于兩尺，此其謬也。隋有巢元方，撰《病源論》五十卷，條分縷析，得未曾有。然但詳風寒，不及濕熱，毋乃偏乎。楊上善以《太素》名家，徵休徵咎，幾于神靈，而還按《内經》，終無此者。意其神于風鑒，假以托名耳。全元起《内經訓解》即非字字印泥，而深心體會，已得大旨，宜當時以爲得則生失則死也。唐有孫思邈《千金方》三十卷，《脈經》一卷，論粗工禍人。至爲憤切，用心仁厚，何以加焉。王啓玄《天元玉冊》三十卷，《玄珠》十卷，《昭明隱旨》三卷，《内經註解》二十四卷。推運氣之微，窮經絡之理，靡有闕遺，亦一時之傑也。

宋有錢乙，著《傷寒指微》、《嬰孩雜論》，抉《内經》之秘，分五臟之方。謂肝挾相火，有瀉而無補，腎爲眞水，有補而無瀉。大哉斯言，獨發奧旨。惜其遺書散墜，未可多見也。龐安常立言精邃，述人迎氣口，在手在喉，上下齊等，引繩曰平，過勝即病，而有三陰三陽之分。二千年晦蝕之旨，一旦昭明，豈曰小補。金之成無己，祖述長沙，詳加註腳，著《傷寒論》、《明理論》，庶幾博洽精詳，識超辭達。然未免隨文吸釋，其于分別較正，實多闕略。劉完素撰述《六書》，發明亢制之理，洞如觀火，然偏主于熱，豈能盡六氣之變乎。遂令後世喜用寒涼，伐天和而罔悟，伊誰之咎也。潔古張元素，洞徹病機，活潑施療，嘗言運氣不齊，古今易轍，舊方新病，難相附合。仁人之言，其利甚溥，拘方之士，庶有悟焉。憾其書多不傳，無從私淑耳。元季李東垣，發明內傷，極類外感，實有分別，而以土爲萬物之母，多注意于扶脾，確然元本，曠古未發之旨也。張子和《儒門事親》，惟主汗吐下三法，當固有起死之功，誤即有傷生之慘，是惟氣強者宜之，稍挾虛者，在所痛禁。大抵貧賤之人，合用此法，富貴之人，腑臟柔薄，可不重爲之慮耶！

王好古著《元戎》十卷、《大法》三卷、《仲景詳辨》、《傷寒辨惑》、《活人節要》、《湯液本草》、《此事難知》、《瘢疹論》、《光明論》、《標本論》等書，非一代大儒，儔能辨此。羅天益潛心篤學，撰《衛生寶鑑》二十四卷，亦醫林之白眉也。吳恕以傷寒頭緒繁多，括爲歌訣，名曰《指掌》，令學者無高深之嘆，良有裨也。隱君王珪，幼壯至老，分疑調攝，五痰諸飲，悉究精詳，號爲《泰定養生論》，方法神奇，至今賴之。丹溪朱震亨，著《格致餘論》、《局方發揮》、《附餘心法》等書，謂陽易于動，陰易于虧，獨重滋陰降火，蓋補東垣之未備也。後世不知其故，妄意其殿四家之末後，集諸氏之大成，群然宗法，輒以寒涼損眞。此非丹溪之悞，不善學者悞丹溪也。又言六氣之中，暑也，燥也，火也，熱居其半。獨不思寒也，濕也，風也，冷亦居其半耶。倪惟德論方論證，靈通變化，讀《啓微》諸論，而知敕山老人，非常人也。滑伯仁《診家樞要》、《十四經發揮》、《本草會韻》，深心特見，殊可嘉尙。王履學究天人，文章冠世，有《溯洄集》、《傷寒考》諸刻，噲炙人口，更有《鈎玄》《韻(繞)〔統〕》二書，則未之見也。顧其眞書淪沒，而《脈訣》、《鈐法》，僞書滿世，豈天不欲使斯民躋于壽域耶？戴起宗究《内經》之奧，抒運氣之旨，慨《脈訣》誤人，起而正之，有德醫門，非淺鮮矣。

近世名家，如節菴陶華，著書六種，邃究傷寒，良有(若)〔苦〕心。獨其畏仲景峻方，輒以數方代之，則亦登堂而未能入室者矣。節齋王綸，《名醫雜著》，以二陳療痰，止宜于濕，而老痰者不合也。其老痰丸方，眞出獨創。惜夫過謂參能殺人，虛勞禁用，斯言一出，印定後人眼目，至今膠執其說，互相傳戒，而虛虛之禍，曷可勝言。向非李瀕河力挽其訛，幾何不使虛癆之症坐而待斃乎！薛立齋敏而多聞，謂十三科一理，慨外科固執成方，不窮病本，特發內外合一之旨。又以風會不齊，今人虛薄，痛戒寒涼，多行溫補，拯救絕靈，驗若桴鼓。著述計十六種，誠邇來名醫之冠，而多功于先哲後昆者也。歷考前代醫籍之傳者，五百九十六部，一萬有九十二卷。而吾□熙朝之彥，續有萬餘卷，不能枚舉，兹特述其尤者，亦説約之意也。倘眼孔未富，執一得以自封，章句未融，泥筌蹄而多滯，則于衛生博濟之道，隔去萬重，司命之謂何？而甘爲庸下也。方且慚汗無地，而尚欲取信于天下其可得耶！

《景岳全書·傳忠録下·辨河間》 劉河間《原病式》所列病機，原出自《内經·至眞要大論》。蓋本論詳言五運六氣盛衰勝復之理，而以病機一十九條總於篇末，且曰：有者求之，無者求之，盛者寫之，虚者補之，令其調達而致和平。是可見所言病機，亦不過挈運氣之大綱，而此中有無之求，虚實之異，最當深察，總惟以和平爲貴也。故《五常政大論》又詳言五運三氣之辨，則火之平氣曰升明，火之太過曰赫曦，火之不及曰伏明，此虚火實火之辨，則有如冰炭之異，而《内經》不偏不倚之道，固已詳明若是。奈河間不能通察本經全旨，遂單採十九條中一百七十六字，演爲二百七十七字，不辨虚實，不察盛衰，悉以實火言病，著爲《原病式》，以訖於今。夫實火爲病，固爲可畏，而虚火之病，尤爲可畏。實火固宜寒凉，去之本不難也，虚火最忌寒凉，若妄用之，無不致死。矧今人之虚火者多，實火者少，豈皆屬有餘之病，顧可概言爲火乎？歷觀唐宋以前，原未嘗偏僻若此，繼自《原病式》出，而丹溪得之定城，遂目爲至寶，因續著《局方發揮》及陽常有餘等論。即如東垣之明，亦因之而曰火與元氣不兩立。此後如王節齋、戴原禮輩，則祖述相傳，徧及海内。凡今之醫流，則無非劉朱之徒，動輒言火，莫可解救，多致伐人生氣，敗人元陽，殺人於冥冥之中而莫之覺也，誠可悲矣。即間有一二特達，明知其非而惜人陽氣，則必有引河間之説而群吠之者矣，何從辨哉？矧病機爲後學之指南，既入其門，則如夢不醒，更可畏也。醫道之壞，莫此爲甚。此誤謬之源，不可不察，故直筆于此，并再辨其略于左。

《景岳全書·傳忠録下·辨丹溪》 嘗見朱丹溪陽常有餘陰常不足論，謂人生之氣常有餘，血常不足，而專以抑火爲言，且妄引《内經》陽道實，陰道虚，及至陰虚，天氣絶，至陽盛，地氣不足等文，強以爲證，此誠大倍經旨，大伐生機之謬談也。何也？蓋人得天地之氣以有生，而有生之氣，即陽氣也，無陽則無生矣。故凡自生而長，自長而壯，無非陽氣爲之主，而精血皆其化生也。是以陽盛則精血盛，生氣盛也，陽衰則精血衰，生氣衰也。故《經》曰：中焦受氣取汁，變化而赤，是謂血。是豈非血生於氣乎？丹溪但知精血皆屬陰，故曰陰常不足，而不知所以生精血者，先由此陽氣，倘精血之不足，又安能陽氣之有餘？由此慮之，何不曰難成易虧之陽氣，而反曰難成易虧之陰氣，是何異但知有母而不知有父者乎？故其所立補陰等方，謂其能補陰也，然知柏止堪降火，安能補陰？若任用之，則戕伐生氣，而陰以愈亡，以此補陰，謬亦甚矣。及察其引證經文，則何其謬誕。若《經》曰陽者，天氣也，主外，陰者，地氣也，主内，故陽道實，陰道虚。此太陰陽明論言脾之與胃，生病有異，以陽明主表，太陰主裏，凡犯賊風虚邪者陽受之，陽受之則入六府，而外邪在表，邪必有餘，故曰陽道實也。食飲不節，起居不時者陰受之，陰受之則入五藏，而内傷藏氣，藏必受虧，故曰陰道虚也。此本經以陽主外陰主内，而言陽病多實，陰病多虚有如此，豈以天地和平之陰陽，而謂其陽常有餘，陰常不足乎？勉強引證，此一謬也。又經曰至陰虚，天氣絶，至陽盛，地氣不足。此方盛衰論言陰陽否隔之爲病，謂陰虚於下則不升，下不升則上亦不降，是至陰虚、天氣絶也。陽亢於上則不降，上不降則下亦不升，是至陽盛，地氣不足也。此本以上下不交者爲言，亦非陰常不餘陰常不足之謂也。且下二句猶或似之，而上二句云至陰虚，天氣絶，則何以爲解？此更謬也。以丹溪之通博，而胡爲妄引若此，抑爲偏執所囿，而忘其矯強乎？余陋不自覺，而念切在道，故不能爲丹溪諱，而摘正於此，猶俟高明之評教。

《外臺秘要·程衍道序》 蓋聞上古之世，方不如醫，中古之世，醫不如方，世愈降而方愈淩雜，莫不各據一家言，彼此互相是非，間有二三驗方，亦惟是父師傳之子弟，經不輕以示人，而其鐫行於世者，率皆依樣葫蘆，時或改頭换面，以博名高則已矣。

又 蓋自神農氏深明藥性，著《本草經》三卷而未有方也。軒轅氏日與岐伯、雷公剖析病機，著《素問》、《靈樞經》各九卷而未有方也。商周之間，如伊尹，如和，如緩，如跗，皆以醫名而未有方也。越人受長桑君之禁方，所(傳)[傳]於世者，《八十一難經》及治虢太子尸厥耳。而其爲帶下醫，小兒醫，耳目痺醫，俱未悉其所以爲方也。倉公受公乘陽慶之禁方，所可曉者，莨菪子湯、苦參湯耳。其他火齊湯、下氣湯、陽劑剛石、陰劑柔石，亦未悉其所以爲方也。若夫剞腸湔胃，無論其方不(傳)[傳]，即令華元化方(傳)[傳]至今，而亦難乎倣其爲方也。惟是仲景氏出，有《卒病論》以治傷寒，著方乙百一十三。有《金匱要略》以治雜病，著方乙百一十二，醫方寔開先焉，蓋鼻祖也。又得叔和王氏爲之詮次，俾仲景之微旨益以彰明。叔和氏不更立方，即述仲景之方爲方者也。皇甫士安之《甲乙經》，特重鍼刺而無方。巢元方之《病源》，每病必有源，源必立論而無方，覽者咸以無方致憾。迨唐有孫眞人者，初著方三十卷，晚復增三十卷，自珍其方曰《千金》，醫方較明備焉，蓋大宗也。乃前後乎孫眞人者，人則有深師、崔尚書、孫處士、張文仲、孟同州、許仁則、吳昇若而人，方則有《廣濟》、《錄驗》、《刪繁》、《肘後》、《延年》、《小品》、《必效》若而方，門分派別，編帙浩繁，從未有綜而輯之者。獨刺史王燾，先生前居館閣二十年，採摭群書，彙成方略。上遡炎昊，下及諸家。傷寒壹遵仲景，發論率冠《病源》。雖置鍼法不言，而大唐以前之方靡有遺佚，《千金》則居多焉。卷凡四十，方餘六千，蓋集醫方之大成者，題曰《秘要》，悉皆秘密樞要也。自宋皇祐詔諭刊布，後無復鋟梓以廣其(傳)[傳]。豈非沿習時尚而探源證本者之寡其儔哉。夫天下何事不宜師古？文則六經之外必追秦漢，字則篆籀而後必法鍾王。至於醫而何獨不然？

《一草亭目科全書·張壽六序》 昌黎韓子曰：莫爲之前，雖美而弗彰，莫爲之後，雖盛而弗傳。旨哉斯言。千載上下賴繼續，不然，前人苦心積慮而有所成者，後之人漠而視其殄滅澌盡，不承往古，以開示來兹，幾何不胥天下而肓哉。是故抱殘守缺之君子，尤於絕學三致其意焉，良有以也。史遷著書成，其《自序》則曰藏之名山，傳諸其人。嗟乎，其人豈易得哉！

《醫藏書目·自序》 按《醫藏錄》者：取諸如來法藏，權立其名，以濟度群生也。世人珍重嚴敬者，莫如內典，廣被獲濟者，亦莫過內典。昔庾信竊佛語以藻麗其文，罪生孽現。予借如來藏名，以救困厄，即如汲黯矯詔發粟，以濟饑民，漢武英主而不罪。又如周室不朝，桓文不得不令諸侯也。況佛藏有藥師之經勤禮懺誦，即得清涼解厄，醫藏寔爲世寶，罪過或宥。

或問：自《周官》立法，醫列天官之次，醫師掌醫之政令，其條理循循，何子以非其原始？予曰：《周禮》云：其邦之有疾者，使醫分治，歲終稽其事。竊謂若歲氣疫癘，病變不常，若使昏蒙下士，十失其四者，歲終行罰，則去生遠矣，罰亦難逭。又混以食醫、瘍醫、獸醫，以上下其術，何嘗有羲黃俞咎之問答乎。《春秋》以癰疽侍人瘠環爲耻，故殷深源狄梁公精此而焚書羞秘，況其他乎。醫摯履齊王見烹，秦越爭技之見刺，囿于利也。淳于之見赴，華士元之屈戮，一遇明主而著，一遘奸雄而藝絕。所謂天之君子，人之小人，天之小人，人之君子。若聖世重民，明哲見機，豈有此乎。仲春又記。

《醫藏書目·無上函》 無上函者，取《內經》暨諸籍，凡諸家無有越于此者，爲識函也。釋縛脫艱，全眞導氣，三聖道源，萬世鴻造。其併收《易》與《洪範》、《繁露》者，醫與治道相符，聖賢表裏也。故《書》之分命羲和之四方，即《內經》春月發陳、夏月蕃秀之玄奧，一以分四時而治民，一以分四氣而調世。治民者敬授人時，敎民以析因夷隩隱，有調世之濟植；調世者勿奪怒急泄，暗藏聖王之養性情，育德以豫民。《易》與《洪範》、《繁露》諸書者，如醫緩知晉侯之膏肓，食不及新，子鍼識趙孟正卿之噣日。故孫思邈云大醫須當兼識陰陽、卜相之術，亦此意也。《難經》至元，七十註而義猶訛。張長沙岔舉族羅患而著論，豈易易而言哉。昔人敎人讀朱書《本草》，恐後人惑于膚測藥性。診脈者，休執高陽歌括，必須熟讀《脈經》。

《醫藏書目·正法函》 正(派)[法]者，醫家之大濟生民之書也。自軒岐已降，奇眩雖傳，無準的以法世。張機仲景，以天縱之才，以生民爲懼，分六經證治，此不能一辭爲贊。李東垣深究《內經》，闡明藥性，辨明內外之傷，立調補陰陽之法。張潔古夢人鑿胸納書，而醫業最精。劉河(澗)[間]立熱病法，而治法迥異，非操戈于仲景，寔羽翼于長沙。錢仲陽之論賢常不足。(未)[朱]丹溪云相火有餘，更超于古。謙甫、好古、安常、安道，不失邯鄲。《千金》、《十書》，當爲正典。

《醫藏書目·法流函》 法流者，正法流行于宇內，有扶植生靈之功，垂敎英敏之法。劉宗厚《傷寒雜病治例》，東垣《正脈心法附餘》，此爲最當。若陶節菴《六書》，薛氏諸種，節(齊)[齋]、石山、元禮、慕松、用光、仁齋，咸用心于著述，未必盡妙法于當年。覽者譬楂梨橘柚，各當于口，用者澠淄涇渭，細辨于分毫，不可一拘。程不識之號令嚴明，又不宜玩李將軍之兵便于水草。

《醫藏書目·結集函》 結集者，諸品妙諦，而爲一乘之法也。惟此最難，廣之則蕪穢漫散，約之則遺漏失詮，非有宏材，安能刪述。若無慧悟，安能編簡。叔和次仲景之書，猶多異論。《千金》秘龍藏之方，人豈易知。纂集之書，全善《綱目》最妙，小大不遺，又奇方簡略。宗厚《微義》得中，而門類失全。《集成》、《醫統》，亦有可觀，不能枚舉。近得徐儆弦《醫經彙編》，裒取百氏切要之篇，惜無方以配之。凡纂此諸書，若無神解，譬猶晉鄙之兵，一椎可奪。欲若細柳之營，天子按轡方妙。未易忘筌，猶當枕蔫。

《醫藏書目·旁通函》 旁通者，爲醫家之能事，禪之別宗，治之變法，兵之詭道，民之菽麥，此非常經。古人曰：民可樂成，不可慮始。此行變之始法。蘇子曰：兵猶火也，不戢自焚。此用奇之節制。子和之三法，奉議之《活人》，隱君之《疫論》，飛霞之霞膏，迥乎自别。善用者譬五兵之一技，須必勝而後施。十策之總陳，待萬全而始用。其《嶺南》、《海上》、《奇效》、《家寶》、《袖珍》諸書併輯，不可執此即爲秘方，細考適當，其病如穫衣珠。醫爲人之司命，安可擬學書廢紙。

《醫藏書目・散聖函》 散聖者，非醫流之專業。天生聰睿特達之士，既以文學標乎宇宙，爲才流之山斗，而更游心一藝，亦切生民(栗)〔粟〕帛。自蘇長公、沈存中以下數十家，或方或論，或運氣，或地宜，談之生眉睫之喜色，用之蘇領表之生民。彼以慈心一念，越鳟俎而代庖人，不可成心景企，竟刻舟而求劍。又草廬、伯齊、叔拱，得徐傚弦之彙萃，而時見一班。金之河(澗)〔間〕、潔古、彦修諸家，李濂集《醫史》而行亦略備。自正(派)〔法〕結集外，方書俱總萃于兹。

《醫藏書目・玄通函》 玄通者，出于《内經》五運、六微、天元紀論。太虚寥廓，肇基化元，同曆家叙四時之位，正分至之節，望雲觀氣，以紀災祥，測候紀風，以察交度。若執成案以驗民瘼，有應不應。以活變而驗時事，此理庶幾。昔人云：病知不似常年氣，看與何年氣候同，但向此中求活法，須知至妙在其中。蓋亢則害，承乃制。大過不已，則反不及。沈存中測候數篇，是得運氣之妙。而《天元玉冊》，此兼推步，不特民病，兼通世運。《玄珠密語》則又其次，當求明哲，以稽其妙。此函其涉于深玄，尚古者附焉。

《醫藏書目・理窟函》 理窟者，攻切脈而知病情。諸家所集，不言望聞問，而止言此，以其最難緊要立名也。孔子曰：觀水有術，必觀其瀾。脈者，血氣之波瀾。又曰：國之氣脈，水之源流，地之龍脈。天下之理，莫玄微乎此理。人之死生，係於頃刻按診，其之良否，亦在處治安危。七診九候，非識陰陽而奚測，七表八裏，非洞明度數而焉知。故論病以及國，而診以知政。《太素》肇源乎《靈樞》，何曾有外乎上聖。《難經》闡明乎石室，此可領袖乎後賢。自《脈經》以下，註叔和者亦如《難經》之多，雲岐最妙《通眞》、《俗解》、《圖註》、《刊誤》，不一而(足)。滑氏《樞要》，丹溪《脈論》，脈訣玄理，標提診候，寡切世用。而丹溪者，又以黄鍾推寸口，此深知律吕，眞能若是乎。扁鵲垣見　方，洞經絡而自神其目，若壺丘淵九示之虚妙，神巫遁形，此又出乎其上，淵乎？玄乎？其惟脈乎。

《醫藏書目・機在函》 機在者，集目科數十種，而便于治焉也。人之機在目乎？人胸中正不正，猶能察人瞭(髦)〔眊〕，况病不見秋毫乎。此病分五輪八廓，表裏寒熱。世有得一方即通治，豈悞人乎。佛祖曰：金屑雖貴，入眼成塵。

《醫藏書目・秘密函》 秘密者，秘傳之書，不經世目。如華士元《肘後》〔緑〕囊之類，自古有之。扁鵲之遇長桑，授上池之口術，淳于意公傳宇外之禁方，不其然乎。若不待傳而心得者，如張潔古夢神人鑿胸納書，此道大明，正爲神解，何嘗蹊曲必遇異人哉。管公明亡後，止有《周易》、《孝經》、《論語》，又何嘗有潛虚覆射之術哉。雖然，自古英奇之士，非得枕中秘記，圯上一篇，安能施其妙用哉。目遇抄本、秘方、異帙，列于斯焉。

《醫藏書目・普醍函》 普醍函者，取《神農本草》以至近代諸本草，如釋氏醍醐，以清涼味解脱諸煩惱也。自神農嘗百草至《唐本草》，下迨宋元，辨愈精而用愈難，非精考諸書，安可安定方藥。辨五苦六辛，致水火之齊，通閉解結，反之于平。用之當，如磁石取鐵，用無不驗。反此，如以火益薪，反生煩惱。

《醫藏書目・印證函》 印證函者，述古方舊案而成之也。人有今(右)〔古〕之不同，方有南北之迥異。况方者倣也，案者諳也，止可法此而證他歧，不可證此而爲準鵠。不細玩自古名方，必曹七方之博約。焉知十劑之縦横？范文商文二公，皆收天下之犀革羽毛，以待奇士之需用周府。蜀藩道呈袖珍御用，恐妨生民之信誤。

《醫藏書目・誦注函》 誦(法)〔注〕函者，熟其記誦，便(子)〔于〕應酬，此皆爲鈍根而設也。至于高陽生之《脈訣》，雖僞作而分臟府有條，許叔微之《百證》，深括長沙之正脈，必須熟誦。其餘雖有可觀，不免湊砌成括。藥性以二十八字爲則，何能盡升降補寫經絡之運用。即如越裳之指南，何能盡國中門城之深窔。此不可無，又不可如釋道咀呪，留連于口吻。

《醫藏書目・聲聞函》 聲聞者，非謂辟支之謂也。目未經覽，但世有秘冊奇書，或禁方奇眩，或醫書引用，未覩全帙。高人逸士，方外丹客，或世傳秘方，訪知的有，必須求之，古聖聞一善言，聞一善行，若決江湖，而醫者人之司命，而拘虚執安于一曲哉。珠玉無足而至者，以人好之也，遇此必須傾槖。

若焦弱侯經籍誌所收，亦附後。

《醫藏書目·化生函》 化生者，女科十二種爲輯也。《易》曰：男女構精，萬物化生。乾道成男，坤道成女。經曰：女子二七天癸至，男子二八則精通。七爲少陽，八爲少陰。女反以陽，男反以陰者，陽偶陰爲女，陽交陰爲男。陰主靜，海滿而去血。陽主動，應血百泄精。古人遲于婚嫁者，豫養其精神。今人故有立胎教，行坐起居皆有禮，則生子形容端正，自亦無疾患憂虞。況屢胎育者，氣血有耗，而不得子姓者，鬱滯多端，尼寡之不同，經候之有異。語云：寧治十男子，莫治一婦人。若扁鵲巧達，趙重婦女，即爲帶下，此何拘乎。

《醫藏書目·楊肘浸假函》 楊肘函者，取外科散籍，總綱一籍。《周官》疕瘍科，治邦之患，歲終稽上下。又瘍科近于卑，故其書散漫。凡世之庸人，得一方即秘爲神丹，比皆損元氣之藥。東垣、丹溪，深究心于此焉，始知依經絡表裏補瀉之法。陶尚文自患此，偏考前書，著《十段關》以五善七惡爲要，治其惡其毒易愈，患疽者百全。立(齊)〔齋〕推廣，大有妙驗。單方奇方，深愛廣求，不敢以爲篙矢。稽生云：蚊盲噬膚，則通夕不眠。惟外死生者跰躃視井而云造物，又爲此拘拘也，何哉。

《醫藏書目·妙竅函》 《內經·異法方宜論》云：東方之民，魚鹽之地，其民熱中，鹹勝血爲癰瘍，治宜砭石。北方地寒，乳食生滿，治宜(炙)〔灸〕焫。南方霧露所聚，嗜酸食(肘)〔胕〕，病多攣痺，治宜微鍼。然則鍼(炙)〔灸〕上(右)〔古〕之法。又春夏秋冬，散俞絡俞，皮膚竅理，毫不可紊。又(九)〔凡〕刺胸腹，必避五臟，中心環死，脾五日，腎七日，應日而斃。豈易易者哉。又云：刺皮無傷肉，刺肉無傷脈，刺脈無傷筋。況喜怒憂思勞饑皆不宜輕刺。此非神授仁人，更有秋毫貫虱之眸，承蜩揮斤之手，則不能盡此技。故自扁鵲之起虢太子，寥寥千載，代不數人。若翳人鍼腰疾之鬼，啓衣刺危產之兒，則涉神恠矣。又云針能殺生人，不能起死人，言其術之難也，非鹵莽之夫輕爲此技。此書玄妙深奧，善乎，王宇泰讀此而發歎曰：《鍼經》分理經絡，條陳補瀉，咸臻微妙。欲一一立方以代針刺，正恐印定後人耳目，謙讓未遑。惜乎未得識荆，致有望洋之歎。

《醫藏書目·慈保函》 慈保者，嬰科種種，《顱顖》夷瘡，纖收而備具者，若附諸書者，此不記錄。古爲啞科，以虎口部爲診候。錢仲暘奧臻神聖，嚴孝忠補輯，未別珉玉。痘疹之書，不著先秦，而建武之後始有。惟痘疹書最繁，猶當逐一推究，庶用寒法有餘地。

《醫藏書目·指歸函》 指歸者，指示學者，得正脈而深明乎妙理，使不雜淆于衷，而得聖賢玄奧。如《大藏》以《般若》、《印心》及《楞嚴》《華嚴》爲入悟之漸，儒者不外乎六經以及諸書。醫書汎濫，諸書互有得失。譬楊朱之見歧路，須以苦心探索，方罔象之得玄珠。余每函摘取切要爲一帙，以便業醫捷徑，猶恐以誤後人，倘有高賢爲余正之，余之贅言無當總不如。昔人云：不讀本草，焉知藥性。既知藥性，決不識病。假饒識病，未必得法。識病得法，工中之甲。經絡明，認得標；運氣明，認得本，治千人，無一損。禪家有頓悟漸解，醫須漸解以及頓悟，頓悟難離漸解。一爲修己之性，一爲救人之命，故有差別。

《醫藏書目·法眞函》 法眞者，取修眞導引之書數十種，以資醫理。經云：上古眞人，提挈天地，把握陰陽，呼吸精氣，獨立守神，故能壽敝天地。廣成子曰：至道之精，窅眞冥冥。至道之極，昏昏默默。其次至人，淳德全道，和于陰陽，積精全道，游行天地之間，視聽八達之外，益壽強神，亦歸眞人。其次則有聖人、賢人，亦持修習永年令之丹書，法時火候，顛倒坎離，龍從火出，虎向水生，秉仙風道骨，堪承眞諦。若其養砂燒茅，以藥物資貪心，房中採戰，以淫慾縱痴性，何能至神仙地位。故曰：燕昭無靈氣，漢武非仙材，況凡庸乎。人居天地，一念妄生，反罹災咎，若能依坐功淸修，亦躋上壽。《悟眞篇》云：一日淸閑一日仙，六神和合自天然。丹田有寶休尋道，萬境忘言莫問禪。此有夙根淸品，方臻此妙。又俗塵未斷，反生懊惱，亦可暫卻塵勞。《養生論》云：加一溉子陽年，亦遲枯于苗旱。可不法此乎。

《尚論篇·自序》 混茫初開，聖神首出，民用未興，藥草先備，醫道之關性命爲何如哉。軒轅帝尊其臣岐伯爲天師，每聞典要必載拜，敬受金匱玉函，珍藏其文。由茲神工繼起，倉扁而下，代有傳人，或發揮方書，或抽揚脈理，非不燦然天地間。然能神悟於靈蘭之先，獨探夫鴻濛之秘，從無文之文，解畫前之卦，使讀者因象得義，因義得神，冥入無垠，顯傳衣帶，則曠世以來未見覿也。晚世道降術升，醫事之不振久矣。昌一人即身爲標，言爲的，而獨吹無和，少見多怪，此理一晦，黑若夜行，心竊憂之。於是杜門樂饑，取古人書而尚論之。然而泛涉則管窺蠡測，終身莫殫，攬要則玄珠妙諦，罔象可求，不知古人與我俱範圍於道者也，同于穆然無朕中，而剖抉性命之微，古人所言，皆我固有觀天之道，觀我之生機，非相貸古人既往，有我負荷，韞藏待剖，棼絲待理，責難他諉。昔阿難問世尊曰：古佛以何人爲師？世尊答曰：以吾爲師。此即誕生所指天上天下惟吾獨尊之旨，可見吾之分量天地古今，莫得而囿，但非昌之所敢舉揚者也。昌意中祇求精神呼吸，實與古人潛通一脈，若啓迪於愚衷，稟承於覿面，凡有闡述，一如陽燧方諸之得水火，天然感召，泯絕思議，於以快吾尙論之本懷耳。雖然，高明之弊，說經創解，其事多僭，固陋之弊，牽文襲義，其事多竊，惟僭與竊，一念好名，終古貽害，覆轍相尋，可無罹乎！

《尚論篇·錢謙益序》 上古之世，未有儒也，所謂通天地人者，巫與醫而已。巫咸始爲巫，號爲神巫，其事守逮夏商未改。顓頊命南正重爲司天以屬神，北正黎爲司地以屬民，絕地天通，亦神巫之屬也。【略】神農嘗百草，黃帝作《内經》，伊摯製湯液，天子宰相，皆醫師也，皆醫官也。以黃帝之聰明狥齊，稱歧伯爲天師，其所論難，窮極天地，分列陰陽，儒者雅言三墳之書，言大道者，惟醫經在焉，豈非窮神知化，通天地人之極致乎。自周公以司，巫醫師分屬六官，而巫醫之任漸輕，自孔子以魯國之儒，統承斯文，而巫醫之道漸隱，其降而爲方技，不得與儒齒，則自范曄始也。東漢之末，巫術熄而道教立，天師之劍印，遂與竺墳魯誥鼎列爲三，要其冥通玄感，驅風雷，斥神鬼，不過古者神巫之能事，巫之名閟於道，而其敎跡則託於道而益尊。若漢以後之醫，則不能自立壇墠而咸寄跡於儒，儒者窮研經術，深談性命，俎豆於賢人之間，而醫不出方技之列。若近代之劉、張、李、朱，本朝之戴元禮、滑攖寧、王仲光，皆眞修壹行，方聞經國之大儒，曾不得攝齊扱衽，廁跡儒林道學之間。醫之託於儒，不若巫之託於道也，蓋已久矣。

《診翼·朱茂時跋》 太史公作《扁鵲倉公列傳》，載其師長桑君、公乘陽慶授以禁方、脈書、藥論，蓋醫必資書矣。乃唐許胤宗謂吾意所解，口不能宣，著書無益。是說也，幾欲舉涪水金匱之遺編而盡廢棄之，豈貴汎濫乎！

《醫門法律·先哲格言》 晉時才人，欲刊正《周易》及諸藥方，先與祖訥共論。訥曰：辯釋經典，縱有異同，不足以傷風敎。至於湯藥，小小不達，便致壽夭所由，則後人受弊不少，何可輕以裁斷。祖訥之言可謂仁矣。今天下才士勵志醫藥，正可入理深譚，乃效齊人，惟知管、晏，以陶氏《六書》竄入仲景成法，後人受弊，更當何如。

《醫衡·醫衡例》 夫醫林之有張劉朱李，猶藝苑之有韓柳歐蘇，四家所著，在在奉爲蓍龜。而茲刻不與篇章者，正以其言皆法，與《靈》《素》相表裏，人知其人，家有其書，自足孤行宇内。

《醫宗說約·凡例》 讀古人書，如東垣升補，養正爲先，子和三法，去邪爲急，河間火熱，凡溪濕痰，立齋溫補，各臻其妙。豈古人矛盾若是哉？蓋古人著書，議論非特見不傳，醫案非疑難不記，欲補前人所未補也。今之學者，讀是書，即泥是說，往往有偏僻之弊。吁！人有南北，病有輕重，法有變更，豈一家言所能盡乎。

《外科大成·自跋》 醫自軒岐而始，原無内外科之分，蓋緣本於運氣之有司天，則有主客加臨之遷迭，臟腑之有虛實，則有淫勝鬱復之乖變，用藥之有氣味，則有逆從反正之權衡，是醫者一也。至於唐宋之間，分立一十三科，意在學難盡述，使人各治一科，如水陸之殊途矣。

《傷寒論注·自序》 嘗謂胸中有萬卷書，筆底無半點塵者，始可著書。胸中無半點塵，目中無半點塵者，纔許作古書註疏。夫著書固難，而註疏更難。著書者往矣，其間幾經兵燹，幾番播遷，幾次增刪，幾許抄刻，亥豕者有之，雜偽者有之，脫落者有之，錯簡者有之。如註疏者着眼，則古人之隱旨明，塵句新；註疏者失眼，非依樣葫蘆，則另尋枝葉，魚目混珠，碔砆勝玉矣。

《傷寒論注·衛廷璞序》 昔人嘗論注書爲難，蓋文章家有輯注，鉤深抉隱，穿鑿而傅會之，於作者本意固茫乎未得。然自經史以及稗官雜說、金石志乘之文，供我捃摭蒐采，以求合於古人立言之旨，雖夏后之璜，不無徑寸之考，尙不害其爲天球弘璧也。若醫以療疾，經絡臟腑，形神精氣，變化陰陽，幽微莫測，非於三部九候深討窮蒐，本我之靈心，啓我之妙悟，而率爾命筆，不獨置前人本旨於雲霧中，其自誤以誤世，不爲黃帝、岐伯之罪人者幾希。

《傷寒論注·季諾序》 伏羲、神農、黃帝之書，尙有存焉者乎？曰：辭雖存，理則亡矣。何以言之？曰：卜筮始於疇易，至京關而岐矣，今之所謂上筮，不知洪也，不知疇也。醫學始於《靈》、《素》，至扁、倉而岐矣，今之所謂醫，不知《靈》、《素》也。傷寒始於仲景，至劉、李而岐矣，今之治傷寒家，不知仲景也。夫聖人之道，至今不廢者，若陶之爲器，無二範也，若匠之削木，無二規矩也。《本經》、《素問》、《靈樞》、《難經》，其爲經也四，仲景因之而論傷寒，猶陶之不離範而匠之循其繩墨也。乃繼起者則不然，如朱奉議、劉河間、張易州、李東垣、王好古、陶節菴輩，相襲而相悖，相引而相反，辭愈煩而理愈昧。譬之於陶，以仲景爲範，而中其式者鮮矣。譬之於材，以仲景爲規矩，而合其繩墨者寡矣。即有善者，猶耳目口鼻，各有偏長而不相能也。世徒知通三才者爲儒，而不知不通三才之理者更不可以言醫。醫也者，非從經史百家探其源流，則勿能廣其識；非參老莊之要，則勿能神其用；非徹三藏眞諦，則勿能究其奧。故凡天以下，地以上，日月星辰，風雨寒暑，山川草木，鳥獸蟲魚，遐方異域之物，與夫人身之精氣神形，藏府陰陽，毛髮皮膚，血脈筋骨，肌肉津液之屬，必極其理，夫然後可以登岐伯之堂，入仲景之室耳。奈何縉紳先生以方術視醫，而醫道之晦蝕也久。又粗工曲學，家自立幟，人自爲書，而醫道之離畔又久。今業醫者，或襲其膚，或剽其似，冥行以趨，貿貿奚之，誠大道凌夷，微言將絶之會乎。

《素問集注·自序》 五帝以上有書乎？曰：無書也，無書而實肇書之蘊也。五帝以下有書乎？曰：多書也，多書而實淆書之傳也。夫無書而肇書之蘊，多書而淆書之傳，則作與述之相爲終始，不可誣也。聿稽五帝，首自庖犧，仰觀俯察，近取遠求，而八卦以通，昭然爲明道開天之祖。嗣後伊耆，斲耜揉耒，敎穡辨物，而百彙以明，焕然爲養生達性之主。厥傳公孫，上稽天象，下究淵泉，中度人事，以人之五行六氣，配天地陰陽，以天地之上時五行，應人部候，洞然爲見垣徹微之宗，是三聖代興，而三墳之義著，三才之理備矣。然羲皇畫卦，而爻辭彖義，姬文周孔，創始於前，李邵陳朱，闡明於後，而開物成務，易道遂歷千古而不晦。炎帝察材，而金石草木，品上中下，《本經》以傳，《別錄》、《圖經》、《綱目》以著，而補遺增闕，方書遂行萬祀而無斁。獨《素問》一冊，帝與俞跗、巫彭諸臣論次一堂，所詳者天人一原之旨，所明者陰陽迭乘之機，所究研者氣運更勝之微，所稽求者性命攻盪之本，所上窮者寒暑日月之運行。所下極者形氣生化之成敗。開闔詳盡。幾無餘蘊。然其中論生生之統居其半，言災病者次之，治法者又次之，蓋欲天下後世，子孫氓庶，勿罹災眚，咸歸生長，聖敎不唐乎大哉。

《診宗三昧·醫學》 或問醫藥之書，汗牛充棟，當以何者爲先？答曰：醫林著作日繁，葛藤益甚，而識見愈卑，總皆竊取狐涎，蒐羅剩語，從無片言發自己靈者。吾故曰敎外別傳，不欲汝等墮諸坑塹也。近來雷心斯道者，紛如泥沙，求其具夙根者卒不可得，是不得不稍借文字以爲接引之階梯。但此奪權造化，負荷非輕，即有眞心向道，以天下生民爲己任者，入門宗派不慎，未免流入異端。向後雖遇明師，檢點頭緒，決不能清。頭緒不清，審證必不能確。審證不確，下手亦無辣氣，安望其有轉日回天之勣乎？

有志之士，務在先明《靈樞》、《素問》、《傷寒論》、《金匱要略》四經，爲醫門之正法眼藏。然皆義深辭簡，質與難明，讀者不可隨人作解，以障己之悟門。或遇不能透脱處，撞着銀山鐵壁相似，於挨拶不入處，忽地頂門迸裂，自然洞若觀火。然後看古人注釋，自不仍其紕繆，直待胸中學識堅固，隨時綜覽諸家，無往非受其益。即如劉、張、李、朱，世推四大家，觀其立言之旨，各執一偏。河間之學，悉從岐伯病機十幾條入首，故其立方，一於治熱。戴人專於撥亂除邪上起見，故汗、吐、下法信手合轍。要知二子道行西北，地氣使然之故，不可强也。東垣志在培土，以發育萬物，故常從事乎升陽。丹溪全以清理形氣爲本，故獨長於濕（爇）〔熱〕。二子之道，雖皆行於東南，然一當岐沛，一當安和，補瀉升沉之理，不可不隨時遷變也。在學識麤淺者，不能委悉其全，即當因材敎誨，指與個捷徑工夫，一般到家。

惟脈學之言，自古至今，曾無一家可宗者，某不自揣，竊謂自得其髓，惜乎日自，而尚有不辨明暗者，何也？曰：是某之機緣不契，亦衆生之機緣不契也。敎乘所謂時節因緣，非可强也。吾聞佛法無邊，能度一切有情，而不能化導無緣，豈區區智力，能充牣法界，使悉歸心至敎乎。今觀遊時師之門者，一皆羊質虎皮，問其所學，無非僞訣藥性等書，家絃戶誦，不過如斯，今古相仍，莫知其謬。蓋僞訣出自高陽生，昔戴起宗嘗著《刊（訣）〔誤〕》，以辟其妄，而聾（瞶）〔聵〕之師，猶（是以）〔以是〕爲資生至寶者，以其編成俚語，易於習誦也。《藥性賦》不知出自何人，乃誣妄東垣所著，尤爲髮指。吾願祖龍有知，凡有二書處，請用從火，造福無涯矣。至於王氏《脈經》，全氏《太素》，多拾經語，溷廁雜糅於中，偶一展卷，不無金屑入眼之憾。他如紫虛《四診》、丹溪《指掌》、嬰寧《樞要》、瀕湖《脈學》、士材《正眼》等，靡不稱譽於時，要皆刻舟求劍，按圖索驥之說，造夫得心應手之妙，如風中鳥跡，水上月痕，苟非智慧辨才，烏能測識其微於一毫端上哉。只今諸方雲集，向其問個脈法大義，吾嘗以三昧水滌除塵見，顯示個頭頭是道底活法悟門，不涉纖微陳跡，便可言下薦機。學者無以余言爲尚異也，要知冰即是水，別傳之義，原不外乎軒岐仲景祖祖相承之心印，但較當世所言七表八裏之法，趨舍殊途，宗旨迥乎角立耳。

高世栻《醫學真傳·醫門經論》 《神農本草》曰《本經》，黄帝《靈樞》、《素問》曰《内經》，皆聖經也。仲景先師著卒病曰《傷寒》，著雜病曰《金匱》，此賢論也。醫門聖經賢論，猶儒者之五經四書也。故醫門經論，乃醫學正傳，其餘《難經》、《脈訣》及後人一切方書，皆逐末亡本，膚淺不經，不可爲訓。何世之醫者，于聖賢經論從未嘗讀，即讀亦未解，解未能明，明未能用，悲夫。

《金匱要略心典·徐大椿序》 今之稱醫宗者，則曰四大家，首仲景，次河間，次東垣，次丹谿。且曰仲景專於傷寒，自有明以來，莫有易其言者也。然竊嘗考神農著《本草》以後，神聖輩出，立君臣佐使之制，分大小奇偶之宜，於是不稱藥而稱方，如《内經》中所載半夏、秫米等數方是已。迨商而有伊尹湯液之說，大抵湯劑之法，至商而盛，非自伊尹始也。若扁倉諸公，皆長於禁方，而其書又不克傳。惟仲景則獨祖經方，而集其大成，遠接軒皇，近兼衆氏，當時著書垂教，必非一種。其存者有《金匱要略》及《傷寒論》兩書，當宋以前，本合爲一，自林億等校刊，遂分爲兩焉。夫傷寒乃諸病之一病耳，仲景獨著一書者，因傷寒變證多端，誤治者衆，故尤加意，其自叙可見矣。且《傷寒論》中一百十三方，皆自雜病方中檢入，而傷寒之方，又無不可以治雜病，仲景書具在，燎如也。若三家之書，雖各有發明，其去仲景相懸，不可以道里計。四家並稱，已屬不倫，况云仲景專於傷寒乎。嗚呼！是尚得爲讀仲景之書者乎？

《醫學心悟·凡例》 醫道自《靈》、《素》、《難經》而下，首推仲景，以其爲製方之祖也。然仲景論傷寒，而溫熱溫疫之旨有未暢。河間論溫熱及溫疫，而於内傷有未備。東垣詳論内傷，發補中枳朮等論，卓識千古，而於陰虚之内傷，尚有缺焉。朱丹溪從而廣之，發陽常有餘、陰常不足之論，以補前賢所未及，而醫道亦大全矣，夫復何言。不知四子之書，合之則見其全，分之即見其偏。兹集兼總四家，而會通其微意，以各適于用，則庶乎其不偏耳。

《臨證指南醫案·華岫雲序》 古人有三不朽之事，爲立德、立功、立言也。蓋名雖爲三，而理實一貫，要之惟求有濟於民生而已。夫有濟於民生，則人之所重，莫大乎生死，可以拯人之生死，雖韋布之士，亦力能爲者，則莫若乎醫。故良醫處世，不矜名，不計利，此其立德也。挽回造化，立起沉疴，此其立功也。闡發蘊奥，聿著方書，此其立言也。一藝而三善咸備，醫道之有關於世，豈不重且大耶！故上古聖帝，辨晰陰陽，審嘗氣味，創著《内經》，垂不朽之仁慈，開生民之壽域，其《大易》、《本草》、《靈》、《素》諸書，炳若日星，爲萬世不磨之典。厥後亦代有名賢，窮究其理，各有著述，開示後人，以冀共躋仁壽，無如後世習是業者，其立志存心，卻有天理人欲之兩途。如范文正公雖不業醫，而其所言不爲良相，即作良醫者，斯純以利濟爲心者也。俗諺有云：秀才行醫，如菜作虀者，此淺視醫道僅爲衣食之計者也。夫以利濟存心，則其學業必能日造乎高明，若僅爲衣食計，則其知識自必終囿於庸俗，此天理人欲公私之判也。故每閱近代方書，其中有精研義理，發前人未發之旨者固多，亦有徒務虚名之輩，輒稱與貴顯某某交遊，療治悉屬險證，如何尅期奏效，刊成醫案，妄希行世。不知此皆臨證偶爾倖功，乃於事後誇張虚語，欺誑後人，以沽名譽，則其書誕謾不足信也。噫！欲求遵嘉言喻氏遺法，臨病先議證，後立方，其於未用藥之前，所定方案無一字虚僞者，乃能徵信於後人。但執此以繩世，誠不易多得也。

《幼幼集成·小引》 稽自三墳啓秘，神聖迭興，《本草》、《内經》，昭垂星日。蓋聖人繼天立極，位育爲功。念天壤之間，陰陽代謝，運氣推遷，至之先後，已無成規，應之早遲，靡有定律，其間六淫勝復，釀爲災(青)〔眚〕。哀此蒼黎，能無因是而夭札者，此岐演十世之傳，帝啓九章之問而有醫氏之學也。伏讀黄帝之謂岐伯曰：至哉，聖人之道，天地大化，非夫子孰能通之。請藏之靈蘭之室，非齋戒不敢示。夫聖如軒皇，而於醫事崇尚若此。豈非痌瘝一體，胞與爲懷，欲登萬世斯人於仁壽者歟。《素問》而下，如伊尹《湯液》、皇甫謐《甲乙》、秦越人《問難》、張仲景《金匱》、王叔和《脈經》、(陶弘景)〔葛洪〕《肘後》，此數公者，雖曰祖述《靈》《素》，其實以作爲述。自兹而往，醫事寥寥，雖著作者代不乏人，求其無偏無陂，實難多覯。惟明末李時珍、張景岳、喻嘉言遞出，闡明《金匱》，發洩《内經》，掃蕪穢而返清純，有功於醫事者不小。然數人雖產明代，而其書始盛行於康熙初年，大爲世用。蓋由聖天子臨御，德孚中外，仁協萬方，近纂《醫宗金鑑》，遍周海宇，將見民無疵癘，物遂生成，故預產明良，以勷位育之功，非偶然矣。

《幼幼集成・梁玉序》 醫之爲言意也，神存心手之間，心可得解，口不可得言，然則方劑之著無益乎？而非也。觀乎《靈樞》、《素問》肇自軒皇，嗣是而醫家者流著書立説不一其人。家相祖述，代有師承，於吕稽舊聞諦診視，救其偏敗而濟乎夭死，厥功偉焉。則不事方書，乃神於醫者之深造自得，而非可以槩天下也。故醫者濟人之術，而方書之作，則以得諸心者傳諸世，以濟人於無窮也。獨是專憑臆見，既虞師心之滯於偏，墨守成規，又嫌膠柱而不知變。蓋觀一言之誤，貽害匪輕，而歎方書之難言也。

《醫碥・凡例》 河間言暑火，乃與仲景論風寒對講，丹溪言陰虚，乃與東垣論陽虚對講，皆以補前人所未備，非偏執也。後人動議劉朱偏用寒凉，矯以温補，立論過當，遂開酷烈之門。今日桂附之毒，等于刀鋸。夢瑶目睹時弊，不得不救正其失，初非偏執。

《四聖心源・完顔崇實序》 醫者，生人之術也，不善用之，則之生而之死。昔仲景痛宗族之淪亡，患醫者之不研求經旨，著《傷寒》、《金匱》諸書，方術家奉爲神明，競相祖述。顧其文詞簡古，理解深微，猝難尋求，又爲王叔和亂其篇第，旨趣隔越，加以庸工罔識，私智穿鑿，别立異説，枝葉横生，訛謬百出，遂使學者去此昭昭，即彼昏昏，幾成痼疾。蓋自宋元以來，斯道榛蕪極矣。國朝龍興，間運遂開，古來絶學，自晦昧而就高明，如日再中，即方術一家，亦駸駸乎抗衡往哲，標準來兹。若吴江徐靈胎，錢塘張隱菴，吴門葉天士，閩中陳修園諸人，皆有廓清推陷之功，習翼闡揚之力，而集其大成者，尤推昌邑黄坤載先生。先生著書，以地元爲主，以扶陽抑陰爲義，窺其旨趣，蓋原本《大易》，合符河洛，約契參同，所謂陰陽會通元冥幽微者，於仲景之學，不啻親承謦欬而面聆緒言也。夫死病而藥生之，醫莫不有是心也，乃生病而藥死之，夫豈醫者之本意，抑亦誤於其所讀之書而已。先生痛心疾首於謬種之流傳，而獨以超悟，析此微言，其有功於仲景，豈淺鮮哉！抑其有德於生民，豈有涯涘哉！

《四聖心源・張琦序》 醫學盛於上古，而衰於後世。自黄岐立法，定經脈，和藥石，以治民疾，天下遵守，莫之或貳。於是有和、緩、扁鵲、文摯、陽慶、倉公之徒，相繼而起，各傳其術，以博施當世，而方藥至張仲景而立極。厥後皇甫謐、王叔和、孫思邈祖述而發揚之，起廢痼，潤枯斃，含生育物，絶厲消沴，黄岐之道，於斯爲盛。自唐以降，其道日衰，漸變古制，以矜新創。至於金元，劉完素爲泄火之説，朱彦修作補陰之法，海内沿染，競相傳習，蔑視古經，傾議前哲，攻擊同異，辨説是非。於是爲河間之學者，與易水之學爭，爲丹溪之學者，與局方之學爭，門户既分，歧途錯出，紛紜擾亂，以至於今，而古法蕩然矣。夫醫雖藝事，而拯疾痛，係生死，非芝菌星鳥之術，可以詭誕其辭也。陰陽有紀，五行有序，脈絡有度，非博辨横議，所能推移其則也。一病之作，古今如一，非風俗政令，有時代之異也；一藥之入，順逆俄頃，非百年必世，可虚遁其説也。然而宋元以來，數百年間，人異其説，家自爲法，按之往籍，則判若水火，綜其會通，則背若秦越，夫豈民有異疾，藥有異治哉。俗學廢古，惡舊喜新，務爲變動，以結名譽，凡在學者，莫不皆然，而醫其一也。故《脈訣》出而《診要》亡，《本草》盛而物性異，長沙之書亂，而傷寒莫治，劉朱之説行，而雜病不起，天下之民，不死於病，而死於醫，以生人之道，爲殺人之具，豈不哀哉！故凡藝或可殊途，惟醫必歸一致，古經具在，良驗難誣，有識之士，不能不是古而非今矣。

《醫學源流論・古今・醫學淵源論》 醫書之最古者《内經》，則醫之祖乃岐黄也。然《本草》起于神農，則又在黄帝之前矣，可知醫之起，起于藥也。至黄帝，則講夫經絡臟腑之原，内傷外感之異，與夫君臣佐使，大小奇偶之制，神明夫用藥之理，醫學從此大備。然其書講人身臟腑之形，七情六淫之感，與針灸雜法爲多，而製方尚少。至伊尹有湯液治病之法，然亦得之傳聞，無成書可考。至扁鵲、倉公，而湯藥之用漸廣。張仲景先生出，而雜病傷寒，耑以方藥爲治，遂爲千古用方之祖。而其方，亦俱原本神農、黄帝之精義，皆從古相傳之方，仲景不過集其成耳。自是之後，醫者以方藥爲重，其于天地陰陽，經絡臟腑之道，及針灸雜術，往往不甚考求，而治病之法，從此一變。唐宋以後，相尋彌甚，至元之劉河間、張潔古等出，未嘗不重《内經》之學，凡論病必先叙經文，而後採取諸家之説，繼乃附以治法，似爲得旨。然其人皆非通儒，不能深通經義，而于仲景制方之義，又不能深考其源，故其説非影響即支雜，各任其偏，而不歸于中道。其尤偏駁者，李東垣爲甚，惟以温燥脾胃爲主，其方亦毫無法度，因當時無真實之學，盜竊虚名，故其教至今不絶。至明之薛立齋，尤浮泛荒謬，猶聖賢之學，變而爲腐爛時文，何嘗不曰我明經學古者也，然以施之治天下，果能如唐虞三代者乎？既不知神農、黄帝之精義，則藥性及臟腑經絡之源不明也，又不知仲景制方之法度，則病變及施治之法不審也。惟曰某病則用某方，如不效，改用某方。更有一方服至二三十劑，令病者遷延自愈者。胸中毫無把握，惟以簡易爲主。自此以降，流弊日甚，而枉死載途矣。安得有參《本草》，窮《内經》，熟《金匱》、《傷寒》者，出而挽救其弊，以全民命乎？其害總由于習醫者皆貧苦不學之人，耑以此求衣食，故祇記數方，遂以之治天下之病，不復更求他法，故其禍遂至于此也。

《醫學源流論·古今·考試醫學論》 醫爲人命所關，故《周禮》醫師之屬，掌于冢宰，歲終必稽其事而制其食。至宋神宗時，設内外醫學，置教授及諸生，皆分科考察陞補。元亦彷而行之，其考試之文，皆有程式，未知當時得人何如？然其愼重醫道之意，未嘗異也。故當時立方治病，猶有法度。後世醫者，大概皆讀書不就，商賈無資，不得已而爲衣食之計，或偶涉獵肆中，剿襲醫書，或托名近地時醫門下，始則欲以欺人，久之亦自以爲醫術不過如此，其誤相仍，其害無盡，岐黄之精義幾絶矣。若欲斟酌古今考試之法，必訪求世之實有師承，學問淵博，品行端方之醫，如宋之教授，令其嚴考諸醫，取則許掛牌行道。既行之後，亦復每月嚴課，或有學問荒疏，治法謬誤者，小則撤牌讀書，大則飭使改業。教授以上，亦如《周禮》醫師之有等。其有學問出衆，治效神妙者，候補教授。其考試之法，分爲六科。曰針灸，曰大方，曰婦科，曰幼科兼痘科，曰眼科，曰外科。其能諸科皆通者，曰全科；通一二科者，曰兼科；通一科者，曰專科。其試題之體有三：一曰論題，出《靈樞》、《素問》，發明經絡臟腑、五運六氣、寒熱虚實、補瀉逆從之理。二曰解題，出《神農本草》、《傷寒論》、《金匱要略》，考訂藥性、病變、製方之法。三曰案，自述平日治病之驗否，及其所以用此方治此病之意。如此考察，自然言必本于聖經，治必遵乎古法，學有淵源，而師承不絶矣，豈可聽涉獵杜撰，全無根柢之人，以人命爲兒戲乎。

《醫學源流論·古今·四大家論》 醫道之晦久矣，明人有四大家之説，指張仲景、劉河間、李東垣、朱丹溪四人，謂爲千古醫宗，此眞無知妄談也。夫仲景先生，乃千古集大成之聖人，猶儒宗之孔子，河間、東垣，乃一偏之學，丹溪不過斟酌諸家之言，而調停去取，以開學者便易之門，此乃世俗之所謂名醫也。三子之于仲景，未能望見萬一，乃躋而與之並稱，豈非絶倒。如扁鵲、倉公、王叔和、孫思邈輩，則實有師承，各操絶技，然亦僅成一家之言，如儒家漢唐諸子之流，亦斷斷不可與孔子並列，况三人哉。至三人之高下，劉則耑崇《内經》，而實不能得其精義，朱則平易淺近，未睹本原，至于東垣，執耑理脾胃之説，純用升提香燥，意見偏而方法亂，貽誤後人，與仲景正相反。後世頗宗其説，皆由世人之于醫理，全未夢見，所以爲所惑也。更可駭者，以仲景有《傷寒論》一書，則以爲耑明傷寒，《金匱要略》則以爲不可依以治病，其説荒唐更甚。吾非故欲輕三子也，蓋此説行，則天下惟知竊三子之緒餘，而不深求仲景之學，則仲景延續先聖之法，從此日衰，而天下萬世，夭扎載途，其害不小，故當亟正之也。

《痘證寶筏·總論》 醫書必須情切理直，大忌文繁辭晦。前人立言雖善，未免筆意不能舒暢，非稍加修飾，則無以條達，豈事點竄先輩，特不留虚誕，以杜後疑耳。

《愼疾芻言·宗傳》 一切道術，必有本源。未有目不睹漢唐以前之書，徒記時尚之藥數種，而可爲醫者。今將學醫必讀之書并讀法開列於(主)〔左〕。果能專心體察，則(晦)〔胸〕有定見，然後將後世之書徧觀博覽，自能辨其是非，取其長而去其短矣。

《靈樞經》 此明經絡臟腑之所以生成，疾病之所由侵犯。針(炙)〔灸〕家不可不詳考，方脈家略明大義可也。

《素問》 此明受病之源及治病之法，千變萬化無能出其範圍。如不能全讀，擇其精要切實者，孰記(前)〔可〕也。

《傷寒論》 此一切外感之總訣，非獨治傷寒也。明於此，則六淫之病無不通貫矣。

《金匱》 此一切雜病之祖方，其諸大症已無不備。能通其理，天下無難治之病矣。

《神農本草》 《神農本草經》止三百六十種，自陶宏景以後，藥味日增，用法(盆)〔益〕廣。至明李時珍《綱目》而大備，其書以《本經》爲主，而以諸家之説附之。讀者字字考驗，則能知古人製方之妙義，而用之不窮矣。

《外台秘要》、《千金方》 二書匯集唐以前之經方秘方，及婦(祥)〔科〕、兒科、外科無所不備，博大深(御)〔微〕。必明乎《靈》、《素》、仲景之書，方能知所審擇，不至泛濫而無所適從矣。

婦科、兒科 婦人除經帶胎產之外，與男子同。小兒除驚癇痧痘而外，與老壯同。所以古人竝無專科。後人不能通貫醫理，只習經產驚痘等方藥，乃有專科。若讀前所列之書，則已無所不能。更取後世所著《婦人良方》、《幼幼新書》等參觀可也。

外科　其方亦具《千金》、《外台》。後世方愈多而法愈備，如《竇氏全書》、《瘍科選粹》，俱可採取。惟惡毒之藥，及輕用刀鍼，斷宜切戒。

《御纂醫宗金鑑》　源本《靈》、《素》，推崇《傷寒論》、《金匱要略》以爲宗旨，後乃博採衆論，嚴其去取，不尚新奇，全無偏執，又無科不備。眞能闡明聖學，垂訓後人，足徵聖朝仁民之術，無所不周。（𦐓）〔習〕醫者即不能全讀古書，祇研究此書，足以名世。何乃不此崇信，而反從事於近世杜撰無稽之說也。

《名醫類案・余集序》　按醫之有案，實權輿于左氏《傳》、太史公，魏晉以降，多散見于史集，至丹溪始有專書，皆其門人所日紀，無小說雜記之屬。宋張季明作《醫說》十卷，首述軒岐以發其宗，次刊證治以窮其變，又此編之鼻祖也。

《名醫類案・杭世駿叙》　《內經》以五運六氣、三部九候，原生人之疾病，診有一定之法，刺有一定之鍼，此所謂案也。雷公年幼小，別而不能明，明而不能彰。陰陽二十五人，先師之秘，伯高不能盡知。天地動靜，五行遷復，鬼臾區上候不能遍明。通陰陽，推四時，握五紀，藏其言于金匱，書對于玉版，隆以天師之號而無所讓，歧伯一人而已。歧伯千言萬語，汗漫極于六合。曰無盛盛，無虛虛，約以二言，此《靈》、《素》之總繩也。經所謂實者寫之，虛者補之，此二語之注脚也。是之謂其言也立，言立而案存，後雖有良醫不能易。所謂南山可移，此案不可動也。秦越人、張仲景、皇甫謐、楊上善，導其源而益顯，張潔古、劉河間、王海藏、李東垣暢其流而大明。末流稍分，人自爲師，家自爲學，能殺生人，而不能起死人。黄帝告雷公以十全。《周禮・醫師》亦言十全爲上。《靈樞》言上工十全其九，中工十全其七，下工十全其六，歧伯言上工救病于萌牙，下工救其已成，救其已敗。彼所謂下工，皆今之上工也。《周禮》十失四爲下，在今猶爲中工。中工之所不失者，亦幸得之案，不足錄。上工之案，此其可存者也。【略】吾觀太史公之傳淳于意，則意之醫案也。陳壽之傳華陀，則陀之醫案也。李延壽之傳徐文伯，則文伯之醫案也。後史以醫爲小道，傳方術者，略而不書，而案之存于史者蓋寡。諸醫之良者自傳其術，倖而不終至于泯沒。江氏賅而存之，意良善也。

《怡堂散記續編・醫說》　人稟上天好生之德，法古聖相傳之道。有謂異人傳授者，有謂祖父秘傳者，皆小人之言，欺惑愚夫愚婦者也。歧黄之書，未經秦火，陰陽五行之運，從師講習，先知覺後知，無可秘也。

古人以大公無我之心授我，我即以古人之心還之大公。必如此，方是古聖相傳之道，方可讀岐黄書。

祖父相傳之道，子孫賢，讀書明理，加之臨症習熟，自成高手。若不能讀書，徒恃家傳，賣藥而已。

《禮》云：醫不三世，不服其藥。是求明理之醫而兼習熟者也。倘書理不明，雖十世何益？

書理明而不知醫者有之，未有書理未明而知醫者。故凡子弟習醫，不宜先讀有方之書

儒理通醫者劉夢得、陸宣公、王荆公、蘇東坡諸人，並非醫家，皆有傳世之方，是所謂知醫者。

著述與診治不同，著述要理透，診治要相機。有書理明暢之輩，臨症施治多不獲效，何也？見症少，所談之理與病機未遽合也。諺云：熟讀王叔和，不如臨症多。人家子弟欲令學醫，務必從師臨症，道乃可行。

談醫與行道又不同。善談者，六經四子，無不精熟，只稱得知醫。遇疑難之症，與醫家評論，未嘗不可，若居然診治，守著書理，用藥無功，必致穿鑿。非知之艱，行之爲艱。

然則如何而醫學始成，乃能濟世？必也先讀六經，繼以臨症。其始也書中有症，其繼也症中有書。書與症合，症與書合，推而行之，醫之上也。

氣運方隅，藏府經絡，萬世不易者，歧黄之書也。書與症合，症與書合，制成一方者，張、劉、朱、李之書也。古人未盡之旨，後世風氣之變，群書代出，各有見症之眞，各有得心之妙者，名家經鍊之書也。

集成、彙書，無所不收者，是查閱之書，非行道之書也。

古人千斟萬酌制就一方，後必附有加減，欲後世變通而用，原是活的。後人不善悟，把活法看作死的。

俗言死症醫不好，癱痨蠱膈是也。不死病醫得死，寒熱虛實之辨悞，乃用藥之孟浪也。

醫病本難，世俗庸工有猜病者，有摠病者，有糊病者。書理未明，何曾講

著醫字？

或言醫學有兩種：有看病之醫，有看書之醫。予謂看書之醫苦於見證少，看病之醫苦於不知書，此醫道之所以難也。

業醫者必竟以書本爲體，見識爲用。急症當前，理不及談，藥不及議，全憑見識以爲拯救。醫者意也，此其時矣。

《四庫全書總目·子部·醫家類一》 儒之門戶分於宋，醫之門戶分於金元。觀元好問《傷寒會要序》，知河間之學與易水之學爭也。觀戴良作《朱震亨傳》，知丹溪之學與宣和局方之學爭也。然儒有定理，而醫無定法，病情萬變，難守一宗，故今所敘錄，兼衆說焉。明制定醫院十三科，頗爲繁碎而諸家所著，往往以一書兼數科，分隸爲難，今通以時代爲次，《漢志》醫經、經方二家後，有房中、神仙二家，後人誤讀爲一，故服餌導引，歧塗頗雜，今悉刪除。《周禮》有獸醫，《隋志》載《治馬經》等九家，雜列醫書間。今從其例，附錄此門，而退置於末簡，貴人賤物之義也，《太素脈法》不關治療，今別收入術數家，茲不著錄。

顧奉璋《壽世編·寶鑑流通》 一，鐫刻流通。有大力者，或更加增訂，或捐募重梓，用以推廣其傳，善力大，善功亦大。

一，印刷流通。有善願者，或出資印刷，或勸人印刷，以遠佈其書，善心同，善報亦同。

一，求福流通。求名、求壽、求子、求財，苟能印施善書，所願必遂。

一，懺罪流通。已造惡孽，切須改悔。苟能印施善書，其禍可消。

一，吉慶流通。如壽誕、得子、入泮、登科，總不過善書之效驗爾。故當廣印幾部，以答天地父母之恩。

一，祈禱流通。如疾病患難，祭禱紛紜，俱不如善書有實益也。故當許願印刷，以致祈安保泰之意。

一，異郡流通。或仕宦幕賓帶其書，或商賈香客播其書，則雖地遠而流通矣。

一，公所流通。或分送於寺院之處，或遞送於鄉會之場，是因人衆而流通也。

《聖濟總録·沈初序》 粵自軒岐出而醫義昭，厥後方技諸書遂徧海內，顧或簡而不賅，非所以廣聞見也，繁而多舛，非所以備參稽也。【略】天地有陰陽風雨晦明，以宣其氣而以藐焉。中處之身，一有不謹，則災沴中之，故必因五方以辨稟賦之強弱，按四序以定營衛之常變。人非一類，疾非一端，苟非精求丹符金匱之微，博採《素問》、《靈樞》之旨，由脈及證，由證及方，將擇術既疏而罹害不少，惡在其能探先聖之緒餘，而有康濟之極功也。前人如仲景、叔和、東垣、丹溪諸家之説，或詳於論脈，或詳於論證，或載方而未備其用，或引術而未晰其宗，異同離合，傳述之家，傳會益多，難以盡信。

《聖濟總録·陳蘭森序》 粵自神農黃帝肇興，而醫學開其宗，自後雷公、岐伯、秦醫和、緩，扁鵲、華佗以逮淳于意、張機之屬，相望紹述，直本五音六律之精，以合人五性七情之變，而醫治之法亦往往出人意表，實皆爲醫之聖者也。若夫醫之爲書，《天元玉冊》、《本草》、《靈樞》、《素問》諸經則皆羲農諸聖所作，伊尹著《湯液本草》，扁鵲著《難經》，張機著《傷寒論》，其間世遠詞奧，貫通者殊難其人。晉宋而下，亦代各有書，言人人異，譌訛相繼，訂證絕少。善于切脈者，未必通于禁方，精于品藥者，未必長于鍼(炙)〔灸〕，蓋詳略亦互殊焉。

《聖濟總録·何裕成序》 《周官》列醫師之職，復列衆職於下。解者曰：醫之業難精。醫之道宜慎，故專掌之，又分隸之，所以溥好生之德，使疪癘不作，保合太和，胥於是乎在也。自岐軒既遠，習斯藝以鳴世者，言人人殊，方書流傳，不可更僕數。若叔和之《訣》，巢氏之《論》，孫氏之《翼》，其最著已。外此，或詳方而略病，或詳病而略方，有能融會貫通，明乎炊湯脈神之術，採拾衆善以成書者，蓋未之見也。

《雕菰集·〈醫經餘論〉序》 自趙宋人刪改六經，其害遂及於醫。張景岳之《類經》，猶不過學究家之兔園冊。至喻昌改秋傷於濕爲秋傷於燥，改裏有寒外有熱爲裏有熱外有寒，方中行、程郊倩之流，移易本文，無知妄作，而醫學乃紊矣。吾友羅君浩，字養齋，幼與凌次仲同居海州，涉獵經史，能博覽，善爲歌詩，而兼通於醫。病市醫不讀書，間有讀書，又苦師承無其人，撰《醫經餘論》若干篇。開發聾聵，俾知古人之學不致囿於俗。其論《素問》，以經證經。陰陽別論稱不得隱曲，説者多不得其解。今以風論及至眞要大論並稱隱曲不利，貫而通之，知隱曲二字，指男子前陰，故不特舉女子不月以別之。陰陽應象大論：按尺寸，觀浮沈滑澀而知病所生，以治無過，以診則不失矣。王大僕讀無過以診爲句。以《甲乙經》證之，則知以治無過爲句，以診則不失矣爲句。其論《金匱》，以水症氣衝咽狀如炙肉，證婦人咽中有炙臠，爲有形之邪阻無形之氣。以咳則其脈弦與弦則衛氣不行，如肺飲不弦。肺飲二字句，謂肺飲之輕者有不弦，但短氣而不咳，其弦，則衛氣不行而咳矣，則重矣，非謂肺飲無弦脈也。其論本草，以《神農經》爲主，而證以南陽之方。以薏苡主筋急拘攣，故《金匱》胸痹緩急者主之。用以健脾利濕，則失其義。茈胡主心腹腸胃中結氣，飲食積聚，寒熱邪氣。知其性行太陰、陽明，潮熱胸脇滿不去，傷寒陽脈濇，陰脈弦，腹中急痛，皆以茈胡主之，非僅入少陽。若此者，皆以通儒治經之法，用以治醫經，開從來醫家未有之徑。學者由是充之，而醫之術明，而醫之道亦由是而尊。至著述之眞僞淺深，治病之緩急分合，用藥之輕重增減，無不造於微。辨四大家之張爲戴人而非南陽，尤爲特識。語簡而該，篇約而當，洵後學之津梁也。愛其書，序而暴之。

《吴醫彙講·徐鏞〈四大家辯〉》　李士材讀《四大家論》一篇，本自王節齋，大意謂三子補仲景之未備，而與仲景並峙也。然仲景醫中神聖，德備四時，三子則伯夷、伊尹、柳下惠而已。試觀《玉函》、《金匱》方中，黄芩、白虎，已開河間之先也。建中、理中，已開東垣之先也。復脈、黄連阿膠，已開丹溪之先也。然則謂三子得仲景之一德，而引伸條暢之則可，謂三子補仲景之未備，則未確也。

《吴醫彙講·管鼎〈東垣景岳論相火辨〉》　東垣曰：相火者，元氣之賊也。丹溪述之，景岳非之，論曰：情欲之火，邪念也，邪念之火爲邪氣，非相火之所爲也。二家之說，俱有詞障。夫相火者，腎中之眞陽，禀自先天，爲人生之根本，云爲動作賴之以立，衰則病，息則死。老子曰：一生二。周子曰：無極而太極，太極動静而生陰陽。是相火一人身之太極也。太極不能無動，然動而有節，即是少火以生氣，動而無制，則爲壯火以害氣，如水能浮舟，亦能覆舟，實一相火之所爲，豈得另有邪火也。故人之喜怒愛懼，不過五臟之本志，男女大欲，則又萬物之化醇，是皆天地間經常之理，原不至於傷生，惟狂蕩無節，斯爲害耳。然相火既定位於下焦，蒸騰發育，夫能使之理勝而安，欲勝而危者，則惟一心，故心爲君火。經曰：君火以明，相火以位。又曰：主不明則十二官危。此其尤大彰明較著者也。《大學》正心，釋氏降伏其心，養生者善治其心。則推而極之，爲聖賢，爲仙佛，守而持之，康寧壽考。若舍君而言相，無怪乎或爲元氣之賊，或爲生氣之本。意旨歧趨，則瀉火補陽，爭門角立，黨同伐異，欲爲闡發前賢，恐先與經旨相謬。

《吴醫彙講·唐大烈〈張劉李朱後當以薛張吴喻配為八大家論〉》　自有軒岐越人以來，著書立說者不下數百家，而久推張劉李朱爲四大家者，蓋以仲景首論傷寒，立法立方，實爲醫祖。守眞復以春溫夏熱立言，補仲景之未備。東垣詳辨脾胃，内傷與外感懸殊，又補張劉之未備。丹溪又專論補陰，再補東垣之未備。各有見地，迭爲補闕，已有李士材論之曉暢矣。而余謂言外感者張劉，言内傷者李朱，似乎備矣，而實有未盡。明之薛立齋謂之十三科一理，慨外科固執成方，不窮病本，特發内外合一之論；又以風會不齊，今人虚薄，痛戒寒涼。多行溫補，此又補丹溪之未備，而擴人胸臆者由是。張景岳、李士材輩，著述頗行，實皆立齋之餘韻也。雖然内傷諸症，脾胃獨詳於李氏，陰陽分擅於朱薛，可謂無遺藴矣。而外感風寒溫熱之外，尚有夏月直受暑邪者，雖潔古東垣輩以動静分陰陽，似屬近理，自有張鳳逵申明傷暑之理藴，特著《全書》，可云見老。復有喻嘉言，不獨從仲景書中悟出冬溫春溫伏氣爲病，於千百年無人道破之書，一旦揭其微義，誠爲暗中一大炬；更悟出秋燥一門，指破《内經》秋傷於濕之誤，可稱千古隻眼，至此而天之六氣，方云大備。更有不關六氣，而亦屬外受之疫邪，諸書中雖亦有所闡發，而莫如吴又可直窮變態，反覆詳明，此又於講求外感諸家，補其未備者也。其外載籍充棟，縱各有可採之論，可傳之方，無論醇於此者疵於彼，難稱完璧，即有腹笥廣博，卷帙充盈者，要不及薛張吴喻四先生，各開生面，以補張劉李朱之闕也。讀其書不敢沒其功，故特以八大家推之。

《吴醫彙講·蔣廷秀〈合論丹溪景岳相火大意〉》　丹溪論陽有餘，陰不足，所謂陽者相火也。景岳駁之，謂陰有餘，陽不足，而著相火以位之辨，各樹旗幟，幾如冰炭之不相入矣。嘗舉二者參之，丹溪大旨，根周子主静立說，謂相火一動，則五志厥陽之火並煽，煎熬眞陰，故東垣目爲元氣之賊。此論相火二字，專從後天之變動者言，與景岳之主命門，有源流之别。夫天非此火，不能生物，人非此火，不能有生。考前哲如褚氏、趙氏，人生先具命門，及相火行陽二十五度之語，參之景岳所云，相得益彰。蓋静而守位者此相火，静則溫養；動而無方者亦此相火，動則燔灼。譬之天與日，太陽之火也，雖烈而不能焚物；以陽燧取之，不過星星之火，其用即可燎原。故景岳之說，日也，失其所則折壽而不彰；丹溪之說，日而火也，飛走狂越，莫能禦之。今將指日爲火固失之，而指火爲日，亦豈云得乎？《陰陽應象大論》：壯火之氣衰，少火之氣壯。壯與少之别，即兩家宗旨所分，故必合兩家所論，義始完備。若偏執一説，於道失之。

《醫醫病書·學醫總論·好博而不務精詳論》 滿眼書集，各家議論，萬有不齊，胸中毫無要領，務博而情不專，學人大病。以之吟風玩月則有餘，以之立天下之大本，了天下之大事則不可。吾見六朝以後之才子，誇多鬭靡，下筆千言，夷考其行，反不如不識字之農夫女子，能盡其子臣弟友之道，天地間何樂生此聰明才辨人哉。唐以後之醫家，亦多染此習。儒家之書，汗牛充棟，雖孔顔亦不能讀盡今日之書。孔顔亦無那大功夫讀盡今日之書，蓋孔顔斷不務虛名而抛荒實德也。儒家之書雖多，而要緊只有經書，經書之中，要緊而又要緊者，莫過於《易經》、四書。人能身體力行《易經》、四書之道，他書雖不讀可也。醫家之書亦不少，而要緊之書，亦只有《内經》、《難經》、《玉函經》、内三種，《傷寒論》、《金匱要略》皆存，《卒病論》亡。《臨證指南》。葉氏博而能精，其不精者十之一二，如不識燥症，誤用桑白皮之類。張隱菴《本草崇原》，能識其所以然之故者也。拙著《溫病條辨》，補古來一切外感之不足者也。他如《東垣十書》、《丹溪心法》、《河間三書》，可閱而不可讀，以皆有倚於一偏之弊焉。至《陶氏六書》，則壞之尤，直不必閲。其他不勝枚舉。要皆不識六氣之全，可參考而不必讀者也。

《醫醫病書·學醫總論·不讀古書論》 今人不讀古書，安於小就，得少便足，囿於見聞，愛簡便，畏繁重，喜淺近，懼深奥，大病也。《神農本經》、《靈樞》、《素問》、《難經》、《傷寒論》、《金匱要略》、《易經》、《詩經》、《周禮》、《禮記》，皆不可不讀者也。近人所讀者，《陶氏六書》、《壽世保元》、《李士材三書》、汪訒菴《本草備要》、《醫方直解》、吳又可《瘟疫論》，甚至衹讀《藥性賦》、《湯頭歌訣》，便欲行醫。近代葉氏醫案，精詳者多，粗疏者少，遠勝陶、龔、李三氏等書，近日南方人多喜讀之。然不讀古書，不能得其要領，但襲皮毛，以謂葉派。葉氏之書，本不易讀，蓋其書用古最多，讀者不知其來路，不能領會其用意，而其書集於門人之手，往往有前無後，散金碎玉，不能全備，非其眞有天分功夫者，不能讀也。

《瘍科會粹·論觀書》 趙文敏公書跋云，聚書、藏書，良匪易事。善觀書者，澄神端慮，凈几焚香，勿捲腦，勿折角，勿以爪侵字，勿以唾揭書，勿以作枕，勿以挾刺。隨損隨修，隨開隨掩，則無傷殘。後之得吾書者，並奉贈此法。江祿讀書未竟，雖有急速，必待卷（束）〔束〕整齊，然後得起，故無損敗，人不厭其求假焉。齊王攸就業借書，手刊其謬，然後返之。又曰，要增現生智慧，莫如惜字紙，要減現生疾厄，莫如戒殺生。讀書者，當作此觀。

《醫學三字經·凡例》 學醫始基，在於入門。入門正，則始終皆正，入門錯，則始終皆錯。

《醫學三字經·醫學源流》 醫之始，本岐黄。黄，黄帝也。岐，岐伯也。君臣問答，以明經絡臟腑運氣治療之原，所以爲醫之祖。雖神農《本經》在黄帝之前，而神明用藥之理，仍始於《内經》也。

《靈樞》作，《素問》詳。《靈樞》九卷，《素問》九卷，通謂之《内經》，《漢書·藝文志》載《黄帝内經》十八篇是也。醫門此書，即業儒之五經也。

《難經》出，更洋洋。洋洋，盛大也。《難經》八十一章，多闡發《内經》之旨，以補《内經》所未言，即間有與《内經》不合者，其時去古未遠，别有考據也。秦越人，號扁鵲，戰國人也。著《難經》。

越漢季，有南陽。張機，字仲景，居南陽，官長沙，漢人也。著《傷寒雜病論》、《金匱玉函經》。

六經辨，聖道彰。《内經》詳於鍼灸，至伊尹有湯液治病之法，扁鵲、倉公因之。仲師出而雜病傷寒耑以方藥爲治，其方俱原本於神農、黄帝相傳之經方，而集其大成。

《傷寒》著，《金匱》藏。王肯堂謂《傷寒論》義理，如神龍出沒，首尾相顧，鱗甲森然。《金匱玉函》，示寶貴秘藏之意也，其方非南陽所自造，乃上古聖人相傳之方，所謂經方是也。其藥悉本於神農《本經》。非此方不能治此病，非此藥不能成此方，所投必效，如桴鼓之相應。

垂方法，立津梁。仲師，醫中之聖人也。儒者不能舍至聖之書而求道，醫者豈能外仲師之書以治療。

李唐後，有《千金》。唐孫思邈，華原人，隱居太白山，著《千金方》、《千金翼方》各三十卷。宋仁宗命高保衡、林億校正，後列禁經二卷。今本分爲九十三卷。較《金匱》雖有浮泛偏雜之處，而用意之奇，用藥之巧，亦自成一家。

《外臺》繼，重醫林。唐王燾著《外臺秘要》四十卷，分一千一百零四門。論宗巢氏，方多秘傳，爲醫門之類書。

後作者，漸侵淫。等而下之，不足觀也已。

紅紫色，鄭衛音。間色亂正，靡音忘倦。

迨東垣，重脾胃。金李杲，字明之，號東垣老人。生於世宗大定二十年，金亡入元，十七年乃終，年七十二。舊本亦題元人。作《脾胃論》《辨惑論》《蘭室秘藏》，後人附以諸家合刻，有《東垣十書》傳世。

溫燥行，升清氣。如補中益氣及升陽散火之法，如蒼朮、白朮、羌活、獨活、木香、陳皮、葛根之類，最喜用之。

雖未醇，亦足貴。人謂東垣用藥，如韓信將兵，多多益善。然駁雜之處，不可不知。惟以脾胃爲重，故亦可取。

若河間，專主火。金劉完素，字守眞，河間人，事蹟俱詳《金史·方技傳》。主火之說，始自河間。

遵之經，斷自我。《原病式》十九條，俱本《內經·至眞要大論》，多以火立論，而不能參透經旨。如火之平氣曰升明，火之太過曰赫曦，火之不及曰伏明，其虚實之辨，若冰炭之反也。

一二方，奇而妥。如六一散、防風通聖散之類，皆奇而不離於正也。

丹溪出，罕與儔。元朱震亨，字彦修，號丹溪，金華人。其立方視諸家頗高一格。

陰宜補，陽勿浮。《丹溪心法》以補陰爲主，謂陽常有餘，陰常不足。諸家俱辨其非，以人得天地之氣以生，有生之氣即是陽氣，精血皆其化生也。

雜病法，四字求。謂氣、血、痰、鬱是也。一切雜病，只以此上字求之。氣用上君子湯，血用四物湯，痰用二陳湯，鬱用越鞠丸。參差互用，各盡其妙。

若子和，主攻破。張子和，戴人。書中所主，多大黄、芒硝、牽牛、芫花、大戟、甘遂之類，意在驅邪，邪去則正安，不可畏攻而養病。

病中良，勿太過。子和之法，實症自不可廢，然亦宜中病而即止。若太過，則元氣隨邪氣而俱散，挽無及矣。

四大家，聲名噪。劉河間、張子和、李東垣、朱丹溪，爲金元四大家。《張氏醫通》之考核不誤。

《必讀》書，錯名號。李士材《醫宗必讀·四大家論》以張爲張仲景，誤也。仲景爲醫中之聖，三子豈可與之並論。

明以後，須酌量。言醫書充棟汗牛，可以博覽之以廣見識，非謂諸家所著，皆善本也。

詳而備，王肯堂。金壇王宇泰，諱肯堂。著《症治準繩》。雖無所採擇，亦醫林之備考也。

薛氏按，說騎牆。明薛己，號立齋，吳縣人。著《薛氏醫按十六種》。大抵以四君子、六君子、逍遥散、歸脾湯、六八味九主治，語多騎牆。

士材說，守其常。李中梓，號士材。國朝人也。著《醫宗必讀》、《士材三書》。雖曰淺率，卻是守常，初學者所不廢也。

景岳出，著新方。明張介賓，字會卿，號景岳，山陰人。著《類經》、《質疑錄》、《全書》。所用之方，不外新方八陣。其實不足以名方。古聖人明造化之機，探陰陽之本，製出一方，非可以思議及者。若僅以熟地補陰，人參補陽，薑附祛寒，芩連除熱，隨拈幾味，皆可名方，何必定爲某方乎。

石頑續，溫補鄉。張璐，字路玉，號石頑，國朝人。著《醫通》。立論多本景岳，以溫補爲主。

獻可論，合二張。明甯波趙獻可，號養葵。著《醫貫》。大旨重於命門，與張石頑、張景岳之法相同。

診脈法，瀕湖昂。明李時珍，字東壁，號瀕湖。著《本草綱目》五十二卷。雜收諸說，反亂神農《本經》之旨。卷末刻脈學頗佳，今醫多宗之。

數子者，各一長。知其所長，擇而從之。

揆諸古，亦荒唐。理不本於《內經》，法未熟乎仲景，縱有偶中，亦非不易矩矱。

長沙室，尚彷徨。數子雖曰私淑長沙，升堂有人，而入室者少矣。

惟韻伯，能憲章。慈谿柯琴，字韻伯，國朝人。著《傷寒論注》、《論翼》。大有功於仲景，而《內經》之旨，賴之以彰。

徐尤著，本喻昌。徐彬，號忠可。尤怡，號在涇。二公《金匱》之注，俱本喻嘉言。考嘉言名昌，江西南昌人。崇禎中，以選舉入都，卒無所就，遂專務於醫。著《尚論篇》，主張太過。而《醫門法律》，頗能闡發《金匱》之秘旨。

大作者，推錢塘。張志聰，號隱菴。高世栻，號士宗。俱浙江錢塘人也。國朝康熙間，二公同時學醫，與時不合，遂閉門著書，以爲傳道之計。所注《內經》、《本草經》、《傷寒論》、《金匱》等書，各出手眼，以發前人所未發，爲漢後第一書。今醫畏其難，而不敢談及。

取法上，得慈航。取法乎上，僅得其中，切不可以《醫方集解》、《本草備要》、《醫宗必讀》、《萬病回春》、《本草綱目》、《東醫寶鑑》、《馮氏錦囊》、《景岳全書》、《薛氏醫按》等書爲捷徑也。今之醫輩，於此書並未寓目，止取數十種庸陋之方，冀圖倖中，更不足論也。

《瘍科心得集·楊潤叙》 醫者意也。昔人謂意之所解，口不能宣，而著書爲無益。語雖超妙，而不得其平。嚮使《靈樞》、《素問》諸經不傳於世，而周秦以下，尠有論述，則後世益驚疑回惑于生死之交，而庸醫之誤人者直恆河沙數矣。夫應變呼吸，得心應手，驅使草木，如行三軍，此不可得而言也。至於血脈經絡，陰陽表裏之會，審乎百病之原而兼治之，是猶閉門造車，出門合轍，何不可言，而亦何可不言。

《醫書彙參輯成·自叙》 醫雖小道，蓋仁術也。自《神農本草》而後，復有《素問》、《靈樞》二經，皆出於一書之後，或於五經之先，爲軒岐終農皇之事，見於《路史》、《外紀》諸書甚詳。孔子刪書，斷自唐虞，而此書獨存，後人謂係三墳之一，雖不可知，然要非聖神不能作，蓋所以參贊化育，濟聖功神化之所不及，而俾民盡登仁壽之域也，小道云乎哉！則誠仁術也。然以仁術而殺人，則由於以小道而自棄也。自棄者何？謂古聖昔賢之書爲難讀，而以淺近庸陋之方爲可師，遂日殺人而不知悟。故語云：病不服藥，嘗得中醫。誠懼夫醫之悮也。然盧扁不世出，醫藥豈眞能廢哉。夫盧扁亦非別有所受也，惟深究二書，遂至通神，故《難經》而外，別書無傳。

至漢張長沙，始本《內經》著爲方論，號稱聖醫。歷晉、周、唐、宋，名醫輩出，書凡二百數十種，今所存者猶數十種，要皆恪遵《內經》，師法仲景，故書多有可傳者。至金劉河間、元李東垣、朱丹溪，則皆闡經論之旨，各補仲景之所未詳，明前人之所未發，醫道蓋燦然備矣。嘗謂醫之有《內經》，猶吾儒之五經也。張、劉、李、朱之書，猶四書也。仲景之書，則四書中之《論語》也。先後諸賢，所遞相發明者，猶諸儒之義疏也。苟能會而通之，何至有殺人之慮哉。乃明末薛、趙諸書出而理遂晦，如《醫案》一書，惝恍游移，漫無卓識，惟以古人溫補和平十數方爲主。至《醫貫》則盡歸古法，而以六味地黃一方統治諸病，同時高鼓峰、呂晚村，咸附會之，唯《醫貫砭》直指爲亡明妖書，誠痛乎其言之也。然薛、趙猶秉古方也。繼有景岳一書，未嘗不分門別類，臚列經論，而鹵莽滅裂，並未深究，惟師心自用，詆駁前賢，李士材當斥其爲後學輕妄，矯枉自炫，可謂洞徹底裏矣。且并不解古人製方之理，唯取庸醫當試之藥，將古人成方隨意增減，創立八陣新方，不惟無一方能出古人範圍而其穿鑿不通者，更多可哂，故後此爲汪、徐諸名公輩，俱屏弗道，亦可見爲有識者所共鄙矣。乃今人靡然從之，亦徒喜用其新方之名，謂可矜奇炫異耳。至其餘千書，一律爲《集解》所云，皆不過以某方治某病，某病用某藥而已，將古人辨證用藥之法，概置不講。故今之病死於藥者，十嘗八九，則皆醫書誤之也，余深惻焉。

《傷科補要·蘇昌阿序》 良醫出而不患夭札，醫書成而可綿心傳。病者賴醫，而醫者賴書以精其業術，書詎不重矣哉？

《重慶堂隨筆·論方劑》 開物成務之聖人，憫民疾苦，救其夭札，而垂以藥治病之教，誠輔相裁成之大道也。乃秦政漢武，窮奢極欲，妄求不死，於是方伎進，邪說興焉。故今世所傳《神農本草經》、《黃帝內經》等書，皆有方伎之言附會其中。如輕身不老，久視延年等語是也。即班氏《藝文志》亦承其陋，謂方伎之別有四，曰醫經，曰經方，曰房中，曰神仙。夫醫理經方，皆聖王康濟蒼生之術，豈可與房中、神仙之邪說，並列爲方伎哉。後人惑之，淪於雜學。幸天縱長沙，集醫經經方之大成，置房中神仙於不論，炎黃大道，賴以復明。於戲，此其所以爲醫聖也。或老年氣血衰弱，精力不充，藉藥餌以佐穀肉果菜所未逮，亦人子竭力孝養之一端，固未可盡非焉。但勿惑於邪說，妄求長生而服金石等藥，以速其死耳。古書惟《元和紀用經》以不用附桂石藥者爲上丹，猶爲近理。

《長沙方歌括·陳蔚附識》 蔚按：醫道之不明也，皆由於講方而不窮經之故。《神農本草經》，明藥性也，未嘗有配合之方。《靈樞》、《素問》，窮造化陰陽之理，原其得病之由，除鷄矢醴、半夏秫米湯等，節外無方。《難經》八十一章，闡明《內經》之旨，以補《內經》所未言，亦無方。至漢張仲景，得商伊聖《湯液經》，著《傷寒論》、《金匱要略》二書，專取伊聖之方，而立三百九十七法，法以方而行，方以法而定，開千百年之法眼，不可專謂爲方。仲景後，此道漸晦。至唐，賴有孫思邈起而明之著《千金方》，其方俱從《傷寒論》套出，又將《傷寒論》一一備載不遺。惜其字句不無增減，章節不無移易，又不能闡發其奧藴，徒汲汲於論中各方，臨摹脫換，以求新異。且續刻《千金翼》以養性補益，各立一門，遂致後醫以補脾補腎、脾腎雙補、補氣補血、氣血兩補、溫補涼補、不溫不涼之平補等方，迎合於富貴之門。鄙陋之習，由此漸開。究非《千金方》之過，不善讀《千金方》之過也。後學若取其所長，棄其所短，則《千金》書何嘗降仲景書之翼也耶！《千金》私淑仲景，時有羹牆之見，其方託言龍宮秘方，蓋以仲景居卧龍崗，其《傷寒》、《金匱》方，即爲龍宮方。老生恆談，神明瘁，鬼神來告，豈其眞爲神授哉？

《薛氏醫案·吴琯序》 嘗考西漢《藝文志》載醫家書，凡爲經脈方書者，十八家五百餘卷，皆上古醫聖之所論著，金匱石室之所秘藏，由來遠矣。成周設醫師，掌醫之政，斯其所職守歟。秦火之厄，所不去者，醫藥卜筮諸書，故至於漢可考而志者如是。唐初立醫學，六典可稽。宋政和間，詔令醫學諸生。通習七書，則《黄帝》、《素問》、《難經》，巢氏《病源》、《補注本草》、《千金方》，王氏《脈經》，仲景《傷寒論》、《三部鍼灸經》、《龍木論》、《千金翼方》，不過數種。自漢較之，所存僅僅什一耳。嗣是若東垣、河間、丹溪諸名家，相繼代作，莫不各有論述，簡冊具在，學者猶幸可據。

《傷寒論淺注·陳定中跋》 著書難，註書尤難，註醫書爲尤難。蓋醫者意也，醫者理也。理可以意會，不可以言傳。苟非才學識兼優，雖反覆論，欲明其理，反晦其意。

《橘旁雜論·為醫首重讀書論》 醫乃古聖人設法以濟後世，生死存亡所繫焉，欲探其精微，務在博覽古今，潛心體貼。如上古有軒岐，以下代不乏人，神農氏嘗百草，一日而化七十毒，是有《本草》。黄帝與岐伯天師更相問難，上窮天文，下窮地理，中拯民瘼，《靈樞》、《素問》作焉。其間推原運氣之變遷，闡明經絡之標本，論疾必歸其要，治法務合其宜，井然而有條，粲然而不紊，其道至精至微，知人之所不能知，發人之所不能發，誠萬世全生之大典也。扁鵲得其遺意，演而爲《難經》，皇甫士安次而爲《甲乙》，楊上善纂而爲《太素》，王叔和因之而作《脈經》，俱彪炳璀燦，爲一時宗。

獨漢長沙太守張仲景，推本求源，探微索隱，而作《傷寒論》、《金匱要略》，其方取大小奇偶之制，定君臣佐使之宜，眞千古不傳之秘，而於春濕、夏熱、中暑、伏暑等症，則有未盡也。幸守眞劉子，作《要旨論》、《原病式》、《直格書》、《宣明論》四書，補長沙所未及。如改桂枝麻黄各半湯爲雙解散，變十棗湯爲三花神佑丸，可謂青出於藍，眞有功醫門者。同時有張子和者，作《儒門事親》，方分汗吐下三法，其曰吐中有汗，瀉中有補，聖人止有此三法，無第四法，乃不易之確論。於是世人知有劉張之派矣。其奈後學欠於精詳，用之失當。至東垣老人，闡《素問》之理，宗仲景之法，作《濟生拔萃》《十書》，以傳於世，獨於內傷一門，立《脾胃論》，補中益氣等湯，出千古之特見，開後來之瞽矇。及丹溪朱氏，傷寒火熱，內傷雜病，無不精研。其時世人泥於局方，故立補陰諸法，以救偏弊，其因不一，慨無善法救人之夭，乃發神明之識，各撰成書，以爲世之準繩也。

至於巢元方之《病源》書，孫思邈之《千金方》，王燾之《外臺秘要》，辭繁方廣，足稱往代之大作。如陶節(安)〔菴〕之《傷寒六書》，似勝朱奉議之《活人書》，因節(安)〔菴〕發仲景所未發，奉議不遵陰陽爲表裏，解陰陽爲寒熱，差之毫釐，繆以千里，其活人也固多，而其殺人也豈少哉。薛己之外科，補東垣所未備。戴元禮之《證治要訣》，葛可久之《十藥神書》，錢瑛之《小兒方論》，張景岳之《大寶論》，趙養葵之《水火論》，如牛渚燃犀，無微不照。秋燥是嘉言獨得，瘟疫屬又可新裁，皆近代之皎皎者也。

至於國朝，名家叠出，接脈前賢。咸宜購覽，以廣見聞。名醫著作，汗牛充棟，不勝備載，茲舉其要耳。業斯者，探討以上種種，兼之臨症權衡，以時爲要，亦不失爲大丈夫也哉。

《橘旁雜論·古今醫書大意》 古今醫書，汗牛充棟，何可勝言哉。自上古及周秦兩漢魏晉六朝唐宋元明至國朝，名賢代出，各自成家，其書不下幾千百種，其中砂混南金，魚目亂珠者，亦復不少，今汰其繁而檢其要如干種，如三光之麗乎天，五味之益於口，誠不可一日廢焉，每種略疏其大旨，俾人知所采擇，而訪求善本，有欲熟讀者，有欲熟玩者，有欲查閱者，此皆在人神而明之者也。

自上古神農著《本草》，辨草木、金石、蟲魚、禽獸之性，一日而化七十毒，合人之五臟六腑十二經脈，條晰寒熱升降之治，計藥三百六十五種，分上中下三品，是爲方書之祖。黄帝作《素問》，與岐伯、雷公等六臣更相問難，其言通貫三才，包括萬象，雖張、李、劉、朱諸人，終身鑽仰，竟無能盡其藴奧，唐啓元子王砯注釋，頗爲裨益。《靈樞經》十二卷，是書論針灸之道，俞穴脈絡之曲折，醫者終莫能外，與《素問》通號《內經》。《難經本義》二卷，周秦越人撰，計八十一難，發明《內經》之旨，辭義古奧，猝不能通，元滑壽伯仁所注，較諸家箋釋則爲明暢。

《金匱要略》，漢張機仲景撰，晉王叔和編，世罕傳本，宋王洙始於秘閣錄出，凡二十五篇，二百六十二方，爲醫雜症者之祖，國朝徐彬忠可註爲獨善。又有《傷寒論》十卷，亦叔和編次，金成無己註解。後賢以叔和將原文顛倒錯亂，各出己見以成書，如方中行之前條辨，程郊倩之後條辨，喻嘉言之《尚論》篇，誠爲各有發明，然亦互有膠柱之處，莫若無己之原注爲得。總之講傷寒者，各部俱宜探討深究也。《明理論》五十篇，論方五十篇，皆無己所撰，以發明仲景意也。

《肘後方》八卷，晉葛洪稚川撰，凡分五十三類，但有方而無論，梁陶貞白增修，金楊用道附註。《甲乙經》八卷，晉皇甫謐士安撰，蓋合《針經》、《明堂孔穴》針灸治要諸書，撮其精要。以成是經，言針灸之法最悉。《脈經》十卷，晉王叔和撰，叙陰陽表裏，辨三部九候。分人迎氣口神門，條十二經二十四氣奇經八脈，以舉五臟六腑三焦四時之疴，若網在綱，有條不紊，披誦之足以占外知內，回死雖生焉。《褚氏遺書》一卷，南齊褚澄彦道撰，凡十篇，發明氣血陰陽之奧，其論寡婦僧尼之異治，發前人所未發，至宋嘉泰中始有刻本。《巢氏病源》五十卷，隋大業中巢元方等奉敕撰，凡六十七門，一千七百二十論，然但論病源，不載方藥，後賢往往採擇所論以成書，則歷代寶爲圭臬矣。《千金方》三十卷，唐孫眞人思邈撰，後因方中多用虻蟲水蛭，別撰《千金翼方》，以他藥代之。以惜物命。後有混作九十三卷。其爲原書與否，已不可詳。《外臺秘要》四十卷，唐王燾撰，是書作於出守鄴郡時，故曰《外臺》，凡一千一百四門，皆先論後方，古來專門授受之法，多在其中，惟以針法無益而有損，削之不載。又如《普濟本事方》十卷，宋許(升)〔叔〕微撰，皆經驗諸方，並紀醫案，故以《本事》爲名。其書屬詞簡雅，俗醫不能甚解，故罕傳習，然多入微之論。

《素問原病式》一卷，金劉完素守眞撰，以《素問·至眞要〔大〕論》所列病機十九條，演爲二百七十七字，立全書綱領，而逐條辯論，其大旨多主於火。又撰《宣明方論》十五卷，其大旨本《素問》及《金匱要略》，而用藥多主寒涼，蓋因天時地氣而施，泥之者非，廢之者亦非也。《病機氣宜》三卷，金張元素撰，其書分三十門，於脈證多所闡明。李濂《醫史》，稱劉完素病傷寒，不能自醫，得元素治之乃愈。則其術侔完素矣。《儒門事親》十五卷，金張從正子和撰。其曰《儒門事親》者，以爲儒者能明其理而事親，當知醫也。其法以汗吐下三法治諸症，惟宜治六淫外感，不可爲常訓。用之得宜，取效亦捷，在因證而施治之。《內外傷辨惑論》三卷，金李杲東垣撰，發明內傷之症，有類外感，大旨培補脾胃爲主。又撰《蘭臺秘藏》六卷，凡二十一門，其歸重脾胃，極言寒涼峻劑之害，蓋隱挽劉張二家之流弊也。又《脾胃論》十二卷，申明培補脾土，升陽益胃，與《辨惑論》相輔而行。

《醫壘元戎》十二卷，元王好古撰，以十二經爲綱，首傷寒，附雜症，大抵祖仲景之意，參以其師張元素、李杲之法，與朱震亨門徑小異。又撰《此事難知》二卷，皆闡明李杲之緒論，於傷寒診治尤詳。杲《傷寒會要》，久已散佚，惟賴此尚存其梗概。《格致餘論》一卷，元朱震亨丹溪撰，其說以人身陽常有餘，陰常不足，故以補陰爲宗。又撰《局方發揮》一卷，以《和濟局方》多溫補燥烈之藥，耗損眞陰，乃著此書以闢之。後之分別門戶以相攻者，自此爲始。又撰《金匱鉤元》三卷，以補陰爲宗，其以鬱論病，亦開後來無窮之悟。《推求師意》二卷，明戴元禮撰。元禮爲震亨之弟子，既校補震亨《金匱鉤元》，又闡發其未盡之意以成是書。震亨用黃柏、知母補陰，或過於苦寒以伐生氣，元禮能調劑其所偏，尤爲善學。

《薛氏醫案》七十八卷，明薛己立齋撰，蓋裒其生平述作共爲一編，所自著者九種，訂正舊本而附以己說者十五種。考其大旨，以命門爲眞陽眞陰，而氣血爲陰陽所化，常用者不過十餘方，而隨機加減，變化不窮。後趙獻可作《醫貫》，述己之說，而主持太過，遂至膠柱鼓瑟，非己之本意也。《名醫類案》十二卷，明江瓘撰，其子應宿增補。凡二百五門，所采上自秦越人、淳于意，下至元明名醫治驗方論，多所辨證，不但以捃拾爲富也。《赤水元珠》三十卷，明孫一揆撰，凡分七十門，每門又各條分縷析，辨別疑義，大旨以明證爲主，故於寒熱虛實表裏氣血八端，言之甚詳。其論古今病症，名實混淆之處，尤爲細密，其醫案亦能發明病源，可取也。又《醫旨緒餘》二卷，以藏府氣血經絡俞穴，推明陰陽五行之理，并論諸家之長短。《證治準繩》一百二十卷，明王肯堂撰，凡五種，雜症、傷寒、瘍科、幼科、女科附以類方，其擴采繁富，條理分明，考方論者，莫賅洽於是書。

《本草綱目》五十二卷，明李時珍瀕湖撰，取諸家本草，刪複補漏訂訛，彙爲一編，凡十六部，六十二類，所取諸藥一千八百七十一種，圖三卷，百病主治二卷，老證精博，與《證治準繩》俱爲醫學之淵海。又《奇經八脈考》一卷，以人身十二經脈，醫家所共知，惟陽維、陰維、陽蹻、陰蹻、衝、任、督、帶，爲奇經八脈，醫所易忽，因各詳其證治，并附以氣口九道脈圖，闡發《內經》之旨。《廣筆記》四卷，明繆希雍仲醇撰，其大旨以劉完素、朱震亨爲宗。與張介賓同時，而門徑迥異，繆捷變而或以巧失，張持重而或以緩誤，亦互有得失也。又撰《本草經疏》三十卷，分爲十部，每藥皆有發明，故謂之疏。王懋竑作《石膏辨》，頗詆諆之，然亦一家之學也。《類經》三十卷，明張介賓景岳撰，以《素問》《靈樞》析爲三百九十條，分十二類，釐爲十七卷，又益以圖翼十一卷，附翼四卷，註釋亦爲通貫詳悉，雖不免割裂古書，而門目分明，易於尋檢，洵爲後學之寶筏也。李杲、羅從謙嘗有是作，不自介賓始。又撰《景岳全書》六十四卷，大旨以溫補爲宗，然執持太過，故傳其説者，功過相半。

《溫疫論》三篇，補遺一卷，明吳有性又可撰。其説以傷寒中脈絡，因表入裏，瘟疫之氣，自口鼻而入，伏於募原，在不表不裏之間，治法迥異，乃撰此書以辨别之。蓋崇禎辛巳，疫氣蔓延數省，以傷寒法治之多死，因推究而得其病源焉。《痎瘧論疏》一卷，明盧之頤撰，所論證治用藥，分寒熱虛實之辨，至爲詳悉。

《醫門法律》六卷，國朝喻昌嘉言先生撰，大旨爲針砭庸醫而作。每門先冠以論，次爲法，次爲律，法者療病之例，律者糾誤療之失也。所治醫案爲《寓意草》，明審症用藥意，亦不似他家醫案，但稱治驗，而不言其所以然。其論秋燥一症，尤爲超越古今。《傷寒舌鑑》一卷，國朝張登撰，以舌胎辨傷〔寒〕，參證舊法，增以身所閱歷，定爲一百二十圖，頗顯明易見。如國朝張倬《傷寒兼證析義》一卷，王子接《晉山古方選注》三卷，《得宜本草》一卷，魏之琇《名醫類案》六十卷，徐大椿洄溪《本草百種録》一卷，《蘭臺軌範》八卷，《傷寒類方》一卷，《醫學源流論》二卷，皆所表裏，業斯道者，咸宜備覽焉。

《嬰童百問·夏言序》 原夫三墳五典，醫之道，厥惟濫觴，《素問》、《靈樞》，醫之義繇斯論著秘啓，造化德濟含靈，本神道以設教法，天德以好生，上古聖人所創立傳流，邈乎遐哉，弗可尚已。自玆以還，民鮮龐樸，六慾干於時沴，百邪伐其天和，所貴仁哲迭興，廼克漸次敷治。在商則尹製湯液以開識藥性，在秦則和論六氣以參兩變動。下歷漢晉唐宋，噅噅味餘，著爲方論，如《金匱鈎玄》，如《蘭室秘藏》，如《靈苑秘録》，簡帙浩繁，無慮數十百家。

《傷科彙纂·自叙》 粤稽炎帝，嘗百草而《本草經》以傳，岐伯、雷、桐，贊襄仁術，醫學始具，蒼蒼生生，大有庇焉。迄三代以下，戰國之際，則有盧醫扁鵲，立論解經，正考訂於前，醫緩高和，知表達裏，辨陰陽於後。漢之時，張仲景作《金匱玉函》、《傷寒》等論，方法大備，暨以華陀，刮骨洗腸等技，醫法極神，惜乎不傳。而唐宋之君，整理醫道，如《廣濟方》、《廣利方》、《聖惠方》、《聖濟録》，皆集諸家之粹，以衛民生。後有《宣明論》、《明理論》、《事親》書、《珍珠囊》，各闡岐黄之秘，以開後學。至元之季，又有李東垣、王好古、朱丹溪、劉宗厚、羅謙甫、危達齋輩競起，均推宗諸家之理，以成一家之言，其並垂不朽也宜矣。

《傷科彙纂·俞登閲序》 凡物以適用爲貴，苟無所用，雖珠玉綺羅，曾不如米穀之療饑，裘褐之禦寒也。竊惟著書之道亦然，從古聖賢，經世立教，所言皆性命之精，民彝日用之常，故其書與天地幷垂不朽。其次則先儒格言，講學明道，使人心知所趨向，抑亦爲聖賢之功臣。若夫諸子之支離曼衍，詞人之月露風雲，雖極浩繁，無關實用，其與珠玉羅綺，徒供耳目之玩者，相去幾何？而近世文人染翰操觚，摭拾綴輯，思欲自成一家言，以表見於天下後世。卒之作惡而不(傳)〔傳〕，傳焉而不久，災梨禍棗，於世奚裨？夫大道雖云不器，而一藝必有可觀。與其殫思竭慮，費筆墨於虛浮無用之辭。孰若方技者流，專精深造，勒爲一編，猶易傳而可久耶。顧星命堪輿，其理幽渺而難測，其説恍惚而無憑。惟醫家一種，方藥乍投，成虧立見，所謂判得失於毫釐，轉存亡於呼吸者，於是乎在。故醫道之流傳其術爲近仁，而其用爲至切。全當見世之業醫者，其於辨藥性、審脉候、分經絡、治榮衛之法，言之鑿鑿，所在俱有通人。

熊慶笏《中風論·自序》 昔神農、黄帝、歧伯、俞跗以神聖之資闡陰陽之奥，創興醫籍，拯濟疾苦，實與教養政治相輔而行，故三墳之書先於五典。蓋醫之學，備在君相矣。厥後有伊尹《湯液》，亦其類也。東遷以來，君相罕有知者，而其學遂降爲藝術。若醫和、醫緩、扁鵲之儔，皆其最也。始皇焚百家之説，不禁醫卜，故《靈樞》、《素問》、《神農本經》、扁鵲《難經》猶傳於世。漢之太倉公、華元化、張仲景之徒，皆精其術，倉公、元化無傳書，惟仲景有《傷寒》、《金匱》兩書，實與《本經》、《湯液》、《靈》、《素》、《難經》相爲表裏，此醫學之大成也，晉太醫令王叔和錯解義例，篡亂原文，而醫學始晦，相沿至今，卒無起而正之者。雖有諸家輩出，各抒所見，究與《靈》、《素》、《難經》不能符合，其弊在於不信古經，不明内景，枉逞胸臆，是以得不償失，名不副實，著作雖多，去古愈遠矣。近世醫方、本草諸書，專執心肝脾肺腎，顛倒金木水火土，滿紙空談，毫無實義，莫不家置一冊，沿爲習俗，牢不可破。此時即起軒歧盧扁諸聖賢而正之，不目爲怪，則斥爲妄耳。

《醫門棒喝初集·條例》 醫門之書，除聖經外，其自古稱大家者，人莫不信奉，而鮮知其弊，玆以管窺所及，表其一二。以大家之論，尚不可固執偏從，況其餘諸書，豈可盡信，明者當知所擇矣。

一、河間論六氣皆從火化，原爲至理，因火化，故以涼瀉主治。然此止可論六氣之邪，未可論病。以人體質不一，受邪雖同，而病變不同，若謂六氣皆未善，而不自知牽混之誤。其冬傷寒、春病溫之伏氣一證，亦不分晰論列，更將《素問》秋傷於濕之濕字，臆解穿鑿，大乖義理。余皆評而辨之，以俟高明鑒定。

一、康熙間，上元戴麟郊先生，推廣吳又可之論，著《廣瘟疫論》，辨析雖較又可爲詳，但亦未將風溫、暑濕、春濕等分清，而概稱爲時行瘟疫，既云時行，則仍如又可之混指一切溫病爲瘟疫矣。且言大青龍、九味羌活等湯，皆古治溫病之方。按青龍湯，辛溫藥多，石膏甚少，實爲風寒閉塞營衛、陽鬱內擾而設，爲發汗之猛劑。若溫病，熱從內發，或蘊於膜原，豈可用麻黃桂枝大發其表乎？至九味羌活湯，於發表藥中雜以生地，若有表邪，反使引入血分；若其陰虛，則蒼、芷、羌、防、細辛等，一派燥烈辛散，反傷其陰。此方之雜而不精，每見世俗混用，致害者多矣。是《廣瘟疫論》，亦未辨別盡善也。惟吳門葉天士先生，論風溫二十則，分營衛氣血，傳變治法，最爲精當。薛生白先生《濕熱條辨》三十五則，論治甚詳，實皆超邁前古，可爲後世法程，學者宜究心焉。又吳鞠通先生《溫病條辨》，論藥性氣味功能，甚爲精細，其卷後論瀉白散之弊尤確，余亦屢見有混用桑皮，反引外邪入陰，咳嗽不已者，地骨皮亦然，臨證者不可不審也。

一、古來論痘疹，皆言痘出五臟屬陰，疹出六腑屬陽，但是相沿之說，未嘗詳究至理，各家辨論，參差互異。即如《痘科正宗》，言痘爲毒火，有實無虛，以致淺學不辨虛實，混施攻瀉，治疹則必先用升葛湯爲定例，與治痲之法相混，均爲流弊之害也。嗚呼！醫理甚微，醫書甚夥，或不研求至理，徒執紙上陳言，而不知其弊，孟子所謂盡信書，則不如無書。余愧淺陋，不能徧覽而盡舉。惟望高明之士，補其不逮，實爲斯道之幸也。

《醫門棒喝初集·論景岳書》 竊觀景岳先生，才宏學博，平生著作數十萬言，如《傳忠錄》中發明頗多，有功醫學。惜乎自矜博洽，少反約之功，率憑臆見，逞筆武斷，不覺毫釐千里之差，雖懷濟世之心，不免功過相半。跡其《醫易》、《大寶論》等篇，皆似是而非之說，全書之病，實原於此。以至理未明，故不識陰陽六氣變化，人生稟賦源流。不識六氣之變，故論外邪證治，不切於理，而偏涉於補。不明稟賦源流，故論先天後天皆錯，而內傷證治，偏執扶陽，雖有發明之處，不過《內經》一節之旨，其悖經義者實多，余故謂其功過相半也。特以議論風生，滔滔不絕，淺學讀之，目眩心驚，無不歎服，奉爲

從火化，六氣之病，概用涼藥則誤矣。或不明六氣變化之理，又見妄用涼藥爲害，遂謂河間之論非是，而不自知昧理，各相牴牾，其弊更多也。

一、丹溪《相火論》，言相火爲天火，君火爲人火，君火以名，相火以位，後世多遵之。余細究其說，理既未協，義不明晰。又謂陽常有餘，陰常不足，引《內經》所云一水不勝二火作證，而不思《內經》論陰陽偏勝之病，非論陰陽之理。昧者執信陽常有餘，動用知柏敗陽，則害甚矣。

一、景岳非丹溪之說，謂世間火少水多，乃云陽常不足，陰常有餘，引大《易》丹書之言作證，既未確切，亦屬一偏之言。誦其書者，引《易》說論醫，不知乖僻之害，而與丹溪冰炭相反，眩惑後學，無所適從。要知兩家各有見解，不過發明一節經義，而非全經之理，不可不知也。

一、東垣言相火元氣之賊，景岳非之，言火元氣之本，後學惑之，莫知誰是。而不知東垣論其變，景岳道其常，各有至理，不可相非也。

一、六氣爲病，源流不同，辨別未清，治難盡善。仲景之論，後人編輯，將傷寒、溫病，攙混莫辨，自古皆然。即如《貫珠集》一書，吳門尤在涇先生所編，乃將黃芩白虎之證，列於太陽傷寒正治法內。試思黃芩白虎，豈可爲太陽傷寒正治之法乎？若黃芩白虎可治傷寒，則麻黃桂枝等湯，將以治何病乎？此集近時所出，尚爾混淆，何況其前，難求全璧也。

一、吳又可見傷寒溫病多牽混之害，乃著《瘟疫論》，以辨異傷寒。雖能自立主見，獨開生面，多有發明，而不體究經旨，不辨伏氣爲病之理，直闢經文，混指一切溫病爲瘟疫。遂使淺學將風溫暑溫等，盡作瘟疫而治，病輕藥重，爲害甚多。又如《痧脹玉衡》等書，亦發古人未發之旨，而有救濟之功，乃不詳究六氣病源，但敘痧證形狀，多列名目。淺學專習其書，凡見疑似諸病，概認爲痧，混用辛散破耗之藥，害亦不少。諸如此類，不可枚舉也。

一、火、濕二氣，合而爲暑，故暑爲陽中之陰，其證有陰有陽。昔人言中暑爲陰證，傷暑爲陽證；又以靜而得者爲中，動而得者爲傷。殊不知偏於火者爲陽，偏於濕者爲陰；體強多火者成陽證，體弱多濕者成陰證，豈不簡明。而曰中、曰傷、曰動、曰靜，如是支離，使人眩惑難解，致有謂夏月患陰證傷寒者，六氣之雜亂不分也。

一、近時淮陰吳鞠通先生，欲明六氣爲病之理，著《溫病條辨》，雖多發明之處，又將風溫、瘟疫並爲一類，不分邪之輕重，病之淺深，反謂吳又可之論

圭臬。且如景岳之論虛損，猶有似損非損之辨，戒勿誤補，乃今之誦景岳者，不分內傷外感，但云補正即可去邪，遺人殃禍，又爲景岳之罪人也。猥余淺陋，何敢妄議先輩，因見流弊日深，莫可底止，略舉數則以表之，俾誦景岳者取其長而舍其短，則其道益彰，而流澤無盡，自亦先生濟世之本懷也。或曰：嘗見誦景岳者，其門如市。昔人言良醫之門多病人，則其醫之良可知，何有傷人之失乎？答曰：病者若知醫理，則自治矣，何來就醫？不知醫理，豈能辨醫之庸良。一如蛾之赴燈，見光而投，斃者斃，來者來，燈不自知所以傷蛾，蛾亦不識爲燈所傷，仁者觀之，未有不惻然心動者也。或有外邪補而暫伏，病似小愈以爲功，不知暗傷而後更重，則歸咎於病，不咎於醫。或有病合於藥而幸愈者，人皆稱誦不已，則醫自信益堅，稱誦漸傳，則虛名漸盛，名盛而赴者益多，醫更自負，偏執愈深，而傷人愈衆，必至如蛾赴燈，俱在夢夢之中，使在天之軒岐仲聖，不禁痛哭流涕而長太息，此余之不容不辨也。

《醫門棒喝·平心論》　覽醫籍中言景岳之偏者，不一而足，但略而不詳，仍不能救流俗之弊，余故考其致偏之中而備論之。世之喜景岳者，猶不省悟，與余駁詰。嗚呼！是誠何心哉？余豈故爲高論以訾議先輩乎？余之言雖異於景岳，而心則同也。夫景岳之心，原欲壽斯民於萬世，未嘗非美意也。無如限於學識，見道未眞而又自用太過，因見劉河間偏主涼瀉，朱丹溪言陽常有餘，欲矯二家之偏，只宜指出病端，申明軒岐宗旨，則盡善矣。乃不出此，而又臆造陽常不足之論，不自覺其流弊甚於劉、朱。何故？蓋劉、朱各本《內經》一節之義以立言，不過發其未發，原非全經之理，稍通醫學者即知其義，則不蹈其偏，而不爲害矣。景岳既造陽常不足之論，乃多方引證，以實其說，將《易》註扶陽抑陰與《內經》陰平陽秘牽引附會，而云出自文王周公孔子軒岐諸聖之旨，非爲一己私言，以聳人耳目。所以不獨淺學被愚，雖通文墨而自謂知醫明易者，猶篤信其言，如與余駁詰諸人是也。此其爲害，故甚於劉朱矣。

試思《內經》不曰陰平陽和，而曰陽秘者何也？緣陽性動而發泄，發泄太過，眞元傷耗，故特用上秘字，此聖人之意深矣。若曰扶陽，則必更使動泄，抑陰則必使其不平。此扶抑與平秘，理義相去，不啻天壤，而景岳牽合混說，以張大門面，故使信服者衆，若《醫易》、《大寶論》等篇是也。以陰陽至理不明，論治內傷則偏於助陽；六氣之邪不辨，則傷寒瘟疫混論，其弊實難枚舉。又以博洽之才，逞其筆勢，議論縱橫，易於動人，故遂家傳戶誦，大行其書，其信奉劉朱二家者，未有若是之多也。故余不得不徹底窮源，抉其病根，以當曉鐘一擊，使人知軒岐仲景宗旨所在，而劉朱二家之偏，亦可因之以見，是故區區之心，未嘗異於景岳，不知義理所在者，不能諒余之心矣。夫陽倡陰隨，爲造化自然之道，故陽能帥陰，而陰賴陽之煦通以生長；陰能和陽，而陽藉陰之翕闔以固密，此陰陽自然之性能。所以《經》言陽強不能密，陰氣乃絕，陰平陽秘，精神乃治也。若病變不常，或當扶陽，或當抑陰，惟應隨宜而施，安可執爲一定之法乎？

後學之不明聖道者，實由歷來諸家駁雜之說有以障之，雜說愈多，則聖道愈晦，而生民之厄愈重，稍具知識者，能不爲之痛心哉！且《靈》、《素》十餘萬言，而三才生化之道，疾病傳變之由，詳晰備論，而治法則多針砭而少方藥，以上古所宜也。迨夫仲景，紹聖軒岐，論傷寒雜病，綱舉目口〔張〕，必詳辨脈證，而後始立一方，又反覆辨其疑似異同，則方藥隨宜變換。其精詳若是，而愼重若是，蓋治病制方固難，而辨證爲尤難也。以後諸家著書則大不然，不詳脈證，但題病名，如云傷寒者用某方，傷暑者用某方，兼某病者用某方。複辭贅語，千篇一律，後學讀之，既不知辨證，記誦許多方頭，每臨一病，偏試其方，幸而合者鮮矣，故有不藥爲中醫之說，良可慨也。

既以諸家之書，辭義淺近而易讀，則反以聖經爲宜古不宜今，終身不曾寓目，而亦終身稱爲醫者。譬如舉業家不讀四書五經，但誦時文數百首，每遇一題，即以相似語言湊集成文，不知義理所在，其可乎否耶？嗟乎！醫道如斯，亦可謂掃地矣。是故學者必先參究《靈》《素》仲景之文，通達其義理，一若吾心之所欲言者，然後博覽諸家，如執衡鑑，妍媸純駁，莫能逃吾心目，披沙揀金，資益學識。每臨一病，胸無成竹，惟審其虛實陰陽，表裏寒熱，設法制方，求其合病而止。藥雖不同古方，法度自然合古，如葉氏醫案之所以爲傳仲景心印者，正因其善能變化，而無絲毫執滯，仍不出聖道法度故也。學者必由是而學也，方爲醫道正宗，否則盡是旁門左道，甚則流於邪僻，不獨害世，或至自戕者有之，可不畏哉！可不愼哉！雖然，景岳所論陰證似陽、戴陽、格陽等證，誠有發古未發之功，學者必當參悟其理，悟之透方能辨之眞，自不可因其所短而沒其所長也，是爲平心之論耳。

《傷寒論本旨·申義》　仲景論中，絕不引用一句《內經》，而句句皆本《內經》至理，而窮變化之用，故爲繼述之聖，而傳軒岐之道者。不明《內經》至理，焉能明仲景之論哉？嗣後諸家著述，莫可數計，或各發明經旨一節，或以己之閱歷見解成一家言，醇疵互見，駁雜不一，未有啇傳聖道正脈者。更有不論脈證，但言某病用某方，使俗學以藥試病，害雜言盡。竟不思人之稟質不同，邪之進退無定，病變萬狀，如圍棋之未有雷同者。是故取古方治新病，如用舊料造新房，必經匠手斷削配合，若脈證不辨，方有何用。此方書之所以愈多，而經旨愈晦，聖道正脈，遂斷絶矣。嗟乎！此蓋生民之厄也。幸有我葉天士先生出，而實無暇著書，乃於臨證之時，必詳營衛經絡臟腑之淺深，陰陽虛實外感內傷之原委，然後論理法，立方藥，滴從軒岐越人仲景流出，是由仲景而造軒岐之堂，指揮諸子百家而用之者。其方藥輕淡，與仲景迥異，此因時制宜，隨地變地，所以傳聖道正脈者在此也，豈窺測一隅者所能知哉。明得軒岐仲景之理，方知葉氏之道，知葉氏之道，由之而師仲景軒岐不難矣。不悟至理，焉能明聖道之正脈哉。至理不明，由方書之駁雜，使後學各執一隅，而不能入聖道，以得隨時活變之用，而醫風日下，未有甚於此時者也，學者猶不以聖經爲急務哉！

《壽身小補家藏·自序》 醫書汗牛充棟，無法不備，其傳之而可久者，軒岐諸名家外，代有數人而已。然軒岐之書，其辭艱深，其旨微妙，初學者既苦其難，[淺]嘗者反驚爲異，非馳鶩於斷港絶潢，即不免於望洋向若。而庸俗之士，藉醫覓食者，往往摭拾湯頭脈訣，或泥古方，或逞臆見，從脈從證，膠固鮮通，而醫之遺累不少。

岐伯云：上工救病於萌芽，下工救其已成，救其敗，昔之所謂下工，今皆可謂上工矣。

《保赤存真·醫道源流論》 醫道祖於《本經》、《內經》，闡陰陽，決生死，其義高深，其文古奧，雖賢智者，終難體用。至漢長沙太守張仲景先師著《傷寒雜病論》及《金匱要略》，貫天人於一理，合色脈於萬全，補瀉溫涼，寒熱虛實，理至透而法至詳，其道大明，後有學者，弗可及已。若劉河間《原病式》，專論熱症，主用寒涼，而溫補之義晦。李東垣力矯其偏，著《脾胃論》以補氣爲主，又復遺卻養陰一法。朱丹溪主用四物，《心法》一書，立論全在補血。莊子云「道爲天下裂」者，其是之謂歟。然則合而觀之，論傷寒，則師仲景；論清熱，則師河間；論補氣，則師東垣；論補血，則師丹溪，有此而道似全矣。不知氣爲陽，而陽有眞陽；血爲陰，而陰有眞陰。眞陰眞陽之理不明，則補陽補陰之法未善。明太醫院院使薛立齋先生起而明之，以張仲景治漢帝三陰瘧之法，錢仲陽補小兒先天弱之方，用六味以補腎之眞陰，八味以補命門之眞陽，其效如神，而治法始備。甯波趙養葵得其心傳，著《醫貫》以發揮其義，會稽張景岳著《雜症謨》、《婦人規》、《傳忠錄》、《質疑錄》等篇，集諸家之大成，抉軒岐之秘妙，補偏救弊，不敢袒護前人，博採約收，不欲標奇後世。俗學不考源流，羣吠其病好補，豈知景岳之書固合仲景以後而獨成一家言，實合仲景以後而共成一家書也。胸有萬卷，方知張氏下筆之意。吾謂醫有立齋先生，猶儒家之有孟子；有會卿先生，猶儒家之有朱子也。至於孫眞人、王海藏、張潔古等，亦有名論可採，然不過如漢宋諸先儒，而於道統之關係，則不在此也。於道統有關係者，惟前之張、劉、李、朱，後之薛氏、張氏也。醫學源流固有可考而知者。

《外科圖說·自序》 余嘗讀醫書之經者七：曰《內》也、《難》也、仲景之《玉函金匱》也、《甲乙》也、《中藏》也、岐黄問答之衇也。上古諸書，本乎一貫，內外無分，蓋明於此者必明於彼，善乎彼者必善乎斯也。又有如脈學、本草、湯液、骨度、經脈、經絡、筋經以及奇經八衇等，竝不分某爲某科。自宋代以後，醫書漸繁，而分內外及各科名式。

《潛齋簡效方·〈溫熱經緯〉論暑略》 搢紳先生博覽之餘，往往涉獵岐黄家言，或筆之於書，或參贊戚友之病，世人因信其知儒，遂併信其知醫。孰知紙上談病，誤人不淺，呂晚村是其尤者也。安得如徐洄溪者，一一而砭之哉。

《神農本草經·顧觀光序》 幸而《證類本草》靈光歸然，又幸而《綱目》卷二具載《本經》目錄，得以尋其原委而析其異同。《本經》三百六十五種之文章章可考，無闕佚，無羨衍，豈非天之未喪斯文而留以有待乎？近孫淵如嘗輯是書，刊入問經堂中。惜其不考《本經》目錄，故三品種數顯與名例相違。繆仲淳、張路玉輩，未見《證類本草》而徒據《綱目》以求經文，尤爲荒陋，大率考古者不知醫，業醫者不知古，遂使赤文緑字，埋沒於陳編蠹簡之中，不及今而亟爲搜輯，恐數百年後《證類》一書又復亡佚，則經文永無完璧之期矣。爰於繙閱之餘，重爲甄錄其先後，則以《本經》目錄定之，仍用韓氏之說，別爲《序錄》一卷，而唐宋類書所引，有出《證類》外者，亦備錄焉，爲考古計，非爲業醫計也。而非邃於古而明於醫者，恐其聞之而駭且惑也。

《麻疹闡注·〈御定醫宗金鑑〉麻疹》 讀書之法，當逐字讀，逐句讀，逐節讀，復舉全篇融會貫通而讀，斯能得其言外之意，而爲善讀書者矣。醫門之書，如我朝御定《醫宗金鑑》，言簡而意該，義近而旨遠，非易讀也。

《知醫必辨·合論諸書之得失以示初學之從違》 《內經》即古三墳之書也。書之古，無有古於《內經》者。或疑有後人粉飾，未嘗無因。蓋古書不獨無今之刻本，且無筆無紙，不過韋編竹簡，刻劃而成，其成書甚難，其傳書必不多。列國時，惟楚左史倚相得而讀之。聰明穎悟，豈無他人，奈書不易得，故讀者甚少也。其時秦多良醫，如和，如緩，豈有未讀《靈》、《素》者，則秦必有之。始皇焚書，而不焚醫書，故《內經》尚存。惟是代遠年湮，必多殘缺。韋編之絶，聖人之學易且然，而謂《內經》之竹簡能久而完全乎。秦之後，楚漢分爭，誰復能修理《內經》者。迨文景之世，漢已治平，大儒輩出，必取《內經》修明之。今閱全書，頗有漢文氣味，必非岐黄之原文。然如《素問》所言五運六氣，宏深奧妙，《靈樞》所言經絡穴道，縷析條分，實秘笈之靈文，非神靈其孰能知之。今學醫者，不必讀盡全書，如岐黄問答，盡可删去，只取其切要之句，牢牢記之，臨症引經施治，自然有靠。吾故曰：訒庵之《類纂》，士材之《知要》，足以致用也。

仲景先師作《傷寒論》，時在後漢，已有蒙恬之筆，蔡侯之紙，無庸刻竹，成書較易。然其時蔡紙不多，尚用縑帛。三都賦成，洛陽紙貴。雖南陽太守，成書一部，已屬非易。不同今日之刻本，但得一部，即化爲千百部而無難也。故其書十六卷，至晉時已亡其《卒病》六卷，至今莫之能見。然即觀十卷中之一百十三方，攻補寒熱，無所不備，已應用不窮。後世方書，盈千累萬，不能出其範圍。學者能於仲景之方精心探索，自然左右逢源，其他醫書可看不可看也。多集方書，始於唐王燾《外臺秘要》。其方往往不合時宜，如茯苓飲一方，可以古今通用者甚少，故曰可看不可看也。

醫書之不能無疑者，莫如扁鵲之《難經》。扁鵲，渤海郡人也。姓秦氏，字越人。所居地爲盧，故又曰盧醫。《史記》稱其遇長桑君，授以禁方，飲上池水，視病盡見五藏癥結，特以診脈爲名。在晉視趙簡子，在虢視虢太子，在齊視桓侯，皆一望而知。在趙貴婦人，爲帶下醫。在周愛老人，爲耳目痺醫。在秦愛小兒，爲小兒醫。傳記甚詳，並未言有《難經》傳世。至仲景先師作《傷寒論》，惟本《內經》亦未嘗用《難經》。謂爲扁鵲之書，殊可疑也。且有可疑者，病機千變萬化，而《難經》止八十一難，何能包括？且其一難至二十一難皆言脈。二十二難至二十九難論經絡流注，奇經之行，及病之吉凶。三十難至四十難言榮衛、三焦、臟腑、腸胃。四十四五難言七衝門。四十六七難言老幼寤寐，氣血盛衰，言人面耐寒見陰陽之走會。四十八難至六十一難言脈候病態，傷寒、雜病之別，繼以望聞問切，而能事畢矣。六十二難至八十一難皆言臟腑榮腧，用針補寫之法。然則其有益於方脈者，止六十一難耳，何足以盡病情乎？且其論大率本乎《內經》，既有《內經》之詳，何取《難經》之略。其中亦有與《內經》不合者，人將從《內經》乎，抑從《難經》乎，更可疑者，四十四難論七衝門，會厭爲吸門，胃爲賁門，太倉下口爲幽門，大小腸會爲闌門，下極爲魄門。而先之以唇爲飛門，齒爲戶門，此二門有何意味，似乎湊數而已。三十五難以小腸爲赤腸，大腸爲白腸，膽爲青腸，胃爲黄腸，膀胱爲黑腸。以五色爲五腸，有非腸而以爲腸者，似乎新奇而實無用。扁鵲神醫，似不應有此湊數之文。與無用之論。考漢晉六朝以前，無稱越人《難經》者。至隋唐書經籍藝文志，始有《難經》：其眞扁鵲之書耶，抑後人之假託耶？好在其書無幾，一覽無餘。學者究以《內經》爲主，《難經》則參看而節取之，亦無不可也。

學醫之道，神聖之書不可不讀，後世之書，不必多看。唐許嗣宗醫理甚精，而不肯著書，謂：醫者意也，可意會而不可言傳。其好著書者，雖有切當，不過竊神聖之經而敷衍之。其別出心裁者，往往有偏僻之弊。如王叔和《脈經》，自以爲仲景之徒矣，而後人之批駁者不少。至今人所推尊者，以金元間劉、張、朱、李爲四大家。以劉爲首，其《原病式》果有發揮，不可不看。然偏於用涼，不能辭也。張氏無書，朱則偏於養陰，李則偏於溫補。東垣《脾胃論》，實有至理。其補中益氣湯，實開千古不傳之秘，應用無窮。惟其論病，無論何症，皆附會爲脾胃之故。人之五臟六腑，豈無自病其經者？且盡如其論，丹溪養陰之書可廢。乃今人之陰虧者，十有六七，補土剋水，豈盡健脾所能治耶。且脾胃亦當有分，脾爲陰土，宜於香燥。胃爲陽土，宜於清通。其性不同，治當有別。渾而言之，殊欠明晰。然則四大家之書尚難盡信，何況下此者乎。四大家書，惟河間鮮有傳其道者，殆用涼太過，難於獲效乎。劉完素醫道雖高，未免有術。如自稱嘗夢二道士，飲似仙酒，醒時猶有酒味，從此醫理精通。此不過欲仿扁鵲遇長桑君故事，自炫以動人耳目。不然完素自病傷寒，八日不食，不能自治，反需張潔古救之。何仙傳能救人而不能自救耶？足見行道而兼行術矣。潔古作藥注，草稿始立，未及成書，言論往往見於《難經》，而其道則東垣傳之。

丹溪則有高弟戴原禮克傳其道，明太祖服其藥，稱爲仁義人也。其道不用新奇，病無不治，足見師傳之有法。惟後人假其名，而著《證治要訣》，其書太簡亦太淺，若輩只知假名獲利，而不知反爲名家之累也。東垣傳徒甚多，王海藏、羅謙甫其尤著者也。厥後薛立齋獨宗之。薛氏著書最多，如《十六種》，如《薛氏醫案》，大旨以溫補脾胃爲主。張景岳最重薛氏，其偏於溫補所自來也。吾嘗閱《薛氏醫案》，其書不止盈尺，其症幾於千萬。一男子、一婦人、小兒，一頁可紀數症，言之不詳，徒令閱者繁多難記。此眞薛氏所診者耶？抑薛氏縣擬者耶？自予見喻西昌《寓意草》乃歎此眞足稱爲醫案。其議論詳明透徹，眞足益人神智。雖王肯堂《症治準繩》，論頗持正，醫案不少，亦不能希冀喻氏。此予所以拜服西昌，而其他醫案置之不論也。

若夫《馮氏錦囊》，乃三折肱於醫道者。其書平正通達，先幼科，後方脈，具有至理。婦科外科，無所不備。即痘科亦講求精切，非今之幼科，徒知用大黃涼藥者所能望見。予嘗救痘症數人，得力於《錦囊》也。喻氏而外，馮氏最善，其書不可不看。他如士材之書《醫宗必讀》，雖名不及四大家，而其書頗有益於醫道，亦不可不看。再如《東醫寶鑑》，雖外夷之書，而内景外形，本乎《内經》，足備參考。其症治分門別類，甚屬詳明。如邪祟一門，有中國所不及載者。方雖繁雜，聽人擇取，適可臨症備查，亦不可不看。

總之，醫書汗牛充棟，何能盡閱。即吾家醫書不少，初學亦難盡閱。然果能於吾諸論所引之書，遍觀而盡識，已勝於時下之空空，可以出而濟世矣。至書有徒美其名而不足濟者，如生生子《赤水元珠》，似多元妙，其實人云亦云，平平無奇。其書盈尺，等於《錦囊》，以工夫看此，不如看馮氏矣。如《石室秘錄》，冒陳眉公之名，假託乩方，黃帝、岐伯、雷公、扁鵲、仲景、華佗，紛來踏至，日日到壇，有是理乎？其方皆襲成方，而重其分量，一方用之數觔，以爲奇異，以爲仙方，有是理乎？雖其治法間有可取，而其方何可用乎？孟子曰：盡信書，則不如無書。此之謂矣。是故，予所立論，何能明醫道之十一。但前人往往有欺人者，予一生不受人欺，不得不明辨之，以示我後人，故特立篇名曰《知醫必辨》。

《知醫必辨·論讀醫書之難》 甚哉，讀書之難，無過於醫書矣。我輩學文，必先讀書，所讀不外於十三經，其書皆聖賢刪定，無敢改易。即後賢注釋，間有不同，不至過於差謬，況有《欽定十三經注疏》，果能誦習，即是通人。雖外有諸子，不過以供博雅，不能惑亂所宗主也。乃若醫者，自神農時先師祖僦貸季造《上經》，今僅存七十字，喻西昌雖注釋之，已不足用矣，自當以軒岐《内經》爲宗主。其書精深奥妙，非聖賢不能創作，後學本難領會。唐王太僕諱冰，號啓元子，始有撰注，加以宋高保衡、林億輩補注，學者從此究心，臨症時引經斷症，可以無誤。乃自（成無己）［□□□］另爲注釋，從此注《内經》者又增十數家。勉強增易，其意不過攀龍附驥，借此傳名，其實未必善於王注，徒令後學無所適從。至後漢張仲景先師，天生醫中聖人，其《傷寒論》三百九十七法，一百一十三方，實爲醫方之祖。後世醫方，不可以數計，而總不能出其範圍。惟其書文義古奥，不易明通，必有資於注釋。乃自成無己注釋後，接踵者幾至百家，議見多岐，有如聚訟，徒亂人意。予讀至喻氏《尚論篇》，以爲明白曉暢矣，乃見柯氏三書，彼又以喻氏爲岐說，意在菲薄前人，則後來居上，其實柯氏實不及喻氏。即其書不以六經名篇，而以症名篇，自覺得仲景心法。然乎？否乎？予以爲《内經》竟以王注爲主。我輩診病非同考據，每診一症，但有經文一二句可靠，即可無訛，惟在《内經》要語能熟記耳。近如李士材《内經知要》，汪訒庵《靈素類纂》，果能熟讀，儘彀診病。如看注疏，近有薛一瓢《醫經原旨》，以王注爲主，間有採擇各家，兼有案說，可謂盡善。至《傷寒論》，究以喻嘉言《尚論篇》爲善，其書深入顯出，非天人交盡者不能。必要參看各家，則有本朝《醫宗金鑑》，以成注爲主，而各家可取者，無不備載。果能考核，即是通醫，亦不必泛求注疏也。我輩作文，責簡鍊以爲揣摩，學醫亦如之，安見難讀者，不幾於易讀哉。

《鷗塘醫話》 讀仲景書而不讀東垣書，知外感發熱而不知内傷之亦有發熱，則殺人多矣。讀東垣書而不讀丹溪書，知陽虛發熱而不知陰虛之尤易發熱，則殺人多矣。讀丹溪書而不讀景岳書，知氣有餘便是火，祇宜滋陰，而不知氣不足即是寒，尤當扶陽，則殺人亦多矣。仲景每用麻、桂、黄、硝，而東垣易以參、耆、升、柴，此外感與内傷之辨也。丹溪專用知、柏、歸、地，而景岳易以參、附、薑、桂，此補陰與補陽之辨也。此相反而實以相成，皆不可以偏廢者也。然泥於景岳補陽之說，而陽亢陰消，亦復不無後患，又當參用河間、丹溪之法以濟之，則醫之爲道，庶乎備矣。是在善學者之會而通之耳。

大凡太極之理，分爲陰陽，故立法不能無所偏，而流極即不能無所弊。其大者如殷周之質文，齊魯之強弱，洛蜀之主客，朱陸之異同，遺患且流及數世以後。而要惟醫道之偏，其害爲尤甚。蓋惟仲景之書，系箸超超，無法不備。此外各名醫有偏長處，亦有偏短處，故不能無弊。然諸說俱在，良方甚多，參而用之，取其長而去其短，救其弊而補其偏，則生乎其後者亦不可謂幸也。

仲景書名曰《傷寒》，而實兼六淫治法在內。後人得其一訣，便可出奇無窮。如《千金》以小續命湯用麻、桂治中風，以炙甘草湯治虛勞。《外臺》又以炙甘草湯治肺痿。《機要》以桂枝羌活湯、麻黄防風湯，分有汗無汗，治瘧疾之類，不可枚舉。陶節庵出而盡變其法，別製其方，不復分經論治，實爲長沙叛臣。後人畏難就易，故多祖述節庵，然亦開無數變化法門。且如再造散，用參、耆、桂、附同羌、防、細辛，治陽虛不能作汗，實爲東垣、丹溪、景岳之所自出，要亦從仲景法中變化而來。

近人吳鞠通著《溫病條辨》，發明上時之病傷寒少而溫病多。如春曰風溫，夏曰溼溫、曰暑溼，秋曰伏暑、曰秋燥，冬曰冬溫。其症多從手太陰肺經受病，（按此即邪從上焦入，說見下條。）與傷寒邪從足太陽入者迥異。忌大汗大下，多用加減銀翅散之類。此與明季吳(幼)〔又〕可著《溫疫論》謂疫邪率在膜原，專用達原飲及重劑大黄，俱爲一得之論。間亦中病，而未可盡奉爲圭臬也。

又 本朝葉天士治病，獨於表裏之外，必分三焦。實爲發前人所未發。肺爲上焦，心脾爲中焦，肝腎爲下焦。邪在上焦，宜散宜吐。邪在中焦，宜和宜導。邪在下焦，宜攻宜下。蓋人之表裏，由外而内，如天之有緯度也。人之三焦，由上而下，如天之有經度也。一縱一橫，交相爲用，不可偏廢。且風寒中人，多從毛竅襲入，故宜分表裏。暑濕中人，多從口鼻吸入，故宜分三焦。此尤不可不知者。

世人以張、李、劉、朱四家並稱，皆以張爲仲景。竊思仲景係東漢時人，所立方論，悉本《素》、《靈》，實百代醫家之祖，豈三子所能肩隨者。後閱陸定圃學博雜識，謂仲景不在四家之列，張應指張子和，乃與東垣、河間、丹溪相伯仲，其治法亦各明一義，卓然成家。此論甚允，實獲我心，因亟錄之。

《神灸經綸·引言》 嘗聞古之醫者識天時，知氣運，通四診之精微，熟諸經之奇正，洞見垣一方人，神乎伎矣。故自《靈》、《素》傳書，《難經》發難，其文淵深古奥，義理無不包括，誠爲金匱之秘冊，壽民之寶錄。後人得其一二意旨，遂以名家。但其書有論無方，特示人以大經大法，令後學心領而神悟。

《醫學讀書志·自序》 古醫以拯危爲務，故尚學術，今醫以摶利爲務，學術不講久矣。惟曰：醫者意也。夫醫者意也，在人思慮，出《唐書·許胤宗傳》。胤宗，陳隋名醫，治療若神，人求其著作，因以此語發端，而述別脈識病用藥之難，不敢著書，非令人不尚學術也。醫爲先王之一政，周設醫師，校醫學術之良劣，民無夭札。醫經、經方、本草，實當時學術之源，至漢尤爲尊重，故倉公之對孝文，莫不井然合度。仲聖具天縱之才，恐去古日遠，學術漸歧，乃博采諸家，束繁歸簡，成《傷寒卒病論》，爲萬世醫方之祖。運移漢祚，幾亡兵燹，賴晉高平王氏輯殘繕整，一火傳薪。迨至宋齊，歧分遂衆。治醫經者，晉有皇甫謐，隋有全元起、巢元方，唐有王冰。治經方者，魏有華陀、吳普，晉有葛洪，宋齊有徐氏四傑，唐有孫思邈、甄立言、王燾。治本草者：魏有李鐺之，齊有徐之才，梁有陶宏景，隋有甄權，唐有蘇敬、孟詵、陳藏器。宋祖御宇，高繼沖編上《傷寒論》，始別成一家，與醫經、經方、本草三家並傳。於是治經方者，有陳言、許叔微、嚴用和、陳自明。治本草者，有大明、唐慎微、寇宗奭。治傷寒者，有朱肱、龐安時、郭雍。嗣後劉完素、張元素崛起於金，撰醫方以配醫經，實悖醫經本旨。而張從正、李杲、羅天益、王好古、羅知悌、朱震亨、徐彥純、王履、戴原禮等，南北分宗，遞相授受，遂成門戶結習。幸成無己當劉張時獨注《傷寒》，趙以德受丹溪業，反注《金匱》。滑壽、倪維德，淑艾四子，一注《難經》，一參《龍樹》。呂復博考羣經古方，齊德之崇尚《病源》、《千金》，皆當時之砥柱也。前明薛己、張介賓、繆希雍、孫一奎、王肯堂、李時珍等，沿金元結習，誇多鬬靡，各爭門戶，以矜獨解。然盧復、劉若金，窮物理以治《本草》，方有執、喻昌研章句以治傷寒，皆守學術之正。因瑕瑜並存，更繹我朝治醫經、經方、傷寒、本草者十六家，各加論斷，成《醫學讀書志》九十九篇。自今伊始，讀其書知其人矣。然妄議前修，按圖索驥，其咎肇於此乎？咸豐元年春仲，武進曹禾。

《醫學讀書志·莊受祺序》 畸庵先生著書卒業，受祺過而覽焉。曰：子之論醫也，簡帙存亡，徵諸史志，是矣，方術浩博，惟崇漢唐，何也？曰：學貴純一也。曰：執古以御今，毋乃泥乎？曰：周之醫政，期於十全，劉氏《七略》分爲四技。專家授受，一脈貫穿，源流不紊，後世典帙散逸，求其説而不得，從而爲之辭。迨乎晚近，言人人殊，不衷於古，將焉適從。曰：醫經、經方，依托炎黄，言固正而書實誣也。曰：班氏不云乎：醫經者原本以起病，經方者量病以致劑，準而得宜，則轉劇爲瘉，拙而失理，則增疾損生。雖非炎黄之書，實稟炎黄之教，故譽無所顯，毁無所晦，世愈遠而道愈尊也。曰：《局方》《聖濟》，皆非古方，劉張李朱，皆非古法，元明以來，推爲大家，奉爲程式，何也？曰：生民之阨也。《局方》、《聖濟》，雖亂古而不(筏)〔蔑〕古，金元四家，僞爲述古而實(筏)〔蔑〕古，於是舉世皆曰古法古方不可治今病矣。子不聞公孫悼乎？公孫悼倍偏枯之藥以起死人，其藥不靈。非藥不靈也，不解人理，不解物性也。祺嚮守閩郡，得長樂陳修園書，以爲極醫之能事。聆先生之論，始知醫者當肅守矩度，虚衷窮賾，不可騁私臆以衡量古今也。入覲期迫，不暇屬文，即先生所言以爲之序。咸豐壬子春孟，同里莊受祺。

《醫學讀書志》卷上　簡籍者，所以稽古哲之謀猷，驗時髦之學術，歷代秘府，皆蒐儲至富。守元革命，載羅兵燹。明成祖廣集遺書，編成《永樂大典》二萬二千九百卷，繁重不能刊布，嘉靖中僅加繕寫。我高宗純皇帝效繕《四庫全書》，頒貯江浙四閣，許士民注冊借鈔。復命撰全書提要，舉書之大凡，人之行履，更節爲簡明目錄，宣示臣民，俾得周知學術，樂育人材，亘古未有。和生逢盛世，暢讀秘書，而在醫言醫，不敢越。謹以史志所載、耳目所及之書，志其次第曰：

漢方技三十六家，八百六十八卷。梁醫方一百三十二部，一千二百一卷。隋醫方一百五十六部，四千五百一十三卷。唐明堂經脈三十四家，四十部，二百四十一卷；醫術二百五十七家，一百九十二部，四千四百五十四卷。宋醫書五百八部，三千三百一卷。金醫書三十六部未載卷，一部一百四十三卷。元醫書一百三十六部未載卷，三十八部，七百七十七卷。明醫書九十八部未載卷，一十九部，一千二百六十二卷。國朝醫書一百九十六部，二千五百一十九卷。合共一千三百九十四部，一萬九千一百三十六卷。今引伏羲氏一部二十卷。神農氏八部四十三卷，注一家四卷。軒轅氏二十九部，二百三十七卷，注一家一百九卷。唐三朝五部三十八卷，附梁隋七部二千九百二十八卷。宋五朝七部一百六十六卷，補二部二百九卷。國朝純廟一部九十卷。岐伯四部十三卷，雷公二部七卷，扁鵲俞拊一部二十三卷，桐君一部三卷。秦越人九部四十七卷，注三家八卷，附吕博望一部三卷，吕廣一部三卷，楊元操一部一卷。亡名氏十二部，三百六十四卷。淳于意二部二卷。先師張子十三部七十二卷，附衛汎三部未載卷，二部三卷。華陀四部八卷。吴普二部十六卷。李鐺之四部十一卷。王叔和七部五十卷，附王洙。葛洪二部十三卷，皇甫謐二部十三卷，附范汪一部一百七十卷。徐叔響十一部一百六卷。徐文伯五部七卷。徐嗣伯三部九卷。徐之才五部二十一卷。陶宏景七部四十五卷。姚僧垣二部十五卷。巢元方一部五十卷。全元起一部八卷。甄權三部五卷。甄立言二部五十七卷。孫思邈八部一百七十七卷。蘇恭四部五十七卷。孟詵三部十六卷。王燾二部五十卷。陳藏器一部十卷。王冰四部六十七卷。大明一部二十卷。王惟德一部七卷。唐慎微一部三十卷。孫兆一部十二卷，附高保衡二部五卷。韓祇和一部二卷。龐安時四部十六卷。錢乙二部十三卷。朱肱二部二十三卷。成無已三部十四卷。陳師文、裴宗元二部十三卷。郭雍一部二十卷。許叔微一部十二卷。寇宗奭一部二十卷。陳言二部二十六卷，附嚴用和一部十卷。陳自明一部二十四卷。張杲一部十卷。楊士瀛二部三十三卷。劉完素十四部四十一卷，附常德一部一卷，鏹洪一部一卷。張元素四部八卷，附子璧二部三卷。張從正五部二十二卷。李杲八部未載卷，一部二十五卷。羅天益三部四十四卷。王好古六部二十三卷。朱震亨十五部三十三卷，附羅知一部一卷。趙以德一部二十二卷。王履三部一百二十一卷，附徐春甫一部一百卷。危亦林一部二十卷。吕復十一部皆未載卷。滑壽十部十六卷。倪維德二部五卷。齊德之一部二卷，葛乾孫三部二十三卷，附父應雷一部十二卷。馬宗素一部一卷。戴原禮六部未載卷，二部二十一卷。徐用誠二部五十四卷。盛寅一部未載卷。陶華四部二十四卷。王綸二部皆未載卷。虞摶二部十六卷。薛己八部十六卷，附父鎧一部二十卷。李湯卿一部二卷，附朱撝一部二卷。王肯堂四部三百二十八卷。李時珍三部五十四卷。孫一奎五部三十八卷。張介賓二部九十六卷。繆希雍四部四十六卷。盧之頤五部無卷，二部十五卷，附父復四部不著卷。吴有性一部三卷。劉若金一部三十二卷。方有執三部十一卷。周子幹八部三十卷，附胡住思一部一卷，查了吾一部一卷。李中梓四部二十二卷，附尤乘一部二卷。張志聰六部三十二卷。喻昌三部十三卷，附徐彬一部二十四卷。沈明宗二部三十四卷。張璐五十五卷，附子登一部一卷，倬一部一卷。葉桂八部五十三卷。戴天章一部四卷。徐大椿六部十七卷。程林二部未載卷，一部二十六卷。魏荔彤四部六十二卷。程應旄三部二十一卷。尤怡五部二十三卷。柯琴三部八卷。黄元御十一部九十八卷。陳士鐸四部四十一卷。沈金鰲一部七十二卷。陳念祖四部四十六卷，附姚球一部四卷。鄒澍六部三十九卷。計三墳暨列朝勅撰之書七十一部，三千八百四十四卷，歷代名醫四百一十六部，三千八百七十三卷。

論曰：弊根於法，法立則弊生，法行則弊裕。法猶水也，弊猶土也，水本清，土扫之則渾，法本平，弊撓之則陂。持法繩弊，適足固弊，因弊繕法，尚可存法。晋唐經方家，法也，南陽書實法中之法。金元諸大家，弊也，薛己輩尤弊中之弊。南陽述而不作，故其方旨精嚴，學者折矩旋規，恆虞差失。劉朱作而不述，故其論議媮薄，學者矇睛盲視，亦洞隱微。無如俗好新奇，人趨簡易，循弊者衆，勵法者寡，相沿日久，遂成結習。苟有討究淵源，品隲曲直者，必羣誹膠泥昏狂。是醫之劉朱，即儒之楊墨，劉朱之言不距，南陽之道不彰。距之之法，衍其支派，臚其載籍，與道脈並傳，俾治方技者悉讀全書而求其意趣，則淄澠自別，或可免以冰致蠅，以貍致鼠之誚也夫。

《研經言·學醫説》 夫欲學醫，必先讀無方之書。則莫善於巢氏《病源》焉。《病源》引申經意，別類分門，比《靈》、《素》爲易知，亦較《靈》《素》而易入。習之既久，遂乃上探《靈》、《素》，兼讀《難經》、《甲乙經》二書以疏之，明乎經絡藏府之源，達於望聞問切之故，而於向者之所得，益覺融會貫通，而明體者漸漸達用矣。然後讀有方之書，《玉函》、《傷寒》、《金匱》是也。讀三書尤必兼資《脈經》以稽其異同，披本草。須用《證類本草》。以觀其方法，蓋臨病之舟楫在焉。然傷寒之理，未許其遽通也，又必浸淫乎《肘後》、《千金》及《翼》、《外臺》四書，斟酌乎《本事方》、《百證歌》、《九十論》、《明理論》等説，參互考訂，以徐俟其悟，殆另有一境矣。大抵醫者之於傷寒，其致力每在雜病未究之先，其得心轉在雜病悉通之後，不親歷者不知也。溯流窮源，其事止此，神而明之，存乎其人。至於《聖濟》、《局方》以下，則學成後讀之，亦足擴聰明而煉識力，不必概屏之以自隘也。

《研經言·雜病治法折衷説》 仲景之《傷寒論》《金匱要略》二書，古總爲《傷寒雜病論》，雜或爲卒，卒即雜之剝文，勿作傷寒爲倉卒之病解。《外臺》總稱爲《傷寒論》。詳泉《金匱方論注·序注》。是所謂《傷寒雜病論》者，爲傷寒中之雜病説，非爲一切雜病説。下另有論。徒恃此書，不足與治雜病，則《千金》尚焉。孫氏亦推本仲景，而其論症之精詳，用藥之變化，雜法之明備，數倍於仲景書。非仲景之賢不及孫氏也，仲景既以寒字目其書，自專於寒科盡其變，其他病因，例不得羼入。若《千金》統論百病，凡風雨寒暑、飲食居處、陰陽喜怒諸因，隨病聚厠。二家命意不同，故其書詳略亦異，讀者能各得所宗，則傷寒、雜病兩擅其長。自墨守者以《金匱》爲治一切雜病之宗，而《千金》遂斥爲僻書，無惑乎學術隘而治法闕矣。

《冷廬醫話·古書》 醫家著書，每爲假託之辭，以炫其功能。如竇材《扁鵲心書》，則以爲上天所畀。《張景岳全書》，則以爲游東藩之野，而遇異人。至陳遠公《石室秘錄》，乃竟託之於岐天師、雷公，尤屬不經。《洪氏集驗方》五卷，宋洪景嚴遵所輯《本草綱目》採宋人方書甚多，獨遺此書，蓋失傳久矣。嘉慶間，吳縣黄蕘圃丕烈，得宋刻本，乃重刊之，其書始傳於世。黄序中謂：此書刊成，求序於獨學老人，謂石殿撰韞玉。有札示余曰：昨所言交感丹，疑用香附太偏重。因查敝處所藏方書，乃是香附一筋，配茯神四兩。尊鈔是香附一觔。竊意香附一筋，無一觔重之理，恐係鈔胥之誤，能再查原本。此固慎重起見。然余即以此方降氣湯二條證之，一用半觔，一用五兩，是遞減用之，原方一觔非誤。佞宋之癖如是。并附著之，以質之深於醫理者，一正其是非云。余按，用藥分兩，有君臣佐使之不同。即如此書中蓯蓉茸附丸，兔絲子六兩，而沈香僅一分，以視一觔四兩，更爲輕重懸殊。且《瑞竹堂經驗方》亦載是方，香附亦用一觔。《本草綱目》收(人)〔入〕香附條下，分兩悉合。然則黄説是也。

《蘇沈内翰良方》，沈存中自序有云：世之爲方者，稱其治效，常喜過實。《千金》、《肘後》之類，尤多溢言，使人不復敢信。夫《千金》、《肘後》爲古方書之佳者，而猶若如此，况其他乎。即如此書中蘇合香丸、至寶丹等，素稱神效，而統觀全書，熱藥居多。至若止吐輭紅丸之用信砒、巴豆，治驚辰砂丸之用膩粉、龍腦，尤爲峻厲，豈可輕視。又小柴胡湯爲傷寒少陽症主方，而此書以爲赤白痢尤效。且謂痢多因伏暑，此藥極解暑毒，凡傷暑之人，審是暑暍，不問是何狀，連服數次即解。是欲執此方以治一切暑暍症也，不又爲聖散子之貽禍於世乎。是知方書非無可取之處，而不能盡善，在人精心審擇，以定棄取耳。

宋董汲《旅舍備要方》，《四庫全書題要》云：汲因客途猝病，醫藥難得，集經效之方百有餘道。內如蚰蜒入耳，及中藥毒，最爲險急，而所用之藥至爲簡易。其雜傷五方，古書中不少概見，今亦罕傳，尤見奇特。蓋古所謂專門禁方，用之則神驗。至求其理，則和扁有所不能解，即此類也。今錄其方以備用。

《四庫全書·醫家類存目》：《藥鏡》四卷，浙江巡撫採進本。《題要》云：明蔣儀撰。儀字儀用。嘉興人，正德甲戌進士，其歷官未詳。是編前後無序跋。惟凡例謂《醫鏡》之鐫，騈車海內，今梓藥性，仍以鏡名云云。此書余於咸豐七年從武林書坊得刊本四卷，乃與王宇泰《醫鏡》四卷有儀用崇禎辛巳序文。合刻者。前有儀用之弟雲章彦文氏順治丁亥序，及儀用康熙二年自序。各卷首刊嘉善蔣儀纂定，常體參訂彦文之序，謂儀用負宏濟蒼生之願，出入場屋，見刖執事，鬱鬱不得志。以爲無爵位而有功名，可以遂我宏濟之願者，莫若業醫，若，徧訪名宿，遂得宗旨於王宇泰先生，發其枕秘，有《醫鏡》一書，鐫傳海內，學人奉爲指南矣。然而用克鏡醫，必先鏡藥。歲在乙酉，魏塘春夏爲弘光元年，魏塘秋冬爲順治之二年，民之死於兵，死於疫者，蓋踵相望。儀用側處北村，惻然心傷，益無意章句，乃集古今藥性全書，並諸名家及金壇用藥秘旨，手自刪訂編輯，綴方給藥，全活鄉黨貧人。又與常子馨逸互相考論，砥琢詞章，協以聲韻，成書四卷，名曰《藥鏡》。又云：儀用近葺蓬編茨，驅兒輩及僮僕，督耕隴上。暇時買藥歸來，懸壺街市，袖古今醫說，研窮探味，云以自老。據此，則儀用應試，而未嘗登第，入本朝業醫以終。《題要》所云，乃據採進本之辭耳。及考嘉興府志撰述門，祇有卜祖學《藥鏡》，無儀用名，當亦有誤，特識於此，爲吾郡徵文獻者告焉。

張介石謂《醫貫》以六味治傷寒，其言如酖。葉天士謂：景岳以大溫中飲治溫邪時疫，言滋陰可以發汗，眞醫中之賊。蓋趙氏喜用六味，張氏喜用參桂，立言一偏，遂滋流弊。今二書盛行於世，讀者必詳察其失，而節取其長，斯可矣。

《史載之方》二卷，即《直齋書錄解題》所云蜀人史堪《指南方》也。此書世少傳本，余從新城羅鏡泉學博以智，借得鈔本錄之。洪景嚴《集驗方》曾記載之，治婦人氣塊刺痛二方，兼及其治驗，蓋亦能醫之士也。然其書中之方，大半皆麻黃、獨活、附子、官桂等藥。其治疫毒痢之通神散，用麻黃、官桂、甘草、川芎、白朮、細辛、獨活、桔梗、防風、芍藥、白芷、牡丹皮、牽牛。第二方用訶子。第三方用硫黃。楊子建襲之，改爲萬全獲命三方，幷襲其說。如寒邪犯心，水火相戰，所以先發寒熱。水火相犯，血變於中，所以下赤痢云云。孔以立《痢疾論》深詆之，斥爲不經之說，又謂不辨人體之強弱，脈息之虛實，擅用麻黃、朮、桂、牽牛、訶子、硫黃，實乃殺人之事，其論良然。

宋靈泉山初虞世《古人錄驗養生必用方》，人間絶少。咸豐初年，杭州吳山陶氏寶書堂書坊，偶得宋刊本於四明，湖州丁寶書以錢六千購之去。余友羅鏡泉亦喜搜奇書，聞之大驚，急從丁君強借鈔副本，余因得錄一冊。按《郡齋讀書後志》謂是十六卷。《直齋書錄解題》及《宋史·藝文志》謂是三卷。《通志·藝文略》亦云三卷。又有《續必用方》一卷。此冊分上中下三卷，前有紹聖五年宗室捐之重刊序文。書中記傳方之人甚多，皆詳其出處行誼，知亦有心人也。卷首論爲醫一條云：用藥之法，先審有害無害，苟能無害，是爲有利。蓋湯丸一入不出，人死豈可復生，歷劫長夜，永爲冤對，無有免離，仁者鑑此，豈不勉旃。語簡旨深，可爲醫門藥石。

張戴人治病，專用汗吐下，然則其時病者竟無虛症當補者乎？醫術雖高，不謂之偏不得也。其醫業中往往不詳脈象，此出自麻知幾輩之手，不免多附會失實。至如治勞嗽，治虛勞，治凍瘡，皆以舟車丸、濬川散大下之。治臨產病喘，以涼膈散二兩，四物湯二兩，朴硝一兩，煎令冷服。且謂孕婦有病用朴硝，八月者當忌之，九月十月內無礙。其說皆未可信。

雷公、扁鵲，皆上古時人。戰國時秦越人慕扁鵲學，因稱扁鵲。迨後宋雷斅《炮炙論》亦稱雷公，竇材《心書》亦稱扁鵲。《炮炙論》之稱雷公，乃後世所傳訛。《心書》之稱扁鵲，則材直以之自稱。從來著書家，未有如此誇大者。

秀水殷方叔仲春《醫藏目錄》一卷，就其生平所見醫書，自上古以及近世咸載焉。分爲二十函，函各數十種。首曰無上函，自《內經》、《神農本草》、《難經》諸書外，兼及《易經》、《洪範》、《繁露》，蓋本孫思邈大醫須兼識陰陽卜相之意。同時平湖陳懿典爲作序，有云：方叔研討方藥，治病稱神，戶履常滿。然蕭然環闠中，不走五都，不游大人。而《醫藏》一編，網羅悉人間未覯之書，議論闡古人未發之旨。考《嘉興府志》，方叔有傳，在隱逸門，是殆精於醫而不以醫名者。方叔又能詩，有《安老堂集》，惜未得見。

黃氏琿《衛濟寶書》，吳曉鉦得袁永之影宋定本二十二篇，完善無缺，視文瀾閣本多三之一。後有續添方，乃元人所輯，不知名氏。

《冷廬醫話·今書》 魏玉璜先生之琇《續名醫類案》，余既借錄閣本全部，後又假得魏氏家藏鈔本，校勘一過，并視閣本多所更正。前有杭太史世駿、余太史集序文並目錄，後有魏鈦跋。海寧王孟英士雄《潛齋醫話》謂卷首無序無目，殆祇據閣本言耳。今錄跋語於此云：《續名醫類案》六十卷，乃先君校栞(汪)[江]氏《名醫類案》而成。較篁南所輯為尤備。是書之優劣，提要序文論之詳矣，余小子不敢贊一辭。書中兼援江氏例，臨證案附見焉。乾隆甲午歲，恭逢朝廷開《四庫全書》館，父友朱先生明齋攜此冊入都，亟錄副詳校以進。幸蒙採錄，此千載一時之恩遇，得以藉傳不朽。原本仍發還本家，敬謹收藏。館上指駁數條，謹更正焉。經進後，鮑氏知不足齋擬刊未果。原本為先人手澤貽留，未敢出以示人。茲慎選楮毫，精鈔全部，詳校裝潢，以冀當代大人君子布金刊板，廣播藝林，誠於身心有裨，鈦又何敢為獨得之秘耶。時嘉慶丁丑冬日，臨江草堂後人魏鈦盥手拜跋。

張景岳偏主溫補，尊而信之者不少。近日攻擊之者亦復有人，如葉天士、魏玉璜、章虛谷、陳修園。其最著也，葉天士《發揮》一書，尤為深切詳盡。究之景岳之重扶陽，時勢適然，亦以救弊。學者循覽其書，必當與《發揮》參觀，斯不為其所誤。惟《發揮》為家藏之板，久不印行。余歷年搜訪，至丁巳歲，始於吳門購得一部，惜力綿未能重刊廣傳也。

如皋顧小瀾學博金壽，少擅才藻，壯歲貢入成均，屢困秋試。年四十，南歸秉鐸，遂絕意功名，專精醫理。每遇宿學名師，不惜虛懷就正，求其精微。治一證，必刻意精思，寢食俱廢，方定，卒起沈疴。晚歲棄官，家於吳門，求治病者踵相接。門弟子彙錄方案，因選擇百條付梓，道光乙酉秋鐫。名曰《吳門治驗錄》。其治病，每用人所不恆用之藥而奏捷效。婦女解鬱調經，則以合歡皮煎湯代水。婦女反胃痰飲，則用東壁土牆、白螺螄殼，入黑驢溺，連土陰乾，研末入藥。蓋黑驢溺入腎，陰中至陰，善通水道，取其引火下行，最為神速。但氣味過腠，胃虛者格格不入。白螺螄能於水土中潛行成道，且可化陽明鬱痰，通厥陰鬱火。又得東壁土拌而陰乾，既無氣味，更得殊功。又治痰迷心竅，忽於數日所讀之書皆不記憶。用茯神五錢，遠志肉錢半，製半夏錢半，陳皮一錢，九節菖蒲五分，陳膽星五分，珍珠母三錢，生甘草五分。以惜字爐灰一兩煎湯代水，煎服獲效。去膽星，加生益智仁一錢，醋煅靈磁石三錢，十服全愈。蓋養營開竅化痰，特以字紙灰作引。復加益智啟聰明，磁石交心腎。醫以意會，亦由善思而後得之也。

吳縣薛瘦吟福，能詩，精醫理。流寓秀水之王江涇，著有《瘦吟醫贅》，附錄詩十數首。其自書吟稿後云：離家十載感華顛，一檢奚囊一黯然。未必書坊有陳起，江湖詩好定誰憐。語殊清婉。吳江李顯若王猷，聞湖詩續鈔，謂：瘦吟治疾疏方，雄談驚座，惟執於用古。持論雖透澈，而服其藥者往往不效。以故門可羅雀，釜或生塵。年七十餘，窮困以終。然觀《醫贅》所言，非盡不合時宜者。如云今之傷寒，皆溫熱病也，若太陽之麻桂、青龍等症，無有也。初起只須葱豉合涼膈散散表邪，兼清裏熱，令其微汗而解。又云：看溫病先驗舌之燥潤，以渴不渴為要訣。又云：暑瘧多燥，其治在肺。重者，人參白虎，或竹葉石膏加厚朴。輕者，杏仁、滑石、蔻仁、絲瓜葉、蘆根、米仁之屬。濕瘧多寒，其治在脾，宜苓、桂、朮、薑，或消暑丸之屬。又云：吾吳前輩吳正功，只教人看《醫方集解》。徐炳南晚年，案頭只兩本《廣筆記》。青浦吳元常以《臨證指南》為枕中秘。角里牛孚亭於《己任編》亦然。可見，心得處不在多也。然無心得者，不得以此藉口。欲求心得，正非多讀古書不可，蓋不博亦斷不能約也。此皆可為醫學津梁。而其治病乃如此，俗所謂行醫須運氣者，殆非誣歟。

程氏鍾齡《醫學心悟》篇幅雖隘，其方頗有佳者。余戚李氏婦患噎症絕粒，諸藥不效，醫告技窮，奄奄待斃。余檢此書啟膈散，令煎湯服之。北沙參三錢，丹參三錢，川貝二錢，茯苓錢半，砂仁殼五分，廣鬱金五分，荷蒂二箇，杵頭糠五分。四劑而能納食。去鬱金，加蔞皮一錢。服四劑。復加味調理全愈。

南海何西池夢瑤《醫碥》，余徧求之蘇杭書坊不可得。丁巳冬日，從嚴兼三借錄一部。西池少負才名，學士惠公稱為南海名珠。生平篤嗜醫學。成進士，為宰官不得志，乃歸田行醫。所著《醫碥》，七卷，刊於乾隆十六年。自序有云：或曰方今《景岳全書》盛行，桂附之烈，等於崑岡，子作焦頭爛額客數矣。人咸謂子非醫病，實醫醫。是書出，其時醫之藥石歟，碥當作砭。余笑而不敢言。凡例有云：河間言暑火，乃與仲景論風寒對講。丹溪言陰虛乃與東垣論陽虛對講。皆以補前人所未備，非偏執也。後人動議劉朱偏用寒凉，矯以溫補。立論過當，遂開酷烈之門。今日桂附之毒，等於刀鋸。夢瑶目覩其弊，不得不救正其失，初非偏執。書中時出創解，頗有裨於醫學。

錢塘趙恕軒學敏《串雅內外編》，皆走方術。謂走方之藥，上行者曰頂，多主吐。下行者曰串，多主瀉。頂串而外，則曰截。截，絶也，如絶害然。此即古汀吐下三治也。又謂：走方有三字訣，一曰賤，藥物不取貴也。二曰驗，下咽即能去病也。三曰便，山林僻邑，倉卒即有。能守三字之訣，便是能品。其自序謂：幼嗜岐黃家言，性尤好奇。聞走醫中有頂串諸術，操(枝)[技]神而奏效捷，以此獲食。其徒侶多動色相戒，秘不輕授。又多一知半解，罕有貫通者，以故欲宏覽而無由。宗子柏雲，挾是術且老矣。戊寅航海歸，質其道，皆有奧理。顧其方，旁涉元禁，瑣及游戲，未免誇新鬬異，爲國醫所不道。因取其所授，重加芟訂，存其可濟於世，合余平昔所録奇方，彙成一編，名曰《串雅》。不欲泯其實也，並矯奇而歸於雅，使後之習是術者，不致爲庸俗所詆諆云云。然觀其所載，多興陽之方，大半熱藥。如天雄、附子、草烏、肉桂、硫黃、阿芙蓉、淫羊藿、鹿茸、蠶蛾等味，用之必致爲害。且導人以縱慾，亦非大雅所當言也。此書無刊本，好事者若以付梓，當更爲芟訂，庶幾盡善。

《傅氏女科》書，道光丁亥張丹崖鳳翔序刊，近復刊入潘氏海山仙館叢書，王孟英謂文理粗鄙，勦襲甚多，誤信刊行，玷辱青主。余觀此書，措辭冗衍，立方板實，説理亦無獨得之處。尤可怪者，解妒有飲，謂可以變其性情。蕩鬼有湯，且假託乎岐天師。更列紅花霹歷散。成此書者，當是陳遠公之流，而其學更不如遠公。乃女科書之最下者。

《瘍醫大全》搜羅浩富，而不及虜瘡。見《今人門》陳載庵治案。虜瘡出《肘後方》，採入《本草綱目》。《松峰説疫》紀載詳備，而不及肉行。見《古人門》錢國賓治案。可見著書之難。而習醫者，當博覽羣書，不得拘守一家之言，謂已盡能事也。

無錫沈芊緑金鰲《要藥分劑》十卷，準徐之才十劑分類，凡四百餘品，皆尋常日用必需之藥，故曰《要藥》。其宣劑五靈脂注云：寒號蟲，四足有肉翅，能飛，但不甚遠。此雖名蟲，既能飛則屬鳥類矣。從前本草書多列蟲部，恐非是，今故次於禽鳥之例。余按：五靈脂自蟲部入禽部，始於《本草綱目》，豈沈未之見耶。

會稽章虛谷楠《醫門棒喝》，謂春溫症以黃芩湯爲主方，必加柴胡、葛根爲使。以邪伏少陰，乘少陽上升之氣而發，鬱勃既多，驟難宣達，其火內潰，或作暴瀉，外灼則肢體疼痛，上炎則頭痛喉痛，故加柴胡達少陽之氣，再加葛根入陽明而止渴解肌，則汗泄而熱去。或見其熱盛，過投寒凉，遏其欲出之勢，熱反甚而難退矣。竊思春溫由於冬不藏精，熱邪既熾，眞陰必傷，何得更以柴葛升提其陽，重耗津液。即欲宣達，加薄荷、牛蒡子、香豉等足矣。間有需柴、葛者，亦屬偶然。不可云此症必加柴、葛也。《景岳全書發揮》，世皆知爲葉天士之書。按武進曹畸庵禾《醫學讀書志》謂：此書爲梁溪姚球所撰。坊賈因書不售，剜補桂名，遂致吳中紙貴。又謂陶氏《全生集》，山陰劉大化所撰。《本草經解要》、《醫效秘傳》、《本事方釋義》，皆僞託葉氏。余觀數書中，《景岳全書發揮》爲最勝，惟盡情斥詈之處，有傷雅道，知其非天士手筆也。

昌邑黃坤載御元，少耽典籍。三十歲，左目紅濇，爲醫誤治，過服凉藥失明，遂發憤習醫，窮究義藴，著書甚富。然渺視千古，毀謗前人。其作《素靈微藴》，謂仲景而後，惟思邈眞人不失古聖之源，其餘著作如林，無一綫微通者。驚悸之症，在傷寒皆得之汗多陽亡，爲少陽相火鬱發，或以汗下傷陰，甲木枯槁，內賊戊土。乃有小建中、炙甘草證，重用芍藥、生地以清相火。至於內傷虛勞，驚悸不寐，俱緣水寒土濕，神魂不藏。無相火上旺而宜清潤者，即偶有之，而脾腎終是濕寒。嚴用和冒昧而造歸脾之方以補心血，薛立齋又有丹皮梔子加之法，張景岳、趙養葵、高鼓峰、呂用晦更增地黃、芍藥之輩。復有無名下士，作天王補心丹，肆用一派陰凉。羣兒醉夢不醒，成此千秋殺運，可恨極矣。夜熱之症，因陰旺濕土，肺胃不降，君相失根，二火升泄。錢仲陽乃作六味湯丸以滋陰虧，薛氏推廣其義，以治男女勞傷、各種雜病，張氏、趙氏、高氏、呂氏，祖述而發揚之，遂成海內惡風，致令生靈夭札，死於地黃者最多，其何忍乎。下至二地、二冬、龜板、黃柏諸法，不可縷悉。究其源流，泄火之論，發於河間。補陰之説，倡於丹溪。二悍作俑，羣凶助虐，莫此爲甚。足之三陽，自頭走足，凡胸脅痞滿，上熱燔蒸，皆足陽明少陽之不降也。李東垣乃和補中益氣之方，以升麻、柴胡升膽胃之陽，謬矣。而當歸、黃耆，亦復支離無當。風寒之症，仲景之法備矣。陶節庵作九味羌活之法，雜亂無律，而俗子遵行，天下同符云云。黃著作繁富，時抉精奧，惟所定諸方，偏於扶陽。

其書選擇簡嚴，論説精透，可爲醫林圭臬，惜坊間流傳甚少。道光時，重修《嘉興府志》，方技門不爲先生立傳，撰述志亦不載此書，缺點也。其書甚推尊葉氏，所録治案，多《臨證指南》所未載。卷三痢門有曰：嘉善一嫗，常便血，時發時止。至五旬外，夏月便鮮血，裏急後重，時或不禁，脈輭不數。用五苓、建中，轉甚。因向宜涼血藥，仍以四物加槐、榆、查、麯，亦無效。葉天士先生以生蒼朮、生厚朴、炒陳皮、炙甘草、鷄内金、砂仁殼、丁香柄，丸服全愈。又有一童子久痢，葉亦用此方全愈。人不解其故，震讀徐春圃《醫統》，因見此方，名醉鄉玉屑，治小兒食瓜果致痢久不愈，乃服先生之典博也云云。余嘗以此方加車前子、澤瀉，治食傷水瀉，亦多獲效。

吴恕《傷寒指掌》十卷，見殷方叔《醫藏目録》。皇甫中《傷寒指掌》十四卷，見《四庫全書·醫家類存目》。二書皆少傳本。嘉慶初，苕南吴坤安貞，又著《傷寒指掌》四卷，以南方近日之傷寒，大半屬於溫熱，治法與傷寒不侔。傷寒入足經，而溫邪兼入手經。傷寒宜表，而溫邪忌汗。傷寒藥宜辛溫，而溫邪藥宜辛涼。苟不辨明，必有誤治。故其書既述六經本病，而特參以溫熱立論，兼及類傷寒之症，先古法，後新法，條分縷晰，既精且詳。余從烏程邵藹人茂才楠借録一部，爲藹人之尊人仙根先生所評擇，闡發曲暢，令閲者心開目明。仙根先生治病二十餘年，屢拯危篤，蓋得力於此書爲多。

本朝醫學極盛，醫書亦大備。傷寒之書，喻嘉言《尚論篇》，柯韻伯《來蘇集》，王晉三《古方選注》俱出手眼，直抉心源。傷寒六經兼諸症，柯氏發其端。溫熱等病究三焦，葉氏宣其旨。苕南吴坤安薈萃羣言，勒爲成書《傷寒指掌》，而傷寒之學無餘藴矣。雜病之書，首稱葉天士《臨證指南》，而張石頑《醫通》、秦皇士《證因脈治》次之。他若吴鞠通之溫《溫病條辨》，戴麟郊《廣溫疫論》，劉松(蜂)[峰]《松峰説疫》，余師愚《疫症一得》之疫，吴師朗《不居集》之虚勞，蕭慎齋《女科經綸》，沈堯峰《女科輯要》之女科，程鳳雛之幼科《慈幼筏》，葉大椿之痘科《痘學眞傳》，顧澄江之外科《瘍醫大全》，皆突過前賢。本草之書，劉若金《本草述》，盧子繇《本草乘雅半偈》，倪純宇《本草彙言》，張隱庵《本草崇原》，張潞玉《本經逢原》，鄒潤庵《本經疏證》，趙恕軒《本草綱目拾遺》，罔不領異標新，足資玩索。醫案之書，魏玉横之博大《續名醫類案》，俞東扶之精深《古今醫案按》，顧曉園之靈巧《吴門治驗録》，並堪垂範來世。辨正之書，徐靈胎之《醫貫砭》，孔以立之《醫門普度》，劉松峰之《溫疫論類編》，姚頤眞之《景岳全書發揮》，坊賈假託葉天(士)[土]，其遺精症謂土濕陽衰，生氣不達，乃用桂枝、附子。墮胎症謂命門陽敗，腎水澌寒，侮土滅火，不生肝木，木氣鬱陷而賊脾土，乃用乾薑、桂枝充其類，將生人絕無陰虚火旺之症。是徒知責人，而不知責己矣。

(餘)[余]杭稽留山石雲院微塵上人，以其家傳經驗奇方濟世活人。年老懼失傳，悉付之梓，名曰《石雲選秘》，凡二卷。書中有接骨神方，用鬧楊花子，燒酒浸一夜，煮酒，每服二分。亦可蒸透曬乾爲末，入虎骨五分。早上服，午間骨響接上，神效。余以庠説天臺葉氏售跌打損傷藥致富，甚秘其方，後爲傭工人竊得以傳。乃用鬧楊花子置竈邊，得煙氣熏蒸，二三年後，研爲末，收藏勿洩氣。每服二三分，酒下。治損傷立效，但力猛不可多服。石雲方正與此同。

歸安江氏涵暾《筆花醫鏡》謂：程鍾齡《女科》一卷，悉從諸大家論説中斟酌盡善而出之，字字毫髮無憾，並無近時《臨證指南》等纖巧習氣，故依治每收實功。不知《臨證指南》雖成於葉氏之門人，採録冗繁，誠爲可議。然其審證立方，實多可法可傳。即如女科之症，必主奇經，洵能獨出手眼。遵而用之，鮮不獲效，程氏書豈能見及此耶。是故讀程氏書可與立，不若讀葉氏書可與權也。

秀水錢彥臞處士經綸，居王江涇，康熙間人也，醫術精覈。【略】著有《脈法須知》三卷。咸豐五年，其同里計二田上舍光炘，爲鋟板以傳。貽余讀之，蓋薈萃諸家之説，而出之以精確，非積學有得者不能也。其《問法要略》一篇，語約而意詳，勝於張景岳之《十問》，備識於此：入國問俗，入家問諱，上堂問禮，臨病問便，慎之至也。問男女老幼貴賤，得病何日，受病何從，飲食便利，情懷勞逸，今昔何如，曾服何藥，日夜起居，寤寐有無，痰嗽嘔噯，脹悶汗渴煩悸，頭目耳鼻口咽喉胸脅腰背腹痛，手掌冷熱，喜惡寒熱，膝痠足腫。曾患何疾。瘡傷中毒，痞血病久。或汗下過傷。所嗜何味何物。或縱酒，或長齋，或房室，或泄滑。問婦女月水，有孕果動否。寡婦室女氣血凝滯，兩尺多滑，非胎也。心腹痛當問新久。懶言惟點頭，中氣虚也。昏憒不知人，或暴厥，或久病婦人僵厥，多中氣，宜辨之。小便黄赤爲濕熱，清之滲之。小便色白，無熱也，不可治熱。利則氣順，澀則痰滯。重墜牽掣爲虚，煩悶拘急爲實。喜熱惡利爲虚，喜利惡熱爲實。

嘉善名醫俞東扶先生震《古今醫案按》十卷，乾隆四十三年自序刊行。

實乃姚所撰也。均可覺迷振憒。單方之書，毛達可之《濟世養生集》、《便易經驗集》，亦爲醫門珍笈。其餘著述如林，尚難悉數。有志於學者，誦習古書，而又潛研諸家，棄駁取純，融會而貫通之，何患道之不明不行乎。

高麗康命吉《濟衆新編》，採集衆書而成，無甚創解。惟新增管見一條，論服人參、附子之害，語特精當，足以警世，錄之：無論大人小兒，人參、附子，用之於熱在陽分，則其害立至，醫者即覺。若用之於熱在陰分，則外似無害，或至數兩而死，或至數觔而死，死亦不悔，醫者病者終不覺悟。蓋病在陰分，用熱藥熬盡其津液，然後命盡故也。如此死者，頻頻見之。

西國醫士合信氏《西醫略論》，略內症而詳外症。其割肉鋸骨等法，皆中國醫人所不敢用者。內治之法，亦與中國異。如治瘧用信石酒，霍亂用雅片膏、樟腦、滾酒和服，使中國醫人用之悖矣。其診脈至數驗以時表，取其旋運有準。謂華人用鼻息呼吸，恐有遲速長短，不如時表之準也。

吳門顧松園靖遠，少日有聲黌序。後因父患熱病，爲庸醫投參附所殺，於是發憤習醫，寒暑靡間者，閱三十年，求治者踵相接。曾供直御醫院，以親老婦，著《醫鏡》十六卷。徐侍郎秉義爲之序，稱其簡而明，約而該，切於時用而必效，非虛語也。【略】顧又有治虛勞方，用生地、熟地、天冬、麥冬、龜板、桂圓、玉竹、茯苓、人乳、山藥。《吳醫彙講》乃屬之汪纘功，方中增入牛膝一味。豈顧著《醫鏡》一書，爲汪氏所竊取耶。附誌於此，俟後之君子詳考焉。《醫鏡》一書，世無刊本，其中自製方，佳者甚多。己未歲，從直隸李參軍晉恆假錄全部，庚申杭州遇亂失去，深可惋惜。

咸豐戊午冬月，吳曉鉦應京兆試歸，寄我《齊氏醫案》六卷，乃四川敘州齊有堂秉慧所著，自序作於嘉慶十一年。內有效方數則錄之。救勞殺蟲丹，鱉甲一斤，酒醋浸透，茯苓五兩，熟地、山藥、沙參、地骨皮各一觔，山萸肉八兩，白芥子、白薇各五兩，人參二兩，鰻鱺魚重一觔餘，或二觔更好，先將鰻搗爛，和前藥爲細末，粳米飯碾成丸，梧子大。每夜五更時洗臉，北面向天念北斗呪北斗呪云：瘵神瘵神，害我生人，吾奉帝敕，服藥保生。急急如律令。七遍，即以開水送丸五錢。服畢，南面吸生氣入腹中，燒降香置牀下，午時又依前法呑服。曾以此法治曹三思，服至半料，蟲盡化水，由小便下，狀若稀糊，半載而康，連生五子。按：《仁齋直指》勞瘵方有北斗呪，其辭相同，其藥則異。又有用天靈蓋幷呪，不若齊氏方之純正。神應散，治時氣纏喉，水藥不下，牙關緊閉，不省人事等症。余以此方活人甚多。修合之，佩以濟人，德莫大焉。用明雄黃水飛、枯礬煅研、藜蘆生用、牙皂炙黃。等分爲末，磁瓶收貯。每用豆大一粒，吹入鼻內，取嚏吐痰，神效。神仙通隘散，治咽喉腫痛，生瘡聲啞，危急之甚，幷治虛勞聲嘶咽痛。用硼砂、兒茶、青黛、寒水石各二錢，蒲黃、牙硝、枯礬、川連、黃柏各六分，冰片、潮腦各二分。共研極細末，磁瓶收貯。每用吹鼻，立效。齊嘗出游，輿夫發痧，昏暈欲絕，倉卒無藥。一老翁告曰：可即透取烟管中油，如豆大，放舌下，捧水飲之。如法治之，少頃，輿夫起曰：眞靈丹也，我病去如失矣，乃檯齊回家。老翁又言：此法不特治痧，尤能治毒蛇咬傷，以烟管燒熱，滴油擦患處，立效。後以試用，果驗。

大興劉繼莊獻廷，負經世才，於學無不淹貫。所著《廣陽雜記》，間有及醫事者，述之以資多識。有婦人患小腹中痛，氣衝上不得臥，百藥不效，已骨立矣。有吳人診之曰：此乃經時不謹所致。用白芍二兩，香菌一兩，豬外腎一對，煎湯。滑石、白礬各五分，共爲末，以豆腐衣包之。煎湯送下，下黑血甚多，一劑而愈，亦奇方也。

新安程雪來林，博究羣書，所著《醫暇卮言》，乃深於格致之學者。余尤愛其《論夜臥》一則，有裨於養生，錄之：夜臥能使氣降，晝臥能使氣升。人至暮勞極，眼白昏而帶赤，靜臥一宵，詰朝對鏡，清澈如故，此氣降之驗也。晝倦當靜坐片時，或散步玩物，睡愁自解。若因而沈寢，則初覺之時，目白必赤，此因臥而氣反昇之驗也。蓋晝當與陽俱開，乃逆其候而閉之，譬如夜當與陰俱閉，乃故狂呼豪飲，皆傷壽源。古人云：夙興夜寐，出作入息，天之命，人之紀也。愚一生勸人夙興，不勸人夜坐。

吳門朱東樵鑰，有《本草詩》，錢塘陸典三文謨，亦有《本草詩》，而陸爲勝，徵引亦較廣博。藥各繫以七律，凡五百三十四首。錄其第一首《人參詩》云：五葉三椏別樣新，黃參上黨味尤純。瑤光星散天邊寶，人體精成地底珍。開胃助脾能補氣，寧心潤肺自安神。元陽可喚春回轉，虛實須教辨識眞。按人參功用固大，誤服之害亦非細，末句命意深矣。

《冷廬醫話·古人》 張仲景，醫中之聖也，華元化，醫中之仙也。二人同時，范氏祇爲元化作傳，烏得稱良史乎？

明代以醫名而爲顯官，名列史傳者有二人：曰許紳，曰王綸。許官尚書，因醫而始顯者也。王官巡撫，既顯而猶醫者也。然許能拯世宗於已絕，事見《明史》，而《野獲編》、《今言》所載較詳。《野獲編》云：嘉靖壬寅年，上寢於端妃所，宮婢楊金英等相結行弒，用繩繫上，翻布塞上口，以數人踞上腹絞之，已垂絕矣。幸諸婢不諳綰結之法，繩股緩不收，戶外聞咯咯聲，孝烈皇后率衆人解之。《今言》云：西苑宮人之變，聖躬甚危，紳用桃仁、紅花、大黃諸下血藥，辰時進之，未時忽作聲，去紫血數升，申時遂能言。又三四劑平氣活血，聖躬遂安。次年，紳以用藥驚憂，病死。 而不能自療其驚悸。《明史》：紳得疾，曰：曩者宮變，吾自分不效必殺身，因此驚悸，非藥石所能療也。 王所在治疾無不立效，而不能自知服藥之誤。《續名醫類》案：節齋得心腹疾，訪峨眉道者治之。道者問公，於服餌有生用氣血之物，焙製未徹者乎？曰：有之。常服補陰丸數十年矣，中用龜甲酒，炙而入之。曰：是矣，宜亟歸。節齋遽投檄歸，至吳閶，下赤色小龜無數而卒。 醫豈易爲哉。

《元史·方伎傳》，醫家僅列李東垣，言其學於傷寒，癰疽、眼目爲尤長，而不及脾胃，載治驗有六，皆不詳其所用之藥。史例大率如此，然而略矣。

道士知醫最著名者，有崔紫虛，僧則有深師，荆山浮圖師愼柔和尚，宦官則有羅大無知悌，婦女則有胡宗仁之母徐氏，妻李氏。醫任死生之重，而通性命之微，固無人不當學也，特非盡人所能學耳。

上古俞跗治病，能割皮解肌，湔洗腸胃，漱滌五臟，華元化猶傳其術，史所稱刳破腹背，抽割積聚是也。華以後能之者，無聞焉，雖有弟子吳普、樊阿，不盡其奧。豈神奇之術，非其人勿傳歟？

《冷廬醫話補編·醫範·醫宗四大家》 新安羅養齋浩《醫經餘論》云：醫宗四大家之說，起於明代，謂張、劉、李、朱也。李士材輩，指張爲仲景，不知仲景乃醫中之聖，非後賢所及，况時代不同，安得并列？所謂張者，蓋指子和也。 觀丹溪《脈因症治》，遇一症，必首列河間、戴人、東垣之說，餘無所及，其斷症立方，亦皆不外是，知丹溪意中，專以三家爲重。《格致餘論》著補陰之理，正發三家所未發。由是攻邪則劉、張堪宗，培養則李、朱已盡，皆能不依傍前人，各舒己見，且同係金元間人，四大家之稱，由是而得耳。此說足以正數百年相傳之訛。

《醫醇賸義·四家異同》 仲景立方之祖，醫中之聖，所著《傷寒》、《金匱》諸書，開啓屯蒙，學者當奉爲金科玉律，後起諸賢，不可相提並論。所謂四大家者，乃張子和、劉河間、李東垣、朱丹溪也。就四家而論，張、劉兩家，善攻善散，即邪去則正安之義，但用藥太峻，雖有獨到處，亦未免有偏勝處，學者用其長而化其偏，斯爲得之。李、朱兩家，一補陽，一補陰，即正盛則邪退之義，各有灼見，卓然成家。無如後之學者，宗東垣則詆訶丹溪，宗丹溪則詆訶東垣，入主出奴，膠執成見，爲可嘆也。殊不知相反實以相成，前賢並非翻新立異，即發熱一症而論，仲景謂凡熱病者，皆傷寒之類也，故有桂枝麻黃等湯，以治外感之發熱。至內傷之症，東垣則以甘溫治陽虛之發熱，丹溪則以苦寒治陰虛之發熱，各出手眼，補前人所未備，本隨症治症，未嘗混施。乃宗東垣者，雖遇陰虛發熱，亦治以甘溫，參芪不已，甚而附桂；宗丹溪者，雖遇陽虛發熱，亦治以苦寒，參麥不已，甚而知柏，此尙何異於操刃乎！非東垣丹溪誤人，不善學東垣丹溪，自誤以誤人也。吾願世之學者，於各家之異處求其同處，則辨症施治，悉化成心，要歸一是矣。

《醫宗會要·慣用寒涼溫熱後人援前人即誣前人辨論》 李東垣、劉河間、朱丹溪，皆各主一說，卓然一世，名譟千秋。或者以爲偏鋒，不知各應時運，以救人事之偏者。假令易地，或皆能然。今則生同時，居同方，天時地氣，何所見異於大同。顧重溫者詆涼，重攻者詆補，按圖索驥，是知一不知二也。然則必何如而後可？曰：必識外因多種，氣運何如，地氣何如，人身之陰陽強弱何如，而又必博覽羣書，精求其立法之意，折衷在我，然後靈歸腕下，眞知其寒而溫之，眞知其熱而涼之，眞知其虛而補之，眞知其積而攻之。借引古人可，法自我立亦可，有何成見於胸中，而詡詡然曰：我遵誰家之教，我讀誰氏之書。非惟不知法古，且誣古人也，慣何有焉。

《世補齋醫書文集·下工語屑》 張、劉、李、朱，金元四大家也。張謂戴人。自李士材以張爲仲景，而仲景於是卑矣。【略】《內經》無論眞不眞，總是秦漢間書，得其片語即是治法。《傷寒論》無問全不全，苟能用其法以治今人病，即此亦已足矣。後學能識病，全賴此數書。彼以此委諸僞書之列者，自矜博雅，不自知其與病人爲仇也。

《傷寒論》注，以成無己爲最先，《金匱》注，以趙以德爲最先。趙氏名良仁，元末長州人，從丹溪學，淵源有自。皆必讀之書。

注《傷寒論》者，明時已有五十餘家，今則百餘家矣。其篇次各不同，欲得《傷寒論》原次，必要讀《千金翼》。

《世補齋醫書文集·李冠仙〈仿寓意草〉序》 讀書而不臨證，不可以爲醫。臨證而不讀書，亦不可以爲醫。蘇長公有言：藥雖進於醫手，方多傳於古人。故惟讀書多，乃能辨證，亦惟多讀書，始能用方。彼之不用古方者，非棄古方也，非真以古方爲不可用也，直未嘗見一古方耳。善用方者，且讀無方之書，不執方以治病，而方自與病合，而方亦自與古合。余持此論以臨人病久矣。今讀京江李冠仙先生書，而歎其能讀書以臨證也。喻嘉言《寓意草》未議藥先議病，自是良法，先生本之以作此書，紀其生平治驗若干篇，使人心追手撫，有可取法，而又矜平躁釋，絕不以盛氣凌人，此尤其高出西昌之上者也。中翰汪君藥階自京江來，攜以示余，屬余爲之序。余校讀數過，訛者正之。先生有子，盍即梓以行世，俾世人知臨證者必多讀書而後能辨證，亦必讀書多而後能用方。今病既皆爲古人所言，不即知古方亦可爲今病而用耶。余於臨證，亦多心得，惜不及就正於先生。而昔在京江，側聞先生重游頖水事，中年教授鄉里，其門下士多有登科第者，則先生固以文名而不徒以醫傳也。是爲序。

《世補齋醫書文集·黄坤載書總論》 昌邑黄氏坤載，著撰宏富，洵是醫門大宗。其所立言，於傷寒則有陽盛入府、陰盛入藏八字。於雜病，則有木火宜升、金水宜降八字。此十六字，自能高出於不知陰陽、不識升降者之上。然凡讀《内經》，通仲景書，代不乏人，安見黄氏而外，必無能言此理者哉。而其自負爲古今無雙者，則在陽貴陰賤一語。夫陰根於陽，陽根於陰，陰無陽不長，陽無陰不生，天地之道，不能有陽而無陰，猶之五行之端，不能有火而無水，四時之序，不能有夏而無冬。即以病論，其於羣陰凝聚，微陽幾爲所滅者，自當扶陽而抑陰。若夫病在陽明，熱甚劫津，陽邪不去，陰即大傷之會，則少火已成壯火，是亢陽之爲害也。而仍執此貴陽賤陰之説，鮮不殆者。黄氏於陽明陽盛之病，終其身無理會，職是故也。

而無雙之譽，則又在自製數方。數方之藥，則僅有浮萍一味，浮萍之外，則仍仲景之葛根、石膏、大黄也。其所以能去病者，本賴膏黄之大力。若浮萍之用，同於葛根，既有葛，即不必復有萍。豈得以多於仲景者不過一浮萍，而直可前無古人乎。兑夏月以浮萍發汗，有甚於冬月之麻黄者，葛根無弊，浮萍且未必無弊乎。乃以有此浮萍一物，自造方名曰元霜，曰素雪，曰紅雨，曰白英，曰黄酥，曰紫玉，曰蒼霖。與病全無干涉，適以呈其陋劣。然此尚不過馬牛其風，自貽笑柄已耳。至於天魂也，地魄也，仙也，靈也，以此方名，施諸有病之家，其言實不祥，幾何不掩耳而走乎。然此尚不過厥口詛祝，令人惡聞已耳。

若其《傷寒説意》一編，分證列方，自定分兩，則教今人治今病者也。古今權量，全無考訂，而於桂枝湯用桂枝、生薑各一兩，甘草七錢。麻黄湯用麻黄一兩，桂甘各七錢。大青龍湯麻黄用二兩，桂甘亦各七錢，生薑亦用一兩。白虎湯石膏用五兩，承氣湯大黄用一兩四錢。彼意以爲輕於漢代者已三分之二，亦知其重於漢代者且十倍而强乎。其麻黄二兩，桂枝一兩，病者萬不能受。旁人即未能知，而其一兩之生薑，辣且何如。七錢之甘草，甜且何如。則胡弗依其方法，煎取三杯，温服一杯而試一嘗之乎。其方如是，而其於病也，乃至疫之温者云無内熱，疫之寒者反用膏黄。六元之本氣不病而先有方，且以少陰之君火而用少陰之椒附，以陽明之燥金而用肺金之麥味。又謂小兒出痘，無關胎毒，當發其汗。汗透痘即不出，必無表解而再出痘之理。甚至於承氣之方可加表藥，滋潤之品可云泄邪，而曰泄陽明之燥，滋太陰之溼。於燥而可曰泄，於溼而反曰滋，只此泄燥滋溼四字，即在不知醫者，恐亦未能首肯也。

顧其自製藥方，自下論斷，不曰《四聖心源》，即曰《四聖懸樞》。則孔子繼伏羲、文周而繫《易》，胡不聞以三聖名七篇之作。乃一己之書，動稱《四聖》，遂並盧醫而亦奉以聖之名，此則太史公傳方術時所不料也。其《素靈微藴》二十六篇，在十篇以前，摘録《素》、《靈》原文，略焉而弗詳。然其稱名也猶正。及讀至十一二篇，忽有趙彦威、錢叔玉其人者。初訝其爲黄帝時人也，不意其爲黄氏時人也。自紀其所治驗，而皆謂之《素》、《靈》之藴，則凡士人談道，砥勵半生，晚有所得，勒成一書，以自道其愜心快意之處，胡亦不聞以一己之著述，爲《論》、《孟》之微藴者。《内經》之論狂也，曰自高明，自賢智。人即病狂，亦何至僭妄若此，不較張景岳之《傷寒典》、《雜證謨》而更有甚焉者乎。夫狂亦聖人所許，果其志意高遠，力能進取，此腹容得卿輩數百人，亦足以豪。

乃其自序者八則，又無一篇不是健羨榮華，嗟歎貧老，若終身之蒙難，呼先哲以羣兒，遂目仲陽爲悖謬，東垣爲昏蒙，守真、丹溪爲罪孽深重。宜乎《四庫》不收其書。以其善罵，視作傖父，而僅入之存目中也。至其《懸樞》自序曰：相而不良其罪小，醫而不良其罪大。相顧可不良乎？醫顧大於相乎？又答尹公問，以門乏好奇之客爲憾。夫好奇衺者豈是正道，非獨不可以談醫，即論事亦爲失言。昔裴晉公與李習之論文曰：世有見人之違道者，耻與之同形貌，共衣服，遂思倒置眉目，反易冠帶以示異也，而不自覺其倒之反之之非也。陳同甫與朱文公書曰：因吾眼之偶開，自以爲得不傳之秘，盡絶一世之人於門外，而謂二千年之君子，皆盲眼不可點洗，二千年之天地日月，若有若無，亦太過矣。此兩説也，不知爲何人發，一若爲黄氏發者。抑又怪近之信其人而用其言，輒以三錢五錢之桂枝，死其親屬於七八月間之痢疾，四五月間之溫病。既蒙其毒，猶詡詡然自謂能讀黄氏書，獨得其貴陽賤陰之秘，爲愕然者久之。

《世補齋醫書文集·論黄氏改經》　啓元子注《素問》，其爲篇次，本非全元起之舊。黄氏《素問懸解》，復有移易，此或如宋人之談錯簡，尚可言也。乃不獨移易，且有刪削，已令熟讀《内經》者見而駭然，況更改經之字以遂其私，既失本義，且足變亂治法，則其誤人爲何如耶。世以老年人多陽衰，老年人用藥宜溫熱，由來已久。自奉黄氏以爲圭臬，而此風若尤甚焉。今始知其貴陽賤陰之説，乃改經以成之也。《記》有之：五十始衰。注家但言衰弱，不言陰衰陽衰。即《素問·上古天眞論》年半百而動作皆衰。亦不言衰者是陰是陽。至《陰陽應象論》明言：年四十而陰氣自半也，起居衰矣。正與《靈樞》人生四十，腠理始疏，榮華頽落之語互相發明。年五十，體重，耳目不聰明矣。年六十，陰痿，氣大衰，九竅不利，下虚上實，涕泣俱出矣。則皆明説陰衰，不説陽衰。以陰陽有二氣，氣本非獨説陽也。乃黄氏於氣大衰之氣字，改作陽字，意蓋必欲貴陽而賤陰，故先於此處點竄經字以實之。不知前人渾言氣字，每兼陰陽二氣而言，若獨言陽則言陽，獨言陰則言陰，若兼言陰陽，則又必根上文語意而來。此處上下文都説陰氣，則此句氣字亦説陰氣無疑。黄氏又若未嘗不知，故必改作陽字而後注之，遂謂年五十陽氣漸虚，陰氣漸盛。年六十陰氣痿弱，陽氣大衰。無非爲貴陽賤陰預留地步，示人以説本經典。夫以我注經而改經就我，彼自以爲巧矣，不執原文以正之，人不將據其所改之經，反謂黄説之有所本哉。黄氏《周易懸象》且多刪改經文，直以孔子之十翼爲稿本而筆削之，尚何有於《内經》然。而醫，司命者也，陰陽之交，出入尤大。此之改氣爲陽，更不能無損於天下之老者，故不容不以未改之經爲天下告，亦不能不以亂名改作爲賢者諱也。

黄氏既改氣字爲陽，而於本文陰痿二字又非所解。人身九竅，上竅七，下竅二。耳目鼻口爲上竅，二陰爲下竅。腎開竅於二陰，二陰者，前陰後陰也。年六十陰痿，此陰字，即前陰之陰，謂人年老而陽道不舉。如《史記·五宗世家》膠西王端陰痿。注：謂不能御婦人者是也。黄氏不解，乃謂此陰字爲陰氣痿弱。則彼方言陽氣漸虚，陰氣漸盛，何以漸盛者忽而痿弱。痿弱者既在陰氣，何以大衰者忽在陽氣。《内經》於痿有專篇，皆言熱證。如所云：肺痿爲肺熱葉焦。骨痿生於大熱。治痿獨取陽明。又云：肝心脾腎之熱皆能致痿。此處陰痿，明即腎氣之熱，腎熱之甚，則陰氣大衰。正與經文陰氣自半，起居衰矣之説彼此相符。黄氏欲説陽衰，不得不將此義抹煞，而語意遂不貫串矣。

《世補齋醫書文集·論黄氏竊書》　竊人之書以爲己有，自昔已然。若郭象之於向秀，主父偃之於仲舒，上官大夫之於屈原，以及齊邱《化書》，孟德《新書》，皆其著者也。元明以降，此風尤甚，其歷見於陸定圃書中者，亦彰彰耳目間矣。至醫家之言，競相掊襲，則其事愈隱，人罕言之。如張景岳之《新方八陣》，全録方壺道人《壺天八法》，而截去卷尾數方者也。其《類經》亦羅謙甫承其師命，所稱三脱稿而三毁之，三年而後成者。元劉因《静修集》有謙甫《内經類編序》，即此書也。喻嘉言努力著書，其暗襲方氏處，爲林北海抉而出之。楊栗山《寒溫條辨》之二三兩卷，爲三原陳素中未刻稿。吴儀洛之《成方切用》，即汪訒菴《醫方集解》，其《本草從新》，亦即訒菴《本草備要》。改頭换面，又是一書，尤不足道。然或誦習之久，不覺用爲己語，尚是文人常事。若黄氏，則自負無雙者也，自以爲無雙，則他人之物皆當爲其唾餘而無足拾者。乃其《四聖懸樞》中六經諸論，及元霜七方取用青萍，則全是諸城劉松峰《説疫》之書。何哉？松峰於《説疫》一書，自言瘟疫之需汗亟矣，思能發瘟疫之汗，當無過於浮萍。其性涼散，入肺經，達皮膚，發汗甚於麻黄，取以治瘟疫輒效。後又質諸北海老友黄玉楸，頗與余意合，始敢筆之於書。然則六經之論，松峰之論也。七方之製，松峰之方也。浮萍一味，松峰之藥也。《松峰説疫》刻於乾隆五十年，當黄氏作《懸樞》時，尚爲松峰未成之書。其或松峰有心得而漏之玉楸，其或撰自玉楸而松峰襲之，皆未可知。然松峰道及玉楸，而玉楸無一字及松峰，蓋欲説漢以後無一人，自不容同時有二人。襲其美者必掩其名，他人猶可，黄氏大醫，而亦同於郭象翼《莊》之類也，是不能爲賢者諱也。

《王氏醫存·論讀醫書》《內經》皆軒岐君臣問答民病，醫藥大備。其書重言針灸，經絡穴道，賴以詳明。時無紙筆，文字簡括，學者玩其詞以師其意，便可名世。《神農本草》、《難經》、《傷寒》、《金匱》、《千金方》等書，皆醫學正宗。下此諸家，有得有失，只供採摭，無須株守也。且古人醫書，皆其時閱歷之談，即所用藥，多親手采製，道地無差，炰炙有法，不比後人孟浪取諸藥肆也。善師古者，學其臨證辨病，設法立方，務求眞得，析羣言而衷一是，夫是之謂良醫。

醫術乃古養生者治民病之法，故有長生延年等語。觀《內經》、《難經》、《千金方》、《神農本草》自明。《神農本草》以徐靈胎、陳修園、黃坤載所注爲佳。

古名家醫案，皆其臨證得手應心之言，觀其診治方藥，不襲古而愈病，皆食古能化者也。善觀者掩其方而參其脈證，自酌一方，然後比較於彼方，自能長進。

《王氏醫存·臨證》唐以前醫書文詞簡古難讀，宋以後醫書文詞淺近易讀，其方亦易錄也。故近世醫人多喜讀宋以後書，趨而愈下，遂至束書不觀，但株守一先生之談，見頭治頭，見腳治腳，殊可笑也。陳修園醫甚深，其著《實在易》，特爲初學起見。花溪老人《蒼生司命》一書，亦醫門正法眼藏，初學者宜熟讀深思。

劉仕廉《醫學集成·余批景岳》 景岳一書，每症引經義，有論症、論治、述古、辨古之詳，而又斷以己見，從不因人成事，令人有所適從，此醫中之名家，猶詩中之李、杜也。近世不知公，謂偏於溫補。不知公殆長於溫補者也，公更長於補陰，以了千古未完公案。蓋天地之道，一陰一陽，幷行不悖者也。乃方書所載，補陽之方極多，而補陰者，自長沙地黃湯外，別無良方，亦千古大缺陷也。景岳製左、右歸飲，以補六味、八味之不及，製理陰煎，以配理中湯，製金水六君煎，以配六君子湯，製補陰益氣煎，以配補中益氣湯，又製一、二陰等煎，以治陰虛有火者，於是陰陽配合，而患陰虛一症者，始有良方調治，而無偏勝之虞，此實千古大功臣也。因書未經人批，故特表而出之。

或問余曰：景岳重陰分，丹溪亦重陰分，景岳之不足丹溪何也？余曰：景岳之所重陰分者，陰中之陽也，故用藥溫，溫主春夏生長之氣，地黃、枸杞、當歸之屬是也。即陰虛有火，亦不過用甘涼甘平之品，如生地、麥冬、酒芍之類是也。丹溪之所重陰分者，陰中之至陰也，故用藥寒，寒主秋冬肅殺之氣，黃柏、知母之屬是也。此不可不辨。

古今醫道，至景岳始全，何也？天地間有陽即有陰，二者原幷行不悖。古人著方，多在陽分，而陰分中之稱盡善者，自長沙腎氣丸外，方不多見，亦千古遺憾。況今人病陰虛者，十居七八，而其中之補陽者，十居八九，燥潤相反，陰陽誤治，如此殺人，而人罔覺，良可悲也。自景岳出，誠有見於水爲天一之源，腎爲先天之本，精能化氣，陰陽互根之理，而治病製方，多重陰分，以補千古不及，觀補陣一類，可以見矣。

《醫學求是·二集·醫學救弊瑣言》 夫醫爲仁術，君子寄之以行其不忍之心，不可求其至理，而至理究出于辨論。如景岳之砭丹溪，陳氏又砭景岳，徐氏砭《醫貫》而批葉案，章虛谷作《溫暑論》而寄於吳鞠通，斥其立法之疏漏，豈諸賢有爭名罔利之見存於胸中歟？實因醫掌生殺之權，不得不求其是而明其非也。僕年已七旬，若因徇私而妄議他人，愚不若是。至論醫術，我朝於康乾之年，國運之盛，人才之衆，亘古罕見。是以醫道中英賢輩出，岐黃之道，自此昌明。所有黃氏、陳氏、徐氏、章氏諸全書，薛氏、葉氏、吳氏、王氏諸論說；通商以來，更有西醫五種，人身之經絡臟腑，繪圖立說，因西法可以剖視，開卷而一目了然，且將中法之書，同刻集內，互相貫通，無美不備。從此可無醫道失傳之慮，後之學者，於此而刻意精求，自知僕言之非謬。黃氏著書十三種，內有《易經》、《道德經懸解》兩種未刊，坊間發售醫書八種，前年增刻《靈》、《素》、《難經懸解》三種，板存都中。僕謂舟楫之行於江河也，所賴者輪與舵耳，能讀黃氏之書，可以司輪機而爲舵工矣。且得其奧妙，而諸書之說，不爲所混，而反爲我用，臨症之時，如舟師之詳求水道，避沙磧礁石而驗風帆，無有不成一代名醫。但黃氏因世多每方治每病之書，誤後人入便易之門，無根之學，害人實甚，故立方略示端倪，而辨症則不厭其煩，另作藥解以明其義。惟初學讀之，設或得其皮毛，食而不化，未嘗不足以誤人。質之高明，自有定評。嘗讀貴報諸論，無非憂國憂民，斯言也，或亦有益民生，諒不因其言之狂妄，而沒其救弊之苦心歟。

《望診遵經·意態望法提綱》 醫書汗牛充棟，何須禍棗災梨。然余有不能已於言者何？則炎黃之書，其旨深遠，漢晉之書，其文闕略。醫家因陋就簡，遂推趨時者爲大名家，病家聞譽即延，亦信趨時者爲眞實學。自是術愈疏，方愈亂，病不至死而醫死之，醫不欲誤而書誤之。安得岐黄復起，明其道以辨其非耶。是用忘其狂瞽，著述遵經，非惟欲醫家以是診病，亦欲病家以是試醫，且不欲醫病之家以是遵我，亦欲醫病之家以是遵經。果爾，則雖禍棗災梨，或未必無小補。

《傷寒尚論辨似·張雲卿序》　書有傳不傳，在人有幸不幸也。書之眞有益於世者，傳固傳，不傳亦傳。不傳於當時，而傳於數十百年之後，且傳於素不相識之人，而其人之傳是書者，亦與之俱傳。

《存存齋醫話稿》卷一　〔一〕醫話不知始於何人，殆濫觴於詩話而有是目。余所見者，《願體醫話》、《友漁齋醫話》、《柳洲醫話》、《潛齋醫話》，凡四種。《願體醫話》中多載良方，惟前列醫話十二則，故一名《願體醫話良方》。《友漁齋醫話》則分《一覽延齡》、《橘旁雜論》、《上池涓滴》、《肘後偶鈔》、《證治指南》、《藥籠小品》爲六種。《柳洲醫話》乃王孟英輯魏柳洲玉横《續名醫類按》中按語單方，爲《柳洲醫話》，故一名《柳洲醫話良方》。《潛齋醫話》則録《簡效方》於前，載醫話於後，故一名《潛齋簡效方》。同一醫話，其體例不同有如是。余自已冠後，喜讀醫書，有所見聞，隨手識之，間附以心得，以備他日之參考，然已遺失者多矣。戊寅秋，杜門養痾，因檢舊笥，得若干條。命兒子録出成帙，重爲芟潤之，標其名爲《醫話稾》。蓋話所見，話所聞，弁語所得。拉雜不分門類，亦全無體例也。稱稾者，明非定本也。條首編以數目字者，欲教我者有可專指，且前條於理有誤，後條可糾正，於義未盡可重申，有意同者可參合，有引證者可披尋，所以清眉目也。引用書有購求數年而始得，有輾轉借閲者。内有世少傳本之書，均記作者姓氏年世，思存古書之名目也。先得二卷，友人姚靜僉廣文見而韙之，以爲可以問世，囑乃弟秋巖付諸手民，余固辭不獲。惟有道君子指其謬疵，而進以高深，則幸甚。

〔二〕《願體醫話》曰：今創一議，無内外大小，一年之中，豈無一二奇證。若懷之胸臆，則近於秘道不傳，若登之棗梨，又礙於少難成帙。何不於三五知己中，每於歲底，各出所治奇病，觀何證，服何藥，如何療，如何愈，共成一卷，以爲醫按。多年增廣，亦是不朽之舉。庶使後人有跡可循，而無識認不眞之憾矣，功不在盧扁下也。然近日又有一種時弊，凡遇疾病危險，諸醫會集，其中學術平常者，不過輕描淡寫，而識見高明者，若欲另立意見，惟恐招人妒忌。萬一不效，又慮損名。瞻前顧後，亦是大同小異了事。殊不知上天賦我聰明才智，若臨證之際，不費一番思索，不用一番心血，代天宣化，救濟蒼生，祇於此中求富貴，顧聲名，以他人性命痛癢無關，生死聽天。清夜思之，能無自愧。按《願體醫話》一卷，揚州史搢臣典所著。此時醫藥石之言，多急救生全之法。孳孳爲善，可謂無微不至。陳文恭公謂：史君飽諳世故，曲體人情，其言質直而透切，智愚易曉。偶録一則，藹然仁者之言，切中時弊之論，窺見一斑矣。【略】

〔十九〕經驗良方，刊刻印送，救人疾苦，此誠仁人之用心也。第所集者，雖皆試驗之方，而用方者未能確辨其證，往往檢方試病，不效，則更方再試。輕證輕方，當無大礙。若病涉深重，藥屬猛烈，其堪屢試乎。如近今《驗方新編》，不脛而走，幾至家置一編。其中不無龐雜，間有峻厲之方，意編書者似於醫事未嘗有精詣也。然善化鮑氏，費二十年心力，彙集諸方，校讎不倦，其活人濟世之心，正足令人欽仰。原在用方之人，自己斟酌去取耳。昔李明之先生嘗言：《蘇沈良方》，猶唐宋類詩。蓋言不能詩者之集詩，猶不知方者之集方也。一時之不善，誠不過費紙而已。一方之不善，則其禍有不可勝言者。夫試驗方豈有不善，不對證，或適與證相反，乃爲不善耳。願集方者遇峻厲方，可删則删之。萬不可删，則於方下詳細注明病情現證，如何者可用，如何者不可用，庶幾用者可以對證檢方，不致輕試浪投，是亦古人慎疾之意歟。【略】

〔二十三〕周慎齋，名子幹，宛平太邑人，生正德年間。中年患中滿疾，痛楚不堪，遍訪名醫無效。復廣搜醫方，又不敢妄試。一夕，強坐玩月，倏爲雲蔽，悶甚。少頃，清風徐來，雲開月朗。大悟曰：夫雲，陰物也。風，陽物也。陽氣通暢，則陰翳頓消，吾病其猶是乎。遂制和中方丸，服不一月而安，後成名醫。嘗閲《本草鉤元》卷首《武進陽湖合志·楊時泰傳》曰：自明以來，江南言醫者，類宗周慎齋。慎齋善以五行制化、陰陽升降推人臟氣，而爲劑量準。雍正以後，變而宗張路玉，則主於隨病立方，遇病輒歷試以方，迨試徧則束手。於是，購求慎齋先生書。見《醫學粹精》五種，《周慎齋三書》，查了吾《正陽篇》、《胡慎柔五書》，陳友松《脈法解》，附陳友松《筆談》。其《慎柔五書》已見於《六醴齋叢書》，《脈法》亦是慎齋先生著，陳友松加解而已。查了吾、胡慎柔俱爲慎齋先生弟子。三書者，皆先生弟子口授耳傳，記録成編者也。

《存存齋醫話稿》卷二　錢塘趙恕軒，名學敏，一字依吉，撰《利濟十二種》。其《串雅》一種，書分内外兩編，類皆草澤醫所傳諸方法，世所謂走方，手持虎刺，遊食江湖者是也。虎刺，一名曰虎撑，以鐵爲之，形如環盂，虛其中竅，置鐵丸周轉搖之有聲。相傳始於宋李次口行山逢虎齧刺於喉，求李拔。置此器於虎口，爲拔去之，其術乃大行，流傳至今。其術治外以針刺蒸灸，治内以頂、串、禁、截，取其速驗，不計萬全。藥上行者曰頂，下行者曰串。頂藥多吐，串藥多瀉。頂串而外，則曰截，截，絶也，如絶害然。走醫以頂串截爲三大法。末流妄定有九頂，十三串，七十二截等目外，又有九種、十三根等法，能拔骨髓諸毒外出，然不肖瘍科，每竊以取利。種毒留根，變小成大，爲害不淺。又有禁法，禁法之大，莫如水法。次則祝由，近於巫覡。且有變病法，如約脾丸中用木瓜露以閉溺竅，掩月散中用鯉脊鱗以遮瞳神，取貝母中之丹龍睛以弛髓脈，剔刺猬中之連環骨以縮骨筋。外科則用白硃砂以種毒，蛇蕈灰以種瘡，即九種十三根之類。更有合扁豆膏以留瘧，曼陀酒以留癲。甚則醉獸散之可以病馬牛，金針丸之可以困花木。種種不仁，愈降愈甚。良由操技不精，欲藉此遂其罔利之心耳。恕軒取其所授，爲芟訂之，名曰《串雅》。不欲泯其實，並欲矯奇，而俾歸於雅也。且謂此書雖盡删其不經之法，而不能盡絶其傳，故述其大概如是，業醫者不可不知。《串雅》中方，多有散見於諸書者。如《内編》首列韓飛霞黄鶴丹、青囊丸。推爲遊方之祖方云。

《醫法心傳·讀書先要根柢説》 昔賢云：書宜多讀。謂博覽羣書可以長識意見也。第要有根柢，根柢者何？即《靈樞》、《素問》、《神農本草》、《難經》、《金匱》、仲景《傷寒論》是也，宜先熟讀。如儒家之五經四書，王道蕩蕩，無偏無黨。必以聖言爲折衷，則心始有定見，再閲諸子百家，或正或偏，孰非孰是，方不爲邪説所惑。醫書汗牛充棟，不可勝舉。即以四大家而論，如張子和主治吐。然讀子和書而不讀河間書，則治火不明。讀河間書而不讀東垣書，則内傷不明。讀東垣書而不讀丹溪書，則陰虛不明。不獨此也，讀四子書而不讀立齋書，則不明眞陰眞陽之理。不讀鼓峰書，則不知攻伐太過之陰虛陽虛。不讀又可書，則不識溫疫傷寒之異治。不讀嘉言書，則不識秋傷於濕之誤，小兒驚風之非。然要知諸子各有所偏，總不若仲景之可溫則溫，可涼則涼，可補則補，可瀉則瀉，爲時中也。至於讀叔和傷寒編次，而不讀韻伯《傷寒論注》、《論翼》，又不曉傳經直中之訛，轉陰轉陽之妙。至言仲景傷寒方論，本可統治雜病，能獨開生面，實爲仲景之功臣，千載之準繩也。故曰：讀書先要根柢，再閲諸子百家，由博返約，不致歧途，流爲偏僻，雖不堪升堂入室，亦不致爲門外漢耳。

《醫法心傳·張劉李朱四子論》 仲景以後，推四大家者，張、劉、李、朱是也。人謂四子之書，可補仲景之未備，余謂四子祇得仲景之一隅。如張子和主治吐，即仲景梔豉湯、瓜蒂散之意也。劉河間主治火，即仲景白虎湯、瀉心湯之意也。李東垣重脾胃，非即仲景之建中、理中湯之義乎？朱丹溪專滋陰，非即仲景之豬苓、復脈湯之義乎？四子各守一偏，豈若仲景之時中，其攻補溫涼，無可無不可哉！至云仲景《傷寒論》獨爲傷寒而作，非治雜症，試觀其中表裏寒熱虛實陰陽諸法全備，雜症俱可仿之爲則。雖代有名賢，雜症諸書，不過引而伸之，觸而長之，誰能出其範圍？後學果能熟讀揣摩，則治雜症，思過半矣。推而廣之，并可統治男婦小兒一切雜症。所謂遵仲景之法，不必執仲景之方，是在乎神而明之耳。醫中之聖，生民以來，未有如仲景者也。後來諸賢，孰不當在弟子之列。

《醫故·總論》 論曰：今天下言醫之敝，大氐以無本之學診有過之脈，而欲責效于草石，斷斷難矣。或曰：操古方以治今疾，其勢既不能盡合，且吉凶之數，氣感百變，聖人有死，神醫莫爲。然則舍是而爲道，將不驗諸人而驗諸天與？太史公論病有六不治，後漢郭玉亦言療貴人有四難。尹子曰：與死者同病，難爲良醫。皆論理而不及數。必謂古醫爲能生死人，則扁鵲至今存也。夫人而好爲醫，是誠大患，焚其書，絶其徒，是必率天下無病而後可。余惟古之醫工，皆有高義，爲人療治，莫不具書操藥以往，切脈、望色、聽聲、寫形、決其證之所在，而後處方齊，驗其藥之所應，而後去病所，度節氣以溫冷之，察飲食以消息之，病不及危，而醫易爲理。今人必疾苦大漸，始倉皇求活于庸醫之手，故所失多也。醫或好利，欲以不疾者爲功，日且診數十證，憧憧往來，迷不知其所止，雖三世之工，亦奚以爲？或又謂經方遺傳至宋，始廣辨難折中，後來居上。不知醫之類書肓于唐，而門戶分于宋。蓋唐人務博，述古而不名家，故其弊少。自《利劑局方》陳、裴之學興，而宗丹溪者乃啓攻訐之漸。金元以降，學派益繁，各行其是，徒以醫無定法，滋不肖之口。故自唐以後，雖有名篇，吾無取焉。夫今之方家所稱仲景、叔和者，猶漢晉之言黃帝、扁鵲也，其爲道不甚相遠，其爲用毫芒即乖，使達者任之，因端見端，意在方藥之先，神存心手之際，至於陰陽表裏，經絡腧穴，六氣之疾，三候之診，匪所素習，卒難通方。是故審證不詭于今，處劑必準于古，明乎此而以約失之者，蓋亦寡矣。

《醫故・脈案》 今醫者處方必記其日月，所診何證，所施何法，謂之脈案。其例近古，多不知其由來矣。《周禮・醫師》：歲終則稽其醫事。賈疏謂：治病有愈有不愈，並有案記，令歲終總考計之。是據其案記可知其得失也。余嘗讀《史記・倉公傳》，記其所治，倍詳于越人，度當時得倉公書而條具之者，或疑不類太史公之文，非也。今審其傳中自言：意所診者皆有診籍，所以別之者，臣意所受師，方適成，師死，以故表籍所診，期決死生，觀所得所失者，合脈法，以故至今知之。是知診籍者，皆注其人之里居病狀，所施何方藥，所診何時，故云觀所得失，至今知之也。元典章至元廿二年，設各路醫學教授學正，照依降去十三科題目，每月習課，又令行醫之家，每朔望集本學三皇廟焚香，各說所行科業，仍自寫曾醫愈何人，治法藥方，具教授考較。今之脈案大略昉此，率多不存，其造診者乃則錄之，亦無究其所治得失者矣。

《醫故・漢隋唐宋明志醫家部目》 《漢志》醫經七家，始《黃帝內經》，訖《旁篇》二百一十六卷。經方十一家，始《五藏六府痺十二病方》，訖《神農黃帝食禁》二百七十四卷。《隋志》醫方二百五十六部，始《素問》、《甲乙經》，訖《四海類聚單要方》，合四千五百一十三卷。

《唐志》醫術六十四家，始《神農本草》，訖《崔知悌方》，百二十部，四千四十六卷。失姓名三十八家，王方慶《新本草》至嚴龜《食法》。不著錄五十五家，四百八卷。明堂經脈類十六家，自《鍼經》至《內經》《太素》三十五部，二百三十一卷。失姓名十六家，甄權以下不著錄二家，十卷。

宋《三朝志》經脈四十六部，一百四十卷。醫術一百九十一部，二千九十九卷。宋《兩朝志》經脈二十九部，四十五卷。醫術八十四部，二百二十六卷。宋《四朝志》三十六部，二百九卷。宋《中興志》一百七十九家，二百九部，一千二百五十九卷。

《明志》藝術類醫書六十八部，始孝宗《證類本草》，訖吳洪《痘疹會編》，合一千五十一卷。

古逸經方。凡見於諸史《藝文志》者竝不錄。

《黃帝扁鵲脈書上下經》、《五色診》、《倉公傳》《長桑君禁方》、《扁鵲傳》

《子義本草經》一卷。《周禮》鄭注：存乎神農子儀之術。疏：案劉向云：扁鵲使子儀脈神。又《中經簿》云：《子義本草經》一卷。儀與義一人也。子義亦周末時人。

公乘陽慶禁方《藥論》、《石神》、《接陰陽禁書》，公孫光傳古妙方。

淳于意《五診》《上下經脈》《奇咳》《四時應陰陽》，重鑱石砭灸和齊湯法。竝見《倉公傳》。

涪翁《鍼經》、《脈法》。《後漢書郭玉傳》。

華佗麻沸散

華佗漆葉青黏散　漆葉屑一升，范書作一斗。青黏屑十四兩，久服去三蟲，利五臟，輕體，使人頭不白。漆葉處所而有。青黏生于豐沛彭城及朝歌云。佗別傳曰：青黏者，一名地節，一名黃芝，大理五臟，益精氣。本出于迷入山者，見仙人服之。

華佗四物女宛丸。竝見《魏志》。《御覽》引作紫苑。

青牛道士竹管中藥。《後漢書》注。

戴霸華佗集《金匱綠囊》。

崔中書《黃素方》。《唐志》有《黃素方》十五卷，失名。

甘胡、呂付、周始、甘唐通、阮(南河)〔河南〕等撰集《暴卒備急方》。

葛洪《玉函方》九十三卷。

金餅散、三陽液、昌辛丸、葷草耐冬煎、獨搖膏、茵芋玄、華散、秋地黃血丸，五十日服之而止，不畏風濕。竝見《抱朴子》。

魏武《四時食制》。《文選》《海賦》注、《北戶錄》竝引之。

梁孝元《寶帳仙方》三卷。

藥方十卷。

《食要》一卷，虞預撰。竝見《金樓子》。

李子豫八毒赤丸。見《續搜神記》，梁簡文《答湘東王書》亦云：子豫赤丸，尚憂未振。唐孫思邈有赤丸方，而藥非八毒，與李異矣。

周紫陽初神丸　昌蒲五兩，朱英根皮三兩，紫雲芝英三兩。

紫微夫人朮叙三方。

許長史鍊麻腴法，四蕊丹。

太極眞人遺帶散、白翳散。

太上眞人流明檀桓散。竝見《眞誥》。

風實雲子丹。《漢武內傳》。

陶弘景善勝成勝二丹。《南史》。

孫搴棘刺丸。《北史》。

徐嗣伯蘆茹丸。《隋書》。

崔文子赤黃散。《列仙傳》。

宮泰三物散方，治喘嗽上氣。

靳邵五石散。並見《晉書》。

《羊欣方》三十卷。

《秦承祖方》二十一卷。並見《宋書》，《唐志》載十七卷。

《王顯藥方》三十卷。《後魏書》。

徐之才傳《扁鵲鏡經》一卷。張大素《齊書》。

張遠遊九轉金丹。《齊書》。

許裔宗黃耆防風湯。

王方慶《備急方》十卷。並見《唐書》。

《周氏醫學叢書·周氏彙刻醫學叢書總目》 醫學之有叢書，莫著於吳勉學之《古今醫統》，而近則《東垣十書》、《當歸草堂醫學叢書》、《醫林指月》諸刻，不一而足，古人苦心良法，得以類聚而不朽，洵醫林之盛業也。獨是校讐不精，則一字之訛，害深白刃。如吾初校《脈經》第四卷診損至脈篇，脈再動爲一至，再誤爲一，則於黃帝扁鵲論脈諸語有難通者矣。故《素問·玉機眞藏論》一息五六至者死，林億不知，轉以爲誤文也。一動一至者蓋始於《難經》也。又如第三卷腎部篇中引《靈樞·邪氣藏腑病形》腎脈微緩爲洞。洞者，食不化，入咽還出。洞下增下字，《中藏經》、《甲乙經》亦增泄字。夫洞即《靈樞·根結》篇所謂膈洞，專爲食入復出證名，與洞下何與耶？徐靈胎《蘭臺軌範》有膈洞條，即引《根結》篇及此文也。又如《脈訣刊誤》戴同甫極詆《靈樞·衛氣行》篇水下一刻人氣在太陽，二刻在少陽，三刻在陽明，四刻在陰分之語，以爲衍文，不知此必當時別法，有以晝夜爲二百刻者。衛氣二刻一度，百刻五十度，此易曉也。而細析其行陰行陽之數，則又以別法之二百刻者四分之，尤易曉也。太陽少陽陽明陰分云者，非十二經之三陰三陽也。蓋人身最外一層即爲太陽，次爲少陽，再次爲陽明，裏膜近藏府者爲陰分。戴氏謂二刻一度，當是一刻在三陽，二刻在三陰。豈知衛氣本不循經，即營氣之循經者，亦是陰陽互注，無截然先行三陽，後行三陰之事也。此皆醫學之大者也，豈可悖謬至此？蓋凡取此書之善本以校此書，其脫誤常不可見，合衆書之善本以校一書，其是否猶未可決，必博覽深思，心通其意，庶灼然有以見其得失而釐正之。然而舊本如是，則例又不得而擅改。甚矣，校讐匪易也！又如《難經·八難》寸口脈平而死，徐氏詆之，謂如是，則寸口何以決五藏六府死生吉凶哉？不知此正推進一義，以見診脈貴察其神，勿泥形也。平者，非眞平也，但不見死法耳，其形雖平，其神必敗。《十八難》曰：內有積聚，脈不結伏，外有痼疾，脈不浮結，脈不應病，是爲死病也。張石頑曰：常有變證多端而脈見小弱，指下微和，似有可愈之機，此元氣與病氣俱脫，反無病象，發見此脈不應病，法在不救。愼柔和尚曰：凡久病人，脈大小洪細浮沈弦滑，或尺浮寸沈，或寸浮尺沈，但有病脈，反屬可治；如久病浮中沈俱和緩體倦者，決死。此皆與經旨相發也。又《六十六難》曰：齊下腎間動氣者，人之生命也。《八難》亦同此說。是越人明明以兩腎中間爲命門矣，復以右腎爲命門者，指命門眞陽發動之機始於右腎，以明診於右尺之故也。後世執右腎命門之語以詆越人，豈未見腎間動氣云云耶？好名好勝之私塡滿胸中，務以新奇動人耳目，遂有不暇求詳者也。是刻也，校萊雖反復數次，而疏漏仍多，論辨雖薈萃衆長，而發明終少，但當古籍淪湮之際，使古人一綫靈光得以稍延，而不至遽沒，亦幸矣。周學海記。

《簡易醫訣·自序》 醫書自《素》、《靈》而下，不啻汗牛充棟，惟張長沙考《神農本草》，綜伊聖《湯液》，詳闡六經無形氣化，以古法方藥治病，以方範病，即以藥範方，非此藥不成方，非此方不中病，投之輒應，效如桴鼓。《金匱玉函》述而不作，《傷寒論》文極粹潔，觸類引伸，如神龍出沒，頭尾森然。儻不知其隅反之義，鮮解其旨。陳修園推爲聖法，比以吾儒孔子，非過譽也。《千金》、《外臺》，均足羽翼《內經》，各擅奇巧。至金元四家，則以東垣、丹溪爲醇，河間、子和次之。王肯堂《準繩》一書，亦稱詳備。此外如景岳、立齋、士材、石頑、獻可、節庵，瑕瑜互見矣。王叔和生當晉代，去長沙不遠，向可搜求，乃自作聰明，創爲異說，以蔽後人，是後賢之誤，皆叔和貽之，舒馳遠屏之門外，宜也。

喻嘉言(倔)〔崛〕起於千百年後，專宗仲景，如程朱之言賅體用，實長沙功臣。其後徐忠可、尤在涇、成無己、程星白，均能宗喻氏，各自名家，以表彰仲景之旨。近如柯韻伯、傅青主、張隱菴、高士宗，亦各出手眼，以發前人未發。舒馳遠就喻氏條例，扼定陰陽二字闡發，深悉消長之理，論多精卓。有如王陸，略有異同，而求知則一也。陳修園條貫諸家，匯萃經旨，每於無字句處表出精義，而後仲景之道乃益較著彰明，如昌黎之文，起衰八代，誠醫中干城也。特溫證粗示其意，引而未發，其旨尚微。吳鞠通《條辨》一書，詳明對待，專主三焦，論確識精，實足補仲景之未及，較又可輩，其格甚高。嗜醫者觀其要，求其理，信其道，而會其通，平心體察，庶乎近之。

蓋嘗論醫道之不明，由業醫之難也。士大夫馳騁聲華，爭逐名利，無暇及此。而講道學、逃禪趣者，又卑之無甚高論。即有一二達人，如文正、文忠，慎重其道，亦祇摭遺文，採驗方，以誌興會。他如老醫畸行，世守專門，於各家書多未夢見，遂肆著作。至於賣藥市廛，搖鈴鄉曲之輩，又皆奉《集解》、《回春》十餘種淺率捷近之書，便詡專家。而蓬蓽貧乏者流，計無所之，往往藉此業以餬口。

嗟乎！此醫之所以日多而道之所以日晦也。顧說者曰：醫者意也，意之所會，智見智而仁見仁。儒門聚訟，千古且然，亦安能比而同之？殊不知道猶路也，人身祇此陰陽，其虛實之理，深言之不外偏全勝復，湖言之不過食息起居，明此理以慎行其道，不矯枉，不意必，精而求之，自能觸類旁通。醫也者，常則顧氣血之本原，變則救性命於呼吸，可不慎歟！古今方書，高者浩無涯涘，卑者泛濫無歸，求其開卷了然，適中合用者卒少。修園全書，誠醫學之津筏，特詳寒而略溫，詳火而略躁，尚多闕如。且卷帙浩煩，世醫苦難卒讀，唯《三字經》二帙淺簡易誦，便臨證而廸初學。

《難經正義・自序》 醫書之繁，汗牛充棟，然剽襲僞託者多矣，何從而信之哉，亦在慎辨之爾。辨之法有三：考其年以求其世，此後味其辭而索其旨之淺深，臨其診以證其言之是非，而眞僞無所匿矣。執是以觀古今醫籍，蓋十不失一焉。

《醫學總論》 《內經》爲必讀之書，不讀《內經》，即所謂出不由戶也。

本草甚多，而獨取吳遵程《本草從新》者，藥品有繁簡之不同，取其適用，藥料有古今之互異，取其合時。

脈訣以孫眞人所著爲最善，每句四字，便於誦讀。然刻本甚少，如不能得，則王叔和脈訣亦可憑也。

《醫方集解》雖出於後世，然不從此反覆尋玩，則古人製方之義，將有終身不能夢見者。且熟此方能增減古方，方能選擇對症之方而用之。

《傷寒》之書不可不讀，而用之時絕少，即一百十三方，皆屬備用之方。仲景先生著此教人以法度，非強人以必用也。況天下安得一定病症，即安得用一定之方。故讀《傷寒》書，觀《傷寒》方，第爲識症之一助。

劉河間書，不免有宋醫習氣，所列諸方，大半不可用於近世。而持論頗正，無愧大家。

朱丹溪書及所製方偏於補陰。然辨症甚精，亦是名家。

李東垣方如補中益氣湯、清震湯等，皆近世所常用。然統觀全書，未免龐雜，故製方每失之多品。第著重脾胃立論，提醒後學不少，故亦爲名家。古人每稱張仲景、劉河間、朱丹溪、李東垣爲四大家，其實劉、朱、李遠不及仲景先生，故仲景爲醫中之聖。

婦科必看薛立齋先生書，方有把握。

習醫者心不細則不能剖析毫釐，心過細則又涉於拘泥。故讀喻嘉言先生書，所以開其心地，擴其才思也。

《景岳》雖非上乘之書，而分門別類，羅羅清疏。第不可過於規仿，反受其害。往往見學景岳者每失之補，其實景岳方非一於補也。

《慎齋遺書》刻於浙江省城及紹興府，有大醇無小疵，時有心得之言，不可不備。

《徐靈胎六種》，乃有學問、有工夫之所作也，甚不易學。

《黃坤載先生八種》，一以仲景爲法，論症頗的，見地亦高，最推重附桂，大約其生平所得力處。故於地黃等陰藥每多微辭，然尚非摒棄不用也。今學者偶閱一二篇，未得先生奧旨，遂專用附桂而痛訾地黃，斯眞先生罪人。至於《溫熱》、《痘疹》等方論，先生亦牽合傷寒法，殊屬非是。幸讀者畏其多而置之，從未統觀全冊，否則貽誤不少。

葉氏書最爲合時，方之輕重，亦適於正。惟刻於諸門人手，未免夾雜無序。

楊栗山先生《寒溫條辨》一書，辨別溫症，至精至當。惜所用十六方，尚參以河間劉氏、又可吳氏諸方，未盡合用，然此第白璧微瑕處。初學未識溫症，不可不以此爲分別之準。

四時之病，死於傷寒者，千人中無一二，死於瘧痢者十之二三，死於胎產者十之一，死於虛弱者亦十之一，其餘死於溫熱耳。溫熱之變幻較傷寒萬倍，溫熱之難辨較傷寒十倍，而治溫熱之方，雖《條辨》一書班班可考，然或以運氣不同，或以精神不同，或以感受深淺不同，亦不能竟用全方。故必先看又可先生《瘟疫論》，其方皆非治溫之方，惟三甲散、小兒太極丸及柴胡養榮湯三方尚可用。繼之以種福堂續刻《溫熱論》，再繼之《寒溫條辨》、《溫症條辨》兩書。又須臨症多，辨症精，用藥細，不可重，重則病亦隨藥之重而愈重。不可輕，輕則恐不及病而無效。且不可自疑，自疑則日易一方，而病亦日變。必須見得多，認得確，斷得定，守得堅，雖病之解也，有旬日、半月、一月、二三月之不同，而無不同歸於生全。否則不治而死，猶死於病；治之而死，實死於醫，致世有「不服藥，爲中醫」之説，可慨也夫！

《醫學總論·學醫應讀諸書》 汪訒菴《靈素合纂》、《難經》，李時珍《陽維陰維考》，吳遵程《本草從新》，李時珍《神農本草》、《雷公炮製書》、《醫方集解》、《扁鵲新書》。此須工夫已到極好方看，刻於山西。

以上八種內外科同。

《金匱心典》、《傷寒論》，劉河間《傷寒論注》，喻氏《傷寒論注、翼》，《傷寒三十六舌》、《丹溪心法》、《薛立齋醫案》、《寓意草》，孫眞人《千金方》、《孫眞人脈訣》、《景岳全書》、《愼齋遺書》刻於浙江。《蘭臺軌範》即《靈胎六種》，刻於江蘇。葉氏《臨證指南》，葉氏《種福堂續刻》、《溫症條辨》，吳又可《瘟疫論》，楊栗山《寒溫條辨》、《醫宗必讀》、《黃氏八種》、《醫宗金鑑·內科》。

以上二十一種內科。

《喉症秘法》。有圖。

以上一種喉科。

《審視瑤函》、《眼科百問》。

以上二種眼科。

繆仲醇《治瘧方》。一冊，未見刻本。

以上一種瘧疾。

《治痢金丹》。杭州沈漢澄箸。

以上一種痢疾。

《濟陰綱目》，薛立齋《婦人良方》、《產科七十二問》，徐之才《胎前十症方》、《婦科秘傳》，覺林寺僧著，刻於紹興及湖北。《大生要旨》。兼兒科，刻於浙江。

以上六種婦科。

《兒科心法》、《幼幼集成》。

以上二種兒科。

翁仲仁《金鏡錄》、《痘疹慈航》、《痧疹全書》。

以上三種痘科。

《痧書》。出廣東。

以上一種痧氣。

《醫宗金鑑·外科》，《全生集》，《外科大成》，《瘍科選粹》，《馮氏錦囊》。

以上五種外科。

《回生集》、《證治準繩》，王肯堂著。《宣和局方》、《蘇沈良方》，《尊生書》，（劉河間）[陳言]《三因方》，《萬氏全書》，《平易良方》，《救偏瑣言》。

以上九種均可備覽。

呂承源《醫學一得·醫著書最難》 古者，醫家各明一義，不能百病皆治，亦不必百病皆治也，各言其心得而已。後世著書，動夸賅博，外感內傷，無病不治，廣分門類，多收方劑，珉玉雜投，鄭雅迭奏，簡便教人，囫圇誤世。隋巢氏《病源》不收方藥，唐王燾《外臺秘要》方論並列，黃坤載謂醫書自唐以後無通者，實有慨於此。即承源所謂八法九不同者，逐件考之，斷不能條分縷晰。紀文達誚近世人說經失之瑣，說經誠不宜瑣，說醫又不得不瑣。人知其瑣，己之書可以不著；人不知其瑣，己之書究不可以不著。著矣，且說之瑣矣，仍恐瑣其所當瑣，於其所不必瑣而又不容不瑣者，終不能條分縷晰也。甚矣，著書之難，莫難於醫也。

呂承源《醫學一得·讀醫書尤難》 著醫書難，讀醫書尤難。著醫書者恐其誤後人，讀醫書者恐其爲前人所誤。已於《醫隨世運說》略發其端，茲復伸之者。前人論目疾，分瞳子散大爲陰虛，縮小爲陽虛，而所列之方，悉滋陰補水，東垣法多有用薑、桂、椒、附、茱萸者。宜於散大，不宜於縮小。論調經，分天寒地凍，天暑地熱，而所列之方，單主紫石英丸，藥性溫暖，宜於寒凍，不宜於暑熱。說眞方，賣假藥，貽誤不淺。世徒以書名之夸，卷數之夥，震駭而貴重之，幾同金科玉律，可笑亦可危也。著者無心，讀者無目，鈔胥寫字，小兒學語，流毒伊於胡底。故承源謂讀書不多，不能得古人之長。讀書不精，不能見古人之短。博學善疑，愼思善悟，非有心得，未可輕談醫道也。

高思敬《外科醫鏡·盛鍾岐跋》　許允宗曰：醫者，意也。吾意所解，口不能宣也。以妙處不可傳，虛著爲無益，是誠因噎廢食者矣。嚮使《靈樞》、《素問》諸經不傳於世，周秦以下亦無作述之人，則後世學者茫如捕風，於何取法？其於疾病生死之交，鮮不驚疑回惑，誤世殃人矣。夫腠理至微，隨氣用巧，鍼石之間，亳(茫)〔芒〕即乖，神存於心手之間，此則可得解而不可得言也。若乃血脈經絡之交，陰陽表裏之會，審乎百病所致之源，各視其宜而施治之，如之何可不言而與人以規矩耶！

《外科明隱集·何景才附序》　仁人君子有心濟世，求讀醫書，勿可虛功自悞，必須擇書之虛實，然後用功爲要。醫書流傳甚多，來由有眞有假，非同別書可比。論其眞假之理，未入醫門之人，實難考較。按前代以致現今，著醫書者有實功盡理之書，有以財買名之書。何爲實功盡理之書？其書出於前賢，精明醫理，屢經多見，不忍堙沒其法，刊傳濟衆，其乃近乎仁德者之所爲。何爲以財買名之書？其書出於富家，雜採羣方而爲(巳)〔已〕能，那管貽悞永世，仍有傚尤者，其乃不知愧顔者之所爲。按望名虛謬之書，甚有二三十部之多，察其各書方論，互相同法者數數，或有理論不通者，或有強才妄言者，每至臨證投方，多有不驗者。以久病用之不效，猶可另治，以暴患用之不效，每致悞命。奉勸今之求入醫門者，無論何等醫書，必以語皆通貫、首尾豁達者讀之，庶無妄悞。

《外科三字經·丁國瑞序》　嘗聞天下事不朽有三：立德、立言、立功是也。若夫醫藥之書，雖無當於文章鉅麗之觀，然能起人沉疴，益人神智，且隱培強種強國之基，亦可謂不朽之事矣。

《溫熱經解·自序》　熙熙攘攘，名利是求。其所以率爾操觚者，皆名利之心迫而出之，其於古聖心傳，固漠然無所動於中。不求經旨，妄加註釋，晉叔和、唐王冰誤解於前，各家誤解於後，一誤再誤，致令神聖相傳之醫學淹沒將二千年，迄未發明。而吳鞠通、王孟英輩，復欲撇去傷寒，獨開生面，而不自知其愚昧，集葉氏《指南》數方以行於世，可爲葉氏功臣，其實則仲景之罪人也。仲景論桂枝湯爲太陽中風之主方，太陰病脈浮者，爲風寒在表，尙宜此湯，並未言溫病宜桂枝湯主之。而鞠通論溫病，開首即以此方誣聖，其不明經旨可知矣。仲景論傷寒霍亂宜五苓、四逆、理中等方，而鞠通誤解，以治溫病霍亂，以熱治溫，其不殺人也幾希。仲景論少陰病，寒傷少陰也，而孟英以少陰病爲溫病，竊附於仲景門牆，以誤後學，此胡爲者。噫！自晉迄今，以藥試病，於試驗中，幸得數方，即稱名醫，知其然而不知其所以然，病理不明，死生莫決，此中國醫學所以日趨於腐敗也。

《溫熱論箋正·贅道人序例》　早歲多病，讀書之暇，偶檢方書，得陳修園，見其書之多，以爲其學之博也，從而討焉，則支離穿鑿，剽竊而成者也。復得徐靈胎，其學固遠勝修園，然其言亦有驗有不驗。繼乃盡啓所藏，得《素問》、仲景以下書數千卷。凡論傷寒者，靡不覽焉，而所見愈繁，所疑愈多，若涉大海，其無津涯，則又何所折衷也，遂棄去不復求。既而思之，古之良醫，如周之扁鵲、倉公，秦之和、緩，漢之淳于意、華佗之流，其箸述絕見於世。華佗與仲景同時，當時華佗之名藉甚，仲景無所聞，其書晚乃稍出。華佗《中藏經》，寥寥數冊，人且無知者。然則經驗多與術之神者，或未必能箸書，其箸書者，類皆窮愁無聊，閉門造車，未能合轍者也。比官吳下，聞吳人言葉天士甚詳，其術頗奇而可思。求其書，得其門人所述《臨證指南》、《醫效秘傳》數種，固所習見者。然試其術有驗，益求其精，乃知其學實本余杭陶氏，旁及東垣、子和、丹溪，遠紹河間而得其正，故能力闢餘子。於溼溫治法，獨舉標準，非嘉言、景岳諸人所能及。余平日之所疑者，亦一旦豁然貫通，而得其所宗。嗟乎！五運六氣，萬變無窮，生民之疾，甯有盡時。捫燭求日，其於光也固已遠矣。比來箋註河間《原病式》，頗識此意，而因病施治，輒亦獲效，階梯所自，實賴葉氏，其先知先覺，繼往開來者歟。惜其未暇箸書，微言奧旨，僅散見於《本草經註》、《景岳發揮》及所批陶氏《全生集》、《女科經綸》，柯氏《傷寒》、《金匱》與《醫衡》等書者，人多忽諸。而《本事方釋義》絕少精意，猶恐爲後人所託。至其門人，學識未逮，多墨守所習，不能啓問，盡其所長，闡其所閟，演其緒者，又皆聞一知一，莫能會通。遂使百有餘年其風漸微，其道將墜，心甚憫之。輒於暇時，即王士雄氏《溫熱經緯》所注《溫熱篇》，爲考訂舊聞，正其謬誤，循流溯源，務使曲暢旁通，各極其趣，片言隻字，必折其衷，不敢妄逞己意，沈潛反覆，蓋亦有年，名曰《溫熱論箋正》，箋葉氏之旨，而正諸家之失也。

《南滑楛語·岐黃之學》　醫書最古者，莫如《素問》，次則《八十一難經》。班固賓戲云：和鵲發精於針石，研桑心計於無垠。醫和撰述無聞，究未足齊名扁鵲也。第越人有論無方，其有論有方，自仲景始。仲景《金匱要略》，亦稱《金匱玉函經》，以徐彬注爲顯明。注《傷寒論》，則金成無己也。黃帝、岐伯、秦越人，暨仲景是爲醫家四聖。黃元御《四聖心源》十卷，文極博辯。

《韓詩外傳》，述扁鵲活虢世子云：扁鵲入砥針礪石，取三陽五輸，爲先軒之竈八拭之。陽子同藥，子明灸陽，子游按磨，子儀反神，子越扶形，於是世子復生。三陽五輸，句不可解。陽子、子明、子游、子儀、子越，當是人名，疑皆秦越人之弟子。

黃帝問岐伯，以人之經絡，盡書其言，藏諸靈蘭之室，洎雷公請問，乃坐明堂授之。其顚末詳《素問》中。李東垣名其書曰《蘭室秘藏》，又醫家有《明堂灸經》皆本此。

注《素問》之王冰，唐寶應中人也。官太僕令，世稱王太僕。有據《杜集》，謂其名當作砅者，然唐、宋《志》皆作冰也。《靈樞》即《黃帝九靈》，冰更名之曰《靈樞》。在醫學中，與滑攖寧之注《難經》，成無己之注《傷寒論》，厥功相埒。

《焦氏筆乘》云：《素問》脈泣而血虛。又云：寒氣入經而稽遲，泣而不行。又云：多食鹹則脈凝泣而變色。泣即澀字，古通用。

宋世極講求醫學，初猶隸於太常，後更耑設提舉。其制分設三科：曰方脈科、針科、瘍科。方脈以《素問》、《難經》、《脈經》爲大經，以《巢氏病源》、《龍樹論》、《千金翼方》爲小經。針科、瘍科則去《脈經》，而增《三部針灸經》。每歲春試。至崇寧間，又改隸國子監。南渡後稍變其法，然討論未嘗不加詳也。其老師宿學之在北方者，悉爲金有。叠起大家，聊城則成無己，河間則劉完素，易州則張潔古，考城則張子和。東垣老人李杲，尤卓卓駕乎諸家之上。非金元高手獨多，皆天水九朝講究熏陶之澤也。東垣灸元好問腦疽，艾大如兩核許，(炙)[灸]至百壯，始覺痛而痊。

崔實《政論》云：熊經鳥伸，雖延歷之術，非傷寒之理；呼吸吐納，雖度紀之道，非續骨之膏。然蒙莊之書，已稱導引，華旉之伎，尤重五禽。倘能習之，亦攝生一法也。近人仿《隋志》、《導引圖》例，採《易筋經》韋馱獻杵等勢，分十二圖，一稱十二段錦云。

仲景，傷寒之聖也。以舌觀病，始於仲景，其後《金鏡錄》衍至三十六圖，吳江張登又纂《傷寒舌鑑》。錢乙，兒科之聖也。宋史《方伎傳》：乙以《顱顖方》著名。又錢有《藥證眞訣》耑論幼科。然小兒痘疹，惟明人徐謙仁端錄爲最詳。以《齊東野語》觀之，痘疹之盛行，當在宋末元初之際。故錢乙書中尙略。或云種痘始王丞相旦，亦無確證。仲景南陽人，受業於同郡張伯祖，意伯祖亦和緩儔矣。

張介賓以人參、附子、熟地、大黃爲藥中四維。人參、地黃爲良相，大黃、附子爲良將。又分藥爲八陣，曰補、曰和、曰寒、曰熱、曰固、曰因、曰攻、曰散。其《景岳全書》中，傷寒曰典，雜證曰謨，尤爲奇恣。雖力駁劉守眞、朱丹溪之說，然誤投參桂，亦足戕生。善乎仲景之說，曰：桂枝下咽，陽盛乃斃。承氣入胃，陰盛以亡。宜乎於此，道中稱聖矣。介賓博學多能，聞遼歌而知遼左之將亡，觀乾象而決宮車之晏駕，不僅以醫術著也。見《黃梨洲文集》。

醫學通論總部

醫易通論部

論說

《永類鈐方·自序》 醫者意，而易者變也。程子之序易曰：至微者理也。予所傳者辭也，由辭以得意，則在乎人焉。愚曰：易之陰陽，亦猶人病之有陰陽也。羲黃之書理書由此而同出也。推意而知變者，當自得之。

《醫旨緒餘·太極圖抄引》 生生子曰：天地萬物，本爲一體。所謂一體者，太極之理在焉。故朱子曰：太極只是天地萬物之理。在天地，統體一太極，在萬物，萬物各具一太極。即陰陽而在陰陽，即五行而在五行，即萬物而在萬物。夫五行異質，四時異氣，皆不能外乎陰陽。陰陽異位，動靜異時，皆不能離乎太極。人在大氣中，亦萬物中一物爾，故亦具此太極之理也。惟具此太極之理，則日用動靜之間，皆當致夫中和，而不可須臾離也。醫之爲教，正示人節宣天地之氣，而使之無過不及。攻是業者，不能尋繹太極之妙，豈知本之學哉？故具太極圖抄於首簡。

太極圖

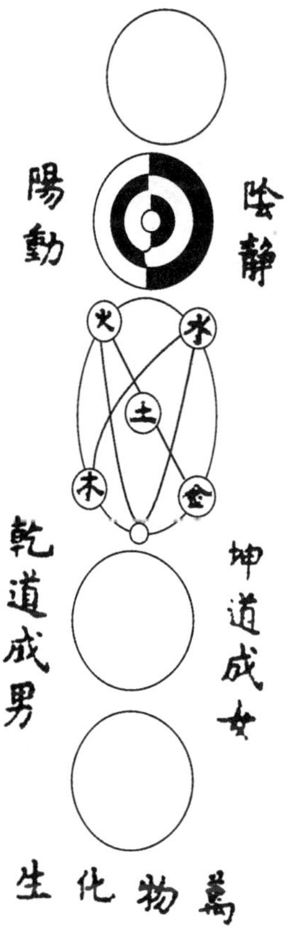

《醫旨緒餘·太極圖說》 山陽度氏曰：上之一圈者，太極本然之妙也。及其動靜既分，陰陽既形，而其所謂上之一圈者，常在乎其中，蓋本然之妙，未始相離也。至於陰陽變合而生五行，水火木金土各具一圈者，所謂分而言之，一物一太極也。水而木，木而火，火而土，土而金，復會於一圈者，所謂合而言之，五行一太極也。然其指五行之合也，總水火木金而不及土者，蓋土行四氣，舉是四者以該之。兩儀生四象之義也。其下一圈，爲乾男坤女者，所謂男女一太極也，以見太極之妙，流行於天地之間者，無乎不在，而無物不然也。

《中和集》曰：上之一圈者，釋曰圓覺，道曰金丹，儒曰太極。所謂無極而太極者，不可極而極之謂也。釋氏云：如如不動，了了常知。《易·(係)〔繫〕》云：寂然不動，感而遂通。丹書云：身心不動，以後復有無極眞機。言太極之妙本也。是知三教所尙者，靜定也。周子所謂主於靜者是也。蓋人心靜定，未感物時，湛然天理，即太極之妙也。一感於物，便有偏倚，即太極之變也。苟靜定之時，謹其所存，則天理常明，虛靈不昧，動時自有主宰，一切事物之來，俱可應也。靜定工夫純熟，不期然而自然，至此無極之眞復矣。太極之妙應明矣。天地萬物之理悉備於我矣。

《醫旨緒餘·不知易者不足以言太醫論》 生生子曰：天地間非氣不運，非理不宰，理氣相合而不相離者也。何也？陰陽，氣也。一氣屈伸而爲陰陽動靜，理也。理者，太極也，本然之妙也。所以紀綱造化，根柢人物，流行古今，不言之蘊也。是故，在造化，則有消息盈虛；在人身，則有虛實順逆。有消息盈虛，則有範圍之道；有虛實順逆，則有調劑之宜。斯理也，難言也。包犧氏畫之，文王彖之，姬公爻之，尼父贊而翼之，黃帝問而岐伯陳之，越人難而詁釋之，一也。但經於四聖則爲《易》，立論於岐黃則爲《靈》《素》，辨難於越人則爲《難經》，書有二，而理無二也。知理無二，則知《易》以道陰陽，而《素問》，而《靈樞》，而《難經》，皆非外陰陽爲教也。《易》理明，則可以範圍天地，曲成民物，通知乎晝夜。《靈》、《素》、《難經》明，則可以節宣化機，拯理民物，調燮札瘥疵癘而登太和。故深於《易》者，必善於醫；精於醫者，必由通於《易》。術業有專功，而理無二致也。斯理也，難言也。非獨秉之智不能悟，亦非獨秉之智不能言也。如唐祖師孫思邈者，其洞徹理氣合一之旨者歟！其深於《易》而精於醫者歟！其具獨秉之智者歟！故曰：不知《易》者，不足以言太醫。惟會理之精，故立論之確，即通之萬世而無弊也。彼知醫而不知《易》者，拘方之學，一隅之見也。以小道視醫，以卜筮視《易》者，亦蠡測之識，窺豹之觀也，惡足以語此！

《孫氏醫案・路雲龍序》 《周禮》，姬公治書也，醫，方技耳，而列之《天官冢宰》，此何說哉？蓋天，生生者也。天能生生，不能使有生者盡尊其生，則生生之權於是乎窮，所以斡旋生理而佐化育，所不逮者，不得不寄於醫。醫，代天者也。故炎帝也而《本草》，軒岐也而《靈》、《素》，伊尹也而《湯液》，皆承天好生之德，而立天下萬世民物之命。顧天所以生生者，惟是陰陽動靜之氣，變化順逆之機，燥濕虛實之宜，而長桑家生生之方，皆原於是。苟識不能探其玄，且不能達天，而惡能代天？善乎孫思邈之言曰：不知《易》者不足以言太醫也。

李梴《醫學入門・先天圖》 學《易》而後可以言醫。非學乎畫也，學乎爻也。試觀之心，果有畫乎？果有爻乎？元理元氣，渾合無間而已。生天生地，生人生物，皆由此造化以爲之主也。頤生者知此，則自然懲忿窒慾，而水火交泰。濟人者知此，則自然辨物居方，而沈痾頓復。圈之於首，以便不識字者開卷肅然，至簡至易，而玩之有趣耳。敢曰且於羲皇心地上着力，以竊軒岐之微意哉。是爲說。

人之百病，皆由水火不交，故以後天坎離繼之。血屬水，氣屬火，血陰而氣陽也，離中虛，眞陰存焉。坎中滿，眞陽寓焉。陰陽虛實之機，醫道思過半矣。

《醫貫・玄元膚論・以太極形容則得其理》 《繫辭》曰：易有太極，是生兩儀。周子懼人之不明，而製爲太極圖。

無極而太極。無極者，未分之太極也。太極者，已分之陰陽也。一中分太極，中字之象形，正太極之形也。一即伏羲之奇，一而圓之，即是無極。既曰先天太極，天尚未生，盡屬無形，何爲伏羲畫一奇，周子畫一圖，又涉形迹矣。曰：此不得已而開示後學之意也。人受天地之中以生，亦具有太極之形在人身之中，余按古銅人圖畫一形象，而人身太極之妙，宛然可見，豈好事哉，亦不得已也。

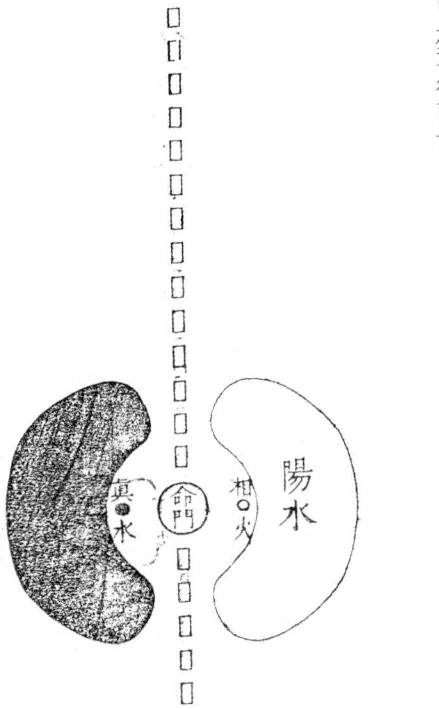

兩腎俱屬水，左爲陰水，右爲陽水。以右爲命門，非也，命門在兩腎中。命門左邊小黑圈是眞水之穴，命門右邊小白圈是相火之穴。此一水一火俱無形，日夜潛行不息。兩腎在人身中合成一太極，自上數下十四節，自下數上七節。

《醫貫・先在要論上・水火論》 坎，乾水也，氣也，即小而井，大而海也。兌，坤水也，形也，即微而露，大而雨也。一陽陷於二陰爲坎，坎以水氣潛行地中，爲萬物受命根本，故曰潤萬物者，莫潤乎水。一陰上徹於二陽爲兌，兌以有形之水，普施於萬物之上，爲資生之利澤，故曰說萬物者，莫說乎澤。明此二水，可以悟治火之道矣。心火者，有形之火也，相火者，無形之火也。無形之火，內燥熱而津液枯，以五行有形之兑水制之者，權也。吾身自有上池眞水氣也，無形者也。以無形之水，沃無形之火，常而可久者也，是爲眞水。眞火升降既宜，而水火既濟矣。醫家不悟先天太極之眞體，不窮無形水火之妙用，而不能用六味八味之神劑者，其於醫理，尙欠大半。

陳希夷《正易消息》曰：坎，乾水也，氣也。一陽陷於二陰爲坎。坎以水氣潛行地中，爲萬物受命根本，故曰潤萬物者，莫潤乎水。蓋潤，液也，氣之液也。《月令》於仲秋乃云：煞氣浸盛，陽氣日衰，水始涸。是水之涸，地之死也。於仲冬乃云：水泉動。然而是月一陽生，是水之動，地之生也。由斯而觀，不過欲人脫死地而求生地，凡舉動先自潛固根本以待，後乃能萬應而萬舉萬勝。明其理也，六味丸，治腎虛作渴、小便淋秘、氣壅痰涎、頭目眩暈、眼花耳聾、咽燥舌痛、腰腿痿軟等症，及腎虛發熱，自汗盜汗，便血諸血、失音，水泛爲痰之聖藥，血虛發熱之神劑。又治腎陰虛弱，津液不降，敗濁爲痰，或致咳逆。又小便不禁收，精氣之虛脫，爲養氣滋腎，制火導水，使機開利而脾土健實。

《類經附翼·醫易》 伏羲氏王天下，龍馬負圖出河。其數一、六居下，二、七居上，三、八居左，四、九居右，五、十居中。伏羲則之，以畫八卦。

大禹治水，神龜負圖出洛，文列於背。其數戴九履一，左三右七，二四爲肩，六八爲足，五居於中，禹因第之，以成九疇。

河圖

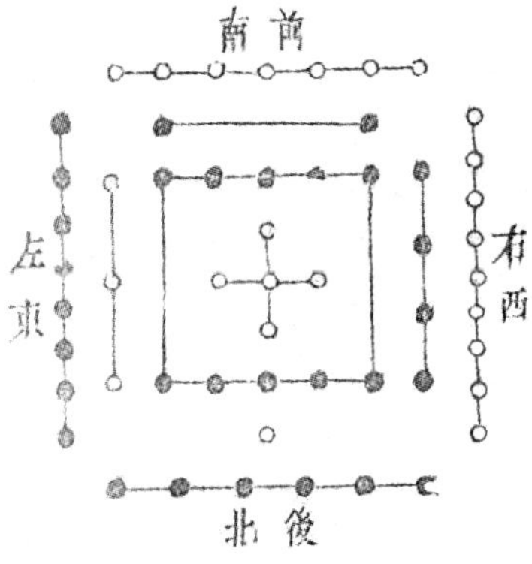

洛書

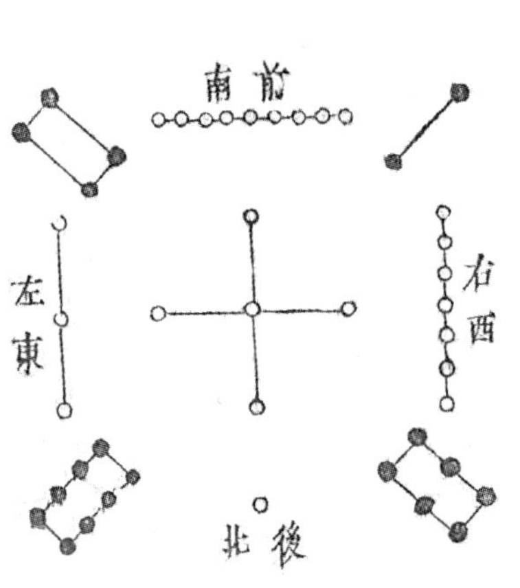

伏羲八卦次序

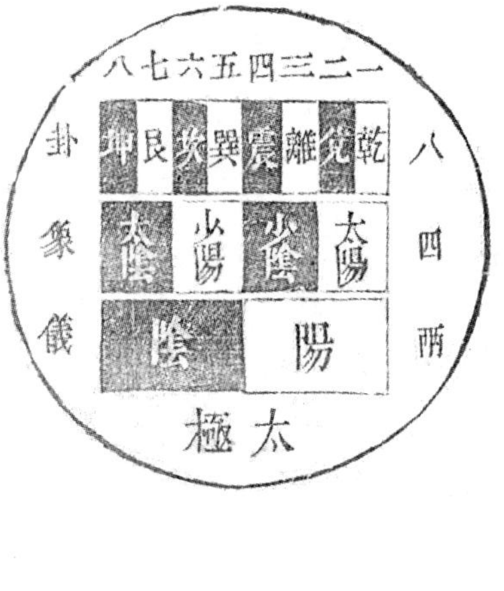

《易·繫》曰：易有太極，是生兩儀。兩儀生四象，四象生八卦。邵子曰：一分爲二，二分爲四，四分爲八，是爲八卦。自八而十六，十六而三十二，三十二而六十四，尤見法象自然之妙也。

伏羲八卦方位

《易傳》曰：天地定位，山澤通氣，雷風相薄，水火不相射，八卦相錯。數往者順，知來者逆。是故易，逆數也。又曰：雷以動之，風以散之，雨以潤之，日以晅之，艮以止之，兌以説之，乾以君之，坤以藏之。

伏羲六十四卦圓圖

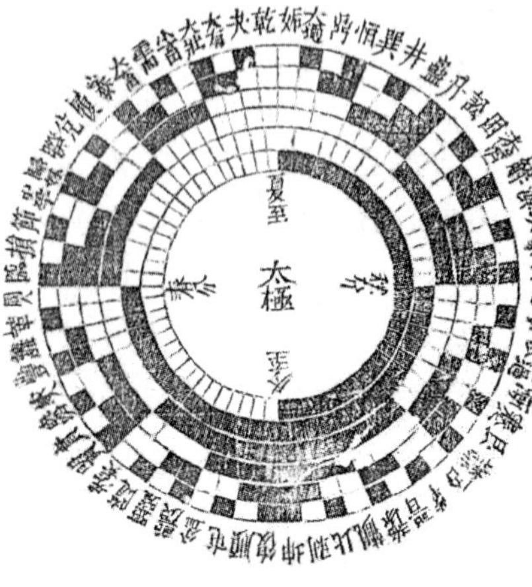

此圖内爲下卦，外爲上卦。内卦之序，照前乾一兌二之數，以定八卦方位。卦之序，亦照前一二等數，挨次而加於内卦之上，遂成六十四卦。混然之妙，出自天成，固非可以造作爲之者。

伏羲六十四卦方圖

震爲長男，得乾初爻
次爲中男，得乾中爻
艮爲少男，得乾上爻
巽爲長女，得坤初爻
離爲(乾)〔中〕女，得坤中爻
兌爲少女，得坤上爻

文王八卦次序

《易傳》曰：帝出乎震，齊乎巽。相見乎離，致役乎坤，說言乎兌，戰乎乾，勞乎坎，成言乎艮。

文王八卦方位

《類經附翼·醫易·醫易義》 賓嘗聞之孫真人曰：不知《易》，不足以言大醫。每竊疑焉。以謂《易》之爲書，在開物成務，知來藏往；而醫之爲道，則調元贊化，起死回生，其義似殊，其用似異。且以醫有《内經》，何藉於《易》，舍近求遠，奚必其然。而今也年逾不惑，茅塞稍開，學到知羞，方克漸悟。乃知天地之道，以陰陽二氣而造化萬物，人生之理，以陰陽二氣而長養百骸。《易》者，易也，具陰陽動靜之妙。醫者，意也，合陰陽消長之機。雖陰陽已備於《内經》，而變化莫大乎《周易》，故曰：天人一理者，一此陰陽也。醫易同原者，同此變化也。豈非醫易相通，理無二致，可以醫而不知易乎。予因默契斯言，潛心有日，管窺一得，罔敢自私，謹摭易理精義，用資醫學變通，不揣鄙俚，而爲之論曰：《易》有太極，是生兩儀，兩儀生四象，四象生八卦。天尊地卑，乾坤定矣。卑高以陳，貴賤位矣。動靜有常，剛柔斷矣。方以類聚，物以羣分，吉凶生矣。在天成象，在地成形，乾坤設位，而易行乎其中矣。是故天生神物，聖人格之。天地變化，聖人效之。天垂象，見吉凶，聖人象之，河出圖，洛出書，聖人則之。於是乎近取諸身，遠取諸物，作八卦以通神明之德，以順性命之理。八卦成列，象在其中矣。因而重之，爻在其中矣。剛柔相摩，八卦相盪，變在其中矣。繫辭焉而命之，動在其中矣。吉凶悔吝生乎動，而天地鬼神之爲德，萬物一體之爲能，森乎昭著，而無所遯乎易矣。偉哉人生，稟二五之精，爲萬物之靈，得天地之中和，參乾坤之化育。四象應天，四體應地，天地之合闢，即吾身之呼吸也。晝夜之潮汐，即吾身之脈息也。天之北辰，爲羣動之本，人之一心，爲全體之君也。由是觀之，天之氣即人之氣，内之體即天之體。故康節曰：思慮未起，鬼神未知，不由乎我，更由乎誰？蓋謂一念方萌，便達乎氣，神隨氣見，便與天地鬼神相感通。然則天人相與之際，精哉妙矣，誠可畏矣。人身小天地，眞無一毫之相間矣。今夫天地之理具乎易，而身心之理獨不具乎易乎。矧天地之易，外易也，身心之易，内易也。内外孰親？天人孰近？故必求諸己而後可以求諸人，先乎内而後可以及乎外，是物理之易猶可緩，而身心之易不容忽。醫之爲道，身心之易也。醫而不易，其何以行之哉。然易道無窮，而萬生於一，一分爲二，二分爲四，四分爲八，八分爲十六，自十六而三十二，三十二而六十四，以至三百八十四爻，萬有一千五百二十策，而交感之妙，化生之機，萬物之數，皆從此出矣。詳而言之，則其所謂一者，易有太極也。太極本無極，無極即太極，象數未形理已具，萬物所生之化原。故曰：五行不到處，父母未生前。又曰：杳杳冥冥，其中有精，其精甚眞，其中有信。是爲造物之初，因虛以化氣，因氣以造形，而爲先天一氣之祖也。醫而明此，乃知生生化化，皆有所原，則凡吾身於未有之初，便可因之以知其肇基於父母，而預占其稟受之象矣。所謂一分爲二者，是生兩儀也。太極動而生陽，靜而生陰。天生於動，地生於靜。陽爲陰之偶，陰爲陽之基。以體而言爲天地，以用而言爲乾坤，以道而言爲陰陽。一動一靜，互爲其根，分陰分陽，兩儀立焉，是爲有象之始。因形以寓氣，因氣以化神，而爲後天體象之祖也。醫而明此，乃知陰陽氣血皆有所鍾。則凡吾身之形體氣質，可因之以知其純駁偏正，而默會其稟賦之剛柔矣。所謂二分爲四者，兩儀生四象也。謂動之始則陽生，動之極則陰生，靜之始則柔生，靜之極則剛生。太少陰陽，爲天四象。太少剛柔，爲地四體。耳目口鼻以應天，血氣骨肉以應地。醫而明此，乃知陽中有陰，陰中有陽。則凡人之似陽非陽，似陰非陰，可因之以知其眞假逆順，而察其互藏之幽顯矣。所謂四分爲八者，四象生八卦也，謂乾一兌二，離三震四，巽五坎六，艮七坤八也。乾，健也。坤，順也。震，動也。巽，入也。坎，陷也。離，麗也。艮，止也。兌，說也。伏羲八卦，分陰陽之體象。文王八卦，明五行之精微。醫而明此，方知陰陽之中復有陰陽，剛柔之中復有剛柔，而其對待之體，消息之機，交感之妙，錯綜之義，昭乎已備。則凡人之性理神機，形情病治，可因之以得其綱領，而會通其變化之多矣。自兹而四象相交，成十六事，八卦相盪，爲六十四，分内外以配六爻，推九六以成蓍數，人物由之而大成，萬象因之以畢具。前閲圓圖，即其精義。是圖雖象乎萬有，尤切夫人之一身。故曰先天圖者，環中也。環中者，天之象也。六十四卦列於外，昭陰陽交變之理也。太極獨運乎其中，象心爲一身之主也。乾南坤北者，象首腹之上下也。離東坎西者，象耳目之左右也。自復至同人，當内卦震離之地，爲陰中少陽之十六，在人爲二八。自臨至乾，當内卦兑乾之地，爲陰中太陽之十六，在人爲四八。自姤至師，當内卦巽坎之地，爲陽中少陰之十六，在人爲六八。自遯至坤，當内卦艮坤之地，爲陰中太陰之十六，在人爲八八。陽生於子而極於午，故復曰天根，至乾爲三十二卦，以應前之一世。陰生於午而極於子，故姤曰月窟，至坤爲三十二卦，以應後之半生。前一世始於復之一陽，漸次增添，至乾而陽盛已極，乃象人之自少至壯。後半生始於姤之一陰，漸次耗減，至坤而陽盡以終，乃象人之自衰至老。縱觀之，則象在初爻，其乾盡於午，坤盡於子，當二至之令，爲天地之中，而左右以判。左主升而右主降，升則陽居東南，主春夏之發生，以應人之漸長。降則陰居西北，主秋冬之收斂，以應人之漸消。横觀之，則象在二爻，其離盡於卯，坎盡於酉，當二分之中，爲陰陽之半，而上下以分。上爲陽而下爲陰。陽則日出於卯，以應晝之爲寤。陰則日入於酉，以應夜之寐焉。即此一圖，而天人之妙，運氣之理，無不具矣。再閲方圖，其義象地，乾始於西北，坤盡於東南。天不足西北，故圓圖之陽在東南。地不滿東南，故方圖之剛在西北。是皆伏羲之卦也。又若文王八卦，位有不同。伏羲出自然之象，故乾上坤下，離左坎右；文王合《河圖》之數，故火南水北，木東金西。此節自方圖以下，并《河》、《洛》數義，詳方隅、氣數二論。質諸人身，天地、形體也，乾坤、情性也，陰陽、氣血也，左右逢原，纖毫無間，詳求其道，無往不然。故以爻象言之，則天地之道，以六爲節，三才而兩，是爲六爻，六奇六偶，是爲十二。故天有十二月，人有十二藏，天有十二會，人有十二經，天有十二辰，人有十二節。知乎此，則營衛之周流，經絡之表裏，象在其中矣。以藏象言之，則自初六至上六爲陰爲藏，初六次命門，六二次腎，六三次肝，六四次脾，六五次心，上六次肺。初九至上九爲陽爲府，初九當膀胱，九二當大腸，九三當小腸，九四當膽，九五當胃，上九當三焦。知乎此，而藏府之陰陽，内景之高下，象在其中矣。以形體言之，則乾爲首，陽尊居上也。坤爲腹，陰廣容物也。坎爲耳，陽聰於内也。離爲目，陽明在外也。兑爲口，拆開於上也。巽爲股，兩垂而下也。艮爲手，陽居於前也。震爲足，剛動在下也。天不足西北，故耳目之左明於右。地不滿東南，故手足之右強於左。知乎此，而人身之體用，象在其中矣。以生育言之，則天地絪緼，萬物化醇，男女構精，萬物化生。天尊地卑，乾父坤母，乾道成男，坤道成女，震、坎、艮是爲三男，巽、離、兑是爲三女。欲知子強弱，則震、巽進而前，艮、兑退而止。欲辨脈息候，則乾健在東南，坤(陽)〔順〕向西北。欲爲廣嗣謀，則畜坎填離宫，借兑爲乾計。欲明布種法，則天時與地利，虧盈果由氣，冬至始陽強，陰勝須迴避。知乎此，而胎孕交感之道，存乎其中矣。以精神言之，則北一水，我之精，故曰腎藏精。南二火，我之神，故曰心藏神。東三木，我之魂，故曰肝藏魂。西四金，我之魄，故曰肺藏魄。中五土，我之意，故曰脾藏意。欲知魂魄之陰陽，須識精神之有類。木火同氣，故神魂藏於東南，而二八、三七同爲十。金水同原，故精魄藏於西北，而一九、四六同爲十。土統四氣，故意獨居中，其數惟五，而藏府五行之象，存乎其中矣。以動靜言之，則陽主乎動，陰主乎靜。天圓而動，地方而靜，靜者動之基，動者靜之機。剛柔推盪，易之動靜也。陰陽升降，氣之動靜也。形氣消息，物之動靜也。晝夜興寢，身之動靜也。欲詳求夫動靜，須精察乎陰陽，動極者鎮之以靜，陰亢者勝之以陽。病治脈藥，須識動中有靜，聲色氣味，當知柔裏藏剛。知剛柔動靜之精微，而醫中運用之玄妙，思過其半矣。以升降言之，則陽主乎升，陰主乎降。升者陽之生，降者陰之死。故日在於子，夜半方升，升則向生，海宇俱清。日在於午，午後爲降，降則向死，萬物皆鬼。死生之機，升降而已。欲知升降之要，則宜降不宜升者，須防剝之再進。宜升不宜降者，當培復之始生。畏剝所從衰，須從觀始；求復之漸進，宜向臨行。此中有個肯綮，最在形情氣味，欲明消長之道，求諸此而得之矣。以神機言之，則存乎中者神也，發而中者機也。寂然不動者神也，感而遂通者機也。蘊之一心者神也，散之萬殊者機也。知乎此，則財原其始，直要其終，我之神也。揮邪如匠石之斤，忌器若郢人之鼻，我之機也。見可而進，知難而退，我之神也。疾徐如輪扁之手，輕重若庖丁之刀，我之機也。神之與機，互相倚伏。故神有所主，機有所從，神有所決，機有所斷。神爲機之主，機爲神之使。知神知機，執而運之，是即醫之神也矣。以屈伸言之，如寒往則暑來，晝往則夜來，壯往則衰來，正往則邪來。故難易相成，是非相傾，剛柔相制，冰炭相刑。知乎此，則微者甚之基，盛者衰之漸，大由小而成，遠出近而偏。故安不可以忘危，治不可以忘亂。積羽可以沉舟，羣輕可以折軸。是小事不可輕，小人不可慢，而調和相濟，以一成功之道，存乎其中矣。以變化言之，則物生謂之化，物極謂之變，陰可變爲陽，陽可變爲陰。只此一二，交感生成，氣有不齊，物當其會，而變化之由，所從出矣。故陽始則溫，陽極則熱，陰始則涼，陰極則寒。溫則生物，熱則長物，涼則收物，寒則殺物，而變化之盛，於斯著矣。至若夷父羌母，蠻男苗女，子之肖形，虬髯短股。杏之接桃，梨之接李，實父異常，多甘少苦。迨夫以陰孕陽，以柔孕剛，以小孕大，以圓孕方，以水孕火，以紫孕黃，以曲孕直，以短孕長。知乎此，則可以和甘苦，可以平羶香，可以分經緯，可以調宮商，可以爲蛇蝎，可以爲鸞凰，可以爲堯桀，可以爲彭殤，庶胸次化同大象，而應用可以無方矣。以常變言之，則常易不易，太極之理也。變易常易，造化之動也。常易不變，而能應變，變易不常，靡不體常。是常者易之體，變者易之用，古今不易易之體，隨時變易易之用，人心未動常之體，物欲一生變之用。由是以推，則屬陰屬陽者，稟受之常也。或寒或熱者，病生之變也。素大素小者，脈賦之常也。忽浮忽沉者，脈應之變也。恆勞恆逸者，居處之常也。乍榮乍辱者，盛衰之變也。瘦肥無改者，體貌之常也。聲色頓異者，形容之變也。常者易以知，變者應難識。故以寒治熱得其常，熱因熱用爲何物？痛隨利減得其常，塞因塞用爲何物？檢方療病得其常，圓底方蓋爲何物？見病治病得其常，不治之治爲何物？是以聖人仰觀俯察，遠求近取，體其常也。進德修業，因事制宜，通其變也。故曰不通變，不足以知常；不知常，不足以通變。知常變之道者，庶免乎依樣畫瓠盧，而可與語醫中之權矣。以鬼神言之，則陽之靈曰神，神者伸也。陰之靈曰鬼，鬼者歸也。鬼神往來，都只是氣。故曰鬼神者，二氣之良能也。陽爲天地之神，陰爲天地之鬼。春夏爲歲候之神，秋冬爲歲候之鬼。晝午爲時日之神，暮夜爲時日之鬼。推之於人，則仁義禮智，君子之神；奸盜詐僞，小人之鬼。樂天知命，道德之神；阿諛諂容，勢利之鬼。推之於醫，則神聖工巧，得其神也；凡庸淺陋，類乎鬼也。精進日新，志惟神也；苟且殃人，心猶鬼也。察之形聲，則堅凝深邃，形之神也；輕薄嬌柔，形之鬼也。長洪圓亮，聲之神也；短促輕微，聲之鬼也。診之脈色，則綿長和緩，脈之神也；細急休囚，脈之鬼也。清蒼明凈，色之神也；淺嫩灰頹，色之鬼也。是皆鬼神之徵兆也。至若鬼神之原，尚有所謂。夫天地之鬼神，既不能出天地之外，而人物之鬼神，又安能外乎人心？是以在天地，則有天地之鬼神，在人物，則有人物之鬼神。善惡出之吾衷，良心自然難泯，強弱皆由陽氣，神鬼判乎其中。以故多陽多善者，神強而鬼滅，多陰多惡者，氣戾而鬼生。然則神鬼從心，皆由我造，靈通變幻，匪在他求。知乎此，而吉凶禍福之機，求諸心而盡之矣。以死生言之，則人受天地之氣以生，聚則爲生，散則爲死。故氣之爲物，聚而有形，物之爲氣，散歸無象。丹經云：分陰未盡則不仙，分陽未盡則不死。故原始而來屬乎陽，是生必生於復，陽生而至乾，反終而歸屬乎陰，是死必死於坤，陽盡而歸土。得其陽者生，故陽無十，陽無終也。得其陰者死，故陰無一，陰無始也。是以陽候多語，陰證無聲，無聲者死，多語者生。魂強者多寤，魄強者多眠，多眠者少吉，多寤者易安。故善操斯柄者，欲拯其死，勿害其生，將逐其寇，勿傷其君。陰陽聚散即其理，剝復消長是其機，而死生之道，盡乎其中矣。以疾病言之，則泰爲上下之交通，否是乾坤之隔絕，既濟爲心腎相諧，未濟爲陰陽各別。大過小過，入則陰寒漸深，而出爲癥痞之象。中孚頤卦，中如土藏不足，而頤爲臌脹之形。剝復如隔陽脫陽，夬姤如隔陰脫陰。觀是陽衰之漸，遯藏陰長之因。姑象其概，無能贅陳。又若離火臨乾，非頭即藏；若逢兌卦，口肺相連。交坎互相利害，入東水火防炎。坤艮雖然喜煖，太過亦恐枯乾。坎爲木母，震巽相便，若逢土位，反尅最嫌。金水本爲同氣，失常燥濕相干。坤艮居中，怕逢東旺；若當乾兌，稍見安然。此雖以卦象而測病情，以坎離而分水火，惟是坎本屬水，而陽居乎中，離本屬火，而陰藏乎內。故北方水地，一反存焉。南是火鄉，二偏居上。東方陽木，八在其中。西是陰金，九當其位。可見離陽屬火，半爲假熱難猜；坎水是陰，豈盡眞寒易識。雲從龍，風從虎，消長之機。水流濕，火就燥，死生之竅。倘知逆順堪憂，須識假眞顛倒。是以事變之多，譬諸人面，面人人殊，而天下之面皆相殊，古今之面無不殊。人面之殊，即如人心之殊，人心之殊，所以人病亦皆殊，此疾患之生，有不可以數計。今姑舉其大綱，而書不盡言，言不盡意，神而明之，存乎人耳。然神莫神於易，易莫易於醫。欲該醫易，理只陰陽。故天下之萬聲，出於一闔一闢。天下之萬數，出於一偶一奇。天下之萬理，出於一動一靜。天下之萬象，出於一方一圓。方圓也，動靜也，奇偶也，闔闢也，總不出於一與二也。故曰天地，形也，其交也以乾坤。乾坤不用，其交也以坎離。坎離之道，曰陰曰陽而盡之。然合而言之，則陰以陽爲主，而天地之大德曰生。夫生也者，陽也，奇也，一也，丹也。易有萬象，而欲以一字統之者，曰陽而已矣。生死事大，而欲以一字蔽之者，亦曰陽而已矣。雖曰陽爲陰偶，而乾陽健運，陰爲陽基，而坤靜常寧。然坤之所以得寧者，何莫非乾陽之所爲。故曰如艮其止，止是靜，所以止之便是動。是以陰性雖狡，未嘗不聽命乎陽，而因其強弱以爲進退也。所以元貫四德，春貫四時，而天地之道，陽常盈，陰常虧，以爲萬物生生之本，此先天造化之自然也。惟是陽如君子，陰如小人。君子則正大光明，獨立不倚，而留之難。小人則乘釁伺隙，無所不爲，而進之易。安得春光長不去，君子長不死。惜乎哉！陽盛必變，逝者如斯。故日中則昃，月盈則虧，亦象夫陽一而陰二，反覺陰多於陽。所以治世少而亂世多，君子少而小人多，期頤少而夭折多，此後天人欲之日滋也。是以持滿捧盈，君子懼之。故聖人作《易》，至於消長之際，淑慝之分，則未嘗不致其扶陽抑陰之意，非故惡夫陰也，亦畏其敗壞陽德，而戕伐乎乾坤之生意耳。以故一陰之生，譬如一賊，履霜堅冰至，貴在謹乎微，此誠醫學之綱領，生命之樞機也。是以《易》之爲書，一言一字，皆藏醫學之指南；一象一爻，咸寓尊生之心鑑。故聖人立象以盡意，設卦以盡情僞，繫辭焉以盡言，變而通之以盡利，鼓之舞之以盡神，雖不言醫，而義盡其中矣。故天之變化，觀易可見。人之情狀，於象可驗。病之陰陽，有法可按。麗於形者，不能無偶，施於色者，不能無辨。是以君子將有爲也，察之以理，其應如響。神以知來，知以藏往，參伍以變，錯綜其數，通其變，極其數，寂然不動，感而遂通天下之故，非天下之至精至神，其孰能與於此？與於此者，大其道以合天地，廓其心以合至眞，副其氣以生萬物，和其神以接兆民。是謂得天地之綱，知陰陽之房，見精神之窟，搜隱秘之藏。然而易天地之易誠難，未敢曰斡旋造化。易身心之易還易，豈不可燮理陰陽？故以易之變化參乎醫，則有象莫非醫，醫盡回天之造化；以醫之運用贊乎易，則一身都是易，易眞係我之安危。予故曰易具醫之理，醫得易之用。學醫不學易，必謂醫學無難，如斯而已也，抑孰知目視者有所不見，耳聽者有所不聞，終不免一曲之陋。知易不知醫，必謂易理深玄，渺茫難用也，又何異畏寒者得裘不衣，畏饑得羹不食，可惜了錯過此生。然則醫不可以無易，易不可以無醫，設能兼而有之，則易之變化出乎天，醫之運用由乎我，運一尋之木，轉萬斛之舟，撥一寸之機，發千鈞之弩。爲虛爲實者易之，爲寒爲熱者易之，爲剛爲柔者易之，爲動爲靜者易之，高下者易其升降，表裏者易其浮沉，緩急者易其先後，逆順者易其假眞。知機之道者，機觸於目，神應於心，無能見有，實能見虛，前知所嚮，後知所居，故可以易危爲安，易亂爲治，易亡爲存，易禍爲福，致心於玄境，致身於壽域，氣數可以挽回，天地可以反覆，固無往而非醫，亦無往而非易，易之與醫，寧有二哉？然而用易者，所用在變，用醫者，所用在宜。宜中有變，變即宜也；變中有宜，宜即變也。第恐求宜於變，則千變萬變，孰者爲宜？求變於宜，則此宜彼宜，反滋多變。有善求者，能於棼雜中而獨知所歸，千萬中而獨握其一，斯眞知醫易之要者矣。然而知歸知一，豈易言哉，余忽於孔子之言有以得之，曰知止而後有定也。夫止即歸之根，一之極也。蓋病之止，止於生。功之止，止於成。惡之止，止於去。善之止，止於積。事之得失也必有際，際即止也。數之利鈍也必有垠，垠即止也。至若一動一靜，一語一默之間，無不皆有所止，止之所在，即理之窟也，即化之基也，即不二之門也。能知止所，有不定乎？既定矣，有不靜乎？既靜矣，有不安乎？既安矣，有不慮乎？既慮矣，有不得乎？所得者何？得諸易即得其變，得諸醫即得其宜。然則得由乎慮，而慮由乎止。所謂止者，意有在而言難達也。姑擬其近似者曰：易有不易之易，宜有不疑之宜，即止所也。又擬之曰：必先於不搖不動處，立定腳根，然後於無二無三處，認斯眞一，亦止所也。夫止爲得之本，得是止之末，得之生意萌乎止，止之實效歸於得。觀孟子曰：不動心。邵堯夫不語禪曰：請觀風急天寒夜，誰是當門定腳人？此二子之功夫，謂不從止處得求耶？止之爲義，神哉至矣！是誠醫易之門路也。有能知此，則福胎於禍者，何禍不消？危生於安者，何危不卻？夫是之謂養生主，何不可也。夫是之謂醫國手，亦何不可也。又豈特以一匕之濟，足云醫易之義哉。嗟乎！聖賢之心千古一貫，樂吾斯道，仁愛無窮。秘發鬼神，二豎奚從逃遁，玄同天地，六宮焉有西東。醉造化於虛靈，弄壺中之日月；運陰陽於掌握，滴指上之陽春。至精至微，蒙聖人之教誨；其得其失，由自己之惰勤。五十學《易》，詎云已晚，一朝聞道，立證羲黃。即道即心，誰無先覺。余雖不敏，猶企醫王。因爾重申其義曰：不知易，不足以言太醫，亦冀夫掖斯道之門牆。謹紀夫著論之歲月，則皇明之萬曆，壬子之一陽。

《景岳全書·傳忠録中·逆數論》 予嘗讀《易》而聞諸夫子曰：數往者順，知來者逆，是故《易》，逆數也。由是默會其理，而知天人之道得以無窮無息者，無非賴此逆數耳。何也？蓋自太極初分，兩儀以判，一動一靜，陰陽見矣。陰陽之體爲乾坤，陰陽之用爲水火。乾坤定對待之交易，故一在上而一在下；水火蕩流行之變易，故一主降而一主升。夫如是，斯得循環無已。總之而爲天道，散之而爲人道，而大《易》之義，所以無微不在也。姑無論其他，而但以性理明之，則總由變易之數。夫變易之數，即升降之數也。變易之所以無窮者，降以升爲主，是即所謂逆數也。若無此逆，則有降無升，流而不返，而大道如環，何所賴乎？由是逆順交變，則陽與陰對，熱與寒對，升與降對，長與消對，進與退對，成與敗對，勤與惰對，勞與逸對，善與惡對，生與死對，凡此一逆一順，其變無窮。惟從逆者，從陽得生；從順者，從陰得死。君如不信，第詳考伏羲卦氣之圓圖，其義昭然可見也。觀其陽盛之極，自夏至一陰初姤，由五、六、七、八，歷巽、坎、艮、坤，天道從西右行，則陽氣日降，萬物日消者，此皆順數也。順則氣去，即從陰得死之道也。幸而陰剝之極，自冬至一陽得復，由四、三、二、一，歷震、離、兌、乾，天道從東左旋，則陽氣日升，萬物日盛者，此皆逆數也。逆則氣來，即從陽得生之道也。此天道之微，固如是也。

若以人道言之，則人道本乎天道，天心即是人心。第天有陰霾，能蒙日月，人有愚昧，能勝聰明。故每多從順者，喜其易也，喜其逸也。每多避逆者，畏其難也，畏其勞也。彼大人之見則不然，如尊貴莫若帝王，可以逸矣，可以縱矣，而堯舜之惟微惟危，顧何必諄諄乎在念？智慧莫若聖人，可無勞矣，可無畏矣，而孔子之戒愼恐懼，又何必卷卷乎在心？此無他，惟其代天功，主人極，總知夫順不可從，從順則流，逆不可舍，舍逆則退也。由此觀之，乃知士而舍逆，則有屈而無伸；農而舍逆，則有種而無獲；工而舍逆，則有粗而無精；商而舍逆，則有散而無聚。再由此而推廣之，則凡曰修身齊家，凡曰治國平天下，進一步則日以就成，退一步則日以就敗，有源有流，其可任其長逝而不思砥柱之良圖乎！此人道之攸係，又如是矣。

然言天言人，總言乎生道也。而保生之道，莫先於醫，醫欲保生，其堪違陽道乎？其堪倍逆數乎？然醫貴圓通，安容執滯，非曰盡不從陰也，從陰正以衛陽也；非曰盡不用順也，用順亦以成逆也，性命玄關，此爲第一。獨念有醫名丕著之輩，猶然昧此，而妄言左道，留傳至今，因致傷生遺害非淺者，謂非軒岐之魔不可也，嗟！嗟！有心哉其誰乎？苟得其人，可與談還悟道矣，儻亦以吾言爲然不？

《景岳全書·傳忠録下·保天吟》 一炁先天名太極，太極生生是爲易。易中造化分陰陽，分出陰陽運不息。剛柔相盪立乾坤，剝復夬姤羣生植。稟得先天成後天，氣血原來是眞的。陰陽炁固可長生，龍虎飛勝失家宅。造化鍾人果幾多？誰道些須亦當惜。顧惜天眞有兩端，人己機關宜辨格。自治但存毋勉强，莊生最樂無心得。爲人須愼保天和，岐伯深明無伐尅。伐尅從來性命讎，勉强分明元炁賊。膚切根源未(燎)〔瞭〕然，養氣修眞亦何益。漫將斯語等浮雲，道在路傍人不識。余今著此保天吟，願效癡東奉佳客。

《醫經允中·人身與太極河圖洛書相合》 天地萬物，本爲一體。所謂一體者，太極之理在焉。故朱子曰：太極只是天地萬物之理。在天地，統體一太極；在萬物，各具一太極。夫五行異質，四時異氣，皆不外乎陰陽。陰陽異位，動靜異時，皆不離乎太極。人在太極中，亦萬物中一物耳，故亦具此太極也。馬一庵先生曰：人身一小天地，觀《圖》《書》信然。人與《河圖》合者，腎水在北，心火在南，左肝右肺，脾土居中。與《洛書》合者，肝脾肺腎不必言，而肺爲五臟之華蓋，心實處于其下，與《書》之七九易位者，最爲奇合。若準之十二經，尤足破生平之惑焉。向讀《脈經》，疑膀胱與腎水合，何以稱太陽？心與丙火合，何以稱少陰？而《圖》《書》一與六合，一非太陽之位乎？二與七合，二非少陰之位乎？至于諸經恰合，更不待辨說而明矣。于此見八卦具在身中，人身各具一太極也。醫書言腰以上爲天，腰以下爲地。又曰身半以上，天氣主之，身半以下，地氣主之。二語尤爲親切。人知人身戴天履地，而不知人身一小天地，故敬天地，只在敬身。《易》曰：天行健，君子以自强不息。又曰：地勢坤，君子以厚德載物。能自强，能載物，纔與天地爲一體。是以盡人合天之君子，必朝乾夕惕，靜存動察，致中和而位育，方是踐形惟肖，修身立命之道。若徒謹飾于顯著之時，而縱恣于隱微之地，即不能順受其正，不惟致生疾疢，且自欺自棄，獲罪于天地矣。養身者可不常存敬畏戒愼于不睹不聞與。

《雜症大小合參·太極圖說》 易有太極，是生兩儀。周子懼人之不明，而製爲《太極圖》。無極而太極。無極者，未分之太極也；太極者，已分之陰陽也。一中分太極，中字之象形，正太極之形也。一即伏羲之奇，一而圓之，即是無極。既曰先天太極，天尚未生，盡屬無形，何爲伏羲畫一奇，周子畫一圈，又涉形蹟矣。曰：此不得已而開示後學之意也。人受天地之中以生，亦具有太極之形，在人身之中，可不究心乎。

太極圖

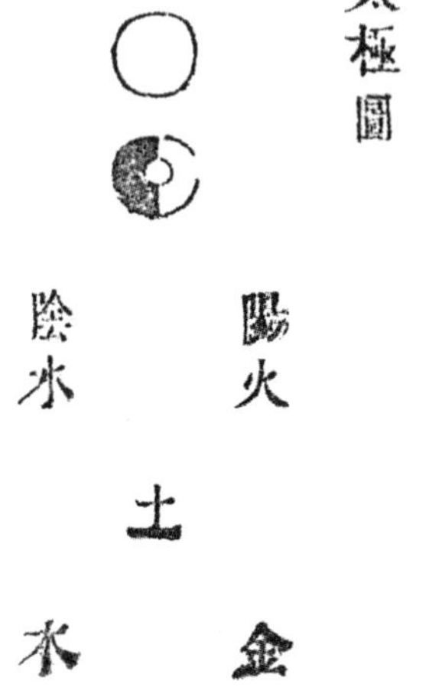

《雜症大小合參·陽水陰水相火真水命門圖說》　左邊一腎屬陰木，右邊一腎屬陽水，各開一寸五分，中間是命門所居之宮，即太極圖中之白圈也。其右旁一小白竅，即相火也。其左旁之小黑竅，即天一之眞水也。此一水一火，俱屬無形之氣。相火稟命於命門，眞水又隨相火自寅至申行陽二十五度，自酉至丑行陰二十五度，日夜周流於五臟六腑之間，滯則病，息則死矣。人生男女交媾之時，先有火會而後精聚。故曰：火在水之先，人生先生命門火。此褚齊賢發前人之所未發。世謂父精母血，非也，男女俱以火爲先。男女俱有精，但男子陽中有陰，以火爲主，女子陰中有陽，以精爲主，謂陰精陽氣則可。男女合此二氣交聚，然後成形，成形俱屬後天矣。後天百骸俱備。若無一點先天火氣，盡屬死灰矣。然元陽君主之所以爲應事接物之用者，皆從心上起經綸，故以心爲主。至於棲眞養息，而爲生生化化之根者，獨藏於兩腎之中，故尤重於腎，其實非腎，亦非心也。

《醫師秘笈·太極生人圖說》　中圓者，太極之理，人所得於天之性，因有魂魄得於父母，謂之元神。因有陰陽二氣升降，交抱於身中，所以合從變化而滋長不息也。

周子曰：無極而太極。太極動而生陽，靜而生陰。言天地陰陽，所以生人之本也。朱子曰：天以陰陽五行化生萬物，氣以成形而理亦賦焉。言天命之性，乃人所以能生之本也。今人但謂人之生也，以父精母血合而成胎，是但知津精血肉筋骨皮毛之生，而不知陰陽二氣之所以生與人之知識所由來矣，況太極之理乎。夫太極者，天理也。理在氣先，而二氣之良能爲鬼神。鬼者，陰之靈，人之魄也，即人心之記性也。神者，陽之靈，人之魂也，即人心之悟性也。太極之理，鬼神之靈，雖不離乎陰陽二氣，而鬼神在氣之先，理又在鬼神之先，至於氣以成形，則氣固不離乎形，而氣又爲形之本矣。若因委以窮源，則父精之中即有陽氣存焉，母血之中即有陰氣存焉。假使精血之合不得父之陽氣、母之陰氣，則敗精淤血而已，何以成胎而爲人以動作而生活乎？陽氣之中即有父之魂焉，陰氣之中即有母之魄焉。假使精血之中但有二氣，固能動作矣。苟無父魂母魄在二氣之中，則所生之人亦無知無識，蠢然能動之一物而已，何以能爲有知有識之人乎？既有知識，則天命之性存乎其中矣。是故津精血肉筋骨皮毛者，形也，賴氣以成。故朱子曰：氣以成形也。陰陽二氣相交相抱，而人之魂魄凝聚其中。魂魄者，人之元神，在人氣中，所以能生。假使陰陽二氣不相交抱，則元神散失。元神散失，則理無所存，不能動而生陽，靜而生陰，以從化而滋長形骸矣，何以生乎？然則人之生也，但由父母而不命於大造乎？則非也。蓋人之二氣，即天地之二氣。人之元神，即天地間之鬼神。人之良心天理，即太極之理，非有二也。盈天地間，皆有此氣，皆有鬼神，皆有太極之理。故形交氣感之時，其精血之凝合而成胎者，以己身之氣引觸乎大造之氣，己心之理引觸乎太極之理，而凝聚胎中，所以生而爲人也。此先天有生之理也。夫不明乎先天有生之理，何以知後天保生之道乎？是圖太極居中而元神包之者，乃理在心中，心以存理之旨。明乎人心之中有此天命之理，乃神明之主，而陰陽二氣所由生者，是則人之所賴以生之本也。孔子曰：人之生也直。人之生存，正由此理常存，所以不死。此仁者之所以壽也。知此，則保生之道必以心存乎理爲第一方也。二層，人之元神而陰陽二氣包之者，乃神在氣中。神聚則氣集，神散則氣散也。所以心體清明，靜一無妄之人，氣無所擾，則常多壽。如其聲色貨利，一切亂心者，則喪其神明，氣不寧靜，故內傷五臟，而外感之邪亦易乘之，至於陰陽二氣有所偏勝，有所衰弱，則不能交抱，不升不降，陽與陰離，陰與陽絕，而元神散失，神不附氣，死可知矣。陰陽不交抱，而魂魄何所存乎？知此，則存神乃可以聚氣，而養氣乃可以存神。又保生之道，所必體用交致也。三層，陽升陰降，相爲交抱。而四層，以其從化所生，抱之者，蓋氣以成形，而氣即在形中，則形以固其氣，而氣乃有所依也。何也？陽交於陰，則從陰以降，故化生津精者，陽先升，而遇合乎陰，與之交抱，故從陰以化生也。津精，陰物也。而化生於陽，此陽動而陰即應之，如雷震而有雨也。使其無陰可從，則陽無所交，津精何自生乎？如雷鳴而無雨也。其生養筋骨者，乃津精之功，又如雨之滋養草木也。陰交於陽，則從陽而升，故化生爲血者，陰先降而遇合乎陽，與之交抱，故從陽以化生也。血本陽物也，故色如火日。非若津精陰物，如金水也。而血則化生於陰，蓋陰靜而陽即應之，如雲密而雷震雨降，而日出也。使其無陽可從，則陰無所交，血又何自生乎？如陰雲之久而無雷以震之，則雨不能降者。又如霪雨之久而日光不出，則霜露不生者也。其生養乎肉與皮毛者，乃血之功，又如雨與霜露之滋養土石也。此可知精血皆生於氣，乃氣以成形之道，人當保養其氣矣。若夫津液枯涸，無津精以滋長其血，無血以滋長津精，則陽氣無所依，陰氣無所附，始則衰弱而不能升降，久則否塞而不能交抱。二氣脱離，豈能生乎？此又可見形以固其氣，而氣乃可存也。此圖之所以層層相包，不可判内外而有所舍棄者也。又以外二層而論之，則陰陽者，氣也。氣有陰陽，而氣又自屬乎陽。津精皆生血者也，血本陰陽所化，而血又自屬乎陰。故世人以氣血分陰陽也。但以氣血分陰陽，乃流行之陰陽，非對待之陰陽也。流行之陰陽，固有化生之機，依附之固，而對待之陰陽，則操升降之權，重交抱之理。不可以此而混彼。兹圖本朱子、周子之言以論陰陽，則陰陽皆氣，而氣以成形，故以氣居内，以津精血居外，使人知氣爲主而血爲輔，外陰而内陽，亦陰宜從陽，陽爲陰主之理，大易固如是也。大就氣血而分陰陽，其説亦可用，但有主輔之别也。至於以氣中而分陰陽，則天地兩儀不可偏重。今人但知氣爲陽，而不知氣有二氣，乃動静太極之所生，爲成形之本，是得於大造之初，而本於父母精血，保之則壽，失之則夭，謂之體充則生氣也，配乎道義則浩然也。養氣之法，可不講乎？又以中三層而言，今人但知調養氣血，而不知保其元神，則方寸已亂，神思恍惚，氣血自喪敗矣。不知存其天理，則私欲亂性，生理已失，又安問神氣之足乎？故究其本，則人中之太極，不可不定之以中正仁義，而主静以立之也。治人之病，而不知治其心性，則其人有取死之理，我何以使之生乎？養己之生，而不知生理本直，則幸免之望，果可久乎？觀周朱之言，可以知有生之理；玩孔子之言，可以握人生之原。至於存神養氣，調和精血以養百體之法，亦不可以小道而廢醫術也夫。

太極生人圖

《不居集·自序》 天地以陰陽五行化生萬物，一物各具一五行。人身亦以陰陽五行盈虚消長之道，寓生尅乘伏之機。病原有運氣情慾、内外變遷之因，藥類有升降浮沉、輕重清濁之質，以配陰陽五行之氣，以别寒熱溫平良毒之性，以應七方十劑之需，總不外《河》《洛》八卦，醫之理即易之理也。此理浩渺難窮，淵深莫究，惟易有以發之，而醫則尤宜明之。時以《内經》一書，繼《河》《洛》而起，其義精妙，活活潑潑，莫可端倪。先聖先賢著書立法，皆從此出，後有著述，遠不逮前賢，不過改頭换面，抄剿陳言耳。

《醫學三字經·陰陽·識一字便可為醫説》 客有問於余曰：醫之爲道，乃古聖人洩天地之秘，奪造化之權，起死回生，非讀破萬卷書，參透事事物物之理者不能。今非通儒而業此，亦能療人病、獲盛名，何也？余曰：天地間有理有數，理可勝數，則有學問之醫，遠近崇之，遂得以盡其活人之道。然仲景爲醫中之聖，尚未見許於當時，觀《傷寒論》之序文可見，猶宣聖以素王老其身，天之意在萬世，不在一時也。仲景之後，名賢輩出，類皆不得志於時，閉門著書，以爲傳道之計，而喻嘉言、柯韻伯二先生書，尤感憤而爲不平之嗚，此理數之可言而不可言者矣。今之業醫者，無論不足爲通儒，而求其識字者，則爲良醫矣。無論其識多字也，只求其識一字者，亦可以爲良醫矣。客曰：此何字也？得毋所謂丁字乎？余曰：亦其類耳。不必他求，即人字是也。人乃陰精陽氣合而成之者也，左爲陽，左邊一丿，陽之位也。右爲陰，右邊一乀，陰之位也。作書者遇丿處，自然輕手揮之，陽主乎氣，輕清之象也。遇乀處，自然重手頓之，陰主乎精，重濁之象也。兩畫不相離，陰陽互根之道也。兩畫各自位置，陰陽對待之道也。丿在左者，不可使之右，乀在右者，不可使之左，陰陽不（離）〔雜〕之道也。左丿由重而輕，萬物生於水，即男女搆精，萬物化生之義，由陰而陽也。右乀由輕而重，形生於氣，即大哉乾元，乃統天，至哉坤元，乃順承天之義，陽統乎陰也。二者合之則成人。合之之義，醫書謂之曰抱，《周易》名之曰交，交則爲泰矣。試以形景淺言之，人之鼻下口上水溝穴，一名人中，取人身居乎天地中之義也。天氣通於鼻，地氣通於口，天食人以五氣，鼻受之。地食人以五味，口受之。穴居其中，故曰人中。自人中而上，目鼻耳皆兩竅。偶畫。自人中而下，口與二便皆單竅。奇畫。上三畫偶而爲陰，下三畫奇而爲陽，取地天之義，合成泰卦也。形景主外，猶必合陰陽之象而成人，况人之所以生之理乎，人之爲義大矣哉！子若遇醫者問此一字，恐高車駟馬、詡詡以名醫自負者，亦一字不識也。客聞予言，亦大笑而去。

《醫門棒喝初集·論景岳書》 《醫易》一篇中云：神莫神於易，易莫易於醫，欲該醫易，理只陰陽。故天下之萬聲，出於一闢一闔，天下之萬數，出於一耦一奇，天下之萬理，出於一動一靜，天下之萬象，出於一方一圓。又曰：天地形也，其交也以乾坤。乾坤不用，其交也以坎離。坎離之道，曰陰曰陽而盡之。

按此言天下事物之理，不出陰陽，則陰陽二氣，固不可偏重而偏舉也。乃下文忽然流於偏見，而曰：合而言之，則陰以陰爲主。而天地之大德曰生，夫生也者，陽也，奇也，一也，丹也。易有萬象，而欲以一字統之者，曰陽而已矣。生死事大，而欲以一字蔽之者，亦曰陽而已矣。

先生總要一心重陽，故偏從陽邊説去，不知毫釐千里之差。夫致中和，天地位焉，萬物育焉。天地之大德曰生者，得中和之道也。中和者，陰陽兩平，不偏不倚。故《易》曰：一陰一陽之爲道。若是一陰二陽，一陽二陰，皆偏倚一邊，失中和而非道矣。今曰生也者陽而已矣，則偏重夫陽，豈生生之道哉？天地者，陰陽之父母也，若資生惟陽，而無須乎陰，則但言天之大德曰生可矣，何必曰地乎？夫萬物之形，莫不由陰陽五行之氣以成，當形未成以先，要必有所以成形之理。理在形先，幽深玄遠，莫可端倪，名之曰道。故曰：形而上者謂之道也。氣化成形，各得其所賦之理以爲物，若材之成器。故曰：形而下者謂之器也。易者，表陰陽生成變化之象，以明所以然之道，則是統易者，道而已矣。若曰統易者惟陽，是不揣其本，反乖經義，流於偏執也。所以軒岐之論陰陽也，千變萬化，無不歸於中和。此醫經與《易經》用雖不同，而同出陰陽太極之源，可謂之醫即易，易即醫也。若不明其旨而牽強穿鑿，則反悖經失道矣。生死事大，亦豈外乎道哉。

又曰：雖曰陽爲陰偶，而乾陽健運，陰爲陽基，而坤靜常寧。然坤之所以得寧者，何莫非乾陽之所爲，何以見之？故曰如艮其止。止是靜，所以止之便是動。難解。

陽動陰靜，自然之性也。艮卦陽自下升，極上而止，有止其所而不動之象。此戒人妄動，言當如艮卦之止靜也。爲因吉凶悔吝生乎動，吉一而已。故君子戒動，取法乎艮。今云所以止之便是動，不知何解。

是以陰性雖狡，坤道柔順，未聞其狡。狡乃論人，非陰陽理。未嘗不聽命乎陽，而因其強弱以爲進退也。所以元貫四德，春貫四時，而天地之道，陽常盈，陰常虧，以爲萬物生生之本，此先天造化之自然也。

陽倡陰隨，陽施陰受，陽生陰長，陽殺陰藏，此陰陽體用，相資相成，出於自然。良由太極之一動一靜，二氣流行，進退升降，自有次序，而分春夏秋冬，以成造化之功。元雖首列，而乾之元陽，實孕乎坤之至陰。故春雖首季，而春之發生，實根於冬之歸藏，若無歸藏，但有生發，其氣不早竭乎。如以春陽爲重，冬陰爲輕，何異見子而忘母，非爲知道矣。天地之道，陰陽自平，方能生化不息，何有盈虧？若常盈虧，則日積月累，盈必更盈，虧必更虧，陰氣早經偏絶，至今何有世界？惟二氣往來進退，亦如水之迴還，勢有緩急，故有六氣變化，主客參差而致災病。然其進退節候，自有一定，故可測識其變。若謂因強弱以爲進退，則強者進多，弱者退多，必雜亂無序，焉能分四季六氣之節候哉，可見無強弱之異也。

惟是陽如君子，陰如小人。君子則光明正大，獨立不倚，而留之難。小人則乘釁伺隙，無所不爲，而進之易。安得春光長不去，君子長不死。惜乎哉！陽盛必變，逝者如斯。

陽若長在不退，譬如煮飯，熟不退火，成焦炭矣。所以成功者退，一定之理。若但有春而無秋，萬物何以成實乎？今願陽常留，是但貪其生，不願其成也。貪生不得，反以戕生，此後世之妄用桂附，冀其助陽延生，反致傷生者，皆出於此言。迷者至死不悟，可慨也已。

故曰日中則昃，月盈則虧，亦象夫陽一陰二，反覺陰多於陽。

日昃月虧，則陰陽皆有不足之時矣，何以見陰多於陽乎？且上言陽常盈，陰常虧，爲先天造化，今又忽覺陰多於陽，卻從何處覺來？豈先天造化又不足爲憑乎。若以奇象爲一，耦象爲二，遂謂陰多於陽，則奇即乾陽，乾爲天；耦即坤陰，坤爲地，是地果多於天乎？可發一笑。

所以治世少而亂世多，君子少而小人多，期頤少而夭折多，此後天人欲之日滋也。

治少亂多，君子少小人多，壽少夭多，皆由人欲日滋。人欲日滋，卻因陰多陽少。所以必須桂附助陽，使陽多陰少，則人欲少而壽多夭少，君子多而小人少，治世多而亂世少矣，可發一笑。

是以持滿捧盈，君子懼之。故聖人作《易》，至於消長之際，淑慝之分，則未嘗不致其扶陽抑陰之意。

消長淑慝三句，朱子解坤卦爻辭，爲治世之術而言，非陰陽之理固有淑慝，而當扶抑也。聖人作《易》，有象無辭，扶抑之意安在哉。若謂人身陰多陽少，必當扶抑始能生存，則人稟天地陰陽之氣而生，天人非二理也。天地之陰陽，固生化不息，誰爲扶抑而能然耶？何不思之甚乎！

非故惡夫陰也，亦畏其敗陽德，而戕伐乎乾坤之生意耳。

乾爲陽，坤爲陰，陰敗陽德，乃又自戕其坤陰之生意乎？

以故一陰之生，譬如一賊。奇談。夏至一陰生，可名一賊生也。履霜堅冰至，貴在謹乎微。此誠醫學之綱領，生命之樞機也。一味助陽，恐樞機偏絕奈何！是以《易》之爲書，一言一字，皆藏醫學之指南；一象一爻，咸寓尊生之心鑑。雖不言醫，而義盡其中矣。以扶陽抑陰爲醫學綱領，故義盡其中。又曰：易天地之易誠難。易身心之易還易，不知天地，焉誠身心，何有難易？豈不可燮理陰陽。扶陽抑陰，即謂之燮理乎？故以易之變化參乎醫，則有象莫非醫，醫盡回天之造化。以醫之運用贊乎易，則一身都是易，易眞系我之安危。故曰：易具醫之理，醫得易之用。

此數語，教學醫者走入黑暗窟中，摸索一生，不知頭南頭北，未見一點光明。於是歎景岳先生道高，非後學能領其旨。或有見解者，將卦象爻辭寫在藥方上，自謂深明醫易，持以傲物。嗟乎！學醫人費，豈不信哉。甚矣，先生昧於易也。昧於易，斯昧於醫矣。昔人言學道最怕理障，理障者，幽微難明，似理非理，認其影而昧其體也。愈聰明則障愈重，蓋由博而不約，詳而不精，自負聰明博洽，終身不悟其非也。欲論陰陽變化之理，千百言足以盡之，乃泛鶩廣喻，葛蔓至六千言之多，俗學見之，驚心動魄，歎爲希有，其實只有陽少陰多、扶陽抑陰八字而已。扶陽抑陰，《內經》論病變治法之一端，今以爲醫學綱領，名爲尊經，實則悖經。若粗淺之文，是非易辨，害道尚輕。今以博洽之才，出之以韓蘇之筆，引經據典，浩瀚其文，雖精通文墨者，讀之莫不深信歎服，此害道所以爲甚也。楊墨之道不息，孔子之道不彰，爲其似是而非，紫之亂朱也。若景岳者，豈不爲醫門之楊墨乎。余之不避罪愆而爲是言也，實痛夫軒岐之道將墜於地，非敢自鳴以爭勝也，知我罪我，其在斯乎。夫醫者必宗軒岐，軒岐論陰陽常變之理，原與羲聖一揆。但羲聖止有卦象以表理，並無文字語言。儒者取象，以陰陽進退消長，喻世道治亂盛衰，而治世之術，莫先於進賢退不肖。乃又以陽喻君子，陰喻小人，故曰扶陽抑陰。設或當時以陰喻君子，陽喻小人，則勢必曰扶陰抑陽矣。乃不明此義，而以喻言會作實理，已失《易經》本旨，而更以扶陽抑陰爲醫學綱領，非但認影昧體，不啻千里之差，尤恐人不之信，多方引證以實其説，盡皆似理非理，不虞流弊之害，積重難返。此所以不患無書而患多書也。既昧陰陽至理，故亦不識人生稟賦源流，先天後天之辨也。

即如《大寶論》中有云：《內經》於陰陽之理，惟恐人之不明，而切切諄諄，言之再四，奈何後學猶未能明，皆爲似是而非之説以障之也。余請先言其二，而後言其一。夫二者陰也，後天之形也。將耦作二，已爲非理。後天之形，豈止孤陰而無陽乎？一者陽也，先天之氣也。將奇作一，已爲謬矣。先天之氣，豈止孤陽而無陰乎？神由氣化，而氣本乎天，所以生發吾身者，即眞陽之氣也。神由氣化，則神從氣生矣。發生吾身者，即眞陽之氣，其生神之氣，豈爲假陰之氣耶？形以精成，而精生於氣，所以成立吾身者即眞陰之氣也。成立吾身者，即眞陰之氣，生精之氣又爲假陰氣耶？

既高談易理，何反捨《易經》精藴，而取丹書精化氣、氣化神之臆説作藍本，而論先天後天，無怪乎支離顛倒也。豈不聞易有太極，而生兩儀，兩儀即天地，卦象爲乾坤，乾坤即陰陽，故又言太極動而生陽，靜而生陰也。當天地未分以先，渾然之體名太極，故稱先天。天地既分以後，生化萬物，故名後天。是故先天者，陰陽未判也，後天者，陰陽已分也。男女搆精，妙合而凝，始成一珠，有氣無質，即太極渾然之體，故名先天。既而分形，象如兩儀，名爲陰陽，遂生兩腎，百骸次第而成，均名後天也。夫陽即乾，陰即坤。今以陽爲先天，陰爲後天，則是以乾爲先天，坤爲後天矣，豈非大錯耶。乾爲天，坤爲地，先字之義安在哉？太極者，渾然一氣，所以能生陰陽五行萬物者，蓋有主宰存乎其先，即易所謂妙，萬物之神也。若神由氣化，焉能主宰太極乎？陰陽不測之謂神，即人之靈明也，亦名爲性。今言神由氣化，而氣本乎天，則是先有氣而後有神也。然則《中庸》當言天命之謂氣，率氣之謂性矣，豈有是理哉！可見先生本未明易，乃強不知以爲知耳。既不自悟，而猶肆詆前賢，貽誤後學，嗚呼！其過深矣。

又曰：何謂一？一即陽也。陽之爲義大矣，姑舉其最要者有三義焉：一曰形氣之辨，二曰寒熱之辨，三曰水火之辨。夫形氣者，陽化氣，陰成形。是形本屬陰，而凡通體之溫者陽氣也，一生之活者陽氣也，五官五藏之神明不測者陽氣也。及其既死，則身冷如冰，靈覺盡滅，形固存而氣則去。此以陽脱在前，而陰留在後，非陰多於陽乎。

夫天以陰陽五行，化生萬物，氣以成形，則凡有形之物，莫非陰陽五行之氣所成，豈可以形屬於陰乎？蓋氣凝而成質，形者氣之結也。質消還爲氣，氣者形之通也。是故形氣本爲一物，總由陰陽五行凝結而成。所以形毀則氣散而死，如殺傷之類也；氣消則形敗而死，如老病之類也。夫一靈主於太極，太極生陰陽五行以成形，則謂之生。五行陰陽消散而太極毀，則靈去而謂之死。消散者，陰陽五行之清氣，遺留者，陰陽五行之濁滓也。濁滓亦終歸於盡，而隨氣化矣。既不明稟賦源流，先天後天之理，遂有似理非理之説，以證陰多陽少之僻見，所以惑人者深也。

一曰寒熱者，熱爲陽，寒爲陰。春夏之暖爲陽，秋冬之冷爲陰。若言陰多陽少，莫非秋冬多於春夏乎？當長夏之暑，萬國如爐，其時也，凡草木昆蟲，咸苦煎炙，然愈熱則愈繁，不熱則不盛。及乎一夕風霜，即僵枯遍野。冬蟲夏草，冷反活而變蟲，熱反死而變草，又何也？不明陰陽至理，安可以淺見臆度乎。是熱能生物，而過熱者惟病，南方中熱邪而暴死者，常多於北方中寒者矣。寒無生意，而過寒則伐盡。然則熱無傷，是何言與。《内經》論熱病致死者，常多於他病，豈經言非乎。而寒可畏，非寒強於熱乎。

《内經》列六氣，火居其二，寒風濕燥各居其一。今言寒強於熱是顯悖經旨也。且言熱無傷，寒可畏，果如此説，則仲景之白虎、黄芩、瀉心、承氣等湯，皆爲無用，而天下之藥，但須姜桂附子足矣。世俗之見熱病不用涼藥，非寒而妄投桂附致死者，皆出於此言也。

一曰水火者，水爲陰，火爲陽也。造化之權，全在水火。而水火之象有四：則日爲太陽，火爲少陽，水爲太陰，月爲少陰。此四象之眞形，而人所未達也。有聞而異之者曰：月本太陰，火豈少陽，何據云然？曰：陽主乎外，陰主乎内，此陰陽之定位也。陽中無太陰，陰中無太陽，此陰陽之專主也。日麗乎天，此陽中之陽也，非太陽乎。月之在天，陽中之陰也，非少陰乎。水行於地，陰中之陰也，非太陰乎。火之在地，陰中之陽也，非少陽乎。

陰陽之道，互根互用，變化無方。今曰專主曰定位，變成死物矣。然用雖變化，而理則一定，如坤與乾配，離與坎配，則日與月配如乾坤，故稱太陽太陰。水與火配如坎離，故稱少陰少陽。今反以月爲少陰，則是以坤配離也。不明陰陽卦象，猶欲談易理乎？且火從日生，故稱少陽，水從月生，乃反稱太陰，是又以子爲母矣，何顛倒若是耶。

此等大義，誠丹溪所未知，杜撰創論，誰人能知。故引日月盈虧，以證虚實，丹溪言陽常有餘，原爲一偏淺見，而非至理。今以水大於日，爲陽之不足，亦焉知水大於日，獨不慮陽之不足，陰之太過乎。又何異村夫村婦之見哉。

客曰：陰陽太少之説，固若有理，昧者必惑。至於水大於日，更謂陰之有餘，凡天下之火不少也，陽豈獨在日乎？癡人説夢。曰：是更有妙理存焉。沉迷魔界而不悟，反謂自得妙理，即所謂理障也。夫陰陽之性，太者氣剛，故日不可滅，既氣剛不可滅，何慮其不足乎？水不可竭。此日爲火之本，水爲月之根也。月中可取水，則水從月生。今反言水是月之根，豈父從子生乎？可發一笑。少者氣柔，故火有時而息，月有時而缺。此火是日之餘，月是水之餘也。

發火息火，皆由人爲，豈關於火？以火有時息而爲柔，則晚間日落，亦如火息，又安得爲剛？眞如癡人說夢也。火從日生，故火是日之餘；水從月生，何故反以月爲水之餘？豈非自語顛倒乎。或曰：《靈樞·陰陽繫日月》篇云：月生於水。故景岳以水爲月之根，原有所本，豈可非乎。答曰：景岳之謬，正由不明經旨之故。按本篇言人身腰以上爲天，腰以下爲地，天爲陽，地爲陰。故足之十二經脈，以應十二月。月生於水，故在下者爲陰。手之十指，以應十日，日主火，故在上者爲陽。此以人身比天地陰陽之象，非論陰陽生化之理也。其言月生於水之生字，必是主字之誤，觀下文日生火句，其理顯然可見。且經中明言天爲陽，地爲陰，日爲陽，月爲陰，又言水火者，陰陽之徵兆也。蓋天地日月，周流不息，爲陰陽之體；水火生化，爲陰陽之用。而用從體出，故日中可取火，月中可取水，此其明徵也，所以水火爲陰陽之徵兆。若謂月從水生，試問水中果可取月否乎？何不思之甚耶。是故不明至理者，斷不可解經，正恐其不識全經之理，但執一二死句，穿鑿附會，遂謂本於經語，乖僻自用，而不知害道之深也。

惟其不滅，方爲眞火，而時作時止者，豈即元陽。故惟眞陽之火，乃能生物，未聞有以烘炙而生物者，是安可以火喻日也。客曰：若如此言，則水誠太陰矣。可惜一般見解。

上言火在於地爲少陽。世間萬物，豈非皆從地生乎，則時作時止之火，固已能生物者。今又云時作時止者非元陽，惟眞陽之火，乃能生物。然則生物眞陽之火，又作何狀耶？得非謂太陽之火乎？試問從太陽取出之火，與擊石取出之火，同一火耶？有不同耶？請先生細細分之，何者爲眞陽之火，何者爲假陽之火。奈何沉迷魔界，反謂自悟妙理，誠可憫也。地出之火，可用烘炙，從太陽取出之火，不可烘炙乎？烘炙不能生物，如以枯木曬於日下，能生枝葉否乎？況如鷄卵之類，人有用火溫養而出雛者，是烘炙亦有能生物者也。而不思天地日月水火，皆陰陽之形氣，不明至理，徒執形象之末，妄論有餘不足，誰假誰眞，無異癡人說夢也。

又曰：陽主生，陰主殺，經言陽殺陰藏，是陽又主殺矣，則必扶陰抑陽，方爲善乎？凡陽氣不充，則生意不廣，而況於無陽乎。陽來則生，陽去則死矣。試以太陽證之，可得其象。夫日行南陸，在時爲冬。斯時也，非無日也，第稍遠耳，便見嚴寒難禦之若此，萬物彫零之若此。然則天地之和者，惟此日也。萬物之生者，亦惟此日也。設無此日，豈非六合盡冰壺，乾坤皆地獄乎。人是小乾坤，得陽則生，失陽則死。陽衰者，亡陽之漸也，恃強者，致衰之兆也，可不畏哉。

冬則大寒凝冰，夏則大熱如火，南陸北陸，相去無幾，何寒熱不同之甚哉。且如六月之夜，日沉九淵，豈不更遠，何以不似冬之嚴寒，而猶如火爐耶？殊不知塞乎六合者，惟陰陽二氣而已，日月水火，皆陰陽之形象，未可泥象執形，而昧其理也。夫寒暑往來者，陰陽升降進退也。但一日則有一日之升降，一歲則有一歲之升降，自子時陽升，至巳而極；午時陰升，至亥而極。故《內經》曰：日中而陽隴，同隆。爲重陽，陽極陰生。日西而陽衰，陽降陰出。日入陽盡，而陰受氣矣。陽入陰升。夜半而陰隴，爲重陰，陰極陽生。夜半後陰衰，陰降陽出。平旦陰盡，而陽受氣矣。陰入陽升。此一日之升降也。或曰：此《內經》論人身營衛之氣升降，非論天地之氣也。答曰：人稟天地之氣以生，與天地同一橐籥。知天地之氣，即可知人身之氣，知人身之氣，正可驗天地之氣也。景岳未明至理，且言人是小乾坤，若岐視天人，則不知三才一貫之大道矣。又如子月冬至，一陽升於九淵之下，爲復卦。至(己)[巳]月而陽極，爲乾卦。午月夏至，一陰下升，爲姤卦。至亥月而陰極，爲坤卦。故夏至後陰氣自下而升，則井中甚冷，陽氣自上而降，故地上甚熱。冬至後陽氣自下而升，則井中甚暖，陰氣自上而降，故地上甚寒，此一歲之升降也。蓋二氣升降，即陰陽相交。其所以然者，陰陽互根於太極，太極動靜，循環無端，故二氣往來，相交不已。其輕清者爲陰陽之氣，重濁者爲陰陽之滓，輕清包外而上浮名天，重濁凝中而下止名地。其氣既包地外，又貫地中。太極動靜有常，故氣升降有序。其外包之氣，又多轉旋，與地中升降之氣，參差變異。故《內經》以升降者爲主氣，轉旋者爲客氣，以客加主，則變化出矣。又言日月爲陰陽之精氣，水火爲陰陽之徵兆。可知日月水火，皆陰陽之形象也。但日月隨轉旋之氣行地外，水火隨升降之氣行地中，迴環往復，無非渾元太極之一氣而已。是故積陽爲天，冬至後陽漸升，則天體漸廣，而日行地上漸久，晝漸長，夜漸短；夏至後陽漸降，則反是也。春秋二分，陰陽適平，故日行自東而西，則晝夜均；冬夏二至，陰陽極至，故日偏行南北，而晝夜有長短矣。皆爲轉旋升降，互交互變，歲序既周，仍復其常。二氣相交不已，則生化之道不息。故主氣升降有常，則春溫夏熱，秋涼冬寒，序有一定。其或春夏忽涼，秋冬反熱者，客氣加臨變化也。一歲之常變如是，則一日之涼燠陰晴亦如是，推之一刻皆然。則陰陽變化之道，安可窮盡哉。夫升降之氣行地中，如人身之營行脈中也。水火，如營中之血氣也。轉旋之氣行地外，如人身之衛行脈外也。日月，如衛外之陰陽也。故人衛氣晝行於陽，應日之升也，夜行於陰，應日之沉也。天地陰陽一日之升降，如人之呼吸也；一歲之升降，如營衛之循環也。良由天地人身同出陰陽太極之造化，故《內經》論天人合一之理，莫不互舉互證，不能分析者也。明乎此，則天地陰陽不可偏，偏則災害立至。人身陰陽有偏，則病生矣。豈可以扶陽抑陰爲醫學綱領，反使其偏勝乎。景岳既註《內經》，又談易理，何故不遵經義，乃謂日遠天寒，以證陽少陰多之偏見。試思日之遠近，相去幾何，而寒熱懸殊，乃至若是乎。且既日遠爲寒，其井中反熱，何也？由是觀之，自可灼見其非矣。蓋陰陽變化，莫測其端，現象於日月水火。聖人觀象知理，因日以定月，因月以定歲，因歲以測升降之氣，而分節序，因日月運行有遲速，乃勻以大建小建，而定朔望。節氣遷流，與日月又有參差，則以小建之餘，積爲閏月，其歲時節序始能相合，而循環無忒也。是以日月隨轉旋之氣而行，寒熱隨升降之氣而變，陰陽升降之極，則寒熱若冰炭之殊。此一歲之寒熱，因乾坤大氣之升降也。晝夜有溫涼，因日之偏正出沒也。乾坤大氣，若水之進退，日月流行，如瀾之迴環，源流本末，非二體也。但升降之氣有常，轉旋之氣多變，東南木火之方，則多熱，西北金水之方，則多寒。中州以北，寒熱有常者，得升降之氣多也。梅嶺以南，溫涼靡定者，得轉旋之氣多也。以是見天時地理、氣化民風之錯雜萬殊者，不出陰陽之變化，而二氣流行，豈非充塞乎六合哉。不明乎此，而泥象執形，以昧至理，安可論陰陽乎。景岳如不明經旨，則不當註經；若明經旨，而故爲僻說，以愚後學，則尤非理。世有遵信其說者，惑之甚矣。其後篇《眞陰論》，亦言陽以陰爲根。陰既爲陽之根，豈可反重枝葉而輕根本乎？則扶陽抑陰之說，又見其自相矛盾也。總而言之，陰陽互根於太極，必不可稍偏，偏勝則偏絕，而太極亦毀矣。故《易》言一陰一陽之爲道，《內經》言陰平陽秘，精神乃治。夫言平者，不使偏勝也。秘者，勿使發越也。以陽性動而發泄，發泄太過，眞元傷耗，故特用一秘字，嗚呼！可知聖人之意深矣。此之謂致中和，位天地，育萬物也。今言扶陽，是更助其發泄也；抑陰，則不使其平和也。非但不解聖人深意，而反顯悖經旨矣，豈不爲醫門之異端，後學之魔障哉。醫爲性命所系，雖明中和之道，而臨證之時，猶必細察天地六氣之變，風土剛柔之殊。人稟強弱之異，外感內傷之別，權衡補瀉之宜，必使藥病相當，而無一毫偏執，庶幾求合軒岐仲聖之道，此之謂醫學綱領。嗟乎！豈固陋剛愎者所能領會哉。

或問仲景非醫門之聖與？答曰：猶儒門之孔子，豈不以爲聖乎。然則孟子願學孔子，而實傳孔子之道。若景岳生平，師範仲景，故號景岳，以表仰慕之意。仲景曰：陰證見陽脈者生，陽證見陰脈者死。豈非以陽爲重乎。故景岳以扶陽抑陰爲主，猶孟子之願學孔子也。今子以景岳爲醫門異端，得非謗之太甚乎。答曰：孟子學孔子，實傳孔子之道。若景岳雖慕仲景，實未知仲景之道，或反有以悖之者，豈仲景之徒哉。曰：何以見之？答曰：仲景辨傷寒脈證之陰陽以決生死，脈大浮數動滑爲陽，沉濇弱弦微爲陰。陰證者，邪在陰經也。陽脈者，正氣未虧也。陽證者，邪在陽經也。陰脈者，正氣不振也。邪在陰經病爲重，正氣不虧則生，其在陽經者，更無虞矣。邪在陽經病爲輕，正氣不振則死，其在陰經者，更難治矣。此論邪正勝負，以辨吉凶，何嘗有扶陽抑陰之義耶？仲景垂法，惟辨脈證，溫涼補瀉，隨宜而施，故爲時中之聖，豈同後人一隅之說哉。且景岳言丹溪之左金丸，黃連、吳茱萸，寒熱並用爲非，則仲景之瀉心法，芩連、二薑，大黃、附子，豈非寒熱並用乎。瀉心所以保金，左金所以平木，名義雖殊，理則一也。乃不敢非仲景而非丹溪，既以左金爲非，安得以瀉心爲是。以仲景稱聖，故不敢非之耳。余故言景岳未知仲景之道，或反有以悖之者，不其然乎。且天下道理，一而已矣。醫理即易理，儒道即醫道，惜景岳辨別不眞耳。夫道即理，理即道，異名而一體也。在體名理，在用名術。在體名道，在用名權。權即術，術即權，異名而一用也。術者應變無方，恰當其可，而不出乎理。不出乎理，所以能恰當也。權者因事裁制，無不得宜，而仍合乎道。仍合乎道，所以能得宜也。故道理有一定之是非，必辨之清，而後是非見；權術應無窮之變化，必不可執，而後用之靈。然必體立則用行，道理不明，權術豈能施哉。故天下有明其理，而不能善其術者，未有不明其理，而能善其術者也。有明其道，而不能行其權者，未有不明其道，而能行其權者也。故曰：可與適道，未可與權，知常易，通變難也。夫致中和，育萬物，爲儒者之道，即醫者之道也。而和之育之，必本乎陰陽造化之理，此醫易之所同也。故不知儒理，不可以談易，不解易義，豈可輕論陰陽之理乎。儒者格致誠正，治人心病，醫者制度藥石，治人身病，此權術之用異也。藥石治身，身與藥石，皆陰陽五行之氣所成，故必洞曉天地人身陰陽五行之理，而後方能善其術。誠正治心，心中誠正，出於天理之自然，故必克己復其天理之常，而後方能行其權。是故伊尹放太甲，乃行權之一事，若執爲儒道綱領，豈不大謬乎哉。扶陽抑陰，爲治病之一法，若舉爲醫學綱領，豈不大謬乎哉。且夫軒岐大旨，猶似易明，仲景之法，實難領會。蓋軒岐論陰陽五行病變之理，爲道之體，然明體而不達用者多矣，所謂有明其理而不能善其術者也。仲景辨經絡臟腑，病邪淺深。陰陽虛實，參藥性氣味，溫凉補瀉，以立治法，窮盡變化，仍合軒岐之旨，爲道之用。用不可執，應變無方，故難領會。景岳未明軒岐之道體，焉能達仲景之用？所謂未有不明其理，而能善其術者也。由是觀之，則景岳非仲景之徒也。千百年來，繼仲聖者，實難其人。曰：常聞河間論溫熱，丹溪主滋陰，東垣扶脾胃，皆補仲景所未備，故合爲四大家，則是繼仲聖者矣。答曰：此後世之膚見，可哂也。夫仲景之書，無法不備，其旨合乎軒岐，而窮變化，爲萬世規則，與聖道一脈相承。書雖殘缺，理法自全，豈待後人補之哉。若三子雖有發明，各舉一隅以立言，執之則偏，皆未達中和之道，尚不足爲仲景之徒，顧並而尊之，不倫極矣。曰：然則子反以近時葉氏爲傳仲聖之心印，豈眞賢於三子乎？得毋阿其所好耶。答曰：道者，天下古今之公器，余豈得而私之。朱子叙道統，以濂溪周子接孟子，豈漢唐之盛，竟無人物可取乎？正如孔門三千之多，自顏子早逝後，傳心印者，惟曾子一人。非個中人，誰能領略此意也。葉氏辨證設方，無不參乎陰陽五行之理，則合軒岐之道矣。取古方之善者，因宜裁制，變化隨時，歸於恰當，則達仲景之用矣。明體達用，庶幾可傳心印乎。自非諸子舉一隅之見可同論也。然非個中人，則又難言耳。曰：然則三子之說，執之則偏，而景岳亦有一節之長，何故子獨以景岳爲異端乎？答曰：三子一隅之說易辨，故昔人謂其補古未備，而非全書。其偏易辨，則惑人少而害道輕，其發明處，則有功焉。若景岳者，以東垣論補同於己，則褒之，劉朱異於己，則貶之。三子本皆各舉《內經》一節之旨，無所軒輊，景岳偏見，而有褒貶，又以道統自任，名爲《全書》，妄稱典謨，更引易理聖言，曲證其扶陽抑陰、陰多陽少之偏見，强辭雄辯。雖知醫學者，不敢輕議其非，或更稱頌而贊揚之，所以惑人深而害道大。余竊窺軒岐之旨，傷俗弊之害，輒不自揣，思以補救將來，聊陳其概，非敢以訐爲直也。夫醫家治病，莫不欲其速愈，斷無害人之心。但醫理幽微，學識難到，則必虛心謹慎，而不剛愎自是，或可寡過。其患病之人，不知醫理，焉能辨別醫之優劣，惟隨聲而趨，人情皆然，古今一轍。世之誦景岳者，不分內傷外感，但云補正即可去邪，偏執己見，傷人而不自覺，良由篤信景岳之說，不明至理故也。若見是篇，而能悔悟，痛改舊轍，研究軒岐仲景之旨，歸於中和，庶可補過從前。如不虛懷體察，而剛愎自是，則有心爲惡，雖無殺人之刀，已藴殺人之念，則必受報於冥冥中也。上天鑒臨，可不畏哉。

《醫門棒喝·論易理》 或曰：治病不可偏陰偏陽，景岳以扶陽抑陰論醫，自謂原本《易經》，實則誤人不淺，而子駁之是也。若謂易象本無此理，則未必然。試思夫子贊《易》於乾之彖曰：大哉乾元。又曰：乃統天。坤之彖曰：至哉坤元。又曰：乃順承天。夫坤何以不復言大？何以便言承天？坤之文言並曰：地道也，妻道也，臣道也。以地道而等之妻道、臣道，明乎地陰不敵天陽也。

答曰：大哉，至哉，皆贊美之辭，無所軒輊。夫太極動而生陽，靜而生陰，動極則靜，靜極復動，循環無閒。而原其所始，則陽先陰後，陽倡陰隨，陽施陰受，爲造化自然之理。即以先後倡隨施受而觀其性能功用，則乾陽爲統天，而萬物資始，坤陰爲順承，而萬物資生。既以順承爲用，而比之人情世事，則如妻道、臣道也。故以乾比君德，而曰陽尊，坤比母儀，而曰陰卑。此尊卑二字，原從人情世事上立名，非陰陽之理固有尊卑。所以言一陰一陽之謂道，見得二氣流行，生化萬物，其性能不同，其功用則一，故曰大哉，至哉，皆極贊之辭，何有尊卑哉。益可知伏聖卦象，止表陰陽流行生化、進退消長之理，並無文字語言，更從何處見其有尊卑扶抑之理耶？則尊卑扶抑之說，全是儒家爲治世之道設喻而已。其於地天泰卦曰：小往大來。天地否卦曰：大往小來。是明言陽大陰小也。既是陽大，何故更要扶之？陰小，何故更要抑之？此扶抑二字，尤覺無謂。至復卦，則曰：復其見天地之心乎。不單曰見天心，而合言曰見天地之心，可見天地同賴此陽以爲主宰，天地間所重惟陽可知矣。縱不言扶陽，而扶陽之意，隱含言外。此說更會意錯矣，何異景岳之言，統易者惟陽之謬見哉！夫太極未判，本無陰陽之名，陰陽歸根，仍是太極之體，故易初之一畫，即是太極之象。太極既判，則以一奇表陽象，一耦表陰象，二合璧，仍是易初一畫之太極。其六十四卦，三百八十四爻，昏綜變化，以表陰陽進退升降之理也。爻象表陰陽，爲太極之用，太極爲陰陽之體，而用從體出，是故坤卦，純陰之象，即是太極靜極之時。靜極則復動，故坤卦變復節，是太極初動之際，所以言復其見天地之心乎。天地之心，豈非太極渾元之體乎？是觀其用之初動，見其體之所在也。世多不識，故聖人明白指示，特言天地之心，教人領會此意。由是可知心爲一身之主宰，則主宰天地者，太極也。太極渾元未判，尚無陰陽之名。陽者天也，今言主宰天地者爲陽，何不竟言主宰天地者爲天可乎？豈非舉其末而昧其本哉。景岳謬誤在此，故論先天後天之理皆錯，先生得毋仍其謬乎。更云扶陽之意，隱含言外，尤爲臆見，而非理也。故此扶陽抑陰四字，雖出朱注，實本孔子。如云爲治世而言，則何不筆之於《詩》《書》《春秋》，而獨見之於《易》乎？《詩》《書》《春秋》，論世間事跡，褒君子，貶小人，以明治亂之所由，原非論陰陽之理者。易象表陰陽進退消長之理，儒者用喻世事治亂之道。《傳》曰：陽，一君而二民，君子之道也。陰，二君而一民，小人之道也。是以陽卦比君子，陰卦比小人。故朱子言扶陽抑陰者，欲使君子道長，小人道消，則世常治而無亂。所以上文有淑慝之分四字，豈非指君子小人而言。不然，陰陽流行，化生萬物，安有所謂淑慝哉。若以喻言作實理，則錯解《易經》，刻舟求劍，失之遠矣。故易象爲大道之源，醫理儒理，俱在其中。易辭爲儒者之言，可用治世，不可治病也。若謂扶抑二字，不爲治世而設，試問天地陰陽流行生化，誰能扶之抑之乎？若果能之，亙古以來，可無災患矣，盍再思之。就使爲治世而言，亦必爻象確有此理，而後聖人言之，否則空言早落邊際，非四大聖人共成天地間第一部言道之書矣。世儒操筆，多落邊際，賢人或有之，聖人則四通八達，面面俱圓，必無是也。上節既云扶陽抑陰四字，雖出朱注，實本孔子，是硬坐聖人有此意，此節言確有此理，而後聖人言之，是又硬坐聖人有此言，余實不解先生是何意見也。若爻象確有此理，定可明白指示，卻從何處見之？斷不能含糊籠統而泛說也。聖人之言，既人之言，既面面俱圓而無邊際，則扶陽抑陰四字，已偏倚一邊，豈反不落邊際乎？何不思之甚耶！乃硬坐爲聖人之言，不幾於誣聖乎。且與上節雖出朱注，四字又相矛盾矣。

試節天地論，天體陽，包乎地外，地體陰，處乎地中，非陽大陰小陰小確證乎？陽既大矣，而又扶之，豈非更大。陰既小矣，而又抑之，豈非更小。夫一陰一陽之謂道，偏陰偏陽之謂災，而扶之抑之，反使其偏，豈不害道而致災乎？可見爻象斷無此理，聖人斷無此言，不亦顯然哉。究實而論，天不過清氣，地不過濁滓，形雖大小，而陰陽之氣何有大小哉。若有大小，豈能生化萬物乎？乃泥其形而昧其理，不可以論陰陽，即不可以談易也。體天地之陰陽者，日月也。日陽月陰，日大月小，日萬古光明，月晦朔生死。且日行晝，月行夜，同運並行，而定晝夜四時寒暑，以日不以月，非陽爲主，陰爲輔乎？此節更無深義。聖人因日以定月，因月以定歲，因歲以分氣候節令，拙集論景岳篇未及辨，《日月體象》篇均暢發其義矣。日行速而高，月行遲而低，世人觀之以爲高者，其形必小，低者其形必大。殊不知月借日光以爲光，故其形之大小等耳。月之本體無光，焉能知其大小哉。以其借光於日，光隨日轉，人居下一方觀之，故有晦朔弦望之異，其月體豈有盈虧生死乎。總因世人只能見形論形，不知理之所在，請觀拙集各篇自明，可毋贅矣。又即生人言之，男子陽，女人陰，男帥女，女從男，夫爲妻綱，敵也云乎哉？陽先陰後，陽倡陰隨，陽施陰受，造化自然之理，故《易》言乾統天，坤順承，諸義上已詳明矣。且陽性既能帥陰，何故又要扶之？陰性既能承陽，何故又要抑之？更可見扶抑二字，斷非聖人之意，亦非爻象之理也。且孩提陽盛，生氣日進，自幼而長而壯而強，步步生旺。五十以後，陰氣主事，便衰而病而老而死，步步死機。陽之關係生命也如是，扶陽抑陰，安可盡非乎？若據此說，則必扶陽抑陰爲醫學綱領矣，正是景岳似理非理之說，明明迴護景岳也。開首既云余駁景岳爲是，乃又迴護之，殊不可解也。夫陰陽進退消長，而萬物生長化收藏，出於造化自然之理，人爲萬物之靈，稟陰陽太極之氣而同其機括。試問少年生長之時，豈止陽旺而陰不旺乎？老年衰敗之際，莫非止有陽衰而陰不衰乎？何以見少年爲陽主事，老年爲陰主事？果爾，則少年者皆當用涼藥助陰，老年者皆當用熱藥助陽乎？惟陽爲生命所關，然則世之虛勞傷陰者，多不可治，莫非不關生命乎？可見仍是景岳之說，豈非迴護景岳哉。

又曰：前已明言子駁，景岳爲是，豈又左袒哉。今與子論易，非論醫也。

答曰：醫理且置，請問論易何如。曰：醫、易俱作自聖人。作醫聖人，未嘗不能作易，作易聖人，未嘗不能作醫。但醫爲療病說法，著重在人身一邊，從先天順講到後天，就教人順承後天，陰平陽秘，足以治病，便止於易中逆追先天道理，不盡泄也。醫爲療病說法固然，但《靈》《素》之言，從天地說到人身，從人身說到天地，互證，文如連環，三才一貫之道，暢發無餘。先天後天道理，原已包括於中，在人自去領會，先生將順承逆追，打作兩橛，還欠參悟，請細觀《靈》《素》，返究《易經》再論，何如。易則全爲發明大道，必盡究先天後天，如何由後天而逆追先天，原其所始，要其所終，前無古，後無今，包括二氏，牢籠百家，聖人盡性至命實學，實在於此。此亦老生之常談也。夫原始要終，知生死之說，人皆熟聞，然其所以爲始，所以爲終者，又誰能知之？故曰：不知生，焉知死？既不能知，徒執空言，正如盲者之摸象，摸著足者，言象如柱，摸著尾者，言象如帚，紛爭不決，明眼旁觀，未免失笑。是故雖爲聖人之實學，實爲吾輩所茫然，不過作老生常談而已。醫家，聖人所不盡泄者。聖人於易，都盡發之矣。聖人都已盡發，何故世間猶無明易之人乎？蓋所謂盡發者，文字語言也。書不盡言，言不盡意，意不能盡理也。故曰：善易者不言易，良以易理不在語言文字故也。世人但知文字語言，所以仍不能明易也。蓋醫明大道之一截，易明大道之全體，醫書豈眞與易書比哉？醫經與《易經》，體同而用異，拙集屢申其義矣。既將先天後天打作兩橛，遂有一橛截全體之見，而不識其體用所在也。聖人韋編讀易，不聞讀醫，假年學易，不聞學醫，蓋以此也。聖人爲治世之大道，不爲治病之小道，故言甘未達，不敢嘗。然道之用有大小，而其體一也。其所系之重，猶先於大道。何故？蓋有性命，而後有道德功業。保性命者，醫道也。其理則與《易經》同出陰陽太極之源，故體同而用異也。若僅以爲治世說法，淺之乎讀易，實淺之乎窺聖人矣。聖人一生心事，只爲治世，若不爲治世，實無一事，連易亦不作也。且自格致誠正修齊治平，何往非爲治世之道乎？六合以內，除治世事外，更有何事？六合以外，存而不論者也。正是先生淺視治世之道，非余淺之乎讀易，淺之乎窺驛人也。豈不聞博施濟衆，堯舜其猶病諸。博施濟衆，非治世之事乎。可知治世之道，聖人猶曰難周，而先生反淺視之，則是先生之淺窺聖人，因而淺之乎讀易矣。子之學有根柢，能靠實《內經》陰平陽秘四字，所以翦裁諸醫家得失，抑其太過。補其不及，悉有規矩，不出準繩，得力乎此也。然惟其單靠實此四字，所以於易家聖人從後天逆反先天功夫道理，轉不理會，據朱子象上會得者深，言上會得者淺兩語，作論易丹頭。讀經先

須明理，若靠實字句，即執一不通。執中無權，猶執一也，況可靠實字句哉。若拘執陰平陽秘四字而不悟其理，即不能知扶陽抑陰之爲害矣。所以景岳嘗誦陰平陽秘，而反以扶陽抑陰爲醫學綱領，正因不悟陰平陽秘之理故也。是故得力在於悟理，醫理如是，易理如是，天下萬事，自古及今之理，莫不如是，即所謂頭頭是道也。悟一陰一陽之謂道，所以知陰平陽秘，精神乃治也。是故醫理即易理也。形而上者謂之道，先天也。形而下者謂之器，後天也。恬淡虛無者，先天也。陰平陽秘者，後天也。形上形下者，逆追順承之旨也，《靈》《素》固已備論，拙集太極發揮等論，頗詳其義，先生或未之察耶？然卻非扶陽抑陰之功夫，此宗功夫，實非易經道理也。夫陰陽變化無方之謂易，故聖人精蘊在卦象，而非語言可形容，一涉語言文字，便落方隅，即非變化無方之妙理矣。所以朱子云：讀易於象上會得者深，言上會得者淺。此眞論易之丹頭，讀易之妙訣，非個中人，誠不足以語此。今先生之意，豈以朱子爲非，反以拘執扶陽抑陰硬作易理爲是乎？或者未會理會得易經道理，將錯用其功夫也。其實朱子本意以人執泥爻彖，但從言上探索，不復進求其所以然，故以二語喚醒之，猶佛家以見月忘指提醒人一般意思。可見朱子正恐人執泥文字語言，欲以二語喚醒人。無奈世人仍不能醒，非但執泥爻彖，並將扶陽抑陰之譬語，硬作易理解會，而云爻彖確有此理。正如執指作月，而實未曾見月，豈不辜負朱子之婆心哉。羲聖畫卦，原包全部《易經》道理。卦象，月也。易辭，指也。指固在月外，非包在月內也。世之讀易者，多執指作月，鮮能因指見月者。苟能見月，自然忘指，何至拘執文字語言，而費唇舌哉。但人苦無門悟入，故文入王作彖詞，開示大段。周公作爻詞，發明隱細。孔子申文王周公之意，人後天兜轉先天。如子之書，謂一綫穿成，豈四聖人拙集出余一手，故一意貫串。四聖之易，理則一貫，而意義不同。若謂文王不一綫穿成乎？兜轉先天者，想是謂無思無爲，寂然不動，感而遂通之意也。即伏聖之意，周公即文王之意，孔子即周公之意，豈不爲複詞贅語哉，不成其爲聖矣。個中人自能領略也。如云卦、彖、爻、繫，各自爲易，則易書當分上部，不當合爲一經矣。聖人本各自爲書，合爲一經者，自王弼亂之也。扶陽抑陰四字，原是後儒爲治世設喻，本非卦、彖、爻、繫之理，四聖皆發明陰陽進退消長之理，則共成一經。雖爲一經，而四聖各有意義不同。故朱子云：文王之詞，早不是伏羲之意。今先生之言，是駁朱子也。或者先生高見出於朱子，

則非余小子所敢饒舌矣。六十四卦，先儒或云定自伏聖，非始文王，此不必論。但文王作彖，已有大過、小過、大畜、小畜、大壯、大有等卦名，凡言大者皆指陽，小皆指陰。可見陽大陰小，天地間至理，古聖人皆如此說，非出後人杜撰明矣。天地間至理既然陽大陰小，古聖皆有此說，則扶陽抑陰，斷非聖人之言，必非易理，更可見矣。何故？一陰一陽之謂道，偏陰偏陽之謂災。陽既大矣，而又扶之，豈不更大？陰既小矣，而又抑之，豈不更小？則偏勝甚矣，斷非道也，《易經》豈有非道之理哉。偏勝爲災，聖人豈有致災之言哉。乃云爻象確有此理，而後聖人言之，得非昧經理而誣聖人乎。《圓覺經》云：圓覺之性，如牟尼珠映於五色，迷者謂珠體實有五色。世之論易者，執文言作易理，猶認珠體實有五色耳。再就太極圖言之，自古圖式不一。有易太極圖，有古太極圖，有周子太極圖，有來氏之圖，有道家太極圖。圖式縱多，理無二致，總不出陰陽未判名太極，太極動靜生陰陽。陰陽爲太極之用，太極爲陰陽之體而已。拙集已暢發其義，譬如風雨晦明，變態萬狀，總不出天地陰陽氣化流行之理。若泥其形而昧其理，則惑於多歧，莫知道之所在矣。試就此圖觀之，上白者陽，天也；下黑者陰，地也，皆後天也，惟中宮爲先天。此圖爲太極動靜而生陰陽之初象，若據此圖，則陰陽固無大小。而先生言陽大陰小，天地間至理，則又自相矛盾矣，奈何？而況圖象猶有不能盡其理者，如天氣下降爲雨，下降者陰也；地氣上升爲雲，上升者陽也。陰陽變化無方，只可意會，莫能言宣。言不能宣，圖象焉能盡其理哉？故曰：赤水元珠，得之象罔。則泥象者猶失之，何况執泥文字語言，去理更遠矣。以後天言，則天地分列陰陽。自先天言，即天亦陰也。惟先天一點，乃眞陽耳。

觀先生之言，自丹書中來，或者未曾理會得《易經》道理，故被丹書所迷也。凡書稱先天爲陽，後天爲陰，每每牽引《易經》，似是而非，反乖易理。夫易有太極，而生兩儀，兩儀爲天地，天地即陰陽，故又言太極動而生陽，靜而生陰。太極在天地未分以先，故名先天。天地未分，尚無陰陽之名，豈可鑿稱先天爲陽乎？如可稱陽，何以名太極哉？天地既分以後，陰陽五行俱全，豈可鑿稱後天爲陰乎？如可稱陰，何以名陰陽五行哉？豈不將名目理義，全然紊亂乎。凡事有名有義，而理在其中，所以顧名必當思義。名義且不識，無怪辨理舛謬矣。可見丹書爲臆說，實非易理也。景岳既迷丹書之言，而以世儒扶陽抑陰治世之喻言，硬作易理，又以之論醫，牽引《內經》陰平陽秘之文，而不辨其理。先生又承景岳之謬，惜哉！且如先天爲眞陽，豈後天爲假陽耶？以其爲假陽，故自先天言，即天亦陰也。天可稱陰，則世間男子，亦可稱爲女人，故有巾幗丈夫之名乎？可發一笑。天既稱陰，將以何字稱地乎，敢問？

此陽胚胎天地，包含萬象，仙佛聖賢，均從此出。道得之而仙，釋得之而佛，儒得之而聖人。

天命之謂性。朱子曰：命猶令也，性即理也。天以陰陽五行化生萬物，氣以成形，而理亦賦焉。此天字正指先天而言。蓋一靈之性，賦於太極，太極生陰陽五行之氣以成形，則謂之生，若命令之自上而下也。氣化既盡，則五行陰陽消散，而太極毀則靈去，而謂之死，所以言原始要終、知死生之說。是故萬物之生，莫不稟有先天之氣。蓋草木無情，則但有氣而無靈耳。今曰道得之而仙，釋得之而佛，儒得之而聖。豈止仙佛聖人方得此氣，其餘衆生，所未有者乎？且先天尚無陰陽之名，故稱太極；今言此陽胚胎天地，此陽究爲何陽乎？如此見解，恐少參悟功夫，或未可以談易也。

三敎同歸大易秘旨，盡性至命功夫，全在乎此，歷聖心傳，未便明說，故以扶陽抑陰指示門徑。扶陽者，扶此先天之陽也。抑陰者，抑此後天之陰也。

以治世之喻言作《易經》之實理，又以丹書先天爲陽，附會其說。此陽既能胚胎天地，尤必賴人扶之，此人者何人耶？得非超出盤古女媧者乎？觀道門中書，自老氏以下，惟魏伯陽《參同契》、張紫陽《悟眞篇》，猶不乖經旨，與儒理異用同歸；其後丹書，如《唱道眞言》《性命圭旨》等，尚皆正宗，不失老氏之意；餘則支離穿鑿，臆說橫陳，每必牽引《易經》作門面，竊祖師名目爲標幟，甚至千奇百怪，流於邪僻，未曾潛心參悟者，無不爲其所惑。是以旁門左道，邪教繁興，流毒於世，實堪太息。如景岳之大言煌煌，不外丹書作藍本，將《易經》《靈》《素》之文，牽合附會，眩惑於人，良可悼也。夫歷聖心傳指示者，止有惟精惟一、允執厥中八字而已，未聞有扶陽抑陰之說也。精一者，即至誠無息之旨也；執中者，即致中和、位天地、育萬物之道也。是故《中庸》爲歷聖相傳之心，《大學》爲歷聖相傳之道。道不出乎心，心不離乎道，而其源皆出於伏聖之易象也。既曰執中，又曰中和，更曰中庸，再曰君子而時中，則無論先天後天，陰陽氣化流行生成萬物，斷無偏倚一邊之理，既爲聖人，斷無偏倚一邊之言。扶陽抑陰四字，偏倚已極，原是後人爲君子小人設喻，豈可硬作易理，誣爲聖人之説乎。若不爲治世設喻，試問先天後天，陰陽生化自然之道，人將何法以扶之抑之乎？於此亦可省悟其理矣。

猶之佛家教外密傳，凡夫安得知之？若云爲治世而言，抑何談之容易。静讀《繫詞》上下傳，自然見得耳。

余固凡夫，雖静讀詞傳至終身，實亦一無見得也。若有一毫見得，即有一毫執著。有一毫執著，即不可論易理也。先生此言，必有見得，儒家之教外，果有别傳乎？教外别傳，是在易理之外，更非余所能領略矣。佛家稱教外别傳爲釋迦秘旨，自達摩始傳中國，以非語言所能指授，故稱教外别傳，而以棒喝、豎指、擎叉、滚球等點化人，並非密傳也，想先生亦係平日所誤聞耳。且夫用之則行，舍之則藏，一日克己復禮，天下歸仁，則聖人治國平天下，正是盡性至命功夫。所以言能盡其性，則能盡人之性，能盡人之性，則能盡物之性，是體用一貫之理也。明德爲體，親民爲用，止於至善，則體用完全。然明體尚易，達用尤難。體者道也，用者權也，故曰可與適道，未可與權。又曰執中無權，猶執一也。今將體用打作兩橛，以難者反視爲淺易，看得盡性至命四字，如買古董者，但見其希奇寶重，實不知其用處。嗚呼！如斯談儒理者，訓詁之學也。不知儒理，焉能知易理哉。

嗟乎：道之不明也久矣。景岳昧於易理，執迷丹書，先天爲陽、後天爲陰之言，又要穿鑿扶陽抑陰四字，遂臆造陰多陽少，陽弱陰强等似是而非之説，使人難辨，大壞軒岐宗旨，爲醫門魔障，遺害不淺，余故辨之，以明軒岐之正道也。今先生拘執易辭，言陽大陰小，爲天地間至理。陽既大矣，又要扶陽，陰既小矣，又要抑陰，自覺刺謬，不得已去丹書中尋出先天爲陽，後天爲陰二語來，言扶陽者扶先天之陽，抑陰者抑後天之陰。觀起首言乾坤，言泰否，言天地日月，男女老少，陽大陰小，原説後天之陽，辨論到理屈難伸，忽改言先天之陽。先天既不可稱陽，而前後自相牴牾，此所謂遁辭也。先生之言，雖與景岳小異，而病則同也。試思先天爲根本，後天爲枝葉，若云扶先天根本，理上還講得去；若云抑後天，則難解矣。譬如種樹，根本固宜培，豈枝葉必當伐乎？如此粗淺意義，尚且講不過去，還説是歷聖相傳指示之門徑。如此門徑，則爲旁門曲徑，必使人走入魔道，斷非歷聖之所指示者。若不急急省悟，恐爲害非淺矣。且觀先生之言，假名論易，陰爲迴護景岳，明眼自見，不可欺也。何故？若先生之言爲是，則余之駁景岳爲非，易象若有扶陽抑陰之理，即爲造化自然之道，則治病必當扶陽抑陰爲綱領，是景岳爲是而余爲非，則陰平陽秘，不可爲醫學綱領矣。乃言不曾迴護景岳，眞欺人之談哉。然而拙集卻最喜人批駁，何故？蓋凡至理，多難解會，愈辨駁則愈明顯。拙集中多入理之談，而博洽聰明之人，猶且疑惑不解，況其下者乎。或至後世，横生謗議，則余不及登答，遂成千古疑團，豈非憾事。況余以一得之愚，亦不敢自信爲是，若有當世高明，不吝賜教者，實爲余之幸也，尤跂余望之耳。

《傷寒論本旨·陰陽迴旋升降圖》

陰陽迴旋升降圖

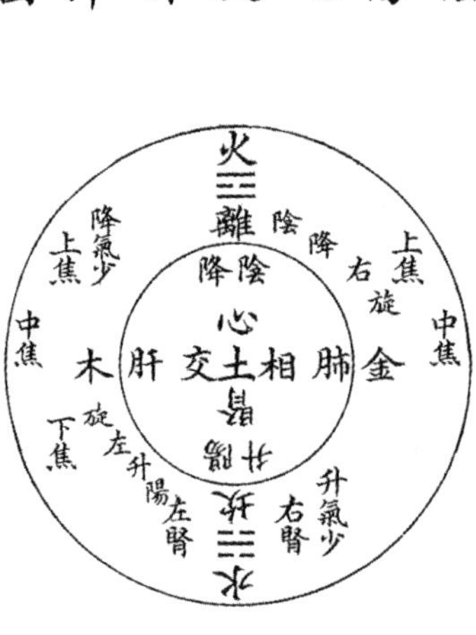

《傷寒論本旨·圖説》心腎相交之處，即是太極，人身命蒂所在也，道家名爲元關。中土其外護，故爲太極之廓也。神氣凝合於中，返本固元，則成仙胎。蓋離中一陰，爲神明之宅，坎中一陽，爲生氣之根，陰陽合璧，即歸太極之體而復其性，故曰一陰一陽之謂道。又曰形而上者謂之道。形而上者，復其性也。自陰陽流行，化生萬物，以成形質，如材之成器，故曰形而下者謂之器也。肝木近於腎，以其氣升，故居於東，肺金近於心，以其氣降，故居於西，脾胃居中，胃陽居前，脾陰居後。陽氣從(右)〔左〕者，由脾而升，陰氣從右者，由胃而降，故脾胃之脈，診於右關也。所稱相火者，即坎中陽氣，由肝胆而升，行於三焦者也。陽自左旋而旺於南，故左寸大於右寸者，陽升極而浮洪也。陰自右旋而旺於北，故右尺大於左尺者，陰氣盛而陽藏於內也。右尺之內陽外陰，正與左寸之內陰外陽相配。左尺陽初升，正與右寸之初降相配也。女人之氣從右旋，故其脈宜右旺尺旺，與男子相反。此圖專明男脈也。《難經》言左爲腎，右爲命門，男子以藏精，女子以繫胞。蓋先天轉爲後天，乾變成離，一陽落於坎中，爲生氣之根，升發於左腎，自東而至南，由西而至北，歸藏於右腎。故右腎居西北，是先天乾陽之所在，要如門戶之閉密，則生命保固，故稱命門。《內經》曰：陰平陽秘，精神乃治。即此理也。以其爲生命之根，故男子以藏精，女子以繫胞。歷來相傳，以左腎爲水，右腎爲火，皆是臆說，而非聖經至理也。夫言陰平者，坎卦之二陰也。陽秘者，坎中之一陽也。若云外水內火則可，安可以左爲水，右爲火哉。火藏水中，火妄動則水耗，故必陰平陽秘，精神乃治也。

《傷寒論本旨·醫本於易論》 原夫易者，交易、變易、不易三義也。交易、變易，以表事物之變化，而變化之中，自有不易之理存焉。然師於易者，各有所宗。儒者宗理，醫者宗氣，術者宗數。同本一體，而用則各異。故立言垂法，迥乎不同，必和其用之異，方明其體之同，明體方能達用，不明乎此而談道，失之遠矣。所謂氣者，萬物生化之源也。萬物生化，總由太極之一動一靜，疊連動靜五次，其氣逆旋返本，結成一物，而太極即寓乎中。而又動靜生化，故物之小者漸大，及其氣衰而盡，則物壞而形質消化，仍歸大冶之氣。其氣流行變化，則又生成一物，是故循環不息也。

醫宗氣者，必順夫陰陽五行生化之道，爲養生治病之法，故以三方爲綱，明天人合一之理，而取象於䷀。此以天有陰陽，地有陰陽，人有陰陽，而生天地之中，故以中二爻象人也。若䷋此卦，爲天氣不降，地氣不升，生化之機遏逆，致多乖戾之氣，民受外邪之病；若身中上下氣不升降，則成痞隔，爲內傷之病也。若䷊此卦，爲雲升雨降，陰陽氣交，萬物化生，民無外邪之病，而身中陰陽升降，陰護於外，則陽固於內。故經曰：陰平陽秘，精神乃治。則一身氣血通泰也。離屬火，象人之心，坎屬水，象人之腎，故否卦䷋而變未濟䷿，則爲心火上亢，腎水下流，陰陽脫離，不治之病也。泰卦䷊而變既濟䷾，則心腎交而陰陽固，雖有外邪，可無虞矣。儒家重陽者，尊君也，扶陽者，扶君子之陽德也。醫宗氣化之道，故必以陰陽和平，方能陽生陰長，略有偏勝，其氣即乖，災病生矣。而人身陽氣，尤貴沈潛固密，故取象於易，與儒迥異。周孔之言，與軒岐不同，而張景岳援儒扶陽抑陰之言而論醫，將周孔軒岐之言，牽混鋪張，既失《易經》本旨，而又錯解醫理，迷誤後學，誠不淺矣。是故易之爲道，千變萬化，而變化之中，自有至理存焉，此所以體用源流之同異，不可不辨。苟能明生物成物，氣化流行之道，而於養生治病，思過半矣。或曰：儒宗理，醫宗氣，術宗數，雖各有所宗，既同本一易，義理必然互通，何以明之？余曰：假如人生稟質，強壯者壽，薄弱者夭。強弱，氣也，壽夭，數也。因其強弱而分壽夭，一定之理也。強者不善養而夭，弱者善養而壽，此氣有消長，數有變化，因其善養不善，而反其壽夭，一定之理也。蓋理爲體，氣數爲用，用不能奪體，故氣數有消長變化。而理則一定不易。知命者不立於巖牆之下，此之謂循理。夭壽不二，窮達不動其心，無入而不自得者，明其一定之理也。理明則心不動，心不動，則無入而不自得矣。是故不動者，非制之也，理明於心，不爲物誘，自然不動，以至死生之際，亦了無介意，更有何事可動其心哉。然而難矣。

《醫理真傳·坎卦解》 坎爲水，屬陰，血也，而眞陽寓焉。中一爻，即天也。天一生水，在人身爲腎。一點眞陽，含於二陰之中，居於至陰之地，乃人立命之根，眞種子也，諸書稱爲眞陽。眞陽二字，各處講解字眼不同，恐初學看書，一時領悟不到，以致認症不清，今將各處字眼搜出，以便參究。眞陽二字，一名相火，一名命門火，一名龍雷火，一名無根火，一名陰火，一名虛火。發而爲病，一名元氣不納，一名元陽外越，一名眞火沸騰，一名腎氣不納，一名氣不歸源，一名孤陽上浮，一名虛火上冲，種種名目，皆指坎中之一陽也。一陽本先天乾金所化，故有龍之名。一陽落於二陰之中，化而爲水，立水之極，是陽爲陰根也。水性下流，此後天坎卦定位，不易之理也。須知此際之龍，乃初生之龍，龍，指坎中一陽也。不能飛騰而興雲布雨，惟潛於淵中，以水爲家，以水爲性，遂安其在下之位，而俯首於下也。若虛火上冲等症，明係水盛，水即陰也。水盛一分，龍亦盛一分，龍即火也。水高一尺，龍亦高一尺，是龍之因水盛而遊，非龍之不潛而反其常。故經云：陰盛者，陽必衰。即此可悟用藥之必扶陽抑陰也。乃市醫一見虛火上冲等症，並不察其所以然之要，開口滋陰降火，自謂得其把握，獨不思本原陰盛，陰盛二字，指腎水旺。陽虛，陽虛二字，指君火弱。今不扶其陽，而更滋其陰，實不啻雪地加霜，非醫中之庸手乎。余亦每見虛火上冲等症，病人多喜飲熱湯，冷物全不受者，即此更足徵滋陰之誤矣。又有稱桂附爲引火歸源者，皆未識其指歸。不知桂附乾薑，純是一團烈火，火旺則陰自消，如日烈而片雲無。況桂附二物，力能補坎離中之陽，其性剛烈至極，足以消盡僭上之陰氣。陰氣消盡，太空爲之廓廓，自然上下奠安，無偏盛也，豈眞引火歸源哉。歷代注家，俱未將一陽潛於水中底蘊搜出，以致後學懵然無據，滋陰降火，殺人無算，眞千古流弊，醫門大憾也。

《醫理眞傳·離卦解》 離爲火，屬陽，氣也，而眞陰寄焉。中二爻，即地也。地二生火，在人爲心，一點眞陰，藏於二陽之中，居於正南之位，有人君之象，爲十二官之尊，萬神之宰，人身之主也，故曰心藏神。坎中眞陽，肇自乾元一也。離中眞陰，肇自坤元二也。一而二，二而一，彼此互爲其根，有夫婦之義。故子時一陽發動，起眞水(⊥)[上]交於心，午時一陰初生，降心火下交於腎，一升一降，往來不窮，性命於是乎立。

《醫理眞傳·氣血兩字作一卦解》 凡天地之數起於一，一屬陽，氣也。一生二，二屬陰，血也。一合二而成☵，氣無形而寓於血之中是也。二合一而成☲，血有形而藏於氣之內是也。經云：氣能統血。即此意也。氣血兩字，作一坎卦解之也可，即作一離卦解之也可，即作坎離二卦解之也亦可。子恆曰：以藏府分陰陽，論其末也。以一坎卦解之，推其極也。又曰：人身一團血肉之軀，陰也，全賴一團眞氣運於其中而立命，亦可作一坎卦以解之。

《醫理眞傳·眞龍約言》 夫眞龍者，乾爲天是也。乾體屬金，渾然一團，無一毫渣滓塵垢，古人以龍喻之，言其有變化莫測之妙。乾分一炁落於坤宮，化而爲水，陰陽互根，變出後天坎離二卦，人身賴焉。二氣往來，化生中土，萬物生焉，二炁亦賴焉。如坎宮之龍，坎中一爻，乾體所化。初生之龍也，養於坤土之中，故曰見龍在田。無與飛騰之志，而有化育之功。是水也，無土而不停蓄，龍也，無土而不潛藏，故土覆水上，水在地中。水中有龍，而水不至寒極。地得龍潛，而地即能冲和。水土合德，世界大成矣。竊思天開於子，子時一陽發動故也。而龍降焉，龍降於子，至巳而龍體渾全，飛騰已極。故五六月雨水多，龍亦出，皆是龍體渾全。極則生一陰，一陰始於午，至亥而龍體化爲純陰已極，極則生一陽，故曰復一。一也者，眞炁也，天之體也。炁雖在下，實無時而不發於上也。若離中眞陰，地體也，雖居於上，實無時而不降於下也。故《易》曰：本乎天者親上，本乎地者親下。此陰陽升降之要，萬古不易之至理也。業醫者果能細心研究，即從眞龍上領悟陰陽，便得人身一付全龍也。

《四時病機·劉傳祺序》 內陽外陰爲泰，內陰外陽爲否，扶陽燮陰，中正當位而不偏，此易義也。治天下然，即治病亦然。

《醫易通說·緣起》 余每談醫，輒引易義，聽者多河漢其言。不知人身臟腑，本於天地陰陽，而發明天地陰陽者，莫備於易。雖近出西學，窺測算量，光電化熱，汽機製造，無不精奇，然推究其理，一一皆具於易中。故吾說易，每參西學。西人譯易，譯爲變化二字，是西人已知《易經》爲化學氣數之根源，將來西人必有通中國文字者，詳譯易文，將大有益於西學。乃知中國聖人，貫三才，匯萬彙，亘古今而莫能外。惜夫中國自元明後，制藝設科，學術浮薄，於《詩》《禮》《春秋》且不能身體力行，何況《易經》所言，皆是性與天道，故注家空談名理，罔得實跡，甚且翻衍卦爻，與小兒鬭七巧圖更無以異，將一部《易經》置諸無用。豈知聖人作《易》，開物成務，無一語託諸空談。愧吾尠學，未能通德類情，以盡發《易經》之旨，惟於易道見有合於醫理者，必引伸之，爲醫學探源，爲易學引緒。尤願中國通儒，共參易旨，泰西賢士，同明易道，以上贊天地之化育，則誠盛德大業矣。

《醫易通說·考辨》 上古之易，並無文詞，至文王、周公、孔子，乃作彖、象、爻詞、繫詞，皆是易之注腳，其實《易經》只有爻象卦圖而已。當孔子時，必有先天八卦圖，河洛九數十數圖，後天八卦圖，六十四卦圖，是以孔子《繫詞》第一章，言天地定位，八卦相盪，是言先天八卦。第四章言易與天地準，知幽明之故，通夫晝夜之道，是言九數，法天地之晝夜也。九數世名《洛書》，惟宋劉牧以爲《河圖》。今考《繫詞》先稱《河圖》，後稱《洛書》，九數之義居先，是當改名《河圖》，以與易義相合。第九章曰：天一地二，天三地四云云。又言十數，象五行四時，以成變化也。十數世名《河圖》，惟宋劉牧以爲《洛書》。今考《繫詞》，十數之義居後，是當改名《洛書》。再觀下繫第五章曰：日往則月來，月往則日來，日月相推而明生焉。寒往則暑來，暑往則寒來，寒暑相推而歲成焉。先言晝夜，後言四時，則九數法晝夜，當居於先，名《河圖》，十數法四時，當居於後，名《洛書》，義可想見。劉牧說本希夷，不爲無據，先儒力辯其非，習於舊聞，不信劉說，又謂天乃錫禹《洪範》《九疇》，爲龜書出洛之證。不知《洪範》原文，並無龜書，《九疇》效法九數，亦非法龜書，何乃執天錫爲出洛之據？余按圖書二字，圖謂圖形，書謂積畫。九數分八方，其形圓，有五數，無十數。因龍馬之形不方，而背又屬陽，圖負於龍馬之背，是以無腹下之十數，只有背上之五數也。若夫《洛書》，分四方，有天五，又有地十。因龜之腹背皆有積畫，背甲之畫象天，腹版之畫象地，背上之畫其數奇，腹下之畫其數偶，合爲十數，以成天地對待之形。蓋龜形本方，又有腹背之甲版以象天地，所以其數以天地分言也。今因從劉說，改九爲《河圖》，十爲《洛書》，非敢阿好，實與易旨有合耳。

《醫易通說·總綱》 西學有《物理推原》一書，由一名一物，次第推求，而歸本於造化主，是萬殊推到一本，《中庸》所謂其次致曲，曲能有誠也。中國聖人作易，由太極衍爲八卦，由八卦重爲六十四卦，範圍天地，曲成萬物，是一本散爲萬殊，孔子所謂吾道一以貫之也。太極者，謂天地未分之先，只渾然元氣一團而已。由太極生出兩儀，有陰有陽。由兩儀生出四象，則陰中又有陽，陽中又有陰。由四象生出八卦，邵子所謂先天八卦也。非僅空名，實有此八樣氣化，以化成天地。於是乎天旋地轉，陽爲晝，陰爲夜，遂有《河圖》九數之位。積晝夜以成四時，天地轉運，四時互更，又有《洛書》十數之位。天與地一往一來，將先天八卦之氣，變而爲後天八卦之運，則萬物成矣。物相雜，卦相盪，合爲六十四卦，三百八十四爻，則變化盡矣。焦氏《易林》又衍爲三百八十四卦，二千三百四爻。然《内經》云：陰陽者，數之可千，推之可萬。安能以爻象盡之。聖人舉例發凡，備於六十四卦，廣矣大矣，莫能外矣，何必更加推衍。吾於易義，尤不過窺豹一斑，只就確然可據，有關醫學者，約略言之，所望醫學昌明，允躋仁壽。至於易學，尤望海内羣公，闡明聖道，位天地，育萬物，豈曰小補之哉。謹將臆說序列於後。

《醫易通說·太極》 天地未分之先，無物無象，人誰得而見之。聖人原始返終，由有形推到無形，知天地初生之始，只是渾然元氣一團，無以名之，尊稱之曰太極。欲太極寫圖，則當作〇，以象渾然之形。泰西算法，從〇起，從九止，謂天地之數，皆起於〇，即是起於太極之義。中國數起於一，一字本作、，後人引長作一，其實古只一點，以象太極。故許氏《說文》云：惟初太始，道立於一，造分天地，化成萬物。世稱庖羲一畫開天，皆指太極而言，至宋周濂溪先生，乃以〇爲無極圖，而另以☯爲太極圖，其說未嘗不通。然☯圖既分黑白，已有陰陽，是已生兩儀，不得仍名太極也。雖草木之核，内仁多是兩瓣，然五穀之實，不盡兩瓣，不得以核仁兩瓣爲象太極。凡核仁兩瓣者，其中間必有微芽，是芽象太極，兩瓣仍象兩儀。故追寫太極，必以〇爲元氣渾然之象。

又按《易經》，只追到太極而止，並未推到無極。蓋太極者，造化之根柢也，若云無極，則並根柢而無之，亦何關於造化。故周子無極之說，未免頭上安頭。

大地初生，無從目覩，惟將人物初生考驗之，則太極之象可見。有如鷄卵，皆以爲太極一團之象，然卵白象天，卵黄象地，黄爲陰，白爲陽，已分陰陽，便是兩儀，不得名爲太極也。惟未成卵之先，附於雌鷄背節骨間，只有細子，小者如梧子，大者如彈丸，只是圓核一枚，並無黄白二色，乃爲鷄卵之太極。人之初胎，一月爲胚，亦只渾然一團，是爲生人之太極。推之萬物，返之兩大，太極之義，從可想矣。

太極者，肇造天地人物之眞宰也。耶蘇天主，尊崇造化主，虚奉其名，不知其實。間如何肇造天地人物，則但曰神妙莫測。不知聖人言太極，則眞是造化主，如何肇造，如何神妙，皆有變化生成之實據，不徒託諸空談。易其至矣乎。

《醫易通說·兩儀》 太極動而生陽，靜而生陰，於是乎化生兩儀。兩儀者，一陰一陽也，原無形象，今欲擬諸形容，則當作☯。左爲陽，右爲陰，以北爲陽之初生，以南爲陰之初起。有此兩儀，而天地萬物皆自此生，故《内經·陰陽應象論》曰：陰陽者，萬物之綱紀，變化之父母，生殺之本始。積陽爲天，積陰爲地。陰靜陽躁，陰生陽長。陽化氣，陰化形。陰陽者，血氣之男女也。左右者，陰陽之道路也。水火者，陰陽之徵兆也。陰在内，陽之守。陽在外，陰之使也。謹按：人身由一陰一陽，生出三陰三陽，三陰又分手足六經，合於坤之六爻，三陽亦分手足六經，合於乾之六爻。故人身一小天地，而天地只一陰陽。《内經》又曰：陽爲氣，陰爲味。則辨藥之性，亦自此起。

《内經·生氣通天論》曰：自古通天者，生之本，本於陰陽。陰者藏精而起亟，陽者衛外而爲固也。謹按：藏精衛外，皆是言人身陰陽之功用，惟起亟二字，是言起於根源處。亟即古太極之極，言陽根於陰，陰根於陽，起於太極之義。中國聖人言兩儀生於太極，明且確矣。泰西《舊約書》曰：《創世記》曰，神造天地，其初空虚黑暗，神說要有光，就有了光。神將光明分開了，神稱光爲晝，稱暗爲夜。此與太極生兩儀之說相合。所謂空虚黑暗，即《内經》起極者也。中國聖人言太極是造分天地之根源，而泰西《創世記》另言有神造天地。夫太極之外，更有何神？宋周子於太極外再溯無極，《創世記》於天地外另有一神，皆不免於託空。

問：陰陽初分之時，究是何物何象？答曰：只是光暗二色而已。問曰：可是冷熱二氣否？答曰：先分光暗，後分冷熱。譬如侵晨有光而不熱，黃昏已暗而不冷，則知先有光暗，後有冷熱。

《醫易通說·四象》 既有陰陽，互相感召，陽育陰，陰含陽，泰西名爲發力，又名吸力，攝力，互相吸攝，於是陰中有陽，陽中有陰。故陰陽二氣，又分爲四，名曰四象。凡此四端，尚無定形，未可以圖寫之，今欲擬諸形容，則當作☯。此圖並非實象，不過以左爲陽，而陽中又有陰，以右爲陰，而陰中又有陽，略寫四象之意，閱者幸勿拘執。邵康節有平方圖，於四象之理尚能形容，今附如左。

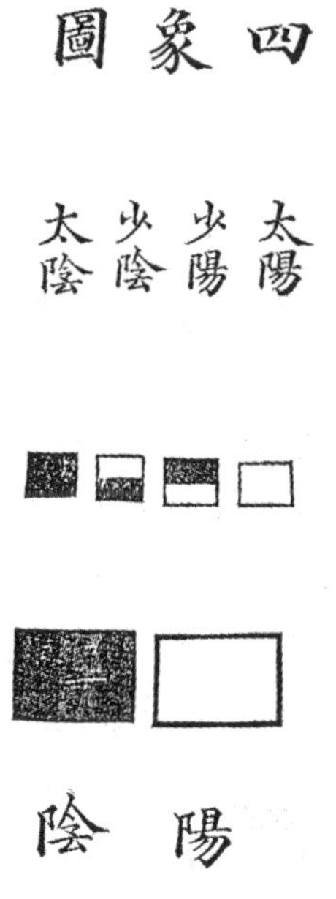

《醫易通說·先天八卦》 既有四象，乃變生八卦，邵子所謂先天八卦也。

今將邵子之圖列于下端：

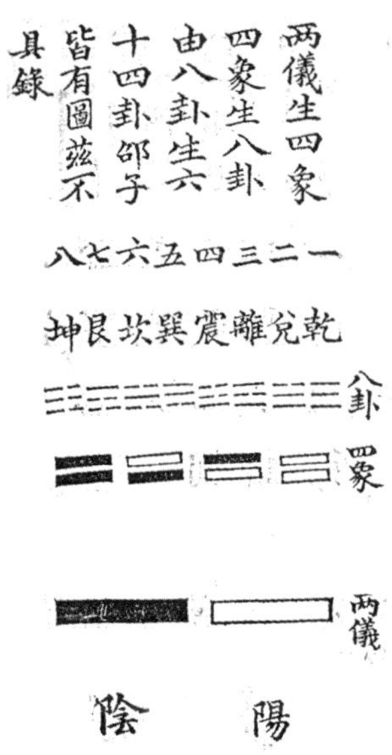

右圖下二位，一陰一陽，爲兩儀。中四位，太陽、少陰、太陰、少陽，爲四象。由四象而生出八卦。上八位，乾、兑、離、震，爲陽之所生，巽、坎、艮、坤，爲陰之所生。又以乾兑生於太陽，離震生於少陰，巽坎生於少陽，艮坤生於太陰，次第相生。序列其數，則爲乾一兑二，離三震四，巽五坎六，艮七坤八，邵子所謂先天八卦之數也。後人以先天二字，與《易經》先天弗違、後天奉若義不相合，遂詆其非，然考八卦，實有先後二義，位次各有不同，雖天字之名不甚賅洽，不得謂卦無先後也。故繫詞天地定位一章，在帝出乎震之前，足見帝出乎震章，是言後天，卦當在後；天地定位章是言先天，卦當在前也。

推衍八卦之序，而知人之初胎在母腹中，第一月，只是一點元陽之氣，以應乾一。有氣即有液，第二月，氣又化液，以應兑二。第三月，氣澤合化爲熱，以應離三。第四月，振振而動，以應震四。既震動則有呼吸，象風氣。第五月，子隨母氣有呼吸，以應巽五。第六月，胎水始盛，以應坎六。第七月，子之腸胃已具，以應艮七，主中土。第八月，肌肉皆成，以應坤八，形體俱全。故凡懷孕八月生者，其子易養，不滿八月，則子難養。今醫遇人體弱，以爲先天不足，所謂先天，即指胎元而言。

再按人在胎中，先生頭，爲乾一。次生肺，爲兑二。次生心，爲離三。次生肝膽，爲震四、巽五。次生腎，爲坎六。次生腸胃，爲艮七。次生肌肉，爲坤八。西醫剖視，大略如此，頗合先天八卦之象。

數者，所以紀氣也，苟無其氣，則數只空名，非造化之確數矣。有如先天八卦之數，皆實有春氣可憑。乾居一數者，蓋肇造天地之先，太極初分，先有天陽，只一點光氣而已，故乾居一數。有此一點光氣，次有潤澤之氣，故兑澤居二。光澤二氣合化爲熱，於是生火，故離火居三。火氣發則震動，故震居四。有發動即有往來，是生風氣，故巽風居五。雷動風散，雨水斯降，故坎水居六。有流即有止，有水即有山，故艮居七。山水具而地體成，故坤地居八。古人未有此説，余覽泰西《舊約書·創世記》云：神造天地之始，空虛無物。神曰要有光，就有了光。此即《易經》先天卦乾居一數之義。摩西耶蘇出於西土，未讀中國《易經》，其言創世，先言有光，恰符乾一之數。非聰明絕世，安能言此。惜其説出於想像，不能次第推詳，故其後言神説要有水，要有火，要有山，要有地，與易之序不合，揆之造物，次第未符，不如中國聖人所列先天八卦次第相生，與造化私毫不差。今人不究易義，抑知易道精博，佛釋耶蘇之敎，無一而不賅哉。

問曰：先天八卦之數，由一至八，皆順數也。《繫詞》何以有數往者順，知來者逆之說？答曰：由一至八，此天地並未成形之先，原無定位，只是一氣相生，故畫卦則一陰一陽，次第相加，而造化則由一至八，陰陽相生，此生陰生陽之數，幷無順逆者也。惟天地已成形後則有定位，有定位則陰陽對待，八卦相錯，於是乎分陰分陽。陽數順行，陰數逆行。陽爲晝，陰爲夜。陽法天，陰法地。天旋地轉，寒往暑來。易所謂數往者順，知來者逆也。另圖如右下：

右先天八卦方位象數圖義原出於易，並非邵子創說。《繫詞》曰：天地定位，山澤通氣，雷風相薄，水火不相射，八卦相錯。數往者順，知來者逆。即此之謂也。

問曰：震、離、兌何以當居左？巽、坎、艮何以當居右？答曰：此以其數定之也。陽數順，主生當居左，故自乾至震位在左。陰數逆，主成，當居右，故自坤至巽位在右。以其數之順逆，分爲左右，八卦隨之，遂成對待之形。以六子論，則乾坤者父母也，艮、坎、震三男卦，皆依於坤母，巽、離、兌三女卦，皆依於乾父。陰求陽，陽求陰，故《易》曰：乾稱父，坤稱母。震一索而得男，故謂之長男。巽一索而得女，故謂之長女。坎再索而得男，故謂之中男。離再索而得女，故謂之中女。艮三索而得男，故謂之少男。兌三索而得女，故謂之少女。索者，求也，取也。天索地氣，地索天氣。泰西天學名爲發力，

又名吸力，又名攝力，實即《周易》所謂索也。西人謂天空純是冷氣，地心純是熱質，皆是陰陽互換之證。惟西人言天冷際上仍是熱際，則出於臆斷，並無考驗，且與吸力發力之說相閡，安有冷際上又是熱際之理？即云冷際上又是熱際，亦欺人語，誰往試驗？不知中國聖人衍出先天八卦，凡陽卦皆依附於坤，凡陰卦皆依附於乾，而天純冷，地純熱，陰陽互換，象已見於卦圖，不待西人乘氣毬，鑿地穴始知之也。堪輿家《青囊經》雖(譌)[僞]書，然頗通易，其曰：天依形，地附氣，陽育陰，陰含陽。即此之謂也。

問：數往者順，知來者逆。何者爲往？何者爲來？答曰：日往則月來，月往則日來，寒往則暑來，暑往則寒來，皆言天地之往來也。以一日論之，自子至午，上半日天左旋，行震離兌之位，其數逆，爲來。自午至子，下半日行巽坎艮之位，其數順，爲往。此天之往來也。若夫地之往來，地右轉，自子至午，上半日行艮坎巽之位，其數逆，爲來。自午至子，下半日行兌離震之位，其數順，爲往。地與天相對待，而互相往來，以成晝夜。由一日推至一年，由一年推至一運，以至於十二萬年爲一元，天地往來之數，不外於此，人事之代謝，亦不外於此，聖人所以能前知，豈怪誕哉。

先天主氣，後天主運，運主成物，氣主生物。凡天地間物，其秉氣以生者多，秉於先天卦氣也。有獸如鹿，是秉先天坤震之氣。震居東北，在今關東，與正北坤卦相合，是爲復卦。鹿秉此氣，故鹿(葺)[茸]以關東者爲佳。冬至一陽生，復卦值月，故鹿解角生(葺)[茸]以應之，用能補陰中之陽氣。麋是稟先天乾巽之氣，先天巽居西南，在今雲南、吐番，與正南乾卦相合，是爲(垢)[姤]卦。麋秉此氣，故麋茸以吐番者爲佳。夏至一陰生，(垢)[姤]卦值月，故麋角解而生茸，用能補陽中之陰血。柑橙橘柚皮皆青，有銅綠之色，是稟先天兌金之氣，先天兌在東南，當四綠之位，故皮綠。內含汁液，是爲兌澤。熟則轉紅，是轉爲後天兌之七赤也。柑橘不踰淮，以淮北乃正東方，屬先天離卦，兌澤遇離火，則爲澤火革，是以橘踰淮北則變爲枳，而甘澤減矣。他如荷藕秉先天離氣，黎菔秉先天坎氣。趁此以求，則藥性可得其眞。

先天八卦，以對待爲體，蓋大造之匡廓也。既有此匡廓，於是天旋地轉，以生晝夜，遂有《河圖》之九數。晝夜既生，積爲四時，遂有《洛書》之十數。

《醫易通說・河圖》 此世所傳《洛書》圖，惟宋劉牧以爲《河圖》，先儒皆詆其非，然劉牧云得於陳希夷，希夷頗悉陰陽之理，其說當是。《易》稱《河

圖》在前，《洛書》在後，今考氣化，此數實應居前，故從劉牧改名《河圖》。蓋理求其是而已，何必有成見哉。

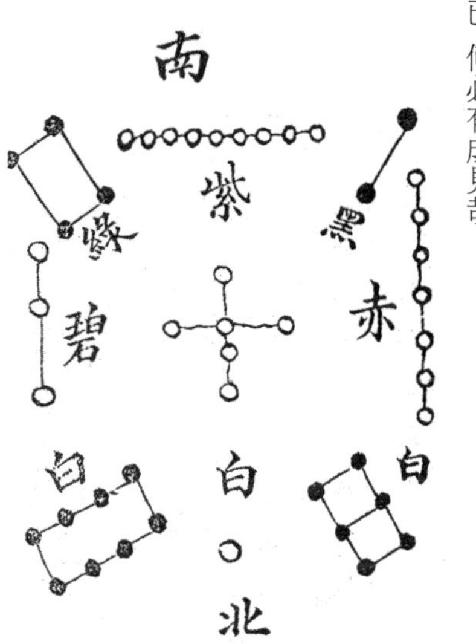

《河圖》之數，皆天左旋，地右轉。驗之於人，耳目象天，手足象地。《內經》云：右耳目不如左明也，左手足不如右強也。東方陽也，陽者其精并於上，上盛而下虛，故耳目聰明，而手足不便也。西方陰也，陰者其精并於下，下盛而上虛，故耳目不聰明而手足便也。《內經》有以臟腑配九數者。《六節臟象論》曰：分爲九野，九野爲九臟，形臟四，神臟五。形臟謂胃、大小腸、膀胱。神藏謂心、肝、脾、肺、腎，所以藏神也。

《河圖》之數，配後天八卦，驗之於人，有確切不移者，無過於女子七歲更齒，二七而天癸至；男子八歲更齒，二八而天癸至。蓋少女屬兑卦，得七數，少男屬艮卦，得八數，故以七八起算。

《醫易通說·洛書》 此世所傳《河圖》，今改名《洛書》，義見前考辨章。再按《易經》先言《河圖》，主氣主生，自當以九數爲是。次言《洛書》，主運主成。觀《易·繫詞》天一地二章，是言《洛書》十數。其曰成變化，行鬼神。成者，以其主成也。行者，即五行之謂也。

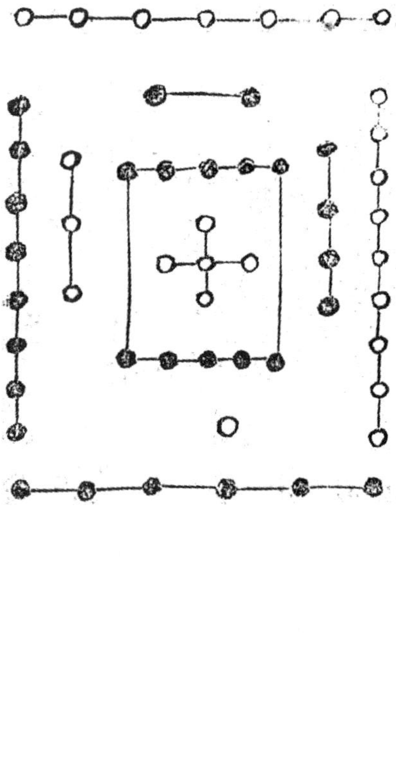

此圖以成數爲主，以五行爲用，自當在九數之後，是以從劉牧說改爲《洛書》。

《洛書》者，五行之根原也。其數以一三五七九屬之於天，以二四六八十屬之於地。天左行，地右行，天行五步，地亦行五步，二五媾精，遂生成水火木金土，故名曰五行。

《內經·陰陽大論》曰：東方生風，風生木，木生酸，酸生肝，肝生筋。在色爲蒼，在音爲角，在聲爲呼，在變動爲握，在竅爲目，在志爲怒。其畜爲鷄，其穀麥，其數八，其臭臊。南方生熱，熱生火，火生苦，苦生心，心生血。在色爲赤，在音爲徵，在聲爲笑，在變動爲擾，在竅爲舌，在志爲喜。其畜羊，其穀黍，其數七，其臭焦。中央生濕，濕生土，土生甘，甘生脾，脾生肉。在色爲黃，在音爲宫，在聲爲歌，在變動爲噦，在竅爲口，在志爲思。其畜牛，其穀稷，其數五，其臭香。西方生燥，燥生金，金生辛，辛生肺，肺生皮毛。在色爲白，在音爲商，在聲爲哭，在變動爲咳，在竅爲鼻，在志爲憂。其畜馬，其穀稻，其數九，其臭腥。北方生寒，寒生水，水生鹹，鹹生腎，腎生骨，骨生髓。在色爲黑，在音爲羽，在聲爲呻。其變動爲慄。在竅爲耳，在志爲恐。其畜彘，其(豆穀)〔穀豆〕，其臭腐。

《醫易通說·天干》 十干與《洛書》十數恰符，戊己配中央五十，甲乙配東方三八，丙丁配南方二七，庚辛配西方四九，壬癸配北方一六。大撓作此，就天之五道，分布十干，以紀天之五行。推曆得甲乙，則知其盛德在木。得丙丁，盛德在火。得戊己，盛德在土。得庚辛，盛德在金。得壬癸，盛德在水。以十干管五行，以五行宰萬物，其法精矣。

問：只有五行，應只立五干之名，何以必剖而爲十干？答曰：五行之中，又各有陰陽也。《洛書》天數五，地數五，合而爲十，故天干之名，甲、丙、戊、庚、壬，本天數者爲陽；乙、丁、己、辛、癸，本地數者爲陰。《内經》以陽干配腑，陰干配臟，故《臟氣法時論》曰：肝主春，足厥陰少陽主治，其日甲乙。心主夏，手少陰太陽主治，其日丙丁。脾主長夏，足太陰陽明主治，其日戊己。肺主秋，手太陰陽明主治，其日庚辛。腎主冬，足少陰太陽主治，其日壬癸。肝病者，愈於丙丁，加於庚辛。持於壬癸，起於甲乙。心病者，愈於戊己，加於壬癸，持於甲乙，起於丙丁。脾病者，愈於庚辛，加於甲乙，持於丙丁，起於戊己，肺病者，愈於壬癸，加於丙丁，持於戊己，起於庚辛，腎病者，愈於甲乙，甚於戊己，持於庚辛，起於壬癸。按人秉五行之氣而生，故與天之五行生死相關，醫者不可不知也。

又曰：天之五緯，有此五色，而萬物應之，各有色相。《内經》以配五臟，白當肺，赤當心，青當肝，黄當脾，黑當腎。白當皮，赤當脈，青當筋，黄當肉，黑當骨。青如翠羽者生，如草滋者死。赤如鷄冠者生，如衃血者死。黄如蟹腹者生，如枳實者死。白如豕膏者生，如枯骨者死。黑如烏羽者生，如(炤)〔炲〕者死。推之藥物，青入肝，白入肺，黄入脾，赤入心，黑入腎，無不準此。

《醫易通説·地支》 地支十二辰，或謂起於斗柄所指，非也。蓋先有十二辰，然後視斗柄所指，以爲月建，非先有斗柄，乃定十二辰也。若以斗柄起義，則每日斗移一度，周天三百六十五度，劃分爲四方可也，爲八方可也，何必定爲十二辰哉？蓋創立十二辰之始，因日與月會，每年大約十二會而一周天，雖間有閏月，然閏爲閏餘，每年十二月，乃其常度也。故將三百六十五度，劃分爲十二方，以紀日月會合之舍次，名之曰十二地支。蓋天體渾元，難於分析，惟地有方隅，易於剖判，故就地球六面，分爲十二支。支，即古枝字，謂如樹枝分析也。既分爲十二支，譬如一樹，南枝向暖，北枝向寒，於是有陰陽之定位焉，有對待之化氣焉，有六合之義，有三合之義焉。

何謂陰陽之定位？蓋以十二支分爲四方，以配《洛書》十數者是也。亥、子、丑，配北方一六水位，主冬令。寅、卯、辰，配東方三八木位，主春令。巳、午、未，配南方二七火位，主夏令。申、酉、戌，配西方四九金位，主秋令。平分則爲十二分，流行則爲十二月，而一年四序氣化盡矣。惟土無定位，獨旺於四季，非有他義，亦以《洛書》之四方各得五數，故在地支之四隅，各配中土四時之季，土各旺一十八日，皆本於《洛書》十數之義也。

後人又有以十二支配《河圖》九數者，然與九數之氣化位次參差不齊，知《河圖》九數與地支各别，不能强相配合。

《内經》有從四時起義者。春三月爲發陳，天地俱生，萬物以榮。早卧早起，以使志生，養生之道也。逆之則傷肝。夏三月爲蕃秀，天地氣交，萬物榮實。使志無怒，使氣得泄，養長之道也。逆之則傷心。秋三月爲容平，天氣(已息)〔以急〕，地氣以明。早卧早起，使志安寧，收斂神氣，養收之道也。逆之則傷肺。冬三月爲閉藏，早卧晚起，去寒就溫，無泄皮膚，養藏之道也。逆之則傷腎。四時不相保，與道相失，則未央絶滅。未央二字，注家多不解。蓋央者，中央土也。《月令》、《内經》，皆以未月屬中央土。《内經》此篇，詳言四時，但以未央一語總括之。因此篇乃四時調氣論，專主四時立説，故總結此句，以見土寄於四時之義。後世脈法，春弦夏洪，秋毛冬石，四季之末，和緩不忒，即是土旺四季之義。然《内經·平人(脈)〔氣〕象篇》云：四時之脈，皆以(脈)〔胃〕氣爲本。謂脈之帶緩相者爲有胃氣。所謂胃氣，即土旺四季之氣也。

對待者，兩支對衝，合爲一氣者也。子午合化爲少陰熱氣，卯酉合化爲陽明燥氣，寅申合化爲少陽火氣，巳亥合化爲厥陰風氣，辰戌合化爲太陽寒氣，丑未合化爲太陰濕氣。蓋十二辰分之爲十二，合之爲六合，六合之間，化生之氣，是爲間氣。間者，隔也，雜也。十二支本相隔，因其對衝則相見，相見則兩氣雜合，化成一氣，謂之間氣。雖《内經》只言司天在泉，并無間氣之名，然在司天之左右者，爲左右間氣，則知兩相正對，合同而化，以司一年之氣者，尤間氣之大者矣，左右間氣，特其副焉者耳。上天下地，謂之兩間，人居其間，在氣交之中，實稟間隔雜合之氣以生，是以人有六氣，以生十二經，上應天之十二辰。仲景《傷寒論》專主六氣，深知六合交感，間氣生人之理，故六經括病，爲千古不易之法。

問：子水午火，何以化熱？答曰：水中之陽，發見於天，與離日相交，則化爲熱。試觀夏月，水氣上騰，日光下灼，亢熱之至，即明驗也。又如黑色與赤色相合，即化爲紫。紫者，水火之間色也。推之於熱，亦是水火之間氣。又如鹹鹽是海水熬曬而成，即是子水與午火合化爲熱之物，故多食鹽味則發渴。今人以鹽生於水，謂其清潤，既不知五味五氣相反爲用，又不知雖生於水，實成於火，不講間氣，不講試驗，豈不謬哉。試觀西人以鹽精作炸藥，可想鹽性之熱，而子午合化爲熱之理，亦可(慨)〔概〕見。然以熱爲主而仍名少陰者，蓋熱是從午火之化，所謂本氣也。陰是存子水之陰，所謂標氣也。人身十二經，皆以臟腑爲本，經脈爲標。本爲氣化之根，標爲氣化之末，皆應地支間氣合化之理。余按間氣即《内經》所謂内交也。經云：氣交之中，人之居也，萬物由之。此之謂也。

卯酉對衝，合化爲陽明燥氣。蓋卯爲日出之門，故稱陽明。日入於西，酉爲秋金之位。金氣剛勁，神名蓐收，收去潤澤氣，則草木黄落，是以木當秋令而枯槁，從燥化也。木從金化，從其所不勝也。在人身，屬胃與大腸。大腸屬酉金，人猶能知，惟胃配卯木，人皆不知。蓋胃在後天八卦，當配艮土，先天震卦，變爲後天艮卦。穀入於胃，西醫所謂全賴膽汁入胃化穀，中醫謂木能疏土，皆是震木變艮土之義。注傷寒者，混稱陽明，以大腸配酉，而不知以胃本配卯，因不知胃與膽通耳。今觀蒼朮，得土木之間氣，而能燥胃，即是以胃配卯之義。李東垣補中益氣湯，因柴胡升胃中清氣，亦是此義。胃受水穀，至大腸盡成乾糞，即是燥化之實驗。

申寅對衝，合化爲少陽火氣。寅爲初春，陽從水底上升，而發於草木，以生花蕚，凡花皆是木生之火象也。火與熱不同，熱是水火相交之氣，火是陽從陰出、附木則明之氣。申乃西方金水之位，在天爲陽氣入陰之方。寅乃東方木位，在天爲陽由陰出之方。申與寅對衝合化，則陽氣由申而入，由寅而出，借木氣以發洩，遂化爲火。今且就一燈驗之。燈炷或棉或草，皆係白色，是屬申金之物。油入炷中，象陽氣之入於申。炷係棉草，又是屬寅木之物。燈火燃於炷頭，象陽氣之出於寅。此即寅申相合，化而爲火之一驗。又凡樹木之有花者，其内皮皆有白膜一道，由白膜通陽氣上樹顛，乃能開花。樹顛屬寅，白膜屬申，皆是寅申合化爲火氣之象。故在人身，少陽經配三焦與膽，而根於腎中之命門。三焦者，周身膜膈也，膜色白，屬申金，上合於膽。膽色青，屬木。三焦根於命門，引命門之陽氣上附於膽木，則化爲火。故《内經》云：少陽之上，火氣治之。

巳亥對衝，合化爲厥陰風氣。蓋亥水之陰，從巳火之陽，遂化爲風。巽卦以下一陰從上二陽。西人天學，言日行南陸，則風從北來，日行北陸，則風從南來。亥陰從巳陽而化爲風，即此義也。亥者荄也，謂木之根荄，屬於北方水位，以養根荄。根荄既養，便當發生，故交於巳位。如根荄上升，發生枝葉，以象風氣之四散。故巳亥對衝合化，則爲厥陰風木也。人身之肝木生於腎水，配亥以象根荄。心包絡是由肝系上連而生，如木之枝葉。包絡包心，象葉之承花。肝挾腎水之陰氣，上連心包，以陰從陽，有如亥交於巳，化爲風氣。故經曰：厥陰之上，風氣治之。凡中風病多入於心包。

辰戌對衝，合化爲太陽寒氣。蓋辰方乃皎日當天之位，故稱太陽，戌方乃日入虞淵之所，遂生夜寒。是以辰從戌化，而爲寒氣。西人造冰之法，用玻璃罐一枚，外面安放水銀，另將淨水煮至極熱，傾入罐内，即結成冰。雖全賴水銀之冷，然水不煎熱，亦不易凝，此可見太陽之熱化爲寒也。人身有小腸以宣心陽，故曰太陽小腸之膜，通水道下入膀胱，爲寒水之府。以寒濟熱，陽乃不亢，是以小腸下合膀胱，而化爲寒氣。今人但知人身不可無熱氣，不知尤必有寒氣，乃能濟熱。故張口呵之，則熱氣出，是上焦太陽之氣也。撮口吹之，則寒氣出，是下焦寒水之氣也。冬則皮膚熱，太陽衛外也。夏則皮膚冷，寒氣濟熱也。

丑未對衝，合化爲太陰濕氣。蓋未屬坤，丑屬艮，坤艮皆土也。而未近午，丑近子，兼火氣，以火蒸水，而後生濕。譬有乾臘肉，是屬未宫火土之物，遇天將雨，則臘肉回潤發濕，是未宫火土得丑宫之水而化濕也。又如乾茶葉，其内本含水澤，是丑宫水土之物，遇火烘之則回潤，又是丑宫水土得未宫之火而蒸濕也。濕土爲萬物之母，故稱太陰。在人之身，心與肺交之處，有黄油相連，即未土也。《月令》以未月爲中央土，漢之中宫爲未央，《内經》未央絶滅，皆指未爲中宫。而人之未央，實在心包與肺相交之間一塊黄油，即未土也。肺附此油而生，故肺亦配太陰經。此油屬未土，下連脾臟，生出腹中之版油網油，是爲丑土。丑未合化爲濕，凡潤濕之物，無逾膏油者矣。消化飲食，全賴膏油，今人但稱脾爲濕土，不知濕是何物，吾爲指出即膏油，然後知太陰所司之氣矣。

《醫易通説·後天八卦》 河洛二數，流行於大造匡廓之中，遂將先天八卦之氣，變爲後天八卦，具圖如左：

後天八卦圖

《易》曰：帝出乎震，齊乎巽，相見乎離，致役乎坤，悅言乎兌，戰夫乾，勞乎坎，成言乎艮，此後天八卦之運也。蓋先天八卦，雖各有氣，猶未成形。一自天旋地轉，經緯互交，運之所至，氣斯變焉，先天八卦之方位，遂變爲後天八卦之方位矣。

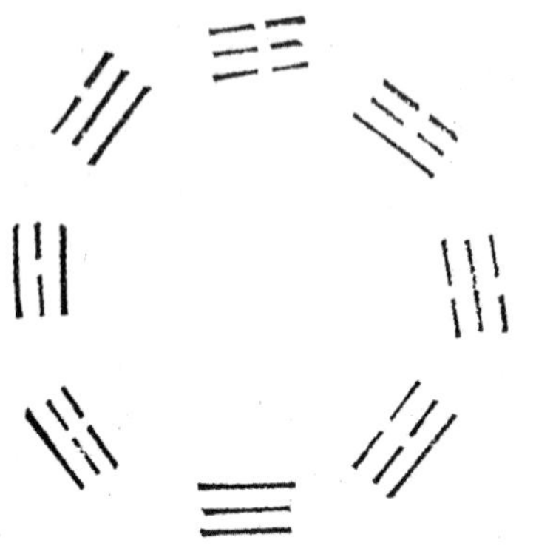

四隅四正之卦既變訖，於是以長子代父，乾退於西北，震在東而木運行焉。以少女代母，坤退於西南，兌處西而金運行焉。諸家有云長女代母者，不知女未嫁始代母也。

後天八卦，坎水在北，離火在南，震木在東，兌金在西，合於《洛書》（書）四方之位。其四隅，乾在西北，坤在西南，巽在東南，艮在東北，後人以爲折取四方之數補而成之。然考《洛書》四方之數，乃天與地一步一行，各有五步，以成五行，安得任人折算找補成卦哉。蓋八卦之義，與五行原有不同，無容牽強。

問曰：同是八卦，何以分先天後天？答曰：先天後天，不過言造物先後之序耳。有如人身胚胎，是爲人身之先天，及其成形，是爲人身之後天。人之先天，在母腹中，以臍通呼吸；人之後天，出母腹中，以鼻通呼吸。先天後天，體用不同，卦之有先後天，亦猶是也。故先天爲體，後天爲用，先天八卦主氣，後天八卦主運，各有不同。

《醫易通說・人身八卦》 以八卦配人身，乾爲骨，坤爲腹，震爲足，巽爲股，坎爲耳，艮爲手，離爲目，兌爲口。《易・繫詞》此章近取諸身，實吾《醫易通說》之根源。能將此章發明，則醫道思過半矣。

乾，天也，陽也。首居上，法天。鼻通呼吸，以受生氣，人之與天相通，全在於鼻。凡植物之頭皆在下，本地親下也，動物皆在上，本天親上也。三陽經皆聚於頭，故頭面獨不畏寒。頭上之髮，全屬太陽經，太陽象天，全包人身，而頭上髮際，有如天頂。仲景《傷寒論》太陽病先言脈浮，以見太陽如天，包於身外也。次言頭痛，以見頭爲太陽所總司。用藥升散，皆是乾爲首之義。坤爲腹，三陰經皆會於腹也。腹非指大小腸，乃指腹中油網。西醫名爲腹統膜，在腹內爲油網，生連於外，包筋連皮，爲肌肉，屬於脾土，脾旺則膏油與肌肉無不肥厚。乾爲首而統皮毛，坤爲腹而主肌肉，二者相連，如地配天。觀仲景桂枝湯解肌，必用大棗、甘草，並食熱粥，塡補腹中之油膜，益知肌肉是由腹外達矣。震卦一陽在下，人身陽氣自下而生，故是象震。人身三焦主少陽，乃腎水中之陽，發於命門。命門之膜，下爲丹田氣海，又下生筋，直抵足根，下焦陽旺，其足乃溫。仲景少陰經證，下利清穀，手足厥冷者，用四逆湯，白通湯，皆以附子爲主，以生足下之陽。白通加豬膽汁人尿湯，尤合震卦二陰在上、一陽在下之旨。震陽在人身，即魂氣也。黃坤載天魂湯，溫養下焦，亦頗有理。巽卦陰生於下，陰應於上，配厥陰肝經，主血脈。脈中之膜，生出周身之膜。膜生筋，筋之大者下行於股，凡股脛焦削腫痛，皆屬肝經。肝主血脈，股内尤屬血分。坎水配腎，腎開竅於耳。耳之中心有薄翳一層，包裹陽氣，爲聽宫。耳竅外通，與空氣相接，外邊有聲響擊動空氣，則耳内薄翳應之，故能辨音。耳外空而内含陽氣，是坎中滿之象。若耳内薄翳戳破，則一點陽氣外散，坎之中爻見奪，不能辨聲音矣。氣虚耳鳴，則宜補腎，以復坎之中爻。然中爻之陽，又賴兩爻之陰以封蟄之，設陰虚陽動，亦能耳鳴，宜滋腎陰。至於少陽經風火壅塞，耳聾鳴者，是火擾其陰，不能成坎卦外陰内陽之象，須清火以還其陰爻，則耳自清澈。離卦配心火。心中之神，晝於目出則醒，夜歸於心則寐。神隨天日，以爲晝夜，而目隨醒睡，以司光暗。眸子内陰，而陽光外發，合於離體。眼多主退火，是抑離陽之太過也。然亦有陽光不足，不能遠視者。目閉則離火内斂不用，若睡中多夢，是目不用於外而反用於内，皆離火妄動，心神不安之故。故艮爲手，艮與震對。觀震陽在下，故配足，艮陽在上，故配手。震陽是地下有雷聲，一陽來復之陽也，故屬下焦而主足。艮陽是春陽出於地，以發生萬物，冒土而出之陽也，故屬胃經，乃膽中清陽上升入胃，外達於手。小兒胃中有食積則手心熱，亦一驗。兑上缺，象口。兑金屬肺，肺氣出於口。兑爲澤，士津液，如天之露澤。口之爲用，全在津液，時方甘露飲治口乾舌燥，是益兑上爻之陰也。霍亂口乾，理中湯加人參、花粉，則合於兑卦之全體。雖《内經》仲景書未嘗及易，然易通於醫，此章即是明文。其餘爲心病，爲耳痛，勿藥有喜，艮其背，臀無膚，皆通於醫。在聖人借醫明易，而余則因易知醫。本此意以讀書，或亦一隅之助耳。

《醫易通説·六子》 乾稱父，坤稱母，而生六子之卦。《易》曰：震一索而得男，故謂之長男。巽一索而得女，故謂之長女。坎再索而得男，故謂之中男。離再索而得女，故謂之中女。艮三索而得男，故謂之少男。兑三索而得女，故謂之少女。舊説云：索者，陰陽相求也。陽先求陰，則陽入陰中而得男。陰先求陽，則陰入陽中而得女。三男本坤體，各得乾之一陽而成男，陽根於陰也。三女本乾體，各得坤之一陰而成女，陰根於陽也。此與西洋天學互相吸攝，有一往一來之異。然往而不來非索，來而不往亦非索也。是二説異而實同。天地定位以後，乾坤之功用全在六子。《繫詞》云：神也者，妙萬物而爲言者也。水火不相逮，雷風不相悖，山澤通氣，然後能變，即成萬物也。此章單言六子，重之曰神，則眞神妙莫測矣。

男祖鑑曰：六子之説，不過以陰陽言，非有形之男女也。然禽獸人物，凡有血氣者，皆應卦氣，而各有男女。至於人之男女，尤符卦氣。《内經》之《上古天眞論》曰：女子七歲更齒，二七而天癸至，三七而眞牙生，四七體(狀甚)〔壯盛〕，五七始衰，七七天癸竭，地道不通。男子八歲更齒，二八而天癸至，腎氣盛，三八眞牙生，四八滿壯，五八始衰，八八天癸竭。男起八數，女起七數，注家皆無確解。不知天癸未至時，皆少男少女也，實應艮兑二卦，故男女皆從此二卦起數。兑在《河圖》配七數，故女子之數起於七。二七一十四歲，是爲少女。七歲更齒，應兑之下一卦也。二七天癸至，應兑之上一卦也。天癸氣在腦，以象兑卦陰爻在上。天癸既至，則陰氣下交於心，任脈始通，月事乃下，是兑變爲離。自十四歲至四七二十八歲，名爲中女。三七二十一歲，眞牙生，應離之下一卦。四七二十八歲，身壯盛，應離之上一卦。自二十八歲至四十二歲，陰血全歸於陰，則離變爲巽，是爲長女。四十二歲以後，陰血漸衰，至七七四十九歲，則巽變爲乾，女血盡矣。艮在《河圖》配八數，故少男之數起於八。八歲至十六歲爲少男，應艮卦在頭，故下無腎精。八歲更齒，應艮之下一卦也。二八而天癸至，應艮之上一卦也。十六歲後，天癸既至，則艮上之爻入於中爻，遂成坎卦，是少男變爲中男，故腎氣盛。精溢洩。三八二十四歲，眞牙生，應坎之下一卦。四八三十二歲，身體滿壯，應坎之上一卦。由五八至六八四十八歲，陽氣全歸於下，是坎變爲震，是爲長男。四十八歲後至八八六十四歲，則男精已竭，是震變爲坤，不能生子矣。亦有男逾八八，婦逾七七，尚能生子者，秉氣獨厚，修養皆優，故出於常數之外。醫家道家有返老還童之説，欲返長男在下之陽，還爲少男在上之陽，故必轉河車，連轆轤，醍醐灌頂，服藥還丹，使陽氣復歸腦中，竊造化之機，以逆其用，其術豈不難哉。

又按男女天癸，路道不同。女子天癸至，是從前面下交於心，合於離卦，故《内經》原文先言任脈通。男子天癸至，是從背後下交於腎，合於坎卦，故《内經》先言腎氣盛。

《醫易通説·月候》 月者魄也，日者魂也。月無光，借日以爲光，而有晦朔弦望。每月以五日爲一候，以一候應一卦，除去坎離，其餘六卦以應六候。所以除去坎離者，離爲日，坎爲月，日與月乃其本體，故坎離二卦不應候也。初三至初八，明自下生，應震仰盂。初八至十四爲上弦，應兑上缺。十五月體全明，應乾卦純陽。十六至二十三，魄自下生，應巽下斷。二十三至二十八爲下弦，應艮覆碗。三十月晦，應坤卦純陰。月者坎水之精，日者離火之精。月滿則與日正對，陰中含陽，合於坎之正體，故氣澤充滿，潮水應之。人身天癸之水，實與月應，女子稱爲月信，言其如潮水之有定期。男子亦有天癸，仍與月應。故《參同契》以日爲震，八日爲兑，十五爲乾，十六轉巽，二十三轉艮，三十日轉坤。其詞曰：上弦兑數八，下弦艮亦八。兩弦合其精，乾坤體乃成。丹家之重月候，實重己身之天癸也。夫男女天癸，不必定與月候相應，蓋人身心離腎坎，各自秉一日月，各有盈縮不同，又不拘定天時。然必知天之月候所以盛衰，而後知人身自具之坎離也。《內經·八正神明論》曰：月始生，則血氣始精，衛氣始行。月廓滿，則血氣實，肌肉堅。月廓空，則肌肉減，經絡虛，衛氣去，形獨居。月生無瀉，月滿無補，月廓空無治。此爲鍼刺言也，用藥者亦當知之。試觀草木莖中有蟲，望前則蟲頭向上，望後則蟲頭向下，可知氣候升降之故。凡人腹中有蟲疾者，用藥治之，皆宜望前，蟲頭仰上，易於受藥。《羣芳譜》云：凡種菠薐菜，以其子布地中，必更月朔而後生，不知何故。吾爲之解曰：此菜色深綠，應三碧震卦。其根紅，應震下一陽也。過月朔則月候成震，是以此菜方生。草木之能應卦氣，神妙如此。

《醫易通説·交易》 交易者，八卦相交而化成者也。有如乾坤兩卦，乾天在上而不下交於坤，交則爲天地否，否者陰陽不通也。必天氣下降，地氣上騰，則天地交泰，萬物亨通。人之初胎，秉受父母之氣，乾男本在上，坤女本在下，及其交媾成胎，則乾陽下交，坤陰上交，合爲泰卦。是以生人，耳目鼻皆兩竅，口與前後陰皆一竅，上三偶，下三奇，即泰卦也，見陳修園人字解。惟其乾坤相交，是以化成坎離，乾得坤陰而成坎，在人爲腎。良由己身陰陽交泰，是以水火既濟，爲無病也。道家修煉，欲返人道爲神仙，取坎中之陽，塡離中之陰，使離仍變爲乾，坎仍變爲坤，是返爲天地否卦。在十二辰，否當申位，申即神也。神道與人道否塞隔絕，故辟穀絕慾，乃能成否卦之象，然未至於純陽也，必將下三爻盡煉爲純陽，而後成神仙。此丹經大意，非聖人著《易》本旨。蓋聖人盡人合天，道在交泰，天地交而萬物通，上下交而其志同。尹躬暨湯，咸有一德。先主孔明，如魚得水。秦二世寵用趙高，李斯棄市。文中子獻策不納，退教河汾。盧杞親而陸贄疏，秦檜專而武穆死。韓琦王英雄短氣，湖上騎驢。小人乘權，君子避世，觀於否泰二卦，可知興廢之機。醫家以火氣上逆，水氣不下，結於胸中，名曰痞結。張仲景五瀉心湯，瀉火之亢，使之下交，即是轉否爲泰之大法。本此法以醫國，上下交而其志同，庶幾國泰民安矣。又如山本在上，澤本在下，山澤相交，則爲咸卦。咸，感也，氣感而後能生萬物。若出澤之氣不相交，則爲山澤損，是山爲童山，不生草木，澤爲荒澤，不產五穀。必山上有水泉，湖澤有原隰，是爲澤山咸，乃產萬物。水火交爲既濟，水火不交爲未濟。風雷爲益，亦取其氣交。雷風爲恒，則其氣相搏也。

《醫易通説·變易》 變易，陽變陰，陰變陽。雉入大水爲蜃，與雀入大水爲蛤，是離變坎，蛤又出水爲雀，是坎變離。鳩化爲鷹，是巽變兑。鷹化爲鳩，是兑變巽。《詩》曰：高岸爲谷，深谷爲陵。是艮山變兑澤，是兑澤變艮山。魦魚生於南海，陽中之陰，潛伏於下，應(垢)〔姤〕卦也，能出水變爲鹿，是變爲復卦。鯉魚應震卦，能化龍上天。鯉乘霧而飛，偶落山谷間，則化爲鯪鯉，俗名穿山甲，善穿穴入山，是震變爲巽。巽，入也，上飛者變爲下入，皆是變易之理，未能盡舉，理可類推。凡病冬月傷寒，或變爲熱，夏月傷暑，或變爲寒，受寒已久，皆變鬱熱，瘡癰潰漏，皆變虛寒，變之理，不可不知。

《醫易通説·不易》 天地定位，陰陽對待，星迴斗轉，寒往暑來，皆一定不易。五方之民，皆有性也，不可推移，亦是不易之理。不易者其體，交易、變易者其用。醫家治方，以寒治熱，以熱治寒，不易之法也。熱因熱用，寒因寒用，是交易之法也。先寒後熱，先熱後寒，變易之法也。合宜而用，決不執方。如仲景云亡陽厥逆，兩脛攣，咽乾，心煩譫語，飲甘草乾薑湯，兩足當溫，脛尚拘急，用芍藥甘草湯，腳即伸，再以調胃承氣湯止其譫語。忽用寒藥，忽用熱藥，變動不拘，深合易旨。

《醫易通説·互卦》 二至四，三至五，兩體相互，各成一卦，先儒謂之互卦。一卦之中，又包兩卦，此如大山中又生小山，大營中又包小營，一事中又有枝節，一器中又雜零星。譬如廚竈，於卦爲風火家人，凡家必有竈，竈以風火爲用。其卦䷤中爻互坎，竈非水不能熟食，故必須互坎。艮爲山，䷳中互坎，有山必有水也。坎爲水，䷜坎中互艮，有水必有山也。離爲火，䷝下互巽，火發則風生也。上互兑，物有膏澤，乃生火也。醫家配合方藥，當仿互體之義，藥分君臣，如卦之正體，又有佐使，如卦之互體。仲景麻黄湯，用桂麻達太陽，杏仁利肺經，而必兼甘草以調和其間。溫經湯，溫血脈也，而必用蔆、甘。建中湯，溫中氣也，而必用芍藥。腎氣丸，地萸桂附，溫水也，而丹皮澤瀉爲連用。小青龍湯，桂辛麻薑，散寒也，而五味白芍相斡旋。他如瀉心湯寒熱互用，烏梅丸、白通加膽汁人尿湯皆寒熱互用。或以脾爲轉關，或以胃爲機紐，或治肝肺而以少陽爲樞，或治心脾而以厥陰爲輔，因其臟腑交通，是以藥物互用。醫者按證處方，必先定其本臟，然後兼求互體，則得宜矣。

《醫易通說·爻位》 《易》曰：六爻相雜，惟其時物。其初難知，其上易知。二與四，同功而異位。聖人此章，詳言爻位，説易家辨論綦詳，毋容再贅，今但以人身言之。弱冠二十，年當初二爻，中歲二十，年當三四爻，晚歲二十，年當五六爻。又以足至膝爲初爻，膝至股爲二爻，小腹至臍爲三爻，臍至膈爲四爻，膈至胸項爲五爻，項至頭爲上爻。以一藥配之，根爲下爻，梗爲二爻，莖爲三爻，枝爲四爻，葉爲五爻，花實爲上爻。觀於剝卦，上爻一陽象碩果，便知花實應上爻也。藥性之升降浮沉，全視爻位爲衡。草木惟牛膝之根下行，入土甚深，如卦之初爻。惟牛膝下達足脛，木通亦下行，然不盡直入，雖入下焦，不單應卦之初爻，能通行小便，是兼應二三爻。杜仲是樹身之皮，以近根者爲佳。續斷是草根，然入土不深，故二物皆當應二三爻，能治膝腿腰股病。食茄發脹，食葫蘆治臌脹，因二物生於莖中，故走中焦，應第四爻。厚樸是樹身之皮，枝上者不取，樹身應中爻四三位，故厚樸理中焦之氣。枳殼是樹之果，應上第五爻，故治胸中之氣。杏仁亦然。至於荆芥穗、旋覆花、薄荷葉、金銀花、白菊花，皆係草之顛末，應上第六爻，故治頭目諸疾。然羌活獨活皆根也，而性升，蓋自下升上，仍屬下爻。太陽膀胱，經雖在上，而腑實在下，故羌活、獨活根入膀胱而走太陽。蘇、芥子皆實也，而性降，故自上降下，仍屬太陰肺經，雖下行而實歸肺。甘草頭能初氣，身能和中，稍能利水，則一物而備升降之性，皆以上中下三停爲辨。而《易經》爻位之理，於此可悟。

《醫易通說·雜卦》 凡人之身，有合於六十四卦者。人之醒睡，合於晉與明夷。《易》曰：晉，晝也，火地。晉䷢象曰：明出地上，晉。晉者進也，謂日出地平，陽氣上進，人身之陽氣應之，外出皮毛以衛寒，上出眼目以視物，是以醒也。地火明夷䷣象曰：明入地中，明夷，謂日入地平，不明而晦，人氣應之，目合不明，是以睡也。有欲睡不得，必呵欠而後能睡者，以其人胸腹中先有熱氣未出，雖眼目間陰氣已生，而心脾之陽熱作梗，不能成地火明夷，而成澤火革之象。䷰革之義，當吐故納新，必將熱氣從口中吐出。兑爲口，故呵則張口，腹胸之陽熱，遂從口出而革之，兑卦還變爲坤，乃成地火明夷，是以得睡。其有欲醒不得，或夢魘中惡，呼之不醒，必用通關散吹鼻取嚏乃得醒，是其人關竅爲陰所掩，不能成火地晉之象，而成雷地豫䷏。雖雷出地，奮發衝散，乃能了此豫卦之事，故從嚏噴而出。嚏氣必冷，冷氣出，則豫之上爻還變爲離，而成火地晉，故得蘇醒。蘇，即《易》震蘇之蘇。凡風寒閉鼻竅多嚏噴者，亦是豫奮以出。疾稱不豫，謂不得嚏噴則不能解。又如風澤中孚是巽卦，配厥陰包絡經，澤是兑卦，配太陰肺經。包絡與肺相接之間，只有一塊脂膏，是爲中宮，乃心火所生之中土，爲太陰脾之根蒂也。孚字古作⿱爫糸，象鷄伏卵，以兩爪抱之。言人中宮一塊脂膏，與心包肺膜相連，裹結成團，有如孚卵，故名中孚。人之忠信，實從此出，故曰中孚，信也。此近取諸身之卦，注家多不得其解。張仲景建中湯治心下悸，用桂芍以治風氣，用甘、棗、飴以助澤液，頗合風澤中孚之旨。菜如紅蘿葍葉，四散披離，色綠，是四綠巽風之氣。根赤色，是得七赤兑澤之氣。其心甚黃，是中土之色。氣合爲風澤中孚，是一菜實備此卦德，故食之益中土。有但感風氣者，如蛇床子，葉如紅蘿葍而無紅根，川芎葉如紅蘿葍，有根而不紅，則皆治肝風。用藥者，知物各秉一氣，合化成方，與八卦之重爲六十四卦，其義一也。

醫學通論總部

醫治通論部

論説

《易·無妄》 九五，無妄之疾，勿藥有喜。

〔孔穎達〕《正義》曰：無妄之疾者，凡禍疾所起，由有妄而來。今九五居得尊位，爲無妄之主，下皆無妄，而偶然有此疾害，故云無妄之疾也。勿藥有喜者，若疾自己招，或寒暑飲食所致，當須治療。若其自然之疾，非己所致，疾當自損，勿須藥療而有喜也。此假病象以比喻人事，猶若人主，而剛正自修，身(元)〔無〕虚妄，下亦無虚妄，而遇逢凶禍，若堯湯之厄，災非己招，但順時修德，勿須治理，必欲除去，不勞煩天下，是有喜也。然堯遭洪水，使鯀禹治之者，雖知災未可息，必須順民之心，鯀之不成，以災未息也。禹能治救，災欲盡也，是亦自然之災勿藥有喜之義也。

象曰：無妄之藥，不可試也。

〔孔穎達〕《正義》曰：解勿藥有喜之義。若有妄致疾，其藥可用，若身既無妄，自然致疾，其藥不可試也。若其試之，恐更益疾也。言非妄有災，不可治也，若必欲治之，則勞煩於下害更甚也。此非直施於人主，至於凡人之事，亦皆然也。若己之無罪，忽逢禍患，此乃自然之理，不須憂勞救護，亦恐反傷眞性。

《書·説命上》 啓乃心，沃朕心，若藥弗瞑眩，厥疾弗瘳。

〔孔穎達〕《正義》曰：當開汝心所有，以灌沃我心，欲令以彼所敎己未知故也，其沃我心須切至。若服藥不使人瞑眩憒亂，則其疾不得瘳愈。言藥毒乃得除病，言切乃得去惑也。瞑眩者，令人憤悶之意也。《方言》云：凡飲藥而毒，東齊海岱間或謂之瞑，或謂之眩。郭璞云：瞑眩，亦通語也。然則藥之攻病，先使人瞑眩憒亂，病乃得瘳。《傳》言瞑眩極者，言悶極藥乃行也。

《禮記·曲禮下》 君有疾，飲藥，臣先嘗之。親有疾，飲藥，子先嘗之。醫不三世，不服其藥。

〔孔穎達〕《正義》曰：凡人病疾，蓋以筋血不調，故服藥以治之。其藥不愼於物，必無其徵，故宜戒之，擇其父子相承至三世也，是愼物調齊也。又説云：三世者，一曰黄帝針灸，二曰神農本草，三曰素女脈訣。又云夫子脈訣。若不習此三世之書，不得服食其藥。然鄭云愼物齊也，則非謂本草、針經、脈訣，於理不當，其義非也。

《國語·晉語六》 偏而在外猶可救也，疾自中起是難盍。

《老子》 躁騰寒，靜騰熱。

其安易持，其未兆易謀，其脆易泮，其微易散。爲之於未有，治之於未亂。

天之道，其猶張弓與，高者抑之，下者舉之，有餘者損之，不足者補之。天之道，損不足而補有餘。人之道則不然，損不足以奉有餘。

《左傳·襄公二十三年》 臧孫曰：季孫之愛我，疾疢也；孟孫之惡我，藥石也。美疢不如惡石。夫石猶生我，疢之美，其毒滋多。孟孫死，吾亡無日矣。

《左傳·成公十年》 公疾病，求醫於秦，秦伯使醫緩爲之。未至，公夢疾爲二竪子，曰：彼良醫也，懼傷我，焉逃之？其一曰：居肓之上，膏之下，若我何？醫至，曰：疾不可爲也。在肓之上，膏之下，攻之不可，達之不及，藥不至焉，不可爲也。公曰：良醫也。厚爲之禮而歸之。

《左傳·哀公元年》 樹德莫如滋，去疾莫如盡。

《莊子·知北游》 人之生，氣之聚也。聚則爲生，散則爲死。【略】故曰：通天下一氣耳，聖人故貴一。

《馬王堆漢墓帛書(肆)·脈法》 治病者取有餘而益不足殹〔也〕。

《素問·上古天真論》 余聞上古之人，春秋皆度百歲，而動作不衰，今時之人，年半百而動作皆衰者，時世異耶？人將失之耶？岐伯對曰：上古之人，其知道者，法於陰陽，和於術數。〔王冰注〕上古，謂玄古也。知道，謂知修養道也。夫陰陽者，天地之常道，術數者，保生之大倫，故修養者必謹先之。《老子》曰：萬物負陰而抱陽，沖氣以爲和。《四氣調神大論》曰：陰陽四時者，萬物之終始，死生之本，逆之則災害生，從之則苛疾不起，是謂得道，此之謂也。食飲有節，起居有常，不妄作勞，〔王冰注〕食飲者，充虛之滋味，起居者，動止之綱紀，故修養者謹而行之。《痺論》曰：飲食自倍腸胃乃傷。《生氣通天論》曰：起居如驚，神氣乃浮。是惡妄動也。《廣成子》曰：必靜必淸，無勞汝形，無搖汝精，乃可以長生。故聖人先之也。故能形與神俱，而盡終其天年，度百歲乃去。〔王冰注〕形與神俱，同臻壽分，謹於修養，以奉天眞，故盡得終其天年。去，謂去離於形骸也。《靈樞經》曰：人百歲，五藏皆虛，神氣皆去，形骸獨居而終矣。以其知道，故（年）〔能〕長壽延年。度百歲，謂至一百二十歲也。《尚書·洪範》曰：一曰壽，百二十歲也。

今時之人不然也，〔王冰注〕動之死地，離於道也。以酒爲漿，〔王冰注〕溺於飲也。以妄爲常，〔王冰注〕寡於信也。醉以入房，〔王冰注〕過於色也。以欲竭其精，以耗散其眞，〔王冰注〕樂色曰欲，輕用曰耗，樂色不節則精竭，輕用不止則眞散，是以聖人愛精重施，髓滿骨堅。《老子》曰：弱其志，強其骨。河上公曰：有欲者亡身。《曲禮》曰：欲不可縱。不知持滿，不時御神，〔王冰注〕言輕用而縱欲也。《老子》曰：持而盈之，不如其已。言愛精保神，如持盈滿之器，不慎而動，則傾竭天眞。《眞誥》曰：常不能慎事，自致百痾，豈可怨咎於神明乎。此之謂也。務快其心，逆於生樂。〔王冰注〕快於心欲之用，則逆養生之樂矣。《老子》曰：甚愛必大費。此之類歟。夫甚愛而不能救，議道而以爲未然者，伐生之大患也。起居無節，故半百而衰也。〔王冰注〕亦耗散而致是也。夫道者不可斯須離，〔離〕於道則壽不能終盡於天年矣。《老子》曰：物壯則老，謂之不道，不道早亡。此之謂離道也。

夫上古聖人之教下也，皆謂之虛邪賊風，避之有時，〔王冰注〕邪虛入，是謂虛邪。竊害中和，謂之賊風。避之有時，謂八節之日，及太一入徙之於中宮，朝八風之日也。《靈樞經》曰：邪氣不得其虛，不能獨傷人。明人虛乃邪勝之也。恬惔虛無，眞氣從之，精神內守，病安從來。〔王冰注〕恬惔虛無，靜也。法道清淨，精氣內持，故其氣（從），邪不能爲害。是以志閑而少欲，心安而不懼，形勞而不倦，〔王冰注〕內機息故少欲，外紛靜故心安，然情欲兩亡，是非一貫，起居皆適，故不倦也。氣從以順，各從其欲，皆得所願。〔王冰注〕志不貪，故所欲皆順，心易足，故所願必從，以不異求，故無難得也。《老子》曰：知足不辱，知止不殆，可以長久。故美其食，〔王冰注〕順精麤也。任其服，〔王冰注〕隨美惡也。樂其俗，〔王冰注〕去傾慕也。高下不相慕，其民故曰朴。〔王冰注〕至無求也，是所謂心足也。《老子》曰：禍莫大於不知足，咎莫大於欲得，故知足之足，常足矣。蓋非謂物足者爲知足，心足者乃爲知足矣。不恣於欲，是則朴同。故聖人云：我無欲而民自朴。是以嗜欲不能勞其目，淫邪不能惑其心，〔王冰注〕目不妄視，故嗜欲不能勞，心與玄同，故淫邪不能惑。《老子》曰：不見可欲，使心不亂。又曰：聖人爲腹，不爲目也。愚智賢不肖，不懼於物，故合於道。〔王冰注〕情計兩亡，不爲謀府，冥心一觀，勝負俱捐，故心志保安，合同於道。《庚桑楚》曰：全汝形，抱汝生，無使汝思慮營營。所以能年皆度百歲而動作不衰者，以其德全不危也。〔王冰注〕不涉於危，故德全也。《莊子》曰：執道者德全，德全者形全，形全者聖人之道也。又曰：無爲而性命不全者，未之有也。

《素問·四氣調神大論》 逆春氣，則少陽不生，肝氣內變。〔王冰注〕生謂動出也。陽氣不出，內鬱於肝。則肝氣混糅，變而傷矣。逆夏氣，則太陽不長，心氣內洞。〔王冰注〕長，謂外茂也。洞，謂中空也。陽不外茂，內薄於心，燠熱內消，故心中空也。逆秋氣，則太陰不收，肺氣焦滿。〔王冰注〕收，謂收斂。焦，謂上焦也。太陰行氣，主化上焦，故肺氣不收，上焦滿也。逆冬氣，則少陰不藏，腎氣獨沈。〔王冰注〕沈，謂沈伏也。少陰之氣，內通於腎，故少陰不伏，腎氣獨沈。

夫四時陰陽者，萬物之根本也。〔王冰注〕時序運行，陰陽變化，天地合氣，生育萬物，故萬物之根，悉歸於此。所以聖人春夏養陽，秋冬養陰，以從其根。〔王冰注〕陽氣根於陰，陰氣根於陽，無陰則陽無以生，無陽則陰無以化，全陰則陽氣不極，全陽則陰氣不窮。春食涼，夏食寒，以養於陽。秋食溫，冬食熱，以養於陰。滋苗者必固其根，伐下者必枯其上，故以斯調節，從順其根，二氣常存，蓋由根固，百刻曉暮，食亦宜然。故與萬物沈浮於生長之門。〔王冰注〕聖人所以身無奇病，生氣不竭者，以順其根也。逆其根，則伐其本，壞其眞矣。〔王冰注〕是則失四時陰陽之道也。故陰陽四時者，萬物之終始也，死生之本也，逆之則災害生，從之則苛疾不起，是謂得道。〔王冰注〕謂得養生之道。苛者，重也。道者，聖人行之，愚者佩之。〔王冰注〕聖人心合於道，故勤而行之，愚者性守於迷，故佩服而已。《老子》曰：道者同於道，德者同於德，失者同於失。同於道者道亦得之，同於德者德亦得之，同於失者失亦得之。愚者未同於道德，則可謂失道者也。

從陰陽則生，逆之則死，從之則治，逆之則亂。反順爲逆，是謂內格。〔王冰注〕格，拒也。謂內性格拒於天道也。是故聖人不治已病治未病，不治已亂治未亂，此之謂也。〔王冰注〕知之至也。夫病已成而後藥之，亂已成而後治之，譬猶渴而穿井，鬬而鑄錐，不亦晚乎。〔王冰注〕知不及時也。備禦虛邪，事符握虎，噬而後藥，雖悔何爲。

《素問·生氣通天論》 黃帝曰：夫自古通天者，生之本，本於陰陽。天地之間，六合之內，其氣九州九竅、五藏、十二節，皆通乎天氣。〔王冰注〕六合，謂四方上下也。九州，謂冀、兗、青、徐、揚、荆、豫、梁、雍也。外布九州而內應九竅，故云九州九竅也。五藏，謂五神藏也。五神藏者，肝藏魂，心藏神，脾藏意，肺藏魄，腎藏志，而此成形矣。十二節者，十二氣也。天之十二節氣，人之十二經脈而外應之，咸同天紀，故云皆通乎天氣也。十二經脈者，謂手三陰三陽，足三陰三陽也。

其生五，其氣三，數犯此者，則邪氣傷人，此壽命之本也。〔王冰注〕言人生之所運爲，則内依五氣以立。然其鎮塞天地之内，則氣應三元以成。三，謂天氣、地氣、運氣也。犯，謂邪氣觸犯於生氣也。邪氣數犯，則生氣傾危，故寶養天眞，以爲壽命之本也。《庚桑楚》曰：聖人之制萬物也，以全其天，天全則神全矣。《靈樞經》曰：血氣者人之神，不可不謹養，此之謂也。

蒼天之氣清淨，則志意治，順之則陽氣固，〔王冰注〕春爲蒼天，發生之主也。陽氣者，天氣也。《陰陽應象大論》曰：清陽爲天。則其義也。本天全神全之理，〔神〕全則形亦全矣。雖有賊邪，弗能害也，此因時之序。〔王冰注〕以因天四時之氣序，故賊邪之氣弗能害也。故聖人傳精神，服天氣，而通神明。〔王冰注〕夫精神可傳，惟聖人得道者乃能爾。久服天眞之氣，則妙用自通於神明也。失之則内閉九竅，外壅肌肉，衛氣散解。〔王冰注〕失，謂逆蒼天清淨之理也。然衛氣者，合天之陽氣也。上篇曰：陽氣者閉（壅）〔塞〕。謂陽氣之病人，則竅寫閉塞也。《靈樞經》曰：衛氣者，所以溫分肉而充皮膚，肥腠理而司開闔。故失其度則内閉九竅，外壅肌肉。以衛不營運，故言散解也。此謂自傷，氣之削也。〔王冰注〕夫逆蒼天之氣，違清淨之理，使正眞之氣如削去之者，非天降之，人自爲之爾。

又 故病久則傳化，上下不并，良醫弗爲。〔王冰注〕并，謂氣交通也。然病之深久，變化相傳，上下不通，陰陽否隔，雖醫良法妙，亦何以爲之。《陰陽應象大論》曰：夫善用針者，從陰引陽，從陽引陰，以右治左，以左治右。若是氣相格拒，故良醫弗可爲也。故陽畜積病死，而陽氣當隔，隔者當寫，不亟正治，粗乃敗之。〔王冰注〕言三陽畜積，怫結不通，不急寫之，亦病而死。何者，畜積不已，亦上下不并矣。何以驗之，隔塞不便，則其證也。若不急寫，粗工輕侮，必見敗亡也。《陰陽别論》曰：三陽結，謂之隔。又曰：剛與剛，陽氣破散，陰氣乃消亡，淖則剛柔不和，經氣乃絶。

《素問·陰陽應象大論》 黄帝曰：陰陽者，天地之道也，〔王冰注〕謂變化生成之道也。《老子》曰：萬物負陰而抱陽，沖氣以爲和。《易·繫辭》曰：一陰一陽之謂道。此之謂也。萬物之綱紀，〔王冰注〕滋生之用也。陽與之正氣以生，陰爲之主持以立，故爲萬物之綱紀也。《陰陽離合論》曰：陽與之正，陰爲之主。則謂此也。變化之父母，〔王冰注〕異類之用也。何者？然鷹化爲鳩，田鼠化爲鴽，腐草化爲螢，雀入大水爲蛤，雉入大水爲蜃，如此皆異類因變化而成有也。生殺之本始，〔王冰注〕寒暑之用也。萬物假陽氣溫而生，因陰氣寒而死，故知生殺本始，是陰陽之所運爲也。神明之府也，〔王冰注〕府，宮府也。言所以生殺變化之多端者，何哉？以神明居其中也。下文曰：天地之動靜，神明爲之綱紀。故《易·繫辭》曰：陰陽不測之謂神。亦謂居其中也。治病必求於本。〔王冰注〕陰陽與萬類生殺變化，猶然在於人身，同相參合，故治病之道，必先求之。

《素問·五藏别論》 凡治病必察其下，適其脈，觀其志意，與其病也。〔王冰注〕下，謂目下所見可否也。調適其脈之盈虚，觀量志意之邪正，及病深淺成敗之宜，乃守法以治之也。新校正云：按《太素》作必察其上下，適其脈候，觀其志意，與其病能。拘於鬼神者，不可與言至德。〔王冰注〕志意邪則好祈禱，言至德則事必違，故不可與言至德也。惡於鍼石者，不可與言至巧。〔王冰注〕惡於鍼石，則巧不得施，故不可與言至巧。病不許治者，病必不治，治之無功矣。〔王冰注〕心不許人治之，是其必死，强爲治者，功亦不成，故曰治之無功矣。

《素問·異法方宜論》 黄帝問曰：醫之治病也，一病而治各不同，皆愈，何也？〔王冰注〕不同，謂鍼石、灸焫、毒藥、導引、按蹻也。岐伯對曰：地勢使然也。〔王冰注〕謂法天地生長收藏及高下燥濕之勢。故東方之域，天地之所始生也，〔王冰注〕法春氣也。魚鹽之地，海濱傍水，〔王冰注〕魚鹽之地，海之利也。濱，水際也。隨業近之。其民食魚而嗜鹹，皆安其處，美其食。〔王冰注〕豐其利，故居安。恣其味，故食美。魚者使人熱中，鹽者勝血。〔王冰注〕魚發瘡，則熱中之信。鹽發渴，則勝血之徵。故其民皆黑色踈理，其病皆爲癰瘍，〔王冰注〕血弱而熱，故喜爲癰瘍。其治宜砭石。〔王冰注〕砭石，謂以石爲鍼也。《山海經》曰：高氏之山，有石如玉，可以爲鍼。則砭石也。故砭石者，亦從東方來。〔王冰注〕東人今用之。

西方者，金玉之域，沙石之處，天地之所收引也。〔王冰注〕法秋氣也。引謂牽引，使收斂也。其民陵居而多風，水土剛強，〔王冰注〕居室如陵，故曰陵居。金氣肅殺，故水土剛強也。其民不衣而褐薦，其民華食而脂肥。〔王冰注〕不衣絲綿，故曰不衣。褐，謂毛布也。薦，謂細草也。華，謂鮮美，酥酪骨肉之類也。以食鮮美，故人體脂肥。故邪不能傷其形體，其病生於内，〔王冰注〕水土剛強，飲食脂肥，膚腠閉封，血氣充實，故邪不能傷也。内，謂喜怒悲憂恐及飲食男女之過甚也。其治宜毒藥。〔王冰注〕能攻其病，則謂之毒藥。以其血氣盛，肌肉堅，飲食華，水土強，故病宜毒藥方制御之。藥，謂草木蟲魚鳥獸之類，皆能除病者也。故毒藥者，亦從西方來。〔王冰注〕西人方術今奉之。

北方者，天地所閉藏之域也，其地高陵居，風寒冰冽，〔王冰注〕法冬氣也。其民樂野處而乳食，藏寒生滿病，水寒冰冽，故生病於藏寒也。其治宜灸焫。〔王冰注〕火艾燒灼，謂之灸焫。故灸焫者，亦從北方來。〔王冰注〕北人正行其法。

南方者，天地所長養，陽之所盛處也，其地下，水土弱，霧露之所聚也，〔王冰注〕法夏氣也。地下則水流歸之，水多，故土弱而霧露聚。其民嗜酸而食胕。〔王冰注〕言其所食不芬香。故其民皆緻理而赤色，其病攣痺，〔王冰注〕酸味收斂，故人皆肉理密緻。陽盛之處，故色赤。濕氣內滿，熱氣內薄，故筋攣脈痺也。其治宜微鍼。〔王冰注〕微，細小也。細小之鍼，調脈衰盛也。故九鍼者，亦從南方來。〔王冰注〕南人盛崇之。

中央者，其地平以濕，天地所以生萬物也衆，〔王冰注〕法土德之用，故生物衆。然東方海，南方下，西方北方高，中央之地平以濕，則地形斯異，生病殊焉。其民食雜而不勞，〔王冰注〕四方輻輳而萬物交歸，故人食紛雜而不勞也。故其病多痿厥寒熱，〔王冰注〕濕氣在下，故多病痿弱，氣逆及寒熱也。《陰陽應象大論》曰：地之濕氣，感則害皮肉筋脈。居近於濕故爾。其治宜導引按蹻。〔王冰注〕導引，謂搖筋骨，動支節。按，謂抑按皮肉。蹻謂捷舉手足。故導引按蹻者，亦從中央出也。〔王冰注〕中人用爲養神調氣之正道也。

故聖人雜合以治，各得其所宜。〔王冰注〕隨方而用，各得其宜，唯聖人法，乃能然矣。故治所以異而病皆愈者，得病之情，知治之大體也。〔王冰注〕達性懷故然。

《素問・移精變氣論》 黄帝問曰：余聞古之治病，惟其移精變氣，可祝由而已。今世治病，毒藥治其內，鍼石治其外，或愈或不愈，何也？〔王冰注〕移謂移易，變謂變改，皆使邪不傷正，精神復強而內守也。《生氣通天論》曰：聖人傳精神，服天氣。《上古天眞論》曰：精神內守，病安從來。岐伯對曰：往古人居禽獸之間，動作以避寒，陰居以避暑，內無眷慕之累，外無伸官之形，此恬憺之世，邪不能深入也。故毒藥不能治其內，鍼石不能治其外，故可移精祝由而已。〔王冰注〕古者巢居穴處，夕隱朝游，禽獸之間，斷可知矣。然動躁陽盛，故身熱足以禦寒，涼氣生寒，故陰居可以避暑矣。夫志捐思想，則內無眷慕之累，心亡願欲，故外無伸官之形，靜保天眞，自無邪勝，是以移精變氣，無假毒藥，祝説病由不勞鍼石而已。當今之世不然，〔王冰注〕情慕云爲，遠於道也。憂患緣其內，苦形傷其外，又失四時之從，逆寒暑之宜，賊風數至，虛邪朝夕，內至五藏骨髓，外傷空竅肌膚，所以小病必甚，大病必死，故祝由不能已也。

帝曰：善。余欲臨病人，觀死生，決嫌疑，欲知其要，如日月光，可得聞乎？岐伯曰：色脈者，上帝之所貴也，先師之所傳也。〔王冰注〕上帝，謂上古之帝。先師，謂岐伯祖世之師僦貸季也。上古使僦貸季理色脈而通神明，合之金木水火土四時八風六合，不離其常，〔王冰注〕先師以色白脈毛而合金應秋，以色青脈弦而合木應春，以色黑脈石而合水應冬，以色赤脈洪而合火應夏，以色黄脈代而合土應長夏及四季。然以是色脈下合五行之休王，上副四時之往來，故六合之間，八風鼓坼，不離常候，盡可與期。何者？以見其變化而知之也。故下文曰：變化相移，以觀其妙，以知其要，欲知其要，則色脈是矣。〔王冰注〕言所以知四時五行之氣變化相移之要妙者何？以色脈故也。色以應日，脈以應月，常求其要，則其要也。〔王冰注〕言脈應月，色應日者，占候之期準也。常求色脈之差忒，是則平人之診要也。夫色之變化，以應四時之脈，此上帝之所貴，以合於神明也，所以遠死而近生。〔王冰注〕觀色脈之臧否，曉死生之徵兆，故能常遠於死而近於生也。生道以長，命曰聖王。〔王冰注〕上帝聞道，勤而行之，生道以長，惟聖王乃爾而常用也。

中古之治病，至而治之，湯液十日，以去八風五痺之病。〔王冰注〕八風，謂八方之風。五痺，謂皮肉筋骨脈之痺也。《靈樞經》曰：風從東方來，名曰嬰兒風，其傷人也，外在筋紐，內舍於肝。風從東南來者，名曰弱風，其傷人也，外在於肌，內舍於骨。風從南方來，名曰大弱風，其傷人也，外在於脈，內舍於心。風從西南來，名曰謀風，其傷人也，外在於肉，內舍於脾。風從西方來，名曰剛風，其傷人也，外在於皮，內舍於肺。風從西北來，名曰折風，其傷人也，外在於手太陽之脈，內舍於小腸。風從北方來，名曰大剛風，其傷人也，外在於骨，內舍於腎。風從東北來，名曰凶風，其傷人也，外在於掖脅，內舍於大腸。又《痺論》曰：以春甲乙傷於風者爲筋痺，以夏丙丁傷於風者爲脈痺，以秋庚辛傷於風者爲皮痺，以冬壬癸傷於邪者爲骨痺，以至陰遇此者爲肉痺，是所謂八風五痺之病也。新校正云：按此注引《痺論》，今經中《痺論》不如此。當云《風論》曰：以春甲乙傷於風者爲肝風，以夏丙丁傷於風者爲心風，季夏戊巳傷於邪者爲脾風，以秋庚辛中於邪者爲肺風，以冬壬癸中於邪者爲腎風。《痺論》曰：風寒濕三氣雜至合而爲痺，以冬遇此者爲骨痺，以春遇此者爲筋痺，以夏遇此者爲脈痺，以至陰遇此者爲肌痺，以秋遇此者爲皮痺。十日不已，以草蘇草荄之枝，本末爲助，標本已得，邪氣乃服。〔王冰注〕草蘇，謂藥煎也。草荄，謂草根也。枝，謂莖也。言以諸藥根苗合成其煎，俾相佐助而以服之。凡藥有用根者，有用莖者，有用枝者，有用華實者，有用根莖枝華實者，湯液不去則盡用之，故云本末爲助也。標本已得，邪氣乃服者，言工人與病主療相應，則邪氣率服而隨時順也。《湯液醪醴論》曰：病爲本，工爲標，標本不得，邪氣不服。此之謂主療不相應也。或謂取《標本論》末云鍼也。

暮世之治病也則不然，治不本四時，不知日月，不審逆從，〔王冰注〕四時之氣，各有所在，不本其處而即妄攻，是反古也。《四時刺逆從論》曰：春氣在經脈，夏氣在孫絡，長夏氣在肌肉，秋氣在皮膚，冬氣在骨髓。工當各隨所在而辟伏其邪爾。不知日月者，謂日有寒溫明暗，月有空滿虧盈也。《八正神明論》曰：凡刺之法，必候日月星辰四時八正之氣，氣定乃刺之。是故天溫日明，則人血淖液而衛氣浮，故血易寫，氣易行。天寒日陰，則人血凝泣而衛氣沈。月始生，則血氣始精，衛氣始行。月郭滿，則血氣盛，肌肉堅。月郭空，則肌肉減，經絡虛，衛氣去，形獨居。是以因天時而調血氣也。是故天寒無刺，天溫無疑，月生無寫，月滿無補，月郭空無治，是謂得時而調之。因天之序，盛虛之時，移光定位，正立而待之。故曰：月生而寫，是謂藏虛。月滿而補，血氣盈溢，絡有留血，命曰重實。月郭空而治，是謂亂經。陰陽相錯，眞邪不別，沈以留止，外虛內亂，淫邪乃起。此之謂也。不審逆從者，謂不審量其病可治與不可治。故下文曰：病形已成，乃欲微鍼治其外，湯液治其內，〔王冰注〕言心意粗略不精審也。粗工凶凶，以爲可攻，故病未已，新病復起。〔王冰注〕粗，謂粗略也。凶凶，謂不料事宜之可否也。何以言之？假令饑人，形氣羸劣，食令極飽，能不霍乎，豈其與食而爲惡邪？蓋爲失時復過節也。非病逆，鍼石湯液失時過節，則其害反增矣。新校正云：按別本霍一作害。

帝曰：願聞要道。岐伯曰：治之要極，無失色脈，用之不惑，治之大則。〔王冰注〕惑謂惑亂，則謂法則也。言色脈之應，昭然不欺，但順用而不亂紀綱，則治病審當之大法也。逆從到行，標本不得，亡神失國。〔王冰注〕逆從到行，謂反順爲逆。標本不得，謂工病失宜。夫以反理到行，所爲非順，豈唯治人而神氣受害，若使之輔佐君主，亦令國祚不保康寧矣。去故就新，乃得眞人。〔王冰注〕標本不得，工病失宜，則當去故逆理之人，就新明悟之士，乃得至眞精曉之人以全己也。帝曰：余聞其要於夫子矣，夫子言不離色脈，此余之所知也。岐伯曰：治之極於一。帝曰：何謂一？岐伯曰：，者因得之。〔王冰注〕因問而得之也。帝曰：奈何？岐伯曰：閉戶塞牖，繫之病者，數問其情，以從其意，〔王冰注〕問其所欲而察是非也。得神者昌，失神者亡。帝曰：善。

《素問·湯液醪醴論》黃帝問曰：爲五穀湯液及醪醴奈何？〔王冰注〕液，謂清液。醪醴，謂酒之屬也。岐伯對曰：必以稻米，炊之稻薪，稻米者完，稻薪者堅。〔王冰注〕堅，謂資其堅勁。完，謂取其完全。完全則酒清冷，堅勁則氣迅疾而效速也。帝曰：何以然？〔王冰注〕言何以能完堅邪。岐伯曰：此得天地之和，高下之宜，故能至完，伐取得時，故能至堅也。〔王冰注〕夫稻者，生於陰水之精，首戴天陽之氣，二者和合，然乃化成，故云得天地之和而能至完。秋氣勁切，霜露凝結。稻以冬採，故云伐取得時而能至堅。

帝曰：上古聖人作湯液醪醴，爲而不用何也？岐伯曰：自古聖人之作湯液醪醴者，以爲備耳。〔王冰注〕言聖人愍念生靈，先防萌漸，陳其法制，以備不虞耳。夫上古作湯液，故爲而弗服也。〔王冰注〕聖人不治已病治未病，故但爲備用而不服也。中古之世，道德稍衰，邪氣時至，服之萬全。〔王冰注〕雖道德稍衰，邪氣時至，以心猶近道，故服用萬全也。帝曰：今之世不必已，何也。〔王冰注〕言不必如中古之世何也。岐伯曰：當今之世，必齊毒藥攻其中，鑱石鍼艾治其外也。〔王冰注〕言法殊於往古也。

帝曰：形弊血盡而功不立者何？岐伯曰：神不使也。帝曰：何謂神不使？岐伯曰：鍼石，道也。〔王冰注〕言神不能使鍼石之妙用也。何者？志意違背於師示故也。精神不進，志意不治，故病不可愈。〔王冰注〕動離於道，耗散天眞故爾。今精壞神去，榮衛不可復收。何者？嗜欲無窮，而憂患不止，精氣弛壞，榮泣衛除，故神去之而病不愈也。〔王冰注〕精神者生之源，榮衛者氣之主，氣主不輔，生源復消，神不內居，病何能愈哉！

帝曰：夫病之始生也，極微極精，必先入結於皮膚。今良工皆稱曰：病成名曰逆，則鍼石不能治，良藥不能及也。今良工皆得其法，守其數，親戚兄弟遠近音聲日聞於耳，五色日見於目，而病不愈者，亦何暇不早乎？岐伯曰：病爲本，工爲標，標本不得，邪氣不服，此之謂也。〔王冰注〕言醫與病不相得也。然工人或親戚兄弟該明，情疑勿用，工先備識，不謂知方，鍼艾之妙靡容，藥石之攻匪預，如是則道雖昭著，萬舉萬全，病不許治，欲奚爲療？《五藏別論》曰：拘於鬼神者，不可與言至德。惡於鍼石者，不可與言至巧。病不許治者，病必不治，治之無功。此皆謂工病不相得，邪氣不賓服也。豈惟鍼艾之有惡哉，藥石亦有之矣。

《素問·寶命全形論》帝曰：人生有形，不離陰陽，天地合氣，別爲九野，分爲四時，月有小大，日有短長，萬物並至，不可勝量，虛實呿吟，敢問其方。〔王冰注〕請說用鍼之意。岐伯曰：木得金而伐，火得水而滅，土得木而達，金得火而缺，水得土而絕，萬物盡然，不可勝竭。〔王冰注〕達，通也。言物類雖不可竭盡而數，要之皆如五行之氣，而有勝負之性分爾。故鍼有懸布天下者五，黔首共餘食，莫知之也。〔王冰注〕言鍼之道，有若高懸示人，彰布於天下者五矣。而百姓共知餘食，咸弃蔑之，不務於本而崇乎末，莫知眞要深在其中。所謂五者次如下句。新校正云：按全元起本餘食作飽食。注云：人愚不解陰陽，不知鍼之妙，飽食終日，莫能知其妙益。一曰治神，〔王冰注〕專精其心，不妄動亂也。所以云手如握虎，神無營於衆物。蓋欲調治精神，專其心也。二曰知養身，〔王冰注〕知養己身之法，亦如養人之道矣。《陰陽應象大論》曰：用鍼者，以我知彼，用之不殆。此之謂也。新校正云：按《太素》身作形。楊上善云：飲食男女，節之以限，風寒暑濕，攝之以時，有異單豹外凋之害，即內養形也。實慈恕以愛人，和塵勞而不迹，有殊張毅高門之傷，即外養形也。內外之養周備，則不求生而久生，無期壽而長壽，此則鍼布養形之極也。玄元皇帝曰：太上養神，其次養形。詳王氏之注，專治神養身於用鍼之際，其說甚狹，不若上善之說爲優。若必以此五者解爲用鍼之際，則下文知毒藥爲眞，王氏亦不專用鍼爲解也。三曰知毒藥爲眞，〔王冰注〕毒藥攻邪，順宜而用，正眞之道，其在茲乎。四曰制砭石小大，〔王冰注〕古者以砭石爲鍼，故不舉九鍼，但言砭石爾。當制其大小者，隨病所宜而用之。新校正云：按全元起云，砭石者，是古外治之法，有三名：一鍼石，二砭石，三鑱石，其實一也。古來未能鑄鐵，故用石爲鍼，故名之鍼石。言工必砥礪鋒利，制其小大之形，與病相當。黄帝造九鍼以代鑱石。上古之治者，各隨方所宜，東方之人，多癰腫聚結，故砭石生於東方。五曰知府藏血氣之診。〔王冰注〕諸陽爲府，諸陰爲藏，故《血氣形志篇》曰：太陽多血少氣，少陽少血多氣，陽明多氣多血，少陰少血多氣，厥陰多血少氣，太陰多氣少血。是以刺陽明出血氣，刺太陽出血惡氣，刺少陽出氣惡血，刺太陰出氣惡血，刺少陰出氣惡血，刺厥陰出血惡氣也。精知多少，則補寫萬全。五法俱立，各有所先。〔王冰注〕事宜則應者先用。

《素問·五常政大論》 故曰：補上下者從之，治上下者逆之，以所在寒熱盛衰而調之。〔王冰注〕上，謂司天。下，謂在泉也。司天地氣太過，則逆其味以治之。司天地氣不及，則順其味以和之。從，順也。故曰：上取下取，內取外取，以求其過。能毒者以厚藥，不勝毒者以薄藥，此之謂也。〔王冰注〕上取，謂以藥制有過之氣也，制而不順則吐之。下取，謂以迅疾之藥除下病，攻之不去則下之。內取，謂食及以藥內之，審其寒熱而調之。外取，謂藥熨令所病氣調適也。當寒反熱，以冷調之，當熱反寒，以溫和之，上盛不已，吐而脫之，下盛不已，下而奪之，謂求得氣過之道也。藥厚薄，謂氣味厚薄者也。氣反者，病在上，取之下。病在下，取之上。病在中，傍取之。〔王冰注〕下取，謂寒逆於下，而熱攻於上，不利於下，氣盈於上，則溫下以調之。上取，謂寒積於下，溫之不去，陽藏不足，則補其陽也。傍取，謂氣并於左，則藥熨其右，氣并於右，則熨其左以和之，必隨寒熱爲適。凡是七者，皆病無所逃，動而必中，斯爲妙用矣。治熱以寒，溫而行之。治寒以熱，涼而行之。治溫以清，冷而行之。治清以溫，熱而行之。〔王冰注〕氣性有剛柔，形證有輕重，方用有大小，調制有寒溫。盛大則順氣性以取之，小耎則逆氣性以伐之，氣殊則主必不容，力倍則攻之必勝，是則謂湯飲調氣之制也。故消之削之，吐之下之，補之寫之，久新同法。〔王冰注〕量氣盛虛而行其法，病之新久無異道也。

帝曰：病在中而不實不堅，且聚且散，奈何？岐伯曰：悉乎哉問也。無積者求其藏，虛則補之，〔王冰注〕隨病所在，命其藏以補之。藥以祛之，食以隨之，行水漬之，和其中外，可使畢已。〔王冰注〕中外通和，氣無流礙，則釋然消散，眞氣自平。帝曰：有毒無毒，服有約乎？岐伯曰：病有久新，方有大小，有毒無毒，固宜常制矣。大毒治病，十去其六。〔王冰注〕下品藥毒，毒之大也。常毒治病，十去其七。〔王冰注〕中品藥毒，次於下也。小毒治病，十去其八。〔王冰注〕上品藥毒，毒之小也。無毒治病，十去其九。〔王冰注〕上品中品下品無毒藥，悉謂之平。穀肉果菜，食養盡之，無使過之，傷其正也。〔王冰注〕大毒之性烈，其爲傷也多。(少)〔小〕毒之性和，其爲傷也少。常毒之性，減大毒之性一等，加小毒之性一等，所傷可知也。故至約必止之，以待來證爾。然無毒之藥，性雖平和，久而多之，則氣有偏勝，則有偏絶，久攻之則藏氣偏弱，既弱且困，不可畏也，故十去其九而止。服至約已，則以五穀五肉五果五菜，隨五藏宜者食之，已盡其餘病。藥食兼行，亦通也。不盡，行復如法。〔王冰注〕法，謂前四約也。餘病不盡，然再行之，毒之大小，至約而止，必無過也。

必先歲氣，無伐天和。〔王冰注〕歲有六氣分主，有南面北面之政，先知此六氣所在，人脈至尺寸應之。太陰所在其脈弦，少陰所在其脈鉤，厥陰所在其脈弦，太陽所在其脈大而長，陽明所在其脈短而濇，少陽所在其脈大而浮，如是六脈，則謂天和，不識不知，呼爲寒熱，攻寒令熱脈不變而熱疾已生，制熱令寒脈如故而寒病又起。欲求其適，安可得乎！夭枉之來，率由於此。無盛盛，無虛虛，而遺人夭殃。〔王冰注〕不察虛實，但思攻擊，而盛者轉盛，虛者轉虛，萬端之病，從茲而甚，眞氣日消，病勢日侵，殃咎之來，若天之興，難可逃也，悲夫！無致邪，無失正，絶人長命。〔王冰注〕所謂代天和也。攻虛謂實，是則致邪。不識藏之虛，斯爲失正。〔正〕氣既失，則爲死之由矣。

帝曰：其久病者，有氣從不康，病去而瘠，奈何？〔王冰注〕從，謂順也。岐伯曰：昭乎哉聖人之問也！化不可代，時不可違。〔王冰注〕化，謂造化也。代大匠斲，猶傷其手，况造化之氣，人能以力代之乎？夫生長收藏，各應四時之化，雖巧智者，亦無能先時而致之，明非人力所及。由是觀之，則物之生長收藏化，必待其時也。物之成敗理亂，亦待其時也。物既有之，人亦宜然。或言力必可致，而能代造化，違四時者，妄也。夫經絡以通，血氣以從，復其不足，與衆齊同，養之和之，靜以待時，謹守其氣，無使傾移，其形迺彰，生氣以長，命曰聖王。故《大要》曰：無代化，無違時，必養必和，待其來復。此之謂也。帝曰：善。〔王冰注〕《大要》，上古經法也。引古之要旨，以明時化之不可違，不可以力代也。

《素問·八正神明論》 上工救其萌芽，必先見三部九候之氣，盡調不敗而救之，故曰上工。下工救其已成，救其已敗。救其已成者，言不知三部九候之相失，因病而敗之也。

《素問·天元紀大論》　帝曰：夫子之言，上終天氣，下畢地紀，可謂悉矣。余願聞而藏之，上以治民，下以治身，使百姓昭著，上下和親，德澤下流，子孫無憂，傳之後世，無有終時，可得聞乎？鬼臾區曰：至數之機，迫迮以微，其來可見，其往可追，敬之者昌，慢之者亡，無道行私，必得夭殃，謹奉天道，請言眞要。帝曰：善言始者，必會于終，善言近者，必知其遠，是則至數極而道不惑，所謂明矣。願夫子推而次之，令有條理，簡而不匱，久而不絕，易用難忘，爲之綱紀，至數之要，願盡聞之。鬼臾區曰：昭乎哉問，明乎哉道，如鼓之應桴，響之應聲也。

《素問·疏五過論》　黄帝曰：嗚呼遠哉！閔閔乎若視深淵，若迎浮雲，視深淵尚可測，迎浮雲莫知其際。〔王冰注〕嗚呼遠哉，歎至道之不極也。閔閔乎，言妙用之不窮也。深淵清澄，見之必定，故可測。浮雲漂寓，際不守常，故莫知。聖人之術，爲萬民式，論裁志意，必有法則，循經守數，按循醫事，爲萬民副，故事有五過四德，汝知之乎？〔王冰注〕慎五過，則敬順四時之德氣矣。然德者，道之用，生之主，故不可不敬順之也。《上古天眞論》曰：所以能年皆度百歲而動作不衰者，以其德全不危故也。《靈樞經》曰：天之在我者德也。由此則天降德氣，人賴而生，主氣抱神，上通於天。《生氣通天論》曰：夫自古通天者，生之本。此之謂也。雷公避席再拜曰：臣年幼小，蒙愚以惑，不聞五過與四德，比類形名，虛引其經，心無所對。〔王冰注〕經未師受，心匪生知，功業微薄，故卑辭也。

帝曰：凡未診病者，必問嘗貴後賤，雖不中邪，病從內生，名曰脱營。〔王冰注〕神屈故也。貴之尊榮，賤之屈辱，心懷眷慕，志結憂（惺）〔惶〕，故雖不中邪，而病從內生，血脈虛減，故曰脱營。嘗富後貧，名曰失精，五氣留連，病有所幷。〔王冰注〕富而從欲，貧奪豐財，內結憂煎，外悲過物。然則心從想慕，神隨往計，榮衛之道，閉以遲留，氣血不行，積幷爲病。醫工診之，不在藏府，不變軀形，診之而疑，不知病名。〔王冰注〕言病之初也。病由想戀所爲，故未居藏府，事因情念所起，故不變軀形。醫不悉之，故診而疑也。身體日減，氣虛無精，〔王冰注〕言病之次也。氣血相逼，形肉消爍，故身體日減。《陰陽應象大論》曰：氣歸精，精食氣。今氣虛不化，精無所滋故也。病深無氣，洒洒然時驚，〔王冰注〕言病之深也。病氣深，穀氣盡，陽氣內薄，故惡寒而驚。洒洒，寒貌。病深者，以其外耗於衛，內奪於榮。〔王冰注〕血爲憂煎，氣隨悲減，故外耗於衛，內奪於榮。病深者何？以此耗奪故爾也。良工所失，不知病情，此亦治之一過也。〔王冰注〕失，謂失問其所始也。

凡欲診病者，必問飲食居處，〔王冰注〕飲食處居，其有不同，故問之也。《異法方宜論》曰：東方之域，天地之所先生，魚鹽之地，海濱傍水，其民食魚而嗜鹹，皆安其處，美其食。西方者，金玉之域，沙石之處，天地之所收引，其民陵居而多風，水土剛強，其民不衣而褐薦，其民華食而脂肥。北方者，天地所閉藏之域，其地高陵居，風寒冰冽，其民樂野處而乳食。南方者，天地所長養，陽之所盛處，其地下，水土弱，霧露之所聚，其民嗜酸而食胕。中央者，其地平以濕，天地所以生萬物也衆，其民食雜而不勞。由此則診病之道，當先問焉。故聖人雜合以法，各得其所宜，此之謂矣。暴樂暴苦，始樂後苦，皆傷精氣，精氣竭絕，形體毁沮。〔王冰注〕喜則氣緩，悲則氣消。然悲哀動中者，竭絕而失生，故精氣竭絕，形體殘毁，心神沮喪矣。暴怒傷陰，暴喜傷陽，〔王冰注〕怒則氣逆，故傷陰，喜則氣緩，故傷陽。厥氣上行，滿脈去形。〔王冰注〕厥，氣逆也。逆氣上行，滿於經絡，則神氣憚散，去離形骸矣。愚醫治之，不知補寫，不知病情，精華日脱，邪氣乃幷，此治之二過也。〔王冰注〕不知喜怒哀樂之殊情，概爲補寫而同貫，則五藏精華之氣日脱，邪氣薄蝕，而乃幷於正眞之氣矣。

善爲脈者，必以比類奇恒從容知之，爲工而不知道，此診之不足貴，此治之三過也。〔王冰注〕奇恒，謂氣候奇異於恒常之候也。從容，謂分别藏氣虛實，脈見高下，幾相似也。《示從容論》曰：脾虛浮似肺，腎小浮似脾，肝急沈散似腎，此皆工之所時亂，然從容分别而得之矣。

診有三常，必問貴賤，封君敗傷，及欲侯王。〔王冰注〕貴則形樂志樂，賤則形苦志苦，苦樂殊貫，故先問也。封君敗傷，降君之位，封公卿也。及欲侯王，謂情慕尊貴，而妄爲不已也。故貴脱勢，雖不中邪，精神內傷，身必敗亡。〔王冰注〕憂惶煎迫怫結所爲。始富後貧，雖不傷邪，皮焦筋屈，痿躄爲攣。〔王冰注〕以五藏氣留連，病有所幷而爲是也。醫不能嚴，不能動神，外爲柔弱，亂至失常，病不能移，則醫事不行，此治之四過也。〔王冰注〕嚴，謂戒，所以禁非也，所以令從命也。外爲柔弱，言委隨而順從也。然戒不足以禁非，動不足以從令，委隨任物，亂失天常，病且不移，何醫之有。

凡診者，必知終始，有知餘緒，切脈問名，當合男女。〔王冰注〕終始，謂氣色也。《脈要精微論》曰：知外者，終而始之。明知五氣色象，終而復始也。餘緒，謂病發端之餘緒也。切，謂以指按脈也。問名，謂問病證之名也。男子陽氣多而左脈大爲順，女子陰氣多而右脈大爲順，故宜以候，常先合之也。離絕菀結，憂恐喜怒，五藏空虛，血氣離守，工不能知，何術之語。〔王冰注〕離，謂離間親愛。絕，謂絕念所懷。菀，謂菀積思慮。結，謂結固餘怨。夫間親愛者魂游，絕所懷者意喪，積所慮者神勞，結餘怨者志苦，憂愁者閉塞而不行，恐懼者蕩憚而失守，盛忿者迷惑而不治，喜樂者憚散而不藏，由是八者，故五藏空虛，血氣離守。工不思曉，又何言哉！嘗富大傷，斬筋絶脈，身體復行，令澤不息。〔王冰注〕斬筋絶脈，言非分之過損也。身體雖以復舊而行，且今津液不爲滋息也。何者？精氣耗減也。澤者，液也。故傷敗結，留薄歸陽，膿積寒炅。〔王冰注〕陽，謂諸陽脈及六府也。炅，謂熱也。言非分傷敗筋脈之氣，血氣內結，留而不去，薄於陽脈，則化爲膿，久積腹中，則外爲寒熱也。粗工治之，亟（刺）〔刺〕陰陽，身體解散，四支轉筋，死日有期。〔王冰注〕不知寒熱爲膿積所生。以爲常熱之疾，概施其法，數刺陰陽經脈，氣奪病甚，故身體解散而不用，四支廢運而轉筋，如是故知死日有期，豈謂命不謂醫耶！醫不能明，不問所發，唯言死日，亦爲粗工此治之五過也。〔王冰注〕言粗工不必謂解不備學者，縱備盡三世經法，診不備三常，療不慎五過，不求餘緒，不問特身，亦足爲粗略之醫爾。

凡此五者，皆受術不通，人事不明也。〔王冰注〕言是五者，但名受術之徒，未足以通悟精微之理，人間之事，尚猶懵然。故曰：聖人之治病也，必知天地陰陽，四時經紀，五藏六府，雌雄表裏，（刺）〔刺〕灸砭石，毒藥所主，從容人事，以明經道，貴賤貧富，各異品理，問年少長，勇怯之理，審於分部，知病本始，八正九候，診必副矣。〔王冰注〕聖人之備識也如此，工宜勉之。治病之道，氣內爲寶，循求其理，求之不得，過在表裏。〔王冰注〕工之治病，必在於形氣之內求有過者，是爲聖人之寶也。求之不得，則以藏府之氣陰陽表裏而察之。新校正云：按全元起本及《太素》作氣內爲實。楊上善云：天地間氣爲外氣，人身中氣爲內氣。外氣裁成萬物，是爲外實。內氣榮衛裁生，故爲內實。治病能求內氣之理，是治病之要也。守數據治，無失俞理，能行此術，終身不殆。〔王冰注〕守數，謂血氣多少及刺深淺之數也。據治，謂據穴俞所治之旨而用之也。但守數據治而用之，則不失穴俞之理矣。殆者，危也。不知俞理，五藏菀（熟）〔熱〕，癰發六府。〔王冰注〕菀，積也。熟，熱也。五藏積熱，六府受之，陽熱相薄，熱之所過，則爲癰矣。診病不審，是謂失常，〔王冰注〕謂失常經術正用之道也。謹守此治，與經相明，〔王冰注〕謂前氣內循求俞會之理也。《上經》《下經》，揆度陰陽，奇恆五中，決以明堂，審於終始，可以橫行。〔王冰注〕所謂《上經》者，言氣之通天也，《下經》者，言病之變化也。言此二經，揆度陰陽之氣，奇恆五中，皆決於明堂之部分也。揆度者，度病之深淺也。奇恆者，言奇病也。五中者，謂五藏之氣色也。夫明堂者，所以視萬物，別白黑，審長短，故曰決以明堂也。審於終始者，謂審察五色囚王，終而復始也。夫道循如是，應用不窮，目牛無全，萬舉萬當，由斯高遠，故可以橫行於世間矣。

《素問·徵四失論》　黃帝在明堂，雷公侍坐，黃帝曰：夫子所通書受事衆多矣，試言得失之意，所以得之，所以失之。雷公對曰：循經受業，皆言十全，其時有過失者，請聞其事解也。〔王冰注〕言循學經師，受傳事業，皆謂十全於人庶，及乎施用正術，宣行至道，或得失之於世中，故謂聞其解說也。

帝曰：子年少智未及邪？將言以雜合耶？〔王冰注〕言謂年少智未及而不得十全耶？爲復且以言而雜合衆人之用耶？帝疑先知而反問也。夫經脈十二，絡脈三百六十五，此皆人之所明知，工之所循用也。〔王冰注〕謂循學而用也。所以不十全者，精神不專，志意不理，外內相失，故時疑殆。〔王冰注〕外，謂色。內，謂脈也。然精神不專於循用，志意不從於條理，所謂粗略，揆度失常，故色脈相失而時自疑殆也。診不知陰陽逆從之理，此治之一失矣。〔王冰注〕《脈要精微論》曰：冬至四十五日，陽氣微上，陰氣微下。夏至四十五日，陰氣微上，陽氣微下。陰陽有時，與脈爲期。又曰：微妙在脈，不可不察，察之有紀，從陰陽始。由此故診不知陰陽逆從之理，爲一失矣。

受師不卒，妄作雜術，謬言爲道，更名自功，新校正云：按《太素》功作巧。妄用砭石，後遺身咎，此治之二失也。〔王冰注〕不終師術，惟妄是爲，易古變常，自功循己，遺身之咎，不亦宜乎！故爲失二也。《老子》曰：無遺身殃，是謂襲常。蓋嫌其妄也。

不適貧富貴賤之居，坐之薄厚，形之寒溫，不適飲食之宜，不別人之勇怯，不知比類，足以自亂，不足以自明，此治之三失也。〔王冰注〕貧賤者勞，富貴者佚，佚則邪不能傷，易傷以勞，勞則易傷以邪。其於勞也，則富者處貴者之半。其於邪也，則貧者居賤者之半。例率如此。然世祿之家，或此殊矣。夫勇者難感，怯者易傷，二者不同，蓋以其神氣有壯弱也。觀其貧賤富貴之義，則坐之薄厚，形之寒溫，飲食之宜，理可知矣。不知此類，用必乖哀，則適足以用亂心緒，豈通明之可妄乎！故爲失三也。

診病不問其始，憂患飲食之失節，起居之過度，或傷於毒，不先言此，卒持寸口，何病能中？妄言作名，爲粗所窮，此治之四失也。〔王冰注〕憂，謂憂懼也。患，謂患難也。飲食失節，言甚飽也。起居過度，言潰耗也。或傷於毒，謂病不可拘於藏府相乘之法而爲療也。卒持寸口，謂不先持寸口之脈和平與不和平也。然工巧備識，四術猶疑，故診不能中病之形名，言不能合經而妄作，粗略醫者，尚能窮妄謬之違背，況深明者見而不謂非乎！故爲失四也。

是以世人之語者，馳千里之外，不明尺寸之論，診無人事。〔王冰注〕言工之得失毀譽，在世人之言語，皆可至千里之外，然其不明尺寸之診論，當以何事知見於人耶！治數之道，從容之葆，〔王冰注〕治，王也。葆，平也。言診數當王之氣，皆以氣高下而爲比類之原本也。故下文曰：坐持寸口，診不中五脈，百病所起，始以自怨，遺師其咎。〔王冰注〕自不能深學道術，而致診差違，始上申怨謗之詞，遺過咎於師氏者，未之有也。是故治不能循理，棄術於市，妄治時愈，愚心自得。〔王冰注〕不能修學至理，乃衒賣於市廛，人不信之，謂乎虛謬，故云棄術於市也。然愚者百慮而一得，何自功之有耶。嗚呼！窈窈冥冥，熟知其道！〔王冰注〕今詳熟當作孰。道之大者，擬於天地，配於四海，汝不知道之諭，受以明爲晦。〔王冰注〕嗚呼，歎也，窈窈冥冥，言玄遠也。至道玄遠，誰得知之？孰，誰也。擬於天地，言高下之不可量也。配於四海，言深廣之不可測也。然不能曉諭於道，則授明道而成暗昧也。晦，暗也。

《**靈樞·根結**》 故曰用針之要，在於知調陰與陽，調陰與陽，精氣乃光，合形與氣，使神内藏。故曰上工平氣，中工亂脈，下工絶氣危生。故曰下工不可不愼也。必審五藏變化之病、五脈之應，經絡之實虚、皮之柔粗，而後取之也。

又 形氣不足，病氣有餘，是邪勝也，急瀉之。形氣有餘，病氣不足，急補之。形氣不足，病氣不足，此陰陽俱不足也，不可刺之，刺之則重不足，重不足則陰陽俱竭，血氣皆盡，五藏空虚，筋骨髓枯，老者絶滅，壯者不復矣。形氣有餘，病氣有餘，此陰陽俱有餘也，急瀉其邪，調其虚實。故曰：有餘者瀉之，不足者補之，此之謂也。

《**靈樞·終始**》 和氣之方，必通陰陽。五藏爲陰，六府爲陽，傳之後世，以血爲盟。敬之者昌，慢之者亡，無道行私，必得夭殃。

《**靈樞·脹論**》 明知逆順，鍼數不失。寫虚補實，神去其室。致邪失正，眞不可定。麤之所敗，謂之夭命。補虚寫實，神歸其室。久塞其空，謂之良工。

《**靈樞·五色**》 用陰和陽，用陽和陰，當明部分，萬舉萬當。能别左右，是謂大道。男女異位，故曰陰陽。審察澤夭，謂之良工。

《**靈樞·逆順**》 伯高曰：上工，刺其未生者也。其次，刺其未盛者也。其次，刺其已衰者也。下工，刺其方襲者也，與其形之盛者也，與其病之與脈相逆者也。故曰：方其盛也，勿敢毁傷，刺其已衰，事必大昌。故曰：上工治未病，不治已病，此之謂也。

《**靈樞·衛氣失常**》 伯高曰：夫病變化，浮沉深淺，不可勝窮，各在其處，病間者淺之，甚者深之，間者小之，甚者衆之，隨變而調氣，故曰上工。

《**靈樞·官能**》 法於往古，驗於來今，觀於窈冥，通於無窮，麤之所不見，良工之所貴，莫知其形，若神髣髴。邪氣之中人也，洒淅動形。正邪之中人也微，先見於色，不知於其身，若（在）〔有〕若無，若亡若存，有形無形，莫知其情。是故上工之取氣，乃救其萌芽。下工守其已成，因敗其形。

《**靈樞·九針十二原**》 皮肉筋脈各有所處，病各有所宜，各不同形，各以任其所宜。無實無虚，損不足而益有餘，是謂甚病，病益甚。【略】今夫五藏之有疾也，譬猶刺也，猶污也，猶結也，猶閉也。刺雖久，猶可拔也。污雖久，猶可雪也。結雖久，猶可解也。閉雖久，猶可決也。或言久疾之不可取者，非其説也。夫善用鍼者，取其疾也，猶拔刺也，猶雪污也，猶解結也，猶決閉也。疾雖久，猶可畢也。言不可治者，未得其術也。

《**靈樞·經别**》 黄帝問于歧伯曰：余聞人之合于天道也，内有五藏，以應五音五色五時五味五位也，外有六府，以應六律。六律建陰陽諸經，而合之十二月、十二辰、十二節、十二經水、十二時、十二經脈者，此五藏六府之所以應天道。夫十二經脈者，人之所以生，病之所以成，人之所以治，病之所以起，學之所始，工之所止也，麤之所易，上之所難也。

《**靈樞·師傳**》 黄帝曰：余聞先師，有所心藏，弗著于方。余願聞而藏之，則而行之，上以治民，下以治身，使百姓無病，上下和親，德澤下流，子孫無憂，傳于後世，無有終時，可得聞乎？歧伯曰：遠乎哉問也！夫治民與自治，治彼與治此，治小與治大，治國與治家，未有逆而能治之也，夫惟順而已矣。順者，非獨陰陽脈論氣之逆順也，百姓人民，皆欲順其志也。黄帝曰：順之奈何？歧伯曰：入國問俗，入家問諱，上當問禮，臨病人問所便。黄帝曰：便病人奈何？歧伯曰：夫中熱消癉則便寒，寒中之屬則便熱，胃中熱，則消穀，令人懸心善饑，臍以上皮熱。腸中熱，則出黄如糜，臍以下皮寒。胃中寒，則腹脹。腸中寒，則腸鳴飱泄。胃中寒，腸中熱，則脹而且泄。胃中熱，腸中寒，則疾饑，小腹痛脹。黄帝曰：胃欲寒（飢）〔飲〕，腸欲熱飲，兩者相逆，便之奈何？且夫王公大人血食之君，驕恣從欲，輕人，而無能禁之，禁之則逆其志，順之則加其病，便之奈何？治之何先？歧伯曰：人之情，莫不惡死而樂生，告之以其敗，語之以其善，導之以其所便，開之以其所苦，雖有無道之人，惡有不聽者乎？黄帝曰：治之奈何？歧伯曰：春夏先治其標，後治其本，秋冬先治其本，後治其標。黄帝曰：便其相逆者奈何？歧伯曰：便此者，食飲衣服，亦欲適寒溫，寒無凄愴，暑無出汗。食飲者，熱無灼灼，寒無滄滄。寒溫中適，故氣將持，乃不致邪僻也。

《**太素·順養**》 夫治民與治自，治彼與治此，治小與治大，治國與治家，未有逆而能治者也，夫唯順而已矣。〔楊上善注〕人之與己、彼此、大小、國家八者，守之取全，循之取美，須順道德陰陽物理，故順之者吉，逆之者凶，斯乃天之道。順者，非獨陰陽脈論氣之逆順也，百姓人民，皆欲順其志也。〔楊上善注〕非獨陰陽之道、十二經脈、營衛之氣有逆有順，百姓之情皆不可逆，是以順之有吉也，故曰聖人無常心，以百姓爲心也。志，願也。黄帝曰：順之奈何？岐伯曰：入國問俗，入家問諱，上堂問禮，臨病人問所便。〔楊上善注〕夫爲國爲家爲身之道各有其理，不循其理而欲正之身者，未之有也。所以並須問者，欲各知其理而順之也。俗諱禮便，人之理也，陰陽四時，天地之理也，存生之道，闕一不可，故常問之也。便，宜也，謂問病人寒熱等病，量其所宜，隨順調之，故問所便者也。黄帝曰：便病人奈何？言何方而知其所便也。岐伯曰：夫人中熱消癉則便寒，寒中之屬則便熱。〔楊上善注〕中，腸胃中也。腸胃中熱，多消飲食，即消癉病也。癉，熱也，音丹。熱中宜以寒調，寒中宜以熱調，解其便也。胃中熱則消穀，令人懸心善饑，齊以上皮熱；〔楊上善注〕自此以下，廣言熱中寒中之狀。胃中熱以消穀，虚以喜饑，胃在齊上，胃中食氣上薰，故皮熱也。腸中熱則出黄如糜，齊以下皮寒。〔楊上善注〕陽上陰下，胃熱腸冷，自是常理。今胃中雖熱，不可過熱，過熱乖常。腸中雖冷，不可不和，不和則多熱出黄。腸冷多熱不通，故齊下皮寒也。胃中寒則䐜脹，腸中寒則腸鳴飧泄。〔楊上善注〕䐜，叱鄰反，張起也。腸中冷而氣轉，故腸鳴也。飧音孫，謂食不消，下泄如水和飯也。冷氣不下，故多脹。胃中寒，腸中熱，則脹且泄；〔楊上善注〕以上腸胃俱熱俱寒，此乃胃寒腸熱俱下時也。脹是胃寒，泄是腸熱，腸中不可熱，(令)〔今〕熱則腸中不和，故脹且泄也。胃中熱，腸中寒，則疾饑，少腹痛。〔楊上善注〕此胃熱腸寒俱時，胃熱故疾饑，腸寒故腹痛也。黄帝曰：胃欲寒飲，腸欲熱飲，兩者相逆，便之奈何？且夫王公大人血食之君，驕恣從欲輕人，而無能禁之，禁之則逆其志，順之則加其病，便之奈何？治之何先？〔楊上善注〕胃中常熱，故欲滄滄而飲，腸中恆冷，故欲灼灼而食，寒熱乖和則損於性命。若從欲則加病，逆志則生怒，二者不兼，故以先爲問也。岐伯曰：人之情，莫不惡死而樂生，告之以其馭，語之以其道，示以其所便，開之以其所苦，雖有無道之人，惡有不聽令者乎？〔楊上善注〕正可逆志以取其所樂，不可順欲而致其所苦，故以道語之，無理不聽也。

《難經・十二難》　陽絶補陰，陰絶補陽，是謂實實虚虚，損不足益有餘，如此死者，醫殺之耳。

《難經・十四難》　損其肺者，益其氣；損其心者，調其榮衛；損其脾者，調其飲食，適其寒溫；損其肝者，緩其中；損其腎者，益其精。此治損之法也。

《難經・五十八難》　陽虚陰盛，汗出而愈，下之而死；陽盛陰虚，汗出而死，下之而愈。

《難經・六十九難》　虚者補其母，實者瀉其子，當先補之，然後瀉之。不實不虚，以經取之者，是正經自病，不中他邪也，當自取其經，故言以經取之。

《難經・七十六難》　當補之時，從衛取氣；當瀉之時，從榮置氣。其陽氣不足，陰氣有餘，當先補其陽，而後瀉其陰。陰氣不足，陽氣有餘，當先補其陰，而後瀉其陽。榮衛通行，此其要也。

《難經・七十七難》　所謂治未病者，見肝之病，則知肝當傳之與脾，故先實其脾氣，無令得受肝之邪，故曰治未病焉。中工治已病者，見肝之病，不曉相傳，但一心治肝，故曰治已病也。

《方言》卷三　凡飲藥傅藥而毒，南楚之外謂之瘌，北燕朝鮮之間謂之癆，東齊海岱之間謂之瞑，或謂之眩，〔郭璞注〕瞑眩，亦今通語耳。自關而西謂之毒。

《韓詩外傳》卷三　人主之疾十有二發，非有賢醫莫能治也。何謂十二發？痿、〔周廷寀注〕方書所謂癱瘓也。有痿躄，有脈痿，有筋痿，有肉痿，有骨痿。蹶、〔周廷寀注〕方書作厥。厥者，氣逆上也。逆、〔周廷寀注〕欬逆。方書所謂噦也。脹、〔周廷寀注〕蠱脹也。臍腹及四肢悉腫者爲水。但腹脹而四肢不甚腫者爲脹。滿、〔周廷寀注〕中滿也。藏寒生滿病。支、〔周廷寀注〕四肢拘攣，不得屈伸也。膈、〔周廷寀注〕方書所謂格也。格者，吐逆，上下俱病。盲、〔周廷寀注〕目不明也。煩、〔周廷寀注〕煩躁也。內熱曰煩，外熱曰躁。喘、〔周廷寀注〕喘息上氣。痺、〔周廷寀注〕風寒濕三氣雜合爲病也，風勝者爲行痺，寒勝者爲痛痺，濕勝者爲著痺。風、〔周廷寀注〕癘風也。此之曰十二發。賢醫治之何？曰：省事輕刑，則痿不作。無使小民饑寒，則蹶不作。無令財貨上流，則逆不作。無令倉廩積腐，則脹不作。無使府庫充實，則滿不作。無使群臣縱恣，則支不作。無使下情不上通，則膈不作。上材恤下，則盲不作。法令奉行，則煩不作。無使下怨，則喘不作。無使賢伏匿，則痺不作。無使百姓歌吟誹謗，則風不作。夫重臣群下者，人主之心腹支體也，心腹支體無疾，則人主無疾矣。故非有賢醫莫能治也。人皆有此十二疾，而不用賢醫，則國非其國也。《詩》曰：多將熇熇，不可救藥。終亦必亡而已矣。故賢醫用，則衆庶無疾，况人主乎。《傳》曰：太平之時，無瘖、㿈、跛、眇、尪、蹇、侏儒、折短，〔周廷寀注〕《禮・王制》：瘖聾、跛躃、斷者、侏儒，百工各以其器食之。瘖謂口不能言。聾謂耳不聞聲。即此瘖瘂也。聾、瘂通。跛躃，謂足不能行，即此跛、蹇也。斷者，謂支節解絶，即此折短也。此眇尪，於《王制》無所見。《國語》所謂矇瞍脩聲，籧篨蒙璆。父不哭子，兄不哭弟，道無襁負之遺育，然各以其序終者，賢醫之用也。故安止平正，除疾之道無他焉，用賢而已矣。《詩》曰：有瞽有瞽，在周之庭，紂之餘民也。

《鹽鐵論·非鞅》 故扁鵲不能肉白骨，微箕不能存亡國也。

《説苑·敬慎》 君子苟能無以利害身，則辱安從至乎？官怠於宦成，病加於少愈，禍生於懈惰，孝衰於妻子。察此四者，慎終如始。

《説苑·談叢》 民有五死，聖人能去其三，不能除其二。饑渴死者可去也，凍寒死者可去也，罹五兵死者可去也。壽命死者不可去也，癰疽死者不可去也。饑渴死者中不充也，凍寒死者外勝中也，罹五兵死者德不忠也，壽命死者歲數終也，癰疽死者血氣窮也。故曰：中不正外淫作，外淫作者多怨怪，多怨怪者疾病生。故清淨無爲，血氣乃平。

《論衡·定賢》 夫聖賢之治世也有術，得其術則功成，失其術則事廢。譬猶醫之治病也，有方篤劇猶治，無方毚微不愈，(天)〔夫〕方猶術，病猶亂，醫猶吏，藥猶教也。方施而藥行，術設而教從，教從而亂止，藥行而病愈。治病之醫，未必惠於不爲醫者，然而治國之吏，未必賢於不能治病者，偶得其方，遭曉其術也。治國須術以立功，亦有時當自亂，雖有術，功終不立者。亦有時當自安，雖無術，功猶成者。故夫治國之人，或得時而功成，或失時而無效，術人能因時以立功，不能逆時以致安。良醫能治未當死之人命，如命窮壽盡，方用無驗矣。故時當亂也，堯舜施術不能立功，命當死矣，扁鵲行方不能愈病。

《越絶書·外傳·計倪》 古人云：苦藥利病，苦一作忠。言利行。

《潛夫論·實邊》 且扁鵲之治病也，審閉結而通鬱，虚者補之，實者瀉之，故病愈而名顯。伊尹之佐湯也，設輕重而通有無，損積餘以補不足，故殷治而君尊。

《潛夫論·班禄》 凡治病者，必先知脈之虚實，氣之所結，然後爲之方，故疾可愈而壽可長也。

《前漢紀·高后紀》 夫事物之性有自然而成者，有待人事而成者，有失人事不成者，有雖加人事終身不可成者，是謂三勢。凡此三勢，無物不然，以小知大，近取諸身。譬之疾病，有不治而自瘳者，有治之則瘳者，有不治則不瘳者，有雖治而終身不可愈者，豈非類乎。昔虢太子死，扁鵲治而生之。鵲曰：我非能治死爲生也，能使可生者生耳。然太子不遇鵲亦不生矣。若夫膏肓之疾，雖醫和亦不能治矣。

《傷寒論·傷寒例》 夫陽盛陰虚，汗之則死，下之則愈。陽虚陰盛，汗之則愈，下之則死。〔成無己注〕表爲陽，裏爲陰，陰虚者陽必湊之，陽盛之邪，乘其裏虚而入于府者，爲陽盛陰虚也。經曰：尺脈弱，名曰陰不足，陽氣下陷，入陰中，則發熱者矣，下之除其内熱而愈。若反汗之，則竭其津液而死。陰脈不足，陽性從之，陽脈不足，陰性乘之。陰邪乘其表虚，客于榮衛之中者，爲陽虚陰盛也。經曰：假令寸口脈微，名曰陽不足，陰氣上入陽中，則灑淅惡寒者是矣。汗之，散其表寒則愈。若反下之，則脱其正氣而死。經曰：本發汗而復下之，此爲逆也。本先下之，而反汗之爲逆。夫如是，則神丹安可以誤發，甘遂何可以妄攻。虚盛之治，相背千里，吉凶之機，應若影響，豈容易哉。〔成無己注〕神丹者，發汗之藥也。甘遂者，下藥也。若汗下當則吉，汗下不當則凶，其應如影隨形，如響應聲。況桂枝下咽，陽盛則斃，承氣入胃，陰盛以亡。〔成無己注〕桂枝湯者，發汗藥也。承氣湯者，下藥也。《金匱玉函》曰：不當汗而強與汗之者，令人奪其津液，枯槁而死。不當下而強與下之者，令人開腸洞泄，便溺不禁而死。死生之要，在乎須臾，視身之盡，不暇計日。〔成無己注〕投湯不當，則災禍立見，豈暇計其日數哉。此陰陽虚實之交錯，其候至微；發汗吐下之相反，其禍至速，而醫術淺狹，懵然不知病源，爲治乃誤，使病者殞殁，自謂其分。至今冤魂塞於冥路，死屍盈於曠野，仁者鑒此，豈不痛歟！凡兩感病俱作，治有先後，發表攻裏，本自不同，而執迷妄意者，乃云神丹甘遂，合而飲之，且解其表，又除其裏，言巧似是，其理實違。夫智者之舉錯也，常審以慎，愚者之動作也，必果而速，安危之變，豈可詭哉。世上之士，但務彼翕習之榮，而莫見此傾危之敗，惟明者居然能護其本，近取諸身，夫何遠之有焉。〔成無己注〕兩感病俱作，欲成不治之疾，醫者大宜消息，審其先後，次第而治之。若妄意攻治，以求速效者，必致傾危之敗。

《孔叢子·嘉言》 夫子曰：死病不可爲醫。

《中藏經·論諸病治療交錯致於死候》 夫病者，有宜湯者，有宜圓者，有宜散者，有宜下者，有宜吐者，有宜汗者，有宜灸者，有宜鍼者，有宜補者，有宜按摩者，有宜導引者，有宜蒸熨者，有宜澡洗者，有宜悦愉者，有宜和緩者，有宜水者，有宜火者，種種之法，豈能一也。若非良善精博，難爲取愈。其庸下識淺，亂投湯圓，下汗補吐，動使交錯，輕者令重，重者令死，舉世皆然。且湯，可以蕩滌臟腑，開通經絡，調品陰陽，祛分邪惡，潤澤枯朽，悅養皮膚，益充氣力，扶助困竭，莫離於湯也。圓，可以逐風冷，破堅癥，消積聚，進飲食，舒榮衛，開關竅，緩緩然參合，無出於圓也。散者，能祛風寒暑濕之氣，攄寒濕穢毒之邪，發揚四肢之壅滯，除剪五臟之結伏，開腸和胃，行脈通經，莫過於散也。下，則疏豁閉塞。補，則益助虛乏。灸，則起陰通陽。鍼，則行榮引衛。導引，則可以逐客邪於關節。按摩，則可以驅浮淫於肌肉。蒸熨，辟冷。(淺)〔澡〕洗，生陽。悅愉，爽神。和緩，安氣。若實而不下，則使人心腹脹滿，煩亂鼓腫。若虛而不補，則使人氣血消散，精神耗亡，肌肉脫失，志意昏迷。可汗而不汗，則使人毛孔關塞，悶絕而終。合吐而不吐，則使人結胸上喘，水食不入而死。當灸而不灸，則使人冷氣重凝，陰毒內聚，厥氣上衝，分遂不散，以致消減。當鍼而不鍼，則使人榮衛不行，經絡不利，邪漸勝眞，冒昧而昏。宜導引而不導引，則使人邪侵關節，固結難通。宜按摩而不按摩，則使人淫隨肌肉，久留不消。宜蒸熨而不蒸熨，則使人冷氣潛伏，漸成痺厥。宜澡洗而不澡洗，則使人陽氣上行，陰邪相害。不當下而下，則使人開腸蕩胃，洞泄不禁。不當汗而汗，則使人肌肉消絕，津液枯耗。不當吐而吐，則使人心神煩亂，臟腑奔衝。不當灸而灸，則使人重傷經絡，內蓄炎毒，反害中和，致於不可救。不當鍼而鍼，則使人氣血散失，關機細縮。不當導引而導引，則使人眞氣勞敗，邪氣妄行。不當按摩而按摩，則使人肌肉䐜脹，筋骨舒張。不當蒸熨而蒸熨，則使人陽氣偏行，陰氣內聚。不當淋(淶)〔澡〕而淋(淶)〔澡〕，則使人濕侵皮膚，熱生肌體。不當悅愉而悅愉，則使人神失氣消，精神不快。不當和緩而和緩，則使人氣停意此下趙寫本俱缺。折，健忘傷志。大凡治療，要合其宜。脈狀病候，少陳於後。凡脈不緊數，則勿發其汗。脈不疾數，不可以下。心胸不閉，尺脈微弱，不可以吐。關節不急，榮衛不壅，不可以鍼。陰氣不盛，陽氣不衰，勿灸。內無客邪，勿導引。外無淫氣，勿按摩。皮膚不痺，勿蒸熨。肌肉不寒，勿煖洗。神不凝迷，勿悅愉。氣不急奔，勿和緩。順此者生，逆此者死耳。脈病之法，備說在前。

《玄門脈訣內照圖》卷一　良醫處治用藥，變異應時，無以爲定，病與藥，令得復行，隨其宜制之，無施不尅，方分等差，亦時制之，但稟藥性，兼識病源而不錯也。凡藥有州土，採取皆有時節，用有新陳炒(檮)〔擣〕，鍊合和服，一切知之，名爲良醫也。又識會陰陽之體，行年本命，王相生氣，禍害絕命，福德天醫，病之淺深，量而制也。是良醫知病與藥也。

《玄門脈訣內照圖》卷二　病人擇醫，治必擇藥，煎熬製度，令親信恭誠至意。煎藥銚器，除油垢腥穢，必用新淨甜水爲上，量水大小斟酌，以慢火煎熬分數，用紗絹濾去滓，取清汁服之，無不效也。古人服藥治法曰：在上不厭頻而少，在下不厭頻而多，少服則滋榮於上，多服則峻補於下。【略】病在心上者，先食而後藥。病在心下者，先藥而後食。病在四支者，須服藥於旦。病在骨髓者，須服藥於夜。

《博物志》卷七　《神農經》曰：上藥養命，謂五石之練形，六芝之延年也。中藥養性，謂合歡蠲忿，萱草忘憂。下藥治病，謂大黃除實，當歸止痛。夫命之所以延，性之所以和，病之所以愈，是當其藥，應其病也。違其藥，失其應即怨天尤人，設鬼神矣。

《抱朴子·外篇·貴賢》　二豎之疾既據而募良醫，棟撓之禍已集而思謀夫，何異乎火起乃穿井，覺饑而占田哉。

《抱朴子·外篇·用刑》　病篤痛甚，身困病危，則不得不攻之以鍼石，治之以毒烈。若廢和鵲之方而慕松喬之道，則死者衆矣。

又　明病之術者，杜未生之疾，達治亂之要者，遏將來之患。

《抱朴子·外篇·地眞》　故一人之身，一國之象也。胸腹之位，猶宮室也。四肢之列，猶郊境也。骨節之分，猶百官也。神猶君也，血猶臣也，氣猶民也。故知治身，則能治國也。夫愛其民，所以安其國，養其氣，所以全其身。民散則國亡，氣竭即身死。死者不可生也，亡者不可存也。是以至人消未起之患，治未病之疾，醫之於無事之前，不追之於既逝之後。民難養而易危也，氣難清而易濁也，故審威德所以保社稷，割嗜慾所以固血氣，然後眞一存焉，三七守焉，百害卻焉，年命延矣。

《抱朴子·外篇·喻蔽》　昔諸侯訪政，弟子問仁，仲尼答之，人人異辭。蓋因事託規，隨時所急，譬猶治病之方千百，而針灸之處無常，卻寒以溫，除熱以冷，期於救死存身而已，豈可詣者逐一道如齊楚而不改路乎。

《鮑氏集·藥奩銘》　故不世不可以服，未達不可以嘗。眩精逆目，是乃爲良。

《宋書·周朗傳》　其有見善如不及，從諫如順流，是則命待教全，運須化立。譬以良醫之室，病者所存，至如澄神清魂，平心實氣，無妄之痾，勿藥有喜，所謂縱情蹈道，無假隱括。若膏肓之疾，長桑不治，體府之病，陽慶弗理，此則率由踐逆，自絕調御。至乃趙儲之命宜永，須扁鵲而後全，齊后之數必延，待文摯而後濟。亦猶運鍾循奬，彝範所興，善惡無主，唯運所集而異。膏粱方丈，沈疾弗顧；瑤碧盈尺，阽危弗存。夫靜躁之容，造次必於是；曲直之性，顛沛不可移。是以夷、惠均聖而異方；遵、竦齊通而殊事。雖復鉗桎羿、奡，思服巢、許之情；捶勒會、史，言膺蹻、跖之慮。不然之事，斷可知也。必幽符鑽仰，冥數修習，雖存陵惰，其可得乎。故運屬波流，勢無防慮，命徼山立，理無放情。用殊函矢，雙美奚躓；談異矛戈，兩濟何傷。

《褚氏遺書·除疾》 除疾之道，極其候證，詢其嗜好，察致疾之由來，觀時人之所患，則窮其病之始終矣。外病療內，上病救下，辨病藏之虛實，通病藏之母子，相其老壯，酌其淺深，以制其劑，而十全上功至焉。制劑獨味爲上，二味次之，多品爲下。酸通骨，甘解毒，苦去熱，鹹導下，辛發滯。當驗之藥未驗，切戒亟投。大勢既去，餘勢不可再藥。修而肥者飲劑豐，羸而弱者受藥減。用藥如用兵，用醫如用將。善用兵者，徒有車之功，善用藥者，薑有桂之效。知其才智，以軍付之，用將之道也。知其方技，以生付之，用醫之道也。世無難治之疾，有不善治之醫，藥無難代之品，有不善代之人，民中絕命，斷可識矣。

《褚氏遺書·審微》 疾有誤涼而得冷，證有（是似）〔似是〕而實非，差之毫釐，損其壽命。《浮粟經·二氣篇》曰：諸瀉皆爲熱，諸冷皆爲節。熱則先涼藏，冷則先溫血。《腹疾篇》曰：干痛有時當爲蟲，產餘刺痛皆變腫。《傷寒篇》曰：傷風時疫，濕暑宿痰，作瘧作疹，俱類傷寒。時人多瘧，宜防爲瘧。時人多疹，宜防作疹。春溫夏疫，內證先出。中濕中暑，試以苓朮。投之發散劑，吐汗下俱至。此證號宿痰，失導必肢廢。嗟乎！病有微而殺人，勢有重而易治。精微區別，天下之良工哉。

《弘明集·理惑論》 書不必孔丘之言，藥不必扁鵲之方，合義者從，愈病者良。君子博取衆善以輔其身。

又 問曰：爲道之人云：能卻疾不病，弗御針藥而愈，信有之乎？【略】武王居病，周公乞命。仲尼有疾，子路請禱。吾見聖人皆有疾矣，未覩其無病也。神農嘗草，殆死者數十。黃帝稽首，受針於岐伯。此之三聖，豈當不如今之道士乎？

《弘明集·正誣論》 夫扁鵲之所以稱良醫者，以其應疾投藥不失其宜耳，不責其令有不死之民也。且扁鵲有云：吾能令當生者不死，不能令當死者必生也。若夫爲子則不孝，爲臣則不忠乎。守膏肓而不悟，進良藥而不御，而受禍臨死之日，更多咎聖人，深恨良醫，非徒東走，其勢投穽矣。

《弘明集·喻道論》 猶蝮蛭螫足，斬之以全身。癰疽附體，決之以救命。亡一以存十，亦輕重之所權。

《本草集注·序録》 凡欲治病，先察其源，先候病機。五藏未虛，六府未竭，血脈未亂，精神未散，食藥必治。若病已成，可得半愈。病勢已過，命將難全。本說如此。案今自非明醫，聽聲察（包）〔色〕，至乎診脈，孰能知未病之病乎？且未病之人，亦無肯自治，故桓侯怠於皮膚之微，以致骨髓之痼。〔今〕非但識悟之爲難，亦信受之弗（昜）〔易〕。倉公有言：病不肯服藥，一死也。信巫不信醫，二死也。夫病之所由來雖多，而皆關於邪，邪者不正之因，謂非人身之常理，風寒暑濕，饑飽勞佚皆各是邪，非獨鬼氣疾厲者矣。

《輔行訣臟腑用藥法要》 隱居曰：凡學道輩，欲求永年，先須祛疾。或有夙痼，或患時恙，一依五臟補瀉法例。服藥數劑，必使臟氣平和，乃可進修內視之道。不爾，五精不續，眞一難守，不入眞景也。服藥祛疾，雖係微事，亦初學之要領也。諸凡雜病，服藥汗吐下後，邪氣雖平，精氣被奪，致令五臟虛疲，當即據證服補湯數劑以補之。不然，時日久曠，或變爲損證，則生死轉側耳。

《晉書·孫楚傳》 夫療膏肓之疾者，必進苦口之藥；決狐疑之慮者，亦告逆耳之言。如其猶豫，迷而不反，恐愈附見其已死，扁鵲知其無功矣。

《千金要方·診候》 病有六不治。驕恣不論於理，壹不治也。輕身重財，貳不治也。衣食不能適，叁不治也。陰陽并，藏氣不定，肆不治也。形羸不能服藥，五不治也。信巫不信醫，六不治也。生候尚存，形色未改，病未入腠裏，針藥及時，能將節調理，委以良醫，病無不愈。

《千金要方·傷寒例》 論曰：《易》稱天地變化，各正性命。然則變化之迹無方，性命之功難測，故有炎涼寒燠，風雨晦宜，水旱妖災，蟲蝗恠異，四時八節，種種施化不同，七十二候，日月運行各別，終其晷度，方得成年，是謂歲功畢矣。天地尚且如然，在人安可無事？故人生天地之間，命有遭際，時有否泰。吉凶悔吝，苦樂安危，喜怒愛憎，存亡憂畏，關心之慮，日有千條，謀身之道，時生萬計，乃度一日。是故天無一歲不寒暑，人無一日不憂喜。故有天行溫疫病者，即天地變化之一氣也，斯蓋造化必然之理，不得無之。故聖人雖有補天立極之德，而不能廢之，雖不能廢之，而能以道御之。其次有賢人，善於攝生，能知撙節，與時推移，亦得保全。天地有斯瘴癘，還以天地所生之物以防備之，命曰知方，則病無所侵矣。然此病也，俗人謂之橫病，多不解治，皆云日滿自差，以此致枉者，天下大半。凡始覺不佳，即須救療，迄至於病愈。湯食競進，折其毒勢，自然而差。必不可令病氣自在，恣意攻人，拱手待斃，斯爲誤矣。

《千金要方·食治·序論》 仲景曰：人體平和，惟須好將養，勿妄服藥。藥勢偏有所助，令人藏氣不平，易受外患。夫含氣之類，未有不資食以存生，而不知食之有成敗，百姓日用而不知，水火至近而難識。余慨其如此，聊因筆墨之暇，撰五味損益食治篇，以啓童稚，庶勤而行之，有如影響耳。河東衛汎記曰：扁鵲云：人之所依者，形也。亂於和氣，病也。理於煩毒者，藥也。濟命扶危者，醫也。安身之本，必資於食。救疾之速，必憑於藥。不知食宜者，不足以存生也。不明藥忌者，不能以除病也。斯之二事，有靈之所要也，若忽而不學，誠可悲夫。是故食能排邪而安藏腑，悅神爽志，以資血氣，若能用食平痾，釋情遣疾者，可謂良工，長年餌老之奇法，極養生之術也。夫爲醫者，當須先洞曉病源，知其所犯，以食治之。食療不愈，然後命藥。藥性剛烈，猶若御兵。兵之猛暴，豈容妄發，發用乖宜，損傷處衆，藥之投疾，殃濫亦然。高平王熙稱：食不欲雜，雜則或有所犯。有所犯者，或有所傷，或當時雖無災苦，積久爲人作患。又食噉鮭肴，務令簡少，魚肉果實，取益人者而食之。凡常飲食，每令節儉，若貪味多餐，臨盤大飽，食訖覺腹中彭亨短氣，或致暴疾，仍爲霍亂。又夏至以後迄至秋分，必須慎肥膩餅臛酥油之屬，此物與酒漿瓜果理極相妨。夫在身所以多疾者，皆由春夏取冷太過，飲食不節故也。又魚鱠諸腥冷之物，多損於人，斷之益善。乳酪酥等常食之，令人有筋力膽幹，肌體潤澤。卒多食之，亦令臚脹泄利，漸漸自已。

《千金要方·用針略例》 又須審候，與死人同狀者，不可爲醫，與亡國同政者，不可爲謀，雖聖智神人，不能活死人、存亡國也。故曰：危邦不入，亂邦不居。凡愚人貪利，不曉於治亂存亡，危身滅族，彼此俱喪，亡國破家，亦醫之道也。

《素問·王冰序》 假若天機迅發，妙識玄通，蒇謀雖屬乎生知，標格亦資於詁訓，未嘗有行不由逕，出不由戶者也。然刻意研精，探微索隱，或識契眞要，則目牛無全，故動則有成，猶鬼神幽贊，而命世奇傑，時時間出焉。則周有秦公，漢有淳于公，魏有張公、華公，皆得斯妙道者也，咸日新其用，大濟蒸人，華葉遞榮，聲實相副，蓋教之著矣，亦天之假也。

《大唐新語·隱逸》 孫思邈，華原人，七歲就學，日諷千言。【略】時范陽盧照鄰有盛名於朝，而染惡疾，嗟稟受之不同，昧彭殤之殊致。嘗問於思邈曰：名醫愈疾，其道如何？對曰：吾聞善言天者，必本之於人。天有四時五行，寒暑迭代。其運轉也，和而爲雨，怒而爲風，凝而爲霜雪，張而爲虹蜺，此天地之常數。人有四時五藏，一覺一寐，呼吸吐納，精氣往來，流而爲榮衛，彰而爲氣色，發而爲聲音，此人之常數也。陽用其精，陰用其形，天人之所同也。及其失也，蒸則生熱，否則生寒，結而爲瘤贅，陷而爲癰疽，奔而爲喘乏，竭而爲燋枯，診發乎面，變動乎形。推此以及天，則兆亦如之。故五緯盈縮，星辰錯行，日月薄蝕，彗孛流飛，此天地之危沴也。寒暑不時，此天地之蒸否也。石立土踊，此天地之瘤贅也。山崩地陷，此天地之癰疽也。奔風暴雨，此天地之喘乏也。雨澤不降，川瀆涸竭，此天地之燋枯也。良醫導之以藥石，救之以針劑，聖人和之以至德，輔之以人事，故體有可愈之疾，天地有可消之災也。又曰：膽欲大而心欲小，智欲圓而行欲方。《詩》曰：如臨深淵，如履薄冰。謂小心也。赳赳武夫，公侯干城。謂大膽也。不爲利回，不爲義疚。仁之方也。見幾而作，不俟終日，智之圓也。

《舊唐書·許胤宗傳》 許胤宗，常州義興人也。【略】或謂曰：公醫術若神，何不著書以貽將來？胤宗曰：醫者，意也，在人思慮。又脈候幽微，苦其難別，意之所解，口莫能宣。且古之名手，唯是別脈，脈既精別，然後識病。夫病之於藥，有正相當者，唯須單用一味，直攻彼病，藥力既純，病即立愈。今人不能別脈，莫識病源，以情臆度，多安藥味，譬之於獵，未知兔所，多發人馬，空地遮圍，或冀一人偶然逢也。如此療疾，不亦疏乎！假令一藥偶然當病，復共他味相和，君臣相制，氣勢不行，所以難差，諒由於此。脈之深趣，既不可言，虛設經方，豈加於舊。吾思之久矣，故不能著述耳。

《唐會要·醫術》 三年，詔徵太白山人孫思邈，至，居於鄱陽公主廢府，時年九十餘，視聽不衰。盧照鄰、宋令文、孟詵皆執師贄之禮。照鄰嘗問曰：名醫愈疾，其道何也？思邈曰：吾聞善言天者，必資之於人，善言人者，亦本之於天。天有四時五行，日月相推，寒暑迭代。其轉運也，和而爲雨，怒而爲風，散而爲露，亂而爲霧，凝而爲霜雪，張而爲虹蜺，此天地之常數也。人有四肢五臟，一覺一寐，呼吸吐納，精氣往來，流而爲榮衛，彰而爲氣色，發而爲音聲，此人之常數也。陽用其形，陰用其精，天人之所同也。及其失也，蒸則生熱，否則生寒，結而爲瘤贅，陷而爲癰疽，奔而爲喘乏，竭而爲焦枯，診發乎面，變動乎形，推及天地，則亦如之。故五緯盈縮，星辰錯行，日月薄蝕，孛彗流飛，此天地之危診也。寒暑不時，此天地之蒸否也。石立土踊，此天地之瘤贅也。山崩地陷，天地之癰疽也。衝風暴雨，天地之喘乏也。雨澤不降，川瀆涸竭，天地之焦枯也。良醫導之以藥石，救之以鍼劑；聖人和之以至德，輔之以人事，故身有可愈之疾，天地有可消之災，通乎數也。照鄰曰：人事如何？思邈曰：膽欲大而心欲小，智欲圓而行欲方。照鄰曰：何謂也？思邈曰：心爲五臟之君，君以恭慎爲主，故心欲小。膽爲五臟之將，將以果決爲務，故膽欲大。智者動，象天，故欲圓。仁者靜，象地，故欲方。《詩》曰：如臨深淵，如履薄冰。謂小心也。糾糾武夫，公侯干城。謂大膽也。《傳》曰：不爲利回，不爲義疚。仁之方也。《易》曰：見幾而作，不俟終日，智之圓也。照鄰又曰：養性之要何也？思邈曰：天道有盈缺，人事多屯厄，苟不自慎，而能濟於屯厄者，未之有也。故養性之士，先知自慎。自慎者，以憂畏爲本。經曰：人不憂畏，大威至矣。憂畏者，生死之門，存亡之由，禍福之本，吉凶之元也。故士無憂畏，則仁義不立。農無憂畏，則稼穡不滋。工無憂畏，則規矩不設。商無憂畏，則貨殖不盈。子無憂畏，則孝敬不篤。父無憂畏，則慈愛不著。臣無憂畏，則勳庸不立。君無憂畏，則社稷不安。故養性者，失其憂畏，則心亂而不理，形躁而不寧，神散而氣越，志蕩而意昏，應生者死，應存者亡，應成者敗，應吉者凶。夫憂畏者，猶水火不可暫忘也。人無憂畏，子弟爲勁敵，妻妾爲寇讎。是故太上畏道，其次畏天，其次畏物，其次畏人，其次畏身。憂於身者，不拘於人。畏於天者，不危于人。畏於己者，不制於彼。慎於小者，不懼於大。戒於近者，不悔於遠。能如此者，水行蛟龍不能害，陸行虎兕不能傷，五兵不能及，疫癘不能染，讒賊不能謗，毒螫不能加。善知此者，則人事畢矣。

《唐會要·醫術》 長慶元年正月，處士張皋上疏曰：臣聞神慮淡則血氣和，嗜欲勝則疾病作，和則必臻于壽考，作則必致於傷殘。是以古之聖賢，務自頤養，不以外物撓耳目，不徇聲色敗性情，由是和平自臻，福慶斯集。故《易》曰：無妄之疾，勿藥有喜。《詩》曰：自天降康，降福穰穰。此皆理合天人，著在經訓。然則藥以攻疾，無疾，固不可餌之。高宗朝，有處士孫思邈者，精識高遠，深達攝生，其所著《千金方》三十卷，行之於世。序論云：凡人無故，不宜服藥，藥勢偏有所阻，令人藏氣不平。思邈此言，可謂洞于事理也。或寒暑爲寇，節宣有乖，事資醫方，尚須慎重。故《禮》云：醫不三世，不服其藥。施於凡庶，猶且如此，况在天子，豈得自輕。先朝暮年，頗好方士，徵集非一，嘗試亦多，累致危疾，聞於中外，足爲殷鑒。陛下素所詳知，必不可更踵前車，自貽後悔。今朝野之人，紛紜竊議，直畏忤旨，莫敢獻言。臣蓬艾微生，麋鹿同處，既非邀寵，亦又何求？但以曾覽古今，麤知忠義，有聞而默於理不安。願陛下無忽芻蕘，庶裨萬一。時穆宗頗好金石之藥，疏奏，上嘉歎久之，竟訪皋不獲。

《醫心方》卷一《治病大體》引《南海傳》 夫四大違和，生靈共有，八節交競，發動無恆，凡是病生，即須將息，故《世尊親說醫方經》曰：四大不調者，一窶嚕、二鑾跛、三畢哆，四婆多。初則地大增，令身沉重。二則水大積，涕唾乖常。三則火大盛，頭胸壯熱。四則風大動，氣息擊衝。凡候病源，旦朝自察，若覺四候乖舛，即以絶粒爲先，縱令大渴，勿進漿水，斯其極禁。或一日二日，或四朝五朝，以差爲期，義無膠柱。

《東原録》 《周禮·疾醫》鄭康成注云：病由氣勝負而生，攻其羸，養其不足者。凡十五字，最得其要，於諸疾無不包括。謂氣勝則過也，當攻之。氣負則不及也，當養之。

富鄭公嘗與余論治道。富公曰：大抵朝廷須用賢者多，小人少，庶幾其治也。譬諸疾病者，元氣已虚，邪氣已甚，姑以平和湯劑扶持之可也，若進服疏轉之藥，則安能保其生耶？俟元氣漸實，邪氣漸退，雖使服藥瞑眩，亦無所害耳。元氣，賢者也。邪氣，小人也。使賢者多，小人少，然後可力行其道也。

《東坡志林》卷五 吾以謂爲天下如養生，憂國備亂如服藥。養生者，不過慎起居飲食節聲色而已，節慎在未病之前，而服藥於已病之後。今吾憂寒疾而先服烏喙，憂熱疾而先服甘遂，則病未作而藥殺人矣。

《蘇沈良方·沈括序》 予嘗論治病有五難：辨疾、治疾、飲藥、處方、别藥，此五也。今之視疾者，惟候氣口六脈而已。古之人視疾，必察其聲音、顔色、舉動、膚理、情性、嗜好，問其所爲，考其所行，已得其大半，而又徧診人迎、氣口、十二動脈。疾發於五藏，則五色爲之應，五聲爲之變，五味爲之偏，十二脈爲之動。求之如此其詳，然而猶懼失之，此辨疾之難，一也。

今之治疾者，以一二藥，書其服餌之節，授之而已。古之治疾者，先知陰陽運歷之變故，山林川澤之竅發，而又視其人老少肥瘠，貴賤居養，性術好惡，憂喜勞逸，順其所宜，違其所不宜，或藥或火，或刺或砭，或湯或液，矯易其故常，捭摩其性理，擣而索之，投幾順變，間不容髮，而又調其衣服，理其飲食，異其居處，因其情變，或治以天，或治以人。五運六氣，冬寒夏暑，暘雨電雹，鬼靈厭蠱，甘苦寒溫之節，後先勝復之用，此天理也。盛衰强弱，五臟異稟，循其所同，察其所偏，不以此形彼，亦不以一人例衆人，此人事也。言不能傳之于書，亦不能喻之于口，其精過于承蜩，其察甚于刻棘，目不捨色，耳不捨聲，手不釋脈，猶懼其差也，授藥遂去，而希其十全，不其難哉。此治疾之難，二也。

古之飲藥者，煮煉有節，飲啜有宜。藥有可以久煮，有不可以久煮者，有宜熾火，有宜溫火者，此煮煉之節也。宜溫宜寒，或緩或速，或乘飲食喜怒，而飲食喜怒爲用者，有違飲食喜怒，而飲食喜怒爲敵者，此飲啜之宜也。而水泉有美惡，操藥之人有勤惰，如此而責藥之不效者，非藥之罪也。此服藥之難，三也。

藥之單用爲易知，藥之複用爲難知。世之處方者，以一藥爲不足，又以衆藥益之。殊不知藥之有相使者，相反者，有相合而性易者，方書雖有使佐畏惡之性，而古人所未言，人情所不測者，庸可盡哉！如酒于人，有飲之踰石而不亂者，有濡吻則顛眩者；漆之于人，有終日摶漉而無害者，有觸之則瘡爛者。焉知藥之于人，無似此之異者？此稟賦之異也。南人食豬魚以生，北人食豬魚以病，此風氣之異也。水銀得硫黄而赤如丹，得礬石而白如雪。人之欲酸者，無過于醋矣，以醋爲未足，又益之以橙，二酸相濟，宜其甚酸，而又反甘。巴荳，善利也，以巴荳之利爲未足，而又益之以大黄，則其利反折。蟹與柿，嘗食之而無害也，二物相遇，不旋踵而嘔。此色爲易見，味爲易知，而嘔利爲大變，故人人知之。至于相合而犯他藏，致他疾者，庸可易知耶。如乳石之忌參朮，觸者多死，至于五石散，則皆用參朮，此古人處方之妙，而世或未喻也。此處方之難，四也。

醫誠藝也，方誠善也，用之中節也，而藥或非良，奈何哉。橘過江而爲枳，麥得濕而爲蛾，鷄踰嶺而黑，鸜鴿踰嶺而白，月虧而蚌蛤消，露下而蚊喙坼，此形器之易知者也，性豈獨不然乎？予觀越人藝茶畦稻，一溝一隴之異，遠不能數步，則色味頓殊，况藥之所生，秦越燕楚之相遠，而又有山澤膏瘠燥濕之異稟，豈能物物盡其所宜？又《素問》説陽明在天，則花實戕氣，少陽在泉，則金石失理。如此之論，採掇者固未嘗晰也，抑又取之有早晚，藏之有焙晾，風雨燥濕，動有槁暴。今之處藥，或有惡火者，必日之而後咀，然安知採藏之家，不常烘煜哉？又不能必。此辨藥之難，五也。

此五者大概而已，其微至于言不能宣，其詳至于書不能載，豈庸庸之人而可以易言醫哉！

《姑溪居士文集·跋荆公所書藥方後》 用藥如用人，非知其必可以任此責則未嘗輒用，故能終始以收其功。古之人多用單方，蓋識病知藥乃如是。後人浸昧兹理，遂雜用諸品，至有君有臣有使，强自主宰，以文其所昧，良可歎也。

《證類本草·序例上·衍義總序》 夫治病有八要，八要不審，病不能去。非病不去，無可去之術也。故須審辨八要，庶不違誤。其一曰虚，五虚是也；脈細、皮寒、氣少、泄利前後、飲食不入，此爲五虚。二曰實，五實是也；脈盛、皮熱、腹脹、前後不通、悶瞀，此五實也。三曰冷，臟腑受其積冷是也；四曰熱，臟腑受其積熱是也；五曰邪，非臟腑正病也；六曰正，非外邪所中也；七曰内病，不在外也；八曰外病，不在内也。既先審此八要，參之六脈，審度所起之源，繼以望聞問切，加諸病者，豈有不可治之疾也。

《證類本草·序例上》 按今自非明醫聽聲察色，至乎診脈，孰能知未病之病乎？且未病之人，亦無肯自療，故桓侯怠於皮膚之微，以致骨髓之痼。今非但識悟之爲難，亦乃信受之弗易。倉公有言曰：病不肯服藥，一死也；信巫不信醫，二死也；輕身薄命，不能將慎，三死也。夫病之所由來雖多端，而皆關於邪。邪者，不正之因，謂非人身之常理，風寒暑濕饑飽勞逸皆各是邪，非獨鬼氣疫癘者矣。人生氣中，如魚在水，水濁則魚瘦，氣昏則人病。邪氣之傷人最爲深重，經絡既受此氣，傳入藏腑，隨其虚實冷熱結以成病，病又相生，故流變逐廣。精神者，本宅身以爲用，身既受邪，精神亦亂，神既亂矣，則鬼靈斯入，鬼力漸強，神守稍弱，豈得不致於死乎？古人譬之植楊，斯理當矣。但病亦別有先從鬼神來者，則宜以祈禱祛之，雖曰可祛，猶因藥療致愈，昔李子豫有赤丸之例是也。其藥療無益者，是則不可祛，晉景公膏肓之例是也。大都鬼神之害則多端，疾病之源惟一種，蓋有輕重者爾。《眞誥》中有言曰：常不能慎事上者，自致百痾之本，而怨咎神靈乎。當風臥濕，反責佗人於失覆，皆癡人也。夫慎事上者，謂舉動之事必皆慎思，若飲食恣情，陰陽不節，最爲白痾之本，致使虛損內起，風濕外侵，所以共成其害，如此者，豈得關於神明乎？惟當勤於藥術療理爾。

《小兒斑疹備急方論·自序》 夫上古之世，事質民淳，稟氣全粹，邪不能干，縱有疾病，祝由而已。

《聖濟總録·治法·治神》 《內經》曰：心者君主之官，神明出焉。又曰：心者生之本，神之變也。《四氣調神》於起居動作之間，每以志意順四時爲急務，迨其感疾，亦察精神志意存亡得失，以爲治法。蓋謂有生之本，榮衛氣血也。諸血皆屬於心，氣之升降舒結，又因乎喜怒悲憂恐之變，病有至於持久不釋，精氣弛壞，榮泣衛除者，豈特外邪之傷哉？神不自許也。是以黃帝論氣之行著，必分勇怯。論病之苦樂，必異形志。論芳草藥石，必察緩(急)心和人。至於貴賤貧富異居，男女離合異情，又以不知爲麤工之戒。故扁鵲、華佗治病，忌神明之失守。叔和論脈，辯性氣之緩急。孫思邈之用藥，則以精神未散爲必活。褚澄之問證，則以苦樂榮悴爲異品。治目多矣，而張湛以減思慮、專內眎爲治目之神方。至陳藏器草木之論，又有以和養志意，以禳去祟，以言笑暢情懷，以無爲驅滯著，豈專於藥石鍼艾之間哉。蓋上古恬淡，治病之法，祝由而已。迨夫憂患既攻，巧詐復起，邪之感人也深，醫之用功也倍，專(持)〔恃〕毒藥，而不問其情，則精神不進，志意不治，故病不可愈。《內經》所以有閉戶塞牖，數問其情，《鍼經》所以有臨病人問所(使)〔便〕者，不治其形，治使其形者也。且以病之一二言之：隔塞閉絕，氣窒之病也，原其本，則得於暴憂，不治其氣，而釋其憂可也。女子不月，血滯之病也，原其本，則得於心氣不得下通，不治其血，而通其心可也。勞極驚悸者，過傷之病也，每本心氣之不足，使心氣內和，則精神莫得而動也。頸瘻者，風毒之病也，每得於愁憂思慮之不止，使志意和適，則氣血莫得而逆也。然則陽盛夢火，陰盛夢水，五臟虛〔實〕，皆形於夢寐之先，而後病從之。凡以形體之乖和，神先受之，則凡治病之術，不先致其所欲，正其所念，去其所惡，損其所恐，未有能愈者也。

《聖濟總録·治法·治宜》 人生天地中，隨氣受病，醫之治病，從氣所宜。統論之，陰陽殊化，有東南西北之異氣，《內經》所謂地有高下，氣有溫涼。高者氣寒，下者氣熱。故曰氣寒氣涼，治以寒涼。氣溫氣熱，治以溫熱。又曰：東方之民，治宜砭石。西方之人，治宜毒藥。北方之民，治宜灸焫。南方之民，治宜微鍼。中央之民，治宜導引按蹻。然則從氣所宜而治之固可知也。至如嶺南多瘴，江湖多濕，山陰水野沙石之氣，生病悉異，爲治之方，安可一概？又《內經》論一州之氣，生化壽夭各不同。則知地有小大，小者小異，大者大異，唯聖人能雜合以治，各得其所宜。

《聖濟總録·治法·平治》 昔人概舉萬病，亦頗有不治自愈者。蓋欲藥石無妄投，〔人衛本增：針灸無妄用，使五臟安平，不相干擾。〕無攣卷倉囊之僞爲也。姑摭一二證之：肝脈騖暴，有所驚駭，脈不至若瘖，不治自已。心脈搏堅而長，舌卷不能言，其輭而散者，當消環自已。脈至如數，使人暴驚，三四日自已。重身而瘖，十月當復。陽厥之病，要在奪食則已。是數者備見於經。苟能緣類而知，則不治而瘳者，率皆了然於胸次。儻不察此，必以毒藥攻其內，鍼石湯火鑠其外，膠膠擾擾，力不暇給，奚足以議平治之道。

《聖濟經·體真篇·通術循理章》 聲合五音，色合五行，脈合陰陽，孰爲此者，理之自然也。元牝賦形，既有自然之理，良工治疾，亦有自然之宜，或以指別，或以類推，或以意識，或以目察。有治而愈者，有不治而愈者，有可湯液醪醴者，有可鍼石灸焫者，惟能審奇常，明標本，知內外，別參伍，則萬物之術舉積此矣，奚心操詭譎，以求異於世俗哉。

〔吳禔注〕聲發宮商角徵羽，故合五音。色見青黃赤黑白，故合五行。脈彰寒暑之休旺，故合陰陽。孰爲此者，蓋消息盈虛，有自然之理也。元者天之色，牝者地之類，元牝以自然而賦萬物之形，則良工治疾，烏可拂自然之宜哉？或以指別其浮沉之脈，或以類推其五藏之象。以意識焉，五藏相音，不能逃也。以目察焉，五色微診，不能遁也。有治而愈者，所謂一百一病，須治而愈是也。有不治而愈者，所謂一百一病，不治而自愈是也。有可湯液醪醴者，《玉版論》所謂其色見淺者，湯液主治，十日已；其見大深者，醪醴主治，百日已是也。有可鍼石灸焫者，《異法方宜論》所謂南方攣痺，其治宜微鍼，北方藏寒，其治宜灸焫是也。《玉版論》曰：奇常者，奇病也。惟能審之，斯可以揆度病之淺深焉。《標本論》曰：夫陰陽逆從，標本之道也。唯能明之，斯可以默識病之表裏焉。知內者按而紀之，知外者終而始之，參以充氣，伍以五行，則藏府之陰陽，經絡之大小，井滎兪合，上下左右，無不洞達於胸次矣。以是已人之疾，萬全之術，舉積此也，固異夫操詭譎以駭世俗之耳目，爲凶凶之粗工焉。

又　是皆達自然之理，以合自然之宜，故能優游於望聞問切之間，而坐收全功。若迺泥通方，惑勸說，不審逆從，不別陰陽，湯劑並進，鍼石交攻，曾不知穀氣不入，眞氣既微，故疾未已，新病復起。此《疏五過》《證四失》者，以受術不通，不能循理，爲粗工之戒。

〔吳禔注〕天一而地二次之，水一而火二次之，道之自然也。伸於東南而有，屈於西北而無，物之自然也。道之與物，精粗不同，其出於自然，則一而已。良醫之治疾，積神於心，屬意勿去，體道之自然也。品劑藥石，隨證致用，因物之自然也。道在此，物在彼，達其理而合其宜。是以病之未形，先爲之治，使病胎不作；病之已形，緣類而治，使氣口適平。夫豈任私智於其間哉，自然而已，茲所以能優游於望聞問切之間，而坐收神聖工巧之妙也。若夫泥於通方而不達其旨，惑於勸說而不造其妙，逆從不審，何以治微甚，陰陽不別，何以治寒熱。雖湯液治其內，鍼石治其外，殊不知天五之府，穀氣不入於胃，天一之藏，眞氣不充於腎，本既拔矣，曾何益乎，是以故病未已，新病復起也。茲《疏五過》《證四失》，黃帝之於雷公，所以詳告之，彼粗工嘻嘻，是謂伐形，於術不能通，於理不能循，可不以是爲戒！

《聖濟經·達道篇·洞化知體章》　此古之治病者，所以明天道地理，陰陽更勝，氣之先後，人之夭壽，生化之期，然後可以知人之形氣。若夫不達貧富貴賤之所處，剛柔緩急之所稟，與夫寒溫飲食之節，則適以自亂，而不足以自明爾。

〔吳禔注〕天道有盈虛，地理有高下，陽盛勝陰，陰盛勝陽。陽氣先至，多溫多熱，陰氣先至，多涼多寒。陰精拱者壽，陽精拱者夭。六節所分，生化所係。明乎此者，然後可以知人之形氣有餘不足，而莫之遁矣。若夫不達貧富貴賤之所處，何以明先富後貧、先貴後賤之證耶？不達剛柔緩急之所稟，何以明砭石毒藥、灸焫微鍼之法耶？或寒或溫，而飲食之節，各有所宜，不知此類，是謂適以自亂，而不足以自明爾。

《聖濟經·審劑篇·表裏深明章》　流變在乎病，主治在乎物，制用在乎人，三者並明，則可以語湯醴散劑、疾徐緩急之用，夫豈循常守數，以狥世俗之耳目哉。古今異習，情有醇薄，容色異見，氣有淺深，經絡之別，候有表裏，府藏異同，形有內外。蕩滌浸漬，先後之序也。發散收斂，陰陽之辨也。清濁高下，緩急之意也。多寡輕重，久新之證也。要在去邪輔正，以平爲期，循名責實，未可以一概論。

〔吳禔注〕失陰陽之和，則病之傳也無已。有病矣，必因物而治其病。有物矣，必因人而用其物。三者並明，則人足以用物，物足以治病。推而明之，變而通之，故可以語湯醴散劑、疾徐緩急之用，夫豈循常守數，以狥世俗之耳目也哉。上古之始，湯醴以爲備爾，民情之醇也。中古以來，湯醴以爲服焉，民情之薄也。此所謂古今異習，情有醇薄。其色見淺者，湯液主治，而疾已之期近；其色見深者，醪醴主治，而疾已之期遠，此所謂容色異見，氣有淺深。至若候有表裏者，表爲陽，裏爲陰。形有內外者，內主藏，外主府。湯液之用，亦各有異，蕩滌爲先，浸漬爲後，是爲先後之序。發散爲陽，收斂爲陰，是爲陰陽之辨。以其治有緩急，故爲之清濁高下之節。以其病有久新之證，故爲之輕重多寡之權。凡若是者，皆所以去其邪，輔其正，以平爲期而已。循名責實，未可以一概論，在夫能適事之宜爾。

《聖濟經·食頤篇·固本全冲章》　穀者，養眞之物，冲和寓焉。藥者，攻邪之物，慓悍出焉。中古服湯液醪醴，以去八風五痺，毒藥之攻不施者，邪卻精勝，不必以齊主治也。有生之天，形精爲本。地產養形，形不足者溫之以氣；天產養精，精不足者補之以味。形精交養，華實不虧，雖有苛疾，勿能爲害。

〔吳禔注〕太和滋育，有象涵融，稼穡作甘，冲氣完足，故穀者養眞之物，冲和寓焉。有君有臣，有佐有使，或治以大毒，或治以小毒。故藥者，攻邪之物，慓悍出焉。上古之治，移精變氣，湯液醪醴，爲而弗用。中古之世，病至而治，色淺者則治以湯液，色深者則治以醪醴，於以去八風五痺之病。八風者，四維四方之風也。五痺者，皮肉筋骨脈之痺也。《靈樞經》曰：風從東方來，名曰嬰兒風，其傷人也，外在於經，內舍於脾。風於東南來，名曰弱風，其傷人也，外在於肉，内舍於胃。若此之類，是謂八風。以春甲乙遇此者爲筋痺，以夏丙丁遇此者爲脈痺。若此之類，是謂五痺。八風五痺毒藥之功不施者，凡以邪卻於外，精勝於内，不必以齊主治也。地產養形，形食味，若形不足者，則以天產之氣溫之。天產養精，精食氣，若氣不足者，則以地產之味補之。以養精者溫形，以養形者補精，則華實不虧而氣體充，雖有苛疾，曾何得以爲害乎。

況穀入於口，聚於胃，胃爲水穀之海，喜穀而惡藥，藥之所入，不若穀氣之先達。治病之法，必以穀氣爲先。正其卒伍，然後可以語兵革。備其土木，然後可以語隄防。調其榮衛，然後可以語湯劑。榮衛衰微，則何以禦悍毒之藥？是以或養或益，或助或充，稟貸有多寡，治養有先後，舉皆百物委和，以合天地之太和。聖人所謂無毒治病，十去其九者，奚專於藥石爲事耶。

〔吴禔注〕《素問》曰：胃者，水穀之海，六府之大源也。蓋穀入於口，聚於胃，倉廩之官，五藏之本也。是以喜穀而惡藥，藥之所入，不若穀氣之先達。蓋穀，土也，胃，亦土也，冲氣相合，烏乎而不達？此治病之法，必以穀氣爲先也。穀氣爲先，則湯液劑爲後。所以爲先者，先調其榮衛也。榮衛之於湯劑，猶卒伍之於兵革，土木之於隄防。卒伍既正，則兵革藉而強；土木既備，則隄防藉而固；榮衛既調，則湯液藉而行。若乃血榮氣衛衰微而不盛大，則何以禦悍毒之藥？是以五穀之養，五畜之益，五果之助，五菜之充，因其稟貸之多寡，以致治養之先後，舉皆百物委和，以合天地之太和，不可忽也。蓋百物之和，得乎太和，以其委和，以合太和，則和氣保全，尚何待於悍毒乎。蓋大毒治病，十去其六，常毒治病，十去其七，小毒治病，十去其八，曾未若無毒治病，十去其九也。唯有取於無毒，則奚專於藥石爲事耶。

況物具一性，性具一理，其常也，資是以爲食；其病也，審此以爲治。在人在物，初無彼此，隨證致用，皆有成理。故氣相同則相求，若麻木穀而治風，豆水穀而治水也。氣相尅則相制，若牛，土畜，乳可以止渴疾；豕，水畜，心可以鎮恍惚也。氣有餘則補不足，若熊肉振羸，兔肝明視也。氣相感則以意使，若鯉之治水，鶩之利水也。乃若疏關節，達氣液，葱之能怱，閉邪禦臭，薑之能彊。發汗散氣，芥之能介。莧能除翳，有取於見。芡能益氣，有取於欠。以至柚已憤厥，葵滑養竅，薤愈胸痺，藕破蘊血，又皆稟自然之氣，爲治疾之最，惟智足以周知。因鼎俎之欲，措諸治療之間，輔以草蘇草荄之枝，乃本末爲助，標本兩得之道也。昔人論眞邪之氣者，謂汗生於穀，不歸功於藥石；辨死生之候者，謂安穀則過期，不推數於五藏。凡以明胃氣爲本，不以人勝天也。

《聖濟經·守機篇·知極守一章》 治病之道，必觀其態，必問其情，以察存亡得失之意。其爲治也，告之以其敗，語之以其善，導之以其所便，開之以其所苦。其或拘鬼神而惡鍼石，又不可以至德至巧語者，蓋以神受則意誠，意誠則功倍故也。夫色脈、祝由、鍼石、藥餌，時爲用也。然揆度奇常，必通於神明。移精變氣，本於精誠之交感。鍼石之道，非神不使，藥餌氣味，非神不應，《内經》論諸痛皆屬於心，亦以謂痛之微甚，出於心之躁静，非專於氣血之通塞也。

〔吴禔注〕觀其態，得於容貌之外，問其情，得於志意之内，外内兩得，以之察存亡得失之意，可謂至矣。告之以其敗，與夫開之以其所苦，使知畏而避。語之以其善，與夫導之以其所便，使知順而從。病爲本，工爲標，標本不得，邪氣不服，故必神受然後意誠，意誠然後功倍。彼或拘鬼神而惡鍼石者，神不受而意不誠也，故不可以至德至巧語之。或視其五色之著，或診其六脈之候，或祝由以禳之，或鍼石以瀉補之，或藥餌以治療之，以時爲用，不執於一也。有奇有常，揆度其源，而幽通於神明。移其精，變其氣，本於精誠交感，而神運於不測矣。鍼石之道，攻其外也，藥餌氣味，攻其内也。鍼石以神而使，藥餌以神而應，則知神也者，非惟無乎不在，亦將無乎不爲。蓋不疾而速，不行而至，利用出入，民咸用焉故也。《内經》論諸痛皆屬於心，則心者神之舍，一失其平，則諸痛之作，豈特氣血痛塞使之然耶。其微其甚，蓋心之或躁或静以致之爾。

是以榮衛精華，有形之所同也。失軒冕之勢，有至於脫營。違富足之欲，有至於失精。懷離絶之情，有至於血氣離守。工不能知，診之而疑，是謂治過而術疏。聖人所以審氣行著，必觀人之勇怯，治病有五，必本人之形志，蓋明治神爲先也。

〔吴禔注〕榮衛周於百體，精華本於五藏，百體者發爲神明之容，五藏者蘊爲五神之宫，此有形之所同也。形全者神全，神卻者形卻。奈何權勢不寵，則夸者悲，故失軒冕之勢，有至於脫營。錢財不積，則貪者憂，故違富足之欲，有至於失精。思懷與安之敗名，則懷離絶之情，有至於血氣離守。脱營者，雖不中邪，精神內傷。失精者，五氣留連，病有所并。血氣離守者，間所親而魂游，斷所愛而意失。此無他，神者不自許，而其中耗竭也。粗工診之，方且致疑，皆受術不通，人事不明也，故謂之治過而術疏。夫勇者難感，怯者易傷，難感者則病行而已，易傷者則氣著而病。是以審氣行著，必觀人之勇怯，觀其形，察其志，以究其苦樂之情。是以治病有五，必本人之形志。凡若是者，皆所以明神之不可不治也。

《聖濟經·守機篇·推原宗本章》 合天地之氣，肖天地之形，視聽食息，無非沖和之域。然六氣偏勝，斯有風動、熱腫、燥乾、寒浮、濕濡瀉之病；五物偏處，斯有山癭、林躄、澤腫、陵狂、高風濕氣、霧瘴水瘧之病。雖皆府藏血氣，然俱本於陰陽之沴，水有本故能洊至，草有本故能洊生，病有本故變化無窮。治病不求其本，無以去深藏之患。故掉眩、收引、膹鬱、腫滿、諸痛癢瘡，病皆根於內，耳聾、目瞑、汗泄、骨痺、色夭、脈虛，又皆津液氣血之脱也。

〔吳禔注〕清濁殊分，天地之氣也，人則孕元以合焉。圓方異位，天地之形也，人則凝形以肖焉。一視聽，一食息，無非囿乎沖和之域也。然運乎上者，天之六氣，處乎下者，地之五物。風勝則動，熱勝則腫，燥勝則乾，寒勝則浮，濕勝則濡瀉，天之六氣有偏勝也。山之爲癭，林之爲躄，澤之爲腫，陵之爲狂，高風濕氣，霧瘴水瘧，地之五物有偏處也。六氣偏勝，五物偏處，皆非陰陽之中和，故病雖皆府藏血氣，然皆本於偏陰偏陽之有沴也。水有本，故原泉混混，不舍晝夜，能洊至焉。草有本，故萌而明，茁而出，能洊生焉。病有本，故或舍或傳，而流變無窮焉。治病不求其本，何以去深藏之患邪？是故諸風掉眩屬於肝，諸寒收引屬於腎，諸氣膹鬱屬於肺，諸濕腫滿屬於脾，諸痛癢瘡屬於心。若此者，皆根於內。以至耳聾而其聽不聰，目瞑而其視不明，汗泄之發越，骨痺之體重，五色或夭，六脈或虛，又皆津液血氣之脱根於內，與夫津液血氣之脱，則非特邪氣外襲之類也。

溫熱生於寒，痎瘧生於風，痿厥諸痛生於寒熱，風客淫氣，精乃亡也。因而飽食、大飲、強力，斯有腸澼、氣逆、腎傷之病。冬或按蹻，陽氣擾也，因有四時經絡之病。膏粱之過，因爲消癉、仆擊。暴憂所致，因爲隔塞閉絶。苟循迹求之，疑若不勝治，惟得其所以病，則治極於一。故察病之本，得治之要，變化酬酢，巧發奇中，由此道也。

〔吳禔注〕寒傷於體，感溫而發者爲溫，感熱而發者爲熱，此之謂溫熱生於寒。暑蘊於中，汗空疏，腠理開，遇風而痎瘧作，此謂痎瘧生於風。寒熱相薄，爲痿爲厥，爲諸痛，此之謂痿厥諸痛生於寒熱。風氣生於肝，風薄則熱起，熱起則水乾，是以腎氣不營，而精源決絶，是謂精乃亡也。因而飽食，則筋脈横解，腸澼爲痔。因而大飲，則肺布葉舉，氣逆上奔。因而強力，則腎氣乃傷，高骨乃壞。冬者閉藏之時，或按蹻，則手足舉動，而筋骨疲勞，故陽氣不藏，爲之煩擾。於是春有鼽衄之病，夏有胸脅之病，經秋而風瘧生，至冬而痺厥作。消，內消也。癉，伏熱也。膏粱之過，味爽於口，是以有消癉之疾。心勿平則憂愁生，憂愁生則氣鬱結，是以有隔塞之疾。苟循迹以求之，則治道不同，疑若不勝治，自本觀之，則治極於一。知治極於一，故察病之本，得治之要，優游於望聞問切之間，而變化酬酢，巧發奇中，無施而不可也。

是以藥石、鍼焫、導引、按蹻之法，本四方之異宜，而原其所從，察強弱之異體，而觀其所耐，審五藏之邪氣，而當其所可，非識病之情，不足以臻此。

〔吳禔注〕上文所言，皆病之情，自此以下，皆治之法。砭石來於東，毒藥來於西，灸焫來於北，微鍼來於南，導引按蹻始於中央，此則當本四方之異宜，而原其所從，是爲治病之要。察強弱之異體，而觀其所耐，因其形而治之也。審五藏之邪氣，而當其所可，因其邪而治之也。非識病之情，不足以臻此者，上文所言病之情，今此所言治之法。施治之法，稱病之情，斯無失矣。

蓋自黃帝標本之論，後世學者，闡以兼治之術，故能智明而功全。若痼病有疾，兼以痼疾醫。耆艾有疾，兼以補養醫。少壯有疾，兼以通洩醫。妊娠有疾，兼以安胎醫。傷慾有疾，兼以節止醫。其在癲狂，治則兼心。其在乳產，治則兼血。其在邪氣疰忤，治兼鬼神。其在消渴，治兼脾胃。自非探元立本，索其受病之基，遽以治法投之，邪氣未攻，眞氣受弊，一舉而兩失矣，可不戒哉！可不慎哉！

〔吳禔注〕病之所由生者，本也，若逆春氣而傷肝，則肝受病，逆夏氣而傷心，則心受病之類是也。病之所傳者標也，若肝病傳於脾，心病傳於肺之類是也。病發而有餘，本而標之，先治其本，復治其標。病發而不足，標而本之，先治其標，後治其本。不知標本，是謂妄行。知標本者，萬舉萬當。

黄帝明是而著書於前，學者闡是而兼治於後，無非標本之道也。若痼疾、耆艾、少壯、妊娠、傷慾、癲狂、乳產、邪氣、消渴之有疾，而謂病之本也。若痼疾、補養、通洩、安胎、節止、兼心、兼血、兼鬼神、兼脾胃之為醫，則由標探本者也。誠能由標而探本，斯能由本而明標，五藏六府之盈虛，血脈榮衛之涌塞，蓋將窮幽洞微，探賾索隱，而知病之變動無毫釐之差矣。若乃昧標本之旨，惑方說之末，不知索病之基，遽以治法投之，邪氣未攻於外，眞氣受弊於內，一舉而兩失，是謂伐形之粗工也。外知所戒，內知所慎，抑又探元立本，以察病情，醫之為道，無餘蘊矣。

《本草衍義·序例上·總序》 天地以生成為德，有生所甚重者身也。身以安樂為本，安樂所可致者，以保養為本。世之人必本其本，則本必固，本既固，疾病何由而生，夭橫何由而至，此攝生之道，無逮於此。夫草木無知，猶假灌溉，矧人為萬物之靈，豈不資以保養。然保養之義，其理萬計，約而言之，其術有三：一養神，二惜氣，三隄疾。忘情去智，恬澹虛無，離事全眞，內外無寄，如是則神不內耗，境不外惑，眞一不雜，則神自寧矣，此養神也。抱一元之本根，固歸精之眞氣，三焦定位，六賊忘形，識界既空，大同斯契，則氣自定矣，此惜氣也。飲食適時，溫涼合度，出處無犯於八邪，寤寐不可以免強，則身自安矣，此隄疾也。三者甚易行，然人自以謂難行而不肯行，如此雖有長生之法，人罕敦尚，遂至永謝，是以疾病交攻，天和頓失。【略】矧疾為聖人所謹，無常不可以為，醫豈容易言哉。宗奭常謂，疾病所可憑者醫也，醫可據者方也，方可恃者藥也。苟知病之虛實，方之可否，若不能達藥性之良毒，辨方宜之早晚，眞偽相亂，新陳相錯，則曷由去道人陳宿之蠱，唐甄立言，仕為太常丞，善醫術。有道人心腹懣煩，彌二歲。診曰：腹有蠱，誤食髮而然。令餌雄黃一劑，少選，吐一蛇，如拇無目，燒之有髮氣，乃愈。生張果駢潔之齒。唐張果詔見，元宗謂高力士曰：吾聞飲堇無苦者，奇士也。時天寒，取以飲，果三進，頹然曰：非(桂)〔佳〕酒。乃寢。頃，視齒燋縮。顧左右取鐵如意擊墮之，藏帶中，更出藥傅其齗，良久，齒已生，粲然駢潔。帝益神之。

又 夫治病有八要，八要不審，病不能去，非病不去，無可去之術也。故須審辨八要，庶不違誤。其一曰虛，五虛是也。脈細、皮寒、氣少、泄利前後、(瞀)〔飲〕食不入，此為五虛。二曰實，五實是也。脈盛、皮熱、腹脹、前後不通、悶(飲)〔瞀〕，此五實也。三曰冷，臟腑受其積冷是也。四曰熱，臟腑受其積(冷)〔熱〕是也。五曰邪，非臟腑正病也。六曰正，非外邪所中也。七曰內，病不在外也。八曰外，病不在內也。既先審此八要，參知六脈，審度所起之源，繼以望聞問切，加諸病者，未有不可治之疾也。夫不可治者有六失：失於不審，失於不信，失於過時，失於不擇醫，失於不識病，失於不知藥。六失之中，有一於此，即為難治。非祗醫家之罪，亦病家之罪也。矧又醫不慈仁，病者猜鄙，二理交馳，於病何益？由是言之，醫者不可不慈仁，不慈仁則招禍。病者不可猜鄙，猜鄙則招禍。惟賢者洞達物情，各就安樂，亦治病之一說耳。

《本草衍義·序例中》 病人有既不洞曉醫藥，復自行臆度，如此則九死一生。或醫人未識其病，或以財勢所迫，占奪強治，如此之輩，醫家病家不可不察也。要在聰明賢達之士掌之，則病無不濟，醫無不功。世間如此之事甚多，故須一一該舉，以隄或然。

夫人有貴賤少長，病當別論。病有新久虛實，理當別藥。蓋人心如面，各各不同。惟其心不同，臟腑亦異。臟腑既異，乃以一藥治衆人之病，其可得乎？故張仲景曰：又有土地高下不同，物性剛柔，飡居亦異。是故黃帝興四方之問，岐伯舉四治之能，臨病之功，宜須兩審。如是則依方合藥，一概而用，亦以疏矣。且如貴豪之家，形樂志苦者也。衣食足則形樂，心慮多則志苦。岐伯曰：病生於脈。形樂則外實，志苦則內虛，故病生於脈。所養既與貧下異，憂樂思慮不同，當各逐其人而治之。後世醫者，直委此一節，閉絕不行，所失甚矣。嘗有一醫官，暑月與貴人飲。貴人曰：我昨日飲食所傷，今日食減。醫曰：可餌消化藥，佗人當服十丸，公當減其半。下咽未久，疏逐不已，幾致斃。以此較之，虛實相遼，不可不察。故曰病當別論。又有一男子，暑月患血痢，醫者妄以涼藥逆制，專用黃連、阿膠、木香藥治之。此藥始感便治則可，今病久腸虛，理不可服，踰旬不已，幾致委頓。故曰理當別藥。如是論之，誠在醫之通變，又須經歷，則萬無一失。引此為例，餘可效此。

凡用藥，必須擇州土所宜者，則藥力具，用之可據。如上黨人參、川蜀當歸、齊州半夏、華州細辛，又如東壁土、冬月灰、半天河水、熱湯、漿水之類，其物至微，其用至廣，蓋亦有理。若不推究厥理，治病徒費其功，終亦不能活人。聖賢之意，不易盡知，然捨理何求哉。

凡人少、長、老，其氣血有盛、壯、衰三等。故岐伯曰：少火之氣壯，壯火之氣衰。蓋少火生氣，壯火散氣，況復衰火，不可不知也。故治法亦當分三等。其少日服餌之藥，於壯老之時，皆須別處之，決不可忽也。世有不留心於此者，往往不信，遂致困危，哀哉。

又　嘗讀《唐·方技傳》有云：醫要在視脈，唯用一物攻之，氣純而愈速。一藥偶得他藥相制，弗能專力，此難愈之驗也。今詳之：病有大小、新久、虛實，豈可止以一藥攻之？若初受病小則庶幾，若病大多日，或虛或實，豈得不以他藥佐使？如人用硫黃，皆知此物大熱，然石性緩，倉卒之間，下咽不易便作效。故智者又以附子、乾薑、桂之類相佐使以發之，將併力攻疾，庶幾速效。若單用硫黃，其可得乎？故知許嗣宗之言未可全信，賢者當審度之。

夫用藥如用刑，刑不可誤，誤即干人命。用藥亦然，一誤即便隔生死。然刑有鞫司，鞫成然後議定，議定然後書罪，蓋人命一死，不可復生，故須如此詳謹。今醫人纔到病家，便以所見用藥。若高醫識病知脈，藥又相當，如此即應手作效。或庸下之流，孟浪亂投湯劑，逡巡便致困危，如此殺人，何太容易。世間此事甚多，良由病家不擇醫，平日未嘗留心於醫術也，可不懼哉！

《鷄峰普濟方·反治法》　治病之法，莫不以寒療熱，以熱療寒，通則塞之，塞則通之，益所不勝，損其所勝，氣平邪服，病乃良已。然疾勢有大小，藥力有重輕，聖賢制爲方論，必求其所因，以伏其所主。譬猶火也，人間之火，遇草而爇，得木而燔，可以濕伏，可以水滅。疾之小者似之。而疾之大者，則若神龍之火，得濕則焰，遇水則燔，寒與熱相拒，熱與寒相違，不可以常法治之。故經有熱因寒用、寒因熱用、通因通用、塞因塞用之法，可使氣調，可使必已。治熱者，以豆豉浸酒，此因熱用寒者也。治寒者，以蜜煎烏頭，此因寒用熱者也。久痢通滑，必當先去其積，中滿實塞，必當峻補其下。經云：寒積內凝，久痢洩溏，愈而復發，連歷歲時，以熱下之，結散痢止，此因通治之法也。下虛中滿之病，補虛則滿甚於中，宣導則轉虛其下，故當疏啓其中，峻補其下，此因塞治之法也。

《鷄峰普濟方·病生於和氣不須深治》　凡人三部脈，大小沉浮遲疾同等不越，至數匀和者，雖病有寒熱，不解此爲陰陽和平之脈，縱病必愈。此乃感小邪之氣，故不可深治大攻，吐瀉發汗。若藥勢過多，反致危損，切切禁之。脈如應四時，氣候平匀者，雖有小邪寒熱，此乃無妄之疾，勿藥有喜。不可拘以日數次第，強爲攻發，必別致大患。深思！深思！見方士悞醫，致夭枉者甚多，故立此篇，宜在細意而辯之。

《鷄峰普濟方·本病中別生滯礙》　夫治病之要，切在精詳，虛實冷熱，寒溫陰陽，計踵脈息時候，並在前文細述。然慮有於本病中別生滯礙，即時變動，兼本病同起，須備急難，先從危急證候，去其邪由，然後調治本病，即得萬全。若也七情妄起，五臟暴傷，不愼寒熱，悞中邪由，百疾斯攻，使方有失，便生他病。如其以寒療熱，以熱攻寒，則爲順治。設或藥病偏勝，毒邪轉深，更在醫攻別作更新之意，亦不廢於繩墨，則治療必獲十全。

《鷄峰普濟方·取像》　古之論疾，多取像取類，使人易曉。以臟腑稀散爲鴨溏，或爲鶩溏，野鴨謂之鶩。謂其生於水中，屎常稀散故也。以遇夜目昏不見物爲雀目，謂雀遇昏晚，目不見物故也。以腎氣奔衝爲奔豚，以豚爲能奔逸而不能遠故也。以時氣聲嗄、咽乾欲睡、復不安眠爲狐惑，以狐多疑惑故也。以大便艱難爲野鷄痔，謂欲便而復止故也。狼漏始發於頸腫，無頭有根，起於缺盆之上，連延耳根腫大，謂其疾來暴猛如狼故也。其源緣憂恚，氣上不得下。蠐螬漏始發於頸下，無頭尾，如棗核，塊累移在皮中，謂其無頭尾，狀若蠐螬故也。

《鷄峰普濟方·病名不同》　凡古今病名，率多不同，緩急尋撿，常致疑阻，若不判別，何以示衆。且如世人呼陰毒傷寒，最爲劇病，實陰易之候。命一疾而涉三病，以此爲治，豈不甚遠？而殊不知陰毒、少陰、陰易，自是三候，爲治全別，古有方證，其說甚明，今而混淆，害人最急。又如腸風、臟毒、咳逆、慢驚，遍稽方論，無此名稱。深窮其狀，腸風乃腸痔下血，臟毒乃痢之蠱毒，咳逆者噦逆之名，慢驚者陰癇之病，若不知古知今，何以爲人司命。加以古人經方，言多雅奧，以痢爲滯下，以躄爲腳氣，以淋爲癃，以實爲秘，以天行爲傷寒，以白虎爲歷節，以隔氣爲膏(盲)〔肓〕，以喘嗽爲咳逆，以強直爲痙，以不語爲瘖，以緩縱爲痱，以怔忪爲悸，以痰爲飲，以黃爲癉，諸如此類，可不討論？而況病有數候相類，二病同名者哉！宜其視傷寒、中風、熱病、溫疫通曰傷寒，膚脹、鼓脹、腸覃、石瘕，率爲水氣。療中風專用乎痰藥，指帶下或以爲勞疾。伏梁不辯乎風根，中風不分乎時疾。此今天下醫者之公患也，是以別白而言之。

《避暑録話》卷上　士大夫固不可輕言醫，然人疾苟無大故，貧不可得藥，能各隨其證而施之，亦不爲小補。蓋疾雖未必死，無藥不能速愈，呻吟無聊者固可憫，其不幸遲延，苟變而生他證，因以致死者多矣。方其急時，有以濟之，雖謂之起死可也。今列郡每夏歲支係省錢二百千，合藥散軍民，韓魏公爲諫官時所請也。爲郡者類不經意，多爲庸醫盜其直，或有藥而不及貧下人。余在許昌，歲適多疾，使有司修故事，而前五歲皆忘不及舉，可以知其怠也。遂併出千緡市藥材京師，余親督衆醫分治，率幕官輪日給散，蓋不以爲職而責之，人人皆喜從事，此何憚而不爲乎。自余居此山，常欲歲以私錢百千行之于一鄉，患無人主其事，余力不能自爲，每求僧或淨人中一二成余志，未能也。然今年余家婢多疾，視藥囊常試有驗者，審其證用之，十人而十愈，終幸推此以及鄰里乎。陸宣公在忠州，集古方書五十篇，史云避謗不著書，故事爾。避謗，不著書可以，何用集方書哉？或曰：忠州邊蠻夷，多瘴癘，宣公多疾，蓋將以自治。尤非也。宣公豈以一己爲休戚者乎？是殆援人于疾若死亡而不得者，猶欲以是見之，在它人不可知，若宣公，此志必矣。古之名醫扁鵲、和緩之術，世不得知，自張仲景、華佗、胡洽、深師、徐彦伯，有名一世者，其方術皆醫之六經，其傳有至于今，皆後之好事者纂集之力也。孫眞人爲《千金方》兩部，説者謂凡修道養生者，必以陰功協濟，而後可得成仙。思邈爲《千金》前方時，已百餘歲，固以妙盡古今方書之要，獨傷寒未之盡，似未盡通仲景之言，故不敢深論。後三十年作《千金翼》，論傷寒者居半，蓋始得之，其用志精審不苟如此。今通天下言醫者，皆以二書爲司命也。思邈之爲神仙，固無可疑，然唐人猶記中間有用蝱蟲、水蛭之類諸生物命，不得升舉。天之惡殺物者如是，則欲活人者，豈不知之，況宣公之志乎！

又　古方施之富貴人多驗，貧下人多不驗；俗方施之貧下人多驗，富貴人多不驗。吾始疑之，乃卒然而悟曰：富貴人平日自護持甚謹，其疾致之，必有漸發于中而見于外，非以古方術求之，不能盡得。貧下人驟得于寒暑燥濕饑飽勞逸之間者，未必皆眞疾，不待深求其故，苟一物相對，皆可爲也，而古方節度，或與之不相契。今小人無知，疾苟無大故，但意所習熟，知某疾服某藥，得百錢鬻之市人，無不愈者，設與之以非其所知，蓋有疑而不肯服者矣。況古方分劑湯液與今多不同，四方藥物所產及人之稟賦亦異，《素問》有爲異法方法立論者，言一病治各不同而皆愈，即此理。推之以俗方治庸俗人，亦不可盡廢也。

《避暑録話》卷下　世言不服藥勝中醫。此語雖不可通行，然疾無甚苦，與其爲庸醫妄投藥，反敗之，不得爲無益也。吾閲是多矣。其次有好服食，不量己所宜，但見他人得效，從而試之，亦或無益而反有害。魏晉間尚服寒食散，通謂之服散。此有數方，孫眞人並載之《千金方》中。而皇甫謐服之，遂爲廢人。自言性與之忤，違錯節度，隆冬裸袒食冰，當暑甚至悲恚欲自殺，此豈可不慎哉！王子敬有帖云：服散發者，亦是數見。言服者而不聞有甚利，其爲害之甚，乃有如謐，此好服食之弊也。吾少不多服藥，中歲以後，或有勸之少留意者，往既不耐煩，過江後亦復難得藥材，每記《素問》勞佚有常、飲食有節八言，似勝服藥也。

《玉澗雜書》　華佗固神醫也，然范曄、陳壽記其治疾，皆言若發結於内，針藥所不能及者，乃先令以酒服麻沸散，既醉，無所覺，因刳剖破腹背，抽割積聚。若在腸胃，則斷湔洗，除去疾穢，既而縫合，傅以神膏，四五日創愈，一月之間皆平復。此決無之理。人之所以爲人者以形，而形之所以生者以氣也。佗之用藥，能使人醉無所覺，可以受其刳割，與能完養，使毀者復合，則吾所不能知。然腹背腸胃既以破裂斷壞，則氣何由舍？安有如是而復生者乎？審佗能此，則凡受支解之刑者皆可使生，王者之刑，無所復施矣。太史公《扁鵲傳》記虢庶子之論，以謂治病不以湯液醴（酒）［洒］砭石（橋）［撟］引，而割皮解肌、訣（爬）［脈］結筋、湔浣腸胃、漱滌五藏者，言古俞跗有是術耳，非謂扁鵲能之也，而世遂以附會於佗。凡人壽夭死生，豈亦醫工所能損益？不幸疾必死，而爲庸醫所殺者或有之，疾未有不可爲之疾，可醫可活也。方書之設，本以備可治之疾，使無至於夭傷而已。扁鵲亦自言：越人非能生死人也，此當生者，越人能起之耳。故人與其因循疾病，而受欺於庸醫好奇無驗之害，不若稍知治身攝生於安樂無事之時，以自養其天年也。

《扁鵲心書·須識扶陽》　道家以消盡陰翳，煉就純陽，方得轉凡成聖，霞舉飛昇。故云：陽精若壯千年壽，陰氣如強必斃傷。又云：陰氣未消終是死，陽精若在必長生。故爲醫者，要知保扶陽氣爲本。人至晚年，陽氣衰，故手足不煖，下元虛憊，動作艱難。蓋人有一息氣在則不死，氣者陽所生也，故陽氣盡必死。人于無病時，常灸關元、氣海、命關、中脘，更服保元丹、保命延壽丹，雖未得長生，亦可保百餘年壽矣。

《扁鵲心書·要知緩急》　夫病有淺深，治有緩急，若急病而用緩藥，是養殺人也，緩病而用急藥，是逼殺人也。庸醫遇病，不能必其何症，亦不能必其當用何藥，概以溫平試之，若緩病尚可，設遇大病，則爲誤不小，故名養殺人。若緩病投以急藥，是欲速其效，殊不知攻急則變生，所謂逼殺人也。

《曲洧舊聞》卷二　以道曰：人材之於世，譬如名方靈藥之於病也。世之集名方、儲靈藥者多矣，然不肯先疾而備，至於疾既彌留，乃始閱方書而治藥材，不如見成湯劑，而應所須而取效速也。

《保命集・氣宜論》　論曰：治病必明六化分治，五味五色所主，五臟所宜，五行之運行數，六氣之臨御化，然後明陰陽三才之數。故數之可數者，人中之陰陽也，然所合之數，可得見也。夫陰陽者，數之可十，推之可萬，故天地陰陽者，不以數推以象之謂也。經曰：丹天之氣，經于牛女戊分。黅天之氣，經于心尾己分。蒼天之氣，經于危室。柳鬼素天之氣，經于亢氐昴畢。玄天之氣，經于張翼婁胃。所謂戊己分者，奎壁角軫，則天地之門戶也。是以將前三數與天象俱明始終之六氣所司之高下，在泉淺深之勝復，左右之間同與不同，三紀太過不及之理，故可分天地之化產，民病之氣宜矣。經所謂太陽司天之政，故歲宜苦以燥之、溫之。陽明司天之政，故宜以苦辛汗之、淸之、散之，又宜以鹹。少陽司天之政，故歲宜以鹹，宜辛宜酸，滲之泄之，漬之發之，觀氣寒溫，以調其氣。太陰司天之政，故宜以苦燥之、溫之，甚者發之、泄之。不發不泄，則溼氣外溢，肉潰皮折，而水血交流。少陰司天之政，故歲宜鹹以耎之，而調其上，甚則以苦發之，以酸收之，而安其下，甚則以苦泄之。厥陰司天之政，故歲宜以辛調之，以鹹潤之，人必折其鬱氣，先資其化源，是以迎而奪之，王氣之法也。故云：六氣有餘，用熱遠熱，用溫遠溫，用寒遠寒，用涼遠涼，食宜同法，此其道也。故王注曰：夏寒甚，則可以熱犯熱，寒不甚，則不可犯也。若有表證，若有裏證。故法云：發表不遠熱，攻裏不遠寒。不發不攻，而犯寒犯熱，使寒熱內賊，其病益甚。故無者生之，有者甚之。所以不遠熱則熱至，不遠寒則寒至。其寒至則堅痞、腹痛急、下利之病生矣，熱至則身熱、吐下、霍亂、癰疽瘡瘍、瞀味昏鬱、注下（瞤懃）［瞤瘛］、腫脹吐嘔、衄血衊血、頭痛骨節變、肉痛、血溢血泄、淋閉之病生矣。王注曰：食已不饑，吐利腥穢，亦寒之疾也。暴瘖冒昧，目不識人，躁擾狂越，譫妄罵詈驚癇，亦熱之病也。故經所謂無失天信，無逆氣宜，無翼其勝，無贊其復，是謂至也。倘不知斯，寒熱內賊，失氣之宜，因不知四時五行，因加相勝，釋邪攻正，絕人長命，術不通經，爲粗工之戒。是以六氣上司九宮，中司九元，下司九宜，三數俱明，各分主客勝復淫治尅伐主病歲物氣味之厚薄，故經所謂氣味有薄，性用有躁靜，治保有多少，力化有淺深。故少陽在泉，寒毒不生。太陽在泉，熱毒不生。故其氣專，其味正。少陰在泉，寒毒不生。太陰在泉，燥毒不生，此所謂天化地產。故天地氣合，氣合六節分，而萬物化生矣。經所謂謹候氣宜，無失病機。病機者，寒暑燥溼風，金木水火土，萬病悉自此而生矣。故謹察病機之本，得治之要者，乃能愈疾。亦常有不明六氣五行之所宜，氣味之厚薄所用，人身爲病之所由，而能必獲其效者，尠矣哉！

《保命集・〈素問〉元氣五行稽考》　珞琭子云：天元一氣，定侯伯之遷榮。蓋論元氣也。許負曰：木瘦，金方，火尖，水肥，土厚。蓋論五行以元氣爲根，富貴壽夭係之，由有尫羸而壽考，亦有壯盛而暴亡。元氣固藏，則尫羸而無害，及其散慢，則壯盛而愈危。是以元氣爲根本，五行爲枝葉。夫元氣者，兌之位也，元始之祖，先天地生，圓而無隙，寂而不動，感而遂通，虛而生神，乾體成焉。乾爲天，天一生水，故一水，二火，三木，四金，五土，五行形焉。四方之民，均受元氣一也。及其生焉，各類五行，形體殊異。是故西北之民金水象，金方水肥，人方正肥厚。東南之人木火象，木瘦火尖，人多瘦長尖小。北人肥，南人瘦，理宜然也。北人賦性沉厚，體貌肥，上長下短，頭骨大，腰骨小，此本體也。若光明磊落，機見疾速，腰背豐隆者，元氣固藏，富貴壽考，坎中藏眞火，升眞水，而爲雨露也。南人賦性急暴，體貌尖瘦，下長上短，頭骨偏，腰骨軟，此本體也。若寬宏大度，機謀詳緩，腦額圓聳，元氣固藏，富貴壽考，離中藏眞水，降眞火，而爲利氣也。又有南人似北人，北人似南人，不富則貴。以此推之，要在察元氣，觀五行，分南北，定壽夭，則攻守有方，調養有法，不妄藥人也。亦猶有刑曹總其權，使執法者不私，巡禁者申具禁，使出塗者不擾。朝廷在於上，明賞罰於百官，施利氣於萬民，故君得以尊，無爲而治，天下和平，災害不生。君臣和於上，百官和於朝，萬民和於下，庶物和於野，馴而行之，千萬年計也。醫者明方術，制法度，以療民病，養性之藥，防其漸也，猶巡尉也。治病之藥（鹹）［緘］其毒，猶守令也。保命之藥濟其弱，猶曹憲也。延年之藥防其危，猶朝廷也。良工總其要，明虛實於三部，調和氣於百骸，故心得以寧，神得以淸，則四大和平，疾患不生。神氣和於上，五藏和於中，步履和於下，脈絡和於體，訓而行之，不死之道也。

人之生也，自幼而至壯，自壯而老，血氣盛衰，其各不同，不可一概治之。

六歲至十六歲者，和氣如春，日漸滋長，內無思想之患，外無愛慕之勞，血氣未成，不勝寒暑，和之違也。膚腠疏薄，易于感冒。和之傷也。父母愛之，食飲過傷，其治之之道，節飲食，適寒暑，宜防微杜漸，行巡尉之法，用養性之藥，以全其眞。二十歲至五十歲，和氣如夏，精神鼎盛，內有思想之患，外有愛慕之勞，血氣方剛，不畏寒暑。和之違也，勞傷筋骨，冒犯八邪，和之傷也。以酒爲漿，醉以入房。其治之之道，辯八邪，分勞佚，行守令之法，宜治病之藥，當貳其毒以全其眞。五十歲至七十歲者，和氣如秋，精耗血衰，血氣凝泣，思慮無窮，形體傷憊。和之違也，百骸疏漏，風邪易乘。和之傷也。風雨晦明，飲食遲進。其治之之道，順神養精，調腑和臟，行憲曹之權，施賑濟之法，守令內恤，巡尉外護，宜保命之藥，以全其眞。七十歲至百歲者，和氣如冬，五臟空同，猶蛻之蟬，精神浮蕩，筋骨沮弛，和之違也。觸物易傷，衣飲厚薄。和之傷也。大寒振慓，大暑煎熘。其治之之道，餐精華，處奧庭，行相傳之道，變理陰陽，周流和氣，宜延年之藥，以全其眞。夫如是，則調御中節，治療得法，陰陽協和，榮衛流暢，凡厥有生，同躋壽域矣乎。

《醫說·羅項序》 醫之伐病，猶將之伐敵也。夫決機戰攻之地以取勝，用兵者固皆有是心，及一旦爲背水陣，則觀者愕然矣。非有淮陰爲之辯(拆)[析]，則孰知其出於兵法，是兵之不可以無其說也。兵不可以無說，醫其可以無說乎？

《儒門事親·雜記九門·不可忌口》 戴人常曰：臟毒酒毒，下血嘔血，婦人三十以下血閉，六月七月間膿血惡痢，疼痛不止，婦人初得孕擇食者，已上皆不忌口。

《儒門事親·雜記九門·高枝常孤》 戴人常曰：人言我不接衆工。戴人曰：余豈不欲接人，但道不同不相爲謀。醫之善，惟《素問》一經爲祖，有平生不識其面者，有看其文不知其義者，此等雖曰相親，欲何說，止不過求一二藥方而已矣。大凡藥方，前人所以立法，病有百變，豈可執方。設於富貴之家病者，數工同治，戴人必不能從衆工，衆工亦不能從戴人，以此常孤。惟書生高士，推者復來，日不離門。戴人又曰：我之術，止可以教書生，不能授醫者。忽授老書生曰：我是書生，豈不知書生。書生固多許可，以易慢。戴人聞之曰：彼未嘗見予治病，故有是言。若親見予治病數十人，自反思矣。凡謗我者，皆望風取信於群醫之口也。孔子曰：浸潤之譖，膚受之愬，不行焉。可謂明也已矣。

《儒門事親·雜記九門·群言難正·謗吐》 或言人有病不可吐，人身骨節皆有涎，若吐出骨節間涎，令人偏枯。戴人聞之曰：我之藥，止是吐腸胃間久積，或膜(盲)[肓]間宿沫，皆是胃膈中溢出者，天下與一理也。但病有上下，故用藥有逆順耳。

《儒門事親·雜記九門·謗三法》 或言戴人汗下吐三法，欲該天下之醫者，非也。夫古人醫法未備，故立此三法，後世醫法皆備，自有成說，豈可廢後世之法而從遠古。譬猶上古結繩，今日可廢書契而從結繩乎？戴人聞之曰：《易》之法雖多，不離八卦五行，刑章雖多，不過笞杖徒流。岐伯曰：知其要者，一言而終。然則岐伯亦誑人乎？大抵舉綱則簡，計目則繁。

《儒門事親·雜記九門·謗峻藥》 或言戴人用藥皆峻激，乃《本草》中下品藥也，豈可服哉。戴人曰：甚矣，人之不讀書！《本草》言上藥爲君，中品爲臣，下品爲佐使者，所以辯其性剛柔也。《內經》言所謂君臣佐使者，非《本草》中三品之謂也。主治之爲君，次君之謂臣，應臣之爲佐使。假如大黃能治此病，則大黃爲君；甘遂能治此病，則甘遂爲君矣。若專以人參、黃耆治人之邪氣，此庸工所以常誤人命也。李嗣榮言京中閑人云：戴人醫殺二婦，遂辭太醫之職而去。又有人云：昔曾醫殺穎守，私遁而去。麻知幾初聞亦疑之，乃載見戴人于穎陽，觀其用藥，百發百中，論議該贍，應變無窮，其所治之疾，則不三二十年，即十年或五六年，應手輒愈。羣醫之領袖，無以養生。及其歸也，謗言滿市，皆曰：戴人醫殺倉使、耿四而去。時倉使以病卒，與余未嘗通姓名。耿四病嗽咯血，曾問戴人。戴人曰：公病消困，不可峻攻，宜以調養。戴人已去後而卒矣。麻先生乃肖李嗣榮所言，皆誣也。凡余所治之病，皆衆壞之證，將危且死而治之，死則當怨於戴人。又戴人所論，按經切理，衆誤皆露，以是嫉之。又戴人治病，多用峻激之藥，將愈未愈之間，適戴人去，羣醫毀之曰：病爲戴人攻損，急補之。遂用相反之藥。如病愈，則我藥可久服，攻疾之藥可暫用。我方攻疾，豈欲常服哉？疾去則止藥。若果欲養氣，五穀五肉五菜，非上藥耶？亦安在枯草死木之根核哉。

《醫壘元戎·自序》 革車千乘，帶甲十萬，籌策沈機，神鬼猜泣，奇正萬全，歷古如此。況良醫之用藥，獨不若臨陣之用兵乎！奈何世人以平昔鹵莽之浮學，應倉卒無窮之疾變，其不眩駭顛仆者寡矣。苟無妙算深謀成法以統之，則倒戈敗績之不暇，尚何勝之可圖哉。【略】予從事於患難之場，隨病察脈，逐脈定方，開之劫之，薄之發之，以盡其宜；吐之補之，汗之下之，以極其當。攻守不常，出沒無定，大綱小紀，經緯悉陳，本數末度，條理具設，前乎古人之所隱秘深藏或不盡意者，不啻胸中自有十萬精鋭。如太阿之在匣中，其輝未嘗耀於外，一旦撤而揮之，有以恐人之耳目，特八陣之奇鋒，七擒之利刃，其敵可劫，其勝可決，而其安可圖，如此而後已。

《醫壘元戎·傷寒不可汗不可下不可吐諸證》 大法春宜吐，夏宜汗，秋宜下。凡用發汗及吐下湯劑，皆中病即止。

《和劑局方·指南總論·論處方法》 夫處方療疾，當先診知病源，察其盈虛而行補瀉。辨土地寒暑，觀男女盛衰，深明草石甘辛細委，君臣、冷熱，或正經自病，或外邪所傷，或在陰、在陽，或在表、在裏。當須審其形候各異，虛實不同，尋彼邪由，知疾所起。表實則瀉表，裏實則瀉裏，在陽則治陽，在陰則治陰。以五藏所納之藥，於四時所用之宜，加減得中，利、汗無誤，則病無不差矣。若不洞明損益，率自胸襟，畏忌不分，反惡同用，或病在表而卻瀉裏，病在裏而卻宣表，在陰則瀉陽，在陽則瀉陰，不能曉了，自昧端由，病既不瘳，遂傷患者，深可戒也。故爲醫者，必須澄心用意，窮幽造微，審疾狀之淺深，明藥性之緊緩，製方有據，與病相扶，要妙之端，其在于此。

凡療諸病，當先以湯蕩除五藏六腑，開通諸脈，理順陰陽，令中破邪，潤澤枯朽，悦人皮膚，益人氣力，水能淨萬物，故用湯也。若四肢病久，風冷發動，次當用散，散能逐邪，風氣濕痹，表裏移走，居無常處，散當平之。次當用丸，丸藥者，能逐風冷，破積聚，消諸堅癥，進美飲食，調和榮衛。能參合而行之者，可謂上工。故曰：醫者，意也。大抵養命之藥則多君，養性之藥則多臣，療病之藥則多使，審而用之，則百不失一矣。

夫療寒以熱藥；療熱以寒藥；飲食不消，以吐下藥；鬼疰蠱毒，以蠱毒藥；癰腫瘡瘤，以瘡瘤藥；風濕，以風濕藥。各隨其宜。雷公云：藥有三品，病有三階。藥有甘苦，輕重不同，病有新久，寒溫亦異。夫重、熱、膩、醋、鹹藥石并飲食等，於風病爲治，餘病非對。輕、冷、甘、苦、澀藥草石、飲食等，於熱病爲治，餘病非對。輕、熱、辛、苦、淡藥、飲食等，於冷病爲治，餘病非對。其大綱略顯其源流，其餘睹其病狀可知，臨事制宜，當識斯要矣。

《和劑局方·指南總論·論合和法》 凡合和湯藥，務在精專，甄別新陳，辨明州土，修製合度，分兩無差，用得其宜，病無不愈。若眞假非類，冷熱相乖，草石昧其甘辛，炮炙失其體性，篩羅麤惡，分劑差殊，雖有療病之名，永無必愈之效。是以醫者必須殷勤注意，再四留心，不得委以他人，令其修合。非但多少不等，兼以失本方意，擣和之後，妍醜難明，衆口嘗之，衆鼻齅之，精氣一切都盡，而將療病，固難得效。此蓋是合和之盈虛，不得咎醫方之淺拙，宜加審察。

《和劑局方·指南總論·論用藥法》 夫濟時之道，莫大於醫，去疾之功，無先於藥。人居五行四氣，病生暑濕風寒，藥分三品七情，性有溫平冷熱，凡於行用，不得差殊，庶欲立方，便須憑據，療之合理，病無不痊。若自昧新陳，莫分眞僞，用之偏僻，使之稀疏，著以別名，求於奇異，未諳體性，妄説功能，率自胸襟，深爲造次。是以醫不三世，不服其藥，斯言信有之矣，豈不深思者哉！又不得用土地所無，貴價難市，珠珍諸寶，希罕所聞，縱富貴而無處搜求，設貧下而寡財不及。或於遠邦求藥，或則確執古方，不能變通，稽於致辨，病既深矣，藥何療焉！繇是醫者必須捨短從長，去繁就簡，卷舒自有，盈縮隨機，斟酌其宜，增減允當，察病輕重，用藥精微，則可謂上工矣。

凡藥有君臣佐使，以相宣攝合和，宜用一君二臣三佐五使，又可一君三臣九佐、使也。又有陰陽配合，【略】子母兄弟，【略】根莖花實，草木骨肉。又有單行者，有相須者，有相使者，有相畏者，有相惡者，有相反者，有相殺者，凡此七情，合和之時，留意視之。當用相須相使者良，勿用相惡相反者。若有毒者宜制，可用相畏、相殺者，不爾，勿合用也。【略】又有酸鹹甘苦辛五味，又有寒熱溫涼四氣，又有有毒無毒，陰乾暴乾，採造時月生熟，土地所出，眞僞新陳，並各有法也。

凡採藥時月，皆是建寅歲首，則從漢太初後所記也。其根物多以二月、八月採者，謂春初津潤始萌，未衝枝葉，勢力淳濃故也。至秋，枝葉乾枯，津潤歸流于下。今即事驗之，春寧宜早，秋寧宜晚。華、實、莖、葉，乃各隨其成熟爾。歲月亦有早晏，不必都依本文也。

凡本草説陰乾者，謂就六甲陰中乾之。又依遁甲法，甲子旬陰中在癸酉，以藥著酉地也。實謂不必然，正是不露日暴，於陰影處乾之爾，所以亦有云暴乾故也。【略】若幸可而用，益當爲善。

《脾胃論·用藥宜禁論》 凡治病服藥，必知時禁、經禁、病禁、藥禁。夫時禁者，必本四時升降之理，汗下吐利之宜。大法春宜吐，象萬物之發生，耕耨科斫，使陽氣之鬱者易達也。夏宜汗，象萬物之浮而有餘也。秋宜下，象萬物之收成，推陳致新，而使陽氣易收也。冬周密，象萬物之閉藏，使陽氣不動也。夫四時陰陽者，與萬物浮沉於生長之門，逆其根，伐其本，壞其眞矣。又云：用溫遠溫，用熱遠熱，用涼遠涼，用寒遠寒，無翼其勝也。故冬不用白虎，夏不用青龍，春夏不服桂枝，秋冬不服麻黄，不失氣宜。如春夏而下，秋冬而汗，是失天信，伐天和也。有病則從權，過則更之。經禁者，足太陽膀胱經，爲諸陽之首，行於背表之表，風寒所傷則宜汗，傳入本，則宜利小便。若下之太早，必變證百出。此一禁也。足陽明胃經，行身之前，主腹滿脹，大便難，宜下之。蓋陽明化燥火，津液不能停，禁發汗，利小便，爲重損津液。此二禁也。足少陽膽經，行身之側，在太陽陽明之間，病則往來寒熱，口苦胸脇痛，祇宜和解。且膽者無出無入，又主發生之氣，下則犯太陽，汗則犯陽明，利小便則使生發之氣反陷入陰中。此三禁也。

二陰非胃實不當下，爲三陰無傳，本須胃實得下也。分經用藥，有所據焉。病禁者，如陽氣不足，陰氣有餘之病，則凡飲食及藥，忌助陰瀉陽，諸淡食及淡味之藥，瀉升發以助收斂也。諸苦藥皆沈，瀉陽氣之散浮。諸薑、附、官桂辛熱之藥，及濕麵、酒、大料物之類，助火而瀉元氣，生冷硬物損陽氣，皆所當禁也。如陰火欲衰而退，以三焦元氣未盛，必口淡淡，如鹹物亦所當禁。藥禁者，如胃氣不行，內亡津液而乾涸，求湯飲以自救，非渴也，乃口乾也，非溫勝也，乃血病也，當以辛酸益之。而淡滲五苓之類，則所當禁也。汗多禁利小便，小便多禁發汗，咽痛禁發汗利小便。若大便快利，不得更利。大便秘澁，以當歸、桃仁、麻子仁、郁李仁、皂角仁，和血潤腸，如燥藥則所當禁者。吐多不得復吐。如吐而大便虛輭者，此上氣壅滯，以薑橘之屬宣之。吐而大便不通，則利大便，上藥則所當禁也。諸病惡瘡及小兒癍後，大便實者，亦當下之，而薑橘之類則所當禁也。又如脈弦而服平胃散，脈緩而服黄耆建中湯，乃實實虛虛，皆所當禁也。人稟天之濕化而生胃也，胃之與濕，其名雖二，其實一也。濕能滋養于胃，胃濕有餘亦當瀉，濕之太過也。胃之不足，惟濕物能滋養。仲景云：胃勝思湯餅。而胃虛食湯餅者，往往增劇。濕能助火，火旺鬱而不通，主大熱。初病火旺，不可食以助火也。察其時，辯其經，審其病，而後用藥，四者不失其宜，則善矣。

《直指方·治病當先救急》 治病如弈棋，當先救急。急者何？救其重而略其輕也。假如病人發熱經日，服通利之劑，泄瀉不止，嘔吐大作，粥藥不入，而熱猶未已，治法略去發熱一節，且以定嘔進食爲先。惟人參、生薑，入些炙甘草煎湯，調蘇合香圓嚥下，養正丹斟酌圓數與之。進劑以還，嘔吐自定，飲食漸進，泄瀉亦自不作。是元氣既正，縱有微熱，特假熱耳，人參、川芎、柴胡、甘草調理之。

《直指方·治病如操舟》 操舟在手，當風波震蕩之衝，一有轉移，則舟覆矣。醫權藥衡，主持在我，不可偏徇病家所欲，尤不可張皇，使病人驚。間有病家，粗識皮膚，辨難反覆，萬(物)〔勿〕惑焉。又有瘥後觸犯再復，隱諱不言，須詰問其由，庶得對病施藥。

《直指方·用藥中病不必盡劑》 治寒以溫，治熱以涼，但中病即止，矯枉則過正也。蓋涼藥頻施，必至於嘔惡沉冷，溫藥頻施，必至於煩燥悶熱。所貴酌量權度，一毫無過用焉，是爲活法。

《牧庵集·斯得齊記》 南陽醫師劉君大亨，有齋如舟，來求扁顏，書斯得歸之。懼未達其旨也，又記之曰：舊疑叔向譏子產之鑄刑書，爲非夫作。士如皋陶，可謂曰能，而《虞書》不曰象以典刑。典即刑書也。不有所垂示，何以使人知避其犯？後聞先師談筮，謂昔子師可嘗疾，診證宜餌峻劑，而心猶豫，拂蓍扣之，遇噬嗑之上九，曰：何校滅耳，凶。或者曰：弗善也。我則曰：此罪人斯得之徵，飲是而愈。燧曰：嗚呼！世亦有悲士師以疾爲罪人，方爲刑書，用獄如醫者乎？醫乃生民司命，弱者恃以強，脆者恃以堅，危者恃以安，而夭者恃以爲耆也。惟施治神巧，使疾不測所禦，故能如罪人斯得，而昧者爲之，顧使疾先得其爲術之淺疏，肆而侮之，遁刑爲罪于攻所不及之地，以不可必得。故先師之詩曰：醫能宛轉深求病，病亦閒關巧避醫。夫爲疾求愈，而卒不愈，職誰之由？此古人所以有藥石入喉，甚于莫耶之歎也。且莫耶爲物，非能日躍而前以殺人，必有手之者。後世以《春秋》爲仲尼刑書誠律，以是爲斷，則爲法受惡，而手莫耶者誰耶？嗚呼！可畏哉。然又聞：斯，語辭也，風雅頌咸多作思，則思者，亦可同斯乎？蓋天下之事，其理則具，于吾心弗思，則弗得，矧醫于疾，尤欲致思，則思得者，斯得之基，而斯得者，又思得之搆也。今醫之居藥市，惟知招徠求己者之衆，貪得而泛應，以幸爲利，率未暇深致夫思，安求能斯得乎！大亨非其術可服輩流，孰能推而先之以師是州？人之服而推而先是州，必其爲術之密，而善爲思者。古語有曰：官怠于宦成。弗思然也。醫至于業進而名著，亦宦成矣，其怠而弗思，人情同然。大亨以余年先，而求有言，余可爲佞，惟稱其所長，不進其未至乎，故是以警之。大亨于醫言，將藥石之歟，莫耶之歟？又在夫思之斯得也。

《東垣試效方·硯堅序》 醫之用藥，猶將之用兵。兵有法，良將不拘於法。藥有方，良醫不拘於方。非曰盡廢其舊也。昔人因病製方，邪之微甚，人之虛實，莫不詳辨而參酌之，然後隨其六氣所侵，藏府所受，劑品小大，平毒多寡，適與病等，絲髮不舛，故投之無不如意。後人不揣其本，而執其方，但曰此方治此病。幸而中者時有之，不幸而誤者固多矣。諺云：看方三年，無病不治；醫病三年，無方可治。斯言雖鄙，切中世醫之病。東垣老人李君明之，可謂用藥不拘於方者也。凡求治者，以脈證別之，以語言審之，以《內經》斷之，論證設方，其應如響。間有不合者，略增損輒效。蓋病之變無常，君之方與之無窮，所以萬合也。

《太醫局諸科程文》卷一 問：故治病者，必明天道地理。

對：天不足西北，左寒而右涼，地不滿東南，左熱而右溫，其故何也？岐伯曰：陰陽之氣，高下之理，太少之異也。東南方陽也，陽者其精降于下，故左熱而右溫。西北方陰也，陰者其精奉于上，故左寒而右涼。是以地有高下，氣有溫涼，高者氣寒，下者氣熱。故適寒涼者脹，適溫熱者瘡也。下之則脹已，汗之則瘡已。此腠理開閉之常，太少之異耳。帝曰：其于壽夭何如？岐伯曰：陰精所奉其人壽，陽精所奉其人夭。帝曰：善。其病也治之奈何？岐伯曰：西北之氣，散而寒之，東南之氣，收而溫之，所謂同病異治也。故曰：氣寒氣涼，治以寒涼，行水漬之。氣溫氣熱，治以溫熱，強其內守。必同其氣，可使平也。假者反之。帝曰：善。一州之氣，生化壽夭不同，其故何也？岐伯曰：高下之理，地勢使然也。崇高則陰氣治之，污下則陽氣治之。陽勝者先天，陰勝者後天。此地理之常，生化之道也。帝曰：其有壽夭乎？岐伯曰：高者其氣壽，下者其氣夭，地之小大異也。小者小異，大者大異。故治病者，必明天道地理。謹對。

《衛生寶鑑·春服宣藥辨》 戊申春，先師東垣老人論春月奉生之道。《月令》云：是月也，不可以稱兵，稱兵必天殃。毋〔殺〕孩蟲胎夭飛鳥，毋伐山林。又云：祭先脾。孟春行冬令，則首種不入。行秋令，則民大疫。故國有春分停刑之禁，十二經有取決於膽之戒。仲景云：大法春宜吐，故少陽證禁下，宜小柴胡湯和解之。少陽用事，萬物方生，折之則絕生化之源，此皆奉生之道也。有假者反之。且春初服宣藥者，迺伐天和而損脾胃，非徒無益，而又害之。予因演先師之論，著爲此論。世傳宣藥，以牽牛、大黃之類，或丸或散，自立春後無病之人服之，輒下數行。云：凡人於冬三月，厚衣煖食，又近於火，致積熱於內，春初若不宣泄，必生熱疾。又云：解三焦積熱，去五臟餘毒。殆無此理。方冬嚴氣凝寒，厚衣煖食近火，所以敵天氣之寒也。冬裘夏葛，冬飲湯而夏飲水，皆自然之道，何積熱於內而生疾乎？且陰陽（偏）〔偏〕勝則疾，果三焦積熱，是陽亢陰絕，豈有得生之理哉？故《難經》云：腑病易治，臟病難愈。邪氣中臟，病之極矣。今言五臟俱有邪毒，則神將何依？《內經》亦曰：春三月，此謂發陳。天地俱生，萬物以榮，夜卧早起，廣步於庭，被髮緩行，以使志生。生而勿殺，予而勿奪，賞而勿罰。此春氣之應，養生之道也。逆之則傷肝，夏爲寒變，奉長者少。又曰：必先歲氣，無伐天和。故智者之養生也，必順四時，適寒溫，和喜怒而安居處，節陰陽而調剛柔，如是則邪僻不至。又曰：蒼天之氣清淨，則志意治，順之則陽氣固，雖有賊邪，弗能害也。失之則內閉九竅，外壅肌肉，衛氣散解，此謂自傷，氣之削也。當少陽用事，萬物向榮生發之時，惟當先養脾胃之氣，助陽退陰，應乎天道，以使之平。今反以北方寒水所化，氣味俱厚，苦寒之劑投之，是行肅殺之令於奉生之月，當升反降，伐脾胃而走津液，使營運之氣減削，其不能輸精皮毛經絡必矣，奉長之氣從何而生？臟腑何所以稟受？脾胃一衰，何病不起？此誅罰無過，是謂大惑。無病生之，有病甚之。所謂春服宣藥者，自軒岐而下，歷代明醫，俱無是說。嗚呼！此理明白非難知也。世多雷同，莫革其弊，深可痛哉！凡有志保生者，但以聖賢之言爲準，則可免疑誤之悔，夭折之禍矣。

《衛生寶鑑·革春服宣藥歌》 天與聖人同一體，長養萬物不言利。《黃帝內經》福萬世，惟恐生民觸邪氣。調神四氣謹依行，身體康強無病滯。去聖逾遠醫道衰，誰解非非而是是。初春宣藥服寒涼，無故令人遭疫癘。腸鳴腹痛下數行，脾土既衰復損胃。周身百脈失經常，安樂身中強生事。少陽用事物向榮，一夜風霜反凋弊。春不生榮秋不收，奉養之氣從何至？四時失序化難成，血氣一衰神不熾。主明下安養生昌，心不明時災患繼。哀哉此理久不明，故以言理革其弊。保生君子勿他求，當向《內經》求聖意。

《衛生寶鑑·無病服藥辨》 諺曰：無病服藥，如壁裏安柱。此無稽之說，爲害甚大。夫天之生物，五味備焉，食之以調五臟，過則生疾。故經云：陰陽所生，本在五味。陰之五宮，傷在五味。又曰：五味入胃，各歸其所喜。攻酸先入肝，辛先入肺，苦先入心，甘先入脾，鹹先入腎，久而增氣，氣增而久，夭身之由也。又云：酸走筋，辛走氣，苦走骨，鹹走血，甘走肉。五味口嗜，而欲食之，必自裁制，勿使過焉。至於五穀爲養，五果爲助，五畜爲益，五菜爲充。氣味合而食之，補精益氣，倘用之不時，食之不節，猶或生疾，况藥乃攻邪之物，無病而可服焉？《聖濟經》曰：彼修眞者，蔽於補養，輕餌藥石，陽劑剛勝，積若燎原，爲消狂癰疽之屬，則天癸竭而榮涸。陰劑柔勝，積若凝冰，爲洞泄寒中之屬，則眞火微而衛散。一味偏勝，一臟偏傷，一臟既傷，四臟安得不病？唐孫思邈言：藥勢有所偏勝，令人臟氣不平。裴潾諫唐憲宗曰：夫藥以攻疾，非朝夕常用之物，况金石性酷烈有毒，又加煉以火氣，非人五臟所能禁。至於張臯諫穆宗曰：神慮淸則氣血和，嗜欲多而疾疢作。夫藥以攻疾，無疾不可餌。故昌黎伯銘李子之墓曰：余不知服食說自何世起，殺人不可計，而世慕尚之益至，此其惑也。今直取目見親與之游，而以藥敗者六七公，以爲世誡。工部尚書歸登，殿中御史李虛中，刑部尚書李遜，弟刑部侍郎建，襄陽節度使、工部尚書孟簡，東川節度使、御史大夫盧植，金吾將軍李道古。今又復取目見者言之，僧閻仲章，服火煉丹砂二粒，項出小瘡，腫痛不任，牙癢不能嚼物，服涼膈散半斤始緩。後飲酒輒發，藥以寒涼之劑則緩，終身不愈。鎭人李潤之，身體肥盛，恐生風疾，至春服搜風丸，月餘，便下無度，飲食減少，舌不知味，口乾氣短，臍腹痛，足脛冷，眩暈欲倒，面色青黃不澤，日加困篤。乃告親知曰：妄服藥禍，悔將何及。後添煩躁喘滿，至秋而卒。張秀才者，亦聽方士之說，服四生丸推陳致新。服月餘，大便或溏或瀉，飲食妨阻，怠惰嗜卧，目見黑花，耳聞蟬聲，神虛頭旋，飄飄然身不能支。至是方知藥之誤也，遂調飲食，慎起居，謹於保養，三二年間，其證猶存，踰十年後方平復。劉氏子，聞人言臘月晨飲涼水一杯一月，至春而無目疾，遂飲之。旬餘，覺腹中寒痛不任，咳嗽嘔吐，全不思食，惡水而不欲見，足脛寒而逆。醫以除寒燥熱之劑急救之，終不能效。此皆無故求益生之祥，反生病焉，或至於喪身殞命。壁裏安柱，果如何哉？且夫高堂大廈，梁棟安，基址固，壞塗毀塈，柱於壁中，甚不近人情。潔古老人云：無病服藥，乃無事生事。此誠不易之論。人之養身，幸五臟之安泰，六腑之和平，謹於攝生，春夏奉以生長之道，秋冬奉以收藏之理，飲食之有節，起居而有常，少思寡慾，恬憺虛無，精神內守，此無病之時，不藥之藥也。噫！彼數人者，既往不咎矣，後人當以此爲龜鑑乎！

《衛生寶鑑·攻擊不可峻用傳》 客有病痞者，積於其中，伏而不得下，自外至者(捏)[捍]而不得納。從醫而問之，曰：非下之不可。歸而飲其藥，既飲而暴下，不終日，而向之伏者，散而無餘，向之捍者，柔而不支，(集)[焦]鬲導達，呼吸開利，快然若未始有疾者。不數日，痞復作，投以故藥，其快然也亦如初。自是不逾月而痞五作，而五下，每下輒(逾)[愈]。然客之氣，一語而三引，體不勞而汗，股不步而慄，膚革無所耗於前，而其中苶然莫知其所來。嗟夫！心痞非下不可已，予從而下之，術未爽也，苶然獨何如？聞楚之南有良醫焉，往而問之，醫嘆曰：子無怪是苶然者也。凡子之術，固如是苶然也。坐，吾語汝。且天下之理，有甚快於吾心者，其未必無傷，求無傷於終者，則初無望其快於吾心。夫陰伏而陽蓄，氣與血不運而爲痞，橫乎子之胸中者，其累大矣。擊而去之，不須與而除甚大之累，和平之物，不能爲也，必將搏擊振撓而後可。夫人之和氣，(种)[沖]然而甚微，(泊)[汩]乎其易危，擊搏振撓之功未成，而子之和蓋已病矣。由是觀之，則子之痞凡一快者，子之和一傷矣，不終月而快者五，子之和平之氣，不既索乎？故體不勞而汗，股不步而慄，苶然如不可終日也。且將去子之痞，而無害於和也，子歸燕居三月，而後與之藥，可爲也。客歸三月，齋戒而復請之。醫曰：子之氣少復矣。取藥而授之曰：服之三月而疾少平，又三月而少康，終年而復常，且飲藥不得亟進。客歸而行其說，然其初使人滯然而遲之，蓋三投藥而三反之也。然日不見其所攻之效，久較則月異而時不同，蓋終歲而疾平。客謁醫，再拜而謝之，坐而問其故。醫曰：是醫國之說也，豈特醫之於疾哉！子獨不見秦之治民乎？悍而不聽分，墮而不勤事，放而不畏法，令之不聽，治之不變，則秦之民嘗痞矣。商君見其痞也，厲以刑法，威而斬伐，悍厲猛鷙，不貸毫髮，痛劃而力鋤之，於是乎秦之政如建瓴，流通四達，無敢或拒，而秦之痞嘗一快矣。自孝公以至二世也，凡幾痞而幾快矣。頑者已圮，強者已柔，而秦之民無懽心矣。故猛政一快者，懽心一亡，積快不已，而秦之四支枵然，徒具其物而已。民心日離，而君孤立於上，故匹夫大呼，不終日而百疾皆起，秦欲運其手足肩膂，而漠然不我應。故秦之亡者，是好爲快者之過也。昔者先王之民，其初亦嘗痞矣，先王豈不知砉然擊去之以爲速也。惟其有傷於終也，故不敢求快於吾心，優柔而撫存之，敎以仁義，導以禮樂，陰解其亂而除去其滯。旁視而濾然有之矣，然月計之，歲察之，前歲之俗，非今歲之俗也。不擊不搏，無所忤逆，是以日去其戾氣而不嬰其懽心，於是政成敎達，安樂久而無後患矣。是以三代之治，皆更數聖人，歷數百年而後俗成，則予之藥終年而愈疾，無足怪也。故曰：天下之理，有快於吾心者，其末也必有傷。求無傷於其終，則初無望其快吾心，雖然，豈獨於治天下哉！客再拜而傳其說。

《衛生寶鑒·病宜早治》 仲景《傷寒論》曰：凡人有疾，不時即治，隱忍冀瘥，以成痼疾。小兒女子，益以滋甚。時氣不和，便當早言，若不早治，眞氣失所。邪方萌動，無憚劬勞，不避晨夜，而即治之，則藥餌針艾之效，必易爲之。不然，患人忍之，數日乃說，邪氣極盛而疾極成，而後施治，必難爲力。《內經》曰：其善治者治皮毛，其次治肌膚，其次治六腑，其次治五臟，治五臟者，半死半生矣，正以謂此。昔桓侯怠以皮膚之微疾，以至骨髓之病，雖悔何及。戊午春，桃李始華，雨雪厚寸許，一園叟遽令舉家執梃擊樹，盡墮其雪，又焚束草于其下以散其寒，使冲和之氣未傷而復，是年，他家果皆不成熟，獨此園大熟。噫！果木之病，治之尚有不損，況人之有病，可不早治乎。故《金匱玉函》云：生候長存，形色未病，未入腠理，針藥及時，服浮調節，委以良醫，病無不愈者矣。

《靜修先生文集·書示瘍醫》 《周禮》瘍醫：凡療瘍以五毒攻之，以五氣養之，以五藥療之，以五味節之。五毒，疑即醫師所聚毒藥。凡五藥之有毒者，非謂一方五藥而可以盡攻諸瘍也。攻與療，所以去其疾也。養與節，所以扶其本也。蓋攻則必養之，療則必節之。攻視療加急，養視節加密，理勢然也。鄭氏釋五毒，以黃堥置石膽、丹砂、雄黃、礬石、慈石其中，煉之三日三夜，其烟上著，以鷄羽取之，以祝創，惡肉破骨則盡出。宋楊文公見楊嵎驗之，果如鄭所云。此蓋古方五毒藥之一爾。若即以是爲五毒，則不惟聖人之言不如是之狹而執，兼與下文五氣、五藥、五味之言，亦不類矣。予又恐以楊之偶中而致人之不中也。賈氏疏又以五藥爲五毒，則鄭既失經之意而賈又失鄭之意也。東坡嘗論，學儒不但費紙而正俚語之非。唐庚論陶隱居注《本草》與易之說，非知言者。蓋儒術之大無對，非可與醫並言者也。然衆技校之，則李明之常言：《蘇沈良方》猶唐宋類詩。蓋言不能詩者之集詩，猶不知方者之集方也。一詩之不善，誠不過費紙而已。一方之不善，則其禍有不可勝言矣。友人爲醫者，求予書其醫瘍也，故云。

《湯液本草·治法綱要》 《氣交變論》云：夫五運之政，猶權衡也，高者抑之，下者舉之，化者應之，變者復之，此生長化成收藏之理，氣之常也。失常則天地四塞矣。失常之理，則天地四時之氣無所運行。故動必有靜，勝必有復，乃天地陰陽之道也。假令高者抑之，非高者固當抑也，以其本下而失之太高，故抑之而使下。若本高，何抑之有？假令下者舉之，非下者固當舉之也，以其本高而失之太下，故舉而使之高，若本下，何舉之有？如仲景治表虛，製桂枝湯方，桂枝味辛熱，發散助陽，體輕，本乎天者親上，故桂枝爲君，芍藥甘草爲佐。陽脈濇，陰脈弦，法當腹中急痛，製小建中湯方。芍藥味酸寒，主收補中，本乎地者親下，故芍藥爲君，桂、甘草佐之。一則治表虛，一則治裏虛，各言其主用也。後之用古方者，觸類而長之，不致差誤矣。

《湯液本草·湯液煎造》 病人服藥，必擇人煎藥，能識煎熬制度，須令親信恭誠至意者。煎藥銚器，除油垢腥穢，必用新淨甜水爲上，三水大小斟酌，以慢火煎熬分數，用紗濾去柤，取清汁服之，無不效也。

《湯液本草·古人服藥活法》 在上不厭頻而少，在下不厭頓而多。少服則滋榮於上，多服則峻補於下。

《湯液本草·古人服藥有法》 病在心上者，先食而後藥。病在心下者，先藥而後食。病在四肢者，宜饑食而在旦。病在骨髓者，宜飽食而在夜。

《湯液本草·天地生物有厚薄堪用不堪用》 故治病者，必明六化分治，五味五色所生，五臟所宜，迺可以言盈虛病生之緒也。謹候氣宜，無失病機，其主病何如，言採藥之歲也。司歲備物，則無遺主矣。先歲物何也？天地之專精也。專精之氣，藥物肥濃，又於使用當其正氣味也。五運主歲，不足則物薄，有餘則物精，非專精則散氣，散氣則物不純，是以質同而異等，形質雖同，力用則異也。氣味有厚薄，性用有躁靜，治化有多少，力化有淺深，此之謂也。

《壽親養老新書·醫藥扶持》 常見世人治高年之人疾患，將同年少，亂投湯藥，妄行針灸，以攻其疾，務欲速愈。殊不知上壽之人，血氣已衰，精神減耗，危若風燭，百疾易攻。至於視聽不至聰明，手足舉動不隨，其身體勞倦，頭目昏眩，風氣不順，宿疾時發，或秘或泄，或冷或熱，此皆人之常態也。不順治之，緊用針藥，務求痊瘥，往往因此別致危殆。且攻病之藥，或吐或汗，或解或利，緣衰老之人，不同年少，眞氣壯盛，雖汗吐轉利，未至危困。其老弱之人，若汗之則陽氣泄，吐之則胃氣逆，瀉之則元氣脫，立致不虞，此養老之大忌也。大體老人藥餌，止是扶持之法，只可用溫平順氣、進食補虛、中和之藥治之，不可用市肆贖買、它人惠送，不知方味及狼虎之藥與之服餌，切宜審詳。若身有宿疾，或時發動，則隨其疾狀，用中和湯藥調順，三朝五日，自然無事，然後調停飲食，依食醫之法，隨食性變饌治之，此最爲良也。

《此事難知·治當順時》 夏天氣上行，秋天氣下行，治者當順天道。謂如先寒後熱，太陽陽明病，白虎加桂也，此天氣上行宜用之。若天氣下行，則不宜瀉肺，宜瀉相火命門，則可矣。亦有內傷冷物而作者，當先調中，後定瘧形，治隨應見，乃得康寧。亦有久而不差者，當求虛實，以脈爲期，虛補實瀉，可使卻疾，此之謂也。

《此事難知·問寒病服熱藥而寒不退熱病服寒藥而熱不退其故何也》 啓玄子云：熱不得寒，是無水也。寒不得熱，是無火也。寒之不寒，責其無水。熱之不熱，責其無火。經云：滋其化源。源既已絕，藥之假，不能滋其眞水火也。

《此事難知·疾有自悞》 或始不早治，日數久淹，或困乃求醫，法不及用，病勢已盈，豈爲天命。

《此事難知·三法五治論》 若五治不分，邪僻內作，工不能禁。夫治病之道有三法焉，初、中、末也。

初治之道，法當猛峻者，謂所用藥勢疾利猛峻也。緣病得之新暴，感之輕，得之重，皆當以疾利猛峻之藥急去之。

中治之道，法當寬猛相濟。爲病得之非新非久，當以緩疾得中之養正去邪，相兼濟而治之。養正去邪者，假令如見邪氣多，正氣少，宜以去邪藥多，正氣藥少，凡加減藥法，如此之類，更以臨時對證消息，增減用藥，仍依時令行之無忌也。更加針灸，其效甚速。

末治之道，法當寬緩。寬者謂藥性平善，廣服無毒，惟能養血氣，安中。蓋謂病證已久，邪氣潛伏至深，而正氣微治，故以善藥廣服，養正多而邪氣自去。更加以針灸，其效必速。夫療病之道，有五治法焉，和、取、從、折、屬也。

《此事難知·一治各有五五五二十五治》 一治曰和，假令小熱之病，當以涼藥和之。和之不已，次用取。二治曰取，爲熱勢稍大，當以寒藥取之。取之不已，次用從。三治曰從，爲勢既甚，當以溫藥從之。爲藥氣溫也，味隨所爲，或以寒因熱用，味通所用，或寒以溫用，或以發汗之。不已又再折。四治曰折，爲病勢極甚，當以逆制之。逆制之不已，當以下奪之。下奪之不已，又用屬。五治曰屬，爲求其屬以衰之。緣熱深陷在骨髓間，無法可出，針藥所不能及，故求其屬以衰之，緣屬之法，是同聲相應，同氣相求。經曰：陷下者衰之。夫衰熱之法同前所云，火衰於戌、金衰於辰之類是也。如或又不已，當廣其法而治之。譬如孫子之用兵，若在山谷，則塞淵泉；在水陸，則把渡口；在平川廣野，當清野千里。塞淵泉者，刺俞穴；把渡口者，奪病發時前；清野千里者，此肌羸瘦弱，宜廣服大藥以養正。

夫病有中外，治有緩急。在內者，以內治法和之。氣微不和，以調氣法調之。在外者，以外治法和之。其次大者，以平氣法平之。盛甚不已，則奪其氣，令其衰也。故經曰：調氣之方，必別陰陽，定其中外，各守其鄉。內者內治，外者外治，微者調治，其次平治，盛者奪之、汗之、下之。寒熱溫涼，衰之以屬，隨其攸利。

《此事難知·許先生論關中梁寬甫證》 近世論醫，有主河間劉氏者，有主易州張氏者。蓋張氏用藥，依準四時陰陽升降而增損之，正《內經》四氣調神之義。醫而不知此，是妄行也。劉氏用藥，務在推陳致新，不使少有怫鬱，正造化新新不停之義。醫而不知此，是無術也。然而主張氏者，或未盡張氏之妙，則瞑眩之藥，終莫敢投，至失機後時，而不救者多矣。主劉氏者，未悉劉氏之蘊，則劫效目前，陰損正氣，遺禍於後日者多矣。能用二家之長，而無二家之弊，則治法其庶幾乎。

《世醫得效方·大方脈雜醫科·集治說》 嘗謂用藥如用刑，一有所誤，人命繫焉。【略】更須甄別藥味新陳，選擇州土所生，採取時月，分君臣佐使，俾分兩無差，炙煿炮爁，精虔不苟，斯爲治之善矣。其有自恃己長，不肯訪問，以意臆度，攻寒以寒，療熱以熱，妄施一匕，邀爲己功。偶或中之，實非的見，不過僥倖於萬一。其或不中，則十手所指，十目所視。所謂一甌之藥，誤入於咽，五臟俱裂，生可再復？可不戒之。

《格致餘論·病邪雖實胃氣傷者勿使攻擊論》 凡言治國者，多借醫爲諭，仁哉斯言也。眞氣，民也。病邪，賊盜也。或有盜賊，勢須剪除而後已，良相良將，必先審度兵食之虛實，與時勢之可否然後動，動涉輕妄，則吾民先困於盜，次困於兵，民困而國弱矣。行險僥倖，小人所爲，萬象森羅，果報昭顯，其可不究心乎。

《格致餘論·大病不守禁忌論》 病而服藥，須守禁忌，孫眞人《千金方》言之詳矣，但不詳言所以守禁忌之由，敢陳其略，以爲規戒。夫胃氣者，淸純冲和之氣，人之所賴以爲生者也。若謀慮神勞，動作形苦，嗜欲無節，思想不遂，飲食失宜，藥餌違法，皆能致傷。既傷之後，須用調補。恬不知怪，而乃恣意犯禁，舊染之證，與日俱積，吾見醫將日不暇給，而傷敗之胃氣，無復完全之望，去死近矣。予族叔形色俱實，痎瘧又患痢，自恃強健能食，絶無忌憚。一日召我曰：我雖病，卻健而能食，但苦汗出耳，汝能止此汗否？予曰：痎瘧非汗出不能愈也。可慮者，正在健與能食耳。此非痢也，胃熱善消，脾病不化，食積與病勢已甚矣。此時節擇飲食以養胃氣，省出入以避風寒，候汗透而安。叔曰：世俗謂無飽死痢。我今能食，何謂可慮？余曰：痢而能食者，知胃氣未病也，故言不死，非謂恣食不節擇者。不從所言，恣口大嚼，遇渴又多啖水果，如此者月餘，後雖欲求治，不可著手矣，淹淹又月餘而死。《內經》以驕恣不倫於理，爲不治之病。信哉！又周其姓者，形色俱實，患痢善食而易饑，大嚼不擇者五日矣。予責之曰：病中當調補自養，豈可滋味戕賊！遂教之只用熟蘿蔔喫粥耳，少與調治，半月而安。

《格致餘論·春宣論》 春，蠢也。陽氣升浮，草木萌芽，蠢然而動。前哲謂春時人氣在頭，有病宜吐。又曰：傷寒大法，春宜吐。宣之爲言揚也，謂吐之法自上出也。今之世俗，往往有瘡痍者、膈滿者、蟲積(者)，以爲不於春時宣瀉以毒藥，不可愈也。醫者遂用牽牛、巴豆、大黃、枳殼、防風輩爲丸，名之曰春宣丸，於二月三月服之，得下利而止。於初瀉之時，臟腑得通，時暫輕快。不知氣升在上，則在下之陰甚弱，而用利藥戕賊其陰，其害何可勝言！況仲景用承氣湯等下藥，必有大滿大實堅，有燥屎，轉(失)〔矢〕氣，下逼迫而無表證者，方行此法。可下之證未悉具，猶須遲以待之。泄利之藥，其可輕試乎。余伯考形肥骨瘦，味厚性沉，五十歲輕於聽信，忽於三月半贖春宣丸一貼，服之下兩三行，每年率以爲常。至五十三歲時，七月初炎熱之甚，無病暴死，此豈非妄認春宣爲春瀉而致禍耶？自上召下曰宣，宣之一字吐也明矣。張子和先生已詳論之，昔賢豈妄言哉！詳之審訂無疑。後之死者，又有數人，愚故表而出之，以爲後人之戒。

《格致餘論·張子和攻擊注論》 愚閱張子和書，惟務攻擊。其意以爲正氣不能自病，因爲邪所客，所以爲病也，邪去正氣自安。因病有在上在中在下深淺之不同，立爲汗吐下三法以攻之。初看其書，將謂醫之法盡於是矣，後因思《內經》有謂之虛者，精氣虛也。謂之實者，邪氣實也。夫邪所客，必因正氣之虛，然後邪得而客之。苟正氣實，邪無自入之理。由是於子和之法，不能不致疑於其間。又思《內經》有言：陰平陽秘，精神乃治。陰陽離決，精氣乃絶。又思仲景有言：病當汗解，診其尺脈濇，當與黃芪建中湯補之，然後汗之。於是以子和之書，非子和之筆也，馳名中土，其法必有過於朋輩者，何其書之所言，與《內經》仲景之意，若是之不同也？於是決意於得名師以爲之依歸，發其茅塞。遂遊江湖，但聞某處有某治醫，便往拜而問之，連經數郡，無一人焉。後到定城，始得《原病式》、《東垣方》藁，乃大悟子和之孟浪，然終未得的然之議論，將謂江浙間無可爲師者。

泰定乙丑夏，始得聞羅太無幷陳芝岩之言，遂往拜之，蒙叱罵者五七次，趑趄三閱月始得降接。因觀羅先生治一病僧，黃瘦倦怠，羅公診其病因，乃蜀人，出家時其母在堂，及遊浙右，經七年。忽一日，念母之心不可遏，欲歸無腰纏，徒爾朝夕西望而泣，以是得病。時僧二十五歲。羅令其隔壁泊宿，每日以牛肉豬肚甘肥等，煮糜爛與之，凡經半月餘，且時以慰諭之言勞之。又曰：我與鈔十錠作路費，我不望報，但欲救汝之死命爾。察其形稍甦，與桃仁承氣，一日三貼下之，皆是血塊痰積，方止。次日只與熟菜稀粥將息，又半月，其人遂如故。又半月餘，與鈔十錠，遂行。因大悟攻擊之法，必其人充實，稟質本壯，乃可行也，否則邪去而正氣傷，小病必重，重病必死。羅每日有求醫者來，必令其診視脈狀回稟，羅但臥聽口授，用某藥治某病，以某藥監某藥，以某藥爲引經。往來一年半，並無一定之方。至於一方之中，自有攻補兼用者，亦有先攻後補者，有先補後攻者。又大悟古方治今病，焉能吻合？隨時取中，其此之謂乎。是時羅又言用古方治今病，正如拆舊屋揍新屋，其材木非一，不再經匠氏之手，其可用乎？由是又思許學士《釋微論》曰：予讀仲景書，用仲景之法，然未嘗守仲景之方，乃爲得仲景之心也。遂取《東垣方》藁，手自抄錄，乃悟治病人當如漢高祖蹤秦暴，周武王蹤商之後，自非發財散粟與三章之法，其受傷之氣，倦憊之人，何由而平復也？於是定爲陰易之，陽易亢，攻擊宜詳審，正氣須保護，以局方爲戒哉。

《醫經溯洄集·内傷餘議》 嘗觀夫東垣李氏所著《内外傷辨》，有曰：外傷風寒，客邪有餘之病，當瀉不當補。内傷飲食，勞役不足之病，當補不當瀉。自此論一出，而天下後世，始知内外之傷有所別，而仲景之法，不可例用矣，其惠也不其大哉！雖然，夷考其言，猶或有可疑者，不敢諛佞，僭用條之。如曰：夫飲食勞倦傷而内熱者，乃陰火乘其坤土之位，故内熱以及於胸中也。又曰：《内經》有云：勞者溫之，損者溫之。惟宜溫藥以補元氣而瀉火邪。《内經》曰：溫能除大熱，故治之必溫藥乃可耳。又曰：飲者，無形之氣，傷之則宜發汗、利小便，使上下分消其濕。此飲謂酒也。食者，有形之物，傷之則宜損其穀，其次莫如消導。若此者，皆不能使人無疑者也。謹按《素問·調經論》篇云：帝曰：陰虛生内熱，奈何？岐伯曰：有所勞倦，形氣衰少，穀氣不盛，上焦不行，下脘不通，胃氣熱，熱氣熏胸中，故内熱。嗟夫！此内傷之說之原乎。請釋其義如左。

夫人身之陰陽，有以表裏言者，有以上下之分言者，有以氣血言者，有以身前身後言者，有以臟腑言者，有以升降呼吸之氣言者，餘如動靜、語默、起居之類甚多，不必悉舉。此所謂陰虛之陰，其所指與數者皆不同。蓋勞動之過，則陽和之氣皆亢極而化爲火矣。况水穀之味又少入，是故陽愈盛而陰愈衰也。此陰虛之陰，蓋指身中之陰氣與水穀之味耳。或以下焦陰分爲言，或以腎水眞陰爲言，皆非也。夫有所勞役者，過動屬火也。形氣衰少者，壯火食氣也。穀氣不盛者，勞傷元氣，則少食而氣衰也。上焦不行者，清陽不升也。下脘不通者，濁陰不降也。夫胃受水穀，故清陽升而濁陰降，以傳化出入，滋榮一身也。今胃不能納，而穀氣衰少，則清無升而濁無降矣，故曰上焦不行，下脘不通。然非謂絕不行不通也，但比之平常無病時，則謂之不行不通耳。上不行，下不通，則鬱矣，鬱則少火皆成壯火。而胃居上焦下脘兩者之間，故胃氣熱，熱則上炎，故熏胸中，而爲内熱也。東垣所謂勞役形體，所謂飲食失節而致熱者，此言正與《調經論》篇之旨相合，固宜引此段經文於《内外傷辨》，以爲之主。而乃反不引此，卻謂陰火乘土位，故内熱及胸中，此不能無疑者也。

夫陰火二字，《素問》、《靈樞》、《難經》未嘗言，而東垣每每言之，《素問》止有七節之傍，中有小心二句，而劉守眞推其爲命門屬火不屬水，引仙經心爲君火，腎爲相火之說，以爲之證，然亦不以陰火名之。是則名爲陰火者，其東垣始歟。竊意内熱之作，非皆陰火也，但氣有鬱則成熱耳。雖曰心爲君火，君不主令，然《素問》所叙諸病之屬熱者甚衆，皆君火病也，豈君火不能爲病，而直欲純歸之於陰火乎？《至眞要大論》云：勞者溫之，損者益之。夫勞則動之太過，而神不寧矣，故溫之。溫也者，養也。溫之者，所以調其食飲，適其起居，澄心息慮，從容以待其眞氣之復常也。《禮記》所謂柔色以溫之，此溫字正與此同。或以藥扶助之，亦養也。今東垣乃以溫爲溫涼之溫，謂宜溫藥以補元氣而瀉火邪，又易損者益之爲損者溫之，又以溫能除大熱爲《内經》所云，而偏考《内經》，並無此語，此亦不能無疑者也。

然溫藥之補元氣、瀉火邪者，亦惟氣溫而味甘者斯可矣。蓋溫能益氣，甘能助脾而緩火，故元氣復而火邪熄也。夫宜用溫藥，以爲内傷不足之治則可，以爲勞者溫之之注則不可。《陰陽應象論》所謂形不足者，溫之以氣，其溫字亦是滋養之義。非指溫藥也。夫形不足，乃陽虛而不充也。氣者，藥之氣也。藥有氣厚、氣薄，味厚、味薄，味厚者屬陰而滋精氣，〔氣〕厚者屬陽而滋形，今以藥之氣厚者，滋陽不兼形乎？故曰形不足者，溫之以氣。雖以藥溫養之，亦未嘗不兼乎調食飲、適起居與澄心息慮也。溫字固具二意，然終不可視爲溫涼之溫。苟以補之、除之、抑之、舉之、散之等語比類而觀焉，則其義自著矣。

夫金木水火土，運於天地也，則無形質之可觀，其麗於地，則有形質矣。金木土水者，有形有質者也。火者，有形而質不實者也。酒性雖熱，體同於水。今東垣乃謂飲者無形之氣，此亦不能無疑者也。既待發汗利小便以去之，其可謂之無形之氣乎？且勞倦傷、飲食傷二者，雖俱爲内傷，然不可混而爲一。《難經》所謂飲食勞倦則傷脾者，蓋謂脾主飲食，而四肢亦屬脾，故飲食失節，勞役四肢，皆能傷于脾耳，非謂二者同類而無辨也。夫勞倦傷、飲食傷，雖與風寒暑濕有餘之病不同，然飲食傷又與勞倦傷不同。勞倦傷，誠不足也，飲食傷，尤當於不足之中，分其有餘不足也。何也？蓋饑餓不飲食，與飲食太過，雖皆是失節，然必明其有兩者之分，方盡其理。節也者何？無不及、無太過之中道也。夫饑餓不飲食者，胃氣空虛，此爲不足，固失節也，飲食自倍而停滯者，胃氣受傷，此不足之中兼有餘，亦失節也。以受傷言則不足，以停滯言則有餘矣。惟其不足，故補益，惟其有餘，故消導。亦有物滯氣傷必補益消導兼行者。亦有物暫滯而氣不甚傷，宜消導獨行，不須補益者。亦有既停滯不復自化，不須消導，但當補益，或亦不須補益者。

古枳朮丸、東垣橘皮枳朮丸、木香枳朮丸之類，雖曰消導，固有補益之意存乎其間。其他如木香分氣丸、導氣枳實丸、大枳殼丸之類，雖無補益，然施之於物暫滯氣不甚傷者，豈不可哉，但不宜視爲通行之藥耳。且所滯之物，非枳朮丸之力所能去者，亦安可泥於消導而不知變乎。故備急丸、煮黄丸、感應丸、瓜蒂散等之推逐者，潔古、東垣亦未嘗委之而弗用也。故善將兵者，攻亦當，守亦當。不善者，則宜攻而守，宜守而攻，其敗也非兵之罪，用兵者之罪耳。觀乎此，則知消導補益推逐之理矣。若夫勞倦傷，則純乎補益，固不待議。雖東垣丁寧告戒，然世人猶往往以苦寒之劑，望除勞倦傷之熱，及其不愈而反甚，自甚而至危，但曰病勢已極，藥不能勝耳。醫者、病者、主病者，一委之天命，皆懵然不悟其爲妄治之失也。嗚呼！仁人君子，能不痛心也哉。

夫東垣，先哲之出類者也，奚敢輕議，但懼其白璧微瑕，而或貽後人差毫釐謬千里之患，故不得不僭踰耳，知我者其鑒之。

《原機啓微·後序》 方，倣也，倣彼而準此也，自非確然不可移，屹然不可動搖者也。是以《素問》無方，《難經》亦無方。非無方也，爲倣爲方也，爲倣爲活法也。漢世纔有方，爲備於倣也，爲實其無倣也。今人泥方秘方，至有父子不相受授者。殊不知天有不同者，四時異也，地有不同者，南北異也，人有不同者，稟受異也，病有不同者，標本異也。持此方治病者，吾見其拙於治也已。故方爲倣也可知。予愚且耄，豈敢以方寸之見而窺其涯涘乎。雖然，不陳不明者，方之體也，累窮累遺者，方之用也，此予所以探倣以置方，因方以媒倣。於是論之曰：某陰某陽之病，某臟某腑之病，某氣某血之病。繼之曰療虚療實之方，療風療濕之方，療寒療熱之方。復次之曰此爲君也，此爲臣也，此爲佐使也；斯爲逆治，斯爲從治，斯爲反正之治。若此者，予能陳而明之，不能窮而盡遺也。俾用之者，如丸之走盤則可也，如持圈印模則不可也。如折舊字改新字則可也，如鑿圓納圓遇方乃拙則不可也。噫！毋爲泥者，幸爲通者。

《醫經小學·醫之可法為問》 或問丹溪朱彦脩先生曰：醫之爲事，切脈、察病、用藥，先生必以讀儒書者能之，何也？曰：非《四書》，無以窮理盡性，成格物致知之功。非《易》，無以知陰陽造化功用、消長生成之道、升降浮沉之理。孫眞人曰：不知易者，不足以言太醫。

問曰：今之醫，但看《脈訣》以爲診視，(越)〔閱〕諸方書，便可治病，以爲簡便。先生之教讀《内經》，雖識病，無方可據。《脈經》千條萬緒，難以撫尋。曰：正欲如此。人之生命至重，非積歲月之功，豈可便視人之疾？前人立論制方，有與《内經》意合者，有穿鑿者，有立意偏者，有因病而以病人之虚實形氣脈證而制方者。病之變化無窮，人之形志苦樂不一，地土所宜，證有相似，治有不同。不讀《内經》，便欲據方施治，若有差誤，死不復生。人雖不知，於心安乎？脈理精微，通陰陽造化之理，千變萬化，聖人尚論其端緒，秘其蘊奥，善爲脈者從而推廣，豈高陽生數語之《脈訣》，能盡無窮之病耶。

先生曰：劉張之學，其論臟腑氣化有六，而於濕、熱、相火三氣致病爲甚，多以推陳致新瀉火之法療之，此固高出前代矣。然有陰虚火動，或陰陽兩虚，濕熱自甚者，又當消息而治之。東垣之謂飲食勞倦，内傷元氣，則胃脘之陽不能舉，并心肺之氣陷入於中焦，而用補中益氣等藥治之，此亦前人所無也。然天不足於西北，地不滿於東南，天陽而地陰。西北之人，陽氣易降，東南之人，陰氣易升。苟不知此，而徒取其法，則於氣之降者，固可以獲效，而於氣之升者，亦從而用之，吾恐反增其病矣。當以三家之論，去其短而取其長。又曰：陰不足而陽有餘。因而思之，故人病，氣升者多，氣降者少，是其驗也。補其陰與陽齊等，則水火自然升降，所謂乾坤定位而離坎交也。

凡治病用藥，以前人方論未可者，切不宜孟浪，須沉潛思繹，千條萬緒，必求氣之所在而取之。不過格物致知之功，久久自入窮通變化之妙。

問曰：五運六氣，《内經》備論，諸方所略，其理奥妙，未易造入，須發明焉。曰：學醫之初，且須識病機，知變化，論人形而處治。若便工於氣運，恐流於馬宗素之徒，而云某生人於某日，病爲某經，用某藥治之之類也。人之臟腑，外應天地，司氣司運，八風動靜之變，人氣應焉，豈不切當。苟不知此，爲醫未造其理，何以調之？楊太受常云：五運六氣，須每日候之，記其風雨冥晦，而有應時作病者，有伏氣後時而病者，有故病衝而動者，體認純熟，久則自能造其至極。

治病用藥猶權衡，不可毫釐輕重也。若以執古方而治今病，更不酌量，吾不知其不能無少差也。

先生曰：吾每治病，用東垣之藥，效仲景處方，庶品味數少，則藥力專精也。

問曰：先生治病，有證同而異治者，又非地土不同，老幼苦樂之異，何也？曰：陰陽氣運，參差不齊，賦生有厚薄，五氣有偏勝，臟腑剛柔不同，用藥以抑強扶弱，取中而治，豈得而同也。

問曰：諸方立論，有多用熱者，有多用寒者，時之異耶？地勢之然也？曰：看方須要知其立意，取其所長，去其所短。人性偏執，其通疏者，自古及今，寧幾人歟？

問曰：一人之證，久伏床枕，處方既定，前後又有加減者，何也？曰：內有初中、虛實之異，外有八風之變，四時更易，氣運迭遷，七情所動，是以主病之藥雖不更，佐使豈無加減也。

問曰：何以謂之通疏？曰：無先入之主，能窮變化之神，識時措之宜，致二五之精，妙合爲冲和之氣。虛則補之，實則瀉之，寒者熱之，熱者寒之，上者抑之，下者舉之，無所偏負，則自然天地位而萬物育矣。

嘗看成無己注《傷寒論》曰：夫傷寒之病，以陽氣爲主。只此一句，已見深造聖蘊。蓋天之邪氣，感則傷人氣也，飲食起居七情，動則傷人形也。然此其深者，氣病形乃應，形〔病〕氣乃從。治病必求其本。

先生曰：仲景治傷寒，以寒字爲主，用辛熱甘熱等藥者，主即病而言。河間治熱病，以熱字爲主，用辛涼等劑者，主不即病，寒毒藏於肌膚，至春變溫，至夏變爲熱病之意也。

問曰：陰陽之體用，先生嘗以陰不足而陽有餘，遠取諸天地日月，爲譬其體也，近取呼吸升降，爲喻其用也，則得聞命矣。然陰陽虛實之體雖不同，而其升降之用，所乘之機，既無降殺，則陰之體本虛，曷用補哉？

先生曰：邵子謂天地自相依附，天依形，地附氣。其形也有涯，其氣也無涯。人之形質，有涯者也，天癸絕後，形則衰矣。苟不益陰以內守，則陽亦無以發(楊)〔揚〕爲健運之能，是天失所依也，而爲飄散飛蕩，如喪家之狗耳。陽既飄散，則地愈失所附也。形氣不相依附，則死矣。人其補養殘衰傷朽之質，又何云哉。

先生曰：治病必分血氣。如氣病補血，雖不中病，亦無害也。血病補氣，則血愈虛散，散則氣血俱虛，是謂誅罰無過也。病或晝輕夜重者，血病也。晝重夜輕者，氣病也。蓋晝陽夜陰也。

座右銘曰：學問所以別理欲，開昏閉。衣食所以防饑寒，廣思惠。言行要留好樣與兒孫，心術要不得罪於天地。

衛生藥室銘曰：治病之方，先顧元氣。攻病擊邪，斟酌藥劑。邪輕劑輕，邪峻劑峻。元氣成虛，峻劑當慎。必求其本，如流有源。泥標忘本，白首不痊。血病治血，氣病治氣。臟腑經絡，逐一點視。虛的施補，實的施瀉。察色聽聲，勿差纖芥。屬寒治寒，屬熱治熱。風濕燥火，細心分別。氣微則逆，氣甚則從。逆爲正治，從乃反攻。從少從多，各觀其事。其始則同，其終則異。必先歲氣，毋(代)〔伐〕天和。違(待)〔時〕伐化，夭殃斯多。寒熱溫涼，用之遠之。升降浮沉，順時爲宜。厥逆厥順，道理玄微。或有所假，不必拘之。在表治表，在裏治裏。汗下之間，反掌生死。上制以緩，下制以急。緩急不分，無過受擊。新病猛除，久病寬治。不久不新，寬猛相濟。求治不誠，必當自寶。毋得苟就，輕此至道。病不可治，必當速已。毋得容情，啓人之毀。凡此數條，聖師至訓。洞然于胸，正行無問。

廣陵丘克容先生曰：今醫之專門於劉張者，率以發汗吐下施治，蓋本諸張子和十形三療。若曰風寒暑濕燥火、內傷外傷、內積外積，視其中人身之上若下，必三法之可已。果子和之遺意歟？何其與《內經》、仲景之言大不相似也。《內經》不曰：邪氣盛則實，精氣奪則虛。又曰：虛則補之，實則瀉之。邪盛而實當瀉，三法或可以也。精奪而虛當補，將無他治歟？第曰木鬱則達之，火鬱則發之，土鬱則奪之，金鬱則泄之，水鬱則折之，是亦發汗吐下之別稱也。向使此無彼遏，果例用歟？仲景治外感，分六經，別腑臟，亦嘗發汗吐下也，而太陽有解肌，少陽則三禁，併病用刺法，豈無其故歟？子和亦曰：不讀《本草》，焉知藥性？又曰：識病得法，工中之甲。仗三療療十形，又何必知藥性，求得法哉？豈子和眞書亡於金源氏之南遷，此特後人附會其說，而執迷妄意者，遂以鹵莽之言爲的確之論，甚至認虛爲實，假寒爲燠。其於適事爲故，與夫各安其氣之說，略不加究。志古之士，獨無憾焉？

《遜志齋集·醫原》　羿能敎人射，而不能使人命中。王良能敎人御，而不能使人無御蹶之虞。術之精微可以言語授，而非言語所能盡，可以度數推，而非度數所能窮。苟不默會于心，而欲持昔人一定之說，以應無涯之變，其不至於遺失者寡矣，况得其法而不知其說者乎。

醫之爲術，於生民之用最切。其說之至粹而出於古者，莫過《素問》《難經》，述陰陽氣運之理，辨形體榮衛之原，以明養生治疾之道，非古之神睿聰達者，何足以與此。然其精微之要，得諸心而見于效者，固有不可以言傳者矣，書豈足以盡其意乎。後之學者，不能求其爲書之意，而泥其說，是以言論非不可喜，而不良於用，甚者棄書不省，而惟攻乎淺陋拘閡之方書。天下之疾，萬變無窮，而風氣古今之殊，資稟厚薄之異，服食之品，勞逸之差，靜躁之度，奉養嗜好，居處習業，所遭之時，所遇之變，人人相懸也，苟非深思博考，以周知其故，而欲按既試之法，銖比兩較之，以治人之疾，此奚異用鄉射之儀，於臨敵制變之頃哉，其取敗也必矣。

人固有盛寒而飲水者，亦有遇風而欬者，有披甲馳馬，操劍槊行數百里而不汗者，有出門輒勞憊不能行者，相去寧啻十百，此資稟之殊也。古之人多碩大敦厚，壽至百歲，今人未壯而先衰，不老而已病，豈能及乎？是風氣之不同也。或能飲酒至石不醉，而或不敢染脣；或敢腴鮮甘厚味，而或羹藜茹藿；或裌衣以禦冬，或裘褐以處暑。服食之品，不特五方之人不類也。貴富家子未嘗跣足沾手，而小民終歲服勞，與牛馬等。知道之士，怒不見于色，而暴悍之夫，動輒詬詈。勞逸靜躁，烏可同乎？中州之人，夏夜露卧而無恙，使南人效之則病矣。江海之人，屏息水行，鑿層冰而取魚鱉，使山林之人效之則死矣。

人之耳目手足均也，脈絡血氣筋骨均也，而其變之乖殊若此，醫豈易言乎？藥豈易用乎？其病在乎心也而藥其肺，在乎寒也而以爲熱，病乎實也而以爲虚，病不能自言，受藥而死者無所控訴，故醫得用其術而莫之詰也。諺有之曰：山川而能語，葬師食無所。藏腑而能語，醫師色如土。此言用藥之難也。故智足以知古人之說矣，而無所自得，有所自得而不能察乎脈。察脈精矣，而不善藥，欲犁然當乎疾而必愈，皆不可致也。則醫之以術名于世者，焉可多得乎？

昔者貴人有疾，而天方不雨，醫來治者以十數，皆莫效。最後一人至，脈已，則以指計甲子曰：其夕天必雨。竟出，不言治疾之方。貴人疑之曰：豈謂吾疾不可爲邪？何言雨而不及藥我也。已而夕果雨，貴人喜，起而行乎庭，達旦疾若脫去。明日，後至之醫來謁，貴人喜且問曰：先生前日脈疾而言雨，今得雨而果瘳，何也？醫對曰：君侯之疾，以憂得之，然私計君侯忠且仁，所憂者民耳。以旱而憂，以雨而瘳，理固然也，何待藥而愈邪。若是醫者，可謂得其道矣。方書之所具，成說之所有，夫人皆能用也，求之於言語之外，而得其所不言之意，非奇士其孰能之？

《雜病治例・蘭室誓戒》 傷寒證候，宜熟讀《傷寒論》、《明理論》、《百證謌》及《吳蒙齋指掌圖》。大抵緊要，在表裏、虚實、寒熱二字。况一證有兼證，看於着緊處先之。如結胸，身熱發黄俱見，脈沉而實，宜陷胸合茵陳急下之，後看次第調之。是以不可執一，當看證例約之。

雜證，看形氣實者，宜以劉、張大法治之。形氣虚，脈虚，或老幼羸弱脫榮者，宜以東垣之法治之，藥亦不可太雜。是以丹溪云：吾每治病，用東垣之藥，效仲景處方，庶品味數少，藥力專精也。又云以某藥治某病，以某藥監某藥，以某藥爲引經。此得人之心法也。

《醫經秘旨・適事為故》 世間病之殺人者十三，而醫藥殺人者十七，皆由不知陰陽虚實之理也。如勞瘵，未必遽死也，欲退其蒸，頻用寒凉，則脾泄而不可救矣。膈噎，未必遽死也，欲開其鬱，頻進香燥，則三陽結而津液竭矣。水腫，未必遽死也，欲利其水，頻用淡滲，則陰亡而成陽水矣。如此之類，未易枚舉，操司命之權者，豈可不知中病即止之理？

《醫經秘旨・寒之而熱者取之陰熱之而寒者取之陽各求其屬》 丹溪陰不足之論，誠爲精確，是則當養陰矣。然道家又言純陽，又是喜陽而惡陰。不知陰陽不可偏勝，亦不可偏負，其相得無間，便是眞氣，眞氣即生氣也。人生動作不衰，皆賴此陽氣，然養此陽氣，又全賴此陰氣，如魚之有水。所以陰在内，陽之守也。然陰氣匱乏一分，則陽氣脫出一分，陰氣全絕，則孤陽飛越而去矣。善攝生者，外邪不侵，内情不動，茹淡遠[幃]，則火不作而陰全，陰全則陽氣相抱，四肢百骸皆陽氣充乎其間，故曰純陽。苟不知此理，而一味養陽以求生，經曰：有陽無陰，謂之厥陽。厥陽可生乎？

《衛生易簡方・進衛生易簡方表藁》 臣聞醫者意也，藥不執方，合宜而用。投機應病，則匕勺可以起沉痾，造妙通玄，雖刀圭足以延壽考，非惟愈疾，亦可順生。斯術之傳，其來尚矣，自神農嘗百草以濟蒼生，逮黄帝辨四方而興《素問》，歷代聖君哲輔，靡不留心，自古孝子仁人，咸知注意。玉函金匱，無非濟世之良方，肘後囊中，莫匪活人之秘典。蓋以人生兩間，身緣四大，或風寒暑濕之侵蒸，或喜怒憂思之鬱結，苦樂榮悴，悉損精神，饑飽逸勞，俱傷氣血。眞元纔觸景以中虧，邪毒即乘虛而外感，有生難免，具體皆然。仲尼豈不能謹疾保身，康子猶未免問安饋藥。且藥性有寒溫良毒，人身有虛實盛衰，未達其性，豈可遽嘗？必有恆心，斯能永濟。望聞問切，須詳審於臨證之時，補泄宣通，尤謹嚴於投劑之頃。先後緩急有其序，澀滑燥濕得其宜，則入口蠲痾，應手作效。【略】誠能識性知機，用若通神入聖。是以扁鵲、華陀，各展驚人之技，稚川、思邈，咸垂救急之方。每用單行，或時兼使，以爲一物專攻，則氣純而愈速，數般相制，乃味雜而效遲。惟相須佐使者配合，則併力以收功，若相反畏惡者交參，必爭讐而播毒，當瘳轉劇，貽患匪輕。與其不能研精灼見，孰若但從簡要易知，抑且省其蘩蕪，況復便於倉卒。然疾之劇差，休戚所關，方之否臧，安危是係，必合精詳有據，豈宜滅裂無稽，須裒衆善之長，庶獲萬全之效。【略】療疾更須隨宜用藥，雖同一證，詳推新久重輕，必按諸方，愼擇剛柔緊慢。如纔膚腠，但用輕清。若固膏肓，必施瞑眩。況風土有炎涼之異，氣稟有厚薄之殊。貴人富室，治異乎貧窮，寡婦尼僧，療難同於妻妾。要在知之審而見之明，尤必製之精而用之當。

《臞仙活人心法·自序》 軒轅氏作，岐伯氏出，而有醫藥之方行焉。故至人治於未病之先，醫家治於已病之後。治於未病之先者曰治心，曰修養，治於已病之後者曰藥餌，曰砭焫。雖治之法有二，而病之源則一，未必不由因心而生也。《老子》曰：心爲神主，動靜從心。心爲禍本，心爲道宗。靜則心君泰然，百脈寧謐，動則血氣昏亂，百病相攻。是以性靜則情逸，心動則神疲，守眞則志滿，逐物則意移，意移則神馳，神馳則氣散，氣散則病生，病生則殞矣。雖常俗之語，最合於道妙。

《丹溪心法·不治已病治未病》 與其救療於有疾之後，不若攝養於無疾之先，蓋疾成而後藥者，徒勞而已。是故已病而不治，所以爲醫家之法，未病而先治，所以明攝生之理。夫如是，則思患而預防之者，何患之有哉？此聖人不治已病治未病之意也。嘗謂備土以防水也，苟不以閉塞其涓涓之流，則滔天之勢不能遏。備水以防火也，若不以撲滅其熒熒之光，則燎原之焰不能止。其水火既盛，尚不能止遏，況病之已成，豈能治歟？故宜夜卧早起於發陳之春，早起夜卧於蕃秀之夏，以(緩之)〔之緩〕形無怒而遂其志，以之食涼食寒而養其陽，聖人春夏治未病者如此。與鷄俱興於容平之秋，必待日光於閉藏之冬，以之斂神匿志而私其意，以之食溫食熱而養其陰，聖人秋冬治未病者如此。或曰：見肝之病，先實其脾臟之虛，則木邪不能傳；見右頰之赤，先瀉其肺經之熱，則金邪不能盛，此乃治未病之法。今以順四時調養神志而爲治未病者，是何意邪？蓋保身長全者，所以爲聖人之道；治病十全者，所以爲上工之術。不治已病治未病之說，著於《四氣調神大論》，厥有旨哉。昔黃帝與天師難疑答問之書，未嘗不以攝養爲先，始論乎《天眞》，次論乎《調神》，既以法於陰陽，而繼之以調於四氣，既曰食飲有節，而又繼之以起居有常，諄諄然以養生爲急務者，意欲治未然之病，無使至於已病難圖也。厥後秦緩達乎此，見晉侯病在膏肓，語之曰不可爲也。扁鵲明乎此，視齊侯病至骨髓，斷之曰不可救也。噫！惜齊晉之侯，不知治未病之理。

《明醫雜著·醫論》 或問仲景處方，藥品甚少，及東垣用藥，多至二十餘味。丹溪云：余每治病，用東垣之藥，效仲景處方，庶品味數少，則藥力專精。丹溪何以不法東垣而效仲景耶？曰明察藥性，莫如東垣，蓋所謂聖於醫者也。故在東垣則可多，他人而效其多，斯亂雜矣。東垣如韓信將兵，多多益善。丹溪不過能將十萬，故不敢效其多。

〔薛己注〕按經云：治病必求其本，本於四時五臟之根也。故潔古張先生云：五臟子母虛實，鬼邪微正，若不達其旨意，不易得而入焉。徐用誠先生云：凡心臟得病，必先調其肝腎二臟，腎者心之鬼，肝氣通則心氣和，肝氣滯則心氣乏，此心病先求於肝，清其源也。五臟受病，必傳其所勝。水能勝火，則腎之受邪必傳於心，故先治其腎，逐其邪也。故有退腎邪，益肝氣兩方。或診其脈，肝腎兩臟俱和，而心自主疾，然後察其心家虛實治之。

或問：人言東南氣熱，可服寒藥，西北氣寒，可服溫藥。然今東南之人，常服胡椒薑桂，不見生病，而西北之人，畏食椒薑辛熱之物，何也？曰：東南雖熱，然地卑多濕，辛熱食藥，亦能劫濕。西北雖寒，然地高多燥，辛熱食藥，卻能助燥故耳。治病用藥者，須識此意。

昔人有云：我但卧病，即於胸前不時手寫死字，則百般思慮俱息，此心便得安靜，勝於服藥。此眞無上妙方也。蓋病而不愼，則死必至，達此理者，必能清心克己，凡百謹愼，而病可獲痊，否則，雖有良藥無救也。世人遇病，而猶恣情任性以自戕賊者，是固不知畏死者矣。又有二等，明知畏死，而怕人知覺，諱而不言，或病已重，而猶强作輕淺態度以欺人者，斯又知畏死而反以取死，尤可笑哉。

又　丹溪先生治病不出乎氣血痰，故用藥之要有三：氣用四君子湯，血用四物湯，痰用二陳湯。又云：久病屬鬱，立治鬱之方，曰越鞠丸。蓋氣血痰三病，多有兼鬱者，或鬱久而生病，或病久而生鬱，或誤藥雜亂而成鬱，故余每用此方治病，時以鬱法參之。氣病兼鬱，則用四君子加開鬱藥，血病痰病皆然。故四法者，治病用藥之大要也。丹溪又云：近世治病，多不知分氣血，但見虚病便用參芪，屬氣虚者固宜矣，若是血虚，豈不助氣而反耗陰血耶？是謂血病治氣，則血愈虚耗，甚而至于氣血俱虚。故治病用藥，須要分别氣血明白，不可混淆。

東垣、丹溪治病，多自制方，蓋二公深明《本草》藥性，洞究《内經》處方要法，故能自制。自宋以來，《局方》盛行，人皆遵用，不敢輕率自爲。《局方》論證治病，雖多差謬，丹溪曾辨論之，然方皆名醫所制，其君臣佐使，輕重緩急，大小多寡之法，則不差也。近見東垣丹溪之書大行，世醫見其不用古方也，率皆效顰，治病輒自制方，然藥性不明，處方之法莫究，鹵莽亂雜，反致生變，甚有變證多端，遂難識治耳。且夫藥之氣味不同，如五味子之味厚，故東垣方少者五六粒，多者十數粒，今世醫或用二三錢。石膏味淡薄，故白虎湯用半兩，今世醫不敢多用。補上治上，劑宜輕小，今不論上下，率用大劑。丸散湯液，各有攸宜，今不論緩急，率用湯煎，如此類者多矣。今之醫者，若不熟讀《本草》，深究《内經》，而輕自制方，鮮不誤人也。

或問：今人有言東垣之法，宜用于北，丹溪之法，可行于南，如何？曰：東垣，北醫也，羅謙甫傳其法，以聞于江浙。丹溪，南醫也，劉宗厚世其學，以鳴于陝西。果如人言，則《本草》、《内經》，皆神農黄帝岐伯之説，亦止宜施于北方耶？夫五行所生異病，及治之異宜，《内經・異法方宜論》、《五常政大論》已詳言之矣。又如北方多寒，南方多熱，江湖多濕，嶺南多瘴，謂其得此氣多，故亦多生此病，非謂北病無熱，南病無寒也。至于治寒以熱，治熱以寒，則五方皆同，豈有南北之異耶？但人之臟腑，火各居二，天之六氣，熱居三分又半，故天下之病，熱多而寒少，觀《内經・至眞大論》病機一篇可見。又濕熱相火致病甚多，自太僕注文湮沒，以致《局方》偏用溫熱之藥，故丹溪出而闡《内經》之旨，辨《局方》之偏，論濕熱相火之病，以補前人之未備耳。後人不識，見其多用芩連梔蘗等苦寒之藥，遂以爲宜于南，淺矣哉。

《嬰童百問・王雲鳳序》　余讀醫書而得治天下之道，人天生也以元氣，元氣傷則病，絶則死。天下之治也以綱紀，綱紀者，國之元氣也，綱紀紊則變，疲則亡。綱紀莫大於進賢退不肖，賞善罰惡。四者明，則元氣壯，雖有驩兜有苗，巧言令色孔壬，亦皮膚瘡疥之疾，旋自愈，其不足憂且遷而畏也。

《嶺南衛生方・羅榮序》　神農嘗百草，立九候，以救昏札，黄帝緣性命著《素問》《靈樞》爲《内經》，大要窮血脈、經絡、陰陽、表裏，本虚實而施鍼石湯火，調寒溫平熱之所宜，至論病以及國，原診以知政，其《本草》《内經》之謂歟。周秦以來，演述名家者踵趾相接。經方簡帙充棟，殊途同歸，九州萬國咸遵用之，未有析南北而爲書者。然天地之化，四方風氣異宜，時義亦相生勝。今夫朔漠嶺海，相去何唯萬里！塞北肌膚皸瘃，沙磧不毛，入燕冀少和煦，淮泗流澌漸蚤，嶺南隆冬，林無凋葉，野有蔓草，四時把握葵箑，山海黎蜑，老死不識霜雪。寒暑大異如此，則調攝之劑，安得而盡同哉！岐伯曰：南方者陽之盛處，其地下，水土弱，霧露之所聚也。其民嗜酸而食胕，故皆緻理而赤色。其病攣痺，其治宜微鍼，故九鍼者亦從南方來。是治法之異，古亦有言者矣。

《醫學正傳・醫學或問》　夫用藥如用兵，善用者，置之死地而後存，若韓信行背水陣也。不善者，徒取滅亡之禍耳，可不慎哉！【略】

羅謙甫曰：無病服藥，如壁裏添柱。誠哉是言也。嘗聞用藥如用兵，朝廷不得已而行之以禦寇耳，若無寇可平，而無故發兵，不惟乎空廢糧餉，抑且害及於無辜之良民也。戒之戒之！

《韓氏醫通・處方章》　男八歲至六十四，女七歲至四十九，即大衍自然之數，有病者主精血。過此以往，有消無息，是爲老人，宜專調氣，不可以病例治矣。然自澆灕以來，男尤先凋，故四十、五十即中壽之年，雅宜補劑；壯年色勞者，惟退熱，不必補。孀尼不能無情，怨曠多情，先散其鬱。而凡病久者，必循行經絡，反從其邪，然後對症。此皆病情之肯綮，處方之心印也。

論病必分兼經、專經、錯經、伏經，始有賓主，而後分標本以處方。兼經幷發，如兩感；專經獨發，如太陽表證；錯經亂發，如狐惑；伏經反發，如熱極似冰。

諸病處方遵古法，仲景外感，東垣内傷，河間攻擊，丹溪之大成，以爲典要，以運氣、風土、稟賦爲之權衡。且如朔漠之人，有《惠民局方》多辛熱腦、麝之劑，北人本自氣寒，食專腥膻，與之宜也。丹溪僻處東南，辯論不置。余嘗比病爲《易》卦，方爲爻詞，占者有吉凶悔吝之殊，夫然後醫不執方之義明矣。

閱古方，必如親見其人稟賦與當時運氣風土，始可以得作者之意。有可爲典要者，處方之起劑也。有一時權衡者，處方之參考也。全在眞知藥性，灼見病情。余每以夜央跏坐，爲人處方，有經旬不能下筆者。

病如槖，方如鑰，萬鑰一槖，反爲槖害矣。世有經驗一方，而遞相偶中者遂不自審度而輕用之，何也？

君臣佐使之外，有一標使。如劑中合從辛以達金，則取引經一味，辛者倍加之，故其效速。

處方正不必多品，但看仲景方，何等簡淨。丹溪謂東垣多多益善，豈醫固有材耶？

《續醫說・異法方宜》 近時醫者，偏執己見，或好用熱藥，或好用涼藥，然《素問》有《異法方宜論》，抑何嘗偏執邪？古之良醫，必量人之虛實，察病之陰陽，而後投以湯劑，或補或瀉，各隨其證。若的是陽虛失血，治以乾薑附子，諸虛百損，補以人參黃耆，痰熱壅嗽，清以芩連，大便結熱，利以硝黃，其法豈盡廢乎？許叔微有云：形有寒邪，雖嬰孩亦可服金液，臟有熱毒，雖老羸亦可服大黃。至哉！通變之說也。

《續醫說・正治反治》 病有正治，有反治。然正治之法，人皆知之。反治者，從順病氣之法也。假如治熱證，不可純用寒涼，佐以辛溫之藥，爲之嚮導；治寒證，不可純用溫熱，佐以辛涼之藥，爲之嚮導。否則，病拒藥而扞格不入，其病反縱，反縱則痛發尤甚。丹溪治疝，用山梔除濕熱，佐以烏頭散寒鬱。古方以蜜煎附子，葱白散加大黃之屬，即經所謂用寒遠寒、用熱遠熱之意云。

《續醫說・權變處治》 昔聞老醫云：治北方之疾，宜以攻伐外邪爲先，治南方之疾，宜以保養內氣爲本。蓋北方風氣渾厚，稟賦雄壯，兼之飲食倍常，居室儉素，殊少戕賊元氣之患，一有疾病，輒以苦寒疏利之，其病如脫，而快意通神矣。若夫東南之人，體質柔脆，腠理不密，而飲食色慾之過侈，與西北之人迥異，概以苦寒之劑攻之，不幾於操刃而殺人乎。余因其言而推廣之曰：北人稟氣固厚，安能人人皆實？南人稟氣雖薄，安能人人皆虛？學者當以權變處治，因其虛實而藥之，斯無一偏之弊矣。

《續醫說・處方貴簡》 醫者識脈，方能識病。病與藥對，古人惟用一藥治之，氣純而功愈速。今之人不識病源，不辨脈理，品數多每至十五六味，攻補雜施，弗能專力，故治病難爲功也。韓天爵《醫通》云：處方正不必多品，但看仲景方何等簡(任)〔淨〕。丹溪謂東垣用藥如韓信用兵，多多益善者，蓋諱之也。

《續醫說・形證脈病》 醫乃人之司命，不可妄意爲之，須心中曉然，指下明白，以形證脈，以脈究病，按指當有法而指無大，遽病必有源而病必詳推，然後察人之虛實，視時之寒燠、體之肥瘠，以至風土異宜。如西北之地，山廣土厚，其俗所食黍麥粱肉，故其稟差壯，而多風痺之疾。東南之地，土薄水深，其俗所食粳稻魚蝦，故其稟受差弱，而多脾胃之疾。苟能察此用藥，則庶乎可以言醫矣。

《續醫說・視時盛衰》 葛震父云：爲醫當視時之盛衰。劉守眞、張子和輩，值金人強盛，民悍氣剛，故多用宣泄之法。及其衰也，兵革之餘，饑饉相仍，民勞志苦，故張潔古、李東垣輩多加補益之功。至若宋之季年，醫者大抵務守護元氣，而不識攻伐之機，能養病而不能治病，其失在於不知通變也。王好古云：大定間，醫者用防風通聖散，盛行于世而多效，何哉？雖市井之徒，口腹備，衣服全，心志樂而形不苦，是以多效而少失。或遇擾攘之世，饑饉之年，虀鹽糟糠，猶不能充，況加以值天地肅殺之運，豈可一例用涼藥如承平之時、豐稔之歲哉？殊不知張仲景用桂枝于當漢之末，韓祗和則戒用桂枝于當宋之隆，此亦因時而用藥者也。

《續醫說・學貴知要》 世醫治病，不先理脾胃及養血安神，是不明標本之理也。凡人病脾虛發熱，痰氣壅塞，不審虛實寒熱，動輒牛黃清心丸，一槩施治，殊不知藥性稍涼，胃氣受傷，失其本矣。惟宜溫養其胃，使其飲食少進，而後攻其他疾，是之謂標本之理也。前輩有云：學貴知要，不在貪多。用貴適時，不專泥古。正此謂歟。

《續醫說・從乎中治》 王好古《此事難知》云：從乎中治。中治者，少陽也。又云：寒熱俱傷，必當從乎中治。中治者，溫之也。一書兩出而各異，余切有疑焉。後閱東垣先生《醫學發明》云：此中字，蓋欲醫人臨病消息，酌中用藥耳，是《中庸》所謂君子而時中之義也。此說明白。

《十四經發揮・盛應陽序》 夫醫之治病，猶人之治水。水行於天地，猶血氣行於人身也。溝渠畎澮，河泖川瀆，皆其流注交際之處，或壅焉，或塞焉，或溢焉，皆足以害治而成病。苟不明其嚮導而欲治之，其不至於泛濫妄行者否也。醫之治病，一迎一隨，一補一瀉，一汗一下，一宣一導，凡所以取其和平者，亦若是耳，而可置經絡於不講乎。

《外科理例・陳桷序》 夫天下之事，莫不有理，然有正有偏，有常有變，不可以槩視也。譬之兵焉，聲罪致討者，正也；潛師掠境者，變也。常則按圖布陣，而守據險憑高之法；變則隱顯出沒，而有鬼神不測之機。夫醫之道，亦猶是焉。故望氣聽聲，審症切脉，乃醫理之正。執方治病，依分處劑，乃醫學之偏。按脉辨症，審時製方，分經絡，別表裏，此醫之處乎常也。或憑脉而不憑症，或憑症而不憑脉，或因情性而處方，或因形質而用藥，此醫之達乎變也。然正可守而偏可矯，常可學而變難窮，醫豈可以易言哉！

《丹溪心法附餘・施篤臣重刊序》 天下之治方術者衆矣，惟醫不易精。蓋其意主於壽民，而其道務於瘉民之病。要之，弗探其精微之原，而創設己見，以調劑於一試者，漫衍而無家者也。夫人之元氣，充牣融澈於膚革之間，冲然而甚微，洎乎其易危。病之中人，乘乎氣之虛而入之。故善醫者，不馳驟以攻其疾，而漸涵葆合，以頤其眞元之氣，俾之盎然周浹復其初，是以邪氣無所奸於中，而精神榮衛日以實於外，隨所調而病已。反之而覬乎擊搏震撓之奇，投之而即快，砭之而即起，旦夕有可赫之功，耳目肌髮或固無所耗，而其中薾然矣。

《臞仙活人心法・安玹跋》 醫之道至精且微，神農首出而啓其原，軒岐繼作而闡其用，非有得於數聖人之心者，寧可造其精微哉！至於吾夫子，於疾與戰而並愼，於藥未達則不嘗，其重之也至矣。孟子謂冬日則飲湯，夏日則飲水。此與《內經》毋伐天和之旨妙契焉。聖人之所留心者可見矣。蓋上世人心必善，故聖人憂其病於身而著醫道。孔孟之世，人心已漓，於聖人，宜其病於心，而不及於醫道，然猶曰仁者壽。雖非爲醫家發，聖人之意亦可知矣，蓋心治則病終祛矣。後世精於其術而能起人者有之矣，其得聖人隨世道治內外之妙者則無聞焉。況乎六十餘家四千餘卷之書，互相是非，豈可遍閱而盡信哉？獨涵虛子此方，首以戒人心，終以處醫方，名之曰《活人心方》，是非得於聖人用心之微意者歟。

《醫先》 補血用四物，補氣用四君子。夫四君子溫藥補氣，正以生血。四物涼藥，未能補血，先傷胃氣。張仲景用人參生新血，陽生陰長也。夫參色黃白，性冲和，若補氣；味甘溫，內紅潤，若生血。仲景得神農嘗藥之心者乎？沂陽生曰：醫家論氣血二字，即儒家論知行二字，氣血知行，皆統于心一也。用藥講學，不得不詳分言之。豈可二之若冰炭也。

參元朱子曰：病字從丙。丙，火也，百病皆生于火。沂陽生曰：病字內丙，固火，外二點，從水。內火盛而外水微，且相間隔則病，水火既濟則無病。仙家火候，火降則水升。水火一也，偏之則二，二則爭。

《癘瘍機要・沈啓源序》 夫醫猶理也，醫之有瘍醫，猶理之有兵也。善爲理者，正其五官，齊其百司，使紀綱法度各有所攝而不（地）〔弛〕，則垂拱委裘而天下可以無變。不幸而一隅乘釁，然後不得已而兵之，故兵幷理之所尙也，將藉之以除亂也。彼其平居無事之時，而吾所以弭亂之本，既已縝密完固而無所疏漏，一旦有急，則除之而已耳，故兵雖試而國家之元氣不虧。醫之爲道也亦然。方其病在腠理也，湯液之所及也。其在腸胃也，湔浣之所及也。若夫隆然皮膚之間，甚至不可名狀者，彼何爲哉？其能不攻刺乎？其能不搏擊乎？顧攻有守而後攻，擊有備而後擊。苟不諦其虛實，不量其壯羸，而動曰攻擊之，吾恐病未卻而精已耗，譬則忿兵數逞而國計內空，疥癬之疾將不爲腹心之患者幾希。噫！可不愼乎。故明於理者，可與語醫也已。

《古今醫統大全・翼醫通考下・治療須法素問》引《柏齋三書》 凡治病者，必明天道地理，人之強弱。必問起居飲食，暴樂暴苦。病從內而之外者，先治其內，後治其外。病從外而之內者，先治其外，後治其內。內外不相及，則治主病。急則治其標，緩則治其本，先其所因而後其所主。補上治下制以緩，補下治上制以急。大毒治病十去其六，中毒治病十去其七，小毒治病十去其八，無毒治病十去其九。必養必和，俟其來復。此《素問》之文，而醫家之所當知也。不能盡錄，姑撮其要，以示其槩云。

《古今醫統大全・翼醫通考下・虛實分治》 夫疾病之生也，皆因外感、內傷，生火生濕，濕熱生痰，四者而已。審其少壯新病，是濕則燥之，是火則瀉之，濕而生熱，則燥濕而兼清熱；火而生痰，則寫火而兼豁痰，無餘蘊矣。審其衰老久病，又當攻補兼施。如氣虛而有濕熱痰火，則以四君子湯補氣，而兼燥濕清熱豁痰瀉火。如血虛而有痰火濕熱，則以四物湯補血，而兼瀉火豁痰清熱燥濕。如此則攻補合宜，庶乎可也。故曰：少壯新病，攻邪可審。老衰久病，補益爲先。若夫陰虛火動，脾胃衰弱，眞陰者水也，脾胃者土也。土雖喜燥，然大燥則草木枯槁。水雖喜潤，然太潤則草木濕爛。是以補脾滋腎之劑，務在潤燥得宜，隨證加減焉耳。

《古今醫統大全·翼醫通考下·火濕分治》 肥人氣虛生寒，寒生濕，濕生痰；瘦人血虛生熱，熱生火，火生燥。故肥人多寒濕，瘦人多熱燥也。夫以人形分寒濕熱燥，此得之於外，然其中臟腑爲病，亦有寒濕燥熱之殊，不可不知。《玉匱金鑰》曰：肝臟由來從火治，三焦胞絡都無異。脾胃常將濕處求，肺與大腸同濕類。腎與膀胱心小腸，寒熱臨時旋摘議。惡寒表熱小腸濕，發熱表寒心腎熾。十二經中最端的，四經屬火四經濕。四經有熱有寒時，攻裏解表細消息。裏熱表寒宜越竭，表熱裏寒宜汗釋。濕同寒，火同熱，寒熱到頭無兩説。六分分來無熱寒，寒熱中停眞浪舌。寒熱格拒病機深，亢則害兮承乃制。緊寒數熱脈正邪，標本治之眞妙訣。休治風，休治燥，治得火時風燥了。當解表時莫攻裏，當攻裏時莫解表。表裏如或兩可攻，後先内外分多少。治濕無過似決川，此箇筌蹄最分曉。感謝軒岐萬世恩，争奈醯雞笑天小。

《古今醫統大全·翼醫通考下·大病小愈不守禁忌》 丹溪云：胃氣者，純清沖和之氣，人之所賴以爲生者也。若謀慮神勞，動作形苦，嗜慾無節，思想無窮，飲食失宜，藥餌違法，皆能致傷。既傷之後，須用調和，恬不知怪，或於病將小愈，而乃恣意犯禁，舊病未除，而新證叠起，吾見醫藥將日不暇給，而戕賊之胃氣無復完全之望，去死近矣。愚見患者小愈，胃氣纔回，咸謂以爲能食者不死，率意恣欲，妄投厚味，惟其不嗜勝人爲憂。噫！弗思甚也，殊不悟厚味助邪。古人攝養，每以寡嗜欲，薄滋味爲先，况病人傷敗之際，而又重傷，其不危殆者寡矣。又見久病之人，少愈而目尚昏，腰尚重痛，謂病久鬱抑，精閉不通，率喻入房以疏鬱結，往往一行而病遽起，反至不救者多矣。飲食不節，反輕爲重，轉安爲危者，歷歷有之。此天下之通弊，惟賢者知之。

《古今醫統大全·翼醫通考下·針灸藥三者備為醫之良》 扁鵲有言：疾在腠理，熨焫之所及；疾在血脈，針石之所及；其在腸胃，酒醪之所及。是針、灸、藥三者得兼而後可與言醫。可與言醫者，斯周官之十全者也。曩(甫)〔武〕謬以活人之術止於藥，故棄針與灸而莫之講，每遇傷寒、熱入血室、閃挫諸疾，非藥餌所能愈而必俟夫刺者，則束手無策，自愧技窮。因悟治病猶對壘，攻守奇正，量敵而應者，將之良；針、灸、藥，因病而施治者，醫之良也。

《古今醫統大全·翼醫通考下·醫不可用孟浪》引《本草類方》 夫用藥如用刑，誤即便隔死生。然刑有司鞫成，然後議定，議定然後書罪。蓋人命一死不可復生，故須如此詳謹。用藥亦然。今醫者至病家，便以所見用藥。若高醫識病知脈，藥相當，如此即應手作效。或庸下之流孟浪，亂施湯劑，逡巡便至危殆。如此殺人，何太容易？良由病家不善擇醫，平日未嘗留心於醫術也。可不慎哉！

《古今醫統大全·翼醫通考下·藥有宣通補瀉》 藥有宣、通、補、瀉、輕、重、滑、澀、燥、濕十種者，是藥之大綱大法，而治療無出於此。體認十種之用，兼之寒熱溫三法，足可配《孫子兵法》十三篇。能法十三法者，戰無不克，醫無不效，其異事而同神歟！《本經》未言之，後人未深述之，故調製湯丸，多昧於此。今表而出之，從事於醫者，當體其所屬，而法其施，悉盡治療之道云。

《古今醫統大全·翼醫通考下·用方增減》 有云古方不可以治今病。噫！亦過也。予謂和劑局方，丹溪發揮於前，戴元禮祖述於後，古方之用，亦何負於人哉？蓋用之者不得其宜也。雖然，證與方合，其間未必盡然，當因其證之旁出，而增損其藥味之宜，此善之善者也。古方胡爲不可用，而遽必爲拒絶乎？噫！亦過也。故云：執古方以爲治，謂之泥；捨古方以爲治，謂之鑿。泥也，鑿也，皆非也。而惟隨宜活潑增減用之，所謂變而裁之，存乎通焉。

《古今醫統大全·翼醫通考下·藥宜預蓄》 夫高醫以蓄藥爲能，倉卒之間，防不可售者所需也。若桑寄生、桑螵蛸、鹿角霜、天靈蓋、虎膽、蟾酥、空青灰、臘雪水之類，如此甚多，不能悉舉。唐元澹嘗謂狄仁傑曰：下之事上，譬富家貯積以自資也，脯腊膎胰，以供滋味，參朮芝桂，以防疾病。韓退之《進學解》云：玉扎丹砂，青芝赤箭，牛溲馬勃，敗鼓之皮，俱收並蓄，待用無遺，醫師之良也。

《古今醫統大全·翼醫通考下·煎製藥餌必親信之人》 凡煎製湯液丸，

散藥餌之屬，必託親信之人，而隱微不可不慎也。藥餌既以合正，煎製亦須得人，不得其人，則修製不精，雖藥難效。每有煎藥，託以婢僕不諳事者，或用烈火速乾而藥汁不出，或有沸溢眞汁而別加茶湯。每製丸藥，有不潔淨，雜以土灰，該用酒漬而以水，該用炮炙而用生。如此之流，咸無取效。此特害之細故爾，甚有佩奸嫉妬，暗藏詭計，或誘婢僕加入砒硇，或乘空便自投蠱毒，每見患家醫家，未知加察，屢被傷生者，不可勝言。及至事壞究之，悔以噬臍無及。故曰：煎製必親信之人。

《古今醫統大全·翼醫通考下·慎疾慎醫》 春甫曰：聖人治未病，不治已病，非謂已病而不治，亦非謂已病而不能治也。蓋謂治未病，在謹厥始，防厥微以治之，則成功多而受害少也。惟治於始微之際，則不至於已著而後治之，亦自無已病而後治也。今人治已病，不治未病，蓋謂病形未著，不加慎防，直待病勢已著，而後求醫以治之，則其微之不謹，以至於著，斯可見矣。聖人起居動履，罔不攝養有方，間有幾微隱晦之疾，必加意以防之，用藥以治之，聖人之治未病不治已病有如此。《論語》曰：子之所慎（齊）〔齋〕、疾、戰。釋云：（齊）〔齋〕所以交神明，誠至而神格。疾爲身之生死所關。戰爲國家存亡所係。然此三慎，誠爲最大，而疾與乎其中，得非以身爲至重耶。康子具藥，則曰：未達，不嘗。可見聖人慎疾慎醫之心，至且盡矣。世之人非惟不知治未病，及至已病，尙不知謹，始初微略恣意無忌，釀成大患，方急而求醫，曾不加擇，惟以其風聞，或憑其吹薦，委之狂愚，卒以自壞，皆其平日慢不究心於醫，至於倉卒，不暇擇請。殊不知醫藥人人所必用，雖聖人有所不免，顧在平昔講求，稔知其爲明醫，偶有微疾，則速求之以藥，治如反掌。譬能曲突徙薪，豈有焦頭爛額之誚？丹溪論之，固亦詳矣。甫之膚見，尤有未悉之意焉，續貂之誚，誠所不免，有志養生者，擴而充之，亦未必無小補云。

《醫學綱目·自序》 醫之爲學，其道博，其義深，其書浩瀚，其要不過陰陽五行而已。蓋天以陰陽五行化生萬物，其稟於人身者，陰陽之氣以爲血氣表裏上下之體，五行之氣以爲五臟六腑之質，由是人身具足而有生焉。然陰陽錯綜，五行迭運，不能無厚薄多少之殊。故稟陰陽五行之氣厚者，血氣臟腑壯而無病，薄者血氣臟腑怯而有病。陽多者火多，性急而形瘦；陰多者濕多，性緩而形肥。陽少者氣虛表虛上虛而易於外感，陰少者血虛裏虛下虛而易於內傷。況乎人以易感易傷之軀，徇情縱慾，不適寒溫，由是正損邪客，而陰陽臟腑愈虛愈實，或寒或熱，而百病出焉。故診病者，必先分別血氣表裏上下臟腑之分野，以知受病之所在，次察所病虛實寒熱之邪以治之，務在陰陽不偏傾，臟腑不勝負，補瀉隨宜，適其病所，使之痊安而已。然其道自軒岐而下，仲景詳外感於表裏陰陽，丹溪獨內傷於血氣虛實，東垣扶護中氣，河間推陳致新，錢氏分明五臟，戴人熟施三法，凡歷代方書甚衆，皆各有所長耳。故後世用歷代之方治病，或效或不效者，由病名同，治法異，或中其長，或不中其長故也。姑舉一病言之，設惡熱病熱，病之名同也，其治之之法異，四君治血實之熱也，四物治血虛之熱也，白虎治氣實之熱也，補中治氣虛之熱也，麻黃治表熱也，承氣治裏熱也，四逆治假熱也，柴胡治眞熱也，瀉青、導赤、瀉白、滋腎、瀉黃，治五臟熱而各異也。各能洞燭脈證，而中其肯綮，則皆效。其或實用虛法，虛用實法，表用裏法，裏用表法，眞用假法，假用眞法，則死生反掌之間，尙何責其效乎？（脈）〔昧〕者不悟是理，泛用古今之方，妄試疑似之病，每致夭橫者不少矣。若是者，虛竊濟生之名，實所以害人之生，亂醫之眞。孔子以鄉願亂德爲德之賊，斯則醫之賊也。暗損陰騭，神明不佑，可不謹哉。

《推蓬寤語·本醫藥之術》 形不足者，補之以味，精不足者，補之以氣，二語乃醫門要旨。所謂補之以味，如甘溫補脾，鹹寒補腎之類，人皆知之。若補之以氣，人多不解。藥物有味有氣，如氣清則入首，氣濁則入足，氣陽則上升，氣陰則下降，氣香則竄入腠理，氣重則滲入血脈之類是已。雖然，醫者天下之神術也，必與藥品輕重深淺濃淡厚薄冥會默契，然後投之，所向無不如意。若即按方處治，未有不誤者也。醫之用藥，猶將之用兵。熱之攻寒，寒之攻熱，此正治也。因寒攻寒，因熱攻熱，此因治也。子虛者補其母，母虛者益其子，培東耗西，增水抑火，或治標以救急，或治本以湔緩。譬如兵法，聲東擊西，奔左備右，攻其所不守，守其所不攻，衝其虛，避其實，擊其惰，遠其銳。兵無常勢，醫無常形，能因敵變化而取勝者，謂之神將；能因病變化而取效者，謂之神醫。

士大夫小小疾患，不可輕用艾火鍼熨。此二法雖古人有之，但士〔大〕夫有疾，不能靜養，多接見賓客，酬應世務，心火不寧，嗜欲多熾，不能已病，反致增疾。止須倍加頤養，不以外物縈心，止聲色以清耳目，戒淫佚以養性情，苟非深痼之病，未有不已者也。

病有五：一曰稟受之病，與生均生者是也。二曰果報之病，伯牛之癩、袁盎之瘡是也。三曰六淫之病，風寒暑濕燥火，外邪所侵者是也。四曰七情之病，喜怒哀樂憂恐思者是也。五曰金瘡，攧撲外傷者是也。外傷等證，顯而易曉。七情者責當在誰，六淫則亦以此而召之耳。果報之病，前生今世所作，亦莫非我。若覺之早，釋冤解結，庶幾全生。其與生俱生之病，抑亦父母之源流，其可盡除？務在以時消息之而已。

後漢郭玉謂療貴人有四難：自用意而不任醫，一難也。將身不謹，二難也。骨節安閒，不能使藥，三難也。好逸惡勞，四難也。余以爲此四病，貴人果有之。然貴人之遇醫，亦有四難：遠地相召，素不曾試，一難也。稍涉毒味，不敢輕用，二難也。尊高臨之，醫不能盡意，三難也。專任僕妾，烹煮失宜，四難也。以此言之，貴人不可輕易於致病，尤須慎於服藥，如夫子所謂某未達不敢嘗焉然後可。

火食之人，未有一生無病者，少壯之人，病猶未覺，年高之人，病乘其所甚而現，精神不能支，而衰病及之矣。此其積，非一日之故也。每見年華既邁，不任其病患之苦，必欲決去以爲快，不知病根有生，一病之所現，節一臟之受損，乃汲汲焉求以醫藥草木之末療治之。不知臟腑已不如昔，病患自不全祛，況寒涼溫熱之味，解表下裏之藥，亂攻妄投，眞精愈耗，何如養氣存神寶精，病以漸除，反有過於服餌之效。知命之士昧之。

古今名醫，惟東垣爲聖，其處方治病，藥品極多，譬如韓信用兵，多多益善。他如張子和之汗吐下三法，多宜於北。近日朱丹溪補陰諸方，多宜於南。自有醫以來，名士不數數也。近醫書充棟，多被庸工剽掠前書，妄著論辨，類集諸方，玉石並載，一遇病患，盲不能辨宜用何藥何方。人命至重，非以供庸工之嘗試也。嗟乎！三代以還，豈獨聖學不能復明，即如小道，亦未有可觀者焉。

草木滋味原與人身精神本非同類，止是藉其寒溫甘苦性氣救偏補敝耳。然又視其人物質稟，乃可奏功。假如牛馬有病，氣質頑鈍，止取藥滓雜煮啖之，其病可瘳。村夫野氓，生平不曾服藥，氣質粗蠢，苟遇病患，止須庸醫稍稍品劑，其病亦已。至城市中之人，病已難瘥。及貴室宦家，氣稟既已淸淑，藥品卒不易應，雖用上醫處劑，稱量分銖，猶不易冀其全效也。若稍遇沉痾卧榻之病，則岌岌乎殆矣。

醫方之用，有驗於一方而不驗於他方，有效於一用而不效於再用，有應於一人而不應於他人，有行於一年而不行於他年，爲南北異氣，深淺異病，貴賤異位，司天異宜也。善醫者明於天地之機，陰陽之變，尊卑之位，臟腑之因，其庶乎其得之矣。雖然，醫，一也。用於彼則驗，用於我則不驗，用於前則驗，用於後則不驗，何故？由人之德行，則人之福量，救人之眞誠與不眞誠耳。

《雨航雜録》卷上　藥者療也，所以療疾也，無疾勿藥可也。肉不勝食氣，況藥乎。藥有偏效，而無全功。金石之藥最爲酷烈，其傷身最速。其他草木之藥，近於熱者皆能臘毒。古人服松脂而塞腸，服杏仁而致泄，服楮實而痿骨，服首經而消渴，服鷓鴣鳩子而發咽喉之病，種種不可枚舉，養生者最宜愼於此。

《愼齋遺書·用藥權衡》　用藥如用兵，醫之有方法，如兵之有軍法也。醫用藥而無準繩，猶將之用兵而無紀律也。凡用藥，須擇一味爲主師，其餘分佐使而驅用之，治上必達下，下病必舉，法固然也。若治病無法，雖輕病亦不宜措手。如有邪，固宜攻邪，攻邪而邪不退者，因正氣虛，不能勝邪故也，必要扶正爲主，正氣足，邪自然不能藏匿，求路而出矣。然又必順其關竅，令邪得有出路，而其出無難矣。如補中益氣湯加羌活防風，頭痛加川芎蔓荆子，使邪從汗散。若自汗表虛，邪因虛入，補中正法，無如緩治最宜。或補中，或保元，加桂枝白芍，因表虛也。故正氣未虛，邪氣獨盛，邪在於表，當卻邪而存正，作傷寒治之，若病久則不可用此法。寒熱往來，仲景用小柴胡湯，黄芩淸肺，柴胡行表，半夏豁痰，甘草和中是矣。又用人參者何？爲肺虛也。內熱見渴，病在上焦，加麥冬乾葛。熱而不渴，是未達也，加豬苓木通。五苓散，散表之裏藥，白朮茯苓各一錢五分，豬苓澤瀉各二錢，四味是矣。又用肉桂者何？是暑熱之藥，能行表裏，熱飲通表，水調達下。煩渴飲水過多，水入則吐，心中痰溼在內，即當利之。五苓用肉桂，補中用升麻，當知其爲引使通達之妙也。潮熱，病在上焦宜表，病在中焦宜理，病在下焦，宜升不宜降，宜緩不宜急，使血氣歸於中道，斯無偏勝之患。

《醫旨緒餘·不執方說》　余屈首受醫，日惟有事于《素》、《難》、《病源》、《病機》、《甲乙》等書，俯而誦，仰而思，希心融貫前哲秘旨而未逮也。若彼《局方》、《袖珍》、《惠濟》等集，間用之參考，而不敢執泥。至臨症，務虛心察受病之因，始敢投劑，亦未嘗執方以合病。以故執方之夫，往往見而駭之議之，謂如上方書之傳，簡易捷徑，大有便於後學，《素》、《難》諸書，固云精妙，乃渙漫艱深，力難究竟，故子好難惡易，性與人殊？且子胗病用藥，類與方書懸異。有病同而劑異，有終始用一法而不殊，有三五變其方而不執，輒亦投劑獲效，此遵何道哉？或方書不足憑，而他有秘授歟！奚與諸醫殊致也。余曰：嘻！醫何容易談哉。

人之死生，關於呼吸間，余何敢師心自用而巇嶮爲也。古稱用藥如用兵，然齊步伐，肅部伍，坐作進退，刺殺攻擊，一定而不亂者，法也。胡可廢也？乃若知己知彼，置伏設奇，臨變不測，其運用妙於一心。藥之君臣佐使，味之甘苦寒涼，方之丸散湯引，著於載籍者，法也。察病之寒熱虛實，感之臟腑表裏，所以君臣佐使，甘苦寒涼補瀉，而丸散湯引者不廢方，亦可不執方也。故按圖用兵而不達變者，以卒與敵，執方治病而不察因者，未有能生人者也。雖然，不執方而又合法，亦匪易臻也。脫非生平融通《素》、《難》、《本草》、仲景、潔古、守眞、東垣、丹溪諸書，不可以語此秘密。醫何容易談也！子徒以方書爲捷徑，蓋亦未求之上古乎？上古之世無方，《扁鵲傳》載長桑君以禁方相授受，亦不載曰何方。春秋時秦緩醫和，漢淳于公輩，以醫名天下，亦未嘗有方傳也。至張仲景乃始有方，是知東漢已前，醫皆妙悟心法，察病投劑，未嘗徇方也。彼豈私其方不欲授之人哉？誠懼後之人拘執不變，必致悞人爾。然立法處方，不過酌病機之詳確，審經絡之虛實，察藥性之宜悖，明氣味之走守。合色脈，衍天和，調燮陰陽，參相造化，以一理貫之，理融則識眞，識眞則機順，自然應變不膠。方自吾心出，病可去而功可成，以成功而名方，誰曰不可。余何能，余謹守方而不執焉已！子寧以余言爲迂乎？

《古今醫鑑·病機賦》　竊謂醫雖小道，乃寄死生，最要變通，不宜固執。明藥脈病治之理，悉望聞問切之情。藥推寒熱溫涼平和之氣、辛甘淡苦酸鹹之味、升降浮沉之性、宣通瀉補之能。脈究浮沉遲數滑澀之形、表裏寒熱實虛之應、阿阿嫩柳之和、弦鈎毛石之順。藥用君臣佐使，脈分老幼瘦肥。藥乃天地之精，藥宜切病；脈者氣血之表，脈貴有神。病有外感內傷，風寒暑濕燥火之機；治用宣通瀉補，滑澀濕燥重輕之劑。外感異乎內傷，寒證不同熱證。外感宜瀉而內傷宜補，寒證可溫而熱證可清。補瀉得宜，須臾病愈；清溫失度，頃刻人亡。外感風寒，宜分經而解散；內傷飲食，可調胃以消鎔。胃陽主氣司納受，陽常有餘；脾陰主血司運化，陰常不足。胃乃六腑之本，脾爲五臟之源。胃氣弱則百病生，脾陰足而萬邪息。調理脾胃，爲醫中之王道；節戒飲食，乃卻病之良方。病多寒冷鬱氣，氣鬱發熱；或出七情動火，火動生痰。有因行藏動靜，以傷暑邪；或是出入雨水，而中濕氣。亦有飲食失調而生濕熱，倘或房勞過度以動相火。制伏相火，要滋養其眞陰；祛除濕熱，須燥補其脾胃。外濕宜表散，內濕宜淡滲。陽暑可清熱，陰暑可散寒。尋火尋痰，分多分少而治；究表究裏，或汗或下而施。痰因火動，治火爲先；火因氣生，理氣爲本。治火輕者可降，重者從其性而升消；理氣微則宜調，甚則究其源而發散。實火可瀉，或瀉表而或瀉裏；虛火宜補，或補陰而或補陽。暴病之謂火，怪病之謂痰。寒熱濕燥風，五痰有異；溫清燥潤散，五治不同。有因火而生痰，有因痰而生火；或鬱久而成病，或病久而成鬱。金木水火土，五鬱當分；泄折達發奪，五法宜審。鬱則生火生痰而成病，〔病〕則耗氣耗血以致虛。病有微甚，治有逆從，微則逆治，甚則從攻。病有本標，急則治標，緩則治本；法分攻補，虛而用補，實而用攻。少壯新邪，專攻是則；老衰久病，兼補爲規。久病兼補虛而兼解鬱，陳癥或蕩滌而或銷鎔。積在胃腸，可下而愈；塊居經絡，宜消而痊。女人氣滯於血，宜開血而行氣；男子陽多乎陰，可補陰以配陽。蓯蓉山藥，男子之佳珍；香附縮砂，女人之至寶。氣病血病，二者當分；陽虛陰虛，兩般勿紊。陽虛氣病，晝重而夜輕；血病陰虛，晝輕而夜重。陽虛生寒，寒生濕，濕生熱；陰虛生火，火生燥，燥生風。陽盛陰虛則生火，火逼血而錯經妄行；陰盛陽虛則生寒，寒滯氣而周身浮腫。陽虛畏外寒，陰虛生內熱。補陽補氣，用甘溫之品；滋陰滋血，以苦寒之流。調氣貴用辛涼，和血必須辛熱。陽氣爲陰血之引導，陰血乃陽氣之依歸。陽虛補陽，而陰虛滋陰；氣病調氣，而血病和血。陰陽兩虛，惟補其陽，陽生而陰長；氣血俱病，祇調其氣，氣行而血隨。藏冰發冰，以節陽氣之燔；滋水養水，以制心火之亢。火降水升，斯人無病；陰平陽秘，我體常春。小兒純陽而無陰，老者多氣而少血。肥人氣虛有痰，宜豁痰而補氣；瘦者血虛有火，可瀉火以滋陰。膏粱無厭發癰疽，熱燥所使；淡薄不堪生腫脹，寒濕而然。北地聳高，宜清熱而潤燥；南方洿下，可散濕以溫寒。病機既明，用藥勿忒。以方加減存乎人，要審病而合宜；用藥補瀉在於味，須隨時而換氣。奇偶復七方須知，初中末三治要察。寒因熱用，熱因寒用。通因通用，塞因塞用。高者抑之，下者舉之。外者發之，內者奪之。寒則堅凝，熱則開行。風能勝濕，濕能潤燥。辛能散結，甘能緩中。淡能利竅，苦以泄逆。酸以收耗，鹹以軟堅。升降浮沉則順之，寒熱溫涼宜逆也。病有淺深，治有難易。初感風寒，乍傷飲食，一藥可愈，舊存痃癖，久患虛勞，萬方難療。履霜之疾亟療，無妄之藥勿試。病若挾虛，宜半攻而半補；醫稱多術，或用灸而用鍼。鍼有刦病之功，灸獲回生之驗。鍼能去氣病而作痛，灸則消血癥以成形。臟寒虛脫者，(治)〔治〕以灸焫；脈病攣痺者，療以鍼刺。血實蓄結腫熱者，宜從砭石；氣壅痿厥寒熱者，當倣導引。經絡不通，病生於不仁者，須覓醪醴；血氣凝泣，病生於筋脈者，可行熨藥。病慓悍者，按而收之；乾霍亂者，刮而行之。醫業十三科，宜精一派；病情千萬變，仔細推詳。姑撮碎言，以陳管見，後之學者，庶達迷津。

龔廷賢《萬病回春·萬金一統述》 百病晝則增劇，夜則安靜，是陽病有餘，乃氣病而血不病也；夜則增劇，晝則安靜，是陰病有餘，乃血病而氣不病也；晝則發熱，夜則安靜，是陽氣自旺于陽分也；晝則安靜，夜則發熱煩燥，是陽氣下陷入陰中也；名曰熱入血室。晝則發熱煩燥，夜亦發熱煩燥，是重陽無陰也；當亟瀉其陽，峻補其陰。夜則惡寒，晝則安靜，是陰血自旺于陰分也；夜則安靜，晝則惡寒，是陰氣上溢于陽中也；夜則惡寒，晝亦惡寒，是重陰無陽，當亟瀉其陰，峻補其陽也；晝則惡寒，夜則煩燥，飲食不入，名曰陰陽交錯者，死也。

火多水少，爲陽實陰虛，其病爲熱也；水多火少，爲陰實陽虛，其病爲寒也。白者肺氣虛，黑者腎氣足也。肥人濕多，瘦人火多也。

在表者，汗而發之也；在裏者，下而奪之也；在高者，因而越之也；慓悍者，卜而收之也。臟寒虛脫者，治以(炙)〔灸〕(柄)〔焫〕也。脈病攣痹者，治以針刺也。血實蓄結腫熱者，治以砭石也。氣滯痿厥寒熱者，治以導引也。經絡不通、病生于不仁者，治以醪醴也。血氣凝注、病生筋脈者，治以熨藥也。

人能健步，以髓會絕骨也。(看)〔肩〕能任重，以骨會大(科)〔杼〕也。少壯寐而不寤者，此血有餘，氣不足也。老人寤而不寐者，此氣有餘而血不足也。前貧後富，喜傷心也；前富後貧，多鬱火也。開鬼門者，謂發其汗也。潔淨府者，謂利小便也。老衰久病者，補虛爲先也；少壯新病者，攻邪爲主也。節戒飲食者，卻病之良方也。調理脾胃者，醫中之王道也。

望而知之者謂之神，望其五色，以知其病也。聞而知之者謂之聖，聞其五音，以識其病也。問而知之者謂之(功)〔工〕，問其所欲五味，以審其病也。切而知之者謂之巧，切其脈，以察其病也。

外感法張仲景也，內傷法李東垣〔也〕，熱病用劉河間也，雜病用朱丹溪也。識感、中、傷三者，標本之微甚也。明內、外、不內外，均表裏之虛實也。必先歲氣，勿伐天和也。能合色脈，可以萬全也。天地有南北之不同也，人身有虛實之各異也。化而裁之，存乎變也；神而明之，在乎人也。醫演岐黃，神聖之術也，學推孔孟，仁義之心也。此前聖之確論，爲醫家之所宗也；誠後學之階梯，乃雲林之所述也。

《醫學六要·治法彙·自序》 張三錫曰：用藥如用兵，紀律稍乖，吉凶立判。況乎藜藿膏粱，腸胃不同，老幼鰥寡，氣血迥異，氣候有炎涼，居處有高下。古今方藥，各有所長，敢因衆腋，用足一裘，曰《治法彙》。

《類經·疾病類·病機》 岐伯曰：審察病機，無失氣宜，此之謂也。〔張介賓注〕病隨氣動，必察其機，治之得其要，是無失氣宜也。愚按：《氣交變》、《五常政》、《至眞要》等論，皆詳言五運六氣，各有太過不及，而天時民病，變必因之，故有淫勝、反勝、客勝、主勝之異。蓋氣太過，則亢極而實，氣不及，則被侮而虛。此陰陽盛衰自然之理也。本篇隨《至眞要大論》之末，以統言病機，故藏五氣六，各有所主，或實或虛，則亦無不隨氣之變，而病有不同也。即如諸風掉眩，皆屬於肝矣，若木勝，則四支強直而爲掉，風動於上而爲眩，脾土受邪，肝之實也。木衰則血不養筋而爲掉，氣虛於上而爲眩，金邪乘木，肝之虛也。又如諸痛癢瘡，皆屬於心矣，若火盛則熾熱爲癰，心之實也。陽衰則陰勝爲疽，心之虛也。五藏六氣，虛實皆然。故本篇首言盛者寫之，虛者補之，未言有者求之，無者求之，盛者責之，虛者責之，蓋既以氣宜言病機矣，又特以盛虛有無四字，貫一篇之首尾，以盡其義，此正先聖心傳，精妙所在，最爲喫緊綱領。奈何劉完素未之詳審，略其顛末，獨取其中一十九條，演爲《原病式》，皆偏言盛氣實邪，且於十九條中，凡歸重於火者十之七八，至於不及虛邪，則全不相顧。又曰：其爲治者，但當寫其過甚之氣，以爲病本，不可反誤治其兼化也。立言若此，虛者何堪？故樓氏指其治法之偏，誠非過也。夫病機爲入道之門，爲跬步之法，法有未善，而局人心目，初學得之，多致終身不能超脱，習染既久，流弊日深，所以近代醫家，舉動皆河間遺風，其於寫假熱，伐眞虛，覆人於反掌間者，比比皆然，不忍見也。或詰之曰：河間當胡元之世，其風聲氣胃，本有不同，因時制宜，故爲是論。即或有之，則世變風移，今非昔比，設欲率由其舊，恐冰炭鉤繩，不相符也。心切憫之，不容不辨。

《東醫寶鑑·内景篇·身形》 以道療病。

臞仙曰：古之神聖之醫，能療人之心，預使不致於有疾。今之醫者，惟知療人之疾，而不知療人之心，是猶捨本逐末，不窮其源，而攻其流，欲求疾愈，不亦愚乎。雖一時僥倖而安之，此則世俗之庸醫，不足取也。太白眞人曰：欲治其疾，先治其心，必正其心，乃資於道。使病者盡去心中疑慮思想，一切妄念，一切不平，一切人我，悔悟平生所爲過惡，便當放下身心，以我之天，而合所事之天，久之遂凝於神，則自然心君泰寧，性地和平。知世間萬事，皆是空虛，終日營爲，皆是妄想，知我身皆是虛幻，禍福皆是無有，生死皆是一夢。慨然領悟，頓然解釋，則心地自然清凈，疾病自然安痊。能如是，則藥未到口，病已忘矣。此眞人以道治心療病之大法也。又曰：至人治於未病之先，醫家治於已病之後。治於未病之先者，曰治心，曰修養。治於已病之後者，曰藥餌，曰砭焫。雖治之法有二，而病之源則一，未必不由因心而生也。

《秘傳推拿妙訣·醫理論》 客有勸余行醫者曰：以之濟世且療饑，何必無田食破硯。余歎曰：習舉業易，爲良醫難。客曰：秀才作醫，如菜作虀，諺言其易也。子探索醫道已十年，而反有難易之説，得毋以一衿未孰乎？正不知今者言醫實易耳，數本《醫宗必讀》幾張樂性湯頭，便可遍行鄉國，外病作風寒暑食治，内症用和中調理法，方以九味爲率，藥以清涼爲尚，則萬無一失矣。較之八股文、五言詩，終年學之而不竟者，孰難而孰易焉？余曰：然則醫理可不講乎？嘗讀周子《太極圖説》而悟陰陽五行之理，未始不歎其言之旨也。故讀書先貴明理，而醫亦有理，苟不明其理，雖讀破萬卷無益也。

人身一小天地耳，天地有陰陽五行，人身有氣血五臟，則當知氣屬陽，血屬陰，心屬火，肝屬木，脾屬土，肺屬金，腎屬水。六腑亦麗於五行，猶天地之有六合也，無不與天地同其理。而醫理之大旨，不過相制以洩其太過，相助以補其不足而已。然而氣有陰陽，血有陰陽，五臟六腑，各有陰陽氣血，能窮其理，始知識病。蓋週身之氣有清濁，清氣屬陽，即營氣也，宜上升。濁氣屬陰，即衛氣也，宜下降。全體之血有動静，血静屬陰，即陰血也，宜收藏。血動屬陽，即陽血也，宜運用。至如心肝脾肺腎五臟，主氣主血，藏氣藏血，統氣統血，各見本經。膽與胃，胞絡與膀胱，大腸與小腸，六腑附之，以著陰陽之義，古策可考也。惟因不明乎生尅制化之故，以致病之虛實寒熱，脈之浮沉遲數，藥之君臣佐使，茫然無以辨，何怪乎臨症處方酌劑，非惟不能中病，及致添病也。而惟求穩當之方，殊不知意欲穩當，事成開門而揖盜，自問通套之劑，夫豈知名爲通套，勢同抱薪以救火，故識病須眞，製方貴確也。

客曰：何謂病之虛實寒熱？曰：虛者本不足，實者標有餘，寒爲受疾之始，熱爲得病之終。裏有虛實，表有寒熱。表有寒熱即外感，裏有虛實皆内傷。腑病屬表，臟病屬裏。外感有實亦有虛，内傷有寒更有熱。而錯綜互變，則無虛不成病，無實不成病，因虛以致實，因實以致虛。本實而標虛，即爲實熱實寒。本虛而標實，即爲虛寒虛熱。又有熱極似寒，寒極似熱，表症而見虛象，裏症而見實象。本實標虛易治，本虛標實難醫。【略】

客曰：今人之不講也久矣。余曰：嗟乎！陰陽五行之理，不明於胸中，則一病到手，先不知致病之原委，那能曉將來之變遷。望聞既廢，切脈更難，獨憑一問，而今則善問亦鮮矣。於是用藥舍十二經古方主劑，而雜湊成方。夫作文有不切之句，則爲陳言，縱多無益；寫方用不切之品，則爲盲醫，雖少有害。更有欲用甲藥不敢，而以乙藥代者，甚至轉轉相代，而離其經。如利竅之滑石，代石膏以解肌，散鬱之薄荷，代羌活以去溼，種種不可枚舉。最可哀者，胸中忽忽，指下茫茫，動輒曰虛，以塞人問。夫本原眞實，安得有病哉？幸而用藥偶中，居之不疑，又何殊裴子《言醫》所謂匠氏醫人者。鹽官有二匠，一日，往脩海神廟，歸途遇雨，昏夜借宿於村舍，舍人以婦病危篤，堅辭不納。一黠者詭曰：吾善醫。因延之治。相看病者奄奄，而不知其故，游衍門側，見稻場多牛糞，竊於懷，丸以進，計在賺寢食耳。孰知服後，腹中轉動，而下死胎，病遂甦。蓋牛糞速產，本草載明，匠人悞用，不謂無功。酬金以去。今之偶中者，得無類是乎。

客笑而言曰：斯可謂確切痛快矣！但未知識病察脈以及用藥，何由而知其理？曰：熟讀《靈》《素》，參以《難經》，醫理可明也。讀仲景《傷寒論》、《金匱》、《活人書》而參以各名家之著述，但可泥一部之成見，則病情可曉矣。至脈之道，甚精微，欲得其旨，《脈訣會辨》、《診家樞要》，不可不玩。藥之要，有方法，欲神於技，《醫方集解》、《名醫方論》，所宜究心。豈若尋章摘句之事，獵取功名也哉！蓋功名，吾可得失無關；疾，病人之死生有繫。以人之性命，試吾之學問，仁者所不爲，安云濟世乎？且救貧之術亦多矣，焉用操白刃以求財耶。噫！十年簫管未知音，有識者所深羞，必須閉戶潛心，窮源竟委，能融會貫通，然後可以言醫。子以我爲能乎不能乎？此我所以歎其難也！

《先醒齋醫學廣筆記·用藥則例》 凡煎湯劑，必先以主治之藥爲君藥，先煮數沸，然後下餘藥，文火緩緩熬之，得所勿揭蓋，連罐取起，坐涼水中，候溫熱服之，庶氣味不泄。若據乘熱揭封傾出，則氣出而性不全矣。煎時不宜烈火，其湯濤沸耗蝕而速涸，藥性未盡出而氣味不純。人家多有此病，而反責藥不效，咎將誰歸。

發汗藥，先煎麻黄二三沸，後入餘藥同煎。

止汗藥，先煎桂枝二三沸，後下衆藥同煎。

和解藥，先煎柴胡，後下衆藥。至于溫藥先煎乾薑，行血藥先煎桃仁，利水藥先煎豬苓，止瀉藥先煎白朮、茯苓，止渴藥先煎天化粉、乾葛，去濕藥先煎蒼朮、防己，去黄藥先煎茵陳，嘔吐藥先煎半夏、生薑，風藥先煎防風、羌活，暑藥先煎香薷，熱藥先煎黄連。凡諸治劑，必有主治爲君之藥，俱宜先煎，則效自奏也。

凡湯中用麻黄，先另煮二三沸，掠去上沫，更益水如本數，乃内餘劑，不爾令人煩。

凡用大黄，不須細剉，先以酒浸令淹浹，密覆一宿，明旦煮湯，臨熟，乃内湯中煮二三沸便起，則勢力猛，易得快利。丸藥中微蒸之，恐寒傷胃也。

凡湯中用阿膠、飴糖、芒硝，皆須待湯熟起去渣，祇内淨汁中煮二三沸，鎔化盡，仍傾盞内服。

凡湯中用完物，如乾棗、蓮子、烏梅仁、決明子、青葙、蔓荆、蘿蔔、芥、蘇、韭等子，皆劈破研碎入煎，方得味出。若不碎，如米之在穀，雖煮之終日，米豈能出哉。至若桃、杏等仁，皆用湯泡去皮尖及雙仁者，或搗如泥，或炒黄色用，或生用俱可。

凡用砂仁、豆蔻、丁香之類，皆須打碎，遲後入藥，煎數沸即起。不爾，久煎之，其香氣消散也，是以效少。

凡湯中用犀角，羚羊角，一槩末如粉，臨服内湯中，後入藥。一法，生磨汁入藥，亦通。

凡用沉香、木香、乳沒一切香末藥味，須研極細，待湯熟，先傾汁小盞，調香末服訖，然後盡飲湯藥。

凡煎湯藥，初欲微火令小沸。其水數依方多少，大略藥二十兩用水一斗，煮四升，以此爲準。然利湯欲生，少水而多取汁；補湯欲熟，多水而少取汁。服湯宜小沸，熱則易下，冷則嘔涌。

凡湯液，一切宜用山泉之甘冽者，次則長流河水，井水不用。

《先醒齋醫學廣筆記·服藥序次》 病在胸膈已上者，先食後服藥。病在心腹已下者，先服藥而後食。病在四肢血脈及下部者，宜空腹而在旦。病在頭目骨髓者，宜飽滿而在夜。雖食前食後，亦停少頃，然後服藥，食不宜與藥並行，則藥力稍爲混滯故也。《湯液》云：藥氣與食氣不欲相逢，食氣稍消則服藥，藥氣稍消則進食，所謂食先食後，蓋有義在其中也。又有酒服者，飲服者，冷服者，煖服者，服湯有疏有數者，煮湯有生有熟者，各有次第，並宜詳審而勿略焉。

清(熟)[熱]湯宜涼服，如三黄湯之類。消暑藥宜冷服，如香薷飲之類。散寒藥宜熱服，如麻黄湯之類。溫中藥宜熟而熱，補中藥皆然。利下藥宜生而溫，如承氣湯之類。病在上者，不厭頻而少，病在下者，不厭頓而多。少服則滋榮於上，多服則峻補於下。

凡云分再服、三服者，要令勢力相及，并視人之強弱羸瘦，病之輕重，爲之進退增減，不必局于方説，則活潑潑地也。又云晬時，周時也，從今旦至明旦，亦有止一宿者。

《壽世保元·凡例》 病證多端，時醫偏執古方，妄逞臆見，非惟不能奏效，而反加重其病。此皆由晰理未精，審脈未確以故。或發之太過而致亡元陽，或下之太驟而内損陰血。稍熱則遽用牽牛、硝、黄；稍寒則遽用附子、薑、桂；不偏於熱則偏於寒。攻擊太過能損人天眞之氣，有損脾胃。蓋脾土一傷，則不能生肺金，金衰不能生水，是腎絶生氣之源，則腎水枯竭而根本壞矣。其餘諸臟者，皆失相生之義，則次第而衰憊焉。正氣既虚，則運用無籍，血滯不行，以致氣血耗散，傳變失常。浸淫日甚，一虚而百虚出矣。由是諸病蜂起，怪症百端，難以名狀。治以滋補爲主，故方雖雜見，而補中益氣湯、六味地黄丸、十全大補湯，但是諸般不足之病，尤能收萬全之功。蓋立齋薛先生論之詳矣，古來作者代不乏人，而薛先生慧心巧識，擷英咀華，其於三方尤窺厥奧，治病標的，殆無以易此者。

《五雜俎・人部》 古之醫，皆以鍼石灸艾爲先，藥餌次之。今之灸艾，惟施之風痺急卒之症，針者百無一焉，石則絶不傳矣。古之視病，皆以望聞問切爲要，今則一意切脈，貴人婦女，望聞絶不講矣。夫病非一症，攻非一端。如臨敵布陣，機會猝變，而區區仗諸草木之性，憑尺寸之脈，亦已疏矣。況藥性未必遍諳，但據《本草》之陳言。候脈未必細别，徒習弦澀之套語，殺人如芥，可不慎哉。

《質疑録・論聖人止有三法無第四法》 張戴人論病非人身素有之物，或自外入，或自内生，皆邪氣也。邪氣加身，速攻之可也，立汗吐下三法以攻邪，邪去則元氣自復。故曰：聖人止有三法，無第四法，其論頗卓，故丹溪初閲子和書，惟務攻擊，亦謂醫之法盡是。後讀《内經》有云：虚者精氣虚，實者邪氣實，實則瀉，虚則補。何云聖人無第四法？於是不能不疑子和之書非子和之筆，而麻徵君僞爲之者也。聖人之言，垂諸《靈》《素》，其主補虚瀉實者不一，而子和敢爲非聖之書！趙以德嘆《儒門事親》書，爲其詞直其義明，顧其一不顧其二。後之讀其書者，當得其法而善用之，毋執其法而偏溺之，則幾矣。凡治病如權衡，高下輕重，隨時變通，若偏矯一説，禍人不淺。

《本草經疏・續序例上・藥性主治參互指歸》 今夫醫譬諸兵焉，料敵出奇者，將之謀也。破軍殺賊者，士之力也。審度病機者，醫之智也。攻邪伐病者，藥之能也。非士無以破敵，非藥無以攻邪，故良將養士，上醫蓄藥。然不知士，何以養？不知藥，何以蓄？夫士猶有情實可考，才略可試，尚曰難知，以孔明之明，一馬謖用違其才，卒致敗衂，悔不可追；況乎藥石無情，才性莫測。既非言論之可考，又非擬議之可及，而欲知其的然不謬，非神聖之智，其孰能與於斯？假(今)〔令〕嘗試漫爲，則下咽不返，死生立判，顧不大可懼耶。上古之人，病生於六淫者多，發於七情者寡，故其主治，嘗以一藥治一病，或一藥治數病。今時則不然，七情彌厚，五欲彌深，精氣既虧，六淫易入，内外膠固，病情殊古，則須合衆藥之所長，而又善護其所短，乃能蘇凋瘵而起沈疴。其在良醫善知藥性，劑量無差，庶得參互旁通，彼此兼濟，以盡其才，而無乖剌敗壞之弊矣。故作主治參互，俾後之醫師循而求之，共收平定之功，期無夭枉之患，斯作疏意也。昔人云：用藥如用兵。旨哉言乎！旨哉言乎！

《本草經疏・續序例上・論病由七情生者》 夫喜怒憂思悲恐驚七者，皆發於情者也。情即神識，有知不定，無跡可尋，觸境乃發，滯而難通，藥石無知，焉能消其妄執？縱通其已滯之氣，活其已傷之血，其默默綿綿之意物而不化者，能保無將來復結之病乎？祇宜以識遣識，以理遣情，此即心病還將心藥醫之謂也。如是庶可使滯者通，結者化，情與境離，不爲所轉，當處寂然，心君泰定，其何七情之爲累哉。

《本草經疏・續序例上・論天地風氣》 夫人在氣交之中，其強其弱，卒莫逃乎天地之氣明甚。是以上古之人，度百歲乃去，今則七十稱古稀矣。身形長大，常過七尺，今則世鮮六尺之軀矣。其壽數精神既已漸減，則血氣臟腑亦應因之漸薄，乃天地之風氣使然，有非人力所能挽回者。又況時丁末造，衆生識昏見陋，五欲熾然，難解難遏，斵喪戕賊，日惟不足。於是疾病叢生，虚多實少，臨證施治，多事調養，專防剋伐，此今日治法之急務也。設使病宜用熱，亦當先之以温。病宜用寒，亦當先之以清。縱有積滯宜消，必須先養胃氣。縱有邪氣宜祛，必須隨時逐散。不得過劑，以損傷氣血。氣血者，人之所賴以生者也。氣血一虧，則諸邪輻輳，百病横生。世人之病，十有九虚，醫師之藥，百無一補，寧知用藥之誤，則實者虚，虚者死，是死於藥而非死於疾病也。其慎其難，屬諸司命臨證之頃，宜加戰兢。勉之哉！毋執己見而輕人命也。

《本草經疏・續序例上・通評虚實論》 經曰：邪氣盛則實，精氣奪則虚。又曰：邪之所湊，其氣必虚。凡言虚者，精氣奪也。凡言實者，邪氣勝也。是故虚則受邪，邪客爲實，法先攻邪，邪盡治本。邪猶未盡，勿輕補益。犯之者，是謂實實。精者陰也，氣者陽也，設被削奪，是五臟六腑之陰精陽氣皆虚也，宜從其類以補之，陰精虚者補陰精，陽氣虚者益陽氣。一切剋伐攻擊之藥，概勿施用。犯之者，是謂虚虚。經曰：實實虚虚，損不足而益有餘，如是者醫殺之耳。戒之哉！

《簡明醫彀・凡例》 諸病惟嘔證不能納藥，服時欲嘔，預備薑湯兼送，更以炒鹽一包，輪熨喉下至胸，多炒、頻熨即安。

藥品必取眞實、新鮮，方產最佳者，依法製度，廼得獲痊。倘低僞黷蛀，或捨貴用賤，及製配鹵莽，或遇略知醫者妄亂加減，皆無效，非方之咎。

治病分寒熱虛實，不可混。須細玩方論，如有疑惑，先配小劑少服，相安漸加進之，病愈即止，勿多服。若攻利藥，尤不宜過。

《簡明醫彀·要言一十六則·臨病須知》 臨病時，古有望、聞、問、切四法。切脈固爲重，望、聞、問尤居先。當細察受病之源，辯其所現之象。望其色之榮枯，聞其聲之勇怯，問其飲食進否，喜冷喜熱。探其胸腹有無痛處，便溺秘利。驗其目睛鼻舌氣息，跧卧挺身，向内向外。次診脈理，明表裏虛實，寒熱陰陽，有餘不足，與外證相參合不合。酌見病之淺深正變，明辯病之同異眞似。追遡病前日如何，又預料病後日如何。急則治標，緩則治本。或當正治，或當從治。病劇者，再候兩足太谿、太衝、衝陽之脈，更驗服過某方某藥，着意詳審，盡得病情，始擬方立案。在患病者，尤當以自己平日嗜好性情及受病原由，詳細説與醫者。倘諱疾忌醫，則是助庸醫之謬，掣明醫之肘，而自貽其禍也。又醫者固當熟透古方，當神契物性。蓋藥品有陰陽升降、氣勝味勝等之不同，須令洞徹詳明，則取用時能不泥古而不悖古。所謂藥不執方，合宜則用。古人方藥，但陳大略，原俟後人潤色。蓋天時有寒燠之不同，民居有燥濕之不同，人身有老少、強弱、肥瘦、黑白、飲啖多寡之不同，病情有内外虛實、似虛而實、似實而虛、似寒而熱、似熱而寒等之不同。其間情態百變，相機時措，古所稱神聖工巧，豈異人任哉？又凡治法用藥，有奇險駭俗者，祇要見得病眞，便可施用，不必顧忌。即如病有臨危，原屬有餘，失於攻下所致，雖至幾微欲絶，猶當攻下取效。若久瀉久痢，至於滑脱不禁，則宜劫止而後調之。如國家以刑治姦盜，以兵卻虜寇，不得已而用權，權不離經，非霸術也，王道也。乃有醫謬稱王道，一味平補調停，此可施與不足，不可施于有餘。施于有餘，則邪氣得補而愈盛，是速其斃也。又有遇危難證，如大黄、附子，迥若霄壤，恐致殺人，而惟用中和之方，無大熱大寒，救療而死，其殺人一也。病家無識，喜其平穩，卒受害而不覺。悲夫！雖然臨病妙用，全係平日之識見學力，明透精熟，豈能儌倖襲取于朝夕哉！

《簡明醫彀·要言一十六則·制方定規》 醫有成法，有活法，成法師古不可悖，活法因時不可拘。古方切中人病，自有定見。品味及分兩，皆按君臣佐使，不可漫爲增減，其製丸散，用服時候，悉有肯綮。蓋心肺居上屬陽，治心肺，藥必大丸調化，或湯散，或噙嚥，皆使易化，必飯後臨睡服之，欲其藥氣戀於心肺也。腎肝居下屬陰，治腎肝，藥必細丸吞服，以煉蜜、酒糊、黄蠟等爲丸，皆使遲化，必早空心服，更以乾物壓之，欲藥氣令直達於腎肝也。脾爲中州，藥須細丸，或水疊，或蒸餅糊，或棗肉，或飯丸，服於半饑半飽巳時之分，使藥氣正歸中州也。如風、火、寒、暑急證，欲取功速者，及走表四達者，皆以湯散爲主。湯者蕩也，取其蕩滌。散者散也，欲其疏散。如虛損淹延之病，不能一時奏效者，主以丸，丸者緩也，令其從容培植，各有定格。常見時俗，心肺丸方減數味，加肝腎病之藥；腎肝丸方減數味，入心肺病之餌。上下混淆，皆不奏功，虛費藥本爲輕，遷延病深爲重。若此者，須分二方，早晚各服爲是。

《折肱漫録·金麗兼序》 當運會阽贏，民生顑頷，譬之病久虛弱，善醫國者，宜一切與民，務休息無爲，寬疏節目，待其元氣之自回。若紛然攻砭，即或取快暫時，久之或雜病蜂起，所攻治在此，而意外疾生在彼。故無論治身治天下，皆當虛心守一，不可持以躁心。鞅之相秦，參之相漢，其明證矣。秦越人視疾，隔垣洞見五臟，而後敢以五分之熨、八減之劑投之，無不如意。降此則藥草不能自言，臟腑無所籲訴，謹守營衛，必不敢輕嘗試者。

《折肱漫録·醫藥篇》 藥者，人生之大利大害也。不遇良醫，不如不藥。不藥而誤也悔，藥而誤也亦悔，然不藥之悔小，誤藥之悔大。

病者所忌，自酒色勞役飲食及一切例禁外，所大忌者有二：認病爲眞，終朝侘傺，一也。求速效而輕用醫藥，二也。予病中守戒甚嚴，獨犯此二者，以是久而不痊。愼之哉！

子輿氏曰：盡信書，則不如無書。在岐黄家尤甚。蓋見解不同識，古今不同運，在智者神而明之，若執書以治病，爲誤滋多。或因書以生憂，反受其害。予所親試者，如盛稱枳朮丸之能健脾，可常服也，而反以傷脾。如言玉屏風散之能禦風寒也，而反以開腠理。如侈口豨薟丸之能延年也，而反以耗精神。如謂痰中縷血之最重難治也，火起九泉之下之百不救一也。予少年患此，憂不可言，而尚延殘喘。雖予之能愼疾勤服藥，得免於死，而方書不足盡信，大概如此矣。

《折肱漫録·醫藥篇》 方書言治病者，衰其大半而止，不可過劑，過則反傷元氣。大凡以藥攻病者，去其大半，即宜養正氣而佐以祛邪，正氣充則邪氣自盡。若必欲盡去其邪而後補正，將正氣與邪氣俱盡，而補之難爲力矣。予少不知此理，每爲人言所悮。王節齋論治痰，謂中焦之痰，胃亦賴其所養，難以盡去，去盡則胃虚而難治，亦同此理。常聞庸醫有祛邪務盡之語，大是悮人。

《慎柔五書·石震〈題解·醫案〉》 夫醫病者，無一定之治，然不可無一定之學。譬如同一病也，有主於扶陽之説者，以扶陽之法治之，而其病愈。有主於滋陰之説者，以滋陰之法治之，而其病亦愈。蓋學識既定，殊途同歸。《内經》云：醫之治病也，一病而治各不同。亦此意也。陋淺夫窺其一隅，遂欲執此非彼，豈窮本達原之論乎？

《醫宗必讀·醫論圖説·富貴貧賤治病有别論》 嘗讀張子和《儒門事親》，其所用藥，惟大攻大伐，其於病也，所在神奇。又讀薛立齋十六種，其所用藥，惟大溫大補，其於病也，亦所在神奇。何兩公之用藥相反，而收效若一耶？此其説在《内經·徵四失論》曰：不適富貴貧賤之居，坐之薄厚，形之寒溫，不適飲食之宜，不别人之勇怯，不知比類，足以自亂，不足以自明。大抵富貴之人多勞心，貧賤之人多勞力，富貴者膏粱自奉，貧賤者藜藿苟充，富貴者曲房廣廈，貧賤者陋巷茅茨。勞心則中虚而筋柔骨脆，勞力則中實而骨勁筋強，膏粱自奉者藏府恆嬌，藜藿苟充者藏府恆固，曲房廣廈者玄府疏而六淫易客，茅茨陋巷者腠理密而外邪難干。故富貴之疾宜於補正，貧賤之疾利於攻邪，易而爲治，比之操刃。子和所療多貧賤，故任受攻，立齋所療多富貴，故任受補。子和一生，豈無補劑成功？立齋一生，甯無攻劑獲效？但著書立言，則不之及耳。有謂子和北方宜然，立齋南方宜爾，尙屬邊見。雖然，貧賤之家，亦有宜補，但攻多而補少，富貴之家，亦有宜攻，但攻少而補多。是又當以方宜爲辨，稟受爲别，老壯爲衡，虚實爲度，不得膠於居養一途，而概爲施治也。

《醫宗必讀·醫論圖説·疑似之症須辨論》 天下皆輕談醫，醫者輒以長自許，一旦臨疑似之症，若處雲霧，不辨東西，幾微之間，瞬眼生殺矣。夫虚者補之，實者瀉之，寒者溫之，熱者清之，雖在庸淺，當不大謬。至如至實有羸狀，誤補益疾，至虚有盛候，反瀉含寃，陰症似乎陽，清之必斃，陽症似乎陰，溫之轉傷。當斯時也，非察於天地陰陽之故，運氣經脈之微，鮮不誤者。蓋積聚在中，實也，甚則嘿嘿不欲語，肢體不欲動，或眩運昏花，或泄瀉不實，皆大實有羸狀也。正如食而過飽，反倦怠嗜卧也。脾胃損傷，虚也，甚則脹滿而食不得入，氣不得舒，便不得利，皆至虚者有盛候也。正如饑而過時，反不思食也。脾腎虚寒，眞陰症也。陰盛之極，往往格陽，面目紅赤，口舌裂破，手揚足擲，語言錯妄，有似乎陽也。正如嚴冬慘肅而木澤腹堅，堅爲陽剛之象也。邪熱未解，眞陽症也。陽盛之極，往往發厥，厥則口鼻無氣，手足逆冷，有似乎陰也。正如盛夏炎灼而林木流津，津爲陰柔之象也。諸凡疑似之症，不可更僕數，一隅三反，是有望乎智者。大抵症既不足憑，當參之脈理，脈又不足憑，當取之沉候。彼假症之發現，皆在表也，故浮取脈，而脈亦假焉。眞症之隱伏，皆在裏也，故沉候脈而脈可辨耳。脈辨已眞，猶未敢恃，更察稟之厚薄，症之久新，醫之誤否，夫然後濟以湯丸，可以十全。使諸疑似之症，瀕於死而復生之，何莫非仁人君子之遺澤耶！

《醫宗必讀·醫論圖説·用藥須知〈内經〉之法論》 用藥之難，非順用之難，逆用之難也。非逆用之難，逆用而與病情恰當之難也。今之醫師，知以寒治熱，以熱治寒，以通治塞，以塞治通，熱者熱之無遺，寒者寒之無遺而已矣，獨不聞諸《經》曰：塞因塞用，通因通用，寒因熱用，熱因寒用，用熱遠熱，用寒遠寒，則又何以説也？蓋塞因塞用者，若脾虚作脹，治以參朮，脾得補而脹自消也。通因通用者，若傷寒挾熱下利，或中有燥屎，用調胃承氣湯下之乃安，滯下不休，用芍藥湯通之而愈也。寒因熱用者，藥本寒也，而反佐之以熱；熱因寒用者，藥本熱也，而反佐之以寒，俾無拒格之患，所謂必先其所主，而伏其所因也。用熱遠熱，用寒遠寒者，如寒病宜投熱藥，熱病宜投寒藥，僅使中病而已，勿過用焉，過用則反爲藥傷矣。如前諸法，非通達者，烏足以語此？故曰：病無常形，醫無常方，藥無常品。順逆進退，存乎其時。神聖工巧，存乎其人。君臣佐使，存乎其用。此長桑、盧扁能斡旋造化之偏，而噓其枯萎，仲景、東垣諸君子之方，所向神奇，爲世司命，豈偶然也哉！彼庸夫俗子，心不存救濟之思，目不閲軒岐之典，規尺寸之利以自肥，因而傷殘於世，比比也。嗟乎！安得讀萬卷、挾靈奇者，與之商醫事哉。

《醫宗必讀·醫論圖説·藥性合四時論》 嘗論學者不極天人之奥，不窺性命之元，輒開口言醫，何怪乎其以人爲試乎！寒熱溫涼，一匕之謬，覆水難收。始猶療病，繼則療藥，療藥之不能，而病尙可問哉。請以四時之氣爲喻。四時者，春溫夏熱秋涼冬寒而已，故藥性之溫者，於時爲春，所以生萬物者也。藥性之熱者，於時爲夏，所以長萬物者也。藥性之涼者，於時爲秋，所以肅萬物者也。藥性之寒者，於時爲冬，所以殺萬物者也。夫元氣不足者，須以甘溫之劑補之，如陽春一至，生機勃勃也。元氣不足，而至於過極者，所謂大虛必挾寒，須以辛熱之劑補之。如時際炎蒸，生氣暢遂也。熱氣有餘者，須以甘涼之劑清之，如涼秋一至，溽燔如失也。邪氣盛滿而至於過極者，所謂高者抑之，須以苦寒之劑瀉之，如時值隆冬，陽氣潛藏也。故凡溫熱之劑，均爲補虛；涼寒之劑，均爲瀉實。

大抵元氣既虛，但有秋冬肅殺之氣，獨少春夏生長之機。然虛則不免於熱，醫者但見有熱，便以涼寒之劑投之，是病方肅殺，而醫復肅殺之矣，其能久乎？此無他，未察於虛實之故耳。獨不聞丹溪有云：實火可瀉，芩連之屬。虛火可補，參芪之屬。但知有火，而不分虛實，投治一差，何異於入井之人而又下之石乎。丹溪主於補陰者也，而猶以參芪補虛人之火，人亦可以斷然無疑矣。今天下喜用寒涼，畏投溫熱，其故有二：一者守丹溪陽常有餘之說，河間有熱無寒之論耳。致《求正録》云：劉朱之言不息，則軒岐之澤不彰，誠斯道之大魔，亦生民之厄運也！其言未免過激，然補偏救弊，爲後學頂門下針，良有深心也。一者以寒涼之劑即有差悮，人多未覺，如陰柔小人在朝廷之上，國祚已移，猶善彌縫；溫熱之劑，稍有不當，其非易見，如陽明君子，苟有過則人皆見之。致近代有激之言曰：吾爲俗醫計，與其用寒涼而悮，彼此不知，殺人必多，不如用溫熱而悮，彼此具見，尚可改圖。斯言雖近于漫罵，實則照妖之明鑑也。余考之《内經》曰：陰陽之要，陽密乃固。此言陽密則陰亦固，而所重在陽也。又曰：陽氣者，若天與日，失其所，則折壽而不彰，故天運當以日光明。此言天之運，人之命，俱以陽爲本也。仙經云：陰氣一分不盡則不仙，陽氣一分不盡則不死。豈非陽主生、陰主死歟？伏羲作易，首制一畫，此元陽之祖也。文王衍易，六十四卦，皆以陽隃君子，陰隃小人，此言陽之德也。乾之彖曰：大哉乾元，萬物資始。此言陽爲發育之首也。坤之初六曰：履霜，堅冰至。此言陰長宜憂也。自古聖人，莫不喜陽而惡陰，今天下用藥者反是，是欲使秋冬作生長之令，春夏爲肅殺之時乎？則亦不思夫天人之故也已。

《景岳全書·傳忠録上·論治篇》 凡看病施治，貴乎精一。蓋天下之病，變態雖多，其本則一，天下之方，活法雖多，對證則一。故凡治病之道，必確知爲寒，則竟散其寒，確知爲熱，則竟清其熱，一拔其本，諸證盡除矣。故《内經》曰：治病必求其本。是以凡診病者，必須先探病本，然後用藥。若見有未的，寧爲少待，再加詳察，既得其要，但用一味二味便可拔之，即或深固，則五六味七八味亦已多矣。然雖用至七八味，亦不過幫助之、導引之，而其意則一也，方爲高手。

今之醫者，凡遇一證，便若觀海望洋，茫無定見，則勢有不得不爲雜亂而用廣絡原野之術。蓋其意謂虛而補之，則恐補之爲害，而復制之以消；意謂實而消之，又恐消之爲害，而復制之以補。其有最可哂者，則每以不寒不熱，兼補兼瀉之劑，確然投之，極稱穩當，此何以補其偏而救其弊乎？又有以治風治火治痰治食之劑兼而用之，甚稱周備，此何以從其本而從其標乎？若此者，所謂以藥治藥尚未遑，又安望其及於病耶？即使偶愈，亦不知其補之之力，攻之之功也。使其不愈，亦不知其補之爲害，消之爲害也。是以白頭圭匕，而庸庸沒齒者，其咎在於無定見，而用治之不精也。使其病淺，猶無大害，若安危在舉動之間，即用藥雖善，若無膽量勇敢而藥不及病，亦猶杯水車薪，尚恐弗濟，矧可以執兩端而藥？有妄投者，其害又將何如？耽誤民生，皆此輩也，任醫者不可不深察焉。

故凡施治之要，必須精一不雜，斯爲至善。與其制補以消，孰若少用純補以漸而進之爲愈也。與其制攻以補，孰若微用純攻自一而再之爲愈也。故用補之法，貴乎先輕後重，務在成功；用攻之法，必須先緩後峻，及病則已。若用制不精，則補不可以治虛，攻不可以去實，鮮有不誤人者矣。

余爲是言，知必有以爲迂闊而譏之者，曰：古人用藥每多至一二十味，何爲精一？豈古人之不爾若耶？是不知相制相使之妙者也，是執一不通而不知東垣之法者也。余曰：夫相制者，制其毒也。譬欲用人奇異之才，而又慮其太過之害，故必預有以防其微，總欲得其中而已。然此特遇不得已之勢，間一有之，初未有以顯見尋常之法用得其賢，而復又自掣其肘者也。至若相佐相使，則恐其獨力難成，而用以助之者，亦非爲欲進退牽制而自相矛盾者也。觀仲景之方，精簡不雜，至多不過數味，聖賢之心，自可概見。若必不得已而用行中之補，補中之行，是亦勢所當然，如《傷寒論》之小柴胡湯以人參、柴胡並用，陶氏之黃龍湯以大黃、人參並用，此正精專妙處，非若今醫之混用也。能悟此理，方是眞見中活潑工夫。至若東垣之方，有十餘味及二十餘味者，此其用多之道，誠自有意，學者欲效其法，必須總會其一方之味，總計其一方之性。如某者多，某者少，某者爲專主，某者爲佐使，合其氣用，自成一局之性，使能會其一局之意，斯得東垣之心矣。若欲見頭治頭，見腳治腳，甚有執其三四端而一概混用，以冀夫僥倖者，尚敢曰我學東垣者哉。雖然，東垣之法非不善也，然余則寧師仲景，不敢宗東垣者，正恐未得其清，先得其隘，其失者豈止一方劑也哉，明者宜辨之。

一、《內經》治法。岐伯曰：高者抑之，下者舉之，溫者清之，清者溫之，散者收之，抑者散之，燥者潤之，急者緩之，堅者軟之，脆者堅之，衰者補之，強者瀉之，佐以所利，和以所宜，各安其氣，必清必靜，則病氣衰去，歸其所宗，此治之大體。岐伯曰：寒者熱之，熱者寒之，微者逆之，甚者從之，堅者削之，客者除之，勞者溫之，結者散之，留者攻之，燥者濡之，急者緩之，散者收之，損者益之，溢者行之，驚者平之，上之下之，摩之浴之，薄者劫之，開者發之，適事爲故。帝曰：何謂逆從？岐伯曰：逆者正治，從者反治，從少從多，觀其事也。帝曰：反治何謂？岐伯曰：熱因寒用，寒因熱用，塞因塞用，通因通用，必伏其所主，而先其所因，其始則同，其終則異。

岐伯曰：病生於內者，先治其陰，後治其陽，反者益甚。病生於陽者，先治其外，後治其內，反者益甚。

一、治病用藥，本貴精專，尤宜勇敢。凡久遠之病，則當要其終始，治從乎緩，此宜然也。若新暴之病，虛實既得其眞，即當以峻劑直攻其本，拔之甚易，若逗留畏縮，養成深固之勢，則死生係之，誰其罪也。故凡眞見裏實，則以涼膈、承氣，眞見裏虛，則以理中、十全，表虛則芪、朮、建中，表實則麻黃、柴、桂之類，但用一味爲君，二三味爲佐使，大劑進之，多多益善。夫用多之道何在？在乎必賴其力而料無害者，即放膽用之，性緩者可用數兩，性急者亦可數錢。若三五七分之說，亦不過點名具數，兒戲而已。解紛治劇之才，舉動固如是乎？

一、治病之則，當知邪正，當權重輕。凡治實者，譬如耘禾，禾中生稗，禾之賊也，有一去一，有二去二，耘之善者也。若有一去二，傷一禾矣，有二去四，傷二禾矣。若識禾不的，俱認爲稗，而計圖盡之，則無禾矣。此用攻之法，貴乎察得其眞，不可過也。凡治虛者，譬之給餉，一人一升，十人一斗，日餉足矣。若百人一斗，千人一斛，而三軍之衆，又豈擔石之糧所能活哉？一餉不繼，將并前餉而棄之，而況於從中尅減乎。此用補之法，貴乎輕重有度，難從簡也。

一、虛實之治，大抵實能受寒，虛能受熱，所以補必兼溫，瀉必兼涼者，蓋涼爲秋氣，陰主殺也，萬物逢之，便無生長，欲補元氣，故非所宜。涼且不利於補，寒者益可知矣。即有火盛氣虛，宜補以涼者，亦不過因火暫用，火去即止，終非治虛之法也。又或有以苦寒之物謂其能補陰者，則《內經》有曰：形不足者，溫之以氣，精不足者，補之以味。夫氣味之相宜於人者，謂之曰補可也，未聞以味苦氣劣而不相宜於人者，亦可謂之補也。雖《內經》有曰：水位之主，其瀉以鹹，其補以苦等論，然此特以五行歲氣之味據理而言耳。矧其又云麥、羊肉、杏、薤皆苦之類，是則苦而補者也，豈若大黃、黃檗之類，氣味苦劣若此，而謂之能補，無是理也。嘗聞之王應震曰：一點眞陽寄坎宮，固根須用味甘溫。甘溫有益寒無補，堪笑庸醫錯用功。此一言蔽之也，不可不察。

一、補瀉之法，補亦治病，瀉亦治病，但當知其要也。如以新暴之病而少壯者，乃可攻之瀉之。攻但可用於暫，未有衰久之病，而屢攻可以無害者，故攻不可以收緩功。延久之病而虛弱者，理宜溫之補之。補乃可用於常，未有根本既傷，而舍補可以復元者，故補不可以求速效。然猶有其要，則凡臨證治病，不必論其有虛證無虛證，但無實證可據而爲病者，便當兼補，以調營衛精血之氣。亦不必論其有火證無火證，但無熱證可據而爲病者，便當兼溫，以培命門脾胃之氣。此補瀉之要領，苟不知此，未有不至決裂敗事者。

一、治法有逆從，以寒熱有假眞也，此《內經》之旨也。經曰：逆者正治，從者反治。夫以寒治熱，以熱治寒，此正治也，正即逆也。以熱治熱，以寒治寒，此反治也，反即從也。如以熱藥治寒病而寒不去者，是無火也，當治命門，以參、熟、桂、附之類，此王太僕所謂益火之源以消陰翳，是亦正治之法也。又如熱藥治寒病而寒不退，反用寒涼而愈者，此正假寒之病，以寒從治之法也。又如以寒藥治熱病而熱不除者，是無水也，治當在腎，以六味丸之類，此王太僕所謂壯水之主以鎭陽光，是亦正治之法也。又有寒藥治熱病而熱不愈，反用參、薑、桂、附、八味丸之屬而愈者，此即假熱之病，以熱從治之法也，亦所謂甘溫除大熱也。第今人之虛者多，實者少，故眞寒假熱之病爲極多，而眞熱假寒之病則僅見耳。

一、探病之法，不可不知。如當局臨證，或虚實有難明，寒熱有難辨，病在疑似之間，補瀉之意未定者，即當先用此法。若疑其爲虚，意欲用補而未決，則以輕淺消導之劑，純用數味，先以探之，消而不投，即知爲眞虚矣。疑其爲實，意欲用攻而未決，則以甘溫純補之劑，輕用數味，先以探之，補而覺滯，即知有實邪也。假寒者，略溫之，必見躁煩；假熱者，略寒之，必加嘔惡，探得其情，意自定矣。經曰：有者求之，無者求之。又曰：假者反之。此之謂也。但用探之法，極宜精簡，不可雜亂。精簡則眞僞立辨，雜亂則是非難憑。此疑似中之活法，必有不得已而用之可也。

一、醫診治法有曰：見痰休治痰，見血休治血，無汗不發汗，有熱莫攻熱，喘生休耗氣，精遺不澀泄，明得個中趣，方是醫中傑。行醫不識氣，治病從何據？堪笑道中人，未到知音處。觀其詩意，皆言不治之治，正《内經》求本之理耳，誠格言也。至於行醫不識氣，治病從何據一聯，亦甚有理。夫天地之道，陽主氣，先天也；陰成形，後天也。故凡上下之升降，寒熱之往來，晦明之變易，風水之留行，無不因氣以爲動静，而人之於氣，亦由是也。凡有餘之病，由氣之實，不足之病，因氣之虚。如風寒積滯，痰飲瘀血之屬，氣不行則邪不除，此氣之實也。虚勞遺漏，亡陽失血之屬，氣不固則元不復，此氣之虚也。雖曰瀉火，實所以降氣也。雖曰補陰，實所以生氣也。氣聚則生，氣散則死，此之謂也。所以病之生也，不離乎氣，而醫之治病也，亦不離乎氣，但所貴者，在知氣之虚實，及氣所從生耳。近見有淺輩者，凡一臨證，不曰内傷外感，則曰痰逆氣滯。呵！呵！此醫家八字訣也。有此八字，何必八陣？又何必端本澄源以求迂闊哉？第人受其害，恐不無可畏也。

《景岳全書·傳忠録中·治形論》　老子曰：吾所以有大患者，爲吾有身。使吾無身，吾有何患？余則曰：吾所以有大樂者，爲吾有形。使吾無形，吾有何樂？是可見人之所有者唯吾，吾之所賴者唯形耳，無形則無吾矣，謂非人身之首務哉。第形之爲義，其義其微，如言動視聽，非此形乎？俊醜美惡，非此形乎？勇怯愚智，非此形乎？死生安否，非此形乎？人事之交，以形交也，功業之建，以形建也，此形之爲義，從可知也。奈人昧養形之道，不以情志傷其府舍之形，則以勞役傷其筋骨之形，内形傷則神氣爲之消靡，外形傷則肢體爲之偏廢，甚至肌肉盡削，其形可知，其形既敗，其命可知。然則善養生者，可不先養此形，以爲神明之宅；善治病者，可不先治此形，以爲興復之基乎？雖治形之法，非止一端，而形以陰言，實惟精血二字足以盡之。所以欲祛外邪，非從精血不能利而達；欲固中氣，非從精血不能蓄而强。水中有眞氣，火中有眞液，不從精血，何以使之降升？脾爲五臟之根本，腎爲五臟之化源，不從精血，何以使之灌溉？然則精血即形也，形即精血也，天一生水，水即形之祖也。故凡欲治病者，必以形體爲主；欲治形者，必以精血爲先，此實醫家之大門路也。使能知此，則變化可以無方，神明自有莫測。

然用此之法，無逾藥餌，而藥餌之最切於此者，不過數味之間，其他如性有偏用者，惟堪佐使而已。亦猶飲食於人，凡可口者，孰無資益，求其純正無損而最宜於胃氣者，則惟穀食，類可見矣。或問余以所宜者，果屬何物？余則難以顯言之。蓋善吾言者，必如醴如飴，而不善吾言者，必反借此爲射的，以資口吻之基矣。余故不能顯言之，姑發明此義，以俟有心者之自悟。

《頤生微論·醫方論》　上古因證處方，初無膠執，故《内經》翻造化之玄機，而不設方劑，不欲以一定之跡，應無窮之變也。庸下者流，苦其奥窔，於是漢世以降，方法繁興。如(栾)〔弈〕之有勢，不過略陳間架，對局之變無窮，吾亦與之俱無窮。若執一定之勢，以應千變之局，其有不敗者幾希。今名方具在，(栾)〔弈〕之勢也。反正逆從，勢之用也。運氣不齊，古今易轍，風土異宜，强弱異稟，貴賤異境，老少異軀，新久異法，内外異因，局之變也。先哲熟曉陰陽，故其處方，良有精理，不解其理，妄試之用，是(栾)〔弈〕者執勢之故智也。所以智者用方，如支道人相馬，略其玄黄，取其神駿。愚者用方，如獵不知兎，廣絡原野，術亦疏矣。用考名方，最切要者，計一百首，令千載而下，猶能見先哲之心，不陷執方之弊，庶幾展博濟之仁耳。

《頤生微論·别症論》　蓋聞治適病者易，治失病者難。今工者盡難，而易者偶中，非若淳于、長沙之見，隔世不爽錙銖，而投治如合符節也。雖先聖立教詳明，而陰陽虚實，元會運氣，七情六淫，四時寒暑，錯互不齊。况臟腑有合起之病，而感受無偏至之形，千端萬緒，寧能悉諸簡編？即載籍極博，尤必先天靈敏。善乎丹溪有言曰：醫者臨機應變，如對敵之將，操舟之工，自非隨時取中，寧無愧乎。按前人已成之跡，應今人無限之病，何異按圖索驥，幸其偶中也難矣。太無先生曰：用古法治今病，如拆舊屋改新屋，不再經匠氏之手，其可用乎？潔古云：運氣不齊，古今易轍，舊方新病，難相附合。許學士曰：予讀仲景書，守仲景法，未嘗守仲景方，乃爲得仲景心也。王履曰：醫術之要，先尋大意。大意既曉，則條分縷析，脈絡分明。《內經》曰：知其要者，一言而終。不知其要，流散無窮。歷觀名論，皆以別症爲先。

吁嗟！症固難別，別症亦未易也。脈有雷同，症有疑似。水火亢制，陰陽相類。臟之發也混于臟，血之變也近于氣。太實有羸狀，悞補益疾。至虛有盛勢，反瀉含冤。或辨色已眞，而診候難合，或指下既察，而症狀未彰。欲按古今法，而功效弗臻，欲師心處療，而狐疑莫決，展轉進退，毫釐千里。獨不計人以死生寄我，我以嘗試圖功，彼禍人者無論矣，即偶中者，詎可對衾影哉！丹溪有叔祖年七十，患泄瀉。丹溪曰：病久而不悴，便澀而不赤，脈濇而帶弦。詢其喜食鯉魚，遂以茱臾、陳皮、生薑、砂糖等藥探吐膠痰而瀉止。又有鄰人，素患疳瘡，夏初泄瀉，脈濇而弦。丹溪曰：此下疳之重者。（當與）〔與當〕歸蘆會丸去麝，四劑而瀉止。夫此兩人，症似脈同，而治之迥別者，求其本也。一人勞倦發熱，口乾煩躁，面目皆赤。東垣曰：脈來鼓指，而按之豁然，內眞寒而外假熱也。取參朮薑附煎就，使之冷服者，以眞熱假寒之劑治之。一貼而熱勢盡退。一人惡寒發戰，兩脈細微，按之甚數。以石膏黃連清火之劑，乘熱頓服，而寒勢遂止。此皆水火亢制，而有兼化之象，設不從脈按症治之，禍不旋踵。

江右袁啓莘，平素勞心，處事沉滯，時當二氣，小便不通。醫者與六一散不效，再用木通、澤瀉、茯苓、車前等藥，又不效。診得兩寸洪數，知爲心火刑金。故氣化不及州都也。亟用黃連、茯神、人參、牛膝、麥門五味，一劑而愈。閩中周東志，形羸善飯，忽患腹痛脹悶。衆皆泥其脾虛，多食不能運化，治以枳實、陳皮、青皮、神麯、白朮、茯苓，脹勢轉增。右寸關洪滑，知爲胃火上冲，惟用石膏、陳皮、山枝、甘草、升麻、黃芩，二劑而脹止，再用四君子加薑汁，炒山梔，十劑而康。夫臟腑本不相懸，而用藥若斯之異，倘泥而不通，其不致夭札者幾希。

一婦人多鬱多產，肢體漸瘦，四肢微腫，咳嗽吐痰，稍有動作，頭眩耳鳴。有與八珍湯者，久而無功。此肝脾鬱傷血分，先用逍遙散加木香、龜膠、熟地，二十劑而症減其七，仍用八珍湯加丹皮、香附，兩月而瘥。汪望洋之孫，年方舞象，發熱吐痰，頭眩羸弱。醫皆以二冬、二母、四物、芩、柏治之，似瘥非瘥，倦怠異常。診其右三部不及左者兩倍，乃知脾肺氣虛，火不生土之(之)候也。遂用補中益氣加薑、桂至三錢，十劑而安，四十劑而平復。夫治氣者，主陽而升，治血者，主陰而降，現症頗類，而治之之法，適不相侔，焉可以疑似之見賈禍耶！

樂元忠妻，因兒乳後病驚，身翩翩如在浮雲中，舉目則旋轉，持身不定，四肢酸軟，皆以安神補虛治之，前症轉甚。戴元禮獨曰：左脈芤且濇，神色不變，是驚氣傷心，胞絡積血耳。乃下血如漆者一斗，遂愈。大實似羸者，此也。留守衛陸仲容之內，病大熱，妄見鬼神，手揚足擲，或用黃連清心湯，困苦垂斃。元禮視之曰：形瘦而色不澤，乃虛極耳。專與參芪而安。至虛似盛者，此也。此兩症者，元禮不起而反劑雜投，幽潛沉冤矣。雖然，難明者意，難盡者言，姑舉一二，俾觸類相通，惟願志仁壽者，即病機淺易，必審察昭昭，標本彰明，必小心翼翼。明矣慎矣，又毋以疑懼起因循之弊，必以精詳操獨斷之權。設有未確，闕疑以待高明，愼勿輕狂嘗試，以圖僥倖，庶無負于仁者之初心耳。不然，利心溺而名心深，機心起而仁心隱，毋乃自居于卑庸。而品節一壞，終世莫償，貽害日多，噬臍何及，豈可不痛切深戒哉！

《頤生微論·明治論》 醫門之理，賾而難窮，莫先乎見其大意，大意見則條理在我，由此尋繹，究何難窮。粗工錯繆，如盲人適野，不辨東西，又如羅雀于江，罾魚于林，冀其幸而得之，豈理也哉？夫三法四因，五治六淫，八要十失，最宜早辨。

三法者，初中末也。一曰初法，當用峻猛。緣病新成，感之輕，發之重，以峻猛之藥亟去之。二曰中法，當用寬猛相濟。緣病非新非久，須緩急得中，養正去邪，相兼治之。三曰末法，當用寬緩，藥性平善，廣服無毒，取其安中補益。緣病久邪去，正氣日微也。四因者，有始因氣動，而內有所成病者，積聚癥瘕之類。有始因氣動，而外有所成病者，癰疽瘡瘍疥癩之類。有不因氣動，而內有所成病者，留飲宿食，喜怒想慕之類。有不因氣動，而外有所成病者，瘴氣邪魅蟲毒、蟲咬獸傷、墮墜刀斫，刺射捶撲之類。

五治者，和、取、從、折、屬也。一曰和。假令小熱之病，當以涼藥和之。和之不已，次用取。二曰取。爲熱勢稍大，當以寒藥取之。取之不已，次用從。三曰從。爲熱勢既甚，當以溫藥從之。從之不已，次用折。四曰折，爲病勢極甚，當以逆制之。制之不已，當以下奪之。下奪不已，次用屬。五曰屬。爲求其屬以衰之，如熱陷骨髓，鍼藥之所不及，故必求其屬。屬者生尅之本，王太僕所謂壯水之主，以制陽光是也。六淫者，陰陽風雨晦明也。陰淫寒疾則怯寒，此寒水太過，別淺深以溫之。陽淫熱疾則惡熱，此相火太過，須審虛實以涼之。風淫末疾，末謂四肢也，必身強直，此風木太過，須和冷熱，以平治之。在陽則熱，在陰則寒，寒則筋攣骨痛，熱則委緩不收。雨淫腹疾，則濕氣濡泄。此濕土太過，以平滲燥之，兼看冷熱之候。晦淫惑疾，晦邪所干，精神惑亂，此燥金太過，當滋養之。明淫心疾，心氣鼓動，狂邪譫妄。此君火太過，當鎮以斂之。

八要者，虛實冷熱邪正內外也。一曰虛。脈細，皮寒，氣少，泄瀉，飲食不進，此爲五虛。二曰實。脈盛，皮熱，腹脹，前後不通，悶瞀，此爲五實。三曰冷。陽氣衰微，府藏積冷。四曰熱。陰氣衰弱，臟府積熱。五曰邪。非藏府正病也。六曰正。非外邪所干也。七曰內。情慾所傷，不在外也。八曰外。外物所傷，不在內也。十失者，病在驕恣背理，不遵醫戒，不自珍愛，一失也。輕身重財，治療不早，診視不勤，二失也。聽從師巫，廣行殺戮，不信醫藥，三失也。憂思想慕，怨天尤人，廣生懊惱，四失也。諱疾忌醫，言不由中，藥不合症，五失也。不能擇醫，或信佞言，或憑龜卜，六失也。室家不和，處事乖戾，盡成荆棘，七失也。不明藥理，旦暮更醫，雜劑妄投，八失也。但索速瀉，方藥(林)濫惡，妄爲加減，九失也。奉持匪人，煎丸失法，怠不精詳，十失也。

工醫者，不可不知此數則。《物理論》曰：古之聖醫，知天地神祇之妙。性命吉凶之數，處虛實之分，定順逆之節，貫微通幽，不失細少。然而雖高必以下爲基，夫豈獵等可造？學者果有是志，請從此卑邇始。

《頤生微論·風土論》 蓋聞一病而治各不同者，地勢使然也。五方之氣不齊，而粗工雜合以治，豈知大體者哉？壽蒼生者，不分畛域，有事四方，男子之常，奈之何不亟爲究也？東方之域，今之南直、浙江、山東、福建是也。于象爲木，于時爲春，天地之所始生也。稟東方之風氣者多風，魚鹽之地，濱海傍水，其民食魚而嗜鹹。其利豐，故安其處。其味美，故恣其食。魚者假濕熱而生，令人熱中。鹽入腎，腎屬水，水制火，火屬心，心主血，鹽勝血，令人發熱而陰傷。其民黑色而疏理，其病皆爲癰瘍。宜培土之基，以御邪風。其治宜砭石，故砭石者，亦從東方來。西方之域，今之陜西、四川是也。于象爲金，于時爲秋，天地之所收引也。稟西方之風氣者多燥，地方高阜陵居而多風，金氣肅殺，水土剛強。其民不衣布帛，衣褐薦，食酥酪，形體脂肥，膚腠封閉，血氣克實，故外邪不能傷。其病也，皆因七情、飲食、男女之過。其治宜毒藥峻攻，可使遄已。故毒藥者，亦從西方來。北方之域，今之北直、山西是也。于象爲水，于時爲冬，天地之所閉藏也。稟北方之風氣者多寒，地高陵居，風寒冰冽，其民樂野處而乳食。其病多寒中，宜益火之源，以消陰翳。其治宜灸焫。故灸焫者，亦從北方來。南方之域，今之江西、兩廣、雲、貴是也。于象爲火，于時爲夏，天地之所長養也。稟南方之風氣者多熱，其地卑下，水土孱弱，霧露所聚，嵐瘴乘人。其民嗜酸，食不芬香。陽盛之處，故多赤色。味酸主斂，故皆緻理。熱氣內傷，濕氣外薄，加之嗜酸，肝經受損，故病攣痺。宜壯水之主，以制陽光。其治宜微鍼。故九鍼者，亦從南方來。中央之域，今之河南、湖廣是也。于象爲土，于時爲長夏，天地之所以生萬物也。稟中央之風氣者多濕，其地平以濕，四方輻輳，萬物交歸，故民食雜而不勞。《陰陽應象篇》曰：地之濕氣，感則害皮肉筋，故其病多痿弱氣逆及寒熱也。當扶木之言，以制土邪。其治宜導引按蹻。故導引按蹻者，亦從中央出也。丹溪曰：西北之地多風寒，故患外感者居多。東南之地本卑濕，故患濕熱者恆衆。蓋北方高阜，天不足西北而多風，南方卑下，地不滿東南而多濕，方土之候，各有不齊，所生之病，多隨土著。西方氣厚，飲食倍常，居室儉素，元氣不戕，一有疾病輒用疏利，其病如脱。若夫東南，體質柔脆，腠理不密，飲食色慾，與西北迥別，槩用疏利，不幾于掺刃殺人耶。雖然，西北固厚，安能人人皆實，東南固薄，安得人人皆虛，必觀其人，因症而藥，斯無一偏之弊耳。倘盈虛消息之故茫然，而欲強勉圖功，不亦遠乎。

《頤生微論·醫案論》 醫典極博，茫如望洋，自非有恆，未有不廢然返者。夫醫之難，非處常之難，處變之難也。毫釐疑似之間，判若千里之隔，苟無確然之見，而拘于常，其不夭人之年者鮮矣。余儒者也，鉛槧是攻，而又與知醫，寧免挂漏之譏，然沉心綜考之餘，冰兢倍謹，愚而自用，矢不敢爲，繆辱知信，往往取驗。其療處常之症，不敢贅錄，摘一二治之變者，謹述如左。知我者其惟此案乎，罪我者其惟此案乎。

《寓意草·先議病後用藥》 從上古以至今時，一代有一代之醫，雖神聖賢明，分量不同，然必不能舍規矩準繩以爲方圓平直也。故治病必先識病，識病然後議藥。藥者，所以勝病者也。識病，則千百藥中任舉一二種用之且通神，不識病，則岐多而用眩。凡藥皆可傷人，況於性最偏駁者乎？邇來習醫者衆，醫學愈荒，遂成一議藥不議病之世界，其夭枉不可勝悼。或以爲殺運使然，不知天道豈好殺惡生耶？每見仕宦家，診畢即令定方，以示慎重，初不論病從何起，藥以何應，致庸師以模稜迎合之術，妄爲擬議。迨藥之不效，多言于無藥。非無藥也，可以勝病之藥，以不識病情而未敢議用也，危哉。《靈樞》、《素問》、《甲乙》、《難經》，無方之書，全不考究，而後來一切有方之書，奉爲靈寶。如朱丹溪一家之言，其《脈因症治》一書，先論脈，次因，次症，後廼論治，其書即不行，而《心法》一書，羣方錯雜，則共宗之。又《本草》，止述藥性之功能，人不知嗜，及繆氏《經疏》，兼述藥性之過劣，則莫不懸之肘後。不思草木之性，亦取其偏以適人之用，其過劣不必言也，言之而棄置者衆矣。曷不將《本草》諸藥盡行刪抹，獨留無過之藥五十七種而用之乎？其於《周禮》令醫人採毒藥以供醫事之旨，及歷代帝王恐《本草》爲未備，而博采增益之意，不大剌謬乎。欲破此惑，無如議病精詳，病經議明，則有是病即有是藥，病千變藥亦千變，且勿論造化生心之妙，即某病之以某藥爲良、某藥爲劫者，至是始有定名，若不論病，則藥之良毒善惡何從定之哉？可見藥性所謂良毒善惡，與病體所謂良毒善惡不同也，而不知者必欲執藥性爲去取，何其陋耶。故昌之議病，非得已也。昔人登壇指顧，後效不爽。前言聚米如山，先事已饒碩畫。醫雖小道，何獨不然。昌即不能變俗，實欲借此榜樣，闡發病機，其能用不能用何計焉。

胡卣臣先生曰：先議病後用藥，真金匱未抽之論。多將熇熇，不可救藥，是能議病者。若藥不瞑眩，厥疾不瘳，是能用藥者。

《寓意草·與門人定議病方》 某年某月，某地某人，年紀若干，形之肥瘦長短若何，色之黑白枯潤若何，聲之清濁長短若何，人之形志苦樂若何，病始何日，初服何藥，次後再服何藥，某藥稍效，某藥不效，時下晝夜孰重，寒熱孰多，飲食喜惡多寡，二便滑濇有無，脈之三部九候，何候獨異，二十四脈中何脈獨見，何脈兼見，其證或內傷，或外感，或兼內外，或不內外，依經斷爲何病。其標本先後何在，汗、吐、下、和、寒、溫、補、瀉何施，其藥宜用七方中何方，十劑中何劑，五氣中何氣，五味中何味，以何湯名爲加減和合，其效驗定於何時，一一詳明，務令纖毫不爽，起衆信從，允爲醫門矜式，不必演文可也。

某年者，年上之干支，治病先明運氣也。某月者，治病必本四時也。某地者，辨高卑燥濕，五方異宜也。某齡、某形、某聲、某氣者，用之合脈，圖萬全也。形志苦樂者，驗七情勞逸也。始於何日者，察久近傳變也。歷問病症，藥物驗否者，以之斟酌已見也。晝夜寒熱者，辨氣分血分也。飲食二便者，察腸胃乖和也。三部九候，何候獨異，推十二經脈受病之所也。二十四脈見何脈者，審陰陽表裏無差忒也。依經斷爲何病者，名正則言順，事成如律度也。標本先後何在者，識輕重次第也。汗、吐、下、和、寒、溫、補、瀉何施者，求一定不差之法也。七方：大、小、緩、急、奇、耦、複，乃藥之制，不敢濫也。十劑：宣、通、補、瀉、輕、重、滑、濇、燥、濕，乃藥之宜，不敢泛也。五氣中何氣，五味中何味者，用藥最上之法，寒、熱、溫、涼、平，合之酸、辛、甘、苦、鹹也。引湯名爲加減者，循古不自用也。刻效於何時者，逐款辨之不差，以病之新久五行定痊期也。若是，則醫案之在人者，(上)〔工〕拙自定，積之數十年，治千萬人而不爽也。

胡卣臣先生曰：如此條理始終，智之事已備。

《證治心傳·證治總綱》 吾嘗嘆今醫診病，鮮不以捷爲工，即延醫者，亦以捷爲能，何古今之不相若也。夫醫之診病，必以審慎爲本，若捷於按脈，乃市醫苟且之爲，班斷不如是。每治病證，莫不以望聞問切細加討論，然後辨標本，別表裏虛實之異，參四時寒暑之候，隨症定方，雖不能盡合古聖之心傳，而可免私心自用之咎也。況近世之醫書，每多以補虛立論，至大實有羸狀，故固穢濁實邪盤踞在內，既不得見而知之，又爲宜補之說，横於心中，往往惑於假虛之病象，而人多以下爲畏途矣。更有世之不明虛實之宜，乃不善用者之誤。恆見得時之醫，自保聲名，不肯輕用下法，及至病久正虛，方投輕下之劑，自無效應。至不得時之醫，遇有病症，急於求效，遂妄用下法以決裂。人見時醫用下而無效，庸醫用下而致禍，遂使假虛之證，悮於溫補而戕生多矣。殊不思《內經》有有故無(損)〔隕〕之訓，仲景有急下存津之法，如《傷寒論》之承氣、陷胸等湯，用之得當，立能轉危爲安。況邪入於裏，如賊踞畿輔內地，非邊遠之寇可比，急宜蕩除，然於腹裏地方，而行此兵凶戰危之事，務當操必勝之權而後可。今特將歷驗心得之法，和盤托出，以濟世人之危殆，而挽夭扎之慘也。

蓋胗脈不足憑，以脈有皮，惟看舌苔爲準，則以苔無皮顯而易見。大抵有濁垢黄膩無津之苔，凡見此苔，即用下法，一劑得手，繼之以輕重進退，以視濁苔之減否，或退盡，而可以知邪之清淨，一目了然。又有一種或隱或現或黃或灰之苔，當細看其苔，必浮不實，而必現濁垢之形，是爲虛苔，慎勿悮用下法以悮人者。近見讀書不達變通之醫，拘執《傷寒論》，泥於一日太陽，執定先表後裏，概以日數傳經立言，昧於鬱伏内起之因，而不明常變之理，往往拘執脾胃宜於芳香溫燥，務戒苦寒攻削，乃未究立法之旨耳。即如東垣之補中、升陽等方，是助其本也，仲景之承氣、陷胸等法，是祛其邪也。然臟腑因邪氣而暫變者，尚在常理之中，更有變出非常，如老弱幼稚之質，每有大實之證，竟須峻下多劑而愈者。又有年當盛旺，而忽患虛寒，及向非強質，忽患大實者，往往有之。或謂病患由於化氣而成，其化實、化虛、化寒、化熱，皆未可常理測焉。

臨症不可拘守恆情，尤不可固執成見，要在辨證的而用藥當，方克有濟。惟病之已成，雖有良工，終不能保其十全，欲求最上之道，莫妙於治其未病。大凡疾病雖發於一朝，已實釀於多日，若於未發之先，必呈於形色，遇明眼人預爲治療，可期消患於未萌也。至於病勢已減，末後調攝，尤宜加慎，既勿留邪遺患，更忌過劑損正，均關至要。惟膏丸本爲緩調善後之用，然亦當知緩急，細察精詳，若正氣已復，即宜停止，防久而增氣，反生他患。切勿以補益之劑，可以久服。總之，無病不宜以藥餌爲調養，非徒無益，而反有損，以其藥性各有偏執故也。仍須研究經文，握陰陽之綱領，最爲簡捷。譬如傷於食者，若無陰陽偏盛之變，不過暫時悶脹，捐穀一日即消。倘陰寒鬱抑，則所停之食，爲水中之冰矣。若溫熱鬱伏，則所傷之食，爲鑪中之炭矣。無形附着有質，有質助其無形，病患成矣。至於血之瘀，有寒凝熱結之因，蚘之動，有大寒大熱之分。一切疾病，或由天時感化，或因情志感傷，或本質偏虛，其成者皆歸二氣爲本。明乎《內經》云：水火者，陰陽之徵兆也。寒熱者，陰陽之性氣也。乃得由博反約之道焉。若欲明醫理之淵微，必先考審《素問》《靈樞》之秘，熟讀仲景傷寒之旨，自有左右逢源之妙。非徒恃於陰陽五行，創滋陰溫補之法，以八味六味湯丸加減變化，悮人非淺。余所論方法，皆爲挽回溫補之弊而設，亦不得已也。非欲與時醫爭名，亦不欲妄議著書者之過，而實欲明虛實，別標本，以爲壽世濟人之殷鑒也可。

《上池雜説》 人以陽氣爲主，陰常有餘，陽常不足。近世醫工廼倡爲補陰之議，其方以黃柏爲君，以知母地黃諸寒藥爲佐，合服升斗，以爲可以保生。噫！左矣。人之虛勞不足，怠惰嗜卧，眩運痹塞，諸厥上逆，滿悶痞隔，誰則使之？陽氣虧損之所致也，廼助其陰而耗其陽乎？人之一身，飲食男女，居處運動，皆由陽氣，若陰氣則隨陽運動，而主持諸血者也。故人之陽損，但當補之溫之，溫補既行，則陽氣長盛，而百病除焉。

醫之用術，惟吐利汗下與解表攻裏之法耳，不能一病而自爲一法也。今人遇病立方，動輒二十餘品，少亦不下數品，豈知仲景諸名醫之心法哉。吾觀古人，率用成方，加減不過一二味，非有違戾，未嘗輒易，正謂宜汗宜吐宜下宜解表裏者，病情有限，故攻病之法亦有限也，豈得動用己見，隨意立方耶！藥性有刑反忌宜，處味既多，莫識其性，爲害不少。故余欲世人須洞識病情，恪遵古劑而後可。

藥籠中物何所不可用，貴當病情耳。今醫工見藥味平緩者，肆意增損，呼爲醫中王道，人亦利其無患而樂就之。若稍涉性氣猛利之藥，則束手不敢用，稍用之，人爭指爲狼虎，不之近。噫！工師斷木，尚取斧斤之利者，至於用藥，則取其鈍而舍其利，何哉？以此知不敢用猛烈之藥，皆不深脈理，不明病情者也。

邵堯夫曰：百病起於情，情輕病亦輕，諸病孰非起於情耶？蓋人生以氣爲主，情過喜則氣散，怒則氣升，哀則氣消，勞則氣耗，驚則氣亂，思則氣結，欲則氣傾，寒則氣收，炙則氣泄，病由之作矣。識破知節，病亦少損，若著物不止，豈不爲有生患哉。故君子貴保性而不任情，斯養氣延年之術也。

病者去而來復，已而復作者，陽衰而不能制疾故耳。今不能養陽，而屢事攻擊，有(疾)〔痰〕者痰利則易生矣，有寒者寒去則裏虛矣，有(疾)〔積〕者積下則胃寒矣，其病至復作也奚疑？故凡病情一去之後，即當頤神養性，放下萬緣，調息百日，以生陽氣。迨於陽氣既盛，則陰邪不能干，而舊疾無自作矣。若病情少事閒即事酬應，嘯傲如常，至於復作，則危期將至矣。

又 曾憶某醫書論倒倉一法非丹溪心印，乃云傳自西域異人者，恐門人妄記也。夫虛羸之人，雖有積聚，止宜養正積除，豈宜傾瀉倉廩以損正氣，此可戒也。其言良是。南都一醫者，最稱知名士，又善導引術，偶苦壅滯，因用前法大瀉，不能起於廁，遂殞。余問其年，則六十餘矣。夫六十餘者，豈宜行大吐下之法哉。以是知醫者不貴知法及又貴知理，此醫豈能明於盈虛消息之理哉。

《裴子言醫》 曷言乎用藥之如用兵也？裴子曰：蓋衛國者兵，衛生者

〔王士雄按〕醫道通治道，故良醫良相同功。用藥如用兵，故名醫名將同才。噫！醫豈易言耶。

又 人之一身，無非病也，亦無非藥，泥金石草木、鳥獸蟲魚爲藥，偏矣，亦後矣。飢飽待時，飲食藥也。寒溫適所，衣服藥也。動靜有常，起居藥也。色不視邪則目明，聲不聽淫則耳聰，口無污言，行無顛步則口體正，均藥也。使有人焉，知塡精而不知寡欲，知養氣而不知守默，知保神而不知絕慮，亦焉往而得藥？《素問》，醫之六經也，但言順四時，少嗜欲，節飲食，不爲邪氣淩犯，初未嘗以藥言。其五志爲病者，即以五志爲藥。如曰悲勝怒。病怒者，悽愴哀苦以感之。喜勝悲。病悲者，謔浪佚豫以娛之。恐勝喜。病喜者，迫遽危亡以怖之。怒勝思。病思者，污辱敗妄以激之。思勝恐。病恐者，沉疑搜剔以緩之。至如逸可治勞，靜可治躁，處陰以避暑，就燠以避寒，凡此之類，皆非熱非寒，非酸非苦，無煩採製，不費吹咀，隨在而得之聖藥，遠逾草根木皮萬萬也。則請爲尊生者揭未病之藥。【略】

醫之看病，與文家之相題無二。病，題也。脈，題之旨也。藥則詞章也。方法，局與勢也。善爲治者，脈證既詳，當思所以治之之法，而隨因法以立方，藥不過如卑賤之職，唯吾方法驅使耳。不思者，竟以草木爲拘，見頭痛便用川芎，見腳痛便加牛膝，救頭救腳，茫乎其無統宗，雖藥品精良，亦何能中病之窾會哉？是猶文家不以題旨局勢爲先，而僅修詞章之末，縱言錦繡字字琳琅，與本題將千里隔矣，何足貴？

〔王士雄按〕證不辨清，脈亦無憑，故博學、審問、慎思、明辨、篤行五者，醫家不可缺一也。

藥無所謂王霸也，用藥亦無所謂王霸也，而有王道霸道之喻，亦用之者之有王霸耳。用藥者常變以審時，經權以濟事。當補即補，當攻即攻，當寒即寒，當熱即熱，曷王霸之有分哉。用之者善，甘草、參、耆，王也，附子、硝、黃，亦王也，春生秋殺之天道也。當，即無藥非王也。用之不善，則附子、硝、黃，霸也，甘草、參、耆，亦未始非霸也，冬燠夏寒之愆咎也。不當，即無藥非霸也。是則王霸不在藥，而在所用，亦不在於用，而在善用與不善用。今世之談醫者，咸以參、耆、甘草類能補益，稱爲王道，硝、黃、附子類能攻伐，稱爲霸道，是泥于藥之有王霸矣。泥藥之有王霸，遂泥于用之亦有王霸矣。噫！果用藥有王道霸道之歧哉？此惟可與知者言也。

藥。藥不以法，而夭折因之，兵不以律，而敗亡隨之，愼所同耳。且以信仁義智勇與夫決敵致勝之策一比勘焉，則又不爽錙銖者，何也？可戰則戰，不猶醫之可攻乎？可守則守，不猶醫之不可漫汗下乎，可和則和，不猶醫之用和解乎？兵有設伏，醫有從治，均之伏其所惡，誘其所好也。兵有哨探，醫有消息，均之欲窺其虛實也。兵有間諜，醫有轉藥，均之欲離其勁邪也。先補後攻，得非足食而後足兵之謂乎？先攻後補，得非大兵之後，瘡痍荆棘，即爲撫綏之策乎？攻補交施，得非且戰且屯且和之計乎？大積大聚，殺其大半而止，得非殲厥巨魁，脅從罔治之義乎？病去而勿妄加攻補，得非窮寇勿追，歸師勿揜之說乎？不當補而補，齎盜糧養寇兵也。不當攻而攻，嘉兵者不祥也。或以正，或以奇，或緩兵尾其後，或先鋒銳其始，與醫之正治奇治，先後劑、輕重法何異焉。且無恆者不可以作醫，兵之貴信也。無活人心者不可以作醫，兵之貴仁也。醫不可以執方，兵之貴智也。醫不可以貪利，兵之貴義也。急攻之，急下之，急補之，兵之貴勇也。器械不精，以其卒予敵也，藥品可不精製乎。部伍不整，以其將予敵也，立方可不嚴整乎。君不擇將者敗，醫不可不擇也。閫外不專者敗，醫不可不任也。忿兵者敗，驕兵者敗，印刓勿予者敗，醫獨可忿可驕可吝可否耶。病在此而治在彼，無過之地，妄加斬伐也。有是病而用是藥，王師所至，勿犯秋毫也。執一不通，趙括之讀書也。一治有五，孫子之用兵也。有一二味成一方者，武穆之以寡禦衆也。有一二十味成一方者，淮陰之多多益善也。有半劑或一劑而愈者，武之西伐會朝清明也。有數十劑或百劑而愈者，周之東征三年始得也。以致于占風象，度地勢，察人心，與醫之審地宜，先歲氣，望聞問切，均不可以岐視者，用藥與用兵，同有如此。雖然，兵家虛者則示之以實，實者則示之以虛，與醫之虛者實之，實者虛之，其理相似。而兵家之虛者示之以虛，實者示之以實，尤爲致勝之妙算，而醫家之虛者虛之，實者實之，則敗不旋踵。何也？兵家之所謂虛者，兵食不足也，在我之元氣虛也。所謂實者，兵食足也，在我之元氣實也。醫家之所謂虛者，元氣虛也，所謂實者，邪氣實也。邪氣譬之兵家之敵人，非在我者也，此其所以異也。用藥與用兵之不同又如此。今之不知醫者，固不知如用兵之說，知如用兵之說者，亦但曰醫之不可輕用耳，孰知醫之與兵有同異一至于此也。故曰善將兵者，而後可以語醫。識虛實者，而後可以語醫。

〔王士雄按〕藥無定性，貴于用之者得其當，固是定論。若學識未優，而孟浪以施峻厲之劑，則豈止霸道哉，直是費人之事矣。

藥有偶中而病愈者，有誤中而病愈者，未可居功于不疑，當猛然省，翻然悔，惶悚無地，則學日長而識日高。昔如一木匠趙與鐵匠杜，行次乞宿，其家有病人，不納。杜紿曰：此趙君，世醫家也，蒙上司見召，失路至此，必病者之當愈也。主人遂延入，診之曰：一藥可愈。潛出，得牛糞一塊，作三十粒，下以溫水，胸中頓覺如蟲行，一涌而出小蜣蜋狀者二三升，病如脫。越宿禮餞而去。嗚呼！此二人小人也，欲苟一宵之寢，以穢物治人，蓋偶中耳。竊恐二人此去，必且謂醫學無難，而居然世醫家，幾不自識其初心矣。又有一病身冷而脈沉伏者，醫認爲陰，投以桂附等熱藥。一婢煎之，適傾廢，茫無以應，借黄連香薷飲一杯代之，不謂一飲而瘥。是何也？陽證似陰，非陰也，醫誤以爲陰也。設藥不爲婢誤，醫之誤不可言矣。設藥不爲醫誤，婢之誤不可言矣。幸其相誤，而因誤以中病，乃得生耳。吾不知此醫亦居功不自疑否？如居功，恐又爲此婢竊笑也。此二事深可爲近世醫家提醒，故謹志之。

〔王士雄按〕用藥如用兵，暴虎憑河且不可，况徼幸偶中而不知惶悚者，何足以言醫耶？

久病後不可恣投以藥，且無論藥之謬，即對病者不可不慎，何也？人之元氣以胃氣爲本，胃氣又以穀氣爲本，故《内經》曰：無毒治病，十去其九，穀肉果菜，食養盡之。不曰以藥養之也。凡藥過劑，無有不傷脾胃之正氣者。正氣傷，則有作瀉作嘔與脹滿者，甚至膈脹不能食，而反生他證者，名爲補人而實害人。

〔王士雄按〕藥爲治病而設，非養生之物也。袁簡齋云：享高年者，生平不服丸散。眞見道之言也。

病蓋有縱口吻而死者矣，亦有絶其穀而視其死者焉，世都不察，幽潛沉冤者衆矣。念及此，深爲酸鼻。夫飲食，養生物也，可節而不可縱，然亦不可使之絶。故節之則生，不節而縱且絶則死。縱而死，病者之責矣，絶而視其死，伊誰之責邪？如傷寒、傷風、傷食等有餘之病，或脹或痛或嘔或吐，感之暴而脈躁疾有力，且無虚證之兼者，雖不與之食亦可也。此不可與而不與，是節之，非絶之也。及久病久虚久不飲食之人，陡覺穀氣馨香，欲求啖而不敢遽啖，正胃氣初回之候，法當徐投漿粥，或少與適口不助邪之物以充胃氣，胃氣充則元氣亦充，而病自無不愈。若概視飲食爲毒藥而不與，是絶之，非節之也，則幾微之胃氣將安恃乎？

病到危急時，非峻重之藥，不能救百中之一二。今之醫者，皆重惜名譽，姑以輕平之劑冀其偶中，幸而不死，則曰：是我之功。不幸而死，則曰：非我之罪。恐眞心救世者，不應如此也。眞心救世者，必慨然以死生爲己任，當寒即寒，當熱即熱，當補即補，當攻即攻，不可逡巡畏縮，而用不寒不熱，不補不攻，如諺所謂不治病，不損命之藥。嗟嗟！既不治病，欲不損命，有是理乎？儻于此認不的確，不妨闕疑以待高明，愼勿嘗試以圖僥倖，庶不負仁者之初心。醫之道極難知，無學者不知，有學者未便知。無才者不知，有才者未便知。有才有學矣，不克隨時取中者亦不知。甚矣！知醫者難也。今有一等人，謾説某某知醫，某某不知醫，噫！知醫固難，而知知醫者，恐亦不得容易也。

〔王士雄按〕世之恃其學問淹博，而輕談醫理者，必致誤人自誤而後已。

醫到病家，未診視不可先講病，必待望而聞，問而切，脈證詳明，始可斷爲是寒是熱，是實是虚，病在某經，當於某經用藥，某日當瘥，某日當危，庶藥與證對，而不蹈妄投之弊。近有急欲見長者，未見病人顔色，輒抵掌而談曰：某藥可以治某病，此必某病也，當以某藥治之。噫！是猶未命題而先作文以待矣，鮮有不背聖經而誤人命者。醫者胸中預擬一成見不得，雖病者不爲自諱，詳告諄諄，亦未可遽執爲眞病情，眞病本也，且待診視後參較果否耳。至若侍奉者之傳言，延醫者之預達，尤不足憑，蓋學者胸懷空曠，了無執着，始得應變無方耳。先哲云：凡讀書，不可先看注解，且將本文反覆詳味，待自家有心得，卻以注解參較，庶義理昭然，不爲他説所蔽。若先被其説横吾胸中，自家竟無心得矣。吾於醫家亦云。

無病服藥之流弊久矣，而今爲甚，此皆執前人服藥於未病與上工治未病之説而謬焉者也。不知服藥於未病者，即致治于未亂，保邦于未危也。善致治者，尊賢使能，振綱肅紀，則政修民和，苞桑萬世在茲矣。若無過興師，則内生反側，外兆邊塵，不反自貽伊戚哉。然則保國保身無二理，用藥用兵無二術。善衛生者，能於平時節飲食，愼起居，少嗜欲，寡縈慮，使五官安職，百體清和，將遊華胥而躋喬松矣。苟思患預防，審醫可也，問藥性可也，讀岐黄書可也。若以草木偏攻，則寒者戕賊脾元，熱者煎熬血脈，是猶小人陰柔巽順，似乎有德，而國家元氣鮮不爲之潛移者。古人謂壁中用柱，壁中添鼠，不可不深長思也。至若不治已病治未病，則又是有説。如肝邪旺，恐傳變於脾，當先瀉肝以平之；心邪旺，恐傳變於肺，當先瀉心以平之之類是也。是則治未病者，治病之未傳也，非治人之未病也。服藥於未病者，調攝於未病也，非未病而先服藥也。二説各有所指，皆非無病服藥之謂也。夫何貪生者，假爲棲眞元牝之丹，縱慾者，泥爲嬰兒姹女之術，岐黄諧戒，視若弁髦，伐性斧斤，恬如袛度，是以疴端呈現，種種乖常，蒂固根深，卒難期效，而猶咎刀圭無補，毋乃愚乎？

〔王士雄按〕無病而服補藥，富貴人之所爲，是揠苗之助也。畏死而求神仙，聰明人之所爲，是大愚若智也。

或問醫之療病，須善用權，權之義安解乎。裴子曰：權者，無心物也。朱子譬之稱錘，以其稱物平施，可輕亦可重也。用之者，胸中不得預擬一成見。當在兩，稱錘不得不在兩；當在斤，稱錘不得不在斤。本非一定不移之物，而有一定不移之理。有一定不移之理，而無一定不移之心。醫者必如是，而後能乘時制宜，以濟人之危而無弊。如虚可補也，容有時乎不可補，而因攻以爲補；實可攻也，容有時乎不可攻，而假補以爲攻。病在此，而治未嘗必在此，病在彼，而治未嘗必在彼。病同而治或不與之同，病異而治或不與之異。硝黄之寒也，以之攻寒，桂附之熱也，以之攻熱。羌防發汗而還以斂汗，蒼半傷津而即以生津。地黄之濕，亦有補脾利水之功，茯苓之通，亦有止溺塞精之益。至于改湯作丸，變丸爲散，朝黄連，暮附子，與怒勝思，思勝恐，恐勝喜，喜勝悲之類，無非權也。用之者不知有所謂權也，惟知時有所不可，不執素所守之可以爲可，時有所可，不執素所守之不可以爲不可耳。夫不執素所守之可爲可，所不可爲不可，而以時之所可爲可，所不可爲不可者，乘乎時之所宜也。時之所宜，即理之所宜也。理之所宜，雖欲不權不可得也。然則權豈易言哉！非有才有膽有識有學，而又虚其心者不能也。何也？蓋權之用在理，而理之明在心，故必使此心不致有纖微之蔽，庶乎理可徹而用可圓。心苟不虚，心且受蔽，理何明乎？縱有學焉，無識之學已。縱有識焉，無學之識已。縱有才焉膽焉，皆浮氣已，安遽能乘時制宜而無弊耶。由此言之，則不獨無才無膽無識無學者，不可以用權，即有才有膽有識有學者，亦未可以用權，必有才有膽有識有學，而又虚其心者，始可以用權耳。噫！權豈易哉。

〔王士雄按〕權乃學問經濟之極功，雖可與立者，尙未可與權，蓋必權而不失其中之所以爲難也。苟失其中，則不可謂之權矣，權豈易言哉。

余每到病勢危篤之家，未診視，先令急煮水，診視竣，水即成湯矣，取藥煮之，差可濟急。世俗服藥之弊有六：有食已而即藥者。有藥已而即恣飲茶湯者。有藥食雜進，而恬之不忌者。有纔服此醫之藥，而旋以彼醫之藥繼之者。有明受此醫之藥，而陰則服彼醫之藥，不肯明言以欺人者。更有苦于服藥，所授湯丸必潛傾廢，中外侍人又爲互隱，而無可稽窮者。病或偶減，固無論已，設或偶增，咎將安責。

病中固宜節食，尤宜節飲，食傷人所易知，飲傷人都不覺。不惟茶湯漿酒以及冰泉瓜果之傷謂之傷飲，即服藥過多，亦謂之傷飲。其見證也，輕則腹滿腸鳴，爲嘔爲吐，重則腹急如鼓，爲喘爲呃，甚則緊閉牙關，涎流口角，昏瞶不醒人事，狀類中風。患此證者，滔滔皆是，或未有識，不得不爲來者言之。

〔王士雄按〕《易》曰：節飲食。是飲與食並當節也。平人且然，况病中乎。飲食且然，况藥汁乎。尊生者，不可不三復此言也。

凡有以問疾來者，勿得與之相接，一人相接，勢必人人相接，多費語言，以耗神氣。心所契者，又因契而忘倦，所憎者，又因憎而生嗔。甚或坐盈一室，競起談風，縱不耐煩，又不敢直辭以去。嗟嗟！有病之人，力克幾何，而堪若此？恐不終朝而病已增劇矣。然此猶爲害之小者耳，更有一等，搖脣鼓舌，好事生非，病者一惑聽，必致惱怒塡胸，不知自愛，而其爲害又不可言。

〔王士雄按〕病家或不知此，醫者必當致戒。

病中但可安分調攝，不可偏信師巫，殺害生命。不惟損資造孽，更使心志狐疑，溺情鬼塞，而切身珍愛之圖，反置勿問，愚孰甚焉。

〔王士雄按〕愚人每犯此，且不可以理喻，眞錮疾也。

病人卧榻，不可薄以茵褥，致使隱寒犯背，寢傷五藏之陽，變證增邪，莫此爲甚。仙經曰：背以陽爲主，而五藏之俞穴通焉。一被寒侵，則寒氣繇俞入藏而藏寒，藏寒則陰盛，陰盛則陽衰，陽衰則轉輸遲滯，傳送乖違，氣血亦爲之損敗，輕病必重，重病必至于死矣，可不愼乎！不特病時不可，即平時亦是不可。

（王士雄按）亦有茵褥過厚，帷幔太密，而釀成疾病，以致危殆者，不可不知也。總須隨時隨地，因病制宜。

有有病素不服藥者，不爲無見，但須知得病從何來，當從何去，便是藥耳。如饑則食，食即藥也。不饑則不食，不食即藥也。渴則飲，飲即藥也。不渴則不飲，不飲即藥也。惡風知傷風，避風即是藥。惡酒知傷酒，戒酒便是藥。逸可以治勞，靜可以治躁，處陰以卻暑，就燠以勝寒，衰于精者寡以慾，耗于氣者守以默，怯于神者絶以思，無非對病藥也，人惟不自知耳。

人當卧病，務須常存退步心，心能退步，則方寸之間，可使天寬地曠，世情俗味，必不致過戀於心，縱有病焉，可計日而起矣。不則當歸芎藥，明日甘草人參，是以江河塡漏巵，雖多無益也。先儒有言，予卧病時，常于胸前多書死字，每書數過，頓覺此心寂然不動，萬念俱灰，四大幾非我有，又何病之足慮哉。雖然，此惟可與達者言也。一縉紳了，年三十餘，囊固饒裕，良田又幾二十頃，且已有子，亦可謂無不如意者矣。後忽心志改常，二六時中，無刻不咨嗟太息，愁怨不勝，如此者四五年，遂患驚悸怔忡，恍惚不得寐等證。遠近醫家，延之殆遍，有安神者，有養血者，有補氣生精者，有消痰與降火者，備餌彌劇，卒至如迷如昧，如顛如狂，捶胸囓舌而死。究其病所從來，則爲數年前訟費千餘金耳。嗚呼！如此富家，但知有身外之微，而不知有性命之大，縱可憐不足惜也。

（王士雄按）名利淡，忿欲消，是豪傑胸襟，賢明學問，亦是引年妙藥，卻疾奇方。碌碌者無此識見，焉肯服此藥乎？

舉世診脈，都用簡篇爲摯手之具，不思簡篇所載，悉聖賢經傳，昭垂萬古，至尊至貴，豈可輕爲借用。甚且褻之于牀第之間，污之以穢惡之手，有人心者，安乎否也？習以成風，竟無覺者。惟予友錢商隱一人，深以自嚴，更欲以是嚴天下，因命予筆之以廣其勸，是亦與敬惜字紙者同旨也，幸勿見迂爲望。

擇醫療病，不在臨時，而在平日。能于平日知得深，信得確，則臨病相延，不患不濟事也。今夫世之擇醫者，在平日則恬不經心，及有病即手忙腳亂，妄聽妄從，有謂此良，遂延此者，有謂彼良，更延彼者。甚至道途之人，絶不曉醫爲何事，而或狥其舉薦之情，無一不可延之者。幸而愈，以爲得人，不愈，則曰疾既已劇，無可奈何，甘下泉而不悔矣。愚者不足怪，智者亦比比如之，可勝悼歎。

《軒岐救正論·凡例》 予經治醫案，悉皆治本扶原正法，與時師見病治病者不同。其病之輕者，雖王侯不書，病之重者，即傭介亦錄。蓋以貧賤富貴，固居處有殊，然而父生母成，官骸藏府，均稟命於大君，無貴賤一也。獨念貧賤罹病，衣食難適，藥餌何資，生死莫必，更賴德醫存心惻隱，不可輕忽也。

《軒岐救正論·病鑒·半識》 世有半識之流，不知虛實補瀉之理，平日略見一二醫書，某病用某方，某方用某藥，將謂依方治病，法無越此矣。又有自已素經有病，曾與醫師商治，粗曉方藥，遇有病人，亦代胗脈，但見浮動，便曰無事，沉伏便曰無脈，搖首咋舌，使人驚駭，眞可發笑。噫！庸工誤人，因已不堪，如此半識，謬妄尤甚。或主持於親朋之際，或議論於賢愚之間，顛倒是非，妄言禍福。於是污下之流，存兩可而希苟容，高明之士，懷獨見而終不合，紛紛築室，掣肘賢良。此半識之爲害，不岌岌其危哉！

《軒岐救正論·病鑒·察弊》 醫爲性命之學，生成之主，道大任鉅，自唐書列之方技，而縉紳名士，每每不譚。宋太保林億公云：以至精至微之理，而付於至卑至賤之人，求其能起人之疾者鮮矣。故世遞降而術益尠，率多市井亡賴，空門孽禿，略識字畫，素饒利辯者爲之，是人之辱醫，非醫之辱人也。若輩學醫，初祇挾《脈訣捷徑》、《湯頭歌括》不一二帙，乃就業於庸流之竊有虛名者，奉爲明師，教習記誦，稍知浮沉遲數四綱，頗明溫涼寒熱各性，遠則一年，近則半載，遂以爲道盡傳矣，詣已超矣，大開鋪肆，高揭榜額，不曰某某精傳，則曰某某心授，又則曰世傳神秘。離經叛道，執方待病，輕淺偶中，自恃神奇。如是情迷壟斷，計熟蠅頭，而攀援之心萌矣。念以爲非奉二三貴人爲我提掇，何由虛聲日播乎。思得當道尊官，踐任之後，豈乏延醫，乃預謀之胥役隸卒之流，賄托吹薦，及當道有請，何識賢愚，便信然從之。豈知此輩百凡布置，復密通消息於官衙從僕，備詢何人何證，預得病機，了了心中。及一入診，語言吻合，依病處藥，治或得驗，儔不艷服爲果精良乎。其始也，介下役以爲進身，今也奉尊官而爲廣揚，儌有題額，高懸戶外，往來見者，承風趨影，亦爭傳曰：彼名醫也。甚至士大夫高慧，不免亦墮彀中。疊見疑難重恙，被其枉死者多矣。一遇識者，燭破肺府，詞遁計拙，破綻方彰。嗚呼！如此競逐邪流，心如青黑之混，指若鋒刃之險，初亦何事不可度活，乃至輕易冒醫，殺人無算乎？此古今之通弊也。考昔劉伯溫公言曰：杭有賣果者善藏柑，涉寒暑不潰，出之燁然，玉質而金色，置於市，價十倍，人爭鬻之。予買得其一，剖之如有烟撲口鼻，視其中則乾若敗絮。予怪而問之曰：若所市於人者，將以實籩豆，奉祭祀，供賓客乎？將衒外以惑愚瞽也？甚矣哉爲欺也！賣者笑曰：吾業是有年矣。吾業賴是以食吾軀。吾售之，人取之，未嘗有言，而獨不足子所乎？世之爲欺者不少矣，而獨我也乎？此伯溫公憤世嫉邪之言也。今醫者既衒外以售柑矣，而病者可愚瞽而受戮乎？

《軒岐救正論·病鑒·慎擇》 凡病至根搖本虧，六脈無胃氣，二豎入膏肓，即使緩、扁復見，亦難措手，何論時名之工哉。若其形氣俱實，偶罹病恙，即不治，少待經盡氣復，亦當自愈，未有治之而不愈也。即使庸手妄治，亦無至傷命。

《軒岐救正論·病鑒·早治》 坡公曰：天下之患，莫大於不知其然而然。不知其然而然者，是拱手而待亂也。以故明者識氣化於未然。及病已成，虛強半矣，始發方劇，便當急治。然邪在經者一劑可愈，傳腑者數四方瘳，至入藏則百無一生。故華君擅剖腹之能，秦緩尠膏肓之治，非工之巧拙不同，特病之淺深懸殊耳。經云：病勢已過，命將難全。可不致思。

《軒岐救正論·病鑒·速效誤人》 病可以速效致者，必惟元氣壯盛，諸氣未虧，或偶感三陽表證，與乎飲食內傷，及暴受寒冷者，治不數劑，便得痊可。至於五癆七傷六極重恙，若肯精脩確服純王善藥，漸涵數載，方有生機，尚亦有不治者，敢用雜霸異術，攻擊眼前，大傷元氣，旋即倒戈敗績者乎！吳文定公《家藏集》云：陳汝中嘗病脾胃鬱火之症，求治於盛用美。診其脈曰：如此治可生，如彼治即死，如此治可以少生，如彼治可以速死。既而治之，汝中遲其效。或以浮屠善醫薦者，汝中惑其說，遂求治，飲其藥，嘔血一升遂死。噫！醫以用藥，藥以攻病，病不能去，而反以致死，則何以醫藥爲哉。彼浮屠者，悉庸妄人也，目不識醫經，口不辨藥性，指不察脈候，人之虛實，病之新久，一切置之不問，而惟毒藥攻擊之，其殺人蓋亦多矣。予咎汝中之不善擇醫而致速死，特書此以爲世輕服藥者之戒。

《軒岐救正論·病鑒·執方之誤》 今夫醫者病者，每獲一方一藥之善，謂能通治衆疾，不啻窶丐之獲異寶，珍秘自矜，豈知滋害爲甚，抑何懵懵不會也。夫人有貧富貴賤之殊，老少強弱之稟，病有新久虛實，藏有陰藏陽藏，土地高下不一，物理剛柔異宜，黃帝興四方之問，岐伯舉四治之能，臨病之師，宜須細審。尚有一病而投數方，未有一方可療數病者。羅太無云：用古方治今病，政如拆舊屋揍新屋，其材木非一，不再經匠氏之手，其可用乎？許叔微《釋微論》曰：予讀仲景書，用仲景法，然未嘗守仲景之方，乃爲得仲景之心也。語云：學方三年，無病可醫。學醫三年，無方可學。旨哉言乎。

《軒岐救正論·病鑒·藥第二義》 凡人一罹病網，久支床第，即神思性情，亦幾爲之磨蝎不堪矣。至延明醫，餌善藥，猶是第二義。必先開卻心身，忘情思慮，恬靜勿躁，語默雍容，一切事務，漠不相聞。起居得宜，飲食擇美，脫着隨時，勿近佳麗，勿戀娛悅。勿過幽寂，火亦易起。既得保養之力，然後佐以良劑，勤服不輟，自有甦生之期，何患二豎不躍躍然從心頭解也。百病惟虛瘵內傷爲最重，非經年調治，不能見效。若復氣暴不靜，性淫無制，雖有千服神丹，難抵一點慾火，尤須確守禁忌，自擇便宜，屏絕萬緣。當視此身如已死之身，方得有免死之日，若少存一貪生之念，便不免乎喪生之禍，是在患者宜自珍耳。

《軒岐救正論·病鑒·鬼疑》 鬼神宰造化之權，精誠可格，此理甚微。至乎憑依作祟，相傳有魑魅妖孽，亦唯失德之家，淫泆之婦，或蹇運之夫，往往因邪易入，乘虛召感。禦之之法，別復一論耳。若夫人病而眼中見鬼，奇形異態，舉家震駭，以爲眞鬼而必死也，延巫禱禳，惑甚矣！愚甚矣！其證有數種：一，病從三陽傳入胃腑，熱迷心經，致神亂不安，則目中見鬼。夫神者心之主也，鬼者神之分也，氣全則爲神，神分則見鬼，神散則爲鬼也。又人當春夏之交，病時行瘟熱，中心藏則死，傷心經則亂，目亦見鬼。又一種體虛積勞暴厥，陽氣上越，假熱焚心，目亦見鬼。又見停痰上壅，與食積留中作熱攻心，目亦見鬼，總由神亂則然，投以清熱納氣及消痰蠲積之劑，則病自愈也。若其病久垂亡，目亦見鬼者，此乃元氣盡脫於外，爲神散不聚，非神亂不安也。及察《素問》有五屍鬼篇，言人五藏虛，而值運氣不及之年，有尅鬼見，令人暴亡。總以天虛而人虛應之，虛則鬼見，非眞鬼也。惟預施治法，滋補眞陰，益助元氣，心神完固，不復散亂，邪鬼自遁矣。經曰：得神者昌，失神者亡。得守者生，失守者死。又曰：拘於鬼神者，不可與言至德。其斯之謂歟？

《軒岐救正論·病鑒·審不治病》越人曰：病有六不治者，驕恣不論於理，一不治也。輕身重財，二不治也。衣食不能適，三不治也。陰陽藏氣不定，四不治也。形羸不能服藥，五不治也。信巫不信醫，六不治也。愚以爲驕恣者多出於富貴之家，富者盈滿自矜，或深言以見非，貴者倨傲自尊，或忠告之難行，於是污庸卑諂之流，趨承恐後，懷材抱德之英，降辱寧甘，故謙光爲持躬之要，而重士乃尊生之本也。若此驕恣之與輕身信巫，是本非不治之病，乃自致于敗亡，而非衣服難適，藏氣不定，形羸拒藥，終無可治之比也。

《軒岐救正論·病鑒·藥隨病施》先哲有云：用得其宜，雖烏罔亦可奏功，不得其宜，至參苓亦能爲害。夫藥何定施哉？昔有人患陽明胃腑證，法須承氣，因誤投參朮，幾殆。後以他病陽虚發熱，宜用參朮，卻爲前故畏而不服，亦致留連增劇，是猶因噎廢食者也。吁！同一藥石耳，用之有宜有不宜，而生死係之，益見病者須擇好醫耳。

《醫學入門萬病衡要·上官鉝序》上古書契未作，初無所謂醫書也。自神農著《本草》，黄帝作《内經》，而後世始有傳。孔子纂定六經，其於載籍極博矣，惟有《素問》諸書不少概見。是道也，余常疑之。不知病之來也，皆由平日七情六欲不能致謹，浸淫漸漬，然後發於一朝。孔子太和元氣與天地合德，與四時合序，方賴其參贊位育之功，曷有於金石草木之味哉。吾觀《鄉黨》一篇，燕處服食寒暑罔愆，使其人尋嘗日用率循聖人，何病之有？則又不言醫而深于醫者也。

《醫門法律·申明仲景律書》附申治雜證不可犯時禁、病禁、藥禁。

時禁者，春夏禁下，秋冬禁汗。春夏而下，秋冬而汗，是失天信，伐天和也。然病有不得已，而從權汗下者，病去速改。若瀆用之，是故意違天，自取不祥也。

病禁者，病人陽氣不足，陰氣有餘，則禁助陰瀉陽。病人陰氣不足，陽氣有餘，則禁助陽瀉陰，以及老少不同，新久異治之類。

藥禁者，津液内亡作渴，禁用淡滲五苓。汗多禁利小便。小便多，禁發汗。咽痛禁發汗、利小便。大便快利，禁服梔子。大便秘澀，禁用燥藥。吐多不得復吐。吐而上氣壅滯，大便不通，止可宣散上氣，禁利大便。脈弦，禁服平胃而虚虚。脈緩，禁服建中而實實。

治天下有帝王之律，治仙神有上天之律。至於釋門，其律尤嚴，三藏教典，儀律居三之一。由五戒而五百戒，由五百戒直造自性清净，無戒可言，而道成矣。醫爲人之司命，先奉大戒爲入門，後乃盡破微細諸惑，始具活人手眼，而成其爲大醫，何可妄作聰明，草菅人命哉？嘗羨釋門，犯戒之僧，即不得與衆僧共住，其不退心者，自執糞穢雜役三年，乃懇律僧二十衆佛前保舉，始得復爲佛子。當今世而有自訟之醫乎？昌望之以勝醫任矣。

《醫門法律·先哲格言》治病分初中末三法：初治之道，治當猛峻，緣病得之新暴，當以疾利猛峻之藥急去之，不使病邪久居身中爲害也。中治之道，法當寬猛相濟，爲病得之非新非久，當以緩疾得中，養正去邪，相濟而兼治之。末治之道，法當寬緩，廣服平善無毒，用其安中養血氣，俾邪自去。

治病有和取從折屬五法：一治曰和，假令小熱之氣，當以涼藥和之。二治曰取，爲熱勢稍大，當以寒藥取之。三治曰從，爲熱勢既甚，當以溫藥從之，或寒因熱用，或寒以溫用，或以汗發之。四治曰折，謂病勢極甚，當以逆制之，或以下奪之。五治曰屬，爲求其屬以衰之，緣熱深陷在骨髓，無法可出，鍼藥所不能及，故求其屬以衰之。

昌按：求屬之法，《内經》明謂諸寒之而熱者取之陰，熱之而寒者取之陽。所謂求其屬也。又謂大寒而甚，熱之不熱，是無火也，當助其心。大熱而甚，寒之不寒，是無水也，當助其腎。又謂取心者不必齊以熱，取腎者不必齊以寒，但益心之陽，寒亦通行，強腎之陰，熱之猶可。妙義精切若此，本文插入不通無着之語，火衰於戌，金衰於辰。盲瞽後人，今特正之。

治病有八要，八要不審，病不能去。非病不去，醫無可去之術也，故須辨審八要，庶不有誤。其一曰虚，五虚是也。脈細、皮寒、氣少、泄瀉前後、飲食不進，此爲五虚。二曰實，五實是也。脈盛、皮熱、腹脹、前後不通、悶瞀，此五實也。三曰冷，臟腑受其積冷是也。四曰熱，臟腑受其積熱是也。五曰邪，非臟腑正病也。六曰正，非外邪所中也。七曰内，病不在外也。八曰外，病不在内也。審此八要，參以脈候病機，乃不至於有誤。

《醫衡·統論·醫議》古云不得爲賢宰相，則爲明醫。甚哉！醫之難明也。略舉數事：一曰涼藥治損謬。其説盛於丹溪，謂人之一身，陽常有餘，陰常不足，而用知母黄蘗等謂之滋陰，至今治虚勞者遵而用之，初服胃氣尚強，久之則中寒而食減，陰未滋陽已竭矣。或曰：瀉南方，補北方，經語也。然不知經云東方實，西方虚。乃不治東西，而惟瀉南補北，腎爲肝母，水旺則金不受熯而能制木，故曰母能令子虚也。爲金木謀則然，而非槩治虚勞也。以王節齋之高明，亦因仍而不覺，豈一時之悮否耶？二曰炮製失宜謬。今人以童便浸參，曰肺熱還傷肺也。《本草》參忌滷與溲。滷，鹽也。溲，便溺也。何反用其忌也？又附子者，正取其勇悍之性，亦用童便煮之至三五日。譬如用猛將以禦勍敵，取其猛也，而損傷其手足，飢餓其體膚，乃使其臨陣可乎？夫用藥者宜察其當與否，如不當用，曷若已之。三曰認藥舛錯謬。青皮則以小枳實混之，其枳殼則以香櫞混之，石膏則以方解石混之，又另立軟石膏、軟柴胡之説。猶未也，以五倍子爲文蛤，以蓮花鬚爲蓮花蕊，以山蘿蔔爲沙參，皆舛也。夫青皮入足厥陰經，故陳皮治高，青皮治低。小枳實治胸中藥也，何由入厥陰也？餘可類推矣。又枸杞子與地骨皮，根之與實，一樹也，王節齋分屬草木二部，皆舛也。四曰率意處方謬。古人處方，慎重不苟，如四物、四君、二陳、平胃等號，玉笈三十六方，孫思邈眞人傳自龍宫，而雜布於諸方書中，各各皆有深意，後人合宜則用，稍爲增減出入，無不應者。乃今時處方，或散漫無紀，或任便自用，或慣作平淡庸柔之劑，無大益亦無大損者，將謂成則居功，敗則無所歸咎，不知緊要之疾，乃成悮害矣。又種種杜撰，推之不一，或有作藥餅，置艾于上，以代灸者，有作藥筒，燒而熨之，以代針者，有作稀痘丹，與小兒服之，免出痘疹者，有作生子丸，而曰孕婦服之則生雙胎，其謬妄一至是者。有作奪命延年紅鉛秋石丹，而分三進：一自鼻進，一自口進，一自小便進，其怪異一至是者，皆例之不服可也。惑世誣民，不得不舉，惟智者辨之。人謂醫近于仙，以有丹藥回生也，吾謂醫近于禪，以其同一慈悲也。

《醫宗説約·治法·貴賤少長異治》 宗爽曰：人有貴賤少長，病當別論，病有新久虚實，理當別藥。蓋人心如面，各各不同，惟其心不同，臟腑亦異，欲以一藥通治衆人之病，其可得乎？張仲景曰：有土地高下不同，物性剛柔食居亦異，是故黄帝興四方之問，岐伯舉四治之能。且如貴豪之家，形樂志苦者也，衣食足則形樂而外實，思慮多則志苦而內虚，故病生于脈，與貧下異，當因人而治。後世醫者委此不行，所失甚矣。又凡人少、長、老，其氣血有盛、壯、衰三等。故岐伯曰：少火之氣壯，壯火之氣衰。蓋少火生氣，壯火散氣，況衰火乎。故治法亦當分三等，其少日服餌之藥，于壯老之時皆須別處，決不可忽。

《侣山堂類辨·病有新故辯》 夫新病者，多宜於清解，久病者，多宜於補養。《根結》篇曰：形氣不足，病氣有餘，是邪勝也，急瀉之。形氣有餘，病氣不足，急補之。形氣不足，病氣不足，此陰陽俱不足也，不可刺之，刺之則重不足。重不足，則陰陽俱竭，血氣皆盡，五藏空虚，筋骨髓枯，老者絶滅，壯者不復矣。形氣有餘，病氣有餘，則陰陽俱有餘也，當瀉其邪，調其虚實。故曰：有餘者瀉之，不足者補之，此之謂也。《脈要精微論》曰：徵其脈小，色不奪者，新病也。徵其脈不奪，其色奪者，此久病也。徵其脈與五色俱奪者，此久病也。徵其脈與五色俱不奪者，新病也。是凡病皆當審其形氣色脈，而分別其新故焉。然又有病久而重感新病者，又當清解其邪，而調其虚實。若見其病氣有餘，則以爲病久，而變劇仍用久病之法治之，以致中道夭而不終其天年，乃不審新故之道耳。夫血氣壯盛者，尚爲邪所中，况久病之人，血氣虚衰，腠理不密，甯保其不復爲邪氣之所傷乎？

《士材三書·尤乘序》 夫良醫之療疾，猶良將之用兵，虚實强弱，標本先後，無異敵人之有堅有瑕、有衆有寡也。尺寸以測之，形色以驗之，無異斥堠以探之，間諜以察之也。鍼砭藥石，以搏去其邪，無異批亢擣虚，形格勢禁也。至於寒熱溫涼，各適其宜，奇偶重輕，各得其用，又無異兵家之使詐使貪、用奇用正也。暗於料敵者不能以決策，拙於用衆者不能以制勝，而疏於偵候者，亦無由以料敵。三者不備，而能百戰百勝者，古未之有也。醫之爲道，何獨不然，而顧可以易視之邪？自《靈》《素》以來，代有作者，然或詳於病機，略於察脈，或止明診候，不及證方，或徒標治法，罕明藥性，如本草有《經》，傷寒有《論》，《脈經》有書，非不足補前人之未備，而其(聞)〔間〕意見之專，神思之熟，固有各得其一，而難以相着者矣，矧其下焉者乎。且世運由淳而之灕，民質亦隨時而漸薄，地形有高下之各異，治法亦遂有南北之殊宜。泥於古者不可愈今疾，拘於方者不能療遠人，此不待智者而後明也。

《壽世青編·勿藥須知》 臞仙曰：古神聖之醫，能療人之心，預使不至於有疾。今之醫者，惟知療人之疾，而不知療人之心，是猶舍本而逐末也。不窮其源，而攻其流，欲求疾愈，安可得乎？殊不知病由心生，孽由人作，佛氏謂一切惟心造，良不誣矣。所以人之七情內起，正性顛倒，以致大疾纏身，誠非醫藥所能治療。蓋藥能治五行生克之色身，不能治無形之七情，能治七情所傷之氣血，不能治七情忽起忽滅、動靜無端之變也。故臞仙又曰：醫不入刑官之家，藥不療不仁者之疾。蓋福有所生，禍有所司，報復之機，無一不驗，因有大刑之疾，自戕之疾。其天刑之疾，由夙世今生所積過愆，天地譴之，以致斯疾，此孽原於心也。其自戕之疾者，風寒暑濕之所感，酒色性氣之所傷，六欲七情生於內，陰陽二氣攻於外，此病生於心也。仙經曰：煉精化氣，煉氣化神，煉神還虛。噫！將從何處煉乎，總不出於心耳。故凡思慮傷心，憂悲傷肺，忿怒傷肝，飲食傷脾，淫欲傷腎，藥之所治，祇有一半，其一半則全不係藥力，惟要在心藥也。

或曰：何謂心藥？余引林鑑堂詩曰：自家心病自家知，起念還當把念醫。只是心生心作病，心安那有病來時。此之謂心藥。以心藥治七情內起之病，此之謂療心。余考歷代醫書之盛，汗牛充棟，反覆詳明，其要在於卻疾。然《內經》有一言可以蔽之曰：不治已病治未病是也。治有病不若治於無病，療身不若療心。吾以謂使人療，尤不若先自療也。

《壽世青編·老人病不同治法》 常見年高疾患，將同少年，混投湯藥，妄行針灸，務得速愈。殊不知年老之人，血氣已衰，精神減耗，至于視聽不至聰明，手足舉動不隨其志，身體勞倦，頭目昏眩，宿疾時發，或秘或泄，或冷或熱，皆老人之常也，勿緊用針藥，急求痊愈，往往因此別致危殆。且攻病之藥，或汗或吐，或解或利。緣衰老之人，不同年少。年少者眞氣壯(氣)〔盛〕，雖汗吐轉利，未至危殆。其老弱者，汗之則陽氣泄，吐之則胃氣逆，下之則元氣脫，立致不可救，此養老之大忌也。大率老人藥餌，止用扶持，只可溫平順氣，進食補虛中和之劑，不可用市肆購買，他人惠送，未識方味者，與之服餌，切須詳審。若有宿疾時發，則隨其疾狀，用和平湯劑，調順三朝五日，自然痊退。惟是調停飲食，隨其食性變饌治之，此最爲良法也。

《傷寒論注·孫金礪序》 余少時多病，間留心於醫，幾二十年。見世之所爲醫者，大率以人命爲嘗試者也。夫古人之診病，先望其色及形之肥瘠，次審其聲屬何音，及飲食起居，始病與今病，然後按其三部九候，批其隙而導其窾，鮮有不中者矣。今之醫者，徒有切脈之名，不知四診之理，陰陽虛實之別，立方而君臣倒置，處劑而寒熱誤投，於七情六淫，內傷外感，茫乎其未之講也，病欲不甚，其可得乎？

《古今名醫彙粹·盛新甫序》 然而方宜有不同，老壯之非一，山居與城市異治，膏粱與藜藿分途，氣運之變遷，時代之降升，人生氣交之中，其稟賦厚薄，疾疢淺深，與氣機相流轉，未易明也。至如張子和專工吐下，非不名家；劉守眞以暑火立論，動輒芩連；李杲出而闡發脾胃，參耆是賴；朱丹溪惟事清涼，不離知柏。此四賢者，皆足以起沉疴而安衽席，豈有意于立異鳴高哉？因時制宜，濟世之心切，不期然而然者也。

今之人，執古法以施治，將以生人者殺人於反掌，翻疑古人之不足法，豈其然歟？前人有拆舊料蓋新房之喻，繩尺不越，軒檻殊觀焉。運用在一心，臨證如臨敵，選藥如選將，求其至當而後已。

《活幼心法大全·周京序》 善矣，先輩陳邦瞻之序《活幼心法集》曰：世之不得已而用者二，兵之於敵，藥之於病是也。是二者，其道皆以攻伐爲事，以克爲功，以速爲巧。而世醫不諳病機，損之則疑實，而益之則疑虛，燠之則疑陽，而冷之則疑陰，於是曲爲調停之論，以圖持久之計，而嘗處於不見功不見害之間，久之而功愈遠，害愈近。此猶庸將握兵，智勇俱困，齷齪自保，而徒卑詞重幣，乞盟於敵，冀其自退。敵脆，可也；敵堅，蔑不覆矣。蓋凡病盡然。

《醫方集解·凡例》 服藥節度，有食前食後之分，古今相傳，罔敢或異，愚謂不然。凡人飲食入腹，皆受納于胃中，胃氣散精于脾，脾復傳精于肺，肺主治節，然後分布於五臟六腑，是胃乃人身分金之鑪也，未有藥不入胃，而能至于六經者也。況肺爲華蓋，葉皆下垂，以受飲食之薰蒸。藥入胃脘，疾趨而下，安能停止？若有停留，則爲哽爲噎。未聞心藥飲至心間而即可入心，肺藥飲至肺間而即能入肺者。若上膈之藥，食後服之，胃中先爲別食所填塞，須待前食化完，方能及後藥，是欲速而反緩矣。且經脈在肉理之中，藥之糟粕，如何能到，其到者不過氣味耳。若云上膈之藥，須令在上，下膈之藥，須令在下，則治頭之藥，必須入頭，治足之藥，必須入足乎？此理之顯明易見者。但此法相傳已久，集中一仍其舊，不敢擅改，然不能無疑，附記于此，以質明者。

《醫經允中·治病必求其本》 聖人不治已亂治未亂，不治已病治未病，故教人治病必求其本。然《經》中言本者有二，有標本之本，如急則治其標，緩則治其本是也。有本末之本，如治病必求其本是也。蓋人之病，不外於內傷外感。然外感之症少，內傷之症多，《經》云：怒傷肝，喜傷心，悲傷肺，思慮傷脾，驚恐傷腎，是內傷之症皆由于七情，而心統性情也。《經》云：心者，五臟六腑之大主，神明出焉。是心爲一身之本矣。又曰：腎藏精，精合志，腎精虚則志氣衰，志氣衰不能上通於心，則心腎不交而爲病。是水火不相射，而實交相濟也，故孟子曰：殀壽不二，修身以俟之。而修身之道，無過養心，莫善於寡欲，一言而已。凡病之生也，每多虚火上炎，或溺愛治容，不惜身命，荒耽無度，謂之外感之慾。或邪緣未了，遊思妄想，固結不解，謂之内生之慾。二者綢繆染着，銷鑠元精，不可救藥。若能以禮制心，欲念一生，隨起隨滅，則心火不炎上，腎水自不潤下，心腎交而既濟矣。人苦不知足，或安享豐腴，猶得隴望蜀，籌算錙銖，謂之形樂志苦。人每不安命，或朝夕奔馳，尚營謀不遂，焦心勞思，謂之形神俱瘁。二者之業，雖非淫慾，實損元神，若能知命寡營，澹泊明志，隨境而安，則心君泰然，百體從令，雖盧扁無所施其能矣。總之，一切聲色貨利染得輕，一切榮辱得失看得破，萬緣放下，毫無罣礙，則心地光明，胸襟瀟灑，自然氣和神暢，神暢體舒，即櫛風沐雨，無非佳境，何疢疾之足慮哉？《大學》所云心廣體胖，其明驗矣。《老子》曰：人能遣其欲而心自靜，澄其心而神自清，自然六欲不生，三毒消滅。至哉言也！今之人不務本之求，但知草根木實爲治病之良藥，抑末也。不求其本，病入膏肓，徒咎於藥，奚益哉。

附錄　高忠憲先生云：某去年得胸膈之疾，殆矣，急勇擺脱一切世事，盡情棄捨，終日怡怡，觀大化流行。久之，身心内外，瑩然朗徹，病亦自愈。

《醫經允中·養生宜遵孔夫子戒》　聖人當日憫世人不能修身立命，指出自少至壯至老，一生疾病，有戒律三條：曰得、曰鬬、曰得，此人所犯之病原也。又曰未定、方剛、既衰，此夫子之察脈也。節節皆從血氣盈虚上看出，此夫子之審症也。三言戒之者，嚴申克治之方，此夫子投其良劑也，聖人可稱大醫王矣。雖然，少之時，誰無爭競貪得之心乎？及壯，誰無耽淫謀利之念乎？至老，豈無動慾好勝之意乎？似三者不必以年計，不知當未定、方剛、既衰之候，其病爲尤甚。故夫子至再至三曰戒之。戒之者，欲人人各正性命，保合太和已也。凡患病者，多因色慾傷腎、怒氣傷肝、勞倦傷脾所致。能守是戒，乃于熱焰中一服清涼散耳。

附錄　飛霞子曰：天地萬物，氣成形也。不位不育，病之由也。人之養氣踐形而致中和者，醫之道也。夫醫而至于鍼砭藥餌，第二義矣。《易·無妄》九五曰：無妄之疾，弗藥有喜。孔子曰：無妄之藥，不可試也。此最上義也。愚謂人當不悞用精神于平日，不欲求速效于病時，無病日如臨深履薄，有病時視生寄死歸。如是則弗藥有喜也，反是皆以身試藥矣。

《醫經允中·藥不執方》　《内經》云：凡治病，必先度其形之肥瘦，以調其氣之虚實。實則瀉之，虚則補之，無問其病，以平爲期。此數語，實治病之大綱領也。夫天地之道，不外陰陽五行，而人身一小天地，亦豈有外于陰陽五行？故陰陽和則無病。病者，陰陽之偏勝也，藥者，各走經絡，非補即瀉，陰陽之偏者也。治病者，因臟腑之偏勝，而以補瀉之藥救正之，使之適得其平而止。則起死回生，全在和平其臟腑，豈有執一定之方，可以應無窮之症者，如拘執程方，但于疑似之際，似某症則以某湯主之，或内寒而外熱，尚用白虎、青龍，或上盛而下虚，即用十全、四物。致虚虚實實，損不足而益有餘，不致殺人者鮮矣。但能審脈之浮沉遲數，辨症之寒熱虚實，如某經虚寒，即以某經溫補之藥治之，某經實熱，即以某經寒瀉之藥治之，凡補瀉寒溫，一隨經絡之偏勝而行所無事。

總之因病以立方，斷不執方而治病，又何病之不可愈，何方之可執哉？或者曰：無作聰明亂舊章，聖賢已戒之矣。子識見雖高，未必超于劉李張朱之上也。不遵古方，豈非剛愎自用乎？愚意不然。夫軒岐仲叔，醫家之孔孟程朱也，劉李張朱，猶儒家之韓柳歐蘇也。使爲良醫者，治病用藥，必遵古方而不變，則爲名士者作文用古，必當抄襲雷同，一字而不可易也，有是理乎？況劉李張朱，其書咸在，亦各抒所見，求當乎理而已。未(常)〔嘗〕張之同乎劉，朱之同乎李也。使程方可執，仲景而後，可無書矣，何劉李張朱之多贅也。且千百年來，時異勢殊，不知幾經變易矣，使古名醫而至今存，猶然執此數方也，亦斷無是理矣。

總之，禹稷顏子，易地皆然，使愚生數百年之前，用藥自與古人同。使古人生於今之時，用藥斷未必與己異也。但師其意，不拘其迹可也。或又曰：子之用藥，不遵古方，是矣。但所用之藥，止此數味，豈今人之病，皆相似耶？而不知非然也，夫千百人之面目各異矣，未嘗外于五官也，用藥者之君臣佐使各異矣，未嘗外于五臟也。治病者，但各隨經絡，即于庸常之藥，配合輕重之間，神而明之，斯善矣。若惡庸常而求珍異，是不特舍正路而由邪徑，且必欲乘牛車而入鼠穴矣，吾不解其意也。柳柳州有云：蜀之南，恆雨少日，日出則犬吠。當今之時，而不用古方，亦蜀之日也。其不爲庸惡訕笑者幾希。

《雜症大小合參·王纁序》 人受天地之中以生，天地間陰陽五行之氣得其中，風雨節，寒暑時，而人之起居服食與其視聽言動、喜怒哀樂之節無所過，則心和而形和，形和而氣和，氣和而天地之和交應，此所以長生久視，其效極於天地位，萬物育，盡性以至命也。然而日星之宿離不齊，動散潤暄之序，時或爽於生長斂藏之候，而地氣之剛柔燥濕寒煖，亦不無高下山澤之殊。苟情性少乖，不能固於肌膚筋脈之會，則戾氣感之，不能無病。病不必死也，而生之者醫也。病固不必死也，而死之者亦醫也。草根樹皮，善用之，皆神丹上藥也，不善用之，葠苓即鴆毒也。視其病而操生之殺之之權，信其術而授權於生之殺之之手，故其道不可以不講也。古之人明於四時五節六氣之變，達於五味六和五聲五色之宜，寫形聽聲，切脈望色，洞見五臟癥結，聞病之陽，論得其陰，聞病之陰，論得其陽，乃能調和血氣，起死肉骨。故曰：不通天地人，不可以言儒。不通天地人，不可以言醫。參天贊化至聖至誠之能事，良醫實與同功也。

《雜症大小合參·自序》 大哉！醫道之不可不知也。慎哉！醫道之不可不深知也。人不知醫，則養生之道何以明，良相之心何以濟？然知之而不深，其患尤甚。病有虛虛實實之變，法有正治、從治、標本、攻補、先後之宜。識認不清，龍雷者治作實火，中空者治作內餘。血虛作楚，治作風邪外束，火冒頭疼，治作太陽受寒。腎虛作瀉，治作脾胃內傷，燥澀膈噎，治作痰火鬱滯。無根脫氣上衝，治作有餘消導，腎虛奔豚遊痛，治作血塊峻攻。以至脾虛困倦之瘧疾，誤爲肝強而削伐，勞傷虛襲之微邪，誤爲傷寒而重疏，困倦內傷之微滯，誤爲傷食而重攻。且外微熱而裏和思食，少少進食何妨，因微熱而嚴禁之，每多餓死之冤。表氣虛而畏寒怕風，微微養衛最宜，疑外感而遽汗之，常有亡陽之歎。不顧本而徒顧標，標未盡而本先拔，縱標盡而何功？不切脈而惟問候，候有誤而脈無虛，候若異而何據？守千古以上之成方，奈千古以下之人，病情不合，讀萬載傳流之證論，嗟萬載傳流以下，厚薄迥殊。本厚者何妨忘本攻邪，本淺者理宜顧主逐客。凡此種種，察治稍乖，安危頓異，豈不難哉！

《雜録大小合參·附録良醫格言》 一、凡置備藥材，必須重價選買上品，謹察雷公立法，按時處製收藏。有應依方修合者，有應因病隨時加減者，立方細倣古哲至意，勿可杜撰撮合試人。湯散宜近備，丸丹宜預製，庶可隨病利濟，勿致臨用縮手。

一、治病與治家之理實同。凡人不惜元氣，斲喪太過，則百病生焉。輕則身體支離，重則有傷性命。治家若不凡有所蓄，隨其大小，置買產業以爲根本，既有恆產，不但可存我之恆心，更可爲子孫立恆心矣。若不固根本而尙奢華，饋送往來，求奇好勝，銀會酒會，流蕩日生，日用不節，肥甘厚奉，輕則無積，重則貧窘，口腹一身爽快，窮苦子孫受虧。況澹泊惜祿，乃長生之術，窮奢極欲，乃促命之基。即祖宗不歸罪於我，而我寧無慚愧以見子孫乎？故曰：廣求不如儉用。何人不爲遠慮，直至饑寒無措，悔之已無及矣。

一、凡診視貧窘之家，及孤寡煢獨，尤宜格外加意。蓋富貴者不愁無人調治，貧賤者無力延請名師，何妨我施一刻之誠心，他便得一生之命活。至於孝嗣賢婦，因貧致病者，付藥之外，量力周給。蓋有藥而無飲食，同歸於死，務必生全，方爲仁術。至於遊手流蕩貧病者，不必憐惜。

一、凡當道官府延請，尤宜速去診視。蓋富貴者性急而躁，何苦延緩片時，受彼怨尤輕薄。至於病愈之後，切勿圖求匾禮。蓋受人賜者常畏人，況富貴之人，喜怒不常，求榮常多受辱。至於說人情，圖厚利，尤多變生罪戾，牽涉蕩費己財。故清高之術，尤必要立清高之節。

《雜症大小合參·論富貴貧賤之病不同》 凡醫家治病之誠，當無存富貴貧賤之分。然欲求之病情，應有富貴貧賤之別。何也？富貴之人，多勞心而中虛，筋柔骨脆。貧賤之人，多勞力而中實，骨勁筋強。富貴者，膏粱自奉，臟腑恆嬌；貧賤者，藜藿苟充，臟腑恆固。富貴者，曲房廣廈，玄府疏而六淫易客；貧賤者，茅茨陋巷，腠裡密而外邪難干。富貴者，縱情極慾，慮遠思多，銷鑠無非心腎之脂膏；貧賤者，少怒寡慾，願淺易足，所傷無非日生之氣血。故富貴之病多從本，貧賤之病每從標，實有異耳。

高世栻《醫學真傳·方藥》 品方用藥，豈非醫之長技哉。某藥合某方，某方治某病，輒取而用之，父傳師授，皆是術也。夫立方如舉子作文，隨題意而闡發無遺，用藥如軍師遣將，知敵情而因材器使。經云：視精明，察五色，觀五藏有餘不足，六府強弱，形之盛衰，以此參伍，決死生之分。必如是而後可言醫。若執方治病，而不明五運六氣之本，經脈生死之原，概以爲頭痛則散之發之，而陽虛頭痛受其害矣。脹滿則消之泄之，而氣虛中滿受其害矣。

身熱則涼之，而陽虛發熱受其害矣。燥渴則寒之，而津液内竭受其害矣。仲師序云：不念思求經旨，以演其所知，乃各乘家技，終始順舊，欲視死別生，實爲難矣。由此觀之，則成方不足重，用藥實爲難。方技之醫，盍改弦易轍，而加之意乎。

《脈理會參·吴菘序》 善覘國者，不以城郭甲兵，謀臣策士，而察人心之向背，究倫理之從違，則國之興亡以決。善覘病者，不以形貌肥瘠，飲食豐耗，而審精神之聚散，辨脈候之疑似，則病之生死以明。蓋微乎微乎，非淺率者所能善也。

《醫權初編·論立方當先立案》 醫者立方，當先立案。案，即作文之題也。案立某脈兼某脈，某症兼某症，平素強弱，某臟素病，某日得病，曾服某方幾帖，年紀若干。一症一脈，猶單題。數症數脈，猶搭題。看題中當重某字某句某節，或單重，或並重，或少帶，字字射題，自中肯綮矣。若不先立醫案，則標準不的，勢必想入成方。方雖可觀，何能見效？爲其吃緊處不得也。何異作文者忘卻題眼，勦襲陳文，文雖可觀，與題何涉乎？

《醫權初編·論用藥戒濫竽術》 經云：毒藥攻邪，五穀爲養。是知攻邪必以毒藥，調養必以五穀也。藏氣之偏者爲病，藥氣之偏者爲毒。病亦毒也，以偏救偏，以毒治毒，但使歸于中正而已。故《書》云：若藥不瞑眩，厥疾不瘳。但有似是實非，不可顛倒誤施。故經云：毋實實，毋虛虛。又，中病即上，不可過劑。故經云：大毒治病，十去其六。中毒治病，十去其七。小毒治病，十去其九是也。吾觀今之醫人，見解不透，恐瞑眩之劑用之不當，立刻取咎，姑取中平藥數十種，俗號爲菓子藥，加以世法，濫竽于衆醫之中。病之淺而將退者，適奏其效，不知此病不服藥亦痊，若病之深者，適足養虎貽患也。此醫馳名甚衆，謂其穩妥而樂服也，見用瞑眩之劑，反指爲霸。譬如阿諛逢迎，碌碌無奇者，舉世悦之，而剛正直諒者，反畏而遠之，羣起而笑之也，可勝嘆哉！雖然，其賢於寡聞淺識，粗心浮氣，誤用剛猛之劑而殺人於俄頃者，又不無優劣于其間矣。

《顧氏醫鏡·通論·醫道積習通弊論》 嘗聞伊川先生有言：士生斯世，而無功德及物，乃是天地間一蠹耳。因思范文正公云：願達則爲良相，窮則爲良醫。噫！大丈夫之不遇於時者，庶幾有能氏之風乎？然而有志而未逮也。居無何，先大人患熱症，病甚篤，徧求醫，有薦者曰：某良工也，某上行也。急延之。有毀者曰：某賤工也，某不行也。遂舍之。自主補之議，皆曰高，而參朮之藥入。自主瀉之言，俱稱是，而硝黃之劑投。自主寒之論，共讚出奇，而桂附之方用。自主熱之説，僉云有理，而芩連之湯進。薰蕕莫辨，是非弗知，卒枉死於藥，爲終天恨，此不知醫之禍也。於是奮志醫書，誦《靈》《素》，讀《金匱》，探百家之菁英，究諸藥之功能，思起天下後世，沈疴殘疾，而生全之，以稍償百身莫贖之罪，豈爲藉區區一刀圭之術，以鳴一鄉一時哉。故不憚勞尫體，三十年來，焚膏繼晷，孜孜矻矻，纂述《醫鏡》《醫要》二編，冀振頹風。家貧，剞劂不克以自任，徒賫志莫伸云爾。

竊念今日，聖帝德流，億兆無不沾恩，而醫學舛謬，疲癃每多塗炭，苟無人焉起而正之，將誤天下蒼生者，何時而已耶。吾郡最稱人材之藪，其間通經綸，識時務，出類拔萃者非少，或獨善其身，而不言者有之，或恐招衆謗，而不言者有之。吁！余何人斯，而敢爲正醫道得失哉？余思之，余再思之，設亦鉗其口，結其舌，其自爲計則得矣，如有救蒼生夭枉之心，則不能矣。余之更爲此論也，急欲以明道，蓋不得已也。

昔賈洛陽治安策，言當年時勢，可爲痛哭者三，可爲長歎息者二。如冬月正傷寒，此宗仲景踵矣，而不知仲景生於漢時，風氣猶厚，居於北地，土高嚴寒，故其發表，均用辛熱重劑。若在南方，寒不甚嚴，上古漸遠，元氣漸薄，凡用表散，祇宜辛溫輕劑，其春溫夏熱之解表，則宜辛涼辛寒之品。其法則可師，而其藥不可泥，非違仲景也，變而通之，以從時地也。許學士云：吾讀仲景書，宗仲景法，未嘗專用仲景方。景岳云：余治傷寒，多非本門正方，隨手輒應。斯眞善學仲景者矣。嘉言論仲景傷寒篇中所載辛熱諸方，多爲誤汗吐下，故不得已而從權暫用回陽，辨之甚明，人不細審，見爲成法，轉相效尤，甚至春夏秋三時感冒症中，亦恣用無忌。大概病家，輒稱感風寒，受寒濕，見用溫熱，則情投意合。更於酷暑時令，閉窗下幃，和衣覆被，致病者躁擾無奈，欲飲冷水，欲投入井，反謂陰躁，禁與寒涼，因枉其生。展轉戕害，尚不覺悟，而不自改過矣，乃猶阻他醫之寒藥，豈不愚哉。嗟夫！溫熱瘟疫等病，皆熱病也，從無感寒，陰自何來？即傳經傷寒，亦係熱病，雖傳三陰，名爲陰分，總屬熱邪，均宜清解爲主，有下症則下之，與嚴冬寒邪，即直中少陰腎經，而爲陰症，應用乾薑桂附者，萬萬不同。

嘉言明有陽症忽變陰厥，萬中無一，從古至今無一之説。吴又可有世間罕有陰症，若誤引節菴冷過肘膝，脈來無力爲陰，而竟投桂附，下咽必斃之論。余每宗治外感症，活者甚衆，亦曾有白虎四生之說，諄諄相告，乃猶不加察，反譏余之善用寒涼。一見手足厥冷，發呃吐蚘，筋跳肉動，仍疑爲陰症，而投熱劑，千中千死，萬中萬死。間有一二臟厚，耐毒不死，或素陰寒，或過用寒涼，與藥偶合得生，遂爲再造奇方，附桂神丹。此今時治外感之通弊，可爲痛哭者一也。如雜症之虛勞，盡屬陰虛，大要宜壯水清金，培脾建中，一以寒甘爲主，大劑久服，終有裨益。向緣方書，氣血陰陽混列論治，是以後人漫無指歸。每見治斯症者，見其畏寒足冷，輒用八味引火歸元，是抱薪救火，而上焦愈熱。更有因泄瀉而投以理中之燥熱，復助陽劫陰，補中之升提，愈使陰火上逆。又有因寒熱鼻塞，頭脹微痛，遂用辛溫升散以發表。婦女骨蒸，血枯經閉，遂用辛熱行血以通經，皆令促其速斃。

又如腫脹一症，(令)〔今〕人亦不審其因食因痰，思所消之，因水因血，思所行之，鬱氣凝結，何藥開之，脾腎虛傷，何力補之。彼曰：我宗薛氏也。此曰：我宗趙氏也。勿論寒熱，無分虛實，概投腎氣補中等湯，比比受害。又如膈症，實症者可治，血衰液耗火炎者，本難挽回，今復投以補氣健脾，香燥開鬱等劑，致求延捱時日而不可得。他如陰虛痰火之用薑半藿蔻，類中之概投六君參附，下痢之妄施八味理中，中暑冷汗脈虛之誤用溫熱，産後瘀血未淨之遽用補益，常見服藥之後，輕者益篤，重者即殞。此今治雜症種種之通弊，可爲痛哭者二也。又有老人天眞漸絕，祇有孤陽，譬如樹則滋膏乾少，今乃血枯精絕之軀，不補陰之是務，而反用純陽之桂附，劫盡殘陰，是猶枯木而加之烈火也。禍也福也，此言故亦自有說。趙氏以人身譬之走馬燈，火盛則動速，火微則動遲，火熄則不動。景岳亦言眞陽爲人身之大寶。嘉言於中寒門，謂治病者以貴陰賤陽爲藥石，則治乖其治，後述高年妾多，服參附湯之如意。由是而補火之藥，舉國信用而不惑。獨不思火之盛衰，係於油之多少。然曰五臟者主藏精者也，不可傷，傷之則失守而陰虛，陰虛則無氣，無氣則死。非油盡則火滅之謂與？又不考景岳後言：余及中年，方悟補陰之理，活人之效，不能盡述。又言：陽和之火則生物，亢烈之火則害物。嘉言亦即於中寒門復云：辛熱始先不得已而特用，陽旣安堵，即宜養陰，不可多服，轉生他患。又言：盞中加油，則燈愈明。就二公之言，以觀其意，見皎然矣。故治老人大要，宜用添精塡髓，血氣有情之劑，峻補其陰，方是良法。今人未悟此理，而老人又自妄用桂附，助陽逞慾，致令一團熱火内燔，灼盡津液，促其天年。此今時治老人之通弊，可爲痛哭者三也。

在昔，軒轅帝而醫，岐伯相而醫，稚川、洞賓仙而醫，弘景、思邈隱君子而醫，仲景、孟(銑)〔詵〕士君子而醫，未聞有婦女而醫也。昔人云：通天地者曰太醫，讀書窮理曰儒醫。醫操性命之權，責極重而極難。故具七尺之軀，堂堂男子，尚嗟《靈》《素》之渾渾無涯，畏《金匱》之詰屈聱牙。今乃巾幗之流，偶拾幾方，專恃口給，詭言神授，假託秘傳，亦儼然自附爲醫。試問其脈果能辨浮沈遲數大小滑濇二十八脈之體象，及主用兼脈也？試問其藥果能明諸品之升降寒溫平毒之性，及主治參互之宜遵，簡誤之宜避也？試問其立方果能別奇偶大小緩急復七方之應用何方，宣通補瀉輕重滑濇燥潤十劑之應投何劑，以及君臣佐使之義耶？試問其治病果能分在表在裏、爲寒爲熱、屬虛屬實，是邪是正之八要，以及至虛似實、大實似虛、陰極似陽、陽極似陰之疑症也？縱云閨中之傑出，曰工而曰神，然究非婦人之所宜爲也。《禮》曰：婦人敎令不出閨門。又曰：女不言外。又曰：男女授受不親。其有無食無兒，垂斃老媪姑置不道，而治容靚妝，輿從而出，男女混雜，共處談笑，旁人且醜之，彼獨恬然不知媿，尤駭其夫及父子兄弟，亦樂此而不爲怪，吾甚惑焉。倘所謂醫魔，是耶非耶？撓亂吾大道，點蟣吾斯文，醫事之醜，可爲長太息者，此弊一也。

昔狄梁公未第時，曾假事以扶危，陸宣公解組歸，嘗集古方以惠世。前朝王節齋、王宇泰、聶六吾，皆各掇科甲，身居當路，猶且究心醫藥，集《明醫雜著》，纂《(症)〔證〕治準繩》，著《活幼心法》，澤被當時，功及後代。夫醫誠士君子之經濟，其道不可不重，其品不可不立，故交際之間，不得不難於待下，而難於待上。大凡富多任性，貴多自專，順之者是，逆之者非，自然之理，但病有虛實，故方立補瀉，虛者不可強而瀉也，寒者不可強而補也，由我則愈，不由我則殆。設偏執己見，忠告弗聽，或倨傲鮮腆。禮貌不恭，則卷舌淵默其志，悠然而去，是則明哲士耳。若富貴之家，延醫滿坐，主見各持，則是者從之，非者婉辭辨析之。倘疏不間親，寡不勝衆，道旣不行，則寧爲好好先生，唯唯而退，毋再較短論長，反貽妬賢嫉能、量淺器小之譏。夫道之不明也，是我醜也，道旣明而弗用，是彼醫之無良，病者之不遇也，吾何醜焉。

今之醫則反是，甚者巧言悅聽，諂媚取容，又甚者不邀自赴，又甚者沿門求售。在市井之流，固不足論，而衣冠之輩，亦有蹈此者，雖因衣食交謫，然士人安貧樂道之謂何？而忍爲之也。稽之宋朝，有茅山道士，工醫術，不輕售。一士乃衣僕衣進謁，願供弟子職，而始得就診治，其重道立品，乃至如此。何業醫者未之前聞，而更有爲愈出愈奇，難述難言之舉動，乃至如此！貽學士大夫之恥笑，招庸人豎子之輕侮，醫風掃地，可爲長歎息者，其弊二也。至如縉紳家眷，每忌望(問)〔聞〕，而無聲色之參伍，惡詳問，而避多言之庸劣。不知望聞問切，古聖尚不偏廢，今舍三而取一，況有井一未明，而欲不失病情，萬萬不能。及有急性者，遭遲病每更醫雜投，欲速效而反速害，重病者用輕劑，如車火杯水，不大膽而貽大禍。更堪笑者，如病已陰虛咳嗽，反謂服地冬貝母枇杷葉之類，則成虛勞，症屬大實極熱，僉云宜參朮歸附桂之品，恐防虛脫。嘗見探疾親切，自逞明鑑，言虛道實，指熱稱寒，搖亂人心，莫知所就，求卜無靈，陷害死亡。每聞延醫不至，或有氣質相加，果明良耶，其人必端非能激之可致。如庸淺也，其術不工，何必強之使來。復奇病家，最喜議酌包痊，自謂一無妄費，深得勝算，而醫者不料病變難測，但知惟賄是圖，冀倖成功，多致重財損命，嗜利者遭辱，或至追悔而無及。又如毀牌凌醫之事，每出朱門，故富貴人愈危篤，則藥愈平淡，皆思免怨避禍，誰顧養病害身。若宜溫補者，或不至死，倘應寒瀉者，決難保生。如此之弊，難以悉數。

余今披心腹，竭螢明，聊指諸訛，略陳積習，伏冀業醫仁人，衛生君子，不厭瑣聽，得賜同覽，恕其狂妄，鑒此愚誠，俯採芻蕘，互相倡導，共紹道之眞傳，同挽時俗之流弊，將見由近以及遠，由今時以及將來，其德其功，寧有量哉！而余之素願，不亦愜乎。然猶有憾者，倘先大人有靈，尚必起九泉而責之曰：小子何岐黄之義，弗當年之是究，使我半百而殺於庸醫之熱藥乎？嗚呼！痛哉，懼哉。余故嘗歎且泣下而言：凡爲人子者，不可以不知醫。

《格言彙纂·論治大綱》 病在胸膈以上者，先食而後服藥。病在心腹以下者，先服藥而後食。病在四肢、血脈及下部者，宜空腹而在旦。病在頭目、骨髓者，宜飽滿而在夜。

藥氣與食氣不欲相逢，食氣稍消則服藥，藥氣稍消則進食，所謂食先食後，蓋有意在其中也。

治病當明八要，表裏虛實寒熱邪正也。表者，病不在裏也。裏者，病不在表也。虛者，五虛也，脈細皮寒氣少，飲食不入，泄痢前後是也。實者，五實也，脈盛，皮熱，腹脹，悶瞀，前後不通是也。寒者，藏腑受其積冷也。熱者，藏腑受其積熱也。邪者，外邪相干，非藏臟正病也。正者，藏腑自病，非外邪所中也。審此八要，參以脈症，庶不致誤。治病當辨陰陽寒熱，藏腑氣血表裏，標本先後，虛實緩急陰陽。陰陽者，陰血爲病，不犯陽氣之藥，陽旺則陰轉虧也。陽氣爲病，不犯陰血之藥，陰盛則陽轉敗也。寒熱者，實熱則瀉以苦寒鹹寒，虛熱則治以甘寒酸寒，外寒則辛熱辛溫以散之，中寒則甘溫以益之。藏腑者，經曰：五藏者，藏精而不瀉者也。故有補無瀉者，其常也。受邪則瀉其邪，非瀉藏也。六腑者，傳導化物糟粕者也。邪客者可攻，中病即已，毋過用也。氣血者，氣實則宜降宜清，氣虛則宜溫宜補。血虛則熱，補心肝脾腎，兼以清涼。血實則鬱，輕者消之，重者行之。表裏者，病在於表，毋攻其裏，恐表邪乘虛陷入於裏也。病在於裏，毋虛其表，恐汗多亡陽也。標本先後者，受病之源根爲本，目前之多變爲標。五虛爲本，五邪爲標。標急則先治其標，本急則先治其本。虛實者，虛症如家貧室內空虛，錙銖累積，非旦夕事，故無速法。實症如寇盜在家，開門急逐，賊去即安，故無緩法。

《四診抉微·自序》 夫詣泰華者，非濟勝之具，不能以登其巔，涉江漢者，非舟楫之用，未足以達其源。是以師曠不廢律呂以作樂，般倕難舍繩墨以成器，在宗匠亦必借資於物，而成其工巧，技藝之士，又豈能舍規矩而成方圓者哉！余嘗遊於藝，因維醫之爲道，先哲往往比類於鹽梅，此無他，以其調變之功，與操鼎鼐者埒耳。上古有熊御極，咨詢六臣，闡微窮奧，首重於診，諄諄三復，亦以其審陰陽，察虛實，視表裏，莫不由於此也，如臨河問津，捨梁筏又烏能飛渡耶。

《幼科直言·送方送藥説》 凡送方送藥者，必先求其無害，而後求其有效，始稱完全功德。如小兒嬭癬瘡方，傳者甚衆，搽上即愈，其後遺害不小，可不慎乎。故方必始終無害，乃可流傳，若一概施之，功小害大，誤人不淺。即如吐血虛弱等症，亦不可概施於人，恐陽藏陰藏不同，虛實各異，倘一錯傳，爲害尤甚。至害眼生瘡藥物，種種不同，誤事亦多，皆宜慎之。其方內藥料太貴者不宜用，恐貧乏者無力取買，或路僻取藥不便，妄爲改換，反致有誤。高明者幸酌量之。

《四明心法·診法》 治病之要，在臨症時，先察內外，臟腑、經絡、新久、虛實、食痰氣血，纔以脈合之。〔王汝謙補注〕《脈經》一書，拳拳以診法示人，而開卷便云：觀色察形，彼此參伍，以決死生。可見望聞問切，診家不可忽一。《難經》以切位四診之末，則知望聞問之間，其於病情之大段已得，不過再診其脈，看病應與不應耳。乃近來迎醫服藥者，不惟不先言其所苦，甚至再三詢叩，終於默默，而隱疾以困醫者。

《静香樓醫案·柳寶詒序》　竊念近時醫學荒廢，其簡陋剽襲，毫無心得者無論已，間有鑽研古籍，不知通變者，動輒以仲景爲家法，而咎今人不能用古方，目爲庸陋。其實古方今病，往往枘鑿不相入，執而用之，僨事者多矣。

《醫學讀書記·方法餘論》　治外感必知邪氣之變態，治內傷必知臟腑之情性。治六淫之病如逐外寇，攻其客毋傷及其主，主弱則客不退矣。治七情之病如撫亂民，暴其罪必兼矜其情，情失則亂不止矣。

營道者知其雄守其雌，制方者知其奇守其正。

攻除陳積之藥，可峻而不可駃，宜專而不宜泛，駃則急過病所，泛則搏擊罕中，由是堅壘如故而破殘已多，豈徒無益而已哉。母之與子，氣本相通，母旺則及其子，子旺亦氣感於母，故《刪繁論》云：肝勞病者，補心氣以益之，餘藏皆然。則不特虛則補其母一說已也。

陽與陰反，然無陰則陽不見矣。邪與止反，然無正則邪不顯矣。是以熱病飲沸湯而不知熱，痿痺手足反無痛者，陰盛而無與陽忤，正衰而不與邪爭也。如是者多不可治。

木水有相通之妙，金水有相涵之益，故不特木能生火，而火亦生木，不特金能生水，而水亦生金。水之生金，如珠之在淵，火之生木，如花之含日。

《醫學讀書記·尤怡跋》　夫治病猶治國也。治國者必審往古理亂之事迹與政治之得失，而後斟之以時，酌之以勢，而後從而因革之。治病者必知前哲察病之機宜與治療之方法，而後合之氣體，辨之方土，而從而損益之。蓋未有事不師古而有濟於今者，亦未有言之無文而能行之遠者。

《醫學心悟·凡例》　醫門論治，本有八法，而方書或言五法，或言六法，時醫更執偏見，各用一二法，自以爲是，遂至治不如法，輕病轉重，重病轉危，而終則至於無法，大可傷也。予故著爲醫門八法，反覆詳論，俾業醫者沉酣於八法之中，將以扶危定傾，庶幾其有活法矣。

《醫學心悟·醫中百誤歌》　醫中之誤有百端，漫說肘後盡金丹，先將醫誤從頭數，指點分明見一班。醫家誤，辨證難，三因分症似三山。內因、外因、不內外因，此名三因。三山別出千條脈，病有根源仔細看。治病必求其本，須從起根處看明。醫家誤，脈不真，浮沉遲數不分清。卻到分清渾又變，如熱極脈濇細，寒極反鼓指之類。胸中了了指難明。扁鵲云：持脈之道，如臨深淵而望浮雲，胸中了了，指下難明。醫家誤，失時宜，寒熱溫涼要相持。時中消息團團轉，惟在沉潛觀化機。寒暑相推者，時之常，寒暑不齊者，時之變。務在靜觀而自得之，正非五運六氣所能拘也。醫家誤，不明經，十二經中好問因。經中不辯循環理，管教陽症入三陰。六淫之邪，善治三陽，則無傳陰之患。醫家誤，藥不中，攻補寒溫不對症。實實虛虛誤匪輕，舉手須知嚴且慎。用藥相反，厥禍最大。醫家誤，伐無過，伐無過，謂攻伐無病處也。藥有專司切莫錯。引經報使本殊塗，投劑差訛事輒覆。藥味雖不相反，而舉用非其經，猶爲未合，如苓、連、知、柏，同一苦寒，薑、桂、椒、萸，同一辛熱，用各有當，况其他乎。醫家誤，藥不稱，重病藥輕輕反重。輕重不均皆誤人，此道微乎危亦甚。藥雖對症，而輕重之間，與病不相稱，猶難驟效。醫家誤，藥過劑，療寒未已熱又至，療熱未已寒更生，勸君舉筆須留意。藥雖與病相稱，而用之過當，則仍不稱矣，可見醫貴三折肱也。醫家誤，失標本，緩急得宜方是穩。先病爲本後爲標，纖悉幾微要中肯。病症錯亂，當分標本，相其緩急，而施治法。醫家誤，舍正路，治病不識求其屬。壯水益火究根源，太僕之言須誦讀。王太僕云：熱之不熱，是無火也。寒之不寒，是無水也。無水者，壯水之主以鎮陽光。無火者，益火之源以消陰翳。此謂求其屬也。醫家誤，昧陰陽，陰陽極處沒抓拿。亢則害兮承迺制，靈蘭秘旨最神良。亢則害其物，承乃制其極，此五行四時迭相爲制之理。醫家誤，昧寒熱，顯然寒熱易分別。寒中有熱熱中寒，須得長沙眞秘訣。長沙用藥，寒因熱用，熱因寒用，或先寒後熱，或先熱後寒，或寒熱併舉，精妙入神，良法具在，熟讀精思，自然會通。然時移世易，讀仲景書，按仲景法，不必泥仲景方，而通變用藥，尤爲得當。醫家誤，昧虛實，顯然虛實何難治。虛中有實實中虛，用藥東垣有次第。《脾胃論》、《內外傷辨》補中、枳朮等方，開萬世無窮之利。醫家誤，藥姑息，證屬外邪須克治。痞滿燥實病堅牢，茶果湯丸何所濟。醫家誤，藥輕試，攻病不知顧元氣。病若祛時元氣傷，似此何勞君算計。輕劑悞事，峻劑僨事，二者交譏。醫家誤，不知幾，脈動症變祇幾希。病在未形先着力，明察秋毫乃得之。病至思治，末也。見微知著，彌患於未萌，是爲上工。醫家誤，鮮定見，見理眞時莫改變。恍似乘舟破浪濤，把舵良工卻不眩。病輕藥應，易也。定見定守，歷險阻而不移，起人於垂危之際，足徵學識。醫家誤，強識病，病不識時莫強認。謙躬退位讓賢能，務俾他人全性命。不知爲不知，亦良醫也。醫家誤，在刀針，針有時宜并淺深。膿熟不針，則內潰。未熟早針，則氣泄不成膿，膿淺針深，則傷好肉。膿深針淺，則毒不出而內敗。百毒總應先艾灸，隔蒜灸法勝于刀針。《外科正宗》云：不痛灸至痛，痛灸不疼時。頭面之上用神燈。頭面不宜灸，宜用神燈照法。《外科正宗》云：內服蟾蜍丸一服，外將神火照三枝。此法不止施于頭面，而頭面爲更要。醫家誤，薄愚蒙，先王矜恤是孤窮。病篤必施眞救濟，好生之念合蒼穹。當盡心力，施良藥以濟之。醫家誤，不克己，見人開口便不喜。豈知芻蕘有一能，何況同人說道理。【略】此係醫中百種誤，說與君家記得熟。記得熟時病易瘳，與君共享大春秋。

《醫學心悟・醫有徹始徹終之理》 或問曰：醫道至繁，何以得其要領，而執簡以馭繁也？余曰：病不在人身之外，而在人身之中。子試靜坐內觀，從頭面推想，自胸至足，從足跟推想，自背至頭，從皮肉推想，內至筋骨臟腑，則全書之目錄在其中矣。凡病之來，不過內傷、外感與不內外傷三者而已。內傷者，氣病、血病、傷食以及喜、怒、憂、思、悲、恐、驚是也。外感者，風、寒、暑、濕、燥火是也。不內外傷者，跌打損傷、五絶之類是也。病有三因，不外此矣。至于變症百端，不過寒熱虛實表裏陰陽八字盡之，則變而不變矣。論治法，不過七方與十劑。七方者，大、小、緩、急、奇、偶、複，十劑者，宣、通、補、瀉、輕、重、滑、濇、燥、濕也。精乎此，則投治得宜矣。又外感之邪，自外而入，宜瀉不宜補。內傷之邪，自內而出，宜補不宜瀉。然而瀉之中有補，補之中有瀉，此皆治法之權衡也。又有似症，如火似水、水似火、金似木、木似金、虛似實、實似虛，不可以不辨。明乎此，則病無遁情矣。學者讀書之餘，閉目凝神，時刻將此數語細加領會，自應一旦豁然，融會貫通，徹始徹終，了無疑義，以之司命，奚愧焉？

《醫學心悟・內傷外感致病十九字》 人身之病，不離乎內傷外感，而內傷外感中，衹一十九字盡之矣。如風、寒、暑、濕、燥、火，外感也，喜、怒、憂、思、悲、恐、驚與夫陽虛、陰虛、傷食，內傷也。總計之，共一十九字。而千變萬化之病，于以出焉。然病即變化，而總不離乎一十九字；一十九字，總之一內傷外感而已。所謂知其要者，一言而終，不知其要，流散無窮。此道中必須提綱挈領，然後拯救有方也。

《麻科合璧・朱衣夫子序》 夫醫者，活人之道也。將欲活世人之身，必先活一己之心。雖歷來醫書不乏善本，而方之宜於一人者，未必宜於人人也。惟以活法用之，則無人不宜，遂無人不活矣。

《臨證指南醫案・高梅序》 夫用藥之道，譬若用兵，呼吸之間，死生攸係，固未易言也。是以軍有紀律，方有法度，時有進退，事有成敗，胡風雲之變，識草木之情，其機至神，又安可以小道視之哉。

《臨證指南醫案・凡例》 醫道在乎識證、立法、用方，此爲三大關鍵，一有草率，不堪爲司命。往往有證既識矣，卻立不出好法者，或法既立矣，卻用不出至當不易好方者，此謂學業不全。然三者之中，識證尤爲緊要。若法與方，衹在平日看書多記，如學者記誦之功。至於識證，須多參古聖先賢之精義，由博反約，臨證方能有卓然定見。若識證不明，開口動手便錯矣。

《方氏脈症正宗・改正湯散》 愚謂人之病於身也，寒熱虛實四字而已，病症千般，不外乎是。夫治之理，寒者溫之，熱者清之，虛者補之，實者瀉之，此一條大路而無灣曲也。偏觀諸方書中湯散，多有溫涼并用，表裏同施，或不辨氣血之偏勝，純行尅伐者有之，或不分臟腑之虛實，補瀉混用者有之，十餘味、二十味者立湯散之名，思之古人設一攔江網，待愚昧者之爲醫也，若明白者何必以古人之規耳。且湯散中藥多性雜不相對病者，反致元神之益虧也。

《雜症會心録・自叙》 醫者意也，不得其意，則雖博極羣書，而於醫茫然莫辨，得其意，則守古法而非苟同，變古法而非立異，引伸觸類，起斯人于阽危，躋生民於壽域也。余家世業岐黃，甫齠齔，即留心活人術，自《靈》《素》《內》《難》，以迄張朱劉李，亦既博聞强記矣。然往往見夫讀古人書，遵法奉行，卒多不驗。非古人之欺我也，蓋氣運不齊，方隅各異，稟賦懸殊，嗜好有別，後之人誦其詞而不能通其意，是以投劑寡效耳。余自顧樗櫟，豈能超出古人之範圍。第閱歷之餘，嘗與伯兄廣期，審脈論證，竊慨世之業此者，徒資殘編斷簡，亹亹而談，以欺世盜名，無怪乎坐而言者不能起而行，于是酌古準今。【略】誠以書不盡言，言不盡意，古人不能以意告今人，今人當以意會古人也。蘇子云：藥雖進於醫手，方多傳於古人。苟無所本於前，安能有所述于後？然而善師者不陣，得魚者忘筌，得心應手，不違乎法而不拘乎法也。

《醫學源流論・元氣存亡論》 養生者之言曰：天下之人，皆可以無死。斯言妄也。何則？人生自免乳哺以後，始而孩，既而長，既而壯，日勝一日，何以四十以後，飲食奉養如昔而日且就衰？或者曰嗜慾戕之也，則絶嗜慾可以無死乎？或者曰勞動賊之也，則戒勞動可以無死乎？或者曰思慮擾之也，則易思慮可以無死乎？果能絕嗜慾、戒勞動、減思慮，免于疾病夭札則有之，其老而耗，耗而死，猶然也。況乎四十以前，未嘗無嗜慾勞苦思慮，然而日生日長，四十以後，雖無嗜慾勞苦思慮，然而日減日消，此其故何歟？蓋人之生也，顧夏蟲而卻笑，以爲是物之生死，何其促也，而不知我實猶是耳。當其受生之時，已有定分焉。所謂定分者，元氣也，視之不見，求之不得，附于氣血之內，宰乎氣血之先。其成形之時，已有定數，譬如置薪於火，始然尚微，漸久則烈，薪力既盡，而火熄矣。其有久暫之殊者，則薪之堅脆異質也。故終身無病者，待元氣之自盡而死，此所謂終其天年者也。至于疾病之人，若元氣不傷，雖病甚不死，元氣或傷，雖病輕亦死。而其中又有辨焉，有先傷元氣而病者，此不可治者也。有因病而傷元氣者，此不可不預防者也，亦有因誤治而傷及元氣者，亦有元氣雖傷未甚，尚可保全之者，其等不一。故診病決死生者，不視病之輕重，而視元氣之存亡，則百不失一矣。至所謂元氣者，何所寄耶？五藏有五藏之眞精，此元氣之分體者也。而其根本所在，即道經所謂丹田，《難經》所謂命門，《內經》所謂七節之旁，中有小心。陰陽闔闢存乎此，呼吸出入係乎此，無火而能令百體皆溫，無水而能令五藏皆潤，此中一綫未絕，則生氣一綫未亡，皆賴此也。若夫有疾病而保全之法何如？蓋元氣雖自有所在，然實與藏腑相連屬者也。寒熱攻補不得其道，則實其實而虛其虛，必有一藏大受其害，邪入於中，而精不能續，則元氣無所附而傷矣。故人之一身，無處不宜謹護，而藥不可輕試也。若夫預防之道，惟上工能慮在病前，不使其勢已橫而莫救，使元氣克全，則自能托邪于外。若邪盛爲害，則乘元氣未動，與之背城而一決，勿使後事生悔，此神而明之之術也，若欲與造化爭權，而令天下之人終不死，則無是理矣。

《醫學源流論·表裏上下論》 欲知病之難易，先知病之淺深，欲知病之淺深，先知病之部位。夫人身一也，寔有表裏上下之別焉。何謂表？皮肉筋骨是也，何謂裏？藏府精神是也。而經絡則貫乎其間。表之病易治而難死，裏之病難治而易死，此其大略也。而在表在裏者又各有難易，此不可執一而論也。若夫病本在表而傳於裏，病本在裏而并及於表，是爲內外兼病，尤不易治。身半已上之病，往往近於熱，身半已下之病，往往近於寒，此其大略也。而在上在下又各有寒熱，此亦不可執一而論也。若夫病本在上而傳于下，病本在下而傳于上，是之謂上下兼病，亦不易治。所以然者，無病之處多，有病之處少，則精力猶可維持，使正氣漸充而邪氣亦去。若夫一人之身無處不病，則以何者爲驅病之本而復其元氣乎？故善醫者，知病勢之盛而必傳也，豫爲之防，無使結聚，無使泛濫，無使併合，此上工治未病之說也。若其已至于傳，則必先求其本，後求其標，相其緩急而施治之，此又桑榆之收也。以此決病之生死難易，思過半矣。

《醫學源流論·陰陽升降論》 人身象天地。天之陽藏于地之中者，謂之元陽，元陽之外獲者謂之浮陽，浮陽則與時升降。若人之陽氣則藏於腎中，而四布于周身。惟元陽則固守于中而不離其位，故太極圖中心白圈，即元陽也，始終不動，其分陰分陽，皆在白圈之外。故發汗之藥，皆鼓動其浮陽，出于營衛之中，以洩其氣耳。若元陽一動，則元氣漓矣。是以發汗太甚，動其元陽，即有亡陽之患；病深之人，發喘呃逆，即有陽越之虞。其危皆在頃刻，必用參附及重鎮之藥以墜安之。所以治元氣虛弱之人，用升提發散之藥，最防陽氣散越，此第一關也。至于陰氣，則不患其升而患其竭，竭則精液不布，乾枯燥烈，廉泉玉英，毫無滋潤，舌燥唇焦，皮膚粗槁。所謂天氣不降，地氣不升，孤陽無附，害不旋踵。《內經》云：陰精所奉其人壽。故陰氣有餘則上溉，陽氣有餘則下固，其人無病，病亦易愈，反此則危。故醫人者，慎毋發其陽而竭其陰也。

《醫學源流論·治病必分經絡藏府論》 病之從內出者，必由于藏府，病之從外入者，必由于經絡。其病之情狀，必有鑿鑿可徵者。如怔忡驚悸爲心之病，洩瀉臌脹爲腸胃之病，此易知者。又有同一寒熱而六經各殊，同一疼痛而筋骨皮肉各別，又有藏府有病而反現于肢節，肢節有病而反現于藏府。若不究其病根所在而漫然治之，則此之寒熱非彼之寒熱，此之痛癢非彼之痛癢，病之所在全不關着，無病之處反以藥攻之，《內經》所謂誅伐無過，則故病未已，新病復起。醫者以其反增他病，又復治其所增之病，復不知病之所從來，雜藥亂投，愈治而病愈深矣。故治病者必先分經絡藏府之所在，而又知其七情六淫所受何因，然後擇何經何藏對病之藥，本於古聖何方之法，分毫不爽，而後治之，自然一劑而即見效矣。今之治病不效者，不咎己藥之不當，而反咎病之不應藥，此理終身不悟也。

《醫學源流論·治病不必分經絡藏腑論》 病之分經絡藏腑，夫人知之，於是天下遂有因經絡藏腑之說而拘泥附會，又或誤認穿鑿，并有借此神其說以欺人者。蓋治病之法多端，有必求經絡藏腑者，有不必求經絡藏腑者。蓋人之氣血，無所不通，而藥性之寒熱溫涼、有毒無毒，其性亦一定不移，入于人身，其功能亦無所不到，豈有其藥止入某經之理？即如參芪之類，無所不補，砒鴆之類，無所不毒，並不專于一處也。所以古人有現成通治之方，如紫金錠至寶丹之類，所治之病甚多，皆有奇效，蓋通氣者無氣不通，解毒者無毒不解，消痰者無痰不消，其中不過略有專宜耳。至張潔古輩，則每藥注定云獨入某經，皆屬附會之談，不足徵也。曰：然則用藥竟不必分經絡藏腑耶？曰：此不然也。蓋人之病，各有所現之處，而藥之治病，必有專長之功，如柴胡治寒熱往來，能愈少陽之病，桂枝治畏寒發熱，能愈太陽之病，葛根治肢體大熱，能愈陽明之病。蓋其止寒熱，已畏寒，除大熱，此乃柴胡、桂枝、葛根專長之事。因其能治何經之病，後人即指爲何經之藥，孰知其功能不僅入少陽、太陽、陽明也。顯然者尚如此，餘則更無影響矣。故以某藥爲能治某經之病則可，以某藥爲獨治某經則不可，謂某經之病當用某藥則可，謂某藥不復入他經則不可。故不知經絡而用藥，其失也泛，必無捷效；執經絡而用藥，其失也泥，反能致害。總之，變化不一，神而明之，存乎其人也。

《醫學源流論·內傷外感論》 七情所病謂之內傷，六淫所侵謂之外感，自《內經》《難經》以及唐宋諸書，無不言之深切著明矣。二者之病，有病形同而病因異者，亦有病因同而病形異者，又有全乎外感全乎內傷者，更有內傷兼外感，外感兼內傷者，則因與病又互相出入，參錯雜亂，治法迥殊。蓋內傷由於神志，外感起於經絡，輕重淺深，先後緩急，或分或合，一或有誤，爲害非輕。能熟于《內經》及仲景諸書，細心體認，則雖其病萬殊，其中條理井然，毫無疑似，出入變化，無有不效。否則，傍徨疑慮，雜藥亂投，全無法紀，屢試不驗，更無把握，不咎己之審病不明，反咎藥之治病不應。如此死者，醫殺之耳。

《醫學源流論·病情傳變論》 病有一定之傳變，有無定之傳變。一定之傳變，如傷寒太陽傳陽明，及《金匱》見肝之病，知肝傳脾之類，又如痞病變臌，血虛變浮腫之類，醫者可豫知而防之也。無定之傳變，或其人本體先有受傷之處，或天時不和，又感時行之氣，或調理失宜，更生他病，則無病不可變，醫者不能豫知而爲防者也。總之，人有一病，皆當加意謹慎，滯則病後增病，則正虛而感益重，輕病亦變危矣。至于既傳之後，則標本緩急，先後分合，用藥必兩處兼顧，而又不雜不亂，則諸病亦可漸次平復，否則新病日增，無所底止矣。至於藥誤之傳變，又復多端，或過於寒涼而成寒中之病，或過服溫燥而成熱中之病，或過于攻伐而元氣大虛，或過于滋潤而脾氣不實，不可勝舉。近日害人最深者，大病之後，邪未全退，又不察病氣所傷何處，即用附子、肉桂、熟地、麥冬、人參、白朮、五味、萸肉之類，將邪火盡行補濇。始若相安，久之氣逆痰升，脹滿昏沉，如中風之狀，邪氣與元氣相併，諸藥無效而死。醫家病家，猶以爲病後大虛所致，而不知乃邪氣固結而然也。余見甚多，不可不深戒。

《醫學源流論·病同人異論》 天下有同此一病，而治此則效，治彼則不效，且不惟無效，而反有大害者，何也？則以病同而人異也。夫七情六淫之感不殊，而受感之人各殊，或氣體有強弱，質性有陰陽，生長有南北，性情有剛柔，筋骨有堅脆，肢體有勞逸，年力有老少，奉養有膏粱藜藿之殊，心境有憂勞和樂之別，更加天時有寒暖之不同，受病有深淺之各異，一概施治，則病情雖中，而於人之氣體，迥乎相反，則利害亦相反矣。故醫者必細審其人之種種不同，而後輕重緩急、大小先後之法因之而定。《內經》言之極詳。即針灸外科之治法盡然。故凡治病者，皆當如是審察也。

《醫學源流論·病有不愈不死雖愈必死論》 能愈病之非難，知病之必愈必不愈爲難。夫人之得病，非皆死症也，庸醫治之，非必皆與病相反也。外感內傷，皆有現症，約略治之，自能向愈，況病情輕者，雖不服藥，亦能漸痊。即病勢危迫，醫者苟無大誤，邪氣漸退，亦自能向安，故愈病非醫者之能事也。惟不論輕重之疾，一見即能決其死生難易，百無一失，此則學問之極功，而非淺嘗者所能知也。夫病輕而預知其愈，病重而預知其死，此猶爲易知者。惟病象甚輕，而能決其必死，病勢甚重，而能斷其必生，乃爲難耳。更有病已愈而不久必死者，蓋邪氣雖去，而其人之元氣與病俱亡，一時雖若粗安，眞氣不可復續，如兩虎相角，其一雖勝，而力已脫盡，雖良工亦不能救也。又有病必不愈，而人亦不死者，蓋邪氣盛而元氣堅固，邪氣與元氣相併，大攻則恐傷其正，小攻則病不爲動，如油入麵，一合則不可復分，而又不至于傷生。此二者，皆人之所不知者也。其大端，則病氣入藏府者，病與人俱盡者爲多；病在經絡骨脈者，病與人俱存者爲多，此乃內外輕重之別也。斯二者，方其病之始形，必有可徵之端，良工知之，自有防微之法，既不使之與病俱亡，亦不使之終身不愈。此非深通經義之人，必不能窮源極流，挽回於人所不見之地也。

《醫學源流論·病有不必服藥論》 天下之病，竟有不宜服藥者，如黄疸之類是也。黄疸之症，仲景原有煎方，然輕者用之俱效，而重者俱不效，何也？蓋疸之重者，其脇中有囊以裹黄水，其囊並無出路，藥祇在囊外，不入囊中，所服之藥，非補邪即傷正，故反有害。若輕病則囊尚未成，服藥有效。至囊成之後，則百無一效，必須用輕透之方，或破其囊，或消其水，另有秘方傳授，非泛然煎丸之所能治也。痰飲之病亦有囊，常藥亦不能愈。外此如吐血久痞等疾，得藥之益者甚小，受藥誤者甚多，如無至穩必效之方，不過以身試藥，則寧以不服藥爲中醫矣。

《醫學源流論·用藥如用兵論》 聖人之所以全民生也，五穀爲養，五果爲助，五畜爲益，五菜爲充，而毒藥則以之攻邪，故雖甘草、人參，誤用致害，皆毒藥之類也。古人好服食者，必生奇疾，猶之好戰勝者，必有奇殃。是故兵之設也以除暴，不得已而後興，藥之設也以攻疾，亦不得已而後用，其道(全)〔仝〕也。故病之爲患也，小則耗精，大則傷命，隱然一敵國也。以草木偏性，攻藏府之偏勝，必能知彼知己，多方以制之，而後無喪身殞命之憂。是故傳經之邪，而先奪其未至，則所以斷敵之要道也。横暴之疾，而急保其未病，則所以守我之巖疆也。挾宿食而病者，先除其食，則敵之資糧已焚。合舊疾而發者，必防其併，則敵之内應既絶。辨經絡而無泛用之藥，此之謂向導之師。因寒熱而有反用之方，此之謂行間之術。一病而分治之，則用寡可以勝衆，使前後不相救，而勢自衰。數病而合治之，則併力搗其中堅，使離散無所統，而衆悉潰。病方進，則不治其太甚，固守元氣，所以老其師。病方衰，則必窮其所之，更益精鋭，所以搗其穴。若夫虚邪之體，攻不可過，本和平之藥，而以峻藥補之，衰敝之日，不可窮民力也。寔邪之傷，攻不可緩，用峻厲之藥，而以常藥和之，富强之國，可以振威武也。然而選材必當，器械必良，尅期不愆，布陣有(力)〔方〕，此又不可更僕數也。《孫武子》十三篇，治病之法盡之矣。

《醫學源流論·湯藥不足盡病論》 《内經》治病之法，鍼灸爲本，而佐之以砭石、熨浴、導引、按摩、酒醴等法，病各有宜，缺一不可。蓋服藥之功，入腸胃而氣四達，未嘗不能行於臟府經絡，若邪在筋骨肌肉之中，則病屬有形，藥之氣味不能奏功也。故必用針灸等法，即從病之所在，調其血氣，逐其風寒，爲實而可據也。況即以服藥論，止用湯劑，亦不能盡病。蓋湯者盪也，其行速，其質輕，其力易過而不留，惟病在榮衛腸胃者，其效更速。其餘諸病，有宜丸宜散宜膏者，必醫者豫備，以待一時急用，視其病之所在而委曲施治，則病無遁形。故天下無難治之症，而所投輒有神效，扁鵲倉公所謂禁方者是也。若今之醫者，祇以一煎方爲治，惟病後調理，則用滋補丸散，盡廢聖人之良法，即使用藥不誤，而與病不相入，則終難取效。故扁鵲云：人之所患患病多，醫之所患患道少。近日病變愈多，而醫家之道愈少，此痼疾之所以日多也。

《醫學源流論·醫道通治道論》 治身猶治天下也。天下之亂，有由乎天者，有由乎人者。由乎天者，如夏商水旱之災是也，由乎人者，如歷代季世之變是也。而人之病，有由乎先天者，有由乎後天者。由乎先天者，其人生而虚弱柔脆是也。由乎後天者，六淫之害、七情之感是也。先天之病，非其人之善養與服大藥，不能免於夭折，猶之天生之亂，非大聖大賢不能平也。後天之病，乃風寒暑濕燥火之疾，所謂外患也，喜怒憂思悲驚恐之害，所謂内憂也。治外患者以攻勝，四郊不靖而選將出師，速驅除之可也。臨辟雍而講禮樂，則敵在門矣。故邪氣未盡而輕用補者，使邪氣内入而亡。治内傷者以養勝，綱紀不正而崇儒講道，徐化導之可也。若在刑罰而嚴誅戮，則禍益深矣。故正氣不足而輕用攻者，使其正氣消盡而亡。然而大盛之世，不無玩民，故刑罰不廢，則補中之攻也。然使以小寇而遽起戎兵，是擾民矣，故補中之攻不可過也。征誅之年，亦修内政，故教養不弛，則攻中之補也。然以戎首而稍存姑息，則養寇矣，故攻中之補不可誤也。天下大事，以天下全力爲之，則事不墮。天下小事，以一人從容處之，則事不擾。患大病以大藥制之，則病氣無餘。患小病以小方處之，則正氣不傷。然而施治有時，先後有序，大小有方，輕重有度，疏密有數，純而不雜，整而不亂。所用之藥，各得其性，則器使之道，所處之方，各得其理，則調度之法，能即小以喻大。誰謂良醫之法不可通於良相也！

《醫學源流論·五方異治論》 人稟天地之氣以生，故其氣體隨地不同。西北之人，氣深而厚，凡受風寒，難于透出，宜用疏通重劑。東南之人，氣浮而薄，凡遇風寒，易于疏洩，宜用疏通輕劑。又西北地寒，當用溫熱之藥，然或有邪藴于中，而内反甚熱，則用辛寒爲宜。東南地溫，當用清凉之品，然或有氣隨邪散，則易于亡陽，又當用辛溫爲宜。至交廣之地，則汗出無度，亡陽尤易，附桂爲常用之品。若中州之卑濕，山陝之高燥，皆當隨地制宜。故入其境，必問水土風俗而細調之，不但各府各別，即一縣之中，風氣亦有迥殊者。并有所産之物，所出之泉，皆能致病，土人皆有極效之方，皆宜詳審訪察。若恃己之能，執己之見，治竟無功，反爲土人所笑矣。

《醫學源流論·病隨國運論》　天地之氣運，數百年一更易，而國家之氣運亦應之。上古無論，即以近代言，如宋之末造，中原失陷，主弱臣弛，張潔古、李東垣輩，立方皆以補中宫、健脾胃、用剛燥扶陽之藥爲主，《局方》亦然。至於明季，主闇臣專，膏澤不下於民，故丹溪以下諸醫皆以補陰益下爲主。至我本朝，運當極隆之會，聖聖相承，大權獨攬，朝綱整肅，惠澤旁流，此陽盛于上之明徵也。又冠飾朱纓，口燔烟草，五行惟火獨旺，故其爲病，皆屬盛陽上越之症。數十年前，雲間老醫知此義者，往往專以芩連知柏挽回誤投溫補之人，應手奇效，此寔與運氣相符。近人不知此理，非惟不能隨症施治，并執寧過溫熱，毋過寒冷之説，偏於溫熱，又多矯枉過正之論。如中暑一症，或有伏陰在内者，當用大順散、理中湯，此乃千中之一。今則不論何人，凡屬中暑，皆用理中等湯，我目覩七竅皆裂而死者，不可勝數。至于託言祖述東垣，用蒼朮等燥藥者，舉國皆然。此等惡習，皆由不知天時國運之理，誤引舊説以害人也。故古人云：不知天地人者，不可以爲醫。

《醫學源流論·出奇制病論》　病有經有緯，有常有變，有純有雜，有正有反，有整有亂，并有從古醫書所無之病，歷來無治法者，而其病又實可愈。既無陳法可守，是必熟尋《内經》、《難經》等書，審其經絡藏府受病之處，及七情六氣相感之因，與夫内外分合氣血聚散之形，必有鑿鑿可徵者，而後立爲治法。或先或後，或併或分，或上或下，或前或後，取藥極當，立方極正，而寓以巧思奇法，深入病機，不使扞格，如庖丁之解牛，雖筋骨關節之間亦游刃有餘。然後天下之病，千緒萬端，而我之設法亦千變萬化，全在平時于極難極險之處參悟通澈，而後能臨事不眩。否則，一遇疑難，即束手無措，冒昧施治，動輒得咎，誤人不少矣。

《醫學源流論·治病緩急論》　病有當急治者，有不當急治者。外感之邪，猛悍剽疾，内犯藏府，則元氣受傷，無以托疾于外，必乘其方起之時，邪入尚淺，與氣血不相亂，急驅而出之於外，則易而且速，若俟邪氣已深，與氣血相亂，然後施治，則元氣大傷，此當急治者也。若夫病機未定，無所歸着，急用峻攻，則邪氣益横。如人之傷食，方在胃中，則必先用化食之藥，使其食漸消，由中焦而達下焦，變成渣穢而出，自然漸愈。若即以硝黄峻藥下之，則食尚在上焦，即使隨藥而下，乃皆未化之物，腸胃中脂膜與之全下，而人已大疲，病必生變，此不當急治者也。以此類推，餘病可知。至于虚人與老少之疾，尤宜分別調護，使其元氣漸轉，則正復而邪退。醫者不明此理，而求速效，則補其所不當補，攻其所不當攻。所服之藥不驗，又轉求他法，無非誅伐無過。至當愈之時，其人已爲藥所傷，而不能與天地之生氣相應矣。故雖有良藥，用之非時，反能致害，緩急之理，可不講哉！

《醫學源流論·治病分合論》　一病而當分治者，如痢疾腹痛脹滿，則或先治脹滿，或先治腹痛。即脹滿之中亦不同，或因食，或因氣，或先治食，或先治氣。腹痛之中亦不同，或因積，或因寒，或先去積，或先散寒，種種不同，皆當視其輕重而審察之。以此類推，則分治之法可知矣。有當合治者，如寒熱腹痛、頭疼、泄瀉、厥冒、胸滿，内外上下，無一不病，則當求其因何而起。先于諸症中擇最甚者爲主，而其餘症，每症加專治之藥一二味以成方，則一劑而諸症皆備。以此類推，則合治之法可知矣。藥亦有分合焉，有一病而合數藥以治之者，閲古聖人製方之法自知。有數病而一藥治之者，閲本草之主治自知。爲醫者，無一病不窮究其因，無一方不洞悉其理，無一藥不精通其性，庶幾可以自信，而不枉殺人矣。

《醫學源流論·病不可輕汗論》　治病之法，不外汗下二端而已。下之害人，其危立見，故醫者病者皆不敢輕投。至于汗多亡陽而死者，十有二三，雖死而人不覺也。何則？凡人患風寒之疾，必相戒以爲寧暖無凉，病者亦重加覆護，醫者亦云服藥必須汗出而解，故病人之求得汗，人人以爲當然也。秋冬之時，過暖尚無大害，至于盛夏初秋，天時暑燥，衛氣開而易洩，更加閉戶重衾，復投發散之劑，必至大汗不止而陽亡矣。又外感之疾，汗未出之時，必煩悶惡熱，及汗大出之後，衛氣盡洩，心陽衰而畏寒。始之暖覆，猶屬勉强，至此時雖欲不覆而不能，愈覆愈汗，愈汗愈寒，直至汗出如油，手足厥冷，而病不可爲矣。其死也，神氣甚清，亦無痛苦，病者醫者及旁觀之人，皆不解其何故而忽死，惟有相顧噩然而已。我見甚多，不可不察也。總之，有病之人不可過涼，亦不宜太暖，無事不可令汗出，惟服藥之時，宜令小汗。仲景服桂枝湯法云：服湯已，溫覆令微似汗，不可如水淋灕。此其法也。至于亡陽未劇，尤可挽回，《傷寒論》中眞武、理中、四逆等法可考。若已脱盡，無可補救矣。又盛暑之時，病者或居樓上，或卧近竈之所，無病之人一立其處，汗出如雨，患病者必至時時出汗，即不亡陽，亦必陰竭而死。雖無移(徒)〔徙〕之處，必擇一〔席〕稍涼之地而處之，否則神丹不救也。

《醫學源流論·攻補寒熱仝用論》　虛症宜補，實症宜瀉，盡人而知之者。然或人虛則症實，如弱體之人，冒風傷食之類。或人實而症虛，如強壯之人，勞倦亡陽之類。或有人本不虛，而邪深難出，又有人已極虛，而外邪尚伏，種種不(全)〔仝〕。若純用補，則邪氣益固，純用攻，則正氣隨脱，此病未愈，彼病益深，古方所以有攻補仝用之法。疑之者曰：兩藥異性，一水(全)〔仝〕煎，使其相制，則攻者不攻，補者不補，不如勿服。若或兩藥不相制，分途而往，則或反補其所當攻，攻其所當補，則不惟無益，而反有害，是不可不慮也。此正不然。蓋藥之性，各盡其能，攻者必攻強，補者必補弱，猶掘坎於地，水從高處流下，必先盈坎而後進，必不反向高處流也。如大黄與人參仝用，大黄自能逐去堅積，決不反傷正氣，人參自能充益正氣，決不反補邪氣。蓋古人製方之法，分經別藏，有神明之道焉。如瘧疾之小柴胡湯，瘧之寒熱往來，乃邪在少陽，木邪侮土，中宮無主，故寒熱無定，於是用柴胡以驅少陽之邪，柴胡必不犯脾胃，用人參以健中宮之氣，人參必不入肝膽，則少陽之邪自去，而中土之氣自旺，二藥各歸本經也。如桂枝湯，桂枝走衛以祛風，白芍走營以止汗，亦各歸本經也。以是而推，無不盡然。試以《神農本草》諸藥主治之説細求之，自無不得矣。凡寒熱兼用之法，亦仝此義。故天下無難治之症，後世醫者不明此理，藥惟一途，若遇病情稍異，非顧此失彼，即游移浮泛，無往而非棘手之病矣。但此必本於古人製方成法而神明之，若竟私心自用，攻補寒熱，雜亂不倫，是又殺人之術也。

《醫學源流論·臨病人問所便論》　病者之愛惡苦樂，即病情虛實寒熱之微，醫者望色切脈而知之，不知其自言之爲尤眞也。惟病者不能言之處，即言而不知其所以然之故，則賴醫者推求其理耳。今乃病者所自知之病，明明爲醫者言之，則醫者止可因其言而知其病之所在以治之，乃不以病人自知之眞，對症施治，反執己之偏見，強制病人，未有不誤人者。如《傷寒論》中云：能食者爲中風，不能食者爲中寒。則傷寒內中風之症，未嘗禁其食也。乃醫者見爲傷寒之症，斷不許食，凡屬感症，皆不許其食，甚有病已半愈，胃虛求食，而亦禁之，以至因餓而死者。又《傷寒論》云：欲飲水者，稍稍與之。蓋實火煩渴，得水則解，未嘗禁冷水也。乃醫家凡遇欲冷飲之人，一概禁止，并有伏暑之病，得西瓜而即愈者，病人哀求欲食，亦斷絶不與，至煩渴而死。如此之類，不可枚舉。蓋病者之性情氣體，有能受溫熱者，有能受寒涼者，有不受補者，有不禁攻者，各有不(全)〔仝〕，乃必強而從我意見。況醫者之意見，亦各人不仝，于是治病之法，無一中肯者矣。《內經》云：臨病人問所便。蓋病人之所便，即病情眞實之所在。如身大熱而反欲熱飲，則假熱而眞寒也，身寒戰而反欲寒飲，是假寒而眞熱也。以此類推，百不失一。而世之醫者，偏欲與病人相背，何也？惟病人有所嗜好，而與病相害者，則醫者宜開導之。如其人(木)〔本〕喜酸，或得嗽症，則酸宜忌，如病人本喜酒，得濕病，則酒宜忌之類，此則不可縱欲以益其疾。若與病症無礙，而病人之所喜，則從病人之便，即所以治其病也。此《內經》辨症之精義也。

《醫學源流論·治病不必顧忌論》　凡病人或體虛而患實邪，或舊有他病與新病相反，或一人兼患(一)〔二〕病其因又相反，或內外上下各有所病，醫者躊躇束手，不敢下藥，此乃不知古人制方之道者也。古人用藥，惟病是求，藥所以制病，有一病則有一藥以制之，其人有是病，則其藥專至于病所而驅其邪，決不反至無病之處以爲禍也。若留其病不使去，雖強壯之人，遷延日久，亦必精神耗竭而死，此理甚易明也。如怯弱之人，本無攻伐之理，若或傷寒而邪入陽明，則仍用硝黄下藥，邪去而精氣自復。如或懷妊之婦，忽患癥瘕，必用桃仁、大黄以下其瘕，病去而胎自安。或老年及久病之人，或宜發散，或宜攻伐，皆不可因其血氣之衰而兼用補益。如傷寒之後，食復、女勞復，仲景皆治其食，清其火，並不因病後而用溫補，惟視病之所在而攻之，中病即止，不復有所顧慮。故天下無棘手之病，惟不能中病，或偏或誤，或太過，則不病之處亦傷，而人危矣。俗所謂有病病當之，此歷古相傳之法也。故醫者當疑難之際，多所顧忌，不敢對症用藥者，皆視病不明，辨症不的，審方不眞，不知古聖之精義者也。

《醫學源流論·病深非淺藥能治論》　天下有治法不誤而始終無效者，此乃病氣深痼，非泛然之方藥所能愈也。凡病在皮毛營衛之間，即使病勢極重，而所感之位甚淺，邪氣易出。至于藏腑筋骨之痼疾，如勞怯痞隔，風痺痿厥之類，其感非一日，其邪在藏府筋骨，如油之入麵，與正氣相併，病家不知，屢易醫家，醫者見其不效，雜藥亂投，病日深而元氣日敗，遂至不救。不知此病，非一二尋常之方所能愈也。今之集方書者，如風痺大症之類，前錄古方數首，後附以通治之方數首，如此而已。此等治法，豈有愈期？必當徧考此病之種類，與夫致病之根源，及變遷之情狀，幷詢其歷來服藥之誤否，然後廣求古今以來治此症之方，選擇其內外種種治法，次第施之，又時時消息其效否，而神明變通之，則痼疾或有可愈之理。若徒執數首通治之方，屢試不效，其計遂窮，未有不誤者也。故治大症必學問深博，心思精敏，又專心久治，乃能奏效。世又有極重極久之病，諸藥罔效，忽服極輕淡之方而愈，此乃其病本有專治之方，從前皆係誤治，忽遇對症之藥，自然應手而痊也。

《醫學源流論·愈病有日期論》 治病之法，自當欲其速愈。世之論者，皆以爲治早而藥中病則愈速，治緩而藥不中病則愈遲，此常理也。然亦有不論治之遲早，而愈期有一定者。《內經·臧氣法時論》云：夫邪氣之客于身也，以勝相加，至其所生而愈，至其所不勝而甚，至其所生而持，自得其位而起。其他言病愈之期不一。《傷寒論》云：發于陽者七日愈，發于陰者六日愈。又云：風家表解而不了了者，十二日愈。此皆宜靜養調攝以待之，不可亂投藥石。若以其不愈，或多方以取效，或更用重劑以希功，即使不誤，藥力勝而元氣反傷，更或有不對症之藥，不惟無益，反有大害，此所宜知也。況本源之病，必待其精神漸復，精神豈有驟長之理？至于外科，則起發成膿，生肌收口，亦如痘症有一定之日期，治之而誤，固有遷延生變者，若欲強之有速效，則如揠苗助長，其害有不可勝言者，乃病家醫家皆不知之。醫者投藥不效，自疑爲未當，又以別方試之，不知前方實無所害，特時未至耳，乃反誤試諸藥，愈換而病愈重。病家以醫者久而不效，更換他醫。他醫徧閱前方，知其不效，亦復更換他藥，愈治愈遠，即斷斷不死之病，亦不救矣。此皆由不知病愈有日期之故也。夫病家不足責，爲醫者豈可不知，而輕以人嘗試乎？若醫者審知之，而病家必責我以近效，則當明告之故，決定所愈之期。倘或不信，必欲醫者另立良方，則以和平輕淡之藥，姑以應病者之求，待其自愈。如更不信，則力辭之，斷不可狥人情而至于誤人。如此，則病家一時或反怨謗，以後其言果驗，則亦知我識高而品崇矣。

《醫學源流論·邪說陷溺論》 古聖相傳之說，揆之于情有至理，驗之于疾有奇效，然天下之人反甚疑焉，而獨于無稽之談，義所難通，害又立見者，人人奉以爲典訓，守之不敢失者，何也？其所由來久矣。時醫之言曰：古方不可以治今病。嗟乎！天地之風寒暑濕燥火猶是也，生人七情六慾猶是也，而何以古人用之則生，今人用之則死？不知古人之以某方治某病者，先審其病之確然，然後以其方治之。若今人之所謂某病，非古人之所謂某病也。如風火雜感，症類傷寒，實非傷寒也，乃亦以大劑桂枝湯汗之，重者吐血狂躁，輕者身熱悶亂，于是罪及仲景，以爲桂枝湯不可用。不自咎其辨病之不的，而咎古方之誤人，豈不謬乎？所謂無稽之邪說，如深秋不可用白虎。白虎乃傷寒陽明之藥，傷寒皆在冬至以後，尚且用之，何以深秋已不可用？又謂痢疾血症，皆無止法。夫痢血之病，屬實邪有瘀者，誠不可以遽止，至于滑脫空竭，非止不爲功，但不可塞其火邪耳。又謂餓不死之傷寒，吃不死之痢疾。夫《傷寒論》中以能食不能食驗中寒、中風之別，其中以食不食辨症之法，不一而（是）〔足〕，況邪方退，非扶其胃氣，則病變必多，宿食欲行，非新穀入胃，則腸中之氣必不下達，但不可過用耳。執餓不死之說，而傷寒之禁其食，而餓死者多矣。謂痢疾爲吃不殺者，乃指人之患痢，非噤口而能食者，則其胃氣尚強，其病不死，故云然，非謂痢疾之人無物不可食。執吃不殺之說，而痢疾之過食而死者多矣。此皆無稽之談，不可枚舉。又有近理之說而謬解之者，亦足爲害。故凡讀書議論，必審其所以然之故，而更精思歷試，方不爲邪說所誤，故聖人深惡夫道聽塗說之人也。

《醫貫砭·十二官論》 呂氏評曰：自許學士開補脾不如補腎之理，薛院使因之用八味、六味通治各病，通治各病四字何等不通，病是何物，而可通治耶！趙氏又從薛氏發明其要，一歸命門，一歸之八味。益火二字，乃全書之宗旨也。其提闡快當親切處，有前此所未及者，眞立齋之功臣矣。蘇氏所謂其父殺人報仇，其子必且行劫，正此之謂也。顧病機傳變，輾轉相因，治法逆從，淺深異用。趙氏所言，皆窮源返本之論，撥亂救弊，功用甚大。各病有各病之本原，各病有各病之偏弊，若一概用八味一方，則正大亂之道矣。然以之治敗證則神效，敗證亦有補瀉、寒熱、虛實、上下之不同，若一概用八味，則八味眞是起死之金丹矣。而以治初病則多疏。蓋緣主張太過，立言不能無偏，遂欲執其一說，而盡廢諸法，亦不可行也。學者識其指歸，以明生化斡旋之機，又當詳考古今立法相因異用之故，斯爲十全。若徒喜其直捷簡易以爲高，則鹵莽滅裂，夭枉無窮，亦非趙氏所以濟世之心也。此人直是欺世，亦何嘗有濟世之心，且彼亦並不料世之盡爲所欺，至於如此之貽害，量彼亦深悔於九泉也。

《醫林纂要探源·例言》 大抵古人名方之可爲楷模者，其用心爲最苦。蓋用藥如用兵，製方如廟算，必非信手拈撮。撫劍疾視，以敵一人，多算勝，少算不勝，而況於無算乎。

《瘍醫大全·汪立德序》 昔蘇文忠公云：藥雖進於醫手，方多傳於古人。粤自軒岐而降，代有傳人，博覽羣書，方稱國手。或謂望而知其病者，謂之神；聞而知之者，謂之聖；問而知之者，謂之工。至於胗脈淺深，呼吸至數，而後能療治者，得巧之道焉。夫如是則臨證施治，宣通補瀉，豈徒按古人成方，遂可畢乃事哉！故神明變化，運用之妙，存乎一心，而規矩準繩，則又不能捨方書而私心自用也。【略】夫世之庸工，不明臟腑，不按經絡，臨證制方，滅裂古人之成法，而私心自用，則于外科爲尤甚。及偶得一經驗之方，輒珍爲已有，秘不示人。殊不知古聖賢創設成規，筆之於書，原示後人以規範，徒以秘而不宣者，煽巧矜能，自詡爲專家獨步，何見之小耶！

《蘭臺軌範·自序》 欲治病者，必先識病之名。能識病名，而後求其病之所由生，知其所由生，又當辯其生之因各不同而病狀所由異，然後考其治之之法。一病必有主方，一方必有主藥，或病名同而病因異，或病因同而病證異，則又各有主方，各有主藥，千變萬化之中，實有一定不移之法，即或有加減出入，而紀律井然，先聖後聖，其揆一也。自南陽夫子以後，此道漸微，六朝以降，傳書絶少，迨唐人《外臺》、《千金》不過裒集古方，未能原本《内經》，精通病變。然病名尚能確指，藥味猶多精切。自宋以還，無非陰陽氣血，寒熱補瀉，諸膚廓籠統之談，其一病之主方、主藥茫然不曉，亦間有分門立類，先述病原，後講治法，其議論則雜亂無統，其方藥則浮泛不經，已如雲中望月，霧裏看花，仿佛想象而已。至於近世，則惟記通治之方數首，藥名數十種，以治萬病，全不知病之各有定名，方之各有法度，藥之各有專能，中無定見，隨心所憶，姑且一試，動輒誤人，余深憫焉。

《醫經讀·平集》 治病猶治賊，必先識賊之所在，斯不勞而獲。倘賊在此界而反於彼境捕之，則彼境無辜之民徒增擾動，而此界眞賊且不治而日熾矣。十二經脈所經之處，即十二經所轄，無異省治之分界也。如某處痛，某處癢，某處熱腫，某處寒慄，即可知何經受病，又寧有悞治之慮哉？

《愼疾芻言·補劑》 學問之道，必由淺入深，從未有淺近不知而專求怪僻者，况醫法一誤，必至傷生害命，尤不可不愼也。夫所謂淺近者，如傷風則防風、荆芥，感寒則蘇葉、葱頭，咳嗽則蘇子、杏仁，傷食則山(杳)〔查〕、神麯，傷暑則香薷、廣藿，瘧疾則柴胡湯加減，痢疾則黄芩湯加減，婦人則四物湯加減，小兒則異功散加減，此皆歷聖相傳之定法，千古不能易也。至於危險疑難之症，則非此等藥所能愈，必博考羣方，深明經絡，實指此病何名，古人以何方主治，而隨症加減。今則以古聖之法爲卑鄙不足道，又不能指出病名，惟以陽虚陰虚、肝氣腎弱等套語概之，專用温補，以致外邪入裏，馴至不救。間有稍馴謹之人，起病時仍用切近之藥，一二劑未即有效，即轉而改用温補，不思病之中人，有愈必有漸，不可因無速效而即换方也。况所服之方，或未盡善，不思即於前方損益萬妥，而遽求變法，又不肯先用輕(談)〔淡〕之劑探測病情，專取性雄力厚之品，大反前轍，必至害不旋踵，總由胸無定見之故。當思人之有病，不外風寒暑濕燥火爲外因，喜怒憂思悲驚恐爲内因，此十三因，試問何因是當補者？大凡人非老死即病死，其無病而虚死者千不得一，况病去則虚者亦生，病留則實者亦死，若果元氣欲脱，雖浸其身於參附之中，亦何所用？乃謬舉《内經》曰：邪之所湊，其氣必虚。氣虚固當補矣，所湊之邪不當去耶？蓋邪氣補住，則永不復出，重則即死，輕則遷延變病，或有幸而愈者，乃病輕而元氣漸復，非藥之功也。余少時見問疾者，聞醫家已用補藥，則相慶病者已愈，今則病勢方張，正羣然議進參、附、熟地，豈不可駭？其始也，醫者先以虚脱嚇人，而後以補藥媚人，浙江則六味、八味湯加人參、麥冬等藥，江南則理中湯加附、桂、熟地、鹿茸等藥。於是人人習聞，以爲我等不怕病死，祇怕虚死，所以服補而死，猶恨補之不早，補之不重，并自恨服人參無力，以致不救，醫者虚脱之言，眞有先見之明，毫無疑(海)〔悔〕。若服他藥而死，則親戚朋友羣(訢)〔詬〕病家之重財不重命，死者亦目不能瞑，醫者之罪竟不勝誅矣。所以病人向醫者述病，必自謂極虚，而旁人代爲述病，亦(其)〔共〕指爲極虚，惟恐醫者稍用攻削之劑，以致不起。或有稍識病之醫，即欲對症擬方，迫於此等危言，亦戰戰兢兢，擇至補之藥，以順其意，即可取(客)〔容〕，更可免謗，勢使然也。此風之起，不過三十餘年，今則更甚，不知何時而可挽回也。

《慎疾芻言·用藥》　醫道起於神農之著《本草》，以一藥治一病，但一病
有數症。統名爲病，如瘧、痢之類。分(明)〔則〕爲症，如瘧而嘔吐、頭疼，痢而寒熱、脹痛之
類。後之聖人，取藥之對症者，合幾味而成方，故治病必先有藥，而後有方。
方成之後，再審其配合之法與古何方相似，則云以某方加減，並非醫者先有
一六味、八味、理中等湯橫於胸中，而硬派人服之也。至其辨症用藥之法，如
有人風寒痰食合而成病，必審其風居幾分，寒居幾分，痰食居幾分，而藥則隨
其邪之多寡以爲增減，或一方不能兼治，則先治其最急者，所以無一味虛設
之藥，無一分不斟酌之分兩也。況醫之爲道，全在自考，如服我之藥而病情
不減，或反增重，則必深自痛懲，廣求必效之法而後已，則學問自能(口)〔日〕
進。若不(能)〔論〕何病，總以幾味溫補投之，愈則以爲己功，死則以爲病本
不治，毫無轉計，此則誤盡天下，而終身不自知也。又其所名陳方者，用柴胡
一味，即名柴胡湯，用大黃一味，即名承氣湯，於古人制方之義，全然不知，隨
其口之所指而已。其醫(夾)〔也〕，則襲幾句陰陽虛實、五行生尅籠統套語，
以爲用溫補之地，而文人學士又最易欺，見有陰陽五行等說，即以爲有本之
學，深信不疑。其人亦自詡爲得醫學之捷徑，將千古聖人窮思極想所製對症
之方數千首皆不必問，而已稱名醫矣。夫醫者欲行其道，相習成風，猶無足
怪，獨是閒居涉獵之人，亦俱蹈襲此等謬說，與醫者同聲合氣，知親友有病，
即往幫助。醫者用危言拿住本家，使之不得不用溫補貴重之藥，以明關切，
因而致死。死則以爲用此等藥，原未嘗云病者服之必效，不過如此門第之
家，於理不該服價(錢)〔賤〕之藥耳。若己生疾，又有人亦以此法斃之，眞屬
可憫。數十年前，亦有涉獵醫學者，頗能辨(爲)〔別〕藥性，博覽經方，今乃相
率而入於魔道。其始起於趙養葵、張景岳輩，全不知古聖製方之義，私心自
用，著書成家，彼亦不知流弊至於此極也。我知天心仁愛，其轉移必不久矣。

《慎疾芻言·治法》　凡病祇服煎藥而愈者，惟外感之症爲然，其餘諸症，
則必用丸、散、膏、丹、針(炙)〔灸〕、砭鐮、浸洗、熨湯、蒸提、按摩等法，因病施
治。乃今之醫者，既乏資本，又惜功夫，古方不考，手法無傳，寫一通治煎方，
其技已畢。而病家不辭遠涉，不惜重聘，亦祇求得一煎方，已大滿其願。古
昔聖人窮思極想製造治病諸法，全不一問，如此而欲愈大症痼疾，無是理也。
所以今人患輕淺之病，猶有服煎藥而愈者，若久病大症，不過遷延歲月，必無
愈理也。故爲醫者，必廣求治法，以應病者之求。至常用之藥，一時不能即
合者，亦當豫爲修製，以待急用。所謂工欲善其事，必先利其器。奈何欲施
救人之術，而全無救人之具也。

《慎疾芻言·煎藥服藥法》　煎藥之法各殊，有先煎主藥一味，後入餘藥
者，有先煎衆味，後煎一味者，有用一味煎湯以煎藥者，有先分煎後併煎者，
有宜多煎者，補藥皆然。有宜少煎者，散藥皆然。有宜水多者，有宜水少者，有
不煎而泡漬者，有煎而露一宿者，有宜用猛火者，有宜用緩火者，各有妙義，
不可移易。今則不論何藥，惟知猛火多煎，將芳香之氣散盡，僅存濃厚之質，
如煎燒酒者，將糟久煮，則酒氣全無矣，豈能和營達衛乎？須將古人所定煎
法，細細推究，而各當其宜，則取效尤捷，其服藥亦有益。古方一劑，必分三
服，一日服三次，并有日服三次，夜服三次者。蓋藥味入口，即行於經絡，驅
邪養正，〔性〕過即已，豈容間斷。今人則每日服一次，病久藥暫，此一暴十寒
之道也。又有寒熱不得其宜，早暮不合其時，或與飲食相雜，或服藥時即勞
動(冐)〔冒〕風，不惟無益，反能有害。至於傷寒及外症、痘症，病勢一日屢
變，今早用一劑，明晚更用一劑，中間間隔兩晝一夜，經絡已傳，病勢益增矣。
又發散之劑，必煖覆令汗出，使邪從汗散，若不使出汗，則外邪豈能內消？此
皆淺易之理，醫家病家，皆所宜知也。又惡毒之藥，不宜輕用。昔神農遍
(常)〔嘗〕諸藥而成《本草》，故能深知其性。今之醫者，於不常用之藥，亦宜
細辨其氣味，方不至於誤用。若耳聞有此藥，併未一嘗，又不細辨古人用法，
而輒以大劑灌之，病者服之，苦楚萬狀，并有因而死者，而己亦茫然不知其何
故。若能每味親嘗，斷不敢冒昧試人矣。此亦不可不知也。

《古今醫案按·自序》　孟子言：梓匠輪輿，能與人規矩，不能使人巧。
巧者何？變通之謂也。巧固不能使人，其實不出規矩，人可即規矩以求巧，
而巧自無方，是亦不啻使之矣。醫之道將毋同？自古迄今，醫書多不勝紀，
一病必列一門，一門必立數法。究之，法有盡，病無盡，一病之變無盡，或萃
數病於一人之身，其變更無盡，醫之法於是乎幾窮。蓋以法也者，不過梓匠
輪輿之規矩，病不依規矩以爲患，醫第循規矩以爲治，常者生焉，變者死焉，
轉恨醫之法未備也。不知法豈能備，要在乎用法者之巧耳。聞之名醫能審
一病之變與數病之變，而曲折以赴之，操縱於規矩之中，神明於規矩之外，靡
不隨手而應，始信法有盡而用法者之巧無盡也。

《怡堂散記續編·讀經》　凡治病，要分四時，四時之中，又以冬夏爲重。

冬月元氣内藏，表氣外固，因病入而後正氣傷。其始也，認症不差，可用重劑，緩則藥力不及。夏月正氣先傷而後病，其用藥也，無論汗下清溫，藥劑宜輕，重則不能勝任。嘗見鹵莽之輩，不分寒暑，妄行攻伐，有一服而喘脱者。予每於時令上用藥，步步擔心，惟夏至以後，白露以前，尤加謹焉，重元氣也。日月運行，一寒一暑，寒暑者，天地之大陰陽也。冬月陰盛逼陽，故仲景有麻黄、桂枝、眞武、四逆等方，急驅寒也。夏月陽盛陰微，故《千金》有參麥湯，東垣氏有清暑益氣之論，先陰也。庸工不講，違逆天時，其罪可勝道哉。

能壽者以厚藥，不勝壽者以薄藥，此就人之氣質而言。厚藥如抵當、舟車、備急、硇砂等方。不勝壽者，雖有是病，不能受也。

《聖濟總録·何裕成序》 夫泥古人之成法，不足以言醫，昧古人之成法，尤不足以言醫。由成法而神明變化，然後條分縷析，乃不越乎其宗。

《閲微草堂筆記·灤陽消夏録》 蓋天地之陰陽均調，萬物乃生，人生之陰陽均調，百脈乃和。故《素問》曰：亢則害，承乃制。自丹溪立陽常有餘、陰常不足之説，醫家失其本旨，往往以苦寒伐生氣。張介賓輩矯枉過直，遂偏於補陽，而參蓍桂附，流弊亦至於殺人。是未知易道扶陽，而乾之上九亦戒以亢龍有悔也。嗜欲日盛，羸弱者多，溫補之劑，易見小效，堅信者遂衆。故余謂偏伐陽者，韓非刑名之學。偏補陽者，商鞅富強之術。初用皆有功，積不返，其損傷根本則一也。

《醫醫病書·證治要補·無論三因皆以胃氣為要論》 人之十二經，皆取決於膽，皆聽命於心，皆受養於胃。《内經》謂胃爲十二經之海，又謂十二經皆稟氣於胃。秦越人著《難經》，一則曰以胃氣爲主，再則曰以胃氣爲主。蓋有胃氣者生，無胃氣者死。余之所以惡人之一以六味補虚，惡丹溪陽常有餘、陰常不足之論，立數地黄丸，(加)〔如〕麥味地黄丸，知柏地黄丸之類者。按黄柏滲濕而瀉相火，知母瀉陽明獨勝之熱，使陽明即有獨勝之熱，可暫瀉而不可久服，久服胃氣必傷，必致不食。試問人之後半生，盡不得食，盡服六味丸可活乎？經謂凡甘皆補，凡苦皆瀉。名曰補之，實則瀉之，視仲景先師之建中，純甘以補者，豈非賊盗之與仁人乎？且相火輔君火用事，人之相火，一刻所不能無者，而可盡瀉之乎？即有眞陰不足、相火過盛之症，何不輔之以淡菜、海參、鮑魚、龜版、烏鷄等，多鹹少甘、血肉有情之品，又能收納相火者，而必以極苦瀉之乎？麥味地黄，酸甘化陰，肺胃乾燥之症，猶有用處，而美其名曰八仙長壽丸。使補陰而可長壽，古謂人非陽氣不生活，竟須古人非陰液不生活矣。古謂陽不盡不死，陰不盡不仙，須改爲陰不盡不死，陽不盡不仙矣，豈非笑話。胃爲陽明經，謂陽明如市，諸陽之會也，能生諸陽者也。補虚重陽者，謂護胃氣而然也。即一切攻外感之邪，與不内外因之飲食傷，必須一服注定胃氣，多方以調護之，方爲正法。

《醫醫病書·證治要論·診病以現病為主不必拘執古方論》 診病者全在確識病情之寒熱虚實燥潤，再能精察藥性，有是病即有是藥，無是病即無是藥。有是病，雖險絶之藥亦敢用，無是病，雖平淡之品亦不敢妄加，再無不效之理。有現症雖同，而所以致病之由不同者，斷不可執定古方如是用，後學敢移易哉。如陰吹一症，《金匱》用豬膏髮煎，取其氣血俱潤也。注謂腸胃俱槁，故用純潤。余凡治陰吹者三，皆與原方相反，無不神效。其一面青唇白，舌白滑，不食不便，脈則兩至，腸雖槁而胃不槁，因重用半夏桂枝廣皮枳殼，使胃中之積飲下行大腸而愈。其一泄瀉腹痛，知腸亦不槁矣，蓋寒濕爲病，大用分利溫腑陽而愈。其一少腹久痛而致陰吹，脈弦緊，竊思如男子小腸疝氣者然，因大用溫通下焦而愈，皆非豬膏髮煎之症。設使不能變通，三症皆不愈矣。

《醫醫病書·證治要論·世醫不知通補守補法論》 時人悉以黄耆地黄等呆笨之藥爲補，少涉流動之品，便謂之消導。不知補五臟補以守，補六腑補以通，補經絡筋經亦補以通也，補九竅亦補以通。《周禮》謂滑以養竅是也。補肌肉則有守有通。守補處所用者少，五臟爲地氣，其形小也。通補處所用者多，六腑與外廓爲天氣，其形大也。

《醫醫病書·證治要論·俗傳虚不受補論》 俗傳虚不受補，便束手無策，以爲可告無愧，蓋曰非我之不會補，彼不受也。不知虚不受補之症有三：一者濕熱蟠踞中焦，二者肝木横穿土位，三者前醫誤用呆膩，閉塞胃氣而然。濕熱者，宣其濕而即受補，肝木横者，宣肝絡，使不尅土即受補。誤傷胃氣者，先和胃氣。和胃有陰陽之別，寒熱之分。胃陽受傷，和以橘半之類，胃陰受傷，和以鮮果汁甘涼品之類。

《醫醫病書·證治要論·補虚先去實論》 虚損有應補者，先查有無實症礙手與否？如有實症礙手，必當先除其實，不然虚未能補，而實症滋長矣。古謂病有三虚一實者，先治其實，後治其虚。蓋謂虚多實少，猶當先治實症也。如房破當修損處也，必先除去碎磚破瓦積土成灰，而後可以安綫。此理甚明，舉世不知，何昧昧耶？

《醫醫病書·證治要論·論藥不論病論》　天下無不偏之藥，亦無不偏之病，醫者原以藥之偏，矯病之偏。如對症，毒藥亦仙丹，不對症，穀食皆毒藥。無論病家醫士，祇當講求病係何病，法當用何法，方當用何方，藥當用何藥，對準病情，寒熱溫涼，皆在所用，無好無惡，妙手空空，無不見效。若不論病之是非而議藥之可否，寒者畏其泄，熱者畏其燥，吾不知其可也。

《醫醫病書·證治要論·醫者有好用之藥有畏用之藥論》　醫者之於藥也，不可有絲毫成見，不可有好用之藥。有好用之藥，必有不當用而用者，病人死於是矣。不可有畏用之藥，有畏用之藥，必有當用而不用者，病人又死於是矣。修齊治平，以端好惡爲主，孰謂醫家不當如是耶？嗚呼！可懼哉。

《吴醫彙講·唐大烈〈醫宜博覽論〉》　病有常變，治亦有常變，無不備載於書中，固在乎人之善於取裁也。然而世人之病，不獨變端莫測，談非容易，更有證出希奇，人難習見，當此時也，將束手而待斃耶，抑漫然而嘗試耶？載籍極博，奇妙不少，試舉一二言之：辛亥春，元墓墳丁沈長觀，大腸頭忽出寸許，痛苦難忍。乾則退落，又出又落，二十日餘，如是者三次。就治於外科，始有稱爲肛癰者，繼而莫能治之。一日赴城中王士林家求治，士林曰：此名截腸病，出於夏子益《怪疾奇方》，此時尚可治之，再出再落，則不可救矣。令以臀坐浸於芝麻油內，再日飲麻子汁數盞，不數日而愈。夫夏子益書，今已無傳，不過散見於《本草綱目》。王子留心及此，其博記可知。

又己亥歲春，有泰興縣人繆志文，被訟管押，驟然遍身發泡，流水皮瘥，毫無空隙，即行斃命，屍屬具控，奉撫臬各憲調發蘇州府審辨，郡侯楊公，轉行府醫學翁公查議，是否毒發，有無此瘡？翁公以係內科，請飭外科查覆，闔郡外科，皆無以對。翁公偶過寒齋，談及此事，余曰：曾見彭用光《普濟良方》載有虜瘡，云建武中南陽擊虜所得，與此症情形悉合，須以蜜煎升麻拭摩，若不即療，數日必死等語，《綱目》蜂蜜注中亦有是說。翁即借去此書，并即申明於內科醫生唐立三家借得，簽呈詳覆而定案，於是縣差之罪得雪。設使是時苟無此書，幾成冤獄矣。

又庚戌冬，南營高姓女，兩足指忽青黑紫爛，不知痛癢，漸延至跗脛踝間，請治於外科多人，有云脫疽者，有云落脚傷寒者，並有推爲冤孽症者，咸稱不治，及邀葑門陸鳳翼視之，云：此不成爲病，止服溫通氣血之劑，外用醋糟煎洗，不數日可愈，果如其言。衆皆異之，余於附近視症，聞之亦異，後遇陸子詢其故，答曰：診其脈，惟稍濇，餘無病象，并問其素常裏足過緊，因知此症不過血脈受寒，冰凝不運，於是肌肉潰爛耳。此乃切問精詳，又不張大顯功，殊可欽也。

又丙午春，有海門人王潮患病，延醫張勝林用桂、附等藥，病已漸輕，換醫陳若山，因王潮面帶赤色，身不惡寒，用犀角等味涼藥，越日即死。其父王德甫毆傷陳若山身死，奉臬憲常公提至省城審辦，因余有府醫學之任，下余辨議。余以《傷寒論》少陰病裏寒外熱，身反不惡寒，其人面色赤，通脈四逆湯主之一條，與此案前醫所用之藥相符，又景岳《寒熱》篇云：凡眞熱發熱，而假熱亦發熱，其病亦爲面赤燥煩等證，昧者見之，便認爲熱，妄投寒涼，下咽必斃等語，又與服犀角等藥越日即死相符。其爲陳若山誤治而死無疑，詳覆定案，於是王德甫痛子毆醫，罪得輕減。

又己酉歲，表甥陸灌園患瘧半年，大肉盡削，後變黃疸，繼而兩膝腫痛，大如鶴膝，兩股胻腨皆青黑，痛甚而冰冷，又上下牙齦紅腫，形如榴子，色若塗硃，日漸潰爛，滿口熱如火烙，舌亦紅紫而痛，湯粥難下，病勢可危，遍請外科圖治，皆云下部陰寒，上焦火亢，殊爲棘手，余素不諳外科，亦同聲無措。一日延山塘劉玉如來，云此一症也，名曰青腿牙疳，載於《御纂醫宗金鑒》，如方調治而愈。夫《醫宗金鑒》人所應讀之書也，延過外科數位，無人或識，惟劉子知之，多見其有學也。

即此五病，失治則死，得治則生，一死一生，出乎醫手，由是觀之，書可不覽哉？司人性命者，豈僅粗知經絡、藥性、脈訣、湯頭，遂可云勝任哉？

《吴醫彙講·孫從添〈石芝醫話〉》　口授丹方，無不誇張效驗，而又藥物輕賤，便於採取，故人樂於聽聞，不辨病之陰陽表裏淺深虛實，漫以試之，禍不旋踵者多矣。鄉愚之人，往往蹈此。哀哉！

看病認不眞切，則靜坐思之，總於望聞問切四者中搜求病機，必有得心之處，胸中了了，用藥方靈。若終於疑惑，而勉強投方，竊恐誤人性命也。

《吴醫彙講·傳學淵〈管見芻言〉》　病變無常，方難執一，然無定之中，自有一定之法，此即中無定體，隨時而在之道也。蓋離規矩不可以爲方圓，執規矩亦不可以爲方圓。每見前人用古，師其意而不泥其方，或採取其一二，或減增其一二，得心應手，方推能事。

君臣佐使，制方自有定法，然品味不可拘泥。陸淸獻曾論仁義禮智信隨時迭相爲用，比之醫家之於君臣佐使也有然。即如參苓朮草四君子，隨症從宜，因時取用，當亦如十二律之旋相爲宫也。

寒熱溫涼，有一定之藥，無一定之治，入腑入臟，或補或攻，其氣味與性不可不細按也。故有正用，亦有反用，有獨用，又有兼用，併有活用借用之不同。如用寒可以治熱，反用可以入寒，獨用寒而熱可除，兼用寒而熱可制。微行消導，大可和中。稍藉淸滋，自能表汗，隅反焉而取資無盡矣。

外感內傷，爲證治兩大關鍵，然去其所本無，復其所固有，兩言可盡之也。蓋六淫外襲身中，氣血日失和平，一切外感有餘之症，有須汗吐下和之治，皆是去其所本無也。若七情受傷，腑臟有損，身中氣血日就虧耗，一切內傷不足之症，有須滋塡培補之治，皆是復其所固有也。讀古人書，須識其補偏救弊一片苦心，互相抵觸，即是互相闡發處。所貴多讀多看，融會貫通，由博反約，以求理明心得，臨症無望洋之苦是已。若好爲指摘，棄瑜録瑕，殊失欽承前哲之道。至矜家秘而執成法，頭痛醫頭，尋方覓藥，一切無方之書，置之高閣，此又孟浪之流，不足與語斯道者也。

《吴醫彙講・周自閑〈中道說〉》 中之爲道，無所不涵，無所不徹，推之醫理，尤不可忽。蓋萬病由於乖戾，用藥惟以調和，益其不足，損其有餘，溫涼攻補，必歸於中而後可。夫中者不偏不倚，無過不及之謂也。故中無定體，隨時而在。一病有一中，不可偏向，一病而今日如此爲中，明日如彼爲中，愼勿固執。且同一病，而此則如此爲中者，彼則如此而又非中，無窮活變。故中者，如權之稱物，如鏡之取火，少越焉太過矣，少退焉不及矣，總在當機之順應也。醫之中道，非不寒不熱不補不瀉之謂，中病即是中，中病而毫無偏倚，毫無過不及，即是至中。是以補如參地，瀉如硝黃，熱如薑附，寒如膏連，散如麻桂，毒如虻蛭，合宜而用，何一非太中之理乎？是在平時窮理精而辨症明，則臨病自生變化，能統萬理於一原，自能通一心於萬事也。嘗怪前賢往哲，代不乏人，其聰明才辯之資，縱横反覆，蹈奇入險，固皆醫林之傑也，然而適中者寡矣。《書》曰：允執厥中。子曰：中庸不可能也。醫雖小道，何獨不然。

《醫醫偶録・凡例》 凡古人立方，寓有精意，然斷不可呆用。余嘗見淺醫未經閱歷，遇暑倦輒用淸暑益氣湯，而不知黃耆之悶。遇熱喘輒用生脈散，而不知五味子之斂。卒至暑熱伏留，纏綿牀褥而斃，甚可哀也。他如六味地黃湯及麻黃湯桂枝湯等，必須斟酌萬穩而進，或用次將之品代之，否則一誤之下，不可挽回，歸咎古人，古人豈任受哉。

用藥如用兵，須量其材力之大小。蓋有一利即有一弊，如大補大攻，大寒大熱之品，誤用即能殺人。

人生一小天地，病之輕者如日月之食，不轉瞬自必回和，斷不可輕易服藥，恐益乎此則損乎彼也。園閱歷既久，悉知其故，寧受衆怨，不輕徇情。此事如老將臨陣，大賈航海，愈歷鍊而愈知畏耳。

《客塵醫話・雜證述略》 大概治膏粱者多滋養，治藜藿者多消散。然膏粱之體易生痰積，由其多食厚味也，亦宜消散。藜藿之人易於淸減，由其自奉淡薄也，亦宜滋養。所謂人情物理，不可執一以施。

病有在下者，其見證反在上，如蓄血發狂是矣。在上者反在下，如肺氣壅大便頻，肺氣虛小便數是矣。在表者反在裏，如三陽合病，下利是矣。在裏者反在表，如熱深厥亦深，及面反戴陽是矣，治宜細察。【略】

《內經》云：臨病問所便。蓋病人之愛惡苦樂，即病情虛實寒熱之徵，醫者之切脈望氣，不若問病人，使自言以推求其理爲確。如身大熱而反欲飮熱，則假熱而眞寒；身寒戰而反欲飮冷，則假寒而眞熱，如此之類是也。所以病人之喜好，不妨從病人之便，即可以治其病。

病者之性情不同，醫者之意見各異，人有能受溫熱不能受寒涼者，有受補有不受補者，必須順其性，察其情。現症有與平素相反者，有與平素不相遠者，不可執己見，誤治其標本也。

近時醫家，每用囫圇古方，硬引經語，以自矜淵博。殊不知古賢立方，與人以規矩，不能使人巧。蓋規矩，做方做圓之呆法，而作器，長短大小，時時變通。所以病情古今無印板式樣，即方無一定呆藥，必須加減，寓變通於成法之中，斯神乎技矣。

《長沙方歌括・醫病順其自然說》 病人之吉凶禍福，寄之於醫，醫者之任重，然權不操諸醫，而操諸用醫之人。何也？人有大病，庸醫束手無策，始求救於名醫，名醫入門診畢，告以病從何來，當從何去，得那一類藥而增劇者何故，得那一類藥除去那一病，而此外未能盡除者何故。病勢雖覺稍愈，逾一二日仍作，或逾一二日而更甚於前者又何故，一一爲病家説明，定其如此救誤，如此溫清攻補，如此按法立方，服藥後必見出何證，又見出何證則向愈，預斷其愈於何日何時。病家能一一信其言而不疑，且架中不藏《本草備要》、《醫方集解》、《萬病回春》、《本草綱目》、《東醫寶鑑》、《馮氏錦囊》、《赤水元珠》、《薛氏醫按》、《景岳全書》、《石室秘錄》、《辨證奇聞》、《臨症指南》之類，又無強不知以爲知之親友，與依阿兩可素稱果子藥之先生，朱紫不亂，則名醫得以盡其所長。傷寒卒病，二三日可愈，最遲亦不出十八日之外。風痨臌膈，一月可愈，最遲亦不出三月之外。否則，病家疑信參半，時醫猶可勉強從事，俟其病氣衰而自愈。若以名醫自命者，斷不可肩此重任，反致取怨敗名。余因熱腸而備嘗其苦，凡我同志，可以鑒此前車。今之方技家，恃在口給，見有同我者，引之互相標榜，遜我者亦不卻之，臨深爲高，至於窮《本草經》，讀《靈》《素》，法仲景，其立論爲耳所未聞，其治效又目所僅見，遂謙讓曰：我不能如此之神，亦不如此之偏以取勝也。若輩造此偏之一字，任令法高一丈，其奈魔高十丈。且謂古書不可以今用，即於多讀書處，謂其偏起死證而生之，即以出奇入險目其偏。以致病家先入爲主，廣集不偏之醫，歷試罔效，不得已始延爲破釜沈舟之計，究竟終疑其偏。麻桂硝黄，則曰汗下之太過也。薑附芩連，則曰寒熱之太峻也。建中、理中、陷胸、十棗，則曰補瀉之不留餘地也。滋水之地黄，補元之人參，用應多而反少，日食之棗子，至賤之甘草，用應少而反多，此等似是而非之言，更甚於恣肆不論於理之言。知幾者正可以拂衣而去，乃猶曰：病尚可爲，不忍恝然而舍之。此雖活人無已之心，而疑事無功，未能活人，且以誤人。蓋藥之所以流行於經絡藏府，内外無有不到者，氣爲之也，氣不自到，心氣主之，膽氣壯之也。彼既疑我爲偏，一見我之用藥，又出於意想之外，則心氣亂。《内經》云：心者君主之官也，神明出焉。又云：主不明則十二官危是也。不獨心氣亂，而且膽氣亦因之而怯。《内經》云：膽者中正之官，決斷出焉。又云：十一經皆取決於膽是也。藥乃草根樹皮，及一切金石之鈍物，原藉人之眞氣以流行，今心氣亂而妄行，膽氣怯而不行，如芩連入口，其寒性隨其所想而行，旋而皮毛鼓慄，而寒狀作矣。薑附入口，其熱性隨其所想而行，旋而心煩面赤，而熱狀作矣。凡此之類，不過言其大略，不必淋灕痛切而再言之。其中之所以然者，命也，我亦順其自然而已矣，又何必多事爲。凡我同志者，能以余爲前車之鑒，則道愈彰，而活人愈衆。

《長沙方歌括·徵引》 《傷寒論·平脈法》第十三節問曰：脈有災怪，何謂也？師曰：假令人病脈得太陽，與形證相應，因爲作湯。比還送湯如食頃，病人乃大吐下利，腹中痛。師曰：我前來不見此證，今乃變異，是名災怪。問曰：何緣得此吐利？答曰：或有舊時服藥，今乃發作，故爲災怪耳。程郊倩注曰：望問固醫家之事，亦須病家毫無隱諱，方能盡醫家之長。因復出此條，爲病家服藥瞞醫之戒。災因自作而反怪及醫，故曰災怪。然更有怪災病，不可不知。得仲景法，處仲景方，病家大怪，以示諸醫，畚頭腦吐舌而大怪，乃從其不怪者治之，輕者劇，重者死，而災及其身，終不解其病謂何病。此病近日竟成疫，沿門漸染，仲景卻未言及。想仲景時祇有災怪病，尚無怪災病耳，一噓。

按程郊倩謂怪災病，孽不在庸醫之好造謠言，而在病家之貴耳賤目，執俗本之《本草》，查對名醫之處方，執俗本之套語，貶駁名醫之治法，以致名醫歎息，而不與辨，決然而去，豈非災由自取耶。

《重慶堂隨筆·論治案》 醫家臨診辨證，最要凝神定氣。如曾世榮治王千戶子頭痛額赤，諸治不效，動即大哭。細審知爲船篷小篾刺入顱上皮内，鑷去即愈。苟不細心審視而率意妄治，吾恐醫者道少，病者人費矣。

〔王士雄注〕凝神定氣，惟小心大膽者能之，忍辱負重，惟智圓行方者能之。不如是，不足以爲名醫。如臨一大證，學識不足以當之，則宜舉賢讓能，不可蚊負以僨事。學識苟足以當之，而同道之識見不一，各抒議論者有之，簧鼓惑聽者有之，陰謀排擠者有之，加以親友之好惡，戚族之疑信，或熱心關切，或樂禍幸災，投劑果然漸效，羣議自息。病或稍有波瀾，衆楚交咻。斯時若執德不弘，悻悻然委而去之，病付庸手，坐視其危，豈不輕棄人命乎？且事敗之後，亦未必竟無歸咎之語。故非凝神定氣之心思，不足以辨疑難險惡之大證，無含蓄堅忍之才力，不足以負扶危持顛之重任也。其學識全無，不知輕重，亂投藥石，惟利是圖者，乃無恥之徒，不可與任辱負重同語矣。

《銀海指南·張畹跋》 昔人有云：用古方療今病，譬之拆舊料改新房，必再經匠氏之手，然後可施以成室。故治病不遵古方，非法也。若徒泥古方，亦非法也。不遵古方，則牽強湊合，補瀉混投，溫涼雜用，散亂無紀，何以取效乎？徒泥古方，則固執不通，欲使今人之病，盡如古人，而以印板治法，希冀成功，蓋亦難矣。此中元妙，非有心斯道者，不能窺測也。古方之多，不可勝紀，世所重者，惟《傷寒》、《金匱》、《千金》、《外臺》以及《和劑局方》、《聖濟總錄》諸書而已。他如河間、東垣、丹溪，皆有所主，各成一家，亦爲醫林所珍重。至於景岳張氏，就古方而增減之，名曰新方，配陰藥於陽藥之中，如補陰、理陰之類是也；合陽藥於陰藥之內，如五物、六物之類是也，提要鈎元，人皆尊而奉之。

《橘旁雜論·輕重失宜先後失序》 醫貴適中，毋太過，毋不及。用藥失於不及，譬如淺力之弓，取獸百步之外，又升斗之水，救車薪之火，勢必無濟也。用藥失於太過，譬如茸屋，用機過力，梁柱損裂，又如飲酒過量，嘔吐委頓，有何益乎？徒見其害。二者似是而實謬，爲醫不可不知也。治病先表後裏，先攻後補，先本後標，先氣後血，此一定之理也。然而有先裏後表者，如癍疹痘瘡不起，用承氣下之。有表裏並治者，如傷寒之用大柴胡湯。有先補後攻者，古人治大積大聚，多用先補後攻。有攻補並施者，如枳朮丸、黃龍湯。有先標後本者，所謂急則先治其標。有標本並顧者，如參蘇飲、人參白虎之類。有先血後氣者，如用承氣後再用白虎等湯。有氣血並治並補者，如通聖散、八珍湯之類。爲醫亦不可不知也。

《橘旁雜論·治重疾須用重藥》 病當危急時，非峻重之劑，不能救百中之一二。今之醫者，皆顧惜名譽，姑以輕平之方，冀其偶中，幸而不死，則曰是我之功；不幸而死，則曰非我之罪。恐眞心救世，不應如此也。眞心救世者，必慨然以生死爲己任，當寒即寒，當熱即熱，當補即補，當攻即攻，不可逡巡畏縮，而用不寒不熱，不補不攻，如諺所謂不治病，不傷命之藥。嗟乎！既不治病，欲不損命，有是理耶？倘於此認不的確，不妨闕疑以待高明，愼勿嘗試以圖僥倖，庶不負仁者之初心也。

《橘旁雜論·用藥不論多少》 許嗣宗善醫，言病與藥，惟用一物攻之，則氣純而愈速，今人多其物以幸其功，他物相制，不能專力。按藥用一味爲單方，施於輕淺之症，何嘗不可。古方莫如《內經》半夏秫糜湯、鷄矢醴、雀卵丸，亦並非獨用。至孫思邈《千金方》，王燾《外臺秘要》，如淮陰用兵，多多益善，對症施之，其應如響，亦何嘗因多藥而相制耶。

《橘旁雜論·長病與高年病》 長病與高年病，大要在保全胃氣。保全胃氣，在食不在藥，萬不可專恃於藥，致妨於食。倘其力能食時，寧可因食而廢藥，不可因藥而廢食。

《橘旁雜論·治病雖愈善後不可缺》 天下之事，經理一番，其有未盡善者，從而修飾潤色，不可缺也。若大病久病愈後，必當隨時調理，方爲無弊。前張邑侯令媛病肝厥，延湖州一醫療治，經月而愈。時予適晤侯於靈芬館，乃相告曰：女公子之疾雖痊，原其故乃血虛木燥，必得滋養兼開鬱散滯之品，作丸料常服，庶保不復作也。侯諾而未暇終服。不數月，疾復作，湖醫斂手無術，竟歸不起，是誰之咎歟。

《橘旁雜論·病愈肉食辨》 裴一中曰：人當病愈，胃氣必虛，固不可恣情口吻，尤不可小心太過，絕口不沾肉味。此言祇說得一面，未能圓光。予謂病後胃氣既虛，必欠於運化，肉食肥濃，發風動氣，助火生痰，皆未能免，須淡味與穀食調養，胃氣漸能健運，然後與風肉豬脂煮極爛充膳，方爲無弊。若病愈便啖豕肉，斷不可也。如瘧疾癍疹之後，尤當切戒。

《橘旁雜論·煮藥有法》 煮藥之法，取味者火宜緩，取氣者火宜速。若人參雖取氣，亦須武火緩煎。

《橘旁雜論·服藥有六弊》 世俗服藥之弊有六，不可不知。有食已而即藥者。有藥已而即恣飲茶湯者。有藥食雜進而恬不知忌者。有纔服此醫之藥，而旋以彼醫之藥繼之者，有明受此醫之藥，而陰則服彼醫之藥，不肯明言以欺人者。更有苦於服藥，所投湯丸，潛傾暗廢，中外侍人，又互爲之隱，無可稽窮者。病或偶減，固無論已，設或病增，咎將安責？

《橘旁雜論·熱症飲水得汗而愈》 一人七月間病熱，日夜炎炎不解，醫用杏仁薄荷芩連之類，解肌退熱，數服無效，病經旬日。其人開張藥鋪，略知醫藥，因謂同伴曰：前所服藥，甚爲對症而不瘳，我其殆焉哉？惟心中想冷飲，同伴咸謂閉塞腑氣不與，病者無可如何。又經數日，適無人在側，因意床下藏有雪水一甕，乃勉力支撑，掀蓋連飲數碗，即酣卧床下，汗流遍身，及覺即思粥飲，身涼脈靜矣。其伴詢於予，予曰：所患乃燥熱之症，治法當用玉女煎加解肌藥，早已愈矣，其如芩連能清熱，不能潤燥，兼有杯水車薪之弊，所以似是而實非。其飲雪水而愈者，如熱釜沃水，則氣蒸蒸然，燥火之邪，從汗而泄，此必然之勢，無足奇者。

《橘旁雜論·難於末治》 凡病難於末治，前人有言，如錢孔中過鼠，全身已出，而尾不能出。要知尾不能出，其中有故在，祇要細心體定，自然有得，不然則一簣之虧，前功盡棄矣。昔聞一人傷寒愈後，晝能食，夜能眠，二便如常，可稱無患矣，然坐卧一室，窗戶緊閉，或啓透風，庭除小步，便作寒熱。近處知名者，藥治殆遍，終無一效。後詣吳門薛一瓢診治，曰：賊去而門未闔者。用玉屏風散而痊。此所謂知其要者，一言而終，脱尾而出，究何難哉。人患身熱咳嗽，予爲診治，知其暑風，用辛涼無效，因其煩躁不寧，用大黄下之，一服而愈。粥飯兼進。一日忽目赤舌紅，咽痛如刺，服西瓜汁緩痛，彈指頃，診其脈如平人。因思表邪已散，暑熱已清，結食已消，而見此症何耶？靜思一片時，念其痛雖甚，祇宜輕清，方爲合法。乃用燈心廿莖，竹卷心廿個，以清心火，大甘草三片，以甘瀉之。煎半杯，纔服即合眼酣寢。覺而謂人曰：前藥下咽即不痛，是何仙方耶？而不知藥不值一文，此亦脱尾之驗也。

《橘旁雜論·治病何者爲難》 或問治病何者爲難？予曰：此非短章所能了，略舉數則，可以類推。如上寒下熱，上熱下寒，表裏受邪，氣血交病，伏邪未盡，正氣已虚，更有此病而治他藏者，辨症稍涉不明，鮮不誤人。何謂上寒下熱？如惡風身熱，又患腹痛赤痢，須先散其寒邪，再用清熱之藥是也。何謂上熱下寒？如咳嗽吐血，又大便清泄、脚冷等症，前賢用八味湯冷服，冷從上熱所好，桂附能除下寒是也。何謂表裏受邪？氣血交病，如發寒熱，又患赤痢腹痛，須表裏雙顧，柴平湯加黄連查肉；或壯熱不休，頭疼惡風，腹痞拒按，須大柴胡等湯是也。其邪未盡而正已虚，當分邪之輕重，虚之大小，補中帶疏，疏中帶補，必如持權操衡，方爲有得。若此藏病而治他藏者，即所謂隔一隔二之法，不外乎虚補其母，實瀉其子是也。更有急病爲難，治之得當，頃刻霍然，否則移晷難挨。即如小便不通一症，其因不一，濕熱癃閉，開泄太陽，豈待言哉。東垣治一人小便不通，腹脹如臌，求生不能，求死不得。東垣深思至夜半，忽有所得，用滋腎丸而愈。丹溪治一人，窮思極想，因見水注而悟，用吐法而瘳。二説皆載本書，不煩重述。二公皆大名醫，尚難其治如此，而況後人乎。

《橘旁雜論·温涼之藥俱不可執》 涼藥誤人，人不易覺，熱藥誤人，一服便見。往時有患咳嗽吐血，一醫用涼血之品，生地、丹皮之類，病者服之，喜其血止，出入加減數十劑，咳嗽不減，納食漸少，病者不悟，竟成腹臌而斃。嗚呼，此服寒涼誤人，而人不覺也。又南城李姓，病症未詳，諸醫罔效，延盧墟郁某來治，用八味湯二劑而愈。明年病復作，症一如前，仍延郁治，仍用八味湯，一服而殂，此熱藥誤人而易見者也。前人有用熱藥如君子、涼藥如小人之喻，所謂君子者，苟有過，人必知之。爲人則可，藥關人性命，用之不當，雖君子亦何取乎？而況小人耶。

《橘旁雜論·治病必得立案》 徐洄溪先生《醫學源流論》云：治病必得立案，詳其何脈何因何症，宜何法治，若是則方能用心，可杜膚泛。服劑之後，又當驗其如何應效，最爲醫人眞實工夫。予少因多病，弱冠便喜覽方書，後緣老母年高，時有疾恙，益專心向學，盡心調治，漸有所得，因之家人上下稍有違和，治之多效，鄰朋鄉黨，漸有知者，邀致必往。既而日有就醫，至夏杪三秋，踵門不絶，皆不論有無，盡心爲治，知與不知，俱立一案於方，下次復診，照方案詳問，隨機圓變，必中肯綮而後已。今年屆甲周，閱歷及四十載，不可謂之淺矣，然而所得者十不能五焉，惟不肯稍涉不知爲知、妄語誑人耳，此亦可以自信。

《橘旁雜論·用藥如用兵》 醫之用藥，如將之用兵。熱之攻寒，寒之攻熱，此正治也。因寒攻寒，因熱攻熱，此因治也。子虚者補其母，母虚者益其子，培東耗西，增水益火，或治標以救急，或治本以湔緩。譬如兵法，聲東擊西，奔左備右，攻其所不守，守其所不攻，衝其虚，避其實，擊其惰，遠其鋭。兵無常勢，醫無常形，能因敵變化而取勝者，謂之神明，能因病變化而取效者，謂之神醫。

《橘旁雜論·醫不盡藥石》 醫者意也，其術不盡於藥石，故古人有泥丸蓑草，可以濟人之語。蘇耽橘井食葉飲泉即愈，豈專藥石也？此在醫者有恆，能眞心濟世，不逐逐聲利之間，則雖祝由，可以已病，以我正氣，卻彼邪氣，德行所積，隨施隨驗，固非常理可測。若祇專專計刀錐之利，己心不正，安能卻邪，雖已試之方，珍異之藥，或未必能有神明助乎其間？非可擯之爲妄語也。

《橘旁雜論·治貴人有四難》 後漢郭玉謂療貴人有四難：自用意而不任醫，一難也。將身不謹，二難也。骨節安閑，不能使藥，三難也。好逸惡勞，四難也。余以爲此四病貴人果有之。然貴人之遇醫，亦有四難：遠地相召，素不曾試，一難也。稍涉毒味，不敢輕用，二難也。尊高臨之，醫不能盡意，三難也。專任僕妾，烹煮失宜，四難也。以此言之，貴人不可輕於致病，尤須慎於服藥，如夫子所謂某未達不敢嘗焉然後可。

《橘旁雜論·詳問為要》 經云：望而知之謂之神，聞而知之謂之聖，問而知之謂之工，脈而知之謂之巧。余謂治人之疾，神聖難明，惟切問爲要。孫思邈必問病者二便，亦可悟矣。

曾鼎**《醫宗備要·治病定症務在診脈為主論》** 古有曰：人不可不知地。又曰：不可不知醫。醫與地，固非易知也，既不易知，何世之言醫言地者紛紛如斯耶？大抵言醫言地以活人造福爲心者固不乏人，以糊口謀生計者亦强半皆是耳。余不敏，浸淫醫學五十餘載，凡所診治之病，雖飲食寢處，未敢斯須去懷，蓋推測揣摩，實有無窮之蘊，差毫釐而失千里，此豈學醫者之所易知哉。《内經》，醫之祖也，天地氣運，陰陽偏勝，五行生尅，五邪六淫之變，七情六鬱之由，其精微幽渺，無不包括其中。聖經云：莫見乎隱，莫顯乎微。斯言也，眞可謂專世至寶矣。何圖近日醫家，竟以《内經》深奥，視爲畏途，又以漢唐以來諸家各論浩繁而難覽，即最後之《醫方集解》等書又以爲淺近。非苦其深，即苦其繁，復嫌其淺。不知非博無由約，非深不能淺，學醫之法，已失其趨向，又遑問其道之能明乎？【略】又不可過執古方，亦不可離背古方。如小柴胡湯用豬膽爲引，白虎湯用糯米爲引，二引之妙，筆難罄達。即嘉言以附子黃連瀉心湯，倣立肉桂桃仁熟軍當歸川羌爲通陰湯，其效如神，可見能會其意，亦不妨自我作古。岳武穆云：陣而後戰，兵家之常。運用之妙，存乎一心。唯存救人濟世爲念，雖難知而亦易耳。

《洪氏集驗方·石韞玉序》 夫古人立方各有深義，今世庸醫不知其理，妄行增損，遂有學醫人費之誚。憶孫淵如先生有言：今世外科每奏奇功，而内科不能者，外科用古方，而内科不用古方之故也。

《蜀中醫纂·自序》 嘗聞醫有四法：一、臨症即知人之吉凶，一也。臨症即測人之病情，二也。臨症即探病之所由，了得治法，三也。臨症能窺假脈假症而反治，四也。得此四法，又何讓洞垣之目耶？

《筆花醫鏡·鍾承露序》 天地陰陽，風寒暑濕，冷煖虛實，各因其人體氣以受病，各因其地時氣以致疾，原非一槪而論。即如兩人同一病，致病受病，究有不同。並有一人一身前後同一病，而筋絡臟腑之行，又有不同。命之理微，地之理微，醫之理亦微。所謂失之毫釐，謬以千里，誠不我欺，迴乎難挽，甚未容易言醫。其故或在認症之不眞，學問所不到。譬之行兵臨陣，有所不久，不久而即不熟。且人之受病，有内有外，有虛有實，有火有寒，有陰有陽，有暑濕而似乎虛弱，有虛弱而類乎風邪，是凡醫家，不可以不細加體察。

《筆花醫鏡·例論》 數頁書，豈能療千萬病？然有綱舉目張之法。蓋病總由臟腑，總不外虛實寒熱。審知其爲何臟何腑之虛症、實症、寒症、熱症，而聯其病類以集之，則藥歸同路，療一病可，療千萬病亦無不可，固不在多立病名，多立方書也。此所謂鏡也。

用藥如用兵，須量其材力之大小，蓋有一利，即有弊。如大補大攻大寒大熱之品，誤用即能殺人。

人生一小天地，病之輕者，如日月之食，不轉瞬自必回和，斷不可輕易服藥，恐益乎此則損乎彼也。瞰閱歷既久，悉知其故，甯受衆怨，不輕徇情。此事如老將臨陣，大賈航海，愈歷鍊而愈知畏耳。

凡古人立方，寓有精意，然斷不可呆用。余嘗見淺醫未經閱歷，遇暑倦輒用清暑益氣湯，而不知黃耆之悶；遇熱喘輒用生脈散，而不知五味子之斂，卒至暑熱伏留，纏綿床蓐而斃，甚可哀也。他如六味地黃湯，及麻黃湯、桂枝湯等，必須斟酌萬穩而進，或用次將之品代之。否則一誤之下，不可挽回。

《醫門棒喝初集·醫病須知》 謹按治病最忌雜亂無序。醫理深微，病情變幻，苟非深思力學，閱歷有年，莫能辨析明確。辯不明，則意見不定，見不定，則用藥嘗試，而能拯危濟急，難矣。若更議論紛紛，異說雜進，病家惶惑無主，當服之藥反不敢服，不當服者，亂投雜試，雖有善者，救藥不遑，焉能救病？及至敗事，互相嫁罪，病家既不知醫，則是非莫辨，咎無可歸。所謂築室道旁，三年不成，發言盈廷，誰執其咎？固爲醫家所大忌，然病家性命所關，如不知此弊，害孰大焉。

吳煋**《醫學輯要·醫學》** 袁大宣先生云：病猶寇也，藥猶兵也，醫猶將也。用藥以驅病，即用兵以逐寇，是在爲將者運用何如耳。不必株守夫常格，拘滯乎成見，棄取不必隨人，輕重總歸自忖。用一藥必獲一藥之效，而變通之以盡其致，立一方必合羣藥之力，而參互之以奏厥功。苟非藥性嫻熟，而深究其微，又烏能變化隨心哉。業患不能精，行成於思也。

《女科仙方·初爾誠序》 執成方而治病，古今之大患也。昔人云：用古方治今病，如拆舊屋蓋新房，不經大匠之手，經營如何得宜？誠哉是言。昔張仲景先生作《傷寒論》，立一百一十三方，言後世必有執其方以誤人者。甚矣，成方之不可執也。

《醫學溯源・病箴・格言》引《醫驗録》 一、俗説我是火體，毫不可用補，此説誤命最多。祇聞風鑑家分金木水火土之體，況又未聞有金體木體水體土體，何得獨有火體？人之臟腑，各分配陰陽五行，又安有專以火爲體者？願病人醫人，細審其理，勿泥俗説，自誤誤人也。

一、俗説證雖虚卻補不得，病人便深信之，抑知其説自相矛盾可笑也。病不虚則已，既是虚，便當用補，如何又補不得？如人既已饑寒，自當予以溫飽，若云饑寒，而又溫飽不得，有是理乎？揣其意以爲虚而有火，故謂不可補耳。抑知虚而有火，即是虚火，正當用補，補則虚回而火自降。丹溪云：實火可瀉，芩連之屬；虚火可補，參耆之屬。願治病者先審病，再用藥，審定是虚病，便放心用補。無火固補，有火亦補，祇論虚，不必論火，補其虚而火自退。奈何醫家不審虚實，但執補不得三字，如莫須有三字一般，便斷定虚人罪案，使監守虚牢中，安心待斃而莫之救，亦可哀矣。【略】

一、俗説治重病先須用藥探之，方爲小膽細心。愚謂此非小膽也，非細心也，第無目耳。試看門前無目乞兒，以竹棒點地，探途路也，捫牆摸壁，探門戶也。縱探得是路，又不知是坑是塹，縱探着有門，又不知是廟宇是住宅，何如有目者一目了然，既看得清，又毫不費力。故治病而用探法，再探不着，即探着亦探不清。況從來重病，最易哄人，大實偏似虚，大虚偏似實，大寒偏似熱，大熱偏似寒，探着相似處，必與真處相反，再待探着真處，而前之反藥已不可救矣。惟有目醫人，一眼覷定病之真情，或大瀉實，或大補虚，一發中的，使久病立效，危病立安，豈不直捷痛快，何用東掏西摸，作瞎子行徑。若危急之證，能待爾從容細探乎？【略】

一、俗説某醫用藥穩妥，某病服藥相安。蓋用藥以中病爲貴，服藥以得效爲憑，若不必求其中病，而但曰穩妥，則不如飲湯之爲更穩妥也。不必求其得效，而但曰相安，則不如飲水之爲更相安也。其真穩妥者，在於輕重得宜，補瀉恰當，見之似可畏，服之必奏功，此則真穩妥也。若真相安者，重病服之頓減，輕病服之立除。安之云者，病卻而復於安康，無事之謂也，此則真相安也。今則不然，但見藥味則至浮至淡，數則至少至微，舉方不令人驚，誤服亦無大害，此今之所謂穩妥也。吾恐不癢不疼，養癭爲患，雖不傷人於目前，必貽禍患於異日。人方喜其穩妥，孰知其大不穩妥者，即由之而伏也。又若病人服藥，不增不減，無是無非，到口無臭味之可憎，入腹無功過之可指，此今之所謂相安也。吾恐因循日久，邪氣不退則日進，正氣不長則日消，人方幸其相安，孰知其大不相安者，即隨之而至也。

一、俗説用補藥要關住賊邪在內，此一語最易動人，最易害人。如新傷食滯、傷寒陽證、傳經熱邪、時令邪瘧、結熱下痢如此等證，自無用補之理，亦必無妄補之人。彼所議者，不在此種實邪之證，而在陰盛陽衰，正虚邪湊，斷當用補，斷當急補，而不可游移延緩者。如傷寒陰證、陰寒下利，及寒瘧、三陰瘧、夾陰痢疾、脾虚成鼓、臟寒脹滿、吐瀉欲脱等證，俱宜以溫補爲主，正氣旺則邪氣自除，陽氣回則陰邪自退，皆當急補。惟恐補之不早，稍一遲延，邪熾正衰，陰凝陽滅，命即危殆。乃亦以關住賊邪爲詞，眩惑病人，以致傾命，如此俗説，眞是賊邪，願醫家同以慧劍斬之！

《願體醫話・醫話十二則》 嘗聞有是病即有是藥，但些小之恙，自可藥到病除。一遇疑難之證，認爲寒者，投熱而不應，認爲熱者，投寒而不應，認爲虚者，投補而不應，認爲實者，投瀉而不應，雖廣延諸醫，而主見各異。此際吉凶反掌，令人茫無適從，萬不得已，惟有不服藥一著，聽其自然，看其動靜，再爲斟酌。然又孰肯坐視不救，而竟委之大數哉？勢必朝秦暮楚，遇藥則投，直至氣絶人亡而後已。興言及此，不勝扼腕。有飾其詞曰：古人渾樸，其疾顯淺易治，今人尖巧，病證幻出難圖。余曰不然。從古及今，醫聖醫賢，無理不闡，無書不備，總由後人學識未到，審證未眞。若肯以外貌應酬之工，用於内求誦讀之際，推尋奥妙，研究精微，審醫案，搜脈理，一思百慮，感而遂通，則鮮有不能取效之證。今僭創一議，無論内外大小，一年之中，豈無一二奇證，若懷之胸臆，則近於秘道不傳，若登之棗梨，又礙于少難成帙。何不於三五知己中，每於歲底，各出所治奇病，現何證，服何藥，如何療，如何愈，共成一卷，以爲醫案，每年增廣，亦是不朽之舉。庶使後人有跡可循，而無識認不眞之憾，其功不在盧扁下也。然近日又有一種時弊，凡遇疾病危險，諸醫會集其中，學術平常者，不過輕描淡寫而已。識見高明者，若欲另立意見，惟恐招人妒忌，萬一不效，又慮損名，瞻前顧後，亦是大同小異了事。殊不念上天賦我聰明才智，若臨證之際，不費一番思索，不用一番心血，代天宣化，救濟蒼生，止於此中求富貴，顧聲名，以他人性命痛癢無關，生死聽天，清夜思之，能無自愧。

俞桂庭曰：王載韓云：前醫用藥未效，後之接手者，多務翻案，以求勝之，久寒則用熱，久熱則用寒，久瀉則用補，久補則用瀉，以爲取巧出奇之計。然而脈與因故在也，苟據脈審因，確見前醫識力未到，自當改絃易轍，以正其誤；若不據脈審因，而妄生歧論，祇圖求異於人而網其利，竟置病人吉凶于度外，其居心不可問矣。

又按：古云不服藥爲中醫。不遇良醫，莫若弗藥。蓋醫理深微，非上智不能討究，以百人習醫，無十人成就，成就之中，無一人精通，得一明醫，談何容易。然事在人爲，貴乎自立。如王甥孟英之鋭志于醫也，足不出戶者十年，手不釋卷者永夜，彌年在婺，屢起危疴，藉有聲名，後生可畏，余每聞而喜躍。所有歷年治驗，曾令其須存底稿，而摺臣先生亦有此話，可謂先得我心。世之爲醫者，遵史氏之格言，效吾甥之苦志，出而問世，必可加人一等也。

《醫略十三篇·阮元序》 陰陽風雨晦明，天之六氣也。陰淫寒疾，陽淫熱疾，風淫末疾，雨淫腹疾，晦淫惑疾，明淫心疾，是六氣者，乃人生致疾之原也。蓋人生不能無疾，治病必先賴乎醫，是醫也者，病人生死之所寄也，顧不重乎！治病者必先求之於形與神，然後求之於藏府，能求之于形神藏府，即有危險之症，亦莫不瞭如指掌，而得心應手矣。無如今之時醫，於人有疾，不論其輕重虚實，概目之曰感冒風寒，飲食停蓄。不知傷寒者則惡寒，傷食者則惡食，果傷乎食，在病者自不欲食，今能食者而亦禁之，將正氣漸虧，百病從兹而入，甚可危也。抑知人之所恃者正氣耳，使正氣充足，則百病無由而入，如正氣不足，則難言之矣，豈止於一感冒風寒、飲食停蓄不能霍然而愈已耶。以是推之，則人之正氣不能不固也明矣。

《素仙簡要·藥性簡明·六失八要》 宗奭曰：病有六失：失於不審，失於不信，失於過時，失於不擇醫，失於不識病。六失有一，即爲難治。又有八要：曰虚，二曰實，三曰冷，四曰熱，五曰邪，六曰正，七曰內，八曰外也。《素問》言：凡治病，察其形氣色澤，觀人勇怯、骨肉、皮膚，能知其性，以爲診法。若患人脈病不相應，即不得見其形，醫止據脈供藥，其可得乎？今富貴之家，婦人居帷幔之內，既無望色之神，聽聲之聖，不能盡切脈之巧，未免詳問，病家厭繁，以爲術疏，往往得藥不服。是四診之術，不得其一矣，可謂難也，嗚呼！

《素仙簡要·藥性簡明·法則》 夫用藥之法，貴乎明變，如風會有古今之異，地氣有南北之分，天時有寒暑之更，稟賦有壯弱之殊。人有貴賤少長，病當別論，症有新久虚實，理當別藥。蓋人心如面，各各不同，惟其心不同，藏府亦異，若以一藥通治衆人之病，其可得乎？然用藥之際，勿好奇，勿執一，勿輕妄，勿迅速，須慎重精詳，圓融活變，診脈必須用心，臨證在乎細審，不妨沉會，以施必妥。

《醫學考辨·將相兼資論》 症有全由正虛者，溫之補之，譬如陰陽燮理，馴致昇平也。症有全由邪實者，攻之逐之，譬如元老壯猶剪除凶惡也。有正虛而邪亦微者，或微用驅邪之品，先去其邪，而後議補，或即於補正之中，微兼逐邪之品，均無不可也。惟正虛而邪亦實者，藥不峻則邪不服，藥過峻則正愈傷，而邪愈不服，勢不得不攻補並行，將相兼資焉。如體虛而感重寒者，古人有再造散參芪羌防細辛並用之例。有體虛而得瘧疾者，古人有加味常山飲人參當歸常山草果山甲並用之例。有體虛而得大便閉塞者，古人有黃龍湯人參熟地硝黃並用之例。有體虛而得痺症者，古人有八珍湯加蒼朮葳靈仙穿山甲之例。有體虛而得血積者，古人有八珍湯送下手拈丸、失笑丸之例。有體虛而中寒痰者，古人有參附薑夏濃煎灌吐之例。有體虛而得熱痢者，古人有參連飲之例。夫既有精鋭之師以克敵於外，又有經體之德以安撫於內，將焉往而不利哉。即古云正虛邪實，或先補之而後攻之，或暫攻之而隨補之，均未若兹之計慮周而運用神也。

《醫學考辨·內外相引論》 凡用藥有內外相引，而取效更速者。如邪結胃中，大便閉塞，內服硝黃，外用麥麩和食鹽炒熱包熨以引之。如虚陽上越，內服桂附，外用椒鹽炒熱布包熨丹田以引之。如偏正頭風，內服清空膏，外用蓖麻子乳香搗餅貼痛處以引之。風痺疼痛，內服祛風散寒之藥，外用薑葱和食鹽炒熨以引之。此皆內外相引之法也，姑舉數項，餘可類推。

《知醫必辨·雜論》 病之生也，百出不窮，治法總不外乎陰陽五行四字。天以陰陽五行化生萬物，醫以陰陽五行調治百病。要之五行之生尅，仍不外乎陰陽。陰陽即血氣之謂也，氣爲陽，血爲陰也。氣血即水火之謂也，氣爲火，而血爲水也。氣無形，而血有形，氣附血以行，血無氣亦不能自行。無陰則陽無以生，無陽則陰無以化，陰陽和而萬物生焉。人生一小天地，陰陽必得其平。醫者偏于用涼，偏于用溫，皆不得其正也。醫有定理，亦有活法。王太僕云：寒之不寒，是無水也，宜壯水之主，以制陽光。熱之不熱，是無火也，宜益火之源，以消陰翳。此定理也。又有論目云：能遠視不能近視，責其無水。能近視不能遠視，責其無火。夫目乃水精之光，無水則任意滋水可也，而書稱目無火不病，又稱眼病無寒，設以不能遠視之故而任意補火，能無損目乎？凡人生而近視者甚多，往往不受熱藥，此則當參以活法，不可盡責其無火也。

用藥之道，惟危急存亡之際，病重藥輕，不能挽救，非大其法不可，否則法先宜小，有效乃漸加增，不得以古方分量之重爲準。況考古方之分量，合之於今，並不甚重。如仲景立方，動以斤計，或稱升合，似甚多也，及其用末藥，不過方寸匕，丸藥如梧子大，所服不過三十粒，又似甚少，何丸散湯液之相懸如此耶？攷《千金》本草，皆以古三兩爲今之一兩，古三升爲今之一升，則所兩者，僅得今之三錢耳。且仲景湯液總分三次服，則又止得三分之一。合而計之，豈非古之一兩，僅得今之一錢乎？惟世有古今，地有南北，人有強弱，藥有剛柔，醫者知所變通，庶幾有得耳。

凡人有病，如鎖錯鐄，醫者治病，如以鑰開鎖。不善開鎖，雖極用力而鎖不開，甚且將鎖損壞。銅匠善開鎖，只須銅綫一根，輕輕一撥，而鎖自開。故不善治病者，雖用重劑，而病不解，甚且加增，善治病者，只須一藥，即可得效。初學治病，當自審其能治則治，否則以待善治者，不可未識病情，孟浪用藥，將人損壞，雖有善者，未如之何。夫鎖可損也，人亦可損乎哉？

凡用藥調理病人，如澆灌花木，然有宜清水者，宜肥壯者。既得其宜，而又澆灌適中，無太過不及之弊，自然發旺異常。調理病人亦然，有宜清養者，有宜峻補者，有宜補氣者，有宜補陰者，必求其當而後有效，不可蒙混施治也。即如有求速效者，以爲人蓡補氣，既服人蓡，何氣尚不足？熟地補陰，既服熟地，何陰尚不足？不知用藥培養，亦如澆灌花木之道，澆灌得宜，則花木藉以易長，非所澆灌者，即是花木也。即如芍藥最宜稠糞，多以稠糞加之，豈即變爲芍藥乎？是故氣虛者宜蓡，服蓡則人之氣易生，而人蓡非即氣也。陰虛者宜地，服地則人之陰易生，而熟地非即陰也。善調理者，不過用藥得宜，能助人生生之氣。若以草根樹皮竟作血氣用，極力填補，如花木之澆肥太過，反遏其生機矣。我輩用藥，總（安）〔要〕輕重得宜，不可呆泥。況善用補者，補中有開，譬如作文，盡填實字，無一虛字，可能成文乎？總之不通儒學，不能通醫理也。

藥有甚貴，宜於人有益而反有損者，人蓡是也。據本草，人蓡能回元氣於無何有之鄉，可謂仙丹矣，於是富貴之家，病至莫救，無不服蓡者，奈十難救一。蓋蓡雖補氣，必得人有氣而弱，可以補救，若氣至無何有，人蓡何能爲無氣之人生出氣來耶？然此不過無益而已，而更有損者何也？富貴之人，驕奢之性，淫欲不節，自謂體虛，初病即欲服蓡，庸工無識，意在奉承，一藥不效，遂即用蓡。或因外感邪滯未去，得補不治，或因內傷壯火食氣，得補病進。【略】以益人之藥而損人，誰之過歟？予治病四十餘年，大抵富貴者少，中平者多，類多無力用蓡，而予亦輕易不用。即富貴之人，其病不當用蓡，予必禁止不用。如必用蓡而始能活人，則無力之人能活者有幾哉！

《神灸經綸・醫願》 人之有生，稟受五氣，養以五味，徵爲五色，發爲五聲。五者相得，氣血和平，五者一失，疾疢乃生。由外之內，感於六氣，由內之外，敗於七情。補偏救弊，醫擅其名。醫者意也，以意消息，貴得精詳。在經在絡，明辨陰陽。診視眞確，始可立方。勿期倖中，淺試輕嘗。兢兢業業，謹誌弗忘。順逆偶失，過責誰當。緬古名醫，洞見五臟，剖腹湔腸，極形無尚。多出神奇，理明義暢。非謂萬病，盡可生全，膏肓骨髓，視之暸然。慨夫晚近，風氣寖薄，冬不潛陽，雷電間作。未春先榮，未秋先落，根淺幹柔，花嬌實剝。其在於人，質鮮古樸，朝夕營營，聲色利貨，仁厚少存，神氣蕭索，殀折匪天，本根先斲。我心鑒此，游藝醫林，會以儒理，出以佛心，參形合數，援古證今，七方十劑，運用時欽。究慚淺學，是用規箴。

本願五則

一、拙性耽閒散，且有希夷先生之癖，時或懶于酬應，故不敢懸壺，以完吾璞。

一、診病必詳問病因，參以色脈，務得其表裏虛實，不敢少存率略。

一、立方不拘大小奇偶，必法古而不滯于古，務期當理中病。

一、用藥不取隱僻奇異之品，用引不過借以引經，不學時習，多選新奇希貴之物，以標異邀名，作難文過。

一、病有萬變，治亦有萬變，非具聖明之質，不能盡徹其微。予或心有疑似，即使就正明哲，不敢苟且誤人。

《市隱樓醫學雜著·苦口婆心語》 古語云：對病發藥。然則藥之當中乎病也明矣。夫病有寒熱虛實，即藥有溫涼攻補，汗吐和下，苟中乎病，病自去矣。從未有不究病因，不問病狀，而概以不着痛癢，無甚寒溫之籠統十數藥，一例投之，可望去病者。乃病家習聞其説，以爲此穩當之方也，醫者樂藏其拙，以售其欺，亦以爲此穩當之方也。於是乎桑、丹、梔、豉等味，不待搖筆，而已畢集於腕下矣。不知此數味者，病輕者可服，而亦可不服，即不病者服之亦無害也。倘病必以藥愈者，而僅以此投之，遷延日久，使病益深，愈治愈壞，至不可起，誰執其咎？無如積習既深，牢不可破，即有對病之藥，怯者驚焉，愚者惑焉，妄者議焉，忌者謗焉，此病之所以不可治也。

然則病家何以不悟耶？曰：有故。病家所聞者，無非發疹也，表散也，多出汗也，而此外則從未聞也。此醫曰然，彼醫亦曰然，此方是藥，彼方亦是藥。即親友之涉獵方書者，亦與時醫之所見略同，聚蚊成雷，積非爲是，安望其能聽之聰哉！是故居今之世，而欲醫道之行，非曲意徇人不能。然而稍有學問志氣者必不肯爲，人且嫌其固執矣，而巧言令色，阿意曲從者，於是乎名譽日隆，而聲價日高，不任其責，坐收其利，中人以下，誰不樂爲？彼賄通奴婢，交結師巫者無論已，舉世皆然，焉得不受其欺哉。徐洄溪曰：人之誤藥而死，半由於天命，半由於病家，醫者不過依違順命以成其死，並非造謀之人，故殺人之罪，醫者不受也，豈不然乎？夫人精神充足，氣血和平，是謂無病，焉用服藥。至於服藥，必有偏勝不舉之處，醫者便當視其所偏之處而補救之，使之適得其平，溫涼攻補，隨病而施，無所成見，期於中病而已，豈容孤疑首鼠哉！譬如劇盜，當勦不勦，盜將不可制矣。譬如饑民，當撫不撫，民且亦從亂矣。今之治病者，無乃類是。

吏有一種醫中之鄉願，專使藥中之奴婢，不溫不涼，不攻不補，以爲趨避逢迎之術，病家每樂與之周旋。豈知藥不能殺人者，必不能起人於死而生之，遷延貽誤，何獨非殺人哉！且夫世所謂能殺人者，石膏、大黄、麻黄、肉桂、附子、人參之屬也，今皆屏不敢用。即有引用古方者，但敢其一二不關緊要之味，謂師某法，用某方，其實未嘗師其法、用其方也。并有不知其全方者，如旋覆代赭、竹葉石膏、小柴胡等湯之不知有人參，黑膏湯之但知有生地、豆豉二味，不知又有豬膚、雄黄、麝香三味也。（自注）載在《外臺秘要》，以治陽毒發斑。他若溫而兼補，則如理中湯之以薑附合人參也。清而兼補，則如白虎湯之以石膏加人參也，散而兼補，則如清暑益氣湯之以升葛合參著也，寒溫並用，則如瀉心湯之芩連薑附，左金丸之黄連吳萸是也。表裏兩解，則如大青龍湯之麻桂石膏，白虎湯之加桂枝柴胡是也。汗下並行，則如大柴胡湯之柴胡大黄，又如柴胡加芒硝湯，桂枝加大黄湯是也。更有如清熱燥溼之用蒼朮白虎湯，攻下和中之用調胃承氣湯之類，不勝枚舉。要在方中乎病耳，何一不可用之藥，而故爲疑忌乎。今之醫者，論藥不論病，用方不用藥，但云某藥太補，某藥太瀉，某藥太溫，某藥太涼，某藥太熱，某藥太寒，某藥太表，某藥太散，某藥太燥，某藥太膩，某藥太攻，某藥太消，去其偏勝，得其中利，誠無愈於粥飯矣，何必服藥哉。此皆不知藥爲病設，專爲補偏救弊之用故也。

於是乎有當用不用以致誤者，有不當用而用以致誤者，有當用而輕用以致誤者，有不當用反重用以致誤者，誤之淺深不同，其爲不識病情則一也。今夫病名不同，則治病之方與藥自不得而同。倘謂病寒者不可溫，病熱者不可涼，病虛者不可補，病實者不可攻，通乎不通？倘謂病寒者反宜涼，病熱者反宜溫，病虛者反宜攻，病實者反宜補，通乎不通？倘謂病無論寒熱虛實，我將以不溫不涼不攻不補之藥約略治之，而可盡去其攻補溫涼之味，通乎不通？乃不通之論，在不通者聞而信之，原不足爲奇，最奇者，號爲通人，而亦信不通之語，則無怪乎不通之論，充塞乎宇宙，而日殺不辜，無人顧問也。

《研經言·釋證名》 有所苦之謂病。病無定所曰流，亦曰游。其有定所而移者曰轉。由此轉彼，而此已罷者曰併病。其依次者曰傳經。其彼病而此不罷者曰合病。其相爲表裏之經俱病，亦以次傳者曰兩感。至邪已入裏而有所着曰結。結而有定形，餘症悉罷者始曰積。積而可移曰聚。偏僻在側曰癖，亦曰痛。假物而成曰癥瘕，癥言其可徵驗，瘕言其爲虛假。本《病源》。結而無定形，久不愈，愈而復發曰注，亦作疰，亦曰繫氣。其新病甫愈，有因復發者，直曰復，亦作瘦。誤於醫曰壞病。染於人曰易病。病而至於氣竭曰極，極有六，言究竟也。氣去曰死，言澌散也。大抵散者泄之，結者排之，誤者救之，染者絶之。症宜用此數法，而正氣有不支者，即於其中加補味以扶之。歷代醫法，約略如此。

《醫原·用藥大要論》 至用藥之法，須知用意。醫者意也，以意治病，是最上一乘，不得已而用藥，已落二乘。然無情之藥，以有知之意用之則靈。古法用藥如用兵，用兵有戰有守，有奇有正，用藥亦然。夫以天地之氣，猶橐籥之開闔，運行不息，故能化生萬物。在人則不能，故其機一停則病，一偏亦病，一息則死。六氣之中，寒濕偏於闔，燥火偏於開，風無定體，兼寒濕則闔，兼燥火則開。暑有熱有濕，偏於熱者多開，偏於濕者多闔。用藥治病，開必少佐以闔，闔必少佐以開，升必少佐以降，降必少佐以升，或正佐以成輔助之功，或反佐以作向導之用，陰陽相須之道，有如此者。燥病治以潤，不妨佐以微苦，以微苦屬火，火能勝金也。濕病治以燥，不如治以淡，以淡味得天之燥氣，功專滲濕也。

更有病純者藥純，病雜者藥雜。如瀉心、黃連諸湯是也。有病雖雜而出於一源，則立方要有專主。有病雖純而夾以他病，則立方要有變通。燥病須防其夾濕，濕病須防其化燥。觀其已往，以治其現在。治其現在，須顧其將來。表裏寒熱虛實，固當分明，標本先後重輕，尤宜權變。燥病當用膏滋，濕病當用丸散。燥病夾濕，潤藥用炒，或用水丸。濕病化燥，燥藥用蒸，或用蜜丸。欲其速行，則用湯藥，取湯以蕩之之義。欲其緩化，則用丸藥，取丸以緩之之義。至於煎法，亦當用意。如陰液大虧，又夾痰涎，則濁藥輕煎，取其流行不滯。如地黃飲子是也。如熱在上焦，法宜輕蕩，則重藥輕泡，取其不犯下焦。如大黃黃連瀉心湯是也。如上熱下寒，則寒藥淡煎，溫藥濃煎，取其上下不礙。如前附子瀉心湯法。或先煎以厚其汁，或後煎以取其氣，或先煎取其味厚而緩行，或後煎取其氣薄而先至。如大承氣湯先煎大黃枳實厚朴，後下芒硝是也。欲其速下，取急流水。欲其緩中，用甘瀾水。即千揚水。如煎大半夏湯法。欲其上升外達，用武火。欲其下降內行，用文火。或藥後啜薄粥，助藥力以取（汁）〔汗〕。如服桂枝湯法。或先食後藥，則藥性之上升。種種治法，非參以意不可。試觀仲景先師一百一十三方，三百九十七法，皆有眞意存乎其間。學者以意會意，自有心得，此不過論其大略而已。

《醫醇賸義·自序》 秦有良醫，曰和曰緩，彼其望色辨候，洞見膏肓，非所謂神靈詭異者歟？乃其論針灸，論湯藥，言言典要，開啓後人，又何其純粹以精也。豈不以疾病常有，怪病罕逢，惟能知常，方能知變，故于命名之曰，早以和、緩自任歟？夫疾病雖多，不越內傷外感，不足者補之，以復其正，有餘者去之，以歸于平，是即和法也，緩治也。毒藥治病去其五，良藥治病去其七，亦即和法也，緩治也。天下無神奇之法，祇有平淡之法，平淡之極，乃爲神奇。否則眩異標新，用違其度，欲求近效，反速危亡，不和不緩故也。

《醫醇賸義·同病各發》 巧不離乎規矩，而實不泥乎規矩。岳忠武不深究陣圖以爲陣而後戰，本屬常法，然運用之妙，在乎一心，尤以臨機應變爲要，旨哉言乎。吾於古方，亦猶是已。【略】蓋同病各發，見症雖異，而致病則同，化裁變通，於不執成見中確有定見，斯頭頭是道矣。予非教人蔑古荒經，欲人師古人之意，而不泥古人之方，乃爲善學古人。且執古方以治今病，往往有冰炭之不入者，尤不可以不審也。

《理瀹駢文·許楣序》 人在氣交之中，凡呼吸吐納之氣，皆天地之元氣也。其或疾風暴雨，祁寒溽暑，山嵐瘴癘之所觸迕，以及情志之自賊，饑飽勞役之傷，卒暴之變，元氣因之而戕，則病生焉。內中乎藏府，而外發乎肢體，治之者，亦遂以內外殊科。湯液，內治者也；外治，則薄貼爲多。

《醫宗會要·醫風辨正序例》 藥者，扶偏救弊耳，寒熱溫涼，當隨證施治，豈容固執一偏。何今之相傳者，總怕寒涼害人，過於溫熱無傷也。蓋一由金宋之傷寒變其本，一由明季之方書加其厲。夫傷寒名號，起自黃農，本言六氣中熱病爲多，即寒冷犯身，久必化熱。倘先傷冬令寒水之臟，眞使陽氣鬱而不通，過時且礙天和，必有春溫夏暑諸病，因早揭收拒閉藏之戒，而統號傷寒。此寒字是指寒水之臟，非專言寒氣也。故就天地自然之理，以示人曰：冬傷於寒，春必病溫。又就生人氣化之機，以示人曰：冬不藏精，春必病溫。扁鵲分傷寒、中風、溼溫、熱病、溫病，謂傷寒有五。仲景又曰：傷寒有五。皆病熱之類。且曰：傷寒爲傳經陽病，共一百十三方，寒涼居其多半。孫思邈先揭溫病於《傷寒例》，并增方治，皆王叔和春變溫、夏變熱之意，未聞專重溫熱。刊之華表，以詔來茲，後被宋醫磨毁，遂遭雷譴。前後數聖賢一脈遞承之正學，天且不違，而人反違之，且有醫學至唐宋分門一語，今請得而詳辨之。

隋唐而後，王《外臺》認《千金》爲方書，踵事彙聚古方，已非醫家圭臬。繼以金元李東垣，醫學本淺，以富而好名著書，學張潔古之升陽散伏，專以甘溫治一時濁世之溼，而不本仲景理中、建中，另製補中益氣諸歎方，以溫醒溼，溼認爲寒。於是古之所謂傷寒是熱，彼之所謂傷寒皆寒，且云百病從寒起，甘溫除大熱。辛甘溫補，遂成時尚，五種之眞面目不復（賭）〔睹〕聞於世矣。當東垣之尚爲金人也，時有河間劉完素，發明六氣中惟溼熱十居八九，著《傷寒直格論》，立三焦手六經法以治溫例，與仲景從足六經治寒例相對待，實足補南陽之闕。王安道《溯洄集》後先一轍，遞傳張子和、朱丹溪，（丹溪，元人。初疑醫學不正，曾由婺源渡江走吳，走宛陵，又走建業，皆不能得。復還武林，遇羅子，敬授劉完素之學，又旁參李杲、張從正二家，始知溼熱相火爲病最多，人罕知其秘，而醫理乃明）及國朝諸先哲，皆詳其法，備其方，效如桴鼓。奈先惑於東垣潔古之説者，承波襲流，沈迷不反，專鼓浮陽，以取近效。

至明，方書出而醫學愈壞，後之學者，利其巧便，不究本原，不辨五種三因，一味指虛道寒，發散取汗，繼以枯脾、濇肝、溫腎，而能事畢矣。夫四氣失中而皆動溼，本有賴於充陽之治，而不知陰氣已暗受其傷。仲景謂：此愈非法治，妄犯傷營衛。又謂：孜孜汲汲，惟名利是務，崇飾其末，而忽棄其本，欲華其表而瘁其內者，正此類也。孫思邈云：末俗小人，好行詭詐，倚傍聖教而爲欺紿，治療喜用薑、桂、人參之屬。不皆明揭其弊哉？

《醫宗會要·土物方宜論》（摭録）　醫執一隅管見無用。孫思邈曰：江南嶺表，其地暑溼，其人肌膚薄脆，腠理開疏，用藥輕省。關中河北，地（士）［土］剛燥，其人皮膚堅硬，腠理閉塞，用藥重複。則五方水土之剛柔，風氣之強弱，資稟之偏勝，遷客客遊之治法，大相懸殊，地勢使然也。針砭、毒藥、灸焫，各宜一方，物產有無，自爾懋遷適治，亦地氣使然也。以生靈爲己任者，可勿知乎？張飛疇曰：東方發育之地，土膏氣澤，冬鮮凜冽之寒，四序常行春令。其俗華而少實，病多熱中疏理，無眞中風寒之候。外感內傷，總由理疏邪入，中熱氣傷所致。按吳越皆東方，而江南元氣最薄，病則虛熱居多，溫補宜而寒苦忌。江北接壤東魯，元氣虛實兼半，寒熱補瀉可以隨宜。江左地氣稍厚，略覺耐病而勝藥。江右則南近閩粵，內連荆楚，得火土之餘，不任溫補。然亦未可峻攻，惟宜清理中外。大抵東方所稟孱弱多，宜東垣、復菴。江左右宜於丹溪。江南則偏宜新甫。若河間、戴人之法，非西北姿稟剛厚人，斷斷不得專用也。

南方長養之處，陽盛氣泄，窮冬恆服絺衣，四時常行夏令。繆仲淳謂：陽澳既泄，則本氣不堅，民雖緻理，而霧露時蒸，觸者多攣痺。稍不緻者，則有風瘴之虞。即居恆無病，氣多上壅，故時嚼檳榔，唾皆赤色。而又有天蠻不下雪，地蠻不落葉，則口吐血之語。其患瘴癘之證，亦發熱，顱脹，胸滿，嘔吐，與傷寒似而治法殊。感之輕者，但食檳榔驅散滯氣，胸膈寬舒即愈。重則芳香正氣，開發中樞。若誤行發表，則陽氣愈泄，表愈虛，邪氣虛擾，發熱愈無底止。凡嶺南烟瘴之鄉，天晴亦多霧露，罕見日色。嵐溼與晻曖交升，蟲毒與鬼蜮並虐，感之必內應溼（士）［土］，中氣先傷，故嵐溼之治與瘴癘髣髴。但廣粵正向離明，黔滇邪臨坤位，咸多溼熱氣蒸。閩雖未踰梅嶺，已得南方氣候，水土皆泄而不收有縱，諸瘟諸疫，悉屬陽邪，其毒亦可解散。非若北方，地脈堅厚，陰邪積而不發，發則旦發夕死，如疙瘩黑骨諸瘟之暴絶也。

西方收引之界，金沙之域，地高土厚而風多，四時常行秋令。其俗剛毅不阿，民不衣而褐薦，華食而脂臘。西蜀與關西稟賦無異，然蜀直指兑澤，元氣與人文俱厚，有三峽倒流之勢。關西正當北斗，地氣與人材俱偉，有劍倚崆峒之概。故材質俱峻，表裏俱充，邪勿易傷也。惟是內氣塞盛，故病宜毒藥，如西域倒倉子和涌下等法。觀《內經》病發於內，治宜毒藥之語，一方風氣主治，無餘議矣。

北方閉藏之境，陰盛氣沈，春夏草木不生，四時常行冬令。民秉坎水而生，故常以水爲事，且性好乳食，所以臟寒生滿，則內因之證也。至於樂野處，冒風沙，歷冰雪，雖寒可裂膚而斷指，反不言傷寒之病者，以緻理慣拒嚴寒，雖有大風苛毒，莫之能害。即或害之，其氣堅固，不能便入於裏。故感之輕者，但需鷄湯麪食，助肝實胃，自能祛邪作汗。其傷之重者，竟行辛熱表散。裏氣壅滯，便與苦寒峻攻。非若東方之元氣瘠薄，投劑稍重，便致變生也。惟是腎氣素勞之人，邪乘虛入，而爲猝中，是必峻用溫補。然煤火內蘊，須兼苦降以防竭澤之虞。蓋煤爲水土之精，長氣於陰中之陽，力能壯火傷陰，故須預爲調制也。復有車塵馬足之勞，爲不內外因之候，又宜導氣和中，不宜升發溫補。若以南方內傷勞倦例治之，愈益壅滿矣。然燕與晉魯，皆北也。燕則左河右岱，地方最厚。魯雖偏居艮上，風氣已北。晉抵西關，惟一河之限。元氣之充實，大率相類，故治法亦相類云。

中央正中之位，水土平溼，萬類各得其和，四序各行其令。民雖食雜不勞，而多痿厥寒熱者，良由水土平溼使然。以其食雜不勞，元氣平治，所傷亦輕，故導引按蹻，常可愈之，不必定以毒藥內治，針石外施也。然雖言平氣所致，若傷寒猝病（重等）［等重］證，可拘此例乎？蓋中央雖居平位，四維八埏之氣皆得干之，所以仲景有寒熱補瀉之不同，立法皆隨病制宜，以爲天下萬世則，而中州更爲宜也。按仲景爲南陽聖醫，吏治長沙，皆不離洛楚之地。夫洛與楚皆居中央，而楚則交界江右，稍偏於南，所以一切溫補皆爲掣肘。以其地氣渾厚，民多溫飽，是以不須厚益。洛則水土平溼，平溼則氣柔，氣柔則受補矣。《經》言：治所以異而病皆愈者，得病之情，知治之大體矣。

《世補齋醫書文集·續蘇談防其說》 甚矣哉，醫道之壞也，人謂壞自醫家，吾謂壞自病家。人謂當責醫家，吾謂當責病家。蓋醫有不得不然之勢焉，實病家迫之使然也。一或不然，則必見拒於病家，即不能苟容於同列。即如天下設防之舉，蓋惟恐其如此，而欲其不如此，故貴乎有是防，而使防其如此者，必不如此耳。從未有防其東而東，防其西而西，防其來者自來，防其去者竟去。而曰：吾以是爲防也，則弗如其無防矣。往聞吾蘇於嘉道年間，有所謂防其之醫，而竊有異焉。

客有倣楊君謙松壽堂筆意作《續蘇談》者，紀嘉道間事。一則云：假如人得寒熱病，一二三日，未必遽命醫也。至四五日，而不能不藥矣。醫來病家，先以一虛字箝其口，若惟恐其不以爲虛者。藥用大豆卷、淡豆豉，防其留戀增重也。此數日間，絕不用些微辛散，防其虛也。不如是不合病家意。五六日，用生地，用石斛，立案書防其昏譫。不如是，而欲以苦寒者去病，病家不樂聞也。越日而昏沈譫妄矣。六七日，用犀角，羚羊角，案則書曰：防其肝風動，防其熱入心包。不如是，而欲以攻下者去病，病家所大畏也。踰時而妄言妄見，手肢掣動矣。如是者謂之一候，一候既過，病勢已成。然後珠黃散、蘇合香丸及至寶丹、紫雪丹，貴重之物，於焉畢集，病則舌強言蹇，目光散亂，囊縮遺尿，手足厥冷，種種惡候，相隨而至，於是他無可防，而獨防其脫矣。此等病狀，皆在七日以外，十三四日之內，病家一味防虛，十分忙亂。親友滿堂，或說陽宅不吉，或疑陰宅有凶，或則召巫，或則保福。一面按日開方，所防皆驗。甲乃拉乙，乙仍拉甲，甲乙復拉丙丁，方人人同防，亦人人同病。至此，即有眞醫，安能將眞方眞藥，希圖挽救於不可必得之數，而適陷坎中，亦惟有與時俛仰而已。是亦病家迫之而使之然。

韋君繡瑩《珠居集》亦痛切言之，洵乎其爲砭時救俗之書也。而其所以然者，則半由於有所爲，半由於有所不知。其有所爲者，盡在道不談道四字中。其有所不知者，則師以傳弟，弟又作師，師師非度，亦由閱歷而來。然而病家之愚，且有牢不可破者，其明日必至之狀，皆其昨日預防所及，一若此病本有是天然之節奏者，病家皆耳熟焉，而不知病本可以不若是也。薛鶴山曰：病家不咎其手法之疏，轉贊其眼力之高。徐洄溪曰：病家方服其眼力之高，不知即死於其所用之藥。然則康乾中已如此，且不起於嘉道之年，幸其後有任斯道之君子出而維持之，此風得少息矣。

《續蘇談》又曰：人於其時，病經三四日，延過一二人。越日更醫，到即問病幾日矣，延幾人矣，即知豆豉、石斛輩皆用過矣。及其更醫者，再問亦如前，而告以病也何如，虛也何如，即知犀角輩亦皆用過。而病所未劇者，口尚能言，則知珠粉、牛黃尚未用也。於是一用牛黃而口遂噤，一用珠粉而并不能狂。藥之諸惡物全，病之諸惡候亦全。所賸者，生脈散去五味，復脈湯去薑、桂，悉照葉派開方，防其虛脫，病家更無他望。如是者群相告曰：時邪好手。此豈醫所願哉，亦迫於不得已耳。

《續蘇談》又曰：病以七日爲一候，十四日爲兩候。藥而如此，則以一候愈。藥而如彼，則以兩候死。試將死於兩候與愈於一候者比，當其在一候之前，病不大相懸也，而一則用藥如彼，一則用藥如此，截然不同，不可相形而見乎。然凡愈於一候之人，必不知病機病勢，與延至兩候而死者，當其在一候時，大略相同，而其漸漸不同者，每在一候以外。況一候而其人既愈也，亦斷不知不用此藥，則一候外之病機病勢即此，愈於一候者，如其不愈，亦皆得而有之。故雖一室兩榻，一愈一死，亦不過曰一人甚虛，故死，一人不甚虛，故愈。至於用藥之絕不相同，則一室之親人，滿堂之戚友，竟無人一問及之者。所願此後之病家，察其死於兩候間者，一路用何等藥。察其愈於一候間者，一路用何等藥。勿認作一候之病輕，故愈，兩候之病重，故死也。其所由死，祇死於一虛字，箝醫之口，迫之而使出於一途，互相遷就，此其權實在病家，不在醫家。使病家而肯不以實作虛也，則醫自能於病實處曲折求之，而何必以一虛字了之哉。余故曰：所以成此一道同風者，毋徒責醫爲也。

《世補齋醫書文集·下工語屑》 案者斷也，必能斷乃可云案。方者法也，必有法乃可云方。若非步武前賢，安得有此學術。

書本不載接方，以接方之無定也。然醫則全在接方上見本領。

學醫從《傷寒論》入手，始而難，既而易。從後世分類書入手，初若甚易，繼則大難矣。

六經之病以證分，於讀書時，先明何經作何證，則於臨證時，方知何證爲何經，病者不告以我病在何經也。故必先讀書而後臨證，乃能明體達用。

六經要分看，又要合看，總以胸中先有六經之病，然後手下乃有六經之治。

病有必待問而知之者，安得以不問爲高。即如脈以合病，而病者之於醫，但令切脈。夫寒熱表裏，此可以脈得之。然一脈關數證，得此脈矣，所病之證仍不能以脈知也。故醫者不可以不問，病者不可以不說。

病有本不是一劑藥可愈者，用藥亦不必重。病有必賴一劑藥建功者，用藥則不可輕。輕則藥不及病，而反滋惑。

石膏不可鍛，鍛則如石灰，不可用矣。非生者重，鍛者輕也。大黄生者走後陰，熟者但走前陰，亦非生者重而熟者輕。承氣法加芒硝以助之，是欲其舉重若輕。

重病以領出死關，引入生路爲事。病在關内，朝夕可以有出得此關，病雖未愈，無死機矣。豈以復舊爲愈哉。

又 徐曰：廁，古謂之清，言污穢當湧除也。則清字仍如字讀。

有因小便不利而用升提者，以爲若酒注然，上竅開則下竅自通耳。今有以此法用之於大便閉結者，抑何可笑。

《傷寒論》用白散法，不利，進熱粥一杯。利不止，進冷粥一杯。此指巴豆溫下言也，今則移此言於大黄方矣。試思果以大黄寒下之，誤而至利不止，尚可食冷粥乎？

昔人所謂破氣藥者，謂導其氣之滯也。所謂破血藥者，謂解其血之結也。氣血一結滯，百病叢生，故必破之，使復流通之常。豈謂一用此藥，即盡其人之氣血而破之乎。

苦寒伐胃之説，爲久服苦寒必傷胃陽者言也。若胸膈熱阻，恐傷胃陰，則苦寒即爲保胃要藥。

甘有淡義，非徒以甜爲甘也。《禮記》：甘受和。若甜則不受和矣。《書》：稼穡作甘。亦言淡。故石膏之甘，不同於麥地。

東坡云：我有病狀，必盡情告醫，使其胸中了然，則疑似不能以惑。我求愈病耳，豈以困醫爲事哉？

嘗見一書云：我最不喜用熱藥。夫治熱自當用寒，治寒自當用熱。用熱用寒，自有病在，豈有視乎醫家之愛憎者？乃至補瀉溫涼，病家亦有愛憎，皆所不可。

春溫夏熱，豈獨藥之異於治寒哉？每見人家於溫熱病，亦用重裀複帳，病者則悶極不可耐，此大忌也。余每勘定是溫熱，必先令撤其帳幔。

病以汗解，藥到自然得之。即冬月正傷寒亦然，乃以春夏之病亦欲以溫覆取汗，則大不可。

病即有宜用寒涼藥者，仍禁恣食生冷，而如梨汁、藕汁、西瓜汁，又爲溫熱病所或需，其於甘蔗、荸薺輩，即有可商。

俗云：老年人知節氣，謂其逢節每發病也。此實以每交大節，皆爲寒熱燥溼交替之時，此時投藥，即當因所見之何病，順以去之。若一進補，則適留其所病，病轉因此而甚。故惟有逢節發病，必非議補之時。

老年人於供膳，宜食專味，雜則不受其益。

《經》云：聖人避風如避矢石。少壯時不覺也，年老而後信之。若外無感受，内無停滯，年雖高，病必少。

按摩一科，不講久矣，而病有宜之者。下至刮痧，亦簡便法。病在皮裏膜外，藥力所難及者宜之。景岳書有《刮痧新按》。

小而至於以草取嚏，似不足道矣，然此法出自《内經》。

薑、棗具安内攘外之功，故桂枝湯重之。即單用二物，亦爲正治。醫以其不取諸藥肆，故另書以圖便，而人遂僅目爲加頭藥，則非也。

《傷寒論》風池、風府，皆有刺法，否則以三指密排在腦後入髮際橫擦之至兩耳旁，令皮膚微熱，亦足去風。

劉仕廉《醫學集成·用藥如用兵》 古人云：不爲良相當爲良醫。此何以説？蓋良醫保命治病，無異於良相保主克賊。間嘗論之，國家無事，内安外寧，如人天君泰然，百體從令，元氣充實，外患不侵。倘元氣稍虧，急宜培補，如嗣主闇弱，宜輔弼多賢，倉廩空虛，宜儲財節用，務使君明臣良，民殷國富，始無境内之憂也。設不幸而蠻夷竊發，擾亂邊疆，如人偶爲風寒外侵，一汗可愈，使純用補藥收斂，是謂關門逐賊，賊必深入。夫賊既深入，爲良相者，必先薦賢保主，然後興兵討賊。如善醫者，必先審胃氣，然後用藥攻邪。更不幸而兵圍城下，糧絕君危，惟有保主出奔，再圖恢復。如人元氣將脱，且緩治病，而急保命，命存而病可徐圖也。蓋行軍以糧食爲先，用藥以胃氣爲本。軍無糧食必困，藥非胃氣不行。庸醫不先固本，一意攻邪，何異姜伯約九伐中原，糧食不繼，出師未捷，而昏主讒臣，反納降於鄧艾，可借鑒焉。大將討賊，內顧雖已無憂，而用兵尤貴知法。如人氣血未虧，卻病不難，不善醫者，雜亂用藥，自相矛盾，反壞胃而引賊，何異趙括將兵，漫無紀律，反折兵而喪國乎？良醫用藥，必如諸葛將兵，運籌帷幄，決勝千里，心有主宰而不惑，兵有紀律而不亂，陣有變化而不拘。相天時，察地理，乘機勢。大軍對壘，奇兵埋伏，進可討賊，退可自守。雖三軍之士，性情不同，而我駕馭有法，同心克敵則一也。雖然，敵雖克矣，國家元氣，必因此而耗傷，城地關隘，或因此而崩圮，爲良相者，安我人民，實我倉庫，固我對疆，所必然也。如人病後，不服補藥，營衛其何以固，元氣其何以復乎？至於內傷諸症，不過三陰虧損，本無外邪入寇，善醫者，如伊尹相太甲，但使之處仁遷義，救弊扶偏，調爕陰陽而已矣，何用霸功征伐，以擾我境內耶？若食積痰火，蟲瘀癥瘕諸實症，又如國有大奸，急宜剪除，不可純用王道之劑，姑息以養奸也。試觀元首股肱，君臣同歌一體，忠言良藥，救正信有同途。良相之以道事君，何異良醫之以藥療病。良醫之切脈審症，何異良相之區畫籌謀。良相之陳善辟邪，何異良醫之延年卻病。故岐伯相黃帝，即推此意以作《靈樞》，觀仲景傷寒用藥，如講兵法。他如兵法云：知己知彼，百戰百勝。兵不在多，貴於善用。皆與醫道無二理也。吁！上醫醫國，良相知醫。用藥如用兵，古人先我而言矣。保命如保主，庸醫不能識也。誠能引伸觸類，舉一反三，則於醫道豈復有餘蘊哉？

劉仕廉《醫學集成·治病要訣》 邪之傷人，先中於表，漸入於裏。病初在表，須汗之散之，使不傳經入裏，則病易愈。若表邪未盡，而遽下之，外邪乘虛而入。或誤補之，內邪壅閉不出，變成壞症極多。治病務分老幼強弱，新病久病，富貴貧苦幾等看法，藥亦幾等用法。《經》曰：善治者，先治皮毛，次治肌膚，其次治筋脈，其次治六腑，其次治五臟。

《四時病機·劉傳祺序》 內陽外陰爲泰，內陰外陽爲否，扶陽燮陰，中正當位而不偏，此易義也。治天下然，即治病亦然。【略】蓋濁陰之氣中人深，發病驟，小人害君子，漸漬浸潤，一發而禍烈。其機如此，故一切內外雜病雖多不言，獨言此數者而預防之，而救治之也，陰陽和而後萬物資生。【略】愚醫多不通《素》《靈》《金匱》《傷寒》之書，黠者假經語以爲緣飾，莫能發其精微，抑且淆亂之。劉河間立暑火之論，專用寒涼，本爲北方地氣而設，流傳失其本意，爲害已甚。李東垣稍知醫，謂脾胃火務溫養。而朱丹溪乃立陰虛火動之說，輒訾陽藥於是，寒涼之弊又復盛行，不操刀而殺人。張景岳注《本草》，獨詳參附之用，所著《類經》，其方陣之目，雖鄙其用，意可嘉也，然景岳偏於溫補，盜方入而閉門，火方灼而厝薪，誤人十常八九，與河間、丹溪厥過維均。此則偏之爲害，而中正當位之難也。

又 凡治病，必先固元氣。元氣者陽氣，《易》所謂元者善之長也。陽主通，汗吐下所以通，《易》所謂亨也。亢則害，承乃制，火劑白虎所以和，《易》所謂利也。用陰輔陽，非以陰伐陽，而貞元相續矣。然則扶陽自有法在，非一於溫補而已。燮陰亦自有法在，非一於寒涼而已。

《王氏醫存·治病分先天後天》 陰陽有先天後天之分。先天元氣，動則生陽，靜則生陰。陰陽不可偏盛，陰盛則陽虛，宜扶其陽。陽盛則陰虛，宜養其陰。凡精神不王，氣力怯弱，畏風畏寒，便多、食少諸病，皆陽虛也，宜參、蓍、桂、附、薑、朮等藥。凡津液不足，肌肉不豐，畏暑畏熱，口乾目蒙，糞燥尿黃，耳鳴，鼻乾，髮焦等病，皆陰虛也，宜芍、地、二冬、石斛、烏梅、梨汁、萸肉、蜂蜜、飴糖等藥。後天陰陽，乃六淫、飲食等事傷於表裏，而病寒熱虛實，治以解表、清熱、散寒、化痰、消積、殺蟲、化塊之類皆外鑠者也。先天陰陽論盛衰，後天陰陽論五行生剋，學者宜切究之。

《王氏醫存·四方之人證治不同》 四方風土各異，人之稟受亦殊。西北方人，冬月表邪無汗之證，須羌活、麻黃、荆芥、防風、葱、薑之類，乃能發汗。若自汗之證，須白芍、桂枝、黃蓍等藥止之。若有積滯內熱便閉等證，須芒硝、大黃、枳實、厚樸等藥，乃能下之。東南方人，冬月表證無汗，但用紫蘇、薄荷，足以發汗，仍加白芍、烏梅、北沙參、甘草等味，固其本。自汗之證，須白芍、北沙參、麥冬、浮小麥、生牡蠣、甘草等藥，止汗而兼固本。若內熱，但宜白芍、黃芩、麥冬、生地、知母、石斛等藥。若大便閉，但宜當歸、麻仁、蜂蜜、瓜蔞皮、山楂等藥。小便結，宜車前、萹蓄等藥。有積滯，宜枳、樸、楂、麯等藥。西北方人，感冒多屬風寒。東南方人，感冒多兼瘟疫。

《王氏醫存·貧富勞佚證治不同》 醫膏粱病，忌大發汗，宜兼滲濕、消食、固本。醫藜藿病，忌大溫補，宜兼解肌潤燥。

富而慳吝者病與貧而多鬱者同治，貧而嗜酒色者病與富而奢淫者同治。又木處而顛受，風也；土處而病，受濕也。煤炭窑中人亦受濕，處高之人皆受風，鐵銅匠人皆受火，辛苦夫役工人皆傷力。

《王氏醫存·古法活用之宜》 古今論病臨證，選藥立方，大同小異。其大同者，人身臟腑軀肢同，外感內傷爲病同。醫人讀其書，仿以治病，毫不敢背也。其小異者，人之身家異，老幼強弱異，八方水土異，耑病兼病異。今臨之證，非古臨之證也，況今藥非古藥乎？古無此病，今有此病。古無治法，今有治法。若病與古毫無差別，須遵用古方，立愈。苟病稍有與古異者，須酌用加減，或自立方，不得硬錄古方，妄思愈病。且古方無多，醫病無窮。觀黃坤載《長沙藥解》，方藥皆活用自明。嘗見山農村嫗，雜草野木，秘法家傳，愈人奇病，不得謂四聖百家外，無活人之方藥也。坊刻佳書，常對證錄方而不效，因未辨明同異，而按圖索驥也。

《王氏醫存·民病異同有由》 古今民病異同，多由運會與人事爲轉移。如古無水菸鴉片，今人每以此而致病。古無熟地、洋參，百般僞藥，今有此而誤病。古書不甚詳瘟疫，或爾時陰厲之氣未若今時之盛。《老子》云：大兵之後，必有凶年。余見凶年後疫氣時行，非一次矣。又古無痘症，今謂伏波征交趾時所染，亦屬臆說。且古藥爲品甚少，今藥爲品甚多。又古今名同物異，名異物同，同一物也所產道地不同，則氣味亦異。且古之飲食滋味與今之飲食豐儉不同，淳澆亦異，況於飲醇酒，近婦人，戕生害命，晏安酖毒，今人又百倍於古人也。即方書善本，兵火之後，存者無幾。如張仲景《卒病論》十六卷，沒於安史之亂，可歎也。眞藥無多，眞方難得，病愈變而愈奇，醫愈趨而愈下，有志者所爲仰屋而歎也。

《王氏醫存·病有根》 病有根於命者，如八字火炎上燥，則多失血之疾。亦有根於先塋者，有根於父母者，有胎患者。凡此諸證，每治愈而仍發。又有夫妻相傳染，及家人外人相傳染者，治愈仍發。

《王氏醫存·病從口入》 古語云：禍從口出，病從口入。故善養德者，愼言語以遠害。善養生者，節飲食以卻病。況多殺物命，慈氏有戒，何曾日食萬錢，惜福者不如是也。省華筵一席之資，養中人數口之命，則養生即所以養德矣。又有一種嗜茶、嗜酒、嗜水果、嗜甘香餅餌之人，好尚之偏，病亦隨之，口腹之累，明哲之士所爲早愼於微也。

《王氏醫存·活法說》 一藥不僅治一病，一病不僅需一藥。一方不僅宜一病，一病不僅應一方。一脈不僅見一證，一證不僅見一脈。一脈不僅屬一病，一病不僅執一脈。語所云：活法法中生活法，奇方方外有奇方。

《王氏醫存·老年證治說》 老年津液虧則生燥，故有頭暈、耳聾、髮白、眼花、怔忡、健忘、不寐、久咳、口臭，一切上焦熱證，皆燥也。又有大便乾結，小便數赤，則燥熱在二腸。又有口渴而多飲茶水則作脹悶，食乾物則噎而難下，燥熱在上脘。凡諸燥熱證，皆不可認爲實火。蓋津液乃生化之原，人身內外賴以滋濡，況老年眞陰不足以化生津液乎？亟須保養眞陰，生津潤燥，則上下一切假熱證自愈。若但曰水不勝火，直補其水，則必作寒瀉，中氣易陷矣。若但曰脾胃弱，直補其土，則津液被茯苓所滲，而燥更甚。縱敎胃熱能食，而脾虛不化，積滯生矣。若但疏達肝木，則疏泄令行，易汗，易尿，易瀉，津液益亡，而燥益勝。若清理胃土，中氣本虛，又受抑遏，必作胃寒之證。若但清其肺金，金冷不足以生水，而微陽受制，必生畏寒、手足冷等證。

老年病愈之後，亟須峻補元氣。若元氣足，則動而生陽而眞火發，靜而生陰而眞水潮，神力自健，津液自生。神力健則周身爽利，醒睡皆安，津液生則口體滋濡，渴煩皆免。加以清補肺金，而勿用寒涼，舒暢肝木，而勿用熱燥，使金自生水，無待於補水，木自生火，無待於補火。每日飲食，留心調養脾胃，務求胃強能食，而不致飽悶、嘈雜、吐酸、噯呃，脾健能消，而不爲飧泄、燥結、腹脹、臍疼、尿赤，斯眞老當益壯矣。

《王氏醫存·靜養精神以補中氣立能救危》 服食以養中氣，如噴水以潤花葉。靜養精神以補中氣，如溉水以灌花根。常有死去數刻，忽又回生者，乃其中氣未泯，得數刻之靜以蓄養之，氣機復則呼吸以生也。故病雖垂危，若尚未死，則中氣仍存。苟能乘此養之，豈非易易。其法：高枕軟褥，側身曲臥，諸事不思，收視返聽，勿離臍下，則一身之氣自能不絕。果能如此，久病垂危，立可回生。惟善攝生者，始知此效。

《王氏醫存·貽誤難防》 病有醫所不及知者，如病人相火妄動，偶有遺洩，眞元暗損於病中矣。肝氣妄發，突生暴怒，邪熱得助於意外矣。甚有僞藥亂眞，名是而實非，求益而轉損。或藥不勝病，或病不敵藥，或一誤再誤而不檢正，或將錯就錯而成痼疾，或誤服相反，或中毒不知。甚矣，醫之難言也。

病有誤於失調養者，有誤於事不遂心者，有誤於仙方秘方者，有誤於巫婆帶藥及針灸送祟者。有病人惡藥，未服而曰已服，歸咎於藥者。有不依禁忌，致藥無效，醫心無主者。又有男女隱疾，羞不語人，但稱小證，醫心狐疑者。

《醫法圓通·用藥弊端説》 用藥一道，關繫生死。原不可以執方，亦不可以執藥，貴在認證之有實據耳。實據者何？陰陽虛實而已。陰陽二字，萬變萬化，在上有在上之陰陽實據，在中有在中之陰陽實據，在下有在下之陰陽實據。無奈仲景而後，自唐宋元明以逮本朝，識此者固有，不識此者最多。其在不識者，徒記幾個湯頭，幾味藥品，不求至理，不探玄奧，自謂知醫。一遇危症，大海茫茫，陰陽莫曉，虛實莫辨，吉凶莫分，一味見頭治頭，見腳治腳。幸而獲效，自誇高手。若不獲效，延綿歲月，平日見識用盡，方法使完，則又藉口曰病入膏(盲)〔肓〕，藥所難療。殊不知其藝之有未精也。

更有一等病家，略看過幾本醫書，記得幾個湯歌藥性。家人稍有疾病，又不敢自己主張，請醫入門，開方去後，又或自逞才能，謂某味不宜，某味太散，某味大涼，某味太熱，某味或不知性，忙將《本草備要》翻閱，看此藥能治此病否。如治與病合則不言，不與病合，則極言不是，從中添減分兩。偶然獲效，自矜其功，設或增病，咎歸醫士。此等不求至理，自作聰明，每每釀成脱絶危候，雖盧緩當前，亦莫能治，良可悲也。

更有一等富貴之家，過於把細，些小一病，藥纔入口，稍有變動，添病減病，不自知也，又忙換一醫，甚至日延六七位，每每誤事。不知藥與病有相攻者，病與藥有相拒者。豈即謂藥不對證乎？何不多延數時，以盡藥力之長哉？予觀古人稱用藥如用兵，有君臣，有佐使，有鄉導，有緩攻，有急攻，有偷關，有上取，有下取，有旁取，有寒因寒用，熱因熱用，塞因塞用，通因通用諸法，豈非知得藥與病有相拒相鬬者乎？予願富貴之家，不可性急，要知病係外感，服一三道發散藥，有立見鬆減此者。氣滯食滯，腹痛卒閉之症，服行氣消導開竅之品，有片刻見效者。若係內傷，虛損日久，誤服宣散清涼破氣、滋陰等藥，釀成咳嗽白痰、子午潮熱、盜汗骨蒸、腹脹面腫、氣喘等症，又非三五劑可見大功。所以古人治病，有七日來復之説，或三十劑，五十劑，甚至七八十劑，始收全功者矣。

最可怪者，近之病家，好貴惡賤，以高麗參、枸杞、龜鹿虎膠、阿膠、久製地黃、鹿茸等品奉爲至寶，以桂、麻、薑、附、細辛、大黃、芒硝、石膏等味畏若砒毒，由其不知陰陽虛實至理，病之當服與不當服耳。病之當服，附子、大黃、砒霜皆是至寶，病之不當服，參、蓍、鹿茸、枸杞都是砒霜。無奈今人之不講理，何故？諺云：參蓍歸地，治死人無過；桂附大黃，治好人無功。溯本窮源，實由於不讀仲景書，徒記幾個倖中方子，略記得些各品藥性，懸壺於市，外著幾件好衣服，轎馬往來，目空一世，並不虛心求理，自謂金鍼在握。仔細追究，書且點不過兩篇，字且畫不清幾個，試問尚能知得陰陽之至理乎？東家被他桂附治死，西家被他硝黃送命，相沿日久，釀成此風，所以病家甘死於參蓍歸地之流，怕亡於薑附硝黃之輩，此皆醫門之不幸，亦當世之通弊也。予願業斯道者，務將《內經》、《難經》，仲景《傷寒》、《金匱》，孫眞人《千金》、《翼》諸書，與唐宋金元朱張劉李，並各後賢醫書，彼此校量，孰是孰非；更將予所著《醫理眞傳》並此《醫法圓通》留心討究。

陰陽務求實據，不可一概見頭治頭，見咳治咳。總要探求陰陽盈縮機關，與夫用藥之從陰從陽，變化法竅，而能明白了然，經方時方，俱無拘執，久之法活圓通，理精藝熟，頭頭是道，隨拈二三味，皆是妙法奇方，觀陳修園先生《三字經》，列病數十條，俱言先以時方治之，不效，再求之《金匱》，明是知道近日醫生之胸中也。然時方如四君、六君、四物、八珍、十全、歸脾、補中、六味、九味、陰八、陽八、左歸、右歸、參蘇、五積、平胃、柴苓、逍遙、敗毒等方，從中隨證加減，亦多獲效，大抵利於輕淺之疾，而病之深重者，萬難獲效。修園所以刻《三字經》與《從衆錄》之意，不遽揭其非，待其先將此等方法用盡，束手無策，而後明示曰再求《金匱》。是教人由淺而深，探求至理之意也。

《醫法圓通·用藥須知》 外感風寒忌收納也。凡一切外邪初入，切不可攻下，攻下則引邪入裏，變證百出。切不可妄用溫固收納，收納爲關門捉賊，延禍匪輕。切不可妄用滋陰，滋陰則留戀陰邪，病根難除，祇宜按定六經提綱病情施治，庶不誤人。

內傷虛損忌發散也。凡內傷之人，多半咳嗽，由清陽不升，濁陰不降，閉塞清道而成。祇宜辛甘化陽之品，蕩去陰邪，清升濁降，咳嗽自已。昧者不識，稱爲陳寒入肺，純用一派搜寒宣散之品，每每釀成脱證，不知病既內傷，正虛無疑，而更用此宣散，則一綫之正氣，又爲大傷，豈能久延時刻，而不脱絶者乎。

凡内傷之人，多半胸滿不食，痰多。由中宫氣衰，轉輸失職，陰邪痰水，堵塞胸中。只宜溫中醒脾助正，胸滿痰水自去也。昧者不察，多用一派推蕩破滯之品，每每釀成腹脹不治之病，不可不知。

凡内傷之人，多有身熱而卻不疼，雖然内熱而口不渴。如此等病情，近似外感，近似火症，只宜回陽收納。收納則陽不外越，而身熱自已，陽回則鎮納陰邪，而陰潮不作。諸書稱内熱由陰虚，不知陽衰而陰鬼立出，即晝夜亦可知也。昧者不識，一見發熱，稱爲外感，便以發散投之，必危。一見内熱，稱爲陰虚，滋陰降火，必殆。

《保赤存真·許瑶光序》 蓋疾猶寇也，藥猶兵也。寇强兵弱者敗，兵不向寇者敗，兵反助寇者更敗。彼其心非甘敗也，非不仁也，擇術不精，而操術不久，或蔑古以師心，或泥古以誤世矣。

《醫學求是·二集·膏粱藜藿病體不同論》 膏粱之體，表虚裏實。藜藿之體，表實裏虚。其表虚者，乃自幼謹慎風霜，皮毛柔嫩，偶受風寒，即易致疾。其裏實者，非謂本體壯實也，平居飲食供奉，油膩腥羶積於腸胃，甚或藥餌常投，參茸並進。又有以爲中虚者，時服膠、地等滋膩之品，積久生痰，中宫痞滿，此其所以爲實也。藜藿之體，慣嘗霜露，皮毛厚密，故偶感風寒，卒不易病，而病則必重，所謂表實也。其裏虚者，亦非謂本體虚弱，乃平居飲食麤糲，腸胃枯澀。觀於食力之夫，食倍於人，卒又易餒，其明徵也。故膏（粱）［粱］之體，遇外感經病，宜用輕清解表，不得（遇）［過］用猛烈。若治内傷，宜寓埽除之法。臟腑柔脆，峻攻固所不宜，而浪投滋補，尤易誤事。藜藿之體，遇外感經病，發表宜重宜猛。若用輕清，因循貽誤。内傷病，消導攻伐之品，極宜慎用。遇宜補者，投以補劑，其效尤速。至於膏（粱）［粱］體亦有外實，藜藿體亦有裏實，則又最易治療之證也。

《存存齋醫話稿》卷二 醫事難矣哉！學識荒陋者無論矣，其在術精名重，日診百十人，精神不逮，大意處輒復誤人。蓋晨夕酬應，無少息時，索索無精思，昏昏有俗情，雖賢哲不免也。徐悔堂《聽雨軒雜記》云：乾隆壬申，同里馮姓，館於楓橋蔡姓家。夏日蔡自外歸，一蹶不起，氣息奄然，因以重金急延薛生白先生診。至則蔡口目悉閉，六脈皆沉，少妾泣於旁，親朋議後事矣。薛曰：虚厥也，不必書方，且以獨參湯灌之。遽拱手上輿而别。衆相顧，莫敢決。再延一苻姓醫入視，苻曰：中暑也，當服清散之劑，參不可用。衆以二論相反，又相顧莫敢決。馮曰：吾聞六一散能祛暑邪，盍先試之？乃以葦管灌之，果漸蘇。苻又投以解暑之劑，病即霍然。夫薛氏爲一代之名醫，祇以匆匆一診，未遑細審，并致疑於少妾之在旁，誤以中暑爲虚脱，幾傷其生，醫事不誠難乎其難哉！又《類案》載：曾世榮先生治船中王氏子，頭痛額赤，諸治不效，動即大哭。細審知爲船篷小篾刺入顱上皮内，鑷去即愈。苟不細心審視，而率意妄治，愈治愈壞矣。是故醫家臨診辨證，最要凝神定氣，反覆推詳，慎毋相對斯須，便處方藥也。

又 藥氣入胃，不過借此調和氣血，非入口即變爲血氣，所以不在多也。有病人粒米不入，反用膩膈酸苦腥臭之藥，濃煎大碗灌之，即使中病，尚難運化，況與病相反，填塞胃中，即不藥死，亦必塞死。小兒尤甚。此洄谿徐氏目擊心傷，所以《慎疾芻言》有制劑之説也。拙稾本卷第二條言：用藥治病，先須權衡病人胃氣。亦此意也。洄谿一案，備録於後，足爲世鑑焉。郡中朱姓，有飲癖在左脇下，發則脹痛嘔吐。始發甚輕，醫者每以補劑療之，發益勤而甚。余戒之曰：此飲癖也，患者甚多，惟以清飲通氣爲主，斷不可用溫補。補則成堅癖，不可治矣。不信也。後因有鬱結之事，其病大發，痛極嘔逆，神疲力倦。醫者乃大進參附，熱氣上衝，痰飲閉塞，其痛增劇，肢冷脈微。醫者益加參附，助其閉塞，飲藥一口，如刀箭攢心，哀求免服，妻子環跪泣求。曰：名醫四人合議立方，豈有謬誤？人參如此貴重，豈有不效？朱曰：我豈不欲生，此藥實不能受。使我少緩痛苦，死亦甘心耳，必欲使我痛極而死，亦命也。勉飲其半，火沸痰壅，呼號宛轉而絶。大凡富貴人之死，大半皆然，但不若是之甚耳。要知中病之藥，不必入口而知，聞其氣即喜樂欲飲。若不中病之藥，聞其氣即厭惡之。故服藥而勉强苦難者，皆與病相違者也。《内經》云：臨病人問所便。此眞治病之妙訣也。若孟子所云：藥不瞑眩，厥疾不瘳。此乃指攻邪破積而言，非一例也。此案載王孟英《歸硯録》，自注云：余編《洄谿醫案》，漏此一條，迨刻竣始知之，不便補鐫，故録於此。按《洄谿醫案》爲王孟英所編刻，其中疑有託名之案。又《慎疾芻言》一書，其序文與徐氏六書各序，文筆極不類，疑亦是託名者。然觀古人書，立論處方，平正通達，便足師法。否則，即使眞本，亦難信從，正不必辨其眞僞也。

《蠢子醫·學醫眞詮》 學醫第一看藥性，有了藥性心有定。某藥入某經，某藥治某病，或是溫，或是涼，與某症相稱。或是補，或是瀉，與某症相應。各藥各有溫涼補瀉理，各經各有寒熱虛實症。看得到時藥分明，此中早已有把柄。學了藥性學脈理，學了脈理方有用。某經是眞虛，某經是眞實，用某藥相應。某經是眞寒，某經是眞熱，用某藥相稱。各經各有虛實寒熱理，各藥各有溫涼補瀉性。看得到時脈分明，任憑病來如明鏡。有了明鏡有把柄，一下筆時便入聖。不靠湯頭歌，不任人家命。病端雖夾雜，病脈總清淨。藥方雖更變，藥性總周正。君臣佐使無參差，便是醫中之捷徑。即有天師再臨凡，亦難尋找方中病。

《蠢子醫·湯頭歌不可泥》 今日治病好依湯頭歌，以爲十大名醫必不錯。豈知妙理皆自脈中得，不得脈理枉用藥。得了脈理細細思，其中自必有主藥。有了主藥往下排，此是湯頭眞大略。今人動說古方好，不知以古治今多有錯。古人未看今日病，安知今日之用藥。病症皆從氣運生，今日氣運與古大不合。古人但知古人病，未知今日之病瘼。今日病瘼須得今人治，安得妄用古人藥。古人用藥條條好，安得今日病情恰恰合。今日氣運已大變，今日脈理甚可愕。皆因午會火已極，眞氣往往上薄。往上薄入斗牛宮，迢迢中指看落落。以下三部皆不管，照舊方兒方知錯。眞氣盡皆走上頭。眞氣上走，火亦隨之而升。下邊部位皆虛託。看似陰寒實眞熱，崑崙頂上通關鑰。古聖眞理難豫傳，所餘方脈盡糟粕。願起古人一質證，古人望我如饑渴。安得對面談一笑，眼前大道盡放着。

〔龍金門誌〕若祇依湯頭歌，則是不論脈理，鈔古人之方，治今人之病，安得恰相合乎？何如師古人之意，不泥於古之爲得焉。

《蠢子醫·駁汪訒庵加減古方》 古時病分七十門，汪訒庵減至二十一。古時方計七百首，訒庵減至三百餘。附方過之，看似簡約，實未眞簡約也。一貫之理，恐不在此，以備查覽，則無不可耳。

看病藥性要分清，入手診脈精又精。二者果然有把握，不怕病來如牆傾。或用攻伐或用補，或用和解或用行。一切溫涼補瀉得其宜，便是用藥如用兵。可以稱主帥，可以立大營。要得心中有箇眞是非，一診脈時藥自呈。若是遲疑生枝節，縱有名藥亦不靈。亦有胸中全無眞是非，祇把老本亂翻騰。愈翻愈糊塗，愈查愈不清。何用病分七十門，何用方計七百盈。何用門留二十一，何用方變六百零。方子愈多愈夾雜，門道愈多愈紛爭。好如世上考混童，層層叠叠私文謄。不是題目有不合，便是花樣有不同。何如心裏念箇眞明白，大筆一下使人驚。不惟朱衣暗點頭，亦且龍虎榜上共聯名。

《蠢子醫·治病要有把握有提綱》 治病總要有把握，有提綱，有了把握與提綱，下筆便是方。若無把握與提綱，縱學一世亦渺茫。試看今之翰苑客，能知幾篇好文章。試看今之都督府，能知幾路好刀鎗。然而安天下，定四方，祇是有把握，有提綱，縱有不知亦何妨。請問今日病，千頭萬緒不能詳。若是有把握，有提綱，三言兩語便如常。不是氣分起，便是血分藏。若是從氣起，補中益氣去酌量。若是從血起，六味地黄去推詳。二方豈能包盡天下病，天下之病自此知深長。補中湯中重補氣，亦有去了參朮加硝黄。六味湯中重補血，亦有去了熟地加參羌。補中湯中重提氣，亦有減了升柴用檳榔。六味湯中重涼血，亦有減了丹皮用桂薑。氣血各有寒熱虛實時，氣血各有溫涼補瀉方。不過依着二方爲規模，千變萬化愈精良。祇要脈理透，藥味詳，何往不得神奇方。不必繙《素問》，不必溯軒黄，胸中自有眞主張。方知岳夫子不泥宗澤意，自足馳騁古戰場。楚霸王不拘項梁法，自可立掃秦邊疆。不然今檢壺中藥，明讀《肘後方》，愈看愈夾雜，愈讀愈荒唐。胸中毫無眞是非，紙上總是妄譸張。用心格物固然好，神明致知亦甚良。我無上池水，我無古錦囊。祇是心中有把握，手裏有提綱。一看這人是甚人，便知這人用甚湯。藥味就在人身上，更從何處尋藥王。

《蠢子醫·醫道亦從一貫得來》 讀書不得一貫理，不知聖學眞心傳。治病不得一貫理，不知醫道眞機緘。欲知醫道眞機緘，必從周身去貫穿。周身骨節三百有六十，周身毛竅八萬有四千。果能周身皆貫穿，便是平地小神仙。吾嘗治病治上頭，便從下頭去貫穿。吾嘗治病治下頭，便從上頭去貫穿。吾嘗治病治左邊，便從右邊去貫穿。吾嘗治病治右邊，便從左邊去貫穿。此皆翻覆去貫穿，不免內中多曲彎。若是一直去貫穿，不必達道費周旋。吾嘗治病治中焦，以其肢體能貫穿。吾嘗治病治小腸，以其血道能貫穿。吾嘗治病治大腸，以其氣道能貫穿。吾嘗治病治精髓，以其督脈能貫穿。吾嘗治病治經絡，以其任脈能貫穿。吾嘗治病治皮毛，以其腠理能貫穿。吾嘗治病治丹田，以其命火能貫穿，吾嘗治病治元府，以其臟裏能貫穿。吾嘗治病治髓海，以其骨裏能貫穿。吾嘗治病治糞門，以其六腑能貫穿。吾嘗治病治玉門，以其百竅能貫穿。吾嘗治病治五心，以其中心能貫穿。吾嘗治病治穴道，以其中氣能貫穿。吾嘗治病治祖竅，以其先天能貫穿。吾嘗治病治鼻息，以其後天能貫穿。不能渾身皆貫穿，便非醫道眞機緘。醫道眞機緘，即是神仙眞妙元。古來學聖亦不少，幾箇悟澈眞機關。

《蠢子醫·治病有先霸後王之不同》 大熱大涼有幾番，用得好時病立痊。病一痊時便須已，不如和緩爲上仙。大補大瀉有幾番，用得好時病立痊。病一痊時便須已，不如平妥爲上仙。凡是病症皆有偏，不得矯枉過正必不安。好似秦人之暴虐，必得霸王之鐵鞭。一若平定了，便須治世之曹參。治病亦如治天下，有時用霸王，霸藥專治暴症。有時用曹參。日飲醇酒以自樂，又有黃老那一篇。大病已竟抉去了，全憑蓋公去周旋。

《蠢子醫·補益不可泥》 世人皆說補益好，豈知補益不當殊難了。試看日月常常行，萬古千秋未曾老。江河日日流，九州四海達昏曉。人身原是小天地，日月爲神江河道。胸膈喜順利，腸胃喜通調。日食三合米，勝似參芪一大包。參芪雖說能補益，大脫大下有幾道。就是喫得此藥好，豈能日日熬。凡是治病理，不得泥住一穴以爲高。縱是虛弱人，亦有一經之獨豪。就是強壯人，亦有一經之獨彫。恆藏有餘於不足，參芪豈能日日叨。恆寓不足於有餘，硝黃豈能日日澆。必須臨時細斟酌，看病下藥惜分毫。好如五味之相和，不得一味之獨膠。好如五音之相雜，不得一音之獨豪。試觀古之大英雄、大豪傑，恆勤儉以爲高。腸胃通調胸膈利，粗茶淡飯勝包羔。不必定肉食，心廣體胖賽唐堯。試看今之呆公子，恆列八珍以自高。肥濃膩人痞悶生，骨瘦如柴常搯腰。此皆善於補益者，好似螳螂抱樹條。可知日用補益理，必須胸膈利，必須腸胃調。不必參芪常常服，不必腥葷日日叨。能飲能啖神自旺，一動一靜樂陶陶。即此便是蓬萊客，絕勝王母宴蟠桃。

《蠢子醫·補益有陰陽之分不得泥住治一邊》 補益要通補益方，須照人身細思量。人身不過一氣血，氣血不過一陰陽。氣陽而血陰。或以陰爲主，血虛。或以陽爲王，氣虛。氣血已自有低昂。即或專於去補氣，氣中亦自有陰陽。或以陰爲主，條參、山藥。或以陽爲王，黨參、白朮。補氣豈能無低昂。即或專於去補血，血中亦自有陰陽。或以陰爲主，熟地、萸肉。或以陽爲王，川芎、當歸。補血豈能無低昂。此皆專於論補益，已見用意之深長。豈可泥住黨參與黃芪，以爲盧醫之錦囊。

《蠢子醫·補陰亦有至理終難驟見起色》 一點純陽貴似金，醫家胡爲專補陰，一切虛癆與百損，往往邪火往上侵。得了陽藥必立起，得了陰藥暫安身。非是知柏爲上品，非是六味爲至尊。祇因且顧目前急，不得不降火，不得不滋陰。當下雖然甚穩當，那有立地見回春。有人悟澈此中理，即速用肉桂，即速用酒葷。力透元府裏瀉出，溼熱免陰沈。再用補藥便得力，再用熱藥便還眞。此法甚好，亦極不易，細觀治癆二則自知。此是菩提再造丸，此是洪鈞妙轉輪。一點純陽即回來，免使淹淹纏纏入鬼林。

《蠢子醫·久病必須掃盡外症方可治其根本》 久病用補不用說，亦須臨症細診別。凡是久病必滯痰，凡是久病必積熱。凡是久病必結氣，凡是久病必結血。必須掃盡一天雲，方可洞見眞門闑。由此而入室，由此而得穴。一用補藥便得力，不難立把病根抉。不然貿然用補必不靈，好如雪上加添雪。吾今得爲後學言，不是好爲雌黃說。吾嘗治一月間痰已一年矣，及診視，風火痰涎無所不有。兼之外症夾雜，甚是可畏。吾先用鍼，以開其路。次用牛黃散，以導其痰。方敢大補氣，大補血，大補先天眞命穴，以治其根本。甚矣，久病之難也。

《醫法心傳·老幼治法》 書言老人多氣少血，小兒純陽無陰。蓋緣天癸之水，男子二八始至，八八乃絕，女人二七始至，七七乃絕也。竊謂老人陰既絕，陽亦衰，安得多氣？當言老人少氣少血爲是。故老人多脾虛之症，實由命門陽衰。如八味、右歸等丸，老人服之，每多效驗。因脾虛，釜底添薪之法也，亦爲陰中補陽，所以老人宜陰陽並補明矣。至小兒爲嫩陽，本是無陰，賴此一點穉陽以生陰血。寒涼之品，最伐眞陽。陽若一虛，即成陽絕慢脾之症，每多無救。或因外邪入裏，則變爲熱，或疫邪內鬱，火燥薰蒸，涼解可愈。然因病致熱，非謂小兒純陽，素應寒涼也。至於過汗傷陰，血燥生風，四肢搐搦，再用寒涼，下咽即殆。或作慢驚，投以溫補，服之亦斃。要知過汗傷陰，血燥生風，須用滋補。誤涼亡陽，胃寒脾敗，宜投溫補。《經》言：誤汗亡陽，必先亡離家之陰，再亡坎中之陽，陰虛陽無所附也。誤下亡陰，必先亡胃家之陽，再亡脾中之陰，陽亡陰不獨存也。二語從來誤解，因並及之。所以小兒宜補陰，不宜伐陽。至驚風之妄，喻嘉言以闢之，無庸多贅。老人小兒諸病，原可統治，所異者如是，宜加意焉。

《醫法心傳·臨症扼要》 凡治人病，若無表邪，妄行發散，輕則心陰受傷，重則胃陽飛越。若無實熱，誤爲攻下，先則胃陽耗喪，繼則脾陰消亡。無火而用清涼，則血凝氣滯。無寒而投溫熱，則血燥火生。若陰虛補陽，陰被陽銷，非枯則槁。陽虧滋陰，陽爲陰逼，不走即飛。陰陽兩虧，偏補一邊，亦非善治。雖治病之法，不外表裏寒熱虚實之辨，然在表宜散，須審其不宜散，在裏宜攻，須審其不宜攻處。寒者當溫，須審其不當溫，熱者當清，須審其不當清處。虚者當補，須審其不可補，實者可瀉，須審其不可瀉處。所謂獨處藏奸，最宜仔細者也。或寒熱並用，或攻補兼施，隨症處方，變化無定。膠柱鼓瑟，固執不通。婦人、小兒，總歸一理。傷寒、雜病，詎有殊途？死裏求生，不外此法。神而明之，存乎其人。

《醫門補要・先審病人稟性用藥》 人體質有虚實之分，稟性有寒熱之異。屬寒體者，病時宜用涼藥，中微加溫和之品以監之，若太苦寒敗胃，有致吐瀉胃寒腹痛之患。屬熱體者，病時宜用熱藥者，惟溫平品以緩治，若太燥烈，恐激起本原之火，致煩渴狂暴失血之患。屬實體者，或因病變虚，宜用補帖些少與之，若太呆補，致不食腹脹中滿逆氣之患。屬虚體者，病時宜克伐，尤宜性緩品，若太峻厲，致虚脱多汗，肢冷、懶言煩躁，欲入水之患。

《一得集・方藥鍼灸按摩薄帖薰蒸各有所宜論》 方藥治病，始於伊尹。六淫之邪在表、在肌、在營衛、在六腑者，宜用湯劑。邪在表者宜汗，在肌者宜解，在營衛者宜和。入於六腑，在膈上者宜吐，在腸胃者宜下。在臟則非湯劑所能盡主之知矣。如肺病多有用散者，以肺居最高，用藥宜輕。心肝脾有或宜丹或宜丸者，以其地位深幽，治之宜緩。腎則多虚少實，故或宜於丸，或宜於膏。《内經》云：腎藏精，精不足者，補之以味。故腎虚者，宜氣濁味厚之品，或血肉有情之物，爲膏爲丸，同類相感，乃克有濟。如病在經絡，或疼痛流注，或拘攣弛縱，必用微鍼以調其外，更佐藥酒以和其内，則經絡和而隧道通，而疾愈矣。徒事藥餌，病必不愈。如小兒驚風，二十四種驚病，必用按摩，更用灸法以治之。小兒丹毒及大人惡血留阻，須用砭法，砭去惡血。一切沈寒痼冷之久病痞積，以及潰瘍虚寒，年久不斂，肌肉黑陷者，非用灸法，不能回春。腫瘍疼痛癥瘕等病，俱宜薄貼，但症有陰陽，而藥分寒熱耳。如歷節痛風，筋骨疼痛，須用薰蒸以提其毒。是以病分肌表，營衛、經絡、筋骨，氣血、臟腑、上中下之部署，而治法則各有所主。先聖立法，一定不易。後世醫者，不能通曉，每以方劑通治百病，治之不愈，延爲終身之疾者多矣。故爲醫者，必當深考古法，博覽羣書，然後能操縱在手，運用如神也。

《一得集・補藥不宜輕服論》 《内經》四氣調神爲攝生之本，五穀爲養，五菜爲充，五果爲助，五畜爲益。飲食有節，不可過也，過食即有偏勝之患。是故多食鹹，則脈凝泣而色變。多食苦，則皮槁而毛落。多食辛，則筋急而爪枯。多食酸，則肉胝䐢而脣揭。多食甘，則骨痛而髮落。此五味之所傷也。而人之所賴以生者，穀也。萬物之性，中正和平者，亦莫如穀。故人雖百年，而不厭其常食也。上古治病之法，病去則調養以穀味，未嘗病後而峻補之者。

張仲景爲立方之祖，觀《傷寒論》及《金匱》二書，其方皆是治病，補劑之方甚少。後賢惟張子和得之，病去則教人以糜粥調養，與《内經》之旨不相違悖。而補方之盛行者，則始於張景岳、趙養葵，動輒參耆歸地，而薛立齋宗之。後世徒震其名，以爲信然，效之者誤人無算。觀其治案中，無不以補中益氣、逍遥散、歸脾湯三方，通治百病，其餘採用之方甚少，即此便可知矣。蓋風寒暑濕，四時之氣，其中於人也，則曰邪氣。人在氣交之中，其能免乎？而風則傷衛，寒則傷營，暑則傷氣，濕則傷人皮肉筋骨，内傷於脾胃。是四氣之傷人也，在表則惡寒發熱，在裏則四肢困倦，類乎内傷之虚象，即燈結煤而暗之義，前已詳論之矣。若外邪正盛，或病初愈而邪未盡，誤投補劑，必至邪與正爲互，如油入麵，莫能去之，致成終身之疾，可嘅也。識者鑒及於此，是以有不服藥爲中醫之説。甯使五穀調養，既可省費，亦無弊竇也。

《一得集・德以治身藥以治病論》 有客論曰：人生之得失，必關乎時運之順逆。古來英雄，其運未至，饔飧尚屬不繼，及其至也，則爲將爲相，別具一番經天緯地大手段，何其前後相去如天淵也？余曰：此理甚明。客請詳之。余曰：汝曷觀四時之序乎，百卉秋則凋零，冬則枯落，春信一至，齊開競放，至夏則又盛長矣，此即得時失時之徵也。況人與天地參，尤爲萬物之靈，日星河岳，其來有自，榮辱屈伸，豈盡人事，有天運，有氣運，有在人之五運。天運關乎時數，氣運係乎國家，在人之五運，則主人之一身，亦名經氣，晝夜運行出入，應乎時刻，可定病之進退。

《傷寒論》云：太陽病欲解，從午至未上。又云：病發於陽者，夜半愈。發於陰者，明日日中愈。又云：傷寒六日，六經已周，七日當解。是藥之治病也，不過隨其偏而調之，亦待經盡而始愈也。曰：然則五運之盛衰，可用藥以調之，如運之失時，則何法以治之耶？余曰：安得無法。病以藥勝，運以德勝。曰：雖然，不如藥之速乎？余曰：德較藥而有速。曰：何所見耶？余曰：昔有一貴人，馬上揚鞭而過，一相士視之，見其印堂黑暗，法當暴卒，且主惡死。去至半路，見礙石當道，必害人，乃下馬去石而返。則相士復見之，面上已轉紅潤，非但不死，且主富貴。相士拉馬驚問其過，曰：適見君去，色現黑暗，必主暴卒惡死。君今返駕，不但不死，且主富貴矣。不有大德，焉能挽天心於頃刻哉？乃告以故。曰：此即救人以自救也。其餘如孫叔敖之埋蛇，裴晉公之還帶，皆能轉禍爲福，履險如夷。古書所載，斑斑可考，豈非較藥而更速乎？客遂唯唯而去。

《傷寒論淺注補正·辨霍亂病脈證》 病人之吉凶禍福，寄之於醫，醫者之任重，然權不操諸醫，而操諸用醫之人。何也？人有大病，庸醫束手無策，始求救於名醫。名醫入門診畢，告以病從何來，當從何去，得那一類藥而增劇者何故，得那一類藥除去那一病，而此外未能盡除者何故，病勢雖覺稍愈，逾一二日仍作，或逾一二日而更甚於前者又何故。一一爲病家說明，定其如此救誤，如此溫清攻補，如此按法立方，服藥後必見出何證，又見出何證則可愈，預斷其愈於何日何時。病家能一一信其言而不疑，且架中不藏《本草備要》、《醫方集解》、《萬病回春》、《本草綱目》、《東醫寶鑑》、《馮氏錦囊》、《赤水元珠》、《薛氏醫按》、《景岳全書》、《石室秘錄》、《辨證奇聞》、《臨證指南》之類，又無強不知以爲知之親友，與依阿兩可、素稱果子藥之先生，朱紫不亂，則名醫得以盡其所長。傷寒卒病，二三日可愈，最遲亦不出十八日之外。風勞臌膈，一月可愈，最遲亦不出三月之外。否則病家疑信參半，時醫猶可勉強從事，候其病氣衰而自愈。若以名醫自命者，斷不可肩此重任，反致取怨敗名。余因熱腸，而備嘗其苦，凡我同志，可以鑒此前車。

今之方技家，恃在口給，見有同我者引之，(五)〔互〕相標榜，遜我者亦不卻之，臨深爲高。至於窮《本草經》，讀《靈》《素》，法仲景，其自立爲耳所未聞，其治效又目所僅見。遂謙讓曰：我不能如此之神，亦不如此之偏以取勝也。若輩造此偏之一字，任令法高一丈，其奈魔高十丈。且謂古書不可以今用，即於多讀書處謂其偏，起死證而生之，即以出奇冒險目其偏。以致病家先入爲主，廣集不偏之醫，歷試罔效，不得已，始延爲破釜沈舟之計，究竟終疑其偏。麻、桂、硝、黃，則曰汗下之太過也。薑、附、芩、連，則曰寒熱之太峻也。建中、理中、陷胸、十棗，則曰補瀉之不留餘地也。滋水之地黃，補元之人參，用應多而反少。日食之棗子，至賤之甘草，用應少而(非)反多。此似是而非之言，更甚於恣肆不倫於理之言。知幾者，正可以拂衣而去，乃猶曰：病尚可爲，不忍恝然而舍之。此雖活人無已之心，而疑事無功，未能活人，且以誤人。

蓋藥之所以流行於經絡藏府，內外無有不到者，氣爲之也。氣不自到，心氣主之，膽氣壯之也。彼既疑我爲偏，一見我之用藥，又出於意想之外，則心氣亂。《內經》云：心者，君主之官也，神明出焉。又云：主不明則十二官危是也。不獨心氣亂，而且膽氣亦因之而怯。《內經》云：膽者，中正之官，決斷出焉。又云：十二經皆取決於膽是也。藥乃草根樹皮，及一切金石之鈍物，原藉人之眞氣以流行。今心氣亂而妄行，膽氣怯而不行，如芩、連入口，其寒性隨其所想而行，旋而皮毛鼓慄，而寒壯作矣。薑、附入口，其熱性隨其所想而行，旋而心煩面赤，而熱壯作矣。凡此之類，不過言其大略，不必淋漓痛切而再言之。其中之所以然者，命也，我亦順其自然而已矣，又何必多事爲。凡我同志者，能以余爲前車之鑒，則道愈彰而活人愈衆。

《傷寒論淺注補正·辨霍亂病脈證·煎藥法論》 煎藥之法，最宜深講，藥之效不效，全在乎此。夫烹飪禽魚羊豕，失其調度，尚能損人，况藥專以之治病，而可不講乎！其法載於古方之末者，種種各殊。如麻黃湯先煮麻黃去沫，然後加餘藥同煎，此主藥當先煎之法也。而桂枝湯又不必先煮桂枝，服藥後須啜熱粥以助藥力，又一法也。如茯苓桂枝甘草大棗湯，則以甘瀾水先煎茯苓。如五苓散，則以白飲和服，服後又當多飲煖水。小建中湯則先煎五味，去渣而後納飴糖。大柴胡湯則煎減半，去渣再煎柴胡。如龍骨牡蠣湯，則煎藥成而後納大黃。其煎之多寡，或煎水減半，或十分煎去二三分，或止煎一二十沸。煎藥之法不可勝數，皆各有意義。大都發散之藥及芳香之藥，不宜多煎，取其生而疏盪。補益滋膩之藥宜多煎，取其熟而停蓄，此其總訣也。故方藥雖中病，而煎法失度，其藥必無效。蓋病家之常服藥者，或尚能依法爲之，其粗魯貧苦之家，安能如法制度，所以病難愈也。若今之醫者，亦不能知之矣，况病家乎。

《傷寒論淺注補正·辨霍亂病脈證·服藥法論》 病之愈不愈，不但方必中病，方雖中病，而服之不得其法，則非特無功，而反有害，此不可不知也。如發散之劑，欲驅風寒出之於外，必熱服而煖覆其體，令藥氣行於營衞，熱氣周遍，挾風寒而從汗解。若半溫而飲之，仍當風坐立，或僅寂然安卧，則藥留腸胃，不能得汗，風寒無暗消之理，而榮衛反爲風藥所傷矣。通利之藥，欲其化積滯而達之於下也，必空腹頓服，使藥氣鼓動，推其垢濁，從大便解。若與飲食雜投，則新舊混雜，而藥氣與食物相亂，則氣性不專，而食積愈頑矣。故《傷寒論》等書，服藥之法，宜熱宜溫，宜涼宜冷，宜緩宜急，宜多宜少，宜早宜晚，宜飽宜饑，更有宜湯不宜散，宜散不宜丸，宜膏不宜丸，其輕重大小，上下表裏，治法各有所當。此皆一定之至理，深思其義，必有得於心也。

吕承源《醫學一得·病九不同》 有治人，無治法，醫道亦然。故廣集衆方，詳加箋注，說未必確也，確亦不能適與病合。病之生，千變萬化，同受一傷而發病不同，同發一病而病源不同。同矣，而精神之強弱，飲食之衰旺，先後天不盡同也。先後天同矣，而年有老少，體有肥瘦，性有靜躁，情有慘舒，病有新久，欲執一方以治九不同之病，仲景復生，亦無此妙法。便閉一證，有寒下者，有溫下者，有補之而塞因塞用者，甚或有一再寒之，一再溫之，而補不勝補者。不求其所以然，貿貿施治，疑似眞假閒，毫無心得，虛虛實實，絶人長命，陽譴冥誅，可不畏哉！可不戒哉！

吕承源《醫學一得·庸醫淺學為套藥所誤》 醫忌用套藥：痰陳皮半夏，腹痛甘草芍藥，頭疼川芎白芷，喉病甘草桔梗，盜汗浮小麥，利小水木通，通大便芒硝大黃，寒熱往來柴胡，發熱有汗桂枝，無汗麻黃，痢芍藥湯，瘧清脾飲，中風牛黃丸，驚風抱龍丸，腎虛六味丸，翻胃潤槁，目疾清熱散火之屬。庸醫業食者，歌括滿口，伸紙疾書，不察表裏，不分寒熱，不論虛實，不辨眞假，不識脈有常變，不問病所自來。幸而中，則吒爲奇方自夸，不幸而不中，則諉之成法自脫。尤可怪者，詞章家涉獵方書，輕視醫道，以爲藥有定例，亦如己之文，學兼知行，政兼教養，有一定之法，遂放膽談醫。不知文章一道，深者見深，淺者見淺，皆可取功名；醫不得訣，藥不當病，病必不受，受亦顯暴其短，不相假借，毫釐之差，謬以千里，病有眞是非也。友人某，笑當今之世有通病，二字雙關。無通人。承源不謂然，然終無以易其說也。

吕承源《醫學一得·古方不治今病》 古方不治今病，確論亦謬說也。寒熱往來，古以小柴胡湯主之，今用多不效，甚或有死者，信矣古方之不治今病也。而不知非也。病分外感內傷，再論寒熱虛實，再論眞假。外感傳經至半表半裏，斷非小柴胡不治。至內傷輕者，陽虛生外寒，陰虛生內熱，重者陽盛生外熱，陰盛生內寒，盛者邪有餘，虛者正不足，並能寒熱往來。輕則陰陽兩補，必用八珍之類；重則腎命雙補，必用桂附八味之類。重多眞寒假熱。又濕證、夾食證、伏寒化熱證，亦寒熱往來，法當利濕導滯。化熱證由腎傳肝，因藏達府。欲出少陽者，當加鬱金、青蒿於養陰清熱藥中，不惟小柴胡不能治，即八珍、八味亦不能治。今人概用小柴胡，多致僨事。論者不詳加考訂，力爲分別，不指爲誤用之失，而好爲蔑古之談，甚有疑外感之在半表半裏不得用小柴胡者，妄議前賢，同一謬誤。承源故略舉一端，以例其餘。蓋證貴細審，而藥忌混投也。

吕承源《醫學一得·藥不對病似是而非》 治病猶會課，病猶題，方猶文也。治病不能立方而用成方，猶會課不能作文而鈔成文也。然亦有高下之別。今設一題於此，曰溫故而知新。昧者不審題，止鈔溫良恭儉讓題文，以爲溫字同頭，字數亦五，不少不多，庶幾獲售。極昧者更不及此，徑鈔人不知而不慍，題文並誤。慍爲溫，以爲起頭煞腳不甚殊，五字六字不大遠，亦僥倖萬一。稍有知覺者，獨鈔一同題文，以爲盡善盡美，無可議矣，不知《中庸》題文，非《論語》題文，仍不對竅也。治病者遇眞寒假熱證，格陽身熱，汗出不止，戴陽面赤。口渴飲冷，陽陷便結，譫語煩躁，其用桂枝湯者，不知表裏，人不知而不（溫）〔慍〕也。用白虎承氣等湯者，不知寒熱虛實，溫良恭儉讓也。用六味地黃湯，從陰引陽，大劑滋陰者，不知眞假《中庸》之溫故而知新，似是而非也。惟能溫補腎命，引火歸元，知爲假熱者，乃《論語》之溫故而知新本題文，百發百中也。今之醫，讀《中庸》不讀《論語》，與讀《論語》而誤者，比比然矣，不進求而以人命爲戲，可乎哉！

吕承源《醫學一得·審證八法》 病有起於風寒者，外感之寒熱也，有因於藏氣者，內傷之寒熱也，則表裏不同矣。寒多屬陰，熱多屬陽，發熱惡寒爲陽，無熱惡寒爲陰，陰陽辨而寒熱可知矣。陽盛生外熱，陰盛生內寒，陽虛生外寒，陰虛生內熱，盛者邪有餘，虛者正不足。凡新病而邪有餘者，宜攻不宜補，久病而正不足者，宜補不宜攻。甚或有久病可攻，而新病即當補者，尤虛實之不容混也。陰證多寒，陽證多熱，人孰不知之，所難者寒極生熱，熱極生寒，又重熱則寒，重寒則熱。《內經》所言，人多不習耳，眞假之分，可不細心求之哉！

《對山醫話》 昔有人乘舟遇風而患心疾，醫者取多年船柁，於手汗所積處剖末飲之而愈。醫以意用，初視兒戲，往往巧發奇中，有未易致詰者。盧陵嘗舉此語坡公，坡公笑曰：然則以才人之筆燒灰飲學者，當療昏惰。推之飲伯夷之(盟)[盥]水即可救貪，食比干之飯餘即可已佞，舐(獎)[樊]噲之盾亦可治怯，臭西子之珥亦可愈惡疾乎？廬陵亦大笑。余謂是固不可太泥。古人用藥，每取形質相類，性質相從，以達病所，亦有純以意運，如弩牙速產，杵糠下噎，月季調經，扇能止汗，蛇性上竄而引藥，蟬膜外脫而退翳。所謂醫者意也，殆即此類，本不當以常理格，亦不可以必愈期。如或執而不通，適爲坡老所笑耳。

又 切脈、辨證、立方，爲醫家三要，而脈尤重。蓋脈既切明，自能辨症，而投藥不難也。今醫者苦於脈理難憑，乃竟盡棄不究。惟學寫醫案作門面語，論症則以活脫爲能，用藥惟以和平爲貴，自謂勝於偏執。好奇孟浪自喜者，不知用藥如用兵，貴乎神速。若遲疑不進，使邪勢蔓延，必致救援不及，致危殆而後已。夫偏執好奇，誠爲醫家所忌。然或因其立法乖異，在病家尚不輕信。若和平之劑，人即知其未必效，亦取其無害而就之。豈知因循兩字，悮人不淺。在尋常之症，弗藥亦愈。若生死關頭，豈可須臾躭待乎？【略】古云讀書不明其義，不如不讀，言恐反爲書惑也，而在醫爲尤甚。

蓋古人方論，惟言一症，不能隨其傳變，故可意會而不可拘執。即如虛損一症，丹溪謂陽常有餘，陰常不足，主治在心腎。以心主血，腎主精，精竭血燥，火盛金衰，而成勞怯。故治以四物、六味，補益眞陰，俾火自降而肺金清肅。在東垣則又以脾胃爲本，言土厚則金旺，而腎水亦足，故以補中益氣爲主。後世咸宗李，而以朱爲誤。謂造化生機，惟藉此春溫之氣，若專用沉陰清化之品，則生生大氣索然。是蓋未知上損從陽，下損從陰之義矣。按《金匱》云：脈大爲勞，極虛亦爲勞。脈大指損及心脾，營血虧而氣分泄越，宜歸脾、建中，益氣養營爲要。極虛則言精血內奪，肝腎陰不能自立，宜以四物、八味壯水化源。乃知前賢立方，本各有見，後人不分陰陽，不察脈理，但言治損，而茫不知其損之所在也。嗟乎！藥能治病，即能致病。昔人有言：不遇良醫，不如不藥。蓋治病猶易，治藥爲難耳。有友僻居鄉曲，每言其處苦無醫士，無藥肆。余謂：果爾，亦未必非一鄉之福也。

凡治病，必察虛實，無盛盛，無虛虛，疏其血氣，令其調達，而致和平。此《素問》審治之義也。今之醫士，每遇年老之人，輒投溫補。而補之一字，又爲人所樂聞。不知老人脾氣既衰，飲食入胃，輸化不清，蒸變爲痰，氣機阻遏。氣有餘即是火。故治老人略同幼稺，當以清通爲主。是即《經》旨：六腑傳化不藏，以通爲用也。徐靈胎曰：千年之木，往往自焚。蓋陰盡火炎，物理然也。余謂：積歲溝渠，必多擁塞。人能味此，老人之病，非純以溫補爲法矣。昔金壇王肯堂，年逾八旬患脾泄，經年不愈，醫投溫補而轉劇。延我邑李士材診之，用巴豆霜，下痰涎數升而愈。此非李之明於辨病不能用，非王之知醫亦不敢服耳。張子和曰：良工先治實，後治虛。麤工或治實，或治虛。謬工即實實虛虛。惟庸工能補其虛，不敢治其實也。【略】

藜藿之軀，不數服藥之故，易於見功。膏粱之體，未病先藥，既病而藥難取效。常見富人染病，一日數醫。醫者爭奇，冀得偶中。方藥亂投，致多誤事。有挽顯者詩曰：堂深人不知何病，身貴醫爭試一方。大抵富人病多悮於亂藥，貧人病多誤於因循。

昔人言：病有六不治，驕恣不論於理，輕身重財，衣食不適，惡言形羸，不肯服藥，信巫不信醫。六者有一，則爲難治。余友沈子涵孝廉，丁未春來滬，嘗顧余齋，見其神色(哀)[衰]奪。問之，曰：去冬患咳，至今未復耳。按其脈，左堅細搏指，右關微濇。余曰：此屬陰分有虧，木失水涵，冬令失藏，升降太過，夏三月防有失血之患。子涵曰：尚能食飯兩碗，固無懼。余曰：雖然，還當安閒靜養，服藥調之。曰：藥補不如食補，我有肥雞爛肉，何用藥？余遂不復言。未幾，航海入都，果咳甚嘔血，未及一年，卒於京。嗟乎！是時尚可治，因不信醫藥，以致不救。惜哉！

《醫醫小草·外感忌酸收內症戒消導》 酸收如棗仁、榴皮、五味、烏梅、訶梨勒、罌粟花、宣木瓜、山茱萸，濇可固脫，似也。設有一毫外感，令邪永無出路，即係內傷吐血、咳嗽之證，反致成勞。觀仲景用烏梅必用川椒，用五味必用乾薑，用麥冬必用半夏，用棗仁必用川芎，其意深矣。內傷之證，有陽虧於外者，有陰虛於內者。彼茱萸、茯苓、澤瀉、滑石、瞿麥、石韋之利溺，牽牛、芒硝、大白、大青、大黃之滑腸，切勿亂投。即兼有外感，則麻、桂發汗，瓜蒂、皂角探吐，更宜酌用。《傷寒》有云：亡血家不可發汗，瘡家亦不可汗，濕家不可下，是其例也。乃暴病忌參、朮、黃耆、熟地，沈疴忌枳、樸、桃仁、山查，亦可類推。

《醫醫小草·命方良有以制劑豈徒然》 方有膏、丹、丸、散、煎、飲、湯、漬之名，各有取義。膏取其潤，丹取其靈，丸取其緩，散取其急，煎取其下達，飲取其中和。湯取其味，以滌蕩邪氣。漬取其氣，以留連病所。而君臣佐使，配合全在分量。如小承氣，用大黄爲君，走中下焦血分。厚樸爲君，即變而爲中上焦氣分之法。陽旦湯，桂枝爲君，走太陽。芍藥加倍，便入太陰。當歸赤小豆散，赤豆爲君，重在敗毒。當歸爲君，重在理血。主之，佐之，輕之，重之，運用之妙，存乎一心，立方者詎可忽諸？

《醫醫小草·治病法解一》　治外感如將。意在去其所本無，所謂急則治標。治内傷如相。意在復其所固有，所謂緩則治本。治心肺如羽。藥當從輕。治脾胃如衡。藥當從平。治肝腎如權。藥當從重。

《醫醫小草·治病當解二》　古人治外感，有汗、吐、下三法。治内傷，有溫、清、和三法。其實皆治肺胃也。肺寒實則汗之，胃寒虚則溫之。肺胃虚熱，治以清和。肺胃實熱，治以吐下。此至當不易之法。時醫不識，調理肺胃，歸宗脾腎，去古遠矣。

《醫學探驪·用藥論》　古人謂用藥如用兵，此語信然。凡用兵，必先偵探地勢，再詳查敵人衆寡虚實，而後派猛將強兵，一鼓可獲全勝。若用藥，必先診視脈象，再詳察形症輕重強弱，而後始選藥立方，一劑可保身安，此同然之理也。況醫生之方，本爲治病而立，非爲冠冕好看。今市壓之小藥肆，如阿膠牛黄羚羊犀角琥珀水安息白花蛇之類，多非地道之藥，有其名而無其實，雖似是而實則非。倘必用此藥，可於發行處沽買，若眞知其無有，立方時可以他藥代之。

一方用藥，不過數味，苟信筆開去，服之不效，遂推諉藥料之不眞，醫生竟欲以此爲藉口。夫祛寒清熱之藥，不一而足，醫生操用藥之權，仔細思之，病之不效，果誰之咎歟？惟醫生用藥，當以診視爲先，務指下明白，胸中雪亮，立方自不至失之差謬。如脈理不清，診視終是模糊，不敢用涼藥清熱，復不敢用溫藥祛寒，選一平妥湯頭爲君，再加幾位平和之藥爲佐，此方雖不能去疾，亦自不能添病。若無關緊要之症，服之固然無妨，一遇傷寒傳變之症，以平淡之方，優游貽誤，致令病勢日盛，正氣日衰，牽延至於莫救，所謂庸醫殺人者，不必在過用峻劑也。想山藥扁豆，乃田家之風味，芡實蓮子，又筵席之珍饈，諸如此類，飽食可以充饑，飲湯何能止餓。此不過爲無病之人，欲資保養，與之立方研末，煉蜜爲丸，每服若干，藉以爲茶點之用耳，以之保養則可，以之療疾則不可。然亦非謂主治立方，盡宜用猛烈之品也。夫古人單方可以濟世，一藥可以活人，凡蟲魚鳥獸，動植飛潛，萬物之中，皆可爲人效用。韓文公云：牛溲馬勃，敗鼓之皮，兼收並蓄，其謂之何哉。因病施治，精於診視，自必精於選擇，雖朽腐皆可化爲神奇焉。

《疫喉淺論》附《疫喉痧原委治法論》　用藥如用兵，古人先我言之矣。賊氛慓悍，其來也驟，誰不知用兵以禦之。設使賊四面環攻，異常猖獗，當局苟倉皇失措，或守經而不諳行權，或顧此而轉多失彼，鮮有不敗績者。善用兵者，亦惟統籌全局，賊兵雖衆，絕無罅隙之可乘，早定良謀，我兵雖分，仍若首尾之相顧，誠所謂知己知彼，百戰百勝者也。知此可與言醫理。

《醫醫醫·醫者自醫之醫方》　用藥如用兵。兵法之要，在明地勢，用藥之要，在明經界。凡治病必先明六經之界，始知賊邪所從來，知某方是某府來路，某方是某郡去路。來路如邊關，三陽是也，去路如内境，三陰是也。六經來路各不同，太陽是大路，少陽是僻路，陽明是直路，太陰近路也，少陰後路也，厥陰斜路也。客邪多從三陽來，主邪多由三陰起，猶外寇自邊關至，亂民自内地生也。明六經地形，始得握萬病之樞機，詳六經來路，乃能操治病之規則。如傷寒，大寇也，病從外來。中風，流寇也，病因旁及。雜病内病，亂民也，病由中起。既認爲何等之賊，又知爲何地所起，發於其境，便禦之本境，移禍鄰郡，即兩路來攻。

如邪入太陽地面，即汗而散之，猶陳利兵於要害，乘其未定而擊之也。邪之輕者在衛，重者在營，尤重者在胸膈，猶寇之淺者在關外，其深者在關上，尤深者在關内也。是麻黄爲關外之師，桂枝爲關上之師，大小青龍爲關内之師矣。凡外寇不靖，内地盜賊必起而應之，因立兩解法，故又有大小青龍及桂枝麻黄加減諸方。如前軍無紀，致内亂蜂起，當重内輕外，因有五苓、十棗、陷胸、抵當等湯也。

邪入少陽地面，宜雜用表裏寒熱攻補之品，爲防禦和解之法，如偏僻小路，利於短兵，不利於矛戟，利於守備，不利於戰爭也。邪之輕者入腠理，重者入募原，尤重者入脾胃。小柴胡，腠理之劑也。大柴胡，募原之劑也。小建中、半夏瀉心、黄芩、黄連四湯，少陽脾劑也。柴胡加芒硝、龍牡二方，少陽胃劑也。如太陽少陽有合併病，是一軍犯太陽，一軍犯少陽矣，用柴胡桂枝湯，是兩路分擊之師也。甚至三陽合併病，是三面受敵矣，法在獨取陽明。陽明之地肅清，則太少兩路之陽邪不攻自解，但得内寇寧而外患自息，此白虎之所由奏捷耳。若陽邪一陷於內地，用大承氣以急下之，是攻賊以獲主。若陰邪直入於中宮，用四逆湯以急救其裏，是強主以逐寇也。

陽明爲內地，陽明界上即太陽少陽地面。邪入陽明之界，近太陽地面，雖不犯太陽，太陽之師不得坐視而不救，故陽明之營衛病，即假麻黃桂枝等方以汗之。邪近少陽地面，雖不入少陽，少陽之師不得高壘而無戰，故陽明之腠理病，即假柴胡以解之。是陽明之失守，非太陽之不固，即少陽之無備，所以每每兩陽相合而爲病也。若邪已在陽明地面，必出師奮擊，以大逐其邪，不使少留，故用梔豉、瓜蒂之吐法以迅掃之。若深入內地，不可復驅，則當清野千里，使無所摽掠，是又白虎得力處也。若邪在內庭，又當清宮除盜，此二承氣所由取勝。加茵陳、豬苓輩，又爲失紀之師立法矣。

太陰亦內地，少陰、厥陰，是太陰之夾界也。太陰居中州，雖外通三陽，而陰陽既已殊塗，心腹更有膈膜之藩蔽，故寒水之邪，從太陽外屬者輕，由少陰內受者重；風木之邪，自少陽來侵者微，因厥陰上襲者甚。又本經主邪，轉屬陽明而爲實，猶師老勢窮，可下之而愈。如陽明實邪，轉屬本經而成虛，則邪盛正衰，溫補挽回者甚難。蓋太陽陽明，地面雖分，並無阻隔，陽明猶受敵之通衢，甲兵所聚，四戰之地也。太陰猶倉廩重地，三軍所依，亦盜賊之巢穴也。故元氣有餘，則邪入陽明，元氣不支，則邪入太陰。在陽明地面，則陳師鞠旅，可背城借一，取勝須臾；在太陰地面，則焚劫積蓄，倉廩空虛，枵腹之士，無能禦敵矣。

厥陰之地，相火游行之區也，其平氣則爲少火，若風寒燥濕之邪，一入其境，翻化爲熱，即是壯火。其少火爲一身之生機，而壯火爲心腹之大患，且其地面，通達三焦，邪犯上焦，則氣上撞心，心中疼熱，消渴口爛，咽痛喉痹；逼入中焦，則手足厥冷，脈微欲絕，饑不欲食，食則吐蚘；移禍下焦，則熱利下重，或便膿血，爲害非淺，猶跋扈之師也。烏梅丸方，寒熱並用，攻補兼施，通理氣血，調和三焦，爲平治厥陰之主方，猶總督內地之大師也。其與五苓以治消渴，茯苓甘草湯以治水，炙甘草湯以復脈，當歸四逆以治厥，是間出銳師，分頭以救上焦之心主而安神明也。用白虎承氣輩清胃，而平中焦之熱實，白頭翁、四逆散清脾，而止下焦之熱利，是分頭以救腹中之陰，而扶胃脘之元氣耳。

胃爲一腑，而分陰陽二經，少陰一經，而兼陰陽兩臟者，皆爲根本之地故也。邪有陰陽兩涂，臟分陰陽二氣。如陽邪犯少陰之陽，反發熱心煩，喉渴咽痛；陽邪犯少陰之陰，則腹痛自利，或便膿血。陰邪犯少陰之陽，則身體骨節痛，手足逆冷，背惡寒而身踡臥。陰邪犯少陰之陰，則惡寒嘔吐，下利清穀，煩躁欲死。仲景製麻黃附子細辛、黃連阿膠、甘草桔梗、豬膚、半夏苦酒等湯，禦陽邪犯少陰之陽也。製桃花、豬苓等湯，禦陽邪入少陰之陰也。附子、吳茱萸、四逆等湯，禦陰邪犯少陰之陽也。通脈四逆、茯苓四逆、乾薑附子等湯，禦陰邪入少陰之陰也。少陰爲六經根本，而外通太陽，內接陽明，故初得之而反發熱，與八九日而一身手足盡熱者，是少陰陽邪侵及太陽地面也；自利純清水，心下痛，口燥舌乾者，少陰陽邪侵及陽明地面也。出太陽則用麻黃爲銳師，而督以附子，入陽明則全仗大承氣，而不設監制，猶兵家用嚮導與用本部，不同法也。其陰邪侵入太陰，則用理中、四逆加人尿豬膽等法，亦猶是矣。

此傷寒六經正治之法，所謂層層節制，步步爲營也。若夫傳經之邪，必先奪其未至，所以斷敵要道也。橫暴之邪，必急保其未病（如中風證必爲塡竅），所以守我巖疆也。挾宿食而病者，先除其食，則敵之資糧已焚。合舊疾而發者，必防其併，則敵之內應既輕。別經界而不誅伐無過，此之謂王者之師；因寒熱而有反佐之方，此之謂行間之術。一病而分治之，則用寡可以勝衆，使前後不相救而勢自衰；數病而合治之，則併力搗其中堅，使離散無所統而衆悉潰。病方進，則不治其太甚，固守元氣，所以老其師；病方衰，則必窮其所之，更益精銳，所以搗其穴。虛體之邪，攻不可過，衰敝之日，不可窮民力也；實邪之傷，攻不可緩，富強之國，可以振武威也。然而選材必當，器械必良，尅期不愆，布陣有方，此又不可更僕數也。《孫武子》十三篇，治病之法盡之矣。《靈》《素》兩經，《傷寒雜病論》十六卷，治兵之法亦盡之矣。國朝惟柯韻伯、徐洄谿兩先生見及此義，言之綦詳，學者誠能究心歧景，先明經絡臟腑六經氣化傳變，而用藥如用兵，神明於規矩之中，誰謂名醫不即名將哉？世言強兵者，可不知醫哉。

病有萬端，其實不過外感內傷兩病。再推廣之，外感不過六淫之氣，內傷不過七情之害，所謂十三因也。治外感則歧景爲國手，治內傷則孔孟爲國手，降而宋儒明儒，以及老莊釋迦，古今大詞章家，（詩古文詞佳者，大可感發人之志氣，宣暢性情，時一爲之，亦足抒寫鬱抱）它如各國諸哲學家，亦皆治內傷好手。學者誠能祖述岐景，憲章孔孟，旁及諸子百家，則外感內傷，無不畢治。此雖創論，實是至理。聖賢千言萬語，無非使人節制性情，發抒性情喜怒哀樂之未發，謂之中，發而皆中節，謂之和。致中和，天地位焉，萬物育焉。天地位而萬物育，又何有於七情之害。

《論語》廿篇，孔聖答諸賢之問，莫不各就其性情之偏而醫之。《孟子》七篇，七年之病，三年之艾，如耻之莫若之，莫若師文王，與夫好勇好貨好色之喻，心不若人則不知惡之類，亦皆因其所病而醫之，此非孔孟治內傷之聖劑哉？類推者不可殫述。奈世人皆不知服此等藥以爲自治，而入聖賢之階，有內傷者，仍不肯服此等藥，以爲自治其情之劑，而唯乞靈於草木。不知草木之品，神農黄帝岐伯仲景所以治外感也，若內傷則必須服聖賢語言之藥，以情治情，自爲節制，或藉草木之品，聊與宣通血氣，始爲治內傷者之至良法。醫者苟能豫儲此等良方，遇內傷者，即以投之，內傷者如能順受其治，則世界自無不治之內傷，且皆以自治而入聖賢之塗，學者當亦聞所未聞也，西醫不更聞所未聞乎。

學醫不可爲古人所愚，亦不可爲古人所囿。蓋古書流傳日遠，雖聖經不免有後人參附錯簡者，非明眼人不能分辨，此不可爲所愚也。若夫古今有變遷，病情亦有變遷，有古人多此病，今人少此病，古人無此病，今人多此病（《醫醫醫·外篇》已爲詳列古今各證門中）。又漢以後之方書所云不治者，今非必皆不治也。必須神明變化，殫慮竭思，以盡其法。如湯液不治者，或針灸可治，針灸不治者，或又湯液可治，此不可爲古人所囿也。

古人立言，或一時不盡其詞，或散佚不盡其傳，此正古人留餘地以待後之學者。況《內經》治病之法，針灸爲本，而佐之以砭石熨浴按摩導引酒醴等法，病各有宜，缺一不可，今世只一湯劑了事。湯者盪也，其行速，其質輕，其力易過而不留，唯病在經絡營衛腸胃者，其效最速。其餘諸病，有宜丸者，宜散者，宜膏者，非各適宜，則難奏效。若邪在筋骨肌肉之中，則病屬有形，藥之氣味不能奏功也，必用針灸等法，以適其宜，而委曲施治，病始無遁形。《靈》《素》兩經，其詳論臟腑經穴疾病等説，爲針法言者十之七八，爲方藥言者十之二三，上古之重針法如此。然針道難而方藥易，病者亦樂於藥而苦於針，所以後世方藥盛行而針法不講。【略】

治病猶治天下也。天下之亂，不過外患內憂，人身之病，不過外感內傷，風寒暑濕燥火六氣之疾，所謂外患也，喜怒憂思悲驚恐七情之害，所謂內憂也。治外患者以攻勝，四郊不靖，而選將出師，速驅除之可也。臨辟雍而講禮樂，則敵在門矣。故邪氣未盡，而驟用補者，必使邪氣內陷而亡。治內傷者以養勝，紀綱不止，而崇儒重道，徐化導之可也。若任刑罰而嚴誅戮，則禍益深矣。故正氣不足，而輕用攻者，必致正氣消盡而死。然而全盛之世，不無玩民，故刑罰不廢，則補中之攻也。如以小寇而遽起兵戎，是擾民矣，故補中之攻，不可過也。征誅之年，亦修內政，故教養不弛，則攻中之補也。若以戎首而稍存姑息，則養寇矣，故攻中之補，不可誤也。

天下大事，以天下全力爲之，則事不墮；天下小事，以一人從容處之，則事不擾。患大病以大藥制之，則病氣無餘；患小病以小方處之，則正氣不傷。然又必大小有方，先後有序，輕重有度，疏密有數，純而不雜，整而不亂，所用之藥，各得其性，則器使之道，所處之方，各得其理，則調度之法。上古聖人治未病，更須於望形察色，豫爲之防，即制治於未亂，保邦於未危也。所謂醫道通於治道，良相即是良醫，大略如此。若夫臨機應變，又必隨事參觀，神而明之，存乎其人，不可執成見而爲定論。此醫學源流正義，團特引伸之，誠能朝廷變通醫官，世界鄭重（重）醫道，醫者精通醫學，悉以《醫醫醫》三編方藥分服之，而各盡其道，且以開通外人，變齊變魯，以至於道，仁壽之宇，大同之世，不可覩哉？醫醫醫，噫噫噫！

醫學通論總部

病家與醫通論部

論說

《禮記·曲禮上》 父母有疾，冠者不櫛，行不翔。〔鄭玄注〕憂不爲容也。言不惰。〔鄭玄注〕憂不在私好。惰，不正之言。琴瑟不御。〔鄭玄注〕憂不在樂。食肉不至變味，飲酒不至變貌。〔鄭玄注〕憂不在味。笑不至矧，怒不至詈。〔鄭玄注〕憂在心難變也。齒本曰矧，大笑則見。疾止復故。〔鄭玄注〕自若常也。

《禮記·曲禮下》 君有疾，飲藥，臣先嘗之。親有疾，飲藥，子先嘗之。醫不三世，不服其藥。孔穎達《正義》：凡人病疾，蓋以筋血不調，故服藥以治之。其藥不慎於物，必無其徵，故宜戒之，擇其父子相承至三世也，是慎物調齊也。又說云：三世者，一曰《黄帝針灸》，二曰《神農本草》，三曰《素女脈訣》，又云《夫子脈訣》，若不習此三世之書，不得服食其藥。然鄭云：慎物齊也，則非謂《本草》、《針經》、《脈訣》，于理不當，其義非也。

《禮記·文王世子》 文王有疾，武王不說，冠帶而養。〔鄭玄注〕言常在側。文王一飯，亦一飯。文王再飯，亦再飯。〔鄭玄注〕欲知氣力箴藥所勝。旬有二日乃間。〔鄭玄注〕間猶瘳也。

又 若內豎言疾，則世子親齊玄而養。〔鄭玄注〕親，猶自也。養疾者齊，玄冠玄端也。膳宰之饌，必敬視之。〔鄭玄注〕疾者之食齊和所欲或異。疾之藥，必親嘗之。〔鄭玄注〕試毒味也。嘗饌善，則世子亦能食。〔鄭玄注〕善，謂多於前。嘗饌寡，世子亦不能飽。〔鄭玄注〕又不及武王一飯再飯。以至於復初，然後亦復初。〔鄭玄注〕復常所服。

《禮記·喪大記》 疾病，外內皆埽。〔鄭玄注〕爲賓客將來問病也。疾困曰病。君大夫徹縣，士去琴瑟。〔鄭玄注〕聲音動人，病者欲靜也。寢東首於北牖下，廢牀，徹褻衣，加新衣，體一人。〔鄭玄注〕廢，去也。人始生在地，去牀庶其生氣反。徹褻衣則所加者新朝服矣，互言之也。加朝服者，明其終於正也。體，手足也，四人持之，爲其不能自屈伸也。男女改服，〔鄭玄注〕爲賓客來問病，亦朝服也，庶人深衣。屬纊以俟絶氣。〔鄭玄注〕纊，今之新緜，易動搖，置口鼻之上以爲候。

《左傳·昭公九年》 夏，許悼公瘧，五月戊辰，飲大子止之藥，卒。大子奔晋。書曰：弑其君。君子曰：盡心力以事君，舍藥物可也。〔孔穎達〕《正義》曰：言飲大子止之藥，專以止爲藥主。是止獨進藥，不由醫也。〔孔穎達〕《正義》曰：此君子論止之罪也。言爲人臣子，盡心盡力以事君父，如《禮記·文王世子》之爲，即自足矣。如此則舍去藥物，己不干知，於禮可也。此許世子不舍藥物，致令君死，是違人子之道，故《春秋》書其弑君，解經書弑君之意也。

《素問·五藏別論》 拘於鬼神者，不可與言至德。惡於針石者，不可與言至巧。病不許治者，病必不治，治之無功矣。

《史記·扁鵲倉公列傳》 使聖人預知微，能使良醫得蚤從事，則疾可已，身可活也。人之所病，病疾多；而醫之所病，病道少。故病有六不治：驕恣不論於理，一不治也。輕身重財，二不治也。衣食不能適，三不治也。陰陽并，藏氣不定，四不治也。形羸不能服藥，五不治也。信巫不信醫，六不治也。有此一者，則重難治也。

《大戴禮記·曾子大孝》 樂正子春下堂而傷其足，傷瘳，數月不出，猶有憂色。門弟子問曰：夫子傷足瘳矣，數月不出，猶有憂色，何也？樂正子春曰：善如爾之問也。吾聞之曾子，曾子聞諸夫子曰：天之所生，地之養，人爲大矣。父母全而生之，子全而歸之，可謂孝矣。不虧其體，可謂全矣。故君子頃步之不敢忘也。〔盧辯注〕跬，當聲誤爲頃。今予忘夫孝之道矣，予是〔以〕有憂色。

《論衡·明雩》 慈父之於子，孝子之于親，知病不祀神，疾痛不和藥。又知病之必不可治，治之無益，然終不肯安坐待絶，猶卜筮求祟，召醫和藥者，惻痛慇懃，冀有驗也。

《論衡·順鼓》 故夫天地之有湛也，何以知不如人之有水病也？其有旱也，何以知不如人有癉疾也？禱請求福，終不能愈，變操易行，終不能救。使醫食藥，冀可得愈，命盡期至，醫藥無效。

《傷寒論·自序》 怪當今居世之士，曾不留神醫藥，精究方術，上以療君親之疾，下以救貧賤之厄，中以保身長全，以養其生。但競逐榮勢，企踵權豪，孜孜汲汲，惟名利是務，崇飾其末，忽棄其本，華其外而悴其內，皮之不存，毛將安附焉？卒然遭邪風之氣，嬰非常之疾，患及禍至，而方震慄，降志屈節，欽望巫祝，告窮歸天，束手受敗，賫百年之壽命，持至貴之重器，委付凡醫，恣其所措。咄嗟嗚呼，厥身已斃，神明消滅，變爲異物，幽潛重泉，徒爲啼泣。痛夫舉世昏迷，莫能覺悟，不惜其命，若是輕生，彼何榮勢之云哉？而進不能愛人知人，退不能愛身知己，遇災值禍，身居厄地，蒙蒙昧昧，惷若游魂。哀乎趨世之士，馳競浮華，不固根本，忘軀徇物，危若冰谷，至于是也。

《傷寒論·傷寒例》 今世人傷寒，或始不早治，或治不對病，或日數久淹，困及告醫。醫人又不依次第而治之，則不中病，皆宜臨時消息制方，無不效也。

凡人有疾，不時即治，隱忍冀差，以成痼疾。〔成無己注〕凡覺不佳，急須求治，苟延時日，則邪氣入深，難可復制。《千金》曰：凡有少苦，似不如平常，即須早道。若隱忍不治，冀望自差，須臾之間，以成痼疾，此之謂也。小兒女子，益以滋甚。〔成無己注〕小兒氣血未全，女子血室多病，凡所受邪，易于滋蔓。時氣不和，便當早言，尋其邪由，及在腠理，以時治之，罕有不愈者。〔成無己注〕腠理者，津液腠泄之所，文理縫會之中也。《金匱要略》曰：腠者是三焦通會元眞之處，爲血氣所注。理者是皮膚藏府之文理也。邪客于皮膚，則邪氣浮淺，易爲散發，若以時治之，罕有不愈者矣。《金匱玉函》曰：主候常存，形色未病，未入腠理，針藥及時，服將調節，委以良醫，病無不愈。患人忍之，數日乃說，邪氣入藏，則難可制，此爲家有患，備慮之要。〔成無己注〕邪在皮膚，則外屬陽而易治，邪傳入裏，則內屬陰而難治。《內經》曰：善治者治皮毛，其次治肌膚，其次治筋脈，其次治六府，其次治五藏。治五藏者，半死半生也。昔桓侯怠于皮膚之微疾，以至骨髓之疾。家有患者，不可備慮。凡作湯藥，不可避晨夜，覺病須臾，即宜便治，不等早晚，則易愈矣。〔成無己注〕《千金》曰：凡始覺不佳，即須治療，迄至於病，湯食競進，折其毒勢，自然而差。若或差遲，病即傳變，雖欲除治，必難爲力。〔成無己注〕傳，有常也。變，無常也。傳爲循經而傳，如太陽傳陽明是也。變爲不常之變，如陽證變陰證是也。邪既傳變，病勢深也。《本草》曰：病勢已成，可得半愈，病勢已過，命將難全。服藥不如方法，縱意違師，不須治之。〔成無己注〕《內經》曰：拘于鬼神者，不可與言至德。惡于針石者，不可與言至巧。病不許治者，病不必治，治之無功矣。

《金匱要略·藏府經絡先後病脈證》 若人能養慎，不令邪風干忤經絡，適中經絡，未流傳藏府，即醫治之，四肢纔覺重滯，即導引吐納、針灸膏摩，勿令九竅閉塞。更能無犯王法、禽獸災傷，房室勿令竭乏，服食節其冷熱苦酸辛甘，不遺形體有衰，病則無由入其腠理。

《中藏經·辨三痞論并方》 金石草木，單服皆可以不死者，有驗無驗，在乎有志無志也。

《後漢書·郭玉傳》 夫貴者處尊高以臨臣，臣懷怖懾以承之。其爲療也，有四難焉：自用意不任臣，一難也；將身不謹，二難也；骨節不彊，不能使藥，三難也；好逸惡勞，四難也。針有分寸，時有破漏，重以恐懼之心，加以裁慎之志，臣意且猶不盡，何有於病哉？此其所爲不愈也。

《顔氏家訓·養生》 神仙之事，未可全誣。但性命在天，或難種植，人生居世，觸途牽縶。幼小之日，既有供養之勤，成立之年，便增妻孥之累。衣食資須，公私勞役，而望遁跡山林，超然塵滓，千萬不遇一爾。加以金玉之費，鑪器所須，益非貧士所辦，學如牛毛，成如麟角，華山之下，白骨如莽，何有可遂之理？考之內教，縱使得仙，終當有死，不能出世，不願汝曹專精於此。若其愛養神明，調護氣息，慎節起卧，均適寒暄，禁忌食飲，將餌藥物，遂其所禀，不爲夭折者，吾無間然。諸藥餌法，不廢世務也。庾肩吾常服槐實，年七十餘，目看細字，鬚髮猶黑。鄴中朝士，有單服杏仁、枸杞、黄精、朮、車前，得益者甚多，不能一一說爾。吾嘗患齒搖動欲落，飲食熱冷，皆苦疼痛，見《抱朴子》牢齒之法，早朝叩齒三百下爲良，行之數日，即便平愈，今恆持之。此輩小術，無損於事，亦可修也。凡欲餌藥，陶隱居太清方中總録甚備，但須精審，不可輕（脱）［服］，近有王愛州，在鄴學服松脂，不得節度，腸塞而死。爲藥所誤者甚多。

《千金要方·藥藏》 存不忘亡，安不忘危，大聖之至教，求民之瘼，恤民之隱，賢人之用心。所以神農鳩集百藥，黄帝纂録《針經》，皆備預之常道也。且人痾瘵多起倉卒，不與人期，一朝嬰已，豈遑知救。想諸好事者可貯藥藏用，以備不虞，所謂起心雖微，所救惟廣。見諸世祿之家，有善養馬者，尚貯馬藥數十斤，不見養身者有畜人藥一錙銖，以此類之，極可愧矣。貴畜而賤身，誠可羞矣。傷人乎，不問馬，此言安用哉？至如人或有公私使命，行邁邊隅，地既不毛，藥物焉出，忽逢瘴癘，素不資貯，無以救療，遂拱手待斃，以致夭歿者，斯爲自致，豈是枉横。何者？既不能深心以自衛，一朝至此，何歎惜之晚哉？

《千金要方·論風毒狀》　世間大有病人親朋友舊交遊來問疾，其人曾不經一事，未讀一方，自騁了了，詐作明能，談說異端，或言是虛，或道是實，或云是風，或云是蠱，或道是水，或云是痰，紛紜謬說，種種不同，破壞病人心意，不知孰是。遷延未定，時不待人，欻然致禍，各自散走。是故大須好人及好名醫，識病深淺，探賾方書，博覽古今，是事明解者看病，不爾，大誤人事。竊悲其如此者衆，故一一顯析，具述病之由狀，令來世病者讀之以自防備也。

《千金要方·傷寒例》　論曰：凡人有少苦，似不如平常，即須早道。若隱忍不治，冀望自差，須臾之間，以成固疾，小兒女子，益以滋甚。若時氣不和，當自戒勒。若小有不和，即須治療，尋其邪由，及在腠理，以時早治，鮮不愈者。患人忍之，數日乃說，邪氣入藏，則難可制止，雖和、緩亦無能爲也。癰疽丁腫，喉痺客忤，尤爲其急。此自養生之要也。凡作湯藥，不可避晨夜時日吉凶，覺病須臾，即宜便治，不等早晚，則易愈矣。服藥當如方法，若縱意違師，不須治之也。

《千金翼方·耆婆治惡病》　論曰：疑師不治病，疑藥不服之，服之即不得力。決意不疑者，必大神驗。一切藥，有從人意即神，疑人必失，及久多必損。不疑，久者有益，治病當有愈。

《舊唐書·孟詵傳》　嘗謂所親曰：若能保身養性者，常須善言莫離口，良藥莫離手。

《臨川先生文集·使醫》　一人疾焉，而醫者十並使之歟？曰：使其尤良者一人焉爾。烏知其尤良而使之？曰：衆人所謂尤良者，而隱之以吾心其可也。夫能不相逮，不相爲謀，又相忌也，況愚智之相百者乎。人之愚不能者常多，而智能者常少。醫者十，愚不能者烏知其不九邪？並使之，智能者何用，愚不能者何所不用，一日而病且亡，誰者任其咎邪？故予曰：使其尤良者一人焉爾。使其尤良者有道：藥云則藥，食云則食，坐云則坐，作云則作。夫然，故醫也得肆其術而無憾焉，不幸而病且亡則少矣。藥云則食，坐云則作，曰：姑如吾所安焉爾。若人也，何必醫，如吾所安焉可也。凡疾而使醫之道皆然，而腹心爲甚。有腹心之疾者，得吾說而思之，其庶矣。

《東坡志林》卷六　脈之難明，古今所病也。至虛有盛候，而大實有羸狀，差之毫釐，疑似之間，使有死生禍福之異，此古今所病也。病不可不謁醫，而醫之明脈者，天下蓋一二數。騏驥不時有，天下未嘗徒行，和扁不世出，病者終不徒死，亦因其長而護其短爾。士大夫多秘所患以求診，以驗醫之能否，使索病於冥漠之中，辨虛實冷熱於疑似之間。醫不幸而失，終不肯自謂失也，則巧飾遂非以全其名，至於不救，則曰：是固難治也。間有謹愿者，雖或因主人之言，亦復參以所見，兩存而雜治，以故藥不效。此世之通患而莫之悟也。吾平生求醫，蓋於平時默驗其工拙，至於有疾而求療，必先盡告以所患而後求診，使醫了然知患之所在也，然後求之診，虛實冷熱，先定于中，則脈之疑似，不能惑也。故雖中醫，治吾疾常愈。吾求疾愈而已，豈以困醫爲事哉？

《證類本草·序例上》　依方分藥不量，【略】凡去皮除心之屬，分兩皆不復相應，病家惟依此用，不知更秤取足。又，王公貴勝，合藥之日，悉付群下，其中好藥貴石，無不竊換，乃有紫石英、丹砂吞出洗取，一片動經十數過賣。諸有此例，巧僞百端，雖復監檢，終不能覺，以此療病，固難即效。如斯並是藥家之盈虛，不得咎醫人之淺拙也。

《證類本草·序例上·衍義總序》　夫不可治者，有六失：失於不審，失於不信，失於過時，失於不擇醫，失於不識病，失於不知藥。六失之中有一於此，即爲難治，非止醫家之罪，亦病家之罪也。矧又醫不慈仁，病者猜鄙，二理交馳，於病何益？由是言之，醫者不可不慈仁，不慈仁則招禍；病者不可猜鄙，猜鄙則招禍。惟賢者洞達物情，各就安樂，亦治病之一說耳。

《傷寒補亡論·自序》　《素問》曰：病爲本，工爲標。標本不得，邪氣不服。又曰：標本已得，邪氣乃服。夫所謂標本者，一體本末之事。今病與工，自非一體，何其言標本也。蓋謂某病爲本，則以治某病者爲標，因其本而治其標，則工與病自成一家矣。

《仁齋直指方·問病論》　東坡先生曰：吾平生求醫，蓋于平時默驗其工拙，至于有疾，必先盡告以所患而後診視，使醫者了然知厥疾之所在，虛實冷熱，先定于中，則脈之疑似，不能惑也，故雖中醫，療疾常愈。吾求疾愈而已，豈以困醫爲事哉？誠哉斯言，眞警迷濟世之砭劑也。何者？脈之與證，相依而行，脈者所以剖其證之未明，證者所以索其脈之猶隱。據脈以驗證，所謂得手應心者是爾，問證以參脈，所謂醫者意也是爾，烏可舉一而廢一哉？私竊怪夫近世以來，多秘所患以求診，以此驗醫者之能否，醫亦不屑下問，孟浪一診，以自挾其所長。甚者病家從前誤藥，或飲食居處有所諱誨，雖問之而不以盡告，遂至索病于冥漠之間，辨虛實冷熱于疑似之頃，毫釐千里，寧不委命一擲，與人試伎乎？此余于終篇所以特舉前輩格言，以解世俗之惑。

《此事難知·疾有自誤》 或始不早治，日數久淹，或困乃求醫，法不及用，病勢已盈，豈爲天命？

《明醫雜著·醫論》 扁鵲論醫病有六不治：驕恣不論於理，一不治也；輕身重財，二不治也；衣食不能適，三不治也；陰陽並藏氣不足，四不治也；形羸不能服藥，五不治也；信巫不信醫，六不治也。雲林子曰：越人之論，一三四五六是矣，二則於予心有未適然者。何也？輕者，彼輕也，重者，彼重也，彼輕而我重之，則彼之生可治矣。不然，彼以一吝而喪生，固病者之不智，子以一吝而不治，亦醫者之不仁。噫，古之神醫，於此意猶存，則世醫可知矣。

《續醫説·格言·治病六難》 嘉禾周伯器鼎云：惟貴勢人之病難治者有三：群醫爭欲售所能，攻補雜施，一難也；遇下不以禮，自重者不苟往，所往者非所重，二難也；唯唯取悦，孰得盡禁其欲，三難也。余亦有三難以補周之未備，朝病暮藥，速欲求效，四難也；獵涉方書，有病自治，五難也；不信服藥，惟仗鬼神，六難也。

龔廷賢《萬病回春·雲林暇筆》 病家十要：一擇明醫，于病有裨。不可不慎，生死相隨。二肯服藥，諸病可卻。有等愚人，自家擔擱。三宜早治，始則容易。履霜不謹，堅冰即至。四絶空房，自然無疾。倘若犯之，神醫無術。五戒惱怒，必須省悟。怒則火起，難以救護。六息妄想，須當靜養。念慮一除，精神自爽。七節飲食，調理有則。過則傷神，太飽難尅。八慎起居，交際當祛。稍若勞役，元氣愈虛。九莫信邪，信之則差。異端誑誘，惑亂人家。十勿惜費，惜之何謂。請問君家，命財孰貴？

南方人有患病者，每延醫至家，診視後，止索一方，命人搆藥于市。不論藥之眞僞，有無炮製，輒用服之。不效，不責己之非，唯責醫之庸，明日遂易一醫。如是者數，致使病症愈增，而醫人亦惑亂，莫知其所以誤也。吁！此由病家之過歟，亦醫家之不明歟？

北方人有患病者，每延醫至家，不論病之輕重，乃（援）［授］一二金而索一二劑，刻時奏效。否則，即復他求，朝秦暮楚。殊不知人稟有虛實，病感有淺深，且夫感冒腠理之疾，一二劑可愈。至于內傷勞瘵之症，豈可一二劑可愈哉？此習俗之弊，悞于人者多矣，惟智者辨之。

醫道，古稱仙道也，原爲活人。今世之醫，多不知此義，每于富者用心，貧者忽略，此今醫者之恆情，殆非仁術也。以余論之，醫乃生死所寄，責任匪輕，豈可因其貧富而我有厚薄哉？告我同志者，當以太上好生之德爲心，愼勿論貧富，均是活人，是亦陰功也。

凡病家延醫，乃寄之以生死，禮當敬重，愼勿輕藐，貧富不在論財，自盡其誠，稍褻之，則非重命者耳。更有等背義之徒，本得醫人之力，病愈思財，假言昨作何福，易某人之藥所爲，吝財之計，不歸功于一人。吁！使不得其利，又不得其名，此輩之心，亦不仁之甚矣。

常見今時之人，每求醫治，令患者卧于暗室帷幙之中，並不告以所患，止令切脈，至於婦人，多不之見，豈能察其聲色？更以錦帕之類護其手，而醫者又不屑於問，縱使問之，亦不説，此非所以求其愈病，將欲難其醫乎？殊不知古之神醫，尚且以望聞問切四者缺一不可識病，況今之醫，未必如古之神，安得以一切脈而洞知臟腑也耶？余書此，奉告世之患病者，延醫至家，罄告其所患，令醫者對症切脈，了然無疑，則用藥無不效矣。昔東坡云：吾求愈疾而已，豈以困醫爲事哉。

吾道中有等無行之徒，專一誇己之長，形人之短，每至病家，不問疾病，惟毀前醫之過，以駭患者。設使前醫用藥盡是，何復他求，蓋爲一時或有所偏，未能奏效，豈可概將前藥爲庸耶？夫醫乃仁道，況授受相傳，原係一體同道，雖有毫（未）［末］之差，彼此亦當護庇，愼勿訾毀，斯不失忠厚之心也。戒之！戒之！

《傷寒準繩·自序》 夫有生必有死，萬物之常也。然死不死於老而死於病者，萬物皆然，而人爲甚。故聖人憫之而醫藥興，醫藥興而天下之人又不死於病，而死於醫藥矣。智者憤其然，因曰病而不藥得中醫，豈不信哉？

《景岳全書·傳忠録下·病家兩要説》醫不貴于能愈病，而貴于能愈難病；病不貴於能延醫，而貴于能延眞醫。夫天下事我能之，人亦能之，非難事也；天下病我能愈之，人亦能愈之，非難病也。惟其事之難也，斯非常人之可知；病之難也，斯非常醫所能療。故必有非常之人，而後可爲非常之事，必有非常之醫，而後可療非常之病。第以醫之高下，殊有相懸，譬之升高者，上一層有一層之見，而下一層者不得而知之；行遠者，進一步有一步之聞，而近一步者不得而知之。是以錯節盤根，必求利器；陽春白雪，和者爲誰？夫如是，是醫之于醫尚不能知，而矧夫非醫者？昧眞中之有假，執似是而實非；鼓事外之口吻，發言非難，撓反掌之安危，惑亂最易。使其言而是，則智者所見略同，精切者已算無遺策，固無待其言矣。言而非，則大隳任事之心，見幾者寧袖手自珍，其爲害豈小哉！斯時也，使主者不有定見，能無不被其惑而致誤事者鮮矣。此浮言之當忌也。

又若病家之要，雖在擇醫，然而擇醫非難也，而難於任醫；任醫非難也，而難於臨事不惑，確有主持，而不致朱紫混淆者之爲更難也。倘不知此而偏聽浮議，廣集羣醫，則騏驥不多得，何非冀北駑羣？帷幄有神籌，幾見圯橋傑豎？危急之際，奚堪庸妄之悞投，疑似之秋，豈可紛紜之錯亂。一着之謬，此生付之矣。以故議多者無成，醫多者必敗。多何以敗也？君子不多也。欲辨此多，誠非易也，然而尤有不易者，則正在知醫一節耳。夫任醫如任將，皆安危之所關。察之之方，豈無其道？第欲以慎重與否觀其仁，而怯懦者實似之；穎悟與否觀其智，而狡詐者實似之；果敢與否觀其勇，而猛浪者實似之；淺深與否觀其博，而强辯者實似之。執拗者若有定見，誇大者若有奇謀。熟讀幾篇，便見滔滔不竭。道聞數語，謂非鑿鑿有憑。不反者，臨涯已晚，自是者，到老無能。執兩端者，冀自然之天功；廢四診者，猶瞑行之瞎馬。得穩當之名者，有躭閣之悞，昧經權之妙者，無格致之明。有曰專門，決非通達。不明理性，何物聖神？

又若以己之心度人之心者，誠接物之要道，其於醫也，則不可謂人己氣血之難符；三人有疑，從其二同者，爲決斷之妙方，其於醫也，亦不可謂愚智寡多之非類。凡此之法，何非徵醫之道，而徵醫之難，于斯益見。然必也小大方圓全其才，仁聖工巧全其用，能會精神於相與之際，燭幽隱于玄冥之間者，斯足謂之眞醫，而可以當性命之任矣。惟是皮質之難窺，心口之難辨，守中者無言，懷玉者不衒，此知醫之所以爲難也。故非熟察於平時，不足以識其蘊蓄；不傾信于臨事，不足以盡其所長，使必待渴而穿井，鬭而鑄兵，則倉卒之間，何所趨賴？一旦有急，不得已而付之庸劣之手，最非計之得者。子之所愼齋、戰、疾，凡吾儕同有性命之慮者，其毋忽于是焉。噫，惟是伯牙常有也，而鍾期不常有，夷吾常有也，而鮑叔不常有，此所以相知之難，自古苦之，誠不足爲今日怪。倘亦有因予言而留意于未然者，又孰非不治已病治未病，不治已亂治未亂之明哲乎？惟好生者略察之。

《證治心傳·侍疾應知論》醫爲人子，所當知古人有《儒門事親》之書。良有以也。第醫理邃深，而知醫之理，難爲庸人律也，惟侍疾之道，是賢愚當共曉應爲之要也。若父母偶染疾病，爲子者當愼擇良醫，亟早調治，毋待病邪深入，以傷氣血。藥必躬自撿察，購買道地上品，煎時必親自看視，逐味查對，防其錯悞。教其煎法，如須表散，用蘆薪猛火，若係滋補，用炭火緩煎等法。煎成，親送親前，寒溫合宜，斟酌盡善，不離左右，視其或汗或下之驗，以及米飲茶水等物，毋使失序。切勿委之奴僕，徒有服藥之名，每多錯悞之害。若暫時疾病，人尚易爲，若衰邁沈痾，年深月久，呻吟枕席，困卧難起，最苦者二便須人扶持，撤換洗濯。每當夏令炎暑，蠅蚊攢刺，冬日嚴寒，衣被啓覆，以及飲食一切非人照料不可，莫無切己之人當心侍候，則垂暮之光陰，如同囹圄之歲月。

爲子者當思父母生我劬勞，自身在襁褓中，父母晝夜保抱，就濕推乾，萬般辛苦，毫無疏懈，以及痧痘疾病，扶持保護，延醫禱神，畢生心力，盡悴於我生之後，今當父母衰年患病，正人子報本之秋，何辭勞碌侍奉？倘有便溺痰涎，切不可畏污，必自爲撤換，隨時查撿，雖不如古人嘗糞割股之孝，亦當效烏鴉反哺之意。若一概委之奴僕，萬難實心從事，況此輩面是背非，而病者自知情形衰弱苦況，亦多含忍不言，如是者，縱有兒孫繞膝，皆屬虛名無濟。倘有僕輩誠實可靠，亦須人子親身督率，優給僕使犒賞也。古云：百善孝爲先。人能盡父母一日之勞，即得一日之功行，能盡一二年之勞，即得一二年之功行，在此根本上用力，勝一切善舉萬倍矣，又何憚其久勞疲弊哉？至於境處富貴不同，惟侍親之道無從分別。若貧賤者，無力僱人，自身尤宜加力，凡藥餌飲食之費，務須竭力籌措，因父母逋累，亦可對人，果能盡心純孝，自當感格上天，必不使終於貧賤也。如富貴者，當思天以美境與我，若不加倍盡孝，何以對天？若置父母於腦後，任其痛苦呻吟，而自擁妻妾以安眠，自己捫心，尚得謂之人乎？況根本既虧，恐富貴亦難久遠矣。又有兄弟多者，當各盡各力，切忌推委，遇婦女不知盡孝，必痛加教誨，萬勿溺愛、聽信。余屢見年老衰疾之人，爲僕使所欺，甚至病危之際，抱持不慎，一蹶而斃者，人多不察不知。要知人人皆有老時，代代兒孫看樣，爲父母即爲自己也。嗚呼！人有一息尚存，皆知痛癢，於有限之時光，克盡其心力，較之死後知識全無，做齋打醮祭吊之虚文，徒然以有用之金錢，爲僧道欺朦，其益當何如哉？有父母者，深思力行，豈可忽乎哉？

《軒岐救正論·醫鑒·女醫》　世間有等癡愚蠢漢，以妻妾子女之性命，付之醫婆之手，被其妄治傷生者衆矣。夫男子業醫，尚且庸謬，況婦人目不識丁，手不辨脈，一憑長舌取悦裙釵，三指藏刀，甘受隱戮，良足鑒耳。雖然，此等狂潑，豈無所長乎，但其所挾下胎之藥，自謂最驗，故每見閨閫失節之婦，信其誘弄，暧昧隱曲，無所不爲。所以先輩著治家訓禁，六婆不入門。思之。

《軒岐救正論·病鑒·試醫》　夫人大事，莫踰生死，百年之内，誰保無恙？乃一旦有疾，付之庸手，甘心受害，枉死無怨，不謂至靈者人，而至愚者亦人也。病固不得不求醫，而醫之明脈者，蓋千百不一二數也。將謂不治，無以愈病，將聽妄治，又恐喪生。余以爲具慧鑑者方別妍媸，憑薦揚者亦須勉受，唯有試之一法，庶幾酌擇匪謬耳。

患者延醫到家，切勿豫言病症，當先舉手令他胗脈，察色、聞聲，胗畢靜默，聽他何說。或是屬寒屬熱，屬虚屬實，或是血虚氣虚，血實氣實，或是外感内傷之異，經絡藏府之別，主陰主陽，此病之大要也。雖病態固有萬千，而脈只二十七種，安能一一肖合，而此大要，醫者豈宜不知？得其了了言下十應二三，便稱名手。於是吾方告以得病之由，起居順逆，飲食喜惡，病期久近，備詳勿諱，乃聽處方脩劑。又問其某藥當主何病，君臣佐使、母子虚實之法，有犯胃氣，無犯胃氣，速愈遲愈，可治不治之驗，或從順治逆治，正治反治之殊。仍求詳寫始末，看他學問淺深，見識高下。果屬明良，信心任之，當必無虞，設有不愈，非醫之咎也。若其脈症不明，舌蹇語澀，套語支吾，字跡不通，方藥無法，雖承尊貴所舉，祇屬污諂之流，羊質虎皮，外飾爲事，安可輕信之乎？如此乃試醫也，非困醫也。試醫者爲性命也，若醫果精良，又何憚困乎？

余因是而每不平坡公所言者，曰：脈之難明，古今所通患也，至虚有盛候，大實有羸狀，疑似之間，便有生死之異。士大夫多秘所患，以驗醫之能否。吾生平有疾，請療必盡告以所患，使醫了然知疾之所在，虚實寒熱先定於胸中，然後胗脈，疑似不能惑也。吾求愈疾而已，豈以困醫爲事哉？孫眞人亦曰：未診先問，最爲有準。吁！二公之言，特爲醫者藏拙，非爲病者擇善也，在醫者得矣，而於病者不受悮耶？汪度納交，固當寬於容人，第病關生死，未可不嚴於實醫也。吾恐用醫不試，悮世非小，特爲駁正，立此試法。

《軒岐救正論·病鑒·薦醫》　薦醫爲生死攸係，語云：賢不薦醫。誠重之也。余以爲賢未始不薦醫，特不薦不賢之醫耳。張景岳曰：有或見輕淺之偶中而爲之薦者，有意氣之私厚而爲之薦者，有信其便便之談而爲之薦者，有見其外飾之貌而爲之薦者。又有貪得而薦者，陰利其酬，關情而薦者，别圖冀望。甚有斗筲之輩，妄自驕矜，好人趨奉，薰蕕不辨，擅肆品評，譽之則盜跖可爲堯舜，毁之則鸞鳳可爲鴟鴞，洗垢索瘢，無所不至，而懷眞抱德之士，必其不侔。若此流者，雖其發言容易，休戚無關，其於淆亂人情，莫此爲甚，多致明良有掣肘之嘆，病家起刻骨之疑。是非之不明，總爲庸人擾之耳。薦醫之關係，不可不察也。

《軒岐救正論·病鑒·慎擇》　凡病至根搖本虧，六脈無胃氣，二豎入膏肓，即使緩扁復見，亦難措手，何論時名之工哉。若其形氣俱實，偶罹病恙，即不治，少待經盡氣復，亦當自愈，未有治之而不愈也。即使庸手妄治，亦無致命耳。獨是人有可生可死之病，得治則生，失治則死，對治則生，舛治則死，急治則生，緩治則死者，呼吸關存亡之候，從違操生死之機，如此乃足以別工師之賢愚巧拙。夫曰明良，豈眞能起死回生哉，但有危急垂死之病，人不能治而己能治，令人全其生，不致枉死，且能救人死於未病之先，與知病之所從生耳。至所謂名醫、時醫者，治寒以熱，治熱以寒，治虛以實，治實以虛，淺病偶中，俗服神奇，固似乎名下無虛士矣。一若值有假虛假實、假熱假寒之症，病既變幻，見隨惶惑，竟昧其所謂從逆反正、通用塞用之法，而姑投緩劑，藐無膽識，且曰王道穩當，病者亦甘心受誤，始見從前所謂名醫者，祇虛名耳。若夫庸手粗工，不察經書，不諳脈症，寒熱錯投，緩急混施，實實虛虛，致輕變重，重變篤，篤而死。是病本非盡可死之病，而服必死之藥，安得不死？如此賢愚，是在病家慧眼預識，臨病慎擇之而已矣。

《軒岐救正論·病鑒·專任》 設夫病者既擇名手而信從之矣，獨其人患非旦夕可愈之病，而欲得乎旦夕必愈之治，於勢難哉！乃日易數醫，賢愚競進，雜揉傷生，禍福反掌，初非擇醫不精，特任醫不專耳。宋李綱有云：用人如用醫，必先知其術業可以已病，乃可使之進藥而責成功。今不詳究其術業而姑試之，則雖日易一醫，無補於病，徒加疾而已。

《軒岐救正論·病鑒·謹始》 病機初發，便當擇醫，始若錯治，終必敗亡。今姑以傷寒陰陽二症言之：陽症初見，頭痛如破，腰背拘急，體熱如焚，喘渴不休，狂譫時增，見者誰不驚危。但其脈與症合，得治即愈，勢固可憂，病實無害，爲只傳經傷腑而非中藏也。獨是陰症始見，頭不甚痛，體不甚熱，飲食失常，臍腹微痛，大便不實，或嘔吐便利，奄奄忽忽，祇見倦怠，豈料藏氣已虧，脈少胃氣，隱中大異。若知急投溫劑，何至因循喪生。乃醫者不識，便謂無虞，非投發表，則用清解，稽延數日，病已人藏，漸次增劇，死機呈矣，雖有盧扁，莫能爲也。蓋陽之氣暴，而陰之氣緩，陽之性剛，而陰之性柔，陽之病在外，浮而易見，而陰之病在內，沉而難覺。故人常情，但慎於陽而忽於陰，而醫者亦不識陰陽虛實，見病治病，往往誤人於死，何可勝數。爲此切告患者，始病擇醫，不可不謹，生死係之矣！

《軒岐救正論·病鑒·諱疾》 愚按郭猷甫云：深怪諱疾忌醫之人，分明怕死，又怕人知死。意以今日之病，恐仇人知則喜，或貪淫所致，又恐親人知則怒，故病已篤，猶自回護。獨不思事勢到此，何不蚤言？或有病經過者，猶前車戒後轍，或有知某病經某明醫者，速求治療，自然得愈，斷不可因人喜怒，而戕自己性命。語云：才欲藏，病欲露。善夫。

《軒岐救正論·病鑒·無病服藥》 藥爲病設，若人元氣充實，眞陰恬靜，飲和可資攝養，何必別假丹劑，鼓溢氣血，奔突散漫，而爲揠助之患。每見有無故而服參、耆、歸、朮、蓯蓉、骨脂，滋益脾腎之藥，暴致血衄脹滿，成不可解之疾者。竊謂病者，身之賊也，藥，治病之兵也。朝廷不得已而用兵，人有病而始用藥。病實者尚虞驟補，病虛者更畏妄攻，藥其可漫嘗乎？歲己巳，家大人佐郡錦官，由渝州登陸以進，道經永川、兩昌、內江諸邑，目擊井里蕭條，民懷菜色。因詢諸父老曰：爾蜀古天府之國，土沃人殷，風俗醇美，今何若是之彫殘乎？諸父老曰：正苦十年來奢酋搆難，間經援兵四集，淫虐悍暴，尤甚於賊也。尙悲風鶴已邈，澤雁未歸，稱民賊者又輒輻壘至，既罹烽烟之禍，復遭塗炭之苦，民愈不堪命矣。始信將愎兵驕，害甚乎賊，語不誣。於是家大人抵官勵操，以治楚者治蜀，及履署郡邑符，八載敷仁，皆一意恬靜慈和，爲挽復元氣之善圖，耻事針砭之速，究竟功牧參苓，甦生重困。時蜀臬江右曾銘石先生，秉憲清嚴，執鑑人倫，每與當事擊楫寮宋，則曰：守令者親民之官，官以清著固難，但未免尙峻刻耳。若清且和，留心民瘼，如錦官蕭司馬者，則尤難其人也。噫！治病與治國一也，久病而服誤劑，猶青苗之厲法，無病而輕服藥，乃黷武之危圖，均害民也，傷生也。

《軒岐救正論·病鑒·僞藥必辨》 今病者既擇名手，復得好方，而藥非地道，雜以僞者，非惟無功，適足取害耳。如沙參之假人參，苜蓿根之假黃耆，藁本頭之僞川芎，浙貝母之僞川貝母，廣黃連之僞川黃連，紫棟根之僞巴戟，南當歸之充秦歸，浙地之充懷地，建山藥之充懷山藥，丁茄葉之僞藿香，染獨活之僞當歸，鵞鵝管之僞鍾乳，金蓮根之僞肉蓯蓉，浙枸杞之僞甘枸杞，黃絲子之僞兔絲，西五味之亂北五味，杜蘅之亂細辛，楓香之雜乳香，黑束之亂沉香，沙石之雜靈脂，牛膠之僞阿膠，川烏之僞附子，土防己、野馬肝之亂何首烏，諸如此類，不可勝窮。小人既售贋器，君子當具灼鑑。

《軒岐救正論·病鑒·製藥必親》 陶弘景曰：王公貴勝，合藥之日，群下竊換好藥，終不能覺，以此療病，故難責效。余以爲製藥必親者，非親自監督，必委之素親信之人，始可托也。若竊換猶是小事，甚有仇家妒嫉，及競產爭寵，蕭牆內釁，因而暗藏殺機，或賂奸醫，或誘婢僕，加入砒磠，或乘順便，投入蠱毒。每見病家不及覺察，屢被傾生，迨至事洩，噬臍何及，此不容不謹也。

《醫燈續焰·附餘·病家須知》 一、養神明。凡人一身，精血從氣，氣從神。神者，精氣之母也。《禮》曰：有疾，疾者齋。養者皆齋。齋也者，淸明之至也。心不苟慮，身不苟動，志一氣應，達乎神明，所以理陰陽而迎天庥也。肝主仁，心主禮，肺主義，腎主智，脾主信，性情之宅也。是故卻病法有曰：靜坐觀空，覺四大皆從假合，此上之上者也。又曰：常將不如我者，巧自寬解。萬事到來，以死譬之，庶亦心安意定，淸虛日來。又曰：時請高明親友，講開懷出世之事，亦足以蕩滌煩襟，開發志意。若夫愁思縷結，則神鬱於內，內而不出，爲滯爲幽，暴怒炎攻，則氣衝於上，上而不下，爲張爲蹶。又或棲棲身後，盻盻妻孥，視眼前一切可欣可喜、難割難捨之物，繫戀不已，營度不休，未有不至於傷生隕命者也。試想到傷生隕命時，那一人能替得我？那一物能將得去耶？蘇東坡曰：因病得閑殊不惡，安心是藥更無方。此眞病人一服淸涼散也。

一、防邪物。房室不遠，則耗其精。勞動不戒，則耗其力。言語不省，則耗其氣。此邪之自內受者也。起居不謹則風露侵，飲食不節則腸胃損，此邪之自外入者也。健人有此，不免於病，况病者而可以益之毒乎。然病人性情多恣，稍不當意，忿悁意生，父母妻子，懼其拂也而任之，偏於數事，多所違犯。故病者不可自輕其生，而侍病者尤不可不愼防密攝，事事留心。若縱其所欲，未有不至於壞者。愼之愼之！

一、戒諱疾。醫家四要，曰望聞問切，猶人之有四肢也。一肢廢，不成其爲人，一要缺，不成其爲醫。然必先望先聞而後切者，所重有甚於切也。乃病家不知此理，往往秘其所患，以俟醫之先言，即以驗醫之能否。豈知病固有證似脈同，而所患大相刺謬，若不先言明白，猝持起氣口，其何能中？昔丹溪有叔祖，年七十，患泄瀉，脈濇而帶弦。詢其喜食鯉魚，遂以茱萸、陳皮、生薑、砂糖等藥，探吐膠痰而瀉止。又有鄰人，素患痔瘡，夏初泄瀉，脈亦濇而弦。丹溪曰：此下痔之重者。與當歸蘆薈丸去蠹，四劑而瀉止。此兩人症似脈同，而治之迥別者，以其問之詳，言之明也。又如其人，或先貴後賤，或先貧後富，暴樂暴苦，始樂後苦，及所思所喜，所惡所欲，所疑所懼之云何，其始病所傷所感，所起所在之云何，以至病體日逐轉變之情形，病後所服藥餌之違合，必詳言之，則切脈自無疑惑，投劑便可奏功。若種種諱忌不言，而懵然伸臂授醫，使其倖邀射覆之一中，是直以性命爲戲也。王海藏曰：常人求診，拱默惟令切脈。殊不知氣血附於經絡，熱則脈疾，寒則脈遲，實則有力，虛則無力，若得病之因，與所傷之物，豈能以脈知之乎？蘇東坡曰：吾疾必盡告醫者，使胸中了然，然後診脈，疑似不能惑也。吾求疾愈而已，豈以困醫爲事哉？兩翁眞高明之見也，病家不可不知。

一、謹微疾。凡服藥於微，則其病易療。若過半而治療者，什三矣。過七八而治療者，什不得一矣。昔齊中尉潘滿如小腹痛，倉公診曰：病得之酒且內。中尉不復自止於內，二十八日，當溲血而死。居二十五日，果溲血，三日死。王仲宣年二十，仲景謂之曰：君有病，四十歲當眉落，半年而死。授五石湯令服，可免。居數日，復問之，詭云已服湯。仲景曰：色候固非服湯之診，君何輕命也。後至期，果如其言，眉落而死。今人染病在身，不自珍惜，罔遵醫戒，忽略初機，直至深重，乃始張皇，卒以喪亡而不救。噫！晚矣。

一、愼藥石。病家有三種陋習：一者聽信師巫，廣行殺戮，禱賽鬼神，而醫藥反若可緩，煎調漫託匪人。二者不明藥理，旦暮更醫，致使源流不淸，臧否淆溷，亂投雜劑，罔知適從。三者自命知醫，膠持意見，妄爲加減，以掣醫人之肘。有此三弊，雖倉扁無以見其能矣，善養者知之。

《外科大成·煉取諸藥法·五戒》 病家延醫，非小可之比。何則？爲症之輕者，救之以苦難，重者寄之以性命，是以禮宜欽敬，財宜厚施，所爲贖苦難而重性命也。今則不然，擅於諱疾忌醫，言不由中，然本得其醫之力，借言昨得某人之奇藥，祈某神之默佑，而得保全。嗟乎！使其不得其利，更不獲其名，是可忍耶，孰不可忍耶！

《壽世青編·病有十失》 驕恣率性，不遵戒忌，一也。輕命重財，治療不早，二也。聽信巫禱，廣行殺戮，不信醫藥，三也。諱疾試醫，言不由中，四也。不善擇醫，信人毀譽，或從蓍卜，五也。急欲速效，旦暮更張，雜劑亂投，六也。索即寫方，製炮失宜，私自加減，七也。侍奉不得人，煎丸失法，怠不精詳，八也。寢興不適，飲食無度，九也。過服湯藥，蕩滌腸胃，十也。

《壽世青編·病有八不治》 室家乖戾，處事不和，動成荆棘，一也。

恣縱恬淫，不自珍重，二也。憂思想慕，得失縈懷，三也。今日預愁明日，一年營記百年，四也。煩躁暴戾，不自寬慰，五也。窘若拘囚，無瀟灑志，六也。怨天尤人，廣生懊惱，七也。以死爲苦，難割難捨，八也。

《壽世青編·却病十要》 一要靜坐觀空，萬緣放下，當知四大原從假合，勿認此身爲久安常住之所，戰戰以爲憂也。

一要煩惱現前，以死喻之，勿以爭長較短。

三要常將不如我者巧自寬解，勿以不適生嗔。

四要造物勞我以生，遇病卻閑，反生慶幸。

五要深信因果，或者夙業難逃，卻歡喜領受，勿生嗟怨。

六要室家和睦，無交謫之言入耳。

七要起居務適，勿強飲食，寧節毋多。

八要嚴防嗜欲攻心，風露侵衣。

九要常自觀察，克治病之根本處。

十要覓高明良友，講開懷出世之言。或對竹木魚鳥相親，翛然自得，皆卻病法也。

《壽世青編·病有七失不可治》 夫病有七失不可治者，失於不審，失於不慎，失於不信，失於怠忽過時，失於不擇醫，失於不辨藥，失於自立意見。應補責醫於瀉，畏攻責醫於補，應針責艾，應灼欲砭。七者之中，有一於此，即爲難治，非止醫家之罪，實病家之自誤也。矧有醫不慈仁，病者猜鄙，二理交馳，於病爲害者不少。由是言之，醫者不可不慈仁，病者不可多猜鄙，如犯之則招禍。在醫者當以救濟爲心，在病家務以精誠篤摯爲念，(名)[各]盡其極，乃治病求愈之大端也。

《雜症大小合參·論醫者病家得失》 夫醫也者，近之治身，消患於未兆，遠之治人，廣惠於無窮。然非研求《靈》《素》，得心應手，勿能及也。至於病者，聽醫猶聽神明，然醫良而聽之宜也。若學術未工，則自信不確，而病家疑信居半，尤宜然也。但病有淺深，則效有遲速，倘病在腠(襄)[理]而不奏功於響應，誠罪在醫術之庸。若勢近膏肓，效安期於旦夕，旦不效夕更，夕不效旦更，則雖有神聖，亦不能盡其技矣。故天下不尊醫，醫亦不自尊。病家急而求醫，醫亦急而求術。古之人藝精而試，今之人藝試而精。古之人以法治病，今之人以病合法。古之人因症處方，今之人以方處症。殊不知先賢徒詳病情，不設方劑者，蓋不欲以一定之跡，應無窮之變也。因庸下者，苦於莫窺玄奧，證治無從宗式，於是漢世以降，方法繁興。如弈之有勢，反正逆從，勢之用也。運氣不齊，古今易轍，風土異宜，強弱異稟，貴賤異境，老少異軀，新久異法，內外異因，局之變也。若執一定之勢以應千變之局，其有不敗者幾希。故貴學者熟詳天地之陰陽，參透生人原始，如何生發之機無窮，如何化源之機乃絕，如何而諸危症可以回生，如何而諸輕症得以變重。立定大綱，總其要領，臟腑經絡既明，標本虛實識透，始由至奇至繁至遠之文章，終歸最平最純最近之一理，千變萬化，經所謂一言而終也。

《醫學心悟·醫中百誤歌》 醫家誤未已，病者誤方興，與君還細數，請君爲我聽。病家誤，蚤失計，初時抱恙不介意。人日虛兮病日增，縱有良工也費氣。病須早治。病家誤，不直說，諱疾試醫工與拙。所傷所作只君知，縱有名家猜不出。大蘇云：我有疾必盡告醫者，然後診脈，雖中醫亦可治療。我但求愈疾耳，豈以困醫爲事哉。病家誤，性躁急，病有回機藥須吃。藥既相宜病自除，朝夕更醫也不必。既效不可屢更。病家誤，不相勢，病勢沉沉急變計。若再蹉跎時日深，恐怕回春無妙劑。不效則當速更。病家誤，在服藥，服藥之中有窾妙。或冷或熱要分明，食後食前皆有道。病家誤，最善怒，氣逆衝胸仍不悟。豈知肝木剋脾元，願君養性須回護。病家誤，苦憂思，憂思抑鬱欲何之。常將不如己者比，知得雄來且守雌。病家誤，好多言，多言傷氣最難痊。勸君默口存神坐，好將真氣養真元。病家誤，染風寒，風寒散去又復還。譬如城郭未完固，那堪盜賊更摧殘。病家誤，不戒口，口腹傷人處處有。食飲相宜中氣和，鼓腹含哺天地久。病家誤，不戒慎，閨房衽席不知命。命有顛危可若何，願將好色人爲鏡。病家誤，救絕氣。病人昏眩時，以手閉口而救之也。救氣閉口莫閉鼻。若連鼻子一齊捫，譬如入井復下石。鼻主呼吸，閉緊則呼吸絕。世人多蹈此弊，故切言之。兩者有誤誤未歇，又恐旁人誤重疊，還須屈指與君陳，好把旁人觀一切。傍人誤，代驚惶，不知理路亂忙忙。用藥之時偏作主，平時可是學岐黃？旁人誤，引邪路，妄把師巫當仙佛。有病之家易着魔，到底昏迷永不悟。更有大誤藥中尋，與君細說好留神。藥中誤，藥不眞，藥材眞緻力方深，有名無實何能效，徒使醫家枉用心。郡邑大鎮，易於覓藥，若荒僻處，須加細辨。藥中誤，失炮製，炮製不工非善劑。市中之藥未蒸炒，觀君審度纔堪試。洗炙蒸煮、去心皮殻油尖，一一皆不可苟。藥中誤，醜人參，或用粗枝枯小參，蒸過取湯兼灌錫，方中用下卻無功。參以原枝乾結爲美，蒸過取湯，則參無寶色。錫條可當人參否？藥中誤，秤不均，賤藥多兮貴藥輕。君臣佐使交相失，僨事由來最惱人。仍有藥中誤，好向水中尋，勸君煎藥務得人。煎藥誤，水不潔，油湯入藥必嘔噦。曰入聲。嘔噦之時病轉增，任是名醫審不決。煎藥誤，水頻添，藥爐沸起又加些，氣輕力減何能效，枉怪醫家主見偏。此係醫中百種誤，說與君家記得熟，記得熟時病易瘳，與君共享大春秋。

《醫學源流論·病家論》　天下之病，誤于醫家者固多，誤于病家者尤多。醫家而誤，易良醫可也，病家而誤，其弊不可勝窮。有不問醫之高下，即延以治病，其誤一也。有以耳爲目，聞人譽某醫即信爲眞，不考其實，其誤二也。有平日相熟之人，務取其便，又慮別延他人，覺情面有虧，而其人又叨任不辭，希圖酬謝，古人所謂以性命當人情，其誤三也。有遠方邪人，假稱名醫，高談闊論，欺騙愚人，遂不復詳察，信其欺妄，其誤四也。有因至親密友或勢位之人，薦引一人，情分難卻，勉強延請，其誤五也。更有病家戚友，偶閱醫書，自以爲醫理頗通，每見立方，必妄生議論，私改藥味，善則歸己，過則歸人。或各薦一醫，互相毀謗，遂成黨援。甚者各立門戶，如不從己，反幸災樂禍以期必勝，不顧病者之死生，其誤七也。又或病勢方轉，未收全功，病者正疑見效太遲，忽而讒言蜂起，中道變更，又換他醫，遂至危篤，反咎前人，其誤八也。又有病變不常，朝當桂附，暮當芩連，又有純虛之體，其症反宜用硝、黄，大實之人，其症反宜用參、朮，病家不知，以爲怪僻，不從其說，反信庸醫，其誤九也。又有吝惜錢財，惟賤是取，況名醫皆自作主張，不肯從我，反不若某某等和易近人，柔順受商，酬謝可略。扁鵲云：輕身重財，不治。其誤十也。此猶其大端耳。其中更有用參、附則喜，用攻劑則懼，服參、附而死則委之命，服攻伐而死則咎在醫，使醫者不敢對症用藥。更有製藥不如法，煎藥不合度，服藥非其時。更或飲食起居，寒暖勞逸，喜怒語言，不時不節，難以枚舉。小病無害，若大病則有一不合皆足以傷生。然則爲病家者當何如？在謹擇名醫而信任之，如人君之用宰相，擇賢相而專任之，其理一也。然則擇賢之法若何？曰：必擇其人品端方，心術純正，又復詢其學有根底，術有淵源，歷考所治，果能十全八九，而後延請施治。然醫各有所長，或今所患非其所長，則又有誤，必細聽其所論，切中病情，和平正大，又用藥必能命中，然後托之。所謂命中者，其立方之時，先論定此方所以然之故，服藥之後，如何效驗，或云必得幾劑而後有效，其言無一不驗，此所謂命中也。如此試醫，思過半矣。若其人本無足取，而其說又怪僻不經，或游移恍惚，用藥之後，與其所言全不相應，則即當別覓名家，不得以性命輕試，此則擇醫之法也。

《慎疾芻言·延醫》　疾病爲生死相關，一或有誤，追悔無及，故延醫治病，乃以性命相托也，何可不加意慎擇。如無的確可信之人，寧可不服藥以待命。乃世人獨忽於此，惟以耳爲目，不考其實學何如，治效何若，聞人稱說，即延請施治，服藥無效，毫不轉念，甚而日重一日，惟咎己病之難痊，不咎醫者之貽誤。孰知藥果中病，即不能速愈，必無不見效之理，不但服後奏功，當服時已有可徵者，如熱病服涼藥，寒病服熱藥之類，聞其氣已馨香可愛，入於口即和順安適。如不中病之藥，則聞其氣必厭惡，入於腸必懊憹。《内經》云：臨病人問所便。此眞訣也。今人則信任一人，即至死不悔，其故莫解，想必冥冥之中，有定數也。又有與此相反者，偶聽人言，即求一試，藥未盡劑，又易一醫，或一日而請數人，各自立說，茫無主張，此時即有高明之人，豈能違衆力爭，以遭謗忌，亦惟隨人惟諾而已。要知病之傳變，各有定期，方之更換，各有次第，藥石亂投，終歸不治，二者事異而害同。惟能不務虛名，專求實效，審察精詳，見機明決，庶幾不以性命爲兒戲矣。

《橘旁雜論·求療盡告所悉》　扁鵲兄弟三人皆善醫。魏文侯問曰：子兄弟三人孰最善？對曰：長兄視色，故名不出家，仲兄視毫毛，故名不出門；如鵲針人血脈，投人藥餌，故名聞諸侯。然扁鵲見齊桓侯，知疾在腠理，疾在血脈，疾在腸胃，亦未嘗非能視色知人之疾也，若彼之兄弟，後世安有如是之神哉。夫脈之難明，古今所病也，至虛有盛候，而大實有羸狀，疑似之間，便有生死之異。士大夫多秘所患以求診治，驗醫之能否，使索病於冥漠之中，辨虛實寒熱於疑似之間，醫不幸而失，終不肯自謂失也，巧飾遂非，以全其名；間有審密者，雖惑主人之言，亦參以己見，兩存而雜治，亦云難矣。不如東坡之言：凡醫之工拙，先驗於平時，有疾求療，盡告以所患，使醫了然知患之所在，然後參之以脈，虛實寒熱，洞然胸中，故雖中醫，治吾疾常愈。吾求疾愈而已，豈以困醫爲事哉。如此則豈非智耶？

《橘旁雜論·擇醫宜謹》 夫醫者非仁愛不可託也，非聰明達理不可任也，非廉潔淳良不可信也。是以古之用醫，必選名姓之後，其德能仁恕博愛，其智能宣暢曲解，處虛實之分，定順逆之節，原疾疹之輕重，而量藥劑之多少，貫微達幽，不失細小，如此乃謂良醫。

《橘旁雜論·十不治》 前人稱病有十不治。人能反躬自省，不治仍可治也。縱慾慆淫，不自珍重。窘苦拘囚，無瀟灑之態。怨天尤人，廣生懊惱。今朝預愁明日，一年營計百年。室人聒噪，耳目盡成荆棘。聽信巫師，賽禱廣行宰割。寢興不適，飲食無度。多服湯藥，盪滌腸胃，元氣漸耗。諱病忌醫，使寒熱虛實妄投。以死爲苦，與六親眷屬，常生難捨之想。

《醫門棒喝初集·望聞問切》 人之就醫者，欲求愈疾也。若反使益疾，豈仁人之心哉？患病之人，不知醫理，每蹈此弊，無怪其然。業醫者，任司命之重，若不遵古聖法度，反隨俗尚，自詡技高，而誤人性命，寧無冥報之可畏耶？雖輕小之病，原有可以切脈而知者，不過談言微中，何足自炫？且自軒岐作《靈》《素》，反覆辨認，備詳證狀。繼而扁鵲述《難經》，有曰假令得某脈，其外證作某狀者爲某病。無某狀者，非某病也。漢張仲景，爲醫門之聖，著《傷寒論》，乃方書之鼻祖。詳分六經治例，微妙入神，全在辨證。其論脈，則曰大浮數動滑爲陽，沉澀弱弦微爲陰。又曰，陽證見陰脈者死，陰證見陽脈者生。可見自古醫聖，莫不以脈證互印。是四診之不可偏廢，豈不彰彰乎哉？

然則自謂切脈即能知病，而無籍于四診者，其技果能超出軒岐、扁鵲、仲景乎？抑亦自欺，而又欲欺人乎？明者察諸，慎勿自誤，則追悔莫及也。

《醫門棒喝初集·醫病須知》 病家既不知醫，則是非莫辨，咎無可歸。【略】其要在於平日辨別醫之優劣，劣者勿用，免致掣肘，優者篤信不疑，專任不貳，則彼方能致力。蓋爲治病之理，無異治國，若非專任，焉能責其功效哉？是故詳慎在選醫之時，不在臨病之際。或不知選醫，而但臨病詳慎，則見峻猛之藥，畏不敢用，平淡之藥，以爲穩當，屢服不疑。殊不知病至危篤，非峻猛之藥不療，藥證不合，雖平淡之品，亦能害人。即使藥證相對，或病重藥輕，未見即效而反致疑，別進他藥以誤事，或病輕藥重，則病未退而正先傷，變幻諸證以致危。又如虛病似實者，應用補藥而不敢服，實病似虛者，應用瀉藥而不敢投，因循疑畏，坐失事機，日久纏綿，遂至不起。種種弊端，難以言盡。不明此理而臨病惑於雜論，似乎詳慎，而不知害之大也。夫病情變幻難測，雖習醫者猶有毫釐千里之謬，何況不識病情而但執方藥，遂謂某藥可用，某不可用，用之不靈，疑端更甚，於是求神問卜，驅鬼叫魂，擾攘不息，使病者無片刻之寧，卒至不救而後已。嗚呼！此皆不知選醫於平日而信任之，徒以臨病張皇，事後悲戚，終不悟其所由。竊見蹈此弊而致害者甚多，目擊心傷，莫能挽救，思既往之不諫，或來者之可追，用獻芻蕘，聊備采擇，伏望鑒察爲幸。

《醫學溯源·病箴·哲言》引蘿峰氏 一、廣生煩惱，輕身重財。二、飲食無度，不守醫戒。三、聽信旁言，過求速效。四、但索藥方，妄爲加減，藥味濫惡，煎丸失法。五、偏聽禱賽，雜進醫巫，既不識病，又不擇醫。六、診視不勤，藥不對病，諱病忌醫，攻補錯亂。七、任性反覆，朝王暮李，試藥集醫，蕩滌腸胃。八、室家聒噪，動成荆棘，及其致敗，反嫁讒說。九、傷生之證，視爲平淡，奪命大劑，不敢沾嘗。十、不察病本，愛嗜清涼，妄斷是非，躭誤時日。

《退菴隨筆·攝生》 有病不治，常得中醫，此古諺也，見《漢書·藝文志》。今人言不服藥爲中醫，即本此。謝晦莊濟世曰：醫良則相，庸則匠。不窺二經之奧旨，合四家之異同，徹五運六氣之理，審七表八裏九道之形，葠苓毒於硝磺，刀圭利於斧鉞。是故學醫者須秉上智，患病者甯得中醫。

《神灸經綸·醫願》 不治五則 一、食欲無度，怪僻反常者不治。一、有挾自任，輕醫試藥者不治。一、病家亂雜，疑忌多端者不治。一、家人怨詈，與病人違忤者不治。一、不守醫戒，陽奉陰違者不治。

凡此五者，皆由人作，苟自知所病，不治亦治，明者鑒之。

《理瀹駢文·後附潛玉〈治心病方〉》 治心病方 心病，聰明讀書人爲多。

治法在小學《近思錄·感應》篇。今雖不能講道學，未可不信果報也。按幾希錄良方載先正格言，錢青掄驗方載無相眞人藥十二味，皆所以治心病也。今倣其意，爲八方焉：

一、立志

人要立志，做正人君子，有德性氣節，人人欽敬，不可趨於下流，卑鄙苟且，寡廉鮮恥，喪行敗名，爲人談笑。

一、存心

心要整肅，不可放蕩，時時以禮義自防。心要寬厚，不可刻薄，處處以情理相體。久之，邪妄少，忿嫉平，胸中清靜，滿腔皆慈祥矣，鬼神難欺。意惡甚重，人情莫測，怨毒常深，有夢神責身死，被人讐家亡者，宜稟凜也。

一、謹口

古云：羣居守口。又曰：禍從口出。言揔以寡爲貴，不要無事尋話，說至公門。內客席間，在我無意，在人有心，造孽搆釁甚易，好談閨閫，終有家醜，動筆更當三思。

一、用功

博觀經史，所以明理應事，無論出處，皆爲有益之學。若終日閒散，虛度可惜，不學無術，那免是非得失，迷惑顛倒，且逸則思淫，或躭於聲色貨利，昏昏然日在醉夢之中，精神更難振策矣，遇變鮮有能作爲者。

一、積善

積善之家，必有餘慶，天待善人，未嘗不厚。故大亂之時，自有不亂之家，要在實心實力，奉行不懈，世世相承無間斷而已。倘不加積，雖有祖宗遺德，亦易於盡，君子之澤，五世而斬，誰知此身後來如何可危也？

劉仕廉《醫學集成·凡例》　一、富貴之病難治，一經染患，日更數醫，一淸二表，三攻四補，任意胡爲。以至輕者重而重者危矣。貧苦之病易愈，延醫難，取藥更難，說病抓藥，不日愈也。雖不盡然，大半如此。

一、醫生療疾，務要品正行端，不可在此說彼。孀婦閨閣，更宜謹愼。於診脈後，論脈論症，係屬何病，主用何藥，法本何人。症即險危，從容告之。切勿乘人危險，妄取人財，以致聲名敗壞。

一、病家延醫，務要實心恭敬。未看病時說病原由，不可令其猜病。東坡云：吾求愈病而已，豈以困醫爲哉？不知醫爲爾所困，爾之身更爲醫所困矣，延醫者其知之。

一、病家取藥，莫惜銀錢，務求上池靈品。若圖便宜，七折八扣，虧人工本，藥定難言。賣者射利，買者損錢，而病者含冤受困矣。

一、開藥鋪之家，務采上品藥材，遵古炮製，情願使人說我藥貴，莫使人說我藥假，此中造無限功德。若以假作眞，悞人性命，生人易欺，冥法難逭。【略】

一、人生有形之病易治，無形之疾難療。如風寒暑濕，六慾七情，瘡痍癬疥，皆有形之疾，醫能施治。無形之疾，如不端品行，不顧聲名，奸詐機謀，心術盡壞，釀成怪病，此無形之疾，醫不能治。《書》云：自作孽，不可活。人須悔過遷善，百中可救二三。否則遺及後人，立見消亡，較傳尸癆爲更毒。

《王氏醫存·病者須靜養》　人賴元氣以生，元氣耗盡則死。臟腑陰陽無偏則無病，偏則有病，醫之使無偏也。善養病者，調之護之，務期安靜，醫藥有當，自能速愈。奈驕傲暴肆之人，病則難愈，因其不靜，使氣血亂動。以既偏之陰陽，無可歸復之時，而又不靜，助其偏勝，四竄於相尅之經，妄生雜證。助六淫之外邪，則見實證。助七情之內傷，則見虛證。若耑成一病，是對證施治，尙屬易愈。若前證未愈，後證未成，而病者任發七情，其有陽時刻妄串，所見脈證無定，醫者但據診時脈證立方，其誤非輕。故戒驕躁，節喜怒，使元氣歸復，爲愈病第一要務。

《王氏醫存·病家之誤》　病人未通藥性，改方換藥。或巫婆帶藥加減，或執方偏參於人，或朝暮更醫。或取藥到家，但假奴僕之手，煎煮失法。或富貴驕慣，輕藐醫士。此實自誤，病者所當自反者也。

《醫門補要·戲藥》　戲藥是病久胃虛，易生變幻。雖醫藥頻更，始則中焦猶暫受，繼則氣力莫能當，無非盡其人事耳。

有病日久，初服此醫之方一二帖頗效，再服則不效。又延彼醫，不問藥對症與不對症，初服一二帖亦效，再服又不效。及屢更數十醫皆如此，爲戲藥，終不治。

《金壺浪墨·醫理》　讀書者不習醫理，此大蔽也。有數金之值，兢兢然珍惜寶護，而不輕假手於人者，奈何以百年之體，堂上之尊，乃委之庸醫而不致謹乎？

《外科圖說・總論病家大略》 夫人之身，配天地陰陽，善攝生者，須飲食有節，起居有常，不妄作勞，形與神俱，則榮衛周流，六淫無自而入，何病之有。不善攝生者，以酒爲漿，以妄爲常，飲食無節，起居無常，神氣損傷，六淫之邪相侵，則醫藥之道作矣。故《莊子》有《養生主》篇，蓋心爲吾身君主之官，神明出焉，養生者，所以養此心也。修心養性之術，既不能習於未病之先，調攝保養之功，又不能察於已病之際，夫既病矣，要須安常處順，視富貴如浮雲，恬澹心志，怡養精神，不妄想，不遷怒，不作勞，即有勿藥之喜。若心猿意馬，戚戚於功名，孜孜於貨利，瑣瑣煩惱，汲汲榮辱，病已在身，心不在病，或勞心，或勞力，而君主之官昧焉，五神失位，六賊內戕，欲疾之愈也得乎？

清眞子曰：大凡人卧病，即於胸前寫一死字，則百般思慮俱息，此心便得安靜，勝如〔勝〕〔服〕藥，此眞無上妙方也。是故醫書云：惟富貴之人，從生至長，無敢逆其意。及其病也，將平時所畜醫書看得一二，便要誇言立論，考訂醫人，以是爲非，以非爲是，倔強爭論，不知病之淺深，脈之虛實，藥之寒溫。若遇諂諛貪利之輩，心先自歉，拱手聽命，惟言是從，不敢辨論，妄投藥劑，輕用針刀，日久傳變，遂致病者勢益危篤，雖扁鵲復生，不能治矣。乃若直道醫人，精思病源，酌古準今，冀一藥而愈，以奏回生之功，苟不見聽，則飄然而去，肯徇情哉？

又有病者，不肯服藥，煎成傾於地，徒爲虛語應答，反言醫之無功，及至斃也，眞情發露，與醫何干。故東坡先生有曰：吾平生求醫，已於平時默驗其工拙，至於有疾，必先盡告以所患，而後使之診視，使醫者了然知厥病之所從來，庶病證先定於心，而脈之疑似，不能惑也，故雖遇中醫，療疾亦能常愈。吾求疾愈而已，豈以困醫爲事哉。斯言眞警迷濟世之箴規也。

近世以來，多隱所患，而試驗醫之能否，醫亦不屑下問，挾己之長而治其病，從前至後，其誤益多矣，與醫何尤，寔病家自誤之也。故《龍虎經》云：鍊得陰陽元氣足，始知成立自虛無。《黃庭經》云：修眞之士，窮造化之原，知升降之路，安神定息，一念不生，湛然無欲，其氣週流，自然造化。《老子》曰：綿綿若存，用之不勤。《太素》曰：出入廢，則神機化滅，升降息，則氣立孤危。因世人不知返本窮原之道，故聖人指性命之根，令人藏神聚氣，還返往來，歸根復命也。故人之生也，賦性於天，養性於地，百年之身，從此可保，內外之證，何由而生？岐伯曰：恬澹虛無，病安從來？一有拂鬱，諸病生焉。

引用書目表

書名	年代(朝代)	作者	版本	備注
周易	周	佚名	上海書店影印《四部叢刊》影宋本，一九八九	①易；②易經
尚書	不詳	佚名	上海書店影印《四部叢刊》影宋本，一九八九	①書；②書經
周禮	周	佚名	中華書局校改影印《阮刻十三經注疏本》，一九八〇	①周官；②周官經
禮記	漢，但習慣視爲周時書	題戴聖	上海書店影印《四部叢刊》影宋本，一九八九	小戴禮
國語	約前六〇〇年左右	佚名	上海書店影印《四部叢刊》影明嘉靖翻宋本，一九八九	
老子	春秋末	老聃	上海書店影印《四部叢刊》影宋刻本，一九八九	道德經
論語	前五五一—前四七九	孔子等	上海書店影印《四部叢刊》影日本正平本，一九八九	
左傳	約前三〇〇餘年	題左丘明	中華書局校改影印《阮刻十三經注疏本》，一九八〇	左氏春秋
世本	不詳	佚名	中華書局《叢書集成初編》本，一九八五	系本
莊子	約前三六九—前二八六	莊周	上海書店影印《四部叢刊》影四德堂本，一九八九	南華眞經
楚辭	前三四〇—前二七八	屈原等	上海書店影印《四部叢刊》影明翻宋補注本，一九八九	
脈法	約戰國	佚名	文物出版社《馬王堆漢墓帛書(肆)》本，一九八五	
素問	戰國	佚名	明顧從德影宋刻本	黄帝内經素問
靈樞	戰國	佚名	明嘉靖趙康王府居敬堂刻本	①靈樞經；②針經；③九卷
太素	戰國	佚名	東洋醫學研究會影印《東洋善本醫學叢書》影日本仁和寺本，一九八一	黄帝内經太素
山海經	不詳	佚名	上海古籍出版社，一九八五	
鶡冠子	不詳	佚名	上海書店影印《四部叢刊》影明翻宋本，一九八九	
難經	不詳	題秦越人	人民衛生出版社影印《佚存叢書·難經集注》本，一九五六	黄帝八十一難經

淮南子	前一七九—前一二二	劉安	中華書局點校《新編諸子集成本》，一九八九	淮南鴻烈
韓詩外傳	漢	韓嬰	上海書店影印《四部叢刊》影明沈氏本，一九八九	
史記	前一〇四—前九一	司馬遷	中華書局標點本，一九八二	太史公書
鹽鐵論	前七三前後	桓寬	上海書店影印《四部叢刊》影明本，一九八九	
說苑	前七七—前六	劉向	上海書店影印《四部叢刊》影明鈔本，一九八九	
方言	前五三—前一八	揚雄	上海書店影印《四部叢刊》影宋本，一九八九	輶軒使者絕代語釋別國方言
急就篇	漢	史游	元刻明印王應麟補注本	急就章
大戴禮記	漢	題戴德	上海書店影印《四部叢刊》影明袁氏本，一九八九	大戴禮
論衡	二七—九七	王充	中華書局校排《諸子集成本》，一九五四	
漢書	前三二—九二	班固	中華書局標點本，一九六二	前漢書
越絕書	約公元四〇前後在世	袁康	上海書店影印《四部叢刊》影明萬曆本，一九八九	越絕紀
神農本草經	約公元九四前後	佚名	人民衛生出版社校排清孫星衍輯校本，一九六三	①本草經；②本經
說文	五八—一四七	許慎	宋刻元修本	說文解字
潛夫論	約八五—一六二	王符	上海書店影印《四部叢刊》影印本，一九八九	回中子
前漢紀	一四八—二〇九	荀悅	上海書店影印《四部叢刊》影明覆宋本，一九八九	漢紀
傷寒論	約一五〇—二一九	張機	明趙開美校刻影宋《仲景全書》本	傷寒雜病論
金匱要略	同上	張機	明趙開美校刻影宋《仲景全書》本	金匱玉函要略方論
孔叢子	東漢後期	題孔鮒	上海書店影印《四部叢刊》影明翻宋本，一九八九	
中藏經	約二三四	題華佗	清孫星衍校刻平津館叢書本	華氏中藏經
玄門脈訣內照圖	約二三四	題華佗	明嘉靖刻本	內照圖
廣雅	二二一—二六五	張揖	畿輔叢書本	博雅

帝王世紀	西晉	皇甫謐	中華書局《叢書集成初編》本，一九八五	①帝王世家；②皇王世紀；③帝王世說
甲乙經	二八二	皇甫謐	①明萬曆新安吳勉學校刻《古今醫統正脈全書》本；②東洋醫學研究會影印《東洋善本醫學叢書》影日本靜嘉堂文庫藏清陸心源皕宋樓藏明末藍格抄本，一九八一	黄帝三部針灸甲乙經
脈經	約二八五	王熙	東洋醫學研究會影印《東洋善本醫學叢書》影日本靜嘉堂文庫藏影刻宋何大任刊本，一九八一	
博物志	二三二—三〇〇	題張華	中華書局《叢書集成初編》本，一九八五	
搜神記	約三一七前後	干寶	中華書局《叢書集成初編》本，一九八五	
肘後方	約三一五	葛洪	明萬曆刻岳州知府劉自化校刊本	肘後備急方
抱朴子	二八四—三六四	葛洪	上海書店影印《四部叢刊》影明魯藩刻本，一九八九	
小品方	約爲晉	陳延之	日本北里研究所《黄帝內經明堂、小品方》合印本	
後漢書	三九八—四四五	范曄	中華書局標點本，一九六五	
鮑氏集	約四〇五—四六六	鮑照	上海書店影印《四部叢刊》影毛斧季校宋本，一九八九	①鮑明遠集；②鮑參軍集
褚氏遺書	四八三	褚澄	清乾隆五十九年修敬堂刻《六醴齋醫書十種》本	
本草集注	約五〇〇	陶弘景	甘肅中醫學院據國家圖書館藏縮微膠卷影印《敦煌中醫藥學集錦》本，一九九〇	本草經集注
宋書	四四一—五一三	沈約	中華書局標點本，一九七四	
弘明集	四四五—五一八	僧佑	上海書店影印《四部叢刊》影明汪道昆本，一九八九	
顔氏家訓	五三一—？	顔之推	中華書局《叢書集成初編》本，一九八五	
明堂五臟論	南北朝	佚名	江西科學技術出版社《敦煌古醫籍考釋》本，一九八八	
輔行訣臟腑用藥法要	南北朝	題陶弘景	江西科學技術出版社《敦煌古醫籍考釋》本，一九八八	
諸病源候論	六一〇	巢元方等	東洋醫學研究會影印《東洋善本醫學叢書》影日本宮內廳書陵部藏懷仙閣南宋刊本	①巢氏病源；②病源
隋書	五八〇—六四三	魏徵等	中華書局標點本，一九七三	

晉書	五七九—六四八	房玄齡	中華書局標點本，一九七七	
千金要方	六五一	孫思邈	日本江戶醫學影刻北宋本	①備急千金要方；②千金備急要方；③千金
北史	約六六〇—六七九間卒	李延壽	中華書局標點本，一九七五	
千金翼方	約六八二	孫思邈	日本文政十二年影刻元大德梅溪書院刻本	千金翼
初學記	六五九？—七二九	徐堅	中華書局，一九六二	
外臺秘要	七五二	王燾	東洋醫學研究會影印《東洋善本醫學叢書》影日本靜嘉堂文庫藏明高濂藏南宋初刊本	①外臺秘要方；②外臺
素問注	七六二	王冰	明顧從德影宋本	素問王注
一切經音義	唐	玄應	中華書局《叢書集成初編》本，一九八五	
大唐新語	八〇七	劉肅	中華書局《叢書集成初編》本，一九八五	
劉夢得文集	七七二—八四二	劉禹錫	上海書店影印《四部叢刊》影武進董氏影宋刻本，一九八九	①劉賓客文集；②劉禹錫集
玉函經	約九〇六	杜光庭	上海科學技術出版社校印《中國醫學大成》本，一九九〇	
舊唐書	八八七—九四六	劉昫	中華書局標點本，一九七五	
唐會要	九二二—九八二	王溥	中華書局《叢書集成初編》本，一九八五	
醫心方	九八四	丹波康賴	日本淺倉屋藏版本	
太平聖惠方	九九二	王懷隱等	人民衛生出版社，一九五八	聖惠方
廣韻	九六一—一〇一七	陳彭年等	上海古籍出版社影印日本向山榮家藏宋乾道五年閩中建寧府黄三八郎書鋪刻《鉅宋廣韻》本，一九八三	鉅宋廣韻
省心錄	九六七—一〇二八	林逋	中華書局《叢書集成初編》本，一九八五	
博濟方	一〇四七	王衮	上海古籍出版社影印文淵閣《四庫全書》本，一九八七	
春明退朝錄	一〇七〇	宋敏求	中華書局《叢書集成初編》本，一九八五	
姑溪居士文集	約一〇七三在世	李之儀	中華書局《叢書集成初編》本，一九八五	
蘇沈良方	一〇七五	蘇軾、沈括等	清乾隆五十九年修敬堂刻《六醴齋醫書十種》本	蘇沈內翰良方

東原録	一〇一〇—一〇八〇	龔鼎臣	中華書局《叢書集成初編》本，一九八五	
事物紀原	一〇七八—一〇八五	高承	中華書局《叢書集成初編》本，一九八五	事物紀原集類
臨川先生文集	一〇二一—一〇八六	王安石	上海書店影印《四部叢刊》影明刊本，一九八九	
史載之方	一〇八五	史堪	中華書局《叢書集成初編》本，一九八五	
證類本草	一〇八五	唐慎微等	蒙古定宗四年平陽張存惠晦明軒原刻本	重修政和經史證類備急本草
資治通鑒外紀	一〇九二	劉恕	上海書店影印《四部叢刊》影明刊本，一九八九	通鑒外紀
小兒斑疹備急方論	一〇九三	董汲	臺灣新文豐出版公司影印宋抄本	
旅舍備要方	一〇九三	董汲	上海古籍出版社影印文淵閣《四庫全書》本，一九八七	
東坡志林	一〇三六—一一〇一	蘇軾	中華書局《叢書集成初編》本，一九八五	
活人書	一一〇七	朱肱	①明萬曆二十九年吳勉學校刻《古今醫統正脈全書》本；②中華書局《叢書集成初編》本，一九八五	①類證活人書；②傷寒類證活人書
本草衍義	一一一六	寇宗奭	上海中醫書局影印本	
聖濟總録	約一一一七	趙佶敕修	清乾隆五十年震澤汪鳴珂燕遠堂刻本	
聖濟經	一一一八	趙佶撰，吳禔注	清光緒二年歸安陸心源刻十萬卷樓叢書本	
龍龕手鑒	宋	行均	中華書局影印高麗影遼刻本，一九八五	龍龕手鏡
全生指迷方	一一二五	王貺	上海古籍出版社影印文淵閣《四庫全書》本，一九八七	濟世全生指迷方
本事方	一一三二	許叔微	日本享保二十一年刻本	類證普濟本事方
鷄峰普濟方	一一三三	張鋭	清道光八年汪士鐘覆南宋刻藝蕓書舍藏版本	
注解傷寒論	一一四四	成無己	①上海書店影印《四部叢刊》影明汪濟川本，一九八九；②明萬曆二十七年海虞趙開美校刻《仲景全書》本	
扁鵲心書	一一四六	竇材	清乾隆寶笏樓刻《醫林指月十二種》本	
避暑録話	一〇七七—一一四八	葉夢得	中華書局《叢書集成初編》本，一九八五	
玉澗雜書	一〇七七—一一四八	葉夢得	委宛山堂《説郛》本	

曲洧舊聞	一一四八	朱弁	中華書局《叢書集成初編》本，一九八五	
幼幼新書	一一五〇	劉昉	明萬曆十四年古吳陳氏寫刻本	
郡齋讀書志	一一五一	晁公武	上海古籍出版社孫猛校正本，一九九〇	
小兒衛生總微方論	一一五六	佚名	明刊黑口本	
傷寒類證	一一六三	宋雲公	清光緒二十年成都鄧氏崇文齋校刻《仲景全書》本	
洪氏集驗方	一一七〇	洪遵	①宋乾道六年姑孰郡齋刻本；②中華書局《叢書集成初編》本，一九八五	
三因方	一一七四	陳言	日本元祿六年越後刻本	三因極一病證方論
子華子	約南宋	佚名	中華書局《叢書集成初編》本，一九八五	
寓簡	一一七四	沈作喆	中華書局《叢書集成初編》本，一九八五	
捫虱新語	一一七四	陳善	中華書局《叢書集成初編》排《儒學警悟》本，一九八五	
醫經正本書	一一七六	程迥	北圖藏明初刻本	
楊氏家藏方	一一七八	楊倓	日本安永六年（公元一七七七年）松枝元亮刻活字本	
傷寒補亡論	一一八一	郭雍	清道光元年徐錦校刻本	
原病式	一一八六	劉完素	明吳勉學校刻古今醫統正脈全書本	素問玄機原病式
保命集	一一八六	劉完素	明萬曆吳勉學校刻《映旭齋藏版古今醫統正脈全書劉河間醫學六書附二種》本	素問病機氣宜保命集
醫學啓源	一一八六	張元素	明刻本	
能改齋漫錄	一一九〇	吳曾	中華書局《叢書集成初編》聚珍本，一九八五	
歷代名醫蒙求	一二二〇	周守中	宋臨安刻本	
醫說	一二二四	張杲	上海科技出版社影印明刻本	
宋本備急灸法	一二二六	李聞人	十瓣同心藍室仿宋刻本	
直齋書錄解題	一一八三—？	陳振孫	上海古籍出版社徐小蠻、顧美華點校本，一九八七	
祛疑說	宋	儲泳	中華書局《叢書集成初編》本，一九八五	

儒門事親	約一二二八	張從正	明萬曆吳勉學校刻《映旭齋藏版古今醫統正脈全書》本	
傷寒醫鑒	一二三四	馬宗素	明萬曆吳勉學校刻《映旭齋藏版古今醫統正脈全書劉河間醫學六書附二種》本	
歸潛志	一二三五	劉祁	中華書局點校本，一九八三	
備急管見大全良方	一二三七	陳自明	清抄本	
陰證略例	一二三七	王好古	明嘉靖間白綿紙刻《東垣十書十種附一種》本	
醫壘元戎	一二三七	王好古	明嘉靖間白綿紙刻《東垣十書十種附一種》本	
和劑局方	一二四一	陳師文等校正	元建安宗文書堂鄭天澤刻本	太平惠民和劑局方
察病指南	一二四一	施發	上海書店影印《秘本醫學叢書》本，一九八八	
脾胃論	一二四九	李杲	明萬曆吳勉學校刻《映旭齋藏版古今醫統正脈全書》本	
濟生方	一二五三	嚴用和	清乾隆四庫館輯《永樂大典》本	嚴氏濟生方
牧庵集	一二三八—一三一三	姚燧	上海書店影印《四部叢刊》影武英殿聚珍版書廣雅書局本，一九八九	
直指方	一二六四	楊士瀛	明新安朱刊本（一作黃鍍刻本）	仁齋直指附遺方論
嶺南衛生方	一二六四	釋繼洪	日本天保十二年（公元一八四一年）學古館刻本	
東垣試效方	一二六六	李杲	上海科學技術出版社影印明刊倪維德校訂本，一九八四	
太醫局諸科程文	約一二七九	宋太醫局	清光緒四年錢塘丁氏當歸草堂刻《當歸草堂醫學叢書十種》本	
衛生寶鑒	一二八一	羅天益	明永樂吳郡韓氏刻本	
靜修先生文集	一二四九—一二九三	劉因	上海書店影印《四部叢刊》本，一九八九	靜修文集
活幼心書	一二九四	曾世榮	清宣統二年武昌醫館校刻本	
湯液本草	一二九八	王好古	明萬曆二十九年步月樓刻《東垣十書十種附二種》本	
壽親養老新書	一三〇七	陳直撰，鄒鉉增補	清同治九年河南聚文齋刻本	養老奉親書
此事難知	一三〇八	王好古	明萬曆新安吳勉學校刻《古今醫統正脈全書》本	

醫方大成論	一三二一	孫允賢	日本寬永三年（公元一六二六年）刻本	
清容居士集	一二六六—一三二七	袁桷	上海書店影印《四部叢刊》影元刊本，一九八九	
瑞竹堂經驗方	一三二三	薩理彌實	清光緒四年錢塘丁氏當歸草堂刻《當歸草堂醫學叢書十種》本	
永類鈐方	一三三一	李仲南	北京大學藏元至順刻珍本	
世醫得效方	一三三七	危亦林	元至正三年陳志刻本	
十四經發揮	一三四一	滑壽	清嘉慶十四年書業堂刻《薛氏醫案二十四種》本	
金史	一三四四	脱脱等	中華書局標點本，一九七五	
宋史	一三四五	脱脱等	中華書局標點本，一九七七	
遼史	一三四五	脱脱等	中華書局標點本，一九七四	
青瑣高議	元	劉斧	上海古籍出版社影印明刻《説郛三種》本，一九八八	
格致餘論	一三四七	朱震亨	明萬曆二十九年步月樓刻《東垣十書十種附二種》本	
脈因證治	一三五八	朱震亨	清乾隆四十年頤生堂刻本	
診家樞要	一三五九	滑壽	明弘治十七年古絳韓重刻本	
難經本義	一三六六	滑壽	明萬曆二十九年新安吳勉學校刻《古今醫統正脈全書》本	
醫經溯洄集	一三六八	王履	人民衛生出版社影印明萬曆二十九年新安吳勉學校刻《古今醫統正脈全書》本，一九五六	
胡仲子集	約一三三〇—一三七〇	胡翰	中華書局《叢書集成初編》本，一九八五	
心印紺珠經	約一三六八	李湯卿	明嘉靖二十六年趙瀛刻本	
青岩叢錄	明初	王禕	清嘉慶王文祿輯刊《百陵學山》本	
原機啓微集	一三七〇	倪維德	明嘉靖十一年刻本	原機啓微
誠意伯文集	一三一一—一三七五	劉基	上海書店影印《四部叢刊》影明本，一九八九	
宋學士全集	一三一〇—一三八〇	宋濂	清嘉慶十五年吳嚴刻本	
九靈山房集	一三一七—一三八三	戴良	上海書店影印《四部叢刊》影明正統刊本，一九八九	戴九靈集

遜志齋集	一三五七—一四〇二	方孝孺	上海書店影印《四部叢刊》本，一九八九	
醫經小學	一三八八	劉純	①明正統三年陳有戒刻本；②人民衛生出版社點校《劉純醫學全集》本，一九八六	
普濟方	一三九〇	朱橚	上海古籍出版社影印文淵閣《四庫全書》本，一九八七	
秘傳外科方	一三九五	趙宜眞	人民衛生出版社點校本，一九九一	
玉機微義	一三九六	劉純	人民衛生出版社點校《劉純醫學全集》本，一九八六	
嬰童百問	約一四〇三	魯伯嗣	明嘉靖二十一年刻本	
雜病治例	一四〇八	劉純	人民衛生出版社點校《劉純醫學全集》本，一九八六	
醫經秘旨	一四一八	盛寅	上海書店影印《秘本醫學叢書》本，一九八八	
衛生易簡方	一四二三	胡濙	明宣德二年刻本	
臞仙活人心法	約一四二四	朱權	明嘉靖二十五年朝鮮安選玹刻本	①臞仙活人方；②活人心法
證治要訣	一四四三	戴思恭	明萬曆三十三年王肯堂刻本	秘傳證治要訣及類方
傷寒瑣言	一四四五	陶華	明萬曆二十九年新安吳勉學校刻《古今醫統正脈全書》本	
傷寒六書	一四四五	陶華	明萬曆二十九年新安吳勉學校刻《古今醫統正脈全書》本	
奇效良方	一四七三	董宿編，方賢纂集	商務印書館，一九五九	
胡敬齋集	一四三四—一四八四	胡居仁	中華書局《叢書集成初編》本，一九八五	
丹溪心法	一四八一	朱震亨	明成化十七年刻本	丹溪先生心法
松厓醫徑	約一四八四	程玠	上海科學技術出版社校排《珍本醫書集成》本，一九八五	
大學衍義補	一四八八	邱濬	上海古籍出版社影印文淵閣《四庫全書》本，一九八七	
明醫雜着	一五〇二	王綸	明嘉靖間刻本	
匏翁家藏集	一五〇九	吳寬	上海書店影印《四部叢刊》影明正德刻本，一九八九	家藏集
醫學正傳	一五一五	虞摶	明萬曆五年金陵三山書舍吳江刻本	
蒼生司命	約一五一五	虞摶	中醫古籍出版社影印清初還讀齋刻本，一九八七	
醫學集成	一五一六	傅滋	明正德十一年刻本	

韓氏醫通	一五二二	韓懋	清乾隆五十九年修敬堂刻《六醴齋醫書十種》本
續醫說	一五二二	俞弁	上海科技出版社影印《醫說附續醫說》本，一九八四
比事摘錄	明	佚名	中華書局《叢書集成初編》本，一九八五
癘瘍機要	一五二九	薛己	清嘉慶十四年書業堂刻《薛氏醫案二十四種》本
正體類要	一五二九	薛己	上海科學技術出版社校印《中國醫學大成》本，一九九〇
東垣十書	一五二九	李杲等	明嘉靖刻本
東垣十書	一五二九	李杲等	明萬曆二十九年新安吳勉學校刻《古今醫統正脈全書》本
薛氏醫案	一五二九	薛己	清嘉慶十四年書業堂刻《薛氏醫案二十四種》本
外科理例	一五三一	汪機	明嘉靖祁門朴墅汪宅刻本
醫學統旨	一五三四	葉文齡	明隆慶六年筠郡鄔璉刻本
丹溪心法附餘	一五三六	方廣	明隆慶六年山東布政使施篤臣刻本
眞珠船	約一五四八	胡侍	中華書局《叢書集成初編》本，一九八五
名醫類案	一五四九	江瓘	清乾隆三十五年新安鮑氏知不足齋刻本
清容居士集	一五〇六—一五七一	袁桷	上海書店影印《四部叢刊》影印元刊本，一九八九
賢奕編	一五六一—一五七〇	劉元卿	中華書局《叢書集成初編》本，一九八五
萬氏秘傳外科心法	一五四九	萬全	湖北科學技術出版社，一九八四
醫先	一五五〇	王文祿	中華書局《叢書集成初編》本，一九八五
攝生衆妙方	一五五〇	張時徹	江蘇廣陵古籍刻印社復制浙江張壽鏞刻本，一九八〇
古今醫統大全	一五五六	徐春甫	明萬曆初古吳陳長卿初刻本
明醫指掌	一五五六	皇甫中撰，王肯堂補	明嘉靖三十五年自刻《明醫指掌圖前後集》本
醫學綱目	一五六五	樓英	明嘉靖四十四年曹灼刻本
推蓬寤語	一五七〇	李豫亨	上海書店影印《秘本醫學叢書》本，一九八八
雨航雜錄	約一五七〇	馮時可	中華書局《叢書集成初編》本，一九八五

愼齋遺書	一五七三	周之干	清乾隆四十一年刻本	
赤水玄珠	一五七三	孫一奎	①明萬曆二十四年刻《赤水玄珠全集》本； ②人民衛生出版社《赤水玄珠全集》本，一九八六	
醫旨緒餘	一五七三	孫一奎	①明萬曆二十四年刻《赤水玄珠全集》本； ②人民衛生出版社《赤水玄珠全集》本，一九八六	
孫氏醫案	一五七三	孫一奎	①明萬曆二十四年刻《赤水玄珠全集》本； ②人民衛生出版社《赤水玄珠全集》本，一九八六	
醫學入門	一五七五	李梴	明萬曆三年刻本	
古今醫鑒	一五七六	龔信	明萬曆刻《王宇泰先生訂補〈古今醫鑒〉十六卷》本	
本草綱目	一五七八	李時珍	明萬曆三十一年夏良心等江西刻本	
痘疹金鏡錄	一五七九	翁仲仁	明萬曆七年刻本	
醫方考	一五八四	吳崑	明萬曆刻本	
醫林繩墨	一五八四	方隅	清康熙十六年周京向山堂刻本	
仁術便覽	一五八五	張浩	明萬曆十三年冀州刻本	
萬病回春	一五八七	龔廷賢	明萬曆十六年蘇州葉龍溪刻新刊八卷本	
傷寒論條辨	一五八九	方有執	清康熙間浩然樓刻本	
雲林神彀	一五九一	龔廷賢	清道光二十三年志遠堂刻本	
診翼	一六〇〇	許兆楨	清順治十四年刻《醫四書》本	
典故紀聞	約一六〇〇	余繼登	中華書局《叢書集成初編》本，一九八五	皇明典故紀聞
靈蘭要覽	一六〇二	王肯堂	上海書店影印《秘本醫學叢書》本，一九八八	重訂靈蘭要覽
雜病證治準繩	一六〇二	王肯堂	上海科學技術出版社影印明萬曆三十年初刻善本《證治準繩》本，一九五九	證治準繩
鬱岡齋醫學筆麈	一六〇二	王肯堂	明刻本	①鬱岡齋筆麈； ②筆麈
傷寒準繩	一六〇四	王肯堂	上海科學技術出版社影印明萬曆初刻善本《證治準繩》本，一九五九	傷寒證治準繩
醫學六要	一六〇九	張三錫	明崇禎十七年作者孫子張維翰補刻本	

治法彙	一六〇九	張三錫	明萬曆刻《醫學六要》本	
杏苑生春	一六一〇	芮經等	明刊本	
東醫寶鑒	一六一一	許浚等	人民衛生出版社影印明萬曆四十一年朝鮮內醫院刻本，一九五五	
秘傳推拿妙訣	一六一二	周於蕃	北大藏清抄孤本	
先醒齋醫學廣筆記	一六一三	繆希雍	明天啓二年京口大成堂刻本	先醒齋廣筆記
壽世保元	一六一五	龔廷賢	①北中醫珍藏明清間經綸堂刻本；②人民衛生出版社點校本，一九九三	
醫林狀元濟世全書	一六一六	龔廷賢	北大珍藏日本寬永十三年（公元一六三六年）村上平樂寺重刻明萬卷樓本	①（新刊）醫林狀元濟世全書；②濟世全書
五雜俎	一六一六	謝肇淛	明萬曆四十四年初刊本	
活幼心法大全	一六一六	聶尚恆	明崇禎刻本	活幼心法
醫貫	一六一七	趙獻可	明崇禎元年刻本	
類經	一六二四	張介賓	明天啓四年會稽刻本	
類經附翼	一六二四	張介賓	明刻《類經》本附	
質疑錄	約一六二四	張介賓	清乾隆三十二年寶笏樓刻《醫林指月十二種》本	
本草經疏	約一六二五	繆希雍	明天啓五年毛氏綠君亭刻本	神農本草經疏
瘍科選粹	一六二八	陳文治	明崇禎元年刻本	
簡明醫彀	一六二九	孫志宏	明崇禎三年《新刻簡明醫彀》本	
傷寒六書纂要辨疑	一六三三	童養學	明崇禎五年金陵原刻本	
折肱漫錄	一六三五	黃承昊	清乾隆五十九年修敬堂刻《六醴齋醫書十種》本	
慎柔五書	一六三六	胡慎柔	清乾隆五十九年修敬堂刻《六醴齋醫書十種》本	
醫宗必讀	一六三七	李中梓	明崇禎十年刻『詳校』本	
景岳全書	一六三九	張介賓	清康熙四十九年會稽魯超刻本	

幼科金針	約一六四一	秦昌遇	上海三聯書店影印《歷代中醫珍本集成》本，一九九〇	
頤生微論	一六四二	李中梓	明崇禎十五年金閶傳萬堂刻本	
診家正眼	一六四二	李中梓	清康熙六年刻《士材三書》本	
內經知要	一六四二	李中梓	清乾隆二十九年掃葉山房刻本	
寓意草	一六四三	喻昌	明崇禎十六年刻本	
證治心傳	一六四三	袁班	①上海國醫書局鉛印本，一九三〇；②上海書店影印《秘本醫學叢書》本，一九八八	
一草亭目科全書	約一六四三	鄧苑	上海科學技術出版社校印《中國醫學大成》本，一九九〇	①一草亭眼科全書；②一草亭目科全集；③感應一草亭書
軒岐救正論	一六四四	蕭京	清康熙間作者之子蕭震重刻可亭藏本	
上池雜説	一六四四	馮時可	上海書店影印《秘本醫學叢書》本，一九八八	
裴子言醫	一六四四	裴一中	清順治刻本	言醫
醫藏書目	一六四四	殷仲春	精抄本	醫藏目錄
尚論篇	一六四八	喻昌	清順治七年自刻本	尚論張仲景傷寒論重編三百九十七法
醫燈續焰	一六五〇	崔嘉彥撰，潘楫增注	上海科學技術出版社校印《中國醫學大成》本，一九九〇	
醫學入門萬病衡要	一六五五	龔廷賢原編，洪正立編	中醫古籍出版社影印日本藏本，一九八五	
醫門法律	一六五八	喻昌	清順治十五年葵錦堂刻本	
醫衡	一六六一	沈時譽述，梅鼒等輯	上海書店影印本	醫衡集
醫宗説約	一六六二	蔣示吉	清嘉慶二十五年文發堂刻本	
脈訣彙辨	一六六二	李延昰	清康熙五年李氏自刻本	
侶山堂類辨	一六六三	張志聰	清乾隆三十二年寶笏樓刻《醫林指月十二種》本	

外科大成	一六六五	祁坤	清乾隆金閶函三堂刻本	
士材三書	一六六七	李中梓撰，尤乘增輯	清康熙六年善成堂刻本	
壽世青編	一六六七	李中梓撰，尤乘編	清乾隆間增補重訂新梓《士材三書》本	壽世編
尤氏喉科秘書	一六六七	尤乘	上海科學技術出版社校印《中國醫學大成》本，一九九〇	
傷寒論注	一六六九	柯琴	清乾隆二十年昆山綏福堂刻本	
素問集注	一六七二	張志聰	上海科學技術出版社，一九五九	黃帝內經素問集注
內經博議	一六七五	羅美	上海科學技術出版社校排《珍本醫書集成》本，一九八五	
古今名醫彙粹	一六七五	羅美	清嘉慶六年五柳居刻本	
醫暇卮言	一六七六	程林	上海科學技術出版社校印《中國醫學大成》本，一九九〇	
傷寒辨證	一六七八	陳堯道	人民衛生出版社影印清嘉慶十一年蘇樹堂刻本，一九五七	
日知錄	一六一三—一六八二	顧炎武	清道光十四年黃氏家刻黃汝成集釋本	
醫方集解	一六八二	汪昂	清乾隆五年盛德堂刻六卷本	
履霜集	一六八四	臧達德	上海科學技術出版社校排《珍本醫書集成》本，一九八五	
石室秘錄	一六八七	陳士鐸	清康熙隆文堂刻本	
辨證錄	一六八七	陳士鐸	清乾隆十三年喻義堂刻本	
證治彙補	一六八七	李用粹	清康熙三十年會成堂刻本	
東莊醫案	一六八七	呂用晦	清道光十年涵古堂刻《醫宗己任編》本	
診宗三昧	一六八九	張璐	①日本文化元年(公元一八〇四年)思得堂刻本；②清康熙三十八年寶翰樓刻《張氏醫通》本附	石頑老人診宗三昧
傅青主男女科	一六九〇	傅山	清光緒十年粵東藝經閣刻本	
女科仙方	約一六九〇	傅山	清成都正古堂校刻本	
金匱要略編注	一六九二	沈明宗	清康熙三十二年致和堂刻本	①沈注金匱要略；②張仲景金匱要略；③醫徵金匱要略

醫經允中	一六九三	李熙和	清道光十一年松筠閣刻本	
洞天奥旨	一六九四	陳士鐸	上海錦章書局石印本	外科秘録
馮氏錦囊秘録	一六九四	馮兆張	清康熙四十一年京師刻『本衙藏板』本	
雜證大小合參	一六九四	馮兆張	清康熙四十一年京師刻『本衙藏板』《馮氏錦囊秘録》本	
張氏醫通	一六九五	張璐	清康熙四十八年寶翰樓刻本	醫通
幼科鐵鏡	一六九五	夏鼎	清同治藜照書屋刻本	
千金方衍義	一六九八	張璐	清康熙三十七年刻本	
醫學真傳	一六九九	高世栻	清乾隆三十二年寶笏樓刻《醫林指月十二種》本	
醫學傳燈	一七〇〇	陳岐	上海科學技術出版社校排《珍本醫書集成》本，一九八五	
症因脉治	一七〇六	秦昌遇撰，秦之楨編	①清康熙四十五年刻本；②上海科學技術出版社校印《中國醫學大成》本，一九九〇	
痘科大全	一七〇七	史錫節	清咸豐十一年刻本	
血症經驗良方	一七一一	潘爲縉	清康熙五十二年觀成堂刻本	血症良方
靈藥秘方	一七一八	師成子	上海書店影印《秘本醫學叢書》本，一九八八	
醫權初編	一七二一	王三尊	上海科學技術出版社校排《珍本醫書集成》本，一九八五	
格言彙纂	一七二二	顧靖遠	一九二四年、一九三四年掃葉山房石印『顧氏醫鏡六種』本	
顧氏醫鏡	約一七二二	顧靖遠	一九二四年、一九三四年掃葉山房石印『顧氏醫鏡六種』本	顧松園醫鏡
四診抉微	一七二三	林之翰	人民衛生出版社排印本，一九五七	
幼科直言	一七二五	孟河	上海科學技術出版社校印《中國醫學大成》本，一九九〇	幼科指掌集成
四明心法	一七二五	高斗魁	清道光十年涵古堂刻《醫宗己任編》本	
西塘感症	一七二五	董廢翁	清道光十年涵古堂刻《醫宗己任編》本	
醫宗己任編	一七二五	楊乘六	清道光十年涵古堂刻本	
五運六氣瘟疫發源	一七二五	馬印麟撰，張廷璧校	清雍正三年刻本	
金匱要略心典	一七二九	尤怡	上海科學技術出版社校印《中國醫學大成》本，一九九〇	金匱心典

醫學讀書記	一七二九	尤怡	清光緒十四年成都昌福公司印本	尤氏醫學讀書記
靜香樓醫案	一七二九	尤怡	清光緒三十年柳氏惜余小舍刻《柳選四家醫案》本	
醫學心悟	一七三二	程國彭	清雍正十年慎德堂刻本	
醫學秘笈	一七三六	李言恭	清乾隆四十二年雲南順寧刻本	醫師秘笈
不居集	一七三九	吴澄	上海中醫書局鉛印本，一九三五	
痳科合璧	一七四〇	楊開泰	清光緒二十六年刻本	郁謝痳科合璧
種痘新書	一七四一	張琰	清乾隆六年刻本	
醫效秘傳	一七四二	葉桂	清道光十一年貯春仙館吴氏刻本	
臨證指南醫案	一七四六	葉桂撰，華岫雲編，徐大椿評	清道光二十四年蘇州經鋤堂刻朱墨套印本	
溫熱論	約一七四六	葉桂	清道光九年衛生堂刻本	①外感溫熱篇；②葉香岩外感溫熱篇
未刻本葉氏醫案	一七四六	葉桂撰，程門雪校	上海科學技術出版社排印葉氏門人周仲升抄本，一九六三	葉氏醫案
方氏脈症正宗	一七四六	方肇權	清乾隆十四年方氏存仁堂刻本	
幼幼集成	一七五〇	陳復正	清乾隆十六年廣州登雲閣刻本	
醫碥	一七五一	何夢瑤	清乾隆十六年刻本	
四聖心源	一七五三	黄元御	①清道光十二年陽湖張琦宛鄰書屋刻本；②清同治七年成都彭汝琮刻《黄氏醫書八種》本	
脈如	一七五三	郭治	清道光七年刻本	
雜證會心錄	一七五四	汪蘊谷	上海科學技術出版社校排《珍本醫書集成》本，一九八五	
重刻黄氏遺書	一七五六	黄元御	清同治七年成都彭汝琮刻《黄氏醫書八種》本	黄氏遺書三種
醫學源流論	一七五七	徐大椿	清乾隆二十二年半松齋刻本	
醫貫砭	約一七五七	徐大椿	清乾隆半松齋刻本	
醫林纂要探源	一七五八	汪紱	清道光二十九年遺經堂刻本	

一七五八	痘症寶筏	強健編，朱增惠校	清同治元年醉六堂刻《婦嬰三書》本	
一七五九	洄溪醫案	徐大椿	清咸豐七年海昌蔣氏衍芬草堂校刻本	
一七六〇	瘍醫大全	顧世澄	清善成堂刻《顧氏秘書》本	
一七六三	羅遺編	陳廷銓	中醫古籍出版社影印清乾隆二十八年刻本，一九八四	
一七六四	薛氏醫案	薛雪	清嘉慶十四年書業堂刻本	
一七六四	蘭臺軌範	徐大椿	清乾隆二十九年洄溪草堂刻本	
一七六四	醫經讀	沈又彭	上海書店影印《秘本醫學叢書》本，一九八八	
一七六七	慎疾芻言	徐大椿	清道光二十八年半松書屋重刻本	醫砭
一七六七	沈氏經驗方	沈心齋	上海書店影印《秘本醫學叢書》本，一九八八	
一七七〇	續名醫類案	魏之琇	清光緒十一年信述堂刻本	
一七七三	雜病源流犀燭	沈金鰲	清乾隆四十九年無錫沈氏師儉堂刻《沈氏尊生書》本	
一七七三	沈氏尊生書	沈金鰲	清乾隆四十九年無錫沈氏師儉堂刻本	
一七七五	醫級	董西園	清乾隆四十二年六順堂刻本	醫級寶鑑
一七七八	古今醫案按	俞震	上海科學技術出版社，一九五九	
一七七八	怡堂散記續編	許豫和	清同治十一年刻《許氏幼科七種》本	
一七七八	痘訣	許豫和	清同治十一年刻《許氏幼科七種》本	豫村痘訣
一七八〇	產科心法	汪喆	清嘉慶九年嘉郡秀水縣王綿文刻本	
一七八二	四庫全書總目	紀昀等	中華書局影印校勘浙江杭州本，一九六五	①四庫全書總目提要；②四庫總目；③四庫提要
一七八三	金臺醫話	俞廷舉	清乾隆四十九年葉楚樵抄本	
一七八四	傷寒瘟疫條辨	楊璿	清乾隆五十年刻本	寒瘟條辨
一七八五	壽世編	顧奉璋	清光緒十七年羅溪聚芳齋刻本	
一七八五	許氏幼科七種	許豫和	清同治十一年刻本	
一七八五	治痘對症說要	孫豐年	清乾隆五十年刻本	

小蓬萊婦科	一七八六	竹林寺僧	清光緒十年敬修堂刻本	竹林寺女科秘授驗方
羅氏會約醫鏡	一七八九	羅國綱	①清乾隆五十四年大成堂刻本；②人民衛生出版社，一七六五	
醫鈴	約一七八九	李舟虛	清乾隆五十四年乾元堂刻本	醫鈴心鏡
瘟症羊毛論	一七九五	隋霖	上海書店影印《秘本醫學叢書》本，一九八八	羊毛瘟症論
胎產秘書	一七九五	陳笏庵	清光緒二年劉暢園校刻本	胎產金針
脈理會參	約一七九五	余之儁	江蘇廣陵古籍刻印社影印『松風書屋藏板』《廣陵醫籍叢刊第一輯九種》本，一九八四	
廣雅疏證	一七九六	王念孫	中華書局影印清嘉慶間王氏家刻本，一九八三	
小倉山房詩文集	一七一六—一七九七	袁枚	中華書局影印舊中華書局一九三六年精裝百冊《四部備要》本，一九八九	
吳醫彙講	一七九二—一八〇一	唐大烈	清乾隆五十七年吳門唐氏問心草堂刻本	
傷寒論淺注	一七九七	陳念祖	清同治四年文奎堂刻《南雅堂醫書全集》本	
閱微草堂筆記	一七九八	紀昀	上海古籍出版社，一九八〇	
醫醫病書	一七九八	吳瑭	一九一五、一九二四年紹興育新書局石印本	增訂醫醫病書
吳鞠通醫案	一七九八	吳瑭	上海科學技術出版社校印《中國醫學大成》本，一九九〇	
傷寒撮要	一七九九	王夢祖	清道光十九年瑞鶴堂刻本	
瘍科會粹	一八〇二	孫震元	人民衛生出版社點校本，一九八七	
醫醫偶錄	一八〇三	陳念祖	上海科學技術出版社校排《珍本醫書集成》本，一九八五	
客塵醫話	一八〇三	計楠	上海科學技術出版社校印《中國醫學大成》本，一九九〇	
時方妙用	一八〇三	陳念祖	清光緒十三年多文會刻本	
琅嬛青囊要	一八〇三	陳太初	清嘉慶八年抱蘭軒初刻本	
醫學三字經	一八〇四	陳念祖	上海書店影印《陳修園醫書七十二種》本，一九八八	
杏軒醫案	一八〇四	程文囿	上海科學技術出版社校排《珍本醫書集成》本，一九八五	程杏軒醫案

說文解字義證	一七三六—一八〇五	桂馥	中華書局精描影印清同治九年湖北崇文書局復刻本，一九八七	說文義證
瘍科心得集	一八〇五	高秉鈞	清嘉慶十四年盡心齋刻本	
說文解字注	一八〇七	段玉裁	上海古籍出版社影印本，一九八一	說文解字段注
醫書彙參輯成	一八〇七	蔡宗玉	清嘉慶十二年次知齋刻本	
醫學實在易	一八〇八	陳念祖	上海書店影印《陳修園醫書七十二種》本，一九八八	
重慶堂隨筆	一八〇八	王秉衡	一九一八年集古閣石印《潛齋醫學叢書十四種》本	
醫徹	一八〇八	懷遠	上海科學技術出版社校排《珍本醫書集成》本，一九八五	古今醫徹
傷科補要	一八〇八	錢秀昌	清嘉慶二十三年抱芳閣刻本	
長沙方歌括	一八〇八	陳念祖	清同治四年文奎堂刻《南雅堂醫書全集》(公余十六種)本	
銀海指南	一八〇九	顧錫	上海科學技術出版社校印《中國醫學大成》本，一九九〇	
醫階辯證	一八一〇	汪必昌	上海書店影印《秘本醫學叢書》本，一九八八	
橘旁雜論	一八一二	黃凱鈞	①清嘉慶十七年刻《友漁齋醫話六種》本；②上海科學技術出版社校印《中國醫學大成・友漁齋醫話六種》本，一九九〇	
友漁齋醫話	一八一二	黃凱鈞	上海科學技術出版社校印《中國醫學大成》本，一九九〇	友漁齋醫話六種
兒科醒	一八一三	芝嶼樵客	上海科學技術出版社校排《珍本醫書集成》本，一九八五	
醫學讀書續記	一八一四	尤怡	上海科學技術出版社校印《中國醫學大成》本，一九九〇	
醫宗備要	一八一四	曾鼎	清同治八年崇文書局刻本	
四時病機	一八一五	邵登瀛	清光緒六年刻本	
傷科彙纂	一八一五	胡廷光	①北大珍藏清嘉慶二十年至二十三年博施堂抄本；②人民衛生出版社，一九六二	
經驗良方	一八一六	陸成本	清道光四年刻本	

雕菰集	一八一八	焦循	中華書局《叢書集成初編》本，一九八五	雕菰樓集
醫略	一八一八	錢一桂	中醫古籍出版社影印清嘉慶二十三年慎余堂初刻本，一九八五	
醫學從衆錄	一八二〇	陳念祖	①清同治四年文奎堂刻《南雅堂醫書全集》（公余十六種）本；②上海科技衛生出版社，一九五七	
蜀中醫纂	一八二一	陳清淳	一九二三年成都鉛印本	
中風論	一八二一	熊慶笏	民國十年上海文瑞樓石印本	
痳疹闡注	一八二三	張廉	上海科學技術出版社校排《珍本醫書集成》本，一九八五	
證治針經	一八二三	郭誠勳	清光緒二十年簡州施榮泰刻本	
筆花醫鏡	一八二四	江涵暾	清道光四年刻本	衛生便覽
蕘圃藏書題識	一七六二—一八二五	黃丕烈	中華書局影印金陵書局本	
醫門棒喝初集	一八二五	章楠	清道光九年刻《醫門棒喝》本	醫論
醫門棒喝	一八二五	章楠	清道光九年刻本	①含初集與二集；②用其序
傷寒論本旨	一八二五	章楠	①清道光九年刻《醫門棒喝》本；②清宣統元年三友齋石印《醫門棒喝》本	醫門棒喝二集
醫學輯要	一八二五	吳燡	上海書店影印《秘本醫學叢書》本，一九八八	
醫學溯源	一八二六	程文囿	清道光十三年刻《醫述》本	
醫述	一八二六	程文囿	清道光十三年刻本	
醫抄類編	一八三〇	翁藻	清道光十年奉新許氏刻本	
醫林改錯	一八三〇	王清任	上海衛生出版社排印本，一九五六	
醫醫病書	一八三一	吳瑭撰，曹炳章集注	民國四年紹興育新書局石印本	增訂醫醫病書
壽身小補家藏	一八三三	黃兌楣	北大珍藏清道光十三年首抄本	壽身小補
保赤摘錄	一八三三	崔昌齡	清道光十二年四寶堂刻本	
保赤存眞	一八三四	余含棻	清光緒二年愼德堂刻本	

外科圖說	一八三四	高文晉	上海錦章書局石印本	
仿寓意草	一八三五	李文榮	清光緒十三年刻本	
醫學妙諦	一八三七	何其偉	上海書店影印《秘本醫學叢書》本，一九八八	新醫學妙諦
說文釋例	一八三七	王筠	中華書局影印清道光三十年刻本，一九八七	
退庵隨筆	一八三七	梁章鉅	江蘇廣陵古籍刻印社影印《筆記小說大觀》本	
四科簡效方	一八三八	王士雄	一九一八年集古閣石印《潛齋醫學叢書十四種》本	
潛齋簡效方	一八三八	王士雄	一九一八年集古閣石印《潛齋醫學叢書十四種》本	
願體醫話	一八三八	史典	一九一八年集古閣石印《潛齋醫學叢書十四種》本	願體醫話良方
外科真詮	一八三八	鄒岳	清道光十八年刻本	
柳州醫話	一八三八	魏之琇撰，王士雄輯評	一九一八年集古閣石印《潛齋醫學叢書十四種》本	柳州醫話良方
經脈圖考	一八三八	陳惠疇	清光緒四年貴州黎培刻本	
類證治裁	一八三九	林佩琴	上海科學技術出版社，一九五九	一作林珮琴
醫略十三篇	一八四〇	蔣寶素	清道光二十八年鎮江快志堂刻本	
醫略稿	約一八四〇	蔣寶素撰，李天福參訂	清道光三十年鎮江快志堂刻本	
素仙簡要	一八四二	奎瑛	清道光二十四年明道堂刻本	
醫學考辨	一八四四	羅紹芳	清咸豐五年方亭羅氏粹白齋刻本	
驗方新編	一八四六	鮑相璈	清道光二十九年廣州海山仙館刻本	
幼科切要	一八四七	王錫鑫	清道光二十七年重慶刻本	
醫學指歸	一八四八	趙術堂	江蘇廣陵古籍刻印社影印『松風書屋藏板』《廣陵醫籍叢刊第一輯九種》本，一九八四	
知醫必辨	一八四九	李文榮	上海科學技術出版社校印《中國醫學大成》本，一九九〇	
王氏醫案正編	一八五〇	王士雄撰，周鑅等輯	清光緒十七年蒲圻但氏校刻本	回春錄

王氏醫案續編	一八五〇	王士雄撰，周鎔等輯	一九一八年集古閣石印《潛齋醫學叢書十四種》本	仁術志
鶴塘醫話	一八五一	張魯峰	上海科學技術出版社校印《中國醫學大成》本，一九九〇	
神灸經綸	一八五一	吴亦鼎	清咸豐三年吴氏初刻本	
醫學傳心錄	道光年間	題劉一仁	河北人民出版社，一九五八	中醫捷徑
醫學讀書志	一八五二	曹禾	清咸豐二年曹氏自刻《雙梧書屋醫書四種》本	
市隱廬醫學雜著	一八五三	王德森	清咸豐三年著者自刻本	
王氏醫案三編	一八五四	王士雄撰，徐然石編	一九一八年集古閣石印《潛齋醫學叢書十四種》本	
研經言	一八五六	莫文泉	上海科學技術出版社校印《中國醫學大成》本，一九九〇	
冷廬醫話	一八五六	陸以湉	上海衛生出版社，一九五八	冷廬雜識
痢疾明辨	一八五七	吴士瑛	上海書店影印《秘本醫學叢書》本，一九八八	
冷廬醫話補編	一八五八	陸以湉	上海衛生出版社《冷廬醫話》後附，一九五八	冷廬雜識
醫原	一八六一	石壽棠	上海科學技術出版社校印《中國醫學大成》本，一九九〇	
武陵山人雜著	一八六二	顧觀光	中華書局《叢書集成初編》本，一九八五	
醫醇賸義	一八六三	費伯雄	清同治二年耕心堂刻本	
費氏全集	一八六三	費伯雄	上海商務印書館，一九一二	
醫宗會要	一八六四	湛德芬	清宣統三年昌城黃多文堂刻本	
理瀹駢文	一八六四	吴師機	清同治四年刻本	外治醫說
世補齋醫書文集	一八六六	陸懋修	清光緒十年刻《世補齋醫書前集六種》本	
世補齋醫書	一八六六	陸懋修	清光緒十年刻本	
爛喉丹痧輯要	一八六七	金德鑒	清光緒十八年玉壺外史校刻陸氏藏版	喉痧輯要
醫理眞傳	一八六九	鄭壽全	清同治十三年成都文林齋劉氏刻本	

王氏醫存	一八七一	王燕昌	清同治十三年皖城黄竹友齋刻本
傷寒尚論辨似	一八七二	高學山	上海衛生出版社，一九五六
痘科活人	一八七二	鄧曜南	民國七年鉛印本
醫學集成	一八七三	劉仕廉	清同治十二年雙流刻本
急救痧症全集	一八七三	費山壽	清光緒九年笠澤三省書屋本
醫學一見能	一八七三	唐宗海	一九二四年成都博文堂刻本	醫學見能
醫法圓通	一八七四	鄭壽全	清同治十三年成都文林齋劉氏刻本
望診遵經	一八七五	汪宏	清光緒元年求志堂刻本
疫喉淺論	一八七五	夏雲	清光緒五年存吾春齋刻本
痧喉闡義	一八七七	程鏡宇	清光緒三年維揚從吾齋刻本
當歸草堂醫學叢書	一八七八	丁丙	清光緒四年錢塘丁氏當歸草堂刻本
醫學求是	一八七九	吴達	清光緒六年至十一年江陰吴氏家刻本
醫學辨正	一八八〇	張學淳	清光緒二十二年退補草堂刻本
存存齋醫話稿	一八八一	趙晴初	上海科學技術出版社校排《珍本醫書集成》本，一九八五
鋤經書舍零墨	一八八一	黄協塤	江蘇廣陵古籍刻印社影印《筆記小說大觀》本
時病論	一八八二	雷豐	清光緒十年柯城雷慎修堂刻本
加批時病論	一八八二	雷豐撰，陳蓮舫批	上海廣益書局一九二三年石印本
醫法心傳	一八八二	程芝田	清光緒十一年日昇山房刻本
蠢子醫	一八八二	龍之章	上海科學技術出版社校排《珍本醫書集成》本，一九八五
士禮居藏書題跋記	一八八二	黄丕烈著，潘祖蔭輯	書目文獻出版社，一九八九
醫林集要尋源	一八八三	詹善言	清光緒九年崇陽書院刻本
醫門補要	一八八三	趙濂	上海科學技術出版社校排《珍本醫書集成》本，一九八五
醫家四要	一八八四	程曦、江誠等	清光緒無錫日昇山房刻本

中西彙通醫經精義	一八八四	唐宗海	清光緒二十五年成都正字山房刻《中外醫書八種》本	①中西醫判；②中西醫解；③中西醫學入門
血證論	一八八四	唐宗海	上海科學技術出版社校排《珍本醫書集成》本，一九八五	
一得集	一八八九	普陀山僧心禪	上海科學技術出版社校排《珍本醫書集成》本，一九八五	
醫故	一八九〇	鄭文焯	清光緒平江梓文閣刻《書帶草堂叢書》本	醫詁
喉痧正的	一八九〇	曹心怡	上海書店影印《陳修園醫書七十二種》本，一九八八	
疫證治例	一八九一	朱蘭臺	清光緒十八年易知堂刻本	
讀醫隨筆	一八九一	周學海	①清宣統三年池陽周氏福慧雙修館刻光緒周氏藏版《周氏醫學叢書三十二種》本；②上海科學技術出版社校印《中國醫學大成》本，一九九〇	分類醫學精華
周氏醫學叢書	一八九一	周學海	清宣統三年池陽周氏福慧雙修館刻光緒周氏藏版《周氏醫學叢書三十二種》本	周氏醫學叢書三十二種
醫易通說	一八九二	唐宗海	清宣統二年成都文倫書局《中西匯通醫書六種》本	
簡易醫訣	一八九二	周雲章	清宣統元年周祖佑刻成都志古堂藏版	
醫悟	一八九三	馬冠群	清光緒二十三年寄廡活字本	
傷寒論淺注補正	一八九四	唐宗海	清光緒二十六年成都兩儀堂刻本	
難經正義	一八九五	葉霖	人民衛生出版社吳考槃點校本，一九九〇	
醫學總論	一八九五	陸汝銜	清光緒二十一年什邡錢氏清風室校刻本	
補後漢書藝文志并考	一八九五	曾樸	中華書局重印開明書店一九三七年《二十五史補編》本，一九五六	
金壺浪墨	一八九六	黃鈞宰	江蘇廣陵古籍刻印社影印《筆記小說大觀》本	
王旭高臨證醫案	一八九七	王泰林	上海科學技術出版社校排《珍本醫書集成》本，一九八五	王旭高醫案
經歷雜論	約一八九八	劉恆瑞	上海書店影印《秘本醫學叢書》本，一九八八	
醫學一得	一八九九	呂承源	清光緒二十五年兩湖書院刻本	

柳選四家醫案	一九〇〇	柳寶詒	上海衛生出版社，一九五七	柳選醫案
醫醫小草	一九〇一	寶輝	上海科學技術出版社校排《珍本醫書集成》本，一九八五	
毛對山醫話	一九〇二	毛祥麟	上海書店影印《秘本醫學叢書》本，一九八八	對山醫話
運氣指掌	一九〇二	高思敬	天津華新印刷局排印《高憩雲外科全書十種》本，一九一七	
外科三字經	一九〇二	高思敬	天津華新印刷局排印《高憩雲外科全書十種》本，一九一七	
醫學探驪	一九〇二	康應辰	清宣統二年上海書業公司石印本	
外科明隱集	一九〇二	何景才	清光緒二十八年京都文光樓福善堂刻本	
外科醫鏡	一九〇二	高思敬	天津華新印刷局排印《高憩雲外科全書十種》本，一九一七	
馮氏眼科秘方	一九〇八	馮水	成都中醫學院一九八四年復印清末刻《龍樹菩薩眼論》附刊本	
醫醫醫	一九〇九	孟今氏	上海書店影印《秘本醫學叢書》本，一九八八	
癧科全書	一九〇九	梁希曾	上海科學技術出版社校印《中國醫學大成》本，一九九〇	
醫學衷中參西錄	一九〇九	張錫純	河北人民出版社，一九五七	
中風斠詮	一九一〇	張壽頤	上海衛生出版社，一九五八	
溫熱經解	約一九一〇	沈麟	上海科學技術出版社校排《珍本醫書集成》本，一九八五	
溫熱論箋正	約一九一一	陳光淞	上海科學技術出版社校排《珍本醫書集成》本，一九八五	
秋瘧指南	約一九一一	林德臣	上海書店影印《秘本醫學叢書》本，一九八八	
喉科金鑰	一九一一	袁仁賢	一九一一、一九二三年華豐印刷鑄字所鉛印本	①喉科全書；②喉科金鑰全書
痘科活人	清	佚名	清抄本	
學醫便讀	約一九一一	陸晉笙	中國書店影印本，一九八七	
南漘楛語	清末	蔣超伯	江蘇廣陵古籍刻印社影印《筆記小說大觀》本	
濕溫時疫治療法	一九一一	紹興醫學會	上海科學技術出版社校排《珍本醫書集成》本，一九八五	
清史稿	一八八四—一九二五	趙爾巽等	中華書局標點本，一九七七	

醫家總部

主　　編：林森榮
編纂人員：冉　燕　張麗英　林硯銘
汪　娟

《醫家總部》提要

本《總部》以朝代爲序，分爲十四部，收載在中醫基礎理論和臨牀各科中有較高造詣，且有文獻記載的醫家共計三二〇〇人（含附録醫家四二七人）。所收醫家始自上古，下迄辛亥革命，少數較著名醫家因其主要醫事活動年代在清末，故未能收録。

本《總部》收載醫家的原則是：一、爲體現類書的連續性，凡《古今圖書集成·醫部全録·醫術名流列傳》收載，除應歸入藥學、衛生學分典，以及文學、農業等典的人物外，原則上均予收録。二、正史中有傳記的醫家。三、各省《通志》、《府志》有傳記的醫家。部分有重要學術論著傳世，對中醫學術的形成和發展有重大影響，但只在《州志》、《縣志》，甚至鄉、鎮志上有傳記的醫家，也慎予采擇。四、《醫學分典》各總部提出必須收載的有重要學術地位的醫家。五、有地區代表性的醫家；少數民族中屬中醫範疇的醫家。此外，對少數名不見經傳，但醫德可風，以及對醫學的形成與發展、醫事制度、醫學教育有較大影響的人物，也從保存文獻的角度出發予以收載。

本《總部》所收載的醫家，原則上按其卒年之先後排列；不能確定其卒年的，參考其師承淵源、著述年代之先後排列；難以考證的，則參照其同輩人活動時間或所引文獻提供的時間排列。

本《總部》是《醫學分典》各總部緯目列傳的内容，故醫家傳記的正文即爲綜述，不再另設題解、論説等緯目。收載内容主要是醫家的姓名、字號、里籍、學術傳承、德行、技藝、著述、軼事等。要説明的是，我國古代醫家，不少在學術上的成就往往幷不僅限于一門一科，本《總部》祇側重其在醫學方面的文獻收載，而其他方面的成就，則可參見《藥學分典》、《衛生學分典》中的相關記載。有少數著名醫家（如秦越人、張機、朱震亨等）是以其字、號（如扁鵲、仲景、朱丹溪）行世的，故根據中醫界的傳統習慣，在標題（姓名）下用小號字體標注了字、號，以供讀者檢閲。

本《總部》徵引文獻約一〇一〇種，除正史外，主要以地方志這一較爲信實可靠的鄉邦文獻爲依據。至於其他書籍，祇收有關醫家傳記的部分。我們對資料的處理方法是：首先選用最完整的醫家傳記；内容相同的資料，則祇選取其中最早的版本，而其他版本祇作爲校勘之用。

爲便于讀者檢閲，附録的引用書目分爲兩類。一、地方志類：按現行省、市、自治區行政區劃排列。同一方志的先後志，則按其成書年代之先後排列。方志作者項標署的是主纂、主編等實際作者的姓名，而不是主持修編的職官姓名。二、其他類：包括正史、雜史、政書、醫書、筆記小説等經史百家書目，按其成書年代之先後順序排列。

目録

三國醫家部

晋醫家部

南北朝醫家部

隋醫家部

唐醫家部

五代醫家部

宋遼醫家部

金元醫家部

明醫家部

清醫家部

醫家總部

上古醫家部

伏羲

《古今醫統大全·歷世聖賢名醫姓氏·五帝》 伏羲氏以木德王。風姓，蛇首人身，生有聖德，象日月之明，故曰太昊。母居於華胥之渚，履巨人迹，因始有妊，生帝，都於陳。其理天下也，仰觀象於天，俯觀法於地，中觀萬物於人，鳥獸之文與地之宜，近取諸身，遠取諸物，始畫八卦，以通神明之德，以類萬物之情。造書契，以代結繩之政。作二十七絃之琴，三十六絃之瑟，以修身理性，反其天眞。所以六氣六腑、五臟五行，陰陽水火升降，得以有象；百病之理，得以類推。炎帝因斯，嘗百草，以制九鍼，以拯夭札矣。

李梴《醫學入門·歷代醫學姓氏·上古聖賢》 伏羲氏，有《天元玉冊》，乃鬼臾區十世祖口誦而傳之，《素問》中多載其語。

神農

《淮南子·修務訓》 於是神農乃始教民播種五穀，相土地宜燥濕肥墝高下。嘗百草之滋味，水泉之甘苦，令民知所避就。當此之時，一日而遇七十毒。

《鍼灸甲乙經·自序》 夫醫道所興，其來久矣。上古神農始嘗草木而知百藥。

《醫說·三皇歷代名醫》 炎帝神農氏，長於姜水，因而姓姜。人身牛首，生有聖德，始敎天下耕種五穀而食之，以省殺生之弊。嘗味草木，宣藥療疾，以救夭傷之命。百姓日用而不知，著《本草》四卷，至梁陶弘景，以《名醫別錄》加之爲七卷。逮於我唐統極，英國公李勣、許孝宗、蘇敬等奉詔更復採摭，去陶氏之乖違，辨俗用之紕紊，新修爲二十卷，於今行焉。

《古今醫統大全·歷世聖賢名醫姓氏·五帝》 按《通鑑》、《帝王世紀》及《本草》序：炎帝以火德王。生於姜水，因而姓姜。有聖德，始敎天下耕種五穀，故曰神農。味草木之滋，察寒熱溫平之性，辨君臣佐使之義，嘗一日而遇七十二毒。神而化之，作方書以療民疾，立醫道救民夭札，著《本草》四卷。至梁，陶弘景以《名醫別錄》加之爲七卷。至唐，李勣、許孝宗等奉詔更復採摭，去陶氏之乖違，辨俗用之紕繆，纂修爲二十卷，於今行焉。炎帝救民，澤及當時，恩垂萬世，何休哉！

黃帝

《鍼灸甲乙經·自序》 黃帝咨訪岐伯、伯高、少俞之徒，內考五藏六府，外綜經絡、血氣、色候，參之天地，驗之人物，本性命，窮神極變，而鍼道生焉。其論至妙。雷公受業，傳之於後。

《醫說·三皇歷代名醫》 黃帝有熊氏，少典之子，姬姓也。長於姬水，龍顔有聖德，生而能言，役使百靈，可謂天授自然之體也。猶不能坐而得道，故以地黃元年正月甲子，將遊名山以求神僊，時方明、力牧從焉。東到青丘，見紫府先生，受三皇天文以效萬神。至具茨而見大隗君而受《神芝圖》。至蓋上見中皇眞人，受《九茄散方》。至羅霍見黃蓋童子，受《金銀方》十九首。適崆峒而問廣成子，受以《自然經》。造峨嵋山幷會地黃君，受以《眞一經》。入金谷問導養而質玄、素二女。著《體診》則問對雷公、岐伯、伯高、少俞之論，備論經脈，傍通問難，以爲經教。制九針，著《內外術經》十八卷。陟王屋山玉闕之下，清齋三日，乃登於玉闕之上，入瓊琳臺，於金机之上，得玄女九鼎神丹飛香爐火之道。乃於茅山採禹餘糧烹之，得銅，遂還荆山之干鼎湖之上，參爐定藥，虎豹萬群爲之視火，九鼎神丹成，有黃龍下迎黃帝上昇，群臣後宮從上者七十餘人，其小臣不得上，乃悉持龍髯拔墮帝弓。萬姓仰望，帝既上昇，乃抱其弓與髯而號，故後世因名其處爲鼎湖，其弓名烏號。

《古今醫統大全·歷世聖賢名醫姓氏·五帝》 按《通鑑》、《帝王世紀》、《九鼎丹經》：黃帝姓公孫，諱軒轅，有熊國君之子，長於姬水，故又姓姬。生而神靈，習用干戈，以征不享。見日月星辰之象，著星官之書，占斗綱所建，始作甲子。帝以人之生也，負陰而抱陽，食味而被色。寒暑盪之於外，喜怒攻之於內，察五氣，立五運，洞性命，紀陰陽，咨於岐伯，而作《內經》。復命俞跗、雷公察明堂，究息脈，巫彭、桐君處方餌，而人得以盡年。受青牛紫府先生，三皇天文以效，萬神至具。適崆峒，問廣成子，受以《自然經》。登玉闕，得玄女九鼎神丹。至茅山，採禹餘糧烹之，得銅，還荆山之下，鼎湖之上。參爐定藥，九鼎丹成。黄龍下迎，黄帝上升。群臣從上者七十餘人。萬姓仰望，故後世因名其處爲鼎湖云。

李梴《醫學入門·歷代醫學姓氏·上古聖賢》 黄帝氏，與下九人更相回答，作《靈樞》、《素問》内外一十八卷。素者，本也，五行之本也；問者，黄帝問也。贊於《易》，載於《史》，序於《大學》，古之聖人也。後世輒言黄老之學，不知黄乃黄石公也。

僦貸季

《素問·移精變氣論》 上古使僦貸季理色脈而通神明，合之金木水火土，四時八風六合，不離其常，變化相移，以觀其妙，以知其要。欲知其要，則色脈是矣。

《古今醫統大全·歷世聖賢名醫姓氏·五帝》 黄帝時人，岐伯師也。岐伯相爲問答，著爲《内經》云。

李梴《醫學入門·歷代醫學姓氏·上古聖賢》 僦貸季，三皇時岐伯師也。定經絡穴道，臟腑陰陽度數，以人法天地萬物，理色脈而通神明，醫之端肇於此。

岐伯

《醫説·三皇歷代名醫》 岐伯，黄帝臣也。帝使岐伯嘗味草木，典主醫疾，《經方》、《本草》、《素問》之書咸出焉。

《古今醫統大全·歷世聖賢名醫姓氏·五帝》 岐伯爲黄帝之臣。帝師之，問醫，著爲《素問》、《靈樞》，總爲《内經》十八卷。唐太僕王冰次注，爲醫之祖書，脈理、病機、治法、鍼經、運氣，靡不詳盡。眞天生聖人，以贊化育之書也，今行世。

乾隆《甘肅通志·仙釋方伎》 上古岐伯，北地人。生而神明，精醫術，通脈理，黄帝以師事之。有《素問》、《難經》行於世。

雷公

《醫説·三皇歷代名醫》 雷公者，黄帝時臣也，善醫術。黄帝燕坐，召雷公而問之：汝受術誦書者，若能覽觀雜學，別異比類，通合道理，務明之，可以十全。若不能知，爲世所怨。又曰：子知醫之道乎？誦而頗能解，解而未能別，別而未能明，明而未能彰，足以治群僚，不足以治侯王。雷公避席再拜曰：臣年幼小，蒙愚以惑不聞，臣受業傳之以教，請誦《脈經》上下篇衆多矣，至於別異比類，由未能以十全，又安足以明之云。

俞跗

《史記·扁鵲倉公列傳》 臣聞上古之時，醫有俞跗，治病不以湯液醴灑，鑱石撟引，案抓毒熨，一撥見病之應，因五藏之輸，乃割皮解肌，訣脈結筋，搦髓腦，揲荒爪幕，湔浣腸胃，漱滌五藏，練精易形。

《古今醫統大全·歷世聖賢名醫姓氏·五帝》 俞跗，黄帝臣也，善醫術。治病不以湯液醪醴、鑱石撟引、湯熨，撥見病之應，因五藏之輸，乃割皮解肌，決脈結筋，湔浣腸胃，漱滌五藏，鍊精盪形，以去百病。

《冷廬醫話·古人》 上古俞跗治病，能割皮解肌，湔洗腸胃，漱滌五臟。華元化猶傳其術，史所稱刳破腹背，抽割積聚是也。華以後能之者無聞焉，雖有弟子吴普、樊阿，不盡其奥。豈神奇之術，非其人勿傳歟？

少俞

《古今醫統大全·歷世聖賢名醫姓氏·五帝》 少俞，黄帝臣，俞跗弟也，其醫術多與其兄同。

桐君

《古今醫統大全·歷世聖賢名醫姓氏·五帝》 少師桐君，按《本草》序，爲黄帝臣。撰《藥性》四卷及《採藥録》，紀其花葉形色，論其君臣佐使，相須相反，及立方處治寒熱之宜，至今傳之不泯。

萬曆《嚴州府志·外志·仙釋》 桐君，不知何許人，亦莫詳其姓字。嘗採藥求道，止於桐廬縣東山隈桐樹下。其桐枝柯偃蓋蔭蔽數畝，遠望如廬舍。或有問其姓者，則指桐以示之，因名其人爲桐君，縣爲桐廬，江爲桐江，溪爲桐溪，嶺爲桐嶺，而山亦以桐君名焉。或曰：黄帝時嘗與巫咸同處方餌，未知是否？有《藥録》一卷行於世。宋元豐中，縣令許由儀訪藥餌，已失其傳，惟山隈有雙小桐在。於是立祠山頂，繪像以祀之。

伯高

《醫説·三皇歷代名醫》 伯高、少俞，并黄帝時臣，未詳其姓。輔佐黄帝，詳論脈經，對揚問難經，究盡義理，以爲經論，故人到於今賴之。

《古今醫統大全・歷世聖賢名醫姓氏・五帝》 伯高氏，黄帝臣，未詳其姓。佐帝論脈經，窮究義理，附《素問》中。

鬼臾區

《古今醫統大全・歷世聖賢名醫姓氏・五帝》 鬼臾區，黄帝臣，未詳其姓。佐帝發明五行，詳論脈經，有問對難經，究盡義理，以爲經綸。自到於今賴之。

苗父

《古今醫統大全・歷世聖賢名醫姓氏・五帝》 苗父，上古神醫，以菅爲席，以蒭爲狗。人有疾求醫，但北面而咒，十言即愈。古祝由科，此其由也。

巫咸

《醫説・三皇歷代名醫》 巫咸，堯臣也。以鴻術爲帝堯醫。又出《世本》，曰：巫咸初作筮。

《古今醫統大全・歷世聖賢名醫姓氏・五帝》 巫咸，堯帝時臣，以鴻術爲堯醫。能祝，延人之福，愈人之病。祝樹樹枯，祝鳥鳥墜。

李梴《醫學入門・歷代醫學姓氏・上古聖賢》 巫咸，堯臣也，藥方之始。

康熙《平陽府志・陵墓・夏縣》 商巫咸墓。巫咸墓，縣東五里瑤臺下。知縣姜洪繚以周垣，令人看守。

宛邱先生

雍正《河南通志・方伎》 宛邱先生，失其名，居宛邱，故稱宛邱先生。服製命丸得道，至殷湯末已千餘歲，以其方傳弟子方若春，服之，亦三百歲，視之如嬰兒狀。彭祖師之，受其方三首。

靈應真人

康熙《長子縣志・備考志・方技》 靈應眞人，舊失其名。相傳在堯之時，會帝有疾，眞人醫之立愈。後世封靈應侯，立廟方山之巔祀之。

康熙《長子縣志・官師志・廟祀》 靈應侯廟，在縣西五十里方山之巔，俗傳神醫也，在堯之時，曾愈帝疾，因立廟祀之。按：炎帝始嘗百草制醫藥，傳及後世，活人者藥，而殺人者亦藥也，惟醫之故耳。神醫以藥活人。

醫家總部

商周醫家部

伊　尹

《鍼灸甲乙經·自序》　伊尹以亞聖之才，撰用《神農本草》以爲《湯液》。

《古今醫統大全·歷世聖賢名醫姓氏·三代》　按《通鑑》，伊尹佐湯伐桀，放太甲於桐宫。閔生民之疾苦，作《湯液本草》，明寒熱溫涼之性，酸苦辛甘鹹淡之味，輕清重濁，陰陽升降，走十二經絡表裏之宜。今醫言藥性，皆祖伊尹。著有《湯液本草》，今行世。

巫　彭

《古今醫統大全·歷世聖賢名醫姓氏·三代》　巫彭，初作周醫官。謂人惟五穀五藥養其病，五聲五色視其生。觀之以九竅之變，參以五藏之動，遂用五毒攻之，以藥療之。

醫　緩

《左傳·成公十年》　晉侯夢大厲，被髮及地，搏膺而踊，曰：殺余孫，不義。余得請於帝矣！壞大門及寢門而入。公懼，入於室。又壞戶。公覺，召桑田巫。巫言如夢。公曰：何如？曰：不食新矣。

公疾病，求醫於秦。秦伯使醫緩爲之。未至，公夢疾爲二豎子，曰：彼，良醫也。懼傷我，焉逃之？其一曰：居肓之上，膏之下，若我何？醫至，曰：疾不可爲也，在肓之上，膏之下，攻之不可，達之不及，藥不至焉，不可爲也。公曰：良醫也！厚爲之禮而歸之。

六月丙午，晉侯欲麥，使甸人獻麥，饋人爲之。召桑田巫，示而殺之。將食，張，如廁，陷而卒。小臣有晨夢負公以登天，及日中，負晉侯出諸廁，遂以爲殉。

《古今醫統大全·歷世聖賢名醫姓氏·二代》　醫緩，春秋時人，姓高，名緩。晉景公病，求醫於秦伯。秦伯使緩治之。未至，景公夢二豎子，相謂曰：緩，良醫也，我輩將逃之。一曰：我居肓之上，汝居膏之下，其奈我何？緩至，視公曰：疾不可爲也，在肓之上，膏之下，攻之不及，藥之不至，不可爲也。公曰：良醫。厚禮歸之。

醫　和

《左傳·昭公元年》　晉侯求醫于秦，秦伯使醫和視之，曰：疾不可爲也，是謂近女室，室疾如蠱。非鬼非食，惑以喪志。良臣將死，天命不祐。公曰：女不可近乎？對曰：節之。先王之樂，所以節百事也，故有五節。遲速本末以相及，中聲以降。五降之後，不容彈矣。於是有煩手淫聲，慆堙心耳，乃忘平和，君子弗聽也。物亦如之。至於煩，乃舍也已，無以生疾。君子之近琴瑟，以儀節也，非以慆心也。天有六氣，降生五味，發爲五色，徵爲五聲。淫生六疾。六氣曰陰、陽、風、雨、晦、明也。分爲四時，序爲五節，過則爲菑：陰淫寒疾，陽淫熱疾，風淫末疾，雨淫腹疾，晦淫惑疾，明淫心疾。女，陽物而晦時，淫則生内熱惑蠱之疾。今君不節不時，能無及此乎？

出，告趙孟。趙孟曰：誰當良臣？對曰：主是謂矣。主相晉國，於今八年，晉國無亂，諸侯無闕，可謂良矣。和聞之，國之大臣，榮其寵祿，任其大節。有菑禍興，而無改焉，必受其咎。今君至於淫以生疾，將不能圖恤社稷，禍孰大焉？主不能禦，吾是以云也。趙孟曰：何謂蠱？對曰：淫溺惑亂之所生也。於文，皿蟲爲蠱。穀之飛亦爲蠱。在《周易》，女惑男、風落山謂之蠱。皆同物也。趙孟曰：良醫也。厚其禮而歸之。

《古今醫統大全·歷世聖賢名醫姓氏·三代》　醫和，春秋時人，未詳其姓。晉平公求醫於秦。秦使醫和治之，曰：不可爲也。公近女室之疾如蠱，淫溺惑亂之所生也。良臣將死，天命不祐。淫生大疾，過則爲菑。陰淫寒疾，陽淫熱疾，風淫末疾，雨淫腹疾，晦淫（感）〔惑〕疾，明淫心疾。君今不節而淫惑，不可爲也。公曰：良醫。是歲趙文子果卒，其後平公亦薨。

《醫醇賸義·自序》　秦有良醫，曰和曰緩，彼其望色辨候，洞見膏肓，非所謂神靈詭異者歟。乃其論鍼灸，論湯藥，言言典要，開啓後人，又何其純粹以精也。

醫 竘

《醫説・三皇歷代名醫》 醫竘者，秦之良醫也，莫知其姓。張子背腫，命竘治之。張子謂之曰：非吾背也，任子制焉。治之遂愈。夫身之與國而猶此也，必有所委，然後治之。

范 蠡

《列仙傳・范蠡》 范蠡，字少伯，徐人也。事周師太公望，好服桂飲水。爲越大夫，佐句踐破吳後，乘輕舟入海，變名姓。適齊，爲鴟夷子，更後百餘年，見於陶，爲陶朱君，財累億萬，號陶朱公。後棄之，蘭陵賣藥，後人世世識見之。

《古今醫統大全・歷世聖賢名醫姓氏・三代》 范蠡，春秋時越王勾踐之臣，佐越王滅吳，遂退身遨遊五湖。有服餌之法，可以度世，并授孔安國等，皆成地仙，數百歲如童顔。醫藥濟人不取利，所居處不二年，致富，棄其所積，遷(徒)〔徙〕別居，逾年而富。人咸稱爲陶朱公。問聚財之法，惟曰：種五穀，蓄五牸而已。

矯 氏 俞 氏 盧 氏

《列子・力命》 楊朱之友曰季梁，季梁得疾，七日大漸。其子環而泣之，請醫。季梁謂楊朱曰：吾子不肖如此之甚，汝奚不爲我歌以曉之？楊朱歌曰：天其弗識，人胡能覺？匪祐自天，弗孽由人。我乎汝乎！其弗知乎！醫乎巫乎！其知之乎？其子弗曉，終謁三醫。一曰矯氏，二曰俞氏，三曰盧氏，診其所疾。矯氏謂季梁曰：汝寒溫不節，虛實失度，病由饑飽色欲，精慮煩散，非天非鬼，雖漸，可攻也。季梁曰：衆醫也，亟屏之！俞氏曰：女始則胎氣不足，乳湩有餘。病非一朝一夕之故，其所由來漸矣，弗可已也。季梁曰：良醫也！且食之！盧氏曰：汝疾不由天，亦不由人，亦不由鬼。稟生受形，既有制之者矣，亦有知之者矣。藥石其如汝何？季梁曰：神醫也！重貺遣之！俄而季梁之疾自瘳。

長桑君

《史記・扁鵲倉公列傳》 扁鵲者【略】少時爲人舍長。舍客長桑君過，扁鵲獨奇之，常謹遇之。長桑君亦知扁鵲非常人也。出入十餘年，乃呼扁鵲私坐，閒與語曰：我有禁方，年老，欲傳與公，公毋泄。扁鵲曰：敬諾。乃出其懷中藥予扁鵲：飲是以上池之水，三十日當知物矣。乃悉取其禁方書盡與扁鵲。忽然不見，殆非人也。扁鵲以其言飲藥三十日，視見垣一方人。以此視病，盡見五藏癥結，特以診脈爲名耳。

乾隆《任丘縣志・人物・流寓》 長桑君，春秋時人，有神術，爲萬代醫者宗。寓鄭，遂以其術授扁鵲。

秦越人 扁鵲

《史記・扁鵲倉公列傳》 扁鵲者，勃海郡鄭人也，姓秦氏，名越人。少時爲人舍長。【略】爲醫或在齊，或在趙。在趙者名扁鵲。

當晉昭公時，諸大夫彊而公族弱，趙簡子爲大夫，專國事。簡子疾，五日不知人，大夫皆懼，於是召扁鵲。扁鵲入視病，出，董安于問扁鵲，扁鵲曰：血脈治也，而何怪！昔秦穆公嘗如此，七日而寤。寤之日，告公孫支與子輿曰：我之帝所甚樂。吾所以久者，適有所學也。帝告我：晉國且大亂，五世不安。其後將霸，未老而死。霸者之子且令而國男女無別。公孫支書而藏之，秦策於是出。夫獻公之亂，文公之霸，而襄公敗秦師於殽而歸縱淫，此子之所聞。今主君之病與之同，不出三日必閒，閒必有言也。

居二日半，簡子寤，語諸大夫曰：我之帝所甚樂，與百神游於鈞天，廣樂九奏萬舞，不類三代之樂，其聲動心。有一熊欲援我，帝命我射之，中熊，熊死。有羆來，我又射之，中羆，羆死。帝甚喜，賜我二笥，皆有副。吾見兒在帝側，帝屬我一翟犬，曰：及而子之壯也以賜之。帝告我：晉國且世衰，七世而亡。嬴姓將大敗周人於范魁之西，而亦不能有也。董安于受言，書而藏之。以扁鵲言告簡子，簡子賜扁鵲田四萬畝。

其後扁鵲過虢。虢太子死，扁鵲至虢宮門下，問中庶子喜方者曰：太子何病，國中治穰過於衆事？中庶子曰：太子病血氣不時，交錯而不得泄，暴發於外，則爲中害。精神不能止邪氣，邪氣積畜而不得泄，是以陽緩而陰急，故暴蹷而死。扁鵲曰：其死何如時？曰：雞鳴至今。曰：收乎？曰：未也，其死未能半日也。言臣齊勃海秦越人也，家在於鄭，未嘗得望精光侍謁於前也。聞太子不幸而死，臣能生之。中庶子曰：先生得無誕之乎？何以言太子可生也！臣聞上古之時，醫有俞跗，治病不以湯液醴灑，鑱石撟引，案抏毒熨，一撥見病之應，因五藏之輸，乃割皮解肌，訣脈結筋，搦髓腦，揲荒爪幕，湔浣腸胃，漱滌五藏，練精易形。先生之方能若是，則太子可生也；不能若是而欲生之，曾不可以告咳嬰之兒。終日，扁鵲仰天歎曰：夫子之爲方也，若以管窺天，以郄視文。越人之爲方也，不待切脈望色聽聲寫形，言病之所在。聞病之陽，論得其陰；聞病之陰，論得其陽。病應見於大表，不出千里，決者至衆，不可曲止也。子以吾言爲不誠，試入診太子，當聞其耳鳴而鼻張，循其兩股以至於陰，當尚溫也。

中庶子聞扁鵲言，目眩然而不瞚，舌撟然而不下，乃以扁鵲言入報虢君。虢君聞之大驚，出見扁鵲於中闕，曰：竊聞高義之日久矣，然未嘗得拜謁於前也。先生過小國，幸而舉之，偏國寡臣幸甚。有先生則活，無先生則弃捐填溝壑，長終而不得反。言未卒，因噓唏服臆，魂精泄橫，流涕長潸，忽忽承睞，悲不能自止，容貌變更。扁鵲曰：若太子病，所謂尸蹷者也。夫以陽入陰中，動胃繵緣，中經維絡，別下於三焦、膀胱，是以陽脈下遂，陰脈上爭，會氣閉而不通，陰上而陽內行，下內鼓而不起，上外絶而不爲使，上有絶陽之絡，下有破陰之紐，破陰絶陽之色廢，脈亂故形，靜如死狀。太子未死也。夫以陽入陰支蘭藏者生，以陰入陽支蘭藏者死。凡此數事，皆五藏蹷中之時暴作也。良工取之，拙者疑殆。

扁鵲乃使弟子子陽厲鍼砥石，以取外三陽五會。有間，太子蘇。乃使子豹爲五分之熨，以八減之齊和煮之，以更熨兩脅下。太子起坐。更適陰陽，但服湯二旬而復故。故天下盡以扁鵲爲能生死人。扁鵲曰：越人非能生死人也，此自當生者，越人能使之起耳。

扁鵲過齊，齊桓侯客之。入朝見，曰：君有疾在腠理，不治將深。桓侯曰：寡人無疾。扁鵲出，桓侯謂左右曰：醫之好利也，欲以不疾者爲功。後五日，扁鵲復見，曰：君有疾在血脈，不治恐深。桓侯曰：寡人無疾。扁鵲出，桓侯不悦。後五日，扁鵲復見，曰：君有疾在腸胃間，不治將深。桓侯不應。扁鵲出，桓侯不悦。後五日，扁鵲復見，望見桓侯而退走。桓侯使人問其故。扁鵲曰：疾之居腠理也，湯熨之所及也；在血脈，鍼石之所及也；其在腸胃，酒醪之所及也；其在骨髓，雖司命無奈之何。今在骨髓，臣是以無請也。後五日，桓侯體病，使人召扁鵲，扁鵲已逃去。桓侯遂死。

使聖人預知微，能使良醫得蚤從事，則疾可已，身可活也。人之所病，病疾多；而醫之所病，病道少。故病有六不治：驕恣不論於理，一不治也；輕身重財，二不治也；衣食不能適，三不治也；陰陽幷，藏氣不定，四不治也；形羸不能服藥，五不治也；信巫不信醫，六不治也。有此一者，則重難治也。

扁鵲名聞天下。過邯鄲，聞貴婦人，即爲帶下醫；過雒陽，聞周人愛老人，即爲耳目痹醫；來入咸陽，聞秦人愛小兒，即爲小兒醫：隨俗爲變。秦太醫令李醯自知伎不如扁鵲也，使人刺殺之。至今天下言脈者，由扁鵲也。

《鶡冠子·世賢》 卓襄王問龐煖。【略】王獨不聞魏文王之問扁鵲耶？曰：子昆弟三人，其孰最善爲醫？扁鵲曰：長兄最善，中兄次之，扁鵲最爲下。魏文侯曰：可得聞耶？扁鵲曰：長兄於病，視神未有形而除之，故名不出於家；中兄治病，其在毫毛，故名不出於閭；若扁鵲者，鑱血脈，投毒藥，副肌膚間，而名出聞於諸侯。魏文侯曰：善。使管子行醫術以扁鵲之道。

《太平御覽·疾病部》卷七三八引《物理論》 趙簡子有疾，扁鵲診侯，出，曰：疾可治也，而醫必殺焉。以告太子，太子保之。扁鵲頻召不入，而著履登牀。簡子大怒，便以戟追殺之。扁鵲知簡子大怒則氣通，血脈暢達也。

元好問《扁鵲廟記》 扁鵲隨俗爲變，過咸陽爲無辜醫，邯鄲爲帶下醫，洛陽爲耳目痹醫。蓋嘗至周，其有廟於此，則不可考也。廟再以元豐八年成，里之人事之惟謹，病者必來以藥請，杯按間有得香灺埃煤若丸劑然者，吞之病良愈。閭里間相傳以爲神。斗酒彘肩，禱謝日豐，積習既久，莫有能正之者。鄉豪張乙居其旁，葺而新之，土木有加焉，正大元年之八月也。自扁鵲飲上池水，三十日而知物，其事固以秘怪而不常，故虛荒誕幻，被於末流，千百年後而未止也。雖然耳目之所不接，故常理之所不拘，神膏傳創，靈丸起廢，見于傳記者多矣，又安可必其果無有哉？故嘗謂扁鵲至人也，自言其方可以解肌裂皮，決脈結筋，湔浣腸胃，漱滌五臟，練精而易形矣。至於世之陰忌賊詐，貪饕攫拾，心魂斲喪，若醉若狂，濊然而不能自還者，百千爲群，日相過乎前，爲扁鵲者獨不能隨俗爲變，練精而易形，使之爲平直安舒廉讓潔清之人乎？若夫疾病則禱，聖人所不廢，誠以感神，祭則受福，冥冥之間，當有陰相者，盍亦無以靈丸神膏爲也。此之不爲，區區之香灺埃煤，自夸于閭巷細民之間以爲神。嗚呼！其亦兒童劇而已矣，豈世之所望於扁鵲，而扁鵲之所以爲扁鵲者哉！

順治《祥符縣志·陵墓》 春秋扁鵲墓，在大梁門外西北菩提寺之東。初存于城內，唐元和十五年宣武軍節度使徙葬于此。湯陰亦有墓。

康熙《臨晉縣志·雜志·丘墓》 扁鵲墓，在縣南六十里洗馬村北，有廟存焉。

康熙《平陽府志·陵墓·臨晉縣》 周扁鵲墓，縣東南七十里，有廟存焉。

乾隆《任丘縣志·輿地·墓塚》 扁鵲墓，在鄚州城東北約三里許。明大學士楊士奇有詩，見《藝文志》。

今按：《史記》扁鵲，鄚人，入咸陽，秦太醫李醯自知伎不如鵲，使人刺殺之，故《咸陽記》有鵲塚在咸陽城東之說。然則墓在鄚州者，豈葬衣冠之所耶？

道光《長清縣志·人物志·方技》 鵲，盧人也，而醫多盧，故世有盧醫之目。今歷城北有鵲山、鵲湖，皆其故迹。

道光《長清縣志·祠祀志》 秦越人墓在縣境，舊《通志》云：盧地有越人冢，即扁鵲也。又朝城縣，濮州皆有扁鵲墓。

宣統《山東通志·藝文·醫家》 《漢志》著錄：扁鵲姓秦氏，名越人，盧人。《史記正義》引《八一難經·序》云：秦越人與軒轅時扁鵲相類，仍號之爲扁鵲。又家於盧國，因命之曰盧醫。

李醯

《古今醫統大全·歷世聖賢名醫姓氏·三代》 李醯，爲秦太醫令，與扁鵲同時。自愧醫不若鵲，遂陰使人殺之。鵲爲當時神醫，醯嫉殺之而不及罪，則秦之紀綱法度頽敗可知矣。

子陽

《古今醫統大全·歷世聖賢名醫姓氏·三代》 子陽，扁鵲弟子。虢太子死，扁鵲使子陽用厲鍼砭石，以取三陽五會。有閒，太子遂甦。

子豹

《史記·扁鵲倉公列傳》 太子病，所謂尸蹷者也。【略】扁鵲【略】乃使子豹爲五分之熨，以八減之齊和煮之，以更熨兩脅下。太子起坐。更適陰陽，但服湯二旬而復故。

《古今醫統大全·歷世聖賢名醫姓氏·三代》 子豹，扁鵲弟子。虢太子疾死，鵲使子豹爲五分之熨，八減之劑和煮之，以熨兩脅下，遂能起坐。俱出《史記》。

鳳綱

《神仙傳·鳳綱》 鳳綱者，漁陽人也，常採百草花以水漬泥封之，自正月始盡九月末止，埋之百日煎丸之，卒死者以此藥内口中皆立生。綱長服此藥，得壽數百歲不老，後入地肺山中仙去。

《古今醫統大全·歷世聖賢名醫姓氏·三代》 鳳綱，戰國時漢陽人。

文摯

《呂氏春秋·至忠》 齊王疾痏，使人之宋迎文摯。文摯至，視王之疾，謂太子曰：王之疾，必可已也。雖然，王之疾已，則必殺摯也。太子曰：何故？文摯對曰：非怒王則疾不可治，怒王則摯必死。太子頓首彊請曰：苟已王之疾，臣與臣之母以死爭之於王，王必幸臣與臣之母，願先生之勿患也！文摯曰：諾。請以死爲王。與太子期，而將往不當者三。齊王固已怒矣。文摯至，不解屨登牀，履王衣，問王之疾。王怒而不與言。文摯因出辭以重怒王，王叱而起，疾乃遂已。王大怒不說，將生烹文摯。太子與王后急爭之，而不能得，果以鼎生烹文摯。爨之三日三夜，顏色不變。文摯曰：誠欲殺我，則胡不覆之以絶陰陽之氣？王使覆之，文摯乃死。

《醫說·三皇歷代名醫》 文摯者，春秋時宋國良醫也。洞明醫道，亦兼異術。龍叔子謂之曰：子之術微矣，吾有疾，子能已之乎？文摯則命龍叔背明而立，文摯從後向明而熟視之曰：嘻，吾見子之心矣，方寸之地虚矣，幾聖人也，子心六孔流通，一孔不達，令聖智爲疾，惑由此乎！治之遂愈。

《古今醫統大全·歷世聖賢名醫姓氏·三代》 文摯，戰國時宋之良醫，洞明醫道，兼能異術。龍叔子有疾，文摯令背明而立，從後視之曰：吾見子之心，方寸之地虚矣。治之遂愈。齊閔王疾，召摯視。謂太子曰：王疾得怒當愈，愈後殺摯，奈何？太子曰：吾當與母共保於王，不殺。摯不解履登王牀，王怒叱，疾即瘳。

桑田巫

《類林雜記·桑田巫》 桑田巫，晉人也。景公病，召桑田巫問之，答曰：不得食新麥。及麥熟，王強令刈之，命宰人作食，未食腹脹如廁，遂如廁中而死。周時人，出《左傳》。

沈羲

《古今醫統大全·歷代聖賢名醫姓氏·三代》 沈羲，吴郡人，學道於蜀中。能消災除病，以藥救民，服者立愈，功德感天。周赧王十年，老君遣節遣使召羲升天。子弟求之，不知踪迹。

醫家總部

秦醫家部

安期先生

《列仙傳·安期先生》 安期先生者，琅琊阜鄉人也。賣藥於東海邊，時人皆言千歲翁。秦始皇東遊請見，與語三日三夜，賜金璧度數千萬，出於阜鄉亭，皆置去，留書以赤玉舄一雙爲報，曰：後數年求我於蓬萊山。始皇即遣使者徐市、盧生等數百人入海，未至蓬萊山，輒逢風波而還，立祠阜鄉亭海邊十數處云。

萬曆《廣東通志·外志·仙釋》 安期生，瑯琊阜城人，賣藥東海，時人皆言千歲翁。秦始皇帝東遊請見，與語三日夜，異之，賜金璧數萬，出阜鄉，皆置而去，報以赤玉舄且曰：後數年求我於蓬萊山。始皇帝即遣徐市、盧生等數百人入海。未至蓬萊山，輒遇風波而還，立祠阜鄉亭海邊十數處。其時齊人李少君者，好道，入泰山採藥，修絶谷遯世之術，未成而病，遇安期生，與神樓散一匕服之即起，遂將少君東至赤城，南之羅浮，北至太行，西遊玉門，周流五岳數十年，後遂飛昇。而少君還臨淄市，亦壽數百歲。相傳蓬萊山三島，浮山其一也。安期生在羅浮時，嘗採澗中菖蒲服之，至今故老指菖蒲澗爲飛昇處云。

崔文子

《列仙傳·崔文子》 崔文子者，太山人也。文子世好黄老事，居潛山下。後作黄散、赤丸成石父祠。賣藥都市，自言三百歲。後有疫氣，民死者萬計，長吏之文所請救。文擁朱幡系黄散以徇入門，飲散者即愈，所活者萬計。後去在蜀賣黄散，故世寶崔文赤丸、黄散，實近於神焉。

醫家總部

漢醫家部

公孫光　楊中倩

《史記·扁鵲倉公列傳》 意聞菑川唐里公孫光善爲古傳方，臣意即往謁之。得見事之，受方化陰陽及傳語法，臣意悉受書之。臣意欲盡受他精方，公孫光曰：吾方盡矣，不爲愛公所。吾身已衰，無所復事之。是吾年少所受妙方也，悉與公，毋以教人。臣意曰：得見事侍公前，悉得禁方，幸甚。意死不敢妄傳人。居有閒，公孫光閒處，臣意深論方，見言百世爲之精也。師光喜曰：公必爲國工。吾有所善者皆疏，同産處臨菑，善爲方，吾不若，其方甚奇，非世之所聞也。吾年中時，嘗欲受其方，楊中倩不肯，曰：若非其人也。胥與公往見之，當知公喜方也。其人亦老矣，其家給富。時者未往，會慶子男殷來獻馬，因師光奏馬王所，意以故得與殷善。光又屬意於殷曰：意好數，公必謹遇之，其人聖儒。即爲書以意屬陽慶，以故知慶。臣意事慶謹，以故愛意也。

公乘陽慶

《史記·扁鵲倉公列傳》 淳于氏，名意，少而喜醫方術。高后八年，更受師同郡元里公乘陽慶。慶年七十餘，無子。使意盡去而故方，更悉以禁方予之，傳黄帝、扁鵲之脈書，五色診病，知人生死，決嫌疑，定可治，及藥論，甚精。受之三年，爲人治病，決生死多驗。【略】不知慶所師受。慶家富，善爲醫，不肯爲人治病，當以此故不聞。慶又告臣意曰：慎毋令我子孫知若學我方也。

淳于意倉公

《史記·扁鵲倉公列傳》 太倉公者，齊太倉長，臨菑人也，姓淳于氏，名意。少而喜醫方術。高后八年，更受師同郡元里公乘陽慶。慶年七十餘，無子，使意盡去其故方，更悉以禁方予之，傳黄帝、扁鵲之脈書，五色診病，知人死生，決嫌疑，定可治，及藥論，甚精。受之三年，爲人治病，決死生多驗。然左右行游諸侯，不以家爲家，或不爲人治病，病家多怨之者。

文帝四年中，人上書言意，以刑罪當傳西之長安。意有五女，隨而泣。意怒，罵曰：生子不生男，緩急無可使者！於是少女緹縈傷父之言，乃隨父西。上書曰：妾父爲吏，齊中稱其廉平，今坐法當刑。妾切痛死者不可復生而刑者不可復續，雖欲改過自新，其道莫由，終不可得。妾願入身爲官婢，以贖父刑罪，使得改行自新也。書聞，上悲其意，此歲中亦除肉刑法。

意家居，詔召問所爲治病死生驗者幾何人也，主名爲誰。

詔問故太倉長臣意：方伎所長，及所能治病者，有其書無有？皆安受學？受學幾何歲？嘗有所驗，何縣里人也？何病？醫藥已，其病之狀皆何如？具悉而對。臣意對曰：自意少時，喜醫藥，醫藥方試之多不驗者。至高后八年，得見師臨菑元里公乘陽慶。慶年七十餘，意得見事之。謂意曰：盡去而方書，非是也。慶有古先道遺傳黄帝、扁鵲之脈書，五色診病，知人生死，決嫌疑，定可治，及藥論書，甚精。我家給富，心愛公，欲盡以我禁方書悉教公。臣意即曰：幸甚，非意之所敢望也。臣意即避席再拜謁，受其脈書上下經、五色診、奇咳術、揆度陰陽外變、藥論、石神、接陰陽禁書，受讀解驗之，可一年所。明歲即驗之，有驗，然尚未精也。要事之三年所，即嘗已爲人治，診病決死生，有驗，精良。今慶已死十年所，臣意年盡三年，年三十九歲也。

齊侍御史成自言病頭痛，臣意診其脈，告曰：君之病惡，不可言也。即出，獨告成弟昌曰：此病疽也，內發於腸胃之間，後五日當癰腫，後八日嘔膿死。成之病得之飲酒且內。成即如期死。所以知成之病者，臣意切其脈，得肝氣。肝氣濁而靜，此內關之病也。脈法曰：脈長而弦，不得代四時者，其病主在於肝。和即經主病也，代則絡脈有過。經主病和者，其病得之筋髓裏。其代絶而脈賁者，病得之酒且內。所以知其後五日而癰腫，八日嘔膿死者，切其脈時，少陽初代。代者經病，病去過人，人則去。絡脈主病，當其時，少陽初關一分，故中熱而膿未發也，及五分，則至少陽之界，及八日，則嘔膿死，故上二分而膿發，至界而癰腫，盡泄而死。熱上則熏陽明，爛流絡，流絡動則脈結發，脈結發則爛解，故絡交。熱氣已上行，至頭而動，故頭痛。

齊王中子諸嬰兒小子病，召臣意診切其脈，告曰：氣鬲病。病使人煩懣，食不下，時嘔沫。病得之(少)〔心〕憂，數忔食飲。臣意即爲之作下氣湯以飲之，一日氣下，二日能食，三日即病愈。所以知小子之病者，診其脈，心氣也，濁躁而經也，此絡陽病也。脈法曰：脈來數去疾難而不一者，病主在心。周身熱，脈盛者，爲重陽。重陽者，逷心主，故煩懣。食不下則絡脈有過，絡脈有過則血上出，血上出者死。此悲心所生也，病得之憂也。

齊郎中令循病，衆醫皆以爲蹷人中而刺之。臣意診之，曰：涌疝也，令人不得前後溲。循曰：不得前後溲三日矣。臣意飲以火齊湯，一飲得前溲，再飲大溲，三飲而疾愈。病得之內。所以知循病者，切其脈時，右口氣急，脈無五藏氣，右口脈大而數。數者中下熱而涌，左爲下，右爲上，皆無五藏應，故曰涌疝。中熱，故溺赤也。

齊中御府長信病，臣意入診其脈，告曰：熱病氣也。然暑汗，脈少衰，不死。曰：此病得之當浴流水而寒甚，已則熱。信曰：唯，然！往冬時，爲王使於楚，至莒縣陽周水，而莒橋梁頗壞，信則擥車轅未欲渡也，馬驚，即墮，信身入水中，幾死，吏即來救信，出之水中，衣盡濡，有閒而身寒，已熱如火，至今不可以見寒。臣意即爲之液湯火齊逐熱，一飲汗盡，再飲熱去，三飲病已。即使服藥，出入二十日，身無病者。所以知信之病者，切其脈時，并陰。脈法曰熱病陰陽交者死。切之不交，并陰。并陰者，脈順清而愈，其熱雖未盡，猶活也。腎氣有時閒濁，在太陰脈口而希，是水氣也。腎固主水，故以此知之。失治一時，即轉爲寒熱。

齊王太后病，召臣意入診脈，曰：風癉客脬，難於大小溲，溺赤。臣意飲以火齊湯，一飲即前後溲，再飲病已，溺如故。病得之流汗出湉。湉者，去衣而汗晞也。所以知齊王太后病者，臣意診其脈，切其太陰之口，溼然風氣也。脈法曰：沈之而大堅，浮之而大緊者，病主在腎。腎切之而相反也，脈大而躁。大者，膀胱氣也；躁者，中有熱而溺赤。

齊章武里曹山跗病，臣意診其脈，曰：肺消癉也，加以寒熱。即告其人曰：死，不治。適其共養，此不當醫。治法曰：後三日而當狂，妄起行欲走，後五日死。即如期死。山跗病得之盛怒而以接內。所以知山跗之病者，臣意切其脈，肺氣熱也。脈法曰：不平不鼓，形弊。此五藏高之遠數以經病也，故切之時不平而代。不平者，血不居其處；代者，時參擊并至，乍躁乍大也。此兩絡脈絕，故死不治。所以加寒熱者，言其人尸奪。尸奪者，形弊；形弊者，不當關灸鑱石及飲毒藥也。臣意未往診時，齊太醫先診山跗病，灸其足少陽脈口，而飲之半夏丸，病者即泄注，腹中虛；又灸其少陰脈，是壞肝剛絕深，如是重損病者氣，以故加寒熱。所以後三日而當狂者。肝一絡連屬結絕乳下陽明，故絡絕。開陽明脈，陽明脈傷，即當狂走。後五日死者，肝與心相去五分，故曰五日盡，盡即死矣。

齊中尉潘滿如病少腹痛，臣意診其脈，曰：遺積瘕也。臣意即謂齊太僕臣饒、內史臣繇曰：中尉不復自止於內，則三十日死。後二十餘日，溲血死。病得之酒且內。所以知潘滿如病者，臣意切其脈深小弱，其卒然合合也，是脾氣也。右脈口氣至緊小，見瘕氣也。以次相乘，故三十日死。三陰俱摶者，如法；不俱摶者，決在急期；一摶一代者，近也。故其三陰摶，溲血如前止。

陽虛侯相趙章病，召臣意。衆醫皆以爲寒中，臣意診其脈曰：迵風。迵風者，飲食下嗌而輒出不留。法曰：五日死，而後十日乃死。病得之酒。所以知趙章之病者，臣意切其脈，脈來滑，是內風氣也。飲食下嗌而輒出不留者，法五日死，皆爲前分界法。後十日乃死，所以過期者，其人嗜粥，故中藏實，中藏實故過期。師言曰：安穀者過期，不安穀者不及期。

濟北王病，召臣意診其脈，曰：風蹷胸滿。即爲藥酒，盡三石，病已。得之汗出伏地。所以知濟北王病者，臣意切其脈時，風氣也，心脈濁病。法過入其陽，陽氣盡而陰氣入。陰氣入張，則寒氣上而熱氣下，故胸滿。汗出伏地者，切其脈，氣陰。陰氣者，病必入中，出及瀺水也。

齊北宮司空命婦出於病，衆醫皆以爲風入中，病主在肺，刺其足少陰脈。臣意診其脈，曰：病氣疝，客於膀胱，難於前後溲，而溺赤。病見寒氣則遺溺，使人腹腫。出於病得之欲溺不得，因以接內。所以知出於病者，切其脈大而實，其來難，是蹷陰之動也。脈來難者，疝氣之客於膀胱也。腹之所以腫者，言蹷陰之絡結小腹也。蹷陰有過則脈結動，動則腹腫。臣意即灸其足蹷陰之脈，左右各一所，即不遺溺而溲清，小腹痛止。即更爲火齊湯以飲之，三日而疝氣散，即愈。

故濟北王阿母自言足熱而懣，臣意告曰：熱蹷也。則刺其足心各三所，案之無出血，病旋已。病得之飲酒大醉。

濟北王召臣意診脈諸女子侍者，至女子豎，豎無病。臣意告永巷長曰：

豎傷脾，不可勞，法當春嘔血死。臣意言王曰：才人女子豎何能？王曰：是好爲方，多伎能，爲所是案法新，往年市之民所，四百七十萬，曹偶四人。王曰：得毋有病乎？臣意對曰：豎病重，在死法中。王召視之，其顏色不變，以爲不然，不賣諸侯所。至春，豎奉劍從王之廁，王去，豎後，王令人召之，即仆於廁，嘔血死。病得之流汗。流汗者，(同)法病內重，毛髮而色澤，脈不衰，此亦(關)內〔關〕之病也。

齊中大夫病齲齒，臣意灸其左太陽明脈，即爲苦參湯，日嗽三升，出入五六日，病已。得之風，及卧開口，食而不嗽。

菑川王美人懷子而不乳，來召臣意。臣意往，飲以莨礍藥一撮，以酒飲之，旋乳。臣意復診其脈，而脈躁。躁者有餘病，即飲以消石一齊，出血，血如豆比五六枚。

齊丞相舍人奴從朝入宮，臣意見之食閨門外，望其色有病氣。臣意即告宦者平。平好爲脈，學臣意所，臣意即示之舍人奴病，告之曰：此傷脾氣也，當至春鬲塞不通，不能食飲，法至夏泄血死。宦者平即往告相曰：君之舍人奴有病，病重，死期有日。相君曰：卿何以知之？曰：君朝時入宮，君之舍人奴盡食閨門外，平與倉公立，即示平曰，病如是者死。相即召舍人(奴)而謂之曰：公奴有病不？舍人曰：奴無病，身無痛者。至春果病，至四月，泄血死。所以知奴病者，脾氣周乘五藏，傷部而交，故傷脾之色也，望之殺然黄，察之如死青之茲。衆醫不知，以爲大蟲，不知傷脾。所以至春死，病者胃氣黄，黄者土氣也，土不勝木，故至春死。所以至夏死者，脈法曰：病重而脈順清者曰內關，內關之病，人不知其所痛，心急然無苦。若加以一病，死中春；一愈順，及一時。其所以四月死者，診其人時愈順。愈順者，人尚肥也。奴之病得之流汗數出，(灸)〔炙〕於火以出見大風也。

菑川王病，召臣意診脈，曰：蹶上爲重，頭痛身熱，使人煩懣。臣意即以寒水拊其頭，刺足陽明脈，左右各三所，病旋已。病得之沐髮未乾而卧。診如前，所以蹶，頭熱至肩。

齊王黄姬兄黄長卿家有酒召客，召臣意。諸客坐，未上食。臣意望見王后弟宋建，告曰：君有病，往四五日，君要脅痛不可俛仰，又不得小溲。不亟治，病即入濡腎。及其未舍五藏，急治之。病方今客腎濡，此所謂腎痺也。宋建曰：然，建故有要脊痛。往四五日，天雨，黄氏諸倩見建家京下方石，即弄之，建亦欲效之，效之不能起，即復置之。暮，要脊痛，不得溺，至今不愈。建病得之好持重。所以知建病者，臣意見其色，太陽色乾，腎部上及界要以下者枯四分所，故以往四五日，知其發也。臣意即爲柔湯使服之，十八日所而病愈。

濟北王侍者韓女病要背痛，寒熱，衆醫皆以爲寒熱也。臣意診脈，曰：內寒，月事不下也。即竄以藥，旋下，病已。病得之欲男子而不可得也。所以知韓女之病者，診其脈時，切之，腎脈也，嗇而不屬。嗇而不屬者，其來難，堅，故曰月事不下。肝脈弦出左口，故曰欲男子不可得也。

臨菑氾里女子薄吾病甚，衆醫皆以爲寒熱篤，當死不治。臣意診其脈，曰：蟯瘕。蟯瘕爲病，腹大，上膚黄麤，循之戚戚然。臣意飲以芫華一撮，即出蟯可數升，病已，三十日如故。病蟯得之於寒溼，寒溼氣宛篤不發，化爲蟲。臣意所以知薄吾病者，切其脈，循其尺，其尺索刺麤，而毛美奉髮，是蟲氣也。其色澤者，中藏無邪氣及重病。

齊淳于司馬病，臣意切其脈，告曰：當病迵風。迵風之狀，飲食下嗌輒後之。病得之飽食而疾走。淳于司馬曰：我之王家食馬肝，食飽甚，見酒來，即走去，驅疾至舍，即泄數十出。臣意告曰：爲火齊米汁飲之，七八日而當愈。時醫秦信在旁，臣意去，信謂左右閣都尉曰：意以淳于司馬病爲何？曰：以爲迵風，可治。信即笑曰：是不知也。淳于司馬病，法當後九日死。即後九日不死，其家復召臣意。臣意往問之，盡如意診。臣即爲一火齊，米汁使服之，七八日病已。所以知之者，診其脈時，切之，盡如法。其病順，故不死。

齊中郎破石病，臣意診其脈，告曰：肺傷，不治，當後十日丁亥溲血死。即後十一日，溲血而死。破石之病，得之墮馬僵石上。所以知破石之病者，切其脈，得肺陰氣，其來散，數道至而不一也。色又乘之。所以知其墮馬者，切之得番陰脈。番陰脈入虛裏，乘肺脈。肺脈散者，固色變也乘之。所以不中期死者，師言曰：病者安穀即過期，不安穀則不及期。其人嗜黍，黍主肺，故過期。所以溲血者，診脈法曰：病養喜陰處者順死，養喜陽處者逆死。其人喜自靜，不躁，又久安坐，伏几而寐，故血下泄。

齊王侍醫遂病，自練五石服之。臣意往過之，遂謂意曰：不肖有病，幸診遂也。臣意即診之，告曰：公病中熱。論曰：中熱不溲者，不可服五石。

石之爲藥精悍，公服之不得數溲，亟勿服。色將發臃。遂曰：扁鵲曰陰石以治陰病，陽石以治陽病。夫藥石者有陰陽水火之齊，故中熱即爲陰石柔齊治之；中寒，即爲陽石剛齊治之。臣意曰：公所論遠矣。扁鵲雖言若是，然必審診，起度量，立規矩，稱權衡，合色脈表裏，有餘不足順逆之法，參其人動靜與息相應，乃可以論。論曰：陽疾處內，陰形應外者，不加悍藥及鑱石。夫悍藥入中，則邪氣辟矣，而宛氣愈深。診法曰：二陰應外，一陽接內者，不可以剛藥。剛藥入則動陽，陰病益衰，陽病益箸，邪氣流行，爲重困於俞，忿發爲疽。意告之後百餘日，果爲疽發乳上，入缺盆，死。此謂論之大體也，必有經紀。拙工有一不習，文理陰陽失矣。

齊王故爲陽虛侯時，病甚，衆醫皆以爲蹷。臣意診脈，以爲痺，根在右脅下，大如覆杯，令人喘，逆氣不能食。臣意即以火齊粥且飲，六日氣下；即令更服丸藥，出入六日，病已。病得之內。診之時不能識其經解，大識其病所在。

臣意嘗診安陽武都里成開方，開方自言以爲不病，臣意謂之病苦沓風，三歲四支不能自用，使人瘖，瘖即死。今聞其四支不能用，瘖而未死也。病得之數飲酒以見大風氣。所以知成開方病者，診之，其脈法奇咳。言曰：藏氣相反者死。切之，得腎反肺，法曰：三歲死也。

安陵阪里公乘項處病，臣意診脈，曰：牡疝。牡疝在鬲下，上連肺。病得之內。臣意謂之：慎毋爲勞力事，爲勞力事則必嘔血死。處後蹴踘，要蹷寒，汗出多，即嘔血。臣意復診之，曰：當旦日日夕死。即死。病得之內。所以知項處病者，切其脈得番陽。番陽入虛裏，處旦日死。一番一絡者，牡疝也。

臣意曰：他所診期決死生及所治已病衆多，久頗忘之，不能盡識，不敢以對。

問臣意：所診治病，病名多同而診異，或死或不死，何也？對曰：病名多相類，不可知，故古聖人爲之脈法，以起度量，立規矩，縣權衡，案繩墨，調陰陽，別人之脈各名之，與天地相應，參合於人，故乃別百病以異之，有數者能異之，無數者同之。然脈法不可勝驗，診疾人以度異之，乃可別同名，命病主在所居。今臣意所診者，皆有診籍。所以別之者，臣意所受師方適成，師死，以故表籍所診，期決死生，觀所失所得者合脈法，以故至今知之。

問臣意曰：所期病決死生，或不應期，何故？對曰：此皆飲食喜怒不節，或不當飲藥，或不當鍼灸，以故不中期死也。

問臣意：意方能知病死生，論藥用所宜，諸侯王大臣有嘗問意者不？及文王病時，不求意診治，何故？對曰：趙王、膠西王、濟南王、吳王皆使人來召臣意，臣意不敢往。文王病時，臣意家貧，欲爲人治病，誠恐吏以除拘臣意也，故移名數左右，不脩家生，出行游國中，問善爲方數者，事之久矣，見事數師，悉受其要事，盡其方書，意及解論之。身居陽虛侯國，因事侯。侯入朝，臣意從之長安，以故得診安陵、項處等病也。

問臣意：知文王所以得病不起之狀？臣意對曰：不見文王病，然竊聞文王病喘，頭痛，目不明。臣意心論之，以爲非病也。以爲肥而蓄精，身體不得搖，骨肉不相任，故喘，不當醫治。脈法曰：年二十脈氣當趨，年三十當疾步，年四十當安坐，年五十當安卧，年六十已上氣當大董。文王年未滿二十，方脈氣之趨也而徐之，不應天道四時。後聞醫灸之即篤，此論病之過也。臣意論之，以爲神氣爭而邪氣入，非年少所能復之也，以故死。所謂氣者，當調飲食，擇晏日，車步廣志，以適筋骨肉血脈以瀉氣。故年二十，是謂易貿，法不當砭灸，砭灸至氣逐。

問臣意：師慶安受之？聞於齊諸侯不？對曰：不知慶所師受。慶家富，善爲醫，不肯爲人治病，當以此故不聞。慶又告臣意曰：慎毋令我子孫知若學我方也。

問臣意：師慶何見於意而愛意，欲悉教意方？對曰：臣意不聞師慶爲方善也。意所以知慶者，意少時好諸方事，臣意試其方，皆多驗，精良。臣意聞菑川唐里公孫光善爲古傳方，臣意即往謁之。得見事之，受方化陰陽及傳語法，臣意悉受書之。臣意欲盡受他精方，公孫光曰：吾方盡矣，不爲愛公所。吾身已衰，無所復事之。是吾年少所受妙方也，悉與公，毋以教人。臣意曰：得見事侍公前，悉得禁方，幸甚。意死不敢妄傳人。居有閒，公孫光閒處，臣意深論方，見言百世爲之精也。師光喜曰：公必爲國工。吾有所善者皆疏，同產處臨菑，善爲方，吾不若，其方甚奇，非世之所聞也。吾年中時，嘗欲受其方，楊中倩不肯，曰：若非其人也。胥與公往見之，當知公喜方也。其人亦老矣，其家給富。時者未往，會慶子男殷來獻馬，因師光奏馬王所，意以故得與殷善。光又屬意於殷曰：意好數，公必謹遇之，其人聖儒。即爲書以意屬陽慶，以故知慶。臣意事慶謹，以故愛意也。

問臣意曰：吏民嘗有事學意方，及畢，盡得意方不？何縣里人？對曰：臨菑人宋邑。邑學，臣意教以五診，歲餘。濟北王遣太醫高期、王禹學，臣意教以經脈高下及奇絡結，當論俞所居，及氣當上下出入邪（正）逆順，以宜鑱石，定砭灸處，歲餘。菑川王時遣太倉馬長馮信正方，臣意教以案法逆順，論藥法，定五味及和齊湯法。高永侯家丞杜信，喜脈，來學，臣意教以上下經脈五診二歲餘。臨菑召里唐安來學，臣意教以五診上下經脈，奇咳，四時應陰陽重，未成，除爲齊王侍醫。

問臣意：診病決死生，能全無失乎？臣意對曰：意治病人，必先切其脈，乃治之。敗逆者不可治，其順者乃治之。心不精脈，所期死生，視可治，時時失之，臣意不能全也。

秦信

《古今醫統大全·歷世聖賢名醫姓氏·漢》 秦信，不知何郡人，少敏有量，好經方本草，及究黄帝扁鵲之書。爲當代良醫令。

宋邑

《史記·扁鵲倉公列傳》 臨菑人宋邑。邑學，臣意教以五診歲餘。

《古今醫統大全·歷世聖賢名醫姓氏·漢》 宋邑，臨淄人，志性愛人，酷尚醫術。就齊太倉公淳于意學五診脈論之術，爲當世良醫。

高期

《史記·扁鵲倉公列傳》 濟北王遣太醫高期、王禹學，臣意教以經脈高下及奇絡結，當論俞所居，及氣當上下出入邪（正）逆順，以宜鑱石、定砭灸處，歲餘。

《古今醫統大全·歷世聖賢名醫姓氏·漢》 高期，仕濟北王太醫令，王以其術未精，令就淳于意學經脈，及奇絡結俞穴所在，定鑱石刺灸之法。歲餘盡通，以此知名。

王禹

《古今醫統大全·歷世聖賢名醫姓氏·漢》 王禹，爲濟北王太醫，王亦以其未盡善，令就學於淳于意，數歲悉通，遂名當代。

馮信

《史記·扁鵲倉公列傳》 菑川王時遣太倉馬長馮信正方，臣意教以案法逆順，論藥法，定五味及和齊湯法。

《古今醫統大全·歷世聖賢名醫姓氏·漢》 馮信，臨淄人，爲齊太倉長。性好醫方，精于診治，臨淄王猶以其識見未深，更令學于淳于意，名遂著。

杜信

《史記·扁鵲倉公列傳》 高永侯家丞杜信，喜脈，來學，臣意教以上下經脈五診二歲餘。

《古今醫統大全·歷世名醫姓氏·漢》 杜信，不知何郡人。謙柔好學，悉心於醫，受業於倉公。教以上下脈經五診之法，亦以名知漢代。

唐安

《史記·扁鵲倉公列傳》 臨菑召里唐安來學，臣意教以五診上下經脈，奇咳，四時應陰陽重，未成，除爲齊王侍醫。

《古今醫統大全·歷世聖賢名醫姓氏·漢》 唐安，臨淄人。言貌謙恭，風儀溫雅。好醫，就倉公學，乃爲齊醫令。

蘇耽

《神仙傳·蘇仙公》 蘇仙公者，桂陽人也，漢文帝時得道。先生早喪所怙，鄉中以仁孝聞。宅在郡城東北，出入往來，不避燥濕，至於食物，不憚精粗。先生家貧，常自牧牛，與里中小兒，更日爲牛郎。先生牧之，牛則徘徊側近，不驅自歸。餘小兒牧牛，牛則四散，跨岡越嶮。諸兒問曰：爾何術也？先生曰：非汝輩所知。常乘一鹿。先生常與母共食，母曰：食無鮓，他日可往市買也。先生於是以筯插飯中，攜錢而去，斯須即以鮓至。母食去畢。母曰：何處買來？對曰：便縣市也。母曰：便縣去此百二十里，道途逕嶮，往來遽至，汝欺我也。欲杖之。先生跪曰：買鮓之時，見舅在市，與我語云：明日來此。請待舅至，以驗虛實。母遂寬之。明曉，舅果到，云昨見先生便縣市買鮓。母即驚駭。方知其神異。先生曾持一竹杖。時人謂曰：蘇生竹杖，固是龍也。數歲之後，先生灑掃門庭，修飾牆宇。友人曰：有何邀迎？答曰：仙侶當降。俄頃之間，乃見天西北隅，紫雲氤氳，有數十白鶴，飛翔其中，翩翩然降於蘇氏之門，皆化爲少年，儀形端美，如十八九歲人。怡然輕舉，先生斂容逢迎。乃跪白母曰：某受命當仙，被召有期，儀衛已至，當違色養。即便拜辭，母子歔欷。母曰：汝去之後，使我如何存活？先生曰：明年天下疾疫，庭中井水，簷邊橘樹，可以代養。井水一升，橘葉一枚，可療一人。兼封一櫃留之，有所闕乏，可以扣櫃言之，所須當至，慎勿開也。言畢即出門，踟躕顧望，聳身入雲，紫雲捧足，群鶴翱翔，遂昇雲漢而去。來年，果有疾疫，遠近悉求母療之，皆以水及橘葉，無不愈者。有所闕乏，即扣櫃，所須即至。三年之後，母心疑，因即開之，見雙白鶴飛去。自後扣之，無復有應。母年百餘歲，一旦無疾而終，鄉人共葬之，如世人之禮。

順治《固始縣志·仙技》 漢蘇耽，桂陽人。種橘鑿井，告母曰：後二年，州大疫，食橘葉當自愈。鶴數十降門，遂仙去。果疫，母療疾以生。

劉安

《古今醫統大全·歷世聖賢名醫姓氏·漢》 淮南子劉安，性資天成，窮格事物之極，博覽群書，善醫藥。謂神農嘗百草，日遇七十毒，王安道謂：《淮南子》多寓言，夫豈不信？

王遂

《古今醫統大全·歷世聖賢名醫姓氏·漢》 王遂，不知何郡人，習經方，工於治療，學業精博，爲齊王侍御醫。

樓護

《漢書·游俠傳·樓護》 樓護，字君卿，齊人。父世醫也，護少隨父爲醫長安，出入貴戚家。護誦醫經、本草、方術數十萬言，長者咸愛重之，共謂曰：以君卿之材，何不宦學乎？繇是辭其父，學經傳，爲京兆吏數年，甚得名譽。

玄俗

《列仙傳·玄俗》 玄俗者，自言河間人也。餌巴豆，賣藥都市，七丸一錢，治百病。河間王病瘕，買藥服之，下蛇十餘頭。問藥意，俗云：王瘕乃六世餘殃下墮，即非王所招也，王常放乳鹿麟母也，仁心感天，故當遭俗耳。王家老舍人自言：父世見俗，俗形無影。王乃呼俗日中看，實無影。王欲以女配之，俗夜亡去，後人見於常山下。

安丘望之

《高士傳·安丘望之》 安丘望之者，京兆長陵人也。少治老子經，恬靜不求進宦，號曰安丘丈人。成帝聞欲見之，望之辭不肯見。上以其道德深重，常宗師焉。望之不以見敬爲高，愈日損退，爲巫醫於民間，著《老子章句》，故老氏有安丘之學。扶風耿況、王汲等，皆師事之。從受老子，終身不仕，道家宗焉。

涪翁

《後漢書·方術傳·涪翁》 初，有老父不知何出，常漁釣於涪水，因號涪翁。乞食人間，見有疾者，時下鍼石，輒應時而效，乃著《鍼經》、《診脈法》傳於世。弟子程高尋求積年，翁乃授之。高亦隱跡不仕。

同治《直隸綿州志·古蹟·南山十賢堂》 南山十賢堂，參《舊志》在今治南延賢山下，祀涪翁、李仁、尹默、文儒、文軫、程德降、范辰孫、方任、范崙、張世則、萬輝。萬曆癸巳，郡人李梓記。今堂廢，碑存文。見延賢山下。江干大石，俗呼鷄公石，相傳涪翁垂綸處。咸豐九年，郡人重新其堂。邛州吴宗蘭有記。綿州治南三里有延賢山，即古榜山，上有南山寺，近接十賢堂，呼爲南山十賢堂，所以别州學東之十賢堂也。

程高

《古今醫統大全·歷世聖賢名醫姓氏·漢》 程高，廣漢人。好醫，問道無倦，人有一藝長於己者，必千里伏膺。聞涪翁善醫，及《鍼經》、《脈診》，尋積年乃得之，名擅當代，爲太醫丞。

郭玉

《後漢書·方術傳·郭玉》 郭玉者，廣漢雒人也。【略】玉少師事高，學方診六微之技，陰陽隱側之術。和帝時，爲太醫丞，多有效應。帝奇之，仍試令嬖臣美手腕者與女子雜處帷中，使玉各診一手，問所疾苦。玉曰：左陽右陰，脈有男女，狀若異人。臣疑其故。帝歎息稱善。

玉仁愛不矜，雖貧賤廝養，必盡其心力，而醫療貴人，時或不愈。帝乃令貴人羸服變處，一鍼即差。召玉詰問其狀。對曰：醫之爲言意也。腠理至微，隨氣用巧，鍼石之間，毫芒即乖。神存於心手之際，可得解而不可得言也。夫貴者處尊高以臨臣，臣懷怖懾以承之。其爲療也，有四難焉：自用意而不任臣，一難也；將身不謹，二難也；骨節不彊，不能使藥，三難也；好逸惡勞，四難也。鍼有分寸，時有破漏，重以恐懼之心，加以裁慎之志，臣意且猶不盡，何有於病哉！此其所爲不愈也。帝善其對。年老卒官。

同治《直隸綿州志·古蹟·延賢堂》引《省志》 延賢堂在州南南山上，郭玉讀書處。

李 助

《華陽國志·先賢士女總讚·梓潼士女》 李助多方，以玆立稱。助字翁君，涪人也。通名方，校醫術，作《經方頌說》，名齊郭玉。

韓 康

《後漢書·逸民傳·韓康》 韓康，字伯休，一名恬休，京兆霸陵人。家世著姓。常采藥名山，賣於長安市，口不二價，三十餘年。時有女子從康買藥，康守價不移。女子怒曰：公是韓伯休耶？乃不二價乎？康歎曰：我本欲避名，今小女子皆知有我，何用藥爲？乃遯入霸陵山中。博士公車連徵不至。桓帝乃備玄纁之禮，以安車聘之。使者奉詔造康，康不得已，乃許諾。辭安車，自乘柴車，冒晨先使者發。至亭，亭長以韓徵君當過，方發人牛脩道橋。及見康柴車幅巾，以爲田叟也，使奪其牛。康即釋駕與之。有頃，使者至，奪牛翁乃徵君也。使者欲奏殺亭長。康曰：此自老子與之，亭長何罪！乃止。康因（中）道逃遯，以壽終。

張伯祖

《醫說·三皇歷代名醫》 張伯祖，南陽人也。志性沉簡，篤好方術，診處精審，療皆十全，爲當時所重。同郡張仲景異而師之，因有大譽。

張 機仲景

《傷寒論·自序》 余每覽越人入虢之診，望齊侯之色，未嘗不慨然嘆其才秀也。怪當今居世之士，曾不留神醫藥，精究方術，上以療君親之疾，下以救貧賤之厄，中以保身長全，以養其生；但競逐榮勢，企踵權豪，孜孜汲汲，惟名利是務；崇飾其末，忽棄其本，華其外而悴其內。皮之不存，毛將安附焉？卒然遭邪風之氣，嬰非常之疾，患及禍至，而方震栗；降志屈節，欽望巫祝，告窮歸天，束手受敗。賫百年之壽命，持至貴之重器，委付凡醫，恣其所措。咄嗟嗚呼，厥身已斃，神明消滅，變爲異物，幽潛重泉，徒爲啼泣。痛夫！舉世昏迷，莫能覺悟，不惜其命，若是輕生，彼何榮勢之云哉？而進不能愛人知人，退不能愛身知己，遇災值禍，身居厄地，蒙蒙昧昧，惷若游魂。哀乎！趨世之士，馳競浮華，不固根本，忘軀徇物，危若冰谷，至於是也！

余宗族素多，向餘二百。建安紀年以來，猶未十稔，其死亡者，三分有二，傷寒十居其七。感往昔之淪喪，傷橫夭之莫救，乃勤求古訓，博采衆方，撰用《素問》、《九卷》、《八十一難》、《陰陽大論》、《胎臚藥錄》，并平脈辨證，爲《傷寒雜病論》，合十六卷。雖未能盡愈諸病，庶可以見病知源。若能尋余所集，思過半矣。

夫天布五行，以運萬類；人稟五常，以有五藏。經絡府俞，陰陽會通；玄冥幽微，變化難極。自非才高識妙，豈能探其理致哉！上古有神農、黃帝、岐伯、伯高、雷公、少俞、少師、仲文，中世有長桑、扁鵲，漢有公乘陽慶及倉公。下此以往，未之聞也。觀今之醫，不念思求經旨，以演其所知；各承家技，終始順舊。省病問疾，務在口給；相對斯須，便處湯藥。按寸不及尺，握手不及足；人迎、趺陽，三部不參；動數發息，不滿五十。短期未知決診，九候曾無髣髴；明堂闕庭，盡不見察。所謂窺管而已。夫欲視死別生，實爲難矣！

孔子云：生而知之者上，學則亞之。多聞博識，知之次也。余宿尙方術，請事斯語。

《鍼灸甲乙經·自序》 仲景見侍中王仲宣，時年二十餘，謂曰：君有病，四十當眉落，眉落半年而死。令服五石湯可免。仲宣嫌其言忤，受湯勿服。居三日，見仲宣，謂曰：服湯否？曰：已服。仲景曰：色候固非服湯之診，君何輕命也！仲宣猶不言。後二十年果眉落，後一百八十七日而死，終如其言。此二事雖扁鵲、倉公無以加也。華佗性惡矜技，終以戮死。仲景論廣伊尹《湯液》爲數十卷，用之多驗。近代太醫令王叔和撰次仲景選論甚精，指事施用。

《醫說·三皇歷代名醫》 後漢張機，字仲景，南陽人也。受術於同郡張伯祖，善於治療，尤精經方，舉以孝廉，官至長沙太守。後在京師爲名醫，於當時爲上手，時人以爲扁鵲、倉公無以加之也。

《醫史·張仲景補傳》 張機，字仲景，南陽人也。學醫術於同郡張伯祖，盡得其傳。工於治療，尤精經方，遂大有時譽。漢靈帝時，舉孝廉，官至長沙

(大)〔太〕守。少時與同郡何顒客游洛陽，顒探知其學，謂人曰：仲景之術，精於伯祖，起病之驗，雖鬼神莫能知之，其眞一世之神醫也。【略】仲景宗族二百餘口，自建安以來，未及十稔，死者三之一。維時大疫流行，而傷寒死者居其七，乃著《傷寒(卒)〔雜〕病論》十卷，行於世，蓋推本《素問·熱論》之旨，兼演伊尹《湯液》而爲之。探賾鈎玄，功侔造化，華佗讀而善之曰：此眞活人書也。仲景又著《金匱玉函要略方》三卷，上卷論傷寒，中卷論雜病，下卷載其方幷療婦人。寔爲千古醫方之祖。自漢魏以迄於今，海内學者，家肄戶習，誦讀不暇，如士子之於六經然。論者推爲醫中亞聖，而范曄《後漢書》乃不爲仲景立傳，是故君子有遺憾焉。

嵩渚子曰：皇甫士安有言：伊尹以元聖之才，本神農之經，爲《湯液論》。仲景本黃帝之書，述伊尹之法，廣《湯液論》爲書十數卷，後醫咸遵用之，弗敢變。宋翰林學士王洙在館閣日，偶於蠹簡中，得仲景所著《金匱要略》三卷，乃錄而傳之。秘閣校理林億等，又校定爲二十五篇，刪芟重複，合二百六十二方，誠爲百世不刊之書。或謂有大人之病，而無嬰兒之患，有北方之藥，而無南方之療，此則長沙之所闕者。善學者，觸類而長之可也。余又聞仲景有《脈經》、《五藏論》、《評病要方》諸編，《藝文志》咸載其目。余未之見，其眞贋不可知云。

《古今醫統大全·歷代聖賢名醫姓氏·漢》 張機，字仲景，南陽人。受業張伯祖，醫學超群。舉孝廉，官至長沙太守。建安年間，病傷寒死者，十居其七。機按《内經》傷寒治法，存活甚衆。著《論》二十二篇，合三百九十七法，一百一十三方，爲諸方之祖，凡移治諸證如神，後人賴之爲醫聖。又有《金匱方》，亦其遺意。

萬曆《襄陽府志·方伎·棘陽縣》 張機，字仲景，南陽棘陽人也。學醫術於同郡張伯祖，盡得其傳。工於治療，尤精經方，遂大有時譽。靈帝時舉孝廉，官至長沙太守。少時與同郡何顒客游洛陽，顒探知其學，謂人曰：仲景之術，精於伯祖，起病之驗，雖鬼神莫能知之，眞一世之神醫也。嘗見侍中王仲宣，曰：君年至四十當有疾，鬚眉脫落，後半年必死，宜豫服五石湯，庶幾可免。仲宣時年二十餘，聞其言惡之，雖受方而不飲。居數日，復見仲景，乃佯曰：五石湯已飲之矣。仲景曰：氣色非飲藥之診，何輕命欺人若此邪？仲宣益深惡之。後二十年，果有疾，鬚眉皆脫落，越一百八十七日卒，時人以爲扁鵲、倉公無以加之也。仲景宗族二百餘口，自建安以來未及十稔，死者三之一，維時大疫流行而傷寒死者居其七，乃著《傷寒雜病論》十卷行於世，蓋推本《素問·熱論》之旨，兼演伊尹《湯(掖)〔液〕》而爲之。探賾鈎玄，功侔造化，華陀讀而善之曰：此眞活人書也。仲景又著《金匱玉函要略方》三卷，上卷論傷寒，中卷論雜病，下卷載其方幷療婦人。寔爲千古醫方之祖。自漢魏以迄於今，海内學者家肄戶習，誦讀不暇，如士子之於六經然。論者推爲醫中亞聖，而范曄《後漢書》乃不爲仲景立傳，是故君子有遺憾焉。

雍正《河南通志·方伎·南陽府》 張機，字仲景，湼陽人。

《冷廬雜識·古人》 張仲景，醫中之聖也。華元化，醫中之仙也。二人同時，范氏只爲元化作傳，烏得稱良史乎？

光緒《善化縣志·名宦》 張機，字仲景，長沙太守，時大疫流行，治法雜出，機著《傷寒論》、《金匱玉函方》行世，民賴以濟。今建祠於賢良祠西。

杜　度

《醫說·三皇歷代名醫》 杜度，不知何許人也，仲景弟子。識見宏敏，器宇冲深，淡於驕矜，尚於救濟，事仲景多獲禁方，遂爲名醫。

衛　汎

《醫說·三皇歷代名醫》 衛汎，不知何郡人也，仲景弟子。知書，疏有小才，撰《四逆三部厥經》及《婦人胎臟經》、《小兒顱顖經方》三卷，皆其所制，知名當代。

王　遙

光緒《江西通志·仙釋》 王遙，字伯遼。治人病，但用八尺布帊敷地，令瞑目坐上，即愈。若有邪魅，畫地爲獄，因召呼之，其物自斃。嘗佩雌雄二劍，分陰陽，日揮之，時外境疫癘甚盛，惟騰空噓氣，指示方隅，遂止。

沈　建

《神仙傳·沈建》 沈建，丹陽人也。世爲長吏，建獨好道，不肯仕宦。學導引服食之術，還年卻老之法。又能治病，病無輕重，治之即愈，奉事之者數百家。建嘗欲遠行，寄一婢三奴，驢一頭，羊十口，各與藥一丸，語主人曰：但累屋，不煩飲食也。便去。主人大怪之曰：此客所寄十五口，不留寸資，當若之何？建去後，主人飲奴婢，奴婢聞食氣，皆逆吐不用。以草飼驢羊，驢羊避去不食，或欲抵觸。主人大驚愕。百餘日，奴婢體貌光澤，勝食之時，驢羊皆肥如飼。建去三年乃還，各以藥一丸與奴婢驢羊，乃飲食如故。建遂斷穀不食，輕舉飛行，或去或還，如此三百餘年，乃絶跡不知所之也。

壺翁　費長房

《後漢書·方術傳·費長房》 費長房者，汝南人也。曾爲市掾。市中有老翁賣藥，懸一壺於肆頭，及市罷，輒跳入壺中。市人莫之見，唯長房於樓上覩之，異焉，因往再拜，奉酒脯。翁知長房之意其神也，謂之曰：子明日可更來。長房旦日復詣翁，翁乃與俱入壺中。唯見玉堂嚴麗，旨酒甘肴盈衍其中，共飲畢而出。翁約不聽與人言之。後乃就樓上候長房曰：我神仙之人，以過見責，今事畢當去，子寧能相隨乎？樓下有少酒，與卿爲別。長房使人取之，不能勝，又令十人扛之，猶不舉。翁聞，笑而下樓，以一指提之而上。視器如一升許，而二人飲之終日不盡。

長房遂欲求道，而顧家人爲憂。翁乃斷一青竹，度與長房身齊，使懸之舍後。家人見之，即長房形也，以爲縊死，大小驚號，遂殯葬之。長房立其傍，而莫之見也。於是遂隨從入深山，踐荆棘於群虎之中。留使獨處，長房不恐。又卧於空室，以朽索懸萬斤石於心上，衆蛇競來齧索且斷，長房亦不移。翁還，撫之曰：子可教也。復使食糞，糞中有三蟲，臭穢特甚，長房意惡之。翁曰：子幾得道，恨於此不成，如何！

長房辭歸，翁與一竹杖，曰：騎此任所之，則自至矣。既至，可以杖投葛陂中也。又爲作一符，曰：以此主地上鬼神。長房乘杖，須臾來歸，自謂去家適經旬日，而已十餘年矣。即以杖投陂，顧視則龍也。家人謂其久死，不信之。長房曰：往日所葬，但竹杖耳。乃發冢剖棺，杖猶存焉。遂能醫療衆病，鞭笞百鬼，及驅使社公。或在它坐，獨自恚怒，人問其故，曰：吾責鬼魅之犯法者耳。【略】後失其符，爲衆鬼所殺。

華　佗

《三國志·魏志·華佗傳》 華佗，字元化，沛國譙人也，一名旉。游學徐土，兼通數經。沛相陳珪舉孝廉，太尉黄琬辟，皆不就。曉養性之術，時人以爲年且百歲而貌有壯容。又精方藥，其療疾，合湯不過數種，心解分劑，不復稱量，煮熟便飲，語其節度，舍去輒愈。若當灸，不過一兩處，每處不過七八壯，病亦應除。若當針，亦不過一兩處，下針言當引某許，若至，語人。病者言：已到。應便拔針，病亦行差。若病結積在內，針藥所不能及，當須刳割者，便飲其麻沸散，須臾便如醉死，無所知，因破取。病若在腸中，便斷腸湔洗，縫腹膏摩，四五日差，不痛，人亦不自寤，一月之間，即平復矣。

故甘陵相夫人有娠六月，腹痛不安，佗視脈，曰：胎已死矣。使人手摸知所在，在左則男，在右則女。人云：在左，於是爲湯下之，果下男形，即愈。

縣吏尹世苦四支煩，口中乾，不欲聞人聲，小便不利。佗曰：試作熱食，得汗則愈；不汗，後三日死。即作熱食而不汗出，佗曰：藏氣已絶於內，當啼泣而絶。果如佗言。

府吏兒尋、李延共止，俱頭痛身熱，所苦正同。佗曰：尋當下之，延當發汗。或難其異，佗曰：尋外實，延內實，故治之宜殊。即各與藥，明旦幷起。

鹽瀆嚴昕與數人共候佗，適至，佗謂昕曰：君身中佳否？昕曰：自如常。佗曰：君有急病見於面，莫多飲酒。坐畢歸，行數里，昕卒頭眩墮車，人扶將還，載歸家，中宿死。

故督郵頓子獻得病已差，詣佗視脈，曰：尚虚，未得復，勿爲勞事，御內即死。臨死，當吐舌數寸。其妻聞其病除，從百餘里來省之，止宿交接，中間三日發病，一如佗言。

督郵徐毅得病，佗往省之。毅謂佗曰：昨使醫曹吏劉租針胃管訖，便苦欬嗽，欲卧不安。佗曰：刺不得胃管，誤中肝也，食當日減，五日不救。遂如佗言。

東陽陳叔山小男二歲得疾，下利常先啼，日以羸困。問佗，佗曰：其母懷軀，陽氣內養，乳中虚冷，兒得母寒，故令不時愈。佗與四物女宛丸，十日即除。

彭城夫人夜之廁，蠆螫其手，呻呼無賴。佗令溫湯近熱，漬手其中，卒可得寐，但旁人數爲易湯，湯令煖之，其旦即愈。

軍吏梅平得病，除名還家，家居廣陵，未至二百里，止親人舍。有頃，佗偶至主人許，主人令佗視平，佗謂平曰：君早見我，可不至此。今疾已結，促去可得與家相見，五日卒。應時歸，如佗所刻。

佗行道，見一人病咽塞，嗜食而不得下，家人車載欲往就醫。佗聞其呻吟，駐車往視，語之曰：向來道邊有賣餅家，蒜齏大酢，從取三升飲之，病自當去。即如佗言，立吐蛇一枚，縣車邊，欲造佗。佗尚未還，小兒戲門前，逆見，自相謂曰：似逢我公，車邊病是也。疾者前入坐，見佗北壁縣此蛇輩約以十數。

又有一郡守病，佗以爲其人盛怒則差，乃多受其貨而不加治，無何棄去，留書罵之。郡守果大怒，令人追捉殺佗。郡守子知之，屬使勿逐。守瞋恚既甚，吐黑血數升而愈。

又有一士大夫不快，佗云：君病深，當破腹取。然君壽亦不過十年，病不能殺，君忍病十歲，壽俱當盡，不足故自刳裂。士大夫不耐痛癢，必欲除之。佗遂下手，所患尋差，十年竟死。

廣陵太守陳登得病，胸中煩懣，面赤不食。佗脈之曰：府君胃中有蟲數升，欲成内疽，食腥物所爲也。即作湯二升，先服一升，斯須盡服之。食頃，吐出三升許蟲，赤頭皆動，半身是生魚膾也，所苦便愈。佗曰：此病後三期當發，遇良醫乃可濟救。依期果發動，時佗不在，如言而死。

太祖聞而召佗，佗常在左右。太祖苦頭風，每發，心亂目眩，佗針鬲，隨手而差。

〔裴松之注引〕《佗別傳》曰：有人病兩脚躄不能行，轝詣佗，佗望見云：已飽針灸服藥矣，不復須看脈。便使解衣，點背數十處，相去或一寸，或五寸，縱邪不相當。言灸此各十壯，灸創愈，即行後灸。處夾脊一寸，上下行，端直均調，如引繩也。

李將軍妻病甚，呼佗視脈，曰：傷娠而胎不去。將軍言：聞實傷娠，胎已去矣。佗曰：案脈，胎未去也。將軍以爲不然。佗舍去，婦稍小差。百餘日復動，更呼佗，佗曰：此脈故事有胎。前當生兩兒，一兒先出，血出甚多，後兒不及生。母不自覺，旁人亦不寤，不復迎，遂不得生。胎死，血脈不復歸，必燥著母脊，故使多脊痛。今當與湯，并針一處，此死胎必出。湯針既加，婦痛急如欲生者。佗曰：此死胎久枯，不能自出，宜使人探之。果得一死男，手足完具，色黑，長可尺所。

佗之絶技，凡此類也。然本作士人，以醫見業，意常自悔。後太祖親理，得病篤重，使佗專視。佗曰：此近難濟，恒事攻治，可延歲月。佗久遠家思歸，因曰：當得家書，方欲暫還耳。到家，辭以妻病，數乞期不反。太祖累書呼，又敕郡縣發遣。佗恃能厭食事，猶不上道。太祖大怒，使人往檢，若妻信病，賜小豆四十斛，寬假限日；若其虚詐，便收送之。於是傳付許獄，考驗首服。荀彧請曰：佗術實工，人命所縣，宜含宥之。太祖曰：不憂，天下當無此鼠輩耶？遂考竟佗。佗臨死，出一卷書與獄吏，曰：此可以活人。吏畏法不受，佗亦不彊，索火燒之。佗死後，太祖頭風未除。太祖曰：佗能愈此。小人養吾病，欲以自重，然吾不殺此子，亦終當不爲我斷此根原耳。及後愛子倉舒病困，太祖歎曰：吾悔殺華佗，令此兒彊死也。

初，軍吏李成苦欬嗽，晝夜不寤，時吐膿血，以問佗。佗言：君病腸臃，欬之所吐，非從肺來也。與君散兩錢，當吐二升餘膿血訖，快自養，一月可小起，好自將愛，一年便健。十八歲當一小發，服此散，亦行復差。若不得此藥，故當死。復與兩錢散。成得藥，去五六歲，親中人有病如成者，謂成曰：卿今彊健，我欲死，何忍無急去藥，以待不祥？先持貸我，我差，爲卿從華佗更索。成與之。已故到譙，適值佗見收，怱怱不忍從求。後十八歲，成病竟發，無藥可服，以至於死。

〔裴松之注引〕《佗別傳》曰：人有在青龍中見山陽太守廣陵劉景宗，景宗説中平日：數見華佗，其治病手脈之候，其驗若神。琅琊劉勳爲河内太守，有女年幾二十，左脚膝裏上有瘡，癢而不痛。瘡愈數十日復發，如此七八年，迎佗使視，佗曰：是易治之。當得稻糠黄色犬一頭，好馬二匹。以繩繫犬頸，使走馬牽犬，馬極輒易。計馬走三十餘里，犬不能行，復令步人拖曳，計向五十里。乃以藥飲女，女即安卧不知人。因取大刀斷犬腹近後脚之前，以所斷之處向瘡口，令去二三寸停之。須臾，有若蛇者從瘡中而出，便以鐵椎横貫蛇頭。蛇在皮中動摇良久，須臾不動，乃牽出，長三尺所，純是蛇，但有眼處而無童子，又逆鱗耳。以膏散著瘡中，七日愈。又有人苦頭眩，頭不得舉，目不得視，積年。佗使悉解衣倒懸，令頭去地一二寸，濡布拭身體，令周帀，候視諸脈，盡出五色。佗令弟子數人以鈹刀決脈，五色血盡，視赤血乃下，以膏摩被覆，汗自出周帀，飲以亭歷犬血散，立愈。又有婦人長病經年，世謂寒熱注病者。冬十一月中，佗令坐石槽中，平旦用寒水汲灌，云當滿百。始七八灌，會戰欲死，灌者懼，欲止。佗令滿數。將至八十灌，熱氣乃蒸出，囂囂高二三尺。滿百灌，佗乃使然火溫床，厚覆，良久汗洽出，著粉汗燥便愈。又有人病腹中半切痛，十餘日中，鬢眉墮落。佗曰：是脾半腐，可刳腹養治也。使飲藥令卧，破腹就視，脾果半腐壞。以刀斷之，刮去惡肉，以膏傅瘡，飲之以藥，百日平復。

《中藏經·鄧處中序》 華先生諱佗，字元化，性好恬淡，喜味方書。多遊名山幽洞，往往有所遇。一日，因酒息於公宜山古洞前，忽聞人論療病之法，先生訝其異，潛逼洞竊聽。須臾，有人云：華先生在邇，術可付焉。復有一人曰：道生性貪，不憫生靈，安可付也？先生不覺愈駭，躍入洞，見二老人，衣木皮，頂草冠。先生躬趨左右而拜曰：滴聞賢者論方術，遂乃忘歸。願賢者少察愚誠，乞與開悟，終身不負恩。首坐先生云：術亦不惜，恐異日與子爲累。若無高下，無貧富，無貴賤，不務財賄，不憚勞苦，矜老恤幼爲急，然後可脫子禍。先生再拜謝曰：賢聖之語，一一不敢忘，俱能從之。二老笑指東洞云：石牀上有一書函，子自取之，速出吾居，勿示俗流，宜秘密之。先生時得書，回首已不見老人。先生懾怯離洞，忽然不見，雲奔雨瀉，石洞摧塌。既覽其方，論多奇怪。從茲施試，效無不存神。先生未六旬，果爲魏所戮，老人之言，預有斯驗。余乃先生外孫也，因弔先生寢室，夢先生引余坐，語《中藏經》眞活人法也，子可取之，勿傳非人。余覺，驚怖不定，遂討先生舊物，獲石函一具，開之，得書一帙，迺《中藏經》也。予性拙於用，復授次子思，因以志其實。甲寅秋九月序

《鍼灸甲乙經·自序》 漢有華佗、張仲景，其他奇方異治，施世者多，亦不能盡記其本末。若知直祭酒劉季琰病發於畏惡，治之而瘥。云：後九年季琰病應發，發當有感，仍本於畏惡，病動必死。終如其言。【略】華佗性惡矜技，終以戮死。

《搜神記》卷一 沛國華佗，字元化，一名旉。瑯邪劉勳爲河內太守，有女年幾二十，苦腳左膝裏有瘡，癢而不痛。瘡愈，數十日復發，如此七八年。迎佗使視，佗曰：是易治之，當得稻糠黃色犬一頭，好馬二匹。以繩繫犬頸，使走馬牽犬，馬極輒易。計馬走三十餘里，犬不能行，復令步人拖曳，計向五十里。乃以藥飲女，女即安卧不知人。因取大刀斷犬腹近後腳之前，以所斷之處向瘡口，令二三寸停之。須臾，有若蛇者從瘡中出，便以鐵椎橫貫蛇頭。蛇在皮中動搖良久，須臾不動，乃牽出，長三尺許，純是蛇，但有眼處，而無瞳子，又逆鱗耳。以膏散著瘡中，七日愈。

《太平廣記》卷二一八引《獨異志》 魏華佗善醫。嘗有郡守病甚，佗過之，郡守令佗診候，佗退，謂其子曰：使君病有異於常，積瘀血在腹中，當極怒嘔血，即能去疾，不爾無生矣。子能盡言家君平昔之愆，吾疏而責之。其子曰：若獲愈，何謂不言！於是具以父從來所爲乖誤者，盡示佗。佗留書責罵之。父大怒，發吏捕佗，佗不至，遂嘔黑血升餘，其疾乃平。又有女子極美麗，過時不嫁，以右膝常患一瘡，膿水不絕。華佗過，其父問之。佗曰：使人乘馬，牽一栗色狗走三十里，歸而熱截右足，拄瘡上，俄有一赤蛇從瘡出，而入犬足中，其疾遂平。

《冷廬雜識·華陀廟聯》 客有述華陀廟聯云：未劈曹顱千古恨，曾醫關臂一軍驚。又云：岐黃以外無仁術，漢晉之間有異書。稱前聯尤佳。余謂曹顱、關臂事，皆不見正史，不若後聯之大方也。

李當之

《醫說·三皇歷代名醫》 李當之者，不知何許人也，華佗弟子，少通醫經，尤精藥術。

吳普

《後漢書·方技傳·華佗》 廣陵吳普、彭城樊阿皆從佗學。普依準佗療，多所全濟。

佗語普曰：人體欲得勞動，但不當使極耳。動搖則穀氣得銷，血脈流通，病不得生，譬猶戶樞，終不朽也。是以古之仙者爲導引之事，熊經鴟顧，引挽腰體，動諸關節，以求難老。吾有一術，名五禽之戲：一曰虎，二曰鹿，三曰熊，四曰猨，五曰鳥。亦以除疾，兼利蹏足，以當導引。體有不快，起作一禽之戲，怡而汗出，因以著粉，身體輕便而欲食。普施行之，年九十餘，耳目聰明，齒牙完堅。

〔李賢注引〕《佗別傳》曰：吳普從佗學，微得其方。魏明帝呼之，使爲禽戲，普以年老，手足不能相及，粗以其法語諸醫。普今年將九十，耳不聾，目不冥，牙齒完堅，飲食無損。

《醫說·三皇歷代名醫》 吳普，廣陵人也。爲華佗弟子，以藝術知名。性恬淡，善醫方，年九十餘而耳目聰明，牙齒完堅，知名當代。

萬曆《揚州府志·技術傳》 吳普，廣陵人。得華佗青囊之傳，療病多奇驗。年九十餘，手集《華佗方書》十卷。

樊阿

《後漢書・方技傳》 阿善針術。凡醫咸言，背及匈藏之間不可妄針，針之不可過四分，而阿針背入一二寸，巨闕匈藏乃五六寸，而病皆瘳。阿從佗求方可服食益於人者，佗授以漆葉青黏散：漆葉屑一斗，青黏十四兩，以是爲率。言久服，去三蟲，利五藏，輕體，使人頭不白。阿從其言，壽百餘歲。漆葉處所而有，青黏生於豐、沛、彭城及朝歌間。

〔李賢注引〕《佗别傳》曰：青黏者，一名地節，一名黄芝，主理五藏，益精氣，本出於迷入山者，見仙人服之，以告佗。佗以爲佳，語阿，阿又秘之。近者人見阿之壽，而氣力强盛，怪之，遂責所服食，因醉亂，誤道之。法一施，人多服者，皆有大驗。

《醫説・三皇歷代名醫》 樊阿，彭城人。受術於華佗，遂爲名醫。

萬曆《徐州志・人物・方技》 樊阿，彭城人，與廣陵吳普學醫於譙人華佗。

乾隆《江南通志・藝術・徐州府》 樊阿，彭城人，學鍼術於華佗。凡醫咸言：背及胸臟之間不可妄鍼，鍼之不過四分。而阿鍼嘗入一二寸，至胸臟乃六七寸，而病者皆瘳。壽百餘歲。

金筆先生

光緒《曲沃縣志・藝術》 金筆先生，里居、姓氏俱不可考。相傳有公主患喉癰，怯鍼砭，先生曰：吾將以筆蘸藥末塗之。如言果效。問其方，則曰：實以鍼匿筆中耳，無方也。王大悦，遂號爲金筆仙人。邑西南隘口鎮南崖中有小龕，舊存仙人遺像，即招仙洞。

醫家總部

三國醫家部

句驪客

《西陽雜俎·醫》魏時有句驪客善用鍼，取寸髮斬爲十餘段，以鍼貫取之，言髮中虛也。其妙如此。

封衡 君達

《古今醫統大全·歷世聖賢名醫姓氏·魏》封君達，隴西人，號青牛道士，服黃連五十餘年，又入鳥鼠山服汞，百歲如童。常騎青牛，有病殆死者，藥之即活。後入丘山仙去云。

乾隆《甘肅通志·仙釋方伎》封衡，隴西東鄉人。幼學道術，服黃連五十年，入山採藥百餘年，復還鄉里，如二十者。常乘青牛，故號青牛道士。聞有病死者，輒探腰間竹管中與服之，立應。魏武帝召問養性大略，衡曰：減思慮，節飲食。著有《養氣法》、《衛生經》數十餘卷。

董奉

乾隆《江南通志·藝術·鳳陽府》董奉，居鍾離，爲人治病輒愈。重者種杏五株，輕者一株，遂有萬株。今鳳陽縣南有杏山。

光緒《江西通志·仙釋》董奉，字君異，閩之侯官人，居廬山。爲人治病不取錢，重病愈者，使栽杏五，輕者一，數年計得十餘萬株。後杏大熟，作一草倉於林，榜示人曰：欲買杏者，不須報奉，但將穀一器，易杏一器。有置穀少而取杏多者，有虎吼而逐之。奉得穀，盡以散貧者。歲大旱，縣令丁士彥齎酒脯請禱，奉曰：貧道屋皆見天，恐雨至，何堪？令曰：先生但致雨，當爲架屋。明日，令人吏運竹木，起屋立成，聚土作泥，擬數里取水。奉曰：不須爾，暮當大雨。暮果然。令女爲邪所魅，投奉治之。曰：若得愈，當以侍巾櫛。奉然之。忽一鼉陸行詣病者門，使斬之，遂愈，納爲妻。奉每出，妻不能獨居，乃乞一女養之，年十餘歲，奉一旦竦身入雲中去，妻與女賣杏取給。奉在人間三百餘年，顏狀如三十時人。

負局先生

《列仙傳·負局先生》負局先生者，不知何許人也，語似燕代間人。常負磨鏡局徇吳市中街，磨鏡一錢。因磨之，輒問主人得無有疾苦者，輒出紫丸藥以與之，得者莫不愈。如此數十年。後大疫，病家至戶到與藥，活者萬計，不取一錢，吳人乃知其眞人也。後住吳山絕崖頭，懸藥下與人。將欲去時，語下人曰：吾還蓬萊山，爲汝曹下神水。崖頭一旦有水，白色流從石間來，下服之，多愈疾。立祠十餘處。

《古今醫統大全·歷世聖賢名醫姓氏·吳》負局先生，不知何許人，常磨鏡於市，因見疾苦者，有紫藥丸與之，立愈。如此十年。後大疫時行，負與藥即活，不取一錢。吳人知其爲眞人。後處吳山絕頂，語人曰：我還蓬萊山，此下出有神水崖，汝(遭)〔曹〕飲之，可愈疾。果驗。

葛仙公 鄭隱 鮑玄

《晉書·葛洪傳》葛洪，字稚川。【略】從祖玄，吳時學道得仙，號曰葛仙公，以其鍊丹秘術授弟子鄭隱。洪就隱學，悉得其法焉。後師事南海太守上黨鮑玄。玄亦內學，逆占將來，見洪深重之，以女妻洪。洪傳玄業，兼綜練醫術。

醫家總部

晉醫家部

王叔和

《脈經·林億等校定脈經序》 詔典校古醫經方書，所校讎中《脈經》一部，乃王叔和之所撰集也。叔和，西晉高平人。性度沈靖，尤好著述，博通經方，精意診處，洞識脩養之道。其行事具唐甘伯宗《名醫傳》中。臣等觀其書，叙陰陽表裏，辨三部九候，分人迎、氣口、神門，條十二經、二十四氣、奇經八脈，以舉五藏六腑、三焦四時之痾，若網在綱，有條而不紊，使人占外以知內，視死而別生，至爲詳悉，咸可按用。其文約，其事詳者，獨何哉？蓋其爲書，一本《黄帝内經》，間有踈略未盡處，而又輔以扁鵲、仲景、元化之法，自餘奇怪異端不經之説，一切不取。不如是，何以歷數千百年而傳用，無毫髮之失乎。又其大較，以謂脈理精微，其體難辨，兼有數候，俱見異病同脈之惑，專之指下不可以盡隱伏，而乃廣述形證虛實，詳明聲色王相，以此參伍，決死生之分，故得十全，無一失之繆，爲果不疑。

《醫説·三皇歷代名醫》 王叔和，高平人也。博好經方，尤精診處，洞識攝養之道，深曉療病之源。採摭群論，撰成《脈經》十卷。篇次《張仲景方論》爲三十六卷，大行于世。

《醫史·王叔和補傳》 王叔和，高平人也。仕西晉，爲太醫令。性度沉靖，潛心方脈，精意診切，洞識攝養之道。平生雅好著述，乃本黄帝《素問》、秦越人《八十一難經》暨張仲景、華元化之書，撰《脈經》十卷，凡九十七篇，叙陰陽表裏，辨三部九候，分人迎、氣口、神門，條十二經，二十四氣，奇經八脈，五藏六腑，三焦四時之痾，(粲)[粲]如指掌。其文約，其旨遠，其理奥，使人占外以知內，見死而別生。按其法而用之，厥驗如神，毫髮不爽。自《難經》之後，闡明脈旨，殆無餘藴。觀其自叙，有曰：脈理精微，其體難裁。弦、緊、浮、芤，展轉相類，在心易了，入指難明。謂沉爲伏，則方治永乖。以緩爲遲，則危殆立至。況有數候俱見，異病同脈者乎？夫醫藥爲用，性命所繫，和、鵲至妙，猶或加思。仲景明審，亦候形證。一毫有疑，則考校以求驗。故傷寒有承气之戒，嘔噦發下焦之間。而遺文遠旨，代寡能用，舊經秘術，奥而不售，遂令求學昧於源本，互滋偏見，各逞己能，致微痾成膏肓之變，滯固絶振起之望，良有以也。今撰集岐伯以來，逮于華佗，經論要訣，合爲十卷，百病根源，各以類例相從，聲色證候靡不該備。誠能篤志研窮，究其微賾，則可以比蹤古賢，代無夭横矣。夫自王氏《脈經》出，而海內學醫之士，咸知所宗，論者以爲經絡之龜鑑，攻療之梯航，廣仁術而利天下，厥功甚溥。叔和又有《脈訣》四卷，《脈賦》一卷，纂次張仲景《傷寒論》，爲三十六卷，行於世云。

嵩渚子曰：宋熙寧初，光祿卿直秘閣林億校諸醫經方書，而王氏《脈經》始鏤板於廣西漕司，序之者長樂陳孔碩也。元泰定間，醫學(教)授謝縉翁又刊于龍興儒學，而東陽柳道傳寔序之。其曰：《脈訣》出，而《脈經》隱，正如俗儒知誦詩文，而不知誦經史，切中後世拘末忘本之弊。然晦菴朱子則謂：《脈訣》辭雖鄙淺，而直指高骨爲關之説，合於《難經》本旨，蓋亦取之，抑《脈訣》雖非叔和書，其亦嘗讀《脈經》而有得者邪。但其自立七表八裏九道之目，與《脈經》所載二十四種之名義弗合，是故世之國手，遂以爲贋書而輕之，恐亦終不可廢也。知醫君子，其尚審察之哉。

《古今醫統大全·歷世聖賢名醫姓氏·晉》 王叔和，高平人，爲太醫令。博學經方，尤精診候，洞識攝養之道，通曉療病之機。採摭群論，撰成《脈經》十卷。編次張仲景方論三十六卷。惜乎《脈經》誤以小大腸配心肺之候，致有高陽生《脈訣》僞書竊名。誤天下之蒼生者，此其由也。

萬曆《襄陽府志·方技》 王叔和，高平人也。仕晉爲太醫令，晉亂，僑寓襄陽。【略】墓在峴山下。

萬曆《山西通志·雜志·技術》 王叔和，晉時高平人，爲太醫令。性度沉靜，博通經史，窮研方脈，精意診切，尤好著述，洞識修養之道。撰《脈經》十卷，《脈訣》四卷、《脈賦》一卷。仲景作《傷寒論》錯簡，迨叔和撰次成序，得成全書。事見唐甘宗伯《名醫傳》。

《醫學讀書志·晉王氏叔和》 叔和一代名醫，去漢未遠，故有深知灼見，能傳仲景道脈。摭集古經名論，撰《脈經》九十七篇。

同治《襄陽縣志・地理志・古迹附陵墓》　晉太醫令王叔和墓，在峴山。墓碑及碑陰，隆慶六年良醫正江西浮梁鳳岡金堯謨立，范于野題。今於路旁樹碑識之。

宣統《山東通志・藝文・醫家》　明方有執《傷寒論條辨》以《序例》爲叔和作。元和陸懋修《世補齋醫書》謂今所傳《傷寒論平脈法、辨脈法》二篇及諸可與不可等篇，皆出叔和之手，王安道論之頗詳，迹其文筆，絶類王氏《脈經》云。

皇甫謐 士安

《鍼灸甲乙經・自序》　按《七略》、《藝文志》：《黄帝内經》十八卷。今有《鍼經》九卷、《素問》九卷，二九十八卷，即《内經》也。亦有所亡失。其論遐遠，然稱述多，而切事少，有不編次。比按《倉公傳》，其學皆出於《素問》，論病精微。《九卷》是原本經脈，其義深奥，不易覽也。又有《明堂孔穴針灸治要》，皆黄帝岐伯選事也。三部同歸，文多重複，錯互非一。甘露中，吾病風加苦聾，百日方治，要皆淺近。乃撰集三部，使事類相從。删其浮辭，除其重複，論其精要，至爲十二卷。《易》曰：觀其所聚，而天地之情事見矣。況物理乎？事類相從，聚之義也。夫受先人之體，有八尺之軀，而不知醫事，此所謂游魂耳！若不精通於醫道，雖有忠孝之心，仁慈之性，君父危困，赤子塗地，無以濟之。此固聖賢所以精思極論盡其理也。由此言之，焉可忽乎？其本論，其文有理，雖不切於近事，不甚删也。若必精要，俟其閑暇，當撰覈以爲教經云爾。

《晉書・皇甫謐傳》　皇甫謐，字士安，幼名静，安定朝那人，漢太尉嵩之曾孫也。出後叔父，徙居新安。年二十，不好學，游蕩無度，或以爲痴。嘗得瓜果，輒進所後叔母任氏。任氏曰：《孝經》云：三牲之養，猶爲不孝。汝今年餘二十，目不存教，心不入道，無以慰我。因歎曰：『昔孟母三徙以成仁，曾父烹豕以存教，豈我居不卜鄰，教有所闕，何爾魯鈍之甚也！修身篤學，自汝得之，於我何有！因對之流涕。謐乃感激，就鄉人席坦受書，勤力不怠。居貧，躬自稼穡，帶經而農，遂博綜典籍百家之言。沈静寡欲，始有高尚之志，以著述爲務，自號玄晏先生。著《禮樂》、《聖真》之論。後得風痹疾，猶手不輟卷。

或勸謐修名廣交，謐以爲非聖人孰能兼存出處，居田里之中亦可以樂堯舜之道，何必崇接世利，事官鞅掌，然後爲名乎。作《玄守論》以答之，曰：【略】遂不仕。耽翫典籍，忘寢與食，時人謂之書淫。或有箴其過篤，將損耗精神。謐曰：朝聞道，夕死可矣，況命之修短分定懸天乎！

叔父有子既冠，謐年四十喪所生後母，遂還本宗。

城陽太守梁柳，謐從姑子也，當之官，人勸謐餞之。謐曰：柳爲布衣時過吾，吾送迎不出門，食不過鹽菜，貧者不以酒肉爲禮。今作郡而送之，是貴城陽太守而賤梁柳，豈中古人之道，是非吾心所安也。

時魏郡召上計掾，舉孝廉。景元初，相國辟，皆不行。其後鄉親勸令應命，謐爲《釋勸論》以通志焉。其辭曰：【略】其後武帝頻下詔敦逼不已，謐上疏自稱草莽臣曰：臣以尫弊，迷於道趣，因疾抽簪，散髮林皐，人綱不閑，鳥獸爲群。陛下披榛採蘭，并收蒿艾。是以臯陶振褐，不仁者遠。臣惟頑蒙，備食晉粟，猶識唐人擊壤之樂，宜赴京城，稱壽闕外。而小人無良，致災速禍，久嬰篤疾，軀半不仁，右腳偏小，十有九載。又服寒食藥，違錯節度，辛苦荼毒，于今七年。隆冬裸袒食冰，當暑煩悶，加以咳逆，或若溫瘧，或類傷寒，浮氣流腫，四肢酸重。於今困劣，救命呼噏，父兄見出，妻息長訣。仰迫天威，扶輿就道，所苦加焉，不任進路，委身待罪，伏枕歎息。臣聞《韶》《衛》不並奏，《雅》《鄭》不兼御，故郤子入周，禍延王叔；虞丘稱賢，樊姬掩口。君子小人，禮不同器，況臣糠蘱，糅之彫胡？庸夫錦衣，不稱其服也。竊聞同命之士，咸以畢到，唯臣疾疢，抱釁牀蓐，雖貪明時，懼斃命路隅。設臣不疾，已遭堯舜之世，執志箕山，猶當容之。臣聞上有明聖之主，下有輸實之臣；上有在寬之政，下有委情之人。唯陛下留神垂恕，更旌瓌俊，索隱於傅巖，收釣於渭濱，無令泥滓久濁清流。謐辭切言至，遂見聽許。

歲餘，又舉賢良方正，并不起。自表就帝借書，帝送一車書與之。謐雖羸疾，而披閱不怠。初服寒食散，而性與之忤，每委頓不倫，嘗悲恚，叩刃欲自殺，叔母諫之而止。

濟陰太守蜀人文立，表以命士有贄爲煩，請絶其禮幣，詔從之。謐聞而歎曰：亡國之大夫不可與圖存，而以革歷代之制，其可乎！夫束帛戔戔，《易》之明義，玄纁之贄，自古之舊也。故孔子稱夙夜強學以待問，席上之珍以待聘。士於是乎三揖乃進，明致之難也；一讓而退，明去之易也。若殷湯之於伊尹，文王之於太公，或身即莘野，或就載以歸，唯恐禮之不重，豈吝其煩費哉！且一禮不備，貞女恥之，况命士乎！孔子曰：賜也，爾愛其羊，我愛其禮。弃之如何？政之失賢，於此乎在矣。

咸寧初，又詔曰：男子皇甫謐沈靜履素，守學好古，與流俗異趣，其以謐爲太子中庶子。謐固辭篤疾。帝初雖不奪其志，尋復發詔徵爲議郎，又召補著作郎。司隸校尉劉毅請爲功曹，并不應。著論爲葬送之制，名曰《篤終》。【略】而竟不仕。太康三年卒，時年六十八。子童靈、方回等遵其遺命。

謐所著詩賦誄頌論難甚多，又撰《帝王世紀》、《年曆》、《高士》、《逸士》、《列女》等傳、《玄晏春秋》，并重於世。門人摯虞、張軌、牛綜、席純，皆爲晉名臣。

《古今醫統大全·歷世聖賢名醫姓氏·晉》 皇甫謐，字士安，定朝郡人，號玄晏先生。沉凈寡欲，是有高尚之志。以著述爲務。自得風痹疾，因而學醫。集覽經方，手不釋卷，遂盡其妙。所著《甲乙經》及《鍼經》行世。

《醫學讀書志·晉皇甫氏謐》 謐字士安，自號元晏先生。【略】太康三年卒，年六十八。遺命：服幅巾故衣，以蘧篨裹尸，麻約二頭，置尸牀上，擇不毛之地，穿阬深十尺，長一丈五尺，舉牀就阬，去牀下尸。平生之物，皆無所隨，惟齎《孝經》一卷，蘧篨之外，便以親土。土與地平，還其故草，使生其上，不種樹木，形骸與後土同體，魂爽與元氣合靈。亡有前後，不得移祔，無張神座，無十五日朝夕上食禮，不墓祭，但月朔於家設席以祭，百日而止。臨必昏明，不得以夜。【略】門人摯虞、張軌、牛綜、席純，皆爲晉名臣。子童靈、方回。方回少遵父操，永嘉初，屢征博士不起，避亂荊州，閉戶閑居，遵賢愛物，人咸崇敬之。

李子豫

《搜神後記·李子豫》 李子豫，少善醫方，當代稱其通靈。許永爲豫州刺史，鎮歷陽，其弟得病，心腹疼痛十餘年殆死。忽一夜，聞屏風後有鬼謂腹中鬼曰：何不速殺之，不然李子豫當從此過，以赤(先)〔丸〕打汝，汝其死矣。腹中鬼對曰：吾不畏之。及旦，許永遂使人候子豫，果來。未入門，病者自聞中有呻吟聲，及子豫入視，曰：鬼病也。遂於巾箱中出八毒赤丸子與服之。須臾，腹中雷鳴彭轉，大利數行遂差。今八毒丸方是也。

程據

《古今醫統大全·歷世聖賢名醫姓氏·晉》 程據，不知何郡人，志性沉毅，雅有度量，少以醫術知名，爲太醫令。

張華

《古今醫統大全·歷世聖賢名醫姓氏·晉》 張華，字茂(仙)〔先〕，范陽方城人。學(醫)〔業〕優博，辭藻溫麗，精於經方、本草、診論，工奇理，療多效。

裴頠

《晉書·裴頠傳》 頠字逸民。弘雅有遠識，博學稽古，自少知名。御史中丞周弼見而嘆曰：頠若武庫，五兵縱橫，一時之傑也。【略】頠通博多聞，兼明醫術。荀勖之修律度也，檢得古尺，短世所用四分有餘。頠上言：宜改諸度量。若未能悉革，可先改太醫權衡。此若差違，遂失神農、岐伯之正。藥物輕重，分兩乖互，所可傷夭，爲害尤深。古壽考而今短折者，未必不由此也。卒不能用。

《古今醫統大全·歷世聖賢名醫姓氏·晉》 裴(顗)〔頠〕，字逸(之)〔民〕，河東人，多學術，善醫經診處，通明方藥，精富於時。名臣碩學咸敬服之。官至尚書僕射。

支法存

《太平廣記》卷一一九引《還冤記》 支法存者，本自胡人，生長廣州，妙善醫術，遂成巨富。有八九尺毾㲪，百種形像，光彩曜目。又有沈香八尺板牀，居常芬馥。王譚爲廣州刺史，大兒劭之，屢求二物，法存不與。王因狀法存豪縱，殺而籍沒家財焉。死後，形見於府內，輒打閤下鼓，似若稱冤，如此經月。王尋得病，恆見法存守之，少時遂亡，劭之比至揚都，又死焉。

《醫說·三皇歷代名醫》 支法存者，嶺表僧人也。幼慕空門，心希至道，而性敦方藥，尋覽無厭，當代知其盛名。自永嘉南渡，晉朝士夫不襲水土，所患皆腳弱，唯法存能拯濟之。

阮偘

《古今醫統大全·歷世聖賢名醫姓氏·晉》 阮偘，字德如，陳留尉氏人，以秀才爲郎，游(子)〔心〕博學方技，無不通會。於本草、經方治療之法，尤所耽尚。官至河內太守。

張苗

《古今醫統大全・歷世聖賢名醫姓氏・晋》 張苗，不知何郡人，雅好醫術，善消息診處，爲時所重。陳廩丘得疾，連服藥特發汗不出。或曰：汗不出者死。苗教以燒地加桃葉於上，蒸之，即得大汗而愈。

于法開

康熙《浙江通志・方伎・紹興府》 于法開，居剡，醫術明解。嘗旅行，暮投主人，其家妻臨産，而兒積日不墮。法開曰：此易治耳。殺一肥羊，食十餘臠而針之，須臾兒下，羊脅裹兒出。

乾隆《紹興府志・人物・方技》 于法開，避支遁居剡。

乾隆《紹興府志・人物・仙釋》 于法開遊石城，住元華寺。又移白山靈鷲寺，與支公爭色空義。弟子法威最知名，開嘗使威出都當還山陰，《世說》作使過會稽。曰：道林正講小品，將無往見之耶。威曰：諾。既至，遁方捉麈，威致難攻之，遁曰：君乃受人寄載來耶？嘉泰《志》、萬曆《志》：法開始與支公爭名，後精漸歸支，意甚不分，遂遁跡剡下，名德，沙門題目曰：法開。才辨縱横，以術數宏教。

蔡謨

《醫說・三皇歷代名醫》 蔡謨，字道明，不知何許人也。素以儒道自達，治莅知名。性有道風，耽尚醫術，常覽本草、經方，手不釋卷。及授揚州刺史，將之任，渡江食蟹，誤中彭蜞毒殆死，嘆曰：讀《爾雅》不熟，爲《勸學》所誤焉！

殷浩

李梴《醫學入門・歷代醫學姓氏・儒醫》 殷浩，字深源，陳郡長平人。好古《易》，精醫術，妙解經脈，著方書。

范汪

《晋書・范汪傳》 范汪，字玄平，雍州刺史晷之孫也。父稚，蚤卒。汪少孤貧，六歲過江，依外家新野庾氏。荆州刺史王澄見而奇之，曰：興范族者，必是子也。年十三，喪母，居喪盡禮，親鄰哀之。及長，好學。外氏家貧，無以資給，汪乃廬於園中，布衣蔬食，然薪寫書，寫畢，誦讀亦遍，遂博學多通，善談名理。

《醫說・三皇歷代名醫》 范汪，字玄平，不知何郡人。少孤，年六歲過江，依外家新野庾氏，賓于園中，布衣蔬食，燃薪寫書，畢，讀誦亦遍，遂博通百家之言。性仁愛，善醫術，嘗以拯恤爲事，凡有疾病，不以貴賤皆治之，所活十愈八九。

宮泰

《古今醫統大全・歷世聖賢名醫姓氏・晋》 宮泰，不知何郡人，好醫術，有一藝長於己者，必千里求之。善診諸病，療上氣尤異奇，製三物散方，治喘咳氣逆最效，世所貴云。

劉德

《古今醫統大全・歷世聖賢名醫姓氏・晋》 劉德，彭城人，少以醫方自達，長以才術知名，攻治衆疾，隨手而愈。官至太醫院校尉。

史脱

《古今醫統大全・歷世聖賢名醫姓氏・晋》 史脱，不知何郡人。氣性沉毅，志行敦簡，善診候，明消息，多辯論，治疸證爲最高。官拜太醫院校尉。

靳邵

《古今醫統大全・歷世聖賢名醫姓氏・晋》 （鄞）〔靳〕邵，不知何郡人。性聰明，有才術，本草經方，誦覽無不通究，裁方治療，有出衆見。製五石散、礬石散等方，晋朝士夫無不敬服。

殷仲堪

《晋書・殷仲堪傳》 殷仲堪，陳郡人也。祖融，太常、吏部尚書。父師，驃騎諮議參軍、晋陵太守沙陽男。仲堪能清言，善屬文，每云三日不讀《道德論》，便覺舌本間强。其談理與韓康伯齊名，士咸愛慕之。【略】領晋陵太守，居郡禁産子不舉，久喪不葬，録父母以質亡叛者，所下條教甚有義理。父病積年，仲堪衣不解帶，躬學醫術，究其精妙，執藥揮淚，遂眇一目。居喪哀毁，以孝聞。服闋，孝武帝召爲太子中庶子，甚相親愛。仲堪父嘗患耳聰，聞牀下蟻動，謂之牛鬭。帝素聞之而不知其人。至是，從容問仲堪曰：患此者爲誰？仲堪流涕而起曰：臣進退惟谷。帝有愧焉。復領黄門郎，寵任轉隆。帝嘗示仲堪詩，乃曰：勿以己才而笑不才。帝以會稽王非社稷之臣，擢所親幸以爲藩捍，乃授仲堪都督荆益寧三州軍事、振威將軍、荆州刺史、假節鎮江陵。【略】仲堪少奉天師道，又精心事神，不吝財賄，而怠行仁義，嗇於周急，及玄來攻，猶勤請禱。然善取人情，病者自爲診脈分藥，而用計倚伏煩密，少於鑒略，以至於敗。

葛　洪稚川

《肘後備急方·段成己序》　丹陽葛稚川，夷考古今醫家之説，驗其方簡要易得，鍼灸分寸易曉，必可以救人於死者，爲《肘後備急方》，使有病者得之，雖無韓伯休，家自有藥，雖無封君達，人可爲醫，其以備急固宜。華陽陶弘景曰：葛之此制，利世實多，但行之既久，不無謬誤，乃著《百一方》疏於《備急》之後，訛者正之，缺者補之，附以炮製、服食諸法，纖悉備具，仍區别内、外、他犯爲三條，可不費討尋，開卷見病，其以備急益宜。

葛、陶二君，世共知爲有道之士，於學無所不貫，於術無所不通，然猶積年僅成此編，蓋一方一論，已試而後錄之，非徒采其簡易而已。人能家置一帙，遇病得方，方必已病，如歷卞和之肆，舉皆美玉，入伯樂之廐，無非駿足，可以易而忽之邪？葛《自序》云：人能起信，可免橫夭。意可見矣。

《晉書·葛洪傳》　葛洪，字稚川，丹楊句容人也。祖系，吳大鴻臚。父悌，吳平後入晉，爲邵陵太守。洪少好學，家貧，躬自伐薪以貿紙筆，夜輒寫書誦習，遂以儒學知名。性寡欲，無所愛翫，不知棊局幾道，摴蒲齒名。爲人木訥，不好榮利，閉門卻掃，未嘗交游。於餘杭山見何幼道、郭文舉，目擊而已，各無所言。時或尋書問義，不遠數千里，崎嶇冒涉，期於必得，遂究覽典籍，尤好神仙導養之法。從祖玄，吳時學道得仙，號曰葛仙公，以其鍊丹秘術授弟子鄭隱。洪就隱學，悉得其法焉。後師事南海太守上黨鮑玄。玄亦内學，逆占將來，見洪深重之，以女妻洪。洪傳玄業，兼綜練醫術，凡所著撰，皆精覈是非，而才章富贍。

太安中，石冰作亂，吳興太守顧祕爲義軍都督，與周玘等起兵討之，祕檄洪爲將兵都尉，攻冰别率，破之，遷伏波將軍。冰平，洪不論功賞，徑至洛陽，欲搜求異書以廣其學。

洪見天下已亂，欲避地南土，乃參廣州刺史嵇含軍事。及含遇害，遂停南土多年，征鎮檄命一無所就。後還鄉里，禮辟皆不赴。元帝爲丞相，辟爲掾。以平賊功，賜爵關内侯。咸和初，司徒導召補州主簿，轉司徒掾，遷諮議參軍。干寶深相親友，薦洪才堪國史，選爲散騎常侍，領大著作，洪固辭不就。以年老，欲鍊丹以祈遐壽，聞交阯出丹，求爲句屚令。帝以洪資高，不許。洪曰：非欲爲榮，以有丹耳。帝從之。洪遂將子姪俱行。至廣州，刺史鄧岳留不聽去，洪乃止羅浮山煉丹。岳表補東官太守，又辭不就。岳乃以洪兄子望爲記室參軍。在山積年，優游閑養，著述不輟。其自序曰：

洪體乏進趣之才，偶好無爲之業。假令奮翅則能陵厲玄霄，騁足則能追風躡景，猶欲戢勁翮於鷦鷯之群，藏逸迹於跛驢之伍，豈況大塊稟我以尋常之短羽，造化假我以至駑之蹇足？自卜者審，不能者止，又豈敢力蒼蠅而慕冲天之舉，策跛鱉而追飛兔之軌；飾嫫母之篤陋，求媒陽之美談；推沙礫之賤質，索千金於和肆哉！夫僬僥之步而企及夸父之蹤，近才所以躓礙也；要離之羸而强赴扛鼎之勢，秦人所以斷筋也。是以望絶於榮華之途，而志安乎窮圮之域；藜藿有八珍之甘，蓬蓽有藻棁之樂也。故權貴之家，雖咫尺弗從也；知道之士，雖艱遠必造也。考覽奇書，既不少矣，率多隱語，難可卒解，自非至精不能尋究，自非篤勤不能悉見也。

道士弘博洽聞者寡，而意斷妄説者衆。至於時有好事者，欲有所修爲，倉卒不知所從，而意之所疑又無足諮。今爲此書，粗舉長生之理。其至妙者不得宣之於翰墨，蓋粗言較略以示一隅，冀悱憤之徒省之可以思過半矣。豈謂闇塞必能窮微暢遠乎，聊論其所先覺者耳。世儒徒知服膺周孔，莫信神仙之書，不但大而笑之，又將謗毁眞正。故予所著子言黄白之事，名曰《内篇》，其餘駁難通釋，名曰《外篇》，大凡内外一百一十六篇。雖不足藏諸名山，且欲緘之金匱，以示識者。

自號抱朴子，因以名書。其餘所著碑誄詩賦百卷，移檄章表三十卷，神仙、良吏、隱逸、集異等傳各十卷，又抄《五經》、《史》、《漢》、百家之言、方技雜事三百一十卷，《金匱藥方》一百卷，《肘後要急方》四卷。

洪博聞深洽，江左絶倫。著述篇章，富於班馬，又精辯玄賾，析理入微。後忽與嶽疏云：當遠行尋師，尅期便發。嶽得疏，狼狽往别。而洪坐至日中，兀然若睡而卒，嶽至，遂不及見。時年八十一。視其顏色如生，體亦柔軟，舉尸入棺，甚輕，如空衣，世以爲尸解得仙云。

《古今醫統大全·歷世聖賢名醫姓氏·晉》　葛洪，字稚川，丹陽人，自號抱朴子。廣覽群書諸子百家之言，下至雜文，誦記萬卷，好神仙導引之法，鍊丹以期遐年。所著有《神仙傳》、史集、五經諸史百家之言，《金匱方》、《肘後方》百卷。年八十餘，人言尸解仙云。

光緒《叙州府志·仙釋·富順縣》 葛洪，字稚川，丹陽句容人。好神仙導養法，從祖元學道得仙。其煉丹之處，天下共有十三，縣東瀕江名葛仙峰，乃其一也。上有足跡、丹臺可考。事詳《長春碑記》。

鮑姑

康熙《南海縣志·人物志·僊釋》 葛洪，字稚川，句容人。少好學，以儒名，尤好神僊導養之法。【略】其妻曰鮑姑，靚之女也，與洪相次僊去。至唐時，人猶見其行灸於南海。有崔煒者，得其越井岡艾，灼贅瘤尤驗。

乾隆《長子縣志·仙釋》 鮑姑，葛洪妻，靚之女也。洪師事靚，靚器重之，因妻焉。洪仙去，姑尚留南海。後貞元中，有崔煒者，見一老嫗，因蹶破人酒甕被毆，煒憐之，代償其值。嫗不謝而去。明日持艾來，曰：此越井岡產也，善灸贅，後當遇美麗，獲萬緡。倏不見。煒夜行失足，墮深穴中。有白蛇目光焰焰如電，煒恐怖，詣叩禱，見其唇吻有疣，請灸之，應手而落。蛇因吐徑寸珠，煒不敢取，乃引至別洞，見四麗人，其一有疣，曰：知君有鮑姑艾，請留少許，以寶珠酬之。煒留艾，攜珠以出，遇巨商，果以十萬緡易去。及詢鮑姑，乃知爲太元女、葛仙妻也。

崔煒

《太平廣記》卷三四引《傳奇》 貞元中，有崔煒者，故監察向之子也。向有詩名於人間，終於南海從事。煒居南海，意豁然也。不事家產，多尚豪俠，不數年。財業殫盡，多棲止佛舍。時中元日，番禺人多陳設珍異於佛廟，集百戲于開元寺，煒因窺之。見乞食老嫗，因蹶而覆人之酒甕，當壚者毆之，計其直僅一緡耳。煒憐之，脫衣爲償其所直，嫗不謝而去。異日又來告煒曰：謝子爲脱吾難，吾善灸贅疣，今有越井岡艾少許奉子，每遇疣贅，只一炷耳，不獨愈苦，兼獲美豔。煒笑而受之。嫗倏亦不見。後數日，因遊海光寺，遇老僧贅于耳。煒因出艾試灸之，而如其說。僧感之甚，謂煒曰：貧道無以奉酬，但轉經以資郎君之福祐耳。此山下有一任翁者，藏鏹巨萬。亦有斯疾，君子能療之，當有厚報。請爲書導之。煒曰：然。任翁一聞喜躍，禮請甚謹。煒因出艾，一爇而愈。任翁告煒曰：謝君子痊我所苦，無以厚酬，有錢十萬奉子，幸從容，無草草而去。煒因留彼。煒善絲竹之妙，聞主人堂前彈琴聲，詰家童，對曰：主人之愛女也。因請其琴而彈之。女潛聽而有意焉。時任翁家事鬼曰獨腳神，每三歲必殺一人饗之，時已逼矣，求人不獲，任翁俄負心，召其子計之曰：門下客既不來，無血屬，可以爲饗。吾聞大恩尚不報，況愈小疾耳。遂令具神饌。夜將半，擬殺煒。已潛扃煒所處之室，而煒莫覺，女密知之，潛持刃於窗隙間，告煒曰：吾家事鬼，今夜當殺汝以祭之，汝可持此破窗遁去，不然者，少頃死矣。此刃亦望持去，無相累也。煒恐悸汗流，揮刃攜艾，斷窗櫺躍出，拔鍵而走。任翁俄覺，率家僮十餘輩，持刃秉炬追之六七里，幾及之。煒因迷道。失足墜于大枯井中，追者失蹤而返。煒雖墜井，爲槁葉所藉而無傷。及曉視之，乃一巨穴，深百餘丈。無計可出，四旁嵌空宛轉，可容千人。中有一白蛇盤屈，可長數丈，前有石臼。巖上有物滴下，如飴蜜，注臼中，蛇就飲之。煒察蛇有異，乃叩首祝之曰：龍王，某不幸，墜于此，願王憫之，幸不相害。因飲其餘，亦不饑渴。細視蛇之唇吻，亦有疣焉。煒感蛇之見憫，欲爲灸之，奈無從得火。既久，有遙火飄入于穴，煒乃燃艾，啓蛇而灸之，是贅應手墜地。蛇之飲食久妨礙，及去，頗以爲便，遂吐徑寸珠酬煒。煒不受而啓蛇曰：龍王能施雲雨，陰陽莫測，神變由心，行藏在己，必能有道，拯援沉淪。儻賜挈維，得還人世，則死生感激，銘在肌膚，但得一歸，不願懷寶。蛇遂咽珠，蜿蜒將有所適，煒遂載拜，跨蛇而去。不由穴口，只於洞中行，可數十里，其中幽暗若漆，但蛇之光燭兩壁，時見繪畫古丈夫，咸有冠帶。最後觸一石門，門有金獸齧環，洞然明朗，蛇低首不進，而卸下煒。煒將謂已達人世矣。【略】煒因在穴飲龍餘沫，肌膚少嫩，筋力輕健。後居南海十餘載，遂散金破產，棲心道門，乃挈室往羅浮，訪鮑姑，後竟不知所適。

仰道士

《醫説·三皇歷代名醫》 仰道士，嶺表僧人也。少以聰惠入道，長以醫術關懷。因晉朝南移，衣纓士類不襲水土，皆患軟腳之疾，染者無不斃踣，而此僧獨能療之，天下知名焉。

許遜

《古今醫統大全·歷世聖賢名醫姓氏·晉》 許遜，字敬之，爲旌陽縣令，時郡民患疫，十死八九，敬之以神方拯濟，符咒所及，皆登時愈。至於沉疴，亦無不愈者。傳聞於他郡，有疾者連路而求療，日以千計。敬之於是標竹於郭外一里之江，置符於中，令飲皆愈。老稚羸瘵之不能至者，汲水歸以飲之，皆獲痊愈。積功成道，白日飛昇。

單道開

李梴《醫學入門·歷代醫學姓氏·仙禪道術》 單道開，東晉敦煌人。有禪學，療疾頗驗。

光緒《甘肅新通志·人物志·方術》 單道開，敦煌人也。寒暑衣麤褐，晝夜不卧，取恆細石子啖之以爲食。性好山居。日服藥數丸，大如梧子，時復飲茶蘇一二升而已。自云能療目疾，就療者頗驗。視其行動，狀若有神。佛圖澄曰：此道士觀國興衰，若去者，當有大亂。及虎之將亡也，道開南渡許昌，尋而鄴中大亂。升平三年至建康，後至南海，入羅浮山，獨處茅茨，蕭然物外，年百餘歲而卒。

醫家總部

南北朝醫家部

徐熙

《南史·徐熙傳》 融與東海徐文伯兄弟厚。文伯字德秀，濮陽太守熙曾孫也。熙好黃、老，隱於秦望山，有道士過求飲，留一瓠𤬪與之，曰：君子孫宜以道術救世，當得二千石。熙開之，乃《扁鵲鏡經》一卷，因精心學之，遂名震海内。生子秋夫，彌工其術，仕至射陽令。

康熙《浙江通志·方伎·紹興府》 徐熙，東海人，僑居山陰秦望山。

康熙《浙江通志·方伎·杭州府》 徐熙，錢塘人，仕至濮陽太守。

徐秋夫

《南史·徐秋夫傳》 熙好黃老，隱於秦望山。【略】生子秋夫，彌工其術，仕至射陽令。嘗夜有鬼呻吟，聲甚悽愴，秋夫問何須，答言姓某，家在東陽，患腰痛死。雖爲鬼，痛猶難忍，請療之。秋夫曰：云何厝法？鬼請爲芻人，案孔穴鍼之。秋夫如言，爲灸四處，又鍼肩井三處，設祭埋之。明日見一人謝恩，忽然不見。當世伏其通靈。

康熙《浙江通志·方伎·杭州府》 徐秋夫，熙之子，善治疾，宅在吳溝。夜間空中呻吟聲甚苦，秋夫問：何須？答言：我爲東陽人，姓斯名增平，昔爲樂游吏，患腰痛死，今在湖北，雖爲鬼，苦亦如生。君善醫，故來相告。秋夫曰：治汝無形，奈何？鬼謂：爲芻人，按孔穴針之。秋夫如言，爲灸四處，又針肩井三處，設祭埋之。明日，見一人來謝，忽不見。當世服其通靈。

徐道度

《南史·徐道度傳》 秋夫生道度、叔嚮，皆能精其業。道度有腳疾不能行，宋文帝令乘小輿入殿，爲諸皇子療疾，無不絶驗。位蘭陵太守。宋文帝云：天下有五絶，而皆出錢唐。謂杜道鞠彈棊，范悦詩，褚欣遠模書，褚胤圍棊，徐道度療疾也。

李梴《醫學入門·歷代醫學姓氏·世醫》 徐道度，秋夫長子，以醫官蘭陵太守。

徐叔嚮

李梴《醫學入門·歷代醫學姓氏·世醫》 徐叔嚮，秋夫次子，亦精醫。

宣統《山東通志·藝文·醫家》 叔嚮，東海人，濮陽太守熙孫，【中略】叔嚮亦能其業，仕宋爲大將軍參軍。

羊欣

《宋書·羊欣傳》 羊欣，字敬元，泰山南城人也。曾祖忱，晉徐州刺史。祖權，黃門郎。父不疑，桂陽太守。

欣少靖默，無競於人，美言笑，善容止。汎覽經籍，尤長隸書。不疑初爲烏程令，欣時年十二，時王獻之爲吳興太守，甚知愛之。獻之嘗夏月入縣，欣著新絹帬晝寢，獻之書帬數幅而去。欣本工書，因此彌善。起家輔國參軍，府解還家。隆安中，朝廷漸亂，欣優游私門，不復進仕。【略】素好黃老，常手自書章，有病不服藥，飲符水而已。兼善醫術，撰《藥方》十卷。欣以不堪拜伏，辭不朝覲，高祖、太祖并恨不識之。自非尋省近親，不妄行詣，行必由城外，未嘗入六關。元嘉十九年，卒，時年七十三。子俊，早卒。

薛伯宗

《南史·薛伯宗傳》 薛伯宗善徙癰疽。公孫泰患背，伯宗爲氣封之，徙置齋前柳樹上。明旦癰消，樹邊便起一瘤如拳大。稍稍長二十餘日，瘤大膿爛，出黃赤汁斗餘，樹爲之痿損。

僧深

《醫説·三皇歷代名醫》 僧深，齊宋間道人也。少以醫術知名，療腳弱腳氣之疾，爲當時所伏。撰録法存等諸家舊方三十餘卷，經用多效，時人號曰《深師方》。

秦承祖

《古今醫統大全·歷世聖賢名醫姓氏·南北朝》 秦承祖，不知何郡人，性耿介。而精於方藥，不分貴賤，咸治療之如一。

劉涓子

《醫説・三皇歷代名醫》引龔慶宣《鬼遺方序》　劉涓子，不知何許人。晉末於丹陽郊外照射，忽有一物高二丈許，因射而中之，走如電激，聲若風雨，夜不敢追。明日，率門人弟子鄰巷數十人尋其蹤跡，至山下，見一小兒，問曰：何姓？小兒云：主人昨夜爲劉涓子所射，取水以洗瘡。因問小兒主人是誰？答曰：是黄父鬼。乃將小兒還。來至，聞搗藥聲，遙見三人。一人卧，一人開書，一人搗藥，即齊聲叫突而前。三人并走，遺一帙癰疽方，并一(曰)〔臼〕藥，時涓子得之。從宋武帝北征，有被瘡者，以藥塗之，隨手而愈。論者謂：聖人作事，天必助之。蓋天以此授武帝也。涓子用方爲治，千無一失，演爲十卷，號曰《鬼遺方》。

褚澄

《南齊書・褚澄傳》　澄，字彦道。初，湛之尚始安公主，薨，納側室郭氏，生淵，後尚吴郡公主，生澄。淵事主孝謹，主愛之，湛之亡，主表淵爲嫡。澄尚宋文帝女廬江公主，拜駙馬都尉。歷官清顯。善醫術，建元中，爲吴郡太守，豫章王感疾，太祖召澄爲治，立愈。尋遷左民尚書。淵薨，澄以錢萬一千，就招提寺贖太祖所賜淵白貂坐褥，壞作裘及纓，又贖淵介幘犀導及淵常所乘黄牛，永明元年，爲御史中丞袁彖所奏，免官禁錮，見原。遷侍中，領右軍將軍，以勤謹見知。其年卒。澄女爲東昏皇后。永元元年，追贈金紫光禄大夫。

《南史・褚澄傳》　澄，字彦道，彦回弟也。【略】善醫術。建元中，爲吴郡太守，百姓李道念以公事到郡，澄見謂曰：汝有重疾。答曰：舊有冷疾，至今五年，衆醫不差。澄爲診脈，謂曰：汝病非冷非熱，當是食白瀹雞子過多所致。令取蘇一升煮服之。始一服，乃吐出一物，如升，涎裹之動，開看是雞雛，羽翅爪距具足，能行走。澄曰：此未盡。更服所餘藥，又吐得如向者雞十三頭，而病都差，當時稱妙。豫章王感病，高帝召澄爲療，立愈。尋遷左戶尚書。

《古今醫統大全・歷世聖賢名醫姓氏・南北朝》　褚澄，字彦(通)〔道〕，河南陽翟人，博學經方，善醫術。初，齊高帝愛子豫章王嶷，自江陵赴都，得疾日臻，帝憂形於色，召澄治之，立愈。帝嘉其能，擢尚書職。今有《褚氏遺書》，謂女人脈反男子，以心肺候兩尺，此其妄謬，疑後人托名以欺人，學者審之。

康熙《開封府志・方技》　褚澄，字彦(通)〔道〕，陽翟人。【略】所著《醫論》十篇，世稱《褚氏遺書》。

徐文伯

《南史・徐文伯傳》　道度生文伯，叔嚮生嗣伯。文伯亦精其業，兼有學行，倜儻不屈意於公卿，不以醫自業。融謂文伯、嗣伯曰：昔王微、嵇叔夜并學而不能，殷仲堪之徒故所不論。得之者由神明洞徹，然後可至，故非吾徒所及。且褚侍中澄富貴亦能救人疾，卿此更成不達。答曰：唯達者知此可崇，不達者多以爲深累，既鄙之何能不恥之。文伯爲效與嗣伯相埒。宋孝武路太后病，衆醫不識。文伯診之曰：此石博小腸耳。乃爲水劑消石湯，病即愈。除鄱陽王常侍，遺以千金，旬日恩意隆重。宋明帝宫人患腰痛牽心，每至輒氣欲絶，衆醫以爲肉癥。文伯曰：此髮癥。以油投之，即吐得物如髮。稍引之長三尺，頭已成蛇能動，挂門上，適盡一髮而已，病都差。宋後廢帝出樂遊苑門，逢一婦人有娠，帝亦善診，診之曰：此腹是女也。問文伯，曰：腹有兩子，一男一女，男左邊，青黑，形小於女。帝性急，便欲使剖。文伯惻然曰：若刀斧恐其變異，請針之立落。便寫足太陰，補手陽明，胎便應針而落。兩兒相續出，如其言。

《太平廣記》卷二一八引《談藪》　宋徐文伯嘗與宋少帝出樂遊苑門，逢婦人有娠，帝亦善診候，診之曰：是女也。問文伯，伯曰：一男一女，男在左邊，青黑色，形小於女。帝性急，令剖之。文伯惻然曰：臣請鍼之，必落。便鍼足太陰，補手陽明，胎應鍼而落，果效如言。文伯有學行，不屈公卿，不以醫自業，爲張融所善，歷位泰山太守。文伯祖熙之好黄老，隱於秦望山。有道士過乞飲，留一胡蘆子曰：君子孫宜以此道術救世，當得二千石。熙開視之，乃扁鵲《醫經》一卷，因精學之，遂名振海內，仕至濮陽太守。子秋夫爲射陽令，嘗有鬼呻吟，聲甚淒苦，秋夫問曰：汝是鬼也，何所須？鬼曰：我姓斛斯，家在東陽，患腰痛而死，雖爲鬼，疼痛猶不可忍，聞君善術，願見救濟。秋夫曰：汝是鬼，無形，云何措治？鬼曰：君但縛芻作人，按孔穴鍼之。秋夫如其言，爲鍼四處，又鍼肩井三處，設祭而埋之。明日，見一人來謝曰：蒙君療疾，復爲設祭，除饑解疾，感惠實多。忽然不見。當代服其通靈。又宋明帝宫人患腰疼牽心，發即氣絶，衆醫以爲肉癥。徐文伯曰：此髮瘕也。以油灌之，則吐物如髮。稍稍引之，長三尺，頭已成蛇，能動，懸柱上。水滴盡，一髮而已，病即愈。

康熙《太平府志·方伎》 徐文伯，字德秀，丹陽人，太守熙曾孫。【略】秋夫生道度、叔嚮，皆精其業。道度生文伯，叔嚮生嗣伯。文伯兼有學術，倜儻不群。

徐嗣伯

《南史·徐嗣伯傳》 道度生文伯，叔嚮生嗣伯。【略】嗣伯，字叔紹，亦有孝行，善清言，位正員郎諸府佐，彌爲臨川王映所重。時直閤將軍房伯玉服五石散十許劑，無益，更患冷，夏日常複衣。嗣伯爲診之，曰：卿伏熱，應須以水發之，非冬月不可。至十一月，冰雪大盛，令二人夾捉伯玉，解衣坐石，取冷水從頭澆之，盡二十斛。伯玉口噤氣絶，家人啼哭請止。嗣伯遣人執杖防閤，敢有諫者撾之。又盡水百斛，伯玉始能動，而見背上彭彭有氣。俄而起坐，曰：熱不可忍，乞冷飲。嗣伯以水與之，一飲一升，病都差。自爾恒發熱，冬月猶單褌衫，體更肥壯。

常有嫗人患滯冷，積年不差。嗣伯爲診之曰：此尸注也，當取死人枕煮服之乃愈。於是往古冢中取枕，枕已一邊腐缺，服之即差。後秣陵人張景，年十五，腹脹面黄，衆醫不能療，以問嗣伯。嗣伯曰：此石蚘耳，極難療。當取死人枕煮之。依語煮枕，以湯投之，得大利，并蚘蟲頭堅如石，五升，病即差。後沈僧翼患眼痛，又多見鬼物，以問嗣伯。嗣伯曰：邪氣入肝，可覓死人枕煮服之。竟，可埋枕於故處。如其言又愈。王晏問之曰：三病不同，而皆用死人枕而俱差，何也？答曰：尸注者，鬼氣伏而未起，故令人沉滯。得死人枕投之，魂氣飛越，不得復附體，故尸注可差。石蚘者，久蚘也，醫療既僻，蚘蟲轉堅，世間藥不能遣，所以須鬼物驅之然後可散，故令煮死人枕也。夫邪氣入肝，故使眼痛而見魍魎，應須邪物以鉤之，故用死人枕也。氣因枕去，故令埋於冢間也。又春月出南籬門戲，聞笪屋中有呻吟聲。嗣伯曰：此病甚重，更二日不療必死。乃往視，見一老姥稱體痛，而處處有黝黑無數。嗣伯還煮斗餘湯送令服之，服訖，痛勢愈甚，跳投床者無數。須臾，所黝處皆拔出釘，長寸許。以膏塗諸瘡口，三日而復，云此名釘疽也。

徐雄

《南史·徐雄傳》 文伯亦精其業，兼有學行【略】子雄，亦傳家業，尤工診察，位奉朝請。能清言，多爲貴遊所善。事母孝謹，母終，毁瘠幾至自滅。俄而兄亡，扶杖臨喪，撫膺一慟，遂以哀卒。

李梴《醫學入門·歷代醫學姓氏·世醫》 德醫徐文伯之子，傳(交)〔父〕術尤精。

顧歡

《醫説·三皇歷代名醫》引吴均《齊春秋》 顧歡，字玄平，吴郡人也。隱於會稽山陰白石村。歡率信仁愛，素有道風，或以禳厭而多所全護。有病邪者以問歡，歡曰：君家有書乎？曰：唯有《孝經》。可取置病人枕邊，恭敬之，當自差。如言果愈。問其故，曰：善禳惡，正勝邪。

腫脚醫

《古今圖書集成·藝術典》卷五〇五引《齊諧録》 有范光禄者，得病，兩腳并腫，不能飲食。忽有一人，不自通名，徑入齋中，坐於光禄之側。光禄謂曰：先不識君，那得見詣？答云：佛使我來理君病也。光禄遂發衣示之，因以刀針腫上，倏忽之間，頓針兩脚及膀胱百餘下，出黄膿水三升許而去。至明日，并無針傷而患漸愈。

許道幼

《隋書·藝術傳·許智藏》 許智藏，高陽人也。祖道幼，嘗以母疾，遂覽方書，因而究極，世號名醫。誡其諸子曰：爲人子者，嘗膳視藥，不知方術，豈謂孝乎？由是世相傳授。仕梁，官至員外散騎侍郎。

徐謇

《魏書·術藝傳·徐謇傳》 徐謇，字成伯，丹陽人。家本東莞，與兄文伯等皆善醫藥。謇因至青州，慕容白曜平東陽，獲之，表送京師。顯祖欲驗其所能，乃置諸病人於幕中，使謇隔而脈之，深得病形，兼知色候。遂被寵遇。爲中散，稍遷内侍長。文明太后時問治方，而不及李脩之見任用也。謇合和藥劑，攻救之驗，精妙於脩，而性甚秘忌，承奉不得其意者，雖貴爲王公，不爲措療也。高祖後知其能，及遷洛，稍加眷幸。體小不平，及所寵馮昭儀有疾，皆令處治。又除中散大夫，轉右軍將軍、侍御師。謇欲爲高祖合金丹，致延年之法。乃入居崧高，採營其物，歷歲無所成，遂罷。

二十二年，高祖幸懸瓠，其疾大漸，乃馳驛召謇，令水路赴行所，一日一夜行數百里。至，診省下治，果有大驗。高祖體少瘳，內外稱慶。九月，車駕發豫州，次於汝濱。乃大爲謇設太官珍膳，因集百官，特坐謇于上席，遍陳餚觴于前，命左右宣謇救攝危篤振濟之功，宜加酬賚。乃下詔曰：夫神出無方，形稟有礙，憂喜乖適，理必傷生。朕覽萬機，長鍾革運，思芒芒而無怠，身忽忽以興勞。仲秋動痾，心容頓竭，氣體羸瘠，玉几在慮。侍御師、右軍將軍徐成伯馳輪太室，進療汝蕃，方窮丹英，藥盡芝石，誠術兩輸，忠妙俱至，乃令沉勞勝愈，篤瘵克痊，論勤語效，實宜褒錄。昔晉武暴疾，程和應增封；辛疚數朝，錢爵大墜。況疾深於曩辰，業難於疇日，得不重加陟賞乎？宜順羣望，錫以山河。且其舊逕高秩，中暫解退，比雖銓用，猶未□□，準舊量今，事合顯進。可鴻臚卿，金鄉縣開國伯，食邑五百戶，賜錢一萬貫。又詔曰：錢府未充，須以雜物：絹二千匹，雜物一百匹，四十匹出御府；穀二千斛；奴婢十口；馬十匹，一匹出驊騮；牛十頭。所賜雜物、奴婢、牛馬皆經內呈。諸親王咸陽王禧等各有別賚，并至千匹。從行至鄴，高祖猶自發動，謇日夕左右。明年，從詣馬圈，高祖疾勢遂甚，戚戚不怡，每加切誚，又欲加之鞭捶，幸而獲免。高祖崩，謇隨梓宮還洛。

謇常有藥餌及吞服道符，年垂八十，鬢髮不白，力未多衰。正始元年，以老爲光祿大夫，加平北將軍，卒。延昌初，贈安東將軍、齊州刺史，謚曰靖。

子踐，字景升，小名靈寶，襲爵。歷官兗州平東府長史、右中郎將、建興太守。踐弟知遠，給事中。

王顯

《魏書·術藝傳·王顯》 王顯，字世榮，陽平樂平人，自言本東海郯人，王朗之後也。祖父延和中南奔，居于魯郊，又居彭城。伯父安上，劉義隆時板行館陶縣。世祖南討，安上棄縣歸，命與父母俱徙平城，例叙陽都子，除廣寧太守。顯父安道，少與李亮同師，俱學醫藥，粗究其術，而不及亮也。安上還家樂平，頗參士流。

顯少歷本州從事，雖以醫術自通，而明敏有決斷才用。初，文昭皇太后之懷世宗也，夢爲日所逐，化而爲龍而繞后，后寤而驚悸，遂成心疾。文明太后敕召徐謇及顯等爲后診脈。謇云：是微風入藏，宜進湯加針。顯云：案三部脈非有心疾，將是懷孕生男之象。果如顯言。久之，召補侍御師、尚書儀曹郎，號稱幹事。世宗自幼有微疾，久未差愈，顯攝療有效，因是稍蒙眄識。

又罷六輔之初，顯爲領軍于烈，間通規策，頗有密功。累遷游擊將軍，拜廷尉少卿，仍在侍御，營進御藥，出入禁內。乞臨本州，世宗曾許之，積年未授，因是聲問傳于遠近。顯每語人，言時旨已決，必爲刺史。遂除平北將軍、相州刺史。尋詔馳驛還京，復掌藥，又遣還州。元愉作逆，顯討之不利。入除太府卿、御史中尉。

顯前後歷職，所在著稱，糾折庶獄，究其姦回，出內惜慎，憂國如家。及領憲臺，多所彈劾，百僚肅然。又以中尉屬官不悉稱職，諷求更換。詔委改選，務盡才能，而顯所舉或有請屬，未皆得人，於是衆口喧譁，聲望致損。後世宗詔顯撰藥方三十五卷，班布天下，以療諸疾。東宮既建，以爲太子詹事，委任甚厚。世宗每幸東宮，顯常迎侍。出入禁中，仍奉醫藥。賞賜累加，爲立館宇，寵振當時。延昌二年秋，以營療之功，封衛南伯。

四年正月，世宗夜崩，肅宗踐祚。顯參奉璽策，隨從臨哭，微爲憂懼。顯既蒙任遇，兼爲法官，恃勢使威，爲時所疾。朝宰託以侍療無效，執之禁中，詔削爵位。臨執呼冤，直閤以刀鐶撞其腋下，傷中吐血，至右衛府一宿死。始顯布衣爲諸生，有沙門相顯後當富貴，誡其勿爲吏官，吏官必敗。由是世宗時或欲令其遂攝吏部，每殷勤避之。及世宗崩，肅宗夜即位，受璽冊，於儀須兼太尉及吏部，倉卒百官不具，以顯兼吏部行事矣。

周澹

《魏書·術藝傳·周澹》 周澹，京兆鄠人也。爲人多方術，尤善醫藥，爲太醫令。太宗嘗苦風頭眩，澹治得愈，由此見寵，位至特進，賜爵成德侯。神瑞二年，京師饑，朝議將遷都於鄴。澹與博士祭酒崔浩進計，論不可之意，太宗大然之，曰：唯此二人，與朕意同也。詔賜澹、浩妾各一人，御衣一襲，絹五十匹、綿五十斤。泰常四年卒，謚曰恭。

時有河南人陰貞，家世爲醫，與澹并受封爵。清河李潭亦以善鍼見知。

子驢駒，襲，傳術。延興中，位至散令。

陰貞

雍正《河南府志·人物志·藝術》 陰貞，河南人。家世爲醫，與周澹並受封爵。

李亮 李元孫 李脩

《魏書·術藝傳·李脩》 李脩，字思祖，本陽平館陶人。父亮，少學醫術，未能精究。世祖時，奔劉義隆於彭城，又就沙門僧坦研習衆方，略盡其術，針灸授藥，莫不有效。徐兗之間，多所救恤，四方疾苦，不遠千里，竟往從之。亮大爲廳事以舍病人，停車輿於下，時有死者，則就而棺殯，親往弔視。其仁厚若此。累遷府參軍，督護本郡，士門宿官，咸相交昵，車馬金帛，酬賚無貲。脩兄元孫隨畢衆敬赴平城，亦遵父業而不及。以功賜爵義平子，拜奉朝請。

脩略與兄同。晚入代京，歷位中散令，以功賜爵下蔡子，遷給事中。太和中，常在禁內。高祖、文明太后時有不豫，脩侍鍼藥，治多有效。賞賜累加，車服第宅，號爲鮮麗。集諸學士及工書者百餘人，在東宮撰《諸藥方》百餘卷，皆行於世。先是咸陽公高允，雖年且百歲，而氣力尚康，高祖、文明太后時令脩診視之。一旦奏言，允脈竭氣微，大命無遠。未幾果亡。遷洛，爲前軍將軍，領太醫令。後數年，卒，贈威遠將軍、青州刺史。

子天授，襲汶陽令，醫術又不逮父。

崔彧 崔景哲

《魏書·術藝傳·崔彧》 崔彧，字文若，清河東武城人。父勳之，字寧國，位大司馬外兵郎，贈通直郎。彧與兄相如俱自南入國。相如以才學知名，早卒。彧少嘗詣青州，逢隱逸沙門，教以《素問》九卷及《甲乙》，遂善醫術。中山王英子略曾病，王顯等不能療，彧針之，抽針即愈。後位冀州別駕，累遷寧遠將軍。性仁恕，見疾苦，好與治之。廣教門生，令多救療。其弟子清河趙約、勃海郝文法之徒，咸亦有名。

彧子景哲，豪率，亦以醫術知名。爲太中大夫、司徒長史。

嘉靖《青州府志·人物·方伎》 崔彧，東武城人，逞曾孫，與兄相如俱自宋入魏。相如學贍才充，早卒。彧精醫術，存心仁恕，官至冀州別駕。子景哲，亦以醫術知名，累官司徒長史。

張遠遊

《古今醫統大全·歷世聖賢名醫姓氏·南北朝》 張遠遊，齊人，以醫道知名。尋有詔徵，令與術士同合九轉金丹，丹成，顯祖置之玉匣，曰：貪人間之樂，不能上天，待我臨死方可服。

崔季舒

《北齊書·崔季舒傳》 崔季舒，字叔正，博陵安平人。父瑜之，魏鴻臚卿。季舒少孤，性明敏，涉獵經史，長於尺牘，有當世才具。年十七，爲州主簿，爲大將軍趙郡公琛所器重，言之於神武。神武親簡丞郎，補季舒大行臺都官郎中。【略】武成居藩，曾病，文宣令季舒療病，備盡心力。大寧初，追還，引入慰勉，累拜度支尚書、開府儀同三司。【略】季舒大好醫術，天保中，於徙所無事，更鋭意研精，遂爲名手，多所全濟。雖位望轉高，未曾懈怠，縱貧賤廝養，亦爲之療。

祖珽

《北齊書·祖珽傳》 祖珽，字孝徵，范陽遒人也。父瑩，魏護軍將軍。珽神情機警，詞藻遒逸，少馳令譽，爲世所推。【略】珽天性聰明，事無難學，凡諸伎藝，莫不措懷，文章之外，又善音律，解四夷語及陰陽占候，醫藥之術尤是所長。文宣帝雖嫌其數犯憲，而愛其才伎，令直中書省，掌詔誥。

《古今醫統大全·歷世聖賢名醫姓氏·南北朝》 祖珽，字孝徵，范陽酋人，博學善文，尤長於醫術，當時稱良。

鄧宣文

《古今醫統大全·歷世聖賢名醫姓氏·南北朝》 鄧宣文，不知何郡人，少以醫術名，性方直，除太醫尚藥典御。

馬嗣明

《北齊書·方伎傳·馬嗣明》 馬嗣明，河內人。少明醫術，博綜經方，《甲乙》、《素問》、《明堂》、《本草》莫不咸誦。爲人診候，一年前知其生死。邢卲子大寶患傷寒，嗣明爲之診，候脈，退告楊愔云：邢公子傷寒不治自差，然脈候不出一年便死，覺之晚，不可治。楊、邢並侍讌內殿，顯祖云：子才兒，我欲乞其隨近一郡。楊以此子年少，未合剖符。讌罷，奏云：馬嗣明稱大寶脈惡，一年內恐死，若其出郡，醫藥難求。遂寢。大寶未期而卒。

楊令患背腫，嗣明以練石塗之便差。作練石法：以粗黃色石鵝鴨卵大，猛火燒令赤，內淳醋中，自屑，頻燒至石盡，取石屑曝乾，擣下簁。和醋以塗腫上，無不愈。後遷通直散騎常侍。針灸孔穴，往往與《明堂》不同。

從駕往晉陽，至遼陽山中，數處見牓，云有人家女病，若有能治差者，贈錢十萬。諸名醫多尋牓至，問病狀，不敢下手。唯嗣明獨治之。問其病由，云：曾以手將一麥穟，即見一赤物長二寸，似蛇，入其手指中，因驚怖倒地，即覺手臂疼腫，漸及半身俱腫，痛不可忍，呻吟晝夜不絕。嗣明爲處方服湯，比嗣明從駕還，女平復。嗣明，隋初卒。

張子信

《北齊書・方伎傳・張子信》 張子信，河內人也。性清淨，頗涉文學。少以醫術知名，恒隱於白鹿山。時遊京邑，甚爲魏收、崔季舒等所禮，有贈答子信詩數篇。後魏以太中大夫徵之，聽其時還山，不常在鄴。又善易卜風角。武衛奚永洛與子信對坐，有鵲鳴於庭樹，鬭而墮焉。子信曰：鵲言不善，向夕若有風從西南來，歷此樹，拂堂角，則有口舌事。今夜有人喚，必不得往，雖勑，亦以病辭。子信去後，果有風如其言。是夜，琅邪王五使切召永洛，且云勑喚。永洛欲起，其妻苦留之，稱墜馬腰折。詰朝而難作。子信，齊亡卒。

《北史・藝術傳上・張子信》 張子信，河內人也。頗涉文學，少以醫術知名。恒隱白鹿山，時出遊京邑，甚爲魏收、崔季舒所重。大寧中，徵爲尚藥典御。

李元忠　李密

《北齊書・李元忠傳》 李元忠，趙郡柏人人也。曾祖靈，魏定州刺史、鉅鹿公。祖恢，鎮西將軍。父顯甫，安州刺史。元忠少厲志操，居喪以孝聞。【略】初，元忠以母老多患，乃專心醫藥，研習積年，遂善於方技。性仁恕，見有疾者，不問貴賤，皆爲救療。家素富實，其家人在鄉，多有舉貸求利，元忠每焚契免責，鄉人甚敬重之。【略】元忠族弟密，字希邕，平棘人也，【略】性方直，有行檢。因母患積年，得名醫治療，不愈。乃精習經方，洞曉針藥，母疾得除。當世皆服其明解，由是亦以醫術知名。

同治《畿輔通志・雜傳》 李密，字希邕，平棘人。魏定冀幽殷四州都督兼大將軍司徒定州刺史元忠之族弟也。【略】因母久病不愈，乃究心醫術，遂洞曉鍼、藥，母竟獲瘳。

徐之才

《北齊書・徐之才傳》 徐之才，丹陽人也。父雄，事南齊，位蘭陵太守，以醫術爲江左所稱。之才幼而儁發，五歲誦《孝經》，八歲略通義旨。曾與從兄康造梁太子詹事汝南周舍宅聽《老子》。舍爲設食，乃戲之曰：徐郎不用心思義，而但事食乎？之才答曰：蓋聞聖人虛其心而實其腹。舍嗟賞之。年十三，召爲太學生，粗通《禮》、《易》。彭城劉孝綽、河東裴子野、吳郡張嵊等，每共論《周易》及《喪服》儀，酬應如響。咸共歎曰：此神童也！孝綽又云：徐郎燕頷，有班定遠之相。陳郡袁昂領丹陽尹，辟爲主簿，人務事宜，皆被顧訪。郡廨遭火，之才起望，夜中不著衣，披紅服帕出房，映光爲昂所見，功曹白請免職，昂重其才術，仍特原之。豫章王綜出鎮江都，復除豫章王國右常侍，又轉綜鎮北主簿。

及綜入魏，三軍散走，之才退至呂梁，橋斷路絕，遂爲魏統軍石茂孫所止。綜入魏旬月，位至司空。魏聽綜收斂僚屬，乃訪之才在彭泗，啓魏帝云：之才大善醫術，兼有機辯。詔徵之才。孝昌二年至洛，勑居南館，禮遇甚優。從祖謇子踐啓求之才還宅。之才藥石多效，又閱涉經史，發言辯捷，朝賢競相要引爲之延譽。武帝時，封昌安縣侯。天平中，齊神武徵赴晉陽，常在內館，禮遇稍厚。武定四年，自散騎常侍轉秘書監。文宣作相，普加黜陟。楊愔以其南土之人，不堪典秘書，轉授金紫光祿大夫，以魏收代領之。之才甚怏怏不平。

之才少解天文，兼圖讖之學，共館客宋景業參校吉凶，知午年必有革易，因高德政啓之。文宣聞而大悅。時自婁太后及勳貴臣咸云：關西既是勁敵，恐其有挾天子令諸侯之辭，不可先行禪代事。之才獨云：千人逐兔，一人得之，諸人咸息。須定大業，何容翻欲學人。又援引證據，備有條目，帝從之。登祚後，彌見親密。之才非唯醫術自進，亦爲首唱禪代，又戲謔滑稽，言無不至，於是大被狎昵。尋除侍中，封池陽縣伯。見文宣政令轉嚴，求出，除趙州刺史，竟不獲述職，猶爲弄臣。

皇建二年，除西兗州刺史。未之官，武明皇太后不豫，之才療之，應手便愈，孝昭賜采帛千段、錦四百疋。之才既善醫術，雖有外授，頃即徵還。既博識多聞，由是於方術尤妙。大寧二年春，武明太后又病。之才弟之範爲尚藥典御，勑令診候。內史皆令呼太后爲石婆，蓋有俗忌，故改名以厭制之。之範出告之才曰：童謠云：周里跂求伽，豹祠嫁石婆，斬冢作媒人，唯得一量紫綖靴。今太后忽改名，私所致怪。之才曰：跂求伽，胡言去已。豹祠嫁石婆，豈有好事？斬冢作媒人，但令合葬自斬冢。唯得紫綖靴者，得至四月，何者？紫之爲字此下系，綖者熟，當在四月之中。之範問靴是何義。之才曰：靴者革旁化，寧是久物？至四月一日，后果崩。

有人患腳跟腫痛，諸醫莫能識。之才曰：蛤精疾也。由乘船入海，垂腳水中。疾者曰：實曾如此。之才爲剖得蛤子二，大如榆莢。又有以骨爲刀子靶者，五色班爛。之才曰：此人瘤也。問得處，云：於古冢見髑髏額骨長數寸，試削視，有文理，故用之。其明悟多通如此。

天統四年，累遷尚書左僕射，俄除兗州刺史，特給鐃吹一部。之才醫術最高，偏被命召。武成酒色過度，怳惚不恒，曾病發，自云初見空中有五色物，稍近，變成一美婦人，去地數丈，亭亭而立。食頃，變爲觀世音。之才云：此色欲多，大虛所致。即處湯方，服一劑便覺稍遠，又服，還變成五色物，數劑湯，疾竟愈。帝每發動，暫遣騎追之，針藥所加，應時必效，故頻有端執之舉。入秋，武成小定，更不發動。和士開欲依次轉進，以之才附籍兗州，即是本屬，遂奏附除刺史，以胡長仁爲左僕射，士開爲右僕射。及十月，帝又病動，語士開云：恨用之才外任，使我辛苦。其月八日，勑驛追之才。帝以十日崩，之才十一日方到，既無所及，復還赴州。在職無所侵暴，但不甚閑法理，頗小疏慢，用捨自由。

五年冬，後主徵之才。尋左僕射闕，之才曰：自可復禹之績。武平元年，重除尚書左僕射。之才於和士開、陸令萱母子曲盡卑狎，二家苦疾，救護百端。由是遷尚書令，封西陽郡王。祖珽執政，除之才侍中、太子太師。之才恨曰：子野沙汰我。珽目疾，故以師曠比之。

之才聰辯強識，有兼人之敏，尤好劇談諧語，公私言聚，多相嘲戲。鄭道育常戲之才爲師公。之才曰：既爲汝師，又爲汝公，在三之義，頓居其兩。又嘲王昕姓云：有言則誑，近犬便狂，加頸足而爲馬，施角尾而爲羊。盧元明因戲之才云：卿姓是未入人，名是字之誤，之當爲乏也。即答云：卿姓在亡爲虐，在丘爲虛，生男則爲虜，養馬則爲驢。又嘗與朝士出遊，遙望群犬競走，諸人試令目之。之才即應聲云：爲是宋鵲，爲是韓盧，爲逐李斯東走，爲負帝女南徂。李諧於廣坐，因稱其父名，曰：卿嗜熊白生否？之才曰：平平耳。又曰：卿此言於理平否？諧遽出避之，道逢其甥高德正。德正曰：舅顏色何不悅？諧告之故。德正徑造坐席，連索熊白。之才謂坐者曰：個人諱底？衆莫知。之才曰：生不爲人所知，死不爲人所諱，此何足問？唐邕、白建方貴，時人言云：并州赫赫唐與白。之才蔑之。元日，對邕爲諸令史祝曰：見卿等位當作唐、白。又以小史好嚼筆，故嘗執管就元文遙口曰：借君齒。其不遜如此。

歷事諸帝，以戲狎得寵。武成生齻牙，問諸醫。尚藥典御鄧宣文以實對，武成怒而撻之。後以問之才，拜賀曰：此是智牙，生智牙者聰明長壽。武成悅而賞之。爲僕射時，語人曰：我在江東，見徐勉作僕射，朝士莫不佞之。今我亦是徐僕射，無一人佞我，何由可活！之才妻魏廣陽王妹，之才從文襄求得爲妻。和士開知之，乃淫其妻。之才遇見而避之，退曰：妨少年戲笑。其寬縱如此。年八十卒。贈司徒公、錄尚書事，謚曰文明。

長子林，字少卿，太尉司馬。次子同卿，太子庶子。之才以其無學術，每歎云：終恐同廣陵散矣。

弟之範，亦醫術見知，位太常卿，特聽襲之才爵西陽王。入周，授儀同大將軍。開皇中卒。

徐之範

《醫說·三皇歷代名醫》引《後周書》 徐之範，儀同大將軍，太常卿恆山太守，嗣西陽王，即北齊之才之弟也。亦以醫術知名，官至太常卿，襲兄爵爲西陽王。齊滅入周，拜儀同大將軍。

《古今醫統大全·歷世聖賢名醫姓氏·南北朝》 徐之範，之才之弟，儀同大將軍，亦以醫名。至襲兄爵，爲西陽王。齊滅，入周。

徐敏齊

《古今醫統大全·歷世聖賢名醫姓氏·南北朝》 徐敏齊，太常卿之範之子，工醫，博覽多藝，開皇贈朝散大夫。

陶弘景

《續世說》 陶弘景，字通明。幼有異操，終身不娶。得葛洪《神仙傳》，晝夜研尋，便有養生之志。謂人曰：仰青雲，覩白日，不爲遠矣。以茅山爲金陵華陽之天，乃中山立館，自號華陽陶隱居。人間書札，以隱居代名。特愛松風，庭館皆植松，每聞其響，欣然爲樂。梁武帝手敕招之，不出，惟畫兩牛。一牛散放水草之間，一牛著金籠頭，有人執繩，以杖驅之。

《醫説·三皇歷代名醫》 梁陶弘景貞白先生，字通明，丹陽人。母郝氏，夢兩天人手執香爐來至其所，既而有孕，以孝建三年夏至日生。幼而警慧，博學通經，有志養生，性好醫方，專於拯濟，利益群品，故修撰《神農本草經》三卷。

《仙吏傳·陶真白》 丹陽陶弘景，字通明。母初娠，夢青龍出懷，及生標異。因讀葛洪《神仙傳》，便有志於養生。每言仰視青雲白日，不以爲遠。年十七，與江斆、褚炫、劉俊爲宋朝昇明四友。仕齊，歷諸王侍讀，年二十餘，稍服食，後就興世觀主孫先生咨稟經法，精行道要，乃拜表解職。荅詔優歎，賜與甚厚。公卿祖之於征虜亭，供帳甚盛，咸云：宋齊以來，未有斯事，遂入茅山。又得楊許眞書，遂登巖告靜，自稱華陽隱居，書疏亦以此代姓名。造三層樓棲止，身居其上，弟子居中，接賓于下。齊高祖問之曰：山中何所有？宏景以詩答曰：山中何所有？嶺上多白雲。只可自怡悦，不堪持寄君。高祖賞之。尤好著述，長於詮正謬僞，著《太清經》，一名《劍經》，凡學道術者，皆須有好劍鏡隨身。又説干將莫邪劍，皆以銅鑄，非鐵也。造渾天儀，轉之與天相會。梁及武帝革命，帝既早與交遊，手勑咨逆，先生因畫二牛，一散放於水間，一著金籠，一人執繩以杖驅之。帝笑曰：此人欲效曳尾龜，豈可致邪。其時每有大事，無不前陳，時人謂之山中宰相。以大同初獻二刀，一名善勝，一名成勝，爲佳寶。先生嘗作詩云：夷甫任散誕，平叔坐譚空。不信昭陽殿，化作單于宮。其時人皆談空理，不習武事，侯景之難，一如所言。

萬曆《上元縣志·人物志》 陶弘景，幼有異操，年十歲得葛洪《神仙傳》，晝夜研尋，便有養生之志。謂人曰：仰青天，睹白日，不覺爲遠矣。未弱冠，齊高帝作相，引爲諸王侍讀，除奉朝請。雖在朱門，閉影不交外物，唯以披閲爲務，朝儀故事多取決焉。永明十年，上表辭祿。詔許之，賜以束帛。及發，公卿祖之於征虜亭，供張甚盛。咸云：齊、宋以來，未有斯事。朝野榮之。於是止於句容之句曲山。永元初，更築三層樓，弘景處其上，弟子居其中，賓客至其下，與物遂絶，唯一家僮得侍其旁。性好著述，尤明陰陽、五行、風角、星算、山川、地理、方圖、物產、醫術、本草。著《帝代年歷》。又嘗造渾天儀。梁武帝入建康議禪代，弘景援《圖讖》令弟子進之。武帝既早與之游，及即位後，恩禮愈篤，書問不絶。帝每得其書，燒香虔受。天監四年，移居積金東澗。善辟谷導引之法，年逾八十而有壯容。

《醫學讀書志·梁陶氏弘景》 弘景好神仙吐納，撰《眞誥》二十卷。武帝屢徵不起，賜以鹿皮巾，號貞白先生。國家每有大事，無不諮詢，時號山中宰相。自序《神農本草經》云：軒皇以前，文字未傳，識識相因，至桐君乃著編簡，未預秦火，亡糜獻懷，核今書郡縣多系漢代，疑仲景、元化等所記，恐醫家不能備見，因區軫物類，兼注時用土地所出，仙經所需，以《神農》三品三百六十五味爲主，《別錄》三百六十五種爲副，並《序錄》合爲七卷，其法度周詳，自唐以後累代校修，爲本草家之祖。《肘後》、《補闕》、《效驗》、《服餌》諸方亡。弘景本秣陵人，齊高帝引爲諸王侍讀，永明中挂冠神武門，遁居句曲山，號其居曰：華陽隱居。

曇鸞大師

光緒《山西通志·方外録》 曇鸞大師，雁門人。年十四即出家，内外經籍及四論佛性，彌極窮研。讀《大乘經》，詞義深密，因爲注解成疾，周行醫療，行至汾州城東門，忽見天門洞開，由斯疾愈。欲繼前作，顧而言曰：命危脆不常。江南陶隱居者，方術所歸，遂往從之。既達梁朝，届隱居所，接對欣然，授以《仙方》十卷。還至江，有鮑郎子神者，一鼓涌浪七日，師以情祈告，帖然安靜。達魏，辭往名山，依方修法。後至潞州，逢三藏菩提留支，師請曰：佛法中頗有長生不死法，勝此土仙經者乎？支即以《觀經》授之，曰：修此當得解脱生死也。師即受行，調心鍊氣，對病結緣，流靡宏廣。魏主重之，號爲神鸞。勑令住并州大寺，晚移住石壁元中寺。魏興和年卒，卒之日，天樂西來，異香滿室，因出《調氣論》，又撰《禮淨土十二偈續龍樹偈安樂集》兩卷，廣流於世。仍自號爲有魏元簡大士云。

姚僧垣

《周書·藝術傳·姚僧垣》 姚僧垣，字法衛，吳興武康人，吳太常信之八世孫也。曾祖郢，宋員外散騎常侍、五城侯。父菩提，梁高平令。嘗嬰疾歷年，乃留心醫藥。梁武帝性又好之，每召菩提討論方術，言多會意，由是頗禮之。

僧垣幼通洽，居喪盡禮。年二十四，即傳家業。梁武帝召入禁中，面加討試。僧垣酬對無滯。梁武帝甚奇之。大通六年，解褐臨川嗣王國左常侍。大同五年，除驃騎廬陵王府田曹參軍。九年，還領殿中醫師。時武陵王所生葛修華，宿患積，時方術莫效，梁武帝乃令僧垣視之。還，具說其狀，并記增損時候。梁武帝歎曰：卿用意綿密，乃至於此，以此候疾，何疾可逃。朕常以前代名人，多好此術，是以每恆留情，頗識治體。今聞卿說，益開人意。十一年，轉領太醫正，加文德主帥、直閤將軍。梁武帝嘗因發熱，欲服大黃。僧垣曰：大黃乃是快藥，然至尊年高，不宜輕用。帝弗從，遂至危篤。梁簡文帝在東宮，甚禮之。四時伏臘，每有賞賜。太清元年，轉鎮西湘東王府中記室參軍。僧垣少好文史，不留意於章句。時商略今古，則爲學者所稱。

及侯景圍建業，僧垣乃棄妻子赴難。梁武帝嘉之，授戎昭將軍、湘東王府記室參軍。及宮城陷，百官逃散。僧垣假道歸，至吴興，謁郡守張(嶸)〔嵊〕。嵊見僧垣流涕曰：吾過荷朝恩，今報之以死。君是此邦大族，又朝廷舊臣。今日得君，吾事辨矣。俄而景兵大至，攻戰累日，郡城遂陷。僧垣竄避久之，乃被拘執。景將侯子鑒素聞其名，深相器遇，因此獲免。及梁簡文嗣位，僧垣還建業，以本官兼中書舍人。子鑒尋鎮廣陵，僧垣又隨至江北。

梁元帝平侯景，召僧垣赴荆州，改授晉安王府諮議。其時雖剋平大亂，而任用非才，朝政混淆，無復綱紀。僧垣每深憂之。謂故人曰：吾觀此形勢，禍敗不久。今時上策，莫若近關。聞者皆掩口竊笑。梁元帝嘗有心腹疾，乃召諸醫議治療之方。咸謂：至尊至貴，不可輕脫，宜用平藥，可漸宣通。僧垣曰：脈洪而實，此有宿食。非用大黃，必無差理。梁元帝從之，進湯訖，果下宿食，因而疾愈。梁元帝大喜。時初鑄錢，一當十，乃賜錢十萬，實百萬也。

及大軍剋荆州，僧垣猶侍梁元帝，不離左右。爲軍人所止，方泣涕而去。尋而中山公護使人求僧垣。僧垣至其營。復爲燕公于謹所召，大相禮接。太祖又遣使馳驛徵僧垣，謹(故)〔固〕留不遣。謂使人曰：吾年時衰暮，疹疾嬰沉。今得此人，望與之偕老。太祖以謹勳德隆重，乃止焉。明年，隨謹至長安。武成元年，授小畿伯下大夫。

金州刺史伊婁穆以疾還京，請僧垣省疾。乃云：自腰至臍，似有三縛，兩腳緩縱，不復自持。僧垣爲診脈，處湯三劑。穆初服一劑，上縛即解；次服一劑，中縛復解；又服一劑，三縛悉除。而兩腳疼痹，猶自攣弱。更爲合散一劑，稍得屈申。僧垣曰：終待霜降，此患當愈。及至九月，遂能起行。

大將軍、襄樂公賀蘭隆先有氣疾，加以水腫，喘息奔急，坐卧不安。或有勸其服決命大散者，其家疑未能決，乃問僧垣。僧垣曰：意謂此患不與大散相當。若欲自服，不煩賜問。因而委去。其子殷勤拜請曰：多時抑屈，今日始來。竟不可治，意實未盡。僧垣知其可差，即爲處方，勸使急服。便即氣通，更服一劑，諸患悉愈。

天和元年，加授車騎大將軍、儀同三司。大將軍、樂平公竇集暴感風疾，精神瞀亂，無所覺知。諸醫先視者，皆云已不可救。僧垣後至，曰：困則困矣，終當不死。若專以見付，相爲治之。其家忻然，請受方術。僧垣爲合湯散，所患即瘳。大將軍、永世公叱伏列椿苦利積時，而不廢朝謁。燕公謹嘗問僧垣曰：樂平、永世俱有痼疾，若如僕意，永世差輕。對曰：夫患有深淺，時有剋殺。樂平雖困，終當保全。永世雖輕，必不免死。謹曰：君言必死，當在何時？對曰：不出四月。果如其言。謹歎異之。六年，遷遂伯中大夫。

建德三年，文宣太后寢疾，醫巫雜說，各有異同。高祖御內殿，引僧垣同坐，曰：太后患勢不輕，諸醫並云無慮。朕人子之情，可以意得。君臣之義，言在無隱。公爲何如？對曰：臣無聽聲視色之妙，特以經事已多，準之常人，竊以憂懼。帝泣曰：公既決之矣，知復何言！尋而太后崩。其後復因召見，帝問僧垣曰：姚公爲儀同幾年？對曰：臣忝荷朝恩，於兹九載。帝曰：勤勞有日，朝命宜隆。乃授驃騎大將軍、開府儀同三司。又勑曰：公年過縣車，可停朝謁。若非別勑，不勞入見。

四年，高祖親戎東討，至河陰遇疾。口不能言；(臉)〔瞼〕垂覆目，不復瞻視；一足短縮，又不得行。僧垣以爲諸藏俱病，不可並治。軍中之要，莫先於語。乃處方進藥，帝遂得言。次又治目，目疾便愈。末乃治足，足疾亦瘳。比至華州，帝已痊復。即除華州刺史，仍詔隨入京，不令在鎮。宣政元年，表請致仕，優詔許之。是歲，高祖行幸雲陽，遂寢疾。乃詔僧垣赴行在所。內史柳(昇)〔昂〕私問曰：至尊貶膳日久，脈候何如？對曰：天子上應天心，或當非愚所及。若凡庶如此，萬無一全。尋而帝崩。

宣帝初在東宮，常苦心痛。乃令僧垣治之，其疾即愈。帝甚悅。及即位，恩禮彌隆。常從容謂僧垣曰：常聞先帝呼公爲姚公，有之乎？對曰：臣曲荷殊私，實如聖旨。帝曰：此是尚齒之辭，非爲貴爵之號。朕當爲公建國開家，爲子孫永業。乃封長壽縣公，邑一千戶。册命之日，又賜以金帶及衣服等。

大象二年，除太醫下大夫。帝尋有疾，至于大漸。僧垣宿直侍。帝謂隨公曰：今日性命，唯委此人。僧垣知帝診候危殆，必不全濟。乃對曰：臣荷恩既重，思在效力。但恐庸短不逮，敢不盡心。帝頷之。及靜帝嗣位，遷上開府儀同大將軍。隋開皇初，進爵北絳郡公。三年卒，時年八十五。遺誡衣白帢入棺，朝服勿斂。靈上唯置香奩，每日設清水而已。贈本官，加荆、湖二州刺史。

僧垣醫術高妙，爲當世所推。前後效驗，不可勝記。聲譽既盛，遠聞邊服。至於諸蕃外域，咸請託之。僧垣乃搜採奇異，參校徵效者，爲《集驗方》十二卷，又撰《行記》三卷，行於世。長子察在江南。

天啓《吳興備志·人物徵》　姚僧垣，少好文史，不留意於章句，時商略今古，則爲學者所稱。有《梁後略》十卷行於世。

《醫學讀書志·周姚氏僧垣》　僧垣字法衛，梁吳興武康人，仕梁爲太醫正。武帝太清元年，轉湘東王府記室。簡文帝即位，兼中書舍人。元帝平侯景，改晉安王府諮議。梁亡入周，武成元年，授小畿伯下大夫，魏于謹極敬禮之。武帝天和六年，遷遂伯中大夫。建德三年，授驃騎大將軍開府儀同三司，敕停朝謁，非別敕不勞入見。四年，帝東征至河陰，病口不能言，瞼垂覆目不能視，一足短縮不能行，僧垣以次處療。比至華州，疾已全瘳。除華州刺史，仍詔隨駕。宣政元年，表請致仕。宣帝立，封長壽縣公。靜帝嗣位，遷上開府儀同大將軍。隋開皇初，進爵北絳郡公。三年卒，年八十五。遺表誡衣帢入棺，朝服勿斂，靈上唯置香奩，每日止設清水。贈本官加荆、湖二州刺史。長子察，次子最，事具南、北《史》。《集驗方》，惟見《外臺秘要》。

姚　最

《周書·藝術傳·姚僧垣》　姚僧垣【略】次子最，字士會，幼而聰敏，及長，博通經史，尤好著述。年十九，隨僧垣入關。世宗盛聚學徒，校書於麟趾殿，最亦預爲學士。俄授齊王憲府水曹參軍，掌記室事。特爲憲所禮接，賞賜隆厚。宣帝嗣位，憲以嫌疑被誅。隋文帝作相，追復官爵。最以陪遊積歲，恩顧過隆，乃録憲功績爲傳，送上史局。

最幼在江左，迄于入關，未習醫術。天和中，齊王憲奏高祖，遣最習之。憲又謂最曰：爾博學高才，何如王褒、庾信。王、庾名重兩國，吾視之蔑如。接待資給，非爾家比也。爾宜深識此意，勿不存心。且天子有敕，彌須勉勵。最於是始受家業。十許年中，略盡其妙。每有人造請，效驗甚多。隋文帝踐極，除太子門大夫。以父憂去官，哀毁骨立。既免喪，襲爵北絳郡公，復爲太子門大夫。

俄轉蜀王秀友。秀鎮益州，遷秀府司馬。及平陳，察至。最自以非嫡，讓封於察，隋文帝許之。秀後陰有異謀，隋文帝令公卿窮治其事。開府慶整、郝偉等並推過於秀。最獨曰：凡有不法，皆最所爲，王實不知也。搒訊數百，卒無異辭。最竟坐誅。時年六十七。論者義之。撰《梁後略》十卷，行於世。

褚　該

《周書·藝術傳·褚該》　褚該，字孝通，河南陽翟人也。晉末，遷居江左。祖長樂，齊竟陵王録事參軍。父義昌，梁鄱陽王中記室。

該幼而謹厚，有譽鄉曲。尤善醫術，見稱於時。仕梁，歷武陵王府參軍。隨府西上。後與蕭撝同歸國，授平東將軍、左銀青光祿大夫，轉驃騎將軍、右光祿大夫。武成元年，除醫正上士。自許奭死後，該稍爲時人所重，賓客迎候，亞於姚僧垣。天和初，遷縣伯下大夫。五年，進授車騎大將軍、儀同三司。該性淹和，不自矜尚，但有請之者，皆爲盡其藝術。時論稱其長者焉。後以疾卒。子士則，亦傳其家業。

趙　遐

《周書·藝術傳·趙文深》　趙文深，字德本，南陽宛人也。父遐，以醫術進，仕魏爲尚藥典御。

陸法和

李梴《醫學入門·歷代醫學姓氏·仙禪道術》　陸法和，梁時辭刺史，隱于江陵百里洲，信道術，采藥療人。

醫家總部

隋醫家部

許智藏 許澄

《隋書·藝術傳·許智藏》 許智藏，高陽人也。祖道幼，嘗以母疾，遂覽醫方，因而究極，世號名醫。誡其諸子曰：爲人子者，嘗膳視藥，不知方術，豈謂孝乎？由是世相傳授。仕梁，官至員外散騎侍郎。父景，武陵王諮議參軍。

智藏少以醫術自達，仕陳爲散騎侍郎。及陳滅，高祖以爲員外散騎侍郎，使詣揚州。會秦孝王俊有疾，上馳召之。俊夜中夢其亡妃崔氏泣曰：本來相迎，如聞許智藏將至，其人若到，當必相苦，爲之奈何？明夜，俊又夢崔氏曰：妾得計矣，當入靈府中以避之。及智藏至，爲俊診脈，曰：疾已入心，即當發癇，不可救也。果如言，俊數日而薨。上奇其妙，賚物百段。煬帝即位，智藏時致仕于家，帝每有所苦，輒令中使就詢訪，或以轝迎入殿，扶登御牀。智藏爲方奏之，用無不效。年八十，卒于家。

宗人許澄，亦以醫術顯。父奭，仕梁太常丞、中軍長史。隨柳仲禮入長安，與姚僧垣齊名，拜上儀同三司。澄有學識，傳父業，尤盡其妙。歷尚藥典御、諫議大夫，封賀川縣伯。父子俱以藝術名重於周、隋二代。史失事，故附見云。

莫君錫

《古今醫統大全·歷世聖賢名醫姓氏·隋》 莫君錫，不知何郡人，大業中爲太醫。煬帝晚年尤迷於色，方士進大丹，帝服之而陽過盛燥，日飲水百盃而渴不止。君錫奏爲置冰於帝前，日夕望之，而渴遂止。

巢元方

《醫說·三皇歷代名醫》 巢元方，不知何許人也。大業中爲太醫博士，奉詔撰《諸病源候論》五十卷，罔不該集。

李梴《醫學入門·歷代醫學姓氏·明醫》 巢元方，隋人，大業中爲太醫令。撰《病源》五十卷，不爲無見，但言風寒二氣而不及濕熱之文，後人不免遺議。治風逆坐起不得，用牛年羔羊，殺而取腔，以和藥末，藥未盡而病愈。

朱彝尊《書隋巢元方〈諸病源候論〉後》 右《諸病源候論》五十卷。隋太醫博士巢元方奉勅與諸醫共論疢疾所起之源，及九候之要，大業六年書成，進於朝。論凡一千七百二十篇，言之詳矣。隋、唐《經籍志》不著於錄，而《宋志》有之。蓋太平興國中，命王懷隱、王祐、陳昭遇等集《聖惠方》，每部取元方之論冠其首，神宗以之課試醫士，是編始大顯於時。《書錄解題》謂《千金方》諸論，多本此書。考宋制，醫以巢氏《論》與《千金翼方》同目爲小經，而《千金方》不與。然則今所傳孫眞人書，殆未足深信矣。

《醫學讀書志·隋巢氏元方》 《諸病源候論》五十卷。右書一種，隋大業中太醫博士巢元方等奉詔撰。元方籍里無考。書凡六十七門一千七百二十論，但詳病源，不載方藥。惟附導引法，其言精密，洵漢代醫經經方之遺緒。宋朝舊制用以命題課醫，《太平聖惠方》以此論冠於每篇之首。今時傳本係明汪濟川、方礦校，前有宋天聖五年學士宋綬序。案《隋書·經籍志》，有吳景賢《諸病源候論》五卷，目一卷。舊《唐志》作五十卷，新《唐志》吳景賢、巢元方《諸病源候論》各五十卷，《宋志》始專存巢氏而去吳氏。疑當時吳景賢、巢元方皆編撰官書者，唐時所存，或係各人稿本，宋時察其雷同，故去吳存巢耳。《隋志》五卷上當脫十字，不然，則五卷書豈有一卷目耶？

楊上善

《古今醫統大全·歷世聖賢名醫姓氏·隋》 楊上善，不知何郡人，大業中爲太醫侍御，名著當代，稱神。診療出奇，能起沉痾篤疾，不拘局方，述《內經》爲《太素》，知休咎。今世之云太素脈，皆宗之，鮮有得其妙者。

全元起

《古今醫統大全·歷世聖賢名醫姓氏·隋》 全元起，以醫鳴晉，其實不在巢、楊之下，一時縉紳慕之如神，患者仰之。得則生，捨則死。其醫悉祖《內經》，所著《內經訓解》行世。

劉　佑

乾隆《滎澤縣志・人物・方技》　劉佑，滎陽人也。開皇初爲大都督，封索盧縣令。高祖甚親之。初與張賓、劉輝、馬顯定曆，後奉詔撰兵書十卷，名曰《金韜》，上善之。復著《陰策》二十卷，《婚姻志》三卷，《產乳志》十二卷，《歸正易》十卷，並行於世。

任　度

李梴《醫學入門・歷代醫學姓氏・明醫》　任度，不知何許人，老醫也。有患者嘗饑，吞食則下，至胸便即吐出。醫作噎疾膈氣，治之無驗。任視之曰：非此疾，蓋因食蛇肉不消而致斯病，但揣心腹上有蛇形也。病者曰：素有大風，嘗求蛇肉食，風稍愈，復患此疾矣。遂用硝、黃合而治之，微下利則愈。醫皆記其驗而知蛇瘕也。

醫家總部

唐醫家部

陳子良

光緒《射洪縣志・人物志・技術》引《蜀志補遺》 唐陳子良，子昂之兄。詩工樂府，見《文苑英華》。兼精醫術，著《日華子》行世。

許胤宗

《舊唐書・方伎傳・許胤宗》 許胤宗，常州義興人也。初事陳，爲新蔡王外兵參軍。時柳太后病風不言，名醫治皆不愈，脈益沉而噤。胤宗曰：口不可下藥，宜以湯氣薰之。令藥入腠理，周理即差。乃造黄耆防風湯數十斛，置於床下，氣如烟霧，其夜便得語。由是超拜義興太守。陳亡入隋，歷尚藥奉御。武德初，累授散騎侍郎。時關中多骨蒸病，得之必死，遞相連染，諸醫無能療者。胤宗每療，無不愈。或謂曰：公醫術若神，何不著書以貽將來？胤宗曰：醫者，意也，在人思慮。又脈候幽微，苦其難別，意之所解，口莫能宣。且古之名手，唯是別脈，脈既精別，然後識病。夫病之於藥，有正相當者，唯須單用一味，直攻彼病，藥力既純，病即立愈。今人不能別脈，莫識病源，以情臆度，多安藥味，譬之於獵，未知兔所，多發人馬，空地遮圍，或冀一人偶然逢也。如此療疾，不亦疏乎！假令一藥偶然當病，復共他味相和，君臣相制，氣勢不行，所以難差，諒由於此。脈之深趣，既不可言，虚設經方，豈加於舊。吾思之久矣，故不能著述耳。年九十餘卒。

《新唐書・方伎傳・許胤宗》 卒年七十餘。

《醫學讀書志・自序》 夫醫者意也，在人思慮，出《唐書・許胤宗傳》。胤宗，陳隋名醫，治療若神。人求其著作，因以此語發端，而述別脈識病用藥之難，不敢著書，非令人不尚學術也。

王守一

乾隆《重修洛陽縣志・仙釋》 王守一，貞觀中布衣，自稱終南山人。嘗賣藥洛陽市。富人柳信子，眉上生肉塊，守一以藥治之，須臾塊破，有小蛇出，五色爛然，漸及丈許。叱之，蛇躍起，雲霧昏暗，守一乘之而去。

宋俠

《舊唐書・方伎傳・宋俠》 宋俠者，洺州清漳人，北齊東平王文學孝正之子也。亦以醫術著名。官至朝散大夫、藥藏監。撰《經心錄》十卷，行於代。

李洞元

《齊東野語》 唐長孫后懷高宗，將産，數日不能分娩，詔醫博士李洞元候脈。奏云：緣子以手執母心，所以不産。太宗問曰：當何如？洞元曰：留子，母不全，母全，子必死。后曰：留子，帝業永昌。遂隔腹針之，透心至手。后崩，太子即誕，後至天陰，手中有瘢。

李世勣

《古今醫統大全・歷世聖賢名醫姓氏・唐》 李世勣，以醫鳴唐，注本草藥性爲有功。

王績

李梴《醫學入門・歷代醫學姓氏・儒醫》 王績，字無功，絳州人，王通之弟。唐太宗秘書正字，不樂在朝，還里蒔藥自供，或以濟人。以《周易》置牀頭，他書罕讀。游北山東皋著書，自號東皋子。

于志寧

《新唐書・于志寧傳》 于志寧，字仲謐，京兆高陵人。曾祖謹，有功於周，爲太師、燕國公。父宣道，仕隋至内史舍人。大業末，志寧調冠氏縣長，山東盜起，棄官歸。【略】初，志寧與司空李勣脩定《本草》并圖，合五十四篇。帝曰：《本草》尚矣，今復脩之，何所異邪？對曰：昔陶弘景以《神農經》合雜家《別錄》註詺之，江南偏方，不周曉藥石，往往紕繆，四百餘物，今考正之，又增後世所用百餘物，此以爲異。帝曰：《本草》、《別錄》何爲而二？對曰：班固唯記黄帝内、外經，不載《本草》，至齊《七錄》乃稱之。世謂神農氏嘗藥以拯含氣，而黄帝以前文字不傳，以識相付，至桐、雷乃載篇冊，然所載郡縣，多在漢時，疑張仲景、華佗竄記其語。《別錄》者，魏、晉以來吳普、李當之所記，其言華葉形色，佐使相須，附經爲說，故弘景合而錄之。帝曰：善。其書遂大行。

甘伯宗

李梴《醫學入門·歷代醫學姓氏·明醫》 甘伯宗，撰《歷代明醫姓氏》，自伏羲至唐，凡一百二十人，出《輟（親）〔耕〕錄》。

甄權

《舊唐書·方伎傳·甄權》 甄權，許州扶溝人也。嘗以母病，與弟立言專醫方，得其旨趣。隋開皇初，爲秘書省正字，後稱疾免。隋魯州刺史庫狄嶔苦風患，手不得引弓，諸醫莫能療，權謂曰：但將弓箭向垜，一鍼可以射矣。鍼其肩隅一穴，應時即射。權之療疾，多此類也。貞觀十七年，權年一百三歲，太宗幸其家，視其飲食，訪以藥性，因授朝散大夫，賜几杖衣服，其年卒。撰《脈經》、《鍼方》、《明堂人形圖》各一卷。

甄立言

《舊唐書·方伎傳·甄立言》 〔甄權〕弟立言，武德中累遷太常丞。御史大夫杜淹患風毒發腫，太宗令立言視之，既而奏曰：從今更十一日午時必死。果如其言。時有尼明律，年六十餘，患心腹鼓脹，身體羸瘦，已經二年。立言診脈曰：其腹內有蟲，當是誤食髮爲之耳。因令服雄黃，須臾吐一蛇，如人手小指，唯無眼，燒之，猶有髮氣，其疾乃愈。立言尋卒。撰《本草音義》七卷、《古今錄驗方》五十卷。

張寶藏

《獨異志》卷上 唐貞觀中，張寶藏爲金吾長史，嘗因下直歸櫟陽，路逢少年畋獵，割鮮野食。倚樹長嘆曰：張寶藏身年七十，未嘗得一食酒肉，如此者，可悲哉。傍有一僧指曰：六十日內，官登三品，何足嘆也？言訖不見。寶藏異之，即時還京。太宗苦病痢疾，衆醫不效，即下詔問殿廷左右，有能治此疾者，當重賞之。寶藏曾困此疾，即具疏，以乳煎蓽茇方進。上服之，立差，宣下宰臣，與五品官。魏徵難之，逾月不進擬。上疾復作，問左右曰：吾前服乳煎蓽茇有效，復令進之，一啜又平復。上問曰：嘗令與進方人五品官，不見除授，何也？徵懼曰：奉詔之際，未知文武二吏。上怒曰：治得宰相，不妨授三品，我天子也，豈不及汝邪？乃厲聲曰：與三品文官，立授鴻臚卿。時正六十日矣。

孫迴璞

《古今圖書集成·藝術典》卷五〇六引《曹州志》 孫迴璞，濟陰人，殿中侍御醫。貞觀十三年，從駕幸九成宮三善谷，與魏太師徵鄰。夜二鼓，璞聞喚孫侍御，心疑太師命，出視，見二人曰：官喚。璞曰：我不能行。即取馬乘之以隨，光明如晝，璞怪訝而不敢言。行六七里，至苜蓿谷，見兩人持韓鳳方以行，語引璞二人曰：我所得是，汝錯也，宜放之！二人即放璞。璞循路而還，了了不異平日行處。既至門，繫馬，見婢當戶眠，喚之不應；入戶，見身與婦幷眠，欲就之不得，但見屋內甚明，壁角蜘蛛網二蠅及架上所著藥物。不得就牀，自知是死，倚壁久之，忽驚覺，身已卧牀上，而屋內黑闇無所見。喚婦起燃燈，而璞方大汗，視蜘蛛網等處，歷然不殊，馬亦大汗。急遣人覘鳳方，果是夜暴死。至十七年，璞奉勅往療齊王佑疾，還至洛州孝義驛，忽然見一人問曰：君是孫迴璞否？我鬼也。魏太師有文書追君。璞視之，則鄭公徵署也。璞驚曰：鄭公未死，何有此？鬼曰：已死矣。今爲太陽都錄太監，故令召君耳。璞引坐共食甚歡，請曰：待還京奏事畢，然後應命可也。鬼許之。於是晝夜相隨，至閿鄉，鬼辭曰：吾度關待君。及璞度關，而鬼已先至，復同行至滋水，又與璞別曰：待君奏事訖相見也，可弗食葷辛。既奏事畢，出訪鄭公已薨，校其薨日，則孝義驛之前日也。璞自擬必死，與家人訣別。可六七日，夜夢前鬼來召，引璞上高山，山巔有大宮殿，入見衆君子迎謂曰：此人有修福，不可留也。即推璞墮山，乃驚悟。

孫思邈

《備急千金要方·自序》 吾幼遭風冷，屢造醫門，湯藥之資，罄盡家產。所以青衿之歲，高尚茲典；白首之年，未嘗釋卷。至於切脈診候，采藥合和，服餌節度，將息避慎。一事長於己者，不遠千里伏膺取決。至於弱冠，頗覺有悟，是以親鄰中外，有疾厄者，多所濟益，在身之患，斷絕醫門。故知方藥本草，不可不學。吾見諸方部帙浩博，忽遇倉卒，求檢至難，比得方訖，疾已不救矣。嗚呼！痛夭枉之幽厄，惜墮學之昏愚，乃博采群經，刪裁繁重，務在簡易，以爲《備急千金要方》一部，凡三十卷。雖不能究盡病原，但使留意於斯者，亦思過半矣。以爲人命至重，有貴千金，一方濟之，德逾於此，故以爲名也，不可傳於士族，庶以貽厥私門。

《獨異志》卷上　唐天后朝，處士孫思邈居於嵩山修道。時大旱，有敕選洛陽德行僧徒數千百人，於天宮寺講《人王經》，以祈雨澤。有二人在衆中，鬚眉皓白，講僧曇林遣人謂二老人曰：罷後可過一院。既至，問其所來。二老人曰：某依洛二水龍也，聞至言當得改化。林曰：講經祈雨，二聖知之乎？答曰：安得不知？然雨者須天符乃能致之，居常何敢自施也？林曰：爲之奈何？二老曰：有修道人以章疏聞天，因而滂沱，某可力爲之。林乃入啓則天，發使嵩陽召思邈，內殿飛章，其夕天雨大降。思邈亦不自明，退詣講席，語林曰：吾修心五十年，不爲天知，何也？因請問二老。二老答曰：非利濟生人，豈得昇仙？於是思邈歸蜀青城山，撰《千金方》三十卷，既成而白日沖天。

《太平廣記》卷二一引《仙傳拾遺》　孫思邈，雍州華原人也。【略】開元中，復有人見隱於終南山，與宣律師相接，每來往參請宗旨。時大旱，西域僧請於昆明池結壇祈雨，詔有司備香燈。凡七日，縮水數尺。忽有老人夜詣宣律師求救曰：弟子昆明池龍也，無雨時久，匪由弟子，胡僧利弟子腦將爲藥，欺天子言祈雨，命在旦夕，乞和尚法力救護。宣公辭曰：貧道持律而已，可求孫先生。老人因至，思邈謂曰：我知昆明龍宮有仙方三十首，若能示予，予將救汝。老人曰：此方上帝不許妄傳，今急矣，固無所悋。有頃，捧方而至。思邈曰：爾但還，無慮胡僧也。自是池水忽漲，數日溢岸，胡僧羞恚而死。

又嘗有神仙降，謂思邈曰：爾所著《千金方》，濟人之功，亦已廣矣，而以物命爲藥，害物亦多，必爲尸解之仙，不得白日輕舉矣。昔眞人桓闓謂陶貞白事亦如之，固吾子所知也。其後思邈取草木之藥，以代䖟蟲水蛭之命，作《千金方翼》三十篇，每篇有龍宮仙方一首，行之於世。

及玄宗避羯胡之亂，西幸蜀。既至蜀，夢一叟鬚鬢盡白，衣黃襦，再拜于前，已而奏曰：臣孫思邈也，廬於峨眉山有年矣，今聞鑾駕幸成都，臣故候謁。玄宗曰：我熟識先生名久矣。今先生不遠而至，亦將有所求乎？思邈對曰：臣隱居雲泉，好餌金石藥。聞此地出雄黃，願以八十兩爲賜，脫遂臣請，幸降使賫至峨眉山。玄宗諾之。悸然而寤，即詔寺臣陳忠盛，挈雄黃八十兩，往峨眉宣賜思邈。忠盛既奉詔，入峨眉，至屏風嶺，見一叟貌甚俊古，衣黃襦，立於嶺下，謂忠盛曰：汝非天子使乎？我即孫思邈也。忠盛曰：上命以雄黃賜先生。其叟僂而受。既而曰：吾蒙天子賜雄黃，今有表謝，屬山居無翰墨，天使命筆札傳寫以進也。忠盛即召吏執牘染翰，叟指一石曰：表本在石上，君可錄焉。忠盛目其石，果有硃字百餘，實表本也，遂謄寫其字。寫畢，視其叟與石，俱亡見矣。於是具以其事聞於玄宗，玄宗因問忠盛，叟之貌與夢者果同。由是益奇之。自是或隱或見。咸通末，山下民家，有兒十餘歲，不食葷血。父母以其好善，使於白水僧院爲童子。忽有遊客稱孫處士，周遊院中訖，袖中出湯末以授童子曰：爲我如茶法煎來。處士呷少許，以餘湯與之，覺湯極美，願賜一碗。處士曰：此湯爲汝來耳。即以末方寸匕，更令煎喫，因與同侶話之。出門，處士已去矣。童子亦乘空而飛，衆方驚異，顧視煎湯銚子，已成金矣。其後亦時有人見思邈者。

《太平廣記》卷二一八引《譚賓録》　唐鄧王元裕，高祖第十八子也。好學，善談名理。與典籤盧照鄰爲布衣之交，常稱曰：寡人之相如也。照鄰，范陽人，爲新都尉，因染(患)〔惡〕疾，居於陽翟之具茨山，著《釋疾文》及《五悲》，雅有騷人之風，竟自沈於潁水而死。照鄰寓居於京城鄱陽公主之廢府。顯慶三年，詔徵太白山隱士孫思邈，亦居此府。思邈華原人，年九十餘，而視聽不衰。照鄰自傷年纔彊仕，沈疾困憊，乃作《病梨樹賦》，以傷其稟受之不同，詞甚美麗。思邈既有推步導養之術，照鄰與當時知名之士宋令文、孟詵，皆執師資之禮。嘗問思邈曰：名醫愈疾，其道何也？思邈曰：吾聞善言天者，必質於人；善言人者，必本於天。故天有四時五形，日月相推，寒暑迭代，其轉運也，和而爲雨，怒而爲風，散而爲露，亂而爲霧，凝而爲霜雪，張而爲虹霓，此天之常數也。人有四肢五臟，一覺一寐，呼吸吐納，精氣往來，流而爲榮衛，彰而爲氣色，發而爲音聲，此亦人之常數也。陽用其精，陰用其形，天人之所同也。及其失也，蒸則爲熱，否則生寒，結而爲瘤贅，隔而爲癰疽，奔而爲喘乏，竭而爲焦枯。診發乎面，變動乎形，推此以及天地，亦如之。故五緯盈縮，星辰錯行，日月薄蝕，彗孛流飛，此天地之危診也。寒暑不時，此天地之蒸否也。石立土踴，此天地之瘤贅也。山崩地陷，此天地之癰疽也。奔風暴雨，此天地之喘乏也。雨澤不降，川澤涸竭，此天地之焦枯也。良醫導之以藥石，救之以鍼灸；聖人和之以至德，輔之以人事。故體有可消之疾，天有可消之災，通乎數也。照鄰曰：人事如何？思邈曰：膽欲大而心有孫思邈處士居之。邈道合古今，學殫數術。高談正一，則古之蒙莊子；深入不二，則今之維摩詰耳。其推步甲乙，度量乾坤，則洛下閎、安期先生之儔也。照鄰有惡疾，醫所不能愈，乃問思邈：名醫愈疾，其道何如？思邈曰：吾聞善言天者，必質之於人；善言人者，亦本之於天。天有四時五行，寒暑迭代，其轉運也，和而爲雨，怒而爲風，凝而爲霜雪，張而爲虹蜺，此天地之常數也。人有四支五藏，一覺一寐，呼吸吐納，精氣往來，流而爲榮衛，彰而爲氣色，發而爲音聲，此人之常數也。陽用其形，陰用其精，天人之所同也。及其失也，蒸則生熱，否則生寒，結而爲瘤贅，陷而爲癰疽，奔而爲喘乏，竭而爲燋枯，診發乎面，變動乎形。推此以及天地亦如之。故五緯盈縮，星辰錯行，日月薄蝕，孛彗飛流，此天地之危診也。寒暑不時，天地之蒸否也；石立土踴，天地之瘤贅也；山崩土陷，天地之癰疽也；奔風暴雨，天地之喘乏也；川瀆竭涸，天地之燋枯也。良醫導之以藥石，救之以鍼劑，聖人和之以至德，輔之以人事，故形體有可愈之疾，天地有可消之災。又曰：膽欲大而心欲小，智欲圓而行欲方。《詩》曰：如臨深淵，如履薄冰，謂小心也。赳赳武夫，公侯干城，謂大膽也。不爲利回，不爲義疚，行之方也。見機而作，不俟終日，智之圓也。

思邈自云開皇辛酉歲生，至今年九十三矣，詢之鄉里，咸云數百歲人，話周、齊間事，歷歷如眼見，以此參之，不啻百歲人矣。然猶視聽不衰，神采甚茂，可謂古之聰明博達不死者也。

初，魏徵等受詔修齊、梁、陳、周、隋五代史，恐有遺漏，屢訪之，思邈口以傳授，有如目睹。東臺侍郎孫處約將其五子侹、儆、俊、佑、佺以謁思邈，思邈曰：俊當先貴，佑當晚達，佺最名重，禍在執兵。後皆如其言。太子詹事盧齊卿童幼時，請問人倫之事，思邈曰：汝後五十年位登方伯，吾孫當爲屬吏，可自保也。後齊卿爲徐州刺史，思邈孫溥果爲徐州蕭縣丞。思邈初謂齊卿之時，溥猶未生，而預知其事。凡諸異迹，多此類也。

永淳元年卒。遺令薄葬，不藏冥器，祭祀無牲牢。經月餘，顏貌不改，舉屍就木，猶若空衣，時人異之。自注《老子》、《莊子》，撰《千金方》三十卷，行於代。又撰《福祿論》三卷、《攝生眞錄》及《枕中素書》、《會三教論》各一卷。

子行，天授中爲鳳閣侍郎。

《新唐書・隱逸傳・孫思邈》 孫思邈，京兆華原人。通百家說，善言老欲小，智欲圓而行欲方。照鄰曰：何謂也？思邈曰：心爲五臟之君，君以恭順爲主，故心欲小。膽爲五臟之將，將以果決爲務，故膽欲大。智者動象天，故欲圓。仁者靜象地，故欲方。《詩》曰：如臨深淵，如履薄冰，爲小心也。赳赳武夫，公侯干城，爲大膽也。《傳》曰：不爲利回，不爲義疚，仁之方也。《易》曰：見幾而作，不俟終日，智之圓也。照鄰又問：養性之道，其要何也？思邈曰：天道有盈缺，人事多屯厄，苟不自愼而能濟於厄者，未之有也。故養性之士，先知自愼。自愼者，恆以憂畏爲本。經曰：人不畏威，天威至矣。憂畏者，死生之門，存亡之由，禍福之本，吉凶之源。故士無憂畏則仁義不立，農無憂畏則稼穡不滋，工無憂畏則規矩不設，商無憂畏則貨殖不盈，子無憂畏則孝敬不篤，父無憂畏則慈愛不著，臣無憂畏則勳庸不建，君無憂畏則社稷不安。故養性者，失其憂畏則心亂而不理，形躁而不寧，神散而氣越，志蕩而意昏。應生者死，應存者亡，應成者敗，應吉者凶。夫憂畏者，其猶水火不可暫忘也。人無憂畏，子弟爲勍敵，妻妾爲寇仇。是故太上畏道，其次畏天，其次畏物，其次畏人，其次畏身。憂於身者，不拘於人。畏於己者，不制於彼。愼於小者，不懼於大。戒於近者，不懼於遠。能知此者，水行蛟龍不能害，陸行虎兕不能傷，五兵不能及，疫癘不能染，讒賊不能謗，毒螫不加害，知此則人事畢矣。思邈尋授承務郎，直尚藥局。以永淳初卒，遺令薄葬，不設冥器，祭祀無牲牢，死經月餘，顏色不變，舉屍就木，如空衣焉。撰《千金方》三十卷行於代。

《舊唐書・方伎傳・孫思邈》 孫思邈，京兆華原人也。七歲就學，日誦千餘言。弱冠，善談莊、老及百家之說，兼好釋典。洛州總管獨孤信見而歎曰：此聖童也。但恨其器大，適小難爲用也。周宣帝時，思邈以王室多故，乃隱居太白山。隋文帝輔政，徵爲國子博士，稱疾不起。嘗謂所親曰：過五十年，當有聖人出，吾方助之以濟人。及太宗即位，召詣京師，嗟其容色甚少，謂曰：故知有道者誠可尊重，羨門、廣成，豈虛言哉！將授以爵位，固辭不受。顯慶四年，高宗召見，拜諫議大夫，又固辭不受。

上元元年，辭疾請歸，特賜良馬，及鄱陽公主邑司以居焉。當時知名之士宋令文、孟詵、盧照鄰等，執師資之禮以事焉。思邈嘗從幸九成宮，照鄰留在其宅。時庭前有病梨樹，照鄰爲之賦，其序曰：癸酉之歲，余卧疾長安光德坊之官舍。父老云：是鄱陽公主邑司。昔公主未嫁而卒，故其邑廢。時子、莊周。周洛州總管獨孤信見其少，異之，曰：聖童也，顧器大難爲用爾！及長，居太白山。隋文帝輔政，以國子博士召，不拜。密語人曰：後五十年有聖人出，吾且助之。太宗初，召詣京師，年已老，而聽視聰瞭。帝歎曰：有道者！欲官之，不受。顯慶中，復召見，拜諫議大夫，固辭。上元元年，稱疾還山，高宗賜良馬，假鄱陽公主邑司以居之。

思邈於陰陽、推步、醫藥無不善，孟詵、盧照鄰等師事之。照鄰有惡疾，不可爲，感而問曰：高醫愈疾，奈何？答曰：天有四時五行，寒暑迭居，和爲雨，怒爲風，凝爲雪霜，張爲虹蜺，天常數也。人之四支五藏，一覺一寐，吐納往來，流爲榮衛，章爲氣色，發爲音聲，人常數也。陽用其形，陰用其精，天人所同也。失則蒸生熱，否生寒，結爲瘤贅，陷爲癰疽，奔則喘乏，竭則焦槁，發乎面，動乎形。天地亦然：五緯縮贏，孛彗飛流，其危診也；寒暑不時，其蒸否也；石立土踊，是其瘤贅；山崩土陷，是其癰疽；奔風暴雨其喘乏，川瀆竭涸其焦槁。高醫導以藥石，救以砭劑；聖人和以至德，輔以人事。故體有可愈之疾，天有可振之災。

照鄰曰：人事奈何？曰：心爲之君，君尚恭，故欲小。《詩》曰：如臨深淵，如履薄冰，小之謂也。膽爲之將，以果決爲務，故欲大。《詩》曰：赳赳武夫，公侯干城，大之謂也。仁者靜，地之象，故欲方。《傳》曰：不爲利回，不爲義疚，方之謂也。智者動，天之象，故欲圓。《易》曰：見機而作，不俟終日，圓之謂也。

復問養性之要，答曰：天有盈虛，人有屯危，不自慎，不能濟也。故養性必先知自慎也。慎以畏爲本，故士無畏則簡仁義，農無畏則墮稼穡，工無畏則慢規矩，商無畏則貨不殖，子無畏則忘孝，父無畏則廢慈，臣無畏則勳不立，君無畏則亂不治。是以太上畏道，其次畏天，其次畏物，其次畏人，其次畏身。憂於身者不拘於人，畏於己者不制於彼，慎於小者不懼於大，戒於近者，不侮於遠。知此則人事畢矣。

初，魏徵等脩齊、梁、周、隋等五家史，屢咨所遺，其傳最詳。永淳初，卒，年百餘歲，遺令薄葬，不藏明器，祭去牲牢。

孫處約嘗以諸子見，思邈曰：俊先顯，侑晚貴，佺禍在執兵。後皆驗。太子詹事盧齊卿之少也，思邈曰：後五十年位方伯，吾孫爲屬吏，願自愛。時思邈之孫溥尚未生，及溥爲蕭丞，而齊卿徐州刺史。

康熙《平陽府志・陵墓・洪洞縣》 唐眞人孫思邈墓，縣南二十里保長村。

雍正《陝西通志・經籍》 孫思邈，華原隱士，撰《千金方》三十卷。思邈博通經傳，洞明醫術，著用藥之方，診脈之訣，鍼灸之穴，禁忌之法，以至導引養生之要，無不周悉。後世或能窺其一二，未有不爲名醫者。頗恨其獨不知傷寒之數云。

雍正《臨汾縣志・流寓》 孫思邈，京兆華原人。【略】永寧初年卒，年百歲餘，有《鍼灸方書》行世，板藏府庫。

嘉慶《四川通志・寺觀・峨眉縣》 呼應庵在峨石右呼應峰後。《峨眉山志》：古呼應庵，傳智者茂眞、孫眞人每集寺後弈棋，於此呼應。有棋磐石，方廣丈餘，有庵名呼應庵。

嘉慶《四川通志・寺觀・峨眉縣》 牛心寺有前後二寺。前牛心寺在雙飛橋上，南入爲後牛心寺，一名臥雲寺，即古延福院。《峨眉山志》：延福院即孫眞人修眞處。【略】宋淳祐間重修。丹砂洞即孫眞人洞，在後牛心寺左，孫思邈煉丹洞也。藥爐丹竈見在，巖石皆碎裂，無草木。說者以爲丹氣薰蒸所致。方士多取此石煮服，以爲能助精養神云。洞旁舊有祠。

嘉慶《四川通志・金石・器物譜》 孫眞人遺物：藥罐一，銅質，大可容數升。藥臼一，鐵質，有六足，制甚樸古，重二十餘斤。在峨眉山牛心寺。又有金錫杖，爲前人取去，無存。

宣統《甘肅新通志・志餘・方伎》 孫眞人，名思邈，嘗隱於渭州東北艾蒿山。其山多產艾，療病殊效，思邈日採之曝於石，爲人療疾。旁有濯足泉，今通渭縣遺跡猶存。縣西尖岡山有眞人墓，或云仙人岔，即其故里。

秦鳴鶴

《太平廣記》卷二一八引《譚賓録》 唐高宗苦風眩頭，目不能視，召侍醫秦鳴鶴診之。秦曰：風毒上攻，若刺頭出少血愈矣。天后自簾中怒曰：此可斬也！天子頭上，豈是出血處耶？鳴鶴叩頭請命。上曰：醫人議病，理不加罪。且吾頭重悶，殆不能忍，出血未必不佳，朕意決矣。命刺之。鳴鶴刺百會及腦戶出血。上曰：吾眼明矣。言未畢，后自簾中頂禮以謝之曰：此天賜我師也！躬負繒寶以遺之。

《古今醫統大全・歷世聖賢名醫姓氏・唐》 秦鳴鶴，不知何郡人，爲唐高宗時太醫侍御。

王燾

《新唐書・王燾傳》 燾，性至孝，爲徐州司馬。母有疾，彌年不廢帶，視絮湯劑。數從高醫游，遂窮其術，因以所學作書，號《外臺祕要》，討繹精明，世寶焉。歷給事中、鄴郡太守，治聞於時。

康熙《陝西通志・人物・鳳翔府》 王燾，珪孫。性至孝，爲徐州司馬。

乾隆《祁縣志・人物・王珪傳》 王燾，王敬直子。

雷牛

乾隆《甘肅通志・仙釋方伎》 雷牛，成紀人，煉丹於長道縣之南山。唐明皇時，宮中有疾，召至長安，調治即愈，封雷王。今山上藥臼尚存，有古槐一株，液出似酒，飲之去病，人謂雷峰仙酒。

張文仲 李虔縱

《舊唐書・方伎傳・張文仲》 張文仲，洛州洛陽人也。少與鄉人李虔縱、京兆人韋慈藏并以醫術知名。文仲，則天初爲侍御醫。時特進蘇良嗣於殿庭，因拜跪便絕倒，則天令文仲、慈藏隨至宅候之。文仲曰：此因憂憤邪氣激也，若痛衝脅，則劇難救。自朝候之，未及食時，即苦衝脅絞痛。文仲曰：若入心，即不可療。俄頃心痛，不復下藥，日旰而卒。文仲尤善療風疾。其後則天令文仲集當時名醫共撰療風氣諸方，仍令麟臺監王方慶監其脩撰。文仲奏曰：風有一百二十四種，氣有八十種。大抵醫藥雖同，人性各異，庸醫不達藥之行使，冬夏失節，因此殺人。唯腳氣、頭風、上氣，常須服藥不絕，自餘則隨其發動，臨時消息之。但有風氣之人，春末夏初及秋暮，要得通洩，即不困劇。於是撰四時常服及輕重大小諸方十八首表上之。文仲久視年終於尚藥奉御。撰《隨身備急方》三卷，行於代。

虔縱，官至侍御醫。慈藏，景龍中光祿卿。自則天、中宗已後，諸醫咸推文仲等三人爲首。

《朝野僉載》卷一 洛州有士人患應病，語即喉中應之，以問善醫張文仲。經夜思之，乃得一法，即取《本草》令讀之，皆應。至其所畏者，即不言。仲乃錄取藥，合和爲丸服之，應時而愈。一云問醫蘇澄云。

韋訊慈藏

《舊唐書・方伎傳・張文仲》 張文仲，洛州洛陽人也，少與鄉人李虔縱、京兆人韋慈藏并以醫術知名。【略】慈藏，景龍中光祿卿，自則天、中宗已後，諸醫咸推文仲等三人爲首。

《古今醫統大全・歷世聖賢名醫姓氏・唐》 韋慈藏，姓韋，名訊，道號慈藏。善醫術，常帶黑犬隨行，施藥濟人。玄宗重之，擢官不受，世仰爲藥王。

李梴《醫學入門・歷代醫學姓氏・明醫》 韋訊，號慈藏，唐人。醫中之聖，人皆仰之，今醫家多圖其像以祀之。

郝公景

《朝野僉載》卷一 郝公景於泰山採藥，經市過，有見鬼者。怪群鬼見公景皆走避之，遂取藥和爲殺鬼丸，有病患者，服之差。

狄仁傑

《古今醫統大全・歷代聖賢名醫姓氏・唐》 狄仁傑，字懷英，太(源)〔原〕人。好醫方，尤妙針術。爲唐名臣，位極宰相。顯慶中應制入關，路逢富室有小兒鼻端生贅，如拳，綴鼻，根如筋，痛楚危急。公爲腦後下鍼，疣贅應手而落。父母輦千縑酬奉，公不顧而去。

楊元亮

《朝野僉載》卷一 久視年中，襄州人楊元亮年二十餘，於虔州汶山觀傭力，晝夢見天尊云：我堂舍破壞，汝爲我脩造，遣汝能醫一切病。悟而悅之，試療無不愈者。贛縣里正背有腫大如拳，亮以刀割之，數日平復。療病日獲十千，造天尊堂成，療病漸無效。

則天時醫人

《朝野僉載》卷一 則天時，鳳閣侍郎周允元朝罷入閣。太平公主喚一醫人自光政門入，見一鬼撮允元頭，二鬼持棒隨其後，直入景運門。醫白公主，公主奏之，上令給使覘問。在閣無事，食訖還房，午後如廁，長參典怪其久私，往候之，允元踣面於廁上，目直視不語，口中涎落。給使奏之，上問醫曰：此可得幾時？對曰：緩者三日，急者一日。上與錦被覆之，並牀舁送宅，止夜半而卒。上自爲詩以悼之。

趙玄景

《朝野僉載》卷一　如意年中，洛州人趙玄景病卒，五日而蘇，云：見一僧與一木，長尺餘，教曰，人有病者，汝以此木拄之即愈。玄景得見機上尺，乃是僧所與者。試將療病，拄之立差，門庭每日數百人。御史馬知已以其聚衆追之，禁左臺，病者滿於臺門。則天聞之，追入內，宮人病，拄之即愈。放出任救病百姓，數月以後，得錢七百餘貫，後漸無驗，遂絕。

孟詵

《舊唐書·方伎傳·孟詵》　孟詵，汝州梁人也。舉進士。垂拱初，累遷鳳閣舍人。詵少好方術，嘗於鳳閣侍郎劉禕之家，見其敕賜金，謂禕之曰：此藥金也。若燒火其上，當有五色氣。試之果然。則天聞而不悦，因事出爲台州司馬。後累遷春官侍郎。睿宗在藩，召充侍讀。長安中，爲同州刺史，加銀青光祿大夫。神龍初致仕，歸伊陽之山第，以藥餌爲事。詵年雖晚暮，志力如壯，嘗謂所親曰：若能保身養性者，常須善言莫離口，良藥莫離手。睿宗即位，召赴京師，將加任用，固辭衰老。景雲二年，優詔賜物一百段，又令每歲春秋二時特給羊酒糜粥。開元初，河南尹畢構以詵有古人之風，改其所居爲子平里。尋卒，年九十三。

詵所居官，好勾剝爲政，雖繁而理。撰《家》、《祭禮》各一卷，《喪服要》二卷，《補養方》、《必效方》各三卷。

《新唐書·隱逸傳·孟詵》　詵居官頗刻斂，然以治稱。其閒居嘗語人曰：養性者善言不可離口，善藥不可離手。當時傳其當。

嘉慶《德平縣志·人物志》　孟詵，汝州梁人，寄籍平昌，開元初卒。年九十三，所著有《食療本草》。

王方慶

《古今醫統大全·歷世聖賢名醫姓氏·唐》　王方慶，太原人，博學多文，雅有才度，篤好經方，精於醫藥。

紀朋

《古今醫統大全·歷世聖賢名醫姓氏·唐》　紀朋，唐玄宗時，能觀顔色談笑，便知人病深淺，玄太后召入掖，重之。

韋善俊

乾隆《直隸商州志·人物》　韋善俊，雒南人，武后時長齋奉道法，飲其藥者，病即愈，世稱爲藥王。

乾隆《直隸商州志·疆域·雒南縣》　藥子嶺，在縣西南二十里，與本州分界，舊傳唐眞人韋善俊種藥于此，墓尚存。

益州老父

《瀟湘録》　則天末年，益州有一老父，攜一藥壺，於城中賣藥，得錢即轉濟貧乏。自不食，時即飲凈水，如此經歲餘。百姓賴之，有疾得藥者無不愈。或自游江岸，閑眺永日。又或登高，引頸不語。每遇有識者，必告之曰：人一身便如一國也，人心即帝王也。傍列臟腑，即宰輔也。外具九竅，即群臣也。故心病則內外不可救之，何異君亂於上，臣下不可止之乎。但凡欲身之無病，必須先正其心，不使氣索，不使狂思，不使嗜慾，不使迷惑，則心先無病。心無病，則餘臟腑雖有病不難療也，外之九竅，亦無由受病也。况藥有君有臣，有佐有使，或攻其病，君先臣次，然後用佐用使，自然合宜。如失其序，必白亂也，又何能救病，此猶家國任人也。老夫賣藥，常以此爲念，每見愚者一身，君不君，臣不臣，使九竅之邪，恣納其病，以至於良醫自逃，名藥不效，猶不自知，悲夫，士君子記之。忽一日，獨詣錦江，解衣凈浴，探壺中，唯選一丸藥，自吞之。謂衆人曰：老夫謫罪已滿，今卻歸島上。俄化爲一白鶴飛去，其衣與藥壺，竝沒於水，求尋不得。

嘉慶《華陽縣志·仙釋》　益州老父，瀛博野人鼎師者，有奇行。太后、公主言於則天，試之，以銀甕盛酒三斗，吸而盡。又曰：臣能飲醬，即以銀甕盛醬一斗，鼎以匙，須臾抄盡。則天欲與之官，鼎曰：願出家。即與剃髮。至是曰：如來螺髻，菩薩寶首。若能修道，何必剃除？遂長髮。未幾，謂人曰：吾將會韓道友於益州，遂去成都。先有老父，攜一壺，賣藥得錢則轉濟貧乏，自不食，時飲凈水，如此經年，百姓賴之。有疾得藥者，無不愈。或遊江岸，凝眸永日，又登高引領，不語終朝。一日，獨詣錦川，凈浴，探囊中，選一丸藥自吞，謂衆曰：老夫罪已滿，今歸島上矣。俄化一白鶴飛起，東北來一元鶴，相與旋舞於空，良久南去。則天遣洛州長史薛季昶，建元、白二鶴觀於益州。

周　廣

紹定《吴郡志》卷四三引《明皇雜録》　唐開元中，吴隱士周廣妙於醫，受訣於同郡紀朋，覩人顔色談笑，即知疾深淺。召至京師，有宫人每日昃則笑歌啼號，若狂疾，而足不能及地。廣曰：此必因食飽促力，復仆於地而然。飲以雲母湯，令熟寐，寐覺失所苦。問之，乃言：太華公主載誕三日，宫中大陳歌吹，此宫人主謳，欲其聲清長，食豘蹄羹，遂飽，當筵歌大曲，曲罷覺胸中甚憒，戲於砌臺，乘高而下，未及半，復爲後來者所激因仆地，比蘇，即病狂，自是足不能及地。又有黄門，自交廣使回，拜舞殿下。廣曰：此人腹中有蛟龍，明日當産一子，即不可活矣。上驚問：黄門有疾否？對曰：臣馳馬大庾嶺，大熱而渴，於路傍飲野水，今腹中堅痞如石。周以消石、雄黄煮飲之，吐出物數寸，其大如指，鱗甲備具，投之水，俄頃長數尺，遽以苦酒沃之，復如故形。上驚異，禮敬之，欲授以官爵。固請，還吴中。水部員外郎劉復爲廣作傳，叙述甚備。

陳藏器

《古今醫統大全·歷世聖賢名醫姓氏·南北朝》　陳藏器，注《本草》甚工，有功於醫多矣。言藥性，今皆宗之。

李梴《醫學入門·歷代醫學姓氏·儒醫》　陳藏器，唐開元中，京兆府三原縣縣尉。撰《神農本經》，總曰《本草拾遺》，共一十卷。

《醫學讀書志·唐陳氏藏器》　《本草拾遺》十卷。右書一種，唐京兆府三原縣尉陳藏器撰。藏器開元間人，籍里無考。書分《序例》一卷，《拾遺》六卷，《解紛》三卷，補陶、蘇之遺逸。其書失傳，惟《嘉祐補注》廣引之。

雍正《寧波府志·藝術》　陳藏器，四明人。開元時嘗著《本草拾遺》，中言人肉可以療羸疾，故後之孝子多行之。按：寶慶、延祐、至正、成化、嘉靖諸《志》皆無藏器傳，惟《簡要志》有之，又不詳其事，故其遺事無所考。

日華子

《古今醫統大全·歷世聖賢名醫姓氏·南北朝》　日華子，陳氏，北齊雁門人，深察藥性，極辨其微，本草、經方，多由注疏，至今賴之云。

元珠先生

《醫説·三皇歷代名醫》　元珠先生，不知何許人，隱顯莫測，惟太濮令王冰識其爲異人，乃師事之。元珠洞明《素問》，究極微奧，密授妙旨，敎冰五臟、六氣、修煉、養生之法，草石性理，祛邪去疾神方，由是冰乃注大經《素問》，至一爲醫家宗範。

王　冰

《黄帝内經素問·王冰序》　冰弱齡慕道，夙好養生，幸遇眞經，式爲龜鏡。而世本紕繆，篇目重疊，前後不倫，文義懸隔，施行不易，披會亦難。歲月既淹，襲以成弊。或一篇重出，而別立二名；或兩論并吞，而都爲一目；或問答未已，別樹篇題；或脱簡不書，而云世闕。重《經合》而冠《針服》，并《方宜》而爲《欬篇》；隔《虚實》而爲《逆從》，合經絡而爲論要；節《皮部》爲《經絡》，退《至教》以先針。諸如此流，不可勝數。且將升岱嶽，非徑奚爲？欲詣扶桑，無舟莫適。乃精勤博訪，而并有其人。歷十二年，方臻理要，詢謀得失，深遂夙心。時於先生郭子齋堂，受得先師張公秘本，文字昭晰，義理環周，一以參詳，群疑冰釋。恐散於末學，絶彼師資，因而撰注，用傳不朽。兼舊藏之卷，合八十一篇二十四卷，勒成一部。冀乎究尾明首，尋注會經，開發童蒙，宣揚至理而已。

《醫説·三皇歷代名醫》　王冰，寶應中爲太(濮)〔僕〕令。篤好醫方，得先師所藏《太素》及全元起(者)〔書〕，大爲次註《素問》，合八十一篇二十四卷，且序曰：將升岱嶽，非逕奚爲？欲詣扶桑，無舟莫過。乃精勤博訪而并有其人，歷十二年，方臻理要，詢謀得失，深遂夙心。

《醫史·啓玄子補傳》　王冰，一作砅，自號啓玄子，唐寶應中爲太僕令。篤好醫術，得黄帝《内經〔素問〕》、《靈樞》暨隋人全元起《訓解》，乃大爲次註，且自爲之序。曰：夫釋縛脱難，全眞導氣，拯黎元於仁壽，濟羸劣以獲安者，非三聖道，則不能致之矣。孔安國序《尚書》曰：伏羲、神農、黄帝之書，謂之三墳，言大道也。班固《漢書·藝文志》曰：黄帝《内經》十八卷，《素問》即其經之九卷也。

《古今醫統大全·歷世聖賢名醫姓氏·唐》　王冰，寶應中爲太僕令，號啓玄子。篤好醫方，得先師所藏《太素》及全元起(者)〔書〕，大爲次註《素問》，合八十一篇，二十四卷。又著《玄珠》十卷，《昭明隱旨》三卷。

劉大師

《古今圖書集成・藝術典》卷五〇七引《江南通志》 劉大師，憲宗時騎白馬行村落中，不知其所從來，人有病，與藥輒愈。一日，從鄉人鄭氏乞地爲室，未許，俄入林中，趺足而逝。人異之，即其地爲寺，今棗香院是也。

李祐

《太平廣記》卷二一九引《獨異志》 李祐爲淮西將，元和十三年，送款歸國。裴度破吳元濟，入其城，官軍有剝婦人衣至裸體者。祐有新婦姜氏，懷孕五月矣，爲亂卒所劫，以刀劃其腹，姜氏氣絶踣地。祐歸見之，腹開尺餘，因脱衣襦裹之。一夕復蘇，傅以神藥而平。滿十月，産一子。朝廷以祐歸國功，授一子官。子曰行修，年三十餘，爲南海節度。罷歸，卒於道。

王超

《酉陽雜俎續集・醫人王超》 太和五年，復州醫人王超善用鍼，病無不差。於午忽無病死，經宿而蘇。言始夢至一處，城壁臺殿如王者居。見一人卧，召前袒視，左髆有腫大如杯，令超治之。即爲鍼，出膿升餘，顧黄衣吏曰：可領視畢也。超隨入一門，門署曰畢院，庭中有人眼數千聚成山，視肉迭瞬明滅。黄衣曰：此即畢也。俄有二人，形甚奇偉，分處左右，鼓巨箑吹激，眼聚扇而起，或飛或走，或爲人者，頃刻而盡。超訪其故，黄衣吏曰：有生之類，先死爲畢。言次忽活。

張士政

《太平廣記》卷八〇引《逸史》 唐王潛在荆州，百姓張士政善治傷折。有軍人損脛，求張治之。張飲以一藥酒，破肉，取碎骨一片，大如兩指，塗膏封之，數日如舊。經二年餘，脛忽痛，復問於張。張曰：前君所出骨寒則痛，可遽覓也。果獲於床下。令以湯洗，貯於絮中，其痛即愈。

陳士良

李梴《醫學入門・歷代醫學姓氏・明醫》 陳士良，僞唐陪戎副尉，劍南醫學助教。取諸家本草有關於飲食者類之，附以調養臟腑之術，名《食性本草》。

京城醫者

《北夢瑣言・療疑病》 元頏博士話唐時中表間有一婦人，從夫南中效官，曾誤食一蟲，常疑之，由是成疾，頻療不愈。京城醫者，忘其姓名，知其所患，乃請主人姨妳中謹密者一人，預戒之曰：今以藥吐瀉，但以盤盂盛之，當吐之時，但言有一小蝦蟆走去，然切勿令娘子知之，是誑語也。其妳僕遵之，此疾永除。

趙卿

《北夢瑣言・療疑病》 有一少年，眼中常見一小鏡子。醫工趙卿診之，與少年期，來晨以魚膾奉候。少年及期赴之，延於閣子內，且令從容，俟客退後，方得攀接。俄而設臺于上，施一甌芥醋，更無他味，卿亦未出。洎日一作禺中，久候不至，少年飢甚，且聞醋香，不免輕啜之，逡巡又啜之，覺胸中豁然，眼花不見，因竭甌啜之。趙卿探知方出，少年以啜醋慚謝，卿曰：郎君吃鱠太多，非醬醋不快，又有魚鱗在胸中，所以眼花。適來所備醬醋，只欲郎君因飢以啜之，果愈此疾，烹鮮一作鱗之會，乃權誑也。請退謀餐。他妙多斯類也，非庸醫所及也。凡欲以倉、扁之術求食者，得不勉之哉。

昝殷

《經效産寶・周頲序》 昝殷《産寶》，深入醫門，乃大中歲相國白敏中傷兹婦人多患産難，詢訪名醫，思救人命，或人舉殷，相國迎召，問其産乳，殷乃撰方三卷，贄於相國。相國重其簡要，命曰《産寶》。

《酉陽雜俎・夢》 蜀醫昝殷言：藏氣陰多則數夢，陽壯則少夢，夢亦不復記。《周禮》有掌三夢，又以日月星辰各占六夢，謂日有甲乙，月有建破，星辰有居直，星有扶一曰符刻也。又曰：舍萌于四方以贈惡夢，謂會民方相氏四面，逐送惡夢至四郊也。

同治《重修成都縣志・人物志・藝術》 昝(商)〔殷〕，成都人，官醫博士。能得《黄庭》、《素問》之精，撰《食醫心鑑》及《導養方》。

《醫籍考》 弟堅曰：大中初，白敏中守成都，昝殷贄以是書。考《唐書》，敏中大中六年爲劍南西川節度使，治五年，徙荆南。而趙氏《讀書志》稱僞蜀昝殷撰，此因其蜀人以訛者。《藝文略》複有《産寶》三卷，云僞蜀周頲撰。此以頲增益誤爲二書。然據此，頲唐季遺民，序稱丁巳，即建寧四年也，益知殷爲唐人，陳自明所稱，未知何據也。是書久佚，唐慎微、陳自明諸家，徵引頗多，猶多挂漏，惟散見《醫方類聚》中者條理較詳，尚可哀錄，蓋證以旁見他書者，似十得八九矣。

紫極宫道士

《太平廣記》卷二二〇引《稽神録》　廣陵有木工，因病，手足皆拳縮，不能復執斤斧。扶躡行乞，至后土廟前，遇一道士，長而黑色，神采甚異，呼問其疾，因與藥數丸曰：餌此當愈。且日平明，復會於此。木工辭曰：某不能行，家去此遠，明日雖晚，尚未能至也。道士曰：爾無憂，但早至此。遂別去。木工既歸，餌其藥，頃之，手足痛甚，中夜乃止，因即得寐。五更而寤，覺手足甚輕，因下牀，趨走如故。即馳詣后土廟前，久之，乃見道士倚杖而立，再拜陳謝。道士曰：吾授爾方，可救人疾苦，無爲木匠耳。遂再拜受之，因問其名居，曰：吾在紫極宫，有事可訪吾也。遂去。木匠得方，用以治疾，無不愈者。至紫極宫訪之，竟不復見。後有婦人久疾，亦遇一道士，與藥而差，言其容貌，亦木工所見也。廣陵尋亂，木工竟不知所之。

陳寨

《稽神録・陳寨》　陳寨者，泉州晉江巫也。善禁呪之術，爲人(活)〔治〕疾多效者。漳州逆旅蘇猛，其子病狂，人莫能療，乃往請陳。陳至，蘇氏子見之，戟手大罵。寨曰：此疾入心，疾乃增。於堂中戒人無得竊視，至夜，乃取蘇氏子劈爲兩片，懸堂之東壁，其心懸北簷下。寨方在堂中作法，所懸之心遂爲犬食。寨求之不得，驚懼，乃持刀宛轉於地，出門而去。主人弗知，謂其作法耳。食頃，乃持心而入，内於病者之腹，被髮連叱，其腹遂合。蘇氏子既寤，但連呼遞舖遞舖，家人莫之測。乃其日去家十里，有驛吏手持官文書死於道傍。初，南中驛路，二十里(至)〔置〕一遞舖，吏持符牒以次傳授，欲近前舖，輒連呼以警之。乃寨取驛吏之心而活蘇氏，蘇遂愈如故。

譚簡

《因話録》卷六　相國崔公慎由廉察浙西，左目眥生贅如息肉，欲蔽瞳人，視物極礙，諸醫方無驗。一日，淮南判官楊員外牧，自吴中越職，餼召于中堂，因話揚州有穆中，善醫眼，來爲白府主，請遺書崔相國鉉，令致之。崔公許諾。後數日，得書云：穆生性麤疏，恐不可信。有譚簡者，用心精審，勝穆甚遠。遂致以來。既見，白崔公曰：此立可去，但能安神不撓，獨斷於中，則必效矣。崔公曰：如約，雖妻子必不使知。譚簡又曰：須用九日晴明亭午於静處療之，若其日果能遂心，更無憂矣。是時月初也，至六七日間，忽陰雨甚，譚生極有憂色。至八九大開霽，問崔公飲酒多少，崔公曰：量雖至小，亦可引滿。譚生大喜。初，公將決意用譚之醫，惟語大將中善醫者沈師象，師象贊成其事。是日引譚生於使宅北樓，惟師象與一小豎隨行左右，更無人知者。譚生請公飲酒數杯，端坐無思。俄而譚生以手微捫所患曰：殊小事耳。初覺似拔之，雖痛亦忍，又聞動剪刀聲。白公曰：此地稍暗，請移往中庭。象與小豎扶公而至於庭，坐既定，聞櫛焉有聲。先是譚生請好綿數兩染絳，至是以絳綿拭病處，兼傳以藥，遂不甚痛。譚生請公開眼，看所贅肉，大如小指，豎如乾筋，遂命投之江中，方遣報夫人及子弟。譚生立以狀報淮南。崔相國復書云：自發醫後，憂疑頗甚，及聞痊愈，神思方安。後數日，而徵詔至金陵。嗟夫！向若楊君不遇，譚生不至，公心不斷，九日不晴，徵詔遽來，歸期是切，礙其目疾，位當廢矣，安得秉鈞入輔，爲帝股肱？此數事足驗玄助，而公作相之後，譚生已逝，又何命之太薄也！

釘鉸匠

《太平廣記》卷二一九引《玉堂閒話》　近朝中書舍人于遘，嘗中蠱毒，醫治無門，遂長告，漸欲遠適尋醫。一日，策杖坐于中門之外，忽有釘鉸匠見之，問曰：何苦而羸苶如是？于即爲陳之。匠曰：某亦曾中此，遇良工爲某鈐出一蛇而愈，某亦傳得其術。遘欣然，且祈之。彼曰：此細事耳。來早請勿食，某當至矣。翊日果至，請遘於舍簷下，向明張口，執鈐俟之。及欲夾之，差跌而失，則又約以來日。經宿復至，定意伺之，一夾而中。其蛇已及二寸許，赤色，麤如釵股矣。遽命火焚之，遘遂愈，復累除官，至紫微而卒。其匠亦不受贈遺，但云某有誓救人，唯引數觴而別。

市醫

《太平廣記》卷二一九引《玉堂閒話》　京城及諸州郡闤闠中，有醫人能出蠱毒者，目前之驗甚多，人皆惑之，以爲一時幻術，膏盲之患即不可去。郎中顔燧者，家有一女使抱此疾，常覺心肝有物唼食，痛苦不可忍，累年後瘦瘁，皮骨相連，脛如枯木。偶聞有善醫者，於市中聚衆甚多，看療此病，顔試召之。醫生見曰：此是蛇蠱也，立可出之。於是先令熾炭一二十斤，然後以藥餌之。良久，醫工秉小鈐子於傍，于時覺咽喉間有物動者，死而復蘇。少頃，令開口，鈴出一蛇子長五七寸，急投於熾炭中燔之，燔蛇屈曲，移時而成燼，其臭氣徹於親鄰，自是疾平，永無齧心之苦耳。則知活變、起虢、肉徐甲之骨，信不虛矣。

宋清

柳宗元《宋清傳》 宋清，長安西部藥市人也。居善藥，有自山澤來者，必歸宋清氏，清優主之。長安醫工得清藥，輔其方，輒易讎，咸譽清。疾病疕瘍者，亦皆樂就清求藥，冀速已。清皆樂然響應，雖不持錢者，皆與善藥，積券如山，未嘗詣取直。或不識，遙與券，清不爲辭。歲終，度不能報，輒焚券，終不復言。市人以其異，皆笑之，曰：清蚩妄人也。或曰：清其有道者歟！清聞之，曰：清逐利以活妻子耳，非有道也。然謂我蚩妄者，亦謬。清居藥四十年，所焚券者百數十人。或至大官，或連數州，受俸博，其饋遺清者，相屬於戶。雖不能立報，而以賒死者千百，不害清之爲富也。清之取利遠，遠故大，豈若小市人哉？一不得直，則怫然怒，再則罵而仇耳。彼之爲利，不亦翦翦乎？吾見蚩之有在也。清誠以是得大利，又不爲妄，執其道不廢，卒以富。求者益衆，其應益廣。或斥棄沉廢，親與交視之落然者，清不以怠，遇其人，必與善藥如故。一旦復柄用，益厚報清。其遠取利皆類此。吾觀今之交乎人者，炎而附，寒而棄，鮮有能類清之爲者。世之言徒曰市道交。嗚呼！清，市人也，今之交有能望報如清之遠者乎？幸而庶幾，則天下之窮困廢辱，得不死亡者衆矣。市道交豈可少邪？或曰：清非市道人也。柳先生曰：清居市不爲市之道，然而居朝廷，居官府，居庠塾鄉黨，以士大夫自名者，反爭爲之不已。悲夫！然則清非獨異於市人也。

劉禹錫

《古今醫統大全・歷世聖賢名醫姓氏・唐》 劉禹錫，字夢得，彭城人，唐貞元間舉進士。篤好醫方，濟人甚衆，詔修本草、經方，集有《傳信方》行世。

梁革

《太平廣記》卷二一九引《續異録》 金吾騎曹梁革，得和扁之術，太和初，爲宛陵巡官。按察使于敖有青衣曰蓮子，念之甚厚，一旦以笑語獲罪，斥出貨焉。市吏定直曰七百緡。從事御史崔某者，聞而召焉，請革評其脈。革診其臂曰：二十春無疾之人也。崔喜留之，送其直於敖。敖以常深念也，一怒而逐之，售於不識者斯已矣，聞崔寵之，不悅，形於顏色。然已去之，難復召矣，常貯於懷。未一年，蓮子暴死。革方有外郵之事，迴見城門，逢柩車，崔人有執紼者，問其所葬，曰：蓮子也。呼載歸，而奔告崔曰：蓮子非死，蓋尸蹶耳。向者革入郭，遇其柩，載歸而往請蘇之。崔怒革之初言，悲蓮子之遽夭，勃然曰：匹夫也！妄惑諸侯，遂齒簪裾之列。汝謂二十春無疾者，一年而死。今既葬矣，召其柩而歸，脫不能生，何以相見？革曰：此固非死，蓋尸蹶耳。苟不能生之，是革術不仁於天下，何如就死以謝過言！乃令破棺出之，遂刺其心及臍下各數處，鑿去一齒，以藥一刀圭於口中，衣以單衣，卧空床上，以練素縛其手足，有微火於床下，曰：此火衰，蓮子生矣。且戒其徒：煮葱粥伺焉。其氣通若狂者，慎勿令起。逡巡自定，定而困，困即解其縛，以葱粥灌之，遂活矣。正狂令起，非吾之所知也。言竟，復入府，謂崔曰：蓮子即生矣。崔大釋其怒，留坐廳事。俄而蓮子起坐言笑，界吏報敖，敖飛牘於崔：蓮子復生，乃何術也？仍與革偕歸，入門則蓮子來迎矣。敖大奇之，且夫蓮子事崔也，非素意，因勸以與革。崔亦惡其無齒，又重敖，遂與革。革得之，以神藥傅齒，未踰月而齒生如故。太和壬子歲，調金吾騎曹，與蓮子偕在輦下。其年秋，高損之以其元舅爲天官，即日與相聞，故熟其事而言之。

梁新　趙鄂

《北夢瑣言・新趙意醫》 醫者意也。古人有不因切脈隨知病源者，必愈之矣。唐崔魏公鎮渚宮，有富商船居，中夜暴亡，迨曉，氣猶未絕。鄰房有武陵醫士一作工梁新聞之，乃與診視，曰：此乃食毒也，三兩日得非外食耶？僕夫曰：主公少出船，亦不食於他人。梁新曰：尋常嗜食何物？僕夫曰：好食竹雞，每年不下數百隻。近買竹雞，併將充饌。梁新曰：竹雞吃半夏，必是半夏毒也。命擣薑捩汁，折齒而灌之，由是方蘇。崔魏公聞而異之，召到衙，安慰稱奬，資以僕馬錢帛入京，致書朝士，聲名大振，仕至尚醫奉御。有一朝士詣之，梁奉御曰：何不早見示？風疾已深矣，請速歸，處置家事，委順而已。朝士聞而惶遽告退，策馬而歸。時有鄜州馬醫趙鄂者，新到京都，於通衢自榜姓名，云攻醫術士。此朝士下馬告之，趙鄂亦言疾已危，與梁生所說同矣，謂曰：只有一法，請官人剩吃消梨，不限多少，時咀齕不及，捩汁而飲，或希萬一。此朝士又策馬歸，以書筒賫消梨，馬上旋齕，到家旬日，唯喫消梨，頓覺爽朗，其恙不作。卻訪趙生感謝，又訪梁奉御，具言得趙生教也。梁公驚異，且曰：大國必有一人相繼者。遂召趙生，資以僕馬錢帛，廣爲延譽，官至太僕卿。

《唐語林·政事下》 宣宗微疾，召醫工梁新對脈，數日自陳求官，不與，但每月別給錢三百緡。

《太平廣記》卷二一九引《聞奇録》 又省郎張廷之有疾，詣趙鄂。纔診脈。説其疾宜服生薑酒一盞，地黃酒一杯。仍謁梁新，所説并同，皆言過此即卒。自飲此酒後所疾尋平。他日爲時相堅虐一杯，訴之不及，其夕乃卒。時論謂之二妙。

張萬福

《酉陽雜俎·醫》 柳芳爲郎中，子登疾重。時名醫張萬福初除泗州，與芳故舊，芳賀之，具言子病，唯恃故人一顧也。張詰旦候芳，芳遽引視登。遙見登頂，曰：有此頂骨，何憂也。因按脈，五六息，復曰：不錯，壽且逾八十。乃留方數十字，謂登曰：不服此，亦得。登後爲庶子，年至九十而卒。

李逢吉

《舊唐書·李逢吉傳》 李逢吉，字虛舟，系出隴西。父顏，有痼疾，逢吉自料醫劑，遂通方書。

呂才

嘉慶《東昌府志·列傳》 呂才，清平人。貞觀時，祖孝孫增損樂律，與音家王長通、白明達更質難，不能決。太宗詔侍臣舉善音者。中書令溫彥博白才天悟絕人，聞見一接，輒究其妙。侍中王珪、魏徵盛稱才製尺與律諧契，即召值宏文館，參論樂事。帝嘗覽周武帝三局象經，不能通，試問才。退一夕即解，具圖以聞。由是知名。累擢太常博士。帝病陰陽家傳書多謬，世益拘畏，命才與宿學老師刪落繁訛，掇可用者凡百篇，詔天下。又詔造方域圖及教飛騎戰陣圖。屢稱旨，擢太常丞。麟德中，以太子司更大夫卒。子方毅，七歲能誦經，太宗召見奇之，賜束帛，長爲右衛鎧曹參軍。母喪以毀卒，世共哀之。

宣統《山東通志·藝文·醫家》 呂才、孔志約等撰有《本草》二十卷、《目録》一卷、《藥圖》二十卷、《圖經》七卷。蓋指《增損本草》言。又《通志》云：顯慶四年，李勣、長孫無忌等撰，志約與才與焉。【略】《舊唐書》才本傳云：蘇敬上言，陶宏景所撰《本草》事多舛謬，詔中書令許敬宗與才，及李淳風、禮部郎中孔志約，并諸名醫增損舊本，仍令司空李勣總鑒定之，并圖合成五十四卷，大行於代。蓋即《唐志》所載，而卷數有不同。

王彥伯

《酉陽雜俎·醫》 荆人道士王彥伯，天性善醫，尤別脈斷人生死壽夭，百不差一。裴胄尚書子忽暴中病，衆醫拱手，或説彥伯。遽迎使視。脈之良久，曰：都無疾。乃煮散數味，入口而愈。裴問其狀，彥伯曰：中無腮鯉魚毒也。其子因鱠得病，裴初不信，乃膾鯉魚無腮者，令左右食之，其候悉同，始大驚異焉。

《國史補》 彥伯自言醫道將行，時列三四竈，煮藥於庭，老幼塞門而請。彥伯指曰：熱者飲此，寒者飲此，風者飲此，氣者飲此。皆飲之而去。翊日，各負錢帛來酬，無不效者。

申光遜

《太平廣記》卷二二〇引《玉堂閒話》 近代曹州觀察判官申光遜，言本家桂林，有官人孫仲敖，寓居於桂，交廣人也。申往謁之，延於卧內，冠簪相見曰：非慵於巾櫛也，蓋患腦痛爾。即命醇酒升餘，以辛辣物泊胡椒、乾薑等屑僅半杯，以溫酒調。又於枕函中，取一黑漆筩，如今之笙項，安於鼻竅，吸之至盡。方就枕，有汗出表，其疾立愈。蓋鼻飲蠻獠之類也。

郭常

沈亞之《郭常傳》 郭常者，饒人，業醫，居饒中，以直得信。饒江其南導自閩，其南頗通商外夷波斯、安息之貨。國人有轉估于饒者，病且亟，歷請他醫，莫能治，請常。常爲詐曰：病可去也。估曰：誠能生我，我酬錢五十萬。常因舍之。先以針火雜治，導其血開，然後輔以奇藥。誡曰：弟無橐慮塊。居月餘，估稱愈，欲歸常所許財。常不聽。估曰：先生以寡與？常曰：不也。吾直吾之藥計之功，不能損千錢，而所受非任，反禍耳。卒不內。人以常爲詐而責常，常曰：夫販賈之人，細慶而狹見，終日譽集，權買計量於毫銖之間，所入不能補其望。今暴奪之，息財五十萬，則必追悕鬱惋，寧能離其心。且藥加於人，病新去而六府方備，復有悒然之氣，自內而伐，即不可救奈何。彼方有苦時，知我能治而告我，我幸免之，因利其財又使其死，是獨不畏不仁而神可欺者，吾何敢欺？

白岑

《國史補》 白岑，嘗遇異人傳發背方，其驗十全，岑賣弄以求利。後爲淮南小將節度使高適脅取其方，然終不甚效。岑至九江，爲虎所食，驛吏收其囊中，乃得眞本。太原王昇之寫以傳布。

周師達　石公集

光緒《大荔縣續志·耆舊傳·方技補編》 周師達、石公集，同州人。皆以眼醫名世。

法藏

光緒《江西通志·仙釋·九江府》 法藏，姓周，南康人。稺齡研尋史籍，於醫方尤精。有僧卧疾幾不救，藏切脈處方，信宿平復。

李筌

李梴《醫學入門·歷代醫學姓氏·仙禪道術》 李筌，號少室山達觀子，唐人。於嵩山虎口巖石壁得《黄帝素問陰符經》，本題云魏道士寇謙之傳諸名山，至驪山老姥傳其説。

殷道筌

宣統《甘肅新通志·仙釋》 殷道筌，不知何許人，亦不測其年壽，行遊天下，無常名，自稱七七。賣藥涇州，時病疫甚多，得藥即愈，驚爲神。所酬錢輒施於人。周寶先於長安識之，尋爲涇州節度，延之禮重。

梅彪

光緒《增修崇慶州志·人物·方技》 梅彪，蜀江原人。作《(百)〔石〕藥爾雅》，釋諸藥隱名。自叙云：《爾雅》者，古人訓釋所作也。予家西蜀江原，少攻丹術，窮究經方，第用藥皆是隱名，就於隱名中又有多本，若不備見，猶夢桃畫餅，遇其經方與不遇無異也。《參同契》云：未能悉究，當施直義。今以衆口異名，象《爾雅》訓詞，凡六篇，勒爲一卷，令述者尋之稍易，習者誦之不難云爾。

揚州醫生

《太平廣記》卷二一九引《玉堂閒話》 江淮州郡，火令最嚴，犯者無赦。蓋多竹屋，或不慎之，動則千百間立成煨燼。高駢鎮維揚之歲，有術士之家延火，燒數千戶，主者錄之，即付於法。臨刃，謂監刑者曰：某之愆尤，一死何以塞責，然某有薄技，可以傳授一人，俾其救濟後人，死無所恨矣！時駢延待方術之士，恆如饑渴，監刑者即緩之。馳白於駢。駢召入，親問之。曰：某無他術，唯善醫大風。駢曰：可以覈之？對曰：但於福田院選一最劇者，可以試之。遂如言，乃置患者於密室中，飲以乳香酒數升，則懵然無知。以利刀開其腦縫，挑出蟲可盈掬，長僅二寸，然以膏藥封其瘡，別與藥服之，而更節其飲食動息之候。旬餘。瘡盡愈。纔一月，眉鬚已生，肌肉光净，如不患者。駢禮術士爲上客。

賣藥翁

李梴《醫學入門·歷代醫學姓氏·仙禪道術》 賣藥翁，唐人，不知姓名。有自童稚見之，迨于暮齒，復見其顔狀不改。常提一葫蘆賣藥，人告疾求醫，得錢不得錢悉與之，或無疾戲而求藥，得必失之。嘗罵人曰：有錢不買藥喫，盡作土饅頭去。人莫曉其意，益笑之。後于長安賣藥，抖擻葫蘆已空，内只有一丸出，極大有光明，安在掌中，無人肯買，遂自吃，騰空而去。

馬湘

李梴《醫學入門·歷代醫學姓氏·仙禪道術》 馬湘，字自然，唐之杭州鹽官縣人。世爲縣吏，湘獨好經史，攻文學，善詩，有神術，治病以竹杖打之，應手便愈。

張鼎

李梴《醫學入門·歷代醫學姓氏·明醫》 張鼎，補孟詵《食療本草》。

醫家總部

五代醫家部

孟昶

《古今醫統大全・歷世聖賢名醫姓氏・蜀》 蜀主孟昶，心(姓)〔性〕慈孝，好方藥。母后病，屢更太醫，不效，自製方餌，進之遂愈。群臣有疾，親召診視，醫官服其神。宋太祖伐蜀，孟不忍生民就戮，遂走汴降闕下，太祖厚封之。

韓保昇

《古今醫統大全・歷世聖賢名醫姓氏・蜀》 韓保昇，蜀人，精醫，不拘局方，詳察藥品。釋《本草》甚功，所以深知藥性，施藥輒神效。

李譔

《古今醫統大全・歷世聖賢名醫姓氏・蜀》 李譔，字欽仲，梓潼涪人，通五經諸子，該博，篤好醫方，爲庶人，遷僕射，中散大夫。

蕭炳

乾隆《嶧縣志・人物志》 蕭炳，好讀書，尤精於醫。取本草藥名，以四聲相從，分爲五卷，以便討閱。命之曰《四聲本草》，前人所未有也。

李雲卿

《古今醫統大全・歷世聖賢名醫姓氏・五代》 李雲卿，不知何郡人。博通經史，善醫。隱廬山，以濟人爲心，千里之外，來求療病者如市。後唐同光二年八月，白日飛昇。

光緒《江西通志・仙釋》引《真仙通鑑》 李雲卿，不知何許人，先隱西山，後徙居廬山北阜。以醫藥救人病苦，不圖權利。一日，采藥至深山中，忽睹一人圓冠紫袍，相揖曰：我此山之神也，九天使者以汝救物有功，使我授汝太清九華神丹，太微天帝君飛天綱步地紀金簡玉字一通。自此，當絶迹人間，精專修持。雲卿由此遠離世俗，於後唐同光二年，白日仙去。

吳廷紹

《焦氏筆乘》卷五引《江表志》 吳廷紹爲太醫令。先主因食飴，喉中噎，醫莫能爲。廷紹獨謂當用楮實湯，一服疾良已。馮延巳苦腦中痛，廷紹密詰廚人曰：相公平日嗜何等？曰：多食山鷄、鷓鴣。廷紹曰：吾得之矣。治以甘豆湯，亦愈。或叩之，答曰：噎因甘起，故以楮實湯治之。山鷄、鷓鴣皆食烏頭、半夏，故以甘豆湯除其毒耳。聞者大服。

邢道士

光緒《增修灌縣志・人物志・藝術》 武宗御天下之五載，患心熱之疾，名醫進藥罔瘳。時有言青城山邢道士者妙於方藥，帝詔見之。道士以肘後綠囊中青丹兩粒，取梨數枚，絞汁而進之，帝疾尋愈。旬日之內，所賜萬金，加廣濟先生之號。經數日，邢生辭歸。後疾復作，再詔邢先生於青城，不知何適。

孟繼瑜

嘉慶《長安縣志・藝術傳》 孟繼瑜，長安醫工。帝留守時暴疾，以醫效，乃攝任。洎帝起兵鳳翔，繼瑜在長安謁見，從至洛，進方藥，年内改諸寺少卿，翰林諸醫莫得爲比。

虞洮

《鑒誡録》卷三 虞少卿洮，蜀之上醫也。長興初佐蜀。董太尉璋，久患渴疾，遣押衙李彦求醫，孟蜀祖遣虞卿而往。虞卿既至，董公曰：璋之所患，經百名醫而無徵差者，何也？虞卿對曰：君之疾，非唯渴漿，而似渴士，得其多士，不勞藥石而自愈矣。董公大悅。時董公有南面之志，虞卿故以此言譏之。又曰：洮聞天有六氣，降爲六淫，淫生六疾，害於六腑。六氣者，陰陽風雨晦明也，是以六淫隨焉。六疾者，寒熱末腹惑心也，是以六腑隨焉。故心爲離宫，腎爲水臟，晦明勞役，百疾生焉。大凡視聽至煩，皆有所損。心煩則亂，事煩則變，機煩則失，兵煩則反，五音煩而損耳，五色煩而損目，滋味煩而生疾，男女煩而減壽。古者君子莫不誡之。君今日有萬思，時有萬機，樂淫於外，女淫於内，渴之難療，其由此乎？虞卿之在東蜀也，如處賊圍，節食假寐。董公疾既平復，於是厚禮歸之，乃知蜀之上醫，有知稽古者也。

段深　僧曉微

《舊五代史・梁書・段深傳》　段深，不知何許人。開平中，以善醫待詔於翰林。時太祖抱疾久之，其溲甚濁，僧曉微侍藥有徵，賜紫衣師號，錫賚甚厚。頃之疾發，曉微剝服色，去師號。因召深問曰：疾愈復作，草藥不足恃也。我左右粒石而效者衆矣，服之如何？深對曰：臣嘗奉詔診切，陛下積憂勤，失調護，脈代芤而心益虛。臣以爲宜先治心，心和平而溲變清，當進飲劑，而不當粒石也。臣謹案，《太倉公傳》曰：中熱不溲者不可服石，石性精悍，有大毒。凡餌毒藥如甲兵，不得已而用之，非有危殆，不可服也。太祖善之，令進飲劑，疾稍愈，乃以幣帛賜之。

陳　玄

《舊五代史・晉書・陳玄傳》　陳玄，京兆人也。家世爲醫，初事河中王重榮。乾符中，後唐武皇自太原率師攻王行瑜，路出於蒲中，時玄侍湯藥，武皇甚重之，及還太原，日侍左右。武皇性剛暴，樂殺人，無敢言者，玄深測其情，每有暴怒，則從容啓諫，免禍者不一，以是晉人深德之，勳貴賂遺盈門。性好酒樂施，隨得而無私積。明宗朝，爲太原少尹，入爲太府卿。長興中，集平生所驗方七十五首，并修合藥法百件，號曰《要術》，刊石置於太原府衙門之左，以示於衆，病者賴焉。天福中，以耄期上表求退，以光禄卿致仕，卒於晉陽，年八十餘。

醫家總部

宋遼醫家部

直魯古

《遼史·方技傳·直魯古》 直魯古，吐谷渾人。初，太祖破吐谷渾，一騎士棄橐反射，不中而去。及追兵開橐視之，中得一嬰兒，即直魯古也。因所俘者問其故，乃知射橐者，嬰之父也。世善醫，雖馬上視疾，亦知標本。意不欲子爲人所得，欲殺之耳。

由是進於太祖，淳欽皇后收養之。長亦能醫，專事鍼灸。太宗時，以太醫給侍。嘗撰《脈訣》、《鍼灸書》，行于世。年九十卒。

耶律敵魯

《遼史·方技傳·耶律敵魯》 耶律敵魯，字撒不椀。其先本五院之族，始置宫分，隸焉。

敵魯精於醫，察形色即知病原。雖不診候，有十全功。統和初，爲大丞相韓德讓所薦，官至節度使。

初，樞密使耶律斜軫妻有沉痾，易數醫不能治。敵魯視之曰：心有蓄熱，非藥石所及，當在意療。因其聵，聒之使狂，用泄其毒則可。於是令大擊鉦鼓於前。翌日果狂，叫呼怒駡，力極而止，遂愈。治法多此類，人莫能測。年八十卒。

迭里特

《遼史·逆臣傳·迭里特》 迭里特，字海鄰。有膂力，善馳射，馬蹪不仆。尤神於醫，視人疾，若隔紗睹物，莫不悉見。

太祖在潛，已加眷遇，及即位，拜迭剌部夷離菫。太祖嘗思鹿醢解酲，以山林所有，問能取者。迭里特曰：臣能得之。乘内廏馬逐鹿，射其一。欲復射，馬跌而斃。迭里特躍而前，弓猶不弛，復獲其一。帝歎甚曰：吾弟萬人敵！會帝患心痛，召迭里特視之。迭里特曰：膏肓有瘀血如彈丸，然藥不能及，必鍼而後愈。帝從之。嘔出瘀血，痛止。

帝以其親，每加賜賚，然知其爲人，未嘗任以職。後從剌葛亂，與其父轄底俱縊殺之。

耶律庶成

《遼史·方技傳·耶律庶成》 耶律庶成，字喜隱，小字陳六，季父房之後。父吴九，檢校太師。

庶成幼好學，書過目不忘。善遼、漢文字，於詩尤工。重熙初，補牌印郎君，累遷樞密直學士。與蕭韓家奴各進《四時逸樂賦》，帝嗟賞。初，契丹醫人鮮知切脈審藥，上命庶成譯方脈書行之，自是人皆通習，雖諸部族亦知醫事。

湯夫人

同治《平江縣志·雜志》 宋雍熙間，邑楊坊湯姓產女，生即能言，甫三月，暴長如三四歲兒。忽語姊曰：我非凡人。得婦科秘方二十四，因以授姊，言迄而逝。姊以方醫人輒驗，寧州守嘗召之。豫章帥府聞其名，薦入京師。診視眞宗皇后病，進藥有效，賜金牌，稱湯夫人，敕有司建坊。

劉　翰

《宋史·方技傳·劉翰》 劉翰，滄州臨津人。世習醫業，初攝護國軍節度巡官。周顯德初，詣闕獻《經用方書》三十卷、《論候》十卷、《今體治世集》二十卷。世宗嘉之，命爲翰林醫官，其書付史館，再加衛尉寺主簿。

太祖北征，命翰從行。建隆初，加朝散大夫、鴻臚寺丞。時太祖求治，事皆覈實，故方技之士必精練。乾德初，令太常寺考較翰林醫官藝術，以翰爲優，絀其業不精者二十六人。自後，又詔諸州訪醫術優長者籍其名，仍量賜裝錢，所在廚傳給食，遣詣闕。開寶五年，太宗在藩邸有疾，命翰與馬志視之。及愈，轉尚藥奉御，賜銀器、緡錢、鞍勒馬。

嘗被詔詳定《唐本草》，翰與道士馬志、醫官翟煦、張素、吴復珪、王光祐、陳昭遇同議，凡《神農本經》三百六十種，《名醫錄》一百八十二種，唐本先附一百一十四種，有名無用一百九十四種，翰等又參定新附一百三十三種。既成，詔翰林學士中書舍人李昉、戶部員外郎知制誥王祐、左司員外郎知制誥扈蒙詳覆畢上之。【略】翰後加檢校工部員外郎。太平興國四年，命爲翰林醫官使，再加檢校戶部郎中。雍熙二年，滑州劉遇疾，詔翰馳往視之。翰還，言遇必瘳，既而即死，坐責，授和州團練副使。端拱初，起爲尚藥奉御。淳化元年，復爲醫官使。卒，年七十二。

陳昭遇

《宋朝事實類苑》卷四八 陳昭遇者，嶺南人，善醫，隨劉鋹歸朝後，爲翰林醫官，所治疾多愈，世以爲神醫。絕不讀書，詰其所習，不能答，嘗語所親曰：我初來都下，持藥囊抵軍壘中，日閱數百人，其風勞冷氣之候皆默識之，然後視其老幼虛實，按古方用湯劑，鮮不愈者，實未嘗尋《脈訣》也。莊周所謂懸解，董遇以爲讀書百遍義自見，豈是謂歟？

《宋史·方技傳·陳昭遇》 初，太宗在藩邸，暇日多留意醫術，藏名方千餘首，皆嘗有驗者。至是，詔翰林醫官院各具家傳經驗方以獻，又萬餘首，命懷隱與副使王祐、鄭奇，醫官陳昭遇參對編類。每部以隋太醫令巢元方《病源候論》冠其首，而方藥次之，成一百卷。太宗御製序，賜名曰《太平聖惠方》，仍命鏤板頒行天下，諸州各置醫博士掌之。【略】昭遇本嶺南人，醫術尤精驗，初爲醫官，領溫水主簿，後加光祿寺丞，賜金紫。

康熙《南海縣志·人物志·方技》 陳昭遇，南海人。世爲名醫，昭遇尤著。開寶初至京師，爲所知者薦，拔授翰林醫官，遂留家開封。初爲醫，領溫水主簿，後加光祿寺丞，賜金紫。

王懷隱

《宋史·方技傳·王懷隱》 王懷隱，宋州睢陽人。初爲道士，住京城建隆觀，善醫診。太宗尹京，懷隱以湯劑祗事。太平興國初，詔歸俗，命爲尚藥奉御，三遷至翰林醫官使。三年，吳越遣子惟濬入朝，惟濬被疾，詔懷隱視之。

初，太宗在藩邸，暇日多留意醫術，藏名方千餘首，皆嘗有驗者。至是，詔翰林醫官院各具家傳經驗方以獻，又萬餘首，命懷隱與副使王祐、鄭奇、醫官陳昭遇參對編類。每部以隋太醫令巢元方《病源候論》冠其首，而方藥次之，成一百卷。太宗御製序，賜名曰《太平聖惠方》，仍令鏤板頒行天下，諸州各置醫博士掌之。懷隱後數年卒。

何希彭

萬曆《福州府志·人物·藝術》 何希彭，閩縣人。精《內經》服食之秘。蔡襄知福州，勑頒國醫所定《太平聖惠方》百卷，延希彭觀之。希彭曰：閩俗左醫右巫，疾家依巫索祟，過醫門十纔二三耳。今欲尊聖主無窮之澤，曉人以巫祝之謬，使歸經常之道，刺史職也。乃酌其便於民用者，得方六千九十六，其有異域瓌怪難致之物，若食金石草木得不死之篇，一皆置之，襄取其本，謄載於板，列牙門左右，親書碑以紀之。

崔世明

《宋史·崔與之傳》 崔與之，字正子，廣州人。父世明，試有司連黜，每曰：不爲宰相則爲良醫。遂究心岐黃之書，貧者療之不受直。

王光佑

《古今醫統大全·歷世聖賢名醫姓氏·宋》 王光佑，太平興國間爲太醫，奉詔同修《本草》，裒集方書，廣心醫學。

僧道廣

《古今醫統大全·歷世聖賢名醫姓氏·宋》 僧道廣，西蜀人，好醫，得不傳之秘。乾德中，有人病，肌瘦如痨，唯好食米，闕之則口吐清水，食米則快，諸醫不辨。道廣以雞屎及白米各半合炒末，以水調頓服。良久，吐出如米形，遂愈。《病源》謂米瘕者是也。

吳復珪

《古今醫統大全·歷世聖賢名醫姓氏·宋》 吳復珪，淳化間爲太宗侍御醫，與劉翰齊鳴。太宗召修《本草》及《太平聖惠方》，書中多其所集，行世。

馬志

《古今醫統大全·歷世聖賢名醫姓氏·宋》 馬志，初爲道士。得《海上方》，深察藥性，治療輒效。太宗時奉詔同修《本草》，爲御醫，名著當代。

王惟德

《醫學讀書志·宋王氏惟德》 惟德，一字惟一，官尚藥奉御。仁宗以鍼砭之法傳述不同，命惟德鑄銅人及是書。天聖五年十月成，詔一置醫官院，一置大相國寺仁濟殿，翰林學士夏竦作序。人以精銅爲之，藏府全具，背面二器，合則渾然全身，腧穴以錯金書名於旁，外塗黃蠟，中實以水，俾醫工以分析寸，按穴試鍼。中穴則鍼入水出。稍差則不入矣。宋時醫人，均由考授，即此可見其精慎。今銅人失傳，其書尚存。

沙門洪蘊

《宋史·方技傳·沙門洪蘊》 沙門洪蘊，本姓藍，潭州長沙人。母翁初以無子，專誦佛經，既而有娠，生洪蘊。年十三，詣郡之開福寺沙門智邑，求出家，習方技之書，後遊京師，以醫術知名。太祖召見，賜紫方袍，號廣利大師。太平興國中，詔購醫方，洪蘊錄古方數十以獻。眞宗在蜀邸，洪蘊嘗以方藥謁見。咸平初，補右街首座，累轉左街副僧錄。洪蘊尤工診切，每先歲時言人生死，無不應。湯劑精至，貴戚大臣有疾者，多詔遣診療。景德元年卒，年六十八。

光緒《江西通志·方術·九江府》引《安志》 沙門法蘊，亦以善醫工診切，每先歲時，言人生死多中。賜紫方袍，號廣利大師，一時稱藥王藥上再現云。

趙自化

《宋史·方技傳·趙自化》 趙自化，本德州平原人。高祖常，爲景州刺史，後舉家陷契丹。父知嵓脫身南歸，寓居洛陽，習經方名藥之術，又以授二子自正、自化。周顯德中，偕來京師，悉以醫術稱。知嵓卒，自正試方技，補翰林醫學。

會秦國長公主疾，有薦自化診候者，疾愈，表爲醫學，再加尚藥奉御。淳化五年，授醫官副使。時召陳州隱士萬適至，館于自化家。會以適補愼縣主簿，適素彊力無疾，詔下日，自化怪其色變，爲切脈曰：君將死矣。不數日，適果卒。

至道中，有布衣鄭元輔者，嘗依自化之姻吏部令史張崇敏家。元輔時從自化丐索，無所得，心銜之。乃詣檢上書，告自化漏泄禁中語及指斥、非所宜言等事。太宗初甚駭，命王繼恩就御史府鞫之，皆無狀，斬元輔於都市。自化坐交遊非類，黜爲郢州團練副使。未幾，復舊職。咸平三年，加正使。

景德初，雍王元份洎晉國長公主並上言：自化藥餌有功，請加使秩，領遙郡。上以自化居太醫之長，不當復爲請求，令樞密院召自化戒之。雍王薨，坐診治無狀，降爲副使。二年，復舊官。是冬卒，年五十七。遺表以所撰《四時養頤錄》爲獻，眞宗改名《調膳攝生圖》，仍爲製序。

自化頗喜爲篇什，其貶郢州也，有《漢沔詩集》五卷，宋白、李若拙爲之序。又嘗纘自古以方技至貴仕者，爲《名醫顯秩傳》三卷。

閻文顯 劉贇

《宋史·方技傳·閻文顯》 自建隆以來，近臣、皇親、諸大校有疾，必遣內侍挾醫療視，群臣中有特被眷遇者亦如之。其有效者，或遷秩、賜服色。邊郡屯帥多遣醫官、醫學隨行，三年一代。出師及使境外、貢院鎖宿，皆令醫官隨之。京城四面，分遣翰林祗候療視將士。暑月，即令醫官合藥，與內侍分詣城門寺院散給軍民。上每便坐閱兵，有被金瘡者，即令醫官處療。

咸平中，有軍士嘗中流矢，自頰貫耳，衆醫不能取，醫官閻文顯以藥傅之，信宿而鏃出。上嘉其能，命賜緋。

又有醫學劉贇亦善此術。天武右廂都指揮使韓晟從太祖征晉陽，弩矢貫左髀，鏃不出幾三十年。景德初，上遣贇視晟，贇傅以藥出之，步履如故。晟請見，自陳感激，願得死所，又極稱贇之妙。特賜贇白金，遷醫官。

馮文智

《宋史·方技傳·馮文智》 馮文智，幷州人。世以方技爲業。太平興國中詣都自陳，召試補醫學，加樂源縣主簿。端拱初，授少府監主簿，逾年轉醫官，加少府監丞。嘗隸幷、代部署。淳化五年，府州折御卿疾，文智診療獲愈，御卿表薦之，賜緋，加光祿寺丞。咸平三年，明德太后不豫，文智侍醫，既愈，加尚藥奉御，賜金紫。六年，直翰林醫官院。東封，轉醫官副使。祀汾陰，又加檢校主客員外郎。大中祥符五年卒，年六十。

蘇澄

《古今醫統大全·歷世聖賢名醫姓氏·宋》 蘇澄，宋良醫，人病應聲者求療。澄云：古無此方，惟以本草藥名盡呼之，每呼一聲，腹中輒應，唯一藥即不應，再三呼之，無聲，即此藥爲主，治之痊愈。

史堪載之

《古今醫統大全·歷世聖賢名醫姓氏·宋》 史載之，名堪，登進士。善醫，爲郡守。一少年病不食，聞葷腥之氣輒嘔吐，諸醫不效，求載之治。視之曰：汝病只在《素問》經中，名曰食掛。授以一方，三服則聞肉有香氣，食之無苦。著有《指南方》三卷，分爲三十二門。

陸心源《史載之方·史載之傳》 史堪，字載之，蜀人《書錄解題》。治病用藥，初不求異。炮炙製度，自依本法。審證精切，不過三四服立瘉《載之方跋》。眉州人彭師古，年三十時得異疾，不能食，聞葷腥氣輒嘔，惟用一鐺旋煮湯，沃淡飯數匙食之。食已，鼻中必滴血一點，懨懨疲削，醫莫能愈。乃趨郡謁堪，堪曰：君之疾，在《素問》經中，其名曰食掛。凡人肺六葉，舒張如蓋，下覆於脾，則子母氣和，飲食甘美。一或有戾，則肺不能舒，脾爲之蔽，故不嗜食。《素問》曰：肺葉焦熱，名曰食掛。蓋食不下脾，瘀而成疾耳。遂製藥服之。三日，覺肉香，啖之，無所苦。自此嗜食，宿恙頓除《宋稗類鈔》。蔡元長苦大腸祕，醫不能通。堪診脈已，曰：請求二十錢。元長曰：何爲？曰：欲市紫菀耳。末紫菀以進，須臾遂通。元長大驚，問其說。曰：大腸，肺之傳送，今之祕，無他，以肺氣濁耳。紫菀清肺氣，此所以通也《北窗炙輠錄》。著有《指南方》二卷，凡分三十二門，門各有論《解題》。

陸氏曰：史堪，里貫無考，據《書錄解題》，知爲蜀人而已。蜀有史崧，見《蜀中廣記》，亦以醫名，其即堪之一家歟？余既刻其書，因摭諸書而爲之傳。

張　炳

順治《浦城縣志·人物·方術》 張炳，字明叔。和雅端靜，士人愛敬之。少有奇疾，在太學師事蜀人史載之，極六徵三候之妙。既歸里，無問貴賤，有謁必往，診不避寒暑，全活不可勝計，鄉人德之。嗜學能文，老而不倦。同郡魏掞之稱曰：太古遺民。歷任蘄水簿、澧州錄參，致仕。卒年九十。

劉元賓

《古今醫統大全·歷世聖賢名醫姓氏·唐》 劉元賓，號通眞子，精醫，撰有《通眞子脈訣》，行于世。

同治《安福縣志·人物·方伎》 劉元賓，西鄉人，連舉解試，任潭州司理。通陰陽、醫藥、術數，眞宗試之屢驗，賜名通眞子。所著有《集正曆》、《橫天卦圖》、《神巧萬(金)[全]方》、《(註解)[補註王]叔和脈訣》、《傷寒(論)[訣]》、《洞天針(炙)[灸]經》。

韓祇和

《醫學讀書志·宋韓氏祇和》 《傷寒微旨》二卷。右書一種，宋韓祇和撰。祇和史志不載，宋陳振孫據《序》題元祐丙寅，定爲哲宗時人。明《永樂大典》始標其名，而亡其《序》。國朝《四庫》從《大典》中錄出一十五篇，釐爲二卷，稱其能變通仲聖之旨，以汗、下、溫三法分案時候辰刻，參之脈理病情。可汗篇分陰盛陽虛、陰虛陽盛、陰陽俱盛三門。又以陽黄歸之汗溫太過，陰黄歸之過下亡津，皆研析精微，切中竅要。惟以早下爲大戒。並不聲明脈症，未免矯枉。禾於沈氏《傷寒綱目》中，讀其所引七條，未窺全豹。

僧自然

康熙《福建通志·仙釋·建寧府》 僧自然，姓程，周村人，出家刻苦清修。嘗遊京師，朝臣試以牋疏立就。咸平中，奉旨往西番取經，得石銚，歸，煮藥治病，無弗愈者。詣闕，奏對稱旨，賜紫衣金襴，敕號了空大師。

僧法堅

《宋史·方技傳·法堅》 廬山僧法堅，亦以善醫著名，久遊京師，嘗賜紫方袍，號廣濟大師，後還山。景德二年，以雍王元份久被疾，召赴闕，至則元份已薨。法堅復歸山而卒。

甄棲真

《宋史·方技傳·甄棲真》 甄棲眞，字道淵，單州單父人。博涉經傳，長於詩賦。一應進士舉，不中第，歎曰：勞神敝精，以追虛名，無益也。遂棄其業，讀道家書以自樂。初訪道於牢山華蓋先生，久之出遊京師，因入建隆觀爲道士。周歷四方，以藥術濟人，不取其報。祥符中，寓居晉州，性和靜無所好惡，晉人愛之，以爲紫極宮主。

年七十有五，遇人，或以爲許元陽，語之曰：汝風神秀異，有如李筌。雖老矣，尚可仙也。因授錬形養元之訣，且曰：得道如反掌，第行之惟艱，汝勉之。棲眞行之二三年，漸反童顏，攀高躡危，輕若飛舉。乾興元年秋，謂其徒曰：此歲之暮，吾當逝矣。即宮西北隅自甃殯室。室成，不食一月，與平居所知敘別，以十二月二日衣紙衣，卧磚塌卒。人未之奇也。及歲久，形如生，衆始驚，傳以爲尸解。

棲眞自號神光子，與隱人海蟾子者以詩往還。論養生祕術，目曰《還金篇》，凡兩卷。

高若訥

《宋史·方技傳·高若訥》　高若訥，字敏之，本并州榆次人，徙家衛州。進士及第，補彰德軍節度推官，改秘書省著作佐郎，再遷太常博士、知商河縣。【略】皇祐五年，罷爲觀文殿學士兼翰林侍讀學士、尚書左丞、同群牧制置使、判尚書都省，止命舍人草詞。卒，贈右僕射，謚文莊。

若訥彊學善記，自秦、漢以來諸傳記無不該通，尤喜申、韓、管子之書，頗明曆學。因母病，遂兼通醫書，雖國醫皆屈伏。張仲景《傷寒論》訣、孫思邈《方書》及《外臺秘要》久不傳，悉考校訛謬行之，世始知有是書。名醫多出衛州，皆本高氏學焉。

譚顯仁

嘉慶《華陽縣志·方技》　譚居士，名顯仁。以醫爲業，居郡城東南隅。庭廡離落間，徧植藥草。年高而精神益健，手持念珠，日誦佛經。治病所得錢帛，悉分授貧者。每行藥，至午方歸，閉戶倚壁，瞑目而坐。大中祥符乙卯冬，無疾卒。

許希

《宋史·方技傳·許希》　許希，開封人。以醫爲業，補翰林醫學。景祐元年，仁宗不豫，侍醫數進藥，不效，人心憂恐。冀國大長公主薦希，希診曰：鍼心下包絡之間，可亟愈。左右爭以爲不可，諸黄門祈以身試，試之，無所害。遂以鍼進，而帝疾愈。命爲翰林醫官，賜緋衣銀魚及器幣。希拜謝已，又西嚮拜，帝問其故，對曰：扁鵲，臣師也。今者非臣之功，殆臣師之賜，安敢忘師乎？乃請以所得金興扁鵲廟。帝爲築廟於城西隅，封靈應侯。其後廟益完，學醫者歸趨之，因立太醫局於其旁。

希至殿中省尚藥奉御，卒。著《神應鍼經要訣》行於世。錄其子宗道至內殿崇班。

乾隆《祥符縣志·人物·方技》　許希，祥符人，以醫爲業，補翰林醫學。

乾隆《天津府志·人物》　許希，渤海人。

乾隆《氾水縣志·人物·方技》　許希，字叔微。其先冀州人，祖應祥，爲氾水主簿，秩滿，占氾水籍，歷三世。希生而穎異，博極群書。赴舉未第，遂棄儒業，潛心醫道，以神悟，入醫家三昧。

嘉祐時針醫

《古今圖書集成·藝術典》卷五〇七引《畫墁録》　嘉祐初，仁宗寢疾，藥未驗，下召草澤，始用針自腦後刺入，針方出，開眼曰：好惺惺。翼日，聖體良已。自爾以其穴目爲惺惺穴。《針經》初無此名，或曰即風府也。

王纂

《古今醫統大全·歷世聖賢名醫姓氏·宋》　王纂，海陵人。習覽經方，尤工鍼石，遠近知其名，所療多效。初，嘉祐中有女人被妖惑，纂爲鍼，妖狐即從女衾中逃竄，女病遂愈。

閻士安

康熙《開封府志·人物·方技》　閻士安，陳州人。以醫術爲助教，工畫墨竹，筆力老勁，名著當時。每於大卷，高壁爲不盡景，或爲風勢，甚有意趣。復愛作墨蟹、蒲藻等，閒而成，爲人所重。

李明甫

康熙《浙江通志·方伎·嘉興府志》　李明甫，東陽人。善醫，尤精針法。義烏令病心痛，垂死，明甫視之曰：有蟲在肺下，藥所不及，惟砭乃可，然非易也。紿謂於背上點穴，密取水以噀之，令方驚而針以入，曰：蟲已死矣。既而復大痛，下黑水數升，蟲亦去，遂愈。

賓道人

《夷堅甲志》卷三　桂縝，字彥栗，信州貴溪人。所居至龍虎山纔三十里，道流日過門，桂氏必與錢。縝素病疝，每作皆瀕死，醫者教以從方士受服氣訣，故尤屬意。紹興庚申六月二十有三日，晚浴畢，散步小徑，有老道人來，年八九十矣，鬢鬚皤然，曲僂豐下。縝揖與語曰：請至弊廬，取湯茗之資。曰：日已暮，不可至君家，君苟有意，能延我旬日否？縝不應，遂行。復回首，呼縝使前，入林間，坐古松根上，自云姓賓氏，聲音如山東人，劇談良久，語頗侵縝。縝見其老，雖貌敬而心不平。細視其目，清聳入鬢，着青幅巾，暑行不汗，未忍遽去。復詢以氣術，道人曰：吾行氣二百年，治病差易耳，爲誦所習書千餘言，天文、地理、兵法、道要，錯綜其間，略不可曉。縝曰：先生幸教我，此非我所能，盍言其粗者。道人曰：汝似可教，吾有一編書，藏衡山中，今往取之，又三十三年，當以授汝。縝曰：得非般運導引訣邪？曰：未也，姑以方書濟衆，稍儲陰功。縝曰：萬一及期，尋先生何所？曰：非汝所知，吾當來訪汝。遂邀縝欲偕逝，縝以親年高及孥累爲解，道人不懌間忽不見。縝且駭且懼，急歸，不敢語人。後數日，一道者及門問曰：八十三承事何在？縝之父。家人辭以出。呼者怒曰：吾非有所求，先生使來授公書耳，胡爲不出？擲卷於階而去。取視之，乃《呂洞賓傳》也，縝始悔之。至壬戌年，擢第調鄱陽尉，歸至嚴衢間，疾大作，不可有。輿行數里必下，投逆旅中，傍外戶而卧。有商人過，倚擔問曰：官人有疾邪？曰：然。曰：始發時行坐立卧皆不可，某處最痛，祈死不能，證候若是否？曰：然。爾何以知之？客曰：某豫章人也，少亦病此，今日負百斤而不害，蓋有藥以療之耳。遂解囊如有所索，得一裹如細剉桑葉者，敎以酒三升浸服之。縝素不飲，未敢服，以千金謝客而行。及家疾益甚，徧服它藥皆弗驗，姑如客言，以藥投酒中，甫酌一盃，其甘若飴蜜，隨渴隨飲，至曉而酒盡，病瘳什八，信宿脫然，後不復作。細思商人，乃昔所遇竇君也。

陳吉老

《雲麓漫鈔》卷五　陳吉老，淮人，業醫，名動京師。開封府有富人，祇一子，忽見正物皆以爲偏，凡几案、書冊之類，排設整齊，必更移令斜，自以爲直，以至書寫尺牘，莫不皆然。父母甚憂之，歷聘醫者皆不曉。人以吉老爲言，遂攜子致懇。既告退，獨留其子。父怪久不歸，遣人詢之，則曰：已辦筵設矣。聲樂頗盛，酬勸無算，酣醉乃罷。置卧轎中，使人扛之，高下其手，常令傾側展轉，久之方令登榻安寢。達旦酒醒，遣之歸，前日斜側物皆理之使正。父母再三試之，病已脫然矣。媪厚爲之謝，且問治之方。吉老云：令嗣無他疾，醉中嘗閃倒，有肝一葉，搭在肺上不能下。今復飲之醉，則肺脹展轉之，則肝亦垂，目視自如舊矣。後過南方紹興中，名傾浙右。

曾若虛

《古今圖書集成·藝術典》卷五〇七引《西齋話記》　龍圖閣待制李行簡，言隴州道士曾若虛者善醫，尤得針砭之妙術。里有寡婦再適人，遘疾且卒，經日而心間尚暖，家人因奔詣若虛，哀祈一往，庶幾可救。若虛既至，熟視之，且止其家哭泣，引針針之，即時而蘇。良久，乃能語，曰：始者若夢，遇故夫相隨出郭外，遠歷郊野橋梁，復入叢林草莽，展轉不相舍，俄而故夫爲一物刺中其足，不能履步，由是獨步，忽若夢覺耳。郡人競詣若虛詢之，若虛曰：向之所針，乃黃帝針八邪穴也。若虛即今奉尙御藥姚可久之師耳。

曹居白

《齊東野語》卷一四　李行簡外甥女，適葛氏而寡，次嫁朱訓，忽得疾如中風狀，山人曹居白視之，曰：此邪疾也。乃出鍼刺其足外踝上二寸許，至一茶久，婦人醒，曰：疾平矣。始言每疾作時，夢故夫引行山林中，今早夢如前，而故夫爲棘刺刺足脛間，不可脫，惶懼宛轉，乘間乃得歸。曹笑曰：適所刺者，八邪穴也。此事尤涉神怪，余按《千金翼》有刺百邪所病十三穴，一曰鬼宮，二曰鬼信，三曰鬼壘，四曰鬼心，五曰鬼路，六曰鬼枕，七曰鬼牀，八曰鬼市，九曰鬼病，十曰鬼堂，十一曰鬼藏，十二曰鬼臣，十三曰鬼封。然則居白所施正此耳。今世鍼法不傳，庸醫野老，道聽塗說，勇於嘗試，非惟無益也。

屠光遠

《齊東野語》卷一四　古者鍼砭之妙，眞有起死之功，蓋脈絡之會，湯液所不及者，中其俞穴，其效如神。方書傳記，所載不一。若【略】近世屠光遠，亦以此法治番易酒官之妻，三人如出一律，其妙如此。蓋醫者意也，一時從權，有出於六百四十九穴之外者。

陳堯叟

嘉慶《四川通志·陵墓·南部縣》　陳堯叟墓，在縣西北八十里。堯佐、堯咨墓皆在其旁。

咸豐《閬中縣志·人士志》　陳堯叟，字唐夫，解褐光祿寺丞，直史館，與父省華同日賜緋，遷秘書丞。久之，充三司河南東道判官。時宋、亳、陳、潁民饑，命堯叟及趙況等分振之，再遷工部員外郎，廣南西路轉運使。嶺南風俗，病者禱神不服藥，堯叟有《集驗方》，刻石桂州驛。又以地氣蒸暑，爲植樹鑿井，每三二十里置亭舍，具飲器，人免暍死。

僧智緣

《宋史·方技傳·僧智緣》　僧智緣，隨州人，善醫。嘉祐末，召至京師，舍于相國寺。每察脈，知人貴賤、禍福、休咎，診父之脈而能道其子吉凶，所言若神，士大夫爭造之。王珪與王安石在翰林，珪疑古無此，安石曰：昔醫和診晉侯，而知其良臣將死。夫良臣之命乃見於其君之脈，則視父知子，亦何足怪哉！

《古今醫統大全·歷世聖賢名醫姓氏·宋》　僧智緣，徐州人，善醫。

林士元

弘治《八閩通志》卷八五　襄爲閩漕日，禁絶蓄蠱甚嚴，凡破數百家，自後稍息。八年，仁宗閱福建奏獄，多以蠱毒殺人者，福建醫工林士元，能以藥下，遂詔録其方，又令太醫集法方之善治蠱毒者爲一編，命叅知政事杜履爲序頒之。嘉祐六年，郡守范師道乃牒諸縣，各以其方雕板，揭於縣門，云：應中蠱毒，不拘年代遠近，先煮雞子一枚，將銀釵一隻，及熟雞子内口含之，待一飯久，取出釵及雞子俱黑色，是中毒也。可用一方：五倍子三兩，木香、丁香各一十文，甘草三寸，一半炮出火毒，一半生用，糯米二十粒，輕粉三分，硫黄末一錢重，麝香一十文。右八味，入小沙瓶内，用水十分，同煎七分，候藥面上生皺皮，是藥熟。用絹濾去滓，取七分，小椀，通口服。須平旦仰卧，令頭高。其藥須三度，土來鬧心，即不得動，如吐出，則用桶盛之。若魚脬類，乃是惡物。吐後用茶一盞以止，如瀉，亦不妨，瀉後用白粥補。忌生冷油膩鮓醬。十日後，服後藥解毒丸三二丸補之，更服和氣湯散，十餘日平復。解毒丸者，如人中毒，十日以前則此藥可療：五倍子半斤，甑中蒸，炮令熟，丁香三兩，焙黄焦色，預知子半斤，一半蒸令熟，一半焙令黄色，木香三兩，一半炮令黄色，一半焙過，麝香三文，甘草二兩，一半炮黄色，一半生用，水銀粉一盂子，朱砂一兩，細研爲末，右件搗羅爲細末，用陳米爛飯爲丸如彈子大，用藥時研令細，同酒一盞，溫服。紹興二年秋，連江古田民有查佐等，蓄蠱殺人。其家來訴。張守爲帥，依條斷遣，仍榜十二縣，委保正副結五家爲保，互相覺察，知而不糾，其罪與均，仍頒勑令賞格，散榜要處。

郝允　申受　郝懷質　趙宗古

《邵氏聞見録》卷一七　康節先公曰：昔居衛之共城，有趙及諫議者，自三司副使以疾乞，知衛州多名醫故也。有申受者，善醫。自言得術於高若訥參政，得脈於郝氏老。其説謂高參政醫學甚高，既貴，診脈少，故不及郝老。非郝老不可治。趙如其言。郝氏至，診其脈曰：有沉積，當下。趙服其藥，暴下不止，已垂殆。郝老乃坐趙於大盆中，用椀覆其頭項，以湯沃之，遂甦。趙呼申受，罪之曰：君謬舉郝老者。申受曰：某之術不及郝老遠甚。公病當下，但氣虛，藥劑苦大，不能禁。然宿疾良已，可賀。又曰：郝老之脈通神，公舉家之人坐帳中，俾遍診脈，其老少男女，已未嫁娶，無不知者。趙試其説，信然，始加禮。自此疾平，復入爲三司副使。申受，朝廷用爲太醫丞。郝老，本河朔人，既死，張峋子堅誌其墓，載其平生所治甚異。曰：士人之妻孕，診其脈曰，六脈皆絶，反用子氣資養，故未死，子生母即死矣。已而果然。郝老平時不合藥末諸藥，遇病，品量增減之，服者無不驗。外從其學者，皆名醫云。

《邵氏聞見後録》卷二九　郝翁者，名允，博陵人。少代其兄長征河朔，不堪其役，遁去。月夜行山間，憊甚，憩一樹下，忽若大羽禽飛止其上，熟視之，一黄衣道士也。允拜手乞憐。道士曰：汝郝允乎？因授以醫術。晚遷鄭圃，世以神醫名之，遠近之人，賴以活者，四十餘年。非病者能盡活之也，蓋其術精良可信。不幸而不可治，必先語之，雖死亦無恨。於脈，非獨知已病，能前知未病與死。近者頃刻，遠者累年，至其日時，皆無失。歲常候測天地六元五運，考四方之病，前以告人，亦無失。皇祐年，翁死，張峋子堅誌其墓云：夏英公病泄，太醫皆爲中虛，翁曰：風客于胃則泄，殆藁本湯證也。英公駭曰：吾服金石等物無數，泄不止，其敢飲藁本乎？翁強進之，泄止。太常博士楊日宣病寒，翁曰：君脈首震而尾息，尾震而首息，在法爲魚遊蝦戲，不可治。不數日死。州監軍病悲思，翁告其子曰：法當甚悸即愈。時通守李宋卿御史嚴甚，監軍内所憚也。翁與其子請於宋卿。一造問，因責其過失，監軍皇怖汗出，病乃已。殿中丞姚程，腰脊痛不可俛仰，翁曰：穀，獨氣也。當食發怒，四肢受病傳于大小絡中，痛而無傷，法不當用藥，以藥攻之則益痛。須一年能偃仰，二年能坐，三年則愈矣。後三年而愈。里婦二，一夜中口噤如死狀，翁曰：血脈滯也，不用藥，聞雞聲自愈。一行踸踔輒踣，翁曰：脈厥也，當治筋，以藥熨之自快。皆驗。士陳堯遵妻病，衆醫以爲勞傷，翁曰：亟屏藥，是爲娠證，且賀君得男子矣。已而果然。又二婦人娠，一咽嘿不能言，翁曰：兒胞大經壅，兒生經行則言矣，不可毒以藥。既免，母子俱全。一極壯健，翁偶診其脈，曰：母氣已死，所以生者，反恃兒氣耳。如期子生母死。翁所治病半天下，神異不可勝記，如上所記，特鄭圃之人共知者也。翁有子名懷質，盡能傳其學。懷質嘗自診其脈，語人曰：我當暴死。不數年果暴死。翁讀《黄帝内經》，患王冰之傳多失義指，間以朱墨箋其下，世尚未見。懷質死，其書亦亡。獨太醫趙宗古，得六元五運之法於翁，嘗圖以上朝廷，今行於世云。

虞庶

光緒《補纂仁壽縣原志·方技》 虞庶，宋仁壽人，寓居漢嘉。少爲儒，已而棄其業習醫，著《難經註》五卷，補呂、楊所未盡。黎泰辰治平間爲之序。

徐問真

《東坡志林》卷二 道人徐問眞，自言濰州人，嗜酒狂肆，能啖生葱鮮魚。以指爲鍼，以土爲藥，治病良有驗。歐陽文忠公爲青州，問眞來從公游，久之，乃求去。聞公致仕，復來汝南，公常館之，使伯和父兄弟爲之主。公常有足疾，狀少異，醫莫能喻。問眞教公汲引氣血，自踵至頂。公用其言，病輒已。忽一日，求去甚力。公留之不可。曰：我有罪，我與公卿游，我不復留。公使人送之，果有冠鐵冠丈夫，長八尺許，立道周俟之。問眞出城，顧村童使持藥笥。行數里，童告之求去，問眞於髻中出小瓢如棗大，再三覆之掌中，得酒滿掬者二，以飲童子，良酒也。自爾不復知其存亡。而童子徑發狂，亦莫知其所終。軾過汝陰，公具言如此。其後貶黄州，而黄岡縣令周孝孫暴得重腿疾，軾試以問眞口訣授之，七日而愈。元祐六年十一月二日，與叔弼父季默父夜坐，話其事，事復有甚異者，不欲盡書。然問眞要爲異人也！

孫用和

《邵氏聞見前録》卷二 仁宗初納光獻后，后有疾，國醫不效。帝曰：后在家，用何人醫？后曰：妾隨叔父官河陽，有疾服孫用和藥輒效。尋召用和，服其藥果驗。自布衣除尚藥奉御，用和自此進用。用和本衛人，以避事客河陽，善用張仲景法治傷寒，名聞天下。二子奇、兆，皆登進士第，爲朝官，亦善醫。

《古今醫統大全·歷世聖賢名醫姓氏·宋》 孫用和，不知何郡人。性識明敏，通經學，精醫方理，得岐黄之秘，治平間爲奉御太醫令。

高保衡

《古今醫統大全·歷世聖賢名醫姓氏·宋》 高保衡，熙寧間爲國子博士，校正醫書，深明方藥、病機，神宗詔修《内經》有功，賜緋魚，加上騎都尉。

林億

《古今醫統大全·歷世聖賢名醫姓氏·宋》 林億，熙寧間爲光祿卿直秘閣，同高保衡校正《内經》，醫名大著。

修廣

咸淳《臨安志·人物·方外》 修廣，錢塘人，本姓王，字叔微。有智識度量，讀五經，知大義，頗喜爲詩。少羸多病，學醫既成，而有疾者多歸之。無貴賤貧富，皆爲之盡其術，未嘗有所厚薄。尤貧者，資之藥物、衣食，雖窮，未嘗有所計惜，故自京師至於四方，自公卿至於學士大夫，多知其名，而皆樂從之游。師自九歲出家，居明慶院。景祐二年，賜紫衣。五年，賜號寶月大師。熙寧元年十月卒。其日，會門人與往來學佛之人，告以將終，沐浴易衣，正坐而逝，年六十一。明年，門人爲塔南豐，曾鞏爲之銘。

錢乙 仲陽

《學易集·錢乙傳》 錢乙，字仲陽，上世錢塘人。與吳越王有屬，王俶納士，曾祖贇隨以北，因家于鄆。父顥，善鍼醫，然嗜酒喜游，一旦匿姓名，東游海上，不復返。乙時三歲，母前亡，父同產嫁醫呂氏，哀其孤，收養爲子。稍長讀書，從呂君問醫。姑將沒，乃告以家世，乙號泣，請往迹父，凡五六往，乃得所在。又積數歲，乃迎以歸。是時乙年三十餘，鄉人感慨爲泣下，多賦詩詠其事。後七年，父以壽終，喪葬如禮。其事呂君，如事其父。呂君沒，無嗣，爲之收葬，行服，嫁其孤女，歲時祭享，皆與親等。乙始以《顱顖方》著名山東。元豐中，長公主女有疾，召使視之，有功，奏授翰林醫學，賜緋。明年，皇子儀國公病瘈瘲，國醫未能治，長公主朝，因言錢乙起草野，有異能，立召入，進黄土湯而愈，神宗皇帝召見褒諭。因問黄土所以愈疾狀，乙對曰：以土勝水，水得其平，則風自止，且諸醫所治垂愈，小臣適逢之，惟陛下加察。天子悦其對，擢太醫丞，賜紫衣金魚。自是戚里貴室，逮士庶之家，願致之無虚日。其論醫，諸老宿莫能持難，俄以病免。哲宗皇帝復召入，宿直禁中。久之復辭疾賜告，遂不復起。乙本有羸疾，性簡易，嗜酒，疾屢發，自以意治之輒愈。最後得疾，憊甚，乃歎曰：此所謂周痺也。周痺入臟者死，吾其已夫。已而曰：吾能移之，使病在末，因自製藥，日夜飲之。人莫見其方。居無何，左手足攣不能用，乃喜曰：可矣。又使所親登東山，視菟絲所生，篝火燭其下，火滅處斸之，果得茯苓，其大踰斗，因以法啖之，閱月而盡。由此雖偏廢，而氣骨堅悍，如無疾者。退居里舍，杜門不冠屨，坐卧一榻上，時閒閱史書雜說。客至，酌酒劇談。意欲有適，則使二僕夫輿之，出入閭巷，人或邀致，不肯往也。病者日造門，或扶攜襁負，纍纍滿前，近自鄰井，遠或百數十里，皆授之藥，致謝而去。初，長公主女病泄痢方始，乙方醉曰：當發疹而愈。駙馬都尉以爲不然，怒責之，不對而退。明日疹果出，都尉喜以詩謝之。廣親宗子病，診之曰：此可無藥而愈。顧其幼曰：此且暴病驚人，後三日過午無恙。其家恚曰：幼何疾，醫貪利動人如此。明果發癇甚急，復召乙治之，居三日愈。問何以無疾而知，曰：火色宜視，心與肝俱受邪，過午者，心與肝所用時當更也。宗室王子病嘔泄，醫以藥溫之，加喘。乙曰：病本中熱，奈何以剛劑燥之，將不得前後溲。與石膏湯，王與醫皆不信，謝罷。乙曰：毋庸復召我。後二日，果來召，適有故，不時往，王疑且怒，使人十數輩趣之至，曰：固石膏湯症也。竟如言而效。有士人病欬，面青而光，其氣哽哽，乙曰：肝乘肺，此逆候也，若秋得之可治，今春不可治。其家祈哀，強之予藥。明日，曰：吾藥再瀉肝而不少卻，三補肺而益虛，又加唇白，法當三日死。然安穀者過期，不安穀者不及期。今尚能粥，居五日而絕。有娠婦得病，醫言胎且墮，乙曰：娠者五臟傳養，率六旬乃更，誠能候具月偏補之，何必墮。已而子母俱得全。又乳婦因大恐而病，病雖愈，目張不得瞑，人不能曉，以問乙。乙曰：煮鬱李酒，飲之使醉則愈。所以然者，目係內連肝膽，恐則氣結，膽衡不下，惟鬱李去結，隨酒入膽，結去膽下，目則能瞑矣。如言而效。

日過所善翁，聞兒啼，愕曰：何等兒聲？翁曰：吾家孿生二男子。乙曰：謹視之，過百日乃可保。翁不懌，居月餘皆斃。乙爲方博達，不名一家，所治種種皆通，非但小兒醫也。于書無不窺，他人靳靳守古，獨度越縱舍，卒與法合。尤邃本草，多識物理，辨正闕誤。人得異藥，若持疑事問之，必爲言所生本末，物色名號，退考之皆中。末年，攣痺浸劇，其嗜酒，喜寒食，皆不自禁。自診知不可爲，召親戚訣別，易衣待盡。享年八十二。終于家。所著書有《傷寒論指微》五卷，《嬰孺論》百篇。一子，早逝。二孫，今見爲醫。河間劉跂曰：乙非獨其醫可稱也。其篤行似儒，其奇節似俠，術行而身隱約，又類夫有道者。數謂余言，曩學六氣五運，夜宿東平王家嶺觀氣象，至月餘不寐，今老且死，事誠有不在書者，肯以三十日暇，從我當相授。余笑謝弗能，其後遂不復言。嗚呼！斯人也，欲復得之，何由哉！歿後，余聞其所治驗尤衆，東州人人能言，掇其章者著之篇，異時史家叙方術之士，其將有考焉。

《小兒藥證直訣閻孝忠序》　太醫丞錢乙，字仲陽，汶上人。其治小兒，該括古今，又多自得，著名於時，其法簡當精審，如指諸掌。先子治平中登第，調須城尉識之。余五六歲時，病驚疳、癖瘕，屢至危殆，皆仲陽拯之良愈。是時仲陽年尚少，不肯輕傳其書，余家所傳者，纔十餘方耳。大觀初，余筮仕汝海，而仲陽老矣，於親舊間，始得說證數十條。後六年，又得雜方，蓋晚年所得益妙。比於京師，復見別本。然旋著旋傳，皆雜亂，初無紀律，互有得失，因得參校焉。其先後則次之，重復則削之，訛謬則正之，俚語則易之。上卷脈證治法，中卷記嘗所治病，下卷諸方，而書以全。於是古今治小兒之法，不可以加矣。

《宋史·方技傳·錢乙》　錢乙，字仲陽，本吳越王俶支屬，祖從北遷，遂爲鄆州人。父穎，善醫，然嗜酒喜游，一旦，東之海上不反。乙方三歲，母前死，姑嫁呂氏，哀而收養之，長誨之醫，乃告以家世。即泣，請往迹尋，凡八九反。積數歲，遂迎父以歸，時已三十年矣。鄉人感慨，賦詩詠之。其事呂如事父，呂沒無嗣，爲收葬行服。

乙始以《顱顖方》著名，至京師視長公主女疾，授翰林醫學。皇子病瘈瘲，乙進黃土湯而愈。神宗召問黃土所以愈疾狀，對曰：以土勝水，水得其平，則風自止。帝悅，擢太醫丞，賜金紫。由是公卿宗戚家延致無虛日。

廣親宗子病，診之曰：此可毋藥而愈。其幼在傍，指之曰：是且暴疾驚人，後三日過午，可無恙。其家恚，不答。明日，幼果發癇甚急，召乙治之，三日愈。問其故，曰：火色直視，心與肝俱受邪。過午者，所用時當更也。王子病嘔泄，他醫與剛劑，加喘焉，乙曰：是本中熱，脾且傷，奈何復燥之？將不得前後溲。與之石膏湯，王不信，謝去。信宿寖劇，竟如言而效。

士病欬，面青而光，氣哽哽。乙曰：肝乘肺，此逆候也。若秋得之，可治；今春，不可治。其人祈哀，強予藥。明日，曰：吾藥再瀉肝，而不少卻；三補肺，而益虛；又加脣白，法當三日死。今尚能粥，當過期。居五日而絕。

孕婦病，醫言胎且墮。乙曰：娠者五藏傳養，率六旬乃更。誠能候其月，偏補之，何必墮？已而母子皆得全。又乳婦因悸而病，既瘉，目張不得瞑。乙曰：煮鬱李酒飲之使醉，即愈。所以然者，目系內連肝膽，恐則氣結，膽衡不下。鬱李能去結，隨酒入膽，結去膽下，則目能瞑矣。飲之，果驗。

乙本有羸疾，每自以意治之，而後甚，歎曰：此所謂周痺也。入藏者死，吾其已夫。既而曰：吾能移之使在末。因自製藥，日夜飲之。左手足忽攣不能用，喜曰：可矣！所親登東山，得茯苓大踰斗。以法噉之盡，由是雖偏廢，而風骨悍堅如全人。以病免歸，不復出。

乙爲方不名一師，於書無不闚，不靳靳守古法。時度越縱舍，卒與法會。尤邃《本草》諸書，辨正闕誤。或得異藥，問之，必爲言生出本末、物色、名貌差別之詳，退而考之皆合。末年，攣痺浸劇，知不可爲，召親戚訣別，易衣待盡，遂卒，年八十二。

《古今醫統大全·歷世聖賢名醫姓氏·宋》 錢乙【略】著《傷寒指微》、《嬰孩論》若干卷。

李梴《醫學入門·歷代醫學姓氏·德醫》 建爲五臟之方，各隨所宜。謂肝有相火，則有瀉而無補；腎爲眞水，則有補而無瀉。皆啓《內經》之秘。厥後張元素、劉守眞、張從政盡皆取法，令人但知其爲嬰兒醫也。

《醫學讀書志·宋錢氏乙》 《傷寒論指微》五卷，宋潛溪稱其深造仲景閫奧，並《嬰孺論》百篇，當時即已散佚。今之《直訣》，系宋閻孝忠所集，明薛己竄改，殊爲紕繆，全失錢書之眞。

僧奉真　元覺　法琮　了初

《夢溪筆談·僧奉真》 四明僧奉眞，良醫也。天章閣待制許元爲江淮發運使，奏課于京師，方欲入對，而其子疾亟，瞑而不食，惙惙欲死，逾宿矣。使奉眞視之，曰：脾已絕，不可治，死在明日。元曰：觀其疾勢，固知其不可救。今方有事，須陛對，能延數日之期否？奉眞曰：如此似可。諸臟皆已衰，唯肝臟獨過。脾爲肝所勝，其氣先絕。一臟絕則死，若急瀉肝氣，令肝氣衰，則脾少緩，可延三日，過此無術也。乃投藥，至晚乃能張目，稍稍復啜粥，明日漸蘇而能食。元甚喜，奉眞笑曰：此不足喜，肝氣暫舒耳，無能爲也。後三日果卒。

雍正《寧波府志·藝術》 其法傳之元覺，元覺傳之法琮及了初，皆能續其術。

黃冠道人

康熙《曹州志·雜志·方外》 黃冠道人，姓名不傳。熙寧間，曾見於楚丘棗坩村。黃冠青衣，以醫名，一方有疾者往求，一與之語，不藥而愈。居數月，忽不見，人皆神之，疑爲扁鵲，立祠祀之。

杜嬰

萬曆《揚州府志·技術傳》 杜嬰，字大醇，儀眞人。好讀書，爲人曠達而精于醫。王安石嘗云：與杜君語，久而不厭。

康熙《儀徵縣志·人物·藝術列傳》 杜嬰，字大醇。性能讀書，其言近莊，爲人曠達而廉清。自託於醫，無貧富貴賤，請之輒往，與之財，非義輒謝而不受。時時窮空，幾不能自存，而未嘗有不足之色。善言性命之理，其心廓然無累於物，故多爲賢士夫所知。王安石謂：予嘗與之語，久而不厭。

唐慎微

《經史證類備用本草·翰林學士宇文公書證類本草後》 唐愼微，字審元，成都華陽人。皃寢陋，舉措語言樸訥，而中極明敏。其治病，百不失一，語證候不過數言，再問之，輒怒不應。其於人不以貴賤，有所召必往，寒暑雨雪不避也。其爲士人療病，不取一錢，但以名方秘錄爲請，以此士人尤喜之。每於經史諸書中得一藥名、一方論，必錄以告，遂集爲此書。尚書左丞蒲公傳正，欲以執政恩例奏與一官，拒而不受。其二子：五十一、五十四，偶忘其名，及婿張宗說，字巖老，皆傳其藝，爲成都名醫。元祐間，虛中爲兒童時，先人感風毒之病，審元療之如神。又手緘一書，約曰：某年月日即啓封。至期，舊恙復作，取所封開視之，則所錄三方：第一療風毒再作，第二療風毒攻注作瘡瘍，第三療風毒上攻氣促欲作喘嗽。如其言，以次第餌之，半月良愈。其神妙若此。皇統三年九月望，成都宇文虛中書。

朱彝尊《大觀證類本草跋》 《經史證類本草》三十一卷，目錄一卷，大觀初唐愼微撰。通仕郎行杭州仁和縣尉管勾學事艾晟序之，謂傳書者失其邑里，不知何許人。闕其疑可也，或以蜀人實之，何所據乎？本草自神農、子儀而後，代有廣益。舊經止三百六十五味爾，今按其目錄，實一千七百四十八種，比之《唐本》、《蜀本》、掌禹錫之《補注》、蘇頌之《圖經》，所增已多。紹興中，曾詔王繼先校定，附《釋音》一卷，付國子監鏤版以行。其後，大德壬寅一刊于宗文書院；明萬曆丁丑，再刊于宣城民家，并以寇氏《衍義》附于各條之下。雖于義無損，然非唐氏之舊，毋亦類于睹皋禽而續凫之頸者歟！

光緒《增修崇慶州志·人物·方技》 唐慎微，趙與時《賓退録》蜀州晉原人。世爲醫，次於經方。元祐間，蜀帥李端伯招之至成都。嘗著《證類備急本草》三十二卷，艾晟爲之序，謂慎微不知何許人，故爲表出：蜀州，今崇慶府；晉原，其首縣云。又宇文虚中《跋本草》：慎微，字審元，成都華陽人，治病百不失一。爲士人療疾不取一錢，但以名方秘録爲請，以此士人喜之。每於諸書中得一藥名及方論，必録以告。尚書左丞蒲傳正欲以執政恩例奏與一官，拒不受。元祐間，虚中爲兒時見慎微治其父風疾，預期某年月日再發，緘方以待，臨期服之，神效。原按：此《跋》籍貫小異。蓋緣虚中兒時見之，但知其寄籍華陽，不知其原籍晉原耳。《通志》辨之最明。

趙益瑞

嘉慶《四川通志·紀事·宋封蜀諸王》 益瑞，獻王頵英宗第四子也。初名仲恪，封樂安郡王，進嘉王。王好學，工飛白篆籀，尤好醫書，手抄《普惠集效方》，且儲藥以救病者。

劉彝

同治《贛縣志·人物志·名臣》 劉彝，字執中，福建長樂人，幼介持，居鄉以行義稱。從胡瑗學，瑗稱其善。熙寧中，知虔州。俗尚巫鬼，不事醫藥，彝著《正俗方》以訓斥淫巫，使以醫易業，俗遂變。時民多弃子于道，立法揭榜通衢，召人收養，日給廣惠倉米二升，每月抱至官府一驗，嗣又推行于縣鎮。細民利升斗之給，皆爲收養。

張駿

光緒《山西通志·藝術録》 張駿，字公度，潞州人。家世業醫，駿尤精於方脈。意在活人，不責其報。黄魯直母安康郡君病祕結，諸醫不能治，駿投餌即愈。魯直感而厚贈之，卻不受。

鄭榮

《宋史·方技傳·鄭榮》 大中祥符中，又有鄭榮者，本禁軍，戍壁州還，夜遇神人謂曰：汝有道氣，勿火食。因授以醫術救人。七年，賜名自清，度爲道士，居上清宫。所傳藥能愈大風疾，民多求之，皆刺臂血和餅給焉。

道光《保寧府志·人物志·仙釋》 鄭榮，嘗爲軍卒，夜過通江，遇道者授以醫術，度爲羽士，修煉於上清宫。

巢谷

《避暑録話》卷下 子瞻在黄州，蘄州醫龐安常，亦善醫傷寒，得仲景意。蜀人巢谷，出聖散子方，初不見于世間醫書，自言得之于異人。凡傷寒，不問證候如何，一以是治之，無不愈。子瞻奇之，爲作序，比之孫思邈三建散，雖安常不敢非也，乃附其所著《傷寒論》中，天下信以爲然。疾之毫釐不可差，無甚于傷寒，用藥一失其度，則立死者皆是，安有不問證候而可用者乎？宣和後，此藥盛行于京師，太學諸生信之尤篤，殺人無數。今醫者悟，始廢不用。巢谷本任俠好奇，從陝西將韓存寶出入兵間，不得志，客黄州，子瞻以故與之游。子瞻以谷奇俠而取其方，天下以子瞻文章而信其方，事本不相因，而趨名者又至于忘性命而試其藥，人之惑，蓋有至是也。

《續醫説·聖散子方》 聖散子方因東坡先生作序由是天下神之。宋末辛未年，永嘉瘟疫，服此方被害者不可勝紀。余聞葉石林《避暑録》云：宣和間此藥盛行於京師，太學生信之尤篤，殺人無數，醫頓廢之。昔日坡翁居黄州時，其地瀕江多卑濕，而黄之居人所感者，或因中濕而病，或因雨水浸淫而得，所以服此藥而多効，是以通行于世，遺禍於無窮也。弘治癸丑年，吳中疫癘大作，吳邑令孫磐令醫人倫合聖散子，遍施街衢，并以其方刊行。病者服之，十無一生，率皆狂躁昏瞀而卒。噫！孫公之意，本以活人，殊不知聖散子方中有附子、良薑、吳茱萸、豆蔻、麻黄、藿香等劑，皆性燥熱，反助火邪，不死何待？若不辯陰陽二證，一概施治，殺人利於刀劍。有能廣此説以告人人，亦仁者之一端也。

胡道士

《東坡志林》卷三 龐安常爲醫，不志于利，得善書古畫，喜輒不自勝。九江胡道士，頗得其術，與予用藥，無以酬之，爲作行草數紙而已，且告之曰：此安常故事，不可廢也。參寥子病，求醫於胡，自度無錢，且不善書畫，求予甚急。予戲之曰：子粲可皎徹之徒，何不下轉語作兩首詩乎？龐、胡二君，與吾輩游，不日索我於枯魚之肆矣。

單　驤

《東坡志林》卷三　蜀人單驤者，舉進士不第，顧以醫聞。其術雖本於《難經》、《素問》，而別出新意，往往巧發奇中，然未能十全也。仁宗皇帝不豫，詔孫兆與驤入侍。有間，賞賚不貲。已而大漸，二子皆坐誅。賴皇太后仁聖，察其非罪，坐廢數年。今驤爲朝官，而兆已死矣。予來黄州，鄰邑人龐安常者，亦以醫聞，其術大類驤，而加之以鍼術絶妙，然患聾，自不能愈，而愈人之病如神，此古人所以寄論於目睫也耶。驤、安常皆不以賄謝爲急，又頗博物，通古今，此所以過人也。元豐五年三月，予偶患左手腫，安常一鍼而愈，聊爲記之。

龐安時安常

張耒《龐安常墓誌銘》　余嘗以謂：醫之在天下，其資生民之用，蓋與穀帛等，竊怪世之工其道者何少也！自三代以來，至今以醫名世者多矣，其爲論説方術大備矣。又嘗怪夫世之醫者，皆忽而不學，大抵從里閭俗師，其治病苟不殺人，衆已指爲良醫矣，使孝子慈孫，不能無恨于疾苦之際者，以此也，可不悲哉？予少多病，世之醫往往與之遊，率按前人成説而用之，未有心得而能原其所以説者也。蓋醫之爲道，推本天地陰陽，經紀寒暑日星，考驗國土山川，而人身外則骨節脈絡腧穴，内則臟腑焦鬲井谷，其出入會通之變，甚多且微，非夫致至精之察，不惑之知，不足以盡之。而世醫不以術易衣食者，鮮矣，何暇及此哉！宜工之者寡，而古學之廢也。意必有聰明微妙之君子，憫兹學之不振，悼生人之疾癘，獨治其道，修其術，而莫或知之者焉。紹聖丁丑，予得罪，謫官齊安，而得蘄水龐君焉。其于醫，殆所謂聰明微妙者也。君諱安時，字安常，蘄州蘄水人。其在孕時頗有異，乃兒時讀書雋穎絶人，一經目輒終身不忘，鄉黨奇之。其父諱之慶，號高醫，年老且病。君問醫于父，父授以脈訣。君曰：是不足爲也。獨取黄帝、扁鵲之脈書治之。未久，已能通其説，時出新意，辯詰不可屈。父大驚，君時未冠也。已而病聾，君曰：天使我隱于醫歟！乃益讀《靈樞》、《太素》、《甲乙》諸秘書，凡經傳百家之涉其道者，靡不貫通，時時爲人治病，有奇功，率十愈八九。而君性愷悌明豁，好施而廉，于是有輿疾自千里踵門求治者，君爲闢第舍居之，親視饘粥藥物，既愈而後遣之。如是常數十百人不絶也。其不可爲者，必實告之，亦不復爲治。活人無數。病家持金帛來謝，不盡取也。戊寅之春，予見君于蘄水山中，深衣幅巾，延客坐堂上，視其貌偉然，聽其議博而不繁，妙而易曉。告予曰：世所謂醫書，予皆見之，惟扁鵲之言深矣。蓋所謂《難經》者也，扁鵲寓術于其書，而言之不詳，意者使後人自求之歟。予之術蓋出于此。以之視淺深，決死生，若合符節。且察脈之要，莫急于人迎、寸口，是二脈陰陽相應，如兩引繩，陰陽均則繩之大小等。凡平人之脈，人迎大于春夏，寸口大于秋冬。何謂人迎？喉旁取之，《内經》所謂別于陽者也。越人不盡取諸穴之脈，但取手太陰之行度，魚際後一寸九分，以配陰陽之數，而得關格之脈，然不先求喉手引繩之義，則脈尺寸陰陽關格之所起。寸四倍于尺，則上魚際而爲溢。故言溢者，寸倍尺極矣。溢之脈一名外關，一名内格，一名陰乘之脈。曰外關者，自關以上外脈也，陰拒陽而出，故曰外格。陰生于寸，動于尺，今自關以上，溢于魚際，而關以後伏行，是爲陰壯乘陽而陽竭。陽竭則死，脈有是者死矣。此所謂寸四倍于人迎，爲關陰之脈者也。關以後脈當取一寸而沈過者，謂尺中倍于寸口，至三倍則八寸而爲覆。故言覆者，尺倍寸極矣。覆之脈一名曰内關，一名曰外格，一名曰陽乘之脈。曰内關者，自關以下内脈也。外格者，陽拒陰而内入也。陽生于尺，動于寸。今自關以下覆入赤澤，而關以前脈伏行，則爲陽亢乘陰而陰竭，陰竭亦死，脈有是者死矣。此所謂人迎四倍于寸口，爲格陽之脈者也。經曰：人迎與寸口皆盛，過四倍則爲關格，關格之脈羸，不能極天地之精氣而死。所謂關格者，覆溢是也。雖然，獨覆獨溢，則補瀉以生之。尺部一盛，瀉足少陽，補足厥陰。二盛，瀉足太陰，補足少陰。三盛，瀉足陽明，補足太陰。皆一瀉而一補之。四盛，則三陽極，導之以針，當盡取少陽、太陰、陽明之穴。脈靜者取三陽于足，脈數者取于手。瀉陽二，當補于陰一至寸而反之。脈有九候者，寓浮中沉于寸關尺也。且越人不取十二經諸穴，直以二經配合於手太陰行度，自尺至寸，一寸九分之位。復分三部，部中有浮中沉，以配天地人也。又曰：中風木傷寒、金濕、水熱、火温，病起于濕。濕則土病，土病而諸臟受害，其本年于金木水火四臟之變也。陽浮陰濡爲風温，陽數陰實爲温毒，陽濡陰急爲濕温，陰陽俱盛爲温瘧。其治之也，風温取足厥陰木，手少陰火。温毒專取少陽火，傷寒取足太陰金，手少陰火。温濕取足少陰水。鄉人皆謂我能與傷寒語，我察傷寒與四温之變，辨其疑似而不可亂也。故定陰陽于喉手，配覆溢于尺寸，差也。

《夷堅甲志》卷一〇　朱新仲，祖居桐城，時親識間一婦人妊娠將產，七日而子不下，藥餌符水無所不用，待死而已。名醫李幾道，偶在朱公舍，朱邀視之。李曰：此百藥無可施，惟有鍼法，然吾藝未至此，不敢措手也。遂還。而幾道之師龐安常，適過門，遂同謁朱。朱告之故，曰：其家不敢屈先生，然人命至重，能不惜一行救之否？安常許諾，相與同往。纔見孕者，即連呼曰：不死。令家人以湯溫其腰腹間。安常以手上下拊摩之，孕者覺腸胃微痛，呻吟間生一男子，母子皆無恙。其家驚喜拜謝，敬之如神，而不知其所以然。安常曰：兒已出胞，而一手誤執母腸胃，不復能脫，故雖投藥而無益。適吾隔腹捫兒手所在，鍼其虎口，兒既痛即縮手，所以遽生，無他術也。令取兒視之，右手虎口鍼痕存焉。其妙至此。

《東坡志林》卷一　蘄州龐君安常，善醫而聵。與人語，須書始能曉。東坡笑曰：吾與君皆異人也，吾以手爲口，君以眼爲耳，非異人乎？

《獨醒雜志》卷四　毛公弼守泗州，病泄痢，久不愈，及罷官歸，遂謁龐安常求醫。安常診之曰：此丹石毒作，非痢也。乃煮葵菜一釜，命公弼食之，且云當有所下。明日安常視之曰：毒未去。問食幾何？才進兩盂。安常曰：某煮此藥，升合銖兩自有制度，不盡不可。於是再煮，強令進之，已乃洞泄爛斑五色。安常視之曰：此丹毒也，疾去矣。但年高人久痢，又乍去丹毒，腳當弱，不可復餌他藥。因贈牛膝酒兩瓶，飲盡，遂強如初。公弼有一女，嘗苦嘔吐，亦就求醫。安常與之藥，曰：嘔吐疾易愈，但此女子能不嫁，則此病不作；若有娠而嘔作，不可爲矣。公弼既還家，以其女歸沙溪張氏。年餘而孕，果以嘔疾死。世傳安常醫甚神，余耳目所接如此，所傳當不誣矣。

《宋史·方技傳·龐安時》　龐安時，字安常，蘄州蘄水人。兒時能讀書，過目輒記。父，世醫也，授以脈訣。安時曰：是不足爲也。獨取黃帝、扁鵲之脈書治之，未久，已能通其說，時出新意，辨詰不可屈，父大驚，時年猶未冠。已而病聵，乃益讀《靈樞》、《太素》、《甲乙》諸秘書，凡經傳百家之涉其道者，靡不通貫。嘗曰：世所謂醫書，予皆見之，惟扁鵲之言深矣。蓋所謂《難經》者，扁鵲寓術於其書，而言之不詳，意者使後人自求之歟！予之術蓋出於此。以之視淺深，決死生，若合符節。且察脈之要，莫急於人迎、寸口。是二脈陰陽相應，如兩引繩，陰陽均，則繩之大小等。故定陰陽於喉、手，配覆溢

寓九候于浮溢，分四溫于傷寒，此皆扁鵲略開其端，而予參以《內經》諸書，考究而得其說，審而用之，順而治之，病不得逃焉。君爲予言者尚多，獨著其大者。又曰：予欲以其術告後世，故著《難經解》數萬言。觀草木之性，與五臟之宜，秩其職位，官其寒熱，班其奇偶，以療百疾，著《主對集》一卷。古今異宜，方術脫遺，備傷寒之變，補仲景《傷寒論》。藥有後出，古所未知，今不能辨，嘗試有功，不可遺也，作《本草補遺》一卷。吁！其備矣。予問以華佗之事，君曰：術若是，非人所能爲也，其史之妄乎！某嘗病風痺數年餘，苦未盡瘳，君切脈曰：臟病傳所勝，君之疾肝傳于脾，脾氣欲轉運而肝制之也。去木邪，行土氣而後愈。因授予以方。少焉疾有間，又曰：一方不可瘳，當增損之以應疾。時時致方與藥之難得者，察君于予盡心焉。見君之歲，是冬而君痼疾作，明年春而劇，門人請自視脈，君笑曰：予察之審矣，且出入息亦脈也。予胃氣已絕，死矣。因盡屏藥餌，忽焉韻語數句，授其婿魏淵，蓋超然達者語也。後數日，與客坐語而卒，年五十八，時二月初六也。君性喜讀書，聞人有異書，購之若饑渴，書工日夜傳錄，君寒暑疾病，未嘗置卷，其藏書至萬餘卷，然皆以考醫方之事。晚好佛學，蓋有得焉。以是年閏九月二十七日，葬于蘄水龍門鄉圖佛村。君曾祖諱慥，祖諱震，及父皆不仕。娶陳氏，生二男子，曰瓘，曰琪，皆篤孝修飾。二孫曰仲容、叔達。三女已嫁，魏淵、郭迪、陳翔，其婿也。各舉進士。君臨終以書遺予，若託以銘其墓者。嗟夫！予名微位卑，又方得罪于時，何足以爲君重？然君嘗有德於予，且其孫必以見屬，不得辭也。既銘其藏，又著所嘗治而愈，人所傳道者，更刻于碑陰，且以爲法。銘曰：

生民之病，堯舜是醫。惟周與孔，世之良師。溝瘝於身，扁鵲善治。惟民與身，同一矩規。猗歟龐君，有見於茲。獨顯以方，用不大施。孰疾於衷，孰毒於肢。有來求予，徑取無遺。飲酒著書，終身遨嬉。欲知其仁，弔者垂洟。即化而安，不爽厥知。有考其書，銘以昭之。

張耒《明道雜志》　蘄水縣有高醫龐安時者，治疾無不愈。其處方用意，幾似古人，自言心解，初不從人授也。蘄有富家子竊出游倡，鄰人有鬬者，排動屋壁，富人子方驚懼，疾走出，惶惑突入市。市方陳刑尸，富人子走仆尸上，因大驚，到家發狂，性理遂錯，毉巫百方不能已。龐爲劑藥，求得絞囚繩，燒爲灰以調藥，一劑而愈。龐得他人藥嘗之，入口即知其何物及其多少，不

於尺、寸，寓九候於浮沉，分四溫於傷寒。此皆扁鵲略開其端，而予參以《內經》諸書，考究而得其說。審而用之，順而治之，病不得逃矣。又欲以術告後世，故著《難經辨》數萬言。觀草木之性與五藏之宜，秩其職任，官其寒熱，班其奇偶，以療百疾，著《主對集》一卷。古今異宜，方術脱遺，備陰陽之變，補仲景《論》。藥有後出，古所未知，今不能辨，嘗試有功，不可遺也，作《本草補遺》。

爲人治病，率十愈八九。踵門求診者，爲辟邸舍居之，親視飦粥、藥物，必愈而後遣；其不可爲者，必實告之，不復爲治。活人無數。病家持金帛來謝，不盡取也。

嘗詣舒之桐城，有民家婦孕將產，七日而子不下，百術無所效。安時之弟子李百全適在傍舍，邀安時往視之。纔見，即連呼不死，令其家人以湯溫其腰腹，自爲上下拊摩。孕者覺腸胃微痛，呻吟間生一男子。其家驚喜，而不知所以然。安時曰：兒已出胞，而一手誤執母腸不復能脱，故非符藥所能爲。吾隔腹捫兒手所在，鍼其虎口，既痛即縮手，所以遽生，無他術也。取兒視之，右手虎口鍼痕存焉。其妙如此。

有問以華佗之事者，曰：術若是，非人所能爲也。其史之妄乎！年五十八而疾作，門人請自視脈，笑曰：吾察之審矣。且出入息亦脈也，今胃氣已絕，死矣。遂屏卻藥餌。後數日，與客坐語而卒。

嘉靖《蘄水縣志・恩蔭・醫術》 龐安常，名安時，宋元祐間人。自號蘄水道人。以醫術聞淮甸間。嘗著《傷寒卒病論》及《脈法》。歙人張子(克)(充)從之遊。一日，丐者扣門，自言爲風寒所苦。安常見其手執蒲扇，指以煎湯調服。子充初不省其意，徐曰：豈非《本草》所謂敗蒲能止汗者乎？常曰：然。翌日，疾果愈。嘗詣舒之桐城，有民家婦孕將產，七日而子不下，百術無所效。安時之弟子李百全適在傍舍，邀安時往視之。纔見即連呼不死，令其家人以湯溫其腰腹，自爲上下拊摩，孕者覺腸胃微痛，呻吟間生一男子，其家驚喜而不知所以然。安時曰：兒已出胞，而一手誣執母腸，不復能脱，故非符藥所能爲。吾隔腹捫兒手所在，鍼其虎口，既痛即縮手，所以遽生，無他術也。取兒視之，右手虎口鍼痕存焉。其妙如此。

《醫學讀書志・宋龐氏安時》 安時豪富，輕財慈愛，名傾淮南。中年屏絕戲弄，刻意學術，故其持論精卓，足爲仲聖羽翼。

光緒《黄州府志・雜志・摭聞》 龐安時，隱于醫，四方之請者，日滿其門。安時以饒於田産，不汲汲于利，故其聲益高。余嘗見其還自金陵，過池陽，先君命余往謁之，隨行四五大舟，行李之盛，侔部使者，一舟所載聲樂也，一舟輜重也，一舟廚傳也，一舟諸邑技藝人，無不有也，然其人自適，不肯入京，醫之妙，亦近世所無也。

張　擴

淳熙《新安志・僊釋》 張擴，字子充，歙縣人。少好醫，從蘄水龐安時游，時同學六十人，安時獨喜擴。後聞蜀有王朴善脈，又能以太素知人貴賤禍福，從之期年，得衣領中所藏《素書》，盡其訣，乃辭去。南陵有富人子，傷寒不知人，氣息僅屬。擴視之，曰：此嗜卧證也，後三日當蘇。蘇則欲飲，欲飲與此藥，必熟睡，覺當得汗也。已而果然。當塗郭祥正子患嗽，肌骨如削，醫多以爲勞。擴曰：是不足憂。就坐飲以藥，忽大吐，使視涎沫中當有物也。視之，得魚骨，宿疾皆愈。在建業，有婦人叩門求醫者，擴不在，其弟揮爲診之。及歸，揮具言其狀。擴曰：弟與藥如是，且瘳矣。此其脈當發居三年，左乳下有誌也。驗之，信然。嘗有調官都下者，擴診之，謂曰：蝦游脈見，不出七日當死。後五日，得通判齊州，喜曰：張擴妄言耳！我適得官，何謂死哉？又二日，晨起進盥，仆地即死。建中靖國初，范忠宣公方召而疾作，問曰：吾此去幾何？擴曰：公脈氣不出半年。公曰：使某得生至京師，則子之賜已。遂與偕行至京師，奏補擴假承務郎。未幾，公以不起。聞董正封知歙州，擴以太素切其脈，曰：承議今歲當奏子。正封自以官不應格，又非郊歲，以爲疑。適宛陵有幕官至者，與語及之。客曰：是不可信，彼亦以此語許吾州守矣。會徽宗登極，守臣子弟例以捧表得官。崇寧中，黄誥待淮西提刑，擴謂曰：大夫食祿不在淮西，行且還朝矣。然非今日宰相，所謂宰相者，猶未起，起則有召命，不滿歲當三遷。又曰：大夫不病而細君病，憂在九月。及蔡京當國，誥被召還，歲中自戶部、吏部遷左司郎中，而妻劉亦適以九月卒。尚書蹇序辰知應天府，擴謂曰：尚書無官脈，且夕當有譴。俄被旨放歸田里。復見之，曰：當得州。果得杭州。汪丞相微時，祁門宰陳孺使徧視在學諸生，次至公曰：君位至宰相，然南人得北脈，名宦當繇北方起。未幾登第，調北京大名主簿，不出北京，積官至中奉大夫，中興遂爲上相。謂胡殿院曰：君當登第，然心脈未圓，歲在辛卯，見之曰：不出此歲矣！明年，果登第。擴後以罪謫永州。至洪州，晨起見帥，曰：擴今日時加午當死，後事以累公。帥曰：何至是？擴曰：吾察之，血已入心矣。退使人伺之，及期卒。揮，字子發，傳兄業，爲人純孝，有常士大夫多愛重之。

《古今醫統大全·歷世聖賢名醫姓氏·宋》 張擴，字子充，新安古歙人，精研醫學，聞有長於己者，雖千里求之不憚。時聞蘄水龐安常醫名，遂往從之。又聞蜀中王朴太素脈，亦往師之，得其秘而歸。術(亦)〔益〕高而名益著，江右縉紳士夫咸往就診。

孫　兆

《古今醫統大全·歷世聖賢名醫姓氏·宋》 孫兆，用和之子，以儒集父醫，尤有心得之妙，超邁尋常，治療輒效，存活甚多。官爲殿中丞尚侍御醫。

李梴《醫學入門·歷代醫學姓氏·明醫》 孫兆，宋時官殿中丞，尚藥奉御太醫令用和之子，父子皆以醫知名。治平中間有顯官坐堂，忽耳鳴，公診曰：心脈大盛，腎脈不能歸耳。以藥涼心，則腎脈復歸，耳鳴立愈。

潘　況

劉攽《贈醫潘況秀才序》 始潘君以術游京師，疾病之至門者日數人。於是有知潘君者曰：潘君相有病於未病，治已病於無病，潘君視隱如顯，視遠如邇，色喻於目，脈喻於指，聲喻於耳，三者參用，藥至病去，用力少而見功多，所謂國能也。他日往，則疾病之至者益多，日數十百人，則又有知潘君者曰：潘君守學固而處心平，不以人之向己而喜，不以人之去己而沮，汎然唯吾所以自任而已，所謂有道者也。他日又往，則疾病至者無算，舉京師之人將遷焉。則又有知潘君者曰：潘君不爲利疚，不爲勢回，治人以疾病輕重爲差，其視富貴如貧賤，視布衣如王公，得千金之謝，猶簞食之饋，所謂士君子也。嗚呼！天下之事，莫難於持久，持久則善惡自效，賢不肖襲情，若潘君者，自始及終，三譽益隆，人之從之者，百倍於初，期以國能，而卒至於有道士君子者，豈非眞賢也哉！今夫世之爲醫者，誦數守法，嚌甘調辛，未有少得也，則囂囂然以謂已足，於是以人之生死徼倖，乘人之急，以濟其不仁之心，設危辭詭說，以恐喝富貴之人，捩其手而邀之財，得金玉錢帛，滿意盈欲，廼始從事，益投毒藥，與病相違，煩憒昏眩，使其不自聊賴。然後徐徐解治，幸而不死者有矣，則固以爲己功，而妄伋其名，厚求拜謝，以復其勞。若其不活，則其所得金帛固多，恬然持去，不自愧恥，其視貧賤無勢者，則傲然不顧。世皆曰醫賤，與傭徒鬻賣者鈞，豈醫之實若是哉！昔岐伯、和緩之能，乃通於治國修身之際。嗚呼！君子孰能矯正之者？若潘君者，其復何尤。嗚呼！世之事多此類者，獨醫乎哉。僕感潘君守道，出於流俗，故作叙醫以示知者。

張　肱

嘉慶《四川通志·雜類·紀聞》 眉山揭穎臣病消渴，日飲水數斗，飯亦倍常，小便頻數，服消渴藥踰年，疾日甚，自度必死。子令延蜀醫張肱診之，笑曰：君幾誤死。乃取麝香、當門以酒濡濕，作十許丸，用棘枸子煎湯吞之，遂愈。問其故，肱曰：消渴，消中皆脾弱腎敗，土不制水而成疾。今穎臣脾脈極熱而腎氣不衰，當由果實酒物過度，積熱在肝，所以食多而飲水。飲既多，溺不得不多，非消非渴也。麝香能制酒果花木，棘枸亦勝酒。屋外有此木，屋內釀酒多不佳。故以此二物爲藥，以去其酒果之毒也。

仇　鼎　張君宜

《東坡志林》卷三 近世醫官仇鼎，療癰腫爲當時第一。鼎死，未有繼者。今張君宜所能，殆不減鼎，然鼎性行不甚純淑，世或畏之。今張君用心平和，專以救人爲事，治過於鼎遠矣。

黄州僧

《古今圖書集成·藝術典》卷五〇七引《談圃》 子瞻在黄州，術士多從之游。有僧相見數日，不交一言，將去，懷中取藥兩貼，如蓮蕊而黑色，曰：此燒煉藥也，有緩急服之。子瞻在京師爲公言，至今收之，後謫海島無恙，疑得此藥之力。

蕭　氏

《古今圖書集成·藝術典》卷五〇七引《杭州府志》 蕭氏，失其名，錢塘人，好施予。嘗有一僧來謁，蕭待之良厚，久而不衰。僧一日拈筆畫牡丹遺之。蕭初不甚珍重，藏既久，發視之，花瓣中皆有字，隱隱可見，蓋古方，大異之。令婿郭某，按方試之，療人皆奇效。後又令聚藥煉爲丹，俄見爐上有花，絢燦若牡丹狀，丹成如黍珠，用以活人，雖瀕死皆甦。自是蕭、郭之醫，傾動一時。

郭昭乾　馮氏　郭時義

乾隆《海寧縣志·方技傳》　郭昭乾，字汝端，汾陽王裔。祖遠，授宋建隆二年節幹，世稱大人節幹。昭乾自祥符初，由(沽)〔汴〕徙杭州。有異人乞齋，郭善之，潛遺牡丹花三朵，覆(心)〔几〕上而去。追詢之，曰：若累世陰德，故來相報。花上書婦人症十三方，若子孫世世用之，無窮。如法試之，無不奇驗，遂爲婦人醫。郭氏之以醫名者，自昭乾始，三傳至曾孫時義，字仲敬。高宗建炎元年，孟太后疾召醫，義以母馮氏應召，依牡丹方治之，脱然愈，封安國夫人，賜田、賜葬、賜藥碾如鐵舟然，又賜第海昌，賜國姓，至今海昌稱趙郭里。國初，裔孫欽詰，字慶雲；靖字衛公；溥字大生，皆名儒，而溥尤以孝友爲世重。欽詰子瀧，字瑞雲，亦以醫名世。

章迪

光緒《續修廬州府志·藝術傳》　章迪，字吉老，無爲州人。隱於醫，洞精諸書。得鍼刺之術於《素問》、《內經》，以其道捄人。傳子濟，濟誓救三千人後不復鍼。又以父道付子權，起病如神，米芾表其墓，親書碑石。

章濟　章權

乾隆《無為為州志·人物·方伎》　章濟，吉老子也。傳父業，尤精九鍼之法，得書之所不傳者。洞視五臟，不失毫髮，立仆起僵，效難殫述。誓救三千人，因不復針。又以父道付子權，權承濟業，亦起病如神。詳周紳墓誌。誌文久不可考。

宋道方

《揮麈録餘話》卷二　宋道方毅叔，以毉名天下，居南京，然不肯赴請，病者扶攜以就求脈。政和初，田登守郡，母病危甚，呼之不至。登怒云：使吾母死，亦以憂去，殺此人不過斥責。即遣人禽至廷下，荷之云：三日之內不痊，則吾當誅汝以徇衆。毅叔曰：容爲診之。既而曰：尚可活。處以丹劑，遂瘉。田喜甚，云：吾一時相困辱，然豈可不刷前恥乎？用太守之車從妓樂，酬以千緡，俾群卒負于前，增以綵釀，導引還其家。旬日後，田母病復作，呼之則全家遁去，田母遂殂。蓋其疾先已在膏肓，宋姑以良藥緩其死耳。

盧昶

元好問《盧太醫墓誌銘》　盧尚藥諱昶，世家霸州文安，今爲大名人，以方伎有名河朔。泰和二年，補太醫奉御，被旨校正《和劑局方》，刪補治法，累遷尚藥局使。自幼傳家學，課誦勤讀，老不知倦。岐、黄、雷、扁而下，其書數百家，其説累數百萬言，閎衍浩博，纖悉碎雜，無不通究，而於孫氏《千金》尤致力焉。故其診治之驗，頗能佀之。春秋雖高，神觀精明，望之知爲有道之士。年壽八十有七，自尅死期，留頌坐逝。著《醫鏡》五十篇、《傷寒片玉集》三卷，今其書故在。方伎之外，復達治心養性之妙，如云：人生天地中，一動一息，皆合陰陽自然之數，即非漠然無關涉者。所爲善惡，宜有神明照察之。又曰：人爲陽善，人自報之；人爲陰善，鬼神報之。人爲陽惡，人自治之；人爲陰惡，鬼神治之。又曰：養氣莫若息心，養身莫若戒愼。又曰：冥心一觀，勝負俱捐，此雖前賢所已道，至於表而出之，既已治己，又以及人，非仁者之用心乎！其康寧壽考，五福俱備，非偶然也。昶與予有姻戚之舊，因其子孫歸葬，書以貽之，欲其鄉人知此，家出予門，久而予亦知其人之深也。

正統《大名府志·人物·大名縣》　盧昶，邑之巨族，以方技名河朔間。政和二年，被旨校正《和劑局方》，刪補治法，岐黄而下數百家書無不通究。著《易説》五十篇。年八十，自刻死期，坐逝，蓋有道之士也。元好問爲銘其墓。

聶從志

《醫説·醫功報應·聶醫善士》　儀州華亭人聶從志，良醫也。邑丞妻李氏病垂死，治之得生。李氏美而淫，慕聶之貌，他日丞往旁郡，李僞稱疾，使邀之。伺其至，語之曰：我幾入鬼録，賴君復生，顧世間物無足以報德，願以此身供枕席之奉。聶驚懼，趨而出。迨夜，李復盛飾而就之，聶絶袖脱去，乃止，亦未嘗與人言。

史崧

同治《重修成都縣志·人物志·藝術》　史崧，成都人，著有《黄帝素問靈樞集註》，附《自序》云：昔黄帝作《內經》十八卷，《靈樞》九卷，《素問》九卷，廼其數焉。世所奉行，唯《素問》耳。越人得其一二而述《難經》，皇甫謐次而爲《甲乙》，諸家之説，悉自此始。其間或有得失，未可爲後世法則。謂如南陽《活人書》稱：欬逆者，噦也。謹按《靈樞經》曰：新穀氣入於胃，與故寒氣相爭，故曰蟣。舉而並之，則理可斷矣。又如《難經》第六十五篇，是越人標指《靈樞·本輸》之大略，世或以爲流注。謹按《靈樞經》曰：所言節者，神氣之所遊行出入也，非皮肉筋骨也。又曰：神氣者，正氣也，神氣之所遊行出入者，流注也。並榮、輸、經、合者，本輸也。舉而並之，則知相去不啻天壤之異。但恨《靈樞》不傳久矣，世莫能究。夫爲醫在讀醫書耳，讀而不能爲醫者有矣，未有不讀而能爲醫者也。不讀醫書，又非世業，殺人尤毒於梃刃，是故古人有言曰：爲人子而不讀醫書，猶爲不孝也。僕本庸昧，自髫迄壯，潛心斯道，頗涉其理，參對諸書，再行校正。家藏《靈樞》九卷，共八十一篇，增修音釋，附於卷末，勒爲二十四卷，庶使好生之人，開卷易明，了無差別。今崧專訪明醫，更乞參詳，免誤將來，利益無窮，功實有自。

徐遁

道光《濟南府志·方伎》　徐遁，字正權，齊州秀才石介之婿也。受學於介，少嘗學醫，精思療病。有單驤者，以醫名，嘗言三焦有形質可見，王叔和有藏無形之說非也。蘇轍爲齊州從事，爲述驤言。遁喜曰：齊大饑，群凶臠割而食，有一人皮肉盡而骨脈存，遁往，觀其五臟，見右腎下有脂膜如手大，與膀胱相對有二白脈自其中出，夾脊而上貫腦，意此即導引家所謂夾脊雙關者，而不悟脂膜如手大者之爲三焦也。驤言與所見合，可以正今人之謬。遁嘗爲《祭閔子文》，爲蘇轍所稱。

陳承

《經史證類備用本草·序例·林希重廣本草圖經序》　閬中陳氏子承，少好學，尤喜於醫，該通諸家之說。嘗患二書傳者不博，而學者不兼有也，乃合爲一，又附以古今論說，與己所見聞，列爲二十三卷，名曰《重廣補注神農本草》并《圖經》。書著其說，圖見其形，一啓秩而兩得之，不待至乎殊方絕域，山巔水涯，而品類萬殊者，森在目前，譬夫談輿地者觀於職方，閱戰具者之入武庫也。承之先世爲將相，歐陽子所謂四世六公者。承其曾孫，少孤，奉其母江淮間，閉門蔬食以爲養，君子稱其孝。閒有奇疾，衆醫睜眙，不知所出，承徐察其脈，曰：當投某劑，某刻良愈。無不然者。然則承之學雖出於圖書，而精識超絕，兹二者又安能域之哉！鬼臾區、岐伯遠矣，吾不得而知也，其視秦越人、淳于倉公、華(它)〔佗〕輩爲何如，識者當能知之。

石藏用

《老學庵筆記》卷三　石藏用，名用之，高醫也。嘗言今人稟賦怯薄，故按古方用藥多不能愈病；非獨人也，金石草木之藥亦皆比古力弱，非倍用之不能取效。故藏用以喜用熱藥得謗，群醫至爲謠言曰：藏用檐頭三斗火。人或畏之。惟晁之道大喜其說，每見親友蓄丹，無多寡，盡取食之，或不待告主人。主人驚駭，急告以不宜多服。之道大笑不顧，然亦不爲害。此蓋稟賦之偏，他人不可效也。晚乃以盛冬伏石上書丹，爲石冷所逼，得陰毒傷寒而死。

《泊宅編》卷五　蜀人石藏用，以醫術游都城，其名甚著。餘杭人陳承亦以醫顯。然石好用煖藥，陳好用涼藥。古之良醫，必量人之虛實，察病之陰陽，而後投以湯劑，或補或瀉，各隨其證。二子乃執偏見，一槩於冷煖，而皆有稱於一時，何也？俗語云：藏用檐頭三斗火，陳承篋裏一盤冰。

《醫學入門·歷代醫學姓氏·明醫》　石藏用，蜀人。一士人因承檐溜洗手，覺爲物觸入指爪中，初若絲髮，至數日稍長如綫，伸縮不能如常，始悟其爲龍藏伏也，乃求公治之。公曰：方書所不載，當以意去之，歸可(末)〔取〕蜣螂涂指，庶不深入胸膈，他日免震厄之患。士人如其言，後因迅雷見火光遍身，士人懼怕，急以針穴其指，果見一物自針穴躍出，遂不爲害。

陳言無擇

《古今圖書集成·藝術典》卷五〇八引《處州府志》　陳言，字無擇，青田人，敏悟絕人，長於方脈，治病立效。有不可救者，則預告以期，晷刻無爽。作《三因方論》，研窮受病之源，用藥之等，醫者宗之。其徒王碩爲《簡易方》并三論行於世。

《醫學讀書志·宋陳氏言》　《宋史·藝文志》：《三因病源》六卷國朝《四庫》，《三因極一病證方論》十八卷。右書二種，宋括蒼陳言撰。言字無擇，行履無考。其書命名本於《金匱》，其方論典雅簡該，絕無冗鄙之弊。嚴用和剽竊其論，附以己所驗方，吳澄《〈易簡歸一〉序》，極稱其美。《三因方》傳本爲明何巨校刻，分爲一十八卷。二卷中太醫習業，有二十一史之文，非南宋人語，蓋明代鈔寫傭人妄改。《濟生方》收存《四庫》，外無行本，惟目錄中載其自序云：論治五十，方凡四百，總爲十卷。

郭　雍

《醫學讀書志・宋郭氏雍》　《傷寒補亡論》二十卷。右書一種，宋河南郭雍撰。雍字白雲，朱文公熹稱爲長陽沖晦先生。淳熙八年，自序言仲兄之言通守夷陵、秭歸二郡，以多疾訪醫，見常器之、康醇道，因究仲景之學。雍受兄敎，漸磨日久，行年八十，略舉岐黄及近代諸書大綱，集成《論説》二十卷，《方藥》五卷，合一千五百餘條，分七十餘門，總五萬言。慶元五年，熹爲之作序。明萬曆五年，誠意伯劉世延序而重刻，亡第十六卷及方藥五卷，僅十九卷六十四門一千四百餘條，今時傳本爲國朝道光元年長洲徐錦校刻。

齊仲甫

《女科百問・許穀序》　齊仲甫先生在宋爲醫局教授，分治婦人一科，嘗撰《女科百問》二卷，《産寶雜録方》一卷。往藏於吾鄉少司馬容菴金公家，訥齋翁取而録之，每遇國中女婦諸證，凡與所問答相合者，即用其方療之，靡不立效。嘗語太保石岡公曰：此書有功濟陰，盍梓之以傳。太保歷宦南北，宣猷不暇，幾欲成翁之志不果，玆冏卿小石君疏允乞閒，因檢故篋，始取而刻之，曰：此吾祖父志也，刻成持以過我，屬引其端。【略】仲甫在當時專領此科，乃深求玄理，廣集舊聞，撰成此帙，用心良苦，觀其借問答而推其致病之繇，據辨論而立以療病之法，論匪無稽，法咸有據，要之萃前人之意，而間以獨得之見參焉，豈非婦人科中之至寶至寶者歟。【略】余覽是書，卓有源流，深探標本，蓋不專恃湯液以爲功者。學者能考其答問之意，取其方而斟酌用之，其圖難於易，轉危而安，有補造化，豈其微哉！此固先生所望於後人，而訥齋翁濟人之本意也。

都　鄉

光緒《山西通志・藝術録》　都鄉，陵川人，進士。博學通醫，徽宗時，官宣議郎，掌太醫院事。遠邇求診，應手愈，能以其術鳴於時。

裴宗元

《古今醫統大全・歷世聖賢名醫姓氏・宋》　裴宗元，以醫名越，專用成方。及丹溪出而（晤）〔悟〕曰：操古方以治今病，其勢不能以盡合。故其方書遂不盛行也。

陳師文

《古今醫統大全・歷世聖賢名醫姓氏・宋》　陳師文，爲越名醫，與裴宗元一時齊著，其用方亦大同，所定《大觀二百九十七方》。

朱彝尊《書太平惠民和劑局方後》　《太平惠民和劑局方》十卷，載晁氏《讀書後志》、陳氏《書録解題》，宋《藝文志》作五卷。按宋大觀中，詔通醫刊正藥局方，於是庫部郎中陳師文等校正，類分二十一門，録方二百九十有七。然則是書成于汴都也。今考王氏《玉海》，置藥局四所，其一曰和劑局，在紹興六年正月。至若改熟藥所爲太平惠民局在紹興十八年又八月。蓋師文等校正本實止五卷，其後添補紹興、寶慶、淳祐諸方，暨吴直閣方、諸局方，故增益至十卷爾。予家所藏，乃元時雕本，後附太醫助敎許洪《指南》三卷，係建安高氏日新堂板行。

靳　豫

康熙《錢塘縣志・人物・方技》　靳豫，其先本三晉人。唐時有靳恆者，知開封府，居官謹，有能名，民愛之，因家焉。後世有豫者，北宋時居東京之顯仁坊，隱居市藥，每日設漿于肆，以濟行者。宣和間，有二道者，日飲于靳氏，靳氏事之，歲餘不懈，因曰：吾試若耳。若長者，子孫當有厚報。因書數語授之，言訖不見。視其所授，則秘方也。試之小兒，奇驗。高宗南渡，扈蹕至武林，遂世爲太醫。數傳至從謙，爲御直翰林醫官，賜勅特晉三階，出內府百子圖賜之，命以所出巷爲百子圖巷。靳氏之有百子圖，自南宋紹興三年始也。靳之後有起蛟，著有《本草會編》。國初，起蛟之子鴻緒著有《內經纂要》，其業甚精。子咸、吉、謙，皆諸生，以醫名世。

楊大均

《避暑録話》卷上　道士楊大均，蔡州人。善醫，能默誦《素問》、《本草》及兩部《千金方》四書，不遺一字。與人治病，診脈不出藥，但云：此病若何，當服何藥，是在《千金》某部、第幾卷。即取紙書授之，分兩不少差。余在蔡州親見，其事類若此。余嘗問：《素問》，有記性者或能誦，《本草》則固難矣，若《千金》，但藥名與分兩劑料，此有何義而可記乎？大均言：古之處方，皆因病用藥，精深微妙，苟通其意，其文理有甚于章句偶儷，一見何可（志）〔忘〕也。大均本染家子，事父孝。醫不受賕謝，積其齋施之餘，葬內外親三十八喪。方宣和間，道教盛行，自匿名迹，惟恐人知。蔡魯公聞之，親手以書延致，使者數十返，不得已一往，留數日即歸，不受一錢。余在南京，嘗許余避難來山中，未及行而虜陷蔡州。後聞虜知其名，厚禮之，與之俱去，今不知存亡。使其果來，雖未可遽爲司馬子微，此亦一勝士也。因論餘慶事，悵然懷之。

李惟清

康熙《重慶府涪州志・名宦》　李惟清，涪陵尉。蜀尚淫祀，病不醫療，聽命巫覡。惟清擒大巫箠之，民以爲及禍。他日，又加箠焉。民知不神，然後教以醫藥，風俗稍變。

臧中立

雍正《寧波府志・藝術》　臧中立，字定民，毘陵人，客鄞南湖。崇寧中，徽宗后病甚，中立應詔，以布衣麻履見。命之入診，出問何症？中立對曰：脾脈極虚，殆嘔泄之疾作楚。和藥以進，且曰：服此得睡爲效。至夜半，果思粥食，不一月獲安。賜歸，詔出官帑，市地築室南湖以居焉。

王　貺

《揮麈録餘話》卷二　王貺，字子亨，本士人，爲南京宋毅叔婿。毅叔既以醫名擅南北，貺初傳其學，未精，薄遊京師，甚悽然。會鹽法忽變，有大賈睹揭示，失驚吐舌，遂不能復入，經旬食不下咽，尪羸日甚，國醫不能療。其家憂懼，牓于市，曰：有治之(盲)〔者〕，當以(于)〔千〕萬爲謝。貺利其所售之厚，姑往應其求。既見賈之狀，忽發笑不能制，心以謂未易措手也。其家人怪而詰之，貺謬爲大言，答之曰：所笑者，輦轂之大如此，乃無人治此小疾耳！語主人家曰：試取《針經》來。貺謾檢之，偶有穴與其疾似是者，貺曰：爾家當勒狀與我，萬一不能活，則勿尤我，當爲若針之，可立效。主病者不得已，亦從之。急針舌之底，抽針之際，其人若委頓狀，頃刻舌遂伸縮如平時矣。其家大喜，謝之如約，又爲之延譽，自是翕然名動京師。既小康，始得盡心《肘後》之書，卒有聞於世。事之偶然有如此者。貺後以醫得幸，宣和中，爲朝請大夫，著《全生指迷論》一書，醫者多用之。

謝與權

《夷堅甲志》卷二　楊惟忠病時，面發赤如火，群醫不能療，子婿陳槱憂之，以問胡翛然。有蘄人謝與權，世爲儒醫，翛然引之視疾。既入，不診脈，曰：證候已可見。楊公夫人滕氏，令與衆議藥餌。朱、張二醫曰：已下正陽丹、白澤圓，加鍾乳、附子矣。謝曰：此伏暑證也，宜用大黄、黄蘗等物。因疏一方，議不合。時楊公年六十餘，新納妾嬖甚，夫人意其以是得疾，不用謝言。謝退，謂翛然曰：公往聽諸人所議。纔及門，衆極口詆謝曰：此乃《千金》中一治暑方，用藥七品，渠只記其五，乃欲療貴人疾邪？翛然以告謝，謝曰：五藥本以治暑，慮其太過，故加二物制之。今楊公病深矣，當專聽五物之爲，不容復制。若果服前兩藥，明日午當躁渴，未時必死，吾來助諸公哭弔也。翛然語陳槱，槱不敢泄。明日楊卒，皆如謝言。

周　湛

光緒《叙州府志・宦蹟》　周湛，登州人，通判戎州。俗不知醫，有病輒事巫禳。湛取古方書，刻石教之，並禁爲巫者，州人始知醫藥。

楊　介

《春渚紀聞・死馬醫》　有名士爲泗倅者，卧病既久，其子不慧。郡有大醫生楊介，名醫也，適自都下還，衆令其子謁之，且約介就居第診視。介亦謙退，謂之曰：聞尊君服藥，且更數醫矣，豈小人能盡其藝耶？其子曰：大人疾勢雖淹久，幸左右一顧，且作死馬醫也。聞者無不絶倒。

《古今醫統大全・歷世聖賢名醫姓氏・宋》　楊介，號吉老，泗州人，世醫，名聞四方。有郡守病喉癰，成流注，久不愈。召介治，知其嗜食所致，惟與生薑一味啖之，食至一斤，始知辛辣，而癰愈。守異而問之，答曰：公好食鷓鴣，鷓鴣好食半夏，遺毒于喉間，非薑無以釋半夏之毒，用之遂愈。

乾隆《江南通志・藝術・泗州》　楊介，字吉老，盱眙人。善醫，著《傷寒論脈訣》行世。徽宗嘗苦脾疾，國醫進藥不效。介言：飲水太過。以(米)〔冰〕煎大理中丸，服之遂愈。

查先生

《春渚紀聞・煅硝愈疾制汞》　姑蘇查先生，得煅消石法，章申公與之爲莫逆，而法不傳也。嘗遇一病僧而憫之，取消作盂，令日煎水飲之，服之月餘，病良已。僧有周旋，過而詢其由，以飲煎水爲言。是僧素知查術，曰：此伏消所成也，當取汞置盂中，就火試之，果致汞死。僧更以爲希世之遇，即往禮謝再三，且語其盂之異，復懇求其法。查曰：法固未易傳，而前盂用力將竭，可攜來，爲公加藥爲之也。僧取盂授查，即碎盂別鎔，門臨大河，俟消成汁，即鉗投水中，曰：我初但欲起師之疾，不意無厭至此也，僧懊恨而歸。

張仙姑

雍正《河南通志·僊釋》 張仙姑，南陽人。有秘術，人有疾，仙姑輒瞑目潛爲布氣攻之，俄覺腹熱如火，鳴聲如雷，雖沉痼者，無不愈。徽宗常召至東都，後不知所終。

李　鉤

同治《直隸綿州志·方技》 李鉤，李仲侯祖。於書無所不讀，尤長於醫，活幾千人。

劉潤芳

李梴《醫學入門·歷代醫學姓氏·德醫》 劉潤芳，字〔仲陽〕，宋之饒州鄱陽人。以醫爲隱。治貧家疾，輒懷金置席下，別時令其家人自得之，病者一喜而疾以解半。其子孫繁盛，世傳家業。

潘　景

《能改齋漫録》卷一三 潘景，字溫叟，崇寧間以醫稱，視古無愧。虞部員外郎張咸，其妾孕五歲而不育；南陵尉富昌齡妻，孕二歲而不育；團練使劉彝孫，其妾孕十有四月而不育。溫叟視之，曰：疾也。凡醫曰孕者，非也。于是作大劑飲之，咸妻墮肉塊百餘，有眉目狀；昌齡妻夢二童子，色漆黑，倉卒怖悸，疾走而去；彝孫妾墮大蛇，猶蜿蜒不斃。又屯田郎中張諲妻，年四十而天癸不至，溫叟察其脈曰：明年血潰乃死。既而果死。貴江令王霽夜夢與婦人歌謳飲酒，晝不能食者已三歲。溫叟治之，疾益平則婦人色益沮，飲酒益怠，而歌謳不樂。久之，遂無所見。溫叟曰：若疾雖衰，而未愈也。倘夢男子青巾而白衣者，則愈矣。後果夢，輒能食。其他所治，若此甚衆。

《古今醫統大全·歷世聖賢名醫姓氏·元》 潘〔璟〕〔景〕，不知何郡人，善醫，診視有異見。一婦懷孕二歲，一婦孕十四月，俱不產。璟診視曰：非孕也，疾也。作劑飲之。孕二歲者，下肉塊百餘，孕十四月者，下大蛇。二婦俱得活。

李梴《醫學入門·歷代醫學姓氏·明醫》 潘〔璟〕〔景〕，字溫叟，名醫也。

鄧沖霄

光緒《吉安府志·人物·方伎》 鄧沖霄，永豐人。宋宣和間及第，授翰林院。精通醫術，治太子、宮妃疾皆效，勅授太醫院使，文天祥贊曰：董氏業醫一偏，鄧氏儒醫兩全。本來仁心一點，便是太極一丸。噫！肇統先哲，垂範後賢。種德皆春意，休說杏林仙。

張德明

康熙《平陽府志·方技》 張德明，襄陵人，字顯道。性不喜華麗，精於醫，常施于人，而尤急窮困，故遠近求者無虚。太原提刑种師道來求醫，隨診授藥即愈。師道悅，遂以朝廷所降妙應大師勅旨與之，以酬其勞。

朱　肱

《泊宅編》卷七 朱肱，吳興人，進士登科。喜論醫，尤深於傷寒。在南陽時，太守盛次仲疾作，召肱視之，曰：小柴胡湯證也。請併進三服，至晚乃覺滿。又視之，問所服藥安在，取以視之，乃小柴胡散也。肱曰：古人製㕮咀，謂剉如麻豆大，煮清汁飲之，名曰湯，所以入經絡，攻病取快。今乃爲散，滯在鬲上，所以胃滿而疾自如也。因依法旋製，自煮以進二服，是夕遂安。因論經絡之要，盛君力贊成書，蓋潛心二十年，而《活人書》成。道君朝，詣闕投進，得醫學博士。肱之爲此書，固精贍矣，嘗過洪州，聞名醫宋道方在焉，因攜以就見。宋留肱款語，坐中指駁數十條，皆有考據，肱惘然自失，即日解舟去。由是觀之，人之所學固異邪？將朱氏之書亦有所未盡邪？後之用此書者，能審而慎擇之，則善矣！

《古今醫統大全·歷世聖賢名醫姓氏·宋》 朱肱，號無求子，吳興人，善醫，尤邃於《傷寒》，潛心數十年，窮經義之要，而成《活人書》奏進。道君朝授奉議郎、醫學博士。

任元受

《老學庵筆記》卷三 任元受字盡言，事母盡孝，母老多疾病，未嘗離左右。元受自言：老母有疾，其得疾之由，或以飲食，或以燥溼，或以語話稍多，或以憂喜稍過。盡言皆朝暮候之，無毫髮不盡，五臟六腑中事皆洞見曲

王克明 彦昭

《四朝聞見録・寧皇進藥》 寧皇每命尙醫止進一藥，戒以不用，分作三四帖。蓋醫家初無的見，以衆藥嘗試人之疾，寧皇知其然。王大受之父克明，號名醫，遇病雖數證，亦只下一藥，曰：此病之本也，本除而餘病去矣。

《宋史・方技傳・王克明》 王克明，字彦昭，其始饒州樂平人，後徙湖州烏程縣。紹興、乾道間名醫也。初生時，母乏乳，餌以粥，遂得脾胃疾，長益甚，醫以爲不可治。克明自讀《難經》、《素問》以求其法，刻意處藥，其病乃愈。始以術行江、淮，入蘇、湖，鍼灸尤精。診脈有難療者，必沈思得其要，然後予之藥。病雖數證，或用一藥以除其本，本除而餘病自去。亦有不予藥者，期以某日自安。有以爲非藥之過，過在某事，當隨其事治之。言無不驗。士大夫皆自屈與游。

魏安行妻風痿十年不起，克明施鍼，而步履如初。胡秉妻病內祕腹脹，號呼踰旬，克明視之。時秉家方會食，克明謂秉曰：吾愈恭人病，使預會可乎？以半硫圓碾生薑調乳香下之，俄起對食如平常。盧州守王安道風禁不語旬日，他醫莫知所爲。克明令熾炭燒地，灑藥，置安道于上，須臾而蘇。金使黑鹿谷過姑蘇，病傷寒垂死，克明治之，明日愈。及從徐度聘金，黑鹿谷適爲先排使，待克明厚甚。克明訝之，谷乃道其故，由是名聞北方。後再從呂正己使金，金接伴使忽被危疾，克明立起之，卻其謝。張子蓋救海州，戰士大疫，克明時在軍中，全活者幾萬人。子蓋上其功，克明力辭之。

克明頗知書，好俠尙義，常數千里赴人之急。初試禮部中選，累任醫官。王炎宣撫四川，辟克明，不就。炎怒，劾克明避事，坐貶秩。後遷至額內翰林醫痊局，賜金紫。紹興五年卒，年六十七。

朱 仙

嘉慶《四川通志・雜類・紀聞》引《朝野遺事》 和議成，顯仁后將還，欽廟挽其輪曰：吾如南歸，但得爲太一宮主足矣，他無望於九哥也。后不能卻，爲之誓曰：吾先歸，苟不迎若，有瞽吾目。乃升車。既至，則是間所見大異。不久，后失明。募醫療者，莫能奏效。

有道士應募，中貴導之入宮。金鍼一撥，左翳脫然而復明。后大喜曰：吾目久盲，得師重朗，更煩終始其右，報當不貲。道士笑曰：后以一目視足折，不待切脈而後知，故用藥必效，雖名醫不逮也。張魏公作都督，欲辟之入幕。元受力辭曰：盡言方養親，使得一神丹可以長年，必持以遺老母，不以獻公。況能捨母而與公軍事耶？魏公太息而許之。

孫廷輝

光緒《吉安府志・人物・方伎》 孫廷輝，字伯長，龍泉人。善治病，運神攝氣，不用鍼石藥餌，可祝而愈。人患背疽，爲氣封之，徙置階前樹上，背疽遂銷，其樹起一瘤如拳，二十餘日，瘤長膿爛，出汁斗餘，樹遂瘁。

耿 隅

《泊宅編》卷八 一婦人暴渴，唯飲五味汁，名醫耿隅診其脈，曰：此血欲凝，非疾也。已而果孕。以古方有血欲凝而渴飲味之證，不可不知也。又一士人，無故舌出血，仍有小穴，醫者不曉何疾，隅曰：此名舌衄。炒槐花爲末，糝之而愈。

李 生

《揮麈録餘話》卷二 楊介吉老者，泗州人，以醫術聞四方。有儒生李氏子，棄業願娶其女，以受其學，執子壻禮甚恭。吉老盡以精微告之。一日，有靈璧縣富家婦有疾，遣人邀李生以往。李初視脈云：腸胃間有所苦邪？婦曰：腸中痛不可忍，而大便從小便中出，醫者皆以謂無此證，不可治，故欲屈君子。李曰：試爲籌之。若姑服我之藥，三日當有瘳。不然，非某所知也。下小元子數十粒，煎黃耆湯下之。富家依其言，下膿血數升而愈。富家大喜，贈錢五十萬，置酒以問之，曰：始切脈時，覺芤脈現於腸部。王叔和《脈訣》云：寸芤積血在胷中，關內逢芤腸裏癰。此癰生腸內所以致。然所服者，乃雲母膏爲丸耳。切脈至此，可以言醫矣。李後以醫科及第，至博士。李稙元秀即其從子也。

醫偏腸毒道人

《古今圖書集成・藝術典》卷五〇八引《船窗夜話》 四明延壽寺一僧，自首至踵，平分寒熱，莫曉所以，遍問醫者皆不知也。街有道人囊藥就市，人皆忽之，旣出，不得已召而問之曰：此何疾也？道人曰：此生偏腸毒也。藥之而愈。

矣，一目存誓可也。后惕然起拜曰：吾師聖人也，知吾之隱。設几而留，謝之，皆不答。方啜茶，遽索去。后固詢其報德萬一者，謾曰：太后不相忘，略修靈泉縣朱仙觀足矣。拂袖即出。時上方視朝也，仗下，入長樂，大驚，急跡訪之，寂無所得。王剛中帥成都而得旨東朝，圖朱仙像，進，曰：儼然當日道士也。

皇甫坦

《宋史·方技傳·皇甫坦》 皇甫坦，蜀之夾江人。善醫術。顯仁太后苦目疾，國醫不能瘉，詔募他醫，臨安守臣張偁以坦聞。高宗召見，問何以治身，坦曰：心無爲則身安，人主無爲則天下治。引至慈寧殿治太后目疾，立愈。帝喜，厚賜之，一無所受。令持香禱青城山，還，復召問以長生久視之術，坦曰：先禁諸欲，勿令放逸。丹經萬卷，不如守一。帝歎服，書清靜二字以名其菴，且繪其像禁中。

荆南帥李道雅敬坦，坦歲謁道。隆興初，道入朝，高宗、孝宗問之，皆稱皇甫先生而不名。坦又善相人，嘗相道中女必爲天下母，後果爲光宗后。

康熙《九江府志·人物志·方技》 皇甫坦，字履道，臨淄人。避地入蜀，居峨眉山。嘗暮行風雪中，聞人有呼之者，顧見一道人，卧小菴中，因留與抵足眠。坦自覺熱氣自兩足入，蒸蒸浹體，甚和適。比曉，道人告曰：他日可訪我于靈泉觀。坦後往靈泉訪之，始知所遇者妙通眞人朱桃椎也。其後，復與妙通會酒肆中，盡得坎離虛實之旨，內外二丹之秘。常宴坐不寐，其兩足外踝皆平偃，頂有珠光。紹興中，顯仁太后患目瞖，國醫不能瘳。太后夢黄衣道士，髯面長耳，自言能治目，高宗詔有司物色之。臨安守廉得以聞，詔入見慈寧殿，坦爲噓呵布氣，目即愈，瞖脱瞭然矣。又詔療仙韶甄嬢躄，亦即愈。辭還山，兩宮賜賚甚厚，皆不受。坦既還山，賜詔存問，詔築室廬阜，以便往召，兩宮賜金爲築室費，不受。賜御書清虛菴額，詔繪坦像，御贊之。

乾隆《句容縣志·人物志·仙釋》 張椿齡，與廬山清虛道人皇甫坦遇徽宗，同蒙龍眷。椿齡蓋與劉混康相後先。

嘉慶《夾江縣志·古蹟》 皇甫坦故居，縣東南弱漹鎮。《宋史》稱高宗嘗書清淨二字以名其軒。舊有家慶樓樓記，魏了翁隸書也，今無存。

嘉慶《夾江縣志·古蹟》 弱漹晚渡，縣十景之二，皇甫坦清修處，弱漹鎮名也。相傳有神仙夜渡之異。

嘉慶《夾江縣志·外紀志·雜録》 弘治中，耕者于清靜軒舊址得一玉印，刻曰：衛生藥寶。又一藥臼，碎以鍒器，入火散爲烟。蓋皇甫坦遺物也。

光緒《增修灌縣志·人物志·仙釋》引《列仙通紀》 皇甫坦，字履道，居青城山。宋高宗詔曰，青城會友於元覽白雲，遂無心於帝鄉也。乾道三年，上皇欲禱於青城，逮至焚香，黄龍爲見。

范防禦　范思賢　范思明

康熙《錢塘縣志·人物·方技》 范防禦，以顱顖醫名五世，激起有孫思賢、思明，並敦尚孝誼。思賢療徐一夔子不能乳，思明療岳冲伯子疹，皆衝雨戴笠奔赴之，立愈。兩人比之入井往救云。

張　永

雍正《河南府志·人物志·藝術》 張永，洛陽人，爲翰林醫學。【略】從高宗南渡，因家餘姚，後登進士，至禮部尚書。所著有《衛生家寶》行世。

乾隆《紹興府志·人物·方技》引萬曆《志》 張永，洛陽人，以醫術爲翰林醫學，與太醫令李會通同時。先時會通治宮中病，用煎劑弗效，永議爲散，進之即愈。詔擢會通爲駐泊郎，會通奏功由於永，因同授駐泊郎。行八，人呼爲八伯駐泊。扈從高宗南渡，因家餘姚。後登進士，積勞至禮部尚書學士。所著有《衛生家寶》及《小兒方》傳於世。子孫精醫者甚多，皆以駐泊爲名。萬曆《志》案：駐泊，宋時沿爲官稱，郎字則以其階加之耳。萬曆《志》疑醫官內無此名，蓋本係武臣內侍差使之名，非醫官本階也。

張　信

《古今圖書集成·藝術典》卷五〇八引《西安縣志》 張信，高宗時扈駕南遷，爲國醫院使，著勞績，進秩三品大夫，賜第於衢，遂家西安。

李　信　李　瑢　李　炅

康熙《浙江通志·方伎·杭州府》 李信，汴人，小兒醫也。從宋高宗南渡，遂家於杭之羲和坊。高宗危疾，詔信入侍，因年耄，賜安車至禁中，時號李車兒。信世八孫瑢，於明永樂時，亦召入京，官御醫，始移居北郭，植槐於門，子孫因字槐。又有李炅，字三英，性慷慨，立然諾，常破家以濟友人之難，人咸稱之。於醫，爲小兒國工。

張總管

《齊東野語》卷一四　比聞趙信公在維揚制閫日，有老張總管者，北人也，精於用鍼，其徒某得其粗焉。一日，信公侍姬皆苦脾血疾，垂殆。時張老留旁郡，亟呼其徒治之。某曰：此疾已殆，僅有一穴，或可療。於是刺足外踝二寸餘，而鍼爲血氣所吸留，竟不可出。某倉惶請罪曰：穴雖中而鍼不出，此非吾師不可，請急召之。於是命流星馬宵征，凡一晝夜而老張至。笑曰：穴良是，但未得吾出鍼法耳。遂別於手腕之交刺之，鍼甫入，而外踝之鍼躍而出焉，即日疾愈，亦可謂奇矣。然古者，鍼以石爲之。昔全元起欲註《素問》，訪王孺以砭石，答曰：古人以石爲鍼，必不用鐵。《說文》有此砭字。許慎云：以石刺病也。《東山經》云：高氏之山多鍼石。郭璞云：可以爲砭鍼。《春秋》：美疢不如惡石服。子慎註云：石，砭石也。季世無復佳石，故以鍼代之耳。又嘗聞舅氏章叔恭云：昔倅襄州日，嘗獲試鍼銅人，全像以精銅爲之，腑臟無一不具，其外俞穴則錯金書穴名於旁，凡背面二器相合，則渾然全身，蓋舊都用此以試醫者。其法外塗黃蠟，中實以汞，俾醫工以分折寸，按穴試鍼。中穴，則鍼入而汞出。稍差，則鍼不可入矣。亦奇巧之器也。後趙南仲歸之內府，叔恭嘗寫二圖刻梓以傳焉。因併附見於此。

嚴防禦

《古今圖書集成·藝術典》卷五〇八引《船窗夜話》　孝宗嘗患痢疾，衆醫不效，德壽憂之。過宮，偶見小藥鋪，遣中使詢之曰：汝能治痢否？曰：專科。遂宣之。因問得病之由，語以食湖蟹多，故致此疾，遂令診脈。醫曰：此冷痢也。其法用新米、藕節細研，以熱酒調服。如其法，數服而愈。德壽乃大喜，以金杵臼賜之，乃命以官，至今呼爲金杵臼嚴防禦家，可謂不世之遇。

陳遷

道光《海昌備志·藝文》　陳遷，紹興中，官翰林院御醫供奉。今長安市陳木扇，世醫之祖也。子姓尚繁衍。《秘蘭全書》四卷，明李世光《陽湖逸史》云：紹興三年仲夏著，其家秘之，無刊本。予於人家敝書中得其一冊，亦其徒之所傳寫者。

陳沂　陳諫

康熙《浙江通志·方伎·杭州府》　陳沂，自南渡爲邑人。唐乾寧時，有仕良者，以醫名於時，詔修《聖惠方》，官藥局奉御，世傳至沂。起康王妃危疾，賜御前羅扇，便出入禁中，仕至翰林金紫良醫。子孫標木扇象之，至今稱陳木扇，而陳諫者尤精先業，治人所不能治之疾，決男女生死，保衛胚胎術，往往多奇中。所著有《蓋齋醫要》。

李立之

康熙《浙江通志·方伎·杭州府》　李立之，臨安人，以小兒醫擅名一時。有嬰兒忽患瘖，求治之。之令以衾裹小兒，乘高投之地，兒不覺大驚，遂發聲能言。問之，曰：此乳搐心也，非藥石所能療。其術之高，大率類此。

嚴三點

《齊東野語·近世名醫》　近世江西有善醫號嚴三點者，以三指點間知六脈之受病，世以爲奇，以此得名。余按診脈之法，必均調自己之息，而後可以候他人之息。凡四(十)[至]五動爲一息，或過或不及，皆爲病脈。故有二敗、三遲、四平、六數、七極、八脫、九死之法。然則察脈，固不可以倉卒得之，而況三點指之間哉？此余未敢以爲然者也。或謂其別有觀形察色之術，姑假此以神其術，初不在脈也。

王繼先

《齊東野語·近世名醫》　紹興間，王繼先號王醫師，馳名一時。繼而得罪，押往福州居住。族叔祖宮教時赴長沙倅，素識其人，適邂逅旅舍，小酌以慰勞之。因求察脈，王忽愀然曰：某受知既久，不敢不告，脈證頗異，所謂脈病人不病者，其應當在十日之內，宜亟反轅，尚可及也，因泣以別。時宮教康強無疾，疑其爲妄，然素信其術，於是即日回轅，僅至家數日而殂，亦可謂異矣。

《白獺髓》　紹興間，醫官王繼先以顯仁太后初御慈寧宮，春秋高，每違豫，服其藥隨念，賴是優游東朝，享康寧之福，幾二十稔。克副高宗事親之孝，繼先之功也，故恩禮特異，官至正任承宣。已而繼先恃寵席勢，福自己所爲，有不可於衆，而舉朝附阿之不暇，至有稱門生者。後太后上仙，繼先自是眷遇日衰，竟黜福州以卒。

《桯史》卷九　余稚年入閩過福，聞有黑虎王醫師者，富甲一郡，問之，則繼先之別名也。繼先世業醫，其大父居京師，以黑虎丹自名，因號黑虎王家。及繼先幸於高宗，積官留後，通國稱爲醫師，雖貶，猶得麗於稱謂焉。

《四朝聞見録·王醫》　王繼先以醫術際遇高宗。當高宗款謁郊宮，僅先期二日，有瘤隱於頂，將不勝其冠冕，上憂甚。詔草澤，繼先應詔而至。既視上，則笑曰：無貽聖慮，來日愈矣。既用藥，瘤自頂移於肩，隨即消，若未嘗有。上遂郊見天地。上嘗以瀉疾召繼先，繼先至，則奏曰：臣渴甚，乞先宣賜瓜，而後静心診御。上急召太官賜瓜。繼先先食之，既，上覺其食瓜甘美，則問繼先，朕可食此乎？繼先曰：臣死罪，索瓜固將以啓陛下食此也。詔進瓜，上食之甚適，瀉亦隨止。左右驚，上亦疑，問繼先曰：此何方也？繼先曰：上所患中暑，故瀉，瓜亦能消暑爾。大率皆類此。其後久虚東宮，臺臣論繼先進藥無效，安置福州，因家焉。

《宋史·佞倖傳·王繼先》　王繼先，開封人。姦黠善佞。建炎初，以醫得幸，其後寖貴寵，世號王醫師。至和安大夫、開州團練使致仕。尋以覃恩，改授武功大夫，落致仕。給事中富直柔奏：繼先以雜流易前班，則自此轉行無礙，深恐將帥解體。帝曰：朕頃冒海氣，繼先診視有奇效，可特書讀。直柔再駁，命乃寢。既而特授榮州防禦使。

太后有疾，繼先診視有勞，特補其子悦道爲閤門祗候。尋命繼先主管翰林醫官局，力辭。是時，繼先用事，中外切齒，乃陽乞致仕，以避人言。詔遷秩二等，許回授。俄除右武大夫、華州觀察使，詔餘人毋得援例。吳貴妃進封，推恩遷奉寧軍承宣使，特封其妻郭氏爲郡夫人。

繼先遭遇，冠絶人臣，諸大帥承順下風，莫敢少忤，其權勢與秦檜埒。檜使其夫人詣之，叙拜兄弟，表裏引援。遷昭慶軍承宣使，又欲得節鉞，使其徒張孝直等校《本草》以獻，給事中楊椿沮之，計不行。繼先富埒王室，子弟通朝籍，總戎寄，姻戚黨與盤據要途，數十年間，無能摇之者。

金兵將至，劉錡請爲戰備，繼先乃言：新進主兵官，好作弗靖，若斬一二人，和好復固。帝不懌曰：是欲我斬劉錡乎？

侍御史杜莘老劾其十罪，大略謂：繼先廣造第宅，占民居數百家，都人謂之快樂仙宮；奪良家婦女爲侍妾；鎮江有娼妙於歌舞，矯御前索之；淵聖成喪，舉家燕飲，令妓女舞而不歌，謂之啞樂；自金使來，日輦重寶之吳興，爲避走計；陰養惡少，私置兵甲；受富民金，薦爲閤職；州縣大獄，以賂解免；誣姊姦淫，加之黥隸；又於諸處佛寺建立生祠，凡名山大刹所有，太半入其家。此特舉其大者，其餘擢髮未足數也。

奏入，詔繼先福州居住。其子安道，武泰軍承宣使；守道，朝議大夫、直徽猷閣；悦道，朝奉郎、直秘閣；孫錡，承議郎、直秘閣：並勒停。放還良家子爲奴婢者，凡百餘人。籍其貲以千萬計，鬻其田園及金銀，並隸御前激賞庫。其海舟付李寶，天下稱快。

方繼先之怙寵奸法，帝亦知之，故晚年以公議廢之，遂不復起。孝宗即位，詔任便居住，毋至行在。淳熙八年，卒。

王　涇

《四朝聞見録·王醫》　王涇亦頗宗繼先術，亦有奇驗，然用藥多孟浪。高宗居北宮，苦脾疾，涇誤用瀉藥，竟至大漸。孝宗欲戮之市朝，憲聖以爲恐自此醫者不敢進藥，止，命天府杖其背，黥海山。涇先懷金箔以入，既杖則以傅瘡，若未嘗受杖者。後放還居天街，猶揭榜於門曰：四朝御診王防禦。有輕薄子以小楮帖其旁云：本家兼施瀉藥。王慙甚。

許叔微 知可

《夷堅甲志》卷五　許叔微，字知可，眞州人。家素貧，夢人告之曰：汝欲登科，須積陰德。許度力不足，惟從事於醫乃可。遂留意方書，久之，所活不可勝計。復夢前人來，持一詩贈之，其詞曰：藥有陰功，陳樓閒處。堂上呼盧，唱六作五。既覺，姑記之於牘。紹興壬子，第六人登科，用升甲恩，如第五得職官，其上陳祖言，其下樓材也，夢已先定矣。呼盧者，臚傳之義云。

《獨醒雜志》卷四　許知可嘗夢有客來謁，知可延見，坐定，客問知可曰：汝平生亦知恨乎？知可曰：我恨有三。父母之死皆爲醫者所誤，今不及致菽水之養，一也；自束髮讀書而今年踰五十，不得一官以立門戶，二也；後嗣未立，三也。其人又曰：亦有功于人乎？知可曰：某幼失怙恃，以鄉無良醫，某既長立，因刻意方書，期以活人。建炎初，眞州城中疾癘大作，某不以貧賤，家至戶到，察脈觀色，給藥付之。其間有無歸者，某輿寘于家，親爲療治，似有微功，人頗相傳。其人曰：天政以此將命汝官及與汝子，若父母則不可見矣。因復取書一通示之，知可略記其間語曰：藥市收功，陳樓間阻，殿上呼盧，喝六作五。既覺，異其事而不知其何祥也。紹興二年策進士第六陞作五，乃在陳祖言、樓材之間，其年仍舉子，始知夢中之言無不合。知可名叔微，眞州人，有《普濟本事方》今行于世。

《焦氏筆乘》卷五引《西溪叢話》 許叔微精於醫。云五臟蟲皆上行，唯有肺蟲下行，最難治。當用獺爪爲末調藥，於初四、初六日治之，此二日肺蟲上行也。

隆慶《儀真縣志·人物攷》 許叔微，字知可。家貧，篤志經史，尤邃於醫。紹興二年登進士第。建炎初，兵後大疫，叔微親行里巷治療，所活甚多。後得二嗣。所著有《本事方》等書數卷，行于世。

康熙《常州府志·人物·方伎》 許叔微，字知可，毘陵人。常獲鄉薦，省闈不第，歸舟次吴江平望，夜夢白衣人曰：汝無陰德，所以不第。叔微曰：某家貧無資，何以與人？白衣曰：何不學醫，吾助汝智慧。叔微輒寤，歸踐其言，果得盧、扁之妙。後舉又中鄉試，赴春官，艤舟平望，復夢白衣人相見，以詩贈之曰：施藥功大，陳樓間處。殿上呼臚，喚六作五。思之不寤，其意姑記於牘。紹興壬子，以第六人登科，因二名不錄，遂陞爲第五，其上則陳祖言，其下則樓才，方省前夢也。晚歲取平生已試之方，并記其事實，以爲《本事方》，取本事詩之例以名之。又撰《傷寒歌》三卷，凡三百篇，皆本仲景法。又有《治法》八十一篇，及《仲景脉法三十六圖》、《翼傷寒論》二卷、《辨類》五卷。

《本事方釋義·葉桂序》 學士諱叔微，字知可，官集賢院學士，蓋士而精於醫者也。觀其用藥制方，窮源悉委，深得古人三昧，苟非三折肱，良不易辨。蓋其心存普濟，於以闡發前人之秘，以嘉惠後人者，厥功偉矣。顧世之不知者或疑之，以其官居禁近，豈其一無建白於世，而顧不以功名顯，並不以文章名。考之《宋史》，姓名不少概見，即儒林藝術，曾不得一廁名其間，而僅見之稗官野史，抑又何也？不知宋自高廟而後，國事日非，奸良莫辨，學士以文章經濟之身，處閒散之位，事權不屬，強聒何爲！因發憤著書，以自抒無聊之志，所謂邦無道，危行言孫。學士固求人知，人又何能知學士也。且《宋史》成於元代，於中朝士多所簡略，安知非搜羅未及而故逸之也。雖然，君不得志于時，而著書立說，藏之名山，傳之後世，亦未可爲不幸。今其書具在，讀者僅能服膺而勿失，于以壽人而壽國，何莫非學士之力乎？

嘉慶重修《揚州府志·人物·藝術》 許叔微，字知可，眞州人。紹興三年進士，與龐安常同爲宋一代醫師。著《普濟本事方》十卷，直探張仲景之奧，所謂黑錫圓、神效散、溫脾湯、玉眞丸、退陰散等方，識精理到，足補前人所未及。先是元祐庚午父没，母憂慟，氣厥牙噤，里醫誤下而没。叔微始習醫，深得其理，每見此證，急以蘇合丸灌醒，然後察其虛實調之。暴喜傷陽，暴怒傷陰，憂愁失意，氣多厥逆。經云：無故而瘖，脉不至不治。自已謂氣暴也，氣復則已，雖不服藥可也。一人患項筋痛，連及臂髀不得轉，諸風藥不效。叔微謂：腎氣自腰夾脊至曹谿入泥丸，今逆行至此不得通，用椒附丸以引歸經則安。歙縣尉宋省甫膀胱痛不可忍，醫與剛劑益甚，叔微候其面赤色，脉洪大，曰：陰陽否塞，疾虛不可以虛治，宜先滌其邪。以五苓散與葱合煮，下洩如墨汁乃瘥。王檢正希皐患鼻頞間痛不仁，漸連及口、脣、頰車，髮際左額與頰上如餬，手觸則痛極。叔微謂：飲食之毒聚于胃，足陽明受之，傳入絡，主以犀角解毒，升麻佐之。數日愈。鄉人李信道得疾，六脉沈伏，按至骨則有力，頭痛身溫而躁，指冷而滿嚥，醫者不識。叔微曰：此陰中伏陽，仲景無此證，世人患此者多。用熱藥則爲陰邪隔絶，不克導引眞陽，反生客熱；用冷藥則所伏眞火愈見消滅。宜破散陰氣，俾火升水降，然後得汗而解。乃造破陰丹，鎔硫黄、水銀令勻，投陳皮、青皮末、冷艾湯下。信道服藥，益加狂熱，手足躁擾，其家大駭。叔微曰：此換陽也，須臾少定。已而病除。叔微少時夜坐爲文，左向伏几案，卧又向左，後飲酒止從左下有聲，久之脅痛，減食十數日，必嘔酸水，暑月止右畔有汗。訪名醫，徧試諸藥皆不驗，因自考其理，謂已成窠囊，如潦水之科臼，不盈科不行，清行濁停，故積必嘔，而去數日復作，脾惡濕而水則流濕，莫若燥脾以勝濕，崇土以填科臼。于是屏諸藥，專服蒼朮，三月愈。其治傷寒，皆宗守仲景。一士人得太陽病，汗不止，惡風，小便澀而足攣曲。叔微診其脉浮而大，謂仲景書有兩證，一小便難，一小便利，用藥稍差，失以千里。是宜桂枝加附子湯，三啜汗止，佐以甘草芍藥湯，足便得伸。邱生病傷寒，發熱、頭痛、煩渴，脉浮而尺遲弱，叔微曰：榮氣不足，不可汗。以建中湯治之，翊日脉尚爾，其家幾不遜，叔微仍用建中，至五日，尺部方應，然後汗之而愈。撰《傷寒歌》三卷，凡百篇，又有《治法》八十一篇、《仲景脉法三十六圖》、《翼傷寒論》三卷、《辯類》五卷。原案：許學士與龐安常，開河間、東垣之先，《宋史》有《安常傳》而無《叔微傳》，舊《志》僅錄曾敏行所記，然第爲小說家言，無關醫理，特據《本事方》以存其概。

《醫學讀書志・宋許氏叔微》 叔微字知可，或曰揚州人，或曰毗陵人。惟曾敏行與叔微同時，其《獨醒雜誌》謂爲眞州人，當不誤。紹興二年進士，官爵未詳。曰學士者，乃宋臣之通稱。書旨簡雅，多載醫案驗方，故曰《本事》。明朱國禎《湧幢小品》，記叔微所著《翼傷寒論》二卷，《辨論》五卷，《傷寒歌》三卷凡百篇，《治法》八十一篇，《仲景脈法三十六圖》，未有傳本。

道光重修《儀徵縣志・雜類・紀聞》 許叔微家一婦人夢二蒼頭。前者云：到也未？後者應曰：到也。以手中物擊一下，遂魘，覺後心痛不可忍。叔微以神精丹餌之，痛止而愈。

錢聞禮

《古今醫統大全・歷世聖賢名醫姓氏・宋》 錢聞禮，不知何郡人，宋紹興中爲建寧府（通）判。好醫方，尤精於《傷寒》，作《傷寒百證歌》行世。

薩守堅

李梴《醫學入門・歷代醫學姓氏・仙禪道術》 薩守堅，蜀西河人。少學醫，誤用藥殺人，遂弃醫，學虚靜張天師及建昌王拱宸、福州林靈素三人道法，有咒棗之術，治病如神，稱曰眞人。

康熙《福建通志・仙釋・建寧府》 薩守堅，宋紹興間人，結茅建陽。縣東有横山王廟，歲祭賽必用童女，否則鄉里有災。一夕，横山王托夢朱熹曰：妖蟒據廟，食人男女，薩眞官互相委罪，煩先生爲解。旦，熹詰廟。有一道士施藥廟門，問姓名，薩守堅也，與言夢，許諾，比歸，廟火，餘一大圓石鎮，廟中今石尚存，人呼爲飛來石云。

民國二一年修《灌縣志・人士傳・仙釋》引《虞道園全集》 薩守堅，不知何許人。幼好道術。青城遇王侍宸，授以致雷電役鬼神之法，禱祈劾治無弗驗。後入閩，過神龜岡，乃知侍宸名文卿，號冲和子，宋徽宗時曾拜太素大夫，賜號冲虛通妙先生，侍宸亦其官號，乃數十年前人，蓋仙去云。

劉昉

《幼幼新書・李庚序》 湖南帥潮陽劉公，鎮撫之暇，尤喜方書。每患小兒疾苦，不惟世無良醫，且無全書。孩抱中物，不幸而殞於庸人之手者，其可勝計！因取古聖賢方論，與夫近世聞人家傳，下至醫工、技士之禁方，閭巷小夫已試之秘訣，無不曲意尋訪，兼收並録。命幹辦公事王曆羲道主其事，鄉貢進士王湜子是編其書。雖其間取方或失之詳，立論或失之俗，要之皆因仍舊文，不敢輒加竄定，越一年而書始成，惜乎公未及見而疾不起。公臨終顧謂庚曰：《幼幼新書》，未有序引，鼎來欲自爲之，今不皇及矣，子其爲我成之。庚曰：謹聞命。嗚呼！學士大夫公天下以爲心者，幾何人哉！

竇材

《扁鵲心書・自序》 余初學醫，盡博六子之書，以爲醫之理盡矣。然調治小疾，百發百中，臨大病百無二三，每恨己術之不精也。後遇關中老醫，叩余所學，笑曰：汝學非是岐黄正派，特小技爾，祗能調小疴，俟其自愈，豈能起大病哉！余即從而師之，三年，師以法授我，反覆參詳，遂與《内經》合旨，由兹問世，百發百中。再觀六子書，眞兒戲耳！但師授固簡，而當意欲梓行，恐有未盡，遂將追隨先師所歷之法，與己四十餘稔之所治驗，集成醫流正道，以救萬世夭枉。後人得此，苟能日夜勤求，自能洞貫其理，以見余言非謬。至若賢良忠正，孝子仁人，再爲廣布，俾天下後世，上可以救君親，下可以濟斯民。余因恐遭天譴，不敢自私，刊刻流傳，願仁者勿拘成見而屑視之，斯幸矣。宋紹興十六年，武翼郎前開州巡檢竇材謹序。

米巨秀

《四朝聞見録・王醫》 米南宮五世孫巨秀，亦善醫。嘗診史相脈，語未發，史謂之曰：可服紅丸子否？米對以正欲用此，亦即愈。史病手足不能舉，朝謁遂廢，中書要務，運之帷榻。米謂必得天地丹而後可，丹頭偶失去，歷年莫可訪尋。史病甚，召米於常州。至北關登舟買飯，偶見有售拳石於肆者，頗異，米即而玩之，即天地丹頭也。問售者：爾何自至此？曰：去年有人家一婢子持以售，米因問厥值，售者謾索錢萬，米以三千酬。直持歸，調劑以供史。史疑而未敢嘗。適有閽者亦病瘵，試服即能坐起。又以起步司田帥之疾，史始信而餌，身即輕，遂內引。及史疾再殆，天地丹已盡，遂薨於賜第。

慈濟　神濟

乾隆《鎮江府志・人物志・方伎》 慈濟、神濟，並丹陽普寧寺僧。遇神仙桑君，授墨錫丹方，洞明醫道，察脈如神，遂以藥名天下。宣政炎紹間，名公以詩文褒美者甚衆。其徒道淵，傳其術，活人亦多。嘉定中，志恭、永全尙世其業。

段康年

乾隆《鎮江府志·人物志·方伎》 段康年，父伯三，從高宗南遷後，屬康年曰：宋室日促，非可仕時也，惟醫可托跡耳。康年遂業醫，而晦其名。人有疾，輒以藥濟之，弗責報。與漫塘劉文淸公相友善，實齋王正肅公屢薦于朝，勸令仕，堅辭弗起。

何侃

嘉慶《松江府志·藝術傳》 何侃，字直哉，紹定中由儒士選授嚴州淳安縣主薄。歸隱於醫。何氏以醫名世自侃始。

張元珪

乾隆《鎮江府志·人物志·方伎》 張元珪，丹徒人。建炎間任太醫院御監。高宗太子有疳疾，元珪藥之愈，勅賜金蝦蟇一，並金帛酒菓。勅曰：朕置太醫院，儲奇藝以壽國脈，聚藥餌以拯疾阨，其任匪輕，非知運變權宜之士，其奚以堪爾？元珪業由世授，術貫天人，神功聖巧，悉皆備焉。可宜旌嘉，用彰不朽。太子久患疳疾，諸醫不瘥，未究其源，卿不雷同，深識標本，一藥而愈，安不移時，朕甚異之，對以蝦蟇疳也，特賜金蝦蟇金帛酒菓，以賚不次之功。欽哉！非怪症無以顯奇效，非奇效無以著神功，加秩褒寵，無待費辭。勅書刊石以傳，迄今六百載。後裔世以醫著名。

沈良惠

康熙《吳縣志·人物·藝術》 沈良惠，亡其名，以醫仕宋，由汴徙吳。高宗賜書良惠二字，吳人遂以良惠稱之。

朱杰 朱鼎

乾隆《江南通志·藝術·江寧府》 朱杰，生而異相，有隱德。治人目如神，針甫下，而翳旋徹。

道光《上元縣志·人物志·技藝》 明嘉靖中，裔孫鼎，亦工眼科，召用有效，錫賚甚優。

楊文修

《古今醫統大全·歷世聖賢名醫姓氏·宋》 楊文修，字仲理，諸(既)〔暨〕人。幼以孝聞，因母疾究醫，造其妙。朱晦翁聞其名，就見，與談通夕，所著有《醫術地理撥沙圖》。

李梴《醫學入門·歷代醫學姓氏·儒醫》 楊文修，字仲理，浙人。性純孝，因母病遂去舉業，讀軒岐氏書，藥不效，割股和饘粥以進，母疾即起。母死，廬墓有群鳥隨文修起止，府縣旌表其宅。修曰：某之事親，不足以起名哉！朱文公就見，與談性理及天文、地理、醫學之書，竟夕乃去。晚年著《醫衍》二十卷，編《地理撥沙經圖》，卒年九十九。

乾隆《諸暨縣志·人物》 楊佛子，名文修，字仲理，生而性淳固，篤孝踵於至情。年十五以母多病，遂棄舉子業學岐黃氏書。晦庵朱公嘗以常平使者道過楓橋楓橋乃佛子所居里，至今有紫陽精舍，聞佛子善名，特就見。與談名理及醫學、天文、地理之書，竟夕去。晚年著《醫衍》二十卷，編《地理撥沙圖》，藏於家。年九十又九終。

吳源

弘治《徽州府志·人物·藝術》 吳源，字德信，休寧人，號神醫。自其上世有名諒者，本嗜學，遇異人授書，乃《金匱玉函》之秘，遂造活人之妙。再傳至名豫者，號松蘿居士，長於詩，亦得是秘，源之父也。源以樞密汪勃保奏引試，醫之凡經百人，獨冠其首，授入內(內)〔府〕宿，稍遷至翰林醫官，療勞瘵疾奇中，起死回生神效，不可勝紀。晚棄官隱于儒，號南薰老人。嘗作詩訓諸子，警句云：五世活人功已積，一經教子意難忘。爾曹好展摩雲翮，伴我黃花晚節香。乾道癸巳冬曰：吾無春脈。至期果攝衣而逝。

《古今醫統大全·歷世聖賢名醫姓氏·宋》 吳源字德信，新安休(陽)〔寧〕人。宋孝宗時，以詩文醫學著名。

稽清

康熙《仁和縣志·人物·方技》 稽清，字仁伯。世傳秘術，善療金瘡骨損。父初由汴扈蹕南渡，時方戎馬蹂躪，全活甚衆。及北兵入寇，師臣請俱，值兵潰，因失所在，事聞命清攝職，年未冠蚤諳先業。已而宮中有患折肱者，他醫莫措，清爲整治，完好如昔。禁掖詫曰：小小嵇，眞能接骨耶？壽皇躬親騎射，時有悞損，應期而瘳，中外益重之。先是大江以南，良醫固鮮，正骨一科，尤所罕覩。清既著名，日有扶疾就視者，續斷起廢，輒見奇效。

杜 任

《避暑録話》卷上 婦人疾莫大于產蓐，倉卒爲庸醫所殺者多矣，亦不素講故也。舊嘗見杜任作《醫準》一卷，記其平生治人用藥之驗。其一記郝質子婦產四日，瘈瘲戴眼，弓背反張。任以爲痓病，與大豆紫湯、獨活湯而愈。政和間，余妻繾分娩，猶在蓐中，忽作此證，頭足反接，相去幾二尺，家人驚駭，以數婢强拗之不直。適記所云，而藥囊有獨活，乃急爲之。召醫未至，連進三劑，遂能直，醫至則愈矣，更不復用大豆紫湯。古人處方神驗類爾，但世用之不當其疾，每易之。自是家人有臨乳者，應所須藥物必備，不可不廣告人。二方皆在《千金》第三卷。

王元直

光緒《撫州府志·人物·方伎》 王元直，樂安人。家五世精醫。嘗遊京師，問藥者踵至，隨試輒效。太醫院官，諸公貴人，咸禮敬之。吳文正公贈以序，載集中。

僧慧海

《泊宅編》卷五 四物湯，婦人之寶也。洛陽李敏求赴官東吳，其妻病牙疼，每發呻吟宛轉，至不能堪忍，令婢輩釵股桉置牙間，少頃，銀色輒變黑，毒氣所攻，痛楚可知也。沿路累易醫，殊無效，嘉禾僧慧海爲製一湯，服之半月，所苦良已。後因食熱麵又作，坐間，煮湯以進，一服而愈，其神速若此。視藥之標題，初不著名，但云凉血活血而已。敏求報之重，徐以情叩之，始知是四物湯。蓋血活而凉，何由致壅滯以生疾？

石 [敦/山]

崇禎《尤溪縣志·官師列傳》 石[敦/山]，字于重，號克齋，新昌人，乾道間知尤溪。【略】歲大疫，和藥遣醫散之，村落賴以存活者甚衆。及去，民各繪像祀之。

許 奇

同治《新喻縣志·方技》 許奇，字彦國，開封人。幼習儒，不第，遂弃舉子業。精醫學，補太醫院判。建炎中，孟太后如虔，奇扈駕，因沂流至喻，遂家焉。乾道五年，上以騎射傷明，令所在貢醫，有司以奇應，因奏曰：興復之舉，任能爲大，騎射細事也，願勿學，上然之，擢院使。年八十七。所著有《黄農嗣緒》，藏於家，周益國公必大爲序。

邢 氏

《齊東野語·近世名醫》 嘗聞陳體仁端明云：紹熙間有醫邢氏，精藝絶異。時韓平原知閤門事，將出使。俾之診脈，曰：和平無可言，所可憂者，夫人耳。知閤回軺日，恐未必可相見也。韓妻本無疾，恠其妄誕不倫，然私憂之。洎出疆甫數月，而其妻果殂。又朱丞相勝非子婦偶小疾，命視之，邢曰：小疾耳，不藥亦愈。然自是不宜孕，孕必死。其家以爲狂言。後一歲，朱婦得男，其家方有抱孫之喜，未彌月而婦疾作，急遣召之，堅不肯來。曰：去歲已嘗言之，勢無可療之理。越宿而婦果殂。余謂古今名醫多矣，未有察夫脈而知妻死，未孕而知產亡者。嗚呼，神矣哉！

康熙《浙江通志·方伎·杭州府》 邢子，失名。紹熙間，以醫名於杭，術業甚奇。

汪夫人

《古今圖書集成·藝術典》卷五〇八引《蘭谿縣志》 郭時芳，名桂。其先有汪夫人者，以善醫婦人顯於宋，掌内府藥院事，以功封溫國太夫人，子孫世承其業。厥後隨宋南遷，散居於浙之東西，杭、紹、金華皆其族也。而金華之族有名化龍字叔大者，又遷於蘭谿，實生時芳。時芳於醫道甚明，迴生起死，百不失一，鄉邦倚之爲司命，子孫世其業。

僧文宥

《古今圖書集成·藝術典》卷五〇八引《悦生隨抄》 溫陵醫僧圓通大智禪師文宥，善脈，晚年不按脈，望而知之。又臨終五七年，隔垣而知之。凡病人骨肉往問，視之而知病者之候。予問其故，又曰：以氣色知之。苟其氣血同者，憂喜皆先見。古有察色，然而未有隔垣而知，亦甚異也。

孫 琳

李梴《醫學入門·歷代醫學姓氏·明醫》 孫琳，銘鈐，本殿前司健兒。善醫。宋寧宗爲郡王，病淋，日夜凡三百起，遂以淡豆豉、大蒜、蒸餅三物研爛爲丸，溫水下三十丸，日進三服，三日而愈。或問其說，公曰：小兒何緣有淋？只是水道不通利，蒜、豉皆通利，無他巧也。

陳自明

《婦人大全良方·自序》 古云：看方三年，無病可治；治病三年，無藥可療。又云：世無難治之病，有不善治之醫；藥無難代之品，有不善代之人，此之謂也。僕三世學醫，家藏醫書若干卷。既又遍行東南，所至必盡索方書以觀。暇時閉關凈室，翻閱涵泳，究極未合，采摭諸家之善，附以家傳經驗方，秩而成編。始自調經，迄於産後，凡八門，門數十餘體，總二百六十餘論。論後有藥，藥不惟其貴賤，惟其效。綱領節目，燦然可觀。庶幾病者隨索隨見，隨試隨愈。僕於此編，非敢求異昔人也，蓋亦補其偏而會其全，聚其散而斂於約，期決無憾云。愚者千慮，必有一得，君子毋以人廢言。時嘉熙元年八月良日，建康府明道書院醫諭，臨川陳自明良父序。

雍正《撫州府志·方技》 陳自明，字良甫，臨川人。精於醫，以李師聖、郭稽中所著《産育寶慶集》綱領漫而無統，節目略而未備，醫者不能深求遍覽，乃采摭諸家之書，附以家傳驗方，編輯成方。凡八門，門數十餘體，總二百六十餘論，論後列方，是爲《大全良方》。金壇王太史肯堂爲《證治準繩》女科，全用其書。

《醫學讀書志·宋陳氏自明》 《婦人大全良方》二十四卷。右書一種，宋臨川陳自明撰。自明字良父，官建〔康〕府醫學教諭。是書刻於嘉熙元年，自序稱三世學醫，藏書甚夥，而行履所至，必加詢訪。凡八門，二百餘論，論後附方，首調經，次衆疾，求嗣，胎教，坐月，産難，産後，序列秩然，既詳且富。薛氏所集，則刪訂增附，別成一書，非勤有書堂原本矣。

滕伯祥

康熙《吳縣志·人物·藝術》 滕伯祥，慶元間，爲人樂善好義，鄉黨稱爲滕佛了。嘗出郭，遇至人，得小兒瘡方，因以爲業。

王璆

朱彝尊《書是齋〈百一選方〉後》 《百一選方》，不書撰人名氏，題曰是齋。按陳氏《書録解題》云：是山陰王璆孟欲所輯。凡三十卷，宋史《藝文志》作二十八卷，予家所藏乃元人鋟本，按其目，僅二十卷爾，殆經後人選擇者歟。

老祝醫

《齊東野語·癰疽陰陽證》 族伯臨川推官，平生以體孱氣弱，多服烏、附、丹砂。晚年疽發背，其大如扇，醫者悉歸罪於丹石之毒，凡菉粉、羊血解毒之品，莫不遍試，殊不少損。或以後市街老祝醫爲薦者。祝本瘍醫，然指下極精。診脈已，即云：非敢求異於諸公，然此乃極陰證，在我法中，正當多服伏火硃砂及三建湯，否則非吾所知也。諸子皆有難色，然其勢已殆，姑嘗試一二小料。而祝復俾作大劑，頓服。三日後，始用膏藥敷貼，而丹砂、烏、附略不輟口。餘半月而瘡遂平。凡服三建湯二百五十服，此亦可謂奇工矣。洪景盧所載時康祖病心痔，用《聖惠方》治腰痛鹿茸、附子藥服之而差。又福州郭醫，用茸、附醫漏痔疾，皆此類也。蓋癰疽皆有陰陽證，要當一決於指下，而今世外科，往往不善於脈，每以私意揣摩，故多失之。此不可不精察也。

僧智融

嘉慶《錢塘縣志·藝術》 釋智融，俗姓邢，以醫入仕。南渡居臨安萬松嶺，號草菴邢郎中，官至成和郎。年五十，棄官謝妻子，祝髮靈隱寺，人不知其能。

曾防禦

《四朝聞見録·王醫》 寧皇患痢，召曾醫入視。曾診御畢，方奏病證未有所處。慈明立御榻後，有旨呼曾防禦：官家喫得感應丸否？曾連稱：喫得，喫得。慈明又諭：須是多把與官家喫。曾承敎旨，對以須進二百丸。寧皇進藥如數，瀉旋定。又進二百丸，遂止。曾時坐韓黨被譴，上遂於其元降秩上更增三秩。寧皇不豫滋久，謂左右曰：惟曾某知我性。急召入，診訖，嗚咽不勝。上曰：想是脈兒不好也？曾出，自診其脈，謂曰：家我脈亦不好。先寧皇一夕而逝。

莎衣道人

《宋史·方技傳·莎衣道人》 莎衣道人，姓何氏，淮陽軍朐山人。祖執禮，仕至朝議大夫。道人避亂渡江，嘗舉進士不中。紹興末，來平江。一日，自外歸，倏若狂者，身衣白襴，晝丐食于市，夜止天慶觀。久之，衣益敝，以莎緝之。嘗遊妙嚴寺，臨池見影，豁然大悟。人無貴賤，問休咎罔不奇中。會有瘵者乞醫，命持一草去，旬日而愈。衆翕然傳莎草可以愈疾，求而不得者，或遂不起，由是遠近異之。【略】光宗即位，召之，又不至。慶元六年卒。

薛直夫

萬曆《雷州府志·人物》 薛直夫，字愚叟，永嘉人。嘉熙元年，知州事。始闢試闈，增置貢士，莊立二蘇祠，脩理渠堤，建橋設市，振舉廢墜。始雷俗不知醫藥，病則專事巫禱。公創立惠民藥局，敎以醫療，有仁者之政。去日，民建生祠祀之。祠廢後，祀四德堂。黄必昌有記。

論曰：粵人尙鬼，習俗之不可變，猶痼病之必不可醫也。薛公置惠民藥局，意念何懔，不踰時廢爲荆莽，切民生者，且若此，其他興革又可知已。仕宦數年，不肖者，惟孜孜脂膏，自潤以去。賢者，痌瘝民瘼，饑溺若己，凡可以爬搔愛利者，靡不殫竭心力，而民且安于固然，莫肯遵循，奈之何哉？善乎！仲尼之言曰：夫仁者，亦有立人、達人之心而已矣。

錢原濬

乾隆《鎮江府志·人物志·方伎》 錢原濬，字彦深，號愈菴。集書數千卷，手錄其精要，點校而讀之。有得則標題于上。旁通醫術，著《集善方》三十六卷。

江嚞

康熙《徽州府志·人物志·方技》 江嚞，字明遠，婺源人，以醫名家。邑嘗大疫，煮散徧飲之。邑宰季子思夢神告曰：吾謹避江君，病者愈矣。既而果然。理宗久不豫，丞相范鍾薦之，召至，一再進藥，帝遂安。欲官之，辭不就。先是城東有古木，鸛巢其顛，嚞見人緣木得所伏二卵而下，就買之，復歸於巢，微傷矣。越月而雛生，忽二鸛俱飛至藥局，遺一草而去。嚞取視之，有紅藤纏繞，根葉猶潤，嚞乃栽於花盆。及寶祐間公主得漏胎疾，嚞以藤和劑果驗。先是鸛蓋遠取以藤纏破卵也。居京師十年，稱疾乞歸，賜宅一區。

李梴《醫學入門·歷代醫學姓氏·世醫》 江哲，字明遠，宋婺源人，以醫名家十五世。公益通儒書，務以其術活人，則大所居爲施藥室，抗層樓，扁以登雲，遠近病者群集，一劑輒瘥。理宗召至賜坐，屢官之，不顧，賜宅一區。其子世良爲供檢郎，其孫雷，舉進士。

陳文中

《小兒病源方論·鄭全序》 公姓陳，名文中，字文秀，宿之符離人也。金亡歸宋，處漣水十五年。漣人無大小，識與不識，皆稱之爲宿州陳令。居維揚，醫道盛行。

《古今醫統大全·歷世聖賢名醫姓氏·宋》 陳文中，字子季，宿州人，明大小方脈，尤精心於小兒痘疹，濟困持危，多收奇效。淳祐中爲侍郎翰林醫正，與鄭惠卿同編《幼幼新書》、《小兒病源方》行世。

李梴《醫學入門·歷代醫學姓氏·儒醫》 陳文中，字文秀，宋宿州人。爲安和郎，判太醫局，兼翰林良醫。明大小方脈，于小兒痘疹尤精其妙。淳祐中，與保安翰林醫正鄭惠卿同編《幼幼新書》，又著《小兒病源方論》一卷。

宋慈

萬曆《建陽縣志·人物志·賢良》 宋慈，字惠父，嘉定丁丑進士，歷湖南提刑，以朝請大夫直煥章閣。慈通經史，能文章，謂刑獄民命所關，一有不決之疑，遂失不經。作《洗冤錄》，以期得情。及卒，理宗以慈分憂中外，有密贊閫畫之寄，特贈朝議大夫，御書墓門以旌之。

光緒《善化縣志·名宦》 宋慈，理宗時提點湖南刑獄。念獄案莫重於大辟，大辟莫重於初情，初情莫重於檢驗，而州縣悉以委之初官，付之右選，更歷未深，驟然(常)〔嘗〕試，重以仵作之欺僞，吏胥之姦巧，虚幻變化，茫不可詰。因博採諸書，增以己見，編爲《洗冤集錄》。

陳起

隆慶《儀真縣志·人物考》 陳起，字起宗。好讀書，薦眞州掌刑獄吏。時獄中夏月多疫起，且暮勞問，給醫藥。召獄卒，告以陰隲，出私財，日具湯沐。視囚徒輕重爲後先，又爲粥以食之。

聞人規

《重刊痘疹論·劉尚義序》 夫《痘疹論》者，聞人氏規所著也。規素業儒，而久不得志，以故鋭意于岐黄之術，而爲是書。其説雖出于張從道百二十篇，然考變分論，因症分治，因治應方，而於病之緩急輕重，寒溫補瀉，攻擊保養，罔不具載。確而當，簡而備，視從道尤詳焉。

戴煟

萬曆《温州府志·人物志·仙釋》 戴煟，號復菴，永嘉人。文端公溪之孫，爲臨安府知錄。咸淳間，謝后得異疾，舌出口數寸不能收，招名醫，無敢應者。熠應召，傳以清風散立愈。后大喜，詢知文端孫，妻以姪女。丁丑，元兵至，恥事二姓，遂絶意仕進。一日，遇異人授以赤天之秘，能飛神謁帝，爲龍興宫道士，祈禱響應。延祐甲寅游龍虎山，至衢州，有吏抱文書捲其右，俾署左判官銜下，署畢索視，則是歲八月回祿文也。熠大驚，問曰：吾廬可免否？吏曰：可。熠囑寄聲家中。是日，其家有人至，言早在衢城見熠，令家多蓄水防火，家人未之信，姑從其言，人咸笑之。未幾，郡果大火，惟熠家得免。晚築室曰抱甕，製丹施藥，濟生甚衆，無疾而化。

董起潛

光緒《撫州府志・人物志・方伎》 董起潛，樂安流坑人。宋末，廢科舉習醫。其診脈，通達陰陽造化，審别臟腑經絡，井井不紊。吴文正公盛稱之，載文集中。

莊綽

道光《琴川三志補記續・雜録・綴瑣》 清源莊綽，字季裕，自許昌遭金兵，避難東下。丁未秋患痎瘧，至琴川，爲醫妄治，胕腫不食而利。得陳了翁家傳，爲灸膏肓俞穴，積三百壯，腫脹俱消，利止食進，宿疾頓瘳。因考醫經同異及所親試，自量寸以至補養之法，著論十篇，並繪身指屈伸坐立之圖於每篇之後，各灸膏肓穴位。其書元竇桂芳與金何若愚《流注指微賦》、竇漢卿《針經》、《黄帝明堂灸經》合編名爲《針灸四書》。

吴觀善

康熙《浙江通志・方伎・杭州府》 吴觀善，字思賢，其先汴人，南渡時，曾祖從明徙杭，爲小兒醫。其業出外家范氏，范又出外家徐氏，號有源流，三傳至觀善，名益起，人皆奔之。

僧寶鑑

《雲麓漫鈔》卷五 平江有張省幹者，病傷寒眼赤舌縮，有膏脣，口生瘡，氣喘失音，臟腑利已數日，勢甚危。此證傷寒家不載。諸醫皆欲先止臟腑。忽秀州醫僧寶鑑大師者過，投以茵陳五苓散、白虎湯而愈。諸醫問出何書，僧曰：仲景云：五臟寔者死，今賴大腸通，若更止之，死可立而待也。五苓以導其小腸，白虎以散其邪氣也。諸人始服。

張濟

《邵氏聞見後録》卷二九 無爲軍醫張濟，善用針，得訣于異人，云能解人而視其經絡，則無不精。因歲饑疫，人相食，凡視一百七十人，以行針無不立驗。如孕婦，因仆地而腹偏左，針右手指而正，久患脱肛，針頂心而愈；傷寒翻胃，嘔逆累日，食不下，針眼眦，立能食。皆古今方書不著。陳瑩中爲作傳云：藥王爲上世良醫，嘗草木金石名數凡十萬八千，悉知苦、酸、鹹、淡、甘、辛等味，故從味因悟人，益知今醫家别藥曰味者古矣。

初虞世

《老學庵筆記》卷三 初虞世，字和甫，以醫名天下。元符中，皇子鄧王生月餘，得癇疾，危甚，群醫束手，虞世獨以爲必無可慮。不三日，王薨。信乎醫之難也。

《萍洲可談》卷三 初虞世和甫，名士，善醫，公卿爭邀致。而性不可馴狎，往往尤忽於權貴。每貴人求治病，必重誅求之，至於不可堪，所得賂，旋以施貧者。最愛山谷黄庭堅，嘗言：山谷孝於親，吾愛重之。每得佳墨、精楮、奇玩必歸山谷。

《古今醫統大全・歷世聖賢名醫姓氏・宋》 初虞世爲宋朝醫，有超見，論病源皆深究《素》、《難》之理，所著有《養生必用》。

張鋭

《夷堅乙志》卷一〇 成州團練使張鋭，字子剛，以醫知名，居鄭州。政和中，蔡魯公之孫婦有娠，及期而病，國醫皆以爲陽證傷寒，懼胎之墮，不敢投涼劑。魯公密信邀鋭來，鋭曰：兒處胞十月，將生矣，何藥之能敗？如常法與藥，且使倍服，半日兒生，病亦失去。明日，婦大泄不止，而喉痺不入食。衆醫交指其疵，且曰：二疾如冰炭，又産蓐甫爾，雖扁鵲復生，無活理也。鋭曰：無庸憂，將使即日愈。取藥數十粒，使吞之，咽喉即平，泄亦止。逮滿月，魯公開宴，自諸子諸孫及女婦甥婿合六十人，請鋭爲客。公親酌酒爲壽，曰：君之術通神，吾不敢知。敢問一藥而治兩疾，何也？鋭曰：此於經無所載，特以意處之。向者所用，乃附子理中圓裹以紫雪耳。方喉閉不通，非至寒藥不爲用，既已下咽，則消釋無餘。其得至腹中者，附子力也，故一服而兩疾愈。公大加歎異，盡斂席上金匕箸遺之。慕容彦逢爲起居舍人時，母夫人病，亦召鋭於鄭，至則死矣。時方暑，鋭欲入視，慕容不忍，意其欲求錢，乃曰：道路之費，當悉奉償，不煩入也。鋭曰：傷寒法，有死一晝夜復生者，何惜一視？不得已延入，鋭揭面帛注視，呼仵匠語之曰：若嘗見夏月死者面色赤乎？曰：無。口開乎？曰：無。然則汗不出而氂耳，不死也，無亟斂。趨出取藥，命以水二升煮其半，灌病者，戒曰：善守之，至夜半大瀉，則活矣。鋭舍於外館，夜半時，守病者覺有聲勃勃然，遺矢已滿席，出穢惡物斗餘，一家盡喜，敲門呼鋭，鋭應曰：吾今日體困，不能起，然亦不必起，明日方可進藥也。天且明，徑命駕歸鄭。慕容詣其室，但留平胃散一貼而已。母服之，數日良愈。蓋鋭忿求錢之疑，故不告而去。紹興中入蜀，王秬叔堅問之曰：公之術，古所謂十全者幾是歟？曰：未也，謹能七八耳。吾長子病，診脈察色，皆爲熱極，命煮承氣湯，欲飲之，且飲復疑，至于再三。將遂飲，有如掣吾肘者，姑持盃以待。兒忽發顫悸，覆綿衾至四五，始稍定，汗下如洗，明日而脱然。使吾藥入口，則死矣，安得爲造妙？世之庸醫，舉方書未知萬一，自以爲足，吁！可懼哉。

《古今醫統大全·歷世聖賢名醫姓氏·宋》 張鋭，字子剛，鄭州人，官爲團練使。篤好醫方，遂得精妙，聲名遠著，凡有求療，雖及細民，亦用意爲治。一婦産後患大泄喉痺，諸醫謂兩證不能並治，以爲必死。公視之，與藥十餘粒，使吞之，咽通而瀉止。人異之，公曰：理中丸裹紫雪耳，喉痺非寒藥不可，泄非理中不止，紫雪下咽，則消釋無餘，得至腹中，附子也，夫何異？

楊士瀛

《古今醫統大全·歷世聖賢名醫姓氏·宋》 楊士瀛，名登父，號仁齋，世業醫學，至父尤精。每以活人爲心，集有《直指方論》二十八卷行世。

萬曆《福州府志·人物·藝術》 楊士瀛，字登父，懷安人。精通醫學，嘗著《活人總括》、《醫學眞經》、《直(損)〔指〕方論》。

鄭　槳

乾隆《福州府志·人物·藝術》引《閩大記》 鄭槳，字孔濟，長樂人。精醫學，其診脈能知三五年後生死，活人甚多。亦能詩。

懷居士

《古今圖書集成·藝術典》卷五〇八引《陳州志》 懷居士，名敏，字仲訥，宛丘人也。少喜醫方，自《神農本草》、《黄帝内外經》、《扁鵲倉公傳》，無所不觀，遂以其方名，爲醫博士。爲人治疾，數有功。居數年厭之，以其方授子孫，并致家政，築室獨居，聚浮屠書，闔門讀之。江湖淮浙之濱，浮屠氏之達者，無不來款，王公大人多與之游。年七十歲，舉累世不葬喪二十餘，曰：是責在我，不當以累子孫。子和孫溝皆守其方。古者貴三世醫，於懷氏益信已。

吴　鎔

光緒《安徽通志·人物志·方伎》 吴鎔，字國器，甯國人。隱於醫，全活者衆，略不言利。年百歲，視明聽聰，面灼灼有光，人稱不老仙。

謝復古

熊均《醫學源流》 謝復古，宋人，有《難經註》。

《古今醫統大全·歷世聖賢名醫姓氏·宋》 謝復古，爲宋翰林學士。(籍)〔習〕醫藥，尤工於傷寒，發仲景之奥旨。

張　杲

《醫説·羅頊序》 里中張杲季明，自其伯祖子充以醫顯京洛間，受之於范忠宣。其祖子(充)〔發〕，蓋學於其伯祖而有得者也。於是其父彦仁繼之，季明又繼之，源流深遠，眞所謂三世之醫也。季明喜觀書，五□□間，凡書之有及於醫者必記之，名曰《醫説》。始見則曰已得幾事矣，見則曰近又得幾事矣。其意欲滿千事則以傳諸人。予念醫家之書本之以《素問》、《靈樞》，廣之以《難經》、《脈訣》，而藥之君臣佐使，咸萃於《本草》，世因不外是而爲醫也。今有出一奇以起人之沉痾，則必相與驚異，以爲昔人所未到，自明者觀之，其不有似於背水陣乎？故予知是書之爲有益也。

《古今醫統大全·歷世聖賢名醫姓氏·宋》 張季明，名杲，新安人。世業醫術有名，至杲尤誠確精粹，博該諸書。所得輒採録，成《醫説》十卷。

康熙《徽州府志·人物志·方技》 張杲，歙人，工醫術，明太素。有《醫説》行世。究心五十餘年而成，秘方奥旨，靡不備述。

道光《徽州府志·人物志·方技》 按：《醫説》十卷，採入《四庫全書》，言其搜録至當，古來授受之方，尚可見其大略，所録諸方，多可行用。

朱彝尊《跋張氏醫説》 《醫説》十卷，嘉靖中雕本，不題撰人姓氏。觀乎

《書録解題》，始知爲宋新安張（景）〔杲〕季明所撰也。喜劇而書諸卷尾。

《醫學讀書志·宋張氏杲》　《醫説》十卷。右書一種，宋新安張杲撰。杲字季明，伯祖擴，受龐安時業，著名京洛，杲承其家學，撰爲是編。前七門，總序古來名醫醫書，及針灸診視之類，次雜證二十八門，雜論六門，婦人、小兒二門，瘡及五絶、痹、疝三門，終以醫工報應，凡四十七門。皆系古今治驗，而禁方秘論往往間出。惟雜采説部，頗病神怪。且既戒天靈蓋不可用，又出《拾遺》人肉一條，自相矛盾，不可爲訓。然實有淵源，非泛常炫説者可比。

范九思

《古今醫統大全·歷世聖賢名醫姓氏·宋》　范九思，不知何郡人，業醫善針，沉痾悉能起。一人患喉内生蛾，諸醫不能愈，且畏針。范與末藥，計以筆搽之，遂暗針於内，刺之即愈矣。

趙　巒

《古今醫統大全·歷世聖賢名醫姓氏·宋》　趙巒，晉陽人，善醫術，精診候。一人病脅有聲如蛙，以手按之即止，否則連聲不絶。諸醫不能辨。巒診之曰：右關脈伏結，因驚氣入臟腑而成此疾。患人告：因野行忽有蝦蟆高躍叫聲，被驚，便覺脅痛作聲如蛙。巒與六神丹瀉之，立愈。

程　約　馬荀仲　程汝清

弘治《徽州府志·人物·藝術》　程約，字孟博，婺源人。世工醫，其先有號種德居士者，邑宰許應龍因改其所居之坊爲種德坊。約精鍼法，同邑馬荀仲自許齊名，約不然也。太守韓瑗嘗有疾，馬爲右脅下鍼之，半入而鍼折。馬失色曰：是非程孟博不可。約至，乃爲左脅下一鍼，須臾而折鍼出，疾亦隨愈，由是優劣始定。馬亦名醫，爲辛稼軒客，嘗贈之詞，見《集》中。居士之後，又有汝清者，字正子。善太素脈，豫言人禍福生死神驗。聞金國歸正人、郭統領得魏城武師岐瀉補過注法，往師焉，自是疾無久近，應鍼輒愈。著《醫方圖説》行於世。

《古今醫統大全·歷世聖賢名醫姓氏·宋》　程約，字孟博，新安婺源人。世業醫，至約尤著。而更得鍼砭之妙。著有《醫方圖説》行世。

康熙《徽州府志·人物志·方技》　程約，字孟博，婺源人。精鍼法。太守韓瑗疾，同邑馬荀仲治之，鍼其右脅，鍼半入而折。荀仲失色曰：非孟博不可。約至，乃爲左脅下一鍼，須臾而折鍼出，疾即愈。荀仲亦名醫，爲辛稼軒客，嘗贈之詞。約後有程汝清，著《醫方圖説》。

唐與正

《古今醫統大全·歷世聖賢名醫姓氏·宋》　唐與正，不知何郡人。善醫，凡人有奇疾，以意療之，無不效。一小女患風痺赤腫，諸醫以風熱治之不效。唐診視云：肝肺之風熱故。治之遂愈。惟頂上高腫寸許，詢其乳母，好飲熱酒，唐遂悟，前劑倍加葛根，數服而消。

李梴《醫學入門·歷代醫學姓氏·明醫》　唐與正，不知何許人。治因飲熱酒頂高數寸，用葛花倍服自愈。治因服黑錫丹，卧則小便微利，立則不能涓滴，服諸通利藥不效。公診曰：乃結砂時鉛不（死）〔使〕硫黄飛去，鉛入膀胱，卧則偏重猶可溲，立則正塞水道，故不能通。用金液丹三百丸，分爲十服，煎瞿麥湯下。蓋膀胱得硫黄積鉛成灰，從水道下累累如細砂，其病即愈。

王朝弼　王　淵　王　槐

文天祥《金匱歌序》　《金匱歌》者，鄉前輩王君良叔之秘醫方也。初，良叔以儒者涉獵醫書，不欲以一家名。一日，遇病數十輩同一證，醫者曰：此證陰也，其用某藥無疑。數人者駢死，醫者猶不變。良叔曰：是證其必他有以合。少更之，遂服陽證藥，自是皆更生焉。良叔冤前者之死也，遂發念取諸醫書，研精探索，如其爲學然，久之無不通貫。辨證察脈，造神入妙，如庖丁解牛，傴僂承蜩。因自撰爲方劑，括爲歌詩，草紙蠅字，連帙累牘，以遺其後人曰：吾平生精神，盡在此矣。其子季浩，以是爲名醫。其子庭舉，蚤刻志文學，中年始取其所藏讀之，今醫遂多奇中。一日，出是編，予然後知庭舉父子之有名於人，其源委蓋有所自來矣。天下豈有無本之學哉？世道不淑，清淳之時少，乖戾之時多，人有形氣之私，不能免於疾。世無和、扁，寄命於嘗試之醫，斯人無辜，同於巖牆桎梏之歸者，何可勝數？齊高彊曰：三折肱知爲良醫。《楚辭》曰：九折臂而成醫。言屢嘗而後知也。《曲禮》曰：醫不三世，不服其藥。言嘗之久而後可信也。人命非細事，言醫者，類致謹如此。然則良叔，齊楚人所云醫也。若庭舉承三世之澤，其得不謂之善醫矣乎？予因謂庭舉曰：凡物之精，造物者秘之，幸而得之者，不敢輕，然其久未有不發。周公金縢之匱，兄弟之秘情也，至成王時而發。藝祖金匱之誓，母子之秘言也，至大宗時而發。君所謂《金匱歌》者，雖一家小道，然祖宗之藏，本以爲家傳世守之寶，其爲秘一也。子之發之也，以其時考之則可矣。庭舉曰：大哉斯言。予祖之澤，百世可以及人。予爲子孫，不能彰悼先志，恐久遂沈泯，上貽先人羞，敢不承教，以廣之於人。予嘉庭舉之用心，因爲序其本末如此。良叔諱朝弼，季浩諱淵，庭舉名槐云。

宋彦舉

《古今圖書集成·藝術典》卷五〇八引《癸辛雜識》 趙子昂云：北方有宋彦舉者，針法通神，又能運氣。謂初用針，即時覺熱，自此流入經絡，頃刻至患處，用補瀉之法治之，則病愈而氣血流行矣。

丘經歷

《古今圖書集成·藝術典》卷五〇八引《癸辛雜識》 劉漢卿郎中患牙槽風，久之頷穿，膿血淋灕，醫皆不效。在維揚有丘經歷，益都人，妙針法，與針委中及女膝穴，是夕膿血即止，旬日後頷骨脱去，別生新者。其後張師道亦患此證，亦用此法針之而愈，殊不可曉也。丘常治消渴者，遂以酒酵作湯飲之而愈，皆出於意料之外。委中穴在腿脷中。女膝穴在足後跟。俗言丈母腹痛，灸女婿脚後跟。乃舛而至此，亦女膝是也。然灸經無此穴。又云女須穴。

郎簡

《宋史·方技傳·郎簡》 郎簡，字叔廉，杭州臨安人。幼孤貧，借書録之，多至成誦。進士及第，【略】以尚書工部侍郎致仕。祀明堂，遷刑部。卒，年八十有九，特贈吏部侍郎。

簡性和易，喜賓客。即錢塘城北治園廬，自號武林居士。道引服餌，晚歲顏如丹。尤好醫術，人有疾，多自處方以療之，有《集驗方》數十，行于世。

王作肅

乾隆《鄞縣志·藝文》引樓鑰《增釋南陽活人書序》 世以醫爲難，醫家尤以治傷寒爲難。仲景一書，千古不朽，蓋聖於醫者也。本朝累聖，篤意好生，務使方論著明以惠兆庶。積而久之，名醫輩出。如蘄春之龐，泗水之楊、孫、晁、張鋭諸公，未易悉數。無求子朱肱，士夫中通儒也，著《南陽活人書》尤爲精詳。吾鄉王君作肅，爲士而習醫，自號誠庵野人。以《活人書》爲本，又博取前輩諸書凡數十家，手自編纂，蠅頭細字，參入各條之下，名曰《增釋南陽活人書》。可謂勤且博矣。

程迥

《醫經正本書·陳無擇跋》 言幼觀《素問》，若有所得，思竟其業，於是研精覃思，至老而不厭。以之看扁鵲、倉公以來諸家方論，其得失淺深眞贋，輒能辯之如視黑白而數一二也。常恨士夫不肯爲此學，一有疾病，委性命于市井膚淺之人，每爲嘆息。淳熙丁酉之孟夏【略】公名迥，可久其字也，睢陽沙隨人，由太學生登隆興元年進士第云。六月一日，鶴溪老人陳言無擇跋。

管子和

光緒《湖南通志·人物志·技術》 管子和，字克用，永明人。家貧業漁。淳熙初，嘗獨釣溪畔，遇一人龐眉皛鬢，體穢不可近，叱子和負之渡。從之，至中流俯視無影，疑焉。投岸，其人出袖中紅絲八卦界尺遺之，曰：人有疾，以此壓紙方。輒不見。如言試之，屢驗。一日忽失尺，所在惟鈔録《產婦方》獨存，子孫猶以此存活。

酉陽子

光緒《湖南通志·方外·仙釋》 酉陽子，不詳其姓氏。自蜀將往九疑，過祁陽，祁陽人盧玉鉉延之別室數月，遠近病人往求藥，取壺蘆中丸與之，皆立愈。雖給百餘人不匱，酬以金幣不受。叩以仙術，則曰：忠臣孝子便是世上神仙，一切服藥導引皆妄爲，不可學也。後還蜀，不知所終。

楊康侯 子健

黄庭堅《通神論序略》 天下之學，要之有宗師，然後可臻微入妙，雖不盡明先王之道，惟其有本源，故去經不遠也。今年以事至青神，有楊康侯子建者，以其所論著醫，惠然見投，悉讀之，而其説汪洋。蜀地僻遠，無從問所不知。子建閉戶讀書，貫穿黄帝、歧伯，無師之學，至能如此，豈易得哉！然其湯液皆以意調置，則不能無旨矣。方皆聖賢妙於萬物之性者，然後能作而巧者，述之而世之者也。今子建發五運六氣叙病裁藥，錯綜以鍼文之方，與衆共之，是亦仁人之用心云爾。

李駉 晞范子

朱彝尊《書宋本晞范子〈脈訣集解〉後》 咸淳二年，臨川李駉子野撰《脈訣集解》一十二卷，邑人何桂發序之，謂得于誦詩讀書之餘。蓋儒者也。竊謂人之賦形，修短、強弱、肥瘠之不同，則脈亦異焉。今之醫者，止憑切脈，而王叔和之《訣》，蓋有不甚解者。庸醫一歲之殺人，比于法司之決囚，數且倍之矣。駉自號晞范子，其書引證周洽，當時板行，必多傳習者，而宋《藝文志》不載，何歟？

邱可封

乾隆《廣信府志・人物・方技》 邱可封，字汝禮，貴溪人。由歲貢歷官國子典溥。博覽群書，尤精《素問》，與人切人素脈，談休咎，終身不爽。所著有《醫書》及《經驗奇方》，多出自創。

張小娘子　張生

崇禎《嘉興縣志・叢談志・方伎》 宋秀州外科張生，本郡中虞候，其妻遇神人，自稱皮場大王，授以《癰疽異方》一冊，且誨以手法，遂用醫著名，俗呼爲張小娘子。又轉以教厥夫。吳人章縣丞祖母，章子厚侍妾也，年七十，疽發于背，邀治之。張先潰其毒，而以盞貯所泄濃穢澄觀之，其凝處紅如丹砂，出謂丞曰：此服丹藥毒發所致，勢難療也。丞怒曰：此尚不喫一服煖藥，況于丹乎，何妄言如是？母在房聞之，亟呼曰：其說是矣。我少在汝家，每相公餌伏火丹，必使我輩伴服一粒，積久數多，故蓄毒根，今不可悔矣。張謝去。母旋以此終。婁夏生之妾項生一瘡，甚惡，村醫爲灼艾，俄，努肉隆起如捲，頗類捲成花萼，或誤爲物觸，其痛徹心。張曰：此名翻花腦痔，世人患之絕少，吾方書亦不載治法。即捨之而去。村醫復塗藥，綫繫托半日許，捲隨綫墮，然轉手再結，至于四五，訖不痊。凡數旬，妾竟死。

醫家總部

金元醫家部

李慶嗣

《金史·方伎傳·李慶嗣》 李慶嗣，洺人。少舉進士不第，棄而學醫，讀《素問》諸書，洞曉其義。天德間，歲大疫，廣平尤甚，貧者往往闔門卧病。慶嗣攜藥與米分遺之，全活者衆。慶嗣年八十餘，無疾而終。所著《傷寒纂類》四卷、《改證活人書》三卷、《傷寒論》三卷、《鍼經》一卷，傳於世。

《古今醫統大全·歷世聖賢名醫姓氏·元》 李慶嗣，洛陽人，少舉進士不第，遂業醫學。洞徹玄機，活人甚多，所著《傷寒類證》、訂《活人書》及《鍼經》。

高麗醫者

《金史·外國傳下·高麗》 有醫者善治疾，本高麗人，不知其始自何而來，亦不著其姓名，居女直之完顔部。穆宗時戚屬有疾，此醫者診視之，穆宗謂醫者曰：汝能使此人病愈，則吾遣人送汝歸汝鄉國。醫者曰：諾。其人疾果愈，穆宗乃以初約歸之。乙離骨嶺僕散部胡石來勃堇居高麗、女直之兩間，穆宗使族人叟阿招之，因使叟阿送醫者，歸之高麗境上。醫者歸至高麗，因謂高麗人，女直居黑水部者部族日強，兵益精悍，年穀屢稔。高麗王聞之，乃通使于女直。既而，胡石來來歸，遂率乙離骨嶺東諸部皆內附。

紀天錫

《金史·方伎傳·紀天錫》 紀天錫，字齊卿，泰安人。早棄進士業，學醫，精於其技，遂以醫名世。集註《難經》五卷，大定十五年上其書，授醫學博士。

張元素潔古

《醫學啓源·張潔甫序》 先生張元素潔古，易水人也。八歲試童經，廿七經義登科，犯章廟諱出落，於是怠仕進，遂潛心於醫學廿餘年。雖記誦廣博，(書)[然]治人之術，不出人右。其夜夢人柯斧長鑿人開竅，(訥)[納]書數卷於其中，見其題曰：《內經主治備要》，駭然驚悟，覺心痛，只爲凶事也，不敢語人。自是心目洞徹，便爲傳道軒岐，指揮秦越也。河間劉守眞，醫名貫世，視之蔑如也。翌日，守眞病傷寒八日兼下證，頭疼脈緊，嘔逆不食，門人侍病，未知所爲。請潔古診之，至則守眞面壁不顧也。潔古曰：視我直如此卑也？診其脈，喻之曰：脈病乃爾，初服某藥，犯某藥味乎？曰：然。潔古曰：差之甚也！守眞遽然起，曰：何謂也？某藥味寒，下降走太陰，陽亡汗不徹故也。今脈云當以某藥之。守眞首大服其能，一服而愈，自是名滿天下。潔古治病，不用古方，但云：古方新病，恐不相宜，反以害人。每自從病處方，刻期見效，藥下如攫，當時目之曰神醫。暇日緝集《素(問)》五運六氣，《內經》治要，《本草》藥性，名曰《醫學啓源》，以教門生，及有《醫方》三十卷傳于世。壬戌遭火，而存者惟《醫學啓源》。眞定李明之，門下高弟也，請余爲序，故書之。

《金史·方伎傳·張元素》 張元素，字潔古，易州人。八歲試童子舉。二十七試經義進士，犯廟諱下第。乃去學醫，無所知名，夜夢有人用大斧長鑿鑿心開竅，納書數卷於其中，自是洞徹其術。河間劉完素病傷寒八日，頭痛脈緊，嘔逆不食，不知所爲。元素往候，完素面壁不顧，元素曰：何見待之卑如此哉？既爲診脈，謂之曰：脈病云云。曰：然。初服某藥，用某味乎？曰：然。元素曰：子誤矣。某味性寒，下降走太陰，陽亡汗不能出。今脈如此，當服某藥則效矣。完素大服，如其言遂愈，元素自此顯名。平素治病不用古方，其說曰：運氣不齊，古今異軌，古方新病，不相能也。自爲家法云。

《古今醫統大全·歷世聖賢名醫姓氏·金》 張元素，字潔古，易州人，今稱易老，八歲善屬文，舉進士。好醫方，夜夢神人鑿開胸腹，納書於中，自是洞徹病源。活潑施藥，不泥古方，其言運氣不齊，古今易轍，舊方新病，難相合附，所貴因時制宜之妙耳。

乾隆《直隸易州志·人物》 張元素，字潔古，八歲舉神童，品誼高潔。二十七歲試經義進士，犯廟諱下第，乃退而學醫，【略】。所療多不循古。後以明經任涿州學正，注《脈訣》諸書行世。子云岐、璧，能世其業。

《醫學讀書志·金張氏元素》 元素字潔古，八歲應童子舉，二十七試進士，犯廟諱下第，遂工醫。《保命集》首列《原道》等總論十，次病論二十三，闡發深至。《病機》一篇，亦如《原病式》例，用《至眞要大論》爲綱，而援證精博，文氣滂沛，斷非守眞所能。楊威直爲《河間遺書》僞序付梓，明初，甯王權重刻亦踵其誤。李時珍《本草綱目·序例》始糾其謬而複其眞。子璧，號雲岐子，撰《保命集》二卷，專論傷寒，文頗簡潔。蓋家學也。注《王氏脈訣》一卷，與《保命集》幷傳。

劉完素守眞

《金史·方伎傳·劉完素》 劉完素，字守眞，河間人。嘗遇異人陳先生，以酒飲守眞，大醉，及寤，洞達醫術，若有授之者。乃撰《運氣要旨論》、《精要宣明論》。慮庸醫或出妄說，又著《素問玄機原病式》，特舉二百八十八字，注二萬餘言。然好用涼劑，以降心火、益腎水爲主。自號通元處士云。

《頤生微論》 劉完素迭述六書，發明亢制之理，洞若觀火，然偏主於熱，豈能盡六氣之變乎？遂令後世喜用寒涼，伐天和而罔悟，伊誰之咎也！

康熙《畿輔通志·藝學》 劉完素，河間人，字守眞。早遇陳希夷，【略】覺悟《素問》玄機，療人多有異驗，著有《原病式》一卷，《宣明論》五卷。

乾隆《河間縣志·藝文志》 金趙秉文嘗爲完素叙所解《素問》，謂思理精詣，洞究微妙，唐王冰太僕後一人而已。

乾隆《河間府新志·人物志》 說者以完素《要旨論》、《原病式》作，而《內經》之旨昭如日月。《直格書》、《宣明論》作，而長沙之法，約如樞機，則河間爲有功云。

《醫學讀書志·金劉氏完素》 完素字守眞，自號通元處士，大揚醫道於大定明昌間。所著《原病式》，舉《至眞要大論》二百七十七字爲綱，反復辨論至二萬餘言，謂已深探奧妙。《宣明論方》，采《內經》六十一證，分一十七門，撰爲主治之方。其性矜伐，工自譽，尊仲聖爲亞聖，又以爲未備聖人之道。推朱肱爲博辨，又以爲未知陰陽之理，意欲度越古人。蓋當時典籍散亡，醫皆市儈，完素一出，士大夫咸翕然從風，因開七百餘年偏執寒涼之弊。餘書文義淺率，疑多僞託，《病機氣宜保命集》，系張元素撰，謬誤始末，詳元素下。今通行《河間六書》，末附都梁鏳洪《傷寒心要》一卷，鎮陽常德《傷寒心鏡》一卷，《心鏡》一名《張子和別集》。案李濂《醫史》，張從正草創《儒門事親》，常仲明又摭其遺法爲《治法心要》，德疑即仲明之名。書凡七篇，首論河間雙解散及子和增減法。《心要》凡十八方，幷病後四方，敷衍河間之說，多掇拾殘緒，罕所發明。

張從正子和

同治《畿輔通志·雜傳》 自號通元處士，朝廷三聘不起，賜號高尚先生。

《儒門事親·邵輔序》 戴人張子和，專爲事親者著。論議淵微，調攝有法。其術與東垣、丹溪幷傳。名書之義，蓋以醫家奧旨，非儒不能明，藥品酒食，非孝不能備也，故曰：爲人子者，不可不知醫。

《歸潛志》卷六 張子和，睢州考城人，初名從正。精於醫，貫穿《難》、《素》之學，歷歷在口。其法宗劉守眞完素，藥多用寒涼，然起疾救死多取效，士大夫稱焉。爲人放誕，無威儀。頗讀書，作詩，嗜酒。久居陳，游余先子門。後召入太醫院，旋告去，隱。然名重東州，麻知幾九疇與之善。使子和論說其術，因爲文之，有六門三法之目，將行于世，會子和、知幾相繼死，迄今其書存焉。

《金史·方伎傳·張從正傳》 張從正，字子和，睢州考城人。精於醫，貫穿《難》、《素》之學，其法宗劉守眞，用藥多寒涼，然起疾救死多取效。古醫書有汗下吐法，亦有不當汗者汗之則死，不當下者下之則死，不當吐者吐之則死，各有經絡脈理，世傳黃帝、岐伯所爲書也。從正用之最精，號張子和汗下吐法。妄庸淺術習其方劑，不知察脈原病，往往殺人，此庸醫所以失其傳之過也。其所著有六門、三法之目，存於世云。

崇禎《鄢城縣志·流寓》 張從正，字子和，宛丘人，寓居鄢城。【略】興定中，召補太醫，既退，與麻知幾、常仲明輩遊，講明經書奧義，辨析至理，其所著有《六門三法》、《十形三療》、《神效名方》、《儒門事親》等書行於世。

雍正《河南通志·方伎·歸德府》 張從正，字子和，考城人。精於醫，貫穿《難》、《素》之學，起疾救死多效。興定中，召補太醫，居無何，辭去。日遊㶏水上，集醫書凡十四卷，名曰《儒門事親》。

《醫學讀書志·金張氏從正》 從正字子和，號戴人。宣宗興定中召補太醫，未幾辭去。學宗守眞，而規模局促，意旨粗率，麻知幾、常仲明與之友善。其書蓋子和述，而知幾、仲明文飾之。故《儒門事親》中，辨記解誡箋詮式斷、論疏述衍，諸體皆具，而以爲儒者始明其理，事親必當取資也。然擅用寒涼汗吐下三法，當時實多異議，因有辨謗及高技常孤諸論。明嘉靖辛丑，邵輔以毋年望六，求是書與醫，聞忠校序鋟版，欲以垂暮之年，試瞑眩之藥，亦危矣哉！

竇　默 漢卿

《元史·竇默傳》 竇默，字子聲，初名傑，字漢卿，廣平肥鄉人。幼知讀書，毅然有立志。族祖旺，爲郡功曹，令習吏事，不肯就。會國兵伐金，默爲所俘。同時被俘者三十人，皆見殺，惟默得脫歸其鄉。家破，母獨存，驚怖之餘，母子俱得疾，母竟亡，扶病藁葬。而大兵復至，遂南走渡河，依母黨吳氏。醫者王翁妻以女，使業醫。轉客蔡州，遇名醫李浩，授以銅人針法。金主遷蔡，默恐兵且至，又走德安。孝感令謝憲子以伊洛性理之書授之，默自以爲昔未嘗學，而學自此始。適中書楊惟中奉旨招集儒、道、釋之士，默乃北歸，隱於大名，與姚樞、許衡朝暮講習，至忘寢食。繼還肥鄉，以經術教授，由是知名。【略】默爲人樂易，平居未嘗評品人物，與人居，溫然儒者也。至論國家大計，面折廷諍，人謂汲黯無以過之。帝嘗謂侍臣曰：朕求賢三十年，惟得竇漢卿及李俊民二人。又曰：如竇漢卿之心，姚公茂之才，合而爲一，斯可謂全人矣。後累贈太師，封魏國公，謚文正。子履，集賢大學士。

《古今醫統大全·歷世聖賢名醫姓氏·金》 竇漢卿，爲金太師，善醫，妙於針，有死去經日者，若胸前稍溫，輒針立活。著有《針經指南》、《標幽賦》，誠爲古今之軌範。

雍正《肥鄉縣志·志餘》 竇文正公受李浩銅人針法後，其治瘡瘍極精晰。史云有《醫論》行世，不可得，止見《外科全書》內咽、喉二説，皆有理致。兹節略其原文一則附此，知公深達內(景)〔經〕《素問》元奥，不獨以瘡瘍擅長也。其略云：呼者，因陽出，吸者，隨陰入，呼吸之間，肺經主之；喉嚨以下言六藏，爲手足之陰；咽門以下言六腑，爲手足之陽；蓋諸藏屬陰爲裏，諸腑屬陽爲表，以臟者藏也，藏諸神流通也。腑者府庫，主出納水谷、糟粕，轉輸之謂也。自喉嚨以下，六藏應天氣，乃肺之系也。以肺屬金，乾爲天，乾者，金也。故天氣之道其中空長，可以通氣息。但喉嚨與咽并行，其實兩異，而人多惑之。蓋喉嚨爲息道，咽中下水谷，其喉下接肺之氣。一云喉中三竅者，非果喉中具三竅，則水谷與氣各從一竅而俱下。【略】此等症系性命之根本，生死立見，不識其標本而攻之失法，則禍不旋踵矣。

成無己

《古今醫統大全·歷世聖賢名醫姓氏·金》 成無己，世習儒醫，無己尤該博羣書，有敏質，祖述仲景傷寒，辨析表裏虚實，極其旨趣，著有《傷寒明理論》凡數十卷行世。

《四庫全書總目·子部一三·醫家類一》 《傷寒論》十卷，漢張機撰，晉王叔和編，金成無己註。《明理論》三卷，《論方》一卷，則無己所自撰，以發明機説者也。叔和，高平人，官太醫令。無己，聊攝人，生於宋嘉祐治平間，後聊攝地於金，遂爲金人，至海陵王正隆丙子，年九十餘尚存。

王博　韓榮

乾隆《江南通志·藝術·鳳陽府》 王博、韓榮，皆醫道通神。宿州衛百戶李昶，少時弱疾不起，延二人視之。韓決其速愈，壽八十餘。王再視，謂八十四。後皆如其言。

任履真

《歸潛志》卷六 任履真子山，許州長葛人。讀書，喜雜學。深於醫，又有鄉行，邑人皆信之。貞祐初，召入太醫院，旋告歸。與閑閑、屏山諸公及余先子善。先子主長葛簿，其脩儒宫及太虚觀，子山之力居多。爲醫，起人疾甚衆。既卒，閑閑誌其墓云。

祁宰

《金史·方伎傳·祁宰》 祁宰，字彥輔，江、淮人。宋季，以醫術補官。王師破汴得之，後隸太醫。累遷中奉大夫、太醫使。

聶只兒

《輟耕録·奇疾》 今上之長公主之駙馬剛哈剌咱慶王，因墜馬，得一奇疾，兩眼黑睛俱無，而舌出至胸，諸醫罔知所措。廣惠司卿聶只兒，乃也里可溫人也，嘗識此證，遂剪去之。頃間，復生一舌，亦剪之。又於眞舌兩側各去一指許，卻塗以藥而愈。時元統癸酉也。廣惠司者，回回之爲醫者隸焉。

白衣二真人

嘉慶《如皋縣志·列傳·方外》 白衣二眞人，傳逸其名。二人嘗過赤岸鄉，里人管念九止之宿，灑掃一室，焚香煮茗爲供。迨旦，二人已失去，室中獨遺二鐵罐，内有頭風黑神方。管用其方合藥，置罐中，凡頭風者服之，無不立效。元末，失其罐，人以爲神。

陶植　陶甄　陶宗義　陶塤

康熙《常熟縣志·人物·方技》　陶植，至正中，爲本縣醫學録。子甄，克紹先業。孫宗義，字行之，又從婦翁金彦明攻傷寒諸科。宗義子塤，亦以醫鳴。

周夢卿

光緒《定襄縣補志·藝文》引元好問《周氏衛生方序》　定襄周侯夢卿，弱冠從其兄戶籍判官器之作舉子，遭罹兵亂，投迹戎行，屢以戰功，多取千戶封，佩金符，然其舉子習氣故在也。中年以來，頗以醫藥、卜筮爲事，孤虚、壬遁、風角、鳥占，俱號精備。軍旅間病患，倉促爲之投劑，救療既廣，遂爲專門之業。以夏課綴葺之勤，而移之芝、朮、參、桂之下。好事者有秘方可責目前之效者，必來告之。歲月既久，鋟成卷帙，凡若干卷、若干首，以《周氏衛生方》目之。予以世契之故，得傳録焉。

劉應龜

黄溍《山南先生述》　先生姓劉氏，諱應龜，字元益，世爲婺之義烏人。自曾大父祖向，大父夢龍，父景辰，無仕者。先生少恢疏，常落落多大志。宋咸淳間游太學，馬丞相高其材，將女焉，先生不可迺已，由是名稱籍甚，非直用文墨出小異也。於時同舍生，掇其緒論，或取高第，而先生故爲博士弟子員，亡何，當以優升解褐。值德祐失國，迺返耕，築室南山之南，賣藥以自晦。人勸以仕，輒不答，然亦不爲激詭嶄絶事眩俗矜衆也。居久之，會使者行神引年，而江浙之命下矣。到官數月，俄拂衣而歸，遂以天曆元年三月二十有四日卒於家，享年八十有三。重紀至元之某年十二月某日，葬荆浦之北原。元配何氏，繼室馬氏，皆前卒，至是合祔焉。子男二人，長安道，何氏出，終於杭州路醫學教授。次至道，馬氏出，前昌國州醫學教授。俱能襲父業以醫名。女一人，適厲。孫男六人，女二人，曾孫男五人，女二人。公之葬已久，而墓上之石未刻，於是至道以狀來取文爲銘，且曰：先人在京師時，至道與先兄留治家事，凡先人所遊從，與治療之曲折，言人禍福之徵應，皆莫能知其詳。所可知者，僅如是而止。先兄因赴銓，謁參知政事張公某，公言吾年尚少求，而父切脈，即知吾後當居政路，不自意忝竊至此。而父可謂精于其術者也，今豈可復得哉！由公之言，而推其所不及知，闕軼固多矣。獨先人自序《太素脈訣》出於蜀之青城山王樸仙翁，而歙人張子元子發，嘗校其書。傳至楊上善，而予得之，始奏請以行于世。其端緒之相承，可概見也。昔劉歆序《七略》，醫經之言人血脈經絡陰陽表裏者，黄帝、扁鵲、白氏内外經，及旁篇七家而已。蓋《太素》之書，尤祕而未出，故無得而述焉。庸備著公所序於銘文之首，庶史官傳方伎者有考云爾。銘曰：

太素之學，古有別傳。卓哉張公，窮幽極元。爰取諸身，以知來物。活人之功，抑其仁術。帝謂斯人，醫師之良。畀以制書，歸榮故鄉。幡然勇退，遂考終命。前知孔灼，順受其正。公則遠矣，公書具存。發潛明微，在爾子孫。謁文訂實，推述源委。薦諸石章，用裨信史。

柳立夫

黄溍《柳立夫傳》　柳立夫者，名森，當塗人也。祖父世醫，至立夫遂以其技知名。立夫於醫善爲脈。其治疾，決人生死多奇驗。然志在德物，未嘗挾以爲市也。人以病叩門，不擇貧富輒往，或委金錢，率謝弗取，即取，取足自養而已，亦用是見稱士大夫間。而參知政事吳公淵，尤遇立夫厚，立夫亦喜爲之留。吳公乃買田築室居立夫，不使輒去也。初，立夫兄嘗誤殺人，就逮當死。立夫曰：兄先人世嗣，又有子，且吾母老矣，吾自度生無益於兄，終不能爲兄愛其死。乃自言有司，願以身受刑贖兄罪。吏感其誼而悲之，乃議出其兄，而立夫亦竟得不死。然重以立夫故廢法，遂論黥立夫。當吳公盛貴時，士多以善爲方出入門下者，而特敬重立夫，嘗用比貴客，不獨以其技也。吳公有愛姬，無子，將出以嫁立夫。立夫聞之，輒先自娶婦。亡何婦死，吳公卒欲以姬妻之。立夫乃謝曰：吾婦雖亡，母固在爾。吳公曰：娶婦非以養姑耶？立夫曰：不然。是方豢貴驕，襲美飾，而能躬井臼以事吾母耶！於是吳公止不復言。姬聞而歎曰：吾乃爲刑餘之人所棄，吾終不可以事人。即日脱簪珥入道終其身。諸公聞之，以爲吳公所得姬侍賓客，皆非常人也，以此賢吳公，而益重立夫。吳公既病歿，立夫乃去賣藥黄池上，里中子或求立夫瘉疾，弗爲報。立夫嘗爲稱貸於富人，又弗償也。會復得疾，乃不敢致立夫，而更迎他醫。以藥溫之，病加劇，不得已始召立夫。立夫診之曰：病得之勞而伏暑，奈何以剛劑燥之？方冬沍寒，而立夫言如此，他醫素害其技，乃謂病家，彼固有嗛於君，不可信。病家將遂謝罷立夫。已而念立夫素長者，卒聽不疑，竟如其言而效，乃奉幣物重報立夫。立夫輒罵曰：公市人，何復以市人處我，趣歸而逋，無用是汚我也！里中子乃大慚悔，盡償所貸錢。由是鄉閭皆慕化立夫，行有不可者，惟懼立夫知之也。立夫後以高壽終。

贊曰：先左曹君布衣時客吳公，與立夫游而善，嘗弟畜之，亟稱立夫賢有道者，皆寓於醫云。以予所聞，立夫爲人已疾，其治驗甚衆，而立夫所著，有《診脈圖》，有《可用方》，今江淮閒，類多襲用其書，以故弗論，論其卓恑殊絕之行，著於篇。

王幼孫

道光《廬陵縣志·儒林》 王幼孫，字秀稚，棟頭人。性篤孝，母劉氏苦痰疾，醫莫之治。一日夢《南陽活人書》，或投桔甘湯良。覺如夢，立愈。寶祐丙辰赴闕上書言國事，不報，歸，教授於鄉。宋亡，其友文天祥兵敗，執以歸廬陵，謁於驛舍，爲文祭之，期以必死，辭氣慷慨，左右嗚咽，莫能仰視。自是日與賓客過從，守經執禮以終，年七十有六。所著有《大學章句》二卷、《太極圖說拟答》、《朱陸辨》、《深衣圖辨》、《經籍論》、《易通》、《貫三爲一圖》、《家傳譜系》、《簡便經驗二方》各一卷、《雜著》若干卷。

李元

康熙《兖州府志·人物志》 李元，字善長，滕人。以醫侍世祖，奏對稱旨，命從兆安王那木罕西征。行萬餘里，爲叛主海都所得，幽之六年，乃得脫歸。覲世祖於行在，上問其來狀，顧左右曰：是人萬里來歸，盡忠孝於我，雖蒙古人弗逮也。厚勞賜之。踰年，遷太中大夫都總管府達魯花赤，淸而有惠，慨悌宜民，以年老致仕，退處滕陽，年八十四卒。

麻九疇 知幾

《金史·麻九疇傳》 麻九疇，字知幾，易州人。三歲識字，七歲能草書，作大字有及數尺者，一時目爲神童。章宗召見，問：汝入宮殿中亦懼怯否？對曰：君臣，父子也。子寧懼父耶？上大奇之。弱冠入太學，有文名。【略】九疇初因經義學《易》，後喜邵堯夫《皇極書》，因學算數，又喜卜筮、射覆之術。晚更喜醫，與名醫張子和游，盡傳其學，且爲潤色其所著書。爲文精密奇健，詩尤工緻。後以避謗忌，持戒不作。明昌以來，稱神童者五人，太原常添壽四歲能作詩，劉滋、劉微、張漢臣，後皆無稱，獨知幾能自樹立，耆舊如趙秉文，以徵君目之而不名。

《古今醫統大全·歷世聖賢名醫姓氏·元》 麻九疇，字知幾，（莫）〔易〕州人，三歲識字，七歲能書，長通經史。因疾，從子和學醫，遂盡得其妙，濟活甚多。

乾隆《任邱縣志·輿地·墓塚》 麻九疇墓，在鄚州西。今子姓猶存。

王仲明

《元史·廉希憲傳》 詔徵揚州名醫王仲明視希憲疾，既至，希憲服其藥，能杖而起。帝喜謂希憲曰：卿得良醫，疾向愈矣。對曰：醫持善藥以療臣疾，苟能戒慎，則誠如聖諭，設或肆惰，良醫何益？蓋以醫諷諫也。

萬曆《揚州府志·人物·技術傳》 王仲明，江都人。善醫。相廉希憲疾，世祖詔仲明醫之。仲明未即行，士大夫強之曰：君能起廉相，是惠及天下也。仲明促行，進藥立愈。世祖欲與之官，辭不就。

嘉慶重修《揚州府志·人物·藝術》 王仲明，揚州名醫也。

王宏毅

《古今圖書集成·藝術典》卷五〇九引《陝西通志》 王宏毅，字子遠，唐王珪之裔。初習舉子業，宋末，詣京試賦，會元兵克汴，家族離散，乃避難習醫，管太醫院事，治疾如神。

王開 鏡澤

康熙《浙江通志·方伎·金華府》 王鏡澤，蘭谿人。肆力醫學，遊大都竇漢〔卿〕之門，悉傳其術以歸。竇囑之曰：傳吾術以濟人，使人無病，即君之報我也。遇人有疾，施針砭無不立愈。至元初，徵領揚州教授，以母老辭。所著有《重註標幽賦》，傳于世。

康熙《蘭谿縣志·方技》 王開，號鏡澤，字元啓。【略】子國瑞，孫廷玉、曾孫宗澤，能世其業。

光緒《蘭谿縣志·藝術》 王鏡澤，名開，以號行。營居於鏡澤之上，人稱鏡澤先生。子國瑞，屢游三吳，與貝瓊交，嘗以父《隱居圖》請瓊爲之序。

劉資深

萬曆《温州府志・人物志・方技》 劉資深，永嘉人，世傳醫學。元初，郡大疫，郡守肩輿迎之，投劑皆愈，與戴復菴煟齊名。

許國禎

《元史・許國禎傳》 許國禎，字進之，絳州曲沃人也。祖濟，金絳州節度使。父日嚴，榮州節度判官。皆業醫。

國禎博通經史，尤精醫術。金亂，避地嵩州永寧縣。河南平，歸寓太原。世祖在潛邸，國禎以醫徵至翰海，留守掌醫藥。莊聖太后有疾，國禎治之，刻期而愈，迺張宴賜坐。太后時年五十三，遂以白金鋌如年數賜之。伯撒王妃病目，治者鍼誤損其明。世祖怒，欲坐以死罪，國禎從容諫曰：罪固當死，然原其情乃恐怖失次所致。即誅之，後誰敢復進。世祖意解，且獎之曰：國禎之直，可作諫官。宗王昔班屢請以國禎隸帳下，世祖重違其請，將遣之，辭曰：國禎蒙恩拔擢，誓盡心以報，不敢易所事。乃不果遣。

世祖過飲馬湩，得足疾，國禎進藥味苦，却不服，國禎曰：古人有言：良藥苦口利於病，忠言逆耳利於行。已而足疾再作，召國禎入視，世祖曰：不聽汝言，果困斯疾。對曰：良藥苦口既知之矣，忠言逆耳願留意焉。世祖大悦，以七寶馬鞍賜之。

憲宗三年癸丑，從征雲南，機密皆得參與，朝夕未嘗離左右。或在告，帝輒爲之不悦。九年己未，世祖帥師圍鄂州，獲宋人數百族，諸將欲盡阬之，國禎力請止誅其凶暴，餘皆獲免。及師還，招降民數十萬口，疲餓顛仆者滿道，國禎白發蔡州軍儲糧賑之，全活甚衆。

世祖即位，録前勞，授榮祿大夫、提點太醫院事，賜金符。至元三年，改授金虎符。十二年，遷禮部尚書。國禎嘗上疏言：慎財賦，禁服色，明法律，嚴武備，設諫官，均衛兵，建學校，立朝儀，事多施行。凡所薦引，皆知名士，士亦歸重之。帝與近臣言及勳舊大臣，因謂國禎曰：朕昔出征，同履艱難者，惟卿數人在爾。遂拜集賢大學士，進階光祿大夫。每進見，帝呼爲許光祿而不名，由是内外諸王大臣皆以許光祿呼之。陞翰林集賢大學士。卒年七十六。時大臣非有勳德爲帝所知者，罕得贈謚，特贈國禎金紫光祿大夫，謚忠憲，人以爲榮。後加贈推誠廣德協恭翊亮功臣、翰林學士承旨上柱國，追封薊國公。

《古今醫統大全・歷世聖賢名醫姓氏・元》 許國禎，字進之，爲元祖翰海留守，掌醫藥，醫邁常人，藥有奇效。世祖足疾，進藥，味苦不飲，禎曰：良藥苦口利於病，忠言逆耳利於行。世祖然之，遂飲藥而愈。

李杲 東垣

《内外傷辨惑論・自序》 僕幼自受《難》、《素》於易水張元素先生，講誦既久，稍有所得。中年以來，更事頗多，諸所診治，坦然不惑。曾撰《内外傷辨惑論》一篇，以證世人用藥之悮。陵谷變遷，忽成老境，神志既惰，懶於語言，此論束之高閣十六年矣。昆崙范尊師，曲相獎借，屢以活人爲言，謂此書果行，使天下之人，不致夭折，是亦仁人君子濟人利物之事。就令著述不已，精力衰耗，書成而死，不愈於無益而生乎。予敬受其言，僅力疾就成之，雖未爲完備，聊答尊師慈憫之志。師宋文正公之後也。丁未歲重九日，東垣老人李杲明之題。

《元史・方技傳・李杲》 李杲，字明之，鎮人也，世以貲雄鄉里。杲幼歲好醫藥，時易人張元素以醫名燕趙間，杲捐千金從之學，不數年，盡傳其業。家既富厚，無事於技，操有餘以自重，人不敢以醫名之。大夫士或病其資性高謇，少所降屈，非危急之疾，不敢謁也。其學於傷寒、癰疽、眼目病爲尤長。

北京人王善甫，爲京兆酒官，病小便不利，目睛凸出，腹脹如鼓，膝以上堅硬欲裂，飲食且不下，甘淡滲泄之藥皆不效。杲謂衆醫曰：疾深矣。《内經》有之，膀胱者，津液之府，必氣化乃出焉。今用滲泄之劑而病益甚者，是氣不化也。啓玄子云：無陽者陰無以生，無陰者陽無以化，甘淡滲泄皆陽藥，獨陽無陰，其欲化得乎？明日，以羣陰之劑投，不再服而愈。

西臺掾蕭君瑞，二月中病傷寒發熱，醫以白虎湯投之，病者面黑如墨，本證不復見，脈沉細，小便不禁。杲初不知用何藥，及診之，曰：此立夏前誤用白虎湯之過。白虎湯大寒，非行經之藥，止能寒腑藏，不善用之，則傷寒本病隱曲於經絡之間。或更以大熱之藥救之，以苦陰邪，則他證必起，非所以救白虎也。有溫藥之升陽行經者，吾用之。有難者曰：白虎大寒，非大熱何以救，君之治奈何？杲曰：病隱於經絡間，陽不升則經不行，經行而本證見矣。本證又何難焉。果如其言而愈。

魏邦彦之妻，目翳暴生，從下而上，其色綠，腫痛不可忍。杲云：翳從下而上，病從陽明來也。綠非五色之正，殆肺與腎合而爲病邪。乃瀉肺腎之邪，而以入陽明之藥爲之使。既效矣，而他日病復作者三，其所從來之經，與(腎)〔翳〕色各異。乃曰：諸脈皆屬於目，脈病則目從之。此必經絡不調，經不調，則目病未已也。問之果然，因如所論而治之，疾遂不作。

馮叔獻之姪櫟，年十五六，病傷寒，目赤而頓渴，脈七八至，醫欲以承氣湯下之，已煮藥，而杲適從外來，馮告之故。杲切脈，大駭曰：幾殺此兒。《內經》有言：在脈，諸數爲熱，諸遲爲寒。今脈八九至，是熱極也。而《會要大論》云：病有脈從而病反者何也？脈(之)〔至〕而從，按之不鼓，諸陽皆然。此傳而爲陰證矣。今持薑、附來，吾當以熱因寒用法處之。藥未就而病者爪甲變，頓服者八兩，汗尋出而愈。

陝帥郭臣濟病偏枯，二指著足底不能伸，杲以長針刺骫中，深至骨而不知痛，出血一二升，其色如墨，又且謬刺之。如此者六七，服藥三月，病良已。裴擇之妻病寒熱，月事不至者數年，已喘嗽矣。醫者率以蛤蚧、桂、附之藥投之，杲曰：不然，夫病陰爲陽所搏，溫劑太過，故無益而反害。投以寒血之藥，則經行矣。已而果然。杲之設施多類此。當時之人，皆以神醫目之。所著書，今多傳於世云。

《醫史》引硯堅《東垣老人傳》　東垣老人李君，諱杲，字明之，其先世居眞定，富於金財。大定初，校籍眞定河間，戶冠兩路。君之幼也，異於羣兒，及長，忠信篤敬，愼交游，與人相接，無戲言。衢間衆人以爲懽洽處，足跡未嘗到，蓋天性然也。朋儕頗疾之，密議一席，使妓戲狎，或引其衣，即怒罵，解衣焚之。由鄉豪接待國使，府尹聞其妙齡有守也，諷妓強之酒，不得辭，稍飲，遂大吐而出。其自愛如此。受《論語》、《孟子》於王內翰從之，受《春秋》於馮內翰叔獻。宅有隙地，建書院，延待儒士。或不給者，盡周之。泰和中，歲饑，民多流亡，君極力賑捄，全活者甚衆。

母王氏寢疾，命里中數醫拯之，溫涼寒熱，其說異同，百藥備嘗，以水濟水，竟莫知爲何證而斃。君痛悼不知醫而失其親，有願曰：若遇良醫，當力學以志吾過。聞易水潔古老人張君元素，醫名天下，捐金帛詣之。學數年，盡得其法。進納得官，監濟源稅。彼中民感時行疫癘，俗呼爲大頭天行。醫工遍閱方書，無與對證者，出己見，妄下之，不效；復下之，比比至死。醫不以爲過，病家不以爲非。君獨惻然於心，廢寢食，循流討源，察標求本，製一方，與服之，乃效。特壽之於木，刻揭於耳目聚集之地，用之者無不效。時以爲仙人所傳，而鏨之於石碣。

君初不以醫爲名，人亦不知君之深於醫也。君避兵汴梁，遂以醫游公卿間，其明效大驗，具載別書。壬辰北渡，寓東平；至甲辰還鄉里。一日，謂友人周都運德父曰：吾老，欲遺傳後世，艱其人奈何？德父曰：廉臺羅天益謙父，性行敦樸，嘗恨所業未精，有志於學，君欲傳道，斯人其可也。他日，偕往拜之。君一見曰：汝來學覓錢醫人乎？學傳道醫人乎？謙父曰：亦傳道耳。遂就學，日用飲食，仰給於君。學三年，嘉其久而不倦也，予之白金二十兩，曰：吾知汝活計甚難，恐汝動心，半途而止，可以此給妻子。謙父力辭不受。君曰：吾大者不惜，何吝乎細？汝勿復辭。君所期者可知矣。臨終，平日所著書檢勘卷帙，以類相從，列於几前，囑謙父曰：此書付汝，非爲李明之、羅謙父，蓋爲天下後世，愼勿湮沒，推而行之。行年七十有二，時辛亥二月二十五日也。君歿，迄今十有七年，謙甫言猶在耳，念之益新。噫嘻！君之學，知所托矣。

乾隆《正定府志·人物·方伎》　李杲，字明之，號東垣，正定人。少通《春秋》、《書》、《易》，博聞強記。時易州張元素著《珍珠囊》一書，以醫名燕趙間。杲捐千金從之學，不數年，盡得其祕。顧資性高騫，少所降屈，非危急之疾，人不敢謁也。嘗援例作濟源監稅官。祖《珍珠囊》意，增以用藥凡例、諸經嚮道、綱要活法，著《用藥法象》一卷。謂世人惑於內傷外感，混同施治，乃辨其脈證、元氣、陰火、飲食、勞倦、有餘不足，著《辨惑論》、《脾胃論》各三卷。推明《素問》、《難經》、《本草》、《脈訣》及《雜病方論》，著《醫學發明》九卷。《(靈臺)〔蘭室〕祕藏》五卷，辨析經絡、脈法。分比傷寒六經之則，著《此事難知》二卷，及《溯洄集》、《外科精義》，號《東垣十書》，至今人稱朱、李爲一代儒醫云。

《醫學讀書志·金李氏杲》　杲字明之，自號東垣老人。金亡入元，年五十五，又十七年乃卒。大定初校籍，富冠眞定、河間兩路，納貲得官監濟源稅。因母嬰疾，爲衆醫雜治死，遂捐千金，從張元素學醫，許魯齋先生目爲醫中王道。明隆慶四年，曹灼集元素父子，及王好古、李東垣、田幼科書十種，稱五人各以專學著述，東垣獨能集其大成，故序刻成一家之言。《脾胃論》三十六條，有圖有論有方，大柢原本《內經》，實未能得《內經》精蘊。《蘭室秘藏》二十一門，十九論，二百八十三方，皆諄重脾胃，極言寒涼攻伐之害，爲河間別樹一幟。雖用藥繁重，專尚香燥，論固執而辭不達意，亦當時救弊之砥柱也。

同治《畿輔通志·藝文略》 初，杲母嬰病，爲衆醫雜治而死，迄莫知爲何證。杲自傷不知醫理，遂從易州張元素學，盡得其法，而名乃出于元素上，卓爲醫家大宗。【略】發明內傷之證，有類外感，辨別陰陽寒熱，有餘不足，而大旨以脾胃爲主。故特制補中益氣湯，專治飲食勞倦，虛人感冒，法取補土生金，升清降濁，得陰陽生化之旨，其闡發醫理，至爲深微。

同治《畿輔通志·藝文略》 其曰《蘭室秘藏》者，蓋取黄帝《素問》藏諸靈蘭之室語。前有至元丙子羅天益序，在杲歿後二十五年，疑即硯堅所謂臨終以付天益者也。其治病分二十一門，以飲食勞倦居首，他如中滿腹脹，如心腹痞，如胃脘痛諸門，皆諄諄于脾胃，蓋其所獨重也。東垣發明內傷之類外感，實有至理。而以土爲萬物之母，脾胃爲生化之源。《脾胃損論》一篇，極言寒涼峻利之害，尤深切著明，蓋預睹劉、張兩家末流攻伐之弊，而早防其漸也。至于前代醫方，自《金匱要略》以下，大抵藥味無多，故《唐書·許(允)〔胤〕宗傳》紀(允)〔胤〕宗之言曰：病之與藥有正相當，惟須單用一味，直攻彼病，藥力既專，病即立愈。今人不能別脈，莫識病證，以情臆度，多安藥味，譬之于獵，未知兔所，多發人馬，空地遮圍，或冀一人之偶然逢也，如此療病，不亦疏乎？其言歷代醫家均傳爲名論。惟杲此書載所制諸方，動至一、二十味，而君、臣、佐、使、相制、相用，條理井然，他人罕能效之者。斯則事由神解，不涉言詮，讀是書者能喻法外之意則善矣。

同治《畿輔通志·藝文略》 攷《珍珠囊》爲潔古老人張元素著，其書久已散佚，世傳東垣《珍珠囊》乃後人所僞托，李時珍《本草綱目》辨之甚詳。是編首載寒、熱、溫、平四賦，次及用藥歌訣，俱淺俚不足觀，蓋庸醫至陋之本，而亦托名於杲，妄矣。

羅天益 謙甫

《衛生寶鑑·蔣用文序》 劉河間、張潔古、李東垣諸公者，挺然復出，啓前聖不傳之秘，煥然爲後學之模範。然當時學者，惟眞定羅謙甫氏，獨得李氏之正傳，故所輯《衛生寶鑑》一書，論病則本於《素》、《難》，必求其因，其爲說也詳而明。製方則隨機應變，動不虛發，其爲法也簡而當。大柢皆採摭李氏平日之精確者，而間隱括以己意，旁及於諸家者也。

《古今醫統大全·歷世聖賢名醫姓氏·元》 羅天益，字謙甫，眞定人，東垣弟子，潛心苦學，眞積力久，居東垣門下十餘年，盡得其妙。著有《衛生寶鑑》二十四卷行世。

康熙《藁城縣志·人物志·方伎》 羅天益，別號謙甫，藁城人。幼師李東垣，研窮醫道，深得東垣秘旨。其因脈求疾，隨疾製方，治療無不立效。熊宗立謂：王海藏之《此事難知》、成無己之《明理論》、羅謙甫之《試效方》，皆傑然不可及者。

《醫學讀書志·金羅氏天益》 《衛生寶鑑》二十四卷、《補遺》一卷、《內經類編》九卷、《東垣試效方》九卷。右書三種，金眞定羅天益撰。天益字謙甫，東垣傳付著作弟子。是書一至三卷爲藥誤永鑒，四至二十卷爲名方類集，二十一卷爲藥象類集，二十二至二十四卷爲醫驗紀述。《補遺》爲傷寒外感表裏陰陽三十一症治法。大要修飾師說，炫耀己長，不免流俗之茸，而信崇仲景，論述《內經》，殊爲青出於藍。然文義闒茸，欲暢不能，亦固已哉。卷首有永樂十五年盧陵胡廣、建安楊榮序。

馬完素

《醫學讀書志·元馬氏完素》 《傷寒醫鑒》一卷。右書一種，元平陽馬完素撰。完素私淑守眞。是書凡一十一條，皆摘《活人書》中溫藥主治之病，不證以仲景原文，但引《素問·熱論》，守眞主寒之說，極意攻排，不遺餘力。甚云：下立死，不下亦死，宜用涼膈散，涼膈散非下藥乎？是以人命爲孤注矣。明吳有性著《瘟疫論》，實本諸此。夫《傷寒論》，律也，《內經》，經也。經主乎體，律主乎用，循經引律，貴乎持平。苟偏袒自專，各爭門戶，則經律相失，體用相違，未有不僨事者。

曾世榮

同治《衡陽縣志·方技傳》 曾世榮，字育谿，元成帝時以方脈著名，尤精小兒醫。于時蒙古分散天下，中外雜居，始有豆疹之災，夭札相望。凡世榮所診療，全濟無算。撰《活幼新書》一編，甚爲當世所貴。大德十一年，府城火焚二十餘家，救火者莫敢進，世榮方還宅取方書，火斷道不得出，聞外諠呼：曾世榮家。併力進水百餘器，火勢頓衰，所居宅屹然，其得衆心如此。

陸怡

崇禎《松江府志·人物志·藝術》 陸怡，字悦道，華亭人。藏用丘樊，敦尚懿義。嘗在杭得遺道眞珠數琲，值千緡，候求者還之。尤善醫，汴人段氏，客比鄰，一夕溘死。怡取馬櫪，去底，寘大釜上，舁死者内之，蒸以葱藥。及旦，皮腐而氣復。大德間，召至京師，右丞相答剌罕哈剌哈孫試其藝，稱爲神人，欲官之，力辭歸，賜號悦道處士。哈孫使切脈，竟曰：丞相無疾，惟左足大拇指一脈不到。時哈孫先以物約之也。

孫德芳

光緒《廣平府志·藝術》 孫德芳，永年人。幼篤學，長師谷氏，學按摩科。延祐初，舉爲太醫。

釋普映

《古今圖書集成·藝術典》卷五〇九引《德興縣志》 釋普映，長居院僧，通究釋典，尤精岐黄術。元武宗取爲太醫，除授僧録司，在朝十二年。

釋拳衡

《古今圖書集成·藝術典》卷五〇九引《德興縣志》 釋拳衡，燒香院僧，通釋典，善醫，投劑無不效。至治三年，皇后疾，拳衡獻藥有功，賜號忠順藥師，領五省採藥使。

楊元直

順治《祥符縣志·人物·方伎》 楊元直，字大方，澤之仲子。繼父醫業，以著書歷仕世祖、成英、泰定數朝，官至明义館大學士，兼太醫院事，掌醫卿。卒，贈光禄大夫，河南北行中書省平章柱國，追封梁國公，謚忠穆。

葛應雷

黄溍《成全郎江浙官醫提舉葛公墓誌銘》 公諱應雷，字震父，世爲平江人。其先仕宋季而未顯，宣義郎思恭，於公爲大父。進義校尉從豫，於公爲父。公少從季父某受《周禮》，爲舉子業。國朝取宋，場屋事廢，公無仕進意，若將終身焉。初，進義府君業儒，而於九流百家，靡所不通，尤工於醫。公既不得以文學自見，退而取家庭所聞《靈樞》、《素問》諸書之説，研窮精覈。見世之言醫者，執方拘論，而莫究其源委，多與古法背馳。於是推五運六氣之標本，察陰陽升降之左右，以定五臟六腑之虚實，以合經絡氣血之流注，而知疾病之候，死生之期。其處方劑、施砭焫，率與他醫異，以此名動一時。浙西提刑按察司判官李公某，中州名醫也，嘗自診視其父疾，復以咨決於公。聞公言，父子相顧駭愕曰：南方何以有此邪？則盡出所藏劉守眞、張潔古之書，與公討論，所見無不脗合。江南言劉、張之學自公始。公所著書，大旨以爲醫當視時盛衰。劉守眞、張子和輩，值金人強盛，民悍氣剛，故多用宣洩之法。及其衰也，兵革之餘，饑饉相仍，民勞志困，故張潔古、李明之輩，多加補益之功。至若宋之季年，醫者大抵務守護元氣，而不識攻伐之機，能養病而不能治病，失在不知通其變也。書凡二十卷，名之曰《醫學會同》。摘古語扁其齋曰恆，蓋用術貴於通變，立志則不可無恆也。士大夫聞公名，奉幣馬迎致之無虚日，延譽益廣。大德十年，用薦者補平江路醫學教授，治廟宇，闢士田，教育其弟子員，後多爲良醫。尋用省臺交舉，擢江浙等處官醫副提舉，遂爲其提舉，階自醫愈郎陞成全郎。延祐五年也，公前後在官十年，其學大行於東南。至治二年，丁母憂而歸，居喪過於哀毁，如不欲生，竟以三年春正月十八日卒於家，享年六十。娶盧氏，宋某官鉞之孫女。子男二人，長震孫，先五年卒。次乾孫。女一人，適胡就矩，亦已卒。孫男四人。公資稟和粹，識量明達，外嚴而内寬，事親孝而友愛其弟，鄉鄰有急，拯救之如恐不及，人以長者稱焉。乾孫既以泰定元年春二月二十八日，奉柩葬于吳縣至德鄉望墅墩先墓之次。後十有三年，始以前宋進士顔先生堯煥所爲公行狀，屬予爲之銘。予觀前史傳扁鵲、倉公、華佗，皆歷言其已試之效。先生狀公行，皆略弗著，惟論次其所以爲術之本，可謂善序事者也，是用悉取而備陳之。公雖寓迹方技，而未嘗廢詩禮之傳，遭時承平，復以經術網羅天下士，獨《周禮》爲無所用，乃俾乾孫學爲詩，以應有司之求。乾孫篤於學而敏於文，庶幾能成公之初志者。銘曰：猗葛公，抱一經。訖不試，以術鳴。帝有命，公是膺。樂其職，不近名。尚有子，蜚儒英。際聖時，伏必興。貤藏恩，耀泉扃。發其兆，在茲銘。

康熙《吳縣志·人物·藝術》 葛應雷，字震父。攻於醫，著《醫學會同》二十卷。推五運六氣之標本，察陰陽升降之左右，以定五臟六腑之虚實，合經絡氣血之流注，而知疾病之候，死生之期。其處方、製劑、砭焫，率與他醫異。

乾隆《江南通志·藝術·蘇州府》　葛應雷，字震父，吳人。精於醫，嘗著《醫學會同》二十卷，推五運六氣之標本，察陰陽升降之左右，其說爲詳核。時按察判官李某，中州名醫也，因診父疾，復咨於應雷。聞其論，父子相顧駭愕，曰：南方亦有此人耶？乃盡出所藏劉完素、張從正書，與之討論，無不脗合。張之學盛行於江南者，從此始。由平江醫學教授，遷江浙官醫提舉。

葛應澤

《古今圖書集成·藝術典》卷五〇九引《蘇州府志》　葛應澤，應雷弟，仕平江路官醫提領。子正蒙，字仲正，世其業。居杉瀆橋故第，所扁醫室曰復生堂。其座右銘曰：濟世之道莫大乎醫，去疾之功莫先乎藥。乃周丞相書，篆刻猶存。

羅知悌太無

《古今醫統大全·歷世聖賢名醫姓氏·金》　羅知悌，字子敬，世稱太無先生，精於醫術，得金劉完素之傳，旁通張從正、李杲二家之書，有異見。惟好靜僻，厭與人接，惟丹溪爲得意弟子，遂盡敎以其所學云。

康熙《浙江通志·方伎·杭州府》　羅知悌，字子敬，號太無，錢塘人。明辨博學，以醫侍穆陵，甚見寵厚。宋亡，居杭城，少與人接。丹溪朱彥脩，素志醫學，偏歷江湖淮甸，不遇明者。還至武林，遇知悌，候門下三載，始得見。知悌能眷誠，盡以其術授之，彥修遂以醫名東南。知悌能詞章，善揮翰。貧病無告，予之藥，無不愈者，仍贍以調理之資。

朱震亨丹溪

戴良《丹溪翁傳》　丹溪翁者，婺之義烏人也，姓朱氏，諱震亨，字彥脩，學者尊之曰丹溪翁。翁自幼好學，日記千言。稍長，從鄉先生治經，爲舉子業。後聞許文懿公得朱子四傳之學，講道八華山，復往拜焉。益聞道德性命之說，宏深粹密，遂爲專門。一日，文懿謂曰：吾卧病久，非精於醫者，不能以起之。子聰明異常人，其肯游藝於醫乎？翁以母病脾，於醫亦粗習，及聞文懿之言，即慨然曰：士苟精一藝，以推及物之仁，雖不仕於時，猶仕也。乃悉焚棄向所習舉子業，一於醫致力焉。

時方盛行陳師文、裴宗元所定大觀二百九十七方，翁窮晝夜是習。既而悟曰：操古方以治今病，其勢不能以盡合。苟將起度量，立規矩，稱權衡，必也《素》、《難》諸經乎！然吾鄉諸醫鮮克知之者。遂治裝出游，求他師而叩之。乃渡浙河，走吳中，出宛陵，抵南徐，達建業，皆無所遇。及還武林，忽有以其郡羅氏告者。羅名知悌，字子敬，世稱太無先生，宋理宗朝寺人，學精於醫，得金劉完素之再傳，而旁通張從正、李杲二家之說。然性褊甚，恃能厭事，難得意。翁往謁焉，凡數往返，不與接。已而求見愈篤，羅乃進之，曰：子非朱彥脩乎？時翁已有醫名，羅故知之。翁既得見，遂北面再拜以謁，受其所敎。羅遇翁亦甚歡，即授以劉、李、張諸書，爲之敷揚三家之旨，而一斷於經，且曰：盡去而舊學，非是也。翁聞其言，渙焉無少凝滯於胸臆。居無何，盡得其學以歸。

鄉之諸醫，泥陳、裴之學者，聞翁言，即大驚而笑且排，獨文懿喜曰：吾疾其遂瘳矣乎！文懿得末疾，醫不能療者餘十年，翁以其法治之，良驗。於是諸醫之笑且排者，始皆心服口譽。數年之間，聲聞頓著。翁不自滿足，益以三家之說推廣之。謂劉、張之學，其論臟腑氣化有六，而於濕、熱、相火三氣致病爲最多，遂以推陳致新瀉火之法療之，此固高出前代矣。然有陰虛火動，或陰陽兩虛，濕熱自盛者，又當消息而用之。謂李之論飲食勞倦，內傷脾胃，則胃脘之陽不能以升舉，并及心肺之氣，陷入中焦，而用補中益氣之劑治之，此亦前人之所無也。然天不足於西北，地不滿於東南。天，陽也；地，陰也。西北之人，陽氣易於降；東南之人，陰火易於升。苟不知此，而徒守其法，則氣之降者固可愈，而於其升者亦從而用之，吾恐反增其病矣。乃以三家之論，去其短而用其長，又復參之以太極之理，《易》、《禮記》、《通書》、《正蒙》諸書之義，貫穿《內經》之言，以尋其指歸。而謂《內經》之言火，蓋與太極動而生陽，五性感動之說有合，其言陰道虛，則又與《禮記》之養陰意同。因作相火及陽有餘而陰不足二論以發揮之。

其論相火有曰：陽動而變，陰靜而合，而生水、火、木、金、土。然火有二焉，曰君火，曰相火。君火者，人火也；相火者，天火也。火內陰而外陽，主乎動者也。故凡動皆屬火。以名而言，形質相生，配於五行，故謂之君。以位而言，生於虛無，守位稟命，故謂之相。天主生物恆於動，人有此生，亦恆於動，然其所以恆於動者，皆相火助之也。見於天者，出於龍雷，則木之氣；出於海，則水之氣也。具於人者，寄於肝腎二部，肝屬木而腎屬水也。膽者肝之府，膀胱者腎之府，心胞絡者腎之配，三焦以焦言，而下焦司肝腎之分，皆陰而下者也。天非此火不能生，人非此火不能以有生。天之火雖出於木，而皆本乎地，故雷非伏，龍非蟄，海非附於地，則不能鳴，不能飛，不能波也。鳴也、飛也、波也，動而爲相火者也，肝腎之陰，悉具相火，人而同乎天也。或曰：相火天人所同，東垣何以指爲元氣之賊？又謂火與元氣不兩立，一勝則一負，然則如之何而可使之無勝負乎？曰：周子曰：神發知矣。五性感動而萬事出，五者之性，爲物所感，不能不動。謂之動者，即《内經》五火也。相火易動，五性厥陽之火，又從而扇之，則妄動矣。火既妄動則煎熬真陰，陰虚則病，陰絶則死。君火之氣，經以暑與熱言之，而相火之氣，則以火言，蓋表其暴悍酷烈，有甚於君火也。故曰：相火元氣之賊。周子曰：聖人定之以中正仁義而主靜。朱子亦曰：必使道心常爲之主，而人心每聽命焉，此善處乎火者也。人心聽命於道心，而又能主之以靜，彼五火將寂然不動，而相火者，惟有扶助造化，而爲生生不息之運用爾。夫何元氣之賊哉？或曰：《内經》相火，注言少陰少陽矣，未嘗言及厥陰太陽，而吾子言之何也？曰：足太陽少陰，東垣嘗言之，治以炒柏，取其味辛，能瀉水中之火。戴人亦言，膽與三焦，肝與胞絡，皆從火治，此歷指龍雷之火也。余以天人之火皆生於地，如上文所云者，實廣二公之意耳。或曰：《内經》言火者非一，往往於六氣中見之，而言臟腑者，未之有也。二公豈他有所據耶？曰：《經》以百病皆生於風、寒、暑、濕、燥、火之動而爲變者，岐伯歷指病機一十九條，而屬火者五，此非相火爲病之出於臟腑者乎？考之《内經》諸熱瞀瘛，則屬之火；諸狂躁越，則屬之火；諸病胕腫，痛酸驚駭，則屬之火。又《原病式》曰：諸風掉眩，屬於肝火之動也；諸氣膹鬱病痿，屬於肺火之升也；諸濕腫滿，屬於脾火之勝也；諸痛癢瘡瘍，屬於心火之用也。是皆火之爲病，出於臟腑者然也。噫！以陳無擇之通達，猶以暖熾論君火，日用之火論相火，是宜後人之聾瞽哉！其論陽有餘，陰不足，有曰：人受天地之氣以生，天之陽氣爲氣，地之陰氣爲血。然氣常有餘，而血常不乏。何爲其然也？天大也，爲陽而運於地之外，地居天之中爲陰，而天之大氣舉之。日實也，屬陽而運於月之外；月缺也，屬陰而稟日之光以爲明者也。則是地之陰已不勝夫天之陽，月之陰亦不敵於日之陽。天地日月尚然，而況於人乎？故人之生，男子十六歲而精通，女子十四歲而經行，是有形之後，猶有待於乳哺水穀之養，而後陰可與陽配，成乎人而爲人之父母。古人必近三十、二十而後嫁娶者，可見陰氣之難於成，而古人之善於保養也。錢仲陽於腎有補而無瀉，其知此意者乎？又按《禮記》注曰：人惟五十，然後養陰者有以加。《内經》：年至四十，陰氣自半，而起居衰矣。男子六十四歲而精絶，女子四十九歲而經斷。夫以陰氣之成，止爲三十年之運用，而竟已先虧，可不知所保養也？《經》曰：陽者，天也，主外。陰者，地也，主内。故陽道實，陰道虚，斯言豈欺我哉！或曰：遠取諸天地日月，近取諸男子之身，曰有餘，曰不足，吾已知之矣。人在氣交之中，今欲順陰陽之理，而爲攝養之法，如之何則可？曰：主閉藏者，腎也；司疏泄者，肝也；二藏皆有相火，而其系上屬於心。心，君火也，爲物所感則易於動，心動則相火翕然而隨。聖賢教人收心養心，其旨深矣。天地以五行更迭衰旺而成四時，人之五臟六腑，亦應之而衰旺。四月屬巳，五月屬午，爲火大旺，火爲肺金之(夫)〔賊〕，火旺則金衰。六月屬未，爲土大旺，土爲水之(夫)〔制〕，土旺則水衰。況腎水嘗藉肺金爲母，以補助其不足。古人於夏月必獨宿而淡味，兢兢業業，保養金水二藏，正嫌火土之旺爾。《内經》又曰：冬藏精者，春不病溫。十月屬亥，十一月屬子，正大氣潛伏閉藏以養其本然之眞，而爲來春升動發生之本。若於此時不恣欲以自戕，至春升之際，根本壯實，氣不輕浮，尚何病之可言哉？

於是，翁之醫益聞。四方以病來迎者，遂輻湊於道，翁咸往赴之。其所治病凡幾，病之狀何如，施何良方，飲何藥而愈，自前至今，驗者何人，何縣里，主名，得諸見聞，班班可紀。

浦江鄭義士病滯下，一夕忽昏仆，目上視，溲注而汗瀉。翁診之，脈大無倫，即告曰：此陰虚而陽暴絶也，蓋得之病後酒且內；然吾能愈之。急命治人參膏，而且促灸其氣海。頃之手動，又頃而唇動。及參膏成，三飲之甦矣。其後服參膏盡數斤，病已。

天台周進士病惡寒，雖暑亦必以綿蒙其首，服附子數百，增劇。翁診之，脈滑而數，即告曰：此熱甚而反寒也。乃以辛涼之劑，吐痰一升許，而蒙首之綿減半；仍用防風通聖飲之，愈。周固喜甚，翁曰：病愈後須淡食以養胃，內觀以養神，則水可生，火可降；否則，附毒必發，殆不可救。彼不能然，後告疽發背死。

浙省平章南征閩粵還，病及胃，毉以爲可治。翁診其脈，告曰：公之病，不可言也。即出，獨告其左右曰：此病得之驚後，而使內火木之邪相挾，氣傷液亡，腸胃枯損，食雖入而不化。食既不化，五臟皆無所稟，去此十日死。果如言。

鄭義士家一少年，秋初病熱，口渴而妄語，兩顴火赤，醫作大熱治。翁診之，脈弱而遲，告曰：此作勞後病溫，惟當服補劑自已。今六脈皆搏手，必涼藥所致，竟以附子湯啜之。應手而瘥。

浙東憲幕傅氏子病妄語，時若有所見，其家妖之。翁切其脈，告曰：此病痰也，然脈虛弦而沉數，蓋得之當暑飲酸又大驚。傅曰：然。嘗夏因勞而甚渴，恣飲梅水一二升，又連得驚數次，遂病。翁以治痰補虛之劑處之，旬浹愈。

里人陳時叔病脹，腹如斗，醫用利藥轉加。翁診之，脈數而濇，告曰：此得之嗜酒。嗜酒則血傷，血傷則脾土之陰亦傷，胃雖受穀，不能以轉輸，故陽升陰降而否矣。陳曰：某以嗜酒，前後溲見血者有年。翁用補血之劑投之，驗。

權貴人以微疾來召，見翁至，坐堂中自如。翁診其脈，不與言而出。使詰之，則曰：公病在死法中，不出三月，且入鬼錄，顧猶有驕氣耶！後果如期死。

一老人病目無見，使來求治。翁診其脈，微甚，爲製人參膏飲之，目明如常時。後數日，翁復至，忽見一醫在庭煉礞石，問之，則已服之矣。翁愕曰：此病得之氣大虛，今不救其虛而反用礞石，不出此夜必死。至夜參半，氣奄奄不相屬而死。

一男子病小便不通，醫治以利藥，益甚。翁診之，右寸頗弦滑，曰：此積痰病也，積痰在肺。肺爲上焦，而膀胱爲下焦，上焦閉則下焦塞，譬如滴水之器，必上竅通而後下竅之水出焉。乃以法大吐之，吐已，病如失。

一婦人病不知人，稍蘇，即號叫數四而復昏。翁診之，肝脈弦數而且滑，曰：此怒心所爲，蓋得之怒而強酒也。詰之，則不得於夫，每遇夜引滿自酌解其懷。翁治以流痰降火之劑，而加香附以散肝分之鬱，立愈。

一女子病不食，面北卧者且半載，醫告術窮。翁診之，肝脈弦出(左)〔寸〕口，曰：此思男子不得，氣結於脾故耳。叩之，則許嫁，夫入廣且五年。翁謂其父曰：是病惟怒可解。蓋怒之氣擊而屬木，故能衝其土之結。今第觸之，使怒耳。父以爲不然。翁入而掌其面者三，責以不當有外思。女子號泣大怒，怒已進食。翁復潛謂其父曰：思氣雖解，然必得喜則庶不再結。乃詐以夫有書，旦夕且歸。後三月，夫果歸，而病不作。

一婦人產後有物不上如衣裾，醫不能喻。翁曰：此子宮也，氣血虛，故隨子而下。即與黃芪、當歸之劑，而加升麻舉之，仍用皮工之法，以五倍子作湯洗濯，皺其皮。少選，子宮上。翁慰之曰：三年後可再生兒，無憂也。如之。

一貧婦寡居病癩，翁見之惻然，乃曰：是疾世號難治者，不守禁忌耳。是婦貧而無厚味，寡而無欲，庶幾可療也。即自具藥療之，病愈。後復投四物湯數百，遂不發動。

翁之爲醫，皆此類也。蓋其遇病施治，不膠於古方，而所療皆中；然於諸家方論，則靡所不通。他人靳靳守古，翁則操縱取捨，而卒與古合。一時學者咸聲隨影附，翁教之亹亹忘疲。一日，門人趙良仁問太極之旨，翁以陰陽造化之精微與醫道相出入者論之，且曰：吾於諸生中，未嘗論至於此，今以吾子所問，故偶及之，是蓋以道相告，非徒以醫言也。趙出語人曰：翁之醫，其殆槖籥於此乎？羅成之自金陵來見，自以爲精仲景學，翁曰：仲景之書，收拾於殘篇斷簡之餘，然其間或文有不備，或意有未盡，或編次之脫落，或義例之乖舛，吾每觀之，不能以無疑，因略摘疑義數條以示。羅尚未悟，及遇治一疾，翁以陰虛發熱，而用益陰補血之劑，療之，不三日而愈。羅乃歎曰：以某之所見，未免作傷寒治。今翁治此，猶以芎歸之性辛溫，而非陰虛者所宜服，又況汗下之悞乎！

翁春秋既高，乃徇張翼等所請，而著《格致餘論》、《局方發揮》、《傷寒辨疑》、《本草衍義補遺》、《外科精要新論》諸書，學者多誦習而取則焉。

翁簡慤貞良，剛嚴介特；執心以正，立身以誠；而孝友之行，實本乎天質。奉時祀也，訂其禮文而敬涖之。事母夫人也，時其節宣以忠養之。寧歉於己，而必致豐於兄弟。寧薄於己子，而必施厚於兄弟之子。非其友不友，非其道不道。好論古今得失，慨然有天下之憂。世之名公卿多折節下之，翁爲直陳治道，無所顧忌。然但語及榮利事，則拂衣而起。與人交，一以三綱五紀爲去就。嘗曰：天下有道，則行有枝葉；天下無道，則辭有枝葉。夫行，本也；辭，從而生者也。苟見枝葉之辭，去本而末是務，輒怒溢顏面，若將浼焉。翁之卓卓如是，則醫又特一事而已。然翁講學行事之大方，已具吾友宋太史濂所爲翁墓誌，茲故不錄，而竊錄其醫之可傳者爲翁傳，庶使後之君子得以互考焉。

論曰：昔漢嚴君平博學無不通，賣卜成都，人有邪惡非正之問，則依蓍龜爲陳其利害。與人子言依於孝，與人弟言依於順，與人臣言依於忠，史稱其風聲氣節，足以激貧而厲俗。翁在婺得道學之源委，而混迹於醫，或以醫來見者，未嘗不以葆精毓神開其心。至於一語一默，一出一處，凡有關於倫理者，尤諄諄訓誨，使人奮迅感慨激厲之不暇。左丘明有云：仁人之言，其利博哉！信矣。若翁者，殆古所謂直諒多聞之益友，又可以醫師少之哉。

宋濂《故丹溪先生朱公石表辭》 丹溪先生既卒，宗屬失其所倚藉，井邑失其所依憑，嗜學之士失其所承事，莫不方皇遙慕，至於灑涕。濂聞之中心尤摧咽不自勝，蓋自加布於首，輒相親於几杖間，訂義質疑，而求古人精神心術之所寓，先生不以濂爲不肖，以忘年交遇之，必極言而無所隱，故知先生之深者，無踰於濂也。方欲聚厥事行，爲書以傳來世，而先生之子玉汝，從子嗣汜，忽踵濂門，以先生從弟無忌所爲狀，請爲表以勒諸墓上，濂何敢辭。

先生諱震亨，字彥修，姓朱氏。其先出於漢槐里令雲之後，居平陵。至晉永興中，臨海太守汎始遷今婺之義烏，子孫蟬聯，多發聞於世，郡志、家乘載之爲詳。當宋之季，有東堂府君者，諱良祐，懿然君子人也。蓋以六經爲教，以宏其宗。府君生某，某生迪功郎桂，迪功生鄉貢進士環，先生之大父也。父諱元，母某氏，先生受資爽朗，讀書即了大義，爲聲律之賦，刻燭而成，長老咸器之。已而棄去，尚俠氣，不肯出人下，鄉之右族或陵之，必風怒電激，求直於有司，上下搖手相戒，莫或輕犯。時鄉先生文懿許公講道東陽八華山中，公上承考亭朱子四傳之學，授受分明，契證眞切，擔簦而從之者，亡慮數百人。先生歎曰：丈夫所學，不務聞道，而唯俠是尚，不亦惑乎！迺摳衣往事焉。先生之年蓋已三十六矣。公爲開明天命人心之祕，內聖外王之微，先生聞之，自悔昔之沈冥顛隮，汗下如雨。由是日有所悟，心扃融廓，體膚如覺增長，每宵挾冊坐至四鼓，潛驗默察，必欲見諸實踐，抑其疏豪，歸於粹夷；理欲之關，誠僞之限，嚴辨確守，不以一毫苟且自恕。如是者數年，而其學堅定矣。

歲當賓興，先生應書秋闈，幸沾一命以驗其所施，再往再不利，復歎曰：不仕固無義，然得失則有命焉。苟推一家之政，以達於鄉黨州閭，寧非仕乎？先是府君置祭田三十餘畝，合爲一區，嗣人遞司穡事，以陳時薦。然有恆祭而無恆所，先生迺即適意亭遺址，建祠堂若干楹，以奉先世神主，歲時行事。復考朱子家禮而損益其儀文，少長咸在，執事有恪，深衣大帶，以序就列，宴私洽比，不愆於禮。適意亭者，府君所造，以延徐文清公之地，先生弗忍其廢，改創祠堂之南，俾諸子姓肄習其中。包銀之令下，州縣承之，急如星火，一里之間，不下數十姓，民莫敢與辨，先生所居里，僅上富氓二人。郡守召先生，自臨之曰：此非常法，君不愛頭乎？先生笑曰：守爲官，頭固當惜，民不愛也。此害將毒子孫，必欲多及民，願倍輸吾產當之。守雖怒，竟不能屈。縣有暴丞好諂瀆鬼神，欲脩岱宗祠以徼福，懼先生莫己與，以言嘗之曰：人之死生，嶽神實司之，欲治其宮，孰敢干令？先生曰：吾受命於天，何庸媚土偶爲生死計耶？且嶽神無知則已，使其有知，當此儉歲，民食糠覈不飽，能振吾民者，然後降之福耳。卒罷其事。賦役無藝，胥史高下其手以爲民奸，先生集同里之人，謂曰：有田則科徭隨之，君等入胥史餌而互相顧，非策之上也，宜相率以義，絜其力之朒贏而敷之。衆翕然從。每官書下，相依如父子，議事必先集，若苛斂之至，先生即以身前，辭氣懇款，上官多聽，爲之損裁。縣大夫勸耕於鄉，將有要於民，先生懼其臨境，邪幅扉屨，往迎於道左。大夫驚曰：先生何事迺爾耶？先生曰：民有役於官，禮固應爾。大夫曰：勸耕善乎？先生曰：私田不煩官勸，第公田生青蒭耳。是時圭田賦重，種戶多逃亡，故先生以此爲風。大夫一笑而去。鄉有蜀墅塘，周圍凡三千六百步，溉田至六千畝，而嬴隄壞而水竭，數以旱告。先生倡民興築，置坊庸，鑿爲三竇，時其淺深而舒洩之，民食其利。後十年，山水暴至，隄又壞，先生命再從子漳力任其事，以嗣其成。縣令長或問決獄得失，先生必盡心爲之開導。東陽郭氏父子三人，虐毆小民幾斃，又貫鍼鰌腹，逼使吞之，事移義烏鞫問，當其子父皆死。先生曰：原其故殺之情，亦一人可償爾。二子從父之令，宜從末減，若皆殺之，無乃已重乎！事上，從先生議。張甲行小徑中，適李乙荷任器來，幾中甲目。甲怒，拳其耳而死。甲乙皆貧人，甲又有九十之親，先生曰：貰甲罪則廢法，徇法甲必瘐死，親無以養，亦死。乙屍暴於道，孰爲藏之？不若使竟其葬薶，且慰其親，徐來歸獄，服中刑耳。或曰：甲或逃，奈何？先生曰：若以誠待之，必不爾也。縣如先生言，後會赦免。

細民有斬先生丘木者，先生訊之，民弗服。先生聞於縣，將逮之，人交讓民曰：汝奈何犯仁人耶？民曰：計將安出？人曰：先生長者也，急舁木還之，當爾貸。民從之，先生果寘而不問。先生客吳，妙湛院尼刻木作人形，以爲厭蠱，館客陳庚得之，欲發其事，尼懼甚。先生知之，以計紿陳出，碎其木刻。陳歸，怒且詈。先生徐曰：君乃士人，獲此聲於吳楚閒，甚非君利。儻乏金，吾財可通用，勿憂也。尼後輦金帛爲謝，先生(吻)[叱]而去。方嶽重臣及廉訪使者聞先生名，無不願見。既見，無不欲交章薦之。先生皆力辭。唯民瘼吏弊，必再三慶頟告之，不啻親受其病者。覃懷鄭公持節浙東，尤敬先生，以尊客禮禮之。衆或不樂，競短其行於公，公笑曰：朱聘君盛舉諸公之長，而諸公顧反短之，何其量之懸隔耶？皆慚不能退。

初，先生壯齡時，以母夫人病脾，頗習醫，後益研礱之，且曰：吾既窮而在下澤，不能至遠，其可遠者，非醫將安務乎？時方盛行陳師文、裴宗元所定大觀二百九十七方，先生獨疑之，曰：用藥如持衡，隨物重輕，而爲前却古方，新證安能相值乎？於是尋師而訂其說。渡濤江，走吳，又走宛陵，走建業，皆不能得，復回武林，有以羅司徒知悌爲告者。知悌字子敬，宋寶祐中寺人，精於醫，得金士劉完素之學而旁參於李杲、張從正二家，然性倨甚。先生謁焉，十往返不能通。先生志益堅，日拱立於其門，大風雨不易。或告羅曰：此朱彥修也，君居江南而失此士，人將議君後矣。羅遽脩容見之。一見如故交，爲言學醫之要，必本於《素問》、《難經》，而濕熱相火，爲病最多，人罕有知其秘者。兼之長沙之書詳於外感，東垣之書詳於內傷，必兩盡之，治疾方無所憾。區區陳、裴之學，泥之且殺人。先生聞之，夙疑爲之釋然。學成而歸，鄉之諸醫始皆大驚，中而笑且排，卒乃大服，相推尊願爲弟子。四方以疾迎候者無虛日，先生無不即往，雖雨雪載途，亦不爲止。僕夫告痡，先生諭之曰：疾者度刻如歲，而欲自逸耶？窶人求藥無不與，不求其償；其困阨無告者，不待其招，注藥往起之，雖百里之遠弗憚也。江浙省臣往討閩寇，深入瘴地，遂以病還錢塘。將北歸，先生脈之曰：二十日死。使道經三衢時召吾，可使還燕，然亦不能生之也。如期卒於姑蘇驛。權貴人以微疾來召，危坐中庭，列三品儀衛於左右，先生脈已，不言而出。或追問之，先生曰：三月後當爲鬼，猶有驕氣耶！及死，其家神先生之醫，載粟爲壽，先生辭之。一少年病熱，兩顴火赤，不能自禁，躁走於庭，將蹈河。先生曰：此陰證也。製附子湯飲之。衆爲之吐舌，飲已其疾如失。先生治療，其神中若此甚多。門人類證有書，茲不詳載。

先生孤高如鶴，挺然不羣，雙目有大小輪，日出明，雖毅然之色，不可凌犯，而清明坦夷，不事表暴，精神充滿，接物和粹，人皆樂親炙之。語言有精魄，金鏘鐵鏗，使人側耳聳聽，有蹶然興起之意，而於天人感應，殃慶類至之說，尤竭力戒勵，反覆不厭。故其教人也，人既易知，昏明強弱，皆獲其心。老者則愛慈祥，幼者則樂恭順，莫不皆知忠信之爲美，固未能一變至道，去泰去甚，有足觀者。或有小過，深掩密覆，唯恐先生之知。凡先生杖履所臨，人隨而化。浦陽鄭大訢十世同居，先生爲之喜動顏面，其家所講冠昏喪祭之禮，每咨於先生而後定。蓋先生之學，稽諸載籍，壹以躬行爲本，以一心同天地之大，以耳目爲禮樂之原，積養之久，內外一致，夜寐即平晝之爲，暗室即康衢之見，汲汲孜孜，耄而彌篤。每見誇多鬭靡之士，輒語之曰：聖賢一言，終身行之弗盡，奚以多爲？至於拈英摘艷之辭，尤不樂顧，且以吾道蟊賊目之。及自爲文，率以理爲宗，非有關於綱常治化，不輕言也。居室垣墉，敦尚儉樸，服御唯大布寬衣，僅取蔽體；藜羹糗飯，安之如八珍。或在豪大姓家，當其肆筵設席，水陸之羞，交錯於前，先生正襟默坐，未嘗下箸，其清脩苦節，能爲人之所不能爲，而於世上所悅者，澹然無所嗜。惟欲聞人之善，如恐失之，隨聞隨錄，用爲世勸。遇有不順軌則者，必誨其改；事有難處者，又導之以其方。晚年識見尤卓，嘗自括蒼還，道過永康，謂人曰：青田之民囂悍，值此法弛令乖之時，必依險阻嘯聚爲亂。已而果然。又嘗告親友曰：吾足跡所及廣矣，風俗澆灕甚，垂髫之童，亦能操狡謀罔上，天怒已極，必假手殲之，盍力善以延其亂乎？時方承平，聞者咸笑先生之迂，言未幾，天下大亂，空村無烟火，動百餘里。

先生所著書，有《宋論》一卷，《格致餘論》若干卷，《局方發揮》若干卷，《傷寒論辨》若干卷，《外科精要發揮》若干卷，《本草衍義補遺》若干卷，《風水問答》若干卷，凡七種，微文奧義，多發前人之所未發。先生嘗曰：義禮精微，禮樂制度，吾門師友，論著已悉，吾可以無言矣。故其所述，獨志於醫爲多，先生生於至元辛巳十一月二十八日，卒於至正戊戌六月二十四日。瀕卒，無他言，獨呼嗣汜謂曰：醫學亦難矣，汝謹識之。言訖，端坐而逝，享年七十有八。娶戚氏，道一書院山長象祖之女，先三十五年卒。子男二，嗣衍、玉汝，嗣衍亦先三年卒。女四，適傅似翁、蔣長源、呂文忠、張思忠。孫男一，文椐。女二，一適丁榆，一尚幼。其年十一月日始葬先生於某山之原，卒後之五月也。先生所居曰丹溪，學者尊之而不敢字，故因其地稱之曰丹溪先生云。

夫自學術不明於天下，凡聖賢防範人心、維持世道之書，往往割裂摭拾，組織成章，流爲譁世取寵之具。閒有注意遺經，似若可尙，又膠於訓詁之閒，異同紛拏，有如聚訟，其視身心皆藐然若不相關，此其知識，反出於不學庸人之下，於戲！秦漢以來則或然矣。然而靈豸不鳴，孽狐之妖弗息；黄鐘不奏，瓦缶之音日甚。天開文運，濂洛奮興，遠明九聖之緒流者，遏而止之，膠者釋而通之，一期闓廓其昏翳，挽回其精明而後已。至其相傳，唯考亭集厥大成，而考亭之傳，又唯金華之四賢，續其世胤之正，如印印泥，不差毫末，此所以輝連景接而芳猷允著也。先生少負任俠之氣，不少撓屈，及聞道德性命之説，遽變之而爲剛毅，所以局量宏而任載重。寤寐先哲，唯曰不足，民吾同胞之念，須臾莫忘。雖其力或弗支，苟遇惠利，少足以濡物，必委蛇周旋，求盡其心。應接之際，又因人心感發之機，而施仁義之訓，觸類而長，開物成化，所謂風雨霜露，無非君子之教者，要亦不可誣也。致思於醫，亦能搜隱抉祕，倡明南方之絶學，嬰疢之家，倚以爲命。先生一布衣耳，其澤物有如此者，使其得位於朝以行其道，則夫明效大驗，又將何如哉？嗚呼！先生已矣，其山峙淵澄之色，井潔石貞之操，與其不可傳者，弗能即矣。徒因其遺行而誦言之，見聞不博，惡能得十一於千百之閒哉？雖然，舍是又無足以求先生者，敢摭狀之概叙而爲之銘曰：

濂洛有作，性學復明。考亭承之，集厥大成。化覃荆揚，以及閩粤。時雨方行，區萌畢達。世胤之正，實歸金華。緜延四葉，益煜其葩。辟諸上尊，寘彼逵路。隨其志分，不爽其度。有美君子，欲振其奇。血氣方剛，疇能侮予？七尺之軀，忍令顛越！壯齡已踰，亟更其轍。更之伊何？我笈有書。負而東游，以祛所疑。非刻非厲，曷圖曷究。豈止惜陰？夜亦爲晝。昔離其罿，今廓其曚。始知人心，與宇宙同。出將用世，時有不利。孚惠家邦，庶亨厥志。勤我祠事，以帥其宗。況有書詩，以陶以礱，以暢其施，期壽夫物。苟躬可捐，我豈遑恤！仁義之言，繩繩勿休。昭朗道眞，釋除欲仇。上帝有赫，日注吾目。天人之交，閒不容粟。聽者聳然，如聞巨鏞。有聲鏗鍧，無耳不聰。旁溢於醫，亦紹絶躅。開闡元微，功利尤博。斂其豪英，變爲毅宏。所以百爲，度越於人。呫呫世儒，出入口耳。競藻鬭華，析門殊軌。以經爲戲，此孰甚焉。不有躬行，其失曷鐫。世塗方冥，正資揚燎。夢夢者天，使埋其耀。精神上征，定爲長庚。與造化游，白光焞焞。表德幽墟，遵古之義。僉曰允哉，是祠無愧。

宋濂**《題朱彦脩遺墨後》**　右丹溪先生書五紙與門人戴仲積及其子原禮者也。夫醫之爲道，本於《内經》，其失傳蓋已久矣。金之諸儒，劉守眞輩獨能遠紹絶學，至先生始三傳，則授受之正不言可知矣。先生之弟子雖衆，得其眞切者，唯仲積父子爲優。仲積不幸蚤世，原禮以其學行於浙河之西，從之者日益多。由是先生之道沾被滋廣，而三尺之童，亦知先生之賢，此非原禮之所致耶？韓子有云：莫爲之後，雖盛而不傳。其此之謂歟！原禮尤拳拳不忘，而以遺墨求題，謂見手澤有如見先生焉。予嘗從先生游，而交原禮諸父閒甚久，故不辭而爲之書。嗚呼！師道立而善人多，今於原禮見之。

《重鐫丹溪心法附餘・程充序》　其徒趙以德、劉叔淵、戴元禮氏，咸能翼其道，遺書傳播有年。景泰中，楊楚玉集其《心法》刊於陝右。成化初，王季瓛附方重梓於西蜀，志欲廣布海内，使家傳人誦，不罹夭枉，其用心仁矣。

《脈因證治・繆遵義序》　丹溪著作，類出門人記載，惟聞《脈因證治》一書，簡而該，約而盡。學者循是而窺長沙，如得其舩與檝，沿而不止，固自不可量也。而流傳絶少，曆三十年未獲一覯，心常怏怏。歲乙未，客有持來示余，欲廣諸同好，亟請付梓。不禁欣感交集，以爲一線靈光，忽然湧現，眞爲桑榆之幸。因不辭而爲之序。

康熙**《義烏縣志・人物・理學》**　朱震亨受資爽朗，讀書即了大義。聞許謙承朱子四傳之學，摳衣往事，年已三十六矣。謙爲開明天命人心之秘，内聖外王之微，由是心扃融廓，體膚如覺增長。每宵挾册坐至四鼓，潛驗默察，必欲見諸實踐。理欲之關，誠僞之限，嚴辨確守，不以一毫苟且自恕。如是者數年。歲當賓興，再往，再不利。曰：得失有命，苟推一家之政以達于鄉黨州閭，寧非仕乎。學以躬行爲本，以一心同天地之大，以耳目爲禮樂之原。積養之久，夜寐即平晝之爲，暗室即康衢之見。汲汲孜孜，耄而彌篤。爲文以理爲宗，必有關於綱常治化。聞人之善，惟恐失之，隨聞隨録，用爲世勸。有不順者，必誨其改，又導之以其方。所居丹溪，學者稱丹溪先生。

《醫學讀書志・元朱氏震亨》　震亨字彦修，學者尊爲丹溪翁。師許文公

《醫學讀書志·元危氏亦林》《世醫得效方》二十卷。右書一種，元南豐危亦林撰。亦林字達齋，官本州醫學教授。是書積其高祖以下五世所集醫方，凡八種：一大方脈科，九十一門；二小方脈科，七十一門；三風科，十門；四産科兼婦人雜病，三十三門；五目科，十二門；六口齒咽喉科，六門；七正骨金鏃科，二十九門；八瘡腫科，二十四門。附《孫眞人養生法》。針灸科散附各科中，有目無書。序稱創始于天曆元年，訖功於後至元三年，凡一十六年。由江西醫學提舉司牒呈(太)醫院，下諸路提舉司重校，複白醫院始準刊行，其愼重如此。前有太醫院銜名，凡院使十一人，同知院事二人，僉院事二人，同僉院事二人，判官二人，經歷二人，都事二人，椽史二人。其書彙集古方，足資考據。第無所發明。禾于會稽梁氏，見其元朝刻本，惜未鈔錄。

光緒《江西通志·人物志·方技》 危亦林，字達齋，南豐人，世業醫。高祖雲仙，嘗游東京，遇仙人董奉二十五世孫授以祕要。祖碧崖，又師周伯熙。亦林幼嗜學，好博覽，官本州醫學教授。嘗集其高祖以下所爲醫方，著書二十卷。

張　謹

宣統《太倉州志·人物》 張謹，字敬民，居雙鳳里。業醫，以薦授醫師。能起垂死。卒年七十二。

沈好問

康熙《浙江通志·方伎·杭州府》 沈好問，字裕生，錢塘人。世業小兒醫，至好問益精。視小兒病，洞見臟腑，尤善治痘症。所著有《素問集解》、《痘瘄啓微》、《本草類症》諸書。子允振，字愼伯，亦良醫，有父風。

康熙《仁和縣志·方技》 沈好問，字裕生，別號啓明。先世以鍼灸隸籍太醫院，扈宋南渡，徙居杭，杭人傳爲沈鐵鍼云。好問穎慧絕人，取祖醫藥秘笈，晝夜研究者數年，其視人疾病，必見臟(肺)〔腑〕中所滯之物，然後以藥療之，故病者無不愈。侍御郭太薇邀之閩，太中丞喻醒哲邀之蜀，督師王總戎邀之大同，而好問皆以一匕立起。題授太醫院院判，請告歸卒。

葉如菴

弘治《黃州府志·名醫·黃岡縣》 葉如菴，儒醫，診視有方。撰《傷寒大

衡，究道德性命之學。文正患末疾，喻使習醫，翁遂棄舉子業，致力於陳、裴二百九十七方，漸悟其非，乃遊歷他郡。遇羅知悌，知悌字子敬，號太無先生，宋理宗朝寺人。初劉完素授醫學于荆山浮屠，知悌悉受其傳，又旁通子和、明之二家，翁盡得其秘。歸起文正疾，益推廣意旨，因作相火及陽有餘、陰不足之論，專尚滋陰降火。《心法》首論六篇，分一百門。《金匱鈎玄》分一百三十八類，有方有論，劉氏之學，至翁益彰。然絕去深沈，專趨淺近，執寒涼之結習，滋流弊於三朝，亦可謂功之首，罪之魁矣！戴良盛稱其敦孝友之行，得道學之源，重倫常而輕榮利，爲之作傳。明休甯方廣，字約之，號古庵，以醫遊河、洛間，寓陳留，集《丹溪心法附餘》二十四卷，龐雜不倫，大失丹溪之旨。尚有《脈藥證治》、《地理》等書未見。

光緒《浦江縣志·人物·補遺》 朱震亨，爲人孤高如鶴，挺然不群。雙目有大小輪，日出乃見。毅然之色，不可凌犯，而清明坦夷不事表露。接物和粹，人皆樂親之。其學則稽諸載籍，一以躬行爲本。居室服御，敦尚儉樸，藜羹糗飯，安之若素。年七十八而卒。

王　珪

《古今醫統大全·歷世聖賢名醫姓氏·元》 王珪，字均章，號中陽老人，吳郡人。志行高潔，見道眞明，尤邃於醫學。屏世慮，隱居吳之虞山，人稱隱君。所著方書，超出羣表，自幼及壯至老，調攝有序，論證有旨。至於諸痰諸飲挾火爲患，悉究精詳，制有滚痰丸，最神效，名《泰定養生主論》。

朱玉汝　朱文永　朱宗善

崇禎《義烏縣志·人物傳·方技》 朱玉汝，得父丹溪眞傳，與從弟嗣汜俱以醫名。子文永，授醫學訓科。孫宗善，正統初以醫著名，嘗編所試驗方附《格致餘論》之後。

危亦林

乾隆《建昌府志·方技傳》 危亦林，字達齋。幼好學，博極群書。長嗜岐黃術。其先世名雲仙者，嘗游東京，遇董奉裔孫授以醫；其祖碧崖，又師周伯熙，凡《素問》諸書，靡不窮究。至亦林，盡發所藏遺書，曉夜披覽。天曆初，以先世秘傳方與己所經驗諸案，匯編爲十三科，題曰《世醫得效方》上之。本道提舉司送太醫院，付所屬梓而傳之，授醫學教授。

成易覽》一編，爲時所宗。

樊子晉

弘治《黄州府志·名醫·麻城縣》 樊子晉，本縣人。讀書明理，審病察脈，預知十年生死。醫者學之，終不得其妙訣。

吴綬

康熙《浙江通志·方伎·杭州府》 吴綬，錢塘人。著《傷寒藴要全書》，發明五運六氣，畫圖立説，究極元微。以名醫徵至京師，仕至太醫院院判。北歸時，湖墅有馮英者，病傷寒，一時諸醫議用承氣湯，邀綬視之，曰：將戰汗矣，非下證也，當俟之。頃刻，果得戰汗而解。

徐存誠

同治《祁門縣志·人物志·方伎》 徐存誠，居城北。世業岐黄。病者但診其脈，不立方，以己所蓄藥與之，輒愈。汪克寬爲作《存誠堂記》。

陳白雲

乾隆《紹興府志·人物·方技》引萬曆《志》 陳白雲，紹興人，不知何名，項所傳其醫術。

吴恕

康熙《浙江通志·方伎·杭州府》 吴恕，字如心，錢塘人。博極羣書。少貧，貨烏蛇丸以治瘋疾。時採風使適有患此疾者，召恕治之，疾果愈，其名遂震。後徵至京師，授太醫院御醫。恕念傷寒爲病，傳變不常，乃潜心研究，洞觀臟腑。本張仲景《傷寒論》、朱奉議《活人書》，編集圖括，名《指掌》，縱橫規畫，發前人所未發，復成八韻之賦，其辭間其理核，仲景奥旨，囊括殆盡。

唐永卿

《古今圖書集成·藝術典》卷五〇九引《嘉定縣志》 唐永卿，其先以御醫從高宗南渡，永卿精習其術。仕元，爲平江路醫學教授。

梁周泰

康熙《臨汾縣志·方技》 梁周泰，字白亨，元至政間授平陽路醫學教授。子權，孫叔東，皆世其業，人稱其有活人功。子孫遷稷山，世躋科目，遂爲望族。

王東野　曠處良　曠世儦

萬曆《吉安府志·雜傳·工伎》 王東野，永新人。精方脈，嘗著《本草經》，當時知名。任太醫院御醫，虞文靖、揭文安、陳雪樓、劉申齋、趙子昂，咸與之交，而尤厚趙魏公。以本官致仕歸。邑人曠處良傳其學，卒爲名醫。處良曾孫世儦，精醫術，士大夫重之，至爲之語曰：命非景儒不談，藥非世儦不服。景儒姓劉氏，精星術。今曠氏醫學世其家。

陸仲遠

嘉靖《重修太平府志·方伎》 陸仲遠，九華山人，挾倉公、扁鵲之技。治療疾疢，不嗜貨利。性情寬和，臨事接物不急於辯，能自重焉。儲蓄草木肉石品，列市肆貿易，輻輳車馬幢幢，晨抵於暮無虚時。臺榭雖小，怪石崒嵂，魚遊清池，壺觴交集，晏如也。其言曰：草木根柢，地所産也。髗頗在上，天之命也。其爲脈也，下極禁腦，中極攀喉，分陰陽也。氣有根焉，不在其左，不在其右，不在其前，不在其後，非下非上，窈窈中虚，主持靈壽，湯液不足以保其和焉。余袖砂須成寶，使絳雲紫霞而升。若夫奔走巷陌，診療疾穢，豈余志哉。江山遠意，悠然在懷，是爲仲遠而具。所常言有如是云。今且老，思歸九華山而猶徘徊，日以《千金》、《聖惠》爲事，子孫將爲姑孰之人。論曰：醫家之書近於仁，醫家之事近於利。苟爲醫而不志於利，則猶仁者之心也。仲遠耕稟阜庶，賓客壺觴，適意於山水。藥餌棼棼，不爲利焉。求仁者矣！

康熙《太平府志·方伎》 陸仲遠，青陽人。醫不嗜利，有逸士風。能察臉輸經脈，審營衛順逆。軒履到門，日數百，而園池竹石，觥籌鏗鏗然樂也。年老，思九子芙蓉不能去，日著《千金聖惠方》，子孫守之，遂家於此。

馬肅

康熙《徽州府志·人物志·方技》 馬肅，字叔敬，婺源竹莊人。以醫至燕京，游虞、揭二閣老之門。授三山路醫學教授，後提舉江西等處醫學。所著有《竹莊吟藁》。

廖文彬

乾隆《延平府志·人物·方技》 廖文彬，將樂人。日夜讀醫書，廢寢食以求通曉，用藥如神。尤好施，人稱仁醫。有司薦太醫，辭。舉醫官，又辭。

曰：吾性愚魯，願爲散人。

王　翼

康熙《澤州志·方技》　元王翼，著《素問註》。

乾隆《陽城縣志·志餘》　元有王翼者，陽城人。七歲聞人誦唐詩一過，能歷歷記之。八歲解屬文，長應進士。以疾棄其業，去習黄帝、岐伯之術，多奇驗。旁通曆律，兼長於詩。所著有《素問註括》、《算術》等若干卷。詩五百餘篇，惜其不傳。

光緒《山西通志·藝術録》　王翼，陽城人。穎悟強記，旁通律曆，尤工詩。因染疾，棄進士業，精求醫書，療人多奇驗。著《素問注疑難》、《傷寒歌括》若干卷，《算術》一卷，詩五百篇。

李　詷

康熙《錢塘縣志·人物·方技》　李詷，字孟言，號樗散生，師楊維禎。負氣節，善詩，賣藥金陵，病者無不善，與者無不瘳，蓋賢而隱者也。

徐　復

崇禎《松江府志·人物志·藝術》　徐神翁者，居華亭之南郭。精《靈樞》、《素問》諸書。性急於利人，而不自爲利。人有求者，輒予善藥。嘗曰：勢可及物者，恆病於德。德足及物者，恆局於位。吾自老人紫陽處士博施廉取，所活幾千人矣。華亭人咸稱徐神翁。會稽楊鐵崖先生病久痢，不食飲，衆醫以爲藥不可及，先生亦謝衆醫，曰：雖倉公且不可藥。神翁獨以爲能治。治七日而愈。譯史彌堅女，遇暴疾，神翁過而視之，曰：邪陰外薄而内爭也。飲藥遂甦。由是人益稱其神。神翁聞之，笑曰：吾豈以神自功哉，亦視強弱緩急治之耳。北方土厚而氣勁，牛羊褒馬之味，勝於淮魚海錯，病實者十九。東南分領海間，其產不與燕趙齊氣，未克而耗者，蚤形既虧，而賊者甚，一有寒暑相仇，則戚然弗勝，欲以北方之治治東南之人，不亡則憊，所以攻之而反益之也。吾察南北異，宜虚者克之，實者下之，本固枝強，故其疾可已。譬善兵者，先附民而不空内，事外以快意爲務，寇虜既翦，國隨以定。不然，則創愈鉅而敵愈衆。以是術施之治人，百不一失，奚爲神翁哉！人乃服其言。翁名復，字可豫，三吳貴人多薦之，遂隱不出。

康熙《松江府志·人物·藝術》　徐復，字可豫，號神翁，華亭南橋人，海鹽州醫學教授。其先宋濮陽太守熙，遇異人授以《扁鵲神鏡經》，頓有所悟，遂以醫名世。復尤精《靈樞》、《素問》諸書，其治病常審南北，察強弱而緩急投之，故百不失一。會稽楊維楨病久痢，不食飲，衆醫皆曰：元氣脱，不可治矣。復診之曰：頃于西門視一劇證，其脈與公等，然公七日起，彼不出三日當殂。遂投劑，至期愈。而閱三日者殂矣。維楨有歌紀其事。

劉　開

正德《南康府志·人物·僊釋》　劉開，字立之。習釋老學，嘗遊廬山，遇異人授以太素之訣，預知人之生死，診脈即知其症。有《脈訣》行於世。元帝召赴闕，賜號復眞先生，卒葬西古山。

王公顯

乾隆《紹興府志·人物·方技》　王公顯，字達卿，新昌人。性聰敏，方元盛，時人習科舉業，其父乃使學醫。私語之曰：不久將有干戈之難，汝勿求仕，業醫則可矣。由是公顯遂精於醫。未幾，南北兵起，父言果驗。邑中大疫，公顯與其子宗興，沿門療治之，所活甚衆。孫性同，明洪武中舉醫學訓科。

周　貞

戴良《周貞傳》　周貞，江湖隱人也，字子固，晚號玉田隱者。其先居汴，宋渡江，徙儀眞家焉。大父順，父允堅，皆不仕。貞自童齔時，性敏而好學，遇書即善誦，知義理。既長，益負奇氣倜儻。大德元貞間，稍出爲汗漫游，欲以其學自奮拔。會有以貞姓名薦，貞且北行，至揚子江，歎曰：仕所以濟人，苟居一藝以拯斯人之疾苦，雖不仕於時，猶仕也。乃返棹吳淞江，亟取神農、黄帝書，及春秋秦漢以來，下至金、宋諸醫家習之。無何，隱隱名動西淛，疾病顛連者必歸貞，貞皆樂然應之。每遇奇疾，古今人所未喻者，貞以意與善藥輒速已。瞿運使得熱病，雖祈寒亦以水晶浸水輪取握手中，醫以爲大熱。貞曰：此寒極似熱，非熱也。飲以附子湯愈。衛立禮得寒病，雖盛夏必襲重裘，擁火坐密室中，醫投以烏附增劇。貞曰：此熱極似寒，非寒也。煮大黄、芒硝飲之瘳。王君海子病癩，衆醫莫能療，貞授匕藥漱之，牙齦出穢血數斗，既而形盡瘦骨立，後第以美味補之，數月瘥。王經歷患身輕，飄飄若行空虚中，易醫凡七十人，皆以爲風虚，與熱齊轉加。貞曰：此酒毒也。即以寒涼之齊驅之，隨愈。趙鶴臯妻病咽乾，水漿不能下，衆醫盡愕。貞叩以平生所最嗜獨瀲漱，即命烹飪進之，授以匕筯，入口無所苦，已而食進，病如失。一婦人因產子，舌出不能收，貞以朱砂傅其舌，仍命作產子狀，以兩女子掖之，乃於壁外潛累盆盎，置危處，墮地以作聲，聲聞而舌收矣。一女子忽嗜食泥，日食河中汙泥三碗許，貞取壁間敗土調飲之，遂不嗜泥。貞以古方今病之不合，往往出奇見輔其法，而取驗類如此。

貞善繪事，而尤精於音律。家寧海，知州陳行之嘗延致教大成樂，貞持古律管吹之，以節五音之高下，黄文獻公爲作記，有吹其律而鍾自應之語。然雅好鼓琴，家居無事，必引琴以自娛。一日大雨雪，有權貴人聯騎詣門，進肴酒，請爲白雪之操。貞厲聲曰：大樂與天地同和，今天大寒，是豈樂一餉時耶？且(若)〔君〕獨不聞戴逵破琴之事乎！客愧謝而去。

貞爲義若嗜欲，至於視利，輕之如糞土。在寧海時，有直學韓成之者，負官錢數千緡，自度貧無以償，乃於學齋中，引繩經其脰。貞號救之，爲竭行橐代償。及韓滿去，空一家走謝，且白無行資。貞時橐已竭，仍質所服衣相之行。治病王氏子時，王問藥直幾何？餽贐當幾何？貞怒曰：吾愈人疾，未嘗覬其利。汝富家翁，必欲以利酬我，不過移汝禱禳一朝之費耳，豈可面計重輕，待我若小市人哉！泉幣交于前，悉謝罷無所受。

貞長身，美風儀，鬚髯秀整，器局清古，外謙易而內嚴峻，落落不與世俯仰。工公大人每卑禮鈞致，貞視之邈如。平居與客談玄，亹亹不能休，然無一語及時俗事。環堵蕭然，室無長物。當(時)〔得〕趣時，或焚香清坐，或雅歌投壺，或吹鐵笛、弄玉簫，怡然自得。賓至則刲羊釃酒，與之盡歡，無纖毫儉嗇意。即有餽遺，輒取以賙人之急，雖屢空不顧也。甥女孫氏，生七歲而孤，貞忍貧鞠養，及笄，具資裝嫁之。故人夏德輔有女欲度爲尼，貞曰：以女爲尼，獨吝遣嫁耳。乃育爲己女，命故人子李嗣宗爲贅婿。貞無子，以嗣宗之子稷爲之後。嗣宗事貞甚謹，而貞遇之頗嚴厲，苟有小過，必危坐終日不與言，嗣宗偕其妻盛服立左右，惴惴莫敢仰視，貞頷之去，乃肉袒謝罪而退。

貞嘗采藥中吳，吳人館之，遂翛然忘返，將終老焉。至正乙未秋，淮兵犯吳境，城陷，貞杜門堅卧，不食飲者九日而卒，七月五日也，時年八十三。將屬纊，呼嗣宗悉取生平所著書焚之。

爲說者曰：予嘗游淞上，抵吳門，過貞向所經行處，訪其遺事，而故人長老無在者。及來四明，定海縣尹汪汝懋爲予言貞事，首尾如此。嗟乎！士君子立天地間，不欲懷才抱藝，自附逸民之列者，懼其潔身以亂倫耳。今貞雖隱處江湖，然能以善醫拯人之危困，起人之死至衆，其遇貧無依，又往往傾行橐濟之，不復顧有無，可不謂仁乎！世衰民散，君臣道廢，一旦寇兵及境，或望風款附，或執殳效驅馳，以冀須臾毋死者何限？今貞僅於逆旅中，〔視死〕如歸，可不謂義乎？能仁與義，謂之潔身亂倫可乎？嗚呼！世之不及此者衆矣。一布衣乃毅然類古有位者之爲，尚可謂世無人乎？汝懋乃貞所嫁女甥子，愼慤不忘人也，其言有可徵，故列之爲世勸。

黄子厚

李梴《醫學入門・歷代醫學姓氏・儒醫》 黄子厚，江西人，與滑壽同時。至治天曆間，其術甚行，與虞文靖公相善。治富家子，年十八，病遍身肌肉折裂，公乃屏人詰病者，曰：幼童時(會)〔曾〕近女色否？曰：當十二三歲曾近之矣。公曰：古云：精未通而御女，則四體有不滿之處，後日有難狀之疾，在法爲不可治。後果惡汁淋瀝，痛絕而死。治一富翁病洩瀉彌年，公診治浹旬不效，忽一日讀《易》至乾卦天行健，朱子有曰：天之氣運轉不息，故闔得地在中間，如人弄椀珠，只運動不住，故在空中不墜，少有息則墜矣。因悟向者富翁之瀉，乃氣不能舉，所以脱下。即爲灸百會穴，未三四十壯，而洩止矣。

劉埙

康熙《衢州府志・方伎傳》 劉埙，西安人。精通方脈，施藥濟民。壽九十五卒。

徐豳

康熙《衢州府志・方伎傳》 徐豳，號鳳石，江山人。以醫名，時稱爲鳳石醫仙。

伍子安　伍敬仲

康熙《衢州府志・方伎傳》 伍子安，江山人。通經史，邃於醫。請者如市，不責報，郡守張實薦爲御醫。所著有《活人寶鑑》十卷。孫敬仲，尤能世其業，療奇疾甚衆。

康熙《浙江通志・方伎・衢州府》 伍子安，江山人。【略】宋公濂志其墓。

孫敬中，世其業。

楊用安

光緒《撫州府志・人物志・方伎》 楊用安，字存心，崇仁人。武昌路醫學教授。用藥治痾外，善胗太素脈，預定前程休咎，年數修短。吳草廬贈之以詩，有期君還舊里，共啓内元經之句。

袁坤厚

《古今圖書集成・藝術典》卷五〇九引《醫學入門》 袁坤厚，字淳古，元古益人，精醫，爲成都醫學正，著《難經註》。

謝縉孫

《古今圖書集成・藝術典》卷二〇九引《醫學入門》 謝縉孫，字堅白，元統間廬陵人，精於醫，爲遼陽路醫官提舉，著《難經解》。

陳瑞孫

《古今圖書集成・藝術典》卷二〇九引《醫學入門》 陳瑞孫，字廷芝，元慶元人，溫州路醫學正，與其子宅之，同著《難經辨疑》。

熊景先

光緒《撫州府志・人物志・方伎》 熊景先，崇仁人。世業儒，而精於醫。嘗著《傷寒生意》，吳草廬、程雪樓皆稱其善。

莫仲仁

崇禎《松江府志・人物志・藝術》 莫仲仁，華亭人。病聾，以醫名。邑人某病蠱，衆醫莫療。仲仁下峻劑，吐蟲數升，立愈。有病寒逾七日，發狂，陰且縮，法死。仲仁徐以常藥，理之而平。有病痢，噤不食者七日，氣殆絶。仲仁投以湯，即納食飲而起。一大官病瘵，衆醫爭進，仲仁望而走，曰：雖扁鵲不可爲已。出門而斃，其神驗若此。

沈光明

崇禎《松江府志・人物志・藝術》 沈光明，華亭人，以治目鳴。先世嘗受術於龍樹師，内外障七十二種，悉能治而去之。光明克世其學，士大夫咸重之。

劉仲宣

萬曆《吉安府志・雜傳・工伎》 劉仲宣，安福人。精醫學，待詔尚方，出入貴近間，未少貶屈。歸隱東陽山下，劉太史聞，嘗贈以詩。

光緒《吉安府志・人物・方伎》 劉仲宣，安福人。【略】劉太史聞，贈詩云：東陽山色好，此去想夷猶。草樹春長綠，田園遂有秋。穿雲斫靈藥，帶月上漁舟。何日京華客，歸來訪舊遊。

潘濤

康熙《上高縣志・方技》 潘濤，世業醫，至濤而名亦顯，全活者甚衆。嘗著《醫學繩墨》一書，其目有十：一切脈，二問證，三斷病名，四辨逆順，五明標本，六立治，七審輕重，八處方，九用藥，十調理。行於世。

王君迪

康熙《儀徵縣志・人物・藝術列傳》 王君迪，由江南遷儀眞，以醫著。所述古今方論，無一不詳，持別脈二十四狀，參之以外候偏邪，如燭照鑑別。吳草廬澄爲作《可山記》以贈。

徐文中

《稗史集傳・徐文中》 徐文中，字用和，宣州人也。宋季之亂，其先爲同郡仇人倪氏所滅，時文中之父在幼，倪將殺之而欲其母。其母爲徐氏宗祀故，忍辱保徐子得不死，因冒姓倪氏。爲娶有室。及母老卒，哭謂其子，始知其爲徐氏子，然未能即復其姓，故文中亦以姓倪氏。文中自少傳其婦翁針藥方術，又善符咒，以此名江湖間。始爲縣吏，即棄去。又爲安陸府吏，復棄去。遊吳，吳大戶患濕腿疾，延文中與療，針行病除，留爲郡吏。時鎮南王妃臥病不可起坐，王府御醫，皆不能愈，南臺侍御史禿魯以文中名聞，即馳驛就吳郡召之。至則王以禮見，賜坐便殿，道妃所疾苦。延入診視，王曰：疾可爲乎？對曰：臣以針石加於玉體，不痊其安用臣？遂請妃舉手足，妃謝不能。文中因請診候，按手合谷、曲池，而針隨以入。妃不覺知，少選，請舉如前，妃復謝不能。文中曰：針氣已行，請舉玉手。妃不覺爲一舉。請舉足，足舉。王大喜，明日妃起坐，王大設賜宴，賞賚無算，聲震廣陵，皆以爲盧扁復出也。值天久旱，方士禱祈皆不應，文中謂王曰：王欲雨乎？王曰：然。文中曰：臣請爲王致雨。王欲雨而雷，雷而雨乎？王曰：先雨後雷，始驗其爲法爾。文中曰：諾。即望西北奮袖一揮，雲隨手布，四被王宮，大雨如注，雨止雷震，而天氣復霽。留廣陵月餘，門下輻輳，多所救活。由吳郡遷武林，未幾，吳郡守吳公秉彝被病卧治，郡醫咸舉君，君至，病立已，以故雖爲吏而家日益饒。嘗謂予曰：予所傳弟子亦衆，然皆不能如吾術之神，彼急於見利而不知義，吾以茲術遊江湖，垂四十餘年，所爲療者不可勝計，而未嘗責其報，吾知施吾術而已。今幸造物有以還於吾，而大官貴人之所賜予者，予不得而辭，而亦未嘗爲貧乏者不敢不盡其心也。又泣謂予曰：文中得有大罪，敢謀之於子，頃吾父殁時，屬文中以復姓，至今不敢忘。而吾久隸於官，欲一復之而懼案牘之煩也，如之何？予謂之曰：春秋大復仇，而君子於心之不安也者，不可一朝居也，且而祖母忍死以全而父，欲以報於徐氏，今幸而有子，獨不能念徐氏之痛，以大慰於祖母之靈乎？子其後矣，尚何以案牘之煩不煩爲哉！文中即以泣告於其府尹趙公伯器，爲復姓徐氏，給告歸宣城，省徐氏墳墓，訪其宗族，買田置祠，以奉祭祀，人咸義之。自宣城還，陞充江浙行省理問所，提控案牘，改授紹興路知事，以疾卒。

論曰：方伎之士，孰不爲利，而鮮有神其術者，予嘗怪之。及聞徐君之言，然後知其術無以大過於其人，而心之仁不仁，術之神不神繫矣。孔子曰：仁者先難而後獲。豈醫者哉！

萬曆《寧國府志·人物·方伎》 徐文中，字用和。其先倪氏滅之，文中父在幼以母侍倪氏，冒姓倪。文中嘗受鍼術婦翁，又善符呪。遊吳，療吳人輒效，爲吳椽，名日益振。鎮南王妃苦風患禿，魯御史以文中聞，乘傳至廣陵。丐診候，按手合[谷]、曲池，而鍼潛入焉，妃殊不省也。移晷，手足幷可舉，明日起坐。王喜異勞之。大旱請致雨，王以雨而雷卜爲法云。文中奮袂一揮，雲冉冉西北方，大雨如注，乃雷震天且霽矣。從吳遷武林，守吳秉彝病，復召之，立愈。嘗語人：吾弟子羣，然亟于利，是故其術不神。文中今茲可四十禩也，所奏績罔算，顧自未敢核報爾。文中以父殁時屬必還徐姓，投牒郡公趙伯器，給告歸宣城，脩墓置祠，鄉人義之。尋由功曹仕紹興路知事。卒，福溪徐顯爲之傳。

程深甫

康熙《休寧縣志·人物·方技》 程深甫，汊口人。業儒，神于醫，擢浙江省太醫提舉。上召治疾，立愈，聲滿南北，一時有好人程太醫之語。

范天錫

康熙《休寧縣志·人物·方技》 范天錫，字壽朋，汊川人，府教一咼之子。邃軒岐之術，診脈能決人生死，用藥不滯古方，隨手而應，無不效者。嘗爲郡醫學提領。

徐道聰

康熙《休寧縣志·人物·方技》 徐道聰，字士明，南街人，生元末。遇異人傳幼科。時兵燹流離，嬰孩多驚死，聰每授一匕輒甦，全活者千計。其子杜眞，駢脇犀頂負殊相，復精大人科，著有方書。

何順中

嘉靖《崑山縣志·人物·藝術》 何順中，曾祖子雲以下世業醫，至順中益著工巧。居太醫垣四十年，王公貴人有招延之者，視義不視物，必專敬乃往，往則疾家有所恃，或以勢位臨之，弗能致也。家固貧，極謹義利之辯云。

張經　張廷玉

光緒《餘姚縣志·方伎》 張經，字與權。八世祖永見《寓賢傳》，世以善醫惠及其鄉。經復挾其術，遊明越間。明越之民，賴以全活者甚衆。家有種德堂，戴良銘而序之。又世善小兒醫，因名所居曰生意垣，危素書之，揭傒斯記之，蓋所友皆名士云。四世孫廷玉，字坦庵，爲太醫院使，善撟引按摩甚奇，非世之所聞也。項昕居越江，得見事之，盡其伎。於是爲人診病，決死生無不立驗。

戴同父

《古今醫統大全·歷世聖賢名醫姓氏·元》 戴同父，名起宗，建業人，任儒學教授，文學以作聖爲己功。謂醫爲性命之學，遂潛心以究《內經》之秘，撰五運六氣之旨，刊《脈訣》之誤，闢邪説，正本源，誠有功於醫者也。

項昕 彥章

戴良《抱一翁傳》 抱一翁者，東嘉人也，今居越江上，姓項氏名昕，字彥章，晚更自號抱一翁。曾大父某，大父某，父某，比三世俱以和義維其家。翁自幼聰敏，好方數，外大父杜曉村世業醫，常奉父命謁受其書讀之。年未成童，已暗誦岐、扁、《素》、《難》、王叔和《脈經》。稍長，學《易》趙穆仲、葉見山所。後以母病，醫誤投藥死，痛之，乃益厲志醫術，欲盡受他禁方。聞越大儒韓明善先生爲方善也，遂往拜之，盡得所藏方論甚富。後更詣陳白雲，受五診奇賅，歷試其說皆精良。會金華朱彥脩來越，出金源劉河間、張戴人、李東垣諸書示之。翁獨疑古方不可治今病之論，亟往錢塘見陸簡靜，叩之，始悟古今方同一矩度也。後又往淛右，見葛可久，論劉張之學。又往建鄴見戴仝父，仝父亦是郡儒者，爲譔《五運六氣機要》若干篇授翁。太醫院使張廷玉善撟引案摩甚奇，非世之所聞也。翁亦得見事之，盡其伎。於是爲人治診病、決死生，無不立驗。

里鍾姓者一男子病脇痛，衆醫以爲癰也，投諸香、薑、桂之屬益甚。翁診其脈，告曰：此腎邪病，法當先溫利而後竭之。投神保丸，下黑溲，痛止。即令更服神芎丸。或疑其太過，翁曰：向用神保丸，以腎邪透膜，非全蝎不能引導。然巴豆性熱，非得芒硝，大黃蕩滌之，後遇熱必再作。乃大洩數出，病已。翁所以知男子之病者，以陽脈弦、陰脈微澀。弦者，痛也；澀者，腎邪有餘也。腎邪上薄於脇不能下，且腎方惡燥，今以燥熱發之，非得利不愈。經曰：痛隨利減，殆謂此也。

鍾女病腹脹如鼓，四體骨立，衆醫或以爲娠、爲蠱、爲瘵也。翁診其(詠)〔脈〕，告曰：此氣薄血室。鍾曰：服芎歸輩積歲月，非血藥乎？翁曰：失於順氣也。夫氣，道也；血，水也。氣有一息之不運，則血有一息之不行。經曰：氣血同出而異名，故治血必先順其氣。俾經隧得通，而後血可行。乃以蘇合丸投之，三日而腰作痛，翁曰：血欲行矣，急治芒硝、大黃峻逐之，下汙血累累如瓜者可十數(枝)〔枚〕，應手愈。翁所以知鍾女之病者，以六脈弦滑而且數。弦者，氣結；滑者，血聚，實邪也。故氣行而大下之。

鍾有從女，病名同而診異。翁曰：此不治，法當數月死。向者鍾女脈滑爲實邪，今脈虛，元氣奪矣。

又一女子病亦同，而六脈獨弦，翁曰：眞藏脈見，法當踰月死。後皆如之。

越幕官費姓者，有子病甚，衆醫皆以爲瘵，盡愕束手。一日，費對客獨泣，客以翁薦。翁診之曰：此病暑邪，非瘵也。家問死期，翁曰：何得死？何得死？爲作白虎湯飲之即瘥。翁所以知費子之病者，切其脈細數而且實。細數者，暑也。暑傷氣宜虛，今不虛而反實，乃熱傷血，藥爲之也。

費病胸膈壅滿甚篤，昏不知人，醫者人人異見，翁以杏仁、薏苡之齊灌之，立蘇。繼以升麻、黃耆、桔梗消其膿，服之踰月瘳。翁所以知費之病者，以陽脈浮滑，陰脈不足也。浮爲風，而滑爲血聚，始由風傷肺，故結聚客於肺陰；脈之不足，則過於宣逐也。諸氣本乎肺，肺氣治則出入易，苑陳除，故行其肺氣而病當自已。

建康萬夫長廉君病，醫投丹、附、薑、桂逾甚。翁診其脈，告曰：此得之酒病，當曦作聲，食入即出，而後溲不利。廉曰：然。予平生所嗜獨燒酒。翁進葛花解酲加黃芩飲二升所，勢減，衆醫以藥性過寒交詛之，翁既論不協，辭去。即歎曰：實實而虛虛，過二月當入鬼錄矣。果如翁言。翁所以知廉之病者，切其脈細數而且滑。諸數爲熱，滑爲嘔，爲胃有物。酒性大毒大熱，而反以熱齊加之，是火其火也；且溲祕爲陽結，今皆反治，故二月死也。

茶商李，富人也，啖馬肉過多腹脹。醫以大黃、巴豆治之轉劇。翁後至診之，寸口脈促而兩尺將絕，翁曰：胸有新邪故脈促，宜引之上達，今反奪之，誤矣。急飲以湧齊，且置李中座，使人環旋，頃吐宿肉，仍進神芎丸大下之，病去。衆醫咸曰：予所不及也。

浙東僉憲史君素苦足病，發則兩足如柱，潰黃水，踰月乃已，已輒復發。翁診其脈，告曰：六脈皆沉緩，沉爲裏有濕，緩爲厥、爲風，此病風濕毒，俗名濕腳氣是也。乃以神芎丸竭之，繼進舟車神祐丸，下濁水數十出，遂不發動。

南臺治書郭公久患泄瀉，惡寒，見風輒仆，日臥密室，以氈蒙其首，熾炭助之，出語咿咿如嬰兒。諸醫皆作沉寒痼冷治，屢進丹、附不時驗。翁診其脈，告曰：此脾伏火邪，濕熱下流，非寒也，法當升陽散火，以逐其濕熱。乃煮升麻、柴胡、澤瀉、羌活等齊，而繼以神芎丸。郭曰：予苦久泄，今復利之，恐非治也。翁曰：公之六脈，浮濡而弱且微數。濡者，濕也；數者，脾有伏火也。病由濕熱，而且加之以熱齊，非苦寒逐之不可。法曰：通因通用，吾有所試矣。頃之，利如木屑者三四出，即蒙首之氈去，次去熾炭，病旋已。

鄞董允謙妻患衄三年許，醫以血得熱則淖溢，服瀉心涼血之齊益困，衄纔數點輒昏。翁診之，六脈微弱，寸爲甚。曰：肝藏血而心主之，今寸口脈微，知心虛也；心虛則不能司其血，故逆而妄行，法當養心，仍補脾實其子，子實則心不虛矣。服琥珀諸補心之齊愈。

浙帥胡公病，發熱惡風而自汗，氣奄奄弗屬。諸醫作傷寒治，發表退熱而益增。翁診其脈，陰陽俱沉細且微數，處以補中益氣之齊。毉止之，曰：表有邪而以參芪補之，邪得補而愈盛，必死此藥矣。翁曰：脈沉，裏病也；微數者，五性之火內扇也；氣不屬者，中氣虛也，是名內傷。經曰：損者溫之。飲以前藥而即驗。

南臺掾梁彥思使閩，而足不能履，毉以風論，或以腳氣治，經年不瘳。翁診之，六脈僅微數，而他無所病。即探患處，乃骨出不入肯綮耳。施以按摩即愈。

南臺治書迭里迷失公，足失履而傷腕骨，掌反於後者六閱月矣。衆醫不能治，公知翁精按摩，曰：幸予治也。翁令壯士更相摩，從辰至申，而筋肉盡腐，遂引其掌以蹂之，啑啑然有聲，藥以兩月，其足如常時。

金參政子年方稚，嘗嬉戲偃卧於階側，忽驚馬踐其足，胻骨斷碎即死，久乃蘇。翁以其法治之，卒完其足，步履無所苦。

閩萬夫長陳君臨陣，爲刀斫其面，瘡已愈，而脊與鼻不能循，甚惡，時時仰泣曰：吾面無完膚，生何以見妻子，死何以見父母乎？乃拜翁求治。翁命壯士按其面，膚肉盡熱腐，施之以法，即面赤如頳盤。左右賀曰：復故矣。

左丞王公畏瘴毒，晨必命毉診省，毉鄭生切其脈，愕曰：平日兩尺無虞，今忽不應指，可怪也。公即驚曰：人無尺脈，猶樹之無根，其能久生乎！命他毉診之，其論亦同。乃命翁診。翁曰：此天和脈，勿妄治也。因陳氣運交反之道以曉之。公叱衆毉曰：若等誤人多矣。奪提舉俸者二人。

翁之於毉多類此。於是門人學子，懼其老且衰也，力請著書以貽後，乃作《脾胃後論》，以補東垣之未備。其略曰：或問脾胃之有虛寒，信乎？曰：脾胃爲百病之源，然每惡寒而喜熱，寒者陰氣盛，陽氣微也；熱者陽氣盛，陰氣微也；而所以致夫陰陽之微盛者，脾胃之虛故也，甚則陰陽孤立而死矣。經曰：有者爲實，無者爲虛，故氣併則無血，血併則無氣，氣血俱失故爲虛。又曰：陰盛生內寒，厥氣上逆，寒氣積於胸不得瀉；瀉則溫氣散，寒氣獨留，故中寒也。又曰：邪氣盛則實，精氣奪則虛，故陰勝而爲實。《靈樞》曰：風雨寒熱，不能獨傷人。有猝然逢疾風暴寒而不能病者，蓋無虛，不能獨傷其人。此必因虛邪之風，與身形兩虛相感，乃客其形矣。此脾胃虛寒之説也。又問：河間謂惡寒戰慄，皆屬於熱。然脾胃虛寒亦有惡寒而戰慄者，何耶？曰：風寒之邪，始居於表，表有寒邪，則外惡寒。因其入裏，與邪氣相搏，故戰慄也。邪氣勝則熱發於外，故戰慄愈不惡寒而反惡熱，脈必洪滑數盛，此蓋以實熱而致惡寒戰慄者也。至於脾胃虛弱，傳化失常，榮衛俱虛，不任風寒，內外之邪易以傷之。經曰：因身之虛，逢天之虛，兩虛相感，其氣至骨。又曰：陽虛生外寒。又曰：陰盛生內寒。又曰：陽受氣於上焦，以溫皮膚分肉之間。今寒在外，則上焦不通；上焦不通，則寒氣獨留於外，脈必沉遲而弱，此虛寒而致戰慄者也。熱淫於內，治以甘寒，河間所論是也。寒淫於內，治以辛熱，上文所論是也。二者所因各不同，又可執一而言哉？又問：戰慄鼓頷，及諸禁鼓慄，如喪神守，皆屬於熱。河間謂熱之極，反有水化制之。故其治法，專主甘寒，以發其鬱，資水以制火也。然與治瘧之戰慄鼓頷，可得同其法歟？曰：戰慄鼓頷，皆屬於熱，此經首章之言，言熱之一端也。比及後章，言瘧之始發，陽氣併於陰，陽虛陰盛，而外無氣，故先寒慄。陰氣逆極，則陽復出，陽與陰復併於外，則陰虛陽實，故先熱。又曰：溫瘧者，先傷於風，而後傷於寒。夫寒者，陰氣也；風者，陽氣也。瘧之寒熱戰慄鼓頷者，以上下交爭，虛實交作，陰陽相移也。《逆調論》曰：人非常熱常溫，而爲煩熱者何也？岐伯曰：以陰氣少，陽氣勝也。人身非常寒，而寒從中生者何也？岐伯曰：陽氣少而陰氣多也。此皆不可專主於熱矣。《明理論》則分戰慄於內外之診。戰者，身爲戰搖；慄者，心戰。又曰：陰中於邪，必內慄也。表氣虛微，內氣不守，故使邪中於陰，正氣虛弱故成慄。戰者，正氣勝；慄者，邪氣勝；鼓頷者，邪入陽明，故鼓頷爲戰之輕者。其有森然而寒，聳然而振，是名曰振。而振亦戰之輕者。由是而觀，發熱而戰慄者，陰虛而陽盛也，法當補陰而抑陽。不熱而戰慄鼓頷者，陰盛而陽虛也，法當助陽而抑陰。至若寒熱交爭，陰陽相移，又當從之，逆之。其始則同，其終則異。資取化源，追之、迎之、調之，而爲之治可也。豈可專以其寒言之，舉一而遺十哉！又問：胸膈堅滿痞痛，東垣謂之不足，而中氣內傷，法當補其中而益其氣。河間、戴人，則以爲諸逆上衝、諸濕腫滿、諸氣鬱昌瞀，皆濕火爲病，法當瀉火。在上則（瀉）〔湧〕之，在下則竭之。張長沙（人）〔又〕以爲邪氣所留，而以辛溫之齊開發蕩散之，何三者治法之不同耶？曰：治有從本者，有從標者，有不從標本而從中治者。證有虛實，脈有逆從，其始雖殊，其歸一理也。經曰：天之四令無形，風、寒、暑、濕也；地之四令有形，饑、飽、勞、逸也。東垣以胸腹堅滿等證，皆爲飲食七情所致，而謂之內傷，蓋以中氣不足，諸邪得以留之。經曰：邪之所湊，其氣必虚是已。其脈必弦、澀、虚、遲，故治以補中益氣，使中氣既盛，則邪氣可不戰而屈矣。此拔本塞源之論，蓋治其本者也。河間、戴人以爲可湧可竭者，是治其有形之邪，其脈必洪、實、沉、滑，必當去其有形之物，而中氣可復。又必資水以制火，而陰陽自和，蓋治其標者也。至若長沙，直以邪氣留之于中焦，必以辛溫之齊，散其無形之邪。經曰：寒則氣聚，熱則氣散。《舉痛論》曰：諸痛爲寒是也。其脈必虚、浮、遲、濇，故以發鬱開結之齊主之，蓋從中治者也。知乎此，則三者之法，斷不可以偏廢。而近世宗三家者，往往自相詆毁，而有南醫北醫之不同。決不肯以寒涼施之於南方，辛熱施之於北方，何其自畫之若是歟！經曰：病當問其起居，固言地方之不同矣。然治寒以熱，治熱以寒，微者逆之，甚者從之，要在臨時變通消息以爲治，安可限以南北之分而有寒熱之敻異哉！又問：《原病式》以濕熱留飲否隔而傳化失常，甚則霍亂吐下。又以爲諸痛乃熱鬱於內，故爲堅痛不可以言寒。又以爲急痛者，因寒之極，而乃凝冱而爲痛，如是則所謂霍亂吐下而心腹絞痛者，當作熱論乎？抑作寒治乎？曰：吐下之作，罕有不由脾胃感之。蓋胃爲水穀之海，受天之氣、地之味，精悍薰蒸而成氣血，以營養四旁，往往因其燮理失宜，風寒燥濕之邪，得以乘伏錯亂於其間。風爲百病之始，而春爲溫風，夏爲陽風，秋爲涼風，冬爲寒風，風也者，天地之氣也。寒風即天地之寒氣。經曰：歲土不及，風乃大行；化氣不令草木茂榮，飄搖而甚，民病飧泄霍亂。斯固陰陽錯亂之所致矣。其有食飲過制、七情內鬱，則濕飲否隔，遂使陰陽不得升降，塞而不通，陽併于陰，陰併于陽，揮霍變亂，水穀沸騰，而爲吐下霍亂，此則濕熱留飲致之然也。若夫堅痛爲熱，本指瘡瘍，皆屬心火。心主熱化，故痛屬熱，即不以寒言。至於急痛因寒，乃《舉痛論》諸痛爲寒之說。經曰：寒淫於內，以辛熱散之，佐以苦寒。長沙以辛熱之齊，散其錯亂風寒之氣，良以此耳。凡所臨證，固當察物之陰陽，驗人之虚實，不可專以爲有熱而無寒，不可專以爲有寒而無熱，斯蓋折衷之道也。

翁他所診病，及所論證治衆多，今頗失之，不能以盡録，而録其大槩如此。其於爲醫，或在杭，或在鄞，或在閩。在杭爲府史、爲肅政府書吏。在鄞爲帥府令史。在閩〔爲〕掾，行中書掾行臺，一皆以醫見辟諸貴人，而非所尚也。然廉謹練達之風，雖素業吏事卓卓當時者，亦皆自謂不能及。翁偉儀觀，美鬚髯，雙目爛爛如電光。天性純孝，父母有疾，扶持保抱不解帶者旬朔，歿則一遵儀禮治其喪。平居樂易寬厚，務揚人善，而耻言其過，臧獲有失，亦不忍加以色辭。與人交，盡其義，其於恩意尤至也。喜辭章，善音律，工繪畫，而獨以醫顯。所著書有《竹齋小藁》及《脾胃後論》，別譔《醫原》若干卷，議論宏贍，未及成。子一，曰恕，能世其業云。

論曰：仲尼有言，人而無恆，不可以作巫醫。豈不信然歟？抱一翁爲醫四十年所，其已人病，生人之死甚衆，人以厚利報翁，輒卻而不受。與之藥即富，徒手亦與藥，不責其償，而濟物一心，孜孜然終始弗少衰，則所謂有恆者豈近之與？傳曰：醫非仁愛不可託，非廉潔不可信。若翁者，殆可託而可信者歟！至於立言以垂世，則取諸先覺之說折衷之，而一本於經，貫微達幽，不失細小備矣。豈非宣暢曲解古之良醫也歟？

戴良《懷項彥昌》 渭樹江雲每憶君，別來惟見白頭新。百年誰是知心者，千里同爲歎世人。內景琴心箕谷夜，外丹火候杏園晨。極知養道多餘暇，何得長生及老身。

戴良《脾胃後論序》 永嘉項君彥昌，自蚤歲習醫，得外大父杜曉村之家傳，後拜明善韓先生于越上，同父戴先生于金陵，而又師事陳白雲爲最久。遂以所聞于諸君子，與平日之自得，用之而有徵驗者，作爲《脾胃後論》若干言。凡內外傷之有關于脾胃而爲病者，莫不條舉而縷述之。仍以對病之方，與夫臨時加減之法系於後，信有以補東垣之未備，而衛生家可一覽而見矣。彥昌與予交最厚，因攜至海上，乞一言爲叙引。竊謂醫之爲學，自唐令列之執技之流，而吾儒罕言之。世之習此者，不過斬斬焉守一定之方書，以幸其病之偶中，不復深探遠索，上求聖賢之意，以明夫陰陽造化之會歸。至于近世，先知先覺之士，迭起而發明之。學者既有以知夫前日之爲陋，遂或徒誦一家成說以爲高。而又不能博極羣言，采擇衆議，以資論治之權變。甚者至于屏棄古方，附會臆見，展轉以相迷，而其爲患，反有甚于前日之爲陋者。嗚呼！是豈聖賢惠慈生民之本意哉？彥昌家故業儒，而其所與游者，又皆世之大儒先生，故其爲醫自《素》、《難》諸經而下，無言之不習，無理之不窮。上既明夫陰陽造化之精微，下復究乎論治之權變，庶幾一掃二者之弊，而爲醫家之大成矣。其爲此論，以三墳古書爲主本，以秦漢唐宋諸賢爲羽翼，以古今名方爲格法，正而不迂，奇而不僻，博而無餘，約而無闕，是殆識症之元龜，治病之指南也歟！序而歸之，余固不能以苟辭也。彥昌名昕，博學多能，雖音律繪畫之事，亦皆優入閫奧，爲世所稱云。

乾隆《餘姚縣志·寓賢傳》 項昕，字彦章，自永嘉來徙。幼好方數。外大父杜曉村，世業醫，受其書讀之。稍長學《易》趙穆仲、葉見山。後以母病，醫誤投藥死，痛之，乃勵志醫術。聞越大儒韓明善名，往拜之，得所藏方論甚富。後詣陳白雲，受《五診奇胲》，歷試其説皆精良。會金華朱彦修來越，出金、元劉河間、張戴人、李東垣諸書示之。昕獨疑古方不宜治今病之論。亟往錢塘見陸簡靜，始悟古今方同一矩度也。又往浙右見葛可久，論劉、張之學。往建業見戴同父，撰《五運六氣撰要》若干篇授之。太醫院使張廷玉善撟引按杌甚奇，昕亦事之，盡其技。於是爲人治診病、決生死，無不立驗。諸貴人辟爲掾吏，非所尚也。門人力請著書，作《脾胃後論》補東垣之未備。昕喜辭章，善音律，工繪畫，而獨以醫顯。

王好古 海藏

《陰證略例·汪曰楨序》 《陰證略例》一冊，元海藏老人王好古撰。以傷寒陰證較陽證尤難辨，故作專書以發明之。審證用藥，具有條理。

《古今醫統大全·歷世聖賢名醫姓氏·元》 王好古，字進之，號海藏，古趙人，性明敏，通經史，好醫方。師李明之，所著《醫壘元戎》十二卷、《醫家大法》三卷、《仲景詳辨》、《活人節要歌》、《湯液本草》、《此事難知》、《斑疹論》、《光明論》、《標本論》、《傷寒辨惑論》等書行世。

李梴《醫學入門·歷代醫學姓氏·儒醫》 王好古，字進之，號海藏，元古趙人。任趙州教授，兼提舉管内醫學。性識明敏，博通經史，篤好醫方，師事李東垣，盡得所學，遂爲明醫。著有《醫壘元戎》、《醫家大法》、《仲景詳辨》、《活人節要歌括》、《湯液本草》、《此事難知》、《斑疹論》、《光明論》、《標本論》、《小兒吊書》、《傷寒辨惑論》、《守眞論》、《十二經絡藥圖》。

《醫學讀書志·元王氏好古》 好古字進之，號海藏，官本州教授提舉醫學，受業潔古，潔古歿，遂師事東垣。《此事難知》，專論傷寒。《醫壘元戎》，兼述雜病。其書推崇仲聖，效法朱肱，複斟酌二家，變通其説。雖於長沙大法，無所闡明，而寅畏小心，實當時之翹楚。《醫壘元戎》，爲明萬曆癸卯遼東巡撫顧遂刻，而體例參差費校，今本《東垣十書》竟删成一卷。《湯液本草》，融會潔古《珍珠囊》、東垣《藥類法象》、《用藥心法》，於《本草》原旨了無干涉。

朱肯堂 宋贇 劉彦實 朱瑩 秦子通

雍正《懷遠縣志·人物·方技》 朱肯堂，荆山醫士也，與宋贇、劉彦實、朱瑩、秦子通等，皆五世知名，各懸一壺于市，慕董仙、壺公之爲人。唯子通仕至太醫院提舉，歸老，朝廷給復其家。

嚴子成

崇禎《嘉興縣志·叢談志·醫術》 嘉禾嚴氏稱世醫。嚴之始祖秋蟾，汴人，其先在宋有典醫者，南渡後適吳。咸淳間，秋蟾來秀州，賣藥於竹林巷，人爭趨之。其裔有嚴子成，字伯玉，生於元大德間，以醫著名。性不計利，治病決生死多驗。會京師開御藥局，徵子成不就。時霅川趙文敏公遘疾，醫不能治，遣人邀子成。時子成游天臺，路總管雅重，趙以驛騎迓歸。診之，翼日即瘳。文敏喜，爲杏林圖，幷繪孫思邈像贈之。以子成貌相類也，人自是稱爲藥師。雲間巨族瞿氏，有危疾，迎子成。夜束裝，見一人呷吁窺戶。子成詰之，曰：我鬼也，特止君之行，瞿當有大災，君往則與其難矣。予子曾蒙君救藥，故來相報。子成遂不往。後聞瞿氏遭回祿，醫之死者七人。

子成好施賑，族周貧，笥不留貲。年八十九，忽語人曰：吾將往五岳遊仙府也。無疾而逝。

齊德之

《醫學讀書志·元齊氏德之》 《外科精義》二卷。右書一種，元醫學博士充御藥院外科太醫齊德之撰。籍里無考。其書上卷論，下卷方，皆本巢氏《病源》、《千金要方》、《千金翼方》而參以所學。雖不著出處，鮮有發明，於瘍醫書中，實爲善本。民間行本，刊入《東垣十書》中。

鮑同仁

康熙《徽州府志·人物志·方技》 鮑同仁，國良，歙人。泰定元年，試蒙古翰林院，授全州學正，歷會昌州同知致仕。旁通鍼砭之術，治無不中，有《通玄指要》等二賦注及《經驗鍼法》。

謝茂德

光緒《吉安府志·人物·方技》 謝茂德，安福人。精岐黄術，時以仙翁目之，傳若金贈以詩。

孫真人

光緒《善化縣志·仙釋》 孫眞人，相傳以藥濟人，常於縣學玉帶溝橋邊洗藥。後人有詩云：羽客凌霄歲月長，尙遺仙蹟在湖湘。玉溝漫泛桃花水，金井深圍薜荔牆。洗藥小橋存古道，煉丹空竈冷斜陽。鑱苓種杏人何去，千載城頭有鶴翔。今洗藥巷，其修眞處也。

彭舜安

光緒《山西通志·藝術録》 彭舜安，字國寶，崞縣人。世業醫，頗通儒書，自號西林翁。延齡羽化，葬於壓師坡下，後里人多見之。又傳椒寢有疾，遣使召之，遇諸塗，旣愈，辭歸，詔賚其家，則歿已數年矣。因立廟刻石以紀云。

程朋

嘉靖《青州府志·人物·方伎》 程朋，樂安人。饒貲，善醫卜。至順間，發粟濟荒，一方賴之。

劉惠卿

順治《吉安府志·雜傳·工伎》 劉惠卿，安福人。以善醫名，楊誠齋嘗賜之詩，有活却千人藥一囊，陰功吹作滿城香之句。

嚴興賢

光緒《奉化縣志·人物·方技》 嚴興賢，字國賓，城內人。謹厚文雅，好行陰德。精醫術，療人不責報謝。本定海之白沙人，至正間，游藝奉化，因卜居焉。時州民疫病流行，投劑全活者甚衆。孫貞，自有傳。

黃執中

康熙《崇明縣志·方伎》 黃執中，西沙人。幼穎悟，讀書過目即解。曾遇異人，得岐黃術，精心《素》、《難》諸編。切脈神巧，尤能不以貨利爲念。

程彦澤

乾隆《洛陽縣志·方伎》 程彦澤，明道後裔，元末自稱洛下遺民。遊五湖，得異傳，隱于術，以神醫名。明徐一夔有《洛下遺民傳》載之。

范益

同治《畿輔通志·識餘》 范益，精于醫脈，元至正間爲大都醫官，年七十矣。老嫗詣其門曰：家有二女病，欲延公往治之。問其家何在，曰：西山。益憚途遠，以老辭，曰：可攜來就診耳。嫗去良久，攜二女至，皆少艾。益診之，矍然曰：何以俱非人脈？謂嫗：爾無隱，當實告我。嫗曰：妾實非人，乃西山老狐也。知公神術能治吾女，故來投，今已覺露，幸仁人憐之。益曰：濟物，吾心也，固不爾拒。然此禁城中帝王所在，百神呵護，爾何得至此？嫗曰：天子自在濠州，城隍社令皆移守於彼，此間空虛，故吾得出入。益異其言，授以藥，嫗及二女拜辭去，是時太祖龍潛淮右云。

蔡君實　蔡公惠

嘉慶《桐鄉縣志·藝文》引貝瓊《同壽堂記》 崇德之鳳鳴里，有蔡公惠氏，業醫五世矣。凡疾病者，無貴賤，必造焉。其樹德也厚，其取利也廉。嘗名其堂曰同壽。【略】公惠，自其伯祖梅友，在宋中醫科，仕至防禦使。其大父君實，克繼其學，因集心法所傳，釐爲若干卷，曰：《同壽秘寶方》。至公惠而聲譽益著，其傳爲可知矣。古人云：不爲良相，必爲良醫。夫良相位尊，勢之所及者廣，苟施仁政，足以治天下之人。良醫位卑，勢所及者近，苟施仁術，足以活一方之人。故相之於醫，雖非等倫，其心則一耳。吾於公惠，原其心而卜其求，所爲同壽者，又豈夸言也哉。是爲記。

何天祥

嘉慶《松江府志·藝術傳》 何天祥，字克善，侃曾孫。官醫學教諭，起危疾如神。自青龍鎭遷居郡城之東，有壺春丹房，楊維禎爲記。子士方，字叔剛，官嘉興府教諭，世稱爲何長者。

呂逸人

道光《江陰縣志·人物·藝術》 呂逸人，善醫，施藥濟人。嘗活王逢之門人張叙，逢贈詩云：貧士願留賒藥劵，故人思續衛生經。

苗仲通

乾隆《紹興府志·人物·方技》 苗仲通，餘姚醫學。録著《備急活人方》，會粹諸家所載，祖父所傳，江湖所聞，及親所經驗者，筆成一編。世有奇疾，醫經所不備，醫流所不識，獨得于神悟理會，而著爲奇中之方，此其難也。

申先生

光緒《丹徒縣志·人物·方技》 申先生，佚其名，竝佚其時代。然屢見於李時珍《本草綱目》，每録其方輒曰：鐵甕城中申先生方。蓋宋元間人而精於醫者也。

孚惠　雷希復

萬曆《揚州府志·方外志·仙人傳》 孚惠先生，不知何許人。元季自潯陽壽觀來游儀真。時多疫癘，先生以道術治之輒止，今民德之，因建通真萬壽宮爲祠。其徒雷希復，傳其道法，多利濟于人。

周德成

同治《新喻縣志·人物·方伎》 周德成，城西人。爲人慤實不華，以醫名。家貧無貲，而賴以濟其生者甚衆。嘗謂醫之濟人有限，儒之利物無窮，創宗濂齋以淑後進。子瑀，以世業，補本州醫學訓科。

吴良貴

光緒《重修丹徒縣志·人物·方技》 吴良貴，字君玉。其先臨安人，隱居京口。慎言行，涉獵經史，精於醫。至元間，被薦不起。同鄉盛德榮與良貴兩世六十年，同資出內，多寡未嘗相較也。年九十一卒。

許舉仲

光緒《餘姚縣志·方伎》 許舉仲，善治疽，能循古法。同里吴易之年七十，患背發危疾，舉仲治之，旬日即愈。

劉咸　劉全備　劉仕聰

嘉慶《西安縣志·方伎》 劉咸，字澤山，光大子。精醫。子全備，孫仕聰，世傳祖術。

朱煥常

光緒《崑新兩縣續修合志·藝術》 朱煥常，精醫，所投藥無弗效。急義強仁，不責厚報，遠近求者踵至。州人王孟章之母中秋暑憒亂，勺水不下，衆醫辭去，煥常一劑而甦，孟章乞殷奎文報之。

朱撝

《拜經樓藏書題跋記·心印紺珠經》 《心印紺珠經》二卷，元朱撝作，字好謙，傳醫學於李湯卿，劉河間弟子。

杜思敬

朱彝尊《跋濟生拔萃方》 《濟生拔萃方》六卷，延祐二年銅鞮杜思敬輯。自爲之序，其言曰：醫不專于藥，而舍藥無以全醫。藥不必于方，而舍方無以爲藥，斯明乎炊湯脈神之術者，宜其能采拾衆善以成書也。《元史》不作《藝文志》，典籍無徵。予嘗思補之，于醫書類知其目者，金有紀天錫、張元素、劉(元)[完]素、李慶嗣、張從正五家，二十四部，凡八十八卷。元有李杲、竇默、王好古、錢近之、羅天益、戴起宗、滑壽、李希范、王鏡潭、鮑同仁、朱震亨、鄧焱、王中陽、李鵬飛、葛應雷、葛乾孫、朱撝、趙良、陳直、鄒鉉、胡仕可、吴湍、尚從善、熊景元、申屠致遠、危亦林、薩德彌實、李中南、陸仲達、堯允恭、吴以寧、齊德之、曾世榮、馮道玄、孫允賢、殷震三十六家，七十三部，內十八部卷亡，四百七卷。茲又得杜氏此書，然則待訪者寧有窮乎？思敬自號寶善老人，書成時年八十有一。予今年齒亦均，雖耄矣，尚思踐宿諸焉。

張士元

光緒《保定府志·藝術》 張士元，安肅人。專門醫術，累積陰德，盜賊慕義請罪，故遇兵火能保全身家，以致子孫三世俱爲顯要。

陳鑄

康熙《鄞縣志·人物·藝術》 陳鑄，字象之。性至孝，因室燬，從奉化奉母遷居于鄞。精鍼砭，凡負疾求療者，輒治之，未嘗責報，人多德焉。

葛乾孫可久

《十藥神書·自序》 余自髫稚，學業醫道，考究方脈。三十餘年，遍歷江湖。多學廣傳者，不過言語文字形容之耳，及其用藥治病，皆不能捷。是以日夜苦心，用志務在中病。後遇至人，同處三月，斯人極明醫道，精通方術，用藥如發矢，無不中的。余曰：必神人也！遂拜爲師，得授奇方一冊。閲之，或群隊者，或三、四味者，皆余目睹至人用效者也。使予如久旱逢霖，夜行得月，心中豁然。自此回吴中，一用一捷，無不刻驗，信乎奇方，可鋟梓者也。余以三餘暇日，將至人所授奇方，并日用決效之法，類成一帙，名曰《十藥神書》，蓋用效者，輒記錄之。今西浙大痴道人與余通家之好，用禮求授，故錄以奉養生濟人之功用爾。時至正戊子春正月三陽日，可久再書於姑蘇春先堂。

《稗史集傳·葛乾孫》 葛乾孫，字可久，平江人也。生而負奇氣，儀狀偉特，膂力絶倫。未冠，好爲擊刺之術，戰陣之敎，百家衆伎，靡不精究。及長，遂更折節讀書，應進士舉。所業出語驚人，主司方按圖索驥，不能識跅弛之士也。把玩不忍捨，置君亞選。君曰：此不足爲也，吾甯齷齪從諛，離析經旨以媚有司意乎？遂不復應試。猶時時指授弟子，皆有可觀。金華黄公溍尤奇其文，勸之仕，不應。世傳藥書方論，而君之工巧，獨自天得，治疾多奇驗。自丞相以下諸貴人得奇疾，他醫所不能治者，咸以謁君，無不隨愈。有士人患傷寒疾，不得汗，比君往見，則發狂，循河而走。君就捽置水中，使禁不得出，良久出之，裹以重繭，得汗解。其治他疾多類此。當是時可久之名重於南北，吴人有之四方者，必以可久爲問。四方士大夫過吴中，亦必造可久之居而請焉，其爲人倜儻而溫雅，慈愛而好施，故人無賢不肖，皆愛敬之。至正壬辰，徽寇轉掠江浙，吴人震恐，浙西廉訪僉事李公仲善，請與君圖，君勸城之，因守以討賊，仍請身任其事。李公狀其言，然其計，卒城之，而民賴以安。明年癸巳春正月，與予遊開元佛舍，私與予言：吾聞中原豪傑方興，而吾不及預，命也夫。公云：六氣淫厲，吾犯司地，殆將死矣，如期必於秋。予曰：何至是？踰月果卒。予往視之，則猶談笑無他苦。秋七月，沐浴竟，遂偃然而逝，年四十有九。其詩未及詮次，藏於家，其行於世者，有《醫學啓蒙》，又《經絡十二論》。君既没，而朝廷聘君之命適至，已無及矣！

論曰：君少尚氣節，故勇力之士爭言君之長於武；長而服儒，故逢掖之士，爭言君之長於文；濟人以醫，故方論之士，爭言君之長於醫。斯各取其所偏長而未睹其學之所至也。予幸識君於血氣既定，資質既變之時，方將舉聖人之道而修之，則凡前所稱譽，皆君所厭棄而羞道者。予於是又病世人之知君者淺也。

《蓬窗類記》 葛可久，國初名醫。有奇驗。一人患腹疼，延葛治。葛視之，謂其家曰：腹有肉龜，俟熟睡，吾針之，勿令患者知，知則龜藏矣。患者問故，家人誑曰：醫云寒氣凝結，多飲醲酒自散耳。患者喜，引觴劇飲，沉酣而卧。家人亟報葛。葛診其脈，以針刺其腹，患者驚寤，畀以藥，須臾有物下，儼如龜形，厥首有穴，蓋針所中也。病遂愈。又一鄰婦娠，將娩，氣上逆，疼不能忍，就葛治。葛見之，遽以掌擊案，厲聲大叱，婦驚，産一子，葛慰曰：向見爾色青氣逆，是腹中兒上攻，少緩，不可救矣。猝然被驚，故即産也。其神驗如此。

正德《姑蘇志·人物·文學》 一日見武士開弓，取挽之而彀，歸而下血，亟命其子煎大黄四兩。子密減其半，飲之不下。問知之，曰：少耳，亦無傷也。我當以明年死，今未也。再服二兩而愈。明年果卒，年四十九。所著惟《醫學啓蒙》、《經絡十二論》。

《古今醫統大全·歷世聖賢名醫姓氏·元》 葛可久，名乾孫，震父之子，醫實跨竈，甚仁厚，求療不分貴賤，輒盡心藥之，無有不效。著有《醫學啓蒙論》、《十二經絡》、《十藥神書》行世。

李梴《醫學入門·歷代醫學姓氏·儒醫》 葛乾孫，字可久，平江吴人。**【略】**勇力之士爭言其長於武；逢掖之士爭言其長於文；方論之士爭言其長於醫。然皆未睹其學之所至也。君於血氣既定，資質既變之時，方將舉聖人之道而修之，凡所稱譽，皆君所厭弃而羞道者，使當世知君而用之，功業豈少哉！治傷寒疾不得汗，發狂循河而走，公就控置水中，使禁不得出，良久出之，裹以厚被，得汗而解。

崇禎《吴縣志·人物·才識》 乾孫從張棟受詩，棟目爲畏友。父發《素問》、《靈樞》等令乾孫讀，質以奧義，應對不爽。病人日伺門下求診。乾孫笑曰：吾方讀書自期，醫非願也。或強之去，必致其生，而不以醫道自善。父藏書數千卷，乾孫晝夜吟誦，學日益進。御史劉貞舉乾孫孝廉，未報，乾孫一意淬勵。所著述詩、賦、記、頌、銘、贊、引、序、論、説若干卷。又《醫學啓蒙》、《經絡十二論》。子：觀、晉、渙、升，皆孝敬淳謹，能繼家學。

《明史·方伎傳·葛乾孫》 葛乾孫，字可久，長洲人。父應雷，以醫名。時北方劉守眞、張潔古之學未行於南。有李姓者，中州名醫，官吴下，與應雷談論，大駭歎，因授以張、劉書。自是江南有二家學。

乾孫體貌魁碩，好擊刺戰陣法。後折節讀書，兼通陰陽、律曆、星命之術。屢試不偶，乃傳父業。然不肯爲人治疾，或施之，輒著奇效，名與金華朱丹溪埒。富家女病四支痿痹，目瞪不能食，衆醫治罔效。乾孫命悉去房中香奩、流蘇之屬，掘地坎，置女其中。久之，女手足動，能出聲。投藥一丸，明日女自坎中出矣。蓋此女嗜香，脾爲香氣所蝕，故得是症。其療病奇中如此。

《醫學讀書志·元葛氏乾孫》 乾孫字可久**【略】**，父應雷，字震父，官江浙醫學提舉。師中州李醫官，始傳守眞、潔古之學於江南。著《醫學會同》十二卷。乾孫受父業，名埒丹溪，所傳《十藥神書》，專尚奇詭，絕無精義。

醫家總部

明醫家部

滑　壽 伯仁

戴良《滑伯仁像贊》 貌不加豐，體不加長。英英曄曄，其學也昌。蚤啄《詩》、《禮》之精華，晚探《素》、《難》之窈茫。推其有足以防世而範俗，出其餘可以滌藏而湔腸。是故知之者識其隱身遁命之老儒，不知者以謂醫師一代之良而已矣。若人也其亦游神二者之間，以玩於世而卒返於其鄉者耶！

戴良《懷滑攖寧》 海日蒼涼兩鬢絲，異鄉飄泊已多時。欲爲散木居官道，故托長桑說上池。蜀客著書人豈識，韓公賣藥世偏知。道途同是傷心者，只合相從賦《黍離》。

《醫家十四經發揮·宋濂序》 滑君名壽，字伯仁，許昌人，自號爲攖寧生。博通經史諸家言，爲文辭溫雅有法，而于醫尤深，江南諸醫未能或之先也。所著有《素問鈔》、《難經本義》，行於世。

宋濂《題滑壽傳後》 昔者太史遷作《史記》，創爲記、表、書、傳，秉彤筆者咸宗之。然而傳之爲體雖不一，不過立論、序事二者而已。獨爲淳于意傳，載其應詔所對，自齊侍御史成至公乘項處，凡二十有三人，書治病死生驗者具悉，此其故何哉？蓋醫乃人命所係，不敢不慎，故特變例以成文耳。襄城滑壽伯仁，以醫道高一時，而吾老友朱君伯賢倣史遷法爲之傳，事核詞古，而光焰燁然。與伯仁游者，鋟梓以行，伯賢方載筆詞林，其言當見信於世，它日必有采之入史牒者。淳于意之事，尚得專美於前哉！

《復齋日記》 吾邑滑壽，字伯仁，號攖寧。工古文詞，善醫，訂正《靈樞》、《素問》錯簡，著《難經本義》、《讀素問鈔》、《十四經發揮》等集。其治人疾，不拘拘於方書，而以意處劑，無不立效。秋日姑蘇諸士人邀遊虎丘山，一富家有產難，求挽回，諸士人不可。先生登階，見新落梧桐葉，拾與之曰：歸即以水煎而飲之，未登席，報兒產矣。皆問此出何方？攖寧曰：醫者意也，何方之有？夫妊已十月，而產者氣不足也。桐葉得秋氣而墜，用以助之，其氣足矣，寧不產乎？其神效多類此。今南昌太守宗源，其姻孫也。

嘉靖《襄城縣志·雜録·方伎》 滑壽，字伯仁，邑人。博通儒術，而尤精于醫。至元間，名甚著，全活爲多。晚號攖寧翁。所著有《難經本義》，行于世。

李梴《醫學入門·歷代醫學姓氏·儒醫》 滑壽，字伯仁，世爲許襄城大家，元初祖父官江南，自許徙儀眞而公生焉。性警敏，習儒，日記千言，操筆爲文，尤長于樂府。受王居中習醫，而理識契悟過之。著《素問鈔》。治婦人病小便澀，中滿喘渴，脈三部皆弦而澀，醫投以瞿麥、梔、苓諸滑利藥而秘益甚。公曰：水出高源，膻中之氣不化，則水液不行，病因于氣，徒行水無益，法當治上焦。乃與朱雀湯，倍枳、梗，長流水煎，一服而溲，再服氣平而愈。治一婦人，年六十餘，亦病小便秘若淋狀，小腹脹，口吻渴，脈沉且澀。公曰：此病在下焦血分，陰火盛而水不足，法當治血。血與水同，血有形而氣無形，有形之疾，當以有形之法治之。乃與滋腎丸，服之而愈。治一婦人有孕，九月病滯下，日五七十起，後重下迫，公以消滯導氣丸藥下之，病愈而孕不動。《素問》曰：有故無殞是也。殞者，損也。治一婦經水將來，三五日前臍下疞痛如刀刺狀，寒熱交作，下如黑豆汁。既而水行，因之無孕。兩尺沉澀欲絶，餘部皆弦急。公曰：此下焦寒濕，邪氣搏于衝任。衝主血海，任主胞胎，爲婦人血室。故經事將來，邪與血爭作痛，寒熱生濁，下如豆汁，宜治下焦。遂以辛散苦溫理血之藥，令先經期日日服之，凡三次，而邪去，經調有孕。治一人因心高志大，所謀不遂，怔忡善忘，口淡舌燥，多汗，四肢疲軟，發熱，小便白濁。諸醫以內傷不足，擬進茸、附。公視其脈，虛大而數，曰：此思慮過度，少陰君火爲患耳。夫君火以名，相火以位，相火代君火行事也。相火一擾，能爲百病，況少陰乎！用補中益氣湯、朱砂安神丸，空心則進坎離丸，月餘而愈。治一孕婦，五月病咳痰氣逆，惡寒，咽膈不利，不嗜食者浹旬，脈浮緊，形體瘦，公曰：此上受風寒也。投以辛溫與之，致津液，開腠理，散風寒，而嗽自止矣。治一婦暑月身冷自汗，口乾煩躁，欲臥泥水中，脈浮而數，沉之豁然虛散，公曰：脈至而從，按之不鼓，爲陰盛格陽，得之飲食生冷，坐臥風露。乃與玄武湯，冷飲，三服而愈。治一婦病寒疝，自臍下上至心皆脹滿攻痛，而脅疼尤甚，嘔吐煩滿，不進飲食，兩手脈沉結不調。公曰：此由寒在下焦，宜亟攻其下，無攻其上。爲灸章門、氣海、中脘，内服玄胡索、官桂、胡椒，佐以茴、木諸香，茯苓、青皮等而愈。

康熙《儀徵縣志·人物·藝術列傳》 攖寧生出滑伯後，名壽，字伯仁。世爲許襄城人。當元時，父、祖官江南，自許徙儀眞生壽。性警敏。習儒書，日記千餘言，操筆爲文詞，有思致，尤長于樂府。京口名醫王居中客儀，壽數往叩。居中曰：醫祖黄帝、岐伯，其言佚不傳。世傳者，惟《素問》、《難經》，子其習之。壽受讀終卷，乃請于王曰：《素問》爲説備矣，篇次無緒，愚將分藏象、經度、脈候、病能、攝生、論治、色脈、鍼刺、陰陽、標本、運氣、彙萃凡十二類，抄而讀之。《難經》又本《素問》、《靈樞》之旨，設難釋義，其問榮衛、部位、臟腑、脈法，與夫經絡、腧穴，辨之博矣。而闕誤或多，愚將本其旨義，註而讀之，何如？居中曰：甚矣，子之善學也。自是壽學日益進。參考張仲景、劉守眞，李明之三家，而大同之，攄其所得，所向莫不奇中。既又傳鍼法于東平高洞陽，得其開闔、流注、方圓、補瀉之道。又究夫十二經走會、屬絡、流輸、交别之要，至若陰陽維蹻衝帶六脈，雖皆有繫屬，而惟督、任二經則包乎腹背而有專穴。諸經滿而溢者，此則受之，宜與十二經并論，乃取《内經·骨空》諸論，及《靈樞本輸篇》所述經脈，著《十四經發揮》三卷，通考隧穴六百四十有七，以盡醫之神秘。他如《讀〔傷〕寒論抄》、《診家樞要》、《痔瘻篇》，及聚諸書《本草》爲《醫韻》，皆有功醫學。多治驗，所至，人爭延致，以得攖寧生一決生死爲無憾。生無間貧富，皆往治，不責報，遂知名吴楚間。在淮南曰滑壽，在吴曰伯仁氏，在鄞越曰攖寧生。年七十餘，顔如童，行步輕捷，飲酒無算。

康熙《浙江通志·方伎·寧波府》 滑壽，字伯仁，自儀眞徙居餘姚。少學醫于京口王居中，受《素問》、《難經》。以《素問》篇次無緒，《難經》又多缺誤，乃類次手抄而讀之，且爲之注。參考張仲景、劉守眞、李明之三家，而大同之，得其開闔、流注、方員、補瀉之妙。又傳鍼法於東平高洞陽，究十二經及督、任二脈走會屬絡，流輸交别之要。通考隧穴六百四十有七而施治，功以盡醫之神秘，由是所療無不奇效。壽與宋僖爲友，其詩雅健，元時曾鄉舉。按《滑氏家譜》，則劉基之兄弟也。基嘗訪之於餘姚，留數月而去。其子孫散居餘姚、武林，而武林爲最盛。

《明史·方伎傳·滑壽》 滑壽，字伯仁，先世襄城人，徙儀眞，後又徙餘姚。幼警敏好學，能詩。京口王居中，名醫也，壽從之學，授《素問》、《難經》。既卒業，請於師曰：《素問》詳矣，多錯簡。愚將分藏象、經度等爲十類，類抄而讀之。《難經》又本《素問》、《靈樞》，其間榮衛藏府與夫經絡腧穴，辨之博矣，而缺誤亦多。愚將本其義旨，注而讀之可乎？居中躍然稱善。自是壽學日進。壽又參會張仲景、劉守眞、李明之三家而會通之，所治疾無不中。

既學鍼法於東平高洞陽，嘗言：人身六脈雖皆有係屬，惟督、任二經，則苞乎腹背，有專穴。諸經滿而溢者，此則受之，宜與十二經并論。乃取《内經·骨空》諸論，及《靈樞篇》所述經脈，著《十四經發揮》三卷，通考隧穴六百四十有七。他如《讀傷寒論抄》、《診家樞要》、《痔瘻篇》又採諸書本草爲《醫韻》，皆有功於世。

晚自號攖寧生。江、浙間無不知攖寧生者。年七十餘，容色如童孺，行步蹻捷，飲酒無算。天台朱右摭其治疾神效者數十事，爲作傳，故其著述益有稱於世。

乾隆《紹興府志·人物·方技》引萬曆《志》 壽所療無不奇效，能決生死。一婦孕患腹痛呻吟，隔垣聞其聲。曰：此蛇妖也。砭之，產數蛇，得不死。又一婦臨產而死，視之曰：此小兒手捉其心耳。砭之即甦，少頃兒下，大指有砭跡。姚人所傳如此。壽無問貧富皆往治，報不報勿較也。與朱丹溪彦修齊名。在淮南曰滑壽，吴曰伯仁，鄞越曰攖寧生。所著又有《難經本義》。子孫爲餘姚人，知府浩是其孫。葉知府逢春云：壽蓋劉文成基之兄，易姓名爲醫。文成既貴，嘗來勸之仕，不應，留月餘乃去。

光緒《餘姚縣志·寓賢》 壽，學儒於韓説。制方處劑，隨意低昂，輒奏異效，世皆以爲神。宋玄僖稱壽有道之士，不試，試於醫。有項昕者，字彦章，與壽同時。

壽與朱彦修齊名，子孫爲餘姚人，知府浩是其孫。康熙《志》，弟子得其傳者，駱則誠、吴溫夫。

李　殼

嘉靖《長垣縣志·人物·伎術》 李殼，元順帝時，任懷慶路醫學提舉。洪武初，改遷本縣醫學訓科。孫生員李樽，習其業。

貝　瓚

乾隆《紹興府志·人物·方技》引萬曆《志》　貝瓚，字彦中，上虞人。貝氏世業儒，而瓚以醫聞。

胡重禮

李梴《醫學入門·歷代醫學姓氏·明醫》　胡重禮，眞州人，國朝初以醫名世。

康熙《儀徵縣志·人物·藝術列傳》　胡重禮，明初以醫名，尤妙太素脈。有久瘧不止者，求視其脈，曰：此瘧母也，須百劑方愈。病者服至半中止，而病未瘳。他日，就孫醫脈之，曰：此須五十劑乃可。如言而病已。蓋孫即重禮婿，傳業於重禮者。聊舉一端，以見其藝精如此。

祝　定

同治《麗水縣志·人物》　祝定，字伯靜。以醫鳴。洪武初，授本府醫學提領，轉正科。註竇太師《標幽賦》，醫家咸宗之。

李　恒

雍正《合肥縣志·人物·方伎》　李恆，字伯常。洪武初，以醫名，選入太醫院，擢周府良醫。常奉令旨，類集《袖珍方》諸書。後以老致仕。王親賦詩以餞，命長史錢唐瞿佑序其事。

王道中　王大坤

乾隆《無為州志·人物·方技》　王道中，洪武間太醫院醫選。曾孫大坤，太醫院醫官，萬曆十年夏，大疫，大坤施藥，全活無筭。

沙　金

李梴《醫學入門·歷代醫學姓氏·德醫》　沙金，字廷璽，號杏軒，國朝儀眞人。以醫濟人，不責其報，貧甚者或反資給。其子稷登第，贈工部主事。

沈　貞

嘉靖《崑山縣志·人物·藝術》　沈貞，字士怡，業精於醫，志在濟人，未嘗嗜利。患傷寒難治，因以仲景《論》爲主，取李浩《或問》，郭雍《補亡》，由漢迄今，凡論傷寒者，集而爲傳，名曰《傷寒會通》。吳下諸醫謂其補仲景之未備。

光緒《崑新兩縣續修合志·藝術》　沈貞，字士怡，宋宣和六年狀元晦之後，自浙遷吳。

許　律　許　度　許　量

嘉靖《崑山縣志·人物·藝術》　許律，字用韶，元醫學教授矩之長子，得世傳之秘。凡人疾所不能療者，必之用韶求治，一經診視，其死生如決蓍龜。弟度、量，俱世其業。

董伯儒

嘉靖《崑山縣志·人物·藝術》　董伯儒，與許用韶爲內外兄弟，而醫之學，同出一門。伯儒淳質無僞，脈藥甚精，授本縣醫學訓科。子士源，克世其業。

倪維德 仲賢

《古今醫統大全·歷世聖賢名醫姓氏·明》　倪維德，字仲賢，號敕山老人，吳郡人。少涉經書，尤究軒岐之旨，活人甚多。乃訂新安張季明《醫說》，演《靈樞》、《素問》、《原機啓微》等論行於世。

《原機啓微·故倪府君墓碣銘》　吳郡有名世之醫曰倪府君，諱維德，字仲賢。其先家于汴梁，曾大父曰嗣，宋和州防禦使，生秀文。值宋籙既訖，乃挾醫術遊大江之南，遂擇郡之吳縣居焉。秀文生鼎亨，能紹家學，有聞於時，則府君之父也。府君嗜學不厭，受《尚書》於碧山湯公，焚膏繼晷，探賾精微，發於詞章，皆煒煒有文氣。湯公器其才，勸之仕。府君曰：爵祿乃資之以澤物者，然有命焉，不可以倖致。曷若紹承醫學，以濟吾事乎！於是取《黃帝內經》日研其奧旨，見其疏陳治法，推究本原，欣然曰：醫之道盡在是矣。間有疑難，質于父師之間，心緒益開明。

《原機啓微·故倪府君墓碣銘序》　徐春甫曰：倪維德，字仲賢，號敕山老人，吳郡人。少涉經書，尤究軒岐之旨，活人甚多。乃訂新安張季明《醫說》，演《靈樞》、《素問》、《原機啓微》等論，行于世。天保甲辰暮春二十三日書質。

康熙《吳縣志·人物·藝術》　倪維德，字仲賢。先爲大梁人，徙居吳，世以醫鳴。維德取《內經》，研其奧旨，欣然曰：醫之道，盡是矣。頗病大觀以來多遵用裴、陳《和劑局方》，故方新病，多不相值。後得金季劉完素、張從正、李杲三家書，讀之，知與《內經》合，自以所見不謬，出而用藥如神。又病眼科雜出方論，竟無全書，著《原機啓微》。又校訂李杲《試效方》鋟行。洪武十年卒，年七十五。

《明史·方伎傳·倪維德》 倪維德，字仲賢，吳縣人。祖、父皆以醫顯。維德幼嗜學，已乃業醫，以《內經》爲宗。病大觀以來，醫者率用裴宗元、陳師文《和劑局方》故方新病多不合。乃求金人劉完素、張從正、李杲三家書讀之，出而治疾，無不立效。

周萬戶子，八歲昏眊，不識饑飽寒暑，以土炭自塞其口。診之曰：此慢脾風也。脾藏智，脾慢則智短。以疏風助脾劑投之，即愈。顧顯卿右耳下生癭，大與首同，痛不可忍。診之曰：此手足少陽經受邪也。飲之藥，踰月愈。劉子正妻病氣厥，或哭或笑，人以爲祟。診之曰：兩手脈俱沉，胃脘必有所積，積則痛。問之果然，以生熟水導之，吐痰涎數升愈。盛架閣妻左右肩臂奇癢，延及頭面，不可禁，灼之以艾，則暫止。診之曰：左脈沉，右脈浮且盛，此滋味過盛所致也。投以劑，旋愈。林仲實以勞得熱疾，熱隨日出入爲進退，暄盛則增劇，夜涼及雨則否，如是者二年。診之曰：此七情內傷，陽氣不升，陰火漸熾。故溫則進，涼則退。投以東垣內傷之劑，亦立愈。他所療治，多類此。

常言：劉、張二氏多主攻，李氏惟調護中氣主補，蓋隨時推移，不得不然。故其主方不執一說。常患眼科雜出方論，無全書，著《元機啓微》，又校訂《東垣試效方》，并刊行於世。洪武十年卒，年七十五。

潘仁仲

光緒《無錫金匱縣志·藝術》 潘仁仲，祖傳之，在元爲常州路醫學學錄。父進德，本州醫學提舉。仁仲，楊維楨門人，與倪瓚、張居貞輩遊，爲醫學教授。晚以高年應詔。子克誠，永樂中召爲太醫院醫士，與王達、錢仲益友善。克誠子韞輝，尤妙鍼灸，官訓科。

雷伯宗

萬曆《閩書·人物志》 雷伯宗，名勳，以字行。讀書明醫，尤精於小兒科。洪武間，授醫學正科。著有《千金寶鑑》。

王居中

光緒《丹徒縣志摭餘·人物·方技》 王居中，性沈篤，精醫學，潛心《內》、《難》諸經，深入堂奧，名噪一時。凡經居中診治，立奏奇效，踵門求治者，絡繹不絕。從游者，日益衆，弟子亦多著名，儀眞滑壽，名尤顯。嘗與居中論《素問》，語載《明史》。居中緻然曰：青出於藍勝於藍，此之謂也。遂取《素問》、《靈樞》之缺誤，詳加辨註，而居中名益顯於大江南北。

高洞陽

宣統《山東通志·人物志·藝術》 高洞陽，東平人。善鍼法，餘姚名醫滑壽嘗從之學。言人身六脈，雖皆有系屬，惟督、任二經，則包乎腹背，有專穴。諸經滿而溢者，此則受之，宜與十二經并論。壽乃取《內經·骨空》諸論，及《靈樞》篇所述經脈，著《十四經發揮》三卷，通考隧穴六百四十有七。

趙良仁

《古今醫統大全·歷世聖賢名醫姓氏·元》 趙良〔仁〕，字以德，號雲居，江浦人。丹溪弟子，有高致，精醫術。張士誠據吳，召，不往，挈家隱華亭鄉中，以活人爲心。醫造閫奧，沉疴悉能起，著有《醫學宗旨》、《金匱衍義》等書行世。

崇禎《松江府志·人物志·篤行》 趙良仁，宋裔，南渡由汴遷睦。天資篤實，有才略。元季嘗試吏于婺之臬司，再掾蘭谿、溫州，當路者多賢之。然非本志，竟辭去，遂從鄉先生朱彥修學醫。業成，薦爲海道萬戶府從事。又嘆曰：從事可爲，吾何必去吏也，亦不就。張士誠竊據吳，招致賢士，或勸之往。良仁挈家去之華亭，混跡田間，以醫顯。其療疾，不計資有無、厚薄，施以善藥，輒奇中。篤于教子，胡仲申、朱景濂遣子從學。後徙姑蘇。素愛九山之勝，常往來華亭，隱約終身，裕如也。子友泰、友同，欽榮孝子。九世孫原性，重輯《趙氏家乘》，敘述詳明，足稱良史。

乾隆《蘇州府志·藝術·醫》引《姑蘇志》 趙良仁，字以德，其先於宋有屬籍。良仁少試吏憲司，即棄去，從丹溪朱彥修學醫，治療多有奇效，名動浙西東。所著《醫學宗旨》、《金匱方衍義》并《丹溪藥要》等書。張氏據吳，良仁挈家去浙，後復來吳，占籍長洲，以高壽終。子友同，自有傳。

光緒《浦江縣志·人物志·藝術》 趙良（本）〔仁〕，字立道。從學吳萊，通經史大略，不專精章句，有得於心輒見於行事。柳貫命從朱震亨游。震亨儒者，兼通醫術，嚴毅不許可庸俗士，獨喜良本，盡以術授之。良（本）〔仁〕曰：

吾欲及物而患無其道，今得之矣。遂發其術活病者，窶人來問藥，與畢麾去，不受價。某御史聞薦於朝，授以醫學正。不就。顧子友昌且長，遂以家事屬之。辟一室以居，自號太初子。研摩養生之説，朝夕粥一器，不御醯鹽、蔬茹，盛暑不舉箑，烈寒不附火。逾三十年，鬢髮不少變，人望之以爲真神仙人。而良(本)〔仁〕亦若有所自得，人莫測也。忽一日曰：明日良，吾將終矣。取筆與簡，予書斂葬儀。至日晨興，正坐，啜一食，斂手瞑目。撼之，則逝矣。時洪武六年二月。其壽七十。

李應光

乾隆《淮安府志·人物·方技》 李應光，字思泉，山陽人。性純厚，精于醫。醫故金竹李氏世業，久有名濠、泗間。至應光，其術益精，活人無算，往往不受謝，淮人重之。子潤民，官平遠縣知縣，別有傳。

鄭禮之

嘉慶《西安縣志·雜記·呂復》 呂復，字元膺，晚號滄州翁。其先自河東徙婺，復自婺徙鄞，遂家焉。幼孤，以母病攻岐扁術。遇三衢鄭禮之，謹事之。鄭有古先禁方及色脈藥論諸書，俱以授之。

呂復

戴良《滄洲翁傳》 滄洲翁者，姓呂氏，名復，字元膺，晚號滄洲翁。其先河東人也。東萊先生成公與其季忠公自河東徙婺，吏部郎知台州事諱寶之者，復自婺徙鄞家焉。大父克德，父居敬，比三世皆早喪。翁幼孤且甚貧，獨依母氏居。既長，從鄉先生受《尚書》、《周易》，久之棄去，習詞賦。後以母病，復喜攻岐扁術，而恨無其師。一日，遇三衢鄭禮之逆旅中，即知爲醫中毛遂也，每謹事之。鄭亦見翁醇謹無他，頗心愛翁，因呼翁語曰：我有古先禁方及色脈藥論諸書，知人生死，定可治甚精，我年老，欲具以授公。翁即避席再拜，盡得其書。受讀可一年所，輒試之有驗，然尚未精也。鄭復教翁曰記診籍，考方藥驗否，悉爲參訂，不使毫釐失理。又若干年所積，爲人治診病，效無不神。自是，鄞之病家及凡寓公過客以病留鄞者，必歸翁，翁皆樂應之。

浙省平章左答納失理在帥閫時，病無睡，睡則心悸神懾，如處孤壘而四面受敵兵，達旦目眵眵無所見，耳瞶瞶無所聞，雖堅卧密室，睫未嘗交也。即選醫之良者處齊，累月弗愈。後召翁診。翁切其脈，左關之陽浮而虛，察其色，少陽之支外溢於目眥，即告之曰：此得之膽虛而風，諸公獨治其心，而不祛其膽之風，非法也。因投禁方烏梅湯、抱膽丸，日再服，遂熟睡。比寤，病如脱。

郡人蘇伯友病衄，旬浹不止，時天暑脈弱，衆醫以氣虛不統血，日進耆、歸、茸、附，彌甚，則告術窮。家人皆容貌變更，蘇亦流涕長潸，泣命其子強翁診。翁至，未食頃，其所衄血已三覆器矣。及切其脈，兩手皆虛芤，右上部滑浮數而躁，且其鼻赤查而色澤，即告之曰：此得之湎酒。酒毒暴悍，而風暑乘之，熱蓄於上焦，故血妄行而淖溢。蘇曰：某嘗饑走赤日，已而醉酒向風卧，公診當是。翁爲製地黃汁三升許，兼用防風湯半劑，飲之立驗。

童芳仲幼女華病嗜卧，頰赤而身不熱，命小兒醫四三人療之，皆以爲慢驚風，屢進攻風之劑，兼旬不愈。翁切其脈，右關獨滑而數，他部大小等而和，因告童曰：女無病。關滑爲有宿食，意乳母致之。乳母必嗜酒，酒後輒乳，故令女醉，非風也。及詰其内子李，李曰：乳母近掌酒庫鑰，苟竊飲必任意。潛使人視卧内，有數空罌榻下。翼日拘其鑰。飲以枳椇、葛花，日二三服，女起如常時。

童良輔子年十二，患内癰，腹脹臍凸而頗鋭，醫欲刺臍出膿，其母靳不許，抱子獨泣。童馳告翁，邀與俱。及造卧内，見一野僧擁爐熾炭，燃銅筋一二枚烈火中，瞪目視翁，曰：此兒病癰發小腸，苟舍刺臍無他法。翁喻之曰：臍，神闕也，針刺所當禁。矧癰舍于内，惟當以湯丸攻之。苟如若言，必殺是子矣。僧怒，趨而出。翁投透膿散一匕，明日膿自氣合潰。繼以十奇湯下善應膏丸，旬浹瘥。

趙氏子病傷寒餘十日，身熱而人靜，兩手脈盡伏。俚醫以爲死也，弗與藥。翁診之，三部舉按皆無，其舌胎滑，而兩顴赤如火，語言不亂。因告之曰：此子必大發赤班，周身如錦文。夫脈，血之波瀾也，今血爲邪熱所搏，淖而爲班，外見於皮膚；呼吸之氣，無形可依，猶溝隧之無水，雖有風不能成波瀾，班消則脈出矣。及揭其衾，而赤班爛然。即用白虎加人參湯化其班，脈乃復常。繼投承氣下之愈。發班無脈，長沙所未論，翁蓋以意消息耳。

普濟寺主僧體無爲病蹷，已三日不知人。翁切其脈，右口之陽弦而遲，少陰之脈堅而勁，不滿四十動而止。此寒邪乘於腎肝所致，法當以辛甘復其陽。爲作湯三升，頓服遂起。對客〔曰〕：如不病，然一藏已絶，去此若干日當復病，病即死。果死如其日。

臨川蕭雲泉，羽客也，偶游鄞，造翁告曰：某病兩目視物皆倒植，屢謁名醫弗喻。翁曰：視一物爲二，視直爲曲，古人嘗言之；視物倒植，誠所未喻也，願聞其因。雲泉曰：某嘗大醉，盡吐所飲酒，熟睡達曙遂病。翁切其脈，左關浮促，餘部皆無恙。即告之曰：當傷酒大吐時，上焦反覆，致倒其膽腑，故視物皆倒植。此不由外因而致，內傷者也。法當復吐，以正其膽腑。遂授藜蘆、瓜蒂，俾平旦湧之。湧畢，視物不倒植。

東皋寺僧述無作族姓孫氏一女子病厲風，爲夫所出，家貧不能致醫。無作過翁，約曰：吾女姪病可念，早舁致就翁診，顧僧舍不宜，能速爲我治療乎？翁曰：諾。他日，匿患者於密室，召翁診其脈。翁曰：脈來疾而去遲，上虛而下實，蓋得之醉酒接內，而風毒乘之，今雖髮禿眉墜，然鼻根幸未陷，肌肉幸未死。遂以防風通聖，而益以下藥，下淤血數升及蟲穢青黑物；并進鄞蛇、長松等湯丸，復佐以雄黃、楓油作膏摩之，逾月瘥。

餘姚州守郭文煜病噦十餘日，州之以毉名者畢至，悉以附子、丁香等劑療之，益甚。翁切其脈，陽明大而長，右口之陽數而躁，因告之曰：公之噦即古之咳逆，由胃熱而致。或者失察，而反助其熱，悞矣。飲以竹茹湯，未終劑噦止。

帥府經歷哈散侍人病喘不得臥，老醫製麻黃之劑。以散其肺邪。翁後至診之，脈口盛人迎一倍，厥陰弦動而疾，兩尺俱短而離經，因告之曰：病蓋得之毒藥動血，以致胎死不下，奔迫而上衝，非風寒作喘也。乃用催生湯倍芎、歸，煮二三升服之。夜半果下一死兒，喘止，哈散密囑曰：病妾誠有懷，以室人見嫉，故藥去之，衆人所不知也。老醫聞之慚而去。

樞密董孟起在帥閫時，命翁臨診，俾審新故病。翁切其脈，兩寸俱浮弦。脈法浮爲風，弦爲痛，兩寸屬上部。即告之曰：明公他無所苦，首風乃故病也。蓋得之沐而中風，當發先一日則劇，劇則大吐而後已。董笑曰：然。余少時喜沐，每迎風以晞髮，因致頭作痛，痛一如公所言。公善診，幸余療也。爲製龍腦芎犀丸，四分二之一遂愈。

帥府從事帖穆失爾病下痢完穀，衆醫咸謂洞泄寒中，日服四逆、理中輩彌劇。翁診其脈，兩尺寸俱弦長，右關浮於左關一倍，其目外眥如草滋，蓋知肝風傳脾，因成飧泄，非藏寒所致。飲以小續命湯損麻黃加朮，三五升痢止。續命非止痢藥，飲不終劑而痢止者，以從本治故也。

純孝廟祝楊天成女壽在室，病不月，命婦人醫療之，不得其名狀。及五閱月，其腹如有妊。求其色脈，即怪，因詢之曰：汝病非有異，夢則鬼靈所憑耳？女不答。趨入臥內，密語其侍媼，曰：我去夏追涼廟廡下，薄暮過黃衣神，心動，是夕夢一男子如暮間所見者，即我寢親狎，由是感疾。我慚赧不敢以告人。醫言誠是也。媼以告翁，翁曰：女面色乍赤乍白者，鬼也。脈乍大乍小者，祟也。病因與脈色符，雖劇無苦。乃以桃仁煎，下血類豚肝者六七枚，俱有竅如魚目，病已。

延慶寺僧珂瑩中病，翁診其脈，獨右關浮滑，餘部皆無恙。曰：右關屬脾絡胃，挾舌本，蓋風中廉泉，得之醉臥當風而成瘖。珂舞手索筆書几上，曰：酒，吾先佛所戒，自祝髮來，未嘗飲；露坐當風，誠所不免。其師天紀在座，即怒訶曰：汝處別業時，每飲輒醉，尚諱疾自誤耶？翁取荆瀝化至寶丹飲之，翼日遂解語。

湖心寺僧履師者，一日偶搔臚中疥，忽自出血，汩汩如湧泉，竟日不止。瘍毉治療弗驗，邀翁往視。履時已困極，無氣可語，及持其脈，惟尺部如蛛絲，他部皆無。即告之曰：夫脈，血氣之先也。今血妄溢，故榮氣暴衰，然兩尺尚可按，惟當益營以瀉其陰火。乃作四神湯加荆穗、防風，不間晨夜併進。明日脈漸出，更服十全大補一劑遂痊。

全本然病傷寒旬日，邪入於陽明，俚醫以津液外出爲脈虛自汗，進玄武湯以實之，遂致神昏如熟睡。其家邀翁問死期。翁切其脈，皆伏不見，而肌熱灼指，即告其季曰：此必榮血致斑而脈伏，非陽病見陰脈比也。見斑則應候，否則蓄血爾。乃去衾裯，視其隱處。及小腹，果見赤斑，臍下石堅且拒痛。爲作化斑湯半劑，繼進韓氏生地黄湯逐其血。是夕下黑矢若干枚，即斑消脈出。後三日，又腹痛，遂用桃核承氣以攻之，所下復如前，乃愈。

內子王病傷寒，乃陰隔陽，面赤足蹺而下痢，躁擾不得眠。論者有主寒主溫之不一，俞不能決。翁以紫雪匱理中丸進，徐以冰漬甘草乾薑湯飲之愈。且告之曰：下痢足蹺，四逆證也；苟用常法，則上焦之熱彌甚，今以紫雪折之，徐引辛甘以溫裏，此熱因寒用也。聞者皆歎服。

集賢脩譔南宏遠，奉旨往閩諭土猾余蠻子。余嘗戮人尊俎之間以恐之，遂驚氣入心，疾作如心風。比啣使命來鄞，疾屢作，逐逐奔走不避水與火，與人語，則自賢自貴，且或泣或笑。翁切其脈，上部皆弦滑，左倍勁於右。蓋痰溢膻中、灌心胞，因驚而風經五臟耳。即授以湧齊，湧痰涎一頮器；徐以驚氣丸服之，盡一劑病瘳。

郡史虞東村內子王，年盛嗜酒，且善食，忽疾作，肌肉頓消骨立。翁診其脈，則兩手三部皆洪數，而左口尤躁疾。遂語虞曰：此三陽病，由一水不能勝五火，乃移熱於小腸，不癃則淋。王曰：前溲如脂者已數日。語未竟，趨入卧內。漩及霤其溺器以視，則如飥釜置烈火，湧沸不少休。翁以虎杖、滑石、石膏、黃柏之劑清之，痛稍却，而湧沸猶爾也。繼以龍腦、辰砂末之，蘸以椑柹，食方匕，沸輒止。

餘姚余慎言子孟仁病，寓湖心僧舍以求治。翁至其處，而孟仁方飯，坐甫定，即摶爐中灰，雜飯猛噬，且喃喃詈人。翁命左右掖之，切其脈，三部皆弦直上下行，而左口尤浮滑。蓋風痰留心胞證也。法當湧其痰而凝其神。既湧出痰沫四五升，即熟睡竟日乃寤，寤則病盡去。徐以治神之劑調治之，神完如初。

御史王彥芳內子病飧泄彌年，衆醫皆謂休息痢，療以苦堅辛燥之劑，弗效。翁診其脈，當秋半，雙弦而浮，即告之曰：夫人之病，蓋病驚風，非飲食勞倦所致也。以肝主驚，故虛風自甚，因乘脾而成泄。當金氣正隆尚爾，至明春則病將益加。法當平木太過，扶土之不及，其泄自止。夫人曰：儂寓南閩時，平章燕公以銅符密授御史，俾出入自如，吾兒闞闞玩弄久之，遂失去。平章一日追符甚急，儂心懼焉，由是疾作。公指爲驚風，信然。乃用黃犉牛肝，和以攻風健脾之劑，服之踰月，泄止。

郡守李孝文妻母龐病小腹痛，衆醫皆以爲瘕聚，藥之浹月弗愈，繼命翁診。翁循其少陰脈，如刀刃之切手，胞門芤而數，知其陰中痛，癰結小腸也。即告之曰：太夫人病在幽隱，不敢以聞，幸出侍人密語之。乃出老嫗。翁曰：忠者苦小腸癰，以故臍下如瘕聚，今膿已成，腫迫於玉泉，當不得前後溲，溲則痛甚。嫗拜曰：公神人也，所苦一如公所言。遂用國老、將軍爲向導，捄麒麟竭、虎珀之類以攻之，膿自小便潰，應手愈。

浙東憲使曲出道過鄞，病卧涵虛驛，召翁往視。翁察色切脈，則面戴陽，氣口皆長而弦，蓋傷寒三陽合病也。以方涉海爲風濤所驚，遂血菀而神懾，爲熱所搏，遂吐血一升許，且脅痛、煩渴、譫語。適是年歲運，左尺當不應。其輔行，京醫以爲腎已絕，泣告其左右曰：監司脈病皆逆，不祿在且夕。家人皆惶惑無措。翁曰：此天和脈，無憂也。爲投小柴胡湯，減薓，加生地黃；半齊後，俟其胃實，以承氣下之，得痢愈。

副樞張息軒病傷寒踰月，既下而內熱不已，脅及小腹偏左滿，肌肉色不變。俚醫以爲風矢所中，膏其手摩之，浹四旬所，其毒循宗筋流入於睾丸，赤腫若瓠子。瘍醫刺潰之，而左脅腫痛如故。既選醫之尤良者在門，更召翁診。翁以關及尺中皆數滑而且芤，因告之曰：脈數不時，則生惡瘡。關內逢芤，則內癰作。季脅之腫，癰作膿也。經曰：癰疽不得頃時回，下之愼勿晚！乃用保生膏作丸，衣之以乳香，而用硝、黃作湯以下之。下膿如糜，可五升許，明日再圊，下餘膿立瘥。

樞府陳斷事內人病，召翁視。翁切其脈，左口弦而芤，餘部皆和。翁即起，密告陳曰：夫人病當陰中痛而出血，且少陰對化在玉泉，心或失寧，則玉泉應心痛，痛則動血，而與經水不相關。蓋得之因內大驚，神懾而血菀。陳曰：公醫誠良也，致病一如公所言。翁乃爲製益榮之劑，且納藥幽隱，再劑即無若。

翁之治病，雖若不甚構思，然其鈎取古法，動中肯綮多類此。其於醫門群經及古今方論，無不孜索其要歸。他若諸醫爲術之精粗，施治之工拙，亦皆品彙區別，無一義之或遺。所考群經及古方論語多不錄。有曰：《內經》、《素問》，世稱黃帝、岐伯問答之書，及觀其旨意，殆非一時之言；其所譔述，亦非一人之手。劉向指爲(諸)韓公子所著，程子謂出於戰國之末，而其大略，正如《禮記》之萃於漢儒，而與孔子、子思之言并傳也。蓋《靈蘭秘典》、《五常政》、《六元正紀》等篇，無非闡明陰陽五行生制之理，配象合德，實切於人身。其諸色脈病名，鍼刺治要，皆推是理以廣之。而皇甫謐之《甲乙》、楊上善之《太素》，亦皆本之於此，而微有異同。醫家之大綱要法，無越是書矣。然按西漢《藝文志》有《內經》十八卷，及扁鵲、白氏二《內經》凡三家，而《素問》之目乃不列；至隋《經籍志》始有《素問》之名，而不指爲《內經》。唐王冰乃以《九靈》九卷牽合《漢志》之數，而爲之註釋；復以《陰陽大論》託爲其師張公所藏，以補其亡逸，而其用心亦勤矣。惜乎朱墨混殽，玉石相亂，訓詁失之於迂踈，引援或至於未切。至宋林億、高若訥等，正其誤文，而增其缺義，頗於冰爲有功。今於各篇之內，註意與經相類者，仍斷章摘句，而釋以己意，冀與同志商確，非敢妄議前脩也。《内經》、《靈樞》，漢、隋、唐《藝文志》皆不録。隋有《鍼經》九卷，唐有《靈寶註》及《黄帝九靈經》十二卷而已。或謂王冰以《九靈》更名爲《靈樞》，又謂《九靈》尤詳於鍼，故皇甫謐名之爲《鍼經》，即《隋志》《鍼經》九卷。苟一書而二名，不應《唐志》别出《鍼經》十二卷也。所謂《靈寶註》者，乃扁鵲太玄君所箋，世所罕傳。宋季有《靈樞略》一卷，今亦湮沒。紹興初，史崧併是書爲十二卷，而復其舊，較之他本，頗善。學者當與《素問》并觀，蓋其旨意互相發明故也。

《本草》三卷，舊稱《神農本經》，漢《藝文志》未嘗録。至梁陶隱居始尊信而表章之，謂此書應與《素問》同類，但後人多更脩飾之耳。秦皇所焚，醫方卜術不與，故猶得全録。及遭漢獻之遷徙，晉懷之奔迸，文籍焚靡，千不遺一，今之所存，有此三卷是其本經。然所出郡縣，乃多後漢時制，疑張仲景、華元化所記。舊經之藥止三百六十五種，陶氏進《名醫别録》亦三百六十五種，因而註釋，分爲七卷。唐李英公世勣與蘇恭參考得失，又增一百一十四種，分爲二十卷，世謂之《唐本草》。宋劉翰等又附益醫家嘗用者一百二十種。僞蜀孟昶亦命其臣韓保昇等，以《唐本圖經》參比增廣，世謂之《蜀本草》。至宋掌禹錫等補註新舊藥合一千八十二種，定以白字爲神農所説，黑字爲名醫所傳，草石之品，可謂大備。他若雷公以下，蔡邕、徐大山、秦承祖、王季璞、鄭虔諸公所譔名本草者，凡三十九部，三百五十卷，雖顯晦不齊，無非輔翼舊經焉耳。近代陳衍作《本草折衷》，王好古作《湯液本草》，亦删繁之遺意也。竊意舊記郡縣，古今沿革不同，及一物而根苗異名，或同名異質，而主療互見者，尚須考定，俾歸于一可也。

《難經》十三卷，迺秦越人祖述《黄帝内經》，設爲問答之辭，以示學者。所引經言，多非《靈》、《素》本文，蓋古有其書，而今亡之耳。隋時有吕博望註本不傳；宋王惟一集五家之説，而醇疵或相亂，惟虞氏粗爲可觀；紀齊卿註稍密，乃附辨揚玄操、吕廣、王宗正三子之非；周仲立頗加訂易，而考證未明；李子埜亦爲句解，而無所啓發。近代張潔古註後附藥，殊非經意；王少卿演繹其説，目曰重玄，亦未足以發人之藴。余嘗輯諸家之長，先訓詁而後辭意，竊附鄙説其間，以便後學，未敢以爲是也。

《傷寒論》十卷，乃後漢張機仲景用《素問·熱論》之説，廣伊尹《湯液》而爲之。至晉王叔和始因舊説，重爲譔次。而宋成無己復爲之註釋。其後龐安常、朱肱、許叔微、韓祗和、王寔之流，因亦互有開發，而大綱大要無越乎吐、汗、下、溫四法而已。蓋一證一藥，萬選萬中，千載之下，如合符節，前脩指爲群方之祖，信矣。所可憾者，審脈時汩，王氏之言三陰，率多斷簡；况張經王傳，亦往往反覆後先，亥豕相雜，自非字字句句熟玩而精思之，未有能造其閫奥者。陳無擇嘗補三陰証藥於《三因論》，其意蓋可見矣。近人徐正善作《傷寒補亡》，恐與先哲之意不合。余因竊舉大要，以補成氏所未備，知醫君子，或有所取也。

《脈經》十卷，乃西晉太醫令王叔和本諸《内經》、《素問》、《九靈》及扁鵲、仲景、元化之説，裒次而成，實醫門之龜鏡，診切之指的，自與近代倣託鈐訣者不同。歷歲既深，傳授不一，各秘所藏，互有得失。至宋秘閣林億等，始考證謬妄，頗加改易，意其新譔四時經之類，皆林氏所增入。陳孔碩、何大任、毛叔、王宗卿輩，皆嘗審訂刊傳，今不多見。近人謝堅曰：以其所藏舊本，刻于豫章，傳者始廣。余嘗摭其精語，并引《内經》之辭，作《診切樞要》二卷，非敢翦其冗複，間亦補其缺漏，且附私説各條之下，以與同志研究爾。

《脈訣》一卷，乃六朝高陽生所譔，託以叔和之名謬立七表、八裏、九道之目以惑學者；通眞子劉元賓爲之註，且續歌括附其後，辭既鄙俚，意亦滋晦。今代王光國删其舊辭，而益以新語，既不出其畦逕，安能得乎本原？餘如清溪徐裔、甄權、李上交輩，皆自譔著凡十餘家，亦每蹈襲前説，在叔和之所不取，讀者止記入式歌以馴，至乎《脈經》可也。

《病源論》五十卷，乃隋大業太醫博士巢元方等奉勑譔集。原諸病候，而附以養生、導引諸法，裒成一家之書。醇疵相混，蓋可見矣。宋之監署乃用爲課試，元復循襲，列醫門之七經。然附會雜揉，非復當時之舊，具眼者當自見之。吴景賢亦作《病源》一書，近代不傳。

《太始天元玉冊元誥》十卷，不知何人所作，歷漢至唐，諸《藝文志》俱不載録，其文自與《内經》不類，非戰國時書。其間有天眞皇人昔書其文，若道正無爲，先天有之，太易無名，先於道生等語，皆老氏遺意，意必老氏之徒所著。大要推原五運六氣，上下臨御，主客勝復，政化淫正，及三元、九宫、太乙、司政之類，殊爲詳明。深足以羽翼《内經·六微旨》、《五常政》等篇。太玄君扁鵲爲之註，猶郭象之於《南華》，非新學之所易曉。觀其經註，一律似出一人之手，謂扁鵲爲黄帝時人，則其書不古；謂扁鵲爲秦越人，則傳中無太玄君之號，毉門倣託，率多類此。

《玄珠密語》十卷，乃啓玄子所述，其自序謂得遇玄珠子而師事之，與我啓萌，故自號啓玄子，蓋啓問於玄珠也。目曰《玄珠密語》，乃玄珠子密而口授之言也。及考王氏《素問》序，乃云：辭理秘密難粗，論述者別譔玄珠，以陳其道。二序政自相戾，意者玄珠之名，取諸蒙莊子所謂黄帝遺玄珠，使罔象得之之語，則師事玄珠子而號啓玄者，皆妄也。宋高保衡等校正《內經》，乃云：詳王氏玄珠，世無傳者，今之玄珠，乃後人附託之文耳。雖非王氏之書，亦於《素問》十九卷、二十四卷頗有發明。余嘗合《素問》觀之，而《密語》所述，乃六氣之説，與高氏所指諸卷全不侔，疑必刊傳者所誤也。原其所從，蓋攟摭《內經・六微旨》及《至眞要》等五篇，洎《天元玉册》要言，而附會雜説，其諸紀運休祥之應，未必可徵，實僞書也。苟啓玄別譔，果見于世，又豈止述氣運一端而已？覽者取其長而去其短可也。

《中藏經》八卷，少室山鄧處中云：華先生佗游公宜山古洞，値二老人授以療病之法，得石床上書一函，用以施試甚驗。余乃先生外孫，因吊先生寢室，夢有所授，獲是經於石函中。其託爲荒誕如此，竟不考傳獄吏焚書之實，其僞不攻自破。按《唐志》有吳普集華氏藥方，別無中藏之名。普其弟子，宜有所集，竊意諸論非普輩不能作，鄧氏特附別方而更今名耳。蓋其方有用太平錢、朴山藥者。蓋太平乃宋熙陵初年號，薯蕷以避厚陵偏諱而始名山藥，其餘可以類推。然脈要及察聲色形證等説，必出元化遺意，覽者細爲審諦，當自知之。

《聖濟經》十卷，宋徽宗所作，大要祖述《內》、《素》，而引援六經，旁及老氏之言，以闡軒岐遺旨。政和間，頒是經於兩學，辟雍生吳禔爲之解義，若達道、正紀等篇，皆足以裨益治道，啓迪衆工。餘如孕元、立本、制字、命物二三章，釋諸字義，失於穿鑿，良由不考六書之過。瑕瑜具存，固無害於美玉也。

其論諸醫有曰：扁鵲毉如秦鑑燭物，姸蚩不隱；又如奕秋遇敵，著著可法，觀者不能測其神機。倉公醫如輪扁斵輪，得心應手，自不能以巧思語人。張長沙如湯武之師，無非王道；其攻守奇正，不以敵之大小，皆可制勝。華元化醫如庖丁解牛，揮刀而肯綮無礙；其造詣自當有神，雖欲師之而不可得。孫思邈醫如康成註書，詳於制度訓詁，其自得之妙，未易以示人，味其膏腴，可以無飢矣。龐安常毉能啓扁鵲之所秘，法元化之可法，使天假其年，其所就當不在古人下。錢仲陽毉如李靖用兵，度越縱舍，卒與法會；其始以顱顖方著名于時，蓋猶扁鵲之因時所重而爲之變爾。陳無擇醫如老吏斷按，深於鞫讞，未免移情就法，自當其任則有餘，使之代治則繁劇。許叔微毉如顧愷寫神，神氣有餘，特不出形似之外，可模而不可及。張易水毉如濂溪之圖太極，分陰分陽，而包括理氣，其要以古方新病，自爲家法；或者失察，剛欲指圖爲極，則近乎畫蛇添足矣。劉河間毉如橐駝種樹，所在全活；但假冰雪以爲春，利於松柏，而不利於蒲柳。張子和毉如老將對敵，或陳兵背水，或濟河焚舟，置之死地而後生；不善效之，非潰則北矣；其六門三法，蓋長沙之緒餘也。李東垣醫如獅弦新絙，一鼓而竽籟并熄，膠柱和之，七均由是而不諧矣；無他，希聲之妙，非開指而能知也。嚴子禮毉如歐陽詢寫字，善守法度，而不尚飄逸，學者易於摹倣，終乏漢晉風度。張公度醫專法仲景，如簡齋賦詩，每有少陵氣韻。王德膚醫如虞人張羅，廣絡原野，而脱兎殊多，詭遇獲禽，無足筭者爾。

翁之學問該博，非獨醫門爲然，他如經史傳記，諸子雜家，以及天文、地志、曆筭、兵刑、食貨、卜筮、釋老之書，亦靡不精求熟玩，故其見之言語文字，皆有考據可徵，不爲浮葩以炫世。至於爲詩，尤雄健蒼古，有古作者之遺風。嘗以晦迹丘園，薦爲台州仙居縣儒學教諭，後調臨海，及陞本郡教授，俱不上。善著書，有《內經或問》、《靈樞經脈箋》、《五色診奇眩》、《切脈樞要》、《運氣圖説》、《養生雜言》、《脈緒脈系圖》、《難經附説》、《四時變理方》、《長沙論傷寒十釋》、《運氣常變釋》、《松風齋雜著稾》各若干卷傳學者。爲人恭勤詳緩，與人交，款款常若不自足狀。貌不踰中人，語言如不出諸口，卒然遇之，不知其學之富也。年老無子，而有女四人，生女不生男，人以太倉公方之。

論曰：自古有疾，毉參之以九藏九竅之變，通之以五味五穀之資，五色、五氣、五聲以視其生死，五毒、五藥以攻其疾疢，其爲術博矣。故非聰明治達，知夫天地神祇之次，明乎性命吉凶之數，處虛實之分，定逆順之節，以與神聖爲徒者，未易以臻此。若滄洲翁豈近是乎？翁之爲毉，一遵古昔神聖之格言，而且博考載籍，參取化原，著之於方冊。余論次翁事，頗采其意云。使翁自拔醫術之中，一意儒學，著書以垂世，可謂稽古之士矣。

康熙《鄞縣志・人物・藝術》 呂復，字元膺，晚號滄洲翁。自河東徙鄞，因家焉。幼孤貧，依母氏長。而無書不覽，無藝不精。後以母病，尤究心岐黄術。一日，遇三衢鄭禮(之)于逆旅中，授以古先禁方及色脈、藥論諸書，參訂數年，歷試奇驗。浦江載良爲《滄洲翁傳》，紀其醫案及醫籍淵源，幾盈萬言。嘗以薦教諭仙居，所著有《內經或問》、《靈樞經脈箋》、《切脈樞要》、《運氣圖說》、《養生雜言》、《脈緒脈系圖》、《難經附說》、《四時變理方》、《長沙論傷寒十釋》、《運氣常變釋》、《松風齋雜著稿》。

《明史·方伎傳·呂復》 呂復，字元膺，鄞人。少孤貧，從師受經。後以母病求醫，遇名醫衢人鄭禮之，遂謹事之，因得其古先禁方及色脈藥論諸書，試輒有驗。乃盡購古今醫書，曉夜研究，自是出而行世，取效若神。其於《內經》、《素問》、《靈樞》、《本草》、《難經》、《傷寒論》、《脈經》、《脈訣》、《病原論》、《太始天元玉冊元誥》、《六微旨》、《五常政》、《玄珠密語》、《中藏經》、《聖濟經》等書，皆有辨論。前代名醫如扁鵲、倉公、華佗、張仲景至張子和、李東垣諸家，皆有評騭。所著有《內經或問》、《靈樞經脈箋》、《五色診奇(眩)(晐)》、《切脈樞要》、《運氣圖說》、《養生雜言》諸書甚衆。浦江戴良採其治效最著者數十事爲醫案。歷舉仙居、臨海教諭，台州教授，皆不就。

劉 勉

乾隆《蘇州府志·藝術·醫》 劉勉，字仲勉。其先汴人，宋南渡寓於吳。世爲瘍醫，至勉術益精。至元間，大臣薦爲尙醫，食太醫祿，入侍帷幄，出隨扈從，被遇特加。以母病乞歸，尋以省臺交薦，舉授保冲大夫、江浙官醫提舉。明初，命選名醫，召至京，以老病放歸，終於家。生平視病，不分貧富，或顛連無告者，且賑給之。凡瘡瘍，必躬注善藥，不假割皴之功。嘗曰：富者吾不利其所有，貧者吾不倦其所求。若勉者，殆進於道者乎。

王德文 王 潮 王興宗

嘉慶《旌德縣志·人物·藝術》 王德文，景淳坊人。精通方脈。洪武中，以明醫送部領符命。子潮，亦精醫，更能文，善書，永樂中授職訓科。孫興宗，尤究明岐黄，洞達壽夭，宣德中，膺冠帶。

廖壽山

康熙《福建通志·人物志·邵武府》 廖壽山，建寧人。業軒岐術，以活人爲心，而不利其直，遠近德之。洪武間，舉爲本邑訓科。

王 履安道 王伯承 沈仲實 沈承先

嘉靖《崑山縣志·人物·藝術》 王履，字安道。學醫於丹溪朱彥修，遂盡其術。嘗謂：張仲景《傷寒》爲醫家祖，後人雖多立論，不出其藩籬。且《素問》云：人傷於寒爲病熱，言常而不言變，仲景推寒熱之故。履乃備常與變，作《傷寒立法考》。又謂：諸病《陽明篇》無目疼，《少陽篇》言胸脅滿而又不言痛，《太陰篇》無嗌乾，《厥陰篇》無囊縮，凡此必有脫簡。以三百九十七法，去其重複者，僅二百三十八條，乃合作《傷寒三百九十七法(辨)》。極論內外傷經旨異同，幷《中風》、《中暑辯議》，名曰溯洄集》，共(二十)一卷，標題《原病式》一卷、《百病鈎玄》二十卷、《醫韻統》一百卷。履，篤志於學，博極群書，爲文若詩，皆精詣有法。畫師夏圭，行筆秀勁，布置茂密，評者謂作家士氣咸備。洪武初，遊華山，作四十餘圖，書紀遊詩其上，至今好事家藏焉。

萬曆《崑山縣志·人物·藝能》 王履子伯承，盡以其秘傳之婿沈仲實云。仲實，號松岩，有士行。仲實之孫承先，亦善醫，不嗜利。

《明史·方伎傳·王履》 王履，字安道，崑山人。學醫於金華朱彥修，盡得其術。嘗謂張仲景《傷寒論》爲諸家祖，後人不能出其範圍。且《素問》云傷寒爲病熱，言常不言變，至仲景始分寒熱，然義猶未盡。乃備常與變，作《傷寒立法考》。又謂《陽明篇》無目痛，《少陰篇》言胸背滿不言痛，《太陰篇》無嗌乾，《厥陰篇》無囊縮，必有脫簡。乃取三百九十七法，去其重複者二百三十八條，復增益之，仍爲三百九十七法。極論內外傷經旨異同，併《中風》、《中暑》辨，名曰《泝洄集》，凡二十一篇。又著《百病鈎玄》二十卷，《醫韻統》一百卷，醫家宗之。

履工詩文，兼善繪事。嘗遊華山絕頂，作圖四十幅，記四篇，詩一百五十首，爲時所稱。

嘉慶《直隸太倉州志·藝文》 《醫經溯洄集》二卷。履，學醫於金華朱震亨，盡得其術，至明初始卒，故《明史》載入《方技傳》中，其實乃元人也。撰爲此書，凡二十一篇。其間闡發明切者，如亢則害，承乃制及四氣所傷，皆前人所未及。他若溫病、熱病之分，三陰傷寒之辨，以及瀉南補北諸論，尤確有所見。

光緒《崑新兩縣續修合志·藝術》 履少篤志於學，博涉群書，爲詩文皆精詣有法。畫師夏珪，行筆秀勁，布置茂密，洪武初，挾一僕走秦晉，遂登華山絕頂，見奇秀天出，歸爲之記，得數萬言，幷繪圖四十，各書紀遊詩於其上，由是畫學日進。人問故，曰：吾師心，心師目，目師華山。後爲秦府良醫，卒。子伯承，能世其業，永樂中醫名噪兩京。無子，傳之婿沈仲寔。仲寔孫承先，亦善醫，邑令方豪以其愈母疾，書助孝二字贈之。

詹均祥

弘治《黄州府志・隱逸・名醫》 詹均祥，五重鄉人。洪武中，以明醫舉授本府醫學正科。

趙三弼

光緒《續雲南通志稿・雜志・方技》 趙三弼，趙州諸生。游西嶽，遇異人授以眼科書，屢試神效。

董暘

光緒《續雲南通志稿・雜志・方技》引《趙州志》 董暘，鳳陽人。洪武間，以醫學從征，適軍中疫，暘信手採藥，治之輒愈。事聞，賜印綬、土田，世襲趙州醫官，竝御書濟生堂三字賜之。今子孫猶世其業。

闞仁

光緒《續雲南通志稿・雜志・方技》 闞仁，通海人。幼業儒，旁通醫理。邑中有少年持茶花行秀山中，仁遇之，令其速歸，歸果不起。其父兄請其故，答曰：耳色青，小腸已斷。其奇驗類如此。

施存善

光緒《無錫金匱縣志・藝術》 施存善，字昌宗。永樂初，詔徵除韓王府良醫副。宣宗召，拜御醫，賜詩，宴文華殿。以子安累進奉政大夫。安子元濟，歷官太醫院使。卒，賜祭，歸葬錫山。父子歷仕七朝，數蒙褒寵，當世榮之。

石達

乾隆《紹興府志・人物・方技》 石達，字良仁，諸暨人。宋尚書公弼之後。洪武中，以辟薦至京師。會諸王有疾，近臣或言達善醫，詔視之，有效，自是遂以醫顯。後爲御醫院使，戴元禮甚推重之。

韓昌

康熙《平陽府志・人物志・方技》 韓昌，洪洞人。世以醫相傳。德厚心慈，醫不計貲，人多重之。時見推車者卧道，憐之，診病知寒，移煖屋，藥之汗，愈。及行，資以粥米，其人叩謝曰：願公多壽生貴子。洪武初，避兵岳陽山中，異人授秘術，醫病不診視，一見即知生死。遠方至者，知爲某來，藥之輒效。有不可者，敎以預後事，其言悉應，時稱神醫。孫肅，七歲誤吞鐵釘，舉家皆憂。昌曰：無妨！三年後釘當出，他日且生貴子大吾門。後釘果從脅下出，固無恙。已而生忠定公，文官至戶部尚書加太傅，謚忠定，贈昌如其官。其言果驗，且曾孫三世甲第，亦天下之報厚德云。

吳弘道

崇禎《嘉興縣志・叢談志・方伎》 吳森，字君茂，元至元間爲管軍千戶，饒貲，好施予。嘗捐田二頃建塾，延師以淑鄉之後進，廉訪使以聞，表其門曰義士。森孫宣，已見《孝友傳》。子弘道，能世其業，顯名當時。每療疾輒愈，愈則令種竹一竿，尋至鉅萬，遂號其地曰竹所。洪武初，太祖召至京師，擢御醫。子繼善，仕至黄門給事。

光緒重修《嘉善縣志・人物志・藝術》 吳弘道，父宣，遇異人授子午流注鍼灸之法，傳弘道，名顯當時。療人疾輒愈，愈則各令種竹一竿，尋至萬竿，人稱其地曰竹所。洪武初，召至京師，擢御醫。子繼善，官戶科給事中。女寶珍，適張仁達，所生子，長曰振民，爲平湖醫官；次曰蒙吉，仍世其醫。

唐協極　唐歸極　唐遵極

康熙《太平府志・方伎》 唐協極，字純谷，貴卿後裔也。世業醫，至協極術逾精，求診切者日以百計。貧不受藥值，遇篤疾，活以參、附，人不知也。弟歸極、遵極益著名。國初，直指毛九華鎮將張天祿，每感重疾，歸極應手而瘥。後張移鎮吳淞，疾復作，舟迎，病者(裏)〔裹〕糧從之。至今，大江南北稱名醫者，惟知太平唐氏云。歸極、遵極，鄉飲賓。

周漢卿

《明史・方伎傳・周漢卿》 周漢卿，松陽人。醫兼內外科，鍼尤神。鄉人蔣仲良，左目爲馬所踶，睛突出如桃。他醫謂係絡已損不可治。漢卿封以神膏，越三日復故。華州陳明遠瞽十年。漢卿視之，曰：可鍼也。爲翻睛刮翳，欻然辨五色。武城人病胃痛，奮擲乞死。漢卿納藥於鼻，俄噴赤蟲寸許，口眼悉具，痛旋止。馬氏婦有娠，十四月不產，尪且黑。漢卿曰：此中蠱，非娠也。下之，有物如金魚，病良已。永康人腹疾，佝僂行。漢卿解衣視之，氣衝起腹間者二，其大如臂。刺其一，砉然鳴，又刺其一亦如之，加以按摩，疾遂愈。長山徐嫗癇疾，手足顫掉，裸而走，或歌或笑。漢卿刺其十指端，出血而痊。錢塘王氏女生瘰癧，環頭及腋，凡十九竅。竅破白瀋出，將死矣。漢卿爲剔竅母，深二寸，其餘烙以火，數日結痂愈。山陰楊翁項有疣如瓜大，醉仆階下，潰血不能止。疣潰者必死。漢卿以藥糝其穴，血即止。義烏陳氏子腹有塊，捫之如罌。漢卿曰：此腸癰也。用大鍼灼而刺之，入三寸許，膿隨鍼迸出有聲，愈。諸暨黃生背曲，須杖行。他醫皆以風治之，漢卿曰：血澀也。刺兩足崑崙穴，頃之投杖去。其捷效如此。

光緒《松陽縣志·人物·藝術》 周漢卿，少嗜學，博聞，通曉百家，尤好岐黃術，精入元微。凡針、劑，皆立效，人以神醫目之。或有聞其至者，不藥而安，醫道大行於兩浙，而婺尤著焉。宋景濂嘗綴序贈之，後遂家於婺。

嚴貴和　嚴震

崇禎《嘉興縣志·叢談志·醫術》 嚴貴和，字大用。修子成之業，治疾有驗。洪武十三年，任太醫院官。明年，禾中大疫，死者枕藉。貴和白郡伯，市藥以鑊煮之，遺數十人行施於市，月餘，活者甚衆。

子震，字宗遠，嗣父醫官，深達藥理，事父最孝。

趙子敬

萬曆《六安州志·人物·方技》 趙子敬，精於醫。洪武十七年，有司異其能，舉於朝。試太醫院與銅人針道，紙糊其上，命針之。三試俱中其穴。授以本州醫學典科，賜符驗。

陳汪　陳操

嘉慶《直隸太倉州志·人物補遺·藝術》 陳汪，治五世孫。明經好古，以詩名於時。精《素》、《難》。有《東溪遺稿》、《傷寒全集》行世。孫操，太醫院御醫，著《養生堂集》。

許諶

光緒《崑新兩縣續修合志·藝術》 許諶，字元孚，其先鑾江人，宋南渡時徙於崑。少從王履遊，博通儒書，深造醫道，所著詩文名《野情集》。無子，以其學傳之婿陶浩。浩字巨源，少業儒，傳諶之學，能起奇疾，求療者日衆。性素清儉，有聲士林。

宣統《太倉州志·人物》 許諶，字元孚，【略】自號婁愚。

陶浩

宣統《太倉州志·人物》 陶浩，字巨源，諸生。爲許諶館甥，因傳其業，能數起奇疾，遠近聞其名，求療者日至。鄉人至今稱名醫必曰巨源。

郝致才

雍正《懷遠縣志·人物·方技》 郝致才，深明醫術，洪武時召爲太醫院判，後請老，以其子文傑爲院使。

乾隆《江南通志·藝術·鳳陽府》 郝志才，鳳陽人，深通醫理。高帝病甚，志才以鍼調氣，以藥理中，未幾霍然，授爲太醫院判。

王立

康熙《浙江通志·方伎·金華府》 王立，字與權。性至孝，親有疾，衣不解帶，湯藥必親嘗，曰：人子不可以不知醫。惟理學既講之素，則取術於醫，自無所難。明祖初入金華，即召儒醫而得與權，與之語，大喜。問及家事，對曰：臣人口未知存亡，何敢及家事？惟願號令軍不擾攘，市不易肆。上聞其言，亟遣使特給號令，赴與權家。時家人男女二十餘口，俱提挈所有，抱嬰兒投溺本家井中。冬月井涸，使臣乃倉皇於井中取出，俱得不死，咸以爲孝親濟物所致。見《名賢傳》。

周觀道

康熙《金華府志·方技》 周觀道，字景暹。精于醫術，與浦江戴原禮同時著名。事父母盡孝，人咸稱爲全孝先生。洪武辛巳，以醫薦授魯府良醫正。年八十六，乞歸省墓，王甚敬愛之，親製詩文及書全孝二大字以賜之。

俞用古

康熙《浙江通志·方伎·紹興府》 俞用古，新昌人。有病人危篤，延用古治。一人無病，欲試其術，亦入帳中，俟病者診畢而後求診。用古曰：初診者可治，次診者必死。主人大笑之。已而果然。王氏數口忽啞，用古問其所嗜，曰：雉。用古曰：吾知之矣。以薑汁飲之，立愈。蓋雉多啄半夏，其毒在内故也。一女子欠(神)〔伸〕,兩手直不能下。用古曰：須灸丹田。因灼艾,詐解其裙帶,女子驚護之,兩手遂下。

劉琮玉

《古今圖書集成·藝術典》卷五一〇引《鄱陽縣志》 劉琮玉,字潤芳。貌修頎,涉獵書史,能詩,以醫隱,其術多奇,往往起人於死,不責報。事母孝,交友重然諾,襟度高曠,所與游皆一時名士。郡守陶安雅重之,每謂其懿才潔行,幾爲醫所掩,爲賦積善堂長歌。潤芳所著有《清華集》。其後五葉科第,而參政烈都御史城顯著。

劉　浩

《古今圖書集成·藝術典》卷五一〇引《畿輔通志》 劉浩,儀封人。從太祖取張士誠有功,授都指揮,不受,願就醫。隨徐武寧調理軍士,遂家山海。爲醫審慎,不輕試藥餌。

孫　理

《古今圖書集成·藝術典》卷五一〇引《桐廬縣志》 孫理,坊郭人,洪武間以醫術授御醫。

沈　繹

《古今醫統大全·歷世聖賢名醫姓氏·明》 沈繹,字誠莊,吳郡人,聰明好學,善醫方。洪武中,肅王疾,召診。問知平日嗜乳酪,只烹濃茶飲之而愈。王問,對曰：茶能滌膈中之膩故也。工神其術,遂奏授本府良醫云。

萬曆《臨洮縣志·人物傳·流寓》 沈繹,字成章,吳縣人,洪武間謫戍蘭州衛。精醫,道保任蘭府良醫。敦志節,善琴詩,所著有《醫方集要》、《平治活法》、《繪素集》、《芝軒餘興》諸書。

徐仁富

嘉靖《固始縣志·雜述志·仙技》 徐仁富,元統甲戌生於善鄉村。元末避亂,因通醫,採藥金岡臺山。洪武間,起充太醫院醫士,以善療鳴。文皇帝賜坐綉墩,授本縣醫學訓科。

劉　純

《古今醫統大全·歷世聖賢名醫姓氏·明》 劉純,字宗厚,關中人,博覽群書,尤精醫學。父受業於丹溪之門,及純醫名大著。所纂《傷寒治例》、《玉機微義》、《醫經小學》行世。

乾隆《西安府志·人物志·方技》 劉純,字宗厚,洪武中居咸寧。博學工文,明醫道,作《醫經小學》等書。

余廷端

弘治《八閩通志·藝術·泉州府》 余廷端,晉江人。世業醫,至廷端而醫學愈精。得張長沙五運六氣之妙,用藥鮮不效者。洪武中,薦授郡之醫學正科。閩郡鄭定、盧陵胡廣嘗爲賦《橘井秋香》詩,以美其術之良。

劉允中　劉李氏

光緒《吉水縣志·人物·方伎》 劉允中,宋名醫劉河間後也,宋末遷於吉水。元至元中,允中爲本州醫學教授。壬辰之亂,遇賊於鄉,刃將及項,有數人大呼而前曰：是眞善人,勿殺也,以是得免。明初,愈以醫顯,所治疾無不愈者。或迎而不獲,親戚至相怨尤,以爲劉師來,病或可治。章江之濱,諸郡人皆敬信之,車騎絡繹於門,而允中退然若不自勝。於孤貧者,尤加意撫恤。家傳河間秘書,嘗借與人觀,世所罕覯物也,允中能推行之,故能成其名。允中死,妻李氏習其法,亦以醫聞。

左　焜　左維垣

光緒《安徽通志·人物志·方伎》 左焜,涇縣人。洪武中,舉爲醫學訓科。有達官尹姓者病亟,上命良醫治之,焜往驗,令以茯苓煮粥啖之。果愈。同族左維垣,世傳醫學,尤精傷寒,萬曆間授太醫院官。

潘毓儁

光緒《山西通志·藝術録》 潘毓儁,猗氏諸生。工岐黃術,究心《内經》,字句悉爲註釋,久之盡達其旨。每製方劑,多出新意,往往奇中。

楊文德

同治《樂平縣志·人物·方技》 楊文德,萬全鄉人。攻醫,明初徵詣太醫院。洪武戊寅乞歸田里,御書種德二字賜之。舟抵郡城,醫者劉琮玉執贄請業,文德爲講岐黃心法,以《太素》授之。紫極宫道士朱某疾,文德診之曰：不數劑愈。朱以銀飲器謝之,文德却再三,方受。中途長嘯,時琮玉子烈從行,問其故,文德曰：徒受其惠。明年春,肝木旺,脾土受克,疾當復作。至期果死。黃復昌疾,文德診之曰：一劑即瘥。官貴脈旺,秋當入仕。尋以當路薦，受丹陽令。餘皆類此。所著有《太素脈訣》一卷。

劉邦永

康熙《廣東通志・仙釋附方技》 劉邦永，水東人。宋翰林權直劉袞然之後。生有異質，少孤貧，樵于山中，遇異人呼與俱去，授以岐黄之術及上池刀圭之法，久之，盡其秘。歸，遂以醫行世，一時號稱國手。視病多望形，察色，或以一指按脈即知吉凶，可治者輒喜，與藥不問資財，不治者則不與藥，泣問之，則以指數示曰：某日去矣。無不如言。其用藥不拘古方，率以己意變通，人多莫測。尤精太素脈，以斷修短，無不中者。人皆以爲神，迎治殆無虚日。嘗爲一陳嫗治病，請其數。永以竹爲籌，封置缶中與之曰：歲取一籌，盡之年某月某日，是其數也。已而果然。又爲當道某公愈危疾，謝以百金，辭不受。因問之，永曰：予未有子，見公侍女，意欲得之。公笑曰：君何不早言，即與二婢。後邑令王公得痰症，永診視脈，危之，欲就醫于廣。永勸勿行，令怒囚之，曰：返時治罪汝。既而卒于舟中，乃遺命釋永。永哭曰：吾固憂其不返也。永雖以術名，然爲人狂脱，恆垢衣敝履，笑謔自喜，或側弁蓬首，袒裼捫虱，見尊貴人物弗恤。尤好談仙家上升事，時人以爲顛廢，因自號廢翁。卒，著《藥方》甚富，人得其方者輒取效，今所傳《惠濟方》四卷。

光緒《廣州府志・方伎》引乾隆《新修廣州府志》 劉邦永，從化人。

程　璡

康熙《徽州府志・人物志・方技》 程璡，字文炳，歙人。工醫，治疾悉中肯綮，診脈則富貴、貧賤、壽夭，洞察無遺。所著有《太素脈訣》、《經驗方》。

洪　玥

康熙《徽州府志・人物志・方技》 洪玥，歙洪源人。幼孤家貧，拾薪養母。初習舉業，後以母病業醫。精通《素》、《難》諸書，尤長外科，多起奇症。著有《外科秘要》。

龔　珊

萬曆《銅仁府志・人物志・方伎》 龔珊，自號東霞山人，其先南昌人也，僑寓銅仁。工詩文，精醫道，鍼砭所及，疾患頓除。知府魏文相重其文行，結爲招隱園社友，居恆齒讓，以身下之。郡人劉時舉、陳珊與之尤厚。陳珊有龔文云：豫章之英，江湖之傑。寄業岐黄，游心孔墨。僑寓銅江，納交菲劣。傾蓋以來，誼孚肝膈。惟公忠鯁，愛人以德。同游數子，過則面析。其爲人可知矣。所著有《招隱園集》。

鄭　環

弘治《八閩通志・藝術・福州府》 鄭環，福清人，父麟，自將樂徙居邑之海口，以畫名於時，亦能醫。環世其家學，而醫術尤精。人有求診視者，輒應之。貧者即施以藥，不少吝。郡邑嘉其賢，薦任醫學訓科。

邵伯俞　邵啓南

宣統《太倉州志・人物》 邵伯俞，精於醫，洪武初徵入太醫院。子啓南，世其職，尤以瘍醫名於鄉。

傅仲良

嘉慶《如皋縣志・列傳・方外》 安定鄉人傅仲良，洪武間從縣回，時值大寒，見一人卧路傍，蓬跣襤褸，寒顫不已。仲良憫之，攜至家，爇以爐火，不就，與之食，亦不受。因令藉草而卧，天明失所在，几上留一紙，列藥五十九品，仍書紙尾云：留此報汝。仲良作方製藥，遇有風癥者，治之輒效，名曰急風一字散。至今猶傳。

魯文質

乾隆《江南通志・藝術・滁州》 魯文質，字子良，全椒人。善醫，從太祖渡江，進藥屢效，授太醫院判。

高道者

光緒《江西通志・方術・饒州府》 高道者，得長桑君禁方。當明初，挾技遊銀陽。一日，值柩於途，詰之，乃孕婦喪也。道者驗其遺衣血，曰：此猶未死。啓其棺，一鍼而甦。今傳其小兒方術，無不驗者。

殳　珪　錢　蕚

崇禎《嘉興縣志・叢談志・醫術》 殳珪，字廷肅，魏塘人。精于醫，治疾有奇驗。一婦妊及八月，卧不語，衆醫斂手。珪曰：此《内經》所謂瘖也，不藥當自愈。又有男子請診，曰：此疾不致死，然脈無生理，過三日當投劑。期内忽溺死，人咸異之。珪贅袁祥爲婿，祥博洽高曠，不屑爲醫，珪以秘經授之曰：此不可無傳也。祥曰：建文御極四年，不修實録，忠臣死事，泯歿無傳，醫經特瑣瑣者耳。時祥生女十餘歲，遂擇錢蕚爲婿，使受殳術。而已薄遊南都，遍尋博採，作《革除私記》四卷、《建文編年》四卷以歸。蕚遂精醫，有聲吳越，嘗手輯《醫林驗海》一編，凡四十卷。子晒與曉，孫贇，能世其業，曉兼攻詩。

李蒔

宣統《湖北通志·人物志·方技傳》 李蒔，字德春，漢川人，家世受醫。精脈法，冥思闇解，多出授受之外。性沈默，入門無流視，無媟言。未嘗預問病者，察視脈理，形神如往，久之指離於腕，徐以一二語，發病者隱結。投藥而愈。鍾惺數搆奇疾，法當死，蒔數起之，人呼爲李仙翁。

鄒橘泉

光緒《麻城縣志·方技》 鄒橘泉，名希魯。洪武初居縣西二里許牛棚山，以名醫濟世，任醫學訓科，刻有《橘泉方卷》行世，東吳錢溥爲之傳。

宣統《湖北通志·人物志·方伎傳》 鄒橘泉，名希魯，麻城人。【略】六世孫顧菴業儒，遇異人傳授方脈，卒爲名醫。

蕭九賢

光緒《江西通志·方術·贛州府》引《會昌蕭氏族譜》 蕭九賢，字慕白，會昌人。精内外諸科。洪武中，充里長，解實竹入都。時馬后病乳癰，甚危，太醫罔效，乃揭榜召醫。九賢應召診視，投劑三日而愈，授太醫院吏目。馳驛歸里，著有《外科啓鑰》、《回生要義》諸篇。

張思　張恐　張恩　張連山

康熙《常熟縣志·人物·方技》 張思，字成學。兄恐，字淵學。弟恩，字榮學。連山，字志道。并溫謹，有醫譽，同時以鍼灸稱者。

施緒

康熙《常熟縣志·人物·方技》 施緒，字功求，號寧清，顯之子。精岐黄術，危疾多所全濟。助教高德贊之：德純行端，貌奇心古。肆志軒岐，不求珪組。遺像儼存，董蘇之佐。

章敬先

康熙《鄞縣志·人物·藝術》 章敬先，名謙，以字行。美豐儀，聰敏好學。讀書之暇，攻醫製藥，惠於鄉里。洪武二十九年，舉茂才，司稅溧陽。永樂六年，以求賢應薦，擢隆平令。勤於政事，且以醫藥拯民之疾疫，人感服其誠。

劉基 伯温

《古今醫統大全·歷世聖賢名醫姓氏·明》 誠意伯，姓劉氏，諱基，字伯溫，江浙人。天資博學，文武全材，上窮天道，下極人文。三教九流，百技之書，過目不忘。識天子於塵俗中，佐太祖開基，有大勛，不在張良、諸葛之下。封國公，食祿三千石，辭，改封誠意伯。常謂：民生日用之書，先五倫，次醫方，次易數，三者爲民立身立命之本。蓋不可以不敷教而廣其傳也。集有《經效醫方》《多能鄙事》行世。

冷謙

乾隆《江寧縣新志·藝術傳》 冷謙，字啓敬。其先武陵人，值朱鬘之亂，避地金陵。精于《易》。至正間，已百餘歲，顔如童。賣藥市中，往往奇效。洪武初，聘爲協律郎。郊廟樂章，多所撰定。

陳公亨

同治《鄞縣志·藝術傳》 陳公亨，字以通。祖瑞孫，嘗師事王應麟，得文章典故之傳。著《難經辨疑》，援據該洽，識者稱之。父居仁，洞明經史，能治奇疾。公亨少有異質，能爲詩文。尤有志于家學，自《靈樞》、《素問》、《難經》及諸家奇方秘論，鈎元撮要，如指諸掌，以善醫聞。上而貴官富人，下而閭閻疏賤，有以疾告，必爲治理，風雨寒暑弗憚也。所製藥，必擇土產及色味之精良者。至于銖兩之等、烹炮煉養之度，高下隨宜而不戾於古。故藥無不善，用無不效。其售諸人，往往不計其值，貧不能得錢者，周給恐後。至正間，藩省上其事，敕署江浙行省醫學提舉。公亨以非其志，不就。洪武三年，浙江省薦爲本府教授提領。明年卒，年四十九。

顧文榮

光緒《崑新兩縣續修合志·藝術》 顧文榮，字仲華。家世饒裕，洪武中徙實京師後，以母疾博求藥理，遂精於醫。隸太醫院，求治者無弗往，往輒效。性尤任俠，賙人之急，惟恐不及。歿後，楊榮爲表其墓。

孟繼孔　孟景沂　孟介石

道光《上元縣志·人物志·技藝》 孟繼孔，字春沂，亞聖之裔。洪武初，隸太醫院。幼穎慧，習舉子業，遊焦澹園之門，後習醫。生平存活嬰稚，未可數計。性通脫不羈，所得金錢，悉推與貧乏，隨手輒盡。歿之日，囊無餘物。

所著有《幼幼集》。子三人，皆能世其業。仲子景沂，以大方脈著。孫介石，經生，名宿也，兼精醫術，著《幼科直言》，遠近爭購，奉爲準繩，詳見何南礀、方邵村《序》中。

陳定

光緒《青田縣志·人物志·方技》 陳定，字以靜。明醫術。洪武庚午、甲戌，里中大疫，求診者滿門。嘗作《訓範》以訓其子。考摭張仲景、劉河間、李知先三家之書，作《傷寒鈐領》一篇。又爲《痘疹歌訣》。正統癸酉卒。

戴思恭 原禮

《證治要訣·胡瀅序》 本朝太醫院使戴元禮，得神農品嘗之性，究軒岐問答之旨，明伊尹湯液之法，察叔和診視之微，啓仲景、東垣補瀉之秘，故凡療疾，加減用藥，取效如神，雖古之扁鵲、華佗，不是過矣。況其際遇明時，遭逢聖主，位總醫流，名揚四海，有正誼，不謀利，明道，不計功之心，惟以活人爲念。嘗著《證治要訣類方》二冊，藏之篋笥，甚爲秘惜。惟靈隱住持、永樂寺僧續西緒者，極與爲方外契交，間嘗獲覩，愛而錄之，珍藏什襲。正統辛酉，監察御史陳君嶷巡撫浙江，至寧波之慈溪，道經永樂，西緒以御史之先大夫嘗丞其邑，治今頌其德政，由是情意懽洽，出其秘藏醫書見示。陳君遍閱，不能釋手，味其論斷，出新意於法度之中，推測病源，著奇見於理趣之極。觀其隨病加減之妙，不特藥之咸精，抑亦治療之有據，誠醫門之規矩準繩也。後之欲爲方圓平直者，可不於是而取則焉。今陳君得之，如獲至寶，亟欲鋟梓，廣布流傳。徵予爲序。著其所得之由，其與人爲善之意，利人濟物之心，何其至哉！予惟陳君簪纓世裔，積德行善，凡有可利於人者，靡不盡心。且如今年春，朝鮮國夷人數輩，泛海捕魚，被風飄至浙江，官軍以爲倭寇，擒獲解京，送院收候，饑寒困苦，君獨念之，悉備衣糧供贍，使無失所，卒復寧歸。其存心制行，率皆類是。若是書刊行，使天下後世，不惟賴《要訣》而脫沉疴，亦必轉夭横而躋壽域矣。其有功於醫道，康濟斯民之德，豈淺淺哉！

《證治要訣·黃瑜序》 《證治要訣》，乃太醫院使、金華復庵戴元禮所著。元禮一代名醫，永樂中入侍太宗文皇帝，極受寵顧。供奉之暇，嘗著此書，分門析類，隨證施治，悉根於理。以人之感疾，傷寒者多，故於傷寒一門，傳變之證、治療之法，獨加詳焉。誠有以發仲景、東垣所未發，而爲醫學之筌蹄也。遠鄉僻地，猝然感疾，得此可不求醫也。

李梴《醫學入門·歷代醫學姓氏·德醫》 戴元禮，號復庵，國朝浦江人。生儒家，習《詩》、《禮》之訓，惓惓有志于澤物，乃從醫丹溪先生。先生見其穎悟倍常，傾心授之。公自是識日廣，學日篤，出而治疾，往往奇驗。永樂初，召爲太醫院使，著《證治要訣》。嘗謂醫道本于《內經》，一壞于開元，再壞于大觀，習俗相仍，惟執《局方》，惡事《內經》，惟錢、劉、李、朱出，而後發明《內經》之學。治一人六月患大熱譫語發斑，六脈浮虛無力，用附子理中湯冷飲，大汗而愈。治瘧疾多汗，因怒遂昏厥若死，灌以蘇合香丸而蘇；後聞人步鷄犬聲亦發厥，乃汗多亡陽也，以參芪日補之，其涼漸減，浹旬而安。治一婦人免乳後病驚，身翩翩然如升浮雲上，舉目則室亦旋轉，持身弗定，醫以補虛治驚弗效。公曰：左脈雖芤澀，神色不動，是因驚致心胞絡積瘀血耳，宜下之。下積血如漆者一斗即愈。

康熙《浙江通志·方伎·金華府志》 戴思恭，字原禮，浦江人。聞義烏朱震亨得許文懿公道學正傳，先學醫於武林羅太無，盡得其秘，乃往執弟子禮，受業其門。丹溪一見奇之，悉語以濂洛授受之懿，及醫藥諸家要旨，遂以醫道鳴于時。洪武中，徵入朝，將屬以太醫院事。原禮以老病辭，授階迪功郎，職御醫。高帝大漸，同列進藥，不稱者皆麗于辟，獨指元禮謂侍臣曰：戴元禮，仁義人也，慎無恐。永樂初，超陞太醫院使。以耄乞骸骨，許之。卒，諭祭于家，製文褒獎備至。

《明史·方伎傳·戴思恭》 戴思恭，字原禮，浦江人，以字行。受學於義烏朱震亨。震亨師金華許謙，得朱子之傳。又學醫於宋內侍錢塘羅知悌，知悌得之荆山浮屠，浮屠則河間劉守眞門人也。震亨醫學大行，時稱爲丹溪先生。愛思恭才敏，盡以醫術授之。

洪武中，徵爲御醫，所療治立效，太祖愛重之。燕王患瘕，太祖遣思恭往治，見他醫所用藥良是，念何以不效，乃問王何嗜。曰：嗜生芹。思恭曰：得之矣。投一劑，夜暴下，皆細蝗也。晉王疾，思恭療之愈。已，復發，即卒。太祖怒，逮治王府諸醫。思恭從容進曰：臣前奉命視王疾，啓王曰：今即愈，但毒在膏肓，恐復作不可療也。今果然矣。諸醫由是免死。思恭時已老，風雨輒免朝。太祖不豫，少間，出御右順門，治諸醫侍疾無狀者，獨慰思恭曰：汝仁義人也，毋恐。已而太祖崩，太孫嗣位，罪諸醫，獨擢思恭太醫院使。

永樂初，以年老乞歸。三年夏，復徵入，免其拜，特召乃進見。其年冬，復乞骸骨，遣官護送，賚金幣，踰月而卒，年八十有二，遣行人致祭。所著有《證治要訣》、《證治類元》、《類證用藥》諸書，皆檃括丹溪之旨。又訂正丹溪《金匱鈎玄》三卷，附以己意。人謂無愧其師云。

《醫學讀書志·明戴氏原禮》 原禮字思恭，丹溪弟子，元亡入明，遂爲明人。【略】校正丹溪《金匱鈎玄》，附論六篇，并推求師意，皆保全其師補陰制火之説。又檃括《心法》諸要，撰《證治要訣》、《類方》，圓融委屈，情法備至，以救當時漫用寒涼之弊，誠朱氏之功臣也。

樓汝璋

嘉慶《義烏縣志·方技》 樓汝璋，字有源，圖南十世孫。雅好讀書，以母吳多疾，乃研丹溪秘藏，與戴元禮二昆遞相仕來討論，遂精其術。調藥進母，母霍然起，於是求醫者雲集。時太宗皇嗣久疴，元禮不能瘥，辟汝璋至都下，診知髮蛇所攻，投丸而愈。上大奇之，賜御醫太宰，辭不就，且曰：臣自察脈理，今年五月望後似不及家。乞賜還田里，以全骸骨。上曰：果爾，汝不願生前之爵，當錫汝身後之榮。叩謝出，星馳南旋，至晉江果卒。命下賜祭葬於鷄鳴山，時永樂癸卯五月十九日也。

王仲光

《蘇談·吳中醫派》 今吳中醫稱天下，蓋有自矣。初金華戴原禮學於朱彦脩，既盡其術，來吳爲木客。吳人以病謁者，每製一方，率銀五兩。王仲光爲儒，未知醫也，慕而謁焉，因咨學醫之道。原禮曰：熟讀《素問》耳。仲光歸而習之。三年，原禮復來，見仲光，談論大駭，以爲不如，恐壞其技，於是登堂拜母以定交。時仲光雖得紙上語，未能用藥。原禮有《彦脩醫案》十卷，秘不肯授仲光。仲光私窺之，知其藏處，俟其出也，徑取之歸。原禮還而失《醫案》，悔甚，嘆曰：惜哉，吾不能終爲此惠也。於是仲光之醫名吳下，吳下之醫由是盛矣。

李梴《醫學入門·歷代醫學姓氏·明醫》 王仲光，吳郡人，志不願仕，自壞其面貌，終身獨居無妻子，髽髻袍游行市中，賣藥自給。郡守求見，逾屋逸出，他日卻儀，獨候門下，始接焉。据坐受拜，以道誨之，若師弟子也。姚少師廣孝既貴，歸亦來訪，弗肯見之。

韓凝　韓冲　韓夷　韓奭　韓傅　韓有　韓襄

康熙《吳縣志·人物·藝術》 韓凝，字復陽，宋魏國忠獻王琦後。其先安陽人，徙居吳之樂橋，與弟冲俱精於醫。張士誠入吳，收引士類，凝隱不仕，號吳中盧扁。凝子二，奕、夷。奕爲隱士，夷少失母，凝命奕育爲後，因名貽孫，字子翼，洪武間，爲府醫學正科。冲子奭，字公茂，少稟學於奕，永樂初，爲燕藩良醫正，從成祖靖難，擢院判。

乾隆《蘇州府志·藝術·醫》引《姑蘇志》 韓凝，字復陽，系出魏國忠獻王琦。精於醫。張氏入吳，收引士類，凝隱居不仕。子二：奕、夷。奕在《隱逸傳》。夷字伯翼，少失母，凝命奕育之爲後，因名詒孫。洪武中，爲郡醫學正科。永樂二年，從兄太醫院使奭言於上，召授御醫，改名夷，字公達，賜第致和街，繼陞院判。奕卒，陳情得假歸葬，仍給葬費。永樂十一年，扈駕北巡歸，病不能朝。上命中貴視疾，遣人龜卜。既沒，嘆悼，賜葬祭視三品。奭字公茂，凝弟冲之子。洪武末，爲燕府良醫正，從文廟，陞太醫院判，進院使，扈駕北巡。永樂九年歸京卒，用三品禮葬。奭兄弟同時被遇，仕皆通顯。奭子傳，亦官御醫，與奕子有，有子充，奕從子襄，皆守世業。

劉觀　劉倫

乾隆《蘇州府志·藝術·醫》引《姑蘇志》 劉觀，字士賓，長洲人，世以醫顯。父毅，爲燕府良醫，後坐事，謫戍沒。永樂初，追念邸臣，召觀還，擢御醫，賜居第。凡中外親藩貴戚及公卿近臣有疾，多命往治。尋陞院判，掌院事。扈從北征，歸卒。子溥，自有傳。孫倫，字宗序，成化中爲御醫。

徐孟容妻陸氏

康熙《常州府志·人物·方伎》 陸氏，無錫醫士徐孟容妻。善醫，名聞於朝。永樂丁酉，遣中使召入宮，既老遣歸，賜賚甚厚，乃蠲其丁役。

安鳳

《古今圖書集成·藝術典》卷五一一引《新泰縣志》 安鳳，精內外科，永樂中掌惠民局，賴以全活者甚衆。

嚴景

康熙《上元縣志·人物傳·醫》 嚴景，字克企。先、姑蘇人，祖道通，以醫徙金陵。景幼好學，通《易》，尤精家學。永樂中，詔太醫院送名醫子弟讀書備用，景在選中，益探閫奧。其師趙友同、吳敏德嘗曰：是子不群，他日必以醫名。後果名都下，求療者無虛日。子弟來從學者，無問遠近。景氣岸甚高，動必以禮，而勇於行義。尤喜吟咏，學士周公叙結詩社於金陵，景與焉。倪文僖公亦稱其行誼志節，有古逸民之風。

嚴樂善

崇禎《嘉興縣志·叢談志·醫術》 嚴樂善，繼父醫業，雅有聲譽。斜塘有大姓兄弟相尤者。永樂癸巳秋，樂善理藥星湖，市南一男子突造其堂，出金飾一器，跪而進之曰：先生請受而後敢言。附耳語，未竟，擲金大詬，且脅之曰：我今且不發汝隱，汝若更求他醫以殺汝同氣，我必訟汝于官。踰年，彼男子感悟，具鷄黍來致謝。是夜，燈花屢放，光彩倍常，發蓮花一朵，上有黄光結爲金人形，類菩薩趺坐蓮中，長二寸許。鄰里競觀如堵，達旦始滅。吳太史王震澤爲作《燈花記》，稱爲德感。

樂善能運氣凝神及子午按摩法。年七十五而卒。殮已五日，鄰人有遇之于西湖者。

王彥昭

乾隆《武進縣志·人物·方伎》 王彥昭，字文仲。父思明，以薦侍文皇于潛邸。時彥昭猶未冠，嘗被召，應對如老成人，上奇之。命從金華戴元禮學醫，得其禁方脈書，以精慎稱，每製上所用藥必與焉。上欲驗其精良，凡藩府舊臣疾，必遣診視。時太子少師姚廣孝病頭風，他醫莫療，飲彥昭藥輒愈。或問之，曰：病得之當風而坐，清其頭目可也。陳都督病傷寒，表未解，法當汗，彥昭汗之愈。王郎中弟亦患傷寒，脈沈而實，彥昭曰：法當下。他醫汗之而死。張主事之子得癇疾，治之莫愈。彥昭切其脈沉，手足冷，曰：陰癇也。作湯投之愈。劉僉憲自湘湖來，有疾，彥昭診之，私語其兒曰：病在死法中，不出月矣。治療莫愈，果如其言。嘗從太監朱興、尚寶、朱珍分領銅符，司城門啓閉，間從上出入軍中，克著功績。事定欲官之，辭以母老，乞終養歸。

李肅

崇禎《松江府志·人物志·藝術》 李肅，號杏林。大父晉卿，元江浙西湖書院山長。十歲喪父，初習岐黄，從金華雲居趙先生游。趙爲朱丹溪門人，值元季擾攘，遨遊松江，遂占籍焉。遇遘疾扣者，不以富貴貧賤二其心，醫名日振。永樂初，膺薦拜松江府醫學正科。年幾七旬，復被召，中使臨門，拜命即行。至覲上，奏對稱旨，賜金織段服二襲，日食大官。未幾，上率六師平胡，扈駕，給以從人名馬及諸禦寒之具。或惜其年老，不勝跋涉。肅正色曰：恭逢萬乘，爲天下蒼生而行，吾何敢以老身爲惜，不思報上恩哉？子敬舉，永樂丁酉念正科，年老，上疏乞就祿養，特授上海儒學訓導。遇假必放舟泝潮，夕發曉至，上堂拜壽畢，信宿赴學矣。如是者十載，亦異數也。孫祥，天順丁丑進士。魏文靖公驥爲肅傳，錢文通公溥志敬墓。

姚恭靖公廣孝贊曰：先生之容，老而融融。先生之德，老而彌碩。職典郡醫，惠澤弘施。待漏金門，簪黻有儀。惟斯人兮，生太平世，五福攸臻，逍遙百歲。

馮哲

康熙《浙江通志·方伎·嘉興府》 馮哲，字克順，嘉善人。質直嗜義，精於醫。人遇之即愈，呼爲多吉先生。子愷，名與錢萼并馳。孫科，亦工醫。

趙道震

乾隆《江南通志·藝術·鳳陽府》 趙道震，字處仁。精醫術。洪武間，自金華徙籍定遠，活人甚多。永樂時，召修《大典運氣》書。年八十四卒。著《傷寒類證》，傳于世。

商節

崇禎《義烏縣志·人物傳·方技》 商節，字彥和。父伯永，長於方脈，醫輒取效，授義烏醫學訓科。節承父業，充太醫院冠帶醫士。每宮掖療病，無不奇驗。成祖召令診脈，稱旨，特賜黑驢加銀牌絡首，得乘出入禁內，寵賚甚厚，陞太醫院判，進階承德郎，掌院事。

鄒介

弘治《黄州府志·隱逸·名醫》 鄒介，深明方脈，每療人病，應期而痊。自號橘井老人。

彭長溪

光緒《黄州府志·藝術》 彭長溪，精醫，善用鍼石。一日，道中見一男子，問曰：常患脅痛否？其人曰：然。長溪曰：腹有蛇，將嚙汝肝，吾爲鍼之。鍼入，囑勿動，約七日來此。如期至。長溪曰：蛇已死，可去。鍼三日，蛇自腹中出，首已腐矣。

莫文質

弘治《黄州府志·隱逸·名醫》 莫文質，懷德坊人。永樂中，以醫術精通，授河南唐府良醫所良醫正。

張宗烜

光緒《江西通志·方術·饒州府》 張宗烜，字明遠，德興人。精岐黄術，著方書數千卷。

劉士賓

《寓園雜記》卷下 太醫院判劉公士賓，余妻祖也。永樂初，侍太宗左右，甚見信愛。暑中，上繫一帶，乃龍腦合成者，問公曰：此帶何如？公曰：龍腦寒冒，惟有香耳。遽命解之。上晚得風疾，嘗服麝、腦諸香藥，問曰：可服此藥否？公曰：香藥如油入麵，終不能出。上遂已之。公之得君如此。

陳以誠

崇禎《嘉興縣志·叢談志·方伎》 陳以誠，號處夢，風涇人。善詩畫，尤精於醫。永樂間，應選薦隸太醫院。累從中使鄭和往西洋諸國，擢院判歸。臨終，作《辭世詩》，有九重每進千金劑，四海曾乘萬斛船之句，迄今人能道之。

許景芳　許敬

崇禎《嘉興府志·叢談志·醫術》 許敬，字孟寅，世爲感化鄉人。曾祖廷芝，祖文達，父景芳，皆以醫鳴。江南治口齒者，許爲之最。永樂間，景芳以院使戴原禮薦召至京，受知仁宗，錫賚洊加，改梁府良醫正，引年還鄉卒。子敬，能世其業，有聲宣德間，院主蔣主善薦入内院。英宗患喉風，更數醫弗效，勢增劇，數使騎召敬。進絳雪噙之，遂愈。上喜甚，錫以羊酒。後每賜，條對稱旨，遂拜太醫院御醫，賜勅獎諭。年七十，援例致仕。有《經驗方》三卷，藏于家。

康熙《浙江通志·方伎·嘉興府》 許敬，字孟寅，嘉善人。祖、父皆以醫鳴。【略】有《奇驗方》三卷，藏于家。

陸昂

康熙《鄞縣志·人物·藝術》 陸昂，字季高。從會稽遷居于鄞。博學善文，性剛方，與人寡合。因父病，攻岐黄書，調護得壽，聲名大著，叩者如市。永樂初，應召預修《蘭臺金匱》、《玄機素要》等書。

周訥

嘉靖《重修太平府志·方伎》 周訥，字無咎，蕪湖人，善文賦。永樂間，以儒醫任繁昌縣訓科，官至太常寺少卿，詳見《宦官》。

彭正　彭賓

乾隆《江南通志·藝術·太平府》 彭正，字思直，當塗人。永樂間，以良醫再使西洋。子賓，世其業，天順壬午乘傳診療諸王，所至奏效。

陳貴

《古今圖書集成·藝術典》卷五一一引《德清縣志》 陳貴，黄安村人。明永樂中，領本縣醫學訓科。文皇患背癰，詔徵天下名醫，邑以貴應。上召赴京，進秘方服之，立愈。命加一品服，陛辭南歸，號爲南金先生。及卒，遺華亭翰林張益撰文祭之。

陸完

《古今圖書集成·藝術典》卷五一一引《德清縣志》 陸完，字用全，號橘菴，世醫頤之子，授指揮，劑有獨得之妙。凡病有甚危者，諸醫縮手，完至診視，或許以不死，則竟以無恙。

韓履祥　韓本

康熙《浙江通志·方伎·嘉興府》 韓履祥，海鹽澉浦人。讀書能詩，尤精於醫。切脈斷人生死，隔歲輒中。洪武中，選爲御醫，成祖尤加恩遇，遍遊公卿間。四世孫本，亦精其業。

駱善　胡新

雍正《舒城縣志·方伎》 駱善，由名醫永樂間任太醫院判。

光緒《續修廬州府志·藝術傳》 駱善，永樂間太醫院判。胡新，成化間太醫，能詩，士林重之，俱舒城人。

金子性

萬曆《溫州府志·人物志·方技》　金子性，永嘉人。其先世嘗遇異人授以內消丸一方。永樂六年，取就內府藥院中制丸以進，賜衣及靴襪，爲太醫院良醫，未久，賜鈔歸田養老。

倪讓

光緒《高淳縣志·藝術》　倪讓，精通醫理，遇奇病，勿事刀圭悉取效。洪武二年點入醫版，永樂元年授醫官，命有司給獎。

蔣武生

康熙《儀徵縣志·人物·藝術列傳》　蔣武生，字用文。少讀書，過目成誦。六歲，有贈里師萬年松者，賦詩曰：使者來西嶽，採松云萬年。佳名雖自好，何不長參天。師驚喜曰：是兒已見不凡。隨父任，公暇必質所業，聞說無疑問。父奇之，曰：吾有嗣矣。父歿，乃習醫，會同黜異，得其要而綜之。決死生，定緩急，治效無一弗中。洪武中，當路薦入太醫院，時戴原禮爲院使，擅其業，人靡有當意者，及見用文，喜曰：君儒而爲醫，吾道昌矣。遂言于上，授御醫。太宗御極，用文屢承眷顧。會車駕北巡，仁宗以東宮監國，用文侍上前隨事獻規。上嘗問保和之要，用文對曰：在養正氣。正氣完則邪氣無自而入。又問：卿醫效率緩何也？用文對曰：善治者，必固本。急之恐傷其原。上皆稱善。永樂間，遷承直郎太醫院判。丙申，考績最，陞承德郎。上嘗命工部爲營第室，用文叩頭謝曰：臣荷恩德，莫能報，又敢糜公費，不益愧悚乎？再辭乃止。甲辰，謝病上疏乞歸，詞意懇切，末有清心寡慾，慎加調保，以綿聖治，以慰萬方等語。上覽疏驚嘆，明日，遣中貴賫勅慰諭，用文力疾讀之，顧謂其子敬忠曰：荷國鴻休，萬弗酬一。歸語諸兄弟，宜竭忠孝以繼吾志。遂終，年七十有四。仁宗即位，遣中官陳義乘傳護喪歸，建祠墓。用文生平嗜學，顏私室曰：靜學。有詩文、治效方論行世。洪熙元年，官其子主善爲院判，亦能其職，篤學好古，取商書克一語名齋。中丞吳訥記之。

道光《上元縣志·人物志·技藝》　蔣武〔生〕，字用文，世居治城山之麓。永樂初，以儒醫薦，官至太醫院判。上嘗問：卿於醫效率緩何也？對曰：善治者，必固其本，急之恐傷其本，是以聖人戒欲速也。仁宗嘗稱：其言足以裨益治道。卒謚恭靖。子主善，繼其業。

王賓

《明史·方伎傳·盛寅》　初，賓與金華戴原禮游，冀得其醫術。原禮笑曰：吾固無所吝，君獨不能少屈乎？賓謝曰：吾老矣，不能復居弟子列。他日伺原禮出，竊其書以去，遂得其傳。將死，無子，以授寅。寅既得原禮之學，復討究《內經》以下諸方書，醫大有名。

祝仲寧

《古今醫統大全·歷世聖賢名醫姓氏·明》　祝仲寧，號橘泉，四明人。世業醫，仲寧益精其術，按證用藥，有超見，多獲奇效。永樂間，召至太醫院，京師縉紳諸公咸敬服之。予郡篁墩程尚書爲之傳。

李梴《醫學入門·歷代醫學姓氏·世醫》　祝仲寧，號橘泉，四明人。世爲醫家，至公益精，永樂初被召。治小兒八歲哮喘不得臥，喉中聲如拽鋸，用瀉火清氣之劑而愈。或云：小兒無火。公曰：人有老稚，諸氣賁鬱，肺火之發則（目）〔同〕。治墜馬不醒人事，他醫用理傷斷續之藥不效，公與降火消痰立愈。治周身百節痛及胸腹脹滿，目閉肢厥，爪甲青黑，醫以傷寒治之，七日昏沉弗效。公曰：此得之怒火與痰相搏。與四逆散加芩、連，瀉三焦火而愈。

張年

崇禎《松江府志·人物志·篤行》　張年，字公壽。元季從鴛湖避兵海上，因家焉。父綸，爲太醫，嘗以事被逮。公跣奔叩閽，冒死陳詞，白冤狀。博極醫書，所試刀圭立起。以名醫徵，不就。永樂中，廷臣薦其才，凡徵聘省直十餘人，年爲首。不久，復以疾辭。時人高其雅尚。爲詩文工而有法，所居白沙鄉，舍傍隙地，種杏成林，人稱杏園先生。有《杏園稿》。沈學士粲銘其墓。同時被徵諸名流，如姑蘇程式，四明鄭雍言，及同郡張翀、陸友仁輩，皆浮沉金馬門，各賦誄章，輓之如蘿。室半間俱是藥，雲山千頃總成詩。又：舊業尚餘芸閣在，春花空發杏園幽。又：遼海忽歸千歲鶴，松江空負四腮鱸。其見重如此。

劉彥清

《古今圖書集成·藝術典》卷五一一引《鄱陽縣志》　劉彥清，名曾，以字

孫希禮

《古今圖書集成·藝術典》卷五一一引《禹州志》　孫相，世爲陽翟人，元末，仕山西平陽府醫學教授。相生思忠，思忠爲明初名醫。思忠生奉源，典科。奉源生希禮，太醫院博士。宣德中，學正朱仲堅有疾，夢天神示以丹篆曰：希禮神醫。迎而醫之，疾果愈。希禮生讓，讓生鎬，鎬生釗，釗生清，世傳祖父秘訣，醫尤精妙。臨潁大學士賈某重其術，爲詩以贈之。嘉靖中，知州莫某扁其門曰：世醫孫氏。

姚良

康熙《吳縣志·人物·藝術》　姚良，字晉卿，宋謚文康爽之七世孫，明醫。所著《尚書孔氏傳》、《律呂會元泝源》、《指治方論》、《考古針灸圖經》。

摸先生

《香案牘》　先生束雙髻于頂，攜小竹筒賣藥。有疾者，手摸之輒愈，人呼爲摸先生。

鄧應祥　熊文紹

萬曆《福安縣志·人物志·伎術》　鄧應祥、熊文紹，江右人，以醫名。數甦人於急，不以財之濃澹異劑也。均膺縣獎。

一光明

乾隆《江寧縣新志·藝術傳》　一氏，金陵舊族。明典定鼎金陵，金陵遺民皆外徙，一氏亦在徙中，安置雲南金齒衛。永樂初，工用之人，因官者，取還謫雲南工藝人五十戶，而醫戶一光明爲之首。既還，惟一光明隸太醫院籍，餘四十九戶俱寄跡錦衣衛。

陸惟恭　陸子才

嘉靖《重修太平府志·方伎》　陸惟恭，當塗人。深明醫藥。歲乙未，爲上診視有效，洪武元年除太醫院判。其後有子才者，敦厚恭謹，景泰間亦任院判，京師稱爲陸一貼，謂一裹藥即可以起沉疴也。子才三子，長豫，字克賢；次道常，字克容，任蕪湖訓科；又次道源，字克貞，任太醫院御醫。豫子敏，字孟學，以太醫院醫生中景泰元年順天鄉試；敏弟敔，字孟韶，今見任本府正科。陸氏以善療傷寒名家，尤精於其業，世傳熟藥數方，稍加減用之。又能觀形色即知病原，故雖不事診候陰陽、表裏、五行、生克之旨，而亦往往

行，耕耘六世孫。讀書敦義，以醫世其家。母魏疾，藥石不效，露香告天，刲股和粥以飼，疾遂愈。會征廣，以醫選從行。中途渡江墮水，適有牛渡，攀其尾得濟。既歸，過彭蠡，風浪覆舟，人盡溺，獨賴舟板以全。兩免大難，人以爲孝感。子孟啓，永樂間薦入太醫院。

虞君平

乾隆《溫州府志·人物·方技》　虞君平，其先永嘉人，仕太醫院。永樂初，樂清大疫，君平藥之悉愈，邑人德之，遂留居焉。子孫世其家。

徐孟曾　徐孟恂

乾隆《江南通志·人物志·藝術》　徐孟曾，武進人。善詩，以醫世其家。永樂間召至京，賜襲衣。弟孟恂，工砭法，時稱二仙。

陳君佐

嘉慶重修《揚州府志·人物·藝術》　陳君佐，江都人，善方脈。洪武初爲御醫，出入禁中，上嘗呼之不名。一日問：朕似前代何君？君佐對曰：似神農，不然如何能嘗百草？蓋天下未定時，出軍與士卒皆掘草根食。上大笑，其滑稽如此。永樂時棄官，著黃冠，市藥武當山中，以《易》卜人吉凶，多奇中。卒，葬山中石穴。

樓宗望

乾隆《紹興府志·人物·方技》引萬曆《志》　樓宗望，蕭山人，亦以醫名。永樂間，召至京師。賜予甚厚。

吳誠　施宗文　盛文繼

康熙《吳縣志·人物·藝術》　吳誠，字純伯，武進人。高祖櫟堂，宋名儒。父可大，徙吳，以醫行。誠世其業，尤著名傷寒。後有施宗文、盛文繼者，亦治傷寒奇驗。

乾隆《蘇州府志·藝術·醫》引《姑蘇志》　吳誠，字誠伯，常州人。

葛哲　葛睿

乾隆《蘇州府志·藝術·醫》引《崑山志》　葛哲，字明仲。世業儒，尤精醫藥。哲以薦授判府良醫。所著有《保嬰集》，上之朝。弟睿，亦善醫，時稱二葛。

收速效焉。陸氏好尚文雅，士大夫多與之遊。敏惜不及干仕而亡。子才，卒年九十餘歲。

揭添旻

弘治《黄州府志·隱逸·名醫》　揭添旻，永樂中，以醫術舉江西饒州府醫學正科。

沈　政

光緒《松江府志·藝術傳》　沈政，字文正，上海人，永樂時丁文膺薦爲太醫院士。上鑒其忠誠，升御醫，晉階迪功郎。

齊　憲

道光重纂《福建通志·藝術·福州府》　齊憲，三代習小兒醫，至憲尤精妙。遇痘疹未發，一見即别其吉凶，百不爽一。性落魄嗜酒。每痘疹盛行時，門外圍繞常千百人，肩輿於道，聚衆攘奪。憲每自病之，欲棄去而不能也。天下諸小兒醫，未有及之者，比之錢乙復生。

程大中

康熙《徽州府志·人物志·方技》　程大中，字時卿，祁門善和中村人。工醫及日者術。往來池州，嘗住雞兒灘客邸，遇異人授。後至湖廣僦舍賣術，決人生死，就問如市。鄰居李方伯淑聞之，召與語，談《太素》書，五行陰陽在指掌，方伯大驚，禮致其家，言家人疾病，多奇中。時禮部維楨尚未生，方伯憂無嗣，大中曰：公無慮，當得佳兒。如夫人者，幾輩請診視之，誰爲貴人母者。公出諸姬，令遍診，咤曰：皆非也。傍一婢侍，大中睨視久之，呼而前，診曰：人種也，兒貴必矣。方伯遂納婢，逾年而維楨生。方伯死，大中經紀其家數十年，維楨自起家至貴，凡疑難咸取決於大中。一夕，大中忽謂維楨曰：意從君乞一丘，可乎？維楨驚曰：何遽如是？大中曰：數耳，不能違也。乃出《太素脈要》二卷，授維楨而卒。

顧定芳

崇禎《松江府志·人物志·篤行》　顧定芳，字世安，［上］海庠生。博學多識，深於軒岐書。會世廟重醫，召拜爲御醫。上問用藥之道，對曰：用藥如用人。又問攝生，以清心寡欲對。上嘉之曰：顧某非醫也，儒之有用者，進修職致仕。

周　溥

雍正《河南通志·方伎·開封府》　周溥，字文淵。其先浙江會稽人，徙居汴城。溥穎敏嗜學，及長患羸，自度弗起，遇南郡高子明療之而愈，溥遂從子明，傳黄帝、扁鵲之脈書及諸秘方，溥受之，且録且讀三年。爲人診視療治多驗，於是四方迎謁者絡繹不絶。其贈貽粟帛之外，奇物異玩悉謝不受。發明《素》、《難》及東垣、丹溪之義，爲書一編，名曰《方法考源》，復著《用藥歌括》若干首。

葉伯清

《古今圖書集成·藝術典》卷五一〇引《天臺縣志》　葉伯清，太坊人，號橘泉。永樂進士穎孫，習儒未就，業精岐黄，時有半仙之謠。延今五代，其後萬春製行淳龐，醫學愈神。

鄭　誼

康熙《開封府志·方技》　鄭誼，字尚誼。業醫，療病多神異。年逾七十，著述不輟。有《續醫説》、《醫書百朋》、《杏花春曉堂方》、《方法考》諸書行於世。子名河，號皇源，亦以國手名。

乾隆《祥符縣志·人物志·方技》　鄭誼，字尚誼，祥符人。

費　傑

乾隆《紹興府志·人物·方技》引萬曆《志》　費傑，字世彦，山陰人。曾大父子明爲元世醫，至宗傑尤精。患劇疾者，雖百里外必迎傑，傑至，一二劑輒效。性仁厚，嘗設藥餌以周邑之煢獨者，又葬疏遠無歸者數十人，嫁外姓之孤者五人。時劉憲使患熱症，或誤投以桂、附，瀕死，傑亟疏治之，乃甦，竟不居其功，憲使甚賢之。郡守戴琥尤重其雅誼，加賓禮焉。所著有《畏齋詩稿》、《名醫抄》、《經驗良方》。子愚，登進士，仕至郡守。

施仲模　施　廉

光緒《無錫金匱縣志·藝術》　施仲模，世業幼科。子中立，爲太醫士。孫澤民、潤民、濟民，始兼通朱、李之學，術遂盛行。濟民官訓科。子廉，字彦清，精脈理，每危疾諸醫斂手，廉輒起之。弘治中，以明醫徵至京師，不受職而還。能詩，爲碧山吟社十老之一。族子言誄，并以醫名。族孫敎尤著，別有傳。

醫召至北京，復以才武三從偏師，經略西域諸國，以功授蘇州府醫學正科，賜三品致仕。卒年八十一。

匡忠 匡愚

康熙《常熟縣志・人物・方技》 匡忠，字體道。其先山東人，以醫仕常熟，遂家焉。忠讀書精醫術，起人危疾不責報。晚以詩酒自娛，卒年八十。匡愚，字希顔，忠子。以能醫被徵，從中使鄭和使海外諸國，歸老於鄉。

張粲

康熙《新建縣志・人物・方技》 張粲，字宗禮。其先汴人，曾祖仁美，仕元爲江西宜春令。祖正，以明經司訓南雄，值元季紅巾之亂，避地龍興。精醫，能推其術以濟人。父泰，傳其業，舉學正，入籍新建。自正至粲，三世業益精，人益信重之。幼從鍾明德讀儒書，明禮義，故於《素問》之旨，得其要領。常濟人之急，不責其酬。疫則捨藥，貧甚者，使童賫藥具以往，烹而進之。寧獻王聞其賢，乃以其名上聞。永樂拾玖年，授寧府良醫。子升繼其職，好學，有行誼，嘗受故嫠千金之寄，子壯而反其金，請以半謝，不可。所療活甚衆，人以僊目之。粲卒，太子賓客胡公儼銘其墓。而爲升作傳者，侍郎張元禎。

劉秉德

光緒《黄州府志・藝術》 劉秉德，字均粹，博通醫家書。一日入城，遇瘞兒之以痘殤者，曰：可活也。乃置尸井旁，汲水注之。俄頃，兒嚏遂活。有貴人目中見鏡形，乞治。秉德邀過其家，既至，几上置醢一楪，秉德入内久不出。貴人渴，稍稍飲且盡，劉乃出曰：見鏡乎？曰：無矣。劉曰：君善飲，醉食魚鱗，鱗黏肝，故致斯疾也。乃歡飲而散。

宣統《湖北通志・人物志・方技傳》 劉均粹，黄安人，諸生。好讀醫家書。一日入城，有小兒以痘殤將瘞矣，均粹曰：勿瘞。試置尸井邊，汲水注之，黑色漸白，頃之聞兒嚏，竟生。有貴人目中見鏡形乞治，劉邀過己家，爲具食，則置醢一楪，曰：君善飲，既醉食魚有鱗，誤粘肝上，但飲此醢即愈耳。相與歡飲而歸，不復見鏡。

秦君美

光緒《川沙廳志・人物・藝術》 秦君美，九團人。精武技，得少林内堂眞

李先春

萬曆《山西通志・雜志・技術》 李先春，雲中世醫。性資聰穎，胞襟磊落，博通經書，精研脈理，藥餌不拘古方，隨用輒效。常懷濟人利物之心，無論遠近貧富，凡來求醫者，皆論診授劑，無不立應，全活者不可勝紀。有古盧扁風，當路諸縉紳延請者無虚日，旌揚者有同稱，春且處之若固，有居之無德色。雅度飄然塵埃之表，人呼爲李仙云。

孫卓三

康熙《浮梁縣志・人物・方技》 孫卓三，北鄉人。精醫術，以意治。又善診太素脈，爲時所推。一婦人乘肩輿往山中，病前秘五日，急召卓三。卓三曰：此盛暑急驅，飲水過度，羞溺而胞轉也。法以豬尿胞吹氣貫滿，令婢女偪入，衝之而溺，淋淋下，遂起。新安富室有男淋溺不止者，漸痿黄，諸醫束手。卓三醫之亦弗效。偶隱几坐，以手戲弄水灌，後孔塞則前竅止，開則通。爲腦後一穴，灸火三壯立愈。

光緒《江西通志・方術・饒州府》 孫卓三，浮梁人，精岐黄之學。

李道合

崇禎《海澄縣志・叢談志・遺事》 李道合，精於醫。海憲邵梗子有腹疾，李曰：陽虚也。用升陽湯補之，數服而愈。其明年，偶患他疾，或謂：升補太過所致。投以滋陰而疾加甚，李更進前劑竟瘳。唐文□□大行時以食傷，誤服推下之劑，幾殆，李令服□□散，繼用上下分消法，稍間，令服保和丸，唐遂霍。子獻忠、孫懋勛，俱世其業。

陳詩

萬曆《秀水縣志・方伎》 陳詩，字鳴唐。世傳岐黄，益詣精妙，每投藥，與主人約：此一夕而愈，此某日而愈，不爽毫髮，迓者爭賂輿人以邀先至。耑以術活人，不望報，即窶人下隸篤疾延請，未嘗靳往也。

郁性 郁震

康熙《常熟縣志・人物・方技》 郁性，字繼善。醫有名。砭焫之妙，得之鳳陽劉伯淵。伯淵得之竇文正公。子鼎文，世其學，嘗被簡使西洋，異域皆重之，授蘇州府醫學正科。孫蒙貞、曾孫宗，亦以醫名。

宣統《太倉州志・人物》 郁震，字鼎文。世業醫，讀書尚節義。初應名

傳。時倭寇流劫，君美及同里季朝仁、金某三人，分扼要路截殺，倭不敢犯，一鄉賴以安全。君美尤善傷科，亦少林秘方也，雖傷重瀕死者，無不應手立愈。子孫繼其業，至今猶稱九團秦氏傷科。

陶與讓　陳時

光緒《永嘉縣志·人物·藝術》引《介菴集》　陶與讓，遠祖景齋，善醫，爲人諒直，未嘗屈己媚人。叩之者，戶屨恆滿。與讓爲郡醫學正科，克承家學，肆力群書，名曰振。黃文簡館賓劉禧疾劇，與讓投數劑輒愈，劉奉幣以謝，堅却不可，乃贈以《杏林春霽圖》。同時陳時，字用甫，以醫名。其子蘊璧，有父風，德之者亦繪《杏林春霽圖》爲贈。文簡幷爲之記。

徐孟彬

光緒《永嘉縣志·人物·藝術》引《介菴集》　徐孟彬，少聰敏，勤於問學，汲古之餘，兼通醫術。客京師，常居善藥，人有疾，無富貴貧賤，一以藥濟之，未嘗責其報。翰林檢討潘民止冒寒疾且劇。孟彬藥之，不旬日疾愈，而孟彬不自以爲功。潘知孟彬不可利瀆，乃謁僚友賦詩頌美，自序其德之意。黃文簡爲之序。

李敬恒

嘉靖《長垣縣志·人物·伎術》　李敬恆，家世儒醫。永樂間，任本縣醫學正科，能以術活人。後孫世瞻，登進士，累官至都御史，論者謂敬恆世德所致。

何淵彦徵

《古今醫統大全·歷世聖賢名醫姓氏·明》　何彥徵，名淵，丹徒人，家世業醫，至淵尤精，永樂間徵爲太醫院使。

唐殷

嘉靖《長垣縣志·人物·伎術》　唐殷，累世眼科，知名湖海。

李原　李顒

康熙《常熟縣志·人物·方技》　李原，字廷堅。因母病，究心醫藥，後得金鍼劉氏法。永樂初，縣令柳敬中舉典醫學。孫顒，入太醫院。吳文恪公誌原墓。

夏寅

康熙《常熟縣志·人物·方技》　夏寅，字賓暘。善小兒醫，以薦入太醫院，數年而歸，其術益精，邑中稱爲蘇菴先生。

胡濙

《古今醫統大全·歷世聖賢名醫姓氏·明》　胡濙，字源潔，(混)〔崑〕陵人，登永樂間進士，官侍近，奉命四方，其耳目所遇有可利民者，多奏而行之。然未足以充其志，兼用意於醫，得一藥一方之良，自錄之，所集既富，名曰《衛生易簡方》，具表以進之，刊行於世。官至禮部尚書。

朱權臞仙

《古今醫統大全·歷世聖賢名醫姓氏·明》　臞仙，太祖高皇帝子，封寧獻王。幼性敏穎，有過人之資，博涉經史，諸子百氏之書，無不該覽，過目輒解奥旨，而各造其妙。誠哉，宗室之白眉也。尤以生物爲心，獨精於醫方，嘗謂：人與物均稟化於大君，榮悴之理則一。人之有身也，七情交激於內，六淫相蕩於外，而疾生焉。苟不濟以醫藥，則猶顛危而不知扶持也，其可乎哉！所著《活人心方》、《乾坤生意》、《肘後》等方行於世。

顧俊

《古今醫統大全·歷世聖賢名醫姓氏·明》　顧俊，字時雍，長洲人，早以孝友聞，博學精醫，有心得之妙，不泥陳言。

李梴《醫學入門·歷代醫學姓氏·世醫》　顧俊，字時雍，國朝長洲人。世業醫，早以孝友聞，不轉祖上世，一以丹溪爲主。

王哲

嘉靖《重修太平府志·方技》　王哲，蕪湖人，由儒醫。永樂末任淮府良醫副。宣德三年十二月進階脩職佐郎。

《古今圖書集成·藝術典》卷五一一引《太平府志》　王哲，永樂間以良醫副進修職郎，多禁方。

何澂

嘉慶《松江府志·藝術傳》引《續太平廣記》　何澂，字澂之，天祥孫。宣德間，以醫名。鄰人某患痼疾，垂危，澂治之愈。某感甚，命其妻侍寢，澂拒之。夜夢神語之曰：汝有陰德，上帝嘉汝，命賜錢三千貫，並一官。未幾，召治東宮疾，得痊，官震府良醫正，賜錢，一如神言。終明之世，子孫官太醫院，京師號爲何醫院家。

沈　玄 以潜

康熙《吳縣志·人物·藝術》　沈玄，字以潜，以字行，良惠後。

乾隆《蘇州府志·藝術·醫》　沈以潜，名元，以字行。其先由汴徙吳，高宗親書良惠二字賜之。祖伯新，父日章，皆有醫名。以潜少孤，能自刻勵。宣德初，徵入爲醫士，未甚知名。會院判蔣用文病，上遣中使問之，曰：卿即死，誰可代者。用文書以潜名進，即擢爲御醫。進封稱旨，上謂用文能知人，以潜不負所舉。以潜爲人平易質重，工詩好琴，有集行世。子寅、孫熙，守其業。又《陝西通志》、《蘭州志·流寓》内俱載：沈繹，字成章，吳縣人，洪武間謫戍蘭州衛。精醫道，保任肅府良醫。敦志節，善琴工詩，與崑山丁晉、錢塘楊志善，俱以齒德爲時所重，號金城三老。所著有《醫方集要》、《平治活法》、《繪素集》、《芝軒集》諸書，即以潜之諸父也。葉盛《水東日記》亦載其與吳江鄒奕相倡和事，舊志不載，蓋因其謫戍歸而遺之也，今附見於此。

徐　樞

乾隆《上海縣志·藝術》　徐樞，字叔珙，初家華亭，後移居龍華里。其先〔熙〕遇異人授以《扁鵲神鏡經》，遂有所悟。父號神翁。樞少傳其術，明洪武末，召爲太醫院御醫。累有奇驗，宣宗親賦詩送之。【略】御製詩云：太醫老卿八十餘，胸蟠千古岐黃書。鬢含白髮面紅玉，長紆錦綬鳴璚琚。光華近侍今三朝，致恭保和功業高。五花鸞誥寵先世，南望飛雲心孔勞。歸榮遂爾追遠情，吳淞江水清泠泠。春風花開景明麗，待爾重來朝闕廷。

同治《上海縣志·藝術》　徐樞，字叔珙，自華亭移居龍華里。其先宋濮陽守熙，遇異人授《扁鵲神鏡經》，遂有所悟。父復，號神翁，元醫學教授。樞傳其術，兼學詩於楊維楨。洪武二十七年，召授秦府良醫。永樂十二年，改秦強丞。明年因薦入太醫院，掌御藥，尋掌院事。宣德元年，告歸省墓，宣宗賜以詩。年八十致仕，賜金帶，遣中官護行。又七年卒。子彪，字文蔚。少從父入秦，正統十年薦入太醫院。時代王允病瘇，又昌平侯楊洪在邊疾篤，受詔往視，皆不旬日而瘳，遂留御藥房。十三年，擢御醫。景泰二年，遷院判，嘗侍禁中。景帝問藥性遲速？對曰：藥性猶人性也，善者千日而不足，惡者一日而有餘。問攝生，以固元氣對，其諷諫類如此。《府志》云：先是樞爲羅嵩所搆，逮繫詔獄。彪年十五，上書請代，文皇帝嘉其孝，詔出樞。後嵩以罪繫論死，彪救之甚力。六年預脩中秘書錄。彪子璒，爲監生。次子堉，亦有名。後其裔有名偉者，嘉靖中太醫令。樞，顧《府志》作南橋人。

姚　暘

崇禎《松江府志·人物志·藝術》　姚暘，字啓明，華亭曲水村人。父潤祖，元醫學教授。好古博雅，著聲吳越。暘少孤，事母孝，世其家學。洪武中，以人材試行人。宣德間，除莆田尹，有聲。未幾辭歸，號柳隱。

姚　蒙

乾隆《上海縣志·藝術》　姚蒙，字以正，家百曲港。善醫，尤精太素脈。都御史鄒來學巡撫江南，召蒙視疾。姚素有風疾，鄒心輕之。問曰：汝亦有疾乎？對曰：有風疾。曰：何不自療之？曰：是胎風。鄒即引手令診，姚卻不前。鄒悟，呼座坐之。診視畢，姚曰：大人根器上，別有一竅出污水。鄒大驚，曰：此予隱疾，甚秘，汝何由知？姚跪曰：以脈得之。左手關脈滑而緩，肝第四葉有漏通下故也。始改容謝之，乃求藥。姚曰：不須藥，到南京便愈。以手策之，曰：今是初七，得十二日可到。鄒即行，果十二日晨抵南京而卒。蒙臨終，作謝世詞，警悟超脫，蓋有所見云。

乾隆《江南通志·藝術·松江府》　姚蒙，字以正，華亭人。善醫術，得祖父之傳，尤精太素脈，定人休咎若符契。

沈元吉

康熙《松江府志·人物·藝術》　有沈元吉者，切脈不逮蒙，而明斷善用藥，屢起危疾，與蒙並稱。

陳　常

康熙《松江府志·人物·藝術》　陳常，字用恆，上海人。世業儒，常傳外氏邵艾菴醫，即有名。永樂十五年，遣使下西洋，常以醫士從，歷洪熙、宣德間，凡三往返，恭勤願慤，上官皆器重之。常言：海中行以六十里爲一更，往返一千六百更，爲九萬餘里。行皆候風占星，以針取路，以干支取某山某嶼，進某澳轉某門，以至開洋避樵避淺，皆以針定。計所涉歷自占城至忽魯謨斯，凡三十國。平生足履人所不到，目見人所不知，未嘗自多。臨終但曰：

今不葬魚腹矣。子經，字宗理，世其醫。教授里中，循循有矩度。

錢瑛

乾隆《蘇州府志·藝術·醫》引《姑蘇志》 錢瑛，字良玉，世傳顱顖醫。宣德中，入太醫院。寧陽侯孫生九月，驚悸數啼而汗，百方莫效。瑛後至，乃命坐兒於地，使掬水爲戲，驚啼頓止。人問之，曰：時當季春，兒豐衣帷處，不離懷抱，其熱鬱安所洩耶？使之近水，則火邪殺，得土氣，則藏氣平，故不藥而愈。子恆、愷、悌、愃，世其業。恆仕至太醫院判，與愷尤有名。又有陳公賢者，其先爲孟景暘館甥。孟氏亦以顱顖鳴，遂得其傳。成化間，公賢徵爲醫士，入御藥房。用藥屢效，授御醫，進太醫院判。致仕卒，賜諭祭。蓋吳下小兒醫，稱錢氏、陳氏云。

樓英全善

康熙《浙江通志·方伎·紹興府》 樓英，字全善，蕭山人。著《氣運類註》四卷、《醫學綱目》四十卷，王應華傳其學。

乾隆《紹興府志·人物·方技》引萬曆《志》 樓英，蕭山人，字全善。精於醫，居元度巖，有《仙巖文集》二卷。

楊雲

康熙《浙江通志·方伎·金華府》 楊雲，武義人。雲家(術)[世]業醫，名動一時。宣德乙卯，召至京師，入對稱旨，超授御醫。適(睿)[英]宗弗怡，藥進有效，特陞太醫院使，賞賚甚厚，寵遇與楊少師士奇等，名動朝野。舊名榮，(睿)[英]宗以其與楊尚書榮同，不便宣召，賜更名雲。

嘉慶《武義縣志·楊雲傳》 楊雲，曾大父名進者，好學善醫。仕元，辭御史職，請敕雲游採醫方。至東海，遇鄉人仕宦者，遂將所採秘方一冊，指甲一枚，並家書寄歸，且爲永訣。其子景希，奉而行之，爲世名醫。景希子恭，領薦赴京，宿太醫院廨中。即夜，院廨火，恭謫戍廣西，遣雲家居。精父術業，名動一時。宣德乙卯，召至京師，入對稱旨，超授御醫。

何嚴　何全　何鳳春　何九經

嘉慶《松江府志·藝術傳》 何嚴，字公謹，天祥曾孫，宣德己酉副貢。性溫厚，積學，工詩文。何氏世業醫，至嚴大究其奧。宣德中，官太醫院副使。子全，字廷用，領正統丁卯鄉薦，特授御醫，累擢院使。親老乞歸，御製詩送之。孫鳳春，太醫院御醫；曾孫九經，伊府良醫正，世其業。

乾隆《江南通志·藝術·松江府》 何全，字廷用，華亭人。自宋元來，世以醫名。全領正統丁卯鄉薦，不徙故業，益精其術。每以匕劑起沉疴，無責報意。

劉敏

《古今醫統大全·歷世聖賢名醫姓氏·明》 劉敏，字德美，號益齋，長洲人。幼孤業儒，究精醫道，士夫薦於朝。雖功不自衒，嘗慕古人開卷有益之言，書屏以自警。

林彥圭

萬曆《福寧州志·人文志·方技》 林彥圭，杯溪人。工岐黃之術，以活人爲心，不計利。其子思齊，孫璧，皆得禁方，稱世醫云。

汪宦

《古今醫統大全·歷世聖賢名醫姓氏·明》 汪宦，字子良，號心穀，新安祁門人，機之族彥。幼從兄宇習舉子業，穎敏夙成，後棄儒就醫。潛心《內素》，有神領心得之妙，證王氏之謬注，如分鱗介於深泉浄(潑)[瀅]之中。誠有功於軒岐，啓迪天下後世醫學，如瞽復明。《質疑》、《尺寸》等論可見矣。爲人質實，不以有學自矜，從遊者甚多。所著《醫學質疑》、《統屬脈法》、《證治要略》等書行世。

同治《祁門縣志·人物志·方技》 汪宦，居三遷堂。精通醫理，著有《醫學質疑》若干卷。

陳頤

萬曆《福寧州志·人物志·伎術》 陳頤，先爲釋子。以精醫還俗，時稱良醫，曰陳和尚。

鄭元厚

康熙《江寧縣志·人物志·方技傳》 鄭元厚，字載之。父宗化，以明經教諭滁陽，延集多士，置講席，四時不輟，有鄭夫子之號。性至孝，居異母喪，終制未嘗見齒，都人士稱述之。元厚有父風，曾遇異人授以道術，由是精於導引內視之學。病者求其搬運撫摩，法簡功倍，醫藥可省，立愈，人益神之。其言人身臟腑關會之處，皆可指而數也。審察病源，舉其竅要，施功膚骼之間，透切膏肓之隱。其秘多不傳，惟僧常然上人得其要領云。

盧復 盧之頤

康熙《浙江通志·方伎·杭州府》 盧復，習岐黃，兼通大乘。剖疑晰理，解悟不滯。子之頤，資性開明，而學有根柢，陰紐陽絡，證辨入微，善療奇疾，凡尸蹷、迴風，投劑無不中。然負氣凌物，議論踔厲，毀譽殆半焉。所著《仲景論》、《本草乘雅》、《金匱要略論疏》諸書行于世。

康熙《錢塘縣志·人物·方技》 盧復，字不遠，習岐黃，兼通大乘，與子之頤善療奇疾，凡尸、蹷迴風，投劑無不立愈。復嘗著《本草博議》，蓄疑未決，後見之頤私論，奇之，曰：此子當自成一家言。遂授使續之。之頤折衷先說，廣所未備，編輯成書，即世所稱《本草乘雅》者是也。生平著述甚富，蓋托醫以隱者歟。

沈穀 沈穟

《古今醫統大全·歷世聖賢名醫姓氏·明》 沈穀，字善卿，嘉定人，世爲太醫判局，後得闕將仕，家傳，遂業小兒醫，擅一時之譽。弟穟，字秀卿，讀書好禮，與兄齊名，而精敏過之。

謝儒 謝日昇 謝世泰

乾隆《江寧縣新志·藝術傳》 謝世泰，字約齋。曾祖儒，郡庠生，兼通醫。每逢奇症，他醫或不能辨，儒必識之，識即療之。嘗爲徐文敏季子治肥瘍奇效。又衡山爲文以贈。儒傳子日昇，昇傳世泰，皆有名。泰存心濟物，不責報，人多稱之。

盛寅啓東 草澤醫人

《明史·方伎傳·盛寅》 盛寅，字啓東，吴江人。受業於郡人王賓。初，賓與金華戴原禮游，冀得其醫術。原禮笑曰：吾固無所吝，君獨不能少屈乎？賓謝曰：吾老矣，不能復居弟子列。他日伺原禮出，竊發其書以去，遂得其傳。將死，無子，以授寅。寅既得原禮之學，復討究《內經》以下諸方書，醫大有名。

永樂初，爲醫學正科。坐累，輸作天壽山。列侯監工者，見而奇之，令主書算。先是有中使督花鳥於江南，主寅舍，病脹，寅愈之。適遇諸途，驚曰：盛先生固無恙耶！予所事太監，正苦脹，盍與我視之。既視，投以藥立愈。會成祖較射西苑，太監往侍。成祖遥望見，愕然曰：謂汝死矣，安得生？太監具以告，因盛稱寅，即召入便殿，令診脈。寅奏，上脈有風濕病，帝大然之，進藥果效，遂授御醫。一日，雪霽，召見。帝語白溝河戰勝狀，氣色甚厲。寅曰：是殆有天命耳。帝不懌，起而視雪。寅復吟唐人詩，長安有貧者，宜瑞不宜多句，聞者咋舌。他日，與同官對弈御藥房。帝猝至，兩人斂枰伏地，謝死罪。帝命終之，且坐以觀，寅三勝。帝喜，命賦詩，立就。帝益喜，賜象牙棋枰并詞一闋。帝晚年猶欲出塞，寅以帝春秋高，勸毋行。不納，果有榆木川之變。

仁宗在東宮時，妃張氏經期不至者十月，衆醫以妊身賀。寅獨謂不然，出言病狀。妃遥聞之，曰：醫言甚當，有此人何不令早視我。即疏方，乃破血劑。東宮怒，不用。數日病益甚，命寅再視，疏方如前。妃令進藥，而東宮慮墮胎，械寅以待。已而血大下，病旋愈。當寅之被繫也，闔門惶怖曰：是殆磔死。既三日，紅仗前導還邸舍，賞賜甚厚。

寅與袁忠徹素爲東宮所惡，既愈妃疾，而怒猶未解，懼甚。忠徹曉相術，知仁宗壽不永，密告寅，寅猶畏禍。及仁宗嗣位，求出爲南京太醫院。宣宗立，召還。正統六年卒。兩京太醫院皆祀寅。寅弟宏亦精藥論，子孫傳其業。

初，寅晨直御醫房，忽昏眩欲死，募人療寅，莫能應。一草澤醫人應之，一服而愈。帝問狀，其人曰：寅空心入藥房，猝中藥毒。能和解諸藥者，甘草也。帝問寅，果空腹入，乃厚賜草澤醫人。

乾隆《吴江縣志·人物·藝能》 盛寅，字啓東，以字行。父逮，見《節義傳》。【略】宣宗立，召還，賜敕褒嘉。日侍上，命視親王疾有效，特賜白金、良馬。正統元年，丁父艱歸，服闋將赴都，忽遘疾，自診脈曰：吾不起矣。作詩三章以卒，年六十七。兩京太醫院皆祀寅。所著有《流光集》。

道光《松陵聞見録·軼事》 盛啓東，初從光庵學古文，光庵喜之。其叔父曰：汝學於光庵，見光庵用藥亦少留意乎。於是，密窺其用藥。一日，治一熱症用附子，光庵驚曰：汝遽及此乎？此反治之道也。但少耳，加之而愈。及卒，竟授以書。

張存

《古今圖書集成·藝術典》卷五一引《燉煌新録》　張存，善針。存有奴，好逃亡。存宿行針縮奴腳，欲使則針解之。

周振譽　周裳

嘉靖《崑山縣志·人物·藝術》　周振譽，字彦聲。世業醫，至振譽益精。正統初，徵入太醫院，擢楚府良醫，老於鄉。治(厄)〔危〕疾多取奇效，名滿吴中。

光緒《崑新兩縣續修合志·藝術》　周振譽，字彦聲，先世居舂陵，七世祖律家崑山。【略】子裳，克世其業。

莫志明

弘治《黄州府志·隱逸·名醫》　莫志明，正統中，以精通醫術，授本府醫學正科。

胡俊

康熙《滁州志·方伎》　胡俊，字士英，號西庵，舒城人，明正統末寓椒。西庵行岐黄術，多奇驗。一日過白汪橋，見一婦伏男子尸哭甚哀，將入殮。西庵入視之，曰：莫哭，緩須臾不殮，服吾藥可不死。即解囊取藥少許，度尸口中，頃之，輒伸欠，良久竟甦。由是椒人以爲神，稱名醫，而南冏臺及六曹長皆來聘。莆陽進士鄭克昭述其行爲最詳。年七十有八，因家於椒，爲巨族，文學中胡庭桂，其裔也。今諸子孫亦表表有文聲。

徐彪

康熙《松江府志·人物·藝術》　徐彪，字文蔚，太醫院使樞子也。正統十年，以能醫薦入太醫院。時代王久病瘇，又昌平侯楊洪在邊疾篤，受詔往視，皆不旬日而瘳，遂留御藥房。十三年，擢御醫。景泰二年，遷院判，常侍禁中，每以醫諫。景帝問藥性遲速，對曰：藥性猶人性也，善者千日而不足，惡者一日而有餘。問攝生，以固元氣對，其因事納忠類此。六年，預修中秘書録。子璒，爲國子生。彪質直洞達，善談議，少從父入秦，其邸舍，元許文正衡遺址也。秦王以魯菴題之，秦中稱爲魯菴。及歸老，以詩書適情，自號希古。所著《本草證治辯明》十卷，《論咳嗽條》，《傷寒纂例》各一卷。

錢博

康熙《松江府志·人物·名臣》　錢博，字原博，溥弟，正統辛酉應天解元，乙丑進士，授南京刑部，主事獄疫。博素知醫，手調藥治之，因賴以全。進員外郎中，擢四川按察，克振風紀，搆蜚語被逮。事白，復官，南還次魯橋卒。在刑曹前後十餘年，多所全活。攻古文詞，善楷書、行草，旁通醫卜陰陽諸書，好急人患難，人樂與交焉。

徐養浩　徐述　徐迪

乾隆《武進縣志·人物·方伎》　徐氏兄弟，先世居毘陵，元兵屠城獲脱，復被掠至燕，居久之，得常州織染局官以歸。生二子，長曰養浩，博通儒書，始業醫，爲無錫州醫學教授。子仲清，繼其業尤精，爲湖州路儒學教授。子矩用，以薦任襄、黄兩縣教諭。生三子：長述，字孟魯；次迪，字孟恂；又次選，字孟倫。述善胗，迪善意，述診決人生死旦夕歲月若神。迪所治，不盡責效于湯液醴酒，率以意爲之。述嘗過市，市人躍而踰櫃請胗，迪曰：子腸已斷，法當死。市人曰：吾方飽食而出，本無疾，烏得死？至暮果死。一女傷于怒，内向卧，不能轉。迪胗之，因索花作婦人妝，且歌且笑，患者聞之，不覺回顧，大笑而愈。一孕婦仰而探物，遂不能俯。迪令衣以裙數十層，捩之衆中，以漸而解。每解一裙，輒擲婦前。解至中牏，婦不覺用手力護，因得俯。一人病僂，俯而不能仰，迪令之坐，因以大鈚鍼徐擬之，其人漸避漸仰。其用意皆此類。至用鍼，尤多神效，俗呼徐神仙。然三人皆負意氣，好施與，博物洽聞。于諸家多所會心。述尤工天文，選以孝友稱。歲且除，從宜興載米百斛還，未至家，遍索故人與之，家人方潔饔待炊，弗恤也。吳人周克恭者，嘗有所托于選，家人弗知也。克恭歿，選急走其家，悉還之。道遇一貧人，寒甚，急解襦與之，歸旋縫以禦寒。述嘗夜讀《岳武穆傳》，怒甚，持挺起，無所洩忿，碎其盎于爨下。鄰人驚問之，曰：吾方切齒于檜賊也。洪武中，述、迪皆以他醫累，當遠戍，選不忍也，遂同行，艱苦備嘗者廿年。正統初，述語族子曰：天象如此，不越三年，萬乘其蒙塵乎？既而曰：其在己巳也。是年果有土木之變。景帝嘗召見述，欲官之，不果，厚賜金帛以歸。述所著有《難經補註》。

王　英

光緒《山西通志·藝術録》　王英，河津監生。父母有宿疾，奉侍之，暇究心醫術，術成而疾瘳。兩兄先後感風痺，多方以娛其志，與侍親疾無以異也。賙恤鄰里，甚有隱德，縣令扁旌其門。卒後，鄉人勒石誌之。

董　宿

《古今醫統大全·歷世聖賢名醫姓氏·明》　董宿，四明人，正統間爲太醫院使，深察藥性，博究醫書，治療立方輒有奇效。故輯《奇效良方》七十卷，今行於世。

林　慉

道光《江陰縣志·人物·藝術》　林慉，醫宗《丹溪心法》，治多奇效，稱中菴先生。當事重其行誼，再致賓筵。孫時，亦以醫名。

沈　惠虚明　王節之

崇禎《松江府志·人物志·藝術》　沈虚明、王節之，並幼科聖醫。兩人相得甚驩，凡有疑疾，互相推讓，酌而下藥，不妬嫉也。虚明謹厚謙下，凡大家窶人子，延之俱一一診視，不置厚薄輕重於其間。郡太守子病，夫人諄諄告以子病之繇，虚明若不聞。太守訝其故，對曰：夫人自對明府説，醫生已悉知之矣。一貴宦將之官，虚明送之，囑曰：公子出痘，切莫用藥。上痘不必用藥，下痘用藥亦無功，中痘須藥扶持，然未必得人，則不如不藥之爲愈也。有藥嫗善治痔，虚明拜而受方。嫗亡，爲治後事，其篤誼類此。虚明之正傳，爲啓雲王一鵬。

康熙《松江府志·人物·藝術》　沈惠，字民濟，華亭人。幼得異傳，爲小兒醫，能起死者。嘗從浦南歸，聞岸上哭聲甚悲，問知某氏僅一子，自塾中歸，暴絶。惠走視，其胸次尚温，作湯劑灌之，遂甦。有富家子患痘危劇，已治木矣，藥之而愈，取其棺以施貧兒。惠以小兒醫多秘其書不傳，乃覃（恩）〔思〕博考，著書九種行世，學者以爲津梁。有老嫗善治痔，惠拜受其方，嫗亡，爲治後事。惠爲人謹厚謙下，無貴賤貧富，必盡其心力，立身有繩檢。郡守子疾，惠入視，夫人從屏後告以病所由，惠若不聞，守訝之，對曰：夫人自向明府言耳。其以禮自處如此。晚自號虚明山人。徐文貞階有詩贈之。臨終賦詩而逝。同時有王節之，與惠並稱，兩人相得甚歡，遇有疑疾，必相質正也，節之子一鳳、一鵬，皆名醫。

乾隆《婁縣志·藝術傳》　沈惠，字民濟，居白龍潭。

龔　信

道光《金谿縣志·方技》　龔信，下漸里人，官太醫院。嘗著《古今醫鑒》並《雲林醫彀》。

《醫學讀書志·國朝沈氏金鰲》　龔信，字瑞之，號西園，江西金谿人。撰《古今醫鑒》十六卷，刻於萬曆乙丑。有扶溝劉自強，鄢陵劉巡，及恆我齋自序。是書首列脈訣、病機、藥性、運氣，次分中風等一百三十三門，終藥膏、通治、救荒，皆金元以後餘緒，特以己見出之耳。即如廣瘡、天疱，源流各異，患害懸殊，信乃扭合爲一。既諄戒切忌用水銀、輕粉。檢閲其方，〔則〕用水銀者五，輕粉者七，且有並用者。其他謬誤，可概見矣。沈氏所引，並非此書。子廷賢，字子才，號雲林，著《雲林醫聖》八卷、《神彀》四卷、《萬病回春》八卷、《壽世保元》十卷。

龔廷賢雲林

《萬病回春·叙雲林志行紀》　志行紀何紀？雲林生平之志，素履之行也。志行何紀之？昔余先君令扶邑搆恙幾危。余請告就省，當時皇皇驚怖，賴雲林診攝救藥，先君得以康復。余爲先君而戴雲林，誠通家而骨肉者也。稔知其爲人之實，因歷舉其志行，而爲之紀，重嘉善也。

雲林世爲金谿人，姓龔氏，名廷賢，字子才。生而岐嶷，仁孝天畀，襟度汪洋，卓乎爲昭代人豪。早歲業舉子，飽經術，操觚染翰，發爲文詞，雲錦天葩，燦然立就。將有志南溟，效用廊廟，以大究厥施，緣數奇不第，遂纘父業，精于醫。謂達則爲良相，不達則爲良醫，均之有補于世道也。

始游許昌，如扶溝，詣都下，即受知于太學士中玄高公，定西侯文益蔣公，大司寇三川劉公。聲名煒煒播京師，隨被命拜官榮歸。既而，由金陵復抵大梁，在在馳聲，起死回生，活人無算。王侯公卿賓禮敬慕，迎候接踵，贈以詩章，旌以扁額，絡繹不絶。而周藩海陽王崑湖，安昌王靜觀，大宗正西亭，及當道撫臺洪溪袁公，翰林玉陽張公，學憲一申楊公尤加毖焉！然賦性廉介，樂于施濟而不責報。諸元老薦紳先生酬以金幣而不可却者，雖受之，亦不私己，遺歸以賑宗族鄉黨之貧困者。

事乃父西園公純孝，溫凊定省，聚百順以養志。如父志在仁天下，即推所傳之秘集《古今醫鑑》、《種杏仙方》、《萬病回春》三書刊行于世，使人人按書而察其病，得以終天年而登壽域，大有功于天下後世。父志在鍾愛庶母所生二幼子，即以其所愛者而加愛焉，視之猶父然也。凡家業悉推讓之，又且另贈之以田，使安享其逸以承父歡，可謂善繼善述而恪守義方者也。

至于讓祖產于叔父，貽厚資于仲弟，建祠堂以承先，立家訓以啓後，創大門以華宗，置義田以贍族，此皆仁人義士之所爲也。又嘗輸谷粟，賑饑民而不忍其顛連；施棺木，瘞旅櫬，而不忍其暴露；解衣裘，救寒士，而不望其後償；崇禮節，友賢良，而不爽其信行；還鬻女，返賣僮，而不索其聘財；憐鰥寡，恤孤獨，而不吝其厚費。志行卓犖奇偉，不可枚舉，此特其彰明較著，可紀而傳之以風世教也。

行將懿行上聞，徵書叠下，垂名竹帛，端有在耳。且陰德動天，天心福善，胤祚永昌，食厚報于無窮，寧非理之必然也哉！不佞嘉其善而紀之，以俟太史觀風者采焉！夫何諛是爲紀。

時萬曆十六年強圉大淵獻之歲陬月之吉。賜進士第亞中大夫、浙江布政使司參政、臨川敬吾徐汝陽撰。

康熙《金谿縣志·方外》 太醫院吏目龔(應)〔廷〕賢者，下澌里人也。父信，世以醫爲業。賢幼穎異，習儒弗效，慨然曰：吾志用世以濟斯民，數奇不偶，天也。古良醫濟世，功與良相等，况世其家乎！遂博考古方書，自岐黃以來，張、李、劉、朱四家之學，莫不窮源竟委，拆奧抉疑，貫穿融洽。臨症設治，復以己意，佐驗損益，投方寸匕，莫不霍然，起危病痼疾，治益精良。言人五臟癥結之故，決生死莫不奇中。間遊大梁，方病疫連染閭巷，有闔戶蟲出者。時醫循古法治，弗應。賢以己意立方，所活無算，于是名噪中州。周藩及中州士大夫，莫不交歡恐後也。相國高新鄭聞而禮聘至京，京師醫林立馳聲譽，操短長思與賢角。賢至，莫不目眩然而不瞚，舌橋然而不下，於是名動京師如中州時。定西侯蔣公授以左府教胄，而大司寇三川劉公復薦爲太醫院吏目。魯王妃遘疾有年，延醫以百計弗效。乃屬賢，妃尋瘳。王德賢甚，酬以千金，固辭不受，王爲刻其禁方行世，畫其像禮之，衍聖公孔尚賢爲之贊，一時名公鉅卿，詩歌餉贈，盈溢笥篋，其爲世所愛慕如此。賢自壯年爲醫，凡六十年，年九十三也。賢字子才，一號雲林，爲人孝友，樂賙恤，與人交，握手出肝膈，絕城府。其爲醫也，志在濟世，不以技粥聲利。所著書凡十數種，至今爲人傳誦，與四書等。語曰：盛名之下，難以久居。史稱：越人名聞天下，秦李醯忌而刺殺之。倉公或不爲人治病，病家多怨。華陀以醫見殺，人畏惡其術，遂弗傳。獨賢榮名、壽考、方技，至今不衰，嗚呼盛矣！

道光《金谿縣志·方技》 龔廷賢，字子才，信子。幼穎異，以醫世其家。嘗言良醫濟世，功與良相等，遂博考古方書，自岐黃以來，莫不窮源竟委。臨症設治，復以己意佐驗，言人五臟癥結之故，決生死莫不奇中。間游大梁，方病疫，連染閭巷，有闔戶蟲出者。時醫循古法，治弗效。廷賢以己意立方，所活無算，於是名噪中州。尚書某，薦爲太醫院吏目。魯王妃遘疾，延醫弗效，乃屬賢治之，疾尋瘳。酬千金不受，王刻其禁方行世，畫其像禮之。所著有《萬病回春》等書。子守國、守寧，俱授太醫院醫官。從子懋，官授周府醫官。

管　擀

光緒《安徽通志·人物志·方伎》 管擀，南陵廩生。博通經史，旁及醫術，所活人不可勝計，無一言及於利。著有《保赤全書》。

鄭文賢

光緒《德安府志·人物·方術》 鄭文賢，精醫學。李于鱗有送其《遊大梁序》云：鄭生者，名文賢，楚之雲夢人也。少慕伯陽之術，往往談長生。自雲夢來關中，持一藥囊耳。余苦病三十年，未嘗見醫視脈如生者，豈其書異有他方耶？生遊大梁、關中，自大中丞許公、大司徒劉公以下，皆賦詩贈之，而余序其右方。其稱許如此，其醫之精可知。

李　瞻

康熙《儀徵縣志·人物·藝術列傳》 李瞻，號小塘，以眼科名。著有《七十二問》，按七十二候，以明內外障之得失。嘗一人目腫火炎，而性最卞，愈躁而疾愈熾，非藥可下。瞻謂曰：子目易愈，此客火將流毒于股，不十日，必暴發。其人習瞻名，遂日以股爲憂，三日，目以一藥而愈，股亦無恙。又一人目以氣虛暗，如行霧中，受苓、朮即眩，瞻不藥，但曰：子以沸水浴兩足。亦三日，一藥而瘳。或問其故，瞻曰：性暴人患疾，每欲急愈，火(不侈不)〔上〕攻于目，移其意以憂下，即易療。氣虛人榮衛不和，湧泉穴位足底，熱之則可上達于泥丸，必血活而藥始效。有節鉞李公妾病目，瞻曰：二目須膿出方愈。李處損貌。瞻曰：以虎睛調藥，則膿從鼻下，無傷也。李果捕虎取睛治之，如所言。王荆石兩瞳反背，瞻令端坐，置書于几，用金針從腦顖刺之。初撥，曰見黑影矣。再撥，曰見行款矣。三撥則筆畫朗然，曰：君果神授耶！將千金謝。瞻却不受，唯取其園中一緑磁餅蓋，王曰：賤物，何足貴？瞻謂：余久得餅失蓋，此其匹也。王以爲誕，使人驗之，果然。大抵以學濟其術多若此。更著有《育神夜光丸方》、《蓮子金針》、《鼠尾金針說》，言目内障必藥病者滿百日，醫者齋戒亦滿百日，正心誠意而後可施。非天霽日朗，絶無雲翳，及時日遊神合吉，卒不輕用。今其書盛傳。

蔡紹夔

同治**《廣濟縣志·人物·方伎》** 蔡紹夔，字惟益。年二十餘即精通醫理。荆王患痫症，諸醫罔治，聞夔名，遣使召之，數劑而愈。荆王贈百金、藥刀並藥研，額云：醫冠楚黄。自是名震一時。後過蘄州，荆王延入，問曰：先生欲富乎？欲貴乎？夔對曰：富貴非吾願，家有薄田數畝，訓子孫務農桑足樂也。王益重其品，令人送石礅一條，上刻荆王賜三字，更賜號曰：肖玉。年逾七旬，專事内養，面色如童。八十餘歲卒。曾孫洪梧復以醫著。

周文采

《古今醫統大全·歷世聖賢名醫姓氏·明》 周文采，興府良醫。得《内經》之要旨，該究諸氏方書，治療盡效。(睿)〔英〕宗獻皇帝命選經效奇方，編次成書，共捐民瘼。世宗繼念生民疾苦，後梓頒行天下，名《醫方選要》。

申相

光緒**《山西通志·藝術録》** 申相，長治人。業岐黄，研究脈理，尤精傷寒一科。著《診家秘要》、《傷寒捷法歌》，稱良醫云。

陳景魁

李梴**《醫學入門·歷代醫學姓氏·儒醫》** 陳景魁，字叔旦，號斗嵒，句(曲)〔容〕人，陳太丘之後，幼習舉業，授《易》于陸秋崖，拜湛甘泉講學。因父病習醫，善針灸，著《五診集》。授王府良醫，竟不赴任，每成詩文，以樂其志。治素無病，忽吐血半升，脈弦急，薄厥症也，得于大怒氣逆，陰陽奔并，服六鬱湯而愈。治遍體生瘣瘟，歲久罔效，乃太陰風邪化爲蟲也。以百部、蛇牀子、草烏、(綀)〔楝〕樹葉煎湯浴洗，越月遍身如白癜風狀而愈。治孕婦墮下，逾旬腹腫發熱，氣喘脈決，面赤舌青口臭。公曰：胎未墮也。面赤，心火盛而血乾也；舌青臭，肝氣竭而胎死矣。遂用蛇蜕煎湯，調平胃散加芒硝、歸尾一倍服之，須臾胎下痛(亦)〔止〕獲安矣。

乾隆**《句容縣志·人物志·方技》** 陳景魁，字叔旦。端拱間，其高祖公理以醫任玉臺秘書。魁穎慧，善記誦，從邑中樊懿齋遊，授《易》於毘陵陸秋崖。聞湛甘泉講學南畿，魁又往謁。一日，父病疫，諸醫罔效，魁虔誠禱天，夕夢老人授言：蚖蟺水可愈汝父。既覺，不辨蚖蟺何物，博訪之，知爲蚯蚓也。擣水飲，父立愈，人咸以爲孝感所致。後精心醫學，如有神助，所投輒應。著有《醫案》，皆奇疾奇方也。

汪渭 古樸先生

《古今醫統大全·歷世聖賢名醫姓氏·明》 古樸先生，姓汪氏，名渭，字以望，人稱古樸先生，新安祁門人。少習儒業，精醫學，存心濟物，志不在名，活人甚多。

李梴**《醫學入門·歷代醫學姓氏·明醫》** 汪渭，字以望，號古樸，國朝祁門臨清之樸墅人，出唐越國公之後。世醫，至先生益精，嘗曰：東垣主于升陽補氣，丹溪主于滋陰降火，若陰虛陽亢，當合東垣、丹溪兩法治之。

汪機 石山居士

《古今醫統大全·歷世聖賢名醫姓氏·明》 石山居士，姓汪氏，名機，字省之，渭之子。業春秋，補邑庠生。習父醫，尤得其精妙。郡人求治，多效，日益衆，居士弗容辭。既而曰：仕不至相，則其澤之所及，不若醫之博也。遂棄儒就醫，大肆力於《素》、《難》諸書，罔不考訂。歷紀所療爲《石山醫案》，編次《素問鈔》、《運氣易覽》、《推求師意》、《痘治理辨》、《本草會編》等數十卷行世。

李梴**《醫學入門·歷代醫學姓氏·儒醫》** 汪機，字省之，號石山居士，渭之子。邑痒生，屢科舉，父命舉業，嘗言士不至於相，則其澤之所顧，不若醫之博耳。乃肆力醫書，《周易》性理。所著有《重集脈訣刊誤》二卷，《内經補注》、《本草會編》。治一人中滿，用參、朮初服閣脹，久則寬矣。或問參、朮之性，曰：藥無定性，以血藥引之則從血，以氣藥引之則從氣，佐之以熱則熱，佐之以寒則寒，在人善用之耳。治一人體瘦，左腹痞滿，谷氣偏行於右，不能左達。飲食減，大便滯。用補脾瀉肝、和血潤燥、寬脹散鬱之劑而安。治癇發晨時，見黃狗走前，則昏瞀仆地，良久乃蘇，諸醫無效。公曰：早晨，陽分；狗，陽物；黃，土色；胃屬陽土，土虛爲木火所乘矣。經云：諸脈皆屬於目。故目系異物，宜實胃瀉肝而火自息。遂以參、朮、歸、芪、陳皮、神麯、茯苓、黃芩、麥門冬、荆芥，服月餘而安。治一婦忍饑過勞發狂，公曰：二陽之病發心脾。二陽者，胃與大腸也。忍饑過勞，胃傷而火動矣。延及心神，脾意擾亂，安得不狂？用獨參湯加竹瀝飲之，愈。

《本草綱目·歷代諸家本草·本草會編》 嘉靖中，祁門醫士汪機所編。機字省之，懲王氏《本草集要》不收草木形狀，乃削去本草上、中、下三品，以類相從，菜穀通爲草部，果品通爲木部，并諸家序例，共二十卷。其書撮約似乎簡便，而混同反難檢閲，冠之以薺，識陋可知。掩去諸家，更覺零碎，臆度疑似，殊無實見，僅有數條自得可取耳。

康熙《徽州府志·人物志·方技》 汪機，祁門樸墅人，邑諸生。因母病嘔，究心醫學。診切無不奇中。後名高難致至，有聆其聲欬頓喜而瘳者。所著有《石山醫案》、《醫學原理》、《本草會編》、《素問抄》、《脈訣刊誤》、《外科理例》、《痘治理辨》、《鍼灸問對》、《傷寒選錄》、《運氣易覽》等書，人稱石山先生。

道光《徽州府志·人物志·方技》 機所著《針灸問對》三卷，論針法、灸法及經絡穴道最爲簡明。《外科理例》八卷，大旨主於調補元氣，不輕用寒涼攻利之劑，用法變通，異於膠執之誤。《石山醫案》三卷，弟子陳桷等所編，取機治瘳效驗裒爲一集。又《續素問抄》九卷，《運氣易覽》二卷，《痘證理辨》二卷。皆採入《四庫全書》。

鄒福　鄒遜

《古今醫統大全·歷世聖賢名醫姓氏·明》 鄒福，字魯濟，甌寧人，善醫，察脈逆知生死，立方簡當，不多品而效愈奇。所集《驗效良方》十卷行於世。

李梴《醫學入門·歷代醫學姓氏·明醫》 鄒福，字魯濟，國朝甌寧人。善察脈，著《經驗良方》。仲子遜亦傳其業，有司薦爲醫官，不就。

道光重纂《福建通志·藝術·建寧府甌寧縣》 鄒福，字魯濟。精醫，善察脈，決人生死於數載前。凡奇證人不治者，投劑輒愈。嘗曰：病知其源，則治證不泛；藥劑不多，品舉其要，斯效速矣。

李可大

乾隆《杞縣志·人物志·方技》 李可大，字汝化，與昂同時爲諸生。因母病，遂遍覽醫書，久之，忽大悟，曰：盧、扁在是矣。出而醫人，無不隨手奏效者。用藥好以奇勝，不拘舊方。一梓人母，年四十餘，手大指忽腫，因偃仆不知人事。診之曰：此必月信至，而適爲冷水所觸也。問之信然，用當歸甘遂湯而愈。一婦人產後大喘，醫戒用參。診之曰：此孤陽絶陰也，正宜用參。遂加蘇木爲湯，飲之，喘立止。時新鄭相家居，聘可大視疾，至診其脈，曰：公心脈如蝶鼓翼，越五月當大拜。抵期果應，於是可大名振兩河。因勸入太醫院，授修職郎。時朱錦衣子甫一歲，晝夜啼不止，請醫之。戒勿見兒，恐成客忤。可大曰：但隔壁聞聲足矣。朱許之。可大曰：啼而不哭爲痛。用桔梗湯調乳香，灌之即愈。有族母年七十餘，中酒，昏迷無氣，諸兒以爲已死，將入殮。可大至，見目未陷，心尚溫，曰：此母不死，吾能起之。諸兒涕泣求救。乃取井底泥，塗母心上，用黃連葛根湯灌之，已而果甦。於是，邑中相傳可大能起死人。可大曰：彼自不死耳，特熱極氣滯，其狀若死，故能起之，非眞能起死人也。李進士病虛損痢疾，腹痛異常，用人參、五靈脂治之。衆醫皆訝，曰：二物相畏，奈何同用？曰：不聞相畏而後能相使乎？藥下果愈。鄢陵陳令，病傷寒昏沉，將屬纊。可大診視曰：此可救也。用竹茹、犀角灌之而愈。甯縣尉亦病傷寒，身皆冷，口出清水。診之曰：陰毒已極。用附子一味醫之，亦愈。邑諸生董養性發熱口乾，久而咳嗽吐血，醫皆以爲虛症。診之曰：汝脈結，結爲鬱症，非虛症也。用蘇子、香附、益智等藥，數服而愈。董大奇之，因乞爲弟子以學醫焉。卒年六十有九。孫角，有女爲周世(子)[王]妃。子孫繁衍，人以爲厚德之報云。

程明祐

《古今醫統大全·歷世聖賢名醫姓氏·明》 程明祐，字良吉，號巖泉，新安巖鎮人，精醫極深，遂造其妙。所治無不活者，不許治者必死，立方立言，悉契《內經》之要旨，濟衆良多。

李梴《醫學入門·歷代醫學姓氏·儒醫》 程明祐，字良吉，號宕泉，歙人，梁忠公莊公之後。幼好讀玩理，後攻醫。嘗曰：人皆知補之爲補，而不知瀉之爲補，知瀉之爲瀉，而不知補之爲瀉。陰陽迭用，剛柔互體。故補血以益榮，非順氣則血凝；補氣以助衛，非活血則氣滯。蓋脾爲中州，水火交濟，而後能生萬物，眞妙論也。

李奎

康熙《鄞縣志・人物・藝術》 李奎，號石梁。少負氣，尚俠，避仇亡匿湖海間，十餘年始歸，更折節讀書，精于醫。洞究內外經，心揣手追，盡得其妙，善起人痼疾。他手所不能治者，常得生。每定一方，必操筆斟酌，炮炙詳注，然後量藥稱水，及煉蜜杵數。書法亦蒼潤可愛。有一生誤吞指爪，喉梗幾殆。奎令剪人指爪煅服之立愈。或疑其故方，奎曰：不然。此《內經》所謂衰之以屬者也。聞者歎服。性好古金石并名人書畫，植花草滿庭。耄歲，手不釋卷，嘗勸人栽藥苗及可充饑品類于山中，謂將來可作避（地）〔荒〕計，亦其先見也。卒年八十有三。其人室弟子華表，字人表，定海雁西人。

張暉　張翰

康熙《嘉興府志・方技・海鹽縣》 張暉，中所人。能醫治傷寒。子翰，繼其業，感寒疾者，藥一服而愈，時稱爲張一帖云。

方一誠

《古今醫統大全・歷世聖賢名醫姓氏・明》 方一誠，號長塘，新安古歙人。醫有眞見，用方簡當，求療者甚衆。年雖耄，視疾制劑，極其精妙。

賀岳

康熙《浙江通志・方伎・嘉興府》 賀岳，字汝瞻，海鹽人。初因母病，盡購岐黃書誦之，且從四方國手講究，遂精其術。所著有《明醫會要》、《醫經大旨》、《診脈家寶》、《藥性準繩》諸書，業醫者宗之。

錢同文

康熙《嘉興府志・方伎・海鹽縣》 錢同文，字養眞。精岐黃。遇危篤疾，投劑立愈。乞療者以先後爲序，不論富貴也。貧者不能具參、附，每出笥中蓄入咀㕮，不以告。有荷擔販鹽者，家無斗粟，鹽爲捕所奪，嘔血數升，匍匐求治。同文潛以白金半錠裸藥中，啓函得金，以爲誤也，持還之。同文曰：吾安得有金？即遺汝，必明告汝矣。其人得金，善飯，藥立愈。其陰行善多類此。敝衣徒走，不憚數十里，所至唯食粟羹，恐以口腹戕物命也。壽七十餘卒。

鮑大才

康熙《嘉興府志・方伎・海鹽縣》 鮑大才，父南湖，精醫，自蘭谿來寓西關外。大才世其業。事母孝，母病，日跪榻前，飲食居恆，曲意承歡。所施圭勺神效，不期報。郡邑大夫俱異數待之。舉鄉飲賓。年六十九卒。以從子遇明、啓明爲子。遇妻項氏，啓妻陸氏，並少寡，守節終身。

韓德基

康熙《嘉興府志・方伎・海鹽縣》 韓德基，字卓甫，明永樂間御醫履祥裔孫也。世爲澉人。少孤，讀書解大意。長精於醫，決人生死多奇驗。見貧者，與以貴藥不求酬。出有所得，必獻之於母，或分與親知。舉祖母之喪，營辦皆竭己力，不以責諸父諸弟，孝友好義，其天性也。卒年僅三十九。無子，以弟之子爲後。

石涵玉

萬曆《秀水縣志・方伎》 石涵玉，字啓秦。行術鹽官，治痘疹奇效。豐山有兄弟三人共一子，痘不起，面青腹痛，涵玉憂之。夜夢大士曰：何不用白芍？躍然曰：白芍能於土中瀉木，面青腹痛，木乘土也。如法治之，立效。西郊沈氏子，方見痘，延視。辭曰：此終不能有功。他醫療之。過其門，聞張樂，則以痘愈酬醫也。固邀入席，呼子出揖以愧之。玉曰：明年今日，不免於痢。衆不悅。如期果亡。一女患痘，眼白色紅，面如灑脂。玉曰：內潰，不治症也。取紙燬一，令其父燃耳畔，如雷大驚，面部痘盡起，數劑，痘患少愈。衆奇問之，曰：內潰以通竅爲主，驚則心竅開，痘不內伏，何足異？其治法類此。中年，長齋放生，買地施棺，以瘞無力葬殮者。好善樂道，建禪院。以自娛，不止以藝術傳世。子楷，邑庠生，益精先業，名動公卿間，人多以世傳美美焉。

孫純　皇甫泰

萬曆《錢塘縣志・外紀・紀藝》 孫純，遇異人授刦老方，九十童顏，醫傾海內。所著有《試效集成書》、《經脈藥石》，足齊古人。而皇甫泰者，顧與之齊名，稱孫皇。皇之著《明醫指掌》，復齊吳恕。

康熙《仁和縣志・藝文》 孫純，字公鋭，號一松，仁和人。父瓌，杭郡名醫。遺純先讀儒書，深究易理，然後授以醫道。是以純承父業。造請盈門，賴以全活者勿可指數。六十年間，凡有奇症而嘗經醫愈者，隨錄其方，積久盈帙，擇其妙者，分類匯成若干卷，授梓行世，俾後學有所宗焉。其孫如槐，尤得其傳，其道盛行。

葉文齡

康熙《仁和縣志·人物·方技》 葉文齡，字德徵。幼業儒不遂，去，學醫。禮部屢試優等，例授冠帶，供職於聖濟殿，陞太醫院吏目。甲午，召診保和有功，陞御醫。忽被宣召，御書忠愛額於堂。庚子再召，陞院判。後因母老，乞終養，遂致仕。所著有《醫藥統旨》，行於世。

李尚元

康熙《上元縣志·人物傳·方技》 李尚元，字仰春，以治傷寒名家。焦太史嘗贈以文，略云：自古論病，惟傷寒最爲難療。表裏虛實，稍不審輒不可救。李君有三勝焉，每用藥，言某事，當得睡某時，當得下時刻，皆應，一也。予兒病誤服補劑幾殆，李君所用獨異，群咻之，不爲動，卒以奏功。嘗曰：倉公言吾以脈法，治而愈，二也。龐安常治傷寒有名，傳稱其樂峻，耐事如慈母而有恆。君爲人似之。三也。其爲名公推服如此。子言，曾孫鐘懋、時遇，皆世其業有聲。

王有禮

崇禎《嘉興縣志·叢談志·方伎》 王有禮，休寧人，嘉興邑庠生。本姓沈，字三五，居鴛鴦湖上。精軒岐術，善治傷寒，有《尊生內編》十卷，葉向高序。《尊生外編》八卷，岳元聲序，皆刻行世。

鄒志夔

康熙《靖江縣志·人物·術藝》 鄒志夔，字鳴韶。其先丹陽人。少業儒，一再試不售，輒棄去。怡情墳典，於書無所不窺。爲人樸雅，則古稱先。尤嚴於取予，一介不苟。中年精醫術，嘗羅邃古倉、扁以及近代劉、李諸家之言。著《脈辨正義》五卷，言言理要，與《素問》、《靈》、《難》相發明。邑人朱家栻爲之傳。

傅滋

《古今醫統大全·歷世聖賢名醫姓氏·明》 傅滋，字時澤，號湲川，浙之義烏人。敏穎博學，下問謙恭，醫術甚精，且不自足，活人不伐。著《醫學集成》。

湯文

光緒《金壇縣志·人物·方伎》 湯文，字涵春。善醫，殫究原本，辨陰陽應象、六節藏象之秘。嘗曰：良相良醫，皆以燮理陰陽爲道，若使診視諸證，莫辨二氣互勝之理，疾何由愈？王肯堂以爲名言。子宗禹，亦以醫名。

徐延賞

康熙《松江府志·人物·藝術》 徐延賞，字元識，上海人。好養生家言，因精岐黃術，屢起沈疴。常熟令楊鼎熙病月餘，遍求醫弗效，延賞決爲痰疾，以三劑起之。吳淞朱總戎文達素無恙，一日忽覺神思有異，晚而歌笑不節，飛騎邀視。延賞曰：此陰火乘肝，晚動也。予平劑遂復。懸壺滬瀆間，爭禮致之。延賞以供具過設，多奉淸齋，又作《戒殺文》以勸。常授太醫院御醫。董文敏其昌雅重之，贈以詩曰：藥倩韓康賣，門容尙子過。五茸安豹隱，萬里弄鷗波。有子霑恩，能世其業。

沈椿

崇禎《松江府志·人物志·藝術》 沈椿，字元齡，號春江，錢塘人，寓華亭，樂土風質厚，乃挈妻子來居。爲人直戇，遇人有不平事，面發赧爭辯之，然初無與其利害也，以是呼爲沈義氣云。椿究心醫學，熟於本草，察脈立方，多取奇驗。雖幼科，兼善大方。嘗曰：醫道難精，苟免庸下殺人幸矣，敢言利耶？平居喜吟短句，嘗書一聯於座云：慚無文學承先世，幸有陰功積後昆。時雙江方公爲郡太守，椿之內弟也，三年未嘗入官舍，亦未嘗以片語及之，可以知其所守矣。

麋仲康

乾隆《吳江縣志·人物·藝能》 麋仲康，同里人。於醫甚深，《內經》諸書，唐宋以來名家之所論辨，皆能鈎擿幽隱。切脈治病，有十全之效。然不汲汲於利，故鄉人尤德之。子宗伯，能詩善墨梅，醫術亦益顯。

艾元美

光緒《松江府志·藝術傳》 艾元美，上海人，精醫理，手校書甚富。子可久既貴，猶徒步爲人療病，無倦色。

吴德初

乾隆《泉州府志·藝術》 吴德初，安溪人，以儒醫著名。嘗有幼孩出痘，死竟日，德初投以藥立甦，人異之。廣濟救人，並不求償。有手書醫書，藏於家。

洪天馨

道光重纂《福建通志·藝術·泉州府安溪縣》 洪天馨，初名喬㨗，字子馥，治《易經》，旁及羣書，説林、醫卜諸籍，靡不究覽。慕葛洪、費長房術，於《參同契》悟坎離之旨。遊杭州，入南都，嘗得奇方，製膏藥以療人，不受一錢。

蔣際酉

乾隆《泉州府志·藝術》 蔣際酉，字沂泉，晋江人，相國德璟從祖也，精於醫術。途遇舁新喪往葬者，見木内滴出鮮血，遽驚曰：此生血，何繇能死人？問之，曰：胎產不下，絶已終日。沂泉曰：形僵氣絶則血淤，血鮮未敗則神存，速救無害。主者難之。時觀聽擁集，皆呼曰：此名手蔣沂泉也，倘萬死而一生，盍啓視之。木開，果面顔不變。沂泉曰：心系甚微，此胎嬰被觸，驚持母心，系急則氣絶，系舒則復甦。遂砭一針，嬰痛釋手，呱然下地，母子俱全。道路傳爲異聞。其他奇驗，率多類此。卒後，傳有枳朮丸等方行世。

謝四

道光重纂《福建通志·藝術·福寧州》 謝四，精太素脈。盛蠢齊七十病篤，四曰：尚可十餘年。盛嫗黄氏，陳於牀矣，亦如許。盛林愛民母將六十，病甚，四曰：未也，當過八十以往。後皆驗。又陳禹，字子故，嘗爲僧人，稱良醫和尚。又有林亮圭、林璧，皆以善醫稱。

黄玉

道光重纂《福建通志·藝術·建寧府浦城縣》 黄玉，字誠甫。精於醫。歲大疫，死者載道，捐貲施藥，全活千百人。

郁光始

康熙《嘉興府志·嘉善縣·方伎》 郁光始，字涵眞，祖居邑之鹹井橋。善醫，不計藥本，治病必先貧而後富，先賤而後貴。病家困苦者，冬施絮衣，夏施蚊帳。小兒險症賴以全活者甚衆。子國瑛，字贊侯，能傳其業。

光緒《重修嘉善縣志·人物志·藝術》引康熙《縣志》 郁光始，字涵春，從兄調元稱：吾家華陀也。善醫，不計藥資，貧則施之。萬曆末，嬰孩多險症，投劑立愈。痘疹察色尤精，一見而決。子國英，亦以痘疹行，有疑難必延診，飲劑如神。孫虞尹，字錫之，歲貢生。

劉覽　金元德

光緒《重修嘉善縣志·人物志·藝術》引康熙《縣志》 劉覽，字月梧。父性良，字仰松，精外科，授太醫院吏目。覽事親孝，益精其業。雲間孝廉陸紹慶母患奇疾，治之神效，饋五百金，卻之。董公其昌、陳公繼儒，爲之延譽，授太醫院御醫。金元德，字鍾梧，善醫，授太醫院吏目。

張萬春　丁鳳梧

光緒《重修嘉善縣志·人物志·藝術》引康熙《縣志》 張萬春，字復泉。工醫，治嬰孩神效。里中有孺子啼不止，萬春入室，灌藥數匙即歡笑矣。壽九十六，授冠帶醫官。同時丁鳳梧，字敬山，精外科，凡無名腫毒，咽喉疑難諸症，治之立解。其先世受異人方，絶非尋常伎倆。壽七十二，授太醫院吏目。二人皆子孫林立，能傳其業，人稱爲五世醫云。

陳敔

道光重纂《福建通志·藝術·建寧府》 陳敔，字九成。事母李以孝聞。性警敏，博通書史，精醫術，自許宏、鄒福後，以敔爲首。子錢，亦克世其業。

鄭萬

乾隆《龍溪縣志·人物·藝術》 鄭萬，精醫術，治病以意爲之，不主故方，而時得奇效。嘗治太守某公夫人兒啼腹中，傾圍棋子一奩於地，命兩婢夾夫人俯拾之，未半而啼止。蓋兒在腹中，口失乳根而啼，母俯身以乳根就，兒得乳則不啼也。既而太守得其郎君秋捷信，喜笑甚，頤張不可合。召萬，萬知其由，故不時至。既見，又故觸之，守益怒。鄭走出，使人再召萬。萬曰：府公之疾已矣。使還，疾果愈。蓋喜極當濟之以怒也。鄭爲人長者，貧者則煮藥飲之以爲常。子懷魁，有傳；爵魁舉人，官州守。

陳寧

道光重纂《福建通志·藝術·永春州德化縣》 陳寧，學正和之子。精醫術，有士行。

吳中秀

嘉慶《松江府志・藝術傳》 吳中秀，字端所，華亭人，精於醫。高仲陽三年不寐，諸醫以爲虛，中秀按其脈皆洪，曰：此膈上頑痰也。以瓜蒂散吐之而愈。李某素無疾，偶過中秀家，爲診視之，遽問君有子乎？對曰：有子十歲。中秀曰：幸矣，君明年某時當患瘍，非藥石所療。至期驗。其名與秦昌遇相伯仲。全活無算，世尤多其孝友。生平貯書數萬卷，築天香閣藏之。董文敏、陳徵君時過從焉。著有《醫林統宗》、《傷寒備覽》。

郭振生

嘉慶《松江府志・藝術傳》 郭振生，青浦人，居天馬山。能於痘疹未發之前，決何經絡，先於何處見點，及死生順逆，一一不爽。有郭仙人之名。

馮習卿

嘉慶《松江府志・藝術傳》 馮習卿，華亭人。精醫學，求治者輒效。人以蔬果酬之，饋以錢，則藥不驗也。又工吟詠，不輕示人，人亦鮮有知者。

焦耿芳

嘉慶《寧國府志・人物・方技》 焦耿芳，別號坦寧。易直眞率。精岐黃術，投無不效。遊京師，公卿爭延致之。大司成湯賓、尹中丞、周汝礪輩，皆折節與之友。

光緒《安徽通志・人物志・方伎》 焦耿芳，太平人。精醫，投無不效，公卿爭延致之。同邑孫廣，少業儒，棄去往師。歙醫程敬通，盡得其術，投無不效。口不言酬，貧者兼施之藥。

許神醫

道光重纂《福建通志・藝術・漳州府詔安縣》 許神醫，失其名，善鍼灸。嘗之潮州，有婦孕而胎不出，婦幾斃。許一鍼而兒墜。許曰：兒兩手託乳根上，故不下。以鍼刺之痛，則胎動，其掌中當有血痕，視之果然。

周佛日

道光重纂《福建通志・藝術・漳州府海澄縣》 周佛日，少攻舉子業，既而遍考醫學方書，卒通其技。嘗著論曰：元氣，根本也；軀體，枝葉也。本根不固則木衰，元氣不充則身衰。孱弱而延壽者，元氣存也。強壯而夭折者，元氣亡也。故峻峭之劑不可用，而旦夕之效不可期。用峻峭者，雖快小鬱，而貽大憂。期旦夕者，或利一時，而留後害。故善醫者，務以和平而致理。善用醫者，勿以遲效而生疑。羣推爲良醫。

徐暘

康熙《衢州府志・方技傳》 徐暘，字用輝，常山縣東山人。自其祖梅友翁以醫鳴於宋，至暘而大顯。江山一少年，每患陰雨骨疼。暘診之，謂其隱毒深遠，非遺體則胎體也。人歸問母，蓋孕時巨痔未全愈也。縣有徐氏婦，患病臥牀，暘診之曰：此千日病，期滿則起。後果如其言。壽七十餘，無疾而終。

董某

康熙《常州府志・人物・方伎》 董某，自號杏林叟，隱居暨陽山，不知其所自出，或云吳神醫奉之後也。常遇異人，授鍼術砭刺，按摩能立起人危疾。或報之貲，輒謝曰：吾衣食幸自給，無庸是也。第令人種樹舍傍，久而成林，人因號以杏林叟。

劉承宗

康熙《吳縣志・人物・藝術》 劉承宗，字繼仁，別號培橘，南濠人。世善醫，承宗以遺腹生，十五從其祖受醫方。祖所診療，竊識之。有大駔祝某得奇疾，醫弗能治，適祖他往，乃迎承宗。承宗曰：易治耳，用某藥可治。諸醫以年少詆之，然竟愈，於是承宗名大著。嘉靖甲寅倭變，檄客兵來援，多病疫，承宗以釜鬲煮藥飲之，僵踣立起。萬曆初，子弘道登第，人以子既貴，不敢求診，承宗聞輒赴。年六十五卒。

周子幹

《古今圖書集成・藝術典》卷五一三引《太平縣志》 周子幹，號愼齋，西隅人。少時行履輕蹁，聞長老言，以爲非壽徵，乃對斜拗直，行步遂端。其爲醫務究五行陰陽道理，意在扶陽抑陰，體驗身心，通己之脈理，以喻人之脈理，全活甚衆。有艷婦以活夫恩，貧無所報，願薦枕席，正色拒絕。嘗經柏葉山神祠傍，見巨石斜綰路口，擔負往來苦不便，謀捐資鑿石，居人謝弗敢，乃向神呪云：神必福民，吾體神意，去石若殃，當殃我。夜神像仆地，石裂爲三。享年七十有九。著《醫案》數十卷，存於家。

孫　廣

《古今圖書集成·藝術典》卷五一三引《太平縣志》　孫廣，字又黃，北二人。少習制舉試，屢蹇，遂棄去，取方書遍習之。爾時歙醫程敬通，名布徽寧，裹糧往從，反復辨難，大精其業。歸而診候投匕，無不立起。富不受謝，貧者施藥。

陶　華節菴

《古今醫統大全·歷世聖賢名醫姓氏·明》　陶華，字尚文，號節菴，餘杭人。幼讀儒書，長精醫學，邃究《傷寒》。著有《瑣言》、《殺車槌》、《一提金》、《明理論》，可謂用心之勤，庶爲初學規範者矣。

李梴《醫學入門·歷代醫學姓氏·明醫》　陶華，字尚文，號節庵，餘杭名醫。幼讀儒書，旁通百氏，著《傷寒瑣言》，大行于世。正統間被徵，引疾歸，時論高之。

康熙《浙江通志·方伎·杭州府》　陶華，字尚文，餘杭人。治病有奇效。一人患病，因食羊肉涉水，結於胸中，其門人請曰：此病下之不能，吐之不出，當用何法？陶曰：宜石砒一錢。門人未之信也，乃以他藥試之，百計不效，卒依華言，一服而吐，遂愈。門人問之，曰：砒性殺人，何能治病？陶曰：羊血大能解砒毒，羊肉得砒而吐，而砒得羊肉則不能殺人，是以知其可愈。後來省郡治傷寒，一服即愈，神效莫測，名動一時，然非重賂莫能致，論者以是少之。所著《傷寒六書》，曰《瑣言》、曰《家秘》、曰《殺車槌法》、曰《截江綱》、曰《一提金》、曰《明理續論》。仲景以後一人而已。

雍正《浙江通志·方技》引《兩湖塵談》　華，深切脈理，隨證制方，不拘古法，每遇奇疾，應手而痊。一女子，大冬昏悶不食，欲狂，咸莫測其證。陶與之香薷飲，一服而愈。詢之，此女因服三伏中所曝衣，遂得疾。蓋中暑也。

胡　任

《古今圖書集成·藝術典》卷五一三引《瑞州府志》　胡任，高安人。醫術最精，奇效非一，所濟利甚廣，筠人至今稱之。著有《醫方諸集》。

光緒《江西通志·方術·袁州府》　胡任，高安人。醫術最精，利濟甚廣，著有《醫方諸集》。

松陽道人

《古今圖書集成·藝術典》卷五一二引《湖廣通志》　松陽道人，不知何許人。萬曆初，雲遊至桂陽州，與樵牧雜處。一日遇雨，衣服沾濕，樵者爇火燎之。道人趺坐，氣蒸如炊，不移刻而衣燥。衆異而問之，道人曰：吾體有眞火，非薪火可及也。問：能療疾乎？曰：吾療人疾，即取藥於臟腑，非金石草木之比也。會有咯血者，延之往視，道人命以舌舐紅紙，視之曰：脾未絶，可療也。扶起坐，以己華池水日飲之，病者起，神氣漸復。一日，聞鄰有哭聲，問之，則某已屬纊。道人至榻前，以手按摩其肢體曰：可活。以湯灌之稍甦，再按之，旬日漸能步武，後竟愈。授徒數人，皆爲名醫。

項　森

《古今圖書集成·藝術典》卷五一三引《處州府志》　項森，字子秀，遂昌人。祖泗，父孔賢，皆世以積善稱，至森益宏其烈。嘗業儒弗售，棄去，精岐黃術。每以施藥濟人爲事，雖傾橐，勿恤也。萬曆初，邑旱饑，乃鬻田賑粥，多所全活。其輕財重義類如此。幼時，祖所置四茶亭田若干，歲久爲豪强侵沒，及長，悉贖之。嘗以己貲買山一所，堪輿家曰：是善地也，宜塚，盍自營之？則以葬其父母，不從弟取均直焉。課二子，咸以經學顯。邑有相構爭者，得其言即立解。其爲衆所推服，可比之王彦方云。

葉以然

《古今圖書集成·藝術典》卷五一三引《處州府志》　葉以然，字懋春，遂昌人。讀書善記，以母病久，遍請諸名醫，因盡得其術。兄弟五人，不異爨者五十餘年。家始清素，晚以醫致充裕，仍以均諸同產者，有餘則以周貧乏婚葬及修理橋梁道路之費。生平用藥，所活者多，而不責其報，且賑其不能具藥者，鄉人咸敬信之。

余中瑞

道光《思南府續志·人物門·方伎》　余中瑞，安化人，字靜齋。博學能詩，尤精於醫，能起沈疴。年八十有五，尚矍鑠，行城市中不以鳩杖，人稱爲半仙。

龍希達

康熙《望江縣志·人物·方技》　龍希達，號雲江。少業儒，已而遨遊江湖間。所至，名流鉅公輒倒屣應接。希達姿貌魁傑，能詩，工書畫，摹平山堂室。尤精於醫，南郡曾可前嘗病疥，久不痊。希達爲治之，立愈。晚歸里中，日以詩酒自娛。王濟贈詩云：一尊風月神仙伴，千古烟霞隱士流。其推重如此。

張玠

乾隆《江南通志·藝術·潁州府》 張玠，字秀甫，潁州人。善醫。有監司病塊，投大黃數兩弗動，玠曰：脈細而附骨，氣口虛，是積在中央，氣轉無力，大黃反消胃耳，法當獨蔓兩餘可下。如其言，果下痰若敗卵數升。陸吏目心痛，玠曰：水溢脣正異，此蟲也。投苦（練）〔楝〕，下蟲滿匜。他神驗，皆類此。

劉一鵬

《古今圖書集成·藝術典》卷五一三引《扶溝縣志》 劉一鵬，少落魄，遊燕薊間，爲寇所得。既逸歸，遂遍走徼塞。寓都門，逢海內異能士，輒師事之，立譚間，即能悉其藴奥。久之，博通諸家，天文太乙、奇門遁甲、選擇六壬、地理宅法之屬，醫術五運六氣之理，濟以辯博，人無窮其説者。嘗以策干元戎爲幕賓，去遊河朔濮上，與諸縉紳談醫，間以詩相詠和。其詩亦逸曠有俠氣。

曹鶴徵

康熙《平陽府志·人物志·方技》 曹鶴徵，絳縣人。素性耿介，取與不苟。家饒。偶遇異人授以針法，每日門聚百餘人。病愈，毫不索謝，遠來者或贈以酒食。貴介屢以金帛致謝，堅弗受。年九十八歲，面紅鬚白，鶴髮童顔，里中呼爲曹神仙。

崔瑞生

《古今圖書集成·藝術典》卷五一三引《太平縣志》 崔瑞生，字衷白，東鄉人。幼業儒，克敦孝友。改習岐黄之術，專以濟世活人爲念。診脈施藥，絶不較利，貧病者甚德之。得養身妙訣，葆攝天眞，年逾九旬，容顔如童，燈下猶能模黄庭小楷，不用拄杖，疾行如飛，人稱異云。

黄用卿

《古今圖書集成·藝術典》卷五一三引《鳳陽府志》 黄用卿，鳳陽縣人。通五運六氣，精脈理，診人疾生死數年前，多驗。

方政

萬曆《望江縣志·人物·才能》 方政，景泰以能醫，入太醫院士，陞湖廣襄〔陽〕府良醫正。

光緒《安徽通志·人物志·方伎》 方政，字以仁，望江人。以醫著名。景泰間，召入太醫院。

黄濟 黄孝子

《古今醫統大全·歷世聖賢名醫姓氏·明》 黄孝子，名濟，字世仁，餘姚人。景泰〔間〕以孝行聞。業醫，術盡其妙，詔旌其門。

李梴《醫學入門·歷代醫學姓氏·德醫》 黄孝子，國朝餘姚人。生兩歲，其母不乳，鞠於祖母馮居常成人。父繼取厲氏，生三子，父爲後母所惑，孝子泣不忍，號于門，往復不納，乃勉力醫經以給衣食，當道薦入春宮直尙醫事。父母歿，廬墓三年，奏旌其門曰：孝子。

武瓛 武鳴岡

乾隆《介休縣志·人物志·藝術》 武瓛，字大器，明景泰時石澗里人。性聰敏，母久病，時無療者，乃之抱腹巖研究《內》、《難》諸書三年。以脈訣未眞，遠遊參證，得異人傳授，治病按脈，决死生若神。遇危證，出巧思治之，沉疴立起。子惟眞，得其傳。孫鳴岡，更知名。趙郡伯召視婦疾，雜數婦試之，軫至最後婦人，曰：餘都無病，惟此婦新受胎耳。問之，果然。郡人何三泉患病，自業醫，不能療。鳴岡曰：汝臟腑弱，日坐藥室中，爲毒氣所侵故也。飲甘草湯數盌，立愈。

光緒《山西通志·藝術録》 武瓛，字大器，介休人。【略】嘗戒子孫：非甚明理，勿輕學醫云。

張源

崇禎《松江府志·人物志·藝術》 張源，字復本，號丹崖，華亭人。少業嬰醫。永樂癸巳，徵入爲醫士，出入禁御，侍從巡北京，光禄給膳，恒受金繒之賜。洪熙初，賜第於皇華坊。宣德間，陞御醫，給敕命。正統間，陞院判，階承德郎。丁母憂，上命馳驛奔葬，即還。景泰間，乞骸骨歸，置第城西南隅，樂園池花竹之勝。時出賜金，以會賓友。贍貧乏，置書以教諸孫。享年八十有八卒。

程國令

《古今圖書集成・藝術典》卷五一三引《太平縣志》 程國令,字允瞻。幼習舉子業,讀書數十行輒下,詩歌字畫,橫絶一時。後改事岐黄,博覽群方,獨抉其要,故所見殊出人意表。有頭眩喉隔腰裂者,百療不治,令診之,曰:是疾有三:一劑去其一,三劑當立愈矣。從之果然。又患腹痛者,奄奄待斃,衆謝去,令聞之,不待召而踵其門,投一方,俄頃痊,人皆以爲神。他如此類者,不可悉計也。謝二峰嘗記其事爲傳。

郭邦信

《古今圖書集成・藝術典》卷五一三引《永寧州志》 郭邦信,晉藩府醫官,名震一時。陝宦薛仲明夫人傷寒後昏迷欲絶,諸醫不識。公診之曰:六脈浮而無力,此發散太過,元氣耗絶也。以大劑人參湯灌之,遂甦。又貢生崔泰峰夫人經斷,日漸黄瘦,諸醫作癆治弗效。公診其脈,兩尺洪滑不止,曰:此胎也。然血虚不能榮養,將來子母俱亡。乃先墮其胎,後服十全大補湯而愈。其治病類如此。

陸麒 陸朝 嚴漢

康熙《浙江通志・方伎・嘉興府》 陸朝,鹽之世醫也。其先有名麒者,景泰間,衛軍征沙寇,以醫術療從行將士有功,授醫官,子孫遂世善其業。朝尤深于《内經》、《本草》,切脈洞見病源,決死生不爽。然朝治病不欲遲於見功,每至女子及癆瘵不及起者,輒推引嚴漢。漢用藥以和緩取效,名亞於朝。稱美良醫者,必曰陸紹泉、嚴陵坡,蓋兩人別號也。

黄瑞

康熙《儀徵縣志・人物・藝術列傳》 黄瑞,字楚祥。少孤,母敎之業儒,刻苦問學。既而曰:醫,仁術也,苟精之,亦足以濟人,豈必官可行志乎?於是從事《素》、《難》諸家,遂精其業,有名淮揚間。正統初,徵爲太醫。景泰間,選入朝,日侍禁近。院使董肅薦於上,召見便殿,上問瑞邑里年數及所業藥性寒溫諸類,瑞敷奏詳明,數荷寵遇焉。自是掖庭有疾,率召瑞,治輒效,數賜白金文綺。英宗復辟,益承眷顧,遷御醫。尋奉詔採藥,勅階修職郎,益感激,務以保和聖躬爲己任。上益嘉之,賚以珍膳金帛。是時招集四方名醫闕下,咸命統之。成化中,遷南京院判,至則典滯警貪,僚屬敬憚。三載抗疏乞引年,詔可。既歸,日與士友昆季爲眞率會,事母撫弟,篤恩誼,賙族睦鄰,鄉人善之。後以子用貴,贈奉訓大夫,南京兵部職方司員外郎。卒年七十九。後孫應夏紹其業,亦以醫名世。

欽謙

乾隆《蘇州府志・藝術・醫》引舊《府志》 欽謙,吳縣人,官太醫院判。宣宗數召見,索秘方,三問,皆以不知對。最後,謙伏地曰:臣以醫職在保護聖躬,陛下承祖宗鴻業,宜兢兢自愛。若此等方藥,先賢不傳,臣死不敢奉旨。上愧怒,命武士以旃裹頭,付詔獄。謙入朝不歸,家人莫知其由,遍訪不得。有錦衣卒知狀,言械繫衛獄後幽室中。久之,上悔悟,釋出,復其官。正統末,隨駕至土木殉難。天順初,贈奉政大夫,太醫院判,使廕其後。

蔣宗武

康熙《常州府志・人物・方伎》 蔣宗武,字季文,武進人。曾祖達善,以醫名吳越間。所著有《醫鏡》二十卷。宗武益精其業。天順間,以名醫徵入供奉,授太醫院御醫,累陞院使,進通政司左通政,官至禮部左侍郎。宗武所治,能取捷效。既歸,雖襏襫襤褸之夫,以病叩,無不盡心者。孫亨,自有傳。

傅汝舟

乾隆《儀封縣志・人物・方技》 傅汝舟,邑圈頭鄉人。父允,天順甲申進士,歷官參政。汝舟幼隨父任,攻舉子業,敦樸有行誼,人稱佳公子焉。因家庭老幼多病,每與醫家講求診用藥之道,兼採經方,本草諸書,精研《脈訣》,直透微奧。游歷所至,遇醫束手之證,輒用《肘後方》,無不立驗,遂以醫知名於時。生平所著有《醫學旁通》二十卷。

邵珷

乾隆《高郵州志・人物・方伎》 邵珷,字琇之。家世業醫,自其曾祖大方、伯文卿啓之至珷,凡四世,術益精。景泰初,冢宰趙公撫江淮過郵,遘奇疾,醫弗能療,珷投以一劑而愈,因薦於朝。太醫院難以表裏攻守之方,皆中式,授本州醫學典科。

吳釴

乾隆《高郵州志・人物・方伎》 吳釴,字惟善,精於醫。正德間,游京師,官太醫院。有金緋迴文詩之賜。歷任通政使司通政使。

盛　宏

乾隆《吴江縣志・人物・藝能》　盛宏，字叔大，亦爲御醫，與兄寅齊名。《明史》云：宏亦精藥論。景泰初，視宮妃疾有效，當進官不拜，以家世隸軍伍，請除之，報，可。尋致仕。

宋金鏞

乾隆《無為州志・人物・方伎》　宋金鏞，字杏莊。精痘術，洞視不爽毫髮。子春，字杏，傳術如之。孫一秀，字華杏，與祖父齊名，尤樂施急難。秀子之聖，字培杏，世其業。次子之美，字仁杏。三子之英，字育杏。痘術外，別精内外醫。

何宜健

雍正《河南通志・方伎・河南府》　何宜健，洛陽舉人。仕阜城知縣，以病歸，遂究心岐黄之術。其效如神，凡診視，無不立判死生。

王朝憲

乾隆《無為州志・人物・方伎》　王朝憲，字叔安。精醫，治傷寒尤神，更善療奇疾。州人有病久不起者，請蕪湖名醫殷九峰，殷曰：奈何舍叔安而求我也？詢之，乃憲所不治者，殷亦不復予藥。

管　澤

嘉慶《咸寧縣志・方技傳》　管澤，字子民，文學生。父楫，官山東巡撫，以疾歸。澤躬侍湯藥，精研岐黄，應手輒效。遠近求醫者衆，由是以醫名聞闕輔。著《後垣元機妙方》，藏於家。

楊　載

光緒《續修廬州府志・藝術傳》　楊載，字博菴，亦以精治傷寒著。

唐　熙　唐時來

光緒重修《華亭縣志・人物・列傳》　唐熙，字孟高，號橘屏，居大吴橋。世業醫，好學有隱德。曾遇異人授祕術，治病多奇中。正統二年，召爲太醫院使，尋告歸。天順初，加太常寺卿，復召，辭不赴。卒年七十一。裔孫時來，字懷江，精女科。其後有陸元聘者，居衛城，亦善醫，能望而決人生死。嘗見一童子戲於途，曰：噫，是兒死矣。其父母懇求拯救，以藥一丸授之，三日後，兒忽腦潰，用藥敷治而愈。戒毋食雀，後兒竟以食雀死。

嘉慶《松江府志・藝術傳》　唐熙，字孟高，華亭人。【略】唐氏世醫自熙始。

司　恭

嘉靖《襄城縣志・雜録・方伎》　司恭，字居敬。少業儒，精于醫，多獲效，臺省恆禮敬之。久寓大梁，聲名籍甚，遂爲世家。

陳時榮

康熙《松江府志・人物・藝術》　陳時榮，字頤春，華亭人。精于醫理。江西張植之客遊，患羸疾，時榮視之曰：肺爲蟲蝕矣。藥之，下蟲二十餘，形如蜂蛾，羽翼皆具。復下惡血，悉有蟲蠕動，百日而瘥。有老嫗往視女疾，途遇時榮船，亟呼求渡，因請偕往。至則女已絶，乃覆其身，以布沾井水漬委中穴，刺血如泉涌，遂甦。上海喬時敏患寒疾，毒留兩脛如錐刺，法當截足。時榮作大劑炊熱，盛布囊中，納足於内，冷則易之，五日，起行如常矣。時榮好行其德，每施藥以活人。每遇有危疾，輒終夕沈思，心求愈之乃已。年八十四卒。第二子自道，字太古，從子明善，字抱元，並爲名醫。明善三歲而孤，時榮所撫立也。

黄　至

順治《浦城縣志・人物・方術》　黄至，字誠甫。性孝友，尤樂施予。少治儒，已棄去，精醫。歲大疫，死者載道，捐貲施藥，藉以全活者千百計。仲子秉鍵，傳其術，摘平日奇中者爲《醫案》。享年六十，忽進諸朋輩於前，作偈曰：浩氣無虧缺，幻軀有生滅，乘化還太虚，皎皎秋空月。飄然長逝。

陰有瀾

康熙《太平府志・方伎》　陰有瀾，號九峰。太醫院吏目。通覽群籍，尤精性理。其治疾也，根極五行生剋，而神明出之。遠近求藥者，日千計，瀾悉洞徹膏肓，計日報可。暇即延請師儒，講究理學。八十八歲，往來臺使者，皆望風式廬，以爲人瑞。歿，祀陽明書院，名紀旌善亭。子德顯，任蔚州守。

焦桂芳

光緒《山西通志・藝術録》　焦桂芳，保德所人。精於醫，名滿秦晉。

王　綎

康熙《太平府志·方伎》　王綎，字大儀，別號開塘。幼穎而嗜學，有大志。稍長善病，乃發其先世所藏諸方書，潛心探究，越數年，成名醫。能隔垣察病虛實，目手所及，生死判然。爲醫主理中氣，不襲陳言。時或遇奇疾，置刀圭苓朮不用，而以鹽泥簪珥，投之輒神效。綎天性孝友，頗能詩，人謂得盛唐體。著書數十卷，爲劫火所焚。卒年八十九，鄉閭至今惜之。

劉繼芳

康熙《太平府志·方伎》　劉繼芳，字養元。精治外症，得華佗、《肘後》之傳，四方造請者，屨嘗滿。著有《揮發十二動脈圖解》併《怪症表裏因》等集。長子翺鯉，繩家學，亦負重名。考授太醫院吏目。三子騰鯉，拔貢，任靈寶令。

林　森

光緒《江西通志·方術·廣信府》　林森，上饒人。家世業醫。資性靈朗，博究群書，郡舉任醫學正科，活人之功，不可勝紀。

周文銓

康熙《江寧縣志·人物志·方技傳》　周文銓，字汝衡，蘇人也，徙家金陵。學儒不成，去而學醫。視世醫所爲，詫曰：醫道止此耶？復棄去，獨取《內經》、《本草》、《難經》等書，徹晝夜讀，務窮精奥。診病立方，多與衆殊，及病者輒愈，乃大服。知此道深永，重於用藥。遇有故，輒不赴召。及赴召，或見病疑，輒不投藥。人不測所操。負其才氣，達官顯人，非與抗禮，卒不赴。常語顧東橋先生曰：醫者，聖人之學也，非盛德莫能操其慮，非明哲莫能通其說。是故士有能知草木金石昆蟲之藥，辨類審性析經，致能弗乖其宜，弗亂其忌，是謂知物。知物者巧。士有能知人之疾病，淫於四氣，薄於五臟，動於七情，見外知內，按微知巨，占始知終，執生知死，由是以審施湯液醪醴，鍼砭按摩之治，是謂知證。知證者工。士有能知臟腑之所表裏，經絡之所離會，榮衛之所弼勝，命脈之所消息，選物設方，制於未形，體微發慮，決於衆惑，是謂知生，知生者聖。士有能知天地之情，陰陽之本，變化之因，死生之故，宜教布法，使人專氣含精，以握樞機，汰穢葆眞，以固根柢，疾疢不作，神乃自生，是謂知化。知化者神。夫神聖者，上智之能事，未易企及。工巧之

何　鑾

崇禎《松江府志·人物志·藝術》　何鑾，字廷音，號育泉，宋何滄十二世孫。習四世祖將仕郎何侃醫業，精太素脈。時龍華張憲副慕之，特聘至家，以一雛僧白皙而都者，腕帶金釧，出以試診。鑾診半晌即趨出，謂憲副曰：適所診脈，全屬無恙。但其脈淸如入水珠，似帶孤骨，若男子即爲僧道，若女子亦作尼師，但不應在公府中耳。憲副起而謝曰：眞神人也。又督學馮侍御較士吳中有一隱疾，諸醫莫識，特召鑾診視。啓侍御曰：昔老封翁之舉臺也，春秋得無高乎？曰：然。臺下齡未十五，即不苟攝眞元，以致精神耗削，今日之尫羸，皆權與於此。侍御首肯者數四。又曰：臺下腎囊之左有一小孔，其疾發時，年尚十二、三也。迄今竅猶未滿，且時出惡水，偶觸發，則痛楚不可言。果有是否？侍御唯唯曰：先生其再世之秦越人乎！

何如曾

崇禎《松江府志·人物志·藝術》　何如曾，字希曾，號質壘，何滄十六世孫也。習先世肘後秘書。性孝友，察脈能知人臟腑虛實。與張孝廉省廉交暱。一日，孝廉欲上春官，別曾，曾送之。把臂良久，知其病已在膏肓，乃謂曰：棘圍尚遙，且稍緩行旆，何如？張不悟，舟次毘陵而疾作，抵家不旬日殂。曾與鹿城徐大衆同遊吳，適吳郡某太夫人有危疾，名醫滿座，診其六脈俱沉，罔知措手。曾前往視，因謂同事曰：諸君不讀經乎？此即所謂雙伏也。譬如天將降雨，六合晦冥，微風盡息，雨後萬物皆甦，此換陽之吉兆也。以一劑投之，午後汗出而疾瘳矣。

喬　廸　喬士琰　喬在修

康熙《松江府志·人物·藝術》　喬廸，上海人。家世業醫，廸益精其術。歲疫，夢神人指示水中草云：以是賫爾活此方人。旦，物色得之，以治疫，無不立起，由是顯名，技亦愈進。第二子士琰，字仲餘，少好讀書，有介操，名似其父。常出游，遇富家子死一日矣，士琰以一匕投之，遂甦，其家奉百金爲壽，不受。晚年，預營葬地作方塚，自爲銘，曰：黔婁之死，正而不足，千載以下，踵其芳躅。不能爲圓，不能爲曲。覩茲方塚，不知其人，而知其行獨。士琰有五子，第四子在修，字三餘，篤行長者。其治病善用古方，察脈精審，所活人甚衆，年八十餘，無疾而卒。

道，術學之所造也，醫不臻此，不足以名業。其持論精微如此。平生不以授人，人亦無能受之者。

王一鳳　王一鵬啓雲

崇禎《松江府志·人物志·藝術》　王節之長子一鳳，號碧梧，初以小兒科行，後兼習大方。仲子一鵬，即世所稱啓雲者也。跅弛不羈，與酒人遊。父或督過之，沈虛明獨曰：我視此子，目力不群。以生平青囊之秘，雖兒子不傳者，悉當授之。自是遂爲虛明高足，而神用更出其右。有兒垂絶，無生理，決其某日生則生。有兒安好，全無死法，決其某日死則死。或餽之多金，不投藥而去。或不投藥，又往往索多金而去。病家視其去來爲死生。又伺聽其詞色可否爲憂喜。神異變化，怪怪奇奇，皆非方書之所載。而鵬時雖以詼諧，翕然稱爲神仙云。所得，隨手輒盡。或諷之曰：我若重阿堵，即用藥亦不靈矣。出門下者，多有聲。

康熙《松江府志·人物·藝術》　王一鵬，字啓雲。性跅跑不羈，多與酒人游。父節之督過之，沈虛明獨曰：我視此子目力不群，當悉授我術。宋侍御定宇孫少慧，一鵬謂宋所親曰：此子來歲三月當發疹，若將發時，有傾跌，必且無幸。明春果疹，前三日失足仆，亟延一鵬，至，不投劑而去。楊孝廉回山子甫期，暑日旦暮啼不輟聲，一鵬曰：能授我百金則生。楊唯唯。乃於堂中以灰畫地，置兒寢其中，戒乳媪勿得近。少間，兒就寢，覺，以香薷飲少許下之，一服而瘥。或問之，曰：此中暑氣。乳媪體肥，兒愈哭，抱愈不釋，輒哭，輒不乳。卧之冷塊，暑氣自消。畫以灰者，愚彼不得迫視耳。青浦諸氏素封，止一子。一鵬至，撫弄，輒云：公家艱嗣，願再誕一二乃佳。又指其兩婢曰：痘將發矣，皆不治。二婢果死，兒亦尋夭，衆稱爲神人云。雲間以小兒醫獨誇江南者，蓋自一鵬始。

王承緒

嘉慶《松江府志·藝術傳》　王承緒，字月懷，華亭人，受業於王一鵬。博覽方書，常坐肩輿中手一編，曰：人各有業，業儒讀儒書，業醫讀醫書，倶不可一日輟。有陳氏子患痘，且脾泄，法謂泄瀉如筒者不治，承緒則曰：如筒不治，謂久而虛極者。今痘方作，但以穀養其胃氣，當無傷。遂進以粥，泄旋止，兒愈。其療治多類此。時郡中以幼科名者，自承緒外，秦昌遇、曹叔明諸人，而承緒尤多奇效。子心月，世其業。

楊　炳

康熙《平陽府志·人物志·方技》　楊炳，字文彪，蒲州治城人。精於醫，決人死生不爽。嘗以事赴安邑，途中向逆旅主人求宿，旁有一少年識之，謂人曰：此所傳神醫楊某也，吾姑試之。時少年方中食，即從窗中躍入，僵卧牀上，呻吟求炳救。炳診視，大驚曰：郎君殆將不起。左右皆竊笑之。是夕，少年果死。或問其故？曰：腸已裂，不復可治也。其奇中多如此。又其妻嘗有妊，炳診畢，喜曰：吾活人多矣，是子必以科名顯。後子世增登辛丑進士，歷官御史。其後世率多習醫者，故州人稱爲藥丸楊氏。炳又曾治某藩，既愈，賜金一笏，亦稱楊一笏焉。崇禎間，侍郎李爲立祠州城東門。

薛仁附

康熙《平陽府志·人物志·方技》　薛仁附，字清槐，曲沃人。性敏，有博物之稱。稍長，治岐黄業，多奇驗。

光緒續修《曲沃縣志·藝術》　薛仁附，字清槐，東興里人。敏而博，長工醫術，遇奇疾，以意治之，無不驗。一達官病喉痛，易醫者屢，薛獨問病前何食？曰：食鴿。因笑曰：得之矣。藥之立效。問其故？曰：此半夏毒發，以鴿多食半夏故也。又有婦卧三日不醒，薛以爲血漲，燃藥薰之遂甦，及叩婦，曰：吾夢人持盆血灌之。其神異多類此。

張　祉

光緒《江西通志·方術·廣信府》　張祉，字天與，鉛山人。幼習舉子業，因繼母疾不愈，遂棄所業，遍訪名醫，傳鍼灸之法。爲人尚義，人病多賴以生，更不責報。善書能詩，所著有《鈞石集》。

張　謨

《古今圖書集成·藝術典》卷五一三引《鉛山縣志》　張謨，字廷策，汭川人，號虛齋，通醫活人。爲人端愼，涉書史，冲淡自如，不求仕進。凡冠婚喪祭，一循古禮，鄉國重之。所著有《東園集》。張東白贊云：翛翛乎此身之外，無一物焉可累，蕩蕩乎此身之中，無一塵焉可容。野雲流水，等蹤跡於太虛，涼颸皓月，豊受用於無窮。此翁此翁，林下罕逢！此翁此翁，眼中罕同！羅一峰詩云：鉛山張處士，勞爾問東家。秋月開明鏡，春風載小車。平章回草木，契合動煙霞。歸去依韓斗，淸光浸皓華。費健齋詩曰：蝸角功名未息爭，丈夫何事力逃名？白沙日與群鷗坐，淸露時聞獨鶴鳴。元亮酒深邀客醉，堯夫句好共誰賡。五更風雨長安道，卻羨山中宰相榮。觀此可想見其爲人矣。

趙　瑄

《古今圖書集成·藝術典》卷五一三引《建昌府志》　趙瑄，字文英，南城人，官至太醫院御醫。其察脈斷證皆應手，發藥無少疑滯，而多奇中。負疴求療者，無虛日，不問富貴貧賤，皆竭力應之，報不報不計也。

樊　胡

《古今圖書集成·藝術典》卷五一三引《建昌府志》　樊胡，字鶴齡，官益府良醫正。日讀神農黄岐書，方脈神異，四方競迎。能急人之急，不避昏暮，蓋儒醫也。

謝承文

康熙《太平府志·方伎》　謝承文，字郁宇。幼敏悟，洞醫理，診眎決生死無爽。有(俠)〔挾〕邪欲試之，見文至，跨高而墮，仆地佯死，令家人扳輿求救。文診畢，謂曰：急治終具，無生理矣。群以爲失言，頃之，其人果逝。蓋墮地腸斷也。一夕，與所交飲，醉後握手別，陰察其脈，知受病，急合藥付家童曰：某來取藥，即付之。語畢，果踉蹌至，與之服，一飲而甦。有以幼子病質文者，文診之，笑而不言。謝父去，私語子曰：就塾甯苦至是而詐病耶？以果餌啖之，諭勿再。其應驗類此。取諸家醫論，研究入微，編次行世，東垣、河間而下，蓋亦僅見矣。

朱包蒙

《古今圖書集成·藝術典》卷五一三引《萊蕪縣志》　朱包蒙，庠生，以兄中丞功授肥城所鎮撫，遷守備。兒時嬉戲，取泥丸爲藥，以飼禽獸。稍長，讀《內經》《素問》，一過不忘，視病立決生死。臬司畢某無疾，公診其脈，曰：患怔忡，五日後兩臂當不能曲伸，果然。劉某久痢，便口生毛如豕鬣，觸之痛徹骨髓，赤痢，多服濇滯之藥，瘀血所成也，投以行血敗毒之劑愈。馮某迂腐善疑，患風痛，自謂廣毒，積憂成疾。公曰：然。投藥發泡十餘，其疾頓痊。或詢之曰：是本非瘡，既疑是瘡。不令實見瘡形，疑不釋也。周某舉子，週歲病淋閉，公令去襁褓，立風中，以雪沃其足，立下。諸如此類，不可更僕。年八十餘，時跳擲爲戲，忽語家人曰：余將逝矣！豈若他人必待病死耶？皆不信。詰朝飲啖如初，入夕卒。

乾隆《泰安府志·人物》　朱包蒙，萊蕪諸生。以兄中丞功授肥城所鎮撫，遷守備。兒時嬉戲，取泥丸爲藥，以飼禽獸。稍長，讀《內(景)〔經〕》、《素問》，一過不忘。視病立決生死。馮某迂腐善疑，患瘋痛，自謂廣毒，積憂成疾。包蒙曰：然。投藥發泡十餘，其疾頓痊。人或詢之，曰：是本非瘡，既疑是瘡，不令實見瘡形，疑不釋也。如此類，不可勝數。年八十餘，時跳擲爲戲，忽語家人曰：余將逝矣。詰朝飲啖如初，入夕卒。

霍　愷

《古今圖書集成·藝術典》卷五一三引《禹城縣志》　霍愷，號心田。兒時能讀書，過目輒記。既攻舉子業，補邑庠弟子員。嘗有病，恨時無明醫。遂取黃帝、扁鵲之脈書治之。未久，已能通其說，時出新意。初自治療，每藥輒愈。久之，親識輩求治者，莫能止。乃又益讀《靈樞》、《太素》、《甲乙》諸秘書，凡經傳百家之涉其道者，靡不通貫。嘗曰：世之論醫者，俱稱東垣、羅謙甫、朱丹溪三人，三人固皆聖於醫，若丹溪者，尤集醫之大成者也。予之論病投劑，俱取以爲準，故能往往收厥效。臨邑有管方伯，諱懷理，任湖廣時，監大辟刑，因悸而病。既愈，目張不得瞑，愷煮鬱李仁酒飲之使醉，即愈。人問其故，愷曰：目絲內連肝膽，恐則氣結，膽衡不下，鬱李仁能去結，隨酒入膽結下，膽下則目能瞑矣。又有季邑陳姓人病霍亂，他醫以熱劑加喘。愷曰：是木中熱，脾且傷，奈何復燥之？將不得前後溲。與之地漿飲、石膏湯。陳不信，謝去。病益劇，竟如其說而獲安。各鄰邑俱聞其名，凡有奇證怪病，他醫所不能治者，胥來求療，無不取效去。後傳其業於婿楊汝卿，今楊却硯其所自出云。

道光《濟南府志·人物·方伎》　霍愷，字心田，禹城人，庠生。讀書過目輒記，因病治醫，遂通其說。臨邑管方伯，監大辟刑，因悸而病，目張不得瞑。煮鬱李仁酒使醉即愈。問之曰：目系內連肝膽，恐則氣結，膽衡不下，鬱李去結，膽下則瞑矣。有陳姓病霍亂，他醫投熱劑加喘。愷曰：是木中熱，脾且傷，復燥之，將不得前後溲。與之石膏湯獲安。凡有奇病，他醫所不能治者，無不取效去。

戴思謙

《古今圖書集成·藝術典》卷五一三引《無錫縣志》　戴思謙，號雲洲，初鳳陽人，居無錫，早歲賣卜於市，尋去之京師，又自齊魯歷燕代，登醫巫閭，慨然慕安期羨門，庶幾遇之。嘗在廣寧，雪夜遇一道人，授以五運六氣、十二經絡之秘，及證治諸方。既而棲小五湖之石塘山，間出爲人治病，沉痼者立起，遂名於時。當事者多延致之，或以事請，思謙輒爲掩耳，一時有巢父之號焉。

鄧彦仁

弘治《八閩通志·藝術·福寧州》　鄧彦仁，福安人。精醫術，急於救人而不責其報，人多德之。

司馬大復

光緒《無錫金匱縣志·藝術》　司馬大復，字銘鞠，諸生。其醫得傳於常熟繆希雍。繆所著《廣筆記》，往往載大復語。言飭行馴，人禮重之。

是巨淵

康熙《常州府志·人物·方伎》　是巨淵，江陰人。常遊吳，遇異僧，指地上草，由是知法通神。

道光《江陰縣志·人物·藝術》　是巨淵，得異人授，號神醫。一男子吻舌，流血不止，巨淵急拾東壁螺殼，投患處，即愈。蘇郡富家子病大熱，群醫不效，巨淵鑿地爲坎，令卧其上，沃以泥水，須臾愈。或問故，曰：是多寵妾，中麝毒也。其他治效類是。朝命徵入，意不樂，采藥草傅身成癩，使臣以惡疾聞，遣回，仍以藥塗身而愈。

郭福順　范應魁

康熙《福建通志·方技》　郭福順，大田人。世名醫。少貧賤，挾藝餬口汀邵間。應手皆愈。切脈多精《太素》，爲人言數年後事皆驗，人皆異之。

道光重纂《福建通志·藝術·永春州大田縣》　郭福順，世業醫。有郭翳子者，以醫著名，嗣有明三者，以醫得官。福順從一寺僧學，盡得其術，遂爲名醫。診脈能預言數年以後之事，已而皆驗。縣舉醫官，力辭不受。同里范應魁，亦能診脈知將來。

林道飛

康熙《福建通志·方技·延平府》　林道飛，以醫名，著有《濟世良方》。病者投劑立效。尤好施不倦。年八十三，子孫世其業。

乾隆《將樂縣志·藝術》　林道飛，字宏中，以善醫官福建省太醫。著《濟世良方》，病者投劑輒效，名著閩中。耆年賑饑濟貧，博施不倦，捐田千百二十畝於含雲寺，爲焚香祝聖之用。自號含雲逸叟。壽八十三而終。

黄升

《古今圖書集成·藝術典》卷五一四引《安陸府志》　黄升，字啓東，京山名醫也，善察脈。有分巡戚某，晨興忽疾作不語，呼升視之。升曰：脈與證不應。乃詢其左右，云夜食烹鷄。升曰：此必食後就寢，有蜈蚣過，其口鼻中毒耳。投之以劑，立甦。戚猶未信，乃更烹鷄置寢處，果有蜈蚣三枚，自塌頂下。又有王氏二子，母病，請升治之。升診其脈，微恙耳，尋愈。已而二子并以脈示升，升驚曰：二君脈俱不佳。明年相繼歿。又廩生張才仕病，升診之曰：無恙，但試事當防耳。明年督使學者至，果停其廩。其他奇中皆類此。

何爌

乾隆《鎮江府志·人物志·方伎》　何爌，字仁源，丹徒人，以醫名。遇人病，雖貧且賤，務盡心診視，不屑屑計財利。何氏自宋防禦使曰公務者，謝官隱鎮江市藥，孝宗乃官其子，曰柱，太醫院使。歷六世，生元，洛陽尹，曰水，復謝官隱鎮江市藥。水有孫曰淵，字彦澄，詔徵入京師，以醫事三朝，咸膺殊眷。爌，其六世孫也，紹述家學，著《傷寒全生集》行世。年將八十，無疾卒。

何應壁

光緒《丹徒縣志·人物·方技》引張大復《梅花草堂集》　何應璧，字繼充，淵七世孫。性穎悟，醫學數千卷書，任取一叩之，無不穿貫本末。貧者病，濟之藥，更助以貲。是時鎮江醫甚盛，何氏爲最，病者服諸醫藥不愈，持質應璧，少損益，輒立愈。人未病，早決其生死。生平孝友，與兄應奎無異產，視兄子如子。兄子金礪，字元石，太學生，亦以醫著。潤有何繼充，遂令城內外無餘舍，水次無餘塢，老少婦女無餘閒，輿無停晷，手無停批，口無停答，殆駸駸在世醫王，山中宰相矣。繼充診人不活，涙蘇蘇自落。

李　暘

康熙《福建通志·方技·泉州府》 李暘，晉江人。以儒得異授，精岐黄術。有疾者，賴以全活甚多。年八十四，無病而逝。

連希谷

乾隆《泉州府志·藝術·泉州府》 連希谷，江右人，徙居泉州。得海上丹方，醫有奇效，子孫皆以善醫名。

蘇　璿

康熙《福建通志·方技·泉州府》 蘇璿，南安人。喜岐黄術，有秘方，求藥者無不予。亦不受直，人皆德之。

乾隆《泉州府志·藝術·泉州府》 蘇璿，字孔璣，南安人。

林文友　林以義

乾隆《蘇州府志·藝術·醫》引《吳中人物志》 林文友，字會之。先世自閩來吳。祖茂芝，在宋以占筮隱廛市間。文友早歲留意醫學，心存利濟，晚得攝生之術，以高壽終。子以義，授御醫。

顧　顒

乾隆《蘇州府志·藝術·醫》引龔立本《常熟志》 顧顒，字昂夫。邃於醫，應薦入京師，求治者日不暇給，遂丐歸，築南園草堂，隱居其中。綸巾野服，出坐藍輿，挾冊吟詠。以疾告者，不問貧富俱應。顒孫朴，朴子昱，昱從弟崇惠，崇惠子宗陽，凡五世俱精其業。楊儀爲作《五明醫傳》。

張　玲

順治《固始縣志·人物·仙技》 張玲，邑城中人。生即雙瞽，聰悟絶人，七歲令人誦《素問》、《脈訣》一遍，即默記不忘，以是遂以醫鳴。所至，立起人疾，人以神醫稱之。

胡　田

乾隆《江南通志·藝術·徽州府》 胡田，祁門人。善鍼灸，爲太醫。

同治《祁門縣志·人物志·方伎》 胡田，居城東，諸生。母有痼疾，求良醫不得，乃學醫。善鍼灸法，太醫聞田名，奏舉赴京補御醫。

何其高

光緒《嘉定縣志·人物·藝術》 何其高，字仁所，諸生。入醫院，由吏目遷御醫，加鴻臚寺署丞。保御神宗，賜龍鳳宫扇、宫帕等物。又(待)〔侍〕光宗於青宫，屢賜酒脯。先是萬曆三十六年京師疫，其高施診施藥，全活無算，卒年七十。子平，自有傳。

金大雅

光緒《嘉定縣志·人物·藝術》 金大雅，字伯醇。居羅店。師事從兄大有，補諸生。性孝友，通醫術。歲大疫，所治輒效。一少年子身上郡，久之病瘵，所述病狀如蠱，大雅診之曰：病在右言左，殆得之酒，兩劑即愈。但病起當脾肺兼補，以復元氣。如法治之，果驗。急人之病，有求輒應，卒萬曆甲辰，年五十八。

宗文魁

同治《徐州府志·人物·藝術》 宗文魁，徐州人。爲瘍醫，多奇效。而性好施予，得錢輒以助人婚喪危難，事母以孝聞。

張康忠

乾隆《蘇州府志·藝術·醫》引《吳縣志》 張康忠，字孝資，號廉水。精脈理，時以切脈決人休咎，或懸斷數年後事，皆不爽。吳興一貴人病，致聘百金。康忠方服親喪，強之行，至則要以更衣。康忠愠曰：此豈可易哉？汝金具在，遽取還之，趣櫂歸。貴人不得已，聽其麻衣入視。時貴人不寐已四十日，康忠投一劑即安寢，更數劑而愈。嘉興大家婦病腹痛，康忠治之，下一蛇。其奇效多此類。性不治生，有所得即以濟貧者。子允積，亦能醫。

黄庭森　黄國熙

乾隆《蘇州府志·藝術·醫》 黄庭森，字芝石。精於痘科，有回生之術，時號神醫。子國熙，紹其業，療痘多奇驗。俞氏子六歲，痘甚稀，國熙曰：法在不治。他醫治之愈，主家張樂設席，并邀國熙以致誚。國熙至，請兒視之，曰：演劇時宜避鑼聲。言訖辭去。主家置若罔聞。有頃，兒聞鑼聲，發驚暴死。張氏子痘繁密，乳媪抱兒出視。國熙熟視，謂其主曰：令子無恙，乳媪當死。數日後，兒愈，媪果死。

陳嘉謨

《本草綱目・歷代諸家本草・本草蒙筌》 書凡十二卷，祁門醫士陳嘉謨撰。謨字廷采。嘉靖末，依王氏集要，部次集成，每品具氣味、產採、治療、方法，創成對語，以便記誦，間附已意于後，頗有發明。便于初學，名曰蒙筌，誠稱其實。

康熙《徽州府志・人物志・方技》 陳嘉謨，祁門人。善醫，所著有《本草蒙筌》行世。

吴燁

光緒《寶山縣志・人物・藝術》 吴燁，字與春，翰九世孫，居高橋。世業醫，至燁尤著。治傷寒如神。兼工翰墨。兄可静，弟可與，俱精岐黄，數傳至江，字萬里，能世某業。

陳鶴

《古今圖書集成・藝術典》卷五一四引《廣東通志》 陳鶴，自號海樵山人，南海衛人。年十餘歲，已知買奇帙名畫，窮晝夜流覽。十七歲得奇疾，百療莫驗，自學爲醫。久之洞其旨，自爲方脈，凡七年而病愈。

游延受　游希大　游守正　游公慶　游公甫

《古今圖書集成・藝術典》卷五一四引《婺源縣志》 游延受，字汝承，濟溪人。業儒不售，精岐黄術。劉少卿患閉，諸醫技窮，族中丞讓溪引受視之，投劑立愈。劉謝曰：游公生我。諸療異證，不可殫述。族子希大，得受眞傳，治傷寒病，呼爲游一劑。有子守正，孫公慶、公甫，并以醫名。

江時途

康熙《徽州府志・人物志・方技》 江時途，字正甫，婺源江灣人。幼善病，遍閱方書，精研奥旨，後又遇異人談方術，心中頓悟。嗣是治疾，投劑輒效，名著郡邑，戶外之履常滿。著有《醫學原理》三十卷、《丹溪發明》五卷，醫家爭傳誦焉。

黄良佑

康熙《休寧縣志・人物・方技》 黄良佑，字履祥，五城人。資明敏，有隱德。棄儒業醫，以針石療人，多奇中。擅名於吴會、京都，游其門者甚衆。所著有《本草類方》、《痳痘秘法》諸書。

程霽春

康熙《休寧縣志・人物・方技》 程霽春，寓屯溪。以醫擅名數十載。

朱之光

康熙《休寧縣志・人物・方技》 朱之光，字爾韜，鶴山里人。精針灸，療人喉項間，無不痊。有相酬，輒遺之。

羅練

康熙《湖廣武昌府志・人物志・方伎》 羅練，故儒家，深〔於〕醫學，診脈斷生死不爽。御史李某，吐黑痰，診之曰：殆有所思不遂耶？李驚起，曰：神醫也。吾少貧，聘婚某氏爲婦。翁所嫌，離去，婦爲我死，吾不忍再婚耳。服藥立愈。楚王妃周氏微恙，診之曰：今午殆不起。時妃猶飲食言笑，午果中風死。諸如此類甚多。著醫書，授其子。一日，子乘醉爲人視疾，練怒曰：奈何以人性命爲戲？焚其書，無傳者。

同治《江夏縣志・藝術》 一傭人自言某無病，第覺手在下，足在上。羅俯首良久，曰：地下鐵杵重六十斤，汝試捧而上，捧而下。如是者三日，病頓愈。問其故？曰：汝以用力傷經絡，心逆轉，特爲反正之耳。

喻守涫

康熙《太平府志・方伎》 喻守涫，字養眞。以良醫名一時，手活數千輩。風雅和厚，人稱長者。

毛梓

光緒《松陽縣志・人物・藝術》 毛梓，字守庸。精醫術，受業於彭希武。時御史吴叔潤公病痺，群醫環視無措。庸往視，數劑而愈，御史異之。程恩與病惡寒欲絶，家人已易簀，庸往視，曰：此可起也。使掘阱寘火設纊，以卧其上，覆重衾，用釜煮藥蒸之，即起。其奇驗多類此，人多以神醫稱之。

趙夢弼

康熙《湖廣武昌府志・人物志・方伎》 趙夢弼，浠川人，徙居江夏。年至八十，因號肖翁。家世受醫，精脈法，診諸病者，則形神俱往，徐以一二語發其隱，投藥立效。胡方伯病且死，發兩匕而痊。赴人之急百里外，中夜叩門，無不應者，既老猶杖以往。歲大祲，煮藥如池，全活甚衆。年八十八，一日遍辭親友，無疾而終。

同治《江夏縣志・藝術》　趙夢弼，字肖野，先世浠川人，徙居江夏。年至八十，因呼肖翁。

張鳴鳳

乾隆《温州府志・人物・方技》　張鳴鳳，字仲喈，永嘉人。少隨父謁選之京，旅邸中遇一異人，與語奇之，授以養生導氣之術，遂盡得其傳。臨別，出袖中禁方與之，曰：習此可以長年，可以壽世。鳴鳳即屏公車業弗事，遍遊方外，每遇危疴，授劑無不立愈。

翁朝縉

乾隆《温州府志・人物・方技》引《永嘉縣志》　翁朝縉，精岐黄業，於《金匱》、《靈樞》、潔古、海藏諸書，探微抉奧，而以意上下之，所存活不可億計。仁厚嗜義，殖德於里，屢舉蠟賓。同時有張德源、蔡偉節，俱以精醫名。

徐待徵

康熙《嘉興府志・嘉善縣・方伎》　徐待徵，字邃雲。幼遇異人，得青囊秘術，尤精于外科。薦授太醫院吏目，舉鄉飲賓。

鎖萬言

康熙《浙江通志・方伎・杭州府志》　鎖萬言，字盛松。始祖飛，扈蹕南渡，遂居武林，代有隱德。萬言生而嗜學，不得志於有司，去而業醫。嘗遊天目山中，遇異人，盡得其術。歸而濟世，活人甚多。子文良，孫乾，世守其業，不墜厥緒。今稱良醫者，人必推鎖氏云。

朱績

康熙《浙江通志・方伎・嘉興府》　朱績，字君用，嘉善人。精于醫，決生死百不失一。遇證有疑難，雖名醫林立，必待績一言而決。前後郡、縣，屢旌其門。

光緒《重修嘉善縣志・人物志・藝術》　朱績，字君永，先世松陵人也。少習岐黄，于近時四名家外，獨得薪傳。里黨暨遠方就醫者，決死生，百不失一。及遇疫症，績至輒愈，活人無算。秉性至孝，刲股救母。爲人謙牧仁厚，親族貧乏者，時周給之。督學李際期給冠帶，諸大吏贈額盈門。子煒，國子生，能世其業。

葛天爵

光緒《荆州府志・人物・藝術》　葛天爵，監利人。少治醫，見同輩無愈己者，遍訪湖山。遇一道士於江上，與語輒解，同舟數月，遂精其術，用藥每奇中。子如洪，雍正間官通城訓導。

萬拱

光緒《荆州府志・人物・藝術》　萬拱，監利人。能詩，神於醫術，著《醫學大成》、《傷寒指南》及《病源》若干卷。性矜直，懶晉接，有召者輒以病辭，而遺以方云。

宣統《湖北通志・人物志・方伎傳》　萬拱者，有神醫名。然召者多辭以疾，甚自矜重云。

陳所蓄

康熙《福建通志・方技・邵武府》　陳所蓄，字思讓，邵武人。專以醫救人，不擇貧富。有醫人所不能治者，依其方不增減，只辨君臣佐使而輕重之，尋愈。

喻化鵬

康熙《邵陽縣志・方技列傳》　喻化鵬，字圖南，豐城人，以精醫游邵陽。其於切脈、望色、聽聲、察形之妙，終夜研究，若經生家。治病如臨大敵，稍不中肎，憂形于色，靜夜深思，晨起即赴病家調劑。不論貧富，不吝重值之料。人予之金，即以市奇方秘論。雅尚氣節，能文詞。嘗構一樓，藏古書史。好與諸名士游。所著《醫經翼》，耑愚禪師序之；《醫餘詩草》，車子仁方伯序之。卒之日，友人默菴劉公經理，葬于東郭五里牌之右。

宋子京

光緒《黄州府志・藝術》　宋子京，學舉子業不售，去而學醫。久之，心志開朗，一望知人病源，有巡道無他病，但不能食，郡守薦子京往。子京曰：且無往試，俟其出觀之。巡道出，子京從輿上望見之，乃敝衣冠垢汙而進。巡道怒，次日病愈。呼子京詰其故。曰：昨日垢敝，乃醫公者也。公平生常得喜病，一怒而喜自消。又見舁棺者漏血一滴，曰：此可生也。問之，則婦以難娩死。呼其夫開棺，鍼之，娩一男，母子俱全。視郡守脈謂：十年後當領西南節鉞，然必墜下頦。至十年撫蜀，果病且兩月。邀子京治之。至署交拜，以手掖撫軍起，而下頦已上矣。

駱驤

崇禎《嘉興縣志・叢談志・醫術》 駱驤，字子龍，長水鄉駱家橋人。事後母孝。雅愛吟咏，時與縉紳金豐村燦、范菁山言、項少嶽元淇諸名家遊。嘉靖乙丑，郡丞陳仕聞其名而造其廬，人皆羡之。尤究心岐黄之術，察脈檢方，侔于神巧。嘗以片粉立愈池灣貴紳之症，壽以百金，笑而卻之。【略】兼擅水墨，白描在黄痴、倪懶間。卒年六十，有《言志集》行世。

詹智

弘治《黄州府志・隱逸・名醫》 詹智，以醫術舉爲太醫班長，授鄭府良醫正。

劉政

弘治《黄州府志・隱逸・名醫》 劉政，世業醫，方以濟利爲心，因扁室曰：如心堂。子彬、孫禮，繼爲本府醫學正科。曾孫必貴，補太醫院醫生。

張徵

乾隆《西安府志・人物志・方技》 張徵，字以周，三原人。精通方脈，天順間舉爲太醫院醫生。術屢取效，尋授御醫、院判。

吕瑛

光緒《山西通志・藝術録》 吕瑛，平定人，義裔孫。精醫，爲醫學典科。天順間，召入侍御藥局，名動中外。後請告卒於家。

邵真齋

光緒《奉化縣志・人物・方技》 邵眞齋，世醫，善爲方。視人疾，以爲不可治者，必不治，而所治必取奇效。方孝孺最信服，爲作《醫原》贈之。

陳德成

光緒《奉化縣志・人物・方技》 陳德成，著之後。讀書明理，於《素問》、《靈樞》、《難經》、《傷寒論》等書，一目不忘，無不究極旨要。治人病，隨機應變，百發百中。其祖、父，皆儒而隱於醫，至德成而醫愈振。

錢紹禹

康熙《常熟縣志・人物・方技》 錢紹禹，字九河。少時嘗獨行入市，於鬻錫者所荷擔中得一書，曰《脈經直指》，歸而讀之，心開，遂以善診脈聞，刻日計時，無不驗。老儒王敏齋，素強無疾，館於黄參政家。一日，紹禹哭曰：敏齋心脈絶矣，屈指計之，不出冬至。至期而卒。有吳成者，妻病危，紹禹診之，曰：明日當差，歲盡而死。越一日，果起。過歲不死，以爲不驗。正月初六夜，忽仆地絶，而次日立春。馮氏婦病瀕危，紹禹曰：無病，端午日當起食粽。是時去端午三日耳，已而竟如其言。袁應揚未第時，紹禹曰：脈薄甚，雖貴不久。左手微王，兄亦當第。其兄應春，果舉於鄉。應揚以進士，僅爲郎官卒。其精妙如此。子振河，行醫郡中。

杜纘宇

乾隆《太原府志・藝術》 杜纘宇，字公甫，陽曲人。幼補弟子員，得羸疾，因治岐黄家言。以意自藥，凡八年而病愈。間療人疾，他醫謝技窮，宇多以奇收之。邑人王道行，遘危疾，宇投劑十餘，有起色。謂宜靜攝，王不戒，忽嘔痰數升，營脱脈代，太谿絶指下。宇曰：代脈有暴損者，可治，戒勿飲食。日夜進附子、獨參湯，又爲灸靈天樞、氣海、關元諸穴百餘壯，脈始得還。凡服參盡十觔，附子八兩有奇，不襍他藥一銖，百餘日而愈。或云：附子毒。宇笑曰：附纔二十分之一，而以參制之，毒將焉施？蓋用附以直達涌泉，健參力下行，譬如命大夫頤指賊曹，捕誅不道。若嫌其猛利，是偵卒徼無所用，而爪牙可廢也。聞者胥服。然宇品殊介雅，不欲以醫見。巡撫魏允貞母病，或以宇薦，宇固謝不往。魏屏侍從詣室，跪請乃行。病愈，魏出諸醫方視之，宇指一方曰：此與愚意同，但愚必百劑乃克痊。公求效太速，彼一投不效，即斥矣，公可以酬某者酬之。魏益加敬，後以明經授兖州府別駕。

陳士龍

光緒《通州直隸州志・雜紀・方技》 陳士龍，字鳳林。太醫院吏目。施藥濟人不責償。晚歲無依，傾貲葺藥王廟，棲息其中。

朱來甫

康熙《滁州志・方伎》 朱來甫，本山東人，寓滁。曾傳召鬼術於異人，禱雨輒應。嘗行道中，有婦病頸瘤大如瓠，來甫治之頓化爲水。後不知所終。

圓鑑

光緒《湖南通志・方外・仙釋》 圓鑑，成都人。有戒行，善醫。宣宗時召至京，用藥有效。敕遊名山，至安化之黄梅，募地刱寺，坐静室中，自問自答。年八十餘，取敕焚之而死。

王元輔

乾隆《紹興府志·人物·方技》引康熙《志》 王元輔，字施仁，山陰人。幼業儒，少孤，秉性仁慈，每以濟人爲念。適一老翁詣家，與語岐黄精奥，元輔敬禮之，晨夕罔怠。後辭去，於臂間出秘録授之，曰：女得此可以壽世。兼導以攝養之法，自是以醫名。遇貧乏孤寡，必先診視。歲所存活，不勝指屈。好善樂施，終身不倦。子三，長之翰，舉于鄉。次之俊，亦以醫行世。

張龍甲

順治《汝陽縣志·人物·方技》 張龍甲，字蜚玄，汝陽諸生。工舉子業，精軒黄方術，治奇疾多效。里中病者獲愈，多不取値，遠近士大夫甚延重之，顔其居曰：松蕉精舍。

蔡朝臣

乾隆《錫金識小録·補傳·醫》 蔡朝臣，又稱蔡長者。世業醫，不亟亟於富貴之家，曰：彼可延他醫也，貧者則立往。終身不受窶人一錢。術次於施心菊。子惟亨，進士，户部郎中，封長者如其官。

盛徵伯

光緒《崑新兩縣續修合志·藝術》 盛徵伯，爲人亢直負氣，博通醫術。治病不爲藥劑，但書方與之。授徒海上，數里之內無病死者。後居齊門，治疾多奇效。一婦人已死，徵伯爲湯灌之便覺，身動，能舉手，須臾而愈。人皆以爲神。

金輅

乾隆《紹興府志·人物·方技》引康熙《志》 金輅，字伯乘，山陰人。精保嬰術，終身不計財利，不避寒暑，不先富後貧。越俗醫家多出入肩輿，輅年八十餘，猶步行，曰：吾欲使貧家子稍受半鏹惠耳。又有鬻妻以償官錢者，即如數代償之，令完好如初。孫蘭，官太常卿。

艾宏

宣統《湖北通志·人物志·方伎傳》 艾宏，監利人，官太醫院。某督學病，宏曰：是必飲後好露坐者。問之而信。

皇甫中

《古今醫統大全·歷世聖賢名醫姓氏·明》 皇甫中，號雲洲，杭州仁和人，世業儒醫，至中尤顯。所著《明醫指掌》十卷，有謂審八脈以明八要，可爲後學之指南。

盧銑

康熙《鄞縣志·人物·藝術》 盧銑，號水西。醫學精察，其著書及《痘疹論》數種行世，皆稱名言。

劉寅

光緒《續雲南通志稿·雜志·封爵》 劉寅，嵋縣人，洪武庚戌進士，官江西僉事。謫金齒，貨藥訓蒙，著有《五經直解》、《傷寒脈賦》、《標幽賦註》。萬曆間，巡撫陳用賓祀於會城，與漢王跑、明楊愼爲三賢云。

張遂辰

道光《武康縣志·人物·方技》 張遂辰，字相期，仁和人，卜居邑之三橋里。精醫理，早歲入南雍，與四方賢士交。喜讀黄帝《素書》。在成均，日遇病者，輒爲辨强弱，決死生，無稍爽。適駱侍御家有病者延之，立效，於是丐方求診者，傾動海內。生平工吟咏，富著述，有《蓬宅編》、《易醫合參》諸書。

林元真

康熙《福州通志·方技·延平府》 林元眞，將樂人。善醫藥，施不望報。名醫多出其門。

方有執

《醫學讀書志·明方氏有執》 《傷寒論條辨》八卷、《本草鈔》一卷、《或問》一卷、《痙書》一卷。右書四種，明歙縣方有執撰。有執字中行，以《傷寒論》爲王氏改移，成氏竄亂，致後世目爲不全之書，或沿襲其誤，大失仲聖著書之旨，因竭二十餘年心力，始得端緒，考訂成編。然《傷寒論》屢經兵燹，王氏萃集之後，又爲高繼冲編輯，必以爲何人改移，何人竄亂，非質諸仲聖，終係穿鑿。惟成氏注釋未盡厥義，頗藉發明，所附《本草鈔》、《或問》、《痙書》，皆有據之學，是書刻于萬曆壬辰，國朝鄭重光，字在辛，爲方氏里人，刪其支辭，參以程、喻二家，並附己意，名曰《續注》，亦行於世。

何　欽

雍正《懷遠縣志・人物・方技》　何欽，字大敬。先世濮人，元季遷居荆山。世業醫，至欽益邃其術，凡經胗視，生死不爽。學者請究其術，欽曰：李(朋)〔明〕之、朱彥脩皆通經學，古士也。汝必欲究吾術，盍先讀《易》，以察時變，讀《禹貢》，識九州山川風氣；博極方書，歸約于《内經》，庶可與汝言耳。聞者始知其術之有自也。王文莊公鴻儒使鳳陽，采輯憲宗實録，疾作，更數醫不愈。聞欽名，延之試脈，知其病源，遂一劑而愈。文莊喜甚，因爲文紀之。欽從孫推官森載之家乘。

濮鏞　濮琰　濮韶

嘉靖《重修太平府志・方伎》　濮鏞，字景鳴，號杏莊，當塗人。曾祖仁茂、祖貞、父觀，世爲太醫院醫士，專業眼科。正統甲子，鏞亦以善醫，舉爲醫士。成化乙酉，授秀府良醫副。丁父艱，服闋，調除吉府良醫副。歲丁酉，自陳疾老致仕。歲癸卯，以疾卒于家，葬本里大玉山之西南百嬴蕩之原。有《杏莊集》一帙傳于家，皆平生用藥有效方製也。子琰，由太醫院醫生中順天鄉試，授山東曹州學正，陞萊州府學教授。琰子韶，亦由醫生中二甲進士，選爲翰林院庶吉士。丁未科狀元，廣信府鉛山費宏，其孫婿也。

康熙《太平府志・人物志・方伎》　濮鏞，字景鳴，世以眼科名。著《杏莊集》，授良醫副致仕，進修職郎。子琰，領順天鄉薦。孫韶庶常。

劉　琮

光緒《六合縣志・方技》　劉琮，應明醫薦侍明憲宗，并療鄭世子，授太醫院御醫。

任　濼

嘉慶《旌德縣志・人物・藝術》　任濼，十八都人。明《靈樞》、《素問》之學，治病奇驗。成化二年，以名醫舉。

方叔和

萬曆《嚴州府志・外志・雜傳》　方叔和，建德人。精通醫術，兼讀儒書。成化間，禮部列名，欽取赴京，授御醫。適岐王搆疾，叔和胗療有效，累受白金文綺之賜。八年，陳乞歸田，賜之敕命有曰：御醫方叔和，早有醫名，旋登仕籍，歲年滋久，勞效良多。用進爾階，錫之敕命，益精乃術，毋曠攸司。後卒于家。子百壽，國子生，蚤卒。姪孫應元承繼，領嘉靖乙卯浙江鄉薦。

康熙《浙江通志・方伎・嚴州府》　方叔和，字節之，建德人。由儒醫授本府醫學正科。成化二十年，禮部列名，取赴京。二十二年，憲宗命入御藥房供事，陞授御醫。弘治四年，岐王遘疾，令叔和診視有效，累受白金文綺之賜，進階修職郎。

王　觀

乾隆《蘇州府志・藝術・醫》引《長洲志》　王觀，賓曾孫。爲醫操遠識，集奇效，先後不可勝筭。自成化以來，江之南北達乎京師以及四遠，稱上醫者，觀爲之冠。爲人高簡自愛。子穀禎、穀祥，述觀之事。

方　賢

光緒《歸安縣志・人物・藝術》引乾隆《湖州府志》　方賢，歸安人。太醫院使，與唐廣才名并稱。周昇、周冕、周鼎，師事之，俱爲御醫，得重名。成化中，召至殿前，考醫論三篇，加通政使右通政。著有《奇效良方》。

光緒《歸安縣志・人物傳・藝術》　賢爲太醫院使，奉旨纂集良方，成化初成書。與唐廣才名并稱。周昇、周冕、周鼎師事之，俱爲御醫，得重名。成化中，召至殿前，考醫論三篇，加通政使右通政。著有《奇效良方》六十九卷，《醫論》一卷。

周濟廣

光緒《無錫金匱縣志・藝術》　周濟廣，名紘，以字行。外家金氏，工醫，遂精其術。瘍、疹、婦人諸科，無不通曉，名滿吳中。成化間，以明醫徵至京師，引疾還。每診人脈，預知人生死，無不驗者。子敷牧，孫騂，皆世其學。敷亦有名。王鏊表其墓。

陳公賢

康熙《吳縣志・人物・藝術》　陳公賢，字公尙，元季良炳之後也。良炳孫道，爲孟景暘館甥，得傳其業，公賢因以顯頗鳴。成化中，徵爲醫士。一詣都，念母老即歸已。復召入御藥房，旋授御醫，累奏奇效，進院判。孝宗即位，授迪功郎，上章乞歸。帝曰：如公賢何可使去左右？而請益堅，遂得致仕。卒，詔葬祭。子憲、寵，皆能世其業。寵，弘治間，召入禁典藥，歷官院使，加秩右通政。

周 鼎

康熙《瓊山縣志·雜志·方伎》 周鼎，博通醫書，尤精王叔和《脈訣》。成化，同知馬叔文按治，抵定安，病危，迎鼎至。診之曰：食冷物耳。叔文連首肯，曰：先生固有見耶。本在萬州啜鹿血過多，土醫誤以冒瘴治之，以至于殆。服藥化積而愈。

盛 俁

乾隆《吴江縣志·人物·藝能》 盛俁，字汝德，寅之子也。勤學，有行誼，寅敕之曰：醫貴有德，顯則出入禁密，微亦往來閭閻，不可不慎也。俁謹受命。父卒，醫遂大行。不以貧富貳其心。教弟侅成進士。嘗使家僮輸糧於官，多取一籌以歸，俁怒責之，置米屋後，以飼鳥雀，其立志如此。

盛 倫

乾隆《吴江縣志·人物·藝能》 盛倫，字文叙，寅之從子。性明敏，少傳寅學，又遇異人授堪輿家言，亦精其術。人以疾求療及延以相地者，殆無虚日。時又有劉敏、李思勉者，俱傳寅術，成化間俱官至御醫。

盛 皚 盛 乾

乾隆《吴江縣志·人物·藝能》 盛皚，徐《志》作愷誤，此從《獻集》。字用美，寅之孫也。早歲應舉不偶，遂更業醫。術精，存心仁厚，士大夫皆禮重之。成化初，召入太醫院，將擢用，以母老告歸。久之，自撰墓誌而卒，年七十五。子乾，亦善爲方，有父風。

陳光遠

乾隆《江南通志·藝術·太倉州》 陳光遠，僑居安亭。醫術神異。所善客子以痘死，攜櫬將之野，道遇光遠，視之曰：而兒不死，吾當活之。取沙遍壅其體，命衆群擊鉦鐃之屬，觀者以爲誕也。有頃，兒忽動，尋活。客問其故，對曰：兒苦水痘，無力自達，得土氣乃疏。金爲水母，鳴則水應而出矣。

光緒《崑新兩縣續修合志·藝術》 陳光遠，成化中居安亭里。醫術神異，【略】御史行部而病，召視。長揖不拜，且索坐。既診脈，曰：無疾，第往時病，應服補中湯二十劑，灸膻中二十壯乃瘥。僅及半，所以復發耳。滿之而愈。御史驚以爲神。他日造其廬，茅屋三楹，不蔽風雨，欲葺治之。固却乃止。光遠所至有奇效，遺以金，輒不受。隨身佩一金牌，鐫不近女色四字，後不知所終。

李 信

順治《祥符縣志·人物·方伎》 李信，字用誠，祥符人。其先世業小兒醫，趙宋時，有醫皇子脛瘍者，予之官，不受，賜以金鐘懸諸門，故號金鐘李氏。信坦易誠慤，有迎之者，無遠近風雨暝晦，皆身親歷之，一視則生死立決。當天順、成化間，名動諸郡。太守括蒼金文雅重之，嘗賦《安幼堂詩》以贈。子敬，亦精其業。

雍正《河南通志·方伎·開封府》 李信，字用誠，祥符人。精幼科醫術，一視則生死立決。門懸金鐘爲號，至今汴人猶稱爲金鐘李氏云。

黄 武

康熙《山陰縣志·人物志·方技》 黄武，字惟周。少穎敏，有志康濟。尤善古詩文。事舉子業不售，遂精岐黄術。先是越人療傷寒輒用麻黄耗劑。武獨曰：南人質本弱，且風氣漸瀉，情欲日溢，本實已撥而攻其表，殺人多矣。乃投以參、芪，輒取奇效。自是，越之醫咸祖述之。一時名醫如陳淮、何鑒，咸出其門。所著有《醫學綱目》數百卷、《脈訣》若干篇，行于世。

康熙《浙江通志·方伎·紹興府》 黄武，字維周，山陰人。越人療傷寒輒用麻黄。武獨曰：南人質弱，鑿喪甚多，本已撥而(改)〔攻〕其表，殺人多矣。乃投以參、芪，輒取奇效。

李 岫

嘉靖《長垣縣志·人物·伎術》 李岫，精通醫術，邑人多賴。成化甲午，縣大疫，岫所活甚衆，後舉内黄醫學訓術。

袁 瑆

光緒《嚴州府志·佚事·方伎》 袁瑆，桐廬人。由醫士任太醫院御醫，陞院判。兄琊，亦以儒士歷官大理寺右寺正。

蘭 茂 止庵

《滇南本草·自序》 余幼酷好本草，攷其性味，辨地理之情形，察脈之往來，獨滇府則不同也。蓋滇南乃崑崙之總脈也，又近于西天之地，故有逆水繞之。往往奇花異草產于滇域而人不識。余留數年，審辨數品仙草，合滇中蔬菜、草木種種性情，并著《醫門攬要》二卷，特救民病，以傳後世，爲永遠濟世之策。後有學者，以誠求之，切不可心矢大利而泯救民之心。若能刻善念，利吾救人，自有神天默祐，獲福非淺。

光緒《續修嵩明州志・人物・鄉賢》　蘭茂，字廷秀，楊林人。性聰穎，過目成誦。年十三通經史，長益嗜學，於濂洛關閩之學煥如也。賦性簡淡，不樂仕進，嘗顏其軒曰止庵，因自號焉。留心經濟。正統時，大司馬王驥征麓川，咨其方略，遂底於平。所著有《元壺集》、《鑑例折衷》、《經史餘論》、《韻略易通》、《止庵吟稿》、《安邊策條》、《聲律發蒙》諸書行於世，與安甯張維齊名，一時學者宗之。年八十卒，崇祀鄉賢。

王建德

道光《榆林府志・人物志・近代孝義》　王建德，榆林人，節婦李氏子也。十二喪父，事母以純孝聞。【略】尋以母多疾學醫，精方藥，請療者如市，名重一時，活人甚衆。

周　繆

乾隆《吳江縣志・人物・藝能》　周繆，字孟堅，元季自崑山徙同里。精醫術，療病刻期奏功。洪武時，徵爲太醫院院使，視中外官疾如見，京師人目爲長桑君。十五年，召治馬后疾，后不起，論死，大臣某力救，乃髡首削秩歸。繆性仁厚，遇病者輒隱痛，必安全之乃已。凡有求，無不應，不責其報，時尤以此多之。子黼，字彥威，世其業。知縣王迪名其堂曰：恆心。成化時入太醫院。黼同時有蔣士能，善瘍醫，亦世其業也。

郝守道

光緒《蘄州志・方伎》　郝守道，字立夫，以醫名燕齊江淮間。論病治方，多獲奇效。

邱　敦

正德《瓊台志・儒林》　邱敦，字一成，別字必學齋。邱深庵冢子。博極群書，性韜晦，對人未嘗盡言，雖深庵父子間，未能盡知。有志著述，多未成書，惟《發冢論》、《醫史》脫稿。以深庵貴蔭補太學生。年三十一而卒。

道光《瓊州府志・雜志》　敦，酷嗜《素問》，著《醫史》。其《運氣表》曰：運有五，金、木、水、火、土是也，氣有六，燥、暑、風、濕、寒、燠是也。其三因說曰：病有三因，因於天、因於地、因於人，豈但內因、外因、不內外因而已。言皆有補于世。

胡慶龍

康熙《徽州府志・人物志・方技》　胡慶龍，字潛初，婺源玉川人。工醫，於《內經・素問》諸方書盡抉其秘，尤精於色脈。卜人休咎，往往妙中。性頗介，人遺之，却不受。嘗慕董奉種杏廬山，因結舍屏山之陰，植梅滿谷，吟嘯其間。汪大參尚誼書其楣曰：羅浮清隱。北遊遼、薊，適朝鮮告急，醫濟隨征將士，屢奏奇效，總督尙書邢授以把總，辭不受。

李鼎環

嘉慶《重刊江寧府志・技藝》　李鼎環，高淯人。善治目疾，應手取驗，當時有還人日月之譽。

劉從周

李梴《醫學入門・歷代醫學姓氏・明醫》　劉從周，韶州曲江人。醫有自得之見，著書十篇。論痢疾以手足和暖爲熱，厥冷爲寒。如盛夏發熱有進退者爲冒暑，一向熱不止者爲傷寒，至當之言也。

王中立

崇禎《烏程縣志・方技》　王中立，世居小湖織里。精嬰脈，求治如市。孫以勤，爲安吉訓術。曾孫元吉，爲德清訓術。應召入覲，留太醫院，有《幼科類萃》行世。後裔時鍾習世業。

常效先

崇禎《嘉興縣志・叢談志・方伎》　常效先，別號瀛泉，少補博士弟子員，後棄去，攻岐黃家言。尤精保嬰之術，多奇效。遇天行痘疹，其門如市，病家望其來如望歲焉。效先性簡僻，若求之誠，即貧子，加意療治，否則朱邸華軒弗顧也。賦詩娛老，自號無繫居士。好畜禽魚，植花卉，亦名播一時。生平篤志竺乾氏之學，臨終賦詩辭世。詩云：自笑升沉變屢遷，每尋花鳥度殘年。一生最愛松間鶴，百念唯貪山頂泉。剩有竹枝能破俗，尙留石片欲墓顛。今朝覺得身閑樂，始信歸時別有天。命家人不得啼哭，明燭觀音大士之前，相對而逝。所著有《心鏡篇》、《衍慶錄》。

韓　泰

光緒《蘄州志・方伎》　韓泰，字道誠，常州府武進縣人。高祖瑩，元時爲蘄州路提舉；子顯卿，爲蘄春府醫官；孫璽，繼業，三世遂占籍於蘄。泰醫學精熟，能甘淡泊，鄰貧施劑。成化中，禮部訪求明醫，行取赴太醫院。三年，稱病歸里，遂不起，年七十九卒。

魏直

乾隆《蕭山縣志・方技》 魏直，字廷豹，能詩。以醫名吳越間，治痘疹奇驗。所著有《博愛心鑒》一書。

徐純卿

乾隆《延平府志・人物・方技》 徐純卿，將樂諸生。讀書學《易》，窮醫得秘，施藥活人。年八十，手不釋卷。著有《紉元醫案》。

丁煥

乾隆《武進縣志・人物・方伎》 丁煥，字伯文，世爲小兒醫，至煥而術益精。性好飲，善治痘疹，一日胗視，常至百餘，家家爭飲之，煥不辭也。多至沉醉，握小兒手輒睡去，主人撼之醒，輒曰：我知之矣。歸至室，取藥者塡門，雖甚危症，悉效。狀矩小而謙下，視之不知其有異術也。

湯玉　湯玠

康熙《常州府志・人物・方伎》 湯玉、湯玠，武進人。皆世業婦人醫，有奇效。時有他醫，視爲虛羸，不敢輕藥者，往往投以大黃而愈，歲用至數百斤。無錫有施敎者，劑必用人參，亦歲至百斤。識者比之李廣、程不識之用兵。玠常行野，見人有縊者，釋之，知其貿得僞金也，以藥資贈之，空槖還。

乾隆《武進縣志・人物・方伎》 〔玠〕子文佐，兄子文英，世其業。族人湯啓暘，亦以醫著，歲九十七，舉鄉飲賓。

程明助

李梴《醫學入門・歷代醫學姓氏・世醫》 程明助，字良輔，國朝儒醫程明佑之弟，世居新安巖鎭。少嬰寒疾，醫誤投附子，幾殆，遂成熱病，鼻赤如火，藥之弗效。乃發憤學醫，博極古先禁方。以世承平，早婚厚味重茵，故多痰火陰虛之病。法遵河間、丹溪。

王錫爵

嘉慶《餘杭縣志・藝術傳》 王錫爵，字丹宇。先世爲宋御醫，高宗時以藝術奏績授官，傳至爵，世以醫顯。爲人溫愨而性至孝，嘗爲父祈壽白獄，時嚴寒，行至河西橋，有老人坐橋下，衣襤褸，方嘯歌獨酌，呼爵共飲。盤餐略盡，惟餘青荷如初出水。爵心異之，老人曰：余與子有夙因，故得會此，期三年重來，可一晤語。嗣，爵如期往，老人翩翩而來，非復向之衣履矣。乃出方書，命曰：以此救世可也。歸爲人治疾，惟望色聽聲，或以病狀相語，聞病之陽，論得其陰，聞病之陰，論得其陽，藥至病痊，遠邇無不願見。至七十餘，無疾匡坐則逝。

錢寶

乾隆《鎭江府志・人物志・方伎》 錢寶，字文善，原濬曾孫，號復齋。詩多藻思，工小楷行書。精于醫，拯危濟困，恆孜孜焉。所著有《醫案》、《運氣說》、《復齋集》。

光緒《重修丹徒縣志・人物・方技》 子組，號屋舟，以行義自飭，楊文襄甚器重之。

僧坦然

《古今圖書集成・藝術典》卷五一四引《甯國府志》 僧坦然，善鍼砭，針細如毛，長不過寸許，一投輒效。長林高令內患癱，帖葶兩期，僧一再投不效，怪之，靜思良久，躍然曰：是也。此人皮肉肥厚，短針不足用也。乃更置金針，長可五寸，一針而愈。邑人胡振聲中風，僵臥兩日，家人皇遽，治後事。僧過其門，延視之，針其手，手動，再針，瀉痰斗餘，即崛然起坐。次日午刻，能往五里外赴席。奇驗甚多，不具載。住箬嶺橫培，施粥開路，煮茶接衆。

光緒《安徽通志・人物志・方伎》 僧坦然，太平人。善鍼術。胡某中風垂斃，僧再鍼之，瀉痰斗餘而愈。石埭高令患癱瘓，僧再鍼不效，靜思良久，更製長鍼，一鍼而愈。

劉煇

康熙《開封府志・人物・方技》 劉煇，字文華，祥符人。行端學博，尤精於醫。與弟焞同居六十年，友愛無間，有司辟爲鄉社師。敎人以存誠爲主，弟子多以其學顯一時，名士爭與之遊，李崆峒尤重之。

雍正《河南通志・方伎・開封府》 劉煇，字文華，祥符人。幼喜醫，受學於同郡李寬，久之，盡其術。嘆曰：神聖工巧，非可以言辭求。天運物理，必待夫體察明著。遂以醫名，累試輒效。

舒　謐

萬曆《賓州志·獻徵志·人物》 舒謐，字繼安，其先宣城人，國初有以醫職獲譴者，從戍南丹，遂籍焉。謐少孤，有至情，能悟醫術秘傳，活人最多，絶不責報纖毫。急，即風雨昏夜，無遠近，徒步赴之。遇丐者病殭道左，雖穢甚不可近，必爲投劑活之。侍卿涞水張拙菴鵬，以直言謫戍南丹，間染瘴疾。謐療之即愈，藥直一無所取。拙菴重之，作《杏林春意圖序》以贈，稱其尚□古人，尤篤仁義，不計功，不謀利，無遠近，無貴賤，貧富求者如歸市。以之甦危困，起沉綿，畀有生之衆咸去夭札之患，而躋夫仁壽之域，其用誠急而功誠大也。拙菴不輕許可人者，其言殆淵然有深思哉。

謐二子。長經，舉成化丁酉鄉試；次綱，舉弘治辛酉鄉試。綱占籍全州，其後孫應、曾孫弘志，冠冕蟬聯科名鶚薦。拙菴所紀《杏林春意》者，於斯標其盛矣。

語云：不爲良相，則爲良醫，以相與醫皆能利物濟世。今舒氏之先爲良醫，其後當大顯朗，拜相策勳，以翊我昭代文。

傅子鳳

康熙《金華府志·方技》 傅子鳳，字岐山，浦江人。性至孝，因母病延醫罔效，乃自取仲景、叔和諸書，夙夜精思，調劑四年，母獲壽考。自此凡有胗視，如見肺肝，遠近宗之。一日，忽自胗曰：天之限也。遂辭親友，越二日卒。

劉　售

光緒《滁州志·方技》 劉售，字守道，號恆心。家世業醫，人有急病，不遠數百里往救之。子愷，監察御史，人以爲種德所致。

紀　能

康熙《滁州志·隱逸》 紀能，字伯通。性純篤，不習時態。蚤失怙恃，養祖母克孝，事兄長克敬，厚族周貧。尤精醫道，郡人賴以活者甚衆。晚年植花草於園中，日遊嘗自娱。錢憲副題其園曰最樂。因以爲號。

王守誠

光緒《安徽通志·人物志·方伎》 王守誠，字心堂，徽州人。精醫術，仁而有品。寓居全椒，遂家焉。起人沈疴，口不言功。

祁嗣籙　周文炳

乾隆《鎮江府志·人物志·方伎》 祁嗣籙，字肖虚，崇福觀道士。精醫學針砭。四方羽士來京口，主於觀，嗣錄莫不尊禮之，用是多獲秘方，治癰疽諸異毒立效。決死生百罔失一。近世醫治癰疽，多乘人危，脅其財，遂以潰漫，往往致殺人。嗣籙既重人命，不利其財，人多德之。年七十五卒。門人周文炳，字從先，得其傳，以薦舉官太醫院院判。

蔡永烈　蔡嘉上

乾隆《鎮江府志·人物志·方伎》 蔡永烈，字君揚。幼習儒，不得志，遂棄去，習岐黃學。學成乃矢願劑世，凡奇疴危病，經療治，無不頓起。其於傷寒一症，尤得秘傳，六十餘載，所生活者無筭。初不計藥値之有無。年八十一，無疾而終。子嘉上，字伯遴，承父業，遠近稱之。

殷　傅

李梴《醫學入門·歷代醫學姓氏·明醫》 殷傅，字朝相，號壺仙，國朝瓜州人。治傷寒誤服熱藥將死，舌黑不硬，兩頰腫而咽尚通，公曰：舌不硬，咽尚通，太陰、少陰經尚未絶。乃與(火)〔大〕劑，一飲汗出，二飲熱去，三飲病已。治淋瀝忽變口禁厥逆，他醫以爲風，公診尺脈沉大，知病屬下焦，投以八正散而愈。

團　禾

乾隆《鎮江府志·人物志·方伎》 團禾，字濟川，精於醫。遠近抱沉疴不起者，日扣扉求治，戶外屨常滿，活人以千萬計。子一鳳，字紹川；諸子一魁，字繼川，并繼其業。一鳳官太醫院院判。其後玉成，字如春；鑑字萬春，世以醫名。一麟、玉鉉、錦，皆諸生，俱以文行著。團之先本姓朱，宋朱蒙如，字聖源，官團練副使。因忤賈似道，棄官，遂以官爲氏，隱鎮江誅茅以居。用文史自娱，子孫終元世不干仕進。

聶　寵

萬曆《六安州志·人物·方技》 聶寵，字榮之。其先南昌人也，隨父游學于六，因家居焉。寵自少習醫，得《太素》眞詮，馳名州郡。及父卒，事叔如其親。叔病，刺股血和藥進之，遂獲愈。性行謹恪，樂施，重然諾。時有鄉人遺孤女，寵收養之，及長，爲之粧奩以嫁人。有喪不克舉，則施之棺木。其貧而不能就醫者，輒傾心治之，不避寒暑，愈亦不責其報，賴以全活者甚衆。部、按、府、州重加旌奬，而鄉之薦紳先生率多其爲人云。

饒進

同治《祁門縣志・人物志・方伎》 饒進，居城西。性木訥，嘗學醫於休(陽)〔寧〕丁公。丁公曾遇異人授奇術，戒曰：不得其人，勿輕傳。進往從三年，日爲灌園，夜讀書。丁公時或詈呵，進事之愈謹，終無倦色。丁公喜曰：有傳人矣。乃口授秘旨，數日遣還。診人生死時日，無不驗。嘗途遇一人，無疾，戲令之診。進驚曰：明日當死。其人次日至午無恙，攘袂而來，欲辱之。進曰：據法當不爽，若姑歸。未抵家，食於虎。

陳宗仁

同治《六安州志・人物志・方技》 陳宗仁，字守恒，六安衛千戶。好讀書，醫學尤精。診脈輒見病源，投以劑，無不立起者，所活無算。舉鄉飲介賓。

張允通

《古今圖書集成・藝術典》卷五一四引《會稽縣志》 張允通，號瑞陽，以醫名家。生二子，長時鼎號元素，仲時位號行素，俱業儒有文譽。未幾，仍紹父業，專意救世，病者一聞藥氣，顛危立起。貧乏者毫不受值，活人以億萬計，遐邇受惠，聲馳兩浙。太史倪元璐、宗伯姜逢元、知府施肇元、司隸劉光斗、知縣孫鱗，後先額表其廬。至今被活之家，子孫頌祝不置。

張達泉

乾隆《江南通志・藝術・安慶府》 張達泉，懷寧人，精醫，得異授。顔銓部渾爲兒時，中痘已死，達泉視之曰：未死也。急掘地作坑，置兒其中，取新水數桶，用紙蘸之，重貼身上。少頃，有細烟起，兒手微動。達泉喜曰：生矣。復水沃之，氣蓬蓬上蒸，大啼數聲，乃取起，進以藥，旋愈。

《古今圖書集成・藝術典》卷五一五引《安慶府志》 張達泉，懷寧人。幼落魄不羈，遇異人授以脈訣，遂殫精於醫。其治病視劑爲變通，不拘成方。顔銓部渾爲兒時，中痘已死，達泉視之曰：未死也。急掘地作坑，置兒其中，取新水數桶，用紙蘸之，重貼身上。少頃，有細烟起，兒手中微動，達泉喜曰：生矣！復以水沃之，氣蓬蓬上蒸，大啼數聲，乃取起，再進以藥，不數日愈。吴幼安婦孕，偶觸欲墜，達泉診其脈，食以烹鯉而安。且曰：當生缺脣兒，不能育。後皆驗。生平嗜酒，病者爲邀至其所，厚治具相待，即欣焉往。投以金，則拂衣去。每謂人曰：吾年有六十四，因嗜酒減四算。果以六十終。

楊太和

《古今圖書集成・藝術典》卷五一四引《沔陽州志》 楊太和，長於治寒疾，盛暑時，浸青蒿水與人服之，人稱其楊一貼。

張子兒

《古今圖書集成・藝術典》卷五一四引《沔陽州志》 張子兒，人傳其乳名，善治發背，每以掌撻之，發則勸人食羊肉，以草藥數服愈。其方竟不傳。

黄衵

《古今圖書集成・藝術典》卷五一四引《沔陽州志》 黄衵，善小兒醫。中年喪明，探牽牛子制一塊氣，稱黄氏仙方。子孫世傳其業。

韓醫婦

乾隆《介休縣志・人物志・藝術》 韓醫婦，以醫術遊四方。孝義明府周祜母患噎，湯勺不入口，奄奄垂盡。聞韓婦治噎有奇術，僕馬迎至。以花椒煮水，令屢漱之。出一白石，長三寸許，六稜而末鋭，隱隱紅紋如線，納之口中，令咽其液，數以指摩掐咽喉，外用箸探吻，喀喀然出一肉片，卷之，狀若虬，能蜿蜒動。婦言：咽人者，其物有二。一居喉，一居心坎。仍治如前法，復出一物，隨呼麵茶食之，三日而起。贈以絹錢及所乘馬，婦取錢，餘謝不受。周明府爲刻石以志之。

伍子英　張錦

光緒《江西通志・方術・袁州府》 伍子英，萬載人。幼習儒，後精於醫，就診者應手而瘳，時稱其有起死回生之術。同縣張錦，亦精醫，遇異人授祕方，治患蠱者立驗。

翁應祥

乾隆《温州府志・人物・方技》 翁應祥，樂清西鄉人。業儒知醫，精於脈理，篤信古方書，所治多驗。性介甚，人或有所遺，輒辭，縉紳多重之。所著有《内經直指》，尚書尹公臺爲之叙。

陳　泰

光緒《蘄州志・方伎》 陳泰，號自然，蘄州衛人。廣積方書，精明醫道，診脈斷其隱微，用藥咸有裁度。教子僖，中壬子鄉舉。年八十餘，無疾終。

丁　毅

乾隆《江南通志・藝術・江寧府》 丁毅，字德剛，江浦人。路逢殯者，棺下流血，毅熟視之，曰：此生人血也。止舁者，欲啓之，喪家不之信。毅隨至墓所，強使啓，乃孕婦也。診之，以針刺其胸，産一兒，婦亦旋甦。蓋兒手執母心，氣踣身僵耳。針貫兒手，兒驚痛開拳，始娩。通邑稱神。著有《醫方集宜》、《玉函集》、《蘭閣秘方》。

姚　能

康熙《浙江通志・方技・嘉興府》 姚能，字懋良，號靜山，海鹽人。善談論，好吟詩，精于醫理，著《傷寒家秘心法》、《小兒正蒙》、《藥性辨疑》諸書。

倪朱謨　倪洙龍

康熙《浙江通志・方伎・杭州府》 倪朱謨，字純宇。少沉默好古，治桐君、岐伯家言，得其閫奥，治疾奇效。多犇走而延致之，不得則怨。朱謨乃集歷代本草書，窮蒐廣詢，辨疑證誤，考訂極其詳覈，名之曰《本草彙言》，子洙龍刻之行於世。世謂李《本草綱目》得其詳，此得其要，可幷行埒云。洙(隆)〔龍〕仍以醫名家，纂《傷寒彙言》，與《本草》幷行。既竭蹶以刻父遺書，而立請于有司，表揚母節，至涕泣哀懇人得允，稱孝焉。

周從魯

萬曆《揚州府志・人物・技術傳》 周從魯，高郵人。方脈精絶，診病能決生死早暮。其治療多他巧法，不專攻以湯劑，郵人敬之如神。

乾隆《高郵州志・人物・方技》 周從魯，字思賢，瀓縣知縣儉之子，郵良醫也。診脈能預知人生死早暮，治病多巧法，不專攻以湯劑，抱危疾求療者，多不藥而愈，郵人神之。四方人忍死就醫，被全活者甚衆。性疏財，絶不計利，以故術雖盛行，而其家蕭如也。郵爲水鄉，居人大半病濕，從魯以己意按《圖經》教人治五加皮酒，其法用秈米粉、碎五加皮和之，於末伏日爲麯，至冬日釀酒，飲之者，病輒愈。孫尚文，工畫。曾孫恆，號聖階，工詞曲，亦稱良醫。

嚴觀　嚴泰

康熙《浙江通志・方伎・杭州府》 嚴觀，仁和人。不拘古方，頗有膽略。用薑汁製附子，或難之曰：附子性熱，當以童便製，奈何復益以薑？嚴曰：附子性大熱而有毒，用之取其性悍而行藥甚速，若製以童便，則緩矣，緩則非其治也。今佐以生薑之辛而去其毒，不尤見其妙乎？是以用獲奇效。人稱之曰：嚴附子。其用藥有法，有方行于世。弟泰，繼兄而出，精于方脈，治傷寒如決川，爲時所推。

徐　錦

嘉慶《松江府志・藝術傳》引《上海志》 徐錦，字悦生，陸家行人。隱於醫，與莫秉清相友善。莫有戚病瘵，延他醫鍼左肩即悶絶，鍼亦不能出。莫令速延錦，錦取鍼，鍼其右肩，遂拔左鍼。去右鍼，病若失。又有一鍼絶奇，人或暴亡，有未了事須面囑者，取鍼某穴即蘇。俟言畢，抽鍼而絶。臨殁，檢以授其徒曰：我死慎勿鍼。及殁，倉卒忘戒，急取鍼之，竟不蘇，後試他人亦無驗。殁後，有鄰婦啖鷄卵過飽，越日病，醫藥罔效，其夫夢亡父邀徐來視，曰：此食蛋過度，宜煎淡豆豉服之。如法而愈。錦無子，遺老妻，每至困乏，必有叩門贈錢米者，謂徐先生愈我病，令送來也。亦能詩，有《澹軒雜詠》、《浣心草》。

徐昇泰

《古今圖書集成・藝術典》卷五一四引《會稽縣志》 徐昇泰，字世平，理卿初之四世孫也。學醇數奇，屢困棘闈，一旦興范公不能作相願爲良醫之志，由是博究《金匱》《蘭室》之秘，及百家活人諸書，而於馬蒔《素問發微》尤相深契。刀圭緒澤，起人所不能起，全越方賴。視垣有年，昇泰乃自謂：手拯之及無幾，曷若輯書壽世，施濟大且遠也。遂托言衰邁，堅辭診視之召，梓遜言遍告，惟一意著述，作不朽業。今《正譌補遺》一書，補綱目本草所未備。其久大之學術，雖列方技，不愧儒林。

乾隆《紹興府志・人物・方技》引康熙《志》 徐昇泰，會稽人。隱于醫，著有《本草辨疑》數百卷。舍宅建宗祠於戢山之麓。子諸生，宗大孫承元，世以醫名。

李萬庫

道光《重輯渭南縣志・藝術傳》 李萬庫，精鍼法，世號金鍼李。同州守母以哭夫喪明，越十年，遇金鍼，眸復炯炯。其術惜無傳者。

沈明道

崇禎《嘉興縣志・叢談志・醫術》 沈明道，號南山，精於《素問》，遇海上異人授以秘方，療金瘡，試輒效。里中岳之宣，傷足幾危。明道以水紅藥一小缶摻入患口，立愈，可稱神方。明道生平多道氣，每救劑人不望報，以故遠邇雅重之。食貧，澹如也。

無名道人

康熙《嵊縣志・人物志・方技》 道人無名氏，不知何來。戴華陽巾，披鶴氅衣，自言精方藥，凡鍼藥所不到者，能刳割湔洗，若華陀然。人不信。過長樂鄉，有錢遵道者病噎不治，就道人醫。道人用麻沸散抹其胸，刲之，開七八寸許，取痰涎數碗，道暈死，無所知。頃之甦，以膏摩割處，四五日差，噎亦愈。道人不受謝去。

余世規

康熙《浙江通志・方伎・衢州府》 余世規，龍游人。精仲景、叔和之術，凡經鍼艾、藥餌，罔不獲效。求者盈門，不拘貧富咸濟之。正統間，擢醫學訓科。

王闓

同治《營山縣志・人物志・方技》 王闓，字焕宇，得仙傳八法神鍼之術。鄉里患者，賴其全活甚衆。

張軫

康熙《浙江通志・方伎・嘉興府》 張軫，號漢聚，秀水人。精痘疹，率以意爲治，多奇驗。所至，嬰童竹馬迎之。性好施，親舊賴其貲助。

謝表

《古今圖書集成・藝術典》卷五一五引《上虞縣志》 謝表，少習舉業，既而業醫，於脈理有獨解，且能望而決人生死。邑人劉姓者，患痘不起，勢垂絶，父母置棺將殮之。謝往視，驚詫曰：此火證也！急以水澆其面，作咿唔

何子才

《梟藻集・贈醫師何子才序》 余嘗與修《元史》，考其故實，見士之行義於鄉能濟人之急者，皆俱錄焉。或謂死喪疾病之相救助，固鄉黨朋友之事，非甚難能者，夫何足書？余則以爲自世教衰，人於父子昆弟之恩猶或薄焉，其視他人之危，能援手投足以拯之者，於世果多得乎？不多，則君子宜與之，不可使遂泯也。乃採其尤卓卓者，爲著於篇。

自退伏鄉里，聞有斯人之風者，尤複爲興慕焉。一日，趙子貞氏謁余城南，言曰：近僕自淮南攜累而東歸也，奔走水陸之艱，觸冒霜露之慘，既抵家而俱病焉，蓋老稚數口無免者。呻吟咿嚶，僵卧滿室，湯粥之奉不時，恤問之友不至，相視盻然爲溝壑矣。醫師何子才日來視之，療治周勤，藥裹成績，僕有慚心，而子才無倦色。既彌月，而皆起焉。今以衰暮之年，與老婦幼孫複得相依，以保其生者，皆子才之賜也。顧無以報，願惠一言，識區區之感焉。

余以子貞家素貧，固非常有德於子才，而子才亦非有冀於子貞者，乃活其闔門於瀕死，豈非以濟人之急爲心，而世所不多得者乎？若是，固不可使無聞也。然余文思荒落，不能張子才之賢，姑序以復於子貞氏。子才能存此心而不息，義聲積著，則固有當代之執筆者書矣。

陸元聘

嘉慶《松江府志・藝術傳》引《華亭志》 陸元聘，衛城人。善醫，能望而決人生死，嘗見一童子戲於地，曰：噫，是兒死矣。其父母求拯救，以藥一丸授之。越三日，兒忽腦潰，敷藥而愈。戒毋食雀，後兒竟以食雀死。

姜居安

光緒《豐縣志・人物類・技術》 姜居安，邑人，居沛之沙河鎮。以醫鳴。嘗有達官過沛，抵沙河而稚兒病幾殆，迎居安療之。居安令取沙一斗布舟中，卧兒沙上。久之，兒手足漸動，不數時而疾良已。達官甚德之，因叩其故，曰：小兒純陽，當春月，衣皆湖綿過熱，故得涼氣而解耳。

彭浩

康熙《浙江通志・方伎・杭州府》 彭浩，字養浩，仁和人。素性簡亢，不爲杭人所禮。錢塘張尹，崑山人，延請至京，醫名大振。所著有《傷寒秘用》、《雜病正傳》、《醫性》等書，發明性理，人所傳誦。

聲，仍取水灌之，痘即分串纍纍起矣。有婦難產，諸藥靡效，謝以升麻、人參、前胡各五錢，投之即下。衆問其故？謝曰：此胎走岐路而氣下陷也，故用升麻以提之，而參則佐其氣，前胡則活其痰耳。嘗家居，見媳從前過，謂其子曰：汝婦神理已絶，明年此時，當不復有矣。竟如其言。久客廣德，廣德人咸稱謝一貼，又曰謝半仙。得所酬即貸人。一日，置酒集諸交遊，曰：吾化期已逼，與諸君話別。衆以爲痴。謝曰：吾欲決人生死而不能自決耶？取諸所貸券火之。抵家，其叔偶值，問之曰：奈何以此時還？對如前言。叔曰：試爲我一診。謝曰：同行自見。不數武，謂叔曰：當先姪十日。叔訝，未之信，後刻期無爽，人以爲秦越人復出焉。

高選

順治《固始縣志·仙技》 高選，號清隱。精叔和脈，一診即知人死生，投劑無不立愈。蓋亦彼道之最精者。

莫士英

康熙《浙江通志·方伎·杭州府志》 莫士英，字士穎，太學生也。少年多疾，喜方書，能出奇驗，治決生死。會歲大疫，甚至滅門，士英俱得全活。感德者，至置生位于家拜之。有女二，同求診。一女命將絶，自以爲瘵。士英曰：非瘵也，可愈。一女無大病，士英曰：脈不祥，至秋當死。果然。次子成藝，得士英傳，爲善樂施，宗黨（成）〔咸〕敬之。曾孫瑕，仍世醫業，著書滿家。語云：三世爲將，道家所忌。又云：三世爲醫，其後必興。蓋以生殺之事殊也。故人皆云：莫氏昌矣。

范應春

萬曆《上虞縣志·雜紀志·方技》 范應春，少負奇氣，嘗自計曰：匹夫而欲濟人利物，無它術，惟醫藥乎！乃遍讀岐黃家言，遂以醫鳴世，尤神於脈理。一日，途遇姻親薛文龍，驚愕曰：公病劇，奈何？薛曰：固無恙也。應春就其家診之，陽爲好語。密囑其子曰：而翁臟脈已絶，特浮陽在外，不見劇耳。夜半當疾作，及晡而逝矣。可亟治後事。已而時刻不爽。有按院行部至虞，稱病，不言所以，遍召諸醫莫曉，乃召應春。診之曰：無它病！只患夜遺耳。安神保元自已。院矙然曰：胡神哉！又問曰：富貴中人，豢養安逸，然多疾病，時服藥餌；窶人日勞筋骨，奔走衣食而鮮病，何也？應春對曰：戶樞不蠹，流水不腐。院大奇之，曰：此非方術中人！命其子藎臣例入太學。應春診脈醫治，類有神驗，即二事依稀扁鵲之視桓侯焉。然隨所求治，酌方與之，不計其酬，因取神仙家董奉種杏故事，自號杏莊，有《杏莊集》十卷藏於家。

翁禹訓

康熙《浙江通志·方伎·杭州府》 翁禹訓，字汝守，號雲麓，錢塘人。幼穎異，授之書，一覽而盡。其父念訓尪弱，乃令治醫家言。取《靈》、《素》以下書，及諸禁方讀之，務研其奧，有奇驗。寒暑不乘輿蓋。獲醫貲，隨以濟人。及抵家，而待以舉火者又滿座，終不吝施予也。豐頤廣額，美鬚髯，衣冠，甚偉。年四十失明，仰天喟曰：吾豈莊生所謂不祥人耶？目瞽，處一室，彈琴歌咏以自適，事益簡，氣益王。長子立德，次子立言，孫常豫、常益、思眞，曾孫鴻業、鴻聲，元孫世庸，雲孫介眉，皆貴顯。

胡以久

同治《萬安縣志·人物志·方伎》 胡以久，字容與，嘉溪人。家貧力學，童試不利。遘疾甚，從兄胡程令黃巖，求善醫，尋愈，遂受術岐黃，往來雁蕩間期年，精其技。辭歸，兄贈以金，悉市藥物濟人。歸家十年，舉三子，皆列黌序。修善益勤，時有：鳩杖今更老，蒲輪古伏桓之贈，年八十六卒。

光緒《吉安府志·人物·方伎》 胡以久，字容宇，萬安人。習岐黃術，往來雁蕩間期年，遇善醫者，精其伎。從兄胡埕令黃巖，於其歸，贈以金，悉市藥物維舟濟人。歸家十年，修善益勤，年八十六卒。

劉琮應

嘉慶《重刊江寧府志·技藝》 劉琮應，六合人。侍憲宗疾并療鄭世子，授太醫院御醫。

吴毓昌

康熙《浙江通志·方伎·杭州府》 吴毓昌，字玉涵，以太學生爲內閣中書。當國家蜩螗沸羹之時，無所附麗，人皆賢之。善岐黃之術，施濟甚多。子堯善。

王容

嘉靖《重修太平府志·方伎》 王容，字志宏，當塗人。亦由醫士（順天）

〔天順〕間從守備將帥於東北邊關，用藥多效。成化間，嘗奉詔乘傳診療王，疾愈，獲鞍馬之賞。已亥冬，授唐府良醫，亦有名于時焉。歲乙巳，自陳老疾，致仕。丁未春，中風，卒于家。

張大經

嘉慶《餘杭縣志·藝術傳》 張大經，字景和。居心純厚，博覽醫宗。嘗按脈視色，有遇微疾而直曰必死，有患重病決曰必生。則藥和平，而每於平中見奇。有可活而不能藥者，忻然捐貲調治，存活無算。

孫櫓

康熙《浙江通志·方伎·金華府》 孫櫓，號南屏，東陽人。性穎異，精岐黄。五都有單姓妻，産死三日，心尚温，櫓適過之，一劑而甦，竟産一男。又有人頭生瘤，癢甚。櫓曰：此五瘤之外，名爲虱瘤。決破之，果取虱碗許，遂痊。其效多類此。著有《醫學大成》、《活命秘訣》、《脈經採要》等書。

道光《東陽縣志·人物·方技》 孫櫓，號南屏。資性穎異。父頤齋，抱痾不起，櫓遂專精于醫，因之以延父算。閭里乞匕者闐門。【略】義烏金廷玉，母病延之，與同寢，試診其足之太冲。曰：噫，尊堂固無恙，明年之夏，君不食新矣。至日果符。【略】子行南、肖南，孫泗濱。皆善承其業，凡數世皆以醫名。

吳嗣昌

康熙《仁和縣志·方技》 吳嗣昌，字懋先。世爲醫家，昌更別有會悟。鼎革初，大疫，察理制方，全活甚衆。浙督趙清獻公，名臣也，嘗遘危疾，昌獨排衆論，投冰水立甦之。公尊禮若神，曰：君其不朽矣！後以事煩目瞽，居河渚，著《傷寒正宗》、《醫學慧業》等書行世。

吳奐

康熙《金華府志·方技》 吳奐，字德章，蘭谿人。刻志好學，博通書史，善書札而尤精於醫。得何文定公曾孫仲畏之傳，功力兼人，益造其微。其醫最于一邑，人多稱之。所著有《古簡方》十二卷、《諸集方》四十餘卷，其詩號《蘭渚漁歌》。

沈士逸

康熙《浙江通志·方伎·杭州府》 沈士逸，字逸眞，仁和人。善醫知名。少時嘗獻書經略邢公，邢奇之，置爲裨將，令督兵海上，以功爲遊洋將軍。己父、祖相繼殁，母孀弟(勿)〔幼〕，遂絶意疆埸，奉母湔灘，而産日落，乃發篋讀禁方，盡得要秘，數年名大起，日造請者，數十百家，全活不可勝數。既老，搆園池，多樹竹木、菱芡，日抱琴、書，坐卧其中。賢士大夫軒車到門，多不時出，而以疾來者，則率爾命駕，無問近遠。年六十有六，疾瘧卒。所著《海外紀聞》、《翊世元機》、《清乘簡園集》若干卷。

潘楫

康熙《仁和縣志·方技》 潘楫，字碩甫，號鄧林。少以孝見聞。樂道不仕，賣藥都市中，人以韓伯休目之。受業數百輩，治疾皆有奇效。所著《醫燈續燄》，大有功於世。年七十五卒。長子杓燦，有父風。

熊宗立

萬曆《建陽縣志·叢談志·方伎》 熊宗立，通陰陽醫卜之術。註解《天玄》、《雪心》二賦，《金精鰲極》、《難經》、《脈經》、《藥性賦補遺》，及集《婦人良方》等書行於世。

李梴《醫學入門·歷代醫學姓氏·明醫》 熊宗立，號道軒，國朝建陽人。從劉剡學，兼通陰陽醫卜之術。注解《難經》、《脈訣》，撰《藥性賦補遺》，集《婦人良方》。

程伯昌

萬曆《建陽縣志·叢談志·方伎》程伯昌，三桂里人。授雷霆秘訣，祈禱驅除，大著靈驗，尤妙催生符法。好象戲對局，終日不釋。間有急叩之者，則隨以一碁子與之持去，其胎即下。一日，於郡城遇一乞者，貌甚惡，昌敎市童呼之曰：千年不死鬼。乞者指昌罵曰：饒舌哉，雷部判官精。蓋昌其降世云。

廖彦昭

光緒《吉安府志·人物·方伎》 廖彦昭，字國流，龍泉人。幼通岐黄，遇異人授以子午鍼法，沈痾宿疾，無不立起。一日見柩於途，柩内生血遺下，詢之，乃孕婦也。急止之，命發棺，揣其胸，尚温，出鍼刺其心穴，良久，子下，婦竟活。問其故，曰：此抱心生也。鍼入則手舒胎下。因取兒手驗之，果有鍼痕。嘗以大壺儲藥活人，人稱爲壺公。

曹義

嘉靖《襄城縣志·雜録·方伎》 國朝曹義，字克讓，邑人。粗通經史，善醫術，隱居不仕，治病不受謝。嘗有盗入其室，公執之，則素所識。公曰：汝何爲是？若遇他人，則傷汝矣！縱之去，終不言其事，人咸稱之曰：曹長者。壽終于八十。

張懷貴

同治《直隸綿州志·方技》引《貴州通志》 張懷貴，四川綿竹人，雲遊至黄平。黄冠野服，有道術。未幾，入山披剃，凈修年餘，居寶珠寺。有以病來告者，即知生死。可療者，與以藥立愈。其不可者，百計懇求，終不與。嘗自捐數百金修寶珠寺，未嘗募化。益精黄白之術，或叩之，絶口不道。門下從學弟子甚衆，或授之脈，或傳鍼灸，或别傳技藝，隨其才授之。年八十三，將卒前三日，謂門弟子曰：某日某時，吾當逝矣。至期，談笑而終。

王朝請

康熙《太平縣志·人物·方技》 王朝請，字疇九，世習岐黄業，尤工於痘疹。至請，以儒習醫，其術益神，論生死無逾時日者，授太醫院〔吏〕目。每出，隨而延者塞途，無貴賤悉爲之診，人以是益頌其德。郡伯傅因醫女驗其神，令同時醫者群拜師之。今請子允昌、孫，皆能世其術，爲遠邇推服。所著《三槐堂秘書》，率有異驗云。

陳錞

光緒《慈谿縣志·人物·藝術》引天啓《縣志》 陳錞，字子平。豐神秀穎，望之如神仙中人。素負奇氣，不肯隨時俯仰。幼隨父鏐任銅鼓，遇異人授岐黄術，能以靈心運古法，不必拘拘刀圭。當其意到處，眼前一草一木拈用之，往往沈疴立起。貧而修謝者，輒卻之。少卿夏時正嘗謂：錞晦道以醫，行醫利人不以利己。人稱杏林先生。

俞承春

光緒《奉化縣志·人物·方技》 俞承春，號桃源，北山人。攻兒醫，兼治損傷，多效。市藥不計直。子應霖，弟承歷，號鳳山，承歷子應震，世其業。

張愷

光緒《江西通志·方術·饒州府》 張愷，鄱陽人，良醫季民孫。善療奇疾。有女子呵欠，兩臂直上不能下，諸藥莫治。愷令其母解女子裙襦，坐寢室，乃揚言醫入，女忽擲手下掩體，舉動遂如故。又一小兒，坐高處，懸跌於地，瞳人倒視，見房屋皆翻覆。愷令有力者，將小兒顛倒數次，其視即順。凡藥石難療之疾，愷不執方脈，以意治之，無不立愈。

程世光

光緒《江西通志·方術·饒州府》 程世光，鄱陽人，擅小兒科。憲王誕長子，初出胎，不知吮乳，曰：難産傷氣。持人葠煎湯，灌半匙即吮。又舟工生子，胞而無皮，取土數升糁其體，即成肌。有胎婦，兒腹啼，傾豆於地，令婦低首拾之，兒啼止。其醫多以意出，弗拘方書，具有神效。

楊賁亨

光緒《江西通志·方術·饒州府》 楊賁亨，鄱陽人。博羣書，精脈理，每心計造方。有患饑者，諸醫以火證治。賁亨久思之，未得。頃見堂上木凳自仆，乃爲溼氣所蒸致朽。忽悟：水能消物，不獨屬火，此溼消爾。投熱劑而愈。又有顯者，瘴目性躁，日憂切，益不瘳。賁亨紿曰：目可計日即痊，第懼毒發於股。又日撫其股，憂之。後目忽瘳，而股亦無恙。蓋誘其心火下降爾。術遂大名於時。

盛宗禎

道光重修《寶應縣志·藝術》 盛宗禎，字心國，其先高郵人，世工醫術，後遷寶應之黎城，因家焉。宗禎精於醫，幼科尤神異。兒之未患痘也，宗禎視耳紋，辨黄紫曲直，驗遲速輕重，可治不可治，百不失一。嘗過某家，有兒戲階下，語其嫗曰：可數與嬉戲，豐食飲，但三月活耳。後果如其言。又某氏兒患痘最輕，自謂可勿藥，宗禎曰：勿藥，十二日死矣。不聽，十二日果死。奇驗多此類。

姚英焕

道光重修《寶應縣志·藝術》 姚英焕，字伯章，工醫術。爲人謙和，不論貴賤貧富，皆竭力調治，以故城市村落，遠近之人，就而治症者，戶外踵相接也。

姚德徵　姚懼

道光重修《寶應縣志·藝術》 姚德徵，字允符，工醫術。子懼，業儒，初不名。懼嘗夢提學使者案發，第四名者姚懼也，因名懼。是年果充附學生，名在第四。後邑罹水患，家貧，以醫術游京師。御史謝兆昌者患寒症，汗後發斑，諸醫投犀角、黄連，久之絶食飲，士大夫皆必兆昌不起。懼進理中湯，數劑而愈，以此名重京師，諸貴人急延致之。德徵妻顔氏賢淑，德徵與邑人丁翁善，丁無子，家貧不能置妾，顔出白金二十兩，勸德徵代置妾，丁之妻感泣，因不妬，後生子四。邑人傳爲美譚。

金　璿

乾隆《江寧縣新志·藝術傳》 金璿，字元善，元玉之弟。精於醫，治病不計利，而好責人禮貌。戶部尚書某公，延之醫夫人痰火，兩服而愈。尚書公寫數百言，叙病源，索丸藥方，因圈其句讀以與之。璿援筆即答一書，亦圈其句讀。尚書見之曰：吾之過也。命駕訪之。每對人曰：南京醫中有人。旁及繪事，曾寫袁安卧雪圖，兄元玉題之以詩。

趙汝隆

咸豐《南寧縣志·人物·方技》 趙汝隆，邑人。精太素脈，知人窮通壽夭。用藥隨取草木與之，無一不痊。蘇侍御病齒衄，日流血數升，諸醫束手，汝隆摘苦蒿令細嚼，立愈。都御史唐饋人參五十斤，盡分送人合藥。年九十六終，有人遇於碧雞關西，寄語家人勿慟，始知尸解去。

光緒《續雲南通志·雜志·方技》 趙汝隆，曲靖府人。

吴彦德

光緒《德安府志·人物·方術》引《隨州志》 吴彦德，隨州人。性誠篤。少習舉業，改岐黄濟世。遇貧乏者，卻其直，復贍給之，故德之者衆。嘗語人曰：吾生平無異人處，惟喜行善事耳。與人言，亦未嘗不勸以爲善，鄉里稱爲篤行君子。子珉，舉於鄉。

林存祥

康熙《福建通志·方技·漳州府》 林存祥，龍溪人。善醫，用藥詳性味而變通之，不拘方類。經治療者，多愈。年七十卒。

乾隆《龍溪縣志·人物·藝術》 林存祥，善醫術，用藥不拘方類，推詳性味而變通之，凡經其治療者多愈。其星命亦多奇中。舊《志》云：存祥，深於醫道，切脈決人平危遠近，應期不爽。南靖卓縣丞有疾，診之曰：明年五月五日午時卒。東門黄仕博六月請飲酒，無恙，診之曰：明年此時請，我不來矣。人以爲戲，後皆如所言。尚書潘榮在郡庠時，存祥課其命曰：歲星度翼，平生足履王庭。後潘公歷仕兩京，位登八座，未嘗一涉外任。人服其精。喜積陰德，不乘危射利，人無貴賤貧富，苟以疾苦，不擇所向，治療必盡其心而後已，人咸德之。子坦和、坦明，能繼其術，亦以名醫稱。

錢　恒

乾隆《吴縣志·列傳·藝術》 錢恒，字伯常，瑛子，以兒醫稱。成化間，召入太醫院典御藥，其術驗，授御醫，進院判。每退内直，士大夫迎治孺子疾者，戶外僕馬不絶。弟愷，字伯康，與兄齊名。以濟生爲念，酬以金幣，一無所取，遠近攜挈嬰孩來者，相繼於道。子純，字口口，能世其業，亦仕爲院判。

程　玠

《古今醫統大全·歷世聖賢名醫姓氏·明》 程介，新安槐塘人，號松崖，登成化甲辰科李旻榜進士。爲人愷悌，性好醫方，心存仁濟，所著有《松崖醫徑》四卷。

康熙《徽州府志·人物志·方技》 程玠，字文玉，歙槐塘人。精於醫卜星曆之學。里有病瘵者，玠按脈曰：君必不起，顧有喜徵。時病者未有子，而居別業，玠趣之歸，一宿而婦有娠，瘵竟死。宗人某係廩生，以次將貢而病甚，請玠視。玠入戶，聞嗽聲，問曰：此非病者與？無憂，行且爲邑令。後果登鄉薦，尹華容。玠登進士後，嘗出遊，遇喪車過，鼓吹前引，喪家男婦，匍匐扶哭甚喧。見有血從棺中出，以指染其血而嗅之，叱輀人曰：止。衆駭問故，曰：棺中人未死，而若輩死之何也？其家駭異，謂玠誤，疑有冤狀，泣曰：此吾婦也，不幸朝瞑，君毋誤聽。玠笑曰：非若所知也，速啓棺，吾能生若婦。衆人大駭，度不可止，則置櫬道旁，觀者益至。棺既啓，玠令解殮扶之起，乃以鍼刺胸。婦忽能言，果未死。家人相抱，悲喜交集，觀者呼聲如沸，以玠爲神。玠能造木牛流馬，可五步築室，按八門遁甲術，夜戶不閉，盜無敢入者。臨殁，盡毁其書，曰：此不可以言傳，恐反誤人。玠未官卒，丘文莊狀其行，稱爲一代異人。所著有《大定數》、《太素脈訣》、《松崖醫經》行世。

許　宏

弘治《八閩通志·藝術·建寧府》 許宏，字宗道，建安人。幼讀書，學軒岐之術，號爲精到，凡奇證異疾，藥之多效。又能詩文，寫山水。年八十七而終。所著醫方有《通玄錄》，詩有《南窗草錄》，藏於家。

周一龍

《古今圖書集成·藝術典》卷五一五引《上虞縣志》　周一龍，字五雲，邑庠生。幼精舉子業，一夕，夢神授以秘術，遂習岐黃，望聞問切，多所救濟，善知人生死。性好施與，賑施貧乏，服劑不取其酬，邑中稱良醫云。後李茂蘭得一龍傳，盡習其術，亦以善醫聞。

陳宗文

萬曆《吉安府志·雜傳·工伎》　陳宗文，泰和人。幼隨〔父〕任浙中，遇異人授以醫術。凡診人脈，或無病而言死，或易簀而言生，或在童時而言終身貴賤壽夭，無不奇中。嗜酒豪放，視利如土苴。盛氣勢，貴遊子弟必折節禮之。

僧希遁

萬曆《秀水縣志·叢談·方伎》　海州司馬韋敷適嘉興道，遇釋子希遁，深於繕生之術，又擇用日辰可代藥石。見敷鑷白，曰：貧道爲公擇日更之，越五六日，僧請鑷其半，及生色若黳矣。凡三鑷之，鬢不復變。座客有祈鑷者，且強之，僧言：惜取時差爽耳。後鬒色果微綠，意其術出於遁甲，故號希遁云。

歐陽植

康熙《景陵縣志·人物志·方技》　歐陽植，字叔堅，邑庠生。治舉業，旁精醫。著有《靈臺(問)〔秘〕要》，邑進士胡懋志刻於口口〔固始〕；有《易簡奇方》，邑進士熊寅刻於婺源；有《全生四要》，邑知府王曰然刻於臨洮。

李杜

康熙《儀徵縣志·人物·藝術列傳》　李杜，字思齊，傳父伯樓業，以醫名世。邑令君嘉其行誼，兩舉鄉飲。壽至八十四。

趙璧

康熙《常熟縣志·人物·方技》　趙璧，字彥美。馳聲醫術，療病不責報，鄉黨重之。

吳敬泉

《古今圖書集成·藝術典》卷五一五引《蘭谿縣志》　吳敬泉，博通內典，精於醫理。凡延請診視，或貧富齊至，必先其貧者，且贈以藥而不取其資。若貧而居遠鄉，不能再請者，察其病之淺深，自初疾至疾愈，按日立方，不爽毫末。

江文照

《古今圖書集成·藝術典》卷五一五引《蘭谿縣志》　江文照，字紹源，太平鄉人，父故，遺腹子也。幼習舉子業，後其母欲其改業，習醫救人，由是精於岐黃，名聞兩浙。遠方之人，凡有疑難危證，接踵就醫，靡不立效。又恪遵母命，救人不取財利，誠杏林中之翹楚也。兵部尚書王家彥、暨諸當道名公，俱有傳贊。

郭居易

《古今圖書集成·藝術典》卷五一五引《蘭谿縣志》　郭居易，字惟恆，以醫爲業，時芳之裔孫也。凡病，無論深山窮谷，童子村嫗，必曰：請郭先生來則生矣。爲人平易，以濟人爲念。貧家延之，診視不受其謝，更贈以藥。其子庠生德昌，字日生，醫理甚明，克承父業，人多稱之。

吳淇

《古今圖書集成·藝術典》卷五一五引《蘭谿縣志》　吳淇，太平鄉人，號悠齋。世習小兒科，傳授口訣。淇愷悌柔和，視小兒風寒痳痘等證，診脈察色，不厭再三，有如己子然，故內外心感之。用藥慎確，加減輕重，必重思之，不誤傷人。不概受人謝。蓋醫而有儒風者，君子取之。

張柏

乾隆《蘭谿縣志·人物志·方技》　張柏，字世茂。原歙人，祖遷於蘭。少習博士業，已而以父病痞久，遂棄而讀《內經》、《本草》羣書，從事於醫，延治多驗。大概主參、朮補法，而隨時定方。父病得延，期年而醫道著行矣。爲人長者，不厚責報。人以病請，即夜十數起弗辭。事親有禮，撫弟姪友愛，分給田宅，有古人風。診脈斷疾，生死深淺，輒有奇驗。平生所著有《醫案》，徐學恕爲序。

陳善道

乾隆《延平府志·人物·方技》 陳善道，建昌人，卜居將樂。幼業儒，世精醫，挾術養親，睦敦孝義。母死，扶櫬歸里，合葬父墓。會大雨雪，墓若氤氳襲人，人以爲異。族苦漕運，毅然鬻產代賠，毫不責報。往返京師七載，貧無怨言。

賴 沂湯銘

乾隆《延平府志·人物·方技》 賴沂，字湯銘，永安庠生。父病，羣醫莫救，痛之。一旦棄舉子業，精醫，以贖己罪，而未能也。於是無貧富病者，雖百里必視之，投劑輒驗。郡守鄭祖法，幾不起，銘既效治，且曰：調養元氣，上策也。參、朮草根，斯(于)[下]耳。鄭聞言，益加禮焉。著有《内傷外感法錄》、《四科治要》，閩醫多祖述之。

賈老人

宣統《甘肅新通志·志餘·方伎》 賈老人，其名莫考，合水人。明時隨父任於山東，從孔明醫學診脈，能知人窮通得喪。其子心傳，亦能以善醫名於世。

成醫官

《古今圖書集成·藝術典》卷五一五引《青州府志》 成醫官，失名，莒州人，善醫。青州知府倪某疾，診之曰：思。太府曰：何思？曰：雖朋友亦思也。太府曰：是也。有一竊友甚思之，不意成疾。命往淮安市藥，見城門大書某家病劇，能愈者厚贈。至其家，見羣醫環視，診之曰：諸公識此病乎？此中滿證。白糖和水灌之立愈。嘗與一友攜手行，診之，驚曰：子幸遇我，速市百梨盡啖之，貯其核，煮水飲之。其人背出一腫，曰：此肉癰也，不可活，得百梨表之，易治。其術神奇類如此。

林 芝

《古今圖書集成·藝術典》卷五一五引《灊山縣志》 林芝，字友蘭，讀書不甚深，而於醫若天亶性成，不假學問而成。里中幼恃以壯，弱恃以健，風寒暑濕恃以無恐。市不計值，施不望報，窮老孤獨之人，若飲水於河而取火於燧也。年七十，得子而夭，人共嘆天道之無知云。

盛 曠

乾隆《吴江縣志·人物·藝能》 盛曠，字用敬，亦寅之孫。穎悟絶人，盡傳家學。來求必應，未嘗索賄。其治痼疾，甚有奇驗。西門金棠妻小產，病數月，日厥去者數四，見鬼自頂而出，自口而入。曠曰：脈濇而弦，血少有痰，鬼自頂門出，此元神出也，出而不進者死，出而復入可活也。藥之，去痰碗許，尋愈。有陳傑者，妻孕而患痢數月，昏厥六日矣，所下若屋漏水，棺斂已具。曠診之曰：無慮。藥之痢止而胎動，越數日生子。有婦病卒厥，昏昏若醉夢，手足筋攣。曠診之，六脈俱脱，忽有麻衣者在側，問其人，則病者之婿也。問其服，妻之服也。問其妻之死，僅半月，以產後證。曠忽悟，曰：此病必憂鬱所致。以木香流氣飲投之，一服而瘥。文學姚汝明内傷新愈，又病食傷，他醫皆用下藥，病益甚，小便閉，中滿，腹堅如石。曠診之，曰：此不可用分理藥也，宜以參、(著)[耆]運其氣，升麻提其氣，氣升則水自下矣。加以益腎之劑，數服霍然。道士顧本初病失音，他醫皆以厥陰傷寒治之。曠至，曰：内傷外感無可爲者，某日當汗，某日死。既而果然。人問其故，曰：肺屬金，主聲，肺敗則失音。且面黧黑，腎氣竭矣。某日屬火，火乘金位，眞陽既奪，不死何待？又嘗(過)[遇]一僧，無病也，時方春初，診其脈，曰：至秋八月不起矣。僧愕然，及期果病(腸)[膈]氣而死。其他治效甚多，不可殫述。曠孝友，仗義好施予，嘗有遭喪不能舉者，竭所有周其急。毘陵畫士馬某以貧來謁，館之數年。馬願以女充側室，曠惻然變色拒之。年五十五卒。

藍玉仲 劉 奎 劉 仲

萬曆《吉安府志·雜傳·工伎》 藍玉仲，永新人。精方脈，預言人利鈍禍福壽夭，奇中。體豐龐，善飯，士大夫家爭輿致之。其起人痼瘵，或以一劑，或因前醫所服方增減一、二，或亦無所增減，第稍差其等分，無不立效。或曰：其術多得之藍元初云。元初，玉仲族叔父也。同縣復有劉奎、劉仲者，攻幼科，亦擅名于時。

喜良臣

光緒《金壇縣志·方伎》 喜良臣，字養心。以幼科擅名。八十餘卒。子穎，字存養，世其術。

劉嬾窩

萬曆《吉安府志·雜傳·工伎》 劉嬾窩，安福人，少卓犖。里晏氏子病危，忽一道人欵門曰：與錢千貫，吾當治之。晏委錢，恣所取，道人日攜百錢飲酒家，暮醉則歸。忽早作呼晏辦一犬，置病子前，令健夫夾持之，道人坐其後，默攻之。病子苦甚欲起，戒夾者堅忽動，夕乃罷。明日又如之，病脫然矣。其犬一息垂絶，嬾窩視而嘆曰：術則奇矣，如犬何？道人喜曰：仁言也。復命取一新磚，置犬前，如前攻之，犬亦搖尾去，磚則墳矣。更不受謝，復取書數卷，授嬾窩去。嬾窩遂以醫名世。

馮國鎮

雍正《河南府志·人物志·藝術》 馮國鎮，通幼科，與趙齊名。年九十餘尚健步，壯者追之弗及。子三錫，孫松，皆庠生，世其業。著《痘疹規要》、《幼幼大全》五卷。

尹林菴

道光《濟南府志·人物·方伎》 尹林菴，濟南人。常遊長白山，遇異人授以方書，遂洞醫理，活人無算。同時陽信劉夢松，濱州周宗岳，從之受學，後皆以醫名於世。

周宗岳

咸豐《濱州志·人物志》 周宗岳，字鳳山。素業儒，後專治醫道，受學於國醫尹林菴。尹授四弟子：劉、侯、陳、周，嶽更潛靜，得其秘傳，診治則獲奇效。所著有《脈學講義》刊行。

郭桂 時芳

康熙《金華府志·方技》 郭桂，字時芳。其先有汪夫人者，以善醫婦人顯於宋，掌內府藥院事，以功封溫國太夫人。子孫世承其業，隨宋南遷，散居于浙之東西，杭、紹、金華者，皆其族也。而金華之族有名化龍者，又遷于蘭谿，後生時芳。芳醫道甚明，回生起死，百不失一，鄉邦倚之爲司命云。

周春谷 周善卿 周用文 周弼

乾隆《興化府莆田縣志·人物志·方伎》 周春谷，黄石人。幼有異質，年十五走江右，遍詢方脈之秘。凡診脈斷其生死，無不驗者。一夕，夢人語之曰：聞君醫國手，請上玉華樓。既覺，即戒家人治喪具，示以死月日。及期果卒。弟善卿，醫與春谷齊名。善卿子用文，精瘍醫，洪武初，以行省檄爲郡惠民局瘍醫師。用(中)〔文〕善療猝中之症。用文子弼，號穀城子，其醫兼通內外，尤精百草之性。鄉落中，凡牛羊雞犬之疾，野老村嫗走求之，略投以草藥，無不立瘥。

方烱

弘治《八閩通志·藝術·興化府》 方烱，字用晦，莆田人。學醫於蜀人虞仲文。少年時，有講僧暴死，衆醫駭散，將入殮，口已噤矣。烱以管吹藥內鼻中，良久，吐痰數升愈。由是莆中他醫皆廢。

烱醫以脈爲主，必辨其表裏虛實，而無論乎貧富貴賤。歲疫，設鼎孔道，病者造，先使其徒診視，相與審訂而後治療，率多應驗者。

能詩，攻書，自號杏翁。所著有《杏林肘後方》及《傷寒書》、《脈理精微書》傳世。族人顯，字文謨，傳其學，一時號稱精詣，文行亦爲卿邦所推，自號橘泉翁。

鄭德孚

乾隆《興化府莆田縣志·人物志·方伎》 鄭德孚，耕老裔。初從吳司業源讀書，穎悟絶人，而未用於世，乃去而學醫。始郡人方烱精脈理，有一僧暴死，口已噤矣，烱視之，獨謂可治，乃以管吹藥納鼻中，良久，吐痰數升而愈。德孚以爲神，遂從烱學而精其術。烱別有傳。

方士

乾隆《興化府莆田縣志·人物志·方伎》 方士，字邦彦。精醫術，以濟人利物爲分內事。姪文謨，傳其學，時稱精詣。每醫人，一帖輒愈，人稱方一帖云。

劉菽

乾隆《興化府莆田縣志·人物·方伎傳》 劉菽，邑諸生。因善病成醫。醫多奇中。嘗自言，負病時獨居一室，設木案，置瓦瓶食器，雞飛其上，器展轉欲墜地，不爲動色。於是療者曰：病可治。故其爲醫也，亦以此法愈人。於《本草》、《丹溪》、《肘後》諸書，多所發明。然於貧者，不受謝，人以此益歸之。

賣藥道人

康熙《上元縣志・人物傳・釋道》 賣藥道人，不知所從來。監前西倉巷有艾千戶者，一子年十六七，而脣上有贅瘤，初如豆，漸如拳，觸之痛不可忍，父子相抱，終日啼泣。一日，艾老往南門，歸至內橋，途遇賣藥道人，試以語之。道人曰：吾能治此，若家何許，且當詣汝告之。翌日，道人果至，診其子，曰：是不難，第愈時當謝我二金耳。艾老許諾，遂出囊中藥，以一青綫繆之，繫於瘤之根。次日又至，又次日再至，語艾老曰：病即愈矣，明日當具金謝我。翌日，瘤如故，父子又相抱而啼，疑其紿己也。午飯時，子方握匕，瘤砉然墜几上，毫無所苦。候道人，竟不至。

張汝霖

康熙《平陽府志・人物志・方技》 張汝霖，號濟川，猗氏杜村人。初業儒，後謝帖括，專心岐黃之術，爲名醫。僧冥淵嘗患暑，汲井水沃頤，濟川見之曰：一月之後，將患頭痛不可忍，當亟服藥。僧不聽，月餘果頭痛，坐卧無措，乃求方於濟川。濟川曰：今始求藥，遲矣！頭痛及年當自止，但慮汝牙早落耳。踰年，齒隕而頭痛愈。又邑紳陳起登爲諸生時，患疾經年，延濟川診視，曰：若得變症傷寒則大愈。無幾，陳果變症，患熱疾增劇，家人惶遽求濟川。濟川傳問寢息唾嗽狀，曰：可勿藥，有喜也。家人以不下藥爲疑，濟川乃出一方示之曰：但令發汗，疾即愈矣。家人持歸，人爭謂自濟川所得奇方，閱視之，止數味，無異尋常，疑信者半。及服之，汗出遂痊。濟川尤精太素脈，每決人死生壽夭，無不中，然不肯輕言。有求療治者，必盡心調理之，卒不計利，人以此益重之。年九十三，嘗隔歲預知死期，謂其子孫曰：吾於某年月必死，凡吾書未就者，當速爲補輯之。於是口誦若干卷，令其子日錄之，至藏書盈箱。凡有殘缺者，悉語其子曰：某卷某頁失幾字，訛幾字，校訂殆無遺漏。其學之邃博如此。親友聞而駭之，爭來觀。濟川曰：某年某月吾必死，親友愛我者，當期前一日共至劇飲，以盡平生歡。及期，親友果聚。濟川黄髮童顏，扶杖徐步無恙也，相與笑語竟夕。至次日，令其子視棺衾，設喪次，因正衣冠，瞑目而逝。卒年九十有四。人爭異之，相傳爲仙去。

藥三德

康熙《平陽府志・人物志・方技》 藥三德，永和人，苗之子也。鍼灸神效，忘仇活人。

林時

雍正《合肥縣志・人物・方伎》 林時，字惟中。精太素脈，人多賴以得生。有方氏婦求治，胗脈不藥，語其家人曰：此則限於數矣。夏得秋脈，定死，死在庚申辛酉日，果驗。他皆類此。

任庸

弘治《黄州府志・隱逸・名醫》 任庸，本縣人。精通醫術，授本縣醫學訓科。

程國輔

弘治《徽州府志・人物・藝術》 程國輔，休寧榆村人。通儒術，尤長於醫。附馬王克恭鎮新安，每延訪之。守閩，值公主疾，遣使迎至，一劑奏功。凡鄉邑遠近，藥人之疾，不責其報。曾孫以順、以善，皆高年，獲賜冠帶榮身。

汪副護

康熙《徽州府志・人物志・方技》 汪副護，字天相，休寧西門人。業醫，師祁門汪機。尋歷姑蘇京口，訪名師，遂精其術。祖東垣老人，專以扶元氣爲主，因號培元。行醫四十餘年，全活甚衆。生平樂善好施，四城通道并建亭憩行者，兼修遠近廟宇，悉出賣藥金。著有《試效集成》暨諸醫書行世。

劉松泉

康熙《儀徵縣志・人物・藝術列傳》 劉松泉，世醫也。一日，道經坐草婦以身不免而死，劉入胗曰：此可即活。一藥立甦，并全其子。邑人求視疾恐後，無貧富悉奔其急。每夜歸，則釋所受藥信，不篝燈。人詰其故，答曰：病起不測，求立愈多不能立措金，恐有豐嗇好惡，分別芥蒂，不如一渾之爲愈也。一黑夜，見偷兒洞壁入，即以晝所得金悉與之，誡之曰：度足汝計生，此何事？無爲也。并不問其名姓。後及時鮮品，每日出必獲自藥臺，莫得其自，如是者數年，劉竊怪之。一日，念新含桃將薦，密遣人候之，見一人置一新櫻籠，疾趨而出。劉挽訊其故。其人曰：小人即當年暮夜受金者也，得改行，充衣食，皆拜公恩賜，不敢忘，但覓及時品鮮，以圖報萬一耳。劉即復切誡之，饋始絕。嘗怫于不令弟，弟不與通。一日，弟滔魚羹而咽，與人言則通，下勺水即塞，乃病甚。松泉胗之曰：此無病。命取象牙鎊屑，以沸酒和飲之，弟得立下飲食，感相好如平日。弟亦醫，因請之。答曰：此非骨鯁，乃魚鱗橫氣門也。鱗性輕，言語則肺氣冲出而開，外物入則閉。象故龍種，性能化諸骨角，以熱酒下之，未有不融者。一時盛傳其事。晚年失偶，其子買婢以進，乃顧謂其子曰：吾今老矣，奈何以慰寂誤人少女喪其節？製妝嫁之。其德厚如此。壽至七十餘，忽一日，語（與）〔其〕子曰：三日後，予當逝。子莫解，因請，乃曰：上帝命我承泰興城隍乏。越三日，沐浴冠服而坐，復語曰：輿騶已在門矣。遂終。

吳士龍

康熙《休寧縣志·人物·方技》 吳士龍，號渤海，臨溪人。穎敏任俠。初業儒，不售。博通韜鈐擊刺，琴簫詩畫，而尤精於醫，岐黄以下書，悉精勘。切脈鍼灸，投多奇中，群醫莫識，考之皆書所載也。起病不責稍稾，有蓄輒散之濟乏。子文衮夭，未婚妻死烈，士龍傾橐爲上請旌表。貧老怡然，自題其小齋有句云：一錢罄矣還栽菊，四壁蕭然不賣琴。可想其概。年踰七十卒。

王貫

康熙《吳縣志·人物·藝術》 王貫，攻醫。知府曹鳳得疾，遍求醫不愈。有薦貫，手到病痊。曹異之，閱其用藥，與諸醫同，而貫獨效，問之。對曰：醫者意也。公體魁梧，使與常人等藥力，豈能周到？今以一人而兼兩人之劑，用藥同而成功異。醫名遂大播。

王敏

隆慶《長洲縣志·藝術》 王敏，字時勉，仲光之從孫。

乾隆《蘇州府志·藝術·醫》引《姑蘇志》 王敏，字時勉，賓之從孫。少孤貧，從韓有、盛寅學醫，名日起。一婦人病血蠱，衆治之不愈。敏曰：娠耳，當得男。投安胎劑，果得男。海道總帥燕客，飾伶人爲女子佐酒，無疾也。敏視其頰面青，羸而氣微促，語帥曰：火克金之兆也。火令司天，其殆矣。明年六月，嘔血死。千户申志，年近二十，忽瞑眩譫語，體熱而欬，衆以傷寒治。敏曰：痘也。與升均湯而瘡出。一人疽發背不起，瘍醫言：起則治矣。敏曰：是擊指脈，即起，亦不治。衆劫以艾，疽起如栗。衆曰：無傷矣。竟三日死。平日治士大夫甚多，不受其報。與張頤同時，敏年差少，頤以瞽，敏以瞶，而皆有名於吳下。

施文彬

康熙《吳縣志·人物志·藝術》 施文彬，字宗文。祖仲璠，父惟德，皆以醫鳴，惟德膺薦入太醫。至文彬，學益明習，定方審藥，無出其右。絕不矜能責報，遇貧者，急往視之。嘗曰：貧人自忽其疾，而人亦忽之，我不急往，恐殆不可爲矣。有無賴嘗侵以非禮，弗較，既病困，昏夜往救，投劑立愈，人咸道其心術之良。居平謙和飭行，年六十而事母依依，有孺慕情。弟文惠早世，遺孤男女，并撫成人，爲之婚嫁焉。壽躋八十。

李守道

道光重纂《福建通志·藝術·建寧府浦城縣》 李守道，字存吾。少讀《華陀傳》，撫案太息曰：獄吏畏法，不敢受遺書，曷不授吳普、樊阿，而僅爲五禽之戲耶？日仰帳中，繹《素問》、《靈樞》之旨，悟診療不出陰陽，試輒驗。有中痰爲痼者，諸醫皆窮。守道捫其腕曰：疾易耳。令俯首，以艾灸顱後，口含刀圭，少頃，隨餔以糜，病尋愈。子奇方，能傳其學。

曹德

乾隆《蘇州府志·藝術·醫》引《張鳳翼集》 曹德，字子新，無錫人，來吳師錢氏爲兒醫，盡得其傳，術加神焉。徙居胥江。診視投藥，計日可愈。一達官家以孫病迎德，子告曰：老父病瘧，諸醫莫療。德曰：先愈祖而及孫，可乎？兩日間，祖孫并霍然起，人始知德非專幼科也。年逾九十，無疾而終。

汪梧

弘治《徽州府志·人物·藝術》 汪梧，字濟鳳，婺源大畈人。自幼敏慧，長有謀猷，讀書不仕，嘗曰：古人不爲良相，則爲良醫。聞衢之開化有林氏善岐黄術，往從學焉，盡得其傳以歸。治疾投劑即效，四方求療者，車馬塡門。尤精於太素脈，斷人終生休咎，無少爽。嘗與弟橋字濟人，舉放無息之穀以惠貧窶，及施槥以葬露殍。又嘗率族人建始祖忠烈行祠，及古坑橋。卒年六十九。族孫奎，字德昭，性穎悟，通儒書，能詩，盡得其術，以濟夭札，遠近賴之。卒年七十三。

張冲虛

乾隆《蘇州府志·藝術·醫》引《吳縣志》 張冲虛，善醫，多奇效。有道人就竈吹火，一蜈蚣伏火筒中，誤吸入，腹痛不可忍。冲虛命碎雞子數枚，傾白居三十餘載，年九旬餘終。

陳志明

光緒《黄安縣志·合纂方技》 陳志明，字養晦，習岐黄。【略】安陸雷芳筠倩授之梓，一名《窺垣秘術》，其書現存，業醫者宗之。

光緒《黄州府志·藝術》 陳志明，字養晦。習岐黄，苦於術之無奇，由是北遊燕薊，西入關中，東至白下，南涉湘沅，遍謁名師，遂得其要。於傷寒、陰陽二證，汗、吐、下三法尤精。

張慕愷

光緒《蘄州志·方伎》 張慕愷，蘄州人。成化初，慕愷醫道大行，不論貧富，一體施劑，全活者甚衆。扁其堂曰仁壽。知州金銑重其人，爲作記表之。至今稱醫有源流云。

張 義

光緒《續雲南通志稿·雜志·方伎》 張義，字恆齋，篤於孝友。精方脈，治傷寒、痘疹奇效。不責報，遇貧者或濟以米炭，或以銀。

周亮宗

同治《嵊縣志·人物志·方技》 周亮宗，字好眞。父龍山，以醫著名，宗傳其術。受劄於太醫院，備閱羣書，術益精，所療必愈。稽山倪鶴寶作歌贈之。

戚秉恒 沈 綬 黄五辰 陳明祈 陳應塤 戚宗揚 戚克纘 戚祖緒

道光《江陰縣志·人物·藝術》 戚秉恆、沈綬、黄五辰、陳明祈，俱能醫。沈著《山林相業》十卷藏於家。黄有《醫宗正旨》六卷行世。陳應塤，亦以醫名。戚宗揚，弘治朝名醫。秉恆、克纘、祖緒，咸稱世醫云。

嚴世美 嚴 萃 嚴 鏌

崇禎《嘉興縣志·叢談志·方伎》 嚴世美，精於醫，弘治中亦爲醫官，郡邑皆敬禮之。時當大疫，世美請於郡伯曰：天災流行，雖安居不免，矧圜土蒸濕乎，請少舒縲紲。病者予之藥，俟疫氣稍平，而正罪未晚也。郡伯納其言，全活甚衆。嚴萃，字蓄之，初習醫，後改業儒，以貢入太學，乃復覽醫方。曰：此吾祖業，可盡忘乎？乃研窮數年，曲暢旁通。撰《藥性賦》四篇，分寒、

椀中，令啜之。良久，痛少定。索生油與啖，須臾大吐，則雞子與蜈蚣纏束而下。蓋二物氣類相制，入腹則合爲一。人服其得醫意云。

郭元谷

光緒《續雲南通志稿·雜志·方伎》 郭元谷，尋甸人。有鍼術，治病無不效。或有患腸肺疾者，鍼其頂門，入數寸，腸立下，傅以神膏有頃，鍼起，腸收而疾愈。

趙玉璧

雍正《河南府志·人物志·藝術》 趙玉璧，精醫術，彈指決生死皆中。郡邑車馬伺其門者，絡繹不絕。

尹隆賓

同治《漢川縣志·方技》 尹隆賓，字尹爽，貢生，精岐黄術。漢商馬允執，久病陽痿，動履皆廢，瘦瘠骨立，盡四方之醫，歷三四年之久，日漸危殆，咸謂旦夕死矣。隆賓投一劑而減，再投能步履矣。太守楊公有惡疾困頓，欲求自盡，諸醫束手，舉署號泣，隆賓視之，投藥立愈。著有《內外大小恰中集》、《傷寒慧解》、《薛氏女科刪補》行世。

蔣 曉

乾隆《鎮江府志·人物志·方伎》 蔣曉，字東明，丹陽人。世業醫，偶見黄冠賣卜於市者，自稱味元子，從之游，得其《保幼》一編，以治疾，皆奇驗。有王生者，子方週，忽不乳食，肌肉盡削，醫以爲疳。曉曰：此相思症也。衆皆嗤笑之。曉令取兒平時玩弄之物，悉陳于前，有小木魚，兒一見喜笑，疾遂已。諸攻病皆此類。孫秉龍，世其術。

吳勉學

道光《徽州府志·文苑·吳國廷傳》 吳勉學，字師古。博學，多藏書，嘗校刻經、史、子、集數百種，讎校精審。其所輯《河間六書》，今列入《四庫全書》中。

董教清

光緒《南皮縣志·藝術》 董敎清，號中壺，羽士也。初修煉於太和山之五龍宫，久之，欲游覽諸名勝，遂涉荆、襄，歷蜀、秦、晉、趙間，得異人傳以醫道濟世。邑董村有安姓者，助資施藥，乃留居焉。脈理通元，遠近咸稱國手。

熱、溫、平之異。居官八月，即掛冠歸，其宦業已載《鄉達傳》。嚴鉷，號春窗，秋蟾之孫曰馭，馭之孫曰勝，被舉爲錦衣衛力士，隨沐西平征雲南，遂家焉，五傳至鉷。潛心祖術，多起人危疾。不受謝，好義樂施，人求療者，即捨藥與之，如遇貧人，加銀五分，施之以爲粥餌之費，來求者接踵。

王　鑾

光緒《烏程縣志・人物三・王中立傳》 王中立，精于孺嬰方脈，求治如市。孫以勤，安吉訓術。曾孫元吉，德清訓術，召留太醫院，后裔世傳其業。凡所療疾，無不奇驗。至鑾繼業尤精，名動四方。鑾，字文融，有《幼科類萃》行世。

彭　輔

嘉靖《重修太平府志・方伎》 彭輔，字廷佐，當塗人。穎敏闓爽，精于醫。祖正，字思直，永樂間以明醫舉爲太醫院醫士，再使西洋，事竣，以老辭歸。子賓，字仲賓，述其業，爲醫士。天順壬午，奉詔乘傳診療伊王，疾愈，獲賞銀幣鞍馬等物，後亦以老歸。輔乃賓之子，成化乙巳，以訪舉爲醫士，典供御藥，敬慎匪懈。丁未夏，進藥有效，授太醫院御醫。弘治庚戌冬，調除興府良醫正，有能譽。

何一帖　何鏞　何松　何桓　何望雲

康熙《鄞縣志・人物・藝術》 一帖何氏，居桃源鄉。世傳傷寒科，劑止一服疾可決，已故人稱爲何一帖。弘治間，有何鏞，邑令曾直以小丹溪稱之。萬曆初，何松、何桓，郡丞陳文、邑宰劉惠喬，皆以明醫相重。最後何望雲，能世其業。

盛端明 玉華子

《古今醫統大全・歷世聖賢名醫姓氏・明》 玉華子，姓盛，名端明，號玉華子，潮陽人，登弘治壬戌進士。性好醫方，有求療，不分貴賤，即與藥。官至禮部尚書。著有《醫抄》百四十卷，并《撮要》等書。

顧可學 惠巖

《古今醫統大全・歷世聖賢名醫姓氏・明》 顧惠巖，名可學，號惠巖，無錫人，登弘治乙丑進士。篤好醫方，遇疾不分貴賤，輒施藥。以《醫方選要》并秋石紅鉛進上，擢禮部尚書。壽八十餘，髭鬢未白。

何　塘 栢齋

《古今醫統大全・歷世聖賢名醫姓氏・明》 何栢齋，河內人，名塘，學究天人，擢弘治康海榜進士，入翰林，歷陞都御史。守身之潔，一介不取；蹈道之堅，終日不待。性天悃愊，了無外慕，方書調攝尤究心焉。蓋以醫道切於養生，且可寓濟物之仁也。遂燭精微，發前聖之未發，開後學之晦盲。觀其著傷寒三陽咳嗽相火等論可知矣。嘗謂士君子平居，略不留意於醫，一旦有疾，乃委死生於庸醫之手，豈不誤哉！其集曰《栢齋三書》。

凌　雲 漢章　凌雙湖　凌藻湖　凌振湖

《明史・方伎傳・凌雲》 凌雲，字漢章，歸安人。爲諸生，棄去。北遊泰山，古廟前遇病人，氣垂絶，雲嗟歎久之。一道人忽曰：汝欲生之乎？曰：然。道人鍼其左股，立蘇，曰：此人毒氣內侵，非死也，毒散自生耳。因授雲鍼術，治疾無不效。

里人病嗽，絶食五日，衆投以補劑，益甚。雲曰：此寒濕積也，穴在頂，鍼之必暈絶，逾時始蘇。命四人分牽其髮，使勿傾側，乃鍼，果暈絶。家人皆哭，雲言笑自如。頃之，氣漸蘇，復加補，始出鍼，嘔積痰斗許，病即除。

有男子病後舌吐。雲兄亦知醫，謂雲曰：此病後近女色太蚤也。舌者心之苗，腎水竭，不能制心火，病在陰虛。其穴在右股太陽，是當以陽攻陰。雲曰：然。如其穴鍼之，舌吐如故。雲曰：此知瀉而不知補也。補數劑，舌漸復故。

淮陽王病風三載，請於朝，召四方名醫，治不效。雲投以鍼，不三日，行步如故。

金華富家婦，少寡，得狂疾，至裸形野立。雲視曰：是謂喪心。吾鍼其心，心正必知恥。蔽之帳中，慰以好言釋其愧，可不發。乃令二人堅持，用涼水噴面，鍼之果愈。

吳江婦臨產，胎不下者三日，呼號求死。雲鍼刺其心，鍼出，兒應手下。主人喜，問故。曰：此抱心生也。手鍼痛則舒。取兒掌視之，有鍼痕。

孝宗聞雲名，召至京，命太醫官出銅人，蔽以衣而試之，所刺無不中，乃授御醫。年七十七，卒於家。子孫傳其術，海內稱鍼法者，曰歸安凌氏。

康熙《浙江通志・方伎・湖州府》 凌漢章，名雲，號卧巖，歸安人。文學。

以孝感遇泰山異人，授明堂鍼術。治秦藩疾得瘳，孝宗聞之，延見聖躋殿，賜太醫院御醫。年七十有七，無疾而終。生平輕財好義，死之日，家無餘資。

光緒《錫金識小録·稽逸》 凌漢章鍼術甚神。其婿某商于外，好游妓館。既歸，將復他出，來別婦翁。漢章爲診其脈，曰：子將病，吾預爲子鍼，方得無事。遂於某穴鍼之。婿至舊游地，宿妓館，陽不能舉，大驚。服他藥藥終不效，以爲將眞有大病，遂收其資本而歸，叩婦翁復求診。漢章笑曰：當復爲子鍼之。鍼畢，歸而陽復舉矣。

民國六年重纂《雙林鎮志·藝術》 漢章，亦能醫。道遇跛翁扶杖而過，云：少時患瘍，醫誤折鍼於膝間。雲爲鍼肩臂數穴，折鍼突出，立愈。弃杖再拜去，由是名聞天下。弘治中，秦王賓竹有痿疾，遣官賫束帛來聘。長洲沈石田、松陵史明古皆以詩勸駕。至則一鍼而愈。王使宮女奉黄金爲壽。辭歸，以詩餞送之曰：尋常藥餌何曾效，分寸鍼芒却奏功。雲爲人慷慨負義，有延之者，雖昏夜風雨必疾赴，貧者不受酬。所至有橋梁、寺宇損壞者，即留數日，取求治者饋資與之。身沒之日，家無餘財。年七十七。愼山泉御史蒙、陸北川司馬穩，各爲之傳。詳《明史》。再傳爲雙湖，名瑄，字子完。奉慈壽太后詔，施鍼浙、閩，全活甚衆。授登仕郎。三傳藻湖，四傳振湖，皆名重公卿，待詔太醫院。今子孫世其家學。

民國六年重纂《雙林鎮志·文存》引歸安陸穩《書凌漢章事》 先生諱雲，字漢章，別號卧巖，世居雙林。自幼善屬文，補弟子員。屢試不得志，嘗嘆曰：大丈夫志在萬里，顧屑屑研析章句何爲！遂屏舊殖。因母患痞疾，留連彌歲，皇皇救治，百方不效，孔棘且殆，往泰山求醫。趣裝跋涉數千里，至泰山下遇一人，黄冠羽衣，遂與俱歸。時母疾已篤，勺水不進者二十餘日矣。道人診視訖，取鍼治之。鍼未及瀉，而即索飲食。居三日，疾去如脱。先生喜甚，願傾囊謝焉。道人固辭曰：吾挾此術遍游天下，覓可授者莫得。汝相不凡，名在丹臺，今當授汝。乃解其肘後書幷鍼數十與之，且內煉之道，悉爲指畫。復戒曰：俟功行圓滿，復會我丈人峰。吾豈爲利售乎。揮手別去。先生由是以醫術名當世。

民國六年重纂《雙林鎮志·文存·贈凌振湖先生序》 不佞向善病，閲醫多，始知醫之難也。無論史書所稱大還之丹，上池之水，隔垣而照癥結，登榻而起沈危者，遐哉不可遘。即稍通草木之英，粗識刀圭之訣，可寄性命者，庶幾旦暮遇之，雖爲執鞭，所欣慕焉。及病痿，頹然不良於行，於是益求醫。醫趾錯而進。其無害則療饑之畫餅，其無濟則沃石之弃湯。閲三載有奇，蹣跚如故，而藥窮於醫，醫亦窮於藥矣。客有過余者曰：是宜鍼。昔黄帝再拜受鍼於岐伯，法至今存。昭代得其傳者獨吳興凌氏。洪武間，漢章先生名滿天下，誠長桑、越人、摯、竘、緩、和之流亞也。其子姓多以詩書顯，顧猶不廢此道。若藻湖翁克繩祖武，今復成古人，幸有其子世其業，則振湖君也。傒其來則瘳矣。予素熟於耳，遂走一介賫書幣迎於家，重以嚴中翰爲之勸駕。幸不鄙遺，儼然一臨睨之。予一晤對，則慥慥無華，有道之光，貯於顔面。至談病源，如燭照龜灼。悟古人用醫必取名醫之後，且曰：醫非仁愛不可托也，非聰明達理不可任也，非廉潔淳良不可信也。凌君其備此三善，殆不弃予，賜之再造也。居無何，砥礪鍼砭，爲攻所患數處。余殊不覺苦。得非中於腠理，而視於毫毛耶。時新安數輩，皆以奇病委治，奏效甚捷。予間二日亦扶杖起，越數晨則霍然矣。今凌君且歸，爲之清道祖帳，殷勤叙別。夫凌君家素封，聞輿疾就砭者，駢首門庭。顧爲余跋涉數千里，是豈利戔戔之享哉，誠不忍孤鄙人旱雲之望也。務期廣其神術，不墜家聲耳。說者謂受法先人，親承弓冶，業乃精固也。第觀凌君下鍼時，疑神以察候，定志以審穴，無異痀瘻丈人承蜩，不以天地萬物易蜩之翼。又如郢人斲鼻滅堊，而人不知其專精乃爾，豈斤斤讀父書者可能耶。蓋法之世行，若薪之傳火，其機具在，至若神而明之，得心應手，即輪扁所謂子不得之父者。凌君獨有元指，雖謂師長桑、越人、摯、竘、緩、和而法岐黄可也，安論世德哉。噫！不遇振湖，予幾視天下無醫，然天下如振湖者有幾，則益信醫之難也，故因其行而述以贈之。

聶　瑩

康熙《浙江通志·方伎·處州府》 聶瑩，得湖州凌漢章鍼法，鍼至病起，雖厚衣，可按穴而定。不以錢帛介意，人稱神醫，爭迎之。

高　昶　梁　圯

嘉靖《青州府志·人物·方伎》 高昶，字景輝，益都金嶺鎮人。性醇厚正直，以濟利存心。弘治間，傳異人醫術，直抵精明，胗視察故，辨證出奇，天下讓能，群醫莫及，時號爲盧扁。尤專傷寒，鈐法定脈，不差時刻，所全活者不可勝計，名著中外，傾動貴顯，抱疾求療者，踵門無虛日。尤注念貧困家，務與善藥，未嘗有責報心，鄉黨高其義行。年七十餘卒，逮屬纊，問藥者猶在門也。所著有《鈐法書》二卷。祖術不傳。時有梁玘者，字宗玉，亦同時著名，得其指授。

趙　鏜

嘉靖《青州府志·人物·方伎》　趙鏜，字國用，益都人。世業醫，精眼科，人以趙光明稱之。少問其父曰：開光砭翳，孰愈起死回生？治療一端，孰愈保安全體？父大異之，令窮研醫典。遂潛心體驗，無間寒暑晝夜，已而洞豁至理。嘆曰：流俗所業，皆紙上陳言，未盡古人之妙。受金嶺鎮高昶脈訣，始入玄微，對脈察疾，應驗如神。矢心施藥，有賫金帛謝者，輒怒曰：吾憫世人夭札，業醫施藥，豈望報耶？却之類多，感恩墮淚而去。或問之曰：疾同而攻理異，藥同而效驗異，何也？曰：醫者意也，以意逆病，以脈證之，苟不究其得病之原，而惟槩治已著之病，鮮不失矣，效驗寧不異哉。術行二十餘年，全活者數萬。一日假寐，夢一神人告之曰：扶危濟顛，陰功陽報，金紫之貴也。及寤，莫知所謂。未幾，朝命冊封其長女爲衡藩新樂王妃，恩授西城兵馬指揮，始悟前夢云。

陸彦功

《古今醫統大全·歷世聖賢名醫姓氏·明》　陸彦功，新安古歙人。【略】編述《傷寒類證便覽》十卷，今行世。

康熙《徽州府志·人物志·方技》　陸彦功，歙人。三世以醫名，而彦功尤精，治疾輒效。成化中，召入太醫院。中宮疾，服其藥即愈，賜冠帶膳帛。以母喪歸。弘治中，再召，老不能赴。其治疾不局方書，不責報，所著有《傷寒便覽》。

王　玉

乾隆《江南通志·人物志·藝術》　王玉，字汝瑛，宜興人。成化末舉名醫，隸太醫院。弘治初，每用藥有奇效，寵賚甚渥，累官通政使。有《醫案》傳世。

周　廣

光緒《常山縣志·人物·方技》　周廣，字子容，大街人。世業醫，全活甚衆，常以回生稱世。弘治間，上聞，召爲御醫。後歸里，賜匾曰：國醫，賜聯曰：保養天和，資全人壽。

謝與輝

嘉慶《重刊江寧府志·技藝》　謝與輝，字賓暘，江甯人。精於醫術，有《妙凝集》行世。

劉　溥

李梴《醫學入門·歷代醫學姓氏·儒醫》　劉溥，字元博，吴郡人。幼不好弄，舉止異於常兒，稍長博學善吟，常慕濂溪（囱）〔窗〕前草不除，故以草（囱）〔窗〕自號。用藥惟主東垣，守而不攻，薦爲御醫。

毛　仁

宣統《甘肅新通志·人物·方伎》　毛仁，狄道人，精醫術，用藥立效。嘗至人家診脈，有木工方跨屋運斤，聞仁至，即躍而下，謬戲之曰：我何病？試診之。仁診良久，大驚曰：君自高而隕，腸已斷矣！速歸，猶可抵家。其人惶怖急返，行數武，腹痛死。

韓　孞飛霞

李梴《醫學入門·歷代醫學姓氏·仙禪道術》　韓孞，號飛霞道人，國朝蜀之瀘州人。本將家子，弘治成化時少爲諸生，因不第，褫縫掖，往峨眉諸山訪醫，升庵楊太史稱之曰：眞隱世傳道人也。《醫通》二卷，特其土苴云耳。

嘉慶《直隸瀘州志·人物·仙釋》　韓飛霞，州人，名孞，號飛霞，吏部忠之弟也。少爲諸生，具雋才，博極羣書，制行高雅，善歌詩。科舉不第，遂棄儒服。黄冠出遊，遇異人，自稱陳斗南，授以仙術。正德間至京師，大學士楊文忠公禮重之。聞於武宗，召見與語，大悦，賜號抱一守正眞人，詔築白雲觀居之。時逆瑾有異謀，孞爲醫藥，保翊頗有力。尋乞還峨眉，寓嘉州，士大夫爲買行窩於錦江之滸。已而川陝盜起，督撫以孞精奇門兵法，敦請入幕贊畫秘計，寇平，謝歸。晚年自云聖胎已足，一夕化去，世傳以爲仙。新都楊慎私謚之曰：貞隱先生。今州南仙頂山有飛霞洞，係孞修煉處。石壁間行書古風一首，字體飛舞，惜失題者姓名。詩亦剝落不全，末云爲韓飛霞洞天題。舊《志》云在方山太極洞，且云藥臼尚存，流傳之誤也。

同治《嘉定府志·人物志·流寓》　韓懋，號飛霞道人。博極羣書，善歌詩。隱於醫，游京師，武廟聞其名，召見與語，大悦。時逆瑾謀不軌，懋保御頗有力。乞還，隱於峨眉山。當時四諫咸重之，數與游。世傳錦江滸之竹窩乃四諫所築以居懋者。

錢宗嗣

光緒《丹徒縣志·人物·方技》 錢宗嗣，以醫名，被選供奉內局，擢官爲御醫，李東陽作傳。

趙銓

光緒《江西通志·方術·吉安府》 趙銓，字仲衡，廬陵高唐里人。精岐黃術。以諸生貢於朝，仕靈壽、霍山兩邑。夏貴溪大拜入京，夜泊吳城，靜中忽傳呼聲，雜以絲竹金革，市驛交喧，月下隱隱有宣言藥王到者。貴溪詢藥王何人？曰：姓趙。已而寂然，乃銓舟至。貴溪索見與語，大加賞異，即同入京。會世廟不豫，太醫束手，貴溪及大臣公卿咸舉銓。入診視，不終劑而聖躬大安。後解組歸，惟著書修眞而已。有乞醫者，即赴之，不責人金帛，而施藥不怠。又善太素脈。清江蕭須山病篤，銓往，適病者假寐。先診其長子，取酒相賀，曰：子脈無憂，何妨乎父壽？投一劑而愈。出都門時，見一死者，已含斂方下棺。銓下馬，啓其衣衾，令取沸水，下刀圭灌之而甦。其神類如此。銓臨終無病，腹中閣閣作聲，笑曰：龍吟虎嘯，風雲慶會，吾當赴之。有頃，異香滿室，頂上生光彩，冉冉而上，而銓坐逝矣，經日如生。所著有《春風堂集》、《石亭醫案》、《岐黃奧旨》、《諸家醫斷》、《太素脈訣》。

吉兆來

康熙《江寧縣志·人物志·方技傳》 吉兆來，字逢生。爲瘍醫，有神效。誠樸無僞，隨疾輕重爲人治，絕不計利。尤善用針，相其形色，針到而患旋除。父秋宇，有詩名。兆來〔乞〕陳仲醇序其遺稿而刊行之。錢御冷相國，李曉湘太僕皆重之。三子皆能世其術。

吉人傑

乾隆《江寧縣新志·藝術傳》 兆來有孫號人傑，得補唇異方。用刀匕丹藥，七日長滿，毫無痕跡。擅技五十餘年。人傑死，其後失傳。

丁元貞

光緒《丹徒縣志·人物·方技》 丁元貞，字惟誠，號樗庭。祖德，以醫術鳴。父甯，舉於鄉，官建甯右衛經歷。元貞孝敬出天性，侍建甯官所，甫七歲，疑然如成人。稍長，銳意進修。屬歲數饑，父罷官貧甚，伯兄元吉嗜學，潤略世務，元貞服賈，勤劬以養親。好讀醫書，嘗曰：古稱良醫與良相功同，能起廢，生死人，顧不可行其志乎！乃取炎黃俞秦之典，及近代諸名家著述，熟讀精究。久之，充然有得，既乃遨遊江湖間，以其業濟人，恆收顯效，然未嘗斤斤求直。年七十八卒，著有《樗庭稿》藏於家。葬城南長山之窩龍岱，楊一清銘其墓。

司馬隆

康熙《江寧縣志·人物志·方技傳》 司馬隆，字季平。先世陝之咸寧人。父元亨，家金陵，儒而能醫。隆少勤學，常從林龍谿受《尚書》，後繼父業，遂擅醫名。讀《內經》、丹、垣諸書，手不釋卷。每至病者家，或羣醫俱集，辨論紛然，隆徐以一言定之，人皆悅服。遇人危疾，端居靜繹，或通夕不寐，必得其病之源治之而後已。有貧士病疫，親族畏避，隆診視不輟。常曰：人皆有死，豈獨疫疾能死人哉？子泰中，嘉靖癸未進士。

王綸

《古今醫統大全·歷世聖賢名醫姓氏·明》 王綸，字汝言，號節齋，浙之慈谿人，擢成化進士。篤好醫方，而有心得。今人治痰，例用二陳湯。綸則不然，謂：半夏辛燥，惟可以療風濕之痰飲而已。若老痰痰火，則非所宜，而反致其害。故制老痰丸方，深得痰火之旨。惜乎過謂人參殺人，勞怯斷不可用，以致今之人固執虛虛之誤，曷可勝言。

李梴《醫學入門·歷代醫學姓氏·儒醫》 王綸，字汝言，號節齋，浙江慈谿人。弘治時，官(政)〔至〕廣東布政。因父病精醫，著《明醫雜著》，發丹溪所未發，後世甚尊信之。方古庵重刻於《心法》之後，名曰《丹溪附餘》。又著《本草集要》，盡皆大行於世。兄經舉進士第，亦知醫。

天啓《慈谿縣志·人物·經濟》 王綸，字汝言。由進士除工部主事，廣西左布政。所至平政、均役，飭舉綱維，懋著勛閥。時久次不調，逆瑾方牢籠天下士，資淺者俱獲顯擢。或勸之，應曰：三十年婺居，忍改操耶？萬一被玷，角巾私第，亦復何憾。所著有《學庸要旨》、《書齋雜稿》、《禮部要稿》、《分守要稿》、《承宣》、《巡撫》二稿。尤精於醫，所治無不瘳者。其源病定方，不規規泥古，而卒不爽於古，論者以爲丹溪復出也。有《本草集要》、《名醫雜著》，手相傳刻，利濟弘多。

雍正《慈谿縣志》卷七　王綸，成化二十年進士。守外任時，常朝聽民訟，暮療民疾。今配享神農祠中。

《明史·方伎傳·王綸》　士大夫以醫名者，有王綸、王肯堂。綸，字汝言，慈谿人，舉進士。正德中，以右副都御史巡撫湖廣。精於醫，所在治疾，無不立效。有《本草集要》、《名醫雜著》行於世。

《醫學讀書志·明王氏綸》　綸字汝言，號節齋，舉進士，正德中以右副都御巡撫湖廣。其《明醫雜著》薛己刻入《集》中，坊間亦有行本，多金元諸家膚淺之説。

張坤　張育

光緒《丹徒縣志·人物·方技》　張坤，字隱峰，其先世有宗丞名德誠者，隨宋南渡，家於潤，世爲名醫。坤承家學，益究其術，凡病經其劑脈者輒效。貧者弗責值。嘗路得遺金，尋弗去，求其主還之，人服其義。族子育，字順溪，尤能傳守其家學，邃於醫。察氣觀色，決人生死遲速，百不一爽。其難治之證，他醫束手，育獨奏奇效。以故，江淮間稱名醫者，首推潤州張氏。邑人談自省誌其墓。

周恭

嘉靖《崑山縣志·人物·隱逸》　周恭，字寅之。爲詩古雅典則，絕無輕浮綺麗之習。平生甘貧養晦，惟授徒市藥以給俯仰。時與高人逸士談論今古，切切以士風民俗爲念。聞有不惜名檢者，輒唾之。所著有《枕流集》、《醫説》、《醫史》、《卜史》、《事親須知》、《西浜叢語》等書，藏于家。惟《八哀詩》行於世。吳文定公爲之傳。

沈士怡

嘉靖《崑山縣志·人物·藝術》　吾崑醫師沈士怡，術業甚精，居口峰橋北。一病夫自北門外來，持錢二百文求治。士怡胗之曰：吾不能治此疾，亦無此藥，宜急歸，毋緩也。其人迤邐而南，士怡知橋南亦有市藥者，即往問之，對曰：吾與藥去矣。士怡歎曰：其人必死于途。因使人物色之，果死北城門下，藥猶在手。

魏思敬

光緒《無錫金匱縣志·藝術》　魏思敬，祖叔皋，元本州醫學錄，業婦人科。思敬及子公哲、孫宗美，並世其業。宗美官醫學訓科。子朝器、孫鏞，亦工醫。

施教

康熙《常州府志·人物·方伎》　施敎，字子承，無錫人，世以醫名。其胗切，不問何疾，專用人參以取效，則人爭以爲駭。大都庸醫泥實虛虛之説，視參之害，慘於烏、附，至於感冒寒邪，尤相禁用。敎惟一子，一日病寒，首即用參劑至三錢，至三日而愈。人問其故，敎曰：人有知識，耳、目、口、鼻，何處不損？風、寒、暑、濕，何日不損？損則百病從生矣。就其損而補之，何病不愈？故一切以人參爲主，以他藥爲佐。

光緒《無錫金匱縣志·藝術》　施敎，字子承。五歲喪父，研精儒學久不遇，乃就世業。診切若有神遇，【略】然他人效之，不能如敎百不一失也。求治者，毋問貴賤貧富皆濟之。好施予，樂周人急，士大夫時相過從，不獨以醫也。子策，官太僕卿。

莊履嚴

道光《江陰縣志·人物·藝術》　莊履嚴，字若暘，能詩工醫，著有《醫理發微》。

鮑進　鮑叔鼎

嘉慶《武義縣志·鮑進傳》　鮑進，積學有聲，充邑庠。屢舉不第，遂業醫。正德壬申，賊寇三衢，郡伯劉公菑承檄征剿，進以良醫選從，屯龍翔寺僻隖。時兵多疫，所飲藥輒效，活者甚衆。既而藥缺紫蘇，寺畔俄産數百叢以應，衆皆嘖嘖，以爲天神其術也。

鮑叔鼎，進之子。承父業，屢著奇效，禮請者殆無虛日。所著有《醫方約説》、《脈證類議》行于世。

楊珣

嘉慶《長安縣志·藝術傳》　楊珣，以名醫入太醫院，授武功醫學訓科。所著有《傷寒撮要》、《鍼灸詳説》。

顧　儒

道光《江陰縣志・人物・藝術》 顧儒，字成憲，以子言貴受封。少業儒，因侍父疾，遂通醫，投劑無不效。不問貧富貴賤，雖寒暑風雨，隨叩輒赴，布袍徒步，診切不怠，忘其爲封大夫也。遇貧者，予之藥幷佐薪米。其尤異者，以三指切人脈，決榮枯修短，無不奇中。壽八十六，里人私謚爲慈惠先生。著有《簡明醫要》五卷，顧端文序行之。

高叔宗　邢濟川

道光《江陰縣志・人物・藝術》 高叔宗，字子正，諸生。能詩善書，尤精醫。著有《資集珍方》，高賓爲之序。同時有邢濟川者，並以善醫聲著東南，王世貞有《贈濟川詩》。

鄭仁愛

光緒《常山縣志・人物・方技》 鄭仁愛，字眞卿，別號景泉，浮河人，授迪功郎，精岐黄。浙東觀察使吳公遘異疾，一服即愈，吳公繪《杏林春意圖》贈以詩序。值都察院考醫學，列第一，授順天醫官。禮部尚書李騰芳薦授太醫院吏目。自知壽算，解組歸，踰年卒。著有《秘訣方書》，惜未及問世，爲兵燹所失。

徐思銘

光緒《常山縣志・人物・方技》 徐思銘，字明中，赤塢人。世業醫。思銘少聰穎，復精心按脈，症有疑難者，延之立瘳，不望報。暑月施丸散，刊布《經驗方》，本府袁公奇其術，適巡按楊公檄行獎善，邑令王公以思銘應，人僉服。

趙　琢

萬曆《合州志・人物表・方術》 趙琢，州之來蘇里人。幼從迺兄正郎公章習舉子業。少多病，改治岐砭。精熟《素問》、《難經》諸書，視證立方，隨試輒效，扣門者不遠千里。如川之東北等處，延治靡有不起者，人號爲神醫云。掩骼埋胔，起死回生，此等陰德甚多，語在《家乘》中。著有《六經治要》、《却疢延齡集》、《傷寒法略》行於世。渾樸和厚，行己端方，且治人不責報，不亞於古之摟寧生也。

鄧　紹

萬曆《南安府志・方伎》 鄧紹，大庾人，璵之子。性謹慤而敏悟，幼學其父醫，長益從師。正德間，術聞於鄰郡。王文成勤王征廣西傜，皆檄之從。嘉靖中老矣，術益精。太宰羅文莊欽順，病鼻淵，數年不愈。紹療之瘳。紹所活數百人，自著《醫案》。所遇不可爲者，輒止不下藥，無誑。

浦心章

宣統《湖北通志・人物志・方技傳》 浦心章，蘄州人，爲荆藩醫官。精太素脈，能知人窮通壽夭，百不爽一。嘗謂顧黄公曰：吾意子少年科第，將有所託，今科第雖不可得，而心脈起一峰，將來必以文章名世，壽考亦不待言。惟蕭生脈七斷八截，恐不令終耳。蕭名霽，後果死賊難。心章又通風角鳥占，有奇驗。

王　璀

嘉靖《固始縣志・雜述志・仙技》 王璀，精醫道，識人不能識之證。能已人危疾，絕口不言利。一方賴以拯救者衆。當道重之，授本縣醫學訓科。

張可愛

嘉靖《長垣縣志・人物・伎術》 張可愛，初業儒，去而學醫，遂精其術。自著《蠢子醫便》、《傷寒捷徑》。子棖，姪枳，皆精其術。

嘉靖《長垣縣志・技術》 嘉靖戊戌，瘟疫大作，知縣杜緯捐俸銀米易藥，使醫生可愛等修藥調劑，一時賴以全活者甚衆。

何安華

乾隆《建德縣志・軼事・方技》 何安華，字衡爾。攻岐黄術，兼精內外。求療者若市，無貴賤，咸應之。性尤樂善，散粟掩骸。嘗拾遺金於道，俟覓者驗而還之。歲饑，愚民掠食，爲富家所訟，繫獄者多染疫症，安華晨夕診視，不少倦，且請之所司曰：此寃抑所致也，祈釋之。當道重焉。年八十卒。子長庚，傳其術，又顯云。

光緒《嚴州府志・佚事・方伎》 何安華，建德人。術精岐黄，屢著奇效。尤喜施藥濟人，治療者戶外屨滿。京師聞其名，授以太醫院院判。子長庚，能世其業，人比之爲崔彧父子云。

何瑞玉

宣統《湖北通志・人物志・方技傳》 何瑞玉，京山人，家於郢。性磊落，尚義氣，精於外科，治異瘡，入手便愈。有陳某傷頸欲斷者，復爲連而生之。

董思白贈有不二華陀之額。至其推食濟貧，捐地瘞骨，善行尤多。

公孫知叔

《焦氏筆乘》卷五引《推篷寤語》　瘍醫公孫知叔，記問該博，深明百藥之性，創造五毒之劑。取丹砂養血而益心，雄黄長肉而補脾，礬石理脂膏而助肺，磁石通骨液而壯腎，石膽治筋而滋肝。外療瘡瘍之五證，内應五臟，拘之以黄堥，熟之以火候，藥成傅瘍，無不神效。一人鬢有疽，一夕決潰，勢欲殆，以前藥傅之，應手而差。

郭　鍾

乾隆《泉州府志・藝術》　郭鍾，字允懋，號履素，晉江人。幼習儒業弗售，究心岐黄，博覽醫學諸書。精其藝，不輕投劑，然知而求之者日衆。

趙良弼

光緒《續雲南通志稿・雜志・方伎》　趙良弼，趙州諸生。游西嶽，遇異人授以眼科書，屢試神效。

李　恒

宣統《湖北通志・人物志・方技傳》　李恒，江陵人，從父宦粵。幼即喜以方藥贈人，因專意焉，父止之。恒曰：家世以來，仕宦者十餘人，何愛一第？恒自料爲官亦無補，且材力不足，濟人不如醫也，遂業醫。里中大疫，恒攜僕挈囊遍行病者家藥之。有一家皆病者，留僕以伺，日饋薪米，愈而後已。

江　梅

光緒《重纂邵武府志・藝術・泰甯縣》　江梅，號寒谷。精於醫，所著有《醫經臆語》、《未然防》兩種行世。

施　諫

乾隆《錫金識小録・補傳・醫》　施諫，字克忠，精醫術。葛大諫嵩哭子致疾。諫曰：七情不得其正，故六氣乘之，藥石無能爲也。與從縱談玄妙，以開其鬱。稍愈，投以劑，遂霍然。正德初，舉爲醫訓科，未幾解去。所活以億萬計，所入資亦埒之，故家比素封。壽至九十五卒。

施　岑

李梴《醫學入門・歷代醫學姓氏・仙釋道術》　施岑，字太王，沛郡人，旌陽弟子，善治療之術。

沈　亮

同治《上海縣志・藝術》　沈亮，字克明，號菊莊。性孝友，貌古如心。工醫，病無貧富，必實心治之，求其愈而後已，遠近就醫者無虛日。年五十，有司刻名於旌善亭，給扁額，邑士欲以鄉飲舉，固辭。弘治十八年，年八十三，恩賚冠帶。八十七，鬚髮重黑，復生二齒，面如童顔。正德辛未，年八十九無疾而逝。子天祐，號杏泉。

陳得祥

道光《濟南府志・人物・方伎》　陳得祥，章邱人。嘗遇一黄冠，頃蓋語合，因授《太素脈訣》，語之曰：汝持此游人世，可無兩手。乃北至燕，試其術奇驗，縉紳招之無虛日。後歸里，邑令董顔其門曰：長桑眞脈。

高　鏊

光緒《順天府志・方技》引萬曆《府志》　高鏊，字器之，大興人。初受業於醫者徐浦，故又姓徐氏。曾奏藥乾清宫，授冠帶。值武皇帝南巡，鏊借醫切諫曰：郊行野食，風雨罷勞，動傷不測，陛下即自輕，奈宗廟何！臣職在調護，失職當死，不言當死，而犯忌諱亦當死，惟陛下裁之。時諫者百二十人，皆遷官徙外，鏊獨以小臣妄言，論戍極邊。會有詔徵還，歷進太醫院判，食四品俸，免官。鏊以藝諫，濱死卒榮仕，善終。

黄　宰

同治《祁門縣志・人物志・方伎》　黄宰，字敬甫，居城正街，正德間人。棄儒就醫，存心濟世，不受酬答。貧者嘗施藥療之，數千里外咸來就診，活人無算。著有《針灸僅存録》。貴池春元齋輓有詩云：醫道可通仙，於君更入元。懸壺淹白日，採藥自流年。秘訣傳軒氏，高懷類葛天。遺詩成絶筆，讀罷思悠然。

周　鉉

乾隆《錫金識小録・補傳・醫》　周鉉，字月窗。工醫，三吳抱疾求治者填塞街巷，片紙書方，與之輒效。不求報，貧者或反周之。被徵至京師，求者如在鄉。嘗語人曰：病不能死生，藥不能生死，吾盡吾心耳。聞者益重之。兼精瘍、疹、婦人諸科。其決生死，有預言於三五年之前者，刻期不爽。

武敏

宣統《甘肅新通志・人物・方伎》 武敏，字志學，臯蘭人。少孤，能自立，業醫養母。不遠千里求教名醫，活人甚衆，不責其報。好書史，能詩善琴。蘭之善醫者，多出其門。

丁杞

萬曆《福寧州志・人文志・方技》 丁杞，南街人，號種松子。世業醫，杞診脈能決死生。知州李時子病劇，醫者皆袖手，得杞劑良已。正德六年，州大疫，知州萬廷彩命施藥於申明亭，存活甚衆。

道光重纂《福建通志・藝術・福寧州》 丁杞，字良幹，自號種松子。從建寧陳某學醫，診脈能決人生死。正德十二年大疫，知州萬廷彩一家皆病，服其劑盡愈。入覲，攜杞以行。杞兄故死非辜，杞赴闕伏訴，讐家竟坐罪，亡何，死獄中。杞方病革。聞之嘆曰：死無憾矣。

張世華

乾隆《蘇州府志・藝術・醫》引《長洲志》 張世華，字君美，其先汴人。宋南渡時，有名彥者，以防禦使擁兵衛吳，遂家焉。三傳至端禮，始以醫名。逮元善進爲保衛大夫，曾大父縉尤著名，嘗爲周文襄所禮重。父頤，字養正，能預刻年月，決人生死。世華嘗就徵，從使西南諸國。軍士行道病者，多賴全活。正德間，吳中大疫，世華攜藥囊於通衢，隨請而應。有酬之金帛，笑而謝之。子成德，孫學禮，並以保御勞擢官。

劉傳

萬曆《銅仁府志・人物志・方伎》 劉傳，字玄錫，銅仁人。性慈愛，精醫理，與人交，終身無疾言怒色，而藥餌所及，疾苦立瘳。無問貴賤貧富，一意愈之，略不責報。初治賈，入某舍邸中，有少女私奔者，傳曰：暮夜雖無知，此心不可欺也。嚴卻之，如是者三。周急賑乏，屢空弗恤。嘗訪友於襄陽，郡守病幾不起，環襄數百里外醫咸集，莫能奏效。傳以一匕投之，守疾遂愈，而一日聲動襄漢間，咸以爲神醫也。銅士大夫及官於土者咸雅重之。而儉素謹默，不肯譚人過失及民間臧否，以是人益無間言。喜吟咏而不欲存藁，曰：吾適以寫情也，安用存。爲年七十二卒，郡人喻政銘其墓曰：貌若愚，量若湖，士人之模，公醫而儒，亭亭者杞，森森者梓。公有令子死而不死，聞活千人者，後當封於其後，不於其躬。子應良，以明經爲大學生。

胡朝鳳

光緒《撫州府志・人物志・方伎》 胡朝鳳，字來儀，金谿鄢路村人。正德十六年生時，宅有異光。方七歲，以口占晴雨，靡不驗，稱爲仙童。長遊西蜀，遇人曰：子骨相殊異，肯從我遊乎？朝鳳以親老辭。曰：我固知之，子父母當以某年月日終也，某時可再來會此。比歸，父母果如期歿。心異之，葬畢即赴前約。其人先在，曰：子今可從我矣。朝鳳又以子幼爲言。其人曰：子多顧戀，不相強也。出一鍼授之，曰：可以救世。復入酒肆共飲，將別，撫掌而歌曰：厭塵歸洞府，愛子入山遲。鐵拐分開草，芒鞋踏破泥。遂去，不復顧。朝鳳歸，路過武昌時，楚王患風痹。朝鳳鍼之，立愈。王大悅，爵以官，辭。酬以金帛，弗受。乃書醫國神鍼匾以贈，求醫者接踵。益藩妃病，禮請之。王命入內，臨治曰：無庸。令以灰印手足跡，出，按跡鍼之，妃脫然起立。王驚喜曰：技至此乎？對曰：雖鍼飛鳥影，亦可。試之，鳥輒墮。王致厚贈，盡卻之。年踰七十。一日，召諸子孫曰：吾以某月日當棄世，此鍼活人無算，非不欲傳，然非爾曹所能用。吾去，鍼亦隨去矣。至期，聞異香馥馥，朝鳳靜坐，嗒然以逝。其鍼燦燦有光，倏飛去不見。

周濟

乾隆《湖州府志・藝術》 周濟，字用仁。博極醫書，善運氣，精於傷寒。嘗謂：醫者意也，得其方而不得其意爲庸醫，其害可以殺人；得其意而不局其方爲良醫，其功足以濟世。正德癸酉，以訓術謁選吏部，公卿爭迎致。補御醫，辭歸。或謂之曰：活千人，後必昌。答曰：我豈能活人，第不至殺人耳。濟少從馮泰學醫，至其妙處，多所自得，而事馮終身執弟子禮，視其子如己子。啓迪後學，諄諄不倦，門人稱菊潭先生。

邢增捷

乾隆《新昌縣志・人物・技術》 邢增捷，縣治人。少習儒不就，遂精《素問》、《内經》，丹溪、東垣諸書，治病無不立活者。嘗存其症之奇驗方左驗，著《醫案》、《心法》數卷。又著《本草輯要》、《傷寒指掌詳解》、《脈訣刪補》，爲岐黄家指南。性沖和，不計贈遺。

光緒《江西通志・方術・瑞州府》 邢增捷，新昌人。習醫，治病有奇效，嘗輯所治療爲《醫案》、《心法》。兼善導引術。

吴文獻

康熙《徽州府志・人物志・方技》　吴文獻，字三石，婺源花橋人，邑諸生。殫精百家醫學及《素問》等書。所著有《三石醫教》四十卷、《藥性標本》十卷。

乾隆《婺源縣志・人物・方技》　吴文獻，字三石。幼好學岐黄術，既補邑諸生，猶不廢方書，謂古人不爲良相則爲良醫，竟辭博士業，殫精醫學。【略】從孫性情，克紹其藝。

嚴　昌

康熙《常熟縣志・人物・方技》　嚴昌，字種杏。祖威，字仕儀。以子珪貴，贈刑部員外郎。昌善醫，且市藥。爲人倜儻，任俠。徐武功有貞贈以詩云：富春山下隱君家，留得雲礽種杏花。十里香風消酒渴，入門何必問丹砂。

張嘉禾

乾隆《鄱陽縣志・備志》　張嘉禾，字以實，北隅人。幼讀書，通經史。及失怙家貧，遂習岐黄術，多奇見，授故淮藩良醫。時臬司李公開芳沾瘋疾，諸醫治之悉不效，禾以蘄艾爲衾及衣，不七日而愈。凡方以意創，皆此類也。李公贈以詩云：前身君是費長房，市上懸壺有禁方。采得青泥炊作飣，不愁二豎入膏肓。所著有《醫方選要》。年八十八卒。

劉聖與

萬曆《吉安府志・雜傳・工伎》　劉聖與，廬陵人。爲時名醫，旁通儒學，工詩。嘗遴集諸醫家説行世，醫術家守循之。以其心於濟物，咸稱與春先生。

竇良茂　竇時望

光緒《無錫金匱縣志・藝術》　竇良茂，字樸庵。博學工醫，爲邑醫學訓科。良茂孫時望，治患瘍七年者，卒起之。時望子楠，能詩，徵醫士不就。邵文莊寶作《乳泉記》，載其醫術之神。楠子夢鶴，從王問遊，敦學行；夢麟，嘗註竇默《瘍醫全書》。

孫　貞

《錫金識小録・方技傳・醫》　孫貞，字恆心。精熟軒岐書，遇尹異人授以《針訣直指》。朱公左手不仁一紀餘，秘不語人。診得之，治以針，一日愈。子一元，舉人。

宋世德　宋道昌　宋　甲　宋　儀　宋枝芳

乾隆《金山縣志・人物・藝術》　宋世德，字修之，别號二懷。孝友廉介，隱於嬰醫。凡察脈候氣，動中竅。會其視疾，必先貧者，曰：吾非以醫謀利也。所著有《慈幼全書》。范叔子濂爲作傳。子道昌，字克孝，號如懷。守其家學，危症遇之輒愈。董文敏公爲書護諸童子扁額贈之。所著有《幼科集要》。道昌子甲，字冲懷；孫儀，字成懷；曾孫枝芳，字寧懷，皆精于醫。

何　烺

光緒《分水縣志・人物・方技》　何烺，字光曙。幼業儒，後師事其外王父楊子琴學醫，術甚精。杭州祝氏子病劇，醫者束手，最後延烺至，投藥二劑而愈。嘗以除日歸，適世父、季父均病篤。烺診之，一斷以五日，一斷以八日當不起。皆如所言。一日，赴鄰村視疾，庭下有人趨過，聞其聲，語之曰：爾病甚殆。其人愕然，曰：我無病。烺請診之，曰：三日内將死，藥石無及矣。及期果然。晚年家居，就醫者不辭，亦不計財。

彭用光

萬曆《吉安府志・雜傳・工伎》　彭用光，廬陵人。善太素脈，言多奇驗。所著有《體仁匯編》，醫術家多循守之。

于應震

乾隆《泰安府志・人物》　于應震，號暘東，平陰貢生。博學能文，教授生徒甚衆，兼精醫理。東阿喬緒啓患傷寒症，以肩輿迎之，至則聞哭聲大作，云已逝矣。于曰：試撫胸前若何？家人候之，曰：猶有微息。乃調藥徐灌之，入數匙而甦。

王　昂

萬曆《吉安府志・雜傳・工伎》　王昂，廬陵人。通古今諸醫書，人有危疾，集郡中諸醫無能療者，昂授劑立應。其不可者，縱群醫出計施巧，不活也。於是郡中言名醫，率趨王氏。久之，上自臺省大府而下，莫不走迎，往往著奇驗，多與爲忘形交，稱松峰先生。嘗語人曰：予每遇疾艱危，未嘗不退而深思，求爲必活之計也。近仁人之言哉。又曰：醫以輔養元氣，非與疾求勝也。夫與疾求勝者，非味雜辛烈，性極毒猛，則得效不速。務速效者，隱禍亦深，吾寧持久緩而待其自復也。人有疾，輒往視之，不責其報。闤闠之間，門至戶及，所活人殆以千計。其他奇效，不悉著語，在《念菴先生墓誌》中。

汪繼昌

康熙《徽州府志・人物志・方技》 汪繼昌，字伯期，婺源大畈人。工醫術，精陰陽司天之說，尤於治痘有異傳。有《痘科秘訣》行世。

乾隆《婺源縣志・人物・方技》 汪繼昌，字伯期，【略】常語人曰：痘科無死證，其不治者，醫之咎也。所著有《痘科秘訣》行世。性謙讓，喜施予，濟人緩急，無德色。二子：法參、求參，世其學。

項世賢

同治《樂平縣志・人物・方伎》 項世賢，東隅人，名嗣宗，以字行。幼警悟，師事德興彭伯宗，洞明岐黄《内經》之說。後遇異人授以子午八法用針之旨，不資丸散，沉疴宿癥，應針而起，人以爲神。邑有舁舊牀過其門者，賢止之，遂命針于腕中，出一瘵蟲，殺之。又之廣信，有患傴僂不伸者，針之獲平。施惠於人，至老不衰。見貢士《金定文集》。

靳尚才

乾隆《泰安府志・人物》 靳尚才，平陰貢生，精醫術。有巡按使者過邑，偶延診視，靳曰：雖無病，會當失血，宜先防之。巡按不聽，至長清，忽暈眩，嘔血數升，不能起，遂檄縣令，懇請至長清，授藥二劑而愈。

唐朴　唐椿　唐熇

《古今醫統大全・歷世聖賢名醫姓氏・明》 唐椿，字尚齡，號恕齋，嘉定人，世爲醫官，至椿尤博極羣書。念醫學浩瀚，後學者有望洋之嘆，因搜集諸家精要，附以己意，編集成帙，名《原病集要》二十卷，人多宗之。

《古今醫統大全・歷世聖賢名醫姓氏・明》 唐熇，字德明，號東谷，以字行，恕齋之姪。天資明敏，能繼其先世之業，尤精於脈理，察虛實，決死生如執左契，一時稱明醫者必曰唐德明。唐德明年既耄而迎者無虚日，戶外屨常滿，其姪欽訓繼之，察脈用藥，綽有叔風。

乾隆《蘇州府志・藝術・醫》引舊《府志》 唐朴，字尚質。六世祖永卿，爲元平江路醫學教授。朴與弟椿，皆以醫名。

光緒《嘉定縣志・人物・藝術》 唐朴，字尚質。博聞高行，以醫名。一病者更數醫不效。朴診之，見前醫諸方曰：某某皆不應經旨。某法是矣，而不效者，病人偉軀幹，以常劑投之不濟也，如其方加數倍，飲之愈。過張秋，會役夫大疫，朴寘藥大盎飲之，活數千人。年八十餘，晨起見青衣童子捧簡至，曰：請歸。朴曰：上帝豈以張秋故耶？無疾而卒。弟椿，字尚齡，一字恕齋，名與兄埒。從子熇，熇字德明，幼有盛名。陳進士父病狂，踰垣越屋，熇令貯水浴器，捉而投之，方沒股，不復跳躍，徧沃之，遂倦卧，汗出而解。太倉衛指揮妻，起立如常，卧則氣絶，熇言是爲懸飲，飲在喉間，坐則下墜故如常，卧則壅塞諸竅，故氣絶，投以十棗湯而平。從孫欽訓受其業。欽訓字道術，性孝友，好老莊言。

吴鑒

嘉慶《重刊江寧府志・技藝》 吴鑒，江浦人。精於醫，凡沈疴怪症不可方物者，診視即洞其原。藥劑配合，不拘常格。所著醫書，博採極精，識者稱其醫入神品。

袁旹

光緒《江西通志・方術・贛州府》 袁旹，字仰夏，雩都人。棄儒明醫，瀕死者輒能起之。鄉人召請，即地險僻，天大寒暑，應之無倦色。

王曰謹

道光《濟南府志・人物志・方伎》 王曰謹，陵縣人，庠生。深明醫理，凡有求者，無論貧富、遠近、寒暑必至，至則應手痊。又習堪輿，言多奇驗。

錢安　錢雲　潘元

康熙《嘉興府志・嘉善縣・方伎》 錢安，字以寧，斜塘人。

光緒重修《嘉善縣志・人物志・藝術》 錢安，字以甯。世業醫，至安尤精。深究脈理，治病如脫，一時無出其右，舉任醫學正科。子雲，字時望，能傳其業，精于傷寒。孫春，有傳。後有潘元，亦與雲齊名。

吴顯忠

《古今醫統大全・歷世聖賢名醫姓氏・明》 吴顯忠，字用良，號雪窗，休（陽）〔寧〕人，家世業儒。忠性好醫，以戴人汗吐下法，而補之以利溫和方，足以盡其醫道之妙，名曰《醫學權衡》行世。

馮　喆

光緒《重修嘉善縣志·人物志·藝術》引萬曆《縣志》　馮喆，字克順。質直嗜義，精於醫，尤長傷寒、帶下二症，人遇之輒愈，呼曰多吉先生，因其名也。子愷，性敏，博覽醫籍。孫科，有傳。

易　坤

光緒《黄州府志·藝術·蘄水縣》　易坤，字本厚。少業儒，善吟詠，尤以醫名。成化二十一年，應取至京，補太醫院醫士。不競時好，人多重之。

孫應奎東穀

《古今醫統大全·歷世聖賢名醫姓氏·明》　孫東穀，名應奎，號東穀，洛陽人，登正德辛巳進士。好醫方，以活人爲心，有疾者不限高卑，即與方藥，官至戸部尚書。著有《醫家大法》、《大旨必用》等書若干卷。

洪魁八

同治《樂平縣志·人物·方技》　洪魁八，樂平人。世業岐黄，精於太素脈，針法尤得異授。邑人黎澄、葉瑞，當未遇時，以疾延其診視，輒預定其科第與歷仕地方及卒之時日，後皆不爽。年八十餘，無疾而化，蓋神於醫者，時莫得而匹云。

徐啓元

康熙《高唐州志·人物·方伎》　徐啓元，精于方脈。州當大亂之後，人多癘疫，用藥立效，救人無算而不索謝。有司扁曰：善回疫運。

孫之普

康熙《高唐州志·人物·方伎》　孫之普，用藥詳慎，能活人，州守扁曰：一匕神樓。

盧　志

《古今醫統大全·歷世聖賢名醫姓氏·明》　盧志，字宗尹，號丹谷，太倉人。自曾祖佐以下，俱隷太醫院，至君業尤精專，爲時所宗，歷官院判，常奉旨纂修《本草》，并著《醫學百問》、《脈家典要》及《增定醫學綱目》等書。

康熙《常熟縣志·人物·方技》　盧志，號丹谷。徵入太醫院，有貴妃患疾，他醫率膠成方，志投一劑，立愈，自此大被寵眷。

乾隆《蘇州府志·藝術·醫》引《崑山志》　盧志，字宗尹，崑山人。精《素》、《難》諸家之書。弘治中，應名醫詔至京，擢太醫院判。武宗南巡不豫，召志診視。志趣告諸大臣，言冬得夏脈，於法不治，願定皇儲，以安國本，侃侃關宗社大計。尋致仕。所著有《醫學百問》等書。子梗，嘉靖乙未進士，官兵部員外郎。

光緒《崑新兩縣續修合志·藝術》　盧志，字宗尹。少講習《素問》、《難經》，洞悉包絡，淹通諸家之義。應詔至京，過徐沛間，遇一異人短簑敝笠，與論運氣主客正對之法，大有會悟。就禮部試，擢太醫院判，供奉御藥房。孝貞皇太后、昭聖皇后有疾，診視立愈，賜繡衣一襲，宫中呼爲盧髯子。已授御醫，賜金綺三品服。武宗南狩還，不豫，召志診視，志趣告諸大臣言，冬得夏脈，於法不治，願定皇儲安國本，侃侃關宗社大計。尋致仕。志談脈理，獨明標本，年踰八十，衣冠皓偉，掀髯話生平治疾事，津津不置。子梗，嘉靖乙未進士，官兵部員外郎。

劉遵道

李梴《醫學入門·歷代醫學姓氏·明醫》　劉遵道，國朝草窗先生族弟。有漁人誤呑(鈎)〔釣〕鈎，公令熔蠟爲丸，以綫灌下，鈎鋭入蠟，即曳而出。

何可量

《古今圖書集成·藝術典》卷五一六引《平陰縣志》　何可量，號玉谿，邳州州判。精醫術，凡有求者，雖昏夜亦起應之，施不責報。善弈工書，不拘拘摹帖，而自成一家。至水墨丹青，尤篤好之，在雲林石田之間。

余元懋

《古今圖書集成·藝術典》卷五一六引《婺源縣志》　余元懋，沱川人。精於診脈術，每奇中。爲人質樸無華，即起危證，未嘗較計謝糈，鄉邑以此稱爲長者。

虞　摶天民

《醫學正傳·自序》　愚承祖父之家學，私淑丹溪之遺風，其於《素》、《難》，靡不苦志鑽研。然義理玄微，若坐豐蔀。迨閲歷四紀於兹，始知蹊徑。今年七旬有八矣。桑榆景迫，精力日衰，每憾世醫多蹈偏門，而民命之夭於醫者不少矣。是以不揣荒拙，鋭意編集以成全書，一皆根據乎《素》、《難》，綜横乎諸説，旁通己意而不鑿以孟浪之空言，揔不離乎正學範圍之中，非敢自以爲是而附會以誤人也，目之曰《醫學正傳》。將使後學知所適從，而不蹈偏門以殺人，蓋亦端本澄源之意耳。高明之士，幸毋誚焉。

《古今醫統大全·歷世聖賢名醫姓氏·明》 虞摶，字天民，號恆德老人，浙之義烏人，世業醫。摶幼穎悟，承家傳之學，深究《素問》，治效益高。晚年八旬，著有《醫學正傳》，今行世。

李梴《醫學入門·歷代醫學姓氏·明醫》 虞摶，字天民，號恆德老人，正德花溪人。著《醫學正傳》、《醫學權輿》、《醫學集成》。

崇禎《義烏縣志·人物傳·方技》 虞摶，字天民。幼習舉子業，博覽群書，能詩章。因母病攻醫，醫道大行。求療者不責其報。尤精於脈理，間數年診之生死，無不驗。韓方伯聞其名，聘，令驛送往見，雅敬重焉。治病餘，扣問醫道。摶以節嗜慾，戒性氣，慎言語，謹服食，乃攝養之要。益加禮敬。義烏以醫名者，代不乏人，丹溪之後，惟摶爲最。所著有《醫學正傳》、《方脈發蒙》、《百字吟》、《半齊稿》行於世。

康熙《浙江通志·方伎·金華府》 虞摶，字天民，義烏人。博覽羣書，能詩章。因母病攻醫，精于脈理，診人生死無不驗。當事聞其名，聘之治病，扣問醫道。摶以節嗜慾，戒性氣，慎言語，謹服食，乃攝養之要。益加禮敬。著有《醫學正傳》、《方脈發蒙》、《百字吟》、《半齊稿》行于世。

《醫學讀書志·明虞氏摶》 《醫學正傳》八卷。右書一種，明義烏虞摶撰。摶字天民，自號花溪恆德老人。是書成於正德乙亥。其學宗尚朱震亨，參以仲聖、孫思邈、李杲，並選方之精粹者，次於丹溪要語之後。又撰《或問》五十條，以申明之。禾家有殘帙二卷，並於沈金鰲《傷寒綱目》。讀其引略，雖畦徑褊仄，亦精簡可采。

潘大槐

道光《徽州府志·人物志·方技》 潘大槐，字公植，桃溪人。幼嗜學，博極羣書，率能得其要領。尤善岐黄術，遇篤疾，投之以劑，多奇效，人驚爲神。門士從遊者，寶其傳書，皆有名於當世。潘大桂，亦以醫著名。

潘大桂

《古今圖書集成·藝術典》卷五一六引《婺源縣志》 潘大桂，字汝聞，桃溪潘文源子也。幼讀書，彊記，紹父業，益精其傳，全活甚多，而所投劑，多不責其值。性孝友，兄大槐卒後，撫姪如子。復好延納，文人逸客，多樂與之遊。其父子兄弟，俱以醫學名世。

史楠　史宰

光緒《渭南縣志·藝術》 史楠與弟宰，俱精幼科。南太僕幼以痘幾殆，楠投一丸藥，輒應手起，眞轉危就安者。子邦正，益擅名關輔間。

朱良翰

《古今圖書集成·藝術典》卷五一六引《貴池縣志》 朱良翰，在城人。其先係出金華朱氏，世以醫著。良翰號文泉，深明脈訣，投劑如神。少子世寧，崇禎時繼其業，有名於時。

郭東

《古今圖書集成·藝術典》卷五一六引《嶧縣志》 郭東，本單縣人，世爲名醫，及東始徙嶧，精診視，明運氣，所投劑無不立效。晚號元同子，避城市，居邑北九陽洞山下，種杏千餘株，餘田種胡麻，隱然若仙家。性敦樸簡靜，鄉黨雅重之。年踰八十，精神不衰。家在邑東郊關外，人亦私稱爲東郭先生云。

孫復吉

光緒《重修嘉善縣志·人物志·藝術》引康熙《縣志》 孫復吉，字見心。世習岐黄，精《内經》、《素問》、《脈訣》諸書，與薛立齋、王肯堂往復參究，互相讚歎。復吉古貌古心，鄉士夫皆樂與訂交。求療者雖極貧，寒暑晝晦無倦。郡邑慕之，登堂旌獎。卒年八十餘。次子文鋒，有傳。

葛林

萬曆《錢塘縣志·外紀·紀藝》 葛林，以顱囟名，充太醫院官。【略】汪比部兒年二十五始患豆，林曰：彌月死。比部知醫，哂之。至期不驗，故設酒使視兒。視足疱曰：百日死。夫疾發自腎，其穢難盡，故稍緩耳。言卒驗。楊少師之子驚眩死，就木矣，出之曰：天幸欲雨，陰舒而陽鬱消。吾煮淸利藥蒸其下，自起。言亦驗。林目炯炯，能望而知疾，益以切脈，千無一失，仕至院判。八十而卒。

康熙《浙江通志·方伎·杭州府》 葛林，字茂林，錢塘人。工小兒科，名聞京師。成化年，命内臣徐太監來杭驛致之，充太醫院官。時武廟方在嬰稚，一夕，癇疾作，中外惶怖，夜分召林，一匕而安。少師楊公子，當暑而驚眩，已絶，且移之木矣。林趨而入，曰：無傷也，亟出之。公曰：兒已噤矣，柰何劑也？林曰：予無劑也，吾以清利物煮水，蒸於下，其可瘳乎？果如其法而疾愈，迨暮而兒復戲於庭矣。切脈以決死生，歷千百而莫或一遁。壽八十八，所著有《杏塢秘訣》一卷，以傳其子孫云。

薛鎧

康熙《吴縣志・人物・藝術》 薛鎧，字良武，府學諸生。精醫理，療病必本五行生剋，不按方施治。著述甚多，《保嬰撮要》尤足爲後世法程。弘治間，徵爲太醫院，屢著奇驗。以子己贈院使。己字新甫，尤殫精醫學，正德時，選爲御醫，擢院判，嘉靖間進院使，所著有《家居醫錄》十六種。

吴傑

《湧幢小品・性藥名言》 吴傑，號暘谷，武進人。學無所不通，更精於醫，遇奇疾尤效。正德末爲院使。嘗曰：調藥性易，調自性難，挈出性字，方可言醫。人以爲名言。

《明史・方伎傳・吴傑》 吴傑，武進人。弘治中，以善醫徵至京師，試禮部高等。故事，高等入御藥房，次入太醫院，下者遣還。傑言於尚書曰：諸醫被徵，待次都下十餘載，一旦遣還，誠流落可憫。傑願辭御藥房，與諸人同入院。尚書義而許之。

正德中，武宗得疾，傑一藥而愈，即擢御醫。一日，帝射獵還，憊甚，感血疾。服傑藥愈，進一官。自是，每愈帝一疾，輒進一官，積至太醫院使，前後賜彪虎衣、繡春刀及銀幣甚厚。帝每行幸，必以傑扈行。帝欲南巡，傑諫曰：聖躬未安，不宜遠涉。帝怒，叱左右掖出。及駕還，漁於清江浦，溺而得疾。至臨清，急遣使召傑，比至，疾已深，遂扈歸通州。時江彬握兵居左右，慮帝晏駕己得禍，力請幸宣府。傑憂之，語近侍曰：疾亟矣，僅可還大内。倘至宣府有不諱，吾輩寧有死所乎！近侍懼，百方勸帝，始還京師。甫還而帝崩，彬伏誅，中外晏然，傑有力焉。未幾致仕。子希周，進士，戶科給事中；希曾，舉人。

乾隆《武進縣志・人物・方伎》 吴傑，字士奇，弘治間，以善醫徵至京都。御史王鉞鎮大同，聞傑名，以調治邊軍請。臺省爭言：醫如傑，當在供奉，不宜出之外地。下禮部試之，果無踰傑者，故事，高等入御藥房，次太醫院，下者遣還。傑以諸醫待次久，遣歸可憫，願貶己秩偕入院。尚書義而許之。正德中，上病喉甚危，按名召傑。進上清丸，一服而愈，自是得幸。一日，上射獵還，口出血，傑進犀角湯，愈。後以幸虎圈，虎驚，傷。又試馬御馬監，腹猝痛，傑療之，無不立愈。每愈，輒進一官，積至太醫院使，前後賜彪虎衣、繡春刀及銀幣甚厚。上所遊幸，必以傑從。時侍上卧起，欲以禁衛銜授傑，傑固辭乃止。上南巡，獨不以隨，以力諫，失上意也。既而駕還清浦，溺而病，夢見傑，亟召之，因扈從還通州。時江彬懼上不諱且見誅，勸上幸宣府。傑出佯語彬，以無恙入，則力促大閹請還，上得崩于大内。彬伏誅，傑有力焉。傑善診脈，用藥以脈，不主古方，甚有若與症相盭，而卒無不效。及其進御，則不得不用古方，亦無不效者。年七十八卒。子希孟，進士，戶科給事中。希曾，舉人。

張鶴溪

崇禎《松江府志・人物志・藝術》 張鶴溪，善療奇疾。嘉靖壬寅，包侍御節母年六十七，暴中氣絶，積日不甦，郡中醫畢集，咸曰：病風，中在臟腑，不可以湯熨鐵石起矣。張至診訖，獨攘臂曰：此謂氣虚挾痰，可下人參劑，七日甦，甦能言鬼神事。衆醫大笑之。張乃和人參劑投之，七日而寤，既道鬼神事甚詳，衆醫始口噤走。

麻東輝

康熙《高唐州志・人物・方技》 麻東輝，高唐人。嘉靖間以醫遊郡城，洞究古方書，善脈，士大夫爭迎致爲上賓。堂邑李通政久病，衆醫以爲不治。東輝診曰：病得之心火鬱積，勿藥，第屏念三十日而愈。後如其言。臨清副使某病，召東輝診脈，曰：大人無恙，惟其子之憂。是時子在里中，亟遣人歸視，危就牀褥數日矣，竟不起。郡有貴令公子，壯而負氣，以無病故試東輝，呼曰：而善脈，其脈我。輝診而驚曰：子病矣，奈何不治？公子嘻曰：甚矣，醫之利於以不疾爲功也。吾日兼數人之食而病乎？笑而揮之。後月餘，竟以痰卒。東輝好飲，不治生產，所得金帛輒給酒家，老而彌甚。里人有奇症，趨請東輝，東輝雖酩酊中，所醫無不立愈，里人以爲神。

宋　銓

光緒《山西通志·藝術録》 宋銓，潞州人。嘗遇異人授秘方。嘉靖八年，郡別駕傅必用夜宴德風亭，醉墮折左股，醫莫能治。銓出藥三粒，大如豆，啖之，骨尋續有聲，更以手熨，起行如常。一時稱神。

繆　坤

道光《江陰縣志·人物·藝術》 繆坤，字子厚，其先以醫名者七世，坤名尤著。性行淳篤，自察脈審方外，端居誦讀，不接塵事。嘉靖間，帥府延至軍前療疫，全活甚夥。著有《方脈統宗》行世。與鄉飲十七次，壽九十，自志其墓。

丁　瓚

康熙《休寧縣志·人物·方技》 丁瓚，字汝器，西門人。丁氏自宋世業醫。嘉靖初，丁繩以醫名。子畜、瓚，授其業，已藉數百緡，欲與子，瓚謝歸。醫則奇中，人以仙目之。性好客，客常滿。嘗出五十緡，脫人于阨。書畫有米、倪風。年六十卒。

鄭　棱

雍正《慈谿縣志·藝術》 鄭棱，字本廉，號友山。性倜儻，善談論。初習經史，晚業軒岐。嘉靖初，授太醫院吏目，京師翕然以名醫稱之。

閻文佗

光緒《湖南通志·人物志·技術》引《縣志》 閻文佗，常甯縣南曲市人。事親孝。一日，樵山中，異人與以方書，文佗曰：不識字。異人口授之，歸而豁悟。有產婦胎不下，氣已絶，文佗以銀鍼刺之，胎下，婦生。楚撫某公，母病腫，醫治罔效。縣令以文佗聞，召至，則草衣繩屨，諸醫不爲禮。文佗診視，謂曰：知此病源乎？願分左右治。諸醫唯唯。文佗出丸調服，右腫立銷。諸醫驚謝，曰：神醫也，請並治之。復調服一丸。遂愈，人以爲華佗復出，故名佗。

薛　己立齋

《古今醫統大全·歷世聖賢名醫姓氏·明》 薛立齋，名己，字新甫，號立齋，吳郡人。性資敏穎，見識聰明，於醫極精。故謂十三科要皆一理，因見外科之醫，固執《局方》，不循表裏虚實經絡之宜，而誤人者衆。遂大發所蘊，皆以內外合一之道，對證處方，隨手而愈。嘉靖初，徵爲太醫院使。著有《外科心法》、《發揮精義》等書，凡十餘種，誠明時名醫之冠，而有功於先哲後昆者也。務外科者，不可不知。

乾隆《蘇州府志·藝術·醫》引王志堅《人物傳》 薛己，字新甫，號立齋，吳縣人。父鎧，字良武，爲諸生，兼精醫理。弘治間，以明醫徵入太醫院，屢著奇驗。所著《保嬰撮要》，足爲後法。己性穎異，過目輒成誦。尤殫精方書，於醫術無所不通。正德時，選爲御醫，擢南京院判。嘉靖間，進院使。所著有《家居醫録》十六種，醫家多遵守之。

《醫學讀書志·明薛氏己》 《薛氏醫案十六種》七十八卷。右書一集，明吳縣薛己撰。己字立齋，初爲瘍醫，後方工於內科。因聯絡金元四家法，創立眞陰眞陽論，推衍金匱腎氣丸爲六味、八味，及增損一二味，則別成一方，自謂神明變化，遂開張介賓、趙養葵等固執滋塡之弊。案：《金匱要略》用腎氣丸者五條。一曰虛勞腰痛，少腹拘急，小便不利；一曰短氣，有微飲，當從小便去之；一曰男子消渴，小便反多，飲水一斗，小便亦一斗；一曰婦人轉胞不得溺，附方曰：腳氣上入，少腹不仁，是腎氣丸專爲理腎氣、利小便而設。《難經》以兩腎之中爲生氣之根，濁氣凝冱，則生氣格硋，津液消亡，故用桂附通陽，必重用滋燥、斂陰、泄濁之藥爲佐。又恐滋斂味厚，致妨胃氣，用丸而不用湯。地黃分兩特重者，慮陰液隨濁溲並泄，用以保全津液，非藉之塡補也。己不明此理，直以爲補陰君藥，昧者或從而武和，或從而訕謗，介葛盧亦難解紛矣。自著書八種：曰《內科摘要》、《女科撮要》、《外科樞要》、《癘瘍機要》、《正體類要》、《口齒類要》、《保嬰金鏡録》，凡一十六卷。父鎧，所著《保嬰撮要》二十卷，辭旨譾劣，非金元諸家之實力窮研者可比。且多載治驗，援引貴遊，殊形醜謬。其刪改舊本，附以己說者七種：曰倪維德《原機啓微》、陳自明《婦人良方》、錢乙《小兒直訣》、王綸《明醫雜著》、陳文仲《小兒痘疹方》、杜本《傷寒金鏡録》、朱震亨《外科精要》，凡四十二卷，悉非原書之舊。天啓中朱明重刻，前有《紀事》一篇，言夢己求刻此書，甚爲怪誕。

王　沐

康熙《常熟縣志·人物·方技》 王沐，號春泉。天性孝友，壯年妻死，不再娶。精醫術，相國嚴文靖幼時病痢垂危，沐爲眕視良久，嘆曰：是當籍玉堂，寧籍鬼籙也。投劑立起。嘉靖間，兵荒疾疫，捐資施藥，全活甚衆，部使者上其事，授太醫院吏目，旌其門曰：義醫。

李學吾

光緒《吉安府志·人物·方伎》 李學吾，字貫擴，永新人。精岐黄術，名聞三湘。濟人周急，疫則捐施藥餌。居鄉以孝友聞，雅好推解。著有《醫宗要義》。

黄冠道人

康熙《曹州志·雜志·異聞》 嘉靖初，郡人吳侍御楷，年方數歲，感痞疾，煩悶困殆，自擬莫救。一日夜半，忽夢黄冠者就榻，呼之起，以刀抉其脇，出腸胃，刮摩洗滌，訖復納之，外傅以膏。楷醒，頓覺胸膈冰冷，寬爽異常。因以夢語其父，其父引手摸其腹，積塊已消大半矣，驚喜沉思，曰：必神醫示靈活汝也。次早，抱楷詣三皇祠，遍諗配享諸名醫，至孫眞人像，遂躍然指之曰：此即夢中醫吾疾者也。其父因設祭，并新其祠。楷自是脫然，登第後，每宦遊旋里，必詣祠祭享，視棟楹瓴甋加葺飾，以終其身焉。

孫燮和

乾隆《紹興府志·人物·方技》引康熙《志》 孫燮和，字越陽，山陰人。幼穎異，能詩文，讀書過目成誦。志切救世，專精岐黄，就醫者不論貧富，詳審精密，檢閱方書，幾廢食寢。庚辰歲荒，加以時疫，副使鄭瑄奉常、金蘭撫軍祁彪佳設立藥局，延燮和主之，全活無數，鄉里翕然稱焉。又好施予，供母饔飧外，盡爲周恤宗黨。姊氏孀居就食，甥婚女配皆力爲之。子襄化，山陰諸生；宣化，康熙丁未進士，授曲陽令。

袁澤　馬菊南

光緒《重修嘉善縣志·人物志·藝術》 袁澤，字世霑，祥姪孫。習幼科，尤精痘疹。當痘時，每至一家或一村，集羣童閲之，與之期曰，某何日出生，某何日出死，靡一不驗。求治者闐門，有神仙之號。子樸、柏，咸克繼其術。同時有馬菊南，亦精痘疹，與澤齊名。

李濂

乾隆《祥符縣志·人物志·鄉望》 李濂，字川父，祥符人。幼穎，好讀書。九歲工古文，嘗作《里情賦》，爲李夢陽稱賞，與薛蕙齊名。正德癸酉舉鄉試第一，明年舉進士，授沔陽州知州。會川襄水溢，大祲，濂疏請蠲賑，得旨報可，全活數萬人。漢陽有貴臣，請以沔隸漢陽，濂疏奏極言弗便，事遂寢。累遷山西按察司僉事。不兩月試竣，士人悦服。坐忤權貴，嗾言者論罷，遂致仕歸。年甫三十八，杜門謝客，日以著書自娱。又四十年卒。所著有《嵩渚文集》一百卷，《外集》、《緒集》若干卷，《祥符文獻志》、《汴京遺迹志》、《鄉賢傳》、《醫史》、《朱仙鎮岳廟集》、《稼軒長短句》諸書傳於世。

花盛

同治《弋陽縣志·人物·方技》 花盛，性孝友，好施。嘗見以鍼治咽喉者多致死傷，乃博求諸方，得吹藥數品，施輒效，全活者衆，因稱爲博濟先生。焦芳爲誌其墓。子潤寶，衡州通判。孫朝京，廣州同知。

陳洞天

光緒《續雲南通志稿·雜志·方伎》 陳洞天，逸其名，鶴慶人，居羅陋川。遇異人授以黄白之術，丹成，廣濟窮困，人多德之。遇瞽者，投丹少許，光明如好目，遠近踵門求濟，限爲之穿。晚年，以其所得注《洞天祕典》一書，因號洞天先生云。

許東望

康熙《聊城縣志·人物》 許東望，字應魯，平山衛人。嘉靖戊戌進士，初令山陰，爲戶部郎。嘗督江西逋賦，歷浙江參議，分守紹興。會倭夷突擾，軍興煩費，東望一切，鎮以簡靜，推赤心待下，將卒爭自救。柯亭、龕山之捷，親督矢石，馘數百級。同事攘其功，僅進按察司副，嘿嘿不言，累官行太僕寺卿致仕。東望廉慈愷悌，不設城府，居鄉恂恂善推讓。同儕每語侵之，不較。闔扉冥坐，習養生家言。手輯《古今名方》，著《性命》之編，多可覽。年八十餘，目光炯炯，燈下能書蠅頭細字。

楊布袋

順治《汝陽縣志·人物·僊釋》 楊布袋，不知姓名，汝人稱爲僊師。豐格綽約類處子，蓬頭跣足，冬夏掛一衲，若布袋然。嘉靖戊戌，坐平輿市爲人療病，第手撫摸患處，扯衲敗絮令焚吞之，病即愈。浮遊虛空，頃刻數百里。懷安府有怪爲祟，王延爲驅逐，設醴款謝，袖出珍異果瓜，佐王飲。王喜，命長子師之。亭午晏坐，遍體現小紅蟲，芳香盈室。居數月，西去太和山。

傅天鎮

道光《遵義府志·人物·藝術》 傅天鎮，桐梓人，生嘉靖間。性穎悟，通經史。以楊酋禁讀書，遂不應舉，一意於醫術。有一匕活人之妙，名滿滇、黔、秦、蜀間，安車之迎，席不暇暖。著有《增補金鏡錄》、《手驗方》各若干卷，川撫劉某爲鋟木行世。年百歲乃終。子孫仕宦不絕。

王軒

光緒《保定府志·列傳》 王軒，字臨卿，清苑人。嘉靖乙丑進士，除六安州，擢南刑部員外郎，出知寶慶府，改寶寧，擢四川按察副使，親老乞歸。著有《易說肯綮》、《傷寒六書》行世。

張霆 談寵

康熙《嘉興府志·方伎·海鹽縣》 張霆，號芝田；談寵，號元谷，並精小兒醫，先後著名嘉、隆間。子孫並嗣其業。

俞橋

康熙《浙江通志·方伎·杭州府》 俞橋，海寧人。少業儒，究心理學，兼精醫業。嘉靖間，以名醫徵入京，初授太醫院吏目，陞御醫，南京太醫院判。橋於醫書，多所究心，又博詢故老，得河間、潔古、東垣未刻諸稿，及古今諸家授受良方，晨夜抄錄，斟酌損益，處方治病，無不奇應。居京師，遇權貴人，恥爲容悅，貧賤之家有延請者，盡心治之，不責其報，故醫名日盛。家用不給，士大夫多雅重之。所著《醫學大原》一書，蒐輯《樞》、《素》以下諸名家有關病證、藥脈者，次以賦括，令業醫之士，診脈、製方、議法者，皆有考證焉。

嚴元

康熙《浙江通志·方伎·杭州府》 嚴元，字宗仁，餘杭人。少業儒不售，從父籽謁選京師，屬有詔選醫士，元故暢岐黄家言，就試禮部，宗伯大奇之，隸籍太醫院，授吏目。世宗命纂脩《袖珍諸方錄》，成，賜銀幣甚渥。世宗幸承天，命元扈從，居常宣詔診視。及東宮、後宮疾，治輒效，輒拜金綺，賜至徹御前酒饌以優寵之。九載考績，授御醫。爲人所忌，竟中蜚語落職，士論咸惜之。

張榮

萬曆《揚州府志·人物·技術傳》 張榮，字伯仁，常山人，家如皋，以醫名。以疾請療者，無虛晷，刀圭所投，其應如響。時時施藥，不責報。嘉靖中倭至，軍中大疫，榮爲投劑悉起，人稱爲張神醫。

嘉慶《如皋縣志·列傳·藝術》 張榮，字伯仁，常山人，移家如皋。少精岐黄術，人以疾請，無蚤夜，無寒暑雨雪，無不赴者。投匕劑，輒奏奇效，至報謝有無，不問也。嘉靖己未，邑有倭寇，崇陽劉景韶以兵使者提兵境上，挾以自從。會軍中大疫，榮起者千餘人。隆慶末，下邳有治河之役，大興卒徒，皋人負臿者千二百，而疫死過半。榮自請往治焉，至則夫役俱就地架茅蓬卧其下，一一匍匐入。入視而(人)療之，皆得生還，不費縣官一錢也。嘗手致千金，好施予，窶人有謁者，無不應，往往折券棄責。卒之日，家無餘資。子孫今爲皋人，玉成文行尤著。

徐偉杏莊

《古今醫統大全·歷世聖賢名醫姓氏·明》 徐杏莊，名偉，號杏莊，其先姑蘇人，世業儒醫。從龍北上，屢世官太醫院，至公尤精顯。存心以仁，忠孝兼盡。侍世宗皇帝，用藥輒建天和，簡擢銀臺通政使。大小臣工有疾求藥，無不刻期獲愈。性行純厚，謙和極至，有因七情而感疾者，諸醫不能治，公先慰之以善言，次投之以藥餌，而陳痼久疾罔不即愈如釋。其嘉言善行，殆非此所能盡書，自有巨卿爲之椽傳。

沈道輝

《古今圖書集成·藝術典》卷五一三引《泰州志》 沈道輝，泰州人，善岐黄之業。如皋縣江寧鄉有石氏女子夢與神接，神黑而髯，腹潮膨脝，家人咸共驚怪，往謁道輝。道輝診之曰：此鬼胎也。以藥下之，得二肉塊，剖視，外黑而中白如脂。

道光《泰州志·人物·篤行》 沈道輝，工醫，施藥濟人。性孝友，讓產於兄弟，有司□異之。

唐繼山

康熙《會稽縣志·人物志·方伎》 唐繼山，以字行，萬曆間人。少喜讀書，長而習醫，以溫補爲事，多奇效。尤能以脈理決死生于數年前，人至今稱之。有《脈訣》行世。

李漢儀

同治《清江縣志・人物志・方技》 李漢儀，嘉靖間諸生也。博學，工詩文，精於醫理，《內經》諸書，咸究其旨。游足遍海內，嘗北至京師，公卿交禮致之。然必以醫往，於榮利漠無所干。倦游而歸，鑿石得泉，結精舍，讀《易》其中，自號石泉子。嘗以醫書多古奧，世之醫者或懵或鑿，多至誤用，因著《醫略正誤》二卷，抉摘瑕璺，發前人所未發，其正發熱之誤尤爲精核，敖英序而行之。

謝弘寬

萬曆《南安府志・方伎》 謝弘寬，大庾人。性明悟。父秉鐸，能醫。弘寬傳父業，益加謹慎，擴充其學。嘉靖間，術盛行於郡。行旅有病者，停軺請診。弘寬云須藥幾何，竟不爽。藥眞實語，亦不妄。自知身終月日。壽八十一。郡守葉公明元爲作傳。

沈露

嘉慶重修《揚州府志・人物・藝術》 沈露，字薌田，興化人。業醫，世宗朝供職太醫院。世宗感疾，兼旬不飲食，醫不能治，召露診視，一藥而愈，擢院判，命校正醫典。

圓明

乾隆《曹州府志・人物・方技仙釋》 圓明，范縣人。生而穎異，度爲僧。精醫術，所治無不效。日不暇給，及寢，聞有延請，不及赴者，則夢而醫之。病者亦夢圓明至，其病即愈，否則危，人以爲生死之驗。

方廣

《古今醫統大全・歷世聖賢名醫姓氏・明》 方廣，字約之，號古菴，新安休陽人。博學精醫，常遊河洛，寓陳留，名著中原。所集《丹溪心法附餘》、《脈藥證治》、《傷寒地理》等書行世。

李梴《醫學入門・歷代醫學姓氏・明醫》 方廣，字約之，號古庵，嘉靖休寧人。讀儒之暇，留意醫經，爲名醫。善用丹溪法，著《丹溪心法附餘》、《藥性書》、《傷寒書》。

施夢暘

康熙《吳縣志・人物・藝術》 施夢暘，字應章。其先自浙徙吳，嘉靖丁巳補吳庠生。屢試不售，遂習岐黃術。洞悉秘奥，得註籍醫院。萬曆七年，奉召入部承事。十五年，吳中歲凶，捐藥資，設局海紅坊巷賑濟。自丁亥至壬辰，六年間，水旱頻祲，全活無算。今海弘禪寺，即濟貧故址也。

王琠

康熙《徽州府志・人物志・方技》 王琠，祁門歷溪人。醫不泥古方。嘉靖間，皇子病劇，諸醫不效，中官有薦琠者，立授太醫院官。皇子愈，有名京師。

朱涵光

乾隆《金山縣志・人物・藝術》 朱涵光，字子韜，號濟川，居朱涇。嘉靖時人。治痧痘如神。善琴，家蓄古琴甚多。

馮鸞

乾隆《江南通志・藝術・通州》 馮鸞，通州歲貢生。精岐黃術，爲郎西知縣。民有疾，具呈求方，輒效，上官及同寮遠近延之。後歸，解所得藥金遺諸子，曰：此從一部《本草》中來，非官資也。著《醫學大成》、《傷寒統會》、《醫說補遺》。

袁遷

光緒《永嘉縣志・人物・藝術》 袁遷，字宗喬，世居黃嶼洲中。種橘數十木於洲上，自號芳洲主人。少業儒，精醫理，嘉靖中薦授御醫。回疾起殤，十不失一，朝之搢紳皆以芳洲呼之。項參政喬爲之傳。

劉全備

李梴《醫學入門・歷代醫學姓氏・明醫》 劉全備，字克用，國朝柯城人，注《編注病機》、《編注藥性》。

乾隆《彰德府志・人物・技術》 劉全備，字克用，正德嘉靖年間內黃人。事親孝，習舉子業不售。思欲利濟天下，因殫精岐黃。凡《素問》、《難經》諸書，莫不窺其閫奧，遇病隨手愈，不索酬焉。作《病機賦》，自爲注解，盛行於世。

陰秉暘

乾隆《汲縣志・人物》 陰秉暘，字子寅。嘉靖丁未進士。授餘干知縣，有善政，擢監察御史，毅然以風紀自任，前後抗疏數十上，朝紳憚之。後爲忌莫能過。晚年，頗歸宗門，學出世法，遂棄舉子業不事。而無奈其貧，稍工爲人理病，而手輒奏效，大爲時推。公雖心厭之，而莫能辭也。公素滑稽，善調笑，聊以醫入世而不謂。受知縣尊，又復受知府尊。時遼左吴公求醫，疾愈，贈以匾額曰超然古處，公不得已往謝。途中，口占打油詩二首，自嘲曰：超然何事見超然，贏得高題匾額懸。草屋獸頭無處放，虎皮羊質有何妍。豈知畏事偏多事，不道安禪轉累禪。美譽不虞殊自愧，老年無計閉門堅。古處寧輕談古處，枵腸空腹何須數。豈眞有學下徐楊，秪令主公入偃府。熱面不禁風雪寒，閉身無異利名苦。何如十五年前事，國手儒林猶小補。蓋前朝耿中尊，曾贈以儒林國手匾額也。公幼多病，以病精醫，由醫而更進于坐功學道，大有造詣。年幾八十，無疾而終。

陳　鍈

光緒《分水縣志・人物・方技》　陳鍈，善醫，尤精兒科，刻有《痘科要訣》行世。任青城縣丞。

張好問　巢　鑑　劉　聰

嘉靖《平涼府志》卷二　張好問，字希明。其先高郵人。【略】爲良醫正。方夏有傷寒者，其類瘧，衆醫治以清暑之劑。好問曰：南方濕熱，故清之平；平涼地寒而燥，冬有積寒，遇夏伏陰爲害。飲以附子理中，立愈。總兵趙文，咯血兼衄下甚劇。好問以黄葵根、褒耳，飲以犀角、地黄、大小薊、藕根湯遂愈。某參將牙疳、股腫青，衆弗識。好問曰：此青股牙疳也，乃飲以蕪菁根，且傅之，旬日愈。嘉靖戊子冬，時春爲刑部主事，請假送先子歸平涼，得寒疾。衆曰：少年或好内遇寒，宜附子且灸艾。好問曰：是好強力，減服被寒，且不藥自汗。貴在好問勿妄投藥也，已而汗愈。暇則開醫書，有益者採取，舛者辨正，類集爲《張氏醫精》，又著《太素集》。多髯，善持論，世號髯張，年七十餘。所拯治甚衆，不勝述也。然好飲醲酏，以是弗子。韓昭王疾，召診視，憂其難起。衆侑以燒酒致醉，及端禮門而卒。以其弟好古遺腹子治安爲後，今爲良醫副。安母蔣早寡，閉戶獨處，今八十有三，人莫識其面，志節可嘉尚云。好問授徒遍城中，盧鎭劉廷琮爲最良。庸者以它罪共陷之，鎭以醫正除名，廷琮謫戍寧夏。

乾隆《甘肅通志・人物志・方伎》　張好問，字希明。其先高郵人，始祖者所排，謫判同州，稍遷館陶知縣，平涼同知，歷升陜西僉事參議，所至皆有聲績。旋告歸，益肆力於學問。言行必求合於古聖賢，士類咸推服。所著有《四書贅說》等編六卷，《四書自訓歌》一卷，《陰氏談書抄》三卷，《内經類考》十卷。

吴正倫

康熙《歙縣志・人物・方技》　吴正倫，著《脈症治方》、《養生類要》、《虛車錄》、《活人心鑑》。而其後，明穆宗貴妃疾，召至宫，一劑立愈。遭太醫嫉，卒於京邸，時論惜之。

曹揚廷

乾隆《上海縣志・藝術》　曹揚廷，字楚石。幼習經史，改業岐黄。其診脈用藥，獨有神解，故所投立起，爲先達董文敏公所器重。明時，禮部劄給冠帶榮之。

王　清

乾隆《金山縣志・人物・藝術》　王清，金山衛人。嘗往泰山，遇雲水道士授接骨方，還家試之，神驗。凡跌蹼傷折，得其藥傅之立愈。傷處接之骨，窣窣有聲，三日即如舊。清卒，傳子林。孫榮、曾孫壽，並繼其術。

田淑江　田　杜　田　椿　田肇鏞

光緒《六合縣志・方技》　田淑江，附貢生。工醫，著有《靈素集解》。子杜，姪椿，並工醫。杜字樹芳，監生，醫學訓科，著《傷寒論辨》。杜子本德、本良、本泰，皆知醫。椿字錫齡，職監生，醫學訓科，著有《靈素校註》。生平作字不苟，立方必楷。椿子肇鏞，字心華，佾生。攝理醫學訓科，著有《靈素類述》、《驗方雜誌》。

徐　某愛杏山人

光緒《無錫金匱縣志・藝術》　徐某，號愛杏山人。善醫，尤精金創，雖垂絶者，治之無不應手愈，蓋其父傳之異人云。武進唐順之嘗贈以詩，又書其醫施氏婦事。

鮑宗益

康熙《巢縣志・人物》　鮑宗益，字若虞，爲邑廩生，貢士德之孫。聰敏絶倫，舉業之外，博通曲藝，星相卜筮之類，無不臻妙，而尤精於醫，雖專門名手仁，以醫事韓〔藩〕，遂家平涼。好問尤精祖業，常不拘古方，唯濬病源，弗問貧富，校業禮官，爲良醫正。診視神驗，所著有《張氏醫精》、《太素集》。時巢鑑由浙寓華亭，爲隴西王侍醫。又劉聰，本府人，皆能療治奇應，擅名一時。

鄭雲翁

乾隆《福州府志·人物·藝術》 鄭雲翁，閩縣人。少遇異人授以種牙之方。其法：欲治者，先尋活鼠一枚，然後至其家，俾患者飽食而吞丸七粒，復以末藥入湯，漱口片時，牙皆動軟，可下矣。下時洗淨，不記其序焉。復洗牙齦，乃用生鼠去皮腸，和藥搗爛成膏，依牙序逐枚蘸鼠以種原孔，三日不可食，亦不饑，由前丸之功也。凡延治者，通種過，則至死如少壯之齒。有畏而只使醫其病者，則他日老而不種者皆落，而種者堅固也。士夫多愛其受眞仙方，今聞久死。其子孫亦不能傳，蓋嘉靖初年人也。古有華陀剖骨出毒及洗腹等説，非誣者，世無傳矣。

道光重纂《福建通志·明藝術·福州府》 鄭雲翁，【略】嘉靖時人。

許紳

崇禎《嘉興縣志·叢談志·醫術》 許紳，字大紳，其先嘉興縣人。曾祖昇，洪武中以富戶實京師，遂占籍江寧。未幾，由名醫入爲太醫院使。永樂丁酉，扈駕之京師，因家焉。祖忠，亦以醫名。父觀，初補通州弟子員，後繼業補醫士，官至太醫院判。紳性資敏慧，少習儒，既成棄去，乃究心醫術，遂深契軒岐奥旨。其漢唐以下諸名家論説，罔弗參伍考訂，以求至當。由是業底大成，而藥匕所投，無不立應。弘治壬子，以世醫子弟充冠帶醫士。正德丙子，選供御藥房事。

嘉靖壬午，奉命診視聖躬。立方進劑，俱當上意，隨陞御醫。自是屢承召對，敷奏詳明，方藥精當，每用輒有奇效，由是遷轉不次。丙戌陞院判，庚寅陞院使，壬辰陞通政司右通政，掌本院事，甲午轉左，丁酉診療皇太子有功，陞通政司使，皇太子冊立禮成，陞禮部右侍郎，庚子陞工部尚書，仍司院事。壬寅冬十月，上忽有宮變，紳診視用藥即效，尋叙錄保護功，晉太子太保、禮部尚書。紳嘗患脾疾，至是再作，自度不能起，乃輯錄《經驗方》一部，并疏本院官醫數員以進。再浹旬，遂卒。年六十有六。訃聞，上悼惜罔置，遣禮官諭祭者九，謚曰恭僖，仍命所司爲營兆域。

紳器宇端重，言簡而行確，諸縉紳雅重之。刻有《鍼灸書》并《銅人圖像》於公所。

《明史·方伎傳·許紳》 許紳者，京師人。嘉靖初，供事御藥房，受知於世宗，累遷太醫院使，歷加工部尚書，領院事。二十年，宮婢楊金英等謀逆，以帛縊帝，氣已絶。紳急調峻藥下之，辰時下藥，未時忽作聲，去紫血數升，遂能言，又數劑而愈。帝德紳，加太子太保、禮部尚書，賜賚甚厚。未幾，紳得疾，曰：吾不起矣。曩者宮變，吾自分不效必殺身，因此驚悸，非藥石所能療也。已而果卒，賜謚恭僖，官其一子，卹典有加。明世，醫者官最顯，止紳一人。

《冷廬醫話》引《野獲編》 嘉靖壬寅年，上寢於端妃所，宮婢楊金英等相結行弒，用繩繫上，翻布塞上口，以數人踞上腹絞之，已垂絶矣。幸諸婢不諳綰結之法，繩股緩不收，戶外聞咯咯聲，孝烈皇后率衆人解之。《今言》云：西苑宮人之變，聖躬甚危，紳用桃仁、紅花、大黄諸下血藥，辰時進之，未時忽作聲，去紫血數升，申時遂能言。又三四劑平氣活血，聖躬遂安。次年，紳以用藥驚憂，病死。

王全眞

宣統《甘肅新通志·仙釋》 王全眞，名道成，河南人。修髯長面，至八九十歲。成化間，遊居崆峒之問道宮，飲酒至石不醉，行走如飛。善醫，通黄白術。總制張泰以師事之，號爲全眞。後被盜殺，或云血化白膏。至嘉靖年，江西商人朱仲山客蜀遘疾不起，遇道士療之遂愈，厚謝不受，曰：吾崆峒道士王全眞也，願爲吾塑像於問道宮。朱至，方知其已亡久矣。今殿後有閣，其遺像猶存。

袁貫

同治《徐州府志·人物·藝術》 袁貫，徐州人。精醫術，尤善鍼法，治疾多奇效。有老狐貌爲人，詣貫治疾，貫診之，識其爲獸，狐驚以實告，與藥愈之。有貧家婦以難產死，舁棺往瘞，血出於隙，貫見之，以爲血鮮未死，啓而治之，復蘇。

陳景

《古今醫統大全·歷世聖賢名醫姓氏·明》 陳景，字叔旦，號斗岩，眞州人，早以孝友聞，篤好醫，遂精妙，遐邇求療者，景以南北異宜，治之輒效。人咸敬服之。

程汝明

康熙《浙江通志·方伎·嚴州府》 程汝明，淳安人。事繼母婉曲承志。猶善療痘，遇貧不計利，多所全活。左司馬汪道昆、御史汪有功，有傳、有贊，直指方元彥旌其行。檄行淳安縣，列名旌善亭，備邑志。

周順

李梴《醫學入門·歷代醫學姓氏·明醫》 周順，鄱陽人。醫有十全之功。治士人得腳弱病，積藥如山，悉令屏去。用杉木爲桶(躍)〔濯〕足，及令排樟腦于兩股間，以布繫定，月餘腳健如故。

胡宗仁 胡徐氏 胡李氏

李梴《醫學入門·歷代醫學姓氏·德醫》 胡宗仁，字彥德，國朝晉陵人。父禎，善醫術，常州路醫學錄。母徐氏，亦知醫，學錄早喪，守節四十餘年，常藥濟人。至公醫業尤精。其配李氏，有婦德，亦知醫。

徐鏊

李梴《醫學入門·歷代醫學姓氏·德醫》 徐鏊，不知何許人，太醫院醫士。正德時諫南巡，下獄〔戍〕邊，忠臣也。

徐嗣

乾隆《江寧縣新志·藝術傳》 東陽徐嗣，妙醫術。春月出南籬門戲，聞筸屋中有呻吟聲，嗣曰：此病甚重。往視，一姥稱：舉體痛，而處處有黳黑無數。嗣還，煮升餘湯，送令服之，痛愈甚，須臾，所黑處皆拔出長寸許，乃以膏塗諸瘡口，三日而復。云：此名療疽也。

周敷

李梴《醫學入門·歷代醫學姓氏·儒醫》 周敷，字時榮，號煦庵，無錫人。初習進士業，經史皆涉大義。既而業醫，患近世醫家止于《局方》，遂究炎黄岐雷越人諸書，治人之疾病，十愈八九，又不責報。

喬鎮 喬節 喬鼎 喬寵

同治《上海縣志·藝術》 喬鎮，字孟安。邑庠生。以醫名。偶步郭外，見舁殯者，有血自棺縫流出，詢知爲貧民婦，產三日不下，斃而甫殯。鎮曰：可活也。夫至大喜，就樹下啓棺，鎮出藥灌婦口，團艾灸其臍，兒嚶然下，男也。婦亦旋甦。時人神之。鎮以下，世爲名醫。其族有名節者，字西墅。節子鼎，字中立，皆徵爲太醫院供奉。寵字月湖，尤精醫。世居邑城繡鞣橋西，製藥濟人，無不治者。人號所居爲藥局衖。

程伊

李梴《醫學入門·歷代醫學姓氏·明醫》 程伊，字宗衡，新安人，國朝淮府良醫。纂《醫林史傳》、《外傳》、《拾遺》。

趙律

光緒《保定府志·藝術》 趙律，雄縣人。性簡默慈愛，居家孝友。幼嗜學，能詩，後感母疾，乃學醫術。洞究軒岐之秘，以濟人爲心，略不責報。尤精太素脈，易州霍公絓誤失官，屬診其脈。律曰：來春可辯明。後如其言得白，除上蔡令，過雄，復請診之。律驚惶不敢對，陰謂其子曰：此斬首分骸脈也，凶莫甚焉。後果遭流賊之變，夫與婦俱死節焉。律爲詩輓之曰：公脈昔曾屬我評，已知銕漢是天生。乾坤祇識綱常重，夫婦能將性命輕。萬刃斷軀難斷義，千里埋骨不埋名。軻山風動蕭蕭木，猶是當年罵賊聲。

王原甫妻徐氏

嘉靖《崑山縣志·列女》 王原甫妻徐氏，太倉醫家女。少諳脈藥，尤明小兒科。嫁二年，原甫病卒，一女始晬，舅姑又被逮至京。王氏年二十歲，獨留家居，委心不貳，誓撫孤女有成。女既笄，不幸亦卒。復乞養趙氏女爲女，越數年，爲女招婿，無何婿又亡，伶仃孤苦，□□□□爲命，日惟賣藥自給。年八十六而終，今稱王小兒家，即節婦舊居也。

竇楠

乾隆《錫金識小録·補傳·醫》 竇楠，世業瘍醫。孫中丞應奎之初令江陰也，母疽發於背，諸醫不效，楠治之，一月起。邵文莊作《乳泉記》載其醫術之神。

李玉

萬曆《重修六安州志·人物傳·方技》 李玉，字成章，本衛千戶。善騎射，尤精於醫，鍼灸應手而愈者，不知其幾。舒有病頭痛不忍者，雖震雷亦不聞。玉胗視之曰：此蟲啖腦也。合殺蟲諸劑爲末，吹鼻中，二三日蟲悉從鼻眼口耳中出，愈。合肥有跛人，持雙拐來者，玉鍼之立去其拐。浙有病瘵不能步者，玉察諸醫之劑與治法同，疑之乃曰：藥有新陳，功效亦異，况疾在裏而深，非小小藥劑所能去。乃熬藥二桶，置磵中，俟少溫，令病者單衣坐其中，續續澆之。半晌，忽大汗，立愈。一少婦有娠而吐血數升，幾死，玉胗其脈曰：此子癇也。依方治之，加竹瀝愈。其餘起死回生者，不能盡述，姑識其一二奇效者焉。時兩都號曰神鍼李，比之古名醫。

《明史·方伎傳·李玉》 李玉者，官六安衛千戶，善鍼灸。或病頭痛不可忍，雖震雷不聞。玉診之曰：此蟲啖腦也。合殺蟲諸藥爲末，吹鼻中，蟲悉從眼耳口鼻出，即愈。有跛人扶雙杖至，玉鍼之，立去其杖。兩京號神鍼李玉。

兼善方劑。或病瘵，玉察諸醫之方，與治法合而不效，疑之。忽悟曰：藥有新陳，則效有遲速。此病在(表)〔裏〕而深，非小劑能愈。乃熬藥二鍋傾缸內，稍冷，令病者坐其中，以藥澆之，踰時汗大出，立愈。

韓隱菴

康熙《新建縣志·人物·方技》 沈應善，字嘉言，【略】決志學醫，遇蜀之韓隱菴，師事焉。初授《素問》、《內經》諸書，研究不輟，徐進以導引之學及秘藏諸方。三年，韓去別曰：九九之際，遲我於峨眉之麓。自是名益振，士大夫爭與之遊。投以劑，用弗驗者。【略】年八十一，忽語家人曰：韓先生招以鍼，我將逝矣。尋沐浴而卒。

沈應善

康熙《新建縣志·人物·方技》 沈應善，字嘉言。事親至孝，親歿，廬墓三年。屢試不售於有司。一夕，夢神人命曰：上帝命汝活千萬人，寧可守一編以自負乎？既寤，遂決志學醫。遇蜀之韓隱菴，師事焉。初授《素問》、《內經》諸書，研究不輟。徐進以導引之學及秘藏諸方。三年韓去，別曰：九九之際，遲我於峨眉之麓。自是名益振，士大夫爭與之遊。投以劑，罔弗驗者。歲癘則捐貲貯藥以濟人，始終無倦。居傍搆一舍，曰來安堂，具諸藥餌、飲食，羈旅貧苦，聞聲麕集。年八十一，忽語家人曰：韓先生招以緘，我將逝矣。尋沐浴而卒。著《素問箋釋》二卷。子長庚，以經業補弟子員，能世其學，註釋《本草綱目》，同父書行世。

光緒《南昌縣志·人物》 沈應善，字(喜)〔嘉〕言，梁休文裔，六世祖仕豫章，因家焉。【略】著《素問箋釋》二卷、《醫貫集補》二卷。

諸餘齡

康熙《浙江通志·方伎·杭州府》 諸餘齡，字雲泉，仁和人，卜居如松里。善書、弈，博通醫家言，而多新得，四方爭迎致之。晚隱靈鷲山，善李元昭，預知死期俱不爽。每語客曰：我巾車馳城中起死人，何得身爲死人馳喪車出城乎？當終于此。與徐鏜輩諸名醫爲天醫社云。子夢還、成，隆慶辛未進士。

盧金

嘉慶《松江府志·藝術傳》引《上海志》 盧金，上海人，業醫，沈虛明弟子也，與華亭王一鵬齊名。命奇蹇。貧窶之家，乞其藥立起。若受人銖兩之贈，即證候變易，以此窮困終身。後人世其業。

黃古潭

道光《徽州府志·人物志·方技》引《黟縣志》 黃古潭，祁門汪機弟子，少業儒，通五經，以疾就醫。治病每有超見，如脇痛、皮膚紅腫，醫用瀉肝舒鬱之劑不效，黃以瓜蔞一枚治之則愈。如婦人鬱結經閉，諸醫治用安胎之藥，吐酸反甚，黃以補肺瀉肝之劑而愈。此二條其門人休寧孫一奎所述，即著《赤水元珠》、《醫旨緒餘》之生生子也。

光緒《安徽通志·人物志·方伎》 黃古潭，黟縣人。少業儒，家貧棄而學醫，師事祁門汪機。

孫一奎

道光《徽州府志·人物志·方技》引《休寧縣志》 孫一奎，字文垣，號東宿。通易善醫，歷沅湘、匡廬、於越、秦淮、三吳，所至活人無算。沉思殫慮，著有《赤水元珠》三十卷、《醫旨緒餘》二卷、《醫案》五卷。

按：《四庫全書》云：《赤水元珠》大旨以明證爲主，故諄諄於寒熱虛實，表裏氣血，人若其辨古今病證名稱相混之處，尤爲明晰。《醫旨緒餘》，卓有特識，其論諸家長短，尤千古持平之論。其《孫氏醫案》，則其子時泰所編也。

道光《休寧縣志·人物·方伎》 孫一奎，字文垣，號東宿，【略】著有《醫書》三十卷、《醫旨緒餘》二卷、《醫案》五卷，以辨衆論，以歸中正。祝石林題之曰：《赤水元珠》，今醫家奉爲矩矱云。

《醫學讀書志·明孫氏一奎》 《赤水玄珠》三十卷、《醫旨緒餘》二卷、《三吳治驗》二卷、《新都治驗》二卷、《宜興治驗》二卷。右書五種，明休寧孫一奎撰。一奎字東宿，號生生子。《玄珠》分七十門，每門又各分類次，詳論寒熱、虛實、表裏、氣血受病之原，古今病證名稱之混，晰理入彀，治法適中，殆擷取金元精粹之義，加以文飾而成者。《醫旨》分配太極陰陽五行於人身藏府經絡，又直以癲、癇爲二病，皆自擅聰明，憑虛結撰。又精究用人補人采煉之法，以治勞損，邪說導淫，乃書中大瑕。子泰來、明來，輯其醫案，多所誇詡，大抵專揚醫名，不窮醫理，淆於世俗之結習也。

金綬

雍正《懷遠縣志·人物·方技》 金綬，幼業儒，兼習養生之術，尤精于醫。濠壽之間，全活者甚衆。本府饒郡伯得奇疾，遍求醫治不效。張黄門異翔薦綬於饒公，延見診視，三投湯劑，沉疴頓起。公喜，榮以冠帶。隆慶初，邑侯何公請與鄉飲。卒年八十七。

曹察齋

嘉慶《如皋縣志·列傳·藝術》 曹醫察齋，一日行途中，聞有婦臨蓐者，作楚特甚。曹拾地上敗葉，命煎湯服之即下。人叩其故，曹曰：醫者意也，吾取其敗落耳。衆服其神。

徐春甫

《螽斯廣育·汪儁序》 《螽斯廣育》者孰集之？徐氏汝元集而傳之，以公於人。汝元，余故友裏府典膳鶴山遺腹子也。生質敏穎，幼從學於太學生葉光山，攻舉子業，既而多病，複問醫，學於余族侄子良。子良素以醫術鳴時。汝元以儒通醫，故其術易精。其存心每每以濟人爲急務，弗規於利，良可嘉也。頻往來於余，常以《素問》脈理，病機治法，及劉、李、張、朱諸氏之書詰之，汝元皆亹亹條析，隨問隨對，略無凝滯。此見汝元醫有所本，業有師承，非複近時俗醫記《本草》而療病，泥古方而藥人也不侔。凡醫書自上古軒岐《靈》《素》，曆漢唐宋，而至於我皇明，作術之行於世者二百餘家，汝元悉究精微，叙而集之，名曰《古今醫統》。凡有關於醫者，靡不博極該詳，誠集諸醫之大成者也。《螽斯廣育》卷，余披而閱之，有原始要終論、陰虛論、調經諸論，尤見生生不息之功多。余嘉其有心得之妙，鑿鑿有理，諄諄懇懇，以嗣續爲重，果能體而行之，未必無螽斯之產地，其用心亦仁矣哉！胡雲峰云：醫而儒，明醫也，汝元以之。汝元名春甫，思鶴，號也。齡青質純，該博群集，而況精義不已，誠爲鳴世之士云。新安韓溪道人汪儁序。

康熙《徽州府志·人物·方技》 徐春甫，祁門城東人。幼師汪宦，醫家書無所不窺。著有《古今醫統》、《醫學捷徑》。官太醫浣。

李言聞月池

《本草綱目·草部·黄芩》 予年二十時，因感冒欬嗽既久，且犯戒，遂病骨蒸發熱。膚如火燎，每日吐痰碗許，暑月煩渴，寢食幾廢，六脈浮洪。遍服柴胡、麥門冬、荆瀝諸藥，月餘益劇，皆以爲必死矣。先君偶思李東垣治肺熱如火燎，煩躁引飲而晝盛者，氣分熱也，宜一味黄芩湯，以瀉肺經氣分之火。遂按方用片芩一兩，水二鍾，煎一鍾，頓服。次日身熱盡退，而痰嗽皆愈。藥中肯綮，如鼓應桴。醫中之妙，有如此哉！

《本草綱目·草部·藜蘆》 我朝荆和王妃劉氏，年七十，病中風，不省人事，牙關緊閉，群醫束手。先考太醫吏目月池翁診視，藥不能入，自午至子，不獲已，打去一齒，濃煎藜蘆湯灌之。少頃，噫氣一聲，遂吐痰而甦，調理而安。藥弗瞑眩，厥疾弗瘳，誠然。

光緒《黄州府志·人物志·孝友》 李言聞，字子鬱。性至孝，里中有兄弟爭田，訟不休。言聞具酒食，召其人，欲解之。既醉，爭如前。言聞入跪父靈几前曰：兒無狀，不能感閭里。言訖大悲痛，訟者聞之大笑。後數年，訟者死獄中，族人瓜分遺田，言聞爲斂葬焉。子時珍，詳《文苑》。

光緒《蘄州志·人物志·孝友》 李言聞，字子鬱，號月池，性至孝，博洽經史，精於醫，官太醫。著有《醫學八脈法》。子時珍，另傳。

光緒《蘄州志·地理志·陵墓》 太醫院判李時珍父言聞，墓在竹林湖。

光緒《黄州府志·藝文志·醫家類》 《四診發明》一卷，蘄州李言聞撰。《通志》并佚。

李時珍瀕湖

《本草綱目·王世貞序》 紀稱：望龍光知古劍，覘寶氣辨明珠，故萍實商羊，非天明莫洞，厥後博物稱華，辨字稱康，析寶玉稱倚頓，亦僅僅晨星耳。楚蘄陽李君東璧，一日過予弇山園謁予，留飲數日。予窺其人，睟然貌也，癯然身也，津津然譚議也，眞北斗以南一人。解其裝，無長物，有《本草綱目》數十卷。謂予曰：時珍，荊楚鄙人也。幼多羸疾，質成鈍椎，長耽典籍，若啖蔗飴。遂漁獵群書，搜羅百氏，凡子、史、經、傳、聲韻、農圃、醫卜、星相、樂府諸家，稍有得處，輒著數言。古有《本草》一書，自炎皇及漢、梁、唐、宋，下迨國朝，註解群氏舊矣。第其中舛謬差訛遺漏，不可枚數。乃敢奮編摩之志，僭纂述之權。歲歷三十稔，書考八百餘家，稿凡三易，複者芟之，闕者緝之，訛者繩之。舊本一千五百一十八種，今增藥三百七十四種，分爲一十六部，著成五十二卷。雖非集成，亦粗大備，僭名曰《本草綱目》。願乞一言，以托不朽。

《本草綱目·火部·燈花》　我明宗室富順王一孫，嗜燈花，但聞其氣，即哭索不已。時珍診之曰：此癖也。以殺蟲治癖之藥丸，服一料而愈。

顧景星《李時珍傳》　李時珍，字東璧，祖某，父言聞，世孝友，以醫爲業。年十四，補諸生，三試於鄉，不售。讀書十年，不出戶庭，博學，無所弗瞡。善醫，即以醫自居。楚王聞之，聘爲奉祠，掌握良醫所事。世子暴厥，立活之。薦於朝，授太醫院判。一歲告歸，著《本草綱目》。

年七十六，爲遺表，授其子建元。其略曰：臣幼苦羸疾，長成鈍椎。惟耽嗜典籍，奮切編摩，纂述諸家，心殫釐定。伏念《本草》一書，關係頗重，謬誤實多，竊加訂正，歷歲三十，功始成就。【略】萬曆中，敕中外獻書，建元以遺表進，命禮部謄寫，發兩京、各省布政刊行。

晚年，自號瀕湖山人。又著《薖所館詩》、《醫案》、《脈訣》、《五藏圖論》、《三焦客難》、《命門考》、《詩話》。詩文他集失傳，惟《本草綱目》行世。蒐羅百氏，採訪四方，始於嘉靖壬子，終於萬曆戊寅，凡二十八年而成書。舊本附方二千九百三十五，增〔八〕千一百六十一。

贊曰：李公份份，樂道遺榮；下學上達，以師古人；既智且仁，道熟以成。遐以媲之，景純通明。

《明史·方伎傳·李時珍》　李時珍，字東璧，蘄州人，好讀醫書。醫家《本草》，自神農所傳止三百六十五種，梁陶弘景所增亦如之，唐蘇恭增一百一十四種，宋劉翰又增一百二十種，至掌禹錫、唐慎微輩，先後增補合一千五百五十八種，時稱大備。然品類既煩，名稱多雜，或一物而析爲二三，或二物而混爲一品，時珍病之。乃窮搜博採，芟煩補闕，歷三十年，閱書八百餘家，稿三易而成書，曰《本草綱目》。增藥三百七十四種，釐爲一十六部，合成五十二卷。首標正名爲綱，餘各附釋爲目，次以集解詳其出產、形色，又次以氣味、主治附方。書成，將上之朝，時珍遽卒。未幾，神宗詔修國史，購四方書籍。其子建元以父遺表及是書來獻，天子嘉之，命刊行天下，自是士大夫家有其書。時珍官楚王府奉祠正，子建中，四川蓬溪知縣。

《醫學讀書志·明李氏時珍》　時珍字東璧，官楚王府奉祠正。子建元，爲四川蓬溪知縣。【略】又集其父言聞《四診發明》，糾《脈訣》之失，爲《瀕湖脈學》，附以宋道士崔嘉彥四言詩。複考證奇經八脈，創爲氣口九道之圖，詳其診法。好名之心，亦良苦矣。

光緒《黄州府志·文苑·蘄州》　李時珍，字東璧，號瀕湖，言聞子，諸生。生時有紫芝生庭，白鹿入室之異。精岐黄術，官楚王奉祠正。王薦於朝，授太醫院判。時珍學問該洽，著述甚富，其《本草綱目》一書，窮搜博採，芟繁補闕，歷三十年，閱書八百餘種，稿凡三易而成。卒後，子建元上之朝，敕禮部刊行。王世貞、董其昌爲之序。崇祀鄉賢。子建中，詳《宦蹟》；建木，詳《篤行》。

光緒《黄州府志·藝文志·奇經八脈考》　特詳其病源治法，并正《脈訣》之失，其法分浮沉遲數、滑濇虛實、長短洪微、緊緩芤弦、革牢濡弱、散細伏動、促結代二十七種。毫釐之別，精微無遺。又附載宋崔嘉彥四言詩一首，及諸家考證《脈訣》之説，以互相發明。與所作《奇經八脈考》皆附《本草綱目》之後。可謂既能博考，又能精研者也。

光緒《蘄州志·地理志·陵墓》　醫賢楚王府奉祠李時珍墓，在州東五里竹林湖，祖墓在大敎場。

龐憲 鹿門

光緒《黄州府志·藝術》　龐憲，字鹿門，幼從名醫李時珍，得其學。有客耳聾，就憲診視，曰：胃火也。客曰：耳屬腎，與胃何涉？憲曰：君未知《素問》、《靈樞》。耳，胃經絡起於鼻上，過於耳旁，或於食時則聾更甚。一匕而愈。州守夫人病瘧，診之曰：此瘧勿藥，有喜，但過十日當下血。夫人不悦。

越十日，果血下。亦一匕而愈。蘄多名醫，如張慕愷、韓泰、陳泰、李言聞、嚴政、郝守道之屬，皆有聞於時。

瞿介福

康熙《靖江縣志·人物·藝術》 瞿介福，其初常熟人，後徙靖，以醫名。萬曆時，邑中瘟疫大作，介福施劑，所活甚衆。

張文邃

光緒《金壇縣志·人物·方伎》 張文邃，字振凡。善醫，尤工於胎產，著《保生集要》一卷，馮曾橒序之以行。子祥元，字元如，亦以岐黄術稱。

釋普照

乾隆《鎮江府志·人物志·方伎》 釋普照，萬曆末至金壇，不知其所自來。精于醫，多秘方，治瘡瘍湯火諸患，立有神效。不責報于人。年八十餘卒。

吴子揚

嘉慶《涇縣志·人物·藝術》 吴子揚，字居敬，號東園，茂林都人。資性淳明，少多疾，厭舉子業，從事心學，嘗游南野、龍溪之門。喜吟咏，工圖畫，有詩集、《梅譜》各數卷。尤精醫，而於痘科最精，立判生死，求者應之無難色。所著書凡三刻：初《痘症要訣》、次《蠢子録》、晚訂《痘症撮要》。王宇泰序之曰：東園往來吴楚閩粤間，人稱爲神，雖其書專主痘症，而實參《内經》、《傷寒》諸論，貫而通焉。余《證治準繩》之刻，多用其言。又張介賓《景岳全書》亦多採其説。他如言痘疹之書，主之者不下數十家。侄曾孫有誥，嗣其學，亦以名醫稱，嘗手訂三書合爲一集。近八代侄孫啓泰，復匯爲《重刻東園痘症全書》七卷，益以有誥所參《金鏡録》，爲八卷，行於世。

王肯堂字泰

《證治準繩·自序》 余髪始燥，則聞長老道説，范文正公未達時禱于神，以不得爲良相，願爲良醫，因歎古君子之存心濟物如此其切也。當是時顓蒙無所知，顧讀岐黄家言，輒心開意解若有夙契者。嘉靖丙寅，母病阽危，常潤名醫，延致殆徧，言人人殊，罕得要領，心甚陋之。於是鋭志學醫。既起亡妹於垂死，漸爲人知，延診求方，户屨恒滿。先君以爲妨廢舉業，常嚴戒之，遂不復竆究。無何，舉于鄉。又十年成進士，選讀中秘書，備員史館，凡四年，請急歸，旋被口語，終已不振。因伏自念，受聖主作養厚恩，見謂儲相材，雖萬萬不敢望文正公，然其志不敢不立，而其具不敢不勉，以庶幾無負父師之教，而今已矣。定省之餘，頗多暇日，乃復取岐黄家言而肆力焉。二親篤老善病，即醫非素習，固將學之，而况乎輕車熟路也。於是聞見日益廣，而藝日益精，鄉曲有抱沉疴，醫技告窮者叩闔求方，亡弗立應，未嘗敢萌厭心，所全活者稍稍衆矣。而又念所濟僅止一方，孰若著爲書傳之天下萬世耶？偶嘉善高生隱從余游，因遂採取古今方論參以鄙見，而命高生次第録之，遂先成雜病論與方各八巨帙。高生請名，余命之曰《證治準繩》。高生曰：何謂也？余曰：醫有五科七事，曰脈、曰因、曰病、曰證、曰治，爲五科。因復分爲三，曰内、曰外、曰亦内亦外。并四科爲七事。如陰陽俱緊而浮脈也，傷寒因也，太陽病也，頭痛發熱、身痛惡寒、無汗證也，麻黄湯治也，派析支分，毫不容濫，而時師皆失之不效者幸而免耳。自陳無擇始發明之，而其爲《三因極一方》，復語焉不詳。李仲南爲《永類鈐方》，枝分派析詳矣，而入理不精，比附未確。此書之所以作也。曰：五科皆備焉，而獨名《證治》，何也？曰：以言證治獨詳故也。是書出，而不知醫，不能脈者，因證檢書而得治法故也。雖然大匠之所取平與直者，準繩也，而其能用準繩者，心目明也，倘守死句而求活人，以準繩爲心目，則是書之刻且誤天下萬世，而余之罪大矣。家貧無貲，假貸爲之，不能就其半。會侍御周鶴陽公以按鹺行縣至金壇，聞而助成之，遂行於世時。

《瘍醫會粹·自序》 余童而習岐黄之術，弱冠而治女弟之乳瘍，虞翁之附骨瘍，皆起白骨而肉之，未嘗有所師受，以爲外科易易耳，欲得聰明有志者指授之，使爲瘍醫，而竟無有。故集先代名醫方論，融以獨得，而成是編。與世專科書，圖人形、列方藥，詫爲秘傳者，萬萬不侔，能熟而玩之，神而明之，可以名世矣。

《明史·藝術傳·王肯堂》 王樵，字明遠，金壇人。父臬，兵部主事，諫武宗南巡，被杖，終山東副使。樵舉嘉靖二十六年進士，授行人，歷刑部員外郎。著《讀律私箋》，甚精核。【略】子肯堂，字宇泰。舉萬曆十七年進士，選庶吉士，授檢討。倭寇朝鮮，疏陳十議，願假御史銜練兵海上。疏留中，因引疾歸。京察，降調。家居久之，吏部侍郎楊時喬薦補南京行人司副，終福建參政。肯堂好讀書，尤精於醫。所著《證治準繩》，該博精粹，世競傳之。

《醫學讀書志·明王氏肯堂》 肯堂字宇泰，【略】樵之子，舉萬曆十七年焦竑榜進士，與松江董其昌同科。選庶常，授檢討。倭寇朝鮮，疏陳十議，願假御使銜練兵海上。疏留中，遂引疾。會京師察，罷黜，歸而研醫，以著述自樂。複以薦，補南京行人司副，終福建參政。其《醫統正脈集》書四十四種，自《素問》、《靈樞》、《難經》、《脈經》、《傷寒論》、《金匱要略》、《明理論》、《活人書》以下，繼以守眞，終於陶華，皆沿金元以來結習。《證治準繩》六種，首《雜病證治》八冊，附以《類方》八冊，次《傷寒準繩》八冊，《瘍醫準繩》六冊，《幼科準繩》九冊，《女科準繩》五冊，凡四十四冊，皆一年而成。二種雖採掇繁富，而珠礫雜收，茫無去取，徒眩後人耳目。蓋其成功甚速，決非一人之手，况罷黜未幾，又複起用，宦興方殷，著輯宜其率略矣。醫論筆塵，泛述醫事，頗精卓可觀。

光緒《金壇縣志·雜志·遺書》 《證治準繩》一百二十卷。其自序，蓋初成《證治準繩》，附以《類方》，後續成《傷寒準繩》、《瘍醫準繩》、《幼科準繩》、《女科準繩》以補其未備，而仍以《證治準繩》爲總名，從其朔也。

高果哉

《冷廬雜識·古人》 《古今醫案類按》云：高果哉先生，乃王金壇之高弟，《準繩》序中所謂嘉善高生隱士也。余童時，習聞父老傳誦其治病如神，著有《醫林廣見》及《雜症》二書，未曾刊印，得之者，珍如拱璧。又有《醫案》數卷，立方頗多奇巧，然險峻亦難輕試。略選數條，以存吾邑文獻。其卷七一條云：魏子一患嘴唇乾燥，自服麥冬一兩，生地四錢，元參二錢，五味一錢。甘草六分，烏梅三個，雖有小效，而病根不去。高云：此症宜用神水。其法以鉛鎔化，散澆於地成薄片，取起，翦作長條數塊，以一頭鑽眼，懸弔於鍋，鍋內置燒酒，燒酒之上仰張一盆，與鉛片相近。鍋下燃火，使酒沸而氣上衝於鉛片，鉛片上有水滴下盆內，謂之神水，取服之。以此水從下而上，能升腎中之水，救上之乾燥也。按《本草綱目》所載神水，指五月五日午時竹竿中雨水，其主治亦異。此可以補方書之缺，特錄之。

余淳

康熙《休寧縣志·人物志·方技》 余淳，字敦父。綜經史，工吟咏，尤精岐黃家言。古黟望族，父時啓，以經術下帷海陽，因家焉。值萬曆戊子歲大疫，出秘方，全活不可勝計。

秦昌遇

康熙《松江府志·人物·藝術》 秦昌遇，字景明，上海人。天資警敏。少善病，因遂學醫，治嬰兒疾稱神。已而遍通方脈，不由師授，妙悟入微。常行村落，見婦人淅米，使從者挑怒之，婦人忿詬。昌遇語其家人曰：若婦痘且發，當不治，吾激其盛氣，使毒發肝部耳，目下春時，應見于某處，吾且止，是爲汝活之。及暮，如其言，乞藥而愈。青浦林氏子年方壯，昌遇視之曰：明年必病瘵，三歲死。明年疾作，踰兩春竟死。昌遇所剋時日皆不爽。其或病至沈篤，師張口眙目，昌遇投劑能立起，名動四方，往來無寧晷，然未嘗自多。嘗謂法當死者，雖盧扁不能爲，苟有生理，勿自我死之可矣。爲人蕭灑自適，預知死期。年六十餘卒。所著《大方幼科》、《痘疹折衷》行於世。

光緒《川沙廳志·人物·藝術》 昌遇嘗出，遇佃民將鬻妻，相持泣。問曰：吾不責汝金，何乃爾？佃曰：售苟得餘金，將自活也。即出囊中金予之。所著《淡香堂集》、《大方幼科》、《痘疹折衷》及《證因脈治》行於世。

殷榘

《古今醫統大全·歷世聖賢名醫姓氏·明》 殷(渠)〔榘〕，字度卿，號方山，眞州人。世業醫，至(渠)〔榘〕尤精。叩疑於潘者大，年老，醫實精妙，深究軒岐之秘，門無問病者，憒然以其所得於古先聖賢之旨，盡以授榘，(渠)〔榘〕遂診疾如響應云。

李梴《醫學入門·歷代醫學姓氏·世醫》 殷(矩)〔榘〕，字度卿，號方山，國朝儀眞人。家世名醫，讀軒岐書，暗解默誦，診脈用藥，以意消息，不尚奇怪。

康熙《儀徵縣志·人物·藝術》 殷榘，字度卿，號方山。美姿髯，貌老猶若童子。家世十全上醫也，至榘獨精於眕視，投劑無不奇中，俗呼爲殷神仙云。然手目不去書卷，所至輒效。不受人金帛，以救人命爲志。萬曆癸未歲大疫，閭巷比延，至闔門不火。榘部勒甲乙諸戶，晝夜奔問，所活數千百人，皆不受饋遺。歙人吳銑病，七日不食，以飲常醫補劑而死。榘急諭其人曰：若舌墨不挺，頰腫不噎，猶可活。按之果然，逐其熱而愈。鄰人臧娶新婦，半月而腹大，衆以爲胎。榘以爲新婦以空腹受漆毒，取蟹汁和甘草，飲之而愈。

四川高命婦患內逼，衆以爲痢，桀以爲月閉；郭指揮患厥逆，衆以爲陰，桀以爲暑；瓜州趙臬司患脹遺血，不食不寐，衆以爲熱，桀以爲勞；許進士崇志患呃逆，衆以爲痰，桀以爲怒；文學張徵伯躁躁，衆以爲疫，桀以爲熱，皆手到即愈。萬曆庚寅，吉水羅從先予假歸，一舟徧疫莫治，桀館從先痊之，羅以爲再造，拜桀爲父，贊之以爲神。諸如巳劉進士昱胃痛，巳黄十六寒狂，巳湯總帋夫人胞胎而痢，巳陝人高文癇，所指切，難更僕數。有軼事三尤奇：一人疾病甚，就桀眕，一亡命無恙，方醉飽，隨病夫欲試桀，桀出，亡命卧櫝上候之，見桀歸，意欲急試，驟下櫝。桀先眕病者曰：汝無甚疾，一服可愈。眕亡命曰：汝病甚，速歸，夜分當絶。亡命大笑。及凌晨，問之果然。村女戲作反身筋斗，(急)〔忽〕視人足上首下，視屋砌上瓦下，衆莫解。桀曰：此勿藥可愈，命取針數千，使女低頭拾竣方許起，亡何果愈。見舁櫬者淋血，血色新，桀曰：棺中人未死，奈何舁之？詢之舁者，曰：此欲娩身而不得者也。桀曰：可立活。以針刺心側，忽呱呱下，子，婦亦徐活。或問之，桀曰：亡命方醉飽卧櫝上，以驟下而臟離。村女用力作反身筋斗而肺反蔽心竅，使兜其體，可立正。婦娩身時，兒手握母心，痛至死，子又不下，至淋血色鮮。針之，兒手痛心縮，得兒下而母活。後視兒掌心，果有針痕。人神其事，呼爲仙。有羅從先、蔣承恩、蔣山卿贊，趙鶴贈詩。羅贊曰：亭亭玉立，怡怡春融。逸民風韻，活人心胸。紫芝煜煜，瑶草茸茸。百年無累，游戲鴻濛。蔣山卿贊曰：昔費長房見老翁懸一壺賣藥於世，市罷輒入壺中，蓋自古神仙者流，與有道異類之君子多隱於醫卜。若方朔、韓康者，曷可勝數哉。然則翁之託名詭跡，意豈不遠溯矣乎。趙鶴詩曰：鑾江醫客飄長髯，人人呼是殷神仙。囊貧每怯賣藥錢，陰功香案家家懸。蔣承恩贊曰：活人全十萬，名上閬風詮。《府志》云：舁棺淋血事，本《宋史·龐安常傳》，而傳會失實。《龐傳》云：桐城有民家婦，孕將産，七日而子不下。安時往視之，令其家人以湯溫其腰腹，自爲上下拊摩，孕者覺腸胃微痛，呻吟間生一男子。安常曰：兒已出胞，而一手誤執母腸不復能脱，吾隔腹捫兒所在，鍼其虎口，既痛即縮手，所以遽生，無他術也。取兒視之，右手虎口鍼痕存焉。此言手執母腸，捫而痛，痛而鍼，痕在虎口，確有精理。若已絶斂於棺中，未見其形，未捫其腹，何遽言未死？且兒在母腹，手斷無握母心之埋，手握心而鍼之，何以得痕在掌心？朱克生作《仲蘭傳》亦載此事，云：入郭門見舁尸棺而出血縷縷下上車，命啓棺以鍼刺婦心，婦忽厲聲，産子，蘭曰：此初産孕婦，穩婆不察，使其竭力，産子離胎不下，反以手擘婦心，婦血眩死，以鍼刺子手，欲其知痛赴生也，視其子手，果有血孔，皆於情事不協，附辨於此。

賀良爵

康熙《平陽府志·人物志·方技》 賀良爵，隰州人。初爲郡庠生，烺烺有聲。後慕道歸隱，與物無競，州人咸重之。其於星曆醫卜之術，無所不曉，尤精於《易》，凡人之吉凶得失，爭往卜之，尤著靈驗。明萬曆丁巳春夏亢暘，爵登東山虔禱，食不下咽，衣不解帶，約七日而大雨滂沱，二禾成熟。常施藥餌符水救人，賴以全活者甚衆。

姜　宸

光緒《江西通志·方術·南昌府》 姜宸，進賢人，以醫久寓高安。頗有儒行，萬曆戊子、己丑間連荒，所在病疫，宸施藥濟困，所活良多，貧者尤德之。亦以醫名，而篆隸冠一時。

鄭之彦

乾隆《江寧縣新志·藝術傳》 鄭之彦，字蘭巖。少爲諸生，屢試不售，輒棄去，好神仙吐納之術。體羸多病，遇異人授以刀圭，遂精於醫。有名僧古曇者，設壇普德，之彦偶遊其地，診視之，語其徒曰：爾師六脈沉溺，殆不起。明日，哄傳古曇坐化矣。神驗如此。年八十卒。長子笏，有文名。少子篙，

朱　儒

崇禎《嘉興縣志·叢談志·方伎》 朱儒，字宗魯，其先吳江人，移家嘉興。兄弟四人將析箸，濡悉以遺業讓之，而自用醫顯。入都，會大疫，起死人無算。貧者不受謝，且給銀錢爲調理費，繇是名震。選授太醫院吏目，稍積爲院使，嘗侍疾禁中。一日，上御文華殿煖閣，召儒診視，儒奏聖體病在肝腎，宜寬平以養氣，安靜以益精。上首肯之。自兩宮太后及后妃公主有疾，率令中涓言狀，從儒受方，多效，時有大官之賜，一時諸公卿爭延致之。儒自論病議方而外，語不及私，即懽笑移日，杯酒相洽，益恂恂自飭，不以昵故有所干，故諸公卿爭爲倒屣。每里中子入都，儒繾綣桑梓，客死者，輒經紀其家，歸其喪，人皆德之，稱爲長者。年七十有七卒。

曹奇珊

乾隆《金山縣志・人物・藝術》 曹奇珊，字杏川，胥浦人。精醫術，遠近爭延。年八十有餘，嘗謂人曰：吾平生活人萬計，及年愈老愈不敢慢，恐耄及而精神不浹也。萬曆間，授壽官，給冠帶。

嘉慶《松江府志・藝術傳》引《金山志》 曹奇珊，字杏川，華亭人。

仇鳳翔

乾隆《建德縣志・軼事・方技》 仇鳳翔，字敬寰。通悟方脈諸書，尤善療小兒疾。不用藥餌，但視其經絡所至，以手摩按，令汗出立愈。諸童子賴其調護云。

賣藥人

嘉慶《如皋縣志・列傳・藝術》 萬曆甲寅夏，有賣藥人挑藥籠至市中，俄有兩人肩一病者求醫。病者遍身皆刀斧痕，頭項尤甚。取其頭，置膝上，以藥塗之，安置妥帖，視聽如故，兩人復肩而去。酬之以錢，不受。觀者如堵。未幾遠逝，不知所之，惜不叩其姓氏，然技亦神矣。

張頤 養正

《醫史・張養正傳》 張頤，字養正，豎名傳吳下。中年以瞽癈，而氣岸峭直不衰。周文襄公巡撫吳中，賓禮之，議論侃侃不屈也。其醫大概以保護元氣爲主，處劑多用參、朮，而每著奇效。能預刻年月日，決人生死，往往奇中。予昔館其家，尚及見焉，故得傳其事。崔御史某按吳，病痰氣，氣短不能息。養正曰：此之謂支飲，法當汗，汗之愈。知長洲王汝口病傷寒，衆醫以爲熱症。養正曰：是極寒，當用附子。用附子果愈。高都御史尙達，久患咳，或以爲外感，或以爲癰結於肺。養正曰：胃氣傷，正氣損，似外感而非也。卒用補劑而差。王孟南母節婦患足疾，不能轉動，内外醫莫知其證。養正曰：此風也，用祛風湯差。李百戶慶患嘔血，吳下醫皆在，養正後至，曰：諸公以爲何如？咸曰：未死也。養正曰：吾去矣，諸公活之。去數十步，慶死。謝揮使病，謂其曰：家亟來與訣，頃之不能言矣。其家未信，頃之果然。北客有討姓者，患痰火，自論善飲。養正曰：是不可爲也。討大怒曰：我何病哉！半月許卒。無錫華氏數延養正，昆仲三人，縱言及年壽。養正曰：弟思濟當先逝。曰：幾何時。曰：一年許。其家時未信，明年思濟疽發於背，養正曰：是矣，不可治也。乃謁他醫治之，少間，華使人詣曰：君言不可治，今愈矣。養正曰：有是乎？婦語汝主，視便中，當有若絮者，至某日死矣。視之果然，及某日死。葉文莊有悸疾，養正治之輒愈。問之，曰：吾醫無過人者，但病有淺深，候有緩急，扶侍元氣，取自然之效耳。文莊大以爲然。

太史公曰：近世言醫者，率祖東垣、丹溪，謂醫中王道，信然，然病者無遲之。及養正用之，數著奇效，可謂善用其術者矣。吳父老爲予言，敎諭間恭邁羸疾，吳醫治之，率用三白湯不效，謁養正，亦用三白湯。家人曰：前用之矣。養正曰：子勿言。投之果愈。衆莫知其故，豈別有巧妙乎？蓋吳下言醫之良者，必曰養正云。

《古今醫統大全・歷世聖賢名醫姓氏・明》 張養正，吳下人，醫造精微。弘治間，一敎諭羸疾，諸醫議三白湯證，以用之罔效，復求養正治之。亦用三白湯，只投熟附子二三片，即瘥。

李梴《醫學入門・歷代醫學姓氏・明醫》 張頤，字養正，國朝吳下明醫。中年以瞽廢，而氣岸峭直不衰，周文襄公巡撫吳中，賓禮之，議論侃侃不屈。其醫大概以保護元氣爲主，處劑多用參、朮，而每著奇效。能預刻年月日，決人生死，往往奇中。嘗嘆世言東垣、丹溪，醫中王道，信然。以其效遲也，然善用數著奇效。

釋湛池

乾隆《濟寧直隸州志・人物志》 釋湛池，字還無。戒律精嚴，功行最高，雲樓法嗣也。雲樓談經二十年，遠近宗之。萬曆中，示寂鐵塔寺，時弟子湛海遊峨嵋，忽悟不返。雲樓龕塔，悉湛池勤護。又結茆廬塔所數年，諸閣黎敬異之。精醫，不執古方，手別有刀圭，于針灸疽瘍尤神效。人謝遺，一無所受。

吳嘉言

萬曆《嚴州府志・外志・雜傳》 吳嘉言，分水人。世以醫名，盡得《素》、《難》等書玄妙。當道重之，授太醫院吏目，有當世名醫之譽。禮部尙書潘公晟、祭酒余公有丁，皆有贊贈。所著有《醫學統宗》、《鍼灸原樞》等書行於世。子學易，亦以醫知名，後任雷州吏目。

光緒《分水縣志・人物・方技》 吳嘉言，明時人。以醫世其家。精岐黃術，授太醫院吏目，當道雅重之，爲建三世名醫坊。所著有《醫學統宗》三卷、《鍼灸原樞》二卷行世。弟嘉訓，子雷州史目學易，俱傳其業，時有吳門扁鵲之譽。

高隱 卞模

光緒《重修嘉善縣志·人物志·藝術》引康熙《縣志》 高隱，字果齋。少攻經史，金沙王肯堂自史館歸，精醫理，隱從遊數年，得其秘奥，《肯堂醫書六種》，皆參酌采輯。後與繆仲淳善，療疾多奇效，一時推爲盧扁。年九十餘，如少壯云。同時卞模，字儀皇，亦工醫，能起危疾。

張用謙 徐吾元

光緒《無錫金匱縣志·藝術》 張用謙，深究朱、李，著有《醫方摘元》。同時有徐吾元，論運氣，甚精博，有《醫經原旨》。

劉嘉謨

道光《濟南府志·人物志·方伎》 劉嘉謨，字南川，新城人。十餘歲，好讀古今醫書，不能解，然心甚嗜之。一日，避雨古刹中，出袖中《脈訣》誦之，忽一人衣冠偉麗，入問所讀何書？曰：《脈訣》。曰：解否？曰：不解也。曰：吾甚喜女，不以不解爲解也。逐一開示，劉竟了然。雨止，其人忽不見。自是診疾，無不立效，遂成名醫。

施文會

康熙《崇明縣志·方伎》 施文會，字志學，少爲諸生。勤學，尋以病廢，遂旁通潛虛術。善聆人聲音之清濁高下而定吉凶，斷驗不爽。

殷仲春 殷志伊

康熙《嘉興府志·人物·隱逸》 殷仲春，字方叔，慕隋東皋子之爲人，自號東皋子。工岐黃，隱居教授。棲郡城之社南，茆屋葭牆，不蔽風雨。暇輒行遊書肆中，購古帖殘書，歸與子志伊補葺考校，且玩且讀，申旦不寐，聞者笑以爲迂。生平落落寡合，惟與禾中高士高谷傳、姚叔祥、郁伯承、王子逸、釋秋潭相過從，往往載酒問奇，刻燭分韵。遇顯者，輒引避。所著有《醫藏目録》、《棲老堂集》。子志伊，字古耕，胼胝力田，好讀晉書。刀圭所至，靡不駭然。而爲人醇謹願朴，無幾微見於眉睫間。華亭陳繼儒常過訪其父子，貽詩曰：櫻桃花開春可憐，何處遊人不放船。卻羨白頭殷處士，鶻鴣聲外獨耕田。流傳于世。

康熙《嘉興縣志·隱逸》 殷仲春，【略】惟與禾中高士高松聲、姚士遴、王淑民、釋智元相過從。載酒問奇，刻燭分韵。

康熙《秀水縣志·方技》 殷仲春著《醫藏》、《醫説》數卷。每訓其子志伊曰：醫爲司命，藥若用兵。寧以儒貧，勿以醫戲。父子俱爲名醫，刀圭所至，靡不立愈。其于貴富貧殘無異視也。志伊子觀國，孫銘，傳其家學。四世工岐黃之術，俱有隱德。

鄭鎰

順治《祥符縣志·人物·方伎》 鄭鎰，字尚宜。業醫，療病多神異。問奇探秘，年逾七〔十〕，著述不輟。有《續醫説》、《醫書百朋》、《杏花春曉堂方》、《方法考》諸書行於世。子名河，號星源，亦以國手名。嵩渚、獻吉、川甫、中川諸先生，悉傳贊之。

史仕

順治《祥符縣志·人物·方伎》 史仕，字君顯，周府良醫正。九世祖全，業幼科醫，居洛中。永樂初，任周府良醫，因徙汴。自全至仕，凡十代，皆以醫顯名。仕精於《素問》、《難經》諸書，治病能察虛實，依病制方，無弗取驗。德清蔡中丞撫河南時，子方二歲，病痹發熱，諸醫皆用芩、連，熱愈甚。或薦仕往，仕診脈，法應補。蔡初難之，仕力主其方，陰用附子佐參、耆，一服即安寢思食，熱減（太平）〔大半〕，又數服而愈。蔡神其術，攜至京，捐貲爲授周府良醫正。其他療病，全活者不能具悉。壽至八十七乃終。

李可全

順治《祥符縣志·人物·方伎》 李可全，精醫，能研（紫）〔素〕書。不計利，全活甚多，號神醫。

顔守正

嘉靖《襄城縣志·雜録·方伎》 顔守正，襄城縣人。少業儒，明醫道，尤精於小兒科。不甚計利，且善書，頗知吟咏，士夫多雅器之。

張琦

乾隆《寧夏府志·人物·方技》 張琦，精太素脈，斷疾病生死，踰二十年必驗。

張太極

順治《龍泉縣志・人物志・隱逸》 張太極，號萃野，醫官。醫理明澈，尤精堪輿，貧者不與計財。撫院、道院交獎之爲神醫地仙。邑令張贈以聯云：爲看好山因採藥，每逢仙客便談玄。年八十卒。

陳立興

李梴《醫學入門・歷代醫學姓氏・德醫》 陳立興，國朝姑蘇蠡口人。家貧篤孝，因母病遇異人授以藥瓢，方藥濟人如神。及卒，鄉人立祠祀之。

沈鶴

李梴《醫學入門・歷代醫學姓氏・德醫》 沈鶴，字壽祥，國朝楊之昭陽人。家世醫，通軒岐及仲景、河間術，恫瘝切身，勤于活人，名齒公卿。年未四旬，喪偶不娶。有司扁其門曰：義夫。

陸蒙

李梴《醫學入門・歷代醫學姓氏・德醫》 陸蒙，不知何許人，號東園散人。博學經史，精篆隸，遇異人得子午按摩法，療疾不施針灸，對坐談笑，頃疾即脫，未嘗須人直。或勸其(任)〔仕〕，則嘿不應。

王德孚

光緒《重纂邵武府志・人物・藝術》 王德孚，字致和。博通醫書，不執古方，凡他醫謝不能者，德孚無不立愈之。

邱珏　邱希彭

道光重纂《福建通志・藝術・邵武府》 邱珏，字廷美。幼讀書，穎悟絕倫，尤精醫。知府某患疾，羣醫罔效，珏診曰：易耳。乃進藥，服畢，私語其僕曰：漏下二鼓，公渴，宜備湯。三鼓，公饑，宜備粥。果如期索之，皆辦。謂僕曰：爾何慧若是？僕告以實。知府大驚異，延與談，皆儒生語，因歎曰：醫非儒，曷由良哉？從子希彭，字商卿，傳其術，亦多奇中。

陳人

康熙《福建通志・方技・邵武府》 陳人，號東野，邵武人。精岐黃之術，善治疫痢。尤長內傷。視脈升叔和之堂，製方入仲景之室。年九十餘，風流文雅不減焉。

戴邦聘　戴天祐

乾隆《建德縣志・軼事・方技》 戴邦聘，字起莘。以醫術名，爲人療治輒效。尤敦行誼，嘗建橋亭以利行者。周貧恤乏，施藥餌不責其值，當事重之，舉與賓筵。子天祐，篤于孝友。父歿時，年十七，奉養寡母，先志承順，撫幼弟天禧成立。工父業，起活甚多。制府延之診視，甚優禮焉。所著有《醫學善傳》若干卷。

黄樸菴

光緒《無錫金匱縣志・藝術》 黄樸菴，逸其名。其外科得異人秘方。其後叔洪師善者，兼通大方脈。師善子祿，工醫而能詩。

陳廷讚

康熙《常熟縣志・人物・方技》 陳廷讚，字襟宇，家世通顯，有爲侍郎者，二子俱登賢書矣。爲小兒醫，村童里嫗，篝燈叩門，昏夜即往。長身偉冠，遇蓽門圭竇，傴僂而入，繩牀土銼，兒呱呱啼敗絮中，便溲狼籍，視顱顖，察乳哺，腥臊垢穢，未嘗蹙頞掩鼻也。爲人溫良樂易，語言姁姁。所得藥資，具甘旨奉母，時效嬰兒啼笑，以相娛悅。二子仕爲令，貽書戒之曰：醫誤殺一人，吏誤殺一邑。我有十指餬口，無以盜泉爲鼎養也，其嚴于家訓如此。年八十三卒。

何十翼

嘉慶《松江府志・藝術傳》 何十翼，字承雲，天祥七世孫。官景、楚二府良醫正。隆慶四年告歸，一郡倚爲司命，餽遺充斥，悉散之貧者。里人見之必拱手加敬，稱仁人云。

許長春

嘉慶《懷遠縣志・方技》 許長春，號華修，明季布衣，痘疹、針灸法通神，著有《慈幼集》六卷。其子謚，挾游四方，散佚無存。稿《自序》有云：痘無死法，死于古法。藥無生法，生于我法。我法無生，順天地之氣，參動息之微則生云云。以藝名爲福藩上賓，欲授以官則逃之。嘗私乘藩邸千里馬，一夕至家，不作一言而返。人怪之，答曰：兒輩不可不一見，然豈可共語也。生平游戲三昧，風趣可想。

饒士守

《古今圖書集成·藝術典》卷五一六引《進賢縣志》　饒士守，字述泉，三十八都人。精於醫術，大行於南豐者四十年。六十後歸里，遠近賴以全活者無算。爲人孝友勤慎，鄉閭稱之。年八十八卒。

黄文曙　徐成吉

同治《弋陽縣志·人物·方技》引康熙《縣志》　黄文曙，五十三都人；徐成吉，五十都人。種痘得十全術，遠近爭延之。

孫子奕

崇禎《松江府志·人物志·藝術》　孫子奕，博學能詩，尤善脈藥。嘗舉爲本府醫學正科。

奚鳳鳴

康熙《松江府志·人物·藝術》　奚鳳鳴，上海人。少業瘍醫，尤善治癰疽。能察人氣色，預卜病日。川沙帥蔣其仁，先常患背疽，至是復發，使鳳鳴視之，曰：此昔年蘊毒，故肌理墨臘也。治之月餘而瘳，膚加澤焉。一日，其仁弟在坐，鳳鳴謂曰：君不出三月，疽發背矣。及期果然。鳳鳴常言癰疽中潰，積腐四周，非吮之不得盡，故治病必募人以苦酒盧口而吮之。其貧者，鳳鳴即親爲吮癰。其治他瘍，亦多精思。有張姓者，左足拇指瘇，三年不能行，鳳鳴以刀破其患處，抉出一蜂，遽起徐步。其神異類此。

程　式

《古今圖書集成·藝術典》卷五一六引《建昌府志》　程式，字心源，南城人，名醫。著有《程氏醫彀》，研究《素問》，次及《難經》、《脈訣》，洎張、劉、李、朱四氏之書，故診治適宜。又搜其喫緊者，著之編帙，俾學者識經絡，明病機，若登軒岐之堂，入盧王之室，踵張劉李朱之門，而相質證焉。

朱廷臣

《古今圖書集成·藝術典》卷五一六引《樂平縣志》　朱廷臣，字懋佐，坊人，性孝友，善岐黄。父柩在堂，適鄰火，廷臣他無所顧，倉皇扶柩出，仍負母逃，兩爲廬墓。知縣金忠士給扁旌之。

陶欽臣

《古今圖書集成·藝術典》卷五一六引《彭澤縣志》　陶欽臣，天性孝友，綜極百家，尤精於醫，善八法針。四方高士，多游其門。

宋光紳

光緒《江西通志·方術·九江府》引《彭澤縣志》　宋光紳，字横秋。業儒不遇。先世曰杏莊者，善小兒痘證，游四方，遇異人授以秘書，醫由是顯。光紳習其書，復擅長一時，人延之，風雨弗避，未嘗計利也。一日暮歸，道拾遺金，啓視之，則某甲輸糧者。晨起詣故處，望其人踉蹌來，告曰：我拾得以俟君。其人願分半爲壽，光紳笑而遣之。

李生　王生

光緒《撫州府志·人物志·方伎》　李生、王生，亡其名，并撫人。醫道并行，王亞於李。崇仁有大室邀李治病，約病愈謝以五百緡。李療之旬日，不差，語以更用王醫，乃留數藥而别。道遇王醫，告之故，王曰：吾技出兄下，今往無益，不如俱歸。李曰：不然，吾得脈甚精，處藥甚愜，其不愈者，不當得謝耳，故辭。公往，以吾藥治之，必愈。王如其言，悉用李藥，微易湯使進，越三日疾瘳。富室如原約酬之。王歸，以半遺李，辭曰：公治疾，吾何功？必不可。家頤山坤翁曰：二人取與之道明矣，其精於藝也固宜。

李德麟

光緒《續雲南通志稿·雜志·方伎》　李德麟，鶴慶人。精方脈，能治奇病，遠近就醫者，屨滿戶外。嘗有洱河東寠人求治，愈。一日，麟以他事過洱東，見渡口船將發，趨欲同舟，有婦傾水溼其衣，方怪之，夫出，則前寠人也，驚曰：此再生我者也！叩首留宿。未幾前舟覆，德麟獲免，人謂陰德所致。

徐文相

同治《弋陽縣志·人物·方技》引康熙《縣志》　徐文相，東隅人。精醫理，炮製催生丸及治痢之劑，所活不下百人。子步雲，孫卜歷，曾孫有度，皆邑庠生。

馮時近

同治《弋陽縣志·人物·方技》引康熙《縣志》　馮時近，三十六都人。少業醫及青鳥術，取與不苟，邑令王奬之。孫，紹京，邑庠。

洪　濤

同治《弋陽縣志・人物・方技》　洪濤，少業儒，後顓醫，每施藥濟人如神，授太醫院副。從征交趾，軍中大疫，以蒼朮、黄柏百鍋煮之，遍飲皆愈，改榮藩良醫正。王缺唇，搗藥補之如天成，加褒賞賜，建國醫坊，有補唇先生之號，毛都憲親書存仁二字旌其堂。年九十致仕。

唐貴卿　唐正卿

嘉靖《重修太平府志・方伎》　唐貴卿，當塗人，任慶府良醫副。貴卿孫宏，亦任良醫副。宏弟寧，本府正科，以婦人科名家，皆表然於時，而正卿爲最，環郡數百里，皆裹糧渡江就醫，有奇效焉。今之子孫，往往有世其業者。

楊名遠

同治《六安州志・人物志・方技》　楊名遠，號萬里，昭勇將軍義後。相傳義晚年告老家居，留心仁術，有名醫以女科來謁，義命次子師之，遂精其業，由是傳子孫，至名遠爲第八世，專精致神，益著奇效，凡楊氏之習醫者皆師焉。

魯　烈

乾隆《平湖縣志・人物・方技》　魯烈，字懷陽。好讀《太玄》，遂悟醫理。浮沉諸生間，後以貢授澧州學正。每於講業外，劇談長桑君術，起人膏肓，多奇中。百餘歲卒。

馮　煦

乾隆《平湖縣志・人物・方技》　馮煦，號暘谷。少爲諸生，兼精上池術。顧邑宰廷對擢御史，出按江右，患蠱疾，諸醫罔效。廷對歎曰：必馮生到，吾［方］有命耳。藩臬星夜檄迎，比至，不數劑而愈。一日，與里中張方伯宴，忽目一優，曰：此不久活矣！越宿，嘔血死。以貢授羅山知縣。

陸　金　陸道光　陸道充

康熙《浙江通志・方伎・嘉興府》　陸金，號雲峰，秀水人。原籍華亭，精于岐黄之術，晚徙鶼䴋。

乾隆《平湖縣志・人物・方技》　陸金，號雲峰，自華亭徙湖。每旦啓户，病者鱗集，以入門先後爲切脈叙。二子：道光，號明暘；道充，號賓暘。道光精幼科，一兒多食果，腹脹，醫罔效。光取桂、麝、瑞香三味爲丸，服之立愈。一兒染奇症，四肢堅不可屈。光曰：非藥可療。舉傘覆之，繞床焚安息、沉、檀，兒即平復。少間又發，屑沉香飲之，遂瘳。道充，諸生，亦精醫，人稱二難。有《陸氏金鏡錄》。光子從諭，進士。充子從誥，舉人。

唐守元

乾隆《平湖縣志・人物・方技》　唐守元，號吾春，璜溪人。贅于陸，因傳其業。一婦人偶食羊，聞呼，未及吞而應，逾月病發，淹及兩年。守元曰：此必胸有宿物。家人曰：兩年不食矣。曰：試以我藥投之。既而大吐痰塊，中裹羊肉一臠，遂愈。園花祝氏兒患痘，遍身血迸無罅。守元搗藥塗其身，滲藥鋪裀褥上，捲起倒豎床前，合家啼駭，叱曰：若輩勿啼，此名蛇殼痘氣，必用逆乃得脱。已而皮膚解裂如蛇蜕然，遂愈。新帶顧氏男，痘後目瞽。守元曰：惜我見之晚，當先開一目，三年後俱復明。果驗。《醫鑑》、《醫林繩墨》、《後金鏡録》，皆其手輯。

徐　徵桂庵　徐光瑞

乾隆《平湖縣志・人物・方技》　徐桂庵，以字行，華亭人。善養生，僑居當湖，以刀圭活人。子光瑞，號樂庵。少攻制藝，精易理。累試不售，乃出桂庵遺書讀之，所治多神驗。與沈司業懋孝爲世交，子如璧，能傳其業。

光緒重修《奉賢縣志・人物志・術藝》　徐徵，字桂菴，樞之後也。世居南橋。行誼高雅，傳樞之術，以醫名江浙間。人就醫者，累有成效。子光瑞，承父業，行醫平湖，遂隸籍焉。其六世孫士芬，嘉慶己卯進士，嘗省墓南橋，遍叙族誼。徐氏舊第即今育嬰堂址。

馬官兒

乾隆《富平縣志・人物・仙釋》　馬官兒，無名氏，不言其籍，語則操秦音。萬曆初，寓邑南郭，喜與乞丐、小兒相嬉，遊人呼官兒，小而賤之也。諸生曹數飯之，復館之別墅。嘗語曹以黄白術，曹不納。又自言已百餘歲，亦不之信。一日，曹母眉際生疔，勢甚危，羣醫束手視。馬笑曰：易耳。出葫蘆中藥三粒，敷之立愈。無何，曹門人張某家僮詣曹，假一僕同治喪具，云其主疔生於眉，當來時已屬纊矣。曹俾以騎，迎馬往。比至，奄奄氣欲盡，馬入視，遽曰：可速作粥，候病者食。又不即敷藥，顧左右具茶。從容飲畢，始出藥，如前許敷之。未移時，病者忽起，呼曰：饑甚。亟奉粥，盡數器，疾脱然如失去。因出百金爲壽，即持去，呼貧者給之立盡。久之，辭曹去，叩所適，曰：予自終南來，還自終南去。向曹作禮曰：公既不屑黄白術，復不祈久視，請以一方贈公。蓋即前所用以治瘡者。去時留偈於壁，曰：回光返照，清修之要。妄念能斷，神氣不散。氣海朝暾，長生之門。南山幽幽，期君來遊。

李梴

同治《南豐縣志·方技》 李梴，字健齋，邑庠生。負奇才，當隆、萬盛時，以病隱於醫。輯《醫學入門》八卷，其論以不欺爲本，養性爲功，行仁爲要，博極群書爲究竟。嘗謂：學者不深入《易》，則於死生之故不達，利濟人物，終無把握。嘗客閩省，術大行，所著醫書，至今海内宗之。

同治《南豐縣志·藝文》引李健齋先生《醫學入門》 鄧觀序：先生諱梴，字健齋，北隅望族也。兄橋，爲先朝名進士。先生乃超然物外，精力醫學數十年而成此篇。其用力精專，而濟世廣遠。讀是書五六十年矣，中間名言如屑，而誤處止有三事，所誤者，亦皆前哲之説，而先生特因之而已。先生此編，上自《素問》、《靈樞》，下迄國朝薛立齋全書，無不博究精研，包括詳盡。而其最高於群書者，則在以七字爲句，且排偶成韵，令初學可成誦而熟習也。每論一病，首一二句，必分其久新，而辨其虚實，理既易明，詞復不煩，蓋教人入於規矩之中，而又有得心應手之妙。是編成，而諸醫書無有出其右者。自明萬曆浙江馬仲化先生《素問靈樞注證發微》一書而後，繼之者則先生一人而已。至於王宇泰先生之《證治準繩》、李瀕湖先生之《本草綱目》，俱與此編同時並出，先生固未之見也。然可以郢正此編三事之誤，則亦惟馬仲化先生能詳辨之，他書亦同在瞢瞢中矣。【略】此書固爲不朽之書矣，初學入門者，烏得而廢之哉。

袁日啓　袁璜

光緒《台州府志·藝文志·樞要釋義》 袁日啓，字叔明，天台人。耽吟咏，工草書，尤精於醫。經歷楊某病噎，日啓診之曰：十日後必嘔血亡。果如其言。何進士紘度抱悸疾，日啓治之痊。紘度作《序》贈之。日啓存心濟人，絶不計利，所全活甚衆，一時有半仙之謠。著《肘後方書》、《樞要釋義》。詩清逸蒼古。子璜，字聖卜，諸生，亦工詩，善畫，精岐黄術。著有《醫宗洞解》、《傷寒摘要》。

王子英　王師文　王章祖

康熙《蘭谿縣志·人物類·方技》 王子英，號石舟。著有《醫案》。子師文，號敬舟，著《醫學薪傳》；次子師望，號侍舟；孫章祖，字叔貞，纂有《橘井元珠》；曾孫兆熊，相傳世醫。邑侯趙公滾贊曰：維昔長桑，秘授越人。石舟醫案，授受家庭。敬舟繼美，薪傳發明。叔貞元珠，益探其精。兆熊纘緒，壽世弘仁。累傳種德，後必蕃興。

沈宗學

乾隆《江南通志·藝術·蘇州府》 沈宗學，字起宗，長洲人。博學善書，能作徑尺大字。詹同評其書兼歐虞顔柳，有冠裳珮玉氣象。精醫，所著有《本草發揮》等書。子貴成，字志道，亦博學能書。

金天衢

乾隆《烏青鎮志·藝術》 金天衢，號希瀛，青鎮人，世醫少邱孫。幼穎悟，日讀方書。十四歲患弱症，從吳門戈蘭亭、武林王紫芝診治，復得指示。萬曆十三四年間大疫，遠近就醫，應手即愈，名益著。當道交薦，授太醫院判。辭不赴。壽八十九歲卒。著有《醫學聖階》、《醫辨》、《醫説》。

鄭郊　鄭都

光緒《山西通志·藝術録》 鄭郊，字應麟，鄉甯人。萬曆中，由歲貢歷官大同府教授。聰明博覽，尤精於醫。針灸方脈，得之異人秘授，每有施治，應手奏效。與兄都幷祀鄉賢。都，字子畿，以貢官泰安州學正，有行義，亦能醫。其後子孫以術鳴者累世。郊之裔名某者，用鍼尤神，世傳其異蹟甚多云。

崔真人

光緒《山西通志·方外録》 崔真人，名孟傳，字朴菴，襄陵人。黄冠野服，雲遊四方，醫學得壺公術。萬曆時，慈聖后疾篤，應名醫召，既至，延入宫切脈，投劑立愈，賜號真人。後於武當羽化。

羅秉禮

光緒《山西通志·藝術録》 羅秉禮，字燮卿，絳州人。善醫，鍼法尤妙，能隔衣行鍼，在都時人號神鍼羅。

張碧山

宣統《涇陽縣志·方伎》 張碧山，精於八法神針，能起疲癃。了凡袁先生習術於其門。

楊棟

康熙《平陽府志·人物志·方技》 楊棟，字世資，蒲州人。聰敏博覽，撫育三兄之子孫，尤精醫。靈寶何御史以童子致幃帳中，以爲女之有疾者，令診之。察脈，曰：乃童男，無病者。因大奇。歿後，行醫于河東運司，識其面者訝曰：此莫非蒲州之楊世資也耶？遂不復見。芮城水東門村翟炳一日詣蒲，向藥室詢姓名。子叙曰：乃故父也，何以問及？炳曰：吾與爾父今月九日言別，有約相訪，時有郭惟良輩。詰其故，炳曰：其乃老醫，在吾村治病。衆因驚疑其爲神矣。

王春陽

宣統《涇陽縣志·方伎》 王春陽，學醫有解悟，診脈用藥，皆世醫意所不及。

剪頭仙人

道光《榆林府志·人物志·釋道》 剪頭仙人。萬曆中，葭州山中有剪頭仙人，日飲淨水三甌，以水療疾。開府鄭汝璧、大師李如璋請至榆林，求其爲民治疾。給水與人，無不隨愈。暢談古今，論及宋事武穆冤死，仙輒大哭。問其姓，曰：姓周。晝夜令百餘人環侍之，忽不知其何從而去。撫帥求之不得，望空遙禮，空中墜名帖二紙，書周三畏拜謝五字，乃知剪頭仙人即宋大理卿周三畏，不肯勘問岳武穆獄，挂冠而去者也。

方音

康熙《徽州府志·人物志·方技》 方音，字舜和，歙巖鎮人。嘗喜禁方，賈淮陰，見書生孫一松幾死，贈以錢，不告以姓名。一松私問從者，識以去。後，音適越遇諸途，一松邀至家，謝以金，不受，乃出秘方授之。音術從此入神。唐臯未第時，苦食貧，音嘗典藥籠資以卒歲。臯既貴，每里中折柬相招，非音祭酒不往，歿爲立傳。子一誠，世其業，至今一門多名醫云。

楊繼洲

《鍼灸大成·王國光序》 三衢楊子繼洲，幼業舉子，博學績文，一再厄于有司，遂棄其業業醫。醫故其家世也，祖父官太醫，授有真秘，纂修《集驗醫方》進呈，上命鐫行天下。且多書貯古醫家鈔籍，楊子取而讀之，積有歲年，寒暑不輟，倬然有悟。復慮諸家弗會于一，乃參合指歸，匯同攷異，手自編摩，凡鍼藥調攝之法，分圖析類，爲天地人卷，題曰《玄機秘要》，誠稽此而醫道指掌矣。世宗朝，命太宗伯試異，迭侍內廷，功績懋著，而人以疾病疕瘍造者，應手奏効，聲名籍甚。會在朝善楊子，究其自出是編，諸公嘉之，爲壽諸梓，以惠後學，請序於余。余素知楊子去儒業業醫，今果能以醫道侔相功，益信儒道之通於醫也。是編出，而醫道其指南焉，神明在人，壽域咸躋，諸公遠矣，是爲序。賜進士第太子大保吏部尚書濩澤庵王國光書。

《鍼灸大成·趙文炳序》 余承乏三晉，值時多事，【略】遂成痿痹之疾，醫人踵接，莫能奏功。乃於都門延名鍼楊繼洲者，至則三鍼而瘉。隨出家傳秘要以觀，乃知術之有所本也。

丁鳳

光緒《江浦埤乘·人物·藝術》 丁鳳，字竹溪。幼承家學，所著《醫方集宜》諸書，家戶奉爲指南。丁氏子孫，均世精其學。

汪世和

光緒《續修舒城縣志·人物志·藝術》 汪世和，號龍山。以仁術濟世，刀圭所及，存活多至萬人。嘗語子孫曰：人間祥瑞，無如方便。世業至今不墜。

鄧榜

順治《光州志·人物·方伎》 鄧榜，功貢。精岐黄術，所刻有《痘疹全書》，併著《傷寒十章》，諸書簡切而能盡其變。

李義

萬曆《儋州志·人集·方技》 李義，字仲宜，仁之弟，鎮江人，三代業醫，至義尤精於脈，巧於藥，士宦多重之。桐鄉王佐有《謝白芨點書詩》：滴露研硃點壁藏，謾勞珍重護芸香。未經觸手開前卷，遞已翻硃過別行。老大嚴觀偏亂眼，兒童初讀不成章。近來再閲新經典，點點丹砂潤玉漿。

鄧遐祿

咸豐《南寧縣志·人物志·方技》 鄧遐祿，字介吾。精醫術，求治者填者甚衆。所著有《壽世眞傳》，行於世。子四人，季子彝谷能得痘疹眞詮。有《廣壽世眞傳》藏於家。

黃朴

乾隆《光州志·方技列傳》 黃朴，光州人。善醫術，洞究《素問》、《靈樞》旨要，切脈如神。凡有所投，無不立應。其裔孫能傳其業。嘗療傷寒病，一劑能愈二人。著有《方脈》諸書，惜明末毁於寇。

徐杏東　徐近村　徐竹溪

崇禎《嘉興縣志·叢談志·方伎》 其在嘉興幼科之表譽者，爲徐氏、常氏二姓。徐之先爲臨淸人，宋末挾嬰孺術南渡，隱于吳江，嗣遷禾中。有杏東者，醫術靈異，舟夜行有神燈相之。數傳而至近村、竹溪，皆擅名里中，全嬰無算。近村生名世，號海觀，大有聲庠序，與銓部賀伯闇公齊名，門下高足多發巍科而名世，竟老牖下，遂復繼祖業。用藥靈異，迥出時醫之表，每奏奇功云。

顧賓

同治《樂平縣志·人物·方技》 顧賓，字德裕，祖貫新安，其先名維澄者，由徵辟，至元間知樂平州事，因家鳴琴坊。其後，興宗以醫術鳴，遂爲太醫。至賓，益精其術，舉惠民藥局，久代調科署其事，三觀天顏，活人不可指數。禮部劉莘，爲撰生前志銘。

施中元

乾隆《海寧縣志·方技傳》 施中元，幼習儒，不售，精岐黃術。萬曆乙未海決築塘，塘夫多病瘧痢，中元療之，全活頗衆。志在行德，家貧，每以不能施濟爲歉。卒年七十九。修髯鶴立，見者訝爲神仙中人。

吳崑

《醫方考·自序》 余年十五志醫術，逮今十有八稔。懼辱醫名，蚤夜遑遑，惟經論是蒐，不敢自是。遊海内者數年，就有道者而贄謁之。見賤工什九，良工什一，不惟上古之經論昧焉，雖中古之方，猶弗達也。弗明方之旨，與方之證及諸藥升降浮沉，寒熱溫平，良毒之性，與夫宣通補瀉，輕重滑澀，燥濕反正類從之理，而徒執方以療病，惡能保其不殃人乎？迺爲之愍惻，取古昔良醫之方七百餘首，揆之於經，酌以心見。訂之於證，發其微義，編爲六

門。明季詔赴安龍，授太醫院院使。及歸，恬澹樂施。年八十四卒。

毛世鴻

光緒《湖南通志·人物志·技術》引《芷江縣志》 毛世鴻，明萬曆時人。聰明穎異，幼補弟子員。嘗讀書南寺，遇異人，見其狀貌恂恂，勤誦不輟，尤喜習《内經》，與語悦之，乃授秘傳。診脈能知人壽夭。遂以其術濟人，亦不索謝。手注王叔和、李瀕湖《脈訣》，又增補張仲景、陶節庵《傷寒金口訣》、《湯頭歌句》，其書藏於家。其子若，孫代，能知醫。

錢珍

道光《思南府續志·人物門·方伎》 錢珍，思南人。道貌純古，性至孝，得道士李天眞術，以符水治症輒驗。有祈晴禱雨，退星禳火，平癭開啞之異。知府甯閱奬曰：道成一悟，籙闡三元，密毘治化，潛衛家邦，雖漢張道陵無以過也。

劉特生

康熙《九江府志·人物·方技》 劉特生，瑞昌文學也。性嗜醫，名著於里。主方不離參、耆、薑、桂，曰：病無不從虚入者。其好奇制勝。王曰：逵後特生，又一李光弼也。弱冠時，即修凈土，四五十年精勤如一日。晚得微疾，沐浴起，向西膜拜，拜已，趺坐誦佛而逝。

劉國昺

光緒《安徽通志·人物志·方伎》 劉國昺，旌德人。醫得異傳，明季大疫，施藥活人無算。

王天祈

崇禎《嘉興縣志·叢談志·方伎》 王天祈，別號東山，姚江人，陽明先生之從弟也。少負奇節，不事家人產。遇異僧授以方術，曰：子好全活人，服此俾世無瞽者。試之輒驗。世廟時遊禾，傾動遠近，孫簡肅公題其門曰：披雲。時以爲長桑君，元里公復出也，遂留家焉。祈卒，子孫世其業，聲益起，我郡因有王氏頭目方脈云。

魯祚明

康熙《深州志·學行》 魯祚明，號錫祉，庠增生，孝廉公耀季子也。性孤介，誦讀不倦，攻舉子業，數科不第，因究心岐黃，尤精痘疹。赤子賴以全活

卷，題之端曰《醫方考》。

王三樂

道光《續增高郵州志・人物志・藝術》 王三樂，字存齋，明神宗時人。精於醫，著有《運氣指明》，今無傳。論者但傳其因年省病，因人定藥，因時立方，因地投劑數語。又言治閩粵蠱毒諸方，尤爲奇驗。書未見。

房景敏

康熙《汝寧府志・人物・方技》 房景敏，汝陽人，侍郎安之猶子也。幼聰慧，與兄景歜共鉛槧，屢試不售，乃慨然曰：丈夫不爲良相，則爲良醫，遂潛心《素問》、《難經》而精其奧。又參用仲景、河間諸名家術，爲人療病，隨手輒效，然不拘于古方也。其四代孫文實，以郡庠生世其業，尤善察脈，能預知人生死，不爽時刻，與同郡石昊齊名，并稱國手。所著有《春田一覽》行於世。

胡獻琛

同治《廣濟縣志・人物・方伎》 胡獻琛，字克忠，一字少溪。幼業醫，以疾來求治者輒效。有饒秀才病酒伸頸，期期不能出一言，久之無聲，他醫張皇。獻琛曰：是火在經絡，投三劑而愈。萬曆癸卯，邑大疫，製藥救活萬餘人，縣令尚詳撫按給與冠帶。後凡四方求者，不較所值，人各饜願而去。

光緒《黄州府志・藝術・廣濟縣》 胡獻琛，字克忠。【略】萬歷癸卯，邑大疫，製藥活萬餘人。年八十三卒。子懷玉，亦以儒醫著。

李舒芳

乾隆《定陶縣志・人物》 李舒芳，字萬英。先世江西豐城人。曾祖福，成化八年始居巨野安興鎮，傳及芳。登萬曆己卯鄉薦，知武功縣，考績，升無爲州知州，升慶陽府同知。兩院以廉能移芳西安府，典御用織造，凡五攝篆，元不瞻舉，會以手病乞休。歸家僻居安興鎮。有司經年不晤，惟事著述。課子孫，施醫藥，樂之不倦。所著有《學庸說旨》、《治胎須知》、《醫方摘要》，藏於家。年七十六卒。

何汝闔　何嗣宗

乾隆《江南通志・人物志・藝術》 何汝闔，字宗台，華亭人。世精醫學，汝闔尤多秘方，活病者萬計。子嗣宗，繼其學有名。

韓茂桂

道光《濟南府志・補遺・人物》 韓茂桂，字秋華，淄川人。少孤，萬曆壬子科試第一人，入闈中副軍，卒業太學，乃畋漁書林，靡不洞曉。尤精於形家言。喜濟世術，於嬰兒尤篤，所著有《痘疹秘訣》與《地理竊選》，俱行於世。

許兆禎

朱彝尊《醫家四書跋》 南潯布衣許兆禎培元，精醫術，著錄於先少保之門。先公取其所撰《診翼》、《藥準》、《方紀》、《醫鏡》四部，合名之曰《醫家四書》。世父貴陽太守鏤版行之。當書成時，申文定、李文節、朱文肅均爲作序，先公亦題其簡端。培元之名，海內無不知之者已。先公亦御醫，直聖濟殿，官至院使。嘗被召入乾清宮西暖閣診定陵脈，奏曰：聖體病在肝腎，宜寬平以養氣，安靜以益精。上喜，立命太監陸敬書之屏所。纂《立命玄圭經》，亂佚，惟《太醫院志》僅存。

咸豐《南潯鎮志・人物》 許兆禎，字培元，南潯布衣。精醫術，著錄於秀水太醫院使贈少保朱儒之門。儒取其所撰《診翼》、《藥準》、《方紀》、《醫鏡》四部，合名之曰《醫家四書》。儒曾孫貴陽知府茂時鏤板行之。方書成時，申時行、李廷機、朱國禎均爲作序，儒亦題其簡端。兆禎之名，海內無不知之者。

姚宏

道光《鉅野縣志・雜稽志・技藝》 姚宏，幼讀書不售，潛心岐黄術，博通醫書，不拘成方，以意施治，應手輒效。多設藥品，合丸散以濟人。求醫者塡門無虛日。有直指巡察至縣，感劇疾，勢甚篤，衆醫束手，延宏診視，投以藥立痊。直指大加器重，以爲扁、和復出也，公舉醫學訓科。壽八十餘。著有《本草補遺》、《醫學辨謬》及《鍼法指南》。書藏於家。

李尚新

道光重修《儀徵縣志・人物・藝術》 李尚新，字順泉，世醫也，著書活人。子奎燝，治痘疹更稱神效。孫相如，樂善好施，不以貧富異志，邑人疾病咸賴焉。

易時澤

光緒《黄岡縣志・人物志・方技》 易時澤，字汝悅，邑諸生，同從弟時範學醫於隱士李之泌，皆精其術，時稱二易。初，之泌受醫法於江南劉㲄生，著《庸皋醫學寶露》，又授方洛呂君，著《醫方人華集》。其子大呂著《傷寒心要》，識者以爲正宗。後二易既老，黄念貽、何子康、歐斯萬、許承生以良醫名，皆之泌門人也，故黄岡醫學獨稱師授過於他邑。

姚默

道光《鉅野縣志·雜稽志·技藝》 姚默，字緘堂。少讀書不就，習外科。值萬曆末，各縣出戰馬二匹，送部交納。房書逡巡不敢行，默請代之，至都則部吏需索規費，至三月不能交納，馬皆羸瘦，旅資盡竭，計無所措。因念某系同鄉，在京業醫，過訪求助。適醫者外出，候於門。突有中官率校尉數人，挾默以行。則以神宗目疾腫痛，服清涼劑不效，誤以默爲某醫也。默入大内不敢白，只僅遵外科術呈一方，腫痛立愈。神宗大悦，授八品御醫，尋升院判。著有《家藏外科》，所著多可采者。

李斑

康熙《鄞縣志·人物·藝術》 李斑，號蘭泉。醫有原委，其經驗之案，歷歷奇中，而悉本於理。所著《醫説精確》，李石、梁奎得其指要，未及刊布。今後學徐遂生國麟爲繼起名家，能寶藏其書焉。

吳南陽

道光《東阿縣志·雜記·方技》 吳南陽，字龍灣。父洞，爲東阿諸生。南陽幼通經術，兼精醫學。謂人曰：吾胸中一片活人心也。遂著《南陽活人書》一卷，《脈經圖説》一卷，岐黄家咸珍之。凡爲人診脈，云不妨，必生；云預備，必死。一鄰人無病，故請診。南陽曰：過午必死，不可活矣，是斷腸煞也。其人曰：我無病，今調汝，汝亦調我耶？無何，覺腹痛，鼻口穢水出，即時死。蓋此人方食薤面至飽，從櫃面上探身求診，以櫃礙腹，斷其腸耳。一吏部郎赴京，舟行經過，不能言語飲食，但點首、瞪目，諸醫束手。南陽與診脈曰：先生無他病，中半夏毒耳。問諸公子：先生素嗜食何物？公子曰：素嗜鵓鴣鳥。南陽曰：鵓鴣鳥食半夏，此中半夏毒何疑？按雷公炮制半夏法，用生薑汁。今以姜汁一盞，用榮匙入滚白水内，每鐘入二匙飲之。汁盡，能言而愈。酬以五十金，不受，曰：吾志在活人，非爲利也。

王化貞

康熙《諸城縣志·人物》 王化貞，號肖乾。萬曆癸丑科進士，歷任都察院右僉都御史，巡撫遼東。所著有詩文及《普門醫品》、《痘診》、《產鑒書》行世。

王思忠

乾隆《介休縣志·人物志·藝術》 王思忠，太醫院吏目。邑令史公記事之翁，目忽盲，召思忠治之，三日而愈。

胡慎柔 釋住想

《慎柔五書·慎柔師小傳》 師，毘陵人，胡姓，本儒家子。生而敏慧，稚年寄育僧舍，長尋薙髮，法名住想，字慎柔。性喜讀書，凡一切宗乘，以及儒書經、史、子諸編，無不究覽。心血耗疲，得瘵疾，幾不起。時查了吾先生寓醫荆溪，師往求治，歲餘獲痊。了吾先生，涇縣人，爲太平周慎齋先生高座。師穎悟沉靜，了吾先生深器之，欲授以己學，師繇是執贄事先生十餘年。先生懼其學識過壽之於梓，因爲之傳。

光緒《武進陽湖縣志·人物·藝術》 胡住(思)〔想〕，字慎柔，精於醫。與涇縣查了吾善，遂師周慎齋，盡得其傳。所著《慎柔五書》能發慎齋所未發。其徒石震爲之註釋，名亦埒焉。震字瑞章，嘗曰：治病必先固其元氣，而後伐其病根，不可以欲速計功利。

石震

乾隆《武進縣志·人物·方伎》 石震，字瑞章，得周慎齋之傳。嘗云：治病必先固其元氣，而後伐其病根，不可以欲速計功利。著有《慎柔五書》、《慎齋三書》、《脈學正傳》、《運氣化機》及《醫案》諸書行世。

張詔

乾隆《句容縣志·人物志·方技》 張詔，坊郭人，世傳婦醫，功多不責報。子本繼之，京省戴德。

孫天弼 沈照

光緒《餘姚縣志·方伎》 孫天弼，博學，隱居四明。四方賢豪長者，時造其廬。精於醫，尤工治療，然恥於計謝，人高其隱德。同時沈照，善治痘。子塘，傳其術益精，輒從未病時，決小兒死生如神，然難與天弼比德。

周鳳

光緒《順天府志・方技》引乾隆《東安縣志》 周鳳，東安人，以農爲業。居常與洪蓮爲友，授以撫病之法，撫處即愈。又授以數術，算人生死無失。

禁神

乾隆《甘肅通志・人物志・方伎》 禁神，寧州人。精咒法，能禁瘡毒及蛇虫諸害。每旦，持水向四方咒祝，願十里之內，人畜不罹瘡毒、蛇、虫之害。後積年漸加，多至百里。凡人求咒瘡毒，隔山應氣而愈，遠近以法師尊之。後坐化，人立廟祀之。其廟中土，至今取而傅瘡，亦有愈者。

蔡嘉善

乾隆《甘肅通志・人物志・方伎》 蔡嘉善，字建陽，武威人。世傳醫業，純以濟世爲心，活人甚多。歿後，人立祠於三皇廟側以祀之。

王尚德

乾隆《西安府志・人物志・方技》 王尚德，西安右衛人。幼敏慧，博覽經史，善詩賦，尤精醫術。秦肅王疾，諸藥弗瘳，尚德進藥，一匕而愈。王曰：神醫也。遂奏請授迪功郎，秦藩醫正，兼宜川、郃陽兩王府教授事，敎子孫七人入庠。以壽終。

嚴叔信

光緒《餘姚縣志・方伎》 嚴叔信，(行)〔字〕坦五，人稱其行。善醫，用藥專以附子，不問寒熱虛實並效，人號爲嚴附子。

房文實

順治《汝陽縣志・人物・方技》 房文實，字德充，世稱春田先生。療太守馬公有奇驗，紫轂柴車塞門巷。時執友紼步西郊，聞簍人泣，問之，曰：主染疫，垂絕。文實診謂：不死，一劑可愈。文實，郡弟子員，數闈不中，讀先世書，深詣妙應如此。四世祖景敏、景敭，與同郡石昊並稱國手，名動公卿間。文實著《十八劑加減》、《春田一覽》。孫煥，諸生，世其術，名重一時。

潘國爵

光緒《松陽縣志・人物・藝術》 潘國爵，號少泉。幼業儒，數奇不偶。有異僧挾鍼灸神術，有賈者久跛，僧索一飽齋，爲鍼之，跛立起。爵異之，懇求得授，術遂大行，往往奇驗。遊公卿間，俱尊禮之。

毛登第

光緒《松陽縣志・人物・藝術》 毛登第，善醫，設藥肆於門以待疾者。遠人迎之，治藥餌，愈而後去。長於起斃，雖貧，不受謝。邑令聞而嘉之，刺史廉其事，給冠帶。

鄧時通

光緒重纂《光澤縣志・高士傳》 鄧時通，十三都人。子秀實，在《良吏傳》，而時通隱於醫。家蓮花山下。放情山水，時有所得，輒韻於詩。秀實既貴爲刺史，而朝市升沉之事，及子宦况，絕不相關。終日與蓮花山相對，唯以醫謁者，雖道遠必往，殆古涪翁之流歟。

李大才

康熙《嘉興府志・海鹽縣・流寓》 李大才，字怡春，蘭溪人。薄遊海上，與賢士大夫彭紹賢、沈孝徵諸公交，因家海鹽。知岐黃術，厚施不責報，貧者盡力療治，施藥，即參苓無所吝。市大火，鄰三面皆盡，大才屋獨無恙，人謂厚德之報。諸子皆邑諸生。家孫開伯，字孝先，少孤，事母盡孝，早卒。開伯子璋，順治間舉人，溫州府學教授。

潘錫

崇禎《嘉興府志・叢談志・醫術》 潘錫，別號慧峰，原籍吳江，後以術行於嘉興，遂家焉。其治癰疽疔毒瘻瘤諸症，皆有秘傳，無不應手而效，禾中罕出其右者。後又究心內科，其術益精。

果子和尚

道光《夔州府志・仙釋》引舊《通志》 明果子和尚，名文空，字天元，江西吉安人。終南山養靜四十年，得悟，能咒果以治病。後來巫山秀峰寺。直指陳某右手病不能舉，食其咒果而痊。主簿韓達有心疾，亦以咒果療之，并樹碑表其事。

胡鈇

同治《祁門縣志・人物志・方伎》 胡鈇，居城西桃峰。幼從父習醫，行其術〔於〕邑中及東流縣。至京師，考授太醫院吏目。

蕭 子

康熙《浙江通志·方伎·杭州府》 蕭子，失其名，錢塘人。好施予，嘗有一僧求謁，蕭待之良厚，久而不衰。僧一日拈筆，畫一牡丹遺之。蕭初不甚珍重，藏既久，發視之，花瓣中皆有字，隱隱可見，蓋古醫方也。大異之，令婿郭某，按方試以療人，皆奇效。後又令聚藥煉爲丹，俄見爐上有花，絢爛若牡丹狀。丹成如黍珠，用以活人，雖瀕死皆甦，自是蕭、郭之醫，傾動一時。

張 培

乾隆《平湖縣志·方技》 張培，字抱一，諸生。有文譽，性澹泊，中年無子，遂以醫自顯。精痘疹，雖貧苦者，不避風雨趨視也。善寫山水，時攜好友往來大目、笠澤間，自號書禪。疾革前，悉取平生名畫、書籍、古玩器，召諸好友分贈之。罄橐中金，散諸蘭若，翛然而逝。

查萬合 沈必孝

乾隆《江南通志·藝術·寧國府》 查萬合，字了吾，涇縣人。鍼術最精，人稱半仙。

光緒《安徽通志·人物志·方伎》 查萬合，涇縣人。善鍼術，有半仙之名。或問萬合所活幾何？答曰：吾非能活人，但不殺人耳！同邑沈必孝，精醫好義，有佛心仙手之目。

沈 璠

乾隆《江南通志·人物志·藝術》 沈璠，字魯珍，上海人。上海名醫，故有李、劉、徐、沈四家，璠最後，出名特著。

錢國賓

《冷廬雜識·古人今人》 《續名醫類案》卷三十《奇疾門》，錢國賓案注云：錢塘人，萬曆時人，有《壽世堂醫案》四十則。多奇疾。乃刻本由杭太史堇甫處借得。凡三十二字，閣本無。魏氏家藏本有《奇疾門》。錢論肉行一症，可補瘟疫諸書之缺云。 癸亥冬，山海天行時疫，病者頭痛發熱，惡心口渴，神昏欲寐，四肢不舉，其肉推之則一堆，平之則如故。醫有作傷寒者，有作時氣者，投以發散藥，無不加重，死者數百。時督師閣部孫及贊畫各傷一僕。至乙丑春，錢之關門謁太師，談次問及，曰：此症天行時疫，名肉行。人肉屬土，土燥則崩，土濕則流，其邪感於血脈肌肉，不比傷寒所治。《古今醫集》不載，止於官邸便方見此異症一款。因人血枯，而感天時不正之氣，當大補血，用首烏、枸杞、歸、地等味，少加羌活風藥，足以應病矣。若經發散，立死無疑。又治足跟響至頭，聲如雷，診脈五部皆和，獨腎芤大，舉之始見，按之似無，乃腎敗也。腎經自足走頭，腎主骨，腎虛則體空，空則鳴，所以骨響。以六味丸加紫河車膏、虎骨膏、豬髓、枸杞、杜仲服之愈。又治兩膊紅十數條，頭粗尾尖腹大，長尺許，闊寸許。曰：此青蛇異氣，不急治，蛇形入腹而死。或生大小腿，如頭向上，故入腹亦死。以鍼挑破頭尾，使其不走，流出惡血，又研明雄黃，唾調塗患處，內服清涼敗毒散而愈。防風、荆芥、白芷、羌活、黃芩、黃連、金銀花、槐子、甘草、當歸、生地各一錢。觀此則錢亦當時名手，而今罕有知之者，不有《續名醫類案》，不幾湮歿無傳乎？

汪朝邦

康熙《徽州府志·人物志·方技》 汪朝邦，字用賓，婺源段莘人。工醫，著有《方書集說》。尤精形家言，得吉穴葬親，自云葬後當有顯者。越一紀，孫尙誼生，曰：此子異日應三品秩，但算促耳。後果成進士，歷官至按察使，方嚮用而卒。

萬 全密齋

《片玉心書·萬氏幼科源流序》 自先祖杏城翁，豫章人，以幼科鳴，第一世，早卒。先考菊軒翁，孤，繼其志而述之。成化庚子客于羅，娶先妣陳氏，生不肖，乃家焉。其術大行，近遠聞而誦之萬氏小兒科云，爲二世。羅有巨儒張玉泉、胡柳溪，講明律歷史綱之學，翁知全可教，命從遊於夫子之門而學焉，頗得其傳。翁卒矣，顧其幼科之不明不行也。前無作者，雖美弗彰；後無述者，雖盛弗傳，不肖之責也。故予暇日自求家世相傳之緒，散失者集之，缺略者補之，繁蕪者刪之，錯誤者訂之。書成，名《育嬰家秘》，以遺子孫，爲三世。惜乎有子十人，未有能而行之者。其書已流傳于荆、襄、閩、洛、吳、越之間，莫不曰此萬氏家傳小兒科也。余切念之：治病者法也，主治者意也。擇法而不精，徒法也；語意而不詳，徒意也。法愈煩而意無補於世，不如無書。又著《幼科發揮》以明之者，發明《育嬰家秘》之遺意也。吾不明，後世君子必有明之者。不與諸子，恐其不能明，不能行，萬氏之澤未及四世而斬矣。及門人者，苟能如尹公之他得庚公之斯而教之，則授受得人，夫子之道不墜。

若陳相雖周、孔之道，亦失其傳也。諸賢勖之哉！萬曆己卯夏至日自書。

光緒《羅田縣志·雜志·方技》 萬全，邑廩生，明季人，字密齋。潛心醫學，尤精痘疹。一日，鄉先生家有兩新婦，欲進見，全避之。鄉先生曰：萬先生年老人，無妨也。遂入，年俱二十餘。全曰：此皆未痘，痘將作矣。一可救，一不可救。越月，果如其言。又有患痘者，死已半日。全遇視之，命置汙泥中，三日，痘復發，藥數匙而蘇。有豪少年聞之，佯大病，重幃密室，呼全胗之。曰：越十五日當死，何須藥。少年掀幃叱之曰：我何病？聊試女耳！全曰：胗脈如此，不知病否也。至十四日，果卒。其他應驗多類此。著有《保命歌括》、《養生四要》、《育嬰家秘》、《廣嗣紀要》、《痘疹心法》、《婦科》等書行世。

光緒《羅田縣志·藝文志》引呂鳴和《萬密齋藥書序》 余涖羅三年，未嘗得一日讀書，自覺面目語言爲古人憎。間有一二問業者持帖括進，非不欣然接之牒，訴倥偬去復，不能誌也，況復有餘力及醫藥諸書哉？丙申秋，謁防憲於蘄陽，中州趙公曰：知子邑有密齋乎？人云古矣，厥書可購也。余愧無以應。歸而詢諸邑紳，先生嘖嘖稱密齋萬生岐黃名手，噪聞於隆、萬間，今其書恐弗全也。余乃益愧。夫古人宰一邑，一邑之名山大川、奇人傑士，無不夙具胸中，收諸藥籠。今瑰奇如許，曾不曉其姓字，甯不愧得人之義，又何以爲地方解此嘲哉？乃取其書，進其孫達而詢之，始知萬生名全，別字密齋，邑廩生，以不得志於八股，棄而就青囊之業。業輒精，屢效。以其效者誌諸編，文成數十卷。先爲樵川太守李公付梓，一時紙貴。三湘因兵燹後，板毀無存，其孫達備藏一帙，置牆壁中，賴以免。凡官茲土者，無不知此書，無不購此書。然繕寫告艱，又進其孫達而謀之，搜括錙銖，益以淸俸，募梓人，凡八閱月卒工，得卷一十有八。展書而思之，夫醫者，意也。意之所至，醫者不自知其爲工，而方已傳於後。然則，世之所爲醫書，皆方之積也。今之醫者，皆欲有醫之名。欲有醫之名，而不得不求乎書者，其勢也。然欲有醫之名，而不善讀醫之書，無益於醫，而究咎於書。是書之靈，不能益於醫，而醫之名，乃能變化其書也。醫而名矣，何難於著書。然世所號一代名手，類就習之，所近業之，所傳頓欲竦一世之人而以名予之。今讀其書何如哉？萬生之爲醫，似其爲學，非惟不使人知，而若不敢以名醫自處者，此其所以能爲醫也，此其所以能爲書而可傳也。余讀而服之。詳其著書之意，甯使醫至而名不我追，毋使名至而醫追之者也。吾輩治一邑，不能有濟於世，則以有濟於世者爲幸。念今之世，猶有君子其人廣傳其書者乎，以快吾心，而矢吾力，翻飛而刻之可也。

光緒《黃州府志·雜志·家墓》 萬密齋墓，在縣東大河岸。

任榮

萬曆《山西通志·雜志·仙釋》 任榮，雲中世醫，有陰德，好仙術，活人甚多。弘治改元，壽六十，無疾而卒。後一年，濟人陳守至河南陳州市中見榮施藥，笑語如常，守還歸述其事。鄉人之子孫科第，其陰功之驗云。

光緒《山西通志·藝術録》 任榮，大同人。世業岐黃，至榮益精。尤好神仙術，弘治元年，年六十，無疾卒。踰年，鄉人陳守過陳州，見榮施藥市口，大驚曰：翁無恙耶？榮曰：然。固未死也。嘉靖壬辰，大同黃令婦翁張某，遇道人於伏牛山。曰：我大同任榮也。公去某口，當與小孫會，幸傳道之。異日，果晤其孫，言盡符。萬曆二年，大同張省祭抵湖廣艾御史所，艾家人經武當山，見草菴中道士兀坐，謂之曰：爲我告張省祭，歸語任榮子孫，榮俟宫殿畢，或當歸也。言畢忽不見。凡三露蹤迹云。任服遠者，榮之後，亦以善醫稱。有人病垂死脈絕，醫相顧愕眙，莫敢措手，服遠最後至，診之曰：此轉關脈也，脈在肘間，一藥而愈。其神妙多類此。

任服遠

萬曆《山西通志·雜志·技術》 任服遠，榮之曾孫，幼紹祖父醫業。庚辰歲，瘟疫大行，殞歿者不可以數計。得疾者，親友不相訪問，染之即不起。遠軫念天行可謂獨至，何不取松黃崗普濟消毒飲服之。醒覺即檢閱，果得是方，依方投劑，身親胗視，不避傳染百治，痊活人數千，且不論貧富，不計資財，人咸以神醫誦之。諸當近者禮請，遠者車迎。諸子孫及曾孫輩，濟濟列黌宫。今七十有三，鶴髮童顏。

來師曾

光緒《嚴州府志·佚事·方伎》 來師曾，字成谿，桐廬人。精醫術，療人有奇效，官太醫院吏目。建邑庠生戴東昇，年七十餘，病傷寒，衆醫皆言不治。師曾診視之曰：若先天甚足，固無患也。藥之，應手而瘥。他治療，多類此。

何繼武

同治《直隸綿州志・方技》 何繼武，何人鶴乾膜子，永靖祖父。行三，善醫，有智術，人皆以三翁稱之而不名。張獻忠屠戮至州，病甚索醫，得翁。至營診視，欲以藥殺之。詐謂獻忠，重服大黄即愈。賊令先嘗，畢飲鼾睡，病竟瘥。禁不令去，以計脱回，僑住石泉。時疫大作，逃難者十不活一，翁與永靖，終日採藥救濟，全活甚多。

程汝惠

道光《徽州府志・人物志・方技》引《績谿縣志》 程汝惠，績谿市中人。精醫，兼邃於《易》。著有《醫學正宗》、《周易觀玩編》。

王俊然

康熙《鄞縣志・人物・藝術》 王俊然，字英甫，號少寓。學勤覽博，以文行。先功名。處而孝友善身，出思德仁濟世。因先世歷官醫院以顯其術，所傳祕緘，恆得而探索，由是洞垣燭府。遂老安少懷之樂存心，惟以雨露轉霜雪，無纖毫利己之念。雖窮鄉窅谷，未嘗惜趾。更修製刀圭，歲每施衆。至痘疹時行，家危戶慮，得其手目所經包懷，不啻父母焉。先是歲丁在卯，以侍御曹公之保舉，劄授太醫院吏目。斯家世之常籍，不足爲其榮也。生平齊家化俗，睦黨賙宗，皆醇良淑懿之行，特借仁術以踐文正所言。其德義非可以方技掩爾。子廷先，繩武傳箕，足證其世德。

朱盛浗

同治《江夏縣志・藝術》 朱盛浗，字蓼菴，楚宗室克信子。克信制行如寒素，浗有父風。獻逆之變，盡驅楚宗入江，浗浮三十里至鮑家莊，汲僧救之。甦，逃梁子山，易名謝世仁，字忍生。隱於醫。工詩，與王子雲、葉井叔輩合刻有《郢雪編》、《通丹經》。子容楝，字二安，亦以醫著。著《醫宗》、《王琴操諧譜》、《梁湖草》。

汪時鵠

同治《祁門縣志・人物志・方伎》 汪時鵠，居石潭。精醫學，破產施藥，甘貧不怨。病需參、苓，無力者代辦之，救活甚多。著有《加減湯頭歌括》。

李本立

同治《宜昌府志・士女・術技》 李本立，字仁卿，彝陵人。博學，著述之

陸潭

崇禎《義烏縣志・人物傳・方技》 陸潭，字本深。先會稽人，父金，以醫道名烏，遂占籍焉。潭二世傳業，通脈理，熟臨證，爲人謙慎，裁方製劑，以平和爲主，不妄投霸藥以取奇功，斟酌加減，久之，病亦(理)〔差〕，以此人皆愛信之。晚年，聲價益重，郡邑大夫及鄰縣士民請之無虛日。若子崧曁孫，雖習儒，亦世其業。

丁文軒

崇禎《義烏縣志・人物傳・方技》 丁文軒，字世昂，縣學生。博書史，能詩文，端方愼密，氣度極清雅。精於醫，以薦試禮部第一，授太醫院官，乃謝病歸。居家內行純白，以敦睦信誼範率其宗黨。所與往還，皆一時名公，篇詠唱酬。年八十七而終。

徐行　徐尚志

崇禎《義烏縣志・人物傳・方技》 徐行，字遜之，文清公裔孫。少爲郡庠生，博覽群籍，氣宇慷慨，好施予。長於方脈，治療多奇效。晚年濟人益廣。所著有《脈經直指》、《碎金集》。子尚志，傳其業，敦厚明爽，縉紳之士器重之。

羅橋軒

光緒《荆州府志・人物・藝術》 羅橋軒，工醫術。天啓二年，勅授太醫院掌院使。

詹文治

光緒《渭南縣志・藝術》 詹文治，字華國，東方曲里人。聰明俊穎，博極群書，尤精岐黄術，遇奇險症，獨具卓識。某友爲蜀中巨商，卧病，醫僉云不治。忽念文治，以肩輿星夜飛馳邀，至則胗脈曰：無恙也。視其方，落落平淡數味，而病竟獲全。

劉智

光緒《渭南縣志・藝術》 劉智，善方脈，精傷寒運氣鈐法。凡人病，診之生死決于數年前。傷寒輕重、汗瘥日時，一鈐即定。故凡病者皆欲智一視，視則生死安然聽矣。孫曰天民、堯民，皆精方脈鈐法。弟子任姓者，亦能紹其業，長於用藥。最後天民之子尚禮，仍不失其家傳焉。

暇輒鳴琴自娱。晚攻岐黄術，遠近賴以生全者甚衆。嘗自謂：延生三品藥，養性一操琴，吾事足矣。著《心制神方》、《杜史日録》，益有裨於後學。

程應寵

光緒《山西通志·藝術録》 程應寵，澤州人，太醫院吏目，切脈決生死輒中。有奇疾莫名其證者，一藥立起。每施治，弗問貧富，即窶丐亦療之。有手録《醫案》諸書。

王思中

乾隆《吴江縣志·人物·藝能》 王思中，字建甫。少工醫，精於切脈，洞見病源，恆出新意，製方投之輒效。海鹽彭氏，巨室也，其媳方婚而病煩懣欲絶，諸醫莫知所爲。思中診視，令盡去帷幔窗櫺，房中什器，密求蟹臍炙脆，研入藥中，服之頓痊。詢其故曰：此乃中漆氣毒耳。邑周氏患發熱咳嗽，以陰虚内傷治之，愈劇，經月不得眠。思中診之曰：此謂懸飲，乃鬱氣所致，氣不升降，則湯液停積，漸成飲囊，法當開鬱行氣以消之。每劑用荷葉蒂七枚，一服而鼾睡，數日平復。鹽院某行部至常州，病膈證不起，諸太醫麕集，皆技窮。思中至，曰：此是關而非膈，可治也。按：《内經》及《難經》論關格之證，乃陽盛陰盛之別，與膈證截然兩途，此以關對膈言，似以膈爲格誤也。乃以半夏麯一兩爲君，製劑與服，不半月，動履如常。又有人患瘡疹，陰囊腫脹如升，不能跬步，思中曰：此瘡蠱也。就外利劑中加麥稈四十九莖，遂消。其奇驗皆此類，一時推爲和、緩，三吴冠蓋叩其門者無虚日。諸名公多作醫效記贈之。萬曆中，某官某題授南京太醫院吏目。天啓中卒，年七十三。思中聰敏，善談論，好學，至老不衰。

繆希雍仲醇

康熙《常熟縣志·人物·方技》 繆希雍，字仲醇。精醫術。醫經經方，浩如烟海，靡不討論貫穿，而尤精本草之學。嘗謂：古《三墳》之書，未經秦火者，獨此而已。《神農本經》朱(字)[氏]譬之(六)[五]經，名醫增補別録，朱墨錯互，譬之註疏。《本經》以經之，《别録》以緯之。沉研鑽極，割剝理解，作《本草經疏》、《本草單方》等書，抉摘軒岐未發之秘，東垣以來，未之有也。爲人電目戟髯，如羽人劍客。好談古今國事成敗如指掌，實奇士也。

《明史·方伎傳·繆希雍》 常熟繆希雍皆精通醫術，治病多奇中。而希雍常謂：《本草》出於神農，朱氏譬之五經，其後又復增補《别録》，譬之註疏，惜朱墨錯互。乃沈研剖析，以《本經》爲經，《别録》爲緯，著《本草單方》一書，行於世。

乾隆《長興縣志·方技》 繆希雍，字仲醇，常熟人。居邑下若里三十餘年，任俠，好奇自負。得岐黄之秘，尤專精《素問》、《本草》。曰：古三墳不傳，傳者此耳。客游不持藥囊，但爲人疏方輒奇中。其刀匕湯藥與俗醫左，俗醫不能解也。自公卿至負販皆平等視。察脈審證，細心體認，意所獨到，堅執不移。與丁長孺交最久，長孺録其驗方爲《先醒齋筆記》。

《醫學讀書志·明繆氏希雍》 希雍字仲醇。天啓中，王紹徽作《點將録》，以東林諸人分配水滸名，希雍爲神醫安道全。《本草單方》亡。《廣筆記》爲長興丁元薦裒希雍所用方成帙，雍又增入群方，及本草常用之藥，傷寒、温病、時疫治法。《經疏》以《神農》爲主，附以諸家主治藥味禁忌，次序悉依《大觀本草》，然論多紕繆，當時名醫以爲《經疏》出而《本草》亡，亦詆之太過矣。張介賓與希雍同時，希雍擅用寒涼，介賓擅用温補，希雍尚變化，介賓守法度。二人各立門逕，其實各有得力處。

光緒《金壇縣志·人物·方伎》 繆希雍，字仲醇，由常熟遷金壇，與東林諸先達相友善。工岐黄術，有殊解，推本《神農圖經》，辨其性味之所以然，屢奇驗。著《廣筆記》、《本草單方》，莊繼光梓之以行世。

楊守吉

康熙《上元縣志·人物志·藝術》 南都正嘉間，醫多名家，乃其技各顓一門，無相奪者。如楊守吉之爲傷寒醫，李氏、姚氏之爲産醫，周氏之爲婦人醫，曾氏之爲雜症醫，白、羅、李氏、刁氏、范氏之爲瘍醫，孟氏之爲小兒醫，樊氏之爲接骨醫，鍾氏之爲口齒醫，袁氏之爲眼醫，自名其家。其人多篤實純謹，有士君子之行，而守吉醫尤著。有謝五老者，夫婦病感冒月餘矣，飲食纔屬口輒嘔噦，衆醫皆以死法棄去。一日，守吉過其門，邀入診之，曰：無傷也，病久已去，但小進食，蛇蟲爭上嘬，胸次攪擾作惡耳。試頓食之，當勿藥而愈。家人群駭其説，度無可奈何，姑從之。遂以冷茶投粥中，頓與人二大盂。初尚作嘔，已漸喜食，食已沉睡，覺而霍然。又一人病羸瘦，委頓甚，百方不救，求楊診之。楊曰：若病非藥所能愈，第於五更，向煮牛肉肆中，候其初啓釜時，以口鼻向鍋傍，吸取其氣，然後取汁一碗飲之，數日可愈矣。從之，果然。它治多類此。

榮之遷

康熙《常熟縣志·人物·方技》 榮之遷，號仁所，其先本山東先賢裔。前洪武初，以軍功徙蘇州府太倉衛，四傳而徙常熟。之遷與兄之遇，承其祖父岐黃之術，皆以醫名里中。之遷又得指授於繆君希雍，察脈奇中，時號脈仙。

馬大復

康熙《常州府志·人物·方伎》 馬大復，字銘菊，無錫人。入邑庠，精醫術，師虞山繆仲(淳)〔醇〕，得其心傳，相契甚。仲(淳)〔醇〕著《廣筆記》諸編，往往載其説。

高武 梅孤子

《古今醫統大全·歷世聖賢名醫姓氏·明》 梅孤子，姓高，名武，四明人，精醫藥，尤工於鍼灸。所學悉宗《素問》，故其醫療效，而所言皆正，著有《素問捷徑》、《鍼灸節要聚英》等書，行於世。

康熙《浙江通志·方伎·寧波府》 高武，號梅孤，鄞人。嘉靖中武舉。北上歷覽塞垣，以策干當路不用，遂棄歸。晚乃耑精於醫，治人無不立起。嘗慨近時鍼灸多誤，手鑄銅人三，男、婦、童子各一，以試其穴，推之人身，無不驗。所著《射學指南》、《律呂辨》、《痘疹正宗》、《鍼灸聚英》、《發揮直指》各三十卷，行於世。

趙獻可 養葵　趙貞觀

《醫貫·薛三省醫巫閭子醫貫序》 醫巫閭子姓趙氏，名獻可，別號養葵。其爲今稱，蓋有逃名之意焉。且以書成於幽州，若曰藏諸山以俟其人刻而行之者，家伯兄司馬公也。

康熙《鄞縣志·人物·藝術》 趙獻可，字養葵，號醫巫閭子。好學淹貫，尤善於《易》，而精於醫。其醫以養火爲主，嘗論：命門乃人身之君，養身者既不知撙節，致戕此火，以至於病。治病者復不知培養此火，反用寒涼以滅之，安望其生？著《醫貫》一書，論議甚精，俱前人未發，爲醫家指南，盛行於世。後遊秦晉，著述甚多，有《内經抄》、《素問註》、及《經絡考正》、《脈論》、《二朱一例》諸書。子貞觀，字如葵，亦精於醫，惇厚有古風，治病不問貴賤，未嘗計利。嘗治人病，夜半自往叩門，候其脈證以用藥。有《絳雪丹書》、《痘疹論》行世。

鍾大延

康熙《鄞縣志·人物·藝術》 鍾大延，字恆國。本江右仕族，後爲鄞人。精于醫，聰穎絶人。治病不執恆方，嘗言：今人但知醫(病)，豈知醫人。病固有淺深，人自有強弱，豈得因病執方。有二人同時病痢，其一用補劑，一用攻劑。或問之，曰：此稟弱須補其正氣，而後攻之；彼體強，故秖用攻耳。徐廷尉病小便祕，腫脹，面赤發喘，衆醫皆從熱證治，愈甚。大延視之，曰：是無火也。急煮附子湯，一服而愈。後有貴家孕婦，病亦如之，衆醫莫效。大延視之曰：是可弗藥也，乃胎壓膀胱耳。令其周身轉運而瘳。一寺僧嗜鹽，每食斤許，衆醫雖知其爲蟲，然服藥輒痛悶欲絶。大延曰：是蟲不受藥也，當有以餌之。以鹽笋乾，用藥煮，仍加以鹽，令服。越數日，果嘔蟲數升許而愈。華魯卿感瘥，後不思飲食。大延令以五香煮嫩雞於牀側，徐而聞其香，既而索嘗。乃以清汁少啜之，漸啜而漸能食。蓋以馨香開其胃而引之也。又一貴人，閒步庭除，忽然仆地，盡吐其舌，僵不能收。大延坐思良久，乃令覓井水之至涼者，數易而後可。再令搗青蒿自然汁一盂，以涼水和蒿汁，少潤之舌。如稍軟，頻灌之，一驚而舌盡縮，始治方以療。蓋因中暑毒所致也。一人酷暑歷深山，秋來患泄痢，諸藥不效。大延令其食西瓜，頓覺爽快，後投劑而愈。亦因山中暑毒所中也。其探源用意多類此。弟懷國，亦得兄之傳。

吴悦

乾隆《平湖縣志·人物·方技》 吴悦，號三峰。少讀書明敏，遘危疾，遂精岐術，徵爲太醫院使，熹宗三賜金幣。

張克己

光緒續修《曲沃縣志·藝術》 張克己，字慎齊，別號小川，曲村人。少得異人傳，工醫，鍼砭如神。又通修煉術，天啓癸亥年，已期頤，齒落復齔，髮皚轉黑，善飯健步。大學士葉向高病瘍，延至都，一匕而愈。由是名噪公卿間，董其昌、左光斗諸公俱有贈詩。

王　忠

光緒《保定府志・藝術》　王忠，博野人。善療諸病，外科尤精，名聞四遠。定州王珠患肚癰，日夕疼痛。忠視脈後，於腳下開膿，其瘡遂痊，人咸神之。清苑霍權妻臨產，腹脹垂死，郡醫無所措手。忠投以藥，病婦氣微，舉家驚哭。忠令靜待，煮粥，須臾胎下，衆呼爲仙。

徐遵義

順治《浦城縣志・人物志・方術》　徐遵義，南隅人。世業軒岐之書，歷覽弘博，術彌精。胗脈尤有秘授，時醫不能及。貧者疾，即自往醫療。韓康價，不受也。卒年八十。

李國寵

順治《浦城縣志・人物・方術》　李國寵，名簪士，亨子。少從厥父習方診，按症處劑，心識分銖，不假稱量。每念陶景語：生民大患，莫急乎疾疢，窮村逈陌，亟往診療，猶救火以水也。耿督學嘉其功，授醫學訓科。

王士亨

光緒《渭南縣志・藝術》　王士亨，石泉里人。璘子，有異質。讀書輒記輒了悟，不從師授。精於方脈，凡《素問》、《難經》，叩之若指諸掌。且輕財好義，言動不苟，一時稱儒醫云。

申任申炳

光緒《廣平府志・藝術》　申任，字小石，永年人。幼習儒業，後學醫，活人無算，邑人稱爲醫聖。子炳，庠生，得父術，精診視，務中竅要。嘗曰：射覆以視病，鹵莽以投藥，直以人命戲耳！炳歿，人多思之。

陸　彬

康熙《錢塘縣志・人物・方技》　陸彬，字嗣文，忠宣公後裔。自平湖徙於錢塘。彬少敏達，精扁鵲、倉公之術。明熹宗時，隨大父京師，以精醫授聖濟殿侍直太醫院吏目，旋奉旨教習醫學。懷宗屢召入視，皇后、皇太子疢徹，御饌賜之，陞醫御上林苑監右監丞掌南院，加光祿寺卿。

顧　暘

康熙《常熟縣志・人物・方技》　顧暘，號愛杏，恩之子。視病洞若觀火，既胗脈，能決生死於數年之外，負重名，松江人尤推重之。每到松江，必挾重資歸。卒年八十餘。

鄭之郊

光緒《崑新兩縣續修合志・藝術》　鄭之郊，字宋孟。博學多識，尤精醫術，匕匙所投，無不立效。嘗應聘至三邊道，墜馬受傷，夜夢雙髻羽衣者授草一束，曰：是可立愈，前途廟中有之。急行憩神農廟，神像宛符。行其庭，果有是草，以敷傷處，遂愈。天啓朝，徵授太醫院吏目，療疾多奇效，進秩御醫。魏忠賢招之視疾，辭不赴。尋告歸，修先世墓，新五貞祠，鐫格言勸世。弟子祁，字宋叔，湇篤，有孝行。兩舉鄉飲，乙酉城破被難。

蔡天奇

康熙《浮梁縣志・人物・方技》　蔡天奇，邑諸生，醫從《素問》、《本草》，精以深思，勝亦不屑屑。赴人之召，有危病問，天奇輒詢他醫診狀，或取方增減一二，無不立效。嘗語諸醫曰：人有重病則我亦病，窮日夜之思，僅可得起一人，汝輩愼之。天奇耻受謝，其行誼尤多云。

顧啓明

《松夏志・人物・藝術》　顧啓明，字汝東，翼星子。天啓甲子，順天武科。精岐黃，有《脈訣》、《外科》諸書行世。

潘禹侯

《松夏志・人物・藝術》　潘禹侯，字質齋。幼耽岐黃，彙古今醫書，日夕研究，得其竅要。及壯，以技鳴武林，門常如市。著《質齋醫案》八卷。

潘可久

《松夏志・人物・藝術》　潘可久，幼好老氏學，得族祖勉之道術祕傳，能以符籙咒訣爲人治病驅邪。所著《十三科金鑑》四卷，分晰病原治法，兼能祈禱雨暘，其應如響。

潘　杏

《松夏志・人物・藝術》　潘杏，字子春，淝長子。幼讀儒書，不慕榮利。精醫術，爲人治疾有奇效。著《杏園醫案》八卷。

張炳良

乾隆《廣信府志・人物・方技》 張炳良，字景暘，廣豐人。幼習舉業不售，祈夢於神，夢授以葫蘆及鍼。覺曰：我殆方外士乎？即棄舉業，窮醫書，遂精厥術。一日歸自京師，道遇柩，見生血縫中滴出，問曰：生人入柩耶？舁柩者答以貧婦產難，氣絕兩日矣。炳良曰：諾，吾活其子母。啓柩扶尸，授以鍼藥，果子下而母俱生。鄰有仇家子疾篤，負荆請診，炳良慨往，用搗蒜一斤，泉三斗，飲盡而慄，覆以重衾，力士壓之，慄定，口出遂瘳。又詹某病，診曰：服藥須百劑，其人服十之九，諸症悉除，私自投以補劑，疾復作。請再治，曰：盧扁莫爲矣。有富室婦嚴冬染疾，診曰：暑疾也。市少年欲蔑其名，以被蒙面，給以病診。以爲疾革，辭去。少年笑之，謂：寒擬以暑，無疾稱革。不自知其將就死，幾果死。精太素脈，決人壽夭、窮通皆驗。崇禎二年，授太醫院。邑令高顏其室爲後秦越人。著《醫案》十卷，惜散佚不傳。

張兆元

光緒《川沙廳志・人物・藝術》 張兆元，字完赤，本城人，世業幼科。論陰陽五行生剋之理，變通精粹，求診治者無虛晷。崇禎間，以巡按張泰階薦，仕太醫院吏目。子堯時，孫禹功，皆世其業。

劉鳳慕

乾隆《寶鷄縣志・人物・方伎》 劉鳳慕，儀里民。精於醫，一望氣色，便知徵應，能踰年決人生死，皆如其言。其於人，無貴賤貧富，渾一視之，從不計利，時號爲一方司命。

周官

乾隆《上海縣志・藝術》 周官，字伯元，明侍御周洪六世孫也。幼習舉子業，尋喪父，食貧，乃去儒業醫。諸方書無不洞曉，而保嬰一術，尤稱神妙。孝友方嚴，皆以長者目之。明崇禎時，禮部上其名，給劄并冠帶榮之。年八十卒。所著有《痘疹彙纂》諸書行世。子景榮，爲諸生。景新、景閎仍世其業。

吳元溟

康熙《錢塘縣志・人物・方技》 吳元溟，字澄甫，自歙徙錢塘。先世精醫。萬曆浙大疫，同父道川躬治療之，日活數千百人。晚年述父意，著書曰《痘科切要》、《兒科方要》。事繼母以孝聞，女弟少寡，無以依，元溟迎養於家，終身無間言。性慷慨，喜急人之難，故人程生負課千金，久繫，元溟即代償之。崇禎庚辰，歲大饑，元溟出橐金于江右，糴米五百斛，悉散於親友。與同郡王道焜、雲間陳繼儒、嘉定黃淳耀交，俱有終始。授光祿大官署丞。年八十二而卒。

劉貴炳

乾隆《江南通志・藝術・寧國府》 劉貴炳，字斗南，旌德人。醫術得異人之傳，臨症自出新意，不膠古方。明季大疫，施藥賑饑，人皆德之。

嘉慶《旌德縣志・人物・方技》 劉貴炳，字斗南，喬亭人。

郭民安　郭民康

乾隆《江南通志・藝術・蘇州府》 郭民安，巢縣庠生。

光緒《續修廬州府志・藝術傳》 郭民安，字華臺，訓導藩之子，巢縣庠生。攻醫術，遇病者，如痌瘝之在身。乙亥城被圍，民安登埤協守，城陷後，令以下皆被執，不屈，賊次第殺之。將及民安，忽一賊奔救曰：八十老翁，降之何用？殺之何爲？因得放歸。後追記其人，乃昔年窮途病夫，嘗施藥愈之者，此所以報也。弟民康，醫亦有名。

徐宗彝

康熙《休寧縣志・人物・方技》 徐宗彝，字孝威，南街人。由國學授太醫院吏目。歸，活人無算，不受貲。從弟妻殉烈，以次子後之。

金有奇

康熙《休寧縣志・人物・方技》 金有奇，字養純，上溪口人。精岐黃術，授太醫吏目。崇禎辛巳，(由)〔山〕寇披猖，官兵駐勦，多嬰癘疫，瀕危者，悉賴以生，裹糧踵謝，卻弗受。家雖貧，事老母必供甘旨。凡所入，皆與弟共之。著有《杏春齋詩》、《孝悌歌》行世。

李光武

康熙《休寧縣志・人物・方技》 李光武，字祖巖，中市人。世習軒岐業，活人殊多。兄艱子，爲之買妾育後，及兄嫂歿，竭力殯葬之。

侯周臣

乾隆《蘇州府志・藝術・醫》引《長洲志》 侯周臣，字昆璧，本嘉定人。篤學好修。讀《素問》、《靈樞》等，謂《内經》一書，與《易》相表裏，天人性命之理，盡在是。因棄帖括，專精醫術。吴中士大夫延請無虚日，遂徙居長洲，全活者無筭。所得悉以施藥濟貧。崇禎癸酉，巡按御史祁彪嘉奬其德行。卒年七十九。子秉中，敦尚節義，以諸生紹其業。

姜　峸

道光重修《儀徵縣志·人物·藝術》　姜峸，字如岡，太醫院判端九世孫。幼治舉子業弗就，改習醫。家藏《素問》、《靈樞》諸書，考究精博，得源（會）〔匯〕流，於傷寒治效尤捷。萬曆甲辰癸卯間，疫氣傳染，人多不保其生，峸以家學治之，皆觸手驗。遇貧乏，一無所取，間出所有贈之以資調攝。生平不多言笑，而性尤謙和。崇禎間，三舉賓筵，一奬善人。巡按御史及郡縣給有旌扁。子振齊，邑庠生，今世其業。

郁士魁　陳曰允

光緒《嘉定縣志·人物·藝術》　郁士魁，字橘泉，居外岡。業醫二十餘世，善刀鍼，精瘍科。崇禎時奉詔治疫，授南京太醫院官，不赴。門人陳曰允，字耀甫，能治危證。子履豫；孫維祿，字天賢，曾孫廷鈞，字平一，俱精其術。

李贊化

乾隆《上海縣志·人物·流寓》　李贊化，字與參，浙之四明人。敏慧，工岐俞術。明崇禎時，以叔大宗伯李金峨薦，召見武英殿，賜中書舍人。屢奉差江右、浙、直。晚年僑寓上海，刀圭所及，沉疴立起。性樂善好施，有還遺金、完破鏡諸事。年七十八，異香繞室，趺坐而逝。子用粹，著有《證治彙補》書，與姪邦俊克世其家學。

徐爾貞

道光《泰州志·人物·篤行》　徐爾貞，字介石，由貢生授文華殿中書。加禮部儀制司主事。崇禎時，有奏免漕糧三分及海口扼險二疏，士民德之。精醫，著有《醫匯書》行世。

陳實功

《外科正宗·自序》　歷下李滄溟先生嘗謂：醫之别内外也，治外較難於治内何也？内之症或不及其外，外之症則必根於内也。此而不得其方，膚俞之疾亦膏肓之莫救矣。乃今古治外者，豈少良法神術哉！或緣禁忌而秘於傳，或又蹈襲久而傳之訛，即無所訛，而其法術未該其全，千百萬症，局於數方以之療常症，且不免束手，設以異症當之，則病者何冀焉！余少日即精研此業，内主以活人心，而外悉諸刀圭之法，歷時四十餘年。心習方，目習症，或常或異，輒應手而愈。雖僥及岐黄之靈，肉骨而生死，不無小補於人間，自叩之靈臺，則思慮垂竭矣。既念余不過方技中一人耳，此業終吾之身，施亦有限，人之好善，誰不如我。可不一廣其傳，而僅韜之肘後乎？於是賈其餘力，合外科諸症，分門逐類，統以論，系以歌，淆以法，則微至疥癬，亦所不遺。而論之下從以註，見陰陽虚實之元委也；方之下括以四語，見君臣佐使之調停也；圖形之後，又綴以瘡名十律，見病不可猜，藥石之不可亂投也。他若鍼灸、若炮煉、若五戒十要、造孽報病之説，不啻詳哉其言之也。余心其益熯矣。

集既成，付之梓，名曰《外科正宗》。既而攬鏡自照，鬢已白，歷下所云治外較難於治内，庶几識余之惹哉。里中顧比部諸君似亦嘉余之有裨於世，各褒以言，而弁其端。余則惶悚遜謝曰：韓伯休名根未剗耶？第諸君且褒余，余敢不益廣諸君意，謹惟命，而以是公之養生家前。萬曆丁巳之秋，七月既望，東海陳實功謹識。

光緒《通州直隸州志·雜記·軼聞》　陳實功，精醫。冬日路遇一人僵卧雪中，呻吟求醫。功憐其寒餓，解裘覆之，輒若無人焉者。揭裘視，但見銀鍼一，光耀奪目，持以鍼人，疾無不應手愈。又有人造門求診，診畢，功詫曰：六脈平和，毋乃仙乎？其人笑，抹其髯，倏不見，由是其髯半黑半白。嘗乘輿過狼山下，逢丐者攀輿訴饑餒，功顧道左有賣元宵者，俾飽食之。丐者食至百餘，就其旁摘一草示功，曰：此滄浪草也，能治發背。未幾，撫軍慕天顔母患發背，諸醫束手，聞功名，檄郡守趣令渡江。比至，視其創，將不救，亟記滄浪草可治，然倉卒不可得。卜於乩仙，仙降，則吕祖也。判云：前者狼山道中，子以元宵食我，至今耿耿。欲覓此草，抑知滄浪亭下遇滄浪乎？如其言，至亭畔，果得草石餘，療之數日而瘳。

吴希端

康熙《濮州志·歲貢考》　吴希端，字調華，崇禎戊寅廩監。所著《痘疹摘錦書》行世，時稱醫中之聖。

張介賓景岳

《景岳全書·賈棠序》 越人張景岳，豪傑士也。先世以軍功起家，食祿千戶。結髮讀書，不呫呫章句。初學萬人敵，得魚腹八陣不傳之秘，仗策遊俠，往來燕冀間，慨然有封狼胥、勒燕然之想，榆林、碣石、鳳城、鴨江，足迹幾遍。投筆棄繻，絕塞失其天險；談兵說劍，壯士遜其顏色。所遇數奇，未嘗俛首求合也。由是落落難偶，浩然歸里，肆力於軒岐之學，以養其親。遇有危證，世醫拱手，得其一匕，矍然起矣。常出其平生之技，著爲醫學全書，凡六十有四卷。語其徒曰：醫之用藥，猶用兵也。治病如治寇攘，知寇所在，精兵攻之，兵不血刃矣。故所著書，髣髴八陣遺意。古方，經也；新方，權也，經權互用，天下無難事矣。書既成，限於貲，未及流傳而歿，遺草屬諸外孫林君日蔚。蔚載與南遊，初見賞於方伯魯公，捐貲付梓。板成北去，得其書者，視爲肘後之珍，世罕見之。

《景岳全書·林日蔚跋》 先外祖張景岳公，名介賓，字會卿。先世居四川綿竹縣，明初以軍功世授紹興衛指揮，卜室郡城會稽之東。生穎異，讀書不屑章句，韜鈐軒岐之學，尤所淹貫。壯歲遊燕冀間，從戎幕府，出榆關，履碣石，經鳳城，渡鴨綠，居數年，無所就，親益老，家益貧，翻然而歸。功名壯志，消磨殆盡，盡棄所學而肆力於軒岐，探隱研神，醫日進，名日彰，時人比之仲景、東垣云。苦志編輯《內經》，窮年縷析，彙成《類經》若干卷問世，世奉爲金匱玉函者久矣。《全書》者，博采前人之精義，考驗心得之玄微，以自成一家之書。首《傳忠錄》，統論陰陽六氣，先賢可否，凡三卷。次《脈神章》，擇諸家珍要精髓，以測病情，凡二卷。著傷寒爲典，雜證爲謨，婦人爲規，小兒爲則，痘疹爲詮，外科爲鈐，凡四十卷。採藥味三百種，人參、附子、熟地、大黃爲藥中四維，更推參、地爲良相，黃、附爲良將，凡二卷。創藥方，分八陣，曰補，曰和，曰寒，曰熱，曰固，曰因，曰攻，曰散，名《新方八陣》，凡四十卷。集古方，分八陣，名《古方八陣》，凡八卷。別輯婦人、小兒、痘疹、外科方，總皆出入古方八陣以神其用，凡四卷。共六十四卷，名《景岳全書》。是書也，繼往開來，功豈小補哉！以兵法部署方略者，古人用藥如用兵也。或云公生平善韜鈐，不得遂其幼學壯行之志，而寓意於醫，以發洩其五花八門之奇。余曰：此蓋有天焉，特老其才，救世而接醫統之精傳，造物之意，夫豈其微歟？是編成于晚年，力不能梓，授先君，先君復授日蔚。

《景岳全書·范時崇序》 越人張景岳，蓋醫而良者也。天分既高，師古復細，是能融會乎百家，而貫通乎諸子者。名其書曰全，其自負亦可知矣。他不具論，觀其《逆數》一篇，逆者得陽，順者得陰，降以升爲主，此開陰陽之秘，蓋醫而仙者也。世有以仙爲醫，而尚不得謂之良哉？而或者曰：醫，生道也；兵，殺機也，醫以陣名，毋乃不倫乎？不知元氣盛而外邪不能攻，亦由壁壘固而侵劫不能犯也。況兵之虛實成敗，其機在于俄頃；而醫之寒熱攻補，其差不容於毫髮，孰謂醫與兵之不相通哉？若將不得人，是以兵與敵也；醫不得人，是以人試藥也，此又景岳以陣名篇之微意也。

《景岳全書·查嗣瑮序》 越人張景岳者，少負經世才，晚專于醫，能決諸家之旨要，乃著集六十有四卷，以集斯道之大成。其甥林汝暉攜之至嶺外，爲魯謙庵方伯所賞識，始爲之梓行，凡言醫之家，莫不奉爲法守。

康熙《浙江通志·方伎·紹興府》 張介賓，字景岳，山陰人。從父之京師，金夢石授以醫術。以扶元氣爲主，謂河間、丹溪立論稍偏，後世寒涼之弊，多(成)〔滅〕元氣，故其註本草，獨詳參、附之用。所著《類經》，綜覈百家，剖悉微義，凡數十萬言，歷四十年而成。西安葉秉敬謂之海內奇書。又作《古方八陣》、《新方八陣》，醫學至介賓而無餘蘊。

道光《綿竹縣志·方技》 張介賓，先世邑人。精醫術，著《類經》及《景岳全書》。

《醫學讀書志·明張氏介賓》 《類經》三十二卷，《景岳全書》六十四卷。右書二種，明山陰張介賓撰。介賓字會卿，號景岳。元《劉靜修集》：金李杲嘗命其徒羅天益所撰之《內經類編》，曾三毀其稿，又閱三年乃成，今書不傳。介賓殆仿其體，類集《素問》、《靈樞》三百九十條，分爲一十二門，曰：攝生、陰陽、藏象、脈色、經絡、標本、氣味、論治、病疾、鍼刺、運氣、會通，又增《圖翼》十一卷，《附翼》四卷。雖割裂古經，而條理甚幷，注多發明。《全書》首爲《傳忠錄》，次《脈神章》、《傷寒典》、《雜證謨》、《婦人規》、《小兒則》、《痘疹詮》、《外科鈐》、《本草正》，次《新方》，次《古方》，皆分八陣，曰補、和、寒、熱、固、因、攻、散。又集婦人、小兒、痘疹、外科諸方，妄稱典謨，殊爲乖謬，且持論偏執，工於怒罵，沿薛己眞陰眞陽之習，斥劉、朱寒涼制火之非。雖救當時攻伐之弊，實開後世膩補之愆。且每門首列經文，而論中不提一字，甚爲疏忽。然酒色越度，精血消亡，溫養塡補，在所必需，其書又未可偏廢。

謝以聞

《古今圖書集成·藝術典》卷五一七引《於潛縣志》 謝以聞，字克菴，邑庠生。安貧篤學，守志不阿，尤精於醫。崇禎乙亥年，八十餘，猶手不釋卷。所著有《醫學要義》，未行世。

張三錫

《醫學六要·重訂醫學六要序》 先大父，諱三錫，字叔承，別號嗣泉。游神杏圃，繫留都醫林，望者垂三十年，而今奄棄三世，藩等恨不能親承提命。所可幸者，潛窺羲黃蘊奥，勒成一帙，其名曰《醫學六要》。

畢藎臣

道光《濟南府志·人物·方伎》 畢藎臣，新城人。業醫，得劉嘉謨之傳。其於病也，辨南北，審強弱，察四時陰陽氣候，投一二劑，無不霍然。尤精傷寒、痘疹，診視立辨生死，百不爽一。崇禎壬午殉難。

朱天璧

康熙《海寧縣志·人物志·藝術》 朱天璧，字蘧庵，仁和人，明崇禎壬午孝廉。謝公車，貧無舊業，以素工青囊術，賣藥海上。時兵荒薦瘥，璧行藥濟之，全活者萬人，不計值，到於今稱之。館於烏鵲橋酆氏，亦長者。所著《醫準》數十卷，傳新安程氏、吳氏云。

道光《海昌備志·藝文》 天璧，字子元，號蘧庵。【略】甲申後，懸壺賣藥，終老于寧。

沈蓮臺

乾隆《婁縣志·藝術傳》 沈蓮臺，南郊人，與李邁古相友善。誓不娶，人詰之則曰：不出十年，天下大亂，何必累及妻孥？爲眼目醫，性狷介。錢相國龍錫孫有目眚，治之愈。贈以金幣，辭曰：吾生平不衣帛，不敢多取。乃贈以二金雙布。爲顧元慶治目，愈而不受謝。元慶問故，蓮臺曰：爾祖以田數萬助役，是義士也，爲義士之孫治疾而受酬，豈貧者必不能爲義乎？蓮臺好讀書，多識難字。人有過，輒面折不容。崇禎癸未夏五月，預知死期，遍別親友，念佛作偈，趺坐而逝。

徐可達

光緒《歸安縣志·人物·藝術》引乾隆《湖州府志》 徐可達，字泰和，歸安人。明末遊學京師，爲宗人太醫徐良相器賞，授以內院秘籍，妙解旨奥。歸，術遂大行。其道惟神明於繩約矩度之內，不喜蹈危襲險，而巧發奇中，百不失一。遇貧者，不受報，即所受者，大半以赴親故之急。有勸爲子孫計者，笑曰：此正所以貽子孫也。壽九十二。

劉正岱

道光《濟南府志·人物·方伎》 劉正岱，字泰瞻，歷城人。少孤，好學。以母病久，遂精心學醫，醫成而母病痊。問疾者接踵，不擇貧富遠近，必徒步往療之。極貧者，贈以藥餌。布政使王用霖偶患不語，諸醫皆曰中風。岱診之曰：非也。乃令一人僞報已擢尚書加宮保，因大笑而語。衆問其故，曰：恚怒傷肝，惟喜可勝怒，非藥物所能療也。卒年七十六。

呂朋璧

宣統《甘肅新通志·志餘·方伎》 呂朋璧，甯州廩生，惟幾之子。因侍父疾，遍讀方書，頓成奇醫。問人病狀，投餅一服立效。日施藥不厭，人服其神異。

全禎

光緒《續雲南通志稿·雜志·方伎》 全禎，鶴慶人。業醫，稱國手。流寇劉文秀患胃症，延治之，候脈已，撮湯藥付之，曰：是湯服後當大痛，至半夜痛止，則病永不作矣。文秀服之，果痛不可忍，遂怒殺禎。至夜半痛止，始憶禎言，悔甚，乃歸殯，厚恤其子。

李星煒

光緒《續雲南通志稿·雜志·方伎》 李星煒，鶴慶人。幼習舉子業，至成疾，乃學醫。不計利。著有《奇驗方書》竝《痘疹保嬰心法》一卷。

李太鳳

光緒《湘陰縣圖志·人物·方技》 李太鳳，字師竹，縣學生。精醫術。崇禎中寓京師，副都御史施邦曜薦入太醫院，給六品醫官。

王九達

康熙《九江府志·人物·方技》 王九達，字日逵，德安人也。性疏放，不拘行檢，坐事被逮，逃之吳越間，愛三泖之勝，遂家焉。與雲間諸君子筆墨酬倡，比之爲陶九成、楊鐵崖。而刻苦攻醫，自悟心法，凡遇奇病，治輒應手。斷除某病，某經、某勝、某尅、某逆、某邪、某標、某本、某生、某死、某病、某日已，若測潮汐，一一不爽。崇禎間，典職太醫錢相國龍錫述其事甚詳。所著有《素問靈樞合類》九卷，又《心傳》九種，皆刻成書。何郎中萬化、吳尚實爾成、韓侍讀敬，序行之。晚年感秋風蓴鱠之言，動念故里，歸，卒于家，嗣絶。

王元標

道光《上元縣志·人物志·技藝》 王元標，字赤霞，宋文安公堯臣之後。少業儒，兼精《素》、《難》諸書，遂以醫名。崇禎己卯大疫，標攜藥囊，過貧乏家診視周給，全活多人。甲申之季，薦爲人醫丞，不應，逃於赤山，尋葛稚川舊居卜築焉。著《紫虛脈訣啓微》。著《醫學正言》，未就而卒，子輅、樨續成之。樨字東皋，尤精世業。

童鏊

康熙《金華府志·方技》 童鏊，字原武，號介庵，香溪人。讀書好學，而尤精於醫。擅名一時，活人甚多，絶不計人之酬德也。所交多賢士大夫。喜成人之美，有何遜山之風。族子知趙州，俊狀其善行甚悉。

湯啓暘

光緒《武進陽湖縣志·人物·藝術》 湯啓暘，字及泉，亦世爲婦人醫。性和易，與物無忤，與里中耆英，共爲方外之社，逍遥自適。壽九十七，舉鄉飲賓。

黃俊

乾隆《寧夏府志·人物·方技》 黃俊，治病以脈，不執方書。尤精藥性，自宋至明，世稱良醫。今絶其傳。

張景皋

乾隆《寧夏府志·人物·方技》 張景皋，精太素脈，可生則藥，不可生斷以時日，百無一失。窮通夭壽，以脈推之，亦無不驗。所著有《難經直解》。

方焌 方策

乾隆《寧夏府志·人物·方技》 方焌，精醫道，尤善傷寒。所著有《瘡瘍論》。方策，焌之子。擅專門之業，求遇者如市，贈指揮。

吳通

乾隆《寧夏府志·人物·方技》 吳通，精《脈經》、《本草》、《素問》三書。妙鍼法，治病輒效，時稱儒醫。

徐恭 徐英

乾隆《寧夏府志·人物·方技》 徐恭，精小兒科，藥效如神。徐英，恭之子，中屯衛指揮僉事，歷官淸慎，制行端潔，醫以家傳，術能起死回生。不擇貧薄，深夜風雨必往，人甚德之。

胡傑 胡瑾

乾隆《寧夏府志·人物·方技》 胡傑，精外科，善識瘡善惡之形，尤能治療無名毒，其瘥立效。胡瑾，傑之子，業愈精於傑。

芮經

乾隆《寧夏府志·人物·方技》 芮經，通脈理，脩治丸散尤精，往往有奇效，一時重之。

宣士能

乾隆《寧夏府志·人物·方技》 宣士能，以瘍醫稱良於時。

濮恩

乾隆《寧夏府志·人物·方技》 濮恩，識方書，療疾不擇貧富，尤精傷寒。

蘇庶

乾隆《寧夏府志·人物·方技》 蘇庶，精外科，嘗治人所不敢治者，累有奇效。

張遂辰

康熙《仁和縣志·人物·方技》 張遂辰，字卿子。少羸弱，醫不獲治，乃自檢方書，上自岐、鵲，下至近代劉、張、朱、李諸大家，皆務窮其旨，病遂已。世延之，治輒愈。塘棲婦人傷寒十日，熱不得汗，或欲以錦黃下之，主人懼，延遂辰脈之。曰：脈強舌黑而有光，投錦黃爲宜。人舌黑而潤不渴，此附子症也。不汗者，氣弱耳，非參耆助之不可。一濟而汗。月塘沈文學咯血，遂辰處一方，退謂其友曰：當小愈，再發則不可治矣。易他醫，果愈。閱數月死。友駭之，請其故，曰：一日咯血，遂牀蓐卧，此不獨心肺傷，五臟皆損矣。得稍延者，年壯，參力勝也。其弟子張開之、沈亮辰最著。遂辰善詩、古文，詩有《湖上白下集》。君子，文苑中人也，以醫掩，然學者多稱道之。

劉默

乾隆《蘇州府志·藝術·醫》引舊《府志》　劉默，字默生，錢塘人。僑居郡城專諸里。以醫名，遇危症，能收奇效。所著有《證治石鏡錄》、《本草發明纂要》。

馮纘聖

《古今圖書集成·藝術典》卷五一七引《定遠縣志》　馮纘聖，字述岐。精醫理，濟物爲心，尤加意貧乏，多書方與人，病無大小，應手而除，不受謝也。性至孝，有僕盜父金，恐父懊惱致疾，即私補之，謂已取原金歸也。己巳年，疫癘盛行，敦請如流，不避風雨，反以勞苦染疾而卒，邑人深惜之。生有遺腹子，僉謂其能濟物順親之報云。

田養德

《古今圖書集成·藝術典》卷五一七引《桃源縣志》　田養德，號仁濟，讀書於大聖橋，除夕遇異人，授以修煉之法，併海外奇方，因精於醫。起死回生，大江南北所活幾萬人。

劉孔熠

《古今圖書集成·藝術典》卷五一七引《棲霞縣志》　劉孔熠，字春域，邑良醫也。早孤，事母克孝，養生送終，盡心盡禮。師事醫人林東岡，大闡岐黃之奧，決生死，起沉疴。行醫六十年，多所拯濟，求者踵至，稱曰神醫。其師老，迎養於家，及卒，與營葬事不吝財資。養兄撫姪，克敦友愛。年登八十餘，稱耆壽焉。

劉新國

《古今圖書集成·藝術典》卷五一七引《濟南府志》　劉新國，字師文，陽信人。父夢松，爲德府良醫生。新國於稷下盡得所學，而不以醫名。博極羣書，由貢授陝西鎮安縣令，僑寓三水，數載歸里，求醫者接踵戶外，應手輒效。間有所酬，正色謝之，蓋其志在活人，非以醫爲市也，安貧樂道二十餘年。自識長逝月日於壁後，果不爽。時年八十二歲。病者夢之輒愈。

余紹寧

《古今圖書集成·藝術典》卷五一七引《新城縣志》　余紹寧，字義周，祖籍南城，移居新城南機坳。幼讀書，二十學醫術，遍訪明師，得異授，精通唐宋朱劉各家及《素問》、《鍼經》諸書，能預決人生死，往往奇中。其用藥不循舊方，但對證發單，邑紳士咸服其小心精篤。又賦性慈愛，尤肯賑恤貧民，常製萬病無憂丸施布，賴全活者甚衆。各上臺嘉其精篤，給送官帶。巡道莫可期，服藥得效，亦賜旌表。著醫書二十卷，名《元宗司命》。其傷寒男婦內外鍼灸及小兒諸方，皆精備無遺。又著《道書全集》、《金丹秘旨》、《天時運氣》諸書。及門二十餘人。男景湯、景立，俱能世其業。

胡相明

康熙《太平府志·方伎》　胡相明，號調宇，溧水縣人。家世醫，日胗數百，皆奇效。年八十，數縣之內病者，望其一胗而甘心焉，其門爲市。所著《醫案》，皆有神悟。得金盡以濟人。博學能詩，歿無餘積。

芮養仁

康熙《太平府志·方伎》　芮養仁，字六吉。醫有別解。爲人悃愊。廣聞見，士大夫多與之游。著《醫經原始》、《五方宜範》等書十餘卷，行於世。

乾隆《江南通志·藝術·太平府》　芮養仁，字六吉，當塗人。

陳士琮

康熙《鄞縣志·人物·藝術》　陳士琮，字孟賔，邑諸生。屢困場屋，能詩。究心醫學，李石梁嘗稱其察脈最精。年八十餘卒。

洗嘉徵

《古今圖書集成·藝術典》卷五一七引《廣東通志》　洗嘉徵，南海人。少事帖括，教授童蒙，遇異人授以岐黃之術，診脈若神，用藥百發百應。晨起，堂以內戶以外，屨常滿，日發百劑，不問藥金之多寡，一以利濟爲心。間有不治之證，一診視之，即知必死。一時酬匾褒贈，盈於閭左。有王將軍得奇疾延治，一劑立愈。將渡嶺，恐嵐瘴疾作，攜嘉徵偕行，至淩江，厚贈而還。既歸，隱於禪山，杜門謝客。攻舉子業，藏匿贈匾以自韜晦。奈延請者，就醫者，充塞里門不已，復出應，世人以爲華扁復生。後補弟子員。五十未嗣，一夕，夢上帝曰：汝活人甚衆，賜汝令子。晚年連產寧馨，人皆以爲積德之報云。

馬應勳

《古今圖書集成·藝術典》卷五一七引《廣東通志》　馬應勳，字啓明，原女直人。祖某，後總督韓雍征九藤峽有功，安插廣州後衛，遂入籍焉。勳少穎悟，承祖岐黃之術，後遇高僧秘授方書，居城北，以醫道濟人，大有奇驗，延之者日百餘人，多不暇就。重建育嬰所，存活嬰兒無數。御史柳寅東屢入薦剡，後由廩生拔貢。壽八十三，無病卒。

鄭汝煒

乾隆《武進縣志·人物·方伎》　鄭汝煒，字明甫，宣城人，徙居武進。精岐黃，尤以刀圭擅長，有華元化之風。前授太醫院官，後隱迹懸壺，垂六十年，全活甚衆。年八十卒。所著有《外科宗要》行世。孫澤山，世其業。

羅慕菴

乾隆《江南通志·藝術·揚州府》　羅慕菴，徽籍，移家泰州。精於醫，著有《醫宗粹言》四十卷。

李希春　張靖

乾隆《蘇州府志·藝術·醫》引舊《府志》　李希春，字含章，郡人。精於治痘，巡撫周國佐贈以額曰一經獨聖。又張靖，字涵高，橫渠先生後。精治痧痘，不受貧交饋遺，即富室所贈，仍以濟人。

王衎之

《古今圖書集成·藝術典》卷五一六引《嘉興府志》　王衎之，字寧野。少失恃，事繼母至孝。居父喪，哀毀盡禮。博洽羣書，宏通仙釋。中歲精岐黃術，治人疾有奇效。尤善書法，凡名院扁，皆多手筆。天啓間，神解於武康山中。

姚美

《古今圖書集成·藝術典》卷五一七引《桐廬縣志》　姚美，坊郭人，天啓間，授太醫院吏目。

熊元會

《古今圖書集成·藝術典》卷五一七引《進賢縣志》　熊元會，字運隆，以醫術行邑里，聶尹贈扁回春妙手四字。

羅憲順

《古今圖書集成·藝術典》卷五一六引《新城縣志》　羅憲順，字文溪，宜黃棠陰里人，以醫來新城，治病無不立效，新人士德之，不聽去，因留家焉。居東坊栞園巷，與涂冢宰國鼎家鄰，順與爲布衣交。既登第，爲授太醫院吏目。天啓丙寅冬，吳邑侯之屏，以鄉大賓禮之。順相貌魁偉，美鬚髯，與人交，溫藹可掬。常遊湖廣，遇異人授以神仙之術，每對人言，確稱有接命法。晚嘗製藥施人。年八十二，寢疾三日而卒。

周之明

嘉慶《太平縣志·藝術》　周之明，字誠生。初從涇川查了吾習歧黃業，甚得秘旨。嘗云：種樹者，必培其根；治病者，必溯其源。其根深則枝葉自茂，源清則標病自消。崇禎間，走白下、中州、京師、山陝、關塞，投劑立效，聲聞遠邇。若文肅公震孟、蔣大學士德璟、黃少保景昉、倪文正公元璐諸名賢，俱有贈言以稱其術。所得必均於弟。弟婦趙，少孀也，給之產以成其節。又置義田以贍族之貧者。所著有《問答醫案》、《四時調理》方書。

光緒《安徽通志·人物志·方伎》　周之明，字誠生，太平人。精岐黃，挾術以遊，名重兩都。文震孟、倪元璐皆得其力，作詩贈之。有所得，必以均弟及孀弟婦，以成其節。置義田以贍族。著有《問答醫案》、《四時調理》方書行世。

余正宗

康熙《休寧縣志·人物·方技》　余正宗，字秉赤，西門人。隱於醫，殫精天人性命之旨。嘗貯參、附、金石之餌，以雜藥與人，不令知，以是活人者無筭。又輸田以助講院，咸高其德。

周英

康熙《休寧縣志·人物·方技》　周英，字育之，臨溪人。世業醫，英尤專精。每診視，輒洞病源，投劑立效，多所全活。故雖寒家子、縉紳，咸重之。

陳應熊

《古今圖書集成·藝術典》卷五一七引《金華縣志》　陳應熊，號明川，深通義理，精明方脈，救人不計利。

馬兆聖

《古今圖書集成·藝術典》卷五一七引《江南通志》 馬兆聖，字無競，常熟人，初以詩名。兆聖善病，遇異人授方藥，得不死，遂通醫，活人無算。以子夢桂、應桂貴受封。

邵達

《古今圖書集成·藝術典》卷五一七引《江南通志》 邵達，蘇州人，北虞之後人也。喜讀司馬遷書，手不釋卷。精於傷寒，手到病立起。有鄰人以乏食病，瀕死，達於藥囊中裹金餉之，遂霍然，人號爲仁山先生。

張靖高　黃五芝　伍承橘

《古今圖書集成·藝術典》卷五一七引《江南通志》 張涵高，名靖，橫渠後裔。治痘童子病，一望即知其生死。同時黃五芝、伍承橘者，與之齊名，神異聞於海內。

程伯益

康熙《休寧縣志·人物·方技》 程伯益，字長裕，北村人。精幼科。小兒就視闑門，一睇目，即決受病淺深，一匕奏功。以神醫著者七十年。

馬眉

光緒《湘潭縣志·人物·列傳》 馬眉，字自超。精研《素》、《靈》、《醫說》，又就道士陳太允論運氣，學吐納。招太允至縣論醫，術益精。求診者盈門，貧富無二視。晚以歲貢官石門訓導，集古今醫說，益以己見，爲《醫門正旨》四十卷。眉女，張垣妻，其外孫張九鉞習知其治驗。張氏衰，亦無復知眉書者。眉卒時年八十一。

陳士慶老神仙

《錦里新編·方伎·老神仙》 老神仙，姓陳，名士慶，河南鄭州人。幼遇終南山道士授以方書，能生死人，接斷骨，其術甚神。初爲獻賊所擄，將殺之，自稱能以泥塑像，獲免，賊中遂以塑匠呼之。隨獻賊入蜀，一日，滌大釜沃水，燎以火，數百沸，以一榜左右攪成膏。賊問何用？曰：此膏乃仙授，或刀斧，或榜掠受重創者，能頃刻完好。時有受榜者，試之立驗。獻賊殘忍，日殺人，劓刖人，至笞掠無算。笞凡數百，血肉糜潰，氣息僅屬者，付塑匠，以白水膏傳之，無不生，且立刻杖而行。軍中爭趨之，饋遺飲食無虛日。獻賊有愛將某者，攻城爲飛礮所中，去其頰，奄奄一息矣。塑匠曰：易與耳。即生割一人頰貼之，傅以膏，一日而甦，飲啖如未割也。時孫可望在賊爲監軍，夜被酒，殺一孌妾，且行三十里，醒而悔之。道遇塑匠，笑問曰：監軍夜來未醉耶？何有不豫色然？可望告以故，塑匠曰：監軍果念其人乎？吾當回馬覓之。可望曰：唉！起營時尸不知何往，想爲犬豕啖矣，何從覓？塑匠曰：監軍若令我覓，何物犬豕敢啖貴人乎？可望曰：鼠子紿我，汝欲逃耶？我當令介士押汝覓。塑匠笑曰：何處覓，覓何能得？可望怒曰：汝何戲我？塑匠指道旁舁一氈橐曰：何需覓，即此是也。可望曰：已朽之骨，何舁之？塑匠笑謂監軍曰：曷啓之。可望下馬解氈，則星眸宛轉，厭厭如帶雨梨花，帳中之魂已返矣。可望喜躁，一軍皆驚。聞于獻賊，獻曰：此神仙也，當封之。口封，恐衆未知。時營大澤中，下令軍中各備一几，以次日集廣原，是時賊數十萬，令以數十萬几累之，擇累之最高者，謂拜仙臺，于是呼塑匠至。塑匠身長六尺，衣深衣，手綸巾，方履絲縧，廣額潤面，鬚滿腮頰，望之如世所繪社神者。然命之升臺，臺高且危，塑匠怯不敢登。獻賊令各持弓矢，引滿以向之，曰：不登即射。塑匠不得已，及其半，惴慄惶懼，而萬矢擬之如的，不敢止，勉登其上。獻賊令三軍釋弓矢，羅拜其下，呼老神仙者三。於時聲震天地，自此不復呼塑匠，而皆曰老神仙矣。老神仙亦自此不輕試其術。有渠賊某者，戰敗傷足，脛骨已折，所不斷者，皮僅寸耳，求老神仙治。辭以不易，某哀號宛轉，盛陳金帛以請。老神仙揮之曰：此身外物，吾無需。雖然，吾不忍將軍之創也。吾無子，將軍能養我乎？某指天而誓，願終身父母事之。老神仙從容解所佩囊，出小鋸，鋸斷其足上下各寸許。取生人脛，度其分寸以接之，傅以藥，不數日而愈。自此賊中凡求其藥者，皆不敢侈饋遺，爭投身爲養子矣。獻賊有幸婢曰老腳者，美而慧，善書畫，腳不甚纖，因名。凡賊中移會偵發文字，皆所掌，獻賊孌之。燕處有所思，老腳見其獨坐，私往侍之，賊不知爲老腳，疑旁人伺，以所佩刀反手擊之，中其腰，折骨剸腹，出腸死。獻賊省之，悔恨惋痛，急召老神仙。老神仙曰：已死，不能救。獻賊罵曰：老狡，監軍妾不亦已死者乎？汝不能救，當殺汝以狗。老神仙逡巡需時乃可。獻賊急欲其生，限三日。老神仙請期三七。比以酒合藥，灌之一匕，喉間即格格有聲。老神仙賀曰：可救矣！七日當復。因取水潤其腸，納腹中，引針縫之，傳以藥，夾以木板，約以繩。果七日而老脚步履如常時。及獻賊死，賊衆潰，從蜀奔滇，生平素德老神仙者，衛之至滇。永明王敬禮之，賞賜甚厚。老神仙擁厚貲，闢室城東隅，累石成山，鑿井爲池，旁植花木，蓄朱魚數百頭，客至浮白，呼魚出水以娱，醉後高歌，而卧不顧也。迄永明，奔緬甸，老神仙從之，行及騰越，以疾死。

張有臨

順治《固始縣志·仙技》 張有臨，號涖南。本業儒，淹貫古今。痛父染疾，延醫不效，遂精心脈理，無不神驗。直災疫盛行，遠近賴生全者，不可殫述。

丁應元

光緒《湖南通志·人物志·技術》引《縣志》 丁應元，黔陽人，明季諸生。赴試辰州，遇方士徐邋遢授以鍼灸之術，試之屢驗。嘗探親石葆村，路遇舁柩者。驗其血迹有生氣，立啓棺，鍼之遂甦。惜其術不傳。

孫光豫

康熙《雲南府志·方技·昆明縣》 孫光豫，字懷塢，清愍公之孫也。博洽儒書，兼精岐黄，深得仲景之秘。明末，授太醫院院判，尋解職隱居，專心利濟。凡治病，無論貧富，一體視之，未嘗計利。族黨中有婚喪疾苦者，必竭力捐助，施仁好義，終始不逾。後年九十二歲，無疾而終。

金塗珂

康熙《錢塘縣志·人物·方技》 金塗珂，字潤寰，仁山先生後裔也。曾祖麗泉，爲海内知名士。張家宰瀚江，學士鐸皆出其門，仕至工部右侍郎。忤權佞，退居西湖，以醫業遁世。塗珂少有神童之目，比長，遵母命業醫。雖讀書萬卷，不拾糟粕，極難險症，從容處之。嘗云：古之名醫者曰和、曰緩，倉遽奚爲耶？無富貴貧賤，悉以平等心治之，若鰥寡孤獨，不惟不取值，輒有貽贈，杭城内外，所全活者不啻億萬人。著有《明醫醫鑒》、《外科精微》、《體仁編》、《兒科慈幼錄》諸書。子燦，亦有名，克紹父業。

葉德榮

康熙《浮梁縣志·人物·方技》 葉德榮，以儒攻醫，故精其術，且不責報。嘗曰：富者吾不利，其有貧者，吾不厭其來。

李無大　李維豐　李袞全　李修伍

同治《衡陽縣志·方技傳》 李無大，國相孫也。李氏自明中葉爲桂王府醫，子孫世傳其業，無大其尤良者也。縣令有子病亟，瘳人告曰：明日天醫星當來。伺之，得無大，下藥而愈，以此名大著。其治疫，疫鬼夜呼其門，以違天沮，懼之。有婦孕，心痛而死。無大曰：此兒奉母心，故心絕，非病也。鍼其心，入二寸許，婦嘘而蘇，疾若失。及兒生，手有鍼痕焉。有患蠱者，曰：能服砒可治。授以刀圭服食之節。病者少許試之，下赤蟲斗許，腹平復如故。以爲大愈，請無大復診之。無大曰：不可爲矣。藥力少，僅殺其半，餘蟲頭不復仰，明歲疾發當死。已而果然。狂生素侮無大，以爲妄言。望其來，方食，踰窗，卧牀僞有疾者。無大診之曰：腸已斷矣，此飽食不節力，故腸激而斷，計時必死。狂生大笑之，至夜遂死。時人以爲扁鵲之流也。

無大死，而從弟維豐以仙名。有病狂者，投藥而死，病家登門窘辱之。維豐曰：汝歸，病者已蘇，疾愈矣。衆姑返，狂者果愈。維豐從子袞全，傳其術，自知死年。有患疾者，袞全治之，復予以方，曰：三年疾當復發，吾已死矣，慎藏吾方。後如其言。袞全從子修伍，慕袞全術，捨儒業而師事焉。盡傳其學，能決人生死。歲有疫癘，則請者塞門巷，相爭有鬥者。修伍問其證，或往或否。不躬往則予以丸。所活千百人。

李氏名醫至修伍已傳二百年，雖代遠稍衰，未嘗絕其名業。

胡鯉

光緒《廣平府志·藝術》 胡鯉，字上池，永年人，尚書瓚從元孫。幼敏悟，好醫術，多讀方書。遇農人某於途，訝其色，診之曰：明日當死。已果然。族有婦暴死，鯉診之曰：當產，血迷，非死也，且生男。使人撬其齒，灌藥而活，果生男。嘗於中表家治病，有李氏子，方陪鯉談笑。鯉屬其治後事，七日當死。屆期果驗。李參政承蜩爲諸生時，赴京兆試，鯉偶診之曰：至趙州疾當作，逾試期乃愈。竟如鯉言。饒陽路吏部，名區，病痢二年。鯉診之，腸癰也。不欲面媿諸醫，暗投腸癰之劑，遂愈。諸醫皆感服。旂校張琦妻病，鯉曰：胎爲藥誤，死腹中，左背爛矣。投之藥，果下男胎，而左背爛，婦無恙。鯉所治皆應手活。其不可爲者，終不投藥。從學醫者至百餘人，莫能得其術。子福宏，兵部主事。烈宏，歲貢生。禧宏，舉人。孫芝發，順治三年進士。

醫家總部

清醫家部

阮遂松

康熙《南海縣志·人物志·方技》 阮遂松，號嵩陽，別號大生子，世居官窰，祖、父五世爲醫。松幼失怙恃，依兩兄成立，博覽好學。遇父母諱辰，號哭竟日不飲食，悲失養也。嘗授徒連州，遇試得進爲諸生。及年四十未舉子，遂謝青衿，搜家傳，究岐黄之術。精《太素》，治病多奇效。以利濟爲心，不乘危索財。不吝施予，當事、縉紳踵門延請者無虚晷。賦性仁厚，骨相清癯，晚年躭仙術，善修煉。何香山題其煉藥之所曰：丹度齋。所著有《大生方論》、《三元秘錄》、《七發眞言》、《玉枕記》、《錫類編》、《惠陽行草》諸書，藏於家。順治丁亥，無病沐浴就寢而卒，年九十四。長子解由，歲薦授訓導。

胡尚禮

康熙《儀徵縣志·人物·藝術列傳》 胡尚禮，字景初，世醫也。其父倫，命讀岐黄諸書，曰：吾家傳，通醫必以先通儒爲本，理不明，安悟眕之奧？禮遂能識奇病，活人甚衆。凡奔人之急，寒冷跋涉不辭。爲人簡嘿醇謹，又善楷法，酷覽古今名籍。壽七十外，耳既聾，尚手不釋卷，註《素問》，輯有《胡氏醫案》。

綽爾濟

《清史稿·藝術傳·綽爾濟》 綽爾濟，墨爾根氏，蒙古人。天命中，率先歸附。善醫傷。時白旗先鋒鄂碩與敵戰，中矢垂斃，綽爾濟爲拔鏃，傅良藥，傷尋愈。都統武拜身被三十餘矢，昏絶，綽爾濟令剖白駝腹，置武拜其中，遂甦。有患臂屈不伸者，令先以熱鑊熏蒸，然後斧椎其骨，揉之有聲，即愈。

王佑賢

康熙《浙江通志·方伎·杭州府》 王佑賢，字聖翼，錢塘人。幼孤，力學，以慎獨爲宗，務求此心之安，故自號慎安。尤精方書，濟人利物，所得輒周貧乏。巡按牟雲龍薦辟，不就，懸壺寄逸。庭有古梅，性最愛，當事強移植官舍不活，還而復榮，人號返魂香樹，題咏甚多。適梅遭焚而遂卒，學者私謚孝惠先生，崇祀鄉賢祠。其子遵遜，郡諸生，所輯有《古梅軒燼餘集》。

嘉慶《錢塘縣志·人物·方技》 王佑賢，字聖翼【略】所著有《格物近編》、《内經纂要》。

祝堯民

雍正《河南府志·人物志·藝術》 祝堯民，字巢夫，洛陽諸生。少以文名，明亡，遂弃制藝爲醫，自號薜衣道人。得仙傳瘍醫，凡諸惡瘡，傅藥少許即愈。或有斷脛折臂者延治，無不效，人比之華陀。里有被賊斷頭未殊者，其子知其神，急請堯民至。堯民撫其胸，曰：頭雖斷，尚有生氣。有生氣則尚可治。急以銀鍼紉其頭於項，既合，傅以藥，熨以炭火。少頃，煎人參雜他藥，啓其齒灌之，須臾鼻有微息，復以熱酒灌之，踰晝夜，則出聲。進以糜粥，七日而創合，半月活如故。舉家拜謝，願以產之半酬之，堯民不受。後入終南山，不知所終。無子，其術不傳。

朱日輝

道光《徽州府志·人物·方技》 朱日輝，字充美，沱川東源人。天性溫粹，篤志嗜學，專治岐黄家言。按脈審方，一以儒理爲權衡，所值多全活。邑令周公天建重其名，時加幣聘。集有《醫學元要》、《加減十三方》、《試驗奇方》、《聞見錄》、《大家文翰》等書。授子瑩。瑩得其學，亦以醫名世。

吴文冕

乾隆《海鹽縣續圖經·人物篇·隱逸》 吴文冕，字從周。杭府庠生，遷澉川。與吴中丞昆季稱莫逆，以文章節義相尚。甲申之變，冕時年三十九，遂杜門不出，日以著書爲事。有《四書不夜篇》二十卷、《周易燃犀》五卷。兼留心堪輿、岐黄、修養之術。著《三才匯璧》四卷、《醫學指南》十卷、《兒科秘要》四卷、《經驗良方》十二卷、《幼幼心法》二卷、《元修最上乘》二卷。皆手自抄錄。

俞在兹

康熙《蕭山縣志·人物志·孝義》引《省志·神異傳》 俞在兹，字文起。博學廣聞，有聲黌序。壯年後，志欲壽人，習岐黄，多奇驗，名播江浙間。諸暨蔣四張，忽病神昏不語，三日方醒，問醫者誰？家人以文起對。張曰：吾生矣。詰其故，答曰：魂遊冥府，見先人引至判官前，查簿云：蔣四張暴疾，腸已七斷，醫生俞文起能續之。後果愈。卒年八十。著作甚富，因乏嗣，盡致散失，世人惜之。

釋幻鑒

光緒《廣州府志·方伎》引《佛山志》 釋幻鑒，順德龍山左氏子，爲僧於羅浮。屢來佛山，爲人治病有神術。暑月行道中，見死者，諦視之，曰：此可活也。令移死者陰處，徐出一丸，納諸口中，須臾而甦。有患大癰者請治，曰：是不必藥。強其人拜起十餘次，癰便消縮。時比之扁鵲。

李磐石　李天成

乾隆《金山縣志·人物·藝術》 李磐石，字文之，原籍蘭谿，崇禎末避居松隱鎮。嘗受方書於異僧無碍，遂精於醫。預決死生，多不爽。子天成，字顯生，世其業。著有《醫驗》二卷。

江之蘭

《醫津一筏·張炳翔等跋》 《醫津一筏》一卷，《四庫全書存目》中簡稱曰《醫津筏》，清初江之蘭撰。之蘭，字含徵。書凡十四篇，以《內經》數語爲題，而分條疏論於後，說理精塙，措詞簡明，此本乃江君同邑友輯刊入吳江《沈氏昭代叢書》一集者。

李中梓士材

《士材三書·尤侗序》 雲間李士材先生，近代之國醫也。所著書甚富，其行本曰《診家正眼》，以審脈也。曰《本草通玄》，以辨藥也。其藏本曰《病機沙篆》，則治法備焉，尤爲枕中秘云。予猶子生洲爲先生高弟，合而鐫之，顏曰《士材三書》。

乾隆《上海縣志·藝術》 李中梓，字士材。父尚袞，明萬曆壬辰進士。中梓本諸生，有文名，因善病，自究醫理，輯張、劉、李、朱四大家所著書，補偏救弊，集其大成。金壇王宇泰亦精於醫，年八十，患脾泄。中梓診視訖，語王曰：公體肥多痰，愈補愈滯。法宜用迅利藥盪滌之。乃用巴豆霜，下痰涎數升頓愈。又魯藩病，時方盛暑，寢門重閉，床施氈帷，懸貂帳，身覆貂被三重，王猶呼冷。中梓曰：此伏熱也。古人有冷水灌頂法，今姑爲變通。用石膏三斤煎飲，作三次服。一服去貂被，再服去貂帳，服三次已，盡去外圍，體蒸蒸流汗，遂愈。其神效不可枚舉。然素自矜貴，非富貴家不能致也。年七十餘，作偈，端坐而逝。有《道火錄》、《居士傳燈錄》、《醫宗必讀》、《頤生微論》、《內經知要》、《本草通玄》、《傷寒括要》等書十六種，爲後學津梁。其《診脈要訣》，口授門人董宏度，其餘及門甚衆，多知名于時。

同治《上海縣志·藝術》 李中梓，字士材。南匯所城人。

同治《上海縣志·遺事》 白下姚越甫以子瘵，悼之過甚，忽得疾，兩目失明。士材診之曰：此傳尸也。與藥，下蟲如小鼠者三枚，兩頭尖者數枚，始平復。鞠上舍抑鬱蒸熱如焚，日囈語，言戶外事如見。診曰：肝脈沉，此名離魂，蓋魄弱而魂不能藏，遂飛揚而上越。當急救肺金之燥，則魂歸不難耳。投劑即瘥。中年，徧參尊宿，傳衣於費隱老。同時有金時揄，字仲材。精方術，與士材齊名。

劉道深

乾隆《上海縣志·藝術》 劉道深，字公原，與李中梓爲中表。因業醫，發憤二年，盡得其秘。求治者無論貴賤，必應其請。自賦有：黃花籬下迎人笑，老去求閑不自由之句，蓋道其實云。著《症脈合參》、《傷寒探微》、《醫案心印》等書。子貞吉，孝廉，亦精其術。

華摛藻

光緒《無錫金匱縣志·藝術》 華摛藻，字麗涵。諸生，去爲醫，得傳於雲間李中梓，遂世其業。

顧開熙

嘉慶《松江府志·藝術傳》 顧開熙，字蒙生，青浦人，祖居幹山。少敏慧好學，爲諸生，郡守方岳貢深器之。中年遘疾，閱醫書有得，遂從李中梓游，盡得其秘，療疾若神。別駕張憲仲夫人新產暴絕，將治含斂。開熙令侍婢捫其胸尚溫，亟以藥抉口灌之，遂蘇。學使胡公在恪有宿疾，發則腹痛嘔血，群醫束手。開熙投劑便愈。他治病，多類此。開熙志在濟物，未嘗計利，故遠近稱之。年六十三卒。所著書詳《藝文》中。子衡，康熙丙辰恩貢，廷試第一，有文名。

楊文選

光緒《乾州志稿·人物傳·補遺》 楊文選，字簡之，號瀛洲，逢春第四子。父晚多疾，遂習岐黄業。後遊京師，懷宗患腹疾，召文選醫，一劑而愈。授贛州府經歷。【略】國朝順治二年，搜羅前明遺宦，辭不出。所著有《三才攷要》等書。

陳　謨

光緒《蘄州志·方伎》 陳謨，字友夏，號素菴，歲貢生。天姿穎異，嗜學好古，教授生徒，成材甚衆。著有《四書辨論》、《尚書講義》、《同堂集》、《待郢集》、《河千集》、《茆堂偶草》，雜著有《唾餘集》、《醫門集要》二十五卷。

蕭文甫　朱中柳

光緒《南昌縣志·人物》 蕭文甫，以儒起家，精岐黄術。順治戊子變作，避亂客京師，屢霍奇疾，見重諸王公大臣，與廬陵朱伯舒齊名。子四人，皆以仕宦通顯。其季爲滕令，有治行，醫學遂不傳。朱中柳，郡城人，少讀書不遇，乃業岐黄，得其秘。

徐應顯

康熙《浙江通志·方伎·金華府》 徐應顯，字子祜，永康人。業儒，精醫術，多所全活。晚年益精，歷游名公巨卿間。貧寒以疾請，匍匐救之。所著有《醫方積驗》。歲大祲，倡行糜粥。有以逋賦告者，爲貸錢焚券，人德之。御史牟雲龍廉其行，表其廬曰儒修相業。年八十餘卒。

李延昰

《脈學彙辨·劉光夏序》 雲間期叔李先生，無所不通，醫特其緒餘也。醫中之著述甚富，《彙辨》特其一斑也。憶數年前《彙辨》將脫稿，先子即欲付梓，先生曰，請姑俟之。以後先生客湘江、客天中、客濟上，如冥鴻絕影，慕者無從。凡習岐黄家言者，以僕父子與先生交契，索《彙辨》者踵相接，不得而去，則誤以爲有所秘惜。至庚戌春，先生始南還。僕聞之大喜，迎至敝廬，邀諸騷人酒徒酣飲徹晝夜。見先生之貌益腴，氣益斂，退然如不能出言詞。僕外父仲謀彭先生語人曰：吾見期叔者數矣，每一引滿，慷慨而談，信心衝口，一歸於行誼之正。雖老生宿儒，無不斂手而聽。他若十洲洞冥、杜陽諸臯之書，又於見聞之表，自瀰天地，乃今何以遂懸絕也？是蓋必有所進矣。暇日先生偶出其詩文若干卷，外父字字稱賞，既爲序而藏之。最後得其《彙辨》稿十卷，而愈見仁人用心之勤也。蓋自高陽生之僞訣興，中材之士，不知有叔和，更何知有《靈》、《素》，而脈始不可問矣。先生乃爲詮次古今辨駁之語，類成是編，折衷一理，瀰淪萬言，讀之不啻千門萬戶，五花八陣，初見者不無心怵目眩，至徐察焉，次第秩然，剪除謬種，俾天下後世復見先聖之旨，其功詎不大哉。嗟乎！輪般之巧，孫吳之奇，實實非徑庭，要在習與不習耳。先生家有賜書，手不釋卷，兼之姿悟非常，其游屐幾遍海內，需以幾月之久，得成專書，然後問世，其躭玩道眞，承接聖緒，誠非淺人所能喻者，寧惟收撮漂零，隨世哀掇而已哉。是書也，先子每贊成之，至光夏遂覩厥成。敢不慫恿流布，公諸同好。行見子雲藻翰，獨留千金。聊復識數言於簡端，一以慰向者索書諸君子之誠，亦以成先子未竟之志云耳。康熙丙午竹醉日，武原劉光夏頓首拜題於巖綠居。

《脈學彙辨·自序》 余浪游者三十年，託刀圭以餬口，而無以辭負笈者，顧其中胡能不自媿也。所慨俗醫稱津筏者，則先《難經》、《脈訣》。《難經》出自秦越人，其純駁固未易論。尤怪脈者所以定吉凶，決死生，至淵微也。苟阡陌之不存，又何有於源委。宋之高陽生，一妄庸人，假晉太醫令王叔和之名，著成《脈訣》。其鄙俚紕繆，取資捧腹，而陰操入室之戈，於是先聖之旨，一旦晦蝕。世之哀然傳業，承訛襲舛，不復有所取裁，譬渴者飲於濁涇之流，呶呶而號於衆曰，天下之水味在是，豈其然乎！余不敏，思有以拯之。乃彙古今之論脈者若干人，參以家學，片言隻字，有當先聖；而結妄庸之舌，則拈之紙，星霜十易，積成徑寸。門人輩請釐剔成編，乃區爲十卷，名曰《脈訣彙辨》，命收之敝簏。客曰：固矣哉子也。凡書之有作，不藏諸名山，必傳之通邑大都，將以救斯世，詔來者。君之所結集，何難羽翼經傳而馳海內，僅僅衣鉢於及門，似乎靳於問世者，何居？余起而謝曰：足下之沾沾於吾者，不虞人之睊睊耶！余嘗皈依古先生，竊聞其教矣，錯下一轉語，墮野狐身五百世。使余所綴集果醍醐也，往乞一玄晏而懸之國門，誰曰不宜？或猶未也，淹博者笑其摭拾，通達者笑其割裂，抱匱守殘之徒，更笑其迂而無當。將見習高陽生之言者，不必樹旗鼓而實偪處此，即以一丸泥自封，余復奈之何哉！雖然，謹聞命矣，姑付之剞劂氏，以就正長者，徐俟大國之賦，左提右挈，廓清邪說，願以是編爲前驅之殳。

乾隆《平湖縣志·人物志·僑寓》 李延昰，字期叔。著有《放鷴亭稿》、《雲間舊話錄》、《脈訣辨明》行世。

馬更生

康熙《浙江通志·方伎·杭州府》 馬更生，字瑞雲，錢塘人。少學醫於婦翁周翁。業已成，未敢試。周翁者，好弈。一日，延諸國手在堂試弈，正從壁上觀，而有貴人疾革請翁，翁令壻往，一劑疾立愈，于是名即大起，求診者反欲更生來，不願翁來。嘗過舊府，見暴死人，曰：此可活。人多不信。啓齒灌藥入，其人漸甦。或望色聽聲，前一二年預決人死，至期果驗。擁盛名者五十餘年。更生多子孫，子中驥、之驥，皆諸生，傳醫業。中驥子信，亦世其業。

袁班

乾隆《高郵州志·人物·方伎》 袁班，字體菴。自二十歲閉戶十年，岐黃家書無所不讀，按脈極捷如神，名噪江北。州人王日藩寒疾死，已小殮，班過視之，以一劑灌入口中，曰：右手動則死，左手動則生。已而果動左手，遂活。孫銓部妻王氏得疾，遍身俱紫，人事已絶。時孫欲攜弟就試，期迫不能待，延班視之，曰：但去無妨，此症五日後必活，但三年後必成虛症，乃不可治耳。已而果然，其神如此。著有《醫學心傳》若干卷，藏於家。

郭琬

康熙《浙江通志·方伎·杭州府》 郭琬，字宜生。宋時，其始祖昭乾好施，遇仙授牡丹十三方，專治婦人胎產諸症，奇驗。父紹渠，亦以醫知名當世。琬繼世業，既精其理，而又以誠心應物，舉手輒愈。故婦人聞郭宜生來，自喜得生，疾已減十三四矣。性坦豁，無城府，湖山樽酒，憺乎忘歸。年七十一，預刻死期而卒。母吳氏，婦毛氏，亦皆能診脈授藥。三子，禎、杞、枚，傳世業焉。

董生和

雍正《合肥縣志·人物·方伎》 董生和，其先爲名醫，至和九世。能療異疾，貧不能具藥餌者，與之。子叟，以庠生習其傳焉。

鄭瑚

同治《祁門縣志·人物志·方伎》 鄭瑚，字友夏，居奇嶺。幼習儒，長業岐黃。《素問》、方脈諸書，靡不精研，以究其源。與人診疾，洞見腠理，藥餌所投立效。著有《扶嬰錄》三卷。

光緒《安徽通志·人物志·方伎》 鄭瑚，祁門人。精《素問》、方脈，與人診疾，投藥立效。著有《扶嬰錄》二卷。

郭欽詰　郭瀧

康熙《浙江通志·方伎·杭州府》 郭欽詰，字慶雲，錢塘人。唐忠武王之後裔，浙名醫也。其先得之異人授牡丹十三方，治南宋孟太后疾有功，賜姓趙，至今稱爲趙郭云。欽詰氣宇冲粹，人樂與之游。少喪父，事母以孝聞。生平樂善好施，危錮之疾，胗視立起，遠近皆知其名。子六，長瀧，字瑞雲，精明醫理，名聞遠近焉。

張文啓

康熙《浙江通志·方伎·杭州府》 張文啓，字開之，仁和人。遊于張遂辰、潘楫之門，盡得其傳。於古醫書無所不讀，又與同志設惠民藥局，所全活甚衆。嘗曰：天本好生，人皆同體，使有所揀擇，天罰至矣。又請於當途，建靖浪亭，渡浙江者，得免風濤之厄。其他若創育嬰堂、天醫院諸善事，皆力爲之。卒年六十八。子二，璟、璉，爲諸生有聲，亦能世其家學也。

閔芝慶

《清史稿·藝術傳·閔芝慶》 閔芝慶，著《傷寒闡要編》。

喻昌 嘉言

《吳醫匯講》引唐大烈《張劉李朱後當以薛張吳喻配為八大家論》 喻嘉言不獨從仲景書中悟出冬溫、春溫、伏氣爲病，於千百年無人道破之書，一旦揭其微義，誠爲暗中一大炬。更悟出秋燥一門，指破《內經》秋傷於濕之誤，可稱千古隻眼，至此天之六氣方云大備。

道光《靖安縣志·寓賢》 喻昌，新建人。明季副貢，學博才宏。隱於醫，其女兄嫁邑之舒氏，故居靖安最久。治療多奇中，戶外之履常滿焉。後僑寓吳中卒。【略】所著醫書遺稿多藏於其甥家。甥族人斯炅補刻其《傷寒後論》，熊進士銓爲序而行之。

道光《新建縣志·人紀·高士》 喻昌，字嘉言，選貢生。與臨川陳際泰友善，中崇禎庚午副榜。入京以書生上書，憤欲有爲，卒無所就。順治初，尋詔徵，力辭不就，佯狂披剃，復蓄髮游三吳，僑居常熟。錢謙益贈詩以漢高獲爲比借。醫名於世，治療多奇中。所著有《醫門法律》、《尚論篇》、《寓意草》等書行世。按《常熟志》：昌好弈，奕品居二三手，達旦不倦。年八十餘，與國手李元兆對弈三晝夜，斂子而卒。《省志》云：昌無後，其甥負遺骸歸，過左蠡，舟遭風浪，首尾盡毁折，獨骸龕一艙無恙，屹然湖中。后寄靖安蕭寺，有盜其旁銅環者，立中瘋斃，今遺骸尚不壞。《繹堂雜識》云：諸生曹必聘與衆醫舁昌遺骸瘞於城南百福寺傍，塑像寺中。《省志》以昌列入方技，然觀上書辭徵，立志不仕，使展其蘊，必不僅爲良醫也夫。敬置之《高士傳》，聞風如見其人。

《清史稿·藝術傳·喻昌》 喻昌，字嘉言，江西新建人。幼能文，不羈，與陳際泰游。明崇禎中，以副榜貢生入都上書言事，尋詔徵，不就，往來靖安間。披鬀爲僧，復蓄髮游江南。順治中，僑居常熟，以醫名，治療多奇中。才辯縱横，不可一世。著《傷寒尚論篇》，謂林億、成無己過於尊信王叔和，惟方有執作《條辨》，削去叔和序例，得尊經之旨，而猶有未達者，重爲編訂，其淵源雖出方氏，要多自抒所見。惟《溫證論》中，以溫藥治溫病，後尤怡、陸懋修并著論非之。

又著《醫門法律》，取風、寒、暑、溼、燥、火六氣及諸雜證，分門著論。次法，次律。法者，治療之術，運用之機；律者，明著醫之所以失，而判定其罪，如折獄然。昌此書，專爲庸醫誤人而作，分別疑似，使臨診者不敢輕嘗，有功醫術。

後附《寓意草》，皆其所治醫案。凡診病，先議病，後用藥。又與門人定議病之式，至詳審。所載治驗，反覆推論，務闡審證用藥之所以然，異於諸家醫案但泛言某病用某藥愈者，并爲世所取法。

昌通禪理，其醫往往出於妙悟。《尚論後篇》及《醫門法律》，年七十後始成。昌既久居江南，從學者甚多。

徐　彬忠可

康熙《秀水縣志·儒林》 徐彬。嘉興明經，兼治岐黄，從雲間李(仕)(士)材、江右喻嘉言游，盡得其傳。

《清史稿·藝術傳·徐彬》 徐彬，字忠可，浙江嘉興人。昌之弟子。著《傷寒一百十三方發明》及《金匱要略論注》，其說皆本於昌。《四庫》著錄《金匱要略》，即用彬《論注》本。凡疏釋正義，見於注；或賸義及總括諸證不可專屬者，見於論。彬謂：他方書出於湊集，就採一條，時亦獲驗。若《金匱》之妙，統觀一卷，全體方具。不獨察其所用，并須察其所不用。世以爲篤論。

吴有性又可

《清史稿·藝術傳·吴有性》 吴有性，字又可，江南吴縣人。生於明季，居太湖中洞庭山。當崇禎辛巳歲，南北直隸、山東、浙江大疫，醫以傷寒法治之，不效。有性推究病源，就所歷驗，著《瘟疫論》，謂：傷寒自毫竅入，中於脈絡，從表入裏，故其傳經有六，自陽至陰，以次而深；瘟疫自口鼻入，伏於膜原，其邪在不表不裏之間。其傳變有九，或表或裏，各自爲病。有但表而不裏者，有表而再表者，有但裏而不表者，有裏而再裏者，有表裏分傳者，有表裏分傳而再分傳者，有表勝於裏者，有先表後裏者，有先裏後表者。其間有與傷寒相反十一事，又有變證、兼證種種不同。并著論製方，一一辨別。古無瘟疫專書，自有性書出，始有發明。

其後有戴天章、余霖、劉奎，皆以治瘟疫名。

許國珊

嘉慶《餘杭縣志·藝術傳》 許國珊，字荆岩。幼遇異傳，遂有醫名於時。凡有患者，投匕輒愈，不計其直。尤精太素脈理，按指之下，人之貴賤壽夭，悉得其驗焉。牧宰聞其名，爭延致之。性慷慨，好施人，有患難貧苦，傾心在其急，無所惜，世以此愈稱之。

閻惟純

乾隆《正定府志·人物·方伎》 閻惟純，元氏人。事繼母至孝，因家貧，業醫以供，由是醫道精通。并捨藥施方，以療人病。順治中，巡按賈某給匾：名高虎守。又薦爲太醫院官。

靳起蛟

康熙《浙江通志·方伎·杭州府》 靳起蛟，字霖六，仁和人。其先世靳豫者，北宋時得兒醫方，秘甚，試之奇驗。從高宗南渡，家杭州，後遂世以兒醫顯，而起蛟術尤精，遠近迎之無寧晷。小兒見靳先生來，則以爲慈母而投其懷。所著書有《本草會編》，傳于世。起蛟子鴻緒，字若霖，業工不減其父，著

《內經纂要》，闡發微渺。三子：咸，字以虛。吉，字允菴。謙，字仁若，能世其學，而吉尤見推於時，皆爲名諸生焉。

吳楝

光緒《江西通志・方術・饒州府》 吳楝，字毓山，浮梁人。少讀書，後攻岐黃術。凡治病以意，神明古法，有奇效。求治者衆多，不責報，粹然儒者之行。

常際泰

同治《畿輔通志・雜傳》 常際泰，字吉軒，通州人，以醫世其家。際泰性仁厚，早年探討醫理，兼精內外諸科。順治初，臺軍初撤，屯通者多病疫，際泰應手而愈，全活以千計。凡遇奇險諸證，治之輒有神效。且專務利濟，不計酬謝值，貧而病者，佽助恐後。晚年杖履行里巷間，婦孺皆迎之。

光緒《通州志・人物・伎術》 子三，世綱、世紀、季世，經由武舉官衛千總，別有傳。孫琯、璟，皆以醫先後著名。

劉恒久

乾隆《寧夏府志・人物・方技》 劉恒久，名醫也。用藥有制，雖雜症不過三劑。胗脈能立斷人生死遲速。當時醫人胗人疾，必先問劉先生胗否。其見服如此。

莊汝濟

乾隆《潮州府志・人物・方技》 莊汝濟，號樂清，饒平人。精醫，治輒效，貧者不取錢。順治癸巳，郝尚久叛，諸鎮合討，江鎮某召視疾，問曰：醫何爲良？曰：不嗜殺人爲良。帥改容，留之幕府。事平，贈所俘婦稚十餘人。汝濟憫無辜，悉還其家。暮年，技益進。兩粵開府盧公及駐潮王將軍咸知其名，待以殊禮。汝濟絕無請託，惟於地方利害，時爲二公言，然未嘗以告人，人亦不得知也。年逾八十，猶孜孜行善。感其德者，至焚香以祝。

鍾萬成

雍正《揭陽縣志・藝術》 鍾萬成，在城人，精於岐黃之術，貧不能具藥價者施之。舉止端凝，好善持齋，當道、紳士皆禮重焉。

許寧

乾隆《江南通志・藝術・徽州府》 許寧，字裕卿，以醫往來歙休間。有奇效，能以手代鍼，用推拏法，世罕其傳。著《遁氣符》、《醫紀》、《黃遊》諸集行於世。

程履新

道光《徽州府志・人物志・方技》 程履新，字德基，汊口人。精岐黃，著有《易簡方論》、《由居本草》等書。

鮑魯

道光《泰州志・人物・藝術》 鮑魯，字東阜，世業醫。魯兼通內外，推五運六氣之奥，每逆探歲氣以爲之備，診視脈理，隨虛實調劑之，治十得十。遇貧者不取藥直，雖珠珀之屬，無所吝。餘貲輒以周親族，年七十餘。

江漢龍

嘉慶《如皋縣志・列傳・藝術》 江漢龍，字時化，善醫。順治九年大饑，冒襄竭力拯救，瘞死亡，飯老幼，扶病危，三閱月勞勩致疾，僵卧七日如死狀。邑令陳禱於神，不應，詣漢龍求診視，曰：脈伏重淵，春氣至冰未即釋，三日當自起。已而果然。子源，辛卯舉人；濤，亦以醫名世。

許德基

光緒《無錫金匱縣志・藝術》 許德基，字承垣，擅嬰兒科。祖重熙、父世煜，明天啓間官太醫。德基心和厚，遠近神其術。二子鵬、鵾，繼其業。時許之嬰兒，尤之治喉，朱之接骨，皆邑中所推專家。及鵾子岱，名益振，且以敦睦稱於士林。

陸鯤化

光緒《武陽志餘・藝術》 陸鯤化，字叔上，號紫岑。中丞卿榮子，諸生。才藝絕群。明亡隱居不出，遯於醫。病世俗泥古不化，箸《醫醫集》。年八十三。

胥秉哲

光緒《黃州府志・藝術》 胥秉哲，字匡生，家世業醫。嘗游吳會燕豫間，遇沈痾，投劑即痊。有徐某妻孕而疾，延診脈，曰：倏隱倏見，尺中有神，非癥非痞，結爲狐形。以藥投之，果產異物。某中丞夫人病殆將殮，秉哲至，望氣色謂可活。乃就棺藥之，須臾聞聲息，竟獲甦。王方伯女患痘已死，視之曰：生氣猶存，藥之即起。著有《診法精微》等書，後徙居江夏。

盛躍龍

乾隆《高郵州志・人物・方伎》 盛躍龍，號濟寰，覺仙十九世孫。業醫濟人。盱眙馬家壩有孕婦出痘九朝死，往視曰：此人非死，乃毒盛發暈耳。投以數劑復生。過六合，李老名從先者，哭道旁，聞躍龍至，拜懇曰：此是我子，昨晚已死，能復活否？遂視之，用數劑而甦。

葛方覃

乾隆《高郵州志・人物・方伎》 葛方覃，字寅谷，御史萱七世孫。事繼母晏以孝聞。晏病，方覃親嘗湯藥，衣不解帶者月餘。因嘆曰：爲人子者，不可不知醫。遂學醫。嘗書一誠字於座右，曰：凡人立身制行，當本於誠，況醫系人死生哉。歲數祲，里中人多疫，方覃盡心醫療，遇貧不能具藥餌者，輒解橐中金與之，多所存活。如皋一孀婦，病邪瘧數年不愈，方覃至，婦聞鬼語，曰：此正人也，吾當避之。服藥尋愈。郵人朱某病傷寒，篤甚，方覃與藥治之，衆醫不可，家人弃藥神龕下。朱病且死，藥忽動，衆異之，仍以藥投之，朱復生。其神異類如此。方覃每診病時，問所疾苦，輒以手向己身揣度其處，如與同患。年七十四卒，廣陵人傳其仙去。

王應運

光緒《德安府志・人物・方術》 王應運，雲夢人。業醫。壽百歲，寒不圍爐，食不過度，忿不大怒，慶不大喜，間飲薄釀數杯。著屐走街衢，不杖不扶，稱爲人瑞，奉敕建坊。

張名藩

乾隆《無為州志・人物・方伎》 張名藩，字鎮寰。精通幼科，求治者塡門，至老不懈。子自修，世其業。

余國用

同治《弋陽縣志・人物・方技》引康熙《縣志》 余國用，四十七都人，號懷泉。力田養親。從名醫習岐黃術，精其業者三十年，饒信間危疾，多賴以活，年九十。孫塤璋，邑庠。

王大國　何述樵

光緒《江西通志・方術・南昌府》 王大國，字邑郊，南昌人。屢舉不第。患痰疾，遇異人授以《素問》、《內經》及秘藏諸方，遂精醫學，切中肯綮。同里杜氏子年幼，久患瘰癧，大國投以二丸，即日平復。南昌司理胡愼三左足患癰，直穿腳底，醫數易而癰日甚。大國去敷藥，止服湯劑，不一月而愈。巡撫蔡士英監臨鄉闈，背疽大作，大國爲調理，速愈而不作楚。同時有何述樵者，精於痘科，人以二仙稱之。

胡　忠

康熙《金華府志・方技》 胡忠，字彥信，湯溪人。淹貫群籍子史，尤精醫術，活人甚衆，而却其餽謝。嘗出粟濟貧。晚號琳湖，漁樂。今胡德濟亦得其傳。

郭寓民

雍正《安寧州志・人物・方技》 郭寓民，字螳洲。少業儒，繼業醫。能察標本，精脈訣，以意用方，不執方以治病，所治輒效。人有延者，昏夜必趨視。贖藥竟不計値，岐黃術中卓品也。受冠帶榮身。卒年九十有七。

孫世瓚

光緒《莘縣志・人物志》 孫世瓚，字鬯環，庠生。七歲事孀母，晨昏定省，四十餘年無少懈。與兄同居，克盡友讓。庭訓子姪，日以天理二字爲讀書根本，援古證今，語意悚切。生平氣度冲和，喜施予，周貧乏。辛巳瘟疫大行，傾囊施藥，全活不計其數，邑里愛慕。年七旬餘，公舉鄉飲介賓。

姚　井

乾隆《金山縣志・人物・藝術》 姚井，字中山，世居五保。善鍼灸，活人甚衆。所得金輒捐助戚里之不能婚葬者。

余士冕

道光《歙縣志・方技》 余士冕，字子敬，富山人。父幼白，精岐黃理，著有《蒼生司命》。冕尤能世其家學，立起沉痾，補訂前書未備者曰《諸症析疑》。子之俊、志寧，醫驗皆如其父。

方　鼎

雍正《合肥縣志・人物・方伎》 方鼎，歙人，家於廬。工醫，能治異疾，屢試輒效。有貧不能具藥直者，施與無倦。廬稱名醫必曰：前有李恆，後有方鼎。

蔚之瑚

雍正《合肥縣志・人物・方伎》 蔚之瑚，精岐黄。崇(正)〔禎〕辛巳大疫，普施藥餌，全活甚多。

方超

雍正《合肥縣志・人物・方伎》 方超，字伯升，國學，本歙縣人，後遊於廬，遂家焉。以善醫名。子仁，庠生，亦精其術。

吴邦寧

康熙《休寧縣志・人物・方技》 吴邦寧，字惟和，黎陽人。本姓施，因紹吴雲川醫業，遂姓吴。性剛直豪爽，每與人論説，善解人頤，士大夫無不羨其有仙風道骨。以醫濟世五十年，臨危救活者甚衆。尤精幼科，有《痘疹心法》一書。教子以聖賢之學，嘗曰：世事變幻如浮雲，惟讀書明理，修身克己爲究。竟令長子璜復姓，故璜勉承父志，以學見重於有道先生云。

汪汝桂

康熙《休寧縣志・人物・方技》 汪汝桂，字景南，渠口人。幼體羸學醫，遊姑熟，得名師傳，兼綜東垣、丹溪諸法，黟、祁、依、西，所在奏奇功。爲人言不妄發，渾涵長厚，群以有道歸之。

姚應鳳

康熙《浙江通志・方伎・杭州府》 姚應鳳，仁和人。以瘍醫顯。一老叟患脹滿，諸醫多云膈症。應鳳曰：此肺癰耳。取一大盂水，向病者頂上傾之，病者陡驚，亟舉刀直刺心，瀉膿血數碗而愈。人問之，曰：人心下垂，水潑而驚，驚則心系提，吾刀可入也。一人身患痛，左臂似有係之者。應鳳曰：君食内中鼠毒，左臂生鼠。懸刀擬之，有鼠墜地而逸。又一人頂生瘡求治，應鳳曰：是天斫頭瘡也。三年，頭當落而斃。竟如其言。年七十有七歿。官太醫院院判。賦性樂易，逢人無貴賤，視之若一。晨起施藥餌無算，藉以全活者甚衆，人比爲華元化云。

康熙《仁和縣志・方技》 姚應鳳，字繼元。年十三入山採藥，遇老嫗，指青精子謂曰：此可食也。服之，精神倍焉。未幾詣齊雲山，有老人熟卧大雪中，氣崖崖如蒸釜狀。應鳳再拜求教，老人曰：若有緣，當授爾丹藥之秘。應鳳由是術大進。以瘍醫顯，人比爲華陀云。崇禎時，撫軍喻思詢駐溫州拒海賊劉香，毒發背間，劇甚。召應鳳至，刲腐肉二大器，傅以丹藥，越二日癰平。開轅門，坐受降，撫軍喜，深德之。嚴州施盛宇，頭痛不可忍。應鳳乃割額，探首骨，出瘀血數升，頓除。鄭孝廉尚友痛流注，應鳳視之曰：氣從下濺。乃取藥作糜，周身封以敗楮，隙肩井穴治之，遂愈。某叟患脹滿，諸醫多云膈症。應鳳曰：此肺癰耳。取一大盂水，向病者頂上傾之，病者陡大驚，亟舉刀直刺心，瀉膿血數碗而愈。應鳳曰：心尖下垂，水潑而驚，驚則心系提，吾刀可入也。沈氏嗽不休，應鳳曰：肺潰至第一葉，然尚可生，先投洗肺湯已，令食豬肺數十斤，遂愈。又一人頂生瘡，求應鳳治。應鳳曰：是天斫頭瘡也，三年當頭落而斃。竟如其言。療毒奇中多類此。一日，忽端坐，召子孫環列，謂曰：我後當再來，言畢，趺跏而逝，鼻柱下墜二尺餘，時年七十有七，官太醫院院判。順治十四年，崇祀鄉賢。

任二琦

康熙《浙江通志・方伎・杭州府》 任二琦，字瑞菴，宋韓忠獻公之裔也，扈高宗蹕來杭州。先世受兒醫於任氏，遂爲任姓。至二琦，業益精。兒科世號啞科，而二琦臆射之，巧發微中，觀其啼呼，即知其痛苦之在何所，投劑輒效，名遂大振。或憐求藥者貧，則袖去金錢予兒。嘗有富家請二琦視病，一人彷徨立其側，二琦察之，問所欲，曰：某家在鄰近，兒患痘，欲邀公一視，以不能具酬，故不敢啓齒耳。二琦即往視，兒痘甚險，視畢與藥，併加蓡不吝。後過其門，仍入視兒，差乃已。以故人飲食必祝，至繪像於家拜之。二琦早失母，事後母謹，婚嫁弟妹，皆如父母意所欲行。城中火兩近其廬，而兩俱返風撲滅，比鄰賴之，咸以爲孝友及濟施之報也。長子允謙，字谷菴，爲諸生有名。次子懋謙，字汝和，貢生。皆善醫，亦承父志，篤於行誼云。

任允謙

康熙《錢塘縣志・人物・方技》 任允謙，號谷菴，二琦長子。生而端凝，善讀書，少補博士弟子員。性至孝，方居父喪，柩在堂，鄰人不戒於火，且迫及。允謙着衰麻，挽引之不動，撫棺號呼烈焰中。會都督王公率兵救民居，見之感動，因命健卒數十舁棺而出。允謙稽顙王公馬前，聲氣俱盡，公嗟嘆良久曰：此眞孝子也。克承世業，以醫濟人，無貧富貴賤，悉殫心眕視，應手立效。著有《邁種堂集》、《性理析解》、《喑慈醫案》諸書行世。子芳，孫鶴齡，皆嗣其業，杭人數百年多稱任小兒云。

康瀜

道光《濟南府志・人物・方伎》 康瀜，字孔昭，陵縣人。幼聰穎，年十二補諸生，試輒前列。明末大亂，隱居不出，於天文、地理、陰陽、術數，無不通曉，醫卜尤精。一日，決王生於七月七日應卒，至期無恙。王生曰：先生得無遺算乎？及暮，生與弟果俱斃於賊。又素善張季相病，輒求治隨痊，後病甚遣迎，季相見有二豎，語之曰：寄語康某，爾魂魄已散，彼至豈能治我乎？徒犯造物之忌耳。後遂不事醫卜，杜門訓子。年七十二，無疾而終。

閔自成

康熙《浙江通志・方伎・杭州府》 閔自成，字思樓，錢塘人。善內、外科。初，術精內、外科者推姚應鳳，自成後起，遂與相埒。仁而好施，見貧乏者，不受直，且診視必先之，曰：倘後彼，恐其慚慍不亟來，必殆矣。丐者盈門，一一應之不厭，故遠近翕然稱長者。年七十一，夢吏持牒，迎主老鹽倉社，至期坐逝。其里人與祠僧亦同夢，於是改塑其像焉。

吳嘉善

雍正《合肥縣志・人物・方伎》 吳嘉善，號恆春。事母以孝聞，通岐黄術，崇禎十三四年大疫，飲以方藥輒愈，不復計酬。順治九年旱疫，亦如之，有司禮請鄉飲。年九十三始卒。

許學文

雍正《合肥縣志・人物・方伎》 許學文，字博戎。精於醫，幼科尤所長。著《痘科約言》、《保赤正宗》二書。梓《孫眞人寶訓》以勸醫者。子繼先，孫紹衡，曾孫仲遠、育鯨，皆謹率家訓，以利濟爲心，益精其業。郡邑旌言盈庭，蓋世業所在，即世德所在云。

乾隆《江南通志・藝術・廬州府》 許學文，合肥縣人。精醫，尤善幼科。著有《痘科約言》、《保赤正脉》二書。

翟良

康熙《益都縣志・方技》 翟良，【略】凡有病者，一投藥餌，小試小效，大試大效。輪蹄童叟，日集門庭，所活不可量數，聲蜚海岱間，自撫軍下，罔不飲奉，名曰益彰，遂數被召。年八十四歲。

康熙《青州府志・方技》 翟良，益都人，世居顏神鎮。少爲諸生，好岐黄之學。凡施治，必用古方參以己意。

乾隆《博山縣志・方技傳》 翟良，字玉華，弱冠聰悟，有思理。從父宦游武昌，嬰弱疾劇甚，會遇明醫，數月得差。從此刻意方書，窮治冥緬，如是七年，轉得統緒。既盡發古人之奧府，又能以意參互用之。及歸，爲諸生，方治博士家言，而其好方書日益甚。鄉里友朋或病者，時一投藥，試之輒效。嘗有患閉秘者，延醫數輩皆不可，乃迎良至，按其前方曰：我知之矣。乃取提氣一藥倍投之。諸醫皆相顧笑。良曰：第觀之。方就食，藥熟以進。食未既，主人報曰：可矣。一座盡驚。乃謝曰：此病氣不下行也，我輩力下之猶不得，今反提其氣而效若是，此何理也？良曰：謀醫獨不見含水葫蘆乎？滿而不瀉者，止有一孔，氣不得通故也。今吾上通其氣而下自行，此自常理，顧諸君不察耳。衆乃服。其生平持論，通亮如此。順治戊子被召，詣京師輒賜燕見。會有心害其能，居數月，罷去。年七十餘，嘆曰：醫，小道也，後生不敏，或束手不讀，或復讀之不能通其意，將以救人之爲，適足殺人者蓋多矣！乃綜輯舊聞，辨其同異，摘其謬誤，著其機要，其未發者，間以己意疏演，并論次之。著書數編，曰《脉訣匯編》、《經絡匯編》、《藥性對答》、《本草古今講意》、《痘科類編》，刊行於世。

姜調鼎

康熙《儀徵縣志・人物・藝術列傳》 姜調鼎，字玉鉉，太醫院判端之六世孫也。刻苦問學，又性嗜岐黄，精於《素》、《難》諸家，因讀書未遂，遂託於醫。凡一切疑難之症，人不克治者，能一匕立起，其全活者甚衆。且貧不受禮，聞請，雖食不待畢，寢必亟往，恆以濟世爲心，名傳遠近。子以寧，亦以醫著。

許夢熊

康熙《儀徵縣志・人物・藝術》 許夢熊，號寰山。其先金陵人，祖父官太醫院。熊徙居於眞，以方脈著名，而眕視之法，迥與人異。嘗曰：藥有味有性，調味辨性，須按治五行而相證投之。一日，有病者患火症，諸醫誤飲以涼藥，狂躁異常。熊過眕曰：當急以參、附、姜、桂投服。或曰：狂躁若此，再用熱劑，噴血奈何？熊曰：不難，藥用井水浸冷服，當立效。如法治之，一服躁稍定，再服而病者帖然臥矣。未數日，病果愈。於是有詰之者曰：予何見及此？熊曰：此症陰虛陽浮，寒凉激之，故發狂。吾以暖補，使其水生而火方不上炎，水火既濟，心神自寧。其用藥入神，大類如此。其醫業傳姪嘉慶，號春寰。

曹秉鉉

乾隆《武進縣志·人物·方伎》 曹秉鉉，字公輔。喜讀書，有濟世志。因父病，遂學醫，曰：吾姑壽此一方民，以延親壽。庚申、辛酉兩年大疫，秉鉉不避危險，治之不取其值，全活甚多。著《杏園醫案》行世。

靳鴻緒

康熙《仁和縣志·方技》 靳鴻緒，字若霖。讀書工文章，内行尤摯篤於孝友。先世以兒醫顯，而鴻緒術尤精，著《内經纂要》，闡發精微。其次子吉，字允菴，復得其傳。

吴邦憲

康熙《仁和縣志·人物·方技》 吴邦憲，字君佐，天醫吴眞人四十一世孫。得乃祖遺方，盡究其術。時以濟人利物爲心，治疾多奇驗，人稱長眉老人。今其子紹裕，字益之，世其業。

李維麟

康熙《常熟縣志·人物·方技》 李維麟，字石浮。其爲人孝友肫篤，所爲古道照顔色也。世以醫名，維麟尤精於察脈，決人生死多奇中。如吕仍輔病已愈矣，決其五年後必發，發必死。如翁大衆之蒼頭沈某，啣主命往蕪湖，診其脈曰：無往也，及冬而卒於家。至有兪斐然，病尸厥，僵卧二十五日。診之曰：生也。一劑而瘳。其所診期，決生死皆此類。所著有《内經摘粹》、《補註醫宗要略》等書。

乾隆《蘇州府志·藝術·醫》 李維麟，字石浮，常熟人。精於察脈，決人死生多奇中。爲人孝友純篤。所著有《内經摘粹》、《補註醫宗要略》等書。子顒，字伯武，亦恪謹而善醫。

沈時譽

康熙《吴縣志·人物·藝術》 沈時譽，字明生，華亭人。徙吴，居唐寅舊圃。攻醫業，辯虚實，病者輒愈。晚歲築室山間，罕入城市，求者不易得也。著《醫衡集》。子智弢，字朗生，游青浦庠，能讀父書，世其業。

乾隆《蘇州府志·藝術·醫》引舊《府志》 沈時譽，字明生，華亭人。徙吴，居桃花塢唐寅别業。工醫，切脈若神，投劑輒起。晚年，築室山中，著《醫衡》、《病議》、《治驗》諸書。

陳驥

乾隆《蘇州府志·藝術·醫》 陳驥，字千里，常熟人。從喻昌游，治病多奇驗。好藏法書名畫，蒔花種竹，所交皆一時名流。

吴吕渭　吴錢枚

康熙《吴縣志·人物·藝術》 吴吕渭，字雨公。幼得三山鄭欽諭之傳，凡有劇症，投劑輒愈，全活甚衆。子錢枚，字曰調，克紹前業，起沉痾，遐邇賴之，稱爲後先濟美焉。

尚絅

康熙《仁和縣志·人物·方技》 尚絅，字御公，補郡庠生。婦翁吴毓昌，明中書舍人，以醫顯。絅得其傳，故其療人也，幾於洞垣，隨手輒效。性又好義，健行無宿留者。閩疆之變，婦女多被難入營伍，絅心傷之。謀於素交郭宗臣者，亦倜儻好義人也，千金之家，傾橐爲之。不足，兩入造請諸公，不避風雨寒暑，遠至他郡募金，思贖之。婦女粗惡者，贖以金。其稍有姿色者，率閉留不聽贖。兩人夜篝燈，相對太息，或躇踖走，謀得數奇士，分行方略，其設心甚苦，履危蹈險，若用兵然。及其人先後出營，母以授子，婦以授夫，姐以授弟，至於道遠者，夫與弟皆未至，則延於家，布帷藜榻，空兩楹，横門楯，甚至移寢室以處之。其救全者不下千人，而兩人之營，魄亦瘁矣。已未，絅卒。後三年，宗臣亦歿。

康熙《浙江通志·方伎·杭州府》 尚絅，字御公。少年補博士弟子，已而從其婦翁吴毓昌爲醫。其治人也，隨手輒愈，未幾而歿。

程元煜

康熙《儀徵縣志·人物·藝術列傳》 程元煜，字丹衷。性聰敏，能日記萬言。祖念初以地理名世。煜幼時，祖深奇之，曰：吾孫有經世才，但恐氣弱不能勝劇任，遂命改儒習醫。黄帝岐伯諸書，無所不讀，遇艱難之病，人不能醫者，經手輒效。未幾，祖父母繼逝，煜竭貲盡喪祭禮，卜地殯葬，身任其事，不諉伯叔昆弟，其孝友如此。後復修儒業，由太學生考授州同。世之延請活命者，日夜無寧晷。遇貧乏，即施劑醫治，一時傾動名公大人，幣聘旌獎。前任兩淮鹽漕察院左副都御史郝公浴以扁旌曰：以慎以誠。鹽院舒公書旌曰：壽世鴻儒。陶公式玉旌曰：仁心儒術。縣令馬公章玉旌曰：濟世鴻才。藩臬道府縣學，俱各有旌獎。

姚起鳳

康熙《儀徵縣志·人物·藝術列傳》 姚起鳳，字景芳，眞之世醫也。父芳林，以醫名振江淮。好善樂施，濟人利物。生芳，幼工舉子業，未售，家中落，遂啓先人之秘書，伏而誦之。凡《素》、《難》以及張、劉、朱、李之學，莫不詳究。其治病處方，不邀名，不計利，不妒人長，不以駕馭爲術，不以貧富異懷，一時名公鉅卿多有旌贊。舉子二，長韡，次騮，皆攻父業。

霍應兆

乾隆《武進縣志·人物·方伎》 霍應兆，字漢明，丹徒人，寓居武進。精岐黃術，性孝友，事母孝。與人論古今節義事，輒慷慨奮發。所著有《傷寒要訣》、《雜症全書》。子秉仁，康熙辛酉舉人。

凌鳳儀

康熙《吳縣志·人物·藝術》 凌鳳儀，字學川，原籍虞山。攻醫，尤善鍼灸。康熙丁卯歲病疫，江蘇藩司劉鼎設局延鳳儀療治，民多全活，因給匾獎之曰：儒望醫宗。子珮，字玉聲，習父業，爲時所重。

張璐石頑　張登　張倬

康熙《吳縣志·人物·藝術》 張璐，字路玉，吳之明醫也。能審虛實，決死生。又出其所學著《傷寒大成》、《診宗三昧》、《醫通》、《衍義》諸書，梓行於世。

《清史稿·藝術傳·張璐》 張璐，字路玉，自號石頑老人，江南長洲人。少穎悟，博貫儒業，專心醫藥之書。自軒、岐迄近代方法，無不搜覽。遭明季之亂，隱於洞庭山中十餘年，著書自娛，至老不倦。倣明王肯堂《證治準繩》，彙集古人方論，近代名言，薈萃折衷之，每門附以治驗醫案，爲《醫歸》一書，後易名《醫通》。

璐謂仲景書衍釋日多，仲景之意轉晦。後見《尙論》、《條辨》諸編，又廣搜秘本，反覆群玩，始覺向之所謂多歧者，漸歸一貫，著《傷寒纘論》、《緒論》。纘者，祖仲景之文；緒者，理諸家之紛紜而清出之，以翼仲景之法。其注《本草》，疏《本經》之大義，并系諸家治法，曰《本經逢原》；論脈法大義，曰《診宗三昧》，皆有心得。又謂唐孫思邈治病多有奇異，逐方研求藥性，詳爲疏證，曰《千金方釋義》，并行於世。

璐著書主博通，持論平實，不立新異。其治病，則取法薛己、張介賓爲多。年八十餘卒。聖祖南巡，璐子以柔進呈遺書，溫旨留覽焉。子登、倬，皆世其業。登，字誕先，著《傷寒舌鑑》。倬，字飛疇，著《傷寒兼證析義》，并著錄《四庫》。

王宏翰

康熙《吳縣志·人物·藝術》 王宏翰，字惠源。原籍華亭，徙吳西城。博通儒理、性學、天文。因母病，精醫，救沉疴。善著述，有《醫學原始》、《四診脈鑑》、《性原廣嗣》、《古今醫史》、《古今醫籍志》、《傷寒纂讀》、《病機洞垣》、《女科機要》、《幼科機要》、《本草性能》、《綱目刊補》、《明醫指掌》諸書，皆發前人之未論。許纘曾、徐乾學、張玉書、韓菼等爲序。子兆文、兆武、兆成，咸繼父學。

汪光爵

康熙《吳縣志·人物·藝術》 汪光爵，字纘功。精於別脈，不拘古方，得以意爲醫之術。

潘時

康熙《吳縣志·人物·藝術》 潘時，字爾因。嗜古學，精醫理，診治輒效。至講《司天》、《傷寒》等書，皆有補於學者。

陸承宣

康熙《吳縣志·人物·藝術》 陸承宣，字鳳山，嘉興人，陸忠宣贄後裔。有才力，居武職，後隱吳。精刀圭術，著《濟人說》行世。子拱臺，字明三，繼業焉。

燕士俊

康熙《浙江通志·方伎·杭州府》 燕士俊，字仲章，仁和人。祖志學，向以醫名世。士俊發其秘笈，潛心默識，治病每多奇效。所得即周貧乏者。有《保嬰集》，未成而卒。其子喜時、來時，皆善承父志。

康熙《仁和縣志·人物·方技》 燕士俊，家貧力學。乙酉，江南兵敗入浙，俊奉母避梁渚，驚憂成疾，禱天剪股肉，母病得痊。後山寇肆掠，母病不起，哀毁幾於滅性，終身布衣蔬食，其至孝性誠如此。祖志學，向以醫名世，俊發其秘笈，潛心默識，治病每多奇效。所得即周貧乏者。著有《保嬰集》，未成而卒。其子喜時、來時，皆善承父志。

黄鉉

康熙《休寧縣志·人物·方技》 黄鉉，字公鼎。倜儻，有氣節。居鄉黨紛難，片言立解。曾登壬午武榜。其先世歷以醫博顯，至鉉而聲望尤爲邑所推重。

徐成章

康熙《休寧縣志·人物·方技》 徐成章，字紹雲，屯溪人。幼穎悟，潛心《內經》、《素問》，精於醫，而瘍醫尤稱最，所全活者甚衆。

王一鳳

康熙《休寧縣志·人物·方技》 王一鳳，號繹洲，白觀人。太醫院吏目。祖陽明，眼科獨步，所濟甚衆。鳳傳其業，所療立效。

黄嘉章

康熙《休寧縣志·人物·方技》 黄嘉章，號景文，居安人。自宋祥符間，御賜醫博，世傳醫學。章精其術，著效馳名。

蔡元真

道光重纂《福建通志·藝術·泉州府同安縣》 蔡元真，少有膂力，手格猛虎，人呼爲蔡打虎。後殺人避仇，汎涉湖海，遇異人授以鍼術及諸奇方，往往起人痼疾。入循州，循州推官吳愈聖眇一目，元真知其剛正，造門請見推官，使鍼之，睛光忽轉。於是上謁監司，監司某目亦廢，急邀元真。元真亦以藥石療之。自是名頓起，資頗饒。【略】值兩粵亂，或利其財，將興大獄以致之，元真因度爲僧，盡以所有建廣教寺居之。

羅伯申

道光《永明縣志·人物·方技》 羅伯申。康熙時人。居邑西登雲坊。業醫，精脈理，決人生死多奇中。有病顛者，其家延之往治，至則索古刀一枚、清水一盤，躬自淬礪，令縛顛者於旁視之，且語之曰：若病顛，非藥可治，計維殺若耳。顛者懼，乞命。申佯爲不許，乞至再，乃云：能盡飲此水即貸汝。顛者遂飲之，已而醒然。嘗與一友人送葬郊外，執手行數步，促之同返。問故，漫應以他語。及歸，陰囑其子爲辦後事，至夕而亡。貧者濟之以藥，不索值，至驕貴之家，必先取謝金然後醫，然皆隨手散去，不以入私囊，其狂率類如此。

光緒《湖南通志·人物志·技術》引《縣志》 羅伯申，永明人。精《內經》，能知病源，斷生死不爽，病者圭勺霑口立愈。晚年玩世自娛，每乘藍輿，命倒舁以行，人呼爲羅瘋子。

湯應龍　湯曰旦

乾隆《衡州府志·人物·方技》 湯應龍子曰昇、曰昶、曰旦、曰晟，皆游庠序，世其業。曰旦，字扶東。著《傷寒經條》、《病因》、《病略》諸書。

光緒《湖南通志·人物志·技術》 湯應龍，字雲從，衡陽人。涉獵《素問》、《內經》諸書，薄遊吳越，權貴爭延致。著有《太和篇》、《毓麟要覽》。

虞元亮

光緒《重纂邵武府志·藝術·邵武縣》 虞元亮，精於醫。其兄子忽發狂，遍體如烙。嫂令人趣元亮歸，病者卧庭院中，語刺刺不休。元亮審視不言，但令取參五錢和藥，聞者皆愕，嫂亦疑之，姑予半試之。夜半，狂益甚，嫂急命人呼元亮。元亮問曰：前藥盡服乎？嫂以實對。元亮曰：減吾藥，故致此也。嫂如前方以進，一服而愈。

劉之琦

同治《會理州志·人物志·隱逸》 劉之琦，字奇玉，幼頗異而倔強。初習舉子業，因病誤服藥，遂棄而學醫，即精於醫，若有神授。千總某，回人也，大小便閉塞，諸藥罔效，脹欲死，浼劉治。命置大木缸，注溫水滿，裸體蹲其中，水冷輒易之。歷一時，二便俱下。某鄉達有隱疾，劉命食木瓜七個即愈。某食至五，佯謂足數。劉診之曰：尚未，尚未，須再食其二，則病除矣。村婦有厭其姑欲死之者，向劉丐藥。劉大駭，怒極而笑給之曰：老人腸細，多與魚肉，食之則斃矣。數月，婦往拜謝，曰：如先生敎，阿姑死矣。劉駭極，問近日食姑肉乎？曰：然。曰：何肉？曰：羊肉。曰：中有何物？曰：葱、姜、八角耳。婦去後，往詢屠羊者，是日所貨，蓋獨角羊也。治貧困疾，藥不取資。最珍粟，有富人求治，治之且留食。富人食豆而唾其殼，劉恚甚，叱之逐出，永不爲治，其崛强類此。肅親王征張獻忠至蜀，病，諭各衛舉良醫，本衛舉劉往治，應手而愈。時孝康章皇后患目疾久矣，諸醫束手。王薦之，數劑而翳散雲開，目明如舊。上喜，賜官，頓首辭不受，求歸。因賜四字，鑄鐵爲匾以榮之。外賞書籍珍玩數事，并諭經過地方府、廳、州、縣，輿馬驛送之。還鄉後，利物濟人，隱居東壩。年九十餘卒。

丁雄飛

光緒《江浦埤乘·人物·耆儒》 丁雄飛，字菡生，明登子。明登好儲書，雄飛尤癖嗜，每出必擔囊篚，載圖史以歸。僑居金陵烏龍潭。作古歡社，約與上元黄虞稷，分日往還，互相更換。其室人與同癖，時出奩具佐購。錢謙益在南京詔獄，有所撰著，率假其書，然心迹去之遠矣。晚年顔所居曰心太平庵。作九喜榻，優游終生。著述九十八種，惜其名多佚。所載《通志》及《千頃堂書目》者，僅十之三，詳見《藝文》。有子，國變後但以治田爲事，不復使讀書云。

光緒《江浦埤乘·藝術·丁鳳傳注》引丁雄飛《行醫八事圖記》 余家世以醫名。始祖德剛公，任醫學訓科，因缺令，遂署縣篆。以邑人治邑事，有執有守，上悦下安，亦異事也。後傳曾祖竹溪公，藝益精，名益噪，著《醫方集宜》、《蘭閣秘方》、《痘科玉函》諸書，家户奉爲指南，至今子姓相習，未之或改。間有宦游者，亦諳炮制，攜刀圭藥囊不離左右，視爲急切事。若先君子，則研究愈深，著有《痾言》、《小康濟》、《蘇意方》行世。實已探抉精藴，不敢以三指不明誤人七尺者。

余慨近世行醫未免草率。夫醫非易事也。病者望若神明，醫者當竭心力，因讀韓飛霞先生《醫通》而有感焉。蓋醫有八事，謂：一地、二時、三望、四聞、五問、六切、七論、八訂也。今立《圖》，凡治病以圖填之：一地，審問何處人，風土秉賦不同。二時，按節氣感觸之異。三望，形有長短、肥瘠、俯仰、疾徐、清濁，色有青黄紅白黑，須合四時。四聞，聲有五，須合五臟，肝呼、肺悲、腎呻、脾歌、心噫。五問，何日爲始，因何而致，曾經何地，何處苦楚，晝夜孰甚，寒熱孰多，喜惡何物，曾服何藥。六切，左部寸浮，本位中取、沉取；關，浮中沉取；尺，浮中沉取。右部寸，浮中沉取；關，浮中沉取；尺，浮中沉取。七論，其人素稟孰感，其病今在何處，標本孰居，畢究如何服藥，如何息病。八訂，主治用何藥，先後用何方。各各填注，庶幾病者持循待續，不爲臨敵易將之失，而醫者之心思百發百中矣。或曰：人事兼施，得毋瑣瑣。余曰：醫，人之司命也，爲謀不忠，非仁術矣，誠有濟人之心，又何憚此煩瑣哉，况病者在水火熖中，安得以粗浮應之。余家世醫，其光自我子姓行之，并循勸同志，胥天下之負病早愈一日，則所積無窮矣。

王生周　李克柔

乾隆《章邱縣志·人物志》 王生周，名醫，後以其術授李柔克。邑人李敏樹爲二人合傳曰：王生周者，邑之北門内人也。業岐黄，與翟玉華齊名，子孫零落，醫案散軼殆盡，罔可追錄。然邑人至今艷稱其姓字，則當日可知也。李柔克從仲，與生周居比鄰，爲莫逆交，慕其術，購書吟哦，日夜不息，王聞之輒大笑不能已，已問之亦不答。仲雅知王素有潔癖，乃伺其下榻處，跣足灑掃，率以爲常。王心異久之，竟不知其誰何也。一日佯出，逾時歸，視則仲適役焉。王大驚，以排行呼仲曰：阿三果有志斯道，何罪我乃耳？自是傾心指授，如師弟誼。歲餘，王於邑士夫家見所診方，怪問：孰爲此者？其人以告。王憮然曰：奪我席者，必從仲也，然我死乃顯。生周殁，李果名噪一時。會邑侯史公女病，醫之候湯藥者，日以數計，迄無一當。乃延仲，預飾一婢之壯麗者，置幕中，試之。仲至，診畢，語公曰：此女無病且脈賤，非掌珠體。史公大驚，因語以女病狀。一夕而愈。蓋仲兼精太素脈，嘗診歷下龍山鎮李公友馨，預決其有貴子，子即今禮部主事，進士李錫韓兖也。兖奇其事，數以語人。其他方劑奇中亦多類此。生周嘗稱玉華爲七分醫，己五分，仲可三分，然固已視見垣一方矣。所著有《脈訣珠囊集》。其子孫不能珍惜，散軼無存。

方賡

道光《徽州府志·人物志·方技》 方賡，號古菴，休寧東山人。精究醫理，著有《丹溪心法附餘》二十四卷，採入《四庫全書》。

程衍道

康熙《徽州府志·人物志·方技》 程衍道，字敬通，歙人。精通醫學，一診即能決人生死并定其歲月，無毫髮爽。性沉静寡言，雖當篤疾瀕危，未嘗動聲色，投劑立起。每病者延至其家，則就療者叢集，敬通從容按診，俟數十人俱診畢，徐執筆，鱗次立方。神氣暇逸，了無差謬。所療治奇驗甚多，至遊其門者，亦罔不以醫名海内云。

蔣示吉

《醫宗説約·自序》 余年十二，先母周夫人見背。先君子君輔公杜門讀書，道義自許，口不道阿堵字，以故家貧甚。嘗寄食予佩舅氏家。舅氏撫教有加焉。於時明發有懷，因思生戚，遑遑大病。每於誦讀之暇，間覽方書。先君子遂謂小子曰：汝有意於此乎？古人不得爲良相，每願爲良醫。蓋良相、良醫，其功正相等耳。果能精之，則可以自療，并可以療人，亦内典所謂自利、利他之道也。拜訓之不深，謝不敏。長而遭滄桑之變，寄迹於穹窿之陽。人有疾者，按方加減與之，所投輒效，因而叩戶求方者，殆無虛晷。竊思古人陳案，雖各臻其妙，然論多方雜，未易窺測，不免楊朱之歎。故於晨窗夕几，究心《靈》、《素》，博涉群書，斟酌盡善，成《山居述》四卷。有論有方，有經有變，頗備苦心。但力綿不克就梓，久置庋閣。今年春，偶公遜叔過齊，頭見而閱之，謂曰：汝有此而不與人共之，不亦同於懷寶迷邦者乎？且汝先子言具在，顧其忘諸？子益唯唯，謝不敏。長夏無事，因於《山居述》中，簡其要者爲主方，隨症加減，一症一方，以見其常，加減附論，以通其變。編爲俚句，名曰《説約》，庶幾學岐黄者，得會歸之源，去煩苦之失耳。若曰從此活人，功與調元者等，則予豈敢。

同治《蘇州府志·人物志》 蔣元允，前明諸生，鼎革後，健戶著述。子示吉，字仲芳。工詩，精岐黄術，卒于康熙中。

劉　恩

康熙《寧州志·人物·方技》 劉恩，醫術擅長，活人無算，道、府、州、縣，無不器重。一日，道臺張公文炳延診夫人病。恩曰：孕也，當二十四月娩男。張叱不信，尋驗，乃致書大奇之。著有《脈訣》，頗稱妙義。

陳堯道

康熙《三原縣志·人物志·方技》 陳堯道，字素中，御史嘉績父。幼爲邑諸生。潛心岐黄，制方奇效，遠近來者滿戶，施藥濟貧困。性方正純謹，凡鄉里紛難，德其排解。有《活人書辨證》、《痘疹辨證》行世。

衛公孫

同治《畿輔通志·雜傳》 衛公孫，字述先，通州人。精岐黄術，手著《經血起止》一書傳世。子周宗，諸生，能世其業。

李邦俊

乾隆《上海縣志·藝術》 李邦俊，字彦章。精研醫理，懸壺五十餘年，活人無算。訂正《胗家正眼》、《證治匯補》，成一家言。年八十六卒。孫樹信，庠生，世其業。

謝　殷

宣統《湖北通志·人物志·方技傳》 謝殷，字懷仁，黄岡人。明末，邑大饑，傾家賑貸鄰里。母病，禱龍王川而愈，嘆曰：安可恃哉，人子要當知醫。因殫心《靈樞》、《素問》及諸家書，奇方異驗，所活無算。邑嘗大疫，人患軟腫足腿，殷出二千金市藥爲丸救之。

劉　敞

道光重修《儀徵縣志·人物·藝術》 劉敞，字芳州。幼以貧失學，苦不識字，偶檢敝笥，得書數冊，見其標目，即識爲《藥性賦》三字，嘆曰：我其醫林中人耶。由是肆力岐黄之旨。其外家萬姓，世爲名醫，多藏書，供其搜覽，學日以富，術日以精。多治奇症，活人無算，名馳遠省，聲動公卿。書法褚河南，輶迹所至，皆有題咏。著有《傷寒匯參》、《瘟疫論》、《葆眞堂醫案》等書行世。子二：承泰、承毅，皆舉人。孫星源，庠生，世其業。

李季倫

道光重修《儀徵縣志·人物·藝術》 李季倫，先世自宋代至國朝爲儀邑名醫，季倫尤著奇蹟。治痘能先識休咎，世人以鬼眼呼之。子孫世精其業。

文應奎

順治《祥符縣志·人物·方伎》 文應奎，字文所，祥符人。爲周府良醫。精脈理，製方不膠前人，療病多奇中，群醫咸服之。

張修業　張　鏞

道光《武城縣志續編·雜記》 張修業，字舜卿。善書畫，精韵學，好讀《文獻通考》。有劉斗樞先生者，博物知名，授以醫卜地理。崇禎十三年邑大疫，以藥濟人，全活甚衆。著有《醫方大成》八卷，《胎產類編》六卷，《名方集》二卷，《醫案》百卷，藏於家。子敬止，克成家學，爲一代宿儒。孫鏞，字魯生，庠生，亦邃於醫，著有《痘義解》、《張氏痘疹》、《外科法程》。

鄧　苑

同治《清江縣志·人物·文苑》 鄧苑，字博望。順治辛卯舉於鄉，選河西令。愛民如子，民懷之。解組歸，杜門謝請謁，益務搜羅古籍，旁及《素問》諸書，醫理精貫。著有《一草亭集》目科諸書。尤工寫墨梅，折枝疏蕊，妙絕一時，士大夫多寶藏之。年七十餘卒。

陳啓見

光緒《湖南通志·人物志·技術》 陳啓見，字文明，祁陽人，祖籍排山。以醫起家。順治初，王師征兩粵，貝勒某自衡陽得痢疾，過祁，屬縣令訪名醫。令舉文明，投劑立愈。文明嘗遇異人傳瘧、痢二方，療治如神，每歲制藥盈斗，隨證施予，今後嗣猶承之。治瘧方用蜜陀參一塊，炭火煅紅，浸童便中，凡七次，研末細篩。壯年人八分，六十以上十五，以下六、七分，嬰兒二、三分，以陳倉米煮稀粥調藥，於瘧將發先半時服之立愈。治痢方用黄丹六兩，飛過曬乾，黄蠟六兩，煮和攪，取出爲丸梧子大，每服用三丸。紅痢，姜湯下。白痢，甘草湯下。紅白痢，姜、甘草下。禁口痢，烏梅下。婦女皆可服，但不得自拈。

許實先

嘉慶《松江府志·藝術傳》 許實先，字名子，居西塔衖。少從史閣部可法遊，好讀書，閉戶著述。一日忽棄去，曰：天生我才，當爲世用。因習醫，著醫書若干種，歿後散佚，無可考。尤之均，其外孫也，亦以醫名。

周應選

光緒重修《丹徒縣志·人物·方技》 周應選，字子晉，號應夫。初業儒不成，乃習醫。見俗醫所傳弗善，因心計曰：醫繫生死，使徒抄掇方書，剿習聞見，一不當即傷人，何足稱醫？乃取古今名家所論著，研求考核，上自軒岐，下迄近代王、李諸家，靡不得其旨要。於凡五運六氣之理，寒熱溫涼燥濕之宜，情欲之(感)〔惑〕，金石、草木、牛溲、馬勃之性，皆貫通焉。而後自任爲醫，於是人以患苦求治者，無不應手愈，名遂遠出郡中諸醫上。治人不計所獲，雖傭夫販婦，不持一錢而至者，爲之按脈劑藥，必誠必謹，未嘗有纖毫厭倦心，以是四方之有疾者，咸願得其醫治。其後年老，遭順治己亥之亂，憂鬱喪明，然猶不辭診視，命弟子書方畀藥，無不輒愈，以是德之者彌衆。會有挾奇術至者，人爭歛金錢爲之復明。子鎬，有聲庠序。詩名滿天下。諸名士多仰其善醫及有復明之異，爭爲詠歌，以紀其事。

何　飛

光緒重修《丹徒縣志·人物·方技》 何飛，字德明。精幼科，診視如神。著《慈幼論》。

許其仁

光緒《武進陽湖縣志·人物·藝術》 許其仁，字宅眞。精究奇門遁甲術數之學，尤工醫，投藥無不效。明亡，爲祥符寺僧，號甚遠。訓子令習醫，曰：學醫必讀書，醫理無窮也。又曰：爲貧人治疾，切勿論財。

程翊龍　程太初

光緒《丹徒縣志摭餘·人物·方技》 程翊龍，字涤橋，順治朝諸生。以能醫名，尤精幼科。子是崖，孫譽星，曾孫登賢，元孫念山，咸世其術。念山子太初，醫尤精。揚州阮文達公幼子，年六齡，遘陰症，諸醫束手，文達耳太初名，延診之。太初曰：此妄表誤攻以致痞滿結胸，宜進苦降辛通品。一服病稍減，歷七日大痊，名愈顯。尤善治痧痳痘疹，能斷死生時日不爽，郡中咸呼爲活閻王。子積延，積延子月生，均克傳其學。

朱佩芬

同治《南豐縣志·方技》 朱佩芬，字二允。精於醫，著有《攜囊集》，休寧汪昂著《醫方集解》多引用其學。

蕭國柱

康熙《九江府志·人物·方技》 蕭國柱，字玉臺，德化人也。少穎秀，學舉子業不就，弃而學醫。得異傳于丐者，以瘍〔醫〕著。因封背發心戰，遂專攻大方脈理，治病輒奇效。自著《醫案》若干，前後并毁于火間。嘗語人曰：易者治病，難者治藥，今人非已病不延醫，非已治不效之病不延良醫，故良醫之難不能爲，庸醫治誤投之藥，則不能爲病者求可回之生矣。其名論類如此。國柱不離俗，而髡以方外，衣冠翺翔當道間。年八十餘，得飲酒養生法，美髯朱顏，若神仙。居鄉謙下，雖與童子語，必屈首謝不敏。童子斂容，踧踖首愈恭，益謝不敏，蓋謹厚其天性也。順治初，固山談太督兵圍江西，陡病，延國柱，幕中俘獲甚衆，多賴保全。同里文學佘顯玠，賊誣被執，都督冷允登將出之正法，顯玠知國柱與冷善，屬密友以百金爲壽。國柱受不辭，詒冷，以百口保之。顯玠得釋趨謝，國柱急拜曰：君之福，予何力之有？起出橐中金還之。顯玠再拜求納，國柱固辭曰：初或不受，君方寸亂矣。緩急人所時有，豈望報哉？蓋好生之功，不僅以仁術濟世也。臨終，以火災不良於死，聞者無不悼之。

李如珠

道光《象山縣志·先賢傳》 李如珠，鉞之孫。精於醫，會部使者得隱疾，群醫不之省，如珠以邑令薦，治之立愈。然志在利物，無市心，人以是高其品。又有韓之翰者，亦工醫，起沈疴，應手而愈。其酬勿計也，入窶人室，每解橐療之。

俞嘉言

光緒《寶山縣志·人物·藝術》 俞嘉言，字世昌，居吳淞口，邃精醫理，一時名噪。貧者求治，雖車馬盈門必徒步先往，卒年八十二。

王應汝

康熙《浮梁縣志·人物·方技》 王應汝，善醫，亦能詩。所著有《痘疹訂訛書》。

董勛

嘉慶《重刊江寧府志·技藝》 董勛，六合人。世醫。著有《痘證溯源》。

何中安

乾隆《泉州府志·藝術》 何中安，字連山，惠安人，僑居安溪。嘗得異書，見病者治之，無不應手。有士人暴死，兩足不伸，中安視之曰：此血脈上下隔絕於膝間，未死也。乃鍼其膝後窩中，入二寸許，令吮，出血即甦。有跛而行乞者，爲敷藥散，經宿敗肉化水，刮去，再療數日即起。走海上，有巨魁苦淋累月，或舉中安，曰：果任我，必先以湯藥飲之，沉睡三日方可治。臨飲，舉者嫌太多，傾其三之一。以告。中安驚曰：子誤我，藥少則速醒，醒而覺痛，必殺我，奈何？舉者曰：謹匿子，毋恐。遂劈其竅，中有黑子如石，剔去，合以膏散，越兩日而醒。痛急，索殺之。舉者曰：遁矣。經宿病除。中安語人曰：元氣太泄，終必減筭也。後如其言。晚歸卒於惠。

花自達

康熙《九江府志·人物·方技》 花自達，號喬石，德化文學也。天性篤孝。其父質宇公患痔，手調飲食，侍寢處者六年。凡中窬廁牏之具，必躬自浣濯。少間，即致志於醫。醫，質宇公之心法也，得自達闡明之而益顯。所著有《尊經集》上、下二傳。蓋岐黄之論，爲典謨以上之書，古奥幽深，非淺見薄識者所能通曉。時則王九達有《素問靈樞合類》之編，慮其割裂顛倒，尊經之旨，亦孟氏不得已之心。常著論外感，如陰陽升降之候，傳變順逆之機，經絡上下之屬。論内傷，如標本從違之數，虚實補瀉之功，寒熱溫涼之理，無不井分條貫，閭里爭誦之。當道聞其名召之，絕不應，曰：我爲老諸生數十年，杜戶息影，奈何以方技飾面目向人耶？然貧苦無告者，不召輒往，治之病已，且數數以廩肉饋。東門有孤貧厤姆，患癰痛楚，飲食復不繼。自達聞之，往診曰：高年正氣虚，邪氣實，不攻邪，正氣無以自存。遂進敗毒散五劑，癰得消，日送飲食，兼服補劑而痊。業履岑樂休者，患頭痛，體弱病久，百藥無靈。自達診之曰：脈微數，實火也。誤以質弱，早投補劑，故留而不去耳。急進涼膈散，一服而痊。有丐者，患腫脹。自達召至，與以飲食，煎茵陳五苓散飲之。半饗，小腹脹痛不可忍，橫出怨言，復強飲溫水酒一壺，溺如涌泉，卧具盡濕，腫立消，調以啓脾丸，半月而痊。其醫皆類此。詳載《尊經集》後《醫案》中。順治初，醫學乏人，蕭國柱舉以自代，周太守璜敦請之，不就。晚得劇疾，倉卒易簀，附身之具一未備，勉留數日，從容問曰：事畢否？知草率略具，即起索筆硯，咸謂當有遺言，乃伸紙疾書曰：生平無所得，惟此兩三壺。一朝帶不去，撒手隨太虚。擲筆而逝。其子纁，主醫學，名播於四方。蓋脈理淵微，非歷三世，眞有莫窮其藴者矣。乃纁性情冲彝靜穆，即不醫，亦頹風亂俗之針砭也。家學不墜若此，殆可風焉。

賈所學

康熙《嘉興縣志·人物志·藝術》 賈所學，號九如。研究方書，深明理趣。有《脈法指歸》、《藥品化義》等刻，遠近稱之。

傅之鉉

同治《江夏縣志·藝術》 傅之鉉，字木希，其先四川長壽。業舉子，以攻苦過，得咯血疾，乃旁通於醫。會天下兵起，滄桑變革，鉉乃醫隱於楚。精太素脈理，決死生休咎如桴鼓應。李學使可汧試其術，使二女子年相若者，各一手隔幃診。鉉曰：此兩人也！李訝曰：君晰微似郭矣！丁中丞念莪自豫撫楚，診之曰：公脈君相，二氣交和，將坐遷制府矣。其診理卿李文蓀，曰：秋得春脈，弦且長，草青當痛左脇而終。既而果然。診張中丞湖陽，出謂人曰：撫軍脈大粗且急，他時其不免於城旦乎！劉方伯罪擬伏質，診之曰：得輸鬼薪，當無恐。皆奇驗。所著有《四診纂要》諸書，藏於家。

何金琇

光緒重修《丹徒縣志·人物·方技》 何金琇，字秀玉，號崇源。邑諸生，有聲庠序。屢試不得志，遂棄舉子業，究心先世岐黃之學。方明宏宣間，有彥澄公以醫顯於朝，三楊先生皆折節敬禮，嗣是代有聞人。至明末仁源、繼充兩公，名益重。仁源即崇源之大父，而繼充其世父也。崇源盡發累世之藏書，精研於陰陽、表裏、虛實、補瀉之法，於是醫學大進。所至輒有奇效，四方延請者，歲無虛日。又念藥物可以療病，非所以養生，日取《參同契》、《悟眞篇》諸書，詳證其奥義，復手定《冲虛子金丹直論》，往往有心悟，獨得之解，爲前人所未發。平居靜穆澹遠，喜愠不形，每言境過輒忘，胸中不留一物，蓋天資近道如此。

王仍奕

康熙《浙江通志·方伎·杭州府》 王仍奕，字鑰泉，仁和人。志在濟世，與其兄修德，字弘泉，同習于祖少泉之術。少泉得異人授，治痘疹，所活赤子甚多。弘泉繼之，未久即歿。至鑰泉而術益精，名益震，所活者益多。有子鳳翼，字來阿，丁酉舉孝廉。

許以溥

康熙《高唐州志·人物·方技》 許以溥，字滄洲。生而穎異，博覽，尤精於岐黃術。視疹痘甫出，即決其生死，州守旌曰：功參造化。

周維墀

光緒《崑新兩縣續修合志·藝術》 周維墀，《通志》作樨，字仲肅。幼患咯血，棄儒習醫，從海虞繆希雍遊，盡得其傳，薦授太醫院官。順治丙申，總督郎廷佐繪海上全圖，駐崑，標兵爲民累。適郎病，延維墀治，數劑而愈。維墀堅却厚饋，請戢卒伍，邑遂安。年八十，無疾終。

張聖陛

同治《新化縣志·人物·方技》 張聖陛，字九儀，明諸生。遭季世，棄儒服業醫。畢力《内經》及《靈》、《素》、張仲景、劉河間、薛立齋諸書，著有《醫案》、《醫論》。

鄭之楩

康熙《南皮縣志·人物》 鄭之楩，字對楠，倉部金之孫，司訓登瀛子也。幼聰穎，經書過目成誦，更善舞劍。稍長，時發痰疾，作顛狂狀，因廢學焉。求醫治之，久而愈，遂業岐黃，精其道，談大方脈者，無出其右。診脈有奇驗，藥可回生也。一日診病人，有壯者曰：視我脈。楩診畢曰：有貴恙，幸保重之。壯者怒曰：我何病，特戲耳，若謂眞耶？拂衣而去。楩從容告旁觀者曰：此人眞病，彼不覺也，不急治，恐陽生後莫救矣。此初秋時言也，後果於冬至之夕暴卒。其神異皆類此。四方迎請及就診者，踵接於門。有《醫案》百餘卷。

呂愷陽

康熙《仁和縣志·方技》 有呂愷陽者，立志濟人，偶得異人授，專治折傷。每於武門騎射有墮馬箭傷，即傳以藥，立甦，併不問其姓名。歷十餘年所，亦近世之韓伯休也。

邱天成

道光《重輯渭南縣志·藝術傳》 邱天成，字仲彝，號中山，知府天英仲弟。廩貢生，候選訓導。究心心性，著有《痘疹仙傳》行於世。

顧靖遠

《顧松園醫鏡·左國楫序》 蓋顧氏痛其父以時疾誤服溫熱而殞。故於此書，再三致意焉。顧氏爲明崑山顧文康公鼎臣之孫，清初有聲庠序，逮後入爲太醫院官。所著尚有《醫要》一書。

戴天章 麟郊

《醫學讀書志·國朝戴氏天章》 《廣瘟疫論》四卷。右書一種，上元戴天章撰。天章字麟郊，學者稱北山先生。長子瀚，雍正癸卯一甲第二人。孫翼，官御史，貤贈朝議大夫。是書折衷吳氏，增辨證八、兼證五、夾證十，并原論凡一百一十三條，末附藥方八十三首。爲歙人鄭某剽刻。其孫祖啓，出存存書屋原稿更正。雖論議委婉，不若有性之決(裝)〔裂〕，究爲偏見不可測。

《清史稿·藝術傳·戴天章》 天章，字麟郊，江蘇上元人。諸生。好學強記，尤精於醫。所著傷寒、雜病諸書及《咳論註》、《瘧論著》、《廣瘟疫論》，凡十餘種。其論瘟疫，一宗有性之說，謂瘟疫之異於傷寒，尤慎辨於見症之始。辨氣、辨色、辨舌、辨神、辨脈，益加詳焉。爲人療病，不受謝。子瀚成，雍正元年一甲第二名進士。

何天伯

乾隆《泉州府志·人物志·國朝藝術》 何天伯，本永春人，徙居郡城花園後，是爲晉江人。以醫名於世，凡《素》、《難》、《脈訣》、經方、本草諸書，靡所不窺，十三科之旨，皆洞極精微。晚更詳究太素脈理，言人休咎，絲毫不爽。有萼輝舖陳婦柯氏，新婚未久，病，日懨懨不離牀褥。其家求天伯視之。診脈良久曰：孕也，且是男胎。但《經》云：凡腎脈湧而向後者，其父已死而後生，此遺腹脈也。家人聞言驚恐，請爲破胎。天伯曰：此定數也，破之則並絕其子矣，不可。甫三月，父病嘔血。九月，父死。滿十月，果生男兒。其餘斷人生死，療病奇效，難以殫述。聞有世傳百效奇方，必竭誠求得之，合藥以濟人。今城隍廟種德堂徐鏡心萬應神麯，名馳天下，其所授也。病自診脈，知死期，囑徐鏡心爲辦後事。卒年六十有九。妻、子皆先喪，徐鏡心爲殯殮，葬於花園後城邊之麓，春秋諱(娩)〔輓〕，令子孫世祀罔替焉。

胡文瑜

康熙《高安縣志·闡異·伎術》 胡文瑜，字潤甫，龍口人，進士倫之裔孫。初習舉子業，屢試未遂，見有異授儒醫者，艷慕其術，因棄所學而學焉。遂與同邑朱九錫遊於漕院林公起龍之門。術大行，林公喜以其事聞於正藍旗親王。王以異人目之，且欽其賦性樸誠，持品清潔，欲薦授二人官。錫以年老辭弗受，文瑜授宗人府供事□職。各贈金幣歸里，鄉黨榮之。

張伯弼

乾隆《江西新城縣志·外志·方技》 張伯弼，字良臣，百歲里人也。家世業儒，至弼以醫隱。博覽邃通，尤善治小兒，所全活以萬計，人德之，咸稱張翁不名。邑令解光倫有幼兒患砂石淋，危甚，羣醫束手，翁用吐劑涌之，三服而溺通。羣醫神之。翁曰：是非難知也，諸君病不見古經耳。《靈樞》云：厥陰肝之病，遺溺癃閉。予用木鬱達之之法故效，古人行之者屢矣。人蓋服其精。

翁名動四境，造請者日盈門。翁無論貧富皆往治，治輒效，終不責報，雖祁寒溽暑，應延請若救焚，拯溺未嘗少徐佪也。懸壺城南津市，詰旦至肆，則肩輿迎者已充塞道衢。遠者襁負兒至，兒叫號滿室。翁以至之先后次第施治，度道遠不及歸，與病不可猝治者，則令抱至家，必病已乃遣去，其貧者更與以旬日糧藥值。所入緡錢日無算，貯以二囊，晚歸令僕荷以隨。里中貧者知公義，每豫伏曲巷中，伺翁至，懇以情，翁探囊遍給之。康熙丁丑甲申歲饑，翁既罄所儲助賑，翁妻楊更買黑豆數十石，晨起熟蒸以食饑者。

晚，築書屋城北，課子孫甚篤，子孫爲諸生者數人。嘗有惡少年數輩門於途，翁過遇之，輒拱手相謂：張翁來，各罷門而散，人欽其德有素云。

盧子由

《廣陽雜記》卷三 盧子由，武林人。聰明博奧，間世異人。醫道迥出尋常，著有《傷寒論金鎞》，用教典釋文之法，解《仲景卒病論》，精深微妙，世人不復能讀，板廢不行久矣。予來杭，不及見先生，獲與其諸子游，亦皆不能言其父之學矣，惜哉。

蘇廷榮

乾隆《遂昌縣志·人物志·尚義》 蘇廷榮，家世業醫，至榮益精其技。歲大疫，遍行診治，其貧不能藥者施之。龍泉陳令得疾請療。道拾囊金七十兩，坐候失主半日不至，前行十里許，有赴水幾危者，拯起飲以藥，俟少甦詰之，云是徽州木商汪榮，即失金人也。驗數皆合，遂畀之。龍泉令贈以詩，有常施篋內君臣藥，笑擲人遺子母錢之句。壽八十終，與鄉飲一十三次。

王宣

康熙《金谿縣志·人物》 王宣，字化卿，別字虛舟，世爲潘坊人，父客於桐城而生宣。年二十始還籍，補郡弟子員，仍家於桐。凡七試棘闈，不遇。五十二妻亡不復取，六十棄諸生，專事著述。七十遭亂去桐，歸故里，八十諸子皆亡。猶注《易》不輟。又四年而卒，寔爲清順治戊子歲也。

宣幼有異稟，而好爲深湛要妙之思，探賾素隱，鈎深致遠，自經史而外，諸子百氏，詩賦古文，以及陰陽律呂、瞿曇岐黃之書，靡不覃精研思，窮原竟委而後已，非徒侈淵博爲也。【略】嘗嘆俗醫不能傳以儒術，往往假生全爲殺戮，於是留心於醫。從越人王紹龍，得張長沙《傷寒論》，遂有領解。然惟屬傳經，不分寒熱爲未盡，更加揣摩，存其可簡其否而注成。家人疾病，服一匕頓起，他有證治，輒謝不敏，曰：醫，危道，不敢以人爲嘗試也。【略】所著《龍馬言》、《物理所》、《龍舒詩集》、《等韻切法通》、《張長沙傷寒論注》、《金剛兒訓》、《易溯》，皆行於世。

高斗魁 鼓峰

乾隆《鄞縣志·人物》 明高斗魁，字旦中，斗樞弟。國亡后，屏舉業不事，一門中互相師友，詩文風發泉涌，諸公皆爲傾倒。從黄宗羲講學，其弟宗炎下獄，幾死者數矣，斗魁百計出之。嘗游武林，見舁棺過者，血瀝於地，曰：是未死。啓棺予以藥，果甦。江湖間謂高旦中能起死人，求治病者，延請無寧晷，久之喟然曰：吾始有志於姚江、念臺之傳，既而從事於詩古文詞，今乃以方技顯乎。由是一意講學，未幾卒。

同治《鄞縣志·人物傳》 高斗魁，諸生。少有才，胡夢泰知奉化，見其文曰：此忠孝種子也。會失職之士多罹難，斗魁破產營救。或遇害，連其內子，則走告，勸以自裁，殓爲經紀其喪。與黄宗炎最契，宗炎自亡命后，五子諸婦困於窮餓，斗魁以賣藥所入濟之。初，斗魁講學雙瀑書院，宗炎謂其省悟絶人。至是慨然嘆曰：吾豈可老於游俠，自今當謝絶人世，一意講學，遂與同志談道讀書，爲不朽業。而病作矣，卒年四十八，人咸惜之。

光緒《石門縣志·寓賢列傳》 高斗魁，鄞人，寓居語溪。工臨池，小楷類《樂毅論》、《東方朔像贊》，行節逼米海岳，間追顏尚書。尤精醫理，治效如神，時以秦緩目之。所交皆當時知名士。著有《鼓峰心法》、《語溪詩集》。

《清史稿·藝術傳·高斗魁》 高斗魁，字旦中，又號鼓峰，浙江鄞縣人。諸生。兄斗樞，明季死國難。斗魁任俠，於遺民罹難者，破產營救。妻因事連及，勸自裁。素精醫，遊杭，見舁棺者血瀝地，曰：是未死！啓棺，與藥而甦。江湖間傳其事，求治病者無寧晷。著《醫學心法》；又《吹毛編》，則自記醫案也。其論醫宗旨，亦近於張介賓。

鄒兆麟

嘉慶《西安縣志·方伎》引舊《志》 鄒兆麟，精岐黃術。素行循謹，性好施予。康熙十年民病疫，甲寅耿逆之亂，饑民疫癘，兆麟皆捐施贈藥，全活甚衆，督院李以心存濟世匾額褒之。

張志聰 隱庵

《侶山堂類辯·王琦跋》 隱菴初爲糧道書吏，糧道患癃閉，諸醫用藥皆罔效，或薦隱菴，隱菴以補中益氣湯投之，一劑而愈。或問之曰：人治以降利之藥而不效，子易以升提之藥而效，其理安在？隱菴曰：公不見夫水注子乎？閉其上而倒懸之，點滴不能下也；去其上之閉，而水自通流，非其法耶？今閱編中所釋，將欲下之，必先舉之，而引廣轆轤之繩以喻，正是此理。

《醫學讀書志·國朝張氏志聰》 《素問集注》九卷、《靈樞經集注》九卷、《傷寒論集注》六卷、《金匱要略集注》三卷、《本草崇原》三卷、《侶山堂類辨》二卷。右書六種，錢塘張志聰撰。志聰字隱庵，盧之頤弟子，自稱南陽後裔。于《內經》、仲祖書，童而習之，白首始獲其要。乃晝思夜夢，又積二十年方成是集。其論《素問》陰陽應象、六節藏象二篇，皆乃五運六氣之綱。天元紀、五運行、六微旨、氣交變、五常正、六元正紀、至眞要七篇，皆論運氣，篇卷浩大，當即仲聖陰陽大論，王冰得之，以補足舊缺者。然四氣調神亦曰大論，所述亦四時主客之氣，何以不與大綱之列。又謂《靈樞》八十一篇，乃君臣問難之辭，即仲景所引八十一難，似甚有理。然平脈所引經文，乃不在《靈樞》而在越人八十一難，竟未指出。其《傷寒論》提挈六經三百八十一證，霍亂、易復等九十三症，使理明條貫，一掃諸家割裂之非，自有卓識。

《清史稿·藝術傳·張志聰》 張志聰，字隱庵，浙江錢塘人。明末，杭州盧之頤、繇父子著書，講明醫學，志聰繼之。搆侶山堂，招同志講論其中，參考經論，辨其是非。自順治中至康熙之初，四十年間，談軒、岐之學者咸歸之。注《素問》、《靈樞》二經，集諸家之説，隨文衍義，勝明馬元臺本。

又注《傷寒論》、《金匱要略》，於《傷寒論》致力尤深，歷二十年，再易稿始成。用王叔和原本，略改其編次。首列六經病，次列霍亂易復并痓、濕、暍、汗、吐、下，後列辨脈、平脈，而刪叔和序例，以其與本論矛盾，故去之以息辨。

駁辨成無已舊注，謂：風傷衛，寒傷營，脈緩爲中風，脈風爲傷寒。傷寒，惡寒無汗，宜麻黄湯；中風，惡風有汗，宜桂枝湯：諸說未盡當。而風、寒兩感，營、衛俱傷，宜大青龍湯爲尤謬。其注，分章以明大旨，節解句釋，兼晰陰陽血氣之生始出入，經脈藏府之貫通循行，使讀論者取之有本，用之無窮，不徒求之糟粕，庶免終身由之而不知其道也。

又注《本草》，詮釋《本經》，闡明藥性，本五運六氣之理。後人不經臆說，概置勿録。

其自著曰《侣山堂類辨》、《鍼灸秘傳》。志聰之學，以《素》、《靈》、《金匱》爲歸，生平著書，必守經法，遺書并行於世，惟《鍼灸秘傳》佚。

高世栻 士宗

《醫學真傳·王嘉嗣序》 我士宗夫子，性靈獨異，學識超群，註釋經論，既已述大道而正其傳。暇日集群弟子往復論難，提命之下，及門手録，顔曰《醫學眞傳》。其間陰陽血氣，臟腑經絡，與夫五運六氣之理，凡前聖孕含未剖者，闡著靡遺，而諸書所表章未備者，迄無餘藴，洵足補救斯人而爲功於造物，其所系豈淺鮮哉！嗣等彙集成帙，摘其要者梓以問世，使皆知醫之傳有其眞而學以不僞，是誠我夫子扶挽斯道之志也夫。時康熙己卯之春，錢唐王嘉嗣子佳敬題。

《醫學真傳·先生自述》 余童年喪父，家貧無所資，藉舌耕以奉母，及制舉之業不獲售，遂習岐黄之術於倪先生之門。所授書有《藥性》、《全生集》、《明醫指掌》、《傷寒五法》，幷《諸方歌訣》，以爲道在於是。二十三歲即懸壺，治病頗效，多有稱許者；然循方投藥，究未能刻期應驗。甲辰歲，余年二十有八，七月中旬，患痢甚篤，延時醫診治，藥日投而病日劇，月餘不得愈，遂不服藥，至仲冬而痢方止。因嘆曰：醫之不可爲也，醫治我若是，我治人想亦若是。以醫覓利，草菅人命，謂天理何！其時隱庵張先生開講經論，遂往學焉，得究觀《傷寒》、《金匱》、《神農本經》及《素問》、《靈樞》諸書，朝夕參究，始悔前之所習，皆非醫學之根源。隱庵先生，亦以針芥之投，無微不晰。如是者十年，岐黄至理，雖未能窺其堂奥，而論證施治，已不同于往昔之見病治病，執風痰、氣火、感寒、停食之說，遂循方而投藥也。故每遇一證，必究其本而探其原，處方用藥，不同流俗，因是人咸謂余偏執。嗟嗟！人命攸關，余豈故爲離奇而偏執耶？夫祗閲方書，不明經論，知其外，不知其内，則視余誠偏矣；以藥試病，中無定見，究其末，不究其源，則視余誠執矣。蓋醫理如剝蕉心，剝至無可剝，方爲至理。以至理而論病，則大中至正，一定不移，而豈偏執之謂哉！

《清史稿·藝術傳·高世栻》 高世栻，字士宗，與志聰同里。少家貧，讀時醫通俗諸書，年二十三即出療病，頗有稱。後自病，時醫治之，益劇；久之，不藥幸愈。翻然悔曰：我治人，殆亦如是，是草菅人命也。乃從志聰講論軒、岐、仲景之學，歷十年，悉窺精奥。遇病必究其本末，處方不同流俗。志聰著《本草崇原》，未竟，世栻繼成之。又注《傷寒論》。晚著《醫學眞傳》，示門弟子。自述曰：醫理如剝蕉，剝至無可剝，方爲至理。以之論病，大中至正，一定不移。世行分門別類之方書，皆醫門糟粕，如薛己、趙獻可輩，雖有穎悟變通，非軒、岐、仲景一脈相傳之大道。古人云：不知十二經絡，開口舉手便錯；不明五運六氣，讀盡方書無濟。病有標有本，求其標，只取本，治千人，無一損。故示正道，以斥旁門，使學者知所愼。

程應旄 郊倩

《醫學讀書志·國朝程氏郊倩》 《傷寒後條辨》十五卷、《醫經脈圖句測》四卷、《藥方》二卷。右書三種，休甯程郊倩撰。郊倩名應旄。因方有執《傷寒條辨》未窮隱奥，複益加推擴，故條分愈衆，論議愈新，究于仲聖立論之旨了無干涉。《脈圖》、《藥方》俟考。

《清史稿·藝術傳·程應旄》 程應旄，著《傷寒後條辨》。

鄭重光

道光重修《儀徵縣志·人物·藝術》 鄭重光，字在莘。事親孝，嘗封股療父病。友愛兄弟，撫孤姪若己子。性穎慧，讀書輒了悟。雅善方術，多治奇症，所著《傷寒論條辨續註》、《傷寒論證辨》、《溫疫論補註》，載《藝文志》。康熙四十八年，舉鄉飲。歿數十年，黄童白叟，無不知其名。《府志》：鄭重光，字在莘，儀徵人。始居瓜洲，繼遷府城。天性孝友，嘗割股肉療親疾。親既歿，發憤肆力於醫。尤精於傷寒，謂學仲景之書者，莫善於方有執，然《條辨》僅詳太陽三篇，而三陰用力遂餒。於是參喻昌、柯琴、程郊倩、張璐玉四家之說，斷以己意撰《傷寒條辨續注》十二卷。謂溫責少陰，疫責三焦，迴不相合，而疫邪因人質爲寒熱。質厚者，感其氣則熱，宜大承氣湯，瀉土以救水；質薄者，邪入消其陽而益虛寒，急宜四逆、眞武以回陽氣，少遲則脫。而吳又可既不分溫疫，又謂陰症世間罕有，不知疫證最多陰證，惟虛寒之疫，誤治乃死。於是撰《溫疫論補注》二卷。謂傷寒之辨，懸絕於表裏寒熱，不詳形證，譁於議藥，天枉遂多，本李士材《括要》之意，撰《傷寒證辨》三卷。謂人身陽不盡不死，陰不盛不病，故道家謂陰盡而後仙，聖人賤陰而貴陽，陽因汗越則益躁，再服苦寒，陽氣愈消，則致耳聾昏睡，似少陽。冷極於內，逼陽於外，則發爲陰癍，似熱不冷。陽厥於上，則渴而欲飲；腎水淩心，則舌黑；太陰塞，津液不上輸則舌黑而燥似火；少陰寒水上逼心火，則發聲爲笑；似痰，寒不外解傳，入厥陰則下利膿血，似痢。寒中肝則厥氣上逆而吐血；形寒飲冷，傷肺則欬，似虛勞。寒中太陰宜溫胃，誤消尅則傷陽而傳少陰。腐氣本于腎，腎邪逼眞氣上出於口，則口臭，似胃熱。寒氣上參陽部則胸背脹，婦人往往有之，似肝氣。凡此陰證似陽，皆宜憑之以脈，脈沈緊或散大，宜從陰治，投以陰藥則危。錄其生平治驗，爲《素圃醫案》四卷。自以三陽證顯明易見，故多載亢害之氣，似是而非者，大半皆取効於桂附。然所載汪嵩如病夜不寐者月餘，秋深尚畏熱，倮而扇。重光診之，虛大而數，按之豁然，曰：此得之盛怒而恐，魂不歸肝，氣不歸腎，因衛氣常留於陽，則陽蹻盛不得入於陰，則陰虛，故目不瞑。眞陽外越，脈不斂，故天令雖寒而猶熱，似陰盛格陽，然非眞武、四逆證也。陰者，陽之守；陽者，陰之衛。陰不守陽，孤陽飛越，寒之不寒是無水也。用從陰引陽之法，以八味地黃湯治之，果愈。吳敦吉病，始獨坐不見人，醫以痰治，漸晝卧，昏時起盥洗，夜分飯飲，談笑如常，天曙則卧。重光診之，以爲思慮傷脾，須情志以勝之，當如華陀之治魏守，激其大怒。時以爲戲言，未幾，有人隔屏憤爭，觸其怒，披衣而起，大聲辯論，即霍然。員虞肱病顚，語言失常。重光診之，脈不長滑，非痰非狂，察其言能記憶，自知其妄，曰：腎病也，得之失志。經云：腎氣不以時上，故言變而志亂，須獨宿，可勿藥。投以六味地黃湯，加當歸、麥冬、五味、遠志、人參，半月愈。蔡毓徵得異疾，周身頭面紅腫，癢不可耐。重光診之，脈浮數無倫，《經》有刺風一證，不如是甚，脈亦殊不合也。憶市肆鮰魚甚多，詢其曾食此否，曰：然。《本草》：鮰魚，令人發癩。蔡食時覺舌麻，爲中魚毒無疑。以甘蔗汁、蘆根汁、橄欖湯雜進，時許即止。其精奧巧慧又如此。康熙四十八年，與鄉飲。年七十九而歿。子四人，傳其家學。案：重光之醫，克紹吳普、許叔微之脈，其學不在滑壽下，《江都縣志》以入《篤行傳》，《儀徵續志》雖入《方伎》，而但以泛辭譽之，太史公爲扁鵲，司馬季主作傳，必詳述其伎，蓋人以伎傳，不詳其伎，不如不錄其人也。重光之伎，實有可傳，特備錄之。

《清史稿·藝術傳·鄭重光》 鄭重光，著《傷寒論條辨續注》。

金銘

乾隆《金山縣志·人物·藝術》 金銘，字子弁，世居衛城。幼從秦景明學醫，治療如神。著有《藥能》若干卷。孫學謙，字有祿，能傳其術。

徐磐

乾隆《金山縣志·人物·藝術》 徐磐，字介鴻，衛城人。從學于金銘，盡得其術。而爲銘所掩，名不及遠。然變通神妙，銘亦以爲不測也。工於詩，超逸無塵俗氣。著有《影匳集》。

夏之皐

乾隆《金山縣志·人物·藝術》 夏之皐，字東步，諸生，朱涇人。既冠，棄制舉業，事軒岐家學。博洽羣書，江南諸郡推爲秦越人。

林瀾

《清史稿·藝術傳·林瀾》 林瀾，著《傷寒折衷》、《靈素合鈔》，兼通星象、堪輿之學。

程林

《醫暇卮言·吳綺序》 余友程子雲來，學裕雕龍，品高立鶴。少有班揚之譽，未展其才；長聞莊老之言，獨知其義。所由望隆江左，萃拔汝南者矣。爾乃有術如岐，息流含氣，得經於扁，名動諸侯。通《金匱》之秘文，著銀丸之妙諦，疾無常異，煮一枕而咸瘥。人有寒溫，試五爐而胥效。又仰通於鴻術，將大拯夫駢生，暇而後醫也，醫安得暇乎！

《醫暇卮言·薛玶序》 余稔程雲來先生名久矣，前年自西陵移來，比屋而居，益悉其學術之淵博，讀《金匱玉函註》曰：是探河於宿海，尋山於崑丘岷嶓者也。又讀《即得方》曰：是引九曲之流於溝澮畎畝，使禾黍貢茂而螽勺可挹者也。以澤天下沛如矣。既又以《醫暇卮言》二卷，索序於余。尋繹久之，而知先生於性命物理之學，躭炙已深，而後寓意於醫，無往不臻其妙，茲則其見一端者也。世人等醫於巫史卜祝，以爲與儒者分路而馳，不知不通天地人之理，未可與言吹咀鍼石之事，况揲荒爪幕乎。且寧獨醫，即巫史卜祝亦然。【略】程先生知道者也，而寓於醫。性命物理之學，於是乎見《巵言》云乎哉。且其家藏有宋徽宗《聖濟總錄》一書，元大德年間，耶律楚材重刊，盈二百卷，世所未見。日夕津涉於此，自然出人意表。

《醫學讀書志・國朝程氏林》《聖濟總録纂要》二十六卷。右書二種，休寧程林撰。林字雲來。以《聖濟總録》簡編殘缺，購得三本，互相補苴，尚缺一百七十至一百七十七卷。其友項睿補撰《小兒方》五卷，因繁重難行，乃撮取要旨，節成二十六卷。序疏門類，悉仍其舊。今震澤汪氏所梓，已復程缺，又失末後二卷，惜未獲程書補全。林與喻昌同時。每摘傷寒疑義詰質，《尚論篇》中有答問一十六條。張璐《醫通》引書目錄，載《金匱直解》，未見傳本。

《清史稿・藝術傳・程林》 程林，著《金匱直解》、《聖濟總録纂要》。

張世顯

光緒《重修嘉善縣志・人物志・藝術》 張世顯，字寰泉。祖、父皆工幼科，至世顯益精痘疹，應手立效。兼通書法，善弈。以耆民給冠帶。子文光，字幼泉；文衡，字觀泉，能傳家學，有異驗。父子皆年逾八袠云。

張錫駒

《清史稿・藝術傳・張錫駒》 張錫駒，字令韶，亦錢塘人。著《傷寒論直解》、《胃氣論》，其學本於志聰。

隆應

嘉慶《介修縣志・藝術》 隆應，大宋曲村寺僧。知藝術，和藹不矜，雖貧賤廝養，必盡其心力，富室延療，亦勿較值。精於方藥，凡金刃鉅創，傳其藥，輒數日愈。汾屬健鬥，每至斷筋折骨，遇隆應多所全活，邑令皆旌奬之。

三銅道人

光緒《山西通志・方外録》 三銅道人，不知何許人。高平諸生成周佐母病喉，百藥罔效，一道人過門索蔬具，見之曰：喉有祟，吾爲子手療，否且殆矣。擊所持繫扇柄，出紅丸七，〔令〕(令)吞之。又彈項後，吐數肉蛾，蠕蠕動，旋納之褏中，語周佐：謝我銅三斤足矣。取以付，再出，失道人所在。殆非世人也。遂著《三銅道人傳》。

李上雲

乾隆《重修和順縣志・人物》 李上雲，廩生。聰明勤學，兼精岐黃。著有《摩青脈理》。太原傅先生山嘗稱曰：李先生方，一味不可移易。活人甚多。

傅山 青主

乾隆《直隸代州志・藝文・傅青主徵君傳》 傅徵君山，字青主，別號公之他，又號石道人，山西忻州人。善古文詞，兼工書畫，尤邃於長桑術。人有病乞治者，無貴賤，一一視之無倦容，應手即愈，故醫名遍於山右。著作甚富，今傳者有《霜紅龕集》十二卷，《眉詩》附焉、《性史》、《十三經字區》、《周易音釋》、《周禮音辨條》、《春秋人名韵地名韵》、《兩漢人名韵》、《傅青主醫書》刊行於世。

光緒《山西通志・義行録》 傅山，字青主，別署公之它，又字嗇廬。少與孫忠靖公傳庭共學，讀書過目成誦。明季天下將亂，諸號爲搢紳先生者，多腐惡不足道，憤之，乃堅苦持氣節。【略】既絶世事，而家傳故有禁方，以善醫聞，邃於脈理，而時參以儒義。康熙戊午，詔舉博學鴻詞，給事中李宗孔以其名薦，時年七十有四矣，固辭不可，乃稱疾。有司令役夫舁其牀以行，二孫侍，將至京師三十里，以死拒不入城。於是馮相國溥首過之，公卿畢至。山卧牀不具迎送禮。魏尚書象樞乃以其老病上聞，詔免試放還。命加中書舍人以寵之。

《清史稿・遺逸傳・傅山》 傅山，字青主，陽曲人。六歲，啖黃精，不穀食，強之，乃飯。讀書過目成誦。明季天下將亂，諸號爲搢紳先生者，多迂腐不足道，憤之，乃堅苦持氣節，不少媕婀。提學袁繼咸爲巡按張孫振所誣，孫振，閹黨也。山約同學曹良直等詣通政使，三上書訟之，巡撫吳甡亦直袁，遂得雪。山以此名聞天下。甲申後，山改黃冠裝，衣朱衣，居土穴，以養母。繼咸自九江執歸燕邸，以難中詩遺山，且曰：不敢媿友生也！山省書，慟哭，曰：嗚呼！吾亦安敢負公哉！

順治十一年，以河南獄牽連被逮，抗詞不屈，絶粒九日，幾死。門人中有以奇計救之，得免。然山深自咤恨，謂不若速死爲安，而其仰視天、俯視地者，未嘗一日止。比天下大定，始出與人接。

康熙十七年，詔舉鴻博，給事中李宗孔薦，固辭。有司強迫，至令役夫舁其牀以行。至京師二十里，誓死不入。大學士馮溥首過之，公卿畢至，山卧牀不具迎送禮。魏象樞以老病上聞，詔免試，加内閣中書以寵之。馮溥強其入謝，使人舁以入，望見大清門，淚涔涔下，仆於地。魏象樞進曰：止，止，是即謝矣！翼日歸，溥以下皆出城送之。山歎曰：今而後其脱然無累哉！既而曰：使後世或妄以許衡、劉因輩賢我，且死不瞑目矣！聞者咋舌。至家，大吏咸造廬請謁。山冬夏著一布衣，自稱曰民。或曰：君非舍人乎？不應也。卒，以朱衣、黄冠斂。

山工書畫，謂：書寧拙毋巧，寧丑毋媚，寧支離毋輕滑，寧眞率毋安排。人謂此言非止言書也。詩文初學韓昌黎，崛強自喜，後信筆抒寫，俳調俗語，皆入筆端，不願以此名家矣。著有《霜紅龕集》十二卷。子眉，先卒，詩亦附焉。

眉，字壽髦。每日出樵，置書擔上，休則把讀。山常賣藥四方，與眉共挽一車，暮抵逆旅，篝燈課經，力學，繼父志。與客談中州文獻，滔滔不盡。山喜苦酒，自稱老蘖禪，眉乃稱小蘖禪。

魏泰平

光緒《山西通志・藝術録》 魏泰平，定州諸生。業醫術，於傷寒證尤精，傳徵君山深許之，甚有聲譽。

楊耀祖

光緒《山西通志・藝術録》 楊耀祖，字丕顯，平定人。幼得異人汪健陽指授，遂精岐黄術，爲當道所重。流寓太原，與傅徵君善，徵君疾，非耀祖藥勿啜也。癸卯領解，甲辰成進士。居京師，王大臣咸敬禮之，名動一時。

郎慧學

嘉慶《餘杭縣志・藝術傳》 郎慧學，字鏡如。生平篤學，讀書課子而外，絶不問家人生産。晚年尤精心醫學，序《脈訣》行世。子捷，康熙甲子科舉人。

何慥

乾隆《石屏州志・人物志・方技》 何慥，字百庸，本州人。先世精岐黄，至慥而術更神。一日，有邵某者行市中，吐血數斗而仆，氣已絶矣。慥見其血色，曰：未死也。以獨參湯灌之而愈。王師復滇，前鋒賴將軍舌本腫出，不能縮。慥曰：心氣亟熱也，久則飲食不下死矣。炙銀器灼之，腫消。再投以湯劑，立愈。其生平立起沉疴，隔垣如見，類如此。入西山，有道者素無疾病，寢不能興。慥診之，曰：六脈純陰，爲鬼所盜，當午刻死。竟如其言。又嘗爲劉某診，曰：尺脈有怪徵，後嗣其有危乎？是夕，其孫果溺水死。年九十餘，預營壽藏，先期與親友別，至期而逝。

周揚俊禹載

《清史稿・藝術傳・周揚俊》 周揚俊，著《傷寒三注》、《金匱二注》。

許朴

乾隆《曹州府志・方技仙釋》 許朴，濮州人。得辟穀術，數日不飲食，顔色如常。未四十，棄妻，棲東阿深山中居焉。能毉人病欲，其死心同居數日，不藥而愈。譚尚書聘至京，與語不合。譚欲用女鼎，朴守清淨，遂厚遺歸。辭曰：翁老而面赤，好動，健於房欲，必有授以吐納之術者。曉起試看，溺器中溷汁，是遺精也，恐一旦火發，救之遲耳。數月，譚逝。

李道眞

光緒《續雲南通志稿・雜志・釋道》 李道眞，康熙五十七年來自臨安。至東川，住城隍廟，自言全眞，度牒上載：戊寅年生，係前代人。語言若顛狀，貌似四十許人，身長力大。披髮跣足，衣單，道袍冬夏不易，常卧雪中，汗出淋灕。醫人奇疾，無不立效。城中謝氏幼女已死，道眞用灰和酢，遍身塗之，復活。又療焦氏痼疾得痊，因爲館奉之，由是求醫者日衆，後不知所終。

祝道行

道光《江陰縣志・人物・藝術》 祝道行，字明侯，好學精醫。康熙二十年大疫，奉文施藥，加意問切，投劑多活。性喜周急，立心行己，有古人風。

王宇熙

道光《商河縣志・人物志》 王宇熙，字廓若。康熙中拔貢生，敎諭費縣。學問淵博，情性冲和。著有《四書輯略》、《六經纂要》、《醫方便覽》。壽八十二而終。

汪　琥

《清史稿・藝術傳・汪琥》　汪琥，著《傷寒論辨注》。

葉文舉　葉天彝

雍正《合肥縣志・人物・方伎》　葉文舉，字公遠。業儒，後精於醫，探丹溪、河間之奥，多所全活。子天彝，性直行方，復得秘授。著《醫宗思知録》。子時發，邑庠生，亦嗣其術。

張中和

道光《直隸南雄州志・人物・方技》　張中和，字介石，州城人，倜儻有幹局。康熙初，由監生任韶州府經歷。曲江、仁化、乳源苗蠻作亂，郡守遣往招安。中和以一子爲質，擒賊魁出。時文武大員竟戮賊魁，苗蠻因殺其子，而上官更坐以激變之罪，罷官繫獄，三年乃獲昭雪。隱不復仕。精岐黄，藉以自給。醫多神效，所著有《西來集》、《知蒙醫鏡》。

何金珙

光緒《丹徒縣志・人物・方技》　何金珙，精於醫。康熙甲戌，奉特召入京。上念其老，命肩輿入大内，眞異數也，時公卿皆折節。奉上諭，主於張文貞相國第。後奉旨，於南書房校讎諸醫書。事竣，賜人蔘、文綺、冠韡等物，馳驛歸里。

馬光炳

乾隆《杞縣志・人物志・方技》　馬光炳，字維棟，體乾孫也。幼讀詩書，入太學攻舉子業。見赤子多以痘殤，兼習痘疹，因精通焉。一鄰人王羲和子出痘，諸醫皆謂逆症不治。及炳至，則曰：此險痘耳。果兩劑而愈。韓秉福子出痘，他人醫治七日不見起長，復灰白頂陷。炳視曰：此氣虚也。遂出所帶人參等藥治之，立效。又有張錫臣子，八日痘不長，片片紅紫如雲。炳曰：此夾瘢痘也。除瘢，痘自起矣。如方以治，果應。歷來活人無數，且有貧不能服藥之家，炳即助以藥資，或必需人參，亦以所有濟之。一時有仙手佛心之譽。

史　謀

道光《徽州府志・人物志・方技》　史謀，黟人。善鍼灸之術，貧人求療者日以百數，未嘗受一錢。召之醫者，必預設大宅居之，以爲四方男婦就治之所。出游則艤舟，從醫者嘗數十艘。有山左人病鶴膝，萬方不效，幾就木矣，求鍼於史。史曰：是需時日，未能猝愈也。其人自揚州隨之渡江，歷姑蘇至吳興，凡百日遂蹶然而起。

周　城

光緒《安徽通志・人物志・方伎》　周城，績溪庠生。正直寡言，善岐黄，治病百不失一。

汪純粹

道光《徽州府志・人物志・方技》　汪純粹，字惇士，十都人。著有《傷寒論編》、《孝慈備覽》、《遊秦醫案》諸書行世。

光緒《安徽通志・人物志・方伎》　汪純粹，黟縣人。

程建勳

光緒《安徽通志・人物志・方伎》　程建勳，字君望，黟縣諸生。善畫通醫，尤精痘疹，時稱天花聖手。嘗輯痘書，自叙其意，以察色驗氣爲主。弟建極之子陟洲，受其傳。陟洲之孫式玉、式莊，曾孫鴻業，並以醫名。鴻業治痘疹尤效。兼通易數。

汪　昂訒菴

道光《徽州府志・人物志・方技》　汪昂，號訒菴，西門人，寄籍括蒼。好集醫方，所著有《本草備要》、《醫方集解》、《靈素類纂》三書，風行遠近。

原按：《四庫全書》採婺源李文來《醫鑑》十卷、《續補》二卷。云休寧汪桓作《醫方集解》、《本草備要》二書，淺顯易明，頗行於世，文來撮合兩書成之，實汪氏本也。

《醫學讀書志・國朝沈氏金鰲》　汪昂，國朝休寧人，字訒庵，撰《靈素類纂》三卷、《本草備要》四卷、《醫方集解》三卷、《湯頭歌訣》一卷。

光緒《安徽通志・人物志・方伎》　汪昂，字訒菴，休甯人，明諸生。順治元年，昂年三十二，罷制舉，專意醫學，輯《本草備要》、《醫方集解》二書相資爲用，理法全宗古人體裁，實爲創製。康熙三十一年，昂年八十，始序而刊行。其後，胡孝峰以二書合刻；乾隆四十三年，長沙吳世芳又刻之，流傳至今。

陳文楓

光緒《安徽通志・人物志・方伎》 陳文楓，字宸甫，懷甯人。工醫，決死生百不一失。尤精於傷寒，能窺仲景之奧。

李嘉應　劉長啓

光緒《安徽通志・人物志・方伎》 李嘉應，字元長，望江人。以醫濟人，口不言謝。康熙時選入太醫院，升吏目。同邑劉長啓，世業醫，尤善治痘，捐金施藥，人多德之。

王凝

道光重纂《福建通志・國朝藝術・福寧州寧德縣》 王凝，字翠華，不知何許人也。康熙間來寧德。精於醫，不索謝。有貧婦難產而死將掩之，見棺旁血跡，知可救，使開棺，以針刺胸下，復甦比產，母子俱全，兒手針痕宛然。問其故，曰：此兒手握母繫，刺其手，其氣自伸。又有市人欲詆之，瞰其來，自案上倉卒躍下，求診脈。駭然曰：若腸斷，宜急歸。少頃果死。後病將革，語其徒曰：今夜無雨，尚可活。及夜半，竹林有聲，遂卒。著有《本草要解》四卷，《醫(按)〔案〕》六卷。

郭英壽

光緒《撫州府志・人物志・方伎》 郭英壽，字瑞林，樂安上羅坪人。習岐黄，精正骨法。有折傷求治者，動手輒效。不受謝金，永邑羅炳發被虎攫傷，殘廢十數載，英壽憐其貧且廢，造其家，爲之續完肢體，復給貲本使營生業。邑侯石宜蕎奬以存心濟物，學博曹履泰奬以積善救生，邑人游閎爲之傳。

樓一品

嘉慶《義烏縣志・方技》 樓一品，字朝之，號綠濱，居東江。其先世自宋咸淳間得異人傳，以醫名家。一品少研經史，不屑，窮《素》、《難》，已而慨然曰：吾邑丹溪子，儒者也，不嘗以醫顯乎？乃博討方書，積十餘年，出無不中，當路重之，授醫學官。父守志，嘗作丸散施人不取值，享年幾百。一品繼之，亦不計值。康熙壬戌，麥無秋，取藏穀百斛以賑，又捐修平政橋，捨地施茶，日不輟。年近耋云。

李兆鯨

光緒《湖南通志・人物志・技術》引《常德府志》 李兆鯨，武陵人。工醫。有馬某病憊甚，將延兆鯨治。馬忽見二童子泣於側，曰：明日李醫至，吾輩無藏身處矣。兆鯨至，一劑果瘳。又聞客某，鼻孔中各藏赤蟲一，長四五寸，聞香輒出，觸之即入，滑黠不可治。兆鯨視之，曰：此水蟒也。戲於澗中，其細如髮，以飲水誤掬入鼻孔，飽洟而肥，得血而赤，今幸早，遲則不可爲矣。令吸小溪煙，日盡二三兩，蟲遂除。武陵獄囚，多以痍死，自兆鯨任醫閱三十年，鮮服藥者。邑令某問其故？兆鯨曰：此非醫者之術，治獄者之術也。凡囚情眞罪，當安於囹圄，寒暑亦知自衛，疾既不由中出。吏卒勤於糞除，蔽其風雨，無蝨蚤之害，燥溼之侵，病又不自外作矣。令善其言，以爲知道。子廷揚，亦能世其業，治病有奇效。

朱彬

同治《高安縣志・雜志・方技》 朱彬，字大雅，古唐人。少業儒，夢名榜醫學。及親病，日侍湯藥，遂取岐黄家言盡讀之。其治病推本於五運六氣，審色察聲即知生死。嘗之婦家，妗某子病易簀矣，彬命取黄泥涂病者身，越炊許時，泥燥，口鼻微動，灌以藥遂起。里有孀婦，嫡庶只一子，患腹疾，柴瘠欲絶。彬煅砒霜入藥，飲之，藥後下如鮎者七。彬謂食風肉皮所成，幸未開眼，過七日眼開即不治。族人某欲試其術，令婢詐病顛，連求診。彬見之曰：爾本無病，以飽食跳踉，腸斷矣。須臾即絶。其奇驗多類此。著有《衛生集》，皆其生平所心得也。彬爲醫不索酬，行術數十年，活人無算，而產不加於初。新吳令趙知希，名士也，以彬比陶隱居，書山中宰相額爲贈。帥進士光祖爲彬作傳，亦深推許以爲醫隱云。

光緒《江西通志・方術・瑞州府》 朱彬，字大雅，高安人。性孝友。少工舉業，累試不得志。讀《靈》、《素》書，喟然曰：此亦濟世事也。遂攻醫。宗法仲景，兼及河間、東垣、叔和、海藏、景岳、嘉言諸家。治療多奇中，卒年八十二。

劉定侯

乾隆《新昌縣志・人物志・技術》 劉定侯，以字行，新安鄉人，太學生。自幼習醫，精於脈理，預決人病生死不少失。有富家子病延請醫治，因得見其媳。定侯語其父曰：令郎無害，令媳神已離舍，不久當疾作矣。其媳起居無恙，父未之信。越三日，媳暴卒。其術之神如此。著有《醫案》一集，貧未付梓。

團恭　劉廷載　陸德陽

嘉慶重修《揚州府志·人物·藝術》 團恭，字鴻春，江都人。精於脈，治病多奇中。偶自診，謂家人曰：一經已絶，法三日死。他醫診之，曰：未疾，何至是？恭曰：此理難言之。三日果卒。又興化劉廷載，字渭漁，精小兒醫。陸德陽，字廣明，嘗以三十年之力注《傷寒》、《金匱》兩書，著《衛生淺説》三十六篇，發明三因致病之旨，於養老、種子、保幼、擇醫、習醫、闢邪、祛惑，尤中竅要。

孫訥

光緒《通州直隸州志·雜紀·方技》 孫訥，字吾容，諸生。讀書有大志，得異人授古方書，遂精醫。判太醫院，在職三十八年，母疾馳歸，終喪不出，以畫自娛。子鏜，字大聲，有父風。鏜子奎，《文苑》有傳。

王檀

光緒《通州直隸州志·雜紀·方技》 王檀，字子升，母夢神授旃檀一枝而生，故名。精醫，不拘古法。田婦誤吞鍼刺腸，檀以桂、附、硫、硝等劑投之，痛欲絶，利下而鍼出。人訊其故？曰：此五行生克理也。火制金，故效。以其術傳弟子張叡，康熙初官太醫院使。

龔光室

光緒重纂《光澤縣志·方技傳》 龔光室，二十三都甘竹人。精内科，絶少入城，城中不知名，而北鄉交相迎致無虚日，謂古之秦越人不能過也。新甸故交張某死往弔，會其孫病痘驚人，而光室初不習是科，強之治，以承氣湯進，主人色難之。則曰：不服是，三日必變某症不救。主人既過慎，又以非素業易它醫，至期果變，復強之。光室執筆面故交靈曰：阿翁在天之靈，當護汝孫，我除此方亦縮手矣。衆疑必加劑承氣，取視之，理中湯也。竟起。於是人又知光室精痘科也。

論曰：吾聞光室起張兒痘，人有以痘嬲之者，卒不爲處方，殆所謂善刀而藏者邪，唯然，故能恢恢有餘，日奏刀而芒刃不頓也。秦越人曰：越人非能生死人也，此自當生者，越人能起之耳。其即庖丁之術與。

曹顯宗

光緒《順天府志·方技》引乾隆《通州志》 曹顯宗，字思皇，通州人，國輔子。穎敏嗜學，懷抱不羈。年十三，補州諸生，絶意進取。嘗得異授，精岐黄術，著有《脈訣》一卷。然不樂泛應，人亦不敢輕致。遇沈痾怪症，固請乃至。至則輒效。初，顯宗愛江南山水，遊竟歲歸，性嗜花，羅植庭院，瀹茗、賦詩以自樂。當事造其門，謝不肯見。晚年亦超悟，有《與乩仙唱和詩》一卷，及古今體詩甚富，惜散佚不傳。年七十三，無疾而逝。

波羅

光緒重纂《光澤縣志·方外傳》 波羅，九都雲溪寺僧。【略】精醫理，亦非俗所知。里人邱某母病，波羅診之，謂症雖熱，然非桂、附不爲功。服半劑，即病減六七。旋棄其藥，曰：此權宜計也，盡劑則誤。易涼劑而愈。又貧士某，父病將屬纊，波羅察其症不絶，爲處方，某視方泣曰：已服矣，如無效何？曰：昔非其候，今其時矣。果如其言。

江之邁

同治《祁門縣志·人物志·方伎》 江之邁，字懷民，居十三都中澗。改儒精醫，初治浮梁鄂都閫疾，應手輒效，遂相善。康熙壬辰至京都，以鄂薦，供奉太醫院。

李典禮　姚元復

道光《續增高郵州志·人物志·藝術》 李典禮，字又姜，號揖亭，附監生，山東海陽知縣廷試子。天性曠達。不屑治舉子業，遂精於醫。不泥古方，不矜己見，名噪淮北。善清談，作詩亦清脱可誦。壻姚元復，諸生，得其傳，亦以醫名。所著有《遺人新語》及《醫辨》二種。

林濱齊　林鼎槐

道光《龍崖州志·人物志·藝術》 林濱齊，龍崖人。精岐黄術，審脈察證，用方獨具心得。每遇沈痾，輒以己意療治，多奇效。著有《醫案》及《内外科方書》，未刊行，歲久蠹朽。諸生林鼎槐，親授其傳以行世，自著《脈訣金針》、《醫學法門》等書，間繹其緒論而闡明之，現成卷帙。

徐宣化　徐鯤化

乾隆《寧夏府志·人物·方技》 徐宣化，英之後。審於用藥，投無不效。

尤精小兒疹痘，一見輒定生死，鄉里共稱神效。徐鯤化，宣化弟。年十三，父歿，潛心醫學四十餘年，表裏洞澈。尤精于修治丸散。

閔體乾　閔光瑜

光緒《烏程縣志·人物》　閔體乾，字元一，號壺春。以眼科名世。時海寧陳淸洛詵，官禮部尚書，其夫人雙目失明五載，慕名敦請。視之曰：是瞳人反背，宜金鍼撥轉。擇晴明日治之，其明如初。康熙庚子，陳薦於朝，召入內廷供奉，易名體健。以年老乞歸。族人光瑜，字蘊儒，號韻如，諸生。精岐黃，於痘疹尤精，往往有嬰孩已死而能回生者。貧家子延治，不索報，並備參苓以濟人，遠近數百里就醫者，門庭如市。著有《傷寒明理論》。

光緒《歸安縣志·人物·藝術》引乾隆《湖州府志》　閔體健，字元一，歸安人。工金鍼開瞽之術。

談志學

乾隆《江南通志·藝術·江寧府》　談志學，字習公，江寧人。工醫術，尤精幼科，全活嬰兒甚衆。貧者不取值，人皆德之。

吳常晋　吳道純

光緒《通州直隸州志·雜紀·方技》　吳常晉，字晉明，諸生，有至性。博覽羣籍，兼通岐黃，凡瀕死者，舁而就視之，一藥輒起。全椒吳國對以編修家居，聘晉往，爲起沉疴，遂訂終身交。子道純，字味先，亦諸生，判太醫院。康熙中隨征楚北，以功授荆州同知，賜名天選。

葛天廕

乾隆《高郵州志·人物·方伎》　葛天廕，字淑承，方覃子。生而神異，能繼父業，遠近爭致之。遊京師，毛編修大可側室嬰奇疾，僵卧五日矣，奄奄僅存微息。天廕按其脈，曰：此非死症也，刻期可愈。親調藥餌治之，復甦。夢一鬼，揶揄曰：汝飲葛婆水，一啜而醒矣。其他臨奇症，神明莫測，名與父埒。卒年五十九。次子大年，字子容，亦以儒知醫，不墜祖、父業。

高允升

乾隆《寶鷄縣志·人物·方伎》　高允升，壽南里民。通醫理。康熙十三年，鄂將軍駐寶勦寇，中鉛子入前胸，溜至後腰，諸醫束手。允升先用藥，即以刀刺，直從腰取出，將軍無恙，得奏凱。一時官兵帶傷，全活者甚衆。鄂題其廬曰：華公神術。邑令徐公之子，卧病數月，諸醫莫效。允升視之，未及診脈，見其咳嗽數聲，吐出痰涎，其氣臭甚。謂之曰：公子非病也，瘡耳。瘡在肺經，已出毒矣，當早愈，只因飲茶過多，故遲遲至今。徐公曰：然則，如之何？曰：無慮，再勿飲茶。因灸一焦，留藥一劑，飲之而愈。徐公賜扁曰：良方起疚。允升生平孝義，治病不索貧人謝，時稱爲醫名家。遊西安，所活無算，旗人感之，率以高字名其子女，以誌更生云。年八十七卒。

尚承模

乾隆《句容縣志·人物志·方技》　尚承模，字賓臣，太學生，上容鄉西地村人。少時遊蘇，得鍼灸法。晚歲，技益神。雖盛暑嚴寒，不辭勞苦，亦不受絲粟報。有趙氏女患癲，醫藥不效，其家謀於賓臣。賓臣曰：是可鍼而愈也。齋戒三日往，未至其門，女在房作鬼聲，呼曰：攻我者至矣，奈何？賓臣至，鍼其人中穴者三，灸之，疾遂已。舉鄉飲賓。

黃孫藻

光緒《高淳縣志·藝術》　黃孫藻，精岐黃，常以方術授人，不及利。康熙戊子己丑間，遠近疫起，買藥診救，立蘇多人。

陳堯軒

光緒《廣州府志·方伎》　陳堯軒，名慶雲，南海鎭涌堡人。父有隱德。堯軒好讀《易》，精方藥。常市藥于城中，守價不二，凡來買者，皆予善藥，治病輒效，以故粵人及四方來市藥者，多歸堯軒。陳觀察昌齊贈句云：奇編紹自孫思邈，逸致傳爲韓伯休。蓋紀實也。

方洪石

光緒《廣州府志·方伎》引《方仰周家傳》　方洪石，字礪臣，番禺人。爲黃老方技之術，尤精於醫。康熙初，大兵討滇逆，礪臣不告妻子，從彭演之雲南。在軍中，以醫藥活人，不責謝，人稱長者。常率兵攻戰，所至克捷，撫滇使者計其功，擢呈貢令，轉督糧通判，後棄官歸，築芑園居焉。著有《治平述要篇》、《芑園日錄》二卷。

翟登雲

光緒《廣州府志·方伎》引康熙《廣東通志》　翟登雲，號羽儀，東莞人，宋進士卷石之後。天性孝友，尤喜施予。博聞強記，託跡羅浮山，樂道著書，旁通醫理。在博羅、東莞，救活多人，不責所報。明季徵爲鴻臚寺官，不就。康熙七年，舉鄉飲大賓，時年八十。著有《集簡本草》、《翟氏傳方》行世。子蒙孔，領鄉薦，仕廣州教授。

張亦仙

道光《補輯石硅廳志·人物志》 張姓，逸其名，號亦仙，江右人。性嚴毅，恬退有逸致。精軒岐術，遊歷來石，所友皆正人。用藥不泥古，輒奏奇效，求醫者，無貧富悉爲診視。有虎而冠者嬰危疾，多金延之，弗顧也。庠生陳某，疾幾不起矣，張切脈已，作而言曰：是易療，第愈後恐重聽耳。已而果然。學使周公有子遘奇疾，以名醫薦致者日數十輩，顧相視束手，莫能名其疾。後有言張術者，輿致往焉，一藥而瘳。會周内升京朝官，將薦張供奉太醫院，謀偕去。力辭旋里。後二年，訃音至石，無智愚皆爲痛悼。素所交遊，醵金錢爲位而奠焉。

彭祖壽

道光《補輯石硅廳志·人物傳》 彭祖壽者，號山氣，楚之安福人。幼補博士弟子員，舉業不售，遂以醫名，亦遊於石，多所全活。冉永燾曾爲作傳。後十餘年而張至，其性之古，術之工，若合符節，和、緩之後身耶，巢、許之再世耶。異矣！

花繡

同治《德化縣志·人物·方技》 花繡，字彰侯，喬石之子。主醫學，當事重其術，兼欽其品。著有《醫案》。臨卒，從容與家人訣絶，類喬石。時治蔡孝廉子病，當服丸藥，未及製，端坐裁一方，詳注炮炙法，書畢授其子雨，囑曰：毋倉卒中失此紙，好貽之。雨泣請遺訓，曰：勉作好人，善事畏友。隨逝。

許參可

同治《德化縣志·人物·方伎》 許參可，九江衛籍。其祖遇一道流投宿，待之甚厚，臨别授以異書，曰：好珍重，可名家。視之，則接骨方也。方屢試輒效，故其堂有：完殘肢而登壽域，續斷骨以抵全人之句。江州之有接骨醫，自許氏始，至今咸稱許接骨云。

焉。

蔣鍾尹

嘉慶《如皋縣志·列傳·藝術》 蔣鍾尹，字愚溪，興化人。擅岐黄術，著《傷寒彙解》，爲醫氏指南。走燕、齊、秦、晉間，至輒戶外履滿。又著有《雪遊詩草》。既而倦遊，與石京、張槎、朱學潛爲樂餘會，衣冠譚宴，有古君子風焉。

施廷銓

光緒《無錫金匱縣志·藝術》 施廷銓，字鼎臣，敎元孫，諸生。康熙初，以明醫徵授鴻臚寺序班，冊封琉球，充副使。

周南

光緒《崇明縣志·人物·藝術》 周南，字岐來，諸生。以侍母病治醫，遂精其術，能起沈疴。康熙六十年，日本王耳其名，延之往試，皆奏效。王使國中諸醫受業，留五年歸。

徐子瞻

乾隆《上海縣志·藝術》 徐子瞻，鄉飲賓。性沉靜，對人訥訥語，若不能出諸口。凝神按脈，釋手後斷生死不爽時日。俗號之曰：徐仙。

方欽

嘉慶《如皋縣志·列傳·藝術》 方欽，字席儒。性孝，父疾彌年，湯藥必視嘗後進，衣不解帶者跨積寒暑。於是講讀醫書，遂精其術。因請診視者日多，遂棄舉子業，就國子上舍，考授州同知。康熙丙寅年，邑多疾疫，所全活不下萬人。性好施予，貧者施以藥，其無依者，令家人代煮與之飲，或有物故者，爲備棺器斂葬之。嘗施田於育嬰堂，親族鄉鄰仰其周卹以爲生者甚衆。子之琪、之璵，孫基，博學，能詩古文，爲邑才士。

李用粹

同治《上海縣志·藝術》 李用粹，字修之，號惺菴。父贊化，字與參，甯波人，工醫。前明崇禎間，以叔大宗、伯金衮薦，召見，賜中書舍人。晚年僑寓邑中。刀圭所及，沈疴立起。性樂善，有還遺金，完破鏡諸事。用粹紹其術，嘗著《證治彙補》等書。商邱宋犖巡撫江蘇，延至幕府，臨歸書擘窠五字贈之，曰：行賢宰相事。子揆文，孫春山，俱世其業。又邦俊者，用粹從兄弟行也，字彥章，亦業醫五十餘年，活人無算，訂正《脉家正眼》、《證治彙補》，成家言。年至八十六卒。孫楷，字獻葵，傳其業。楷子廷璧，字環英，切脈極審慎。乾隆間大疫，治多效。

沈元裕

乾隆《上海縣志·藝術》 沈元裕，字介徵。有長者風，邃於醫理，上海稱李、劉、徐、沈爲四大家，而沈更神妙。孫左城，繼其業，名亦相亞。

孫肇慶

乾隆《上海縣志·藝術》 孫肇慶，字又章。業鍼灸術，爲太醫院御醫。行鍼能起死回生，名振都下。

趙儒縉

乾隆《上海縣志·藝術》 趙儒縉，字鳳亭，本長洲人，流寓上海。祖傳醫道一十七世，治目疾尤其所長云。

潘光宗

光緒重修《奉賢縣志·人物志·術藝》 潘光宗，字耀先，柘瀝港人。世業瘍醫，療治如神。貧者不取酬，轉資參藥，一方倚爲司命。提督張雲翼病，衆醫畢集，獨光宗一診即出，再延不復往，果不起。

許　環

同治《施南府志·方技·恩施縣》 許環，施州衛人。博學通醫，以明經任睢甯知縣。有鄉紳女得奇疾，臥帳內，揭帳即死，諸醫不敢視脈。許至其家，命汲水二十石，貯雨缸於臥內，入房揭帳去衾，見風死矣。許令其家人，將水淋之盡十石，女微動。再盡十石，令侍女拭乾，覆以衾。許出，坐未定，女乃得大汗而愈。又一紳士，暮年得子，赤肉無皮，紳窘極，謁許。許問產母飲食起居，紳曰：某苦無子，得孕置妾於樓，產亦在焉。許令以淨黃土末，偏身樸之，三日釁脫而皮生矣。又一皂隸，伏階下，泣詢之，曰：母疾，願得一方。許曰：孝子也。往視之，一藥而愈。致仕後，活人多類此。

姚　璋

嘉慶《旌德縣志·人物·藝術》 姚璋，字士守，招坊人，國學生。業精岐黃，心存利濟，賢士大夫咸敬禮之，題贈成集，名《杏苑編》。學士姚三辰、御史趙青華恆爲之序。郡司馬郭威釗詩云：相士風塵外，如君古道稀。簡編摩歲月，林杏報芳菲。先業才堪續，隔垣視入微。高懷同玉潔，慚我乏緇衣。邑侯夏文炳言別詩云：碧樹秋高黃葉飛，躍歌唱罷兩依依。冰心八載君相契，別有遙情和我歸。其品行高雅，即此可見一班。

曾殷六

光緒《重纂邵武府志·藝術·光澤縣》 曾殷六，五都人。喜方書，坐一小樓，日夜冥索，有未了義，簽於壁，時去時增，四壁恆滿。積三年，簽減半，五年而盡，乃下樓。邑令少子病咯血，延之治，曰：須離署別居，聽某所爲。令信之，移榻雲岩書院，初服所處方，咯轉甚。倍劑再進，愈甚。令驚詰，殷曰：六日愈矣。自是不復咯。每醫，應時立效，無論羸壯虛實，視其方，五積散異君臣佐使而已。或詰之，曰：是方變化無窮，人不能知，我亦不能言也。其治久病，注服若干劑，缺一輒不效，人以爲神。

徐　璋

光緒《重纂邵武府志·藝術·邵武縣》 徐璋，字東玻。家貧業醫，尤精痘瘍。爲人和粹易與，目短視而善察脈證虛實，一見知吉凶。有一兒患痘甚危，璋視之，辭以不治，將出，忽聞兒啼。璋曰：是聲亮而清，元氣未損，猶可救。復視之，投以異功散，兩服而愈。又有婦，懷孕發痘，二便澀秘。璋用下利法。有言痘忌下，孕婦尤甚者，璋曰：此火盛毒熾，不下則法無所施。如其言，治之胎氣安好如故，痘尋愈。其他治效，通變多此類。晚年用功益深，因本其祖梧所傳，著《痘科精義》十卷行世。

江希舜　江必昌

嘉慶《旌德縣志·人物·藝術》 江希舜，江村人，字孺慕。孫有令，字惟行。曾孫必昌，字定遠。皆以醫名世。著有《痘症(伭)〔元〕珠》諸醫書。首創種痘良方，慨不計利，世傳醫德。揚商汪上章，開醫藥義局於平山堂，特延必昌，按脈醫治。鎮江諸名宿，無不推服。至於家庭雍睦，親族之間，每日解囊賑乏，計口授糧，數世一轍，其孝義尤有足多者。

支東雲　朱鉉臣　姚介眉　俞汝翼

光緒《崑新兩縣續修合志·藝術》 支東雲，世治痧痘，有神效。子之麟，諸生，亦精其術。又有朱鉉臣，以幼科著。後，姚介眉、呂紹聞，並以幼科稱。又瘍醫俞汝翼，居家孝友，治病不計利，亦稱於時。

彭維燕 李蓀

光緒《德安府志·人物·方術》 彭維燕，字式賓，雲夢人。性穎悟，讀書過目不忘，弱冠入泮。家傳醫學，至維燕尤精。著《聞見約編》，簡括有法。適城有張氏子，辰出午歸，抵家仆地死。維燕診之曰：此兒非病，餓閉氣耳。灌以藥，逾時而蘇。其他起死回生者類此。卒年七十有三，傳其術者，有李蓀，字南洲，附貢生。其醫人，雖極賤貧者，必盡心診視。晚年貧困，不能自贍，而以藥活人不稍靳。

朱純嘏

道光《新建縣志·人紀·方技》 朱純嘏，字玉堂。幼習舉子業，後通醫術，於痘診尤得秘傳。康熙間，地方大吏薦之輦下，授太醫院御醫，賜居第，年七十餘乞歸。著有《痘疹定論》行世。同時同邑人熊權庸亦爲醫院有名。

張涖

光緒《湖南通志·人物志·技術》引舊《志》 張涖，字莊吾，善化人。倜儻，好施予。精岐黃術，日攜藥囊，濟人無倦色。所著有《醫書》四十卷。

朱二

光緒《湖南通志·人物志·技術》引舊《志》 朱二，字國維，攸人。少習醫，無所指授，而精通如神。有童子久病，二與之飲，投以鷄卵，出一小赤丸，俾吞之，曰：詰旦伺頭顛一赤髮，拔之無恙矣。卒如其言。又證果寺有工役者，二令去之，曰：不七日死耳。僧以其啖食如虎，不之信。逾五日，果卒於途。有鄰女病篤，醫治以傷寒。二過窗外，遙望曰：是密痘症耳。投劑乃發。晚嗜酒，每出飲，病者環立通衢。二醉歸，朦朧微睇，信口占方授之，無不神效。

劉觀宏

光緒《湖南通志·人物志·技術》引《縣志》 劉觀宏，衡陽人。懷濟人之志，究心醫術。康熙四十九年，郡城病疫，知縣張延相設局西湖寺施藥，以觀宏董其事。觀宏盡心診視，全活萬計。

丁元啓

光緒《重修嘉善縣志·人物志·藝術》引康熙《縣志》 丁元啓，字令輿，清惠六世孫。弱冠補弟子員，兼通軒岐之學。治人多效。著有《難經辨釋》、《傷寒析疑》，待梓。惜無子，後爲吳門習醫者攜去，依其法以治，俱獲盛名云。

柯琴 韻伯

《醫學讀書志·國朝柯氏琴》 琴字韻伯，號似峰，本儒者，工詩，好爲古文辭。嘗讀《傷寒論》，病方氏《條辨》之妄定，喻氏《尚論》之矜奇，乃逐條逐句細加研勘，摘出脱文衍文，倒句冗句，或刪或正，皆條理疏暢，論議明晰，惟以何者爲仲聖之言，何者爲王氏之筆，並闢林、成二家三百九十七法之謬，及改訛補闕諸字，仍蹈文人擅作聰明結習，失注釋家大體。至謂傷寒雜病異軌同轍，六經本爲百病立法，不專繫傷寒，實傳仲景數千年未火之薪，厥功偉矣。

光緒《慈谿縣志·人物·藝術》 柯琴，字韻伯，生於萬曆末年。好學博聞，能文工詩，同輩皆以大器期之。鼎革後，焚棄舉業，一志醫學，博覽精思，會悟通徹。遊京師，無所遇，歸，過吳門，值葉桂行醫有盛名，因慨然曰：斯道之行，亦由運會乎？於是，閉戶著書，得《內經合璧》、《仲景傷寒論註》四卷，《傷寒翼》一卷、《傷寒論翼》兩卷，都七卷，名《來蘇集》。乾隆中，崑山馬中驊校刊行世。

《清史稿·藝術傳·柯琴》 柯琴，字韻伯，浙江慈谿人。博學多聞，能詩、古文辭。棄舉子業，矢志醫學。家貧，游吳，棲息於虞山，不以醫自鳴，當世亦鮮知者。著《內經合璧》，多所校正，書佚不傳。

注《傷寒論》，名曰《來蘇集》。以方有執、喻昌等各以己意更定，有背仲景之旨，乃據論中有太陽證、桂枝證、柴胡證諸辭以證名篇，彙集六經諸論，各以類從。自序略曰：《傷寒論》經王叔和編次，已非仲景之舊，讀者必細勘何者爲仲景言，何者爲叔和筆。其間脱落、倒句、訛字、衍文，一一指破，頓見眞面。且筆法詳略不同，或互文見意，或比類相形，因此悟彼，見微知著，得於語言文字之外，始可羽翼仲景。自來注家，不將全書始終理會，先後合參，隨文敷衍，彼此矛盾，黑白不分。三百九十七法，不見於仲景序文，又不見於叔和序例，林氏倡於前，成氏和於後，其不足取信，王安道已辨之矣。繼起者，猶瑣瑣於數目，亦何補於古人？何功於後學哉？大青龍湯，仲景爲傷寒中風無汗而兼煩燥者設，即加味麻黃湯耳。而謂其傷寒見風、傷風見寒，因以麻黄湯主寒傷營、桂枝湯主風傷衛、大青龍湯主風寒兩傷營衛，曲成三綱鼎立之説，此鄭聲之亂雅樂也。且以十存二三之文，而謂之全篇。手足厥冷之厥，或混於兩陰交盡之厥，其間差謬，何可殫舉？此愚所以執卷長吁，不能已也！

又著《傷寒論翼》，自序略曰：仲景著《傷寒雜病論》，合十六卷，法大備。其常中之變，變中之常，靡不曲盡。使全書俱在，盡可見論知源。自叔和編次《傷寒》、《雜病》，分爲兩書，然本論中雜病留而未去者尚多，雖有《傷寒論》之專名，終不失《雜病》合論之根蒂也。名不副實，並相淆混，而旁門岐路，莫知所從，豈非叔和之謬以禍之歟？夫仲景之言六經爲百病之法，不專爲傷寒一科，傷寒、雜病，治無二理，咸歸六經之節制。治傷寒者，但拘傷寒，不究其中有雜病之理；治雜病者，復以《傷寒論》無關於雜病，而置之不問。將參贊化育之書，悉歸狐疑之域，愚甚爲斯道憂之。論者謂琴二書，大有功於仲景。

饒懋猷

光緒《資州直隸州志·人物志·方技》 饒懋猷，資州人。善方技，精醫卜、堪輿之術。大吏咸驛致之，人呼爲饒仙。

仲世真　仲世俊　仲泰

乾隆《梅里志·藝術》 仲世貞，字樸安。精醫理。弟世俊，字樸賢，明外科。世俊子泰。尤深於《素問》、《難經》，遠近延請無虚日。

光緒《嘉興縣志·列傳·藝術》 仲泰，字濟川，太學生。父世俊，外科。泰博覽方書，能洞徹癥結。里有楊某，觸暑倒地。視之曰：脱證也，與以回陽飲。家人疑焉，問其戚徐敬齋，徐亦精醫，批方後云：非仲公不能書，非敬齋不能知。急服之，應手愈。姑蘇某官歸，冬月得奇證，耳名相迎，仲謂證系伏暑。因曝衣餘熱未盡，驟篋緘之，御裘時，由毛孔吸入耳。投一劑，病若失。竹里朱某鋪生徒賭飯，甲過飽悶絶，六脈均伏，仲令進參湯，半時許，腹雷鳴，脈復。再投消導劑，即瘥。一日風阻乍川，聞哭聲，詢系難産死。仲以産無死證，出己參煎灌，以導其氣，逾時兒下母蘇。賦性豪邁，喜購書，講有用之學。撰《老醫一得》。

陳鴻典

乾隆《海寧州志·方技》 陳鴻典，字雲書。其先汴人，遠祖沂，宋建炎時扈蹕南遷。嘗治康王妃危疾，有奇效，賜御前羅扇。

乾隆《海寧縣志·方技傳》 陳鴻典，字雲書，其先嘗南宋以醫術供奉，賜宫扇，子孫世其業，居長安鎮，後分居城市，各標木扇于門。鴻典雅擅文譽，食餼邑庠，中年病瞽目廢，益精脈訣，尤善婦人科，四方就治者，填塞戶巷。既歿，而所遺方書，猶流傳遠近。

章達

乾隆《遂安縣志·人物志·方技》 章達，字非聞。性警敏，讀書過目不忘。家傳醫學，代有能人。祖潤禧，父如綬，皆以斯術濟世。至達則擴充而更精之，於歷來醫書靡不貫徹。視病直洞其源，所投輒效。以脈理卜生死，無不驗者。每日遠方延請，車馬盈門，邑士大夫深爲敬服。著有《女科醫則》、《脈訣纂要》。

陶瑞鼇

道光《縉雲縣志·列傳》 陶瑞鼇，縉雲人，號道柱，康熙間庠生。業岐黄，尤精女科。傳授紫虚眞人口訣，匯方一百四十有奇，活人無算。著有《紫虚口訣》二卷。

徐必仁

光緒《開化縣志·人物志·方技》 徐必仁，良醫啓祥孫。業醫凡三世，故幼習之。參考漢、晋以來諸醫書，靡不研究。時有請者，貧富皆不計。道光辛卯，邑侯宛公給匾曰：婆心濟世。至老，以傳至德和。皆活人無算。必仁年八十四、德和年七十九，皆無病而卒。著有《回春集》。

沈元星

光緒《開化縣志·人物志·方技》 沈元星，字永燦，王畈士人。醫診通神。閩有烟傭，背發一疽如黍。詢以痛乎？曰：無之。癢乎？曰奇癢徹骨。授以方曰：必百廿劑，不然將癩。服未及半而愈，三年果再發，竟死於癩。有健婦，扶一病婦求診。星望之曰：病者將愈。若雖健，病不可爲。扶者果月餘亡。洞垣神技，數難更卜。往來蘇、杭、廣、饒間，活人無算。著有《方書》，貧不能刻。人或對證摘方，輒神效。德興齊姓、玉山張姓，設位祀焉。生平方正樸訥，邑侯贈匾曰：質樸扶風。蓋實録也。

張無妄

光緒《山西通志·藝術録》 張無妄，字必醇，臨晉人。父瑽，蒲州文學，逆闖之變，以身殉。無妄與母旅居芮城，讀書甚力，後家於縣之平豪村。精通脈理，治疾多驗，爲一時名醫。著有《傷寒條辨要解》、《本草便讀》。

釋通文

乾隆《善化縣志·人物志·方技》 僧通文，字宇外，鄂郡人。住南門内關聖殿，讀梵書不求甚解，蕭然自得。精醫理，方多奇驗。人有求者，無寒暑遠近輒往，不取值，不沽名，以活人爲念。所著有《易簡方》三十餘卷。

李夢月

乾隆《瀘谿縣志·人物》 李夢月，字英易，别號百田夫。邑廩生，性敏嗜讀，家素貧，所購書充棟。戊子、辛卯，兩以五經薦不偶，勵志愈堅。偕其弟夢明敦孝友，絶世爬羅經籍，扶翼後進，瀘谿、新城、南城三縣門徒雲集。著《五經括説》，纂《西書集要》，詞賦、文藝成冊帙。窘於棗梨資，惟夢月所訂《經驗良方》醫書已刊壽世。

李文儀

同治《贛州府志·人物志·藝術》 李文儀，字賓長，雩都人。少攻舉業，文理洞徹，以貧故，去而學醫。博覽《素問》、《胎藏》諸經，苦志覃思，遂精其術，爲縣醫學訓科。延之者，不問貧富，雖冒寒暑必往，無資者給以藥餌，不索值。手録《脈訣》諸科經驗方，多至八十餘卷，文儀以是傳之子其吉，其吉傳子少思，少思傳子品尊，皆以醫名世。

衛侶瑗

光緒《山西通志·藝術録》 衛侶瑗，字友玉，曲沃人。精於脈理，能決人生死。友人劉某方娶婦，侶瑗曰：婦昔有疾，吾診其脈矣，五年後必死。已而果然。爲人謙謹，老而愈恭。著有《家傳纂要》、《鍼灸全書》，賈舍人鳴璽爲之序，以徐秋夫稱之。子鏞，能世其業。

孫奏雅

乾隆《衛輝府志·方技》 孫奏雅，字君協，徵尹次子。具肆應才，初受於鹿忠節之門，稱高足，有聲庠序。旋以徵君衰年多病，留心醫藥，取古人傳書，力精探討。凡陰陽氣運，剛柔秉賦，及切脈察理，藥性君臣，無不觸類旁通，遂精其術。日録古人諸方，參酌己意，得三十卷，名曰《醫學宗傳》。六十後，猶廬墓三年，每以孝弟力田，爲孫曾誡勉。年八十八歲卒。

李鼎玉

乾隆《陳州府志·人物》 李鼎玉，字水樵。焕弟。父殉難潛山，扶柩還家，艱苦備嘗。奮志讀書，承母、兄之訓，連綴巍科，以中書升監察御史。凡有關國計民生者，痛切言之，置身家度外。出山東濟南提刑，一塵不染，有李青天之稱。旋里，有母族王姓所售腴田六百畝，悉取券焚之，還給原主，里人咸服其義。鼎玉曰：吾非施義，乃仰體母志耳。事伯兄焕，雖年逾古稀，猶朝夕省視不輟。季弟佩玉，悉所成就。嫡母施，苦節六十餘年，奉養備極豐美。嘗曰：不爲良相，尤願爲良醫。因留心岐黄，全活不可勝計。著有《傷寒》、《痘疹》諸書，繕刻成集。

林芳芝

乾隆《棲霞縣志·人物志》 林芳芝，蛇窩社人，大學生林彝訓之子。幼習醫術，脈理精深。著有《醫林求是》一卷。

沈廷對

乾隆《泰安縣志·人物志》 沈廷對，字君召，會稽人。順治間移籍泰山下。精岐軒術，著有《痘疹撮要》、《醫學心法》二書。

劉兆晞

乾隆《陽信縣志·人物志》 劉兆晞，字孟旭，邑庠生。世業岐黄。歲試在省，適濟東道陳公招診脈，決其來春必發對口，至期果驗，治療平復。又診藩臺張公脈，決其中秋必有痪證，至期亦驗。活人千萬。至年七十餘。著有《本草類編》、《劉氏遺方》。曾孫宇、省三，能世其業。

方起英

乾隆《歷城縣志·藝文考》 邵志謙序略曰：方君能詩文，精醫，以所著《三昧集》示余。凡三種：一《千秋鐸》，與友人論治傷寒也；一《診家手鏡》，專論脈理；一《一斑録》，乃治驗成效。起英《千秋鐸》自序略曰：判生死於俄頃，拯危殆於瞬息，惟傷寒爲最。今世咸推仲景全書，不知其立方之意，專爲冬月正傷寒，與三時溫暑無與。

道光《濟南府志·方技傳》 方起英，字遇春，義烏人。少孤貧，精於醫，年三十餘來至歷下。一婦人偶病咯血，動作如常，診之，辭不治，未幾果歿。一少女忽病厥，衆以爲已死，起英曰：是氣鬱也。以醋熏之而生。巡撫岳爲援例授州同職，卒年六十二。

劉存齋

同治《漢川縣志・列傳》 劉存齋，少工文，以明經筮仕粤西，旋解組歸。精岐黄術，溯源甑山家學，私承袁了凡、王宇泰指授，以《易》合醫，以醫合儒，與人談醫術，則縷析條分，娓娓不休，遇人急病，投以一二劑立愈，以故遠邇敬慕。晚羈荆郢間，著有《原生集》行於世。

白啓陽

乾隆《壽州志・雜志・方技》 白啓陽。幼習醫，得秘傳，治奇症，藥無不效。家徒壁立，而求醫者只受錢百文，餘則施之。著有《瘟疫辨論》。

王良策

乾隆《洛陽縣志・方伎》 王良策，字鳳池。由山右奉母遷洛。工醫，效如神。翟某患背，負痛三十年矣，良策曰：是有物，須出之。爲傅藥，拔箭鏃少許，翟不知何自來也。其他妙驗，皆類於此。

王純緗

光緒《荆州府志・人物・藝術》 王純緗，工醫術，愈人病不受報。遇時疫流行，日行數十家視疾，人多感念之。

劉名顯

同治《江夏縣志・藝術》 劉名顯，號克順。精外證，觸手即效。品端正，有古君子風。年踰八十，無疾而卒。

陳大勛

光緒《荆州府志・人物・藝術》 陳大勛，精醫術，爲人治病輒效。義不受謝，嘗按方合藥持以予人，不索值，終身行之以爲常。著有《幼科醫方録》。

文錦繡

同治《畿輔通志・雜傳》 文錦繡，南和人，諸生。因親病習岐黄術，活民無算。著有《驗方集錦》、《脈理析義》等書。

何澤洪

道光《寶慶府志・耆舊・方技》 何澤洪，新化人。精醫術，縣中有奇疾延治必愈。嘗語人曰：凡治病以傷寒爲要，能治傷寒，則百病可醫。然亦無難，能細辨六經，則病源縷析矣。如病在太陽而用少陽之藥，是爲引賊自壞。病過少陽而猶用太陽之藥，是爲誅伐無過。病諸内者，必形諸外。病一分，藥止一分，如斯調治，無不隨手奏效矣。至於奇疾，又當先顧根本，勿妄爲攻。治醫之道，盡於此矣。傳其術者頗有效。

翟時泰

光緒《安徽通志・人物志・方伎》 翟時泰，涇縣人。少因病讀醫書，遂精其學。郡守佟賦偉母七月患熱證，泰以參、耆投之，衆皆駭問。答曰：如是可延至冬，不則秋深可憂。一日，母啖西瓜大爽，並食粥。時泰遂辭出署，曰：不出三日矣。次夕果歿。又有客三日不溺，勸其速歸，曰：汝至中途，目疾必作。次日盲一目。其臨證奇中如此。

楊 斌

乾隆《續猗氏志・孝義》 楊斌，字全臣，可輯曾孫，例監生。幼業儒，已因父病，耽心内典，丹到生春。或證不可醫，餽雖豐，却弗受。曰：吾明知其證而受之，於義何居。有求關説當道者，禁弗許，以此當道高其行。斌喜著作，有《類方三訂》、《病機總鑒》等集。

光緒《山西通志・藝術録》 楊斌，字全臣，猗氏人。少讀書，因父病，耽心《内經》，遂精於醫。無貴賤，一視之。

樊希先

光緒《山西通志・藝術録》 樊希先，字伯雍，虞鄉人，授職州同。潛心醫學，尤深於《傷寒條辨》。每視病診脈，盡言無所諱，故人以爲憨。有《醫案》傳世。

楊奇浩　王　氏

咸豐《天全州志・人物志・楊奇浩傳》 楊奇浩，字貞白，世襲天全六番招討使之後裔也。其父昌輝公胝生五子，翁居其二焉。博學多能，素得家傳，精明醫理，兼通數學、遁甲等術。可以決人之吉凶，可以定人之死生，故能以儒醫名世，盡掩乎學問之淵博。得其教而成名者，尚有貢生邱維祚。下此者學醫之徒，則蘆山、靈關、徙陽、小路處猶多，皆能以醫成家，至今號素封者比比。因惡思延之澆薄，樂城市之循良，遂復居於硐門之陽。醫道盛行，著手成春，有功於活人濟世也大矣哉。未幾，而長君才棟，少君才俊，醫名更勝於乃父。惜乎美中不足，一係爲酒而傷，一係中毒而亡，此晚年之大不幸耳。然猶幸有遺孫繞膝，稍得以慰乎。老景益復行善，以醫濟人，故名其堂曰：宏濟。歷年七十八歲，回生數百餘。其儀則美髯垂胸，其行則直心快口。數責人非，繩以道義，每望而畏之者不少。兼之偕室王母，亦得祖傳醫理，平日互要問難業，輯有《舌變圖考》、《變證條議》等書行世。

曹六韜

乾隆《上海縣志・藝術》 曹六韜，字君略。太醫院吏目。貫徹醫理，屢起廢疾，遠近延治無虛日。年七十餘卒。

唐玉書

乾隆《上海縣志・藝術》 唐玉書，字翰文。醫理如神。所著有《青芸齋文集》、《詩集》、《本草刪書》、《傷寒類書》、《脈學定本》等書行世。

張兆龍

乾隆《上海縣志・藝術》 張兆龍，字震翀。事父母至孝。及長業醫，洞曉《素問》，能決死生。工導引，邑中稱神術焉。年八十，無疾而終。子天衢、天樞，世其業。

夏鼎

光緒《貴池縣志・人物志・方技》 夏鼎，字禹鑄，康熙八年武舉。精岐黃術，尤善爲小兒醫，起死回生，百試百驗。著《幼科鐵鏡》六卷。精理、奇方，多前人所未發，海內傳之，采入欽定《四庫全書》。

黃子培

光緒《通州志・人物・伎術》 黃子培，通州人。少落魄，無以爲業。遇老人授岐黃書，遂肆力探討，如宿悟然。諸科俱曉，尤精傷寒各症，所投劑或出人意表，罔不瀕險獲濟，州人數十年賴之。

劉有德

雍正《河南府志・人物志・藝術》 劉有德，字愼先，庠生。精醫，試輒效。生平活人無算，人以其媲美王琮，亦以神醫呼之。

王琮

雍正《河南府志・人物志・藝術》 王琮，字瑞宇。工岐黃，性嗜酒。病家貰酒以待，至則診之，痛飲大醉，病必痊。若揮杯而去，病必不起，人呼神醫。

安慶材

宣統《湖北通志・人物志・方技傳》 安慶材，字篤齋，江夏人，歲貢，通醫術，能決人生死。或僞病卧床，呼安診之，曰：公無病，戲耳！有匠人微疾，安診之曰：命在旦夕。衆不信，其人果心痛卒。某病危，購材以待，安診之曰：此病將愈。爲藥下之，立愈。

孫悦之

乾隆《任丘縣志・人物・方技》 孫悦之，工醫，尤喜鍼灸，自云夢神授之，衆皆不信，然爲人鍼疾，往往皆驗，有起死者。同邑翰林龐雪崖常苦患癖，孫鍼之，下血數斗，其病立愈，龐深感之，其死，龐作輓詩有云：壯心不肯隨時析，奇症曾經應手消。

余鶴

乾隆《太平府志・人物志・方技》 余鶴，字觀五。因父病，遂棄儒，業岐黃，殫心研慮，竟陟其巔。嘗過病婦家，舉室倉皇。詰之，氣已絕。鶴亟診視，索巴豆半斤，瀝油著于楮，灼烟入鼻，經食頃，嘔痰數升，病良已。暑雨祁寒，延之無不至。著有《醫砭》一卷。

李蕃

乾隆《銅陵縣志・方技》 李蕃，字伯衍。其父應楊，曾受異人醫術。蕃紹前業，著有《醫言》行世。

李蓁

乾隆《潁州府志・方技》 李蓁，潁州人。善醫術，語妻父張老曰：公眉宇黑色，爲腎絕，明年不食新矣。果如其言。張比部諸生時，症危，聞人語輒昏絕，諸醫皆束手。蓁獨曰：此可治也。卒賴以活。著有《醫方》行世。

道光《阜陽縣志・人物・方技》 李蓁，清曠能詩，張比部爲諸生時得疾，諸醫皆危之。蓁獨曰：此陽虛不關陰，可爲也。

王文輝

乾隆《介休縣志・藝文・太學生王文輝墓志銘》　王文輝，字鬱章，一字竹堂。七歲就傅，受經史如宿習，稍長爲文，新穎獨出同學，十四，補博士弟子。素善醫，後棄舉子業，亦欲托以醫以自晦。數百里內外，爭造請之，服其藥，無不立愈。或一家持其方去，鄰里襲用之；或乞其渣煎之，無不效者，遠近傳以爲神。所著有《竹堂文集》十卷、《方案》十二卷、《究心集》二卷、《杜詩選抄》、《性理摘要》。

錢　潢

雍正《昭文縣志・藝術》　錢潢，字天來。闡發仲景《傷寒論》，著《溯源集》十卷。

唐文華

光緒《慈谿縣志・人物・藝術》引雍正《縣志》　唐文華，字闇公。幼讀書，輒以利濟爲心。長習岐黃術，久而變通其法，多有驗者。邑令白加繪旌其門曰：功補造化。何琛書神樓秘授額贈之。

陳　鏡

康熙《常熟縣志・人物・方技》　陳鏡，字叔明，廷瓚孫。少攻儒業，孝友聞於時。長得其祖之傳，以幼科行世，尤精痘疹，應手立效，歷經道、府、縣給額嘉獎之。康熙戊午夏大疫，官設局施醫藥，鏡自捐資修製丸散，遍予貧乏者，全活甚衆。再舉鄉飲賓，年八十餘卒。

秦之禎

《症因脈治・沈宗敬序》　秦子皇士，好學多材藝，自幼博通經史，及長，名重士林，惜不得志以有爲。古之人進則救民，退則修己，爲秦子者，獨善其身可矣。然而秦子濟人利物之心，不甘自棄，謂無其位而可行其志者，惟有醫。於是取岐黃之要，潛心三十年，而其道甚明，遂行於世，全活者無算。不論富貴貧賤，終日孜孜，惟以救人爲事，而不計利。其術工而專，奇而正，固一時之彥也。而秦子思以海內之大，後世之久，非一身之所能及，必求其可大可久，能以遍於天下，傳之將來，然後乃可。發其祖景明先生所傳之秘曰《症因脈治》者，復窮搜博覽，闡明而損益之，以行於世。俾行是道者，因症按脈而脈不虛索，因脈用藥而藥不妄投，其有功於世，不大且久乎？

《症因脈治・查慎行序》　秦子皇士著，上海人也。少時慨然有利濟天下之志，遂研精醫學，而於古今方書，無不通徹。要以黃帝、神農造命宗旨爲指歸，其臨症必力窮其症之本末，與夫輕重緩急，推之至微。嘗曰：我非欲精於醫也，惟期內省不疚而已。斯眞仁人君子之用心者。於是聲稱籍甚。海昌去海邑，相距不啻四百里，而名聲習聞，如比屋然，非實大者而能如是耶。余向也奔走四方，深以不得面承請教爲恨。自壬午冬，膺特簡日侍內廷，蓋益絕遠當世之士云。然秦子者，實益大，聲益洪，四方賢士大夫聞風遠迎者，日益衆。乙酉春赴嘉禾之請，接臨敝邑，起沈疴者不計算，名益貫盈於耳。

《症因脈治・自序》　余幼業醫，見家伯祖景明公有《症因脈治》一稿，序原丹溪先生《脈因症治》中來。時余學淺，未會其趣。後見嘉言先生《寓意草》云：治症必先識病，然後可以議藥。今之學醫者，議藥不議病，歎內經甲乙無方之書，無人考究。丹溪《脈因症治》，分析精詳，反不見用，而《心法》諸書，羣方錯雜，則共宗之。余因知景明公《症因脈治》之作，非無謂也，遂有纂述之志，然慎之未敢爲也。後三十年，年至慮深，每思有以成公之集，而牽於生事，日無寧晷。偶憶袁先生可以濟人之語，遂乃屏絕應酬，潛心纂述。症分內外傷，因分內外因，脈分虛實，治分經絡，對症用藥，無游移多岐之惑。不十載而就意者，彼蒼好生，或丹溪、景明兩公，陰能助余也。書成之明年，余友施君宇瞻仲季見而悅之，因謂余曰：是書壽世之寶也，與其寶之一方，不若廣之天下，與其利諸目前，不若傳之後世，子爲是書以利濟一方，余兄弟爲是刻以公天下可乎？余與及門皆大歡喜，乃謝施君曰：是書出，倘有補於斯世者，惟君之力。

李國賓

雍正《舒城縣志・方伎》　李國賓，字仙舟，桐人也。幼習舉業，因病，遂工醫。懸壺於三河鎮，投劑立效，不責其直。其居湫隘，人致一木助之，便成大厦，奉母居焉，極盡孝養甘脆外，不爲子孫營生產。日以詩酒自娛，撫孤姪婦倍有恩。所善汪德成疾革，以孤文華託之，保護終始，無間焉。及至遘疾，未嘗偃卧，笑吟不絕而逝。

童蒙亨

乾隆《上海縣志・藝術》　童蒙亨，字以行。善醫，凡遇疑難症候，能出獨見全活之，歷有奇驗。爲人亦篤實，稱長者。

齊洪超

道光《福建通志·藝術·閩縣》　齊洪超，字儀魯。大父任吾，以醫名。時東南遭倭亂，民多露宿，多泄瀉暴盩疾。巡撫許某校刻《薛氏保嬰全書》以濟世，通其學者惟齊氏。洪超初受業於漳浦黃道周，學易象後，以母鄭氏病痢卒，輒以不早習醫爲恨，因究心醫理，以傳家學。貧者與藥不受直，鄉人稱爲仁醫。遭耿氏之亂，族有貧而竄身戎伍者，捐金贖之，更給以衣食。

李熙和

《醫經允中·方辰序》　辰幼寓居毘陵，從諸先生講學於延陵書院，因得交時育李先生。見其品行端方，學問純正，欽其爲君子儒也。詢其成德之由，自成童時即追隨業師楊子雪臣、顔子石英，皆理學眞儒，執經問難，得聞性命之微，遂立志聖賢之學，潛修遯世，不求聞達，然救民疾苦之念，時切於中，因托業於醫以利濟。又念四子五經，得程朱夫子發明，已無剩義，獨醫經亦先聖微言，苑生攸寄，而自漢以來，方書一出，遂失眞傳，致民之罹於夭札者不可勝計。有胞與之責者，能不疚心。於是上遡軒岐，研窮精義，纂述醫書二十餘卷，顔曰《允中集》，總以發明臟腑陰陽太過不及，而以《本草》之寒溫補瀉配合之。不過，適得其中和而止，不必拘執程方，而對症用藥，治罔不驗。所謂中無定體，隨時而在者，其有裨於萬世蒼生非淺鮮也。但先生篤學，獨行不諧於俗，故舉世莫我知。然其抱道不行於時，正先生之大幸。蓋天厚先生之生，使其優閒纂述得成其不朽之功名也，豈以一時之顯晦爲屈伸也哉！辰年少學淺，不能表章先生之萬一。今誦讀是書，方知醫道之高明廣大，非能燮理陰陽，參替化育者，不可爲儒醫也，惟先生其無憾焉。

洪金鼎

同治《新淦縣志·人物志·方技》　洪金鼎，字玉友，新淦人。康熙壬辰，學使冀霖取補弟子員。舉業之餘，兼讀《靈》、《素》、《金匱》諸書，家口五十餘人，金鼎復瘽善病，因究心醫理，因症切脈，因脈用方，因方辨藥，試輒有效。摭拾古人之遺，撰爲歌訣，名曰《一盤珠》，取臨症便於記誦，圓通無滯，如彈丸脫手云。

王之冕

嘉慶《宣城縣志·方技》　王之冕，字憲如，世居水陽西。精岐黃，嘗爲人療目疾，有啓聱功，遠近神其術，造請者踵趾相錯。纂《青囊精選》，凡二卷。子寅，字希文，紹其業。郡守張勤望贈金篦妙手。

胡曰從

乾隆《霍山縣志·人物志》　胡曰從，徽郡人，始遷六之望江灣，尋遷霍。世以醫爲業，其學貫穿五經。著有《尚書》、《孝經》講義，醫書數種，蘭、竹譜二帙。

楊廷燦

雍正《揭陽縣志·藝術》　楊廷燦，號翠峰，在城人。性聰慧，精醫道，自《素問》、《難經》以及歷代醫書，無不淹貫精研，皆能背誦。全活數千人，兼施藥餌，修橋路，歲歉捨粥賑饑，當道歷加旌獎。

陳典

同治《畿輔通志·雜傳》　陳典，字馭虛，大興人。性豪宕，喜聲色狗馬，爲富貴容，而不樂仕宦。少好方術，無所不通，而獨以治疫爲名。疫者聞典來視，即自慶不死。京師每歲大疫，自春之暮至於秋不已。康熙辛未，有僕某溝疫，典命市冰以大甖貯之，使縱飲，須臾盡。及夕，和藥下之，汗雨注，遂愈。或問之，典曰：是非醫者所知也。此地人畜駢闐，食腥羶，家無溷匽，汙渫彌清衢，而城河久湮，無廣川大壑以流其惡，方春時，地氣墳盈上達，淫雨汎溢，炎陽蒸之，中人膈臆，困惱忿蓄而爲厲疫。冰氣厲而下滲，非此不足以殺其惡，故古者藏冰用於賓食喪祭，而老疾亦受之，民無厲疾，吾師其遺意也。典與貴人交必狎侮，出嫚語相訾謷，雖意所不堪，然獨良其方，無如何也。貴人召之，不時至，每敦迫之，使者稽首階下，典伏几呻吟固郤之。退而嘻曰：若生有害於人，死有益於人，吾何視爲？家日饒益，每出從騎十餘，飲酒歌舞旬日，費千金。或勸之謀仕，典曰：吾日活數十百人，若以官廢醫，是吾日殺數十百人也。諸勢家積怨日久，謀曰：陳君樂縱逸，當以官爲縲紲，可時呼而至也。因使太醫院檄取爲醫士。典遂稱疾篤，飲酒近女，數月竟死。

黃敬禮

同治《南海縣志·藝術傳》 黃敬禮，字勿庵，佛山人。少業儒，曾應京兆試，不第，歸隱於醫。膽大而心細，窮幽洞微，如入肺腑而聽其言語也。有富室子年少患縮陽，醫家謂房事過勞，命門火弱，皆用峻補之劑，不效。敬禮視之曰：誤矣，宜瀉火。而補火此却行，冀及前人之踵者也。且汝曹謂此物果何物乎？此物非肉非骨，乃通身筋絡之總也。筋之性，得水大而軟，得火小而縮，夫人知之矣。若果火弱，應痿而不舉，今能舉而縮，此可想矣。爲開滋水制火等藥，數服劑而愈。有明孝廉者，初患水瀉，困卧不起，醫家謂數下亡陽，以參救之，然病愈甚。敬禮手披其帳，問曾服參乎？曰：然。囑曰：先解其參，既醫藥乃可醫。病人問其故，曰：此易知耳。吾開帳既覺熱氣撲人，且病者四體雖冷，而手搖扇，又呼茶水，非內熱乎？始之水瀉，所謂挾熱下痢者耳。乃用清熱之劑，病果愈。尤善醫雜氣症，謂山林瘴氣，從口鼻入，入至心則舌黑，粵東此症最多。俗人不知，動呼爲夾色，枉死多矣。其言最切實可信云。

申直

嘉慶《夾江縣志·人物·方技》 申直，邑庠生，康熙時人，孝廉遇祿之伯祖也。精岐黃，診視病脈，能決生死時日。性嗜酒，延視者必備酒蔬，不問謝。診後即席豪飲大醉，信筆成方，病雖重，飲藥立愈；其有診後並不舉杯，盤桓席間，憮而翱翔庭除，出遊阡陌，久之旋席成方者，其病亦愈；至於往返再四，徑去不復者，病人雖尚能飲食步履，而另延他醫，百無一生。故延者每以直之飲否爲喜憂。郡守竇容恂夙聞直名，延醫太夫人病。適老婢偶染疾，假以試直。直診，以爲此病不藥可愈，但月餘再發不治矣。竇笑而遣之。後果如直言，始信其名之不虛，乃復延視太夫人，沉痾立起。他多類此。遺方有《花蜜經》十二卷，歿後散矣。

曾葵局

光緒《荆州府志·人物·藝術》 曾葵局，精醫術，治病多驗。一日，擁爐著方書，焚其衣至半幅不覺也。所著有《痰火點雪》書行世。又有《溫暑新譚》及《傷寒諸證》書。

羅健亨

嘉慶《湘澤縣志·人物·方技》 羅健亨，字澐谷，布衣。以親老多病，潛心醫理。宋太守本敬令陽城時，延之署中，值邑大疫，精制丸散，施給病者，全活甚衆。精會張仲景《金匱要略》，抉其蘊奧。手著《傷寒擴論》四卷，《醫宗約徑》一卷，《醫學破愚》一卷，《附子辨》、《疾脈論》諸篇，皆發前人所未發。凡所醫治，觸手生春，遇貧苦者代謀藥餌，并量給錢米以周其饑寒。

徐惟謙

光緒《續雲南通志稿·雜志·方伎》 徐惟謙，昆明人，寓河陽。少業儒，數困於時，乃業醫，活人甚衆，稱國手。後卜居東山，以壽終。

錢錫永　錢師魯

乾隆《婁縣志·藝術傳》 錢錫永，字嘉予，裏館驛人。讀書敦行，以岐黃知名於時。子三省，字師魯，世其業，爲諸生，嘗作《景先生傳》，有汝必無愧我，而我樂爲汝伴；我亦無愧汝，而汝堪與我偕諸語。士林傳誦，以爲名言。

郭擇仁

嘉慶《介休縣志·藝術》 郭擇仁，善治目翳。有患數十年內障者，鍼之即愈。子志恩、志德，俱傳其術。

程國瑞

道光《徽州府志·人物志·方技》 程國瑞，字靜庵。

光緒《安徽通志·人物志·方伎》 程國瑞，黟縣人。工醫術，康熙五十五年入太醫院供奉，授御醫官首領。

何侯宗

同治《南海縣志·藝術傳》 何侯宗，字克公，鎮涌堡人。始業儒，尋棄儒爲吏，棄吏歸醫。精研方書，能辨藥品良窳，兼工於制錬。國初時，適有名醫朱鷹揚者自京來粵，與侯宗談醫，成密契，盡出橐中丸散秘方授之。侯宗揀妙藥，手自炮製，故治病輒應，聲名遠聞。然侯宗雖隱於岐黃，而躭嗜風雅，所與游者，如鄭際泰、李朝鼎、彭演、韓海、方外成鷲，皆一時名雋，臬司王令尤敬重之，爲顔其居曰：仁壽堂。康熙乙亥，城中火，前後左右盡爲灰燼，火越所居而過，至今二百餘年，巋然無恙，在省各店，爲最長久。其人老壽，店亦與俱壽焉，數傳後，子孫林立，科名不絕，仍以儒業世其家。

黃道淳

同治《江夏縣志・藝術》 黃道淳，字又樸，本姓楊。以醫著。《內經》、《本草》，默誦無遺，馬撫軍嘗面試之。視張某病，至其堂，聞咳聲，曰：不可治也。即謝去。果卒。邁制軍夫人病劇，胗之，決以明日戌時。留署驗之，信然。胗制軍壽脈曰：公脈洪大冲和，得當大拜。果未幾入閣。兩江趙制府欲薦之太醫院，固辭不去。

宣統《湖北通志・人物志・方技傳》 黃道淳，一姓楊，字又樸，江夏人。

胡瑜

光緒《應城志・人物・隱逸》 胡瑜，字完璧。父臣邦，爲邑良醫。瑜幼業儒，值明季亂，復隱於醫。潛心既久，方脈日精，家漸饒裕。然儉而好施，戚黨緩急，率多周濟，人稱其孝友雍穆。康熙甲寅，荊州將軍某索良醫，邑宰以瑜應。將軍與語悅之，曰：此有道者氣象也。久留營中，禮數有加，欲授以職，瑜以親老不就，歸以壽終。

聶宏銓

光緒《荊州府志・人物・藝術》 聶宏銓，字掄斯，精醫道。康熙四十六年，奉文委授醫學。

張承祚

光緒《江陵縣志・人物・藝術》 張承祚，於康熙中官鄜州同知。告歸，雅擅醫術，多所全濟。里中嘗大疫，診之輒起。又爲善藥，以遺舉室病者。卒年八十。

郭本佑

光緒《荊州府志・人物・藝術》 郭本佑，少習儒業，屢試不售，遂專心醫術。博覽羣書，得其精要，視病知吉凶，投劑無不立效。或不恃藥餌，以意創法，稱神妙焉。

王彭澤　劉秉銓

同治《續輯漢陽縣志・藝術》 王彭澤，字五柳。幼穎悟，善丹青，精於醫，能已沈痾。性豪放，懸壺漢口，不論貧富皆往，其貧人貰藥不責償。嘗東走邗江，西走滇粵，故人所贈遺，囊中累千金。歸，召朋舊酣飲竟月，生產不計也。貲罄，乃寓蕭寺中，黃虀白粥，與苦行頭陀同飲食，其豪如故。著有《尺木詩集》行世。同時，有劉于堂之子劉秉銓者，亦善醫，質直篤學，爲諸生，有聲庠序間，早歿。

陳德潤

同治《江夏縣志・藝術》 陳德潤，字廣譽，明岳常兵備陳黿五世孫。幼遇異人授醫術，尤工幼科，全活無數。前總督郭琇，六十始舉子，三齡患便瘤，諸藥不效。潤曰：此蟲也，發於陽明。下小蟲數百立愈。藩伯王燕少子患痘症，氣已絕。潤察其色，曰：是尚可治。火攻之，後繼以藥餌，按期奏效。其奇驗類如此。舉鄉飲耆賓，年八十五卒。

陳士鐸

《傷寒辨證録・自序》 丁卯秋，余客燕市。共菊初放，懷人自遠。忽聞剝啄聲，啓扉迓之，見二老者衣冠偉甚，余奇之。再拜問曰：先生何方來，得毋有奇聞誨鐸乎？二老者曰：聞君好醫，特來辨難耳。余謝不敏。二老者曰：君擅著作才，何不著書自雄？顧呫呫時藝，竊耻之。余壯其言，乃尚論、《靈》、《素》諸書，辨脈辨證，多非世間語。余益奇之，數共晨夕，遂盡聞緒論。閱五月別去，訓鐸曰：今而後，君可出而著書矣。鐸退而記憶，合以所試方，日書數則，久乃成帙。

《傷寒辨證録・凡例》 鐸壯遊五岳，每逢異人傳刀圭之書頗富，凡可引證，附載於各辨證條後，以備同人采擇。祖父素好方術，遺有家傳秘本，凡關合各症者盡行採入，以成異書。

《醫學讀書志・國朝陳氏士鐸》 士鐸字遠公，別號朱華子，居稱大雅堂。其書議論奇特，方法新異。蕪湖顧世澄《瘍醫大全》，無錫沈金鰲《尊生書》，皆廣引其方論，信服其新奇。按：士鐸自序稱康熙丁卯，遇岐伯、仲聖、雷公、元化、稚川、思邈等於京師，親受其法。岐伯自號中清殿下宏宣秘錄無上天眞大帝眞君，仲聖自號廣藴眞人，竟爲士鐸撰序。書體皆曰：人有某病，衆以爲某故，殊不知乃某故，非某故也。人用某方必不效，且致死，己用某人某法，則死者復生。然立方多有可取者。聞尚有《本草新編》，未見。

劉國符

道光《江陰縣志・人物・行誼》 劉國符，世業醫。康熙初大疫，多所全活。素性義俠，關蠹越詐爲民害，五控大吏碑禁之。子景義承其學，治病多效。後人希董、希宏世其傳。希董，諸生。

孫介瑕

嘉慶《什邡縣志·方技》 孫介瑕，歲貢士。沈默喜醫，讀陶尙文《六書》至得其要領，易於拾芥；不得其要，難如涉海問津，慨然曰：醫可輕略乎！遂精究《素》、《難》及四大家之說。最愛仲景書，精思研嚼，術遂通微。霍榮朝一月得寒疾，醫治之不效。孫曰：黃涎入腦也。一劑愈。一婦新產後瞑目不語，孫曰：臁翻也。藥下平復。又尙宅婦患滯下，無異常人，但不喜食。迎孫診之，曰：痢怕脾開，今脾神已出，不過二日。明夜，婦果亡。晚年著有《脾胃續論》。孫卒，而書莫可追尋。

李鈞

光緒《江都縣續志·人物·方技》 李鈞，字振聲，精仲景法。江春族人患傷寒見陽明證，時醫治以寒劑，疾更加劇。鈞診之，曰：此寒證也，宜溫中。用附子一兩，服則病益劇，欲絶。鈞曰：劑輕矣。加附子至二兩，與人參二兩同服。衆醫難之，鈞曰：吾自見及，試坐此待之如何？力迫之服。至明日，霍然矣。謂諸醫曰：病之寒熱，辨於脈之往來。此脈來動而去滯，知其中寒而外熱，仲景所已言，諸君未見及耳。所著有《金匱要略注》，多發前人所未發。

樊加燦

雍正《舒城縣志·方技》 樊加燦，字斐生。攻喉科，望色即辨生死。吹藥開關尤神驗。邑令蔡其珍有肘後千金之獎。壽九十有五。八月十五日置酒延親串，曰：吾明午刻逝矣，次日果然。神貌如生，一時以爲仙去。惜一子九章，工詩，卒。無嗣，失傳。

孫士勸

嘉慶《宣城縣志·懿行》 孫士勸，字孝先，邑文學。康熙戊子水災，汙潰，士勸出己資以拯沿堤之編，篛而居者尋大疫，士勸故知醫，觸穢惡診視疾病，予以湯藥，活全無算，衆多德之。子朝甲，中申辰鄉榜。

崔岳

乾隆《江南通志·藝術·徐州府》 崔岳，碭人。精幼科，著《痘疹詳辨》行世。

同治《徐州府志·人物·藝術》 崔岳，字維宗，徐州人。精幼科，臨症如鑑，用藥如響，然不以醫爲利。性好佳山水，每以未遍九州爲憾。著《痘疹詳辨》行於世。

陳若虛

乾隆《江南通志·藝術·通州》 陳若虛，通州人也。爲瘍醫，有秘授，能起死。著《外科正宗》。

張文基

同治《廣濟縣志·人物·方伎》 張文基，字道階，監生。精太素脈，有某生無病，按之曰：是當得筋急疾。伍姓遘疾，延之醫，曰：是不惟不死，並當得子。後閱數年，皆驗。

韓煐　韓鎰　奚振鼇

光緒《重纂嘉善縣志·人物志·藝術》 韓煐，字復岐。性穎異，少習岐黃，活人無算，太守佟公旌其堂曰全生。晚年取《傷寒論》一書詳加註釋，惜未竟而卒，年八十四。孫鎰，字楚白，繼其業，名重魏塘者三十年，當事以功高盧扁額贈之。同時奚振鼇，字駕瀛，郡廩生，爲沈又彭高弟。鎰與之往復參究，因即《傷寒論》中少陰以下各篇補註之幷識。振鼇文學素優，遺三子，師事焉。

鄧筠山

光緒《江西通志·方術·袁州府》 鄧筠山，高安人。叔象先，眞元觀道士。贛人某病於觀，不能起，筠山來省其叔，善視之，某病愈。授以形家術，能視地於五尺以下，辨其質色。

王三尊

《醫權初編·柳彬廷序》 達士家東皋之赤岸，去揚郡數百里，予未見其人而輒耳其名，蓋良醫也。予門首座繆子又安自赤岸來謁，攜其所著《醫權》二卷，囑予序。予閱其書，據症立案，審案用藥，辨溫清於錙銖，酌補瀉於杪忽，一切通因通用，塞因塞用，寒因熱用，熱因寒用之妙，要皆與病推移，而不凝滯於病。美哉達士。

金鶴

乾隆《上海縣志·遺事》 金鶴，字鳴九。性孝，娶施氏，舉子一月後，其異母產一弟死，鶴令妻乳之，逾己出。父嚴厲，每杖鶴，鶴嘗逃宿橋上，伺怒解潛歸，夫婦益相勉以孝。業岐黃，精太素脈，所著有《醫學心傳》。

陳履熙

乾隆《江南通志·人物志·藝術》 陳履熙，字穆如，華亭人。善醫。嘗遇異人授藥草一籃，術益神。有病已絕及死二日者，履熙決其可活，灌藥入口，遂得再生。

嚴宮方　楊磊

乾隆《江南通志·藝術·楊州府》 嚴宮方，字則菴，桐城人。業醫，方書靡不窺覽。榮衛虛實，辨晰微茫。尤善治奇病，多人所不解者。楊磊，字嘉玉，桐城人。【略】磊學行精通，尤邃醫理，活人無算，與嚴宮方齊名。

沈大望

乾隆《江南通志·藝術·池州府》 沈大望，字震甫，蕪湖人。精岐黃之學，窮乏人病者，輒出湊、耆療之。懷宗時，太池時疫大作，奔馳救治無算。

何鏜

同治《江夏縣志·藝術》 何鏜，字鎮遠，太學生。工俞越之術，全活甚衆。康熙十九年，安清王自滇旋，遘疾須藥。有司以鏜應，投藥輒效。王喜賜宴，以國手稱之，共飲食者彌月。任醫學，詳請印信，賑恤獄囚，請捐藥餌著爲例。其他敦本睦族，賑貧起瘠，事甚夥。

何廷軻

光緒《南昌縣志·人物》 何廷軻，字懷霖。精醫。游泗州，適大疫，廷軻染之，夜夢三皇，乃飲三黃湯，立效，求醫者率以是方投之，皆霍然愈。人謂其醫通神明。年九十七乃卒。

孫淵如

光緒《崑新兩縣續修合志·藝術》 孫淵如，熟張仲景書，凡《金匱》古方，人不敢用者，淵如用之輒效。嘗醫黃潭錢某胸有留飲作痛，用甘遂半夏湯，內有甘草。錢詰之曰：甘草、甘遂相反，並用何也？答曰：正取其相反攻擊以祛病根耳。服之腹大痛，吐泄交作，痰飲盡除，十年痼疾，一劑而愈。

吳道隆

光緒《崑新兩縣續修合志·藝術》 吳道隆，字奉泉，先世本浙人，王姓。明萬曆間，父默幼隨其父彭遷邑之車塘，有吳橘泉者，撫爲子。補諸生，入太學，因冒其姓。橘泉嘗遇異人，得治瘋秘術，試輒驗。道隆益精其業，求治者至不遠千里。子傃，字履常。傃子山，字心重，並讀書，有文采，山尤擅仲景術，兼工篆隸及畫蘭。康熙中，邑令程大復徵舉爲太醫院官，辭不赴。其後，子孫至今猶以治瘋名於時。

董紀

乾隆《鳳陽縣志·人物·方技》 董紀，字仲修，丹徒人。幼多病，於諸方書無不讀，病既愈，醫亦精。康熙末，盧鳳道鮑鈴延至鳳陽，遂占籍焉。性恬靜，工書，善寫菊。著《正誼堂課餘》二卷、《論症》九十三條，經三十年而後脫稿，一時推重。

趙天潢

光緒《崑新兩縣續修合志·藝術》 趙天潢，字潤周，自東洞庭徙崑。性豪邁，善醫，嘗之海外，多用《外臺》古方治病，名稱於時。又趙方郭家藏秘方，治傷寒最驗。

嚴文鼇

宣統《湖北通志·人物志·方伎傳》 嚴文鼇，黃岡人。幼穎悟，師事胡大廷，精岐黃術。從兄患血蠱，飲啖如常，鼇曰：危甚，三日將不起。後果然。又鄉人患傷寒，死半日矣，鼇曰：服藥即愈，治之果驗。卒年七十三。子承冠，亦善醫。

俞補臣　胡嘉　周元幹

光緒《崑新兩縣續修合志·藝術》 俞補臣，精方脈，治病必求原本，著《醫宗指要》，多所發明。又有胡嘉，字含章，善醫，不嗜利。子瑢，亦以醫稱，舉鄉飲，父子年皆八十三卒。又周元幹，字復初，邑諸生，精醫，不名一科，臨證辨析微芒，屢著奇效。有朝紳欲爲元幹道地補一官，力辭而歸。

田生玟

嘉慶《武岡州志·方技傳》 田生玟，字象占，州庠生。幼聰慧清癯，善病。父母恤之，不令其苦學。生玟乃稍涉《內經·素問》，能通其意。既冠，補弟子員。棄舉子業,專肆力仲景、河間、東垣諸家,遂精其術。其立方不主故常,每以意爲之,輒有神效。中年構亭人道旁,日坐其中,煮茗以施行人,病者飲其茶輒愈。說者謂生玟陰以藥濟人。惜其法不傳也。

章成琅

嘉慶《宣城縣志·方技》 章成琅,字叔良,號慎齋,太學生。習岐黄術,年七十餘步力強健,無論道里遠近,延之即至。遇貧乏,不計利,頗多周恤。有王某者,以行賈虧本,染病不起。琅以藥餌愈之,繼念其垂老無依,留養於家數十年,衣食共之。歿後,爲買地營葬,囑其子孫春秋舉祀勿懈。年八十四無疾而終。子大儒,字士林,號古埜,太學生。少讀書,承先人業。凡疑難險症,衆醫束手者,經手輒治。郡尊邑侯常延至署療視,無一事謁,當事多推重之。生平謹厚坦夷,邑中鄉先達勝流往來酬和,盃酒論文,殆無虚日。著有《適意軒詩草》、《西塘詩存》,兼能作草書,得二王筆意。

尹懷聖

乾隆《江南通志·藝術·江寧府》 尹懷聖,字安臣,上元人。有僧仲理菴者,受學於異人,凡分劑,不膠古法。懷聖從之遊,得其秘要,療治多奇驗。貧者予藥餌,不責報云。

李 佩

道光《濟南府志·人物·方伎》 李佩,字班麓,章邱人。通醫。有孕婦患閉結,診畢謂其夫曰:須倒持搖之可,無藥也。如言遂愈。詰其故,曰:胎動下垂耳。歷任邑令皆獎之。

張 氏

光緒《山西通志·方外録》 張氏,管良民妻。幼讀書識字,孀居三十餘年,茹藜藿,以紡織餬口。留心醫術,里中嬰兒病,投以方輒效,而不以爲獵食之資。年至八十,鄉人憐其煢獨,欽其貞惠,勒石曰慈婆。

易洪周 周廷楹

光緒《黄州府志·藝術·黄岡縣》 易洪周,原名德溥,以字行。精岐黄業,雍正七年,怡賢親王以疾徵之,進藥立效。世宗憲皇帝召對,稱旨,授禮部主事,卒於官。時蘄水人周廷楹,與洪周同徵。廷楹有至性,以葬親乞歸,然兩人在蘄黄間名最著。

吴廷貴

光緒《續雲南通志稿·雜志·方技》引《易門縣志》 吴廷貴,易門人。善吐納,精醫術。有求治者,執掌心以撫摩之,疾頓愈。

喻全易

光緒《南昌縣志·人物》 喻生,名全易,字子更。幼孤,流落江淮間,出家於乾竺。負氣任俠,人呼爲顛僧。【略】生精醫,以《肘後方》自給。

陳文斌

光緒《黄州府志·藝術》 陳文斌,字武烈,精醫術,立起沈疴。貧窶者,不較藥值,常置夜燈以照人行。一日視病遠方,晚歸,中途遇雨,昏黑不辨路,忽見數丈前燈光隱見,若近若遠,直達里門,則門前照夜之燈也。著有《傷寒纂要》諸書。

王國器

嘉慶《上虞縣志·人物》 王國器,字君鼎,又字鎭庵,國學生。雍正間歲饑,請於官,設竈里廟中,煮粥濟餓。每日朝夕二次,人給一大瓢。后倉廪遺之,減家人食,稱貸羅米繼之,全活甚衆。凡穀麥出糶,每石減價五分。親友問其故,答曰:益價則利富豪,減價則便貧窶,吾願其減不願其益故也。精痘科,治危症若神,遠近踵門絡繹。遇其家困頓,具藥送之,不索值。晚年手抄一書,博采前人精義,附以心裁,名《痘科私存》。

彭文楷

光緒《麻城縣志·方伎》 彭文楷,字端軒。【略】著有《傷寒述要》一卷,待梓。

光緒《黄州府志·藝術·蘄水縣》 彭文楷,字端軒,別號旭陽山人。善醫。農某患腹痛劇,諸醫束手,楷診之曰:脈大小無定,脣朱面白,此蛭入腹也。用田泥水飲之,果下蛭千百而愈。其治病多以意創,有方書未載者。

徐 傑

光緒《江陵縣志·人物·藝術》 監生徐傑,字漢三。精醫術,嗜騎射。偶牧馬龍山寺旁,值大霧,忽雙目失明,遂就坐地下,久之,目復開,則精光炯炯矣。嗣後,視疾不待診脈,一望而洞見肺腑,或預斷某人當得某疾,克歲月以爲驗,後果不爽,斷生死無不應,濟活甚衆,遠近遂有半仙之名。一日,道遇丐者，直趨而前，以手撫其背，笑謂曰：子有仙眼，惜無仙骨。飄然徑去。傑意爽然，終其身，功獲十全，無與抗者。今其孫必昌、寶貞，爲諸生，猶能世其業。

王沂源

光緒《寧津縣志・人物・方伎》 王沂源，名醫晉發子，能繼父業。病者有得一診視，死而無憾之語。

周彭年

光緒《寧津縣志・人物・方伎》 周彭年，字符籛，太學生，進士周濬之父。好方書，精其學，素性坦率，獨至切脈審方如斷大獄，其全活者衆矣。

牛履祥

光緒《寧津縣志・人物・方伎》 牛履祥，字吉符，布政司理問。精醫術，著手成春。殁後，本邑暨鄰邑諸鉅公爲詩，勒石以誌其技之奇焉。

徐元瑞

光緒《寧津縣志・人物・方伎》 徐元瑞，庠生。才優品端，善醫學，斷病調方，出人意表。同邑劉清華署泰安府，遘病嘆曰：若得徐君，吾病痊矣。未及而殁。元瑞少年失怙，處兄弟之間，天眞爛熳，雖至暮年，怡怡猶若少時。卒年七十餘歲。

崔化南

光緒《寧津縣志・人物・方伎》 崔化南，字紹伯，太常寺先農壇執事。初習儒術，年十八忽學醫。人問其故，笑而不答。施治輒神效。郡城于明經屬纊矣，化南問其疾狀，曰：可起也。與藥二劑而愈。吳邑高公室人，有夢熊之喜，既而病甚，歷延名醫罔效，瀕絶。化南診之，曰：石麟爲祟耳，不出三日當愈。再投藥餌脱然。高問曰：必生男乎？化南曰：豈惟男，且必才賢。後果爲吳邑望人。其技之神類如此。年至七十卒。

湯灴　湯得桂

道光《上元縣志・人物志・技藝》 湯灴，字亦山，邑庠生。奉母盡孝，敦友愛，視姪如子。喜賓客，重然諾。工爲文，有《嘉禾堂》稿。尤精岐黃，遇沈痼之疾，能洞見五臟癥結，時有倉公之目。著有《手訂痘疹截略》。子得桂，字濟五，以醫世其家。孫進、必、達，俱庠生。

諶光國　諶元　諶命夔

道光《上元縣志・人物志・技藝》 諶光國，字兆麟，邑廩生。精岐黃，尤善治痘，彙萃群書，參以所得，著《痘科辨疑》。以臨診奇驗，又性慈，有禹姓子痘險而弱，非參不治。光國質婦簪珥以救之。子元，字萬育，乾隆丙午武舉。超，字斗南，武生。孫命夔，字雨田，監生，皆能世其業。元著《諶氏秘書》，命夔著《箕裘集》。蓋諶氏自前明名脩瑕者，爲太醫院官，至命夔已六世矣。

賀升平

嘉慶《攸縣志・人物・處士》 賀升平，字僉邦，號鴻磐。安貧嗜古，以正直化導族黨。偕妻瞿氏，孝養二親，喪哀祭敬。兼精研《靈》、《素》，活人甚衆。劉南村贈聯云：困而好學，貧不要錢。年八十餘卒。著有《操心要規》，邑令張竹泉序而行之。又著《殯葬輯要》、《脈要圖注》等書。

劉斅窩　張希載

光緒《廣平府志・藝術》 劉斅窩，永年監生。善岐黃術。雍正十一年，御史評圖病膈危甚，延斅窩至，一藥而愈。著有《胎產須知》、《救急良方》等書。同邑張希載，善治痘疹，著有《痘疹精要集》。

趙三麒

乾隆《武鄉縣志・人物》 趙三麒，字乾符，崇仁廷抃季子。孝友眞醇，好讀書，五歲即能詩歌。遭時亂，隨父母避居村墟，日夕手一卷不釋。著有《醫脈系辭》、《河燈圖說》、《牧同紀略》等。

王廷侯

嘉慶《魯山縣志・列傳》 王廷侯，字錫齋，良里大王莊人。祖法岐，父燕天，皆工醫術。廷侯童子時，即喜私其架上治痘疹諸書，讀之數年，竟以醫名。邑人李源三歲出痘，痘外醫，通身糜爛。廷侯以胡粉、艾灰敷之，不效，忽中夜起，研朱砂末，雜以牛糞灰涂之，即水止。至落痂時，面上痂厚強半寸許，如面具。衆喜是兒得生命。廷侯獨曰：未也。若宜更試，面痂堅，是血氣壯，不然，恐生他變。衆試之，果堅不可破。後復著《傷寒論讀法》數卷。處方下藥，無不奇驗。汝州盧家店有少年病結危甚，諸醫皆曰：此名熱實，宜大黃下之。廷侯診之獨曰：是寒實也，用附子兼大黃下之。下，結立解。

曲彦貞

道光《濟南府志·方伎》 曲彦貞，字含章，伸子。通方脈，外科尤精。濟南朱某有痼疾，諸醫以爲虛怯，王大司寇薦彦貞，至曰：腸癰也，後兩月可療。及期，命製銀鍼尺餘，一鍼而愈。恩村梁某祈診其脈，曰：將爲癰。梁實無病，因出語戲之。月餘，胯癰作，再三延，不至。三月乃至，梁謝過，彦貞曰：非也，癰已成，早至無益。計今熟，故至耳。子孫至今世其業。

王葆中

光緒《廣平府志·藝術》 王葆中，字精一，雞澤人。爲諸生時，通小學、性理諸書。年四十學醫，一以診脈爲主。病者至，不令言症，診其脈，即知症之所患，一一相符。遠近求醫者，踵相接。同縣李崇禮，武生，亦能醫，尤長瘡科、瘟疫。乾隆丙午，疫氣傳染，崇禮所活，不下千餘人。

冀棟

光緒《廣平府志·藝術》 冀棟，字任中，永年人，工部尚書如錫子。康熙五十四年，與弟檕同榜成進士，改翰林院庶吉士。檕字絜中，職授內閣中書。檕不樂仕宦，在籍修理先塋，訓課後裔。棟仕宦二十餘年，官至左副都御史，以直節稱。兼通醫術。棟娶魏氏，柏鄉魏相國裔介次女。一日柏鄉有婦人，因生產未下，暴死，將入斂。棟往視之，見其血痕曰：此活人也，特兒以手持母心耳。以鍼投之，死者復甦，嬰兒亦得生產無害。棟在京都，一日偶出，有人自言不時腹痛，跪請治病。棟顧視良久，曰：腹中有蟲故也。使服信若干便愈。其人以爲毒物，不敢多服，僅服少許便止，而病亦未愈。他日又求棟治，棟曰：汝病必死，使汝服信若干，非毒汝也，毒腹蟲耳。乘蟲首上仰，以信投之，蟲當盡死。今汝服信太少，蟲多未死，再投以信，蟲首不仰矣，故不可治也。其人果死。時赴大內治病，無不神效。特賞加二品頂戴，並恩賜福字蟒服，兼理太醫院事。年六十餘，以疾卒。子方焻，方然，俱舉人。所著有《傷寒論》等篇。

劉德振

同治《畿輔通志·雜傳》 劉德振，景州人。性穎敏，讀《難經》、《素問》諸書，洞若觀火。著《五六要論》一卷。

其它多濟，始舉此以例其餘。

李承寶

乾隆《新鄉縣志·技術》 李承寶，號信齋。素善談兵，撫院本兵嘗欲聘之大用，不果。好採覽圖志，善卜，推驗如響應。尤精於脈理，每危疾諸醫斂手，寶至輒起之。然性耿介，貴家不樂往，里巷貧窶招之，乃趨往，與之金不受。短衣曳杖，自若也。著有《遁甲八陣圖》、《醫卜閑談》諸書。後以歲貢，授霝山衛教授終焉。

紀開泰

光緒《寧陽縣志·人物志》 紀開泰，字來西，邑西伏山村人，雍正中監生。自其上世有名朝德字東川者，爲前明醫官，著《醫證經驗集解》八卷。又有名巖，字敬公者，曾爲郡守蔡公廷輔療痼疾立愈。開泰少傳家學，精研《內經》，遍窺仲景以下諸方書。凡有心得，必手自著錄，乃廣《集解》爲二十四卷，名曰《醫學箕裘集》。其治疾洞察乎標本陰陽之故，即甚危殆，投以湯液，咸慶更生。遐邇造請，踵門無虛日。嘗游歷下，會巡撫李公疾亟，諸醫莫效。有以開泰薦者，延入診治，一藥病良已。李公神之，欲留置幕府。開泰不樂華膴，力辭歸，脫巾散髮，頤養林泉間，出其求，活人無算。年屆八旬，視聽不衰，鬚髮盡黑，見者以爲神仙中人。旋以壽終。子四，體潤其季也，能紹其業。孫天崇，字青峰。曾孫茜珠，字支園。元孫若鼎，字梅臣。世以醫學知名。

王乾

光緒《益都縣圖志·藝術傳》 王乾，字健陽，親仁鄉東朱鹿人。精醫，處方施藥，孜孜無倦。子孫世傳其學，濟人甚衆。年八十二卒。傳子士起，字升齊，年七十八卒。傳子梅，字福庵，尤工眼科，年八十五卒。傳子太吉，字漢東。太吉傳子清，字澄源。凡五世。縣人之以醫世其家者，惟朱鹿王氏與金嶺鎮馬氏東西相埒云。清子智，字子方，今亦能延祖業。自乾至清，著書凡若干卷，并詳《藝文》。又王洙，字魯南，仁智鄉張趙莊人，七世工醫，惜其先世行誼未詳。又王來康者，字福三，安定鄉人，父昭業，以醫傳來康，來康又傳子永昌，亦三世以醫顯焉。

郭鳳藻

光緒《吉安府志·人物·方伎》 郭鳳藻，廬陵人。其先七世以醫名，藻亦好方書。有守備患癱瘓，延藻診視，投以藥，旬餘起止復初。雍正六年，郡城疫，知府倪立局聘藻治之，藻請曰：郡城廛肆，人畜駢闐，溝渠汙潦，惡氣上蒸，中人膈臆而爲厲疫，此不可拘古方治也。乃精思丸劑，並用六閱月，全活甚衆。藻左手痿痺忽愈，僉以爲治疫之報。孫隆遇，傳其醫學，知府王銘琮知其良，歷十年不更他醫，遂令充府醫學官。

林之瀚

《四診抉微·柯喬年序》 林子爲余桐崗徐夫子之族甥。昔年侍側，夫子每向余嘖嘖道林子之醫，少即專精篤嗜。博極群書，寒暑不輟。且遨遊四方，遇岐黄宿碩名流，虚懷咨詢，不弃一得。迨業成行世，遠近敦請者，戶外之屨恆滿。林子志存濟世，不計酬報，貴賤貧富，惟一體視。每遇疾病危急之家，諸醫盈座，唯相向束手無策，或且唯唯諾諾，隨人可否。林子獨憑几出定見製方，病者立起死回生。以故，夫子視學中州，日延林子至署，一時當路公卿，爭聘無虚日，藝術之神，吾里士大夫迄今能道之。

《四診抉微·顧耿光序》 余友林子憲百，系傳八閩，流寓三吳，家戍上者，五葉於兹。早歲穎異過人，已纘先人儒術，淹貫經史，好古能文，特以迂踈寡效，緣是學闡黄岐，理研《靈》、《素》。歷有年所，以故疏方濟世，行藥活人，殆指不勝屈。而其令嗣右王，亦箕裘克紹，仁術大行。將見杏林春遍，董奉不得專美于前。橘井雲生，蘇沈亦當讓能於後。較之時下之稍通本草，略涉方經，輒試刀圭，肆行無忌者，余直當以林子喬梓爲吳下之李、張，浙中之倉、扁，豈虚譽哉！因之憲百於應酬之暇，效涪翁著述，博閱群書，廣搜衆說，參互考訂，纂舊增新，明先賢所欲明，發前人所未發，勒成一書，公諸同好，俾世之行道者，於言色之察，症脈之辨，臟腑經絡之間，洞如觀火，非徒以曉之。鄉邑亦將以昭示，遐荒詎僅以訓，詔兒孫自能以嘉惠後學，博施濟衆，裨益良多，則是書之足以垂世而行遠。

乾隆《烏青鎮志·藝術》 林之瀚，精求醫說十載，乃集諸家而折衷于四明趙氏。

光緒《烏程縣志·人物》 林之瀚，字憲百，烏程人。壯而習醫，因號慎庵。精求其說，著《四診抉微》，盛行一時。又有《瘟疫論》、《痰證論》、《臨證元機》諸書。

黄配乾

道光《寶慶府志·耆舊·方技》 黄配乾，邵陽人。家貧，父命之業儒。已而屢躓童子試，或勸之訓蒙，不應，遂攻地理、星卜諸書，尤精於醫。遠近延請無虚日，族人某贈以詩有博兼衆技書千卷，救活群生紙半張之句。

鄒東魯　鄒道英

道光《寶慶府志·耆舊·方技》 鄒東魯，新寧諸生也。屢試不第，遂弃制舉業而業醫。屢有奇效，嘗挾其技遍遊滇蜀。所至，延請無虚日。已而厭其紛，以所積千餘金，施諸貧乏，而歸里作石室於易家山，名之曰：容膝處。卒年九十六。有鄒道英者，字景賢，東魯同縣也。業醫，治病有奇效。遇歲疫流行，造丸散施之，所活甚多。任訓科二十餘年。卒年六十九。

談子昭

光緒《丹徒縣志·人物·方技》 談子昭，城北談家洲人。洲坍沒，乃移居城內清風橋畔。以醫名於橋上，設立醫室。尤善醫溼毒諸證，有家傳秘方，熬膏帖患處，無不瘳者，以此名著一鄉。其裔孫德恩，字眷之，邑諸生，亦善醫，而懸壺橋室，猶用子昭舊號云。

趙榦

光緒《丹徒縣志·人物·方技》 趙榦，字又宜，號柘山。諸生，好醫學及堪輿術，究兩家群籍，大有心得。著《三因簡妙方》及《青烏法》數卷，用於世，輒有效。晚好道，日行坐功，喜梵經，手錄持誦。一日，入鄉相地，夢佛呼之，遂無疾而卒，年五十七。

莫顯誠

光緒《廣州府志·方伎》 莫顯誠，番禺韋涌人。大父清華，擅醫術。顯誠幼喪父，大父撫之。性聰穎，嘗竊大父書讀之。戲煮丹藥，塾中諸兒有小患，輒爲治之，竟效。大父奇之，乃盡發所藏醫書使之讀，並教以製藥用藥諸法。既長，貫通群籍，洞悉指要，妙爲變通。大父歿，代行其業，名遠出大父上。有患鼻中氣若鐵絚，牽貫於腦者，痛楚甚，顯誠囊藥使嗅之，患遂已。虎門營兵某，膝下生肉顆如豆，一無痛癢，戲示顯誠曰：此何疾？顯誠大驚

席上錦

光緒《湖南通志・人物志・技術》引《縣志》　席上錦，字承裳，東安人。生而穎悟，文史技藝，自然通解。性高澹，寡言笑，不屑屑時名。閒作詩書，求者亦不與也。遇其家召工匠有所造作，輒爲之式，諸巧匠皆以爲不能及。嘗造寺，石工雕石柱辟邪，持斧削自琢之，隨手而成。其於醫，不事方脈，以聞、望爲決。嘗聞隔舍兒啼，曰：此有暴疾。試拂其睫，目不瞬矣。爲湯飲之愈。姻家有二子，(歐)〔嘔〕不休，更數十醫矣。視之曰：無病。飲以酒而愈。詢之，則竊蜜誤服油致然。或問：酒安能制油？亦不言也。頗好相墓術，其塋地皆自擇。曰：當有以戰功起家者。其後悉驗。上錦於諸事若無所經意，至其讀書輒忘食。家人持餔之食已，亦不自覺。蓋其冥思如此。年八十，無疾卒。著有《知素堂集》。

沈國柱

光緒《淳安縣志・人物・方伎》　沈國柱，字公任。其先本越之山陰人，來寓邑東茶坡，徙居賦溪，遂家焉。國柱妙解經脈，病必理其本，處劑不過數種，或直用古人傳方輒效。然至其隨手之變，則又自用我法，往往以意成之。嘗取黃帝脈書爲宗，而旁引諸所論疏，通證明之，著爲《醫通》四十卷，《青溪診籍》一卷。有以病請，不因寒暑豐嗇爲去留。

陳允昺

嘉慶《旌德縣志・人物・藝術》　陳允昺，字爾光，陳村人。宅心仁厚，立品端嚴。精通醫道，博覽群書，研究殆盡。濟世存心，毫不計利，四方延治者日常盈門。著有《藥性纂要》、《女科得解》，學者奉爲金鑑焉。其孫以周，曾孫士輝、汝霖，世傳其業。

馮佳璧

道光重纂《福建通志・國朝藝術・福寧州寧縣》　馮佳璧，精醫術。雍正間，知縣王祚昌往石堂，中路病危，佳璧投以藥立愈，以扁旌之。其後學愈精，心愈歉。晚年語其子曰：醫不易學，學不精，轉誤人。因悉取所論著焚之。

朱　棨

乾隆《海寧州志》卷十　朱棨，素善病，遂精於醫，活人甚衆。俄痛一子

曰：此紅線瘡也。視之，果有紅線繞四週。乃求治之。曰：晚矣。其人弗信，少頃，漸腫痛，已而痛劇，夜半竟死。又副將余德標患牙痹，十餘年不愈，每痛發，起坐不安。大吏聞之，欲改調，檄驗看，無可爲計，延視之。顯誠曰：未能即愈，然先斂使不痛，俟驗看後治之，疾可去也。德標大喜，即具舟赴省，顯誠於舟中卷藥，以紙焚而熏之。至省驗看無恙，使復任。顯誠乃更以藥治之，腐骨突出二寸許，拔以箝，應手而落，無所苦，月餘愈。今莫氏丹藥，擅名於時，子孫亦世其業。

黃子健

光緒《廣州府志・方伎》　黃子健，字江皋，南海平地村人，邑增生。性沈毅，言笑不苟，爲制藝文，不染時習，久困場屋，乃肆力於醫。嘗謂：世人不讀黃帝、張仲景書，而自命爲醫，是草菅人命也。取《內經》及《傷寒論》、《金匱要略》，殫思研慮者二十年，遂精其術。著有《訂正金匱玉函經集注》，藏於家。

劉道景

同治《安義縣志・人物》　劉道景，號仰山，安義里人，幼科聖手也。有靖安舒某三歲兒病極危險，慕其名延之。景至稍遲，兒已入殮。趨視之，曰：可救。旁觀皆掩口。主人乃泣請治法。景曰：此熱閉之極，正氣將絕未絕，但治不得法，則速之死耳。急取銅鏡覆臍，少頃換下，鏡炙手。如是數易，微有喘息，循環遞換十餘次，漸作呱啼，始投湯藥。當時有劉神仙之號，如此類者甚多，聊舉一端，以見其概。著有《幼科精華》行世。子望儀，孫至元，亦世其業。

葛榮舉

同治《湘鄉縣志・人物・方技》　葛榮舉，字清選。少好學能文，長業醫。鍵戶三載，究極《內經》、《金匱》諸書。每治一病，即朗誦古方以爲法，他醫聞之咋舌。其爲方簡而賅，精而不雜，凡難治之證，應手而痊，卒年八十有六。

林洪京　林　沐　林昭素

道光《福建通志・藝術・福清縣》　林洪京，字志文，諸生。精醫家言，遊京師，負盛名。後浙撫李某延致幕府，卒於杭，年七十八。子沐，字子明，能世其業，雍正八年，舉爲醫官。孫昭素，亦精其術，邑稱爲三世醫。

道亡，暴得瘖疾。歸里數月卒。年六十四。

道光《海昌備志・藝文》　朱檠，號雲樵，自恆子。著有《四書闡義》、《脈纂》、《傷寒餘論》、《海樵題畫詩》一卷。

趙驤恒

嘉慶《續武功縣志・人物》　趙驤恆，字燕乘，雍正舉人。攻舉子業。因父病兼精醫學，著有《選注瘟疫》諸書。

程國彭 鍾齡

《醫學心悟・饒兆熊序》　程君鍾齡，原字山齡。資分高，搜討富，攻舉子業，有聲庠序。廼以家貧善養爲務，間取岐黄書，尋繹往復。又於張、劉、李、朱四大家貫穿融會，一編入手，必有所折中。不從門面語掩飾時人之耳目。由是出而問世，踵門者無虚日。經年累月，每爲遠地作信宿客，凡有來者，多叩門而返，自憾無廣長舌，化百千身，以應人之求也。爰著《醫學心悟》一書，授之生徒。所言悉有根柢，而筆又足以達之，故四方從遊者日益進，嘗語門弟子曰：一壺冰，三斛火，祗在用之適其宜耳。然而上工治未病，中工治已病，昔醫緩兄弟三人，其二兄治病，治於未形，雖名不聞於諸侯，而所學益大。書中《百誤歌》以及《人蔓果》等篇，是爲在醫方之外，弭患於未萌，而兼爲保生計，非迂談也。一日所獲之錢，多合膏、散，任人取攜，投之輒效。窮鄉得此，有一服而兩人分飲取驗者。膏去風毒及百病，凡有患處，貼膚而消除者，嘖嘖有言，此豈虚聲動人之聽聞哉！頻年以來，錢到即散，總爲此事着力。視昔之崔世明、李慶嗣不少讓。診視之際，不論貧富貴賤，咸細心處治，審症必詳，用藥必當，眼光所到，四面流通，無非實地濟人之心。所著方書，抄閲者衆。君虞其不廣及也，乃付之剞劂，以公同志，寧不與調和燮理者，均稱其職而無憾也乎。君曰：書成之後，一擔稍釋，我無復内顧矣！

《醫學心悟・自序》　予少多病，每遘疾則纏綿難愈。因爾酷嗜醫學，潛心玩索者有年，而四方求治者日益繁，四方從遊者日益衆。然此衷常懍懍危懼，凡書理有未貫徹者，則晝夜追思。恍然有悟，即援筆而識之。歷今三十載，殊覺此道精微，思貴專一，不容淺嘗者問津，學貴沉潛，不容浮躁者涉獵。蓋以上奉君親，中及僚友，下逮卑幼，性命攸關，其操術不可不工，其處心不可不慈，其讀書明理，不至於豁然大悟不止。爰作是書以教吾徒，而名之曰《醫學心悟》，蓋警之也。【略】時雍正十年孟春月吉且，天都普明子程國彭鍾齡自序。

《醫學心悟・吴體仁序》　歲己酉，余負笈從先生遊。【略】先生學彌精，心彌下，年來備極攻苦，常徹夜不寐，天未曙，輒剪燭搦管，舉平日所心得者，一一筆之於書，間有未縝細者，必繩削之，至於盡善而後已。其中條分縷析，因症定方，不肯稍留餘憾，以誤後來學者。【略】其書似平淡無奇，而千變萬化總不出其範圍。至其命是編也曰《醫學心悟》，誠以學非精詳，不可云學，學必會通，乃可以言悟，悟不先之以學，則無師而所悟亦非，學不要之以悟，則固執而所學亦淺，而其原總操之一心，學者，心學也，悟者，心悟之也，心學之而心悟之，夫而後其心即上天好生之心，如來普濟之心也。

魏荔彤 念庭

道光《蘇州府志・人物・流寓》　魏荔彤，字念庭。官江常鎮道，兼攝崇明兵備道。去官，賃屋濂溪坊，杜門垂簾，點勘《四庫》、《七略》，上自六經諸史，旁及天文地志，稗官野乘，浮屠老子，醫藥卜筮之書，丹鉛不去手。嬰痿痺疾，雍正四年乃還其里。著《懷舫齋集》數十卷，《素問注》，并注釋《南華》、《道德》諸書。

《醫學讀書志・國朝魏氏荔彤》　《素問注疏》二十四卷、《靈樞注疏》九卷、《傷寒論注疏》八卷、《金匱要略注》二十二卷。右書四種，柏鄉魏荔彤撰。荔彤字念庭，康熙間歷官京口監司，與吴中王子接爲友。自言於帖括吏牘之暇，即研求醫理，積五十餘年撰成是編，實士大夫攻醫之矯矯者。

光緒《趙州屬邑志・人物》　魏荔彤，號懷舫，十二歲補弟子員，後入資爲中書舍人。授漳州守，膺卓薦，分守江常鎮崇道，署臬篆半載。

《清史稿・藝術傳・魏荔彤》　魏荔彤，著《傷寒金匱本義》。荔彤力學不倦，自經傳及諸子百家，皆有心得，注解甚多。著有《懷舫集》三十六卷、《大易通解》十五卷。

吴宏沛

嘉慶《龍陽縣志・列傳・方技》　吴宏沛，節婦雷氏子，事母誠孝。精醫術，時有奇驗。製疏消六合丸以濟無力市藥者，垂數十年不倦。年七十一，沐浴更衣，談笑而逝。

陰永明

嘉慶《羅江縣志·方技志》 陰永明，邑人。雍正間，以方脈馳名。著有《管窺測蠡》諸方書行世。其徒數十人，各得其傳，亦名於時。

夏本剛

嘉慶《羅江縣志·方技志》 夏本剛，邑人。熟《傷寒六書》。嘗有人中寒病，死已日餘，心窩微熱，延剛治之，投以藥，俄而蘇。如是者，不一而足，人甚奇之。

林鴻勳

乾隆《海寧縣志·方技傳》 林鴻勳，字大文，始爲邑掾，以事走京師，負才豪俊，風議溢發，遇者輒傾倒。頗明醫術，遂益事深究，參會諸家而神明之，以此游公卿間，名聞藩邸。所治應手立效，除〔太〕醫院吏目，俄罷居，而名逾重，車騎簏筐，不暇應接，顧猶治善藥以濟貧病，不惜重貲，人以是多之。嘗與司捐例爲故舊及所契厚投牒得官，或無力還帑，輒以藥囊中物償焉。雍正初，擢左院判，逾年歸里，施拯不倦。年八十餘，無疾而逝，殆得刀圭之助云。

朱瀧

乾隆《海寧縣志·方技傳》 朱瀧，字均修，號培眞。性至孝，父病，割股以進。聞姚公庶爲越水名醫，延昕之得瘳，遂從學焉。徧讀《靈》、《素》百家書，而於長沙《金匱玉函》尤研究得其微。益州吳老人有元化術，年過百，虬髯布袍，嘗乘小艇游三江，治療多奇中。瀧偶遇苕溪舟次，與語相得甚歡。老人曰：來歲中秋，可會于昆山之麓。瀧如期往，老人果迎門笑欸，俄出一編爲贈，由是其術愈神。

姜福泰

道光《德陽縣志·人物·方技》 姜福泰，字階平，邑白馬廟人。性孝友。弟兄四，供母獨任其責。弟兄分產，田地、什物取其窳者。有孤戚老病，養之終身。善岐黃，傳父映洲業，得意外解。有張文才者，年三十餘，臘月患胃痛，午獨可，晡愈甚，幷無寒熱，時作時止。急則似雨，猶人攙其股，雙足掣跳。諸醫以正氣散加乾薑進，或以理中、建中諸劑進，或以硝黃下之，俱不效。越數日，吐蟲二。泰至，診之曰：此蟲嚙胃也。亟以烏梅丸服之，病若失。次日，更以烏梅、花椒，加香砂六君子湯進，一服而痊。又王某女，年十二，偕母歸寧。山行不數里，面目忽腫，自髮際至承漿、耳、項，閉目合口，莫可名狀，泪如槐汁，面如涂墨光，油滑可鑑，衆醫駭詫，投以理風解毒之品，腫愈甚，皆瞠視，束手無策。泰至，診之曰：此夏秋濕氣大行，濕熱相搏，人感之而爲腫，甚則火化而爲黑。不然，何以泪出黃汁，與膽無異。即以茵陳湯、五苓散治之，立愈。又有張世德，年四十餘，脈沉數，諸醫疑爲癆。泰視之，曰：沉是濕，數是熱，恍惚是毒，必酒毒所傷。德曰：然。前二年被瘋狗傷，用斑貓沖酒服數次。泰曰：是也。斑貓直達水府，使精不固，故夢遺、頭暈、腰痛，足疼。宜先解斑貓毒，用葛花、扁豆解酒毒，再用砂仁、茯苓、黑豆、甘草。稍服十餘劑，間用地黃歸脾丸而痊。泰之術多神妙類如此。著有《醫學輯要》、《集驗方》。年七十餘卒，子鳳鳴，庠生。

向廷賡

《錦里新編·儒林·向廷賡》 向廷賡，字修野，號畲海，成都人。康熙丙子孝廉。性聰慧，博極群書，弱冠舉於鄉。兩試春闈不第，遂絕意進取，以教授生徒爲業。尤敦實行，循循盡道，人無間言。工吟咏，兼善醫，嘗布襪青鞵，賣藥市中，刀圭所及，立起疲癃。得錢即沽酒暢飲，高歌自適，雖饔飧不繼，宴如也。官巴縣、邛州、潼川等處，廣文三十餘年，寒氈自守，藐若高僧。【略】年六十餘卒。著有《倫風》十六卷、《畬海文集》十卷、《詩》十卷、《史詠》一卷、《易圖貫述》一卷、《寄企紀吟》一卷、《醫述》四卷，藏于家。

費密

《錦里新編·儒林·費密》 費密，字此度，號燕峰，新繁人，經虞子。年十四，值父經虞病劇，醫言知糞甘苦可決死生，密嘗糞覺苦，病果起。崇〔正〕〔禎〕甲申，流賊張獻忠犯蜀，密年二十，爲書上巡按御史劉之渤言四事：練兵一，守險二，蜀王出軍餉三，停徵十六、十七兩年錢糧四。倉卒未果行，賊遂陷成都。密展轉遷避，得不遇害。【略】以大功不就，已乃究心《內經》、《傷寒論》、《金匱》諸書。【略】著《中傳正紀》百二十卷、《宏道書》十卷、《聖門舊章》二十四卷、《文集》二十卷、《詩抄》二十卷、《河洛古文》一卷、《尙書說》一卷、《周禮注論》一卷、《二南偶說》一卷、《甕錄》一卷、《中庸大學古文》一卷、《中庸大學駁論》一卷、《太極圖紀》八卷、《聖門學脈中肯錄》一卷、《古史正》

十卷、《史記補箋》十卷、《歷代紀年》四卷、《四禮補錄》十卷、《古文旨要》一卷、《蠶北遺錄》二卷、《奢亂紀略》一卷、《荒書》四卷、《笭箵歸來晚暇記》四卷、《歷代貢舉合議》二卷、《二氏論》一卷、《題跋》六卷、《尺牘》六卷、《詩餘》二卷、《雜著》二卷、《費氏家訓》四卷、《長沙發揮》二卷、《王氏疹論》一卷、《金匱本草》六卷、《集外雜志》八卷、《補劍閣芳華集》二十卷、《雅倫》二十六卷、共三十六種。蜀中著述之富，自楊升庵後，未有如密者。楊主綜覽舊聞，密則獨據己見，較楊更精。

沈　謙受益

《吳醫彙講·沈受益》　沈受益，諱謙，號牧庵。儒而以醫聞，縉紳先生常詩文往來，當道亦多契合，然非治病，不輕入室。生三子，長笠舫，業儒兼通醫學，府庠歲貢生，撰《卓雅集》行世。次悅庭，考拔吏目，以醫聞。次澹所，吳庠生，貤贈修職郎，溧陽縣學教諭，有《友晉閣帖》行世。長孫旭岑、蕓齋，並登科甲，次笠耜，國學生，好醫未嘗釋卷，而不臨證。次丹山、實夫，暨曾孫思劬、維祥，俱業醫。先生年六十四歲，歿於雍正壬子，世居葑溪烏鵲橋東。

黄元裳

同治《上海縣志·藝術》　黄元裳，字遇吉。精醫，有奇驗。雖鄉僻處，延之即往，貧病不受酬。年八十餘。有《內經集注》等書。子萬育，世其業。

趙　文

光緒《廣平府志·藝術》　趙文，廣平人。精醫術，善治咽喉症。本邑及鄰邑染是疾者，應手立愈，保全甚衆。從不受饋儀。

潘文星

《松夏志·人物·藝術》　潘文星，字斐昭。自少即博覽群書，通脫，不務舉業，專精岐黄。爲人治疾不索酬。會夏蓋湖東西流疫蔓延，朝發夕死，群醫束手，文星出爲診療，輒著手病除，群慶更生。堂邑鄧雲龍，精明強幹，善折獄，稱浙中能吏，及宰虞，甫下車，聞文星賢，造廬請益。著有《蕓牕文稿》四卷、《崧愚醫案》八卷。

孫顯謨

《松夏志·人物·藝術》　孫顯謨，字季文。徧讀岐黄家言，研精脈理，善內症，而尤專外科。治喉則決於少商。治腸之露者，以紙覆之，藥到即愈。性慷慨，好施方藥，感其惠者無算。

俞月桂　俞文齡　俞震一　俞金標

《松夏志·人物·藝術》　俞金標，原名燕生。族祖月桂，字天馨，善岐黄，爲痘科聖手。文齡，字永年，精醫理，晚年施診捨藥，獲療者衆。震一，名東扶，諸生，爲名醫，著有方書數種行世。金標學業姚之周巷，盡得秘傳，善鍼灸，每一著手病若失。其鍼垢甚，觸之無鋒芒，然運用之犀利無匹，人未嘗稍覺其痛。無他藥，隨手以壁上塵抹之，即奏效如神。或酬以金，必窖於土中，詰旦視之，青蚨已不翼而飛。旋赴北鄉倪梁村之玄壇廟，僦居最久，負名亦最盛。一日聞鴉鳴不已，出謂人曰：吾歸矣。遂溺於河，鄉人肖像於廟尸祝之，輒有奇驗。

王　觀

光緒《續雲南通志·雜志·方技》　王觀，易門人。父元德，通醫術，得異授鍼灸法。觀讀父書，嗜之。治病如神。康熙間，三泊有田家子，患溺結。觀至，則死半日矣。一鍼即甦。省城畢姓婦，胎死腹中。觀診，脈未絕，亦鍼而愈。

劉時雨

光緒《高陵縣續志·人物傳》　劉時雨，邑庠武生。精越人術，心存施濟，誓不取貲。延者日戶外屨滿，時雨自具輿馬，必先至無力者家，然後次第赴各處診視。並贈以藥餌，活人甚夥。

王世印

光緒《略陽縣志·人才部·賢達》　王世印，王家梁人，精岐黄術。常醫人效不受謝，扶危濟困，力行有日。白蓮教擾其地，相戒曰：王善人家勿犯也。

譚學海

清抄本《寧遠府志·方技志》　譚學海，湖南人，寓居府城。多學，而尤邃於醫。能辨正古今方書。著有《醫案》。

陳載華

光緒《續修廬州府志·藝術傳》　陳載華，合肥人。世業醫。穎悟過人，讀書過目輒記。十四成文，兩試不售，年十九父歿，繼業岐黄。苦心研究方書，得其元妙，施藥炭不計財，拯活人多，以此名重一邑。華有兩弟，同炊食口五十，歲用勉支。或謂華曰：樹大枝分，豈不聞耶？華曰：千枝一本，合則成陰，借我三指，活此衆人，不亦宜乎？或慚退。歲七十，嘉慶二十五年疾卒。長子卓雲，三子濤，四子沂，繼其業，濤、沂名勝於華，而術俱遜云。

沈理治　沈理浩

光緒《續修廬州府志·藝術傳》　沈理治，字子元，號芝臺，合肥人，庠生。世精於醫，壯歲並通奇遁。恆獨居小樓存神，鍊汞丹將成而目眚其一，遂專方藥，時稱妙手。其從弟理浩，亦善療疾，與齊名。理浩字漱石，深究醫理，適道光辛巳時疫大作，爰與治采輯古今應驗良方，合刻《雜疫萃精》一書，並附醫案，周大槐弁其首曰：芝臺以名諸生工活人之術，儒而醫者也。漱石以古方伎行濟世之心，醫而儒者也。芝臺善書法，漱石妙丹青，猶其餘事，時人以爲允。

馮應魁

光緒《續雲南通志·雜志·釋道》　馮應魁，字亦九，道號尙元。有隱德，安貧樂道。精醫藥，活人甚多。祈禱輒應，得孫眞人《安樂仙方》，刊存巍寶山朝陽洞。

沈家份　沈榜弁　沈理延

光緒《續修廬州府志·藝術傳》　沈家份，字曾武，合肥人。孝友炳著，濟人利物不令人知。東關外通津、余公二礄，歷年最久，叠次修理，不辭勞瘁。任醫學三十年，全活甚衆。手錄《同壽堂藥方》，待梓。子榜弁，性聰敏，制行正直，業醫。承父訓，利濟爲心，造門求治者踵相接。年六旬，沐浴更衣，端坐而逝。孫理延，亦精醫，痘科尤神。

章鑑

光緒《餘杭縣志·人物》　章鑑，字曉湖，附貢生。少習舉業，以妻病誤於醫，徧購古今醫家書，研究三十年。初，僅爲親族治病，輒效，嗣粵匪亂，不得已，行醫爲活。嘗治時疫之脈絕氣脫者，一劑即起。立方參變不泥古，治危證，藥不過三、四味。曰：少則力專，多則牽制也。時粵匪脅紳士爲鄉官，鑑避匿不得免，適僞職。某病篤延診，枉道治之，謝以金，不受，凂言辭職，始得居鄉拯貧而病者。凡醫資足一日用，輒分潤鄰族，所活人甚夥。

金鈞

光緒《重修嘉善縣志·人物志·藝術》　金鈞，字上陶，號沙南。先世雲間人。少孤，遇異人授以醫術，遂精其業。每旦啓戶，病者鱗集，治若操券而得，一時名公鉅卿，皆折節下交。制府宗室德公旌其閭曰：學通俞跗。性孝，事母能色養。親族有貧乏者，時周給之。年八十，恭遇乾隆紀元，覃恩給予八品冠服。壽終九十。著有《素靈廣註》、《湯頭歌括》、《醫案日抄》，分授諸徒而不付梓，蓋無意沽名也。

張昂

光緒《重修嘉善縣志·人物志·藝術》　張昂，字方暉，諸生，萬春六世孫。博覽羣書，精脈理，決人生死多奇中。有一少年，貌甚肥，就昂醫。切其脈，曰：汝速歸。或詢其故，昂曰：彼不久將死。是夜竟以暴疾亡。又治一婦病，謂其家曰：今可無慮，明年復發必不治。如期果驗。子埛，字曾傳，性方正，繼其業，活人無算。乾隆五年，制府宗室德公贈以額曰：克媲南陽。年八十七卒。

沈又彭 堯峰

光緒《重修嘉善縣志·人物志·藝術》　沈又彭，字堯峰。孝讓敦行，少習舉子業，兼擅占星聚水之術，而尤粹於醫。年三十，以國子生三躓浙闈，遂閉關十年而技成。治輒效，不計利，不居功。有鄰人子瀕危，憫其母老無繼，會維揚鹺賈以多金聘，乃惻然曰：富者不得我聘，他醫可活也。此子非我不活，忍以貪利而令人死且絕乎？卒不應聘，而鄰人子賴以生。乾隆五年，制府宗室德公，以曾飲上池旌其廬。又彭性曠達，工吟咏，與曹庭棟交，所酬和俊絕一時。著有《醫經讀》、《傷寒論讀》、《女科讀》、《治哮證讀》、《治雜病讀》諸書，能發前人所未發。子潞，有傳。孫圖棻，字素忱，歲貢生，亦善醫，能繼其業。

李受之

乾隆《句容縣志·人物志·方技》　李受之，坊郭人。善接骨。世居東門衛國公廟左，其巷因名接骨巷。

王維德 洪緒

《清史稿·藝術傳·王維德》　吳縣王維德，字洪緒，自號林屋山人。曾祖字若谷，精瘍醫，維德傳其學，著《外科全生集》。謂：癰疽無死證。癰乃陽實，氣血熱而毒滯；疽乃陰虛，氣血寒而毒凝。皆以開腠理爲要，治者但當論陰陽虛實。初起色紅爲癰，色白爲疽，截然兩途。世人以癰疽連呼并治，誤矣。其論爲前人所未發。凡治初起，以消爲貴，以托爲畏，尤戒刀鍼毒藥，與大椿説略同，醫者宗之。維德兼通陰陽家言，著《永寧通書》、《卜筮正宗》。

鄭　欐

乾隆《博野縣志》卷六　鄭欐，字積厚。弱冠補博士弟子員，不飲酒，不戲謔，潛心醫學，親制藥餌，詳擇古方，著有《廣仁集》。乾隆元年舉孝廉方正，七年鄉飲大賓，卒年七十有六。

姚仁安　姚慎樞

光緒《重修嘉善縣志·人物志·藝術》　姚仁安，字蒼山，號松亭。布衣。少貧，學醫於慈雲寺僧澄月。僧授以秘方，遂精外科，療疾多中。性樸質，工畫墨蘭。乾隆六年，制府宗室德公表其廬曰：肘後靈奇。年八十卒。子慎樞，字敦行，亦工醫，求治者闐門。雖遇危症，投劑立愈。暇輒以丹青自娱，著有《脈案》三卷。

鄭　崗

光緒《重修嘉善縣志·人物志·藝術》引嘉慶《縣志》　鄭崗，字惠人，號玉蟾，諸生。其先華亭人。崗少攻書，長習醫，稱喉科神手。子春回，字荆輝，諸生，繼其業。乾隆丙戌、丁亥大疫，食油菜者，患咽喉多不治，春回療之輒驗。著有《喉科源遠集》。

尤　怡在涇

《金匱翼·尤氏家傳》　楠生十年，隨吾父移居花溪，又四年而大父歿。事大父日淺，而所熟聞於吾父之口述者十有二三焉。恐後之人欲舉其事而無由也，謹錄而載之家乘。大父諱怡，字在涇，號拙吾，曾大父第三子。曾大父有田千畝，會伯祖鼎黄公非辜被累，鬻幾盡。及析產，大父僅受田三十畝，繼又以事棄去，遂爲窶人。某年除夕，漏鼓移盎無粒米，大母偕吾父枯坐一室中，燈半滅，大父方賣字於佛寺，晨光透乃攜數十錢易米，負薪而歸。業醫始不著於時，大母以針指佐食，嚴寒雞數鳴，刀尺猶未離手，卒以是致疾，大父時追悼之，不蓄姬妾者二十年。大父甚貧困，往來皆一時名流，若番禺方東華、錢唐沈方舟、寧國洪東岸、同郡若顧秀野、沈歸愚、陳樹滋、徐龍友、周迂村、李客山諸先生，皆折節與交，楠自曉事後，未見有一雜賓至者。性沉靜，淡於名利，晚年治病頗煩，稍暇即讀書、灌花、飼鶴、觀魚，以適其幽閑恬淡之意，間作古文、時文，絶類荆川，然非所專力也。己巳得疾，不服藥，絶粒待盡，易簀前一日，索紙筆書《留別同社諸公詩》，字畫蒼勁，不異平時。詩曰：椰瓢松麈有前緣，交好於今三十年。曲水傳觴宜有後，旗亭畫壁猥居前。病來希逸春無分，老至淵明酒已捐。此後音塵都隔斷，新詩哪得到重泉。蓋絶筆也。所著醫書數種，已刻者《金匱心典集註》、《醫學讀書記》，以及《北田吟稿》二卷，皆已膾炙人口。大父少時學醫於馬元一先生，先生負盛名，從游者無算，晚得大父喜甚，謂其夫人曰：吾今日得一人勝得千萬人矣！後先生著書甚多，皆大父所商榷以傳。

《醫學讀書志·國朝尤氏怡》　怡字在涇，號拙吾。工詩，與顧秀野、沈歸愚爲友，著《北田吟稿》。乾隆間以醫名於世。嘗病方、喻、程三家之書，條分未當，因分傷寒三陽治法爲十一門，三百九十四條，方九十道。三陰治法三門，一百十七條，方二十七道。提綱挈領，束繁歸整，爲《貫珠集》。雖踵沿陋習，播亂原文，較之三家，則醇多疵少。其《金匱心典》尤精簡可宗。又著《金匱翼》，專療雜病，分四十九門，每門各別類次，論治簡而有要，惟每類之末，必有新定之方，意欲度越古人，猶是金元故態。《讀書記》雖無甚精詣，亦可見其用心之勤苦矣。

《清史稿·藝術傳·尤怡》　尤怡，字在涇，江蘇吳縣人。父有田千畝，至怡中落。貧甚，鬻字於佛寺。業醫，人未之異也。好爲詩，與同里顧嗣立、沈德潛游。晚年，學益深造，治病多奇中，名始著。性淡榮利，隱於花溪，自號飼鶴山人，著書自得。其注《傷寒論》，名曰《貫珠集》。謂後人因王叔和編次錯亂，辨駁改訂，各成一家言，言愈多而理愈晦。乃就六經，各提其綱，於正治法之外，太陽有權變法，斡旋法，救逆法，類病法；陽明有明辨法，雜治法；少陽有權變法；太陰有藏病，經病法，經、藏俱病法；少陰、厥陰有溫法、清法。凡病機進退微權，各有法以爲辨，使讀者先得其法，乃能用其方。分證甚晰，於少陰、厥陰、溫清兩法，尤足破世人之惑。注《金匱要略》，名曰《心典》。別撰集諸家方書，雜病治要，足以羽翼仲景者，論其精蘊，曰《金匱翼》。又著《醫學讀書記》，於軒、歧以下諸家，多有折衷，徐大椿稱爲得古人意。怡著述幷篤雅，世以《貫珠集》與柯琴《來蘇集》幷重焉。

陳德昌

光緒《崑新兩縣續修合志·藝術》　陳德昌，字懋恆，國學生。其先自郡徙崑，世習幼科，至德昌父立方，字振恆，尤擅名。德昌性和厚，治疾多效，孩穉不能任藥者，婉詞曲誘，務盡匕匙。遇危證，焦慮凝思，至廢寢食，然未嘗責償望報也。子監生惟修，字六恆，能世其傳。德昌七世祖尙恆，明世宗朝官太醫院判，以愈皇子疾，賜良士堂額，幷賜道在恆心傳世久，志存培德活人多枓聯。尙恆二子，因以恆、培二字世字其子孫云。

錢培德

光緒《崑新兩縣續修合志·藝術》　錢培德，字德培，太學生，世居安亭。父，郡庠廩生廷熊，故精醫。培德專其業，兼内外證，求治者應手輒愈。性慷慨好義，有貧病者，輒資給之。嘗著《用藥準繩》行世。

馬中驊　周樹五

光緒《崑新兩縣續修合志·藝術》　馬中驊，字驤北，幼失怙，母命習醫，遂以醫術著。求治者無虛晷，應手輒效。嘗以慈谿柯琴所著張機《傷寒論》及《論翼》二書，手多謬訛，爲詳加攷訂刊行。卒年七十餘，門人周樹五，字開稷，得其臨證察脈之要，最知名。

孫兆本

嘉慶《廬江縣志·雜志·方伎》　孫兆本，字秀年。幼業儒，精岐黃術。由蕪湖徙居於廬。治病有神效，每疫癘盛行，診視不避炎暑，賴以回生者甚衆。晚年博采群書，著《醫道用中》一集，凡數萬言，艱於資未付梓。年六十七，以壽終。

陳志　陳忠　陳元凱

光緒《崑新兩縣續修合志·藝術》　陳志，字贊皇。父睿，自上海徙居崑山。志與兄忠，字尙岐，俱精醫，求診麇至，無不應手奏功。志子元凱，字士蘭，少攻制舉，兼習父業，遊庠後，醫名大著，臨證察脈，必凝神澄慮，故治病多效，年甫逾艾而卒。

葉桂 天士

《臨證指南醫案·嵇璜序》　吳門葉天士先生，天分絶人，於書無所不讀，終身不能忘。其視脈也，不待病者相告語，而推述病源。有病者思而後得之者，不啻日周旋於病者之側，而同其寢興飲食，熟其喜怒驚悲也，蓋以其意深識病者之意，而又神明乎古人處方之精意，而直以意斷之，故其處方也，一二味不爲少，十餘味不爲多，習見不妨從同，獨用不嫌立異，輕重繫於杪忽之間，而其效在乎呼吸。及數十年之後，投之所向，無不如意，迎刃而解，渙然冰釋。先生之名益高，從遊者日益衆，而先生固無日不讀書也。嘗記余鄉人有患痼疾者，間詣先生所，爲處方授之，曰：服此百劑，終身不復發矣。其人歸，服至八十劑，蓋已霍然者月餘矣，乃止不服。逾年病復發，復詣先生所，先生曰：是吾令服某方百劑者，何乃如是？其人以實告，令再服四十劑，即永不發矣。卒如言，其神妙若是。是豈俗手之意爲增損者可同年而語哉！今所存醫方若干卷，皆門弟子所錄存者，學者能讀其書以通其意，則善矣。

《臨證指南醫案·李國華序》　吾吳葉天士先生，以岐黃妙術擅名於時者五十餘年。凡一時得奇疾而醫藥罔效者，先生一診視而洞悉源委，投以片劑，沉疴立起，遠近之向風慕義者無間言。余舊居胥江，與葉氏世屬通家，其門牆桃李，亦皆至戚舊交，心神其術，因錄其方案成帙，藏之有年。方欲公諸天下，今錫山華君岫云爲之分別門類，授之梓人。余喜君之與余有同心也，因任校讎、編輯之役。書既成，君囑余書其緣起。夫良醫之功同良相，人所稔知也。然良醫不能使其身壽同金石，而屢試其技於後人，亦勢之無可如何者矣。今得同心者彙錄其成案，而使後人有所取法觀摩，其功顧不偉歟。

《吳醫彙講·葉天士》　葉天士，名桂，號香巖，世居閶門外下塘。所著《溫證論治》二十則，乃先生遊於洞庭山，門人顧景文隨之舟中，以當時所語，信筆錄記，一時未加修飾，是以辭多佶屈，語亦稍亂，讀者不免晦目。烈不揣冒昧，竊以語句少爲條達，前後少爲移掇，惟使晦者明之，至先生立論之要旨，未敢稍更一字也。

嘉慶《吳門補乘·藝術補》　葉桂，字天士，號香巖，居上津橋。父陽生，精醫術。桂仰承家學，不執成見，治病往往有奇驗。一女子嗜箏，卧病經年如癱瘓。桂投以白鳳仙根，病若失。其治痘尤入神，隔牖而嗅，死生立判。其孫痘，媳請視之，始揭帷，即嘻曰：此死氣也。不視而出。媳不悅，謂親其所疏，而疏其所親也。痘卒不治。其他類如此，以故名滿天下，凡白叟、黃童，無不知有葉天士先生也。

《醫學讀書志·國朝葉氏桂》 桂字天士，號香巖。顯醫名於康熙雍正間。乾隆丙戌，錫山華南田輯其晚年門人朱心傳、吳厚存、張亮揆等日記醫案，分八十八門，每門之末附以總論，名曰《臨症指南醫案》。其後張氏集其遺案，合康作霖、王子接爲《三家》。吳氏合薛雪、繆遵義爲《三家》，皆仿華氏體例，不載稱呼，不誇效驗，但冠姓與年歲，掃盡諸家浮習。其審病處方，實詳慎簡潔，不刻意於古，而自饒古趣。康、王、薛、繆，奚能武其後塵，惟酬應太繁，淺率諧俗之方居半，集者失於校擇，遂開近時浮薄之端。至《全生集》，本山陰劉大化所撰，坊賈竄入僞序，藉盛名以求速售耳。《醫效秘傳》、《本事方箋釋》、《景岳全書發揮》，類皆僞託。《提要》稱桂生平無所著作，信矣。顧景文手錄《溫熱論》二十則，治一時傳染之病，異于吳有性之專尚攻擊，及《幼幼痘證》一門，皆精簡可採。

《歸硯録》卷二 長洲沈歸愚尚書《香巖先生傳》云：君名桂，字天士，號香巖。先世自歙遷吳，諸生隆山公，曾祖也。祖紫帆，有孝行，通醫理。至君考陽生，而精其術。范少參長倩無子，晚得伏菴太史，生無穀道，啼不止。延醫視之，皆束手。陽生翁至，曰：是在膜裏，須金刀割之。割之而穀道果開。太史既長，爲紫帆翁作傳以報焉。君少從師，受經書，暮歸，陽生翁授以岐黃學。年十四，翁棄養，君乃從翁門人朱君某，專學爲醫。朱君即舉翁平日所教教之，君聞言即徹其蘊，見出朱君上，因有聞於時。君察脈望色，聽聲寫形，言病之所在，如見五臟癥結。治方不執成見。嘗云：劑之寒溫，視疾之涼熱。自河間以暑火立論，專用寒涼，東垣論脾胃之火，必務溫養，習用參、附。丹溪創陰虛火動之論，又偏於寒涼，嗣是宗丹溪者多寒涼，宗東垣者多溫養。近之醫者，茫無定識。假兼備以倖中，借和平以藏拙，甚至朝用一方，暮易一劑，而無定見。蓋病有見證，有變證，有轉證，必灼見其初終轉變，胸有成竹，而後施之以方，否則，以藥治病，實以人試藥也。持論如是。以是名著朝野，即下至販夫豎子，遠至鄰省外服，無不知有葉天士先生，由其實至而名歸也。居家頡倫紀，內行修備。交朋友信。人以事就商，爲剖析成敗利鈍，如決疾然，洞中窾會。以患難相告者，傾橐拯之，無所顧惜。君又不止以醫擅名者。歿年八十。配潘孺人，子二，弈章、龍章。弈章亦善醫，以君名掩。孫二人，曰堂，曰堅。曾孫三人，習儒業，食君之德，高大家聲，將於是乎在。論曰：自太史公傳倉公，仲繫其事，陳承祚作《華陀傳》因之，後戴九靈、宋景濂仿其體，作《名醫傳》。君不欲以醫自名，并不欲以醫傳世，臨末誡其子曰：醫可爲而不可爲，必天資敏悟，又讀萬卷書，而後可借術濟世，不然鮮有不殺人者，是以藥餌爲刀刃也。吾死，子孫慎毋輕言醫。嗚呼！可謂達且仁矣。

《清史稿·藝術傳·葉桂》 葉桂，字天士，江蘇吳縣人。先世自歙遷吳。祖時、父朝采，皆精醫。桂年十四喪父，從學於父之門人，聞言即解，見出師上，遂有聞於時。切脈望色，如見五藏。治方不出成見，嘗曰：劑之寒溫視乎病，前人或偏寒涼，或偏溫養，習者茫無定識。假兼備以倖中，借和平以藏拙。朝用一方，晚易一劑，詎有當哉？病有見證，有變證，必胸有成竹，乃可施之以方。

其治病多奇中，於疑難證，或就其平日嗜好而得救法；或他醫之方，略與變通服法；或竟不與藥，而使居處飲食消息之；或於無病時預知其病；或預斷數十年後，皆驗。當時名滿天下，傳聞附會，往往涉於荒誕，不具錄。卒，年八十。臨歿，戒其子曰：醫可爲而不可爲！必天資敏悟，讀萬卷書，而後可以濟世。不然，鮮有不殺人者，是以藥餌爲刀刃也。吾死，子孫慎勿輕言醫！

桂神悟絕人，貫徹古今醫術，而尠著述。世傳所注《本草》，多心得。又《許叔微本事方釋義》、《景岳發揮》。歿後，門人集醫案爲《臨證指南》，非其自著。附《幼科心法》一卷，傳爲桂手定，徐大椿謂獨精卓，後章楠改題曰《三時伏氣外感篇》；又附《溫證證治》一卷，傳爲口授門人顧景文者，楠改題曰《外感溫證篇》。二書最爲學者所奉習。

同里薛雪，名亞於桂，而大江南北，言醫輒以桂爲宗，百餘年來，私淑者衆。最著者，吳瑭、章楠、王士雄。

《新世說·巧藝》 葉天士以醫名乾隆時，自年十二以至十八，凡更十七師。聞某人善治某證，即往執弟子禮。既得其術輒棄去，生平不事著述，所存者《臨證指南醫案》十卷，亦其門人取其方藥治驗，分門別類，集爲書，附以論斷者，非盡天士本意也。

葉名桂，江蘇吳縣人，治疾奇效甚多，不遑枚舉。一日乘輿過市，見貧家送葬，棺底滴新血數點，急呼止其棺，問死幾何時。昨夕。曰：男首？女乎？曰：未產婦也。曰：速歸可治。其夫叩首哭泣，隨天士輿後，而觀者隨往甚衆。至其家，令啓棺舁尸至牀，去殮服，按右手脈，曰：可救。取長鍼一枚，解胸前衣，當心一鍼，哇然一聲，產一子，而婦有歎息聲。觀者歎服。或問之曰：術固神矣！然何以知其不死？天士曰：此無他，適見之血鮮而不敗，故知其未死；及按其脈，細審乃知服中兒手將母之胞絡掬住。絡近於心，心痛暈絕。特以鍼刺兒手，畏痛手縮，焉得不娩？兒既生，母亦不死矣。所險者，鍼之分寸耳。天士言未已，衆中一少年伸臂求診。天士診良久，曰：當速歸，今晚必死。觀者大愕。有進而詢其故，曰：公等視之，彼固健康人也，然吾以脈理審之，其腸已斷矣，安得不死？蓋少年乃產婦對門某店之夥，聞衆口一聲，言天士有如神之技，心不平。午膳方罷，跳櫃而出，排衆入室求診視爲戲。詎飯飽不宜跳，跳則腸斷，至晚果死。於是喧傳天士之死而知生，生而知死也，名益振。

《清朝野史大觀·清代述異》 世稱葉天士爲天醫星，亦非眞有確據。相傳江西張眞人過吳中，遘疾幾殆，服天士方得甦，甚德之，而籌所以報。【略】天士宿學虛心，爲一時之冠。其老母病熱而脈伏，甚似寒證。天士審證立方，其難其慎，中夜獨步中庭，搔首自言曰：若是他人母，定用白虎湯。其鄰叟亦行醫者，竊聞之，次早到門獻技，用白虎湯一劑而愈，其名頓起，而不知其出於天士也。

一日徒步自外歸，驟雨道壞，有村夫素識天士，負以渡水。天士語之曰：汝明年是日當病死，及今治尚可活。村夫不之信，屆其瘍出於頭，舁至天士門求治。與金遺之曰：不能過明日酉刻矣。已而果然。

又嘗肩輿行鄉村間，適有採桑少婦，天士令輿夫往抱之。桑婦大怒詈，其夫亦扭輿夫毆打。天士從旁解之曰：此婦痘疹已在皮膜間，因火盛閉不能出，此我設法激其一怒，今夜可遽發，否則殆矣。已而果然。有木瀆富家兒病痘閉，念非天士莫能救。然虎城遠，恐不肯來。聞其好鬥蟋蟀，乃購蟋蟀數十盆，賄天士所厚者誘以來，出兒求治。天士初不視，所厚者曰：君能治兒，則蟋蟀皆君有也。乃大喜，促具新潔大桌十餘，兒於上，以手輾轉之。桌熱即易，如此殆遍，至夜痘發，得不死。

有外孫甫一齡，痘閉不出，抱歸求治。天士難之。女憤甚，以頭撞曰：父素謂痘無死證，今外孫獨不得活乎？請兒先死。即持剪刀欲自刺。天士不得已，俯思良久，裸兒鍵之空屋，自出外與博徒戲。女欲視兒，則門不可開，遣使數輩促之歸，博方酣不聽。女泣欲死。至夜深歸，啓視則兒痘遍體，粒粒如珠。蓋空屋多蚊，藉其嚼膚以發也。

鄰婦難產數日夜，他醫業立方矣。其夫持問天士，爲加梧桐葉一片，產立下。後有效之者。天士笑曰：吾前用梧桐葉，以是日立秋故耳，過此何益？其因時制宜之巧如此。【略】其母老矣，偶患病，天士自治之不效，遍延城內外醫家治之亦不效，病日甚，天士憂之。問僕曰：此間醫士，尙有學問深而名未著者乎？僕曰：後街有章某者，平日自夸技術過主人，然求其診視者亦寥寥也。天士駭然曰，能爲大言，當有實學，速請之。僕奉命往，章細問病勢何如，主人何所爲而急迫。僕曰：太夫人服藥無效，病勢日增，主人終夜徬徨，口中惟道黃連二字不已。章默識之。至門，延入診視畢，章索向日所服藥方視之，沉吟良久，曰：藥與症合，理宜奏效。但太夫人病由熱邪鬱於心胃之間，藥中須加黃連，始能愈也。天士躍然起曰：吾久欲用此，因家母年高，恐滅眞火，故不敢耳。章曰：太夫人兩尺脈長而有神，本元堅固，且有病則病治之，用之何害？天士大是之。一劑而安，再投而愈矣。

唐學琦

光緒《重修嘉善縣志·人物志·藝術》引康熙《縣志》 唐學琦，字駕垣。祖堯典，父世貞，俱業醫，至學琦尤精，名與吳門葉天士幷馳。性仁厚，每療疾，不計酬，雖値風雨，必徒步往。有舟人章姓者，孑身無依，素積銀三兩，置諸牀席間。病昏，覓之不得，疑爲人竊去。適學琦往治，曰：銀在我處，如其數畀之。後章病愈，於牀席間檢得原銀，持以告之，學琦曰：當時吾若不任，汝病必重。章感謝不已。東關外沈氏子患痘，貧無席，贈以資，且爲購蒲席。治至旬餘而愈。當事旌其廬曰：仁懷濟世。卒年七十六。子兆元，世其業。

王相

道光《江陰縣志·人物·藝術》 王相，字鍾岳，熟於《素問》、《難經》。曾寓吳門，賃居葉天士宅旁，葉以難治辭者，就治輒瘳，葉大奇之。

黃元御坤載

《四聖心源·徐樹銘序》 國朝昌邑黃氏，慨念醫術紛歧，斯道將墜，一以黃、岐、盧、張四聖爲標準，於是有《四聖心源》、《素靈微蘊》、《四聖懸樞》之作。又念長沙二書，鑽仰雖多，明晦尙半，於是又有《傷寒懸解》、《傷寒說意》、《金匱懸解》之作。《神農本草》，不見《漢志》，中閒地名，頗雜後代，病其非眞，不無貽誤，乃復因長沙所用之品，推求功用，爲《長沙藥解》四卷。有未備者，別繹《大觀本草》諸書，補之爲《玉楸藥解》八卷。

《醫學讀書志·國朝黃氏元御》 元御字坤載。以《素問》本病、刺志、刺法三篇，舊本皆曰亡，細爲紬繹，則本病之文誤入玉機眞藏；刺志誤入診要經終；刺法誤入通評虛實，未嘗亡也。經絡論即皮部論之後半篇，皮部屬十二正經經絡之正文，因正其錯簡，複八十一篇之舊。又考《靈樞》、《難經》之文，亦多脫誤。如標本誤名衛氣，四時氣大半誤入邪氣，藏府病形，津液五別誤名五癃津液別經，別前十三段爲正經，後十五段爲別經，且誤入經脈中，悉比櫛其辭，俾相聯屬，復治《傷寒論》得脈法八十三章，六經正病及誤治、壞病三百六十八章，外感類病幷用法宜忌八十六章，合五百三十七章。及《金匱要略》內傷雜病，四診九候諸法，皆定其次第，釋其隱奧，更撰《說意》，會通傷寒大旨。《藥解》詳繹長沙二百八十八方，一百六十種藥，處方療病之源。《心源》融貫四聖之書，創治雜病之法。《懸樞》推究歲氣所應，爲堵禦寒、溫、疸、疹四疫之方。又擷經文精義，爲《胎化》等解九篇，《病解》一十七篇，附以醫案，別成《玉楸藥解》，自述用藥微義，咸自作序意，幷撰《杝元》一篇以示志。嘗曰：思邈眞人《千金方》以下，著作如林，與岐伯立言，仲景立法之旨，竟無一線微通，而庸醫效尤，俗子遵守，天下咸棄圭璧而寶碔砆，最可痛苦流涕。語甚激烈。蓋其左目爲庸醫誤治成盲，致落仕籍，因發憤窮醫，故抑塞磊落之氣時形楮墨，雖《四聖心源》增損古方，不存舊目，且有天魂地魄等名，不免炫奇箴古，然持論皆以扶陽配陰爲宗，一洗金元以來滋陰熄火之習，自是特識。其《傷寒懸解》雖割裂古書，而條分縷析，實能窺見先師堂奧。道光中，陽湖張琦序刻《傷寒懸解》、《長沙藥解》、《素靈微蘊》、《四聖心源》於宛鄰叢書，《金匱懸解》尚未付梓。

光緒《昌邑縣續志·人物·文學》 黃元御，字坤載，號研農，別號玉楸子。明太寶忠宣十一世孫。聰明過人，甫成童，爲諸生，世推爲國器。因目疾爲庸醫所誤，一目失明，發憤曰：不能爲名相濟世，亦當爲名醫濟人。統匯醫理，精益求精。考授御醫。純皇帝南巡，奉詔侍從，著方調藥皆神效，御賜妙悟岐黃匾額。著《四聖心源》、《傷寒懸解》、《素靈微蘊》、《傷寒說意》、《四聖懸樞》、《長沙藥解》、《玉楸堂稿》、《玉楸藥解》、《靈樞解》、《靈樞懸解》、《素問懸解》、《難經解》、《周易懸解》、《道德經解》共十(三)〔四〕種，刊行者八種。

《清史稿·藝術傳·黃元御》 黃元御，字坤載，山東昌邑人。諸生。因庸醫誤藥損目，發憤學醫，於《素問》、《靈樞》、《難經》、《傷寒論》、《金匱玉函經》皆有注釋，凡數十萬言。自命甚高，喜更改古書，以伸己說。其論治病，主於扶陽以抑陰。

薛　雪 生白

《隨園詩話》 吳門名醫薛雪，自號一瓢。性孤傲，公卿延之不肯往，而予有疾則不招自至。乙亥春，余在蘇州，庖人王小餘病疫不起，將掩棺，而君來天已晚，燒燭照之，笑曰：死矣！然吾好與疫鬼戰，恐得勝亦未可知。出藥一丸，搗石菖蒲汁調和，命輿夫有力者用鐵箸鍥其齒灌之。小餘目閉氣絕，喉汩汩然似咽似吐。薛囑曰：好遣人視之，雞鳴時當有聲。已而果然。再服二劑而病起。乙酉冬，余又往蘇州，有廚人張慶者得狂易之疾，認日光爲雪，啖少許，腸痛欲裂，諸醫不效。薛至，袖手向張上下視曰：此冷痧也，不必診脈。如其言，身現黑瘢如掌大，亦即霍然。余奇賞之，先生曰：我之醫即君之詩，純以神行，所謂人居屋中，我來天外是也。

嘉慶《吳門補乘·人物補》 薛雪，字生白，號一瓢。所居曰掃葉山莊，爲錢氏南園舊址，有花竹林泉之勝。乾隆初，舉山林隱逸，尋放歸。沈文慤公以王光庵比之，謂能詩而以醫自晦，與光庵同。至工八分，解繪事，馳騁騎射刀矟間，又有能光庵之所不能者。袁太史枚有庖人將死，延雪藥之，一劑而愈，因極口推重。雪曰：我之醫如君之詩，能以神行。所謂人在屋中，我來天外是也。山莊門貼云：堪笑世人無狗監，何妨自我作牛醫。楹貼云：九重天子垂清問，一榻先生卧白雲。其自命可知矣。子六郎，有神童稱，早卒。

《吳醫彙講·薛生白》 薛生白，名雪，號一瓢。兩徵鴻博不就，所著詩卷甚富，又精於醫，與葉天士先生齊名，然二公各有心得而不相下，先生不屑以醫自見，故無成書，年九十而歿。此《日講雜記》，今令曾孫東來所述，東來名啓潛，字應枚，住瓣蓮巷，即承祖業。

《清史稿·藝術傳·薛雪》 雪，字生白，自號一瓢。少學詩於同郡葉燮。乾隆初，舉鴻博，未遇。工畫蘭，善拳勇，博學多通，於醫時有獨見。斷人生死不爽，療治多異迹。生平與桂不相能，自名所居曰掃葉莊，然每見桂處方而善，未嘗不擊節也。著《醫經原旨》，於《靈》、《素》奧旨，具有發揮。世傳《淬溫篇》，爲學者所宗，或曰非雪作。其醫案與桂及繆遵義合刻。

徐大椿 靈胎

袁枚《徐靈胎先生傳》 乾隆二十五年，文華殿大學士蔣文恪公患病，天子訪海內名醫，大司寇秦公首薦吳江徐靈胎。天子召入都，命視蔣公疾，先生奏：疾不可治。上嘉其樸誠，欲留在京師效力。先生乞歸田里，上許之。後二十年，上以中貴人有疾，再召入都。先生已七十九歲，自知衰矣，未必生還，乃率其子爔載楄柎以行，果至都三日而卒。天子惋惜之，賜帑金，命爔扶櫬以歸。嗚呼！先生以吳下一諸生，兩蒙聖天子蒲輪之徵，巡撫司道，到門速駕，聞者皆驚且羨，以爲希世之榮。

余舊史官也，與先生有撫塵之好，急思採其奇方異術，奮筆書之，以垂醫鑑，而活蒼生，倉猝不可得。今秋訪爔於吳江，得其自述紀略，又訪諸吳人之能道先生者，爲之立傳。

傳曰：先生名大椿，字靈胎，晚自號洄溪老人家。本望族，祖釚，康熙十八年鴻詞科翰林，纂修《明史》。先生生有異稟，聰強過人，凡星經、地志、九宮、音律，以至舞刀奪槊，勾卒嬴越之法，靡不宣究，而尤長於醫。每視人疾，穿穴膏肓，能呼肺腑與之作語。其用藥也，神施鬼設，斬關奪隘，如周亞夫之軍從天而下。諸岐黃家，目瞠心駭，帖帖讋服，而卒莫測其所以然。

蘆墟迮耕石卧病，六日不食不言，目炯炯直視。先生曰：此陰陽相搏證也。先投一劑，須臾目瞑能言，再飲以湯，竟躍然起。唶曰：余病危時，有紅黑二人纏繞作祟。忽見黑人爲雷震死，頃之紅人又爲白虎銜去，是何祥也？先生笑曰：雷震者，余所投附子霹靂散也；白虎者，余所投天生白虎湯也。迮驚，以爲神。

張雨村兒生無皮，見者欲嘔，將棄之。先生命以糯米作粉糝其體，裹以絹，埋之土中，出其頭，飲以乳，兩晝夜而皮生。

任氏婦患風痹，兩股如針刺，先生命作厚褥，遣強有力老嫗抱持之。戒曰：任其顛撲叫號，不許放松，以汗出爲度。如其言，勿藥而愈。

商人汪令聞十年不御內，忽氣喘頭汗，徹夜不眠。先生曰：此亢陽也，服蔆過多之故。命與婦人一交而愈。

有拳師某與人角伎，當胸受傷，氣絶口閉。先生命覆卧之，奮拳擊其尻三下，遂吐黑血數升而愈。

其他如沈文慤公未遇時，診脈而知其必貴；熊季輝強壯時，握臂而知其必亡，皆所謂視於無形，聽於無聲者。其機警靈速，皆此類也。

先生長身廣顙，音聲如鐘，白鬚偉然，一望而知爲奇男子。少時留心經濟之學，於東南水利，尤所洞悉。雍正二年，當事大開塘河，估深六尺，傍塘岸起土。先生爭之，曰：誤矣！開太深則費重，淤泥易積，傍岸泥崩，則塘易倒。大府是之。改縮淺短，離塘岸一丈八尺起土，工省費而塘以保全。乾隆二十七年，江浙大水，蘇撫莊公欲開震澤七十二港，以洩太湖下流。先生又爭之曰：誤矣！震澤七十二港，非太湖之下流也。惟近城十餘港乃入江故道，此眞下流，所當開濬者。其餘五十餘港，長二百餘里，兩岸室廬墳墓以萬計，如欲大開，費既重而傷民實多，且恐湖泥倒灌，旋開旋塞，此乃民間自濬之河，非當官應辦之河也。莊公以其言入奏，天子是之，遂賦工屬役，民不擾而工已竣。

先生隱於洄溪，矮屋百椽，有畫眉泉，小橋流水，松竹鋪紛。登樓則太湖奇峰，鱗羅布列，如兒孫拱侍狀。先生嘯傲其間，人望之疑眞人之在天際也。所著有《難經經釋》、《醫學源流》等書，凡六種。其中鉥刮利弊，剖析經絡，將古今醫書存其是，指其非，久行於世。子爔，字榆村。儻蕩有父風，能活人濟物，以世其家。孫垣，乙卯舉人，以詩受業隨園門下。

贊曰：記稱德成而先，藝成而後，似乎德重而藝輕，不知藝也者，德之精華也。德之不存，藝於何有？人但見先生藝精伎絶，而不知其平素之事親孝與人忠，葬枯粟乏，造修輿梁，見義必爲，是據於德而後游於藝者也。宜其得心應手，驅遣鬼神。嗚呼！豈偶然哉？猶記丙戌秋，余左臂忽短縮不能伸，諸醫莫效，乃托舟直詣洄溪，旁無介紹，惴惴然疑先生之未必我見也。不料名紙一投，蒙奓門延請，握手如舊相識，具鷄黍爲懽，清談竟日，贈丹藥一丸而別。故人李蓴溪迎而笑曰：有是哉！子之幸也。使他人來此一見，費黃金十笏矣。其爲世所欽重如此。先生好古，不喜時文，與余平素意合，故采其嘲學究俳歌一曲，載詩話中，以警世云。

《慎疾芻言・自序》 余弱冠時，家多疾病，先世所藏醫書頗多，因隨時翻閱，不過欲稍識方藥而已。循習漸久，乃上追《靈》、《素》根源，下沿漢唐支派，如是者十餘年，乃註《難經》；又十餘年而註《本草》；又十餘年而作《醫學源流論》；又五年而著《傷寒類方》。五十年中，批閱之書約千餘卷，泛覽之書約萬餘卷。每過幾時，必悔從前疏漏，蓋學以年進也。乃世之醫者，余廢古書，隨心自造，以致人多枉死，目擊心傷。數年前曾作《芻言》一冊，欲以醒世，而鮮克聽從。竊思生長聖朝，毫無益於此世，而半生攻苦，雖有著述幾種，皆統談醫學，無驚心動魄之話，足令人豁然開悟，因復摳心挖骨，即《芻言》原文，更加痛快剖悉。實因悲憫填胸，不能自已，願覽者諒其苦心，虛懷體察。以之治人，則敬慎可以寡過；以之治己，則明哲可以保身。冀過信從之有人，庶綿斯道於一綫。

《慎疾芻言·謝嘉孚序》 嘗讀《小倉山房文集》，有《徐靈胎先生傳》，知先生名大椿，字靈胎，吳江人，隱於洄溪，晚號洄溪老人。凡星經水利、音律武藝，靡不通貫，尤精醫術。及讀先生所著《難經》、《醫學源流論》，恨未能盡讀先生著作。今夏六月，福建學政彭詠莪母舅，知孚習醫三載矣，因由閩中寄《慎疾芻言》一卷，囑吋重刊。原本多魯魚之誤，遂加校讎而梓之。按是書係先生六十餘歲所作，閱歷既深，言皆老當。觀引首數言，更見先生之心。有大不得已於言者，故不自覺其言之太過，而惟恐不痛切，不暢悉，不能令人惕目驚心，以致民命不長，異端不熄，斯道不傳，在先生不得不盡言以開其悟。而凡病者、醫者，皆不可不慎也。

《醫學讀書志·國朝徐氏大椿》 《蘭臺軌範》八卷、《神農本草經百種錄》一卷、《傷寒類方》二卷、《醫學源流論》二卷、《難經經釋》二卷、《醫貫砭》二卷。右書六種，吳江徐大椿撰。大椿字靈胎，號洄溪，雍正間以醫名。自序《難經經釋》，謂越人本《內經》以作《難經》，則《內經》具在，錯謬處當援而駁正。其殊法異議，必別有師承，不得仍執《內經》議其可否。案《漢書·藝文志》：《扁鵲內經》九卷，《外經》十二卷，與《黃帝內經》十八卷，《外經》三十九卷并傳。後漢時仲景所引，呂博望所注。二千年來，絕無異議，大椿既以《難經》爲兩漢前書，又不能指今之《內經》爲漢之何經，況呂注已亡，無從稽考，自當闕疑，何得妄爲強解。《本草經》亦僅取百種，而日用之藥，置其大半，反孳孳於方士所附輕身延年之說。趙獻可《醫貫》，執薛己真陰眞陽，持八味六味庸識，本無足砭，乃逐句逐字，索垢求疵，肆加辱詈。《醫學源流論》，抉發積弊，可稱傑作。而《人參論》則曰：誤服溫補，補住邪氣，至死不出。核諸《傷寒》、《金匱》，用人參三十二方，附子二十三方，乾薑三十六方，仲聖絕無告戒，何尋常治法，猶恐誤用害人，此等巨患，竟不齒及？《傷寒類方》，削去病論，專載醫方，令人按病求方，不必循經辨證，尤非體例。蓋椿天性恃才傲物，每信筆欺人，又評葉桂《醫案》，大率類此，惟《蘭臺軌範》尚覺平允。

《清史稿·藝術傳·徐大椿》 徐大椿，原名大業，字靈胎，晚號洄溪，江蘇吳江人，翰林檢討釚孫。生有異稟，長身廣顙，聰強過人。爲諸生，勿屑，去而窮經，探研《易》理，好讀《黃》、《老》與《陰符》家言。凡星經、地志、九宮、音律、技擊、勾卒、嬴越之法，靡不通究，尤邃於醫，世多傳其異迹。然大椿自編醫案，惟剖析虛實寒溫，發明治療之法，歸於平實，於神異者僅載一二。其書世多有，不具錄。

乾隆二十四年，大學士蔣溥病，高宗命徵海內名醫，以薦召入都。大椿奏溥病不可治，上嘉其樸誠，命入太醫院供奉，尋乞歸。後二十年復詔徵，年已七十九，遂卒於京師，賜金治喪。

大椿學博而通，注《神農本草經》百種，以舊注但言其當然，不言其所以然，採掇常用之品，備列經文，推闡主治之義，於諸家中最有啓發之功。

注《難經》曰《經釋》，辨其與《靈樞》、《素問》說有異同。注《傷寒》曰《類方》，謂：醫家刊定《傷寒論》，如治《尚書》者之爭《洪範》、《武成》，注《大學》者之爭古本、今本，終無定論。不知仲景本論，乃救誤之書，當時隨證立方，本無定序。於是削除陰陽六經門目，但使方以類從，證隨方定，使人可案證以求方，而不必循經以求證。一切葛藤，盡芟去之。所著《蘭臺軌範》，凡錄病論，惟取《靈樞》、《素問》、《難經》、《金匱要略》、《傷寒論》、隋巢元方《病源》、唐孫思邈《千金方》、王燾《外臺祕要》而止。錄方亦多取諸書，宋以後方，則採其義可推尋、試多獲效者，去取最爲謹嚴。於疑似出入之間，辨別尤悉。

其論醫之書曰《醫學源流論》，分目九十有三。謂：病之名有萬，而脈之象不過數十，是必以望、聞、問三者參之。如病同人異之辨，兼證兼病之別，亡陰亡陽之分。病有不愈不死，有雖愈必死，又有藥誤不即死。藥性有古今變遷，《內經》司天運氣之說不可泥。鍼灸之法失傳。諸說并可取。

又《慎疾芻言》，爲溺於邪說俗見者痛下鍼砭，多驚心動魄之語。《醫貫砭》，專斥趙獻可溫補之弊。諸書并行世。

大椿與葉桂同以醫名吳中，而宗旨異。評桂醫案，多所糾正。兼精瘍科，而未著專書。謂世傳《外科正宗》一書，輕用刀鍼及毒藥，往往害人，詳爲批評，世并奉爲善本。

魏之琇 玉璜

《續名醫類案·胡敬附先友記一則》 魏柳洲先生，名之琇，字玉璜，錢塘人。幼孤貧力學。先府君十餘歲即與定交，以齒長於府君，接之在師友之間，歿爲刊其暮年詩，即世所傳《柳洲遺稿》也。先是鮑大緣欽嘗爲刊《嶺南詩鈔》，才氣縱橫，《落花詩》一時膾炙人口。晚乃悔其少作，力持風格，造詣益上矣。墓在赤山埠青龍山，題曰：錢塘詩人魏柳洲之墓。買山營葬，皆先府君任之。值春秋改序，率同人具斗酒隻雞拜奠墓下，今《古歡堂集》中，詩人歿後新吟少，世味嘗來古道稀，宿草更彈知己淚，清尊難起故人顏句，皆展先生墓作也。先生精於醫，著《續名醫類案》五卷，邀錄《四庫》館書。吾母嘗言，敬時多病，先生來必乞爲診視，先生歿於乾隆壬辰時。

余霖 師愚

《清史稿·藝術傳·余霖》 霖，字師愚，安徽桐城人。乾隆中，桐城疫，霖謂病由熱淫，投以石膏，輒愈。後數年，至京師，大暑，疫作，醫以張介賓法者多死，以有性法亦不盡驗。鴻臚卿馮應榴姬人呼吸將絕，霖與大劑石膏，應手而痊。踵其法者，活人無算。霖所著曰《疫疹一得》，其論與有性有異同，取其辨證，而以用達原飲及三消、承氣諸方，猶有附會表裏之意云。

張朝魁 毛矮子

光緒《湖南通志·人物志·技術》 毛矮子，本姓張，名朝魁，辰谿人。年二十餘，遇遠來乞者，魁待之厚，乞者授以異術。治癰疽瘰癧，及跌打損傷危急之證，能以刀割皮肉，去淤血於藏府。又能續筋正骨。時有劉某，患腹痛，撲地瀕死。魁往視，曰：病在大小腸。遂剖開其腹二寸許，伸指入腹理之，數日愈。辰郡顧太守，因公乘輿越銀壺山，道險，忽墮巖下，折其髃骨。魁以刀刺之，撥正，傅以藥，運動如常。

覺羅伊桑阿

《清史稿·藝術傳·覺羅伊桑阿》 覺羅伊桑阿，乾隆中，以正骨起家，至鉅富。其授徒法，削筆管爲數段，包以紙，摩挲之，使其節節皆接合，如未斷者然。乃如法接骨，皆奏效。故事，選上三旗士卒之明骨法者，每旗十人，隸上駟院，名蒙古醫士。凡禁廷執事人有跌損者，命醫治，限日報痊，逾期則懲治之。侍郎齊召南墜馬，傷首，腦出。蒙古醫士以牛脬蒙其首，其創立愈。時有祕方，能立奏效，伊桑阿名最著。

丁醫士

同治《會理州志·人物志·藝術》 丁醫士，乾隆間人，逸其名，外號二丙子。醫術如神，凡治疾，必預告病者曰：宜服藥若干劑，某日可愈。應如響。性嗜葉子戲，年七十餘卒。卒之前十餘日，自知死期，遍辭戚友，且囑曰：吾死，君輩焚葉子以弔吾，不爾，臨吾門必腹痛。至期果卒。

徐養士

嘉慶《西安縣志·方伎》引《王慕庭集》 徐養士，字士諤。家貧，性孝，以父久抱疴，潛究長沙脈法，三年而業精。里中小兒病亟，六脈俱絕，羣醫束手，士諤切之曰：脈雖絕，而藏眞未敗，可一藥而愈。果如所言。孀家某，艱於嗣，令爲其婦診宜男否？對以終身只產一女。後竟驗。有壯夫，異其術，疑爲倖中，故以疾誑之。士諤曰：據脈，交第二日子時，當氣絕。期至忽卒。以是名譟一郡，延請者踵相接。著有《傷寒分彙》十二卷，大學士王傑、溫州郡守邵齊然爲之序。子正仁，任樂清廣文，貤贈修職郎。

繆遵義

道光《蘇州府志·人物·繆曰藻傳》 繆遵義，字方彥，號松心居士。父曰藻，兄敦仁。吳縣人。乾隆丁巳進士。因母得疾，遂究心岐黃家言，母既獲瘳，而醫理日益進，就診者塡塞街巷，治之無倦容。臨證立方多創境，他醫不解，然投之輒效。及徐明其故，無不驚服。其於前人論撰，悉意研究。刻《傷寒三註》行於世。所著《溫熱朗照》、《松心筆記》若干卷，藏於家。卒年八十有四。遵義門人管鼎，字象黃，亦精醫理，能傳其業。

《清史稿·藝術傳·繆遵義》 遵義，亦吳人。乾隆二年進士，官知縣。因母病，通方書，棄官爲醫，用藥每出創意，吳中稱三家焉。

王丙 樸莊

《吳醫彙講·王繩林考正古方權量說》 王繩林，名丙，號樸莊，吳縣恩貢生，世居包衖前。

《清史稿・藝術傳・王丙》　王丙，字樸莊，吳縣人，懋修之外曾祖也。著《傷寒論註》，以唐孫思邈《千金方》僅採王叔和《傷寒論序例》，全書載《翼方》中，序次最古，據爲定本。謂：方中行、喻昌等刪駁《序例》，乃欲申己見，非定論。著《迴瀾説》，争之甚力。又著《古今權量考》，古一兩準今六分七釐，一升準今七勺七秒，承學者奉以爲法。

楊鳳庭 西山

《錦里新編・儒林・楊鳳庭傳》　楊鳳庭，字瑞虞，號西山，新都人，太史鳳岡之弟也。乾隆丙辰孝廉。幼負奇姿，讀書過目不忘。六歲就塾師，端謹如成人。不二年，四書五經俱成誦。案頭置周子《太極圖説》，愛玩不置。師曰：此理學精粹之書，汝何能知？曰：理本無窮，讀此易曉耳。因歷陳陰陽五行化生萬物之旨，一一皆如夙悟。師驚曰：少年有此，異日必爲理學名儒。丙辰登賢書，丁巳會試，不第，益奮志研稽。博覽十三經、廿一史，辨論古今人物得失，并究心天文地理、醫卜、星象、奇門、納甲諸書，爲之窮源溯委，以晰其閫奥。有造門請謁者，口指手畫，多前賢未發之藴。故聞其緒論者，心目洞開，莫不暢然得其意以去。嘗語人曰：天下義理無窮，吾惟以易《繫辭》作定盤針，庶不悞入旁門耳。精岐黄術，與人治病，應手輒愈。黄制軍廷桂在川前後十餘年，極敬先生，擬列薦剡，力辭乃止。開制軍以溫車迎至署，屢設臯比講《易》，曰：我朝深明易學者，先生一人而已。岳大將軍贈先生詩有曰：大中理學先明道，老髯文章接潁濱。益謂先生講道，克繼明經公之後，著作直與太史公并傳也。晚年習靜，喜談元。髮兩月一薙，著《易經解》、《道德經註》、《醫學》諸書。卜地青城萬山中，曰：我死百年後，必有克振吾業者。年七十餘卒，學者稱西山先生。

清抄本《新都鄉土志・醫學》　楊（廷）〔鳳〕（鳳）〔廷〕，字瑞虞，號西山。【略】精岐黄術，與人治病，應手輒愈。著有《醫書》十卷。

魏億齡

同治《新繁縣志・人物・方技》　魏億齡，邑增生。好學能文，清廉孝友。精岐黄術，遇貧人即賙以藥餌，不取財，活人甚衆。著有《醫門一字通方書》八卷行世。卒年八十八歲。子孫世守儒業，鄉黨咸重其行焉。

楊旭東　楊秀山

同治《江夏縣志・藝術》　楊旭東，數世名醫。子秀山，邑庠生，亦以醫著，至今後輩仍紹祖業。

楊有德

宣統《甘肅新通志・志餘・方伎》　楊有德，中衛庠生。精醫業，以術活多人，邑人稱之。

周之瑺

光緒《廣安州新志・方技志》　周之瑺，字文通，州北尖山人。乾隆六年生。精岐黄，性豪飲。其醫疾，在先事不在臨時。能審音望氣，察色診脈，斷人生死不爽。或無病者，令診年壽久暫，皆直決之。遠近輿致酒食，無虚日。族姪某，素健，隔戶鳴機理織。瑺偶登堂，聞咳嗽聲，曰：此唾者何人，逾一月殆矣！其人不信，彌月忽驟病不起。又族弟某，無疾。瑺曰：爾立秋日恐不免。時方夏初，人斥爲妄。某屆日仍無恙，且面詬曰：爾言今日必死，果驗否？瑺曰：姑待明日。詎是夜暴病，數招瑺往醫。辭之，竟不捄。瑺生平不著方書，惟佩一布囊，秘不示人。好事者誘之飲且醉，竊發視之，則包裹十數紙，中僅曰：百病皆從寒上起七字。瑺殁後失傳。

冉廣鯉

同治《酉陽直隸州志・人物志・賢達》　冉廣鯉，字海容，號松亭。博學多能，經史子集外，於星相醫卜，靡不究其窔奥。食餼後補州歲貢。不樂仕進，唯以蒔花種竹自娱。晚年更游心方外書，日事校讎，孳孳不倦。年七十三卒。著有《信口笛吟草》二卷，《黄庭經句解》一卷，《古醫方雜論》八卷，《銅人圖經考證》二卷，藏於家。

陳師鎬

道光《福建通志・藝術・侯官縣》　陳師鎬，字道雍，諸生。博覽醫家言，而專精於兒科，於痘疹尤善。服其藥，無不愈者。或證不可治，豫斷死期，不爽晷刻。自乾隆十五年冬至十六年夏，小兒多患痘殤。師鎬凡一百九十餘日，日治數百人，全活無算。後以年老，每日坐廳事待病者至，視其病之急者，先診之，故病者恆惴惴焉，恐其先及，不以久候爲苦也。年八十七卒。

孫宗岳

光緒《睢寧縣志稿·人物傳·方伎》 孫宗岳，精醫，能以意治病厄，應手輒效。乾隆二十三年，靈璧知縣貢震抱病，羣醫束手。或以宗岳薦，診之笑曰：此肉積也。一藥而愈，贈金不受。某太守幼子病劇，延宗岳治之，以手摸口：無病，思玩物耳。詰乳媼，果有銀鈴失去數月，尋給玩之，三日病若失，人以爲孫一摸稱之。晚歲，名震江淮。有《孫氏醫案》，今不存。

方大彪

道光《福建通志·藝術·長樂縣》 方大彪，字猷宗，太醫院治定之子。年二十即以醫名，診脈知人貴賤壽夭，人呼方半仙。乾隆四十二年，邑令王雋病篤，羣醫束手，大彪獨言可治，一劑而愈，令以額旌其閭。

梁　御

乾隆《介休縣志·人物志·藝術》 梁御，字宸翼，國學生。熟《醫宗金鑑》，不拘泥古方，但按脈調劑，無不立效。邑中凡有危病，必誠請求治，起死回生，十常八九。介邑固多醫士，此其聲稱籍籍者歟。邑令胡相忠贈以匾曰：道和元化。

張雲翼　莊　坤　吳永渭

道光重纂《福建通志·國朝藝術·建寧府浦城縣》 張雲翼，博覽醫書，得其奥妙。鄰婦產難氣絶，雲翼診之曰：尚可療也。投以丸藥，須臾復甦，胎下，母子俱無恙。其終也，診脈自定時刻而逝。同里吳永渭，以醫顯，然不輕爲人治疾。或問其故？曰：吾不敢輕以人命嘗試也。立方宗李杲，以意增減，施輒著效。莊坤字培元，亦精醫，乾隆四十年大疫，全活者甚衆。

陳舜道　陳治典

嘉慶《松江府志·藝術傳》 陳嘉道，字重華，華亭人。父聖誠，諸生，遇異人授以治目方，療疾立愈，舜道遂傳其業。爲人誠篤，有還遺金事。事母孝，母年九十五以壽終，猶孺子啼也。知府方岳貢請爲鄉飲賓，以德壽題其堂。子治典，字伯雍，名尤噪，太倉王太常時敏病目，坐深閣重幃中，醫療之，經年無效。治典診得積寒未解，處方投劑，以火徐熏，目遂張。三日，自幃中出，咸驚其神。性磊落慷慨，子孫繁盛，儒與醫竝有名。

彭　瑄　李廷舉

光緒《井研志·方技傳》 彭瑄，乾隆間諸生。文字有聲，尤精於醫。不規規方脈，所診治具有元解。應試之成都，布政使方奉太醫院咨考醫學，瑄再試，皆第一，力辭送院。會總督傅公幼子卒中惡，肢體委頓，羣醫皆云無病，不知所主方。立召瑄至，和藥少許而效。問何以故？曰：是中酒也。晬顙而體憊，脈不病，以是知之。但襁褓中兒，不應中酒，詰其家人，則乳媼果以沈醉吮是兒。予之金，不受。問所欲，曰：井研荒僻，願革醫學幫費爲縣人惠。傅公立允之。未幾入閣，召瑄與偕，禮爲上賓，與王公貴人游。布袍烏韈，望若神仙中人。瑄初無宦情，同鄉某謁選，與瑄一再聚首，既歸，而某以千金資其家，蓋以識瑄得速化，實未嘗爲關白也。暮年，不著書，不傳驗方。曰：醫徒墨守方書，譬郢書而燕說，其失也益遠。又李廷舉者，亦以醫名。舊《志》入《隱逸》。

趙子舜

道光《南部縣志·人物志·方技》 趙子舜，精醫。邑拔貢陳觀林幼有癖疾，腹堅如石，惟臍右未滿者二指，不食十餘日矣。趙至，曰：遲三日則氣絶。遂以錢繫脊後，與臍穴對，用針破之，出白筋一縷，長尺許，遂愈。遠近神其術。

易俗興

道光《肇慶府志·人物·方伎》 易俗興，號履貞，玉橋人。以岐黄術行於省會，當道雅重之。子羽九，號翹旭，術亦精。有少年見公來，僞作呻吟狀，公診其脈曰：子固無病，明年此月乃眞病耳。及期而卒。有患頭痛欲死者，諸醫皆束手。公令飲靛花水至極飽，痛愈不可忍，呼左右抱持之。食頃，兩蟲從鼻出，病若失。曰：此蟠頭毒也，食人腦，腦盡死矣。人皆以爲神。平生以藥濟人而不索値，鄉里稱頌不衰。孫雲翔，曾孫會朋，皆世其業。雲翔壽八十四，會朋亦八十餘。屢赴賓筵，時人稱爲四世良醫。其族有經國者，幷有名。

易經國

道光《肇慶府志·人物·方伎》 易經國，嘗挾貲遊京師，與太醫院翟玉華相厚善。翟公曰：治東南人病與西北不同，汝粵中鮮有知者，誤人不少。爲歎息者久之。時與順德龍山左某，偕因共拜翟公傳其術，翟公出所著書二，各攜其一以歸。邑令方顯奉上憲諭考選醫學，以經國名上，多所奏效。常以翟公語告邑之醫士，俾無以人命爲戲。卒年七〔子〕〔十〕九。子若孫及曾孫，皆以醫名。

多弘馨

雍正《阜城縣志·人物》　多弘馨，字卿和，號素庵。秉性端方，自幼嗜學，博涉經史，網羅百家，優文翰，工詩律，尤精岐黃。所著有《素庵六書》。以明經授眞定府新樂縣訓導。邑侯曹公修阜志，弘馨任纂注事焉。壽登八十有二歲。

王廷輔

光緒《保定府志·列傳》　王廷輔，安州人，庠生，勵學岐黃。又精於痘疹，全活小兒甚衆。著有《活幼心傳》、《癆瘵眞訣》行世。

張峻德　張輝廷　張武魁

光緒《南宮縣志·列傳》　張峻德，字克明，精岐黃術，著《濟世叢書》六卷。子孫相繼習其業。子輝廷，字朝甫，著《胎產保元》二卷；孫武魁，字英豪，著《痘疹辨難》二卷，皆附叢書後。

耿宮中

乾隆《衛輝府志·方技》　耿宮中，明南京應天府推官耿彥宏九世孫，家世業醫，宮中尤專精。邑孝廉劉允掄忽患喉瘡，面腫如斗，數日不食，衆醫束手。中曰：此疳毒也。投以藥立愈。子世祿，亦能世其術。年八十餘，強健如少壯。著有《經驗簡便方》、《醫方分類》等書。

潘子俊

嘉慶《洛陽縣志·藝術傳》　潘子俊，乾隆甲午舉人，官祥符訓導，加國子監學正銜。著有《方書源流考》。

孔繼菼

道光《滕縣志·人物傳》　孔繼菼，字甫涵，號云湄，乾隆丁酉科舉人。受學於曲阜顏沁齋，與同門顏逢甲原美、趙鐘駿騰軒、滿秋石碧山齊名。赴春闈不售，歸，讀仲景《傷寒論》，曠然有悟，遂神於醫。貫穿古方書，皆能得要領，損其太過，以劑所不及。著有《醫鑒草》。投藥輒立效。所視病，人謂不可起，公診之曰：此當五日愈耳。及期復往，病轉劇。公問：曾延他醫否？曰：無。公曰：勿欺我，此誤服某藥，分兩若干，故致是。主人大駭，出其方視之，果不爽。其精能多此類。

金學超

嘉慶《義烏縣志·方技》　金學超，好讀《素問》，臨症多奇驗。嘗有某甲負官帑，僞臥爲疾以逃責者，延學超診之，曰：此死脈也，不過七日。其人大駭，如期果卒。又有女子息已絕矣，學超曰：按其胸尚溫，當可治。投劑而愈。其他奇中多類此。製方務和平，不用峻劑，亦不責人重酬，人以此重之。乾隆間，邑侯聘爲醫學訓科。嘉慶元年，年屆七旬，以太上皇特恩賜九品頂帶。

彭熹明

道光《寶慶府志·耆舊·方技》　彭熹明，字興美，邵陽人。少業儒，已而習醫。延請者，不計酬謝多寡，不能具藥者，施以藥貲。所用之藥，必手自炮製。診人脈，言生死壽夭多奇中。有周合玉者，病篤，熹明診之曰：不三日可愈。已而果然。其弟繼美，壯健無疾，偶診之，曰：是不久人世矣。人以爲妄。後旬日，忽昏仆，嘔血死。胡甫公母，年七十二，病卒，將含斂。熹明至，大呼曰：必不死。尋起，又十二年始卒。人以是神之。

吳體元

同治續纂《揚州府志·人物·藝術》　吳體元，字守善，監生，業瘍醫。壯遊江浙，遍訪名流，辨識藥草，四十後甫歸娶，爲人療治諸症多效。蘇州衛李某患惡瘡，誤服輕粉劫藥，取效一時，後毒復發，遍體潰爛，與丹丸數十粒，一月而愈。晚年好道，有莊老之風。

易良山

道光《重修電白縣志·列傳·方技》　易良山，字經國。電白北橋人。三世皆以庠生習醫術。至良山尤精，切脈能先數年卜人生死；製方得法，不差分釐。幼習儒，累試不遇，以醫名世。貧者不受酬謝，當道多旌獎之。考古方，參之心得，著有《內外方脈》、《治驗元機》、《男婦小兒針灸》等書。子孫多以醫名。

魏秉璋

道光《永安縣志·方技補遺》　魏秉璋，貢川人，世業醫，至璋尤精。著《保赤新編》，李駕軒爲序，而傳長子德嘉、孫宗轅，代擅能醫，活人無算。至曾孫廷桂俱存心濟物如璋。璋年八十七。

郭士珩

同治《漢川縣志·義行》　郭士珩，字楚珍，號昆山，歲貢。少失怙，事節母陳以孝聞，好學，工制舉藝不遇，遂弃而爲醫。著有《醫學集案》、《脈訣集解》。病者貧，施藥救之，弗取值也。【略】年六十餘卒。

劉澤清

嘉慶《無為州志·人物·技藝》　劉澤清，字渭川，號濁翁。諸生，以女醫名于時。著《女科指南》二卷。

路藩周

光緒《重修奉賢縣志·人物志·術藝》　路藩周，十四保二十一圖人。精醫，能療奇證，全活甚衆。子孫傳其業。著有《女科規條》、《說約金鍼》。

舒榮

光緒《湖南通志·人物志·技術》引《沅陵縣志》　舒榮，沅陵人。有異術，能治外證，不方不藥，取水一盂呪之，指畫若符，患者服之立瘳。或剖腹去毒，拭以水，創合而人不知痛。乾隆末年，貝子福康以宣勇伯和琳，督師征苗，榮游軍中，士卒中癘，飲水即瘥，全活數萬人，羣稱爲神水。予之官，不受，以布衣終。

葛志齊

光緒《湖南通志·人物志·技術》　葛志齊，辰谿人。精醫術，外科尤擅長。湖廣總督開，患足癰，屢治不效，志齊療之立愈。乾隆三十八年，緬甸夷畔，領兵大臣阿道患背疽危甚，召志齊治之。問效遲速，志齊以半月對。至十二日愈。阿謝以金，不受，曰：但求免本籍徭役。阿以其勞著軍營，行縣援免，勒碑縣庭。

吴家璨

同治《續輯漢陽縣志·藝術》　吴家璨，號慎士。少聰穎，喜讀書，尤敦孝友。出應童試，屢拔前茅，而未靑一衿，遂棄帖括爲醫。疾者盈門，車無停軌，遇貧苦無力者，輒解囊濟之，爲世推重。後遊京師，名噪一時，考授太醫院醫士。卒年七十。

笪顯模

同治《續輯漢陽縣志·藝術》　笪顯模，字季序。幼孝友，兼善岐黄術。有患齒痛者年餘，徧醫罔效，延之診視，曰：不須藥，剉可也。剉之，立愈。又有耳痛廢寢食者，曰：此蛇影之疑耳。爲之解其疑而病痊。一人素雄俊，望其色曰：將有瘍患。人不之信，未幾，如其言，咸以扁鵲目之。其他奇效甚多。江漢諸大僚，聞名相延，悉顏以額，如姚撫軍贈以技擅越人，汪糧憲贈以仁心仁術，劉太守贈以術妙青囊，其餘題贈，難以枚舉。年八十餘卒。

光緒《漢陽縣志·人物略》　笪顯模，瘍醫馳名。有雄偉無疾者謁之，顯模視其色，曰：子將患瘍。笑，弗之信。未幾，瘍果發。延顯模往治，顯模曰：子不早從吾言，今非百日不爲功也。後如期而愈。其他奇驗多類此。

王澂

光緒《資州直隸州志·人物志·方技》引《内江縣志》　王澂，字文安，内江人，邑諸生。精岐黄術，嘗語人曰：天地以春溫生物，涼寒則肅殺之氣也，可勿慎乎？沉疴遇之輒起。

呂越

道光《濟南府志·人物·方伎》　呂越，章邱人，諸生。業醫。值時疫，薰染多暴死，越施方藥，全活甚衆。尤善痘疹科。有延者，溽暑沍寒必往，邑令席扁獎之。

趙奇

道光《濟南府志·人物·方伎》　趙奇，字建公，歷城人。世業農。年三十餘，晨起，一道士在門乞食，奇欣然具饌。道士曰：感子朴誠，授一術，可濟世，但勿牟利耳。出《瘍書》一卷別去，奇遂以外科名。有一處女，小腹忽腫大，父母憂之，婿家欲退婚。奇診視曰：此小腸癰也，計某日可刺矣。至期姻眷畢集，奇按穴投鍼，膿出躍尺餘，承之盈盆而腹消，兩月平復，女子歸稱佳婦。

汪維岐

光緒《常山縣志·人物·方技》　汪維岐，字景華，水南人。專痘疹，乾隆己卯，疫痘盛行，能決死生，轉險爲順，逆症亦多生者。且以活人爲心，不擇貧富，至今猶稱之。子天球，能傳其學。

詹師良

光緒《常山縣志·人物·方技》　詹師良，字又房，國學生，後園人。精岐黄，多所全活。學憲王公按衢，病洩精，諸醫罔效，延師良診之，曰：此傷酒兼中暑也。酬以金，辭勿受，親書五禽妙術贈之，邑侯宫公扁曰：腕底回春。

曹霖

道光《上元縣志·人物志·技藝》　曹霖，字萬霖，邑庠生。精醫學，好施舍。人延以診疾，雖祁寒暑雨，未嘗不亟赴。遇貧乏者，嘗給以藥炭與調養資。每歸，必以所醫各症印證羣書。病未即愈者，必反覆求其所以然，憂形於色，竟夜不寐。嘗曰：以人命爲兒戲，余不敢也。

章廷芳

道光《上元縣志·人物志·技藝》　章廷芳，字右綸，邑庠生。業醫九世，專習痘症。著有《誠求集》。乾隆庚子年，高宗純皇帝南巡，召診十公主，賞緞疋，賜克食。子錫齡，字瑞霖，邑庠生，世其業。

隨霖

嘉慶《重刊江寧府志·技藝》　隨霖，字萬寧，上元人。世醫。乾隆癸丑，邑患羊毛瘟症，羣醫不能治，霖與南城周魁主治略同，一時有南周北隨之譽。著有《瘟症羊毛論》行世。生平樂善好施，邑中彌相推重。

周魁

嘉慶《重刊江寧府志·技藝》　周魁，字芍園，江寧人。工幼科，凡痘症未發之前，輕重死生能豫決之，百不爽一。治瘟症，尤能審氣候，辨虚實，活人甚衆，人以周小仙呼之。著有《瘟症指書》四卷。

潘毓祺

道光《夔州府志·人物·隱逸》　潘毓祺，巫山人，號濟庵。性友愛，尤精岐黄，耽詩酒，嘗置宅給兩弟居，即割契囑其世守。遇沉疴，予以參藥，必痊而後即安。雍正五年疫大作，設鉅鐺以藥療人，全活甚衆。乾隆初，授醫學司訓，年垂百常以濟人爲念。里中因私謚曰仁廉先生。其自題小影云：欲知似我原非我，説到傳眞即是眞。但願後賢能繼述，等閒常憶畫中人。觀此可想見其大概矣。

薛著猷

嘉慶《高郵州志·人物志·方伎》　薛著猷，字順嘉，候選主簿，以子兆彪官，誥封修武尉。精岐黄，名馳揚、徐間。邵伯劉某，頭面患結毒，鼻骨幾陷，猷爲去鼻間腐肉，採諸珍藥鎔黄蠟補之，百日後痛癢相關，與受生者無異。又淮安人，頭忽大如斗，兩額角生二黑點，痛徹心脾，醫皆不識。猷以兩金針炙紅，貫通之，三日而愈。謂此爲孽症，其名曰門。他事多類此，所全無算。子兆彪，仰化集把總。兆先、兆魁、兆熊，俱庠生。孫國祥，庠生。國慶，增生。國興，嘉慶癸酉科武舉。

翟紹衣

嘉慶《高郵州志·人物志·方伎》　翟紹衣，郡庠生。長厚端方，尤精醫學，善治奇症。有孕婦腫脹臨危，諸醫稱不治。紹衣診之，一藥而愈。又鄉民腹痛將絶，求治紹衣，謂其腹有水蛭，用牛脚塘水有小魚者煎服，一吐即愈。論者謂：袁體菴後一人而已。所著有《醫門格物論》藏於家。

馬萬海

光緒《山西通志·藝術録》　馬萬海，汾陽人，授職州同。習外科，手製藥餌，有延之者，風雨晦明立往視，所患與以藥。性豪，車騎恆置外廄，供鄰里騎載，廳事前羅列茶鐺鑪火，任人取飲云。

霍迎祉

光緒《山西通志·藝術録》　霍迎祉，沁州人，醫學典術也。潛心脈理，尤善鍼灸，遇有奇證他醫束手者，迎祉一診視，曰：服某方當愈。捉劑與之，往往應手奏效。州守有子病甚，延至診畢，曰：腸癰也。投解毒劑，復用長鍼入翎管，外縛豬膽，吹氣盈中，扎其口，從穀道送入，推鍼刺之，出膿血而愈。或叩其術，曰：醫者，意也，以意相逆之謂也。不出古方，不泥古方，神而明之，細心推勘，此中之能事畢矣。每療奇疾，輒書於紙，積久成帙，顔之曰《救急方》，後嗣不振，遂至散佚，聞者惜之。

川《肘後》四卷。竊思拯人疾苦，施良藥不如垂良方之爲功久，且遠以一人獨秘之方濟人，不若以獨秘者使人人洞曉，其所濟爲尤廣也。爰集各丹方録袖珍一册，登諸梨棗，俾克廣布於世，好善者幷可隨緣普濟矣。寧俟工明堂針灸之術，炫鐵鏡照人之奇，若古良醫俞跗割皮解肌、洗腸滌胃，始足以稱神技而積陰功耶？是在仁人君子，各發婆心，勿視是書爲迂腐不急之談，而隨地隨人，留心拯濟，厥功豈淺鮮者？孟子謂：乍見之心，人皆有之。恃天下人皆有是心，而爲是言也。余亦恃天下人皆有是心而刊是書，豈徒好事者之所爲歟！

沈金鼇

《雜病源流犀燭・自序》 予自弱冠時讀左、國、史、漢，一人一事，必究其詳。知扁鵲、倉公輩皆醫之神者，其所以能神處，務切求而根據之。遂搜閲古人方書，如《靈樞》、《素問》等帙，古奥質實，直追漢魏，可與史漢參論筆法，乃益愛讀焉。嗣是而後，積數十年稽古之功，往往兼習不廢，得徧悉仲景以下諸名家，或論傷寒，或言雜病，或明脈法，或詳藥性，分門別户，各有師承，正如諸子百家，流派不一而匯歸於是，未嘗北轍南轅。甚哉，醫之道大而深也。蓋醫係人之生死，凡治一症，構一方，用一藥，在立法。著書者，非要於至精至當，則遺悮後世，被其害者，必多在讀書用法者。非審乎至精至當，則冒昧從事，被其害者更多。又况古人之書，或議症而無方，或存方而略症，或闡脈而遺藥，或論藥而置脈，神明變化，每紛見雜出於殘編剩簡中。醫者以庸陋之姿，膠執之見，貪鄙之心，相與從事，甚且讀書而不通其義，雖淺近之語，亦謬解訛傳，吾見其治一病必殺一人，即或有時偶中，儌倖得生，在醫者幷不知其所以然，然猶張目大言，自據其功，以爲非我莫治，不亦可愧之甚矣乎！吾愧之，吾又憫之，因統會平日所讀方書，研審其意理，或採前人之語，或抒一己之見，參互攷訂，輯爲《脈象統類》一卷，《諸脈主病詩》一卷，《雜病源流犀燭》三十卷，《傷寒論綱目》十八卷，《婦科玉尺》六卷，《幼科釋謎》六卷，《要藥分劑》十卷，共七種，計共七十二卷，總名之曰《沈氏尊生書》。

《雜病源流犀燭・岵瞻序》 余弟芊綠，博古明經，一生篤學。大約四十以前專志儒書，四十以後專攻醫學，故著作甚富。於儒則有《芊綠草堂稿》若干種，於醫則有《沈氏尊生書》若干種。

丁懷

光緒《山西通志・藝術録》 丁懷，字玉田，長治人，太學生，議叙九品。世業醫，至懷益知名，尤長於傷寒、咽喉諸證。嘗論辨藥性、脈訣、經絡，著有《醫學篇》。子孫猶傳其技。

蔡開周

光緒《山西通志・藝術録》 蔡開周，長子人。精醫術，遇傷寒不輕醫，醫無不效。

顧世澄

《瘍醫大全・自序》 澄本一介布衣，賦性迂拙，聖賢之書讀而未竟，業醫自贍，碌碌無聞。因思身體髮膚，受之父母；安居樂業，悉出皇仁。而君父之恩無由報稱，是以診視之暇，不憚精神勞瘁，搜括古今名醫確論，首標《內經》義旨，宣明脈法元微，詳分經絡穴道，匯集內景證形，上自巔頂，下至涌泉，凡涉外證者，繪圖立説，按證立方，諸如湯火刀傷，刑杖跌仆，獸傷蟲咬，誤吞藥石毒物，五絶解救之法，自今古成方之外，又益以先祖寧華公、先父青岩公家藏經驗諸方，別類分門，計四十卷，名之曰《瘍醫大全》。俾患者咸知瘍必有名，醫必有法，按圖施治，經絡分明。初起期其必消，已成必其易潰，已潰速其易歛，使人間無破漏之危，更可免釀癰之患。况所備諸方悉俱，養正驅邪，調衛和榮，雖云小道，利濟非輕。

斯書纂輯閲三十寒暑，因囊橐空懸，未獲授梓。今緣兩淮同人慨爲捐資，始付棗梨，以成此誌。爰述綴輯原委，弁之簡端，以見成之尤非偶然云。

《瘍醫大全・喬光烈序》 顧君傳醫三世，精通內外兩科，其活人甚多。其爲書也，自《靈》、《素》、診候、運氣、經絡，以及癰疽明論治法，元元本本，縷析條分，舉生平所得力父祖之祕方，儘出而公之於世，由頂至踵，一證一圖，幾於儘見五臟癥結。

沈維基

《沈氏經驗方・自序》 予於靈蘭之書，素未究心。嘗患見人疾苦，心竊隱痛，而卒無從解免之。當讀書家食時，每於相知晤話，間得一丹方，必叩其原委而手録焉。試而效，則識諸別頁以爲驗。自通籍以後，歷數州縣製丹藥濟人，屢著奇效。其見見聞聞，得經驗良方如千頁，大抵所治多急病，頗類稚

《幼科釋謎・自序》　余性素拘，凡所著述，皆言其所明，弗明者，弗敢言也。夫明非徒喻其理之謂，謂必得所傳授，親習其事，有以證其理之不差，而後曉然於心者，亦曉然於手與目，斯之謂明也。如是言之，則皆確鑿可據，非浮光掠影之談，非臆測傳會之語耳。余於醫，傳自孫慶曾先生，凡男婦大小爲脈爲症，皆得之親受，故試之診視，罔弗取效。前著《傷寒綱目》、《雜病源流》、《婦科玉尺》，皆曉然於心與手目，一一筆之於書者也。幼科中，獨痘瘡一症，其旨微，其候險，其變化百出，尤必臨症指示，而後能悉其精微，知其蘊奧。孫先生與前輩葉天士同出一門，固精於痘。而余於受業時，非專屬行醫，弗獲相隨痘家，親聆教誨，故獨於痘，弗敢言也。雖古痘醫首推錢仲陽、陳文中，後如曾氏、萬氏、湯氏、魏氏，皆接兩家宗派，而翟氏、聶氏，尤能闡明錢、陳底蘊，其書具在，未嘗不深切究明，曉然於理之所在，然未得臨症指示，所謂曉然於心，未能曉然於手與目也。既不能曉然於手與目，其敢自謂已明而妄有言乎？故輯《幼科釋謎》六卷，共分二十四門，獨闕痘症，非竟闕也，庸有待也。孫先生雖已捐世，或得一精其業者，受其傳焉，則闕者未嘗不可補矣。《釋謎》既成，因書其故以冠於首。

《醫學讀書志・國朝沈氏金鼇》　《尊生書》七十二卷。右書一種，錫山沈金鼇撰。金鼇字芊綠，號再平，屢試京兆不售，遂專以醫鳴。書凡七種：首載《脈象統類》一卷，《諸脈主病詩》一卷，附明道士曹元白《南北規》中《導引法》十八則，次《雜病源流犀燭》三十卷，《傷寒論綱目》十八卷，《婦科玉尺》六卷，《幼科釋謎》六卷，《要藥分劑》十卷。自序統會群書，研審意理，積數十年而成是編。卒後十數年，其弟子奇豐額藩皖時，爲之序刻。首爲《藏府門》七十五侯十卷，次《奇經八脈門》附一候一卷，《六淫門》二十八候六卷，《內傷外感門》十二候四卷，《面部門》八候三卷，《身形門》三十五部候六卷，附《諸穴及癰疽圖》，皆冠以總論，附以群方。《婦科》採輯衆說，分爲九門，其論求嗣，備述擇鼎進火，及用金鳳銜珠方，幷描摹情狀，大能導淫。案：房中八家，列於《漢志》。班氏已論及迷者必生疾殞命，《千金方》有房中補益之術，後賢指爲書中大疵。況倉公爲漢代神醫，止生五女，其師公乘陽慶，年七十餘無子。求嗣之說，倡於褚澄，今所傳書，實宋人僞託，明李濂作《醫史》，亦言世傳種子術皆妄，何過信如此？又《胎孕所由》篇，褚氏云：幷非《千金》所引，不知所本何書。《幼科》分二十四門，冠以四言韻語，便初學記誦，亦甚有理。序稱其師孫慶曾與葉桂同門，頗精痘科，因受業。時未曾臨診，今師已故，雖素讀錢、陳、曾、萬、湯、魏、翟、聶八家之書，心明瞭而手目未能相應，故缺而有待。《傷寒論》以本文爲綱，諸家爲目，分太陽爲六十七門，陽明三十九門，少陽十門，太陰六門，少陰二十三門，厥陰十一門，病後症五門。序稱嘗讀傷寒百餘家，又假稽氏所藏欽定《古今圖書集成・藝術部》按次詳讀，採擷英華，擬成是編。又言條例悉本柯琴。禾案：傷寒家播亂原文，倡於方有執，删改字句始於柯琴，二人皆獨抒心得，別開畦徑，不傍他人門戶。琴更文思俊爽，措語周詳，其以方類論，實能束棼歸整。金鰲無琴之才識，學琴之形似，雖以症類論，以目釋綱，亦殊有理。而改補原文，幾至不可句讀，採集諸家，複美醜不齊，不著書名，任情竄抹，每非原書之舊。且疏忽失檢，序云百家，所引止四十二家，徒爲考據者所笑。蓋其性尚矜誇，胸無成轍，雖獲睹秘書，實未得書中旨趣。然四十二家之內，世罕行本者，若韓祗和、楊士瀛、危亦林、趙嗣眞、朱撝、虞摶、樓英、吳綬、閔芝慶、樓全善、黃仲理、張兼善，一十二家之書，藉此遂窺其底蘊。此外世所通行，若朱肱、龐安常、蘇頌、許叔微、寇宗奭、成無己、劉完素、張元素父子、李杲、王好古、朱震亨、王履、戴元禮、陶華、張介賓、繆希雍、趙獻可、王肯堂、方中行、李中梓、喻昌、徐彬、柯琴、魏荔彤、程郊倩、陳士鐸等，本志已詳。

張應誕

光緒《重修嘉善縣志・人物志・藝術》引嘉慶《縣志》　張應誕，字讓齡，諸生。少得異兆，若有人敎之習醫者，因精其業。蘆墟有宦家，止一女，病篤，延應誕治之。甫至而氣已絕，應誕切其太谿之脈，曰：疾可爲也。即以熱水貯盆中，熨其胸，取所煉丸五分灌之，隨嘔痰六七枚，狀如鴿卵。應誕曰：此皆唾絨未盡，爲痰所裹故也。復藥之，立愈。俗遂以張半仙稱。

俞震　奚應蓮　奚應虬

光緒《重修嘉善縣志・人物志・藝術》　俞震，字東扶，號惺齋。性敏慧，自幼博覽羣書，兼工吟咏。後因善病，遂習岐黃術。師事金鈞，得其秘奥，療疾多奇中，名日重，公卿延聘踵相接。著有《古今醫案按》行世，得其傳者，奚應蓮，字萼亭，惜早卒。其從兄應虬，字在乾，亦就學於震，且與震子念祖，字永修，俱以能文名。二奚，邑增生，念祖，廩貢生。

胡喬相

道光《徽州府志·人物志·方技》 胡喬相，字廷翰，縣學山人。精太素脈訣。有婦人病瘵經年，諸醫不效，喬相見之曰：此傳尸癆也。與入赤壽丸十粒，下大蟯十餘枚而愈。父漢卿，善養生，年九十七歲。喬相亦年八十五歲。子舜，因亦精岐黄，得家傳并有名於時。

胡宗昇

道光《徽州府志·人物志·方技》 胡宗昇，字暘谷，城中人。少業儒，父死家貧，棄而學醫。通王叔和《脈訣》，熟李時珍《本草綱目》，遂以醫鳴，爲縣醫學訓科。有歙人兄弟求醫，其兄病重，肩輿而至，弟步行相隨。診脈後，弟亦求醫。胡曰：君不過二劑愈矣。君弟肝氣已敗，來春肝木司令，雖有良醫，小難著手矣。已而果然。知縣王神其術，贈額曰：躋世春臺。

詹汝震

道光《徽州府志·人物志·方技》 詹汝震，字公遠，秋溪人。世業岐黄，醫多奇效。嘗精録本方書授梓《經驗良方》五卷。旁通卜筮、青囊等書，手抄成帙，耄耋不倦。

潘文源

乾隆《婺源縣志·人物·方技》 潘文源，字本初，桃溪人。寬和仁厚，少業儒，去而學醫即精工，所投劑輒效。日求診者盈門，源意在施予，欲借技術以陰行其善，概不責酬，遇貧士且加惠焉。以故懸壺三十餘載，人皆稱神，而家無數畝之蓄。歿之日，多流涕者。所著有《方脈纂要》二十卷行於世。

何鼎亨

道光《徽州府志·人物志·方技》 何鼎亨，字德嘉，城東人。擅幼科，治痘有起死回生之術。著有《活法啓微》一書。

俞聖瑞

道光《徽州府志·人物志·方技》 俞聖瑞，萬安人。精幼科，其治痘自程伯益後獨推神手。每驗幼孩聲色，決死生刻日無少差。

錢棟

乾隆《婁縣志·藝術傳》 錢棟，字載雲，又字再耘。少工詩文，善病，因習醫。熟於三世書，治危疾奇效。有鄰婦難産，棟令煎桐葉飲之，立下。

汪世渡

道光《徽州府志·人物志·方技》 汪世渡，字問舟，富堨人。父元珣，字東蕃，以醫著聲。渡博攷羣書，不泥成法而應手奏效。著有《時疫類方》四卷。

金可礪

光緒《順天府志·方技》引乾隆《永清縣志》 金可礪，字子卓，永清人，善方技。初爲某王門下醫藥房供役，年老退居鄉村。村中有病者，可礪不問貧富，皆爲治之。人有邀視者，雖寒暑風雨無所避，治之往往有效，人以是爭重焉。有張生，年四十，得勞損疾，久不治，奄奄待自斃矣。可礪一診，即有起色，爲處方劑，數月而痊。有河務曹官妻某，卧病數月，初若癥結，其後每語，腹中輒作應聲，諸醫不知所爲。可礪曰：此痰也。痰消，聲自息矣。處方治之，匝月所患良已。人有怪症疑病，可礪一見輒能治之，自謂善讀醫經，不如多所閱歷，臨症既多，病理自不能遁。可礪年八十八矣，精神健如壯歲，猶納妾生少子云。

葉時隆

道光《江陰縣志·人物·藝術》 葉時隆，字茂之。自明初即以喉科傳家。時隆年十八，早著名，治危症能立效。八十外猶應接不倦。子孫世其傳。

熊以恭

嘉慶《高郵州志·人物志·方伎》 熊以恭，字又謙。天性孝友，業於醫，而心術如儒者。有王履直妻苦眩暈欲絶，歲餘不起，衆投補劑，疾轉劇。恭曰：此痰飲動摇耳。治以苓桂朮甘，佐導痰，數貼而愈。一寠人子春温，青斑被體，誤食涼劑垂斃。恭識其陰毒發斑，下真武湯，三貼旋瘥。其邃於醫理類如此。工書，善咏，嘗答京口鮑海門詩有：次第江城花事動，買舟先訪鮑參軍之句。子大禮、大樂，俱國學生，能世其業。

李文城　李永淳

道光《上元縣志·人物志·技藝》 李文城，字鎮野，太學生。精醫學。乾隆丙午大疫，捐資施藥，誠心診視，活人無算。子永淳，字静川，邑庠生，亦工醫。嘗入都，稽相國贈以句云：春在肘中長不老，書藏腹内自生香。其儒雅兒某年當得廢疾以夭，今灸之可免。其母不信，卒如所言。有少年故求診，翯診之曰：疾不可爲矣。少年笑而去之，逾兩日果死。他率類此。年八十七。其徒無有能繼之者，乾隆間大吏多表其廬。

羅國綱

道光《湘鄉縣志·人物續增》 羅國綱，著《荆花書屋詩文集》，有《會約醫鏡全集》二十卷行世。

同治《湘鄉縣志·人物》 羅國綱，字振古，號整齋。少穎慧，工詩文，以童試第一入泮。鄉試屢薦，未售。嘗偕弟國俊讀書九峰山寺，及國俊入詞垣，貤封承德郎。綱兼精岐黄術。著有詩文集及醫書。

同治《湘鄉縣志·藝文志·會約醫鏡》 《會約醫鏡》内分子目十：脈法、治法、傷寒、瘟疫、本草、兒方、瘡方、痘方、婦科、雜症。

劉　浩

嘉慶《寧鄉縣志·人物·儒俊》 劉浩，號是齋，庠生。屢困棘闈，枕經葄史。兼精岐黄學，有仲景、景岳之能。

王　澤

乾隆《杞縣志·人物志·方技》 王澤，字振五，武庠生，居邑南郭外。博覽經籍，精《内典》、《素問》諸書。貧無力者，施藥不受其值，活人甚衆。邑侯李錫嘏患痢，屢治不痊。爲之清解，病遂永除。晉商王某，患亡陽症，大汗不止。澤以藥投之，一服即愈。子大麓，邑庠生，亦通岐黄，能世其家學云。

王中立　王之衢

光緒《湘潭縣志·人物·方技》 王中立，字權萬，曾祖父建楨，有《列傳》。建楨孫朝僑生六子，並有技能，中立即其次也。家世饒富，性獨好方術，千金從師學醫，出新意，治疾有神驗。有屠者暴卒已斂矣，中立過之，謂衆且去其棺。取柴胡三斤，煮水一石置澡盤中，覆尸溫浸之，踰時手足動，候之氣，嫗然而甦。曰：邪入厥陰，令達少陽，非蒸煮，藥力不勝病也。有富家嫗，病喑，諸醫束手，迎中立。三日不處方，已而聞雉鳴，問曰：嫗嗜雉乎？答曰：每食心肺耳。即取薑三斤，甘草一斤，共煎，徐飲之，湯未竟而愈。人問之，曰：吾視其脈未有異，是無病也。雉食半夏，將死，血入心毒發，故令舌痺，解之自愈矣。方暑有暍者，憩樹下，卧石上遂絶。家人奔告之。令轉尸覆

可想見云。

况烈文

嘉慶《重刊江寧府志·技藝》 况烈文，字芝亭，上元人。工醫，乾隆乙巳大疫，烈文擕囊周視諸貧乏家，全活頗多。一婦人經阻，腹漸彭亨，其夫遠客甫回，疑之，婦不能白。戚鄗以婦素行端潔，共相驚詫，薦烈文診之。烈文曰：非孕也，寒氣客胞門，使經血凝聚所致。用溫經湯治之，溲兩時許，腹脹頓消。其精審如此。

從所好

嘉慶《高郵州志·人物志·方伎》 從所好，字易安，庠生。承家學，爲痘疹名醫。善觀小兒氣色，於旬日前知天花發見，預定吉凶。一時醫家束手之症，就所好，無不保全，活嬰孩無算，邑人稱爲痘神。

戚　贊　王百朋

道光《江陰縣志·人物·藝術》 戚贊，字聖俞，諸生，名醫秉恆孫。精世業，有隱德。遇貧困求醫，與之藥輒以零銀暗雜其中周急，且不欲人知也。著有《傷寒心法》行世。王百朋，字錫我，亦以醫名，并稱國手。

楊世賓

光緒《續雲南通志稿·雜志·方技》引《滇繫》 楊世賓，趙州諸生。精醫理，尤善小兒科。踵門求治者無虚日，全活甚多。

吴德漢

嘉慶《直隸郴州總志·人物·文苑》 吴德漢，字宗海，號南溪。舉乾隆丙子鄉試，官善化教諭，兼課岳麓、城南兩書院。博覽群書，兼擅醫術，本邑學宫，考棚，書院東塔、奎星閣、洞庭祠、兩學署，皆其倡建，潔己奉公，鄉里莫不推服。著有《醫理輯要》十三卷。又集《鄺忠肅公遺錄》、《柳侯傳》。嘉慶三年，闔邑請祀鄉賢。

袁宗翯

同治《瀏陽縣志·人物·方技》 袁宗翯，字羽高，一字宗翥。縣西人。試不利，以資入監，遂治醫。不泥古方，決人生死奇中。戚某女七歲，疾篤。宗翯診之曰：不死，慮十八歲耳。後果然。有兒死逾[日]者，翯至，察其脈，炒麻黄數升，卧死兒其上，頃之蘇。共神之，爭延視疾。嘗見兒嬉戲者，曰：是

卧,俄甦。曰:此血驟奔冷地,類痿痺耳。覆之則血行矣。及年八十,徧告姻友曰:吾爲公等治疾,未嘗受謝,諸君今宜壽我。聞者爭饋遺之,屢貲巨千,乃於生日大宴。酒罷,取所饋,各識別,悉返之。曰:老病不能復出,吾無求於人,公等自今亦無復溷吾也。自是閉居又十年而卒,年九十。少子之衢,傳其術,爲喉科神工。之衢,字步康,每治喉疾,或數日不能食者,輒按其頸穴,即得飽食而後治之。故人以爲神。之衢曰:此小方耳,人心惶怖聊以此安之,疾死不關不食也。其精巧在醫痰,藥水煮鍼數十,卧病者遍刺之,若蝟然。香炷候之,炷盡抽鍼,挽之使起,行步如平人。自祕,惜無傳之者。

鍾靈先生

咸豐《南寧縣志・人物・方技》 鍾靈先生者,姓李氏,失其名,四川人也。諳經史,能詩,尤長於醫。乾隆二十年至曲靖,士人多與之遊。一日,見童子捧腹而嘔,先生曰:此子腸外生瘡,醫遲必死。其父請治,爲鍼之,膿出而愈。某甲暴病死,先生診之曰:可活也。出黑丸一粒,研水,啓牙關灌之,少頃即甦,由是名震郡城,活人無算,人稱爲鍾靈先生。郡之善醫者,多出其門。臨終,自知死期,郡人益奇之,爲葬於麒麟山下。

饒埠　鮑集成

光緒《安徽通志・人物志・方伎》 饒埠,字福堂,歙縣人。八世業醫,至埠尤精,著《傷寒訣》、《傷寒變論》。同里鮑集成,字允大,善療金瘡,著《瘡瘍經驗》十二卷。

褚大貴

道光重修《尉氏縣志・人物・義行》 褚大貴,字天錫,庠生。精醫術内外科。自置藥物,活人無算。雖家道屢空,而絲毫不取。子隱,庠生,承家訓,攻岐黄術,窮年肆力其中,一時名醫無出其右。問病者戶外踵相接。不分寒暑晝夜,有聞即赴,數十年感再生者不可指數。有謝者,即正色拒之,曰:吾斷不敢以背吾先人。

吴士振

光緒《荆州府志・人物・藝術》 吴士振,嫻於醫術,尤精幼科,投方必效。貧不計謝。著有《醫理醫意》數千言,悉中窾要。

祁芳

光緒《山西通志・藝術録》 祁芳,高平人。父惠之,本家長治,以善醫爲縣人所仰賴,因卜居城北村占籍焉。芳幼聰敏好學,父與講論脈理,輒領悟,長而偏覽羣書,無不通貫,療治多效,遠近延請盈門。不擇貧富,人服其德,公舉爲醫學訓科。

張明賢

光緒《寧津縣志・人物・方伎》 張明賢,字衆超,乾隆時庠生。好學不倦,晚年耽於醫,施藥餌活人無算。尤善導引之術,年屆期頤,猶若童顔。壽至一百三歲,無疾而終。

李紹蓤

宣統《甘肅新通志・志餘・方伎》 李紹蓤,鎮番人,乾隆十七年歲貢。少聰慧,博極羣書,通術數,尤精於醫,決吉凶生死,率多不爽。著有《醫經》若干卷。

許世廷

宣統《甘肅新通志・志餘・方伎》 許世廷,環縣人,字卜年。乾隆中恩貢。力學敦品,不務時趨,尤精於醫理。邑人遘疾者皆就訪,飲以藥即愈,當事爭禮之。性廉靜,雖出入公門,未嘗一語及私。

吴謙

《醫學讀書志・清高宗》 敕撰《醫宗金鑑》九十卷。乾隆四年十一月十七日,太醫院使錢斗保,右院判王炳,御醫吴謙,奉上諭,爾等衙門該修醫書,以正醫學,欽此。又諭一應纂修事宜,著和親王大學士伯鄂爾泰總管。五年二月十六日,和親王具奏:《傷寒論》、《金匱要略》、《雜病論》,有吴謙刪訂未完稿本,請將大内所有醫書全行發出,以資考覈,即可擇吉開館,不必行取各直省之書。乾隆十四年告成。僅按《訂正傷寒論注》十七卷、《金匱要略》八卷、《刪補名醫方論》八卷、《四診要訣》一卷、《運氣要訣》一卷、諸科《心法要訣》五十四卷、《正骨心法要旨》五卷,大意以有方有論之書,始於仲聖,乃醫學之正軌,名醫隨證消息,其精詣處必有方并序,始能測識。至脈學簡括,無過紫虛;運氣幽微,不可竟廢。而雜病之變無窮,正骨之法多秘,皆爲繪圖制訣,俾學者易誦易求,務歸實用。不若宋代《聖濟總録》、《和劑局方》之博而寡要，偏而失中，誠萬世尊行之聖典也。

《清史稿・藝術傳・吳謙》 吳謙，字六吉，安徽歙縣人。官太醫院判，供奉內廷，屢被恩賚。乾隆中，敕編醫書，太醫院使錢斗保請發內府藏書，并徵集天下家藏祕籍，及世傳經驗良方，分門聚類，刪其駁雜，採其精粹，發其餘蘊，補其未備，爲書二部。小而約者，以爲初學誦讀；大而博者，以爲學成參考。既而徵書之令中止，議專編一書，期速成，命謙及同官劉裕鐸爲總修官。

謙以古醫書有法無方，惟《傷寒論》、《金匱要略》、《雜病論》始有法有方。《靈》、《素》而後，二書實一脈相承。義理淵深，方法微奧，領會不易，遂多譌錯。舊注隨文附會，難以傳信。謙自爲刪定，書成八九，及是，請就謙未成之書，更加增減。於二書譌錯者，悉爲訂正，逐條注釋，復集諸家舊注實足闡發微義者，以資參考，爲全書之首，標示正軌。次《刪補名醫方論》，次《四診要訣》，次《諸病心法要訣》，次《正骨心法要旨》。書成，賜名《醫宗金鑑》。雖出衆手編輯，而訂正《傷寒》、《金匱》，本於謙所自撰。

鄒廷光

光緒《荊州府志・人物・藝術》 鄒廷光，精醫術。診病必先立案，證以羣書，不效則斂神靜思，必愈乃已。不受饋謝。乾隆癸丑，郡中大疫，投方立應。荊南道來公鳴謙招致署中，挽留數月，贈以千金。年九十卒。著有《醫學經驗方案》四十卷。

范在茲

光緒《資州直隸州志・人物志・方技》引《內江縣志》 范在茲，內江人。精岐黃術，遇病者，投以藥無不立愈。謝以金，弗受，餽以佳藥則喜曰：吾以待乏也。既好外煉術，偶遊荊漢間，時大疫，爲藥數十筐，三日輒盡。後至都，值某貴人病，久不愈，聞在茲名，以方脈請證。在茲曰：方是而疾不愈，恐炮製未合法也。從之，立效，由是敦請者無虛日。後無疾而卒，或以爲得內引法。

楊天池

光緒《江都縣續志・人物・方技》 楊天池，治痘疹如神。點粒未發，能預決其輕重死生。有小兒患痘者，天池辭不治。其弟子江崑池強治之而愈，兒之父母以酒酬江，并招天池飲。天池灑然而至。方演劇，兒聞鳴金聲即死。與天池齊名者有劉秀山，亦精痘科。秀山子昆山，能世其業。

陳三洲　馬秉元

光緒《南昌縣志・人物》 陳三洲，東山關人。家世業醫，從祖文敏，父右尹，以良醫稱，三洲尤精。恆以意用藥，不拘陳方，而應手如神。孫香圃，從弟蒼洲，亦皆有名。馬秉元與陳三洲并善治傷寒，元得喻嘉言傳經之秘，治之無弗效。

雲鼎

同治《酉陽直隸州總志・人物・方外》引《秀山縣志》 雲鼎，住崇林寺，以醫藥濟人。凡乞藥者，皆能預知其病。前一日，囑其徒以某藥與某人醫某病，至期不爽，服其藥者，無不神效。遇孩提病，以手摩頂，須臾便愈。示寂之日，集大衆升座，宣偈瞑目而逝。時乾隆十四年也。

何游

光緒重修《丹徒縣志・人物・方技》 何游，金琇子，號澹庵。生而穎悟，過目不忘。念先世彥澄、仁源、繩源諸公皆以醫學著名朝野，慮家學之或墜也，苦志習醫。家藏醫書甚多，無不悉心考究。兼通內外鍼灸諸科，脈理醫方，別有神解，於是聲名大振，四方爭延致之。凡經診視，立奏奇效，車轍馬跡，歷遍九省。性好施與，嘗屢致萬金而輒散之。邑中如育嬰、掩骸、施粥、修橋諸善舉，皆不辭勞費。嘗曰：醫家以空手取人之財，不用之於施與而安用耶？舉郡大賓。著有《醫學折衷論》十卷，《何氏十三方注解》一卷，《醫案》四十卷。子修業，號學庵，克傳家學，聲名不亞於父。余京，婿也，亦能詩。孫夢熊，號太占；夢鶴，號元素；夢釜，號治成，皆以良醫著聞於時。

柳周南

光緒《安徽通志・人物志・方伎》 柳周南，潛山人。善鍼法，有婦人腹蠱垂死，周南診曰：此蛇癥也。鍼之，產蛇長尺許而愈。

曾文奎

光緒《安徽通志・人物志・方伎》 曾文奎，字星聚，宣城人。讀書不樂仕進，卜居高淳湖畔，以琴書花鳥自娛。精青囊術，雖遇沈疴，投一二劑立起。亦不責謝，有隱君子風。

汪賚孫

同治《弋陽縣志·人物·方技》引咸豐《縣志》 汪賚孫，州同來青次子。習舉業，屢試不售，有感於良相良醫之語，遂潛心醫學，活人無算。凡視病，一無所取，貧者即解囊與之，雖參、桂重貲弗吝。弋城嘗患疫，戚友延之者皆愈。夜夢神人讓之曰：若輩皆厄數中人，子不得違數以治，若不去，當疫爾鄉族。賚孫不得已歸，後城中疫亡者甚衆。事繼母敬養備至。卒年八十六。

林世珍

光緒《江西通志·方術·廣信府》 林世珍，字尼望，上饒人。弱冠失怙，撫諸弟有恩。工醫，有盛名。周某者，患喉癰將危，星夜相迎。適世珍自病，辭不能往。迎者固求，世珍謂諸子曰：余病未及死，猶得活人，豈非仁術。力疾往視，不數日愈。世珍病益篤，竟卒。

徐魯得

嘉慶《上虞縣志·人物》 徐魯得，字應速，諸生。貫穿理窟，著《四書辨疑》二十四卷。幷覽醫家言，辟俗説之謬。著《溫熱心書》十卷。施藥濟貧。

王　賢

嘉慶《桐鄉縣志·方技》 王賢，字世瞻。業岐黃，明脈理。著有《脈貫》行世。邑令蔡達獎曰：脈理融通。

吴儀洛

道光《海昌備志·藝文》 吴儀洛，海鹽諸生，移家硤石。《遵程醫學書》聞有十種。今見刊本惟《本草從新》、《成方切用》、《傷寒分經》三種。《一源必徹》、《四診須詳》、《雜證條律》、《女科宜今》四種見於刊本凡例中。尚有三種，未知其目。

何夢瑶 西池

《醫碥·自序》 文以載道，醫雖小道，亦道也，則醫書亦載道之車也。顧其文繁而義晦，讀者卒未易得其指歸，初學苦之。瑶少多病失學，於聖賢大道無所得，雅不欲爲浮靡之辭，以貽虛車誚。因念道之大者以治心，其次以治身。莊子曰：哀莫大於心死，而身死次之。醫所以治身也，身死則心無所寄，固小道中之大者。爰取少日所誦岐黃家言，芟其繁蕪，疏其湮鬱，參以己見，泐爲一書，用以階梯初學，非敢謂是載道之車，欲使升車者藉此以登如履碥石云耳，故以碥名編。或曰：方今《景岳全書》盛行，桂、附之烈，等於崑岡，子作焦頭爛額客數矣。人咸謂子非醫病，寔醫是書出其時醫之藥石歟！碥當作砭。予笑而不敢言。

《醫碥·趙林臨序》 予友何君西池，年三十八始成進士，其成晚，故得博通諸藝。能醫，尤其篤嗜而專精者也。然自其爲諸生時即文名藉甚，學士惠公稱爲南海明珠，於是西池之見知於人者，獨著於詩文，餘技遂爲所掩。己酉選拔策詢水利，西池以醫喻娓娓且千言，學士顧公亟賞之，拔置第一，予亦與選，得讀其文，然後知西池之旁通於醫，而猶未悉其妙也。西池聯捷後，尋觀政西粵，歷宰義寧、陽朔、岑溪、思恩諸邑，遷牧遼陽，則又但以善政聞。然其在思恩也，癘疫流行，西池廣施方藥，飲者輒起。制府策公下其方於郡邑，存活甚衆。遼陽民王洪病風年餘，狂易多力，投入秫火中，焦爛無完膚，傅以藥，數日愈。於是西池坐廳事，呼伍伯縛王洪庭柱間。洪且詈且歌，州人聚觀如堵。西池先威以刑令怖慴，旋予湯液，兩人持耳灌之。有頃，暴吐下，其病遽失，人咸驚爲神。嗣是西池之醫遂稍稍著矣。庚午夏，予内子病，兩月不少間，諸醫皆束手，已治木矣。適西池請告歸里，亟延診。先後處大承氣、白虎、小柴胡數十劑，效若桴鼓。予謂西池，諸醫皆言陽虛，宜扶陽，非參、附勿用。子獨反之，何也？曰：此非粗工所知，且此輩妄引《易》義，動言扶陽抑陰，夫《易》陽君子，陰小人，故當扶抑。醫言陰陽俱氣耳，氣非正則邪正，虛無論陰陽均當扶，邪勝無論寒熱均當抑，何得牽西補東耶？人以溫補爲起死回生，而不識熱伏於内而妄投桂、附，竟不明其悞服殺人。而承氣湯大黃、朴硝即回陽之上品，故能扶補瀉，初無定名，蓋視病之寒熱以爲去留，今不問何證概從溫補，何異懲溺一水趨火滅，不亦惑乎？又曰：醫有所偏黠，庸醫不知溫補之能殺人也，以爲平穩而用之。黠醫知溫補之能殺人而人不怨，以爲可以藏拙而用之。於是《景岳》書徒徧天下，而河間、丹溪之學絶矣。距邪閑正吾能已乎。西池之言若此，然則西池之醫之著於天下也。

光緒《廣州府志·列傳》 何夢瑶，字報之。云津堡人。年二十九，受知學使惠士奇，稱惠門四俊。雍正己酉拔貢，領鄉薦，庚戌成進士，分發廣西。大府耳其名，至則令修《省志》，歷宰義寧、陽朔、岑溪、思恩，擢奉天遼陽州。尋引疾歸。在岑溪，地僻政簡，乃大修《縣志》，大吏將以鴻博薦，辭不赴。在思恩，時疫氣流行，立方救療，多所全活，制府策楞下其方於各邑。歸而懸壺自給，大府聘主端溪、粵秀、越華書院講席，肇慶府吴繩年聘修《府志》，因自稱研農。富於著述，已梓者《匊芳園詩抄》、《莊子故》、《賡和錄》、《制義焚餘》、《醫碥》、《婦嬰痘三科輯要》、《傷寒論近言》、《胡金竹梅花四體詩箋》、《大沙古迹詩》。未梓者，《匊芳園文抄》、《皇極經世易知錄》、《移橙餘話》、《紫棉樓樂府》、《紺山醫案》、《針鍼吹雲集》、《算迪》、《三角輯要》、《比例尺解》、《秋窗》、《金錢隘紀聞》、《羅浮夢》、《暖金盒》、《匊芳園詩續抄》。卒年七十二。

《清史稿·文苑傳·何夢瑶》 何夢瑶，字報之，南海人。惠士奇視學廣東，一以通經學古爲教。夢瑶與同里勞孝輿、吴世忠、順德羅天尺、蘇珥、陳世和、陳海六、番禺吴秋一時并起，有惠門八子之目。雍正八年成進士，出宰粵西，治獄明慎，終奉天遼陽知州。性長於詩，兼通音律算術。謂蔡元定《律呂新書》，本原《九章》，爲之訓釋。更取御製《律呂正義》研究八音協律和聲之用，述其大要。參以曹廷棟《琴學》，爲書一編。時稱其抉擇精當。又著《算迪》，述梅氏之學，兼闡《數理精蘊》、《曆象考成》之旨。江藩謂近世爲此學者，知有法，不知法之所以然，知之者，惟夢瑶也。

陳國棟

光緒《廣州府志·方伎》 陳國棟，字一隅，新會人。精於醫。弱冠省父。友梧州協鎮李星垣，以捕盜功官升把總。旋往雲南，奉檄入緬，備嘗艱阻，著有勞績。乾隆末，家居築槃園草屋，吟詠其中。其鄉爲西江入海尾閭，中有衝途，長亘數百丈，久爲西潦所塌。國棟集鄉人培築之，至今食其利。幼師南海何夢瑶。夢瑶深於醫，國棟衍其傳，由是活人甚衆。性孝友，親歿，幾至滅性。與弟友愛篤至。年近八十，無疾卒。

朱鴻寶　朱士銓

光緒《嘉定縣志·人物·藝術》 朱鴻寶，字鈞石，世居黄牆邨。兼治內外證，外科尤擅絶。嘗言外由內發，內自外彰。六氣之邪，客於營衛則爲傷寒；時疫客於經絡，則爲癰疽腫脹。先痛後腫者，氣傷形也；先腫後痛者，形傷氣也。腫而不痛者，陽傷也；痛而不腫者，陰傷也。癰疽之源有五，總不出三因，惟神明於內者，能神明於外，亦惟神明於外者，乃能神明於內，故內證必察其俞穴有無壅滯，外證先考其六經有無外感，然後表裏攻補，施之立瘳。其持論如此。子士銓，字秉衡，傳其術。百餘年來，東南瘍科首推黄牆朱氏云。

文功臣

光緒《桃源縣志·人物志·耆壽》 文功臣，字建侯，壽八十歲。子士龍，字飛濤，壽七十六歲。飛濤子士彥，字美士，壽八十五歲。美士子上取，字則先，壽八十四歲。則先子錦緒，字他山，壽八十四歲。五世業醫，著有《文氏驗方》付梓。

謝文徽

道光《慶遠府志·人物志·流寓》 謝文徽，廣東南海人。能詩，精通醫理。乾隆二十四年澳門席將軍題贈如見其肺肝然匾額。二十五年幕游廣西，歷田州、慶遠，以名醫見重於當道。好施藥濟人，延診者不計資。二十九年慶遠協副將西冲額題予業精盧扁匾額。三十三年慶郡瘟疫流行，延治者絡繹不息，病隨藥解，郡人德之。紳耆苗德沛等公贈漆版金字聯云：方述龍宫消世劫，學通金匱代天工。六十年，慶遠知府張曾揚贈詩云：岐黄一卷得天下，六十年來學養深。意氣既平無妄語，精神益壯愛高吟。間燒柿葉歸丹竈，時攬春風出杏林。異日芝蘭看競秀，知君長嘯復彈琴。文徽課子業醫詩云：不爲良相必良醫，到處逢迎最便宜。起死回生人性命，得心應手我神奇。術能治世功非小，業可傳家學莫遲。諄切要同詩禮訓，岐黄經訣務精推。著有《濟世良方》一卷。壽七十有四，無疾而終。子鐘，傳其術，多活人，闔郡官紳咸器之，寓郡垣，寄籍永定土司。

李鐘溥

光緒《鶴慶州志·方技》 鐘溥，乾隆間人。貌修偉，鬚豐而長，人皆以胡子先生稱之。精內外科。晚年遇一湖廣道人，授以升降二丹，治無名怪瘡輒驗。太守辛給以額曰：華陀眞傳。著有《醫學集要》、《眼科》諸書，至今孫輩仍尚習其業。

嚴顥

道光《續修桐城縣志·人物志·藝術》 嚴顥，字守愚，號克齋，大鵬孫，國子監生。世傳醫術。

光緒《安徽通志·人物志·方伎》 嚴顥，桐城諸生。祖大鵬，輯十三科，參互對勘，世服其精當。顯世其業，著有《雜證一貫》、《女科心會》、《虛損元機》、《非風條辨》諸書。

吳振先

同治《畿輔通志·雜傳》 吳振先，青縣人。精岐黃術，活人無算。性伉爽，撿遺金還其人，親戚中不能殯葬婚娶者，出貲助之。有宛姓貧且病，將鬻其妻，力周之，獲中止。療奇疾應手而愈，不索一錢。邑令額旌其門。

袁益鈔

光緒《慈谿縣志·人物·藝術》引董維桓譔《墓表》 袁益鈔，字聘來，明雲南布政使茂英曾孫。幼穎悟，攻舉子業，入太學，屢試北闈不售，遂以醫名。有藩邸寵姬病危，延診之，賀曰：非病，孕耳。且決其男。蓋前醫誤以爲蟲，故疾久不愈。彌月，果生一男。藩大奇之，酬以千金，不受。供職內廷，以太醫院吏目加六品銜。及南旋，藩苦留不得，王公以下，遮道祖餞，藩及嗣子遠送數程始返。途次流覽名勝，輒作詩記之。過吳門，有葉天士不能療之疾，益鈔一劑即愈，吳中諸醫皆束脩願執弟子禮，力謝之。時年已六十七矣。無何，重爲北游，至瀏河疾作，馳書召次子崑瀾，未至，卒於旅邸。戒僕下棺勿大殮，俟一見崑瀾。過百日，崑瀾始至，憑棺視之，面如生。遂圖其像而殮之，時乾隆二十一年春二月也。

張志奭

光緒《慈谿縣志·人物·藝術》 張志奭，字啓常。善醫，無所師承。不用古方，而發無不中。寓浙西之餘杭，踵門就診者，日以百計，全活無算。

陸士逵

光緒《慈谿縣志·人物·藝術》 陸士逵，字鴻漸，世爲東鄉陶家山人，自其父徙居鄞。幼好與儕輩角藝，偶戲而傷臂。時鄞人王瑞伯方以技擊有名，精其藝者，必通解折傷方藥。士逵因就求，施治而愈。大喜，遂師事王，盡其術。北遊齊、魯、燕、趙間，交結奇技異能之士，益致秘方以歸，遂以傷科名。士逵性孝友，事父母及二兄極謹。又好施與，貧而就醫者不取值，且施之藥。年八十三卒。子孫世傳其術，其讀書能文者，至今猶籍慈谿。

羅國瑛　唐甯周

道光《寶慶府志·耆舊·方技》 羅國瑛，字琦生，邵陽人。少業儒，已而攻醫術，療人有奇效。不求謝，有所得即以施諸貧乏。嘗戒其子孫曰：凡治病，當以活人爲心，入人閨闥，尤宜敬謹，戒游目縱談。其子世其業，恪守父教。同縣有唐甯周者，亦業醫，所得謝即以施貧乏，人多德之。

羅金鏞

道光《寶慶府志·耆舊·方技》 羅金鏞，邵陽人。少有文名，屢見擯，憤而攻醫。鬻田購醫書數百十種，晝夜讀之，遂精其術。途遇輿棺往瘞者，金鏞大呼曰：勿瘞，此人未死也。衆以爲妄。強之開棺，則少婦也。投藥一匕，厥然而起，因是有神醫之目。

陳聚多

光緒《德慶州志·人物志·方技》 陳聚多，晉康雲朗人，監生。好讀書，精醫術，能切脈決人生死於半載前。求治者，座常滿，貧則并餽以藥，時號半華佗焉。

吳鼎銓

光緒《淳安縣志·人物·方伎》 吳鼎銓，字六長，號逸樵，雲峰諸生。少時慕朱家郭解之爲人，嗜《六韜》書，精武備。尤善治諸瘍，預訂痊可期，予膏劑，不爽晷刻。却賕謝弗受，曰：吾以此活人，初不圖阿堵物也。時稱國手，宋中丞又希先生以奇士目之。所著《醫案》二卷，今得其方書者，猶足以活人。

程國俊

光緒《淳安縣志·人物·方伎》 程國俊，字廷籲，徽之休甯人。本陳仲醇門下士，又執經於金正希先生。金先生既亡，因避地家於淳西胡溪，以醫術鳴。決死生，起痼疾，咸以爲越人、淳于復出也。家故貧，然求藥輒與。有病亟延之，未嘗以雨雪炎蒸辭。所至，見有父子兄弟偶作詬誶，即正色規之。工行草，所書皆儒先格言。凡醫論文詞，手所訂錄者，得之莫不珍爲寶籙。

張履益

光緒《重纂邵武府志·藝術·邵武縣》 張履益，字集堂，廩貢生。幼失怙，事孀母孝。母老多病，乃殫心岐黃術，自是踵門求醫者益衆。於險惡難治之證，每出奇方，無不立愈。尤喜施貧人以藥餌，族缺宗祠，捐貲倡建。乾隆間，出貲修學宮，并捐田贍奎社。

楊鵬飛

光緒《慈谿縣志・列傳・藝術》 楊鵬飛，字雲濤，精於醫。未冠遊京師中，間嘗一歸，葬其伯父，尋復出。先後居京師三十年，所館爲一時要人。鵬飛潔身特立，爲治疾而已，他一無所與。有貧友之母病，治稍差，而晉撫夙善鵬飛，招之去，日屈指以計。曰：某母當易某方。亟告歸。撫驚曰：能留者酬千金。鵬飛笑弗顧。凡所藥，無不瘳。或小疾，以爲不得活，他人雜治之，終勿效。歲癸酉，過吳門，中疫不能言，遂殂。嘗論虚損之疾曰：陽猶君也，陰猶民也，陽亢僨興，陰不能赴，是猶政急而民敝其卒也。陰盡而陽亦無所附，則曷可爲矣。又曰：夫知其未病而後病可已也，故黄帝、岐伯言未病。其遠識多類此。要人者，富甲於公侯，所蘄成無不遂。一日，以某屋門不正向，將改營。鵬飛止之曰：天道惡盈，君可謂得志矣，一門之過，何足爲乎？弗聽。門成而要人者死。亦習形家言，署衍聖公府賫奏官，嘗之曲阜謁孔林，圖其形勢。其治疾，類宗東垣、丹溪而戒習《景岳全書》者，曰：此眉山議論文字耳，不可施於用。顧其辯，可畏火，可寒冰，可熱宜乎人之易惑之也。論傷寒則宗鄉先生柯韻伯，每勸人讀其書云。

魏元

光緒《武進陽湖縣志・人物・藝術》 魏元，字應乾。父瓚，好義樂施，里中稱長者。元性好學，泛覽百家，至《内經》、《素問》諸書，慨然曰：人生貴於有用，此亦可以濟世矣。因精其術，踵門求醫者日衆。至有痼疾奇證、方書所無者，無不應手愈。乾隆五十年大饑，家有米數百斛，首出平糶，爲一方倡。生平於親戚里鄰，周之惟恐不及。先後鄰人不戒於火者再，所居與昆連而無恙，人以爲種德活人之報云。子襄，早貴，已前見。次子衷及外孫法楚藝，皆能傳其術。

錢維岳

光緒《武進陽湖縣志・人物・藝術》 錢維岳，字淸時。父子錄，以幼科名世。維岳早歲失恃，孝事繼母。精醫理，從學者皆精其業。嘗糾内外各科，設局小茅山，送診施藥，歷久不倦。乾隆六十年，歲大饑，西倉煮粥爲拯，病者枕藉於道，親往遍診，散給藥餌，賴以活者甚衆。子師仲，字五臻，孫鳳吉、鳳彩，俱以醫世其家。

周宗範

同治《施南府志・方技・恩施縣》 周宗範，字尙文，石首諸生，寄籍恩施。精醫，治沈疴無不應手而起。曾有冷姓婦孕，周見之曰：此鬼胎也。治之，墮下如獮猴狀。又治楊姓婦鬼胎，墮下如蛙蛇狀。博學而不以詞章炫，家貧而遇人急，則雖斗粟亦分半與之，無隔貯，澹如也。

鄭元龍

同治《湘鄉縣志・人物・方技》 鄭元龍，字雲從。以善醫名。其子亦世其術。後裔多列庠序。

同治《湘鄉縣志・人物・方技》引龍孔然《鄭元龍傳》 鄭翁雲從，以醫名於湘，躄者棄杖，蠱者約帶，羸者控拳，由是輪蹄爭門，禮幣接席，湖以南諸達官貴人，皆以翁之至否，自決其吉凶。居稍暇，余造而問焉，曰：夫病固多端，而翁四面以應之，其有道乎？翁曰：何爲其無道也。天地之氣常有餘，而人之氣常不足。夫惟不足，故有餘者恆乘之而奪其舍以居，於是而天地之有餘，留於人身之中，縱橫馳突。粗工驚之，以爲是人之有餘也。有餘者，不得不損，遂從而損之，不能損天地之餘，而恆損人之不足，是猶盜者詾於人之室，而執撻其主人也。吾惟厚恤其主人，而治其客，是以病四至，而余應之恆一也。余曰：天地之有餘，乘於人者，其狀何若？翁曰：是所謂火也。天地之餘氣四，曰風、曰寒、曰暑、曰溼，入於人不足之中，而鬱以蓬勃，則皆化爲火。火蒸而上則逆，火結而下則塞。唯火生人，唯火殺人。故《陰符經》曰：火生於木，禍發必克。火灼之，吾從而潤之。火散之，吾從而收之。火迫之，吾從而緩之。夫其受灼、受散、受迫者，皆不足也。吾從而充之，使不足者失其不足，則火無所居，於是仍歸之天地，而人完其全人矣。不然，見其灼從而澆之，見其散從而追之，見其迫從而撲之，不能攻天地之有餘，而但攻其人，使府藏而能言，豈不涕泣而訴曰：吾已受盜，而奈何其搒掠我也。此生殺之樞也。余曰：道止此乎？翁曰：應變之道不一，而此其本。本立而變以攻，或澆、或追、或撲，皆有時焉。而不與生殺之樞相悖。要之，未有失本而善其攻者也。余既聞翁之言，乃知翁之所以動輒效，而衆歸之如母，蓋有以也。且因是而知有餘不足，本末之說可以推之事，可以推之道，可以推之學，豈有二哉。翁名元龍。雲從，其字也，始爲瀏陽人，遷於湘。有子亦世其術。

郭治　崔七

光緒《廣州府志·方伎》引道光《廣東通志》　郭治，字元峰，南海附貢生。精於醫術。清遠縣男子患水腫，曰：非藥水蒸之不可。令以綿被裹肩及踵，置巨鑊中，竅其蓋而見首，熾薪焉。汗透重綿，掖之，下腫頓消。有友人僞爲病者試之，餐而待於門，望其至則疾趨入，觸而踣，或促之牀，延視之，驚曰：五中既亂，疾不可爲矣。皆笑。翌日竟死。同時有崔七者，治病亦多奇效，聞其名不信，匿童男女於幃，更迭其手而使診之。既不予方，問其故，曰：陰陽既亂，尚可治邪？崔服其明，遂定交去。著有《脈如》、《傷寒論》、《藥性別》、《醫約》各一卷，惟《脈如》、《傷寒論》見存云。

陳體全

光緒《廣州府志·方伎》　陳體全，南海人。家貧，性純孝。母病癱三年不愈，體全露禱西樵山，凡五十餘夜，遇採藥翁，出籃中青草一莖，方書一卷，授之曰：嘉子純孝，草可療母疾，方書習之，一生衣食勿慮也，然利濟之心不可忘。體全敬謹受教。歸進草汁，母病立瘳。勤誦方書，遂精岐黃。治病多奇效，手製丸藥，施濟貧病者，所賴存活無算。年九十餘，無疾而終。子祖光、祖開，皆以醫名於世。

甘竹亭　甘作斯　甘彝講

光緒《廣州府志·方伎》　甘彝講，字應達，新會甘邊村人。祖竹亭，業醫。父作斯，承家學，著《痧瘵十藥神書》卷。作斯嘗治一婦，法當下，以婦耄不敢遽進，罔效。命彝講往視，竟大下之。歸語父，父驚曰：暮年虛弱，奈何下之？趨眎，已愈。鄰村某久患痰疾，醫窮於術。彝講處方與前醫同，唯加童溲爲引。前醫歎曰：是子聰明，我輩愧矣。鄰塾少年佯病，以試其術。診竟，愀然曰：是死脈，不出旬日矣，可速歸。衆笑爲妄，已而果驗，遠近神之。學者叩其著述，曰：醫者意也，規矩準繩，師資俱在，而神明變化，存乎一心，彼言語文字皆迹也。生平作字必端楷，雖怱遽，無一字急就。子常廣，孫允枝，姪孫允如，並以醫知名。

唐大烈 立三

《吳醫彙講·唐立三》　唐立三，名大烈，號笠山，一號林嶝。長庠生，選授蘇州府醫學正科，住臨頓路。

許凝

道光《徽州府志·人物志·方技》　許凝，字裕卿，以醫往來歙、休間，有奇效。能以手代鍼，用推拏法，世罕其傳。著《遁氣符》、《醫紀》、《黃遊》諸集行於世。

鄭康宸

道光《徽州府志·人物志·方技》　鄭康宸，字奠乙，貞白里人。精太素脈，著效甚奇。能識汪翰林薇於未遇之時。

賀敬業

光緒《湖南通志·人物志·技術》引《縣志》　賀敬業，醴陵諸生。好讀書，尤究心岐黃之學，於五運六氣之義，均有闡明。著書數卷，未刊而卒。

周世耀　周舜有

光緒《湖南通志·人物志·技術》　周世耀，字彝輝，益陽人。醫精幼科，能一見知人生死窮通及心術之邪正。子舜有，能世其業。嘗有童子死三日，舜有一灸而甦。

唐雄飛

光緒《湖南通志·人物志·技術》引《縣志》　唐雄飛，字正典，東安人，乾隆時生員。高才能文，不樂求試。以母疾，研究方脈，久之，無所得，出訪良師，亦無遇也。還，遇異人，言論清異，謂雄飛曰：脈非可學也，念子篤志，今授汝書。遂以醫術名。其用藥，十二月各有主，凡治疾必用之，藥下不踰時，疾必愈。有不治者，死矣。雄飛死，無書，惟手錄《脈訣》，其族人大悅，得之以治病，與雄飛同。

魏開幼

光緒《湖南通志·人物志·技術》引《常德府志》　魏開幼，武陵人。與其弟梓，得異人授小兒醫術。嘗同至安鄉投宿野人家，拒不納，已乃止舍旁積草中。主人有小兒戲於側，梓曰：是兒有風證。開幼曰：發在今夕夜半。果然。主人驚惶，求治之，立愈。又有小兒患手足攣者，他醫鍼灸罔效。開幼過之，曰：此非穴道。他醫怒其侵己，開幼曰：若治兒左，吾治兒右。已右愈而左如故，主人請並治，兒立起。

丁用元

光緒《湖南通志·人物志·技術》引《常德府志》 丁用元，武陵人。精醫。**【略】**安福何某止一子，以痘殤，棺載塗矣，夫婦皆痛絶於地。值用元過，問證由及色與死期，良久曰：此痘必夾驚風，吾能活之。命取朱漆棹，開棺，以子置棹上，用艾三丸，灸百(合)〔會〕穴，頃之復蘇。人驚以爲神。

丁方斌

光緒《湖南通志·人物志·技術》引《常德府志》 丁方斌，武陵人。嘗從高人采藥隴、蜀、耿、亳間。久之乃歸，居神仙觀。遇人危證，應手而愈，雖富貴家不受謝，一醉徑去。杖頭常挂藥囊、酒瓢，求醫者，即以刀圭與之。

鄧鳳岐

光緒《湖南通志·人物志·技術》引《縣志》 鄧鳳岐，字周來，常甯諸生。精診切，決人生死，無不奇中。同里唐標患疾，鳳岐視之，曰：此小恙也，但心脈每三十至輒止，二年心疾作，弗可瘳。後如其言。

潘掌綸

同治《湘鄉縣志·人物·方技》 潘掌綸，字龍田，諸生。幼失怙恃，事繼母如所生。家故貧，常不給，年十四，棄學業醫。旋復力學，院試第一。讀書過目成誦，兼通韜符壬遁諸術，而尤精於醫。嘗馬上見人卧道旁，視之斃。察其狀，曰：尚可甦也。爲刺尾閭穴，嵬然呼痛，目炯炯立起。問姓名，不答，策馬去。又某姓子，病垂絶，掌綸過其門，聞哭聲，已斂趣瘞具。止之。用灸三壯，楔齒少注藥，須臾呱呱泣，索乳，人驚爲神，亦不告姓名去。晚年，杜門授徒，著有《龍田心方》，藏於家。

陳清遠

光緒《撫州府志·人物志·方伎》 陳清遠，臨川人。幼喜讀醫書，遂精其術。弱冠後，客滇南，有求治病者，無不立愈。謝之金，不受，曰：吾業賈，幸獲裕，姑以此術隨時濟人可矣。名噪滇省，各官爭延致之。乾隆丁巳，布政使宫公因痼疾多年，治愈，謝銀五百兩並裘服玉石等物，均不受。巡撫阿公，以母病治痊，謝尤厚，亦不受。清遠爲人洒落，多高致，二公均與爲兄弟交。數載歸省母，各官餞之城外，贈以詩。著有《青囊餘錦》六本，因失火無存，人咸惜之。

劉子科

嘉慶《旌德縣志·人物·藝術》 劉子科，國學生。善療目疾。六世祖華卿，嘗遇異人授以秘書，世精其術。科子習登，童子時夢拾金篦。父子俱擅起瞽之能，名噪大江南北。所居南瑤，爲旌邑僻地，乃治大廈，以待遠方之就醫者，門前車馬絡繹。廣陵沈太史業富爲立小傳，稱之爲仙云。

朱正傑

嘉慶《旌德縣志·人物·藝術》 朱正傑，大顯里人，國學生。工倉扁之術，顯名淮北。老而家居，延醫者，輪蹄交錯於巷。著有《脈訣輯要》，識者謂當附叔和之書以行。年八衮，邑令周光鄰贈詩云：青衫赤舄山中相，茗椀罏香地上仙。晚號香厓，生平躭吟咏，亦善書。

溫大頎 謝炎

光緒《德慶州志·人物志·方技》 溫大頎，悦城人。家貧業醫，乾隆時，結茅山谷，耕讀樵漁，惟興所適，四時不輟。有求治者，必豫知之，卻則死，就則生，計日而瘳，無爽者。或謝以多金不受，卽受，亦分餉貧乏，自求日給而已。同時有謝炎，城東人，歲貢生，性慈惠，醫術亞於大頎，亦不受酬金，常和藥餉病者。州人擬溫爲神仙，謝亦與溫並稱，至今不衰。

李炳

嘉慶重修《揚州府志·人物·藝術》 李炳，字振聲，儀徵人。幼習醫，苦不能得其奥，因習《易》十年，頓悟陽長陰消，遂通《靈》、《素》之旨，尤深於仲景書。嘗往來楚、粵、江、淮間，晚年多寓邵伯鎮瓜洲北湖。每以白朮治疾，應手得效。一婦人數日不更衣，脹甚，醫用通藥益劇，炳令專服白朮，至五日而脹已。一人大渴，服諸涼藥不已，炳使服白朮，明日愈。或問之，曰：皆仲景法也。《金匱痙濕暍篇》云：若大便堅，小便自利，去桂加白朮。可知朮能利大便。蓋朮性燥邪水而實能生正液。大便因津涸而堅，非朮不治也。《傷寒論》理中圓下云：渴欲飲水者加朮。可知朮能止渴也。又趙姓背惡寒，醫以少陰治之，服桂附不愈。炳以白朮合茯苓桂枝，頓已。余姓者，年六十，痰嗽，發寒熱，腰背痛。診之，兩寸不滿，關微弦。令服白朮茯苓而愈。炳曰：皆《金匱》所已言：心下有留飲，其人背寒冷如掌大，此趙某病也。膈上病，痰滿喘欬吐，發則寒熱，背痛腰疼，目泣自出，其人振振身瞤劇，必有伏飲，此余某病也。二者皆飲，由陽氣不運行，不治以朮而何治也？人始以李白朮呼之，及見其效，稱爲李仙。又符姓者，病左脇痛，久而及于右脇，三月罔效。炳診曰：眞肝藏虛，得之經營太過也。重用甘草，佐以棗、麥、山萸，皆炒極焦，二日其痛若失。炳曰：《金匱》肝虛當先實脾，補肝用酸，助以焦苦。蓋用甘草補脾以生火，焦苦入心亦補火，火盛則金斂，金斂則木實矣。時師補水生木，不知水盛則尅火，火弱則金強，金強木弱，是爲虛虛，非仲景法也，因悟肝之本在右而行於左，有陰陽互根之義焉。故病肝者由左而及右，左痛病在標可泄，右痛病在本必甘以緩之，更伐之抑之則生氣盡矣。又治一寒證，已服理中湯加附子益煩，炳仍以理中加附子治之，一服即愈。問以故？炳曰：理中參、朮、甘草、乾薑皆三兩，所以固中氣，故名。惟腹滿始加附子，然僅一枚而已。前此附子倍於乾薑、甘草，故躁動而不能靜守，今少用附子而倍加薑、草，中宮治而附子亦得所節制，故愈。其深得仲景之奧，類如此。著《金匱要略注》二十二卷、《治疫瑣言》一卷、《西垣診籍》二卷。李翁《醫記》云：黄某病傷寒，有葉生者治以薑、朮而煩減，將服附子。翁診曰：胃熱斂於脾，故減耳，更溫，則脾爛矣。服大黄生，服附子死。服大承氣，兩目珠戴入於腦。翁曰：熱縱也。又下之，目珠出而頸叉，頭不能直。翁曰：熱遁於足太陽。加滑石、甘草，下之愈。江心培病傷寒，煩甚，服清涼之品未已，醫議下。翁診曰：病之格陽，服附子生，服大黄死。服附子狂走，目眥溢血。他醫恐謗翁，翁曰：寒競也，力任其治。倍附子加人參，服之愈。周生者病頭痛，翁診之曰：是有鬼氣乘之。或疑其言之奇，未幾，目果見鬼物。翁曰：鬼附於肝，不能自去，驅鬼必以風，用羌活、獨活、川芎、細辛、防風、荆芥、升麻、甘松一切升陽發散之品爲末，服之而愈。觀察和騰額兩足痹弱不能行，翁始診之曰：足未病之先陽必痿，陽未痿時肌肉即羸瘠。和對曰：然。翁曰：病宜治脾以及肝，少用白朮、茯苓、甘草，加白蒺藜一兩五錢。和奇之，以問王獻廷，獻廷京口名醫也，曰：李之學，足爲吾輩師，其用意豈吾之所能知也？宜從之，必有效。服數十劑不易方，果愈。

道光重修《儀徵縣志·人物·藝術》 李炳，字振聲，號西垣。幼習醫書，苦不能得其奧，乃學《易》十年而有得。曰：治病之要，不外陰陽消息而已。苦《金匱》無善注，乃撰《金匱要略注》二十二卷，能抉其微。錄生平治驗之案爲《西垣診籍》。其爲貧賤人治疾，必竭盡心力，寒暑暮夜，聞召即行。至於生死在呼吸之際，人攻我補，人塞我通，以身名性命誓而決之。手調藥，坐驗其啜，不效不已。及其愈也，所報或無一錢，炳以爲快。卒年七十七，江都焦循爲撰《墓誌銘》。

楊　和

嘉慶重修《揚州府志·人物·藝術》 楊和，江都人。業醫四世，和尤精於小兒醫。汪應庚孫，生未及周歲，病吐瀉，面青白，手足微動，醫以肝風治之，益劇。和視其色薄而敗，唇淡而枯，口燥而不能多飲，曰：此虛寒也。搐者，胃中虛，風動也。流涎痰壅者，陽不攝也。投以參、附且力任之，得愈。謝蘊山生子甫三月，氣噲吐乳，日搐數十度，面青色，無淚，下泄青沫，聞聲掣跳，醫以驚風治之，不效。和診之，曰：非驚也，先天肝肺不足，魂魄不定而心火上炎也。治以犀角、地黄加琥珀、珍珠而愈。程某仲夏病，早晨熱渴，暮退，食如平時，神漸骯頓，治不效。和令以滑石八兩煎水盡飲之，果愈。和曰：此病非表非裏，熱傷氣也。表則氣愈傷，養陰則熱在氣分不能入。《本草》：滑石味淡，色白入肺。肺金得清，氣不傷而熱自已矣。佐以他藥則力不專，用輕劑則力難達。《金匱》云：百合病變發熱者，以滑石主之。正此之謂也。方姓子，痘後身弱，吐乳，寒熱不寧。和用白芍、茯苓、烏梅水、甘蔗汁溫服，入口吐即止。他醫用藥即吐者，肝木尅土，補土而不治肝，吐何能止？故先以酸平木，所謂以酸收之，以甘緩之也。某氏子七八歲，病午後發熱，至夜則退，以漸而甚，以外感食積及痎瘧治之，皆不效。和視之，曰：外感則常熱，熱止于午後，非外感，瘧必先寒，傷食則舌胎厚，皆非也，此陽氣不運之證。人身之氣，晝行陽二十五度，夜行陰二十五度。氣行至陰而氣之力少，滅則滯於血，而熱作矣，宜以流氣之品治之。以香附、檀香、廣皮、鬱金、木香，令於午前服之。一服而熱減，四服而愈。張氏子病夜熱口渴，已而發疹，醫斷其乳食，下之則泄瀉，氣促。和視之曰：氣血兩虛之證，宜理陰煎。服之，神少蘇，瀉不止。和曰：氣不固也。加人參、附子，更服四神丸而愈。或認疹毒傷肺，熱遺大腸，則誤矣。所著《幼科秘旨》二卷，訂正秦昌遇《幼科折衷》四卷，《變堂醫案》一卷。子上衡、持衡，皆諸生。上衡能世其業。

金　彭

道光重修《儀徵縣志·人物·藝術》 金彭，字又籛，太學生。世業岐黄，至彭始行於世。家中積藥如市肆，貧人就診，立方卽撮藥與之。乾隆五十一年秋大疫，彭捐貲召藥工製丸散救濟，日常十餘工猶不繼。鄰邑延請者，悉推薦同業去，半載足不出門，闔郡咸欽服之。卒年八十有三。堂姪穎川，亦以醫名世。彭著有《傷寒變通論》。曾孫庠生，承祖藏稿待刊，惜於道光十三年被水淹沒。

李朝光

同治續纂《揚州府志·人物·藝術》 李朝光，字御瞻。性篤孝，以父母時有疾，日檢方書，中年遂精於醫。有請診者，日必兩視其脈，以子午二時陰陽遞轉，天之氣候與人之脈絡相通，少有參差便多貽誤。又謂《靈樞》、《素問》非黃帝時書，多魏晉間人僞託，惟論五行爲切要耳。著《醫學切要》二卷。子天基，字嵩山，得其傳，盛行於時。

葛天民

嘉慶重修《揚州府志·人物·藝術》 葛天民，字聖逸，江都人。聚書萬卷，思造於微，每著一書，百易其稿。撰《醫易》二十卷、《內經類疏》、《難經類疏》、《金匱要略類疏》共四十卷、《傷寒論集注》十卷、《鍼灸圖》四卷、《本草提要》四卷。其治疾，勇於救人而廉於貨取。當途賢而薦之，辭不受。年八十二，無疾卒。子自申，邑學生，能精討父業，繼其志。

朱昇伍

同治《六安州志·人物志·方技》 朱昇伍，字繩武。幼業儒，後棄去，治岐黃術。旣博習《素問》、《難經》諸書，乃變姓名，尋師千里外，數年而返，鄉里未之奇也。嫂錢氏，遘疾時方正月，昇伍診之，謂不治，當以冬令某日卒，趣治喪具。後果如所言。有貧婦產難，死已四日，其夫殮以薄槥，舁郊外，將葬矣。昇伍途過之，見槥底瀝血，謂其夫曰：棺中非難產婦耶？是固不死，盍開棺，我能活之。夫如其敎。乃即棺中，手鍼刺婦腹，中腹中兒左手心，胎立下，兒死，婦得無恙。其他豫決生死，類如此。子弟有欲學其術者，昇伍曰：庸醫殺人甚於兵刃。卒不授。臨歿，取所著書數十卷，悉焚之。

喻惟哲

同治《新化縣志·人物·方技》 喻惟哲，以字行。老於醫，居石馬鄉之楊家坪，與下渡、蝦溪、田心諸村接壤，環四村而居者，莫不神其術也。婦孺皆呼爲喻先生。小兒女有病，輒抱往喻先生家，得一丸即愈。善診，能決人死生，日期不爽。同里鄧勝逵，名宿也，年七十有八，尚館益陽。一旦，有小恙，惟哲診之，語其子長智曰：大翁撤瑟之期將在五月矣。已而果以五月二十日捐館舍，時乾隆四十年也。惟哲年八十餘卒，今無有能傳其技者矣。

吳鍾奇

乾隆《高郵州志·人物·方伎》 吳鍾奇，字念眞。少習儒，精於幼科。大江南北，歲活嬰兒無算。考授太醫院吏目。爲人坦懷樸貌，舉鄉飲大賓者再。總漕吳公馳驛招致之，與之交最深。卒年七十四。長子桓，庠生。次子谷，習父業，多所著述，有《痘疹心書》行世。谷子令尹，國學生。令尹子江鯤、江鯨、江鱗、江鯵，並以幼科名於世。

王以穀

嘉慶《納谿縣志·人物志·方技》 王以穀，字心貽，進士鐸之長子，乾隆庚寅捐貢生。以母病，學岐黃，購藥書百餘部，朝夕詳玩，遂精術。業十餘年，求方藥者踵門不絕，所活甚多。死之日，邑人痛之。知縣劉申峕以扁曰：端人也。上注：才品優劣歿後乃定，君子曰終言有終也。王生爲人，其有終乎？聯曰：見義必爲懷卓越，非公不至想手標。

吳汝静

光緒《高淳縣志·藝術》 吳汝靜，素慷慨，重然諾，尙氣誼。嘗遇異人授以方書，曰：子志在濟人，然家貧，得此可矣。及歸，啓視之，則眼科書也。汝靜盡得其術，以試無不驗。嗣是名聞四方，求醫者車騎絡繹于門。子聞野，孫聖功，克世其傳。

黃鼇

道光《寶慶府志·耆舊·方技》 黃鼇，字育群，新化人。讀書，爲郡學生員。以多病業醫，遂精。通《內經》、《靈》、《素》諸書，於《本草》尤熟。爲人治病，精思審問，不得其病情，不立方也。嘗云：望聞問切四字，以問爲主，切其末也。年未五十卒。

狄文彩

道光《貴陽府志·方伎傳》 狄文彩，貴築人。年十二喪父，事母冀氏孝謹。家貧，廢學而習醫業，精太素脈，識乎人生死。延者雖卑賤，中夜必往。

日所胗，夜歸必記於冊，以驗病之增減，藥之調劑。久之，漸有餘積。好施予，見人婚葬事不能舉者，必視其力助之。每歲除，輒以銀三錢或五六錢作小封，潛遺諸窘者之門，不令之知，而自食貧甘淡，以此終其身。著有《狄氏醫案》、《狄氏醫傳摘要》、《經驗幼科圖註》、《脈訣》等書，存於家。

吴仲山　吴雲上

光緒《武進陽湖縣志·人物·藝術》　吴仲山，印墅人。父雲上，世業醫，於外科尤精。得異傳，能識別草木，所用藥物，類非經方所載，俗呼爲吴草頭。長子斐，有神悟，早卒。仲山嗣父兄業，而名益顯。癰疽巨毒，得膏藥一，痛即立止。舁疾求診者，日不下百數十人。仲山手量刀圭，口占湯劑，其徒環立聽命，隨所指授，一一奏效，而學之者，皆不能逮。坐是致富，捐餉得二品銜，壽至八十餘。有子能世其業。他醫多託名門下，以獵聲譽云。

法徵麟　法公麟

光緒《武進陽湖縣志·人物·藝術》　法徵麟，字仁源。高祖世美，以醫學傳子孫。徵麟學有本原，洞見癥結。有母子病將革，鬻婦於賈，既受值，婦慟絶不肯登車，賈率衆大譟。徵麟入按脈，曰：不死也，吾藥之立起耳。出語譟者曰：活人妻，律得娶耶？蠲己資，償之去，母子病皆愈。弟公麟，字丹書，亦業醫，有神效，時以所得濟貧乏者。法氏以醫著，自徵麟、公麟始，而公麟尤知名。徵麟子謙益，字坤行，復字中行；學山，字景行。謙益長子雄，字振和；次震，字致和，俱有聲於時。雄子絅，字孟容，有神悟，言簡指遠。絅子弼，字淮封，治時疾有奇效，診脈決人死生無或爽者，年七十餘。弼子文沅，字政甫，能嗣其業，早卒。文沅諸子皆有稱，而長子□□，字子厚，尤敏妙。復子鼎，字汝和，學山子恭，字瑞和；寬字養和；信字協和；惠字心和；惠子履端，字啓元，於醫學皆有論撰。至今世醫推法氏子孫。

葛啓俊

光緒《安徽通志·人物志·方伎》　葛啓俊，字中谷，懷甯人。安貧力學，鈔纂六經四書典義。居父母喪，泣血，盲一目，學醫。察色知病，處方輒效。善六壬占甚驗。

薊蒼

宣統《甘肅新通志·人物·仙釋》　薊蒼，甯朔人。出家爲道士，遊華山，得師授運氣法，冬日赤兩足履冰雪中，氣蒸然。男婦有寒積，以腳熨之即消，諸貴人多延之，療疾無不愈。募修七眞觀，壽九十餘卒。

張一謨

光緒《山西通志·藝術録》　張一謨，永甯人。治疾遵《内經》。懸壺城市，不計利，遇貧則施藥，不取貲。有以親疾求醫者，尤急於療治，嘗曰：世人知重妻子，彼以父母爲重，吾可不因其急而急乎？

卞聯雲

光緒《荊州府志·人物·藝術》　卞聯雲，精通方脈，酌古法，以意運之。嘗曰：古人謂方不可執，非通論也。神而明之，亦存乎其人耳！生平喜施藥劑，活人甚多。

張慶

光緒《山西通志·藝術録》　張慶，字善齋，襄陵人。專心醫理，尤精治瘍，著《外科決勝》二卷。

喬行可

光緒《山西通志·藝術録》　喬行可，襄陵歲貢。性超軼，居鄉，喜排解。於醫有神悟，遇危證，一診脈但許可醫，雖垂死亦應手而愈。著有《脈訣辨微》。

周克雍

光緒《山西通志·藝術録》　周克雍，字簡如，曲沃人。父楚韞，善治幼科。克雍少補諸生，讀父書，遂精其業，求者人無貧富，時無寒暑，悉有奇驗，百不失一。著有《(豆)〔痘〕疹易簡録》、《集驗良方》。子湘，亦傳其學。

董九成

光緒《山西通志·藝術録》　董九成，字鳳儀，曲沃武生。恂恂如文士，工岐黄術，著有《傷寒心源》。

熊廷燕

同治《江夏縣志·藝術》　熊廷燕，字翼堂。少習舉業，數奇不遇，遂從事岐黄術。爲人療治，不辭勞，不受謝，里人贈其額曰桑梓長春。著有《全生篇》、《韻語正蒙》行世。

王錫三

宣統《湖北通志·人物志·方技傳》 王錫三，號柳堂，潛江人，庠生。研求經術，兼善岐黄業，徧覽各家傳書，會通大旨，折衷以求，至是一望決人生死。嘗訪友，聞隱隱哭聲，詢之，則孩提病危，苦無可救。延入診曰：是無難治。給以方，一藥而愈。晚年有神醫之目。家中蓋茅屋十餘間，以處病者，所診多奇效。五世同堂，年九十三卒。著有《脈訣指南》、《醫學一隅》、《婦科摘要》、《辨證奇聞》。

鄒厚載

宣統《湖北通志·人物志·方技傳》 鄒厚載，雲夢人，善醫方。瞳炯炯，容狀甚偉，年過百歲，著屐游街衢，不杖不扶，人謂其得長生術。厚載曰：寒不圍爐，食不過度，忿不大怒，慶不大喜，間飲薄釀數杯，長生之術，如斯而已。

張文楨

宣統《重修涇陽縣志·方技》 張文楨，字周卿，社樹村人。性孤介，眇一目。精岐黄術，不屑與富豪交。鄉里往診者，服方立愈。遇奇症，亦應手而脫，時有名醫之譽。著《本經疏證》行世。三原孫雲章師事之，得其傳，名溢江漢間，而文楨寂閴田閭，斯故有幸有不幸也。

金成祖

光緒《嘉定縣志·人物·藝術》 金成祖，字汝德。幼業儒，長習醫，一劑立瘳，以術游京師，賜冠帶。

張仲奇

光緒《嘉定縣志·人物·藝術》 張仲奇，得上海諸名醫指授，療疾多奇中。

茅旦

光緒《嘉定縣志·人物·藝術》 茅旦，字右周，居西城。本印氏子，少育於茅，傳其術，爲胎産專家。兼治雜證，有神效。性長厚，本生及茅氏貲産一無所受，而兩姓諸喪竝爲營葬。

蘇仰伊　李彭齡

光緒《山西通志·藝術録》 蘇仰伊，曲沃諸生。因母病，專心醫術，老年更精，遠近求診者雲集，從無德色。年逾九十卒。李彭齡，少好學，有幹濟才，父兆鼇，故名醫，彭齡肄業及之，遂稱國手，以廩生貢太學以終。

李從泰　董纘譜

光緒《山西通志·藝術録》 李從泰，字亨齋，著有《纂要傷寒金鏡録》、《三十六舌法》，董纘譜著《脈理入門》，皆同時以術名者。

光緒續修《曲沃縣志·藝術》 李從泰，字亨齋，南薰里監生。幼業儒，尋因母病，揣摩岐黄術，精通脈理。生平得力著有《纂要傷寒金鏡録》、《三十六舌法》，驗舌辨症，活人無算。

光緒續修《曲活縣志·藝術》 董纘譜，字承序，汾上莊監生。家世醫術，著有《脈理入門》，藏於家，子書林，讀書未成，亦世其業。

馮某夫婦

宣統《甘肅新通志·志餘·方伎》 馮某夫婦，採藥而至，人有病疹，療之立愈。夫婦同終，甯遠縣南鄉人葬之。至今有疹者，往往禱之以爲有靈。塚上冬春生青草，地因以名。

周衍烈

宣統《甘肅新通志·志餘·方伎》 周衍烈，秦州人。少孤，家赤貧，母萬氏苦節鞠之。長通易道，遇異人，三年必驗，人稱蔡神仙。性愛人，遇貧寒家無買藥資者，輒陰留錢以濟之。著有藥書數卷，未刻。子天藻，仕至知府。

雷逢源

宣統《甘肅新通志·志餘·方伎》 雷逢源，字守妙，號天然子，秦州人。性沈靜簡默，精於醫內科，兼好道術，手寫醫書、道經數十卷。晚遇藍道人，授以太乙遁甲之學，所得益深邃，醫道亦益進。其後，子孫世用醫顯，全濟無算。

李鳳翔

宣統《甘肅新通志·志餘·方伎》 李鳳翔，正甯人。精脈理，用藥輒神效，所活數萬人，人咸以爲和緩復生云。

楊德曙

光緒《嘉定縣志·人物·藝術》 楊德曙，字旭亭，居黄渡。祖春榮，字杏庵，遇異人受秘方。德曙博覽群籍，治險證出人意表。知縣姚學甲贈活人國手額。

金　源

乾隆《金山縣志·人物·藝術》 金源，字來源，朱涇人。工詩文，尤精岐黄術，趙柳介贈以詩云：方術能醫世，文章反益貧。大都爲計左，要亦不逢辰。其生平可概見矣。子秋崖、孫守質，世其業。

李文榮

光緒《丹徒縣志·人物·方技》 李文榮，字冠仙，諸生。好讀青囊書，得其精粹。從月湖王九峰游，得其治法，以醫名數十年，遠近傳之。

朱良玉

光緒《嘉定縣志·人物·藝術》 朱良玉，字崑岡，國子生，居安亭。精醫。鄰某病殁，良玉適遠歸，往視含殮，曰：是可救也。一劑即甦。知縣吳桓贈神乎其技額。從父克家，字守愚，精瘍科，亦給術邁靈胎額。

李佩華

光緒《山西通志·藝術録》 李佩華，字子實，長治諸生。幼讀書，有大志，以濟人爲心。工醫，於方書靡不參究，活人無算。年七十餘，無病而終。

王好生

光緒《山西通志·藝術録》 王好生，陽城人。因病棄儒學醫，求其門者踵相接，活人甚衆。博覽群方，每有心得輒爲編次。泰二，其仲子也，紹其業，尤精脈理，以孝友聞。

甘雲霖

光緒《嘉定縣志·人物·藝術》 甘雲霖，字雨田，居葛隆鎮。業瘍科。有湖州僧避仇至其家，留養之，臨別贈秘方一卷，自是治瘍有神效。

李　藩

光緒《續雲南通志稿·雜志·方伎》 李藩，通海人。事親孝，因父病久乃學醫，通其術，療父病痊。人有求者，無不治，治輒應手愈。舉醫學訓科。

劉定國

光緒續《雲南通志稿·雜志·方伎》 劉定國，甯州人。持身儉約，惟爲善不吝，嘗割田若干畝入興仁會，納息作捹骼貲。晚年留心醫學，有《目疾類函》。

蔡增鎔

同治《德化縣志·人物·方伎》 蔡增鎔，字載陶。性仁厚，樂救濟。生平精喉科，尤善鍼灸。鄉里之遘疾者，率不取值，人咸德之。卒年五十有六，子嵊，舉人。孫澤桂，廩貢；澤黎，邑庠。

周如松

道光《江陰縣志·人物·藝術》 周如松，字公茂。少患怯，棄儒習醫。醫成，不欲以術鳴，治人不輕立方，投劑多奇驗。

牛文明

光緒《續雲南通志稿·雜志·方伎》 牛文明，甯州歲貢。幼穎異，書法得虞世南筆意。晚年業醫，州人沈痾之疾，經診視而起者無算。

張騰光

道光《徽州府志·人物志·方技》 張騰光，字雲青，龍源人。精堪輿，尤擅岐黄，自製各種丸散，活人無算，就診者衆，號爲神手。

徐瑞驥

光緒《常山縣志·人物·方技》 徐瑞驥，字蓴洲，里擇人。世傳外科。凡跌撲損傷，出刀圭藥，罔不效。亦不計值，邑侯洪公奬以好行其德。乾隆九年洪水，以船隻救免多人，邑侯宋公，贈以濟涉津梁匾額。

簡大鼐

道光《寶慶府志·耆舊傳·方技》 簡大鼐，字予陛，邵陽人。精醫卜，嗜書畫而以自名。好遊山水，嘗千里不裹糧。叔父廷佐官華陰，大鼐往省，遂遊華山，遍歷千尺幢、蒼龍嶺、老君黎溝、玉女峰諸處，酒酣長嘯，灑如也。所至嘗以醫藥療病者，不受謝。有强予之者，隨以施貧乏。

黄祚憲

同治《續輯漢陽縣志·藝術》 黄祚憲，字汝南，住柏泉。習舉子業，有聲場屋。不售，去而學醫，博綜岐黄家言。好爲人製方，以藥餌施人，概不受值，病愈亦不任謝。平生好施予，積有贏餘，即散之於人，曰：吾以濟其不足也。年八十六卒。鄉人之病而不能延醫者，至今猶念之。

陳嘉會

光緒《永川縣志・人物・技藝》 陳嘉會，習軒岐術。每遇危症，衆醫束手，獨能起死回生。時有藥王之號。

錢　窪

道光《江陰縣志・人物・藝術》 錢窪，字汘涉，祖時用，父鼎鉉，世以刀圭稱。窪紹其術，危險外症，治無不痊。

王文焕

道光《江陰縣志・人物・藝術》 王文焕，字亦唐，精幼科，治痘罕有其匹。事母孝，能菽水承歡。

謝天祺

嘉慶《義烏縣志・方技》 謝天祺，號毓林，愷裔孫。習舉子業不售，遂攻醫。取《丹溪心法》等書讀之，以藥自隨，貧者輒施之，起死以數十百計。邑侯許公直、孫公竝旌其門，曰恆心活人，曰仁壽。年至九十四卒。子繼周，述其業。

吴有磐

道光《徽州府志・人物志・方技》 吴有磐，號培庵，山背人。治目疾、醫小兒，名動遠近。藥劑必親製。所全活者甚衆。汪文端爲立傳。

黄元基

光緒《臨桂縣志・人物志・先賢》 黄元基，父焕正，河南商城縣知縣，有政聲。元基，雍正十年舉人，揀發廣東，授海康縣知縣，調揭陽，再調靈山，未幾乞歸。元基處膏脂不以自潤，家居以醫自給。手集《經驗良方》八卷刊行。卒年七十有八。

光緒《臨桂縣志・藝文志》引黄元基《静耘齋集驗方自序》 基自少多疾，每誤於庸流，幸痊於明手。因思醫之爲道，不但濟人，實先自濟。由是留心講求，每遇方書，必覓而閱之，凡已所經驗及耳目所見聞者，即援筆記之，三十餘年來，漸積薈萃，計方三千餘首，對症用藥，頻頻取效，此雖前人之唾餘，實可爲無醫之一助。爰於簿書之暇，分門别類，列爲八卷，并勉損薄俸，付之梓人，以供同志者采取。

光緒《臨桂縣志・藝文志》引夏范咸《静耘齋集驗方序》 桂嶺黄君澹園，爲予壬子典試粤西所得士。予主講端溪，君方宰靈山，扁舟訪予江上，出其所輯《静耘齋集驗良方》一書，分門五十有六，細目三十有九，爲卷八，爲字二十六萬有奇，自衛生以至邪祟，怪症雜方，無乎不備，其用心抑亦可謂勤矣。昔陸忠宣公貶忠州，畏讒不敢著書，地苦瘴癘，只手抄《古今集驗方》五十篇，以示鄉人，惟其醫國之志，有所未愜，故孜孜寄意於醫人也如是。澹園方歷任縣宰，有循名，非復留意於避謗，而簿書之暇，專精治是書者，其所生之鄉，所治之地，皆近於蠻烟荒箐，瘴癘爲多；而又夙研《素問》之精藴，因出其治人之餘方，爲濟人之善術，而皆集其已驗，擇之必精，此正東坡所謂藥雖進于醫手，方多傳於古人。若已經效於世間，不必皆從於已出者也。澹園將付之剞劂，以序爲請。余嘉其濟人利物，可以遠及後世，非若良相之功，僅在一時者比。故爲之序以傳之。乾隆二十八年癸未秋七月。

范維憲

嘉慶《資州直隸州志・人物志》 范維憲，字式侯，持躬淳樸，喜讀來氏《易》，作《論》數篇。又推其意及醫，作《辨症虚實論》數條，醫家多宗之。晚年不入城市，方脈悉造其廬，活人甚衆。

董鳳翀　董漢傑

光緒《三原縣新志・人物・方伎》 董鳳翀，張《志》字君靈，世業儒，於幼科痘疹尤爲專門，或遇逆難，方書所不載，耳目所僅見者，必静坐深思而得其故，治之果效。子漢傑，傳其術，爲河南新蔡令，尤善鐘王書法。今按：鳳翀著有《痘科經驗良方》，漢傑著有《戴氏幼科方》。

汪藴谷

《雜症會心録・程世法序》 吾邑藴谷汪君者，其十洲曾公，暨廣期伯兄，皆以名醫世其家。先生不承家學，上溯《靈》、《素》諸經，靡不淹貫，尤於《景岳全書》，竊其秘鑰，觀其會通，故每治一病，必憑脈辨症，有症同而藥異者，有症異而藥同者，莫不應手取效。余嘗疑而問之，先生曰：是烏可執一論也。夫見症雖同，體有寒、熱、虚、實之別，脈有洪、細、遲、數之殊，則用藥不得不異。至見症本異，有陰虛、陽虛，其法定當補益者，脈實症實，其法定宜攻下者，則用藥概從乎同，此又萬不可任臆變動者也。用是知先生師前賢之書，而不泥其迹，體前賢之旨，而更通其權，誠有如秦越人之洞見五臟癥結者，豈時流所能望其項背哉！且先生於貧乏之家，症有必須參、耆，則解囊而贈之，歲不僅一二見，其用心之仁如此。茲《會心錄》一書，乃先生數十年考索精研，施投應驗，筆之書以授其及門。

《雜症會心録・吴以鎮序》　海陽汪君蘊谷，夙精岐黄，求者填門限，幾與書家智永等。一日，詣予請曰：今日醫良夥哉，然家扁人倉，實無所謂醫也。夫舍脈是離中星談天也，舍證是堪輿而釋山水也，實無所謂醫也。僕不揣固陋，承先父兄業，閱寒暑昕夕，鑽研精久，恍然竊若有以窺其肯綮者，因著《雜症會心錄》一編。

《雜症會心録・汪存寬序》　余叔蘊谷先生，賦資聰敏，幼年博綜典籍，喜讀書窮理。繼承先業，不蘄仕進。酬應之暇，獨寄意於詩，觸景興懷，託於咏歌，以寫其自得之趣，蓋其天性然也。其後，本業日精，聲名日盛，方之所剖，劑之所投，若行所無事者。而遠近之人，爭奔走恐後焉。居平籃輿遠出，片帆遙指，延請之家，相望於道，而余叔閒適自如，手揮目送，於山川雲物，草木之美，禽獸之觀，繪聲撫狀，莫不爭現於青囊藥籠，間歸而録之於集。方隱几樂其所得。而卧者起，憊者愈，神明感歎於其側已，誦其功於巍乎莫及。噫嘻！余叔之於醫，何若是之大遠乎。俗而調達其性情，洞見其癥結，曲盡其原本哉。吾聞夫昔人詩之爲教，通志氣，格神人，導斯民於中正和平，登之仁壽，以抒其湮鬱隱伏，蓋亦有天事焉。今余叔之於醫，殫精竭慮，於寒煖燥濕，結蓄沉滯，七表八裏，三焦六脈之道，剖析通微，一如四聲五音，歌吟嘯呼，寫人情之難言，宣人性之至樂，無有隱顯，遠邇莫不神而明之，以臻其至。此詩之進而益工，愈可知醫之獨有千古也。又何疑哉！

《雜症會心録・自序》　余家世業岐黄，甫齠齡，即留心活人術，自《靈》、《素》、《内》、《難》，以迄張、朱、劉、李，亦既博聞強記矣。然往往見夫讀古人書，遵法奉行，卒多不驗。非古人之欺我也。蓋氣運不齊，方隅各異，稟賦懸殊，嗜好有別，後之人誦其詞而不能通其意，是以投劑寡效耳。余自顧樗櫟，豈能超出古人之範圍。第閱歷之餘，嘗與伯兄廣期，審脈論證，竊慨世之業此者，徒資殘編斷簡，亹亹而談，以欺世盜名，無怪乎坐而言者，不能起而行。於是酌古準今，凡夫外感内傷，務求至當，明其理，而不必泥其詞；會其神，而不必襲其迹。著論若干首，寒必明其所以寒，熱必明其所以熱，虛實必明其所以虛實，且眞中有假，假中有眞，無不推詳曲盡，豈敢自矜度越前賢哉！誠以書不盡言，言不盡意，古人不能以意告今人，今人當以意會古人也。蘇子云：藥雖進於醫手，方多傳於古人，苟無所本於前，安能有所述於後？然而善師者不陣，得魚者忘筌，得心應手，不違乎法，而不拘乎法也。古人有知，應許我爲知心，又何必膠柱鼓瑟，而後爲善醫哉！夫子云：蓍之德圓而神，卦之德方以智，方智之中，具有圓神之妙，故曰《會心錄》。

劉逢源

光緒《武陽志餘・藝術》　劉逢源，字近淞，諸生。親老多疾，遂精於醫。乾隆五十年大旱，逢源倡浚南北渠，董理捐振，悉心鈎考，不憚勞勩。明年大疫，逢源診治，救濟爲多。

張仕哲

道光《南部縣志・人物志・方技》　張仕哲，幼習儒理即嗜岐黄，師事九十餘老醫張登相甚虔，授以秘方，探微抉奥，活人無算。

錢兆鵬

道光《昆明縣志・黎獻志・藝術》　錢兆鵬，年二十餘喪妻不再娶，以醫爲業。善眼科，能究倪惟德《元機啓微》之藴。日計所得錢以奉兄嫂，育弟妹，終其身如一日。

唐千頃　桐園

《大生要旨・喬光烈序》　同邑唐君桐園，儒而醫者也。其先封王父上采公，精岐黄術，以藥濟人，行誼著《通志・孝義》、《邑志・獨行》中。尊人仁巖先生，余之表母舅也，明經碩望，秉鐸白門，都人士翕然宗之。居鄉居官，咸能矜恤單寒，至今猶感道不衰，蹟亦具於邑乘。君稟承世德，學有淵源，更師事邑之名醫王協中先生，同遊講貫，精通《靈》、《素》百家，今三折肱矣。著有《内經註疏》、《傷寒論註疏》、《脈證》諸書，義博帙繁，剞劂尚需歲月，而彙輯《大生要旨》一編，分種子、胎前、臨盆、產後、保嬰五卷，參用舊説，間出新裁，視向來諸本，務折衷於十全而無弊。

嘉慶《上海縣志・人物》　唐千頃，字桐園，監生。好經術，著書二十種。

其《周易銓義》、《禹貢圖書指掌》、《毛詩粹腋》，沈德潛皆爲序之。又有《子學類要》等書。通岐黃，別著《大生要旨》。

翟　聃

光緒《安徽通志·人物志·方伎》　翟聃，字宛仙。性孝友，兄一貫，早卒，事嫂撫孤數十年如一日。精於醫，懸壺姑(孰)〔蘇〕，遇疾疫，調治不計利，人皆德之。

俞　堅

光緒《嘉定縣志·人物·藝術》　俞堅，字心一，又字育庵，居北城。曾祖瑮，祖都世，有隱德。父琳，精堪輿術。堅操行方正，少學醫於隱士金汝鉉，常起危疾。知縣陸清獻贈道協華陰額。子鎰，字南金，傳其業。

吳爾端

嘉慶《安陽縣志·人物志》　吳爾端，字魯男，安陽人，貢生。二齡喪母，十一歲喪父。天性篤孝，事繼母能得歡心。遭母病，恐誤於庸醫，究心岐黃。著《醫方選要》四十卷、《症治詩歌》二十卷。

曾昭選

光緒《荊州府志·人物·藝術》　曾昭選，深明醫理，昔賢如張仲景、李東垣、張景岳、喻嘉言諸家之書，無不貫徹，而撮其旨要，則在辨明六經。每遇奇證，他人不能措手者，談笑出之，應手見效。

楊五德

光緒《諸暨縣志·方技傳》　楊五德，幼善病，母早寡，因究心醫學。色養調護，母壽至六十五，五德病亦痊。嘗行醫於嘉定、上海、青浦。數月愈人萬餘，三邑人稱神術。所著有《女科輯要》、《兒科匯纂》、《眼科心得》、《外科薪傳》。

戴贊文

道光重修《儀徵縣志·人物·藝術》　戴贊文，字若周，以瘍醫名世，治疾多神效。卒年九十五。子龍光，孫捷三，曾孫文庠、志禮，世精其業。

王定國

嘉慶《羅江縣志·方技志》　王定國，邑人。學醫，得江西聞某傳授，遂名於時，指下全活者甚衆。富家延之醫病，愈亦不索謝。集有《神驗良方》數卷。子文燦，亦精岐黃，爲兩世名醫。

羅　義

嘉慶《羅江縣志·方技志》　羅義，邑人。不治生產，任俠仗義。好奇術，幼得喇嘛傳鐵牛水，鄉里有患跌折金瘡者，醫之立驗。

張念虛

同治《重修成都縣志·人物志·藝術》　張念虛，浙江人，行三。幼即嗜醫學，壯遊京師，入太醫院，得名師傳授，遂造精微。能講《內經》，字字有着。醫方不用奇異之藥。從其兄宦蜀，遂家於成都。常不舉火，性情古直，不趨勢利，苟非其人，雖許以重貲弗顧也。

王氏五醫

同治《重修成都縣志·人物志·藝術》　王氏五醫，住北鄉白蓮池。以醫世其家。祖孫父子，每日負藥囊，騎馬徧歷病家。遇有貧者，即以藥與之，不計貲，病愈不索謝。五世相傳如此。

徐　峋

嘉慶《重刊江寧府志·技藝》　徐峋，字觀北，江甯人。世以醫著，峋尤精其術。一婦年三十許，頻患少腹痛，幾死。峋令以東引桑根煎湯，服烏梅丸，下一物如鼈形，其痛遂止。邑中共神之。

張本元

《錦里新編·方伎·張本元》　張本元，犍爲人。初從邑梅子元學醫，同採藥至馬湖山中，投寺宿。寺主一老僧，近百歲矣。問客所往，告之。老僧曰：回，爲我市某物來。子元，反致之，僧喜，夜半出篋中書授子元。次日至途起視，盡鍼訣，世所未見者。復還寺，蛛網戶，闃其無人，詢之山鄰，云：此寺空鎖十餘年矣，亦無見此老僧者。子元驚，及歸，按法治人，甚神效，固秘之。子元卒，無子，書歸其婿沈氏。本元從沈，竊其書，徙臨邛家焉。本元本農家子，不知醫，至邛自許能醫，善鍼法，人莫之信。會鄰人張氏婦難於產數日，舉家惶怖，不知所爲。本元至，命取婦褻衣一履一，以箕加其上，口吐鍼鍼之，囑曰：產時兒頂上有鍼孔，須泥以飯。張佯應之。俄而生子，頂上果然，急如囑泥之。張驚且喜，始知其能。又彭楚錫，苦瘧頭，痛不止，請鍼之。

本元曰：鍼其腓。楚錫戲曰：吾病在首，而子鍼其腓可乎？本元亦戲之，針甫半，忽折。徐鍼其踵，呼曰：出鍼。躍出，達於樑。又爲人治癆疾，鍼其脊，終身無恙。自是名漸著，聞者爭造其門，試之輒效，一時有神鍼之稱。求治者踵相接，與之錢，不辭。不與，亦不責報。其鍼長或尺及數寸，約計七十餘。用則取諸口中，言笑飲食率如常，不覺也。本元死，書失所在，遂不傳。

諶永恕

嘉慶《重刊江寧府志·技藝》 諶永恕，字尊五，江甯人。精嬰兒醫，獨冠一時。著有《幼幼心法粹纂》若干卷。其子邑庠生昌會、宏德，俱以醫馳名。乾隆壬寅春，昌會被召診公主，應手而愈，賜大緞二端。宏德子配道，嘉慶戊午科舉人，舉孝廉方正。

方壽祺

嘉慶《宣城縣志·方技》 方壽祺，字爾熾，國學生，居水陽西鎮。精醫學，就診者不遠數百里接踵而至，時有岐黄再見之目。乾隆甲申，學院梁按臨寧郡，病旬日，召壽祺至，一藥而愈，給壽人壽世匾額。撫軍馮亦以妙手生春獎之。壽九十二歲終。生子六，皆紹父業，三子國英，邑庠生，尤擅其長。

歐陽梅

道光《寶慶府志·耆舊·方技》 歐陽梅，字泮芹，新化增生也。受醫術於邵陽朱杰。誦《靈樞》、《素問》、《難經》及張機、孫思邈諸書數十萬言，多通其意，醫人多奇效。著有《醫經匯解》諸書。

張　湢

光緒《續雲南通志稿·雜志·方技》 張湢，保山人。善醫術，乾隆間，征緬甸師還，兵多染瘴。湢治之，十愈八、九。好施予，每遇凶荒、瘟疫，振粥施藥諸善事，不可枚舉。

劉執持

同治《南豐縣志·方技》 劉執持，少從其父客蘇州，從葉天士學醫，能以一指診脈決生死。著有《蘇醫備要》。

楊泰基存耕

《吴醫彙講·楊存耕》 楊存耕，名泰基，字觀宸，號勉齋。生於乾隆丁卯，列成均應闈試，業儒，系丙戌狀元張西峰門人。業醫，系葉天士徒孫鐘南紀門人。住閶門外資福橋，存耕。其堂名。

沈卓士悦庭

《吴醫彙講·沈悦庭〈治肝補脾論〉》 沈悦庭，諱卓士，號越亭，受益先生次子。年五十二歲，殁于乾隆壬申，餘詳《受益公下》。所遺此稿，今令侄筥耜暨侄孫思劬、維祥、協詳付梓。

孫從添慶增

《吴醫彙講·孫慶增》 孫慶增，名從添，號石芝，常熟人，遷居郡城葑溪。年七十歲，殁于乾隆丁亥。所遺《石芝醫話》，今令侄孫名森，字天桂，節錄付梓。

趙學敏

《串雅内編·自序》 予幼嗜岐黄家言，讀書自《靈》、《素》、《難經》而下，旁及《道藏》、《石室》；考穴自《銅人内景圖》而下，更及《太素》、《奇經》；傷寒則仲景而外，遍及《金鞞》、《木索》；本草則《綱目》而外，遠及《海錄》、《丹房》。有得，輒鈔撮忘倦，不自知結習至此，老而靡倦。然聞走方醫中，有頂、串諸術，操技最神，而奏效甚捷。其徒侶多動色相戒，秘不輕授。詰其所習，大率知其所以，而不知其所以然，鮮有通貫者。以故欲宏覽而無由，嘗引以爲憾。

有宗子柏雲者，挾是術遍遊南北，遠近震其名，今且老矣。戊寅航海歸，過予譚藝。質其道，頗有奥理，不悖於古，而利於今，與尋常搖鈴求售者迥異。顧其方，旁涉元禁，瑣及遊戲，不免誇新鬥異，爲國醫所不道。因錄其所授，重加芟訂，存其可濟於世者，部居別白，都成一編，名之曰《串雅》。使後之習是術者，不致爲庸俗所詆毁，殆亦柏雲所心許焉。昔歐陽子暴利幾絶，乞藥於牛醫；李防禦治嗽得官，傳方於下走。誰謂小道不有可觀者歟？亦視其人之善用斯術否也。乾隆己卯十月既望，錢塘趙學敏恕軒撰。

林佩琴

《類證治裁·吉鐘穎序》 林羲桐先生嘉慶戊辰舉鄉魁，墨藝膾炙人口，尤精岐黄家言，貫串於《靈樞》、《素問》、《難經》諸書，以意爲變化而不泥於古。著作之暇，以濟時爲心，士大夫皆禮敬之。余久耳其名。丙戌，余服闋，入都謁部，先生公車北上，相晤於都門，獲聞緒論，盛德君子，一望皆知。辛

李　增

光緒重修《丹徒縣志·人物·方技》 李增，字根仙。幼業儒，父炌，以醫名，增遂習鍼灸法。凡奇疾，經手立效。貧家概不取直，診視之，約以日，屆期操豚蹄往，令病者飽食，然後施其技。家素豐，備藏方書，幷著書數卷，疾革時，盡焚之。囊中所儲藥物，手自淆亂之，曰：毋令後人繼我業，恐其心不淨，業不精，非濟人實殺人耳。弟子竊其方藥去，輒大噪於時。歿後，里中窮民率來送葬以千計，莫不隕涕。妻蔡氏，除夕欠爽，增按切之，驚其脈絕，急呼家人，比至，妻已逝。其精驗如此。子鏐仁，厚如其父。孫藻，邑名諸生。子孫多擢巍科，至今未艾。

馮衢　馮女

光緒重修《丹徒縣志·人物·方技》 馮衢，字樽宜。有奇技，凡癰疽發背，視近瘡左右上下，以鍼挑去一物，如米粒，色綠，其患自消。毒重者，數日亦愈。其次女得其傳，女適鮑之鏞，常有婦女就之醫，惜蚤亡失傳。

吳元福

道光《南部縣志·人物志·方技》 吳元福，五世通醫，至元福尤精眼科，治目多奇效。邑齊氏，患目雙睛墜者寸餘，元福治之，旬日而愈，邑令陳閑以眼科獨步額其門。

莊培五

光緒重修《丹徒縣志·人物·方技》 莊培五，以醫世其家，居駱駝嶺上。爲人謙厚，不與俗醫爭名利，信而延診者，服其方輒效。子玉堂，善承家學，未弱冠即著名一鄉。後避寇昭陽，名益著，以宅毀於寇，未及歸而卒。

黃朝坊

嘉慶《澧陵縣志·人物志·孝友》 黃朝坊，監生。嗜學敦倫，精岐黃，嘗布丸散以濟困窮。著有：《金匱啓鑰》二十四卷、《醫案》十二卷行世。嘉慶元年，詔舉孝廉方正。

車洪德

同治《直隸綿州志·方技》 車洪德，監生。妙醫理，尤精數學，算無不中。嘉慶二年，從參將姜敏功於達州、東鄉太平軍營施金槍藥，應手愈。姜令占陣吉凶，知不利，託故出營，姜後追賊陣亡。刺史劉慕陔三徵不應，遂老

亥春，嗣君鈞石茂才將刊先生所著《證治類裁》書，而以序囑余。書凡八卷，外科附焉，別類分門，前列論，方次之，案又次之，殆與《沈氏尊生》書體例略相近，然詳略輕重之際，妙於剪裁，開卷了然，言彌簡而法彌備，使夫穎悟之士既得所範圍，中材而下亦得循途以赴。

《類證治裁·桂超萬序》 丹陽林君雲和，與余同舉戊辰鄉試，訂交於京師，既而別去，不相問者三十餘載。丁未冬，君之子芝本攜君所輯方書曰《類證治裁》者乞序於予，始知君之亡亦且八載矣。君直外方內，治學有根祇。己巳禮闈報罷，還而學醫，活人甚多。術既益精而病世之業醫者空疏不學，或拘於成法，以蹈偏駁失中之弊，於是彙輯古方，別裁至當，蘄與人人共明之。嗚呼！其用心若此，可不謂中和心智之君子乎！

王毓秀

嘉慶《義烏縣志·方技》 王毓秀，字蘭谷，號惺惺齋，邑庠生，由環溪遷八嶺下之松溪。博涉經史，兼及岐黃書，尤精眼科。相傳有異人授以秘方，依法製之，應手而效。不數年，名溢四方，就醫者如市。因命長子發興、四子威，幼子發枝，分任調治，而身勿弛舉子業，自壯而老，歷赴文闈十八科，屢薦不售。所著有《四書禮基堂合纂》、《聖學傳書》、《惺惺齋文稿》。孫爲舟、爲通、爲喬、爲道，繼其傳。爲道，邑庠生，嘉慶辛酉知縣。諸贈額功勝金鏹。

蔡時霖

光緒重修《丹徒縣志·人物·方技》 蔡時霖，名大紳，醫家，多以字行。以子鵬貴，累贈資政大夫。父遵五，深於醫理。時霖幼習父業，及長，名噪江之南北，揚郡人爭以數十金一日延之，兼厚酬其輿從，猶不可得。每至溽暑疫癘時，以大箕盛諸藥，任意授之，無不效。邑中常設藥局，延諸醫家之有聲者入局診視，不取直。時霖一至，病人從之者輒擁擠傾仆，驅之不能開。時霖診脈給方不踰時，盡滿所求，翌日詢之，多霍然起者，雖時霖亦不自知其所以然也。邑之言醫者，盛推何、蔡二家。何氏家訓云：子孫擇其有上慧者令習醫，次乃業儒。蔡氏亦然。自時霖子鵬以武進士起，家中武科第者甚盛，每鄉試榜發，輒有蔡氏名。然時霖三子堯春、四子莪邨，於醫道皆卓然有聲。諸孫未仕者，亦仍以醫著云。按：其先蔡永翰生嘉驥。嘉驥生希周，字念東，康熙間邑諸生。念東生遵五，遵五生時霖，凡五世皆以醫名。

於家。

程人坊

道光《泌陽縣志・人物傳》 程人坊，毗陽保人。嘉慶年間，以醫名於鄉。所治疾，多應手取效，或藥所不能及者，按《靈樞》法刺之輒愈。所著有《鍼灸捷徑》二卷，藏於家。

王珠

嘉慶《達縣志・方技志》 王珠，邑人。善醫，求者不較錙銖。前學使邵雙橋題其堂曰體仁。年八十餘，猶手製丸丹，施人不倦。

嘉慶《達縣志・方技志》引邵雙橋《體仁堂小引》 君子體仁，足以長人，是知仁。統衆善人，能身體而力行之，始可謂君子。宣漢王旭山先生，品高行醇，兼邃醫理，蓋慈祥愷惻，本乎天性，茲藉濟世之術，以露其端倪耳。昔云：不爲良相，定作良醫。此之謂也。爰題此額以贈之。

張儀羽　詹池淑　張廷韜　凌志棟　周思彦

道光重纂《福建通志・國朝藝術・泉州府安溪縣》 張儀羽，精於醫，凡所調治，出人意表，遠近全活者無數。同縣詹池淑、張廷韜、凌志棟，皆以醫濟世，不計利，貧者以藥與之。池淑、廷韜年皆八十餘歲。志棟寓居廈門，每於清明時，率人持鍤，見遺骸掩之。又周思彦，晚年學濟人術，施藥治人甚多。

周廷燮

《光緒井研志・方技傳》 周廷燮。字載陽。少從游貢生宋治性之門，文峭鷙，不騖時趨，聲譽逴僔。偶然以是積不售，亦愈自信，久之乃棄去，以醫名歷四十餘年。究極《金匱》之蘊，決人壽夭如響。當時俗醫泥於滋陰之說，多用陰劑殺人。廷燮一遵仲景微旨，以調中爲升降之樞。晚著《傷寒解意》四卷、《傷寒庸解》二十四卷。大旨論傷寒、溫病各不同氣。《素問》：冬傷於寒，春必病溫。以陽生於春而盛於夏，收於秋而藏於冬。冬不藏精，陽氣疏泄，處冱寒之運，行盛暑之令，相火炎熱，精液銷爍，是謂冬傷於寒，非由感冒寒邪，故冬時不病，於春、夏木火司令，內氣滿鬱，或經霜雪侵薄，則有溫病。春病溫，夏病熱，實異名殊，其實一也。病因外感，而根原於內，故病傳三陽，即內連三陰之府，并傷三陰之藏，在藏在府，但熱無寒，以積熱在中，表鬱而裏發也。六日經盡，則藏府、經絡、表裏皆熱，故曰：三陰三陽藏府皆病也。若傷寒中風，本無內熱，但因感冒而發，病在經絡，不入藏府。陽盛而後，傳陽明之府。陰盛而後，入太陰之藏。視溫病熱自內發者不同。叔和《序例》引熱病之文以釋傷寒，遂啓傳經爲熱之謬說，此傷寒之旨所由晦也。別有《醫鏡》四卷、《藥解》二卷、《脈法》二卷。廷燮廣顙脩眉，老而名益高，終歲不家食，迎請者嘗不能徧。得者則喜，以爲病不死。某甲妻病氣鬱，嘻笑無恆，診之曰：脈沈而實，胃脘當有結轄，故失常。生熟水導之，吐宿痰斗許，霍然已。晚益苦人事牽綴，適犍爲弟子築館招之，逾年，無疾卒，年七十。

廖榮高　税錫祺　廖登高

《光緒井研志・方技傳》 廖榮高與税錫祺，居同里閈。榮高故業醫，有時譽。錫祺從之學，所用方專主景岳《八陣》，尤以和陣金水六君煎爲主，偏於滋陰，與周廷燮相反。時人爲之語曰：税龜板，廖龜膠，王厚樸、王名廷照周花椒。二說相持，病者陰陽亦互異，瘵癆至夭亡無所怨。同時有廖登高者，不主一家學，業頗精，然傲岸多不應，非遇險急人不之求也。【略】榮高、錫祺俱無子，錫祺撫子宇熙，廩貢生。

程永富　程大嵩

《光緒井研志・方技傳》 程永富，馬服橋人，嘉慶間瘍醫，爲一時獨步。子大嵩、孫忠、海。忠子維楨，海子維昌，三世世其業，大嵩業尤顯。周某病面瘡，肉潰爛見骨，大嵩爲剔去敗肉，和異藥治之，五旬而愈。有女子及笄，病膨脹，肢體不能屈伸，醫者窮於術。大嵩繼至，曰：此毒火熸熾，內灼腸而爲癰，外泄脾而爲腫。內攻其毒，毒脫則死。惟自下體納藥，一日數易，不十日毒可盡。毒盡則外壅消，再和以八珍湯愈矣。已而皆如其言。【略】今大嵩裔獨熾，以瘍醫名者百年。

張嗣燦

道光《濟南府志・人物・方伎》 張嗣燦，字英三，號星川，新城人。幼穎悟，工書法。長學方書，尤精於痘疹。每一見，立辨生死，百不失一。遠近踵求，全活無算，饋遺一無所受。晚年，咸議製安車贈之，力止曰：吾苟能？至勞不憚也。孝廉于崇敕以保赤國手額其堂，今其遺方多奇效。

莊一夔在田

光緒《武陽志餘・藝術》 莊一夔，字在田，武進人。湖北荊門州吏目，治事精詳。尤深於岐黄之學，嘗病俗醫（委）〔妄〕云小孩無補法，每於熱邪驚風諸徵，輒投以寒涼表散之劑，恆致無救。一夔謂：風藥多則陰傷而亡陽，氣亦隨耗。再進以苦寒，則陽明無司運之權，而失傳送之度，殺人毒手，未有甚於此者！著《福幼編》。又論治痘之法，宜溫補兼散；治疹之法，宜養血兼散，俱忌寒涼消導。著《遂生編》。其治小孩即瀕於死者，群醫束手，一夔排衆論，予一二劑，無不應手效，大要以溫補見長。

馬道人

同治《施南府志・方技・利川縣》 馬道人，自鬱山鎮來利，住毛壩之關廟。爲人溫良樂易。少遇異人授以眼藥方，去翳障有奇效，遠近延請者無虚日。從學數十輩，依方和藥，亦能奏效，而靈敏遜之。

孫時燦

道光《寶慶府志・耆舊・方技》 孫時燦，邵陽人。嗜讀不治生業，家中落，遂業醫。性謹慎，未嘗輕用尅伐藥。嘗言：病遲愈無害，不可傷人元氣也。著有《醫方集解補註》。年八十餘，嘉慶元年給以耆民冠帶。

易瀅

光緒《德安府志・人物・方術》 易瀅，字藍田，應城人。素業儒，生平以醫知名。嘗云：良醫之治病，必以志一之，以氣輔之，以理持之，以神守之，寂而通之，息而遊之，此豈近世之輕揚淺率者所知哉？識者韙之。晚以詩酒陶情，謝家事不問，時或至舊識家清談移日，吐屬亦甚雋妙。子槐，能世其業。

梁堯齡

光緒《德慶州志・人物・方技》 梁堯齡，字祝廷，樂善坊人，監生，按察司照磨銜。通《顱囟經》，自合治驚風丸散，活孩嬰無算。凡診視，亡論貧富，悉卻其金。著有《小兒科攝要》一卷。

焦現　焦汝桂

道光《濟南府志・方伎》 焦現，章邱人。通醫，每以藥餌濟人。焦汝桂，諸生，通醫。有《醫學良方》四卷。

伊應徵

道光《濟南府志・方伎》 伊應徵，字建五，新城人。捐職州同。精於醫理，有金姓者，腹疼，診之曰：無病，旋當愈。然至來年二月，病即死，非方藥所能延也。至期果然。有病失音者，製方囑其服百劑。服八十餘劑，無效，求再診，答曰：未九十劑，百劑方愈耳。如其數，音響鏗鏗矣。

徐繩武

道光《濟南府志・方伎》 徐繩武，章邱人。因母病學醫，遂通其術。著有《銘心醫錄》。

高汝崑

道光《濟南府志・方伎》 高汝崑，字峻甫，章邱人。以儒術治岐黄。融貫諸書。投劑輒效。著有《傷寒摘要》。孫澤長，亦以醫名世，邑令張扁其門。

李克廣

道光《濟南府志・方伎》 李克廣，字德心，章邱人。得吳六吉診脈術，能知人夭壽貴賤。著有《醫學尋源》十卷。子體誠，得其傳。好施予，遇疾貧乏者，輒解囊醫治。

胡元懋

道光《濟南府志・方伎》 胡元懋，章邱人。善岐黄術，著有《胎產方脈集要》。邑令嚴扁獎之，嘉慶丙辰給頂帶。年九十四。

傅元沂　黄元祥

道光重纂《福建通志・國朝藝術・建寧府甌寧縣》 傅元沂，三世業醫，至元沂術尤精。聞聲見色，即能卜人死期。有黄德魁者小病，飲食起居如常，元沂聞其咳嗽聲，語其弟道修曰：此不治證也。時魁姊亦病，較魁尤輕。元沂診脈，驚曰：爾弟尚可延半載，此則僅兩月耳。家人皆不之信，後俱如期卒，人稱神醫。同里黄元祥，診脈能於數年前決人壽修短，人以黄半仙呼之。

曾圭玉　曾仲芳　曾砥卿

道光重纂《福建通志・國朝藝術・漳州府海澄縣》 曾圭玉，精於醫，晚歲客於漳。一日，自診脈，驚曰：數盡矣。時一子在側，急攜歸。中途風潮俱逆，度不能抵家。有女適太江，遂倉皇泊舟，入門告主人曰：吾此來，以身後事相累，衆笑之。日夕飲食，談論自若。將就寢，沐浴更衣，遍辭主人曰：天假之緣，幸永今夕，明日不復相見矣。侵曉食粥，端坐而逝。子仲芳，習父業，能於數年前斷人生死。單寒者求之無不應。富人稍拂意，揮而去之。年七十餘，無疾而終。仲芳子砥卿，傳祖、父業，尤精太素脈，富貴壽夭，言之多中。

陳　雷

道光重纂《福建通志·國朝藝術·永春州德化縣》 陳雷，精岐黄術。邑有曾某，患譫語，詠謳酬答，論古談禪，皆其生平所不習者。已復問之，不復記憶，如是半載。雷伺其譫語時，與談藥性，隨叩隨應，及舉雷丸龍薈之方，曾忽云渠不敢對矣。遂取其方，治之立瘥。

劉作棟

光緒《羅田縣志·雜志·方技》 劉作棟，監生。篤學未遇，晚精岐黄。著有《青藜外科》二卷行世。

李　桂　李　熊

同治《上海縣志·藝術》 李桂，字蟾客，二十二保人。諸生。孝友任恤，兼精幼科。嘉慶十六年，重游泮水，卒年八十。著有《痘疹秘錄》及《醫案》。子熊，廪生，亦精幼科。著有《金鏡錄約註》。

張懋昌

光緒《增修崇慶州志·人物·方技》 張懋昌，州西處士。家世業儒，獨隱於醫，施治多奏奇效。尤究心張仲景《傷寒雜病論》，得其竅要。晚年著《溯源論》一卷，論凡九篇，書成未梓而終，明於醫者，恆取法焉。

高緝武

光緒《山西通志·藝術録》 高緝武，遼州諸生。性放達嗜酒，工詩。醫尤有卓識。時以不經意，方奏奇功。嘗有晨斃者，已過午矣，高適往視，脈之，知爲酒冲肺，命飲白芨末少許而蘇。

張文耀

光緒《山西通志·藝術録》 張文耀，字會公，大同人。因母平氏痼疾，潛心醫理，卒致痊可。尤精於傷寒，遇危急時，起死回生，郡人至今頌之。

高麟昭

光緒《山西通志·藝術録》 高麟昭，大同人，松潘總兵鼎季子也。隨兄宦遊，見刑鞫人輒掩面流涕，以故不肯仕。讀醫書，有神解，治奇病多效，闗南北爭延致之。年八十三，無疾而卒。先一月與家人期，如其言。

朱　治

光緒《寶山縣志·人物·藝術》 朱治，字仲平，居大場，精岐黄。時嘉定令趙昕子患痘甚危，諸醫束手，延治至，鍼去最險者，越宿徧體紅潤，不數日奏效。趙贈以赤子二天額。

姜　禮

道光《江陰縣志·人物·藝術》 姜禮，字天叙。精醫術，其治病，立功過格，日記得失。著有《仁壽鏡》、《本草搜根》行世。子孫世其業。

姜　健　姜大鏞

道光《江陰縣志·人物·藝術》 姜健，字體乾。繼祖、父醫學而術益精。晚年好《易》，於五運六氣、陰陽變化闡發甚精，故能投劑如神，決生死不爽，里中業醫者多得其指授。從子大鏞，字鴻儒，監生，亦善醫，工詩，著有《鳴秋集》《調鶴山莊醫案》。

王有周

光緒重纂《光澤縣志·方技傳》 王有周，字景文，性寬厚，立品端方。生平外科方脈無不通，而眼科尤精。有瞳已翳而不見者，皆能啓之使明，復不責謝。今子孫繁昌，人以爲良醫之報云。

馬夔龍　陳啓善

同治《徐州府志·人物·義行》 馬夔龍，字雲卿，諸生。因母善病習醫，遂精其術。鄉里求療者多奇效，不受謝。性至孝，居喪毁瘠。又有陳啓善，太學生，亦精於醫。病者不能辨藥，則傾囊濟之。邑令嘗延致署中，診脈外，無一語干瀆。

常　照

光緒《山西通志·方外録》 常照，清源人。幼貧，剃度爲僧，居祁之錢營古寺。於醫術有夙悟，精於治瘍，劑殺注灼，應手奏效。晚兼內科，求診者踵接，以術名太汾間，歷數十年。或酬以金帛，即受之，否則亦不問及也，而遠近以其名布施者不絕，寺中香火日盛，未幾化去。

尼如雲

光緒《山西通志・方外録》 尼如雲，太原人，俗姓范。生有佛性，年未笄即落髮，居店頭之觀音寺。晚年善治疾，不以藥餌，微微撫呵，頓失所苦。

張楷

光緒《山西通志・藝術録》 張楷，字端木，盂縣人。精醫術，遇病必盡其心，不較饋謝。鍼灸尤神效。年臻期頤，健步若飛，壽百有五歲卒。

茹桂

光緒《山西通志・藝術録》 茹桂，沁州人。授例入太學，以醫名。兼通堪輿之術，尤精於數。一日晨起自卜，謂當獲錢三千。少頃，有戚白某邀視疾，促之行。桂曰：姑少待，當得一醉之資。果復有相延者，便道爲診視，立方而去。次日歸，出錢示白曰：昨豈妄哉？立治具，盡歡而罷。駢姓者，以腹痛遣人招桂，桂出門復返曰：病者已自盡矣，何相欺？招者立白非欺，桂與方令速歸，果如其言。一日，有客策蹇來迎，甫入坐，謂之曰：君來爲塋地計耳，葬已多年，何須再問？出課示之，且告以數世興敗之由，客驚異而去。由是善卜之名大譟。然不妄言禍福，有求者則謝之曰：人事所在，即數所在，又焉用卜？後得疾，親友候者，約以某月日話别。至期扶杖出門，謂家人曰：天氣清朗，風色甚佳，遊觀止於是矣。入室而逝。

熊慶笏

同治《安義縣志・人物》 熊慶笏，南昌里人，邑庠生。薄章句無補於時，求爲良醫，以思有濟。博覽群書，一時名重。著有《扁鵲脈書》、《難經輯注》行世，學使汪廷珍爲之序。後薦入太醫，辭弗就。

夏巨寬

道光《續增高郵州志・人物志・術藝》 夏巨寬，夏家集瘍醫也，遠近以爲神技。又能以藥鍼煉紅，從人口中刺喉證患處，應手奏效。術不傳於其子，謂恐誤人云。

劉玉章

光緒《山西通志・藝術録》 劉玉章，遼州人。好學能文，尤精醫理，能察死生於未病之前。百餘年來，岐黄之術州稱最焉。

張蘭皋

光緒《山西通志・藝術録》 張蘭皋，定襄人。邃於脈理。樊柳亭因子病急延請施治，乘便出腕令診。蘭皋曰：郎君胎瘧無妨，君脈已空矣，今歲十月宜慎之。柳亭方強健，深嗤其妄，至期果不起。賀建章以微恙請醫。語之曰：欲用吾藥，其在中秋乎？亦未及中秋而殁。

梁才信

同治《南海縣志・藝術傳》 梁才信，瀾石人。少負絶力，喜爭鬭。嘗徒手與匪等搏勝之，匪懷恨。翌日，挾利刃俟之，出不意斫刺，交下身，被十餘創，將死。紳士責凶手醫治。時有潘姓者，善治跌打傷，盡技救之，幸不死，遂與潘結爲父子，受其學而益精之，爲一時獨步。腹破復合，骨折復續，雖極危險症，斷曰可醫，無不立見功效。有關姓者，年少負重偶蹉跌，折其脛骨，痛極欲死。舁瀾石就醫，才信以手揣之，曰：骨碎矣，折可縛，碎不可縛也。乃飲以麻藥，使不知痛癢，以銀刀剖其肉，鉗去骨之碎者，隨用鋸截其口而齊之，命人買一樣牂羊最大者，生截其腳骨，等其分寸大小而代續之，乃敷以藥，逾月遂能行。才信戒之曰：汝自後安行緩步，寧迂道遠三里，勿跳溝求近一步。如其言，至七十餘乃卒。有少年，偶迷亂，自宫其勢者求醫治。才信見其不知痛楚，曰：此失魂者也。使人於耳邊喚之，逾時大哭。才信曰：可矣。如法治之，立愈。又一孝廉，登梯下墮，以左手撐地，腕骨凸起，痛不堪，呼醫視之，醫曰：易耳。敷以藥，痛即止，而腕凸處不能平，手執持無力，陰雨時恆作酸楚，詣問故。曰：遲矣。當以手撐拄時，骨接續處已偏側，醫家未將骨夾正，遽爲止痛，今經時久，骨偏處已牢，實不能復原位矣。其精妙多類此。説者謂，才信於此事有神悟，非守秘方者能及也。子某，世其家學，兼通内科。

王禎

光緒《歸安縣志・人物・藝術》 王禎，字滄亭，烏程籍，諸生，世居歸安愛山臺街。其先世時，鍾精醫理，以幼科世傳。禎深通家學，治嬰兒痘疹，驚風等症，無不奏效。性和易，年登大耋，卒至今，後人猶以醫世其家。

于大來

光緒《金壇縣志・人物・方伎》 于大來，號東園。精岐黄，任太醫院吏月，陞博士。嘉慶丙辰，與千叟宴，恩賜詩草。卒年八十有一。

韓永福

光緒《金壇縣志·人物·方伎》 韓永福，字懷瑜。精醫術，不計謝。嘉慶甲戌夏亢暵，猝行厲疫，經治者十愈八九。知縣梁蘭滋旌以著手成春額。

湯明撰

同治《衡陽縣志·方技傳》 湯明撰，少習醫。年二十四，妻死不娶，頗營服食、吐納之術。知縣馮公疾，明撰愈之。聞其無妻，欲助之娶。謬問曰：醫家所云：亢陽致疾者，獨陽固不可乎？明撰對曰：陽得陰而成火，火熾而亢，故乾。上九稱亢龍者，將化爲陰耳。夫陽感陰爲欲，無欲者不至亢也。馮公敬説其言，歎曰：隱君子也。待之禮有加。其後，有劉觀宏、林致軒、周澤愷，均以醫方名，有著書。

范正瑜

同治《湘鄉縣志·人物·方技》 范正瑜，字春溪。受醫學於其父，精於治病。因見痘科用吹苗法多逆證，易殺人，遂遠訪名師，得洋痘引苗法以歸，全活嬰孩甚衆。著有《引痘無疑錄》。

王瑀

光緒《德安府志·人物·方術》 王瑀，字玉田，應山舉人。五上公車，不第，司鐸咸甯。性穎異，醫理精通，治常證，藥到病除。人如常而脈變者，一診即決死期，人服其神。著有《指明脈要》、《醫學捷訣》等書。生徒歲貢魏自寬得其術，亦錚錚有聲。

丁崑源

光緒《丹徒縣志·人物·方技》 丁崑源，其先駐防漢軍。家傳異方，治大風癩疾如神。漢軍奉裁後，崑源設醫室於城內黃佑橋南，遠近來就醫者，日不暇給。訂方給藥，期以何時愈，無不應驗，以故其門如市，乃闢地治園亭樓閣，病者遠至，留主其家，約期而愈。乾嘉以來，子孫世習其業。咸豐間，宅毀於寇，其裔避居他處，仍多求藥者。寇平返里，人亦踵跡至，崑源舊號猶傳焉。

吴廷桂

光緒《無錫金匱縣志·藝術》 吴廷桂，字東山。精岐黄，於傷寒洞悉微奥，著《傷寒析義》十四卷、《灰餘集》六卷。

沈省

嘉慶《蕪湖縣志·人物志·方技》 沈省，字曾三，大望子。承父岐黄術，神明古方，胗視能立斷死生壽夭，求治者塡門，時稱爲國醫。省見貧乏不能市藥物者，必購給之，一如其父。尹制府患痢，久不痊，耳省名，招之至署。省投刀圭劑，病良已，因是大尊信之，爲忘形交。著有《集驗》等方行世。卒年七十。

王吉士

光緒《德安府志·人物·方術》 王吉士，字藹如，安陸諸生。精岐黄，以鍼灸救危急，尤得古人遺法，取死回生，其效立見。

熊煜奎

光緒《武昌縣志·人物志·文苑》 熊煜奎，字吉臣，諸生，靈一里人。父昌秀，增廣生。煜奎自少即潛心正學，期於有用。著有《訓典匯要》八卷、《續編》五卷，皆古人格言，督學孫家鼎爲序以行。生逢多難，鬱鬱無所表見。著《經世新書》二卷、《壽世文約》二卷、《中興聞見錄》八卷。家傳醫學，煜奎益鉤稽《靈》、《素》，宗法長沙，著《寒熱條辨合纂》八卷，巡撫潘霨極稱之，有《儒門醫宗》二卷、《方藥類編》二卷、《救急良方》一卷。里鄰有求醫者，無寒暑早夜必至，或給以藥餌，有善舉，必佽成之。生平寡交游，惟與處士鄒鄰早善。晚年益貧，而好學之志，乃益篤焉。

案：煜奎所著書，惟《聞見錄》系稿本，餘皆刊行。因採訪稽遲，故《藝文志》甄錄未備。而所載《成人寶鑒》、《蒙養金鍼》又出於採訪之外，今并錄於此，所著詩文則大半遺佚矣。

李之音

同治《新喻縣志·人物·方伎》 李之音，字先春，號雪嵒，石龍人。父以醫術知名，嘗於雪中著草屨爲貧人療病，人訝：先生何不畏冷耶？答曰：人命爲重焉，敢辭勞？病愈亦不索謝。之音年未冠，補弟子員，屢戰棘闈不第，遂棄舉業，益精於醫，活人無數。游其門者，亦多善醫。寓羅坊堆雲山，文人學士，時相往來：邑人黎且園有詩名，嘗與倡和。子二，長植，郡附生，克紹箕裘，手集醫書，並錄家藏醫案待梓。次模，邑增生，亦世其業。道光壬午協修《縣志》。

張天爵

同治《新喻縣志・人物・方伎》　張天爵，字仁元，湖田人。業儒不就，轉儒業醫，遂精濟人之術。凡長桑、扁鵲、孫眞人古案，以及張仲景、王肯堂、李雲間之新書，靡不洞抉秘奧，一時號稱良醫。病者無遠近爭就之，服其圭匕，病輒愈脱；有不救，得其診視亦無憾。性謙和，樂善如不及，知縣張景蒼高其行，舉輔賓筵。年八十有五卒。子四，遊泮者二人。

辛炳炎

同治《萬載縣志・方技》　辛炳炎，字用晦，東都人，英爽特達。爲文涉筆立就，教諭魯鴻深奬異之。屢試前茅，卒不售。年五十乃精醫，其用藥，多時師所不解，卒應手瘳。嘗有戚串至家賀歲，炎授一丸令急服，遲將不治。其人不信，(翼)〔翌〕日疔發唇死。一婦而病，延之診視，定方下之，立産數蛇而愈。其臨症類如此。著有《醫通》、《醫案》藏於家。

譚昌言

光緒《解州全志・人物》　譚昌言，嘉慶癸酉解元，好學精深，孝行純篤，兼精岐黃術，著有《内經知要》。

弓士駿

道光《鄭縣志・人物志・方技》　弓士駿，字伯超，世居弓寨。乾隆季年，其母夢佗入室而生。案頭常置醫書，專心研究。有勸以應童子試者，默不應。會兄女有眼疾，醫藥罔效。兄老，僅此女，鍾愛之殊。無聊，令先生醫治之。用九制硫黃二兩，別無兼味。兄難之，而無他術，服之即愈。由是求醫者踵至，罔不應手回春。河南某中丞太夫人病癱，州牧薦公。及至，診脈畢曰：是病也，寒濕凝結臟腑，狀如冰，宜用白砒四兩服之；以大熱救大寒，譬之日照冰，宿凍可解。中丞意弗善。先生曰：服此如誤，願伏鑕斧。太夫人聞之曰：與其服它藥而增劇，不若服毒藥而速斃也。命即市白砒，中丞以半進。戌時服之，亥時婢奔報曰：太夫人坐牀褥，索飲食矣。中丞喜趨告先生，先生曰：藥服半劑乎？不然，太夫人能起行矣。中丞以實對，欲再服其餘。先生曰：不可。前者毒結臟腑，以毒攻毒，當不受害。今臟腑之毒已盡，再用殺人。中丞強之仕，不應，贈以金，不受。著有《弓氏醫書辨訛》十六卷，存者四卷。得其書者，試之輒效。

王似之

道光《武陟縣志・方技傳》　王似之，字式谷。幼應童子試，有才名。因病究心岐黃術，求醫者一劑輒愈，然不索謝。所著有《痘疹愼始集》。

呂榮

同治《黃縣志・人物志》　呂榮，字聲華，生員。精醫術。一人舌生一竅，血流不止，命在須臾。榮投劑，一劑即愈。一女子昏迷數日，不飲不食，四肢殭厥，予藥一丸，噙化即愈。一婦人患病甚重，舉家驚惶，榮爲診脈曰：孕也，無害，必孿生。此婦不育幾十年，不信其言，不服其藥。後病愈重，勉強試其藥，而病頓痊。數月後，果舉二男。此類不可枚舉。自輯《經驗醫書》二十餘卷。善吟詩，晚年著《蒼公詩草》一卷。卒年九十一。

臧應詹

光緒《諸城縣續志・方技補遺》　臧應詹，字枚吉，莒州訓導承曾父。十五補諸生。以母老多病，習越人術。晚年益精，遠近目爲神醫。其治病神奇變化，不拘成法，而所投輒效，一時名醫多出其門。

任毓秀

光緒《費縣志・人物》　任毓秀，字伯起。善歌詞，工書，精纂刻。遺迹流傳，人多寶之。兼通醫藥，活人甚衆。著有《醫學易知錄》十二卷。

劉興湄

光緒《沔陽州志・人物志・方伎》　劉興湄，字秋浦，太學生。植行方嚴，見子柏才磨墨稍斜即予責，謂小可見大，勿忘也。湄父掞，神明於醫。湄得術，多奇中。近村戴某，野耕遇雨，血暴下，遂昏憒，諸醫束手。湄曰：是日大雷，蓋爲其所震也。經曰：恐則氣下，血即隨之。驗其脈必乍大乍小，診之果然，再劑而愈。著有《脈對》、《傷寒對》，幷集《過庭時間答語》凡十餘篇。

蕭麟長

光緒《黃岡縣志・人物志・方技》　蕭麟長，字華亭，業儒不售，去而學醫，博綜岐黃家言。疾者盈門，投以藥無不效。著《内經知要》。子鳳翥，監生。曾孫向榮，皆世其業。鳳翥著有《傷寒綱領》，向榮著有《先正格言參訂》。

江國膺

咸豐《興化縣志・雜類志・方技》 江國膺，字元禮。郡尊吳公母抱奇疾，或薦國膺赴郡治，立效。著《醫方選要》十卷。解上珍、李嵩山、吳碩庵，俱精內科；李龍起，精外科。子、孫皆世其業。

汪文譽　汪文綺　汪明紫

道光《徽州府志・人物志・方技》 汪文譽，字廣期，鶴山里人，世習岐黃。少補縣學生，雅稱能文，尤精其術。遇貧者施以藥劑，人咸德之。弟文綺，字蘊谷；從弟明紫，字東來，皆精於醫。蘊谷著《會心錄》、《瘟疫論》兩註。東來所著《脈學註釋》、《證治括言》，皆有功後學。前人贈句云：橘井泉聲是父是子，杏林花發難弟難兄。

陳繼謨

道光《黃岡縣志・人物志・方伎》 陳繼謨，字五彝，學問博洽，屢試不遇，遂業醫。治病多奇效，名聞於京師，由大醫院薦舉，授八品吏目。六年，以親老告歸。性孝友，行橐甚豐，歸即盡散諸兄弟。生平著述甚多，值所居濱河，水漲壞其居，僅存《陳氏醫案》一書，業岐黃者，皆奉爲準繩焉。

王廷相

道光《休寧縣志・人物・方技》 王廷相，字贊宸，陳村人。以名諸生邃於岐黃，嘗以利濟爲心。逾強仕，乃弃科舉業，悉心博究諸方書，注《傷寒論》，十易槁而成。廷相決於辨證，治病多奇中。有小兒病羸，大肉已削，廷相教服羊肉，不數月肌肉豐腴。或問之，曰：此脾陽漸微，不能攝血以充肌肉耳。又有患癲者，廷相治之以麻黃、細辛、甘草、生熟附子而愈。凡多類此，不能殫記，人因稱之爲更生先生，因以自號云。

胡應亨

光緒《宿州志・人物・才技》 胡應亨，字暘谷，其先徽州人，寄籍宿州。精於醫，自軒岐及歷代醫書罔不詳究，著《傷寒輯要》及《雜證脈訣》。子芳仲，克承先業。

屠用儀

道光《宜荊縣志・荊溪人物志・藝術》 屠用儀，字羲曜，邑諸生。資性過人，於諸子百家無不披覽，好吟咏，兼喜琴，手錄《琴譜》十餘冊。尤長于醫，大江南北延請者無虛日。嘗治一產婦，婦之夫抱兩月孩投水中，用儀遇之，救以歸。訊之，則以家貧，婦病，不能延乳撫養也。用儀愈其病，而助以資焉。著有《三瘧得心集》行世。

張克肇

道光《阜陽縣志・人物・方技》 張克肇，縣西裴家埠人。善醫，有求者，雖昏夜必往，多奇效。太和李文煥卧疾十二年，飲食肌膚不減，而身一轉動氣輒絕。診之曰：此眩暈證也。合服再劑而愈。有孀婦李氏欲出童養媳，問其故，謂媳腹中有小兒鳴。告之曰：此病也，豈可以此枉人名節？治之遂愈，爲姑婦如初。初游大梁，遇富家兒出痘者，已經抱出，謂其無害，與治竟得痊。欲酬之，則悄然遁矣。晚年卧病不出，求方者日踵其門，皆口授令人書與之。以梔子、豆豉已昏悶疾，人尤稱其奇治。著有《萬錦集》一卷、《匯補敲爻歌》一卷。年八十餘卒。

倪殿標

道光《旌德縣續志・人物・方技》 倪殿標，字濟庵，精醫術，起病如神。樂與文士周旋，談論風生。所著有《醫選》二十四卷，發明軒岐精義，采輯諸名家四十餘種，皆先冠以論，辨其得失，次列方，一一疏明。鮑詹士桂星、胡教授暉吉爲之《序》行世。

楊三捷

同治《渦陽縣志・人物志・方技》 楊三捷，號介夫，梁疃村人，邑庠生。子國華，皆精於痘疹，即險惡之症，醫愈者不下數百人。著有《痘疹秘訣》、《應驗良方》，惜失於兵火。且品行清正，於延請之家，烟茶而外，一介不取。至今鄉里推重。

張希周

同治《樂平縣志・人物・方技》 張希周，號一中子，撫州金谿人。蚤歲雲遊，假修帽琢鞋自給，足跡半天下。遇名山寺院，則潛寓，研尋《周易性理》、《參同契》、《性命圭旨》等書。尤通貫軒岐《靈》、《素》之說。年四十餘至邑之秧坂村，未久失明，曰：天使我止於此。遂以針灸方劑爲衣食。與談煆煉鉛汞，則津津娓娓。獨坐左右，手遞拭其面，以大食指作由繹狀，竟日無已。頭面半赤，問之，云：有肓絲纏通身肌膚，日從眉棱髮際間抽去，可無病，意其即爲爐火力也。晚年，著《脈訣》，適火其稾，遂輟。鑄大燒紙爐送村寺中，棱印列卦圖次序、方位，又捐金造藥王殿，供奉上古醫藥等神。按陰陽聖衍，九九八十一方，刻列牆壁。年八十三卒。嘗曰：此遠近所方，醫先生頗有，唯針灸之學失傳。

方立肇　方應軫

同治《新化縣志・人物・隱逸》　方立肇，字修紀，一字平心。少敏捷，讀書過目不忘，《六經註》能默識。三應童試不售，改業醫。多採土藥，負以濟人。有求診者，不計寒暑，雖星夜必往。嘉慶甲戌秋大疫，有余某，闔家傳染，肇適經過，邀入視，苦無藥貲，即出富家所謝金，飲之皆得痊。子應軫，國子生，守正不阿，樂爲義舉。倡設育嬰會，多所全活。屆清明必督工培修乏冢。亦世醫術，有謝以金者，悉購藥以濟貧病，或勸積之，以待有餘。應軫曰：待有餘，終無濟人之日。守財虜，吾不爲也。其《經驗救急方》，時手錄傳送。著有《醫鏡便讀》，人爭抄之。應軫子振南，隸學籍。

陳有統

同治《長樂縣志・外紀・方伎》　陳有統，號環海，江田人。初業儒，因母老多病，棄舉業，潛心岐黄，以醫鳴，兼耽吟咏。夏秋疫作，酌古方，遠近濟活無算。爲人玉立鋒發，風雅可人，薛生白流亞也。晚益骯髒，可以禮招，不爲貲動。所著《傷寒論註》、《醫學闡微》及《環海吟草》，凡若干卷，歿後，遺稿散佚無存。

鄧大德　劉淵　李起鴻

光緒《惠州府志・人物・方技》　鄧大德，歸善人。世業醫。父文照，諸父藜照，子照，皆精於醫，而文照尤好行善。大德爲文照次子，承其家學，以術行於鄉，垂六十年，爲諸醫所不及。平居小心謹慎，每遇一病，必診視詳審，然後發藥。藥之所投，皆中其肯，十不失一。嘗治一疑難大症，諸醫束手，大德至則指下了了，亟下重劑，力排衆議，其自任又如此。當時與大德先後著名者，有劉淵、龔楚、鄧大成、鄧大任、王世仁、李起鴻，皆能卓然自立，以行於世。而劉淵著有《集驗良方》，李起鴻著有《醫宗輯要》，尤足以徵其學植云。

李元基

光緒《廣州府志・方伎》　李元基，龍門蓼溪龍江人。善醫藥。有婦人墜樓，首破氣絶，元基先灌以丸，婦即甦，隨搗生藥敷之，數日顱骨自合。人驚爲神，欲試其技。元基到竹林，斷一筍而合之，藥敷於外，翌日筍生如初。又有入山誤觸機弩，箭入足踝骨中，元基敷以藥，鏃自出。嘗無意中置藥於桌之隅，頃間筍拔而桌折。其妙技多類此。

李登嵓

同治《羅江縣志・人物志・處士》　李登嵓，字林西，捐貢生。老成精干，諳練公事。嘉慶初年，前邑宰陳公嘉其急公尚義，贈以匾額。事瞽母盡孝，尤精醫理，開半濟堂，遠近求醫者，無論貧富，公均視焉。有貧者，復施以藥，活人甚衆。

葉大椿

光緒《無錫金匱縣志・藝術》　葉大椿，字子容。精於痘科，症無危險，應手即愈。人以神醫目之。有《痘學眞傳》八卷行世。

許昭

光緒《無錫金匱縣志・藝術》　許昭，字來兹。多讀書，能詩。以稟弱習醫。治病不責酬，尤急窶人子，必與善藥。性抗直，不少挫。一勢家輿役死，先數日與富室某角口，以此牽連申報有司。昭嘗與診息，知以病死。比對簿，或餌以利，不顧，直前白之，獄遂解。

柯懷祖　朱世揚

光緒《無錫金匱縣志・藝術》　柯懷祖，字德修，工醫。嘗入都，名噪公卿間。其言：不知天、地、人，不可與言醫。輯《理虚元鑑》等書行世。稍後有朱世揚，字淇瞻，善岐黄術。所著有《誠求集》。其同里華虞薰，學於世揚，亦名於時。

王鶚翔　徐涵

光緒《無錫金匱縣志・藝術》　王鶚翔，字心一，國子生。少習醫，貫串於《靈》、《素》、《難經》諸書，以意爲變化，而不泥於古，所投無不效。貧者資以藥餌而不索酬。同時有徐涵，字兆京，爲瘍醫，甚危險莫能治者，涵立起之。

陳鳳佐

同治《如皋縣續志・列傳・方技傳》　陳鳳佐，字鳴岐，治病多奇中。著《傷寒論辨》、《難經析疑》。

方聲炯

同治《弋陽縣志・人物・方技》引咸豐《縣志》 方聲炯，字孚遠，庠生。性嗜學，名重鵝湖。兄弟五人，友愛備至。母陳氏晚歲多疾，究心方脈，熟於經絡針灸之術。每處一方，或百劑，或數十劑。嘗預定其程，遠之者輒未從復發，仍令如數服之而愈。平生活人以千計，未嘗有德色云。

沙書玉　沙書瑞

光緒《丹徒縣志摭餘・人物・方技》 沙書玉，字石庵，與弟書瑞，字序五，以醫齊名。先世毘陵人，祖九成徙居邑之大港鎮，遂占籍焉。世以醫顯，至書玉昆仲名益著，聲震大江南北。書玉著《醫原紀略》、《瘍科補苴》等，書瑞實贊成之。平日皆存心慈善，遇貧者給藥費不受酬，歲暮施米券，率以爲常。大港河道淤塞，倡捐開濬，以利舟楫。他如育嬰恤嫠，義塾公善堂，拾骨施藥等善舉，幷修大港至諫壁石路，亦各分診資相助，時人僉以二難目之。書玉子用圭，字桐君，書瑞長子用賡，字詠清，次子用儒，三子用璋，字夒堂，均世其學。用圭、用璋，尤名噪一時，公卿爭禮延之。對於港地公益，能承先志，有父風。用賡子承標，字錦舟；用圭子承楨，字獻廷；用璋子承志，字少堂，亦繼以醫名。

陳世芳

光緒《丹徒縣志摭餘・人物・方技》 陳世芳，字菊坡。好讀書，工醫，尤擅長婦科。著有《靈樞集註》、《素問集註》，輯《京江節孝祠譜》。

沈叔瑤

道光《思南府續志・人物門・方伎》 沈叔瑤，字南溟，福建連城人，籍思南。性平易，業岐黃，與人診病，能悉心以求其合。所立醫方，每日必登記以驗效否，存方十餘冊。全活頗衆。

趙煥文

道光《東陽縣志・人物・方技》 趙煥文，號敬齋，嵬山人。稟生。天性厚重，喜讀程、朱書。幼多病，博觀《靈樞》、《素問》，能通其意。遠近求醫者踵至，既劑方愈疾歸，益講求研索。每語人曰：醫雖小道，實通陰陽造化之微。故晚年其術益邃，往往預決人生死不爽時日。著有《醫問》若干卷。同時城中朱奕章、葛知瑞亦解脈法，人多傳之。

何尊鐸

同治《桂陽直隸州志・人物志・方技》 何尊鐸，號天木，以潤裔孫也。祖父庶，兼通醫，夢孫思邈抱兒授之，遂教以《靈》、《素》，爲名醫。頗曉風角，以醫選入京，補太醫院醫士，行至武昌，望南方白氣，詫曰：吾州當大疫，遽還，果疫，隨所至而愈，人益異之。弟子【略】七傳其業，遇死人以刀圭藥起之，至今州人傳用《天木方》云。

任瞻山

同治《瀏陽縣志・人物・方技》 任瞻山，字師禕。北鄉人，監生。

光緒《湖南通志・人物・技術》 任瞻山，字師禕。治醫有神悟，於陰陽、虛實，辨之最晰。初更事兩師，未得其要，乃討古方書，精探奧旨，三年有得，出視疾，能識其源。或病日中而歎，昳而號，夜半乃休。瞻山曰：午，陰生；子，陽生。其候爲陰賊陽。扶其陽果已。常言治病如防敵，當知寇所出沒與所以安良之術，不然，且速禍。故其用思也必慎。既切脈而又問，雖隔垣辨聲，能決人生死，一時習其術者數十人。所著有《任氏醫案》五卷，藏於家。

江宗淇

道光《信豐縣志續編・外志》 江宗淇，字筠友，邑武庠。耽吟咏，精岐黃、青烏術。著有《天符星曜趨避義例》、《六壬輯要》、《造命發微》、《造命千金》、《列宿分度》、《挨星師眞編》、《七十二圖》、《航江一葦》、《丹丸善本》、《丹膏善本》、《痘科善本》、《本草類編》諸書。

蔡宗玉

同治《龍泉縣志・人物志・方技》 蔡宗玉，字象貞，號茗莊，恩貢生。祖、父皆以名儒習醫學，藏醫書甚富。研究有年，精通其理，集諸家之說，著《醫書匯參輯成》共二十四卷。於各症之下，分別何脈，何方，使閱者依病審脈，依脈辨證，依症尋方、定藥，皆可通達無疑。金谿進士蔡上翔爲之序。

曾鼎

同治《南城縣志・人物・方技》 曾鼎，字亦巒，號香田。工醫，馳名京邑，王公爭禮之。鼎初習舉藝，後以家貧理父業。旅豫章城之白馬廟，故爲喻嘉言禪栖所，鼎學宗嘉言，專精脈理。初時有客來廟者，輒試診之，嘗曰：必熟平脈，乃識病脈也。如是者八載，後始療多奇驗。譽日起，游京都，名益震焉。性豁達慷慨，脫略勢力。貧子寠人不計酬謝反佽助之，權貴者少不加禮不應聘。酒酣時，縱說古今得失，洞中肯綮。晚歲仍寓居豫章，卒年八十有奇。著有《痘疹會通》、《醫學入門》、《婦科宗旨》、《幼科宗旨》行世。

謝玉瓊

同治《安福縣志・人物・方伎》 謝玉瓊，北鄉赤谷人。幼試文場不售，乃精岐黃術。纂輯《經驗良方》，博採方書，刪訂成帖。著有《痲科活人全書》，刊行傳世。

陳嘉言

同治《義寧州志・人物志・方技》 陳嘉言，武鄉人，太學生。業醫，尤精幼科，家常備藥物，全活甚多。有艾某幼病氣絕，嘉言嚼丸滲漉立起，至今鄉里猶道其事。年八十三卒。著有《活幼勛奇》四卷。其孫石屏，源家學，治療奇疾無算。刺史胡梁額贈德媲良相。卒年六十二。著有《保赤金丹》行世。

祝星霞

道光《臨川縣志・方技》 祝星霞，幼習舉子業，屢試不售，乃究心岐黃之術，謂是亦足以濟人，尤精於脈理。鄉有李姓者年十六，病且久，百治不效，星霞爲診脈，謂其親屬曰：此子病將起，可無憂。因問曾聘妻未？曰：已聘。曰：是宜速娶，或當有後，明年冬病必復作，不可爲矣。後悉如其言。治他病率類是。性廉介，起人疾多不受謝，鄉人德之。比卒，邑人劉飛誌其墓，有藥人不下千億，而未嘗取値於人之語。著有《錦囊訣要》，藏於家。

尹嘉實

同治《贛州府志・人物志・藝術》 尹嘉實，字公倫，先世雩都人。以醫名贛城，尤精幼科，能活險逆諸證。一兒左顴發一疽，已起灌收靨，而煩躁不食。嘉實曰：此名賊痘，痘未出也，將復出。急投敗毒散二劑，逾日乃發，遍體無隙處。所纂有《難經辨微》、《脈訣辨微》、《痘科誠求》、《尹氏按驗書》。

徐啓璡

同治《廣信府志・人物・方技》 上饒監生徐啓璡，字器。究心岐黃，於《靈》、《素》、《金匱》、《難經》等書，一一得其秘奥。每診危疴，應手立霍，見者詫以爲神。所輯《醫書》若干卷，家貧未梓，已散佚。

張廷相

光緒《文登縣志・人物》 張廷相，字寧瞻，諸生。性敦厚樂善，以祖、父世業醫，專心探索。精於傷寒、虛癆二門，活人甚衆。概不望報，尤好施藥濟人，行之多年，家產漸落。著有《醫要心鏡》二卷。

卞演

光緒《荆州府志・人物・藝術》 卞演，精方書，審脈理。求治者概不計利，故全活多人。蓋得上池之秘術而行古之道也。

李杜

宣統《甘肅新通志・志餘・方伎》 李杜，甯朔增生。天資過人，善書法，精醫術。

王有莘

宣統《甘肅新通志・志餘・方伎》 王有莘，陝西人，習醫術內外科，流寓甯郡城。子萬賢，孫景朝等八人，繼其業。治病不擇貧富，來延者，風雨晦明，咸徒步以往。藥不索重資，無力者未嘗責償也，人稱三世醫。

申理

宣統《甘肅新通志・人物・隱逸》 申理，號蓮山，嘉慶時鴨子渠人。幼穎悟，經目成誦，淹貫古今，學有根抵。不屑攻章句，兼精醫術。遇危疾，輒應手愈。鄉里有爭鬥疑難等事，力排解之，靡不冰釋。年六十餘歿。

陳于公

光緒《處州府志・人物志・藝術》 陳于公，慶元人。少業儒，後工醫。有產婦將娩而氣絕，診之曰：尚可生也。取黃土一塊攤臍上，用銅盆盛水置耳邊，細蔑敲盤，不數刻而生。人問其故，曰：此婦下焦熱甚，是以氣絕。吾用黃土以淸其火，復以金水應之。心淸魂定，兒下而母生矣。邑宰王開泰頗知醫道，誤自下藥，病轉劇。召其切脈，曰：無能爲也，不過七日矣，可速料理諸務。王聞之嘆曰：眞良醫也。如期果終。所著有《傷寒辨論》等書。

雷豐 少逸

《時病論・自序》 豐因謹承先志，不憚苦口，而特暢其說焉。豐先君別署逸仙，好讀書，喜吟咏，嘗與武林許孝廉葉帆、龍邱余孝廉康元圃、徐茂才月舲酌詩賦詩，迭相唱和，著有《養鶴山房詩稿》。既而棄儒，從程芝田先生習岐黄術，遂行道龍邱。晚年曾集古人諸醫書，匯爲四十卷，名曰《醫博》，又自著《醫約》四卷，書中多有發前人所未發者，同人借鈔者衆，無不稱善。咸豐十年春，鄰居虞拱辰助次勸登梨棗。甫議刊，而西匪竄擾于龍，倉皇出走，其書遂失。是時，豐父子同返柯城，冀賊退仍覓原書于借鈔諸友處，使數十年心血所萃不致湮没無傳。乃未及兩載，先君溘然長逝。噫！《禮》云：父没而不能讀父之書，手澤存焉爾。豐求先君手澤而不可復得，清夜自思，未嘗不泫然流涕。今僅留方案數百條，皆隨侍時見聞所錄，其中亦有論時病者，悉以授之從學程曦、江誠細加祥註，編成四卷。展誦之餘，猶仿佛趨庭問答時也。因憶先君嘗謂豐曰：一歲中雜病少而時病多，若不于治時病之法研究于平日，則臨證未免茫然無據。豐謹誌之至今，耿耿不忘。嗟乎！自先君見背又二十餘年矣，豐歷覽諸家之書，引伸觸類，漸有心得，每思出鄙論以問世，俾世之知我者以匡不逮，又自慚一介布衣，才同襪綫，爲大雅所譏，輒復中止。太不同志者固請時病之論，刺刺不休，爰不揣謭陋，將《陰陽應象大論》冬傷於寒，春必病溫；春傷於風，夏生飧泄；夏傷於暑，秋必痎瘧；秋傷於濕，冬生咳嗽八句經文爲全部綱領，兼參先聖後賢之訓，成一書以塞責。首先論病，論其常也；其次治案，治其變也。竊謂能知其常而通其變，則時病不難治矣。所望知時者按春溫、夏熱、秋涼、冬寒之候而别新邪、伏邪之疴，要宰其體實體虛而施散補之法，則醫道雖難，能難其所難亦不見爲難，願讀是書者之無畏難也。是爲序。

王光典

同治《安福縣志・人物・方伎》 王光典，號古愚，東鄉蒙岡人。博學能文，童試屢拔前茅。旋貢成均，赴鄉試，薦而未售。晚年以醫道活人，袁、臨各府延診者，無不立效，而於傷寒尤得仲景眞訣，有起死回生之功，時人稱爲神醫。

費岳瞻　費文紀

光緒《武陽志餘・藝術》 費岳瞻，字曉峰。精醫，貧者贈藥餌。諸子世其業。岳瞻以飽食車行，磕石腸絶歸，使諸子脈之，皆言無疾。獨五子文紀泣曰：腸壞，敗徵見矣。岳瞻因敕諸子無以醫誤人，傳吾學者，獨紀也。悉以秘方授之。文紀年二十爲醫，至七十四卒。

齊傳苞

光緒《天台縣志・人物・義行》 齊傳苞，字惟履，號東藩。諸生。有志性，母朱早卒，苫塊中，嘗手握一土像，置座側，朝夕奠酹如存。奠已，輒抱持大哭，服闋猶不止。父卒，三日勺水不入口，三年中不飲酒，不食肉，不入內室。每朔望忌辰，哀感行路。嘉慶十五年應鄉試，遇雨墜溝中，衣褲俱泥淖。即畢試，嘆曰：功名未可必得，奈何以父母遺體行殆至是乎？遂絶意科舉。父式傑，故善醫，傳苞傳其術益精。會邑大疫，闔城傳染，親串至不敢問訊。傳苞制丸散以自隨，有貧乏輒予之，全活者不可以數計。嘗言學以存心爲主，而在醫尤切。作《得心齋銘》云：心猶水也，水凈則清；亦猶火也，火潔則明；沉於利欲，梗於物情；沙淤雜下，中生棘荆；澄之汰之，適搖其精；吹之揚之，且滅其生；保厥伊始，庶幾有成，積功非他，歸於存誠。嘉慶初，召舉孝廉方正，有司欲以傳苞應，力謝之。著有《醫林集腋》二十四卷。

陳實孫

道光重修《儀徵縣志・人物・藝術》 陳實孫，字又群，號師竹。善醫，工詩，慷慨好友，排難解紛，不厭不倦，當時有窮孟嘗之稱。嘗語云：人不作良相，當作良醫，以其有濟於世也。值大疫之年，以藥活人甚衆。曾選刻《八家四六文鈔》，著有《時疫大意》、《春草堂詩集》。其門人崇仁縣令萬宗洛爲梓之，阮太傅元吳、祭酒錫麒爲之序。

劉沛生

道光重修《儀徵縣志・人物・藝術》 劉沛生，字雨亭，號外穠。世專痘科，見點即辨生死順逆。嘗論云：小兒痘症只三途，曰順、逆、險。順者，勿庸治。逆者，無可治。所待治者，險症耳。故其治痘，百無一失。工書法，有平原骨力。性耽吟咏，每動詩興，雖在胗脈家，亦不禁其舞蹈。《遊余氏園》句云：落日催詩稿，青山動酒杯。《典琴》句云：不彈此調久，何必尚留琴。極爲邑令屠太守倬所賞。梓有《是我集》、《晚香吟》。年七十餘卒。有八子，第七子懋柏，入邑庠。第五子吉林，繼其業。

汪熊

道光重修《儀徵縣志・人物・藝術》 汪熊，字崙光。幼嗜醫術。父母歿，悲痛目眚，經年始愈，研求醫術益篤。從常州錢人俊游，傳其師法，通《金匱》、《傷寒》之（指）〔旨〕，學日以進。族孫懷慶府知府喜荀，少患羸疾，諸醫決其必不起。熊以仲景法療之，不數旬而痊。其它治驗多類此。晚年精神矍鑠，貧家請診治者，徒步往返，不憚其勞。嘗戒其弟子曰：醫家當視人疾如己疾，不可稍有疏虞以戕人命，惟自勉焉可耳。卒年八十一。著《醫學眞詮》二卷。

林能

道光重纂《福建通志・國朝藝術・興化府》 林能，字孔賢。精醫術，診脈能預知數年後生死。嘗曰：岐黃之妙，後世鮮聞，若王叔和、劉河間輩，惟師其意，勿泥其方可也。郡有婦人患胎病，群醫莫能治。能至，詢婦人所食，主人曰：食鷓鴣耳。能曰：夏氣方盛，鷓鴣食半夏，必半夏毒也。治之立愈。

陳五鼎

道光重纂《福建通志・國朝藝術・興化府古田縣》 陳五鼎，字斯至，諸生。善醫。有遠鄉人，年七十有二，疾危甚。五鼎診之曰：此人不特不死，且可延十年。翌日果愈。稔其無子，勸之納妾，曰：按脈當有一子。及歿時，子八歲矣。著有《脈經》八卷。

陳疇

道光重纂《福建通志・國朝藝術・興化府古田縣》 陳疇，字箕臣，歲貢生。精岐黃術。有一人素強健無疾，診其脈，決其逾月必死。又遘重疾者，人皆以爲不起，疇獨謂不然，投一二劑，果愈。惟戒以節飲食，乃列其所忌者，使慎之終年。其人數月後違其戒，疇一見，憮然曰：玆不治矣。果如其言。

何大成　朱天賢

道光重纂《福建通志・國朝藝術・泉州府》 何大成，歲貢生，精醫術。偶見一鄉農，詢其家，曰：紫峰間。有家人同行乎？曰：一子一姪。子在行春樓市物，在後者姪也。何密謂其姪曰：爾叔不能到家矣。爾代伊子市物，令伊子輿之歸。姪猶豫，旁人曰：此名醫也，勿緩。因令子與同歸，至東關外而斃。人問故？曰：吾以其顏色知之。又一族婦，年二十餘得病，視其脈出，喟然歎。族人驚問：不治乎？曰：否，一二劑可愈耳。吾慮汝家丁少，冀其宜男，今無望也，且其年無過三紀。後亦如其言。同里朱天賢，少孤，事母孝。精醫術，遊外國，王病亟，投以良劑立愈，酬金幣，不受，請釋內地死罪刑，全活二百餘人。

林宸弼　周如璧

道光重纂《福建通志・國朝藝術・興化府莆田縣》 林宸弼，醫傳三世，善兒科。用藥當而效驗速，時推獨步。同縣周如璧，精究外方，貧者贈以藥，病愈不受謝。

朱滐

光緒《續修舒城縣志・人物志・藝術》 朱滐，號松坡。太學生，精醫。爲人治病，概不取謝，貧者并濟以藥餌。著有《種德新編》，待梓。子孫均列膠庠，鄉人頌之。

戴因本　陳錦　孫璧　葉德明　徐畊

光緒重修《華亭縣志・人物》 戴因本，號春泉，居永樂橋東。少孤貧，習爲縣胥不就，去而讀書，游於庠。後爲醫，兼善瘍科。治貧人疾不受贈，接之色甚和。遇富貴者，或嬉笑怒罵不可測，人遂以怪目之。陳錦，號繡谷，居姚家衖，諸生。好作詩，從因本遊，醫學尤邃。孫璧，號藍田，居後岡，親歿，遺産讓之弟，以醫爲生。好學工詩，善畫蘭竹。葉德明，號霞泉，居亭林，治疾多奇效。能詩，尤善鼓琴。晚年營生壙於蕭中素墓側，曰：以志景仰也。又有徐畊者，字尊三。居柘山北，得異僧接骨方，以醫傷名，子孫世其業。

沈文淵

光緒《無錫金匱縣志・藝術》 沈文淵，字繹明，少多病，習醫以自治，繼遂能活人。邑大疫，當事徵之，所投即起。性最慈祥，凡鰥寡及婢僕乳媼，延之立往。曰：此輩求醫最難，不中緩也。

張璽　高學灝　高熊飛　高瓊　李蔭邦　員輔臣
程本裕　程萬培

光緒《續修舒城縣志・人物志・藝術》 張璽，字仕朝。以醫名世，自《靈》、《素》以來醫方無不窺，而能心知其意。遇病者，必詳審再三，即驗其證，然後求藥。久之，變化從心，故藥無不效。著有《金鑑集解》，待梓。時有高學灝，以習舉業不得志，遂遍讀黃帝、扁鵲之書，以醫藥濟人，不取值。書法尤重一時。學灝卒，孫熊飛世其業，凡有所濟，亦不名一錢。同族高瓊聞其風，亦能以醫藥活世。至以外科著聲者，有儒生李蔭邦，疑難諸證，就者立效。以小兒痘科著聲者，有員輔臣，聞小兒啼聲，輒辨其證之生死。以眼科稱者，有程本裕及其子萬培，按證發藥，隨手奏效，播譽里黨。

汪莊英　桂士元　伍益元

同治《衡陽縣志·方技傳》　汪莊英，字肅軒。少習舉子業，已而棄去，博通醫方，遂以技名。已又遍覽子史，間爲詩文以自娱。家貧行端，里人敬之。有小兒病不能食，晝夜號叫，人莫知其證。莊英往，曰：此無疾，絶乳早，悲鬱耳。莊子所謂：有弟而兄啼也，乳之而愈。北鄉小兒多夭死，將死必笑，諸醫以爲魅。莊英獨先知之，服其藥，則無疾。不服，發病即死。曰：此疫氣耳。年老，不復出。從子母疾篤，更數十醫矣，强迎往。諸醫聞之，往觀其方。莊英遍問其證，皆不能主名。乃謂從子：此瘧耳。疾易愈，然中附子毒，三年當死，死則胸黓黑，乃其驗也。已而果然。所著醫書及詩文，散佚不傳。門人家往往寶之。同時有桂士元。伍益元，均以方脈著。伍氏世傳瘍醫劀殺之術。

方　觀

道光《泰州志·人物·流寓》　方觀，字仕萩，於潛人，其父樹程知泰州，遂家焉。觀通醫術，至曾孫國元凡四世，皆能精其業，爲邑上醫。

程本遐

道光《徽州府志·人物志·方技》　程本遐，字永齡，仁里人。工詩古文詞。因世業岐黄，遂攻《内經》及名家方書。研究通徹，著有《脈症指疑》、《醫方類》等集。

蔡以焜

光緒《黎里續志·人物》　蔡以焜，字友陶，號幼濤，監生禹松子。從外家得跨塘顧氏《秘方》始爲醫，以外科名。繼讀張仲景書有悟，兼通内科。善切脈，求者輒效。所治疾，皆錄爲書，積二百餘卷。其族子紫垣病怔忡，醫皆束手，以焜視之曰：此易耳，命覓經霜絲瓜藤和藥煎服，一劑而平。又有人病肝胃氣多年，每勞輒發，兼患鷄鳴瀉，他醫制以香燥之品，服久轉劇。診其脈，曰：此虚肝氣也，投以黄耆、歸身、阿膠、黨參、遠志、棗仁，五服而愈。子增祥，字福基，號會卿，能承父業，治疾多效。

祝　勤

光緒《東臺縣志稿》卷一　祝勤尤精醫道，往往起廢疾。多蓄奇書、古簡，搜討至忘寢食。曾應禮部試，在都下以一裘易一古錢。著述甚富，終日事鉛丹，無間寒暑。自六經、子、史，下逮古文、詞、賦、醫藥、堪輿之屬，靡不殫究。在任之日，刊有《養蒙詩鈔》十卷、《衛生鴻寶》四卷行世。其未刊者有《禹貢水道考》二卷、《詩經通解》二十八卷、《附錄》一卷、《授受》一卷、《詩綜》四十卷、《仁方輔世編》若干卷、《孝經通解》二卷、《聖迹匯函》二卷、《聖門弟子考》二卷、《傳經諸子考》一卷、《詩林模範》八卷、《錢譜》二卷、《玉函廣義》二十卷、《地理匯參》四十卷。藏於家。

吴天梃

同治《盱眙縣志·拾遺·方技補遺》　吴天梃，庠生。善醫，著有《傷寒辨論》及《幼科集要》。

陳明楧

道光重纂《福建通志·國朝藝術·泉州府》　陳明楧，字爾素。精醫術，采茶煉藥，取清源乳泉配合製造爲萬應茶餅，一名神麯茶，療病如神。無力者，施與之。子日雲，列肆於府西門内，額曰杏圃。

蔣　六

光緒《湖南通志·人物志·技術》引《桂陽州志》　蔣六，桂陽州人也。少無賴，浪游蜀中，遇一道人曰：子可傳吾術，遂師事之。同行衣食取資焉，道人囊中，恆有錢數百，不見其損益。嘗宿逆旅，主人病腫且死，妻子守哭甚哀。六嘆息，道人曰：汝不忍其死耶？取黄紙，朱書符焚之，以水飲病者，目動，起吐黑水斗餘，病若失。環謝道人，呼爲仙。越三年，再過之逆旅，主人拒不納。六與言往事，漠不應，止郵亭中坐待旦。夜半，道人語六，取火來。未對。道人反身，取香火示之曰：逆旅主人已死鬼，爲吾服役也。遲明視之，果死。六愈神之。七年不授一術，不敢請。一日，道人疾危甚，於枕底出書與六曰：盡吾術矣。若不識字，第焚灰服之。又曰：外有四人而召之來。道人告四人，可從吾弟子。自此，蔣六以道術顯，年五十餘始還州，專爲人療疾。不施方藥，至則疾愈。或不行，則曰已愈矣，亦愈。不然必死。酬之則受，不索也。初許酬者，後吝之，疾輒復作。州同某，有愛女墜樓折脛，請六往，許百金。六指按骨，骨立續，須臾平復。州同易之，犒數金。使者未返，女脛自折。大驚，立予百金，持書招六。六笑曰：語爾主，無自欺，疾不足害女。復平復如初。年七十，病甚，歐惡涎斗許，語人曰：服此得吾術。人惡阻，無肯應者。六歎息而死。

郭亮生　郭龍

光緒《湖南通志・人物志・技術》 郭亮生，字顯章，常甯人。少研岐黃，得異人指授，術益精。著《痘痲心經》。子龍，字極峰，傳其業，全活無算。著《濟世驗方》一卷。壽九十，無病卒。

黃昭乾

光緒《湖南通志・人物志・技術》 黃昭乾，字健修，桂東人，文學生。精醫理，自《內經》、《金匱》及東垣、丹溪諸書，手自鈔錄，博而約。因其方而變其用，求治者不遠千里，全活甚衆。遇貧乏，施丸散，予藥資，不受謝，醫者宗之。善書，能琴，好學，至老不懈，與人無忤。嘗自警曰：讀書要透，做人要厚。五子克世其家。

鄭學山

道光《遵義府志・人物・藝術》 鄭學山，遵義諸生，名仲僑，以字行，益顯五世孫，家豪於貲。其父菘，早歿。母宋，以獨子善病，令稍知醫。乃盡發方書，研究積年，有所得，力欲以活人爲事。聞有世傳驗術，不遠千里，持厚貲羅而受之。曾買一秘集，方二十餘首，至酬以二百金。一日，寓大足縣吳林山寺偶病，市遠難得藥。有先來寓稱張先生者，聞呻吟，曳草履大杖，排戶入。長身，粗鬚眉，氣貌可畏，問：何患？爲汝診。其輕也，如蟬翼之貼葉。其重也，若沒潭而抉石。出一丸令服，遂起。過談，先生曰：汝知切乎？曰：粗學之。曰：切何爲名？曰：以息候脈名耳。先生曰：噫，太淺。彼男女之交也，其切之意乎。以我之精，遇彼之神，其淺深進退，視吾指猶迹也，是親切之謂也。天地之大，度著於寸，深於尺。惟人亦然。以我尺寸，印彼尺寸，其合也不間毫髮，是捫切之謂也。理數交融，醫乃有權，且汝之所謂息者何？曰：呼吸之氣。脈者何？曰：穴之動。先生曰：噫，大誤。天地之氣，爲霾爲曀，爲風火，爲雷雹，是天地病也，而其運行也。自若人之病亦然。今以汝呼吸定人之病，則必汝氣遲緩急數也，而謂人脈遲緩急數，若此而藥之，是汝身病而令人口服藥也。人之不死於汝病者幾希哉！因再拜稽首，請受教。先生曰：噫，難，且從我三月，當有悟。從三月，先生別去，乃歸，其學大進。絕口不道方脈。有知者遇急延之，雖中夜大風雪，必即往，往無不活者。常曰：十失三，吾不肯受。十失二，吾不敢當。其失二、三之間乎。母早病勞咳，以法調之愈。至壽九十始歿。生平性慷慨，所居困倉，環四牆花果竹藥，周四、五十畝。來告饑者，指某困，呼奴子量若干斛去。告急者，出橐藏即令之稱。四方客過其家，烹羊宰肥，或時作十日之飲。告去，知其貧，必有所資。而其自奉，一布袍，數十年，食飣兩蔬而已。晚歲，其子文清請著醫法貽後。曰：是道必知其意，不可以言求也。僅以《傷寒證治》口授之。臨卒，出貸券約萬金，付一炬，曰：子孫才，能自食，不才，滋害人耳。年六十三。

周會進

光緒《永川縣志・人物・技藝》 周會進，字升堂。初業儒，後棄帖括，得仲景遺法。每遇危症，探其病源，審的乃用藥，戥分極重，人方怯不敢施，而進百無一失，獲效甚神。所謂膽大心細者也。

劉一明

宣統《甘肅新通志・仙釋》 劉一明，山西曲沃人。家累萬金，棄之，隸道士籍。結廬金縣之棲雲山，往來蘭城，挂單白道樓，得《參同悟眞》之旨。講《易》太極圖、先天圖，多名理。兼精醫術，著書甚富，有《周易》、《三易》、《金丹口訣》、《沙脹》、《眼科》等書數十卷，板行於世。

王國泰

光緒《荊州府志・人物・藝術》 王國泰，以醫術濟人，痘科尤得不傳之秘。著有《痘科圖經》一卷。

時焜

光緒《荊州府志・人物・藝術》 時焜，字光燦，江陵人，賣藥董灘，遂家焉。精醫，嘉慶甲戌大疫，治活甚衆。

陳其殷

光緒《蘄州志・高潔》 陳其殷，字楚奎，弱冠補弟子員。鍵戶讀書，久不

楊遵程

光緒《山西通志・藝術録》 楊遵程，平陸人。由歲貢官靈邱訓導。學優品粹，義舉尤勤。精醫理，門常如市，應手取效，不受饋遺。著有《撥迷金針》。仕歸，獨居樓上，終日持麈尾危坐。年九十餘，無疾而終。

史鳳集

光緒《山西通志・藝術録》 史鳳集，稷山人。性長厚，以針灸愈病，不受謝，儀邑令黄嘉其行，匾旌之。

賈凝禧

光緒《山西通志・藝術録》 賈凝禧，絳縣人，貢生。精越人術，喜利濟，凡就醫者概不索謝，復予以藥。嘗慨然曰：不爲良相，必爲良醫。其自負如此。

張太春

光緒《山西通志・方外録》 張太春，自言太原人。年百有餘歲，往來定襄及朔州最久，居無定所。朱顏元髮，背能負重，其行如飛。通經術，善導引，冬月極寒，伏冷窟中數日不出，亦不飲食，面容自若。與衆坐，有佞人輒不語。定襄孝子石含鑛牛君相得羸疾，朔州盧貢生標患脚氣，從學其方，皆得延壽。盧欲贈以錢，恐不受，臨別納行囊中。太春搜得之，散途中小兒隨手盡。後不知所終，或言坐化於都門。

徐沂

道光《泰州志・人物・藝術》 徐沂，字德澡，號清溪。世業醫，至沂術尤精，遇貧者輒助藥餌。如皋大賈孫某，欲以千金館之，不赴。通州有陳模者，素與沂善，其婦病招之往，道至海安，遇風覆舟，援者止之。不可，乃假衣而行，其風義類如此。性友愛，撫兄子十餘人，皆成立。族黨間多所周恤。年八十二終。子百圍，能世其傳。

毛有華

同治《弋陽縣志・人物・方技》引乾隆《縣志》 毛有華，字旭儀，聖山人。幼業儒，親老家貧，究心岐黄，善醫險症。有張氏疾垂危，目將眩，諸醫束手欲去。毛至，謂此火症，投丸藥一劑即愈。他多類此。

赴鄉闈。庚午師友強就試，遂獲售，一試春官，未售，絶意進取。銓選知縣，不就，日以經史自娱。著有《知鑒録》五十六卷、《續綱目》八卷、《讀史餘言》二卷。善病，精岐黄，著有《脈法指掌》、《經絡會解》、《古方辨略》、《新方解略》、《醫學指要》等書，藏於家。

原廷葆

咸豐《同州府志・列傳》 原廷葆，字素亭，蒲城人，馬平縣知縣集鳳子。讀書以身體力行爲主。【略】廷葆精醫術，見義必爲，人有貧不能葬者，即助貲葬之。主講鳳翔書院卒。所著書有《光姓類篇》一百三十六卷、《素亭詩集》十卷、《醫學先務》四種、《四診藥性諸穴》八卷、《保幼全詩》十二卷、《家傳四稿》十二卷。

安屸

道光《思南府續志・人物門・方伎》 安屸，字鳳岡，郡城人。性古峭，善六書，尤工篆隸。精岐黄術，遠近延診求方者不絶。遇危症，能神明其意，力爲挽救，輒有效，同時同業者咸推重焉。孫鎮南，能世其業。年九十餘不持杖，精神如壯歲焉。

王一輪

同治《安福縣志・人物・方伎》 王一輪，琶塘人。精岐黄，學使魚鸞翔病沈疴，郡守王若鰲命往，治之立愈，給以匾。時有訟於府者，因其往來公署，饋金託情。輪曰：余往醫，非干情也。子巨山，能世其業，亦以醫名。

張德成

光緒《山西通志・藝術録》 張德成，定襄人，世業醫。遇貧病必先往，病愈不取一錢，或更資助之。忻州民某父子患病，延之診視，須服(太)〔大〕黄根汁，時祁寒難取，忽有老嫗送至，欲酬以錢，忽失所在，服之而愈。自是名益譟。

梁逢辰

光緒《山西通志・藝術録》 梁逢辰，定襄諸生。善醫，貧不受謝，或反周之。嘗大雪夜，有爲繼母市藥者，逢辰嘆曰：此孝子也。急取藥予之。其人出花鈿償價，逢辰知爲母物，辭曰：母失釵，當以貧自懟，是益其疾也。亟持去。

方又勝

同治《弋陽縣志・人物・方技》引乾隆《縣志》 方又勝，居五十都。精通脈訣，善調藥丸，雖遇險怪之症，投之輒效。有病劇，命懸呼吸，延至，從容按脈，許可治，連下數劑，漸甦，數日愈。尤善治癆瘵，早延之，十活八九。

汪鎮國

道光《徽州府志・人物志・方技》 汪鎮國，字載揚，萬安人，府庠生。善治目，有撥雲見青之譽。著有《明光奥旨》。

金碩祄

道光《徽州府志・人物志・方技》 金碩祄，歙山人。通儒術，尤長於醫。私淑程郊倩，直接仲景薪傳。著有《惜孩微言》行世。

馮志鉉

道光《徽州府志・人物・方技》 馮志鉉，字啓周，五都人。得異授瘍醫術，寓歙岩鎮，求治者屨滿戶外，人號爲半仙。通判靳治齊以元化在斯獎之。

方玉簡

道光《徽州府志・人物志・方技》 方玉簡，字岳封，東青嶺人，國學生。潛心醫學，師事葉堯土。自《素》、《靈》以下諸名家方書，靡不殫究，嘗步吳東橋著《本草詩箋》十卷。

黄士迪

道光《徽州府志・人物志・方技》 黄士迪，字純夫，世業女科，自宋醫博傳至迪已三十二世。迪幼補縣學生，以儒理參會其術，所治療若神。平生醫案積至盈尺。

花錦堂

同治《德化縣志・人物・方技》 花錦堂，世居東城坂清吉寺右花家橋。祖自達，諸生，名醫，及繡至錦堂，凡七代。錦堂醫道精通，所療病症，痊活者衆，有起死回生之力。不重貲財，雖家常饘粥不繼，遇貧病者，猶濟以藥餌，醫術仁心，綽有祖風。卒年九十有二。

唐朱藻　唐爾貞

同治《上海縣志・藝術》 唐朱藻，字端亭。庠生。有文名，尤精醫，用藥詳慎，曰：庸醫殺人，忽故也。子爾貞，字幹夫，得其傳。著有《傷寒會集》。亦工書。

劉乾浄

光緒《廣州府志・方伎》 劉乾浄，順德陳村人。其人一無所有，錢到手輒盡，群號曰乾浄，遂以爲名。少好賭，嘗隨人往梧州以賭，爲居停所逐，又遇風雪，遂凍死於僧寺門首。寺僧救之，醒則不依，謂平生好賭，死便了事，救我何爲？僧曰：豈有見死不救者？汝之好賭，想亦爲貧，我有一術，足以自活，但不能多取錢耳。引之歸，授以治驚風、治癲、移瘡三法，皆用符籙，蓋祝由科云。歸，施其術，名則漸起。碧江梁氏子患驚風死矣，有言劉乾浄之神者，亟延，至則小兒已在地下。視之曰：尚可醫。乃命取香案，置水一碗，當天炷香，口喃喃有詞，身邊取符焚在碗內，乃攜小兒起，以水灌其口，隨灌即揉其身，久之，小兒啼矣。其母急來抱，拒之曰：此兒神魂未定，抱不得也。乃攜小兒於肩，出門去，過廟則拜，過社則拜。碧江鄉頗大，歸時日已暮，其母苦求抱，不得辭，則曰：好視之，我在此睡，有事須相喚也。至夜半，子復死，乃大驚呼，劉馳至，曰：我說云何知有此耳？復視其子曰：幸尚可醫。乃命具香案如初，置水焚符亦如初，小兒復活。乃又提之出門，梁氏以提籠送之，其拜廟社復如初。歸時則天已亮，其母不敢復抱，於是與小兒同卧起者三晝夜，乃還其母而去。謝之，僅受錢三百，自後來借皆以此爲準，云是其師所屬也。其治癲、治瘡，亦用符，皆有驗。生一子，極拙，遂失傳。死時梁氏爲之殮殯焉。

崔必鈺　汪鳴岐

光緒《廣州府志・方伎》 崔必鈺，字山泉，番禺員岡人。少磊落，負雋才，屢試不售，乃轉而爲醫。其爲醫也，於《傷寒論》、《金匱》外，嘗鑽研醫案，務究其所以然，故發輒破的。東溪李悠久病尪神弱，服附、桂者年餘矣，延至診脈，脈復微細。正在沈吟，晤對間，忽聞其口臭，乃悟爲伏熱也，重用黄連而愈。是時聲稱藉甚。李氏鄰女患目，亦來診。至則目睛突出，紅根布滿，痛不可當。必鈺定睛看之，見紅根旁有白氣，曰：此虛症也，再服涼藥則盲矣。乃重用細辛而愈。同鄉梁氏子患大熱，未發也。往診之，曰：此大承氣湯症也，然不發則藥不能攻，乃先令吞黑錫丹三十粒，而煎大承氣湯待之。

食頃，果發狂。灌以大承氣湯，始復貼然。市橋謝建勳患吐衄症甚急，延至則以人參、生地、大黄、硃砂作方，通市嘩然，不肯與藥。必鈺力持之，衄亦竟止。其生平精心思索，不肯蹈襲恆蹊，皆此類也。必鈺善飲，工詩，少年志氣，不可一世。及家既中落，醫亦以爲奇，而去之骯髒不平之氣，時見於詩。嘗適梧州，席間有詩曰：參軍詞賦猶蠻語，小部琵琶自楚聲。又曰：鬱灕東下流何極，長伴閑愁繞郡城。其牢騷可見矣。晚年復不能飲，鬱鬱寡歡而卒，年六十二。卒後，其子搜遺稿，得詩二卷，藏於家。同時有汪鳴岐，字藥洲者，捕屬人，亦以醫名於沙茭。其爲醫，不事求奇，而症亦不失。與必鈺交最厚，遇危難症，往往互相替代，恆得活焉。論者謂：汪氏之學，由景岳之重濁而出，以輕清尤不可及云。

童祖緒

道光重纂《福建通志·國朝藝術·泰寧縣》 童祖緒，字纘三，歲貢生。善醫，不取直。有孕婦抱兒踰溝，墜而暈。既醒而腰腹間痛不可忍，醫者或言胎且墮。祖緒診之，非墮也。沉思有間，問抱兒者左手乎？右手乎？以手之左右定其痛之所在，令其夫於偏痛處側揉之。夜半，勿藥而愈。蓋兒在腹中，口含臍帶，母身墮則兒口脱含，手足妄動而痛。當過溝時，左手抱兒，則先右足。右手抱兒，則先左足。左墮當偏左揉之，右墮當偏右揉之也。

林元俊

道光重纂《福建通志·國朝藝術·臺灣府》 林元俊，字份生，本厦門人，徙居臺灣。善弈，精醫，俱爲海外國手。時揮毫作竹石及草書，縱横如意，瘦硬入古。

蔡廷壁

道光重纂《福建通志·國朝藝術》 蔡廷壁，字連城，諸生。因父病爲庸醫誤，慨然曰：有母在，不可以不知醫。遂肆力醫家言，活人甚衆。

鄧璜

道光重纂《福建通志·國朝藝術·延平府》 鄧璜，字渭庵，府學生。潛心名理，精名數諸書。集《本草》，著《醫案》，起沈痼無算，絶不計利。性好潔，尤嗜茶，風致超脱，人共羡之。

圓通大師

光緒《山西通志·方外録》 圓通大師，忻州人，俗姓郭。少事母以孝聞，母殁，棄家游方外。冬夏皆跣足，言笑似顛人，呼爲郭瘋子。間爲人療病，隨意撮藥皆效。王制軍秉韜令五臺時，以母病延至署中，心識其異，訂爲忘年交。與之語，多元妙。邃於《易》，然非其人不與言，所言初不解，事後多奇驗。州南石嶺關崎嶇，僅容一車，行旅苦之。乾隆十七年，師募數十人鑿治，稱其勞逸而給值焉。惰者或傭半日，師探手取錢，適如傭數，衆驚爲神。工竣，不知所之。嘉慶年僊化於五臺李姓家。

吴貞

光緒《歸安縣志·藝文略》 吴貞，字坤安。發明南北分治，頗益後學。

《清史稿·藝術傳·吴貞》 歸安吴貞，著《傷寒指掌》，亦發明桂醫案之旨，與瑭相同。

張振祚

道光《濟南府志·方伎》 張振祚，字玉聲，新城人。諸生。因試不利，學岐黄，遂精其業。於古方變化，以治奇病，皆有效。著《脈理會心眞解》。

胡國棠

光緒《江西通志·方術·饒州府》 胡國棠，字召樹，萬年人，諸生。業醫，精幼科，望氣知病狀，製劑一投即愈。著書曰《一見了然》。生平事母至孝，外出預訂歸期，風雨不爽，歸猶跽謝疏曠。子劉誠，能讀父書。

李清華　袁大坛　沈東亭　葛人炳　潘育萬

光緒重修《奉賢縣志·人物志·藝術》 李清華，字淮欽，坤孫也。諸生。家貧，治醫不受人一飯，遠者每攜果餌以往。於醫書多所發明。袁大坛，字蘭亭。精幼科，著有《推拿要訣》、《診治闢源》。沈東亭，諸生，以醫術名。葛人炳，字楚文，畫欄橋人，監生。專精醫理，善起沈疴。著有《醫學宗源》四卷。潘育萬，字藹亭，柘瀝港人。醫術承其曾王父光宗之傳，名噪鄉里。貧乏者輒施以藥。

于鳳山　金瑞　吴式金　傅德忠　吴玉池　陳遇天

光緒重修《奉賢縣志·人物志·藝術》 于鳳山，齊賢橋人。精眼科，多奇效。吴式金，字希白，青村港鎮北人，監生。專治損傷，貧者多施藥餌。傅德忠，東新市人，精瘍醫，得其指授皆有名。吳玉池，竹岡人。治幼科能起危證。張振苞，蕭塘人。醫宗景岳，應手輒效。陳遇天，蕭塘人，精女科，療病如神。著有《女科切要》。金瑞，字香泉，頭橋人。慷慨好施，精内外科，有奇效。有滕渥如者，患脬腫，群醫莫識，瑞見之，訝曰：亟宜刲之，緩將不治。遂應手愈。

連卓琛

道光《長樂縣志·人物傳·方技》 連卓琛，黄龍約人。事孀母孝，年二十六即茹長素。善技擊，距躍如飛，然從不與人爭競。集《跌打方書》二十卷，詳注通身骨節及十二時用藥節候。其方甚驗，兼以形家言游，廣惠間皆知名。

衛明發

宣統《湖北通志·人物志·方技傳》 衛明發，雲夢人，諸生。究心《易》、《數》。巡撫某延爲從子師。從子得羸疾，明發日就牀蓐與之語，談《易》久之，愈。人以爲怪。明發曰：病生於欲，欲生於心。吾以聖人之理治其心，心定而疾退，何爲怪乎？居二年辭去，謂巡撫曰：某日當過我寓一作別。及期至，談笑如常，曰：吾將逝矣。遂卒。

盧孫嫡

宣統《湖北通志·人物志·方技傳》 盧孫嫡，黄安人。爲諸生不遇，去爲醫。博覽經方本草諸書，證以閲涉神明變化，所至奏效。有患朱汗兩日不已，諸醫不知所爲，孫嫡投劑立止。又有疽發背者，時醫索售，貧不能應，幾殆。孫嫡處方愈之。又有發背見骨者，孫嫡以萬應膏敷之，旬日遽瘳。丐嫗有子數歲，須挈以行，詢之，則骶癰也。孫嫡以附骨散起之。丐叟卧道垂斃，孫嫡命舁至家療之，獲痊去。性仁厚，心存利物，求方乞藥，門庭如市，或至寢食不遑，未嘗倦也。乾隆癸酉卒，年八十有八。

高玉如

同治《鄖縣志·人物·藝術》 高玉如，字相齊，號一齋。少穎敏，文不加點而成。弱冠，因母陳孺人病，艱於食，遂學作庖，供母食。旋憤醫士不得肯綮，又學爲醫。久之，窮其精奥，遠近求醫者衆。施治多活人，不索謝，無問貧苦，有延必往。凡集人於九死而肉之者，環居數里内外可指而計也。性直而心慈，生平最惡殺生，好施濟解推。【略】享年七十有八，著有《醫髓》及《一綫集》待梓。子，升之，孫，朗銛。

吳甌玉

道光《續修桐城縣志·人物志·文苑》 吳甌玉，號仁齋，府增生。少有儁才，慷慨以功名自許，不屑屑章句之學。年二十始攻舉業，即補學生，鄉試三薦不售。去而學醫，隨試輒驗，人酬之金，卻不受。著有《對鷗軒文集》、《醫學尋宗》八卷。

胡致中

道光《大定府志·方技傳》 胡致中。大定人。性溫惠而明敏，幼事名醫張一陽，盡得其傳，遂以善醫名於郡中。診脈辨方極深細劃，然有斷限，不持兩可之説。嘗語人曰：方脈之書汗牛，一病之主治至數十，倘不精密，即可寒熱反施。因此殺人，尚不自認爲庸，侈然以本方自命，則又庸醫之狡者也。以此故其處方無不立驗。貧者求診不責金錢，且施之藥，人以此稱之。著有《保幼集》一卷、《外科治法》一卷。

汝錫疇

光緒《黎里續志·人物》 汝錫疇，號琴舫。少好讀書，工楷法。因病習醫，覃思研究，務窮其奥旨，嘗出新意製方，療人痼疾。與元和陸明經懋修交，益治生白、靈胎之書，皆探其底藴，别其得失。而病葉氏、章氏論溫熱之誤。著《治溫闡要》一卷。元和陸祭酒潤庠、武進盛冏卿宣懷序。

光緒《黎里續志·盛宣懷〈治溫闡要〉序》 吳江汝韻泉茂才，介平湖郭嵩仙大令以其先德琴舫先生所著《治溫闡要》相眎，屬贅言於簡端。夫軒岐之學，昌於仲景，其《傷寒論》、《金匱》兩書，後括百病。凡風溫、溫毒、溫瘧諸證，散見各經。顧微言奥義，既非淺學所易貫通，而其書久經紊佚，或引緒而未伸，或有證而無治，群言淆亂，學者惑焉。后賢繼起，察見溫熱之與傷寒同源異流，必應别爲方法，迭相研晰，互有發明。逮近世吳又可、吳鞠通、王孟英諸君，輯爲專書，於是溫病之條别益明，奥窔大辟。琴舫先生邃精醫理，治溫尤獨有心得。是書致詳於膜原，足補又可所未備，此雖先生所學之一斑，亦可窺全豹矣。韻泉能守楹書，汲汲焉思表章遺著，以匡一世。余設天津中西學堂考選生徒，而韻泉之子人鶴，以髫年入選。觀於其子孫，而知先生活人之德積之也久，天之報之也亦未有艾。又以知先生是書之足以傳世造福更無疑也。

楊晫

光緒《續雲南通志稿·雜志·方技》 楊晫，劍川人，嘉慶間歲貢。居近市廛，罕與俗通。工詩善書，治癥結疾，用藥不拘古方，隨投輒效。麗江知府郭愈博了，病瘵久醫不效，聞晫名，遣使遠延。比至，則已斃矣。晫視之，曰：可治。郭隨出遼蔆付晫，晫陰易以大黃煎服，少頃，其子復甦，乃歸其蔆。又提督中暑，渴燥甚，醫士僉欲用涼劑。晫獨以薑、桂，投之立瘥。嘗謂：學醫如參禪，禪在無字處悟。醫可盡執方書求耶？若使見熱即以涼藥治之，見寒即以熱藥治之，則刻舟求劍，鮮有不悮人者。著有《愛廬吟詩集》。

李大斌

咸豐《貴陽府志·耆舊傳》 李大斌，貴定人，居巖場。以勤儉起家，凡修治道路，不吝輸重金，里中孤貧多賴以周急。精眼科，不索謝。製藥於家，散給病者，遠近德之。久之卒。

趙正

道光《濟南府志·人物·方伎》 趙正，字秀生，奇之孫，爲鹽運司掾。有莊某患內癰，正謂膿已成而地近心，不可刺。莊舉家泣曰：與其不刺而死，不如刺而死也。正擇日俾服人參以固氣，繼用墨記其穴，潛用冷水向面噀之，鍼隨之入。蓋水被面，驚悸氣上，心亦上，鍼稍遲則傷臟矣。鍼出膿流，敷藥調治，百日而瘳。年七十餘卒，人多思之。

翁振基

光緒《資州直隸州志·人物志·方技》 翁振基，資州人。九流三教之書，無不遍覽，尤精岐黃術。切脈論症，別有會心。人酬以金，惟多市佳藥以濟窮乏。年七十餘卒。著有《鷦鷯會約》一卷。

吴邦林

道光《徽州府志·人物志·方技》 吴邦林，字惟和，黎陽人。本姓施，因紹吴雲川醫業，遂從吴姓。剛直豪爽，以醫濟世五十年，臨危救活者甚衆。尤精幼科，有《痘疹心法》一書。教子以聖賢之學，嘗曰：世事變幻如浮雲，惟讀書明理，修身克己爲究竟。令長子璜復姓，以學見重云。

詹應城

道光《徽州府志·人物志·方技》 詹應城，字貞子，水巖人。精究岐黃，應手屢效。有孕婦臨蓐三日，授丸一劑，母子俱生。有道暍死者，心猶蠕蠕，灌以藥散，移時而甦。鄉紳贈以春滿杏林，山長鄭嘉贈以春生杏雨。

吴正檦

道光《徽州府志·人物志·方技》 吴正檦，字宜士，舊源人。工醫，於《內經》、《素問》諸書無不精通，而寓意《本草》，尤得其秘。請診視者如市，繁昌司訓王朝明旌之曰：春滿杏林。

潘元森

道光《徽州府志·人物志·方技》 潘元森，字茂堂，城西隅人，附貢生。祖、父皆以醫擅名，元森承家傳，活幼有術，求醫者滿庭戶。有貧困者，每不受其酬。著有《可行集》、《本草略》。

張文左

道光《徽州府志·人物志·方技》 張文左，字鳴舉，紹鵬子，庠生。內行敦篤，業醫。診疾每察人情性而與以自然，恆勿藥而愈，人以爲神。壽九十五。

程廷獻

道光《徽州府志·人物志·方技》 程廷獻，字仲修，市中人。世精醫業，多所拯救，邑令蕭、鍾二公皆嘉美之，贈以匾額。

程雲

道光《徽州府志·人物志·方技》 程雲，字呂青，號問山，大谷人，庠生。工詩文，因父疾遂精岐黃。爲人療治，不取一錢，全活甚衆。歿時，感其德者於村口建問山亭以報之。

汪祥雲

道光《徽州府志·人物志·方技》 汪祥雲，字仲華，市南人。精醫，善製丸丹，活人甚衆。舉醫學訓科。

程琦

道光《徽州府志·人物志·方技》 程琦，字自超，由溪人。善岐黃，治傷寒，獨得長沙秘旨。著有《醫案草述》。

汪鈺

道光《徽州府志·人物志·方技》 汪鈺，字勉齋，小坑人。少從太醫汪國瑞學，盡得其邃。及歸，益研精百氏，而以東垣爲宗。嘗寓涿州，值時疫盛行，鈺乃製避瘟丸散，涿人傳服，無不立愈。家居，就診者日塡門下。所得醫資，隨以濟人。著有《難經析義》。

周學霆

道光《寶慶府志·耆舊·方技》 周學霆，邵陽人。幼聰慧，工詩文。有相之者曰：此子當爲名醫。父訢蒸，聞其言訝之。後患病，遂業醫。遍游湖湘間，遇異人，得導引術，病遂已。自稱夢覺道人，診病多奇中。年七十，於大雪中，衣單袷，揮羽扇，無寒慄狀。或盛暑，衣重裘，坐烈日中。與之飲，盡十斗不亂，或經旬不食，亦不餓也。所著有《醫學百論》、《外科便覽》、《三指禪》、《醫案存》及《夢覺道人詩集》。

程徽灝

道光《徽州府志·人物志·方技》 程徽灝，字幼梁，由溪人。附監生。書法海岳香光，氣韻瀟灑。尤究心岐黃，著有《柚糧醫案》若干卷。

汪廷元　程三才

道光《徽州府志·人物志·方技》引《續溪縣志稿》 廷元，歙縣人，以儒醫著名。醫學傳三世，著有《廣陵醫案》三卷，《新安醫案》二卷。三才，亦歙人，著《證治闡微》四卷。

廖雲溪

《醫學五則·藍觀亮序》 余鄉前輩廖君，號雲溪先生。幼時苦讀儒書，屢試不遇，捨業而就醫學。前而四大家，後而五十家，無不旁搜博覽，因採群書，輯成《醫門初步》，並《藥性簡要》、《湯頭歌括》、《切總傷寒》、《增補脈訣》，合共五卷，更名曰《醫學五則》。何謂五則？各卷各門不得一類而名，故曰五則。先生苦心利濟，不忍有秘不傳，是亦醫中之君子也。道光甲辰年秋七，中邑後學藍觀亮拜題於水心草堂。

林安鳳

光緒《補纂仁壽縣原志·方技》 林安鳳，醫精灸法。富市李姓家一妊婦，腹脹如箕，水穀道俱閉，諸醫束手，已七、八日無可如何。安鳳至，診之曰：無傷也。團艾灸之，忽大下幾一桶，隨藥而愈。腹中子，竟無恙。又附近蕭志寬，中寒手足厥冷，無息三日，謂已死，具喪事，只心尚溫未殮。安鳳至，炷香灸數處，忽開目呻吟，皆曰：活矣。藥之愈。卒年八十四歲。

吴成基　程炳

光緒《重修嘉善縣志·人物志·藝術》 吴成基，字建時，號東巖，國子生。善岐黃術，從四明吳浩然游，藝益精。許廣文辰珠贈以句云：不須遠聘秦和緩，春在先生掌握中。同里程炳，字思齋，郡增生。工屬文，爲汪學師能肅入室弟子，取法高古。尤精於醫，遠近爭聘焉。秀水令郭恩觀母病篤，延炳往治，投劑而愈，以醫師之良額贈之。卒年七十六。

劉汝松

同治《直隸綿州志·方技》 劉汝松，精醫。嘉慶五年，刺史劉慕陔率鄉勇堵禦涪江，適天暑，逃難男女多病，屬汝松診治，活人甚多。

般若

同治《忠州直隸州志·外志·釋老》 般若，本郡羅氏子，依鐵壁咨決有年。【略】尤精岐黃，有貧家子甚孝，母病篤，其子痛泣。般若和藥醫之：服之可延壽。一紀後，果如其言。著有《醫學心悟》，藏塗井趙氏家。

張源

光緒《重修嘉善縣志·人物志·藝術》 張源，字中照，號晴山。工醫，尤精痘疹，決生死無不驗。著有《痘科正宗續集》。子汝桂，克繼其業。

程家珏

道光《上元縣志·人物志·技藝》 程家珏，字揆北，上元庠生。精醫理，辨症詳細，與叔稽山並重一時。著《醫林適用書》行世。

釋寂會　釋澄波

光緒《丹徒縣志·人物·方技》引嘉慶《志》 釋寂會，姓鄔氏，字心融，號嘯江，住焦山。少頗任俠，雖剃染，豪氣未除，中年乃折節持戒律以苦行聞。里人延主竹林方丈。寺儉於田產，所入不足供大衆十分之一。素善醫術，尤神於喉科，歲獲酬醫之資率數百金以上，悉以供衆，有不贍，則稱貸而益之。今其弟子澄波，亦以喉醫著聲云。

魏國欽

光緒《山西通志·藝術録》 魏國欽，孝義人。惇謹篤於天顯，孝友之聲溢於閭里。酷嗜醫學，精於鍼灸，延請者，雖暮夜風雨，無不立赴，應手而效，未嘗受饋謝，甘心淡泊，人尤難之。

郭明威 楊學博

光緒《山西通志·藝術録》 郭明威，字南宫，沁州人。祖及父皆業醫。明威少補諸生，習聞緒論，讀方書每多神解，遂以術名於世，遠近求診者無虚日。時楊學博國泰亦以儒醫稱，持論相合，因取仲景《傷寒論》商同刪定，明著其失，爲庸醫泥古妄用之戒。歷舉不得志，以歲貢終。子孫並傳其學。

黄章震

光緒《南昌縣志·人物》 黄章震，字龍光，一字聖憺，游湖人。以醫名，嘗客游黄梅，值歲凶疫盛行，章震往來江南北，活災黎無算。著有《臨診隨筆》四卷，楚人爭鈔之。

方晙

道光《續修桐城縣志·人物志·藝術》 方晙，字子雅，號竹圃。性慷慨好義，兼善岐黄。人有急難，必曲意調護，不形諸色。遇災祲，則擔藥周視貧乏，全活甚衆，間有一診而逾兩病者。生四子，因材分教。所著《醫方辨案》數十卷，以授其三子源。源，字紹川，幼聰穎友愛，以善病，父命更習醫。源後游江淮間，抱疾歸歿。父書並自著遺失旅舍，人咸惜之。

王橒

光緒《内江縣志·人物·方技》 王橒，字天錦，邑增生。祖錫彤，父治，皆太學生。三世習醫，至橒尤精，遠邇爭迎，沉疴輒起。嘗云：治久病不可求速效，攻補太峻，元氣愈傷。每以藥味不眞，炮製不良，成方而不應手爲憾。居常從容和緩，無厲言峻色。診濟不問貧富，悉盡其心。年六十六卒。

宦廷臣

道光《遵義府志·人物·藝術》 宦廷臣，字仲良，遵義廩生，性憺靜。謂太平之世，惟良醫能多活人，因殫精岐黄家言，實有心得。愈人不受絲毫謝。自言生平治病，不外古方，惟變化在心故驅遣如意。一女病痢，服峻劑，僵已半月。診得元氣陷，且將脱，用補中益氣湯愈。一縣令病鼓脹求治，切診之，曰：不治矣，然可四月活。用《金匱》腎氣湯重加人參，脹消，果四月卒。一婦臨産不生，且大便閉九日。診得中氣不升，用大劑補中益氣湯，生而症悉平。一病疝至二便閉十餘日，診得前藥破氣太多，用濟川煎重加肉蓯蓉愈。一病陰寒便閉十餘日，診得下太早，用理陰煎調麻油生蜜愈。一病黄腫癱卧者八年，用五味異功散投之，命二人用艾炷更灸，自頭至足，日千餘壯。灸十日，其足十指尖自流濃黄汁，汁盡腫消而起。一産後兩目失明，診得血虚肝强，大用補血平肝之劑，三月目復故。廷臣醫法類有原本如此。嘗刻《瘧痢三方》，謂可補前賢所未著。按方施治，無不效焉。

鍾國瑞 甯世斌

同治《新繁縣志·人物·方技》 鍾國瑞，水村人也。少學製舉業未成，乃治醫。受楊西山先生遺傳，深得其意。凡治病，應手奏效，鮮有失事，遠近推仰，延者日不絶於門，間或截輿於半道，當時有藥王之稱。新都楊邑侯道南先生病奇症，無識者，至於劇，群醫束手。家人泣延國瑞至，曰：我能活也。一劑而瘥。先生大喜，酬之甚厚，國瑞曰：吾無需此，付之篇章，勝金幣多矣。遂即席成詩一篇云：多感先生贈妙方，山中宰相合稱良。從知輿論非虚謬，爭向新繁聘藥王。其技如此，亦世所罕哉。惜無著述，故其子孫雖習遺法，然去之甚遠。同時有甯世斌，亦名醫也，受業於西山先生之門人。能決人生死於數月前，而治危病尤有奇效。邑侯楊迦懌得奇疾，顛倒房舍，視物皆易其形，治之久不效。斌治之，一劑而瘥。楊侯贈之詩，有山中宰相無塵事，河上仙翁有道經之句。今之談醫術者，尚稱之。年八十四卒，惜無傳述者。

許栽

光緒《海鹽縣志·人物傳》 許栽，字培之，國學生，吳遵程高弟。人品高潔，專精醫學，所辨傷寒分經，得仲景遺法。每有患症，他人束手無策者，治之輒愈。著有《古今名方摘要歌》、《勞倦内傷論》、《醫案賞奇》、《痢症述》、《金匱述》等書。兼工詩，有《高陽山人詩稿》。

劉仕廉

光緒《雙流縣志·人物》 劉仕廉，字清臣。耽吟詠，與一時士大夫遊。精岐黄，著有《醫學集成》行世。

朱允涵

光緒《睢寧縣志・人物傳・方伎》 朱允涵，字養素。性豪爽，家素貧，而精於醫。沈疴痼疾，應手而愈。其丹方流傳，依證試之立效。一日，有老嫗攜子婦以腹內孩哭求治，朱方視葉子戲，不應。嫗哀之再，朱怒撒葉子滿地，令婦鞠躬拾之。朱笑曰：愈矣。已而果然。蓋兒在腹中，含血帶，勤勞震動，兒失之故哭。今曲躬，兒得血帶，故不哭也。妙有理解，而不知出自何書，乾嘉年間事。

胡　修

同治《合江縣志・方技志》 胡修，武進士清晟之父。業醫，有奇術，時以濟人爲心。每用藥，必小心謹慎，所治之病，無不立愈，一時其門如市。偶鋪內有異香，人以爲奇，適董太史新策在座，令人覓之，見藥櫃下長出一莖，識爲靈芝。

陳　擴

同治《長樂縣志・外紀・方伎》 陳擴，字有張，一字仲山，邑諸生。精醫學，中歲得異人術，診脈連三晨即能決生死於三年中。有友董天煥病，膈日診視，知不可醫，雖夜深路遠，猶潛伺於其門，如是者三閱月，而煥家未之知也。其敦於友誼又如此。

陳成烈

同治《長樂縣志・外紀・方伎》 陳成烈，字用鑾，十四都旒峰人，國學生。精於岐黃之術，求醫者日盈門焉。有一人暴病，音忽瘖，而眠食如故，延烈診視。謂其家曰：無患，需三十五日瘖自開。屆期瘖猶昔，疑前言爲誕，復延之到家。坐未幾，病者忽自牀起，撫其背曰：先生來矣。舉家欣然，跪謝。諸醫亦聞而嘆服。

徐中安　孔端直

道光重纂《福建通志・國朝藝術・邵武府建寧縣》 徐中安，字居之。精醫術，能於兩年前決人生死。又精瘍科，同里檀某家人患瘍，幾不起。徐用藥綫撚燈，令病者往視，閱三日而痂落，贈以金帛不受。同里孔端直，字毓楷，亦精醫，能於一年前決人生死。又善草書，從其學者陳大倫，字起蛟，嘗謂：醫貴用意，倘執古方，則隔閡而少驗矣。在江西，屢治奇證皆痊。諸生朱文珍，字瓊仙，精醫，不索謝。黃庭鏡，字燕臺，於眼科別有神會，善開瞽目。林貴遠，精醫，好古書，究心天文星象，與謝鐘齡、應國楨並稱。

曹九州

光緒《山西通志・藝術録》 曹九州，字培基，沁州人。性仁恕，嘗以醫可濟世，潛心推研，遂精其術。生平審證用藥，不矜奇異，不重貲財，不薄貧人。以耆壽終，歿後人思念之，有仁人良醫之目。

董成謙

同治《德興縣志・人物・方伎》 董成謙，字石甫，八都人。精醫理，所治多險症，人皆束手，謙投劑無不立驗，有扁鵲之稱，衆以龍頭呼之。所著《龍頭醫學》，一時許可，惜家貧未梓。

劉成琨

光緒《續雲南通志稿・雜志・方伎》 劉成琨，昆明優貢，官羅平州學正，謝病歸。夙業醫，能聞聲知病。在官時，廣施方藥，歸里益以濟人爲事。一日，往新草房治熱症，欲投以瓜，因問有瓜。隔壁有人曰：此處有瓜，固無病人也。成琨聞聲驚曰：此人肺將絶矣。急診視曰：肺脈實絶，肺絶則氣絶，不可治。次日，病者以食瓜愈，無疾而聲病者，忽暴卒。

曹繼石

光緒《荆州府志・人物・藝術》 曹繼石，字碧霞，精岐黃業。著有《博約集》。

李楚珩

宣統《湖北通志・人物志・方技傳》引《荆州府志》 李楚珩，江陵人。武生，力能挽十六石弓，提五百斤石，而貌寢，主試者惡之，不得選，楚珩遂不再試。嘉慶間，教匪事起，募能防堵者，楚珩應募。時四旗兵荒弛，又不諳刀石，當事令楚珩教之於承天寺，兵乃日精。楚珩溫溫，不類武人。又好醫，人之餽遺，一無所取。人怪之，謝曰：楚珩非能知醫也，吾痛夫貧者不能致醫，醫之能者又迫人於險，是乃仁術，何爲居心若此哉。

段思忠

光緒《續雲南通志稿・雜志・方技》 段思忠，劍川布衣。業岐黃術，能治沈疴奇疾。嘗客游雲龍州，一日偶入茶肆，有少年先在坐，數與之言，不答，心頗恚之。旁有知者，微笑曰：君無與校，此啞子也。思忠諦視其面，實非啞相，乃曰：彼誠啞子也，吾能醫之使言。衆疑信相半。思忠隨授以刀圭，數劑果能言，群爲駭異。

楊星海

宣統《甘肅新通志·志餘·方伎》 楊星海，皋蘭人。善醫，根柢《內經》，宗仲景。嘗言：景岳易六味、八味爲左歸、右歸，施之太虚，固神效。少實，久服必有壅滯之患，無丹溪之妙運也。醫家皆信其言。

蔡振鐸

宣統《甘肅新通志·志餘·方伎》 蔡振鐸，甯朔增生。熟讀岐黄，在滿營懸壺。尤精於痘科，定其吉凶，授以鍼灸法，療病多奇驗。尤善治婦人。無子乏嗣者，每走數百里邀請，一鍼即娠育。醫家驚以爲神，竟莫知其何術。

佛家鎖

光緒《山西通志·方外録》 佛家鎖，不知何許人。乾隆末，卓錫太谷之北洸村，爲人治疾有奇效。一布衲十年不易，夏圍鑪不熱，(東)〔冬〕卧冰上，汗氣蒸蒸。問休咎，謝弗知。而遇與農夫占晴雨、卜豐歉，則所言應如桴鼓。治疾以手撫摩，病若失。病家延請，有至，有不至，敦迫之，則逃矣。

嚴瑞雯

光緒《奉化縣志·人物·方技》 嚴瑞雯，字燦雲，號煉石，城内人。習岐黄業，凡割皮解肌，抉脈結筋，得不傳之秘。時楊制軍經奉，其書記曹某墜馬折脛，邑令陳延瑞雯治之，不日愈。旋有揚州僧，與邑人鬭，傷足骨，他醫治之，足能履而跛。僧訟之官，復延瑞雯爲斷其接處，别用法接之，足端正如故。邑令益奇其術，以秘授青囊四字贈之。

沈敬思

光緒《嘉定縣志·人物·藝術》 沈敬思，字欽明，居東城。善祝由科。治小兒驚癇五疳，應手而愈。得錢輒以濟人。晚治養生家言，得導引辟穀術。年七十四，無疾而終。

秦世進

光緒《嘉定縣志·人物·藝術》 秦世進，字繼越。好搜異書，得外科眞傳。子鉷，字範如，製藥必精，施診不倦。知縣陸清獻兩贈術追起銃、杏林拔萃額。

張克振

同治《上海縣志·藝術》 張克振，名承啓，以字行。其先鐵一八世孫敏中之後有瞻源者，傳其業於外舅夏東昇重光，遂以醫行。至克振，業更精，尤識時證，雖殆皆起。當暑秋疫甚時，延治無停履。性復眞摯，年六十餘，猶徒步臨診，風雨無間。診弗計酬，貧病轉給以藥，時稱長者。子鍾濤，字文瀾；孫麟祥，字玉書，皆能繼其業。治病日不給，深夜露行，食宿無定。麟祥尤深脈理，决病無訛，子弟繼起者多。門人李仲芳、鈕彙源皆傳克振業，著於時。

金仁榮

同治《上海縣志·藝術》 金仁榮，字德元。其師潘採瑞，字鼎望，善醫，多奇效。仁榮傳其業，專精幼科，治痘證雖險能活。長子雲苞，字翔九。次子雲從，字乘六。孫嘉，字孚吉順。字炳良，均能世其傳，時稱金氏兒科。

金理　范大德

同治《上海縣志·藝術》 金理，字天和，能詩，精醫，尤擅幼科。所著見《藝文》。同時范大德，字尊一，居塘橋鎮，世業醫，治目疾有驗。子得方，字浩千。孫鍾望，字光照。從曾孫錫衍，字香山，俱以眼科世其業。

李苗

光緒《山西通志·藝術録》 李苗，字碩田，平陸貢生。事繼母孝，喜施予，尤精醫理，每以重資購藥爲活人計，鄉人善之。

毛嘉讃　趙含光

光緒《山西通志·藝術録》 毛嘉讃，夏縣人。精於醫，推研脈理，預决病者生死，百不失一。同邑趙含光亦精是術，有半仙之目。

顧承仁　唐成封

同治《上海縣志·藝術》 顧承仁，字壽卿。著有《幼科精義》四卷，知名於時。子琳，世其業。邑令李發枝給春生繡褓額。又有唐成封者，字聖襄，年逾七十，保嬰甚衆。子麟書繼之。

宋元孟

光緒《安徽通志·人物志·方伎》 宋元孟，涇縣人。精痘科，著有《痘科指要》。子天章,世其業,全活無算,時有佛心仙手之稱。

胡向先

光緒《安徽通志・人物志・方伎》 胡向先,字樂野,太平人。讀書知義,尤精岐黄,以術療人,從不言利。晚得異傳,製膏藥以施人,獲濟者甚衆,遠近誦德。今子孫猶遵餘訓。

方　鎔

光緒《安徽通志・人物志・方伎》 方鎔,旌德庠生。精醫,診病立愈。手輯《傷寒摘要》,著有《温熱條辨》及暑温、濕温、疫癘、瘧痢諸條辨,《勝氣》、《復氣》二篇。

張一受

同治《宜昌府志・士女・術技》 張一受,黄湘坪人。醫術極精,每療人病,診脈決生死無一不驗。家貧甚,遠近請療病者,不辭其勞,並不索謝,鄉里稱頌者衆。延師訓子,於禮無疏。年七十五卒。子元肇,入邑庠。

劉顯儒

道光《大竹縣志・人物志・儒林》 劉顯儒,邑增生,志行修潔,足不履城市。好讀書,年七十餘,手不釋卷,諄諄然勸人爲善。所作古文號《健齋雜著》。兼通術數,著有《地理秘訣》、《醫方輯要》,藏於家。晚年樂善不倦,每旦靜室焚香,誦帝君文,無事輒以此勸人。教授生徒多游庠者。卒年八十一。

余文珮

同治《德興縣志・人物・方伎》 余文珮,號松坡,三十六都柏溪人,郡庠。性坦直,待人不設城府。師事江左名醫程澤周,揣摩十餘寒暑。有危險症,依經按脈,立起沈疴,至今傳其一時救三命,皆實事也。製方之妙,人多不解,而隨手奏效,皆有至理。生平集有《醫學秘訣》及《臨症按脈》諸書,將梓,竟遭寇毁,人多惜之。

曹　杲　曹桑曦

光緒《無錫金匱縣志・藝術》 曹杲,小兒醫。遇危疾,輒應手愈。元孫桑曦,尤精其術。貧者每贈以藥餌資不望報。桑曦子鑌,孫晉桃,皆世其業。

吳　中

光緒《荆州府志・人物・藝術》 吳中,父永貞,爲邑名醫。中繼父業,以醫濟人,不索謝錢,尤睦於族黨。

楊　浤

光緒《續雲南通志稿・雜志・方伎》 楊浤,楚雄諸生。善岐黄術,好施,遇貧者或餽以米,或置金於藥内,活人甚多。年六十生子,繼中舉於鄉,官甯州學正。年八十九卒。

李儉行

光緒《荆州府志・人物・藝術》 李儉行,承先世醫業,不務奇功而有濟,嘗言:人命至重,使自我隕之,心何安也?故所全活者多。壽八十四。

余夢勳

光緒《續雲南通志稿・雜志・方伎》 余夢勳,昆明諸生。精岐黄術,有延,不論貧富,雖夜必往。好施予,鄉黨有急困者,聞之輒力爲拯濟,有豪士風。

劉　奎文甫

《清史稿・藝術傳・劉奎》 劉奎,字文甫,山東諸城人。乾隆末,著《瘟疫論類編》及《松峰説疫》二書。松峰者,奎以自號也。多爲窮鄉僻壤艱覓醫藥者説法。有性論瘟疫,已有大頭瘟、疙瘩瘟疫、絞腸瘟、軟腳瘟之稱。奎復舉北方俗諺所謂諸疫證名狀,一一剖析之。又以貧寒病家無力購藥,取鄉僻恒有之物可療病者,發明其功用,補《本草》所未備,多有心得。同時昌邑黄元御治疫,以浮萍代麻黄,即本奎説。所著書流傳日本,醫家著述,亦有取焉。

羅名模

光緒《續雲南通志稿・人物志・德行》 羅名模,字範文。本姓程,幼讀書五遍即成誦,未弱冠,補諸生。【略】晚嗜醫學,手錄方書十六卷。

周長有

光緒《處州府志・人物志・藝術》 周長有,字邦楨,遂昌人。業儒未就,棄而習醫。究心《內經》數十年不釋手。年九十余,無疾而終。

包士夔

道光重修《儀徵縣志·人物·藝術》 包士夔，字廷中，廠西人。精切脈理，而道不甚行，他醫以疑質者，告以方輒神效。城南趙雪篷逋幼嘗師事之。夔中年多游名公幕，以是名遂著。工詩，多撰述，皆繕稿以藏。子立庵，紹其業。

余亨信

同治《德化縣志·人物·方伎》 余亨信，品端行謹，志研岐黄，心存利濟，凡民間延請，無論遠近貧富，無歧視。鄉里至今稱之。

朱丕承

同治《上海縣志·藝術》 朱丕承，諸翟鎮人，以字行。精武技，善傷科，遠近師之。凡受業者，咸以爭鬭爲戒。視傷不受酬。嘉慶間嘗奉府檄往南匯捕盗，直探其穴，擒其魁，縛其黨，歸不受賞。會歲歉，青界私約遏糶，丕承力持解之，米遂流通。

司馬鴻瑰

道光《江陰縣志·人物·藝術》 司馬鴻瑰，字雲從，世業醫，尤精幼科。求治者戶外屨滿，必先貧乏。有所入，輒以周兄弟諸姪之急。子廷標，字傳一，承其學，於古書能通變用之，遇痘科之險絶者，輒能起死回生。

趙絅章

道光《江陰縣志·人物·藝術》 趙絅章，衣冠古樸，沈默寡言，熟於仲景方書，切脈投方，無不應時而愈。

吳大椿

道光《徽州府志·人物志·方技》 吳大椿，字宜園，和村人。母病癱瘓，醫不獲愈，椿因習岐黄。朝夕研究，親製藥以進，母遂起。施予丸散，活人甚衆，督學戴給額曰：甘谷流香。

王學權秉衡

《重慶堂隨筆·弁言》 王氏爲鹽官望族，秉衡公始遷於杭，治家嚴肅，門無雜賓，雖身通百藝，而深自韜晦。嗣君永嘉公（上一字睿廟登極時遵避所改）天性純孝，著於戚里。冢孫韡滄，余姊丈也，少有祖父風，尤勇於爲善而嫉惡過

蕭凝齋

光緒《湖南通志·人物志·技術》引《湘陰圖志》 蕭凝齋，精醫。治病一劑即愈，人呼蕭一劑。

屠瑞枚

光緒重修《奉賢縣志·人物志·術藝》 屠瑞枚，字淡香，屠家橋人，監生。年三十後肆力岐黄，治病每著奇效。南邑有易姓者，患痰喘肢冷，年七十無子，瑞枚醫之即愈，連舉二子。

莊士英

光緒重修《奉賢縣志·人物志·術藝》 莊士英，字古三，莊行人，諸生。精醫理。某父病，諸醫謝卻曰：非仙人不救。某疑之，默期遇仙。出遇老人曰：仙在咫尺。急詢之，笑曰：莊古三非耶？言終人杳。乃踵門求治，士英直任之，未經旬而愈。於是仙人名大噪。鄰陳氏女及笄得異疾，醫者不識，已治斂具矣。士英治之，病若失。其活人類此。

陳士錦　陳泰來　朱寶全　何二膺　顧墨耕

光緒重修《奉賢縣志·人物志·術藝》 陳士錦，字文珊，蘇州元和諸生，遷居奉邑。精醫理，博考張、劉、李、朱四家之説，著有《醫規》。其子泰來，繼先業，著有《女科選註》、《時氣會通》。朱寶全，字璞庵，南橋人。善岐黄，尤精外證。何二膺，字鳳山，莊行人，歲貢生炫之族。沈靜好學，善起危疴。顧墨耕，青村港人，醫名噪一時。著《藥達》一卷。

吳遷

光緒《安徽通志·人物志·方伎》 吳遷，字松喬，涇縣人，官刑部司獄。工行、草書，尤善岐黄，活人無算。嘗注張會卿所著《傳忠録》並《新方八陣》，刊行之。

張爲炳

同治《續輯漢陽縣志·孝友·懿行》 張爲炳，字鎮軒，太學生。性勤儉，立品端正，見人有善必多方揚厲之。素工醫術，以利濟爲事。【略】教授本里生徒，多有入邑庠者。詁經之書凡三種，《醫案險録》一卷、《左傳類集》十卷。

嚴，人皆憚之。先府君目擊其三代之爲人而心儀其賢，乃以余四姊爲鬷滄室，時嘉慶紀元丙辰也。踰年，其祖古稀，其父知非稱觴日，適余姊舉一男，重闈大悦，爰名其堂曰重慶。然余姊舉三男皆殤，至戊辰三月五日，又舉一男，秉衡公喜曰：此兒與祖同甲子，必得籛祖之壽。因小字籛龍，即於是年著《醫學隨筆》一書，或抒心得，或採名言，皆發人所未發，洵貽厥之嘉猷也。越二載，書未脱稿而公考終，永嘉公皓首居憂，孺慕猶切，輯注未竟遂攖疾，服闋後兩載亦謝世。余姊丈讀禮之餘，校定遺稿，意欲授梓，詎天奪其年，以四十九歲即捐館舍，天之報施不可問也。時籛龍年甫十四，泣而言於余曰：先人遺訓，期甥於世有所用，而曾王父於甥生之日，即著醫書一種。夫有用於世者，莫如醫，甥敢不專心致志以究其志哉！第義理淵微，欲埋頭十載，而以家事累吾舅可乎？余聞而作曰：汝志如是，汝父不死矣，吾敢辭耶？遂諾之。憶甥天姿穎異，幼即超群，王琴泉、王繼周兩先生皆器之。嗣遇金匏菴、謝玉田、孫鍈崖、謝金堂諸前輩，咸目爲不凡，惟性疏邁，所遇輒奇，瞬眼十年未展其志，而臨診頗肯用心，屢起大證，藉有聲名，可謂不負遺訓矣。

張興賢

光緒《山西通志・藝術録》　張興賢，字容衆，沁州人，恩貢。天資敏達，博極群書，隱居教授。課讀之暇，恆研究脈理，故醫學尤精。嘉慶初，學使瑚試潞澤感疾，服藥增劇，抵沁，聞興賢名，延之診視。曰：此爲庸醫所誤，徒按時令專尚補益所致也，非用大涼之劑補瀉兼施不可。學使出前方，質之果不謬。別投以劑，病若失。厚酬之，不受，匾旌其門。

王利仁

光緒《山西通志・藝術録》　王利仁，左雲人。善醫，尤精於鍼灸，好讀《易》，遂習卜筮，研精殫思三年，面壁頗有所得。家貧，性孤介，敝衣藿食，處之宴如。

李天培

光緒《山西通志・藝術録》　李天培，榆社貢生。業醫，尤長於豆疹。有延請者，雖道遠或風雨，亦必往視。貧不能具珍藥者，則捐橐中金贈之，所活無算。

郭　桂

光緒《山西通志・藝術録》　郭桂，字天香，大同諸生。性嚴介，有才名，通曉醫卜，尤精六壬，每有占斷多奇驗，醫術以眼科著。年未五十卒，時論惜之。

張國槐

光緒《山西通志・藝術録》　張國槐，大同人。精於醫，闢杏雨齋居之，求診者户外屨恆滿。嘉慶初，由廩生舉孝廉方正。

張　組

光緒《山西通志・藝術録》　張組，陽高人，以諸生貢太學。屢舉不遇，退而究心古方書。尤善治傷寒，深得長沙奥妙，活人無算。年踰七十，精力弗衰。子雲翼，舉人，克繩父業，名滿朔雲。子聰，次子明，姪智，皆以醫名，後居大同，時稱爲三世儒醫云。

詹　墀

同治《安義縣志・人物》　詹墀，號樵珊，安義里人。工隸書，精醫。博覽群籍，脈理微至，叩門求診者無虚日。著有《儒門事親集要》、《樵珊醫事日記》，待刊。

尼了然

同治《酉陽直隸州總志・人物志・方外》　尼了然。了然不知何許人，年約五十許，嘉慶間，偕一僧至甘溪之觀音閣居焉。閣在石家壩。僧老且病，了然事之唯謹。叩其來蹤，不答。或云本江湖繩妓，嘗賈拳勇於漢口，號無敵。此僧暱之，破其家，尼未忍捨去，故相從爲僧。人聞愈敬畏，無敢侮者。會文生冉崇賢時年幼，墜樹折腰死，尼藥之復活，遂得名，以醫自給。有楚石工唐姓者數人，賃居廡下，酒後較拳法，呼聲動地，旁若無人。尼方啜茗佛座側，微哂之。工怒，請與角。尼故遜謝，工已一撲而入。尼徐起一足，工仆數丈外。諸工連進連仆之，茗椀猶在手。工懼，請教，會僧出，呵之遂止，後僧死，尼遂他去。

張達之

同治《重修成都縣志・人物志・藝術》　精於岐黄。家極貧而敦品，爲人治病開方，必照寫一紙攜回，夜則思索一日所治病，與醫方合否，而後即安。

喜與士類相周旋。其子汝珍，新繁文庠，能世其業。

孫天騏

光緒《崑新兩縣續修合志·藝術》 孫天騏，字德甫，號蘇門，邑諸生。形貌魁梧，見者生憚。性至孝，幼喪母，每見遺物必泣下。交友坦懷，始終如一。力學，博聞強識，喜吟詠，情詞浩瀚，不事組織。父夏重，候選縣丞，性慷慨，廣交遊，晚年家不給，天騏乃習醫以濟生，遂究心《靈》、《素》，日夜不倦，金元四大家及近代名醫著作，無不博覽。臨證施治，尤能切脈以悉臟腑，就診者，門常如市。平生好施與，計一歲所入，濟貧振匱，而自謀則不顧，終身儉約。歿之日，身無以殮，感恩之族，相觀涕泣。又好表揚忠孝貞節。里有張貞女墓，沒於荒，烟蔓草，尋其迹，立碣，封其墓。所著述《庭訓》、《揖翠山莊詩集》、《醫林雜俎》、《停雲館醫案》、《咽喉問答》，鋟板藏其甥嘉定金光祿樹基家，兵後僅有存者。

李溫　李長齡　李懷庚

咸豐《同州府志·人物列傳》 李溫，字天怡，朝邑人。世業醫，施藥而不取值。有以病告者，雖夜半必往，貧人則愈其病而更賙之。暑月或病嘔吐，口渴舌焦，醫者六七輩皆以爲大熱所致。溫視之，曰：此陰極陷陽之症也。煎附子理中湯，沉諸井，冰而飲之，愈。次子長齡，傳溫術，能決人生死於數月之前。所治奇疾，皆以意推之，多醫書所未載。三子懷庚，亦傳溫術，行道於甘省，人呼爲神醫李先生。

陳元椿

光緒《江都縣續志·人物·方技》 陳元椿，字大山，號壽菴，世居瓜洲鎮。曾祖如鑾，祖湘累，世精醫。元椿幼失怙，思承家學，研究《內經》，於丹溪、東垣諸書，能通其義。遇有危疾，熟思審處，必得其致病之源與治之之法，立方極慎。生平於藥，未嘗誤用。凡延診，於貧者不受酬謝，或無藥餌貲，則解囊贈之，人稱爲長者。兄子煜，字若菴，亦精於醫。元椿子錫鼎，道光二十四年舉人。

方起煜

道光《徽州府志·人物志·方技》 方起煜，字孔章，平盈人。傳其家學，全活嬰兒無算。邑侯張贈以仁壽天錫。

曹鴻舉

光緒《雲南通志·人物志》 曹鴻舉，【略】昆明庠生。精方脈，兼善針灸。時多疫，治之立愈。著有《瘟疫論》、《瘟疫條辨》。其族兄旭，字東曙；昶，字炳蔚，亦精其術，皆以醫著名。

何鎡

宣統《湖北通志·人物志·方技傳》 何鎡，字石菴，鍾祥人。嘗遍取名醫書讀之，豁然有悟，遂精於醫。歲大疫，集貲施藥，全活無算。有同庚生某，故鎡友也，病亟，鎡走診之，歎曰：斯人之生與余同，故貧賤無子亦相似，今脈相無活，理是大命不可逃，予亦豈能獨活哉？視其殯殮畢，屬家人身後事，亦卒。

康世珩

道光《濟南府志·方伎》 康世珩，字楚白，章邱人。嘗師名醫王長明，得其傳。救人疾苦，不受餽遺。著有《傷寒易簡錄》一卷。後以痘疹術授其族孫如浩，以內科術授從孫如英，皆以醫名一時。

陳五太

同治《續輯漢陽縣志·藝術志》 陳五太，字健夫。精岐黃術，預知人生死，凡胗視隨手輒應。不趨權貴，御史吳達及郡縣屢請，俱鑿壞而遁。喜與寒士交，年八十卒。子泌、孫夢龍，俱善醫。

蔣寶素

《醫略十三篇·潘世恩序》 《醫略》十三篇，乃京口蔣君寶素手著。京口於吾吳爲同里，是亦延陵一大郡會也。予自歷官臺省垂四十年，於里閈奇材，異能之士鮮所知者。向聞王九峰、蔣椿田工岐黃術，名噪一時，寶素則椿田之哲嗣，而九峰之高足弟子也，近亦有聲大江南北。生平好讀三墳，銳志於扁、盧之學，其造詣之淺深高下，雖知之未悉，然能述父師之訓，折衷於三折肱諸家之說，本經義以立言，而著爲是編，則其用力於《靈樞》、玉版之書，概可見矣。

《醫略十三篇·卓秉恬序》 丹徒蔣君寶素，幼極貧，年十四始識字，述乃翁椿田老人家學，並從里中良醫王九峰遊，盡得其傳，不數年而聲華藉甚，遠近爭迎者紛至沓來，不啻和、緩之往還於秦晉也。

光緒重修《丹徒縣志·人物·方技》 蔣寶素，亦游於王九峰之門，得其醫案。

光緒重修《丹徒縣志·人物·文苑》 蔣寶素，字問齋，號帝書。七歲喪母，恃祖母楊氏愛，恣意嬉遊。父椿田，以世醫傳其家，顧不取非分之財，家無儲粟，忽病風欲死，炊煙幾斷。寶素時年十七，翻然省悟，自悔失學。侍父病痊，乃取《素問》、《靈樞》、越人、仲景諸書，晝夜讀之。其字晦義澀處，恥於問人，惟就名醫潘曙東師事而心解之。不數月，徹其旨。又專力於經史子集，研讀七年，竟與心化，醫名大著。議論舉止有儒者風。中歲有立言之志，初撰《醫略》八十一卷，先刻十三篇，凡群書之有關於醫及見聞所及，皆類聚之。邑令王德茂及京外諸名公皆有序。壬寅遭寇，僅存初稿，乃梓《醫略》稿六十七卷，又摘其診視有效者，梓《問齋醫案》五卷。又念史傳儒林未允，作《儒林正紀》二十四卷。間與友人作詩及古體文，筆力堅厚，作《詩略》二卷、《文略》一卷。又念史筆莫嚴於《春秋》，作《春秋貫》一卷、《史略》二卷。咸豐癸丑避寇江北，寓沙溝鎮，作《將略》一卷及《傷寒表》一卷、《證治主方》一卷、《醫林約法三章》一卷、《五字經》一卷。同治丁卯遷寓仙女鎮，有《歸里志》。癸酉正月，適友人延其診病，乃返城居胡宅相家。攖疾卒，年七十九。子三孫七，半皆承家學，克紹先志，精於醫。

汪夢雲

光緒《荆州府志·人物·藝術》 汪夢雲，精醫學。道光己酉大疫，雲晝夜診治，遇貧乏輒與藥，不取貲，全活無算。卒年七十二。

顧德普

同治《安福縣志·人物·方伎》 顧德普，字繼武，城内人。初習舉業，不就，棄去，精岐黃。邑令程光鄂詳請咨部給劄，授本邑醫學訓科，贈以盧扁功高額。供職三十餘載，多奇中。年八十七卒。

馬負圖

光緒《德安府志·人物·方術》 馬負圖，字金蘭，隨州丙午歲貢。事母孝，母多病，負圖以家貧不能延醫，因即所會易理參透醫理。所著《易理精義》、《醫學心悟》，待梓。

王錫琳

光緒《川沙廳志·人物·藝術》 王錫琳，號滌齋，二十保十六圖監生。精岐黃，承四世家學，殫精覃思，活人甚衆。兼工吟咏，畫墨蘭。年七十猶手不釋卷。著《溫病探珠》六卷、《蝸寄閣吟草》四卷。道光間，參將陳松林、關天培先後給匾，同知何士祁獎以妙手回春額顔諸堂。其子若孫，能世其業。

龔應耀

光緒《南昌縣志·人物》 龔應耀，字政輝，善醫，歲活人無算。於古金瘡方，得先少保之秘。里有紀氏婦，貧不能自存，引刀刺喉瀕死。應耀往，藥之，創隨合，仍給粟以贍之。其訓子曰：陸梭山一藥市客耳，教兩弟成大儒。今令爾輩學，爾輩其亦思梭山我乎？子懋琪，爲諸生，有名。

張仁錫

光緒《重修嘉善縣志·人物志·藝術》 張仁錫，字希白，青浦人。後居魏塘。以儒術爲醫，精於診切。著有《痢症彙參》、《四言藥性》、《奪錦瑣言》、《醫案》、《醫説》等書。罹粵寇之亂。弟子吴炳存其稿，待梓。

盛韶 盛熙

光緒《重修嘉善縣志·人物志·藝術》 盛韶，字景夔，號佐虞，國子生。屢試不售，棄而習瘍醫，藝甚精。錢少宰樾贈以額曰：春盎。著有《穎川集》。子熙，字新周，號敬齋，諸生，亦善岐黃，喜吟咏，兼工倚聲，著有《讀經眞要》、《感症新纂》、《用藥時宜》、《臨證醫案》、《亦吟齋詩稿餘》。

沈棻

光緒《重修嘉善縣志·人物志·藝術》 沈棻，字寶香，號蘭亭。讀書績學，淡於仕進，援例得國子監主簿。精軒岐術，名噪一時。有富家子病怔忡，諸醫脈案俱累牘，而棻獨以心動神疲四字賅之，人服其簡要。又有人患腹痛，百治罔效。棻診之云：此中蛇毒。投劑霍然。其奇中類如此。著有《雜症隨筆》、《痘疹心得》，未梓散佚。卒年七十三。

邱翔

光緒《黄州府志·藝術·黄岡縣》 邱翔，字翼臣，道光庚子舉人。工製舉，文字試輒冠其曹。兩試春官，佹得仍失，遂絶意仕進，歎曰：身爲士，遂不足康濟人耶？乃專心醫學，自《神農本草》以下諸書，靡不畢覽。已而治病皆立愈。風雨寒暍，有請必往，病痊概不受謝。鄉居獎掖後進，尤矜恤族戚貧苦云。所著《傷寒辨論》二十餘卷，實能發明仲景之蘊，又《濟世金丹》(如)〔若〕干卷。

張　琦　張曜孫

道光《武進陽湖縣合志·人物志》　琦，字翰風。嘉慶癸酉順天舉人，歷官山東鄒平、章邱知縣，補館陶。精醫術，治縣時值大疫，全活甚衆。

《產孕集·包誠序》　陽湖張氏仲遠，以名孝廉服官楚北，所在有聲。幼精醫理，奉母湯太夫人命，著《產孕集》。其卷分上下，爲類一十三門，條析病狀，援據方書，約略已備。

光緒《武進陽湖縣志·人物志》　張曜孫，字仲遠，山東館陶知縣張琦子。道光二十三年舉人，援例選授湖北武昌縣，以軍功，積官至侯補道。慷慨善論兵，前後督撫皆重之，然亦不能盡其用，僅一署督糧道，鬱鬱以卒。尤精於醫，著《產孕集》。

《清史稿·藝術傳·張琦》　陽湖張琦、曜孫，父子皆通儒，以醫鳴，取黃元御扶陽之說，偏於溫。曜孫至上海，或勸士雄往就正，士雄謝之。號葉氏學者，要以士雄爲巨擘，惟喜用辛凉，論者謂亦稍偏云。

吴　瑭 鞠通

《溫病條辨·自序》　夫立德、立功、立言，聖賢事也。瑭何人斯，敢以自任？緣瑭十九歲時，父病年餘，至於不起，瑭愧恨難名，哀痛欲絶，以爲父病不知醫，尚復何顔立天地間。遂購方書，伏讀於苫塊之餘。至張長沙外逐榮勢，内忘身命之論，因慨然棄舉子業，專事方術。越四載，猶子巧官病溫。初起喉痹，外科吹以冰硼散，喉遂閉。又遍延諸時醫治之，大抵不越雙解散、人參敗毒散之外，其於溫病治法，茫乎未之聞也。後至發黄而死。瑭以初學，未敢妄贊一詞，然於是證，亦未得其要領。蓋張長沙悲宗族之死作《玉函經》，爲後世醫學之祖，奈《玉函》中之《卒病論》，亡於兵火，後世學者，無從仿效，遂至各起異說，得不償失。又越三載，來遊京師，檢校《四庫全書》，得明季吴又可《溫疫論》。觀其議論宏闊，實有發前人所未發，遂專心學步焉。細察其法，亦不免支離駁雜，大抵功過兩不相掩，蓋用心良苦，而學術未精也。又遍考晋唐以來諸賢議論，非不珠璧琳琅，求一美備者，蓋不可得，其何以傳信於來兹！瑭進與病謀，退與心謀，十閲春秋，然後有得，然未敢輕治一人。癸丑歲，都下溫疫大行，諸友强起瑭治之，大抵已成壞病，幸存活者數十人，其死於世俗之手者，不可勝數。嗚呼！生民何辜，不死於病而死於醫，是有醫不若無醫也。學醫不精，不若不學醫也。因有志採輯歷代名賢著述，去其駁雜，取其精微，間附己意，以及考驗，合成一書，名曰《溫病條辨》。然未敢輕易落筆。又歷六年，至于戊午，吾鄉汪瑟庵先生促瑭曰：來歲己未濕土正化，二氣中溫厲大行，子盍速成是書，或者有益於民生乎！瑭愧不敏，未敢自信，恐以救人之心，獲欺人之罪，轉相仿效，至於無窮，罪何自贖哉！然是書不出，其得失終未可見，因不揣固陋，黽勉成章，就正海内名賢，指其疵謬，歷爲駁正，將萬世賴之無窮期也。淮陰吴瑭自序。

《溫病條辨·朱彬序》　余來京師，獲交吴子鞠通，見其治疾，一以仲景爲依歸，而變化因心，不拘常格，往往神明於法之外，而究不離乎法之中，非有得於仲景之深者不能。久之，乃出所著《溫病條辨》七卷，自溫而熱而暑而濕而燥，一一條分縷析，莫不究其病之所從生，推而至於所終極；其爲方也約而精，其爲論也閎以肆，俾二千餘年之塵霧，豁然一開。昔人謂仲景爲軒岐之功臣，鞠通亦仲景之功臣也。余少時頗有志於醫，年逾四十，始知其難，乃廢然而返。今讀鞠通之書，目識心融，若有牖其明而啓其秘者，不誠學醫者一大快事哉！爰不辭而爲之序。嘉慶辛未四月既望。寶應朱彬序。

《清史稿·藝術傳·吴瑭》　瑭，字鞠通，江蘇淮陰人。乾、嘉之間游京師，有名。學本於桂，以桂立論甚簡，但有醫案散見於雜證之中，人多忽之。著《溫病條辨》，以暢其義，其書盛行。

鄒　澍 潤安

《醫學讀書志·國朝鄒氏澍》　澍字潤安，晚號潤庵。悟先儒性命之旨，不習舉業，特致力於醫。嘗用《春秋》屬辭比事法，治《素問》、《傷寒論》、《金匱要略》，於不合處求其義之所在。又以劉潛江《本草述》，雖意旨精博，而不甚用力於漢唐，因將仲聖所用藥百七十三味，研究六年，撰成《本經疏證》；常用藥百四十二味，成《本經續疏》。猶以爲未盡厥旨，例取《序列》所列主療八十三類，及徐氏續入九類，詮釋其要，翼附二疏，成《本經序疏要》，皆自爲序。道光甲辰，遽捐館舍。癸卯，禾錄稿寄湯君用中，倡鋟於維揚，歸板於其嗣子夢龍。《長沙方疏證》、《讀醫經筆記》，皆未卒業，因校序以待刻傳。

光緒《武進陽湖縣志·人物·藝術》 鄒澍，字潤安。性孝，居父母喪，哀毁骨立。家貧，刻苦自勵，於書無所不窺，顧隱於醫以自給。道光元年，詔舉山林隱逸，有議以澍名上者，澍固辭乃止。澍通知天文、推步、地理、形勢、沿革，詩、古文亦卓然成家，而卒皆不自表襮。所著亦醫家言爲多，世遂以醫目之，不足以盡澍也。

《清史稿·藝術傳·鄒澍》 鄒澍，字潤安，江蘇武進人。有孝行，家貧績學，隱於醫。道光初，詔舉山林隱逸，鄉人議以澍名上，固辭。澍通知天文推步、地理形勢沿革，詩古文亦卓然成家，不自表襮。所著書，醫家言爲多。《傷寒通解》、《傷寒金匱方解》、《醫理摘要》、《醫經書目》，並不傳。所刊行者，《本經疏證》、《續疏證》、《本經序疏要》。謂明潛江劉氏《本草述》，貫串金、元諸家説，反多牽掣，故所注悉本《傷寒》、《金匱》，疏通證明，而以《千金》、《外臺》副之。深究仲景製方精意，成一家之言。

郭良棟　王元吉

光緒《山西通志·義行録》 郭良棟，峕嵐人。精醫術，時採藥山中，手自炮製。每隆冬大雪，撒粟凈地以飼鳥雀，其利濟爲心如此。以拔貢歷署絳縣、垣曲教諭。又州人王元吉，善治瘍，貴賤一視之，不受藥值。

馬聘登

光緒《山西通志·藝術録》 馬聘登，字學優。善醫，問病者戶外屨恆滿。鄉里重其行義，遇有爭訟，得其言立解。以耆壽終。

于良椿

同治《廣濟縣志·人物·孝義》 于良椿，號雙亭。父染疾，每日奉盤盥垢，未凈，輒以舌舐之，十餘年不倦。精於醫，道光壬辰，疫癘傳染，施藥調治，愈者甚衆。嘗夜深就寢，聞叩門者，甫出戶而室已傾，人以爲孝義所致云。

楊際泰

同治《廣濟縣志·人物·方伎》 楊際泰，字平階，諸生。精於醫，著有《醫學述要》行世。

謝大槱

光緒《永川縣志·人物·技藝》 謝大槱，字東琴，庠生。善書法，通岐黄堪輿諸術，長於琴瑟簫管。有老母善病，然雅好音律，每值母病，槱手揮七絃以娛，病若失。

周述典

光緒《永川縣志·人物·技藝》 周述典，字徽五，庠生。業精岐黄，根柢《内》、《難》二經，活人無算。注《疫痧合編》行世，人皆遵之。

陳汝明

光緒《雷波廳志·人物志·藝術》 陳汝明，習歧黄，術最精。每遇疑難大證，應手奏效。性仁厚，愈人病不索貲財，且以藥餌周濟貧困。道光十九年兵燹之後，疫癘盛行，貧民不能延醫藥，死亡日繼。汝明配集藥物，廣傳良方，遇病者即與之，並不索值，全活無算，人多感其德。

陳暨均　陳懷玉

光緒《山西通志·藝術録》 陳暨均，字正平，猗氏人，郡文學。研精醫理，所活無算。慨慷尚義，敎授柴卒於官，貧不能治喪，倡集同學，各捐一歲之餼賻之，以歸其柩。卒年八十。又孫懷玉，祖父並以醫名。懷玉傳其學，所業益精，求診者無虛日，未嘗索謝。以增生貢太學，授徒鄉里以終。

楊玉乾　楊光庭　李維楫　崔允迪

光緒《山西通志·藝術録》 楊玉乾，永濟人。精内科。每製方，寥寥數味，藥品必親勘，效如神。尤精脈，數年後生死決於指下。有手鈔方書數卷，皆生平歷驗之方，精微之論，今不傳。同族楊光庭者，製方亦類玉乾，而尤精外科，鍼法神妙敏捷。其後有監生李維楫，從九崔允迪，皆以能決人生死得重名。然脈家斷生死易，知病難，流俗所稱爲神明者，每多在彼。

王　禋

光緒《山西通志·藝術録》 王禋，榮河人。少補諸生。負才名，經史而外兼精醫學，切脈立方，應手輒效。里黨無力市藥者，則備丸散給之。累舉不得志，循序貢太學以終。

楊岐正　崔登泰

光緒《山西通志·藝術録》　楊岐正，滎河人。通堪輿家術，尤精於醫。家不中貲而性喜施予，遇病就診，祈寒暑雨弗避，貧無力市藥者，輒代爲籌之。崔登泰者，居鄉有行義，亦善岐黄之學，應答無虚日，嘗曰：余無餘貲濟人，區區薄技，又何吝焉？

羅人文

光緒《山西通志·藝術録》　羅人文，沁水人。早登鄉薦，甲申後棄去，不復出，以業醫爲生，遂精於證治。著《醫案》若干卷。

曹力壯　曹俊

光緒《山西通志·藝術録》　曹力壯，字志行，蒲縣人，恩貢。相貌嚴肅，見者懔然。道光二年疫，捨藥施方，活人無數。又諸生曹俊，以鍼灸名，是年患疫者踵接於門，應手奏功，中夜數起，不以爲勞，士林韙之。

朱永爵

光緒《山西通志·藝術録》　朱永爵，虞鄉人，太學生。得金鍼撥眼術，有名雍豫間。

羅從可

光緒《山西通志·藝術録》　羅從可，字獻之，長治人。幼劬學，每覽書必覃思精研，溺苦至忘寢食。以事親故，遂深於醫。時《醫林改錯》初出，泥古者嗤爲妄，喜新者驚爲神。從可乃撰《醫林酌中》一卷，以矯其偏，而善用之，所言多驗。以貢生注選訓導，未仕卒。

劉士材

同治《九江府志·人物·方技》　劉士材，號挺生。祖、父單傳七代，至材慨然有濟世心。專精醫理，凡治病診即痊。請即往，必俟其人全愈而始安，一時救活者甚衆。至今子列黌宫，孫林立，咸謂醫治之報云。著有《傷寒紀效書》，待梓。化邑貢生何之曙爲立傳。

劉選錢

同治《九江府志·人物·方技》　劉選錢，字成一。少慧，游庠，慳於遇。厭帖括業，業醫，謂醫能濟世，於此三折肱焉。療人有奇效，不責報，遇窮困輒施藥資，全活者甚衆。著有《醫方前編》、《續編》數卷，因兵亂散佚。

汪四喜

同治《萬年縣志·人物志·方技》　汪四喜，字履亭，山港齊埠人。精醫理，以外科成家。饒、廣、徽、婺數百里仰之若盧扁，舟東迎無虚日。港邊劉次元，內科中名手也，目空一世。惟於喜深相折服。爲人精細勤敏，手抄醫書成帙者五六十卷，瑣經驗藥方千餘束，自著《醫案》、《經驗》等書二三十卷。餘干原任廣東兵備道徐學喬見其書可問世，慫恿付梓，時已老矣。校理數年，未成而卒，年七十九。書至今在，惟《瑣録》誤遭丙丁。子可理，孫萬興，俱世其業。

劉森然

同治《新昌縣志·人物·技術》　劉森然，以字行，天寶鄉人。性悃樸，重然諾。曾遇名師傳授引種牛痘法，刀圭妙手，獨冠一時。先是人多用吹苗法，痘險功費，往往十失四五，森然心惻，爰出其技，以與人點種，全活嬰兒不下數千。往來章門數十年，凡士大夫罔不尊禮焉。輯有《引種方書》行世，大樞密陳公孚恩、方伯徐公思莊、少宰胡公家玉，並爲之序。

李榮陶

同治《萬載縣志·方技》　李榮陶，字風高，村諸生。性曠逸，不以科名介意，精醫理並推拿術，屢起人於危。與執友高某相晤，見神色有異，索手脈診之，曰：君外雖無恙，然某臟已虧，宜速治。未幾果死。府教授熊日華、萍鄉令張枚皆敬禮之。手録《醫家宗旨》數萬言，其弟榮陛見而嘆曰：倘得梓行，有補於世不少。

張國光

光緒《大城縣志·人物志·方技》　張國光，大城人。太學生，長於醫術。凡《素問》之所解，《金鑒》之所陳，《石室》之所録，無不備覽。以暨丹溪、蒙荃、時珍、仲景之説，參觀而互相發明，抉陰陽之奧，泄造化之精，通八難於八風，別五聲於五運。以王叔和《脈經》難記，因作《脈訣指南》，由博返約，會初學易入法門，直於此道三折肱矣。大抵醫家每祖張氏汗、吐、下三法，風、寒、暑、濕、燥、火六門，以爲關鍵，其治多攻瀉，不善學之，往往殺人。公獨扼其要，折其中，善導而不力攻，尚補而不尚瀉，故雖補而不偏於補，不攻而更妙於攻，臨證三十餘年，一無失手。

道光中，青邑楊趙官村有郭爭群者，生人面瘡於膝，七竅皆具。延醫遍中外，一藥無靈。因投門下，哀懇調治。國光以藥攻其惡疾，月餘霍然愈矣。厚趙官村李樹患奇症，一呼則周身毫毛俱起，一吸則周身毫毛俱偃，消瘦日甚，命在旦夕。又有優生厚潁川次女，每患朝食暮吐，綠涎成膠，七日不食。此二症諸醫皆束手，公療之獨見神奇。由是求治者朝夕造門，紛紛如市。

公心存普濟，尤恤孤貧，其不能具車馬者，輒徒步隨之行，雖沐雨櫛風，不覺其勞也。自製諸膏丹丸散，莫不神驗。暮年訓子成名，以繼其志。

馬玫

光緒《東光縣志・人物志》 馬玫，字五玉，庠生，有神醫之目。凡治人病，初不明言何症，人問之亦不答，診脈已即出。【略】一人騎馬射，馬驚，首覆而下，斃。玫曰：未死。使四人牽綿被四隅轉側之，果甦。曰：此腸顛倒易位也，腸滑，轉側之則結自解，可勿藥矣。其治人病多類此。著有《脈訣淺說》、《痘疹淺說》各若干卷。

沈廷傑

光緒《祥符縣志・人物・義行》 沈廷傑，字漢三，祥符人。性仁慈，好讀書，習岐黄，尤精鍼灸，活人無算。嘗於兵荒大疫之年，以舟車載藥食游，歷遠近不憚艱險。饑者食之，病者藥之，濟人尤多，至今河北呼爲沈菩薩。著有《外科指南》、《奇證良方》行世。

呂西峰

光緒《滋陽縣志・人物志》 呂西峰，字昆圃，號瑤亭，城東南隅人。性篤誠，博學能文，早歲補博士弟子。屢試省闈不第，遂棄帖括，延明師，多所成就。工岐黄，尤精眼科，四方來就醫者，投方輒效，有壺天再世之功。著有《眼科撮要》。

金文彬

同治《漢川縣志・方技》 金文彬，字濟質，歲貢生。文譽津津騰江漢間，胡牧亭、夏澴農雅推重之。數奇不偶，遂棄而攻醫。著有《諸醫薈萃》、《脈訣摘要》。其《痘證慈航》一書，尤辨析精微。推服者謂爲保赤之寶筏，同邑郭楚珍付梓藏版。

黄建中

光緒《重修五河縣志・人物・方技》 黄建中，增廣生，孝二里人。爲人謹飭，初以教讀爲業，從游者衆。晚工醫，道光十三年瘟疫流行，遇貧乏戶不取藥資，活人甚衆。著有《瘟疫論》，待梓。

金本田　金玉音

光緒《續修廬州府志・文苑》 金玉音，無爲人，庠生。少工帖括，與齊管圃、吴柳塘齊名。父本田，業醫。玉音傳其業精，嘗舉本田所編《傷寒百問》注釋之，而加詳焉。

葉風

光緒《霍山縣志・人物志・文苑》 葉風，字維風，號亟齋。父升籍休寧，奉母居於霍。力行學古，詩文皆力追唐宋以上，風發逴厲。中年曾參南昌郡幕，厭棼濁，棄而返棹，隱於醫。所著《詩文集》若干卷、《醫書》數種，貧不能梓，僅刻《史論》數篇。風前在南昌幕中，曾刻《達生篇》，發明生育常理，自署亟齋而不著姓氏。

陳念祖 修園

《金匱要略淺註・林則徐序》 余奉諱里居，每嬰痁疾，偶撿方書，茫無涯涘，因歎前賢如坡公，沈存中輩，皆明於醫理，用以濟世利物。其不效者，特格物未至耳。吴航陳修園先生，精岐黄術，以名孝廉宰畿輔，晚歸里中，與先大夫結眞率會。余嘗撰杖侍坐，聆其談醫，洞然有見垣一方之眼。竊謂近世業醫者，無能出其右也。今先生捐館數年矣，令嗣靈石傳其業，世咸推重焉。先生生前所刊醫書若干種，已傳海內，今復讀其《金匱要略淺注》一十卷，明顯通達，如胝諸掌，雖王叔和之闡《內經》，不是過也。靈石又遵庭訓爲《金匱歌括》六卷，取韻語之便於記誦，附以行世，猶先生志也。昔范文正公有言：不爲良相，則爲良醫。先生在官在鄉，用其術活人，歲以千百計，況著書以闡前人之旨，爲業醫者之瓴甋，其功豈淺鮮哉？靈石以序見委，余固不知醫，然竊願爲醫者講明其理，庶有以濟世利物而勿誤人於生死之交也，是爲序。道光十年歲次庚申仲春望後，愚姪林則徐拜撰。

《醫學讀書志・國朝陳氏念祖》 念祖字修園。自序《傷寒論》引《漢書・

藝文志》云：《湯液經》出於伊尹，《傷寒》、《金匱》方，除崔氏腎氣丸，侯氏黑散外，皆伊尹遺方。考《漢志》並無此語，念祖所見，或非今本。《淺注》貫串原文，頗便童蒙誦習，然牽強附會處，正復不少。其作令保陽時，又集《神農本草經》三品藥百十八種，附《別錄》藥四十七種，爲《本草經讀》二卷。又約論醫精語爲《三字經》二卷，附以《藥方》一卷，並《陰陽藏府論經絡四診運氣歌》一卷。又編補、重、輕、宣、通、泄、滑、澀、濕、燥、寒、熱十二劑方百八道，爲《時方歌括》二卷。又採脈法及雜病三十六門並婦人傷寒爲《時方妙用》二卷。其立論主於排擊金元，實不能越金元之圍範，推崇漢唐，亦不能得漢唐之綱領。《本草經解要》四卷，爲梁溪姚球字頤眞撰，自序學醫始末，著書原委，門人王從龍跋，從龍叔海文序，又列參校門人華元龍等一十八人名，爲六安州守楊公子字遠齋者所刻。稱尚有《南陽經解》、《幼科新書》、《刪補愼齋遺書》、《評點景岳全書》、《類經》諸稿未梓。坊賈因書不售，剜補掛名，遂致吳中紙貴。念祖未見原本，故踵其訛誤如此。候官蔣慶齡《本草經讀·序言》，念祖自述所著，尚有《傷寒論註》四卷、《重訂柯註傷寒論》八卷、《重訂活人百問》八卷、《金匱淺註》十六卷、《醫醫偶錄》二卷、《醫學從衆錄》八卷、《眞方歌括》二卷、《景岳新方砭》四卷、《傷寒論讀》四卷、《金匱讀》四卷、《醫約》二卷、《醫訣》三卷、《本草經註》六卷，凡一十三種。今惟《金匱淺註》傳世，餘皆未見。

《清史稿·藝術傳·陳念祖》 陳念祖，字修園，福建長樂人。乾隆五十七年舉人。著《傷寒金匱淺注》，本志聰、錫駒之說，多有發明，世稱善本。嘉慶中，官直隸威縣知縣，有賢聲。值水災，大疫，親施方藥，活人無算。晚歸田，以醫學教授，門弟子甚衆，著書凡十餘種，並行世。

杜天成

光緒《廣平府志·藝術》 杜天成，字懿德。少業儒，家貧，從父國士學醫，精脈理。道光壬寅疫大作，施藥濟人。著有《集驗良方》、《脈案》等書。

孫　泰

光緒《廣平府志·藝術》 孫泰，字盛時，永年人。幼習醫學諸書，專心研究，藝漸精粹。療治傷寒尤所擅長，著有《瘟疫傷寒辨》。

宋鼎　宋炳

光緒重修《奉賢縣志·人物志·術藝》 宋鼎，字禹九，南橋人。精瘍醫，能起危疾。湯文正公頦其廬曰：青囊獨授。孫炳，字豹文，世其業。邑令許逢元母患疔，諸醫謝不能治，炳曰：無害。竟獲痊。貧者延診，雖昏夜雨雪必往，不受酬。性喜花木，一日晨起，忽顧庭柯嘻曰：與爾別矣。至晚無疾而終，年六十九。

何　四

宣統《東莞縣志·人物·仙釋》 何四，不知其名，幼隨父宦遊於莞，遂不返。擅醫術，不沾沾於君臣，遇病者，隨投一刀圭，無不立效。嘗寓篁村大朗巷廟中，衣百結而蟣虱不生。富室延治輒避去，而於窶人則殷勤調理，輒解藥以贈。歿後，群祀於廟。後數月，人或見於山中爲人治病，病愈問所居，曰：吾在篁村。入廟瞻像，儼如其貌，無不悚然，世共稱爲何神仙。

曾　震

同治《萬安縣志·人物志·方伎》 曾震，湖洲人。附貢，讀書明易理，善卜，尤精岐黃，且好善，常備藥濟人。著有《雜病歌》、《痧證論》行世。

劉克厚　劉石峰

同治《常寧縣志·方技》 劉克厚，性穎異，工醫方，多奇效。著《痘痳得心》。族弟劉石峰傳其業，爲註釋之，梓以行世。

張夢廬千里

光緒《桐鄉縣志·撰述志》引臧壽恭撰《張夢廬先生別傳》 歲戊戌，余館桐鄉張夢廬先生家。時先生以訓導需次家居，終日醫人，少接緒論。一日來館，偶論及醫。余曰：醫之所必讀者何書？先生曰：仲景所著之論，王冰所註之經，《神農本草》、黃帝《難經》，皆必讀之書也。【略】余曰：長洲葉氏忌用茈胡，吳江徐氏譏之，聞先生亦不輕用此味，得無爲葉說所惑乎？先生曰：非也。江浙人病多挾濕，凡濕病，輕提劑，瞑眩可必，獲驗猶賒，葉氏實閱歷之言，徐氏乃拘泥之論，此河間所以有古法不可從之激論也。余曰：又聞先生治瘡瘍不用升藥，何也？先生曰：升藥即漢之五毒藥，其方法見《瘍醫》後鄭注，自來瘍醫皆用之。然諸瘡皆屬於心，心爲火藏。又南人瘡瘍皆由濕熱，若更濟以剛烈墜煉之藥，弱者必痛傷其正氣，強者必反增其熱毒，此所以不可輕用也。余曰：然則何以不著書。先生曰：唐許(允)〔胤〕宗云：醫主於脈。脈之妙處，口莫能宣。虛著方劑，終無益也。余曰：先生通儒也，又精於醫者也。今歲己亥七月，先生卒，年五十有八。其諸子以家傳請，余以先生品行之端，詩文之善，已載《郡志》，故特詮次其荅問之辭以告世之醫人者。先生名千里，子五：光昌、光治、光裕、光錫，皆縣學生，光斗尚幼。

《冷廬雜識·醫範·張夢廬》 同邑張夢廬，學博千里，醫名隆赫。道光間，應閩浙總督無錫孫文靖公之聘至閩。時公患水脹已劇，猶篤信草澤醫，服攻水之藥，自謂可痊。張乃詳論病情，反覆數千言，勸其止藥。私謂其僚屬曰：元氣已竭，難延至旬日矣。越七日果卒。其論大略云：專科以草藥爲丸爲醴，峻劑逐水，或從兩足滂溢，或從大腸直瀉，所用之藥，雖祕不肯洩，然投劑少而見效速，其猛厲可知。夫用藥猶用兵，攻守之法，參伍錯綜，必主於有利而無弊，從未有病經兩年，發已數次，不辨病之淺深，體之虛實，祇以峻下一法，爲可屢投而屢效者。蓋此症之起，初因飲啖兼人，胃强脾弱，繼則憂勞過度，氣竭肝傷。流之壅，由乎源之塞。若再守飲食之厲禁，進暴戾之劫劑，不啻黷寇用兵，而無制，則兵反爲寇，濟師無餉，而專驅迫，則民盡爲讎。公何忍以千金之軀，輕其孤注之擲耶？彼草澤無知，守一己之師傳，圖僥倖於萬一，以治藜藿勞形之法，概施諸君民倚賴之身，效則國之福，不效則雖食其肉，猶可逭乎。此余之所痛心疾首，而進停藥之說也。語殊切直，特錄之以告世之溺惑於庸醫者。張有謁孫宮保句云：身思報國仔肩重，病爲憂民措手難。見所刊《閩游草》中。

炳章按：夢盧醫號千里，桐鄉人，家居後珠村。少工詩文，長精醫術，就診之舟，日所百計。不事置產，聚書萬卷，著有醫案多種傳世。

許宋珏

同治《鄞縣志·藝術》 許宋珏，字式如。精於醫，嘗謂：注張仲景《傷寒論》者幾百家，惟成無己爲最古，得其旨。間有紕繆，以王叔和《傷寒論》誤之也。於是闢叔和拘守成例之非，正諸家擅易歸章之謬。積二十年而注始成。命其書爲《傷寒論全書本義》。書成，出以應人，脫手奏效。年五十卒。

江涵暾 筆花

《筆花醫鏡·江涵暾自序》 暾自中歲究心醫學，往來於江浙之間，深知其難，亦不敢自安於拙。迨服官東粵，學漸荒蕪。而習見此邦醫士，如文家相題布局，理法未清，其何以司活人之柄耶？病家固不甚講求，但以神鬼爲福，即偶延醫診而默受其誤者，亦終莫之知，是誠不服藥爲良矣，可慨也夫。暾久思引救，礙於官箴，茲將引退還山，略舉其要，鐫爲一編，俾人人得有簡要之方，偶遇一症，自可按對病情，審爲何臟何腑，是陰是陽，不乖乎表裏虛實寒熱之眞，即知爲心肝脾胃肺腎之疾。症既洞澈，藥自效靈，較諸授命於瞽，以身爲鵠者，其損益可昭然判也。

光緒《歸安縣志·人物·耆舊》 江涵暾，原名秋，號筆花，歸安人，僑居禾中。嘉慶十三年進士，官廣東會同知縣。以疾歸，貧乏不能自存。素工岐黃術，仍以醫道餬口。著有《醫鏡》、《奉時旨要》。

張序晟

同治《續修永定縣志·方技》 張序晟，字愼予。性穎敏，癖書，喜岐黃家言，皆能挈其要領。診脈精審，用方不主故常。周千戶鶴林，以妻孕逾期不產。延晟視。晟曰：病也，由經餘浴，寒客子宮，致傷冲任。療以丸，下黑血塊斗餘，腹立消。某婦攖寒疾，晟告以此小恙易愈，若見血症，一歲必死。婦恃體健，不之信，次年果卒。族人九挺患傷寒十餘日。六脈全無。晟曰：此誤治，使邪閉於內，以酒合薑汁灌之，脈復出，按仲景法授方，立愈。其出人意表多類此。【略】所著有《拯危備要》、《廣濟類編》等書。

何運隆

同治《平江縣志·人物志·善行》 何運隆，字翥鵬，邑諸生。（略）。性仗義疏財，鄉曲義舉，遇事必出力。精岐黃術，著《醫方便利》四卷。道光壬辰大疫，以醫術活人甚衆。

楊堯章

同治《長沙縣志·人物》 楊堯章，字芝樵。幼失恃，事父以孝聞。好讀書，喜濟人急。精醫理，活人無算。工詩，出游四方，所交多當世知名士。著有《立山堂詩稿》專集，又散見《嶺右苔岑集》。醫方著有《瘟疫辨義集》梓行。

李舒 胡勿迷

同治《武寧縣志·方技》 李舒，字墨樵，邑庠生，二十五都人。狀貌端嚴，家貧，授徒鄉曲，於醫理批郤導窾。爲人治病，診脈畢凝神靜思，定一方每三四易紙，或定數方，若先服、中服、後服，無不隨方解。與同都胡勿迷友善，胡亦精於醫，每聚首則相與辨論，務求理之至是，遠近賴之。李年五十餘卒，胡年七十餘卒，合著有《醫理互驗》數卷，貧未能付梓。

艾芬

同治《武寧縣志·方技》 艾芬，字石芯，下南鄉人。幼慧，有文名。尋以病廢，遂專心醫理。仲景《傷寒論》、《金匱玉函》諸書，洞悉源委。所著有《傷寒括註》、《雜病略》諸書。得其傳，多所全活。

謝星煥

同治《南城縣志·人物志·方技》 謝星煥，字斗文，號映廬。精通醫法，善治疑難奇險病證。諸醫束手，煥至立辨病源，決人死生，叙案立方，應手即愈。性尚義，延診者無分雨夜遠近，靡有推辭，酬金有無任之。著有《得心集醫案》六卷，別類分門，共二百二十條。有治迷、答問二類，與某門某案相發明者，均附於後。金谿姜演、黃春魁爲之序而行之。

鄒大麟

同治《宜黃縣志·人物·方技》 鄒大麟，字玉書，監生，待四都人。體孱弱，養疴獅石書舍，因習岐黃之術。公穎悟過人，不籍師承，冥心獨契。凡《靈》、《素》之閫奥，《肘後》、《千金》之秘鑰，登其堂而嚌其胾，於此道不啻三折肱矣。平日以濟人爲念，踵門而求診者，延之立至，其無力者以藥施之。決人生死如神，《周禮》所謂十全爲上者，其庶幾焉。嘗有一貧家婦，分娩子未下，而血涌暈絶，其家殮而將瘞之。公偶值於途，視其滲血滴地，色頗鮮，顧謂其夫曰：忍哉，子活埋人耶！夫詫之。公曰：亟舁歸，啓棺以待，吾能生之。少選，公至，捫其心微溫，出銀針，揣其淺深，當心而刺之。針甫入，而子出，婦亦徐甦。詰其故，公曰：兒在母腹中，手持心包絡，針入兒痛而始釋，故立下，母子俱活。當時有錡十九神仙之稱。又崇仁金萬盛有異疾，遍體發癢，搔之乃止，膚如蛇蛻，歷診不瘳。問治於公，公曰：毋須藥，令其婦取紅米粥皮飲之，霍然而愈。詢其故，公曰：凡物皆有精華，皆浮於上。粥皮者，米谷之精華也，養陰潤燥。紅者入血分也，以皮理皮，以類從，胡恠焉！又族人抱痼疾，公授之方，囑服百劑。服半，痰如故。聞皖省汪公名昂者，江南名醫也，不遠千里，親叩其門。汪示以方，與公方不差釐毫，惟一引不同耳。其人嘿然，徐曰：此方何濟，某早服數十劑矣。汪錯愕，某告以故，汪乃嘆服。公生平治病，不執故方，時出新意，皆類此。著有《傷寒匯集》、《男婦脈訣》各一卷，待梓。

鄔有坦

同治《新昌縣志·人物·技術》 鄔有坦，宣風鄉人。精醫，視人疾，決生死，一一不爽。所著有《全生金鏡》。

熊樹滋

同治《義寧州志·方技》 熊樹滋，字振鐸，號西園，高鄉干坑人。性忼爽，讀書未遇，精岐黃業，造門者輒往，診視不索謝。有某病危甚，勺飲不入數日，樹滋投劑即愈，人謂盧扁再生云。著有《保赤金丹》行世。

姚典

同治《廣信府志·人物·方技》 黃溪庠生姚典，字訓亭。多材藝，尤精於醫，善推拿法。嘗有小兒瀕死置諸地，適自外歸，爲之推拿即活。又有受重濕者，令坐地上圍之以火，汗出，不藥而愈。著有《推拿秘訣》及《風鑒演禽》、《奇門六壬》等書，兵燹後其稿皆失。

陸溥

宣統《甘肅新通志·志餘·方伎》 陸溥，甯夏人。醫書多所綜覽，過目不忘，治痊之病，雖十年後猶能記憶。蒙古王每延以治疾，爲世良醫。

朱費元

光緒《青浦縣志·雜記·補遺》 朱費元，字懷剛，居崧子里。道光初歲饑，里有鬻婦者，費元助銀完之。潛心醫學，尤善治瘍，著有《瘍醫探源論》。同里陸我嵩稱之謂足發前人所未發。

羅啓縉

同治《新化縣志·人物·隱逸》 羅啓縉，字濬藻，諸生。精岐黃術，平生無他好，獨喜酒，遇酒輒飲，飲輒醉，惟人延治病則止酒。視病瘳，乃浮一大白。凡所診治，十不失一。鄉人懷其德，群尸祝焉。嘉道間，邑中談名醫者，必稱羅錤羅先生也。

趙春霖

同治《如皋縣續志・列傳・義行傳》 趙春霖，字雨亭，國學生。工醫，著《經驗奇方》。道光年間海氛不靖，襄團防事。歲歉，復襄賑濟。

丁善章

光緒《雷波廳志・人物志・藝術》 丁善章，精醫。以術濟人，不計貲財。道光中大疫，配合藥物以濟病人，全活無算。

張大亮

光緒《山西通志・藝術録》 張大亮，字韞軒，盂縣人。國學生。習堪輿家言，兼善岐黄術，遠近延請，不令以一錢酬。貧者隨證予藥，無所靳，終其身如一日焉。

廉世官

光緒《山西通志・藝術録》 廉世官，長治武生。鋭志方書，尤精痘疹，遠近皆爭延之。遇家貧，更爲憐恤，雖昏夜風雨不辭，故全活甚衆。辛丑饑，知府邱委以賑濟，人多德之。

胡嗣銓

光緒《續雲南通志・雜志・方技》 胡嗣銓，楚雄布衣。善岐黄術。家貧好施。嘗以藥餌濟人，值天官廠大疫，購藥赴診，不惜辛苦。迄兩月，疫滅，徒手而歸。人笑之，銓曰：吾子弟能自食其力，吾所爲非望報也，求盡心而已。

馬世雍　馬世仁

光緒《通州直隸州志・雜紀・方技》 馬世雍，字武周。業瘍醫，凡他醫所不治者雍輒治之，全活無算。家遺方書甚夥，嘉道來以術鳴於時者皆所授也。弟世仁，字錫周，亦精其技。

張盛璠

同治《如皋縣續志・列傳・方技傳》 張盛璠，字荆巖，太學生。少讀書，精通岐黄。道光十三年，瘟疫時行，活人甚衆。邑令范仕義贈楹帖云：奇技自敵山中相，秘術人稱地上仙。樂行善事，至老不倦。年六十四卒。

婁塏　婁桂

同治《如皋縣續志・方技傳》 婁塏，字希僑，監生。幼好博覽，精岐黄。邑人贈指到春回額。子桂，字馨山，傳其技而益精，全活甚衆。註《内經》二卷。議叙理問銜。

賈思贊

同治《如皋縣續志・方技傳》 賈思贊，字右田，附貢生。工岐黄。或招之，無寒暑雨雪，必親往，決生死良驗。有欲傳其術者，悉卻之，曰：是不可以語言授也。野人每藏其方，同病者食之輒愈。

胡傑

同治《如皋縣續志・方技傳》 胡傑，字雲溪，少渡江，得脈訣於其舅朱氏。布衣遊江西幕歸，遇盜江中，持鐵如意擊之，盜慴伏。道光元年，疫盛行，增梓《痧症全書》，賴以全活無算。有貴人致之不以禮，當暑衣葛衫往，曰：吾療疾，豈干謁也。診貧人予以藥。好誦莊、騷、史、漢書略嗜酒，鼓琴拈鬚微吟，格近范陸，鮮與外人唱和。卒六十二。

許葉熊　高梅

光緒《無錫金匱縣志・藝術》 許葉熊，字太占，精醫術。能以金針開瞽，與殷耀奎齊名。稍後有高梅，字雲白，著《嚐藥本草》八卷。

高秉鈞

光緒《無錫金匱縣志・藝術》 高秉鈞，字錦庭。性抗直。工醫，求治者應手輒愈。貧不索酬，兼資以藥餌。著有《心得集》，孫爾準爲之序。

吴天祥

同治《安義縣志・人物》 吴天祥，字雲集，卜鄰里人，萬際斯之高足也。專精幼科，克紹師傳。臨症時，心細手和，所治無不應，於危險症，尤有起死回生之術。著有《誠求紀録》，待梓。

李沐

光緒《歸安縣志・人物・藝術》 李沐，字素軒，邑諸生。精於醫，所治輒中。尤能博極羣書，爲一郡諸醫冠。《陸氏三世醫案》一書，得至今存者，皆沐之力也。

費實綸

光緒《歸安縣志・人物・藝術》 費實綸，居菱湖，以瘍科名於時。其鍼灸尤神，凡治癱痪，無不應手而愈。稱其藝者，至今猶嘖嘖弗衰。

李嘉儒

光緒《射洪縣志・補遺・技術》 李嘉儒，邑人，充府醫學。善治傷寒，應手奏效。嘗有謝武生延治，藥方入鑽，病者見二豎子言：渠雖明醫，我跳入鑽中，入其腹，將奈我何？病者以告。李命攜鑽來，指書字於鑽，埋窖中，別投一劑而愈。道光癸巳，某孝廉病甚，恍惚，聞人呼曰：速請李醫官，交半夜無救。李至，某已昏不知人。藥入，移時始甦，次日病減。李曰：幸昨日來，逾子刻，死矣。蓋疹毒入少陰也。其他類此甚多。子一，入武庠。年七十餘卒。

凌丹九

同治《衡陽縣志・方技傳》 凌丹九，道光時以醫名於其鄉。常施貧者藥，或益以錢。曰：若不服吾方，以此錢求他醫，以是人人敬禮之。歲疫，丹九所至，問者盈路，刻期言愈否。有王制者，衆以爲死不治。丹九言：某日愈矣。其日，行過製門，聞哭聲，驚視之，制死已竟日。母、妻言：凌翁許不死，不肯使斂。丹九入，助喪者譁笑之。乃診兩手足，告衆曰：制今起矣。伺之，果甦，明日良愈。子晉方，傳其業。孫病，窮於方，請卟卜之，卟示以藥，題四語於後，如法服之而愈。詳視其語，則隱題凌丹九云。

彭啓月

同治《衡陽縣志・方技傳》 彭啓月，字之恆。初習舉子業，已而學騎射刀石，累試文武場，無所利，去而爲醫。研精數十年，傳《太素脈訣》，決壽夭貴賤如響，名藉甚。夜半迎者，僕馬麇集，門巷如市。啓月夜半起，先問族人五十餘户，何所疾苦。已乃以先後至諸病者家。或夕留不歸，門外輒有嗟歎者。先迎得者則喜，以爲病者不死矣。蓋啓月爲醫，所活治無算。然不著書，不傳驗方，曰：醫不可以方訣、藥物爲也。居家方嚴，奬善嫉惡，族子弟畏而愛之。族孫玉麟，幼慕其德，其後以己官貤贈啓月，爲光禄大夫。

周世蕃　譚貫二　倪修典

光緒《湘潭縣志・人物・方技》 周世蕃，精醫術，不主故方，以意治輒效。有人疾，每食肉數斤，米數升，體不能動。世蕃曰：死候也。強使人邀之，令食(吳)〔蜈〕公，斑蝥二十，約三日，當來診。其人至，世蕃笑曰：吾固知不可治也，若如方服之乃可來。病者駭，服遂如方，下小蛇數升而愈。江西賈人暴卒，診之曰：可治也。去齒進藥而甦。一人病，見承塵上魚無數，問世蕃，曰：無傷也，君更一期當暴死，治之無益。其人固請，病果愈，一年後嘔血死。一人旬日不食，世蕃令食餳百條而愈。爲人通俔，無威儀。人肩輿迎之，輒於道中入水捕魚。主人禮待，輒謾罵。其言人當死者，必可治。以好語慰之者，輒死。人以是候之。時又有譚貫二，名亞世蕃，亦多奇驗。其教弟子，必使畫銅人，向背反覆不差，方授以經方。其後，倪修典每誦其語以教學者。修典有士行，精經方，然無異術。

王遠增

同治《湘鄉縣志・人物・方技》 王遠增，字繼高。監生。少習舉子業，未售，既而師事名醫。分小兒五關經絡，補古法所未備。又精研脈訣，壽夭窮通，診之立判。治奇病必列醫案，活人無算。其子孫以善醫世其家。

蔣宴春

光緒《續修廬州府志・藝術傳》 蔣宴春，無爲人，文生。工詩，精岐黄，一意濟人不受謝。著有《杏林詩草》。

張開愚

光緒《湖南通志・人物志・技術》 張開愚，字慎術，庠生。少善病，遂習醫。古今方書，披覽不下千百種。精於切診，必凝思久之始立方，病皆應手愈。治奇疾尤出人意表。兼通堪輿家言。晚以耄年負物望，白髮朱履，望之若神仙中人。

郭宏翥

光緒《湖南通志・人物志・技術》引《永定縣志》 郭宏翥，國學生。幼讀書，未卒業，游學江漢間，得岐黄術，遂以醫名。中年囊金數千歸邑，有公多勸助之。其醫人，神於望。遇病者，目灼灼視良久，授方立愈。嘗至某家，見其僮，驚曰：此子今日必死，宜急舁送歸。如言果半途腹大痛，抵家遂斃。盧請其故，則曰：僮陰寒結，臟腑俱成冰，死色已現面部，此素嗜冷物所致，盧扁無能爲也。詢之他傭，果信，人以此神之。臨歿，有五色蝶大如盌，集帳中，翕顧之，微笑而逝。

高岐山

光緒《湖南通志·人物志·技術》 高岐山，東安人。祖、父皆業醫，至岐山益精。望色聽聲，即知人生死。嘗謂：醫之爲道，所謂天授。彼切脈審證而投藥者，皆僞也。嘗遇里中兒戲水中，故識高先生，戲激水道上，使不得前。岐山曰：兒毋窘我，後三日病，即請我無益矣。三日果病，迎岐山，辭不可治，而兒死。又嘗過一家，聞哭聲甚哀，入視有小兒暴死，將入棺。灌以藥而甦。時一乳媼，別抱一兒在旁，岐山曰：試使啼，乃曰：吾固怪其神色有異，果然不可爲矣。媼罵高先生妄人。數日，兒發病死。岐山爲人，無威嚴，用藥不本古書，名不出里巷其所，尤精醫家所謂小兒科也。有富人某，與岐山異里。其子病，不食且死，後乃召岐山，至則羣醫先在。主人視岐山，敝衣冠，操一囊藥，疑其假名嗛食者，然諸醫皆言疾不治，獨岐山以爲可治，姑試之。乃告主人，市豕肉肥瘦均者，出己囊中藥煮之，令兒以口鼻就肉，肉氣上騰，兒思啗噉，即以其肉食，兒病良已。自是人乃知高先生爲名醫。

楊大霳

光緒《湖南通志·人物志·技術》 楊大霳，幼失怙，事母以孝聞。業醫。李某妻病水飲隨下，羣醫不治。大霳以絹數尺，同地黄數兩熬膏，攪極細，用小茴煎水衝服遂愈。或問之？曰：此膀胱破也。絲性纏縛，地黄助其元氣，小茴引入少腹。蓋以意爲之。治他證，亦時出新意。

陸儋辰

同治續纂《揚州府志·人物·藝術》 陸儋辰，字莞泉，廩生，居海安鎮。善書法，精於醫理。著有《醫學證治賦》並《運氣辨》、《痧病辨》。道光元年，鎮中民多病霍亂，儋辰疏方濟人，全活甚衆。

黄廷矩

咸豐《順德縣志·黄廷矩傳》 黄廷矩，字至齋。廷矩性篤厚，出於側室，善事嫡母。以鄉里兒多殤於痘，慨思以是術濟人。適楚南歐世珍者，挾技游粵，有神術，屢著奇效。廷矩師事之，罄其所學，神明變化，曲盡其妙，於是延者無虛日，數百里内縉紳家，咸具幣聘，名噪嶺嶠。廷矩故善飲，雖多不亂，往往酒後秉燭審視，精神轉旺，眼亦愈明，起死回生，奇異百出。五十年後，世珍死已久，學亦中絶，招其子洪瀾至，悉以所得於其父者教之，自是洪瀾亦世其業，垂老而卒。番禺吕堅，故與黄丹書善，稱四子者。嘗贈詩有十年平樂酒，八十太公年句，紀實也。著有《痘疹雜抄》。潘成善。亦大良人，與廷矩同師，精其業，活人無算，貧者不受謝，且施藥焉。同時，喜涌陳盛南，亦以痘醫鳴於時。

梁國熾

同治《番禺縣志·梁國熾傳》 梁國熾，字輝，上黄埔人。少孤，事母維謹，飲食疾病必躬親之。以監生屢試棘闈不售，去而服賈。好善，喜濟人。痘證盛行，多死者，國熾憫之，求良法不可得，聞西人有種牛痘法，取牛所患痘漿，刺入臂令痘出，數日即痂，無所苦。國熾乃以重金購其法習之，痘漿必由西洋傳遞而至，費不貲，國熾無所吝，歲以其法治之，不受分文謝。至今人人知種痘，中國得免痘患，自國熾倡之也。國熾性儉樸，緼袍布被恆數十年，而裕祖嘗、濟鄉族、助婚葬、賑凶荒，爲之不倦。年五十七卒。

夏澤沛

同治《益陽縣志·方技》 夏澤沛，字卧侯，諸生。好讀方書，别有妙語，尤精於診。嘗診一婦曰：孕三日矣，婦亦且信且疑，已而果然。又診一婦曰：脈極異，必孿生，然生而不成；後産三男，婦苦其多而溺其一，二亦隨斃。繼復孕，又診之曰：復孿生，是則可成也。又生兩男。年三十九，語其友薛繩祖曰：吾死於今歲之夏。問故，曰：心脈散矣。五月果卒。著有《脈義發微》，惜無後人，不知所歸。

黎鍾俊

同治《郫縣志·人物·藝術》 黎鍾俊，邑西漏沙堰人。業儒既成乃學醫，性醇厚謹細，精於審脈。處方一本先氏，以根本爲治，不邀近效，經久始驗。且性情和厚、謹慎，亦一鄉之善人也。享年七十二歲。

程鑅

光緒《羅店鎮志·人物志·游寓》 程鑅，字丹林，青浦諸生。省試不售，習醫。從重古何書田游，得其秘授。道光初，來游里中，因家焉。著《醫經精義》二卷，纂輯《諸家匯論》十餘卷。年逾七旬，丹黄所藏醫書，終日無倦容，治沉痾多奇效。尤善手談。卒年八十一。

之，謂曰：子陽氣外達，眞陰不守，病且發矣，宜極歸。後數日，少年氣脫死。又一產婦暴卒，愛元審視良久，曰：是爲惡血所沖擊，無死理，灼以艾數壯，大下血而甦。其測驗多類此。用藥以少爲貴，每以一二味，服至十餘劑不易方，病亦良已。曰：彼多方以求者，見病未眞耳。病在一經，以一二味攻之足矣。伐其無(故)〔辜〕，《經》所戒也。所著有《醫準》、《反約論》，其言與喻昌、張介賓合。

徐必達

同治《星子縣志·人物·方技》　徐必達，字德孚，邑明經。世習岐黄術，至達而其技愈精。一日途遇一相識者，謂之曰：爾有病在身，當即治，不治則將入膏肓矣。其人不信。又謂之曰：汝不吾信，半月後，將視汝於牀蓐間，雖有盧扁，亦無如之何耳。其人唯唯而退。後十餘日果疾作，卒不起。又嘗於藥肆中日晡時見一人狂奔而至，問之則曰：某弟婦因摻粟苗，熱死田中，來求方者。達謂之曰：爾弟婦之病，吾將帶藥親往救治，但汝即當速歸，不然恐汝不能到家矣。其人大駭，乃遄歸。達比親往田間，設法救甦其熱死之婦，而求方之人果至家暴卒。人問其故，曰：彼因午餐飽後，得知弟婦兇信，一氣奔至城中，路經數里，不遑暫息，大腸已震斷矣。吾見其眉睫之間，皆已黯黑，故知其腸之斷，命在頃刻也。其觀氣色而決生死類如此。所著《幼幼集成解》及《醫學秘要》，未梓行。咸豐三年，其稿被賊焚毁。

何方聖

宣統《湖北通志·人物志·方伎傳》　何方聖，漢川人。隱於醫，有孕婦病篤索方，方聖與一丸藥，曰：婦必無恙，兒生手持此丸，男左女右，當還我。及兒生，視其手，則丸在焉。晚年不食，服松柏果葉，至七十，端坐而逝。

馬迪裕

宣統《湖北通志·人物志·方伎》　馬迪裕，穀城人。多藝能，尤精岐黄術。貧人有病，盡力醫之，不索錢。道光癸巳歲，疫盛行，迪裕施藥，活人無算。先時夢赤面長髯人，授赤幟一，曰：爾其拯之。裕不知所爲，厥後疫止，市人建醮酬神，視之，即夢中見者，裕始悟。

李畏齋

光緒《湖南通志·人物志·技術》引《三長物齋文略》　李畏齋，湘潭人。

章　楠虛谷

《清史稿·藝術傳·章楠》　楠，字虛谷，浙江會稽人。著《醫門棒喝》。謂桂、雪最得仲景遺意，而他家不與。

吴元松

光緒《續修廬州府志·藝術傳》　吴元松，無爲人。精醫，授太醫院吏目。著有《脈訣》一部。

許國正

同治《郫縣志·人物·藝術》　許國正，郫守忠鄉人也。性醇謹，業醫，傷寒尤絕。里閭有病是者，得許診視，即自慶不死。與之錢，不拒；不與亦不嗔。富貴貧賤，童叟婦女，負販走卒，有所祈請，輒應以使來之先後。

雷秉輝

光緒《南昌縣志·人物》　雷秉煇，岡上人。精醫，僑居宿松。有素識張某，病瀕死，延雷治之。在途，恍惚見有人，知爲張游魂，叱之。歸入門，即不見，投以藥，立愈。人目爲神醫。道光壬辰，邑大疫，雷沿門療治，不計謝。家無餘貲，未幾卒，人爲流涕。

洪　烜

光緒《續修廬州府志·藝術傳》　洪烜，號載治，無爲人。性慈，精醫。貧者施方藥，並佽以錢。歲暮雪，出粟餉禽鳥。著有《濟陰通弦集》行世。又有洪學純者，亦精幼科。

陳立基

光緒《續修廬州府志·藝術傳》　陳立基，號湖村，無爲人，監生，孝廉方正聲之父也。性聰穎，博極羣書。工詩能文，尤精醫。著有《醫方輯略》二卷。施方劑，不受饋，不憚勞。道光辛卯、己酉大水，瘟疫流行，鄉鄰有舉室病者，徧爲診視，活人無算。享年九十有四，五世同堂。季子超，監生，有父風，傳其業。

李愛元

同治《武寧縣志·方技》　李愛元，少讀書，後學醫。精研《靈》、《素》，盡會諸家之旨。尤深脈理，預決人疾病死生不少失。嘗與一少年會席，注目久善岐黃，自號醫隱。居常手錄方書，自鋤藥種。比鄰有求醫者，皆就診之，百里內外，造門延請，察其來意，知病可爲與否。可則往治，應手輒效。否者不往，病亦終不能愈也。

何景才

《外科明隱集・自序》 余因幼年家寒失學，未暇讀書，聞務食店，勤行之碌，擇間追習瘍科，強顏不耻求問。既長，父亡弟幼，歸家改務農田，忙勞日可三餐，曠悮則無所濟，患者日尋積門，何忍言情問禮，貧者藝藥並施，富者瘡愈任謝，非望善有餘慶，止知爲善最樂。

《外科明隱集・何景才附序》 余一介庸夫，幼受農勞之苦，未經賢明指訓，微知爲善最樂，竊習瘍科小藝，何敢稱於施善。只因每觀前賢外科各書，因論廣繁，方法雜亂，雖有好善之家購存其書，亦只作爲設擺之物矣。余因慮及後賢難逢確道，故而每加致意而成此集，發明古賢隱而未發者，故名曰《明隱集》。

《外科明隱集・助資者序》 余今歷閱瘡科三十年餘，寔非祖傳，又無師授，况且幼而失學，《論》、《孟》猶未及讀，止係中年好醫，兼之專工勤誦，聊悟瘡科之一、二。竊思前賢遺著，外科其中諸因之理，或有粗意，未盡其細者。余今故將內外三因之情，究細成歌，以備好醫君子易於讀誦。

黃昌鵠

光緒《善化縣志・人物》 黃昌鵠，號睛樓，庠生，力學植品，兼通醫術。道光己酉，飢民載道，瘟疫時行，晝夜診視，全活多人。

林伯光

光緒《資州直隸州志・人物志・續增方技》 林伯光，號樂山，資州人。工醫有名，求方者輒應。州牧恆公病，治之效，弗受謝，亦無私干。嘗合嬰兒臍風丸並方鐫送。生平恬淡好善，例授州同銜。子金濤，州庠生。

杜敬軒　王端柏　姚鑑

同治《清泉縣志・人物・方技傳》 杜敬軒，精岐黃術。求治者塡門，應手立效。所著《脈經方書》，論者謂能補前人所未備。又有王端柏、姚鑑，皆善醫。不受酬謝，貧者更給藥資，終身不倦。

陶世堯

同治《郫縣志・人物・藝術》 陶世堯，邑金籠寺人，溫邑文生。質直簡諒，有古人風。少於誦讀之暇，留意岐黃，晚年研究益精。療治洞見癥結，鄉里沐其惠者甚衆。年九十九歲時，自爲聯云：問年百歲少一齡，春色如昨；處世三萬五千日，人情異初。竟於是年卒。子履謙，亦文生，享年亦七十九歲。

韓維魯

宣統《湖北通志・人物志・方技傳》 韓維魯，黃安人，少習舉業。父遘疾，屢醫不效，遂專精岐黃。族某有奇疾，盛暑暴烈日中猶畏寒，奄奄待斃。魯診之，曰：是尚可爲也。命取水祖而沃之。二人交扇，頃之，汗出如雨，氣騰如煙，竟勿藥而愈。甲午歲，光羅大疫，延魯至，無不應手瘥，全活甚衆。

倪赤文　屠錦

光緒《青浦縣志・雜記・補遺》 倪赤文，諸生，爲時名醫。廣陵太守某子病，諸醫罔效，延赤文診視，曰：此易治也。令置暗室一宵，痘發而愈，蓋縱蚊吮其毒也。又有貴公子病，煩懣囈語，赤文曰：香觸其腦，嗅以糞即痊。治多神效，遠近咸稱爲仙。屠錦，字絅章，亦諸生，世其父業醫，門庭若市。方與症，稍不愜，輒翻閱前人書，研思竟夕，有得即遣人至病家索前方改正，書於醫案以自責。臨終戒其子，勿業此。

許期

同治《萬安縣志・人物志・方伎》 許期，渡頭人。起業醫林，樂善好施，高東垣賑恤之義。司徒許國疏奏勅授太醫院，掌院二十餘年。司徒作詩贈之，有春積杏林三月醉，泉流橘井四時香之句。屢爲郡縣所奬，老壽令終，子孫皆列黌序。

徐大振

光緒《蘭谿縣志・人物・藝術》 徐大振，字金聲，號成齋。貌偉，甫入武庠，見賞於竇本皋學使，許爲將才。家世業醫，父武英，兄有光，皆有名。振習其術尤神悟，施治多奇驗。寓邑城，求醫者門相踵。不以利居心，遠鄉來聘，雖千金不一顧，而遇貧苦者，終不忍拒，且時助之藥餌，生性然也。晚好靜居，築室河濱，顏曰閑處。蓋以前寓額曰半日閑，謂今始得閑處耳。自是有求醫者，囑子弟代診，己則從旁指示之。著《傷寒辨誤》。

楊時泰

《本草述鉤元・行略》 楊時泰，字穆如，嘉慶己卯舉人。工醫事，自明巳來，江南言醫者類宗周慎齋。慎齋善以五行製化，陰陽升降，推人臟氣而爲劑量準。雍正已後，變而宗張路玉，則主於隨病立方，遇病輒歷試以方，迨試偏則束手。時泰於醫，深得慎齋閫奧，尤善以脈之竝見變見，揣測人臟腑寒熱虛實。其用藥一準劉若金，備得金元四家補瀉開合精理，凡值錯雜難明病，每每斂數味成方，一若抉而去者，人咸推服焉。以道光丙戌大挑一等，署山東莘縣知縣卒。著有《本草述鉤元》，即約劉若金之書，而薙其繁蕪者也。

光緒《武進陽湖縣志・人物・藝術》 楊時泰，字穆如。居家孝友，人無閒言。好讀書，精究醫理，治病立方，多爲時醫所不解。以舉人官山東莘縣事，未踰年卒。

方元明

同治《樂平縣志・人物・方技》 方元明，字誠甫，長城鄉人。幼業儒，後從父鳳德學醫，遂精焉，活人無數。一病傷寒，已死。明語其家人曰：此猶未死，取藥吹之，果活。復灌以藥，吐痰數升而愈。一膀胱熱積發狂，明以轉藥下盡黑穢遂瘥。孫仁，痘疹垂死，一劑立起。年逾八十，雖貧施藥不倦云。

夏樹常

同治續纂《揚州府志・人物・藝術》 夏樹常，字純一，工書，善弈，尤精於醫。平生視人疾，動中機竅，所至霍然。嘗有仇氏婦、汪氏女先後染瘋疾，樹常往視病者，見瘋鬼遙避去。蓋不獨畏其醫，其正氣足以辟鬼也。

王錫騏

同治續纂《揚州府志・人物・藝術》 王錫騏，字曙堂，諸生。明醫術，尤精痘疹。有農家子患痘，頭漸腫大，瀕危。王往視曰：此子皮內生蛆矣，然去之猶可活。索銀簪在石上硎之，破其皮，蛆隨手出，更以菉豆湯洗凈，取紅紙一張，嚼爛塗之，遂愈。其他著效多如此。年六十二，無疾而逝。

鄧樂天

光緒《重纂邵武府志・藝術・邵武縣》 鄧樂天，佚其字。素善兒科，著有《保赤指南》。

錢肇然

光緒《嘉定縣志・人物・藝術》 錢肇然，初名肇熹，字希文，一字敬亭，諸生，居外岡。少多病，因博觀《靈》、《素》、《難經》並宋元以來諸家書，盡得其旨，能決死生於數年前。有劉河人患尫羸數年，徧體生五色暈。診其脈，知有積食。詢所嗜，云：嗜牛肉。肇然曰：此中牛毒也。以藥下之，暈去病愈。

顏爾梧

光緒《惠州府志・人物・方技》 顏爾梧，字鳳甫，連平人。捐職按察司照磨。素善岐黄術，而眼科尤精，名重於時。著有《眼科約編》。

劉鵬

光緒《德安府志・人物・方術》 劉鵬，字時齋，應城監生。爲人謹飭，精岐黄術。道光二十九年大水，鵬輸粟賑濟，全活甚衆。時瘟疫流行，死者枕籍，鵬施棺殮葬，不下數百。一夕，途遇鄰某鬻妻，捐貲贖之，並給衣食，俾完好如初。越歲大稔，夫妻來酬，不受。年七十四卒。

陳瑞鴻

光緒《保定府志・人物・藝術》 陳瑞鴻，字步逵，先世山陰人，後籍清苑。好書，嗜酒，尤樂施予。中歲染沈疴失聰。自傷身之廢疾，又慨世乏良醫，遂習岐黄家言，至忘寢食。一日，夢中若有所啓，診疾如同見肺腑，延者無虛日，皆作筆談，應手輒愈。貧者以藥資助之，由是遠近皆知郡垣有陳聾子先生者。六十七歲卒。著有《德星堂醫案》、《醫術拾遺》若干卷。

龐希愷

光緒《保定府志・人物・藝術》 龐希愷，博野人，庠生。精於方技，諸凡金刃木傷與壓折打壞肢體，俱以術立痊，救人無算。略不索謝，縣尹置匾獎之。

謝學深　李志星

同治《新化縣志・人物・隱逸》 謝學深，善幼科，活嬰無算，不索謝。嘗於旅舍，有素封者，年六十始舉一子，病垂斃，往治之，立瘳。其家以百金酬，卻之，席未終而去。好垂釣，溪邊草木可入藥者，懸於釣竿以歸。篤內行，每以《蓼莪詩》課子孫，讀輒泫然泣下。年八十餘歿。有李志星者，字伴辰，究心《靈樞》、《素問》諸書，手錄奇方，裒然成帙，顏曰《續肘後集》。延之治病，雪夜必往。子弟或阻其行，則曰：病者之望醫，如旱苗之望雨。張介賓嘗言之。我年雖老，不敢告勞也。至則應手取效。貧者更施藥救之。

蘇士珩

同治《新化縣志・人物・隱逸》 蘇士珩，字彥升。幼敏誦讀，長學爲文，亦穎異軼儕輩。其師陳筆談，素工醫，謂其父德伊曰：此子天機淸妙，而不良於行，可業岐黃。授以《難經》、《脈訣》，見輒了了。一婦病，衆皆技窮。延珩診眎，曰：是爲喜徵，應得孿生，然一男一女，皆不育。又診一娠婦，曰：當生男女，男先，可成立。女次，夭。均奇中。其他病瀕死者，投之刀圭，即霍然。且計其算，或半紀，或數期月日，應言如響，時有神醫之目。活人不索謝，尤加意貧苦，雖遠道，不以輿從累人。若藥不濟，終宵不寐也。性孝友，年四十，謂其弟士琛、士瑛曰：余切父母脈，壽應耄耋，二弟當逾古稀。余稟受薄，不過三、四年也。相持泣下。病亟時，羣議延醫。珩笑謂：余病尚可醫耶？醫余病尚需人耶！遂不藥而逝。其先有欲從之學醫者，珩謂：醫道，了於口易，了於指難，了然於心、指之間則尤難。今既自誤，復以誤人，罪滋大矣。故珩歿後無傳人。所著《藥方摘要》、《脈理微參》四卷，待梓。子鼎，隸學籍，有文名。

曾亦維

同治《新化縣志・人物・隱逸》 曾亦維，性仁厚。外出北河道，得銀三十兩，覓者予半謝，走而卻。棄儒業醫，有延請者，雖莫夜必往。家人憫其老，勸以少待，輒曰：古云救病如救火，稍緩則勢張難措手矣。治貧家病，不受謝，更多資佽。

陳兆泰

同治《長樂縣志・外紀・方伎》 陳兆泰，字祖偕，號六符，東渡人。祖松，父衡，俱習醫。泰世其業，精研《傷寒》、《金匱》等書，臨證洞見本源，細心體驗，方投效如桴鼓。道光間，邑令王履謙以恆心扁之。著有《證治一隅》十六卷、《醫學時習》十二卷、《萬方主治》八卷，未梓行。

黄興智　黄興信　蘭阿夢

光緒《大荔縣續志・耆舊・方技》 黄興智，鄧家營人。精醫理，能徙瘡瘍。嘗拔鼻疔於面，移喉癰於項，依法治之，皆應手奏效。其他治療多類此。惜其法不傳於世。弟興信、徒蘭阿夢，亦能其術，顧皆不及興智之精妙。興信和易殷勤，不言餽謝，鄉人亦稱之。

李衍昌

光緒《武進陽湖縣志・人物・藝術》 李衍昌，字龍標，幼孤，事母孝，精研醫書三十餘年。嘗言《內經》爲明道之書，本草爲載道之書。晚益進。天時人病，能預知之。同城周氏婦臌脹經年，曰：蠱疾也。下蠱數升而愈。東郊錢氏子勞證，曰：滋陰降火之技窮矣。古人有養脾陰法，宜用之。病果愈。子熙，字青原，能傳父業。

張榮新

光緒《寶山縣志・人物・藝術》 張榮新，字耕心，國學生。祖籍嘉定，爲詹事鵬翀從孫，分縣後遷居邑城。父玉衡，諸生，精醫。榮新習父業，性儉約，好施貧。而病者邀往診視，雖遠必徒步，遇無力者，每給藥資。吳淞參將孫廷揚子患瘵疾，諸醫束手，爲投數劑而愈。道光十四年，邑中大疫，終日馳視，竟以勞瘁卒。

楊懷芳

同治《大邑縣志・列士傳・補遺》 楊懷芳，東鄉人。性端方慈惠。少業儒未就，長棄文習武，入邑庠，屢試數奇，遂學醫。精其術，治療多奇效。人或延之，無不去。病愈謝之，多寡聽人。間施藥餌，濟人貧乏。暇即談忠、孝、節、義以勸人。與西鄉武生鄢正常同術，二人性情、行事亦相類。懷芳著有醫書數種。至今論醫者，尤稱道二人不衰云。

曾毓植　曾毓春

道光《寶慶府志・耆舊・方技》 曾毓植，字習之，新化人，縣學生員。工爲場屋文，而屢舉不售。發憤攻醫，於《內經》、《靈》、《素》及漢以下仲景、河間、東垣諸書，實有體會。遇疑難病，尤能洞中癥結。性癖而迂，病家待稍不如禮，延之即不復至，人以是望之。曾氏爲新化巨族，讀書隸郡縣學者甚多。操筆學爲應舉文者，無不言醫也。毓植從弟毓春，字鐵峯，尤有聲。

陳今冠　陳惟琳

同治《新化縣志・人物・隱逸》 陳今冠，號蘭溪。讀書好博覽，以體羸善

蔡天槎

光緒《青浦縣志・人物・藝術傳》 蔡天槎，字羽明，倫孫，習醫，爲太醫院孔目。工篆，太倉吳偉業贈以詩云：一經傳漢相，八法繼秦碑。知縣魏球舉鄉飲大賓。

江 寬

光緒《青浦縣志・人物・藝術傳》 江寬，字立夫，中年習醫，於張機、劉宗厚、李杲、朱震亨諸家貫徹融化，師其意，不拘其方。人以疾告，貧富無異視，得錢悉以施藥餌濟人。徐乾學薦入太醫院。

何王模 何世仁

光緒《青浦縣志・人物・藝術傳》 何王模，字鐵山，奉賢庠生。何氏上世居青龍，再徙，王模還居蘚山，遂著籍焉。工詩，不欲以方伎名家，而就醫者趨之，目以爲仙。年八十一無疾卒。子雲翔，字北海，國子監生。孫世仁，字元長，國子監生，候選布政司理問。何氏累世名醫，世仁尤神望聞之術，活人無算。居蘚山草堂，門前舟車恆塞，衢巷不通。性好施，親知乞貸罔勿應。自王模以下皆有著書，詳《藝文》。世仁子其偉，見《文苑傳》。

王之政 九峯

光緒重修《丹徒縣志・人物・方技》 王之政，字獻廷，號九峯，祖籍開沙，居月湖。性穎善悟，復好讀書。於岐黃家獨得精蘊，生死吉凶，一診立辨。初遊揚州，名即著。有顯貴延視女病，不知其在室也。斷爲孕，且言必男。少頃，已剖腹出胎來示，大驚，耳遂聾，名益震。嘉慶中奉徵召，以重聽辭免。一時南來名宦如費淳、鐵保、陶澍諸公，皆樂與之交。聘訪疊至，翰墨往來，名噪海内。終身無暇著作，門人各私集其方，爲《九峯脈案》，奉爲圭臬，不絶於今。其從學者甚衆，如虞克昌、李文榮、蔣寶素、朱致五輩，卓然一時，皆出門下。有小門生李欣園，私淑其學，尤得眞傳。

王明經

光緒《丹徒縣志摭餘・人物・方技》 王明經，字醉亭，之政從孫，世居月湖。王氏自之政以醫學世家。明經爲人敦篤謙和，少與弟明綱相友愛，先後從叔鳳書習岐黃，深得《内經》旨蘊，尤精調理，求治者門無虛日。旌德郡守呂賁卿過月湖，患噤口痢，腹痛劇，明經投藥立解。湘軍統領章合才病瘟垂病，攻岐黃家言，多所研究。延治病即往，亦輒效。與安化羅文僖繞典爲舊好，文僖按察山西時招爲幕客，納貲入監，呼蘭溪先生。嘗爲畫蘭於扇，並綴以詩云：愛蘭秋易萎，偏覓壽蘭方。借取生花筆，端留不敗香。頃之，文僖巡撫貴州，復邀同行，適其地痘苗盛出，養濟院患痘瀕危者，日百數十人，今冠一一調治，皆得愈。臨歸，文僖謝以重金，固辭，曰：某不能廣濟若輩，請存爲升斗之活可乎？文僖義之，手書元方雅望扁其門。著有《種痘新編》，文僖與喬遠炳撫軍，各弁言梓行。又有陳惟琳者，好學善吟咏，業醫，有品格，士林重之。

雷成基

宣統《甘肅新通志・志餘・方伎》 雷成基，郃陽人。僑寓伏羌牛蹄鎮。精方書，尤善外科。手製珍藥，所費不貲，遇貧乏輒施與之，醫富者，病愈聽其自謝，從不索值，有長厚之稱。

謝應材

光緒《武陽志餘・藝術》 謝應材，字邃喬，以儒術通《素》理。尤善治外徵，取古人之法損益變化之，所治輒效。著《發背對口治訣論》。

徐 鋐

宣統《甘肅新通志・志餘・方伎》 徐鋐，字在金，皋蘭恩貢生。品行端方，以教讀爲業。善岐黃，徐氏世傳醫學，鋐其最著。

宋 堂

宣統《甘肅新通志・志餘・方伎》 宋堂，字伯升，秦安貢生。善接骨，蓋祖傳也。救人跌傷以數千計，未嘗受人餽謝。素業農商，資產累巨萬，荒年施粥賑飢，又嘗置義塚，費過千緡。既卒，弔者千餘人。子兆奎，猶承接骨之法，邑人賴之。

王 圭

光緒《青浦縣志・雜記・補遺》 王圭，字錫嘉，蟠龍鎮人。少讀書兼習醫，屢躓有司試，年四十八補諸生。治病不苟，有某患臍血，每出盈缶，歷半年未愈，延圭視之。圭曰：此未見方書，然爲衝任腎所關血脈海也，當治以滋水納氣法。五服霍然。所治疾多類此。孫金蘭，號谷香，諸生，圓壽塘人。精究方書，明於切脈。

危，亦隨手治痊。邑令馮壽鏡患目幾盲，延明經治復明。趙太守佑宸重其學，嘗與往來。門人王全鎮輯其方爲《醉亭脈案》，分類待梓。年七十，無疾而終。子紀堂，字佩南，亦以醫名。

王明綱

光緒《丹徒縣志摭餘·人物·方技》 王明綱，字習三，明經弟。少與兄自相師友，頗有心得。然不輕爲人診治，年三十猶無知者。粵亂避居嘶馬某庵，苦究方書，學益進。亂定游姑蘇。有盧某女將嫁，忽患噯氣，聲聞四鄰，羣醫束手。明綱重以黃連、石膏治之，其家不敢與服。親某勸姑服半，未幾，氣稍平，更，竟而疾失。尋應揚州韓掄元召，所至無不效，有半仙稱。彭剛直巡閱瓜洲，總鎮吳家榜出迓，忽仆地不省，咸無策。剛直因憶曩在焦山抱痾，曾經明綱治愈，特遣兵輪延之，開一定風方與服，不逾時甦。劉姓孕婦患痘疹，熱熾胎下，憒已一日，服明綱藥，一帖甦，更數帖安。顧性仁慈，遇貧乏輒不取值，且施以藥。鍾都統澐贈以仁心慧術額。著《脈案》，又有評點醫籍。年六十八卒。子紀鶴，字九皋；紀鵬，字展雲。猶子紀芳，字蕙滋，均能世其業，各有聲於時。

曹樞暘　曹懋臣　曹學曾　王淦林

光緒《江都縣續志·列傳》 曹樞暘，字翰臣，幼受叔象山敎，精於醫理，著有《本草纂要》。子懋臣，亦精醫。巴氏產婦出痘，諸醫束手，懋臣投以硝黃大劑，一藥而愈。著有《醫話》三卷。兄子學曾，能世其業。與學曾同時有王淦林，精外科，治口齒喉證，應手輒效。爲人誠樸，遇貧苦者不責報，人多稱之。

周煥南

光緒《湖南縣志·人物志·技術》 周煥南，湘鄉人。精研《內經》，治多奇驗，延診者無虛日。嘗治某氣痛，命已待斃，煥南用貓頭七研爲末，溫和補劑，一服痛減，再服下三鼠，二死一生，遂愈。詢之，曰：此五鼠瘻積也。又某左乳下生一瘤，痛不可忍。煥南用小柴胡湯加減，五劑而痊。著有《醫案》數十則，藏於家。年八十餘卒。

周文玉

光緒《湖南通志·人物志·技術》引《鄷縣志》 周文玉，字子瑛。幼業儒，父命習醫。居心仁厚，每遇貧而病者，診之代市藥餌。索方者盈於庭，無德色，亦無倦容。性穎悟，得異人傳授，祈晴雨有應。與湯宗舜齊名。

金廣裕

同治續纂《揚州府志·人物·藝術》 金廣裕，世業農，貧苦好讀書，善瘍醫，應手輒效。門庭雜遝，日以百計。平素廉潔性成，施藥濟世，貧約如故，人賴以活者不啻萬計，競以天醫星目之。

宋弼宸

光緒《山西通志·藝術録》 宋弼宸，長治人。少孤，爲人牧羊霍山中。一日失羊，羣牧皆傍徨失措，時宋年十三，獨入深山求之。【略】宋失貲無所依，乃復入山，行久之，見一茅菴，別有一老僧居之，泣拜告以故，請留執樵爨，許之。老僧不甚食，廚中所有，惟燕麥、芋魁，食之，遂不饑。居五載，僧遣之。宋請留，僧曰：子謹願奈鈍根，何視壁上畫，古丈夫五，一正面，一側面，一背面，二人偶坐其旁。曰：子日目此骨節，寸寸皆須留意。宋茫然，不解所謂。第日坐卧其下，夜夢二人，自壁下指示銅人穴道脈絡甚悉。宋忽豁然有省。【略】道逢婦人井汲而絡其背，問之，則跌傷折骨。宋審其穴脈，試按摩之，應手而愈。延至其家，飲食之，自是爲人按摩，即骨已破碎，無弗愈者。

栗三台

光緒《山西通志·藝術録》 栗三台，長治人。少讀書，明大義。善病，因攻岐黃術，《素問》、《難經》、仲景諸書，無不窺其微旨，遂成名醫。

董積慶

光緒續修《曲沃縣志·藝術》 董積慶，北董村人，作楫後。性廉介，因先世精於推拏，世守其業，求者應手即愈，餽謝辭不受。子玉麟，亦精其術。

李顯烈

光緒續修《曲沃縣志·藝術》 李顯烈，西城村人。精痘疹，求者幾應接不暇。而逐一診視，從不受謝。從學者皆以名醫著。

蘇人傑

光緒續修《曲沃縣志·藝術》 蘇人傑，在城人。性梗直，精岐黃術，尤善兒科，踵門求醫者，日不勝計，壽七十八而終。

陳耀昌

光緒《保定府志·藝文》 陳耀昌，字緒熙，嘉慶六年進士，官國子監助教。精岐黄術，著有《醫方集腋》。

黄述曾

光緒《武進陽湖縣志·人物·藝術》 黄述曾，字穎夫。父雄，文品行爲，鄉里推重。述曾少業儒，因母疾，改習醫，曰：以寒士而得濟人者莫如醫。吾姑濟人以延母壽乎？道光元年，邑大疫，述曾治之立效，不取值，竟以勞瘁卒。

洪天錫

同治《續天津縣志·人物·藝術》 洪天錫，字吉人，貢生。勤學，日誦千言。因其兄爲庸醫所誤，殫精岐黄，於瘟疫一門尤加意焉。嘗云：治瘟疫如走馬觀花，毫釐一差，即謬千里，可不慎哉。

崔之烜

光緒《安徽通志·人物志·方伎》 崔之烜，太平監生。精醫，活千餘人，未嘗受謝，貧者更饋以藥。一日，邑令延之，適他有求診者，烜先造其家而後赴，令怪之。烜曰：公力能致他醫，彼貧民不得烜則死耳。

杜有功

光緒《無錫金匱縣志·藝術》 杜有功，字昇侯，諸生。父元美，善醫，有功得其傳。雖奇險症，應手輒愈，而不責報。貧人尤德之，呼曰醫仙。

錢薌培

光緒重修《華亭縣志·人物》 錢薌培，字元厚，居東門内，諸生。醫宗景岳，有聲於時。子春耀，字焕堂，春榮，字被雲，竝諸生，世其業。孫克繼，字硯喬，諸生，能文。

吴可教

光緒重修《華亭縣志·人物》 吴可教，字凌虚。海濱有周孝者，爲盗所誣，可教素不識孝，爲鬻田産經營其事，卒得免。少患羸疾，乃專意脈書，善小兒醫，聞聲望氣，能知生死。不以寒暑雨雪爲辭，不以富貴貧賤分緩急。年八十猶手不釋卷。

任大樞

同治《如皋縣續志·方技傳》 任大樞，字慎齋。精幼科。癸丑痧疹大行，出奇技，活兒無算。邑人贈保赤心誠額。子宗漣、宗俊，國學生，亦世其業。

嚴毅　嚴遜

同治《如皋縣續志·方技傳》 嚴毅，字杏村，儒醫中倫子。屢試不得志，乃習醫。遠近爭延致之。曹學師贈以保赤心誠額。弟遜，字時敏，國學生。精堪輿命理卜相等術，不輕語人，每占一課悉奇中。年四十精醫，四方請者無虚日。少嘗習儒，見里中讀書子弟欽慕如不及。年六十一卒。孫憲章，庠生，毅子保善，孫棠，世其業。

胡炳元

同治《如皋縣續志·方技傳》 胡炳元，字杏莊，國學生。幼聰慧，習儒業，兩戰不捷，投筆歎曰：吾懷濟世之心，而志不遂命也。遂棄儒就醫，精脈訣，前後活人無算。年八十二卒。子聯杓、聯奎、聯庚，皆有聲黌序；聯珠傳其業，入成均。

馬作楷

同治《如皋縣續志·方技傳》 馬作楷，字雲根，國學生。精岐黄，每遇災疫，活人無算。壽七十。妻石氏，壽九十餘。

黄鐘

光緒《無錫金匱縣志·藝術》 黄鐘，字樂亭。善醫，疑難症應手奏效，不責酬，人餽之，亦不辭，貧者資之藥物。敦本好施，伯叔早卒，無子，竭誠事諸母。伯母有女，寡，迎歸與母同居數十載。親友之貧者，養之終身不倦。手輯《解圍元藪》古本，行於世。子瀚，亦有醫名。

馬省三

光緒《武陽志餘·藝術》 馬省三，字吾庵，通江鄉人。善針灸，以瘍醫名。道光間瀕潦，沙洲盡淹，農民乏食，省三募振之，全活甚衆。

李士林

同治續纂《揚州府志·人物·藝術》 李士林，祖父皆精醫術，士林盡得正傳，遇險症洞見藏府，人多奇之。子熙儒，能世其業。

萬士元

光緒《高淳縣志・人物・藝術》 萬士元，國學生。精醫術，凡遇奇症，診無不效，求醫者車馬盈門，邑尊霍贈術妙長生，秦贈觸手皆春，尹贈術精盧扁匾額。

郭豐裕

光緒《山西通志・藝術録》 郭豐裕，壺關人。業賈，邃於醫。造請輒往，不以人異也。晚年行益力，時蓄藥餌以濟貧困，以太學生終。

陳聯彩

光緒《續雲南通志稿・雜志・方伎》 陳聯彩，廣西州人。精方脈，以濟人爲心。其子燦，亦精其業，先後活人無算。

呂文奎

光緒《續雲南通志稿・雜志・方伎》 呂文奎，字惺齋。多才智，遇善事必力成之。精醫術，遇時疫，全活無數。

陸清泰

光緒《川沙廳志・人物・藝術》 陸清泰，號蘋洲，二十保十六團人，八品職銜。精醫理，名馳遐邇。慷慨好施，凡遇貧乏，概不受酬。松江府何士祁給道尊盧扁額旌其閭。

黄安泰

道光《貴陽府志・方技傳》 黄安泰，其先醴陵人，安泰父運裳始徙貴築。安泰好學，通醫術。於《靈樞》、《素問》、《中藏》、《甲乙》諸經，《金匱》、《傷寒》、《病源》諸論，罔不貫究。又喜尺牘，府州長官多聘爲記室。嘗以其術治病，無不立效。嘗作《壽身小補》十卷，其自序云：岐伯云上工救病於萌芽，下工救其已成，救其已敗。古之所謂下工，今皆可謂上工矣。其言痛中時醫之弊。殆深思有得之書，非尋常鈔録醫方者可比。道光中，卒於京邸。子政鈞，道光十四年舉人，候補州同；慶鈞候選府經歷；象鈞，道光二十年舉人，充宗室教習。

沈人文

光緒《烏程縣志・人物》 沈人文，字明止，號咏樓，諸生。精醫學，有患熱證者誤服溫補，已瀕危，衆醫束手。人文投以輕清之劑，一劑知，二劑已。又有富家媪，偶微疾，起居服食如常，決其不治，不出半年。衆哂而弗信，屆期果死。又有中暍氣絶者，已將棺斂，灌以藥復蘇。於是名噪一時，延診恐後。遽以積勞病卒。人文嘗作《醫論》，其略曰：醫爲民命所關，必精研《靈》、《素》、《本草》及越人、仲景之書，探其本原。博考唐宋元明諸家，辨其派别。更必參以臨證，虚心體察。縱投匙輒效，猶未可自信也，烏可以不學無術之徒，恃道聽途説，一知半解，爲人司命哉！蓋病因萬變，見證亦多端，病者合諸證以成病，醫者即合諸藥以成方，有一證，自有治此證之一藥。要必先審證以識病，而後議藥以處方。同一熱藥，而乾薑異於附子；同一寒藥，而石膏異于黄連。用之而當，硝黄可以拯命。用之不當，參朮適以戕生。藥貴中病，不可先設攻補溫涼之成見於胸次也。富貴之家，好持己見，或曲徇其意以取容，而醫不足恃。反是，則剛愎自用，鹵莽施治，而醫尤不足恃。世多信巫不信醫，良由醫不足恃耳。苟足恃，則醫伸而巫自屈矣。古來名醫皆各有所長，亦各有所短，善學者，宜兼取其長，盡棄其短，斯爲能自得師。然非讀書以植其根柢，臨證以擴其見聞，則胸無定識，安能抉擇不爽哉？至若前明薛己、張介賓輩，逞臆見，執死法，削足適履，移的就箭，迄今宗其法者貽害未已，此醫中之楊墨，所當辭而闢之者也。論者謂：人文之學頗近徐靈胎，惜未見其止耳。亦好爲詩，嘗有《悼枯梅》句云：如此夜深猶有月，那堪春到竟無花。爲名流所賞。

劉士龞　靳壯猷

光緒《山西通志・藝術録》 劉士龞，字子超，武學生，以醫名。又有靳壯猷者，布衣。鄉人某得危疾，醫皆束手，壯猷至，一藥而愈。謝以值，卻不受。

徐大楫

同治《上海縣志・藝術》 徐大楫，字若濟，樞之後也。少敏悟，承其父天澤教，解《靈》、《素》諸書，活人甚多。所著見《藝文》。子兆魁，孫鳳如、金臺，皆能世其業。

李廷寮

道光重纂《福建通志·國朝藝術·建寧府崇安縣》 李廷寮，字文丕，諸生。精醫術，於富貴貧賤，盡心治之。鄉鄰疾病，不待請輒往診視。或以爲言，則曰：吾非假此牟利也，聊盡忠告，使彼不迷於證耳，聽不聽，吾何責焉？

李德漢

道光重修《儀徵縣志·人物·藝術》 李德漢，字倬雲。以醫名，尤精痘疹，自明迄今十四世習其業，送診者踵接，皆細心按切，不以貧富分畛域。遊擊英秀贈以羣嬰保障扁額，辭不敢當，乃懸於八字橋痘神祠，復捐金重修其祠宇焉。年逾八十卒，劉雨亭挽以聯云：待同岑無妒忌心腸，實意在保全赤子；倘闔邑有疑難疾病，那時才追憶先生。其爲同道欽服如此。

洪棻園

《冷廬雜識·今人》 臨海洪棻園孝廉裕封，精醫理。嘗言古方書如《傷寒》、《金匱》，今方書如《臨證指南》，誠能專心玩索，診疾自能奏功。台郡少良醫，由於昧所適從，僅讀《藥性賦》、《湯頭歌括》及《醫宗必讀》等書耳。其治病每以古方獲效。文參軍之子患暑症，初微惡寒，後壯熱汗出，噯氣腹痞，口乾渴，面腫頭痛，大小便少。醫用葛根、桔梗、製半夏、薄荷、佩蘭、赤苓、通草、杏仁、蘆根等藥，漸覺氣急神昏。棻園診之。謂脈大舌黄，是白虎湯症也。投一劑，諸症皆減，改用鮮石斛、黄連、生甘草、金銀花、瓜蔞實等味而痊。張明經患春溫，惡寒發熱，喉爛，醫用甘、桔、荆、防、牛蒡等味，病不減。棻園投以黄芩湯加連翹殼、杏仁，一劑獲愈。此眞善用古方者。

何其偉書田

《冷廬雜識·今人》 青浦何書田其偉，家世能醫。初爲諸生，專於學，工古今體詩，未嘗爲醫。自其父元長先生卒，念世業不可無繼，稍稍爲之，名大噪。有徐姓者，昏熱發狂，力能踰牆屋。何曰：是邪食交結也。則其人果以酷暑食水澆飯，旋就柳陰下卧也。以大黄、枳實下之而愈。金澤鎮某生，逾冠未婚，得狂疾，用牛黄清心加味法，而囑其家人於煮藥時覆女子褻衣於其上，兩劑而愈。門人疑之，何曰：是陰陽易法，吾用之偶驗耳。嘗作醫論詩云：治病與作文，其道本一貫。病者文之題，切脈腠理現。見到無游移，方成貴果斷。某經用某藥，一味不可亂。心靈則手敏，法熟用益便。隨症有新護，豈爲症所難？不見古文家，萬篇局萬變。此可見其生平所得力矣。

《冷廬雜識·醫範·何書田》 青浦何書田茂才其偉，居北簳山下，工詩。家世能醫，書田益精其業，名滿大江南北。侯官林文忠公則徐撫蘇時，得軟脚病，何治之獲痊，贈以聯云：橘井活人眞壽客，簳山編集老詩豪。由是投分甚密，而何介節自持，未嘗以私，人皆重之。炳章按：何公法從葉派，善能變化，著有《醫藥妙諦》三卷。其自著方，皆從經驗發明，叙病源病狀，亦據實際。治虚癆各法，頗得葉氏心法。言簡意賅，切合實用，炳擬刊入《續編醫學大成》中。

傅時泰

同治《南海縣志·藝術傳》 傅時泰，大桐人。少業儒，童試屢絀，因其族多以醫顯，遂學醫。性静生明，多有妙會。有老孝廉年近古稀，抱危症，醫家謂風燭之年，不堪削伐，以補元氣爲先。然服參、附等劑，全不見效，病益重。時泰曰：法宜下而補之，何益也？乃解内熱而瀉之，逾月遂愈。人問其故，曰：平時調養，當問其人强弱，有病則不然。有極衰弱人，不得不瀉者，若執成見，誤人多矣。有患小便赤且痛者，凡車前、桑白類，經啖盡，竟不愈，詣問其方。曰：不用開方，但取好玉桂，開水飲之，日一錢，五日愈矣。如其言立效。人詢其故，曰：天下事和同易於轉移相激，皮生禍患，故以涼解熱者，必以熱爲引，如以兵捕盜，必以盜爲綫眼，亦此意也。所言具有名理。惟性懶散，得錢足自食，誘以重貲不往。間有往者，行至半途，遇友人以佳茗名香供奉之，且與閒談，即依戀不去。故世謂其醫術居中，醫品居上云。

陸星槎

《冷廬雜識·今人》 嫡兄星槎先生瀚，少好學，以多病，兼玩醫書，久而精能。宰化縣，年老罷官，貧不能歸，乃懸壺於會城順德縣。縣令徐某之子，夏月泄瀉，服清暑利濕藥不效，漸至發熱不食，神疲息微。徐年已暮，祇此一子，計無所出，延兄求治。兄曰：此由寒藥傷脾，陽虚欲脱，宜進溫藥以救之。因用附子理中湯。徐疑不敢服，兄曰：此生死關頭，前藥已誤，豈可再誤？設此藥有疏虞，我當任其咎。服藥諸症俱輕，連進數劑全愈。徐大喜，傾囊厚贈，復爲乞援同寮，因得全家歸里。兄著有《製方贅說》行世。

曹家馨　韋氏

光緒《溧水縣志・人物志・方技》　曹家馨，字薦廷，崇賢鄉人。祖正邦、父毓譜，俱擅外科。道光中，安徽學政贈以名齊和緩額。家馨性孝友，以濟人爲念。藝術精奥，審證益細，而用藥益靈，就醫者如市。購藥料求良品，不靳值。貧診不受酬，咸豐間，獎叙六品頂戴。兵燹後，衰病日增，乃授後人以世其傳。卒年七十一。又如韋氏，世居岡北邨，上原鄉人。善接骨，別有祕傳，非他人所能及。

謝寶樹

光緒《南昌縣志・人物》　謝寶樹，字喬年，郡城人。父承義，爲治癰疽專家，寶樹更精研諸書，兼内外醫術，多心得，屢愈奇險疾，與劉于燦齊名。

伍之延

光緒《廣安州新志・方伎志》　伍之延，花橋檀木坳人，道光時業醫。通《内經》、《金鑑》之旨，於《景岳》一書，尤諷誦爛熟，數十年評點、注釋，皆滿篇，已殘缺，手補葺之，終不易新本。逐日以藥餌入大夾袋，自攜之出。醫貧不較值。里中彭天盛者，年少體健，習弓馬。延見其面有死氣，謂曰：七日後必殆，促蚤醫可及。盛不信，至期疾作，三召延始至，曰：疾不可爲也。竟死。小城山陳姓病疫，一家數口皆歿，以貧，故醫多不至。晨乞鄰人叩延家求醫，延適外出，晚歸往視，已停尸於堂矣。延姑少坐，察死者狀，驚曰：氣未絶也。候其息，診其脈，以藥丸和薑湯，碎齒灌之，曰：藥下可救。移時微轉動，食頃竟蘇。渠縣伍必超，有子三歲，不能眠，終夜抱持行走，否則啼不止，諸醫不知何症。延視曰：此臟氣虚也。一劑立愈。其近世之扁鵲歟。惜其醫書爲友攜至大竹失去。年七十餘卒。子孫世其業。

鄭孚成

光緒《崑新兩縣續修合志・藝術》　鄭孚成，字邦萬。祖思恬，父淦，世業醫，至思恬父子名尤著。孚成少習舉業，屢困童子試，遂援例爲監生。傳祖父業，切脈審病，務周以詳，投劑輒效。富者不與較多寡，貧者施以藥，或反資以錢，人故爭歸之。所入既優，一意好行其德，蓋自其祖父以來，凡族戚之貧而待炊者，與夫幼不能就傅，喪不能殯葬，及鰥寡孤獨之無依者，咸歲時周邮，至孚成，視昔有加，故家無餘貲。道光十三年二月卒。聞孚成喪，無不慟哭失聲。子二，應奎爲兄，學成。後應壁，廪生，早世。邑人邱以瑩有傳。

楊昌尚

咸豐《天全州志・人物志・士行》　楊昌尚，字仁盛。幼業儒，試輒前茅，以數奇，習岐黄，爲儒醫，蓋其家傳也。精通《金鑑》、《醫學心悟》諸書，爲州國手。滎經令金進士朝覲得奇疾，一劑而愈，贈以術近於神額。董卜韓胡宣慰使丹鳳飛無子，延治得嗣。州有疾求治者，靡不奇驗立效。而於貧苦，尤不計藥貲，然則公之術果進於神矣。性喜儒士，晚年益好讀書，暇則把卷高吟，如經史古文及奏議，披覽不倦。常曰：寡過未能先賢之學，我輩一生須於此痛下工夫。及曰：讀書爲明理之本，節欲爲延壽之本，慎言爲遠害之本，虚心爲受益之本，積善爲裕後之本。皆閱歷有得之言。夫匹夫爲善於鄉，祇以求自盡，初非爲人知耳。然窮鄉僻壤，苟有賢士出其間，其嘉言懿行，不占名標，不尋利孔，不炫虚名，不漁實利，則氣節名義俱(尼)〔宜〕以激人心而勵風俗，楊君可謂一鄉之善士矣。孫甲秀，以英年貢成均。子若孫，方興未艾，殆所謂積善之家必有餘慶者乎。

沈志裕

《片石居瘍科遺編・陸錫麒序》　沈怡菴先生樂善好施，扶危濟困，其素志也。壯歲究心醫理，尤專精於瘍科，凡於前人良方屢試屢驗者，無不廣搜博採焉。至購備藥物，必辨其眞僞，不惜重價以爲待用之需，即膏丹升降諸藥，無不親自研煉。寒暑無間，人之踵門求醫者，遠近畢至，不取其酬，而精施以藥，故賴以生全者不可勝數。范文正公云：人不能爲良相，必爲良醫。總以濟人爲汲汲耳。先生纂《瘍科治法輯要》若干條，並《臨症護效良方》若干種。

《片石居瘍科遺編・程庚西序》　沈怡庵先生，端品篤學之士，自少多疾，留心岐黄，精究醫書，手不釋卷，所以養生而未竟濟世也。會有患發背者，潰爛祇存一膜，喘呼將絶。先生聞之惻然，遂與之治。内湯劑而外敷貼，凡兩越月竟起白骨而肉之，人於是嘖嘖稱道不衰，咸知先生擅治瘍症，求治如市焉。先生遂效扁鵲之意，即以外科應之活人，不可指數。道光七年，先生因舊疾發而捐館焉，所有瘍病證論及臨症治驗、神效秘方，錄存篋中。令嗣竹泉五兄，不敢作枕中之秘，以承先人之心爲心願，付剞劂以公於世，俾窮鄉僻壤可以對症用藥，便於自治。先生之法，可以永垂不替。

《片石居瘍科遺編·正楷序》 陸宣公晚年家居，留心醫理，嘗手鈔秘方，曰：此只活人之一術。范文正公亦有不爲良相爲良醫之語。醫雖小道，是亦有志於濟世者之所爲。我怡菴四兄先生，重然諾，好施與，綽然有古君子風。中歲習於醫，而於瘍科尤究心焉。其瘍科一道，自《周官》始之，至漢時如淳于意、華佗輩，書史所載，別有神奇，其書或傳或不傳，誠如許胤宗所謂醫者意也，思慮精則得之耳。我兄專精於此者幾三十年，病萬變，藥亦萬變，俱收並蓄，待用無遺，求治者踵接於門，必以良藥治之，不取一錢值。異鄉之耳其名者，咸就之。意之所解，口亦能宣。嘗著論若干則，方若干條，是能原人血脈、經絡、骨髓、陰陽、表裏，以起百病之本，未及付剞劂氏公諸世。

彭望楚

宣統《湖北通志·人物志·方技傳》 彭望楚，字南翹，漢川人。曾祖士貴，事母劉至孝，母多病，究心方藥，由是彭氏子孫世知醫。望楚少警悟，道光壬辰，邑大疫，宗吳又可法者不驗，以張景岳法治之百無一生，望楚參張路玉、葉天士、繆仲(純)〔醇〕之法，權衡輕重，應手而痊，凡千數百人。江漢潛沔間，精治溫熱溼暑者，以望楚爲最。

毛鳳彩　毛荀一　毛景昌

光緒《武進陽湖縣志·人物·藝術》 毛鳳彩，字羽豐。精幼科痘疹，全活甚廣。子荀一，字人龍，承父業。不苟言笑。每日臨證，及所行事，簿記功過以自省。能詩。孫景昌，字介侯，幼學幼科，後習方脈，洞徹醫理，危證輒奏奇效。

呂　震搽村

《冷盧雜識·今人》 錢塘呂搽村司馬震名，官湖北，有政聲。忽動歸思，僑居吳門，爲人治疾多獲效。潘太史遵祁病痺，服茵陳湯不效，服平胃散又不效，脘中若藏井底泥，米飲至前輒噦。呂診之曰：濕固是已，此寒濕，宜溫之。與五苓散加附子。藥下咽，胸次爽然。方氏子傷寒疾革，議用牛黃清心丸。呂曰：邪在腑上蒙心包，開之是揖盜也，宜急下存陰。投以犀連承氣湯，一服病愈。葉氏女週歲。遘疾將殆，仰卧，胸膈如阜，呻吟拒按。呂曰：此結胸也。服小陷胸湯立效。呂酷好醫書，徧覽百家，而一以仲景爲宗。嘗言仲景傷寒立法，能從六經辨症，則雖繁劇如傷寒，不爲多歧所誤，而雜症即一以貫之。其爲醫也，問切精審，不雜一他語，立方必起草，閱數刻始安。一家有病者數人，一一處之無倦容。暇輒手自撰論，闡發仲景之學，著有《傷寒尋源》行於世。

《清史稿·藝術傳·呂震》 呂震，字搽村，浙江錢塘人。道光五年舉人，官湖北荊門州判。晚寓吳，酷嗜醫，診療輒有奇效。其言曰：《傷寒論》使學者有切實下手工夫，不止爲傷寒立法。能從六經辨證，雖繁劇如傷寒，不爲多歧所誤，雜證一以貫之。著《內經要論》、《傷寒尋源》。懋修持論多本內、震云。

楊　材

光緒《續雲南通志稿·雜志·方伎》 楊材，安甯人。習外科，尤善接骨藥，爲人治病不計利。

郁漢京　郁漢光　郁慶穰

光緒《嘉定縣志·人物·藝術》 郁漢京，字吾亭，廷鈞子，國子生，居北城。治病辨表裏，審陰陽，變化古法，不膠於一，知縣盧煐贈菩心仙手額。弟漢光，字監若，究心《靈》、《素》，妙啓局鍵。漢光子慶穰，字歲成，善治瘍。一鄉民人中忽腫，慶穰以銅刀剜其肉，急敷以藥，所剜肉俄如碗大，曰：此疔毒，須臾殞命，今無恙矣。其治險證如此。工畫菘，時號郁菜。

張舒咏

道光《永定縣志·藝術傳》 張舒咏，字純頌，鄉賓，東安人。精岐黃術，獨具慧心，治病如神，遇貧病之家，嘗施藥餌，不取值，賴全活者遍及於龍岩、漳州等處。時邑令有公子病亟，幾遍邑中，醫藥無效，特延舒咏。適診視於危證之家，未遑趨署，問症施方而逾，衆醫咸服其精明。著有《醫案》、《應驗奇方》。

陳金華

光緒《嘉定縣志·人物·藝術》 陳金華，國子生，居安亭。精瘍科，家藏《補化全書》，治法宗之，應手輒愈。好施與，縣給惠周鄉閭額。

郁　璞

光緒《嘉定縣志·人物·藝術》 郁璞，字在中，居外岡。精醫，本天元定化之旨，神明於司天在泉、主客間氣之運行。每立一方，輒應手愈。畫筆亦沈厚。

熊昌夢

光緒《南昌縣志·人物》 熊昌夢，字磻隱，潭湖人。嘗得閩中一禪師所傳習靜修養法。賀良楨知南昌府，患目疾將瞽，昌夢以法治之即明。藩署老賓客王子閑者，中歲後多病，不克食寢，日必飲藥一大盌方能治事。昌夢授之法，使每日靜坐一二次，每次以一炷香爲度，收束心思，令一念不起。行之一月，忽得美睡，隨大飲啖，語人曰：寢食之樂，一至於斯久矣，余不知此味也。曾文正、愈蔭甫既爲之記載其術，遂傾動于世。

秦克勳

光緒《畢節縣志·人物·文學》 秦克勳，字相台。道光已亥舉人。學有根柢，著《書經正旨》、《四書匯折》，各書能發前人所未發，叙永桂小山司馬聘主講席。逾年從學者麇至，蓬萊書院不容，桂公爲增置惜陰書舍，至今叙永學者猶樂道之。後由大挑，歷官施秉、廣順、貴築各學，盡心訓迪，裁成甚多。尤精醫，著有《尚論新篇》及《傷寒辨訛》等書。卒於貴築學廨。

韓昌學

光緒《洋縣志·人物·藝術傳》 韓昌學，庠生。家世業醫，至昌學更宏通，知縣辟爲醫學訓科，所愈奇疾，不可勝計，内外針法尤精。所著有《經驗内外方書》，數傳爲得者秘惜，不以示人，不獲刊行。

徐儒椝

光緒《黄州府志·藝術·蘄水縣》 徐儒椝，字季方。由供事授典史。穎悟能文，尤潛心醫學，居京邸，公卿倒屣迎，所診治皆愈。著有《傷寒正宗》四卷。

陳必勤

光緒《潮陽縣志·方技列傳》 陳必勤，字淑震。貴嶼鄉人。素性廉介，少業儒，有詩名，既乃就學於藍太醫之子，佚其名，切究脈理。凡良藥秘方，靡不考據精核，迨十餘稔始出而治病，惠、潮兩郡全活者無算。時醫家競索重值，必勤弗之較，貧者且購藥以濟，人多德之。遺有《脈訣》及《鴻寶良方》傳於家。子廷錫、廷綱，俱能醫。

趙鴻

光緒《榆次縣續志·人物·藝術》 趙鴻，東陽鎮人，邑庠生。候選同知。精痘科，重訂《引痘新法》行世。

石芾南 壽棠

《醫原·自序》 余家事醫學，歷七世於茲矣。憶自入塾受書時，略明句讀，先君子即授以醫家言，命與四子書並讀。嘗謂業醫而不讀書，有終身由之而不知其道者；且爲人子而不知醫，亦非孝也。爰爲壽棠立程課，朝而儒，夕而醫，歷數十寒暑如一日。雖習舉子業，未嘗或忘。家慈又體質素弱，醫藥不離，每侍疾時，與醫家參以診劑，輒頗得效。自是尤三致意焉。年來公車粟六，迄無暇時。復以南北烽烟，逼近鄉里。邑侯延余倡辨團練，每於夜巡稍暇，人靜更闌，重述先子緒言。因彙前賢之全説，凡四閱月，得《醫原》二十篇。非敢以言壽世也，但求無負先人之意，且敬承世業云爾。嗚呼！父書幼讀，愧守箕裘，庭訓未忘，感深風木，此則有益增余慟者矣。

光緒《安東縣志·人物》 石壽棠，字芾南。舉人。少以母久病習醫，晝夜攻苦，積二十餘年，窮邃醫學。貫穿百氏之言，著《醫原》一書，雖專家不能過也。爲人清修介直，居城市中，與流輩不肯逐逐，閉門用文籍自娛。晚以候選同知奉檄赴巡撫治所，遂客死蘇州。

鄭元愷

光緒《鉅鹿縣志·人物·篤行》 鄭元愷，字際美，邑庠生。精岐黄術，診脈如神，活人無算。性好義，貧人食藥往往不取值，邑侯方公、英公兩旌其門，蓋既服其術，尤重其品焉。

袁思義

《甘肅新通志·志餘·方伎》 袁思義，甯朔軍功。熟讀《脈經》，在定遠營設肆行術，四五十年無誤治之證，用藥數劑即愈。子權繼之，兩世均以醫名。

譚宗禹

光緒《續雲南通志稿·雜志·方伎》 譚宗禹，字開敬。孝友，少業儒。爲諸生。因事入都，學醫於太醫院，歸以醫濟鄉人，多效。子旭，亦嘗施藥活人。孫九錫，能繼其業。

李作霖

光緒《續雲南通志稿・雜志・方伎》 李作霖，保山諸生。精太素脈，後爲太醫院醫士。

楊鍾琳

光緒《續雲南通志稿・雜志・方伎》 楊鍾琳，永平貢生，業醫，偶與鄰陳某談，診其脈，知必暴亡，尋果然。尤善治受銀銅爐烟毒。謂銀烟毒入腎，必小腹先痛；銅烟毒人肺，必嗽。隨症投藥，無不愈痊。晚年慕道，常習靜功，年七十餘卒，鄉黨咸尊重之。

李裕達

光緒《續雲南通志稿・雜志・方伎》 李裕達，河陽武生。善太素脈，知人窮通壽夭。邪正所用皆常劑，或雜以食物，服之立效。習導養術，竟日默坐，顔如渥丹。將卒，取其書盡焚之。

楊成初

光緒《續雲南通志稿・雜志・方伎》 楊成初，麗江府人。精醫術。初，麗俗病沓信巫不事醫藥，見成初手到病除，始信醫，疾者爭延治，多奇效。

王佐良

光緒《續修叙永廳縣合志・人物・方技》 王佐良，恕子，其字也，一字恕亭，世居叙永百里外華峰山下。蚤入邑庠。時文非所好，留心醫術，聚書數百卷，上自《難經》、《甲乙經》、巢氏《諸病源論》，及漢仲景、唐孫思邈之説，無不竊其微而獵其精。嘗言：國朝喻氏嘉言之醫，鈎深思遠，出諸名家上。然其淵源，可以殫述。蓋喻傳羅氏子尙，子尙傳舒氏馳遠，馳遠傳熊氏體仁，體仁傳范氏熙唐，熙唐傳其姪文元，文元傳良佐。良佐祖喻宗熊而旁參各家，嘗謂醫貴集衆長而爲己長。又謂：治病須有成竹，遲之又久，亦若胸中無成竹，而術始神。參府佟在棠妻，病幾殆，群醫束手。佐良曰：瘀矣。與以藥，下瘀血斗許而愈。其子又病，亦危殆。恕子曰：姑使熟睡。與以藥，出黃汗滿身，亦愈。徐陔雲進士病狂易後發寒痺，偃卧，目上視，其家已具棺，佐良曰：陽病見陰，愈也。後果霍然。其他多類此。生平喜讀周秦諸子之書，兼工詩，有亂風扶水立，孤雁背雲飛之句。徐心泰及李維漢兩進士，皆嘗從研究醫學。盤谷贈詩，有：秀才憂樂關天下，宰相經綸出草茅。一卷《靈樞》供抱膝，百年民物是同胞。陔雲贈詩，有：《玉函》《金匱》能參破，馬渤牛溲亦可珍。願向槐堂種文杏，一枝分作萬家春。年未四十卒，士論惜之。

俞彰信

光緒《慈谿縣志・人物・藝術》 俞彰信，字成甫，號韻梅，庸禮弟，咸豐四年歲貢。能醫，治瘟疫、暑濕、瘧痢尤精。或用成法，或出新意，無不奏效。

熊　彬

光緒《續雲南通志稿・雜志・方伎》 熊彬，趙州諸生。性孝友，樂善好施。精岐黃術，緬甯軍中疫行，臬司屠述濂延往療治，多效。

袁紹霖

光緒《井研志・方技傳》 袁紹霖，内江羅氏子，邑袁翁收恤之，因隨其姓。學眼科，嘗於峨眉遇異僧，授以點化術，和藥立效。嘗以術游楚、蜀間，診者接踵，因以貲起其家。子豐年，早卒。

楊雨森

光緒《高淳縣志・人物・藝術》 楊雨森，讀書不應試，生平精研岐黃，尤善婦科。著有《保產摘要》行世。

蔣國佐

光緒《武進陽湖縣志・人物・藝術》 蔣國佐，精醫。知府駱鍾麟子病黃疸，莫能治，國佐呼其乳母，詢知三歲時嘗食池邊螺數枚。投以鴨涎，下血裹一螺，霍然愈。里有產婦死將葬，棺薄流血。國佐曰：血鮮，婦可活。以鍼刺婦胸，得蘇，產子。又牛觸牧童腹，腸盡出。國佐洗以米泔，納其腸，敷藥，得不死。

何佳琪

光緒重修《丹徒縣志・人物・方技》 何佳琪，字子玕，或作璵，歲貢生，鄉賢佳玟季弟也。幼敦敏好古，善倣唐人書。尤精醫理，能闡傳家學，顧不業醫，知而延診者，亦不輕諾，諾即往診。診脈必四無人聲，屏息細切，數移晷刻乃罷。吉則書方，不則卻去，無一失者。其給方，每約至翌日乃就。蓋性情沈摯，不肯輕率如此。然議論縱横，動中病隱，他醫輒不能道。以故，沈疴痼疾，爭往就之。嘗習靜養功，早晚運氣有常度，功未畢，人不能造見也。老而益健，面如童。咸豐間避寇邑東鄉。一旦，無疾坐而逝，年八十七。

劉允中

光緒《江都縣續志・列傳》 劉允中，字雨亭，居瓜洲虹橋鄉。幼棄儒習醫，盡得王九峰之傳。道光十一年，江都水災，居民多病疫，允中製藥散之，活人無算。咸豐三年，粵賊東下，鎮江、揚州淪陷，時江南北營壘林立，軍士不習水土，至輒病。諸帥耳允中名，聘幣時至，允中馳診無虛日，三軍多慶更生者。

于暹春

光緒《江都縣續志・列傳》 于暹春，字桐岡，號不翁。幼事父濂以孝聞，世居塘頭村。村有鶴皋草堂，暹春兄弟七人肄業其中，各負時望。暹春慷慨好施予，於濟人利物事無弗爲，里中有不能殯葬嫁娶者，悉周之。同族子弟貧不能讀者，助以膏火。先後置義塚數十畝。遇水旱偏災，竭力輸賑，值歲除，必出金賙里中貧乏，待以舉火者近百家。性耽誦讀，築晚香樓三楹，藏書數萬卷。工書畫，精岐黄、壬遁之學。著有《讀史論略》一卷、《醫林集成》八十卷、《靈素難經補注》十二卷、《脈理辨微》四卷、《傷寒溫疫條辨》二十四卷、《六壬課存》二卷、《尋暢樓印譜》三卷、《彈指菴筆記》四卷、《籐峽紀聞》八卷、《塘上詩鈔》三卷。卒年八十。

孫　銓

光緒《江都縣續志・列傳》 孫銓，字蘭谷，幼習醫於王九峰，盡得其傳。切脈體認入微，嘗語人云：醫非易事，不能洞見癥結，藥末有不誤投者。懸壺於瓜洲數十年，活人甚衆，卒年八十九。

劉載陽

同治《宜昌府志・士女・術技》 劉載陽，本城保人。精幹有才，遍覽古今書籍，術精扁鵲。凡請診治，無不應允，並施方藥，荆州人亦聞其名延請療疾。前任胡公，因其丸散應驗，以醫學申詳，承任十餘年。咸豐二年，無故奉梁藩憲文罷職。

嚴冬榮

宣統《續纂泰州志・藝術・嚴冬榮傳》 嚴冬榮，字桂崖。世精喉科，傳至冬榮尤邃。嘗謂：醫宜審證用藥，不可執死方治活病。如近代白喉證最爲危險，世醫多宗養陰清肺法，並刊布《白喉禁忌服藥表》，奉爲厲禁。不知病自虛實、寒熱之異，執一例百，收效者鮮。予用汗、下、溫、清等法以治白喉，往往多所全活。神而明之，存乎人耳。按：戈頌平療白喉，亦不偏主用寒涼。其旨頗與冬榮合。

胡新楫

光緒《安徽通志・人物志・方伎》 胡新楫，字桂爲，黟縣人，府學生，受父維邁醫學。年十五時，祁門方氏兒病劇，維邁使新楫往治，詢知飲酸傷筋，治以薑汁立愈。自是行醫六十餘年，及老病避入林，歷山求診者踵接，乃喟然還家。子佩丹、興周，俱以醫名。

汪世培

光緒《安徽通志・人物志・方伎》 汪世培，字亦莊，休甯人。善醫，尤精喉科。道光甲午，池州喉疫，醫禱俱窮，世培觸手即效。

汪啓時　汪元本

光緒《安徽通志・人物志・方伎》 汪啓時、汪元本，俱婺源人，並以醫名。施藥濟世，沈疴立起。啓時不著書，元本著有《醫學心傳》、《痘科辨論》。

汪　荃

光緒《安徽通志・人物志・方伎》 汪荃，字香谷，黟縣人。世業醫，至荃尤精。嘗治三歲羸女，取久白貓矢炙研無灰，酒灌之愈。常州名醫法冠卿治水腫不驗，以方來告，荃曰：方佳，少活蝦蟆作引耳。如法果瘳。生平謹慎，日所治病，夜必檢書辨同異，慮有謬誤。子濟舟，從弟藝書，從子松谷，均傳其業。

胡潤川　周漢雲　石上錦　余道溥

光緒《安徽通志・人物志・方伎》 胡潤川，績溪人，三世業醫，潤川尤精。遇貧者送診給藥。著有《醫學錦囊》、《傷寒辨微》、《女科臨證指南》。同縣周漢雲，字天章；石上錦，字元素；余道溥，字問舟，並以醫名。

吴紹禮

光緒《青浦縣志・人物・藝術傳》 吴紹禮，字尚凡。精於治痘，其時費建中《救偏瑣言》未行，紹禮用補最長，貧家力不得參，以富家兒煎過參請於其主而贈之，全活甚衆。嘗曰：富者吾不利其所有，貧者吾不利其所求。其仁心如此。子宗培，能世其業。

袁文蔚

宣統《甘肅新通志·志餘·方伎》　袁文蔚,字東井,狄道諸生。明《黄帝內經》。精醫術,投藥立驗。洮人稱爲神醫。

魏國彦

宣統《甘肅新通志·志餘·方伎》　魏國彦,秦安武生。善外科,醫人不受謝。嘗爲人壽詈,聞者不堪。翌晨未曙,有啓門入者,問之,則詈己者之次子患疔毒也。遽問曰:飲水否?攬衣即起,醫之而去。

方　耀

光緒《海鹽縣志·人物傳·藝術》　方耀,字含山,邑庠生。力學砥行,能詩,工繪事,尤精醫理。著述甚富,兵燹後,惟存《證治集腋》十卷、《醫方歌訣》六卷、《本草補注》六卷。餘皆散佚。

馬溫葵　馬本固

光緒《益都縣圖志·忠節傳》　馬本固,字培元,金嶺鎮人。父溫葵,字向午,縣學生。家世業醫,溫葵尤精其術。寓濟南垂五十年,人呼爲青州盧扁。本固六歲失恃,父客歷下,其外家憐而撫之。長從父受醫。性嗜學,讀書必求實用。晚年以醫授次子健鐸曰:此吾家世守也。然有三損,而藥殺人不與焉,汝其戒之:立心邪淫,罔恤品行一也;偶爾失歡,輕重人病二也;婦人隱疾,不爲掩諱三也。識者以爲業醫者之龜鑒焉。咸豐十一年卒。

葛芝山　蕭人官　孫懷仁　葛志文　朱德昭

同治《續纂江甯府志·人物》　葛芝山,名鏞,以字行,江甯瘍醫也,居高井。術精,而不喜交富人,遇貧者施藥,予之錢不受。城陷,賊求良醫,急令居民部送。芝山素嗜飲,無子女,獨與其妻周居。是夕,益行沽,召鄰叟與别。舁棺二於室,芝山夫婦坐棺中,坐鄰人男婦左右,雖不能飲者,亦强之釂。曰:吾夫婦老而無子,行且死,願諸君埋其骨。坐中人泣汍瀾,不能止,而芝山夫婦不少戚,遂偃卧不起,趣掩棺。鄰人不得已,乃舁棺葬之。宅中醫士死者,上元庠生蕭人官,儒醫也,著《啞科》三卷。人以其貧,不之奇。與其妻盛服,對縊死。孫懷仁,亦上元人,小兒醫也。闔門自焚。葛志文,上元鄉間醫也,咸豐十年,賊至其家,疑爲官,縛大樹下,以小刀破其腹,故緩之。志文罵曰:賊子殺即殺耳,何徐徐爲。時方盛暑,越兩月,尸如生。而朱德昭爲僞酋醫目,以毒置藥中,事洩,賊束綿絮蘸油焚之,名曰點天燈,死狀尤慘烈。

吴俊儒

同治《畿輔通志·雜傳》　吴俊儒,通州人。慷慨好施,善岐黄,尤精外科。延之輒至,不取直,貧病者給以藥物或助之錢穀,活人甚多。年八十餘卒。

楊大川

光緒《安徽通志·人物志·方伎》　楊大川,字汝舟,婺源人。世業醫,自其祖來當塗,至大川名尤著。用藥平淡,而著手全活。性好施予,散棉衣、給錢米、助棺掩胔,無歲不舉。

陳賢安

光緒《零陵縣志·人物·方伎》　陳賢安,蔴園人,精於醫。每日鷄鳴,延者闐户,賢安即按路遠近以次往治之,既周而返,貧乏者並予以藥,不取錢。尤精診小兒。因其生而以父事之者,凡數十輩。子宏賓,克承其業。

曹士法

光緒《趙州屬邑志·人物·方技》　曹士法,隆平人,邑庠生。入泮後,留心岐黄,家有醫書數十種,公終年披讀,無間晨昏。手輯《經驗良方》成帙,濟世活人,耄老不倦。享年八十二歲。孫汝正,字慎修,邑庠生。能紹家傳,診病立方,無不立效,可謂世濟其美矣。

章元弼

光緒《貴池縣志·人物志·方技》　章元弼,字鼎臣,監生。年逾七旬,精岐黄,診脈立方,折衷盡善,活人無數。著有《傷寒注疏》、《醫學淵源》及《醫案編》。

楊章華

光緒《善化縣志·人物》　楊章華,國學生,爲人誠樸。通銅人經絡,活人甚多。輯有《醫方秘要》傳世。

李光大

光緒《善化縣志·人物》　李光大,號懋軒。性直鯁,習儒書,兼通醫學。

得《傷寒》、《金匱》要義，自負長沙後身。遇危症，探病脈，靜坐良久出一方，調刀圭火齊促服之，多奇中。鄉里窮乏者，必親往診視，全活尤多。是能以術行仁者。

饒大源 劉純

光緒《廣平府志・藝術》 饒大源，字泉亭，永年附貢生。咸豐中，署深州訓導。精醫術，遇奇難之症，衆人束手者，大源一藥即愈。子樹滋，官杞縣典史，亦能承其家傳。又有劉純，字還古，永年諸生。性耿介，棄儒學醫，尤善鍼灸。

王嗣祖

光緒《續雲南通志稿・雜志・方伎》 王嗣祖，易門諸生。與兄瑋業醫，術遂精。診脈三指齊下，人呼爲王三點。

楊清源

光緒《續雲南通志稿・雜志・方伎》 楊清源，昆明人。家故業醫。清源性聰穎，初業儒不達，乃紹家業，旁通堪輿星命。處境甚窘，而視人之疾則不憚勞，不計利。

吴正封

光緒《永川縣志・人物・技藝》 吴正封，工幼科，負子求方者門常如市。不憚煩，亦不索謝，鄉人德之。著《因病制宜方書》一卷，待梓。

堯驛達

光緒《永川縣志・人物・技藝》 堯驛達，字雨田。棄儒習醫，尤潛心眼科，得受秘傳。凡失明者，治之無不立愈。

唐賢傑

光緒《永川縣志・人物・技藝》 唐賢傑，字偉侯，屢試不售，遂潛心醫學。得其秘旨，求診視者，無貧富，盡心療治，不索謝貲。痧、疫二症尤精，時稱爲小藥王。

劉厚山

光緒《沔陽州志・人物志・方技》 劉厚山，周長府人。性穎悟，知醫，能以脈決生死。治吐血症尤多神效，時人呼爲活仙。兼通遁甲，慎密不輕言。著有《痰火心法》。

劉淑隨

光緒《寧陽縣志・人物志》 劉淑隨，字貞九，王家樓人。父克任，精醫術，知名齊魯間，一時推爲國手。淑隨幼穎悟，讀書寓目不忘，爲文獨抒心得。弱冠補諸生，學行重黌序。屢踐省闈不第，遂輟舉業。留心醫術，盡傳家學。上自《洪範》五行、《素問》、《靈樞》，暨仲景以下諸方書，靡不窮其主旨。治病酌古方而變通之，應手輒效，咸以爲盧扁復生。年六十餘卒。著有《本草》、《醫原》、《醫律》、《醫宗》、《醫方》、《醫案》諸書各若干卷，藏於家。

楊德賓

同治《遷安縣志・列傳》 楊德賓，字飲若，邑庠生。學業深邃，素通岐黄(素)〔術〕，雖危證皆應手愈。然頗自重，不輕以藥投人。著有《良方》數種，至今人寶貴之。

光緒《永平府志・列傳》 其先世有精奇門風角者，尤邃於醫，以有迫而不如意，將歿，乃悉焚所藏書，是實爲德賓之祖。德賓生而穎特，智慮絶人，弱冠補博士弟子，一再應秋試，以家計累輟業。接物豁達光明，人仰之，不盡以醫也。而於醫實尤神，顧不屑屑應人求，意所不可，雖富貴堅請，終拒不應。而田父野老偶相值，或診其病而投之劑。其察脈處劑，變通於古，微妙非恆人所識。李伯度第三子幼患腹瀉，利之不愈，補之不愈，下之仍不愈，尫羸甚，衆醫束手。德賓至，爲處一方，某醫視之莫喻也，以爲是婦人下乳方。服之，一劑而瀉立止。益元散，蠲暑藥也，德賓加雄黄以療痔，輒愈。德賓於家人不喜使藥，或呵之。女孫病疲弱不支，不得已請治。曰：食葷腥則愈。家人以爲是不爲治也。他日德賓攜鯉，命烹而食之，鱗骨皆瓦焙，研服以酒，遂愈。

質庫有少年，夜寐旦而不寤，冥然若死。德賓視之曰：是易治，伏諸椅而痛擊其背，果蘇。

嘗出行而渴，過村居乞飲，聞其室有號痛聲，出入者色皇。詢之，則有子十六七，忽腹痛不可忍，因陳其狀。德賓曰：是臟翻也，盍扶而倒立之。如言，痛遂止。有賈人，瘡生於左手，累月不愈，請診於德賓。德賓曰：此名對瘡，必右並發乃可治，先之無益也。其人日視其右，右不發而左愈，詢其故。

曰：是本非劇證，以其憂之，愈摩挲，心注而火亦注，吾移其心於右，則不暇顧左耳。其應機運意，奇妙百出，固不僅以藥餌矣。

診脈、察色，決生死不爽。章某患呃逆，人以爲噎之漸也，急治之，遂大病枯弱，臥不能起，盛暑緘窗垂幔畏風入。德賓脈之曰：無疾。猶疑耳。立使抉窗幔，投以藥，三服而大愈。質庫司事郝某，日與德賓過從，甚健無疾。德賓一日與人語而嘆曰：惜乎郝某，十日外不得見矣！人笑德賓爲誑。越七日，郝暴疾，德賓使亟歸，未至家而卒。

德賓生平不喜爲人言醫理，養身以節攝爲務，而不用服餌。人問之，輒曰：死生有命，吾適生其能生者耳，何足多。

饒佩蘭

光緒《資州直隸州志·人物志·方技》 饒佩蘭，號香畹，資州人。工岐黃，不泥古法，著有《醫論》、《辨症虛實論》，藁存其家。

李恩蓉

光緒《丹徒縣志摭餘·人物·方技》 李恩蓉，字東雲。高祖增，精醫，有隱德，止志《方技》有傳。父春英，習韓康業，精製方藥，名聞里閈。恩蓉少承父學，入學後，絕志進取，專心岐黃之學。病者一經診治，應手輒愈。有《集註難經淺說》、《刪補修園醫學三字經》。性復耿介，取與不苟。子允佳，字晴生，能世其學，凡節婦孤貧，立志送診，活人尤多。

馬宗元

光緒《丹徒縣志摭餘·人物·方技》 馬宗元，字清儒，天方人。性恬淡，有內心。精周髀、岐黃之學。從邑人楊履泰游。天資高，學力亦篤，故算學、醫理均批郤導窾。藏書甚富，獨於吳中葉氏尤服膺。溫病一症，醫家多分晰不清，惟天士能辨人毫釐，厥功獨大。宗元輔翼葉氏，於原書類不類之中，復細心剖析，以藥時醫之誤。著有《溫病辨證》十三篇，邑人李恩綬爲之序。

任仲英　楊宇春

光緒《丹徒縣志·人物·方技》 任仲英，以瘍醫名。熟於經穴、脈絡，能默繪銅人圖，按之《靈樞》、《難經》，無一錯者。膏丹必手自虔製，遇貧病診視，給藥不受值，名著江南北。醫室一小廬，設鎮芳橋上，贈匾額者以百計，無地懸置，乃彙而縮書，總爲一額。年七十餘卒。子介亭，諸生，兼內科。守之數年，寇至而毀。仲英醫法，止傳一徒，曰楊宇春。寇退後，宇春建其故室，送入恤嫠。會採租增費已，則出租，業醫其中，不數年卒。

葉時榮

光緒《羅田縣志·雜志·方技》 葉時榮，邑庠生。博學能文，尤精岐黃，活鄉人無算，邑令王同治贈有妙手回春額。咸豐初年，有役某患咳疾，榮視之，謂曰：汝咳非他，隱隱中有神以物擊背。擊則咳，藥雖妙，無益也。夜果夢神，謂榮曰：勿庸治疾，不起矣。越日役卒。晚年，其術益神，著有《醫方纂要》，待梓。

莫知子

光緒《增修崇慶州志·人物·方技》 莫知子，姓呂，隱其名，自號莫知子。幼習儒，屢試不第，退而學醫。研究諸名家秘奥，故爲人治病，洞悉病源，用藥輒效。著《天龢脈論》，本諸《河圖》、《洛書》，驗之五運六氣，獨窺《內經》不傳之妙旨。其自叙略曰：醫者，易也，非意也。蓋即易，交易，變易，不易之道也。經曰：必先歲氣，毋傷天龢。又曰：毋傷歲氣，勿伐天龢。夫天龢因乎歲氣，應於兩手尺寸，本有定位，然五運六氣，因年干支爲轉移，則有定仍屬無定。故或在左，或在右，或在尺，或在寸，要必明乎歲氣，而後可得天龢。醫者苟不知某年在某位，因其不見，而妄補，妄瀉則伐之矣。蓋脈名天龢者，得歲氣之正，本屬無病，不得以見不見爲定衡也。其書辨析甚明，深於醫者自知之。

謝本崙

光緒《增修仁懷廳志·人物》 謝本崙，號竺巖，一樑四子也。廩貢生，分部主事，三品花翎銜。歷官雲南甯州、雲龍、羅平、潞南知州，政聲昭著。兼精岐黃，囹圄中得染瘴癘者，施方調治，無不全愈。上憲刊其方，布各州縣。又自著《痒》、《痧》等書傳世。年六十四卒於任所。

王作楫

同治《義寧州志·人物志·方技》 王作楫，字定波，號古愚，奉鄉江頭人。幼警悟，讀書能通大義，年十九補弟子員。曾言學必期有用，達則用才以施政，窮則用術以濟人，分也。遂力攻醫術，凡黃帝《靈樞》、《神農本草》、秦越人《難經》，皆研煉精深，得其旨趣，以醫術鳴於時。有李某子甫周病危欲絕，舉家惶泣,作楫過而視之,曰:此風閉也。用按摩法,以火灸之,立甦。族叔某者,病死數日,將殮,作楫往唁,探其胸微溫,曰:其氣閉也。灼其背,霍然醒,進服理中湯數日而愈。著有《急救驗方》、《保產要書》。又精形象家術,力辨斗者五行之妄。發明《陽宅大成》諸書,正以造命五行。著《選擇先資》行世。

凌繼皋

光緒續《雲南通志稿·雜志·方伎》 凌繼皋,本姓高,昆明人,寓河陽。精岐黃術,沈疴險症,手到即痊。晚年幅巾逍遙,有陶隱君之概。

王永和

宣統光緒《甘肅新通志·志餘·方伎》 王永和,甯夏人。棄儒習醫,用力二十年。精於傷寒。子鶴年,繼其術。

黃景文

光緒續《雲南通志稿·雜志·方伎》 黃景文,安寧人。精方脈,能治奇病,活人甚多,延治者無不往,不責酬謝,鄉人咸推重之。

吳安業

光緒《甘泉縣志·寓賢》 吳淸鵬,字笏庵。父錫麒。翰林官祭酒,嘉慶二十二年一甲第三名進士,官奉天府府丞。解組后,主講樂儀書院。晚年卜居公道橋,閉戶著書。咸豐年卒。子安業,博通經史,兼善岐黃。積修脯資,建存濟堂,施捨膏藥。居公道橋,終年足迹不入城市。遠近貧病無力醫藥,賴吳生活者以千百計。著有《理淪駢文略言》四本行世。

丁天吉

光緒《武進陽湖縣志·人物·藝術》 丁天吉,字若冲,縣學生。少有文名,於醫術尤精幼科。知府于琨題其門曰:保赤國手。貧者疾甚,當用參,天吉隱置藥中,弗告也。著醫書十餘種,里黨傳寫珍之。

張聖源

光緒《武進陽湖縣志·人物·藝術》 張聖源,字宗發。父魯玉,以醫名。聖源世其業。善用清和理氣之劑,頗奏神效。知府葉口額其室曰:曾飲上池。

蔣 斌

光緒《武進陽湖縣志·人物·藝術》 蔣斌,字良佐,監生。善醫,決死生多奇驗。張某疾已劇,斌診之曰:所患即瘥,十年後當死。如期發疾卒。徽賈某以微疴就診,曰:二十日後不起矣,速歸可與家人相見。卒如其言。

潘若雲

光緒《武進陽湖縣志·人物·藝術》 潘若雲,精瘍醫,能使斷筋折骨復續如常,所施刀圭,皆購珍品,奏效尤神。貧者酬以金,勿受也。

周淸漢 湯 溥

光緒《武進陽湖縣志·人物·藝術》 周淸漢,字繼南。天性孝友,業醫,尤精外科。貧乏者轉給藥餌、舟車之費。踵門延請者,無論貧富遠近必往,風雨泥塗勿恤也。湯溥,字文金,亦以醫有名於時。

陳佑槐 陳 燾

光緒《青浦縣志·人物·藝術傳》 陳佑槐,字學山,生有異相,兩手獨長。陳世醫外科,父御珍卒,佑槐以少孤,將棄其業不習,會有相人者相佑槐當以醫名世。於是復理舊業,名噪一時,卒如相言。燾,佑槐子,字宇泰,貢生,由舊治移居珠里,醫亦有名,享天年。

郭守畿

光緒《德陽縣續志·人物志》 郭守畿,字京門,諸生。壯而無子,迺潛心內典,深入元契。童顏鶴髮,望而知爲有道之士。生平恬靜,寡營世慮,絕不攖心,而樂善不倦。日惟以治餌煉丹,療瘍活人爲事。晨起,求治疾者踵門,日暮始散。不擇貴賤貧富,雖乞丐患瘡痍,亦手爲刮滌,敷貼善藥,腐穢不避,歲所痊不下數百人。所費不貲不少,恡不厭煩。數十年如一日云。年六十餘舉一子,猶及見其婚娶。壽八十四卒。子紹恩,增貢生,候選訓導。孫鴻鑾,庠生,鴻銘業儒。

光緒《德陽縣續志·人物志》引陳美灝《輓郭京門先生詩》 旌陽古治來鶴樓,樓高百尺入雲浮。中有有道一老叟,托根直與造物游。金丹鍊就常在手,俯視塵坱等泡漚。滿腔種子含仁意,奚翅元默完淸修。林中栽杏董君異,市上賣藥韓伯休。疲癃殘疾應念起,功德廣佈咸歌謳。養性活人樂無極,不知經歷幾春秋。年垂九十尚強健,朱顏駐面雪滿頭。巧夕織女添壽考，行縣兒童拜細侯。

劉輔泰

光緒《續修廬州府志·藝術傳》 劉輔泰，無爲人，太學生。屢試不售，棄儒就醫。古今醫書，無不通曉。遇貧士，分文不取。著有《脈理大全》。

張季瀛 雲寰 張禾

《冷廬雜識·今人》 吾里張雲寰先生季瀛，桐鄉縣人。醫學深邃，求治者門常如市。余表兄周士勳，夏日身熱不退，脈虛自汗，醫用清暑藥不效。先生診之曰：口不渴，舌少胎，且神氣虛弱，乃大虛症也，再服清暑藥脫矣。投以八珍大補之劑獲愈。其子鐵葫上舍禾，亦精醫理，診病膽識絕人。有鄉農病喘十餘日，服藥不效，登門求治，令服小青龍湯，鄉農有難色。張曰：服此藥一劑，仍不得卧者，余甘任其咎。鄉農去，家人訝其失言。張曰：彼喘而延至十餘日不死，非實症不能，又何疑焉？閱數日，鄉農復來，則病果瘳矣。

胡承德

光緒《廣安州新志·方伎志》 胡承德，花橋人。精外科。性疏嬾木緩，寡言笑，衆以死人誚之。值人墜損折傷，危急頃刻者，能咒水接骨，鄉人始稍重焉。咸豐中，里人周八仙年幼，騎牛墜折右臂，僉謂瀕死不可捄。德以磁刺去其淤血，噴以水，敷以藥，用柳木板夾臂著之，調其骨節，月餘竟起廢。增生周敷九，少游戲於山，誤折左肱。延德往治，以水噴臂，日用丹丸調敷，三次痊愈。敷九云，臂轉增力，較勝於右。德家極貧，冬常單衣。酬以直，不謝，亦不較，視假術以游富貴之家，一無所效，專爲射利居奇者遠矣。德歿後，其術不傳，子業薙髮。

陳道人

光緒《湄潭縣志·人物志·方技》 陳道人，號正樂，龍泉鹿井人，寓湄之永興。好讀書，不慕榮利。精岐黄，廣行醫治，稍有餘積，遂以施濟耗去。且精性命之學，從游者衆。著有《丹經易注》、《太極圖說》、《六經便讀》行世。其高弟陳珀頗得其衣鉢。

楊顯敬 楊昌詩

光緒《靖州鄉土志·耆舊》 楊顯敬，字臣極。喜方術，傳王叔和《脈訣》，以五色診病，多濟貧乏。著《脈訣》甚精，傳子昌詩。昌詩，字興起。少鈍，苦學十年，參知天人一氣之理，二十八脈以緩字爲宗。爲人治病，決生死，辨吉凶多驗。里人有病氣喘欲死，六日不睡。診其脈：乍伸乍縮，靜中一躍似蝦游死候，然根神不竭，以脾浮、肝逆，故知干土木，後旬日患脅痛。藥肝而愈。其他診病多奇中。予友黄漢信師之，嘗與之言曰：不作陰功莫學醫，陰陽虛實幾人知。死生只在須臾候，指下分明莫遲疑。其歌訣著明，精理尚多。

曹禾

《醫學讀書志·呂佺孫序》 《瘍醫雅言》十三卷、《痘疹索隱》一卷、《醫學讀書志》二卷、《附志》一卷，同里曹君畸庵所著也。飲桑君之上池，擅巫咸之鴻術。抉紫書之奧旨，闡《金匱》之微言。鶩軼古今，洞徹淵系。動必由矩，察不遺纖。識躋十全，肱幾九折，醫事之美。【略】畸庵好讀書，工吟咏，澹欲寡交，非治病，足迹未嘗至鄉里，故聲稱不及於遐遠，慮後世之湮沒也。

《醫學讀書志·劉汝航跋》 陶靖節先生讀書不求甚解，非不求解也，特其天資敏捷，不藉窮研冥索，自能融會通耳。畸庵業師，初習金元劉、張、李、朱、立齋、損庵、東璧之學，久悟其非，乃轉求醫經、經方、傷寒、本草，著《瘍醫雅言》及《豆疹索隱》。又悉取所儲醫書史傳，研求大旨，考核行履，爲《讀書志》九十九篇。一秉虛衷，不淆群議，絕去固執穿鑿之弊，非敏捷者不能，願與眞求解者共讀而共解之，庶得偕升古人之堂，偕入古人之室。然求而得其解者，必以爲古人之諍臣；不得其解者，必以爲古人之罪臣。是則攸係民生之幸與不幸，而夫子壽人之心，終歸不朽矣。

陳獻周

同治《南海縣志·藝術傳》 陳獻周，九江人。年七十餘，樸訥誠篤，不類方伎中人。以符咒治金創，獨著神效，所言尤有理致。有李氏老婦，因娶婦應酬，精神罷乏，失足倒地，頸枕著瓦盆邊，痛甚不能言，點滴不能入口，奄奄待盡。延獻周往治，問曰：曾用藥石否？家人曰：無之。曰：如是易矣。人詢其故，對曰：藥者，人道。符者，神道。神人不能雜糅，專則易見功耳。然婦老矣，命該終，符亦不能救。然精誠所感，必略見微驗，或別以他病死耳。即書符，化水中，飲以水，以符灰傅之，數日間能言語飲食，病若失。後偶感風寒而死。又有李氏女，嫁多年，不樂居夫家。夫留之，以刀自割其頸喉，已傷，幸未斷，醫皆袖手。獻周曰：可治。特禱神，書符以灰水傳飲如故，經月全愈，並無痂瘢痕。同治元年，九江東方建震亨書院，紳士督工匠立基址，工人操三十斤木槌打亘椿，爲高下式。木工在旁，忽以手掩木末，曰：止。而槌已自上而下矣，遂將五指打碎，血肉淋灕，登時暈絶於地。獻周適至，口念咒，遣人取符水飲之，並以符紙灰敷手。少頃，即能起，執丈尺，畢其事。紅匪亂後，兵差壯勇捕賊，因格鬭受重傷，獻周以符咒治之，起死回生者，不可一二數。或問曰：公向能劾治鬼物，今概言不能，何也。獻周曰：魑魅豈能死人，大抵如兵差訛索，盜賊搶竊耳。然鬼即有應討之罪，我職非治鬼之人，尸祝代庖，豈非越畔？且天道好還，物極則返，長房覆轍，深可懼也。或曰：以符章治病者多，公獨應手輒效，此復何故？曰：此易知耳。禁咒之術，不能不役鬼神，然志在救人，體天地好生之心，彼雖勞，不怨世。人以一己專其利，使鬼物任其勞，禍不旋踵，何效之有？其言切當多類此。獻周中年客西粵，往來猺獞間，逢異人授以術，且戒之曰：吾術寧不傳於後，不可授非其人，萬一藉此術以行恫喝，攫資財，甚至誘蒼黔，圖叛逆，追源禍始，必有任其咎者，斯翁慘殺，歸罪蘭陵，吁可鑒也。獻周守其誡，身後遂失傳云。

李永坤

光緒《荆州府志·人物·藝術》 李永坤，精醫術。嘗黑夜走數十里爲人診病，雖風雨不避，病愈不受饋遺，貧者必助以藥餌，全活無算。長子啓齡，亦能繼父志。

王士雄 孟英

《歸硯録·自序》 吾族係出安化，籍隸鹽官。十四世祖遷於海鹽之水北，十九世祖復歸於原籍之舊倉。乾隆間曾王父遭海溢之患，攜吾祖、吾父僑居錢塘，嗣爲吾父娶於杭，生余昆季六人而殤其三，故雖行四而字孟英。嘗憶吾父之歸葬，曾王父暨大父也謂先世丘隴所在，意將挈家回籍而未逮。道光紀元，府君遽損館舍，時余甫十四，童昏無知，家無擔石儲，衣食於奔走間有年，不獲時省祖墓，罪戾實深，而敝廬數椽，地土數畝，亦遂悉爲人賣，是以先府君之葬，勢難歸附祖塋。因循多載，吾母命人卜地仁和之皋亭山，以爲海昌便道，子孫易於祭掃。余敬謹恪遵，先孺人棄食即合葬焉。迨癸丑春，金陵失守，杭城遷徙者紛如，竊謂吾儕藉硯田以糊其口。家無長物，辛丑之警，有老母在，尚不作避地計，況今日乎？第省會食物皆昂，既非寒士之所宜居，而婚嫁從華，向平之願亦不易了，倘風鶴稍平，可不繼志以歸籍耶？余雖未有子，而女已多，從子亦數輩，必乘其年尚幼稚，俾鄉居以習於儉約，斯爲遺之以安，然族已久疏，悵難如願。先是，有嘉興謝君再華者，端人也，家於杭之保佑坊，以白手致小康。甲辰春，余謂其地將有鬱攸災，囑其移居，從之。及秋而不幸余言偶中，謝以獲免感於心，至是曲爲余籌之。久之，引一人來曰：此管君芝山也，與我爲垂髫交，醇謹誠樸，一鄉稱之，世居海昌北鄉之渟溪，地既幽僻，俗亦淳良，小有市廬，頗堪棲隱，距海較遠，水患無虞，子欲歸故鄉，盍與結鄰乎？余聞之慰甚，遂與訂交。既而偕弟季傑拏舟往訪，至其地，如漁人之入桃源，且有朱姓曠宅願我賃，心益喜。返杭，告廟而卜之，吉，季傑復謀諸趙君笛樓，得壬占曰：利久居，宜子孫。而會垣僦居之屋適易主，爰諏吉攜眷往家焉。時咸豐五年乙卯冬十月中浣三日也。

《潛齋簡效方·且頑老人跋》 百年來以醫術著稱者，首推潛齋王孟英先生。昔年余嘗校印《潛齋醫學叢書六種》，此《簡效方》即其一也。

《歸硯録·彭蘭媛序》 蓋聞天定勝人，人定亦能勝天。醫、相皆能挽造化之權，故先哲有不爲良相，則爲良醫之語也。迨世風日下，醫道日衰，良者罕見矣。王公孟英，博雅君子也，儲八斗之才，富五車之學，而尤長於醫，療疾如神，人莫能測。著有《醫學叢書》十六種，闡明至理，井井指陳。其《醫案》十四卷，治法益昭，發前人之未發，悟前人所未悟，上追《靈》、《素》，下纂諸家。抉其奧以顯其幽，存其純而糾其繆。道明世俗之風，說盡暗昧之弊。分混淆，別邪異，千古流弊，一旦而消，萬世蔽蒙，一朝而破，功蓋前賢，學垂後世。證無巨細，惻隱常存，卓識敦行，誠人所不能及也。往歲歸隱海昌，惜蘭女輩，未能負笈以從，而欽佩之心不能自已。兹先生草《歸硯録》以明志，因不揣譾陋而爲之序。時丙辰三月中浣，仁和彭蘭媛敬撰。

《潛齋醫學叢書十四種·曹炳章序》 潛齋家故貧，少失怙，晦迹於醫，從父志也。名其齋曰潛，勵己志也。嘗以爲醫通天地，人非綜覽群書，夜以繼日，曷竟其功，於是燈燃帳內，頂爲之墨，其刻苦蓋如此。故出而瘳人疾病，則必竭其心思，殫其才力，一如平日之用功焉。然而方圓隨施，不拘一家，雖淺夫之通言，亦必虛中以聽，儕輩質疑問難，則又知無不言，於以歎學之無所不貫，故能決之而無所不注也。聞道以來，活人不可以數計，而奇險之證奏效尤出人意表。其用藥不尚珍貴，以糜人財，苟能中病，雖尋常耳目前之物，信手拈來，皆成妙用。嗚呼！不亦精義入神乎哉。然不矜其術，不恃其奇，唯義所適，殆所謂道行千里，不名一錢者，則又其品之，不可及歟。茲以所評纂之書，論斷之語，與夫前賢著述，訂之而不汲人善。良友採輯存之，而非居己功，凡書八種，彙爲一帙。【略】王君孟英，係出安化，籍隸鹽官。自乾隆間，其曾祖秉衡公攜其眷屬僑居於杭之錢塘。治家嚴肅，門無雜賓。祖永嘉公，天性純孝，著於鄉里。父鶗滄公，少有祖父風，俞桂庭先生慕其孝友，以四姊爲其室。踰年，值秉衡公古稀，而鶗滄公前舉之三男皆殤。至嘉慶十三年三月五日，又舉一男，即孟英先生是也。時秉衡公喜曰：此兒與祖同甲子，必得錢祖之壽。因命其小字曰錢龍。即於是年著《醫學隨筆》一書，或抒心得，或採前言，書未脫稿，而公考終。永嘉公皓首居憂，孺慕猶切，輯注未竟，遂攖疾，服闋後兩載亦謝世。鶗滄公校定遺稿，意欲授梓。詎天奪其年，以四十九歲即捐館舍，天之報施，不可問也。時道光紀元，孟英年甫十四，泣而告其母舅云：先人遺訓，期甥於世有所用，而曾王父於生甥之日，即著醫書一種。夫用於世者莫如醫，甥敢不專心致志以究其學？第義理淵深，欲埋首十載，而以家事累吾舅可乎？其舅聞而喜曰：汝志如是，汝父不死矣，吾豈敢辭耶！遂諾之，並賜其齋曰潛。囑潛心學問，勿以內顧爲憂。憶先生天姿穎異，幼即超群，於是足不出戶庭者十年，手不釋卷者永夜。不問外事，擯棄一切。人或以癡目之，因自號半癡山人。始終未展其志，而臨證頗肯用心，屢起大症無算，皆錄醫案，於是聲名鵲起。如先王者，可謂不負遺訓者矣。至道光十七年，江浙霍亂大行，先生遂作《霍亂論》。書成，經海豊張柳吟先生閱定，十八年五月，王仲安先生梓而行之。

《清史稿·藝術傳·王士雄》　士雄，字孟英，浙江海寧人。居於杭，世爲醫。士雄讀書礪行，家貧，仍以醫自給。咸豐中，杭州陷，轉徙上海。時吳、越避寇者麇集，疫癘大作，士雄療治，多全活。舊著《霍亂論》，致慎於溫補，至是重訂刊行，醫者奉爲圭臬。又著《溫熱經緯》，以軒、岐、仲景之文爲經，葉、薛諸家之辨爲緯，大意同章楠注釋，兼採昔賢諸說，擇善而從，勝楠書。所著凡數種，以二者爲精詳。

同時浙西論醫者，平湖陸以湉、嘉善汪震、烏程汪曰楨，宗旨略同。

張聿青

《張聿青醫案·張聿青先生傳》　三吳古多良醫。明清之世，松江李中梓、常熟繆希雍、吳江徐大椿、吳縣葉桂、元和陸懋修，聞望著述，後先輝映，雖所指有純駁，可謂卓然能樹立者矣。其後乃有無錫張聿青先生。先生諱乃修，父工醫，先生少承家學，益孟晉，覃思博稽，以仲景之書爲宗，而斟酌劉李朱薛諸家之說。論病處方，變化萬端，非姝姝守一先生之言者。平生論述甚多，散佚不存，僅得其緒論一二，其論霍亂云：霍亂熱多寒少，孟英固自言之。但其論寒熱二證，有一定之據，如熱病則於未病之前數日，先有目中溜火，肛門灼熱等象。然歷見患病者，一吐一瀉，無不肢冷黏汗，脈伏不起，大煩大渴，螺文縮陷，甚則失音目陷，雖投白虎得生之熱證，未必於未病之前如孟英所云也。而投理中、四逆得生之寒症，未必不煩不渴，神情狂越，與熱證相似也。村醫每見肢冷脈伏，不問口渴，不驗舌色，妄投四逆而霍然向愈。亦有肢冷脈伏，大煩大渴，渴而能飲，投白虎、地漿而竟斃者。余以三十年閱歷，始知熱證於未病前先見火象之説，殊難爲信。惟一經芳開，熱象發現，對病用藥，方無誤治。蓋熱症有濕邪外遏，寒證爲陽氣閉塞。芳開之法，亦分溫清。然熱證而投以溫開，亦可透發，寒證而投以清開，則反凝澀，此大害也。尤可惡者，隨意呼名，如絞腸、吊脚、癟螺之類。霍亂之甚者，螺文無不癟。《經》云：衛氣者，所以溫分肉，充皮膚，肥腠理，司開合者也。霍亂則衛氣閉塞，譬如納手於水，濕氣抑遏，衛氣不行，亦致螺陷，即此意也。其論燥曰：秋分以後，或病咳熱，或渴或否，其變險也。氣喘痰鳴，痰厚而稠，斃者甚多。論者目爲風溫，此燥症也。秋令久燥，金乘所勝，所不勝來復，其克金也，勢若燎原。壯火食氣則肺氣傷，火爍津液則肺陰傷。黏痰，即被熬之津液也，然痰色多黃，則又挾濕，火爲燥之復氣，濕即燥之化氣也。吳鞠通謂伏氣爲火，化氣爲濕，復而且化，故痰兼濕黃，化少復多，故濕不能濟其燥。是知復氣傷肺，由內而起枯燥，與天氣清冷之燥，判若霄淵，有舌可驗，有脈可憑，有象可稽也。晚年居滬上，名益重，遠方求治者踵相接。當是時，天下大醫，群萃上海，青浦陳蓮舫、武進費繩甫尤著。其人善夤緣冒進，借聲勢，或稱御醫以撼庸俗，餌高糈，然其術亦淺。無慮內傷、外感、虛實、寒熱，一切以不關病之藥，羼沓成方，以嘗試而已。先生初至少知者。一日林某喘作，人有言先生至，御醫陳蓮舫在焉，慢不爲禮。眎其方，皆玉蝴蝶、溷沌衣、厚樸花等一派似藥非藥者。先生曰：下材淺薄，請有所問，厚樸花性味何等也？陳曰：《本草》詳之耳。曰：《本草》多矣，若某某，若某某，吾皆誦習之，未見有此藥也，敢問何出？陳語塞，久乃言曰：大約與厚樸相似耳。先生正色曰：願君誡之。治病非兒戲。陳唯唯不能答。先生遂定方，用熟地、肉桂等。陳與病家皆難之。先生毅然曰：如不信，啜二之一，夜半知，明日繼進，失事抵吾命可也。如其言，盡劑而安。由是論者翕然，僉謂先生之學，實有本矣。今略述其他治案，以備觀覽。朱葆三病脘痛，吐涎水，脘中漉漉，得嘔而快。西醫治之不效。先生曰：此水飲傷胃也，乘其元氣未虛，尚可攻逐。用半夏、黃連、乾薑、腹皮、茯苓、枳實、竹茹、控涎丹，服後瀉出冷水，嘔即平復。用苓、桂、朮、甘加椒目，數劑，脘舒溲行。尚有嘈雜，用芩、連、橘、半、桂、芍、蒺藜、杏仁，通降抑木而瘳。丁姓溫邪，大熱大渴，煩躁神昏，紅疹隱約。醫用羚羊、牛黃等劑不應。先生眎其目不瞑，知有痰濁，加遠志、竺黃，病不減，再診舌降中有薄白，時噯氣，肢冷，知爲濕遏熱伏，改用三仁去朴，加黃芩、知母、菖蒲，躁悶大退，紅斑遍發，用化斑湯重用犀角、石膏而愈。龔氏婦咳嗽吐血，咽痛失音，內熱口燥，諸醫投養陰法無效，日羸削，先生詢其病，得之感寒，瞿然曰：此諺所謂寒包火也。投麻、杏、甘、膏、蟬衣、象貝、桑葉、茯苓、黑歸、藕節，咳退音清，繼進清咽寧肺而安。勞某，不寐經年，某名醫謂虛陽不斂，投養陰法及珠粉，屢服二十劑，胸悶胃鈍，仍不得寐。先生曰：此痰火也。予溫膽湯而瘳。楊子蘐濕溫三候，汗痦不得暢，背脊惡寒，熱勢起伏，群醫束手。先生曰：此宜堅壁清野法，勿犯穀氣。以鬱金、杏仁、桔梗、藿香、薏苡、通草、滑石、半夏等連服，使邪與濕分，氣行汗暢而愈。粵商林，不納不饑，便閉四旬，一行醫謂陽虛，進蓯蓉、肉桂、及半硫丸，仍不效。先生曰：此胃陰虛也。投甘涼而痊。巨商丁，劇飲後醉而不醒，搐搦痙厥，醫謂挾陰傷寒。先生曰：此酒熱引動肝陽耳。與鹹降法，一劑知，二劑已。龍湛霖患不寐，他醫初投溫補，繼以育陰，皆不驗。先生曰：此痰熱內阻，心腎不交也。用玳瑁、珠母、龍齒、羚羊、膽星、半夏、瓜蔞、竹茹，二劑病失。方維卿痢劇發呃，七日夜不止，將治木矣。先生診其脈沉弦，審知有脘痛病，用瀉心加黑白丑、丁香，一劑呃止，復用清六飲加二苓、薏、滑、香、砂、琥珀，痢亦止。凡先生治驗，就所知者止此，及門百人，或更有悉其詳及神於此者，要其剖析豪鋩，洞徹癥結，原本經論，超然神解，不外乎此。先生卒年六十餘，至今稱張氏醫法。

蕭蛻曰：予二十七歲時，負笈先生門。觀其豐神清峻，音詞朗鬯，輒心儀之，以爲近世傑士隱於藝者，豈偶然也。醫雖小道，非有高世拔俗之想，輕財重義之風，不可以言深造。先生治病，遇貧賤者不取一錢，皆隨手效。昆季八九人，皆早世，卵翼群從，各有名業。清光緒間詔徵天下名醫，諸貴人推轂，先生力卻之。凡此皆人所難，即其志可以審其藝矣。

段春風　姚兆魯

光緒《山西通志·藝術録》　段春風，字子和，稷山人。賦性謹厚，早歲貿易河南，得禁方，活人無算。或酬以貲，弗受，遠近稱之。同邑姚兆魯，性孝友，通醫術。療病不別貧富，病愈不較錙銖，輕財重義，年九十八而終。

侯寅昇

光緒《山西通志·藝術録》　侯寅昇，字炳菴，壺關人。少任俠，喜拳勇，與人處，無畛域。父故善醫，寅昇繼其業，技益精，求診者無虛日。同治初，捻逆方熾，寅昇嘗攜家入豫，道遇數賊連斃之。卜居豫之某縣。村人方議築寨御賊，即捐資爲倡。大姓某患腦漏垂危，延之診治，一藥而愈。酬以千金，卻不受。

楊維仁

宣統《甘肅新通志·志餘·方技》　楊維仁，字伯廉，臯蘭人。爲縣醫學訓科。幼嗜醫術，弱冠南游江浙訪師，得吳江《徐大椿醫書六種》以歸。後師事古浪李資深，復得錢塘張志聰所註《素問》、《靈樞》、《傷寒論》及《本草崇原》等書，潛心體究，至忘寢食，故診病洞見本原，無不應期奏效。生平論述最富，皆能發前人所未發。晚尤好《易》，著有《周易匯參》、《傷寒體註》、《醫學階梯》等書。維仁孫發甲，爲府學醫正科。同治七年，奉調赴甘南大營，行至車道嶺，遇賊被害。

王定恆

同治《萬年縣志·方技》　王定恆，字久占，南田人。少從張琢齋學，稱其文有別情，年三十不售，乃潛心岐黃。其審脈、察證、用方，獨具心得。每歲挈資製丸散，以拯病苦。壽七十終。著有《醫學尋源》、《方治要典》、《痘疹真詮》、《色脈眞詮》、《博愛軒藥論》、《醫案》藏於家。

張臨豐

光緒《重修青縣志·人品志》 張臨豐，研醫十餘年，內科既勝，外科尤精，捨藥施方，有求必應，冲風冒雨，無恙不醫，不擇貧富，不論貴賤，悉爲盡力。姑錄所治一二奇證以爲之驗。

一、陳缺村于姓，便閉不通，痛楚欲絕，遍訪名醫，數年罔效。潤田視之曰：調治不難。遂用快刀割截莖頭寸餘，衆皆大駭，細察之，並無筋肉，內有青石二塊，如指頂大，經年餘即產子。

二、十槐村劉，有少婦，牙疼，幾廢飲食。潤田往治，將左腮剖開，取出下巴骨半截，上帶牙齒四個，不日即愈。

又有靜海縣人混名王長砍頭，以其枕骨下至兩腮前後，皮肉皆糜，筋骨備露，氣已待盡，閱醫多矣，皆言不治之證。潤田往治，先將浮筋用刀割斷扭出，又將浮肉洗淨，用針編札，然後敷藥，一月平復故。

潤田壽七十三。

王三錫

光緒《潛江縣志續·人物志·方技傳》 王三錫，號柳堂，庠生。研求經術，兼善岐黃業。遍覽各家傳書，會通大旨，折衷以歸，至是一望決人生死。嘗訪友，聞隱隱哭聲，詢之，則孩提病危，苦無可救。乃診之。曰：是無難治。給以方，一藥而愈。晚年有神醫之目，家中蓋茅屋十餘間，以處病者，所診多奇效。五世同堂，年九十三卒。著有《脈訣指南》、《醫學一隅》、《傷寒夾注》、《幼科發蒙》、《婦科摘要》、《辨證摘要》，梓行者〔名〕爲《辨證奇聞》四卷。

陳思堂

光緒《續補興國州志·方技》 陳思堂，字孔堅，永章里監生。精岐黃，全活無數，概不受值。著有《傷寒辨正》二卷。

馬永祚

光緒《東光縣志·人物志》 馬永祚，字建侯，增生。善岐黃，療病不拘成法，往往出人意表。一人與永祚素有隙，得腹蠱證，至死不敢求永祚治。永祚曰：羊叔子豈酖人者哉！雖然，若欲愈，當食砒石二兩許。病者聞之，卒不敢信。將死，勉從之，下蠱斗許，遂愈。人共服永祚之度。著有《女科匯要》、《胎產新法》諸書。後人檢其方，用之輒有奇效。

孫家勤

光緒《鳳陽府志·人物·方技》 孫家勤，字予九，壽州庠生。精醫術，遇有奇疾，雖嚴寒盛暑必往，診輒應手愈。輯有《醫方要言》行世。年八十終。子傳倫，監生，世其業。

張家勳

光緒《盧江縣志·雜類·藝術》 張家勳，號介庵。工吟咏。病目三年，因而潛心醫理，治病每有神效。適遇瘟疫盛行，無論貧富遠近，延之即至。疫傳比戶，而勳家獨免。著有《臨症條辨》、《驗方》，待梓。

陸以湉

《冷盧醫話·龐元澂序》 余於癸巳秋得同鄉陸定圃先生《冷盧雜識》書板，既以補其殘損，訂正以行世矣。先生精於醫，《識》中所采岐黃家言正復不少。竊以先生於醫學必有所心得，爰益購求先生之遺書。於乙未春，得《再續名醫類案》若干卷，繼又得《冷盧醫話》若干卷，俱手抄本未付梓者。【略】《醫話》則專以辨證爲主，凡述一證，必推究其虛實原委，而指摘醫家利弊，言多精鑿。自序謂：摭拾聞見，以自達其意之所欲云。噫！豈易言歟！余以《醫話》之尤有裨於世也，亟付手民，壽諸梨棗，仿古香齋袖珍本，以便取攜，暇日擬再訂正《醫案》，續以行世。

張洪烈

光緒《續修稷山縣志·藝術》 張洪烈，庠生。精於痘疹，自著《養花天》行世。得其書者試之，無不奇妙，有慈幼之惠。

邵文卓

光緒《武進陽湖縣志·人物·藝術》 邵文卓，字向如，業醫，善治小兒疹痘。每臨變證，用意逆之，無不立效。嘗著《痢疾辨》云：痢疾在肝腎，當用急流挽舟之法，使清陽達表，則寒邪散而痢自止。年八十卒。姪企宗，亦以幼科稱。

徐允升

光緒《武進陽湖縣志·人物·藝術》 徐允升，字南洲，監生，善醫。姪婦當產，病角弓反張，危甚。允升曰：此子癇也，朝發夕死，夕發朝死。以次服羚羊角，川連、人參可活。初服羚羊角，手足漸舒，少頃舌出如蛇，旋轉不已，以川連汁點之而止。既而胎下，急服參蘇飲遂愈。族孫傳揚，身面發頹，舌脹不能言，允升曰：此虛陽上浮，陰極似陽。以熟地八兩、肉桂二兩灌之，一夕而瘳。賀氏婦病腹脹，服桂、附後乃如坐堅冰。允升曰：此胎氣也，然子死已久，今口舌皆青，難治矣，容徐思之。投以淡豆豉二兩、芸臺子四兩，婦大發戰，下膿斗許獲安。值大疫，允升已病，曰：吾不食新穀矣，焉能濟人？遂杜門謝客。衆固求之，勉爲一出，遍視之，曰：今歲通病也。吾酌一方，立加減法，患者皆可服耳，凡活數十百人。後果於秋分前卒。

徐汝蘄

光緒《青浦縣志·人物·藝術傳》　徐汝蘄，字敬安，善治痧痘。夏氏婦年紀三旬，病寒熱過經不解，諸醫治以傷寒法，瞑眩譫語轉劇。汝蘄曰：痘也。與升麻湯而瘡見。鄰兒痘發暴死，汝蘄知而往，視之曰：未死。命置病者叢竹中，一夕而甦。

王陳梁

光緒《青浦縣志·人物·藝術傳》　王陳梁，字次辰，諸生。精文選學，旁涉醫事。王氏自懋忠、孟賢以來，世以醫名。藏方書極夥，陳梁讀之，丹墨殆徧。晚年宗《千金》、《本事方》法爲人治病。席世臣刻《千金廣義》，得陳梁校勘之力多也。

彭必瓛

光緒《湖南通志·人物志·技術》引《芷江縣志》　彭必瓛，性渾厚。素習幼科，凡寒苦延者，不吝步。病愈，不索謝。施藥，不望報，全活甚衆。

姜國伊 尹人

光緒《郫縣鄉土志·耆舊》　姜國伊，字尹人，邑舉人。性嗜學，博覽群籍，著述甚富。所刊《守中正齋叢書》十餘種，有《周易古本》【略】、《神農本經》、《本經經釋》、《晉王叔和脈經》、《傷寒方經解》、《醫學六種》，皆其手訂，確有見地，能發前人所未發云。

費伯雄

光緒《武陽志餘·藝術》　費伯雄，字晉卿，河莊人。世醫文紀子也，至伯雄術益精。切脈能知病之所由，縷數言之，病者自陳，輒怒曰：而謂我不知脈耶？其用藥，以培養靈氣爲宗，不喜用峻藥。嘗言：秦之名醫二，曰和、曰緩，知此者，於醫庶幾乎？性慷慨好施，父嘗建接嬰堂，歲久廢，伯雄獨恢復之。道光間，洲鄉屢困於潦，伯雄竭力捐振，又躬歷各洲，勸築隄自衛。咸豐三年，粵賊據江甯，鄰邑豪猾王耀書等，各聚黨數千，橫行鄉里，不納歲課，通江鄉民劉明松倡，議衆欲效之。時議擊以兵，勢洶洶，愚民欲拒捕。伯雄詣郡，以全家保鄉民歸，以利害說倡議者亟散，衆事遂解。著有《詩文集》、《醫醇賸義》、《醫方論》。

《清史稿·藝術傳·費伯雄》　費伯雄，字晉卿。與澍同邑，居孟河濱江。咸、同間以醫名遠近，詣診者踵相接，所居遂成繁盛之區。持脈知病，不待問。論醫，戒偏戒雜。謂古醫以和、緩命名，可通其意。著書曰《醫醇》，毀於寇。撮其要，成《醫醇賸義》，附方論。大旨謂：常病多，奇病少，醫者執簡，始能馭繁，不可尚異。享盛名數十年，家以致富，子孫皆世其業。伯雄所著，詳於雜病，略於傷寒，與懋修、澍宗旨並不同。清末江南諸醫，以伯雄爲最著，用附載焉。

鄭壽全 欽安

《醫理真傳·自序》　余蜀南臨邛人也，遷居於成都省城。學醫於芷唐劉太老夫子，指示《黃帝內經》、《周易》太極，仲景立方、立法之旨。余沈潛於斯二十餘載，始知人身陰陽合一之道，仲景立方垂法之美，所覽醫書七十餘種，每多各逞己能，亦未嘗不講仲景之法，然或言病而不道其病之所以然，或言方而不探其用方之所以妙，參差間出，使人入於其中而茫然。近閱陳修園先生醫書一十三種，酌古準今，論深註淺，頗得仲景之微，亦且明透其中分陰分陽之實據，用藥活潑之機關，間有略而未詳者。余不揣鄙陋，以管窺之見，謹將乾坤化育、人身性命立極，與夫氣機盈縮，內因外因，陽虛陰虛，病情實據，用方用法活潑圓通之妙，詳言數十條，以明仲景立法垂方之苦心，亦足以補陳修園先生之未逮，因志在活人，遂不知其言之妄也，高明諒之。同治己巳菊月，蜀南臨邛欽安鄭壽全書。

徐世袒

光緒《德安府志·人物·方術》　徐世袒，字春亭，安陸人。素精岐黃，嘗施藥愈營勇劇病。後勇入賊黨，袒遇於山中，走避。其人感活命恩，戒徒衆勿擾其宅，鄉里因得保全。

馬如龍

同治《會理州志·人物志·孝友》 馬如龍，字復元。生有至性，穎敏喜讀書。年十八失怙，遂絶意進取，究心軒岐之學。儀徵相國阮芸臺爲滇制軍時有疾，諸醫罔效。延復元治之，數劑而愈。旋辭歸，以醫術奉母。母歿後，廬於墓者六年，每食必侍側默祭。尹觀察國珍贈聯云：一等人忠臣孝子，兩件事讀書耕田。江南名士葉渭贈聯云：芝草滿庭徵孝德，杏林當戶識仙踪。前刺史李欲旌之，復元力辭。陳廣文鑾咸、呂明府烈嘉，俱有詩贈之。今年近八旬，目光如炬，足不履城市者二十年矣。

崔志庠

同治《徐州府志·人物·義行》 崔志庠，字聿修，銅山人。世業醫，尤善小兒痘疹。危症一藥而愈。行視病家，必先貧者。貧不能買藥，則予以藥。姻戚鄉黨困乏者，貸之，貸而不能償，則燔其券。歲疫饑，設藥煮粥，以濟貧而病者，數十年無倦。生平尤篤友誼，與邑處士邱繼盤交，繼盤歿，志庠歲時上冢必過其墓，設肴酒奠醊，垂二十年不衰。子五人，歿於軍者三人。

鄒興鑑

光緒《湖南通志·人物志·技術》 鄒興鑑，少隨父客甯鄉潭灣，從某習拳勇，十餘人莫敢近。某授之符術，凡刀傷跌損，筋骨斷折，噀符水，揉輒奇效。歸里後，劉某自高樹墮下，氣垂絶，稍扶動，骨碎，察察有聲。興鑑如其法，移時，其人遽能坐立，不數日愈。張某凶悍，爲怨者叢毆，幾斃。診之曰：內血已汎，逾刻死矣。亟噀水施創處，忽鮮血迸湧，旋吐紫黑血數升，睡片時，呼飲，曰：子死復甦矣。後遂改行爲善。他活人無算。不居功，不受謝。孫、曾乞傳，笑而不答。

韓士良

光緒《太平續志·人物志·一行傳》 韓士良，號履石，諸生。精醫理，人稱小神農。常行醫在外，一至家則求醫者接踵，門庭若市。予貧者不較謝金，守令皆以治病有效給匾推獎。嘗輯《靈樞》、《素問》諸書，著有《經絡傳》。

甘庸德

光緒《平南縣志·列傳》 甘庸德，字元夫，一字玉山。一劑先生，以其善醫所得名也。少讀書，善記，日可萬餘言，背誦不忘。年十五在鄉塾習應制文，塾師器之。而庸德課程稍暇，輒竊看岐黄書，遂善《太素》、《脈經》。塾友有病，爲之發劑，病立解。然以年少故輕之。而庸德結習矜張，塾友益忌其才，而惡其言之詡也。有狂生與友謀僞病以試之，將執爲笑柄，以塞其口。會庸德自外歸塾，將至，僞病者遂登牀擁被呻吟，群生趨逆庸德按視。庸德診脈云：無病，去之。群生莊言強其復診，又去之。如是者三四，始憮然爲間曰：噫，初本無病，今膀胱病矣，溺散四肢，月餘必死。僞病者驚起，疾趨更衣，遺溲溢地。先是庸德將歸，僞病者欲溺，倉卒就榻，迄診時已不能耐，然必欲售其欺，仍力制之，而病已不可救矣。月餘果卒。由是庸德之名驟顯里中，奉如神明。造門請者，輿馬接於道。庸德之治病也，不執古方，深得劉河間、朱丹溪醫中意。嘗煉藥爲丸，實葫蘆中，每診病必手提以往，按病與之，或三四丸至十餘丸而止，不能用丸乃開方藥。其製丸亦無成方，恆見其藥裹中，隨意雜取，多少無等限，均以朱砂爲衣，如綠豆形，常能起九死而俱生，究不知其挾何術以至此。中年限於步履，乃設佐化堂藥肆於大安墟，邑中黎、梁、胡、龍諸族多與往還，無貴賤貧富不識一劑先生者。梁舍人之瑰北去供職時，取其藥百丸，備長途緩急，至都因以救人罔不應，馳書回里，囑復製丸，並以百金市其方。庸德堅不與方，只寄丸數千粒去而已。其族弟訓導業德，官平樂時，患病署中，群醫束手，走馬回鄉逆庸德。將至，病瀕危，家人環泣，庸德略按脈，顧家人曰：無妨，亟以十餘錢出市買甘草，隨令備糜粥，云俟甘草湯成，飲後病汗，汗而甦，甦必飢，粥宜急矣。後悉符其言，明日服一二湯劑而愈。或問用甘草何故？庸德曰：弟本無甚病，群醫溫涼補瀉雜投，以至水火交戰，因藥瞑眩耳。甘草解百藥毒，我先治其標耳。其術神化類如此。邑大令尙政文病，服其方愈。書才堪華國四字匾贈之。生平著有《藥性賦》、《錫葫蘆賦》、《藥王游獵賦》傳於世，而辟正群醫之作與各種秘方，非親愛子孫無有見者。卒時，梁舍人已致仕家居，挽以聯云：濟世有方，妙術竟難治老；長生無限，仙方何不傳人。

陳丕顯

光緒《昌邑縣續志·人物·藝術》 陳丕顯，字文漠，李伍社人。業儒，兼習醫，善寫菊。性廉正，所與交必知名士。著《醫會》、《外科心裁》、《醫學攝要》、《鍼法易簡》等書。

鍾魁倫　鍾王氏

光緒《益都縣圖志・藝術傳》　鍾魁倫，字卓庵，務本鄉郎家莊人。幼讀書，即兼習岐黃術。後補縣學生。戲謂所知曰：此可以冒儒醫之名矣。遂棄舉業。一以濟世活人爲事。博綜醫家言，而別有領悟，一時有秦越人之目。延之者每不遠數百里而來，其出亦每數日不一歸也。著有《內外科摘錄》、《經絡圖說》諸書，及《論醫絕句詩》一百二十首。妻王氏，新城王文簡公裔孫也。幼通文字，從夫受醫，亦有心得。晚年里黨求療者，或就其家，或以安車延致之，應手多效。

趙　濂

光緒《丹徒縣志摭餘・人物・方技》　趙濂，字竹泉，精醫，通《內典》，僑寓揚州。里人李培松，亦旅揚設施濟藥局，聘濂住局施診，活人無算。弟子王壽璋，亦擅名一時。

朱令揚　虞盛泉

光緒《丹徒縣志摭餘・人物・方技》　朱令揚，邑東大路鎮人。精岐黃，學有根底，名噪一時。尤精幼科，遠近就診者，日以百計。歿後，其弟子虞盛泉，號廷揚，江都人，遷居大路有年，得其心傳，亦卓然有聲，病者應手輒愈，幼科久著名，有青出於藍之譽。就市設韓康業，遇貧病診視給藥不受值，多隱德，以故其門如市，鄉人德之。盛泉子廣玉，讀方書，世其業，奉令揚方藥及家學爲指南。

陳燦慶

光緒《丹徒縣志摭餘・人物・方技》　陳燦慶，字履安，精岐黃術，凡經診視，多奏奇效，尤重義輕財。每治貧者疾，不取直。年五十八卒，鄉民多哀感焉。子奎璧，字紹安，亦工醫。

王日助

光緒《光西通志・方術・九江府》　王日助，字幼安，瑞昌人。工醫，主方不專一家。嘗治邑令妻沈疴，一劑而愈。酬以金，固辭曰：子醫父母，敢望報邪？時里中有兄病，先以弟試之，假作劇態。日助診之，曰：肺脈如湯，死在旦夕矣。其人匿笑，及夕果死。

湛德芬辛彝

《醫宗會要・毛宗典克農序》　吾鄉湛辛彝先生，績學士也。性落落難合，視人世富貴功名藐之若敝屣。其爲文也，必深窺其理，聱牙佶屈而不投時好。其作字也，必求顏柳之神而不襲貌似。故其於醫自親承同邑李寶卿、巴陵許謙堂兩師傳，後遠紹旁搜，沈潛玩索，寢饋於《靈》、《素》、《難經》、《金匱》、《千金》諸書，更網羅百代，蒐括群言，折衷以求其是，而不肯隨聲附和，自儕於庸陋凡俗，齗齗一得以自衒者之所爲。每遇延誤危險之證，或怪怪奇奇沈疴痼疾，群醫所望而卻走者，先生率以數十百劑，一二劑定方蠲除之。由其理精故識足，識足故治病必高瞻遠矚，而不爲詭遇倖中之法，致病邪竄逸久生他變，而攻之不易易也。

龍之章

《蠢子醫・龍金門序》　叔父諱之章，字繪堂，歲貢生，兄弟五人，叔父居其四，原籍太康，遷項既久，殆項人也。天性孝友，精於地理之學，又精於醫。生而穎悟，不事戲嘻，幼即專志於學。吾祖怡如公，慮其幼弱太專而受病，雖每使之玩弄，亦不能變其專心，既而功夫純熟，爲文也卓然成家。吾祖嘗顧而喜曰：是兒或可以光門楣乎？乃命運多乖，終困棘闈，又値兵燹，遂泊志於功名。又身弱，因於課徒之餘，兼及岐黃，此學醫所由來歟。中年運數尤舛，長兄賓門、二兄耀門相繼去世，叔父念家計日艱，諸孫束發即授以醫書焉。是編全集，無非詩歌，蓋以便諸孫之誦讀，未嘗謀公諸世也。編內見病即錄，故無次序，其筆力超脫，字句光昌，能使學者讀之生快，雖曰淺顯，試問大雅君子，果俗淺焉否耶？余之學醫，叔父嘗口講指畫，授以心得之妙，告以捷徑之方，則是編所載備矣。嗣後親友爭以先睹爲快，互相傳抄，復各願集資刊行，余與侄鎮川感諸君之意，付之石印，以公諸世，且以繼吾叔父之志也。宣統三年，胞侄金門謹序。

宣統《項城縣志・藝文志》　龍之章，廷霖季子，世以古學名，弱冠饒於庠。才雋學博，落落有大志，竟以明經終。中年習醫學，窮深探微，嗜古能化。晚年喪子，諸孫幼小，家業衰微。恐貽課不善，一世失業，資養何賴。因即平日歷試有驗者，作爲歌括，以教諸孫，故曰《蠢子醫》。其論運氣、脈理、病源、用藥，妙有獨得，爲古今人所未道。至用巴豆、馬(前)〔錢〕、白砒各毒

戴傳震

光緒《崑新兩縣續修合志·藝術》 戴傳震，溶子，原名葆鈞，號省齋，歲貢生。性誠樸，寡言笑，課徒以立品爲先。晚業醫，精婦科，求治不計酬，雖遠必徒步往診。見時醫用藥喜寫别名，易於誤人，著《本草分韵便覽》五卷。卒年六十五。子之翰，庠生，亦善醫。

閔籍 陳椿年

光緒《崑新兩縣續修合志·藝術》 閔籍，字鑑亭，住西鄉之白塔港。業傷科，就醫者應手輒愈。嘗言，自幼收埋暴露，人身骨節部位，熟視詳明，故能醫治有效如此。年至七十四卒。又陳椿年，字徵庭，住西鄉落霞浜，國學生。精醫理，遇傷寒重症，切脈施藥，尤能應手，里人稱之。

柳旭

光緒《丹徒縣志摭餘·人物·方技》 柳旭，字賓嵎，諸生。少穎異，年二十餘始補郡庠，以功名抑鬱，遂善病，究心醫學，鄉先輩蔣寶素契重之。咸豐初，避寇遷居江北臨澤鎮，創難民局，一人手治之，活人無算。於《素問》、仲景之書，究心數十載，多發前人所未發。論伏邪一症云：邪入胃則津液乾，下藥稍緩，邪無出路，不死何待？論不寐症云：胃實則心腎易於阻隔，不必定是虚症也。論外症云：邪從三焦散見諸經，即是内症；邪從三焦聚於一處，便是外症。症有内外之殊，其爲時症則一。他若失紅者，有虚實寒熱之分，辨症清則藥必奏效，概作虚癆，殺人無算。小孩出痘，暨年長而再痘者，發現以後，觀其顔色，有一時決定生死者。年逾六旬，猶秉燭觀書，用丹黄色筆點竄諸籍，惜未編輯付梓。精書法，筆意遒厚，出入顔蘇。性質直而篤厚。亂後歸里，以創辦善舉爲樂，年六十有六卒。子一，預生，諸生。

閔刀刀

光緒《續修叙永廳縣合志·人物·方技》 閔刀刀，叙永東城人，不知其名字，以擅刀圭奇術，故人呼爲閔刀刀云。刀刀性不善修飾，粗繒破襦，敖游四方。有病求，奏刀砉然，當者立應。能爲人洗毛伐髓及剖腸斷腕諸術，有華陀、許敬宗風。每有剞割，須先誦咒，灑噴神水，水至刀亦至，隨念而與，如秦鏡照膽，毫髮畢見。上至世族大家，下及皂隸庸保，每有呼召，必以刀俱。當剞割時，血淋灕注襟袂，旁觀股慄，而病者亦無甚患苦。叙永敎諭李登淮異

藥，似爲蹈險，而確有奇效。其言之顯，雖婦孺可解。其技之神，雖古人罕儷。學者讀此可爲先路之導，深求而精研之，則登堂入室不難矣。夫醫林各書，互有短長，是此非彼，辨駁愈多，精擇愈難。握要探源，只爭一著。之章此編，殆所謂詳說而約者歟！

杭朝棟

光緒《武進陽湖縣志·人物·藝術》 杭朝棟，字棲霞，縣學生。父用人，習外科。朝棟益精其學。善鍼灸，常集奇方，購珍藥治一切證，其效如神。子焕，字裕垂，府學生。亦通醫學，施藥濟人，能承先志。

查宗樞

光緒《續修廬州府志·藝術傳》 查宗樞，號禹峰，巢縣人。精理方脈，心期濟世，著有《傷寒錄》待梓。凡貧病不能醫者，解囊施藥以助。其子富炎、富生，克繼父志，鄉里稱道。

侯栐

光緒《續修廬州府志·藝術傳》 侯栐，字笏軒，無爲人。善畫，精眼科。著有《眼科彙宗》。

竇朗照

光緒《續修廬州府志·藝術傳》 竇朗照，巢縣人，居中埠鎮。精外科。臨危症，必預決其成敗。嘗以自製應驗丸，濟無力不能購者。年七十六，召其子請戚友，肅冠而坐，忽拱手向衆曰：永别矣。遂瞑。

劉子燦

光緒《南昌縣志·人物》 劉子燦，字文典，梓溪人，諸生。以父患咯血疾，乃博集名醫書，寢饋其中，父賴調治得高年，已復遘羸疾，遂一意醫術，名於時。

張圻

光緒《崑新兩縣續修合志·藝術》 張圻，字樹封，新庠生。早年棄舉業習醫，精東垣之書。病雖難治，凝思切脈，付以方，曰：服此若干劑愈矣，不必再踵門也。後果然。性灑落儉約，見後進謹飭士及紈侉子弟，必舉以訓其子曰：若者，可與遊；若者，當以爲戒。言貌質樸，有古人風。

其術，欲爲立傳，未果。近不知所終。

李慶恩

光緒《奉化縣志·人物》 李慶恩。性剛直，弱冠應童子試，艱於遇，毅然棄進取，習岐黄術。於瘟疫、痘疹兩科尤精，每天災盛行，門恆如市，活人蓋無算焉。嘗採輯《瘟疫摘要》二卷，神摹手追，據有心得。晚歲尤樂善不倦，喜涉獵群書，尤耐讀勸懲各編，輒手抄附以論議，錚錚有聲，著有《觀感益識錄》四卷，藏於家。

岳占鼇

宣統《涇陽縣志·方伎》 岳占鼇，字海峰，岳家坡人，庠生。精騎射。業岐黄以活鄉里之病者。著有《症方臆説》，剖辨各經，以期用方之當。

余祚宸

光緒《丹徒縣志摭餘·人物·方技》 余祚宸，字六含，號紫珊。性純孝，父景澂多疾，經年治弗效，慨然曰：爲子者，何可不知醫？遂潛心醫學，凡軒岐以下書，靡弗讀。避赭寇亂，僑寓高郵，得趙吳兩醫秘傳，學益進。嘗治人所不能治。有郭姓婦遘重疾，僉云：不可治。祚宸曰：可治。治果愈。甘泉學趙書禾婦患疾，未及延治殁。尋，其婿章疾發，勢甚危。書禾夢其婦曰：此非延余治不得起。醒異之，舉告章，遂延祚宸治，竟痊，章恆向人稱道之。生平專務濟人，不計財帛，無論貧富，靡不盡心診治。子炳焜、寶錕，均諸生，能世父學。著有《内難經撮》、《傷寒溫病歌括》。寶錕弟子王繼恆，字久堂，深得師傳，亦以精醫名，考取南洋畢業醫士。

柳泰元

光緒《丹徒縣志摭餘·人物·方技》 柳泰元，字幼安，貢生。素精醫，長兄旭醫術尤精，泰元從之，學益進。邑有老人患胸痞，群醫治之罔效，泰元投以補品，加熟地兩許。他醫謂症由傷食，此藥不可服，授以他藥，病加劇。老人因試服泰元藥，一劑病頓減，二劑病全失。又有駐防某患吐血症，僊不起。泰元曰：是傷於寒。令服生薑汁斤餘，服未盡而愈。生平善治奇疾，尤長於治時疫。王太守仁堪聞其名，延主普仁堂事，活人無算。泰元嘗曰：治病如農夫之去草，除惡務盡。書云，若藥不瞑眩，厥疾弗瘳。旨哉斯言。故光緒時，郡醫無出其右者。

陸懋修九芝　陸潤庠

《清史稿·藝術傳·陸懋修》 陸懋修，字九芝，江蘇元和人。先世以儒顯，皆通醫。懋修爲諸生，世其學。咸豐中，粤匪擾江南，轉徙上海，遂以醫名。研精《素問》，著《内經運氣病釋》。後益博通漢以後書，恪守仲景家法，於有清一代醫家，悉舉其得失。所取法在柯琴、尤怡兩家，謂得仲景意較多。吳中葉桂名最盛，傳最廣，懋修謂桂醫案出門弟子，不盡可信。所傳《溫病證治》，亦門人筆述。開卷揭溫邪上受，首先犯肺，逆傳心包一語，不應經法，誤以胃熱爲肺熱，由於不識陽明病，故著《陽明病釋》一篇，以闡明之。又據《難經》傷寒有五之文，謂：仲景撰用《難經》，溫病即在傷寒中，治溫病法不出《傷寒論》外。又謂：瘟疫有溫、有寒，與溫病不同，醫者多混稱。吳有性、戴天章爲治疫專家，且不免此誤。著論辨之，並精確，有功學者。

懋修既棄舉業，不求仕進，及子潤庠登第，就養京邸，著述至老不倦。光緒中卒。潤庠亦通醫，官至大學士，自有傳。

曹文遠

光緒《新續渭南縣志·文苑》 曹文遠，字花舫。穎悟卓犖，博覽群書。善詩賦，工書畫，尤精岐黄。按脈切理，遇瘟疫險症，輒著神效，名噪一時。著有《溫病提要》一卷行世。

錫　昌

光緒《丹徒縣志摭餘·人物·方技》 錫昌，字選之，號遐齡，漢姓項，蒙古奈曼氏，正黄旗人。性聰敏，善屬文，然無志科名，就武職，授都尉。又見戎政窳敗，旋辭去。一心習醫，以期濟世。爰研究醫學二十年，顧未嘗問世。然恆擬新丸散膏丹各方，療治内外諸症，均著效驗。歲籌製錢三四十串，配製各藥，廣爲施送。病家往往來謝，則辭曰：此皆某某之慈善，吾何功焉？著《醫學啓蒙》、《本草擇要》。子延釗、延桂、延庚，均克家。延釗有聲學界，例獎優貢。

葉藩宣

宣統《東莞縣志·人物·方技》 葉藩宣，字虎臣，大葑人。習醫術，尤精外科。性孤傲，求醫者一言不合，輒拂衣去，後雖涕泣求之，弗顧也。九房陳某，砍傷斷足，覓而續之，已愈矣，微跛，日夜間忙，故致此。復斷而續之，果如初。南社謝枝，破傷足，數年創不合。使飽食牛肉、生鷄、鯉魚等物，至夜足腫痛甚。叩其門，不應。晨起，敷以藥，出枯骨，遂愈。叩之，曰：創未合，以枯骨故，非使復腫痛，焉能出耶？龍頭村陳祖惠，鎗彈入腦，既愈，搖之霍霍有聲。問之，曰：無傷也，久之自出。一日，嚏彈由口墮，人驚以爲神。茶山有傭婦，爲主人澣衣，衣有針刺指，主人不爲理，婦泣求治。曰：針走至臂矣。用繩縛其臂，敷以藥，針旋出。問針何以能走？曰：針有水銀故。南社謝某，棍傷脅下，不爲意，尚能爲葉子戲。診之，知不治，語人曰：渠今夜亥初死。屆時，果呼號而絶。人問之，曰：人身血脈應十二時。伊膀胱已傷，亥時血脈至，故必死。同里葉某，誤中流彈，有某醫，名與藩宣埒，治之已愈。藩宣聞而哂之，謂期年必死。竟如其言。或叩其故？曰：伊家富，初傷必服人參，醫者不知疏解，遽治其傷，火毒潛伏，發則不治矣。其神悟多類此。光緒辛卯卒，年八十。

錢穎根　錢穀人　羅猗蘭

宣統《東莞縣志・人物・方技》　錢穎根，萬家租人。少聰悟，讀書觀大意。精於醫，同時以醫名者錢穀人、羅猗蘭，穎根後出，名居其上。就醫者錯踵於門，兒科尤妙。所著《嬰兒初生十則》，爲世所寶，時比之錢乙。穀人名掄英，板橋人，諸生，光緒庚寅年八十，欽賜副貢。生性慈善，貧病者，施醫不受謝。猗蘭，城西門人，垂老猶日誦醫書不輟。或問之，曰：病情百變，非精熟不能起沉疴也。亦年八十餘卒。

鍾冠魁

宣統《東莞縣志・人物・方技》　鍾冠魁，字在瀛，號一弢，橫坑人。精醫術，嘗懸壺石龍鎮。蕭某得偏頭風證，歷十餘醫不效。問之，曰：此證前人多用柔潤息風，非百貼罔效。今既苦藥，吾爲爾謀之。令購江茶四兩，濃煎，待痛甚，熱服取汗。如其言，果愈。溫塘袁玉衡，得奇疾，數日一發。診之曰：此七日瘧也。《易》云：七日一來復。溫邪深入陰分，故亦循天地之氣而一發。藥之，病良已。黄愕妻病嘔不食四十二日。診之曰：非病也。胎火極盛，殆男胎耳。愕大笑曰：余妻年踰不惑，斷育十二載矣，得毋誤耶？曰：否。人失穀食，踰月則死，非胎元以養胃氣，安能至是。以藕汁飲之，不吐。投以藥，不數日，病若失，後果舉一男。年七十八終於家。

張應奎

宣統《東莞縣志・人物・方技》　張應奎，字靜徽，號魚門。諸生。工醫，尤長於兒科。番禺、沙灣、市橋等鄉鎮，以神仙目之。光緒乙未丙申間，疫起，出秘方製藥施贈，活者甚衆。著有《自適軒醫案》、《保赤良篇》。

王清任 勳臣

光緒《玉田縣志・列傳》　王清任，字勳臣，武庠生。納粟得千總銜。性磊落，精岐黄術，名噪京師。其論人臟腑，與古方書異，蓋嘗於野冢、市曹諸兇穢地尋求審視，非臆言也。所纂《醫林改錯》，已不脛而走，雖涉倣詭，亦可備一家言。嘗有人夜寢必以物鎮胸始能寐；又有人恆仰卧胸間稍著被輒不能交睫，清任以一方愈兩證，尤其奇者。説詳其《改錯》書中。

《清史稿・藝術傳・王清任》　清代醫學，多重考古。當道光中，始譯泰西醫書。王清任著《醫林改錯》，以中國無解剖之學，宋、元後相傳臟腑諸圖，疑不盡合，於刑人時，考驗有得，參證獸畜。未見西書，而其説與合。

王　銓

光緒《保定府志・藝文録》　王銓，字子衡，中咸豐乙卯舉人。治《詩》，究心訓詁。銓鋭於討論，至忘寢食。因勞成疾，遂學醫，著《醫謠》六卷。光緒三年卒，年四十七。

劉永安

宣統《濮州志・懿行・方技》　劉永安，飲馬里劉雙樓人。幼讀書，屢試未售，遂習岐黄業。而時疫咽喉，尤稱妙手，遠近活人無算。貧者並施送丸散，不取值。所著《咽喉七火論》，傳於世。

李萬春

宣統《增輯清平縣志・方技》　李萬春，字昆圃，蕭家寨人。業儒，補縣學生員。博通醫術，尤精於瘟疫。病至垂危者，一經診治，無不效。著有《瘟疫良方》數卷行世。

周學海

宣統《建德縣志・儒林新纂》　周學海，字澂之，一字健之，紙坑山人。弱冠院試輒高等，光緒乙酉拔貢，戊子舉於鄉，援例補內閣中書。從編修山西平定李公用清講學，力主躬行，淡於榮利。壬辰與弟學銘同榜成進士，補揚州河捕同知。疏壅障溢，數年淮流無患，擢升道員，賞戴花翎，加二品銜需次江蘇，因回避改浙江候補道。日以著書自娛，生平學求實踐，即事窮理，足以杜猖狂之說。所著詩文，率祖此義。尤潛心於醫，發明王氏叔和脈旨，爲《脈義簡摩》八卷、《脈簡補義》二卷、《診脈直訣》二卷、《辨脈平脈章句》二卷。他著論又十餘種，名曰《周氏醫學叢書》。皆搜古書校正刊行，或遠求於日本。謂中國醫學不振，由元明以後俗醫所誤，欲指導正軌以濟世人免夭折云。書目載《藝文志》，版藏於家。年五十一卒。

《清史稿·藝術傳·周學海》 周學海，字澂之，安徽建德人，總督馥子。光緒十八年進士，授内閣中書，官至浙江候補道。潛心醫學，論脈尤詳，著《脈義簡摩》、《脈簡補義》、《診家直訣》、《辨脈平脈章句》。引申舊說，參以實驗，多心得之言。博覽群籍，實事求是，不取依託附會。慕宋人之善悟，故於史堪、張元素、劉完素、滑壽及近世葉桂諸家書，皆有評注。自言於清一代名醫，服膺張璐、葉桂兩家。證治每取璐說，蓋其學頗與相近。宦游江、淮間，時爲人療治，常病不異人，遇疑難，輒有奇效。刻古醫書十二種，所據多宋、元舊槧藏家秘笈，校勘精審，世稱善本云。

楊志仕

咸豐《安順府志·人物·善行》 楊志仕，府歲貢。性孝友，家世業醫。郡修考棚，志仕爲首士。倡約施棺會。老仍業醫，曰持功過格。所著有《經驗救急便方》行世。

孔繼溶

宣統《番禺縣續志·人物志》 孔繼溶，字紹修，號葦漁。詵塾鄉人。至聖六十九世孫。父傳福。本生父傳鴻，儒而隱於賈，善教子。長子繼釗，道光二十九年鄉試副榜貢生，出道州編修何紹基之門。繼溶，其次也。隨兄讀書，爲文有奇氣。入邑庠，文名藉甚，館於邑學二十年，成就甚衆。光緒四年，邑紳梁肇煌、許其昌辦冊金局，延繼溶主文牘，籌畫周妥，百端就緒。就職訓導，加五品銜。平日精醫術，奇難各證就診，罔不立效。嘗以古醫書所載經穴之名互有異同，審之不眞，差以毫釐，謬以千里，著有《經穴異同考》一卷、《溫病心法要訣》四卷，藏於家。年五十八卒。子廣漢，光緒十三年，學政考取闔屬醫學第一，補府學生員。

潘名熊

宣統《番禺縣續志·人物志》 潘名熊，字蘭坪。西村人，邑諸生。通禪理，善彈琴，尤精醫術。審證矜慎，診治無不應手奏效。顧不自滿假，嘗戒子勿輕學醫，賦詩有云：醫良能濟人，醫庸必賈禍。知之斯最佳，業之未必可。邑人陳璞稱其眞實本領，絕大見識，不徒訓子弟，可與一切學醫者讀之。著《醫略》一書，邑人李光廷爲序之。又以《葉天士醫案》讀者難曉，因於諸門中刪繁舉要，仿李瀚《蒙求》體演爲四言歌訣，義撮其大，而方括其全，其試而嘗效者，間以己案附焉，名曰《葉氏醫案括要》。括葉氏之書，仍還葉氏之目，所附各案亦只證明其是，絕不揚己以炫才，其品高矣。暇日喜吟咏，有《評琴書屋詩草》二卷。

戈頌平

宣統《續纂泰州志·藝術》 戈頌平，字直哉。幼習舉子業，後研精醫理。學有本源，古今醫籍，無不流覽，尤服膺仲景《傷寒》。嘗謂：庸醫殺人，不必方證相反，即藥不及病，已足斃人命。故生平療疾，率用重劑猛攻，他醫爲之咋舌，而厲疾沈疴，往往而愈。所著《神農本草經指歸》五卷、《黄帝素問指歸》八十一篇、《仲景傷寒指歸》六卷、《金匱指歸》十卷。

閻森

宣統《山東通志·藝文·醫家》 森，字蔚村，臨朐人，諸生。其家七世精醫，森尤精痘疹。

葉其蓁　葉蕉村

光緒《川沙廳志·人物·藝術》 葉其蓁，字杏林，號困庵，本城人。工詩，精醫理，著有《諸科指掌》、《疫癘脈鏡》等二十一種行世。子蕉村，亦精醫，著有《女科醫案》、《醫餘小草》。孫中樞，字朝陽，世其學。少有孝行，母病割股以進。好施與，自設藥肆，凡出醫遇貧不能藥者，輒畀之，又爲友人殯殮其父喪，以故任恤之聲聞閭里。

費明廷

光緒《川沙廳志·人物·藝術》 費明廷，字殿生，二十保七圖人。精於岐黄，凡察脈理，洞見病人肺腑，施藥餌，取效如神。更不計酬。晝則治病，夜則徧考方書以參治法。隱士莫秉清贈以聯語，有把臂共驚醫國手，開襟獨抱救時膓之句。

唐宗海容川

《清史稿·藝術傳·唐宗海》　清代醫學，多重考古。【略】光緒中，唐宗海推廣其義，證以《內經》異同，經脈奇經各穴，及營衛經氣，爲西醫所未及。著《中西匯通醫經精義》，欲通其郵而補其缺。

民國《四川通志稿·方術·醫方》　唐宗海，字容川，彭縣人。中歲，父忽得血疾，不脱冠帶而養，因感人子不可不知醫而習醫。妻馮亦病血，手治之，其病遷變不常，有古書所不載，皆以意推治獲愈，於是鄉鄰病者輒求方。病劇者，中夜叩户，披衣輒往，未嘗告倦，亦不索酬。自父病以來，就家築屋授徒，增田數十畝，稍有蓄，亦輒以周族昆弟或鄰里。

乙酉舉於鄉，己丑成進士，分禮部主事。舉進士之年，妻馮卒，歸自京，不復更娶。曰：馮氏同我患難，不忍娶也。逾年，奉母赴京，出所著《血證論》質當世醫者，皆服。由是京友覓診者軌不絕。

是時西書早出，購而盡讀之。因中醫理透，故讀西醫書得洞見其癥結。先後著《醫經精義》、《傷寒論〔淺注〕補正》、《金匱〔論〕〔要略淺注〕補正》，暨《本草問答》連《血證論》，稱《中西匯通醫書》五種。又著《六經方證中西通解》十二卷，即《醫經醫易通説》二卷，《醫話》約二十餘卷，《三指禪削議》四卷，《外科説意》二卷。此外，《中西醫判》、《內經直義》、《脈理問答》，則皆草創未完。暨其晚年並學畫，似沈石田，富順劉光第有詩道之。

至壬辰，覺母恭人年既高，迺請降班就知縣，候缺未選，以其間遊東南各省。察國政非由變法，不克圖強，還京上書察院，乞代奏。未許，持所著《中外一統論》質於張御史百熙。張曰：院所以未代奏者，以今限資格，可否擬稿以我名上之？許之。其宗旨大抵明倫尊孔循舊，而政法兼中西，製造用西法。奏上，留中。庚子後，慈禧急變法而惡康、梁，張公獨受知遇，以此後遊粤，又爲馬中丞丕瑶草數奏，集其稿爲《局外借籌篇》二卷。甲午猶未得選，中東釁啓，京師百物昂，且艾恭人甚憂，乃議遷滬，繼而置家在滬，重遊粤、浙，每到，求診踵接，而以浙之獲效爲最奇。

丙申春，選得廣西來賓縣，奉母由滬溯江，欲從湖南入桂。抵鄂而母病，適臺灣獨立，又爲吴桐林代函向各方爲劉永福乞餉。劉敗，甚惋惜之。時母已七十有四，因氣血太虚，扶莫能起，遂卒於鄂。明年，扶柩回川哀損，又經過梁山、大竹，是年大瘟疫，遭其傳染，遂病。力疾扶柩，到鄉已不能言。子祖鑑，於醫有聞而未精習，集他醫商治，僅十日遽卒，斯完殉母之孝矣。

總生平所著，除醫書、政書外，有《億中篇》、《説商情》、《漁隱篇》、《説釣術》、《唐代墳墓誌》、《記唐代墳墓》，又《詩文集》若干。蓋其釣術至精，魚觸竿即能辨其種類、大小，嘗曰：學釣不精，則學醫亦無庸切脈也。

其醫書五種，早刻。浙醫陳虬，字虹若，初不相知，於《醫學新報》中概論古今，謂自宋元以下醫家，當以唐容川爲最，由是廣傳。卒後二十年，有安南人陶亨通尤服膺焉，來書詢起居，稱弟子，而國內徵求遺書之函歲屢至。距生道光丁未十月二十九日，卒以光緒丁酉四月九日，年五十一。子祖鑑，字鏡民，少有文譽，晚入民國，既破其家而從政，尚曰廉察。孫重鼎、重岳。

陸成本

光緒《雷波廳志·雜類》　城東華仙宫祀季漢華陀。嘉慶中，司馬陸成本製爲藥方，懸諸廟壁，令有病者掣籤求取，頗能愈病。又觀音閣有呂仙祠，陸公亦製藥籤，分男、女科，各以類求。細玩其方，用藥不多，然皆有精意。或謂陸公精岐黄術，善養生。推其量，以濟人志願宏大。光緒初年，有傳其夫婦仙去者云，其事得諸天師云。

胡大中

光緒《廣平府志·藝術》　胡大中，字致堂，永年人。幼通醫學，得同邑饒大源指授，術益精。痘疹、傷寒兩門，爲當時所推重。同治光緒間，旱災之後，瘟疫流行，一家中至走避不相省視。大中救之，惟恐不及，途遇病者，即醫之，日走數十家，未嘗有倦色。療重大疑難之症，歸必書其病勢原委，用藥次第，分門詳註，名曰《臨症方脈論》。

沈思誠

光緒《霑益州志·人物·方技》　沈思誠，字慧生，州東大龍潭村人，州文庠。幼習儒術，繼精岐黄，遠近延請，絡繹門庭，有着手成春之號。險症奇疾，罔有弗效。平昔爲當道獎賞，送給匾額頗多。卒年八十餘。

賈絟

宣統《涇陽縣志·方伎》　賈絟，監生，字文卿。專理小兒科，醫治痘疹尤爲奇妙。無論親疏遠近，均不受謝，親友匾其門曰仁惠慈良。

陸　謩

宣統《太倉州志·人物》 陸謩，字峻聲，監生。精瘍科，遇險症，輒應手愈。不責報。有救火被壓者，援出僅存一息，謩爲醫治，竟得全活。又輿夫背生疽，危甚急。施一膏，大如盤，貼之而愈。

袁開昌　袁開存　袁　阜　袁　焯

光緒《丹徒縣志摭餘·人物·方技》 袁開昌，字昌齡，本江都人，徙居丹徒。性謙謹，好讀書，工醫卜。光緒乙未，邑人患癘羅痧甚衆。開昌製藥，遇貧人輒施之，多慶再生。晚年輯《醫門集要》八卷。弟開存，字春芳，亦精醫。開昌子阜，克承家學，著《命理探原》八卷。開存子焯，亦懸壺，江督端方考驗醫學，列最優等。著《叢桂草堂醫草》四卷，淵源有自也。

王力學

光緒《臨潼縣續志·人物》 王力學，性淡泊，有學行，生而病腿疾，精岐黃術，《内》、《難》各經尤能洞澈源流。凡老幼失血症，治立愈。邑孝廉蘇昶亦精醫理，深佩服，謂能獨得眞傳。賊至，攜子乙庚、姪朝遇避亂，遇賊於途，厲聲大罵，遂同死焉。時龍門江公開宰富平，聞其學，並延視疾，啇之彥修，遣車迎之，至則死矣，爲歎惋者久之。

余伯陶

《鼠疫抉微·陳枏序》 吾鄉伯陶先生，幼而岐嶷，潛研經史，弁髦科舉之業，寢饋《靈》、《素》之書，昕夕不輟，殆數十年。造廬問道者，日不暇給，輒奏奇效，名震海内。其相與遊者，如朱曉嵐方伯、李平書明府，皆不以醫鳴於世，而實於此道三折肱者也。上下古今，互相討論，竟無厭倦，砥礪益純。邇來滬上，檢驗鼠疫，幸無大患，然先生則謂余曰：地球暗轉，赤道潛移，安見大江南北之必無是疫也。繇是思患預防，本胸中所素藴者，手著《鼠疫抉微》一書，書成見示，□誦數過，其辨症則條分縷析，論治則左宜右有，信乎世有是病，世不可無是書也。無論通都大邑，窮鄉僻壤，允宜家置一編，俾醫者病者，如獲南指之針，而不迷於所嚮，則出險入夷，易危爲安，即轉瞬之間，如反掌之易。

劉文烜

宣統《涇陽縣志·方技》 劉文烜，監生。精醫理，定生死如神，時有劉一貼之號。每歲施藥計費百餘金。年七十餘，無病而卒。

張錫純

《醫學衷中參西録·張愼序》 吾友壽甫張君，宿學士也。自幼讀書即不落恒蹊，長而好學，篤志近思，一字一句不容放過。於六經類多深造而尤邃；於《易》曾衍有圖說，以發前人未發之奥。夫《易》由四聖以成，而吾友探賾索隱別具神奇，非大聰明曷克語此。嘗見以文會友，談妙理，揭精藴，舉座傾聽，共相首肯，知其得力者深也。方今大重算學、天元代數諸書，耐人尋味，實費人研究，而吾友一見即解。因著書立說，教課生徒，多所成就。凡此固天資高，亦由學力到也。名爲實之賓，吾友能勵躬行，尚節義，立廉隅，修於己，聞於人，雖身爲布衣，而於流俗之披靡，殊有整頓，誠者物之終始，不誠無物。吾友天性諒直，無稍涉虛浮，忠信爲本，實事求是，此其所以進德，即其所以立業也。

《醫學衷中參西録·衷澍序》 吾友張壽甫君，鹽山博雅士，素有窮經工夫，於《本經》、《内經》及仲景以後諸名醫著作，莫不探索其精奥；又兼通西人醫學及西人化學之理，亦恒運用於方藥之中。是以生平臨證疏方，活人無算；於内傷、外感諸要證，無不應手輒效。而其屢試屢驗之方，久而恐其遺失，輒於方後各加詮解，並附載緊要醫案，紬爲八卷，名曰《醫學衷中參西録》。實能闡發前人所未發，更能融匯中西爲一致，見者爭相傳抄。予於春杪客京師，適見抄本，讀閱一過，驚爲當時醫學中有一無二之著作。

《醫學衷中參西録·自序》 人生有大願力，而後有大建樹。一介寒儒，伏處草茅，無所謂建樹也，而其願力固不可沒也。老安友信少懷，孔子之願力也；當令一切衆生皆成佛，如來之願力也。醫雖小道，實濟世活人之一端。故學醫者，爲身家溫飽計則願力小；爲濟世活人計則願力大。而此願力之在錫純，又非僅一身之願力，實乃祖訓斯紹也。錫純原籍山東諸城，自前明遷居直隸鹽山邊務里，累世業儒。先祖友三公纘修家乘，垂訓來茲，謂凡後世子孫，讀書之外，可以學醫。蓋即范文正公不爲良相，必爲良醫之意也。錫純幼時，從先嚴丹亭公讀書，嘗述斯言以教錫純。及稍長，又授以方書，且爲指示大意。謂誦讀之暇，游藝於此，爲益良多，且又遵祖訓也。特當時方習舉子業，未能大致力於斯耳。後兩試秋闈不第，雖在壯年，而淡於進取。遂廣求方書，遠自農軒，近至國朝著述諸家，約共搜閱百餘種。知《本經》與《内經》，詒之開天闢地之聖神，爲醫學之鼻祖，實即爲醫學之淵海也。迨漢季張仲景出，著《傷寒》、《金匱》兩書，爲《本經》、《内經》之功臣。而晉之王叔和，唐之孫思邈、王燾，宋之成無己，明季之喻嘉言，又爲仲景之功臣。國朝醫學昌明，人才輩出，若張志聰、徐大椿、黄元御、陳念祖諸賢，莫不率由仲景，上溯《本經》、《内經》之淵源，故其所著醫書，皆爲醫學正規。特是自晉、唐迄今，諸家著述，非不美備，然皆斤斤以傳舊爲務，初未嘗日新月異，俾吾中華醫學漸有進步。夫事貴師古者，非以古人之規矩、準繩限我也，惟藉以瀹我性靈，益我神智。迨至性靈神智，洋溢活潑，又貴舉古人之規矩、準繩而擴充之、變化之、引伸觸長之，使古人可作，應歎爲後生可畏。凡天下事皆宜然，而醫學何獨不然哉！錫純存此意念，以孜孜研究醫學者有年，偶爲人疏方，輒能得心應手，挽回沉疴。時先慈劉太君在堂，錫純恐溫凊有缺，不敢輕應人延請。適有以急證相求者，錫純造次未遽應。先慈謂錫純曰：病家盼醫如溺水求援，汝果能治，宜急往救之。然臨證時，須多加小心，慎勿鹵莽誤人。錫純唯唯受教，自此臨證者幾無虚日，至今十餘年矣。

引用書目表

一、地方志類

書名	年代	作者	版本
(光緒)順天府志	一八八六	張之洞等	清光緒一二年刻本
(乾隆)通州志	一七八三	金梅	清乾隆四八年刻本
(光緒)通州志	一八七九	王維珍等	清光緒五年刻本
(崇禎)松江府志	一六三一	陳繼儒等	明崇禎三年增刻本
(康熙)松江府志	一六六三	周建鼎等	清康熙二年刻本
(嘉慶)松江府志	一八一八	孫星衍等	清嘉慶二三年松江府學明倫堂本
(光緒)松江府續志	一八八四	姚光發等	清光緒一〇年刻本
(乾隆)上海縣志	一七八四	皇甫樞	清乾隆四九年刻本
(嘉慶)上海縣志	一八一四	李林松	清嘉慶一九年刻本
(同治)上海縣志	一八七一	俞樾等	清同治一〇年吳門臬署刻本
(光緒)上海縣志札記	一九〇二	秦榮光	清光緒二八年鉛印本
(光緒)重修法華鄉志	一八七九	姚光發	清光緒五年刻本
(乾隆)婁縣志	一七八八	陸錫熊	清乾隆五三年刻本
(光緒)婁縣續志	一八七九	張雲望	清光緒五年刻本
(光緒)南匯縣志	一八七九	張文虎等	清光緒五年刻本
(光緒)川沙廳志	一八七九	俞樾等	清光緒五年刻本
(光緒)重修奉賢縣志	一八七八	張文虎等	清光緒四年刻本
(乾隆)金山縣志	一七五二	焦以敬等	清乾隆一七年刻本
(光緒)青浦縣志	一八七九	熊其英等	清光緒五年尊經閣刻本
(光緒)嘉定縣志	一八八二	楊震福等	清光緒八年刻本
(乾隆)南翔鎮志	一七八二	張承先等	清嘉慶一二年程攸熙訂正刻本
(光緒)寶山縣志	一八八二	朱延射等	清光緒八年刻本
(光緒)羅店鎮志	一八七九	潘履祥	清光緒五年修一五年鉛印本

書名	年代	作者	版本
〔康熙〕崇明縣志	一六八一	黄國彝	清康熙二三年刻本
〔光緒〕崇明縣志	一八八一	李聯琇等	清光緒七年刻本
〔乾隆〕天津府志	一七三九	吴廷華等	清乾隆四年鉛印本
〔光緒〕重修天津府志	一八九五	徐宗亮等	清光緒二一年修二五年刻本
〔同治〕續天津縣志	一八七〇	俞樾等	清同治九年續修刻本
〔道光〕薊州志	一八三一	沈鋭	清道光一一年刻本
〔光緒〕永川縣志	一八九四	馬慎修等	清光緒二〇年刻本
〔嘉慶〕大足縣志	一八一八	李型廉等	清道光一六年王松增補嘉慶刻本
〔光緒〕大足縣志	一八七七	李雲從等	清光緒三年刻本
〔萬曆〕合州志	一五七九	田九垓	明萬曆七年刻本
〔光緒〕合州志	一八七八	程業修	清光緒四年刻本
〔光緒〕江津縣志	一八七五	袁方成等	清光緒元年刻本
〔康熙〕重慶府涪州志	一七一四	馮懋柱	清康熙五三年刻本
〔道光〕補輯石砫廳新志	一八四三	王槐齡	清道光二三年刻本
〔同治〕增修酉陽直隸州總志	一八六三	馮世瀛等	清同治二年刻本
〔光緒〕彭水縣志	一八七五	支承祜等	清光緒元年刻本
〔道光〕夔州府志	一八二七	劉德銓	清道光七年刻本
〔光緒〕奉節縣志	一八九三	楊德坤等	清光緒一九年刻本
〔同治〕增修萬縣志	一八六六	范泰衡等	清同治五年刻本
〔同治〕忠州直隸州志	一八七三	柳福培	清同治一二年刻本
〔康熙〕畿輔通志	一六七一	郭棻	清康熙一〇年修二二年刻本
〔同治〕畿輔通志	一八八四	黄彭年等	清同治一〇年修光緒一〇年刻本
〔乾隆〕正定府志	一七六一	鄭大進	清乾隆二七年刻本
〔光緒〕獲鹿縣志	一八八一	曹鑅	清光緒七年刻本
〔康熙〕晉州志	一七〇〇	郭建章等	清康熙三九年刻本
〔嘉靖〕藁城縣志	一五三四	李正儒	民國二三年鉛印《藁城縣志四種》本
〔康熙〕藁城縣志	一六九八	張丙宿	民國二三年鉛印《藁城縣志四種》本
〔光緒〕直隸趙州志	一八九七	王景美	清光緒二三年刻本

書名	年代	作者	版本
〔光緒〕趙州屬邑志	一八九七	孫傳栻	清光緒二三年刻本
〔光緒〕續修贊皇縣志	一八七六	趙萬泰等	清光緒二年刻本
〔乾隆〕宣化府志	一七五七	王者輔等	清乾隆二二年刻本
〔康熙〕宣化縣志	一七一一	陳坦	清康熙五〇年刻本
〔光緒〕蔚州志	一八七七	楊篤	清光緒三年刻本
〔道光〕承德府志	一八三一	海忠	清道光一一年刻本
〔光緒〕永平府志	一八七九	史夢蘭	清光緒五年敬勝書院刻本
〔同治〕遷安縣志	一八七三	史夢蘭	清同治一二年文峰書院刻本
〔光緒〕玉田縣志	一八八四	李昌時等	清光緒一〇年刻本
〔乾隆〕東安縣志	一七四九	周琰	清乾隆一四年刻本
〔光緒〕大城縣志	一八九七	劉鍾英等	清光緒二三年刻本
〔萬曆〕保定府志	一七五一	馮惟敏等	明隆慶五年修萬曆三五年續修刻本
〔光緒〕保定府志	一八八一	張豫塏等	清光緒七年修一二年刻本
〔同治〕清苑縣志	一八七三	諸崇儉等	清同治一二年刻本
〔乾隆〕博野縣志	一七六六	朱基等	清乾隆三一年刻本
〔道光〕直隸定州志	一八五〇	勞沅恩	清道光三〇年刻本
〔乾隆〕直隸易州志	一七四七	張登高	清乾隆一二年刻本
〔萬曆〕河間府志	一六一五	陳士彥	明萬曆四三年刻本
〔乾隆〕河間府新志	一七六〇	黄文蓮等	清乾隆二五年刻本
〔乾隆〕河間縣志	一七六〇	黄文蓮等	清乾隆二五年刻本
〔光緒〕東光縣志	一八八八	吳潯源	清光緒一四年刻本
〔光緒〕重修青縣志	一八八二	茹岱林	清光緒八年刻本
〔康熙〕南皮縣志	一六七三	吳維哲等	清康熙一二年刻本
〔光緒〕南皮縣志	一八八七	汪寶樹等	清光緒一四年刻本
〔乾隆〕任丘縣志	一七六二	劉炳等	清乾隆二七年刻本
〔乾隆〕饒陽縣志	一七四九	單作哲	清乾隆一四年刻本
〔雍正〕阜城縣志	一七三五	多時珍	清雍正一三年刻本
〔嘉慶〕棗強縣志	一八〇四	楊元錫	清嘉慶九年刻本

書名	年代	作者	版本
〔康熙〕深州志	一六九七	段文華	清康熙三六年刻本
〔乾隆〕冀州志	一七四七	范清曠	清乾隆一二年刻本
〔光緒〕廣平府志	一八九四	胡景桂	清光緒二〇年刻本
〔康熙〕大名府志	一六七二	郜炳元	清康熙一一年刻本
〔咸豐〕大名府志	一八五三	朱煐等	清咸豐三年刻本
〔光緒〕永年縣志	一八七七	夏詒鈺	清光緒三年刻本
〔雍正〕肥鄉縣志	一七三二	宋錦	清雍正一〇年刻本
〔光緒〕南宮縣志	一九〇四	喬國楨	清光緒三〇年刻本
〔光緒〕鉅鹿縣志	一八八六	夏應麟	清光緒一二年刻本
〔同治〕平鄉縣志	一八六八	蘇性	清同治七年刻本
〔萬曆〕山西通志	明萬曆間	李維禎	明萬曆間修崇禎二年刻本
〔光緒〕山西通志	一八九二	王軒等	清光緒一八年刻本
〔乾隆〕太原府志	一七八三	費淳等	清乾隆四八年刻本
〔雍正〕朔州志	一七三五	王霷	清雍正一三年刻本
〔光緒〕定襄縣補志	一八八〇	邢澍田	清光緒六年刻本
〔乾隆〕直隸代州志	一七八四	吳重光	清乾隆四九年刻本
〔光緒〕代州志	一八八二	楊篤	清光緒八年代山書院刻本
〔光緒〕榆次縣續志	一八八五	黃汝梅等	清光緒一一年刻本
〔乾隆〕重修和順縣志	一七六八	賈訒	清乾隆三三年刻本
〔乾隆〕祁縣志	一七八〇	陳時	清乾隆四五年刻本
〔乾隆〕介休縣志	一七七〇	王謀文	清乾隆三五年刻本
〔嘉慶〕介休縣志	一八一九	熊兆占等	清嘉慶二四年刻本
〔乾隆〕長治縣志	一七六三	蔡履豫	清乾隆二八年榮暉堂刻本
〔乾隆〕重修襄垣縣志	一八七二	徐玨等	清乾隆四七年刻本
〔乾隆〕高平縣志	一七七四	戴純	清乾隆三九年刻本
〔康熙〕澤州志	一七〇六	陶自悅	清康熙四五年刻本
〔乾隆〕陽城縣志	一七五五	田懋	清乾隆二〇年刻本
〔乾隆〕長子縣志	一七七八	黃立世	清乾隆四三年刻本

書名	年代	作者	版本
〔康熙〕武鄉縣志	一六九二	宋蒼霖等	清康熙三一年刻本
〔康熙〕平陽府志	一七〇八	孔尚任	清康熙四七年刻本
〔康熙〕臨汾縣志	一六七三	邢雲路等	清康熙一二年增刻明萬曆本
〔雍正〕臨汾縣志	一七三〇	陳獻可	清雍正八年刻本
〔乾隆〕翼城縣志	一七三七	李居頤	清乾隆二年刻本
〔光緒〕續修曲沃縣志	一八八〇	韓子泰	清光緒六年刻本
〔乾隆〕浮山縣志	一七四五	張華等	清乾隆一〇年刻本
〔光緒〕解州志	一八八一	張承熊	清光緒七年刻本
〔光緒〕安邑縣續志	一八八〇	張承熊	清光緒六年刻本
〔乾隆〕稷山縣志	一七六五	韋之瑗	清乾隆三〇年刻本
〔光緒〕續修稷山縣志	一八八五	馬家鼎	清光緒一一年刻本
〔光緒〕永濟縣志	一八八六	張元懋	清光緒一二年刻本
〔乾隆〕續猗氏志	一七七四	毛圻	清乾隆三九年刻本
〔光緒〕奉化縣志	一八八五	陳文焯	清光緒一一年刻本
〔康熙〕陝西通志	一六六七	李楷	清康熙六年刻本
〔雍正〕陝西通志	一七三五	沈青崖	清雍正一三年刻本
〔乾隆〕西安府志	一七七九	嚴長明	清乾隆四四年刻本
〔宣統〕重修涇陽縣志	一九一〇	宋伯魯等	清宣統三年天津華新印刷局鉛印本
〔康熙〕三原縣志	一七〇五	溫德嘉等	清康熙四四年刻本
〔乾隆〕三原縣志	一七八三	劉紹攽	清乾隆四八年刻本
〔光緒〕三原縣新志	一八八〇	賀瑞麟	清光緒六年刻本
〔道光〕重輯渭南縣志	一八二九	姚景衡	清道光九年刻本
〔光緒〕新續渭南縣志	一八九二	焦聯甲	清光緒一八年刻本
〔乾隆〕富平縣志	一七七八	胡文銓	清乾隆四三年刻本
〔咸豐〕同州府志	一八五二	蔣湘南	清咸豐二年刻本
〔光緒〕大荔縣續志	一八七九	李志復	清光緒五年修一一年馮翊書院刻本
〔乾隆〕續耀州志	一七六二	鍾麟書	清乾隆二七年刻本
〔乾隆〕直隸商州志	一七四四	王如玖	清乾隆九年刻本

書名	年代	作者	版本
〔乾隆〕鳳翔府志	一七一九	周方炯等	清道光元年補刻本
〔乾隆〕寶雞縣志	一七六四	高登科	清乾隆二九年刻本
〔嘉慶〕扶風縣志	一八一九	吳鵬翱等	清嘉慶二四年刻本
〔嘉慶〕續武功縣志	一八一六	王森文	清嘉慶二一年緣野書院刻本
〔光緒〕洋縣志	一八九八	張鵬翼	清光緒二四年青門寓廬刻本
〔光緒〕新續略陽縣志	一九〇四	侯龍光	清光緒三〇年刻本
〔乾隆〕甘肅通志	一七三六	李迪等	清乾隆元年刻本
〔光緒〕甘肅新通志	一九〇八	安維峻	清光緒三四年修宣統元年刻本
〔康熙〕臨洮府志	一六八七	郭巍	清康熙二六年刻本
〔光緒〕重修皋蘭縣志	一八九二	張國常	民國六年石印本
〔嘉靖〕平涼府志	一五六〇	趙時春	明嘉靖三九年刻本
〔乾隆〕合水縣志	一七六一	陶奕曾	清乾隆二六年刻本
〔康熙〕寧州志	一六八七	王星麟	清康熙二六年刻本
〔嘉靖〕寧夏新志	一五四〇	管律	明嘉靖一九年刻本
〔乾隆〕寧夏府志	一七八〇	楊浣雨	清乾隆四五年刻本
〔宣統〕新修固原直隸州志	一九〇九	錫麟	清宣統元年官報書局鉛印本
〔宣統〕山東通志	一九一一	孫葆田等	民國四年山東通志刊印局鉛印本
〔道光〕濟南府志	一八四〇	成瓘等	清道光二〇年刻本
〔乾隆〕歷城縣志	一七七三	李文藻等	清乾隆三八年刻本
〔道光〕長清縣志	一八三五	徐德城等	清道光一五年刻本
〔乾隆〕章邱縣志	一七五六	張萬青	清乾隆二一年刻本
〔光緒〕嶧縣志	一九〇四	王寶田	清光緒三〇年刻本
〔康熙〕德州志	一六七三	程先貞	清康熙一二年刻本
〔光緒〕陵縣志	一八七五	李圖等	清光緒元年增刻本
〔嘉慶〕德平縣志	一七九六	鍾大受	清嘉慶元年刻本
〔乾隆〕平原縣志	一七四九	黃兆熊	清乾隆一四年刻本
〔道光〕商河縣志	一八三二	龔廷煌等	清道光一二年修一六年刻本
〔道光〕武城縣志續編	一八四一	厲秀芳	清道光二一年刻本

書名	年代	作者	版本
〔光緒〕寧津縣志	一九〇〇	吳潯源	清光緒二六年刻本
〔乾隆〕陽信縣志	一七五九	沈佐清等	清乾隆二四年刻本
〔咸豐〕濱州志	一八六〇	李熙齡	清咸豐一〇年刻本
〔嘉靖〕青州志	一五六五	馮惟訥	明嘉靖四四年刻本
〔康熙〕益都縣志	一六七二	鍾諤等	清康熙一一年刻本
〔光緒〕益都縣圖志	一九〇七	法偉堂等	清光緒三三年刻本
〔康熙〕諸城縣志	一六七三	王勸	清康熙一二年刻本
〔光緒〕增修諸城縣續志	一八九二	苑棻池等	清光緒一八年刻本
〔光緒〕昌邑縣續志	一九〇七	韓天衢	清光緒三三年刻本
〔光緒〕增修登州府志	一八八一	周悅讓等	清光緒七年刻本
〔同治〕黃縣志	一八七一	尹繼美	清同治一〇年刻本
〔乾隆〕棲霞縣志	一七五四	衛萇	清乾隆一九年刻本
〔光緒〕文登縣志	一八九七	于霖逢	民國一一年鉛印本
〔光緒〕費縣志	一八九六	李敬修	清光緒二二年刻本
〔嘉慶〕莒州志	一七九六	許紹錦	清嘉慶元年刻本
〔乾隆〕泰安府志	一七六〇	成城等	清乾隆二五年刻本
〔乾隆〕泰安縣志	一七八二	肅儒林等	清乾隆四七年刻本
〔乾隆〕新泰縣志	一七八四	牛士瞻等	清乾隆四九年刻本
〔光緒〕寧陽縣志	一八七九	黃恩彤	清光緒一四年續修刻本
〔萬曆〕滕志	一五八五	王元賓	明萬曆一三年刻本
〔道光〕滕縣志	一八四六	王庸立等	清道光二六年續修刻本
〔宣統〕滕縣續志稿	一九一一	生克中	清宣統三年鉛印本
〔乾隆〕濟寧直隸州志	一七七八	周永年等	清乾隆四三年刻本
〔康熙〕曹州志	一六七四	蘇毓眉等	清康熙一三年刻本
〔乾隆〕曹州府志	一七五六	李登明等	清乾隆二一年刻本
〔道光〕鉅野縣志	一八四〇	黃維翰等	清道光二六年刻本
〔乾隆〕定陶縣志	一七五三	劉珠等	清光緒三年周忠修補刻本
〔嘉慶〕東昌府志	一八〇八	謝香開等	清嘉慶一三年刻本

書名	年代	作者	版本
〔康熙〕聊城縣志	一六六三	何一傑	清康熙二年刻本
〔宣統〕增輯清平縣志	一九一一	張敬承	清宣統三年刻本
〔康熙〕莘縣志	一七一七	劉蕭	清康熙五六年刻本
〔光緒〕莘縣志	一八八七	孔廣海	清光緒一三年刻本
〔萬曆〕冠縣志	一六〇八	杜華先	明萬曆三六年刻本
〔康熙〕高唐州志	一七一二	李霖臣	清康熙五一年刻本
〔道光〕東阿縣志	一八〇九	吳怡等	清道光九年刻本
〔乾隆〕江南通志	一七三六	黃之雋等	清乾隆元年刻本
〔嘉慶〕新修江寧府志	一八一一	姚鼐	清嘉慶一六年刻本
〔同治〕續纂江寧府志	一八七四	汪士鐸等	清同治一三年修光緒六年刻本
〔萬曆〕上元縣志	一五九三	李登等	民國三七年鉛印《南京文獻》本
〔康熙〕上元縣志	一七二一	唐開陶	清康熙六〇年刻本
〔道光〕上元縣志	一八二四	陳栻	清道光四年刻本
〔康熙〕江寧縣志	一六八三	戴本孝	清康熙二二年刻本
〔乾隆〕江寧縣新志	一七四八	袁枚	清乾隆一三年刻本
〔同治〕上江兩縣志	一八七四	汪士鐸等	清同治一三年刻本
〔光緒〕江浦埤乘	一八八七	侯宗海等	清光緒一三年修一七年刻本
〔光緒〕六合縣志	一八八〇	賀廷壽等	清光緒六年修一〇年刻本
〔正德〕姑蘇志	一五〇六	王鏊等	明正德元年刻本
〔乾隆〕蘇州府志	一七四八	習寯等	清乾隆一三年刻本
〔嘉慶〕吳門補乘	一八〇三	錢士錡	清嘉慶八年纂二五年吳門錢氏刻本
〔道光〕蘇州府志	一八二四	石韞玉	清道光四年刻本
〔同治〕蘇州府志	一八七四	馮桂芬	清同治一三年修光緒八年江蘇書局刻本
〔崇禎〕吳縣志	一六四二	王煥如	明崇禎一五年刻本
〔康熙〕吳縣志	一六九一	孫珮	清康熙三〇年刻本
〔嘉靖〕崑山縣志	一五二八	方鵬	明嘉靖一七年刻本
〔萬曆〕崑山縣志	一五七六	周世昌	明萬曆四年申恩科刻本
〔道光〕崑新兩縣志	一八二六	王學浩等	清道光六年刻本

書名	年代	作者	版本
〔光緒〕崑新兩縣續修合志	一八八〇	汪堃等	清光緒六年刻本
〔嘉慶〕直隸太倉州志	一八〇二	王昶	清嘉慶七年刻本
〔宣統〕太倉州志	一九一九	王祖畬	民國八年刻本
〔康熙〕常熟縣志	一六八三	錢陸燦等	清康熙二二年修二六年刻本
〔雍正〕昭文縣志	一七三一	陳祖範等	清雍正九年刻本
〔乾隆〕常昭合志	一七九五	言如泗等	清乾隆六〇年修光緒二四年丁祖蔭活字本
琴川三志補記續	一八三四	黃廷鑑	清道光一四年刻本
〔乾隆〕吳江縣志	一七四七	倪師孟等	清乾隆一二年刻本
〔光緒〕吳江縣續志	一八七九	熊其英等	清光緒一一年刻本
〔乾隆〕震澤縣志	七四六	沈彤等	清乾隆一一年刻本
〔光緒〕黎里續志	八九九	蔡丙圻	清光緒二五年禊湖書院刻本
〔弘治〕重修無錫縣志	四九四	李舜明	明弘治七年刻本
〔乾隆〕錫金識小錄	七五二	黃卬	清乾隆一七年修光緒二二年王氏活字本
〔光緒〕無錫金匱縣志	一八八一	秦緗業等	清光緒七年刻本
〔道光〕江陰縣志	一八四〇	李兆洛等	清道光二〇年刻本
〔光緒〕江陰縣志	一八七八	季念詒等	清光緒四年刻本
〔乾隆〕鎮江府志	一七五〇	朱霖	清乾隆一五年增刻本
〔光緒〕丹徒縣志	一八七九	呂耀斗等	清光緒五年刻本
〔光緒〕丹徒縣志摭餘	一八九〇	李恩綬	清光緒一六年刻本
〔光緒〕丹陽縣志	一八八五	徐錫麟等	清光緒一一年鴻鳳書院刻本
〔嘉慶〕溧陽縣志	一八一三	史炳等	清嘉慶一八年刻本
〔光緒〕溧陽縣續志	一八九九	馮煦等	清光緒二五年活字本
〔光緒〕金壇縣志	一八八五	汪國鳳等	清光緒一一年活字本
〔乾隆〕溧水縣志	一七七七	方性存等	清乾隆四二年刻本
〔光緒〕溧水縣志	一八八三	丁維誠	清光緒九年刻本
〔康熙〕高淳縣志	一六八三	李斯佺	清康熙二二年刻本
〔光緒〕高淳縣志	一八八一	陳嘉謀	清光緒七年學山書院刻本
〔乾隆〕句容縣志	一七五〇	曹襲先	清乾隆一五年刻本

書名	年代	作者	版本
〔光緒〕續纂句容縣志	一九〇四	蕭穆等	清光緒三〇年刻本
〔康熙〕常州府志	一六九五	陳玉璂	清康熙三四年刻本
〔乾隆〕武進縣志	一七六五	虞明球	清乾隆三〇年刻本
〔道光〕武進陽湖縣合志	一八四三	李兆洛等	清道光二三年刻本
〔光緒〕武進陽湖縣志	一八七九	湯成烈等	清光緒五年刻本
〔光緒〕武陽志餘	一八八八	莊毓鋐	清光緒一四年活字本
〔嘉慶〕增修宜興縣舊志	一七九七	甯楷等	清嘉慶二年刻本
〔道光〕重刊續纂宜荆新志	一八四〇	吳德旋等	清道光二〇年刻本
〔光緒〕宜興荆溪縣新志	一八八二	吳景牆等	清光緒八年刻本
〔萬曆〕揚州府志	一六〇一	徐鑾等	明萬曆二九年修三三年刻本
〔康熙〕揚州府志	一六八五	金鎮等	清康熙二四年刻本
〔嘉慶〕重修揚州府志	一八一〇	姚文田等	清嘉慶一五年刻本
〔同治〕續纂揚州府志	一八七四	晏端書等	清同治一三年刻本
〔萬曆〕江都縣志	一五九九	陸君弼	明萬曆二七年刻本
〔嘉慶〕江都縣續志	一八一一	李保泰	清嘉慶一六年修二四年刻本
〔光緒〕江都縣續志	一八八四	劉壽曾	清光緒一〇年刻本
〔光緒〕增修甘泉縣志	一八八一	陳浩恩等	清光緒七年刻本
〔隆慶〕儀眞縣志	一五六七	李文等	明隆慶元年刻本
〔康熙〕儀眞縣志	一六六八	陳邦楨	清康熙七年刻本
〔康熙〕儀眞縣志	一七一八	陸師	清康熙五七年采碧山堂刻本
〔道光〕重修儀徵縣志	一八五〇	劉文淇等	清道光三〇年刻本
〔乾隆〕高郵州志	一七八三	夏之蓉等	清乾隆四八年刻本
〔嘉慶〕高郵州志	一八一三	夏之蓉等	清嘉慶一八年刻本
〔道光〕續增高郵州志	一八四三	左輝春等	清道光二三年刻本
〔光緒〕再續高郵州志	一八八三	夏子鐊	清光緒九年刻本
〔咸豐〕重修興化縣志	一八五二	鄭之僑等	清咸豐二年刻本
〔道光〕重修寶應縣志	一八四〇	喬載繇等	清道光二〇年湯氏沐華堂刻本
〔道光〕泰州志	一八二七	陳世鎔等	清道光七年刻本

書名	年代	作者	版本
〔宣統〕續纂泰州志	清宣統間	盧福保	油印本
〔光緒〕泰興縣志	一八八六	顧曾烜	清光緒一二年刻本
〔康熙〕靖江縣志	一六六九	袁元	清康熙八年刻本
〔咸豐〕靖江縣志稿	一八五七	潘皋	清咸豐七年活字本
〔萬曆〕通州志	一五七八	沈明臣等	明萬曆六年刻本
〔乾隆〕直隸通州志	一七五五	夏之蓉等	清乾隆二〇年刻本
〔光緒〕通州直隸州志	一八七五	季念詒等	清光緒元年刻本
〔光緒〕海門廳圖志	一九〇〇	周家祿等	清光緒二六年刻本
〔嘉慶〕如皋縣志	一八〇四	馬汝舟等	清嘉慶九年修一三年刻本
〔道光〕如皋縣續志	一八三七	吳鎧	清道光一七年刻本
〔同治〕如皋縣續志	一八七三	周頊等	清同治一二年刻本
〔乾隆〕淮安府志	一七四八	葉長揚等	清乾隆一三年刻本
〔同治〕重修山陽縣志	一八七三	何紹基等	清同治一二年刻本
〔宣統〕續纂山陽縣志	一九一一	段朝端等	清宣統三年修民國一〇年刻本
〔光緒〕安東縣志	一八七五	吳昆田等	清光緒元年刻本
〔乾隆〕重修桃源縣志	一七三八	眭文煥	清乾隆三年刻本
〔同治〕盱眙縣志	一八七〇	傅紹曾	清同治九年修一二年刻本
〔光緒〕鹽城縣志	一八九五	陳玉樹等	清光緒二一年刻本
〔光緒〕阜寧縣志	一八八六	陳肇祁等	清光緒一二年刻本
〔嘉慶〕東臺縣志	一八一六	蔡複午等	清嘉慶二一年刻本
〔光緒〕東臺縣志稿	一八九三	王璋等	清光緒一九年抄本
〔萬曆〕徐州志	一五七七	姚應龍	明萬曆五年刻本
〔同治〕徐州府志	一八七四	劉庠等	清同治一三年刻本
〔道光〕銅山縣志	一八三〇	金左泉等	清道光一〇年刻本
〔光緒〕豐縣志	一八九四	姚鴻傑等	清光緒二〇年刻本
〔咸豐〕邳州志	一八五一	魯一同	清咸豐元年刻本
〔光緒〕睢寧縣志稿	一八八六	丁顯	清光緒一二年刻本
〔嘉慶〕海州直隸州志	一八八一	汪梅鼎等	清嘉慶一六年刻本

書名	年代	作者	版本
〔光緒〕贛榆縣志	一八八八	張謇	清光緒一四年刻本
〔康熙〕浙江通志	一六八三	黄宗羲等	清康熙二三年刻本
〔雍正〕浙江通志	一七三六	沈翼機等	清雍正一三年修乾隆元年刻本
〔淳祐〕臨安志	一二五二	施諤	《宋元方志叢書》影印宋淳祐十二年纂本
〔咸淳〕臨安志	一二六八	潛説友	《宋元方志叢書》影印宋咸淳四年纂咸淳間刻本
〔康熙〕杭州府志	一六八六	楊鼐等	清康熙二五年刻本
〔乾隆〕杭州府志	一七七九	邵齊然	清乾隆四四年修四九年刻本
〔萬曆〕錢塘縣志	一六〇九	聶心湯	明萬曆三七年刻本
〔康熙〕錢塘縣志	一七一八	裘璉等	清康熙五七年刻本
〔嘉慶〕錢塘縣志	清嘉慶間	吴允嘉	清嘉慶間抄本
〔嘉靖〕仁和縣志	一五四九	沈朝宣	明嘉靖二八年修清光緒一九年《武林掌故叢編》本（第一七集）
〔康熙〕仁和縣志	一六八七	顧豹文等	清康熙二六年刻本
〔嘉慶〕餘杭縣志	一八〇五	朱文藻等	清嘉慶一〇年修一三年刻本
〔光緒〕餘杭縣志稿	一九〇六	褚成博	清光緒三二年刻本
〔光緒〕富陽縣志	一八九九	蔣敬時等	清光緒二五年修三二年刻本
〔康熙〕臨安縣志	一六七五	陸文煥	清康熙一四年刻本
〔光緒〕於潛縣志	一八九八	程秉善	清光緒二四年修民國二年謝青翰石印本
〔康熙〕昌化縣志	一六八三	謝廷璣	清康熙二二年修抄本
〔萬曆〕續修嚴州府志	一六一三	俞炳然	明萬曆四一年刻本
〔光緒〕嚴州府志	一八八三	鄒伯森等	清光緒九年增刻本
〔康熙〕建德縣志	一六八四	馬天選等	清康熙二三年刻本
〔乾隆〕建德縣志	一七五四	應德廣等	清乾隆一九年刻本
〔光緒〕淳安縣志	一八八四	劉世甯等	清光緒一〇年刻本
〔乾隆〕遂安縣志	一七六七	方引彦等	清乾隆三二年刻本
〔乾隆〕桐廬縣志	一七五三	金嘉琰等	乾隆一八年修二一年刻本
〔光緒〕分水縣志	一九〇六	臧承宣等	清光緒三二年刻本
〔康熙〕蕭山縣志	一六九三	張遠	清康熙三二年刻本
〔乾隆〕蕭山縣志	一七四九	黄鈺	清乾隆一六年刻本

書名	年代	作者	版本
〔康熙〕嘉興府志	一六八二	袁國梓等	清康熙二一年刻本
〔光緒〕嘉興府志	一八七八	吳仰賢等	清光緒四年鴛湖書院刻本
〔崇禎〕嘉興縣志	一六三七	黃承昊等	明崇禎一〇年刻本
〔康熙〕嘉興縣志	一六八五	王庭等	清康熙二四年刻本
〔光緒〕嘉興縣志	一九〇八	石中玉等	清光緒三四年刻本
〔萬曆〕秀水縣志	一五九六	黃洪憲等	明萬曆二四年修民國一四年金蓉鏡校補鉛印本
〔康熙〕秀水縣志	一六八五	范正輅	清康熙二四年刻本
〔乾隆〕梅里志	一七七〇	李富孫	清乾隆三五年纂嘉慶二五年刻本
〔嘉慶〕重修嘉善縣志	一八〇〇	萬相賓	清嘉慶五年刻本
〔光緒〕重修嘉善縣志	一八九四	顧福仁	清光緒二〇年刻本
〔乾隆〕平湖縣志	一七四五	倪藻垣等	清乾隆一〇年刻本
〔光緒〕平湖縣志	一八八五	葉廉鍔等	清光緒一一年修一二年刻本
〔天啓〕海鹽縣圖經	一六二四	胡震亨	明天啓四年刻本
〔乾隆〕海鹽縣續圖經	一七四八	陳士倕等	清乾隆一三年刻本
〔光緒〕海鹽縣志	一八七六	徐用儀	清光緒三年蔚文書院刻本
〔康熙〕海寧縣志	一六七五	許三禮等	清康熙一四年修二二年續修刻本
〔乾隆〕海寧縣志	一七五八	王又曾	清乾隆二三年修三〇年續修刻本
〔乾隆〕海寧州志	一七七六	高瀛洲等	清乾隆四一年刻本
〔道光〕海昌備志	一八四七	錢泰吉等	清道光二七年刻本
〔嘉慶〕桐鄉縣志	一七九九	徐志鼎等	清嘉慶四年刻本
〔光緒〕桐鄉縣志	一八八七	嚴辰	清光緒一三年刻本
〔光緒〕石門縣志	一八七九	金麗元等	清光緒五年刻本
〔萬曆〕湖州府志	一五七八	唐樞等	一九六三年上海古籍書店影印明萬曆六年刻本
〔天啓〕吳興備志	一六二四	董斯張	明天啓四年纂民國三年刻《吳興叢書》本
〔順治〕湖州府志	一六四九	程量	清順治六年刻本
〔乾隆〕湖州府志	一七三九	胡承謀	清乾隆四年刻本
〔崇禎〕烏程縣志	一六三八	徐守綱等	明崇禎一一年刻本
〔光緒〕烏程縣志	一八七九	周學濬等	清光緒五年刻本

書名	年代	作者	版本
〔光緒〕歸安縣志	一八八二	陸心源	清光緒八年刻本
〔咸豐〕南潯鎮志	一八五九	汪曰楨	清咸豐九年修同治二年刻本
〔同治〕雙林鎮志	一八七〇	蔡蓉升等	清同治九年纂民國六年刻本
〔乾隆〕烏青鎮志	一七六〇	董世寧	清乾隆二五年刻本
〔乾隆〕長興縣志	一七四九	吳棻等	清乾隆一四年刻本
〔同治〕孝豐縣志	一八七四	潘宅仁	清同治一三年修光緒五年刻本
〔道光〕武康縣志	一八二九	陳殿階等	清道光九年刻本
〔雍正〕寧波府志	一七三三	萬經等	清雍正一一年修乾隆六年補刻本
〔康熙〕鄞縣志	一六八六	聞性道	清康熙二五年刻本
〔乾隆〕鄞縣志	一七八八	錢大昕等	清乾隆五三年刻本
〔同治〕鄞縣志	一九三三	張恕等	清同治一三年修光緒三年刻本
〔光緒〕奉化縣志	一九〇一	張美翊等	清光緒二七年修三四年刻本活字本
〔道光〕象山縣志	一八三四	馮登府等	清道光一四年刻本
〔天啓〕慈谿縣志	一六二四	姚宗文等	明天啓四年刻本
〔雍正〕慈谿縣志	一七三〇	馮鴻模等	清雍正八年刻本
〔光緒〕慈谿縣志	一八八八	馮可鏞	清光緒一四年修二五年劉一杜校補德潤書院刻本
〔乾隆〕餘姚志	一七七八	邵晉涵	清乾隆四三年修四六年刻本
〔光緒〕餘姚縣志	一八九九	邵友濂等	清光緒二五年刻本
〔乾隆〕紹興府志	一七九二	平恕等	清乾隆五七年刻本
〔康熙〕山陰縣志	一六七一	沈麟趾等	清康熙一〇年刻本
〔康熙〕會稽縣志	一六八三	董欽德	清康熙二二年刻本
〔乾隆〕諸暨縣志	一七七三	樓卜瀍等	清乾隆三八年刻本
〔光緒〕諸暨縣志	一九〇八	蔣鴻藻	清光緒三四年修宣統二年刻本
〔萬曆〕上虞縣志	一六〇六	馬明瑞等	明萬曆三四年刻本
〔嘉慶〕上虞縣志	一八一一	李方湛等	清嘉慶一六年刻本
〔康熙〕嵊縣志	一六七一	袁尚衷	清康熙一〇年刻本
〔道光〕嵊縣志	一八二八	朱溶等	清道光八年刻本
〔同治〕嵊縣志	一八七〇	蔡以瑺等	清同治九年刻本

書名	年代	作者	版本
〔光緒〕台州府志	一八九七	王舟瑤等	清光緒二三年修民國一五年王氏校定台州旅杭同鄉會鉛印本
〔民國〕台州府志	一九二六	柯華威等	民國一五年修二五年刻本
〔康熙〕太平縣志	一六八三	林槐等	清康熙二二年刻本
〔光緒〕光緒太平續志	一八九六	王棻等	清光緒二二年刻本
〔康熙〕金華府志	一六八三	沈麟趾等	清康熙二二年刻本
〔光緒〕金華縣志	一八九四	鄧鍾玉等	清光緒二〇年修民國四年鉛印本
〔康熙〕蘭谿縣志	一六七二	郭若繹等	清康熙一一年刻本
〔光緒〕蘭谿縣志	一八八一	唐壬森	清光緒七年修一五年刻本
〔嘉慶〕武義縣志	一八〇四	周家駒等	清嘉慶九年刻本
〔康熙〕永康縣志	一六七二	俞有斐等	清康熙一一年刻本
〔道光〕東陽縣志	一八三二	王恩注等	清道光一二年刻本
〔康熙〕義烏縣志	一六九二	王廷曾	清康熙三一年刻本
〔嘉慶〕義烏縣志	一八〇二	程瑜等	清嘉慶七年刻本
〔嘉靖〕浦江縣志	一五二六	毛鳳韶等	明嘉靖五年刻本
〔光緒〕浦江縣志	一八九六	張景青	清光緒二二年刻本
〔康熙〕衢州府志	一七一一	楊廷望	清康熙五〇年刻本
〔嘉慶〕西安縣志	一八一一	范崇楷等	清嘉慶一六年刻本
〔光緒〕開化縣志	一八九六	潘樹棠	清光緒二四年刻本
〔光緒〕常山縣志	一八八六	朱昌泰等	清光緒一二年刻本
〔同治〕江山縣志	一八七三	朱寶慈等	清同治一二年文溪書院刻本
〔乾隆〕溫州府志	一七五六	齊召南等	清乾隆二一修二七年刻本
〔道光〕甌乘補	一八四二	黃漢	清道光二二年抄本
〔嘉靖〕永嘉縣志	一五六六	王叔杲	明嘉靖四五年刻本
〔光緒〕永嘉縣志	一八八二	王棻等	清光緒八年溫州維新書局刻本
〔光緒〕樂清縣志	一九〇一	陳珅等	清光緒二七年東甌郭博古齋刻本
〔康熙〕平陽縣志	一六九四	呂弘誥	清康熙三三年刻本
〔光緒〕處州府志	一八七七	周榮椿等	清光緒三年刻本
〔道光〕麗水縣志	一八四六	張銑	清道光二六年刻本

書名	年代	作者	版本
〔同治〕麗水縣志	一八七四	彭潤章等	清同治一三年刻本
〔順治〕宣平縣志	一六五六	胡世定	清順治一三年刻本
〔光緒〕青田縣志	一八七六	王棻	清光緒二年刻本
〔道光〕縉雲縣志	一八四九	尹希伊等	清道光二九年刻本
〔光緒〕松陽縣志	一八七五	丁鳳章等	清光緒元年刻本
〔乾隆〕遂昌縣志	一七六五	王憕	清乾隆三〇年刻本
〔道光〕遂昌縣志	一八三五	鄭培椿等	清道光一五年刻本
〔順治〕龍泉縣志	一六五五	胡世定等	清順治一二年刻本
〔道光〕安徽通志	一八二五	李振庸等	清道光一〇年刻本
〔光緒〕重修安徽通志	一八七八	何紹基等	清光緒四年刻本
〔嘉慶〕廬州府志	一八〇三	孫星衍等	清嘉慶八年刻本
〔光緒〕續修廬州府志	一八八五	林之望等	清光緒一一年刻本
〔康熙〕合肥縣志	一六七九	朱弦等	清康熙間抄本
〔雍正〕合肥縣志	一七三〇	田寶發	清雍正八年刻本
〔嘉慶〕合肥縣志	一八〇四	左輔	清嘉慶九年刻本
〔乾隆〕銅陵縣志	一七五七	史應貴	民國一九年鉛印本
〔康熙〕巢縣志	一七三〇	鄒瑆	清雍正八年刻本
〔嘉靖〕和州志	一五二八	易鸞	明嘉靖七年刻本
〔乾隆〕無爲州志	一七四三	吴元桂	清乾隆八年刻本
〔嘉慶〕無爲州志	一八〇三	吴元慶等	清嘉慶八年刻本
〔康熙〕廬江縣志	一六九八	王方岐	清康熙三七年刻本
〔嘉慶〕廬江縣志	一八〇三	儲嘉珩等	清嘉慶八年刻本
〔光緒〕廬江縣志	一八八五	盧鈺等	清光緒一一年活字本
〔道光〕續修桐城縣志	一八二七	金鼎壽	清道光七年修一四年刻本
〔萬曆〕望江縣志	一五九四	龍子甲	明萬曆二二年刻本
〔康熙〕望江縣志	一六七三	龍燮	清康熙一二年刻本
〔萬曆〕六安州志	一五八四	李懋檜	明萬曆一二年刻本
〔康熙〕重修六安州志	一六八〇	韓獻等	清康熙一九年抄本

書名	年代	作者	版本
〔同治〕六安州志	一八七二	吳康霖等	清同治一一年刻本
〔乾隆〕壽州志	一七六七	席芑	清乾隆三二年刻本
〔雍正〕舒城縣志	一七〇一	賈彬等	清雍正九年刻本
〔光緒〕續修舒城縣志	一九〇七	趙鳳詔等	清光緒三三年活字本
〔乾隆〕霍山縣志	一七七六	程在嶸	清乾隆四一年刻本
〔光緒〕霍山縣志	一九〇五	何國佑等	清光緒三一年活字本
〔乾隆〕潁州府志	一七五二	王歛福	清乾隆一七年刻本
〔道光〕阜陽縣志	一八二九	李復慶等	清道光九年刻本
〔同治〕渦陽縣志	一八七二	王冠甲等	清同治一一年刻本
〔光緒〕宿州志	一八八九	丁遜之等	清光緒一五年刻本
〔嘉慶〕蕭縣志	一八一五	沈學淵等	清嘉慶二〇年刻本
〔同治〕續蕭縣志	一八七四	段廣瀛	清同治一三年修光緒元年刻本
〔光緒〕重修五河縣志	一八九四	俞宗誠等	清光緒二〇年刻本
〔雍正〕懷遠縣志	一七二四	唐暄	清雍正二年刻本
〔光緒〕鳳陽府志	一八九七	魏家驊等	清光緒二三年修三四年活字本
〔萬曆〕滁陽縣志	一六一四	戴瑞卿等	明萬曆四二年刻本
〔康熙〕滁州志	一六七三	潘運皞	清康熙一二年刻本
〔光緒〕滁州志	一八九六	熊祖詒	清光緒二二年活字本
〔康熙〕全椒縣志	一六七三	吳國對	清康熙一二年刻本
〔嘉靖〕太平府志	一五三一	祝鑾	明嘉靖一〇年刻本
〔康熙〕太平府志	一六七三	宋驤等	清康熙一二年刻本
〔乾隆〕太平府志	一七五七	陸綸	清乾隆二二年刻本
〔嘉慶〕蕪湖縣志	一八〇七	陳春華	清嘉慶一二年修民國二年活字本
〔康熙〕當塗縣志	一六九五	彭希周等	清康熙四六年刻本
〔乾隆〕當塗縣志	一七五〇	萬櫹等	清乾隆一五年刻本
〔乾隆〕廣德直隸州志	一七三九	李國相	清乾隆四年刻本
〔萬曆〕寧國府志	一五七七	梅鼎祚等	明萬曆五年刻本
〔嘉慶〕寧國府志	一八一五	洪亮吉等	民國八年涇縣翟氏清華齋影印嘉慶二〇年刻本

書名	年代	作者	版本
〔嘉慶〕宣城縣志	一八〇八	張燾	清嘉慶一三年刻本
〔嘉慶〕涇縣志	一九一四	洪亮吉	清嘉慶一一年修民國三年涇縣翟氏石印本
〔道光〕涇縣續志	一八二五	趙懋曜等	清道光五年修民國三年涇縣翟氏石印本
〔淳熙〕新安志	一一七五	羅願	《宋元方志叢書》影印清康熙四六年重刻本
〔弘治〕徽州府志	一五〇二	汪舜民	明弘治一五年刻本
〔康熙〕徽州府志	一六九九	趙吉士等	清康熙三八年萬青閣刻本
〔道光〕徽州府志	一八二七	馬步蟾	清道光七年刻本
〔康熙〕歙縣志	一六九〇	吳苑等	清康熙二九年刻本
〔乾隆〕歙縣志	一七七一	劉大櫆等	清乾隆三六年刻本
〔道光〕歙縣志	一八二八	沈伯棠等	清道光八年刻本
〔康熙〕休寧縣志	一六九三	汪晉徵	清康熙三二年刻本
〔道光〕休寧縣志	一八三二	方崇鼎	清道光三年刻本
〔乾隆〕旌德縣志	一七五四	葉長揚	清乾隆一九年刻本
〔嘉慶〕旌德縣志	一八〇八	陳炳德等	清嘉慶一三年刻本
〔道光〕旌德縣續志	一八二六	胡承珙	清道光六年刻本
〔萬曆〕祁門縣志	一六〇〇	謝存仁	明萬曆二八年刻本
〔同治〕祁門縣志	一八七三	汪韻珊	清同治一二年刻本
〔嘉慶〕黟縣志	一八一二	程汝翼等	清嘉慶一七年刻本
〔光緒〕貴池縣志	一八八三	桂迓衡等	清光緒九年活字本
〔嘉慶〕太平縣志	一八〇九	孔傳薪等	清嘉慶一四年刻本
〔康熙〕建德縣志	一六六二	檀光熿等	清康熙元年刻本
〔乾隆〕建德縣志	一七七八	許起鳳	清乾隆四三年刻本
〔宣統〕建德縣志	一九一〇	周學銘等	清宣統二年鉛印本
〔光緒〕江西通志	一八八一	劉鐸等	清光緒七年刻本
〔萬曆〕新修南昌府志	一五八八	章潢	明萬曆一六年刻本
〔光緒〕南昌縣志	一九〇六	魏元曠等	清光緒三二年修民國二四年鉛印本
〔康熙〕新建縣志	一六八〇	楊周憲	清康熙一九年刻本
〔道光〕新建縣志	一八二四	曹師曾	清道光四年刻本

書名	年代	作者	版本
〔康熙〕浮梁縣志	一六七三	曹鼎元	清康熙一二年刻本
〔康熙〕九江府志	一六一三	張秉鉉	清康熙一二年刻本
〔同治〕九江府志	一八七四	黃鳳樓等	清同治一三年刻本
〔同治〕德化縣志	一八七二	吳彬等	清同治一一年刻本
〔同治〕德安縣志	一八七一	程景周等	清同治一〇年刻本
〔雍正〕瑞昌縣志	一七二六	萬定思等	清雍正四年刻本
〔嘉慶〕湖口縣志	一八一八	洪宗訓等	清嘉慶一三年刻本
〔同治〕義寧州志	一八七三	塗家傑等	清同治一二年刻本
〔同治〕武寧縣志	一八七〇	何慶朝	清同治九年刻本
〔正德〕南康府志	一五一五	陳霖	明正德一〇年刻本
〔同治〕星子縣志	八七一	曹徵甲等	清同治一〇年刻本
〔萬曆〕建昌縣志	六七五	徐中素等	明萬曆四六年刻本
〔康熙〕廣信郡志	一六八三	孫世昌	清康熙二二年刻本
〔乾隆〕廣信府志	一七八三	連柱等	清乾隆四八年刻本
〔同治〕廣信府志	一八七二	蔣繼洙	清同治一二年刻本
〔同治〕弋陽縣志	一八七一	汪炳熊等	清同治一〇年刻本
〔乾隆〕婺源縣志	一七五七	潘繼善	清乾隆二二年刻本
〔光緒〕婺源縣志	一八八三	汪正元等	清光緒九年刻本
〔同治〕饒州府志	一八七二	石景芬等	清同治一一年刻本
〔乾隆〕鄱陽縣志	一七四九	黃登穀等	清乾隆一四年刻本
〔同治〕樂平縣志	一八七〇	汪元祥等	清同治九年翥山書院刻本
〔同治〕德興縣志	一八七二	楊重雅等	清同治一一年興賢書院刻本
〔同治〕萬年縣志	一八七一	劉馥桂等	清同治一〇年刻本
〔康熙〕萬載縣志	一六八三	汪映極等	清康熙二二年刻本
〔同治〕萬載縣志	一八七二	杜紹斌	清同治一一年刻本
〔同治〕瑞州府志	一八七三	蕭浚蘭	清同治一二年刻本
〔康熙〕高安縣志	一六七一	陳九疇	清康熙一〇年刻本
〔同治〕高安縣志	一八七一	熊松之	清同治一〇年刻本

書名	年代	作者	版本
〔康熙〕上高縣志	一六七三	李淩漢	清康熙一二年刻本
〔康熙〕新昌縣志	一六八三	羅良鵬等	清康熙二二年刻本
〔乾隆〕新昌縣志	一七九二	萬廷蘭	清乾隆五七年刻本
〔同治〕新昌縣志	一八七二	朱慶萼等	清同治一一年刻本
〔同治〕臨江府志	一八七〇	朱孫詒等	清同治一〇年刻本
〔同治〕清江縣志	一八七〇	朱孫詒等	清同治九年刻本
〔康熙〕新喻縣志	一六七三	符執桓	清康熙一二年刻本
〔同治〕新喻縣志	一八七三	吳增逵	清同治一二年瀛州書院刻本
〔同治〕安義縣志	一八七一	彭斗山等	清同治一〇年活字本
〔康熙〕豐城縣志	一六六四	陸履敬等	清康熙三年刻本
〔道光〕靖安縣續志	一八四八	舒化民	清道光二八年刻本
〔雍正〕撫州府志	一七二九	李茹旻等	清雍正七年刻本
〔光緒〕撫州府志	一八七六	謝煌等	清光緒二年刻本
〔道光〕臨川縣志	一八二三	紀大奎等	清道光三年刻本
〔康熙〕金谿縣志	一六七二	王有年	清康熙一一年修二一年刻本
〔道光〕金谿縣志	一八二六	松安等	清道光六年刻本
〔康熙〕東鄉縣志	一六六五	梁奇等	清康熙六年增刻本
〔乾隆〕建昌府志	一七五九	黃祐等	清乾隆二四年刻本
〔康熙〕南城縣志	一六七三	蕭韻等	清康熙一九年補刻本
〔同治〕南城縣志	一八七三	梅體萱	清同治一二年刻本
〔乾隆〕新城縣志	一七五一	夏之翰等	清乾隆一六年刻本
〔乾隆〕瀘溪縣志	一七五一	周立愛等	清乾隆一六年刻本
〔同治〕瀘溪縣志	一八七〇	彭鍾華等	清同治九年刻本
〔萬曆〕吉安府志	一五八五	余之禎	明萬曆一三年刻本
〔順治〕吉安府志	一六六〇	歐陽主生	清順治一七年刻本
〔光緒〕吉安府志	一八七六	劉繹等	清光緒二年刻本
〔道光〕廬陵縣志	一八二五	王錦芳等	清道光五年刻本
〔同治〕泰和縣志	一八七二	彭啓瑞等	清光緒四年周之鏞續修刻本

書名	年代	作者	版本
〔光緒〕吉水縣志	一八七五	胡完元等	清光緒元年刻本
〔同治〕安福縣志	一八七二	周立瀛等	清同治一一年刻本
〔同治〕龍泉縣志	一八七三	郭崇輝等	清同治一二年刻本
〔同治〕萬安縣志	一八七三	周之鏞等	清同治一二年刻本
〔同治〕新淦縣志	一八七三	陳錫麟	清同治一二年活字本
〔同治〕贛州府志	一八七三	魯琪光等	清同治一二年刻本
〔同治〕贛縣志	一八七二	褚景昕	清同治一一年刻本
〔康熙〕雩都縣志	一七〇八	管奏鋏等	清康熙四七年刻本
〔道光〕信豐縣志續編	一八二四	謝肇漣等	清道光四年刻本
〔康熙〕瑞金縣志	一六八三	楊長世	清康熙二二年刻本
〔康熙〕重修瑞金縣志	一七一〇	朱雪映等	清康熙四九年刻本
〔萬曆〕南安府志	明萬曆間	商文昭等	明萬曆間刻本
〔乾隆〕南安府志大庚縣志	一七四八	余光璧等	清乾隆一三年刻本
〔康熙〕南康縣志	一七一〇	宋玉朗	清康熙四九年刻本
〔同治〕南康縣志	一八七二	盧鼎峋	清同治一一年刻本
〔康熙〕上猶縣志	一六九七	章振萼	清康熙三六年刻本
〔弘治〕八閩通志	一四九一	黃仲昭	明弘治四年刻本
〔萬曆〕閩書	一六一六	何喬遠	明萬曆四四年纂崇禎二年刻本
〔康熙〕福建通志	一六八四	鄭開極等	清康熙二三年刻本
〔道光〕重纂福建通志	一八七一	陳壽祺等	清道光九年修同治一〇年正誼書院刻本
〔萬曆〕福州府志	一六一三	林烴等	明萬曆四一年刻本
〔乾隆〕福州府志	一七五一	魯曾煜等	清乾隆一九年刻本
〔道光〕廈門志	一八三二	周凱等	清道光一二年修一九年玉屏書院刻本
〔萬曆〕建陽縣志	一六〇一	田居中等	明萬曆二九年刻本
〔康熙〕甌寧縣志	一六八三	鄧其文	清康熙二二年刻本
〔康熙〕崇安縣志	一六七〇	衷光烈	清康熙九年刻本
〔順治〕浦城縣志	一六四八	龔五韺等	清順治五年刻本
〔光緒〕重纂邵武府志	一八九八	張景祁等	清光緒二四年刻本

書名	年代	作者	版本
〔光緒〕重纂光澤縣志	一八九七	李麟瑞等	清光緒二三年增刻道光本
〔萬曆〕福寧州志	一六一四	朱梅等	明萬曆四四年刻本
〔萬曆〕福寧州志	明萬曆間	張大光等	明萬曆末年刻本
〔乾隆〕福寧府志	一七五九	李拔等	清乾隆二四年修二七年刻本
〔萬曆〕福安縣志	一五九七	陸以載等	明萬曆二五年刻本
〔弘治〕大明興化府志	一五〇三	周瑛等	明弘治一六年修清同治一〇年林慶貽刻本
〔乾隆〕興化府莆田縣志	一七五八	廖必琦等	清乾隆二三年刻本
〔乾隆〕僊游縣志	一七七〇	葉和侃等	清乾隆三五年修民國一九年鉛印本
〔乾隆〕永福縣志	一七四九	俞荔等	清乾隆一四年刻本
〔同治〕長樂縣志	一八六九	楊希閔等	清同治八年刻本
〔乾隆〕泉州府志	一七六三	黃任等	清乾隆二八年刻本
〔乾隆〕安溪縣志	一七五七	沈鍾等	清乾隆二二年刻本
〔乾隆〕龍溪縣志	一七六二	黃惠等	清乾隆二七年刻本
〔崇禎〕海澄縣志	一六三二	蔡國禎等	明崇禎五年刻本
〔乾隆〕汀州府志	一七五二	李紱等	清乾隆一七年刻本
〔道光〕龍巖州志	一八三〇	陳文衡等	清道光一〇年修光緒一六年張文治補刻本
〔乾隆〕上杭縣志	一七五六	沈成國	清乾隆二一年修同治三年增刻本
〔道光〕永定縣志	一八三〇	巫宜福	清道光一〇年刻本
〔乾隆〕延平府志	一七六五	陶元藻	清乾隆三〇年刻本
〔道光〕永安縣志	一八三三	陳樹蘭等	清道光一三年刻本
〔乾隆〕將樂縣志	一七六五	徐觀海等	清乾隆三〇年刻本
〔崇禎〕尤溪縣志	一六五二	鄧一鼒	明崇禎九年刻本
〔雍正〕河南通志	一七三五	孫灝等	清雍正一三年刻本
〔乾隆〕滎澤縣志	一七四八	王博等	清乾隆一三年刻本
〔乾隆〕汜水縣志	一七四四	禹殿鰲	清乾隆九年刻本
〔康熙〕開封府志	一六九五	張沐	清康熙三四年刻本
〔順治〕祥符縣志	一六五九	馬上騰	清順治一八年刻本
〔乾隆〕祥符縣志	一七三九	魯曾煜	清乾隆四年刻本

書名	年代	作者	版本
〔光緒〕祥符縣志	一八九八	黃舒昺	清光緒二四年刻本
〔乾隆〕杞縣志	一七八八	朱璿	清乾隆五三年刻本
〔道光〕尉氏縣志	一八三一	王觀潮等	清道光一一年刻本
〔乾隆〕儀封縣志	一七六四	宋宜	清乾隆二九年刻本
〔乾隆〕鞏縣志	一七八九	張紫峴	清乾隆五四年刻本
〔乾隆〕衛輝府志	一七八八	徐郎齋	清乾隆五三年刻本
〔乾隆〕新鄉縣志	一七四七	暢俊	清乾隆一二年刻本
〔乾隆〕汲縣志	一七五五	杜崐	清乾隆二〇年刻本
〔道光〕武陟縣志	一八二九	方履籛	清道光九年刻本
〔乾隆〕彰德府志	一七八七	江大鍵等	清乾隆五二年刻本
〔嘉慶〕安陽縣志	一八一九	武穆淳	清嘉慶二四年修民國二年北平文嵐簃古宋印書局鉛印本
〔康熙〕濮州志	一六七三	南誅源	清康熙一二年刻本
〔宣統〕濮州志	一九〇九	榮相鼎等	清宣統元年刻本
〔康熙〕商丘縣志	一七〇五	葉澐	清康熙四四年修民國二一年黃正忠石印本
〔乾隆〕商水縣志	一七四七	郭熙	清乾隆一二年刻本
〔乾隆〕陳州府志	一七四六	姚之琅	清乾隆一一年刻本
〔道光〕鄢陵縣志	八三三	洪符孫	清道光一三年刻本
〔順治〕郾城縣志	六五九	閻舉	清順治一六年刻本
〔嘉靖〕襄城縣志	一五五一	林鸞	明嘉靖三〇年刻本
〔嘉慶〕魯山縣志	一七九六	武億	清嘉慶元年刻本
〔康熙〕汝寧府志	一六九五	董正	清康熙三四年刻本
〔嘉慶〕汝寧府志	一七九六	王增	清嘉慶元年刻本
〔順治〕汝陽縣志	一六六〇	劉元琬等	清順治一七年刻本
〔康熙〕汝陽縣志	一六九〇	李根茂	清康熙二九年刻本
〔道光〕泌陽縣志	一八二八	栗郢	清道光八年刻本
〔嘉靖〕固始縣志	一五四二	葛臣	明嘉靖二一年刻本
〔順治〕固始縣志	一六五九	包韺	清順治一六年刻本
〔順治〕光州志	一六六〇	孟俊	清順治一七年刻本

書名	年代	作者	版本
〔嘉慶〕商城縣志	一八〇三	周之驥	清嘉慶八年刻本
〔乾隆〕光山縣志	一七八六	錢時雍	清乾隆五一年刻本
〔嘉慶〕南陽府志	一八〇七	孔傳金	清嘉慶一二年刻本
〔光緒〕南陽縣志	一九〇四	張嘉謀等	清光緒三〇年刻本
〔順治〕鄧州志	一六五九	彭而述	清順治一六年刻本
〔雍正〕河南府續志	一七二八	張漢	清雍正六年刻本
〔乾隆〕河南府志	一七七九	童鈺等	清乾隆四四年刻本
〔乾隆〕重修洛陽縣志	一七四五	汪堅	清乾隆一〇年刻本
〔嘉慶〕洛陽縣志	一八一三	陸繼輅	清嘉慶一八年修民國五年石印本
〔萬曆〕汝州志	一五九六	張維新	明萬曆二四年刻本
〔宣統〕湖北通志	一九一一	張仲炘等	清宣統三年修民國一〇年刻本
〔康熙〕湖廣武昌府志	一六八七	羅人龍等	清康熙二六年刻本
〔乾隆〕漢陽府志	一七四七	劉湘煃	清乾隆一二年刻本
〔同治〕黃陂縣志	一八七一	徐瀛	清同治一〇年刻本
〔同治〕漢川縣志	一八七三	林祥瑗	清同治一二年刻本
〔道光〕雲夢縣志略	一八四〇	程懷璟	清道光二〇年刻本
〔同治〕續輯漢陽縣志	一八六八	王柏心	清同治七年刻本
〔光緒〕漢陽縣識	清光緒間	張行簡	清光緒景賢書塾刻本
〔光緒〕應城志	一八八二	王承禧	清光緒八年蒲陽書院刻本
〔光緒〕德安府民	一八八八	劉國光等	清光緒一四年刻本
〔弘治〕黃州府志	一五〇〇	盧希哲	明弘治一三年刻本
〔乾隆〕黃州府志	一七四九	靖道漠	清乾隆一四年刻本
〔光緒〕黃州府志	一八八四	鄧琛	清光緒一〇年刻本
〔道光〕黃岡縣志	一八四八	謝荄等	清道光二八年刻本
〔同治〕黃安縣志	一八六九	張家俊等	清同治八年刻本
〔光緒〕羅田縣志	一八七六	陳錦	清光緒二年刻本
〔嘉靖〕蘄水縣志	一五四七	蕭璞等	明嘉靖二六年刻本
〔光緒〕蘄水縣志	一八八〇	多棋	清光緒六年刻本

書名	年代	作者	版本
〔光緒〕蘄州志	一八八二	陳廷揚	清光緒一〇年重校本
〔同治〕廣濟縣志	一八七二	劉燡	清同治一一年活字本
〔光緒〕續補興國州志	一九〇四	劉鳳綸	清光緒三〇年刻本
〔同治〕江夏縣志	一八六九	彭崧毓	清同治八年刻本
〔光緒〕武昌縣志	一八八五	柯逢時	清光緒一一年刻本
〔光緒〕荆州府志	一八八〇	顧嘉蘅等	清光緒六年刻本
〔光緒〕續修江陵縣志	一八七七	胡九皋等	清光緒三年刻本
〔同治〕監利縣志	一八七二	王柏心	清同治一一年刻本
〔光緒〕潛江縣志	一八七九	劉恭冕等	清光緒五年傳經書院刻本
〔嘉靖〕沔陽志	一五三一	童承敍	一九六二年《天一閣藏明代地方志選刊》本
〔光緒〕沔陽州志	一八九四	楊鉅	清光緒二〇年刻本
〔同治〕宜昌府志	一八六六	王柏心等	清同治五年刻本
〔同治〕續修東湖縣志	一八六四	王柏心	清同治三年刻本
〔同治〕增修施南府志	一八七一	何遠鑒等	清同治一〇年刻本
〔同治〕襄陽縣志	一八七四	崔淦等	清同治一三年刻本
〔同治〕南漳縣志集鈔	一八六五	劉正楷等	清同治四年東鶴山堂增刻嘉慶本
〔同治〕棗陽縣志	一八六五	史策先	清同治四年刻本
〔嘉慶〕湖南通志	一八二〇	王煦等	清嘉慶二五年刻本
〔光緒〕湖南通志	一八八五	曾國荃等	清光緒一一年刻本
〔嘉靖〕長沙府志	一五三三	徐一鳴等	明嘉靖一二年刻本
〔乾隆〕長沙府志	一七四七	張雄圖等	清乾隆一二年刻本
〔同治〕長沙縣志	一八七一	張廷珂等	清同治一〇年刻本
〔乾隆〕善化縣志	一七四七	張汝潤等	清乾隆一二年刻本
〔光緒〕善化縣志	一八七七	張先掄等	清光緒三年刻本
〔康熙〕岳州府志	一六八五	楊柱朝	清康熙二四年刻本
〔康熙〕臨湘縣志	一六八五	楊柱朝	清康熙二四年刻本
〔同治〕平江縣志	一八七四	李元度等	清同治一三年刻本
〔光緒〕湘陰縣圖志	一八八〇	郭嵩燾等	清光緒六年刻本

書名	年代	作者	版本
〔嘉慶〕湘潭縣志	一八一八	周系英	清嘉慶二三年刻本
〔光緒〕湘潭縣圖志	一八八九	王闓運等	清光緒一五年刻本
〔同治〕瀏陽縣志	一八七三	鄒焌傑等	清同治一二年刻本
〔嘉慶〕醴陵縣志	一八一九	丁世璟	清嘉慶二四年刻本
〔嘉慶〕攸縣志	一八一七	陳之璘	清嘉慶二二年刻本
〔嘉慶〕茶陵州志	一八一三	彭康等	清嘉慶一八年增刻康熙本
〔道光〕湘鄉縣志	一八二五	胡均等	清道光五年刻本
〔同治〕湘鄉縣志	一八七四	黄楷盛	清同治一三年刻本
〔嘉慶〕郴州總志	一八二〇	陳紹謀	清嘉慶二五年刻本
〔嘉慶〕宜章縣志	一八一五	黄本騏	清嘉慶二〇年刻本
〔民治〕桂陽直隸州志	一八六七	王闓運	清同治七年刻本
〔嘉靖〕衡州府志	一五三六	楊佩	一九六三年《天一閣藏明代地方志選刊》本
〔同治〕衡陽縣志	一八七四	彭玉麟等	清同治一三年刻本
〔同治〕清泉縣志	一八六九	張修府	清同治八年刻本
〔同治〕常寧縣志	一八七〇	李孝經等	清同治九年右文書局刻本
〔同治〕祁陽縣志	一八七〇	劉希關等	清同治九年刻本
〔光緒〕零陵縣志	一八七六	劉沛	清光緒二年刻本
〔道光〕永明縣志	一八四六	王春藻	清道光二六年刻本
〔道光〕寶慶府志	一八四九	鄭顯鶴等	清道光二九年刻本
〔嘉慶〕邵陽縣志	一八二〇	黄崇光等	清嘉慶二九年刻本
〔道光〕新寧縣志	一八二三	張德尊	清道光三年刻本
〔嘉慶〕武岡州志	一八一七	鄭顯鶴	清嘉慶二二年刻本
〔同治〕新化縣志	一八七二	劉洪澤等	清同治一一年刻本
〔光緒〕靖州鄉土志	一九〇八	金蓉鏡	清光緒三四年刻本
〔乾隆〕沅州府志	一七五七	朱景英	清乾隆二二年刻本
〔同治〕芷江縣志	一八七〇	盛一棵	清同治九年刻本
〔康熙〕麻陽縣志	一六八五	黄志璋	清康熙二四年刻本
〔嘉慶〕永定縣志	一八一六	熊國夏等	清道光三年刻本

書名	年代	作者	版本
〔嘉慶〕龍陽縣志	一八一三	游鳳藻等	清嘉慶一八年刻本
〔康熙〕安鄉縣志	一六八七	王基鞏	清康熙二六年刻本
〔光緒〕桃源縣志	一八九二	劉鳳苞	清光緒一八年刻本
〔同治〕石門縣志	一八六八	申正颺	清同治七年刻本
〔嘉慶〕寧鄉縣志	一八一六	袁名曜	清嘉慶二一年刻本
〔康熙〕廣東通志	一六一四	金光祖	清康熙三六年刻本
〔道光〕廣東通志	一八二二	陳昌齊等	清道光二年刻本
〔光緒〕廣州府志	一八七九	史澄等	清光緒五年刻本
〔康熙〕花縣志	一六八七	黃士龍等	清康熙二六年刻本
〔宣統〕番禺縣續志	一九一一	丁仁長等	清宣統三年刻本
〔同治〕韶州府志	一八七四	單興詩	清同治一三年刻本
〔道光〕直隸南雄州志	一八一九	黃其勤等	清道光四年續修刻本
〔康熙〕翁源縣志	一六八六	劉士騏	清康熙二五年刻本
〔光緒〕清遠縣志	一八八〇	朱潤芳等	清光緒六年刻本
〔同治〕連州志	一八七〇	單興詩	清同治九年刻本
〔康熙〕乳源縣志	一六八七	張洗易	清康熙二六年刻本
〔光緒〕惠州府志	一八七七	鄭掄斌等	清光緒三年修七年刻本
〔光緒〕嘉應州志	一八九八	溫仲和	清光緒二七年刻本
〔道光〕長樂縣志	一八四五	溫訓等	清道光二五年刻本
〔順治〕潮州府志	一六六一	賀寬	清順治一八年刻本
〔乾隆〕潮州府志	一七六二	周碩勳	清乾隆二七年刻本
〔光緒〕潮陽縣志	一八八四	張其翻	清光緒一〇年刻本
〔雍正〕揭陽縣志	一七三一	陳樹芝	清雍正九年刻本
〔康熙〕南海縣志	一六九一	胡雲客	清康熙三〇年刻本
〔道光〕南海縣志	一八三五	鄧士憲等	清道光一五年刻本
〔同治〕南海縣志	一八七二	梁紹猶等	清同治一一年刻本
〔乾隆〕順德縣志	一七五〇	胡定	清乾隆一五年刻本
〔咸豐〕順德縣志	一八五三	馮奉初	清咸豐六年刻本

書名	年代	作者	版本
〔康熙〕新會縣志	一六九〇	薛起蛟等	清康熙二九年刻本
〔光緒〕高明縣志	一八九四	梁廷棟等	清光緒二〇年刻本
〔萬曆〕高州府志	明萬曆間	曹志遇等	明萬曆間刻本
〔光緒〕高州府志	一八九〇	陳蘭彬等	清光緒一六年刻本
〔光緒〕化州志	一八九〇	彭興瀛等	清光緒一六年刻本
〔道光〕重修電白縣志	一八二六	邵詠等	清道光六年刻本
〔萬曆〕雷州府志	一六一四	歐陽保等	明萬曆四二年刻本
〔康熙〕雷州府志	一六七二	洪泮珠等	清康熙一一年刻本
〔康熙〕海康縣志	一六八七	宋紹啓	清康熙二六年刻本
〔康熙〕肇慶府志	一六七三	區簡臣	清康熙一二年刻本
〔道光〕肇慶府志	一八三三	江藩等	清道光一三年刻本
〔康熙〕羅定直隸州志	一六八七	劉元祿	清康熙二六年刻本
〔光緒〕德慶州志	一八九九	朱一新等	清光緒二五年刻本
〔正德〕瓊台志	一五二一	唐胄	明正德一六年刻本
〔萬曆〕瓊州府志	明萬曆間	歐陽燦	明萬曆間刻本
〔道光〕瓊州府志	一八四一	張岳崧	清道光二一年刻本
〔康熙〕瓊山縣志	一七〇八	關必登	清康熙四七年刻本
〔乾隆〕瓊山縣志	一七四七	楊宗秉	清乾隆一二年刻本
〔萬曆〕儋州志	一六一八	曾邦泰等	明萬曆四六年刻本
〔康熙〕臨高縣志	一七〇七	樊庶	清康熙四六年刻本
〔康熙〕養利州志	一六九四	傅天寵等	清康熙三三年刻本
〔道光〕慶遠府志	一八二九	唐仁等	清道光九年刻本
〔同治〕象州志	一八七〇	鄭獻甫	清同治九年桂林鴻文堂刻本
〔光緒〕臨桂縣志	一九〇五	黃泌等	清光緒三一年刻本
〔康熙〕全州志	一六八九	黃志璋	清康熙二八年刻本
〔光緒〕平南縣志	一八八四	周壽祺	清光緒一〇年刻本
〔雍正〕靈山縣志	一七三三	盛熙祚	清雍正一一年刻本
〔崇禎〕廉州府志	一六三七	鄭抱素	明崇禎一〇年刻本

書名	年代	作者	版本
〔康熙〕廉州府志	一七二二	徐成棟	清康熙六一年刻本
〔康熙〕西林縣志	一七一八	王維淮	清康熙五七年刻本
〔嘉慶〕四川通志	一八一六	楊芳燦等	清嘉慶二一年刻本
〔民國〕四川通志稿	一九三六	四川通志局	民國二五年稿本
〔康熙〕四川成都府志	一六八六	何如偉等	清康熙二五年抄本
〔嘉慶〕成都縣志	一八一六	衷以壎等	清嘉慶二一年刻本
〔同治〕重修成都縣志	一八七三	衷興鑑等	清同治一二年刻本
〔光緒〕雙流縣志	一八七七	彭琬等	清光緒三年刻本
〔光緒〕雙流縣志	一八九四	吴特仁	清光緒二〇年刻本
〔嘉慶〕華陽縣志	一八一六	潘時彤等	清嘉慶二一年刻本
〔宣統〕溫江鄉土志	一九〇九	曾學傳	清宣統元年刻本
〔同治〕郫縣志	一八七〇	高升之等	清同治九年刻本
〔光緒〕郫縣鄉土志	一九〇八	姜士諤	清光緒三四年鉛印本
〔清〕崇寧縣鄉土志	不詳	佚名	清末抄本
〔光緒〕增修灌縣志	一八八六	鄭珶山	清光緒一二年刻本
〔嘉慶〕什邡縣志	一八一三	林時春	清嘉慶一八年刻本
〔嘉慶〕漢州志	一八一二	侯肇元等	清嘉慶二二年刻本
〔同治〕續漢州志	一八六九	曾履中等	清同治八年刻本
〔道光〕新都縣志	一八六九	張懷洵等	清道光二四年刻本
〔清〕新都縣鄉土志	不詳	張治新	清末抄本
〔同治〕新繁縣志	一八七三	楊益豫等	清同治一二年刻本
〔嘉慶〕邛州直隸州志	一八一二	王來遴	清嘉慶二三年刻本
〔同治〕大邑縣志	一八六七	趙霦等	清同治六年刻本
〔嘉慶〕崇慶州志	一八一三	衛道凝等	清嘉慶一八年刻本
〔光緒〕增修崇慶州志	一八七七	胡麟等	清光緒三年刻本
〔光緒〕新修潼川府志	一八九七	王龍勳等	清光緒二三年刻本
〔同治〕直隸綿州志	一八七三	伍肇齡等	清同治一二年刻本
〔光緒〕江油縣志	一九〇三	歐培槐等	清光緒二九年刻本

書名	年代	作者	版本
〔同治〕彰明縣志	一八四七	牛樹梅等	清同治一〇年增修一三年刻本
〔同治〕劍州志	一八七三	李榕等	清同治一二年刻本
〔咸豐〕重修梓桐縣志	一八五八	楊曦等	清咸豐八年刻本
〔嘉慶〕三臺縣志	一八一五	沈昭興	清嘉慶二〇年刻本
〔光緒〕鹽亭縣志續編	一八八二	趙宗藩等	清光緒八年刻本
〔光緒〕射洪縣志	一八八四	羅錦城等	清光緒一〇年刻本
〔光緒〕遂寧縣志	一八七九	李星根等	清光緒五年刻本
〔光緒〕蓬溪縣續志	一八九九	熊祥謙等	清光緒二五年刻本
〔嘉慶〕德陽縣志	一八一五	廖家驌等	清嘉慶二〇年刻本
〔道光〕德陽縣志	一八三七	劉碩輔	清道光一七年刻本
〔同治〕德陽縣志	一八七四	劉宸楓等	清同治一三年刻本
〔光緒〕德陽縣志	一九〇五	李炳靈等	清光緒三一年刻本
〔道光〕綿竹縣志	一八四九	沈心如等	清道光二九年刻本
〔嘉慶〕安縣志	一八一二	楊英燦	清嘉慶一七年刻本
〔嘉慶〕羅江縣志	一八一五	李桂林等	清嘉慶二〇年修同治四年刻本
〔同治〕續修羅江縣志	一八六五	劉正慧等	清同治四年刻本
〔道光〕榮縣志	一八四五	王培荀等	清道光二五年刻本
〔道光〕樂至縣志	一八四〇	劉碩輔等	清道光二〇年刻本
〔光緒〕資州直隸州志	一八七八	劉烱等	清光緒二年增刻本
〔咸豐〕資陽縣志	一八六〇	何華元等	清咸豐一〇年刻本
〔光緒〕敘州府志	一八九六	邱晉成等	清光緒二二年刻本
〔嘉慶〕宜賓縣志	一八一二	李世芳等	清嘉慶一七年刻本
〔嘉慶〕納谿縣志	一八一三	陳廷鈺	清嘉慶一八年刻本
〔嘉慶〕直隸瀘州志	一八二〇	余觀和等	清嘉慶二五年刻本
〔光緒〕直隸瀘州志	一八八二	華國清等	清光緒八年刻本
〔同治〕合江縣志	一八七一	楊致道等	清同治一〇年刻本
〔光緒〕續修敘永永寧廳縣合志	一九〇八	萬愼等	清光緒三四年鉛印本
〔光緒〕屏山縣續志	一八九八	陳藩垣等	清光緒二四年刻本

書名	年代	作者	版本
（同治）嘉定府志	一八六四	陳堯采等	清同治三年刻本
（嘉慶）夾江縣志	一八一三	王佐	清嘉慶一八年刻本
（清）夾江鄉土志	不詳	佚名	清末抄本
（嘉慶）洪雅縣志	一八一三	張柱等	清嘉慶一八年刻本
（光緒）丹稜縣志	一八九二	朱文瀚等	清光緒一八年刻本
（光緒）青神縣志	一八七七	文筆超等	清光緒三年刻本
（嘉慶）眉州屬志	一八〇〇	王昌年等	清嘉慶五年刻本
（光緒）光緒井研志	一九〇〇	吳嘉謨等	清光緒二六年刻本
（光緒）補纂仁壽縣志	一八八一	陳詔湘	清光緒七年刻本
（宣統）峨眉縣續志	一九一一	朱榮邦等	清宣統三年刻本
（道光）保寧府志	一八二一	史觀等	清道光元年刻本
（咸豐）閬中縣志	一八五一	李惺等	清咸豐元年刻本
（道光）南部縣志	一八四九	徐暢遠等	清道光二九年刻本
（光緒）廣安州新志	一九〇七	周克堃等	清光緒三三年修宣統三年刻本
（嘉慶）達縣志	一八一五	王廷偉等	清嘉慶二〇年刻本
（道光）大竹縣志	一八二二	王懷孟等	清道光二年刻本
（咸豐）天全州志	八五八	陳松齡等	清咸豐八年刻本
（嘉慶）寧遠府志	清嘉慶間	佚名	清嘉慶間修一九六〇年油印本
（同治）會理州志	一八七〇	吳鍾崙	清同治一三年刻本
（光緒）會理州續志	一九〇五	徐昱	清光緒三一年刻本
（光緒）雷波廳志	一八九三	萬科進	清光緒一九年刻本
（乾隆）貴州通志	一七四一	靖道謨等	清乾隆六年刻本
（道光）貴陽府志	一八四〇	蕭琯等	清咸豐二〇年補刻本
（道光）遵義府志	一八四一	鄭珍等	清道光二一年刻本
（光緒）湄潭縣志	一八九九	歐陽曙	清光緒二五年刻本
（光緒）增修仁懷廳志	一八九五	王椿等	清光緒二一年修二八年刻本
（萬曆）銅仁府志	明萬曆間	陳以曜	明萬曆後期刻本
（道光）思南府續志	一八四一	蕭琯等	清道光二一年刻本

書名	年代	作者	版本
〔道光〕大定府志	一八四九	鄒漢勳	清道光二九年刻本
〔光緒〕畢節縣志	一八七九	徐廷燮	清光緒五年刻本
〔咸豐〕安順府志	一八五一	吳寅邦	清咸豐元年刻本
〔光緒〕雲南通志	一八九四	陳燦	清光緒二〇年刻本
〔光緒〕續雲南通志稿	一九〇一	唐炯等	清光緒二七年四川岳池刻本
〔康熙〕雲南府志	一六九六	謝儼等	清康熙三五年刻本
〔道光〕昆明縣志	一八四一	戴絅孫	清道光二一年修光緒二七年刻本
〔光緒〕呈貢縣志	一八八五	朱若功等	清光緒一一年增刻雍正本
〔雍正〕安寧州志	一七三一	段昕	清雍正九年修乾隆四年刻本
〔咸豐〕南寧縣志	一八五二	張翊辰等	清咸豐二年刻本
〔光緒〕續修嵩明州志	一八八七	王沂淵等	清光緒一三年刻本
〔光緒〕霑益州志	一八八五	李景賢	清光緒一一年刻本
〔乾隆〕石屏州志	一七五九	管學宣	清乾隆二四年刻本
〔光緒〕鶴慶州志	一八九四	楊金和等	民國二〇年刻本

二、其他類

左傳	春秋	題左丘明	中華書局一九八一年楊伯峻注本
尸子	戰國	尸佼	湖海樓叢書本
列子	戰國	不詳	《四部叢刊》影印瞿氏鐵琴銅劍樓藏北宋本
戰國策	戰國	佚名	巴蜀書社一九八七年繆文遠新校注本
呂氏春秋	戰國	呂不韋	學林出版社一九八四年陳奇猷校釋本
黃帝內經素問	不詳	佚名	人民衛生出版社一九九二年校注本
靈樞經	不詳	佚名	天津科技出版社一九八九年校注本
韓詩外傳	漢	韓嬰	中華書局一九八〇年許維遹集釋本
史記	漢	司馬遷	中華書局一九五九年點校本
說苑	漢	劉向	華東師大出版社一九八五年趙善詒疏證本

書名	年代	作者	版本
列仙傳	漢	劉向	上海古籍出版社一九九〇年影印明刻本
淮南子	漢	劉安	中華書局一九八九年馮逸等點校本
傷寒論	漢	張機	人民衛生出版社一九九一年校注本
金匱要略	漢	張機	人民衛生出版社一九九〇年校注本
漢書	一〇二	班固	中華書局一九六二年點校本
鍼灸甲乙經	二八二	皇甫謐	人民衛生出版社一九五六年影印明醫統正脈本
高士傳	晉	皇甫謐	《叢書集成初編》影明嘉靖刻本
脈經	約二八五	王叔和	人民衛生出版社一九九一年校注本
三國志	二九七	陳壽	中華書局一九五九年點校本
搜神記	晉	干寶	中華書局一九七九年汪紹楹校注本
神仙傳	晉	葛洪	上海古籍出版社一九九〇年影印《四庫全書》本
肘後備急方	約三一五	葛洪	人民衛生出版社一九五六年影印明萬曆二年刊本
華陽國志	晉	常璩	上海古籍出版社一九八七年任乃強校補圖注本
後漢書	四一五	范曄	中華書局一九六五年點校本
宋書	四八八	沈約	中華書局一九七四年點校本
南齊書	五三七	蕭子顯	中華書局一九七二年點校本
魏書	五五四	魏收	中華書局一九七四年點校本
周書	六三五	令狐德棻	中華書局一九七一年點校本
梁書	六三七	姚思廉	中華書局一九七三年點校本
北齊書	六三八	李百藥	中華書局一九七四年點校本
晉書	六四八	房玄齡等	中華書局一九七四年點校本
備急千金要方	六五一	孫思邈	人民衛生出版社一九五五年影印北宋本
隋書	六五六	魏徵等	中華書局一九七三年點校本
南史	六五九	李延壽	中華書局一九七五年點校本
北史	六五九	李延壽	中華書局一九七四年點校本
沈下賢文集	唐	沈亞之	《四部叢刊》影印明抄本
柳宗元集	唐	柳宗元	中華書局一九七九年吳文治校點本
朝野僉載	七六六	張鷟	中華書局一九七九年趙守儼校點本

書名	年代	作者	版本
封氏聞見錄	八〇五	封寅	中華書局一九五八年趙貞信校注本
大唐新語	八〇七	劉肅	中華書局一九八四年許德楠等點校本
唐國史補	唐	李肇	古典文學出版社一九五七年校點本
集異記	八二一	薛用弱	中華書局一九八〇年王達津等點校本
經效產寶	八五三	昝殷	人民衛生出版社一九五五年影清刻北宋本
明皇雜錄	八五五	鄭處誨	上海古籍出版社一九八五年丁如明輯校本
酉陽雜俎	八六三	段成式	中華書局一九八一年方南生校點本
因話錄	八七四	趙璘	《叢書集成初編》據清順治一五年抄本排印本
獨異志	唐	李亢	《叢書集成初編》本
舊唐書	九五四	原題劉昫	中華書局一九七五年點校本
鑑戒錄	九六五	何光遠	知不足齊叢書本
北夢瑣言	宋	孫光憲	上海古籍出版社一九八一年林文園校點本
舊五代史	九七七	薛居正等	中華書局一九七六年點校本
太平廣記	九七八	李昉等	中華書局一九六一年校點本
太平御覽	九八五	李昉等	《四部叢刊三編》影印日本藏宋慶元間蜀刻本
彭城集	一〇二三	劉攽	《叢書集成初編》本
新五代史	宋	歐陽修等	中華書局一九七四年點校本
東坡志林	一〇三六	蘇軾	中華書局一九八一年王松齡點校本
仇池筆記	一〇三六	蘇軾	《叢書集成初編》據明萬曆趙開美本排印本
張右史文集	一〇五四	張耒	《四部叢刊》(初編)本
明道雜志	一〇五四	張耒	《叢書集成初編》據陽山顧氏文房本排印本
柯山集	宋	張耒	中華書局一九九〇年李逸安校點本
春渚紀聞	宋	何薳	《叢書集成初編》本
新唐書	一〇六〇	歐陽修等	中華書局一九七五年點校本
避暑錄話	一〇七七	葉夢得	《津逮秘書》本
史載之方	一〇八五	史堪	清光緒二年陸心源刻本
政和經史證類備用本草	一〇八五	唐慎微	人民衛生出版社一九五七年縮影印蒙古定宗四年平陽張存惠晦明軒刻本

書名	年代	作者	版本
涑水紀聞	一〇八六	司馬光	中華書局一九八九年鄧廣銘等點校本
夢溪筆談	一〇九四	沈括	中華書局一九五七年胡道靜校注本
唐語林	一一〇〇	王讜	中華書局一九八七年周勛初校證本
續世說	一一〇〇	孔平仲	《叢書集成初編》據守山閣叢書排印本
龍川略記	一一一二	蘇轍	中華書局一九八二年第一版
小兒藥證直決	一一一九	錢乙	人民衛生出版社一九九一年點校本
路史	宋	羅泌	《叢書集成初編》影印抱經堂本
邵氏聞見後錄	一一三二	邵博	中華書局一九八三年劉德權等點校本
泊宅編	宋	方勺	中華書局一九八三年許沛藻等點校本
扁鵲心書	一一四六	竇材	清乾隆三二年刻《醫林指月十二種》本
幼幼新書	一一五〇	劉昉	人民衛生出版社一九八七年點校本
老學菴筆記	一一七四	陸游	中華書局一九七九年李劍雄等點校本
醫經正本書	一一七六	程迥	《叢書集成初稿》本
醫學啓源	一一八六	張元素	上海中醫學院藏明刻本
能改齋漫錄	一一九〇	吳曾	中華書局上海編譯所一九六〇年校點本
揮麈錄	一一九四	王明清	《四部叢刊續編》影印汲古閣宋抄本
夷堅志	一二〇二	洪邁	中華書局一九八一年何卓點校本
雲麓漫鈔	一二〇二	趙彥衛	《筆記小說大觀》本
痘疹論	一二二三	聞人規	明嘉靖二三年劉尚義序刻本
醫說	一二二四	張杲	上海科技出版社一九八四影印明嘉靖本
賓退錄	一二二四	趙興旹	上海古籍出版社一九八三年齊治平點校本
白獺髓	宋	張仲文	《叢書集成初編》本
四朝聞見錄	宋	葉紹翁	中華書局一九八九年沈錫麟等點校本
儒門事親	一二二八	張從正	明萬曆二九年《古今醫統正脈全書》本
內外傷辨惑論	一二三一	李杲	明萬曆二九年步月樓刻《東垣十書》本
桯史	一二三四	岳珂	中華書局一九八一年吳企明點校本
歸潛志	一二三五	劉祁	中華書局一九八三年崔文印點校本
文山先生文集	一二三六	文天祥	《四部叢刊》據明景泰六年刻本排印本

書名	年代	作者	版本
婦人十全良方	一二三七	陳自明	人民衛生出版社一九八五年點校本
獨醒雜志	一二四五	曾敏行	上海古籍出版社一九八六年校點本
遺山先生文集	一二五七	元好問	《四部叢刊》影印明弘治刻本
黄文獻公集	一二七七	黄溍	《四部叢刊》影印元刻本
女科百問	一二七九	齊仲甫	上海古籍書店一九八三年影印明萬曆刻本
齊東野語	一二九一	周密	中華書局一九八三年張茂鵬點校本
九靈山房集	一三一七	戴良	《四部叢刊》影印明正統間刻本
遼史	一三四四	脱脱等	中華書局一九七四年點校本
金史	一三四四	脱脱等	中華書局一九七五年點校本
宋史	一三四五	脱脱等	中華書局一九七七年點校本
十藥神書	一三四八	葛可久	人民衛生出版社一九五六年影印林氏抄本
脈因證治	一三五八	朱震亨	上海科技出版社一九五八年據清乾隆四〇年頤生堂刻本排印本
輟耕錄	一三六〇	陶宗儀	《四部叢刊》影印元刻本
元史	一三七〇	宋濂	中華書局一九七五年點校本
衛生實鑒	一四一七	蔣用文	人民衛生出版社點校本
宋文憲公集	明	宋濂	《四部備要》影嘉慶十五年刻本
復齋日記	明	許諾	《叢書集成初編》本
秘傳證治要訣	一四四三	戴思恭	人民衛生出版一九八九年點校本
寓圃雜記	一四四八	王錡	《叢書集成初編》本
蘇談	明	楊循吉	《叢書集成初編》據明刻本排印本
靜修先生文集	元	劉因	《四部叢刊》影印元至順元年宗文堂刊本
稗史集傳	元	王顯	上海書店一九八三年《歷代小説筆記選》本
蓬窗類記	明	黄暐	上海書店一九八三年《歷代小説筆記選》本
醫史	一五一三	李濂	中國中醫研究院藏抄本
續醫說	一五二二	俞弁	上海科技出版社一九八四年《醫說》本
重鐫丹溪心法附餘	一五三六	方廣	臺灣新文豐出版公司一九八二年影印明隆慶六年山東布政使施篤臣刻本

書名	年代	作者	版本
焦氏筆乘	一五四一	集竑	上海古籍出版社一九八六年李氏點校本
比事摘錄	明	佚名	《叢書集成初編》影印本
片玉心書	一五四九	萬全	《萬密齋醫學叢書》本
古今醫統大全	一五五六	徐春甫	人民衛生出版社一九九一年點校本
明醫指掌	一五五六	皇甫中	明嘉靖三五年刻本
醫學入門	一五七五	李梴	江西科學技術出版社一九八八年據萬曆三年刻本點校本
本草綱目	一五七八	李時珍	臺灣新文豐出版公司一九八七年影印明崇禎一三年錢蔚起刻本
醫方考	一五八四	吳崑	明萬曆刻本
仁術便覽	一五八五	張浩	人民衛生出版社一九八五年點校本
類林雜記	明	王朋壽	《嘉業堂叢書》本
萬病回春	一五八七	龔廷賢	人民衛生出版社一九八二年排印本
雜病證治准繩	一六〇二	王肯堂	上海科技出版社一九五九年影印明萬曆本
醫學六要	一六〇九	張三錫	明崇禎一七年刻本
醫貫	一六一七	趙獻可	明崇禎元年刻本
慎柔五書	一六三六	胡慎柔	清乾隆五九年甲寅修敬堂刻本
醫宗必讀	一六三七	李中梓	人民衛生出版社一九五七年本
景岳全書	一六三九	張介賓	人民衛生出版社一九九一年點校本
脈訣彙辨	一六六二	李延罡	清康熙五年丙午李氏自刻本
醫宗說約	一六六二	蔣示吉	清嘉慶二五年藜照書屋刻本
醫津一筏	一六六二	江之蘭	清道光二四年吳江沈氏世楷堂刻本
侶山堂類辨	一六六三	張志聰	清乾隆三二年《醫林指月十二種》本
醫暇卮言	一六七六	程林	上海科技出版社一九九〇年《醫學大成》本
辨證錄	一六八七	陳士鐸	清乾隆一三年喻義堂刻本
醫經允中	一六九三	李熙和	清道光十一年刻本
千金方衍義	一六九八	張璐	清同治間掃葉山房本
醫學眞傳	一六九九	高世栻	江蘇科技出版社一九八三年本
症因脈治	一七〇六	秦昌遇	上海科技出版社一九九〇年《中國醫學大成》本

書名	年代	作者	版本
醫權初編	一七二一	王三尊	上海科技出版社一九八五年《珍本醫書集成》本
顧松園醫鏡	一七二二	顧靖遠	掃葉山房一九三四年石印本
古今圖書集成	清	陳夢雷等	中華書局和巴蜀書社一九八五至一九八七年聯合影印本
靜香樓醫案	一七二九	尤怡	清光緒三七年刻本
醫學心悟	一七三三	程國彭	人民衛生出版社一九五七年影印清乾隆七年武英殿聚珍版本
明史	一七三五	張廷玉等	中華書局一九七四年點校本
臨證指南醫案	一七四六	葉桂	科技衛生出版社一九五九新一版
普濟本事方釋義	清	葉桂	清嘉慶一九年姑蘇掃葉山房刻本
醫碥	一七五一	何夢瑤	清乾隆一六年刻本
四聖心源	一七五三	黃元御	人民衛生出版社一九九〇年《黃元御醫書十一種》本
廣陽雜記	清	劉獻廷	功順堂叢書本
雜症會心錄	一七五四	汪蘊穀	《珍本醫書集成》本
串雅內編	一七五九	趙學敏	人民衛生出版社一九五六影印清光緒本
大生要旨	一七六二	唐千頃	光緒三三年丙戌石印本
本草綱目拾遺	一七六五	趙學敏	人民衛生出版社一九五七年影印清合肥張紹棠味古齊刻本
瘍醫大全	一七六〇	顧世澄	人民衛生出版社一九八七年第一版
沈氏經驗方	一七六七	沈心齊	《珍本醫學叢書》本
女科指要	一七六四	徐大椿	《徐大椿醫書全集》本
慎疾芻言	一七六七	徐大椿	人民衛生出版社一九八八年點校《徐靈胎醫書全集》本
金匱翼	一七六八	尤怡	上海衛生出版社一九五七年新一版
續名醫類案	一七七〇	魏之琇	清光緒一一年山西信述堂刻本
雜病源流犀燭	一七七三	沈金鰲	清同治甲戌湖北崇文書局刻本
幼科釋謎	一七七三	沈金鰲	乾隆三八年刻本
拜經樓藏書題跋記	一七三三	吳騫	《叢書集成初編》本
金匱要略淺注		陳修園	中國書店影印上海廣益書局本
醫級	一七七五	董西園	清乾隆丁酉天順堂刻本
吳醫彙講	一七九二	唐大烈	上海科技出版社一九八三年丁光迪點校本
四庫全書總目	一七八九	紀昀等	中華書局一九六五年影印校勘本

書名	年代	作者	版本
溫病條辨	一七九八	吳瑭	人民衛生出版社一九六三年據清嘉慶一八年問心堂本排印本
重慶堂隨筆	一八〇八	王秉衡	清光緒乙巳上海書局據紹興奎照樓刻本石印本
筆花醫鏡	一八二四	江涵暾	上海科技出版社一九五八年新一版
醫門棒喝初集	一八二五	章楠	清道光九年刻本
片石居瘍科治法輯要	一八二八	沈志裕	清道光八年戊子志古堂刻本
醫林改錯	一八三〇	王清任	上海科技出版社一九五六年新一版
產孕集	一八三〇	張曜孫	清同治七年刻本
潛齋簡效方	一八三八	王士雄	一九一八年集古閣石印《潛齋醫叢書十四種》本
潛齋醫話	一八三八	王士雄	上海科技出版社一九九〇年《中國醫學大成》本
類證治裁	一八三九	林佩琴	上海科技出版社一九五九年版
錦里新編	清	張邦伸	巴蜀書社一九八四年影印本
曝書亭集	清	朱彝尊	《四部叢刊》影印清康熙五三年原刻本
小倉山房文集	清	袁枚	上海古籍出版社一九八八年周本淳點校本
隨園詩話	清	袁枚	人民文學出版社一九六〇年顧學頡點校本
醫略十三篇	一八四〇	蔣寶素	清光緒丁亥興發堂刊本
本草述鉤元	一八四二	楊時泰	道光壬寅春昆陵涵雅堂刻本
醫學五則	一八四四	廖雲溪	清光緒丁亥興發堂刊本
醫學讀書志	一八五二	曹禾	中醫古籍出版社一九八一年據清咸豐二年初印本整理重印本
市隱廬醫學雜著	一八五三	王德森	咸豐三年癸丑著者自刻本
冷廬雜識	一八五六	陸以湉	《筆記小說大觀》本
醫原	一八六一	石壽棠	咸豐十一年辛酉留根書屋刻本
歸硯錄	一八六二	王士雄	民國七年集古閣潛齋醫學叢書十四種本
醫醇賸義	一八六三	費伯雄	清同治二年耕心堂刻本
醫宗會要	一八六四	湛德芬	清宣統三年辛亥昌城黃多文堂刻本
醫理眞傳	一八六九	鄭壽全	清同治一三年成都文林齋劉氏刻本
蟲鳴漫錄	一八七七	采蘅子	《筆記小說大觀》本
蠢子醫	一八八二	龍之章	《珍本醫書集成》本
血證論	一八八四	唐宗海	清光緒一九年湖北鄖縣署刻本

書名	年代	作者	版本
紀恩錄	一八九二	馬培之	清光緒八年重刻本
張聿青醫案	一八九五	張聿青	上海科技出版社一九六三年本
醫學總論	一八九五	陸汝銜	清光緒二一年什邡錢氏清風堂校刻本
外科明隱集	一九〇二	何景才	光緒一八年京都文光樓刊本
螢窗異草	一九〇五	長白浩歌子	《筆記小説大觀》本
醫學衷中參西錄	一九〇九	張錫純	重慶醫藥圖書供應社一九四四年鉛印本
鼠疫抉微	一九一〇	余伯陶等	上海科技出版社一九九〇年《中國醫學大成》本
清史稿	一九二五	趙爾巽等	中華書局一九七六年標點本

典制總部

主編：宋興　王詠芳
副主編：林森榮　歐陽利民
編委：祝捷　陳麗平　黃金燕

《典制總部》提要

本總部輯歷代醫學典章制度相關資料而成，旨在以史實爲依據，勾勒各時期醫學管理成就及其內在聯繫和相互影響之輪廓。早在周代，中醫發展已具規模，初建典制，此後，代有充實而漸成體系。然各時期醫學典章制度因學科自身內在發展和社會政治、經濟、文化、哲學諸因素影響而建樹有別，繁簡各異。爲全面展示歷代典章制度的具體內容，並完整體現其不斷演進的內在聯繫，本總部以醫事典章制度相關資料類別爲綱，採用以類相從，並按歷史發展先後順序歸納類列相關資料，綜述其事，不另設論說、題解等綺目。資料的取捨，原則上以信、實爲追求。但由於某些歷史時期——如先秦，資料甚少，則取捨適當放寬。某些類別的資料相對較爲豐富——如醫藥福利，則以能相對完整地展示其基本面貌爲原則，適當加以選擇，避免重複繁冗。

史料的收取：本總部資料所涉文獻範圍甚廣，凡正史、方志，稗官野史、諸子百家、佛書道藏、小說雜記無所不包。在資料選取時，既重視其來源，又不唯出處論價值，不以史籍雜録定取捨。出於史籍者，相對可信度較高，儘量採收；源自雜録者，未必不可補史筆之疏漏，擇善而取。收録時限上起於周，下迄於清。此外，還採收太平天國醫學典章制度資料附録於後。

史料的分類：本總部按照以類相從原則，將西周至清末之各時期醫學典章制度文獻資料分爲『醫政

『醫學科目』、『醫籍整理』、『醫學教育』、『醫事獎懲』、『醫官選用考核』、『醫官職事秩俸』、『醫療機構』、『醫藥福利』、『醫學交流』、『醫巫並存』十類進行綜述，每類即是一個部，其下不再另設子目。

史料的編排，各部之下，基本以作品問世先後爲次，同一出處的資料相對集中。典制總部之體例，由是確立。典制總部之內容，由此可窺其大觀。

醫學典章制度的興廢更替，歷朝歷代雖也相互借鑒，但前朝之興，後世之廢，並無一定之成規約束遵循，不過各取所需罷了。因此，同一類別之下的具體內容可能繁簡各異，甚至有無迥殊。

由于史料本身大多內容複雜而又聯繫緊密，事涉多端而又錯綜交織，取捨最難，既要考慮史料的類別從屬性，又要考慮內容的相對完整性，如割裂過於細碎，易致混亂重複，反生歧誤，因此祇能從其大要而收録類分之。現根據本書實際情況，分部解說如下：

醫政醫療機構部：本部所收主要爲醫學行政及學科隸屬關係類文獻資料。這類數據裏，有兩個特殊時期較難處理，一是先秦，二是清末。

從周至秦，雖歷史跨度數百年，而且西周在醫學分科和醫事管理上已建立了一個很高的起點，但中國醫學畢竟還沒有形成體系，醫學典章制度還處於萌芽狀態。加之歷史又在西周之末進入了大分裂、大動蕩時期，九鼎流散，王權崩解，各諸侯封國都把精力集中在發展經濟，壯大軍事，拓展外交，以冀稱霸諸侯，一統中華的宏圖大略上，醫學難以提上議事日程，因而資料極爲貧乏。有關醫學發展及其典章制度的蛛絲馬跡，多散見於思想家談經論道的語録或借題發揮的寓言之中。這類資料雖然稱不上典章制度文本，但卻能曲折反映當時醫學發展概況，所以斟酌再三，仍大膽作了收取，以求聊勝於無。

清中葉以後，西學浸漬，新類層出，新時代，新思潮之印跡，反映在醫學典章制度裏，亦不乏普通醫學、衛生防疫、刑獄醫學、軍事醫學等與以往任何一個時期都完全不同的嶄新篇章，非廣收博採不能展示其全貌，盡收之又與歷代建制大相徑庭，類列頗費思索。經反復權衡，最終還是採用了廣收博採的做法，以求存史實之眞相，全史實之大觀，

醫官職事秩俸部：本部下所收主要爲醫官品第、工作範圍、學術級別、政治經濟待遇等相關文獻資料。

醫事獎懲部：本部下所收主要爲醫學觀念、行爲、效果所引致的政府或體現政府意志之地方官員的種種反應，其下主要包括封賞旌表、懲妄禁僞、禁用動物藥等相關資料。勤能者獎，妄僞者懲，內中也不免有統治者喜怒好惡的重大影響。

醫官選用考核部：本部下所收主要爲醫官取用途徑及理論臨床考核制度，或來自國學，或求諸民間，或引薦而出，或自薦而上；以考核定取捨，以優劣定秩俸等相關文獻資料。

醫籍整理部：本部下所收主要爲反映各時期校刊出版醫學著作，以廣流傳之官方行爲的相關文獻資料。

醫學科目部：本部下所收主要爲自西周伊始，反映歷代醫學分科發展概況的相關文獻資料。學科分化隨實踐的不斷深入而日益成熟，是自然科學發展的一般規律，醫學當不例外。唯離亂之際，學科分

化軌跡反淹沒不彰，祇有通過某些醫家在不同科目中的具體醫事史料來加以體現。

醫藥福利部：本部下所收主要爲歷代各級政府對不同階層在遭受疾疫時，給予救療措施的相關文獻資料，其下主要包括優恤勛勳貴、撫恤軍旅傷殘、減免醫生賦役、疫區優俸、疫區特許、普及醫學知識、建立醫療慈善機構、赦療罪囚、賑疫濟困、病假、病退、病蔭等具體內容。其在形式上與醫學典章制度關係似乎不甚緊密，而且內容龐雜，但醫學絕不祇是病床邊的事業，而是廣泛聯係社會民生的工程。這部分內容，正好生動反映了醫學與社會間深刻而又廣泛的聯係。

醫學交流部：本部下所收文獻資料，雖主要爲國與國間的醫學往來，但也有不少內容僅涉各民族間醫學相互浸漬溝通，故不言中外。

醫學教育部：本部下所收主要爲有組織有計劃的國立教育相關資料，主要包括祀聖、考核、興學等具體內容。祀聖係追懷先賢功德的典禮，倡行於官方，流行於民間，似與教育無涉，然推考其意，旨在垂範後世，教化後學，使代有所宗而懿風永暢，實教育之宏旨。

醫巫並存部：本部下所收主要爲反映醫巫興廢客觀存在的相關文獻資料。醫巫關係源遠流長，是醫學發展過程中受原始宗教影響的一種複雜現象。縱觀中國古代史，歷代王朝時或大興祈禱禁咒之風，甚至特設禁咒、祝由等專科，醫巫並行不悖；時或明令禁止巫術，獨倡醫藥。二者聯繫深刻，影響複雜，孰是孰非，難以取捨，姑存史實之客觀，以備來者之考究。

附録太平天國醫學典章制度資料：太平天國雖是曇花一現的流產革命政權，未能成爲一個獨立歷史時期，但卻是一種不可忽視的獨特歷史現象，作爲清王朝的政治對立面，又受西風東漸之時代潮流影響，其醫療制度、醫官名稱、奬懲措施等均與傳統典章制度有着較大差異，故難以與明清醫學相容。且戰爭狀態下的太平天國，既對醫學需求甚急，又無暇顧及醫藥的規模發展，此類史料相對較少，亦較爲模糊，故將其所有內容歸於一處，本着有則列、無則缺、新則增的原則，附録於本總部之後。其資料的分類排列，仍盡可能地按本總部下十個分部及其排列順序進行類分排列。其間，還擷取了清政府否定性言論文字，以便從不同角度透視某些天國醫學現象。

綜考史籍，在高度專制集權的封建社會，醫藥在國家天平上，似無足輕重，醫學之興廢，制度之有無，條例之疏密，雖與專門職能機構的健全與否直接相關，但似乎更取決於帝王的個人好惡。被奉爲天之驕子的帝王，金口玉言，出語爲典，或興之所至，好之所及，則振興奬勵和暖之風頻吹；或怨之所發，怒之所動，則廢黜懲罰肅殺之氣驟起，且無世不然，所以這類資料在本總部佔了較大篇幅。而見諸典冊，政出專門，由醫學職能機構頒佈的管理條例、規章制度反而數量有限，令人徒嘆奈何！這就是歷史，我們祇有尊重歷史的客觀。

目録

典制總部

醫政醫療機構部

綜　述

《周禮·天官冢宰·叙官》 醫師，上士二人，下士四人，府二人，史二人，徒二十人。食醫，中士二人。疾醫，中士八人。瘍醫，下士八人。獸醫，下士四人。

《呂氏春秋·勿躬》 大橈作甲子，黔如作虜首，容成作曆，羲和作占日，尚儀作占月，后益作占歲，胡曹作衣，夷羿作弓，祝融作市，儀狄作酒，高元作室，虞姁作舟，伯益作井，赤冀作臼，乘雅作駕，寒哀作御，王冰作服牛，史皇作圖，巫彭作醫，巫咸作筮。此二十官者，聖人之所以治天下也。

《漢書·百官公卿表上》 奉常，秦官，掌宗廟禮儀，有丞。景帝中六年更名太常。屬官有太樂、太祝、太宰、太史、太卜、太醫六令丞，又均官、都水兩長丞，又諸廟寢園食官令長丞，有廱太宰、太祝令丞，五畤各一尉。【略】少府，秦官，掌山海池澤之稅，以給共養，有六丞。屬官有尚書、符節、太醫、太官、湯官、導官、樂府、若盧、考工室、左弋、居室、甘泉居室、左右司空、東織、西織、東園匠十六官令丞，又胞人、都水、均官三長丞，又上林中十池監，又中書謁者、黃門、鉤盾、尚方、御府、永巷、內者、宦者八官令丞。【略】奉車都尉掌御乘輿車，駙馬都尉掌駙馬，皆武帝初置，秩比二千石。侍中、左右曹諸、吏、散騎、中常侍，皆加官，所加或列侯、將軍、卿大夫、將、都尉、尚書、太醫、太官令至郎中，亡員，多至數十人。侍中、中常侍得入禁中，諸曹受尚書事，諸吏得舉法，散騎並乘輿車。給事中亦加官，所加或大夫、博士、議郎，掌顧問應對，位次中常侍。中黃門有給事黃門，位從將大夫。皆秦制。

《漢書·鼂錯傳》 及孝景即位，鼂錯爲御史大夫。【略】上從其言，募民徙塞下。錯復言：陛下幸募民相徙以實塞下，使屯戍之事益省，輸將之費益寡，甚大惠也。下吏誠能稱厚惠，奉明法，存卹所徙之老弱，善遇其壯士，和輯其心而勿侵刻，使先至者安樂而不思故鄉，則貧民相募而勸往矣。臣聞古之徙遠方以實廣虛也，相其陰陽之和，嘗其水泉之味，審其土地之宜，觀其屮木之饒，然後營邑立城，製里割宅，通田作之道，正阡陌之界，先爲築室，家有一堂二內，門戶之閉，置器物焉，民至有所居，作有所用，此民所以輕去故鄉而勸之新邑也。爲置醫巫，以救疾病，以脩祭祀，男女有昏，生死相恤，墳墓相從，種樹畜長，室屋完安，此所以使民樂其處而有長居之心也。

《後漢書·百官志三》 太醫令一人，六百石。本注曰：掌諸醫。藥丞、方丞各一人。本注曰：藥丞主藥。方丞主藥方。【略】右屬少府。本注曰：職屬少府者，自太醫、上林凡四官。

《魏書·恩倖傳·侯剛》 侯剛，字乾之。【略】剛長子詳，自奉朝請稍遷通直散騎侍郎、冠軍將軍、主衣都統。【略】五年，拜司徒左長史，領嘗藥典御、燕州大中正。

《宋書·律曆志上》 元康中，裴頠以爲醫方民命之急，而稱兩不與古同，爲害特重，宜因此改治權衡。不見省。

《宋書·百官志下》 太醫令，一人。丞一人。《周官》爲醫師，秦爲太醫令，至二漢屬少府。【略】漢東京亦置傅一人，王師事之；相一人，主治民；【略】謁者及禮樂、衛士、醫工、永巷、祀禮長各一人。【略】晉武帝初置師、友、文學各一人。師即傅也，景帝諱師，改爲傅。宋世復改曰師。其文學，前漢已置也。友者因文王、仲尼四友之名也。改太守爲內史，省相及僕。有郎中令、中尉、大農爲三卿。大國置左右常侍各三人，省郎中，置侍郎二人。大國又置上軍、中軍、下軍三將軍；次國上軍將軍、下軍將軍各一人；小國上軍而已。典書、典祠、典衛、學官令、典書令丞各一人；治書四人，中尉，司馬、世子庶子陵廟、牧長各一人，謁者四人，中大夫六人，舍人十人，典醫丞、典府丞各一人。

《宋書·蔡廓傳》 是夜，廢帝橫尸在太醫閤口，興宗謂尚書右僕射王景文曰：此雖凶悖，要是天下之主，宜使喪禮粗足。若直如此，四海必將乘人。

《宋書·良吏傳·王悅》 太宗世，琅邪王悅，亦莅官清正見知。【略】初，悅爲侍中，檢校御府、太官、太醫諸署，得姦巧甚多。

《南齊書·百官志》 公車令一人。太官令一人，丞一人。太醫令一人，丞一人。內外殿中監各一人。內外驊騮廐丞各一人。材官將軍一人，司馬一人。屬起部，亦屬領軍。

《晉書·職官志》 宗正，統皇族宗人圖諜，又統太醫令史，又有司牧掾員。及渡江，哀帝省并太常，太醫以給門下省。

《晉書·律曆志上》 衡權 衡權者，衡，平也；權，重也。衡所以任權而均物，平輕重也。古有黍、絫、銖、錙、鐶、鈞、鋝、鎰之目，歷代參差。《漢志》言衡權名理甚備，自後變更，其詳未聞。元康中，裴頠以爲醫方人命之急，而稱兩不與古同，爲害特重，宜因此改治權衡，不見省。趙石勒十八年七月，造建德殿，得圓石，狀如水碓，銘曰：律權石，重四鈞，同律度量衡。有辛氏造。續咸議，是王莽時物。

《晉書·王羲之傳》 又有百工醫寺，死亡絶沒，家戶空盡，差代無所，上命不絶，事起或十年、十五年，彈舉獲罪無懈息，而無益實事，何以堪之！謂自今諸死罪原輕者及五歲刑，可以充此，其減死者，可長充兵役，五歲者，可充雜工醫寺，皆令移其家以實都邑。

《晉書·裴秀傳》 頠通博多聞，兼明醫術。荀勖之修律度也，檢得古尺，短世所用四分有餘。頠上言：宜改諸度量。若未能悉革，可先改太醫權衡。此若差違，遂失神農、岐伯之正。藥物輕重，分兩乖互，所可傷夭，爲害尤深。古壽考而今短折者，未必不由此也。卒不能用。

《晉書·摯虞傳》 摯虞字仲洽，京兆長安人也。【略】召補尚書郎。將作大匠陳勰掘地得古尺，尚書奏：今尺長於古尺，宜以古爲正。潘岳以爲習用已久，不宜復改。虞駁曰：昔聖人有以見天下之賾而擬其形容，象物制器，以存時用。故參天兩地，以正算數之紀；依律計分，以定長短之度。其作之也有則，故用之也有徵。考步兩儀，則天地無所隱其情；準正三辰，則懸象無所容其謬；施之金石，則音韵和諧；措之規矩，則器用合宜。一本不差而萬物皆正，及其差也，事皆反是。今尺長於古尺幾於半寸，樂府用之，律呂不合；史官用之，歷象失占；醫署用之，孔穴乖錯。此三者，度量之所由生，得失之所取徵，皆絓閡而不得通，故宜改今而從古也。

《晉書·石勒載記上》 劉茂逃歸，言王脩死故。勒大怒，誅平樂三族，贈脩太常。【略】於是置太醫、尚方、御府諸令，命參軍鼂讚成正陽門。

《隋書·百官志中》 尚書省，【略】祠部統祠部、掌祠部醫藥，死喪贈賜等事。【略】

門下省，【略】尚藥局，典御及丞各二人，總知御藥事。【略】

中侍中省，掌出入門閤。中侍中二人，中常侍、給事中各四人。又有中尚藥典御及丞，并中謁者僕射，各二人。中尚食局，典御、丞各二人，監四人。內謁者局，統、丞各一人。【略】

太常，掌陵廟羣祀、禮樂儀制，天文術數衣冠之屬。其屬官有博士、四人，掌禮制。協律郎、二人，掌監調律呂音樂。八書博士二人。等員。統諸陵、掌守衛山陵等事。太廟、掌郊廟社稷等事。太樂、掌諸樂及行禮節奏等事。衣冠、掌冠幘，舄履之屬等事。鼓吹、掌百戲，鼓吹樂人等事。太祝、掌郊廟贊祝，祭社衣服等事。太史、掌天文地動，風雲氣色，律歷卜筮等事。太醫、掌醫藥等事。廩犧、掌養犧牲，供祭羣祀等事。太宰掌諸神祀烹宰行禮事。等署令、丞。而太廟兼領郊祠、掌五郊羣神。崇虛掌五岳四瀆神祀，在京及諸州道士簿帳等事。二局丞，太樂兼領清商部丞，掌清商音樂等事。鼓吹兼領黃戶局丞，掌供樂人衣服。太史兼領靈臺、掌天文觀候。太卜掌諸卜筮。二局丞。【略】

門下坊，中庶子、中舍人、通事守舍人、主事守舍人，各四人。又領殿內、典膳、藥藏、齋帥等局。殿內局有內直監二人，副直監四人。典膳、藥藏局，監、丞各二人。藥藏又有侍醫四人。齋帥局，齋帥、內閣帥各二人。【略】

皇子王國，置郎中令，大農，中尉，常侍，各一人。侍郎，二人。上、中、下三將軍，各一人。上、中大夫，各二人。防閤，四人。典書、典祠、學官、典衛等令，各一人。齋帥、四人。食官、廐牧長、各一人。典醫丞、二人。典府丞、一人。執書、二人。謁者、四人。舍人十人。等員。【略】

諸王國，則加有陵長、廟長、常侍各一人，而無中將軍員。上、中大夫各減一人。諸公又減諸王防閤、齋帥、典醫丞等員。諸侯伯子男國，又減諸公國將軍、大夫員。諸公主則置家令、丞、主簿、録事等員。

《隋書·百官志下》 門下省，納言二人，給事黃門侍郎四人，録事、通事令史各六人。又有散騎常侍、通直散騎常侍各四人，諫議大夫七人，散騎侍郎四人，員外散騎常侍六人，通直散騎侍郎四人，并掌部從朝直。又有給事二十人，員外散騎侍郎二十人，奉朝請四十人，并掌同散騎常侍等，兼出使勞問。統城門、尚食、尚藥、符璽、御府、殿內等六局。城門局，校尉二人，直長四人。尚食局，典御二人，直長四人，食醫四人。尚藥局，典御二人，侍御醫、直長各四人，醫師四十人。符璽、御府、殿内局，監各二人，直長各四人。【略】

太常寺又有博士四人，協律郎二人，奉禮郎十六人。統郊社、太廟、諸陵、太祝、衣冠、太樂、清商、鼓吹、太醫、太卜、廩犧等署。各置令，并一人。太樂、太醫則各加至二人。丞。各一人。郊社、太樂、鼓吹則各至二人。郊社署又有典瑞。四人。太祝署有太祝。二人。太樂署、清商署，各有樂師員。太樂八人，清商二人。鼓吹署有哄師。二人。太醫署有主藥、二人。醫師、二百人。藥園師、二人。醫博士、二人。助教、二人。按摩博士、二人。祝禁博士二人。等員。太卜署有卜師、二十人。相師、十人。男覡、十六人。女巫、八人。太卜博士、助教、各二人。相博士、助教各一人。等員。【略】

門下坊，置左庶子二人，内舍人四人，録事二人，主事令史四人。統司經、宮門、内直、典膳、藥藏、齋帥等六局。司經置洗馬四人，校書六人，正字二人。宮門置大夫二人。内直置監、副監各二人，監殿舍人四人。典膳、藥藏，并置監、丞各二人。藥藏又有侍醫四人。齋帥置四人。【略】尚食直長六人，又有食醫員。尚藥直長四人，又有侍御醫、司醫、醫佐員。【略】

太醫又置醫監五人，正十人。【略】門下坊減内舍人、洗馬員，各置二人。減侍醫，置二人。改門大夫爲宮門監，正字爲正書。

《南史·王悦之傳》 王悦之，字少明，晉右軍將軍羲之曾孫也。【略】宋明帝泰始中爲黄門郎、御史中丞。上以其廉介，賜良田五頃，以爲侍中，在門下盡其心力。掌檢校御府太官太醫諸署。

《北史·楊播傳》 使薛孤延、康買執子默於尚藥局。

《唐六典·太僕寺》太僕寺：卿一人，少卿二人，丞四人，主簿二人，録事二人，府十七人，史三十四人，獸醫六百人，獸醫博士一人，學生一百人，亭長四人，掌固六人。【略】

丞掌判寺事，凡補獸醫生，皆以庶人之子考試其業成者補爲獸醫，業優長者進爲博士。

《唐六典·家令率更僕寺》 廄牧署：令一人，丞二人，府三人，史五人，典乘四人，典事六人，牧長四人，翼馭十五人，駕士三十人，獸醫二十人，掌固四人。

《通典·職官三》 門下省，後漢謂之侍中寺。《晉志》曰：給事黄門侍郎與侍中，俱管門下衆事，或謂之門下省。至齊，亦呼侍中爲門下，領給事黄門侍郎、公車、太學、太醫等令丞及内外殿中監、内外驊騮廄、散騎常侍、給事中、奉朝請、駙馬都尉等官。梁門下省有侍中，給事黄門侍郎四人，掌侍從儐相，盡規獻納，糾正違闕，監合嘗御藥，封璽書。後魏尤重。北齊門下省掌獻納諫正及司進御之職，有侍中、給事黄門侍郎各六人，統左右局、尚食、尚藥、尚衣、殿中，凡六局焉。【略】宋制，武冠，絳朝服，多以中書侍郎爲之。齊亦管知詔令，呼爲小門下。梁增品第，與侍中同掌侍從，儐相威儀，盡規獻納，糾正違闕，監合嘗御藥，封璽書。陳制亦然。後魏亦有。北齊置六人，所掌與侍中同。後周天官府置御伯下大夫二人，武帝改爲納言下大夫。隋六人，屬門下省。至煬帝，減二人，而去給事之名。

《通典·職官七》 太醫署：《周官》有醫師上士、下士，掌醫之政令。秦、兩漢有太醫令、丞，亦主醫藥，屬少府。魏因之。晉銅印墨綬，進賢一梁冠，絳朝服，而屬宗正；過江省宗正，而屬門下省。宋、齊隸侍中，梁、陳因之。後魏有太醫博士、助教。北齊又曰太醫令、丞。後周太醫下大夫。隋太醫署令二人。大唐因之。主醫藥，凡領醫、針灸、按摩、呪禁，各有博士。

《通典·職官八》 尚藥局奉御：自梁、陳以後，皆太醫兼其職。北齊門下省有典御二人。隋如北齊之制，後改爲奉御，而屬殿内。大唐因之，龍朔二年，改爲奉醫大夫，咸亨初復舊。直長：隋置四人，大唐因之。

《舊唐書·職官志一》 上署令郊社、太樂、鼓吹、太醫、太官、左藏令、乘黄、典客、上林、太倉、平準、常平、左尚、右尚、典牧。《武德令》有太廟、諸陵、典農、中尚、都水、常平。其左尚、典牧本中署，右尚本下署，開元初改之也。【略】

武德初，以諸道軍務事繁，分置行臺尚書省。其陝東道大行臺尚書省，【略】第八品下，諸監同。掌膳羞、財物、賓客、鋪設、音樂、醫藥事。【略】武德四年，太宗平洛陽之後，又置天策上將軍府官員。【略】功曹參軍事二人，掌官員假使、儀式、醫藥、選舉、考課、祿恤、鋪設等事。

《新唐書·百官志一》 禮部：尚書一人，正三品，侍郎一人正四品下。掌禮儀、祭享、貢舉之政。其屬有四：一曰禮部，二曰祠部，三曰膳部，四曰主客。【略】

祠部郎中、員外郎，各一人，掌祠祀、享祭、天文、漏刻、國忌、廟諱、卜筮、

醫藥。【略】

膳部郎中、員外郎，各一人。掌陵廟之牲豆酒膳。【略】殿中省主膳上食於諸陵，以番上下，四時遣食醫、主食各一人涖之。

《新唐書·百官志二》 殿中省

監一人，從三品；【略】監掌天子服御之事。其屬有六局，曰尚食、尚藥、尚衣、尚乘、尚舍、尚輦。【略】侍御尚醫二人，正六品上。【略】

尚食局　奉御二人，正五品下。【略】食醫八人，正九品下。

尚藥局　奉御二人，直長二人。掌和御藥、診視。凡藥供御，中書、門下長官及諸衛上將軍各一人，與監、奉御涖之。藥成，醫佐以上先嘗，疏本方，具歲月日，涖者署奏；餌日，奉御先嘗，殿中監次之，皇太子又次之，然後進御。太常每季閱送上藥，而還其朽腐者。左右羽林軍，給藥；飛騎、萬騎病者，頒焉。龍朔二年，改尚藥局曰奉醫局。有按摩師四人，呪禁師四人，書令史二人，書吏四人，直官十人，主藥十二人，藥童三十人，合口脂匠二人，掌固四人。

侍御醫四人，從六品上。掌供奉診候。司醫五人，正八品下；醫佐十人，正九品下。掌分療衆疾。皆貞觀中置。

又　內侍省

奚官局　令二人，正八品下；丞二人，正九品下。掌奚隷、工役、宮官之品。宮人病，則供醫藥；死，給衣服，各視其品。陪陵而葬者，將作給匠戶，衛士營冢，三品葬給百人，四品八十人，五品六十人，六品、七品十人，八品、九品七人；無品者，斂以松棺五釘，葬以犢車，給三人。皆監門校尉、直長涖之。內命婦五品以上無親戚者，以近冢同姓中男一人主祭于墓；無同姓者，春、秋祠以少牢。

有書令史三人，書吏六人，典事、藥童、掌固各四人。

又　內官

尚食局：【略】司藥、典藥、掌藥，各二人，掌醫方。凡藥外進者，簿案種別。有女史二人。司饎、典饎、掌饎，各二人，掌給宮人廩食、薪炭，皆有等級，受付則旬別案記。有女史四人。

太子內官：【略】司饌二人，掌進食先嘗，總掌食、掌醫、掌園。有女史四人。

掌醫三人，掌方藥、優樂。有女史二人。

《新唐書·百官志三》 太常寺

卿一人，正三品；少卿二人，正四品上。掌禮樂、郊廟、社稷之事，總郊社、太樂、鼓吹、太醫、太卜、廩犧、諸祠廟等署，少卿爲之貳。【略】

鴻臚寺　典客署：令一人，從七品下，丞三人，從八品下。【略】酋渠首領朝見者，給廩食；病，則遣醫給湯藥；喪，則給以所須；還蕃賜物，則佐其受領，教拜謝之節。有典客十三人，府四人，史八人，掌固二人。

《新唐書·百官志四》 藥藏局　藥藏郎二人，從六品下；丞二人，正八品上。掌和醫藥，丞爲之貳。皇太子有疾，侍醫診候議方。藥將進，宮臣涖嘗，如尚藥局之職。有書令史一人，書吏二人，侍醫四人，典藥二人，藥童六人，掌固四人。

又　功曹，司功參軍事，掌考課、假使、祭祀、禮樂、學校、表疏、書啓、祿食、祥異、醫藥、卜筮、陳設、喪葬。武德初，司功、司倉、司戶、司兵、司法、司士書佐皆爲司功等參軍事，有府四人，史十人。大都督府有府三人，史六人；中府有府二人，史三人；下府有府一人，史三人。大都護府有府一人，史二人。上府有府、史各二人。上州有佐二人、史五人；中州減史一人。

《舊五代史·周書·世宗紀》 先是，翰林醫官馬道玄進狀，訴壽州界被賊殺却男，獲正賊，見在宿州，本州不爲勘斷。

《西漢會要·職官一·太常》 太常博士：奉常秦官，掌宗廟禮儀，有丞。景帝中六年，更名太常。屬官有太樂、太祝、太宰、太史、太卜、太醫六令丞。

《唐會要·醫術》 貞觀三年九月十六日，設諸州治醫學，至開元十一年七月五日，詔曰：遠路僻州，醫術全無，下人疾苦，將何恃賴？宜令天下諸州，各置職事醫學博士一員，階品同于録事。每州本草及百一集驗方，與經史同貯。至二十七年二月七日敕：十萬戶已上州，置醫生二十人；十萬戶以下，置十二人；各于當界巡療。

《宋史·神宗紀三》 〔元豐五年六月〕甲子，改翰林醫官院爲醫官局。

《宋史·徽宗紀四》 〔宣和二年秋八月〕庚辰，詔減定醫官額。【略】三年閏月辛未，立醫官額。

《宋史·孝宗紀二》 〔乾道三年三月〕辛亥，詔德壽宮恭請裁定醫官員額。

《宋史·職官志三》 祠部郎中　員外郎　掌天下祀典、道釋、祠廟、醫藥之政令。

《宋史·職官志四》 殿中省 監 少監 丞各一人，監掌供奉天子玉食、醫藥、服御、幄帟、輿輦、舍次之政令，少監爲之貳，丞參領之。凡總六局：曰尚食，掌膳羞之事；曰尚藥，掌和劑診候之事。【略】又尚食有膳工，尚藥有醫師，尚醞有酒工，尚衣有衣徒，尚舍有幕士，尚輦有正供等，皆分隸其局。【略】

御藥院 勾當官無常員，以入内内侍充。掌按驗祕方，以時劑和藥品，以進御及供奉禁中之用。舊制，勾當御藥院遷官至遙領團練、防禦者謂之暗轉，干冒恩澤，寖不可止。嘉祐五年，詔御藥院内臣如當轉出而特留者，俟其出，計所留歲月優遷之，更不許累計所遷資序。非勾當御藥院而留者，其出更不推恩。 典八人，藥童十一人，匠七人。崇寧二年，併入殿中省。【略】

凡太醫之政令，以時頒行。 宋初，舊置判寺無常員，【略】分案九：曰禮儀，掌討論大慶典禮、神祠道釋、襃封定謚、檢舉忌辰。曰祠祭，掌大中小祠祀差行事官并酒齊、幣帛、蠟燭、禮料。曰壇廟，掌行室壇、廟域、陵寢。曰大樂，掌大樂教習樂舞、鼓吹、警場。曰法物，掌給納朝、祭服。曰廩犧，掌歲中祠祭牲牢羊豕滌室。曰太醫，掌臣僚陳乞醫人，補充太醫助教等。

《宋史·職官志六》 渡江後，都指揮間虚不除，則以主管殿前司一員任其事。其屬有幹辦公事、主管禁衛二員，準備差遣、準備差使、點檢醫藥飯食各一員，書寫機宜文字一員。【略】中興後，置主管侍衛馬軍司一員，其屬有幹辦公事、準備差遣、點檢醫藥飯食各一員，掌出戍建康，差主管機宜文字一員，掌馬軍之政令。【略】中興後，置主管侍衛步軍司一員，其屬有幹辦公事二員，準備差遣、點檢醫藥飯食各一員，掌步軍之政令。【略】熙寧中，御藥院勾當官四人，以入内内侍充，掌按驗方書，修合藥劑，以待進御及供奉禁中之用。【略】翰林院勾當官一員，以内侍押班、都知充，總天文、書藝、圖畫、醫官四局，凡執伎以事上者皆在焉。

《宋史·職官志八》 建隆以後合班之制

皇城以下諸司使皇城 洛苑 右騏驥 尚食 左騏驥 御廚 内藏庫 軍器 左藏 儀鸞 南作坊 弓箭庫 北作坊 衣庫 莊宅 六宅 文思 東作坊 内苑 牛羊 如京 東綾錦 香藥 崇儀 榷易 西京左、右藏 氈毯 西綾錦 西京作坊 鞍轡庫 東染院 酒坊 西染院 法酒庫 禮賓 翰林 醫官 供備庫。【略】

殿中省尚食、尚藥、尚衣、尚舍、尚乘、尚輦奉御，【略】元豐以後合班之制。【略】管幹殿中省尚舍、尚藥、尚醞、尚輦、尚衣、尚食局崇寧二年增置。【略】殿中省尚食、尚藥、尚醞、尚輦、尚衣、尚舍典御崇寧三年增置。【略】翰林良醫舊翰林醫官使。【略】翰林醫正【略】政和改。【略】太醫令【略】政和六年置。【略】太醫丞元祐增置。【略】太醫局丞【略】崇寧三年，以留守節度判官改，凡選人七階，儒林至迪功。

《宋史·職官志九》 御藥院押司官補正名後理，三年出借職。

《宋史·后妃傳下·高宗潘賢妃》 潘賢妃，開封人，元懿太子母也。父永壽，直翰林醫局官。

《遼史·天祚皇帝紀三》 李處能直樞密院，李奭爲少府少監、提舉翰林醫官。

《遼史·百官志一》 承應小底局【略】

湯藥小底。

尚飲小底。

尚漱小底。

尚膳小底。

【略】

《遼史·百官志二》 太醫局。醫獸局，有四局都林牙。

《遼史·百官志三》 翰林醫官。天祚保大二年見提舉翰林醫官李奭。

湯藥局。都提點、勾當湯藥。

《遼史·蕭和尚耶律合里合傳》 開泰初，補御盞郎君，尋爲内史、太醫等局都林牙。

《金史·海陵紀》 〔貞元二年十一月〕戊辰，初置惠民局。

《金史·哀宗紀下》 〔天興二年八月〕辛丑，設四隅和糴官及惠民司，以太醫數人更直，病人官給以藥，仍擇年老進士二人爲醫藥官。

《金史·百官志一》 禮部

掌凡禮樂、祭祀、燕享、學校、貢舉、儀式、制度、符印、表疏、圖書、冊命、祥瑞、天文、漏刻、國忌、廟諱、醫卜、釋道、四方使客、諸國進貢、犒勞張設之事。

《金史·祁宰傳》 祁宰字彦輔，江淮人。【略】累遷中奉大夫、太醫史。【略】海陵將伐宋，【略】即上疏諫，【略】言甚激切。海陵怒，命戮於市，籍其家產。【略】章宗即位，詔訪其子忠勇校尉、平定州酒監公史，擢尚藥局都監。

《**文獻通考・職官九**》 宋制：翰林醫官院使、副各二人，並領院事，以尚藥奉御充，或有加諸司使者。直院四人。尚藥奉御六人。醫官、醫學、祗候無定員，掌供奉醫藥及承詔視療衆疾之事。典二人。徽宗時，置翰林院句當官一員，以内侍省押班都知充，總天文、書藝、圖畫、醫官四局。崇寧元年，詔醫官有勞轉皇城使實。及五年，方許除遥郡刺史。又七年，除遥郡團練。又十年以上，方許除遥郡防禦使。醫官有和安、成和、成安、成全大夫，保和大夫，保安大夫，翰林良醫，和安、成和、成安、成全郎，保和郎，保安郎，翰林醫正，翰林醫官，翰林醫效，翰林醫痊，翰林醫愈，翰林醫證，翰林醫診，翰林醫候，翰林醫學。舊諸司使、副，有醫官使及副使。蓋自太醫丞直院轉醫官副使叙遷，年格一同武官，但爲東班使額耳。政和初，既易武階，而醫官之名亦遂易焉。凡十有九階，立和安大夫，視權易使以上；翰林良醫，視醫官使；其和安郎以下，視東副使。若醫官副使，則以醫正易之。舊額和安大夫至良醫二十員，紹興二年五員。和安郎至醫官元額三十員，紹興二年四員。醫效元額七員，紹興二員。醫痊元額十員，今一員。醫愈至祗候大方脈元額百五十員，紹興十五員而已。

《**元史・世祖紀一**》 〔中統二年五月丁亥〕詔成都路置惠民藥局。【略】〔中統二年十二月壬寅〕立尚食局、尚藥局。

《**元史・世祖紀三**》 〔至元三年五月〕庚子，勑太醫院領諸路醫戶、惠民藥局。【略】〔至元五年五月〕辛亥朔，以太醫院、拱衛司、教坊司及尚食、尚果、尚醞三局隸宣徽院。

《**元史・世祖紀五**》 〔至元十年春，正月戊午〕改回回愛薛所立京師醫藥院，名廣惠司。【略】九月丙午，置御藥院。

《**元史・世祖紀九**》 〔至元二十年二月甲寅〕降太醫院爲尚醫監，改給銅印。立江南等處官醫提舉司。【略】〔夏四月甲午〕減江南諸道醫學提舉司，四省各存其一。

《**元史・成宗紀三**》 〔大德三年春正月庚寅〕置各路惠民局，擇良醫主之。【略】〔大德五年秋七月癸亥〕陞太醫院爲二品，以平章政事、大都護、提點太醫事脱因納爲太醫院使。

《**元史・成宗紀四**》 〔大德九年秋，七月癸丑〕罷福建蒙古字提舉司及醫學提舉司。

《**元史・武宗紀二**》 〔至大二年三月甲辰〕陞掌醫署爲典醫監。【略】〔三年六月甲子〕以太子詹事斡赤爲中書左丞、集賢使，領典醫監事。

《**元史・仁宗紀一**》 〔至大四年夏四月癸丑〕詔：路、府、州、縣官，三年爲滿。罷典醫監。

《**元史・泰定帝紀二**》 〔泰定三年春二月甲辰〕立典醫署，秩從五品，隸詹事院。

《**元史・文宗紀二**》 〔天曆二年五月丙子〕又除副詹事、詹事丞及斷事官、家令司、典寶、典用、典醫等官。

《**元史・文宗紀三**》 〔至順元年閏七月〕己丑，立掌醫署，秩正五品。

《**元史・順帝紀四**》 〔至正四年二月〕戊戌，祭社稷。辛丑，四川行省立惠民藥局。

《**元史・百官志一**》 〔至元十五年〕中書省椽屬：【略】省醫三人。

《**元史・百官志二**》 大德元年，定爲江南諸道行御史臺，設官九員，以監江浙、江西、湖廣三省，統江東、江西、浙東、浙西、湖南、湖北、廣東、廣西、福建、海南十道。大夫一員，中丞二員，侍御史二員，治書侍御史二員，經歷一員，都事二員，照磨一員，架閣庫管勾一員，承發管勾兼獄丞一員，令史一十六人，譯史四人，回回掾史、通事、知印各二人，宣使十人，典吏、庫子、臺醫各有差。

《**元史・百官志七**》 官醫提舉司，秩從六品。提舉一員，同提舉一員，副提舉一員。掌醫戶差役詞訟。至元二十五年置。河南、江浙、江西、湖廣、陝西五省各立一司，餘省並無。【略】至元二十三年置推官二員，專治刑獄，下路一員。經歷一員，知事一員或二員，【略】其屬附見：【略】醫學教授一員。【略】惠民藥局，提領一員。

《**元史・食貨志四**》 惠民藥局

周官有醫師，掌醫之政令，凡邦有疾病疕瘍者造焉，則使醫分而治之，此民所以無夭折之患也。元立惠民藥局，官給鈔本，月營子錢，以備藥物，仍擇良醫主之，以療貧民，其深得周官設醫師之美意者與。

初，太宗九年，始於燕京等十路置局，以奉御田闊闊、太醫王璧、齊楫等爲局官，給銀五百錠爲規運之本。世祖中統二年，又命王祐開局。四年，復置局於上都，每中統鈔一百兩，收息錢一兩五錢。至元二十五年，以陷失官本，悉罷革之。至成宗大德三年，又準舊例，於各路置焉。凡局皆以各路正官提調，所設良醫，上路二名，下路府州各一名，其所給鈔本，亦驗民戶多寡以爲等差。今併著于後：

腹裏，三千七百八十錠。

河南行省，二百七十錠。

湖廣行省，一千一百五十錠。

遼陽行省，二百四十錠。

四川行省，二百四十錠。

陝西行省，二百四十錠。

江西行省，三百錠。

江浙行省，二千六百一十五錠。

雲南行省，眞肥一萬一千五百索。

甘肅行省，一百錠。

《元史·答里麻等傳》 答里麻弱冠入宿衛。大德十一年，授御藥院達魯花赤，遷回回藥物院，尋出僉湖北、山南兩道廉訪司事，召拜監察御史。【略】至正【略】九年，(川魯帖木兒)由太醫院使拜翰林學士承旨、知經筵事。進讀之際，引援經史，一本于王道，帝嘉納焉。

《元史·賈魯傳》 賈魯字友恆，河東高平人。【略】魯居喪服闋，起爲太醫院都事。

《元史·宦者傳·李邦寧》 李邦寧字叔固，錢唐人，【略】遷禮部尚書，提點太醫院(使)〔事〕。成宗即位，進昭文館大學士、太醫院使。【略】俄加大司徒、尚服院使，遙授丞相，行大司農，領太醫院事，階金紫光祿大夫。

《元史·逆臣傳·鐵失》 鐵失者，當英宗即位之初，以翰林學士承旨、宣徽院使，爲太醫院使。

嘉靖《崑山縣志·人物·藝術》 何順中，曾祖子雲以下世業醫，至順中益著工巧。居太醫(垣)〔恆〕四十年。王公貴人有招延之者，視義不視物，必專敬乃仕，往則疾家有所恃，或以勢位臨之，弗能致也。家固貧，極謹義利之辯云。

《續通典·職官典》 金有尚藥局提點使、副使，掌進湯藥。太醫院提點使、副使、判官等官，掌諸醫藥。御藥院提點、直長、都監、同監等官，掌進御湯藥，屬宣徽院，不隸太常寺。元別設太醫院，不隸太常寺。中統元年，置宣差，提點太醫院事，給銀印，掌醫事，奉御藥物。二十年，改爲尚醫監。二十二年，復爲太醫院，仍給銀印，置提點四人，院使、副使、判官各二人。大德五年，設官十六人。十一年，增院使二人。仁宗皇慶元年，增院使二人。明年，增院使一人。英宗至治二年，定置院使一十二人，同知二人，僉院二人，同僉二人，院判二人，屬官有經歷、都事各二人，照磨兼承發架閣庫一人，所屬廣惠司卿四人，少卿二人，司丞二人，掌修制御用回回藥物及和劑，以療諸宿衛士及在京孤寒者。御藥院，達嚕噶齊一人，大使二人，副使三人，直長一人，都監一人，掌受各路鄉貢、諸番進獻珍貴藥品，修造湯煎。御藥局，達嚕噶齊一人，局使二人，副使二人，掌兩都行篋藥餌。行御藥局，達嚕噶齊一人，大使一人，副使一人，掌行篋藥餌。御香局，提點一人，司令一人，掌修合御用諸香。醫學提舉司，提舉一人，副提舉一人，掌考較諸路醫生科義，試驗太醫教官，校勘名醫撰述文字，辨驗藥材，訓誨太醫子弟，領各處醫官、醫學。提舉司，提舉掌醫戶差役、詞訟。大都、保定、彰德、東平，四路置提舉、同提舉、副提舉各一人。河間、大名、晉寧、大同、濟寧、廣平、冀寧、濟南、遼陽、興和十路，設提舉、副提舉各一人。衛輝、懷慶、大寧，設提舉一人。

《續通典·職官典》 遼北面官著帳戶司承應，實達爾局有湯藥實達爾。

【略】

內府局：【略】

遼：內侍省內庫，有都提點內庫，尚衣庫有尚衣庫使，湯藥局有都提點勾當官。

《續通典·職官典》 元諸路總管府有醫學教授一人，惠民藥局提領一人。

《續通典·職官典》 醫學博士，【略】宋遼金皆不置。

《續通典·職官典》 金尚藥局、御藥院屬宣徽院。

《續通典·職官典》 內侍省：【略】

明置十二監、【略】四司、【略】八局，【略】其餘又有內府供用庫、司鑰庫、內承運庫、甲字、乙字、丙字、丁字、戊字，承運、廣盈、廣惠、贓罰，御酒房、御藥房、御茶房、牲口房、刻漏房、更鼓房、甜食房、彈子房、靈臺、條作、盔甲廠、安民廠、皇城京城及内外各宫門、提督東廠、提督西廠、提督京營、文書房、禮儀房、中書房、御前近侍等職，皆設長貳。

《續通典・職官典》 明各府有醫學正科一人，各州有典科一人，置於洪武十七年，設官不給祿。

《續通志・職官略三》 遼官制：

翰林院。【略】

臣等謹按，遼設南面翰林醫官，其制蓋略與宋同。考宋太醫令丞屬太常寺，又於太常所屬之外置良醫，醫正等階。而内以翰林之名冠之。馬端臨又稱五代時有翰林醫官使。則醫官之厠于翰林，不獨宋爲然已。翰林始建於唐，特爲待詔之所，故一切醫卜雜流執藝事以奉上者，皆得並處於其間。逮後別建學士院于舊院之南，于時翰林遂分而爲二。至宋沿其制，號學士院，爲玉堂之署。而醫官之所居者，乃與天文、書藝、圖畫爲四局矣。且宋嘗以中官領之。故志職官者第寄其銜於合班之制，與十四階九品之中，其于序職概不之及，則與遼制固稍殊焉。

《續通志・職官略七》 明官制下：【略】

太醫院。明置太醫院院使一人，院判二人，掌醫療之法。其屬御醫十人，吏目十人，生藥庫、惠民藥局各大使一人。副使一人，南京太醫院院判一人，吏目一人，惠民藥局，生藥庫各大使一人。

臣等謹按：唐宋尚藥局俱屬殿中省。遼北面官湯藥小底屬著張戶司，南面官湯藥局屬内侍省。金太醫御藥各院屬宣徽院。明則特設專官，無所隸屬，蓋沿元之制也。【略】

醫學陰陽學。明置醫學：府，正科一人，州，典科一人，縣，訓科一人，皆設官不給祿。陰陽學：府，正術一人，州，典術一人，縣，訓術一人，皆設官不給祿。

《續通志・職官略八》 良醫所，良醫正一人，副一人。

《續文獻通考・職官考六》 遼北面太醫局，官有使、副使、都林牙。又有醫獸局，官同上。南面，官有湯藥局。

又 明：【略】

御藥房：提督太監正副二人，分兩班。近侍醫官無定員，職掌御用藥餌，與太醫院官相表裏。【略】

太醫院

臣等謹按：馬端臨考太醫署入於太常寺，上林署入於司農卿，皆本宋制。今考後代有不盡然者。如遼之湯藥局屬内侍省，金則屬於宣徽，而元明皆特設院。上林，金屬工部，元屬大都留守司，明之司農甫設旋罷，更無可附麗。茲故別立二門，列於諸卿之後，俾覽者有所考焉。

又 金太醫院，掌諸醫藥總判院事，官有提點使、副使、判官。管勾隨科至十人，設一人，以術精者充。如未有十人，俟并至十人，而後置。正奉上太醫、副奉上太醫、長行太醫，十科，額五十人。

惠民司，屬禮部。掌修合發賣湯藥。官有令直長都監。舊設丞一人。大定三年，有司言惠民歲入息錢，不償官吏俸。帝曰：設此本欲濟民，官非人，怠於監視藥物，財費何足計哉？可減員而已。

《續文獻通考・國用考三》 〔金天興〕二年八月，設惠民司，以太醫數人更直，病人官給以藥。

紀昀等《歷代職官表・太醫院・宋齊梁陳》 《宋書・百官志》：太醫令一人，丞一人，隸侍中。《南齊書・百官志》：太醫令一人，丞一人，屬起部，亦屬領軍。

司馬光《資治通鑑》：齊明帝建武元年，海陵恭王有疾，遣御師瞻視。胡三省注：御師，醫師也。以其供御，故謂之御師。

謹案：南齊太醫屬起部及領軍，與宋制不同。杜佑以爲宋、齊俱隸侍中者，誤。至御師之稱，《百官志》不載，蓋即太醫令所屬諸醫，當如今之御醫也。

《隋書・百官志》：梁門下省置太醫令，又太醫二丞中，藥藏丞爲三品勳位。

《冊府元龜》：尚藥，自梁以降，皆太醫兼其職，陳如梁制。

《北史・姚僧垣傳》：僧垣，仕梁爲太醫正。

謹案：梁之太醫正不見于《百官志》，當是太醫令屬官，殆天監以後始置。史所載皆其初定之制，故未之及耳。其後隋大業中，於太醫署置正十人，蓋亦承梁制而設也。

《晉書・職官志》：宗正統太醫令史，及渡江，哀帝省并太常，太醫以給門下省。

《通典》：太醫令，晉銅印墨綬進賢一梁冠絳朝服而屬宗正。

謹案：《晉書》太醫令史，疑當作令丞，蓋傳刻有訛。據《愍懷太子傳》有太醫令丞，據是，晉制實沿漢魏之舊，不應僅設令史也。

紀昀等《歷代職官表・太醫院・五季》 馬端臨《文獻通考》：五代時有翰林醫官使。謹案：五季寺監諸屬官多所裁併，而薛居正《舊五代史・陳元傳》載，元以善醫擢用。又歐陽修《新五代史・扈載傳》亦有遣太醫視疾之文，是當時太醫之職猶存，特不隸于太常，與古制不同耳。

紀昀等《歷代職官表・太醫院》 謹案：宋太常寺雖有太醫局，但主以醫學教授生徒，其掌醫之政令者，實在醫官院，故設有使副等官，正如今之太醫院也。至御藥院掌以方藥供御，當如今之内藥房。而中葉以後多以宦官領之。考之《朝野雜記》、《隨隱漫録》諸書，所司又在應奉禮儀，不專主方藥之事，故有詔命，則監學士院草麻，駕出則夾輦左右，乃内臣近御者之職，蓋名雖存而實已非矣。

《古今圖書集成・藝術典》卷五九引《陝西通志》 王宏毅，字子遠，唐王珪之裔。初習舉子業，宋末，詣京試賦，會元兵克汴，家族離散，乃避難習醫，管太醫院事，治疾如神。

康熙《仁和縣志・方技》 沈好問，字裕生，别號啓明。先世以鍼灸隸籍太醫院，扈宋南渡，徙居杭，杭人傳爲沈鐵鍼云。好問穎慧絶人，取祖醫藥秘笈，晝夜研究者數年，其視人疾病，必見臟腑中所滯之物，然後以藥療之，故病者無不愈。侍御郭太薇邀之閩，太中丞喻醒哲邀之蜀，督師王總戎邀之大同，而好問皆以一匕立起。題授太醫院院判，請告歸卒。

康熙《儀徵縣志・人物・藝術》 許夢熊，號寰山。其先金陵人，祖父官太醫院。熊徙居于眞，以方脈著名，而眕視之法，迥與人異。

《巓松園醫鏡・左國楫序》 顧氏爲明崑山顧文康公鼎臣之孫，清初有聲庠序，逮後入爲太醫院官。所著尚有《醫要》一書。

《明史・職官志二》 十三道各協管兩京、直隸衙門：，而都察院衙門分屬河南道，獨專諸内外考察。【略】

河南道協管禮部，都察院，翰林院，國子監，太常寺，光禄寺，鴻臚寺，尚寶司，中書舍人，欽天監，太醫院，司禮，尚膳，尚寶，直殿等監。

《明史・職官志三》 太醫院掌醫療之法。【略】凡醫家子弟，擇師而教之。三年、五年一試，再試，三試，乃黜陟之。凡藥，辨其土宜，擇其良楛，愼其條製而用之。四方解納藥品，院官收貯生藥庫，時其燥濕，禮部委官一員稽察之。診視御脈，使、判、御醫參看校同，會内臣就内局選藥，連名封記藥劑，具本開寫藥性、證治之法以奏。烹調御藥，院官與内臣監視。每二劑合爲一，候熟，分二器，一御醫、内臣先嘗，一進御。仍置歷簿，用内印鈐記，細載年月緣由，以憑考察。王府請醫，本院奉旨遣官或醫士往。文武大臣及外國君長有疾，亦奉旨往視。其治療可否，皆具本覆奏。外府州縣置惠民藥局。邊關衛所及人聚處，各設醫生、醫士或醫官，俱由本院試遣。歲終，會察其功過而殿最之，以憑黜陟。【略】太祖初，置醫學提舉司，設提舉，從五品，同提舉，從六品，副提舉，從七品，醫學教授，正九品，學正、官醫、提領，從九品。尋改爲太醫監，設少監，正四品，監丞，正六品。吳元年改監爲院，設院使，秩正三品，同知，正四品，院判，正五品，典簿，正七品。洪武三年置惠民藥局，府設提領，州縣設官醫。凡軍民之貧病者，給之醫藥。六年置御藥局於内府，始設御醫。御醫局，秩正六品，設尚藥、奉御二人，直長二人，藥童十人，俱以内官、内使充之。設御醫四人，以太醫院醫士充之。凡收受四方貢獻名藥及儲蓄藥品，奉御一人掌之。凡供御藥餌，醫官就内局修製，太醫院官診視。十四年改太醫院爲正五品，設令一人，丞一人，吏目一人。屬官御醫四人，俱如文職授散官。二十二年復改令爲院使，丞爲院判。嘉靖十五年改御藥房爲聖濟殿，又設御藥庫，詔御醫輪直供事。【略】

御藥房，提督太監正、副二員，分兩班。近侍、醫官無定員。職掌御用藥餌，與太醫院官相表裏。

《明史・職官志四》 太常寺，卿一人，少卿一人，典簿一人，博士一人，協律郎二人，贊禮郎七人，嘉靖中，革贊禮郎一人。司樂二人。各祠祭署合奉祀八人，祀丞七人。【略】

太醫院。院判一人，吏目一人。惠民藥局、生藥庫，各大使一人。【略】

良醫掌醫。

《明史・食貨志一》 凡戶三等：曰民，曰軍，曰匠。民有儒，有醫，有陰陽。

《明史・刑法志一》 弘治六年，太常少卿李東陽言：【略】請凡考訊輕罪即時致死，累二十或三十人以上，本律外，仍議行降調，或病死不實者，并治其醫。乃下所司議處。

乾隆《武進縣志・人物・方伎》 鄭汝煒，字明甫，宣城人，徙居武進。精岐黄，尤以刀圭擅長，有華元化之風。前授太醫院官，後隱迹懸壺，垂六十年，全活甚衆。年八十卒。所著有《外科宗要》行世。

同治《萬安縣志・人物志・方伎》 許期，渡頭人。起業醫林，樂善好施，高東垣賑恤之義。司徒許國疏奏勅授太醫院，掌院二十餘年。司徒作詩贈之，有春積杏林三月醉，泉流橘井四時香之句。屢爲郡縣所奬，老壽令終，子孫皆列黌序。

光緒《通州直隸州志・雜紀・方技》 孫訥，字吾容，諸生。讀書有大志，得異人授古方書，遂精醫。判太醫院，在職三十八年。

光緒《山西通志・藝術録》 都嚮，陵川人，進士。博學通醫，徽宗時，官宣議郎，掌太醫院事。遠邇求診，應手愈，能以其術鳴於時。

光緒《崑新兩縣續修合志・藝術》 顧文榮，字仲華。家世饒裕，洪武中徙實京師後，以母疾博求藥理，遂精於醫。隸太醫院，求治者無弗往，往輒効。性尤任俠，賙人之急，惟恐不及。殁後，楊榮爲表其墓。

宣統《湖北通志・人物志・方伎傳》 艾宏，監利人，官太醫院。某督學病，宏曰：是必飲後好露坐者。問之而信。

《清史稿・輿服志三》 太醫院銅印，直紐，方二寸四分，厚五分。【略】太醫院藥庫銅印，直紐，方一寸九分，厚四分二釐。

《清史稿・職官志二》 太醫院 管理院事王大臣一人。特簡。院使，初制正五品。宣統元年陞正四品。左、右院判，初制正六品。宣統元年陞正五品。俱漢一人。其屬：御醫十有三人，內兼首領廳事二人。初制正八品。雍正七年陞七品，給六品冠帶。宣統元年升正六品。吏目二十有六人，內兼首領廳事一人。初制八、九品各十有三人。宣統元年，改八品爲七品，九品爲八品。醫士二十人，內兼首領廳事一人，給從九品冠帶。醫生三十人。【略】順治元年，置院使，左、右院判各一人，吏目三十人，十八年省二十人，康熙九年復故。十四年省十人，雍正元年又復。豫授吏目十人，十八年省。康熙九年復故，三十一年又省。御醫十人，康熙五十三年省二人。雍正元年復故，七年增五人。道光二十三年省二人。醫士二十人。十八年省二十人。康熙九年復故，十四年省十人。雍正元年增二十人。凡藥材出入隸禮部。十六年，改歸本院。十八年，生藥庫復隸禮部。康熙三年，定直省歲解藥材，並折色錢糧，由戶部收儲付庫。雍正七年，定八品吏目十人，九品二十人。後定各十三人。乾隆五十八年，命內府大臣領院務。宣統元年，院使張仲元疏請變通舊制，特崇院使以次各官品秩。初制，入院肄業，考補恩糧，歷時甚久，軍營、刑獄醫士悉由院簡選。光緒末葉，民政部醫官，陸軍部軍醫司長，與院使、院判品秩相等。至是釐定，崇內廷體制也。又定制，院官遷轉不離本署。同治間，曾議吏目食俸六年，陞用按察司經歷、州判。嗣以與素所治相刺，廼寢。【略】院使、院判掌考九科之法，帥屬供醫事。御醫、吏目、醫士各專一科，曰大方脈、小方脈、傷寒科、婦人科、瘡瘍科、鍼灸科、眼科、咽喉科、正骨科，是爲九科。初設十一科。後痘疹科歸小方脈，咽喉、口齒併爲一科。掌分班侍直，給事宮中曰宮直，給事外廷曰六直。西苑壽樂房以本院官二人直宿。

《清史稿・職官志四》 醫學 府正科，州典科，縣訓科，各一人。俱未入流。由所轄有司遴諳醫理者，咨部給劄。宣統元年，奉天模範監獄成，置醫務所所長，省府正科。

《清史稿・職官志六》 民政部【略】

參議廳參事二人。民治、警政、疆里、營繕、衛生五司，郎中八人，民治、警政、疆里各二人，餘各一人。【略】六、七品醫官各一人。隸衛生司。【略】衛生掌檢醫防疫，建置病院。【略】光緒三十年，設京師內、外城巡警總廳，置廳丞各一人。設總務、警務、衛生三處，置參事各一人。正五品。三十二年改僉事。【略】

陸軍部【略】承政、軍制、軍衡、軍需、軍醫、軍法六司，各司長一人，副協都統、正參領充。【略】軍醫科二：曰衛生，曰醫務。【略】軍醫十有四人。【略】等級，共三等九級：【略】同正參領職，任總軍需官，總理醫官，總執法官，秩視參將。二級副參領職，任教練官，一等參謀官，正軍械官，中軍官；同副參領職，任正軍需官，正軍醫官，正執法官，總馬醫官，一等書記官，秩視游擊。三級協參領職，任管帶官，二等參謀官，副軍械官，參軍官；同協參領職，任副軍需官，副軍醫官，正馬醫官，二等書記官，秩視都司。次等一級正軍校職，任督隊官，隊官，三等參謀官，查馬長，軍械長，執事官；同正軍校職，任軍需長，軍醫長，稽查官，軍樂隊官，副馬醫官，三等書記官，秩視守備。二級副軍校職，任排長，掌旗官；同副軍校職，任司事生，醫生，司號官，軍樂排長，馬醫長，書記長，秩視千總；同協軍校職，任司號長，醫生，司書生，秩視把總。封贈、襲廕，凡軍官、軍佐並領其籍。【略】軍醫掌防疫治療，兼司軍醫升遷教育。【略】光緒三十二年改兵部設，省併練兵處入之。【略】設軍衡、軍乘、軍計、軍實、軍制、軍需、軍學、軍醫、軍法、軍牧承政二人。餘各一人。軍法未置。【略】

海軍部 海軍大臣，正都統。副大臣，副都統。各一人。一等參謀官二人，一等四人。海軍學生充。參事官二人。秘書官六人。資格相當軍官，文官充。司電員，藝師，藝士，酌用海軍官佐或文官學生。録事，酌用文官學生及額外軍官、軍佐。無恆額。軍制、軍政、軍學、軍樞、軍儲、軍法、軍醫七司，各司長一人。協都統，正參領充。科長二十有一人，軍制科五：曰制度，曰考覈，曰銓衡，曰駕駛，曰輪機。軍政科三：曰製造，曰建築，曰器械。軍學科五：曰教育，曰訓練，曰謀略，曰偵測，曰編譯。軍樞科三：曰奏咨，曰典章，曰承發。軍儲科三：曰收支，曰儲備，曰庶務。軍醫科二：曰醫務，曰衛生。科各一人。正、副參領充。下同。一、二、三等科員六十人。軍制、軍學各十有四人。軍樞、軍儲各十人。軍政八人。軍醫四人。充任視陸軍部。一等司法官二人，二、三等司法官，學習司法官八人。學律軍官充。主計處計長一人。正參領充。科長二人。會計、統計科各一人。各司處録事四十有八人。軍儲掌經營費用，稽覈糧廩服裝與其物用。軍法、軍醫、主計職掌視陸軍部。

光緒十一年，【略】至三十三年，【略】明年，改設海政、船政、籌備、儲蓄、醫務、法務六司。尋設主計處，置計長、副長各一人。宣統元年，命肅親王善耆等籌備海軍，設參贊廳，分秘書、庶務兩司，置一、二、三等參謀官，並設第一、第二、第三、第四四司，置司長以下各職。其夏，更命貝勒載濤等充籌辦海軍大臣，增設醫務司。二年，訂海軍暫行官制，改第一司曰軍制，第二司曰軍政，第三司曰軍學，第四司曰軍防，醫務司曰軍醫，秘書司曰軍樞，庶務司曰軍儲；別設軍法一司，是爲八司。【略】光緒三十二年改刑部設，置尚書，侍郎，左、右丞，參以次各官。【略】

二十四年，依提牢廳司獄往制，仍定爲兼職。尋置監醫正、醫副各一人。【略】

提法使司【略】管獄官一人，從五品。【略】所長二人。正九品。教誨、醫務各一人。【略】

民政使司　民政使一人，從二品。掌主民籍。【略】

一、二等醫官無定員。一等正六品，二等正七品。光緒三十三年置，秩正三品。宣統元年，依布政使例，陞從二品，主屬吏陞遷調補。【略】

禁衛軍　訓練大臣三人，王大臣兼充。掌全軍政令。【略】軍械、軍法、軍需、軍醫四科監督各一人，科員十有五人，軍械四人，軍需五人。餘各二人。俱遴員分治其事。【略】副軍械官，副軍需官，副軍醫官，俱協參領充。副馬醫官，正軍校充。司號長，各一人。【略】查馬長，正軍校充。馬醫長，副軍校充。各三人。

宣統三年，【略】軍制【略】總軍醫官，詳禁衛軍。自工程隊以下，俱正參領充。總馬醫官，副參領充。俱各一人。

鎮制　統制官一人，副都統充。掌統帥全鎮。正參謀官，正參領充。二、三等參謀官，所司同軍制。執事官，俱正軍校充。中軍官，副協參領充。掌理庶務。正軍械官，正執法官，正軍需官，正軍醫官，俱副協參領充。正馬醫官，協參領充。司號長，副軍校充。俱各一人。

《清史稿·食貨志六》　光緒二十八年，定洋藥稅釐並徵，仍照現行約章，嗣後應以釐金作爲加税。又定英商莫啡鴉之禁。其爲醫藥用者，進口仍照則納税，俟領海關專單，方準起岸，違者沒官。是年裁浙江洋藥釐金局，歸海關釐稅併徵。三十二年，德宗鋭意圖強，命限十年將洋藥一律革除淨盡。又以鴉片爲生民之害，禁吸尤必禁種，爲清源辦法，務令遞年減種，統限十年將洋土藥盡絶根株。是年開廣西巡撫柯逢時缺，賞侍郎銜，督辦各省土藥統税，設總局於湖北，各省並設分局。逾年，以洋土兩藥稅釐爲歲入鉅欵，既嚴行禁斷，應預籌的款以資抵補。初定莫啡鴉進口每兩徵稅三兩，至是以既準醫藥需用，減輕照百貨例，值百徵五。

《清史稿·兵志七》　海軍【略】

光緒三十三年，設海軍處附於陸軍部內，設正副二使，機要、船政、運籌、儲備、醫務、法務六司。【略】

其員弁之目：曰管帶，曰幫帶大副，曰魚雷大副，曰駕駛二副，曰槍炮二副，【略】曰醫官。【略】

其俸餉規制，曰官弁俸銀，兵匠錢糧，船上差缺薪糧，各船俸餉，官弁傷廢俸，兵丁加賞，行船公費，醫藥費，酬應公費，歲需銀一百七十六萬八千一百餘兩。【略】

他若學堂專員，測候譯書畫圖專員，醫藥專員，皆受命於海軍部，以專責任。旅順口大石船塢，及海口操防，特命文武大員董理。其大沽木船塢，海防支應局，旅順、天津軍械局、製造局，旅順魚雷營，威海機器廠，養病院，由北洋大臣簡員董理，規模略備。【略】

海軍自甲午戰後，【略】每艦設艦長一員，【略】軍醫正一員，軍醫副一員或二員。

《清史稿·兵志十》　光緒二十一年，張之洞建議，舊營積弊太深。【略】

所聘德國武將三十五人已來華，即仿德國營制，【略】醫官、槍匠等咸備。

《**清史稿・刑法志三**》　迨光緒變法，三十二年，改刑部爲法部，統一司法行政。【略】監獄與刑制相消息，【略】囚犯日給倉米一升，寒給絮衣一件。鎖杻常洗滌，蓆薦常鋪置，夏備涼漿，冬設煖床，疾病給醫藥。

《**清史稿・宗室耆英傳**》　宗室耆英，字介春，隸正藍旗。父祿康，嘉慶間官東閣大學士。耆英以廕生授宗人府主事，遷理事官。累擢内閣學士，兼副都統、護軍統領。【略】道光九年，擢禮部尚書，管理太常寺、鴻臚寺、太醫院，兼都統。

《**清史稿・周馥傳**》　宣統元年，【略】未幾，防疫事起，疫起俄境，沿東清鐵路，逐處傳染，未浹旬，蔓延奉、吉、黑三省。俄、日群思干涉，錫良以防疫純屬内政，嚴起防治，三月而疫絕。十一國醫士來奉考察，開萬國鼠疫研究會於省署，錫良主議，咸起頌之。

《**清史稿・藩部傳八・西藏**》　光緒三十三年正月，草創學務、農墾、水利、橋梁、採礦、醫藥諸要政，粗具規模，設裏化、定鄉、巴安等縣，並將應行興革諸大端次第陳奏，得部撥開辦經費一百萬兩。

典制總部

醫官職事秩俸部

綜述

《周禮·天官冢宰》 醫師掌醫之政令，聚毒藥以共醫事。凡邦之有疾病者、有疕瘍者造焉，則使醫分而治之。歲終，則稽其醫事，以制其食。十全爲上，十失一次之，十失二次之，十失三次之，十失四爲下。

食醫掌和王之六食、六飲、六膳、百羞、百醬、八珍之齊。凡食齊眡春時，羹齊眡夏時，醬齊眡秋時，飲齊眡冬時。凡和，春多酸，夏多苦，秋多辛，冬多鹹，調以滑甘。凡會膳食之宜，牛宜稌，羊宜黍，豕宜稷，犬宜粱，雁宜麥，魚宜苽。凡君子之食恆放焉。

疾醫掌養萬民之疾病。四時皆有癘疾：春時有痟首疾，夏時有痒疥疾，秋時有瘧寒疾，冬時有嗽上氣疾。以五味、五穀、五藥養其病；以五氣、五聲、五色眡其死生。兩之以九竅之變，參之以九藏之動，凡民之有疾病者，分而治之，死終則各書其所以，而入于醫師。

瘍醫掌腫瘍、潰瘍、金瘍、折瘍之祝藥劀殺之齊。凡療瘍，以五毒攻之，以五氣養之，以五藥療之，以五味節之。凡藥，以酸養骨，以辛養筋，以鹹養脈，以苦養氣，以甘養肉，以滑養竅。凡有瘍者，受其藥焉。

獸醫掌療獸病，療獸瘍。凡療獸病，灌而行之，以節之，以動其氣，觀其所發而養之。凡療獸瘍，灌而劀之，以發其惡，然後藥之、養之、食之。凡獸之有病者、有瘍者，使療之。死則計其數，以進退之。

《戰國策·燕策三》 軻既取圖奉之，發圖，圖窮而匕首見。因左手把秦王之袖，而右手持匕首揕抗之。未至身，秦王驚，自引而起，絶袖。拔劍，劍長，摻其室。時恐急，劍堅，故不可立拔。荆軻逐秦王，秦王還柱而走。羣臣驚愕，卒起不意，盡失其度。而秦法，羣臣侍殿上者，不得持尺兵。諸郎中執兵，皆陳殿下，非有詔不得上。方急時，不及召下兵，以故荆軻逐秦王，而卒惶急無以擊軻，而乃以手共搏之。是時侍醫夏無且，以其所奉藥囊提軻。秦王之方還柱走，卒惶急不知所爲，左右乃曰：王負劍！王負劍！遂拔以擊荆軻，斷其左股。荆軻廢，乃引其匕首提秦王，不中，中柱。秦王復擊軻，被八創。軻自知事不就，倚柱而笑，箕踞以罵曰：事所以不成者，乃欲以生劫之，必得約契以報太子也。左右既前斬荆軻，秦王目眩良久。而論功賞羣臣及當坐者，各有差。而賜夏無且黄金二百鎰，曰：無且愛我，乃以藥囊提軻也。

《史記·扁鵲倉公列傳》 臣聞上古之時，醫有俞跗，治病不以湯液醴灑，鑱石撟引，案抓毒熨，一撥見病之應，因五藏之輸，乃割皮解肌，訣脈結筋，搦髓腦，揲荒爪幕，湔浣腸胃，漱滌五藏，練精易形。【略】扁鵲名聞天下。過邯鄲，聞貴婦人，即爲帶下醫。過雒陽，聞周人愛老人，即爲耳目痹醫。來入咸陽，聞秦人愛小兒，即爲小兒醫。隨俗爲變。秦太醫令李醯自知伎不如扁鵲也，使人刺殺之。

又 太倉公者，齊太倉長，臨菑人也，姓淳于氏，名意。少而喜醫方術。高后八年，更受師同郡元里公乘陽慶。慶年七十餘，無子，使意盡去其故方，更悉以禁方予之，傳黄帝、扁鵲之脈書，五色診病，知人死生，決嫌疑，定可治，及藥論，甚精。受之三年，爲人治病，決死生多驗。然左右行游諸侯，不以家爲家，或不爲人治病，病家多怨之者。

文帝四年中，人上書言意，以刑罪當傳西之長安。意有五女，隨而泣。意怒，罵曰：生子不生男，緩急無可使者！於是少女緹縈傷父之言，乃隨父西。上書曰：妾父爲吏，齊中稱其廉平，今坐法當刑。妾切痛死者不可復生而刑者不可復續，雖欲改過自新，其道莫由，終不可得。妾願入身爲官婢，以贖父刑罪，使得改行自新也。書聞，上悲其意，此歲中亦除肉刑法。意家居，詔召問所爲治病死生驗者幾何人也，主名爲誰。【略】齊王侍醫遂病，自練五石服之。【略】濟北王遣太醫高期、王禹學，臣意教以經脈高下及奇絡結，當論俞所居，及氣當上下出入邪〔正〕逆順，以宜鑱石，定砭灸處，歲餘。菑川王時遣太倉馬長馮信正方，臣意教以案法逆順，論藥法，定五味及和齊湯法。高永侯家丞杜信，喜脈，來學，臣意教以上下經脈五診，二歲餘。臨菑召里唐安來學，臣意教以五診上下經脈，奇咳，四時應陰陽重，未成，除爲齊王侍醫。

《漢書・郊祀志下》 成帝初即位，【略】明年，上始祀南郊，【略】是歲衡、譚復條奏：長安廚官縣官給祠郡國候神方士使者所祠，【略】或復重，請皆罷。奏可。【略】候神方士使者副佐、本草待詔七十餘人皆歸家。

《漢書・武五子傳・燕刺王劉旦》 孝武皇帝六男。【略】李姬生燕刺王旦。【略】旦得書，以符璽屬醫工長。

《漢書・貢禹傳》 貢禹字少翁，瑯邪人也。【略】禹上書曰：臣禹年老貧窮。【略】拜爲諫大夫，秩八百石。【略】疾病侍醫臨治，賴陛下神靈，不死而活。

《漢書・王嘉傳》 會息夫躬、孫寵等因中常侍宋弘上書告東平王雲祝詛，又與后舅伍宏謀弑上爲逆，雲等伏誅，躬、寵擢爲吏二千石。是時，侍中董賢愛幸於上，上欲侯之而未有所緣，傅嘉勸上因東平事以封賢。上於是定躬、寵告東平本章，掇去宋弘，更言因董賢以聞，欲以其功侯之，皆先賜爵關內侯。頃之，欲封賢等，上心憚嘉，乃先使皇后父孔鄉侯傅晏持詔書視丞相御史。於是嘉與御史大夫賈延上封事言：竊見董賢等三人始賜爵，衆庶匈匈，咸曰賢貴，其餘并蒙恩，至今流言未解。陛下仁恩於賢等不已，宜暴賢等本奏語言，延問公卿大夫博士議郎，考合古今，明正其義，然後乃加爵土；不然，恐大失衆心，海內引領而議。暴平其事，必有言當封者，在陛下所從；天下雖不說，咎有所分，不獨在陛下。前定陵侯淳于長初封，其事亦議。大司農谷永以長當封，衆人歸咎於永，先帝不獨蒙其譏。臣嘉、臣延材駑不稱，死有餘責。知順指不迕，可得容身須臾，所以不敢者，思報厚恩也。上感其言，止，數月，遂下詔封賢等，因以切責公卿曰：朕居位以來，寢疾未瘳，反逆之謀，相連不絶，賊亂之臣，近侍帷幄。前東平王雲與后謁祝詛朕，使侍醫伍宏等內侍案脈，幾危社稷，殆莫甚焉！昔楚有子玉得臣，晉文爲之側席而坐；近事，汲黯折淮南之謀。今雲等至有圖弑天子逆亂之謀者，是公卿股肱莫能悉心務聰明以銷厭未萌之故。賴宗廟之靈，侍中駙馬都尉賢等發覺以聞，咸伏厥辜。書不云乎，用德章厥善。其封賢爲高安侯、南陽太守寵爲方陽侯、左曹光祿大夫躬爲宜陵侯。

《漢書・外戚傳下》 許美人前在上林涿沐館，數召入飾室中若舍，【略】元延二年褢子，其十一月乳。詔使嚴持乳醫及五種和藥丸三，送美人所。

《漢書・王莽傳》 翟義黨王孫慶捕得，莽使太醫、尚方與巧屠共刳剝之，量度五藏，以竹筳導其脈，知所終始，云可以治病。

《前漢紀・孝惠皇帝紀》 有副校尉，宣帝置也。自司隸已下至副校尉，秩比二千石。有左右丞，秩六百石。五官中郎將、左右將軍，秩比二千石。光祿大夫，秩比二千石。太中大夫，秩比二千石。掌論議諫議大夫，秩比六百石。奉車都尉，掌御乘輿，駙馬都尉，掌駙馬，秩皆二千石。侍中，左右諸曹吏，散騎中常侍，皆加官，皆列侯。將軍、大夫、騎都尉、尚封令、太醫令、太官令至郎中，無常員，多至數十人。侍中中常侍，皆加官，得入禁中。

《三國志・魏志・武帝紀》 建安二十三年春正月，漢太醫令吉本與少府耿紀、司直韋晃等反，攻許，燒丞相長史王必營，必與潁川典農中郎將嚴匡討斬之。

《三國志・魏志・張遼傳》 孫權復稱藩。遼還屯雍丘，得疾。帝遣侍中劉曄將太醫視疾。

《三國志・魏志・華佗傳》 華佗字元化，沛國譙人也。一名旉。【略】督郵徐毅得病，佗往省之。毅謂佗曰：昨使醫曹吏劉租針胃管訖，便苦欬嗽，欲卧不安。佗曰：刺不得胃管，誤中肝也，食當日減，五日不救。遂如佗言。

《後漢書・耿弇傳》 耿弇字伯昭，【略】曾孫紀。【略】紀以操將篡漢，建安二十三年，與大醫令吉平、丞相司直韋(況)晃(曄)謀起兵誅操，不克，夷三族。

《後漢書・桓譚傳上》 桓譚字君山，沛國相人也。【略】譚曰：刑罰不能加無罪，邪枉不能勝正人。夫士以才智要君，女以媚道求主。皇后年少，希更艱難，或驅使醫巫，外求方技，此不可不備。又君侯以后父尊重而多通賓客，必借以重執，貽致譏議。不如謝遣門徒，務執謙慤，此脩己正家避禍之道也。晏曰：善。遂罷遣常客，入白皇后，如譚所戒。後賢果風太醫令眞欽，使求傅氏罪過，遂逮后弟侍中喜，詔獄無所得，乃解，故傅氏終全於哀帝之時。

《後漢書・鄭弘傳》 鄭弘字巨君，會稽山陰人也。從祖吉，宣帝時爲西域都護。弘少爲鄉嗇夫，太守第五倫行春，見而深奇之，召署督郵，舉孝廉。【略】元和元年，代鄧彪爲太尉。時舉將第五倫爲司空，班次在下，每正朔朝見，弘曲躬而自卑。帝問知其故，遂聽置雲母屏風，分隔其閒，由此以爲故事。在位四年，奏尚書張林阿附侍中竇憲，而素行臧穢，又上洛陽令楊光，憲之賓客，在官貪殘，並不宜處位。書奏，吏與光故舊，因以告之。光報憲，憲奏弘大臣漏泄密事。帝詰讓弘，收上印綬。弘自詣廷尉，詔勑出之，因乞骸骨歸，未許。病篤，上書陳謝，并言竇憲之短。帝省章，遣醫占弘病，比至已卒。臨殁悉還賜物，勑妻子褐巾布衣素棺殯殮，以還鄉里。

《後漢書·第五倫傳》 第五倫字伯魚，京兆長陵人也。【略】建武二十七年，舉孝廉，補淮陽國醫工長，隨王之國。

《後漢書·蓋勳傳》 時小黄門京兆高望爲尚藥監，倖於皇太子。

《後漢書·李固傳》 李固字子堅，漢中南鄭人，【略】及冲帝即位，以固爲太尉，與梁冀參録尚書事。明年帝崩，【略】固以清河王年長有德，欲立之，【略】冀忌帝聰慧，恐爲後患，遂令左右進鴆。帝苦煩甚，使促召固。固入，前問：陛下得患所由？帝尚能言，曰：食煮餅，今腹中悶，得水尚可活。時冀亦在側，曰：恐吐，不可飲水。語未絶而崩。因伏尸號哭，推舉侍醫。冀慮其事泄，大惡之。

《後漢書·方術傳·樊英》 樊英字季齊，南陽魯陽人也。少受業三輔，習《京氏易》，兼明《五經》。又善風角、星筭，河洛七緯，推步災異。隱於壺山之陽，受業者四方而至。州郡前後禮請不應；公卿舉賢良方正、有道，皆不行。【略】永建二年，順帝策書備禮，玄纁徵之，復固辭疾篤。乃詔切責郡縣，駕載上道。英不得已，到京，稱病不肯起。乃強輿入殿，猶不以禮屈。帝怒，謂英曰：朕能生君，能殺君；能貴君，能賤君；能富君，能貧君。君何以慢朕命？英曰：臣受命於天。生盡其命，天也；死不得其命，亦天也。陛下焉能生臣，焉能殺臣！臣見暴君如見仇讎，立其朝猶不肯，可得而貴乎？雖在布衣之列，環堵之中，晏然自得，不易萬乘之尊，又可得而賤乎？陛下焉能貴臣，焉能賤臣！臣非禮之祿，雖萬鐘不受；若申其志，雖簞食不厭也。陛下焉能富臣，焉能貧臣！帝不能屈，而敬其名，使出就太醫養疾，月致羊酒。

《後漢書·方術傳·郭玉》 郭玉者，廣漢雒人也。初，有老父不知何出，常漁釣於涪水，因號涪翁。乞食人閒，見有疾者，時下針石，輒應時而效，乃著《針經》、《診脈法》傳於世。弟子程高尋求積年，翁乃授之。高亦隱跡不仕。玉少師事高，學方診六微之技，陰陽隱側之術。和帝時，爲太醫丞，多有效應。帝奇之，仍試令嬖臣美手腕者與女子雜處帷中，使玉各診一手，問所疾苦。玉曰：左陽右陰，脈有男女，狀若異人。臣疑其故。帝歎息稱善。

《後漢書·禮儀志下》 不豫，太醫令丞將醫入，就進所宜藥。嘗藥監、近臣中常侍、小黄門皆先嘗藥，過量十二。公卿朝臣問起居無閒。太尉告請南郊，司徒、司空告請宗廟，告五嶽、四瀆、羣祀，並禱求福。疾病，公卿復如禮。

《魏書·太祖紀》 天賜六年夏，帝不豫。初，帝服寒食散，自太醫令陰羌死後，藥數動發，至此逾甚。

《魏書·劉裕傳》 太和初，昱以其母數諫責之，遂使太醫煮藥欲鴆之。

《魏書·官氏志》 自太祖至高祖初，其內外百官屢有減置，或事出當時，不爲常目，如萬騎、飛鴻、常忠、直意將軍之徒是也。舊令亡失，無所依據。太和中高祖詔群僚議定百官，著於令，今列於左，勳品、流外位卑而不載矣。

起居注令史　太卜博士
直事郎　太醫博士
司州本曹　太常日者
散臣督事　扶令
宿衛幢將　太樂典録
書幹
諸局書吏　太醫、太史助教
右從第七品上　右從第七品下
裨將軍
右第九品上　右第九品中

《宋書·禮志五》 公車司馬、太史、太醫、太官、御府、內省令、太子諸署令、僕、門大夫、陵令，銅印，墨綬。朝服，進賢一梁冠。【略】太醫校尉，都尉，總章協律中郎將校尉，都尉，銀印，青綬。朝服，武冠。【略】

太醫司馬，銅印。朝服，武冠。【略】

太醫丞，銅印。朝服，進賢一梁冠。

《宋書·后妃傳·明恭王皇后》 行病帥，置人無定數。官品第六。【略】元徽五年五月五日，太后賜帝玉柄毛扇，帝嫌其毛柄不華，因此欲加酖害，已令太醫煮藥，左右人止之曰：若行此事，官便應作孝子，豈復得出入狡獪。帝曰：汝語大有理。乃止。

《晉書·武帝紀》〔咸寧四年十一月〕辛巳，太醫司馬程據獻雉頭裘，帝以奇技異服典禮所禁，焚之於殿前。甲申，敕内外敢有犯者罪之。

《晉書·禮志上》 前太醫令韓楊上書，宜如舊祀五帝。太康十年詔已施用。宜定新禮，明堂及郊祀五帝如舊儀。詔從之。江左以後，未遑修建。

《晉書·輿服志》 次大輦，中道。太官令丞在左，太醫令丞在右。次金根車，駕駟，不建旗。次青立車，次青安車，次赤立車，次赤安車，次黄立車，次黄安車，次白立車，次白安車，次黑立車，次黑安車，合十乘，并駕駟。建旗十二，如車色。立車正豎旗，安車邪拖之。次蹋豬車，駕駟，中道，無旗。次耕根車，駕駟，中道，赤旗十二，熊渠督左，佽飛督右。次御軺車，次御四望車，次御衣車，次御書車，次御藥車，并駕牛，中道。

《晉書·愍懷太子傳》 孫秀因使反間，言殿中人欲廢賈后，迎太子。賈后聞之憂怖，乃使太醫令程據合巴豆杏子丸。三月，矯詔使黄門孫慮齎至許昌以害太子。【略】慮乃逼太子以藥，太子不肯服，因如廁，慮以藥杵椎殺之，太子大呼，聲聞於外，時年二十三。

《晉書·藝術傳·佛圖澄》 季龍太子邃有二子，在襄國，澄語邃曰：小阿彌比當得疾，可往看之。邃即馳信往視，果已得疾。太醫殷騰及外國道士自言能療之，澄告弟子法牙曰：正使聖人復出，不愈此疾，況此等乎！後三日果死。

《晉書·載記·劉曜》 劉曜，字永明，元海之族子也。【略】曜昏醉奔退，馬陷石渠，墜于冰上，被瘡十餘，通中者三，爲堪所執，送于勒所。曜曰：石王！憶重門之盟不？勒使徐光謂曜曰：今日之事，天使其然，復云何邪！幽曜于河南丞廨，使金瘡醫李永療之，歸于襄國。

《梁書·侯景傳》 大同中，太醫令朱耽嘗直禁省，無何，夜夢犬羊各一在御坐，覺而惡之，告人曰：犬羊者，非佳物也。今據御坐，將有變乎？既而天子蒙塵，景登正殿焉。

《周書·藝術傳·褚該》 褚該字孝通，河南陽翟人也。【略】該幼而謹厚，有譽鄉曲。尤善醫術，見稱於時。仕梁歷武陵王府參軍。【略】武成元年，除醫正上士。

《周書·藝術傳·趙𨔵》 趙文深字德本，南陽宛人也。父𨔵，以醫術進，仕魏爲尚藥典御。

《南史·齊高帝諸子上》 始安王遥光勸上併誅高、武諸子孫，於是并敕竟陵王昭胄等六十餘人入永福省，令太醫煮椒二斛，并命辦數十具棺材，謂舍人沈徽孚曰：椒熟則一時賜死。期三更當殺之。會上暫卧，主書單景雋啓依旨斃之。

《南史·姚察傳》 姚察，字伯審。【略】父僧坦，梁太醫正。【略】僧坦精醫術，知名梁代。

《北史·隋本紀下》 立代王侑爲帝，改元義寧。【略】二年三月，右屯衛將軍宇文化及、武賁郎將司馬德戡、元禮、監門直閣裴虔通、將作少監宇文智及、武勇郎將趙行樞、鷹揚郎將孟景、内史舍人元敏、符璽郎李覆、牛方裕、千牛左右李孝本、弟孝質、直長許弘仁、薛世良、城門郎唐奉義、醫正張愷等，以驍果作亂，入犯宫闈，上崩于温室，時年五十。蕭后令宫人撤床簀爲棺，以埋之。化及發後，右禦衛將軍陳稜奉梓宫於成象殿，葬吴公臺下。發斂之始，容貌若生，衆咸異之。大唐平江南之後，改葬雷塘。

《北史·后妃傳序》 又采漢、晉舊儀，置六尚、六司、六典，遞相統攝，以掌宫掖之政。一曰尚宫，掌導引皇后及閨閣稟賜。管：司令三人，掌圖籍法式，糾察宣奏；典琮三人，掌琮璽器玩。二曰尚儀，掌禮儀教學。管：司樂三人，掌音律之事；典贊三人，掌導引内外命婦朝見。三曰尚服，掌服章寶藏。管：司飾三人，掌簪珥花嚴；典櫛三人，掌巾櫛膏沐。四曰尚食，掌進膳先嘗。管：司醫三人，掌方藥卜筮；典器三人，掌樽彝器皿。五曰尚寢，掌帷帳床褥。管：司筵三人，掌鋪設灑掃；典執三人，掌扇傘燈燭。六曰尚工，掌營造百役。管：司製三人，掌衣服裁縫；典會三人，掌財帛出入。六尚各三員視從九品，六司視勛品，六典視流外二品。【略】時又增置女官，準尚書省，以六局管二十四司。【略】四曰尚食局，管：司膳，掌膳羞；司醞，掌酒醴醯醢；司藥，掌醫巫藥劑；司饎，掌廩餼柴炭。【略】六尚二十二司，員各二人，唯司樂、司膳員各四人。每司又置典及掌，以貳其職。六尚十人，品從第五；司二十八人，品從第六；典二十八人，品從第七；掌二十八人，品從第九。女史流外，量局閑劇，多者十人以下，無定員數。聯事分職，各有司存焉。

《北史·崔暹傳》 崔彧子景哲。【略】景哲子冏，字法峻，幼好學，汎覽經傳，多伎藝，尤工相術。仕魏爲司空參軍。齊天保初，爲尚藥典御。歷高陽太守、太子家令。

《北史·儒林傳下·趙文深》　趙文深字德本，南陽宛人也。父遐，以醫術仕魏，爲尚藥典御。

《北史·藝術傳下》　大寧二年春，武明太后又病，之才弟之範爲尚藥典御，敕令診候。【略】

馬嗣明，河内野王人也。少博綜經方，爲人診脈，一年前知其生死。【略】

隋開皇中，卒於太子藥藏監。然性自矜大，輕諸醫人，自徐之才、崔叔鸞以還，俱爲其所輕。

《隋書·禮儀志二》　凡應預祠享之官，亦太醫給除穢氣散藥，先齋一日服之，以自潔。其儀本之齊制。

《隋書·禮儀志六》　開國掌書中尉、司馬，陵廟食官，廄牧長，典醫典府丞，銅印。【略】諸縣署丞、太子諸署丞、王公侯諸署及公主家令丞、僕，銅印環鈕，黄綬，朱服，進賢一梁冠。太官、太醫丞，武冠。

《隋書·百官志上》　門下省置侍中、給事黄門侍郎各四人，掌侍從左右，擯相威儀，盡規獻納，糾正違闕。監合嘗御藥，封璽書。侍郎中高功者，在職一年，詔加侍中祭酒，與侍郎高功者一人，對掌禁令，公車、太官、太醫等令，驊騮廐丞。【略】縣爲國曰相，大縣爲令，小縣爲長，皆置丞、尉。郡縣置吏，亦各准州法，以大小而制員。郡縣吏有書僮，有武吏，有醫，有迎新、送故等員。亦各因其大小而置焉。【略】汝陰巴陵二國郎中令，太官、太樂、太市、太史、太醫、太祝、東西冶、左右尚方、南北武庫、車府等令，爲一班。【略】又著作正令史、集書正令史、尚書度支三公正令史、函典書、殿中外監、齋監、東堂監，尚書都官左降正令史、諸州鎮監、石頭城監、琅邪城監、東宫外監、殿中守舍人、齋監，東宫典經守舍人、上庫令、太社令、細作令、導官令、平水令、太官市署丞、正廚丞、酒庫丞、柒署丞、太樂庫丞、別局校丞、清商丞、太史丞、太醫二丞、中藥藏丞、東冶小庫等三丞，【略】爲三品蘊位。

《隋書·百官志中》　太子侍醫，【略】爲第七品。【略】將作寺丞，【略】太學博士，【略】太常博士，【略】國子助教，公車、京邑二市署令，【略】尚食、尚藥丞、齋帥，中尚食、中尚藥丞，【略】爲從第七品。【略】太子典膳、藥藏丞，太子齋帥，三等中，【略】爲第八品。【略】

偏將軍，諸宫教博士，太子司藏、廐牧令、太子校書、諸署別局都尉、諸尉、諸關津尉，三等上州參軍督護，三等中州長兼行參軍，秘書省正字，皇太子三令，王、公國上中下將軍及上中大夫，諸署令，諸縣丞，已前上階。裨將軍、領軍護軍府、太常光禄衛尉寺、詹事府等功曹，五官，奉禮郎，子、男國大農，小黄門，員外司馬督，太學助教，諸幢主，遥途尉，中侍中，省録事，三等下州典籤，尚書，門下，中書等省醫師，爲從第九品。

《隋書·百官志下》　尚食、尚藥典御，上州司馬爲正五品。【略】

御醫，【略】六寺丞，【略】尚食、尚藥，【略】太子典膳、藥藏等監，太子齋帥，上戍主，爲正七品。【略】

太學，太常二博士，武騎常侍，奉朝請，國子助教，【略】太子侍醫，【略】爲從七品。【略】

四門博士，【略】中署令，太醫【略】爲從八品。【略】

太子食官，典倉，司藏等令，尚食、尚醫，軍主、太史，掖庭，宫闈局等丞，【略】上州典籤、下戍主、上關丞、太子典膳、藥藏等局丞，【略】爲正九品。【略】

殿内省置監，正四品。少監，從四品。丞從五品。各一人，掌諸供奉。又有奉車都尉十二人，掌進御輿馬。統尚食、尚藥、尚衣、尚舍、尚乘、尚輦等六局，各置奉御二人，正五品。皆置直長，以貳之。正七品。尚食直長六人，又有食醫員。尚藥直長四人，又有侍御醫、司醫、醫佐員。尚衣即舊御府也，改名之，有直長四人。尚舍即舊殿中局也，改名之，有直長八人。尚乘局置左右六閑：一左右飛黄閑，二左右吉良閑，三左右龍媒閑，四左右騊駼閑，五左右駃騠閑，六左右天苑閑。有直長十四人，又有奉乘十人。尚輦有直長四人，又有掌輦六人。城門置校尉一人，降爲正五品。後又改校尉爲城門郎，置員四人，從六品。自殿内省隸爲門下省官。

唐武后《釐革伎術官制》　量才授職，自有條流，常秩清班，非無差等。比來諸色伎術，因營得官，及其升遷，改從餘任，遂使器用紕繆，職務乖違，不合禮經，事須改轍。自今本色出身，解天文者，進轉官，不得過太史令；音樂者，不得過大樂鼓吹署令；醫術者，不得過尚藥奉御；陰陽卜筮者，不得過司膳寺諸署令。

《通典·職官七》　太醫署：《周官》有醫師上士、下士，掌醫之政令。秦、兩漢有太醫令、丞，亦主醫藥，屬少府。魏因之。

《**通典·職官七**》 秦、兩漢有太醫令、丞，亦主醫藥，屬少府。

《**通典·職官十八**》 後漢官秩差次：【略】六百石：【略】少府太醫令。【略】四百石：月五十斛。又云四十五斛。【略】大長秋中宮藥長，【略】醫工長。【略】魏官置九品：自魏以下，並爲九品，其祿秩差次大約亦如漢制。已列品第，不可重出。【略】第七品：【略】尙藥監，【略】，藥長寺人監。

《**通典·職官二十一**》 後周官品：【略】

六命 中堅將軍 左中郎將 寧朔將軍 儀同府、正八命州長史，司馬，司録 右中郎將郡守戶五千以上者 大呼藥【略】

五命 伏波將軍 奉車都尉 輕車將軍 奉騎都尉 四征中鎭撫軍將軍府、正七命州長史，司馬，司録 開府中郎掾屬 郡守戶不滿一千以下者 縣令戶七千以上者 正八命州呼藥

正四命 天官：小宗師、小左宮伯、小御正、小膳部、大醫、小醫、小計部等下大夫。【略】

冬官：小匠師、小司木、小司土、小司金、小司水、司玉、司皮、司色、司織、司卉等下大夫 公之孤卿 宣威將軍 虎賁給事 明威將軍 冗從給事 儀同府中郎掾屬 柱國大將軍府列曹參軍 四平前後左右將軍府、七命州長史，司馬，司録 縣令戶四千以上者 八命州呼藥 八命州別駕

四命

襄威將軍 給事中 厲威將軍 奉朝請 軍主 開府列曹參軍 冠軍輔國將軍府、正六命州長史，司馬，司録 縣令戶三千以上者 正七命州呼藥 正七命州別駕 正八命州治中 七命郡丞

正三命

天官：司會、小宗師、宗正、小右宮伯、右中侍、小御正、主寢、御伯、掌式、小膳部、內膳、外膳、小醫、醫正、瘍醫、太府、玉府、內府、外府、左府、右府、縫工、染工、小計部、掌納、掌出、司內奄等上士。【略】

夏官：軍司馬、小職方、小吏部、司士、司勳、司録、小右武伯、右虎賁率、右旅賁率、右射聲率、右驍騎率、右羽林率、右游擊率、小兵部、武環率、武候率、司固、道馭、田馭、小司右、賓右、道右、田右、小司射、司仗、小田駕部、左廄、右廄、典牝、典牡、獸醫等上士【略】

冬官：工部、小匠師、內匠、外匠、掌材、小司木、小司土、小司金、鍛工、函工、小司水、典壅、小司玉、小司皮、小司色、小司織、小司卉等上士 侯伯之孤卿 公之大夫 威烈將軍 左員外侍郎 討寇將軍 右員外侍郎 幢主 儀同府、正八命州列曹參軍 鎭遠、建忠、中堅、寧朔將軍府長史，司馬 柱國大將軍參軍 縣令戶五百以上者 七命州呼藥 正六命州別駕 正七命州治中 正六命郡丞【略】

正二命

天官：司會、宗正、右侍、右前侍、右後侍、主寢、司服、給事、掌式、內膳、外膳、典庖、典饎、酒正、鯖藏、掌醢、司鼎俎、掌冰、醫正、瘍醫、玉府、內府、外府、左府、右府、縫工、染工、掌納、掌出、小司內、內小臣奄、內司服奄、典婦功奄、巷伯等中士。【略】

夏官：軍司馬、土方、山師、川師、懷方、訓方、司士、司勳、司録、右虎賁率、右旅賁率、右射聲率、右驍騎率、右羽林率、右游擊率、倅長、司固、司火、司辰、銜枚、司仗、左廄、右廄、典牝、典牡、典駝、典羊、獸醫、司袍襖、司弓矢、司甲、司矟、司刀盾等中士。【略】

正一命

天官：司會旅、宗正、右騎侍、右宗侍、右庶侍、右勳侍、主璽、食醫、外膳、典庖、典饎、酒正、鯖藏、掌醢、司鼎俎、掌冰、主藥、正醫、瘍醫、內小臣奄、內司服奄、典婦功奄、巷伯奄等下士。【略】

夏官：軍司馬旅、土方、山師、川師、懷方、訓方、右虎賁倅長、右旅賁倅長、右射聲倅長、右驍騎倅長、右羽林倅長、右游擊倅長、武環倅長、武候倅長、司火、司辰、銜枚、右廄閑長、典駝、典羊、獸醫、司袍襖、司弓矢、司矟、司甲、司刀盾等下士。

《**舊唐書·玄宗紀上**》 〔開元十一年九月〕己巳，頒上撰《廣濟方》於天下，仍令諸州各置醫博士一人。

《**舊唐書·職官志一**》 龍朔二年二月甲子，改百司及官名。【略】尙食爲奉膳，尙藥爲奉醫，尙衣爲奉冕，尙舍爲奉扆，尙乘爲奉駕，尙輦爲奉御，並爲大夫。正第五品下階：尙食尙藥奉御。【略】正第六品上階：太子典膳藥藏郎。【略】從第六品上階：侍御醫。武德乾封令，正七品上。神龍令，從六品下。開元改。【略】從第七品上階：太子侍醫。【略】從第七品下階：太醫【略】正第八品上階：太醫博士、太子典膳藥藏丞。【略】正第八品下階：尙藥局司醫。

【略】從第八品上階：太醫署針博士。【略】從第八品下階：太醫署丞、醫監。【略】正第九品下階：尚食局食醫、尚藥局醫佐。【略】從第九品上階：太醫署醫助教。【略】從第九品下階：太醫署按摩呪禁博士、太卜署博士、太醫署針助教、太醫署醫正、中州下州醫博士。【略】武德初，以諸道軍務事繁，分置行臺尚書省。【略】食貨監一人，正第八品下，諸監同。掌膳羞、財物、賓客、鋪設、音樂、醫藥事。【略】武德四年，【略】功曹參軍事二人，掌官員假使、儀式、醫藥、選舉、考課、祿恤、鋪設等事。

《**舊唐書·職官志二**》　郎中、員外郎之職，掌祠祀、享祭、天文、漏刻、國忌、廟諱、卜筮、醫藥、僧尼之事。凡祭祀之名有四：一曰祀天神，二曰祭地祇，三曰享人鬼，四曰釋奠于先聖先師。

《**舊唐書·職官志三**》　太常卿之職，掌邦國禮樂、郊廟、社稷之事，以八署分而理之：一曰郊社，二曰太廟，三曰諸陵，四曰太樂，五曰鼓吹，六曰太醫，七曰太卜，八曰廩犧。總其官屬，行其政令。【略】

尚藥局：奉御二人，正五品下。直長四人，正七品上。書吏四人。侍御醫四人，從六品上。主藥十二人，藥童三十人。司醫四人，正八品下。醫佐八人，正八品下。按摩師四人，呪禁師四人，合口脂匠四人，掌固四人。奉御掌合御藥及診候方脈之事。直長爲之貳。凡藥有上、中、下三品，上藥爲君，中藥爲臣，下藥爲佐。合造之法，一君三臣九佐，別人五藏，分其五味，有湯丸膏散之用。診脈有寸、關、尺之三部，醫之大經。凡合和與監視其分劑，藥成嘗而進焉。侍御醫，掌診候調和。主藥、藥童，主刮削擣簁。【略】

藥藏局：藥藏郎二人，正六品上。丞二人，正八品上。侍醫典藥九人，藥童十八人，掌固六人。藥藏郎掌和劑醫藥。【略】

太子內官：【略】司饌二人，從六品。掌膳羞。進食先嘗，總掌食、掌醫、掌園三司，而領其事。掌食三人，從八品。掌膳羞、酒醴、燈燭。掌醫三人，從八品。掌醫主醫藥。掌園三人，從八品。掌園苑樹藝、蔬果。【略】

州縣官員

京兆河南太原等府：【略】醫藥博士一人，助教一人，學生二十人。【略】

上州：州之名，古也。舜置十二州，《禹貢》九州，漢置十三州。秦幷六國，置三十六郡。漢則以州統郡。其後武德改郡爲州，改州爲郡，事見諸卷。國家制，戶滿四萬以上爲上州。【略】

醫學博士一人，正九品下。助敎一人，學生十五人。

中州：戶滿二萬戶已上，爲中州。【略】醫藥博士一人，從九品下。助教一人，學生十二人。

下州：戶不滿二萬爲下州也。【略】醫學博士一人，從九品下。學生十人。【略】

醫藥博士以百藥救民疾病。下至執刀、白直、典獄、佐史，各有其職。

《**舊唐書·輿服志**》　其非行署者，太常寺謁者、卜博士、醫助教、祝史、贊引，鴻臚寺掌儀、諸典書、典學，內侍省內典引，太子門下坊典儀、內坊導客舍人、諸贊者，王公以下舍人，公主謁者等，各準行署，依品服。

《**舊唐書·方伎傳·張文仲**》　張文仲，洛州洛陽人也。少與鄉人李虔縱、京兆人韋慈藏並以醫術知名。文仲，則天初爲侍御醫。【略】文仲久視年終于尚藥奉御。撰《隨身備急方》三卷，行於代。

《**新唐書·選舉志下**》　凡醫術，不過尚藥奉御。

《**新唐書·百官志一**》　都官郎中、員外郎，各一人，掌俘隸簿録，給衣糧醫藥，而理其訴免。

《**新唐書·百官志三**》　兩京郊社署唐初，以郊社、太樂、鼓吹、太醫、太官、左藏、乘黃、典廐、典客、上林、太倉、平準、常平、典牧、左尚、右尚爲上署，鉤盾、右藏、織染、掌冶爲中署，珍羞、良醞、掌醞、守宮、武器、車府、司儀、崇玄、導官、甄官、河渠、弩坊、甲坊、舟楫、太卜、廩犧、中校、左校、右校爲下署。

《**新唐書·百官志四**》　醫學博士一人，從九品上。掌療民疾。

貞觀三年，置醫學，有醫藥博士及學生。開元元年，改醫藥博士爲醫學博士，諸州置助教，寫《本草》、《百一集驗方》藏之。未幾，醫學博士、學生皆省，僻州少醫藥者如故。二十七年，復置醫學生，掌州境巡療。永泰元年，復置醫學博士。三都、都督府、上州、中州各有助教一人。三都學生二十人，都督府、上州二十人，中州、下州十人。【略】

大都督府：【略】醫學博士一人，從八品上。【略】

中都督府：【略】醫學博士一人，正九品上。【略】

上下都督府：【略】醫學博士一人，正九品上。【略】

又有食貨監一人，丞二人，掌膳羞、財物、賓客、帳具、音樂、醫藥；監皆正八品下。【略】

上州：【略】醫學博士一人，從九品下。

中州：【略】醫學博士一人，從九品下。

下州：【略】醫學博士一人，從九品下。【略】

倉曹參軍事，掌儀式、倉庫、飲膳、醫藥、付事、句稽、省署鈔目、監印、給紙筆、市易、公廨。

《新唐書·食貨志五》 太醫署令，太學、廣文、四門博士，中書門下主事，太子文學，侍醫，諸府、都督府醫博士，法直，兩赤縣録事，上州録事，市令，萬三千。【略】司醫，太醫署丞，歸德執戟長上，一萬。醫佐，大理寺評事，太常宗正寺詹事府主簿，寺監，內侍省司天臺左右春坊詹事府録事，主事，八千。【略】醫，針博士，醫監，【略】四千。【略】醫正，卜正，按摩、呪禁、卜博士，針、醫、卜、書、算助教，陵廟，【略】三千。

《新唐書·李密傳》 祖君彥，齊僕射孝徵子。博學彊記，屬辭贍速。薛道衡嘗薦之隋文帝，帝曰：是非殺斛律明月人兒邪？朕無用之。煬帝立，尤忌知名士，遂調東都書佐，檢校宿城令，世謂祖宿城。負其才，常鬱鬱思亂。及爲密草檄，乃深斥主闕。密敗，世充見之，曰：汝爲賊罵國足未？君彥曰：跖客可使刺由，但愧不至耳！世充令撲之。既困卧樹下，世充已自欲盜隋，中悔，命醫許惠照往視之，欲其蘇。郎將王拔杜曰：弄筆生有餘罪。乃蹙其心，卽死，戮尸于偃師。

《新唐書·宦者傳下·劉季述》 劉季述者，本微單，稍顯于僖、昭間，擢累樞密使。【略】先是，王子病，季述引內醫工車讓、謝筠，久不出，季述等共白帝，宮中不可妄處人。帝不納，詔著籍不禁。

《舊五代史·唐書·末帝紀中》 清泰二年六月，時水旱民飢，河北諸州困于飛輓，逃潰者甚衆，軍前使者繼至，督促糧運，由是生靈咨怨。辛巳，詔諸州府署醫博士。

《舊五代史·晉書·少帝紀》 開運四年正月癸卯，帝與皇太后李氏、皇太妃安氏、皇后馮氏、皇弟重睿、皇子延煦延寶俱北行，以宮嬪五十人、內官三十人、案：《遼史》作內官三人。（《舊五代史考異》）東西班五十人、醫官一人、控鶴官四人、御廚七人、茶酒三人、儀鸞司三人、軍健二十人從行。

《唐會要·醫術》 貞元二年九月，山人鄧思齊獻威靈仙草，出商州，能愈衆疾。上于禁中試用，有效，令編附《本草》，授思齊太醫丞。

八年八月，加殿中省侍御醫、藥藏局丞俸錢。仍令侍御醫及尚藥直長藥藏郎並留授翰林醫官。所司不得注擬。

《齊東野語·針砭》 唐長孫后懷高宗，將產，數日不能分娩，詔醫博士李洞元候脈。奏云：緣子以手執母心，所以不產。太宗問曰：當何如？洞元曰：留子母不全，母全子必死。后曰：留子，帝業永昌。遂隔腹針之，透心至手。后崩，太子即誕。後至天陰，手中有瘢。

《醫說·三皇歷代名醫》 巢元方，不知何許人也。大業中爲太醫博士，奉詔撰《諸病源候論》五十卷，罔不該集。

司馬光《上仁宗論御藥院劉保信等與授外任不得闇理官資》 臣伏見祖宗以來，擇內臣謹信者幹當御藥院，以其職任最爲親近，恐名位寖崇，歲月稍久，則權勢太重，不可制御，故常用供奉官以下爲之，轉至內殿崇班，則出爲外官，此乃祖宗深思遠慮，防微杜漸，高出前古，詒謀萬世者也。近歲以來，頗隳舊法，居此任者，往往闇理官資，請其俸給，久而不革，殊失祖宗之意，深爲不便。今茲踐阼之初，所宜革去積弊，率由舊章。竊聞幹當御藥院劉保信等四人，亦曾自陳乞，因覃恩別授外官。伏望皇太后殿下、皇帝陛下，各依逐人所請及應自來內臣闇理官資者，並除正官，授以外任，別擇供奉官以下，素知心腹忠信謹慤之人，使幹當御藥院。仍自今後，凡轉官至內殿崇班以上者，並須出外，一遵祖宗之制，不得闇理官資，依舊留任內廷差遣。

《文獻通考·職官二十》 後漢官秩差次：【略】六百石。月七十斛。【略】少府太醫令。【略】四百石。月三十斛，又云四十五斛。【略】醫士長。

又 官品魏至宋品數

從四品　十一班　六命【略】

大呼藥周【略】

五品　正五品　十班　正五命【略】

尚食尚藥典御北齊隋唐【略】

從五品　九班　五命【略】

中尚藥尚食典御北齊【略】

正八命州呼藥周【略】

六品　正六品　八班　正四命【略】

八命州呼藥周【略】

從六品　七班　四命【略】

正七命州呼藥周

《文獻通考·職官二十一》　從七品　五班　三命【略】

止六命州呼藥隋【略】

八品　正八品　四班　正二命【略】

太醫署醫博士唐【略】

尚藥藏局司醫唐

尚醫軍主隋

九品　正九品　二班　正一命【略】

又　七品　正七品　六班　正三命【略】

尚藥尚食監魏晉藥長寺人監魏晉【略】

內膳、外膳、小醫、醫正、瘍醫、太府、玉府、內府、外府、左府、右府、縫工、染工、小計部掌納、掌出、內司奄等，上士。周【略】

七命州呼藥周【略】

左廐、右廐、典牝、典牡、獸醫等，上士。周【略】

從七品　五班　三命【略】

尚藥丞齊師。北齊中尚食、中尚藥等丞北齊【略】

八品　正八品　四班　正二命【略】

太子典膳、藥藏丞北齊唐【略】

醫正、瘍醫【略】

獸醫【略】等中士周【略】

九品　正九品　二班　正一命【略】

醫、黃藏、衛士、細作北齊【略】

食醫、外膳、典庖、典膳、酒正、餚藏、掌醢司、鼎俎、掌冰、主藥、正醫、瘍醫、內小臣奄、內司服奄、典婦功奄、巷伯等下士。周【略】

獸醫司袍襖、司弓矢、司矟、司甲、司刀盾等下士。周

《文獻通考·王禮二》　貞元二年敕應文武百官朝謁班序。【略】

五品班　尚書、諸司郎中、國子博士、都水、使者、萬年等。六令、太常、宗正、秘書丞、著作郎、殿中丞、尚食、尚藥、尚舍、尚輦。【略】

應當本日入閤人各依前件立，其不入閤人各依本職事立，非當上人遇合參日，並從本官品第班序其入閤升殿。【略】

尚食奉御、尚藥奉御：本局既隸殿中省，合在殿中丞之下。

《文獻通考·選舉八》　乾興元年，中書言：舊制，翰林醫官，圖畫、琴棋待詔，轉官，止光祿寺丞。

《文獻通考·職官二十一》　從七品　五班　三命

【略】判太醫局令宋

《宋史·仁宗紀三》　〔慶曆二年五月〕丙辰，詔醫官毋得換右職。

《宋史·徽宗紀三》　〔重和元年九月〕丙戌，詔太學、辟雍各置《內經》、《道德經》、《莊子》、《列子》博士二員。

《宋史·孝宗紀三》　〔淳熙七年二月〕癸未朔，初置廣南煙瘴諸州醫官。

《宋史·度宗紀》　〔咸淳三年春正月〕己酉，執經官宗禮、講經官宜中各進一秩，宜中賜紫章服。太學、武學、宗學、國子學、宗正寺官若醫官、監書庫、門、庖等，各進一秩。諸齋長諭及起居學生，推恩有差。

《宋史·禮志十五》　徽宗以十月十日爲天寧節，定上壽儀：皇帝御垂拱殿，羣臣通班起居畢，分班，從義郎以下醫官、待詔等先退。

《宋史·禮志十九》　正衙常參。【略】

節度使至刺史，軍職四廂都指揮使以上，三司副使、文班京朝官、武官郎將以上，分司官、樞密都承旨、諸使副、醫官帶正員官者，并文東武西相向，重行序立，餘如常朝。【略】

如傳宣前殿不坐，即宰相、樞密使、文明殿學士、三司使、翰林樞密直學士、中書舍人、三司副使、知起居注、皇城內監庫藏朝官、諸司使副、內殿崇班、供奉官、侍禁、殿直、翰林醫官、待詔等同班入；【略】大中祥符二年，御史知雜趙湘言：伏見常參官每日趨朝，多不整肅。舊制，並早赴待漏院，候開內門齊入。伏緣每日迨辰以朝，以故後時方入。又風雨寒暑，即多稱疾，宜令知班驅使官視其入晚者申奏。疾者，遣醫親視。

《宋史·禮志二十》　熙寧三年，【略】學士韓維等以《入閤圖》增損裁定上儀曰：

朔日不值假，前五日閤門移諸司排辦，前一日，有司供帳文德殿。其日，金吾將軍常服押本衛仗，判殿中省官押細仗，先入殿庭，東西對列；文武官東西序立；諸軍將校分入，北向立；朝堂引贊官引彈奏御史二員入殿門踏道，當下殿北向立；次催文武班分入，並東西相向立；諸軍將校即於殿庭北向立班。皇帝服鞾袍御垂拱殿，鳴鞭，內侍、閤門、管軍依朔望常例起居，次

引樞密、宣徽、三司使副、樞密直學士、内客省使以下至醫官、待詔及修起居注官二員並大起居。諸司使以下，退排立。

《宋史·職官志九》 政和初，既易武階，遂改醫官之名，凡十有四階。

新官	舊官
和安、成和、成安、成全大夫	軍器庫使
保和大夫	西綾錦使
保安大夫	榷易使
翰林良醫	翰林醫官使
和安、成和、成安、成全郎	軍器庫副使
保和郎	西綾錦副使
保安郎	榷易副使
翰林醫正	翰林醫官副使【略】

醫官　政和既易武階，而醫官亦更定焉。紹興因之，特損其額。舊額和安大夫至良醫二十員，紹興置五員；和安郎至醫官三十員，置四員；醫夬十員，置二員；醫痊十員，置一員；醫愈至祗候、大方脈一百五十員，置十五員。

和安、成和、成安、成全大夫
保和大夫
保安大夫
翰林良醫
和安、成和、成安、成全郎
保和郎
保安郎
翰林醫正
翰林醫官
翰林醫效
翰林醫痊
翰林醫愈
翰林醫證
翰林醫診
翰林醫候
翰林醫學

右醫正而止，十四階，並政和制，餘續增焉。

《宋史·職官志十》 尙藥奉御至醫官使曾任文資，許換南班官。

《宋史·職官志十一》 太醫令，行，二十五千。守，二十二千；試，二十千。

《宋史·職官志十二》 太常丞、太醫令、宗正丞、知大宗正丞、祕書丞、大理正、著作郎。行，二十五貫；守，二十二貫；試，二十貫。紹興元年指揮，宣教郎任館職，寺監丞、簿、評事、臺法、主簿、寺簿、正、司直，添給職錢一十六貫，指揮每月特支米三石。

《宋史·食貨志下一》 戶部尙書聶山亦請以熙、豐後增置添給，如額外醫官、内中諸閤分位次主管文字等使臣、福源靈應諸觀清衛卒、后妃戚里及文武臣僚之家母妻封國太夫人郡太夫人等請給，幷添給食料、茶湯等錢四十萬八千九百餘緡，凡熙、豐無法該載者罷之。

《宋史·輿服志四》 政和議禮局更上羣臣朝服之制：三梁冠，金塗銅革帶，佩，黃獅子錦綬，鍮石環，餘同四梁冠服：殿中侍御史，監察御史，司諫，正言，尙書六曹員外郎，外符寶郎，少府、將作、軍器少監，太子侍讀、侍講，中書舍人，親王府翊善、侍讀、侍講，九寺、祕書、殿中監，辟廱丞，大晟樂令，兩赤縣令，大理正、司直、評事，著作郎，祕書郎，著作佐郎，太常、宗學、國子、辟廱博士，太史局令、正、丞，五官正，朝請、朝散、朝奉、承議、奉議、通直郎，中亮、中衛、拱衛、左武、右武郎，諸衛將軍，衛率府率，武功、武德、武顯、武節、武略、武經、武義、武翼大夫郎，醫職翰林醫正以上，内符寶郎，閤門通事舍人，敦武郎，修武郎服之。

《宋史·職官志五》 熙寧初，詔用經術取士，廣闢黌舍，分爲三學，增置生徒，總二千八百人。隸籍有數，給食有等，庫書有官，治疾有醫。分案八，置吏十。

《宋史·職官志八》 唐令，定流内一品至九品，有正、從、上、下階之制。【略】

宋初，幷因其制，【略】太醫、太公廟署令丞，醫針博士、助教，按摩、呪禁博士，卜正，卜博士，【略】侍醫，【略】殿中省六局直長、食醫、侍御、醫司、醫佐、掌輦、奉乘、司廩、太子典膳、典藥、内直、典設、宮門郎幷局丞，皆存其名而罕除者，皆不録，惟常命官者載之。【略】

淳化元年，【略】待詔、醫官不得呼奉御。

紹興以後合班之制

太子侍讀、侍講　尚書吏部、司封、司勳、考功、戶部、度支、金部、倉部、禮部、祠部、主客、膳部、兵部、職方、駕部、庫部、刑部、都官、比部、司門、工部、屯田、虞部、水部郎中　開封府判官、推官　直龍圖閣　朝請、朝散、朝奉大夫　直天章閣　殿中侍御史　左、右司諫　左、右正言　符寶郎　內符寶郎　樞密副承旨　武功、武德、和安、春官、成和、夏官、成安、中官、成全、秋官、武顯、武節、平和、冬官、武略、保安、武經、武義、武翼大夫　尚書諸司員外郎　直寶文閣　開封府司録參軍事　樞密院諸房副承旨　朝請、朝散、朝奉郎　直顯謨閣　少府、將作、軍器少監　諸衛將軍　正侍、宣正、履正、協忠、中侍、中亮、中衛、翊衛、親衛、拱衛、左武、右武郎　監察御史　直徽猷、敷文閣　承議郎　中郎將　翰林良醫　武功、武德、和安、成和、成安、成全、武顯、武節、平和、武略、保安、武經、武義、武翼郎　太子中舍人　太子舍人　親王府翊善、贊讀、直講　太常丞　判太醫局　宗正、大宗正　祕書丞　直祕閣　左右郎將　奉議郎　大理正　著作郎　閤門舍人　宣贊舍人　翰林醫官　翰林醫效　翰林醫痊　兩赤縣令　太子左右衛、司禦、清道、監門、內率府率　七寺丞　祕書郎　太常博士　樞密院計議、編修官　敕令所刪定官　陵臺令　著作佐郎　國子監丞　諸王宮大小學教授　國子博士　大理司直、評事　訓武、通直、修武郎　內常侍　少府、將作、軍器、都水監丞　監尚書六部門　開封府功曹倉曹戶曹兵曹法曹士曹參軍事、左右軍巡使、判官　士管太醫局　祕書省校書郎、正字　親王府記室　太史局五官正　御史臺檢法官、主簿　九寺主簿　閤門祗候　樞密院逐房副承旨　從義、秉義郎　太子諸率府副率　幹辦左、右廂公事　忠訓、忠翊、宣教郎　太學、武學、律學博士　太常寺奉禮郎、太祝、郊社令、籍田令　光祿寺太官令　五監主簿　宣義、成忠、保義、承事、承奉、承務郎　國子、太學正　武學諭　國子、太學録　律學正　太醫局丞　京府判官　京府司録參軍　承直郎　京畿縣令　兩赤縣丞　三京赤縣令　承節、承信郎　節度、觀察判官　節度掌書記　觀察支使　防禦、團練判官　京府、節度、觀察推官　軍事判官　防禦、團練、軍事推官　軍、監判官　節鎮録事參軍　京府諸曹參軍事　軍巡判官　儒林、文林、從事郎　京畿縣丞　三京赤縣丞　上、中、下州録事參軍事　三京畿縣丞　兩赤縣主簿、尉　諸州上中下縣令、丞　從政郎　諸府司理、諸曹參軍事、節鎮、上中下州司理、司戶、司法參軍　修職郎　京畿縣主簿、尉　三京赤縣、畿縣主簿、尉　諸州上中下縣簿、尉　城砦主簿　馬監主簿　迪功郎　諸州司士、文學、助教——爲官職雜壓之序。【略】

官品　紹興、乾道、慶元，先後修定，【略】和安、成和、成安大夫，陵臺令，飛騎尉，爲從六品。【略】翰林良醫，太子侍讀、侍講，兩赤縣令，雲騎尉，爲正七品。【略】

和安至保安郎，翰林醫官，判太醫局令，翰林醫効，醫痊，武騎尉，爲從七品。【略】主管太醫局，【略】翰林醫愈、醫證、醫診、醫候，【略】爲從八品。【略】太醫局丞，【略】爲正九品。【略】諸州司士、文學、助教，翰林醫學，爲從九品。

《金史·禮志十一》　夏使至，或許貿易于市二日。使至，所差者館伴使、副各一，監察、奉職、省令史各一，書表四，總領提控官、酒食官、監廚、稱肉官各一，牽攏官三十，尚食局直長、知書、都管、接手、湯藥直長、長行各一，廚子五，奉飲直長一、長行二，奉珍二，儀鸞直長一、長行十，把內外門官二，館外巡防軍三十，把館甲軍六十二，雜役軍六十，過位不通漢語軍十，凡雜役皆衣皂，過食司吏八十，街市廚子四十，方脈雜科醫各一，醫獸一，鞍馬二十四疋，後止備八疋，押馬官一員。

《金史·選舉志二》　凡官資以三十月爲考，職事官每任以三十月爲滿。【略】司天、太醫、內侍官皆至四品止。

《金史·百官志二》　尚藥局

提點，正五品。使，從五品。出職官內選除。副使，從六品。掌進湯藥茶果。

直長，正八品。

都監，正九品。

果子都監，同監各一員，掌給受進御果子。本局本把四人。

太醫院

提點，正五品。使，從五品。副使，從六品。判官，從八品，掌諸醫藥，總判院事。

管勾，從九品，隨科至十人設一員，以術精者充。如不至十人併至十人置。不限資考。

正奉上太醫，一百二十月升除。副奉上太醫，不算月日。長行太醫，不算月日。十科額五十人。

御藥院

提點，從五品。直長，正八品，掌進御湯藥。明昌五年設，以親信內侍人充。都監，正九品。不限員，泰和令四員。同監，從九品。不常除，泰和令無。

《金史·百官志三》　司藥二人、典藥二人、掌藥二人、女史二人，掌醫藥。【略】

皇后位下女職依隆慶宮所設人數，大安元年定。【略】掌饌一員，八品。奉饌一員，九品。掌飲食湯藥酒醴蔬果之事。【略】

東宮官，【略】侍藥，正八品。奉藥，正九品。承奉醫藥。【略】

太后兩宮官屬正大元年置。【略】醫令，正八品。醫丞，正九品。

《金史·百官志四》　百司承應俸給。【略】太醫長行，八貫石。正奉上太醫，十貫石。

《金史·海陵諸子傳》　太醫院保全郎李中、保和大夫薛遵義俱以醫藥侍光英。

《金史·僕散安貞傳》　僕散安貞本名阿海，以大臣子充奉御。【略】歷尚衣直長、御院通進、尚藥副使。

《金史·外國傳上》　因賀大定八年正旦，遣奏告使殿前太尉芭里昌祖等以仁孝章乞良醫爲得敬治疾，詔保全郎王師道佩銀牌往焉。詔師道曰：如病勢不可療，則勿治。如可治，期一月歸。得敬疾有瘳。

《元史·世祖紀四》　〔至元七年三月〕丁巳，定醫官品從。

《元史·武宗紀一》　〔成宗大德十一年十二月〕庚戌，陞皇太子典醫署爲典醫監，秩正三品。【略】至大元年冬，十月丙午，立興聖宮掌醫監，秩正三品。

《元史·選舉志三》　泰定四年本管地面，若有遐荒煙瘴險惡重地，除土官外，依例公選銓注，其有超用人員，多者不過二等。軍官、匠官、醫官、站官、各投下人等，例不轉入流品者，雖資品相應，不許銓注。

《元史·選舉志四》　至元二十五年，省議：上都留守司兼本路總管府令史出身，三考正八品，其自部令史內選取者，同宣徽院、太醫院令史一體出身。【略】至元二十四年，部擬：太史院、武備寺、光祿寺等令史，九十月正八品內遷用，自用者降一等。太醫院係宣徽院所轄，令史人等，若係省部發去，考滿同諸監令史，擬正八品，自用者降等任用。

《元史·百官志二》　至治二年，大夫一員。後定置御史大夫二員、中丞二員、侍御史二員、治書侍御史二員，品秩如上。經歷一員，從五品；都事二員，正七品；照磨一員，正八品；承發管勾兼獄丞一員，正八品；架閣庫管勾兼承發一員，正九品；掾史一十五人，譯史四人，知印二人，通事二人，宣使十人，臺醫二人，蒙古書寫二人，典吏六人，庫子二人。

《元史·百官志三》　至和元年，以上都、大都所屬蒙古人并怯薛軍站色目與漢人相犯者，歸宗正府處斷，其餘路府州縣漢人、蒙古、色目詞訟，悉歸有司刑部掌管。正官札魯忽赤四十二員，從一品；郎中二員，從五品；員外郎二員，從六品；都事二員，從七品；承發架閣庫管勾一員，從八品；掾史十人，蒙古必闍赤十三人，通事、知印各三人，宣使十人，蒙古書寫一人，典吏三人，庫子一人，醫人一人，司獄二員。【略】至元二十年，省併尚藥局爲尚食局，別置生料庫。本局定置提點一員，從五品；大使一員，正六品；副使二員，正七品；直長一員，正八品。

《元史·百官志四》　太醫院，秩正二品。掌醫事，製奉御藥物，領各屬醫。中統元年，置宣差，提點太醫院事，給銀印。〔至元〕二十年，改爲尚醫監，秩正四品。二十二年，復爲太醫院，給銀印，置提點四員，院使、副使、判官各二員。大德五年，陞正二品，設官十六員。十一年，增院使二員。皇慶元年，增院使一員。二年，增院使一員。至治二年，定置院使一十二員，正二品；同知二員，正三品；僉院二員，從三品；同僉二員，正四品；院判二員，正五品；經歷二員，從七品；都事二員，從七品；照磨兼承發架閣庫一員，正八品；令史八人，譯史二人，知印二人，通事二人，宣使七人。

廣惠司，秩正三品。掌修製御用回回藥物及和劑，以療諸宿衛士及在京孤寒者。至元七年，始置提舉二員。十七年，增置提舉一員。延祐六年，陞正三品。七年，仍正五品。至治二年，復爲正三品，置卿四員，少卿、丞各二員。後定置司卿四員，少卿二員，司丞二員，經歷、知事、照磨各一員。

大都、上都回回藥物院二，秩從五品。掌回回藥事。至元二十九年始置。至治二年，撥隸廣惠司。定置達魯花赤一員，大使二員，副使一員。

御藥院，秩從五品。掌受各路鄉貢、諸蕃進獻珍貴藥品，修造湯煎。至元六年始置。達魯花赤一員，從五品；大使二員，從五品；副使三員，正七品；直長一員，都監二員。

御藥局，秩從五品。掌兩都行篋藥餌。至元十年始置。大德九年，分立行御藥局，掌行篋藥物。本局但掌上都藥倉之事。定置達魯花赤一員，從五品；局使二員，從五品；副使二員，正七品。

行御藥局，秩從五品。達魯花赤一員，大使二員，副使三員，品秩同上。掌行篋藥餌。大德九年始置。【略】

大都惠民局，秩從五品。掌收官錢，經營出息，市藥修劑，以惠貧民。中統二年始置，受太醫院劄。至元十四年，定從六品秩。二十一年，陞從五品。

上都惠民司，提點一員，司令一員。中統四年始置。品秩並同上。

醫學提舉司，秩從五品。至元九年始置。十三年罷，十四年復置。掌考較諸路醫生課義，試驗太醫教官，校勘名醫撰述文字，辨驗藥材，訓誨太醫子弟，領各處醫學。提舉一員，副提舉一員。

官醫提舉司，秩從五品。掌醫戶差役、詞訟。至元二十五年置。

大都、保定、彰德、東平四路，設提舉、同提舉、副提舉各一員。

河間、大名、晉寧、大同、濟寧、廣平、冀寧、濟南、遼陽、興和十路，設提舉、副提舉各一員。

衛輝、懷慶、大寧，設提舉一員。

《元史·百官志五》 典醫監，秩正三品。領東宮太醫，修合供進藥餌。至元十九年，置典醫署，秩從五品。三十一年，改掌醫署，尋罷。大德十一年，復立典醫監。至大四年罷。泰定四年，復立署。天曆二年，改典醫監，秩正三品。置達魯花赤二員，卿三員，太監二員，少監二員，丞二員，經歷、知事各一員，吏屬凡十八人。其屬司一、局二。

廣濟提舉司，達魯花赤一員，提舉、同提舉、副提舉各一員。掌修合藥餌，以施貧民。

行典藥局，達魯花赤一員，大使、副使各二員。掌供奉東宮藥餌。

典藥局，達魯花赤一員，大使、副使、直長各二員。掌修製東宮藥餌。

【略】

掌醫監，秩正五品。領監官一員，達魯花赤一員，卿四員，太卿五員，太監五員，少監六員，丞二員。至元三十一年，改典醫爲掌醫署，秩五品。至大元年陞監，設已上官員。至治三年罷。

修合司藥正司，秩從五品。達魯花赤一員，副使、直長各二員，掌藥六人。掌修合御用藥餌。至治三年罷。

行篋司藥局，秩從五品。達魯花赤一員，使、副使各二員。掌供奉御用藥餌。至治三年罷。

廣濟提舉司，秩從五品。達魯花赤、提舉、同提舉、副提舉各一員。掌修合藥餌，以濟貧民。

《元史·百官志七》 至元二十年**【略】**

太醫散官一十五：

保宜大夫，

保康大夫，以上從三品。

保安大夫，

保和大夫，以上正四品。

保順大夫，從四品。

保沖大夫，正五品。

保全郎，從五品。

成安郎，正六品。

成和郎，從六品。

成全郎，正七品。

醫正郎，從七品。

醫效郎，

醫痊郎，

醫候郎，以上正八品。

醫愈郎。以上從八品。

右太醫品秩一十五階，自保宜至醫愈，亦由從三品至從八品，其除授具前。

《元史·食貨志四》 至元二十九年，定各處儒學教授俸，與蒙古醫學同。

《古今醫統大全·歷世聖賢名醫姓氏·三代》 巫彭，初作周醫官。謂人惟五穀五藥養其病，五聲五色視其生。觀之以九竅之變，參以五藏之動，遂用五毒攻之，以藥療之。

《古今醫統大全・歷世聖賢名醫姓氏・漢》 秦信，不知何郡人，少敏有量，好經方本草，及究黃帝扁鵲之書。爲當代良醫令。【略】

王遂，不知何郡人，習經方，工於治療，學業精博，爲齊王侍御醫。【略】

高期，仕濟北王太醫令，王以其術未精，令就淳于意學經脈，及奇絡結俞穴所在，定鑱石刺灸之法。歲餘盡通，以此知名。【略】

王禹，爲濟北王太醫，王亦以其未盡善，令就學於淳于意，數歲悉通，遂名當代。【略】

唐安，臨淄人。言貌謙恭，風儀溫雅。好醫，就倉公學，乃爲齊醫令。【略】

程高，廣漢人。好醫，問道無倦，人有一藝長於己者，必千里伏膺。聞涪翁善醫及《鍼經》、《脈診》，尋積年乃得之，名擅當代，爲太醫丞。

《古今醫統大全・歷世聖賢名醫姓氏・晉》 劉德，彭城人，少以醫方自達，長以才術知名，攻治衆疾，隨手而愈。官至太醫院校尉。【略】

史脫，不知何郡人，氣性沉毅，志行敦簡，善診候，明消息，多辨論，治疸證爲最高。官拜太醫院校尉。

《古今醫統大全・歷世聖賢名醫姓氏・南北朝》 鄧宣文，不知何郡人，少以醫術名，性方直，除太醫尙藥典御。

《古今醫統大全・歷世聖賢名醫姓氏・隋》 莫君錫，不知何郡人，大業中爲太醫。煬帝晚年尤迷于色，方士進大丹，帝服之而陽過盛燥，日飲水百盃，而渴不止。君錫奏爲置冰于帝前，日夕望之，而渴遂止。【略】

楊上善，不知何郡人，大業中爲太醫侍御，名著當代，稱神。診療出奇，能起沉痾篤疾，不拘局方，述《內經》爲《太素》，知休咎。今世之云太素脈，皆宗之，鮮有得其妙者。

《古今醫統大全・歷世聖賢名醫姓氏・宋》 孫兆，用和之子，以儒集父醫，尤有心得之妙，超邁尋常，治療輒效，存活甚多。官爲殿中丞尙侍御醫。

《古今醫統大全・歷世聖賢名醫姓氏・明》 沈穀，字善卿，嘉定人，世爲太醫判局，後得闕將仕，家傳，遂業小兒醫，擅一時之譽。〔略〕

董宿，四明人，正統間爲太醫院使，深察藥性，博究醫書，治療立方輒有奇効。故輯《奇効良方》七十卷，今行於世。【略】

徐杏莊，名偉，號杏莊，其先姑蘇人，世業儒醫，從龍北上，屢世官太醫院。至公尤精顯，存心以仁，忠孝兼盡。侍世宗皇帝，用藥輒建天和，簡擢銀臺通政使。大小臣工有疾求藥，無不刻期獲愈。性行純厚，謙和極至，有因七情而感疾者，諸醫不能治。公先慰之以善言，次投之以藥餌，而陳痼久疾罔不即愈如釋。其嘉言善行，殆非此所能盡書，自有巨卿爲之椽傳。

《焦氏筆乘》卷五引《江表志》 吳廷紹爲太醫令。先主因食飴喉中噎，醫莫能爲。廷紹獨謂當用楮實湯，一服疾良已。馮延巳苦腦中痛，廷紹密詰廚人曰：相公平日嗜何等？曰：多食山鷄、鷓鴣。廷紹曰：吾得之矣。治以甘豆湯，亦愈。或叩之，答曰：噎因甘起，故以楮實湯治之。山鷄、鷓鴣皆食烏頭、半夏，故以甘豆湯除其毒耳。聞者大服。

《寓園雜記》卷下 太醫院判劉公士賓，余妻祖也。永樂初，侍太宗左右，甚見信愛。暑中，上系一帶，乃龍腦合成者，問公曰：此帶何如？公曰：龍腦寒腎，惟有香耳。遽命解之。上晚得風疾，嘗服麝、腦諸香藥，問曰：可服此藥否？公曰：香藥如油入麵，終不能出。上遂已之。公之得君如此。

弘治《黃州府志・隱逸・名醫》 劉政，世業醫，方以濟利爲心，因扁室曰：如心堂。子彬、孫禮，繼爲本府醫學正科。曾孫必貴，補太醫院醫生。

嘉靖《重修太平府志・方伎》 唐貴卿，當塗人，任慶府良醫副。貴卿孫宋，亦任良醫副。

嘉靖《長垣縣志・人物・伎術》 李穀，元順帝時，任懷就路醫學提舉。洪武初，改遷本縣醫學訓科。孫生員李樽，習其業。【略】

李敬恆，家世儒醫。永樂間，任本縣醫學正科，能以術活人。

《重修太平府志・方伎》 其後，有子才者，敦厚恭謹，景泰間亦任院判，京師稱爲陸一貼，謂一裹藥即可以起沉痾也。子才三子，長豫，字克賢；次道常，字克容，任蕪湖訓科；又次道源，字克貞，任太醫院御醫。豫子敏，字忞學，以太醫院醫生中景泰元年順天鄉試。敏弟敔，字忞韶，今見任本府正科。陸氏以善療傷寒名家，尤精於其業，世傳熟藥數方，稍加減用之。又能觀形色即知病原，故雖不事診候陰陽、表裏、五行、生克之旨，而亦往往收速効焉。陸氏好尙文，雅士大夫多與之遊。敏惜不及干仕而亡。子才，卒年九十餘歲。

萬曆《襄陽府志·方技》　王叔和，高平人也。仕晉爲太醫令，晉亂，僑寓襄陽。【略】墓在峴山下。

萬曆《吉安府志·雜傳·工伎》　王東野，永新人。精方脈，嘗著《本草經》，當時知名。任太醫院御醫，虞文靖、揭文安、陳雪樓、劉申齋、趙子昂，咸與之交，而尤厚趙魏公。以本官致仕歸。

李梴《醫學入門·歷代醫學姓氏·儒醫》　王好古，字進之，號海藏，元古趙人。任趙州教授，兼提舉管內醫學。

又　陳文中，字文秀，宋宿州人。爲安和郎，判太醫局，兼翰林良醫。明大、小方脈，于小兒痘疹尤精其妙。淳祐中，與保安翰林醫正鄭惠卿同編《幼幼新書》，又著《小兒病源方論》一卷。

崇禎《松江府志·人物志·藝術》　李肅，號杏林。大父晉卿，元江浙西湖書院山長。十歲喪父，初習岐黃，從金華雲居趙先生游。趙爲朱丹谿門人，值元季擾攘，遨遊松江，遂占籍焉。遇遘疾扣者，不以富貴貧賤二其心，醫名日振。永樂初，膺薦拜松江府醫學正科。年幾七旬，復被召，中使臨門，拜命即行。至覲上，奏對稱旨，賜金織段服二襲，日食大官。未幾，上率六師平胡，扈駕，給以從人名馬及諸御寒之具。或惜其年老，不勝跋涉。肅正色曰：恭逢萬乘，爲天下蒼生而行，吾何敢以老身爲惜，不思報上恩哉。子敬舉，永樂丁酉念正科。年老，上疏乞就祿養，特授上海儒學訓導。【略】

張源，字復本，號丹崖，華亭人。少業嬰醫。永樂癸巳，徵入爲醫士，出入禁御，侍從巡北京，光録給膳，恆受金繒之賜。洪熙初，賜第於皇華坊。宣德間，陞御醫，給勑命。正統間，陞院判，階承德郎。丁母憂，上命馳驛奔葬，即還。景泰間，乞骸骨歸，置第城西南隅，樂園池花竹之勝，時出賜金，以會賓友。贍貧乏，置書以教諸孫。享年八十有八卒。

順治《祥符縣志·人物·方伎》　楊元直，字大方，澤之仲子。繼父醫業，以著書歷仕世祖、成英、泰定數朝，官至明文館大學士，兼太醫院事，掌醫卿。卒贈光祿大夫，河南北行中書省平章柱國，追封梁國公，謚忠穆。

康熙《儀徵縣志·人物·藝術列傳》　蔣武生，字用文。少讀書過目成誦。六歲，有贈里師萬年松者，賦詩曰：使者來西嶽，採松云萬年。佳名雖自好，何不長參天。師驚喜曰：是兒已見不凡。隨父任，公暇必質所業，聞説無疑問。父奇之，曰：吾有嗣矣。父歿，乃習醫，會同黜異，得其要而綜之。決死生，定緩急，治効無一弗中。洪武中，當路薦入太醫院，時戴原禮爲院使，擅其業，人靡有當意者，及見用文，喜曰：君儒而爲醫，吾道昌矣。遂言于上，授御醫。太宗御極，用文屢承眷顧。會車駕北巡，仁宗以東宮監國，用文侍上前隨事獻規。上嘗問保和之要，用文對曰：在養正氣。正氣完則邪氣無自而入。又問：卿醫效率緩何也？用文對曰：善治者，必固本。急之恐傷其原。上皆稱善。永樂間，遷承直郎太醫院判。丙申，考績最，階承德郎。上嘗命工部爲營第室，用文叩頭謝曰：臣荷恩德，莫能報，又敢糜公費，不益愧悚乎？再辭乃止。甲辰，謝病上疏乞歸，詞意懇切，末有清心寡欲，愼加調保，以綿聖治，以慰萬方等語。上覽疏，驚嘆，明日，遣中貴賫勑慰諭，用文力疾讀之，顧謂其子敬忠曰：荷國鴻休，萬弗酬一。歸語諸兄弟，宜竭忠孝以繼吾志。遂終，年七十有四。仁宗即位，遣中官陳義乘傳護喪，歸建祠墓。用文生平嗜學，顔私室曰：靜學。有詩文、治効方論行世。洪熙元年，官其子主善爲院判，亦能其職，篤學好古，取《商書》克一語名齋，中丞吳訥記之。【略】

姜調鼎，字玉鉉，太醫院判端之六世孫也。刻苦問學，又性嗜岐黃，精於《素》、《難》諸家，因讀書未遂，遂托於醫。凡一切疑難之症，人不克治者，能一匕立起，其全活者甚衆。且貧不受禮，聞請，雖食不待畢，寢必亟往，恆以濟世爲心，名傳遠近。子以寧，亦以醫著。

康熙《吳縣志·人物·藝術》　韓凝，字復陽，宋魏國忠獻王琦後。其先安陽人，徙居吳之樂橋，與弟冲俱精於醫。張士誠入吳，收引士類，凝隱不仕，號吳中盧扁。凝子二，奕、夷。奕爲隱士，夷少失母，凝命奕育爲後，因名貽孫，字子翼，洪武間，爲府醫學正科。冲子奭，字公茂，少稟學於奕，永樂初，爲燕藩良醫正，從成祖靖難，擢院判。

康熙《雲南府志·方技·昆明縣》　孫光豫，字懷塢，清愍公之孫也。博洽儒書，兼精岐黃，深得仲景之秘。明末，授太醫院院判，尋解職隱居，專心利濟。凡治病，無論貧富，一體視之，未嘗計利。族黨中有婚喪疾苦者，必竭力捐助，施仁好義，終始不逾。後年九十二歲，無疾而終。

康熙《浙江通志·方伎·杭州府》　姚應鳳，仁和人。以瘍醫顯。一老叟患脹滿，諸醫多云膈症。應鳳曰：此肺癰耳。取一大盂水，向病者頂上傾之，病者陡驚，亟舉刀直刺心，瀉膿血數碗而愈。人問之，曰：人心下垂，水潑而驚，驚則心系提，吾刀可入也。一人身患痛，左臂似有系之者。應鳳曰：君食内中鼠毒，左臂生鼠。懸刀擬之，有鼠墜地而逸。又一人頂生瘡求治，應鳳曰：是天斫頭瘡也。三年，頭當落而斃。竟如其言。年七十有七沒。官太醫院院判。賦性樂易，逢人無貴賤，視之若一。晨起施藥餌無算，藉以全活者甚衆，人比爲華元化云。

康熙《太平府志·方伎》　陰有瀾，號九峰，太醫院吏目。通覽群籍，尤精性理。其治疾也，根極五行生尅，而神明出之。遠近求藥者，日千計，瀾悉洞徹膏肓，計日報可。暇節延請師儒，講究理學。八十八歲，往來臺使者，皆望風式廬，以爲人瑞。沒，祀陽明書院，名紀旌善亭。

康熙《常熟縣志·人物·方技》　郁性，字繼善。醫有名。砭焫之妙，得之鳳陽劉伯淵。伯淵得之竇文正公。子鼎文，世其學，嘗被簡使西洋，異域皆重之，授蘇州府醫學正科。

《古今圖書集成·藝術典》卷二〇九引《醫學入門》　謝縉孫，字堅白，元元統間廬陵人，精於醫，爲遼陽路醫官提舉，著《難經解》。

《古今圖書集成·藝術典》卷五〇六引《曹州志》　孫迥璞，濟陰人，殿中侍御醫。

《古今圖書集成·藝術典》卷五〇九引《醫學入門》　袁坤厚，字淳古，元古益人，精醫，爲成都醫學正，著《難經註》。

《古今圖書集成·藝術典》卷五一七引《桐廬縣志》　姚美，坊郭人，天啓間，授太醫院吏目。

雍正《懷遠縣志·人物·方技》　朱肯堂，荆山醫士也，與宋賛、劉彦實、朱瑩、秦子通等，皆五世知名，各懸一壺于市，慕董仙、壺公之爲人。唯子通仕至太醫院提舉，歸老，朝廷給復其家。

乾隆《江南通志·藝術·蘇州府》　葛應雷，字震父，吳人。精於醫，嘗著《醫學會同》二十卷，推五運六氣之標本，察陰陽升降之左右，其説爲詳核。時按察判官李某，中州名醫也，因診父疾，復咨於應雷。聞其論，父子相顧駭愕，曰：南方亦有此人耶？乃盡出所藏劉完素、張從正書，與之討論，無不吻合。張之學盛行於江南者，從此始。由平江醫學教授，遷江浙官醫提舉。

乾隆《吳江縣志·人物·藝能》　盛倫，字文叙，寅之從子。性明敏，少傳寅學，又遇異人授堪輿家言，亦精其術。人以疾求療及延以相地者，殆無虛日。時又有劉敏、李思勉者，俱傳寅術，成化間俱官至御醫。

乾隆《高郵州志·人物·方伎》　吳鉽，字惟善。精於醫，正德間，游京師，官太醫院。有金緋迴文詩之賜。歷任通政使司通政使。

乾隆《蘇州府志·藝術·醫》引盧《志》　劉勉，字仲勉。其先汴人，宋南渡寓於吳。世爲瘍醫，至勉術益精。至元間，大臣薦爲尚醫，食太醫祿，入侍帷幄，出隨扈從，被遇特加。以母病乞歸，尋以省臺交薦，舉授保冲大夫、江浙官醫提舉。明初，命選名醫，召至京，以老病放歸，終於家。生平視病，不分貧富，或顛連無告者，且賑給之。凡瘡瘍，必躬注善藥，不假割皴之功。嘗曰：富者吾不利其所有，貧者吾不倦其所求。若勉者，殆進於道者乎。

乾隆《蘇州府志·藝術·醫》引《姑蘇志》　劉觀，字士賓，長洲人，世以醫顯。父毅，爲燕府良醫，後坐事，謫戍沒。永樂初，追念邸臣，召觀還，擢御醫，賜居第。凡中外親藩貴戚及公卿近臣有疾，多命往治。尋陞院判，掌院事。扈從北征，歸卒。子溥，自有傳。孫倫，字宗序，成化中爲御醫。

乾隆《海寧縣志·方技傳》　林鴻勳，字大文，始爲邑掾，以事走京師，負才豪俊，風議溢發，遇者輒傾倒。頗明醫術，遂益事深究，參會諸家而神明之，以此游公卿間，名聞藩邸。所治應手立効，除醫院吏目，俄罷居，而名逾重，車騎篚筐，不暇應接，顧猶治善藥以濟貧病，不惜重貲，人以是多之。嘗與司捐例爲故舊及所契厚投牒得官，或無力還帑，輒以藥囊中物償焉。雍正初，擢左院判，逾年歸里，施拯不倦。年八十餘，無疾而逝，殆得刀圭之助云。

乾隆《上海縣志·藝術》　曹六韜，字君略。太醫院吏目。貫徹醫理，屢起廢疾，遠近延治無虛日。年七十餘卒。

乾隆《介休縣志·人物志·藝術》　王思忠，太醫院吏目。邑令史公記事之翁，目忽盲，召思忠治之，三日而愈。

乾隆《鎮江府志·人物志·方伎》　團禾，字濟川，精于醫。遠近抱沉疴不起者，日扣扉求治，戶外屨常滿，活人以千萬計。子一鳳，字紹川；諸子一魁，字繼川，并繼其業。一鳳官太醫院院判。其後玉成，字如春；鑑字萬春，世以醫名。一麟、玉、鉉、錦，皆諸生，俱以文行著。團之先本姓朱，宋朱蒙如，字聖源，官團練副使。因忤賈似道，棄官，遂以官爲氏，隱鎮江誅茅以居。用文史自娛，子孫終元世不干仕進。

乾隆《紹興府志·人物·方技》引萬曆《志》　張永，洛陽人，以醫術爲翰林醫學，與太醫令李會通同時。先時會通治宫中病，用煎劑弗效，永議爲散，進之即愈。詔擢會通爲駐泊郎，會通奏功由於永，因同授駐泊郎。行八，人呼爲八伯駐泊。扈從高宗南渡，因家餘姚。後登進士，積勞至禮部尚書學士。所著有《衛生家寶》及《小兒方》傳於世。子孫精醫者甚多，皆以駐泊爲名。萬曆《志》案：駐泊，宋時沿爲官稱，郎字則以其階加之耳。萬曆《志》疑醫官内無此名恭，本係武臣内侍差使之名，非醫官本階也。

《明史·禮志七》 明洪武三年定制，【略】二十四年定侍班官：東則六部都察院堂上官、十三道掌印御史、通政司、大理寺、太常寺、太僕寺、應天府、翰林院、春坊、光禄寺、欽天監、尚寶司、太醫院、五軍斷事及京縣官，西則五軍都督、錦衣衛指揮、各衛掌印指揮、給事中、中書舍人。又令禮部置百官朝牌，大書品級，列丹墀左右木柵上，依序立。二十六年令凡入殿必履鞾。

《明史·職官志三》 太醫院。院使一人，正五品。院判二人，正六品。其屬，御醫四人，正八品，後增至十八人，隆慶五年定設十人。吏目一人，從九品，隆慶五年定設十人。生藥庫、惠民藥局，各大使一人，副使一人。

《明史·職官志四》 醫學

良醫所，良醫正一人，正八品，副一人，從八品。

洪武四年更定官制。左、右相，正二品，文武傅，從二品，參軍，從五品，録事，正七品，審理正，正六品，副，正七品，紀善，正七品，各署典祠正、典寶正、典儀正、典膳正、典服正、工正，醫正，並正七品，副，並從七品，牧正，正八品，副，從八品，引禮舍人，省注。九年改參軍爲長史，罷王傅府及典籤司，諮議官，增設伴讀四人，選老成明經慎行之士任之，侍讀四人，收掌文籍，少則缺之。尋改王相府所屬奉祠、典寶、典膳、良醫、工正各所正并紀善俱正八品，副，從八品。【略】

醫學。府，正科一人，從九品。州，典科一人。縣，訓科一人。洪武十七年置，設官不給禄。

《明史·后妃傳序》 宫嬪以下有疾，醫者不得入宫，以證取藥。

《醫學讀書志·宋王氏惟德》 惟德一字惟一，官尚藥奉御。仁宗以針砭之法傳述不同，命惟德鑄銅人及是書。天聖五年十月成，詔一置醫官院，一置大相國寺仁濟殿，翰林學士夏竦作序。人以精銅爲之，藏府全具，背面二器，合則渾然，全身腧穴以錯金書名於旁，外塗黃蠟，中實以水，俾醫工以分析寸，按穴試針。中穴則針入水出。稍差則不入矣。宋時醫人，均由考授，即此可見其精慎，今銅人失傳，其書尚存。

《續文獻通考·職官考六》 元太醫院掌醫事，製奉御藥物，領各屬醫職官。有院使一十二人，同知、僉院、同僉、院判、經歷、都事各二人，照磨兼承發架閣庫一人。○中統元年，置宣差，提點太醫院事。二十年，改爲尚醫監。二十二年，復爲太醫院。置提點四人，院使、副使、判官各二人。大德五年，設官十六人。十一年增院使二人。皇慶元年，增院使二人。二年，增院使一人。至治二年，定置官如前。○所屬廣惠司，掌修製御用回回藥物及和劑，以療諸宿衛士及在京孤寒者。卿四人，少卿、司丞各二人，經歷、知事、照磨各一人。至元七年，始置提舉二人。十七年，增置提舉一人。至治二年，定置官如上。所屬大都、上都，回回藥物院，掌回回藥物，置達嚕噶齊一人，大使二人，副使一人。至元二十九年始置。至治二年，撥隷廣惠司。御藥院，掌受各路御貢，諸番進獻珍貴藥品，修造湯煎。設達嚕噶齊一人，大使二人，副使三人，直長一人，都監一人。至元六年始置。御藥局，掌兩都行篋藥餌，設達嚕噶齊一人，局使、副使各二人。至元十年始置。大德九年分立行御藥局，掌行篋藥物。本局但掌上都藥倉之事。行御藥局，設達嚕噶齊一人，大使、副使各一人。御香局，掌修合御用諸香。設提點，司令各一人。至大元年始置。大都惠民局，掌收官錢，經營出息，市藥修劑以惠貧民。中統二年始置，受太醫院劄，員數未詳。上都惠民司提點、司令各一人。中統四年始置。醫學提舉司，掌考校諸路醫生課義，試驗太醫教官，校勘名醫撰述文字，辨驗藥材，訓誨太醫子弟，領各處醫學。提舉、副提舉各一人。至元九年始置，十三年罷，十四年復置。所屬官醫提舉司，掌醫戶差役詞訟。至元二十五年置。大都、保定、彰德、東平四路，設提舉、同提舉、副提舉各一人。河間、大名、晉寧、大同、濟寧、廣寧、冀寧、濟南、遼陽、興和十路，設提舉、副提舉各一人。衛輝、懷慶、大寧，設提舉一人。

又 明太醫院，掌醫療之法，官有院使一人，院判二人。其屬御醫四人，吏目一人。穆宗隆慶五年，御醫吏目各定設十人。生藥庫，惠民藥局，各大使，副使一人。【略】

南京太醫院院判、吏目各一人。惠民藥局、生藥庫各大使一人。又有醫學府正科一人，州典科一人，縣訓科一人。洪武十七年置，設官不給禄。

《續文獻通考·職官考十二》 醫散官

金太醫舊自從六品而下，止七階。天眷制自從四品而下，立二十五階。從四品，上曰保宜大夫，中曰保康大夫，下曰保平大夫。正五品，上曰保頤大夫，中曰保安大夫，下曰保和大夫。從五品，上曰保善大夫，中曰保嘉大夫，下曰保順大夫。正六品，上曰保合大夫，中曰保沖大夫。從六品，上曰保愈郎，下曰保全郎。正七品，上曰成正郎，下曰成安郎。從七品，上曰成順郎，下曰成和郎。正八品，上曰成愈郎，下曰成全郎。從八品，上曰醫全郎，下曰醫正郎。王圻曰：宋置翰林正，金改醫正郎。正九品，上曰醫効郎，下曰醫候郎。從九品，上曰醫痊郎，下曰醫愈郎。

《續文獻通考・職官考十三》 元：【略】中政院：院使俸一百一貫三錢三分三釐，米一十石五斗；同知俸八十二貫六錢六分六釐，米八石五斗；僉院俸七十貫，米七石五斗；同僉俸五十九貫三錢三分三釐，米六石；院判俸四十三貫，米四石五斗；司議俸三十四貫六錢六分六釐，米三石；長史俸二十八貫，米三石；照磨俸二十二貫，米二石。管句同。太醫院、典瑞院、將作院、太史院、儲政院並同。

《續通志・職官略五》 金元官制下：【略】

太醫院。金置太醫院提點、使、副使，無定員，隸宣徽院。元置太醫院，掌醫事及製奉御藥物。院使十二人，同知二人，僉院二人，同僉二人，院判二人，經歷二人，都事二人，照磨兼承發架閣庫一人，所屬廣應司卿四人，少卿承各二人，經歷、知事、照磨各一人。大都、上都，回回藥物院達魯噶齊一人，使二人，副使二人，御醫藥院達魯噶齊一人，大使二人，副使三人。御藥局達嚕噶齊一人，局使、副使各二人，行御藥局達嚕噶齊一人，大使二人，副使三人。御香局提點，司令各一人。大都惠民司、上都惠民司，提點、司令各一人。醫學提舉司、提舉、副提舉各一人。各路提舉司提舉、同提舉、副提舉無定員。

臣等謹按：唐宋太醫署皆爲太常寺屬員。金爲宣徽院屬員。元則特置太醫院，院使之職二品，其設官亦多于前代云。

《續通志・職官略十》 明制：

太醫院使，【略】爲正五品。

太醫院院判，【略】爲正六品。

太醫院御醫，【略】靈王府典膳正、奉祠正、典寶正、紀善、良醫正，【略】爲正八品。

知觀王府典膳副、奉祠副、典寶副、良醫副，【略】爲從八品。【略】太醫院吏目，【略】各府醫學正科，【略】爲從九品。

又 元制：【略】

太醫院使，【略】爲正二品。

太史、太醫、將作、通政、中政、儲政各院同知，【略】爲正三品。

太史、太醫、中政、儲政各院簽院，【略】爲從三品。

太史、太醫、將作、中政、儲政各院同簽，【略】爲正四品。

太史、太醫、將作、通政、中政、儲政各院院判【略】爲正五品。

太醫、將作院所屬各大使【略】爲從五品。

醫提舉，【略】爲從六品。

太史、太醫、將作、通政各院、都護府、崇福司、宣慰司、兩都留守司都事，儀鳳司、樞密院、客省使、太醫院、廉訪司、各衛、各親軍、各都總管，【略】爲從七品。

又 官品：宋承唐制，分爲九品，品有正從。

翰林良醫，【略】爲正七品；【略】翰林醫官，【略】太醫局令、翰林醫效、醫痊，【略】爲從七品，【略】主管太醫局，翰林醫愈、醫證、醫診、醫候，【略】爲從八品。【略】太醫局丞，【略】爲正九品。翰林醫學，【略】爲從九品。

《續通典・職官典》 遼官品：

正五品：【略】尚藥局提點，太醫院提點。

從五品：【略】尚藥局使，太醫院使。

從六品：【略】尚藥局副使，太醫院副使。【略】侍藥。

從八品：【略】太醫院判官。

正九品：【略】奉藥。

從九品：【略】太醫院管勾。

又 元官品

正三品：【略】太醫院同知。【略】典醫監達嚕噶齊。

正四品：【略】太醫院同僉。

正五品：【略】掌醫監領監官。

從五品：【略】太醫院所屬各院各局達嚕噶齊。【略】司藥各司局達嚕噶齊。

從六品：【略】官醫提舉司提舉。

正七品：【略】太醫院屬各副使。

從七品：【略】太醫院經歷。

正八品：【略】太醫院照磨。

紀昀等《歷代職官表·太醫院·秦》　謹案《左傳》載，春秋時良醫如和緩之類皆出於秦。是秦人多工醫術，故其設官亦備。據《刺客傳》所記，是令、丞以外尚有侍醫，主提藥囊，在殿上侍立。蓋即如今之御醫也。

紀昀等《歷代職官表·太醫院·漢》　《漢書·百官公卿表》：奉常屬官有太醫令丞。

應劭《漢官儀》：太醫令周官也，秩千石，丞三百石。

《後漢書·桓譚傳》：董賢風太醫令眞欽使求傅氏罪過。

《漢書·王嘉傳》：侍醫伍宏等内侍案脈。《漢書·貢禹傳》：侍醫臨治。顔師古注：侍醫，天子之醫也。《漢書·藝文志》：侍醫李柱國校方技。《漢書·百官公卿表》：少府屬官有太醫令丞。

《太平御覽》：少府太醫令丞無員，多至數十人。王應麟《玉海》：少府有太醫令，太常復有令丞，蓋禮官之太醫司存之所；少府之太醫，通乎王内。

《漢書·外戚傳》：上官桀妻父所幸充國爲太醫監。

謹案：西漢太醫令丞有二，一屬太常，一屬少府。史不言其分置之由，以王應麟所言核之，其屬太常者，蓋如今太醫院之職，其屬少府者，則如今藥房官之隸於内務府也。至侍醫，乃承秦舊稱，當即今之御醫。而《王嘉傳》之侍醫伍宏，《董賢傳》又稱爲醫待詔，疑爲一官而兩名。又李柱國亦侍醫，而《隋書》載其官又作太醫監，疑亦以侍醫遷爲此職，如今御醫升補院判之比。又《外戚傳》有女醫淳于衍，得入宫侍皇后疾，因擣附子合太醫大丸以飲皇后，《霍光傳》則稱爲乳醫淳于衍，師古曰視産乳之疾者。殆漢時又有此等女醫，同隸於太醫令，以備諸科之一，特史未詳其制耳。

《後漢書·百官志》：太醫令一人，六百石，掌諸醫，藥丞、方丞各一人；藥丞主藥，方丞主方。右屬少府。

劉昭《後漢志·注》漢官曰員醫二百九十三人，員吏十九人。

《通典》：漢有醫丞，有醫工長。

徐堅《初學記》、司馬彪《續漢書》曰：東平王蒼到國病，詔遣太醫丞將高手醫視病。

《後漢書·方術傳》：郭玉，和帝時爲太醫丞。

裴松之《三國志·注》、魚豢《魏略》曰：脂習除太醫令，與孔融親善。

《太平御覽·典論》曰：中常侍張讓子奉爲太醫令。

《後漢書·蓋勳傳》：京兆高望爲尚藥監。

謹案：東漢太常屬官無太醫令，惟少府有之。蓋視西京舊制已有減省。而尚藥監一官，《百官志》亦不載，當即西漢之太醫監也。

《史記·倉公列傳》：齊太醫先診病。

謹案：《倉公傳》有齊太醫，又有齊王侍醫，蓋漢世諸侯王國，其設官多準天朝，今並附識於此。又據劉昭《補志·注》引漢官所載，當時百官府皆有官醫員額，疑其人雖分隸諸司，而考選補用，當亦由太醫主之。自唐以後，其法久廢，惟今刑部設醫士二人，由院簡送，六歲一更，更之日，稽其醫事之優劣，優者升吏目，劣者斥之，似與漢制頗爲相近云。

紀昀等《歷代職官表·太醫院》　謹案：太醫院之名始自金代，而當時領於宣徽院，不爲分署，蓋猶沿前代太醫隸屬太常之遺制也。又有尚藥局，亦宣徽屬官，即前代殿中監所統六局之一，而所司在茶果湯藥，不專醫事，今故不列于此表焉。

紀昀等《歷代職官表·太醫院·元》　謹案：太醫一官，歷代皆分隸于門下、殿中諸省及太常寺、宣徽院，其獨爲一署，無所隸屬，實自元始。又別置御藥院，則當如今之内藥房。而御藥典醫諸監，復多所剏建，旋置旋廢，殊爲冗贅。又《武宗紀》載：至大中，中書省臣言太醫院遣使取藥材于陝西、四川、雲南，費公帑、勞驛傳，乞禁止，從之。是當時立法未善，使院官得借以勞擾州郡。今制凡直省歲解藥材，由户部收貯附庫，以時支用。其内藥房所需藥材均按例給價，令藥商赴部領銀採辦，以生藥交進，院官詳驗，擇其佳者送藥房貯備，洵爲經久無弊矣。

紀昀等《歷代職官表·太醫院·明》　《明會典》：御藥房，嘉靖十五年改爲聖濟殿，擇術業精通者供事。

《明史·方技傳》：許紳初供事御藥房，嘉靖改元授御醫，屢遷太醫院使，受知于世宗，連加通政使、禮部侍郎、工部尚書，並領院事。

謹案：《周禮》醫師以上士爲衆醫之長，而疾醫、瘍醫等以中下士佐之，蓋醫之政令聽於冢宰，醫師等皆以其職屬焉，故祿秩至三命而止。西漢太醫令千石，隸太常少府而統于丞相，御史葉時禮、經會元謂其猶有周官遺意。北魏及周齊徐之才、周澹、王顯、姚僧垣等咸以醫著至位歷僕射，爵爲公侯，頗見褻濫。然之才等本由儒吏見用，與專以一技登進者有殊。自宋之末季，廣置醫官，名目繁冗，其久次者，至寵以州郡防禦團練之職，而周密《癸辛雜識》有御診王承宣，則又可加至承宣使，甚者如岳珂《桯史》所載醫師王繼先，積官留後，與秦檜表裏，勢焰大張，諸子至列延閣，金紫盈門，紀綱凌替，至此已極。元代太醫院雖獨爲一署，而據《宦官列傳》李邦寧以禮部尚書提點太醫院，尋又加大司徒領太醫院事，是則又以閹豎典司，公然位列公台，尤爲乖謬。明則若許紳，以供奉之勞至加以尚書職銜，亦同此弊。

國家董正治官，太醫諸員，各執藝入直，恪共厥事，院使、院判，間有賞特旨加銜者，不過至三四品，而內藥房以內務府大臣管理，程式有定，視周典更爲詳慎矣。

紀昀等《歷代職官表·太醫院·國朝官制》 太醫院院使漢人一人，正五品。左右院判漢人各一人。正六品。

掌醫之政令，率其屬以供醫事。員額：順治元年定御醫十有五人，初定正八品，雍正七年升爲七品，用六品冠帶。吏目三十人，八品十五人，九品十五人。醫士四十人，用從九品冠帶醫員三十人。以上俱漢人員額。

掌九科之法以治疾。曰大方脈、小方脈、傷寒科、婦人科、瘡瘍科、鍼灸科、眼科、口齒科、正骨科。自院使至醫士，皆以所業專科分班侍直。給事宮中者，曰宮直。給事外廷者，曰六直。宮直於各宮外班房，六直於東藥房，各以其次更代，供使令焉。順治元年初，設御醫十人，吏目三十人，豫授吏目十人，醫士二十人。十八年，省吏目二十人，並省豫授吏目員額。康熙九年，復置吏目，豫授吏目各十人。十四年，省吏目十人。三十一年，又省豫授吏目。六十一年，增置醫士二十人。雍正元年，復增置吏目十人，改豫授吏目爲吏目。七年，增御醫五人。八年，吏目改爲八品、九品者各十五人。增置食糧醫員三十人，又有效力醫生無定員，掌灸製之法以治藥，院使考其術而進退之。又設教習廳，簡御醫吏目之能者二人爲教習，以課醫人習醫焉。

嘉慶《松江府志·藝術傳》 何十翼，字承雲，天祥七世孫。官景、楚二府良醫正。隆慶四年告歸，一郡倚爲司命，餽遺充斥，悉散之貧者。里人見之必拱手加敬，稱仁人云。【略】

何嚴，字公謹，天祥曾孫，宣德己酉副貢。性溫厚，積學，工詩文。何氏世業醫，至嚴大究其奧。宣德中，官太醫院副使。子全，字廷用，領正統丁卯鄉薦，特授御醫，累擢院使。親老乞歸，御製詩送之。【略】孫鳳春，太醫院御醫；曾孫九經，伊府良醫正，世其業。

嘉慶《直隸太倉州志·人物補遺·藝術》 陳汪，治五世孫。明經好古，以詩名於時。精《素》、《難》。有《東溪遺稿》、《傷寒全集》行世。【略】孫操，太醫院御醫，著《養生堂集》。

道光《上元縣志·人物志·技藝》 諶光國，字兆麟，邑庠生。精岐黃，尤善治痘，彙萃群書，參以所得，著《痘科辨疑》。以臨診奇驗，又性慈，有禹姓子痘險而弱，非參不治。光國質婦簪珥以救之。子元，字萬育，乾隆丙午武舉。超，字斗南，武生。孫命夔，字雨田，監生，皆能世其業。元著《諶氏秘書》，命夔著《箕裘集》。蓋諶氏自前明名脩瑕者，爲太醫院官，至命夔已六世矣。

道光《海昌備志·藝文》 陳遷，紹興中，官翰林院御醫供奉。今長安市陳木扇，世醫之祖也。子姓尙繁衍。《秘蘭全書》四卷，明李世光《陽湖逸史》云紹興三年仲夏著，其家秘之，無刊本。予於人家敝書中得其一冊，亦其徒之所傳寫者。

同治《新喻縣志·方技》 許奇，字彥國，開封人。幼習儒，不第，遂棄舉子業。精醫學，補太醫院判。建炎中，孟太后如虔，奇扈駕，因泝流至喻，遂家焉。乾道五年，上以騎射傷明，令所在貢醫，有司以奇應，因奏曰：興復之舉，任能爲大，騎射細事也，願勿學。上然之，擢院使。年八十七。所著有《黃農墬緒》藏於家，周益國公必大爲序。

同治《重修成都縣志·人物志·藝術》 昝商，成都人，官醫博士。能得《黃庭》、《素問》之精，撰《食醫心鑑》及《導養方》。

同治《畿輔通志·識餘》 范益，精于醫脈，元至正間爲大郡醫官，年七十矣。

同治《麗水縣志·人物》 祝定，字伯靜。以醫鳴。洪武初，授本府醫學提領，轉正科。注竇太師《標幽賦》，醫家咸宗之。

光緒《無錫金匱縣志·藝術》 潘仁仲，祖傳之，在元爲常州路醫學學錄。父進德，本州醫學提舉。仁仲，楊維楨門人，與倪瓚、張居貞輩遊，爲醫學教授。晚以高年應詔。子克誠，永樂中召爲太醫院醫士，與王達、錢仲益友善。克誠子韞輝，尤妙針灸，官訓科。【略】

施存善，字昌宗。永樂初，詔徵除韓王府良醫副。宣宗召，拜御醫，賜詩，宴文華殿。以子安累進奉政大夫。安子元濟，歷官太醫院使。卒，賜祭，歸葬錫山。父子歷仕七朝，數蒙褒寵，當世榮之。【略】

施仲模，世業幼科。子中立，爲太醫士。孫澤民、潤民、濟民，始兼通朱、李之學，術遂盛行。濟民官訓科。

光緒《撫州府志·人物·方伎》 王元直，樂安人。家五世精醫。嘗遊京師，問藥者踵至，隨試輒效。太醫院官，諸公貴人，咸禮敬之。吳文正公贈以序，載集中。

光緒《餘姚縣志·方伎》 張經，字與權。八世祖永，見《寓賢傳》。世以善醫惠及其鄉。經復挾其術，閩明越閒。閩越之民，賴以全活者甚衆。家有種德堂，戴良銘而序之。又世善小兒醫，因名所居曰生意垣，危素書之，揭傒斯記之，蓋所友皆名士云。四世孫廷玉，字坦庵，爲太醫院使，善橋引按摩，甚奇，非世之所聞也。項昕居越江得見，事之，盡其伎。於是，爲人診病決死生，無不立驗。

光緒《續修廬州府志·藝術傳》 駱善，永樂間太醫院判。【略】

吳元松，無爲人。精醫，授太醫院吏目。著有《脈訣》一部。

光緒《湘陰縣圖志·人物·方技》 李太鳳，字師竹，縣學生，精醫術。崇禎中寓京師，副都御史施邦曜薦入太醫院，給六品醫官。

光緒《安徽通志·人物志·方伎》 程國瑞，黟縣人。工醫術，康熙五十五年入太醫院供奉，授御醫官首領。

光緒《通州直隸州志·雜紀·方技》 王檀，字子升，母夢神授旃檀一枝而生，故名。精醫，不拘古法。田婦誤吞鍼刺腸，檀以桂、附、硫、硝等劑授之，痛欲絕，利下而鍼出。人訊其故，曰：此五行生克理也。火制金，故效。以其術傳弟子張叡，康熙初官太醫院使。【略】

陳士龍，字鳳林。太醫院吏目。施藥濟人不責償。晚歲無依，傾貲葺藥王廟，棲息其中。

光緒《順天府志·方技》引萬曆《府志》 高鏊，字器之，大興人。初受業於醫者徐浦，故又姓徐氏。曾奏藥乾清宮，授冠帶。值武皇帝南巡，鏊借醫切諫曰：郊行野食，風雨罷勞，動傷不測，陛下即自輕，奈宗廟何！臣職在調護，失職當死，不言當死，而犯忌諱亦當死，惟陛下裁之。時諫者百二十人皆遷官徙外，鏊獨以小臣妄言，論戍極邊。會有詔徵還，歷進太醫院判，食四品俸，免官。鏊以藝諫，濱死卒榮仕，善終。

光緒《山西通志·藝術録》 程應寵，澤州人，太醫院吏目，切脈決生死輒中。有奇疾莫名其證者，一藥立起。每施治，弗問貧富，即窶丐亦療之。有手録《醫案》諸書。

光緒《嚴州府志·佚事·方伎》 來師曾，字成溪，桐廬人。精醫術，療人有奇効，官太醫院吏目。建邑庠生戴東瘅，年七十餘，病傷寒，衆醫皆言不治。師曾診視之曰：若先天甚足，固無患也。藥之，應手而痊。他治療，多類此。

光緒《寧津縣志·人物·方伎》 崔化南，字紹伯，太常寺先農壇執事。初習儒術，年十八忽學醫，人問其故，笑而不答，施治輒神効。郡城于明經屬纊矣，化南問其疾狀，曰：可起也。與藥二劑而愈。吳邑高公室人，有夢熊之喜，既而病甚，歷延名醫罔效，瀕絕。化南診之，曰：石麟爲祟耳，不出三日當愈。再投藥餌脫然。高問曰：必生男乎？化南曰：豈惟男，且必才賢。後果爲吳邑望人。其技之神類如此。年至七十卒。

光緒《青浦縣志·人物·藝術傳》 蔡天槎，字羽明，倫孫，習醫，爲太醫院孔目。工篆，太倉吳偉業贈以詩云：一經傳漢相，八法繼秦碑。知縣魏球舉鄉飲大賓。

光緒《續雲南通志稿·雜志·方技》 李作霖，保山諸生。精太素脈，後爲太醫院醫士。

光緒《重修嘉善縣志·人物志·藝術》 金元德，字鐘梧，善醫，授太醫院吏目。

《清史稿·宣統皇帝紀》 〔宣統元年十二月〕丙戌，定太醫院院使爲四品。

《清史稿·職官志五》 上駟院，【略】蒙古醫師長三人，正六品。副長二人。八品。【略】乾隆十一年，置蒙古醫生頭目二人。四十三年額定三人。十四年，定卿額二人，一用侍衛，一用內府官。【略】

御藥房。兼太妃、太嬪以次各位下藥房，侍監首領二人。專司帶領御醫各宮請脈，及煎製藥餌。

《清史稿·職官志六》 大臣掌主法職，監督大理院及京、外審判、檢察，

以維法治。【略】所轄：司獄總管守長、正管守長各二人，副管守長六人，監醫正、正八品。監醫副正九品。各一人

《清史稿・陸潤庠傳》 陸潤庠，字鳳石，江蘇元和人。父懋修，精醫，見《藝術傳》。潤庠，同治十三年一甲一名進士，授修撰。【略】光緒二十四年，【略】擢左都御史，管理醫局，典順天鄉試，充會試副總裁，署工部尚書。

《清史稿・忠義傳八・文豐》 文豐，董氏，内務府漢軍正黄旗人。【略】咸豐四年，賞總管内務府大臣銜，歷正藍旗漢軍副都統、正藍旗護軍統領。七年二月，授總管内務府大臣，尋署正黄旗護軍統領。八年五月，管理圓明園事務，【略】又調正白旗滿洲副都統，署御藥房、太醫院事務。

典制總部

醫事獎懲部

綜述

《**左傳·成公十年**》　公疾病，求醫於秦。秦伯使醫緩爲之。未至，公夢疾爲二豎子，曰：彼，良醫也。懼傷我，焉逃之？其一曰：居肓之上，膏之下，若我何？醫至，曰：疾不可爲也，在肓之上，膏之下，攻之不可，達之不及，藥不至焉，不可爲也。公曰：良醫也！厚爲之禮而歸之。

《**管子·山權數**》　管子對曰：民之能明於農事者，置之黄金一斤，直食八石。民之能蕃育六畜者，置之黄金一斤，直食八石。民之能樹蓺者，置之黄金一斤，直食八石。民之能樹瓜瓠葷菜百果使蕃衮者，置之黄金一斤，直食八石。民之能已疾病者，置之黄金一斤，直食八石。民之能知時，曰歲且阨，曰某穀不登，曰某穀豐者，置之黄金一斤，直食八石。民之通於蠶桑，使蠶不疾病者，皆置之黄金一斤，直食八石。謹聽其言而藏之官，使師旅之事無所與，此國筴之大者也。國用相靡而足，相因揲而耆。然後置四限高下令，之徐疾，敺屏萬物，守之以筴，有五官技。

《**莊子·列御寇**》　宋人有曹商者，爲宋王使秦。其往也，得車數乘，王説之，益車百乘。反於宋，見莊子曰：夫處窮閭阨巷，困窘織屨，槁項黄馘者，商之所短也；一悟萬乘之主而從車百乘者，商之所長也。莊子曰：秦王有病召醫，破癰潰痤者得車一乘，舐痔者得車五乘，所治愈下，得車愈多。子豈治其痔邪，何得車之多也？子行矣！

《**史記·萬石張叔列傳**》　郎中令周文者，名仁，其先故任城人也。以醫見。景帝爲太子時，拜爲舍人，積功稍遷，孝文帝時至太中大夫。景帝初即位，拜仁爲郎中令。

《**史記·扁鵲倉公列傳**》　扁鵲者，勃海郡鄚人也，姓秦氏，名越人。少時爲人舍長。舍客長桑君過，扁鵲獨奇之，常謹遇之。【略】當晉昭公時，諸大夫彊而公族弱，趙簡子爲大夫，專國事。簡子疾，五日不知人，大夫皆懼，於是召扁鵲。扁鵲入，視病，出，董安于問扁鵲，扁鵲曰：血脈治也，而何怪！昔秦穆公嘗如此，七日而寤。寤之日，告公孫支與子輿曰：我之帝所甚樂。吾所以久者，適有所學也。帝告我：晉國且大亂，五世不安。其後將霸，未老而死。霸者之子且令而國男女無别。公孫支書而藏之，秦策於是出。夫獻公之亂，文公之霸，而襄公敗秦師於殽而歸縱淫，此子之所聞。今主君之病與之同，不出三日必閒，閒必有言也。居二日半，簡子寤，語諸大夫曰：我之帝所甚樂，與百神游於鈞天，廣樂九奏萬舞，不類三代之樂，其聲動心。有一熊欲援我，帝命我射之，中熊，熊死。有羆來，我又射之，中羆，羆死。帝甚喜，賜我二笥，皆有副。吾見兒在帝側，帝屬我一翟犬，曰：及而子之壯也以賜之。帝告我：晉國且世衰，七世而亡。嬴姓將大敗周人於范魁之西，而亦不能有也。董安于受言，書而藏之。以扁鵲言告簡子，簡子賜扁鵲田四萬畝。

《**史記·酷吏列傳**》　義縱者，河東人也。爲少年時，嘗與張次公俱攻剽爲羣盜。縱有姊姁，以醫幸王太后。王太后問：有子兄弟爲官者乎？姊曰：有弟無行，不可。太后乃告上，拜義姁弟縱爲中郎，補上黨郡中令。治敢行，少蘊藉，縣無逋事，舉爲第一。遷爲長陵及長安令，直法行治，不避貴戚。以捕案太后外孫脩成君子仲，上以爲能，遷爲河内都尉。至則族滅其豪穰氏之屬，河内道不拾遺。而張次公亦爲郎，以勇悍從軍，敢深入，有功，爲岸頭侯。

《**漢書·宣帝紀**》　顯前又使女侍醫淳于衍進藥殺共哀后，謀毒太子，欲危宗廟。逆亂不道，咸(服)[伏]其辜。

《**漢書·霍光傳**》　宣帝始立，立微時許妃爲皇后。顯愛小女成君，欲貴之，私使乳醫淳于衍行毒藥殺許后，因勸光内成君，代立爲后。語在《外戚傳》。始許后暴崩，吏捕諸醫，劾衍侍疾亡狀不道，下獄。吏簿問急，顯恐事敗，即具以實語光。光大驚，欲自發舉，不忍，猶與。會奏上，因署衍勿論。光薨後，語稍泄。

《**漢書·佞幸傳·董賢**》　董賢字聖卿，【略】乃以其功下詔封賢爲高安侯。

【略】

上舅丁明代爲大司馬，亦任職，頗害賢寵，及丞相王嘉死，明甚憐之。上寖重賢，欲極其位，而恨明如此，遂冊免明曰：前東平王雲貪欲上位，祠祭祝詛，雲后舅伍宏以醫待詔，與校祕書郎楊閎結謀反逆，禍甚迫切。賴宗廟神靈，董賢等以聞，咸伏其辜。將軍從弟侍中奉車都尉吳、族父左曹屯騎校尉宣皆知宏及栩丹諸侯王后親，而宣除用丹爲御屬，吳與宏交通厚善，數稱薦宏。宏以附吳得興其惡心，因醫技進，幾危社稷，朕以恭皇后故，不忍有云。

《漢書·外戚傳·孝昭上官皇后》 孝昭上官皇后。祖父桀，【略】又桀妻父所幸充國爲太醫監，闌入殿中，下獄當死。

《漢書·外戚傳·孝宣許皇后》 明年，許皇后當娠，病。女醫淳于衍者，霍氏所愛，嘗入宮侍皇后疾。衍夫賞爲掖庭戶衛，謂衍：可過辭霍夫人行，爲我求安池監。衍如言報顯。顯因生心，辟左右，字謂衍：少夫幸報我以事，我亦欲報少夫，可乎？衍曰：夫人所言，何等不可者！顯曰：將軍素愛小女成君，欲奇貴之，願以累少夫。衍曰：何謂邪？顯曰：婦人免乳大故，十死一生。今皇后當免身，可因投毒藥去也，成君即得爲皇后矣。如蒙力事成，富貴與少夫共之。衍曰：藥雜治，當先嘗，安可？顯曰：在少夫爲之耳。將軍領天下，誰敢言者？緩急相護，但恐少夫無意耳！衍良久曰：願盡力。即擣附子，齎入長定宮。皇后免身後，衍取附子幷合大醫大丸以飲皇后。有頃曰：我頭岑岑也，藥中得無有毒？對曰：無有。遂加煩懣，崩。衍出，過見顯，相勞問，亦未敢重謝衍。後人有上書告諸醫侍疾無狀者，皆收繫詔獄，劾不道。

《後漢書·方術傳·華佗》 華佗字元化，沛國譙人也，一名旉。遊學徐土。兼通數經。曉養性之術，年且百歲而猶有壯容，時人以爲仙。沛相陳珪舉孝廉，太尉黃琬辟，皆不就。精於方藥，處齊不過數種，心識分銖，不假稱量。針灸不過數處。若疾發結於內，針藥所不能及者，乃令先以酒服麻沸散，既醉無所覺，因刳破腹背，抽割積聚。若在腸胃，則斷截湔洗，除去疾穢，既而縫合，傅以神膏，四五日創愈，一月之閒皆平復。【略】曹操聞而召佗，常在左右。操積苦頭風眩，佗針，隨手而差。【略】爲人性惡，難得意，且恥以醫見業，又去家思歸，乃就操求還取方，因託妻疾，數期不反。操累書呼之，又勑郡縣發遣，佗恃能厭事，猶不肯至。操大怒，使人廉之，知妻詐疾，乃收付獄訊，考驗首服。荀彧請曰：佗方術實工，人命所懸，宜加全宥。操不從，竟殺之。佗臨死，出一卷書與獄吏，曰：此可以活人。吏畏法不敢受，佗不強與，索火燒之。

《魏書·上谷公紇羅傳》 上谷公紇羅，神元皇帝之曾孫也。【略】子題，少以雄武知名，賜爵襄城公。從征中山，受詔詢下諸部，撫慰新城，皆安化樂業。進爵爲王。擊慕容驎於義臺，中流矢薨。帝以太醫令陰光爲視療不盡術，伏法。

《魏書·術藝傳·周澹》 周澹，京兆鄠人也。爲人多方術，尤善醫藥，爲太醫令。太宗嘗苦風頭眩，澹治得愈，由此見寵，位至特進，賜爵成德侯。神瑞二年，京師饑，朝議將遷都於鄴。澹與博士祭酒崔浩進計，論不可之意。太宗大然之，曰：唯此二人，與朕意同也。詔賜澹、浩妾各一人，御衣一襲，絹五十匹、綿五十斤。泰常四年卒，謚曰恭。時有河南人陰貞，家世爲醫，與澹並受封爵。清河李潭亦以善鍼見知。子驢駒，襲，傳術。延興中，位至散令。

《魏書·術藝傳·徐謇》 徐謇，字成伯，丹陽人。家本東莞，與兄文伯等皆善醫藥。謇因至青州，慕容白曜平東陽，獲之，表送京師。顯祖欲驗其所能，乃置諸病人於幕中，使謇隔而脈之，深得病形，兼知色候。遂被寵遇。爲中散，稍遷內侍長。文明太后時問治方，而不及李脩之見任用也。謇合和藥劑，攻救之驗，精妙於脩，而性甚秘忌，承奉不得其意者，雖貴爲王公，不爲措療也。高祖後知其能，及遷洛，稍加眷幸。體小不平，及所寵馮昭儀有疾，皆令處治。又除中散大夫，轉右軍將軍、侍御師。【略】二十二年，高祖幸懸瓠，其疾大漸，乃馳驛召謇，令水路赴行所，一日一夜行數百里。至，診省下治，果有大驗。高祖體少瘳，內外稱慶。九月，車駕發豫州，次于汝濱。乃大爲謇設太官珍膳，因集百官，特坐謇于上席，遍陳餚觴于前，命左右宣謇救攝危篤振濟之功，宜加酬賚。乃下詔曰：夫神出無方，形稟有礙，憂喜乖適，理必傷生。朕覽萬機，長鐘革運，思芒芒而無怠，身忽忽以興勞。仲秋動痾，心容頓竭，氣體羸瘠，玉几在慮。侍御師、右軍將軍徐成伯馳輪太室，進療汝蕃，方窮丹英，藥盡芝石，誠術兩輪，忠妙俱至，乃令沉勞勝愈，篤瘵克痊，論勤語效，實宜褒録。昔晉武暴疾，程和應增封，辛疚數朝，錢爵大墜。況疾深於囊辰，業難於疇日，得不重加陟賞乎？宜順群望，錫以山河。且其舊逕高秩，中暫解退，比雖銓用，猶未□□，準舊量今，事合顯進。可鴻臚卿，金鄉縣開國伯，食邑五百戶，賜錢一萬貫。又詔曰：錢府未充，須以雜物：絹二千匹、雜物一百匹，四十匹出御府；穀二千斛；奴婢十口；馬十匹，一匹出驊騮；牛十頭。所賜雜物、奴婢、牛馬皆經內呈。

《魏書·術藝傳·王顯》 王顯，字世榮，陽平樂平人。【略】顯少歷本州從事，雖以醫術自通，而明敏有決斷才用。初文昭皇太后之懷世宗也，夢爲日所逐，化而爲龍而繞后，后寤而驚悸，遂成心疾。文明太后敕召徐謇及顯等爲后診脈。謇云是微風入藏，宜進湯加針。顯云：案三部脈非有心疾，將是懷孕生男之象。果如顯言。久之，召補侍御師、尚書儀曹郎，號稱幹事。世宗自幼有微疾，久未差愈，顯攝療有效，因是稍蒙眄識。【略】後世宗詔顯撰藥方三十五卷，班布天下，以療諸疾。東宮既建，以爲太子詹事，委任甚厚。世宗每幸東宮，顯常迎侍。出入禁中，仍奉醫藥。賞賜累加，爲立館宇，寵振當時。延昌二年秋，以營療之功，封衛南伯。【略】延昌四年正月，世宗夜崩，肅宗踐阼。顯參奉璽策，隨從臨哭，微爲憂懼。顯既蒙任遇，兼爲法官，恃勢使威，爲時所疾。朝宰託以侍療無效，執之禁中，詔削爵位。

《魏書·術藝傳·李脩》 李脩，字思祖，本陽平館陶人。父亮，少學醫術，未能精究。世祖時，奔劉義隆於彭城，又就沙門僧坦研習衆方，略盡其術，針灸授藥，莫不有效。徐兗之間，多所救恤，四方疾苦，不遠千里，竟往從之。亮大爲廳事以舍病人，停車輿於下，時有死者，則就而棺殯，親往弔視。其仁厚若此。累遷府參軍，督護本郡，士門宿官，咸相交昵，車馬金帛，酬賚無貲。脩兄元孫隨畢衆敬赴平城，亦遵父業而不及。以功賜爵義平子，拜奉朝請。脩略與兄同。晚入代京，歷位中散令，以功賜爵下蔡子，遷給事中。太和中，常在禁內。高祖、文明太后時有不豫，脩侍鍼藥，治多有效。賞賜累加，車服第宅，號爲鮮麗。集諸學士及工書者百餘人，在東宮撰諸藥方百餘卷，皆行於世。先是咸陽公高允雖年且百歲，而氣力尚康，高祖、文明太后時令修診視之。一旦奏言，允脈竭氣微，大命無遠。未幾果亡。遷洛，爲前軍將軍，領太醫令。後數年，卒，贈威遠將軍、青州刺史。

《魏書·臨渭氏苻健傳》 臨渭氏苻健，字建業。【略】建國十四年，乃僭稱天王。【略】健死，子生僭立。生嘗夜食棗過多，至旦病，使太醫程延診脈，延曰：陛下食棗多，無他疾也。生曰：嘻，汝非聖人，焉知吾食棗？乃殺之。

《宋書·武帝紀下》〔永初三年〕三月，上不豫。太尉長沙王道憐、司空徐羨之、尚書僕射傅亮、領軍將軍謝晦、護軍將軍檀道濟並入侍醫藥。群臣請祈禱神祇，上不許，唯使侍中謝方明以疾告廟而已。

《宋書·周朗傳》 自釋氏流教，其來有源，淵檢精測，固非深矣。舒引容潤，既亦廣矣。然習慧者日替其修，束誡者月繁其過，遂至糜散錦帛，侈飾車從。復假精醫術，託雜卜數，延姝滿室，置酒浹堂，寄夫託妻者不無，殺子乞兒者繼有。而猶倚靈假像，背親傲君，欺費疾老，震損宮邑，是乃外刑之所不容戮，內教之所不悔罪，而橫天地之間，莫之糾察。人不得然，豈其鬼歟。今宜申嚴佛律，裨重國令，其疵惡顯著者，悉皆罷遣，餘則隨其藝行，各爲之條，使禪義經誦，人能其一，食不過蔬，衣不出布。若應更度者，則令先習義行，本其神心，必能草腐人天，竦精以往者，雖侯王家子，亦不宜拘。凡鬼道惑衆，妖巫破俗，觸木而言怪者不可數，寓采而稱神者非可算。其原本是亂男女，合飲食，因之而以祈祝，從之而以報請，是亂不誅，爲害未息。凡一苑始立，一神初興，淫風輒以之而甚，今修隄以北，置園百里，峻山以右，居靈十房，糜財敗俗，其可稱限。又針藥之術，世寡復修，診脈之伎，人鮮能達，民因是益徵於鬼，遂棄於醫，重令耗惑不反，死夭復半。今太醫宜男女習教，在所應遣吏受業，如此故當愈於媚神之愚，懲艾腠理之敝矣。

《晉書·齊武閔王冏傳》 齊武閔王冏字景治，獻王攸之子也。少稱仁惠，好振施，有父風。初，攸有疾，武帝不信，遣太醫診候，皆言無病。及攸薨，帝往臨喪，冏號踊訴父病爲醫所誣，詔即誅醫。

《晉書·苻生載記》 生如阿房，遇兄與妹俱行者，逼令爲非禮，不從，生怒殺之。又譏群臣于咸陽故城，有後至者，皆斬之。嘗使太醫令程延合安胎藥，問人參好惡并藥分多少，延曰：雖小小不具，自可堪用。生以爲譏其目，鑿延目出，然後斬之。

《南齊書·褚澄傳》 澄，字彥道。初，湛之尚始安公主，薨，納側室郭氏，生淵，後尚吳郡公主，生澄。淵事主孝謹，主愛之，湛之亡，主表淵爲嫡。澄尚宋文帝女廬江公主，拜駙馬都尉。歷官清顯。善醫術，建元中，爲吳郡太守，豫章王感疾，太祖召澄爲治，立愈。尋遷左民尚書。淵薨，澄以錢萬一千，就招提寺贖太祖所賜淵白貂坐褥，壞作裘及纓，又贖淵介幘犀導及淵常所乘黃牛。永明元年，爲御史中丞袁彖所奏，免官禁錮，見原。遷侍中，領右軍將軍，以勤謹見知。其年卒。澄女爲東昏皇后。永元元年，追贈金紫光祿大夫。

《北齊書·崔㥄傳》 崔㥄，字長孺，清河東武城人也。【略】㥄族叔景鳳，字鸞叔，㥄五世祖逞玄孫也。景鳳涉學，以醫術知名。魏尚藥典御，天保中譙州刺史。

《南史·梁本紀上》 天監十六年三月丙子，敕太醫不得以生類爲藥。

《南史·袁湛傳》 君正美風儀，善自居處，以貴公子早得時譽。爲豫章內史。性不信巫邪，有師萬世榮稱道術，爲一郡巫長。君正在郡小疾，主簿熊岳薦之。師云：須疾者衣爲信命。君正以所著襦與之，事竟取襦，云神將送與北斗君。君正使檢諸身，於衣裏獲之，以爲亂政，即刑於市而焚神，一郡無敢行巫。

《南史·徐文伯傳》 道度生文伯，叔嚮生嗣伯。文伯亦精其業，兼有學行，倜儻不屈意於公卿，不以醫自業。融謂文伯、嗣伯曰：昔王微、嵇叔夜幷學而不能，殷仲堪之徒故所不論。得之者由神明洞徹，然後可至，故非吾徒所及。且褚侍中澄富貴亦能救人疾，卿此更成不達。答曰：唯達者知此可崇，不達者多以爲深累，既鄙之何能不恥之。文伯爲效與嗣伯相埒。宋孝武路太后病，衆醫不識。文伯診之曰：此石博小腸耳。乃爲水劑消石湯，病即愈。除鄱陽王常侍，遺以千金，旬日恩意隆重。

《南史·顧覬之傳》 顧覬之字偉仁，【略】覬之孫憲之。憲之字士思，【略】仕齊爲衡陽內史。【略】又土俗，山人有病輒云先亡爲禍，皆開冢剖棺，水洗枯骨，名爲除祟。憲之曉喻，爲陳生死之別，事不相由，風俗遂改。

《北史·景穆十二王傳上》 陽平王新成，太安三年封，後爲內都大官。薨，謚曰幽。長子安壽襲爵，孝文後賜名頤。【略】頤弟衍，字安樂，賜爵廣陵侯，位梁州刺史。表請假王，以崇威重。詔曰：可謂無厭求也，所請不合。轉徐州刺史。至州病重，帝敕徐成伯乘傳療疾。差，成伯還。帝曰：卿定名醫。賚絹三千疋。成伯辭，請受一千。帝曰：詩云：人之云亡，邦國殄瘁。以是而言，豈惟三千疋乎？其爲帝所重如此。

《北史·崔逞傳》 彧少逢隱沙門，教以《素問》、《甲乙》，遂善醫術。中山王英子略曾病，王顯等不能療。彧針之，抽針即愈。後位冀州別駕。性仁恕，見疹者，喜與療之。廣敎門生，令多救療。其弟子清河趙約、勃海郝文法之徒，咸亦有名。彧子景哲，豪率，亦以醫術知名。仕魏太中大夫、司徒長史。

《北史·藝術傳·張子信》 張子信，河內人也。頗涉文學，少以醫術知名。恒隱白鹿山，時出遊京邑，甚爲魏收、崔季舒所重。大寧中，徵爲尚藥典御。

《北史·藝術傳·徐謇》 徐謇字成伯，【略】與兄文伯等皆善醫藥，【略】文伯仕南齊，位東莞、太山、蘭陵三郡太守。子雄，員外散騎侍郎，醫術爲江左所稱。【略】雄子之才。【略】豫章王綜出鎮江都，復除豫章王國左常侍，又轉綜鎮北主簿。及綜入魏，三軍散走，之才退至呂梁，橋斷路絕，遂爲魏統軍石茂孫所止。綜入魏旬月，位至司空。魏聽綜收斂僚屬，乃訪知之才在彭泗，啓魏帝，云之才大善醫術，兼有機辯，詔徵之才。孝昌二年，至洛，敕居南館，禮遇甚優。謇子踐啓求之才還宅。之才藥石多效，又閱涉經史，發言辯捷，朝賢競相要引，爲之延譽。武帝時，封昌安縣侯。【略】皇建二年，除西兗州刺史，未之官。武明皇太后不豫，之才療之，應手便愈，孝昭賜彩帛千段、錦四百匹。之才既善醫術，雖有外授，頃即徵還。【略】天統四年，累遷尚書左僕射，俄除兗州刺史，特給鐃吹一部。之才醫術最高，偏被命召。武成酒色過度，怳忽不恒。曾病發，自云，初見空中有五色物，稍近，變成一美婦人，去地數丈，亭亭而立。食頃，變爲觀世音。之才云：此色欲多，大虛所致。即處湯方，服一劑，便覺稍遠；又服，還變成五色物；數劑湯，疾竟愈。帝每發動，暫遣騎追之，針藥所加，應時必效，故頻有端執之舉。入秋，武成小定，更不發動。和士開欲依次轉進，以之才附籍兗州，即是本屬，遂奏附除刺史，以胡長仁爲左僕射，士開爲右僕射。及十月，帝又病動，語士開云：浪用之才外任，使我辛苦。其月八日，敕驛追之才。帝以十日崩，之才十一日方到。既無所及，復還赴州。在職無所侵暴，但不甚閑法理，頗亦疏慢，用捨自由。【略】武成生齲牙，問諸醫，尚藥典御鄧宣文以實對，武成怒而撻之。後以問之才，拜賀曰：此是智牙，生智牙者，聰明長壽。武成悅而賞之。

《北史·藝術傳·姚僧垣》 姚僧垣字法衛，【略】嘗嬰疾疹歷年，乃留心醫藥。【略】僧垣幼通洽，居喪盡禮，年二十四，即傳家業。仕梁爲太醫正，加文德主帥。梁武帝嘗因發熱，服大黃。僧垣曰：大黃快藥，至尊年高，不宜輕用。帝弗從，遂至危篤。太清元年，轉鎮西湘東王府中記室參軍。僧垣少好文史，爲學者所稱。及梁簡文嗣位，僧垣兼中書舍人。梁元帝平侯景，召僧垣赴荆州，改授晉安王府諮議。梁元帝嘗有心腹病，諸醫皆請用平藥。僧垣曰：脈洪實，宜用大黄。元帝從之，進湯訖，果下宿食，因而疾愈。時初鑄錢，一當十，乃賜十萬貫，實百萬也。【略】武成元年，授小畿伯下大夫。金州刺史伊婁穆以疾還京，請僧垣省疾，乃云自腰至臍，似有三縛，兩腳緩縱，不復自持。僧垣即爲處湯三劑，穆初服一劑，上縛即解；次服一劑，中縛復解；又服一劑，三縛悉除。而兩腳疼痺，猶自攣弱，更爲合散一劑，稍得屈申。僧垣曰：終待霜降，此患當愈。及至九月，遂能起行。大將軍、襄樂公賀蘭隆先有氣疾，加以水腫，喘息奔急，坐卧不安。或有勸其服決命大散者，其家疑未能決，乃問僧垣。僧垣曰：意謂此患，不與大散相當。即爲處方，勸使急服，便即氣通；更服一劑，諸患悉愈。大將軍、樂平公竇集暴感風疾，精神瞀亂，無所覺知。醫先視者，皆云已不可救。僧垣後至曰：困矣，終當不死。爲合湯散，所患即瘳。大將軍、永世公叱伏列椿苦痢積時，而不損廢朝謁。燕公謹嘗問僧垣曰：樂平、永世，俱有痼疾，意永世差輕。對曰：夫患有深淺，時有危殺，樂平雖困，終當保全；永世雖輕，必不免死。謹曰：當在何時？對曰：不出四月。果如其言，謹歎異之。天和六年，遷遂伯中大夫。建德三年，文宣太后寢疾，醫巫雜説，各有同異。武帝引僧垣坐，問之。對曰：臣準之常人，竊以憂懼。帝泣曰：公既決之矣，知復何言！尋而太后崩。其後復因召見，乃授驃騎大將軍、開府儀同三司。敕停朝謁，若非別敕，不勞入見。四年，帝親戎東討，至河陰遇疾，口不能言；瞼垂覆目，不得視；一足短縮，又不得行。僧垣以爲諸藏俱病，不可並療，軍中之要，莫過於語，乃處方進藥，帝遂得言；次又療目，目疾便愈；末及足，足疾亦瘳。比至華州，帝已痊復。即除華州刺史，仍詔隨駕入京，不令在鎮。宣政元年，表請致仕，優詔許之。是歲，帝幸雲陽，遂寢疾，乃召僧垣赴行在所。內史柳昂私問曰：至尊脈候何如？對曰：天子上應天心，或當非愚所及。若凡庶如此，萬無一全。尋而帝崩。宣帝初在東宮，常苦心痛，乃令僧垣療之，其疾即愈。及即位，恩禮彌隆。謂曰：嘗聞先帝呼公爲姚公，有之？對曰：臣曲荷殊私，實如聖旨。帝曰：此是尚齒之辭，非爲貴爵之號。朕當爲公建國開家，爲子孫永業。乃封長壽縣公，冊命之日，又賜以金帶及衣服等。大象二年，除太醫下大夫。帝尋有疾，至于大漸，僧垣宿直侍疾。帝謂隋公曰：今日性命，唯委此人。僧垣知帝必不全濟，乃對曰：臣但恐庸短不逮，敢不盡心！帝頷之。及靜帝嗣位，遷上開府儀同大將軍。

《北史·藝術傳·許智藏》 許智藏，高陽人也。祖道幼，常以母疾，遂覽醫方，因而究極，時號名醫。誡諸子曰：爲人子者，嘗膳視藥，不知方術，豈謂孝乎。由是，遂世相傳授。智藏少以醫術自達，仕陳，爲散騎常侍。陳滅，隋文帝以爲員外散騎侍郎，使詣揚州。會秦王俊有疾，上馳召之，俊夜夢其亡妃崔氏泣曰：本來相迎，如聞許智藏將至，其人若到，當必相苦，爲之奈何？明夜，俊又夢崔氏曰：妾得計矣，當入靈府中以避之。及智藏至，爲俊診脈曰：疾已入心，即當發癇，不可救也。果如言，俊數日而薨。上奇其妙，賚物百段。煬帝即位，智藏時致仕，帝每有苦，輒令中使就宅詢訪，或以轝迎入殿，扶登御床。智藏爲方奏之，用無不效。卒於家，年八十。宗人許澄，亦以醫術顯。澄父奭，仕梁，爲中軍長史，隨柳仲禮入長安，與姚僧垣齊名，拜上儀同三司。澄有學識，傳父業，尤盡其妙。歷位尚藥典御、諫議大夫，封賀川縣伯。

《北史·祖瑩傳》 祖瑩字元珍，【略】以功進爵爲伯。卒，【略】子珽襲。珽天性聰明，事無難學，凡諸伎藝，莫不措懷。文章之外，又善音律，解四夷語及陰陽占候，醫藥之術，尤是所長。帝雖嫌其數犯刑憲，而愛其才伎，令直中書省，掌詔誥。珽通密狀，列中書侍郎陸元規，敕令裴英推問，元規以應對忤旨，被配甲坊。除珽尚藥丞，尋遷典御。又奏造胡桃油，復爲割藏免官。

《隋書·儒林傳·何妥》 何妥字栖鳳，【略】高祖受禪，除國子博士，【略】妥又上八事以諫：【略】其四事曰：【略】公孫濟迂誕醫方，費逾巨萬，徐道慶迴互子午，糜耗飲食。

《獨異志》卷上 唐貞觀中，張寶藏爲金吾長史，嘗因下直歸櫟陽，路逢少年畋獵，割鮮野食。倚樹長嘆曰：張寶藏身年七十，未嘗得一食酒肉，如此者，可悲哉。傍有一僧指曰：六十日內，官登三品，何足嘆也？言訖不見。寶藏異之，即時還京。太宗苦病痢疾，衆醫不効，即下詔問殿廷左右，有能治此疾者，當重賞之。寶藏曾困此疾，即具疏，以乳煎蓽茇方進。上服之，立差，宣下宰臣，與五品官。魏徵難之，逾月不進擬。上疾復作，問左右曰：吾前服乳煎蓽茇有效，復令進之，一啜又平復。上問曰：嘗令與進方人五品官，不見除授，何也？徵懼曰：奉詔之際，未知文武二吏。上怒曰：治得宰相，不妨授三品，我天子也，豈不及汝邪？乃厲聲曰：與三品文官，立授鴻臚卿。時正六十日矣。

《因話録》卷六　相國崔公慎由廉察浙西，左目皆生贅，如息肉，欲蔽瞳人，視物極礙，諸醫方無驗。一日，淮南判官楊員外牧，自吳中越職，饌召于中堂，因話揚州有穆中，善醫眼，來爲白府主，請遺書崔相國鉉令致之。崔公許諾。後數日，得書云：穆生性麤疏，恐不可信。有譚簡者，用心精審，勝穆甚遠。遂致以來。既見，白崔公曰：此立可去，但能安神不撓，獨斷於中，則必効矣。崔公曰：如約，雖妻子必不使知。譚簡又曰：須用九日晴明，亭午於靜處療之，若其日果能遂心，更無憂矣。是時月初也，至六七日間，忽陰雨甚，譚生極有憂色。至八九大開霽，問崔公飲酒多少，崔公曰：戶雖至小，亦可引滿。譚生大喜。初，公將決意用譚之醫，惟語大將中善醫者沈師象，師象贊成其事。是日引譚生於使宅北樓，惟師象與一小豎隨行左右，更無人知者。譚生請公飲酒數杯，端坐無思，俄而譚生以手微捫所患曰：殊小事耳。初覺似拔之，雖痛亦忍，又聞動剪刀聲。白公曰：此地稍暗，請移往中庭。象與小豎扶公而至於庭，坐既定，開幮焉有聲。先是譚生請好綿數兩染絳，至是以絳綿拭病處，兼傅以藥，遂不甚痛。譚生請公開眼，看所贅肉，大如小指，豎如乾筋，遂命投之江中，方遣報夫人及子弟。譚生立以狀報淮南，崔相國復書云：自發醫後，憂疑頗甚，及聞痊愈，神思方安。後數日，而徵詔至金陵。嗟夫！向若楊君不遇，譚生不至，公心不斷，九日不晴，徵詔遽來，歸期是切，礙其目疾，位當廢矣，安得秉鈞入輔，爲帝股肱？此數事足驗玄助，而公作相之後，譚生已逝，又何命之太薄也！

《舊唐書·穆宗紀》　憲宗末年，銳於服餌，皇甫鎛與李道古薦術人柳泌、僧大通待詔翰林。泌於台州爲上鍊神丹，上服之，日加躁渴，遽棄萬國。【略】元和十五年正月庚子，憲宗崩。【略】詔曰：【略】僧大通醫方不精，藥術皆妄。既延禍釁，俱是姦邪。邦國固有常刑，人神所宜共棄，付京兆府決杖處死。

《舊唐書·懿宗紀》　懿宗咸通十三年五月庚申勅：【略】應天下所禁繫罪人，除十惡忤逆、故意殺人、合造毒藥、持仗行劫、開發墳墓外，餘並宜疏理釋放。【略】遺詔曰：【略】況漸當暑毒，繫于縲紲，或積幽凝滯，有傷和氣，或關連追擾，有妨農務。京畿及天下州府見禁囚徒，除十惡忤逆、故意殺人、官典犯贓、合造毒藥、放火持仗、開發墳墓外，餘罪輕重節級遞減一等。

《舊唐書·李希烈傳》　李希烈，遼西人。【略】建中三年秋，加希烈檢校司空，兼淄青兗鄆登萊齊等州節度支度營田、新羅、渤海兩蕃使。【略】貞元二年三月，因食牛肉遇疾，其將陳仙奇令醫人陳仙甫置藥以毒之而死。妻男骨肉兄弟共一十七人，並誅之。

《舊唐書·劉瞻傳》　劉瞻字幾之，彭城人。【略】咸通初升朝，累遷太常博士。【略】十一年八月，同昌公主薨，懿宗尤嗟惜之。以翰林醫官韓宗召、康仲殷等用藥無效，收之下獄。兩家宗族，枝蔓盡捕三百餘人，狴牢皆滿。瞻召諫官令上疏，無敢極言。瞻自上疏曰：

臣聞修短之期，人之定分，賢愚共一，今古攸同。喬松舜花，稟氣各異。至如籛鏗壽考，不因有智而延齡；顏子早亡，不爲不賢而促壽。此皆含靈稟氣，修短自然之理也。一昨同昌公主久嬰危疾，深軫聖慈。醫藥無徵，幽明遽隔。陛下過鍾宸愛，痛切追思，爰責醫工，令從嚴憲。然韓宗召等因緣藝術，備荷寵榮，想於診候之時，無不盡其方術。亦欲病如沃雪，藥暫通神，其奈禍福難移，竟成差跌。原其情狀，亦可哀矜。而差悞之愆，死未塞責。自陛下雷霆一怒，朝野震驚，囚九族於狴牢，因兩人之藥悞。老幼械繫三百餘人，咸云：宗召荷恩之日，寸祿不霑，進藥之時，又不同議。此乃禍從天降，罪匪己爲。物議沸騰，道路嗟嘆。陛下以寬仁厚德，御宇十年，四海萬邦，咸歌聖政。何事遽移前志，頓易初心。以達理知命之君，涉肆暴不明之謗。且殉宮女而違道，囚平人而結冤，此皆陛下安不思危，忿不顧難者也。陛下信崇釋典，留意生天，大要不過喜捨慈悲，方便布施，不生惡念，所謂福田。則業累盡消，往生忉利，比居濁惡，未可同年。伏望陛下盡釋繫囚，易怒爲喜，虔奉空王之教，以資愛主之靈。中外臣僚，同深懇激。

帝閱疏大怒，即日罷瞻相位，檢校刑部尚書、同平章事、江陵尹，充荊南節度等使。再貶康州刺史，量移虢州刺史。入朝爲太子賓客分司。翰林學士戶部侍郎鄭畋、右諫議大夫高湘、比部郎中知制誥楊知至、禮部郎中魏簹、兵部員外張顏、刑部員外崔彥融、御史中丞孫瑝等，皆坐瞻親善貶逐。京兆尹溫璋仰藥而卒。

《舊唐書·方伎傳·甄權等》　甄權，許州扶溝人也。嘗以母病，與弟立言專醫方，得其旨趣。隋開皇初，爲祕書省正字，後稱疾免。隋魯州刺史庫狄嶔苦風患，手不得引弓，諸醫莫能療，權謂曰：但將弓箭向垜，一鍼可以射矣。鍼其肩隅一穴，應時即射。權之療疾，多此類也。貞觀十七年，權年一百三歲，太宗幸其家，視其飲食，訪以藥性，因授朝散大夫，賜几杖衣服。【略】

宋俠者，洺州清漳人，北齊東平王文學孝正之子也。亦以醫術著名。官至朝散大夫、藥藏監。【略】

許胤宗，常州義興人也。初事陳爲新蔡王外兵參軍。時柳太后病風不言，名醫治皆不愈，脈益沉而噤。胤宗曰：口不可下藥，宜以湯氣薰之。令藥入腠理，周理即差。乃造黄耆防風湯數十斛，置于牀下，氣如烟霧，其夜便得語。由是超拜義興太守。【略】明崇儼，洛州偃師人。其先平原士族，世仕江左。父恪，豫州刺史。崇儼年少時，隨父任安喜令，父之小吏有善役召鬼神者，崇儼盡能傳其術。乾封初，應封嶽舉，授黄安丞。會刺史有女病篤，崇儼致他方殊物以療之，其疾乃愈。高宗聞其名，召與語，悦之，擢授冀王府文學。

《新唐書·后妃傳上·則天武皇后》 儀鳳三年，【略】帝頭眩不能視，侍醫張文仲、秦鳴鶴曰：風上逆，砭頭血可愈。后内幸帝殆，得自專，怒曰：是可斬，帝體寧刺血處邪？醫頓首請命。帝曰：醫議疾，烏可罪？且吾眩不可堪，聽爲之！醫一再刺，帝曰：吾目明矣！言未畢，后簾中再拜謝，曰：天賜我師！身負繒寶以賜。

《新唐書·三宗諸子傳·讓皇帝憲》 睿宗六子：肅明皇后生憲，【略】後申王等相繼薨，唯憲在，帝親待愈益厚。每生日必幸其第爲壽，往往留宿；居常無日不賜遺，尚食總監及四方所獻酒酪異饌，皆分餉之。憲嘗請歲盡録賜目付史官，必數百紙。後有疾，護醫將膳，騎相望也。僧崇一者療之，少損，帝喜甚，賜緋袍、銀魚。

《新唐書·楊弘禮傳》 楊弘禮字履莊，【略】弟弘武，【略】子元禧，【略】元禧爲尚舍奉御，善醫，武后所信愛。

《新唐書·張行成傳》 張行成字德立，定州義豐人。【略】族子易之、昌宗。武后時，太平公主薦其弟昌宗，得侍。昌宗白進易之材用過臣，善治鍊藥石。即召見，悦之。兄弟皆幸，出入禁中，傅朱粉，衣紈錦，盛飾自喜。

《新唐書·裴潾傳》 裴潾，本河東聞喜人。篤學，【略】元和初，累遷左補闕。【略】帝喜方士，而柳泌爲帝治丹劑，求長年。帝御劑，中躁病渴。潾諫曰：

夫除天下之害者，常受天下之利；共天下之樂者，常饗天下之福。故上自黄帝、顓頊、堯、舜、禹、湯、文、武，咸以功濟生人，天皆報以耆壽，垂榮無疆。陛下以孝安宗廟，以仁牧黎庶，攘剗祅凶，復張太平，賓禮賢俊，待以終始。神功聖德，前古所不及。陛下躬行之，天地宗廟必相陛下以億萬之永。今乃方士韋山甫、柳泌等以丹術自神，更相稱引，詭爲陛下延年。臣謂士有道者皆匿名滅景，無求於世，豈肯干謁貴近，自鬻其伎哉？今所至者，非曰知道，咸求利而來。自言飛鍊爲神，以誂權賄，僞窮情得，不恥遁亡。豈可信厥術、御其藥哉？臣聞人食味、別聲、被色而生者也。味以行氣，氣以實志。水火鹽梅以亨魚肉，宰夫和之，齊之以味，以平其心。夫三牲五穀，稟五行以生也，發爲五味。天地生之，所以奉人，聖人節調，以致康彊。若乃藥劑者，所以禦疾，豈常進之餌哉？況又金石性託酷烈，而燒治積年，包炎産毒，未易可制。夫秦、漢之君亦信方士矣，如盧生、徐福、欒大、李少君，後皆詐譎無成功。事暴前策，皆可驗視。《禮》：君之藥，臣先嘗之；父之藥，子先嘗之。臣、子一也，願以所治劑，俾其人服之，竟一歲以考眞僞，則無不驗矣。帝怒，貶江陵令。

《新唐書·皇甫鎛傳》 皇甫鎛，涇州臨涇人。【略】鎛罷度支，進門下侍郎平章事。嘗與金吾將軍李道古共薦方士柳泌、浮屠大通爲長年藥，帝惑之。【略】泌者，本楊仁晝也，習方伎。道古薦于鎛，召入禁中，自云能致藥爲不死者，因言：天台山靈仙所舍，多異草，願官天台，求采之。起徒步拜台州刺史，賜金紫。諫臣固爭，以爲列聖亦有寵方士，未嘗使牧民，帝曰：煩一州而致長年于君父，何愛哉？後不敢言。泌驅吏民采藥山谷間，鞭笞苛急，歲餘無所獲。懼詐窮，舉族遁去，浙東觀察使捕得。鎛與道古營解，乃復待詔翰林。帝餌泌藥，寖躁怒不常，宦侍懼，以弑崩。

《新唐書·裴度傳》 汴宋觀察使令狐楚言亳州聖水出，飲者疾輒愈。度判曰：妖由人興，水不自作。命在所禁塞。

《新唐書·李德裕傳》 時亳州浮屠詭言水可愈疾，號曰聖水，轉相流聞，南方之人，率十戶僦一人使往汲。既行若飲，病者不敢近葷血，危老之人率多死。而水斗三十千，取者益它汲轉鬻於道，互相欺訛，往者日數十百人。

德裕嚴勅津邏捕絶之，且言：昔吳有聖水，宋、齊有聖火，皆本妖祥，古人所禁。請下觀察使令狐楚塡塞，以絶妄源。從之。【略】帝方惑佛老，禱福祈年，浮屠方士，並出入禁中。狂人杜景先上言，其友周息元壽數百歲，帝遣宦者至浙西迎之，詔在所馳馹敦遣。德裕上疏曰：道之高者，莫若廣成、玄元；人之聖者，莫若軒轅、孔子。昔軒轅問廣成子治身之要，曰：無視無聽，抱神以靜，形將自正。無勞子形，無搖子精，乃可長生。愼守其一，以處其和。故我脩身千二百歲矣，形未嘗衰。又曰：得吾道者上爲皇，下爲王。玄元語孔子曰：去子之驕氣與多欲、態色與淫志，是皆無益於子之身。陛下脩軒后之術，物色異人，若使廣成、玄元混迹而至，告陛下之言，亦無出於此。臣慮今所得者，皆迂怪之士，使物淖冰，以小術欺聰明，如文成、五利者也。又前世天子雖好方士，未有御其藥者。故漢人稱黄金可成，以爲飲食器則壽。高宗時劉道合、玄宗時孫甑生皆能作黄金，二祖不之服，豈非以宗廟爲重乎？儻必致眞隱，願止師保和之術，愼毋及藥，則九廟尉悦矣。息元果誕譎不情，自言與張果、葉靜能游。帝詔畫工肖狀爲圖以觀之，終帝世無它驗。文宗卽位，乃逐之。

《新唐書·劉鄴傳》　太醫李玄伯者，帝所喜，以錢七十萬聘之，夫婦日自進食，得其歡心，乃進之帝，嬖幸冠后宮。玄伯又治丹劑以進，帝餌之，疽生於背。懿宗立，收玄伯及方士王岳、虞紫芝等，俱誅死。

《新唐書·隱逸傳·孫思邈》　孫思邈，京兆華原人。通百家說，善言老子、莊周。周洛州總管獨孤信見其少，異之，曰：聖童也，顧器大難爲用爾！及長，居太白山。隋文帝輔政，以國子博士召，不拜。密語人曰：後五十年有聖人出，吾且助之。太宗初，召詣京師，年已老，而聽視聰瞭。帝歎曰：有道者！欲官之，不受。顯慶中，復召見，拜諫議大夫，固辭。上元元年，稱疾還山，高宗賜良馬，假鄱陽公主邑司以居之。

《新唐書·方技傳》　後以醫顯者，清漳宋俠、義興許胤宗、洛陽張文仲李虔縱、京兆韋慈藏。俠官朝散大夫、藥藏監。【略】高宗時，又有葉法善者，括州括蒼人。世爲道士，傳陰陽、占繇、符架之術，能厭劾怪鬼。帝聞之，召詣京師，欲寵以官，不拜。留內齋場，禮賜殊縟。時帝悉召方士，化黄金治丹，法善上言：丹不可遽就，徒費財與日，請覈眞僞。帝許之，凡百餘人皆罷。【略】姜撫，宋州人。【略】擢撫銀青光祿大夫，號冲和先生。【略】撫又言：終南山有旱藕，餌之延年。狀類葛粉，帝作湯餅賜大臣。右驍衛將軍甘守誠能銘藥石，曰：當春者，千歲藟也。旱藕，杜蒙也。方家久不用，撫易名以神之。民間以酒漬藤，飲者多暴死。乃止。撫內慚悸，請求藥牢山，遂逃去。

《舊五代史·梁書·太祖紀三》　棣州蒲臺縣百姓王知嚴妹，以亂離併失怙恃，因舉哀追感，自截兩指以祭父母。帝以遺體之重，不合毀傷，言念村閭，何知禮教。自今後所在郡縣，如有截指割股，不用奏聞。是年，諸道多奏軍人百姓割股，青、齊、河朔尤多。帝曰：此若因心，亦足爲孝。但苟免徭役，自殘肌膚，欲以庇身，何能療疾？並宜止絶。《冊府元龜》卷一百九十一。

《舊五代史·梁書·段深傳》　段深，不知何許人。開平中，以善醫待詔於翰林。時太祖抱疾久之，其溲甚濁，僧曉微侍藥有徵，賜紫衣師號，錫賚甚厚。頃之疾發，曉微剝服色，去師號。因召深問曰：疾愈復作，草藥不足恃也。我左右粒石而効者衆矣，服之如何？深對曰：臣嘗奉詔診切，陛下積憂勤，失調護，脈代芤而心益虛。臣以爲宜先治心，心和平而溲變清，當進飲劑，而不當粒石也。臣謹案，《太倉公傳》曰：中熱不溲者不可服石，石性精悍，有大毒。凡餌毒藥如甲兵，不得已而用之，非有危殆，不可服也。太祖善之，令進飲劑，疾稍愈，乃以幣帛賜之。《永樂大典》卷二萬一千六百九。

《舊五代史·晉書·陳玄傳》　至如重績之歷法，陳玄之醫道，亦不可漏其名而弗紀也。【略】陳玄，京兆人也。家世爲醫，初事河中王重榮。乾符中，後唐武皇自太原率師攻王行瑜，路出於蒲中，時玄侍湯藥，武皇甚重之，及還太原，日侍左右。武皇性剛暴，樂殺人，無敢言者，玄深測其情，每有暴怒，則從容啓諫，免禍者不一，以是晉人深德之，勳貴賂遺盈門。性好酒樂施，隨得而無私積。明宗朝，爲太原少尹，入爲太府卿。長興中，集平生所驗方七十五首，并修合藥法百件，號曰《要術》，刊石置於太原府衙門之左，以示於衆，病者賴焉。天福中，以耄期上表求退，以光祿卿致仕，卒於晉陽，年八十餘。《永樂大典》卷三千一百三十五。

《新五代史·唐明宗紀》　天成元年八月甲寅，醫官張志忠爲太原少尹。

《宋名臣奏議·儒學門·方技》　上仁宗論許申妄薦狂人　孫沔

臣聞左道亂政，大姦不可逃刑，閑邪存誠，明哲故能早辨。言僞既誅於兩觀，德凶必屛於四方，俾諸諂佞之臣以絶僥求之路。竊見三司判官工部郎中許申，久塵寵祿，莫著功名。昔居刑獄之司，劾無狀而寢命，後列尹京之幕，起公議以歸班。既已黜而復升，見多歧而挾詐。近者風聞罷官漕運，入覲闕廷，旋列計司，累膺殊用，不思展夬，惟急趨時。乃妄薦於狂人，妄言精氣，俾先容於内寺，上瀆威顏。而況氣行無間，隙不在大，毫芒之失，爲害必深。呼吸之中，其慮安測？古人謂服藥有害，微臣謂行氣亦然，豈可肆行幻惑！柳泌以合煉丹藥，終不免誅。杜景之求訪異人，盡爲怪誕。苟久習於左右，必貽患於君親，衆實有言，罪當無赦。又聞錫以白金五百兩，無名受寵，亦駭聽聞。忝爲人臣，不知忠孝，接引詭道，狂冒天聰，盜竊厚恩，益長奸弊，將巧圖于進用，必有玷于觀瞻，大紊國綱，宜除君側。伏望追還所賜，免摽濫賞之名，黜去匪人，以杜傾邪之漸。

上仁宗乞責罰醫官　蔡襄

臣竊見近寶和公主及鄆國公主相繼夭傷，供藥醫家已聞下開封府取勘者。臣切知豫王、鄂王薨時，醫官亦足取勘，只降一兩官，未旬月間，尋得牽復，切慮今來亦只似此行遣久遠不便。況近來小兒醫官不一二年超升官資，賞賜無數，奏薦異姓，恩澤過於兩制官寮，賤者立貴，貧者立富。若以死生有命，藥餌難工，自來所醫疾病，盡是命當痊愈，此等何故濫受恩賞，恣爲僥倖。若以從來痊愈因藥，合受恩賞，今日所醫無驗，自當伏就刑罰。臣竊聞先朝周王薨，其時醫官李某杖背遠配廣南。陛下一二年間，皇子、皇女繼亡六人，盡在此輩數人之手。兼臣聞醫官各是，臨病互相推託，不肯及時下藥，以致病深，雖有良醫，無由措手，其罪至重，比於李某，合更加刑。其術至謬，求之今人，不爲難得。伏望陛下念祖宗社稷之重，特因此時深行刑法，庶使後人知懼，藥餌盡心，實爲久遠保育皇嗣之計。

上仁宗論董吉燒煉　趙抃

臣等風聞散直剩員兵士董吉以燒煉之術爲名，因緣入内，副都知鄧保信援引入留禁中，外議籍籍，以爲不便。臣等伏以自古亂臣賊子興妖造奸，必僞稱化金寶益年壽之術，以取媚人主，外託愛君之迹，内爲亂政之弊。漢之文成五利，唐之普思靜能，濫恩既深，顯戮旋被。至其甚者，權移羣小，勢傾朝廷，馴成禍殃，延及宫禁。唐太宗、憲宗二帝，號爲英主，亦以服餌貽疾，取笑四夷。文宗之時，中尉王守澄引薦李訓、鄭注，訖成甘露之亂。皆由依宦官而結主，假藥術以市奸故也。或謂燒變金銀，則天子以慈儉爲寶，不當務此。或謂合煉丹藥，則前世爲藥餌所悞，可以爲鑒。左道無赦，古制有刑，今保信復引董吉禁中，蓋當事之初，理如無害；洎爲弊之末，禍或從生。其董吉，伏望聖慈早賜斥逐，免致熒惑聖聽。鄧保信亦乞誡勵施行。

上仁宗乞檢束醫官　呂誨

臣竊以醫師之職，備於庶官，亦當粗擇其人，無俾濫處。風聞近日醫官院多不整齊，其庸惡甚者，秦宗一、甄立里二人，惟親附北司，以求援引，出入内庭，曾無限節。況宗一頃歲曾盜竊禁中器物，内東門搜獲，當時勘鞫，只言借得，豈有宫閤器用外通假借？以此知上下欺蔽，迹狀甚明。停廢之後，不數年間，遽復舊官，不知何緣而至此。立里素不曉方書，人所共知。娶觀察使楊景安女爲妻，嘗誇衒於人。妻妹見爲宫掖嬪御，張皇事勢，動有憑恃。如此不務檢束，恐因緣作過，誠爲不便。臣欲乞朝廷勘會，宗一的曾有此過犯，及立里實連宫掖親戚，特行黜責，庶幾警戒其衆，不敢恣横，各思祗畏。仍乞指揮醫官院，今後止令使副與尚藥奉御、大方脈及内有應用數科，令更遞直宿，如遇宫禁使喚，并須兼一名有年齒諳會方藥者，同共察脈，庶互相檢束，醫治亦不至差謬，於體甚便。

上徽宗論道士燒煉丹砂　石公弼

臣伏覩近降指揮内東門司，自今後應使臣醫官等，並不得將帶經火製煉毒藥如伏火砒、硫黄、朱砂之類入會通門入内，許諸色人陳告酬賞。臣有以見陛下造道深妙，聖慮獨高，凡挾方伎進者所不能欺也。蓋丹藥出於方士之説，事不經見，率是誑誕，凡人尚當審謹，豈可供進宫禁，固宜重爲關防，以塞妖妄之源。臣愚以爲皇城諸門禁令，尤不可不嚴，亦宜此施行。如臣寮以此陳獻，或援引製煉之人，亦乞立法止絶。所有見今燒製道士，挾持惑衆。臣訪聞稍稍招權作過，修蓋葆真宫，約費錢十二萬餘貫。今既不用其術，臣以爲其人不宜留置京師，欲乞特降睿旨，奪去師名，押歸本貫。葆真宫修造如可減節，即乞減節施行。

《學易集·錢乙傳》　錢乙，字仲陽，上世錢塘人。與吳越王有屬，王俶納士，曾祖贇隨以北，因家于鄆。父顥，善鍼醫，然嗜酒喜游，一旦匿姓名，東游海上，不復返。乙時三歲，母前亡，父同産嫁醫呂氏，哀其孤，收養爲子。稍長讀書，從呂君問醫。姑將没，乃告以家世，乙號泣，請往迹父，凡五六往，乃得所在。又積數歲，乃迎以歸。是時乙年三十餘，鄉人感慨爲泣下，多賦詩詠其事。後七年，父以壽終，喪葬如禮。其事呂君，如事其父。呂君没，無嗣，爲之收葬，行服，嫁其孤女，歲時祭享，皆與親等。乙始以《顱顖方》著名山東。元豐中，長公主女有疾，召使視之，有功，奏授翰林醫學，賜緋。明年，皇子儀國公病瘈瘲，國醫未能治，長公主朝，因言錢乙起草野，有異能，立召入，進黃土湯而愈，神宗皇帝召見襃諭。因問黃土所以愈疾狀，乙對曰：以土勝水，水得其平，則風自止，且諸醫所治垂愈，小臣適逢之，惟陛下加察。天子悅其對，擢太醫丞，賜紫衣金魚。自是戚里貴室，逮士庶之家，願致之無虛日。其論醫諸老宿莫能持難，俄以病免。哲宗皇帝復召入，宿直禁中。久之復辭疾賜告，遂不復起。【略】享年八十二。終於家。

《四朝聞見録・王醫》 王涇亦頗宗繼先術，亦有奇驗，然用藥多孟浪。高宗居北宮，苦脾疾，涇誤用瀉藥，竟至大漸。孝宗欲戮之市朝，憲聖以爲恐自此醫者不敢進藥，止，命天府杖其背，黥海山。涇先懷金箔以入，既杖則以傅瘡，若未嘗受杖者。後放還居天街，猶揭榜於門曰：四朝御診王防禦。有輕薄子以小楮帖其旁云：本家兼施瀉藥。王慙甚。

《文獻通考・選舉八》 魯國長公主以趙自化藥餌有功，請授尙食使兼醫官院事。

《宋史・神宗紀一》 〔治平四年正月〕丁巳，英廟崩，【略】內醫侍先帝疾者，皆坐不謹貶之。

《宋史・徽宗紀三》 〔政和四年秋，七月〕戊寅，焚苑東門所儲毒藥可以殺人者，仍禁勿得復貢。【略】〔政和七年六月〕壬午，詔禁巫覡。

《宋史・孝宗紀二》 〔乾道三年秋七月〕乙巳，皇太子薨，謚曰莊文。己酉，東宮醫官杜楫除名，昭州編管，尋改瓊州。

《宋史・后妃傳下・哲宗昭慈獻孟皇后》 哲宗昭慈聖獻孟皇后，洺州人，眉州防御使、馬軍都虞侯，贈太尉元之孫女也。【略】會后女福慶公主疾，后有姊頗知醫，嘗已后危疾，以故出入禁掖。公主藥弗效，持道家治病符水入治。后驚曰：姊寧知宮中禁嚴與外間異邪？令左右藏之；俟帝至，具言其故。帝曰：此人之常情耳。后即爇符於帝前。宮禁相傳，厭魅之端作矣。未幾，后養母聽宣夫人燕氏、尼法端與供奉官王坚爲后禱祠。事聞，詔入內押班梁從政、管當御藥院蘇珪，即皇城司鞫之，捕逮宦者、宮妾幾三十人，搒掠備至，肢體毀折，至有斷舌者。

《宋史・孝宗長嘉國公主》 孝宗二女：長嘉國公主，紹興二十四年，封碩人，進永嘉郡主，三十二年卒。詔以醫官李師克等屬吏，孝宗時居東宮，奏：臣女幼而多疾，不宜罪醫。遂寢。乾道二年，贈嘉國公主。次女生五月而夭，未及封。

《宋史・周湛傳》 周湛字文淵，鄧州穰人。進士甲科，爲開州推官。中身言書判，改秘書省著作郎、通判戎州。俗不知醫，病者以祈禳巫祝爲事，湛取古方書刻石教之，禁爲巫者，自是人始用醫藥。

《宋史・孫子秀傳》 徐元杰字仁伯，信州上饒人。【略】紹定五年，進士及第，【略】特拜工部侍郎。【略】先，元杰未死之一日，方謁左丞相范鍾歸，又折簡察院劉應起，將以翼日奏事。是夕，俄熱大作，詰朝不能造朝，夜煩愈甚，指爪忽裂，以死。朝紳及三學諸生往弔，相顧駭泣。訃聞，帝震悼曰：徐元杰前日方侍立，不聞有疾，何死之遽耶？亟遣中使問狀，賻贈銀絹二百計。已而太學諸生伏闕愬其爲中毒，且曰：昔小人有傾君子者，不過使之自死於蠻烟瘴雨之鄉，今蠻烟瘴雨不在嶺海，而在陛下之朝廷。望奮發睿斷，大明典刑。於是三學諸生相繼叩閽訟冤，臺諫交疏論奏，監學官亦合辭聞于朝。二子直諒、直方乞以恤典充賞格。有旨付臨安府逮醫者孫志寧及常所給使鞫治。既又改理寺，詔殿中侍御史鄭宷董之，且募告者賞緡錢十萬、官初品。大理寺正黃濤謂伏暑證，二子乞斬濤謝先臣。然獄迄無成，海內人士傷之，帝悼念不已，賜官田五百畝、緡錢五千給其家。賜謚忠愍。

《宋史・儒林傳七・劉清之》 鄂俗計利而尙鬼，家貧子壯則出贅，習爲當然，而尤謹奉大洪山之祠，病者不藥而聽於巫，死則不葬而畀諸火，清之皆諭止之。

《宋史・方技傳上・劉翰等》 劉翰，滄州臨津人。世習醫業，初攝護國軍節度巡官。周顯德初，詣闕獻《經用方書》三十卷、《論候》十卷、《今體治世集》二十卷。世宗嘉之，命爲翰林醫官，其書付史館，再加衛尉寺主簿。開寶五年，太宗在藩邸有疾，命翰與馬志視之。及愈，轉尙藥奉御，賜銀器、緡錢、鞍勒馬。【略】雍熙二年，滑州劉遇疾，詔翰馳往視之。翰還，言遇必瘳，既而卽死，坐責授和州團練副使。端拱初，起爲尙藥奉御。淳化元年，復爲醫官使。卒，年七十二。【略】

王懷隱，宋州睢陽人。初爲道士，住京城建隆觀，善醫診。太宗尹京，懷隱以湯劑祗事。太平興國初，詔歸俗，命爲尙藥奉御，三遷至翰林醫官使。

【略】

趙自化，本德州平原人。高祖常，爲景州刺史，後舉家陷契丹。父知嵒脱身南歸，寓居洛陽，習經方名藥之術，又以授二子自正、自化。周顯德中，偕來京師，悉以醫術稱。知嵒卒，自正試方技，補翰林醫學。【略】會秦國長公主疾，有薦自化診候者，疾愈，表爲醫學，再加尚藥奉御。淳化五年，授醫官副使。景德初，雍王元份洎晉國長公主並上言：自化藥餌有功，請加使秩，領遥郡。上以自化居太醫之長，不當復爲請求，令樞密院召自化戒之。【略】雍王薨，坐診治無狀，降爲副使。二年，復舊官。是冬卒，年五十七。遺表以所撰《四時養頤録》爲獻，真宗改名《調膳攝生圖》，仍爲製序。【略】

馮文智，并州人。世以方技爲業。太平興國中詣都自陳，召試補醫學，加樂源縣主簿。端拱初，授少府監主簿，逾年轉醫官，加少府監丞。嘗隸并代部署。淳化五年，府州折御卿疾，文智診療獲愈，御卿表薦之，賜緋，加光禄寺丞。咸平三年，明德太后不豫，文智侍醫，既愈，加尚藥奉御，賜金紫。六年，直翰林醫官院。東封，轉醫官副使。祀汾陰，又加檢校主客員外郎。【略】自建隆以來，近臣、皇親、諸大校有疾，必遣内侍挾醫療視，羣臣中有特被眷遇者亦如之。其有効者，或遷秩、賜服色。【略】

沙門洪蘊，本姓藍，潭州長沙人。母翁，初以無子，專誦佛經，既而有娠，生洪蘊。年十三，詣郡之開福寺沙門智邑，求出家，習方技之書，後遊京師，以醫術知名。太祖召見，賜紫方袍，號廣利大師。【略】洪蘊尤工診切，每先歲時言人生死，無不應。湯劑精至，貴戚大臣有疾者，多詔遣診療。【略】真宗在蜀邸，洪蘊嘗以方藥謁見。咸平初，補右街首座，累轉左街副僧録。【略】

又有廬山僧法堅，亦以善醫著名，久遊京師，嘗賜紫方袍，號廣濟大師，後還山。景德二年，以雍王元份久被疾，召赴闕，至則元份已薨。法堅復歸山而卒。【略】

咸平中，有軍士嘗中流矢，自頰貫耳，衆醫不能取，醫官閻文顯以藥傅之，信宿而鏃出。上嘉其能，命賜緋。又有醫學劉贇亦善此術。天武右廂都指揮使韓晸從太祖征晉陽，弩矢貫左髀，鏃不出幾三十年。景德初，上遣贇視晸，贇傅以藥出之，步履如故。晸請見，自陳感激，願得死所，又極稱贇之妙。特賜贇白金，遷醫官。

《宋史·方技傳下·皇甫坦》 皇甫坦，蜀之夾江人。善醫術。顯仁太后苦目疾，國醫不能瘉，詔募他醫，臨安守臣張偁以坦聞。高宗召見，問何以治身，坦曰：心無爲則身安，人主無爲則天下治。引至慈寧殿治太后目疾，立愈。帝喜，厚賜之，一無所受。【略】

王克明，字彦昭，其始饒州樂平人，後徙湖州烏程縣。紹興、乾道間名醫也。【略】克明頗知書，好俠尚義，常數千里赴人之急。初試禮部中選，累任醫官。王炎宣撫四川，辟克明，不就。炎怒，劾克明避事，坐貶秩。後遷至額内翰林醫痊局，賜金紫。

《遼史·興宗紀三》 〔重熙十八年六月〕壬申，詔醫卜、屠販、奴隸及倍父母或犯事逃亡者，不得舉進士。

《遼史·刑法志上》 穆宗應曆十六年，【略】蓋其即位未久，惑女巫肖古之言，取人膽合延年藥，故殺人頗衆。後悟其詐，以鳴鏑叢射、騎踐殺之。【略】會同四年，皇族舍利郎君謀毒通事解里等，已中者二人，命重杖之，及其妻流于厥拔離弭河，族造藥者。

《遼史·方技傳·直魯古》 直魯古，吐谷渾人。初，太祖破吐谷渾，一騎士棄橐，反射不中而去。及追兵開橐視之，中得一嬰兒，即直魯古也。因所俘者問其故，乃知射橐者，嬰之父也。世善醫，雖馬上視疾，亦知標本。意不欲子爲人所得，欲殺之耳。由是進於太祖，淳欽皇后收養之。長亦能醫，專事鍼灸。太宗時，以太醫給侍。嘗撰《脈訣》《鍼灸書》，行于世。年九十卒。

《遼史·耶律敵魯傳》 敵魯精于醫，察形色即知病原。雖不診候，有十全功。統和初，爲大丞相韓德讓所薦，官至節度使。

《遼史·逆臣傳·迭里特》 迭里特，字海鄰。有膂力，善馳射，馬蹶不仆。尤神于醫，視人疾，若隔紗睹物，莫不悉見。太祖在潛，已加眷遇，及即位，拜迭刺部夷離堇。太祖嘗思鹿醢解酲，以山林所有，問能取者。迭里特曰：臣能得之。乘内廄馬逐鹿，射其一。欲復射，馬跌而斃。迭里特躍而前，弓猶不弛，復獲其一。帝歡甚曰：吾弟萬人敵！會帝患心痛，召迭里特視之。迭里特曰：膏肓有瘀血如彈丸，然藥不能及，必鍼而後愈。帝從之。嘔出瘀血，痛止。帝以其親，每加賜賚，然知其爲人，未嘗任以職。後從剌葛亂，與其父轄底俱縊殺之。

《金史·宣宗紀下》 〔興定五年冬十月〕乙卯，太醫侯濟、張子英治皇孫疾，用藥瞑眩，皇孫不能任，遂不療，罪當死。上曰：濟等所犯誠宜死，然在諸叔及弟兄之子，便應准法行之，以朕孫故殺人，所不忍也。命杖七十，除名。

《金史·海陵諸子傳》〔正隆三年正月〕五日，矧思阿補薨。海陵殺太醫副使謝友正、醫者安宗義及其乳母，杖東勝一百，除名。

《金史·祁宰傳》 祁宰字彥輔，江淮人。宋季，以醫術補官。王師破汴得之，後隸太醫。累遷中奉大夫、太醫使。數被賞賚，常感激欲自効。

《金史·章宗諸子傳》 洪輝本名訛論，承安二年五月生，彌月，封壽王。閏六月壬午，病急風，募能醫者加宣武將軍，賜錢五百萬。

《金史·賈鉉傳》 亳州醫者孫士明輒用黃紙大書勑賜神針先生等十二字，及於紙尾年月間摹作寶様朱篆青龍二字，以誑惑市人。有司捕治款伏。

《金史·方伎傳·紀天錫》 紀天錫字齊卿，泰安人。早棄進士業，學醫，精於其技，遂以醫名世。集註《難經》五卷，大定十五年上其書，授醫學博士。

《稗史集傳·徐文中》 徐文中，字用和，宣州人也。宋季之亂，其先爲同郡仇人倪氏所滅，時文中之父在幼，倪將殺之而欲其母。其母爲徐氏宗祀故，忍辱保徐子得不死，因冒姓倪氏，爲娶有室。及母老卒，哭謂其子，始知其爲徐氏子，然未能即復其姓，故文中亦以姓倪氏。文中自少傳其婦翁針藥方術，又善符咒，以此名江湖間。始爲縣吏，即棄去。又爲安陸府吏，復棄去。遊吳，吳大戶患濕腿疾，延文中與療，針行病除，留爲郡吏。時鎮南王妃卧病不可起坐，王府御醫，皆不能愈，南臺侍御史禿魯以文中名聞，即馳驛就吳郡召之。至則王以禮見，賜坐便殿，道妃所疾苦。延入診視，王曰：疾可爲乎？對曰：臣以針石加於玉體，不痊，其安用臣？遂請妃舉手足，妃謝不能。文中因請診候，按手合谷、曲池，而針隨以入。妃不覺知，少選，請舉如前，妃復謝不能。文中曰：針氣已行，請舉玉手。妃不覺爲一舉。請舉足，足舉。王大喜，明日妃起坐，王大設賜宴，賞賚無算，聲震廣陵，皆以爲盧扁復出也。

《歷代名臣奏議·法令》 仁宗時，知洪州夏竦上奏曰：臣聞左道亂俗，妖言惑衆，在昔之法，皆殺無赦。蓋以奸臣逆節，狂賊失規，多假鬼神，搖動耳目。漢之張角，晉之孫恩，偶失防閑，遂至屯聚。國家宜有嚴制以肅多方。竊以當州東引七閩，南控百粵，編氓右鬼，舊俗尚巫。在漢欒巴，已嘗翦理，爰從近歲，傳習滋多，假託禨祥，愚弄黎庶，勦絕性命，規取貨財。皆於所居，塑畫魑魅，陳列幡幟，鳴擊鼓角，謂之神壇，嬰孺繈褓，已令寄育，字曰壇留、壇保之類。及其稍長，則傳習祆法，驅爲僮隸。民之有病，則門施符篆，禁絕往還，斥遠至親，屏去便物，家人營藥，則曰神不許服，病者欲食，則云神不聽飡，率令疫人死於飢渴。洎至亡者服用，又言餘祟所憑，人不敢留，規以自入。若幸而獲免，家人所資，假神而言，無求不可。其間有孤子、單族、首面、幼妻，或絕戶以圖財，或害夫而納婦。浸淫既久，習熟爲常，民被非辜，了不爲怪。奉之愈謹，信之益深，從其言甚於典章，畏其威重於官吏。奇神異像，圖繪歲增，邪籙祆符，傳寫日夥。小則雞豚致祀，斂以還家，大則歌舞聚人，餕其餘胙。婚葬出處，動必求師，劫盜鬬爭，行須作水，蠹耗衣食，眩惑里閭，設欲扇搖，不難連結。在於憲典具有條章，其如法未勝奸，藥弗瘳疾，宜頒峻典，以革祆風。當州師巫，一千九百餘戶，臣已勒令改業歸農及攻習鍼灸、方脈，所有首納到祆妄神像、符籙、神衫、神杖、魂巾、魂帽、鍾角、刀笏、紗羅等一萬一千餘事，已令焚毀及納官訖。伏乞朝廷嚴賜條約，所冀屏除巨害，保宥群生，杜漸防萌，少裨萬一。

《醫學入門·歷代醫學姓氏·世醫》 徐道度，秋夫長子，以醫官蘭陵太明守。

《古今醫統大全·歷世聖賢名醫姓氏·宋》 朱肱，號無求子，吳興人，善醫，尤邃於《傷寒》，潛心數十年，窮經義之要，而成《活人書》，奏進。道君朝授奉議郎、醫學博士。

《元史·世祖紀一》〔中統二年八月〕己酉，命大名等路宣撫使歲給翰林侍講學士竇默、太醫副使王安仁衣糧，賜田以爲永業。

《元史·仁宗紀一》〔至大四年閏七月，丁卯〕禁醫人非選試及著籍者，毋行醫藥。

《元史·英宗紀一》〔延祐七年春正月〕戊申，禁巫、祝。

《元史·英宗紀二》〔至治元年五月〕戊子，禁民集衆祈神。【略】〔二年十二月〕辛卯，西僧灌頂疾，請釋囚，帝曰：釋囚祈福，豈爲師惜。朕思惡人屢赦，反害善良，何福之有？

《元史·文宗紀一》〔至和元年冬十月〕壬寅，中書省臣言：野理牙舊以贓罪除名，近復命爲太醫使，臣等不敢奉詔。

《元史·文帝紀四》〔至順二年春正月癸卯〕又賜醫巫、乳媪、宦官、衛士六百人金三百五十兩、銀三千四百兩、鈔五千三百四十錠。

《元史·文帝紀五》〔至順三年六月乙丑〕禁諸卜筮、陰陽人，毋出入諸王公大臣家。

《元史·愛薛傳》 愛薛，西域弗林人。通西域諸部語，工星曆、醫藥。初事定宗，直言敢諫。時世祖在藩邸，器之。中統四年，命掌西域星曆、醫藥二司事，後改廣惠司，仍命領之。

《元史·月舉連赤海牙傳》 月舉連赤海牙，畏兀兒〔人〕。從憲宗征釣魚山，奉命修麴藥以療師疫，賞白金五十兩。

《元史·許國禎傳》 許國禎字進之，絳州曲沃人也。【略】國禎博通經史，尤精醫術。金亂，避地嵩州永寧縣。河南平，歸寓太原。世祖在潛邸，國禎以醫徵至翰海，留守掌醫藥。【略】世祖即位，録前勞，授榮禄大夫、提點太醫院事，賜金符。【略】世祖過飲馬湩，得足疾，國禎進藥味苦，卻不服，國禎曰：古人有言：良醫苦口利於病，忠言逆耳利於行。已而足疾再作，召國禎入視，世祖曰：不聽汝言，果困斯疾。對曰：良藥苦口既知之矣，忠言逆耳願留意焉。世祖大悦，以七寶馬鞍賜之。【略】

扆字君黼，一名忽魯火孫。【略】俄除禮部尚書，提點太醫院事，賜日月龍鳳紋綺衣二襲。每外國使至，必命與之語，辭理明辨，莫不傾服。改尚醫太監。帝嘗命畫工寫其像賜之。轉正議大夫，仍提點太醫院事。

《元史·賈昔剌等傳》 賈昔剌，燕之大興人也。大德四年，帝弗豫，召入侍疾，一食一飲，必嘗乃進，帝體既安，賜錢，不受，解衣賜之。【略】

劉哈剌八都魯，河東人，本姓劉氏，家世業醫。【略】十七年，擢太醫院管勾。

《元史·張珪傳》 比年游惰之徒，妄投宿衛部屬及宦者、女紅、太醫、陰陽之屬，不可勝數，一人收籍，一門蠲復，一歲所請衣馬芻糧，數十戶所徵入不足以給之，耗國損民爲甚。

嘉靖《崑山縣志·人物·藝術》 周振譽，字彦聲。世業醫，至振譽益精。正統初，徵入太醫院，擢楚府良醫，老于鄉。治厄疾多取奇効，名滿吴中。

嘉靖《長垣縣志·人物·伎術》 李岫，精通醫術，邑人多賴。成化甲午，縣大疫，岫所活甚衆，後舉内黄醫學訓術。

嘉靖《固始縣志·雜述志·仙技》 徐仁富，元統甲戌生於善鄉村。元末避亂，因通醫，採藥金岡臺山。洪武間，起充太醫院醫士，以善療鳴，文皇帝賜坐綉墩，授本縣醫學訓科。

萬曆《嚴州府志·外志·雜傳》 方叔和，建德人。精通醫術，兼讀儒書。成化間，禮部列名，欽取赴京，授御醫。適岐王搆疾，叔和胗療有効，累受白金文綺之賜。八年，陳乞歸田，賜之勅命有曰：御醫方叔和，早有醫名，旋登仕籍，歲年滋久，勞効良多。用進爾階，錫之勅命，益精乃術，毋曠攸司。後卒于家。【略】

吴嘉言，分水人。世以醫名，盡得《素》、《難》等書玄妙。當道重之，授太醫院吏目，有當世名醫之譽。禮部尚書潘公晟、祭酒余公有丁，皆有贊贈。所著有《醫學統宗》、《鍼灸原樞》等書行于世。

萬曆《温州府志·人物志·方技》 金子性，永嘉人。其先世嘗遇異人授以内消丸一方，永樂六年，取就内府藥院中制丸以進，賜衣及靴襪，爲太醫院良醫，未久，賜鈔歸田養老。

崇禎《義烏縣志·人物傳·方技》 商節，字彦和。父伯永，長於方脈，醫輒取効，授義烏醫學訓科。節承父業，充太醫院冠帶醫士。每宮掖療病，無不奇驗。

成祖召令診脈，稱旨，特賜黑驢加銀牌絡首，得乘出入禁内，寵賫甚厚，陞太醫院判，進階承德郎，掌院事。

崇禎《嘉興府志·叢談志·方伎》 吴森，字君茂，【略】子弘道，能世其業，顯名當時。每療疾輒愈，愈則令種竹一竿，尋至鉅萬，遂號其地曰竹所。洪武初，太祖召至京師，擢御醫。【略】

嚴萃，字蓄之，初習醫，後改業儒，以貢入太學，乃復覽醫方。曰：此吾祖業，可盡忘乎？乃研窮數年，曲暢旁通。撰《藥性賦》四篇，分寒、熱、温、平之異。居官八月，即掛冠歸，其宦業已載《鄉達傳》。

崇禎《嘉興府志·叢談志·醫術》 許敬，字孟寅，世爲感化鄉人。曾祖廷芝，祖文達，父景芳，皆以醫鳴。江南治口齒者，許爲之最。永樂間，景芳以院使戴原禮薦召至京，受知仁宗，錫賚洊加，改梁府良醫正，引年還鄉卒。子敬，能世其業，有聲宣德間，院主蔣主善薦入内院。英宗患喉風，更數醫弗効，勢增劇，數使騎召敬。進絳雪噙之，遂愈。上喜甚，錫以羊酒。後每賜，條對稱旨，遂拜太醫院御醫，賜勅獎諭。年七十，援例致仕。有《經驗方》三卷，藏于家。

順治《浦城縣志·人物·方術》 李國寵，名晉士，亨子。少從厥父習方診，按症處劑，心識分銖，不假稱量。每念陶景語：生民大患，莫急乎疾疢。窮村迥陌，亟往診療，猶救火以水也。耿督學嘉其功，授醫學訓科。

順治《龍泉縣志·人物志·隱逸》 張太極，號萃野，醫官。醫理明澈，尤精堪輿，貧者不與計財。撫院、道院交獎之爲神醫地仙。邑令張贈以聯云：爲看好山因采藥，每逢仙客便談玄。年八十卒。

順治《固始縣志·仙技》 王瓘，精醫道，識人不能識之症，能已人危疾。絕口不言利，一方賴以拯捄者衆。當道重之，例授本縣醫學訓科。

康熙《錢塘縣志·人物·方技》 靳豫，其先本三晉人。唐時有靳恆者，知開封府，居官謹，有能名，民愛之，因家焉。後世有豫者，北宋時居東京之顯仁坊，隱居市藥，每日設漿于肆，以濟行者。宣和間，有二道者日飲于靳氏，靳氏事之，歲餘不懈，因曰：吾試若耳。若長者，子孫當有厚報。因書數語授之，言訖不見。視其所授，則秘方也。試之小兒，奇驗。高宗南渡，扈蹕至武林，遂世爲太醫。數傳至從謙，爲御直翰林醫官，賜勅特首三階，出內府百子圖賜之，命以所出巷爲百子圖巷。靳氏之有百子圖，自南宋紹興三年始也。

又 陸彬，字嗣文，忠宣公後裔。自平潮徙于錢塘。彬少敏達，精扁鵲、倉公之術。明熹宗時，隨大父京師，以精醫授聖濟殿，侍直太醫院吏目。旋奉旨教習醫學。懷宗屢召入視皇后、皇太子疢徵，御饌賜之，陞醫御上林苑監右監丞，掌南院，加光祿寺卿。

康熙《九江府志·人物·方技》 皇甫坦，字履道，臨淄人。避地入蜀，居峨眉山。嘗暮行風雪中，聞人有呼之者，顧見一道人，臥小菴中，因留與抵足眠。坦自覺熱氣自兩足入，蒸蒸浹體，甚和適。比曉，道人告曰：他日可訪我于靈泉觀。坦後往靈泉訪之，始知所遇者妙通眞人朱桃椎也。其後，復與妙通會酒肆中，盡得坎離虛實之旨，內外二丹之秘。常宴坐不寐，其兩足外踝皆平偃，頂有珠光。紹興中，顯仁太后患目瞽，國醫不能瘳。太后夢黃衣道士，髯面長耳，自言能治目，高宗詔有司物色之。臨安守廉得以聞，詔入見慈寧殿，坦爲噓呵布氣，目即愈，瞽脫瞭然矣。又詔療仙韶甄孃躄，亦即愈。辭還山，兩宮賜賚甚厚，皆不受。坦既還山，賜詔存問，詔築室廬阜，以便往召，兩宮賜金爲築室費，不受。賜御書淸虛菴額，詔繪坦像，御贊之。

康熙《吳縣志·人物·藝術》 凌鳳儀，字學川，原籍虞山。攻醫，尤善針灸。康熙丁卯歲病疫，江蘇藩司劉鼎設局延鳳儀療治，民多全活，因給匾獎之曰：儒望醫宗。子珮，字玉聲，習父業，爲時所重。

又 沈良惠，亡其名，以醫仕宋，由汴徙吳。高宗賜書良惠二字，吳人遂以良惠稱之。

康熙《福建通志·仙釋·建寧府》 僧自然，姓程，周村人，出家刻苦清修。嘗遊京師，朝臣試以牋疏立就。咸平中，奉旨往西番取經，得石銚，歸，煮藥治病，無弗愈者。詣闕，奏對稱旨，賜紫衣金襴，勅號了空大師。

康熙《徽州府志·人物志·方技》 江嚞，字明遠，婺源人，以醫名。家邑，嘗大疫，煮散徧飲之。邑宰季子思夢神告曰：吾謹避江君，病者愈矣。既而果然。理宗久不豫，丞相范鍾薦之，召至，一再進藥，帝遂安。欲官之，辭不就。先是城東有古木，鸛巢其顛，嚞見人緣木得所伏二卵而下，就買之，復歸於巢，微傷矣。越月而雛生，忽二鸛俱飛至藥局，遺一草而去。嚞取視之，有紅藤纏繞，根葉猶潤，嚞乃栽於花盆。及寶祐間公主得漏胎疾，嚞以藤和劑果驗。先是鸛蓋遠取以藤纏破卵也。居京師十年，稱疾乞歸，賜宅一區。

又 陸彥功，歙人。三世以醫名，而彥功尤精，治疾輒効。成化中，召入太醫院。中宮疾，服其藥即愈，賜冠帶膳帛。以母喪歸。弘治中，再召，老不能赴。其治疾不局方書，不責報，所著有《傷寒便覽》。

康熙《金華府志·方技》 周觀道，字景暹。精于醫術，與浦江戴原禮同時著名。事父母盡孝，人咸稱爲全孝先生。洪武辛巳，以醫薦授魯府良醫正。年八十六，乞歸省墓，王甚敬愛之，親製詩文及書全孝二大字以賜之。

康熙《太平府志·人物志·方伎》 王容，字志宏。天順間，療邊關戰士多愈，授王府長醫副。

康熙《浙江通志·方伎·嘉興府》 陸朝，鹽之世醫也。其先有名麒者，景泰間，衛軍征沙寇，以醫術療從行將士有功，授醫官，子孫遂世善其業。

康熙《浙江通志·方伎·杭州府》 陳沂，自南渡爲邑人。唐乾寧時，有仕良者，以醫名於時，詔修《聖惠方》，官藥局奉御。世傳至沂，起康王妃危疾，賜御前羅扇，便出入禁中，仕至翰林金紫良醫。子孫標木扇象之，至今稱陳木扇。而陳諫者尤精先業，治人所不能治之疾，決男女生死，保衛胚胎，術往往多奇中。所著有《藎齋醫要》。

康熙《浙江通志·方伎·杭州府》　嚴元，字宗仁，餘杭人。少業儒不售，從父籽謁選京師，屬有詔選醫士，元故暢岐黃家言，就試禮部，宗伯大奇之，隸籍太醫院，授吏目。世宗命纂脩《袖珍諸方録》成，賜銀幣甚渥。世宗幸承天，命元扈從，居常宣詔診視。及東宮、后宮疾，治輒効，輒拜金綺，賜至徹御前酒饌以優寵之。九載考績，授御醫。爲人所忌，竟中蜚語落職，士論咸惜之。【略】

郭欽詰，字慶雲，錢塘人。唐忠武王之後裔，浙名醫也。其先得之異人授牡丹十三方，治南宋孟太后疾有功，賜姓趙，至今稱爲趙郭云。欽詰氣宇冲粹，人樂與之游。少喪父，事母以孝聞。生平樂善好施，危錮之疾，膠視立起，遠近皆知其名。

康熙《浙江通志·方伎·金華府》　楊雲，武義人。雲家術業醫，名動一時。宣德乙卯，召至京師，入對稱旨，超授御醫。適英宗弗怡，藥進有効，特陞太醫院使，賞賚甚厚，寵遇與楊少師士奇等，名動朝野。舊名榮，英宗以其與楊尚書榮同，不便宣召，賜更名云。

康熙《浙江通志·方伎·嚴州府》　程汝明，淳安人。事繼母婉曲承志。猶善痳痘，遇貧不計利，多所全活。左司馬汪道昆、御史汪檄行淳安縣，列名旌善亭，備邑志。

康熙《常州府志·人物·方伎》　陸氏，無錫醫士徐孟容妻。善醫，名聞於朝。永樂丁酉，遣中使召入宮，既老遣歸，賜賚甚厚，乃蠲其丁役。

康熙《儀徵縣志·人物·藝術列傳》　黄瑞，字楚祥。少孤，母敎之業儒，刻苦問學。既而曰：醫，仁術也，苟精之，小足以濟人，豈必官可行志乎？於是從事《素》、《難》諸家，遂精其業，有名淮揚間。正統初，徵爲太醫。景泰間，選人朝，日侍禁近。院使董肅薦於上，召見便殿，上問瑞邑里年數及所業藥性寒溫諸類，瑞敷奏詳明，數荷寵遇焉。自是掖庭有疾，率召瑞，治輒効，數賜白金文綺。英宗復辟，益承眷顧，遷御醫。尋奉詔採藥，勅階修職郎，益感激，務以保和聖躬爲己任。上益嘉之，賚以珍膳金帛。是時招集四方名醫闕下，咸命統之。成化中，遷南京院判，至則典滯簪貪，僚屬敬憚。三載抗疏乞引年，詔可。既歸，日與士友昆季爲眞率會，事母撫弟，篤恩誼，賙族睦鄰，鄉人善之。後以子用貴，贈奉訓大夫，南京兵部職方司員外郎。卒年七十九。【略】

程元煜，字丹衷。性聰敏，能日記萬言。祖念初以地理名世。煜幼時，祖深奇之，曰：吾孫有經世才，但恐氣弱不能勝劇任，遂命改儒習醫。黄帝岐伯諸書，無所不讀，遇艱難之病，人不能醫者，經手輒效。未幾，祖父母繼逝，煜竭貲盡喪祭禮，卜地殯葬，身任其事，不諉伯叔昆弟，其孝友如此。後復修儒業，由太學生考授州同。世之延請活命者，日夜無寧晷。遇貧乏，即施劑醫治，一時傾動名公大人，幣聘旌奬。前任兩淮鹽漕察院左副都御史郝公浴以匾旌曰：以愼以誠。鹽院舒公書旌曰：壽世鴻儒。陶公式玉旌曰：仁心儒術。縣令馬公章玉旌曰：濟世鴻才。籓臬道府縣學，俱各有旌奬。【略】

李杜，字思齊，傳父伯樓業，以醫名世。邑令君嘉其行誼，兩舉鄉飲，壽至八十四。

康熙《高唐州志·人物·方技》　許以溥，字滄州。生而穎異，博覽，尤精于岐黄術。視疹痘甫出，即決其生死，州守旌曰：功參造化。【略】

徐啓元，精于方脈。州當大亂之後，人多癘疫，用藥立効，求人無算而不索謝。有司匾曰：善回疫運。

康熙《常熟縣志·人物·方技》　王沐，號春泉。天性孝友，壯年妻死，不再娶。精醫術，相國嚴文靖幼時病痢垂危，沐爲眕視良久，嘆曰：是當籍玉堂，寧籍鬼籙也。投劑立起。嘉靖間，兵荒疾疫，捐資施藥，全活甚衆，部使者上其事，授太醫院吏目，旌其門曰：義醫。

康熙《平陽府志·人物志·方技》　楊炳，字文彪，蒲州治城人。精於醫，決人死生不爽。嘗以事赴安邑，途中向逆旅主人求宿，旁有一少年識之，謂人曰：此所傳神醫楊某也，吾姑試之。時少年方中食，即從窗中躍入，僵卧床上，呻吟求炳救。炳診視，大驚曰：郎君殆將不起。左右皆竊笑之。是夕，少年果死。或問其故？曰：腸已裂，不復可治也。其奇中多如此。又其妻嘗有妊，炳診畢，喜曰：吾活人多矣，是子必以科名顯。後子世增登辛丑進士，歷官御史。其後世率多習醫者，故州人稱爲藥丸楊氏。炳又曾治某藩，既愈，賜金一笏，亦稱楊一笏焉。崇禎間，侍郎李爲立祠州城東門。

康熙《巢縣志·人物》　鮑宗益，字若虞，爲邑庠生，貢士德之孫。聰敏絕倫，舉業之外，博通曲藝星相卜筮之類，無不臻妙，而尤精于醫，雖專門名手莫能過。晚年，願歸宗門，學出世法，遂棄舉子業不事。而無奈其貧，稍工爲人理病，而手輒奏效，大爲時推。公雖心厭之，而莫能辭也。公素滑稽，善調笑，聊以醫入世而不謂。受知縣尊，又復受知府尊。時達左吴公求醫，疾愈，贈以匾額曰超然古處，公不得已往謝。【略】公幼多病，以病精醫，由醫而更進于坐功學道，大有造詣。年幾八十，無疾而終。

康熙《松江府志·人物·藝術》 徐延賞，字元識，上海人。好養生家言，因精岐黄術，屢起沈疴。常熟令楊鼎熙病月餘，遍求醫弗効，延賞決爲痰疾，以三劑起之。吴淞朱總戎文達素無恙，一日忽覺神思有異，晚而歌笑不節，飛騎邀視。延賞曰：此陰火乘肝，晚動也。予平劑遂復。懸壺滬瀆間，爭禮致之。延賞以供具過設，多奉清齋，又作《戒殺文》以勸。常授太醫院御醫。

《古今圖書集成·藝術典》卷五〇八引《西安縣志》 張信，高宗時扈駕南遷，爲國醫院使，著勞績，進秩三品大夫，賜第於衢，遂家西安。

《古今圖書集成·藝術典》卷五〇八引《船窗夜話》 孝宗嘗患痢疾，衆醫不効，德壽憂之。過宫，偶見小藥鋪，遣中使詢之曰：汝能治痢否？曰：專科。遂宣之。因問得病之由，語以食湖蟹多，故致此疾，遂令診脈。醫曰：此冷痢也。其法用新米、藕節細研，以熱酒調服。如其法，數服而愈。德壽乃大喜，以金杵臼賜之，乃命以官，至今呼爲金杵臼嚴防禦家，可謂不世之遇。

《古今圖書集成·藝術典》卷五〇八引《蘭谿縣志》 郭時芳，名桂。其先有汪夫人者，以善醫婦人顯於宋，掌內府藥院事，以功封温國太夫人，子孫世承其業。

《古今圖書集成·藝術典》卷五〇九引《德興縣志》 釋拳衡，燒香院僧，通釋典，善醫，投劑無不効。至治三年，皇后疾，拳衡獻藥有功，賜號忠順藥師，領五省採藥使。

《古今圖書集成·藝術典》卷五一一引《德清縣志》 陳貴，黄安村人。明永樂中，領本縣醫學訓科。文皇患背癰，詔徵天下名醫，邑以貴應，上召赴京，進秘方服之，立愈。命加一品服，陛辭南歸，號爲南金先生。及卒，遣華亭翰林張益撰文祭之。

《古今圖書集成·藝術典》卷五一一引《禹州志》 孫相，世爲陽翟人，元末，仕山西平陽府醫學教授。相生思忠，思忠爲明初名醫。思忠生奉源，典科。奉源生希禮，太醫院博士。宣德中，學正朱仲堅有疾，夢天神示以丹篆曰：希禮神醫。迎而醫之，疾果愈。希禮生讓，讓生鎬，鎬生釗，釗生清，世傳祖父秘訣，醫尤精妙。臨潁大學士賈某重其術，爲詩以贈之。嘉靖中，知州莫某扁其門曰：世醫孫氏。

《古今圖書集成·藝術典》卷五一四引《會稽縣志》 張允通，號瑞陽，以醫名家。生二子，長時鼎號元素，仲時位號行素，俱業儒有文譽。未幾，仍紹父業，專意救世，病者一聞藥氣，顛危立起。貧乏者毫不受值，活人以億萬計，遐邇受惠，聲馳兩浙。太史倪元璐、宗伯姜逢元、知府施肇元、司隸劉光斗、知縣孫鱗，後先額表其廬。至今被活之家，子孫頌祝不置。

《古今圖書集成·藝術典》卷五一七引《新城縣志》 余紹寧，字義周，祖籍南城，移居新城南機坳。幼讀書，二十學醫術，遍訪明師，得異授，精通唐宋朱劉各家及《素問》、《針經》諸書，能預決人生死，往往奇中。其用藥不循舊方，但對證發單，邑紳士咸服其小心精篤。又賦性慈愛，尤肯賑恤貧民，常製萬病無憂丸施布，賴全活者甚衆。各上臺嘉其精篤，給送官帶。巡道莫可期，服藥得夬，亦賜旌表。著醫書二十卷，名《元宗司命》。其傷寒男婦內外針灸及小兒諸方，皆精備無遺。又著《道書全集》、《金丹秘旨》、《天時運氣》諸書。及門二十餘人。

雍正《懷遠縣志·人物·方技》 金綬，幼業儒，兼習養生之術，尤精于醫。濠壽之間，全活者甚衆。本府饒郡伯得奇疾，遍求醫治不効。張黄門異翔，薦綬于饒公，延見診視，三投湯劑，沉疴頓起。公喜，榮以冠帶。隆慶初，邑侯何公請與鄉飲。卒年八十七。

雍正《合肥縣志·人物·方伎》 許學文，字博戎。精於醫，幼科尤所長。著《痘科約言》、《保赤正宗》二書。梓《孫眞人寶訓》以勸醫者。子繼先，孫紹衡、曾孫仲逵、育鯨，皆謹率家訓，以利濟爲心，益精其業。郡邑旌言盈庭，蓋世業所在，即世德所在云。

雍正《寧波府志·藝術》 臧中立，字定民，毘陵人，客鄞南湖。崇寧中，徽宗后病甚，中立應詔，以布衣麻屨見。命之入診。出，問何症。中立對曰：脾脈極虛，殆嘔泄之疾作楚。和藥以進，且曰：服此得睡爲効。至夜半，果思粥食，不一月獲安。賜歸，詔出官帑，市地築室南湖以居焉。

雍正《舒城縣志·方技》 樊加燦，字斐生。攻喉科，望色即辨生死。吹藥開關尤神驗。邑令蔡其珍有肘後千金之獎。

《明史·李文忠傳》 李文忠，字思本，小字保兒，盱眙人，太祖姊子也。【略】文忠器量沉宏，人莫測其際。臨陣踔厲風發，遇大敵益壯。頗好學問，常師事金華范祖幹、胡翰，通曉經義，爲詩歌雄駿可觀。初，太祖定應天，以軍興不給，增民田租，文忠請之，得減額。其釋兵家居，恂恂若儒者，帝雅愛重之。【略】洪武十六年冬遂得疾。帝親臨視，使淮安侯華中護醫藥。明年三月卒，年四十六。帝疑中毒之，貶中爵，放其家屬於建昌衛，諸醫並妻子皆斬。親爲文致祭，追封岐陽王，謚武靖。配享太廟，肖像功臣廟，位皆第三。父貞前卒，贈隴西王，謚恭獻。

《明史·湯宗傳》 永樂元年。【略】時外國貢使病死，從人謂醫殺之。獄具，宗閱牘歎曰：醫與使者何讐，而故殺之乎？卒辨出之。

《明史·李森傳》 李森，字時茂，歷城人。天順元年進士。授戶科給事中。負氣敢言。憲宗立，上疏請禁朝覲官科斂徵求爲民害者。吏部尚書王翺請從其言，帝爲下詔禁止。頃之，言：近有無功而晉侯、伯、都督者，有無才德而位九列者，有以畫、弈、彈琴、醫、卜技能而得官職者。名爵日輕，廩祿日費，是玩天下之公器，棄國家之大柄也。自今宜擇人授，毋令匪才競進。且請嚴軍官黜陟，覈逃伍虛糧。皆報可。

《明史·王恕傳》 王恕，字宗貫，三原人。正統十三年進士。【略】太醫院判劉文泰者，故往來濬家以求遷官，爲恕所沮，銜恕甚。恕里居日，嘗屬人作傳，鏤板以行。濬謂其沽直謗君，上聞罪且不小。【略】帝下文泰錦衣獄，鞫之得實，因請逮濬、恕及禎對簿。帝心不悅恕，乃貶文泰御醫，責恕沽名，焚所鏤版，置濬不問。

《明史·方獻夫傳》 給事中王準因劾粤舉私人李夢鶴爲御醫。詔下吏部，言夢鶴由考選無私。帝終以爲疑，命太醫院更考。言官知帝意已移，給事中陸粲極論其罪，并言夢鶴與萼家人吳從周、序班桂林居間行賄事。奏入，帝大悟，立奪萼官，以尚書致仕。璁亦罷政。帝復列二人罪狀詔廷臣，略言：其自用自恣，負君負國，所爲事端昭然衆見，而萼尤甚。法當置刑典，特寬貸之。遂下夢鶴等法司，皆首服。

《明史·方從哲傳》 方從哲，字中涵，其先德清人。隸籍錦衣衛，家京師。從哲登萬曆十一年進士。天啓二年四月，禮部尚書孫慎行追論可灼進紅丸，斥從哲爲弒逆。詔廷臣議。都御史鄒元標主慎行疏。從哲疏辨，自請削官階，投四裔。帝慰諭之。給事中魏大中以九卿議久稽，趣之上。廷臣多主慎行罪從哲，惟刑部尚書黃克纘，御史王志道、徐景濂，給事中汪慶百右從哲，而詹事公鼐持兩端。時大學士韓爌述進藥始末，爲從哲解。於是吏部尚書張問達會戶部尚書汪應蛟合奏言：進藥始末，臣等共聞見。輔臣視皇考疾，急迫倉皇，弑逆二字何忍言。但可灼非醫官，且非知脈知醫者。以藥嘗試，先帝龍馭即上昇。從哲與臣等九卿未能止，均有罪，乃反賚可灼。及御史安舜有言，止令養病去，罰太輕，何以慰皇考，服中外。宜如從哲請，削其官階，爲法任咎。至可灼罪不可勝誅，而文昇當皇考哀感傷寒時，進大黃涼藥，罪又在可灼上。法皆宜顯僇，以洩公憤。議上，可灼遣戍，文昇放南京，而從哲不罪。無何，慎行引疾去。五年，魏忠賢輯梃擊、紅丸、移宮三事爲《三朝要典》以傾正人，遂免可灼戍，命文昇督漕運。其黨徐大化請起從哲，從哲不出。然一時請誅從哲者貶殺略盡矣。崇禎元年二月，從哲卒。贈太傅，謚文端。三月下文昇獄，戍南京。

《明史·方伎傳》 戴思恭，字原禮，【略】洪武中，徵爲御醫，所療治立效，太祖愛重之。燕王患瘕，太祖遣思恭往治，見他醫所用藥良是，念何以不效，乃問王何嗜。曰：嗜生芹。思恭曰：得之矣。投一劑，夜暴下，皆細蝗也。晉王疾，思恭療之愈。已，復發，即卒。太祖怒，逮治王府諸醫。思恭從容進曰：臣前奉命視王疾，啓王曰：今即愈，但毒在膏肓，恐復作不可療也。今果然矣。諸醫由是免死。思恭時已老，風雨輒免朝。太祖不豫，少間，出御右順門，治諸醫侍疾無狀者，獨慰思恭曰：汝仁義人也，毋恐。已而太祖崩，太孫嗣立，罪諸醫，獨擢思恭太醫院使。永樂初，以年老乞歸。三年夏，復徵入，免其拜，特召乃進見。其年冬，復乞骸骨，遣官護送，賚金幣，踰月而卒，年八十有二，遣行人致祭。【略】

盛寅，字啓東，吳江人。受業於郡人王賓。【略】醫大有名。永樂初，爲醫學正科。坐累，輸作天壽山。【略】先是有中使督花鳥於江南，主寅舍，病脹，寅愈之。適遇諸途，驚曰：盛先生固無恙耶！予所事太監，正苦脹，盍與我視之。既視，投以藥立愈。會成祖較射西苑，太監往侍。成祖遙望見，愕然曰：謂汝死矣，安得生？太監具以告，因盛稱寅，即召入便殿，令診脈。寅

奏，上脈有風濕病，帝大然之，進藥果效，遂授御醫。【略】

初，寅晨直御藥房，忽昏眩欲死，募人療寅，莫能應。一草澤醫人應之，一服而愈。帝問狀，其人曰：寅空心入藥房，猝中藥毒。能和諸藥者，甘草也。帝問寅，果空腹入，乃厚賜草澤醫人。【略】

吳傑，武進人。【略】正德中，武宗得疾，傑一藥而愈，即擢御醫。一日，帝射獵還，憊甚，感血疾。服傑藥愈，進一官。自是，每愈帝一疾，輒進一官，積至太醫院使，前後賜彪虎衣、繡春刀及銀幣甚厚。帝每行幸，必以傑扈行。【略】

又有許紳者，京師人。嘉靖初，供事御藥房，受知於世宗，累遷太醫院使，歷加工部尚書，領院事。【略】帝德紳，加太子太保、禮部尚書，賜賚甚厚。【略】明世，醫者官最顯，止紳一人。

《明史·佞倖傳·王金》 王金者，鄠縣人也。【略】金思所以動帝，乃與世文及陶世恩、陶倣、劉文彬、高守中僞造《諸品仙方》、《養老新書》、《七元天禽護國兵策》，與所製金石藥並進。其方詭秘不可辨，性燥，非服食所宜。帝御之，稍稍火發不能愈。世恩竟得遷太常卿，倣太醫院使，文彬太常博士。未幾，帝大漸，遺詔歸罪金等，命悉正典刑，五人並論死繫獄。

乾隆《吳江縣志·人物·藝能》 周鎔，字孟堅，元季自崑山徙同里。精醫術，療病刻期奏功。洪武時，徵爲太醫院院使，視中外官疾如見，京師人目爲長桑君。十五年，召治馬后疾，后不起，論死，大臣某力救乃髡首削秩歸。【略】

盛宏，字叔大，亦爲御醫，與兄寅齊名。《明史》云：宏亦精藥論。景泰初，視宮妃疾有効，當進官不拜，以家世隸軍伍請除之，報可，尋致仕。

乾隆《上海縣志·藝術》 徐樞，字叔珙，初家華亭，後移居龍華里。其先遇異人授以《扁鵲神鏡經》，遂有所悟。父號神翁，樞少傳其術，明洪武末，召爲太醫院御醫。累有奇驗，宣宗親賦詩送之。【略】

曹揚廷，字楚石。幼習經史，改業岐黃。其診脈用藥，獨有神解，故所投立起，爲先達董文敏公所器重。明時，禮部劄給冠帶榮之。【略】

周官，字伯元，明侍御周洪六世孫也。幼習舉子業，尋喪父，食貧，乃去儒業醫。諸方書無不洞曉，而保嬰一術，尤稱神妙。孝友方嚴，皆以長者目之。明崇禎時，禮部上其名，給劄并冠帶榮之。年八十卒。所著有《痘疹彙纂》諸書行世。【略】

顧承仁，字壽卿。著有《幼科精義》四卷，知名于時。子琳，世其業。知縣李發枝給匾曰：春生繡褓。

乾隆《海寧縣志·方技傳》 郭昭乾，字汝端，汾陽王裔。祖遠，授宋建隆二年節幹，世稱大人節幹。昭乾自祥符初，由（沽）〔汴〕徙杭州。有異人乞齋，郭善之，潛遺牡丹花三朵，覆（心）〔几〕上而去。追詢之，曰：若累世陰德，故來相報。花上書婦人症十三方，若子孫世世用之無窮。如法試之，無不奇驗，遂爲婦人醫。郭氏之以醫名者，自昭乾始，三傳至曾孫時義，字仲敬。高宗建炎元年，孟太后疾召醫，義以母馮氏應召，依牡丹方治之，脫然愈，封安國夫人，賜田、賜葬、賜藥碾如鐵舟然，又賜第海昌，賜國姓，至今海昌稱趙郭里。

又 陳鴻典，字雲書，其先當南宋以醫術供奉，賜宮扇，子孫世其業，居長安鎮，後分居城市，各標木扇于門。鴻典雅擅文譽，食餼邑庠，中年病瞽目廢，益精脈訣，尤善婦人科，四方就治者，填塞戶巷。既歿，而所遺方書，猶流傳遠近。

乾隆《鎮江府志·人物志·方伎》 張元珪，丹徒人。建炎間，任太醫院御監。高宗太子有痟疾，元珪藥之愈，勅賜金蝦蟆一，并金帛酒菓。勅曰：朕置太醫院，儲奇藝以壽國脈，聚藥餌以拯疾阨，其任匪輕，非知運變權宜之士，其奚以堪爾？元珪業由世授，術貫天人，神功聖巧，悉皆備焉。可宜旌嘉，用彰不朽。太子久患痟疾，諸醫不瘥，未究其源，卿不雷同，深識標本，一藥而愈，安不移時，朕甚異之。對以蝦蟆痟也，特賜金蝦蟆金帛酒菓，以賚不次之功。欽哉，非怪症無以顯奇效，非奇効無以著神功，加秩褒寵，無待費辭。勅書刊石，以傳迄今六百載。後裔世以醫著名。

乾隆《建昌府志·方技傳》 危亦林，字達齋。幼好學，博極群書。長嗜岐黃術。其先世名雲仙者，嘗游東京，遇董奉裔孫授以醫。其祖碧崖，又師周伯熙，凡《素問》諸書，靡不窮究。至亦林，盡發所藏遺書，曉夜披覽。天歷初，以先世秘傳方與己所經驗諸案，匯編爲十三科，題曰《世醫得效方》上之。本道提舉司送太醫院付所屬，梓而傳之，授醫學教授。

《武進縣志·人物·方伎》 徐仲清，【略】生三子：長述，字孟魯，次迪，字孟恂，又次選，字孟倫。【略】正統初，述薛族子曰：天象如此，不越三年，萬乘其蒙塵乎？既而曰：其在己巳也。是年果有土木之景。帝嘗召見述，欲官之，不果，厚賜金帛以歸。述所著有《難經補註》。

乾隆《西安府志·人物志·方技》 張徵，字以周，三原人。精通方脈，天順間舉爲太醫院醫生。術屢取効，尋授御醫院判。

乾隆《江南通志·人物志·藝術》 王玉，字汝瑛，宜興人。成化末舉名醫，隸太醫院。弘治初，每用藥有奇効，寵賚甚渥，累官通政使。有《醫案》傳世。

乾隆《蘇州府志·藝術·醫》引舊《府志》 欽謙，吳縣人，官太醫院判。宣宗數召見，索秘方，三問，皆以不知對。最後，謙伏地曰：臣以醫職在保護聖躬，陛下承祖宗鴻業，宜兢兢自愛。若此等方藥，先賢不傳，臣死不敢奉旨。上愧怒，命武士以旃裹頭，付詔獄。謙入朝不歸，家人莫知其由，遍訪不得。有錦衣卒知狀，言械繫衛獄後幽室中。久之，上悔悟，釋出，復其官。正統末，隨駕至土木殉難。天順初，贈奉政大夫、太醫院判，使廕其後。

乾隆《蘇州府志·藝術·醫》引《長洲志》 侯周臣，字崑璧，本嘉定人。篤學好修。讀《素問》、《靈樞》等，謂《內經》一書，與《易》相表裏，天人性命之理，畢在是。因棄帖括，專精醫術。吳中士大夫延請無虛日，遂徙居長洲，全活者無筭。所得悉以施藥濟貧。崇禎癸酉，巡按御史祁彪嘉獎其德行。卒年七十九。

乾隆《寶鷄縣志·人物·方伎》 高允升，壽南里民。通醫理。康熙十三年，鄂將軍駐寶勦寇，中鉛子入前胸，溜至後腰，諸醫束手。允升先用藥，即以刀刺，直從腰取出，將軍無恙，得奏凱。一時官兵帶傷，全活者甚衆。鄂題其廬曰：華公神術。邑令徐公之子，臥病數月，諸醫莫效。允升視之，未及診脈，見其咳嗽數聲，吐出痰涎，其氣臭甚。謂之曰：公子非病也，瘡耳。瘡在肺經，已出毒矣，當早愈，只因飲茶過多，故遲遲至今。徐公曰：然則，如之何？曰：無慮，再勿飲茶。因灸一焦，留藥一劑，飲之而愈。徐公賜匾曰良方起疢。允升生平孝義，治病不索貧人謝，時稱爲醫名家。遊西安，所活無算，旗人感之，率以高字名其子女，以誌更生云。年八十七卒。

乾隆《金山縣志·人物·藝術》 曹奇珊，字杏川，胥浦人。精醫術，遠近爭延。年八十有餘，嘗謂人曰：吾平生活人萬計，及年愈老愈不敢慢，恐耄及而精神不浹也。萬曆間，授壽官，給冠帶。

乾隆《介休縣志·人物志·藝術》 梁御，字宸翼，國學生。熟《醫宗金鑑》，不拘泥古方，但按脈調劑，無不立効。邑中凡有危病，必誠請求治，起死回生，十常八九。介邑固多醫士，此其聲稱籍籍者歟。邑令胡相忠贈以匾曰：道和元化。【略】

韓醫婦，以醫術遊四方。孝義明府周祐母患噎，湯勺不入口，奄奄垂盡。聞韓婦治噎有奇術，僕馬迎至。以花椒煮水，令屢漱之。出一白石，長三寸許，六棱而末銳，隱隱紅紋如綫，納之口中，令咽其液，數以指摩掐咽喉，外用箸探吻，喀喀然出一肉片，卷之，狀若虬，能蜿蜒動。婦言：咽人者，其物有二。一居喉，一居心坎。仍治如前法，復出一物，隨呼麵茶食之，三日而起。贈以絹錢及所乘馬，婦取錢，餘謝不受。周明府爲刻石以志之。

乾隆《西安府志·人物志·方技》 王尙德，西安右衛人。幼敏慧，博覽經史，善詩賦，尤精醫術。秦肅王疾，諸藥弗瘳，尙德進藥，一匕而愈。王曰：神醫也。遂奏請授迪功郎，秦藩醫正，兼宜川、郃陽兩王府教授事，敎子孫七人入庠。以壽終。

嘉慶《松江府志·藝術傳》引《續太平廣記》 何澂，字澂，天祥孫。宣德間，以醫名。【略】未幾，召治東宮疾，得痊，官震府良醫正，賜錢。

嘉慶《重刊江寧府志·技藝》 劉琮應，六合人。侍憲宗疾並療鄭世子，授太醫院御醫。

嘉慶《義烏縣志·方技》 樓汝璋，字有源，圖南十世孫。雅好讀書，以母吳多疾，乃研丹溪秘藏，與戴原禮二昆遞相往來討論，遂精其術。調藥進母，母霍然起，於是求醫者雲集。時太宗皇嗣久痾，原禮不能瘥，辟汝璋至都下，診知髮蛇所攻，投丸而愈。上大奇之，賜御醫太宰，辭不就，且曰：臣自察脈理，今年五月望後似不及家。乞賜還田里，以全骸骨。上曰：果爾，汝不願生前之爵，當錫汝身後之榮。叩謝出，星馳南旋，至晉江果卒。命下賜祭葬於鷄鳴山，時永樂癸卯五月十九日也。

又 樓一品，字朝之，號綠濱，居東江。其先世自宋咸淳間得異人傳，以醫名家。一品少研經史不屑，窮《素》、《難》，已而慨然曰：吾邑丹溪子，儒者也，不嘗以醫顯乎？乃博討方書，積十餘年，出無不中，當路重之，授醫學官。父守志，嘗作丸散，施人不取值，享年幾百。一品繼之，亦不計值。康熙壬戌，麥無秋，取藏穀百斛以賑，又捐修平政橋，捨地施茶，日不輟。

嘉慶《西安縣志·方伎》引舊《志》　鄒兆麟，精岐黄術。素行循謹，性好施予。康熙十年民病疫，甲寅耿逆之亂，饑民疫癘，兆麟皆捐施贈藥，全活甚衆，督院李以心存濟世匾額褒之。

嘉慶《重刊江寧府志·技藝》　諶永怨，字尊五，江甯人。精嬰兒醫，獨冠一時。著有《幼幼心法粹纂》若干卷。其子邑庠生昌會、宏德，俱以醫馳名。乾隆壬寅春，昌會被召診公主，應手而愈，賜大緞二端。宏德子配道，嘉慶戊午科舉人，舉孝廉方正。

道光重修《儀徵縣志·人物·藝術》　姜峸，字如岡，太醫院判端九世孫。幼治舉子業弗就，改習醫。家藏《素問》、《靈樞》諸書，考究精博，得源會流，於傷寒治効尤捷。萬曆甲辰癸卯間，疫氣傳染，人多不保其生，峸以家學治之，皆觸手驗。遇貧乏，一無所取，間出所有贈之，以資調攝。生平不多言笑，而性尤謙和。崇禎間，三舉賓筵，一獎善人。巡按御史及郡縣給有旌匾。

嘉慶《宣城縣志·方技》　方壽祺，字爾熾，國學生，居水陽西鎮。精醫學，就診者不遠數百里接踵而至，時有岐黄再見之目。乾隆甲申，學院梁按臨寧郡，病旬日，召壽祺至，一藥而愈，給壽人壽世匾額。撫軍馮亦妙手生春獎之。壽九十二歲終。生子六，皆紹父業，三子國英，邑庠生，尤擅其長。【略】

王之冕，字憲如，世居水陽西。精岐黄，嘗爲人療目疾，有啓瞽功，遠近神其術，造請者踵趾相錯。纂《青囊精選》，凡二卷。子寅，字希文，紹其業。郡守張勤望贈金篦妙手。

嘉慶《桐鄉縣志·方技》　王賢，字世瞻。業岐黄，明脈理。著有《脈貫》行世。邑令蔡達獎曰：脈理融通。

嘉慶《長安縣志·藝術傳》　王尚德，西安右衛人。幼敏慧，博覽經史，過目不忘。善詩賦，尤精醫術。秦肅王疾，諸藥弗瘳，徵德至，進藥一匕而愈。王曰：神醫也。遂奏請授迪功郎，秦藩醫正，兼宜川、郃陽兩王府教授事，教子孫七人入學。以壽終。

道光《濟南府志·人物·方伎》　陳得祥，章邱人。嘗遇一黄冠，頃蓋語合，因授《太素脈訣》，語之曰：汝持此遊人世，可無兩手。乃北至燕，試其術，奇驗，縉紳招之無虚日。後歸里，邑令董顔其門曰：長桑眞脈。【略】

李佩，字班麓，章邱人。通醫。有孕婦患閉結，診畢謂其夫曰：須倒持搖之，可無藥也。如言遂愈。詰其故，曰：胎動下垂耳。歷任邑令皆獎之。【略】

呂越，章邱人，諸生。業醫。值時疫薰染，多暴死，越施方藥，全活甚衆。尤善痘疹科。有延者，溽暑沍寒必往，邑令席匾獎之。

道光《濟南府志·方技》　方起英，字遇春，義烏人。少孤貧，精於醫，年三十餘來至歷下。一婦人偶病咯血，動作如常，診之，辭不治，未幾果歿。一少女子，忽病厥，衆以爲已死，起英曰：是氣鬱也。以醋熏之而生。巡撫岳爲援例授州同職，卒年六十二。

又　胡元懋，章邱人。善岐黄術，著有《胎產方脈集要》。邑令嚴扁獎之，嘉慶丙辰給頂帶。年九十四。【略】

高汝崑，字峻甫，章邱人。以儒術治岐黄。融貫諸書。投劑輒效。著有《傷寒摘要》。孫澤長，亦以醫名世，邑令張匾其門。

道光《徽州府志·人物志·方技》　胡宗昇，字暘谷，城中人。少業儒，父死家貧，棄而學醫。通王叔和《脈訣》，熟李時珍《本草綱目》，遂以醫鳴，爲縣醫學訓科。有歙人兄弟求醫，其兄病重，肩輿而至，弟步行相隨。診脈後，弟亦求醫。胡曰：君不過二劑愈矣。君弟肝氣已敗，來春肝木司令，雖有良醫，亦難著手矣。已而果然。知縣王神其術，贈額曰：躋世春臺。【略】

程廷獻，字仲修，市中人。世精醫業，多所拯救，邑令蕭、鐘二公皆嘉美之，贈以匾額。

道光《南部縣志·人物志·方技》　吳元福，五世通醫，至元福尤精眼科，治目多奇効。邑齊氏，患目雙睛墜者寸餘，元福治之，旬日而愈，邑令陳閑以眼科獨步額其門。

道光《金谿縣志·方技》　龔廷賢，字子才，信子。幼穎異，以醫世其家。嘗言良醫濟世，功與良相等，遂博考古方書，自岐黄以來，莫不窮源竟委。臨症設治，復以己意佐驗，言人五臟症結之故，決生死莫不奇中。閒游大梁，方病疫，連染巷，有闔戶蟲出者，時醫循古法，治弗效。廷賢以己意立方，所活無算，於是名噪中州，尚書某，薦爲太醫院吏目。魯王妃遘疾，延醫弗效，乃囑賢治之，疾尋瘳。酬千金不受，王刻其《禁方》行世，畫其像禮之。所著有《萬病回春》等書。

道光《慶遠府志·人物志·流寓》　謝文徽，廣東南海人。能詩，精通醫理。乾隆二十四年澳門席將軍題贈如見其肺肝然匾額。二十五年幕游廣西，歷田州慶遠，以名醫見重于當道。好施藥濟人，延診者不討資。二十九年慶遠協副將西冲額題予業精盧扁匾額。三十三年慶郡瘟疫流行，延治者絡繹不息，病隨藥解，郡人德之。紳耆苗德沛等公贈漆版金字聯云：方述龍宫消世劫，學通金匱代天工。六十年慶遠知府張曾揚贈詩云：岐黄一卷得天下，六十年來學養深。意氣既平無妄語，精神益壯愛高吟。閒燒柿葉歸丹竈，時攬春風出杏林。異日芝蘭看競秀，知君長嘯復彈琴。文徽課子業醫詩云：不爲良相必良醫，到處逢迎最便宜。起死回生人性命，得心應手我神奇。術能治世功非小，業可傳家學莫遲。諄切要同時禮訓，岐黄經訣務精推。著有《濟世良方》一卷。壽七十有四，無疾而終。子鐘，傳其術，多活人，闔郡官紳咸器之，寓郡垣，寄籍永定土司。

道光《福建通志·藝術·長樂縣》　方人彪，字猷宗，太醫院治定之子，年二十即以醫名，診脈知人貴賤壽夭，人呼方半仙。乾隆四十二年，邑令王雋病篤，群醫束手，大彪獨言可治，一劑而愈，令以額旌其閭。

道光《上元縣志·人物志·技藝》　章延芳，字右綸，邑庠生。業醫九世，專習痘症。著有《誠求集》。乾隆庚子年，高宗純皇帝南巡，召診十公主，稟緞疋，賜克食。

同治《平江縣志·雜志》　宋雍熙間，邑楊坊湯姓產女，生即能言，甫三月，暴長如三四歲兒。忽語姊曰：我非凡人。得《婦科秘方》二十四，因以授姊，言迄而逝。姊以方醫人輒驗，寧州守嘗召之。豫章帥府聞其名，薦入京師。診視眞宗皇后病，進藥有效，賜金牌，稱湯夫人，敕有司建坊。

同治《樂平縣志·人物·方技》　楊文德，萬全鄉人。攻醫，明初徵詣太醫院。洪武戊寅乞歸田里，御書種德二字賜之。

同治《廣濟縣志·人物·方伎》　胡獻琛，字克忠，一字少溪。幼業醫，以疾來求治者輒効。有饒秀才病酒伸頸，期期不能出一言，久之無聲，他醫張皇。獻琛曰：是火在經絡，投三劑而愈。萬曆癸卯，邑大疫，制藥救活萬餘人，縣令尚詳撫按給與冠帶。後凡四方求者，不較所值，人各饜願而去。

同治《江夏縣志·藝術》　何鎧，字鎮遠，太學生。工俞越之術，全活甚衆。康熙十九年，安淸王自滇旋，遘疾須藥。有司以鎧應，投藥輒効。王喜賜宴，以國手稱之，共飲食者彌月。任醫學，詳請印信，賑恤獄囚，請捐藥餌，著爲例。其他敦本睦族，賑貧起瘠，事甚夥。

同治《弋陽縣志·人物·方技》引康熙《縣志》　馮時近，三十六都人。少業醫及青烏術，取與不苟，邑令王獎之。【略】

洪濤，少業儒，後顓醫，每施藥濟人如神，授太醫院副。從征交趾，軍中大疫，以蒼朮、黄柏百鍋煮之，遍飲皆愈，改榮藩良醫正。王缺唇，搗藥補之如天成，加褒賞賜，建國醫坊，有補唇先生之號，毛都憲親書存仁二字旌其堂。年九十致仕。

同治《瀏陽縣志·人物·方技》　袁宗翯，字羽高，一字宗翥。縣西人。試不利，以資入監，遂治醫。不泥古方，決人生死奇中。戚某女七歲，疾篤。宗翯診之曰：不死，慮十八歲耳。後果然。有兒死逾日者，翯至，察其脈，炒麻黄數升，臥死兒其上，頃之蘇。共神之，爭延視疾。嘗見兒嬉戲者，曰：是兒某年當得廢疾以夭，今灸之可免。其母不信，卒如所言。有少年故求診，翯診之曰：疾不可爲矣。少年笑而去之，逾兩日果死。他率類此。年八十七。其徒無有能繼之者，乾隆間大吏多表其廬。

同治《畿輔通志·雜傳》　吳振先，青縣人。精岐黄術，活人無算。性伉爽，撿遺金還其人，親戚中不能殯葬婚娶者，出貲助之。有苑姓貧且病，將鬻其妻，力周之，獲中止。療奇疾應手而愈，不索一錢。邑令額旌其門。

同治《義寧州志·人物志·方技》　陳嘉言，武鄉人，太學生。業醫，尤精幼科，家常備藥物，全活甚多。有艾某幼病氣絕，嘉言嚼丸滲漉立起，至今鄉里猶道其事。年八十三卒。著有《活幼勛奇》四卷。其孫石屏，源家學，治療奇疾無算。刺史胡梁額贈德媲良相。卒年六十二。著有《保赤金丹》行世。

同治《會理州志·人物志·隱逸》　劉之琦，字奇玉，幼頗異而倔強。初習舉子業，因病誤服藥，遂棄而學醫，即精於醫，若有神授。肅親王征張獻忠至蜀，病，諭各衛舉良醫，本衛舉劉往治，應手而愈。時孝康章皇后患目疾久矣，諸醫束手。王薦之，數劑而翳散雲開，目明如舊。上喜，賜官，頓首辭不受，求歸。因賜四字，鑄鐵爲匾以榮之。外賞書籍珍玩數事，幷諭經過地方府、廳、州、縣，輿馬驛送之。還鄉後，利物濟人，隱居東壩。年九十餘卒。

同治《高安縣志·雜志·方技》　朱彬，字大雅，古唐人。少業儒，夢名榜醫學。及親病日侍湯藥，遂取岐黄家言盡讀之。其治病推本於五運六氣，審色察聲即知生死。嘗之婦家，妗某子病易簀矣，彬命取黄泥涂病者身，越炊許時，泥燥，口鼻微動，灌以藥遂起。里有孀婦，嫡庶只一子，患腹疾，柴瘠欲絶，彬煅砒霜入藥，飲之，藥後下如鮎者七。彬謂食風肉皮所成，幸未開眼，過七日眼開即不治。族人某欲試其術，令婢詐病顛，連求診。彬見之曰：爾本無病，以飽食跳踉，腸斷矣，須臾即絶。其奇驗多類此。著有《衛生集》，皆其生平所心得也。彬爲醫不索酬，行術數十年，活人無算，而産不加於初。新吳令趙知希，名士也，以彬比陶隱居，書山中宰相額爲贈。帥進士光祖爲彬作傳，亦深推許以爲醫隱云。

同治《上海縣志·藝術》 沈亮，字克明，號菊莊。性孝友，貌古如心。工醫，病無貧富，必實心治之，求其愈而後已，遠近就醫者無虚日。年五十，有司刻名於旌善亭，給扁額，邑士欲以鄉飲舉，固辭。弘治十八年，年八十三，恩賚冠帶。八十七，鬚髮重黑，復生二齒，面如童顔。正德辛未，年八十九無疾而逝。【略】

李用粹，字修之，號惺菴。父贊化，字與參，寧波人，工醫。前明崇禎間，以叔大宗、伯金峨薦，召見，賜中書舍人。晚年僑寓邑中。刀圭所及，沈疴立起。性樂善，有還遺金，完破鏡諸事。用粹紹其術，嘗著《證治彙補》等書。商邱宋犖巡撫江蘇，延至幕府，臨歸書擘窠五字贈之，曰：行賢宰相事。

光緒《吉安府志·人物·方伎》 鄧冲霄，永豐人。宋宣和間及第，授翰林院。精通醫術，治太子、宮妃疾皆効，敕授太醫院使。文天祥贊曰：董氏業醫一偏，鄧氏儒醫兩全。本來仁心一點，便是太極一丸。噫！肇統先哲，垂範後賢。種德皆春意，休説杏林仙。

光緒《江西通志·方術·贛州府》引《會昌蕭氏族譜》 蕭九賢，字慕白，會昌人。精内外諸科。洪武中，充里長。解實竹入都，時馬后病乳癰，甚危，太醫罔効，乃揭榜召醫。九賢應召診視，投劑三日而愈，授太醫院吏目。馳驛歸里，著有《外科啓鑰》、《回生要義》諸篇。

光緒《續雲南通志稿·雜志·方技》引《趙州志》 董賜，鳳陽人。洪武間，以醫學從征，適軍中疫，賜信手採藥，治之輒愈。事聞，賜印綬、土田，世襲趙州醫官，竝御書濟生堂三字賜之。今子孫猶世其業。

光緒重修《華亭縣志·人物·列傳》 唐熙，字孟高，號橘屏，居大吳橋。世業醫，好學有隱德。曾遇異人授祕術，治病多奇中。正統二年，召爲太醫院使，尋告歸。天順初，加太常寺卿，復召，辭不赴。卒年七十一。

光緒《六合縣志·方技》 劉琮，應明醫薦，侍明憲宗，并療鄭世子，授太醫院御醫。

光緒《常山縣志·人物·方技》 周廣，字子容，大街人。世業醫，全活甚衆，常以回生稱世。弘治間，上聞，召爲御醫。後歸里，賜匾曰：國醫。賜聯曰：保養天和，資全人壽。

光緒《嘉定縣志·人物·藝術》 何其高，字仁所，諸生。入醫院，由吏目遷御醫，加鴻臚寺署丞。保御神宗，賜龍鳳宮扇、宮帕等物。又侍光宗於青宮，屢賜酒脯。先是萬曆三十六年京師疫，其高施診施藥，全活無算，卒年七十。【略】

金成祖，字汝德。幼業儒，長習醫，一劑立瘳，以術游京師，賜冠帶。【略】

楊德曙，字旭亭，居黄渡。祖春榮，字杏庵，遇異人授秘方。德曙博覽群籍，治險證出人意表。知縣姚學甲贈活人國手額。【略】

朱良玉，字崑岡，國子生，居安亭。精醫。鄰某病歿，良玉適遠歸，往視含殮，曰：是可救也。一劑即甦。知縣吳桓贈神乎其技額。從父克家，字守愚，精瘍科，亦給術邁靈胎額。

光緒《崑新兩縣續修合志·藝術》 履少篤志於學，博涉群書，爲詩文皆精詣有法。【略】後爲秦府良醫卒。子伯承，能世其業，永樂中醫名噪兩京。無子，傳之婿沈仲寔。仲寔孫承先，亦善醫，邑令方豪以其愈母疾，書助孝二字贈之。【略】

陳德昌，字懋恆，國學生。其先自郡徙崑，世習幼科，至德昌父立方，字振恆，尤擅名。德昌性和厚，治疾多効，孩稺不能任藥者，婉詞曲誘，務盡匕匙。遇危證，焦慮凝思，至廢寢食，然未嘗責償望報也。子監生惟修，字六恆，能世其傳。德昌七世祖尙恆，明世宗朝官太醫院判，以愈皇子疾，賜良士堂額，并賜道在恆心。傳世久，志存培德活人，多柱聯。尙恆二子，因以恆培二字世字其子孫云。

又 周維墀，《通志》作墀，字仲肅。幼患咯血，棄儒習醫，從海虞繆希雍遊，盡得其傳，薦授太醫院官。順治丙申，總督郎廷佐繪海上全圖駐崑，標兵爲民累。適郎病，延維墀治，數劑而愈。維墀堅卻厚饋，請戢卒伍，邑遂安。年八十，無疾終。

光緒《廣平府志・藝術》 冀棟，字任中，永年人，工部尚書如錫子。康熙五十四年，與弟集同榜，成進士，改翰林院庶吉士。集字絜中，職授内閣中書。集不樂仕宦，在籍修理先塋，訓課後裔。棟仕宦二十餘年，官至左副都御史，以直節稱。兼通醫術。棟娶魏氏，柏鄉魏相國裔介次女。一日柏鄉有婦人，因生産未下，暴死，將入斂。棟往視之，見其血痕曰：此活人也，特兒以手持母心耳。以鍼投之，死者復甦，嬰兒亦得生産無害。棟在京都，一日偶出，有人自言不時腹痛，跪請治病。棟顧視良久，曰：腹中有蟲故也。使服信若干便愈。其人以爲毒物，不敢多服，僅服少許便止，而病亦未愈。他日又求棟治，棟曰：汝病必死，使汝服信若干，非毒汝也，毒腹蟲耳。乘蟲首上仰，以信投之，蟲當盡死。今汝服信太少，蟲多未死，再投以信，蟲首不仰矣，故不可治也。其人果死。時赴大内治病，無不神效。特賞加二品頂戴，並恩賜福字蟒服，兼理太醫院事。年六十餘，以疾卒。子方焆、方然，俱舉人。所著有《傷寒論》等篇。

光緒《通州直隸州志・雜紀・方技》 吳常晉，字晉明，諸生，有至性。博覽群籍，兼通岐黄，凡瀕死者，舁而就視之，一藥輒起。全椒吳國對以編修家居，聘晉往，爲起沈疴，遂訂終身交。子道純，字味先，亦諸生，判太醫院。康熙中隨征楚北，以功授荆州同知，賜名天選。

光緒《丹徒縣志・人物・方技》 何金珙，精於醫。康熙甲戌，奉特召入京。上念其老，命肩輿入大内，眞異數也，時公卿皆折節。奉上諭，主於張文貞相國第。後奉旨，於南書房校讎諸醫書。事竣，賜人參、文綺、冠韡等物，馳驛歸里。

光緒《無錫金匱縣志・藝術》 施廷銓，字鼎臣，敎元孫，諸生。康熙初，以明醫徵授鴻臚寺序班，冊封琉球，充副使。

光緒《黄州府志・藝術・黄岡縣》 易洪周，原名德溥，以字行。精岐黄業，雍正七年，怡賢親王以疾徵之，進藥立効。世宗憲皇帝召對稱旨，授禮部主事，卒於官。時蘄水人周廷楹，與洪周同徵。延楹有至性，以葬親乞歸，然兩人在蘄黄閒名最著。

光緒《重修嘉善縣志・人物志・藝術》引康熙《縣志》 劉覽，字月梧。父性良，字仰松，精外科，授太醫院吏目。覽事親孝，益精其業。雲間孝廉陸紹慶母患奇疾，治之神効，饋五百金，郤之。董公其昌、陳公繼儒，爲之延譽，授太醫院御醫。【略】

張萬春，字復泉。工醫，治嬰孩神効。里中有孺子啼不止，萬春入室，灌藥數匙即歡笑矣。壽九十六，授冠帶醫官。同時丁鳳梧，字敬山，精外科，凡無名腫毒，咽喉疑難諸症，治之立解。其先世受異人方，絶非尋常伎倆。壽七十二，授太醫院吏目。二人皆子孫林立，能傳其業，人稱爲五世醫云。【略】

孫復吉，字見心。世習岐黄，精《内經》、《素問》、《脉訣》諸書，與薛立齋、王肯堂往復參究，互相贊歎。復吉古貌古心，鄉士夫皆樂與訂交。求療者雖極貧，寒暑晝晦無倦。郡邑慕之，登堂旌獎。卒年八十餘。

光緒《重修嘉善縣志・人物志・藝術》 姚仁安，字蒼山，號松亭。布衣。少貧，學醫于慈雲寺僧澄月。僧授以秘方，遂精外科，療疾多中。性樸質，工畫墨蘭。乾隆六年，制府宗室德公表其廬曰：肘後靈奇。年八十卒。【略】

金鈞，字上陶，號沙南。先世雲間人。少孤，遇異人授以醫術，遂精其業。每旦啓戶，病者鱗集，治若操券而得，一時名公鉅卿，皆折節下交。制府宗室聽公旌其閭曰：學通俞跗。性孝，事母能色養。親族有貧乏者，時周給之。年八十，恭遇乾隆紀元，覃恩給予八品冠服。壽終九十。著有《素靈廣註》、《湯頭歌括》、《醫按日抄》，分授諸徒而不付梓，蓋無意沽名也。【略】

朱績，字君永，先世松陵人也。少習岐黄，于近時四名家外，獨得薪傳。里黨暨遠方就醫者，決死生，百不失一。及遇疫症，績至輒愈，活人無算。秉性至孝，刲股救母。爲人謙牧仁厚，親族貧乏者，時周給之。督學李際期給冠帶，諸大吏贈額盈門。【略】

盛韶，字景夔，號佐虞，國子生。屢試不售，棄而習瘍醫，藝甚精。錢少宰樾贈以額曰：春盎。【略】

張世顯，字寰泉。祖、父皆工幼科，至世顯益精痘疹，應手立効。兼通書法，善弈。以耆民給冠帶。子文光，字幼泉；文衡，字觀泉，能傳家學，有異驗。父子皆年逾八袠云。

光緒《重纂嘉善縣志・人物志・藝術》 韓焕，字復岐。性穎異，少習岐黄，活人無算，太守佟公旌其堂曰全生。晚年取《傷寒論》一書詳加註釋，惜未竟而卒，年八十四。孫鎰，字楚白，繼其業，名重魏塘者三十年，當事以功高廬扁額贈之。同時奚振鰲，字駕瀛，郡庠生，爲沈又彭高弟。鎰與之往復參究，因即《傷寒論》中少陰以下各篇補註之并識。振鰲交學素優，遺三子，師事焉。

光緒《常山縣志·人物·方技》 徐瑞驥，字萼洲，里擇人。世傳外科。凡跌撲損傷，出刀圭藥，罔不効。亦不計值，邑侯洪公獎以好行其德。乾隆九年洪水，以船隻救免多人，邑侯宋公，贈以濟涉津梁匾額。【略】

徐思銘，字明中，赤塢人。世業醫。思銘少聰穎，復精心按脈，症有疑難者，延之立瘳。不望報，暑月施丸散，刊布《經驗方》，本府袁公奇其術，適巡按楊公檄行獎善，邑令王公以思銘應，人僉服。【略】

詹師良，字又房，國學生，後園人。精岐黄，多所全活。學憲王公按衢病洩精，諸醫罔効，延師良診之，曰：此傷酒兼中暑也。酬以金，辭勿受，親書五禽妙術贈之，邑侯宮公匾曰：腕底回春。

光緒《鶴慶州志·方技》 鍾溥，乾隆間人。貌修偉，髯豐而長，人皆以胡子先生稱之。精內外科。晚年遇一湖廣道人，授以升降二丹，治無名怪瘡輒驗。太守辛給以額曰：華陀眞傳。著有《醫學集要》、《眼科》諸書，至今孫輩仍尚習其業。

光緒《撫州府志·人物志·方伎》 陳清遠，臨川人。幼喜讀醫書，遂精其術。弱冠後，客滇南，有求治病者，無不立愈。謝之金，不受，曰：吾業賈，幸獲裕，姑以此術隨時濟人可矣。名噪滇省，各官爭延致之。乾隆丁巳，布政使宮公因痼疾多年，治愈，謝銀五百兩並裘服玉石等物，均不受。巡撫阿公，以母病治痊，謝尤厚，亦不受。清遠爲人灑落，多高致，二公均與爲兄弟交。數載歸省母，各官餞之城外，贈以詩。著有《青囊餘錦》六本，因失火無存，人咸惜之。

光緒《慈谿縣志·人物·藝術》引董維桓譔《墓表》 袁益鈞，字聘來，明雲南布政使茂英曾孫。幼穎悟，攻舉子業，入太學，屢試北闈不售，遂以醫名。有藩邸寵姬病危，延診之，賀曰：非病，孕耳。且決其男。蓋前醫誤以爲蠱，故疾久不愈。彌月，果生一男。藩大奇之，酬以千金，不受，供職內廷，以太醫院吏目加六品銜。

光緒《金壇縣志·人物·方伎》 于大來，號東園。精岐黄，任太醫院吏目，陞博士。嘉慶丙辰，與千叟宴，恩賜詩草。卒年八十有一。【略】

韓永福，字懷瑜。精醫術，不計謝。嘉慶甲戌夏亢暵，猝行厲疫，經治者十愈八九。知縣梁蘭滋旌以著手成春額。

光緒《開化縣志·人物志·方技》 徐必仁，良醫啓祥孫。業醫凡三世，故幼習之。參考漢、晉以來諸醫書，靡不研究。時有請者，貧富皆不計。道光辛卯，邑侯宛公給匾曰：婆心濟世。至老，以傳至德和，皆活人無算。必仁年八十四，德和年七十九，皆無病而卒。著有《回春集》。【略】

沈元星，字永燦，王畈士人。醫診通神。閩有烟傭，背發一疽如黍。詢以痛乎，曰：無之。癢乎，曰奇癢徹骨。授以方曰：必百廿劑，不然將癩。服未及半而愈，三年果再發，竟死于癩。有健婦，扶一病婦求診。星望之曰：病者將愈。若雖健，病不可爲。扶者果月餘亡。洞垣神技，數難更僕。往來蘇、杭、廣、饒間，活人無算。著有《方書》，貧不能刻。人或對證摘方，輒神効。德興齊姓、玉山張姓，設位祀焉。生平方正樸訥，邑侯贈匾曰：質樸扶風。蓋實録也。

光緒《山西通志·藝術録》 王英，河津監生。父母有宿疾，奉侍之，暇究心醫術，術成而疾瘳。兩兄先後感風痺，多方以娛其志，與侍親疾無以異也。周恤鄰里，甚有隱德，縣令匾旌其門。卒後，鄉人勒石誌之。【略】

史鳳集，稷山人。性長厚，以針灸愈病，不受謝，儀邑令黄嘉其行，匾旌之。

光緒《蘄州志·方伎》 張慕愷，蘄州人。成化初，慕愷醫道大行，不論貧富，一體施劑，全活者甚衆。匾其堂曰仁壽。知州金銑重其人，爲作記表之。至今稱醫有源流云。

光緒《嚴州府志·佚事·方伎》 何安華，建德人。術精岐黄，屢著奇効。尤喜施藥濟人，治療者戶外屨滿。京師聞其名，授以太醫院院判。

光緒《松陽縣志·人物·藝術》 毛登第，善醫，設藥肆於門以待疾者，遠人迎之，治藥餌，愈而後去。長于起斃，雖貧不受謝。邑令聞而嘉之，刺史廉其事，給冠帶。

光緒《昌邑縣續志·人物·文學》 黄元御，字坤載，號研農，別號玉楸子。明太寶忠宣十一世孫。聰明過人，甫成童，爲諸生，世推爲國器。因目疾爲庸醫所誤，一目失明，發憤曰：不能爲名相濟世，亦當爲名醫濟人。統匯醫理，精益求精。考授御醫。純皇帝南巡，奉詔侍從，著方調藥，皆神效，御賜妙悟岐黄匾額。著《四聖心源》、《傷寒懸解》、《素靈微蘊》、《傷寒說意》、《四聖懸樞》、《長沙藥解》、《玉楸堂稿》、《玉楸藥解》、《靈樞解》、《靈樞懸解》、《素問懸解》、《難經解》、《周易懸解》、《道德經解》共十四種，刊行者八種。

光緒《寶山縣志·人物·藝術》 朱治，字仲平，居大場，精岐黃。時嘉定令趙昕子患痘甚危，諸醫束手，延治至，針去最險者，越宿遍體紅潤，數日奏効。趙贈以赤子二天額。

光緒《荆州府志·人物·藝術》 鄒廷光，精醫術。診病必先立案，證以群書，不効則斂神靜思，必愈乃已。不受饋謝。乾隆癸丑，郡中大疫，投方立應。荆南道來公鳴謙招致署中，挽留數月，贈以千金。年九十卒。著有《醫學經驗方案》四十卷。

《清史稿·文宗紀》 〔道光三十年秋七月〕丙辰，尚書文慶坐延請妖人薛執中治病，免。

《清史稿·裴倖度傳》 上聞江西里長催徵累民，民多尚邪教，諭倖倖度禁革。倖度疏言：【略】邪教自當捕治，醫卜星相往往假其術以惑民，雖非邪教，亦當以時嚴懲。上深嘉之。

典制總部

醫官選用考核部

綜述

《漢書·杜周傳》 昭帝末，寢疾，徵天下名醫，延年典領方藥。

《漢書·龔勝傳》 兩龔皆楚人也，勝字君賓，【略】哀帝自爲定陶王固已聞其名，徵爲諫大夫。【略】勝曰：竊見國家，徵醫巫，常爲駕，徵賢者宜駕。

《後漢書·逸民傳·韓康》 韓康，字伯休，一名恬休，京兆霸陵人。家世著姓。常采藥名山，賣於長安市，口不二價，三十餘年。時有女子從康買藥，康守價不移。女子怒曰：公是韓伯休耶？乃不二價乎？康歎曰：我本欲避名，今小女子皆知有我，何用藥爲？乃遯入霸陵山中。博士公車連徵不至。桓帝乃備玄纁之禮，以安車聘之。使者奉詔造康，康不得已，乃許諾。辭安車，自乘柴車，冒晨先使者發。至亭，亭長以韓徵君當過，方發人牛脩道橋。及見康柴車幅巾，以爲田叟也，使奪其牛。康即釋駕與之。有頃，使者至，奪牛翁乃徵君也。使者欲奏殺亭長。康曰：此自老子與之，亭長何罪！乃止。康因〔中〕道逃遯，以壽終。

《晉書·應詹傳》 應詹字思遠，汝南南頓人。【略】遷使特節都督江州諸軍事，平南將軍、江州刺史。詹將行，上疏曰：【略】皆取文武吏醫卜，不得撓亂百姓。

《北史·魏本紀》 〔永平三年冬十月〕辛卯，中山王英薨。丙申，詔太常立館，使京畿内外疾病之徒，咸令居處，嚴敕醫署分師救療，考其能否而行賞罰。又令有司集諸醫工，惟簡精要，取三十卷以班九服。

《北夢瑣言·新趙意醫》 醫者意也。古人有不因切脈，隨知病源者，必愈之矣。唐崔魏公鎮渚宮，有富商船居，中夜暴亡，迨曉，氣猶未絶。鄰房有武陵醫士一作工梁新聞之，乃與診視，曰：此乃食毒也，三兩日得非外食耶？僕夫曰：主公少出船，亦不食於他人。梁新曰：尋常嗜食何物？僕夫曰：好食竹鷄，每年不下數百隻。近買竹鷄，並將充饌。梁新曰：竹鷄吃半夏，必是半夏毒也。命搗薑捩汁，折齒而灌之，由是方蘇。崔魏公聞而異之，召到衙，安慰稱獎，資以僕馬錢帛入京，致書朝士，聲名大振，仕至尚醫奉御。有一朝士詣之，梁奉御曰：何不早見示？風疾已深矣，請速歸，處置家事，委順而已。朝士聞而惶遽告退，策馬而歸。時有鄜州馬醫趙鄂者，新到京都，於通衢自榜姓名，云攻醫術士。此朝士下馬告之，趙鄂亦言疾已危，與梁生所說同矣，謂曰：只有一法，請官人剩吃消梨，不限多少時，咀齕不及，捩汁而飲，或希萬一。此朝士又策馬歸，以書筒質消梨，馬上旋齕，到家旬日，唯喫消梨，頓覺爽朗，其恙不作。卻訪趙生感謝，又訪梁奉御，具言得趙生教也。梁公驚異，且曰：大國必有一人相繼者。遂召趙生，資以僕馬錢帛，廣爲延譽，官至太僕卿。

《舊唐書·職官志三》 凡醫師、醫工、醫正療人疾病，以其全多少而書之以爲考課。

《舊五代史·唐書·明宗紀》 〔天成二年秋七月〕甲戌，太子少保任圜上表乞致仕，仍於外地尋醫，詔從之。

《新唐書·百官志一》 考功郎中、員外郎，各一人，掌文武百官功過、善惡之考法及其行狀。【略】其考法，凡百司之長，歲較其屬功過，差以九等，大合衆而讀之。流内之官，叙以四善：一曰德義有聞，二曰清慎明著，三曰公平可稱，四曰恪勤匪懈。善狀之外有二十七最：【略】二十三曰占候醫卜，效驗多者，爲方術之最。【略】凡名醫子弟試療病，長官涖覆，三年有驗者以名聞。

《唐會要·醫術》 乾元元年二月五日制：自今已後，有以醫術入仕者，同明經例處分。至三年正月十日，右金吾長史王淑奏：醫術請同明法選人，自今已後，各試醫經方術策十道，《本草》二道，《脈經》二道，《素問》十道，張仲景《傷寒論》二道，諸雜經方義二道，通七以上留，已下放。又尚食藥藏局，請同典膳局，太醫署請同大樂署。【略】

十二年二月十三日，上親製貞元《廣利方》五卷，頒于州府。至三月十五日勅：貞觀初，諸州各置醫博士，開元中，兼置助教，簡試醫術之士，申明巡療之法，比來有司補擬。雖存職員，藝非專精，少堪施用，緬思牧守，實爲分憂，委之採擇，當悉朕意。自今已後，諸州應闕醫博士，宜令長史各自訪求選試，取藝業優長，堪効用者，具以名聞。已出身入式，吏部更不須選集。【略】

（貞元）十二年八月勅：其見任醫術官，應非翰林供奉，不在加料錢限。

十七年十二月勅：翰林醫官及藥童，自今已後，縱考滿并不得于所司選，其見選人亦宜停。二十一年正月，罷翰林陰陽、上醫、相射、覆碁諸待詔三十二人。

《邵氏聞見前録》卷二　仁宗初納光獻后，后有疾，國醫不效。帝曰：后在家，用何人醫？后曰：妾隨叔父官河陽，有疾服孫用和藥輒效。尋召用和，服其藥果驗。自布衣除尚藥奉御，用和自此進用。用和本衛人，以避事客河陽，善用張仲景法治傷寒，名聞天下。二子奇、兆，皆登進士第，爲朝官，亦善醫。

《歸潛志》卷六　任履眞子山，許州長葛人。讀書，喜雜學。深於醫，又有鄉行，邑人皆信之。貞祐初，召入太醫院，旋告歸。與閑閑、屏山諸公及余先子善。先子主長葛簿，其脩儒宫及太虚觀，子山之力居多。爲醫，起人疾甚衆。既卒，閑閑誌其墓云。

《遼史・蕭胡篤傳》　蕭胡篤，字合術隱。其先撒葛只，太祖時願隸宫分，遂爲太和宫分人。曾祖敵魯，明醫。人有疾，觀其形色，即知病所在。統和中，宰相韓德讓貴寵，敵魯希旨，言德讓宜賜國姓，籍横帳，由是世預太醫選。子孫因之入官者衆。

《金史・盧彦倫傳》　璣字正甫，以蔭補閤門祗候，累遷客省使，兼東上閤門使，改提點太醫、教坊、司天，充大定十五年宋主生日副使，遷同知宣徽院事。

《宋史・太祖紀一》　（乾德元年）閏月己酉朔，校醫官，黜其藝不精者二十二人。

《宋史・太宗紀二》　（雍熙四年五月）丁亥，詔諸州送醫術。（雍熙四年）九月癸亥，校醫術人，優者爲翰林學生。

《宋史・真宗二紀》　（咸平六年十二月）甲戌，萬安太后不豫，詔求良醫。

《宋史・仁宗紀四》　（至和元年春三月）辛未，命曾公亮等同試入內醫官。

《宋史・神宗紀一》　（治平四年二月）戊子，詔提舉醫官院試堪診御脈者六人。

《宋史・神宗紀二》　（元豐元年春正月）乙丑，以太皇太后疾，驛召天下醫者。

《宋史・徽宗紀三》　（政和三年十二月）癸丑，詔天下訪求道教仙經。乙卯，詔天下貢醫士。

《宋史・職官志三》　初補醫生，令有司試藝業，歲終校全失而賞罰之。分案五，置吏二十有一。

《宋史・職官志十》　臣僚大禮蔭補：宰相、執政官：本宗、異姓、門客、醫人各一人。東宫三師、三少至諫議大夫。權六曹侍郎、侍御史同。本宗一人。

《宋史・食貨志上六》　崇寧三年，安濟坊亦募僧主之，三年醫愈千人，賜紫衣、祠部牒各一道。醫者人給手曆，以書所治痊失，歲終考其數爲殿最。

《宋史・后妃傳上・章獻明肅劉皇后》　章獻明肅劉皇后，【略】眞宗崩，【略】群臣上尊號曰應元崇德仁壽慈聖太后，【略】及不豫，帝爲大赦，悉召天下醫者馳傳詣京師。

《宋史・安忠傳》　安忠，河南洛陽人。【略】忠形質魁岸，不知書，纔通姓名而已。事太宗藩邸，殆二十年。太宗即位，【略】提點醫官院，掌屯兵於雄州。

《宋史・晏敦復傳》　晏敦復字景初，丞相殊之曾孫。【略】召爲吏部郎官、左司諫、權給事中，爲中書門下省檢正諸房公事。【略】渡江後，庶事草創，凡四選格法多所裁定。敦復素剛嚴，居吏部，請謁不行，銓綜平允，除給事中。【略】有卒失宣帖，得中旨給據，太醫吳球得旨免試，敦復奏：一卒之微，乃至上瀆聖聰，醫官免試，皆壞成法。自崇寧、大觀以來，姦人欺罔，臨事取旨，謂之暗嬴指揮，紀綱敗壞，馴致危亂，正蹈前弊，不可長也。

《宋史・方技傳上・劉翰》　乾德初，令太常寺考較翰林醫官藝術，以翰爲優，絀其業不精者二十六人。自後，又詔諸州訪醫術優長者籍其名，仍量賜裝錢，所在厨傳給食，遣詣闕。

《宋史・宦官傳二・張茂則》　張茂則字平甫，開封人。初補小黄門，五遷至西頭供奉官，幹當內東門。禁庭夜有盜，茂則首登屋以入，既獲賊，遷領御藥院。

《宋史·宦官傳三·蘇利涉》 蘇利涉字公濟。祖保遷，自廣州以閹人從劉鋹入朝。利涉初爲入内内品。慶曆中衛士之變，以護衛有勞，賞激加等。英宗爲皇子，利涉給事東宫。及即位，遷東頭供奉官，欲以爲潁王府都監，力辭。幹當御藥院，遷供備庫使。帝不豫，侍醫藥最勤，言輒流涕。及帝崩，乞與醫官同貶，三上表待罪，不許。

《宋史·宦官傳四·馮益》 馮益，康工邸舊人也。王即位，自入内東頭供奉官遷至幹辦御藥院，尋兼幹辦皇城司。

《古今醫統大全·歷世聖賢名醫姓氏·南北朝》 張遠遊，齊人，以醫道知名，尋有詔徵，令與術士同合九轉金丹，丹成，顯祖置之玉匣曰：貪人間之樂，不能上天，待我臨死方可服。

《古今醫統大全·歷世聖賢名醫姓氏·唐》 紀朋，唐玄宗時，能觀顔色談笑便知人病深淺，玄太后召入掖，重之。

《古今醫統大全·歷世聖賢名醫姓氏·明》 祝仲寧，號橘泉，四明人。世業醫，仲寧益精其術，按證用藥，有超見，多獲奇效。永樂間，召至太醫院，京師縉紳諸公咸敬服之。予郡篁墩程尚書爲之傳。【略】

何彦徵，名淵，丹徒人，家世業醫，受淵尤精，永樂間徵爲太醫院使。

《元史·世祖紀五》〔至元十二年秋七月〕癸未，詔遣使江南，搜訪儒、醫、僧、道、陰陽人等。

《元史·世祖紀六》〔至元十三年夏四月〕辛未，行江西都元帥宋都帶以應詔儒生醫卜士鄭夢得等六人進，敕隸祕書監。

《元史·武宗紀一》〔至大元年二月〕甲寅，諸内侍、太醫、陰陽、樂人，毋援常選散官。

《元史·英宗紀一》〔延祐七年春三月〕甲辰，敕罷醫、卜、工匠任子，其藝精絶者擇用之。

《元史·選舉志三》 大德六年，省擬：太醫院令史，於各部令史并相應職官内選取。太醫院不精加考試，輒以私妄舉充隨朝太醫及内外郡縣醫官，内外郡縣醫學不依法考試，輒縱人行醫者，從監察御史廉訪司察之。

《元史·廉希憲傳》 至元七年五月，【略】詔徵揚州名醫王仲明視希憲疾，既至，希憲服其藥，能杖而起，帝喜謂希憲曰：卿得良醫，疾向愈矣。對曰：醫持善藥以療臣疾，苟能戒慎，則誠如聖諭；設或肆惰，良醫何益。蓋以醫諷諫也。

《元史·趙復傳》 時楊惟中行中書省軍前，姚樞奉詔即軍中求儒、道、釋、醫、卜士，凡儒生掛俘籍者，輒脱之以歸，復在其中。

弘治**《徽州府志·人物·藝術》** 吴源，字德信，休寧人，號神醫。自其上世有名諒者，本嗜學，遇異人授書，乃《金匱玉函》之秘，遂造活人之妙。再傳至名豫者，號松蘿居士，長於詩，亦得是秘，源之父也。源以樞密汪勃保奏引試，醫之凡經百人，獨冠其首，授入内(内)〔府〕宿，稍遷至翰林醫官，療勞瘵疾奇中，起死回生神效，不可勝紀。晚棄官隱於儒，號南熏老人。嘗作詩訓諸子，警句云：五世活人功已積，一經教子意難忘。爾曹好展摩雲翩，伴我黄花晚節香。乾道癸巳冬曰：吾無春脈。至期果攝衣而逝。

弘治**《黄州府志·隱逸·名醫》** 詹均祥，五重鄉人。洪武中，以明醫舉授本府醫學正科。【略】

揭添旻，永樂中，以醫術舉江西饒州府醫學正科。【略】

莫文質，懷德坊人。永樂中，以醫術精通，授河南唐府良醫正。

莫志明，正統中，以精通醫術，授本府醫學正科。【略】

詹智，以醫術舉爲太醫班長，授鄭府良醫正。【略】

任庸，本縣人。精通醫術，授本縣醫學訓科。

弘治**《八閩通志·藝術·泉州府》** 余廷端，晉江人。世業醫，至廷端而醫學愈精。得張長沙五運六氣之妙，用藥鮮不効者。洪武中，薦授郡之醫學正科。閩郡鄭定、廬陵胡廣嘗爲賦《橘井秋香詩》，以美其術之良。

弘治**《八閩通志·藝術·福州府》** 鄭環，福清人，父麟，自將樂徙居邑之海口，以畫名於時，亦能醫。環世其家學，而醫術尤精。人有求診視者，輒應之。貧者即施以藥，不少吝。郡邑嘉其賢，薦任醫學訓科。

嘉靖**《重修太平府志·方伎》** 陸惟恭，當塗人。深明醫藥。歲乙未，爲上診視有効，洪武元年除太醫院判。【略】

彭輔，字廷佐，當塗人。穎敏闓爽，精于醫。祖正，字思直，永樂間以明醫舉爲太醫院醫士，再使西洋，事竣，以老辭歸。子賓，字仲賓，述其業，爲醫士。天順壬午，奉詔乘傳診療伊王，疾愈，獲賞銀幣鞍馬等物，後亦以老歸。

輔乃賓之子，成化乙巳，以訪舉爲醫士，典供御藥，敬慎匪懈。丁未夏，進藥有効，授太醫院御醫。弘治庚戌冬，調除興府良醫正，有能譽。【略】

濮鏞，字景鳴，號杏莊，當塗人。曾祖仁茂、祖貞、父觀，世爲太醫院醫士，專業眼科。正統甲子，鏞亦以善醫，舉爲醫士。成化乙酉，授秀府良醫副。丁父艱，服闋，調除吉府良醫副。歲丁酉，自陳疾老致仕。歲癸卯，以疾卒于家，葬本里大玉山之西南百嬴蕩之原。有《杏莊集》一帙傳于家，皆平生用藥有効方製也。子琰，由太醫院醫生中順天鄉試，授山東曹州學正，陞萊州儲學教授。琰子韶，亦由醫生中二甲進士，選爲翰林院庶吉士。

萬曆《六安州志·人物·方技》 趙子敬，精於醫。洪武十七年，有司異其能，舉於朝試，太醫院與銅人針道，紙糊其上，命針之，三試俱中其穴，授以本州醫學典科，賜符驗。

萬曆《望江縣志·人物·才能》 方政，景泰以能醫，入太醫院士，陞湖廣襄陽府良醫正。

李梴《醫學入門·歷代醫學姓氏·明醫》 鄒福，字魯濟，國朝甌寧人。善察脈，著《經驗良方》。仲子遜亦傳其業，有司薦爲醫官，不就。【略】

陶華，字尚文，號節庵，餘杭名醫。幼讀儒書，旁通百氏，著《傷寒瑣言》，大行於世。正統間被征，引疾歸，時論高之。

崇禎《鄜城縣志·流寓》 張從正，字子和，宛丘人，寓居鄜城。【略】興定中，召補太醫。既退，與麻知幾、常仲明輩遊，講明經書奧義，辨析至理，其所著有《六門三法》、《十形三療》、《神效名方》、《儒門事親》等書行於世。

崇禎《嘉興縣志·叢談志·方伎》 陳以誠，號處夢，風涇人。善詩畫，尤精于醫。永樂間，應選薦隸太醫院。累從中使鄭和往西洋諸國，擢院判歸。臨終，作《辭世詩》，有九重每進千金劑，四海曾乘萬斛船之句，迄今人能道之。

崇禎《烏程縣志·方技》 王中立，世居小湖織里。精嬰脈，求治如市。孫以勤爲安吉訓術，曾孫元吉爲德清訓術，應召入覲，留太醫院，有《幼科類萃》行世。後裔時鍾習世業。

崇禎《松江府志·人物志·藝術》 孫子奕，博學能詩，尤善脈藥。嘗舉爲本府醫學正科。

崇禎《義烏縣志·人物傳·方技》 丁文軒，字世昂，縣學生。博書史，能詩文，端方愼密，氣度極清雅。精於醫，以薦試禮部第一，授太醫院官，乃謝病歸。居家內行純白，以敦睦信誼範率其宗黨。所與往還，皆一時名公，篇朱唱酬。年八十七而終。

崇禎《松江府志·人物志·篤行》 顧定芳，字世安，上海庠生。博學多識，深於軒岐書。會世廟重醫，召拜爲御醫。上問用藥之道，對曰：用藥如用人。又問攝生，以清心寡欲對。上嘉之曰：顧某非醫也，儒之有用者。進修職致仕。

崇禎《松江府志·人物志·藝術》 陸怡，字悅道，華亭人，【略】尤善醫。汴人段氏，客比鄰，一夕溢死。怡取馬櫪，去底，寘大釜上，舁死者內之，蒸以葱藥。及旦，皮腐而氣復。大德間，召至京師，右丞相苔剌罕哈剌哈孫試其藝，稱爲神人，欲官之，力辭歸，賜號悅道處士。哈孫使切脈，竟曰：丞相無疾，惟左足大拇指一脈不到。時哈孫先以物約之也。

顧景星《李時珍傳》 李時珍，字東璧，祖某，父言聞，世孝友，以醫爲業。年十四，補諸生，三試於鄉，不售。讀書十年，不出戶庭，博學，無所弗覵。善醫，即以醫自居。楚王聞之，聘爲奉祠，掌良醫所事。世子暴厥，立活之。薦於朝，授太醫院判。一歲告歸，著《本草綱目》。

康熙《南海縣志·人物志·方技》 陳昭遇，南海人。世爲名醫，昭遇尤著。開寶初至京師，爲所知者薦，拔授翰林醫官，遂留家開封。初爲醫，領溫水主簿，後加光祿寺丞，賜金紫。

康熙《延平府志·人物·方技》 廖文彬，將樂人。日夜讀醫書，廢寢食以求通曉，用藥如神。尤好施，人稱仁醫。有司薦太醫，辭。舉醫官，又辭。曰：吾性愚魯，願爲散人。

康熙《衢州府志·方伎傳》 伍子安，江山人。通經史，邃於醫。請者如市，不責報，郡守張寶薦爲御醫。所著有《活人寶鑑》十卷。

康熙《浙江通志·方伎·杭州府》 吳綬，錢塘人。著《傷寒蘊要全書》，發明五運六氣，畫圖立說，究極元微。以名醫徵至京帥，仕至太醫院院判。北歸時，湖墅有馮英者，病傷寒，一時諸醫議用承氣湯，邀綬視之，曰：將戰汗矣，非下證也，當俟之。頃刻，果得戰汗而解。【略】

吳恕，字如心，錢塘人。博極羣書。少貧，貨烏蛇丸以治瘋疾。時采風使適有患此疾者，召恕治之，疾果愈，其名遂震。後徵至京師，授太醫院御醫。

康熙《浙江通志·方伎·嘉興府》 韓履祥，海鹽澉浦人。讀書能詩，尤精于醫。切脈斷人生死，隔歲輒中。洪武中，選爲御醫，成祖尤加恩遇，遍遊公卿間。

康熙《浙江通志·方伎·衢州府》 余世規，龍游人。精仲景、叔和之術，凡經鍼艾、藥餌，罔不獲效。求者盈門，不拘貧富咸濟之。正統間，擢本學訓科。

康熙《浙江通志·方伎·杭州府》 俞橋，海寧人。少業儒，究心理學，兼精醫業。嘉靖間，以名醫徵入京，初授太醫院吏目，陞御醫，南京太醫院判。

康熙《常熟縣志·人物·方技》 李原，字廷堅。因母病，究心醫藥，後得金針劉氏法。永樂初，縣令柳敬中舉典醫學。

又 陳鏡，字叔明，廷瓚孫。少攻儒業，孝友聞於時。長得其祖之傳，以幼科行世，尤精痘疹，應手立效，歷經道、府、縣給額嘉獎之。康熙戊午夏大疫，官設局施醫藥，鏡自捐資修製丸散，遍予貧乏者，全活甚衆。再舉鄉飲賓，年八十餘卒。【略】

夏寅，字賓暘。善小兒醫，以薦入太醫院，數年而歸，其術益精，邑中稱爲蘇菴先生。

康熙《上元縣志·人物傳·醫》 嚴景，字克企。先姑蘇人，祖道通，以醫徙金陵。景幼好學，通《易》，尤精家學。永樂中，詔太醫院送名醫子弟讀書備用，景在選中。

康熙《松江府志·人物·藝術》 徐彪，字文蔚，太醫院使樞子也。正統十年，以能醫薦入太醫院。

康熙《常州府志·人物·方伎》 蔣宗武，字季文，武進人。曾祖達善，以醫名吳越間。所著有《醫鏡》二十卷。宗武益精其業。天順間，以名醫徵入供奉，授太醫院御醫，累陞院使，進通政司左通政，官至禮部左侍郎。宗武所治，能取捷效。既歸，雖襏襫襤褸之夫，以病叩，無不盡心者。

康熙《吳縣志·人物·藝術》 薛鎧，字良武，府學諸生。精醫理，療病必本五行生尅，不按方施治。著述甚多，《保嬰撮要》，尤足爲后世法程。弘治間，徵爲太醫院，屢著奇驗。以子己贈院使。己字新甫，尤殫精醫學，正德時，選爲御醫，擢院判，嘉靖間進院使，所著有《家居醫録》十六種。

康熙《徽州府志·人物志·方技》 王琠，祁門歷溪人。醫不泥古方。嘉靖間，皇子病劇，諸醫不効，中官有薦琠者，立授太醫院官，皇子愈，有名京師。

康熙《休寧縣志·人物·方技》 程深甫，汊口人。業儒，神于醫，擢浙江省太醫提舉。上召治疾，立愈，聲滿南北，一時有好人程太醫之語。

康熙《休寧縣志·人物·方技》 徐宗彝，字孝威，南街人。由國學授太醫院吏目。歸，活人無算，不受資。

又 王朝請，字疇九，世習岐黄業，尤工於痘疹。至請，以儒習醫，其術益神，論生死無逾時日者，授太醫院吏目。每出，隨而延者塞途，無貴賤悉爲之診，人以是益頌其德。郡伯傅因醫女驗其神，令同時醫者群拜師之。今請子允昌、孫，皆能世其術，爲遠邇推服。所著《三槐堂秘書》率有異驗云。

康熙《嘉興府志·嘉善縣·方伎》 徐待徵，字遂雲。幼遇異人，得青囊秘術，尤精于外科。薦授太醫院吏目，舉鄉飲賓。

康熙《太平府志·方伎》 劉繼芳，字養元。精治外症，得華佗、《肘後》之傳，四方造請者，屨常滿。著有《揮發十二動脈圖解》併《怪症表裏因》等集。長子翺鯉，繩家學，亦負重名。考授太醫院吏目。三子騰鯉，拔貢，任靈寶令。

康熙《仁和縣志·人物·方技》 葉文齡，字德徵。幼業儒不遂，去，學醫。禮部屢試優等，例授冠帶，供職於聖濟殿，陞太醫院吏目。甲午，召診保和有功，陞御醫。忽被宣名，御書忠愛額於堂。

《續文獻通考·選舉考九》 明制：【略】

凡醫士俱以世業子弟試補，或令在外訪保以充。初置醫學提舉司，後改太醫院。凡習業分十三科，自御醫以下與醫士、醫生各專一科。凡醫士俱以父祖世業代補，或令在外訪保醫官、醫士以充。孝宗弘治五年，命選醫家子弟，推堪任教師者二、三人教之。每季考試，三年或五年，堂上官一員，同醫官二員，試其通曉本科者，收充醫士。未通曉者，許習學一年再試，三試不中者，黜之。若五年考試成材者多，其教師亦量加升授各府州縣醫學官生。提學官按時考校，遇太醫院醫士、醫生及本處醫官有缺，保送選用。其徵至京者，禮部會同考試，高等入御藥房，次入太醫院，下者遣還。時以醫舉者，惠帝時戴思恭，成祖時盛寅、吳訥，孝宗時吳傑，世宗時許紳，慶曆間李時珍。

思恭、寅、傑並官太醫院使。訥有學行，嘗侍內廷備顧問，歷官南京副都御史。紳累加禮部尚書，領太醫院事，宮變營救甚力，加太子太保。時珍官楚王府奉祠正。

《古今圖書集成·藝術典》卷五〇九引《德興縣志》 釋普映，長居院僧，通究釋典，尤精岐黄術。元武宗取爲太醫，除授僧録司，在朝十二年。

《古今圖書集成·藝術典》卷五一〇引《桐廬縣志》 孫理，坊郭人，洪武間以醫術授御醫。

《古今圖書集成·藝術典》卷五一一引《鄱陽縣志》 劉彦清，名曾，以字行，耕耘六世孫。讀書敦義，以醫世其家。母魏疾，藥石不効，露香告天，刲股和粥以飼，疾遂愈。會征廣，以醫選從行，中途渡江墮水，適有牛渡，攀其尾得濟。既歸，過彭蠡，風浪覆舟，人盡溺，獨賴舟板以全。兩免大難，人以爲孝感。子孟啓，永樂間薦入太醫院。

《古今圖書集成·藝術典》卷五一六引《新城縣志》 羅憲順，字文溪，宜黄棠陰里人，以醫來新城，治病無不立効，新人士德之，不聽去，因留家焉。居東坊榮園巷，與涂冢宰國鼎家鄰，順與爲布衣交。既登弟，爲授太醫院吏目。天啓丙寅冬，吴邑侯之屏，以鄉大賓禮之。順相貌魁偉，美鬚髯，與人交，溫藹可掬。常遊湖廣，遇異人授以神仙之術，每對人言，確稱有接命法。晚嘗製藥施人。年八十二，寢疾三日而卒。

《明史·后妃傳一·太祖孝慈高皇帝馬氏》 太祖孝慈高皇后馬氏，宿州人。【略】洪武元年正月，太祖即帝位，冊爲皇后。【略】洪武十五年八月寢疾。羣臣請禱祀，求良醫。

《明史·吴訥傳》 吴訥，字敏德，常熟人。【略】永樂中，以醫薦至京。

《明史·王恕傳》 中旨以次等御醫徐生超補院判，文華殿中書舍人杜昌等夤緣遷秩，御醫王玉自陳乞進官，恕皆力爭寢之。

《明史·徐鏊傳》 徐鏊，嘉定人，本高氏子。少孤，依舅京師，冒徐姓，從其業爲醫，供事內殿。【略】既杖，謫戍烏撒。世宗即位，召還，尋擢御醫。【略】又久之，始遷院判。

《明史·文苑傳二·劉溥》 劉溥，字原博，長洲人。祖彦，父士賓，皆以醫得官。溥八歲賦《溝水詩》，時目爲聖童。長侍祖父遊兩京，研究經史兼通天文、曆數。宣德時，以文學徵。有言溥善醫者，授惠民局副使，調太醫院吏目。

《明史·方伎傳·吴傑》 吴傑，武進人。弘治中，以善醫徵至京師，試禮部高等。故事，高等入御藥房，次入太醫院，下者遣還。傑言於尚書曰：諸醫被徵，待次都下十餘載，一旦遣還，誠流落可憫。傑願辭御藥房，與諸人同入院。尚書義而許之。

凌雲，字漢章，歸安人。爲諸生，棄去。北遊泰山，古廟前遇病人，氣垂絕，雲嗟嘆久之。一道人忽曰：汝欲生之乎？曰：然。道人鍼其左股，立蘇，曰：此人毒氣內侵，非死也，毒散自生耳。因授雲鍼術，治疾無不效。【略】孝宗聞雲名，召至京，命太醫官出銅人，蔽以衣而試之，所刺無不中，乃授御醫。

《明史·佞倖傳·王金》 王金者，鄠縣人也。【略】一日，帝於秘殿扶乩，言服芝可延年，使使採芝天下。四方來獻者，皆積苑中，中使竊出市人，復進之以邀賞。金厚結中使，得芝萬本，聚爲一山，號萬歲芝山，又僞爲五色龜，欲因禮部以獻，尚書吴山不爲進。山罷，金自進之。帝大喜，遣官告太廟。禮官袁煒率廷臣表賀，而授金太醫院御醫。【略】時遣官求方士於四方，至者日衆。豐城人熊顯進仙書六十六冊，方士趙添壽進秘法三十二種，醫士申世文亦進三種。帝知其多妄，無殊錫。

《明史·外國傳二》 又詔訪求山林隱逸、明經博學、賢良方正、孝弟力田、聰明正直、廉能幹濟、練達吏事、精通書算、明習兵法及容貌魁岸、語言便利、膂力勇敢、陰陽術數、醫藥方脈諸人，悉以禮敦致，送京録用。

雍正《懷遠縣志·人物·方技》 郝致才，深明醫術，洪武時召爲太醫院判，後請老以其子文傑爲院使。

雍正《合肥縣志·人物·方伎》 李恒，字伯常。洪武初，以醫名，選入太醫院，擢周府良醫。常奉令旨，類集《袖珍方》諸書。後以老致仕。王親賦詩以餞，命長史錢唐瞿佑序其事。

雍正《慈谿縣志·藝術》 鄭棱，字本廉，號友山。性倜儻，善談論。初習經史，晚業軒岐。嘉靖初，授太醫院吏目，京師翕然以名醫稱之。

乾隆《興化府莆田縣志·人物志·方伎》 周春谷，黄石人。幼有異質，年十五走江右，遍詢方脈之秘。凡診脈斷其生死，無不驗者。一夕，夢人語之曰：聞君醫國手，請上玉華樓。既覺，即戒家人治喪具，示以死月日，及期果卒。弟善卿，醫與春谷齊名。善卿子用乂，精瘍醫，洪武初，以行省檄爲郡惠民局瘍醫師。

乾隆《紹興府志·人物·方技》 石逵，字良仁，諸暨人。宋尚書公弼之後。洪武中，以辟薦至京師。會諸王有疾，近臣或言逵善醫，詔視之，有効，自是遂以醫顯。後爲御醫院使，戴元禮甚推重之。

乾隆《紹興府志·人物·方技》引萬曆《志》 樓宗望，蕭山人，亦以醫名。永樂間，召至京師。賜予甚厚。

乾隆《江南通志·人物志·藝術》 徐孟曾，武進人。善詩，以醫世其家。永樂間召至京，賜襲衣。

乾隆《高郵州志·人物·方伎》 邵斌，字琇之。家世業醫，自其曾祖大方、伯文卿啓之至斌，凡四世，術益精。景泰初，冢宰趙公撫江淮過郵，遘奇疾，醫弗能療，斌投以一劑而愈，因薦於朝。太醫院難以表裏攻守之方，皆中式，授本州醫學典科。【略】

吳鍾奇，字念眞。少習儒，精於幼科。大江南北，歲活嬰兒無算。考授太醫院吏目。爲人坦懷樸貌，舉鄉飲大賓者再。總漕吳公馳驛招致之，與之交最深。卒年七十四。

乾隆《吳江縣志·人物·藝能》 盛皚，徐《志》作愷，誤，此從《獻集》。字用美，寅之孫也。早歲應舉不偶，遂更業醫。術精，存心仁厚，士大夫皆禮重之。成化初，召入太醫院，將擢用，以母老告歸。久之，自撰墓誌而卒，年七十五。【略】

王思中，字建甫。少工醫，精於切脈，洞見病源，恆出新意，製方投之輒效。【略】萬曆中，某官某題授南京太醫院吏目。天啓中卒，年七十三。思中聰敏，善談論，好學，至老不衰。

乾隆《將樂縣志·藝術》 林道飛，字宏中，以善醫官福建省太醫。著《濟世良方》，病者投劑輒效，名著閩中。耆年賑饑濟貧，博施不倦，捐田千百二十畝于含雲寺，爲焚香祝聖之用。自號含雲逸叟。壽八十三而終。

乾隆《上海縣志·藝術》 孫肇慶，字又章。業鍼灸術，爲太醫院御醫。行鍼能起死回生，名振都下。

乾隆《平湖縣志·人物·方技》 吳悅，號三峰。少讀書明敏，遘危疾，遂精岐術，徵爲太醫院使，熹宗三賜金幣。

乾隆《鎮江府志·人物志·方伎》 何纊，字仁源，丹徒人。以醫名。遇人病，雖貧且賤，務盡心診視，不屑屑計財利。何氏自宋防禦使曰公務者，謝官隱鎮江市藥，孝宗乃官其子曰柱太醫院使。歷六世，生元，洛陽尹曰水，復謝官隱鎮江市藥。水有孫曰淵，字彥澄，詔徵入京師，以醫事三朝，咸膺殊眷。纊，其六世孫也，紹述家學，著《傷寒全生集》行世。年將八十，無疾卒。【略】

祁嗣籙，字肖虛，崇福觀道士。精醫學針砭。【略】門人周文炳，字從先，得其傳，以薦舉官太醫院院判。

乾隆《烏青鎮志·藝術》 金天衢，號希瀛，青鎮人，世醫少邱孫。幼穎悟，日讀方書。十四歲患弱症，從吳門戈蘭亭、武林王紫芝診治，復得指示。萬曆十三、四年間大疫，遠近就醫，應手即愈，名益著。當道交薦，授太醫院判。辭不赴。壽八十九歲卒。著有《醫學聖階》、《醫辨》、《醫說》。

乾隆《湖州府志·藝術》 周濟，字用仁。博極醫書，善運氣，精於傷寒。嘗謂：醫者意也，得其方而不得其意爲庸醫，其害可以殺人。得其意而不局其方爲良醫，其功足以濟世。正德癸酉，以訓術謁選吏部，公卿爭迎致。補御醫，辭歸。或謂之曰：活千人，後必昌。答曰：我豈能活人，第不至殺人耳。濟少從馮泰學醫，至其妙處，多所自得，而事馮終身執弟子禮，視其子如己子。啓迪後學，諄諄不倦，門人稱菊潭先生。

乾隆《錫金識小録·補傳·醫》 施諫，字克忠，精醫術。葛大諫嵩哭子致疾，諫曰：七情不得其正，故六氣乘之，藥石無能爲也。與縱談玄妙，以開其鬱。稍愈，投以劑，遂霍然。正德初，舉爲醫訓科，未幾解去。所活以億萬計。所入資，亦埒之故家比素封。壽至九十五卒。

乾隆《正定府志·人物·方伎》 閻惟純，元氏人。事繼母至孝，因家貧，業醫以供，由是醫道精通。并捨藥施方，以療人病。順治中，巡按賈某給匾：名高虎守，又薦爲太醫院官。

乾隆《蘇州府志·藝術·醫》引《崑山志》 葛哲，字明仲。世業儒，尤精醫藥。哲以薦授荆府良醫。所著有《保嬰集》，上之朝。

乾隆《蘇州府志·藝術·醫》引《姑蘇志》 又有陳公賢者，其先爲孟景暘館甥。孟氏亦以顱顖鳴，遂得其傳。成化間，公賢徵爲醫士，入御藥房。用藥屢効，授御醫，進太醫院判致仕。卒，賜諭祭。蓋吳下小兒醫稱錢氏、陳氏云。

嘉慶《長安縣志·藝術傳》 孟繼瑜，長安醫工。帝留守時暴疾，以醫效，乃攝任。洎帝起兵鳳翔，繼瑜在長安謁見，從至洛，進方藥，年內改諸寺少卿，翰林諸醫莫得爲比。

嘉慶《旌德縣志·人物·藝術》 任滐，十八都人。明《靈樞》、《素問》之學，治病奇驗。成化二年，以名醫舉。【略】

王德文，景淳坊人。精通方脈。洪武中，以明醫送部領符命。子潮，亦精醫，更能文，善書，永樂中授職訓科。

嘉慶《義烏縣志·方技》 金學超，好讀《素問》，臨症多奇驗。嘗有某甲負官帑，僞卧爲疾以逃責者，延學超診之，曰：此死脈也，不過七日。其人大駭，如期果卒。又有女子息已絶矣，學超曰：按其胸尚溫，當可治。投劑而愈。其他奇中多類此。製方務和平，不用峻劑，亦不責人重酬，人以此重之。乾隆間，邑侯聘爲醫學訓科。嘉慶元年，年届七旬，以太上皇特恩賜九品頂帶。

嘉慶《長安縣志·藝術傳》 楊珣，以名醫入太醫院，授武功醫學訓科。所著有《傷寒撮要》、《鍼灸詳説》。

《吴醫彙講·唐立三》 唐立三，名大烈，號笠山，一號林嶝。長庠生，選授蘇州府醫學正科，住臨頓路。

道光《新建縣志·人紀·方技》 朱純嘏，字玉堂。幼習舉子業，後通醫術，於痘診尤得秘傳。康熙間，地方大吏薦之輦下，授太醫院御醫，賜居第，年七十餘乞歸。著有《痘疹定論》行世。同時同邑人熊權庸亦爲醫院有名。

道光《上元縣志·人物志·技藝》 王元標，字赤霞，宋文安公堯臣之後。少業儒，兼精《素》、《難》諸書，遂以醫名。崇禎己卯大疫，標攜藥囊，過貧乏家診視周給，全活多人。甲申之季，薦爲太醫丞，不應，逃於赤山，尋葛稚川舊居卜築焉。著《紫虚脈訣啓微》，著《醫學正言》，未就而卒，子輅、穉續成之。

道光《福建通志·藝術·福清縣》 林洪京，字志文，諸生。精醫家言，遊京師，負盛名。後浙撫李某延致幕府，卒於杭，年七十八。子沐，字子明，能世其業，雍正八年，舉爲醫官。孫昭素，亦精其術，邑稱爲三世醫。

道光《黄岡縣志·人物志·方伎》 陳繼謨，字五彝，學問博洽，屢試不遇，遂業醫。治病多奇效，名聞于京師，由太知院薦舉，授八品吏目。六年，以親老告歸。性孝友，行橐甚豐，歸即盡散諸兄弟。生平著述甚多，值所居濱河，水漲壞其居，僅存《陳氏醫案》一書，業岐黄者，皆奉爲準繩焉。

道光《肇慶府志·人物·方伎》 易經國，嘗挾貲遊京師，與太醫院翟玉華相厚善。翟公曰：治東南人病與西北不同，汝粵中鮮有知者，誤人不少。爲歎息者久之。時與順德龍山左某偕，因共拜翟公傳其術，翟公出所著書二，各攜其一以歸。邑令方顯奉上憲諭考選醫學，以經國名上，多所奏效。常以翟公語告邑之醫士，俾無以人命爲戲。卒年七十九。子若，孫及曾孫皆以醫名。

道光重纂《福建通志·國朝藝術·永春州大田縣》 郭福順，世業醫。有郭翳子者，以醫著名，嗣有明三者，以醫得官。福順從一寺僧學，盡得其術，遂爲名醫。診脈能預言數年以後之事，已而皆驗。縣舉醫官，力辭不受。

咸豐《南寧縣志·人物志·方技》 鄧遐祿，字介吾。精醫術，求治者塡門。明季詔赴安龍，授太醫院院使。及歸，恬澹樂施。年八十四卒。

同治《鄞縣志·藝術傳》 陳公亨，字以通。祖瑞孫，嘗師事王應麟，得文章典故之傳。著《難經辨疑》，援據該洽，識者稱之。父居仁，洞明經史，能治奇疾。公亨少有異質，能爲詩文。尤有志于家學，自《靈樞》、《素問》、《難經》及諸家奇方秘論，鈎元撮要，如指諸掌，以善醫聞。上而貴官富人，下而閭閻疏賤，有以疾告必爲治理，風雨寒暑弗憚也。所制藥，必擇土產及色味之精良者。至于銖兩之等、烹炮煉養之度，高下隨宜而不戾于古。故藥無不善，用無不效。其售諸人，往往不計其值，貧不能得錢者，周給恐後。至正間，藩省上其事，勅署江浙行省醫學提舉。公亨以非其志，不就。洪武三年，浙江省薦爲本府教授提領。明年卒，年四十九。

同治《上海縣志·藝術》 喬鎮，字孟安。邑庠生。以醫名。偶步郭外，見舁殯者，有血自棺縫流出，詢知爲貧民婦，産三日不下，斃而甫殯。鎮曰：可活也。夫至大喜，就樹下啓棺，鎮出藥灌婦口，團艾灸其臍，兒嚶然下，男也。婦亦旋甦。時人神之。鎮以下，世爲名醫。其族有名節者，字西墅。節子鼎，字中立，皆徵爲太醫院供奉。寵字月湖，尤精醫。世居邑城繡鞣橋西，製藥濟人，無不治者。人號所居爲藥局衖。

同治《桂陽直隸州志·人物志·方技》 何尊鐸，號天木，以潤裔孫也。祖父庶，兼通醫，夢孫思邈抱兒授之，遂教以《靈》、《素》，爲名醫。頗曉風角，以醫選入京，補太醫院醫士。

同治《江夏縣志·藝術》 黄道淳，字又樸，本姓楊，以醫著，《内經》、《本草》，默誦無遺，馬撫軍嘗面試之。視張某病，至其堂，聞咳聲，曰：不可治也，即謝去。果卒。遇制軍夫人病劇，胗之，決以明日戌時。留署驗之，信然。胗制軍壽脈曰：公脈洪大冲和，得當大拜。果未幾入閣。兩江趙制府欲薦之太醫院，固辭不去。

同治《續輯漢陽縣志·藝術》 吳家璨，號愼士。少聰穎，喜讀書，尤敦孝友。出應童試，屢拔前茅，而未青一衿，遂棄帖括爲醫。疾者盈門，車無停軌。遇貧苦無力者，輒解囊濟之，爲世推重。後遊京師，名噪一時，考授太醫院醫士。卒年七十。

同治《安義縣志·人物》 熊慶芴，南昌里人，邑庠生。薄章句無補於時，求爲良醫，以思有濟。博覽群書，一時名重。著有《扁鵲脈書》、《難經輯注》行世，學使汪廷珍爲之序。後薦入太醫，辭弗就。

同治《祁門縣志·人物志·方伎》 胡田，居城東，諸生。母有痼疾，求良醫不得，乃學醫。善鍼灸法，太醫聞田名，奏舉赴京補御醫。【略】

胡鈇，居城西桃峰。幼從父習醫，行其術邑中及東流縣。至京師，考授太醫院吏目。【略】

江之邁，字懷民，居十三都中澗。改儒精醫，初治浮梁鄂都閫疾，應手輒效，遂相善。康熙壬辰至京都，以鄂薦，供奉太醫院。

同治《畿輔通志·雜傳》 陳典，字馭虛，大興人。性豪宕，嘉聲色狗馬，爲富貴容，而不樂仕宦。少好方術，無所不通，而獨以治疫爲名。疫者聞典來視，即自慶不死。京師每歲大疫，自春之暮至於秋不已。康熙辛未，有僕某遘疫，典命市冰以大罌貯之，使縱飲，須臾盡。及夕，和藥下之，汗雨注，遂愈。或問之，典曰：是非醫者所知也。此地人畜駢闐，食腥羶，家無溷匽，汙渫彌清衢，而城河久湮，無廣川大壑以流其惡，方春時，地氣墳盈上達，淫雨汎溢，炎陽蒸之，中人膈臆，困惱坌蓄而爲厲疫。冰氣厲而下滲，非此不足以殺其惡，故古者藏冰用於賓食喪祭，而老疾亦受之，民無厲疾，吾師其遺意也。典與貴人交，必狎侮出嫚語相訾謷，雖意所不堪，然獨良其方，無如何也。貴人召之，不時至，每敦迫之，使者稽首陛下，典伏几呻吟固郤之。退而嘻曰：若生有害於人，死有益於人，吾何視爲？家日饒益，每出從騎十餘，飲酒歌舞旬日，費千金。或勸之謀仕，典曰：吾日活數十百人，若以官廢醫，是吾日殺數十百人也。諸勢家積怨日久，謀曰：陳君樂縱逸，當以官爲維婁，可時呼而至也。因使太醫院檄取爲醫士。典遂稱疾篤，飲酒近女，數月竟死。

光緒《安徽通志·人物志·方伎》 左焜，涇縣人。洪武中，舉爲醫學訓科。有達官尹姓者病亟，上命良醫治之，焜往驗，令以茯苓煮粥啖之。果愈。同族左維垣，世傳醫學，尤精傷寒，萬曆間授太醫院官。

光緒《高淳縣志·藝術》 倪讓，精通醫理，遇奇病，勿事刀圭，悉取効。洪武二年點入醫版，永樂元年授醫官，命有司給奬。

光緒《松江府志·藝術傳》 沈政，字文正，上海人，永樂時丁文膺薦爲太醫院士。上鑒其忠誠，升御醫，晉階迪功郎。

光緒《山西通志·藝術録》 呂瑛，平定人，義裔孫。精醫，爲醫學典科。天順間，召入侍御藥局，名動中外。後請告，卒於家。

光緒《黄州府志·藝術》 易坤，字本厚。少業儒，善吟詠，尤以醫名。成化二十一年，應取京，補太醫院醫士。不競時好，人多重之。

光緒《蘄州志·方伎》 韓泰，字道誠，常州府武進縣人。高祖瑩，元時爲蘄州路提舉。子顯卿，爲蘄春府醫官。孫璽，繼業，三世遂占籍於蘄。泰醫學精熟，能甘淡泊，鄰貧施劑。成化中，禮部訪求明醫，行取赴太醫院。三年，稱病歸里，遂不起，年七十九卒。

光緒《無錫金匱縣志·藝術》 周濟廣，名紘，以字行。外家金氏，工醫，遂精其術。瘍、疹、婦人諸科，無不通曉，名滿吳中。成化間，以明醫徵至京師，引疾還。每診人脈，預知人生死，無不驗者。子敷牧，孫辭，皆世其學。敷亦有名。王鏊表其墓。【略】

魏思敬，祖叔皋元本州醫學學録，業婦人科。思敬及子公哲、孫宗美，並世其業。宗美官醫學訓科。

光緒《歸安縣志·人物·藝術》引乾隆《湖州府志》 方賢，歸安人，太醫院使，與唐廣才名并稱。周昇、周冕、周鼎，師事之，俱爲御醫，得重名。成化中，召至殿前，考醫論三篇，加通政使右通政。著有《奇効良方》。

光緒《永嘉縣志·人物·藝術》 袁遷，字宗喬，世居黄嶼洲中。種橘數十木於洲上，自號芳洲主人。少業儒，精醫理，嘉靖中薦授御醫。回疾起瘍，十不失一，朝之搢紳皆以芳洲呼之。項參政喬爲之傳。

光緒《崑新兩縣續修合志·藝術》　鄭之郊，字宋孟。博學多識，尤精醫術，匕匙所投，無不立効。嘗應聘至三邊道，墜馬受傷，夜夢雙髻羽衣者授草一束，曰：是可立愈，前途廟中有之。急行憩神農廟，神像宛符。行其庭，果有是草，以敷傷處，遂愈。天啓朝，徵授太醫院吏目，療疾多奇効，進秩御醫。

光緒《荆州府志·人物·藝術》　羅橋軒，工醫術。天啓二年，勑授太醫院掌院使。

光緒《川沙廳志·人物·藝術》　張兆元，字完赤，本城人，世業幼科。論陰陽五行生克之理，變通精粹，求診治者無虛晷。崇禎間，以巡按張泰階薦仕太醫院吏目。

光緒《乾州志稿·人物傳·補遺》　楊文選，字簡之，號瀛洲，逢春第四子。父晚多疾，遂習岐黄業。後遊京師，懷宗患腹疾，召文選醫，一劑而愈。授贛州府經歷。【略】國朝順治二年，搜羅前明遺宦，辭不出。所著有《三才考要》等書。

光緒《井研志·方技傳》　彭瑄，乾隆間諸生。文字有聲，尤精於醫。不規規方脈，所診治具有元解。應試之成都，市政使方奉太醫院咨考醫學，瑄再試，皆第一，力辭送院。

光緒《江西通志·方術·廣信府》　林森，上饒人。家世業醫。資性靈朗，博究群書，郡舉任醫學正科，活人之功，不可勝紀。

光緒《丹徒縣志·人物·方技》　錢宗嗣，以醫名，被選供奉内局，擢官爲御醫，李東陽作傳。

光緒重修《嘉善縣志·人物志·藝術》　錢安，字以甯。世業醫，至安尤精。深究脈理，治病如脱，一時無出其右，舉任醫學正科。

光緒《青浦縣志·人物·藝術傳》　江寬，字立夫，中年習醫，於張機、劉宗厚、李杲、朱震亨諸家貫澈融化，師其意，不拘其方。人以疾告，貧富無異視，得錢悉以施藥餌濟人。徐乾學薦入太醫院。

光緒《嚴州府志·佚事·方伎》　袁瑆，桐廬人。由醫士任太醫院御醫，陞院判。

光緒《常山縣志·人物·方技》　鄭仁愛，字眞卿，別號景泉，浮河人，授迪功郎，精岐黄。浙東觀察使吳公溝異疾，一服即愈。吳公繪《杏林春意圖》贈以詩序。値都察院考醫學，列第一，授順天醫官。禮部尚書李騰芳薦授太醫院吏目。自知壽算，解組歸，踰年卒。著有《秘訣方書》，惜未及問世，爲兵燹所失。

《清史稿·德宗紀一》　〔光緒十九年六月〕乙卯，命直省擇保精曉天文、醫理、卜筮、數學及嫻於堪輿者，上之内務府。

《清史稿·德宗紀二》　〔光緒二十四年八月〕辛卯，上稱疾，徵醫天下。【略】〔光緒三十三年，八月〕辛酉，上不豫，詔各省薦精通醫理者。【略】〔三十四年五月〕壬辰，上疾復作，命直省薦精通醫理者。

《清史稿·宣統皇帝紀》　〔宣統二年九月〕壬寅，賞游學畢業生吳乃琛等四百五十九人文、醫、格致、農、工、商、法政進士、舉人有差。

《清史稿·后妃傳·文宗孝欽顯皇后》　光緒六年，太后不豫，上命諸督撫薦醫治疾。八年，疾愈。

《清史稿·藝術傳一·徐大椿》　徐大椿，原名大業，字靈胎，晚號洄溪，江蘇吳江人，翰林檢討釚孫。生有異禀，長身廣顙，聰強過人。爲諸生，勿屑，去而窮經，探研易理，好讀黄老與陰符家言。凡星經、地志、九宫、音律、技擊、句卒、嬴越之法，靡不通究，尤邃於醫，世多傳其異迹。【略】乾隆二十四年，大學士蔣溥病，高宗命徵海内名醫，以薦召入都。大椿奏溥病不可治，上嘉其樸誠，命入太醫院供奉，尋乞歸。後二十年復詔徵，年已七十九，遂卒於京師，賜金治喪。

典制總部

醫籍整理部

綜述

《史記·李斯列傳》 始皇三十四年，置酒咸陽宮，博士僕射周青臣等頌稱始皇威德。齊人淳于越進諫曰：臣聞之，殷周之王千餘歲，封子弟功臣自爲支輔。今陛下有海内，而子弟爲匹夫，卒有田常、六卿之患，臣無輔弼，何以相救哉？事不師古而能長久者，非所聞也。今青臣等又面諛以重陛下過，非忠臣也。始皇下其議丞相。丞相謬其説，絀其辭，乃上書曰：古者天下散亂，莫能相一，是以諸侯并作，語皆道古以害今，飾虚言以亂實，人善其所私學，以非上所建立。今陛下并有天下，別白黑而定一尊；而私學乃相與非法教之制，聞令下，即各以其私學議之，入則心非，出則巷議，非主以爲名，異趣以爲高，率羣下以造謗。如此不禁，則主勢降乎上，黨與成乎下。禁之便。臣請諸有文學詩書百家語者，蠲除去之。令到滿三十日弗去，黥爲城旦。所不去者，醫藥卜筮種樹之書。若有欲學者，以吏爲師。始皇可其議，收去詩書百家之語以愚百姓，使天下無以古非今。明法度，定律令，皆以始皇起。同文書。治離宮別館，周遍天下。明年，又巡狩，外攘四夷，斯皆有力焉。

《漢書·藝文志》 侍醫李柱國校技。每一書已，向輒條其篇目，撮其指意，録而奏之。會向卒，哀帝復使向子侍中奉車都尉歆卒父業。歆於是總羣書而奏其《七略》，故有《輯略》，有《六藝略》，有《諸子略》，有《詩賦略》，有《兵書略》，有《術數略》，有《方技略》。

《鍼灸甲乙經·自序》 仲景論廣伊尹《湯液》爲數十卷，用之多驗。近代太醫令王叔和撰次仲景選論甚精，指事施用。

《脈經·林億等校定〈脈經〉序》 詔典校古醫經方書，所校讎中《脈經》一部，乃王叔和之所撰集也。

《隋書·經籍志一》 命光禄大夫劉向校經傳諸子詩賦，步兵校尉任宏校兵書，太史令尹咸校數術，太醫監李柱國校方技。

《隋書·經籍志三》 《黄帝素問》九卷梁八卷。【略】

右二百五十六部，合四千五百一十卷。

醫方者，所以除疾疢，保性命之術者也。天有陰陽風雨晦明之氣，人有喜怒哀樂好惡之情。節而行之，則和平調理，專壹其情，則溺而生疢。是以聖人原血脈之本，因鍼石之用，假藥物之滋，調中養氣，通滯解結，而反之於素。其善者，則原脈以知政，推疾以及國。周官，醫師之職掌聚諸藥物，凡有疾者治之，是其事也。鄙者爲之，則反本傷性。故曰：有疾不治，恒得中醫。

《舊唐書·經籍志下》 《華林編略》六百卷徐勉撰。【略】

右類事二十二部，凡七千八十四卷。

《黄帝三部針經》十三卷皇甫謐撰。【略】

右明堂經脈二十六家，凡一百七十三卷。

《神農本草》三卷【略】

右醫術本草二十五家，養生十六家，病源單方二家，食經十家，雜經方五十八家，類聚方一家，共一百一十家，凡三千七百八十九卷。

《新唐書·藝文志三》 《五藏訣》一卷【略】

右明堂經脈類一十六家，三十五部，二百三十一卷。

《神農本草》三卷【略】

右醫術類六十四家，一百二十部，四千四十六卷。

《宋史·太宗紀一》 〔太平興國六年〕冬十月，丙戌，校歷代醫書。【略】十二月癸酉，購求醫書。

《宋史·藝文志六》 《黄帝内經素問》二十四卷唐王冰注。【略】右醫書類五百九部，三千三百二十七卷。

《宋史·方伎傳上·劉翰》 劉翰，滄州臨津人。世習醫業，【略】嘗被詔詳定《唐本草》，翰與道士馬志、醫官翟煦、張素、吳復珪、王光祐、陳昭遇同議，凡《神農本經》三百六十種，《名醫録》一百八十二種，唐本先附一百一十四種，有名無用一百九十四種，翰等又參定新附一百三十三種。既成，詔翰林學士中書舍人李昉、戶部員外郎知制誥王祐、左司員外郎知制誥扈蒙詳覆畢上之。昉等序之曰：《三墳》之書，神農預其一。百藥既辨，《本草》序其録。舊經三卷，世所流傳。《名醫别録》，互爲編纂。至梁陶弘景乃以《别録》參其《本經》，朱墨雜書，時謂明白。而又考彼功用，爲之注釋，列爲七卷，南國行焉。逮乎有唐，別加參校，增藥餘八百味，添注爲二十卷。《本經》漏缺則補之，陶氏誤說則證之。然而載歷年祀，又踰四百，朱字墨字，無本得同；舊注新注，其文互闕。非聖主撫大同之運，永無疆之休，其何以改而正之哉！乃命盡考傳誤，刊爲定本。類例非允，從而革焉。至如筆頭灰，兔毫也，而在草部，今移附兔頭骨之下；半天河、地漿，皆水也，亦在草部，今移附土石類之間；敗鼓皮，移附於獸名；胡桐淚，改從於木類；紫礦，亦木也，自玉石品而改焉；伏翼，實禽也，由蟲魚部而移焉；橘柚，附於果實；食鹽，附於光鹽；生薑，乾薑，同歸一類；至於雞腸、蘩蔞，陸英、蒴藋，以類相似，從而附之。仍採陳藏器《拾遺》、李含光《音義》，或窮源於別本，或傳効於醫家，參而較之，辨其臧否。至如突屈白，舊說灰類，今是木根；天麻根，解似赤箭，今又全異。去非取是，特立新條。自餘刊正，不可悉數。下採衆議，定爲印板。乃以白字爲神農所說，墨字爲名醫所傳，唐附今附，各加顯注，詳其解釋，審其形性。證謬誤而辨之者，署爲今注；考文意而述之者，又爲今按。義既判定，理亦詳明。今以新舊藥合九百八十三種，并目録二十一卷，廣頒天下，傳而行焉。翰後加檢校工部員外郎。太平興國四年，命爲翰林醫官使，再加檢校戶部郎中。【略】初，太宗在藩邸，暇日多留意醫術，藏名方千餘首，皆嘗有驗者。至是，詔翰林醫官院各具家傳經驗方以獻，又萬餘首，命懷隱與副使王祐鄭奇、醫官陳昭遇參對編類。每部以隋太醫令巢元方《病源候論》冠其首，而方藥次之，成一百卷。太宗御製序，賜名曰《太平聖惠方》，仍令鏤板頒行天下，諸州各置醫博士掌之。【略】太平興國中，詔購醫方，洪蘊録古方數十以獻。

元好問《盧太醫墓誌銘》　盧尚藥諱昶，世家霸州文安，今爲大名人，以方伎有名河朔。政和二年，補太醫奉御，被旨校正《和劑局方》，刪補治法，累遷尚藥局使。

《古今醫統大全·歷世聖賢名醫姓氏·五帝》　炎帝神農氏　按《通鑑》、《帝王世紀》及《本草序》：炎帝以火德王，生于姜水，因而姓姜，有聖德，始教天下耕種五穀，故曰神農。味草木之滋，察寒熱溫平之性，辨君臣佐使之義，嘗一日而遇七十二毒。神而化之，作方書以療民疾，立醫道救民夭札，著《本草》四卷。至梁，陶弘景以《名醫別録》加之爲七卷。至唐，李勣、許孝崇等奉詔更復採摭，去陶氏之乖違，辨俗用之紕繆，纂修爲二十卷，於今行焉。炎帝救民，澤及當時，恩垂萬世，何休哉！

《古今醫統大全·歷世聖賢名醫姓氏·唐》　王冰，寶應中爲太僕令，號啓玄子。篤好醫方，得先師所藏《太素》及全元起（者）〔書〕，大爲次注《素問》，合八十一篇，二十四卷。又著《玄珠》十卷，《昭明隱旨》三卷。

《古今醫統大全·歷世聖賢名醫姓氏·宋》　王光佑，太平興國間爲太醫，奉詔同修《本草》，裒集方書，廣心醫學。【略】吳復珪，淳化間爲太宗侍御醫，與劉翰齊鳴。太宗召修《本草》及《太平聖惠方》，書中多其所集，行世。【略】高保衡，熙寧間爲國子博士，校正醫書，深明方藥、病機，神宗詔修《內經》有功，賜緋魚，加上騎都尉。

《古今醫統大全·歷世聖賢名醫姓氏·明》　周文采，興府良醫，得《內經》之要旨，該究諸氏方書，治療盡夫。睿宗獻皇帝命選經夬奇方，編次成書，共捐民瘼。世宗繼念生民疾苦，後梓頒行天下，名《醫方選要》。【略】

盧志，字宗尹，號丹谷，太倉人。自曾祖佐以下，俱隸太醫院，至君業尤精專，爲時所宗，歷官院判，嘗奉旨纂修《本草》，并著《醫學百問》、《脈家典要》及《增定醫學綱目》等書。

朱彝尊《書太平惠民和劑局方後》　《太平惠民和劑局方》十卷，載晁氏《讀書後志》、陳氏《書録解題》，宋《藝文志》作五卷。按宋大觀中，詔通醫刊正藥局方，於是庫部郎中陳師文等校正，類分二十一門，録方二百九十有七。然則是書成于汴都也。今考王氏《玉海》，置藥局四所，其一曰和劑局，在紹興六年正月。至若改熟藥所爲太平惠民局在紹興十八年又八月。蓋師文等校正本實止五卷，其後添補紹興、寶慶、淳祐諸方，暨吳直閣方諸局方，故增益至十卷爾。予家所藏，乃元時雕本，後附太醫助教許洪《指南》三卷，係建安高氏日新堂板行。

《元史·世祖紀十》　至元二十一年十二月癸酉，命翰林承旨撒里蠻、翰林集賢大學士許國禎，集諸路醫學教授增修《本草》。

《元史·世祖紀十二》　〔至元二十五年九月〕庚戌，太醫院新編《本草》成。

《醫學讀書志・元・齊氏德之》 《外科精義》二卷。右書一種,元醫學博士充禦藥院外科太醫齊德之撰。籍里無考,其書上卷論,下卷方,皆本巢氏《病源》、《千金要方》、《千金翼方》,而參以所學。雖不著出處,鮮有發明,於瘍醫書中,實爲善本。民間行本,刊入《東垣十書》中。

《明史・藝文志三》 子類十二:一曰儒家類,二曰雜家類,前代藝文志列名法諸家,然寥寥無幾,備數而已。今總附雜家。三曰農家類,四曰小說家類,五曰兵書類,六曰天文類,七曰曆數類,八曰五行類,九曰藝術類,醫書附。十曰類書類,十一曰道家類,十二曰釋家類。【略】

孝宗《類證本草》三十一卷。【略】

吳洪《痘疹會編》十卷。已上醫術。

右藝術類,一百十六部,一千五百六十四卷。

《明史・方伎傳・李時珍》 李時珍,【略】書成,將上之朝,時珍遽卒。未幾,神宗詔修國史,購四方書籍。其子建元以父遺表及是書來獻,天子嘉之,命刊行天下,自是士大夫家有其書。

嘉慶重修《揚州府志・人物・藝術》 沈露,字茶田,頭化人。業醫,世宗朝供職太醫院。世宗感疾,兼旬不飲食,醫不能治,召露診視,一藥而愈,擢院判,命校正醫典。

道光《福建通志・藝術・閩縣》 齊洪超,字儀魯。大父任吾,以醫名。時東南遭倭亂,民多露宿,多泄瀉暴斃疾。巡撫許某校刻《薛氏保嬰全書》以濟世,涌其學者惟齊氏。洪超初受業於漳浦黃道周,學易象後,以母鄭氏病痢卒,輒以不早習醫爲恨,因究心醫理,以傳家學。貧者與藥不受直,鄉人稱爲仁醫。遭耿氏之亂,族有貧而竄身戎伍者,捐金贖之,更給以衣食。

《清史稿・聖祖紀二》 康熙二十四年夏,四月辛丑,【略】詔醫官博採醫林載籍,勒成一書。

《清史稿・藝文志三》 子部十四類:一曰儒家,二曰兵家,三曰法家,四曰農家,五曰醫家,六曰天文算法,七曰術數,八曰藝術,九曰譜録,十曰雜家,十一曰類書,十二曰小說,十三曰釋家,十四曰道家。【略】

醫家類

御定《醫宗金鑑》九十卷。乾隆十四年,鄂爾泰等奉勅撰。【略】

《清史稿・藝術傳一》 沿及高宗之世,風不替焉。欽定《醫宗金鑑》,薈萃古今學說,宗旨純正。於陰陽術數家言,亦有《協紀辨方》一書,頒行沿用,從俗從宜,隱示崇實黜虛之意,斯徵微尙矣。【略】

吳謙,字六吉,安徽歙縣人。官太醫院判,供奉內廷,屢被恩賚。乾隆中,勅編醫書,太醫院使錢斗保請發內府藏書,並徵集天下家藏秘籍,及世傳經驗良方,分門聚類,刪其駁雜,採其精粹,發其餘蘊,補其未備,爲書二部。小而約者,以爲初學誦讀;大而博者,以爲學成參考。既而徵書之令中止,議專編一書,期速成,命謙及同官劉裕鐸爲總修官。

謙以古醫書有法無方,惟《傷寒論》、《金匱要略》、《雜病論》始有法有方。《靈》、《素》而後,二書實一脈相承。義理淵深,方法微奧,領會不易,遂多譌錯。舊注隨文附會,難以傳信。謙自爲刪定,書成八九,及是,請就謙未成之書,更加增減。於二書譌錯者,悉爲訂正,逐條注釋,復集諸家舊注實足闡發微義者,以資參考,爲全書之首,標示正軌。次刪補名醫方論,次四診要訣,次諸病心法要訣,次正骨心法要旨。書成,賜名醫宗金鑑。雖出衆手編輯,而訂正《傷寒》、《金匱》,本於謙所自撰。

其採引清代乾隆以前醫說凡二十餘家,張璐、喻昌、徐彬、張志聰、高世栻、張錫駒、柯琴、尤怡,事具本傳。

其次者:林瀾,著《傷寒折衷》、《靈素合鈔》,兼通星象、堪輿之學;汪琥,著《傷寒論辨注》;魏荔彤,著《傷寒金匱本義》;沈明宗,著《傷寒金匱編注》;程應旄,著《傷寒後條辨》;鄭重光,著《傷寒論條辨續注》;周揚俊,著《傷寒三注》、《金匱二注》;程林,著《金匱直解》、《聖濟總録纂要》;閔芝慶,著《傷寒闡要編》。而遺書湮沒無考者,尙六七家云。

《清史稿・藝術傳四》 創議繙譯西書,以求製造根本。於是聘西士偉力亞利、傅蘭雅、林樂知、金楷理等,壽與同志華蘅芳、李鳳苞、王德均、趙元益孳孳研究,先後成書數百種。壽所譯述者,曰《西藝知新》及《續編》、《化學鑑原》及《續編》、《補編》、《化學考質》、《化學求數》、《物體遇熱改易說》、《汽機發軔》、《營陣揭要》、《測地繪圖》、《寶藏興焉》。法律、醫學,刊行者凡十三種,《西藝知新》、《化學鑑原》二書,尤稱善本。

典制總部

醫學科目部

綜述

《孟子·萬章上》 萬章問曰：或謂孔子於衛主癰疽，於齊主侍人瘠環，有諸乎？孟子曰：否，不然也。好事者爲之也。癰，於容反。疽，七余反。好，去聲。士，謂舍於其家，以之爲主人也。癰疽，瘍醫也。侍人，奄人也。

《墨子·尚賢下》 當王公大人之於此也，則不失尚賢而使能。王公大人有一罷馬不能治，必索良醫。

《漢書·貨殖傳》 秦楊以田農而甲一州，翁伯以販脂而傾縣邑，張氏以賣醬而隃侈，質氏以洒削而鼎食，濁氏以(冒)(胃)脯而連騎，張里以馬醫而擊鍾，皆越法矣。然常循守事業，積累贏利，漸有所起。至於蜀卓，宛孔，齊之刀閒，公擅山川銅鐵魚鹽市井之入，運其籌策，上爭王者之利，下錮齊民之業，皆陷不軌奢僭之惡。又況掘冢搏掩，犯姦成富，曲叔、稽發、雍樂成之徒，猶復齒列，傷化敗俗，大亂之道也。

《三國志·蜀志·關羽傳》 關羽字雲長，本字長生，河東解人也。【略】羽嘗爲流矢所中，貫其左臂，後創雖愈，每至陰雨，骨常疼痛，醫曰：矢鏃有毒，毒入於骨，當破臂作創，刮骨去毒，然後此患乃除耳。羽便伸臂令醫劈之。時羽適請諸將飲食，相對，臂血流離，盈於盤器，而羽割炙引酒，言笑自若。

《後漢書·黃憲傳》 黃憲字叔度，汝南慎陽人也。世貧賤，父爲牛醫。

《新唐書·百官志三》 太醫署 令二人，從七品下；丞二人，醫監四人，并從八品下；醫正八人，從九品下。令掌醫療之法，其屬有四：一曰醫師，二曰針師，三曰按摩師，四曰咒禁師。皆教以博士，考試登用如國子監。醫師、醫止、醫工療病，書其全之多少爲考課。歲給藥以防民疾。凡陵寢廟皆儲以藥，尚藥、太常醫各一人受之。宮人患坊有藥庫，監門莅出給；醫師、醫監、醫正番別一人莅坊。凡課藥之州，置採藥師一人。京師以良田爲園，庶人十六以上爲藥園生，業成者爲師。凡藥，辨其所出，擇其良者進焉。有府二人，史四人，主藥八人，藥童二十四人，藥園師二人，藥園生八人，掌固四人，醫師二十人，醫工百人，醫生四十人，典藥一人，針工二十人，針生二十人，按摩工五十六人，按摩生十五人，咒禁師二人，咒禁工八人，咒禁生十人。

醫博士一人，正八品上；助教一人，從九品上。掌教授諸生以《本草》、《甲乙》、《脈經》，分而爲業：一曰體療，二曰瘡腫，三曰少小，四曰耳目口齒，五曰角法。

針博士一人，從八品上；助教一人，針師十人，并從九品下。掌教針生以經脈，孔穴，教如醫生。

按摩博士一人，按摩師四人，并從九品下。掌教導引之法以除疾，損傷折跌者，正之。咒禁博士一人，從九品下。掌教咒禁祓除爲厲者，齋戒以受焉。

《女科百問·許叡序》 齊仲甫先生在宋爲醫局教授，分治婦人一科，嘗撰《女科百問》二卷，《產寶雜録方》一卷。

《宋史·韓億傳》 韓億字宗魏，其先眞定靈壽人，徙開封之雍丘。舉進士，爲大理評事、知永城縣，有治聲。他邑訟不決者，郡守皇甫選輒屬億治之。通判陳州，會河決，治隄費萬計，億不賦民而營築之。眞宗嘗欲召試，而與王旦有親嫌，特召見，改一官知洋州。州豪李甲，兄死迫嫂使嫁，因誣其子爲他姓，以專其貲。嫂訴於官，甲輒賂吏掠服之，積十餘年，訴不已。億視舊牘未嘗引乳醫爲證，召甲出乳醫示之，甲亡以爲辭，冤遂辨。

《類經·論治類·祝由》 按國朝醫術十三科：曰大方脈，曰小方脈，曰婦人，曰傷寒，曰瘡疾，曰鍼灸，曰眼，曰口齒，曰咽喉，曰接骨，曰金鏃，曰按摩，曰祝由。今按摩、祝由二科失其傳，惟民間尚有之。

《醫學讀書志·元·危氏亦林》 《世醫得效方》二十卷。右書一種，元南豐危亦林撰。亦林字達齋，官本州醫學教授。是書積其高祖以下五世所集醫方，凡八種：一大方脈科，九十一門；二小方脈科，七十一門；三風科，十門；四產科兼婦人雜病，三十三門；五目科，十二門；六口齒咽喉科，六門；七正骨金簇科，二十九門；八瘡腫科，二十四門。附《孫眞人養生法》。

針灸科散附各科中，有目無書。序稱創始于天曆元年，訖功於後至元三年，凡一十六年。由江西醫學提舉司牒呈醫院下諸路提舉司重校，複太醫院始準刊行，其慎重如此。前有太醫院銜名，凡院使十一人，同知院事二人，僉院事二人，同僉院事二人，判官二人，經歷二人，都帶二人，掾史二人。其書彙集古方，足資考據。第無所發明，禾于會稽梁氏，見其元朝刻本，惜未鈔録。

《續文獻通考·選舉考九》 郭徽《緇素録》曰：十三科者，大方脈、雜醫科、小方脈科、風科、產科、眼科、口齒兼咽喉科、正骨兼金瘡科、瘡腫科、鍼灸科、祝由書禁科。其法考較醫經，辨驗藥味。合試經書則《素問》、《難經》、《聖濟録》、《本草》、《千金翼方》也。元惟重其選，故名醫特多。

二十七年五月，括天下陰陽戶口，仍立各路教官，有精於藝者，令各歲貢一人。

康熙《浙江通志·方伎·杭州府》 李立之，臨安人，以小兒醫擅名一時。有嬰兒忽患瘖，求治之。之令以衾裹小兒，乘高投之地，兒不覺大驚，遂發聲能言。問之，曰：此乳搐心也，非藥石所能療。其術之高，大率類此。

康熙《浙江通志·方伎·杭州府》 李信，汴人，小兒醫也。從宋高宗南渡，遂家於杭之羲和坊。高宗危疾，詔信入侍，因年耄，賜安車至禁中，時號李車兒。信世八孫瑢，於明永樂時，亦召入京，官御醫，始移居北郭，植槐於門，子孫因字槐。又有李昊，字三英，性慷慨，立然諾，常破家以濟友人之難，人咸稱之。於醫，爲小兒國工。

紀昀等《歷代職官表·太醫院》 《漢書·藝文志》：方技者，皆生生之具，王官之一守也。太古有岐伯、俞拊，中世有扁鵲、秦和，蓋論病以及國，原診以知政。

謹按《漢書·司馬相如傳》詔岐伯使尚方注引張揖曰：岐伯者，黃帝太醫屬使，主方藥也。徐堅《初學記》引郭璞《巫咸山賦序》曰：巫咸以鴻術爲帝堯之醫。是太醫之職，由來已久，故班固以爲王官之一守，特至周而其制始備耳。又《周禮》所載：王與卿大夫則醫師治之，而疾醫但稱掌養萬民之疾病，其職似亦有差等。然疾醫僅中士八人，必不能遍治萬民之疾，當必大且危者，然後醫士治焉。其餘則受方於醫師，而未列職者皆使分治，殆如今民間之醫，聽其自行治療，而不必盡官領之歟！

《明史·職官志三》 太醫院掌醫療之法。凡醫術十三科，醫官、醫生、醫士，專科肄業：曰大方脈，曰小方脈，曰婦人，曰瘡瘍，曰鍼灸，曰眼，曰口齒，曰接骨，曰傷寒，曰咽喉，曰金鏃，曰按摩，曰祝由。

《幼科折衷·記録十四科》 記録十四科

古醫十四科，而今亡之矣。自宋元以來，止用十三科，其十四科者，中有脾胃一科也，今亦終莫之續。考醫政，其一爲風科，二爲傷寒科，三爲大方脈科，四爲小方脈科，五爲婦人胎產科，六爲鍼灸科，七爲眼科，八爲咽喉口齒科，九爲瘡瘍科，即是外科。十爲正骨科，十一爲金鏃科，十二爲養生科，即今修養家、導引按摩咽納是也。十三爲祝由科。經曰：移精變氣者，可祝由而已，即今符祝禳禱，道教是也。

同治《衡陽縣志·方技傳》 曾世榮，字育谿，元成帝時以方脈著名，尤精小兒醫。于時蒙古分散天下，中外雜居，始有豆疹之災，夭札相望。凡世榮所診療，全濟無算。撰《活幼新書》一編，甚爲當世所貴。

光緒《廣平府志·藝術》 孫德芳，永年人。幼篤學，長師谷氏，學按摩科。延祐初，舉爲太醫。

光緒《川沙廳志·人物·藝術》 秦君美，九團人。精武技，得少林內堂眞傳。時倭寇流劫，君美及同里季朝仁、金某三人，分扼要路截殺，倭不敢犯，一鄉賴以安全。君美尤善傷科，亦少林秘方也，雖傷重瀕死者，無不應手立愈。子孫繼其業，至今猶稱九團秦氏傷科。

典制總部

醫藥福利部

綜述

《周禮·地官·大司徒》 以保息六，養萬民：一曰慈幼，二曰養老，三曰振窮，四曰恤貧，五曰寬疾，六曰安富。【略】大荒，大札，則令邦國移民、通財、舍禁、弛力、薄征、緩刑。

《周禮·地官·小司徒》 小司徒之職，掌建邦之教灋，以稽國中及四郊都鄙之夫家九比之數，以辨其貴賤老幼廢疾，凡征役之施舍，與其祭祀飲食喪紀之禁令。

《周禮·地官·司關》 國凶札，則無關門之徵，猶幾。

《禮記·禮運》 故人不獨親其親，不獨子其子，使老有所終，壯有所用，幼有所長，矜、寡、孤、獨、廢疾者皆有所養。

《禮記·王制》 八十者，一子不從政；九十者，其家不從政；廢疾非人不養者，一人不從政。【略】瘖、聾、跛、躃、斷者、侏儒、百工各以其器食之。

《國語·魯語下》 先王制土，籍田以力，而砥其遠邇；賦里以入，而量其有無；任力以夫，而議其老幼。於是乎有鰥、寡、孤、疾，有軍旅之出則徵之，無則已。其歲，收田一井，出稯禾、秉芻、缶米，不是過也。先王以爲足。

《國語·晉語七》 辛巳，朝於武宮。定百事，立百官，育門子，選賢良，興舊族，出滯賞，畢故刑，赦囚繫，宥閒罪，薦積德，逮鰥寡，振廢淹，養老幼，恤孤疾，年過七十，公親見之，稱曰王父，敢不承。

《國語·吴語》 王曰：越國之中，疾者吾問之，死者吾葬之，老其老，慈其幼，長其孤，問其病，求以報吴。願以此戰。

《國語·越語上》 句踐之地，南至於句無，北至於禦兒，東至於鄞，西至於姑蔑，廣運百里。乃致其父母昆弟而誓之曰：寡人聞，古之賢君，四方之民歸之，若水之歸下也。今寡人不能，將帥二三子夫婦以蕃。令壯者無取老婦，令老者無取壯妻。女子十七不嫁，其父母有罪；丈夫二十不娶，其父母有罪。將免者以告，公令醫守之。生丈夫，二壺酒，一犬；生女子，二壺酒，一豚。生三人，公與之母；生二人，公與之餼。當室者死，三年釋其政；支子死，三月釋其政。必哭泣葬埋之，如其子。令孤子、寡婦、疾疹、貧病者，納宦其子。

《莊子·人間世》 支離疏者，頤隱於臍，肩高於頂，會撮指天，五管在上，兩髀爲脅。挫鍼治繲足以餬口；鼓筴播精，足以食十人。上徵武士，則支離攘臂而遊於其間；上有大役，則支離以有常疾不受功；上與病者粟，則受三鍾與十束薪。

《管子·輕重甲》 桓公欲賞死事之後，曰：吾國者，衢處之國，饋食之都，虎狼之所棲也。今每戰，輿死扶傷如孤，荼首之孫，仰倳戟之寶，吾無由予之。爲之奈何？管子對曰：吾國之豪家，遷封食邑而居者，君章之以物則物重，不章以物則物輕；守之以物則物重，不守以物則物輕。故遷封食邑富商蓄賈積餘藏羨跱蓄之家，此吾國之豪也。故君請縞素而就士室，朝功臣世家，遷封食邑積餘藏羨跱蓄之家，曰：城肥致衝，無委致圍。天下有慮，齊獨不與其謀。子大夫有五穀菽粟者勿敢左右，請以平賈取之子。與之定其券契之齒。釜鏂之數，不得爲侈弇焉。困窮之民聞而糴之，釜鏂無止，遠通不推，國粟之賈坐長而四十倍。君出四十倍之粟以振孤寡，牧貧病。視獨老窮而無子者，靡得相鬻而養之，勿使赴於溝澮之中。若此，則士爭前戰爲顏行，不偷而爲用，輿死持傷，死者過半。此何故也？士非好戰而輕死，輕重之分使然也。

《管子·入國》 入國四旬，五行九惠之教。一曰老老，二曰慈幼，三曰恤孤，四曰養疾，五曰合獨，六曰問疾，七曰通窮，八曰振困，九曰接絶。所謂老老者，凡國都皆有掌老。年七十已上，一子無征，三月有饋肉。八十已上，二子無征，月有饋肉。九十已上，盡家無征，日有酒肉。死，上共棺槨。勸子弟，精膳食，問所欲，求所嗜。此之謂老老。所謂慈幼者，凡國都皆有掌幼。士民有子，子有幼弱不勝養爲累者，有三幼者無婦征，四幼者盡家無征，五幼又予之葆。受二人之食，能事而後止。此之謂慈幼。所謂恤孤者，凡國都皆有掌孤。士人死，子孤幼，無父母，所養不能自生者，屬之其鄉黨知識、故人。養一孤者一子無征，養二孤者二子無征，養三孤者盡家無征。掌孤數行問之，必知其食飲饑寒、身之膌勝而哀憐之。此之謂恤孤。所謂養疾者，凡國都皆有掌養疾。聾盲喑啞，跛躄偏枯握遞，不耐自生者，上收而養之。疾，官而衣食之，殊身而後止。此之謂養疾。所謂合獨者，凡國都皆有掌媒。丈夫無妻曰鰥，婦人無夫曰寡，取鰥寡而合和之，予田宅而家室之，三年然後事之。此之謂合獨。所謂問疾者，凡國都皆有掌病。士人有病者，掌病以上令問之。九十以上，日一問。八十以上，二日一問。七十以上，三日一問。衆庶五日一問。疾甚者以告，上身問之。掌病行於國中，以問病爲事。此之謂問病。所謂通窮者，凡國都皆有通窮。若有窮夫婦無居處，窮賓客絶糧食，居其鄉黨，以聞者有賞，不以聞者有罰。此之謂通窮。所謂振困者，歲凶庸人訾厲，多死喪。弛刑罰，赦有罪，散倉粟以食之。此之謂振困。所謂接絶者，士民死上事，死戰事，使其知識故人受資於上而祠之。此之謂接絶也。

《墨子・號令》 吏卒民死者，輒召其人與次司空葬之，勿令得坐泣。傷甚者令歸治病，家善養，予醫給藥，賜酒日二升、肉二斤，令吏數行閭，視病有瘳，輒造事上。詐爲自賊傷以辟事者，族之。事已，守使吏身行死傷家，臨戶而悲哀之。

《荀子・王制》 五疾，上收而養之，材而事之，官施而衣食之，兼覆無遺。

《荀子・大略》 八十者一子不事，九十者舉家不事，廢疾非人不養者，一人不事，父母之喪，三年不事，齊衰大功，三月不事。從諸侯來與新有昏，不事。

《列仙傳・崔文子》 崔文子者，太山人也。文子世好黄老事，居潛山下。後作黄散、赤丸成石父祠。賣藥都市，自言三百歲。後有疫氣，民死者萬計，長吏之文所請救。文擁朱幡繫黄散以徇，入門飲散者即愈，所活者萬計。後去在蜀賣黄散，故世寶崔文赤丸、黄散，實近於神焉。

《漢書・平帝紀》 〔元始二年〕夏四月，郡國大旱，蝗，青州尤甚，民流亡。【略】民疾疫者，舍空邸第，爲置醫藥。

《漢書・張禹傳》 元帝崩，成帝即位，徵禹、寬中，皆以師賜爵關内侯，寬中食邑八百戶，禹六百戶。拜爲諸吏光祿大夫，秩中二千石，給事中，領尚書事。是時，帝舅陽平侯王鳳爲大將軍輔政專權，而上富於春秋，謙讓，方鄉經學，敬重師傅。而禹與鳳並領尚書，内不自安，數病上書乞骸骨，欲退避鳳。上報曰：朕以幼年執政，萬機懼失其中，君以道德爲師，故委國政。君何疑而數乞骸骨，忽忘雅素，欲避流言？朕無聞焉。君其固心致思，總秉諸事，推以孳孳，無違朕意。加賜黄金百斤、養牛、上尊酒，太官致餐，侍醫視疾，使者臨問。禹惶恐，復起視事，河平四年代王商爲丞相，封安昌侯。

《漢書・食貨志下》 莽性躁擾，不能無爲，每有所興造，必欲依古得經文。國師公劉歆言周有泉府之官，收不讎，與欲得，即《易》所謂理財正辭，禁民爲非者也。莽乃下詔。【略】又以《周官》稅民：凡田不耕爲不殖，出三夫之稅；城郭中宅不樹藝者爲不毛，出三夫之布；民浮游無事，出夫布一匹。其不能出布者，冗作，縣官衣食之。諸取衆物鳥獸魚鼈百蟲於山林水澤及畜牧者，嬪婦桑蠶織紝紡績補縫，工匠醫巫卜祝及它方技商販賈人坐肆列里區謁舍，皆各自占所爲於其在所之縣官，除其本，計其利，十一分之，而以其一爲貢。敢不自占，自占不以實者，盡沒入所采取，而作縣官一歲。

光武帝《賜馮異璽書》 今遣太中大夫賜征西吏士死傷者醫藥棺斂，大司馬以下親弔死問疾，以崇謙讓。

明帝《即位赦天下》 予末小子，奉承聖業，夙夜震畏，不敢荒寧。先帝受命中興，德侔帝王，協和萬邦，假於上下，懷柔百神，惠於鰥寡。朕承大運，繼體守文，不知稼穡之艱難，懼有廢失。聖恩遺戒，顧重天下，以元爲首。公卿百僚，將何以輔朕不逮？其賜天下男子爵，人二級；三老、孝悌、力田人三級；爵過公乘，得移與子若同產，同產子；及流人無名數欲自占者，人一級；鰥、寡、孤、獨、篤癃粟，人十斛。

明帝《禱雨詔》 自春以來，時雨不降，宿麥傷旱，秋種未下，政失厥中，憂懼而已。其賜天下男子爵，人二級，及流民無名數欲占者人一級；鰥、寡、孤、獨、篤癃、貧不能自存者粟，人三斛。理冤獄，録輕繫，二千石分禱五嶽四瀆。郡界有名山大川能興雲致雨者，長吏各絜齋禱請，冀蒙嘉澍。

和帝《詔擇良吏》 比年不登，百姓虚匱。京師去冬無宿雪，今春無澍雨，黎民流離，困於道路。朕痛心疾首，靡知所濟。瞻仰昊天，何辜今人？三公朕之腹心，而未獲承天安民之策。數詔有司，務擇良吏。今猶不改，競爲苛暴，侵愁小民，以求虚名，委任下吏，假勢行邪。是以令下而姦生，禁至而詐起。巧法析律，飾文增辭，貨行於言，罪成乎手，朕甚病焉。公卿不思助明好恶，將何以救其咎罰？咎罰既至，復令災及小民。若上下同心，庶或有瘳。其賜天下男子爵，人二級，三老、孝悌、力田三級，民無名數及流民欲占者人一級；鰥、寡、孤、獨、篤癃、貧不能自存者粟，人三斛。

和帝《北狄西域降附賜錢帛詔》 北狄破滅，名王仍降，西域諸國，納質內附，豈非祖宗迪哲重光之鴻烈歟？寤寐歎息，想望舊京。其賜所過二千石長吏已下及三老官屬錢帛各有差；鰥、寡、孤、獨、篤癃、貧不能自存者粟，人三斛。

殤帝《出掖庭宮人詔》 朕以無德，佐助統政，夙夜經營，懼失厥衷。思惟治道，由近及遠，先內後外。自建武之初以至於今，八十餘年，宮人歲增，房御彌廣。又宗室坐事沒入者，猶託名公族，甚可愍焉。今悉免遣。及掖庭宮人，皆爲庶民，以抒幽隔鬱滯之情。諸官府、郡國、王侯家，奴婢姓劉及疲癃羸老，皆上其名，務令實悉。

桓帝《葬朽骨詔》 朕攝政失中，災眚連仍，三光不明，陰陽錯序。監寐寤歎，疢如疾首。今京師廝舍，死者相枕，郡縣阡陌，處處有之，甚違周文掩胔之義。其有家屬而貧無以葬者，給直，人三千，喪主布三匹；若無親屬，可於官壖地葬之，表識姓名，爲設祠祭。又徒在作部，疾病致醫藥，死亡厚埋藏。民有不能自振及流移者，稟穀如科。州郡檢察，務崇恩施，以康我民。

《三國志·魏志·武文世王公傳》 中山恭王袞，建安二十一年封平鄉侯。【略】六年，改封中山。初，袞來朝，犯京都禁。青龍元年，有司奏袞。詔曰：王素敬慎，邂逅至此，其以議親之典議之。有司固執。詔削縣二，戶七百五十。袞憂懼，戒敕官屬愈謹。帝嘉其意，二年，復所削縣。三年秋，袞得疾病，詔遣太醫視疾，殿中、虎賁賫手詔，賜珍膳相屬，又遣太妃、沛王林並就省疾。

《三國志·吳志·顧雍傳》 顧雍字元歎，吳郡吳人也。雍爲相十九年，年七十六，赤烏六年卒。初疾微時，權令醫趙泉視之，拜其少子濟爲騎都尉。雍聞，悲曰：泉善別死生，吾必不起，故上欲及吾目見濟拜也。權素服臨吊，謚曰肅侯。

《後漢書·孝安帝紀》 〔永寧元年〕夏四月，會稽大疫，遣光祿大夫將太醫循行疾病，賜棺木，除田租、口賦。

《後漢書·孝桓帝紀》 〔元嘉元年春〕正月，京師疾疫，使光祿大夫將醫藥案行。二月，九江、盧江大疫。

《後漢書·孝靈帝紀》 〔建寧四年〕春，三月辛酉朔，大疫，使中謁者巡行致醫藥。【略】〔熹平二年春〕正月，大疫，使使者巡行致醫藥。【略】〔光和二年〕春，大疫，使常侍、中謁者巡行致醫藥。

《後漢書·耿弇傳》 父況，字俠游。【略】光武即位，【略】況聞弇求徵，亦不自安，遣舒弟國入侍。帝善之，進封況爲隃麋侯。【略】十二年，況疾病，乘輿數自臨幸。復以國弟廣、舉並爲中郎將。弇兄弟六人皆垂青紫，省侍醫藥，當代以爲榮。及況卒，謚烈侯，少子霸襲況爵。

《後漢書·韋彪傳》 韋彪字孟達，扶風平陵人也。高祖賢，宣帝時爲丞相。【略】元和二年春，東巡狩，以彪行司徒事從行。還，以病乞身，帝遣小黃門、太醫問病，賜以食物。彪遂稱困篤。

《後漢書·楊厚傳》 楊厚字仲桓，廣漢新都人也。【略】永建二年，順帝特徵，詔告郡縣督促發遣。厚不得已，行到長安，以病自上，因陳漢三百五十年之戹，宜蠲法改憲之道，及消伏災異，凡五事。制書褒述，有詔太醫致藥，太官賜羊酒。及至，拜議郎，三遷爲侍中，特蒙引見，訪以時政。

《後漢書·曹褒傳》 曹褒字叔通，魯國薛人也。【略】時有疾疫，褒巡行病徒，爲致醫藥，經理饘粥，多蒙濟活。

《後漢書·桓榮傳》 桓榮字春卿，沛郡龍亢人也，【略】建武十九年，年六十餘，始辟大司徒府，【略】三十年拜爲太常。【略】榮每疾病，帝輒遣使者存問，太官、太醫相望於道。及篤，上疏謝恩，讓還爵土。帝幸其家問起居，入街下車，擁經而前，撫榮垂涕，賜以牀茵、帷帳、刀劍、衣被，良久乃去。自是諸侯將軍大夫問疾者，不敢復乘車到門，皆拜牀下。

《後漢書·度尚傳》 度尚字博平，山陽湖陸人也。【略】遷文安令，遇時疾疫，穀貴人饑，尚開倉稟給，營救疾者，百姓蒙其濟。

《後漢書·鍾離意傳》 建武十四年，會稽大疫，死者萬數，意獨身自隱親，經給醫藥，所部多蒙全濟。

《後漢書·光武十王傳·東海恭王彊》 光武皇帝十一子：郭皇后生東海恭王彊，【略】永平元年，彊病，顯宗遣中常侍鉤盾令將太醫乘驛視疾，詔沛王輔、濟南王康、淮陽王延詣魯。及薨，臨命上疏謝曰：臣蒙恩得備蕃輔，特受二國，宮室禮樂，事事殊異，巍巍無量，訖無報稱。而自脩不謹，連年被疾，爲朝廷憂念。皇太后、陛下哀憐臣彊，感動發中，數遣使者太醫令丞方伎道術，絡驛不絕。臣伏惟厚恩，不知所言。

《**後漢書·光武十五傳·東平憲王蒼**》 東平憲王蒼，建武十五年封東平公，十七年進爵爲王。【略】蒼還國，疾病，帝馳遣名醫，小黄門侍疾，使者冠蓋不絕於道。又置驛馬千里，傳問起居。明年正月薨，詔告中傳，封上蒼自建武以來章奏及所作書、記、賦、頌、七言、別字、歌詩，並集覽焉。

《**後漢書·朱暉傳**》 朱暉字文季，南陽宛人也。【略】永平初【略】，欲嚴宿衛，故以暉爲衛士令。再遷臨淮太守。【略】後數日，詔使直事郎問暉起居，太醫視疾，太官賜食。【略】樂恢字伯奇，京兆長陵人也。【略】後徵拜議郎。【略】恢以意不得行，乃稱疾乞骸骨。詔賜錢，太醫視疾。

《**後漢書·龐參傳**》 龐參字仲達，河南緱氏人也。初仕郡，未知名，河南尹龐奮見而奇之，舉爲孝廉，拜左校令。坐法輸作若盧。【略】後以參爲遼東太守。永建元年，遷度遼將軍。四年，入爲大鴻臚。尚書僕射虞詡薦參有宰相器能，（順帝時）以爲太尉，録尚書事。是時三公之中，參名忠直，數爲左右所陷毁，以所舉用忤帝旨，司隸承風案之。時當會茂才孝廉，參以被奏，稱疾不得會。上計掾廣漢段恭因會上疏曰：伏見道路行人，農夫織婦，皆曰太尉龐參，竭忠盡節，徒以直道不能曲心，孤立羣邪之閒，自處中傷之地。臣猶冀在陛下之世，當蒙安全，而復以讒佞傷毁忠正，此天地之大禁，人主之至誡。昔白起賜死，諸侯酌酒相賀；季子來歸，魯人喜其紓難。夫國以賢化，君以忠安。今天下咸欣陛下有此忠賢，願卒寵任，以安社稷。書奏，詔即遣小黄門視參疾，太醫致羊酒。

《**魏書·顯祖紀**》 （皇興四年三月）丙戌，詔曰：朕思百姓病苦，民多非命，明發不寐，疚心疾首。是以廣集良醫，遠採名藥，欲以救護兆民。可宣告天下，民有病者，所在官司遣醫就家診視，所須藥物，任醫量給之。

《**魏書·高祖紀**》 （太和十有七年冬十月乙未）詔隱恤軍士，死亡疾病務令優給。（十有八年）秋七月丙寅，詔六鎮及御夷城人，年八十以上而無子孫兄弟，終身給其廩粟；七十以上家貧者，各賜粟十斛。又詔諸北城人，年滿七十以上及廢疾之徒，校其元犯，以準新律，事當從坐者，聽一身還鄉。又令一子扶養，終命之後，乃遣歸邊；自餘之處，如此之犯，年八十以上，皆聽還。

（二十有一年秋七月甲午）及不滿六十而有廢痼之疾、無大功之親，窮困無以自療者，皆於別坊遣醫救護，給醫師四人，豫請藥物以療之。

《**魏書·世宗紀**》 （永平三年冬十月）辛卯，中山王英薨。丙申，詔曰：朕乘乾御曆，年周一紀，而道謝擊壤，教慚刑厝。至於下民之煢鰥疾苦，心常愍之，此而不恤，豈爲民父母之意也。可敕太常於閑敞之處，別立一館，使京畿内外疾病之徒，咸令居處。嚴敕醫署，分師療治，考其能否，而行賞罰。

（延昌元年，夏四月）癸未，詔曰：肆州地震陷裂，死傷甚多，言念毁沒，有酸懷抱。亡者不可復追，生病之徒宜加療救。可遣太醫、折傷醫，并給所須之藥，就治之。

《**魏書·安定王傳**》 安定王休，皇興二年封，拜征南大將軍、外都大官。休少而聰慧，治斷有稱。【略】入爲内都大官，遷太傅。【略】十八年，休寢疾，高祖幸其第，流涕問疾，中使醫藥，相望於路。薨，賵帛三千匹。自薨至殯，車駕三臨。

《**魏書·賈彝傳**》 賈彝，字彦倫，【略】子秀，【略】高宗以秀東宮舊臣，進爵陽都子，加振威將軍。【略】自始至終，歷奉五帝，雖不至大官，常掌機要。而廉清儉約，不營資產。年七十三，遇疾，給醫藥，賜几杖。

《**魏書·陸俟傳**》 陸俟，代人也。【略】長子馛，多智。【略】馛有六子，琇、瑞知名。

瑞字智君，謹重好學。瑞在樞要十餘年，以忠厚見稱，希言屢中，高祖嘉之。後遇患，頻上書乞骸骨，詔不許，敕太醫給湯藥。

《**魏書·源賀傳**》 源賀，自署河西王秃髮傉檀之子也。【略】在州七年，乃徵拜太尉。【略】賀以年老辭位，詔不許。【略】又上書稱病篤，乞骸骨，至于再三，乃許之。朝有大議皆就詢訪，又給衣藥珍羞。太和元年二月，療疾於溫湯，高祖、文明太后遣使者屢問消息，太醫視疾。患篤，還京師。

《**魏書·裴駿傳**》 裴駿，字神駒。【略】子修，【略】修弟務，【略】務弟宣，字叔令，【略】高祖初，徵爲尚書主客郎。【略】永平四年，患篤，世宗遣太醫令馳驛就視，并賜御藥。【略】

裴駿從弟安祖，少而聰慧。【略】高祖與語甚悦，仍拜安邑令。安祖以老病固辭，詔給一時俸，以供湯藥焉。

《**魏書·高允傳**》 高允，字伯恭，勃海人也。【略】其年四月，有事西郊，詔以御馬車迎允就郊所板殿觀矚。馬忽驚奔，車覆，傷眉三處。高祖、文明太后遣醫藥護治，存問相望。司駕將處重坐，允啓陳無恙，乞免其罪。【略】

初，允每謂人曰：吾在中書時有陰德，濟救民命。若陽報不差，吾壽應享百年矣。先卒旬外，微有不適。猶不寢卧，呼醫請藥，出入行止，吟詠如常。高祖、文明太后聞而遣醫李脩往脈視之，告以無恙。脩入，密陳允榮衛有異，懼其不久。於是遣使備賜御膳珍羞，自酒米至於鹽醢百有餘品，皆盡時味，及床帳、衣服、茵被、几杖，羅列於庭。王官往還，慰問相屬。允喜形於色，語人曰：天恩以我篤老，大有所賚，得以贍客矣。表謝而已，不有他慮。如是數日，夜中卒，家人莫覺。詔給絹一千匹、布二千匹、綿五百斤、錦五十匹、雜綵百匹、穀千斛以周喪用。魏初以來，存亡蒙賚者莫及焉，朝庭榮之。將葬，贈侍中、司空公、冀州刺史，將軍、公如故，謚曰文，賜命服一襲。

《魏書·游明根傳》 游明根字志遠，廣平任人也。【略】遷大鴻臚卿、河南王幹師，尚書如故。【略】舊疹發動，手詔問疾，太醫送藥。太和二十三年卒於家，年八十一。世宗遣使弔祭，賻錢一十萬、絹三百匹、布二百匹，贈光祿大夫，加金章紫綬，謚靖侯。

《魏書·邢巒傳》 邢巒，字洪賓，河間鄚人也。五世祖嘏，石勒頻徵，不至。嘏無子，巒高祖蓋，自旁宗入後。蓋孫穎，字宗敬，以才學知名。世祖時，與范陽盧玄、勃海高允等同時被徵。後拜中書侍郎，假通直常侍、寧朔將軍、平城子，銜命使於劉義隆。後以病還鄉里。久之，世祖訪穎於群臣曰：往憶邢穎長者，有學義，宜侍講東宮，今其人安在？司徒崔浩對曰：穎卧疾在家。世祖遣太醫馳驛就療。卒，贈冠軍將軍、定州刺史，謚曰康。子脩年，即巒父也，州主簿。

《魏書·李叔虎傳》 李叔虎，勃海蓨人也。【略】

兄叔寶，【略】

叔寶從弟鳳，歷尚書郎中、國子博士。坐弟同京兆王愉逆，除名。

鳳從子長仁，字景安。頗有學涉。舉秀才，射策高第。拜中書博士，轉中書侍郎。累遷平南將軍、沛郡太守，仍爲彭城太守。又從尉元討定南境，賜爵延陵男。徵拜員外散騎常侍，使於劉準。行還，以疾除北海内史，詔賜醫藥。凡在三郡，吏民安之。尋卒。

《魏書·樊子鵠傳》 樊子鵠，代郡平城人。【略】初，青州人耿翔聚衆反，亡奔蕭衍，衍資其兵，偷據膠州。除子鵠使持節、侍中、青膠大使，督濟州刺史蔡儁討之。師達青州，翔拔城奔走。在軍遇病，詔遣醫給藥。

《魏書·外戚傳上·馮熙》 馮熙，字晉昌，長樂信都人，文明太后之兄也。【略】封京兆郡公。【略】熙於後遇疾，綿寢四載。詔遣醫問，道路相望，車駕亦數臨幸焉。將遷洛，高祖親與熙別，見其困篤，歔欷流涕。【略】主生二子，誕、脩。高祖寵誕，每與誕同輿而載，同案而食，同席坐卧。【略】十八年，高祖謂其無師傅獎導風，誕深自誨責。【略】從駕南伐。十九年，至鍾離，誕遇疾不能侍從。高祖日省問，醫藥備加。時高祖鋭意臨江，乃命六軍發鍾離南轅，與誕泣訣。左右皆入，無不掩涕。時誕已惙然，強坐，視高祖，悲而淚不能下，言夢太后來呼臣。高祖嗚咽，執手而出，遂行。是日，去鍾離五十里許。昏時，告誕薨問，高祖哀不自勝。

《魏書·盧水胡沮渠蒙遜傳》 永興中，蒙遜克姑臧，遷居之。改號玄始元年，自稱河西王，置百官丞郎以下，頻遣使朝貢。【略】第三子牧犍統任，自稱河西王，遣使請朝命。【略】牧犍淫嫂李氏，兄弟三人傳嬖之。李與牧犍姊共毒公主，上遣解毒醫乘傳救公主得愈。

《魏書·恩倖傳·王叡》 王叡，字洛誠。【略】子襲，字元孫。【略】襲弟椿，字元壽。少以父任拜秘書中散。【略】後以老病，遂辭疾客居趙郡之西鯉魚祠山。

《宋書·文帝紀》 〔景平三年夏五月〕詔曰：其高年、鰥寡、幼孤、六疾不能自存者，可與郡縣優量賑給。【略】〔四年五月〕壬午，中護軍王華卒。京師疾疫，甲午，遣使存問，給醫藥。【略】〔元嘉二十四年〕六月，京邑疫癘，丙戌，使郡縣及營署部司，普加履行，給以醫藥。

《宋書·孝武帝紀》 〔大明元年〕夏四月，京邑疾疫，丙申，遣使按行，賜給醫藥。死而無收斂者，官爲斂埋。【略】〔四年夏四月〕辛酉，詔曰：都邑節氣未調，疫癘猶衆，言念民瘼，情有矜傷。可遣使存問，并給醫藥；其死亡者，隨宜恤贍。

《宋書·營浦侯遵考傳》 遵考，高祖族弟也。【略】官至正員郎。【略】泰始五年，賜几杖，太官四時賜珍味，疾病太醫給藥。固辭几杖。

《宋書·何偃傳》 何偃，字仲弘，廬江灊人，司空尚之中子也。【略】轉吏部尚書。竣時勢傾朝野，偃不自安，遂發心悸病，意慮乖僻，上表解職，告醫不仕。世祖遇偃既深，備加治療，名醫上藥，隨所宜須，乃得痊。

《宋書·始安王休仁傳》 上既殺休仁，慮人情驚動，與諸方鎮及諸大臣詔曰：【略】吾由來諳悉其體有冷患，聞腹痛，知必是冷，乃敕太醫上省送供御高粱薑飲以賜之。

《宋書·晉平刺王休祐傳》 晉平刺王休祐，文帝第十三子也。【略】休祐素勇壯有氣力，奮拳左右排擊，莫得近。有一人後引陰，因頓地，即共毆拉殺之。乃遣人馳白上，行唱：驃騎落馬。上曰：驃騎體大，落馬殊不易。即遣御醫絡驛相係。

《宋書·自序傳》 邵字道輝，【略】襲爵，駙馬都尉，奉朝請。【略】邵疾病，使命累續，遣御醫上藥。

《南齊書·劉善明傳》 劉善明，平原人。【略】代高宗爲征虜將軍、淮南宣城二郡太守。【略】善明至郡，上表陳事曰：【略】所陳事凡十一條：其一，以爲天地開創，人神慶仰，宜存問遠方，宣廣慈澤。其二，以爲京師浩大，遠近所歸，宜遣醫藥，問其疾苦。年九十以上及六疾不能自存者，隨宜量賜。

《南齊書·周山圖傳》 周山圖字季寂，義興義鄉人也。【略】轉黄門郎，領羽林四廂直衛。【略】及疾，上手敕參問，遣醫給藥。永明元年，卒，年六十四。詔賜朝服一具，衣一襲。

《南齊書·王僧虔傳》 王僧虔，琅邪臨沂人也。【略】建元二年，【略】改授左光祿大夫，侍中、尹如故。郡縣獄相承有上湯殺囚，僧虔上疏言之曰：湯本以救疾，而實行冤暴，或以肆忿。若罪必入重，自有正刑；若去惡宜疾，則應先啓。豈有死生大命，而潛制下邑。愚謂治下囚病，必先刺郡，求職司與醫對共診驗；遠縣，家人省視，然後處理。可使死者不恨，生者無怨。上納其言。

《南齊書·虞悰傳》 虞悰字景豫，會稽餘姚人也。祖嘯父，晉左民尚書。父秀之，黄門郎。【略】領右軍將軍，揚州大中正，兼大匠卿。悰稱疾篤還東，上表曰：臣族陋海區，身微稽〔土〕（屬）〔猥〕屬興運，荷竊稠私，徒越星紀，終慚報答。衛養乖方，抱疾嬰固，寢瘵以來，倏踰旬朔，頻加醫治，曾未瘳損。惟此朽頓，理難振復，乞解所職，盡療餘辰。詔賜假百日。轉給事中、光祿大夫，尋加正員常侍。永元元年，卒。時年六十五。

《南齊書·武十七王傳》 永明九年，【略】京邑大水，吴興偏劇，子良開倉賑救，貧病不能立者，於第北立廨收養，給衣及藥。

《晉書·王覽傳》 王覽孝友恭恪，名亞於祥。【略】轉太中大夫，祿賜與卿同。咸寧初，詔曰：覽少篤至行，服仁履義，貞素之操，長而彌固。其以覽爲宗正卿。頃之，以疾上疏乞骸骨。詔聽之，以太中大夫歸老，賜錢二十萬，床帳薦褥，遣殿中醫療疾給藥。後轉光祿大夫，門施行馬。

《晉書·齊獻王攸傳》 齊獻王攸，字大猷。【略】咸甯二年，代賈充爲司空，侍中、太傅如故。【略】攸知勖、紞構己，憤怨發疾，乞守先后陵，不許。帝遣御醫診視，諸醫希旨，皆言無疾。疾轉篤，猶催上道。攸自強入辭，素持容儀，疾雖困，尚自整厲，舉止如常，帝益疑無疾。辭出信宿，歐血而薨，時年三十六。

《晉書·賈充傳》 賈充字公閭，平陽襄陵人也。【略】後爲文帝大將軍司馬，轉右長史。【略】及疾篤，上印綬遜位。帝遣侍臣諭旨問疾，殿中太醫致湯藥，賜床帳錢帛，自皇太子宗室躬省起居。太康三年四月薨，時年六十六。帝爲之慟，使使持節、太常奉策追贈太宰，加袞冕之服，綠綟綬，御劍，賜東園祕器，朝服一具、衣一襲，大鴻臚護喪事，假節鉞、前後部羽葆、鼓吹、緹麾，大路、鑾路、轀輬車，帳下司馬大車，椎斧文衣武賁、輕車介士。葬禮依霍光及安平獻王故事，給塋田一頃。與石苞等爲王功配饗廟庭，謚曰武。追贈充子黎民爲魯殤公。

《晉書·王戎傳》 王戎字濬沖，琅邪臨沂人也。【略】後遷光祿勳、吏部尚書。【略】戎先有吐疾，居喪增甚。帝遣醫療之，并賜藥物，又斷賓客。

《晉書·華表傳》 泰始中，拜太子少傅，轉光祿勳，遷太常卿。數歲，以老病乞骸骨。詔曰：表清貞履素，有老成之美，久幹王事，靜恭匪懈。而以疾固辭，章表懇至。今聽如所上，以爲太中大夫，賜錢二十萬，床帳褥席祿賜與卿同，門施行馬。【略】華表子廙。【略】廙字長駿，弘敏有才義，【略】晚爲中書通事郎。【略】後年衰病篤，詔遣太醫療病，進位光祿大夫、開府儀同三司。

《晉書·周處傳》 周處字子隱，義興陽羨人也。【略】遷禦史中丞。【略】及氐人齊萬年反，【略】乃悲慨即路，志不生還。時賊屯梁山，有衆七萬，而駿逼處以五千兵擊之。遂力戰而沒。追贈平西將軍，賜錢百萬，葬地一頃，京城地五十畝爲第，又賜王家近田五頃。詔曰：處母年老，加以遠人，朕每愍念，給其醫藥酒米，賜以終年。

《晉書·王彪之傳》 王彪之字叔武。【略】加光祿大夫、儀同三司，未拜。

疾篤，帝遣黄門侍郎問所苦，賜錢三十萬以營醫藥。太元二年卒，年七十三。即以光禄爲贈，謚曰簡。二子：越之，撫軍參軍；臨之，東陽太守。

《晉書·謝安傳》 謝安兄奕，奕子玄。【略】玄字幼度，少穎悟，【略】拜建武將軍。【略】玄既還，遇疾，上書解職，詔書不許。【略】詔遣高手醫一人，令自消息，又使還京口療疾。

《晉書·儒林傳·杜夷》 杜夷字行齊，廬江灊人也。【略】夷遁於壽陽。鎮東將軍周馥傾心禮接，引爲參軍，夷辭之以疾。馥知不可屈，乃自詣夷，爲起宅守，供其醫藥。

《晉書·隱逸傳·范粲》 范粲字承明，陳留外黄人，漢萊蕪長丹之孫也。【略】詔爲侍中，持節使於雍州。武帝踐阼，泰始中，粲同郡孫和時爲太子中庶子，表薦粲，稱其操行高潔，久嬰疾病，可使郡縣輿致京師，加以聖恩，賜其醫藥，若遂瘳除，必有益於政。乃詔郡縣給醫藥，又以二千石禄養病，歲以爲常，加賜帛百匹。子喬以父疾篤，辭不敢受，詔不許。以太康六年卒，時年八十四，不言三十六載，終於所寢之車。

《梁書·徐勉傳》 徐勉字脩仁，東海郯人也。【略】中大通三年，又以疾自陳，移授特進、右光禄大夫、侍中、中衛將軍，置佐史，餘如故。增親信四十人。兩宮參問，冠蓋結轍；服膳醫藥，皆資天府。有敕每欲臨幸，勉以拜伏有虧，頻啓停出，詔許之，遂停輿駕。大同元年，卒，時年七十。

《梁書·孔休源傳》 孔休源字慶緒，會稽山陰人也。【略】中大通二年，加授金紫光禄大夫，監揚州如故。【略】昭明太子薨，有敕夜召休源入宴居殿，與群公參定謀議，立晉安王綱爲皇太子。四年，遘疾，高祖遣中使候問，並給醫藥，日有十數。其年五月，卒，時年六十四。

《梁書·儒林傳·賀瑒》 賀瑒字德璉，會稽山陰人也。祖道力，善《三禮》，仕宋爲尚書三公郎、建康令。【略】

天監七年，拜步兵校尉，領《五經》博士。九年，遇疾，遣醫藥省問，卒于館，時年五十九。

《梁書·止足傳·顧憲之》 顧憲之字士思，吳郡吳人也。【略】齊高帝即位，除衡陽内史。先是，郡境連歲疾疫，死者太半，棺木尤貴，悉裹以葦席，棄之路傍。憲之下車，分告屬縣，求其親黨，悉令殯葬。其家人絶滅者，憲之爲出公禄，使綱紀營護之。又土俗，山民有病，輒云先人爲禍，皆開冢剖棺，水洗枯骨，名爲除祟。憲之曉喻，爲陳生死之别，事不相由，風俗遂改。

《陳書·世祖紀》 〔天嘉五年，十二月〕甲子，曲赦建安、晉安二郡。討陳寶應將士死王事者，竝給棺槥，送還本鄉，并復其家。瘡痍未瘳者，給其醫藥。癸未，齊遣使來聘。

《陳書·宣帝紀》 〔大建二年三月〕丁未，大赦天下。又詔自討周迪、華皎已來，兵交之所有死亡者，竝令收斂，并給棺槥，送還本鄉；瘡痍未瘳者，各給醫藥。

《北齊書·斛律金傳》 斛律金，字阿六敦，朔州勑勒部人也。【略】顯祖受禪，封咸陽郡王，刺史如故。其年冬，朝晉陽宮。金病，帝幸其宅臨視，賜以醫藥，中使不絶。病愈還州。

《周書·李遷哲傳》 李遷哲字孝彦，安康人也。世爲山南豪族，仕於江左。祖方達，齊末，爲本州治中。父元眞，仕梁，歷東宮左衛率、東梁衡二州刺史、散騎常侍、沌陽侯。【略】魏恭帝初，直州人樂熾、洋州人田越、金州人黄國等連結爲亂。加授侍中、驃騎大將軍、開府儀同三司，除直州刺史。【略】令與田弘同討信州。

魏恭帝三年正月，軍次并州。梁并州刺史杜滿各望風送款。進圍疊州，剋之，獲刺史冉助國等。遷哲每率驍勇爲前鋒，所在攻戰，無不身先士卒，凡下十八州，拓地三千餘里。時信州爲蠻酋向五子王等所圍，弘又遣遷哲赴援。比至，信州已陷。五子王等聞遷哲至，狼狽遁走。遷哲入據白帝。賀若敦等復至，遂共追擊五子王等，破之。及田弘旋軍，太祖令遷哲留鎮白帝，更配兵千人，馬三百匹。信州先無倉儲，軍糧匱乏。遷哲乃收葛根造粉，兼米以給之。遷哲亦自取供食。時有異膳，即分賜兵士。有疾患者，又親加醫藥。以此軍中感之，人思效命。

《南史·宋本紀中》 〔元嘉四年夏〕五月，都下疾疫，遣使存問，給醫藥，死無家屬者，賜以棺器。【略】二十四年六月，都下疫癘，使巡省給醫藥。【略】〔二十八年夏〕四月癸酉，都下疾疫，使巡省給醫藥。〔大明元年夏〕四月，都下疾疫。丙申，遣使巡，賜給醫藥；死而無收斂者，官爲斂埋。【略】〔大明四年〕辛酉，詔以都下疾疫，遣使存問，并給醫藥。其亡者隨宜賑恤。

《南史·潁冑傳》 潁冑字雲長，弘厚有父風。起家秘書郎。高帝謂赤斧曰：潁冑輕朱被身，覺其趨進轉美，足慰人意。遷太子舍人。遭父喪，感腳疾，數年然後能行，武帝有詔慰勉之，賜以醫藥。

《南史·文惠皇太子長懋傳》 太子與竟陵王子良俱好釋氏，立六疾館以養窮人。【略】永明九年，都下大水，吳興偏劇，子良開倉振救貧病不能立者，於第北立廨收養，給衣及藥。

《南史·鄭紹叔傳》 鄭紹叔字仲明，滎陽開封人也。累世居壽陽。【略】徵爲左衛將軍，至家疾篤，詔於宅拜授，輿載還府。中使醫藥，一日數至。卒於府舍。

《南史·呂僧珍傳》 呂僧珍字元瑜，東平范人也，【略】入直秘書省。天監十年，疾病，車駕臨幸，中使醫藥日有數四。僧珍語親舊曰：吾昔在蒙縣熱病發黃，時必謂不濟。主上見語，卿有富貴相，必當不死。俄而果愈。吾今已富貴，而復發黃，所苦與昔政同，必不復起。竟如言卒于領軍官舍。武帝即日臨殯，贈驃騎將軍、開府儀同三司，謚曰忠敬。武帝痛惜之，言爲流涕。子淡嗣。

《南史·范雲傳》 范雲字彥龍，南鄉舞陰人，晉平北將軍汪六世孫也。【略】遷尚書右僕射。【略】武帝九錫之出，雲忽中疾，居二日半，召醫徐文伯視之。文伯曰：緩之一月乃復，欲速即時愈，政恐二年不復可救。雲曰：朝聞夕死，而況二年。文伯乃下火而壯焉，重衣以覆之。有頃，汗流於背，即起。二年果卒。帝爲流涕，即日輿駕臨殯，詔贈侍中、衛將軍，禮官請謚曰宣，敕賜謚曰文。有集三十卷。

《北史·李亨傳》 〔季海〕子亨，字德良，一名孝才。【略】隋文帝受禪，自洛州刺史徵拜太常卿。尋出爲衛州刺史，在職八年，風化大洽。以老病乞骸骨，吏人詣闕上表請留，上嗟歎者久之。其年，亨以篤疾，重請還京，上令使者致醫藥，問動靜，相望於道。卒于家，謚曰宣。

《北史·盧魯元傳》 盧魯元，昌黎徒河人也。【略】後遷太保、録尚書事。【略】眞君三年，駕幸陰山，魯元以疾不從。侍臣問疾，醫藥傳驛，相屬於路。及薨，帝甚悼惜之，還臨其喪，哭之哀慟。

《北史·程駿傳》 程駿字驎駒，本廣平曲安人也。【略】皇興中，除高密太守。【略】性介直，不競時榮。太和九年正月病篤。【略】初駿病甚，孝文、文明太后遣使者更問其疾，敕侍御師徐謇診視，賜以湯藥。臨終，詔以小子公稱爲中散，從子靈虯爲著作佐郎。及卒，孝文、文明太后傷惜之。賜東園祕器、朝服一稱、帛三百匹，贈兗州刺史、曲安侯，謚曰憲。所作文章，自有集録。

《北史·楊敷傳》 楊敷字文衍，播族孫也。子素。【略】拜素車騎大將軍、儀同三司。【略】素雖有建立策及平楊諒功，然特爲帝猜忌，外示殊禮，內情甚薄。太史言楚分野有大喪，因改封素於楚。寢疾之日，帝每令名醫診候，賜以上藥，然密問醫人，恆恐不死。素又自知名位已極，不肯服藥，亦不將慎。每語弟約曰：我豈須更活邪？

《北史·魏長賢傳》 魏長賢，收之族叔也。祖釗，本名顯義，字弘理，【略】世祖南伐，【略】授內都直，【略】師次淮南，【略】即授義陽太守、陵江將軍。又令釗與諸將，統兵討襲，所當無不摧破，軍中服其勇敢。世祖嘉喜，謂群臣曰：中國士人，吾拔擢咸盡，文武膽略，未有若釗儔。加授建忠將軍，追贈其父處順州刺史。時經略江左，方大用之，遇風疾發動，頻降醫藥，竟不痊復。卒時年六十四。

《北史·獨孤信等傳》 會獻皇后及楊素妻鄭氏俱有疾，召醫視之，皆曰：此猫鬼疾。

《北史·閻慶傳》 閻慶字仁度，河陰人也。【略】天和六年，進位柱國。【略】建德二年，抗表致事，優詔許焉。慶既衰老，恆嬰沉痼。宣帝以其先朝耆舊，特異恆倫，乃詔靜帝至第問疾。賜布千段，醫藥所須，令有司供給。大象二年，拜上柱國。隋文帝踐極，又令皇太子就第問疾，仍供醫藥之費。開皇二年薨，年七十七。贈司空、七州諸軍事、荊州刺史，謚曰成。

《北史·令狐整傳》 令狐整字延保，敦煌人也，本名延。【略】子熙嗣。【略】文帝拜安州刺史。在職數年，上表以年老疾患，請解所任。優詔不許，賜以醫藥。

《北史·循吏傳》 公孫景茂字元蔚，河間阜城人也。【略】開皇初，召拜汝南太守。郡廢，爲曹州司馬，遷息州刺史。法令清靜，德化大行。屬平陳之役，征人在路病者，景茂減俸祿爲饘粥湯藥，多方振濟之，賴全活者千數。上聞嘉之，詔宣示天下。【略】明年，以疾徵，吏人號泣於道。及疾愈，復乞骸骨，又不許。【略】辛公義，隴西狄道人也。【略】從軍平陳，以功除岷州刺史。土俗畏病，若一人有疾，即合家避之，父子夫妻，不相看養，孝義道絕。由是病者多死。公義患之，欲變其俗。因分遣官人，巡檢部內，凡有疾病，皆以床犨來，安置廳事。暑月疫時，病人或至數白，廳廊悉滿。公義親設一榻，獨坐其間，終日連夕，對之理事。所得秩俸，盡用市藥，迎醫療之，躬勸其飲食，於是悉差。方召其親戚而喻之曰：死生由命，不關相著，前汝棄之，所以死耳。今我聚病者，坐卧其間，若言相染，那得不死？病兒復差，汝等勿復信之。諸病家子孫，慚謝而去。後人有遇疾者，爭就使君，其家親屬，固留養之。始相慈愛，此風遂革，合境之内，呼爲慈母。

《隋書·盧賁傳》 皇甫績字功明，安定朝那人也。【略】開皇元年【略】，拜信州總管、十二州諸軍事。俄以病乞骸骨，詔徵還京，賜以御藥，中使相望，顧問不絕。卒於家，時年五十二。

《隋書·循吏傳·公孫景茂等》 公孫景茂，字元蔚，河南阜城人也。容貌魁梧，少好學，博涉經史。【略】開皇初，詔徵入朝，訪以政術，拜汝南太守。郡廢，轉曹州司馬。在職數年，以老病乞骸骨，優詔不許。俄遷息州刺史，法令清靜，德化大行。時屬平陳之役，征人在路，有疾病者，景茂撤減俸祿，爲饘粥湯藥，分賑濟之，賴全活者以千數。上聞而嘉之，詔宣告天下。【略】辛公義，隴西狄道人也。【略】從軍平陳，以功除岷州刺史。土俗畏病，若一人有疾，即合家避之，父子夫妻不相看養，孝義道絕，由是病者多死。公義患之，欲變其俗。因分遣官人巡檢部内，凡有疾病，皆以牀興來，安置廳事。暑月疫時，病人或至數百，廳廊悉滿。公義親設一榻，獨坐其間，終日連夕，對之理事。所得秩俸，盡用市藥，爲迎醫療之，躬勸其飲食，於是悉差。

唐太宗《太上皇康復詔》 書不云乎，一人有慶，兆民賴之。朕虔奉大安，愛敬崇極，永言之養，祇慄斯在。近日聖躬違豫，寢膳有虧，憂懼在懷，不遑寧處，博求醫術，備盡藥療，祈告明靈，具陳懇篤，上玄降福，遂蒙昭祐，應時康愈，萬福咸宜。喜幸之隆，實兼家國，思班愷樂，洽于卿士。然而尚齒崇孝，德教所先，饗餼是加，義超常等。諸州都督、刺史及文武官人，老人八十已上，并孝子旌表門閭者，並宜節級賜物，以申饗宴。庶使萬國之内，同此歡心，施於四海，皆知朕意。

唐高宗《改元弘道詔》 鰥、寡、孤、獨、篤疾不能自存者，量加賑給。

唐高宗《恤刑詔》 哀矜折獄，義光呂訓，明慎用刑，事昭姬彖。朕以寡昧，嗣登宸極，思闡大猷，式隆景運，蹈氷彌懼，屬想於寰中，馭朽彌兢，馳襟於裕下，虚己待物，每從寬政。如聞率土州縣留獄尚繁，困於囚縶，致於病死，一歲之中，數盈二百。蓋由上乏亭育之化，下乖堯舜之心，深責在躬，興言多愧。抑又聞之，共成我理天下者，其惟良二千石。今之所任，或虧政道，未詳欽恤之旨，苟狥苛刻之情，幽縶困滯，証逮遐廣，寒暑相襲，風露交侵，淹乎年歲，成其疾苦，加以杖笞失度，桎梏違方，巧詆深文，生全安在？獄市之寄，何其爽與！自茲以後，宜革前弊，罪無大小，不得稽留，其囚疾患及輕罪並笞杖等，雖法有恆規，恐典吏妄生威福，官人不存檢校，或顔面囑請，觸類以之。若仍舊不悛，當加重罪。布告天下，知朕意焉。

唐武后《改元光宅赦》 鰥、寡、惸、獨、篤疾之徒不能自存者，並加賑恤。

唐武后《改元載初赦》 鰥、寡、孤、獨、篤疾等不能存立者，量加賑恤。

唐玄宗《改天寶三年為載制》 諸軍征鎮及防人有尫羸疾病者，委節度揀擇放歸。

唐玄宗《北巡狩制》 宜令刺史、縣令存問百年老病、鰥、寡、惸、獨及行人家，如有單貧不濟，不能存活者，量加賑給。

唐玄宗《三衛彍騎疾病給食料勅》 育物者所貴於從宜，養人者必資於遂性。況加疾苦，豈忘哀矜！内外廊三衛彍騎等，如聞因當上染患者，番滿之後，既不勝致還鄉，又不容在職掌，思彼進退無據，何所依投？溝壑是憂，豈謀朝夕？永言及此，深軫於懷。自今已後，如有此色，宜移就三衛廚給食料將養，各委左右金吾將軍存意檢校，所須藥物，仍與太常計會，量事供擬，並差醫人救療。其諸門及街鋪職掌人等，各委將軍以當衛。諸色殘官等，且量事支給其醫藥，宜准内外廊例。自餘色當番人等，有疢疾者，並准此處分。其有身死者，各委所由，隨事埋瘞，當日牒報本貫，令家人親族運致還鄉。

唐代宗《大曆九年赦》 其在軍將士，有刀箭所傷，又嬰沉疾者，戮力疆場，身當鋒刃，各委所由，量給藥物，厚加優賞。

唐穆宗《即位赦上》 因病假滿百日解官并終制未授官者，及致仕官並與進。

唐穆宗《疾愈德音》 朕遐思三古，旁考百王，邁德彰仁，在於兢慎。故詩稱翼翼易羨，乾乾惟此之格言，豈忘於終日況？天地之仁，莫先於利物。朕乃者膳飲非適，興居不時，風霜所侵，遘厲瘧疾。賴上玄降鑒，列聖垂休，尋克有瘳，至於安節。深虧慎德，重切貽憂，爰因康復之初，式表兢勤之至，況江淮旱歉，滑鄆水災，方念恤人，寧忘約己，應緣御服及器用，在淮南、浙西、宣歙等道各供進者，并端午、降誕常例進獻等，一切權停。其諸道每年准旨條合貢者，委度支商量疏理。如非切要，涉於冗廢者，一切停進。夫適情悅目，肆巧雕文，翫好雖充，農桑實蠹，朕將齋服省用，每念黎元。應諸道除常貢外，不得別進翫好之物。近日諸道多奏祥瑞，且休徵所感，靈迹所昭，必驗祥經，應玄化。自今已後，除合准式申奏外，餘一切不得妄有進獻，虛爲煩費。卑宮菲食，常遵大禹之心，馳騁畋游，每奉玄元之誡。朕勞思惜費，恭念好生，將欲濟人，期於克己。每日供御，及供宮內食料等一物已上，各委本司商量節減，仍具所收費用數速分析聞奏，當付度支管計以添充經用。五坊鷹狗之類，量留充備蒐狩之外，一切盡放。其淮南等道，當臨遣使臣，別有處分。於戲！天鑒在上，敢不嚴恭；人視在下，敢不兢畏。既驗有喜之兆，永懷無逸之規。凡在中外，宜表朕意。

唐文宗《太和八年疾愈德音》 朕祗若天命，纘承睿圖，正統紀以清，庶方序彝倫，以貞百度，慄慄寅畏，於兹九年。雖儉己飭躬，推誠育物，懼有未至，不遑安寧。屬節氣交時，疾恙攖體，列聖垂祐，涉旬復初。既上慶於兩宮，宜覃恩於兆姓，庶與寰宇同兹福祥。自太和八年二月九日昧爽已前，天下應犯死罪降徒流罪遞減一等。唯官典犯贓，及諸色人所由破用官物，故殺人、十惡等罪，不在此限。左降官流人，宜准去年八月十九日勅即與處分。爲政之要，必在去煩，厚下之恩，莫先己責。應度支、戶部、鹽鐵：積欠錢物，或囚繫多年，資產已盡，或本身淪沒，展轉攤徵，簿書之中，虛有名數，囹圄之下，常積滯冤，言念于兹，所當矜恤。其度支、戶部、鹽鐵應有懸欠，委本司具可徵放數，條流聞奏，不得容有奸濫。在京諸司，使食利錢，已納利計五倍已上者，本利並放。其有攤徵保人，納利計兩倍已上者，其本利亦放免。京邑之內，本無榷酤，屬貞元用兵之後，費用稍廣，始定店戶等，第令其納榷。況萬方所聚，私釀至多，禁令既不可施，榷利自無所入，徒立課額，殊非惠人。其長安、萬年兩縣，見徵榷錢一萬五千一貫八百文，若先欠者，並宜放免。其榷酒錢，起今亦宜停。比者滄寇干紀，稽誅數年，諸道興師，累獻戎捷，時方討叛，難議釋縲，免死戍邊，已有恩貸。今滄州一道，久被朝章，念其懷土之心，必有向隅之嘆，俾之遂性用洽優恩，其諸道所送滄州將健配流，及邊鎮營田役使者，並委本道據見在人放歸。本管如有已効軍職，及自有生業不願去者，亦任便住。董昌齡自邕州累平溪洞，兵威所向，首惡皆擒，言念蒼生，無非赤子，況在荒徼，尤當撫循。其溪洞如有未歸附者，向後非因侵擾，更不用進討，仍加存撫，各使懷安。所獲黃洞百姓，並分配側近州縣，令自營生，不得沒爲奴婢，將賞充給。如元是奴婢者，即任充賞。南海蕃舶本以慕化而來，固在接以恩仁，使其感悅。如聞比年長吏多務徵求，嗟怨之聲達於殊俗。況朕方寶勤儉，豈愛遐琛？深慮遠人未安，率稅猶重，思有矜恤，以示綏懷。其嶺南，福建及揚州蕃客，宜委節度觀察使，除舶腳收市進奉外，任其來往，自爲交易，不得重加率稅。天下諸州府，如有寃滯未申，宜委御史臺及出使郎官察訪聞奏。朕百靈所祐，獲遂痊和，虔奉神休，敢忘昭報。其五岳四瀆，天下名山大川，各委所在長吏致祭，仍加豐潔，以副精誠。朕以寡德，上承丕構，宗社流慶，玄穹叶靈，微恙俄和，旋就康復。渥澤恩及于人瘼，敬戒先自於朕躬，俾我華夷共歡，富壽中外，臣庶宜體予懷。

唐文宗《冊太子赦》 太和七年冊皇太子德音，【略】天下孝子順孫先旌其門閭者，及年高廢疾者，委所管州縣各加存卹。

唐懿宗《咸通八年痊復救恤百姓僧尼勅》 勅：朕俾寒暑致疾，綿滯經時，今旬朔之間，寢膳已復。蒙天地保祐，宗社寵靈，既疾痛之有瘳，念被羸之無告，爲之父母得不憫傷，慮赦令之或頻，則奸人之得計。倘恩惠之遠布，冀窮氓之稍蘇。應天下百姓、僧尼、道士、女冠等，有年七十已上疾病癃痼委頓牀榻者，宜各賜絹兩匹。應州縣病坊貧兒多處，賜米十石，或數少處，即七石、五石、三石。其病坊據元勅各有本利錢，委所在刺史、録事、叅軍、縣令糺勘，兼差有道行僧人專勾當，三年一替。如遇風雪之時，病者不能求丐，即取本坊利錢市米爲粥，均給饑乏。如疾病可救，即與市藥理療，其所用絹米等，且以戶部屬省錢物充，速具申奏，候如定數，即以藩鎮所進賀疾愈物支還所司。此勅到，仰所在州縣，寫録勅牓于州縣門，并坊市、村閭要路。其州縣所給卹絹米，恐下吏之所隱欺，仍委刺史、縣令設法頒布，不得令不到本身所在。給卹之後，一一分析聞奏，俾令速濟疾病，稱朕意焉。

《舊唐書·太宗紀下》 〔貞觀四年十一月〕甲子，至自隴州。戊寅，制決罪人不得鞭背，以明堂孔穴針灸之所。【略】貞觀十年，【略】是歲，關內、河東疾病，命醫齎藥療之。

《舊唐書·高宗紀下》 〔永淳元年〕六月，關中初雨，麥苗澇損，後旱，京兆、岐、隴螟蝗食苗並盡，加以民多疫癘，死者枕藉於路，詔所在官司埋瘞。

《舊唐書·文宗紀下》〔大和六年春〕正月壬子，詔曰：【略】京城內鰥寡癃殘無告不能自存者，委京兆尹量事濟恤，具數以聞。【略】〔六年五月〕庚申，詔：如聞諸道水旱害人，疾疫相繼，宵旰罪己，興寢疚懷，今長吏奏申，札瘥猶甚。【略】其遭災疫之家，一門盡歿者，官給凶器。其餘據其人口遭疫多少，與減稅錢。疫疾未定處，官給醫藥。

《舊唐書·武宗紀》〔會昌五年〕十一月甲辰，敕：悲田養病坊，緣僧尼還俗，無人主持，恐殘疾無以取給，兩京量給寺田賑濟。諸州府七頃至十頃，各於本管選耆壽一人勾當，以充粥料。

《舊唐書·懿宗紀》〔咸通十四年〕六月，帝不豫。七月，【略】辛巳，遺詔曰：【略】軍國務殷，豈可久曠，況易月之制，行之自古，皇帝宜三日而聽政，二十七日釋服。諸道節度、觀察、團練、防禦等使，及監軍、諸州刺史，受寄至重，並不得離任赴哀。文武常參官朝晡之臨，十五舉音。宮中當臨者，非時無得擅哭。天下人吏百姓告哀後出臨三日，皆釋服，勿禁食肉、飲酒、婚姻、祭祀，釋服之後無禁當舉。薄葬之禮，宜遵漢魏之文。其山陵制度，切在儉約，並不得以金銀錦繡文飾喪具。五坊鷹犬等，除蒐狩外，餘並解放。其醫官段璲、趙玘、苻虔休、馬及等並釋放。

《舊唐書·職官志二》凡職事官應覲省及移疾，不得過程。年七十已上，應致仕，若齒力未衰，亦聽釐務。凡官人身及同居大功已上親，自執工商，家專其業，及風疾、使酒，皆不得入仕。

《舊唐書·杜如晦傳》杜如晦字克明，京兆杜陵人也。【略】貞觀三年，代長孫無忌爲尚書右僕射。【略】其年冬，遇疾，表請解職，許之，祿賜特依舊。太宗深憂其疾，頻遣使存問，名醫上藥，相望於道。四年，疾篤，令皇太子就第臨問，上親幸其宅，撫之流涕，賜物千段，及其未終見子拜官，遂超遷其子左千牛構爲尚舍奉御。尋薨，年四十六。太宗哭之甚慟，廢朝三日，贈司空，徙封萊國公，謚曰成。

《舊唐書·褚亮傳》褚亮字希明，杭州錢塘人。【略】貞觀十六年，進爵爲侯，食邑七百戶。【略】及寢疾，詔遣醫藥救療，中使候問不絕。卒時年八十八。太宗甚悼惜之，不視朝一日，贈太常卿，陪葬昭陵，謚曰康。

《舊唐書·顔師古傳》顔籀字師古，雍州萬年人，齊黃門侍郎之推孫也。【略】師古弟相時，亦有學業。【略】尋轉禮部侍郎。相時羸疾多疾病，太宗常使賜以醫藥。

《舊唐書·蘇世長傳》蘇世長，雍州武功人也。【略】子良嗣，高宗時遷周王府司馬。【略】載初元年春，罷文昌左相，加位特進，仍依舊知政事。與地官尚書韋方質不協，及方質坐事當誅，辭引良嗣，則天特保明之。良嗣謝恩拜伏，便不能復起，輿歸其家，詔御醫張文仲、韋慈藏往視疾。其日薨，年八十五。則天輟朝三日，舉哀於觀風門，敕百官就宅赴弔。贈開府儀同三司、益州都督，賜絹布八百段、米粟八百石，兼降璽書弔祭。

《舊唐書·李敬玄傳》李敬玄，亳州譙人也。【略】調露二年，吐蕃入寇，以敬玄爲洮河大總管，兼安撫大使，仍檢校鄯州都督，率兵禦吐蕃。【略】俄有詔留敬玄於鄯州防禦，敬玄累表稱疾，乞還醫療，許之。既入見，驗疾不重，高宗責其詐妄，又積其前後愆失，貶授衡州刺史。稍遷揚州大都督府長史。永淳元年卒，年六十八，贈兗州都督。

《舊唐書·張仁愿傳》張仁愿，華州下邽人也。萬歲通天二年，擢仁愿爲肅政臺中丞、檢校幽州都督。【略】會突厥默啜入寇，攻陷趙、定，擁衆回至幽州，仁愿勒兵出城邀擊之，流矢中手，賊亦引退。則天遣使勞問，賜以醫藥。累遷并州大都督府長史。

《舊唐書·睿宗諸子傳》憲，本名成器，睿宗長子也。【略】開元九年兼太常卿。十四年，停太常卿，依舊爲開府儀同三司。二十一年，復拜太尉。二十八年冬，憲寢疾，上令中使送醫藥及珍膳，相望於路。僧崇一療憲稍瘳，上大悅，特賜緋袍魚袋，以賞異崇一。

《舊唐書·宋璟傳》宋璟，邢州南和人，其先自廣平徙焉，後魏吏部尚書弁七代孫也。開元十七年，遷尚書右丞相。二十年，【略】璟乃退歸東都私第，屏絕人事，以就醫藥。二十二年，駕幸東都，璟於路左迎謁，上遣榮王親勞問之，自是頻遣使送藥餌。二十五年薨，年七十五，贈太尉，謚曰文貞。

《舊唐書·張嘉貞傳》張嘉貞，蒲州猗氏人也。【略】開元初，因奏事至京師，上聞其善政，數加賞慰。【略】十七年，嘉貞以疾請就醫東都，制從之。至都，目瞑無所見，上令醫人內直郎田休裕、郎將呂弘泰馳傳往省療之。

《舊唐書·崔損傳》崔損字至無，博陵人。【略】貞元十四年秋，轉門下侍郎平章事。【略】損以久疾在家，賜絹二百匹以爲醫藥。

《舊唐書·楊綰傳》 楊綰字公權，華州華陰人也。【略】上乃拜綰中書侍郎、同中書門下平章事，集賢殿崇文館大學士，兼修國史。【略】綰有宿痼疾，居職旬日，中風，優詔令就中書省攝養，每引見延英殿，特許扶入。時釐革舊弊，唯綰是瞻，恩遇莫二。綰累抗疏辭位，頻詔敦勉不許。及綰疾亟，上日發中使就第存問，尙藥御醫，旦夕在側，上聞其有間，喜見容色。數日而薨，中使在門，馳奏於上，代宗震悼久之，輟朝三日。

《舊唐書·盧鈞傳》 盧鈞字子和，本范陽人。【略】開成元年，【略】其年冬，代李從易爲廣州刺史、御史大夫、嶺南節度使。【略】凡在封境者，鈞減俸錢爲營棺櫝。其家疾病死喪，則爲之醫藥殯殮，孤兒稚女，爲之婚嫁，凡數百家。

《舊唐書·張允伸傳》 張允伸字逢昌，范陽人也。【略】咸通九年，累加至光祿大夫、檢校司徒兼太傅，同中書門下平章事、燕國公。【略】十二年，以風恙拜章請就醫藥，詔許之。

《舊唐書·方伎傳·甄立言》 ［甄權］弟立言，武德中累遷太常丞。御史大夫杜淹患風毒發腫，太宗令立言視之，既而奏曰：從今更十一日午時必死。果如其言。時有尼明律，年六十餘，患心腹鼓脹，身體羸瘦，已經二年。立言診脈曰：其腹內有蟲，當是誤食髮爲之耳。因令服雄黃，須臾吐一蛇，如人手小指，唯無眼，燒之，猶有髮氣，其疾乃愈。立言尋卒。撰《本草音義》七卷、《古今録驗方》五十卷。

《新唐書·代宗紀》 肅宗去上元三年號，【略】乃以元年爲寶應元年。【略】十月乙卯，陷溫、明二州。詔浙江水旱，百姓重困，州縣勿輒科率，民疫死不能葬者爲瘞之。

《新唐書·文宗紀》 大和五年五月庚申，給民疫死者棺，十歲以下不能自存者二月糧。

《新唐書·百官志三》 大理寺

獄丞二人，從九品下。掌率獄史，知囚徒。貴賤、男女異獄。五品以上月一沐，暑則置漿。禁紙筆、金刃、錢物、杵梃入者。因病，給醫藥，重者脱械鎖，家人入侍。

《新唐書·刑法志》 太宗嘗覽《明堂針灸圖》，見人之五藏皆近背，針灸失所，則其害致死，歎曰：夫箠者，五刑之輕；死者，人之所重。安得犯至輕之刑而或致死？遂詔罪人無得鞭背。【略】

諸獄之長官，五日一慮囚。夏置漿飲，月一沐之；疾病給醫藥，重者釋械，其家一人入侍，職事散官三品以上，婦女子孫二人入侍。

《新唐書·李勣傳》 李勣字懋功，曹州離狐人。本姓徐氏。【略】

勣既忠力，帝謂可託大事。嘗暴疾，醫曰：用鬚灰可治。帝乃自翦鬚以和藥。及愈，入謝，頓首流血。

《新唐書·房玄齡傳》 房玄齡字喬，齊州臨淄人。【略】進司空，仍總朝政。【略】晚節多病，時帝幸玉華宮，詔玄齡居守，聽卧治事。稍棘，召許肩輿入殿，帝視流涕，玄齡亦感咽不自勝。命尙醫臨候，尙食供膳，日奏起居狀。少損，卽喜見于色。

《新唐書·馬周傳》 馬周字賓王，博州茌平人。【略】攝吏部尙書，進銀青光祿大夫。【略】周病消渴連年，帝幸翠微宮，求勝地爲構第，每詔尙食具膳，上醫使者視護，躬爲調藥，太子問疾。疾甚，周取所上章奏悉焚之，曰：管、晏暴君之過，取身後名，吾不爲也！二十二年卒，年四十八，贈幽州都督，陪葬昭陵。

《新唐書·李大亮傳》 貞觀十八年，幸洛陽，詔副房玄齡居守。玄齡稱有王陵、周勃節，可倚大事。俄寢疾，帝親和藥，驛賜之。

《新唐書·高季輔傳》 高馮字季輔，以字行，德州蓨人。【略】數上書言得失，辭誠切至。帝賜鐘乳一劑，曰：而進藥石之言，朕以藥石相報。

《新唐書·論弓仁傳》 論弓仁，本吐蕃族也。【略】累遷左驍衛大將軍、朔方副大使。會病，玄宗遣上醫馳視。卒，年六十六，贈撥川郡王，謚曰忠。

《新唐書·王方翼傳》 王方翼字仲翔，幷州祁人。【略】下遷朔州尙德府果毅，歲餘代還。居母喪，哀瘠甚，帝遣侍醫療視。

《新唐書·韋湊傳》 韋湊字彥宗，京兆萬年人。【略】六遷司農少卿。【略】及病，遣上醫臨治。【略】子見素。見素字會微，質性仁厚。及進士第，授相王府參軍，襲父爵，擢累諫議大夫。【略】未幾，祿山反，從帝入蜀。陳玄禮之殺國忠也，兵傷其首，衆傳聲曰：毋害韋公父子！獲免。帝令壽王賜藥傅創。

《新唐書·姚崇傳》 姚崇字元之，陝州硤石人。【略】拜兵部尙書、同中書門下三品。封梁國公。【略】帝欲崇自近，詔徙寓四方館，日遣問食飲起居，高醫、尚食踵道。崇以館局華大，不敢居。帝使語崇曰：恨不處禁中，此何避？久之，紫微史趙誨受夷人賕，當死。崇素親倚，署奏營減，帝不悅。時曲赦京師，惟誨不原。崇惶懼，上還宰政，引宋璟自代，乃以開府儀同三司罷政事。

《新唐書·畢構傳》 畢構字隆擇，河南偃師人。【略】玄宗立，授河南尹，進戶部尚書。久之，移疾，帝手疏醫方賜之。當時以戶部爲凶官，遽改太子詹事，冀其愈。會卒，贈黄門監，謚曰景。

《新唐書·吴湊盧坦傳》 吴湊，章敬皇后弟也。【略】及屬病，門不內醫巫，不嘗藥，家人泣請，對曰：吾以庸謹起田畝，位三品，顯仕四十年，年七十，尚何求？自古外戚令終者可數，吾得以天年歸侍先人地下，足矣！帝知之，詔侍醫敦進湯劑，不獲已，一飲之。卒，年七十一，贈尚書右僕射，謚曰成。【略】

盧坦字保衡，河南洛陽人。【略】再遷戶部侍郎，判度支。【略】吴少誠之誅，詔以兵二千屯安州，坦每朔望使人問其父母妻子，視疾病醫藥，故士皆感慰，無逃還者。惟請收軍吏閏月糧助行營，爲人所非。元和十二年卒，年六十九，贈禮部尚書。

《新唐書·奚陟傳》 奚陟字殷卿，其先自譙亳西徙，故爲京兆人。【略】貞元八年，遷中書舍人。【略】十五年，病癰，帝遣醫療視，勅曰：陟，賢臣，爲我善治之。卒，年五十五，贈禮部尚書。

《新唐書·裴垍傳》 裴垍字弘中，絳州聞喜人。【略】垍器局峻整，持法度，雖宿貴前望造詣，不敢干以私。【略】故元和之治，百度脩舉，稱朝無幸人。【略】五年，暴風痺，帝悵惜，遣使致問，藥膳進退輒疏聞。居三月，益痼，乃罷爲兵部尚書。

《新唐書·裴度傳》 裴度字中立，河東聞喜人。貞元初，擢進士第，【略】大和四年，數引疾不任機重，願上政事。帝擇上醫護治，中人日勞問相躡，乃詔進司徒、平章軍國重事，須疾已，三日若五日一至中書。度讓免冊禮。

《新唐書·姦臣傳上·李林甫》 李林甫，長平肅王叔良曾孫。【略】俄兼隴右、河西節度使。改右相，罷節度，加累開府儀同三司，實封戶三百。【略】是時已屬疾，稍侵。會帝幸温湯，詔以馬輿從，御醫珍膳繼至，詔旨存問，中官護起居。病劇，巫者視疾云：見天子當少間。帝欲視之，左右諫止。乃詔林甫出廷中，帝登降聖閣，舉絳巾招之，林甫不能興，左右代拜。俄而國忠至自蜀，謁林甫牀下，垂涕託後事，因不食卒。諸子護還京發喪，贈太尉、揚州大都督。

《通典·職官十七》 滿五旬者，殘疾免課調，中男免雜徭。

《舊五代史·梁書·太祖紀》 宰臣薛貽矩抱恙在假，不克扈從，宣問旁午，仍命且駐東京以俟良愈。及薨，帝震悼頗久，命雒苑使曹守瓘往弔祭之，又命輟六日、七日、八日朝參，丞相、文武並詣上閤門進名奉慰。【略】〔乾化二年，五月丁亥〕，詔曰：生育之人，爰當暑月；乳哺之愛，方及熏風。儻肆意於刲屠，豈推恩於長養，俾無殄暴，以助發生。宜令兩京及諸州府，夏季內禁斷屠宰及採捕。天民之窮，諒由賦分；國章所在，亦務興仁。所在鰥寡孤獨、廢疾不濟者，委長吏量加賑卹。【略】應兵戈之地，有暴露骸骨，委所在長吏差人專功收瘗。國癘之文，尚標七祀；良藥之市，亦載三醫。用憐無告之人，宜徵有喜之術。凡有疫之處，委長吏檢尋醫方，於要路曉示。如有家無骨肉兼困窮不濟者，即仰長吏差醫給藥救療之。《冊府元龜》卷一百九十五。

《舊五代史·梁書·王彥章傳》 王彥章，字賢明，鄆州壽張縣人也。【略】開平五年三月，朝廷議割魏州爲兩鎮，慮魏人不從，遣彥章率精騎五百屯鄴城，駐於金波亭，以備非常。【略】晉王見彥章，謂之曰：爾常以孺子待我，今日服未？又問：我素聞爾善將，何不保守兗州？此邑素無城壘，何以自固？彥章對曰：大事已去，非臣智力所及。晉王惻然，親賜藥以封其創。晉王素聞其勇悍，欲全活之，令中使慰撫，以誘其意。

《舊五代史·唐書·武皇帝貞簡皇后》 俄聞太妃寢疾，尚醫中使，問訊結轍。

《舊五代史·唐書·蓋寓傳》 蓋寓，蔚州人。【略】光化初，車駕還京，授檢校太傅，封成陽郡公。【略】天祐二年三月，寓病篤，武皇日幸其第，手賜藥餌。

《舊五代史·唐書·安元信傳》 安元信，字子言，代北人。【略】用爲鐵林軍使。【略】莊宗嗣晉王位，元信從救上黨，破夾寨，復澤、潞，以功授檢校司空、遼州刺史，賜玉鞭名馬。【略】柏鄉之役，日晚戰酣，元信重傷，莊宗自臨傳藥。

《舊五代史·晉書·高祖紀》 〔天福二年八月〕丙午，詔：天下刑獄繫囚染疾者，宜差醫工治療，官中量給藥價。事輕者仍許家人看候，合杖者俟損日決遣。

《舊五代史·周書·楊凝式傳》 楊凝式，華陰人也。【略】唐同光初，授比部郎中、知制誥。尋以心疾罷去，改給事中、史館修撰，判館事。明宗即位，拜中書舍人，復以心疾不朝而罷。

《舊五代史·周書·常思傳》 常思，字克恭，太原人也。【略】廣順三年夏，詔赴闕，改授平盧軍節度使。【略】及到鎮，未幾，染風痹之疾，上表請尋醫，既而舁疾歸洛。顯德元年春卒，年六十有九。贈中書令。

《舊五代史·周書·扈載傳》 扈載，少好學，善屬文，賦頌碑贊尤其所長。【略】拜水部員外郎知制誥，遷翰林學士。【略】而載已病，不能謝，居百餘日，乃力疾入直學士院。世宗憐之，賜告還第，遣太醫視疾。《永樂大典》卷一萬四千八百二十七。 載爲翰林學士，年三十六卒。

《舊五代史·世襲傳·李茂貞》 李茂貞，本姓宋，名文通，深州博野人。【略】進封秦王，【略】及疾篤，遣中使遣醫藥問訊。同光二年夏四月薨，年六十九。謚曰忠敬。

《舊五代史·刑法志》 長興二年四月，前濮州録事參軍崔琮上言：諸道獄囚，恐不依法拷掠，或不勝苦致斃，翻以病聞，請置病囚院，兼加醫藥。中書復云：有罪當刑，仰天無恨，無病致斃，沒地銜冤。【略】所請置病囚院，望依，仍委隨處長吏，專切經心。或有病囚，當時遣醫人診候，治療後，據所犯輕重決斷。如敢故違，致病囚負屈身亡，本處官吏，並加嚴斷。兼每及夏至，五日一度，差人洗刷枷匣。【略】晉天福二年八月，勅下刑部大理寺御史臺及三京、諸道州府：今後或有繫囚染疾者，並令逐處軍醫看候，於公廨錢內量支藥價，或事輕者，仍許家人看候。【略】周廣順三年四月乙亥，勅：朕以時當化育，氣屬炎蒸，乃思縲絏之人，是軫哀矜之念，慮其非所，案鞫淹延，或枉濫窮屈而未得伸宣，或饑渴疾病而無所控告。以罪當刑者，唯彼自召，法不可移；非理受苦者，爲上不明，安得無慮。欽恤之道，夙宵靡寧。應諸道州府見繫罪人，宜令官吏疾速推鞫，據輕斷遣，不得淹滯。仍令獄吏，灑掃牢獄，當令虛歇；洗滌枷械，無令蚤虱；供給水漿，無令饑渴。如有疾患，令其家人看承，囚人無主，官差醫工診候，勿致病亡。循典法之成規，順長贏之時令，俾無淹滯，以致治平。又以獄吏逞任情之奸，囚人被非法之苦，宜加檢察，勿縱侵欺。常令凈掃獄房，洗刷枷匣，知其饑渴，供與水漿，有病者聽骨肉看承，無主者遣醫工救療，勿令非理 非理，原本作致理，今據《冊府元龜》改正。(影庫本粘籤) 致斃，以致和氣有傷。卿忠幹分憂，仁明蒞事，必能奉詔，體我用心，眷委於茲，興寐無已。餘從勅命處分。

《新五代史·梁臣傳·王重師》 王重師，許州長社人也。爲人沈嘿多智，善劍槊。秦宗權陷許州，重師脫身歸梁，從太祖平蔡，攻兗、鄆，爲拔山軍指揮使。重師苦戰齊、魯間，威震鄰敵。遷潁州刺史。

太祖攻濮州，已破，濮人積草焚之，梁兵不得入。是時，重師方病金瘡，卧帳中，諸將強之，重師遽起，悉取軍中氈毯沃以水，蒙之火上，率精卒以短兵突入，梁兵隨之皆入，遂取濮州。重師身被八九瘡，軍士負之而還。太祖聞之，驚曰：柰何使我得濮州而失重師乎！使醫理之，逾月乃愈。王師範降，表重師青州留後，累遷佑國軍節度使、同中書門下平章事。居數年，甚有威惠。

《西漢會要·民政三·恤鰥寡孤獨》 文帝十三年，賜天下孤寡布帛絮。

武帝元狩元年，遣謁者存問，致賜鰥、寡、孤、獨帛，人二匹，絮三斤，縣鄉即賜毋贅聚。

六年，遣博士六人，分循行天下，存問鰥、寡、廢、疾，無以自振業者，貸與之。

元封元年，加孤、寡帛，人二匹。

二年，賜孤、獨米，人二石。

五年，賜鰥、寡、孤、獨帛，貧窮者粟。

六年，賜天下貧民布帛，人一匹。

太始三年，賜鰥、寡、孤、獨帛，人一匹。

宣帝即位，賜金錢，鰥、寡、孤、獨各有差。

地節三年，詔曰：鰥、寡、孤、獨，高年貧困之民，朕所憐也。前下詔假公田貸種食，其加賜鰥、寡、孤、獨、高年帛，二千石嚴敎吏謹視遇，毋令失職。

元康元年，加賜鰥、寡、孤、獨帛。

二年，賜鰥、寡、孤、獨帛。

四年正月，遣太中大夫彊等十二人，循行天下，存問鰥寡。

三月，加賜帛鰥、寡、孤、獨各一匹。

神爵元年，賜鰥、寡、孤、獨帛。

四年，賜鰥、寡、孤、獨帛。

五鳳三年，加賜鰥、寡、孤、獨帛。

甘露二年，賜鰥、寡、孤、獨帛。

二年，鳳皇集新蔡，賜鰥、寡、孤、獨帛。

元帝初元元年，臨遣光祿大夫褒等十二人，循行天下，存問耆老、鰥、寡、孤、獨、困乏失職之民。

五年，賜鰥、寡、孤、獨帛二匹。

永光元年，賜鰥、寡、孤、獨帛。

二年，賜鰥、寡、孤、獨帛。

建昭四年，臨遣諫大夫博士賞等二十一人，循行天下，存問耆長、鰥、寡、孤、獨、乏困失職之人。

成帝建始元年，賜鰥、寡、孤、獨錢帛各有差。

鴻嘉元年，賜鰥、寡、孤、獨帛。

永始四年，賜雲陽鰥、寡、孤、獨帛。

平帝元始四年，賜鰥、寡、孤、獨帛。

《東漢會要·民政中》 和帝永元十五年閏月乙未詔：流民欲歸還本而無糧食者，過所實稟之，疾病加致醫藥。其不欲還歸者，勿強。

《東漢會要·民政下》 荒政下：【略】順帝永建元年十月詔：以疫癘水潦令人半輸，今年田租，傷害什四以上勿收，責不滿者以實除之。【略】

延熹九年正月，詔曰：比歲不登，人多饑窮，又有水旱疾疫之困，盜賊徵發，南州尤甚。災異日食，譴告累至，政亂在予，仍獲咎徵。其令大司農絶今歲調度追求及前年所調未畢者勿復收責。其災旱盜賊之郡，勿收租，餘郡悉半入。三月癸巳，京師有火光轉，行人相驚譟，司隸豫州饑死者什四五，至有滅戶者，遣三府掾賑稟之。

《東漢會要·食貨》 口賦。【略】安帝元初六年，會歲大疫，除田租口賦。

《唐會要·租税上》 武德七年三月二十九日，始定均田賦税。凡天下丁男，給田一頃。篤疾廢疾，給四十畝。寡妻妾，三十畝。若爲戶者，加二十畝。所授之田，十分之二分爲世業，餘以爲口分。世業之田，身死則承戶者授之，口分則收入官，更以給人。每丁歲入粟二石，調則隨鄉土所産，綾絹絁各二丈，布加五分之一。輸綾絹絁者，兼調綿三兩。輸布者，麻三觔。凡丁，歲役二旬，若不役，則收其傭，每日三尺。有事而加役者，旬有五日，免其調，三旬則租調俱免。通正役不過五十日，若夷獠之戶，皆從半税。凡水旱蟲傷爲災，十分損四已上，免租，損六已上，免調，損七已上，課役俱免。

《唐大詔令集·帝王·遺詔上》 穆宗遺詔：【略】其醫官等，念其勤瘁，亦可矜憐，並不須加罪，宜便釋放。

《唐大詔令集·帝王·遺詔下》 文宗遺詔：【略】醫術之徒，夙夜勞苦，深可矜念，不須加罪。【略】

武宗遺詔：【略】醫人陸行周，奪章服及官，與趙全素，任從所適。醫官郭玄已下三人釋放。【略】

宣宗遺詔：【略】醫術之徒，夙夜勞苦，深可矜念，不須理問。【略】

懿宗遺詔：【略】其醫官段璲、趙玭、符虔林、馬伋等，並釋放。【略】

僖宗遺詔：【略】醫官及伎術人等，晝夜勞苦。知無不爲，宜各安存，勿或加罪。【略】

順宗遺詔：【略】醫藥伎術之人，夙夜無懈。念其盡瘁，頗謂極誠，必在優容，務令得所。

《文獻通考·田賦二》 唐武德二年，制每丁租二石，絹二疋，綿三兩。自兹之外，不得横有調斂。武德六年，令天下戶量其貲產，定爲三等。至九年，詔天下戶，三等未盡，升降宜爲九等。

《宋史·太祖紀二》 〔乾德四年秋七月〕丙寅，詔：蜀官將吏及姻屬疾者，所在給醫藥錢帛。

《宋史·太宗紀二》 〔雍熙四年，夏四月〕乙未，詔：諸州郡暑月五日一滌囹圄，給飲漿，病者令醫治，小罪即決之。【略】〔淳化三年，五月〕戊申，詔：太醫署良醫視京城病者，賜錢五十萬具藥，中黄門一人按視之。【略】〔五年〕六月都城大疫，分遣醫官煮藥給病者。

《宋史·真宗紀二》 〔咸平六年五月〕癸丑，京城疫，分遣内臣賜藥。【略】西涼府厮鐸督部落多疾，賜以藥物。【略】景德元年十二月戊申，詔恤河北傷殘。【略】景德四年夏四月癸酉，詔嶺南官除赴以時，以避炎瘴。【略】〔大中祥符元年冬，十月〕甲寅，復常膳。次太平驛，賜從官辟寒丸、花茸袍。【略】〔大中祥符二年，夏四月〕壬寅，【略】詔醫官院處方并藥賜河北避疫邊民。【略】九月甲戌，遣使賜戎、瀘軍民辟瘴藥。【略】三年，夏四月乙卯，陝西民疫，遣使齎藥賜之。【略】五月壬午，以西涼府覓諸族瘴疫，賜藥。

《宋史·仁宗紀一》〔天聖七年，十一月〕癸亥，冬至，率百官上皇太后壽于會慶殿，遂御天安殿受朝。庚午，詔天下孤獨疾病者，致醫藥存視。

《宋史·仁宗紀二》〔景祐二年二月〕甲子，以廣南兵民苦瘴毒，爲置醫藥。【略】康定元年夏四月丙戌，省陝西沿邊堡砦。癸巳，詔諸戍邊軍月遣內侍存問其家，病致醫藥，死爲斂葬之。

《宋史·仁宗紀三》〔慶曆六年春，正月〕戊申，徙廣南戍兵善地，以避瘴毒。【略】〔皇祐元年二月〕戊辰，以河北疫，遣使頒藥。【略】秋七月丁酉，詔臣僚毋得保薦要近內臣。己未，詔諸州歲市藥以療民疾。【略】冬十一月丙申，詔：河北被災民八十以上及篤疾不能自存者，人賜米一石、酒一斗。

《宋史·仁宗紀四》〔皇祐四年冬十月〕丁亥，以諸路饑疫幷征傜科調之煩，令轉運使、提點刑獄、親民官條陳救恤之術以聞。【略】至和元年春正月辛未，詔：京師大寒，民多凍餒死者，有司其瘞埋之。壬申，碎通天犀和藥以療民疫。【略】二月庚子，詔治河堤民有疫死者，蠲戶稅一年，無戶稅者，給其家錢三千。【略】〔嘉祐四年春，正月丙申朔〕以自冬雨雪不止，遣官分行京城，賜孤窮老疾錢，畿縣委令佐爲糜粥濟饑。【略】五年五月戊子朔，京師民疫，選醫給藥以療之。

《宋史·神宗紀二》〔熙寧九年，五月〕壬申，詔：安南諸軍過嶺有疾者所至護治。【略】六月丁亥，詔安南將吏，視軍士有疾者月以數聞。【略】熙寧十年九月庚戌，詔：河決害民田，所屬州縣疏瀹，仍蠲其稅，老幼疾病者振之。

《宋史·神宗紀三》〔元豐五年春，二月〕癸丑朔，頒三省、樞密、六朝條制。詔鄜延軍士病不能歸者，賜其家絹十匹。

《宋史·哲宗紀二》〔紹聖元年，夏四月〕庚戌，詔有司具醫藥治京師民疾。

《宋史·徽宗紀一》〔元符三年，八月〕戊戌，詔諸路遇民有疾，委官監醫往視疾給藥。【略】〔崇寧元年八月〕辛未，置安濟坊養民之貧病者，仍令諸郡縣並置。

《宋史·徽宗紀三》〔政和四年秋七月〕丁丑，置保壽粹和館以養宮人有疾者。

《宋史·高宗紀五》〔紹興七年秋七月〕甲申，蠲諸路民積年逋租。以建康疫盛，遣醫行視，貧民給錢，葬其死者。命疎決滯獄。

《宋史·高宗紀七》〔紹興二十一年二月〕甲寅夜，雨雹。乙卯，詔諸州置惠民局，官給醫書。【略】〔紹興二十一年六月〕辛巳，命歲給大理寺、三衙及州縣錢，和藥劑療病囚。

《宋史·光宗紀》〔紹熙二年冬十月〕辛卯，詔守令毋征斂病民。

《宋史·寧宗紀一》〔慶元元年，夏四月〕戊辰，臨安大疫，出內帑錢爲貧民醫藥、棺斂費及賜諸軍疫死者家。慶元四年三月己未，臨安府振給病民，死者賜棺錢。【略】夏四月戊申，出內庫錢瘞疫死者貧民。

《宋史·寧宗紀三》嘉定二年，三月庚申，命浙西及沿江諸州給流民病者藥。

《宋史·理宗紀三》〔淳祐九年春正月〕癸亥，詔給官田五百畝，命臨安府創慈幼局，收養道路遺棄初生嬰兒，仍置藥局療貧民疾病。

《宋史·五行志一》淳化五年六月，京師疫，遣太醫和藥救之。

至道三年，江南頻年多疾疫。

大觀三年，江東疫。

建炎元年三月，金人圍汴京，城中疫死者幾半。

紹興元年六月，浙西大疫，平江府以北，流屍無算。秋冬，紹興府連年大疫，官募人能服粥藥之勞者，活及百人者度爲僧。三年二月，永州疫。六年，四川疫。十六年夏，行都疫。二十六年夏，行都又疫，高宗出柴胡製藥，活者甚衆。

隆興二年冬，淮甸流民二三十萬避亂江南，結草舍徧山谷，暴露凍餒，疫死者半，僅有還者亦死。是歲，浙之饑民疫者尤衆。

乾道元年，行都及紹興府饑，民大疫，浙東、西亦如之。六年春，民以冬燠疫作。八年夏，行都民疫，及秋未息。江西饑民大疫，隆興府民疫，遭水患，多死。

淳熙四年，眞州大疫。八年，行都大疫，禁旅多死。寧國府民疫死者尤衆。十四年春，都民、禁旅大疫，浙西郡國亦疫。十六年，潭州疫。

紹興二年春，涪州疫死數千人。三年，資、榮二州大疫。

慶元元年，行都疫。二年五月，行都疫。三年三月，行都及淮、浙郡縣疫。

嘉泰三年五月，行都疫。

嘉定元年夏，淮甸大疫，官募掩骼及二百人者度爲僧。是歲，浙民亦疫。二年夏，都民疫死甚衆。淮民流江南者飢與暑并，多疫死。三年四月，都民多疫死；四年三月，亦如之。十五年，贛州疫。十六年，永、道二州疫。

德祐元年六月庚子，是日，四城遷徙，流民患疫而死者不可勝計，天寧寺死者尤多。二年閏三月，數月間，城中疫氣薰蒸，人之病死者不可以數計。

《宋史·地理志六》 桂林邕、宜接夷獠，置守戍。大率民婚嫁、喪葬、衣服多不合禮。尚淫祀，殺人祭鬼。山林翳密，多瘴毒，凡命官吏，優其秩奉。春、梅諸州，炎癘頗甚，許土人領任。景德中，令秋冬赴治，使職巡行，皆令避盛夏瘴霧之患。

《宋史·職官志五》 靖康元年，詔內外官司局所，依熙寧法。【略】和劑局、惠民局，掌修合良藥，出賣以濟民疾。

《宋史·食貨志上》 〔大中祥符六年〕明年，諸州牛疫，又詔民買賣耕牛勿算；繼令羣牧司選醫牛古方，頒之天下。

《宋史·食貨志上》 老疾幼弱不能存者，聽官司收養。【略】因饑疫若厭溺死者，官爲埋祭。【略】戒監司俾察官吏之老疾、罷懦不任職者。【略】嘉祐二年，又詔天下置廣惠倉，使老幼貧疾者皆有所養。【略】先是，仁宗在位，哀病者乏方藥，爲頒《慶曆善救方》。知雲安軍王端請官爲給錢和藥予民，遂行於天下。嘗因京師大疫，命太醫和藥，內出犀角二本，析而視之。其一通天犀，內侍李舜舉請留供帝服御。帝曰：吾豈貴異物而賤百姓？竟碎之。又蠲公私僦舍錢十日。令太醫擇善察脈者，卽縣官授藥，審處其疾狀予之，無使貧民爲庸醫所誤，夭閼其生。【略】京師舊置東、西福田院，以廩老疾孤窮丐者，其後給錢粟者纔二十四人。英宗命增置南、北福田院，幷東、西各廣官舍，日廩三百人。歲出內藏錢五百萬給其費，後易以泗州施利錢，增爲八百萬。又詔：州縣長吏遇大雨雪，蠲僦舍錢三日，歲毋過九日，著爲令。熙寧二年，京師雪寒，詔：老幼貧疾無依丐者，聽於四福田院額外給錢收養，至春稍暖則止。九年，知太原韓絳言：在法，諸老疾自十一月一日州給米豆，至次年三月終。河東地寒，乞自十月一日起支，至次年二月終止；如有餘，卽至三月終。從之。凡鰥、寡、孤、獨、癃老、疾廢、貧乏不能自存應居養者，以戶絕屋居之；無，則居以官屋，以戶絕財產充其費，不限月。依乞丐法給米豆；不足，則給以常平息錢。崇寧初，蔡京當國，置居養院、安濟坊。給常平米，厚至數倍。差官卒充使令，置火頭，具飲膳，給以衲衣絮被。州縣奉行過當，或具帷帳，雇乳母、女使，糜費無藝，不免率斂，貧者樂而富者擾矣。【略】諸城、砦、鎮、市戶及千以上有知監者，依各縣增置居養院、安濟坊、漏澤園。道路遇寒僵仆之人及無衣丐者，許送近便居養院，給錢米救濟。孤貧小兒可教者，令人小學聽讀，其衣襴於常平頭子錢內給造，仍免入齋之用。【略】高宗南渡，民之從者如歸市。既爲之衣食以振其飢寒，又爲之醫藥以救其疾病；其有隕於戈甲、斃於道路者，則給度牒瘞埋之。若丐者育之於居養院；其病也，療之於安濟坊；其死也，葬之於漏澤園，歲以爲常。紹興以來，歲有水旱，發常平義倉，或濟或糶或貸，如恐不及。然當艱難之際，兵食方急，儲蓄有限，而振給無窮，復以爵賞誘富人相與補助，亦權宜不得已之策也。

《宋史·食貨志下》 景德四年，詔曰：鼓鑄錢刀，素有程限，憫其勞苦，特示矜寬。自今五月一日至八月一日止收半功，本司每歲量支率分錢以備醫藥。

《宋史·兵志十》 慶曆四年，【略】四月，帝謂輔臣曰：湖廣擊蠻吏士，方夏瘴熱，而罹疾者衆，宜遣醫往爲胗視。

《宋史·刑法志一》 開寶二年五月，帝以暑氣方盛，深念縲繫之苦，乃下手詔：兩京諸州，令長吏督獄掾，五日一檢視，洒掃獄戶，洗滌杻械。貧不能自存者給飲食，病者給醫藥，輕繫卽時決遣，毋淹滯。自是，每仲夏申勑官吏，歲以爲常。帝每親錄囚徒，專事欽恤。凡御史、大理官屬，尤嚴選擇。嘗謂侍御史知雜馮炳曰：朕每讀《漢書》，見張釋之、于定國治獄，天下無冤民，此所望於卿也。賜金紫以勉之。

《宋史·吳王顥傳》 英宗四子：長神宗，次吳榮王顥，次潤王顏，次益端獻王頵，皆宣仁聖烈高皇后出也。

宣仁有疾，顥旦旦入問，因亦被病。宣仁祔廟，拜太師，徙王冀，賜入朝不趨。改淮南、荊南節度使，徙封楚王。病益篤，帝親挾醫視診，令晝夜具起居狀聞，小愈則喜。既而薨，年四十七。

《宋史·荊國大長公主傳》 荊國大長公主，幼不好弄，未嘗出房闥。及病目，帝挾醫診視，自后妃以下皆至第候問。

《**宋史·范質傳**》 范質字文素，大名宗城人。【略】顯德六年夏，世宗北征，質病留京師，賜錢百萬，俾市醫藥。

《**宋史·石守信王承衍傳**》 乾德初，帝因晚朝與守信等飲酒，酒酣，帝曰：我非爾曹不及此，然吾爲天子，殊不若爲節度使之樂，吾終夕未嘗安枕而卧。守信等頓首曰：今天命已定，誰復敢有異心，陛下何出此言耶？【略】明日，皆稱病，乞解兵權，帝從之，皆以散官就第，賞賚甚厚。【略】子保興字光裔，【略】咸平五年，以疾求歸京師。【略】承衍字希甫，【略】眞宗即位，改河中尹、護國軍節度，加檢校太尉。咸平六年，以疾求罷節鉞，三抗表不許。帝自臨問，至卧内慰勉久之，賜予甚厚，擇尚醫數人迭宿其第。

《**宋史·符昭愿傳**》 昭愿字致恭，謹厚謙約。【略】咸平初，又爲天雄軍、邢州二鈐轄。三年，以疾求歸京師，詔遣中使、尚醫馳傳診視。既還，帝賜以名方御藥。

《**宋史·王承美傳**》 王承美，豐州人，本河西藏才族都首領。景德初來朝，以其守邊歲久，遷本州防禦使以還。自承美内屬，給奉同蕃官例，至是，特詔月增五萬。尋請於州城置孔子廟，詔可之。未幾被疾，遣中使挾醫視之。大中祥符五年，卒，贈恩州觀察使。六年，録其子文寶、孫懷筠以官。

《**宋史·侯益傳**》 侯益子仁矩、仁寶，孫延廣。【略】太平興國初，【略】會西北戎入寇，【略】延廣時被病，强起之，遷崇儀副使，充同、鄜、坊、延、丹緣邊都巡檢使。延廣力疾入辭，太宗賜以名藥及方，遣太醫隨侍，其疾亦尋愈。【略】淳化二年春，被病，上遣御醫馳驛視之。醫至，疾已亟，延廣謂中使李知信曰：延廣自度必不起，家世受國恩，今日得死所矣，但恨未立尺寸功以報上耳。言訖而卒，年五十。上聞之，爲出涕，賵賻甚厚，以其子爲六品正員官。子紹隆，東染院使、帶御器械。紹隆子宗亮，右侍禁、閤門祗候。

《**宋史·李崇矩傳**》 李崇矩字守則，潞州上黨人。【略】開寶初，從征太原。會班師，命崇矩爲後殿。次常山，被病，帝遣太醫診視，命乘凉車還京師。子繼昌。大中祥符元年，進秩東上閤門使。俄以目疾求歸京師。入對，勞問再三，遣尚醫診視，假滿仍給以奉。少愈，令樞密院傳旨，將眞拜刺史，復任延安。繼昌以疾表求休致。未幾，改右驍衛大將軍，領郡如故。

《**宋史·曹彬傳**》 曹彬字國華，【略】眞宗即位，復檢校太師，同平章事。數月，召拜樞密使。咸平二年，被疾。上趣駕臨問，手爲和藥，仍賜白金萬兩。

《**宋史·劉廷讓傳**》 劉廷讓字光義，其先涿州范陽人。【略】四年，復命代張永德知雄州兼兵馬部署。是秋以疾聞，帝遣内醫診視，因上言求歸京師，不俟報，擅離屯所。

《**宋史·蘇易簡傳**》 錢若水字澹成，一字長卿，河南新安人。【略】雍熙中，舉進士。【略】咸平六年春，因疾灸兩足，創潰出血數斗，自是體貌羸瘠。手詔慰勞之。

《**宋史·陳恕傳**》 陳恕字仲言，洪州南昌人。【略】恕已病，猶勉强親職，數月增劇，表求館殿之職，獲奉以濟其貧。恕爲集賢學士、判院事。【略】帝重恕，詔太醫診療。百日，有司請停奉，不許，未幾，卒，年五十九。

《**宋史·王顯傳**》 王顯字德明，開封人。【略】咸平二年，曹彬卒，復拜樞密使。郊祀，加檢校太師。【略】四年，改河陽三城節度。景德三年冬，被病，詔中使偕尚醫療視。明年正月，許還京師。

《**宋史·楊美李謙溥傳**》 楊美，并州文水人。本名光美，避太宗舊名改焉。【略】太平興國二年冬，出爲保靜軍節度。三年夏，以疾求解官歸京師，尋醫藥，詔遣内侍與道士馬志視之。未幾，卒，年四十八，贈侍中，命中使護葬。【略】

李謙溥字德明，并州盂人。開寶三年，召謙溥爲濟州團練使。後邊將失律，復爲晉、隰緣邊巡檢使，邊民聞之喜，爭相迎勞於道左。六年，領兵入太原，連拔七砦。八年，以疾求歸，肩輿抵洛，太祖遣中使領太醫就視之。至京師，疾篤，累上章辭祿，不許，明年春，卒，年六十二。太祖甚痛惜之，賻贈有加，葬事官給。

《**宋史·盧懷忠傳**》 盧懷忠，瀛州河間人。【略】乾德二年，改判四方館事，知江陵府。四年，王師伐蜀。江陵當峽、江會衝，以供億之勞，遷客省使。又明年，使江南還，中途遇疾，肩輿歸京師。太祖遣醫丸艾以賜之，未幾卒，年四十九。大中祥符四年，録其子熙爲校書郎。

《**宋史·劉謙傳**》 劉謙，博州堂邑人。【略】咸平初，遷御前忠佐馬步軍都軍頭，領勤州刺史，加殿前右班都虞候。上幸大名，至北苑，屬謙有疾，遣歸將護，謙懇請從行。既俾其二子隨侍，仍挾尚醫以從，御廚調膳以給之。

疾瘳，毀所服鞍勒以遺中使，上聞，賜白金二百兩。

《宋史·劉蟠臧丙傳》 劉蟠字士龍，濱州渤海人。漢乾祐二年進士。【略】淳化初，兼同考京朝官差遣。二年，暴中風眩，上遣太醫視之，賜以金丹。【略】

臧丙字夢壽，大名人。【略】淳化二年，拜右諫議大夫，出知江陵府。歲餘，疾。上聞之，遣中使及尚醫馳往視之，踰月卒，年五十三。上軫悼之，以其子待用爲四門助教。

《宋史·馬全義傳》 馬全義，幽州薊人。【略】又從征李重進，領控鶴、虎捷兩軍爲後殿。賊平班師，録功居多，改龍捷左廂都校、領江州防禦使。俄被疾，太祖遣太醫診視，仍諭密旨曰：俟疾間，當授以河陽節制。全義疾已亟，但叩頭謝。數日卒，年三十八。特贈檢校太保、大同軍節度使。

《宋史·李沆傳》 李沆字太初，洺州肥鄉人。【略】改中書侍郎。【略】累加門下侍郎、尚書右僕射。【略】景德元年七月，沆待漏將朝，疾作而歸，詔太醫診視，撫問之使相望於道。明日，駕往臨問，賜白金五千兩。方還宮而沆薨，年五十八。【略】録其弟國子博士贄爲虞部員外郎，光禄寺丞源爲太子中舍，屯田員外郎、直集賢院維爲戶部員外郎。子宗簡爲大理評事。甥蘇昂、妻兄之子朱濤並同進士出身。乾興元年，仁宗即位，詔配享眞宗廟庭。

《宋史·宋庠傳》 宋祁字子京，與兄庠同時舉進士，【略】遷左丞，進工部尚書。以羸疾請便醫藥，入判尚書都省。踰月，拜翰林學士承旨，詔遇入直許一了主湯藥。復爲羣牧使，尋卒。

《宋史·薛奎傳》 薛奎字宿藝，絳州正平人。【略】奎舉進士，爲州第一。【略】奎得喘疾，數辭位，罷爲戶部侍郎、資政殿學士、判尚書都省。帝手書禁方賜之，小間，入見。疾尋作，卒，贈兵部尚書，謚簡肅。

《宋史·宋湜陳彭年傳》 宋湜字持正，京兆長安人。【略】咸平元年冬，給事中，充樞密副使。眞宗北巡，將次大名，以扈從軍列爲行陣，親御鎧甲於中，諸王、樞密介冑以從，命湜與王顯分押後陣。駐蹕數日，常召見便殿，方奏事，疾作仆地。內侍掖出，太醫診視，撫問相繼，以疾亟聞。明年正月，眞宗臨視，許以先歸，賜衾褥，曰：此朕嘗御者，雖故暗，亦足禦道途之寒。又遣內侍護送供帳，至澶州，卒，年五十一。廢朝，贈吏部侍郎。【略】

陳彭年字永年，撫州南城人。天禧大禮，爲天書儀衛副使。又爲參詳儀制奉寶冊使。正月九日，侍眞宗朝天書，將詣太廟，退就中書閣中如廁，眩仆，肩輿還家。遣中使挾醫診療，且夕存問。進兵部侍郎，表求罷奉，不許。二月，卒，年五十七。【略】贈右僕射，謚曰文僖，録子侄期大理寺丞，孫彥先太常寺奉禮郎。

《宋史·夏侯嶠傳》 夏侯嶠，字峻極，其先幽州人。【略】景德元年五月，以選人俟對崇政殿，暴中風眩，亟詔取金丹，上尊酒餌之，肩輿還第，遣內侍召外內名醫診視。

《宋史·楊徽之傳》 楊徽之字仲猷，建州浦城人。【略】遷侍御史，權判刑部。【略】嘗屬疾，遣尚醫診療，賜錢三十萬。【略】咸平初，加禮部侍郎。二年春，【略】改兵部，仍兼秘書監。未幾，以足疾請告，上取名藥以賜。郊祀不及扈從，錫賚如侍祠之例。車駕北巡，徽之力疾辭於苑中。上顧謂曰：卿勉進醫藥，比見，當不久也。及駐蹕大名，特降手詔存諭。明年春正月，車駕還，又遣使臨問。卒，年八十。贈兵部尚書，賜其家錢五十萬，絹五百匹。

《宋史·彭乘傳》 彭乘字利建，益州華陽人。【略】累遷工部郎中，入翰林爲學士，領吏部流內銓、三班院，爲群牧使。【略】既病，仁宗勅太醫診視，賜以禁中珍劑。卒，賜白金三百兩。御史知雜何郯論請贈官，不許，詔一子給奉終喪。

《宋史·楊億傳》 楊億字大年，建州浦城人。【略】大中祥符初，加兵部員外郎、戶部郎中。五年，以疾在告，遣中使致太醫視之，億拜章謝，上作詩批紙尾，有副予前席待名賢之句。以久疾，求解近職，優詔不許，但權免朝直。【略】天禧二年十二月，卒，年四十七。録其子紘爲太常寺奉禮郎。

《宋史·孫何傳》 孫何字漢公，蔡州汝陽人。【略】景德初，代還，判太常禮院。【略】何先已被疾，勉強親職，一日，奏事上前，墜奏牘於地，俯而取之，復墜笏。有司劾以失儀，詔釋之。何慙，上章求改少卿監，分司西京養疾，上不許，第賜告，遣醫診視。醫勉其然艾，何答曰：死生有命。卒不聽。是冬卒，年四十四。【略】録其子言爲大理評事。

《宋史·喬維岳盧琰凌策陳知微傳》 喬維岳字伯周，陳州南頓人。治《三傳》。周顯德初登第，【略】太宗特加賞異。【略】咸平初，知蘇州。素病風，上以吳中多食魚蟹，乃徙壽州，仍命太醫馳療之。【略】

盧琰，字錫珪，淄州淄川人。【略】大中祥符二年，以本官兼侍御史知雜事。數月，授三司度支副使。祀汾陰歲，命與鮑中和同判留守司三司，加吏部郎中，俄拜右諫議大夫、知永興軍府。五年，再爲河北轉運使。【略】明年被疾，詔遣中使將太醫診視。六年，卒，年五十九。時琰母八十餘，無恙，上憫之，以士宗爲太常博士，特命知懷州。又以次子秘書丞士倫爲太常博士，給祿終喪。士倫至工部郎中、度支副使。【略】

凌策，字子奇，宣州涇人。【略】拜給事中、權御史中丞。時榷茶之法弊甚，詔與翰林學士李迪、知雜御史呂夷簡同議經制，稍寬其舊。明年，疾甚，不能朝謁，累遣中使挾醫存問，賜名藥。復表求典郡，尋遷工部侍郎，從其請。天禧二年三月卒，年六十二。録其子將作監主簿瓘、琬並爲奉禮郎，續給其奉。策兄簡，官國子博士，分司南京。【略】

陳知微，字希顔，高郵人。【略】又判司農寺，糾察在京刑獄。天禧二年，加玉清昭應宮判官，俄以疾聞，真宗遣中貴挾太醫往視之。卒，年五十。録其子舜卿爲太常寺奉禮郎，給奉終喪，又假官船載其柩還鄉里。

《宋史·上官正傳》 上官正字常清，開封人。【略】超正爲六宅使、劍州刺史、充劍門部署，翰自供奉官擢崇儀使、領昭州刺史。數月，正被疾，請尋醫，至闕。疾愈，入對，上勞問久之，復遣還任所，賜以金丹、良藥、衣帶、白金千兩、馬三匹，授以方略，令招撫殘孽，慰勉遣之。

《宋史·張知白杜衍傳》 張知白字用晦，滄州清池人。幼篤學，中進士第。【略】知白在相位，慎名器，無毫髮私。【略】然體素羸，憂畏日侵，在中書忽感風眩，輿歸第。帝親問疾。【略】杜衍字世昌，越州山陰人。【略】遷太子太保，【略】稱疾固辭。【略】進太子太傅，賜其子同進士出身，又進太子太師。【略】病革，帝遣中使賜藥，挾太醫往視，不及。卒，年八十。

《宋史·晏殊呂夷簡傳》 晏殊字同叔，撫州臨川人。【略】徙河南府，遷兵部。【略】以疾，請歸京師訪醫藥。既平，復求出守，特留侍經筵，詔五日一與起居，儀從如宰相。踰年，病寖劇，乘輿將往視之。【略】

呂夷簡字坦夫，先世萊州人。祖龜祥知壽州，子孫遂爲壽州人。夷簡進士及第。【略】天聖末，加中書侍郎。【略】未幾，感風眩，詔拜司空、平章軍國重事。疾稍間，命數日一至中書，裁決可否。夷簡力辭，復降手詔曰：古謂髭可療疾，今翦以賜卿。

《宋史·范純仁傳》 范仲淹字希文。【略】四子：純祐、純仁、純禮、純粹。【略】純仁字堯夫，【略】中皇祐元年進士第【略】。居三年，徽宗即位，欽聖顯肅后同聽政，即日授純仁光祿卿，分司南京，鄧州居住。遣中使至永賜茶藥，諭曰：皇帝在藩邸，太皇太后在宮中，知公先朝言事忠直，今虛相位以待，不知目疾如何，用何人醫之。純仁頓首謝。道除右正議大夫、提舉崇福宮。不數月，以觀文殿大學士、中太一宮使詔之。有曰：豈唯尊德尚齒，昭示寵優；庶幾鯁論嘉謀，日聞忠告。純仁以疾，捧詔而泣曰：上果用我矣，死有餘責。徽宗又遣中使賜茶藥，促入覲，仍宣渴見之意。純仁乞歸許養疾，徽宗不得已許之。每見輔臣問安否，乃曰：范純仁，得一識面足矣。遂遣上醫視疾。疾小愈，丐以所得冠帔改服色酬醫。詔賜醫章服，令以冠帔與族侄。

《宋史·曾鞏傳》 曾鞏字子固，建昌南豐人。【略】知齊州，【略】徙襄州、洪州。會江西歲大疫，鞏命縣鎮亭傳，悉儲藥待求。軍民不能自養者，來食息官舍，資其食飲衣衾之具，分醫視診，書其全失、多寡爲殿最。

《宋史·呂溱傳》 呂溱字濟叔，揚州人。【略】起知池州、江寧府，復集賢院學士、加龍圖閣直學士、知開封府。時爲京尹者比不稱職，溱精識過人，辨訟立斷，豪惡斂迹。嘗以職事對，神宗察其有疾色，勉以近醫藥，已而果病。改樞密直學士、提舉醴泉觀，遂卒，年五十五。贈禮部侍郎。

《宋史·孫洙傳》 孫洙字巨源，廣陵人。元豐初，兼直學士院。澶州河平，作靈津廟，詔洙爲之碑，神宗獎其文。擢翰林學士，纔踰月，得疾。時參知政事闕，帝將用之，數遣中使、尚醫勞問，入朝期日，洙小愈，在家習肄拜跽，僨不能興，於是竟卒，年四十九。帝臨朝嗟惜，常賻外賜錢五十萬。

《宋史·蘇軾傳》 蘇軾字子瞻，眉州眉山人。【略】嘉祐二年，【略】殿試中乙科。【略】元祐元年，軾以七品服入侍延和，即賜銀緋，遷中書舍人。【略】四年，積以論事，爲當軸者所恨，【略】知杭州。既至杭，大旱，饑疫並作。軾請於朝，免本路上供米三之一，復得賜度僧牒，易米以救飢者。明年春，又減價糶常平米，多作饘粥藥劑，遣使挾醫分坊治病，活者甚衆。軾曰：杭，水陸之會，疫死比他處常多。乃裒羨緡得二千，復發橐中黄金五十兩，以作病坊，稍畜錢糧待之。

《宋史·孫永傳》 孫永字曼叔，世爲趙人，徙長社。【略】入判將作，進端明殿學士。病不能朝，神宗遣上醫調視，六命近侍問安否，至虛樞密位以待。

《**宋史·鄒浩傳**》田晝字承君，陽翟人。【略】建中靖國初，入爲大宗正丞。曾布數羅致之，不爲屈；欲與提舉常平官，亦辭。請知淮陽軍，歲大疫，日挾醫問病者藥之，遇疾卒。淮陽人祀以爲土神云。

《**宋史·朱服傳**》朱服字行中，湖州烏程人。熙寧進士甲科，以淮南節度推官充修撰，經義局檢討，歷國子直講、祕閣校理。元豐中，擢監察御史裏行。【略】俄知諫院，遷國子司業、起居舍人，以直龍圖閣知潤州，徙泉、婺、寧、廬、壽五州。廬人飢，守便宜振護，全活十餘萬口。明年大疫，又課醫持善藥分拯之，賴以安者甚衆。

《**宋史·韓世忠傳**》韓世忠字良臣，延安人。【略】世忠初得疾，勑尚醫視療，將吏卧內問疾，世忠曰：吾以布衣百戰，致位王公，賴天之靈，保首領沒於家，諸君尚哀其死邪？及死，賜朝服、貂蟬冠、水銀、龍腦以斂。

《**宋史·吴玠傳**》吴玠字晉卿，德順軍隴人。【略】帝以玠功高，授特進、開府儀同三司，遷四川宣撫使，陝西階、成等州皆聽節制。遣内侍奉親札以賜，至，則玠病已甚，扶掖聽命。帝聞而憂之，命守臣就蜀求善醫，且飭國工馳視，未至，玠卒於仙人關，年四十七。贈少師，賜錢三十萬。

《**宋史·王綸傳**》王綸字德言，建康人。【略】二十八年，除同知樞密院事。金將渝盟，邊報沓至，宰相沈該未敢以聞。綸率參知政事陳康伯、同知樞密院事陳誠之共白其事，乞備禦。已而綸病肺喝，告請祠，上遣御醫診視，且賜白金五百兩。

《**宋史·趙逵傳**》趙逵字莊叔，其先秦人，八世祖處榮徙蜀，家於資州。【略】紹興二十六年，遷著作郎，尋除起居郎。【略】逵以疾求外，帝命國醫王繼先視疾，不可爲矣。卒年四十一。帝爲之抆淚嘆息。逵嘗自謂：司馬溫公不近非色，不取非財，吾雖不肖，庶幾慕之。

《**宋史·葉衡傳**》葉衡字夢錫，婺州金華人。紹興十八年進士第，【略】擢知常州。時水潦爲災，衡發倉爲糜以食餓者。或言常平不可輕發，衡曰：儲蓄止備緩急，可視民饑而不救耶？疫大作，衡單騎命醫藥自隨，徧問疾苦，活者甚衆。

《**宋史·龔茂良傳**》龔茂良字實之，興化軍人。紹興八年，進士第。【略】上以江西連歲大旱，知茂良精忠，以一路荒政付之。茂良戒郡縣免積稅，上戶止索逋，發廪振贍。以右文殿脩撰再任，疫癘大作，命醫治療，全活數百萬。進待制敷文閣，賞其救荒之功。

《**宋史·趙汝愚傳**》初，汝愚捐私錢百餘萬創養濟院，俾四方賓旅之疾病者得藥與食，歲久寖移爲它用。崇憲至，尋修復，立規約數十條，以愈疾之多寡爲賞罰。

《**宋史·袁甫傳**》袁甫字廣微，寶文閣直學士燮之子。嘉定七年進士第一。【略】移提舉江東常平。適歲旱，亟發庫庾之積，凡州縣窠名隸倉司者，無新舊皆住催，爲錢六萬一千緡，米十有三萬七千、麥五千八百石，遣官分行振濟，饑者予粟，病者予藥，尺籍之單弱者，市民之失業者，皆曲軫之。【略】歲大旱，請于朝，得度牒、緡錢、綾紙以助振恤。疫癘大作，創藥院療之。

《**宋史·黃㽦傳**》黃㽦字子耕，隆興分寧人。嘗從郭雍、朱熹學，熹深期之，【略】丐外，知台州。謝良佐子孫居台者既播越流落，㽦求之民間，收而教之。勤苦夙夜，先勸後禁，訟牒銷縮，郡稱平治。爲濟糶倉，爲抵當庫，葬民之棲寄暴露者爲棺千五百，置養濟院，又創安濟坊以居病囚，皆自有子本錢，使不廢。故葉適謂㽦條目建置，憂民如家。

《**宋史·文苑傳三·刁衎**》刁衎字元賓，昇州人。【略】真宗即位，遷比部員外郎，【略】預修《冊府元龜》，加主客郎中。求領外任，得知湖州，轉刑部郎中。歲滿，復預編修。大中祥符六年，書成，授兵部郎中。入朝，暴中風眩，真宗遣使馳賜金丹，已不救，年六十九。

《**宋史·方伎傳上**》邊郡屯帥多遣醫官、醫學隨行，三年一代。出師及使境外、貢院鎖宿，皆令醫官隨之。京城四面，分遣翰林祗候療視將士。暑月，卽令醫官合藥，與內侍分詣城門寺院散給軍民。上每便坐閱兵，有被金瘡者，卽令醫官處療。

《**宋史·吴越錢氏世家·錢俶**》吴越錢俶字文德，杭州臨安人。太平興國四年二月宴苑中，俶被病拜不能起，上命以銀裝肩輿送歸，因以賜之。【略】俶中途被足疾，車駕親臨問，令太醫然艾以灸，疾尋愈。還京策勳，宰相進擬加食邑萬戶、實封千戶，上卽改白麻，倍加食邑二萬戶、實封二千戶。

《**宋史·北漢劉氏世家·劉繼元**》北漢劉繼元，并州太原人。【略】雍熙三年，建房州爲保康軍，以繼元爲節度使。【略】淳化二年，繼元疾，遣中使護醫診視，及卒，遺奏以其子三猪爲託，太宗惻然哀之，贈中書令，追封彭城郡王，賵賻加等，葬事官給。時三猪六歲，賜名守節，授西京作坊副使，家居賜祿。

《宋史·外國傳八》 三年，又以者龍族合窮波、黨宗族業羅等爲本族首領、檢校太子賓客，皆鐸督外姻也。鐸督遣安化郎將路黎奴來貢。黎奴病于館，特遣尚醫視療。

《宋史·蠻夷傳一》 是時，湖湘騷動，兵不得息。六年夏，仁宗顧謂輔臣曰：官軍久戍南方，夏秋之交，瘴癘爲虐，其令太醫定方和藥，遣使給之。自是繼賜緡錢。

《金史·海陵紀》〔天德三年〕四月，沂州男子吳眞犯法，當死，有司以其母老疾無侍爲請，命官與養濟，著爲令。

《金史·宣宗紀中》〔興定三年六月〕甲子朔，時暑，給修城夫病者藥餌。

《金史·哀宗紀上》〔天興元年三月〕癸卯，上復出撫東面將士，親傅戰傷者藥于南薰門下，仍賜卮酒。

《金史·選舉志二》 世宗大定七年五月，命司天臺官四品以上官改授文武資者，並聽如太醫例廕。其制，凡正班廕亦正班，雜班廕雜班。【略】舊制，司天、太醫、內侍、長行雖至四品，如非特恩換授文武官資者，不許用廕，以本人見充承應，難使係班故也。泰和二年，定制，以年老六十以上退與患疾及身故者，雖至止官，擬令係班，除存習本業者聽廕一名，止一子者則不須習即廕。【略】司天、太醫遷至四品詔換文武官者，廕一人。

《金史·楊雲翼傳》 楊雲翼字之美，【略】興定三年，築京師子城，役兵民數萬，夏秋之交病者相籍，雲翼提舉醫藥，躬自調護，多所全濟。

《金史·外國傳上》 承安五年，純佑母病風求醫，詔太醫判官時德元及王利貞往，仍賜御藥。八月，再賜醫藥。

《元史·世祖紀四》〔至元九年春三月〕甲戌，詔免醫戶差徭。

《元史·世祖紀五》〔至元十年秋七月〕丙戌，勅樞密院：襄陽生券軍無妻子者，發至京師，仍益兵衛送，其老疾者遣還家。

《元史·世祖紀六》 免大都醫戶至元十二年絲銀。

《元史·世祖紀七》〔至元十五年二月〕辛未，以川蜀地多嵐瘴，弛酒禁。【略】夏四月甲子，以時雨霑足稍弛酒禁，民之衰疾飲藥者，官爲醞釀量給之。【略】至元十五年，閏月丙辰，詔禿魯赤同潭州行省官一員，察戍還病軍所過州縣不加顧恤者按之。【略】十六年二月乙未，詔湖南行省於戍軍還途每四五十里立安樂堂，疾者醫。

《元史·成宗紀一》〔元貞元年春三月丙寅〕詔免醫工門徭。【略】〔元貞元年秋七月〕詔增給諸軍藥餌價直。

《元史·成宗紀二》〔大德元年，九月〕丙寅，詔恤諸郡水旱疾疫之家。【略】己丑，【略】衛輝路旱疫。澧州、常德、饒州、臨江等路，溫之平陽、瑞安二州大水。鎭江之丹陽、金壇旱。並以糧給之。

《元史·成宗紀四》 大德七年冬十月己丑，詔從軍醫工止復其妻子，戶如故。

《元史·英宗紀一》〔延祐七年六月甲寅〕京師疫，修佛事于萬壽山。

《元史·英宗紀二》〔至治二年二月〕甲子，恩州水，民饑疫，賑之。【略】秋七月甲子，録京師諸役軍匠病者千人，各賜鈔遣還。【略】九月丙寅，西僧班吉疾，賜鈔五萬貫。【略】十一月戊申，岷州旱，疫，賑之。【略】張珪足疾免朝賀。【略】至治三年春三月，丙辰，勅：醫、卜、匠官，居喪不得去職，七十不聽致仕，子孫無廕敘，能紹其業者，量才録用。

《元史·泰定帝紀一》〔泰定元年六月己卯詔〕遠仕瘴地，身故不得歸葬，妻子流落者，有司資給遣還，仍著爲令。

《元史·文宗紀三》〔至順元年八月〕庚戌，河南府路新安、沔池等十五驛饑疫，人給米，馬給芻粟各一月。

《元史·順帝紀一》〔元統二年春三月〕庚子，杭州、鎭江、嘉興、常州、松江、江陰水旱疾疫，勅有司發義倉糧，賑饑民五十七萬二千戶。

《元史·食貨志四》 延祐七年，又命隨朝官吏俸以十分爲率，給米三分。【略】諸職官病假百日之外，及因病求醫，親老告侍者，不給祿。【略】鰥寡孤獨賑貸之制：世祖中統元年，首詔天下，鰥寡孤獨廢疾不能自存之人，天民之無告者也，命所在官司，以糧贍之。至元元年，又詔病者給藥，貧者給糧。八年，令各路設濟衆院以居處之，於糧之外，復給以薪。十年，以官吏破除入己，凡糧薪並勅於公廳給散。十九年，各路立養濟院一所，仍委憲司點治。二十年，給京師南城孤老衣糧房舍。二十八年，給寡婦冬夏衣。二十九年，給貧子柴薪，日五斤。三十一年，特賜米絹。元貞二年，詔各處孤老，凡遇寬恩，人給布帛各一。大德三年，詔遇天壽節，人給中統鈔二貫，永爲定例。六年，給死者棺木錢。

《元史·塔出傳》　至元十五年，爲中書省宣使。嘗使河南，適汴、鄭大疫，義堅亞禮命所在村郭搆室廬，備醫藥，以畜病者，由是軍民全活者衆。

《元史·賈昔剌傳》　世祖即位，立尚食、尚藥二局，賜金符，提點局事，兼領進納御膳生料。【略】子虎林赤，智勇絕人。阿里不哥之叛，出其家名馬，以助官軍。從幸和林，中道值大風，晝晦，敵猝至，擊走之，還，佩其大父金符，提點尚食、尚藥二局，歷尚膳使，兼司農。【略】子秃堅不花，襲世職爲尚藥、尚食局提點。

《元史·宦者傳·朴不花》　至正十八年，京師大饑疫，時河南北、山東郡縣皆被兵，民之老幼男女，避居聚京師，以故死者相枕藉。不花欲要譽一時，請于帝，市地收瘞之，帝賜鈔七千錠，中宮及興聖、隆福兩宮，皇太子、皇太子妃，賜金銀及他物有差，省院施者無算；不花出玉帶一、金帶一、銀二錠、米三十四斛、麥六斛、青貂銀鼠裘各一襲以爲費。擇地自南北兩城抵盧溝橋，掘深及泉，男女異壙，人以一屍至者，隨給以鈔，舁負相踵。既覆土，就萬安壽慶寺建無遮大會。至二十年四月，前後瘞者二十萬，用鈔二萬七千九十餘錠，米五百六十餘石。又於大悲寺修水陸大會三晝夜，凡居民病者予之藥，不能喪者給之棺。

《歷代名臣奏議·仁民》　宋徽宗時，左正言任伯雨上奏曰：臣訪聞永泰陵工役人兵，入夏以來，天氣向熱，漸因疾疫多致死亡，竊慮聚衆之所難得醫藥。臣伏聞仁祖朝，嘗因河北疾疫，遣使頒藥諸郡，又嘗以湖南蠻猺未平而兵久留戍，令醫官院定方和藥，遣使給之。祖宗憂民之意，雖遠不忘，而況近在京洛，事干泰陵。自今以後，數月之間，暑熱有加，工役未已，欲望陛下時遣中使頒賜藥餌，卹其勞苦，問其飲食，如此則人情欣悅，沴氣必消，赴功之人樂於盡力，亦可以見陛下致厚於泰陵之意。如以臣言爲然，只乞作聖意訪聞指揮施行。

《歷代名臣奏議·慎刑》　元豐二年，尚書祠部員外郎直史館權知徐州軍州事蘇軾狀奏曰：臣聞漢宣帝地節四年詔曰：令甲死者不可生，刑者不可息。此先帝之所重而吏未稱。今繫者或以掠辜，若飢寒瘐死獄中，何用心逆人道也！朕甚痛之。其令郡國歲上繫囚，以掠笞若瘐死者，所坐名縣爵里，丞相御史課殿最以聞。此漢之盛時，宣帝之善政也。朝廷重惜人命，哀矜庶獄，可謂至矣。因以掠笞死者法甚重，惟病死者無法，官吏上下莫有任其責者。苟以時言上，檢視無他故，雖累百人，不坐。其飲食失時，藥不當病而死者，何可勝數。若本罪應死，猶不足深哀，其以輕罪繫而死者，與殺之何異！積其冤痛，足以感傷陰陽之和。是以治平四年十二月二十四日手詔曰：獄者，民命之所繫也，比聞有司歲考天下之奏，而瘐死者甚多。竊懼乎獄吏與犯法者旁緣爲姦，檢視或有不明，使吾元元橫罹其害，良可憫焉。《書》不云乎：與其殺不辜，寧失不經。其具爲令，今後諸處軍巡州司理院所禁罪人，一歲內在獄病死及兩人者，推司獄子並從杖六十科罪，每增一名加罪一等，至杖一百止。如係五縣以上州，每院歲死及三人，開封府府司軍巡院歲死及七人，即依上項死兩人法科罪，加等亦如之。典獄之官推獄經兩犯即坐本官，仍從違制失入，其縣獄亦依上條。若三萬戶以上，即依五縣以上州軍條。其有養療不依條貫者，自依本法。仍仰開封府及諸路提點刑獄，每至歲終，會聚死者之數以聞，委中書門下點檢，或死者過多，官吏雖已行罰，當議更加黜責。行之未及數年，而中外臣僚爭言其不便。至熙寧四年十月二日，中書劄子詳定編勑所狀，令衆官叅詳獄囚，不因病死及不給醫藥飲食，以至非理慘虐，或謀害致死，自有逐一條貫，及至捕賞格。若實緣病死，則非獄官之罪。況有不幸遭遇瘴疫，死者或衆，而使獄官濫被黜罰，未爲允當。今請只行舊條外，其上件獄囚病死條貫更不行用，奉聖旨依所申。臣竊惟治平四年十二月二十四日手詔，乃陛下好生之德遠同漢宣，方當推之無窮，而郡縣俗吏不能深曉聖意，因其小不通，輒爲駮議。有司不能修其缺，達其礙，乃舉而廢之，豈不過甚矣哉。臣愚以謂獄囚病死，使獄官坐之，誠爲未安。何者？獄囚死生，非人所能必，責吏以其所不能必，吏且懼罪，多方以求免，囚小有疾則責保，門留，不復療治，苟無親屬與雖有而在遠者，其捐瘠致死者，必甚在獄。臣謹按《周禮》醫師歲終則稽其醫事以制其食，十全爲上，十失一次之，十失二次之，十失四爲下。臣愚欲乞軍巡院及天下州司理院，各選差衙前一名，醫人一名，每縣各選差曹司一名、醫人一名，專掌醫療病囚，不能更充他役。以一周年爲界，量本州縣囚繫多少，立定傭錢，以免役寬剩錢，或坊場錢充。仍於三分中先給其一，俟界滿比較，除罪人拒捕及鬬致死者不計數外，每十人失一以上爲上等，失二爲中等，失三爲下等，失四以上爲下下。上等全支，中等支二分，下等不支，下下科罪自杖六十至杖一百止，仍不分首從。其上中等醫人，界滿願再管勾者聽，人給曆子，以書等第。若醫博士、助教有闕，則比較累歲等第最優者補充。如此則人人用心若療治其家人，緣此得活者必衆。且人命至重，朝廷所甚惜，而寬剩役錢與坊場錢，所在山積，其費甚微，而可以全活無辜之人至不可勝數。感人心，合天意，無善於此者矣。獨有一弊，若死者稍衆，則所差衙前曹司醫人與獄子同情，使囚詐稱疾病，以張人數。臣以謂此法責罰不及獄官縣令，則獄官縣令無緣肯與此等同情欺罔。欲乞每有病囚，令獄官縣令具保明以申，州委監醫官及本轄干繫官吏覺察。如詐稱病，獄官縣令皆科六十，分故失爲公私罪。伏望朝廷詳酌，早賜施行。

《古今醫統大全·歷世聖賢名醫姓氏·蜀》　蜀主孟昶，心姓慈孝，好方藥。母后病，屢更太醫，不効，自製方餌，進之遂愈。群臣有疾，親召診視，醫官服其神。宋太祖伐蜀，孟不忍生民就戮，遂走汴降闕下，太祖厚封之。

《翰林記·養疾》　國初乙巳年春三月十五日，起居注宋濂卧病京師之官舍，不入侍者六日。上顧問近臣曰：老宋起居何久不見耶？以病對，且言其致疾之詳。上憂形於色曰：宋起居純飭之士，不參以分毫人僞，侍予五年猶一日也。不知何以而有斯疾乎？越一日，又問病勢稍損否。對曰：如初。越二日，又問，復對如初。上惻然曰：爾往傳命，俾歸養金華山中，父子祖孫懽然相聚，疾必易愈。愈且速造朝，國家文翰庶有賴哉！及宣上旨。濂力疾起拜命。越翼日陛辭。上勑黄門内使出大府金，籍以束帛賜之。自後候問之使，相屬於道。時方嚴肩輿之禁，雖相國亦不之許，特命造安車，給健丁六人以載，此尤異數也。又數日，皇太子以舊學故，復遣内臣存問，賚以繒幣白金之屬。又二日上道，夏四月十七日始抵金華故居。十八日具謝表一通進上，幷致書太子。上謂太子曰：此書汝日誦一過。復親御翰墨賜書褒答，其文則上所自製，字乃侍臣代書，其外封九字、内年月六字、及花押，則上之親筆也。復出官局文綺白繒各一，命太子署名緘封，遣使者即其家以賜。六月七日也，濂之自叙如此。聖明之禮遇文儒，可謂隆矣。宣德初大學士黄淮乞骸骨，不許。固請，始令歸田養疾，賜楮鏹萬貫，陛辭，加賜萬貫。既歸，遂乞致仕，丁外艱，賜祭葬以一品禮。淮入謝，賜遊西苑，召淮之子釆從行，且特命乘肩輿，登萬歲山，賜宴於山之麓。淮獻詩以謝。上悅，比辭，宴餞於太液池，親灑宸翰製詩送之，給路費，賜織金紗衣一襲，且諭之曰：明年朕生日，卿其復來。如期至，上留之數月，乃還。又明年，英宗即位，淮入朝進香，亦留月餘乃辭歸云。正統元年。編修楊珙養疾。詔許之。天順末，禮部侍郎兼學士李紹爲修實録副總裁，書垂成，沾微疾，即上章求解任，累不獲俞允。成化二年八月，上察其誠，許暫歸，候疾愈復來。七年用洪武初起致仕尚書劉崧署司業例，起爲祭酒，降勑召之，未及門而紹卒矣。三年編修張元禎謝病，得允，家居者二十年。孝宗即位，乃起爲左贊善。二十三年太子少保禮部尚書兼學士彭華始得風疾，上命醫往視，遣中官賜羊酒蔬米。越三月辭祿，不許。又三月特令官賜麒麟服，再辭，辭益懇，乃得俞旨，俾歸就醫藥，疾已即來。瀕行又賜金綺襲衣，輿疾出都城，過闕門，匍匐稽顙，因泣下沾臆而去。弘治四年少詹事兼侍講學士汪諧疾作，在告三月，上疏請停俸給，不許。每時節珍味，即賜於家。憲廟實録成，以副總裁陞禮部右侍郎，明年復懇辭，乃許之，仍詔疾愈當復用。十六年禮部右侍郎掌國子監事謝鐸以疾在告，累疏乃許歸就醫，命給驛以行，令有司俟病愈奏聞。蓋養疾得給驛者，惟本院，遂爲定制焉。

李梴《醫學入門·歷代醫學姓氏·德醫》　徐鏊，不知何許人，太醫院醫士。正德時諫南巡，下獄〔戍〕邊，忠臣也。

嘉靖《長垣縣志·技術》　嘉靖戊戌，瘟疫大作，知縣杜緯捐俸銀米易藥，使醫生可愛等修藥調劑，一時賴以全活者甚衆。

隆慶《儀真縣志·人物考》　許叔微，字知可。家貧，篤志經史，尤邃於醫。紹興二年登進士第。建炎初，兵後大疫，叔微親行里巷治療，所活甚多。復得二嗣。所著有《本事方》等書數卷，行于世。

隆慶《儀真縣志·人物考》　陳起，字起宗。好讀書，薦眞州掌刑獄吏。時獄中夏月多疫起，且暮勞問，給醫藥。召獄卒，告以陰騭，出私財，日具湯沐。視囚徒輕重爲後先，又爲粥以食之。

萬曆《建陽縣志·人物志·賢良》　宋慈，字惠父，嘉定丁丑進士，歷湖南提刑，以朝請大夫直煥章閣。慈通經史，能文章，謂刑獄民命所關，一有不決之疑，遂失不經，作《洗冤録》，以期得情。及卒，理宗以慈分憂中外，有密贊閫畫之寄，特贈朝議大夫，御書墓門以旌之。

萬曆《溫州府志·人物志·方技》　劉資深，永嘉人，世傳醫學。元初，郡大疫，郡守肩輿迎之，投劑皆愈，與戴復巷熠齊名。

萬曆《福寧州志·人文志·方技》　丁杞，南街人，號種松子。世業醫，杞診脈能決死生。知州李時子病劇，醫者皆袖手，得杞劑良已。正德六年，州大疫，知州萬廷彩命施藥于申明亭，存活甚衆。

崇禎《嘉興縣志·叢談志·醫術》 嚴貴和，字大用。修子成之業，治疾有驗。洪武十三年，任太醫院官。明年，禾中大疫，死者枕藉。貴和白郡伯，市藥以鑊煮之，遣數十人行施於市，月餘，活者甚衆。

崇禎《嘉興縣志·叢談志·方伎》 嚴世美，精於醫，弘治中亦爲醫官，郡邑皆敬禮之。時當大疫，世美請於郡伯曰：天災流行，雖安居不免，矧圜土蒸濕乎，請少舒縲絏。病者予之藥，俟疫氣稍平，而正罪未晚也。郡伯納其言，全活甚衆。【略】

朱儒，字宗魯，其先吳江人，移家嘉興。兄弟四人將析箸，儒悉以遺業讓之，而自用醫顯。入都，會大疫，起死人無算。貧者不受謝，且給銀錢爲調理費，繇是名震。選授太醫院吏目，稍積爲院使。嘗侍疾禁中。一日，上御文華殿煖閣，召儒診視，儒奏聖體病在肝腎，宜寬平以養氣，安靜以益精。上首肯之。自兩宮太后及后妃公主有疾，率令中涓言狀，從儒受方，多効，時有大官之賜，一時諸公卿爭延致之。儒自論病議方而外，語不及私，即懽笑移日，杯酒相洽，益恂恂自飭，不以昵故有所干，故諸公卿爭爲倒屣。每里中子入都，儒繼繼桑梓，客死者，輒經紀其家，歸其喪，人皆德之，稱爲長者。年七十有七卒。

康熙《仁和縣志·人物·方技》 稽清，字仁伯。世傳秘術，善療金瘡骨損。父初由汴扈蹕南渡，時方戎馬蹂躪，全活甚衆。及北兵入寇，師臣請俱值兵潰，因失所在。事聞，命清攝職，年未冠。蚤諳先業。已而宮中有患折肱者，他醫莫措，清爲整治，完好如昔。禁掖詫曰：小小嵇，眞能接骨耶？壽皇躬親騎射，時有悞損，應期而瘳，中外益重之。先是大江以南，良醫固鮮，正骨 科，尤所罕睹。清既著名，日有扶疾就視者，繼斷起廢，輒見奇效。

康熙《鄞縣志·人物·藝術》 章敬先，名謙，以字行。美豐儀，聰敏好學。讀書之暇，攻醫製藥，惠于鄉里。洪武二十九年，舉茂才，司稅溧陽。永樂六年，以求賢應薦，擢隆平令。勤于政事，且以醫藥拯民之疾疫，人感服其誠。

康熙《休寧縣志·人物·方技》 金有奇，字養純，上溪口人。精岐黃術，授太醫吏目。崇禎辛巳，由寇披猖，官兵駐勦，多嬰癘疫，瀕危者，悉賴以生，裹糧踵謝，卻弗受。家雖貧，事老母必供甘旨。凡所入，皆與弟共之。著有《杏春齋詩》、《孝悌歌》行世。

《續文獻通考·國用考三》 振恤

宋寧宗慶元【略】四年，臨安大疫，出內帑錢爲貧民醫藥、棺斂費，及賜諸軍疫死者家。○自高宗紹興二十一年六月，命歲給大理寺三衙及州縣錢和藥劑療病。孝宗淳熙三年二月，置廣南烟瘴諸州醫官。八年六月，以臨安疫，分命醫官診視軍民。至是，又有是詔。自後，嘉泰元年四月，詔有司振恤被災居民，死者給銀瘞之。又內降錢十六萬緡、米六萬五千餘石振被災死亡之家。嘉定二年三月，命浙西及沿江諸州，給流民病者藥。又出內庫錢十萬緡，爲臨安貧民棺槥費。四月，賜臨安諸軍死者棺錢。三年四月，詔臨安府給細民病者棺櫬。四年三月，命臨安府振給病民，死者賜棺錢。四月，出內庫錢瘞疫死者貧民。

《續文獻通考·國用考三》 元世祖中統元年，詔天下鰥、寡、孤、獨、廢疾不能自存之人，所在官司，以糧贍之。至元元年，又詔病者給藥。貧者給糧。六年十一月，勅諸路鰥、寡、廢疾之人，月給米二斗。

二年五月，詔成都路置惠民藥局。遣王祐於西川等路，采訪醫儒、僧道。四年六月，立上都惠民藥局。至至元三年五月，勅太醫院領諸路惠民藥局。五年七月，立西夏惠民藥局。十年正月，立京師醫藥院，名廣惠司。

《續文獻通考·國用考三》 明太祖【略】乙巳歲七月，令從渡江士卒被創廢疾者養之，死者贍其妻子。洪武元年八月，以京師火、四方水旱，詔中書省集議便民事。時又詔將士從征者恤其家，災荒以實聞，鰥、寡、孤、獨、廢疾者存恤之。【略】五年五月，詔孤、寡、殘疾者官養之，毋失所。【略】惠帝建文元年二月，詔賜高年米肉絮帛鰥、寡、孤、獨、廢疾者。

《明史·睿宗興獻皇帝傳》 楚俗尚巫覡而輕醫藥，乃選布良方，設藥餌以濟病者。

《明史·袁義傳》 袁義，廬江人。本張姓，德勝族弟也。初爲雙刀趙總管，守安慶，敗趙同僉、丁普郎於沙子港。左君弼招之，弗從。德勝戰死，始來附，爲帳前親軍元帥，賜姓名。【略】從沐英征雲南，克普定諸城，留鎮楚雄。蠻人屢叛，義積糧高壘，且守且戰，以功遷楚雄衛指揮使。嘗入朝，帝厚加慰勞。以其老，命醫爲染鬚鬢，俾還任以威遠人，且特賜銀印寵異之。歷二十年，墾田築堰，治城郭橋梁，規畫甚備。軍民德之。建文元年徵還，爲右軍都督府僉事，進同知，卒官。

《**明史·門克新傳**》門克新，鞏昌人。泰州教諭也。（洪武）二十六年，秩滿來朝。召問經史及政治得失。克新直言無隱。授贊善。【略】不數年，擢禮部尚書。尋引疾，命太醫給藥物，不輟其俸。及卒，命有司護喪歸葬。

《**明史·金純傳**》金純，字德修，泗州人。洪武中國子監生。【略】宣德三年，純有疾，帝命醫視療。稍間，免其朝參，俾護疾視事。【略】七年，皇太子監國，奏爲刑部右侍郎。善摘奸。命督北河運。躬自相視，立程度，舟行得無滯。會疾作，太子賜之狐裘冠鈔，遣醫馳視。

《**明史·張鵬傳**》張鵬，字騰霄，淶水人。景泰二年進士。授御史。【略】出按大同、宣府，奏：兩鎮軍士敝衣菲食，病無藥，死無棺，乞官給醫藥棺櫝，設義冢，俾饗厲祭，死者蒙恩，則生者勸。帝立報可，且命諸邊概行之。

《**明史·山雲傳**》山雲，徐人。父青，以百戶從成祖起兵，積功至都督僉事。雲貌魁梧，多智略。初襲金吾左衛指揮使。數從出塞，有功。【略】宣德元年改北京行都督府，【略】英宗即位，雲墜馬傷股。帝遣醫馳視。以病請代，優詔不許。進右都督。

《**明史·黃裳傳**》黃裳，字元吉，曲江人。俱進士，授御史。裳嘗言寧、紹、臺三府疫死三萬人，死者宜蠲租，存者宜振恤。

《**明史·楊洪傳**》楊洪，字宗道，六合人。【略】英宗立，【略】三年春，擊寇於伯顏山。洪馬蹶傷足，戰益力，擒其部長也陵台等四人。追至寶昌州，又擒阿台答剌花等五人。寇大敗，遁去。璽書慰勞，遣醫視，進都指揮同知，賜銀幣。

《**明史·彭時傳**》彭時，字純道，安福人。正統十三年進士第一，授修撰。【略】成化改元，進兵部尚書，【略】時每因災變上言，或留中，或下所司，多阻隔，悒悒不得志。五年以後，凡七在告，帝輒命醫就視，數遣內臣賜賚。十一年正月，以秩滿進少保。踰月卒，年六十。贈太師，謚文憲。

《**明史·王翺王竑傳**》王翺，字九皋，鹽山人。【略】宣德元年以楊士奇薦，擢御史。【略】五年加太子少保。成化元年進太子太保，雨雪免朝參。屢疏乞歸，輒慰留，數遣醫視疾。三年，疾甚，乃許致仕。【略】

王竑，字公度，其先江夏人。【略】正統四年進士。【略】憲宗即位，【略】即召竑爲兵部尚書，秉爲左都御史。命下，朝野相慶。【略】即引疾求退。帝方嚮用竑，優詔慰留，日遣醫視疾。

《**明史·謝遷傳**》謝遷，字于喬，餘姚人。成化十年鄉試第一。明年舉進士，復第一。授修撰，累遷左庶子。【略】嘉靖六年，大學士費宏舉遷自代，楊一清欲阻張璁，亦力舉遷。帝乃遣行人齎手勑即家起之，命撫、按官敦促上道。遷年七十九矣，不得已拜命。比至，而璁已入閣，一清以官尊於遷無相下意。遷居位數月，力求去。帝待遷愈厚，以天寒免朝參，除夕賜御製詩，及以病告則遣醫賜藥餌，光祿致酒餼，使者相望於道。

《**明史·戴珊傳**》戴珊，字廷珍，浮梁人。【略】成化十四年遷陝西副使，仍督學政。【略】珊以老疾數求退，輒優詔勉留，遣醫賜食，慰諭有加。

《**明史·李敏傳**》李敏，字公勉，襄城人。景泰五年進士。授御史。【略】弘治四年得疾乞休，帝爲遣醫視療。

《**明史·毛澄傳**》毛澄，字憲清，崑山人。舉弘治六年進士第一。授修撰。【略】先是，論定策功，加澄太子太傅，廕錦衣世指揮同知，力辭不受。帝雅敬憚澄，雖數忤旨，而恩禮不衰。既得疾，遣醫診視，藥物之賜時至。其卒也，深悼惜之。贈少傅，謚文簡。

《**明史·孫交傳**》孫交，字志同，安陸人。成化十七年進士。授南京兵部主事，爲尚書王恕所知。弘治初，恕入吏部，薦授稽勳員外郎，歷文選郎中。【略】正德初，擢光祿卿。三年進戶部右侍郎，提督倉場，改吏部。

交年已七十，連章乞罷。帝輒慰留，遣醫視療。請益力，乃許之。手詔加太子太保，馳驛。

《**明史·張璁傳**》張璁，字秉用，永嘉人。【略】嘉靖十二年，【略】明年進少師兼太子太師、華蓋殿大學士。【略】十四年春得疾，帝遣中官賜尊牢，而與時言，頗及其執拗，且不惜人才以叢怨狀。又遣中官賜藥餌，手勑言：古有剪鬚療大臣疾者，朕今以己所服者賜卿。孚敬幸得溫諭，遂屢疏乞骸骨。命行人御醫護歸，有司給廩隸如制。明年五月，帝復遣錦衣官齎手勑視疾，趣其還。行至金華，疾大作，乃歸。十八年二月卒。帝在承天，聞之傷悼不已。

《**明史·張居正傳**》張居正，字叔大，江陵人。【略】嘉靖二十六年，居正成進士，改庶吉士。【略】授編修。【略】亡何，居正病。帝頻頒勅諭問疾，大出金帛爲醫藥資。四閱月不愈，百官並齋醮爲祈禱。【略】及病革，乞歸。上復優詔慰留，稱太師張太岳先生。

《明史·于玉立傳》　于玉立，字中甫，金壇人。萬曆十一年進士。除刑部主事，進員外郎。【略】尋進郎中，謝病歸。

《明史·曹珖傳》　曹珖，字用韋，益都人，萬曆二十九年進士。【略】起補兵部武選主事，歷職方郎中。大璫私人求大帥，珖不可。東廠太監盧受疏申職掌，珖亦請勅受約束部卒，毋陷良民。稍遷河南參政，引疾歸。

《明史·馮元飆傳》　馮元飆，字爾弢，慈谿人。父若愚，南京太僕少卿。【略】崇禎十六年五月，國維下獄，遂以元飆爲尚書。帝倚之甚至，元飆顧不能有所爲。河南、湖廣地盡陷，關、寧又口告警。至八月，以病劇乞休。帝慰留之，賜瓜果食物，遣醫診視。請益堅，乃允其去。

《明史·文苑傳一·戴良》　戴良，字叔能，浦江人。通經、史百家暨醫、卜、釋、老之說。【略】洪武六年始南還，【略】太祖物色得之。十五年召至京師，試以文，命居會同館，日給大官膳，欲官之，以老疾固辭，忤旨。

《明史·外國傳一》　永樂元年四月復遣陪臣李貴齡入貢，奏芳遠父有疾，需龍腦、沉香、蘇合、香油諸物，賚布求市。帝命太醫院賜之，還其布。

乾隆《温州府志·人物·方技》　虞君平，其先永嘉人，仕太醫院。永樂初，樂清大疫，君平藥之悉愈，邑人德之，遂留居焉。子孫世其家。

乾隆《無爲州志·人物·方技》　王道中，洪武間太醫院醫選。曾孫大坤，太醫院醫官，萬曆十年夏，大疫，大坤施藥，全活無筭。

乾隆《蘇州府志·藝術·醫》引《長洲志》　張世華，字君美，其先汴人。宋南渡時，有名彥者，以防禦使擁兵衛吳，遂家焉。三傳至端禮，始以醫名。逮元善進爲保冲大夫，曾大父縉尤著名，嘗爲周文襄所禮重。父頤，字養正，能預刻年月，決人生死。世華嘗就徵，從使西南諸國。軍士行道病者，多賴全活。正德間，吳中大疫，世華攜藥囊於通衢，隨請而應。有酬之金帛，笑而謝之。

嘉慶《武義縣志·鮑進傳》　鮑進，積學有聲，充邑庠。屢舉不第，遂業醫。正德壬申，賊寇三衢，郡伯劉公莅承檄征剿，進以良醫選從。屯龍翔寺僻隝，時兵多疫，所飲藥輒効，活者甚衆。既而藥缺紫蘇，寺畔俄產數百叢以應，衆皆嘖嘖，以爲天神其術也。

道光《武進陽湖縣合志·人物志》　張琦，字翰風。嘉慶癸酉順天舉人，歷官山東鄒平、章邱知縣，補館陶。精醫術，治縣時值大疫，全活甚衆。

光緒《山西通志·方外録》　崔眞人，名孟傳，字樸菴，襄陵人。黄冠野服，雲遊四方，醫學得壺公術。萬曆時，慈聖后疾篤，應名醫召，既至，延入宫切脉，投劑立愈，賜號眞人。後於武當羽化。

光緒《嘉定縣志·人物·藝術》　郁士魁，字橘泉，居外岡。業醫二十餘世，善刀鍼，精瘍科。崇禎時奉詔治疫，授南京太醫院官，不赴。

光緒《湖南通志·人物志·技術》引《縣志》　劉觀宏，衡陽人。懷濟人之志，究心醫術。康熙四十九年，郡城病疫，知縣張延相設局西湖寺施藥，以觀宏董其事。觀宏盡心診視，全活萬計。

光緒《廣州府志·列傳》　何夢瑶，字報之。雲津堡人。年二十九，受知學使惠士奇，稱惠門四俊。雍正己酉拔貢，領鄉薦，庚戌成進士，分發廣西。大府耳其名，至則令修《省志》，歷宰義寧、陽朔、岑溪、思恩，擢奉天遼陽州。尋引疾歸。在岑溪，地僻政簡，乃大修《縣志》，大吏將以鴻博薦，辭不赴。在思恩，時疫氣流行，立方救療，多所全活，制府策楞下其方于各邑。歸而懸壺自給，大府聘主端溪、粤秀、越華書院講席，肇慶府吴繩年聘修《府志》，因自稱研農。富于著述，已梓者《匊芳園詩抄》、《莊子故》、《賡和録》、《制義焚餘》、《醫碥》、《婦嬰痘三科輯要》、《傷寒論近言》、《胡金竹梅花四體詩箋》、《大沙古迹詩》。未梓者，《匊芳園文抄》、《皇極經世易知録》、《移燈餘話》、《紫棉樓樂府》、《紺山醫案》、《針灸吹雲集》、《算迪》、《三角輯要》、《比例尺解》、《秋訇》、《金錢隘紀聞》、《羅浮夢》、《暖金盒》、《匊芳園詩續抄》。卒年七十二。

光緒《吉安府志·人物·方伎》　郭鳳藻，廬陵人。其先七世以醫名，藻亦好方書。有守備患癱瘓，延藻診視，投以藥，旬餘起止復初。雍正六年，郡城疫，知府倪立局聘藻治之，藻請曰：郡城廛肆，人畜駢闐，溝渠汙渫，惡氣上蒸，中人膈臆而爲厲疫，此不可拘古方治也。乃精思丸劑，並用六閱月，全活甚衆。藻左手痿痺忽愈，僉以爲治疫之報。孫隆遇，傳其醫學，知府王銘琮知其良，歷十年不更他醫，遂令充府醫學官。

光緒《湖南通志·人物志·技術》引《沅陵縣志》　舒榮，沅陵人。有異術，能治外證，不方不藥，取水一盂呪之，指畫若符，患者服之立瘳。或剖腹去毒，拭以水，創合而人不知痛。乾隆末年，貝子福康以宣勇伯和琳，督師征苗，榮游軍中，士卒中癘，飲水即瘥，全活數萬人，羣稱爲神水。予之官，不受，以布衣終。

光緒《甘泉縣志·寓賢》 吳清鵬，字笏庵。父錫麒。翰林官祭酒，嘉慶二十二年一甲第三名進士，官奉天府丞。解組后，主講樂儀書院。晚年卜居公道橋，閉戶著書。咸豐年卒。子安業，博通經史，兼善岐黄。積修脯資，建存濟堂，施捨膏藥。居公道橋，終年足迹不入城市。遠近貧病無力醫藥，賴吳生活者以千百計。著有《理論駢文略言》四本行世。

光緒《無錫金匱縣志·藝術》 沈文淵，字繹明，少多病，習醫以自治，繼遂能活人。邑大疫，當事徵之，所投即起。性最慈祥，凡鰥寡及婢僕乳媪，延之立往。曰：此輩求醫最難，不中綏也。

光緒《續雲南通志稿·雜志·方伎》 熊彬，趙州諸生。性孝友，樂善好施。精岐黄術，緬甯軍中疫行，臬司屠述濂延往療治多夬。

光緒《增修仁懷廳志·人物》 謝本崙，號竺巖，一粱四子也。廩貢生，分部主事，三品花翎銜。歷官雲南甯州、雲龍、羅平、潞南知州，政聲昭著。兼精岐黄，閭閻中得染瘴癘者，施方調治，無不全愈。上憲刊其方，布各州縣。又自著《痒》、《痧》等書傳世。年六十四卒於任所。

光緒《善化縣志·名宦》 張機，字仲景，長沙太守，時大疫流行，治法雜出，機著《傷寒論》、《金匱玉函方》行世，民賴以濟。今建祠於賢良祠西。

《清史稿·聖祖紀一》 康熙十九年六月丁丑，命五城粥廠再展三月，遣太醫官三十員分治饑民疾疫。

《清史稿·聖祖紀二》 〔康熙二十六年丁卯春正月〕戊子，遣醫官往治雅克薩軍士疾，羅刹願就醫者并醫之。【略】〔康熙三十一年冬十月〕己卯，詔曰：秦省比歲凶荒，加以疾疫，多方賑濟，未甦積困。所有明年地丁稅糧，悉予蠲免。從前逋欠，一概豁除。用稱朕子惠元元至意。【略】〔康熙三十五年冬，十月〕戊申，上臨視右衛軍士，賜食。傳諭曰：昭莫多之役，爾等乏糧步行而能禦敵，故特賜食。悉免所借庫銀。其傷病之人，另頒賜之。衆叩首歡謝。

《清史稿·聖祖紀三》 〔康熙五十二年三月〕戊寅朔，又諭：各省祝壽老人極多，倘有一二有恙者，可令太醫看治。

《清史稿·高宗紀四》 〔乾隆三十一年十一月〕戊寅，以楊應琚病，命楊廷璋赴永昌接辦緬匪。癸巳，命侍衛福靈安帶御醫往視楊應琚病。

《清史稿·穆宗紀一》 〔同治元年閏八月〕辛丑，曾國藩請簡大臣會辦軍務，上不許，仍慰勉之，並傳旨存問疾疫將士。

《清史稿·德宗紀一》 〔光緒十三年三月〕甲寅，劉錦棠請解職省親就醫，不許；給假三月，在任調理。【略】〔光緒十九年十二月〕辛酉，賑安仁疫災。壬戌，免歸化等七廳租賦。

《清史稿·德宗紀二》 〔宣統二十四年八月〕壬寅，黄遵憲以疾免。【略】〔光緒三十二年閏四月〕戊子，唐炯以衰疾解雲南鑛務。

《清史稿·宣統皇帝紀》 〔宣統三年九月〕丙戌，命呂海寰充中國紅十字會會長，兼慈善救濟會事。【略】〔九月癸未〕呂海寰請依紅十字會法，推廣慈善救濟會，從之。

《清史稿·純靖親王隆禧傳》 純靖親王隆禧，世祖第七子。康熙十三年，封。十四年，分給佐領。十八年七月，隆禧疾篤，上親臨視，爲召醫。是日再臨視，日加申，薨，上痛悼，輟朝三日。

《清史稿·呂宮傳》 呂宮。字長音，江南武進人。順治四年一甲一名進士，授秘書院修撰。九年，加右中允。十年，【略】閏六月，遷吏部侍郎。十二月，超授弘文院大學士。【略】宮以病乞假，上遣醫療治，問病狀。疏言：乞假已三月，稟體怯弱，人道俱絶，僅能僵卧兀坐。乞寬期調治。御史姜圖南劾疏語褻嫚，楊義復劾其曠職，宮亦累疏乞罷。

《清史稿·趙開心傳》 趙開心，字靈伯，湖南長沙人。【略】尋命巡視南城。滿洲兵初入關，畏痘，有染輒死。京師民有痘者，令移居出城，杜傳染。有司行之急，嬰穉輒棄擲。開心疏請四郊各定一村，移居者與屋宇聚處。

《清史稿·范承謨傳》 范承謨，字覲公，漢軍鑲黄旗人，文程次子。順治九年進士，選庶吉士，授弘文院編修。累遷秘書院學士。康熙七年，授浙江巡撫。【略】康熙九年十月，擢福建總督，疏辭未允，請入覲。十二年七月，至京師，入對。承謨疾未愈，命御醫診視，賜藥餌。疾稍差，趣赴官，賜冠服、鞍馬。

《清史稿·張勇趙良棟孫思克傳》 張勇，字非熊，陝西咸寧人。【略】康熙十七年，準噶爾台吉噶爾丹兵入河套，厄魯特部爲所敗，假道赴青海，闌入內地，勇驅令出塞。二十一年，入覲。二十二年，以老病乞休，諭留之。二十三年，聞青海蒙古游牧近邊城，率兵赴丹山防禦，至甘州，病篤。上聞，遣醫並其子雲翼馳驛往視。尋卒，贈少師仍兼太子太師，賜祭葬，謚襄壯。【略】

趙良棟，字擎宇，甘肅寧夏人，先世居榆林。順治二年，師定陝西，良棟應募，隸總督孟喬芳標下，檄署潼關守備。從征秦州、鞏昌，擊敗叛將賀珍、武大定。授寧夏水利屯田都司。五年，討河西回，擒丁國棟。良棟在行間，擢高臺游擊。十三年，以經略洪承疇薦，從征雲、貴，授督標中軍副將。康熙元年，擢雲南廣羅總兵。【略】三十六年，良棟病，尚書馬齊自寧夏還，奏狀，手詔存問，賜人葠、鹿尾。【略】

孫思克，字藎臣，漢軍正白旗人。【略】康熙二十三年，復授甘肅提督。【略】康熙三十九年，以病乞休，遣醫往視，仍命留任養疴。尋卒，贈太子太保，賜祭葬，謚襄武。喪還京師，命皇長子允禔臨奠。

《清史稿·藍理傳》 藍理，字義山，福建漳浦人。少桀驁，膂力絕人。【略】康熙二十六年，服闋，詣京師，迎駕趙北口，召至御前，問澎湖戰狀，命解衣視其創，慰勞甚至，超授陝西神木營副將。【略】四十三年，以舊傷疾作，乞解任，溫旨慰留，遣御醫診視。

《清史稿·劉楗傳》 劉楗，字玉罍，直隸大城人。順治二年進士。是歲選新進士十人授給事中，楗除戶科。【略】十七年，擢副都御史，【略】旋以病乞休，諭慰留，遣太醫視疾。擢吏部侍郎。未幾，復擢刑部尚書。十八年，病劇，始得請還里。至家，卒，賜祭葬，謚端敏。

《清史稿·湯斌傳》 湯斌，字孔伯，河南睢州人。明末流賊陷睢州，母趙殉節死，事具《明史·列女傳》。父契祖，挈斌避兵浙江衢州。順治二年，奉父還里。九年，成進士，選庶吉士，授國史院檢討。【略】康熙二十三年，擢內閣學士。【略】二十六年九月，改工部尚書。未幾，疾作，遣太醫診視。

《清史稿·王頊齡傳》 王頊齡，字顓士，江南華亭人。【略】

雍正元年，詔開恩榜，頊齡重與鹿鳴宴，加太子太傅。以老，累疏乞休，上以頊齡先朝舊臣，勤勞歲久，諳習典章，輒與慰留。三年，痰作，命御醫治疾，賜參餌。尋卒，年八十四，上爲輟朝一日，令朝臣出其門下者素服持喪、各部院漢官會祭，贈太傅，謚文恭。

《清史稿·格爾古德傳》 格爾古德，字宜亭，鈕祜祿氏，滿洲鑲藍旗人。【略】康熙二十一年，授直隸巡撫。【略】頃之，以疾乞休，優詔慰留。會詔廷臣公舉清廉官，首以格爾古德列奏。上念其羸疾，遣御醫診視。未幾，卒，賜卹加等，謚文清。

《清史稿·陳鵬年傳》 陳鵬年，字滄洲，湖廣湘潭人。康熙三十年進士。【略】世宗即位，命眞除。時南北壩尾合而復潰者四，至是以次合龍，而馬營口尚未塞。鵬年止宿河堧，寢食俱廢，寖羸憊。雍正元年，疾篤，遣御醫診視。尋卒，上聞，諭曰：「鵬年積勞成疾，沒於公所。聞其家有八旬老母，室如懸罄。此眞鞠躬盡瘁、死而後已之臣。」褒錫甚至。賜帑金二千，錫其母封誥，視一品例廕子，謚恪勤。祀河南、江寧名宦。

《清史稿·于成龍傳》 于成龍，字振甲，漢軍鑲黃旗人。康熙七年，自廕生授直隸樂亭知縣。八年，署灤州知州。【略】二十年，直隸巡撫于成龍遷兩江總督。【略】三十八年，上南巡，臨閱高家堰、歸仁隄諸處，諭以增築疏濬諸事。尋以病乞假，命在任調治，遣醫往視。三十九年，卒，賜祭葬，謚襄勤。

《清史稿·郎坦傳》 郎坦，瓜爾佳氏，滿洲正白旗人，內大臣吳拜子。康熙十三年，擢正白旗蒙古副都統，調本旗滿洲。【略】三十二年，授昭武將軍，率師駐甘州。三十三年，移駐寧夏，與甘肅提督孫思克分道偵寇。上聞噶爾丹將逼圖拉，命郎坦移兵禦剿，以圖拉無警，引還。仍任領侍衛內大臣，列議政如故。三十四年，往盛京巡閱邊隘，還入塞，疾劇，遣太醫馳驛往視。尋卒，賜祭葬。

《清史稿·潘育龍傳》 潘育龍，字飛天，甘肅靖遠人。初入伍，從征李來亨等於茅麓山，有功。【略】康熙二十七年，以總督噶思泰薦，擢甘州副將。【略】三十年，赴寧夏防剿噶爾丹。時改肅州協爲鎮，即以育龍爲總兵。【略】三十五年，從征噶爾丹，遇賊昭莫多，飛礮中育龍中頤，益力戰，賊敗遁。師還，召至京師，上撫視其創，命御醫診視，賜衣一襲。

《清史稿·舒蘭傳》 舒蘭，納喇氏，滿州正紅旗人。父敦多哩，官刑部侍郎，兼佐領。【略】康熙三十八年，【略】舒蘭累擢內閣學士。四十五年，命往西藏封拉藏爲翊法恭順汗。回京得風疾，遣太醫診視。越二年，疾復發，乞休，許解任調治。

《清史稿·藍廷珍傳》 藍廷珍，字荆璞，福建漳浦人。少習騎射，從祖理器之。入伍，自定海營把總累遷溫州鎮標左營游擊。【略】康熙六十一年，授臺灣總兵。雍正元年，擢福建水師提督，加左都督，賜孔雀翎，予三等阿達哈哈番世職。【略】七年，病聞，遣醫診視。尋卒，贈太子少保，謚襄毅。

《清史稿・王繻傳》 王繻，字愼夫，河南睢州人。少學於湯斌。康熙二十五年，以歲貢生授直隸東明知縣。【略】上南巡，入覲，顧宋犖曰：朕聞繻督糧時官聲甚好。時繻已病，遣御醫視之，賜德里雅噶藥一器，溫旨慰諭，復賜御書。

《清史稿・朱軾徐元夢蔣廷錫傳》 朱軾，字若瞻，江西高安人。【略】康熙五十九年，擢左都御史。【略】上以山、陝旱災，發帑五十萬，命軾與光禄寺卿盧詢分往勸糶治賑。軾往山西，疏請令被劾司道以下出貲贍饑民，富民與商人出資於南省糴米，暫停淮安、鳳陽等關米税；饑民流徙，令所在地方官安置，能出資以贍者得題薦；饑民群聚，易生癘疫，設廠醫治。【略】皆從所議行。【略】

徐元夢，字善長，舒穆祿氏，滿洲正白旗人。康熙十二年進士，改庶吉士，散館授戶部主事。【略】乾隆六年秋，疾作，遣太醫診視，賜葠藥。冬十一月，疾劇，上諭曰：徐元夢踐履篤實，言行相符。歷事三朝，出入禁近，小心謹愼，數十年如一日。壽逾大耋，洵屬完人。命皇長子視疾。【略】

蔣廷錫，字揚孫，江南常熟人，雲貴總督陳錫弟。初以舉人供奉內廷。康熙四十二年，賜進士，改庶吉士。【略】雍正九年，廷錫病，上遣醫療治。十年夏，病復作，上命日二次以病狀奏。閏五月，卒，上爲輟朝，遣大臣奠茶酒，賜祭葬，謚文肅。【略】

《清史稿・方苞傳》 方苞，字靈皋，江南桐城人。【略】雍正三年，還京師，入直如故。居數年，特授左中允。三遷內閣學士。苞以足疾辭，上命專領修書，不必詣內閣治事。尋命教習庶吉士，充一統志總裁、皇清文穎副總裁。乾隆元年，充三禮義疏副總裁。命再直南書房，擢禮部侍郎，仍以足疾辭，上留之，命免隨班行走。復命教習庶吉士，堅請解侍郎任，許之，仍以原銜食俸。【略】苞老多病，上憐之，屢命御醫往視。

《清史稿・孔毓珣唐執玉傳》 孔毓珣，字東美，山東曲阜人，孔子六十六世孫。父恩洪，福建按察使。康熙二十三年，上幸曲阜釋奠，毓珣以諸生陪祀，賜恩貢生。二十九年，授湖廣武昌通判。舉卓異，遷江南徐州知州。【略】五十六年，遷廣西按察使。【略】毓珣積瘁遘疾，上賜以藥餌，命其子刑部郎中傳熹偕御醫馳驛往視。未至，毓珣卒，賜祭葬，謚溫僖。【略】

唐執玉，字益功，江南武進人。康熙四十二年進士，授浙江德清知縣。【略】雍正七年，命署直隸總督。【略】方有疾，治事如常。時宗人府府丞冀棟以醫進，上命視執玉疾，賜人葠，諭令：愛養精神，量力治事。若欲棟料量方藥，保定咫尺，可再命之來也。

《清史稿・李衛傳》 李衛，字又玠，江南銅山人。入貲爲員外郎，補兵部。康熙五十八年，遷戶部郎中。世宗即位，授直隸驛傳道，未赴，改雲南鹽驛道。雍正二年，就遷布政使，命仍管鹽務。三年，擢浙江巡撫。四年，命兼理兩浙鹽政。【略】衛尤長於治盜。盜匿山澤間，詗得其蹤跡，遣將吏捕治，必盡得乃止。以是所部乃無盜。病作，乞解任，遣御醫診視。卒，賜祭葬，謚敏達。

《清史稿・王郡傳》 王郡，陝西乾州人。康熙三十年，陝西饑，就食福建，以李姓入伍，補臺灣鎮標把總，遷延平城守千總。【略】雍正元年，擢浙江嚴州副將，奏復姓。尋又遷江西南贛總兵。【略】十一年，調水師提督。【略】尋入覲，途次遘疾，遣太醫診視，賜藥餌。

《清史稿・傅恒傳》 傅恆，字春和，富察氏，滿洲鑲黃旗人，孝賢皇后弟也。【略】上以金川非大敵，勞師兩載，誅大臣，失良將，內不懌。及是聞其地險難下，益不欲竟其事，遂以孝聖憲皇后諭命班師，而傅恆方督總兵哈攀龍、哈尙德等攻下數碉。上以金川水土惡，賜傅恆人葠三斤，並及諸將有差，屢詔召傅恆還。

《清史稿・史貽直阿克敦傳》 史貽直，字儆弦，江蘇溧陽人。父夔，康熙二十一年進士，官至詹事。貽直少嫺掌故。三十九年，成進士，年十九。自檢討五遷侍讀學士。雍正初，命在南書房行走，再遷吏部侍郎，歷工部、戶部。【略】八年，調署兩江總督，以本籍疏辭，勿許。授左都御史，仍留兩江。【略】九年，授文淵閣大學士。十一年，加太子太保。【略】二十二年，上南巡，貽直迎駕沂州，令在家食俸。尋召還，仍授大學士。途中病作，遣御醫就視。【略】

阿克敦，字仲和，章佳氏，滿洲正藍旗人。康熙四十八年進士，改庶吉士，授編修。【略】雍正十三年七月，擢署刑部尙書，授鑲白旗漢軍都統。十月，兼翰林院掌院學士。十二月，復命協辦大學士。十四年，金川平，加太子少保。連歲上幸木蘭、幸河南、幸盛京，皆命留京辦事，迭署左都御史、步軍統領。二十年，以目疾乞假，上遣醫視疾。屢乞休，命致仕。二十一年，卒，賜祭葬，諡文勤。

《清史稿·錢陳羣沈德潛齊召南傳》 錢陳羣，字主敬，浙江嘉興人。父綸光，早卒。母陳，翼諸孤以長，語在列女傳。康熙四十四年聖祖南巡，陳羣迎駕吳江，獻詩。上命俟迴蹕召試，以母陳病不赴。【略】乾隆七年，擢刑部侍郎。【略】十七年，患反穀疾，連疏乞解職，許之。【略】

沈德潛，字碻士，江南長洲人。乾隆七年，授編修。【略】八年，即擢中允，五遷內閣學士。【略】十三年，德潛以齒衰病噎乞休，命以原銜食俸，仍在上書房行走。十四年，復乞歸，命原品休致，仍令校《御製詩集》畢乃行。諭曰：朕於德潛，以詩始，以詩終。且令有所著作，許寄京呈覽。賜以人葠，賦詩寵其行。德潛歸，進所著《歸愚集》，上親爲製序，稱其詩伯仲高、王，高、王者謂高啓、王士禎也。十六年，上南巡，命在籍食俸。【略】

齊召南，字次風，浙江天台人。【略】乾隆十三年，【略】擢內閣學士，命上書房行走。遷禮部侍郎。【略】十四年夏，召南散直墮馬，觸大石，顱幾裂。上聞，遣蒙古醫就視，賜以藥。語皇子宏瞻：汝師傳病如何？當頻使存問！幸木蘭，使賜鹿脯十五束。及冬，入謝，上慰勞，召南因乞歸，固請乃許。及行，賜紗、葛各二端。

《清史稿·徐士林方顯胡寶瑔傳》 徐士林，字式儒，山東文登人。父農也，士林幼聞鄰塾讀書聲，慕之，跪母前曰：願送兒入塾。乃奮志勵學。康熙五十二年，成進士，授內閣中書。再遷禮部員外郎。雍正五年，授江南安慶知府。十年，擢江蘇按察使。【略】乾隆五年秋，授江蘇巡撫。【略】尋以病請告，溫旨慰留，遣醫診視。【略】

方顯，字周謨，湖南巴陵人。【略】乾隆五年，授廣西巡撫。時顯方病目，聞命赴新任，上嘉其急公。旋請回籍調理，上慰留之。六年，顯病目未愈，命太醫院選眼科馳往醫治。【略】

胡寶瑔，字泰舒，江南歙縣人。父廷對，嘗官婁縣訓導，因居青浦。寶瑔，雍正元年舉人。乾隆二年，考授內閣中書，充軍機處章京。【略】八年，遷侍讀，考選福建道御史。【略】二十七年，寶瑔疾作，請解任。上諭曰：此奏甚非朕之所望，安心靜攝，以慰廑念。遣醫馳驛診視。

《清史稿·喀爾吉善傳》 喀爾吉善，字澹園，伊爾根覺羅氏，滿洲正黃旗人。【略】雍正八年，擢兵部額外侍郎。九年，授侍郎。【略】二十二年秋，病瘍，遣醫偕其子定敏馳視，賜人葠。未幾，卒，賜祭葬，諡莊恪。

《清史稿·齊蘇勒嵇曾筠傳》 齊蘇勒，字篤之，納喇氏，滿洲正白旗人。自官學選天文生爲欽天監博士，遷靈臺郎。擢內務府主事，授永定河分司。雍正元年，授河道總督。【略】四年，以堵築睢寧朱家口決口，加兵部尚書、太子太傅。五年【略】齊蘇勒有疾，上遣醫往視。【略】

嵇曾筠，字松友，江南長洲人。【略】

曾筠，康熙四十五年進士，選庶吉士，授編修。累遷侍講。雍正元年，直南書房，兼上書房。擢左僉都御史，署河南巡撫，即充鄉試考官。遷兵部侍郎。【略】乾隆元年，兼浙江巡撫。尋命改爲總督，兼管鹽政。【略】三年，疏請修樂清濱海隄；又疏請發省城義倉運溫、台諸縣平糶；並從之。尋召入閣治事，以疾請回籍調治。上令其子璜歸省，又遣醫診視。卒，贈少保，賜祭葬，諡文敏，祀浙江賢良祠。

《清史稿·樊廷傳》 樊廷，陝西武威人。初入伍，更姓名王剛。從征烏蒙、青海、西藏，積功累遷甘肅州鎮總兵。【略】乾隆初，上從查郎阿請，發甘、涼諸鎮兵五千人駐哈密，置總統提督，以授廷。【略】在邊二年，以病乞罷，命還固原治疾，遣醫往診。

《清史稿·于敏中傳》 于敏中，字叔子，江蘇金壇人。乾隆三年一甲一名進士，授翰林院修撰。以文翰受高宗知，直懋勤殿，敕書《華嚴》、《楞嚴》兩經。累遷侍講，典山西鄉試，督山東、浙江學政。十五年，直上書房。累遷內閣學士。十八年，復督山東學政。擢兵部侍郎。【略】四十四年，病喘，遣醫視，賜人葠。卒，優詔賜卹，祭葬如例，祀賢良祠，諡文襄。【略】

《清史稿·裘曰修吳紹詩傳》 裘曰修，字叔度，江西新建人。乾隆四年進士，改庶吉士。自編修五遷至侍郎，歷兵、吏、戶諸部。【略】三十八年四月，曰修病噎乞歸，上以錢陳羣嘗病此，以老許其歸；今曰修方六十，不當如陳羣之引退。賜詩慰之，屢遣存問，御醫視疾。旋加太子少傅。卒，諡文達。【略】

吳紹詩，字二南，山東海豐人。諸生。雍正十二年，【略】總督永常劾紹詩採兵米侵帑，奪職，下巡撫鐘音鞫治。紹詩以市米貴賤不齊，爲中價具報，非侵帑。狀聞，發軍台效力，以母病許贖。

《清史稿·黃廷桂傳》 黃廷桂，字丹崖，漢軍鑲紅旗人。父秉中，官福建巡撫。廷桂，初襲曾祖憲章拖沙喇哈番世職。康熙五十二年，授三等侍衛，遷參領。聖祖幸熱河，屢扈從。世宗在潛邸，知其才，雍正三年，授直隸宣化總兵。五年，擢四川提督。【略】二十四年正月，駐涼州，以病劇聞。命額駙福隆安率御醫診視，甫行，廷桂卒。上即命福隆安奠醊，御製詩輓之，賜祭葬，謚文襄。

《清史稿·方觀承李世傑傳》 方觀承，字遐穀，安徽桐城人。祖登嶧，官工部主事。父式濟，康熙四十八年進士，官內閣中書。【略】雍正三十三年，病瘧，遣醫診視。八月，卒，賜祭葬，謚恪敏。【略】

李世傑，字漢三，貴州黔西人。少倜儻，喜騎射。年二十餘，折節改行。乾隆九年，入貲爲江蘇常熟黃泗浦巡檢。【略】五十四年，世傑以病請解任，上令侍衛慶成偕醫診視，賜人葠，並令自審病輕則來京，重則回籍。

《清史稿·何煟薩載傳》 何煟，字謙之，浙江山陰人，先世籍湖南靖州。雍正中，入貲授州同，夫力江南河工。從大學士河道總督嵇曾筠修浙江尖山海塘，請補杭州東塘同知，避本籍，仍發江南河工。乾隆初，權豐碭通判，授桃源同知。十五年，擢河庫道。十六年，遷兩淮鹽運使，【略】三十九年病作。遣醫往視，未至，卒。煟贈太子太保，祀賢良祠，賜祭葬，謚恭惠。【略】

薩載，伊爾根覺羅氏，滿洲正黃旗人。父薩哈岱，官鑲藍旗滿洲副都統。薩載，繙譯舉人，授理藩院筆帖式。累遷江蘇蘇松太道，管蘇州織造。【略】乾隆四十八年正月，服闋，實授兩江總督。【略】五十一年，足疾，請解任。遣醫往視，命復原品。尋卒，贈太子太保，賜祭葬，謚誠恪，祀賢良祠。

《清史稿·福康安傳》 福康安，字瑤林，富察氏，滿洲鑲黃旗人，大學士傅恆子也。初以雲騎尉世職授三等侍衛。再遷頭等侍衛。擢戶部侍郎、鑲黃旗滿洲副都統。【略】乾隆五十八年，疏陳西藏善後十八事，詔從之。安南國王阮光平卒，上慮其國且亂，命福康安如廣西。福康安母卒於京師，令在任守制。福康安途中病，命御醫往視。

《清史稿·圖爾炳阿傳》 圖爾炳阿，佟佳氏，滿洲正白旗人。初授吏部筆貼式，累遷郎中。乾隆三年，授陝西甘肅道。累遷雲南布政使。十二年，擢巡撫。【略】二十八年，授貴州巡撫，二十九年，調湖南。三十年，病作，遣醫往視。卒。

《清史稿·劉權之傳》 劉權之，字雲房，湖南長沙人。乾隆二十五年進士，選庶吉士，授編修，累擢司經局洗馬。四十三年，督安徽學政。【略】嘉慶十年，以禮部尚書、協辦大學士，加太子少保。【略】十五年，協辦大學士，典順天鄉試。是年，帝以秋獮幸熱河，明年，幸五臺，並命留京辦事，拜體仁閣大學士，管理工部，復加太子少保。十八年，目疾乞假，遣御醫診視。

《清史稿·書麟費淳傳》 書麟，字紱齋，高佳氏，滿洲鑲黃旗人，大學士高晉子。初授鑾儀衛整儀尉，累遷冠軍使，擢西安副都統。乾隆三十八年，大軍征金川，命爲領隊大臣，從參贊大臣豐昇額，力戰輒先登，克堅碉數十，功最。金川平，加等議叙，圖形紫光閣。授廣西巡撫，以父憂去。起，署兵部侍郎。四十九年，出爲安徽巡撫，【略】嘉慶六年因病乞解職，遣侍衛率御醫馳視。未幾，卒於軍，帝深惜之，贈太子太傅，封一等男爵。【略】

費淳，字筠浦，浙江錢塘人。乾隆二十八年進士，授刑部主事。歷郎中，充軍機章京。出爲江蘇常州知府，父憂去。服闋，補山西太原，擢冀寧道。累遷雲南布政使，有惠政。以母老乞終養，喪除，起故官。六十年，擢安徽巡撫，調江蘇。【略】嘉慶六年，以足疾乞歸醫治，允之，命毋解職。尋稱足疾已瘳，若遵旨回籍，轉涉欺蒙，詔嘉其得大臣體，賜內府藥餌。

《清史稿·陳大文傳》 陳大文，河南杞縣人，原籍浙江會稽。乾隆三十七年進士，授吏部主事。【略】嘉慶九年，召授左都御史，未至，擢兵部尚書。大文赴京，病於途，詔遣侍衛率醫往視，久不痊，賜尚書銜回籍。

《清史稿·顧皋沈維鐈傳》 顧皋，字歅齋，江蘇無錫人。嘉慶六年一甲一名進士。【略】皋在戶部，不爲激亢之行，考覈利病，慎稽出納，不可干以私。嘗曰：學期見諸實用。吾久迴翔於文學侍從。及任經世理物之責，未能壹志專慮，以求稱職，爲自愧耳。八年，以病乞歸。十一年，卒。【略】

沈維鐈，字子彝，浙江嘉興人。嘉慶七年進士，選庶吉士，授編修。【略】十八年，以耳疾許免職，命病痊以聞。逾年，卒於家。

《清史稿·程學啓傳》 程學啓，字方忠，安徽桐城人。【略】未幾，遂克安慶，學啓功最，擢游擊，賜花翎。從國荃克無爲，銅陵諸城，擢參將。【略】同治三年春，【略】發地雷，裂城百丈，揮軍肉薄而登，忽中槍貫腦，踣而復起，部將劉士奇繼之，遂克嘉興。捷聞，詔嘉其身受重傷，攻拔堅城，命安心醫治，頒賞珍品。

《**清史稿·富明阿傳**》　富明阿,字治安,袁氏,漢軍正白旗人,明兵部尚書崇煥裔孫。【略】咸豐九年,【略】時六合、浦口皆未復,富明阿督軍進攻,迭戰百龍廟、李家營及六合城外。既而賊數萬撲營,分股繞襲後路,遂大挫。富明阿身被十二創,詔許開缺回旗醫治,傷已成殘,命以原品休致,食全俸。同治元年,【略】是年秋,親率精鋭援臨淮,會僧格林沁剿苗沛霖,詔幫辦軍務,令部將詹啓綸、克蒙額會陳國瑞等進攻,連破賊,沛霖伏誅。傷發,請假就醫清淮。【略】四年,因腿傷未痊,請開缺,予假赴京醫治,許坐肩輿,至京,仍命管理神機營。傷病久不愈,詔允回旗。【略】在任四年,復以傷病陳情乞罷,允之,仍在家食全俸。

《**清史稿·傅振邦傳**》　傅振邦,山東昌邑人。道光十六年武進士,授三等侍衛。【略】尋因傷發,請假回籍醫治,允之。

《**清史稿·黄輔辰傳**》　黄輔辰,字琴隖,貴州貴築人,原籍湖南醴陵。道光十五年進士,授吏部主事,累遷郎中。【略】又撥産給書院、義學、養濟院、育嬰堂、種痘局及灞岸隄工、渠工,諸廢皆舉。尋卒,祀名宦。

《**清史稿·童兆蓉傳**》　童兆蓉,字少芙,湖南寧鄉人。同治六年舉人,從軍陝西,積功晉知府。光緒三年,署榆林。歲祲,便宜發倉,復運粟於包頭、寧夏,單騎臨賑。既而大疫,延榆綏道及榆林令皆遽歿,代者不至。兆蓉一身兼攝三官,比户存問,爲具醫藥,全活甚衆。

《**清史稿·朱其昂傳**》　朱其昂,字雲甫,江蘇寶山人。【略】光緒初,直、晉災,其昂輸私財力任賑撫,以勞致疾。鴻章特委權津海關道,越三日卒,詔優恤,贈光禄寺卿。

《**清史稿·李秉衡傳**》　李秉衡,字鑑堂,奉天海城人。初入貲爲縣丞,遷知縣。光緒十年,平峒寨亂,晉二品秩。明年,法人假越事寇邊,秉衡主龍州西運局。是時財匱,戰士不得餉,蹂屍輿廝,無人過問。秉衡益節儉,汰浮費,無分主客軍,給糧不絶,戰恤功賞力從厚。復創設醫局,治負傷軍士。

《**清史稿·盛宣懷傳**》　盛宣懷,字杏蓀,江蘇武進人。以諸生納貲爲主事,改官直隸州知州,累至道員。【略】宣統改元,奏言推廣中央銀行,先齊幣制,附陳辦法成式。逾歲,命充紅十字會會長。先是日俄戰爭,宣懷與吕海寰等謀加入瑞士總會,中國有紅十字會自此始。

《**清史稿·循吏傳四·蕭世本**》　蕭世本,字廉甫,四川富順人。同治二年進士,選庶吉士,散館授刑部主事,改直隸知縣。【略】歲旱,災黎就食萬數,給粥、施醫無失所。【略】

《**清史稿·儒林傳四·毓圻**》　毓圻,字鐘在。方幼,年十一,朝京師。聖祖召見瀛臺,禮度如成人,奏對稱旨。【略】雍正元年,世宗命追封先聖五代王爵。十月,毓圻詣闕謝,疾作,上命醫診視,賜參餌。十一月,卒於京師,上遣内大臣奠茶酒。

《**清史稿·文苑傳一·性德**》　性德,納喇氏,初名成德,以避皇太子允礽嫌名改,字容若,滿洲正黄旗人,明珠子也。性德事親孝,侍疾衣不解帶,顔色黧黑,疾愈乃復。數歲即習騎射,稍長工文翰。康熙十四年成進士,年十六。聖祖以其世家子,授三等侍衛,再遷至一等。令賦乾清門應制詩,譯御製《松賦》,皆稱旨。俄疾作,上將出塞避暑,遣中官將御醫視疾,命以疾增減告。

《**清史稿·藩部傳八**》　嘉慶九年十月,達賴有疾,命成都副都統文弼帶醫馳往看視。

典制總部

醫學交流部

綜　述

《南齊書·河南傳》　芮芮虜，塞外雜胡也。【略】芮芮王求醫工等物，世祖詔報曰：知須醫及織成錦工、指南車、漏刻，竝非所愛。南方治疾，與北土不同。織成錦工，竝女人，不堪涉遠。指南車、漏刻，此雖有其器，工匠久不復存，不副爲愧。

《南史·梁本紀中》　大同七年，【略】百濟求《涅槃》等經疏及醫工、畫師、《毛詩》博士，竝許之。

《隋書·經籍志三》　《釋僧匡鍼灸經》一卷【略】

《龍樹菩薩藥方》四卷

《西域諸仙所説藥方》二十三卷【略】

《西域波羅僊人方》三卷

《西域名醫所集要方》四卷

《婆羅門諸僊藥方》二十卷

《婆羅門藥方》五卷【略】

《龍樹菩薩養性方》一卷

《新唐書·郝處俊傳》　時浮屠盧伽逸多治丹，曰可以續年。高宗欲遂餌之，處俊諫曰：脩短固有命，異方之劑，安得輕服哉？昔先帝詔浮屠那羅邇娑寐案其方書爲祕劑，取靈藺怪石，歷歲乃能就。先帝餌之，俄而大漸，上醫不知所爲。羣臣請顯戮其人，議者以爲取笑夷狄，故法不得行。前鑑不遠，惟陛下深察。帝納其言，弟拜盧伽逸多爲懷化大將軍，進處俊同東西臺三品。

《新唐書·西域傳上》　天竺國，漢身毒國也，或曰摩伽陀，曰婆羅門。【略】〔貞觀二十二年〕得方士那邏邇娑婆寐，自言壽二百歲，有不死術，帝改館使治丹，命兵部尚書崔敦禮護視。使者馳天下，采怪藥異石，又使者走婆羅門諸國。所謂畔茶法水者，出石臼中，有石象人守之，水有七種色，或熱或冷，能銷草木金鐵，人手入則爛，以橐它髑髏轉注瓠中。有樹名咀賴羅，葉如梨，生窮山崖腹，前有巨虺守穴，不可到。欲取葉者，以方鐵矢射枝則落，爲群鳥銜去，則又射，乃得之。其詭譎類如此。後術不驗，有詔聽還，不能去，死長安。高宗時，盧伽逸多者，東天竺烏茶人，亦以術進，拜懷化大將軍。

《宋史·職官志十二》　給券　文武羣臣奉使於外，藩郡入朝，皆往來備饔餼，又有賓幕、軍將、隨身、牙官，馬驢、橐駝之差：節、察俱有賓幕以下；中書、樞密、三司使有隨身而無牙官、軍將隨；諸司使以上有軍將、橐駝。餘皆有牙官、馬驢，惟節、察有賓幕。諸州及四夷貢奉使，諸司職掌祗事者，亦有給焉。四夷有譯語、通事、書狀、換醫、十券頭、首領、部署、子弟之名，貢奉使有廳頭、子將、推船、防授之名，職掌有傔。

《宋史·外國傳三》　往時高麗人往反皆自登州，七年，遣其臣金良鑑來言，欲遠契丹，乞改塗由明州詣闕，從之。【略】又表求醫藥、畫塑之工以教國人，詔羅拯募願行者。元豐元年，【略】徽已病，僅能拜命，且乞醫藥。二年，遣王舜封挾醫往診治。【略】宣和四年，俁卒。初，高麗俗兄終弟及，至是諸弟爭立，其相李資深立俁子楷。來告哀，詔給事中路允迪、中書舍人傅墨卿奠慰。俁之在位也，求醫於朝，詔使二醫往，留二年而歸，楷語之曰：聞朝廷將用兵伐遼。遼兄弟之國，存之足爲邊扞。女眞狼虎耳，不可交也。業已然，願二醫歸報天子，宜早爲備。歸奏其言，已無及矣。【略】高麗【略】崇尚時敎，雖王子弟亦常一人爲僧。信鬼，拘陰陽，病不相視，斂不撫棺。【略】俗不通醫，自王俁來請醫，始有通其術者。

《宋史·外國傳八》　景德元年，【略】者龍凡十三族。【略】三年，又以者龍族合窮波，黨宗族業羅等爲本族首領，檢校太子賓客，皆鐸督外姻也。【略】五月，鐸督又言部落疾疫。詔賜白龍腦、犀角、硫黃、安息香、白紫石英等藥，凡七十六種。使者感悅而去。【略】大中祥符元年十一月，宗哥族大首領溫逋等來貢。三年，西涼府覓諾族瘴疫，賜首領溫逋等藥。

《遼史·太宗紀上》　〔天贊十二年十一月〕己未，遣使求醫于晉。丁卯，鐵驪來貢。十二月甲申，東幸，祀木葉山。己丑，醫來。

《**遼史・聖宗紀五**》〔統和十九年〕甲申，回鶻進梵僧名醫。

《**遼史・耶律庶成傳**》初，契丹醫人鮮知切脈審藥，上命庶成譯方脈書行之，自是人皆通習，雖諸部族亦知醫事。

《**金史・章宗紀二**》永安元年五月壬辰，以尚藥局副使粘割忠爲橫賜夏國使。

《**金史・外國傳下・高麗**》有醫者善治疾，本高麗人，不知其始自何而來，亦不著其姓名，居女直之完顔部。穆宗時戚屬有疾，此醫者診視之，穆宗謂醫者曰：汝能使此人病愈，則吾遣人送汝歸汝鄉國。醫者曰：諾。其人疾果愈，穆宗乃以初約歸之。乙離骨嶺僕散部胡石來勃堇居高麗、女直之兩間，穆宗使族人叟阿招之，因使叟阿送醫者，歸之高麗境上。醫者歸至高麗，因謂高麗人，女直居黑水部者部族日強，兵益精悍，年穀屢稔。高麗王聞之，乃通使于女直。既而，胡石來來歸，遂率乙離骨嶺東諸部皆內附。

《**元史・世祖紀三**》〔至元三年冬十一月〕癸亥，高麗使還，以王禃病，詔和藥賜之。

典制總部

醫學教育部

綜述

《宋書·周朗傳》 又針藥之術，世寡復修，診脈之伎，人鮮能達，民因是益徵於鬼，遂棄於醫，重令耗惑不反，死夭復半。今太醫宜男女習教，在所應遣吏受業，如此故當愈於媚神之愚，懲艾腠理之敝矣。

《南齊書·百官志》 建元四年，有司奏置國學，祭酒準諸曹尚書，博士準中書郎，助教準南臺御史。選經學爲先。若其人難備，給事中以還明經者，以本位領。其下典學二人，三品，準太常主簿；戶曹、儀曹各二人，五品；白簿治禮吏八人，六品；保學醫二人；威儀二人。其夏，國諱廢學，有司奏省助教以下。永明三年，立學，尚書令王儉領祭酒。

《魏書·世宗紀》 永平三年，冬十月辛卯，中山王英薨。丙申，詔曰：【略】雖齡數有期，修短分定，然三疾不同，或賴針石，庶秦扁之言，理驗今日。又經方浩博，流傳處廣，應病投藥，卒難窮究。更令有司，集諸醫工，尋篇推簡，務存精要，取三十餘卷，以班九服，郡縣備寫，布下鄉邑，使知救患之術耳。

《北史·藝術傳下》 後宣武詔顯撰藥方三十五卷，班布天下，以療諸疾。

《隋書·百官志下》 太醫署有主藥二人，醫師二百人，藥園師二人，醫博士二人，助教二人，祝禁博士二人。

唐玄宗《牓示廣濟方勅》 朕頃者所撰《廣濟方》，救人疾患，愛民育物，惠彼黎元。特念僻遠之家，未能繕寫，閭閻之內，或有不知，儻醫療失時，因至夭橫，性命之際，寧忘惻隱！宜命郡縣長官就《廣濟方》中逐要者於大板上件録，當村坊要路牓示，仍委採訪使勾當，無令脫錯。

唐玄宗《頒廣利方勅》 勅：立國之道，莫重於愛民，育物之心，期臻于壽域。故安其性命，順其莭宜〔節宜〕，使六氣不差，百疾不作，斯亦救人之要也。朕以聽政之暇，思及黎元，每慮溫濕不時，壅鬱爲癘，或僻遠之俗，難備於醫方，或貧匱之家，有虧于藥石，失於救療，遂至傷生。言念於茲，載深憂軫。屬春陽在候，寒暑方交，閭里之間，頗聞疾患，每因服餌，尤感予衷。遂閱方書，求其簡要，並以曾經試用累驗其功及取單方，務於速効，當使疾無不差，藥必易求，不假遠召醫工，可以立救人命。因加纂集，以便討尋。類例相從，勒成五卷。名曰《貞元集要廣利方》。宜付所司，即頒下州府，閭閻之內，咸使聞知。

《舊唐書·太宗紀上》 貞觀三年九月癸丑，諸州置醫學。

《舊唐書·順宗紀》 上元二十一年二月丙午，罷翰林醫工、相工、占星、射覆、冗食者四十二人。

《舊唐書·職官志三》 太醫署：令二人，從七品下。丞二人，從八品下。府二人，史四人，主藥八人，藥童二十四人。醫監四人，從八品下。醫正八人，從九品下。藥園師二人，藥園生八人，掌固四人。太醫令掌醫療之法。丞爲之貳。其屬有四，曰：醫師、針師、按摩師、禁咒師。皆有博士以教之。其考試登用，如國子之法。【略】藥園師，以時種蒔收采。

諸藥醫博士一人，正八品上。助教一人，從九品下。醫師二十人，醫工一百人，醫生四十人，典藥二人。博士掌以醫術教授諸生。

針博士一人，從八品下。針助教一人，從九品下。針師十人，針工二十人，針生二十人。針博士掌教針生以經脈孔穴，使識浮沉澀滑之候，又以九針爲補瀉之法。【略】

按摩博士一人，從九品下。按摩師四人，按摩工十六人，按摩生十五人。按摩博士掌教按摩生消息導引之法。

《新唐書·選舉志下》 唐取人之路蓋多矣，方其盛時，著於令者，納課品子萬人，諸館及州縣學六萬三千七十人，太史曆生三十六人，【略】太醫藥童、針呪諸生二百一十一人，【略】尚藥童三十人。

《太醫局諸科程文格·提要》 太醫局程文九卷　醫家類

臣等謹案：《太醫局程文》九卷，宋時考試醫學之制也。其命題有六：一曰墨義，試以記問之博；二曰脈義，試以察脈之精；三曰大義，試以天地之奥與藏府之源；四曰論方，試以古人製方佐輔之法；五曰假令，試以證候方治之宜；六曰運氣，試以一歲陰陽客主與人身感應之理。考《宋史》：醫學初隸太常寺，元豐間始置提舉判局，設三科以教之，曰方脈科、鍼科、瘍科。凡方脈以《素問》、《難經》、《脈經》爲大經，以《巢氏病源》、《龍樹論》、《千金翼方》爲小經，鍼科、瘍科則去《脈經》而增《三部鍼灸經》。常以春試，學生願與者聽。迨崇寧間，改隸國子監，分上舍、內舍、外舍。其考試法：第一場問三經大義五道；次場方脈及臨證運氣各二道，鍼科、瘍科試小經大義三道，運氣二道；三場假令治病法三道。中格高等爲尙藥局醫師以下職。乾道中，罷局而存御醫諸科，後更不置局，僅存醫學科。淳熙中，又稍變其制焉。此太醫局係紹熙二年後所置，《程文》以墨義爲第一道，較舊制又稍異矣。其裒爲一集，不知何人所編，世亦別無傳者，今從《永樂大典》中排纂，得墨義九道，脈義六道，大義三十七道，論方八道，假令十八道，運氣九道，謹釐次爲九卷。其文皆通貫三經及三部鍼灸之法，暨金石之品，草木之性，辨析精微，足資啓發。蓋有宋一代于醫學最爲留意。自皇祐中，於古來經方、脈論，皆命孫兆、林億、高保衡等校刊頒行，垂爲程式，故學者沿波討流，各得以專門，名家觀于是編，可以見當時討論之詳矣。乾隆四十六年九月恭校上。

《太醫局諸科程文格·原序》 昔孟氏有言，太匠誨人必以規矩，學者亦必以規矩。蓋爲匠而舍規矩則無以致其巧，爲學而舍規矩則無以知其道，況醫之爲事，功用甚博，學者其可以易言之。自神農嘗百草，黄帝、岐伯相問難，而醫始有書。自周人建六官，設醫師，瘍醫之職，而醫始制祿。自唐貞觀立醫學，開元置博士，如國子教生徒，而醫之敎始盛。皇朝崇寧中，課試有式，而取士之制備矣。其書參天地，契陰陽，察人經絡血脈，以起百病之本，故能轉劇爲瘉，變死爲生，上可以事君親，次可以濟人，又其次可以攝生。故歷代帝王崇尙不廢，賢能智巧之士盡心於是，而名垂史筆方冊者，昭然也。六飛南幸，修舉舊章，乃復局學，設判局以爲之長，列教授以分其敎，又有長諭職事綱領。其徒三歲取士，與科舉同，月書季考，與文武二學同。大方脈至書禁，凡十有三科。然俱以七經爲本，亦如六藝之文，皆聖賢之格言大訓，學者所當篤意也。其文則有墨義、脈義、大義、論方、假令、運氣六者之別，皆崇寧之制也。墨義者，欲觀其記問之賅博也；脈義者，欲觀其察脈之精審也；大義則推明天文地理之奥、腑臟受病之源；論方則辯析古人用方之意；假令則假設證候方治之疑，發爲問目，以驗其識趣之高下；運氣則推究一歲陰陽客主，以論治療之大體。文之典實有據者爲中格，不貴泛引他書，故其辭簡朴而不得出意見奇也。大任寡識譾才，濫司是職，每惟國朝設科立學之意，蓋欲網羅天下之良才，今也局學生徒幾三百員，率皆京邑輔郡之人，外此豈無遺逸。得非自來諸科，所習篇目及課試之文，未嘗流布，遠方之士無所指南，雖欲從之而不可得。大任深感於斯，偶幸一時教官皆博習醫經，樂於作成，遂相與搜括近年合格程文，拔穎取尤，每科依式各列三場，仍分類當治之經，冠於篇首。捐俸鋟梓，以廣其傳，使凡有志於斯者，得所矜式，翕然肯來。儻異才由是而出，庶無負科目之設。大任固不敢以大匠自視，學者其可忘孟氏之訓，不以爲規矩乎？若夫非常之彦，道貫三才，識窮萬有，如古之論醫以及國，原診以知政者，大任方將率諸生以從其後，敢以斯文示之。嘉定五年仲秋朔旦，成安大夫特差判太醫局濠梁何大任序。

《太醫局諸科程文格·原牒》 嘉定五年十月十四日，准尙書省劄子、禮部申據，太常寺申據，太醫局申承，成安大夫特差判太醫局何大任公文。照對本局，自來依准指揮，以十三科取醫士，其文體格式並係用崇寧之制，迄今遵行。然契勘從前脫離場屋及見今蒙被教養者，大抵止皆京邑輔郡之人。甚非聖朝設科立學以待天下醫士之意。蓋緣居常中選程文及諸科當習篇目，未嘗流布，是以外方之士不知蹊徑，雖欲從之而不可得。大任不才具員，深愧無補，每感於斯，遂率本局教官搜括從來合格程文，拔穎取尤，每科各列三場，仍分類諸科，當治之經，冠於篇首。大任今欲開板流傳，庶使外方之士知所矜式，翕然肯來，上可無負朝廷待遇之意。今錄草本一部，隨狀見到。伏乞寺廷繳申省部，備申朝廷，聽候指揮，以憑遵守施行。申寺侯指揮，本寺所據，太醫局備據，判局成安何大夫所乞事理，備錄在前，幷程文草本一部五冊，隨狀繳連見到。伏乞省部備申朝廷，取自指揮施行。申部候指揮右所據，太常寺申到事理，備錄在前，本部今勘會。如蒙朝廷從本官所乞，徑劄下本局施行上件事理。伏乞朝廷指揮施行，侯指揮右劄付太醫局從所申事理施行，准此。

范仲淹《上仁宗乞選醫師教授生徒》 臣觀《周禮》，有醫師掌醫之政令，歲終考其醫事，以振其祿，是先王以醫事爲大，著于典冊。我祖宗朝置天下醫學博士，亦其意也。即未曾教授生徒，今京師生人百萬，醫者千數，率多道聽不經師授，其誤傷人命者日有之。臣欲乞出自聖意，特降勑命，委宣徽院選能講說醫書三五人爲醫師，於武成王廟講說《素問》、《難經》等文字，召京城習醫生徒聽學，并教脈候及修合藥餌，其針灸亦別立科教授。經三年後方可選試，高第者入翰林院，充學生祗應。仍指揮今後不由師學，不得入翰林院。如在外面私習得醫道精通，有近上朝臣三人奏舉者，亦送武成王廟比試，更委宣徽院覆試，取醫道精深高等者，方得入翰林院祗應。如內中及諸宮院使，不經官學，百姓醫人有功效者，只與之賜。如祗應十年以上，累有夬者，即與助教，或殿侍三司、軍大將安排，即不得入翰林院。所有諸道州府已有醫學博士，亦令逐處習生徒，并各選官專管。仍指揮轉運使提點刑獄轉運判官所到點檢，其學醫生徒，候念得兩部醫書精熟即與免戶下諸般差配。如祗應州府累有功效者，即保明聞奏，與助教安排。所貴天下醫道，各有源流，不至枉人性命。所濟甚廣，爲聖人美利之一也。

《宋史·真宗紀二》〔景德三年秋，七月〕壬子，賜廣南《聖惠方》，歲給錢五萬，市藥療病者。【略】〔四年九月〕壬申，賜畿縣《聖惠方》。

《宋史·仁宗紀三》〔皇祐三年，五月〕乙亥，頒《簡要濟衆方》，命州縣長吏按方劑以救民疾。

《宋史·神宗紀二》〔熙寧九年，五月〕癸亥，詔試醫學生。

《宋史·徽宗紀一》〔崇寧二年九月〕壬辰，置醫學。【略】〔三年六月〕辛酉，復置太醫局。

《宋史·徽宗紀二》〔崇寧五年春，正月〕丁巳，罷書、畫、算、醫四學。【略】一月壬申，省內外冗官，罷醫官兼宮觀者。【略】大觀元年二月乙亥，復醫學。【略】大觀四年三月庚子，【略】詔：醫學生併入太醫局，算入太史局，書入翰林書藝局，畫入翰林圖畫局，學官等并罷。

《宋史·徽宗紀三》〔政和三年閏月〕戊午，復置醫學。【略】五年春，正月己丑，令諸州縣置醫學，立貢額。

《宋史·徽宗紀四》〔宣和二年秋，七月〕己未，罷醫、算學。

《宋史·仁宗紀四》〔至和二年九月〕戊辰，詔：試醫官須引《醫經》、《本草》以對，每試十道，以六通爲合格。

《宋史·禮志八》 禮部員外郎吳時言：書畫之學，教養生徒，使知以孔子爲師，此道德之所以一也。若每學建立殿宇，則配食、從祀，難於其人。請春秋釋奠，止令書畫博士量率職事生員，陪預執事，庶使知所宗師。醫學亦準此。詔皆從之。

《宋史·選舉志三》 醫學，初隸太常寺，神宗時始置提舉判局官及教授一人，學生三百人。設三科以教之，曰方脈科、鍼科、瘍科。凡方脈以《素問》、《難經》、《脈經》爲大經，以《巢氏病源》、《龍樹論》、《千金翼方》爲小經，鍼、瘍科則去《脈經》而增《三部鍼灸經》。常以春試，三學生願與者聽。崇寧間，改隸國子監，置博士、正、録各四員，分科教導，糾行規矩。立上舍四十人，內舍六十，外舍二百，齋各置長、諭一人。其考試：第一場問三經大義五道，次場方脈試脈證、運氣大義各二道；鍼、瘍試小經大義三道，運氣大義二道；三場假令治病法三道。中格高等，爲尚藥局醫師以下職，餘各以等補官，爲本學博士、正、録及外州醫學教授。紹興中，復置醫學，以醫師主之。翰林局醫生并奏試人，並試經義一十二道，取六通爲合格。乾道三年，罷局而存御醫諸科，後更不置局而存留醫學科，令每舉附省闈別試所解發，太常寺掌行其事。淳熙十五年，命內外白身醫士，經禮部先附銓闈，試脈義一場三道，取其二通者赴次年省試，經義三場一十二道，以五通爲合格，五取其一補醫生，俟再赴省試升補，八通翰林醫學，六通祗候，其特補、薦補並停。紹熙二年，復置太醫局，銓試依舊格。其省試三場，以第一場定去留，墨義、大義等題倣此。

《宋史·職官志四》 太醫局 有丞，有教授，有九科醫生額三百人。歲終則會其全失而定其賞罰。太醫局，熙寧九年置，以知制誥熊本提舉，大理寺丞單驤管幹。後詔勿隸太常寺，置提舉一、判局二，判局選知醫事者爲之。科置教授一，選翰林醫官以下與上等學生及在外良醫爲之。學生常以春試，取合格者三百人爲額。太學、律學、武學生、諸營將士疾病，輪往治之。各給印紙，書其狀，歲終稽其功緒，爲三等第補之：上等月給錢十五千，毋過二十人；中等十千，毋過三十人；下等五千，毋過五十人。失多者罰黜之。受兵校錢物者，論如監臨強乞取法。三學生願預者聽受，而禁邀求者。又官制行，隸太常禮部，自政和以後，隸醫學，詳見《選舉志》。孝宗隆興元年，省併醫官而罷局生。續以虞允文請，依舊存留醫學科，逐舉附試省試別試所，更不置局，權令太常寺掌行。紹熙二年，復置太醫局，局生以百員爲額，餘並依未罷局前體例，仍隸太常寺。

《宋史·吕夷簡傳》 公綽字仲裕，蔭補將作監丞、知陳留縣。【略】累遷太常博士，同判太常寺。請復太醫局，及請設令、丞、府史如天官醫師。

《金史・選舉志一》 凡醫學十科，大興府學生三十人，餘京府二十人，散府節鎮十六人，防禦州十人，每月試疑難，以所對優劣加懲勸，三年一次試諸太醫，雖不係學生，亦聽試補。

李梴《醫學入門・歷代醫學姓氏・明醫》 陳士良，僞唐陪戎副尉，劍南醫學助教。取諸家本草有關于飲食者類之，附以調養臟腑之術，名《食性本草》。

《元史・選舉志一》 元初，太宗始得中原，輒用耶律楚材言，以科舉選士，【略】至仁宗延祐間，始斟酌舊制而行之，取士以德行爲本，試藝以經術爲先。【略】然當時仕進有多歧，銓衡無定制，其出身於學校者，有國子監學，有蒙古字學，回回國學，有醫學，有陰陽學。【略】世祖至元二十一年十一月中書省臣奏，【略】凡蒙古之士及儒吏、陰陽、醫術，皆令試舉，則用心爲學矣。帝可其奏。【略】世祖中統二年夏五月，太醫院使王猷言：醫學久廢，後進無所師授。竊恐朝廷一時取人，學非其傳，爲害甚大。乃遣副使王安仁授以金牌，往諸路設立醫學。其生員擬免本身檢醫差占等役，俟其學有所成，每月試以疑難，視其所對優劣，量加勸懲。後又定醫學之制，設諸路提舉綱維之。凡宮壼所需，省臺所用，轉入常調，可任親民，其從太醫院自遷轉者，不得視此例，又以示仕途不可以雜進也。然太醫院官既受宣命，皆同文武正官五品以上遷敍，餘以舊品職遞陞，子孫廕用同正班敍。其掌藥，充都監直長，充御藥院副使，陞至大使，考滿依舊例於流官銓注。諸教授皆從太醫院定擬，而各路主善亦擬同教授皆從九品。凡隨朝太醫，及醫官子弟，及路府州縣學官，並須試驗。其各處名醫所述醫經文字，悉從考校。其諸藥所產性味眞僞，悉從辨驗。其隨路學校，每歲出降十三科疑難題目，具呈太醫院，發下諸路醫學，令生員依式習課醫義，年終置簿解納送本司，以定其優劣焉。

《元史・刑法志二》 諸各路醫學大小生員，不令坐齋肄業，有名無實，及在學而訓誨無法，課講鹵莽，苟應故事者，教授、正、録、提調官罰俸有差。【略】諸醫人於十三科內，不能精通一科者，不得行醫。【略】太醫院不精加考試，輒以私妄充隨朝太醫及內外郡縣醫官，內外郡縣醫學不依法考試，輒縱人行醫者，并從監察御史廉訪司察之。

《元史・徹里帖木兒傳》 至元元年，【略】首議罷科舉，【略】有壬曰：今通事等天下凡三千三百二十五名，歲餘四百五十六人。玉典赤、太醫、控鶴，皆入流品。

弘治《八閩通志》卷八五 襄爲閩漕日，禁絶蓄蠱甚嚴，凡破數百家，自後稍息。八年，仁宗閱福建奏獄，多以蠱毒殺人者。福建醫工林士元，能以藥下，遂詔録其方，又令太醫集法方之善治蠱毒者爲一編，命參知政事杜履爲序頒之。

嘉靖《重修太平府志・方伎》 周訥，字無咎，蕪湖人。善文賦，永樂間，以儒醫任繁昌縣訓科，官至太常寺少卿，詳見《官宦》。

嘉靖《崑山縣志・人物・藝術》 董伯儒，與許用韶爲內外足弟，而醫之學，同出一門。伯儒淳質無僞，脈藥甚精，授本縣醫學訓科。子士源，克世其業。

嘉靖《固始縣志・雜術志・仙技》 王璀，精醫道，識人不能識之證。能已人危疾，絶口不言利，一方賴以拯救者衆，當道重之。授本縣醫學訓科。

崇禎《義烏縣志・人物傳・方技》 朱玉汝，得父丹溪眞傳，與從弟嗣汜俱以醫名。子文永，授醫學訓科。

《續文獻通考・選舉考九》 方伎

宋：初，高宗紹興中，復置醫學，以醫師主之。翰林局醫生并奏試人，並試經義一十二道，取六通爲合格。孝宗乾道三年，罷局而存御醫諸科，後更不置局，而存留醫學科。令每舉附省闈別試所解發，太常寺掌行其事。淳熙十五年，命內外白身醫生，經禮部先附銓闈，試脈義一場三道，取其二通者赴次年省試，經義三場一十一道，以五通爲合格，五取其一補醫生，俟再赴省試升補，八通翰林醫學，六通祗候，其特補、薦補並停。光宗紹熙二年，復置太醫局，銓試依舊格，其省試三場，以第一場定去留，墨義、大義等題倣此。

【略】

元世祖中統二年五月，詔立醫學。遣太醫院副使王安仁，授以金牌，往諸路設立醫學，其生員擬免本身檢醫差占等役，俟其學有所成，每月試以疑難，視其所對優劣，量加勸懲。後又定醫學之制，設諸路提舉綱維之。其隨路學校，每歲出降十三科疑難題目，具呈太醫院。下諸路醫學，令生員依式習課，年終置簿，解送本司，定其優劣。【略】

二十二年四月，定選試太醫法。每三年一次選試，先於八月內隨各路總管府試十三科經論，至明年二月赴大都省試。中選者，注定名闕聞奏充太醫承應，其府試中選人充各路學官。至武宗至大四年閏七月，仁宗即位，禁醫人非選試及著籍者，毋行醫學。

《古今圖書集成·藝術典》卷五〇九引《嘉定縣志》 唐永卿，其先以御醫從高宗南渡，永卿精習其術。仕元，爲平江路醫學教授。

康熙《徽州府志·人物志·方技》 馬肅，字叔敬，婺源竹莊人。以醫至燕京，游虞、揭二閣老之門。授三山路醫學教授，後提舉江西等處醫學。所著有《竹莊吟稾》。

康熙《松江府志·人物·藝術》 徐復，字可豫，號神翁，華亭南橋人，海鹽州醫學教授。其先宋濮陽太守熙，遇異人授以《扁鵲神鏡經》，頓有所悟，遂以醫名世。復尤精《靈樞》、《素問》諸書，其治病常審南北，察強弱，而緩急投之，故百不失一。會稽楊維楨病久痢，不食飲，衆醫皆曰：元氣脱，不可治矣。復診之曰：頃于西門視一劇證，其脈與公等，然公七日起，彼不出三日當殂。遂投劑，至期愈。而閱三日者殂矣。維楨有歌紀其事。

康熙《重慶府涪州志·名宦》 李惟清，涪陵尉。蜀尚淫祀，病不醫療，聽命巫覡。惟清擒大巫笞之，民以爲及禍。他日，又加笞焉，民知不神，然後敎以醫藥，風俗稍變。

康熙《福建通志·人物志·邵武府》 廖壽山，建寧人。業軒岐術，以活人爲心，而不利其直，遠近德之。洪武間，舉爲本邑訓科。

乾隆《武進縣志·人物·方伎》 徐氏兄弟，先世居毘陵，元兵屠城獲脱，復被掠至燕，居久之，得常州織染局官以歸。生二子，長曰養浩，博通儒書，始業醫，爲無錫州醫學教授。子仲清，繼其業尤精，爲湖州路儒學教授。子矩用，以薦任襄、黄兩縣教諭。

《明史·禮志四》 洪武二年，命以句芒、祝融、風后、力牧左右配，俞跗、桐君、僦貸季、少師、雷公、鬼臾區、伯高、岐伯、少俞、高陽十大名醫從祀。儀同釋奠。四年，帝以天下郡邑通祀三皇爲瀆。禮臣議：唐玄宗嘗立三皇五帝廟於京師。至元成宗時，乃立三皇廟於府州縣。春秋通祀，而以醫藥主之，甚非禮也。帝曰：三皇繼天立極，開萬世教化之原，汨於藥師可乎？命天下郡縣毋得褻祀。【略】

嘉靖間，建三皇廟於太醫院北，名景惠殿。中奉三皇及四配。其從祀，東廡則僦貸季、岐伯、伯高、鬼臾區、俞跗、少俞、少師、桐君、雷公、馬師皇、伊尹、扁鵲、淳于意、張機十四人。西廡則華陀、王叔和、皇甫謐、葛洪、巢元方、孫思邈、韋慈藏、王冰、錢乙、朱肱、李杲、劉完素、張元素、朱彦修十四人。歲仲春、秋上甲日，禮部堂上官行禮，太醫院堂上官二員分獻，用少牢。復建聖濟殿於內，祀先醫，以太醫官主之。二十一年，帝以規制湫隘，命拓其廟。

嘉慶《松江府志·藝術傳》 何天祥，字克善，侃曾孫。官醫學教諭，起危疾如神。自青龍鎮遷居郡城之東，有壺春丹房，楊維禎爲記。子士方，字叔剛，官嘉興府教諭，世稱爲何長者。

道光《夔州府志·人物·隱逸》 潘毓祺，巫山人，號濟庵。性友愛，尤精岐黄，耽詩酒，嘗置宅給兩弟居，即割契囑其世守。遇沉疴，予以參藥，必痊而後即安。雍正五年疫大作，設鉅鐺以藥療人，全活甚衆。乾隆初，授醫學司訓，年垂百常以濟人爲念。里中因私謚曰仁廉先生。

道光《寶慶府志·耆舊·方技》 鄒東魯，新寧諸生也。屢試不第，遂棄制舉業而業醫。【略】有鄒道英者，字景賢，東魯同縣也。業醫，治病有奇効。遇歲疫流行，造丸散施之，所活甚多。任訓科二十餘年。卒年六十九。

同治《新喻縣志·人物·方伎》 周德成，城西人。爲人慤實不華，以醫名。家貧無貲，而賴以濟其生者甚衆。嘗謂醫之濟人有限，儒之利物無窮，創宗濂齋以淑後進。子瑀，以世業，補本州醫學訓科。

同治《贛縣志·人物志·名臣》 劉彝，字執中，福建長樂人，幼介持，居鄉以行義稱。從胡瑗學，瑗稱其善。熙寧中，知虔州，俗尚巫鬼，不事醫藥，彝著《正俗方》以訓斥淫巫，使以醫易業，俗遂變。時民多弃子于道，立法揭榜通衢，召人收養，日給廣惠倉米二升，每月抱至官府一驗，嗣又推行于縣鎮，細民利升斗之給，皆爲收養。

同治《重修成都縣志·人物志·藝術》 張念虚，浙江人，行三。幼即嗜醫學，壯遊京師，入太醫院，得名師傳授，遂造精微。能講《内經》，字字有着。醫方不用奇異之藥。從其兄宦蜀，遂家於成都。常不舉火，性情古直，不趨勢利，苟非其人，雖許以重貲弗顧也。

同治《贛州府志·人物志·藝術》 李文儀，字寶長，雩都人。少攻舉業，文理洞徹，以貧故，去而學醫。博覽《素問》、《胎藏》諸經，苦志覃思，遂精其術，爲縣醫學訓科。延之者，不問貧富，雖冒寒暑必往，無資者給以藥餌，不索值。手録《脈訣》諸科經驗方，多至八十餘卷，文儀以是傳之子其吉，其吉傳子少思，少思傳子品尊，皆以醫名世。

同治《安福縣志·人物·方伎》 顧德普，字繼武，城內人。初習舉業，不就，棄去，精岐黃。邑令程光鄂詳請咨部給劄，授本邑醫學訓科，贈以盧扁功高額。供職三十餘載，多奇中。年八十七卒。

光緒《撫州府志·人物志·方伎》 楊用安，字存心，崇仁人。武昌路醫學教授。用藥治痾，外善胗太素脈，預定前程休咎，年數修短。吳草廬贈之以詩，有期君還舊里，共啓內元經之句。

光緒《荆州府志·人物·藝術》 聶宏銓，字掄斯，精醫道。康熙四十六年，奉文委授醫學。

光緒《六合縣志·方技》 田淑江，附貢生。工醫，著有《靈素集解》。子杜，姪椿，並工醫。杜字樹芳，監生，醫學訓科。著《傷寒論辨》。杜子本德、本良、本泰，皆知醫。椿字錫齡，職監生，醫學訓科。著有《靈素校註》。生平作字不苟，立方必楷。椿子肇鏞，字心華，佾生。攝理醫學訓科，著有《靈素類述》、《驗方雜誌》。

光緒《湘潭縣志·人物·列傳》 馬眉，字自超。精研《素》、《靈》、《醫說》，又就道士陳太允論運氣，學吐納。招太允至縣論醫，術益精。求診者盈門，貧富無二視。晚以歲貢官石門訓導，集古今醫說，益以己見，爲《醫門正旨》四十卷。眉女，張垣妻，其外孫張九鉞習知其治驗。張氏衰，亦無復知眉書者。眉卒時年八十一。

光緒《江埔埤乘·藝術·丁鳳傳注》引丁雄飛《行醫八事圖記》 余家世以醫名。始祖德剛公，任醫學訓科，因缺令，遂署縣篆。以邑人治邑事，有執有守，上悅下安，亦異事也。後傳曾祖竹溪公，藝益精，名益噪，著《醫方集宜》、《蘭閣秘方》、《痘科玉函》諸書，家戶奉爲指南，至今子姓相習，未之或改。間有宦游者，亦諳炮制，攜刀圭藥囊不離左右，視爲急切事。若先君子，則研究愈深，著有《痾言》、《小康濟》、《蘇意方》行世。實已探抉精蘊，不敢以三指不明誤人七尺者。

光緒《續雲南通志稿·雜志·方伎》 譚宗禹，字開敬。孝友，少業儒。爲諸生。因事入都，學醫於太醫院，歸以醫濟鄉人，多効。子旭，亦嘗施藥活人。孫九錫，能繼其業。

光緒《無錫金匱縣志·藝術》 竇良茂，字樸庵。博學工醫，爲邑醫學訓科。

光緒《山西通志·藝術録》 祁芳，高平人。父惠之，本家長治，以善醫爲縣人所仰賴，因卜居城北村占籍焉。芳幼聰敏好學，父與講論脈理，輒領悟，長而徧覽羣書，無不通貫，療治多効，遠近延請盈門。不擇貧富，人服其德，公舉爲醫學訓科。

光緒《洋縣志·人物·藝術傳》 韓昌學，庠生。家世業醫，至昌學更宏通，知縣辟爲醫學訓科，所愈奇疾，不可勝計，內外針法尤精。所著有《經驗內外方書》，數傳爲得者秘惜，不以示人，不獲刊行。

宣統《甘肅新通志·志餘·方技》 楊維仁，字伯廉，皋蘭人。爲縣醫學訓科。幼嗜醫術，弱冠南游江浙訪師，得吳江《徐大椿醫書六種》以歸。後師事古浪李資深，復得錢塘張志聰所註《素問》、《靈樞》、《傷寒論》及《本草崇原》等書，潛心體究，至忘寢食，故診病洞見本原，無不應期奏効。生平論述最富，皆能發前人所未發。晚尤好《易》，著有《周易匯參》、《傷寒體註》、《醫學楷梯》等書。維仁孫發甲，爲府學醫正科。同治七年，奉調赴甘南大營，行至車道嶺，遇賊被害。

《清史稿·禮志一》 清初定制，凡祭三等：圜丘、方澤、祈穀、太廟、社稷爲大祀。天神、地祇、太歲、朝日、夕月、歷代帝王、先師、先農爲中祀。先醫等廟，賢良、昭忠等祠爲羣祀。乾隆時，改常雩爲大祀，先蠶爲中祀。咸豐時，改關聖、文昌爲中祀。光緒末，改先師孔子爲大祀，殊典也。天子祭天地、宗廟、社稷。有故，遣官告祭。中祀，或親祭、或遣官。羣祀，則皆遣官。

大祀十有三：正月上辛祈穀，孟夏常雩，冬至圜丘，皆祭昊天上帝；夏至方澤祭皇地祇；四孟享太廟，歲暮祫祭；春、秋二仲，上戊，祭社稷；上丁祭先師。中祀十有二：春分朝日，秋分夕月，孟春、歲除前一日祭太歲、月將，春仲祭先農，季祭先蠶，春、秋仲月祭歷代帝王、關聖、文昌。羣祀五十有三：季夏祭火神，秋仲祭都城隍，季祭礮神。春冬仲月祭先醫，春、秋仲月祭黑龍、白龍二潭暨各龍神，玉泉山、昆明湖河神廟，惠濟祠，暨賢良、昭忠、雙忠、獎忠、褒忠、顯忠、表忠、旌勇、睿忠親王、定南武壯王、二恪僖、弘毅文襄勤襄諸公等祠。【略】光緒三十二年，【略】先醫三皇位，位設爵三，籩、豆十，簠、簋、篚、俎、尊各一。【略】帝王各位、關帝、文昌正位，後殿，太歲正位，北極佑聖眞君，東嶽都城隍亦如之。惟先醫正位三，崇聖配位四，太歲兩廡十二，火神赤一。【略】曰素帛，帝王廟兩廡位各一，先醫廟兩廡共四，餘祀亦尚素。【略】光緒三十二年，崇聖正位改太牢。直省神祇、社稷、先農、關帝、先醫配位暨羣祀用少牢。火神、東嶽、先醫正位，都城隍，皆太牢。太牢：羊一、牛一、豕一，少牢：羊、豕各一。

《清史稿·禮志三》 羣祀 先醫，初沿明舊，致祭太醫院景惠殿，歲仲春上甲，遣官行禮。祀三皇，中伏羲，左神農，右黃帝。四配：句芒、風后、祝融、力牧。東廡僦貸季、岐伯、伯高、少師、雷公、伊尹、淳于意、華陀、皇甫謐、巢元方、韋慈藏、錢乙、劉完素、李（果）〔杲〕十四人。西則鬼臾區、俞跗、少俞、桐君、馬師皇、扁鵲、張機、王叔和、葛洪、孫思邈、王冰、朱肱、張元素、朱彥修十四人。禮部尚書承祭。兩廡分獻，以太醫院官。禮用三跪九拜。三獻。雍正中，命太醫院官咸致齋陪祀。

《清史稿·樂志三》 羣祀慶神觀樂 乾隆七年定，每歲祭先醫於景惠殿，【略】三獻三奏。乾隆三十三年又重定關帝廟迎神、三獻、送神各一章。咸豐三年升入中祀，特製樂章，列後。

先醫 精氣緣乎理，調劑觀所頤。曰惟古聖，嘗草定醫，似鐵隨磁。沴除吉至，化工出自於指，萬姓永荷恩施。

《清史稿·選舉志二》 光緒二十四年五月，【略】又以同文館及北洋學堂多以西人爲總教習，於中學不免偏枯。且外國文不止一國，學科各有專門，非一西人所能勝任。必擇學貫中西，能見其大之中國學者爲總教習，破格錄用，有選派分教習之權。蓋以管學大臣必大學士或尚書充任，而總教習則不拘資格，可延攬新進之人才也。學生分兩班，【略】課程分普通、專門兩類。【略】專門學科目爲高等算學，高等格致學，高等政治學、法律屬之，高等地理學、測繪屬之，農學，礦學，工程學，商學，兵學，衛生學，醫學屬之。考驗學生，用積分法。學生月給膏火銀兩有差。上海設編譯局，各學科除外國文外，均讀編譯課本。【略】二十八年正月，百熙奏籌辦大學堂情形豫定辦法一條，言：各國學制，幼童於蒙學卒業後入小學，三年卒業升中學，又三年升高等學，又三年升大學。以中國準之，小學即縣學堂，中學即府學堂，高等學即省學堂。目前無應入大學肄業之學生，通融辦法，惟有暫時不設專門，先設立一高等學爲大學豫備科。分政、藝二科，以經史、政治、法律、通商、理財等事隸政科，以聲、光、電、化、農、工、醫、算等事隸藝科。【略】更由各省督、撫、學政考取府、州、縣高材生，咨送來京，覆試如格，入堂肄業。三年卒業，及格者升大學正科。不及格者，分別留學、撤退。大學豫科與各省學堂卒業生程度相同，由管學大臣考驗合格，請旨賞給舉人。正科卒業，考驗合格，請旨賞給進士。【略】京師大學堂分大學院、大學專門分科、大學豫備科。附設仕學、師範兩館。大學院主研究，不講授，不立課程。專門分科凡七：曰政治科，曰文學科，曰格致科，曰農業科，曰工藝科，曰商務科，曰醫術科。政治科分目二：政治、法律。文學科分目七：經學，史學，理學，諸子，掌故，詞章，外國語言文字。格致科分目六：天文，地質，高等算學，化學，物理，動植物。農業科分目四：農藝，農業化學，林學，獸醫。工藝科分目八：土木，機器，造船，造兵器，電氣，建築，應用化學，採礦冶金。商務科分目六：簿記，產業製造，商業語言，商法，商業史，商業地理。醫術科分目二：醫學，藥學。豫備科分政、藝兩科。政科課目：倫理，經學，諸子，詞章，算學，中外史，中外輿地，外國文，物理，名學，法學，理財，體操。藝科課目：倫理，中外史，外國文，算學，物理，化學，動植物，地質及礦產，圖畫，體操。爲入專理某科便利計，得增減若干科目。各三年卒業。仕學館課目：算學，博物，物理，外國文，輿地，史學，掌故，理財，交涉，法律，政治。師範館課目：倫理，經學，教育，習字，作文，算學，中外史，中外輿地，博物，物理，化學，外國文，圖畫，體操。【略】各省高等學堂爲中學卒業之升途，又爲入分科大學之豫備。分政、藝兩科。課程與大學豫科同。三年卒業。高等學外，得附設農、工、商、醫高等實業學堂，亦中學卒業生升入。教授用專科教員制，各任一門。【略】其分科及課目，較舊章亦多有變更。大學設通儒院及大學本科。通儒院不講授，無規定課目。大學本科分科八。曰經學科，分十一門：周易、尚書、毛詩、春秋左傳、春秋三傳、周禮、儀禮、禮記、論語、孟子，附理學。曰政法科，分二門：政治、法律。曰文學科，分九門：中國史、萬國史、中外地理、中國文學、英國文學、法國文學、俄國文學、德國文學、日本國文學。曰醫科，分二門：醫學、藥學。曰格致科，分六門：算學、星學、物理、化學、動植物、地質。曰農科，分四門：農學、農藝化學、林學、獸醫。曰工科，分九門：土木、機器、造船、造兵器、電氣、建築、應用化學、火藥、採礦冶金。曰商科，分三門：銀行及保險、貿易及販運、關稅。各專一門。經學願兼習一兩經者聽。各學科分主課、補助課。三年畢業。惟政治、醫學四年畢業。高等學與大學豫備科性質相同。學科分三類：第一類爲豫備入經學、政法、文學、商科等大學者治之，第二類爲豫備入格致、農、工等科大學者治之，第三類爲豫備入醫科大學者治之。學科除人倫道德、經學大義、中國文學、外國語、體操各類共同外，第一類課歷史、地理、辨學、法學、理財，第二類課算學、物理、化學、地質、礦物、圖畫，第三類課蠟丁語、算學、物理、化學、動物、植物。其有志入某科某門者，得缺科目或加課他科目，分通習、主課。三年畢業。【略】至考驗遊學畢業生，光緒二十九年，鄂督張之洞奏準《鼓勵遊學章程》。三十一年，學務大臣考驗北洋學生金邦平等，援照鄉、會試覆試例，奏請在保和殿考試，給予出身，分別録用。迨三十二年，學部奏定，自本年始，每年八月舉行一次。并爲綜覈名實起見，妥議考驗章程。將學成試驗與入官試驗分爲兩事，酌照分科大學及高等學畢業章程，會同欽派大臣，按所習學科分門考試。酌擬等第，候欽定分別獎給進士、舉人等出身。仍將某科字樣加於進士等名目之上，以爲表識。考試分兩場：第一場就所習學科擇要命題；第二場試中國文、外國文，罷廷試。明年，學部憲政編查館會奏遊學畢業廷試録用章程，仍暫照三十一年成案：於欽派大臣會同學部考試請予出身後，廷試一次，分別授職。廷試用經義、科學、論、説各一，其醫、工、格致、農等科大學及各項高等實業學堂畢業者，免試經義。時遊學日本、歐、美畢業回國者，絡繹不絶，歲舉行考驗以爲常，終清世不廢。

《清史稿·李鴻章傳》 李鴻章，字少荃，安徽合肥人。父文安，刑部郎中。其先本許姓。鴻章，道光二十七年進士，改庶吉士，授編修。【略】鴻章持國事，力排衆議。【略】嘗設廣方言館、機器製造局、輪船招商局；開磁州、開平煤鐵礦、漠河金礦；廣建鐵路、電綫及織布局、醫學堂。

《清史稿·張之洞傳》 張之洞，字香濤，直隸南皮人。少有大略，務博覽爲詞章，記誦絶人。年十六，舉鄉試第一。同治二年，成進士，廷對策不循常式，用一甲三名授編修。【略】光緒二十一年，【略】采東西規制，廣立武備、農工商、鐵路、方言、軍醫諸學堂。

《清史稿·胡燏棻張蔭桓傳》 胡燏棻，字芸楣，安徽泗州人，本籍浙江蕭山。同治十三年進士，選庶吉士。【略】光緒二十年，【略】燏棻上疏言變法自強，條列十事：【略】曰設學堂，農、商、工、礦、醫有顓家，水師、陸軍、女子、盲啞有教法，朝廷爲定制，甄而用之。【略】次第皆采用。【略】

張蔭桓，字樵野，廣東南海人。【略】光緒十一年，命充出使美日秘三國大臣。踰歲赴美，【略】十三年，奏設古巴學堂，並籌建金山學堂、醫院。

《清史稿·張百熙傳》 張百熙，字埜秋，長沙人。同治十三年進士，授編修。【略】京師之有大學堂也，始於中日戰後。【略】百熙擬建分科大學，以絀於貲而止，惟創醫學及譯學館、實業館，遽謝學務。

《清史稿·朱其昂傳》 朱其昂，字雲甫，江蘇寶山人。【略】其弟其詔，字翼甫。納貲爲知縣，累至道員。歷充江、浙漕運事。【略】時方議辦海軍醫學堂，其詔復捐自置天津法租界地四十畝爲校址以成之，其急公好義類如此。

《清史稿·藝術傳·覺羅伊桑阿》 覺羅伊桑阿，乾隆中，以正骨起家，至鉅富。其授徒法，削筆管爲數段，包以紙，摩挲之，使其節節皆接合，如未斷者然，乃如法接骨，皆奏效。故事，選上三旗士卒之明骨法者，每旗十人，隸上駟院，名蒙古醫士。凡禁庭執事人有跌損者，命醫治，限日報痊，逾期則懲治之。

典制總部

醫巫並存部

綜述

《**尚書·金縢**》 既克商二年，王有疾，弗豫。二公曰：我其爲王穆卜。周公曰：未可以戚我先王。公乃自以爲功，爲三壇同墠。爲壇於南方，北面，周公立焉。植璧秉珪，乃告太王、王季、文王。史乃冊，祝曰：惟爾元孫某，遘厲虐疾。若爾三王，是有丕子之責于天，以旦代某之身。予仁若考能，多材多藝，能事鬼神。乃元孫不若旦多材多藝，不能事鬼神。乃命于帝庭，敷佑四方，用能定爾子孫于下地，四方之民罔不祗畏。嗚呼！無墜天之降寶命，我先王亦永有依歸。今我即命于元龜。爾之許我，我其以璧與珪歸，俟爾命。爾不許我，我乃屏璧與珪。乃卜三龜，一習吉。啓籥見書，乃并是吉。公曰：體，王其罔害。予小子新命于三王，惟永終是圖。兹攸俟，能念予一人。公歸，乃納冊于金縢之匱中。王翼日乃瘳。

《**周禮·天官·女祝**》 女祝四人，【略】女祝掌王后之內祭祀，凡內禱祠之事。掌以時招梗禬禳之事，以除疾殃。

《**周禮·春官·男巫**》 男巫掌望祀、望衍授號，旁招以茅。冬堂贈，無方無筭。春招弭，以除疾病。

《**周禮·夏官·巫馬**》 巫馬掌養疾馬而乘治之，相醫而藥攻馬疾，受財于校人。馬死，則使其賈粥之，入其布于校人。

《**論語·子路**》 子曰：南人有言曰：人而無恆，不可以作巫醫。善夫！

《**墨子·迎敵祠**》 舉巫、醫、卜有所長，具藥宮之，善爲舍。

《**左傳·成公十年**》 晉侯夢大厲，被髮及地，搏膺而踊，曰：殺余孫，不義。余得請於帝矣！壞大門及寢門而入。公懼，入于室。又壞戶。公覺，召桑田巫。巫言如夢。公曰：何如？曰：不食新矣。

《**管子·權修第三**》 上持龜筮，好用巫醫，則鬼神驟祟。

《**呂氏春秋·盡數**》 夫以湯止沸，沸愈不止，去其火則止矣。故巫醫毒藥，逐除治之，故古之人賤之也，爲其末也。

《**淮南子·説山訓**》 病者寢席，醫之用針石，巫之用糈藉，所救鈞也。

《**史記·日者列傳**》 宋忠爲中大夫，賈誼爲博士，同日俱出洗沐，相從論議，誦易先王聖人之道術，究徧人情，相視而歎。賈誼曰：吾聞古之聖人，不居朝廷，必在卜醫之中。今吾已見三公九卿朝士大夫，皆可知矣。試之卜數中以觀采。二人即同輿而之市，游於卜肆中。天新雨，道少人，司馬季主閒坐，弟子三四人侍，方辯天地之道，日月之運，陰陽吉凶之本。二大夫再拜謁。司馬季主視其狀貌，如類有知者，即禮之，使弟子延之坐。坐定，司馬季主復理前語，分別天地之終始，日月星辰之紀，差次仁義之際，列吉凶之符，語數千言，莫不順理。

《**漢書·郊祀志上**》 文成死明年，天子病鼎湖甚，巫醫無所不致。游水發根言上郡有巫，病而鬼下之。上召置祠之甘泉。及病，使人問神君，神君言曰：天子無憂病。病少瘉，強與我會甘泉。於是上病瘉，遂起，幸甘泉，病良已。大赦，置壽宮神君。

《**後漢書·李固傳**》 李固字子堅，漢中南鄭人，司徒郃之子也。郃在《(數)[方]術傳》。固貌狀有奇表，鼎角匿犀，足履龜文。少好學，常步行尋師，不遠千里。遂究覽墳籍，結交英賢。四方有志之士，多慕其風而來學。京師咸歎曰：是復爲李公矣。司隸、益州並命郡舉孝廉，辟司空掾，皆不就。【略】梁商請爲從事中郎。商以后父輔政，而柔和自守，不能有所整裁，災異數見，下權日重。固欲令商先正風化，退辭高滿，乃奏記曰：【略】又即位以來，十有餘年，聖嗣未立，羣下繼望。可令中宮博簡嬪媵，兼採微賤宜子之人，進御至尊，順助天意。若有皇子，母自乳養，無委保妾醫巫，以致飛燕之禍。

《**後漢書·方術傳·許楊**》 許楊字偉君，汝南平輿人也。少好術數。王莽輔政，召爲郎，稍遷酒泉都尉。及莽篡位，楊乃變姓名爲巫醫，逃匿它界。莽敗，方還鄉里。

《**魏書·釋老志**》 太祖好《老子》之言，誦詠不倦。天興中，儀曹郎董謐因獻服食仙經數十篇。於是置仙人博士，立仙坊，煮煉百藥，封西山以供其薪蒸。令死罪者試服之，非其本心，多死無驗。太祖猶將修焉。太醫周澹，苦其煎採之役，欲廢其事。乃陰令妻貨仙人博士張曜妾，得曜隱罪。曜懼死，因請辟穀。太祖許之，給曜資用，爲造靜堂於苑中，給洒掃民二家。而鍊藥之官，仍爲不息。久之，太祖意少懈，乃止。

《晉書・后妃傳上・惠賈皇后》　及河東公主有疾，師巫以爲宜施寬令，乃稱詔大赦天下。【略】及廣城君病篤，占術謂不宜封廣城，后出侍疾十餘日，太子常往宜城第，將醫出入，恂恂盡禮。

《晉書・藝術傳・韓友》　韓友字景先，廬江舒人也。爲書生，受《易》於會稽伍振，善占卜，能圖宅相冢，亦行京費厭勝之術。

龍舒長鄧林婦病積年，垂死，醫巫皆息意。友爲筮之，使畫作野豬著卧處屏風上，一宿覺佳，於是遂差。

《梁書・沈約傳》　初，高祖有憾於張稷，及稷卒，因與約言之。約曰：尚書左僕射出作邊州刺史，已往之事，何足復論。帝以爲婚家相爲，大怒曰：卿言如此，是忠臣邪！乃輦歸内殿。約懼，不覺高祖起，猶坐如初。及還，未至床，而憑空頓於戶下，因病，夢齊和帝以劍斷其舌。召巫視之，巫言如夢。乃呼道士奏赤章於天，稱禪代之事，不由己出。高祖遣上省醫徐奘視約疾，還，具以狀聞。

《北史・藝術傳序》　夫陰陽所以正時日，順氣序者也；卜筮所以決嫌疑，定猶豫者也；醫巫所以禦妖邪，養性命者也；音律所以和人神，節哀樂者也；相術所以辨貴賤，明分理者也；技巧所以利器用，濟艱難者也。

《舊唐書・肅宗紀》　後醫卜入仕者，同明法例處分。

《舊唐書・職官志二》　凡考課之法，有四善：【略】善狀之外，有二十七最：【略】其二十三曰占候醫卜，効驗居多，爲方術之最。

《新唐書・柳澤傳》　尚醫奉御彭君慶以巫覡小伎超授三品。

《新唐書・路嗣恭傳》　李抱玉，【略】從父弟抱眞，【略】抱眞喜士，聞世賢者，必欲與之游，【略】好方士，謂不死可致。有孫季長者爲治丹，且曰：服此當僊去。抱眞表署幕府。嘗語左右曰：秦、漢君不偶此，我乃得之，後升天，不復見公等矣。夜夢駕鶴，寤而刻寓鶴，衣羽服，習乘之。後益惑厭勝，因疾，請降官，七讓司空，還爲左僕射。餌丹二萬丸，不能食，且死，醫以彘肪穀漆下之。疾少間，季長曰：危得僊，何自棄也？益服三千丸，卒，年六十二。

《新唐書・柳公綽傳》　寶曆元年，【略】有道士獻丹藥，問所從來，曰：自薊門。時朱克融方叛，遽曰：惜哉，藥自賊境來，雖驗何益！即棄藥而逐道士。

《舊五代史・唐書・明宗紀》　〔長興四年秋七月〕己卯，東岳三郎神贈威雄大將軍。初，帝不豫，前淄州刺史劉遂清薦泰山僧一人，云善醫，及召見，乃庸僧耳。

《宋史・真宗紀三》　〔乾興元年二月〕甲寅，對宰相于寢殿。帝不豫增劇，禱于山川神祇。

《宋史・神宗紀二》　〔熙寧九年十一月〕乙亥，以安南行營將士疾疫，遣同知太常禮院王存禱南嶽，遣中使建祈福道場。

《宋史・李惟清傳》　李惟清字直臣，下邑人。父仲行，爲章丘簿，因徙家焉。惟清，開寶中，以三史解褐涪陵尉。蜀民尚淫祀，病不療治，聽於巫覡，惟清擒大巫笞之，民以爲及禍。他日又加箠焉，民知不神。然後教以醫藥，稍變風俗。時遣宦官督輸造船木，縱恣不法，惟清奏殺之，由是知名。秩滿，遷大理寺丞。

《宋史・曹穎叔傳》　曹穎叔字秀之，亳州譙人。【略】進士及第，歷威勝軍判官、渭州軍事推官。【略】徙夔州路轉運判官。夔、峽尚淫祠，人有疾，不事醫而專事神，穎叔悉禁絶之，乃敎以醫藥。

《宋史・劉彝傳》　劉彝字執中，福州人。【略】知虔州，俗尚巫鬼，不事醫藥。彝著《正俗方》以訓，斥淫巫三千七百家，使以醫易業，俗遂變。

《宋史・外國傳八》　廝囉地既分，董氈最彊，獨有河北之地，其國大抵吐蕃遺俗也。懷恩惠，重財貨，無正朔。市易用五穀、乳香、硇砂、罽毯、馬牛以代錢帛。貴虎豹皮，用緣飾衣裘。婦人衣錦，服緋紫青綠。尊釋氏。不知醫藥，疾病召巫覡視之，焚柴聲鼓，謂之逐鬼。

《宋史・蠻夷傳一》　雍熙元年，黔南言溪峒夷獠疾病，擊銅鼓、沙鑼以祀神鬼，詔釋其銅禁。

《宋史・蠻夷傳四》　西南諸夷，漢牂牁郡地。武帝元鼎六年，定西南夷，置牂牁郡。唐置費、珍、莊、琰、播、郎、牂、夷等州。其地北距充州百五十里，東距辰州二千四百里，南距交州一千五百里，西距昆明九百里。無城郭，散居村落。土熱，多霖雨，稻粟皆再熟。無徭役，將戰征乃屯聚。刻木爲契。其法，劫盜者，償其主三倍；殺人者，出牛馬三十頭與其家以贖死。病疾無醫藥，但擊銅鼓、銅沙鑼以祀神。

《遼史·禮志六》 再生儀：凡十有二歲，皇帝本命前一年季冬之月，擇吉日。前期，禁門北除地置再生室、母后室、先帝神主輿。在再生室東南，倒植三岐木。其日，以童子及產醫嫗置室中。一婦人執酒，一叟持矢箙，立於室外。有司請神主降輿，致奠。奠訖，皇帝出寢殿，詣再生室。羣臣奉迎，再拜。皇帝入室，釋服，跣。以童子從，三過岐木之下。每過，產醫嫗致詞，拂拭帝躬。

《遼史·外紀傳·西夏》 病者不用醫藥，召巫者送鬼，西夏語以巫爲廝也。

《文獻通考·户口一》 齊自永元以後，魏每來伐，繼以内難。揚、徐二州，人丁三人取兩，以此爲率。遠郡悉令上米，準行一人五十斛。輸米既畢，就役如故。又先是諸郡役人多，依人士爲附隸，謂之屬名。又東境役苦，百姓多注籍詐病，遣外醫巫在所檢，占諸屬名，并取病身。凡屬名多不合役，往往所在並是復蔭之家。凡注病者，或以積年皆攝充將役。又追責病者，租布隨其年歲多少。銜命之人，皆務貨賂，隨意縱捨。

《歷代名臣奏議·禦邊》 漢文帝時，【略】爲置醫巫以救疾病。

《古今醫統大全·歷世聖賢名醫姓氏·五帝·黄帝有熊氏》 按《通鑑》、《帝王世紀》、《九鼎丹經》：黄帝姓公孫，諱軒轅，有熊國君之子，長於姬水，故又姓姬。生而神靈，習用干戈，以征不享。見日月星辰之象，著星官之書，占斗綱所建，始作甲子。帝以人之生也，負陰而抱陽，食味而被色，寒暑盪之於外，喜怒攻之於內，察五氣，立五運，洞性命，紀陰陽，咨于岐伯，而作《內經》。復命俞跗、雷公察明堂，究息脈，巫彭、桐君處方餌，而人得以盡年。受青牛紫府先生三皇天文以劾萬神。【略】適崆峒，問廣成子，受以自然經。登玉闕，得玄女九鼎神丹。至茅山，採禹餘糧烹之，得銅，還荆山之下，鼎湖之上。參爐定藥，九鼎丹成。黄龍下迎，黄帝上升。群臣從上者七十餘人。萬姓仰望，故後世因名其處爲鼎湖云。

《古今醫統大全·歷世聖賢名醫姓氏·巫咸》 巫咸，堯帝時臣，以鴻術爲堯醫。能祝，延人之福，愈人之病。祝樹樹枯，祝鳥鳥墜。

《古今醫統大全·歷世聖賢名醫姓氏·晉》 許遜，字敬之，爲旌陽縣令。時郡民患疫，十死八九，敬之以神方拯濟，符咒所及，皆登時愈。至於沉痾，亦無不愈者。傳聞於他郡，有疾者連路而求療，日以千計。敬之於是標竹於郭外十里之江，置符于中，令飲皆愈。老稚羸憊之不能至者，汲水歸以飲之，皆獲痊愈。積功成道，白日飛昇。

咸豐《閬中縣志·人士志》 陳堯叟，字唐夫，解褐光祿寺丞，直史館，與省華同日賜緋，遷秘書丞。久之，充三司河南東道判官。時宋亳、陳、潁民饑，命堯叟及趙況等分振之，再遷工部員外郎，廣南西路轉運使。嶺南風俗，病者禱神不服藥，堯叟有《集驗方》，刻石桂州驛。又以地氣蒸暑，爲植樹鑿井，每三二十里置亭舍，具飲器，人免暍死。

光緒《資州直隸州志·人物志·方技》 饒懋猷，資州人。善方技，精醫卜、堪輿之術。大吏咸驛致之，人呼爲饒仙。

光緒《嘉定縣志·人物·藝術》 沈敬思，字欽明，居東城。善祝由科。治小兒驚癎五疳，應手而愈。得錢輒以濟人。晚治養生家言，得導引辟穀術。年七十四，無疾而終。

《清史稿·聖祖紀二》 康熙二十六年十二月乙巳朔，上爲太皇太后不豫，親製祝文，步行禱於天壇。

《清史稿·文慶傳》 薛執中者，甘肅河州人，以符咒惑衆。至京師，藉術醫病，朝貴多與往來。前妄議時政，談休咎，行蹤詭秘，爲巡城御史曹楙堅捕治，中外大臣牽連被譴者衆。文慶曾延治病，文宗斥其身爲步軍統領，不能立時捕究，有乖職守，褫職。

附録：太平天國醫學典制資料

一、醫政醫療機構

《賊情彙纂·偽朝内官》　醫騾馬一人，即馬醫。【略】

偽殿前國醫一人，封眞忠報國補天侯，屬官至多。偽天朝内醫四人，職同指揮。偽天朝掌醫四人，專治外科，亦職同指揮。又内醫四人，職同將軍。内醫七人，職同總制。又内醫七人，職同監軍。各軍内醫四人，職同總制。各軍内醫十四人，職同軍帥。恩賞檢點督醫將軍一人，掌醫二十五人，職同總制。留朝内診脈醫生九人，分設各街道醫生至六十人，并職同軍帥。賊於將士病者，醫治甚勤，藥餌無缺，左右常有服役之人。又設朝内拯危急一人，職同將軍。各軍拯危急，職同監軍。屬官無數，則皆治外科，主療受傷之人。將士成廢疾者，以理能人收撫之，並無員數，賊所以要結軍心，貌似優恤者，以此爲最。醫官瑣碎增封無定員，品級亦無定制，故偽官表内祇載内醫掌醫等數名目。【略】其掌醫綉錦及金匠金韓營，皆有總制之官而治軍爲正職，監軍以下皆同。【略】

掌醫一人，治外科。内醫一人，治内科。凡有打仗傷者，則有拯危急一人，先以草藥敷之，然後送于能人館養之。所設理能人一員，專司病人茶飯湯藥，如一切藥料，則取給於功臣，設功臣一人總之。功臣者賊之打仗被傷之人，均謂之功臣。計自宣詔書至功臣，皆謂之軍中典官，凡三十有五人，而一軍之執事備焉。

《盾鼻隨聞録·摭言紀略》　賊中喜服溫補藥物，人蔘、肉桂、高麗蔘、鹿茸等物，隨處搜求，並令奸細充作商販購賣，設補天侯偽職司其事。楊逆因熱毒上攻，兩目俱昏。

《金陵雜記》　其餘仍有偽典詔命正副各一人，偽詔書、偽宣詔、偽國醫、偽朝儀、偽引讚、偽通讚、偽綉錦各名目。【略】

賊于藥材亦必擄掠，故城中大小藥店，均爲賊封閉，令偽内醫專管，並有偽總藥庫。其藥鋪之夥，皆爲擄脅，以供役使。其各處醫生亦被擄脅，以備有病者即令診視。醫之中偽名亦極多，有稱爲偽國醫者，有稱爲督醫者，其餘總稱爲内醫。亦分偽朝内軍中各置各處。此偽藥庫在紅紙廊大街。

專司收養受傷賊匪，爲偽功臣衙，受傷者偽職則爲能將，賊兵謂之能人，巧立偽名，使愚匪雖至受傷，亦可甘心不悔。賊之詭譎至於如此。此等賊館頗多，城中不止一處。

《金陵省難紀略》　又有天朝内醫、東府内醫、軍中内醫、有督内醫加侯者名補天侯。又有功臣衙、能人衙，功臣是録打仗死者之名，打仗受傷爲能人，入衙養傷。各軍俱有一偽拯危總制，掌醫各軍，走報消息者，名正副疏附官，又有小疏附十餘人。

《天京游記》　此排屋子之后有一棚爲醫院之用。

二、醫官職事秩俸

《賊情彙纂·劇賊姓名下》　偽補天侯李俊良

俊良本名俊昌，因避韋賊諱故改之。廣西老賊，年約三十餘，身面白，目有凶光，微髭，奸險莫測。賊在桂平茶地時，封爲中軍長，素精醫理，凡賊之有病者，俱令診視。辛亥九月，賊踞永安州，洪逆沾染時疫，俊良用藥一劑而瘳，遂封國醫，職同偽將軍，專醫各渠賊疾病。壬子七月在長沙，加封指揮。癸丑二月至江甯，升檢點，收羅醫士，采辦醫材，爲典内醫之首。五月封恩賞丞相。七月楊賊目疾劇甚，俊良率諸醫竭技診治。甲寅四月，楊賊一目已損，漸無痛楚，封爲補天侯。【略】

偽滅湖侯黄益芸　益芸本名益雲，因避馮賊諱，故改之。廣西老賊，年約四十，身材中人，面黑顴高，有髭無鬚，不甚識字。初爲楊賊統下健兒，能以草藥療急病。自金田至道州，皆與楊賊共處。壬子二月封爲前一軍拯危急監軍，拯危急者，軍中倉卒之醫也。【略】

偽天朝督内醫恩賞丞相宋耕棠　耕棠江蘇上元縣人，年五十六歲，身材中人，形容枯槁，黑面短視，有髭鬚，先住江甯西華門頭條巷。初爲童蒙師，不事生產，家日落，繼學醫，因術疏無問名者，遂交通吏胥，魚肉鄉里。癸丑二月江甯城陷，耕棠隸偽内醫楊斐成統下。是時，楊秀清住内城將軍署，有典轎賊目覃二患時疫，延耕棠診之，教以服鞋底泥而愈，賊衆驚爲神醫。值楊逆目疾增劇，其下遂薦之，賞以僞將軍職，傳入僞府，與國醫李俊良同診，漸就痊可。九月升職指揮，督理內醫。甲寅正月洪逆之妻有疾，耕棠竭技診治，二月封恩賞丞相。【略】

僞殿前丞相何潮元　潮元廣西老賊。年約四十，身材中人，黑面高顴，微髭髯，稍知醫理，亡命江湖，能以符水治病，趁錢餬口。庚戌年，洪逆倡亂，相從入夥，封爲內軍帥，而不准用符水，謂之曰：妖符。壬子六月升內醫監軍。癸丑二月升前一軍內醫，職同總制。六月封恩賞丞相。【略】

僞功勳前夏官副丞相賴漢英　漢英廣東嘉應州人。係洪逆妻弟，羣賊呼爲賴國舅。年約四十，面白頭尖，高顴大嘴，有髭無髯，頗通文墨，兼知醫理。久在廣西貿易，洪逆等倡亂，初封僞內醫，職同軍師。

《金陵癸甲紀事略》　軍中僞典官，均同僞總制，僞醫亦然。【略】論賊事已，僞國醫補天侯進診脈，次以哈宋二醫復焉，視已，各擬方進，乃退。蓋東賊素弱，宣淫無度，常病將就死，少緩者，留待獻俘也。子一亦善病。【略】東賊造大床，四面玻璃，中貯水養金魚，窮極奇巧，枕長四尺五寸。一日晝寢，玻璃水洩，淹及賊身。蠻婆急呼，東賊驚醒，不知所措，急下床傷背，因徧傳衆醫看視，可發一噱。僞國醫李俊章，廣西人，開藥鋪，稍通醫理，始爲僞檢點，嗣爲僞丞相。【略】甲寅春，加爲僞補天侯，館於評事街胡宅。陷城後，徧察城中，有名醫生十餘人，羅致館中。每人黎明，率醫生數人，同至東賊僞府診視。東賊病目，每日必須服藥。其僞王娘等有病則隔幕出手令診，不望不聞不問，以次輪診，但憑切脈立方，以第一看第二看爲記，甚至十餘人，何能清記，殊謬。【略】

僞督內醫黃惟悅，性殘刻，妄作威福，凡在城醫生，每朔望必令至其館點名。

《張繼庚遺稿·上向帥書四》　如江南人士受僞職者不少，雖當略跡原心，以安反側，然如僞內醫衙之哈文台、王震田竭力醫僞東王目疾，如此人亦請赦乎？

三、醫官選用考核

《對四民布告·北王韋昌輝招延良醫誥諭》　眞天命太平天國雷師後護又副軍師北王韋，爲誥諭招延良醫事：照得前蒙東王仰體天父好生之德，屢經誥諭招訪良醫。查此處地當孔道，爲良醫聚集之所，類如大小方脈、內外專科、眼科、婦科以及專理小兒急慢驚風等症，可以立奏奇效者，必不乏人，乃迄今並未見有醫士應召而來。爲此不惜重賞，再行誥諭，凡有精通醫理能治各項病者，即宜應命前來。又眼科爲天朝所尤重，抑或專精眼科者，均即到該鎮守將佐衙門報名，以便送至天京録用。果能醫治見效，即賞給丞相，如不願爲官，即賞銀一萬兩，並使其回家安享，以獎其藝，決不食言，斷不使之失所。爾等慎勿裹足不前，空負濟人之術也。各宜咸知，毋違誥諭。

太平天國甲寅四年四月初七日誥諭。

《賊情彙纂·僞科目》　其意蓋欲炫以美名，誘以小惠，謂可旁招英俊。然所至之地，惟醫卜星相，稍知字義，及鄉俗淺學、市井猥才、江湖落魄、生計無資者，赴其招爲一時衣食計。

四、醫事獎懲

《諸王自述·洪仁玕自述》　由饒州到湖北黃梅縣，知縣覃瀚元請予醫其侄頭風之症，得有謝金。

《盾鼻隨聞録·金陵紀事雜咏》　蕿苓逐戶徧搜求，纔進刀圭病已瘳；朗豁雙眸雲翳淨，奇珍新賜補天侯。

楊逆臥病，有醫人尹姓診治得痊。又患目疾，復薦一僧人醫愈，僞封補天侯，將東水關于姓住屋給之，賞物無數。

《金陵癸甲紀事略》　東賊淫無度，兼以子死，西賊子又死，悲甚，而目失明，弗能視，作天父下凡狀，謂：各姊妹不知敬天父，天父將降病於衆姊妹，今秀清患目疾，代衆姊妹贖病也。於是令女僞官，傳各館女子，背贊美，不能者杖。并傳僞諭，有能醫目復明者，賞以丞相職。【略】

李國琀　僞補天侯，廣西人，初貿易藥材，於庚戌年從賊，遂爲僞國醫。至金陵，加僞丞相職。東賊病，各擬方，俱由國琀選用。故東賊目疾雖系哈性（姓？）醫愈，而功歸國琀，授僞侯。

《油鹽口糧揮條》　主將吳閣發給功醫陳油鹽口糧揮條　揮仰劉弟發

給功醫陳弟油三斤八兩，鹽五斤四兩，與來人領回一月口糧。此揮。毋違。

四月廿二日本閣揮。

五、醫藥福利

《天父下凡詔書》 又娘娘服事我二兄，固乃本分，但其中未免有觸怒我二兄，務必從寬教導，不可用靴頭擊踢，若用靴頭擊踢，恐娘娘身有喜事，致悞天父好生。且娘娘或身有喜事者，須開恩免其服事，另擇一宫闈准其休息，但使早晚朝見亦可。如此處待，方爲合體。倘此娘娘仍有小過，觸怒我主，亦當免其杖責，嚴加教導，使勿再犯。使得即或忤旨大罪，亦必待其分娩生後乃可治罪也。

《行營規矩》 五令軍兵男婦不得入鄉造飯取食，毁壞民房，擄掠財物及搜操藥材鋪戶併州府縣司衙門。九令不得枉殺老弱無力挑夫。

《天朝田畝制度》 凡天下每一夫有妻子女約三四口或五六七八九口，則出一人爲兵，其餘鰥寡孤獨廢疾免役皆頒國庫以養。

《天情道理書》 凡有災病，必要延醫調治，提理湯藥；若有孤子孤女以及年歲衰邁者，更宜小心看待，與其盥浴身體，洗換衣服，斯不失休戚與共、痌癏相關之義。蓋安老憐幼恤孤，皆出自東王體天父好生之心，天王胞與之量，是以恩及下民，無微不至也。詔旨有云：他人有難爾救他，爾若有難天救爾。見人災病同己病，見人飢寒同己飢。

《行軍總要·陸路號令》 如出師之時先要派定某官統帶某軍爲前隊先鋒，某官統帶某軍爲后隊押後，自爲佐將者統帶某軍居中隊，其餘老弱被傷能人，各後軍分，一旗還一旗，陸續行走。【略】

體惜號令

凡爲佐將者當知愛惜兵士。譬如行營，沿途遇有被傷以及老幼人等，遇有越嶺過河不能行走者，必須諭令各官，毋論何人所有馬匹，俱牽與能人騎坐；如馬匹不敷，總要令兵士抬負而行，庶無遺棄。至於紮定營盤之時，必須諭令拯危官員將所有能人，每逢禮拜之期，務要查實傷愈者幾名，傷未愈者幾名，一一報明，令宰夫官三日兩日按名給肉，以資調養。又令掌醫內醫格外小心醫治，揀選新鮮藥餌，不可因其膿血之腥臭而生厭心。其爲佐將者當公事稍暇，亦必須親到功臣衙看視，其有親屬者，看其遠近，酌量令其前來照料；無親屬者，本營兄弟總要小心提理，念同魂父所生，視爲骨肉一樣。

《資政新編》 風風類 倘民有美舉如醫院、禮拜堂、學館、四民院、四疾院等，上則親臨以隆其事，以奬其成，若無此舉，則詔諭宣行，是厚風俗之法也。【略】

法法類

興士民公會，富貴善義、仰體天父天兄好生聖心者，聽其甘心樂助，以拯困扶危，並教育等件。至施捨一則，不得白白妄施，以沽名譽；恐無貞節者一味望恩，不自食其力，是滋弊也。宜令作工以受所值，惟廢疾無所歸者准白白受施。【略】

興醫院以濟疾苦。係富貴好善、仰體天父天兄聖心者，題緣而成其舉，立醫師必考取數場然後聘用，不受謝金，公義者司其事。【略】興鄉兵。大村多設，小村少設，日間管理各戶洒掃街渠，以免穢毒傷人，並拿打架攘竊及在旁證見之人到鄉官處處決，妄證者同罪；夜於該管之地有失，惟守者是問。若力不足而呼救不及，不干守者之事。被傷者生則醫，死則瘞，有妻子者議恤。罪人不孥。若訊實同情者及之，無則善視撫慰之，以開其自新之路。若連累及之，是迫之使反也。【略】不得已難養者准無子之人抱爲己子，不得作奴視之。或交育嬰堂。溺者罪之。【略】一禁廟宇寺觀。既成者還其俗，焚其書，改其室爲禮拜堂，藉其資爲醫院等院。此爲拯民出於迷昧之途，入於光明之國也。【略】

一禁演戲修齋建醮。先化其心之惑，使伊所簽助者轉助醫院、四民院、學館等，乃有益於民生實事。【略】

一興跛盲聾啞院。有財者自攜資斧，無財者善人樂助，請長教以鼓樂書數雜技，不致爲廢人也。【略】

一興鰥寡孤獨院。准仁人濟施，生則教以詩書各法，死則憐而葬之。因此等窮民操心危，慮患深，往多有用之輩，不可不以恩感之也。【略】

刑刑類

一善待輕犯，宜給以飲食號衣，使修街渠道路，練其一足，使二三相連，以差人執鞭刃掌管。輕者移別縣，重者移郡移省，期滿釋回，一以重其廉恥，二以免生他患，庶回時改過自新，此恩威並濟之法也。

《文書·譚紹光覆戈登書》　再啓者：洋官白聚文身患重病，回轉上海醫治，路經桂處，懇祈勞心飭令輪船護送，庶免妖卡阻攔侵害。

《賊情彙纂·賊教》　有疾病不得如常醫藥，必其教中人來施鍼灸，【略】

《武昌兵燹紀略》　老有病亦廿五人爲一館，曰老人館。

《武昌紀事》　有疾者爲能人，送入能人館，有醫爲診治。賊忌病字，故有疾人謂爲能人，然不解其命義何居。【略】其老耄聾瞽殘疾者，分別設老疾館處之。

《金陵雜記》　凡年過六十及十五歲以内，或有殘疾者，皆免打仗，遂詐稱年老及有疾病。惟是無館可歸，賊又不令另處，任意殺害。適有僞巡查周才大，係湖南人，性和平肯救人，於首逆處稟設老民殘廢館，初猶未允，諄說乃准。旋於東北兩城設立數十館，每館二十五人，自擬一館長并無長手老賊雜處，每日藉檢拾字紙打掃街道爲事，遮飾長手耳目；嗣後闔城皆有此館，共約有三千人，賊並逐日發米穀，每人約三四兩。

《金陵癸甲紀事略》　周才大僞巡查，性不好殺。見老而無依者，輒憐之，請於賊，議立牌尾館，使殘廢者守館，老病使掃街道，拾字紙，亦不打仗，於是佯病入牌尾館者，七八千人。【略】

周才大　僞殿前侍衛，湖南人，粗知文墨。至金陵爲僞巡查，議立牌尾館，使老病殘廢者，居之。〔活數千人。〕嗣授僞侍衛，東賊使赴安慶等處。【略】

女簿書，東賊逼取民女識字者充之，以代己批判。有傅善祥者，金陵人，二十餘歲，自恃其才。東賊聞之，選入僞府，凡賊文書，皆歸批判，頗當賊意。由是賊僞官均尙文，有不合善祥式者，輒批罵，恃寵驕傲。屢言老長毛狗屁不通，忤東賊，乃借善祥吸食黄烟，枷發女館以禁之，猶欲復用也，嗣善祥病，自爲文呈東賊，言素蒙厚恩，無以報答，故盡心代閲文書，夜倦不意爲妖魔迷矇，吸食黄烟又蒙開恩，不加重罪，原擬釋放，再圖報效。詎知病患不起，恐難〔再〕覩慈顔，謹將某日所賜金戒指兩個奉繳，以表小妹之意無他，幸爲垂鑒。東賊閲之，大驚訝，即釋枷，使僞國醫往視，病愈，善祥得隨意往各女館，無所禁，遂不知所終，或云逃去。【略】

曾錦謙　僞夏官又正丞相，廣西潯州人。自揚州回金陵，至七橋空紮營未成，爲大兵所敗，燒燬壁壘，不能居。東賊乃使竄河北，至黄河爲大兵抬槍所傷，潛逃至廬州，創甚幾不起。東賊又使之安慶養傷，聞至今不能行也。

《金陵癸甲新樂府·牌尾館》　不肯作詔書，文人之名無其徒；不肯當聖兵，武人之徒無其名。不文不武窮無歸，賴有牌尾猶可依，老弱廢疾並一館，二十五人數剛滿。有子有孫不能顧，有父有兄不同住，起居飲食各自謀，疾痛苛癢向誰訴？膠庠朋友如寇讎，桑梓情親如陌路。巡查書手更無狀，一賣零翦一銀匠，睚眦相報並無仇，摧折播遷兼誚讓。嗟乎金陵一隅偶竊據，一十八省猶鞏固，不知若輩意云何，可嘆人心不如故，賊人尙肯發慈悲，何必鄉人轉虐遇。

《金陵城外新樂府·養病》　出入轅門無禁令，暢言翺翔更稱病；病者自賃民間舍，養得病痊始消假。不知所病是何名？詭言無足爲重輕。盜賊之病在皮肉，士卒之病在心腹。【略】

出隊

吹角開城賊擁出，倉卒點兵聊借一；長官安坐既無統，衆士聲譁又無律。彼此相距半里餘，槍礮縱横互得失。驗傷給養上中下，論功分品五六七；迄今無負亦無勝，已破不顧同墜甑。賊首莫來我莫往，屢誤依然需内應。

《金壇見聞記》　設米廠薪廠。凡軍士所須，皆告於局給之，無得取於民。舁大缸百數置城上，盛粥及茶常令滿。又製饅首數千，分置其旁，恣守者飲食。是歲大旱暑酷甚，憂守者病暍，多購解暑藥爲湯飲之。軍士有病者，公局爲召醫治之給以資，被創者亦如之，有死者紳士親弔哭之。【略】諸軍皆無火藥，公局先藏數萬斤，日給之，久之亦盡。局中頗有礦，乃設硝廠三，取舊磚煎之，得硝以製火藥。是時城中無鹽，軍民淡食頗病足腫，及煎硝得鹽，爭取食之；然甚少味，又苦澀，食者多病。公局中金錢並竭，乃創爲局鈔，行于城中，鈐以公局圖書，約事定持鈔赴局易錢。及城將陷，計用鈔已十餘萬貫。

《天王詔旨·行營鋪排詔》　今據奏説現無鹽，移營是。又據奏説多病傷，護持緊，兄弟姊妹一個不保齊，辱及天父天兄也。【略】每行營匝營，各軍各營宜間勻連絡，首尾相應，努力護持老幼男女病傷，總要個保齊，同見小天堂威風。

《對四民告示》　凡官兵如有身體不寧者，准僱民夫抬送，其餘健壯官兵，非有總制以上各大員印憑經准坐轎，其有貪閒妄捉鄉民扛抬者，民宜當卽據實扭稟，論罪處斬。

《**外事及與外人文書**》　慕王譚紹光覆英國會帶常勝軍戈登請放出受傷諸人並欲往來買賣槍炮事書　書覆　忠王李、慕王譚書覆大英會帶常勝軍戈登桂台惠覽：頃接來信，知欲放出受傷諸人，以便醫治，【略】馬敦去後，又有白聚文所帶數人，因前受傷，各願回去醫治，是以厚給盤纏，備船派人，發給路憑，已于初四日送赴南潯，令上洋船，聽其歸去。

《**兵册館銜名册和家册**》　護殿迈天福兼右貳拾叁承宣楊統下各館牌尾名册

天父天兄天王太平天國癸開十三年八月　日立

護殿迈天福兼右貳拾叁承宣楊統下各館牌尾名册

有病張富堂　有病張宏義【略】

統下左壹參軍施館內牌尾兵册

有病金壽增【略】

統下文正軍政司吕館內牌尾名册

爛脚譚文翰【略】

統下右貳宣傳黄館內牌尾名册

有病梁何林【略】

護殿前一隊理天義右營許天安隊內泡天預議政司張館年名菁册

有病范宗培年二十二歲。害眼劉仁庚年二十二歲。【略】

護殿前一隊理天義右營嶼天安右壹武軍政司梁年名菁册

腿病梁家和年二十七歲。【略】

護殿前一隊理天義右營嶼天安隊內碶天預汪年名菁册

老病肚瀉汪起發年二十六歲。

六、禁煙酒陋習

《**太平詔書**》　他若自驅陷阱者　鍊食洋煙最顛狂　如今多少英雄漢
多被煙鎗自打傷
即如好酒亦非正　成家宜戒敗家湯　請觀桀紂君天下　鐵統江山爲酒
亡

《**天父詩**》　七十三
吹去吹來吹不飽　因何咁蠢變生妖　戒煙病死勝誅死　脱鬼成人到底
高

二百二十四
帕匙換教帶玲瓏　鬚面手汗帕不同　鬚面用新潔手舊　汗帕換開立鎖
封

二百八十四
頸額額角共眉毛　永遠不准扯一條　不准扎脚講妖話　不准同姑話言
交
四樣犯些須奏出　藏奸瞞天罪難饒　爾們既爲上帝媳　各鍊真真守
天條

《**資政新編**》　風風類　如男子長指甲，女子喜纏脚，【略】皆小人驕奢之習，諸如此類，難以枚舉。禁之不成廣大之體，民亦未必凛遵；不禁又爲敗風之漸。惟在在上者以爲可恥之行，見則鄙之忽之，遇則怒之撻之，民自厭而去之，是不刑而自化，不禁而自弭矣。

法法類

禁酒及一切生熟黄煙鴉片。先要禁爲官者，漸次嚴禁在下，絶其栽植之源，遏其航來之路，或於外洋入口之煙不准過關。走私者殺無赦。

《**賊情彙纂·飲食**》　至於煙酒爲賊最禁之物，吸洋煙謂之犯天條，殺無赦。水旱煙名曰黄煙，名酒曰潮水，有犯禁吸飲者，重則立決，輕亦枷杖。

《**賊情彙纂·僞文告上·僞本章**》　小弟楊秀清立在陛下暨小弟韋昌輝石達開跪在　陛下，奏爲吹吸洋煙大犯天條事：緣據夏官正丞相何震川稟稱，轉據殿右貳檢點胡海隆稟稱，前叁巡查賴桂英於拾月拾捌日在天京城內新橋地方拿獲周亞九李連升于順添等朋吹洋煙一案，並起獲煙具煙泥等件，已由該官承審確實，取有口供稟報前來。弟等未敢擅專，理合肅具本章，粘附原供，啓奏我主萬歲萬歲萬萬歲御照施行。

《**賊情彙纂·僞文告上·僞告示**》　真天命太平天國天朝國宗提督軍務韋石誨諭

洋煙黄煙不可販賣吸食也。洋煙爲妖夷貽害世人之物，吸食成癮，病入膏肓，不可救藥。黄煙有傷膚體，無補饑渴，且屬妖魔惡習。倘有販賣者斬，吸食者斬，知情不稟者一體治罪。以上各款，爾等官兵人民俱要嚴爲禁絶，不可故犯。倘有犯此者，一經察覺，定按天法究治。

《賊情彙纂·僞文告下·僞律諸條禁》 凡我們兄弟俱要修好鍊正，不准吹洋煙、吃黄煙、飲酒、虜掠、姦淫，犯者斬首不留。【略】

凡吹洋煙者斬首不留。

凡喫黄煙者初犯責打一百，枷一個禮拜，再犯責打一千，枷三個禮拜，三犯斬首不留。

凡營盤之内俱要潔淨打掃，不得任意運化作踐，有汚馬路，以及在無羞恥處潤泉。

《金陵省難紀略》 禁煙及鴉片：煙謂之黄煙，鴉片謂之洋煙，犯吸黄煙者枷責，以煙具置枷上，荷之游街。犯吸洋煙者殺。後寬限令戒：限後一月内犯者枷三個禮拜，兩月内犯者枷七個禮拜，三月内犯者殺。

《金陵癸甲新樂府·禁裹足》 大者不能小，小亦不能大，斯理最易明，固然無足怪。天機本自然，人心弄狡獪，纖趾幻金蓮，風俗嗟已敗；相習既云久，用別厮養輩，無如赤足婦，相對慚形穢，出令戒纏足，違者遇之恚。輕或施以鞭，重且擊以械，遷怒小過謪，報怨苦差派，鞋幫束脚鬆，鞋底觸石壞，十指抵地行，奇痛勝蜂蠆，趦趄又傾跌，此形實狼狽，臃腫又皴瘃，此病非癬疥，不敢怨今日，性命原草芥，只是恨當年，阿娘貽我害。

掃街道

虜來衣，愛翦碎，不問貴不貴。虜來食，愛生硬，不問淨不淨。獨有街道愛完整，奉帚擕鋤命無梗，腹饑過午竊微憩，竹板藤鞭如雨打。今日去艸艸不青，明日一雨艸怒生；今日溲勃無所遺，明日牛馬還遺之；今日空屋遮罘罳，明日比戶抽㞌廖，朝朝糞除無盡時，清塵伺候人伊誰？

禁煙酒

聖恩寬大不禁煙，煙氣噴作卿雲天，忽爲厲禁猶有説，此物耗血兼損年。無酒學佛有學仙，與爾何仇爾怫然，闖入人館用鼻嗅，捉影捕風愁網漏，煙筩酒壺見即奪，縛獻巡查法不宥。笑爾煙具竈下藏，以勺挹酒酒作湯，酒酣煙足聊徜徉，無計消遣還栽贓。

《向榮奏稿卷二》 文附楊文定借英輪船助攻照會

賊匪煙禁甚嚴，一遇我國吸煙之人無不殺害，統希速發火輪師船來江剿擊，望速施行。

《天王詔旨·勸人戒鴉片煙詔》 天王詔曰：高天燈草似條箭，時時天父眼針針，不信且看黄以鎮，無心天救何新金。吹去吹來吹不飽，如何咁蠢變生妖！戒煙病死甚誅死，脱鬼成人到底高。併欽此。【略】

太平天國癸好三年四月　日【略】

警醒軍民戒鴉片煙詔

天王詔旨云：朕詔天下軍民人等知之，煙鎗即銃鎗，自打自受傷，多少英雄漢，彈死在高床。欽此。

《外事及與外人文書》 東王楊秀清答覆英人三十一條並質問英人五十條誥諭　復：凡食洋煙、水旱等煙及吃酒並奸淫，皆我主天王遵天父聖旨斬邪不赦也。

七、醫巫并存

《天條書》 災病求上帝

小子〇〇〇小女〇〇〇跪在地下，祈禱天父皇上帝：今有小子〇〇〇小女〇〇〇現有災病，懇求天父皇上帝恩憐救護，災病速退，身體復安。

《太平詔書》 第五不正爲巫覡　邪術惑衆犯天誅　死生災病皆天定　何故誣民妄造符作福許妖兼送鬼　修齋建醮尙虛無　自古死生難自保　豈能代禱保無辜

《諸王自述》 而衆人心目中見我主能驅鬼逐怪，無不嘆爲天下奇人，故聞風信從，且能令啞者開口，瘋癱怪疾，信而即愈，尤足令人來歸。【略】且東王能代人贖病，至耳聾流水，口瘂流涎，二月餘之久，衆有疑爲廢人者，殊後有一日即開口病愈，每有所言即驗應。

《盾鼻隨聞録·粤寇紀略》 洪秀全者，廣東花縣人，生於嘉慶壬申歲，長鬚蜂目，面闊身肥。本係鄭姓，父母均早歿，有一兄一弟，娶妻賴氏，生有一子，以宣卷治病度日。於三十一歲七月內，因患傷寒身死，七日屍尚未冷，忽躍起若無病者，自稱有神人引至天宮，得配天妹正月宮。傳授眞言並賜寶劍一口，名雲中雪；寶璽一顆，名度世眞符；邀人同往深山石穴内尋獲劍璽，詫爲天授。【略】愚民信以爲眞，羣相敬奉。【略】在桂林、平樂等處，仍以誦咒治病爲名，村民疾病，持劍焚符，往往得愈，哄動一時。

《武昌紀事》 賊最愚頑可笑者，或臨陣，或患病，舉凡一切事，皆對天祈禱，口喃喃求天父默佑，所謀遂意，祝畢，赴湯蹈火，在所不顧。

《太平天國起義記》 又有許多患病者藉祈禱之力而得痊癒。傳言楊秀清有代人求神力治病之奇能。由記録上觀之，則秀清似是自願且祈禱將病者之病傳諸其身，贖去其病，藉使其人得愈，其後自己乃求除病。

引用書目表

書名	作者	年代	版本
尚書正義	漢孔安國傳、唐孔穎達等正義		阮刻十三經注疏本
周禮注疏	漢鄭玄注、唐賈公彥疏		阮刻十三經注疏本
禮記正義	漢鄭玄注、唐孔穎達等正義		阮刻十三經注疏本
論語注疏	魏何晏注、宋邢昺疏		阮刻十三經注疏本
春秋左傳正義	晉杜預注、唐孔穎達等正義		阮刻十三經注疏本
孟子注疏	漢趙岐注、宋孫奭疏		阮刻十三經注疏本
管子	管仲	春秋	科學出版社一九五六年郭沫若等集校本
墨子	墨翟	戰國	四部叢刊影印明嘉靖畢阮校注本
列子			四部叢刊影印瞿氏鐵琴銅劍樓所藏北宋本
莊子	莊周	戰國	續古逸叢書影印宋大字本
荀子	荀況	戰國	清乾隆五一年嘉善謝氏安雅堂刻本
國語	左丘明	春秋	士禮居黃氏叢書本
呂氏春秋	呂不韋	戰國	經訓堂叢書本
戰國策	劉向	西漢	士禮居黃氏叢書本
淮南子	劉安	前一七九	四部叢刊影印陳碩甫影宋抄本
史記	司馬遷	前九一	中華書局一九五九年點校本
漢書	班固	一〇二	中華書局一九六二年點校本
列仙傳	劉向	漢	中華書局一九八三年叢書集成初編
前漢紀	荀悅	東漢	上海古籍出版社一九八七年影印文淵閣四庫全書本
後漢紀	袁宏	晉	上海古籍出版社一九八七年影印文淵閣四庫全書本
三國志	陳壽	晉	中華書局一九五九年點校本
針灸甲乙經	皇甫謐	二八二	人民衛生出版社一九五六年影印明萬曆吳勉學校刻本
脈經	王叔和	二八五	人民衛生出版社一九五六年影印元廣勤書堂刻本

後漢書	范曄	南朝宋	中華書局一九七三年點校本
魏書	魏收	北齊	中華書局一九七四年點校本
宋書	沈約	南朝梁	中華書局一九七四年點校本
南齊書	蕭子顯	南朝梁	中華書局一九七二年點校本
晉書	房玄齡等	唐	中華書局一九七四年點校本
北齊書	李百藥	唐	中華書局一九七四年點校本
梁書	姚思廉	唐	中華書局一九七三年點校本
陳書	姚思廉	唐	中華書局一九七二年點校本
周書	令狐德棻等	唐	中華書局一九七一年點校本
隋書	魏徵等	六五六	中華書局一九七三年點校本
南史	李延壽	六五九	中華書局一九七五年點校本
北史	李延壽	唐	中華書局一九七四年點校本
唐六典	原題唐玄宗	七三八	中華書局一九八九年影印清文津閣抄本
通典	杜佑	唐	中華書局一九八八年王文錦等點校本
獨异志	李亢	唐	中華書局一九八三年叢書集成初編
因話錄	趙璘	唐	中華書局一九八三年叢書集成初編
舊唐書	原題劉昫	五代	中華書局一九七五年點校本
新唐書	歐陽修等	一〇六〇	中華書局一九七五年點校本
舊五代史	薛居正等	宋	中華書局一九七六年點校本
新五代史	宋祁等	宋	中華書局一九七六年點校本
西漢會要	徐天麟	宋	上海人民出版社一九七七年點校本
東漢會要	徐天麟	宋	上海古籍出版社一九七八年點校本
唐會要	王溥	宋	上海古籍出版社一九九一年方詩銘點校本
唐大詔令集	宋敏求輯	宋	商務印書館一九五九年點校本
通志	鄭樵	宋	武英殿三通合刻本
宋名臣奏議	趙汝愚輯	宋	中華書局一九八九年影印清文津閣抄本
宋太醫局諸科程文格	何大任輯	宋	中華書局一九八九年影印清文津閣抄本
醫說	張杲	一二三四	明嘉靖二十三年乙巳顧定芳刻本
北夢瑣言	孫光憲	宋	中華書局一九八三年叢書集成初編
齊東野語	周密	宋	中華書局一九八三年叢書集成初編

四朝聞見錄	葉紹翁	宋	中華書局一九八九年沈錫麟等點校本
邵氏聞見錄	邵博	宋	中華書局一九八三年劉德權等點校本
學易集	劉跂	宋	上海古籍出版社一九八八年文淵閣四庫全書本
女科百問	齊仲甫	宋	上海古籍書店一九八三年影印本
歸潛志	劉祁	金	中華書局一九八三年六月第一版
宋史	脫脫等	一三五四	中華書局一九七七年點校本
遼史	脫脫等	一三四四	中華書局一九七四年點校本
金史	脫脫等	元	中華書局一九七五年點校本
文獻通考	馬端臨	元	英武殿三通合刻本
稗史集傳	王顯	元	上海書店一九八三年《歷代小說筆記選本》
元遺山先生全集	元好問	元	四部叢刊本
元史	宋濂	明	中華書局一九七六年點校本
歷代名臣奏議	黃淮等輯	明	中華書局一九八九年影印清文津閣抄本
翰林記	黃佐	明	中華書局嶺南遺著本
醫學入門	李梴	一五七五	明萬曆刻本
類經	張介寶	一六二四	明天啓四年甲子會稽刻本。
古今醫統大全	徐春甫	明	明嘉靖三十六年丁巳古吳陳長卿刻本
焦氏筆乘	焦竑	明	中華書局一九八三年叢書集成初編
寓園雜記	王錡	明	中華書局一九八四年元明史料筆記叢刊
白茅堂集	顧景星	明	文淵閣四庫全書本
續通典	嵇璜等	清	文淵閣四庫全書本
續通志	嵇璜等	清	文淵閣四庫全書本
續文獻通考	張廷玉	清	文淵閣四庫全書本
歷代職官表	紀昀	清	
幼科折衷	秦昌遇	一六四一	上海古籍書店一九八〇年影印本
醫學讀書志	曹禾	清	中醫古籍出版社一九八一年第一版
顧松園醫鏡	顧靖遠	清	河南人民出版社一九六一年八月第一版
明史	張廷玉	一七三五	中華書局一九七四年點校本
吳醫匯講	唐大烈	一七九二	上海科技出版社一九八三年丁光迪點校本
古今圖書集成			巴蜀書社一九八五年十月影印第一版

清史稿	趙爾巽等		中華書局一九七六年標點本
《武進縣志》	潘恂等	年代不詳	清乾隆三十年刊本
《重修太平府志》	林鉞修，鄒壁纂	年代不詳	明嘉靖九年刊本
弘治《八閩通志》	黃仲昭	一四九一	明弘治四年刻本
弘治《黃州府志》	盧希哲	一五〇〇	明弘治一三年刻本
弘治《徽州府志》	汪舜民	一五〇二	明弘治一五年刻本
嘉靖《重修太平府志》	祝鑾	一五三一	明嘉靖一〇年刻本
嘉靖《固始縣志》	葛臣	一五四二	明嘉靖二一年刻本
嘉靖《昆山縣志》	方鵬	一五二八	明嘉靖一七年刻本
嘉靖《長垣縣志》	劉芳等	年代不詳	上海古籍書店據寧波天一閣藏明嘉靖刻本影印一九六四
隆慶《儀真縣志》	李文等	一五六七	明隆慶元年刻本
萬曆《六安州志》	李懋檜	一五八四	明萬曆一二年刻本
萬曆《吉安府志》	余之禎	一五八五	明萬曆一三年刻本
萬曆《望江縣志》	龍子甲	一五九四	明萬曆一二年刻本
萬曆《建陽縣志》	田居中等	一六〇一	明歷歷二九年刻本
萬曆《嚴州府志》	俞炳然	一六一三	明萬曆四一年刻本
萬曆《福寧州志》	朱梅等	一六一四	明萬曆四四年刻本
萬曆《襄陽府志》	吳道邇	年代不詳	明萬曆刻本
萬曆《溫州府志》	湯日昭	年代不詳	明萬曆刻本
崇禎《嘉興府志》	俞炳然	一六三一	明刻本
崇禎《松江府志》	陳繼儒等	一六三一	明刻本
崇禎《嘉興縣志》	黃承昊等	一六三七	明崇禎一〇年刻本
崇禎《烏程縣志》	徐守綱等	一六三八	明崇禎一一年刻本
崇禎《義烏縣志》	熊人霖	一六四〇	明崇禎十三年刊本
崇禎《鄖城縣志》	李振聲修，李豫等纂	年代不詳	明崇禎十年刻本
順治《浦城縣志》	龔五韺等	一六四八	清順治五年刻本
順治《龍泉縣志》	胡世定等	一六五五	清順治一二年刻本
順治《祥符縣志》	馬士隊	一六五九	清順治一八年刻本
順治《固始縣志》	包韺	一六五九	清順治一六年刻本
康熙《松江府志》	周建鼎等	一六六三	清康熙崇禎三熙二年刻本

康熙《九江府志》	張秉鉉	一六七三	清康熙一二年刻本
康熙《太平府志》	宋驤等	一六七三	清康熙一二年刻本
康熙《巢縣志》	陸龍騰等	一六七三	清康熙一二年刻本
康熙《嘉興府志》	袁國梓等	一六八二	清康熙二一年刻本
康熙《太平縣志》	林槐等	一六八三	清康熙二二年刻本
康熙《金華府志》	沈麟趾等	一六八三	清康熙二二年刻本
康熙《福建通志》	鄭開極等	一六八四	清康熙二三年刻本
康熙《浙江通志》	黃宗義等	一六八三	清康熙二三年刻本
康熙《常熟縣志》	錢陸燦等	一六八三	清康熙二二年修二六年刻本
康熙《仁和縣志》	顧豹文等	一六八七	清康熙二六年刻本
康熙《吳縣志》	孫佩	一六九一	清康熙三〇年刻本
康熙《南海縣志》	胡雲客	一六九一	清康熙三〇年刻本
康熙《休寧縣志》	汪晉征	一六九三	清康熙三二年刻本
康熙《平陽府志》	呂弘誥	一六九四	清康熙三三年刻本
康熙《常州府志》	陳玉基	一六九五	清康熙三四年刻本
康熙《雲南府志》	謝儼等	一六九六	清康熙三五年刻本
康熙《鄞縣志》	聞性道	一六九六	清康熙二五年刻本
康熙《徽州府志》	趙起士等	一六九九	清康熙三八年刻本
康熙《衢州府志》	楊廷望	一七一一	清康熙五〇年刻本
康熙《高唐州志》	李霖臣	一七一二	清康熙五一年刻本
康熙《重慶府涪州志》	馮懋柱	一七一四	清康熙一七年刻本
康熙《錢塘縣志》	龍璉等	一七一八	清康熙五七年刻本
康熙《儀征縣志》	陸師	一七一八	清康熙五七年刻本
康熙《上元縣志》	唐開陶	一七二一	清康熙六〇年刻本
康熙《延平府志》	蕭來鸞修，金章等纂	年代不詳	清康熙十一年刻本
雍正《懷遠縣志》	唐暄	一七二四	清雍正二年刻本
雍正《合肥縣志》	田寶發	一七三〇	清雍正八年刻本
雍正《慈溪縣志》	馮鴻模等	一七三〇	清雍正八年刻本
雍正《舒城縣志》	賈彬等	一七三一	清雍正九年刻本
雍正《寧波府志》	萬經等	一七三三	清雍正一一年修乾隆六年補刻本

乾隆《江南通志》	黃之雋等	一七三六	清乾隆元年刻本
乾隆《湖州府志》	胡承謀	一七三九	清乾隆四年刻本
乾隆《無爲州志》	吳元桂	一七四三	清乾隆八年刻本
乾隆《平湖縣志》	倪藻垣等	一七四五	清乾隆一〇年刻本
乾隆《吳江縣志》	倪師孟等	一七四七	清乾隆一二年刻本
乾隆《蘇州府志》	習寯等	一七四八	清乾隆一三年刻本
乾隆《錫金識小錄》	黃印	一七五二	清乾隆一七年修光緒二二年王氏活字本
乾隆《金山縣志》	焦以敬等	一七五二	清乾隆一七年刻本
乾隆《溫州府志》	齊召南等	一七五六	清乾隆二一修二七年刻本
乾隆《海寧縣志》	王又會	一七五八	清乾隆二三年修三〇年續修刻本
乾隆《興化府莆田縣志》	廖必琦等	一七五八	清乾隆二三年刻本
乾隆《建昌府志》	黃佑等	一七五九	清乾隆二四年刻本
乾隆《烏青鎮志》	董世寧	一七六〇	清乾隆二五年刻本
乾隆《正定府志》	鄭大進	一七六一	清乾隆二七年刻本
乾隆《寶鷄縣志》	高登科	一七六四	清乾隆二九年刻本
乾隆《武進縣志》	虞明球	一七六五	清乾隆三〇年刻本
乾隆《將樂縣志》	徐觀海等	一七六五	清乾隆三〇年刻本
乾隆《介休縣志》	王謀文	一七七〇	清乾隆三五年刻本
乾隆《西安府志》	嚴長明	一七七九	清乾隆四四年刻本
乾隆《高郵州志》	夏之蓉等	一七八三	清乾隆四八年刻本
乾隆《上海縣志》	皇甫樞	一七八四	清乾隆四九年刻本
乾隆《鎮江府志》	朱霖	一六八五	清乾隆一五年增刻本
乾隆《紹興府志》	平恕等	一七九二	清乾隆五七年刻本
嘉慶《桐鄉縣志》	徐志鼎等	一七九九	清嘉慶四年刻本
嘉慶《義烏縣志》	程瑜等	一八〇二	清嘉慶七年刻本
嘉慶《直隸太倉州志》	王昶	一八〇二	清嘉慶七年刻本
嘉慶《武義縣志》	周家騶等	一八〇四	清嘉慶九年刻本
嘉慶《宣城縣志》	張燾	一八〇八	清嘉慶一三年刻本
嘉慶《旌德縣志》	陳炳德等	一八〇八	清嘉慶一三年刻本
嘉慶重修《揚州府志》	姚文田等	一八一〇	清嘉慶一五年刻本

嘉慶《重刊江寧府志》	姚鼐	一八一一	清嘉慶一六年刻本
嘉慶《西安縣志》	范崇楷等	一八一一	清嘉慶一六年刻本
嘉慶《松江府志》	孫星衍等	一八一八	清嘉慶二三年松江府學明倫堂刻本
道光《上元縣志》	陳栻	一八二四	清道光四年刻本
道光《新建縣志》	曹師會	一八二四	清道光四年刻本
道光《金溪縣志》	松安等	一八二六	清道光六年刻本
道光《徽州府志》	馬步蟾	一八二七	清道光七年刻本
道光《夔州府志》	劉德銓	一八二七	清道光七年刻本
道光《慶遠府志》	唐仁等	一八二九	清道光九年刻本
道光《肇慶府志》	江藩等	一八三三	清道光一三年刻本
道光《濟南府志》	成瓘等	一八四〇	清道光二〇年刻本
道光《武進陽湖縣合志》	李兆洛等	一八四三	清道光二三年刻本
道光《海昌備志》	錢泰吉等	一八四七	清道光二七年刻本
道光《黄岡縣志》	謝焱等	一八四八	清道光二八年刻本
道光《南部縣志》	徐暢遠等	一八四九	清道光二九年刻本
道光《寶慶府志》	鄭顯鶴等	一八四九	清道光二九年刻本
道光重修《儀征縣志》	劉文淇等	一八五〇	清道光三〇年刻本
道光重纂《福建通志》	陳壽祺等	一八七一	清道光九年修同治一〇年正誼書院刻本
咸豐《閬中縣志》	李惺等	一八五一	清咸豐元年刻本
咸豐《南寧縣志》	張翊辰等	一八五二	清咸豐二年刻本
同治《羅江縣志》	劉工慧等	一八六五	清同治四年刻本
同治《桂陽直隸州志》	王闓運	一八六七	清同治七年刻本
同治《續輯漢陽縣志》	王柏心	一八六八	清同治七年刻本
同治《江夏縣志》	彭崧毓	一八六九	清同治八年刻本
同治《樂平縣志》	汪元祥等	一八七〇	清同治九年翥山書院刻本
同治《會理州志》	吳鐘崙	一八七〇	清同治一三年刻本
同治《上海縣志》	俞樾等	一八七一	清同治一〇年吳門臬署刻本
同治《安義縣志》	彭門山等	一八七一	清同治一〇年活字本
同治《弋陽縣志》	汪炳熊等	一八七一	清同治一〇年刻本
同治《高安縣志》	熊松之	一八七一	清同治一〇年刻本

同治《瀏陽縣志》	鄒焌杰等	一八七三	清同治一二年刻本
同治《廣濟縣志》	劉燡	一八七二	清同治一一年活字本
同治《安福縣志》	周立瀛等	一八七二	清同治一一年刻本
同治《贛縣志》	褚景忻	一八七二	清同治一一年刻本
同治《重修成都縣志》	衷興鑒等	一八七三	清同治一二年刻本
同治《新喻縣志》	吳增逵	一八七三	清同治一二年瀛州書院刻本
同治《萬安縣志》	周之鏞等	一八七三	清同治一二年刻本
同治《義寧州志》	涂家杰等	一八七三	清同治一二年刻本
同治《贛州府志》	魯琪光等	一八七三	清同治一二年刻本
同治《祁門縣志》	汪韻珊	一八七三	清同治一二年刻本
同治《畿輔通志》	黃彭年等	一八七四	清光緒一〇年刻本
同治《平江縣志》	李元度等	一八七四	清同治一三年刻本
同治《衡陽縣志》	彭玉麟等	一八七四	清同治一三年刻本
同治《麗水縣志》	彭潤章等	一八七四	清同治一三年刻本
同治《鄞縣志》	張恕等	一八七四	清同治一三年修光緒三年刻本
光緒《通州直隸州志》	季念詒等	一八七五	清光緒元年刻本
光緒《松陽縣志》	丁鳳章等	一八七五	清光緒元年刻本
光緒《撫州府志》	謝煌等	一八七六	清光緒二年刻本
光緒《吉安府志》	劉繹等	一八七六	清光緒二年刻本
光緒《善化縣志》	張先綸等	一八七七	清光緒三年刻本
光緒《安徽通志》	何紹基等	一八七八	清光緒四年刻本
光緒《資州直錄州志》	劉炯等	一八七八	清光緒二年增刻本
光緒《青浦縣志》	熊其英等	一八七九	清光緒五年尊經閣刻本
光緒《烏程縣志》	周學浚等	一八七九	清光緒五年刻本
光緒《丹徒縣志》	呂耀斗	一八七九	清光緒五年刻本
光緒《川沙廳志》	俞樾等	一八七九	清光緒五年刻本
光緒《廣州府志》	史澄等	一八七九	清光緒五年刻本
光緒《昆新兩縣續修合志》	汪堃等	一八八〇	清光緒六年刻本
光緒《湘陰縣圖志》	郭嵩濤等	一八八〇	清光緒六年刻本
光緒《荊州府志》	顧嘉蘅等	一八八〇	清光緒六年刻本

光緒《六合縣志》	賀廷壽等	一八八〇	清光緒六年修一〇年刻本
光緒《無錫金匱縣志》	秦緗業等	一八八一	清光緒七年刻本
光緒《高淳縣志》	陳嘉謀	一八八一	清光緒七年學山書院刻本
光緒《江西通志》	劉鐸等	一八八一	清光緒七年刻本
光緒《甘泉縣志》	陳浩恩等	一八八一	清光緒七年刻本
光緒《歸安縣志》	陸心源	一八八二	清光緒八年刻本
光緒《蘄州志》	陳廷揚	一八八二	清光緒一〇年重校本
光緒《永嘉縣志》	王棻等	一八八二	清光緒八年溫州維新書局刻本
光緒《嘉定縣志》	楊震福等	一八八二	清光緒八年刻本
光緒《寶山縣志》	朱延射等	一八八二	清光緒八年刻本
光緒《嚴州府志》	鄭伯森等	一八八三	清光緒九年增刻本
光緒《松江府志》	姚光發等	一八八四	清光緒一〇年刻本
光緒《黃州府志》	鄧琛	一八八四	清光緒一〇年刻本
光緒《金壇縣志》	汪國鳳等	一八八五	清光緒一一年活字本
光緒《續修廬州府志》	林之望等	一八八五	清光緒一一年刻本
光緒《湖南通志》	曾國荃等	一八八五	清光緒一一年刻本
光緒《順天府志》	張之洞等	一八八六	清光緒一二年刻本
光緒《常山縣志》	朱昌泰等	一八八六	清光緒一二年刻本
光緒《江浦埤乘》	侯宗海等	一八八七	清光緒一三年修一七年刻本
光緒《湘潭縣志》	王闓運等	一八八九	清光緒一五年刻本
光緒《山西通志》	王軒等	一八九二	清光緒一八年刻本
光緒《廣平府志》	胡景桂	一八九四	清光緒二〇年刻本
光緒《重修嘉善縣志》	顧福仁	一八九四	清光緒二〇年刻本
光緒《重纂嘉善縣志》	顧福仁	一八九四	清光緒二〇年刻本
光緒《鶴慶州志》	楊金和等	一八九四	民國二〇年刻本
光緒《增修仁懷廳志》	王椿等	一八九五	清光緒二一年修二八年刻本
光緒《開化縣志》	潘樹棠	一八九六	清光緒二四年刻本
光緒《洋縣志》	張鵬翼	一八九八	清光緒二四年青門寓廬刻本
光緒《餘姚縣志》	邵友濂等	一八九九	清光緒二五年刻本
光緒《寧津縣志》	吳濤源	一九〇〇	清光緒二六年刻本

光緒《井研志》	吳嘉謨等	一九〇〇	清光緒二六年刻本
光緒《續雲南通志稿》	唐炯等	一九〇一	清光緒二七年四川岳池刻本
光緒《續修舒城縣志》	趙鳳詔等	一九〇七	清光緒三三年活字本
光緒《昌邑縣續志》	韓天衢	一九〇七	清光緒三三年刻本
光緒重修《華亭縣志》	楊開弟修，姚光發纂	年代不詳	清光緒四年刊本
光緒《乾州志稿》	周銘旂	年代不詳	清光緒十年乾陽書院刻本
光緒《廍城縣志》	陸佑勤	年代不詳	清光緒八年刻本
宣統《甘肅新通志》	安維俊	一九〇八	清光緒三四年修宣統元年刻本
宣統《湖北通志》	張仲炘等	一九一一	清宣統三年修民國一〇刻本
《太平天國文書匯編》	太平天國歷史博物館	一九七九	中華書局

辭章雜記總部

主編：謝克慶
編委：張英强　廖品清
鄧天魯

《辭章雜記總部》提要

辭章雜記總部查閱文獻約三百種，實際采録二六六種，所采文獻均編列於總部之後的《引用書目表》内，以供讀者稽查參考。

本總部原爲《中華大典》緯目藝文、雜録，因《醫藥衛生典》情况特殊，故將此二緯目統於各分典下設置爲一個辭章雜記總部三級經目，搜編上古至清末與醫有一定關係而又頗具文采的資料和古代與醫有一定關係的雜録性質資料。

關於本總部與《醫學通論總部》等相關總部的區别與重複交叉問題，醫學通論總部内容重在典範性、科學性、權威性，長期以來總攬着醫學全局，指導着醫學方向。而本總部的内容則側重於文采和文學欣賞性；側重於雜、偏、奇，且多爲收之嫌其科學性欠強、棄之又感可惜，或以當今科技水平尚難確説而留待後人研究則可望發掘出科學種子，或其他總部所未收之文字。儘管有鑒於上述特點，但本總部着眼於文采而所收之資料，與醫學通論總部着眼於内容所采資料仍偶或發生少量交叉重複。

《中華大典》有則設之、無則不設的編纂原則，本總部祇設雜録和藝文緯目，其他緯目闕如。緯目均列於四級經目部之下。

本總部分醫學雜説、醫話雜録、醫林形色、醫門趣事、志異、神話等六個四級欄目。醫學雜説部搜編與醫有關的雜論雜説；醫話雜録部搜編與醫有關的雜事記録；醫流形色部搜編以偏方異法治病的人物或事件，此部少數資料與醫家總部資料偶或有交叉重複；醫門趣事部搜編的資料重在趣味性；志異部搜編的資料多爲奇説怪談；神話部資料則純爲神話傳説。

本總部有關資料選擇、編纂、文獻出處標署體例、標點使用、校勘原則等規定，均依凡例。

目録

辭章雜記總部

醫學雜説部

雜録

《呂氏春秋·季春紀第三》　二曰天生陰陽、寒暑、燥濕、四時之化、萬物之變，莫不爲利，莫不爲害。聖人察陰陽之宜，辨萬物之利以便生，故精神安乎形，而年壽得長焉。長也者，非短而續之也，畢其數也。畢數之務，在乎去害。何謂去害？大甘、大酸、大苦、大辛、大鹹，五者充形則生害矣。大喜、大怒、大憂、大恐、大哀，五者接神則生害矣。大寒、大熱、大燥、大濕、大風、大霖、大霧，七者動精則生害矣。故凡養生，莫若知本，知本則疾無由至矣。精氣之集也，必有入也。集於羽鳥，與爲飛揚，集於走獸，與爲流行，集於珠玉，與爲精朗，集於樹木，與爲茂長，集於聖人，與爲夐明。精氣之來也，因輕而揚之，因走而行之，因美而良之，因長而養之，因智而明之。流水不腐，戶樞不蠹，動也。形氣亦然。形不動則精不流，精不流則氣鬱。鬱處頭則爲腫、爲風，處耳則爲挶、爲聾，處目則爲䁾、爲盲，處鼻則爲鼽、爲窒，處腹則爲張、爲(府)〔疛〕，處足則爲痿、爲蹷。輕水所，多禿與癭人；重水所，多尰與躄人；甘水所，多好與美人；辛水所，多疽與痤人；苦水所，多尪與傴人。凡食無(韁)〔彊〕厚味，無以烈味重酒，是以謂之疾首。食能以時，身必無災。凡食之道，無饑無飽，是之謂五藏之葆。口必甘味，和精端容，將之以神氣，百節虞歡，咸進受氣，飲必小咽，端直無戾。今世上卜筮禱祠，故疾病愈來。譬之若射者，射而不中，反修於招，何益於中。夫以湯止沸，沸愈不止，去其火則止矣。故巫醫毒藥，逐除治之，故古之人賤之也，爲其末也。

《新書·大都》　方病大尰，一脛之大幾如要，一指之大幾如股。臣聞尾大不掉，末大必折，惡病也，平居不可屈信，一二指搐，固無聊也。失今弗治，必爲錮疾，後雖有扁鵲，弗能爲已，悲夫！枝拱苟大，弛必至心，此所以竊爲陛下患也。病非徒尰也，又苦跡盭。元王之子，帝之從弟也。今之王者，從弟之子也，惠王親兄之子也；今之王者，兄子之子也。親者或無分地以安天下，疏者或專大權以偪天子，臣故曰：非徒病尰也，又苦跡盭也，可痛哭者，此病是也。

《淮南子·精神訓》　古未有天地之時，惟象無形，窈窈冥冥，芒芠漠閔，澒濛鴻洞，莫知其門。有二神混生，經天營地，孔乎莫知其所終極，滔乎莫知其所止息。於是乃别爲陰陽，離爲八極，剛柔相成，萬物乃形。煩氣爲蟲，精氣爲人。是故精神，天之有也，而骨骸者，地之有也。精神入其門，而骨骸反其根，我尚何存？是故聖人法天順情，不拘於俗，不誘於人，以天爲父，以地爲母，陰陽爲綱，四時爲紀，天靜以清，地定以寧，萬物失之者死，法之者生。夫靜漠者，神明之宅也，虚無者，道之所居也。是故或求之於外者失之於內，有守之於內者失之於外。譬猶本與末也，從本引之，千枝萬葉，莫不隨也。夫精神者，所受於天也，而形體者，所禀於地也。故曰：一生二，二生三，三生萬物。萬物背陰而抱陽，沖氣以爲和。故曰：一月而膏，二月而胅，三月而胎，四月而肌，五月而筋，六月而骨，七月而成，八月而動，九月而躁，十月而生，形體以成，五藏乃形，是故肺主目，腎主鼻，膽主口，肝主耳，外爲表而內爲裏，開閉張歙，各有經紀。故頭之圓也，象天；足之方也，象地。有四時五行九解，三百六十六日，人亦有四支、五藏、九竅、三百六十六節。天有風雨寒暑，人亦有取與喜怒，故膽爲雲，肺爲氣，肝爲風，腎爲雨，脾爲雷，以與天地相參也。而心爲之主，是故耳目者，日月也，血氣者，風雨也。日中有踆烏，而月中有蟾蜍，日月失其行，薄蝕無光，風雨非其時，毁折生災，五星失其行，州國受殃。夫天地之道，至紘以大，尚猶節其章光，愛其神明，人之耳目，曷能久熏勞而不息乎？精神何能久馳騁而不既乎？是故(面)〔血〕氣者，人之華也，而五藏者，人之精也。夫(面)〔血〕氣能專於五藏而不外越，則胸腹充而嗜慾省矣。胸腹充而嗜慾省，則耳目清，聽視達矣。耳目清，聽視達，謂之明。五藏能屬於心而無乖，則教志勝而行不僻矣。教志勝而行之不僻，則精神盛而氣不散矣。精神盛而氣不散則理，理則均，均則通，通則神，神則以視無不見，以聽無不聞也，以爲無不成也。是故憂患不能入也，而邪氣不能襲。故事有求之於四海之外而不能遇，或守之於形骸之內而不見也。故所求多者，所得少，所見大者，所知小。夫孔竅者，精神之戶牖也，而氣志者，五藏之使候也。耳目淫於聲色之樂，則五藏搖動而不定矣。五藏搖動而不定，則血氣滔蕩而不休矣。血氣滔蕩而不休，則精神馳騁於外而不守矣。精神馳騁於外而不守，則禍福之至雖如丘山，無由識之矣。使耳目精明玄達而無誘慕，氣志虛靜恬愉而省嗜慾，五藏定寧充盈而不泄，精神內守形骸而不外越，則望於往世之前而視於來世之後，猶未足爲也，豈直禍福之間哉！故曰：其出彌遠者，其知彌少，以言夫精神之不可使外淫也。是故五色亂目，使目不明；五聲譁耳，使耳不聰；五味亂口，使口爽傷；趣舍滑心，使行飛揚。此四者，天下之所養性也，然皆人累也。故曰：嗜慾者，使人之氣越，而好憎者，使人之心勞，弗疾去則志氣日耗。夫人之所以不能終其壽命而中道夭於刑戮者，何也？以其生生之厚。夫惟能無以生爲者，則所以脩得生也。夫天地運而相通，萬物總而爲一，能知一則無一之不知也，不能知一則無一之能知也，譬吾處於天下也，亦爲一物矣，不識天下之以我備其物與，且惟無我而物無不備者乎？然則我亦物也，物亦物也，物之與物也，有何以相物也？雖然，其生我也，將以何益？其殺我也，將以何損？夫造化者，既以我爲坯矣，將無所違之矣。吾安知夫刺灸而欲生者之非惑也？又安知夫絞經而求死者之非福也？或者生乃徭役也，而死乃休息也。天下茫茫，孰知哉？其生我也，不彊求已，其殺我也，不彊求止。欲生而不事，憎死而不辭，賤之而弗憎，貴之而弗喜，隨其天資而安之不極。吾生也，有七尺之形。吾死也，有一棺之(上)〔土〕。吾生之於有形之類，猶吾死之淪於無形之中也。然則，吾生也，物不以益衆，吾死也，土不以加厚，吾又安知所喜憎利害其間者乎？夫造化者之攫援物也，譬猶陶人之埏埴也，其取之地而已。爲盆盎也，與其未離於地也無以異，其已成器而破碎漫瀾而復歸其故也，與其爲盆盎亦無以異矣。夫臨江之鄉，居人汲水以浸其園，江水弗憎也，苦洿之家決洿而注之江，洿水弗樂也。是故其在江也，無以異其浸園也，其在洿也，亦無以異其在江也。是故聖人因時以安其位，當世而樂其業。夫悲樂者，德之邪也。而喜怒者，道之過也。好憎者，心之(暴)〔累〕也。故曰其生也天行，其死也物化。靜則與陰俱閉，動則與陽俱開，精神澹然無極，不與物散而天下自服。故心者，形之主也，而神者，心之寶也。形勞而不休則蹶，精用而不已則竭。是故聖人貴而尊之不敢越也。夫有夏后氏之璜者，匣匱而藏之，寶之至也。夫精神之可寶也，非直夏后氏之璜也。是故聖人以無應有必究其理，以虛受實必窮其節，恬愉虛靜以終其命。是故無所甚疏而無所甚親，抱德煬和以順於天。與道爲際，與德爲鄰，不爲福始，不爲禍先，魂魄處其宅而精神守其根，死生無變於己，故曰至神。所謂眞人者，性合於道也。故有而若無，實而若虛，處其一不知其二，治其內不識其外。明白太素，無爲復樸，體本抱神，以遊於天地之樊，芒然仿佯於塵垢之外，而消搖於無事之業。浩浩蕩蕩乎，機械之巧，弗載於心。是故死生亦大矣，而不爲變。雖天地覆育亦不與之抮抱矣。審乎無瑕而不與物糅。見事之亂，而能守其宗，若然者，(正)〔亡〕肝膽遺耳目，心志專於內，通達耦於一，居不知所爲，行不知所之，渾然而往，逯然而來，形若槁木，心若死灰，忘其五藏，損其形骸，不學而知，不視而見，不爲而成，不治而辨，感而應，迫而動，不得已而往，如光之燿，如景之放，以道爲紃，有待而然，抱其太清之本，而無所容與，而物無能營，廓惝而虛，清靖而無思慮，大澤焚而不能熱，河漢涸而不能寒也，大雷毀山而不能驚也，大風晦日而不能傷也。是故視珍寶珠玉猶石礫也，視至尊窮寵猶行客也，視毛嬙西施猶頗醜也。以死生爲一化，以萬物爲一方，同精於太清之本，而遊於忽區之旁。有精而不使，有神而不行，契大渾之樸，而立至清之中，是故其寢不夢，其智不萌，其魄不抑，其魂不騰。反覆終始，不知其端緒。甘瞑大宵之宅，而覺視于昭昭之宇，休息于無委曲之隅，而遊敖于無形埒之野，居而無容，處而無所。其動無形，其靜無體。存而若亡，生而若死。出入無間，役使鬼神。淪於不測，入於無間，以不同形相嬗也。終始若環，莫得其倫，此精神之所以能登假于道也。是故眞人之所遊，若吹呴呼吸，吐故內新，熊經鳥伸，鳧浴蝯躩，鴟視虎顧，是養形之人也。不以滑心，使神滔蕩而不失其充，日夜無傷，而與物爲春，則是合而生時于心也。且人有戒形而無損於心，有綴宅而無耗精，夫癩者趨不變，狂者形不虧，神將有所遠徙，孰暇知其所爲？故形有摩而神未嘗化者，以不化應化，千變萬抮而未始有極。化者復歸於無形也，不化者與天地俱生也。夫木之死也，青青去之也，夫使木生者，豈木也，猶充形者之非形也。故生生者未嘗死也，其所生則死矣。化物者未嘗化也，其所化則化矣。輕天下則神無累矣，細萬物則心不惑矣。齊死生則志不懾矣，同變化則明不眩矣。衆人以爲虛言，吾將舉類而實之。人之所以樂爲人主者，以其窮耳目之欲而適躬體之便也。今高臺層榭，人之所麗也，而堯樸桷不斲，素題不枅。珍怪奇味，人之所美也，而堯糲粢之飯，藜藿之羹。文繡狐白，人之所好也，而堯布衣揜形，鹿裘御寒。養性之具不加厚而增之以任重之憂，故舉天下而傳之於舜，若解重負然，非直辭讓，誠無以爲也。此輕天下之具也。禹南省，方濟於江，黄龍負舟，舟中之人五色無主，禹乃熙笑而稱曰：我受命於天，竭力而勞萬民。生，寄也。死，歸也，何足以滑和？視龍猶蝘蜓，顔色不變，龍乃弭耳掉尾而逃。禹之視物亦細矣。鄭之神巫相壺子林，見其徵，告列子。列子行泣，報壺子。壺子持以天壤，名實不入，機發於踵，壺子之視死生亦齊矣。子求，行年五十有四，而病傴僂，脊管高於頂，腸下迫頤，兩髀在上，燭營指天，匍匐自闚於井，曰：偉哉，造化者其以我爲此拘拘邪！此其視變化亦同矣。故覩堯之道，乃知天下之輕也。觀禹之志，乃知天下之細也。原壺子之論，乃知死生之齊也。見子求之行，乃知變化之同也。夫至人倚不拔之柱，行不關之塗，稟不竭之府，學不死之師，無往而不遂，無至而不通。生不足以挂志，死不足以幽神，屈神俛仰，抱命而婉轉。禍福利害，千變萬紾，孰足以患心？若此人者，抱素守精，蟬蛻蛇解，遊於太清，輕舉獨往，忽然入冥，鳳凰不能與之儷，而况斥鷃乎。勢位爵祿何足以槩志也。晏子與崔杼盟，臨死地而不易其義。殖華將戰而死，莒君厚賂而止之，不改其行。故晏子可迫以仁，不可劫以兵。殖華可止以義，而不可縣以利。君子義死而不可以富貴留也，義爲而不可以死亡恐也。彼則直爲義耳，而尚猶不拘於物，又況無爲者矣。堯不以有天下爲貴，故授舜，公子札不以有國爲尊，故讓位。子罕不以玉爲富，故不受寶。務光不以生害義，故自投於淵。由此觀之，至貴不待爵，至富不待財。天下至大矣，而以與佗人也。身至親矣，而棄之淵。外此，其餘無足利矣。此之謂無累之人。無累之人，不以天下爲貴矣，上觀至人之論，深原道德之意，以下考世俗之行，乃足羞也。故通許由之意，金縢豹韜廢矣。延陵季子不受吴國，而訟閒田者慙矣。子罕不利寶玉，而爭券契者媿矣。務光不污於世，而貪利偷生者悶矣。故不觀大義者，不知生之不足貪也。不聞大言者，不知天下之不足利也。今夫窮鄙之社也，叩盆拊瓴，相和而歌，自以爲樂矣。嘗試爲之擊建鼓，撞巨鐘，乃始仍仍然知其盆瓴之足羞也。藏詩書，脩文學而不知至論之旨，則拊盆叩瓴之徒也。夫以天下爲者，學之建鼓矣。尊勢厚利人之所貪也。使之左據天下圖，而右手刎其喉，愚夫不爲。由此觀之，生尊於天下也。聖人食足以接氣，衣足以蓋形，適情不求餘，無天下不虧其性，有天下不羨其和。有天下，無天下，一實也。今贛人敖倉予人河水，饑而飧之，渴而飲之，其入腹者，不過簞食瓢漿，則身飽而敖倉不爲之減也，腹滿而河水不爲之竭也。有之不加飽，無之不爲之饑，與守其篅笔有其井一實也。人大怒破陰，大喜墜陽，大憂內崩，大怖生狂，除穢去累，漠若未始出其宗，乃爲大通。清目而不以視，靜耳而不以聽，鉗口而不以言，委心而不以慮，棄聰明而反太素，休精神而棄知故，覺而若昧，以生而若死，終則反本，未生之時而與化爲一體，死之與生一體也。今夫繇者，揭钁臿，(魚)(負)籠土，鹽汗交流，喘息薄喉，當此之時，得茠越下則脫然而喜矣。巖穴之間，非直越下之休也。病疵瘕者，捧心抑腹，膝上叩頭，踡跼而諦，通夕不寐，當此之時，噲然得卧，則親戚兄弟，歡然而喜，夫脩夜之寧，非直一噲之樂也。故知宇宙之大，則不可劫以死生，知養生之和則不可縣以天下。知未生之樂則不可畏以死。知許由之貴于舜則不貪物。牆之立不若其偃也，又況不爲牆乎。冰之凝不若其釋也，又況不爲冰乎。自無蹠有，自有蹠無，終始無端，莫知其所萌，非通於外內，孰能無好憎。無外之外，至大也，無內之內，至貴也。能知大貴，何往而不遂。衰世湊學，不知原心反本。直雕琢其性，矯拂其情，以與世交。故目雖欲之，禁之以度，心雖樂之，節之以禮。趨翔周旋，詘節卑拜，肉凝而不食，酒澄而不飲，外束其形，內總其德，錯陰陽之和而迫性命之情，故終身爲悲人。達至道者則不然，理情性，治心術，養以和，持以適，樂道而忘賤，安德而忘貧。性有不欲，無欲而不得，心有不樂，無樂而弗爲。無益情者，不以累德，而便於性者，不以滑和。故縱體肆意，而度制可以爲天下儀。今夫儒者，不本其所以欲而禁其所欲，不原其所以樂而閉其所樂，是猶決江河之源，而障之以手也。夫牧民者，猶畜禽獸也，不塞其囿垣，使有野心，繫絆其足以禁其動，而欲脩生壽終，豈可得乎。夫顔回、季路、子夏、冉伯牛，孔子之通學也。然顔淵夭死，季路葅於衛，子夏失明，冉伯牛爲厲，此皆迫性拂情而不得其和也。故子夏見曾子，一臞一肥，曾子問其故。曰：出見富貴之樂而欲之，入見先王之道又說之，兩者心戰，故臞。先王之道勝，故肥。推其志，非能貪富貴之位，不便侈靡之樂，直宜迫性閉欲以義自防也。雖情心鬱殪，形性屈竭，猶不得已自強也。故莫能終其天年。若夫至人，量腹而食，度形而衣，容身而遊，適情而行，餘天下而不貪，委萬物而不利，處大廓之宇，遊無極之野，登太皇，馮太一，玩天地於掌握之中，夫豈爲貧富肥臞哉。故儒者非能使人弗欲而能止之。非能使人勿樂而能禁之。夫使天下畏刑而不敢盜，豈若能使無有盜心哉。越人得髯蛇以爲上肴，中國得而棄之無用。故知其無所用，貪者能辭之，不知其無所用，廉者不能讓也。夫人主之所以殘亡其國家，（損）〔捐〕棄其社稷，身死於人手，爲天下笑，未嘗非爲非欲也。夫仇由貪大鍾之賂而亡其國，虞君利垂棘之璧而擒其身，獻公豔驪姬之美而亂四世，桓公甘易牙之和而不以時葬，胡王淫女樂之娛而亡上地，使此五君者，適情辭餘，以己爲度，〔不〕隨物而動，豈有此大患哉。故射者非矢不中也，學射者不治天〔矢〕也，御者非轡不行，學御者不爲轡也，知冬日之箑，夏日之裘，無用於己，則萬物之變爲塵埃矣。故以湯止沸，沸乃不止，誠知其本，則去火而已矣。

《論衡·福虚篇》世論行善者福至，爲惡者禍來。福禍之應，皆天也。人爲之，天應之。陽恩，人君賞其行，陰惠，天地報其德。無貴賤賢愚，莫謂不然，徒見行事有其文傳，又見善人時遇福，故遂信之，謂之實然。斯言或時賢聖欲勸人爲善，著必然之語以明德報，或福時適遇者以爲然，如實論之，安得福祐乎。楚惠王食寒葅而得蛭，因遂吞之，腹有疾而不能食。令尹問：王安得此疾也？王曰：我食寒葅而得蛭，念譴之而不行其罪乎。是廢法而威不立也，非所以使國人聞之也。譴而行誅乎，則庖廚監食者法皆當死，心又不忍也。吾恐左右見之也，因遂吞之。令尹避席再拜而賀曰：臣聞天道無親，唯德是輔。王有仁德，天之所奉也，病不爲傷。是夕也，惠王之後而蛭出，及久患心腹之積皆愈。故天之親德也，可謂不察乎。曰：此虚言也。案惠王之吞蛭，不肖之主也，有不肖之行，天不祐也。何則？惠王不忍譴蛭，恐庖廚監食法皆誅也。一國之君，專擅賞罰，而赦，人君所爲也。惠王通譴葅中何故有蛭，庖廚監食皆當伏法，然能終不以飲食行誅於人，赦而不罪，惠莫大焉。庖廚罪覺而不誅，自新而改，後惠王赦細而活微，身安不病。今則不然，强食害己之物，使監食之臣不聞其過，失御下之威，無禦非之心，不肖一也。使庖廚監食失甘苦之和，若塵土落於葅中，大如蟣虱，非意所能覽，非目所能見，原心定罪，不明其過，可謂惠矣。今蛭廣有分數，長有寸度，在寒葅中，眇目之人猶將見之，臣不畏敬，擇濯不謹，罪過至重，惠王不譴，不肖二也。葅中不當有蛭，不食投地，如恐左右之見，懷屏隱匿之處，足以使蛭不見，何必食之？如不可食之物誤在葅中，可復隱匿而强食之乎？不肖三也。有不肖之行而天祐之，是天報祐不肖人也。不忍譴蛭，世謂之賢。賢者操行，多若吞蛭之類。吞蛭天除其病，是則賢者常無病也。賢者德薄，未足以言。聖人純道，操行少非，爲推不忍之行，以容人之過，必衆多矣。然而武王不豫，孔子疾病，天之祐人，何不實也？或時惠王吞蛭，蛭偶自出，食生物者無有不死，腹中熱也。初吞蛭時，未死，而腹中熱，蛭動作，故腹中痛。須臾，蛭死腹中，痛亦止。蛭之性食血，惠王心腹之積，殆積血也。故食血之蟲死，而積血之病愈。猶狸之性食鼠，人有鼠病，吞狸自愈，物類相勝，方藥相使也。食蛭蟲而病愈，安得怪乎？食生物無不死，死無不出，之後蛭出，安得祐乎。令尹見惠王有不忍之德，知蛭入腹中必當死出，臣因再拜賀病不爲傷，著已知來之德，以喜惠王之心，是與子韋之言星徙、大卜之言地動，無以異也。宋人有好善行者，三世不解，家無故黑牛生白犢，以問孔子。孔子曰：此吉祥也，以享鬼神。即以犢祭。一年，其父無故而盲，牛又生白犢。其父又使其子問孔子。孔子曰：吉祥也，以享鬼神。復以犢祭。一年，其子無故而盲。其後楚攻宋，圍其城。當此之時，易子而食之，析骸而炊之，此獨以父子俱盲之故，得毋乘城。軍罷圍解，父子俱視。此脩善積行神報之效也。曰：此虚言也。夫宋人父子脩善如此，神報之，何必使之先盲後視哉？不盲常視不能護乎？此神不能護不盲之人，則亦不能以盲護人矣。使宋楚之君合戰頓兵，流血僵尸，戰夫禽獲，死亡不還，以盲之故，得脫不行，可謂神報之矣。今宋楚相攻，兩軍未合，華元、子反，結言而退，二軍之衆，並全而歸，兵矢之刃，無頓用者，雖有乘城之役，無死亡之患，爲善人報者，爲乘城之間乎？使時不盲，亦猶不死，盲與不盲俱得脫免，神使之盲，何益於善？當宋國乏糧之時也，盲人之家豈獨富哉。俱與乘城之家易子析骸，反以窮厄，獨盲無見，則神報祐人失善惡之實也。宋人父子前偶自以風寒發盲，圍解之後盲偶自愈，世見父子修善，又用二白犢祭，宋楚相攻，獨不乘城，圍解之後，父子皆視，則謂修善之報，獲鬼神之祐矣。楚相孫叔敖爲兒之時，見兩頭蛇，殺而埋之，歸對其母泣。母問其故，對曰：我聞：見兩頭蛇死。向者，出見兩頭蛇，恐去母死，是以泣也。其母曰：今蛇何在？對曰：我恐後人見之，即殺而埋之。其母曰：吾聞有陰德者，天必報之。汝必不死，天必報汝。叔敖竟不死，遂爲楚相。埋一蛇獲二祐，天報善，明矣。曰：此虚言矣。夫見兩頭蛇輒死者，俗言也。有陰德天報之福者，俗議也。叔敖信俗言而埋蛇，其母信俗議而必報，是謂死生無命，在一蛇之死。齊孟嘗君田文以五月五日生，其父田嬰讓其母曰：何故舉之。曰：君所以不舉五月子，何也。嬰曰：五月子長與戶同，殺其父母。曰：人命在天乎？在戶乎？如在天，君何憂也。如在戶，則宜高其戶耳，誰而及之者。後文長與一戶同，而嬰不死，是則五月舉子之忌無效驗也。夫惡見兩頭蛇，猶五月舉子也。五月舉子，其父不死，則知見兩頭蛇者，無殃禍也。由此言之，見兩頭蛇自不死，非埋之故也。埋一蛇獲二福，如埋十蛇得幾祐乎？埋蛇惡人復見，叔敖賢也。賢者之行豈徒埋蛇一事哉？前埋蛇之時多所行矣。稟天善性，動有賢行，賢行之人宜見吉物，無爲乃見殺人之蛇，豈叔敖未見蛇之時有惡，天欲殺之，見其埋蛇除其過，天活之哉。石生而堅，蘭生而香，如謂叔敖之賢在埋蛇之時，非生而稟之也。儒家之徒董無心，墨家之役纏子，相見講道，纏子稱墨家佑鬼神，是引秦穆公有明德，上帝賜之九十年，(纏)〔董〕子難以堯舜不賜年，桀紂不夭死，堯、舜、桀、紂猶爲尚遠，且近難以秦穆公晉文公。夫謚者，行之跡也。跡生時行以爲死謚。穆者，誤亂之名；文者，德惠之表。有誤亂之行，天賜之年；有德惠之操，天奪其命乎？案穆公之霸，不過晉文，晉文之謚，美於穆公，天不加晉文以命，獨賜穆公以年，是天報誤亂，與穆公同也。天下善人寡，惡人衆，善人順道，惡人違天，然夫惡人之命不短，善人之年不長，天不命善人常享一百載之壽，惡人爲殤子惡死，何哉！

《論衡·論死篇》　世謂死人爲鬼，有知，能害人，試以物類驗之，死人不爲鬼，無知，不能害人。何以驗之？驗之以物。人，物也。物，亦物也。物死不爲鬼，人死何故獨能爲鬼？世能別人物不能爲鬼，則爲鬼不爲鬼，尚難分明，如不能別，則亦無以知其能爲鬼也。人之所以生者，精氣也，死而精氣滅。能爲精氣者，血脈也，人死血脈竭，竭而精氣滅，滅而形體朽，朽而成灰土，何用爲鬼？人無耳目則無所知，故聾盲之人比於草木。夫精氣去人，豈徒與無耳目同哉。朽則消亡，荒忽不見，故謂之鬼神。人見鬼神之形，故非死人之精也。何則？鬼神荒忽不見之名也。人死精神升天，骸骨歸土，故謂之鬼。鬼者，歸也。神者，荒忽無形者也。或說：鬼神，陰陽之名也。陰氣逆物而歸，故謂之鬼。陽氣導物而生，故謂之神。神者，伸也。申復無已，終而復始。人用神氣生，其死復歸神氣。陰陽稱鬼神，人死亦稱鬼神。氣之生人，猶水之爲冰也。水凝爲冰，氣凝爲人，冰釋爲水，人死復神。其名爲神也，猶冰釋更名水也。人見名異則謂有知，能爲形而害人，無據以論之也。

人見鬼若生人之形，以其見若生人之形，故知非死人之精也。何以效之？以囊橐盈粟米，米在囊中，若粟在橐中，滿盈堅彊，立樹可見，人瞻望之，則知其爲粟米囊橐。何則？囊橐之形若其容可察也。如囊穿米出，橐敗粟棄，則囊橐委辟，人瞻望之，弗復見矣。人之精神藏於形體之內，猶粟米在囊橐之中也。死而形體朽，精氣散，猶囊橐穿敗，粟米棄出也。粟米棄出，囊橐無復有形。精氣散亡，何能復有體而人得見之乎？禽獸之死也，其肉盡索，皮毛尚在，制以爲裘，人望見之似禽獸之形，故世有衣狗裘爲狗盜者，人不覺知，假狗之皮毛，故人不意疑也。今人死，皮毛朽敗，雖精氣尚在，神安能復假此形而以行見乎？夫死人不能假生人之形以見，猶生人不能假死人之魂以亡矣。六畜能變化象人之形者，其形尚生，精氣尚在也。如死，其形腐朽，雖虎兕勇猂，不能復化。魯公牛哀，病化爲虎，亦以未死也。世有以生形轉爲生類者矣，未有以死身化爲生象者也。

天地開闢，人皇以來，隨壽而死。若中年夭亡，以億萬數。計今人之數不若死者多。如人死輒爲鬼，則道路之上一步一鬼也。人且死見鬼，宜見數百千萬，滿堂盈廷，填塞巷路，不宜徒見一兩人也。人之兵死也，世言其血爲燐。血者，生時之精氣也。人夜行見燐，不象人形，渾沌積聚，若火光之狀。燐，死人之血也，其形不類生人之血也，其形不類生人之形。精氣去人，何故象人之體？人見鬼也，皆象死人之形，則可疑死人爲鬼，或反象生人之形。病者見鬼，云甲來。甲時不死，氣象甲形。如死人爲鬼，病者何故見生人之體乎？

天地之性能更生火，不能使滅火復燃，能更生人，不能令死人復見，能使滅灰更爲燃火，吾乃頗疑死人能復爲形。案火滅不能復燃以況之，死人不能復爲鬼，明矣。夫爲鬼者，人謂死人之精神，如審鬼者，死人之精神則人見之，宜徒見裸袒之形，無爲見衣帶被服也。何則衣服無精神，人死與形體俱朽，何以得貫穿之乎。精神本以血氣爲主，血氣常附形體，形體雖朽，精神尚在，能爲鬼可也。今衣服絲絮布帛也，生時血氣不附着，而亦自無血氣敗朽，遂已與形體等安能自若爲衣服之形？由此言之，見鬼衣服象之，則形體亦象之矣。象之則知非死人之精神也。

夫死人不能爲鬼，則亦無所知矣。何以驗之，以未生之時，無所知也。

人未生在元氣之中，既死復歸元氣。元氣荒忽，人氣在其中。人未生，無所知，其死，歸無知之本，何能有知乎？人之所以聰明智惠者，以含五常之氣也。五常之氣，所以在人者，以五藏在形中也。五藏不傷，則人智惠。五藏有病，則人荒忽，荒忽則愚癡矣。人死五藏腐朽，腐朽則五常無所託矣，所用藏智者已敗矣，所用爲智者已去矣。形須氣而成，氣須形而知，天下無獨燃之火，世間安得有無體獨知之精？人之死也，其猶夢也。夢者，殄之次也。殄者，死之比也。人殄不悟，則死矣。案人殄復悟，死從來者，與夢相似，然則夢、殄、死，一實也。人夢不能知覺時所作，猶死不能識生時所爲矣。人言談有所作於卧人之旁，卧人不能知，猶對死人之棺爲善惡之事，死人不能復知也。夫卧，精氣尚在，形體尚全，猶無所知，況死人精神消亡，形體朽敗乎？人爲人所毆傷，詣吏告苦以語人，有知之故也。或爲人所殺，則不知何人殺也。或家不知其尸所在，使死人有知，必恚人之殺己也，當能言於吏旁，告以賊主名，若能歸語其家，告以尸之所在，今則不能，無知之效也。世間死者，今生人殄而用其言，及巫叩元絃下死人魂，因巫口談，皆誇誕之言也。如不誇誕，物之精神爲之象也。或曰：不能言也。夫不能言則亦不能知矣。知用氣，言亦用氣焉。人之未死也，智惠精神定矣，病則惛亂，精神擾也。夫死，病之甚者也。病死之微，猶惛亂，況其甚乎。精神擾，自無所知，況其散也。人之死，猶火之滅也。火滅而燿不照，人死而知不惠，二者宜同一實。論者猶謂死有知，惑也。人病且死與火之且滅，何以異？火滅光消而燭在，人死精亡而形存。謂人死有知，是謂火滅復有光也。隆冬之月，寒氣用事，水凝爲冰，踰春氣溫，冰釋爲水，人生於天地之間，其猶冰也。陰陽之氣凝而爲人，年終壽盡，死還爲氣。夫春水不能復爲冰，死魂安能復爲形？妬夫媢妻，同室而處，淫亂失行，忿怒鬬訟。夫死妻更嫁，妻死夫更娶，以有知驗之，宜大忿怒。今夫妻死者寂寞無聲，更嫁娶者，平忽無禍，無知之驗也。

孔子葬母於防，既而雨甚，至防，墓崩。孔子聞之，泫然流涕曰：古者不修墓。遂不復修。使死有知，必恚人不脩也。孔子知之，宜輒修墓以喜魂神，然而不修，聖人明審，曉其無知也。枯骨在野，時嗚呼有聲，若夜聞哭聲，謂之死人之音，非也。何以驗之？生人所以言語吁呼者，氣括口喉之中，動搖其舌，張歙其口，故能成言。譬猶吹簫笙，簫笙折破，氣越不括，手無所弄，則不成音。夫簫笙之管，猶人之口喉也。手弄其孔，猶人之動舌也。人死口喉腐敗，舌不復動，何能成言？然而枯骨時呻鳴者，人骨自有能呻鳴者焉。或以爲秋也，是與夜鬼哭無以異也。秋氣爲呻鳴之變，自有所爲，依倚死骨之側，人則謂之骨尚有知，呻鳴於野。草澤暴體以千萬數，呻鳴之聲，宜步屬焉。夫有能使不言者言，未有言者死能復使之言，言者亦不能復使之言。猶物生以青爲氣，或予之也，物死青者去，或奪之也，予之物青，奪之青去，去後不能復予之青，物亦不能復自青。聲色俱通，並稟於天。青青之色，猶梟梟之聲也。死物之色，不能復青，獨爲死人之聲能復自言，惑也。人之所以能言語者，以有氣力也。氣力之盛，以能飲食也。飲食損減，則氣力衰，衰則聲音嘶困。不能食則口不能復言，夫死困之甚，何能復言。或曰：死人歆肴食氣，故能言。夫死人之精，生人之精也。使生人不飲食而徒以口歆肴食之氣，不過三日則餓死矣。或曰：死人之精，神於生人之精，故能歆氣爲音。夫生人之精在於身中，死則在於身外，死之與生何以殊？身中身外何以異？取水實於大盎中，盎破水流地，地水能異於盎中之水乎？地水不異於盎中之水，身外之精何故殊於身中之精？人死不爲鬼，無知，不能語言，則不能害人矣。何以驗之？夫人之怒也，用氣，其害人用力，用力須筋骨而彊，彊則能害人。忿怒之人，呴呼於人之旁，口氣喘射人之面，雖勇如賁、育，氣不害人，使舒手而擊，舉足而蹶，則所擊蹶無不破折。夫死，骨朽筋力絶，手足不舉，雖精氣尚在，猶呴吁之時無嗣助也，何以能害人也？凡人與物所以能害人者，手臂把刃，爪牙堅利之故也。今人死，手臂朽敗，不能復持刃，爪牙墮落，不能復齧噬，安能害人？兒之始生也，手足具成，手不能搏，足不能蹶者，氣適凝成，未能堅彊也。由此言之，精氣不能堅彊，審矣。氣爲形體，形體微弱，猶未能害人，況死，氣去精神絶，微弱猶未能害人，寒骨謂能害人者邪？死人之氣不去邪，何能害人？鷄卵之未字也，澒溶於㲉中，潰而視之，若水之形，良雌傴伏，體方就成，就成之後，能啄蹶之。夫人之死，猶澒溶之時，澒溶之氣，安能害人？人之所以勇猛能害人者，以飲食也。飲食飽足則彊壯勇猛，彊壯勇猛則能害人矣。人病不能飲食則身羸弱，羸弱困甚，故至於死。病困之時，仇在其旁，不能咄叱，人盜其物，不能禁奪，羸弱困劣之故也。夫死，羸弱困劣之甚者也，何能害人？有雞犬之畜，爲人所盜竊，雖怯無勢之人，莫不忿怒，忿怒之極，至相賊滅。敗亂之時，人相啖食者，使其神有知，宜能害人。身貴於雞犬，己死見盜，忿怒於雞犬，無怨於食己，不能害人之驗也。蟬之未蛻也爲復育，已蛻也去復育之體，更爲蟬之形。使死人精神去形體，若蟬之去復育乎，則夫爲蟬者不能害爲復育者。夫蟬不能害復育，死人之精神何能害生人之身。夢者之義疑。惑言夢者精神自止身中，爲吉凶之象，或言精神行與人物相更。今其審止身中，死之精神亦將復然。今其審行，人夢殺傷人，夢殺傷人若爲人所復殺，明日視彼之身，察己之體，無兵刃創傷之驗。夫夢用精神，精神，死之精神也，夢之精神不能害人，死之精神安能爲害？火熾而釜沸，沸止而氣歇，以火爲主也。精神之怒也，乃能害人，不怒不能害人。火猛竈中釜涌氣蒸，精怒胸中，力盛身熱。今人之將死，身體清涼，涼益清甚，遂以死亡。當死之時，精神不怒，身亡之後，猶湯之離釜也，安能害人？物與人通。人有癡狂之病，如知其物然而理之，病則愈矣。夫物未死，精神依倚形體，故能變化，與人交通。已死，形體壞爛，精神散亡，無所復依，不能變化。夫人之精神，猶物之精神也。物生，精神爲病，其死，精神消亡。人與物同，死而精神亦滅，安能爲害禍？設謂人貴，精神有異，成事，物能變化，人則不能。是反人精神不若物，物精奇於人也。水火燒溺，凡能害人者，皆五行之物。金傷人，木毆人，土壓人，水溺人，火燒人。使人死，精神爲五行之物乎？害人不爲乎？不能害人。不爲物，則爲氣矣。氣之害人者，太陽之氣爲毒者也。使人死，其氣爲毒乎？害人不爲乎？不能害人。夫論死不爲鬼，無知，不能害人，則夫所見鬼者，非死人之精，其害人者，非其精所爲，明矣。

《潛夫論·思賢》 國之所以存者，治也；其所以亡者，亂也。人君莫不好治而惡亂，樂存而畏亡。然常觀上記，近古已來，亡代有三，穢國不數，夫何哉？察其敗，皆由君常好其所亂，而忘其所治，憎其所以存，而愛其所以亡。是雖相去百世，縣年一紀，限隔九州，殊俗千里，然其已徵敗跡，若重規襲矩，稽節合符。故曰：雖有堯舜之美，必考於《周頌》；雖有桀紂之惡，必譏於《板》《蕩》。殷鑒不遠，在夏后之世。【略】《書》曰：人之有能，使羞其行，國乃其昌。是故先王爲官擇人，必得其材，功加於人，德稱其位，人謀鬼謀，百姓與能，務順以動天地。如此三代開國建侯，所以傳嗣百世，歷載千數者也。自春秋之後，戰國之制，將權臣必以親家，皇后兄弟，主婿外孫，年雖童妙，未脫桎梏，由籍此官職，功不加民，澤不被下而取侯，多受茅土，又不得治民效能以報百姓，虛食重祿，素餐尸位，而但事淫侈，坐作驕奢，破敗而不及傳世者也。子產有言：未能操刀而使之割，其傷實多。是故世主之於貴戚也，愛其嬖媚之美，不量其材而受之官，不使立功自託於民，而苟務高其爵位，崇其賞賜，令結怨於下民，縣罪於惡，積過既成，豈有不顛隕者哉？此所謂子之愛人，傷之而已哉。先王之制，官民必論其材，論定而後爵之，位定然後祿之，人君也。此君不察，而苟以親戚色寵之人典官者，譬猶以愛子易御僕，以明珠易瓦礫。雖有可愛好之情，然而其覆大車而殺病人也久矣。《書》稱：天工人其代之。《傳》曰：夫成天地之力者，未嘗不蓄昌也。由（地）〔此〕觀之，世主欲無功之人而彊富之，則是與天鬪也。使無德況之人與皇天鬪而欲久立，自古以來，未之嘗有也。

《申鑒·俗嫌》 或問曰：有養性乎？曰：養性秉中和，守之以生而已。愛親愛德，愛力愛神之謂嗇。否則不宣，過則不澹，故君子節宣其氣，勿使有所壅閉滯底。昏亂百度則生疾。故喜怒哀樂，思慮必得其中，所以養神也。寒暄虛盈，消息必得其中，所以養體也。善治氣者，猶禹之治水也。若夫導引蓄氣，歷藏內視，過則失中，可以治疾，皆非養性之聖術也。夫屈者以乎申也，蓄者以乎虛也，內者以乎外也。氣宜宣而遏之，體宜調而矯之，神宜平而抑之，必有失和者矣。夫善養性者無常術，得其和而已矣。鄰臍二寸謂之關，關者，所以關藏呼吸之氣以稟授四體也。故氣長者以關息，氣短者其息稍升，其脈稍促，其神稍越。至於以肩息而氣舒，其神稍專，至於以關息而氣衍矣。故道者常致氣於關，是謂要術。凡陽氣生養，陰氣消殺。和喜之徒，其氣陽也。故養性者崇其陽而絀其陰。陽極則亢，陰極則凝。亢則有悔，凝則有凶。夫物不能爲春，故候天春而生。人則不然，存吾春而已矣。藥者，療也，所以治疾也，無疾則勿藥可也。肉不勝食氣，況於藥乎。寒斯熱，熱則致滯陰。藥之用也，唯適其宜，則不爲害，若已氣平也，則必有傷，唯鍼火亦如之。故養性者，不多服也，唯在乎節之而已矣。

或問：仁者壽，何謂也？曰：仁者內不傷性，外不傷物，上不違天，下不違人，處正居中，形神以和，故咎徵不至而休嘉集之，壽之術也。曰：顏冉何？曰：命也。麥不終夏，花不濟春，如和氣何？雖云其短，長亦在其中矣。

《抱朴子·道意》 抱朴子曰：道者，涵乾括坤，其本無名，論其無，則影響猶爲有焉；論其有，則萬物猶爲無焉。隸首不能計其多少，離朱不能察其髣髴，吳扎晉野竭聰，不能尋其音聲乎窈冥之內；狪狶犇豬疾走，不能跡其兆朕乎宇宙之外。以言乎邇，則周流秋毫而有餘焉。以言乎遠，則彌綸太虛而不足焉。爲聲之聲，爲響之響，爲形之形，爲影之影。方者得之而靜，圓者得之而動。降者得之而俯，昇者得之以仰。強名爲道，已失其眞，况乃復千割百判，億分萬析，使其姓號至於無垠，去道遼遼，不亦遠哉！俗人不能識其太初之本，而修其流淫之末。人能淡默恬愉，不染不移養其心，以無欲頤其神，以粹素掃滌誘慕，收之以正，除難求之思，遣害眞之累，薄喜怒之邪，滅愛惡之端，則不請福而福來，不禳禍而禍去矣。何者？命在其中，不繫於外，道存乎此，無俟於彼也。患乎，凡夫不能守眞，無杜遏之檢括，愛嗜好之搖筴，馳騁流遁，有迷無反，情感物而外起，智接事而旁溢，誘於可欲而天理滅矣。惑乎見聞而純一遷矣。心受制於奢玩，神濁亂於波蕩，於是有傾越之災，有不振之禍，而徒烹宰肥腯沃酹醪醴，撞金伐革，謳歌踴躍，拜伏稽顙，守靖虛坐，求乞福願，冀其必得，至死不悟，不亦哀哉。若乃精靈困於煩擾，榮衛消於役用，煎熬形氣，刻削天和，勞逸過度，而碎首請命，變起膏肓，而祭禱以求痊，當風卧濕，而謝罪於靈祇，飲食失節，而委禍於鬼魅，蕞爾之體，自貽茲患。天地神明，曷能濟焉。其烹牲罄羣，何所補焉。夫福非足恭所請也，禍非禋祀所禳也。若命可以重禱延，疾可以豐祀除，則富姓可以必長生，而貴人可以無疾病也。夫神不歆非族，鬼不享淫祀，皂隸之巷，不能紆金銀之軒，布衣之門，不能動六轡之駕，同爲人類，而尊卑兩絕，况於天神，緬邈清高，其倫異矣，貴亦極矣，蓋非臭鼠之酒肴，庸民之曲躬，所能感降，亦已明矣。夫不忠不孝，罪之大惡，積千金之賂，大牢之饌，求令名於明主，釋僭責於邦家，以人釋人，猶不可得，况年壽難獲於令名，篤疾難除於愆責。鬼神異倫，正直是與，冀其曲祐，未之有也。【略】明德惟馨，無憂者壽。嗇寶不夭，多慘用老。自然之理，外物何爲。若養之失和，伐之不解，百痾緣隙而結，榮衛竭而不悟。大牢三牲，曷能濟焉。俗所謂率皆妖僞，轉相狂惑，久而彌甚，既不能修療病之術，又不能返其大迷，不務藥石之救，惟專祝祭之謬，祈禱無已，問卜不倦。巫祝小人妄說禍祟，疾病危急，唯所不聞。聞輒修爲，損費不訾。富室竭其財儲，貧人假舉倍息。田宅割裂以訖盡，筬櫃倒裝而無餘。或偶有自差，便謂受神之賜。如其死亡，便謂鬼不見赦。幸而誤活，財產窮罄，遂復饑寒凍餓而死。或起爲劫剽，或穿窬斯濫，喪身於鋒鏑之端，自陷於醜惡之刑，皆此之由也。或什物盡於祭祀之費，耗穀帛淪於貪濁之師巫。既沒之日，無復凶器之直，衣衾之周，使尸朽蟲流，良可悼也。愚民之蔽，乃至於此哉。淫祀妖邪，禮律所禁，然而凡夫終不可悟，唯宜王者更峻其法制，犯無輕重，致之大辟，購慕巫祝，不肯止者，刑之無赦，肆之市路，不過少時，必當絕息。所以令百姓杜凍饑之源，塞盜賊之萌，非小惠也。曩者有張角、柳根、王歆、李申之徒，或稱千歲，假託小術，坐在立亡，變形易貌，誑眩黎庶，糾合羣愚。進不以延年益壽爲務，退不以消災治病爲業。【略】唯余亦無事於斯，唯四時祀先人而已。曾所遊歷水陸萬里，道側房廟，固以百許，而往返經遊一無所過，而車馬無傾覆之變，涉水無風波之異，屢值疫癘，常得藥物之力，頻冒矢石，幸無傷刺之患。益知鬼神之無能爲也。【略】後有一人姓李名寬，到吳而蜀語，能祝水治病，頗愈。於是遠近翕然，謂寬爲李阿。因共呼之爲李八百，而實非也。自公卿已下，莫不雲集其門。後轉驕貴，不復得常見，賓客但拜其外門而退。其怪異如此。於是避役之吏民，依寬爲弟子者，恆近千人。而昇堂入室，高業先進者，不過得祝水及三部符導引日月行炁而已，了無治身之要、服食神藥、延年駐命不死之法也。吞氣斷穀，可得百日以還，亦不堪久此，是其術至淺可知也。余親識多有及見寬者，皆云寬衰老羸悴，起止咳噫，目瞑耳聾，齒墮髮白，漸又昏耗，或忘其子孫，與凡人無異也。然民復爲寬故作無異以欺人，豈其然乎。吳曾有大疫，死者過半。寬所奉道室，名之爲廬。寬亦得溫病，託言入廬齋戒，遂死於廬中。而事寬者，猶復謂之化形尸解之仙，非爲眞死也。夫神仙之法，所以與俗人不同者，正以不老不死爲貴耳。今寬老則老矣，死則死矣，此其不得道居然可知矣，又何疑乎。若謂於仙法應尸解者，何不且止民間一二百歲，住年不死，然後去乎。天下非無仙道也，寬但非其人耳。余所以委曲論之者，寬弟子轉相教受，布滿江表，動有千許，不覺寬法之薄，不足遵承而守之，冀得度世，故欲今人覺此而悟其滯迷耳。天下有似是而非者，實爲無根。將復略說故事，以示後人之不解者。昔汝南有人於田中設繩罥以捕麏而去，猶念取之不事。其上有鮑魚者，乃以一頭置罥中而去。本主來，於罥中得鮑魚，怪之，以爲神，不敢持歸。於是村里聞之，因共爲起屋立廟，號爲鮑君。後轉多奉之者，丹楹藻棁，鐘鼓不絕。病或有偶愈者，則謂有神，行道經過，莫不致祀焉。積七八年，鮑魚主後行過廟下，問其故，人具爲之說。其鮑魚主乃曰：此是我鮑魚耳，何神之有？於是乃息。又南頓人張助者，耕白田，有一李栽，應在耕次。助惜之，欲持歸，乃掘取之，未得即去，以濕土封其根，以置空桑中，遂忘取之。助後作遠職不在，後其里中人見桑中忽生李，謂之神。有病目痛者，蔭息此桑下，因祝之，言李君能令我目愈者，謝以一㹠。其目偶愈，便殺㹠祭之。傳者過差，便言此樹能令盲者得見。遠近翕然，同來請福，常車馬塡溢，酒肉滂沲。如此數年。張助罷職來還，見之，乃曰：此是我昔所置李栽耳，何有神乎？乃斫去，便止也。又汝南彭氏墓近大道，墓口有一石人，田家老母到市買數片餅以歸。天熱，過蔭彭氏墓口樹下，以所買之餅暫著石人頭上，忽然便去，而忘取之。行路人見石人頭上有餅，怪而問之。或人云：此石上有神，能治病。愈者以餅來謝之。如此轉以相語云：頭痛者摩石人頭，腹痛者摩石人腹，亦還以自摩，無不愈者。遂千里來就石人治病。初但雞肋，後用牛羊，爲立帷帳，管絃不絶，如此數年。忽日前忘餅母聞之，乃爲人說，始無復往者。又洛西有古大墓，穿壞多水，墓中多石灰。石灰汁主治瘡。夏月，行人有病瘡者煩熱，見此墓中水清好，因自洗浴，瘡偶便愈。於是諸病者聞之，悉往自洗，轉有飲之以治腹內疾者。近墓居人便於墓所立廟舍而賣此水。而往買者又常祭廟中，酒肉不絶。而來買者轉多，此水盡，於是賣水者常夜竊他水以益之。其遠道人不能往者，皆因行使或持器遺信買之，於是賣水者大富。人或言無神，官中禁止，遂塡塞之，乃絶。又興古太守馬氏在官，有親故人投之求恤焉。馬乃令此人出外住，詐云是神人道士，治病無不手下立愈。又令辯士遊行，爲之虛聲，云能令盲者登視，躄者即行。於是四方雲集，趍之如市，而錢帛固已積山矣。又勑諸求治病者，雖不便愈，當告人言愈也，如此則必愈。若告人未愈者，則後終不愈也，道法正爾，不可不信。於是後人問前來者，前來輒告之云已愈，無敢言未愈者也。旬日之間，乃致巨富焉。凡人多以小黠而大愚，聞延年長生之法，皆爲虛誕，而喜信妖邪鬼怪，令人鼓舞祈祀。所謂神者，皆馬氏誑人之類也。聊記其數事，以爲未覺者之戒焉。或問曰：世有了無知道術方伎而平安壽考者，何也？抱朴子曰：諸如此者，或有陰德善行，以致福祐，或受命本長，故令難老遲死，或亦幸而偶爾，不逢災傷。譬猶田獵所經，而有遺禽脫獸，大火既過，時餘不燼草木也。要於防身却害，當修守形之防，禁佩天文之符劒耳。祭禱之事無益也。當恃我之不可侵也，無恃鬼神之不侵我也。然思玄執一，含景環身，可以辟邪惡度不祥，而不能延壽命消體疾也。任自然無方術者，未必不有終其天年者也。然不可以值暴鬼之横枉，大疫之流行，則無以却之矣。夫儲甲胄、蓄簑笠者，蓋以爲兵爲雨也。若幸無攻戰，時不沉陰，則有與無正同耳。若矢石霧合，飛鋒煙交，則知裸體者之困矣。洪雨河傾，素雪彌天，則覺路立者之劇矣。不可以薺菱之細碎，疑陰陽之大氣，以誤晚學之散人，謂方術之無益也。

李華《言醫》 晉侯方圖秦，既而有疾，秦伯使醫和視之。將行，戒之曰：鄭國相病，大夫何以爲行？對曰：臣不發藥石，請以詞痊晉侯而國無害。秦伯悅，以卿禮遣之。和至於晉，晉君幄銅鞮之宮，憑豐肥，倚柔容，更衣被珠玉者百許人，膳夫列鼎於庭而後延客。客辭曰：始受命於寡君，以除君疾爲役，今大國反以色與食病臣，非臣所及也。中軍師對曰：此寡君待先生之禮也，不意爲過，敬惟所擇。客曰：臣轡而馳千里，形甚勞而氣不足，所欲者酒一盛，果一器，脡鱐佐飯而已，其餘不敢煩大國。再拜受賜而診之，曰：君聲流而陽，氣濁而浮，色寒而容壯，與楚王相若，亦可爲也，亦不可爲也。晉侯曰：楚子何如而方寡人？客曰：臣嘗聘楚，楚境大而富，山川林藪之盛，踰淮而竟南海，晉與齊秦不敵也。晉侯曰：寡人未嘗涉楚，且置楚王，願聞其國之說。客曰：君不念，臣亦未究楚封疆之事，直以所見言之。楚也，近郊去郢，尙三百里，引車登岡，平視諸宮，丹素燭天，仰不見空，如水漂浮，半在其中。滄波動搖，低昂隨風。藹藹南極，山松不盡，乍伏乍起，參差高卑，流雲重輕，或滅或明，道路綿綿，縈山繞川。車蓋如軒，稍覺登原；赤霄冒頂，舉手摩天。向之高者，乃在車下。陰谿冥冥，投石無聲。狀其乳苑之內，則連山黯以當戶，容杳杳而藁藁。若堅刃與慢塗，呀將拆而復合，露封隙之嵌空，聲小往而大荅。聳崖峴以日爌，穿偃仆而雲罯。濱江皐衍，百里芳草，往往白沙，日炙皛淼，綠墅芊緜，走轝蒼連，菌藉梗梓，橘柚之林，密孕元氣，寒暑若一，翳不流風，幽不漏日，猨狙飛走，經息百態。啾啾互號，終昕竟晦。墜英紛目，如雪蔽路，四望無人，移足沒履。黃鳥時鳴，白鷴飛度。臨險瞰江，江隗爲潭，虔虔不動，常有神怪。龜魚涵泳，露鱗出介。纖草以颸，風颸波起。崩濤迸沫，勢不得止。精怖魂怕，毛骨洗然。攀木瞑眸，猶懼踣泉。頽麓踈冗，繁源鼻歕。支流澮澮，合注湯湯。晝夜有聲，當暑清涼。透崖撲湍，躍而後逝，初疑可及，忽似無際。旋眩迴楫，溯泊穴宕。輥石敵磨，火發川上。纔夷又亞，傾沙委浪。白烟微蒼，盈波滿望。澹澹灩灩，久而生垠。淅淅飛雨，冥冥起雲。沅湘春生，蒼梧日晚，聲與聽盡，色隨望遠。蘋荇荷華，組繡一川。愕羽族之多名，紛合散於水間。泛隨流而將下，時逆浪而復還。喧呼雷駭，沈起雲翻。兩不相傷，貌豫體閒。綠涯叠觀，照江成霞。碧水漣漪，淺深見沙，旁經闤闠，溢浸欄檻。上有嬪嬙，緜音入雲。侵杳眇而將絕。隨隤風而復聞，齊宋鄭衛之樂，張於宮中。撞金擊石，草木競發。堅城雉圻，崇山峰墜，鳥獸狂悸，淮湖皆沸。首飾戴千金，一膳傾千家。恥不相及者，以粒計倉禄之衆，半於平人，秣馬之費，倍於租入。其餘奇麗之富，奉養之侈，率與是侔。楚王甚泰而楚人甚病，申叔請老而不與政。言未畢，晉侯舒氣而伸幹曰：向先生言亦可爲也，何哉？客曰：此未足累楚，故曰可爲也。若張而無厭，則不可爲也。晉侯色生力起，斥御者撤膳羞而請曰：先生終說寡人病，幸間矣。客乘時而動之曰：楚使令尹司馬理兵于北疆，以臨敝邑。敝邑大夫少者則請開關以戰，老者則曰君務息人。楚恃其富强，因侈生欲，未足畏也。寡君乃發府，將賙而四境。寡小君以四時之用爲請，寡君曰：是出于人而歸於人，無人則無是，夫何愛焉？申命上大夫布幣于人而謝之，曰：孤不德，使爾父兄子弟，不自保于楚師，故罄以相勞。秦人感君皆泣，婦人處子亦請執報楚。楚朝聞而夕卷師。君臣震伏而受職于秦，此先王不戰之術也。晉侯洸然以楚事而照於晉，遂輟謀秦，由是大國修好，小國來朝，戎狄皆附。客果以詞痊晉，故曰言醫。

白居易《德宗皇帝病人之病》 德宗皇帝病人之病，憂人之憂，於是救之以廣利之方，悅之以中和之樂。將使易憂爲樂，變病爲和，惠化之恩，莫斯甚也。然臣竊聞善除害者察其本，善理疾者絕其源。伏惟陛下欲紓人之憂，先念憂之所自。欲救人之病，先思病之所由。知所自以絕之，則人憂自弭也。知所由以去之，則人病自瘳也。然後申之以救療之術，則人易康寧，鼓之以安樂之音，則人易和悅。斯必應疾而化速，利倍而功兼。六極待此而銷，五福待此而作。如是，可以陶三才謬濫之氣發爲休祥，毆一代鄙夭之人臻乎仁壽，中和之化，夫何遠哉。

無能子《固本》 五兵者，殺人者也。羅網者，獲鳥獸蟲魚者也。聖人造之，然後人能相殺而又能取鳥獸魚蟲焉。使之知可殺，知可取，然後制殺人之罪，設山澤之禁焉。及其衰世，人不能保父子兄弟，鳥獸魚蟲不暇育麛鹿鯤鮞，法令滋彰而不可禁，五兵羅網敎之也。造之者復出，其能自已乎？棺槨者濟死甚矣，然其工之心，非樂於濟彼也，迫於利也。欲其日售則幸死，幸死非怨於彼也，迫於利也。醫者樂病，幸其必瘳，非樂於救彼而又德彼也，迫於利也。棺槨與醫皆有濟救幸死幸生之心，非有憎愛，各諧其所欲爾，故無爲之仁天下也，無棺槨與醫之利，在其濟死瘳病之間而已。用觸蹄踏蛇首蝎尾，皆用其所長也。審其所用，故得防其所用而制之，是以所用長者不如無用。食桑之蟲，絲其腸者曰蠶，以絲自舍曰繭，繭伏而化，於是羽而蛾焉。其稟也，宜如此，猶獸之胎鳥之卵俱非我由也。智者知其絲可縷，縷可織，於是烹而縷之，機杼以織之，幅而繪之，繪而衣之。夫蠶自將爲蛾也，非爲乎人謀其衣而甘乎烹也。所以烹者，絲所累爾。烹之者又非疾其蠶也，利所繫爾。夫獸之胎，鳥之卵，蠶之繭，俱其所稟也。蠶所稟獨乎絲，絲必烹，似乎不幸也，不幸似乎分也，故無爲者無幸無不幸，何分乎。

龔鼎臣《述醫》 《周官》載醫掌養萬民之疾病。蓋凡受疾者，舉可治也。唯久之不治，遂革以死。未見其有治疾而不可治者也。巴楚之地，俗言巫鬼，實自古而然。當五氣相沴，或致癘疫之苦，率以謂天時被是疾，非醫藥所能攻，故請禱鬼神無少暇，鷄豚鴨羊之薦，唯恐不豐，迨其不能，則莫不自咎事鬼神之未至。或幸而愈，乃曰：由禱之勤也，薦之數也，不然，烏能與天時抗乎？又有治之不早，其疾之毒日相熏灼，一家之人皆至乎病，故雖親友之厚，百步之外，不敢望其門廬，以至得病之家，懼相遷染，子畏其父，婦避其夫，若富財之人，尙得一巫覡守之，其窮匱者，獨僵卧呻吟一室而已，如是則不特絕醫藥之饋，其飲食之給亦絕矣，如是以死者，未嘗不十八九，而民終不悟。余嘗訪於人，其患非他，繇覡師之勝醫師耳。嗚呼！覡者其能必勝諸醫哉！其所勝之者，蓋世俗之人易以邪惑也。夫疾病於諸內，鬼神冥諸外，良藥所以治內也。今不務除疾於內，而專求外福之來，及其甚也，其存卹訊問之宜，不復相通，不其謬歟？夫稼茂田疇爲螟蜮所害，唯能悉除螟蜮，則稼之秀可實也。家蓄高貨而盜入其門，主人操刃持梃，或殺或捕，則貲之厚可全也。人之身亦然。冒陰陽之氣，輒遇癘疫，當得醫者察聲視色，按脈授藥，使離諸腹心肝膈，然後其體可平；若不醫之用，曷異不除螟蜮而望稼穡之豐，不驅盜賊而求家貲之全，決不可得。矧惟國家重醫藥之書，最爲事要。先朝編輯名方，頒布天下郡國，其間述時疫之狀，實爲纖悉。及慶曆中范文正公建言，俾自京師以逮四方學醫之人，皆聚而講習，以精其術，其黜庸謬，救生靈，倬然爲治道之助，而世俗罔識朝廷仁愛之意如此，而徒惑邪誕而夭性命，愚實憫之。今已戒醫博士日與醫之徒，考神農子儀扁鵲秦和之術，一會於岐伯俞柎之道，以正黜邪，以誠消妄，使可治之疾，不終害人，亦濟民之一事也。而慮巴賨之俗，尚安故態，不知醫效之神，倍禱淫祀之鬼，故刻詞以告。嘉祐四年七月二十日述。

王安石《使醫》 一人疾焉而醫者十並使之歟？曰：使其尤良者一人焉爾。烏知其尤良而使之？曰：衆人之所謂尤良者，而隱之以吾心，其可也。夫能不相逮，不相爲謀，又相忌也，况愚智之相百者乎？人之愚，不能者常多，而智能者常少。醫者十，愚不能者，烏知其不九邪？並使之，智能者何用，愚不能者何所不用？一日而病且亡，誰者任其咎邪？故予曰，使其尤良者一人焉爾。使其尤良者有道，藥云則藥，食云則食，坐云則坐，作云則作。夫然，故醫也得肆其術，而無憾焉。不幸而病，且亡，則少矣。藥云則食，坐云則作。曰：姑如吾所安焉爾。若人也，何必醫，如吾所安焉可也。凡疾而使醫之道皆然，而腹心爲甚，有腹心之疾者，得吾說而思之，其庶矣。

張耒《藥戒》 張子病痞，積於中者，伏而不能下。自外至者，捍而不得納，從醫而問之。曰：非下之不可。歸而飲其藥，既飲而暴下，不終日而嚮之伏者散而無餘，嚮之捍者柔而不支，焦膈導達，呼吸開利，快然若未始有疾者。不數日，痞復作，投以故藥，其快然也亦如初。自是逾月而痞五作五下，每下輒愈，然張子之氣一語而三引，體不勞而汗，股不步而慄，膚革無所耗於外，而其中薾然莫知其所來。嗟夫，痞非下不可已，余從而下之，術未爽也，而吾之薾然者獨何歟？聞楚之南有良醫焉，往而問之。醫嘆曰：子無嘆是薾然者也，凡子之術固爲是薾然也。坐，吾語汝。天下之理，有甚快於予心者，其末必有傷，求無傷於終者，則初無望於快吾心。陰伏而陽畜，氣與血不運而爲痞，橫乎子之胸中者，其累大矣。擊而去之，不須臾而除甚大之累，和平之氣不能爲也，必將擊搏震撓而後可。夫人之和氣，沖然而甚微，治乎其易危，擊搏震撓之功未成，而子之和氣嘗已病矣。由是觀之，則子之痞凡一快者，子之和一傷矣。不終月而快者五，則子之和平之氣不既索乎。故膚不勞而汗，股不步而慄，薾然如不可終日也。且將去子之痞而無害於和乎。子歸，燕居三月，而後予之藥可爲也。張子歸，燕居三月，齋居而復請之。醫曰：子之氣少完矣。取藥而授之，曰：服之，三月而疾少平，又三月而小康，終年而復常。且飲藥不得亟進。張子歸而行其說。然其初，使人懣然遲之，蓋三投其藥而三反之也。然日不見其所攻，久較則月異而時不同，蓋終歲而疾平。張子謁醫，再拜而謝之，坐而問其故。醫曰：是治國之說也。豈特醫之於疾哉？子獨不見秦之治民乎？勅之以命，捍而不聽令，勤之以事，放而不畏法。令不聽，治之不變，則秦之民嘗痞矣。商君見其痞也，厲以刑法，威以斬伐，勁捍猛鷙，不貸毫髮，痛剗而力鋤之。於是秦之政如建瓴，流蕩四達，無敢或拒，而秦之痞嘗一快矣。自孝公以至於二世，凡幾痞而幾快矣。頑者已圮，強者已柔，而秦之民無歡心矣。故猛政一快者，歡心一已，積快而不已，而秦之四肢枵然，徒有其物而已。民心日離，而君孤立於上，故匹夫大呼，不終日而百疾皆起。秦欲運其手足肩膂，而漠然不我應矣。故秦之亡者，是好爲快者之過也。昔者先王之民，其初亦嘗痞矣。先王豈不知砉然擊去之之爲速也？惟其有懼於終也，故不敢求快於吾心。優柔而撫存之，教以仁義，導以禮藥，陰解其亂而徐除其滯，使其悠然自趨於平安而不自知。方其未也，旁視而懣然者有之矣。然月計之，歲察之，則前歲之俗，非今歲之俗也。不擊不搏，無所忤逆，是以日去其戾氣而不嬰其歡心。于是政成教達，安樂悠久而無後患矣。是以三代之治，皆更數聖人，歷數百年，而後俗成。則予之藥終年而愈疾者，蓋無足怪也。故曰：天下之理有甚快于余心者，其末也，必有傷，求無傷於其終，則無望於快吾心。雖然，豈獨于治天下哉。張子再拜，出而記其說。

程迥《與内弟襄陵許進之論醫書》 迥近寄上《醫經正本書》，來書曰：所謂傳染之説，素所不信。或云傷寒無傳染，而溫病一門，雖《素問》《難經》、仲景等書，皆不言傳染，而某公方雖無傳染議論，卻有治療雄黃圓等諸方，不知可以破其説否？迥謂某公方於傷寒門引小品，華佗、王叔和、陳廪丘等論而不及仲景，曰：江南諸師秘仲景要方不傳，初得病，但列火炙心下三處，似是未嘗見仲景書，如揚雄未嘗見古文《尚書》也。然桂枝、青龍抵黨等方，亦粗用仲景法，恐憑佗書引用，而創出《辟溫》一篇，以屠蘇酒爲之冠。今此藥天下盛行，其方曰：一人飲一家無疫，一家飲一里無疫。然民間有疫病者，往往嘗服屠蘇。是其方不效也。雄黃圓方云：市中疫鬼數百千，皆驚怖而走，有鬼王求受道法。夫舍氣血而明鬼物，固非醫家之正論也。且一時不正之氣着人，則不論老幼，病證皆同，非是病人相爲傳染。如《辟溫》篇中言，令人不染溫病，只是不着異氣耳，其曰轉相傳染者，始繆誤矣。有名醫謂迥曰：此言雖當，然某公有深功於醫家，恐不知者棄其所長。迥曰：瑜不掩瑕，忠也，唯知其疵，然後能見其美也。

程迥《知洪州龍學范致虚謙叔榜文附》 民户偶患瘟疫，止信師巫，謂之門師。爲其設像以祠瘟鬼，謂之結座。禁其服藥以與鬼競，專一奉鬼，謂之具願。祭於壇場，謂之博替。隔絶往來，謂之避難。偶自獲安，邀求衣物，謂之代厄。病人死亡，祭以遣鬼，謂之解願。禁其哭泣，嫌於怨鬼，皆悖禮犯義。昔李德裕之觀察浙西，以南方信機巫，雖父母癘疾，子棄不敢養。德裕擇長老可語者，諭以孝慈大倫，患難相收，不可相棄之義，使歸相曉。勑違者顯寘以法，數年惡俗大變，天子下詔褒揚。今太守德薄，不足以望此，然賴學士大夫，名家巨室，邦之耆老鄉之善士，相與傳諭告誡，推而達之，俾流風不變。共承國家美化善俗之意，躋於仁壽，導之孝慈，不亦爲桑梓之美乎。

程迥《辯方士著書乃采俚俗不合醫經者》 世有方士著書，言用心三十年而後成。頗與名儒賢卿交遊，又知書史，故大得名聲。然或創出新意，多與醫經背戾。如曰溫疫自生臭穢，人聞其氣，即時以紙筋探鼻，嚏之不爾，邪氣入上元宮，遂成斯病。今徧考醫書，無上元宮名稱。夫人聞臭穢者，鼻，通於肺耳。然傷寒六經傳變，只傳足經，謂腎脾肝經絡起於足指，其心肺經絡自起於手指。是斯人未識經絡也，以其説助傳染之妄，故爲掊擊。

宋慈《驗骨》 人有三百六十五節，按一年三百六十五日。

男子骨白，婦人骨黑。

髑髏骨：男子自頂及耳并腦後共八片，腦後横一縫，當正直下至髮際别有一直縫。婦人只六片，腦後横一縫，當正直下無縫。

牙有二十四，或二十八，或三十二，或三十六。

胸前骨三條。

心骨一片，嫩，如錢大。

項與脊骨各十二節。

自項至腰共二十四髄骨，上有一大髄骨。

肩井及左右飯匙骨各一片。

左右肋骨：男子各十二條，八條長、四條短。婦人各十四條。

男女腰間各有一骨，大如手掌，有八孔，作四行。

手、脚骨各二段。男子左、右手腕及左、右臁肕骨邊皆有捭骨。兩脚膝頭各有鶻骨，隱在其間，如大指大。手掌、脚板各五縫。手、脚大拇指并脚第五指各二節；餘十四指並三節。

尾蛆骨，若豬腰子，仰在骨節下。

男子者，其綴脊處凹，兩邊皆有尖瓣，如稜角，周布九竅。

婦人者，其綴脊處平直，周布六竅。大、小便處各一竅。

骸骨各用麻草小索，或細篾串訖，各以紙簽標號某骨，檢驗時不至差誤。

宋慈《論沿身骨脈及要害去處》 夫人兩手指甲相連者小節，小節之後中節，中節之後者本節，本節之後肢骨之前生掌骨，掌骨上生掌肉，掌肉後可屈曲者腕，腕左起高骨者手外踝，右起高骨者右手踝，二踝相連生者臂骨，輔臂骨者髀骨，三骨相繼者肘骨，前可屈曲者曲肘，曲肘上生者臑骨，臑骨上生者肩髃，肩髃之前者横髃骨，横髃骨之前者髀骨，髀骨之中陷者缺盆，缺盆之上者頸。頸之前者顙喉，顙喉之上者結喉，結喉之上者頦，頦兩傍者曲頷，曲頷兩傍者頤，頤兩傍者頰車，頰車上者耳，耳上者曲鬢，曲鬢上行者頂。頂前者囟門，囟門之下者髮際，髮際正下者額，額下者眉，眉際之末者太陽穴。太陽穴前者目，目兩傍者兩小眥，兩小眥上者上瞼，下者下瞼，正位能瞻視者目瞳子，瞳近鼻者兩大眥。近兩大眥者鼻山根，鼻山根上印堂，印堂上者腦角，腦角下者承枕骨。脊骨下横生者髖骨，髖骨兩傍者釵骨，釵骨下中者腰門骨。釵骨上連生者腿骨，腿骨下可屈曲者曲脷，曲脷上生者膝蓋骨，膝蓋骨下生者脛骨，脛骨傍生者骱骨。骱骨下左起高大者兩足外踝，右起高大者兩足右踝。脛骨前垂者兩足趺骨，趺骨前者足本節，本節前者小節，小節相連者足指甲，指甲後生者足前趺，趺後凹陷者足心，下生者足掌骨，掌骨後生者踵肉，踵肉後者脚跟也。

檢滴骨親法謂：如某甲是父或母，有骸骨在，某乙來認親生男或女何以驗之？試令某乙就身刺一兩點血，滴骸骨上，是的親生，則血沁入骨内，否則不入。俗云滴骨親，蓋謂此也。

劉因《讀藥書漫記二條》 人稟是氣以爲五藏百骸之身者，形實相孚而氣亦流通。其聲色氣味之接乎人之口鼻耳目者，雖若汎然，然其在我而同其類者，固已吻焉而相合，異其類者，固已怫然而相戾。雖其人之身亦不得而自知也。如飲藥者以枯木腐骨蕩爲齏粉，相錯合以飲之，而亦各隨其氣類而之焉。蓋其源一也。故先儒謂酸木味。木根立地中似骨，故骨以酸養之。金，味辛，金之纏合異物似筋，故筋以辛養之。鹹，水也，似脈。苦，火也，似氣。甘，土也，似肉。其形固已與類矣，而其氣安得不與之流通也。推而言之，其吉凶之於善惡亦類也。

天生此一世人，而一世事固能辨也，蓋亦足乎己而無待於外也。嶺南多毒，而有金蛇，白藥以治毒。湖南多氣，而有薑橘、茱萸以治氣。魚鱉螺蜆，治濕氣而生於水。麝香、羚羊，治石毒而生於山。蓋不能有以勝彼之氣，則不能生於其氣之中。而物之與是氣俱生者，夫固必使有用於是氣也。猶朱子謂天將降亂，必生弭亂之人以擬其後。以此觀之，世固無無用之人，人固無不可處之世也。

王與《辨親生血屬》 身體髮膚，受之父母。蓋子乃父之遺體，而生之者母也。《洗冤録》驗滴骨親法謂如某甲稱有父母骸骨，認是親生男女，試令就身刺一兩點血滴骸骨上，是親生則血沁入骨內，否則不入。每以無所取證爲疑。讀史：豫章王綜，梁武帝第二子也。綜母吳淑媛，在齊東昏宫得寵。及見幸於武帝，七月而生綜，宫中多疑之。綜年十四五，恆夢一年少肥壯自挈其首，如此非一。遂密問淑媛，語夢中形色，頗類東昏。叔媛報之曰：汝七月日生兒，安得比諸皇子。幸勿泄。綜日夜泫泣。於別室歲時設席，祠齊氏七廟。又累微行至曲阿拜齊明帝陵。然猶無以自信，聞俗説以生者血瀝死者骨滲，即爲父子。綜乃私發齊東昏墓，出其骨，瀝血試之。既有徵矣，在西州生次男月餘日，潛殺之，既瘞，夜遣人發取其骨又試之，驗。以此觀之，則《洗冤》之説有自來矣。

王與《食氣嗓之辨》 或謂：《洗冤録》中所載自割喉下死者，只是一出刀痕。若當日身死時，痕深一寸七分，食、氣系並斷；如傷一日以下身死者，深一寸五分，食系斷，氣系微破；如傷三五日以後身死者，深一寸三分，食系斷。今求其意以解其文，則食系在前，氣系在後。幸爲辨之。夫所謂食、氣系者，《結案式》中則名曰：食、氣嗓。予嘗讀醫書，夫人身有咽、有喉，喉在前，通氣；咽在後，咽物。二竅各不相麗。喉應天氣爲肺之系，下接肺經爲喘息之道；咽應地氣爲胃之系，下接胃脘爲水穀之路。錯文見義，於《洗冤録》之説有所不通，竊疑後人傳寫之際交錯食、氣二字，以致抵牾。反覆參考，喉氣嗓在前，咽食嗓在後，醫書足可徵也。予非好異而徵醫書，亦惟其是而已。苟是予之言，似此之所不能盡言者，亦可推而知已。

方孝儒《醫原》 羿能教人射，而不能使人命中。王良能教人御，而不能使人無銜橛之虞。術之精微，可以言語授，而非言語所能盡，可以度數推，而非度數所能窮。苟不默會於心，而欲持昔人一定之説，以應無涯之變，其不至於遺失者寡矣。况得其法，而不知其説者乎？醫之爲術，於生民之用最切，其説之至粹而出於古者，莫過《素問》《難經》述陰陽氣運之理，辨形體榮衛之原，以明養生治疾之道。非古之神睿聰達者，何足以與此！然其精微之要，得諸心而見於效者，固有不可以言傳者矣，書豈足以盡其意乎！後之學者，不能求其爲書之意而泥其説，是以言論非不可喜而不良於用，甚者棄書不省而惟攻乎淺陋拘閡之方書。天下之疾萬變無窮，而風氣古今之殊，資稟厚薄之異，服食之品，勞逸之差，靜躁之度，奉養嗜好，居處習業，所遭之時，所遇之變，人人相懸也。苟非深思博考以周知其故，而欲按既試之法，銖比兩較之，以治人之疾，此奚異用鄉射之儀於臨敵制變之頃哉。其取敗也必矣。人固有盛寒而飲水者，亦有遇風而欬者，有披甲馳馬操劍槊行數百里而不汗者，有出門輒勞憊不能行者，相去寧啻十百，此資稟之殊也。古之人多碩大敦厚，壽至百歲。今人未壯而先衰，不老而已病，豈能及乎？是風氣之不同也。或能飲酒至石不醉，而或不敢染唇。或敢腴鮮甘厚味，而或羹藜茹藿。或裌衣以禦冬，或裘褐以處暑。服食之品，不特五方之人不類也。貴富家子未嘗跣足沾手，而小民終歲服勞與牛馬等。知道之士，怒不見於色，而暴悍之夫，動輒詬詈。勞逸靜躁，烏可同乎？中州之人，夏夜露卧而無恙，使南人效之則病矣。江海之人，屏息水行，鑿層冰而取魚鱉，使山林之人效之，則死矣。人之耳目手足均也，脈絡血氣筋骨均也，而其變之乖殊，若此醫豈易言乎？藥豈易用乎？其病在乎心也，而藥其肺，在乎寒也，而以爲熱病，在乎實也，而以爲虛，病不能自言，受藥而死者無所控訴，故醫得用其術而莫之詰也。諺有之曰：山川而能語，葬師食無所，藏腑而能語，醫師色如土。此言用藥之難也。故智足以知古人之説矣，而無所自得，有所自得而不能察乎脈，察脈精矣，而不善藥，欲犁然當乎疾而必愈，皆不可致也。則醫之以術名於世者，焉可多得乎？昔者貴人有疾，而天方不雨，醫來治者以十數皆莫效。最後一人至，脈已，則以指計甲子曰：某夕天必雨。竟出，不言治疾之方。貴人疑之曰：豈謂吾疾不可爲邪？何言雨而不及藥我也？而夕果雨。貴人喜，起而行乎庭，達旦疾若脱去。明日後至之醫來謁。貴人喜且問曰：先生前日脈疾而言雨，今得雨而果瘳，何也？醫對曰：君侯之疾以憂得之，然私計君侯忠且仁，所憂者民耳。以旱而憂，以雨而瘳，理固然也。何待藥而愈邪？若是醫者，可謂得其道矣。方書之所具，成說之所有，夫人皆能用也。求之於言語之外，而得其所不言之意，非奇士，其孰能之？始余聞四明有世醫邵君貞齋善爲方，視人疾以爲不可治者，必不治，而所治必取奇效。心竊識之。今年貞齊過余，坐而與之語，畏愼恭慤，不妄有所稱引，而於察脈，用藥信乎無所苟。余益信服之。生民之疾多矣，不度可否，以身試之而無成者相踵，其有如貞齋之不苟，用而必成功者乎？有能求周公孔子之意於法度之表者乎？苟難乎其人，則余於貞齋不宜無說也。作《原醫》以贈之。

胡翰《擇術》　嫣仲子居於養直之里，里之人多業醫。咸負其所長以爲良，而訾其庸者，庸者不以爲左，亦夸其長而訾之。二者常角而持，不知其歸。或乃問於仲子，仲子曰：吾固弗習也。竊聞之禮，有醫師焉。終歲稽其醫事，十全爲上，十失一次之，十失四爲下。由是觀之，上者爲良，下者爲庸。得失相形，次當其中。雖滕口說，世莫能掄於大公。問者曰：是猶惑也，功有多寡，可以知能。事有難易，不可以責備。故藥有所不療，病有所不治。和緩、扁鵲，天下之善醫也。不幸而遇齊侯之疾，則退而走矣。遇晉侯之疾，雖欲治之，而不可爲矣。不可爲者，十遇而十負。不遇乃幸耳，吾又安能以幸，而處人之右。仲子求之不得。既而病卧就枕，慄而寒，燀而熱，頭岑岑痛甚，召醫視之。醫者爲劑，投之如覆杯水於石，弗相入也。再投之，如戈舂黍，緩不救於餒也。又恬若不與吾事者，故三易醫而莫能起。乃謁於王君與權氏，與權按脈之候，以爲外邪相攻，薄於腠理，臟氣不平，弗納穀水，於是而剛陽升，其熱熾，汗既不及下則太遽。經曰：熱者寒之，溫者清之。又曰：或緩，或急，或燥，或潤，以所利而行之。此其法也，治當如之。治凡二十餘日，君日再至焉。病少卻，陽訌爲毒，癰發於頤，突如疣贅，面腫體羸，飲食不下咽，甚艱且危。君與瘍醫來視，瘍決其外，君固其內，審證措劑，猶日一至焉。凡四月而愈。仲子乃謀所以報君者於伯兄。伯兄曰：汝好方術，今虞有疾，彼嘻嘻誤汝之生者，非庸也邪？此肫肫起汝之死者，非良也邪。與權，良醫也，汝荷其賜，逾丘山之重，乃欲以芒忽之微浼之邪，不可也。仲子愕而悟，尋告於嘗有問者之客。客曰：吾固聞之矣。是非王文憲公柏之諸孫乎？其人固儒者也，儒者之醫，趨人之急，不規其利，推吾之仁，不矜其技。呻吟痛苦，視彼猶己，恆平其施，故與權以是行於州里。貧賤不苟拒，姻友不苟取，曳裾公卿之間，不知爵祿之爲榮，而勢利之可慕，非儒者疇臻是乎？仲子躍而喜，乃執筆曰：世稱韓康、宋清之爲人，以與權之事觀之，非過也。苟長民者，人懷是心，天下豈有疾痛哉？即令有之，容有不瘳者乎？獨何爲而不知出此也。

陸樹聲《病榻寤言》　余卧病榻間，冥心攝息，或瞥然起念，意有所得，欲言囁嚅，時復假寐，頃焉得寤，蹶然起坐，憑几捉筆，造次疾書。雖語無倫次，其於生死之故，養生之旨，間亦億中，存之以自觀省。曰寤言者，以其得之寤寐也。

壬辰秋，余卧病兩月，一切世慮，芒無縈罣，追思此身未生之前，與此生已盡之後，何者爲我，乃知是身非實。一聚之形，氣至則生，氣返歸空，生理無常，而一空常在。故曰生者死之根，必至之期，達生知命者，委順以待之耳。先儒曰：透得名利關，方是小休歇。余曰：透得生死關，此是大休歇。

昔人有言曰：得者時也，失者順也。夫人之生也，自少而得壯，自壯而得老。其得也以時至而得也，然至壯則失少矣，至老則失壯矣。其失也，以順而失也，故鳥之遡風也，魚之泝流也，皆逆也。陰陽家之沙水取逆者，迎生氣也。《易》乾下坤上之爲泰，外坎內離之爲既濟，養生家之取坎填離，返老復丁者，皆取逆也。《易》曰：生生之謂易。又曰：易逆數也，陽上陰下，而必曰一陰一陽之謂道，陰先於陽，正不測之神也。

人之有生也，則有生計。自一歲至十歲以上，爲身計。二十至三十以上，爲家計。三十至四十以上，爲子孫計。五十至六十以上，爲老計。六十至七十以上，爲死計。中間營營擾擾，或追憶其既往，逆料其將來，外則苦其身以事勞攘，內則苦其心以密思慮，用以爲周身之防，善後之策者，總之曰勞生。然或計未周而生先盡，慮未及而形難留，譬之夸父逐日，務奔騖而不止，臧穀求羊，多歧路而終亡。死生者，天地之定制，人理之必至。定於稟氣受形之初，不以貴賤愛惡有所增損。故曰賢愚同盡。然而顔跖之辨，大椿之於朝菌，玉石俱焚，薰蕕同臭，而其辨不可紊也。故有死而不朽，沒世而名無稱，與草木同腐者，非所論於生死之同也。故曰至人以萬世爲箕裘，蜉蝣以旦暮爲大年，蟣蠓以甕天爲一世。

夫生人之初，陰陽和會，絪縕凝結，資血氣以爲榮衛，故血陰而氣陽，陽旺乃生陰血。方其少壯，則氣盛而血華。及其老也，氣餒而血衰。髮白膚皺，是其徵也。加之以五欲交攻，二火焚和，語云：燥萬物者，莫燥乎火。膏油所以繼火於無窮，人當暮齒，則壯膏既盡，衰燼漸微，譬之春楊條枝，柔可綰結，至秋枯瘁，脆若拉朽，木液竭而生理盡矣，故養生者以惜精氣爲本。

飲食男女，人之大欲也，而大戒存焉。故有以肥甘爲酖毒，衽席爲畏途者，戒於所易溺也。砒霜之於甘露也，美惡不同，用之而生死立異。然謂甘露可以殺人，砒霜亦能活命。夫旨酒美色，沉湎荒淫，以伐命戕生，此非以甘露殺人者乎？良藥苦口，而利於衛生；忠言逆耳，而藉以寡過，此非以砒霜活命者乎？故曰：甚美者惡亦稱，美好者溺性亡生之尤物。世知惡之爲惡矣，抑有察於美之果得爲美乎？

倪文節公云：貧賤之人，一無所有，及臨命終時，脫一厭字。富貴之人，無所不有，及臨命終時，帶一戀字。夫脫一厭字，如釋重負。帶一戀字，如擔枷鎖。又曰：富貴貧賤，所處不同，至三者緊要處則一：曰老病死。以愚觀之，則富貴者之於斯三者，反不若貧賤者之無繫累也。向子平曰：我已知富不如貧，貴不如賤，但未知生不如死耳。然就是以觀，則生不如死，亦可知矣。

緩步可以當車，晚食可以當肉，史記顔闔之言也。論曰：謂顔氏之子可謂巧於處貧。漢楊王孫遺命嬴葬，其言曰：死者終生之化，而物之歸者也。歸者得至，化者得變，是物各返其眞也。又曰：精神者，天之有也。形骸者，地之有也。精神離形，各歸其眞，焉用久。即其言似非中道，然亦不可謂巧於處生死者乎。

唐裴炎之序猩猩也，曰：與之酒，兼與之屐，醉酒穿屐，則擒而刺血，隨所問而得，否則寧死，含血不與。夫身死矣，而猶靳於血。獸之愚若此，人靈於物，而其愚有類是者。今夫財色名利之溺人也，其若猩猩之於酒乎？爵賞祿位之羈人也，其若猩猩之於屐乎？饕餮致禍，重利忘身，之死而無悔者，其猩猩之寧死含血乎？乾之內一陽交於坤而爲坎，坎爲水。坤之內一陽交於乾而爲離，離爲火，乾坤交而爲水火，水火凝合而生人。坎離者天地之用，故人之受形於天地也。先天之氣具水火，而後天之養生也。不能一日無水火，南離而北坎，心居上而腎居下，心腎交爲水火既濟。故曰水火合則生，水火離則病，水火絕則死。

紀昌學飛衛之射，視小如大，視微知著，不易於物，而物爲我轉。造父學泰豆氏之御，不以目視，不以策驅，得之於手，而應之於心。孔周挾含光之劍，視之不可見，運之不知有其所觸也。經物而物不覺，學道者之於養生也。墮肢體，黜聰明，存其精於何思何慮若有若亡之間，冲兮若虛，神妙合而入無間，亦若此。若三子者之習於技不同，而得之神解則一。是亦可謂技而進於道矣。

神依形則生，神離形則死。故形骸者，神之宅舍，形骸屬陰，而元神屬陽，陰以實爲質，陽以虛爲用。心者虛靈之府，神明之舍。心定則神凝，心虛則神守。《玉皇印經解》云：子在心內運黃庭，晝夜存之得長生。黃言中，庭言虛，故養生家有曰：心死則神活。曰心死者，則虛之謂也。又曰：未死而學死，當生而無生。曰無生者，學死而忘生之謂也。如曰忘氣以養形，忘形以養神矣。而又曰：忘神以養虛，蓋虛之所藏者深矣。

夫養生者，視身爲太重，則憂患易入，而憂患因以傷生。吾故曰：養生者戒於傷生。然而世有以養傷生者矣。老子曰：我有大患，惟我有身。我若無身，我則何患？山谷老曰：衆生身同太虛，煩惱何處安腳？夫既身同太虛，而視身若無，則憂患不能入，是能齊生死而處之一矣。故曰夭壽不貳然。又曰：修身以俟。則又非漫然無當，而虛生浪死者矣。此正先儒所謂養，則付命於天道，則責成於己，養生者所宜體此。

楊朱之友季梁有疾，其子三致醫。其一矯氏之醫曰：病在有生之後，欲攻其漸。季梁曰：衆醫也。其一俞氏之醫曰：病在未生之前，其甚弗可已也。季梁曰：良醫也。其一爲盧氏之醫曰：病出於稟生未形之先，齊生死而一之也。季梁曰：神醫也。遣之而疾瘳。夫季梁之疾，三致醫而疾瘳。余也齋居三月，內達於生死，而疾自愈，若季梁則猶有外之心也。

江瓘《醫戒》　進士王日休勸醫云：醫者當自念云，人身疾苦，與我無異，凡來請召，急去無遲。或止求藥，宜即發付，勿問貴賤，勿擇貧富，專以救人爲心，以結人緣，以積己福，冥冥中自有祐之者。若乘人之急，切意求財，用心不仁，冥冥中自有禍之者。吾鄉張彥明善醫，僧道貧士，軍兵官員，及凡貧者，求醫，皆不受錢，或反以錢米與之。人若來召，雖至貧亦去。富者以錢求藥，不問錢多寡，必多與藥，期於必效，未嘗萌再攜錢來求藥之心。病若危篤，知不可救，亦多與好藥，以慰其心，終不肯受錢。予與處甚久，詳知其人，爲醫而口終不言錢，可謂醫人中第一等人矣。一日城中火災，周迴爇盡，烟啖中獨存其居。一歲牛災尤甚，而其莊上獨全，此神明祐助之明效也。其子讀書，後乃預魁薦。孫有二三，龐厚俊爽，亦天道福善之，信然也。使其孜孜以錢物爲心，失此數者，所得不足以償所失矣。同門之人，可不鑒哉。若常如是存心，迴向淨土，必上品生，若因人疾苦，而告以淨土，則易生信心，使復發大願以廣其傳，以贖宿譴，以期痊愈，必遂所願。若天年或盡，亦可乘此願力，往生淨土，常如是以化人，非徒身後上品化生，現世則人必尊敬，而福報亦無窮矣。

王禕《醫家之書》 醫家之書自《內經》以下，藏於有司者，一百七十九家，二百九部，一千二百五十九卷。而後出雜著者，不與焉。《內經》謂爲黃帝之書，雖先秦之士依倣而託之。其言質奧，而義弘深，實醫家之宗旨，殆猶吾儒之六經乎。秦越人《八十一難經》繼作，蓋舉黃帝岐伯之要旨而推明之，亞於《內經》者也。漢張仲景本《內經》《難經》之旨，著《金匱玉函經》及傷寒諸論。其論六氣之所傷，最爲詳備。晉王叔和纂岐伯華佗等書爲《脈經》。叙陰陽內外辨三部九候，分人迎、氣口，條陳十二經，洎三焦五臟六腑之病尤爲精密。二氏之書誠千古不刊之典也。厥後巢元方著《病源候論》，王砯撰《天元玉策》，要皆有所祖述。然元方言風寒二濕而不著濕熱之說，砯推五運六氣之變，而患在滯而不通，此其失也。至唐孫思邈出，以絕人之識，篤濟物之仁，其列《千金方翼》，所以發前言、啓後學，有功於醫道深矣。當時王燾有《外臺秘要》，所言方證、符證、灼灸甚詳，然謂針能殺生人，而不能起死人，則一偏之論也。及宋，錢乙、龐安時、許叔微迭興。龐則囿於準繩尺寸之中，許則務在出奇而應變，其術皆本於仲景，惟錢深造仲景之閫奥，建爲五藏之方，各隨所宜，用謂肝有相火則有瀉而無補，腎爲眞水則有補而無瀉，可謂啓內經之秘。惜其遺書散亡，出於閻孝忠之所集者，非乙之本眞也。若大觀間，陳師文裴元宗輩，所製二百九十七方，則欲以一定之方，而應無窮之病，識者固知其昧於變通之道矣。金氏之有中原也，張潔古、劉守眞、張子和、李明之四人者作，醫道於是乎中興。潔古以古方新病不能相値，治疾一切不以方，故其書不傳其學則明之深得之。明之推內外三陽，尤先於治脾土，其爲法專於補。其所著《脾胃論》誠根本之言也。子和以吐、汗、下三法，風、寒、暑、濕、火、燥六門，爲醫之關鍵。其劑多峻厲，其爲法主於攻。守眞論風火之病，以《內經》病機氣宜十九條者爲病原式，曲盡精微。其治法則與子和相出入者也。張氏一再傳，其後無聞。李氏弟子多在中州。獨劉氏傳之荆山浮圖師，師至江南傳之宋中人羅知悌，而南方之醫皆宗之。爰及近時，天下之言醫者，非劉李之學弗道也，劉李之法雖攻補不同，會而通之，隨證而用之，不存其存乎？

李梴《醫學入門·原道統説纂維珠經》 大哉醫乎，其來遠矣。粵自混沌既判，洪荒始分，陽之輕清者，以氣而上浮爲天，陰之重濁者，以形而下凝爲地。天隆然而位乎上，地隤然而位乎下。於是陽之精者爲日，東昇而西墜；陰之精者爲月，夜見而晝隱。兩儀立矣，二曜行焉。於是玄氣凝空，水始生也。赤氣炫空，火始生也。蒼氣浮空，木始生也。素氣橫空，金始生也。黅氣際空，土始生也。五行備，萬物生，三才之道著矣。是以惟人之生，得天地之正氣。頭圓象天，足方象地。天有陰陽，人有氣血。天有五行，人有五臟。蓋葛天氏之民，巢居穴處，茹毛飲血，動作以避其寒，陰居以避其暑。大朴未開，何病之有？迨夫伏羲氏占天望氣而畫卦，後世有《天元玉冊》，目爲伏羲之書者，乃鬼臾區十世口誦而傳之也。神農氏嘗百草，一日而七十毒，厥後本草興焉。黃帝垂衣裳而天下治，與岐伯天師更相問難。上推天文，下窮地理，中極民瘼，《內經》自此而作矣。此經既作，民之有疾，必假砭針以治其外，湯液以療其內。厥後大朴散而風化開，民務繁而慾心縱，災沴多端，非大毒小毒常毒無毒之藥，弗能蠲矣。醫之大原，《素問》一書而已矣，二十四卷、八十一篇。其間推原運氣之加臨，闡明經絡之標本，論病必歸其要，處治各得其宜，井然而有條，粲然而不紊。若《天元紀大論》、《六元正紀大論》、《五常政大論》、《氣交變大論》、《至眞要大論》數篇，乃至精至微之妙道，誠萬世釋縛脱難，全眞導氣，拯黎元於仁壽，濟羸劣以獲安者之大典也。軒岐以下，代不乏人。扁鵲得其一二，演而述《難經》。皇甫士安次而爲《甲乙》。楊上善纂而爲《太素》。如全元起之解，啓玄子之註，所謂源潔則流清，表端則形正，歷代之明醫也。獨有漢長沙太守張仲景者，揣本求源，探微賾隱，取其大小奇偶之制，定君臣佐使之法而作醫方。表裏虛實，眞千載不傳之秘，乃大賢亞聖之資，有繼往開來之功也。漢唐以下，學者豈不欲涉其淵微之旨？矧《內經》之理深幽，無徑可入。如巢元方之作《病源》書，孫思邈之作《千金方》，辭益繁而理愈昧，方彌廣而法失眞。《內經》之書，施用者鮮矣。及朱奉議宗長沙太守之論，編南陽活人之書，仲景訓陰陽爲表裏，奉議解陰陽爲寒熱，差之毫釐，謬以千里。其活人也固多，其死人也不寡矣。幸而守眞劉子《要旨論》《原病式》二書既作，則《內經》之理，昭如日月之明。《直格書》《宣明論》二書既作，爲長沙之法，約如樞機之要。如改桂枝麻黄各半湯爲雙解散，變十棗湯爲三花神佑丸，其有功於聖門也不淺矣。同時有張子和者出，明《內經》之大道，續河間之正源，與麻知幾講學，而作《儒門事親》之書，乃曰：吐中有汗，瀉中有補，聖人止有三法，無第四法，乃不易之確論，至精之格言。於是有劉張之派矣。若東垣老人，明《素問》之理，宗仲景之法，作《濟生拔萃》十書以傳於世。明脈取權衡規矩，用藥體升降浮沉，是以有王道霸道譬焉。至於丹溪朱氏，傷寒內傷雜病無不精研，痰火奧義，猶其獨得。宋太史濂謂其集醫家之大成，誠哉是言也。迨及我朝，修《大觀本草》，製《銅人俞穴針灸經》《御賜醫方》等書，設太醫以輔聖躬，立良醫以佐王府，惠民藥局以濟民間夭札。其仁天下之心，宛與軒岐一揆，而遠邁漢唐。是以明醫迭出，如陶節菴之傷寒，發仲景之所未發，薛己之外科，補東垣之未備，葛可久之內傷，錢瑛之小兒，亦無忝於丹溪，昭代作人之功，其盛矣乎。後學知道統之自，則門徑不差，而醫道亦可近矣。故曰：知其要者，一言而終。

蕭京《軒岐救正論·鬼疑》 鬼神宰造化之權，精誠可格，此理甚微，至乎憑依作祟，相傳有魑魅妖孽，亦唯失德之家，淫治之婦，或蹇運之夫，往往因邪易入，乘虛召感，禦之之法，別復一論耳。若夫人病而眼中見鬼，奇形異態，舉家震駭，以爲眞鬼而必死也。延巫禱禳，惑甚矣，愚甚矣。其證有數種，一病從三陽傳入胃腑，熱迷心經，致神亂不安，則目中見鬼。夫神者，心之主也。鬼者，神之分也。氣全則爲神，神分則見鬼，神散則爲鬼也。又人當春夏之交，病時行瘟，熱中心藏則死。傷心經則亂，目亦見鬼。又一種體虛積勞暴厥，陽氣上越，假熱焚心，目亦見鬼。又見停痰上壅，與食積留中作熱攻心，目亦見鬼。總由神亂則然，投以清熱納氣及消痰蠲積之劑，則病自愈也。若其病久垂亡，目亦見鬼者，此乃元氣盡脱於外，爲神散不聚，非神亂不安也。及察《素問》有《五尸鬼篇》，言人五藏虛而值運氣不及之年，有尅鬼見，令人暴亡。總以天虛而人虛應之。虛則鬼見，非眞鬼也。惟預施治法，滋補眞陰，益助元氣，心神完固，不復散亂，邪鬼自遁矣。經曰：得神者昌，失神者亡。得守者生，失守者死。又曰：拘於鬼神者不可與言至德，其斯之謂歟。

陳蓋《醫仁術也》 醫，仁術也。精能起死，謬足傷人。起死者，種德無限。傷人者，造業靡窮。語云：差之毫釐，謬以千里。可不慎與！又云：學書紙廢，學醫人廢。紙廢尚可爲，人廢尚可爲乎？念之凜然。

陳蓋《凡人疾病勿輕信鬼神》 凡人疾病時，勿要輕信鬼神。出動許願，聽巫禱祀。要知生死大事，數本前定，豈在此一陌紙錢可挽回乎？徒滋殺生業耳。況事神不敬，反遭其怒。陰與陽隔，人何可知？如事不關其人，屈曲在內，總亦無用也。不要聽信僧道，拜經布施，行善本諸方寸，積功端在平時，豈在渴方掘井？況到得數盡，總有人事亦無可用。但須平日心地好，博得臨終痛苦無，斯爲要著。

凡人疾病時，不可多疑鬼怪讖兆。蓋疑則有，不疑則無，此自然之理也。心有疑雖草影風聲無非妖異，心無疑即耳聞目見亦屬空虛。要之鬼怪讖兆，究竟原無，因吾心之憂苦疑慮故耳。如人登塔頂，見全塔動搖，非塔動搖，乃是我心動搖耳。推此則物物可知。故人當疾厄，切勿疑注。天地之大，何物不有。且生死大數，豈在此讖兆間，君子亦務存其正理而已。

尤乘《勿藥須知》 臞仙曰：古神聖之醫能療人之心，預使不至於有疾。今之醫者，惟知療人之疾，而不知療人之心。是猶舍本而逐末也。不窮其源而攻其流，欲求疾愈，安可得乎？殊不知病由心生，孽由人作。佛氏謂一切唯心造，良不誣矣。所以人之七情內起，正性顛倒，以致大疾纏身，誠非藥石所能治療。蓋藥能治五行生剋之色身，不能治無形之七情。能治七情所傷之氣血，不能治七情忽起忽滅動靜無端之變幻。故臞仙又曰：醫不入刑官之家，藥不療不仁者之疾。蓋福有所主，禍有所司。報復之機，無一不驗。因有天刑之疾，自戕之疾。其天刑之疾，由夙世今生所積過愆，天地譴之以致斯疾，此孽原於心也。其自戕之疾者，風寒暑濕之所感，酒色性氣之所傷，六欲七情生於內，陰陽二氣攻於外，此病生於心也。仙經曰：鍊精化氣，鍊氣化神，鍊神還虛。噫，將從何處煉乎？總不出於心耳。故凡思慮傷心，憂悲傷肺，忿怒傷肝，飲食傷脾，淫欲傷腎，藥之所治，只有一半，其一半則全不係藥力，唯要在心藥也。或曰：何謂心藥？予引林鑑堂詩曰：自家心病自家知，起念還當把念醫。只是心生心作病，心安那有病來時。此之謂心藥。以心藥治七情內起之病，此之謂療心。予考歷代醫書之盛，汗牛充棟，反覆詳明，其要主於卻疾，然《內經》有一言可以蔽之，曰：不治已病治未病是也。

治有病不若治於無病，療身不若療心。吾以謂使人療，尤不若先自療也。

尤乘《古方無妄用》 鄱陽周順，醫有十全之功，云：古方如《聖惠》、《千金》、《外臺秘要》，所論病原脈症，及針灸法，皆不可廢。然處方分劑，與今大異，不深究其旨者，謹勿妄用。有人得目疾，用古方治之，目遂突出。又有婦人因產病，用《外臺秘要》坐導方，其後反得惡露之疾，終身不差。曾有士人得腳弱病，方書羅列，積藥如山，而疾益甚。余令悉屏去，但用杉木爲桶，盛水濯足，并令排樟腦於兩股間，以腳梆繫定，月餘而安健如初。南方多此疾，不可不知。順固名醫，語必不妄，故録於此。

尤乘《草藥不可妄用》 甲志云：紹興十九年三月，英川僧希賜，往州南三十里洸口掃塔。有客船自番禺至，舟中士人攜一僕，病腳弱，不能行。舟師憫之曰：吾有一藥，治此病如神，餌之而差者，不可勝計。既賽廟畢，飲胙頗醉，乃入山求得，草漬酒授病者，令天未明服之。如其言，藥入口即呻吟云：腸胃如刀割截痛。遲明而死。士人以咎舟師，舟師恚曰：何有此。即取昨夕所餘藥，自漬酒服之，不踰時亦死。蓋此山多斷腸草，人誤食之輒死。舟師所取藥，爲根蔓所纏，醉不暇擇，徑投酒中，以此致禍，則知草藥不可妄用也。

尤乘《妄庸議病》 世有病人親朋故舊交遊來問疾者，其人曾不經一事，未讀一方，自誇了了，談説異端。或言是虛，或言是實，或云是風，或云是氣，紛紛謬説，種種不同，使亂病人心意，不知孰是。遷延已久，時不待人，欻然致禍，各自走散。設有明醫，識病淺深，探究方書，熟知本草，看病不爾，大誤人事，何況妄議者乎？

李漁《耐病解》 予自春王正月，由秣陵移家，家武林。經理維艱，遂以憂勞成疾，藥攻不克，幾登夜臺。至春杪夏初，微有起色，旋以下樓失足，猛然一蹶，筋骨皆傷，瀕於死者，復兩閱月。夏仲小愈，送豚子就試婺州，又以冒暑受傷，輿疾而返。始而痢，繼而瘧，繼而瘧痢並作，加以嗽喘怔忡諸餘症。斯時也，即使家坐十醫，口嘗百藥，尙慮攻此失彼，猶萬弩當前，非重鎧倍甲所能禦矣。維時家厄陳蔡，貰米貸薪之不暇，尙能召巫咸覓芝朮哉？惟有坐待羅刹之至，靜觀蹦踊之形而已。詎料不然，春初之疾，藥用金石貴者，攻之不愈，夏初之疾，藥用草木賤者，攻之亦不愈，迨後貴賤皆無，藥以勿藥，不期月而霍然起矣。且善飯，健步，過於疇昔，始知病猶虎也，虎逢人即食，惟見不畏己者即舍之。病猶鬼也，鬼遇物即祟，惟見不信左道者即去之。病無所不奈何，惟不能奈何窮人，窮人之爲力大矣哉。古云：病不服藥，常得中醫。予曰：非特中醫，直醫國手耳。是歲之九月，偶適吳興，歸安何紫斐使君，作《耐病述》一篇示予，謂夏秋之交，以憂旱禱雨，積勞成瘧，五內如焚，非多飲清泉弗解，又復抱病理簿書，清訟獄，日無寧晷。醫者危之，勸以忌飲水，節勞靜攝，多服參苓，始克有濟。時參值數倍於今，使君貧莫能致，匪特不從醫諫，且若有意愎之，如是者彌月而瘧忽愈，因作是篇志喜。內多疑詞，不藥自愈，其理莫能解也。予三復而美其文，因其不解，述所解解之。然予之疾，與使君之疾，不可同年語也。予之疾，起於憂一家，勞一身，使君則憂庶民之憂，勞軍國之勞。孟氏云：憂民之憂者，民亦憂其憂。《毛詩》云：保佑命之，自天申之。是使君之疾，自弗藥而天藥之，已弗禱而民禱之。瘧即能奈一人何，其能奈萬民何？即能奈萬民何，其能奈天何哉？此所以藥不瞑眩而疾自瘳，災未祓除而祥已至也。使君又何疑焉？

李漁《卻病第五》 病之起也有因，病之伏也有在。絶其因而破其戒，只在一字之和。俗云：家不和，被鄰欺。病有病魔，魔非善物，猶之穿窬之盜，起訟搆難之人也。我之家室有備，怨謗不生，則彼無所施其狡獪，一有可乘之隙，則環肆奸欺而祟我矣。然物必先朽而後蟲生之，苟能固其根本，榮其枝葉，蟲雖多，其奈樹何？人身所當和者，有氣血、臟腑、脾胃、筋骨之種種。使必逐節調和，則頭緒紛然，顧此失彼，窮終日之力不能防一隙之疏。防病而病生，反爲病竊笑耳。有務本之法，止在善和其心，心和則百體皆和，即有不和，心能居重馭輕，運籌帷幄，而治之以法矣。否則內之不寧，外將奚視？然而和心之法，則難言之，哀不至傷，樂不至淫，怒不至於欲觸，憂不至於欲絶。略帶三分拙，兼承一綫癡，微聾與暫啞，均是壽身資。此和心訣也。三復斯言，病其可卻。

李漁《病已至而退之》 病已至而退之，其法維何？曰：止在一字之靜。敵已深矣，恐怖何益？剪滅此而朝食，誰不欲爲？無如不可猝得，寬則或可漸除，急則疾上又生疾矣。此際，主持之力不在盧醫扁鵲而全在病人，何也？召疾使來者，我也，非醫也。我由寒得，則當使之併力去寒，我自慾來，則當使之一心治慾。最不解者，病人延醫，不肯自述病源，而只使醫人按脈。藥性易識，脈理難精。善用藥者時有，能悉脈理而所言必中者，今世能有幾人哉？徒使按脈定方，是以性命試醫，而觀其中用否也。所謂主持之力不在盧醫扁鵲，而全在病人者，病人之心專一，則醫人之心亦專一，病者二三其詞，則醫人什百其徑。徑愈寬則藥愈雜，藥愈雜而病愈繁矣。昔許胤宗謂人曰：古之上醫，病與脈值，惟用一物攻之。今人不諳脈理，以情度病，多其藥物以幸有功。譬之獵人，不知兔之所在，廣絡原野，以冀其獲，術亦疏矣。此言多藥無功，而未及其害。以予論之，藥味多者，不能愈疾，而反能害之。如一方十藥，治風者有之，治食者有之，治勞傷虚損者亦有之，此合則彼離，彼順則此逆。合者順者即使相投，而離者逆者又復於中爲祟矣。利害相攻，利卒不能勝害，況其多離少合，有逆無順者哉！故延醫服藥，危道也。不自爲政而聽命於人，又危道中之危道也。慎而又慎，其庶幾乎。

李漁《病未至而防之》 病未至而防之者，病雖未作，而有可病之機與必病之勢，先以藥物投之，使其欲發不得。猶敵欲攻我，而我兵先之，預發制人者也。如偶以衣薄而致寒，略爲食多而傷飽，寒起畏風之漸，飽生悔食之心，此即病之機與勢也。急飲散風之物而使之汗，隨投化積之劑而速之消。在病之自視如人如事，幾纔動而勢未成，原在可行可止之界，人或止之，則竟止矣。較之戈矛已發，而兵行在途者，其勢不大相徑庭哉。

李漁《病將至而止之》 病將至而止之者，病形將見而未見，病態欲支而難支，與久疾乍愈之人同一意況，此時所患者切忌猜疑。猜疑者，問其是病與否也。一作兩歧之念，則治之不力，轉盼而疾成矣。即使非疾，我以是疾處之，寢食戒嚴，務作深溝高壘之計，刀圭畢備，時爲出奇制勝之謀。以全副精神，料理奸謀未遂之賊，使不得揭竿而起者，豈難行不得之數哉。

李漁《療病第六》 病不服藥，如得中醫。此八字金丹，救出世間幾許危命。進此説於初得病時，未有不怪其迂者。必俟刀圭藥石無所不投，人力既窮，沉疴如故，不得已而從事斯語。是可謂天人交迫，而使就中醫者也。乃不攻不療反致霍然，始信八字金丹信乎非謬。以予論之，天地之間只有貪生怕死之人，並無起死回生之藥。藥醫不死病，佛度有緣人。旨哉斯言，不得以諺語目之矣。然病之不能廢醫，猶旱之不能廢禱。明知雨澤在天，匪求能致，然豈有晏然坐視，聽禾苗稼穡之焦枯者乎？自盡其心而已矣。予善病一生，老而勿藥。百草盡經嘗試，幾作神農後身。然於大黄解結之外，未見有呼應極靈，若此物之隨試隨驗者也。生平著書立言，無一不由杜撰，其於療病之法亦然。每患一症，輒自考其致此之由，得其所由，然後治之以方，療之以藥。所謂方者，非方書所載之方，乃觸景生情，就事論事之方也。所謂藥者，非本草必載之藥，乃隨心所喜，信手拈來之藥也。明知無本之言不可訓世，然不妨姑妄言之，以備世人之妄聽。凡閲是編者，理有可信則存之，事有可疑則闕之，不以文害辭，不以辭害志，是所望於讀笠翁之書者。

藥籠應有之物，備載方書。凡天地間一切所有，如草木金石，昆蟲魚鳥，以及人身之便溺，牛馬之溲渤，無一或遺，是可謂兩者至備之書，百代不刊之典，今試以本草一書，高懸國門，謂有能增一療病之物，及正一藥性之訛者，予以千金。吾知軒岐復出，盧扁再生，亦惟有屏息而退，莫能覬覦者矣。然使不幸而遇笠翁，則千金必爲所攫，何也？藥不執方，醫無定格，同一病也，同一藥也，盡有治彼不效，治此忽效者。彼是則此非，彼非則此是，必居一於此矣。又有病是此病，藥非此藥，萬無可用之理。或被庸醫誤投，或爲臧獲謬取，食之不死，反以回生者。跡是而觀，則本草所載諸藥性，不幾大謬不然乎？更有奇於此者，常見有人病入膏肓，危在旦夕，藥餌攻之不效，刀圭試之不靈，忽於無心中瞥遇一事，猛見一物，其物並非藥餌，其事絶異刀圭，或爲喜樂而病消，或爲驚慌而疾退。救得命活，即是良醫，醫得病痊，便稱良藥。由是觀之，則此一物與此一事者，即爲本草所遺，豈得謂之全乎？雖然，彼所載者，物性之常，我所言者，事理之變。彼之所師者人，人言如是，彼言亦如是，求其不謬則幸矣，我之所師者心，心覺其然，口亦信其然，依傍於世何爲乎。究竟予言，似創實非創也，原本於方書之一言，醫者意也。以意爲醫，十驗八九，但非其人不行。吾願以拆字射覆者，改卜爲醫，庶幾此法可行，而不爲一定不移之方書所誤耳。

李漁《本性酷好之藥》 一曰本性酷好之物，可以當藥。凡人一生，必有偏嗜偏好之一物。如文王之嗜菖蒲菹，曾皙之嗜羊棗，劉伶之嗜酒，盧仝之嗜茶，權長孺之嗜瓜，皆癖嗜也。癖之所在，性命與通，劇病得此，皆稱良藥。醫士不明此理，必按本草而稽查藥性，稍與症左，即鴆毒視之，此異疾之不能遽瘳也。予嘗以身試之。庚午之歲，疫癘盛行，一門之内，無不呻吟，而惟予獨甚。時當夏五，應薦楊梅，而予之嗜此，較前人之癖菖蒲羊棗諸物，殆有甚焉。每食必過一斗，因訊妻孥曰：此菓曾入市否？妻孥知其既有而未敢遽進，使人密詢於醫，醫者曰：其性極熱，適與症反，無論多食，即一二枚亦可喪命。家人識其不可，而恐予固索，遂詭詞以應，謂此時未得，越數日或可致之。詎料予宅鄰街，賣花售菓之聲，時時達於戶內。忽有大聲疾呼而過予門者，知爲楊家菓也。予始窮詰家人，彼以醫士之言對。予曰：碌碌巫咸，彼焉知此，急爲購之。及其既得，纔一沁齒而滿胸之鬱結俱開，嚥入腹中則五臟皆和，四體盡適，不知前病爲何物矣。家人睹此，知醫言不驗，亦聽其食而不之禁，病遂以此得痊。由是觀之，無病不可自醫，無物不可當藥。但須以漸嘗試，由少而多，視其可進而進之，始不以身爲孤注。又有因嗜此物，食之過多，因而成疾者，又當別論。不得盡執以酒解酲之說，遂其勢而益之。然食之既厭而成疾者，一見此物，即避之如讐，不相忌而相能，即爲對症之藥可知已。

李漁《其人急需之藥》 二曰其人急需之物，可以當藥。人無貴賤窮通，皆有激切所需之物。如窮人所需者財，富人所需者官，貴人所需者陞擢，老人所需者壽，皆卒急欲致之物也。惟其需之甚急，故一投輒喜，喜即病痊。如人病入膏肓，匪醫可救，則當療之以此。力能致者致之力，不能致，不妨紿之以術。家貧不能致財者，或向富人稱貸，僞稱親友饋遺，置之床頭，予以可喜。此救貧病第一着也。未得官者，或急爲納粟，或謬稱薦舉。已得官者，或眞謀詮補，或假報量移。至於老人欲得之遐年，則出在星相巫醫之口，予千予百，何足吝哉。是皆即以其人之道，反治其人之身者也。雖然，療諸病易，療貧病難，世人憂貧而致疾，疾而不可救藥者，幾與恆河沙比數，焉能假太倉之粟，貸郭況之金，是人皆予以可喜而使之霍然盡愈哉。

李漁《一心鍾愛之藥》 三曰一心鍾愛之人，可以當藥。人心私愛，必有所鍾，常有君不得之於臣，父不得之於子，而極疏極遠極不足愛之人，反爲精神所注，性命以之者，即是鍾情之物也。或是嬌妻美妾，或爲狎客孌童，或係至親密友，思之弗得，與得而弗親，皆可以致疾，即使致疾之由非關於此，一到苦痛無聊之際，勢必念及私愛之人，忽使相親，如魚得水，未有不耳清目明，精神陡健，若病魔之辭去者。此數類之中，惟色爲甚，少年之疾，強半犯此。父母不知，謬聽醫士之言，以色爲戒，不知色能害人，言其常也，情堪愈疾，處其變也。人爲情死而不以情藥之，豈人爲饑死而仍戒令勿食，以成首陽之志乎？凡有少年子女，情竇已開，未經婚嫁而致疾，疾而不能遽瘳者，惟此一物可以藥之。即使病軀羸弱，難使相親，但令往來其前，使知業爲我有，亦可慰情思之大半。猶之得藥弗食，但嗅其味，亦可內通腠理，外壯筋骨，同一例也。至若閨門以外之人，致之不難，處之更易，使近卧榻，相昵相親，非招人與共，乃購藥使嘗也，仁人孝子之養親，嚴父慈母之愛子，俱不可不預蓄是方，以防其疾。

李漁《一生未見之藥》 四曰一生未見之物，可以當藥。欲得未得之物，是人皆有。如文士之於異書，武人之於寶劍，醉人之於名酒，佳人之於美飾，是皆一往情深，不辭困頓，而欲與相俱者也。多方覓得，而使之一見，又復艱難其勢，而後出之，此駕馭病人之術也。然必既得而後留難之，許而不能卒與，是益其疾矣。所謂異書者，不必微言秘笈，搜藏破壁而後得之，凡屬新編，未經目睹者，即是異書。如陳琳之檄，枚乘之文，皆前人已試之藥也。須知奇文通神，鬼魅遇之，無有不辟者。而予所謂文人，亦不必定指才士，凡係識字之人，即可以書當藥。傳奇野史，最祛病魔，倩人讀之，與誦咒辟邪無異也。他可類推，勿拘一轍。富人以珍寶爲異物，貧家以羅綺爲異物。獵山之民，見海錯而稱奇，穴處之家，入巢居而贊異。物無美惡，希覯爲珍，婦少妍媸，乍親必美。昔未睹而今始睹，一錢所購，足抵千金。如必俟希世之珍，是索此輩於枯魚之肆矣。

李漁《平時契慕之藥》 五曰平時契慕之人，可以當藥。凡人有生平嚮往未經謀面者，如其惠然肯來，以之當藥，其爲效也更捷。昔人傳韓非書至秦，秦王見之曰：寡人得見此人，與之遊，死不恨矣。漢武帝讀相如《子虛賦》而善之曰：朕獨不得與此人同時哉！晉時宋纖有遠操，沉靜不與世交，隱居酒泉，不應辟命，太守楊宣慕之，畫其像於閣上，出入視之。是秦王之於韓非，武帝之於相如，楊宣之於宋纖，可謂心神畢射，寤寐相求者矣。使當秦王、漢帝、楊宣卧疾之日，忽置三人於榻前，則其霍然起舞，執手爲歡，不知疾之所從去者，有不待事畢而知之矣。凡此皆言秉彝至好，出自中心，故能愉快若此。其因人贊美，而隨聲附和者不與焉。

李漁《素常樂為之藥》 六曰素常樂爲之事，可以當藥。病人忌勞，理之常也，然有樂此不疲，一說作轉語，則勞之適以逸之，亦非拘士所能知耳。予一生療病，全用是方，無疾不試，無試不驗，徙癰浣腸之奇，不是過也。予生無他癖，惟好著書，憂藉以消，怒藉以釋，牢騷不平之氣，藉以剷除。因思諸候之萌蘖，無不始於七情。我有治情理性之藥，彼烏能祟我哉。故於伏枕呻吟之初，即作開卷第一義，能起能坐，則落毫端，不則但存腹稿，待沉疴將起之日，即新編告竣之時。一生剞劂，孰使爲之，強半出造化小兒之手，此我輩文人之藥。止堪自怡悦，不堪持贈君者。而天下之人，莫不有樂爲之一事，或耽詩癖酒，或慕樂嗜棋，聽其自爲，莫加禁止，亦是調理病人之一法。總之御疾之道，貴在能忘，切切在心，則我爲疾用，而死生聽之矣。知其力乏而故授以事，非擾之使困，乃迫之使忘也。

李熙和《寓醫邇言》 張無盡云：病至然後知無病之快，事來然後見無事之樂。故禦病不如卻病，完事不如省事。昔有膏粱子，受業胡安定先生門。少有羸疾，先生命讀《素問》百過。其人警省不敢恣，疾遂瘳。故知治病先治心，保攝於無形，非藥餌針鍼所能及。蓋人於疾病時，痛苦呻吟，雖有富貴，不能安享，反羨貧賤人強健矣。若於無病時，常作病想，視此身不保，百念灰冷，一切煩惱焦勞，爽然自失，則心君泰然，百體從令。《易》曰：無妄之疾，弗藥有喜。心無妄則藥可弗試矣。

醫書後載養生導引法，欲人不治已病治未病也。今陸子雜著，載儒家養生訣。其言曰：動静必敬，心火斯定，寵辱不驚，肝木以寧，飲食有節，脾土不泄，沉默寡言，肺金以全。淡然無欲，腎水自足。極平易，極精微，極簡要，極該括。通乎大道，遠勝導引諸家。

顧涇陽先生云：澄江顧雲竹著《簡明醫要》，謂是編所載平平爾，無新奇可喜之説，聊以遺子孫備檢閲耳。予聞而善之，翁之不爲新奇，乃所以爲新奇也。語有之，醫者意也。意難調而易偏，是故欲其平。平者以病治病，不以我治病也。如欹器焉，適中則平，過不及則不平矣。先正謂文章到絶頂處，只是一箇恰好，醫之治病亦然，平之一字，實神聖工巧之至義也。王陽明先生曰：治病雖無一定之方，而以和平爲主。此是一定之法，今之人但知隨病用藥，而不知每因藥發病，其失更有甚焉者矣。

閑時看醫書，甚有益於知天之學，覺得五臟六腑九竅百骸，無一不準於天。則人不能踐形盡性，眞是辜負天地，不但爲儒當知天，爲醫亦當知天。氣血臟腑在人之陰陽五行也，五運六氣在天之陰陽五行也，非究到天人合一，何以爲醫？故知學問不合天人，不是學問。四書五經，格人此心之理，《靈樞》《素問》格人此身之理，人一身之理尚不能格，何以云格物？此數條皆陸桴亭先生語也。今之人執一二程方，遂謂我能是，是亦可以爲醫矣。讀先生言，雖欲無愧，其能已諸。

《思辨録》謂人身最重陽氣，醫書云陽氣者，若天與日。人之初生，只是一點陽氣，即天地初生，亦只是一點陽氣，太極圖所謂動而生陽也。人身能保此一點陽氣，何年不可延，何病不可卻；人生能保此一點陽明，何善不可長，何惡不可去。《簡端録》云：足得陽而能走，故震爲足，一陽在下也。手得陽而能握，故艮爲手，一陽在上也。庸語云：盈天地間陰陽二氣而已，陽盛則治，陰盛則亂，人身亦然。是以君子莫大乎以理而御氣，扶陽而抑陰。

劉念臺先生云：近世鄧文潔公，晚年學問有益，其友問其功課，曰：某近日只查己過。病革，謂子弟曰：萬事萬念皆善，都不筭，一事一念不善，便筭。旨哉，誠大公無我之心，醫者所當則效也。行醫而能起死回生，百試百驗，澤及一方一邑，或得應驗良方，公諸海內，流傳濟世，皆醫家本分事，何功之有？倘一失誤，害人性命，罪戾非輕矣。古之聖人，所以功蓋天地，澤及百世矣，猶允恭克讓，謙退不遑者，正此故也。醫者豈容一毫忽略，當時時謹愼，在在細心，兢兢業業，斃而後已可爾。

薛方山先生云：吾觀《内經》，不得以小道方技視之也。論人之形質，有太陽之人，有太陰之人，有少陽之人，有少陰之人，而陰陽和平者蓋鮮焉。此言誠不誣。蓋以人之秉賦有清濁厚薄之不齊耳，是以君子貴讀書窮理，以變化氣質爲先，而謝上蔡謂克己，須從性偏難克處克將去，正爲此也。然則論性者，豈可以遺氣而作聖者，又安可以任性也哉。

羅大經先生曰：敖器之善察脈，常言心脈要細緊洪，備此三者，大貴大賢也。趙季仁舉以示予曰：此非論脈，乃是論學。予曰：小心翼翼，細也。務時敏，緊也。有容乃大，洪也。季仁曰：此言良是，然可見不獨君子小人所由以分，即貴賤皆由心地也。

朱子云：好善而惡惡，人之情也。然君子之待人也，務隱其惡而揚其善。具自待也，過則歸己，善則讓人。非矯情也，士君子爲天地立心宜爾也。愚謂醫家臨症時，遇庸醫用藥差謬，有害於人者，安忍聽其傷殘，不爲解救？然亦須婉言開導，不露鋒芒，使病者愈而醫者安，方爲善全無咎。其或大純而小疵者，即節取其能，褒揚不置，使病者敬服，深信不疑，得以始終任托，奏效成功，不致羣言淆亂，半塗而廢。總之覆載爲懷，萬物一體，民吾同胞，但欲其廣生而已，何必功自己出，伐善矜能也。《省身録》云：寧人負我，毋我負人，此待己之道也。天下之善，不必己出。此待人之道也。斯二言，醫者所當佩服。

《史記》載扁鵲名言，謂病有六不治。驕恣不論理，一不治也。輕身重財，二不治也。衣食不能適，三不治也。脈氣與心志不定，四不治也。形羸不能服藥，五不治也。信巫不信醫，六不治也。有此一者，當遠而不治。愚謂醫家活人之念，自應眞切。然君子見幾而作，不俟終日。如夫子公山佛肸之召而欲往者，救世之公心。終於不往者，守身之正理。録此數言，使醫知進退耳。

《左傳》君子曰：盡心力以事君，舍藥物可也。日格子曰：人子之於君父，當無所不用其心力。若以藥物有毒，故舍焉以倖免弑君之罪，豈所謂盡心力者乎？故曰：事親者不可以不知醫，知而弗專，斯得之矣。愚謂兩言各有攸當也。君父有疾，固不可委之醫，然每有強不知以爲知，而敎玉人彫琢，用藥掣肘，反難取效者。何如用賢弗貳，耑責成功也。故舍藥物，蓋愼重也。

方正學先生曰：士不可不知命。人之所志無窮，而所得有涯者命也。使智而可爲富貴，則孔孟南面矣。使德而可以致福遠禍，則羑里匡人之阨，無從至矣。使君子而必爲人所尊，則賢者無不遇矣。命不與人謀久矣，是道之明不明由己也，醫之行不行，聽命也。世溷濁而不清，蟬翼爲重，千鈞爲輕，黃鐘毁棄，瓦釜雷鳴，讒人高張，賢士無名，自古然也。吾惟盡吾之心，期自反無愧而已。豈忍毁人以自益，立異以邀名也哉！然欲違心從俗，殺人以媚人，尤不忍矣。林南川先生有言：善學者不汲汲於施爲成敗利鈍之際，而汲汲於吾心權衡尺度之間，寧可學成而不用，不可不成而苟用。此言實獲我心者也。劉靜修先生《讀醫書漫記》：天之生物，非偶然也。嶺南多毒，而有金蛇、白藥以治毒；湖南多氣，而有薑橘茱萸以治氣。魚鱉螺蜆，治濕毒而生於水；麝香羚角，治石毒而生於山。是物之生於世者，必使之有用於世也。猶朱子謂天將降亂，必生彌亂之人，以擬其後。由此觀之，世固無無用之材，人固無無用之時也。愚謂此言非確論也。君子之學，能爲可用耳，豈能必爲世用哉。即如孔子之聖，宜爲世用矣，且削跡伐檀，不容於世。當陳蔡之阨，子貢以道大莫容，盍少貶之言勸夫子，夫子以良農能稼不能穡，良工能巧不能順，君子能修身而不能爲容之理以諭之，若列國能容，不至欲居夷浮海矣。嗟乎，自生民以來，未有如夫子也，尚有莫能容，莫我知之嘆，而謂君子必見知於人，見用于世也，豈其然哉？馬一庵先生云：正人君子，多不合於時，故不惟不見用，且莫能容。是以夫子曰：知我其天。孟子曰：仰不愧於天。學者但求可以對天，莫我知奚病。

《古懷集記》一蜀人註王叔和《脈經》大行於世，而醫道不行。周流秦楚齊梁間，仍不行，南至高郵，寓一僧舍，數月寂無一人至者，又將他徙。主持僧曰：子不設市懸壺，誰其知者？本寺有空房在市，盍往試焉？遂如其言，醫道大行。不十年，成富室，且畜妻生子矣。主僧將化，召其人永訣。謂之曰：子前世在此鑿井穿渠，人食子德久矣。故借醫以報子耳。否則前因不植，雖扁鵲再出，無益也。自後益當行善。言盡此矣。遂逝。內典所謂要知前世因，今生受者是。要知來世因，今生作者是。今之醫人行而享用者，究無關學問，何容自負其材能。醫不行而貧困者，皆宿根淺薄，亟宜積善栽培也。

《見聞録》：金華戴元禮，明初名醫，常被召至南京，見一醫家，迎請盈門，應接不暇。戴意必精於業者，因往視焉。見一人持藥既去，追而告之曰：臨煎時加錫一塊。戴念從無以錫入煎劑法。亟叩之。曰：是古方。戴求得其書，乃餳字耳。噫，行者不盡明，明者不盡行，往往然也。其故何與？愚思醫者之窮通，病人之生死，冥中自有定數，原非人力所能爲。故遭際之奇、報施之巧多出於尋常意料之外，皆莫之爲而爲，莫之致而至者。彼懷私嗜利，忮嘗貪求，營營擾擾，終無寧晷，徒壞心術耳，安能盡如人意哉。山陰金仰軒，精保嬰術，以濟世終其身，不計財利，凡求治者，即急赴之，遇有危症，貧不能用參者，自備密投藥中，且不使人知之，所活者無筭。後仰軒享年八十七，無疾而終，異香滿室，子孫簪纓隆起，人皆信天之報施不爽也。然人所謂天，以爲蒼蒼在上者云爾，不知天包乎地，六合內外皆天也。人在天中，猶魚在水中，是以人動一善念，而天必知之，動一不善念，而天必知之。而天又非屑屑焉，知其善而報以善，知其不善而報以不善也。凡感應者，如形影然，一善感而善應之，一不善感而不善應之。自感自應也，是則人之爲善，乃自求福，爲不善，乃自求禍。故曰：禍福無不自己求之者。

予幼時見同里中有一醫家，醫道大行，但不拘貧富，必計有無，以爲分所應得也。由是家業日隆。間有僧道入門募化者，必少施涓滴，以爲作福。人每稱爲善信士也。身沒後，不數年，家道淩夷，子孫敗絶，人致疑於善人之無後，不知天地以生物爲心，人得天地之理以爲性，故皆有不忍人之心。彼乘人危急而取之，忍心甚矣。取此與彼以祈福佑，貪妄心也，何善之有？人與天地並爲三才，當以覆載之量爲量。賢愚善惡，一切要包容他，到得物我兩忘，内外一致，渾然廣大，含弘氣象，絶無計功謀利之私，纔是天心印可處。

徐大椿《醫學源流論·病有鬼神論》 人之受邪也，必有受之之處，有以召之，則應者斯至矣。夫人精神完固，則外邪不敢犯，惟其所以禦之之具有虧，則侮之者斯集。凡疾病有爲鬼神所憑者，其愚魯者，以爲鬼神實能禍人。其明理者，以爲病情如此，必無鬼神，二者皆非也。夫鬼神，猶風寒暑濕之邪耳。衛氣虚則受寒，榮氣虚則受熱，神氣虚則受鬼。蓋人之神屬陽，陽衰則鬼憑之。《内經》有五臟之病，則現五色之鬼。《難經》云：脱陽者見鬼。故經穴中有鬼床、鬼室等穴。此諸穴者，皆賴神氣以充塞之。若神氣有虧，則鬼神得而憑之，猶之風寒之能傷人也。故治寒者壯其陽，治熱者養其陰，治鬼者充其神而已。其或有因痰因思因驚者，則當求其本而治之。故明理之士，必事事窮其故，乃能無所惑而有據，否則執一端之見，而昧事理之實，均屬憒憒矣。其外更有觸犯鬼神之病，則祈禱可愈。至於冤譴之鬼，則有數端。有自作之孽，深仇不可解者，有祖宗貽累者，有過誤害人者，其事皆鑿鑿可徵。似儒者所不道，然見於經史，如公子彭生伯有之類甚多，目睹者亦不少，此則非藥石祈禱所能免矣。

何國棟《趨庭雜記》 相傳孫思邈有降龍伏虎之説，余問於先子。先子曰：此亦當時之寓言耳。蓋今之肝氣横逆，脅痛嘔惡，目張痙厥，非猙獰之逆龍乎？而肺氣不宣，喘急痰壅，便溺俱無，非猖狂之猛虎乎？當此之際，有慧心明手一劑而其病如失，是即思邈之降龍伏虎也。子輩讀書由此説而隅反之，自可日進於高明矣。

竊怪今之人學術未精，每咎於藥品之未醇，或嫌膠之不陳，或憎連之非川，用桂無交趾之產，用朮難於邑之眞，諉辭卸責，不知上古之世，衣服宮室尚有未全，金石草木之品，豈如今之悉備耶？然古人未嘗不治人也，且醫之有藥猶繪事之有色也，青黄赤黑，色之常也，而淡紅微翠嫩緑嬌黄，乃繪家均合之巧，寒熱溫涼，藥之範也，而大小緩急，奇偶輕重，亦由醫者配合之微妙耳。嗟乎，可以醫而不如繪者乎！

焦循《述難》 善述人者如善醫，各審其人之陰陽、表裏、虚實，研究而洞悉之，然後用攻用補，用涼用熱，各如其人之病，而無我之心也。不善醫者，先具一病，以擬其人，未視脈診色，方藥案狀，先已立乎其心。或縣一不切之藥，以泛應千百人之病。市人以其工酬應，假聲氣，而惑之。然而善醫者，能各審其人之病，而無我之心，則必於陰陽表裏虚實之故，骨空經脈營衛度數之理，金石水火飛潛草木之性，無一物不深索而窮究。不名一物，而無物不明。雖有奇證怪脈，人視爲不可解，自我按之，了然於重輕生死之間。學者述人，必先究悉乎萬物之性，通乎天下之志，一事一物，其條理縷析分别，不窒不泥，然後各如其所得，乃能道其所長。且亦不敢苟也。其人著撰雖千卷之多，必句誦字索，不厭其煩。雖一言之少，必推求遠思，不忽其略。得其要，挹其精，舉而揚之，聚而華之，隱者標之，奥者易之，繁者囊之，縮者修之，鬱者矢之。善醫者存人之身，善述者存人之心，故重乎述也。不善述者，拂人之長，引而歸於己之所知。好惡本歧，去取寡當。繪人者嫌眇而著瞭，惡僂而形直。美則美矣，而非其人矣。或曰：著其眇，形其僂，遂肖其人乎。夫徒著其眇，形其僂，而不肖其人。然則善述者，固不在眇不眇，僂不僂也。

黄凱鈞《醫不盡藥石》 醫者，意也。其術不盡於藥石，故古人有泥丸蓑草可以濟人之語。蘇耽橘井食葉飲泉即愈，豈專藥石也？此在醫者有恆，能眞心濟世，不逐逐聲利之間，則雖祝由可以已病。以我正氣，卻彼邪氣，德行所積，隨施隨驗，固非常理可測。若只專專計刀錐之利，已心不正，安能卻邪？雖已試之方珍異之藥，或未必驗，此蓋有神明助乎其間，非可擯之爲妄語也。

陳修園《識一字便可為醫説》 客有問於余曰：醫之爲道，乃古聖人洩天地之秘，奪造化之權，起死回生，非讀破萬卷書，參透事事物物之理者不能。今非通儒而業此，亦能療人病者，何也？余曰：天地間有理有數，理可勝數，則有學問之醫，遠近崇之，遂得其以盡活人之道。然仲景爲醫中之聖，尚未見許於當時，觀傷寒之序文可知，猶宣聖以素王老其身，天人意在萬世，不在一時也。仲景之後，名賢輩出，人皆不得志於時，閉門著書，以爲傳道之計，而喻嘉言、柯韻伯二先生書，尤感憤而爲不平之鳴，此理數之可言而不可言者矣。今之業醫者，無論不儒爲通儒，而求其識字者，則爲良醫矣。無論其識多字也，只求其識一字者，可以爲良醫矣。客曰：此何字也，得毋所謂丁字乎？余曰：亦其類耳，不必他求，即人字是也。人乃陰精陽氣合而成之者也，左爲陽，左邊一丿陽之位也，右爲陰，右邊一乀爲陰之位也。作書者遇丿處自然輕手揮之，陽主乎氣，輕清之象也。遇乀處自然重手頓之，陰主乎精，重濁之象也。兩畫不相立，陰陽互根之道也。兩畫各自位置，陰陽對待之道也。丿在左者不可使之右，乀在右者不可使之左，陰陽不離之道也。左丿由重而輕，萬物生於水，即男女搆精，萬物化生之義，由陰而陽也；右乀由輕而重，形生於氣，即大哉乾元，乃統天，至哉坤元，乃順承。人之氣，陽統乎陰也，二者合之則成人，合之之義，醫書謂之自抱。《周易》名之曰交。交則爲泰矣。試以形景淺言之，人之鼻下口上水溝穴一名人中，取人身居乎天地中之義也。自人中而上，目鼻耳皆兩竅，自人中而下，口與二便皆單竅。上三畫偶而爲陰，下三畫奇而爲陽。取地天之義，合成泰卦也。形景主外，猶必合陰陽之象而成人，況人之所以生之理乎。人之爲義大矣哉。子若遇醫者問此一字，恐高車駟馬，詡詡以名醫自負者，亦一字不識也。客聞予言，大笑而去。

李冠仙《雜論》 病之生也，百出不窮，治法總不外乎陰陽五行四字。天以陰陽五行，化生萬物。醫以陰陽五行，調治百病。要之，五行之生尅，仍不外乎陰陽。陰陽即血氣之謂也。氣爲陽，血爲陰也。氣血即水火之謂也。氣爲火而血爲水也。氣無形而血有形。氣附血以行，血無氣亦不能自行。無陰則陽無以生，無陽則陰無以化。陰陽和而萬物生焉。人生一小天地，陰陽必得其平。醫者偏於用涼，偏於用溫，皆不得其正也。醫有定理，亦有活法。王太僕云：寒之不寒，是無水也。宜壯水之主，以制陽光。熱之不熱，是無火也。宜益火之源，以消陰翳。此定理也。又有論目云：能遠視不能近視，責其無水。能近視不能遠視，責其無火。夫目乃水精之光，無水則任意滋水可也。而書稱目無火不病，又稱眼病無寒，設以不能遠視之故而任意補火，能無損目乎？凡人生而近視者甚多，往往不受熱藥，此則當參以活法，不可盡責其無火也。用藥之道，惟危急存亡之際，病重藥輕，不能挽救，非大其法不可，否則法先宜小，有效乃漸加增。不得以古方分量之重爲準。況攷古方之分量，合之於今，並不甚重。如仲景立方，動以斤計，或稱升合，似甚多也，及其用末藥，不過方寸匕，丸藥如梧子大，所服不過三十粒，又似甚少，何丸散湯液之相懸如此耶？攷《千金》《本草》，皆以古三兩爲今之一兩，古三升爲今之一升，則所兩者，僅得今之三錢耳。且仲景湯液總分三次服，則又止得三分之一，合而計之，豈非古之一兩，僅得今之一錢乎。惟世有古今，地有南北，人有強弱，藥有剛柔，醫者知所變通，庶幾有得耳。

凡人有病，如鎖錯鑽，醫者治病，如以鑰開鎖。不善開鎖，雖極用力而鎖不開，甚且將鎖損壞。銅匠善開鎖，只須銅線一根，輕輕一撥，而鎖自開。故不善治病者，雖用重劑，而病不解，甚且加增。善治病者，只須一藥，即可得效。初學治病，當自審其能治則治，否則以待善治者，不可未識病情，孟浪用藥，將人損壞，雖有善者未如之何。夫鎖可損也，人亦可損乎哉！

凡用藥調理病人，如澆灌花木。然有宜清水者，有宜肥壯者，既得其宜，而又澆灌適中，無太過不及之弊，自然發旺異常。調理病人亦然，有宜清養者，有宜峻補者，有宜補氣者，有宜補陰者，必求其當而後有效，不可蒙混施治也。即如有求速效者，以爲人葠補氣，既服人葠，何氣尚不足，熟地補陰，既服熟地，何陰尚不足？不知用藥培養，亦如澆灌花木之道，澆灌得宜，則花木藉以易長，非所澆灌者，即是花木也。即如芍藥最宜稠糞，多以稠糞加之，豈即變爲芍藥乎？是故氣虛者，宜葠。則人之氣易生，而人葠非即氣也。陰虛者，宜地，服地則人之陰易生，而熟地非即陰也。善調理者，不過用藥得宜，能助人生生之氣。若以草根樹皮，竟作血氣用，極力塡補，如花木之澆肥太過，反遏其生機矣。我輩用藥，總安輕重得宜，不可呆泥。況善用補者，補中有開，譬如作文盡塡實字，無一虛字，可能成文乎，總之不通儒學，不能通醫理也。

藥有甚貴，宜於人有益而反有損者，人葠是也。據《本草》，人葠能回元氣於無何有之鄉，可謂仙丹矣。於是富貴之家，病至莫救，無不服葠者，奈十難救一。蓋葠雖補氣，必得人有氣而弱，可以補救。若氣至無何有，人葠何能爲無氣之人，生出氣來耶。然此不過無益而已，而更有損者，何也？富貴之人，驕奢之性，淫欲不節，自謂體虛，初病即欲服葠。庸工無識，意在奉承，一藥不效，遂即用葠，或因外感邪滯未去，得補不治，或因內傷壯火食氣，得補病進。予至親丁吳氏，肺熱音啞，某醫順病人之意，人葠服之數兩，而更無音。乃延予診。囑以停葠，進瀉白散數服而愈。又予至友吳在郊翁，肝火上升，頭暈出汗，其家皆以爲虛，某醫亦以爲虛，逐日服葠，而汗暈更甚。遂延予診，欲代平肝，本人深信，而旁言嘵嘵，以爲如此溫補，汗尚不止，況停葠服陰藥耶。予辨以服葠多日，毫末見效，且覺病進，猶不更法，必欲以葠治死老翁耶。予曾代伊家排難解紛，素知感激，故能如此爭論。而其子以爲知醫，最喜用蔘，某醫附和之，究不信予之言，幸老翁深信不疑，自願服予之方，予總以平肝養血爲主，調理一月而愈。然則服蔘何益耶？更有目睹者，吾鄉富戶趙氏，爲予近鄰，其父血痢，死于蔘。其弟疔證，亦死于蔘。又有吳景賢者，偶感時邪，趙氏因其父之老友，特送蔘數錢，景賢並不肯服，奈旁人以爲財東所送，何能不服，某醫尤加附和，極力勸服，遂致邪不出而死。此皆人所同知，以益人之藥而損人，誰之過歟？予治病四十餘年，大抵富貴者少，中平者多，類多無力用蔘，而予亦輕易不用。即富貴之人，其病不當用蔘，予必禁止不用，如必用蔘而始能活人，則無力之人能活者有幾哉。

藥有極賤，似於人無益，而大有益者，黑芝蔴荄是也。予嘗治肝氣脹痛異常，氣逆嘔吐，前醫用二陳、香附、木香，順氣不效，加用破氣，如枳殼、腹皮、烏藥、沈香之類，更不效。予思肝氣橫逆，固非順氣不可，但肝爲剛臟，治之宜柔。前醫所用皆有剛意，故肝不受，治宜甘以緩之，兼養陰以平肝，然非兼通氣之品，亦難速效，惟通氣之藥，難免剛燥之意。偶思及芝蔴荄，外直內通，其色黑可逕達腎，其性微涼，毫無剛意，遂用一支，助以金橘餅三錢，一服而效，數服全愈矣。每遇舉發，即用是方，無不速愈。嗣後予治肝氣必用之，無不應手，所謂軟通於肝最宜。因思凡人臟腑之氣，無不貴通。《內經》通則不痛，痛則不通，固已。而推廣其意，通則不脹，脹則不通。通則不逆，逆則不通。凡治氣病，無不宜通，不獨肝經也。兼治哮症多年，腎氣上逆，予用六味地黃加減爲丸，每服五錢，以芝蔴荄一支，煎湯下，竟能漸愈，久不發矣。又治肝氣犯胃，飲食阻滯，欲成膈症，予以滋潤平肝、清金暢胃之品，加芝蔴荄、金橘餅十數服而愈。又遇脹症，幾有單腹之象，予用甘麥大棗湯加芝蔴荄、金橘餅，連服月餘而愈。其他諸氣爲病，服之得效者，不可數計。今諸親友，凡有氣症，延予診治，必囑以芝蔴荄爲家藏。若夫財翁，惟知愛蔘，此種賤藥之妙，彼固不知且不信也。此藥各家《本草》所不載，予偶得之，十年於茲，始以治肝氣，漸則可治之病甚多。雖蠱脹單腹，亦所能治。予不肯以爲獨得之奇也，特表而出之，以公諸世。

予嘗以所閱醫書，配以儒書，如《內經》，儒書之五經也，仲景《傷寒論》、《金匱玉函》，儒書之四書也。漢以後醫書雖多，皆不甚醇正，惟喻嘉言發揮仲景之書，精微博大，奧義畢宣，儒書中之朱註也。雖有柯氏出其後，意欲抹煞喻氏，以炫其書，亦如朱註之後，有吹毛求疵，妄肆譏評者，究何能滅朱文正而行其說耶？予所以心悅誠服於喻氏也，惟其書獨詳於《傷寒》、《金匱》，欲爲仲景後之一人。其《醫門法律》於雜症頗略，幸有《馮氏錦囊》，書稱美備，議論深醇。且其書於幼科尤爲精細，爲錢仲陽所不能及，即如痘症一門，予嘗本之以治家中痘症，皆萬全無弊，時下幼科所未嘗見也。予故於喻氏外，又推重馮氏，而欲後人學之也。

予不習外科，而治楊梅瘡十數人，果未吃捺藥，無不應手而愈者。蓋推馮氏治痘之法而用之也。今外科治楊梅，總不離乎下法，不知此毒必須升透，即如治天花，果能升透如花之發旺，自然上漿結痂，無不順吉。升透之法，必善內托，保元湯、人蔘、黃耆、官桂、糯米、紫草、甘草，所以爲主方也。若肆用大黃，氣血下虛，痘必內陷，毒何能透，命何能保耶？夫天花先天之毒也，楊梅後天之毒也。先天之毒欲透發之，猶必內托，不可傷其氣血。後天之毒欲透發之，可不內托，而惟以大下，傷其氣血乎？蓋氣血旺則毒易托出而易盡，無後患也，氣血弱則毒難托出而難盡，遺禍無窮。是故切不可傷其氣血也。天花楊梅，竟屬一理。予比而同之，聞者得毋驚而至於惑乎。然予治天花，雖少而無不愈，治楊梅較多而亦無不愈，取《錦囊》治痘之意而貫通之，屢獲大效。吾家後學，或不治楊梅，而家中生育甚多，幼子童孫難免痘症，能講求於馮氏之書，庶幾有得，而不至受時下幼科之害也。

今將治楊梅之法，姑述大略。楊梅初起，火毒甚重，大便必難，不得不先通之。龍膽瀉肝湯加大黃三兩劑，大便已通則止。此等毒由肝腎受者居多，故先用此湯。或已現於面，毒已由臟及腑，面部多屬陽明，陽明主肌肉，則用河間防風通聖散，內有發散攻下清涼解毒諸藥，且有兼顧氣血之品，可服三四劑，亦大便通即止。二方皆以土茯苓二兩，煎湯煎藥，戒吃茶葉，恐解藥性，嗣則看其人之本體，如氣分不足，則以四君加敗毒之品，銀花、槐蕊之類。如血分不足，則以四物加敗毒之品，銀花、槐蕊可以多加，更加養血涼血之品，亦以土茯苓煎湯煎藥，另合五寶丹，珠砂五分，琥珀五分，滴乳石五分。珍珠五分，研極細，入冰片二分五厘，牛黃五分，再同研，加飛羅麵二兩和勻，磁瓶收貯，每服五分，土茯苓湯下，逐日必戒茶飲，恐解性，可以土茯苓湯代之。如此醫治，輕者服一料即愈，重者不過二料，無不愈者。予屢見有過服下藥，致飲食不進，而其瘡臭不可近，予用歸脾湯合加味五寶丹，不過三服，其臭遂止，十日後而其瘡愈矣。其一爲巫某，其一爲老友柏邃庵，今邃庵八十有四猶健，可問而知也。

最可笑者，吾鄉之小兒科，自不知書，毫無學問，不過其師傳以發散消導數方，如張子和三子養親湯，蘇子、白芥子、萊菔子，在所必傳，加以羌、防、柴、葛、枳殼、腹皮、山查、厚朴，消導藥十數味，再傳以脈案，曰：受涼停滯食乳相裏，防變防驚數語。遂即懸壺行道矣。每遇臨症，即將師傳數語立方，叮囑人家症重不可吃乳，米飲亦不可吃，日以發散消導與服，數日不退熱，不易原方，雖十數日不退熱，仍用原法，略爲加減耳。其家少進米飲，則曰吃壞了，因燥藥吃多，血分大虧，不能榮筋，以致抽搐，則曰此急驚也，吾早言之矣。多日不吃飽乳，且服發散，治得氣微欲絶，則曰此慢驚也，吾早言之矣。直至於死，醫者不悟，而受害者亦不悟，猶以爲先生甚靈，彼早言矣。尤可恨者，有拂驚之婦人，毫無傳授，妄行作孽，其兒並無驚，實因誤藥，氣血已虛，往往一拂而死。夫喜怒憂思悲恐驚，驚乃七情之病，必因驚嚇而後起，豈有因外感而成驚者乎。我輩方脈，不看幼科，然因方脈而救小兒者不少。如曹耕之之孫女，某幼科治之將死。遂請拂驚老婦，余再三勸止，囑令止藥，吃乳食粥，數日全愈。韋廷璋次子，甫生八月，偶因外感發熱不退，某醫肆用發散，不許吃乳以及米飲，延至多日，看看待斃，乃回絶不治。適予至伊家有事，廷璋向予求救，予以手指探其口，尚裹予指，知將餓死。乃僞曰：我有妙方，能救此兒，但先須吃乳，其家謂已將斷氣，何能吃乳。予斷以必能吃乳，但須其母上牀以乳就之耳。其母依言，以乳就之，果然能吃，且吃不少。乳後安睡。予告以今夜且不必服藥，明早我來進藥可也。次早往視，兒夜間吃乳不少，且得安眠，似已全愈。伊家問藥，笑應之曰：予有何藥？仍吃乳耳。此兒有病多日，過服發散消導，有何外感，有何停滯，又不許吃乳，直餓死耳，而不死者，殆與我前世有緣也。其家感激，強將其子寄我名下，予亦聽之。又在蔣姓家診病，其家順以小兒藥方請教，予看脈案，痰喘聲如拉鋸，藥甚利害。予問小兒何在，奶媽現抱在予旁，並無拉鋸之聲，惟神氣甚弱耳。予稍爲診脈曰：此發散消導太過，想必又不許吃乳，乃虛痰耳。速宜進乳，不必服藥。其家依言，數日全愈矣。幼科之誤人也，予姑略述二三，類此者甚多，不能盡舉。我後人學方脈，於幼科亦須留意。凡名家醫書，皆有幼科，固宜善看，而《馮氏錦囊》，由小兒始以痘科終，尤不可忽。果能遍看方脈，小兒無不兼備。家中生育頗多，庶不至受幼科之誤也。

王德森《苦口婆心語》 古語云：對病發藥。然則藥之當中乎病也明矣。夫病有寒熱虛實，即藥有溫涼攻補，汗吐和下。苟中乎病，病自去矣。從未有不究病因，不問病狀，而概以不着痛癢，無甚寒溫之籠統十數藥，一例投之，可望去病者。乃病家習聞其說，以爲此穩當之方也。醫者樂藏其拙，以售其欺，亦以此爲穩當之方也。於是乎桑丹梔豉等味，不待搖筆而已畢集於腕下矣。不知此數味者，即不病者服之，亦無害也。倘病必以藥愈者，而僅以此投之，遷延日久，使病益深，愈治愈壞至不可起，誰執其咎？無如積習既深，牢不可破，即有對病之藥，怯者驚焉，愚者惑焉，妄者議焉，忌者謗焉，此病之所以不可治也。

炳按：桑葉辛涼泄表，去風瀉火。丹皮辛苦微寒，入手足厥陰，瀉血中伏熱，治中風驚癇，除煩熱，退無汗骨蒸，爲吐衄必用之藥。山梔炒黑苦寒，瀉心肺之邪熱，治心煩懊憹不眠。考桑葉輕清，治上焦氣分，主治風熱，即風溫也。至於丹皮、山梔兩藥，仲景方用者非一，何可泥定三物必不可用？執哉。

最可怪者，不問何病，皆稱發疹。皆用豆豉豆卷以表散之，至十數劑不止。必使病者汗出如漿，舌黑劫津，神昏熱陷，不得已乃用紫雪、至寶等丹以開泄之，而不可救矣。夫偶感發熱，膈間煩悶，清其熱可愈，何至必出疹子。其所以必曰出疹者，蓋以此哄嚇病家，欲用豆豉等味耳。豈知豆豉、豆卷，近皆用麻黄湯製，與古人之桑葉井華水製者，溫涼迥別。如果出疹，而以麻黄溫之，可乎不可。此溫症之所以轉展必重也。且其所指爲疹，皆痱子耳，蚊跡耳，水晶虛瘖耳。故不曰斑而獨曰疹者，取其易於混淆也。不然，疹由熱而發，必當清裏熱，必不當溫散以助熱。古方俱在，本草可稽，奈何以豆豉、豆卷奉爲治疹無上之妙品哉？

炳按：豆卷用麻黄浸漬，《吳醫彙講》中亦有此說，然亦是耳食也。邵步青《四時病機》，載一味豆卷湯，治溼病一身盡痛，服之得汗，熱解痛去，用之有效。淡豆豉鹹寒解熱，與葱白頭、蘇葉同用則發表，與人中黄、銀花同用解疫毒，與薤白同用治痢，與鮮生地同打名黑膏，治熱入營分，液乾不能作汗，以養陰濟汗，以上皆鑿鑿可驗之法。莫輕視豆爲無用之物。如產後之豆淋酒，能治產後虛邪身熱，得汗熱解。菜中黄豆芽，生外症人誤食，其發如雞魚，此格致變化之不可思議者。

今有以傷寒名家者，見人兩三日發熱，必指曰此傷寒也。及視所處之方，則仍豆豉耳，豆卷耳，不然則牛蒡耳，蟬衣耳，又不然則浮萍耳，桑葉耳，枇杷葉耳。佐之以陳夏藿樸，進之以石斛、沙參，而其技畢矣，其術窮矣，其病亦將不可爲矣。然尚有背水之一戰，曰紫雪丸，濂珠粉，至寶丹，牛黄丸也。

炳按：此言溫症，何等溫病也，亦不指明。至疹子乃時氣溫病，熱入營分則發疹。疹與膚平，周身密密。痧子則幼稚爲多，形如疹子，而膚捫之頭粒微尖，乃風熱由肺胃氣分，傳入營絡而發。

白痦形如濂珠，晶瑩光亮，初病即見，乃濕鬱衛分汗出不徹之故。當理氣分之邪，日久熱不解而發白痦。邪雖欲從外達，氣液已傷，必得甘濡養中。疹色不可紫萎，白痦不可白如枯骨。疹子、痧子發透，熱減神清，胸悶鬆，咳嗽暢，神安有寐爲吉。若煩擾不寐，氣粗胸悶熱焦灼，皆屬危險難治。透疹方分寒煖痧子亦然。未見必用豆豉豆卷，且二藥各自爲主，斷無連類而用者。

不知傷寒之論，倡自仲景，傷寒之方，亦傳自仲景。治傷寒者，宜必宗仲景矣。傷寒解表之劑，則有桂枝、麻黄、葛根、柴胡等湯。傷寒清裏之劑，則有芩連、白虎、承氣等湯。傷寒利濕之劑，則有五苓、豬苓、茯苓、甘草等湯。傷寒溫中之劑，則有四逆、理中、眞武、附子等湯。今傷寒家皆不用也。

炳按：羅謙甫治冬溫，謂秋燥餘氣，上刑肺金，陰氣先傷，故邪得入少陰之經，蓋溫則氣泄，寒則氣收，二氣本相反也。用葱豉湯，加枇杷葉、杏仁、象貝、花粉、甘桔。若先冬溫，嚴寒外束，身熱喘嗽，面目浮腫，喉中介介如梗，惟仲景麻杏石甘湯一方。散表寒，清裏熱，因先生大惡輕清之藥，故引此比例。

仲景《傷寒論》，入手說傷寒營無汗，發表用麻黄湯。風傷衛有汗，用桂枝湯解肌。風寒兩傷營衛，煩燥汗不出，用大青龍，風寒雙解，此言太陽經病症方藥。葛根陽明表藥，柴胡少陽和解藥，清裏：芩，連，清心胃之熱，白虎，清陽明經熱，承氣，下陽明府滯以下邪熱。五苓、豬苓、茯苓、甘草等湯，是利水之劑。理中，溫中，四逆、眞武、附子等三方救逆法，今病非正傷寒，不當用此法，故不用也。

而獨用一梔子豉湯，不知傷寒方中之梔子用生，用以探吐，非用以發汗。後世改用焦梔，已非古法，然以之清肺泄熱，亦屬治溫良品。近世復易以麻黄水製之豆豉，則藥性大變，利害迥殊，而傷寒家偏視爲不祧之俎豆。如果傷寒在太陽經，用以代麻黄，雖非正法，尚爲無害。至傳入陽明，即不可用矣，況用以治溫熱乎，乃何以不論有汗、無汗，與汗多、汗少，又不論風、寒、暑、濕、燥、火之六淫，喜、怒、憂、思、悲、驚、恐之七情，並不論勞傷、瘡瘍之雜症，而謂梔豉一湯，豆卷、桑葉數味，可以治百病，而四時皆宜，有是理乎？此非余誣人之言也。請觀於藥鋪中購藥之方，其不曰發疹子者有幾？不用此數味者有幾？亦可以啞然失笑矣。

炳按：炒黑梔用以除煩解熱，使心肺之邪，從小便解，亦無醫以梔豉作表劑觀者，豆豉不用麻黄湯浸漬，不必嘵嘵不休。亦未見吳醫不論溫病六氣七情，有汗無汗，汗多汗少，三因內外。而皆用梔豉湯。豆卷、桑葉，可治四時百病者，眞誣人矣。無其實事，先生亦當啞然自笑也。

或曰：誠如君言，病必無發疹乎？曰：否。夫輕者爲疹，發於肺。重者爲斑，發於胃。此皆肺胃熱毒所蘊，不然，則爲溫燥之藥所逼而出也。然而此症亦不多見。治宜用石膏、犀角、生地、元參、升麻、大青等味，以清火透斑化疹。仲景之白虎化斑湯，活人之元參升麻湯，節庵之青黛消斑飲，皆治斑疹之祖方也。何一不用清涼化毒之品？何一方用溫散發汗之藥？今人一言斑疹，皆曰涼藥不可服，服則遏住斑疹不能出，病家熟聞其言，深信不疑。醫者遂大書特書其豆豉、豆卷，病者亦大喫特喫其豆豉豆卷，至輕者重，重者死，至死猶曰汗未暢出也，斑疹未透也。嗚呼，本不當汗，而必欲刦其汗，本無斑疹，而必欲發其斑疹，以膠柱鼓瑟之人，行刻舟求劍之術，雖欲不死於其藥，其可得耶？當其未死，或有以石膏等味進者，病家必大詫而不服其藥，羣醫必圜視而起，以爲嫁禍之地。至萬無可爲，而始稍稍與服之，則藥誤已深，藥力不及，卒不可救，遂交相詬病，引以爲戒。衆口一辭，莫能與辨，人誰肯壞一己之聲名，爲不甚關切之人，力戰羣疑，以救其垂死之性命哉？則亦惟立而視其死而已矣。

然則病家何以不悟耶？曰：有故。病家所聞者，無非發疹也，表散也，多出汗也，而此外則從未聞也。此醫曰然，彼醫亦曰然，此方是藥，彼方亦是藥，即親友之涉獵方書者，亦與時醫之所見略同。聚蚊成雷，積非爲是，安望其能聽之聽哉？是故居今之世，而欲醫道之行，非曲意徇人不能。然而稍有學問志氣者，必不肯爲。人且嫌其固執矣。而巧言令色，阿意曲從者，於是乎名譽日隆，而聲價日高。不任其責，坐收其利。中人以下，誰不樂爲？彼賄通奴婢，交結師巫者無論已，舉世皆然，焉得不受其欺哉？徐洄溪曰：人之誤藥而死，半由於天命，半由於病家，醫者不過依違順命以成其死，並非造謀之人，故殺人之罪，醫者不受也，豈不然乎？

夫人精神充足，氣血和平，是謂無病，焉用服藥？至於服藥，必有偏勝不舉之處。醫者便當視其所偏之處而補救之，使之適得其平。溫涼攻補，隨病而施，無所成見，期於中病而已。豈容狐疑首鼠哉？譬如劇盜，當剿不剿，盜將不可制矣。譬如饑民，當撫不撫，民且亦從亂矣。今之治病者，無乃類是。更有一種醫中之鄉愿，專使藥中之奴婢，不溫不涼，不攻不補，以爲趨避逢迎之術。病家每樂與之周旋，豈知藥不能殺人者，必不能起人於死而生之。遷延貽誤，何獨非殺人哉？且夫世所謂能殺人者，石膏、大黄、麻黄、肉桂、附子、人參之屬也。今皆屏不敢用。即有引用古方者，但取其一二不關緊要之味，謂師某法，用某方，其實未嘗師其法，用其方也。並有不知其全方者。如旋覆代赭、竹葉石膏、小柴胡等湯之不知其人參，黑膏湯之但知有生地、豆豉二味，不知又有猪膚、雄黄、麝香三味也。他若溫而兼補，則如理中湯之以薑附合人參也。清而兼補，則如白虎湯之以石膏加人參也。散而兼補，則如清暑益氣湯之以升、葛合參、耆也。寒溫並用，則如瀉心湯之芩、連、姜、附，左金丸之黄連、吳萸是也。表裏兩解，則如大青龍湯之麻、桂、石膏，白虎湯之加桂枝、柴胡是也。汗下並行，則如大胡柴湯之柴胡、大黄，又如柴胡加芒硝湯、桂枝加大黄湯是也。更有如清熱燥濕之用蒼朮白虎湯，攻下和中之用調胃承氣湯之類，不勝枚舉。要在方中乎病耳。何一不可用之藥，而故爲疑忌乎。今之醫者，論藥不論病，用方不用藥，但云某藥太補，某藥太瀉，某藥太溫，某藥太涼，某藥太熱，某藥太表，某藥太散，某藥太燥，某藥太膩，某藥太攻，某藥太消，去其偏勝，得其中和，誠無愈於粥飯矣，何必服藥哉。此皆不知藥爲病設，專爲補偏救弊之用故也。

於是乎有當用不用以致誤者，不當用而用以致誤者，有當用而輕用以致誤者，有不當用反重用以致誤者。誤之淺深不同，其爲不識病情則一也。今夫病名不同，則治病之方與藥，自不得而同。倘謂病寒者不可溫，病熱者不可涼，病虛者不可補，病實者不可攻，通乎不通？倘謂病寒者反宜涼，病熱者反宜溫，病虛者反宜攻，病實者反宜補，通乎不通？倘謂病無論寒熱虛實，我將以不溫不涼不攻不補之藥，約略治之，而可盡去其攻補溫涼之味，通乎不通？乃不通之論。在不通者聞之藥，約略治之，而可盡去其攻補溫涼之味，通乎不通？乃不通之論。在不通者聞而信之，原不足爲奇。最奇者，號爲通人，而亦信不通之語。則無怪乎不通之論充塞乎宇宙，而日殺不辜，無人顧問也。

今設有病熱者於此，不問其虛熱實熱，表熱裏熱，而惟以藥汗之，未有不以爲宜然者。豈知表有寒可汗，表無寒不可汗。不可汗而汗之，是愈虛其表，而熱愈熾也。本欲清其熱，反使增其熱，病家亦可以悟矣，然而不悟也。况乎虛熱之宜用甘溫以退者，更無人能解者乎？有如婦人產後，惡露暢行，血虛發熱，不可汗也，汗之則表虛而熱陷。不可清也，清之則熱不解而變症雜出矣。芎歸、獨參、四君、四物、八珍、十全大補湯之所以爲產後良劑也。又如小兒病後，藏府空虛，陰寒發熱，日輕夜重，不可以汗，不可以清，與產後同。輕則逐寒蕩驚湯，重則加味理中、附桂八味、十全大補等湯，以退虛熱。方中且重用薑、桂、丁、附之熱品矣。彼但見其外之熱，不察其內之虛，孤陽無傳，寒極似火，不且詫爲怪事哉？雖然，溫補之劑，苟不中病，爲禍甚烈，不可以不細審焉。當視其色，聽其聲，察其氣，觀其飲食，問其二便，驗其舌胎，核其脈症，而虛實之熱判矣。若在產後，須通其瘀，瘀既暢行，腹不作痛，便當進補。體虛而瘀未暢行者，尤當兼補氣血以行之，氣行血行而瘀亦行也。此理甚明，人所易曉，而醫者往往不知，是可怪也。得非病家之多疑忌，故爲此畏首畏尾之狀乎？不然，則是不識病之虛實也。

傷寒初起一二日，邪在太陽。無汗以麻黄湯以汗之，有汗者名中風，不用麻黄以發汗，而用桂枝以解肌，芍藥之酸收甘草之甘，平以和之，仲景法也。今之治風溫濕溫有自汗者皆汗之。此何法也？且不用涼散而用溫散，或加生地、石斛之滋膩，與病相反，此又何法也？汗之不已。濕與熱鬱蒸於內，舌必變灰，灰而乾燥，固宜存津以救陰，在經宜白虎，在府宜承氣，非獨沙參、生地、石斛足以塞其責也。灰而濕潤，正宜香燥以化濕，苦寒以泄熱，於此而誤認爲乾灰。而以乾灰之法治之，謂爲防其劫津。豈知濕盛於內，行將內閉，香燥之不暇，焉有濕邪未化，津液先劫之理？若妄以沙參、麥冬、生地、石斛等味，與豆豉、豆卷同劑而投，必至濕蒙熱盛，神昏不省，復以犀角、牛黄、紫雪、至寶等品，以引邪入心，而内閉死矣。嗚呼，寒也溫也，風也濕也，病名既異，治豈得而同哉？自夫人以發汗爲治百病良法，而風溫濕溫，遂成不治之症。苟初起有不用發汗之藥者，病家先已疑之矣。夫濕病無速愈之理，稍淹時日，必更他醫。必曰此失表也，急表之，已恐弗及，表之而病益重益危，至不可救，仍歸咎於前醫之未表，疹不能速發，病家亦深信之，切齒於前醫，反自恨不早延後醫發散之爲誤。後有病者，必不敢再延前醫，而惟後醫之發散是從，雖連殺數人不悟也。是故，殺人而人不知，殺人而名日起，殺人而利愈獲，即曰病家迫之使然，然豈竟無天道哉？他日者，以此道殺其家之人，即以此道自殺其身，因種於前，果結於後。勿貟謂誤人無罪，而操刀妄割也。

余曩客婁東，見死於病者，無非此藥，心竊哀之，此苦口婆心語之所以作也。今來郡城，名醫林立，當不似吾前之所見，而容或亦有類於此者，病家不可以不知也。苟聞吾語而默察之，亦可以窺破其伎倆矣。

今亦有不可解者，蘇城之病，無一不是陰虧，無方不用洋參、石斛。即舌苔垢膩，不思飲食，濕阻中焦，而亦以此投之。至脾爲濕困，神倦胃呆，則以爲虚而補之以人參，及胸膈飽悶，不能進食，又以爲虚不受補，而束手無策矣。嗚呼，貧家患此，不藥可愈，而富室則百無一免，至死猶不知其誤。是以醫膽愈大，醫心愈粗，不必視病，早已胸有成方，一若既爲蘇人，即不當病陽虚，而必爲陰虧者，豈不可笑？然則蘇城藥肆中，一切香燥溫熱寒涼之品可不備，醫書中，凡治風寒暑濕燥火之方可盡删，洵如是也，何不懸一滋陰之方於藥肆中，使凡有病者皆服之？免得延醫切脈，多此紛紜擾攘之爲愈乎？嗟嗟，謬種流傳，遂成風氣。此亦劫運使然，非人力所易挽回。而吾所以嘵嘵不置者，亦欲使不在劫中者，得吾説而憬然自悟爾。甚矣，蘇城之洋參、石斛，與太倉之豆豉、豆卷，用藥不同，誤人無異，余故連類書之，以告兩地之患病者。

王士雄《勸醫説三則》 黄退菴曰：每見有名醫家，不數年間必獲厚貲，其間實緣得當，而愈人者固多，僥倖而得者亦復不少。宜修合良藥，以施貧苦，疏財帛以行利人利物之事，則天亦原其情而錫其福也。莫謂我道勝人，分應坐享，求田問舍，以傳子孫，墓木未拱，已有貲産廢棄者，比比也，何如早行善事，以爲綿遠之計耶。

《曲禮》云：醫不三世，不服其藥。俗以世業相承爲解，實不然也。《橘旁雜著》言，醫必父而子，子而孫，如是則其業精，始服其藥，若傳至曾元，更爲名醫矣。其間賢者不待言，其不肖者奈何？因其世業而安心服其藥，設爲所誤，生死攸關，雖愚者不爲也。况醫道通乎仙道，遠數十百年，偶出一豪傑之士，聰明好學，貫微徹幽，然其上世，並非醫者，舍是人而必求所謂三世者，有是理乎？漢儒謂《神農本草》、《黄帝素問》、《元女脈訣》爲三世醫書，醫必讀之，方爲有本之學也。梁芷林中丞云：古之醫師，必通於三世之書，一曰《神農本草》，二曰《靈樞鍼灸》，三曰《素問脈訣》。脈訣所以察證，鍼灸所以去疾，本草所以辨藥。非是三者，不可以言醫。注疏甚明，若必云三世相承，然後可服其藥，將祖父二世行醫，終無服其藥者矣。又沈歸愚《葉香巖傳》云：先生臨没誡其子曰：醫可爲而不可爲，必天資敏悟，又讀萬卷書而後可借術以濟世。不然，尠有不殺人者。是以藥餌爲刀刃也。吾死，子孫慎毋輕言醫。嗚呼，可謂達且仁矣。噫，今之藉祖父聲名而不學無術者，可不鑒哉。

爲醫者，非博極羣書不可。第有學無識，雖博而不知義反約，則書不爲我用，我反爲書所縛矣。泥古者愚，其與不學無術者相去幾何哉。故柯氏有讀書無眼，遂致病人無命之歎。夫人非書不通，猶人非飯不活也。然食而化，雖少喫亦長精神。食而不化，雖多喫徒增疾病。所以讀書要識力，始能有用，喫飯要健運，始能有益，奈毫無識力之人，狃於如荼作蘁之語。涉獵一書，即爾懸壺應世，且自誇曰儒理。喻氏所謂業醫者愈衆，而醫學愈荒，醫品愈陋，不求道之明，但求道之行，此猶勉強喫飯，縱不停食而即死，亦爲善食而形消，黄玉楸比諸酷吏蝗螟，良不誣也。更有文理全無，止記幾個成方，遂傳衣鉢而世其家業，草菅人命，恬不爲羞，尤可鄙矣。語云：用藥如用兵，善用兵者，岳忠武以八百人破楊幺十萬。不善用兵者，趙括以二十萬人受坑於長平。噫，是非才學識三長兼具之豪傑，斷不可以爲醫也。父兄之爲子弟擇術者，尚其察諸。

莫枚士《研經言·原因》 百病之因有八：一邪氣，二水濕，三鬼神，四蟲獸，五器物，六飲食，七藥石，八人事。前五者在身外，後三者在身内。而八綱之中，各有數目。邪氣之屬，有風日霧瘴，有寒暑。水濕之屬有露雨，有水。鬼神之屬，有衝擊，有喪屍，有精魅，有禍祟。蟲獸之屬，有咬螫，有影射，有遺毒，有觸氣。器物之屬，有金鏃，有打壓，有觸傷，有湯火。飲食之屬，有禁忌，有過多，有五味所傷，有中毒。藥石之屬，有服藥過劑，有藥誤石毒鴉片。人事之屬，有喜憂欲恚恐，有行立坐卧，舉重閃挫，墮隊跌仆。總計其目，二十有餘。擬引古論，衍成一卷而未遑也。略序於此。

毛祥麟《對山醫話》 古以五氣五色五聲，視人生死。蓋即誠中形外之義，亦可見疾。雖伏而未發，其臟腑已先受傷，故必現於形聲動作。譬室有火患，初不及覺，馴至烟焰滿中，則勃發而不可禦矣。然爲曲突徙薪之計者，近醫亦罕。說部載宋神宗精醫理，有内侍病腫，太醫言不治。帝爲診之曰：陰雖衰，陽未竭，猶可療也。令食蒜煮團魚而愈。熙寧初，京尹吕溱上殿進劄，郎中周約隨趨。帝問吕體中無恙否，吕以無對。頃之復問，且問周見吕如何，周對如吕。既退，吕引鏡自照，顧周曰：面有晦色否？周曰：龍圖無自疑，容彩安静。未幾，溱果病，遂不起。噫，如神宗者，可云望而知之矣。【略】

昔有人乘舟遇風而患心疾，醫者取多年船柁於手汗所積處，剉末飲之而愈。醫以意用，初似兒戲，往往巧發奇中，有未易致詰者。廬陵嘗舉此語坡公。公笑曰：然，以才人之筆燒灰飲學者，當療昏惰。推之飲伯夷之盟水，即可救貪。食比干之飯，即可愈佞。舐樊噲之盾，亦可治怯。臭西子之珥，亦可愈惡疾乎？廬陵亦大笑。余謂是固不可太泥。古人用藥，每取形質相類，性氣相從，以達病所。亦有純以意運，如弩牙速産，杵糠下噎，月季調經，扇能止汗，蛇性上竄而引藥，蟬膜外脱而退翳。所謂醫者意也，殆即此類。本不當以常理格，亦未可以必愈。其如或執而不通，適爲坡老所笑耳。【略】

醫者意也，能知變，而後能使草木。每見同是一方，或分兩有差，或少加一引，有驗不驗之異者。蓋藥之輕重，必量其病之淺深，使適達患所，不及則不驗。若夫一引之加，似無關係，然如千里行軍，不可無一向導也。宋徽宗夏月食冰，遂病脾泄。國醫進藥未效，召楊介診之，介用大理中丸。帝曰：服之屢矣。介曰：病因食冰，臣以冰煎藥，是治受病之原也。服之果愈。此正《經》言必伏其所主，而先其所因。其始則同，其終則異矣。

藝文

崔寔《太醫令箴》 動不肆勤，静不實逸。有疾歸天，醫無能恤。晉平好内，四時是一。非鬼非食，惑以自失。雖有秦和，焉所施術。太上防疾，其次萌芽。腠理不觸，骨髓奈何。

曹植《説疫氣》 建安十二年，癘氣流行，家家有僵尸之痛，室室有號泣之哀。或闔門而殪，或覆族而喪。或以爲疫者鬼神所作，人罹此者，悉被褐茹藿之子，荆室蓬戶之人耳。若夫殿處鼎食之家，重貂累蓐之門，若是者鮮焉。此乃陰陽失位，寒暑錯時，是故生疫，而愚民懸符厭之，亦可笑也。

摯虞《疾愈賦》 余體氣不和，飲食漸損。旬有餘日，衆疾竝除。饋食纖纖而日甚少，體貌廉廉而轉損。校朝夕其未殊，驗朔望而滅本。形容消而憔悴，體質憊而狼狽。内憂深以而慮遠，乃量餐而度帶。講和緩之餘論，尋越人之遺方。攷異同以求中，稽衆術而簡良。會異端於妙門，乃歸奇于涉塵。惟兹藥之攸造，寶明中之皆堅。丸以三七爲劑，服以四獻爲程。勢終朝而始發，景未仄而身輕。食信宿而異量，體涉旬而告平。

劉孝綽《謝給藥啓》 一物之微，遂留停育。名醫上藥，爰自城府。雖巫咸視診，岐伯下針，松子玉漿，衛卿雲液，比妙衆珍，實云多愧。

蕭繹《鍼穴名詩》 金推五百里，日晚唱歸來。車轉承光殿，步上通天臺。釵臨曲池影，扇拂玉堂梅。先取中庭入，罷逐步廊迴。下關那早閉，人迎已復開。

杜甫《寄薛三郎中》 人生無賢愚，飄飖若埃塵。自非得神仙，誰免危其身。與子俱白頭，役役常苦辛。雖爲尚書郎，不及村野人。憶昔村野人，其樂難具陳。藹藹桑麻交，公侯爲等倫。天未厭戎馬，我輩本常貧。子尚客荆州，我亦滯江濱。峽中一卧病，瘧癘終冬春。春復加肺氣，此病蓋有因。早歲與蘇鄭，痛飲情相親。二公化爲土，嗜酒不失眞。予今委脩短，豈得恨命屯。聞子心甚壯，所過信席珍。上馬不用扶，每扶必怒嗔。賦詩賓客間，揮灑動八垠。乃知蓋代手，才力老益神。青草洞庭湖，東浮滄海漘。君山可避暑，況足采白蘋。子豈無扁舟，往復江漢津。我未下瞿塘，空念禹功勤。聽說松門峽，吐藥攬衣巾。高秋却束帶，鼓枻視清旻。鳳池日澄碧，濟濟多士新。餘病不能起，健者勿逡巡。上有明哲君，下有行化臣。

白居易《戒藥》 促促急景中，蠢蠢微塵裏。生涯有分限，愛戀無終已。早夭羨中年，中年羨暮齒。暮齒又貪生，服食求不死。朝吞太陽精，夕吸秋石髓，徼福反成災，藥誤者多矣。以之資嗜欲，又望延甲子。天人陰騭間，亦恐無此理。域中有眞道，所說不如此。後身如身存，吾聞諸老氏。

白居易《病瘡》 門有醫來往，庭無客送迎。病銷談笑興，老足歎嗟聲。鶴伴臨池立，人扶下砌行。脚瘡春斷酒，那得有心情。

權德輿《多病戲書因示長孺》 行年未四十，已覺百病生。眼眩飛蠅影，耳厭遠蟬聲。甘辛敗六藏，冰炭交七情。唯思曲肱枕，搔首擲華纓。

權德輿《病中苦熱》 三伏鼓洪爐，支離一病夫。倦眠身似火，渴歠汗如珠。悸乏心難定，沈煩氣欲無。何時灑微雨，因與好風俱。

韓愈《病中贈張十八》 中虛得暴下，避冷卧北窗。不蹋曉鼓朝，安眠聽逢逢。籍也處閭里，抱能未施邦。文章自娛戲，金石日擊撞。龍文百斛鼎，筆力可獨扛。談舌久不掉，非君亮誰雙。扶几導之言，曲節初摐摐。半途喜開鑿，派別失大江。吾欲盈其氣，不令見麾幢。牛羊滿田野，解旆束空杠。傾尊與斟酌，四壁堆罌缸。玄帷隔雪風，照爐釘明釭。夜闌縱捭闔，哆口疏眉厖。勢侔高陽翁，坐約齊横降。連日挾所有，形軀頓胮肛。將歸乃徐謂，子言得無哤。回軍與角逐，斫樹收窮龐。雌聲吐款要，酒壺綴羊腔。君乃崑崙渠，籍乃嶺頭瀧。譬如蟻蛭微，詎可陵崆峽。幸願終賜之，斬拔枿與椿。從此識歸處，東流水淙淙。

劉禹錫《贈眼醫婆羅門僧》 三秋傷望眼，終日哭途窮。兩目今先暗，中年似老翁。看朱漸成碧，羞日不禁風。師有金篦術，如何爲發蒙。

柳宗元《愈膏肓疾賦》 景公夢疾膏肓，尙謂虛假，命秦緩以候問，遂俯伏於堂下。公曰：吾今形體不衰，筋力未寡，子言其有疾者，何也？秦緩乃窮神極思曰：夫上醫療未萌之兆，中醫攻有兆之者。目定死生，心存取捨。亦猶卞和獻含璞之璧，伯樂相有孕之馬。然臣之遇疾，如泥之處埏，疾之遇臣，如金之在冶。雖九竅未擁，四肢且安。膚腠營胃，外彊中乾。精氣內傷，神沮脈殫。以熱益熱，以寒益寒。針灸不達，誠死之端。巫新麥以爲讖，果不得其所餐。公曰：固知天賦性命如彼暄寒，短不足悲，脩不足歡。哂彼醫兮，徒精厥術如何爲之可觀？醫乃勃然變色，攘袂而起。子無讓我，我謂於子。我之技也，如石投水，如弦激矢，視生則生，視死則死。膏肓之疾不救，衰亡之國不理。巨川將潰，非捧土之能塞；大廈將崩，非一木之能止。斯言足以諭大，子今察乎孰是？爰有忠臣，聞之憤怨忘廢寢食，擗摽感歎。生死浩浩，天地漫漫，綏之則壽，撓之則散。善養命者，鮐背鶴髮成童兒；善輔弼者，殷辛夏桀爲周漢。非藥曷以愈疾，非兵胡以定亂。喪亡之國在賢哲之所扶匡，而忠義之心，豈膏肓之所羈絆。余能理亡國之刓弊，愈膏肓之患難。君謂之何以。醫曰：夫八紘之外，六合之中，始自生靈，及乎昆蟲，神安則存，神喪則終，亦猶道之紊也。患出於邪佞，身之憊也，疾生於火風，彼膏肓之與顚覆，匪藥石而能攻者哉。因此而言曰：余今變禍爲福，易曲成直，寧關天命在我。人力以忠孝爲幹櫓，以信義爲封殖，拯厥北庶綏乎社稷，一言而熒惑退舍，一揮而羲和匪昃，桑穀生庭而自滅，野雉雊鼎而自息。誠天地之無親，曷膏肓之能極。醫者遂口噤心醉，跼斂茫然，投棄針石，匍匐而前。吾謂治國在天，子謂治國在賢。吾謂命不可續，子謂命將可延。詎知國不足理，疾不足痊。佐荒淫爲聖主，保夭壽爲長年，皆正直之是與，庶將來之勉旃。

陸龜蒙《采藥賦》 藥，白芷也，香草美人，得以比之君子。定情屬思，聊爲賦云。日正融冷，春歸飾荒，睹一時之流恨，撫萬古之遺香。問人則不屈不宋，說地則非瀟非湘。搴其榮烟攜而動色，擢其體雪挺而騰光。諷畔牢愁，子雲於焉華皓。吟哀時命，曼倩由是摧藏。情思矜年，慵情畏晚。胡繩繫晷以難駐，揭車載春而不返。陋君折楊柳，須爲送行。陋君採芙蓉，仍勞贈遠。豈如陰晴互出，稚豔相迎。隈迴鳳喜，怨盻鴻驚。侍笑者青琴作號，顧謂者碧玉爲名。偸襞積，競縈盈。目斜波而水怯，鬢疊葉而雲爭。蘭在口以時聞，嬌如連瑣。蕙牽心而不定，飄若懸旌。契叩難申，融怡自許。石能潛遁以求偶，山亦浮來而命侶。誓不爲巖阿竹，冉冉孤生。誓不爲澗底松，亭亭獨處。於是欺皓本，掩縮蕤。房紅者自破，蒂縹者誰披。望懷沙之浦，詠遺襟之詞。烟分而麝墨猶濕，綺斷而龍刀合知。只言長信長門，年年可恨。未必傾城傾國，箇箇生悲。臨階躑躅以虛徐，當戶薔薇兮綽約。蜂咋葉而先盡，鶗鴂枝而易落。未若北堂公子，樹芳草忘憂。南國佳人，佩生香辟惡。露茁烟冶，風條翠謔。不知海傍之期遠，不信人間之命薄。休爲上計掾，空尋寶釵。聊作侍中郎，且乘金絡。別有盧江小吏，蜀郡長卿。或支離而築恨，或調笑以衷情。不同乎稟簪裾而霧悄，秉禮義以霜明。鄭交甫則江邊佩解，蕚綠華則席上詩成。彼貽神而致問，皆護節而舍貞。竦擢自持，雖陳辭而往愬。遷延卻立，終抱恨而難平。淚滴堪穿，腸迴好繫。蟲絲織怨以成段，象酒蠲愁而判劑。江僕射之孤燈向壁，不少淒迷。張記室之少婦當壚，應還細麗。景方駘蕩，思已低摧。酒疲於子建爲使，花困於靈均作媒。何庶物之相負，痛妍華而未迴。莫與心傷，瑤圃從驚鶗鴂。如防膽怯，空屏宜畫魁堆。剩欲追尋，徒嗟緬邈。梧形連理而終在，扇樣合歡而可學。若遇劉公伯雅，夢亦沉沉。如逢王母少兒，畫還數數。

邵雍《有病吟》 一身如一國，有病當求醫。病愈藥便止，節宣良得宜。

楊時《贈醫者鄧獻臣》 天地一氣猶冶甄，埏埴萬彙隨方圓。神形九藏通□野，八風中物如戈鋋。天元玉冊有遺義，探索始自三皇前。桑君越人不世出，鑱石鍼灸誰能傳。賤工增餘損不足，往往橫夭殘天年。羨君妙齡踵其學，至理隱賾常精研。間陰得陽以神遇，反視方術猶蹄筌。道隅□虀即爲餌，車上已有長蛇懸。嗟予羸茶苦多病，維摩丈室方蕭然。願君速已天下疾，爲子一洗沉痾痊。

朱弁《得詩二十韻》 不作漳濱卧，年侵氣血衰。據鞍思少壯，攬鏡歎清羸。有病方求艾，無營莫問蓍。心知出下策，理勝過中醫。陽燧神逾速，銅仙術盡施。論功鄙炮制，取穴辨毫釐。火帝思光異，炎宫續用奇。書螢比差似，珠蟻迫方知。忖物嗟炮鱉，觀形笑灼龜。煙微初炙手，氣烈漸鑽皮。閉目書徒展，支頭枕屢移。發狂還自哂，賈勇僅能支。宋鵲追風日，吳牛喘月時。忠言勞緩頰，善謔爲開眉。服氣功夫遠，燒丹歲月遲。衛生防後患，伐性釋前疑。展轉即成夢，呻吟且當詩。因心念民瘼，出位歎身卑。欲已七年病，當從百世師。保身將保國，未可廢箴規。

舒岳祥《贈醫博士范心齋》 疾病之所生，風寒燥濕毒。浸淫侵藏腑，脈絡起絲粟。有藥所不攻，鍼砭功始録。有如龍潛見，巖穴通隱伏。又如善用兵，洞窟皆驅逐。毛皮與腠理，一一數可燭。刺愈已及髓，投穴不中肉。春回九地底，冰崖芽衆綠。范子故書生，於此見也獨。十年從良師，神秘卷篋櫝。我疑秦盧扁，垣牆能外矚。又疑華陀子，披藏先剖腹。范生何大奇，方書無可讀。我老目已昏，煩君爲滌濯。更閱十年書，細字蠅頭黑。與子作佳傳，當與太史績。

舒岳祥《幽疥》 性不耐喧聒，況遭疥癢牽。此物有朋黨，一搔千竅連。幽陰及肘股，爛漫羅脅肩。城狐及社鼠，不如汝穴堅。蟣蝨猶外患，爾獨腠理穿。百藥既不醒，取說聊自完。閑邪自檢束，斂容如見賢。彼亦畏天理，亦有負其頑。既不廢談笑，亦不妨食眠。萬事貴隱忍，此方老子傳。

陸游《醫》 世路崎嶇久已忘，道腴禪悅度年光。故携開士降龍鉢，來寄高人夢蝶牀。只道燒金有劉向，不知賣藥是韓康。日長坐覺非塵世，庭檜花開蜂蜜香。

文天祥《彭通伯衛和堂》 理身如理國，用藥如用兵。人能保天和，於身爲太平。外邪奸其間，甚於寇搶攘。守護一不謹，乘間敵益勍。古有黄帝書，猶今六韜經。悍夫命雄喙，仁將資參苓。羽衣爲其徒，識破陰陽爭。指授別生死，錚然震能名。道家攝鉛汞，膚腠如重扃。到頭關鍵密，六氣無敢嬰。君方建旗鼓，不敢走且驚。他時橐吾弓，閉門讀黄庭。

許衡《李生器所恃二首》 人生壽夭本難齊，補養徒煩一例推。醫到明時無百中，病方困處有千岐。醫能宛轉深求病，病解間關巧避醫。生死於茲係天命，莫將天命責人爲。

防病須防未病時，病臨休恃藥能醫。寸瘡潰處全身死，一息差來五臟危。禁盜莫如先禁博，存毛未必勝存皮。萬般補養終成僞，只有操心是要規。

劉基《贈陳伯光詩》 岐跗不世出，人病莫能治。伊周不世出，國病莫能醫。豈無龍宫方，可以完支離。桓侯彊自用，扁鵲乃見疑。去去仙都山，中有木與芝。服食煉精魄，海上從安期。

戴良《贈賈思誠》 短願本有涯，長憂自無端。道心日迴絶，衰病坐連綿。瑤琴廢不理，金鏡掩莫看。誰能蠲茲疾，併用駐吾顔。澡眞藉靈草，測化奇神丹。神丹法已閟，靈草名尚傳。或求向蓬島，或采自鍾山。何彼巫咸輩，竟墮伎術間。楚辭稱九折，周禮稽十全。問名未爲悅，染味方自歎。賈生妙斯理，輶使旌其賢。莫言相遇易，知音古猶難。

釋梵琦《醫》 阿彌陀佛大醫王，接引人歸不死鄉。信手拈來皆妙藥，和盤托出盡奇方。橘中未覺乾坤大，壺內那知歲月長。只知病緣無起處，通身熱惱自清涼。

釋梵琦《疾病》 大患明明爲有身，須知疾病不饒人。但關妄想無非安，縱得眞仙未是眞。衆熱聚來風扇火，一期拋去骨纏筋。唯餘念佛離生死，只戀閻浮化作塵。

王世貞《濟川篇為太醫刑先生題》 在佛說法時，藥王爲導師。太乙操蓮葉，下救人阽危。儒用久寂寞，其功或明醫。邢子利涉才，托跡在黄岐。朝飲蓟橘井，夕飲長桑池。江陰十萬家，家家春風吹。餘波來惠吳，起我北堂慈。傳楫吾所難，清泌可藥饑。彼哉問津人，愧汝濟川辭。

陸楙《醫引》〔北南呂一枝花〕恆思發駿爻，懋業分良相。學粗人祇費，意德藝斯臧。篤貴離方，默旨繇天況，國工九一量。洞元樞丹鼎懸幾該，隱數星符嗣響。

〔梁州第七〕服煉伊開邃古，攻治爰肇三皇，能於物鬼知情狀。利關格鍼熨疏導。滌穢濁液醴推攘。探求石室，坐論明堂，責其淫修其正，絜拂靈房；就其生違其死，調御神倉。驗民爲適彼摰舒，規地紀甄夫塹爽，體天時慎厥宣藏。雷啇，姥匡，多般解刺尋攸當。嫡諦縈如吹纊，渺智淹通殪忽荒，乃浩乎疆。

〔牧羊關〕庚辛冊，靈素章，至誠虛擷破珠囊。十二圖披，八十難廣，弟俞興槁閟，和緩徹幽茫。桐君留藥録，長桑挾禁方。

〔賀新郎〕越沿炎午漸津梁，葛仙翁搜金匱眞函，孫眞人泄龍宫結藏。結茲高識窮遐曠，陶隱居著方州采捋，雷守山辨炮炙宜妨。淳于公奇侅傳對記，華陀子神枕没刑創。張長沙傷寒揭論加繩匠，決期施類法，標格布官湯。

〔隔尾〕束茅取竅繇銅人昉，製水區因持聖雀揚。擣草塗膏有鬼遺尙，更的齊梁。涉的宋唐，接代心倪互昭朗。

〔牧羊關〕混元判，材質庬，性冲夷以欲滋戕。美缺疵萌，情惑酖賞，延邪先腠理，媒惡起膏粱。夾順精除慝，乘偏毒濟良。

〔蝦蟆序〕鏡休囧，筭短長，諸際參相。運隨主客居向，氣殊浮沉升降。化移濕風雨暘，脈微交并衰旺勢，循虛賦變嘗位占。表裏承亢用，權寒溫熱涼。證歸經絡腑臟，療依逆從正旁，劑别複單急儳。與爲逢將無易潛，昌謹伺祲殃，闔闢靡鄉。應原取道設秕糠，綠筞青箱。幾家能發先農壙，青特師龍樹，王出指春陽。穿胸析腦，不限邊央。

〔尾〕側身省認同疴癢，攝志純寂比蹶僵，時且波靡視厮養。咂來玉漿，飲來月黄，不知標本森然玩諸掌。

孔廣林《北中呂鮑老兒》 成定風波套之夜，夢兒哭訴其死由，誤服熟地黄故。予一慟而悟。噫，此予之思夢使然耳。我生之且特愛之，我乃自戕之。悔甚！恨甚！嗟何及矣。戊辰

安兒托夢懷中抱，哭把生身叫。說他命限數原饒，苄苄苄屈送邙山道。可憐他含冤滿腹，銜悲滿面，對我長號。恨煞不擇醫審藥，分星劈兩，保護琳條。

潘楫《張顧存先生回頭歌》 奉勸仁術們，亟回頭，從寬譬，不爲良相爲良醫，願得博濟行仁義，資彼青蚨半養身。先要陰功積漸次，念關天，休計利。朱秀水宰相錢山陰宰相嚴雲南冢宰廖雲南中丞齊昌嗣

沈清任《金臺醫話・題辭》 我本不知醫，求醫有至理。辨言折其要，陰陽慎所始。性命今不古，壽夭任生死。斧斤操庸流，破滅而已矣。裁成相通達，補救緬前軌。自來讀書人，功用在天地。重意尋是編，匪獨誇富美。勖哉諸醫士，敬事視俞子。

袁枚《余病痢醫者誤投蔘者遂至大劇》 胸横一老字，動手便蔘苓。譬治萑苻盜，先存姑息心。彎弓忘審的，閉眼亂穿針。始悟中醫好，俞跗何處尋。

袁枚《病痢劇甚》 病痢劇甚，蒙張止原老友餽以所製大黄。聞者驚怖搖手，余毅然服之，三劑而愈。賦詩致謝。

藥可通神信不誣，將軍竟救白雲夫。大黄俗名將軍醫無成見心纔活，病到垂危膽亦粗。豈有酖人羊叔子，欣逢聖手謝夷吾。全家感謝回生力，料理花間酒百壺。

袁枚《周青原舍人札來勸勿服藥》 明知勿藥喜，當局便迷懵。身困求援急，醫多聚訟忙。補羸無紫桂，厄閏有黄楊。得汝箴規語，如餐續命湯。

袁枚《病起作》 天公容老不容健，特敎二豎來相困。庸醫知老不知病，誤把強松弱草認。關門養賊助之攻，桂附蔘耆藥雜進。從此迷懵匝月餘，腹苦彭亨頭作暈。幸遇良醫仲景來，按脈分明敢自信。道是膳飲多滯留，須用將軍破堅陣。用大黄三劑果如觸犯天屎星，暴下農田十畝糞。漸漸胸膈得展舒，五漿三饋纔能噍。其如元氣已凋傷，未免黄楊重厄閏。皐陶面色如削瓜，沈約腰圍減幾寸。直似恢復得空城，雞犬桑麻存者僅。重辦屯田善後方，甘霖潤補雷霆震。又恐蟯瘕消導難，牛炙羊羹都不近。老妻稱藥妄量

水，比畜嬰兒尤謹慎。自笑龍鍾八十翁，未必期頤還有分。雲水無心愛出山，舟如藏壑心無惱。晝起即是地行仙，宵橫便算長眠漢。笑斥如來護命經，胸有莊生齊物論。世間萬事等閒觀，殁固欣然存亦順。君不見顏含性命自家知，雖有郭璞著龜從不問。

姚鼐《行醫歎》　歎無聊，便學醫。唉，人命關天，此事難知救人心，做不得謀生計。不讀方書千卷，祇記藥味幾枝，無論臟腑風勞，傷寒瘧痢，一般的望聞問切，說是談非。要入世投機，只打聽近日時醫，慣用的是何方何味。試一試偶然得效，倒覺得希奇。試得不靈，更弄得無主意。若還死了，只說道藥不錯，病難醫。絕多少單男獨女，送多少高年父母，拆多少壯歲夫妻。不但分毫無罪，還要藥本酬儀，問你居心何忍？王法雖不及，天理實難欺。若果有救世真心，還望你讀書明理，做不來寧可改業營生，免得陰誅冥繫。

陸以湉《贈醫士費晉卿明經詩》　儒林與文苑，千秋照簡編。豈無藝術傳，别表冠世賢。華陀許潁宗，婦孺驚若仙。本草三千味，難經八十篇。格致即聖學，名與精神傳。況用拯危殆，能奪造化權。活人較良相，未知誰後先。莘渭不巷遇，隻手難回天。孟城一匹夫，所值蒙生全。日濟什百人，功德歲萬千。大哉農軒業，託始堯舜前。

陸以湉《冷盧醫話·詩》　世人服煖藥，皆云壯元陽。元陽本無虧，藥石徒損傷。人生百歲期，南北隨炎涼。君看田野間，父老多康強。茅簷弄兒孫，春隴驅牛羊。何曾識丹劑，但喜秫黍香。伊余十年謫，日聞貴人亡。金丹不離口，丱妙常在傍。真元日滲漏，滓穢留空腸。四大忽分離，一物不得將。歌喉變哀音，舞衣換縗裳。爐殘箭鏃砂，篋餘鹿角霜。拙哉此愚夫，取樂殊未央。我有出世法，亦如不死方。禦寒須布帛，欲飽資稻粱。牀頭酒一壺，膝上琴一張。興來或揮手，客至亦舉觴。滌硯臨清池，鈔書傍明窗。日用但如斯，便覺日月長。參苓性和平，扶衰固難忘。恃藥恣聲色，如人蓄豺狼。此理甚明白，吾言豈荒唐。書爲座右銘，聊以砭世盲。

元好問《心規》　元子病，遊世歸於商餘山中。以酒自肆，有醉歌里。夫公聞之，飯元子之酒，請歌之。歌曰：元子樂矣。俾和者曰：何樂亦然，何樂亦然。我曰：我雲、我山、我林、我泉。又曰：元子樂矣。俾和者曰：何樂然爾，何樂然爾。我曰：我鼻、我目、我口、我耳。歌已矣夫。公曰：自樂山林可也，自樂耳目何哉？人誰無此。元子引酒當夫。公曰：勸君此杯酒，緩飲之，聽我說：子行於世間，目不隨人視，耳不隨人聽，口不隨人語，鼻不隨人氣，其甚也，則須封包裹塞。不爾，有滅身亡家之禍，傷汙毀辱之患生焉。雖王公大人亦不能自主口鼻耳目，夫公何思之不熟耶！

元好問《盧太醫墓誌銘》　盧尚藥諱昶，世家霸州文安，本爲大名人，以方伎有名河朔。政和二年，補太醫奉御，被旨校正《和劑局方》，刪補治法。累遷尚藥局使。自幼傳家學，課誦勤讀，老不知倦。岐黄雷扁而下，其書數百家，其說累數百萬言，繁衍浩博，纖悉碎雜，無不通究。而於孫氏《千金》尤致力焉。故其診治之驗，頗能侶之。春秋雖高，神觀精明，望之知爲有道之士。年壽八十有七，自尅死期，留頌坐逝。著《醫鏡》五十篇，《傷寒片玉集》三卷。今其書故在。方伎之外，復遠治心養性之妙，如云：人生天地中，一動一息皆合陰陽自然之數，即非漠然無關涉者。所爲善惡，宜有神明照察之。又曰：人爲陽善，人自報之。人爲陰善，鬼神報之。人爲陽惡，人自治之。人爲陰惡，鬼神治之。又曰：養氣莫若息心，養身莫若戒慎。又曰：冥心一觀，勝負俱捐。此雖前賢所已道，至於表而出之，既已治己，又以及人，非仁者之用心乎！其康寧壽考，五福俱備，非偶然也。昶與予有姻戚之舊，因其子孫歸葬，書以貽之，欲其鄉人知此家出予門久，而予亦知其人之深也。銘曰：

岐黄聖學，炳如日星。苟非其人，道不虛行。惟尚藥公，有得《内經》。探病之源，起死而生。爲醫作鏡，底裏洞明。道風既扇，取重漢庭。陽報沓來，壽考康寧。倏然坐逝，歸神太清。大河安流，扶衛厥靈。扁鵲湯陰，實魏大名。遙遙華胄，復起魏京。右今世業，前後家聲。遺書具在，永爲世程。

王好古《祭神應王文》　竊以濟世須醫，去疾先藥。論江方海，眩目駭心，人皆於此。泥小技作當塗，視大經爲何物。及其臨診，莫知所措。況夫病者，虛實互見，寒熱交分，氣運加臨，脈候不應，苟或圭黍之差，已有雲淵之失。故有者甚而無者生，輕者危而重者斃，夭横盈郊，冤枉舉世。每憐孑孑之幽魂，誰聽嗷嗷之夜泣。痛矣如斯，心乎不已。耽嗜數年，裒成此集。總前聖之嘉言，爲後學之法則，雖治傷寒，獨專陰例，列古於前，評今於後，區別餘三十條，收拾過二萬字，不必泛天風，徹海波，盡在乎耳目矣。優而柔之，使自得之，厭而飫之，使自趨之。深有望於好生之君子。於戲，欲廣當世，敬以先神，伏冀鑒輝，庶幾綿歷。王好古惶恐頓首，謹言。

聖賢所言陰證，如歧伯、阿衡、仲景、叔和，故已備矣。活人許學士、韓祇和、成無已，又甚詳矣。後人尚有采擇未精，覽讀有闕。予所以從而次第之。然今之病者得之，有内外之異，或不與經符，合之有色脈之殊，或不與方契，形候相若，似是而非，衆所共疑，莫之能辨。取其如此者，又從而比類之，非簾視壁聽，髣髴未眞也。陰陽寒熱，如辨黑白矣。使醫者不動聲色，蠲去疾疴，免横夭以無辜，皆康寧而得壽，予所願也。每慮淺識，或有所遺，敬俟來賢，幸爲改正。

李梴《醫學入門·雜治賦》 百病難逃乎八要，治病必遵乎三法。正氣在人，陽爲表而陰爲裏，上古名言。邪氣害人，表爲陰而裏爲陽，仲景妙訣。實者脈盛，皮熱腹脹，前後不通。虛者脈虛，皮寒氣弱，泄利少食。新病多寒，久病反熱。內傷五邪，全要調停。外感六淫，須善汗發，風自火出，寒乃虛孽，暑耗氣液精神，甘酸斂補常投，濕傷皮肉筋骨，苦辛汗升暫咽。燥分實虛，大辨補泄。祛邪猶追盜賊，截魁而恕脇從。養正若待小人，正已而無過察。且如傷食積在腸胃，蕩滌自愈。停飲塊屬經絡，消補兼行，口腹縱而濕熱盛，燥脾上以復中氣。房勞過而相火動，滋腎水以固陰精。氣有餘而喘滿痞塞，火輕可降。血不足而吐衄怯瘵，金分宜清。氣病調氣，而血有依附。血病調血，而氣無滯凝。調氣必辛涼以散其熱，和血必辛熱以化其形。至於痰因火動，治火勿緩。火因氣鬱，理氣宜增，痰有清溫潤燥，散之異類。鬱有達發奪泄折之殊名。鬱久生痰生火，而病愈勝，病則耗氣耗血，而虛由成，陽虛畏外寒，而濕熱滯則浮腫。陰虛生內熱，而風燥盛則痿羸。陽虛火衰，甘溫易於補益。陰虛水乏，苦寒難以滋榮。陰陽兩虛，惟補其陽而陰自長。氣血俱病，只調其氣而血自寧。治熱以寒，寒之氣壅，而火食不入。攻寒以熱，熱之氣壅，而昏躁即生。寒之不寒者，當益心府。熱之不熱者，宜滋腎經。有壽者陽平陰秘，無病者火降水升。抑又聞男子陽多乎陰，宜補陰以配陽。女子氣滯於血，宜開血而行氣。肥人氣虛多痰，豁痰補氣自古傳。瘦人血虛有火，瀉火滋陰爲定議。少壯病淺兮，攻標何疑。老弱病深兮，固本乃是。老人氣多血少，只宜調和。小兒純陽無陰，不可過治。西北風高土燥，常若渴秘癰疽。東南地卑水濕，多患腫痛瘧痢。膏粱無厭，清熱潤燥是奇方淡泊不堪，散濕溫寒爲妙劑。吁，病有微甚，治有逆從。微則逆治，甚則從攻。寒因寒用兮，而熱則因熱。塞因塞用兮，而通則因通。收驚者之神，妙醫師之擊凳。止傷者之痛，信軍吏之炒葱。尸厥形若死，而脈動如常者。百會一穴可灸，息積氣久逆。而飲食如故者，導引一法收功。溏泄無定，只因眞水欠旺。嘔逆不納，莫非邪火上衝。噫，藥不執方，中病爲妙。法無定解，隨時取中。黃連苦參，賦云多服反熱，乾薑附子，誰知久飲遭凶。眞中誤而誤中眞，機關要識。虛則補而實則瀉，統會有宗。昔人謂讀仲景書，須得仲景之本意。予亦謂遵丹溪法，須有丹溪之心胸。要之傷寒熟者，則雜病愈加明決。雜症熟者，則傷寒益以渾融。醫道一貫，制作原於先聖。後學時思，不可自恃其聰明治法。

辭章雜記總部

醫話雜録部

雜録

《國語·晉語八》　平公有疾，秦景公使醫龢視之。出曰：疾不可爲也。是謂遠男而近女，惑以生蠱，非鬼非食，惑以喪志，良臣不生，天命不佑，若君不死，必失諸侯。

《列子·周穆王》　秦人逢氏有子少而惠，及壯而有迷罔之疾，聞歌以爲哭，視白以爲黑，饗香以爲朽，嘗甘以爲苦，行非以爲是。意之所之，天地四方，水火寒暑，無不倒錯者焉。楊氏告其父曰：魯之君子多術藝，將能已乎？汝奚不訪焉？其父之魯，過陳，遇老聃，因告其子之證。老聃曰：汝庸知汝子之迷乎？今天下之人，皆惑於是非，昏於利害，同疾者多，固莫有覺者。且一身之迷，不足傾一家；一家之迷，不足傾一鄉；一鄉之迷，不足傾一國；一國之迷，不足傾天下。天下盡迷，孰傾之哉！向使天下之人，其心盡如汝子，汝則反迷矣。哀樂聲色，臭味是非，孰能正之？且吾之言未必非迷，況魯之君子迷之郵者，焉能解人之迷哉？榮汝之糧，不若遄歸也。

《墨子·貴義篇》　子墨子曰：惟其可行，譬若藥然，草之本，天子食之以順其疾，豈曰一草之本而不食哉？今農夫入其稅於大人，大人爲酒醴粢盛，以祭上帝鬼神，豈曰賤人之所爲而不享哉？故雖賤人也，上比之農，下比之藥，曾不若一草之本乎？且主君亦嘗聞湯之説乎？昔者，湯將往見伊尹，令彭氏之子御。彭氏之子半道而問曰：君將何之？湯曰：將往見伊尹。彭氏之子曰：伊尹，天下之賤人也。君若欲見之，亦令召問焉，彼受賜矣。湯曰：非女所知也。今有藥於此，食之則耳加聰，目加明，則吾必説而強食之。今夫伊尹之於吾國也，譬之良醫善藥也，而子不欲吾見伊尹，是子不欲吾善也。因下彭氏之子，不使御。

《尸子》下　有醫竘者，秦之良醫也。爲宣王割痤，爲惠王療痔，皆愈。張子之背腫，命竘治之，謂醫竘曰：背非吾背也，任之制焉。治之遂愈。竘誠善治疾也，張子委制焉。夫身爲國亦猶此，必有所委制然後治。

《莊子·天地》　有虞氏之藥瘍也，禿而施髢，病而求醫，孝子操藥以修慈父，其色燋然，聖人羞之。

《莊子·庚桑楚》　南榮趎曰：里人有病，里人問之，病者能言其病，然其病病者猶未病也。若趎之聞大道，譬猶飲藥以加病也。趎願聞衛生之經而已矣。老子曰：衛生之經，能抱一乎？能勿失乎？能無卜筮而知吉凶乎？能止乎？能已乎？能舍諸人而求諸己乎？能翛然乎？能侗然乎？能兒子乎？兒子終日嗥而嗌不嗄，和之至也；終日握而手不掜，共其德也；終日視而目不瞚，偏不在外也。行不知所之，居不知所爲，與物委蛇而同其波，是衛生之經已。南榮趎曰：然則是至人之德已乎？曰：非也。是乃所謂冰解凍釋者。夫至人者，相與交食乎地，而交藥乎天，不以人物利害相攖，不相與爲怪，不相與爲謀，不相與爲事，翛然而往，侗然而來，是謂衛生之經已。

《韓非子·備内》　醫善吮人瘍，含人血，非有肌骨之親也，利之所在也。

《戰國策·韓策三》　張丑謂韓相國曰：人之所以善扁鵲者，爲有擁腫也。使善扁鵲而無擁腫也，則人莫之爲之也。今君以所事善平原君者，爲惡於秦也；而善平原君，乃所以惡於秦也。願公之熟計之也！

《新書·脩政》　湯曰：藥食嘗於卑，然後至於貴，教也。藥言獻於貴，然後聞於卑，道也。

《新語·資質》　昔扁鵲居宋，得罪於宋君，出亡之衛，衛人有病將死者，扁鵲至其家，欲爲治之。病者之父，謂扁鵲曰：吾子病甚篤，將爲迎良醫治，非子所能治也。退而不用。乃使靈巫求福請命，對扁鵲而呪。病者卒死。靈巫不能治也。夫扁鵲，天下之良醫，而不能與靈巫爭，用者知與不知也。故事求遠而失近，廣藏而狹棄，斯之謂也！

《淮南子·主術訓》　天下之物，莫凶於鷄毒。然而良醫橐而藏之，有所用也。

《淮南子·繆稱訓》　物莫無所不用。天雄、烏喙，藥之凶毒也，良醫以活人。

輪子陽謂其子曰：良工漸乎矩鑿之中。矩鑿之中，固無物而不周。聖王以治民，造父以治馬，醫駱以治病，同材而各自取焉。

《**淮南子·説山訓**》　病者寢疾，醫之用針石，巫之用糈藉，所救均也。爲醫之不能自治其病，病而不就藥則悖。

《**淮南子·説林訓**》　與死者同病，難爲良醫。憂父之疾者子，治之者醫。

《**淮南子·人間訓**》　患至而後憂之，是猶病者已惓而索良醫也。雖有扁鵲俞跗之巧，猶不能生也。

《**淮南子·泰族訓**》　所以貴扁鵲者，非貴其隨病而調藥，貴其摩息脈血，知疾之所從生也。

《**史記·日者列傳**》　賈誼曰：吾聞古之聖人，不居朝廷，必在醫卜之中。

《**鹽鐵論·國病**》　夫藥酒苦於口而利於病，忠言逆於耳而利於行。

《**鹽鐵論·非鞅**》　扁鵲不能肉白骨，微箕不能存亡國也。

《**鹽鐵論·輕重**》　扁鵲撫息脈而知疾所由生，陽氣盛則損之而調陰，寒氣盛則損之而調陽，是以氣脈調和，而邪氣無所留矣。夫拙醫不知脈理之腠，血氣之分，妄刺而無益於疾，傷肌膚而已矣。今欲損有餘，補不足，富者愈富，貧者愈貧矣。嚴法任刑，欲以禁暴止姦，而姦猶不止，意者非扁鵲之用鍼石，故衆人未得其職也。

《**鹽鐵論·相刺**》　扁鵲不能治不受鍼藥之疾，賢聖不能正不食諫諍之君。

《**鹽鐵論·申韓**》　所貴良醫者，貴其審消息而退邪氣也，非貴其下鍼石而鑽肌膚也。

《**鹽鐵論·周秦**》　吏不以多斷爲良，醫不以多刺爲工。

《**韓詩外傳**》**卷三**　傳曰：太平之時，無瘖癃跛眇尪蹇侏儒折短，父不哭子，兄不哭弟，道無襁負之遺育，然各以其序終者，賢醫之用也，故安止平正。除疾之道無他焉，用賢而已矣。詩曰：有瞽有瞽，在周之庭。紂之餘民也。人主之疾，十有二發，非有賢醫，莫能治也。何謂十二發？痿蹶逆脹，滿支膈肓，煩喘痹風，此之曰十二發。賢醫治之何？曰：省事輕刑則痿不作，無使小民飢寒則蹶不作，無令財貨上流則逆不作，無令倉廩積腐則脹不作，無使府庫充實則滿不作，無使羣臣縱恣則支不作，無使下情不上通則膈不作，上材恤下則盲不作，法令奉行則煩不作，無使下怨則喘不作，無使賢伏匿則痹不作，無使百姓歌吟誹謗則風不作。夫重臣羣下者，人主之心腹肢體也。心腹肢體無疾，則人主無疾矣。故非有賢醫，莫能治也。人皆有此十二疾而不用賢醫，則國非其國矣。詩曰：多將熇熇，不可救藥。終亦必亡而已矣。故賢醫用則衆庶無疾，况人主乎！

《**申鑒·俗嫌**》　藥者療也，所以治疾也，無疾則勿藥可也。肉不勝食氣，况於藥乎？寒斯熱，熱則致滯陰。藥之用也，惟適其宜則不爲害。若已氣平也，則必有傷。惟針火亦如之。故養性者不多服也，惟在乎節之而已矣。

《**中論·脩本**》　懷疾者人不使爲醫，行穢者人不使畫法，以無驗也。

《**中論·考僞**》　內關之疾也，非有痛癢煩苛於身，情志慧然，不覺疾之已深也。然而期日既至，則血氣暴竭，故內關之疾，疾之中夭，而扁鵲之所甚惡也。以盧醫不能別，而遘之者不能攻也。

《**釋名·釋姿容**》　𡶒摘，猶譎摘也。如醫別人𡶒，知疾之意，見事者之稱也。

《**釋名·釋疾病**》　疾病者，客氣中人。急，疾也。病，並也。並與正氣在膚體中也。疹，診也。有結氣，可得診見也。疢，久也，在體。

《**越絶書·德序外傳記**》　身死不爲醫，邦亡不爲謀，還自遺災。

《**揚子法言·重黎**》　扁鵲，盧人也，而醫多盧。

《**漢書·藝文志**》　古諺語：有病不治，常得中醫。

《**搜神記**》**卷一**　神農以赭鞭鞭百草，盡知其平毒寒溫之性，臭味所主。以播百穀。故天下號神農也。

又　赤松子者，神農時雨師也。服冰玉散，以教神農。能入火不燒。至崑崙山，常入西王母石室中，隨風雨上下。炎帝少女追之，亦得仙，俱去。至高辛時，復爲雨師，遊人間。今之雨師本是焉。

《**東谷所見·藥石**》　方今藥材，鄙賤者且數十倍於前，貴細者又數十倍於前，至携金適市鋪，求之不獲者，人孰不知眞藥之難得如此。凡設鋪而招人贖僞藥者，愚也。贖僞藥而願療病者，愚亦甚矣。吾輩宜何策？且宜於飲食衣服而加謹。古人首重食醫，春多酸，夏多苦，秋多辛，冬多鹹，調以滑甘，平居必節飲食，飯後行三十步，不用開藥鋪，飲食之加謹者此也。急脫急著，勝如服藥，衣服之加謹者此也。或有疢疾，奉行不服藥得中醫之說，藥石雖貴未害也。最是孝子慈孫，侍奉親庭，豈忍坐視其病而不救？家有餘蓄，尚可得良劑，貧窶所迫，將若之何？貧者固難得良劑，富者縱得良劑，又未必有良醫。余用念及此，仰天而祝曰：願天下人安樂！

《顏氏家訓・醫方之事》　醫方之事，取妙極難，不勸汝曹以自命也。微解藥性，小小和合，居家得以救急，亦爲勝事。皇甫謐、殷仲堪則其人也。

黄滔《吴楚二醫》　吴人之疾不救，其屬善醫，憫其家，竭其術以治之。楚人之疾救，其屬善醫，欲其家，逆其術以治之。君子痛二醫之行，若乎治亂。比干知殷之不救而救之，仍藥之以九竅。李斯目秦之救而不救之，卒鴆之二世。嗚呼，殷之亡也，疾之甚矣。秦之亡也，醫之罪也。後之有國有家者，得不慎乎醫！

《朝野僉載》卷一　醫書言：虎中藥箭，食清泥。野猪中藥箭，豗薺苨而食。雉被鷹傷，以地黄葉帖之。又礜石可以害鼠，張鷟曾試之，鼠中毒如醉，亦不識人，猶知取泥汁飲之，須臾平復。鳥獸蟲物解毒，何况人乎。被蠶齧者以甲蟲末傅之，被馬咬者以燒鞭鞘灰塗之，蓋取其相服也。蜘蛛齧者雄黄末傅之，筋斷須續者取旋復根絞取汁以筋相對以汁塗而封之，即相續如故。

《李氏刊誤・論醫》　夫醫切脈指下能知生死者，非天授其性，則因積學而致。然始或著能，末而寡效，論者以始能命通也，末謬數窮也。余曰：不然。其初屢中，喜於積財，記憶未衰，診理方鋭。及其久也，筋力已疲，志怠心勞，獲效遂鮮。則始能末謬，於斯見矣。若以數之通塞，豈曰知理哉？

《道山清話》　熙寧四年，吕誨表乞致仕。有曰：臣本無宿疾，偶值醫者用術乖方，不知脈候有虚實，陰陽有逆順，診察有標本，治療有後先，妄投湯劑，率任情意。差之指下，禍延四肢。寖成風痺，遂難行步。非徒憚跖盭之苦，又將虞心腹之變。勢已及此，爲之奈何？雖然，一身之微，固未足卹。其如九族之托，良以爲憂，是思逃祿以偷生，不俟引年而還政。於戲，獻可之論，可謂至矣。

《艾子雜説・殤子》　艾子事齊王，一日朝而有憂色，宣王怪而問之。對曰：臣不幸，稚子屬疾，欲謁告，念王無與圖事者，雖朝然心實係焉。王曰：盍早言乎？寡人有良藥，稚子頓服，其愈矣。遂索以賜。艾子拜受而歸，飲其子，辰服而巳卒。他日，艾子甚憂戚，王問之故，慼然曰：卿喪子可傷！賜黄金以助葬。艾子曰：殤子不足以受君賜，然臣將有所求。王曰：何求？曰：只求前日小兒得效方。

《唐語林・補遺》　起居舍人韋綬以心疾廢。校書郎李播亦以心疾廢，播常疑遇毒，鑿井而飲。散騎常侍李益少有疑病，亦心疾也。夫心者靈府也，爲物所中，終身不痊。多思慮，多疑惑，乃疾之本也。

《泊宅編》卷下　蜀人石藏用，以醫術遊都城，其名甚著。餘杭人陳承亦以醫顯。然石好用煖藥，陳好用涼藥。古之良醫，必量人之虚實，察病之陰陽，而後投之湯劑，或補或瀉，各隨其證。二子乃執偏見，一概於冷煖，而皆有稱於一時，何也？俗語云：藏用檐頭三斗火，陳承篋裏一盤冰。服金石藥者，潛假藥力以濟其欲，然多諱而不肯言，一日疾作，雖欲諱不可得也。吴興吴景淵刑部服硫黄，人罕有知者，其後二十年，子橐爲華亭市易官，發背而卒，乃知流毒傳氣，尚及其子，可不戒哉！

《能改齋漫録・文正公願為良醫》　范文正公微時，常詣靈寺求禱，曰：他時得爲良相乎？不許。復禱曰：不然，願爲良醫。亦不許。既而嘆曰：夫不能利澤生民，非大丈夫平生之志。他日，有人謂曰：丈夫之志於相理則當然，良醫之技，君何願焉？無乃失於卑耶？公曰：嗟乎，豈爲是哉！古人有云：常善救人，故無棄人。常善救物，故無棄物。且丈夫之於學也，固欲遇神聖之君，得行其道。思天下匹夫匹婦有不被其澤者，若己推而納之溝壑，能及小大生民者，固在爲相。爲相既不可得矣，夫能行救人利物之心者，莫如良醫。果能爲良醫也，上可以療君親之疾，下以救貧民之厄，中以保身長命。在下而及小大生民者，捨夫良醫，則未之有也。

《老學庵筆記》卷二　陳亞詩云：陳亞今年新及第，滿城人賀李衙推。李乃亞之舅，爲醫者也。今北人謂卜相之士爲巡官。巡官，唐五代郡僚之名，或謂以其巡遊賣術，故有此稱。然北方人市醫，皆稱衙推，又不知何謂。

石藏用，名用之，高醫也。嘗言今人稟賦怯薄，故按古方用藥，多不能愈病。非獨人也，金石草木之藥，亦皆比古力弱，非倍用之，不能取效，故藏用以喜用熱藥得謗。羣醫至爲謠言曰：藏用檐頭三斗火。人或畏之，惟鼂以道大喜其説，每見親友蓄丹，無多寡盡取食之，或不待告主人。主人驚駭，急告以不宜多服，以道大笑不顧，然亦不爲害。此蓋稟賦之偏，他人不可效也。晚乃以盛冬伏石上書丹，爲石冷所逼，得陰毒傷寒而死。

《外史》　士不輔而求霸，猶病者不用醫而求愈也。

張裘之行也，問臨民之道於子。子告之曰：汝盍醫乎？曰：何謂也？曰：世將無道，則天子有虚眩之疾，諸侯有怠荒之疾，百姓有飢餒之疾，大臣有貪蔽之疾，有司有夤緣侵漁之疾，受黜之臣有要君附權沽舉之疾。夫國家如寄也，而有上下之險疾，攖而攻之，國焉不危？子欲臨民，醫是而已矣。曰：何以醫也？曰：子能以仁義爲藥，以政教爲湯，先瘳乎主疾，而後瘳乎諸侯臣庶，不亦善乎？曰：此夫子之醫也，弟子何敢！逮曰：畏黨將醫諸侯，若諸侯瘳，國亦不危；諸侯不瘳，豈惟藩籬之禍，亦國之災也。由此觀之，士之交乎諸侯，猶醫者之交乎疾，不能離也。而夫子云云，無欲以晉人之故而自釋與？曰：子何以爲士交於諸侯乎？昔鄭人有膏肓之疾，三年而不出戶。或告之曰：子之疾危矣，求良醫以瘳之可乎？曰：市無良醫，何以求爲？曰：有良醫者在於楚，子以百金致之，彼必不遠千里而赴。鄭人果得楚之良醫以瘳其疾。是醫者未嘗求疾而治也，醫在而疾者求之耳。然則爲士者，亦諸侯之求之也，豈求諸侯而交歟？吾受晉王之聘，猶楚醫受鄭人之金也。鄭人得之而瘳疾，晉王得之而不瘳，吾豈不若楚人之醫乎？亦信與不信也。今黨錮又告難於朝，王室之疾，殆甚於晉，吾已矣哉！

蜀王得徵君而喜，聞有疾，忽焉而蹙，乃以單車造其門。徵君知蜀王至，掩帷而卧，命李元候於階。蜀王見李元而問曰：徵君不能出歟？曰：不能。曰：寡人入以見可乎？曰：既卧矣，俟寤，然後請入。曰：徵君得無瘳乎？曰：瘳不爲疾也。曰：然則何爲？曰：元聞之，天以薄蝕爲疾，地以崩溢爲疾。天子以幽厲爲疾，王侯以驕泰爲疾，士以貧蹇爲疾，大夫以酷佞爲疾，庶人以飢寒爲疾。今徵君之疾，蹇也。國不舉賢，使士有蹇疾，羈於道路，軒冕者多豺狼之羣，膏粱者多犬豕之輩，由此觀之，士安得而無疾也？夫疾以薄蝕崩溢，故天地以聖人爲醫；疾以幽厲驕泰，故天子王侯以賢士爲醫；疾以貧蹇，故士以夢卜爲醫；疾以酷佞，故大夫以明主爲醫；疾以飢寒，故庶人以循吏爲醫。然則徵君之疾，藥石有所不制，鬼神有所不虐，寒暑有所不侵，徵於色而不見其槁，動於聲而不見其戚，歌於鼓琴而不見其樂，歎於臨川而不見其憂，此徵君之所以爲疾也。

《松窗寤言》 人食五味以養五氣，疾則扞味而氣消，藥以去之，凡使味之得暢也。人之道也，君臣父子以相生，桑麻穀粟以相養，有暴民生焉，侵弱犯尊，反厥民常，故刑以正之。甚者合黨盛與，逆厥上罰，故兵以克之，暴者服而人道通矣。無疾則藥不可試也，暴者泯則省刑戢兵可也。夫甘味肥膏，過食之且傷氣，況於藥乎。而況於舛施者乎。

《兼明書》 世上醫人，見人病不能飲食，即云脾不磨者。明曰：按鳧鶩鵝鷄之類，口無牙齒，不能噍嚼，須脾磨然後能消，故其脾皮悉皆堅厚。若人則異畜獸，既有牙齒能嚼食物，故脾皆虚軟，惟氣用化耳。病人脾胃氣弱，即不能化食，非不磨也。家語云：齕吞者八竅而卵生，齟齬者九竅而胎生。胎卵既殊，脾胃亦別。而醫人不喻斯理，一概而言，歷代雖多，曾無悟者。

《清異録・火輪三昧》 凡病膏肓之際，匕藥難效，此針灸之所以用也。針長於宣壅滯，灸長於導氣血。古人謂之延年火，又曰火輪三昧。

《欒城遺言・箴》 眼醫王彦若，在張文定公門下，坡公於文定坐上贈之詩，引喻證據，博辨詳切高深，後學讀之茫然。坡公敏於著述如此。

《演繁露・按字》 醫有按摩法，按者以手捻捺病處也，摩者挼搓之也。字當從手，則其書當爲按矣。《玉篇》手部無按字。《廣韻》有按字，却從才別出，案字從木，注曰：几屬也。

《省心雜言》 欲去病則正本，本固則病可攻，藥石可以效。欲齊家則正身，身端則家可理，號令可以行。固其本，端其身，非一朝一夕之事也。

《玉笑零音》 （昔）晉文公二豎入於膏肓，扁鵲識之；秦孝王崔妃入靈府，許智（藏）莊識之。非察其疾也，乃診其心也。

《求志編》 爲政莫大於兵刑，民生莫重於醫。是以周官有詢聽宥赦之詳，無濫刑矣；田氏講武之預，無敗兵矣；十全十失之察，無庸醫矣。今大理刑部都察院審録重囚，用一己之見，都督都司揮戶戰敵，乏多算之謀，惠民藥局廢而不講，奈何能興親民之治也。

《雲麓漫抄》 醫書論人脈有寸關尺三部，手掌後高骨下爲寸，寸下爲關，關下爲尺。自高骨下至切寸脈指盡處，得寸爲寸，則自切尺脈指盡處上至中指尖，豈非尺乎？古人以身爲度，故寓於脈以言之。今醫家但屈中指，以兩紋盡處爲寸，或側手論夫長短，雖不相遠，至問寸尺何以名脈，則不能答。

《儒門事親・病人負德愈後吝財》 南鄉刁鑷工衛氏病風，半身無汗，已再中矣。戴人以三法療之，尋愈。恐其求報，乃紿曰：余夜夢一長髯人，鍼余左耳，故愈。巫者武嫗，年四十，病勞三年，羸瘦不足觀，諸醫技絶。適五六月間求治，願奉白金五兩。戴人治之，五六日而安。止答曰：白金三兩。乃曰：一道士投我一符，焚而吞之，乃痊。如此等人，不可勝計。若病再作，何以求治？至有恥前言，而不敢復求治療，而殺其身者。此所以世之庸工，當正病時，以犀、珠、龍、麝、丁、沉、木、乳，乘其急而巧取之。然君子博愛，賢愚亦不當效若輩也。

《儒門事親·同類妬才羣口誣戴人》 有扶救之功，如死，我則有攻擊之罪，明者不可不察也。麻先生常見他醫言戴人，能治奇病，不能治常病，能治雜病，不能治傷寒。他日見戴人，問以傷寒事，超然獨出仲景言外之意，謂余曰：公慎勿殢仲景紙上語，惑殺世人。余他日再讀仲景，方省其旨。戴人云：人常見傷寒疫氣動時輒避，曰：夫傷寒多變，須朝夕再視。若十人病，已不能給，況闔郡之中，皆親故人乎？其死生常在六七日之間，稍不往視別變矣。以此他醫咸誚之，以爲不能治傷寒，蓋未常窺其涯涘，浪爲之訾云。

《長安客話·太醫院銅人》 太醫院署有古銅人，虛中注水，關竅畢通，古色蒼碧，瑩然射目，相傳海潮中出者。

《三餘贅筆·老醫少卜》 世言老醫少卜，則醫者以年老爲貴，卜者以年少爲貴。老醫人皆知之，問之少卜，不知何謂？按王彥輔《麈史》云：老取其閱，少取其決。乃知俗語，其來久矣。

《羣碎録·儒記》 孔子主癰疽，趙岐以爲癰疽之醫。按《說苑》：雍睢，人姓名，趙岐傳之誤。

《寒檠膚見·争證》 昔者秦緩死，其長子得其術，而醫之名齊於秦緩，其二三子者，不勝其忌，於是各爲新奇而託之於父，以求勝其兄。非不愛其兄也，以爲不有以異於兄，則不得以同於父。天下未有以決也，他日，其東鄰之父，得緩枕中之書而出以證焉，然後長子之術，始窮於天下。少史子曰：有所訟者，必有所質也。苟不稽實，訟可聽虖？是以爭鷄之訟，有菽粟之證；爭牛之訟，有放歸之證；辨賊之訟，有摸鐘之證。否則鼠牙雀角，穿屋穿墉者，誰能勝其辨耶？豈惟辨醫緩三子之術而已哉？故曰：簡不聽。又曰：閱實其罪。

《埴户録·多物以幸有功》 許引寄醫，常云：病與藥值，惟用一物攻之，氣純而愈速。今之人不善爲脈，以情度病，多其物以幸有功，譬之獵不知兔，廣絡原野，冀一人獲之，術亦疏矣。一藥偶得他味相制，勿能專力，此難愈之驗也。

《比事摘録·物不同用》 物有效，吾所用而不能無弊者。病齒之人，服苦參齒愈矣，而腰重不舉。世不有類是者邪？藍蛇有毒尾卻解毒。當歸生血鬚，卻破血。麻黄發汗，根節復止汗。酸棗醒睡，仁復令人貪睡。螻蛄腰以前治大小便之過滑者，腰以後治閉結者。一物也，爲用不同如此。又鹽以浸魚肉則能經久不敗，以沾布帛則易朽爛。一物也，所施處各有所宜。惟醫亦然。阿魏性極臭，用以入食餌，乃能去臭。葫氣極葷，然置臭肉中能掩臭氣，葷臭非所常疑也。君子醫國，有興廢除害之責，人才繫其用舍，可不審其所處者哉？

《說郛三種》（續）弓三引《道徇篇》 用藥治病，病好後便須拋藥，猶復服藥不已，必且積藥成病。

《志異續編·各省地氣不同》 各省地氣不同，其人之受病，亦閒有異。如廣東多麻瘋，是蓋地氣炎熱，潮濕往來，蘊結蒸鬱，加以烟瘴不正之氣，不時中人，故生是疾。且多瞎子，婦女尤甚。或曰：廣東地氣薄，故四季常熱，陽氣過於發洩，故百花不香，或秉氣本厚，則精神足以自固。否則不勝其氣之洩，目必失明。婦女尤甚者，女本屬陰，陽氣既日見洩散，僅存純陰，陰者，暗象也。神不足者，往往而瞎。愚按此說，似亦近理，他如湖南多近盱眼，江西多禿子，四川峨眉縣多矮人，其人長不滿五尺，皆理之不可測者。此余所目及，故偶記之。

《李氏春秋》 魯有公孫綽者，告人曰：我能治偏枯。今吾俗爲偏枯，藥之則可以起死人矣。

藝文

陸玩《疾甚上表》 臣嬰遘疾疢，沈頓歷月，不蒙痊損，而日夕漸篤，自省微綿，無復生望。荷恩不報，孤負已及，仰瞻天覆，伏枕霣涕。臣年向中壽，窮極寵榮，終身歸全，將復何恨！惟願陛下崇明聖德，弘敷洪化，曾構祖宗之基，道濟羣生之命。臣不勝臨命遺戀之情，貪及視息，上表以聞。

拓跋宏《民病給醫藥詔》 朕思百姓病苦，民多非命，明發不寐，疚心疾首。是以廣集良醫，遠採名藥，欲以救護兆民。可宣告天下，民有病者，所在宜司遣醫就家診視，所須藥物，任醫量給之。

拓跋宏《恤老病詔》 哀貧恤老，王者所先。鰥寡六疾，尤宜矜愍。可敕司州，洛陽之民，年七十已上無子孫，六十已上無朞親，貧不自存者，給以衣食。及不滿六十而有廢痼之疾，無大功之親，窮困無以自療者，皆於別坊遣醫救護。給醫師四人，豫請藥物以療之。

拓跋恪《立醫館詔》 朕乘乾御曆，年周一紀，而道謝擊壤，教慚刑厝。至於下民之煢鰥疾苦，心常愍之，此而不恤，豈爲民父母之意也。可敕太常於閑敞之處，別立一館，使京畿内外疾病之徒，咸令居處。嚴敕醫署，分師療治，考其能否，而行賞罰。雖齡數有期，修短分定，然三疾不同，或賴針石，庶秦扁之言，理驗今日。又經方浩博，流傳處廣，應病投藥，卒難窮究。更令有司，集諸醫工，尋篇推簡，務存精要，取三十餘卷，以班九服，郡縣備寫，佈下鄉邑，使知救患之術耳。

拓跋恪《遣醫就治肆州傷民詔》 肆州地震陷裂，死傷甚多，言念毁没，有酸懷抱。亡者不可復追，生病之徒宜加療救。可遣太醫、折傷醫，並給所須之藥，就治之。

玄奘《謝遣内醫問疾表》 沙門元奘言，使人呂宏哲等至，宣勅慰問元奘所患，並許出外將息。慈旨忽臨，尪骸用起，若對旒冕，如寘水泉。元奘攝愼乖方，疾瘵仍集。自違離鑾蹕，倍覺嬰纏。心痛背悶，骨酸肉楚。食眠頓絶，氣息漸微。恐有不圖，點穢宫宇。思欲出外，自屏溝壑。仍恐驚動聖聽，不敢即事奏聞。遂依門籍，出至寺所。病既困勞轉篤，心亦分隔明時。乃有尚藥司醫張德志爲針療，因漸瘳降，得存首領。還顧專輒之罪，自期粉墨之誅。伏惟日月之明，久諒愚拙。江海之澤，特肆含容。豈可移倖於至微，屈法於常典，望申公道，以穆憲司。枉獄爲輕，伏鈇是俟。而殘魂朽質，仍被恩光。撫臆言懷，用銘肌骨。自惟偃頓，非復尋常。縱微下俚之憂，亦盡生涯之冀。但恨隆恩未答，末命先虧。仰惟帝勤，親勞薄狩。期於閲武，情在訓戎。既昭仁於放麟，又策勛於獻鳳。遐邇慶集，上下歡並。風伯淸塵，山祇護野。既敬惟動止，故極休貞。申炯誡於十旬，浹辰而返。鄙宣遊於八駿，密邇而旋。玉乘可停，冰懷以慰。撫事迴惶，終期殞越。不勝荷懼之至，謹奉表待罪以聞。荒惴失圖，伏聽勅旨。

李世民《問魏徵病手詔》 不見數日，憂憤甚深。自顧過已多矣，言已失矣，行已虧矣。古人云：無鏡無以鑑鬚眉，可謂實也。比欲自往，恐勞卿，所以使人來去，若有聞知，此後可以信來具報。

李世民《重問魏徵病手詔》 近來疹病何似？漸得可未？卿患日久，言面已賒，理國立家，方知難耳。比日自爲，勞思委頓，始驗任人則逸，自任則勞，非虚言也。此懷公想知之，可以意得，書何盡心，略而言耳。

盧照鄰《與洛陽名流朝士乞藥直書》 幽憂子學道於東龍門山精舍，布衣藜羹，堅卧於一巖之曲。客有過而哀之者，青囊中出金花子丹方相遺之，服之病愈。視其方，丹砂二斤。穀楮子則山中可有，丹砂則渺然難致。昔在關西太白山下，一隱士多玄明膏，中有丹砂八兩，予時居貧，不得好上砂，但取馬牙顔色微光淨者充用。自爾丁府君憂，每一號哭，涕泗中皆藥氣流出。三四年羸卧苦嗽，幾至於不免。復偶於他方中見一説，云丹砂之不精者，服之令人多嗽。訪知一處有此物甚佳，兩必須錢二千文，則三十二兩當取六十四千也。空山卧疾，家業先貧，老母年尊，兄弟祿薄。若待家辦，則委骨於巉巖之峰矣。意者欲以開歲五月穀子熟時，試合此藥，非天下名流貴族王公卿士於仁惻之心達枯骨朽株者，孰能濟之哉。今力疾賦詩一篇，遍呈當代博雅君子。雖文不動俗，事或傷心，儻遇晏嬰脫左驂而見贖，如逢孔子分秉粟以相憂，則越石原憲不辛苦於當年矣。唯當坐禪念室，以答深仁。若諸君子家有好妙砂，能以見及，最爲第一。無者各乞一二兩藥直，是庶幾也。仲尼曰：有能一日用其力於仁者乎，未有力不足者。又曰：君子無終食之間違仁，在坐則參於前，在輿則倚於衡。古人心可見矣。又曰：仁遠乎哉？我欲仁，斯仁至矣。言能苟行之，仁道不遠也。朝英貴士博濟而好仁者，何必相識，故知與不知，咸送詩告請，無案劍同掩體骸云爾。

盧照鄰《寄裴舍人諸公遺衣藥直書》 山信至自都，太子舍人裴瑾之，太子舍人韋方賢，左史范履冰，水部員外郎獨孤思莊，少府丞舍人内供奉閻知微，符璽郎喬偘並有書問余疾，兼致束帛之禮，以供東山衣藥之費。嗟乎！代與道交喪，其來尚矣。殷揚州與外甥韓康伯别，慨然而詠：富貴他人合，貧賤親戚離。因泣下交頤，不能自已。余以其爲人也，名過其實，然窮達之際，則西狩獲麟所不能免，斯亦古君子之大悲也。自鄶而下，曷足譏焉。余家咸亨中，良賤百口，自丁家難，私門弟妹凋喪。七八年間，貨用都盡。余不幸遇斯疾，母兄哀憐，破産以供醫藥。屬多穀不登，家道屢困。兄弟薄遊近縣，創巨未平。雖每分多見憂，然亦莫能取給。海內相識亦時致湯藥，恩亦多矣。晚更篤信佛法，於山下間營建，所費尤廣。本欲息貪寡欲，緣此更使貪心萌生。每得一物，輒歡喜更恨不足。嗚呼！道惡在而奔競之若茲。雖觀苦空無常，而此業已就，不可中廢。祈獲福澤，思與士君子共之。

李隆基《令諸州置醫學博士詔》 神農嘗草，以療人疾。岐伯品藥，以輔人命。朕銓覽古方，永念黎庶。或榮衛內壅，或寒暑外攻，因而不救，良可歎息。今遠路僻州，醫術全少，下人疾苦，將何恃賴。宜令天下諸州各置職事醫學博士一員，階品同於録事。每州寫本草及百一集驗方，與經史同貯。其諸州子録事各省一員，中下州先有一員者，省訖仰州補，勳散官充。

李隆基《考試博學多才道術醫藥舉人詔》 博學多才道術醫藥舉人等，先令所司表薦，兼自聞達。敕限以滿，須加考試。博學多才舉人限今來四月內集，道術醫藥舉人限閏三月內集。其博學科試明經兩史已上，〔取〕帖試稍通者。多才科試經國、商略、大策三道，並試雜文三道，取其詞氣高者。道術醫藥舉取藝業優長，試練有效者。宜令所繇，依節限處分。

李隆基《許盧懷慎去官養疾勅》 留侯多病，漢皇許其頤養。呂蒙未瘳，吳王因而憯戚。此則古之義也。銀青光祿大夫檢校黃門監兼上柱國漁陽郡開國伯盧懷慎，大才宏識，資忠履信，學窮墳典，文緯邦國，朕之倚賴，人實具瞻。頃者忘身徇公，積勞爲癘，竭誠抗表，固辭在職，方欲省其謀慮，專於導引，且憑針艾之術，副朕鹽梅之期。宜聽去官，許其養病。

李隆基《拯卹疾疫詔》 朕聞王者之埋天下，一物失所，興納隍之咎。一夫不獲，歎時予之辜。雖饑疫凶荒，國家代有。而陰陽祲沴，儆戒朕躬。自諸道水旱害人，疫疾相繼，宵旰罪己，興寢疚懷。屢降詔書，俾副勤恤，發廩蠲賦，救患賑貧，亦謂至矣。今長吏申奏，札瘥猶甚，蓋敎化未感於蒸人，精誠未格於天地，法令之或爽，官吏之或非，百姓稱冤，稅役多弊，姦贓未去，農業失時。有一於茲，皆傷和氣，並委內外文武常參官一一條疏，各具所見聞奏，必當親覽，無憚直言，其諸道應災荒處疾疫之家，有一門盡歿者，官給凶具，隨事瘞藏。一家如有口累，疫死一半者，量事與本戶稅錢三分中減一分。死一半已上者，與減一半本戶稅。其疫未定處，並委長吏差官巡撫，量給醫藥，詢問救療之術，各加拯濟，事畢條疏奏來。其有一家長大者皆死，所餘孩稚，十二至襁褓者，不能自活，必至夭傷，長吏勸其近親收養，仍官中給兩月糧，亦具數聞奏。江南諸道，既有凶荒，賦入上供，悉多蠲減，國用常限，或慮不充，其度支鹽鐵戶部及百司，除諸軍衣糧布帛及宗廟祭享切急所須並常科用外，所有舊例市買貯備雜物，一事已上，並仰權停，待歲熟時和，別舉處分。於戲。朕自臨御，於今七年，兢兢乾乾，不敢自逸，而沖昧寡德，未能燮調，暵旱水災，或罹於藩郡，夭亡疾苦，或害於生人，悼於厥心，省己自責。其州府長吏，各奉詔條，勉加拯恤，凡在中外，宜體朕懷。

張說《謝賜藥狀》 右，內使陳忠盛宣旨，賜臣痢藥。臣攝生無方，自遺疾疢。聖慈矜憫，垂恩救護。氣衰力憊，忽吞永命之符，腸滑胃虛，更餌返魂之草。蒙天營佑，指日痊平。雖萬粉灰，何酬造化。謹附忠盛奉狀陳謝以聞。

邵說《為郭令公謝臘日賜香藥表》 臣某言：月日中使某至，伏奉恩旨，敕賜臣臘日香藥金花銀合子兩枚，面脂一盒，裛香二袋，澡豆一袋者，開奩氣馥，拜蹈增慚。臣某中謝。伏以時當大蜡，節號嘉平，歡已洽於人神，賜仍出於黻冕，沐茲芳澤，傅以香蘇。忖陋體而何幸，顧頹齡而可駐。邱山施重，雨露恩深。感戴慚惶，不知所報。無任荷恩稠疊之至。

邵說《謝賜新曆日及口脂面藥等表》 臣某言：中使某至，伏奉某月日墨詔，賜臣新曆日一通，並口脂面藥紅雪紫雪等。窮溟之上，寵詔忽臨。大蜡之辰，慶賜爰及。跪承慈渥，戰汗失容。臣往塵近掖，實曠天心。洎守遐藩，多昧戎畧。殊私未答，官謗將營。陛下聖德包荒，宸嚴曲貸。猶存寵任，便浹恩波。覆燾不遺於遐陬，賜賚亟霑於尸素。況日官頒曆，承敬授之規。綸旨宣慈，沐逾涯之奬。蘭膏滋潤，絳雪珍芳。捧持而炎瘴自消，潤飾而衰容坐變。邱山非重，草芥至微。雖百其身，豈酬鴻造。無任感恩瞻戀之至。

權德輿《代盧相公謝賜方藥並陳乞表》 臣邁言：臣自染偏風，今已彌月，將息未減，渥澤轉深。伏蒙特令供奉僧智昌醫療，並每日令中使存問，及賜柳湯煎驢頭方，仍便令服餌者。顧以庸賤，昧於攝理，久茲竊位，常懼害盈。陰陽之和，無補時化，風毒生疾，上煩聖慈。靈方御醫，稠疊備至。雖受恩服藥，誠合漸瘳，而福過災生，慮難自保，況中貴將命，寵臨私門，犬馬之微，日塵黈纊。或有加減，自合上聞。非常之恩，伏乞停罷。且台司要重，庶政泉源，以臣平居，素積官謗。今右邊手足，動用不隨。自滯枕席，已淹弦晦。伏乞以時免職，使得養疾家居，博求上才，用塞人望。則公朝無覆餗之責，陋質荷生成之仁。今攝衣拜章，力且未足；口占代署，貴達愚衷。無任感恩迫切之至！謹奉表陳請以聞。

于公異《賀聖躬痊復表》 臣某言：今月七日中使至，進伏奉敕書手詔慰諭臣者，伏以聖躬頃乖頤攝，少有不安，景福無疆，旋亦康泰。屏營捧詔，且喜且驚。臣聞子之事親，出告反面。臣之事主，移孝爲忠。君親之間，其體無異。自宜問安內豎，增憂寢門。平居之時，猶無闕禮。乖理之後，豈合遑寧？又臣聞勤則近憂，憂則生疾。豈陛下以萬方黎庶，尚未和平，三輔甲兵，猶從征討。此皆臣下之過，遂煩君上之懷。臣特荷國恩，超踰儕輩，死生不繫於己命，休戚實同於國家。況聖壽日躋，皇符永固，雖禎祥合慶，祚必壽於南山。臣子馳誠，心豈離於北闕。伏以聖謀思振，邊徼正安，輕騎無信宿之程，郵館無兼金之費。臣欲旬日之內，輕行入朝，陪列庶官，恭承睿旨，審聖質之安否，布微臣之款誠。伏乞矜允，遂臣愚懇。

令狐楚《謝賜衣甲及藥物等表》 臣某言，中使某至，伏奉勅書手詔，兼賜臣衣甲器械刀斧銀器及藥物等，並賜臣下軍將者。賜因寄重，報覺身輕，蹈舞若驚，載欣載躍。中謝。臣力慙致果，迹忝理戎。六月之師，纔申國討。九天之詔，先布皇慈。將以忠勤，恤其暴露。側身拜命，睹物知恩。念臣或抱羸疴，是加藥物。矜臣必摧凶醜，載錫戎裝。弓倍六鈞，刀逾百鍊，衣分元甲，戰則保全。器有白金，食唯豪貴，寵連諸將，榮冠一時，漢主賜人，空聞寶劍。宋朝頒藥，但理金瘡。豈如兼備五兵，盡蠲萬病，榮兹陋質，感戴奚殫，無任感恩捐軀之至。

令狐楚《為人謝問疾兼賜醫藥等狀》 右，今月十八日，本道監軍使李某至，奉宣口勅，問臣所疾。十九日，中使張良祐至，伏奉詔書，賜臣烏藥蓼子各一合，藥方兩紙，並借供奉醫官兩人醫臣疾者。臣素是凡庸，猥當朝寄，暫乖將息，特軫聖慈，綸出王言，朝昏不絕，星馳驛騎，道路相望，頒仙藥於雲中，降神醫於天上，仰承榮寵，冀即痊平，兢惶失圖，感戴無地。蒲柳之心猶壯，誓竭丹誠，狗馬之齒更長，敢忘元造。臣見準詔書，與醫人商量服飲，未及塗藥將息，腫氣已退，煩熱未定，所守有限，不獲陳謝，無任感恩結戀之至。

令狐楚《為人謝問疾狀》 右，監軍使李輔光迴，奉宣口勅，問所疾者，臣頃因時旱，疾以憂生，仰蒙覆育，尋就痊除，伏以君恩過厚，天聽至卑，縷形於詞，如撫以手，顧慙微細，特繫於宸衷，內省疲羸，尚闕於叡想，榮深益懼，喜極而悲，當望雙闕以注心，守一隅而盡力，不勝感結抃躍之至。

柳宗元《與崔饒州論石鐘乳書》 宗元白：前以所致石鐘乳非良，聞子敬所餌與此類。又聞子敬時憒悶動作，宜以爲未得其粹美，而爲粗礦燥悍所中，懼傷子敬醇懿，仍習謬誤，故勤勤以云也。再獲書辭，辱徵引地理證驗多過數百言，以爲土之所出乃良，無不可者。是將不然。夫言土之出者，固多良而少不可，不謂其咸無不可也。草木之生也依於土，然即其類也，而有居山之陰陽，或近水、或附石，其性移焉。又況鐘乳直產於石，石之精粗踈密，尋尺特異，而穴之上下、土之薄厚，石之高下不可知，則其依而產者，固不一性。然由其精密而出者，則油然而清，炯然而輝，其竅滑以夷，其肌廉以微，食之使人榮華溫柔，其氣宣流，生胃通腸，壽善康寧，心平意舒，其樂愉愉。由其粗踈而下者，則奔突結澀，乍大乍小，色如枯骨，或類死灰，淹顇不發，叢齒積纇，重濁頑璞，食之使人偃蹇壅鬱，泄火生風，戟喉癢肺，幽關不聽，心煩喜怒，肝舉氣剛，不能和平，故君子慎焉。取其色之美，而不必唯土之信，以求其至精，凡爲此也。幸子敬餌之近不至於是，故可止禦也。必若土之出無不可者，則其東南之竹箭，雖旁歧揉曲，皆可以貫犀革；北山之木，雖離奇液瞞、空中立枯者，皆可以梁百尺之觀，航千仞之淵；冀之北土，馬之所生，凡其大耳短脰、拘攣踠跌、薄蹄而曳者，皆可以勝百鈞，馳千里；雍之塊璞，皆可以備砥礪；徐之糞壤，皆可以封大社；荆之茅，皆可以縮酒；九江之元龜，皆可以卜；泗濱之石，皆可以擊考。若是而不大謬者少矣。其在人也，則魯之晨飲其羊、關轂而輠輪者，皆可以爲師儒；盧之沽名者，皆可以爲大醫；西子之里，惡而矉者，皆可以當侯王；山西之冒沒輕儳，沓貪而忍者，皆可以鑿凶門，制閫外；山東之稚騃樸鄙、力農桑、啖棗栗者，皆可以謀謨於廟堂之上。若是則反倫悖道甚矣，何以異於是物哉。是故《經》中言丹砂者，以類芙蓉而有光，言當歸者以類馬尾蠶首，言人參者以人形，黄芩以腐腸，附子八角，甘遂赤膚，類不可悉數。若果土宜乃善，則云生某所，不當又云某者良也。又，《經》註曰：始興爲上，次乃廣，連則不必服。正爲始興也。今再三爲言者，唯欲得其英精，以固子敬之壽，非以知藥石角技能也。若以服餌不必利己，姑務勝人而夸辯博，素不望此於子敬。其不然明矣，故畢其說。宗元再拜。

柳宗元《答周君巢餌藥久壽書》 奉二月九日書。所以撫教甚具，無以加焉。丈人用文雅從知己，日以惇大府之政，甚適。東西來者，皆曰海上多君子，周爲倡焉。敢再拜稱賀。宗元以罪大擯廢，居小州，與囚徒爲朋，行則若帶纆索，處則若關桎梏，彳亍而無所趨，拳拘而不能肆。槁焉若枿，隤焉若璞。其形固若是，則其中者可得矣。然猶未嘗肯道鬼神等事，今丈人乃盛譽山澤之臞者以爲壽，且神其道，若與堯舜孔子似不相類焉。何哉？又曰：餌藥可以久壽，將分以見與，固小子之所不欲得也。嘗以君子之道，處焉則外愚而內益智，外訥而內益辯，外柔而內益剛。出焉則內外若一，而時動以取其宜當，而生人之性得以安，聖人之道得以光，獲是而中，雖不至耉老，其道壽矣。今夫山澤之臞，於我無有焉。視世之亂若理，視人之害若利，視道之悖若義。我壽而生，彼夭而死，固無能動其肺肝焉。昧昧而趨，屯屯而居，浩然若有餘，掘草烹石，以私其筋骨，而日以益愚，他人莫利，己獨以愉。若是者愈千百年，滋所謂天也。又何以爲高明之圖哉。宗元始者講道不篤，以蒙世顯利，動獲大僇，用是奔竄禁錮，爲世之所詬病。凡所設施，皆以爲戾。從而吠者成羣，已不能明，而況人乎。然苟守先聖之道，由大中以出，雖萬受擯棄，不更乎其內。大都類往時京城西與丈人言者，愚不能改，亦欲丈人固往時所執，推而大之，不爲方士所惑。仕雖未達，無忘生人之患，則聖人之道幸甚。其必有陳矣，不宣。宗元再拜。

沈亞之《郭常傳》 郭常者，饒人，業醫，居饒中，以直得信。饒江其南導自閩，其南頗通商外夷波斯安息之貨。國人有轉估於饒者，病且亟，歷請他醫，莫能治。請常，常爲(詐)[診]。曰：病可去也。估曰：誠能生我，我酬錢五十萬。常因舍之。先以針火雜治，導其血開，然後輔以奇藥，誠曰：弟無槖慮。塊居月餘，估稱愈，欲歸常所許財，常不聽。估曰：先生以寡與？常曰：不也。吾直吾之藥計之功，不能損千錢，而所受非任，反禍耳。卒不內。人以常爲詐而責常。常曰：夫販賈之人，細度而狹見，終日譽集擢買，計量於毫銖之間，所入不能補其望。今暴奪之息財五十萬，則必追悋鬱悗，寧能離其心？且藥加於人，病新去而六府ㄌ憊，復有悒然之氣自內而伐，即不可救，奈何？彼方有苦時，知我能治而告我，我幸免之，因利其財，又使其死，是獨不畏不仁而神可欺者？吾何敢欺？沈亞之曰：仲尼蓋言，我未見好仁者，惡不仁者，而從學之徒，未聞明好惡也。其言之憤，不足畏耶？今世或有爲邦有土之臣，專心聚斂，殘割饑民之食，以資所欲，忍其死而不愧，受刑辱而無恥，是亦不仁甚矣，終無有惡者。郭常之賤而行之，又焉得不稱於當時哉。

孔戣《又謝賜藥金狀》 右，內給事袁思藝至，奉宣聖旨，賜臣江東成金二挺。若服之後，深有補益，兼延駐者。伏以仙方所秘，靈藥稱珍，必候休明之辰，上益無疆之壽。不意俯迴天眷，念及微臣，賜九轉之金，駐百年之命。且螻蟻賤質，豈能長固；蒲柳易朽，常慮先彫。竊荷生成之恩，寧酬造化之德。澤如河海，空欣羽翼之期；寵若邱山，何伸灰粉之謝。

劉禹錫《答道州薛侍郎論方書》 禹錫再拜：初，兄出中臺守，江華人咸曰：函牛之鼎以之烹小鮮。惜乎餘地澶漫而無庸也。愚獨心有槩焉。以爲君子受乾陽健行之氣，不可以息。苟吾位不足以充吾道，是宜寄餘術百藝以洩神用，其無暇日，與得位同久。欲以是理求有得於兄而未有路。會崔生來辱書教，果惠以所著奇方十通，商古今之宜，而去其並猥。以一物足以了病者居多，非累試輒效，不在是族。或取諸肩近亦以捃拾，慮怕人多怠忽不省，必建言顯白揚其功於己。然其佗立論，率以弭病於將然爲先，而攻治爲後。言君臣必以時，言宣補必以性，言砭火必本其輸榮，言祓禳必因其風俗。齊和之宜，炮熨之良，暴炙有陰陽之候，煎烹有少多之取。撓勞以制駃，露置以養潔。味有所走，薰有所歸，存諸纖悉。易則生患，非博極遐覽之士，孰能知其所從來哉？愚少多病，猶省爲童兒時，夙具襦袴，保姆抱之以如醫巫家，鍼烙灌餌，咺然啼號，巫嫗輒陽陽滿志，引手直求，竟未知何等方，何等藥餌。及壯見里中兒，年齒比者必睨。然武健可愛，羞已之不如，遂從世醫號富於術者，借其書伏讀之。得小品方，於羣方爲最古，又得藥對，知《本草》之所自出。考《素問》識榮衛、經絡、百骸、九竅之相成，學切脈以探表候，而天機昏淺，布指於位，不能分累菽之重輕，第知息至而已。然於藥石不爲懵矣。爾來垂三十年，其術足以自衛，或行乎門內，疾輒良已，家之嬰兒，未嘗詣醫門求治者。頃因欲編次已試者爲一家方書，顧力不足。今兄能我先，所以辱貺之，喜信踰拱璧，有以賞音適道爾。常思世人居平不讀一方，病則委千金於庸夫之手，至於甚殆而曰不幸，豈眞不幸邪。甚者，或乘少壯之氣，笑人言醫以爲非急。昌言曰：飴口飽腹藥，其如我何。所乘之氣有時而既，於禱神佞佛，遂甘心焉。兄以愚言覆觀之，其人固比肩耳。前蒙示藥焙法，謹如教。地之慝，果不能傷。雖茈胡水寫，喜速朽者，率久居而無害。萬物不可以無法，謂生不由養致，其誣乎。山川匪遐，事使之遠，形不接而諭者，莫賢乎書。臨紙怊悵，不宣。

李德裕《會昌五年六月二十九日就宅宣並謝恩問疾表狀》 高品駱遂泰至，奉宣聖旨者。臣緣抱疾歲久，服藥過多，形體虛羸，筋力不逮。寔恐妨廢機務，轉積愆尤。所以輒獻懇誠，願辭繁劇。每於延英奏事，陛下常假慈顏，心肺肝懷，無所不盡。更無他故，須有上陳。祇以衰羸，自憂顛仆。況臣四海之內，孤獨一身，唯將赤誠，仰戴明主。豈敢輒懷願望，上負天慈。伏望更許兩日將息，即冀朝謁，臣不任云云。

李德裕《謝恩問疾狀》 高品王克諫至，奉宣聖旨。卿小有違裕，昨日於延英面奏，乞假將息，實疚余懷，宜善頤養，當就痊平。所要內庫食物及藥物，無致嫌疑，但具數奏來，即令宣賜者。臣緣常服冷藥，十五餘年，屬蒲柳年侵，衰憊日甚，風毒腳氣，往往上衝，頃刻之間，心腹悶痛，飯食至少，筋力漸羸。所以冒昧上陳，請三數日在家將息。陛下恩深覆育，軫父母唯疾之憂，德過生成，念犬馬至微之命，恤問稠疊，沉痼頓痊。臣食物未得，更無所闕。天慈下降，感極涕零。不任感恩兢惕之至。

白居易《病中詩序》 開成己未歲，余蒲柳之年，六十有八。冬十月甲寅，且始得風痺之疾，體癏目眩，左足不支。蓋老病相乘時而至耳。余早棲心釋梵，浪跡老莊，因疾觀身，果有所得。何則？外形骸而內忘憂患，先禪觀而後順醫治。旬月以還，厥疾少間。杜門高枕，澹然安閑，吟諷興來亦不能遏，因成十五首，題爲《病中詩》。且貽所知，兼用自廣。昔劉公幹病漳浦，謝康樂卧臨川，咸有篇章抒詠其志，今引而序之者，慮不知我者，或加誚焉。

李商隱《代安平公遺表》 臣某言：臣聞風葉露華，榮落之姿何定。夏朝冬日，短長之數難移。臣幸屬昌期，謬登貴仕。行年五十五，歷官二十三。念犬馬之常期，死亦非夭。奈君親之厚施，生以無酬。是以時及含珠，命餘屬纊，心猶向闕，手尚封章。撫躬而氣息奄然，戀主而方寸亂矣。臣某中謝。臣少而羈丱，長乃遭逢，常將直道而行，實以明經入仕。王畿作吏，非州府之職徒勞。侯國從知，媿軍旅之事未學。憲宗皇帝謂臣剛決，擢以憲司。穆宗皇帝謂臣才能，登之郎選。忝霜威而無所摧拉，歷星紀而有紊次躔。旋屬皇帝陛下大明御宇，至道承乾。澄汰之初，臣不居有過。超擢之際，臣獨出常倫。高選掖垣，箴規未效。入居瑣闥，論駁無聞。自去年秋，來典河關，兼臨甸服。惟當靜而阜俗，清以繩姦。纔致豐穰，幸逃逋責。豈意陛下謂臣奄有三縣，未稱其能。謂臣出以一麾，未足爲貴。爰降綸綍，移之藩方。錫以海隅，與之岳鎮。將吾君之驍果萬計，使得總齊。聯吾君之牧伯三人，以居巡屬。時雖相羨，臣實深憂。既屬聖恩，果遭鬼瞰。況臣素無微恙，未及大年。方思高掛饋魚，不然官燭。成陛下比屋可封之化，分陛下一夫不獲之憂。志願未伸，大期俄迫。忽至今月十日夜，暴染霍亂，並兩肋氣注。當時檢驗方書，煎和藥物，百計療理，一無痊除。至十一日辰時，轉加困劇，漸不支持。想彼孤魂，已游岱岳。念茲二豎，徒訪秦醫。對印執符，碎心殞首。人之到此，命也如何。戀深而乏力以言，泣盡而無血可繼。臣某誠哀誠戀頓首頓首。臣當道三軍將士，準前使李文悅例，差監軍使元順通勾當訖。臣與順通，近同王事，備見公才，假之統臨，必能和協。其團練觀察兩使事，差都團練巡官盧溼勾當訖。臣亦授之方畧，示以規模。伏惟聖明，不致憂軫。臣精神危促，言詞失錯，行當窮塵埋骨，枯木容身，螻蟻卜鄰，烏鳶食祭，黃河兩曲，長安幾千，生入舊關。望絕班超之請，力封遺奏。痛深來歙之辭，迴望昭代。不勝荒惙眷戀之情。

李漼《疾愈推恩敕》 朕比寒暑致疾，綿滯經時。今旬朔之間，寢膳已復。蒙天地保祐，宗社寵靈，既疾痛之有瘳，念疲羸之無告，爲之父母，得不憫傷。慮赦令之或頻，則姦人之得計。倘恩惠之遠布，冀窮氓之稍蘇。應天下百姓僧尼道士女冠等，有年七十以上，疾病癃痼，委頓牀榻者，宜各賜絹兩匹。在軍旅行陣，經敵傷害手足眼目，不能營生，亦各賜絹兩匹。應州縣病坊貧兒，多處賜米十石。或數少處，即七石五石三石。其病坊據元敕各有本利錢，委所在刺史錄事參軍縣令糾勘。兼差有道行僧人專勾當，三年一替，如遇風雪之時，病者不能求丐，即取本坊利錢，市米爲粥，均給饑乏。如疾病可救，即與市藥理療。其所用絹米等，且以戶部屬省錢物充。速具申奏，候知定數。即以藩鎮所進賀疾愈物支還所司，此勑到，仰所在州縣寫錄勑，牓於州縣門，並坊市村閭要路。其州縣所給卹絹米，恐下吏之所隱欺，仍委刺史縣令設法頒布，不得令不到本身，所在給卹之後，一一分析聞奏，俾令速濟疾病，稱朕意焉。

劉瞻《請釋醫官韓宗召康仲殷宗族疏》 臣聞修短之期，人之定分，賢愚共一，今古攸同。喬松蕣花，稟氣各異。至如籛鏗壽考，不因有智而延齡。

顔子早亡，不爲不賢而促壽。此皆含靈稟氣，修短自然之理也。一昨同昌公主久嬰危疾，深軫聖慈。醫藥無徵，幽明遽隔。陛下過鍾宸愛，痛切追思，爰責醫工，令從嚴憲。然韓宗召等，因緣藝術，備荷寵榮，想於診候之時，無不盡其方術，亦欲病如沃雪，藥暫通神，其奈禍福難移，竟成差跌。原其情狀，亦可哀矜。而差悞之愆，死未塞責。自陛下雷霆一怒，朝野震驚。囚九族於犴牢，因兩人之藥悞。老幼械繫，三百餘人，咸云宗召荷恩之日，寸祿不霑，進藥之時，人不同議，此乃禍從天降，罪匪己爲。物議沸騰，道路嗟嘆。陛下以寬仁厚德，御宇十年，四海萬邦，咸歌聖政，何事遽移前志，頓易初心，以達理知命之君，涉肆暴不明之謗。且殉宮女而違道，囚平人而結冤，此皆陛下安不思危，忿不顧難者也。陛下信崇釋典，留意生天，大要不過喜捨慈悲，方便布施，不生惡念，所謂福田，則業累盡消，往生忉利，比居濁惡，未可同年。伏望陛下盡釋繫囚，易怒爲喜，虔奉空王之教，以資愛主之靈，中外臣寮，同深懇激。

魏扶《對毒藥供醫登高臨宮判》 甲聚毒藥以供醫事，有死傷者造焉，十失四，乙告違法。

又景登高臨宮，法司斷徒一年半。景訴云：令所人生百年，飲食過而生疾。帝臺三襲，趨拜乖而則刑。故良醫之門，固多病者，而望苑之地，胡可窺焉。甲則業謝醫工，景乃行同惡少。雖有求於毒藥，失此疕瘍，乃無狀而登高，俯其宮闕，彼非上藥，疾者無瘳。此昧古人，行不由徑。況驗蛇盃之影，輒欲蠲痾，而識龍樓之尊，方能起敬。醫木三代，得無恥之，登而四臨，過亦甚矣。微《周禮》而已失，宜其息言。按呂刑而故違，合從減坐。則使有疕之者，不俗而自除。無賴之徒，伏軾而知禮。

和凝《請置醫學奏》 當貞觀之朝，則廣開醫學。及開元之代，則親制方書。爰在明朝，宜遵故事。方今喧熇在近，疫癘是虞。言念軍民，宜加軫閔。其邊遠戍卒及貧下農人，既難息於苦辛，宜偶縈於疾患。地僻既無藥物，家貧難召醫師，遂致疾深，多罹物故。荷戈執耒，皆展力於當年；問疾賜醫，宜覃恩於此日。其諸處屯戍兵士，令太醫署修合傷寒時氣瘧痢等藥，量事給付大軍士掌，以給有病士卒之家。百姓亦准醫疾令，合和藥物，救其貧戶。兼請依本朝州置醫博士令，考尋醫方，合和藥物，以濟部人。其御制廣濟廣利等方書，亦請翰林醫官重校定，頒行天下。

杜光庭《賀疾愈表》 臣某言，伏審聖體日就痊平，中外臣寮，咸增踴躍。臣某誠歡誠抃，頓首頓首。臣聞五緯經躔，尚有差其行度。四時運動，猶或爽於慘舒。雖寒暑之乖宜，蓋陰陽之常數。伏惟皇帝陛下順時設教，以德臨人。萬幾每繫於宸襟，六氣稍違於聖體。今則神靈叶贊，宗廟垂祥。廣集天休，頓安聖寢。足嗣唐堯之一統，永延周帝之遐齡。頒賞賜於醫功，恩流内帑。鼓呼於品物，聲震層霄。臣昨自三月已來，偶縈疾苦，不獲隨例舞蹈堯階，無任歡呼屏營之至。

杜光庭《趙球司徒疾病修醮拜章詞》 伏聞妙應無方，道推濟物。元慈廣運，惠普羣生。開祈眞悔罪之門，垂拯厄希恩之品。功成不宰，澤布無涯。敢緣覆育之仁，輒罄歸依之懇。臣自惟福運，榮奉昌期。自參扈衛之班，遂陟烟霄之路。功輕任重，效寡恩深。常切兢憂，難酬寵擢。近以災殃所迫，疾瘵斯嬰。軫聖慮以慰安，降名醫而撫視。未蒙痊減，倍用兢惶。伏念臣跡處塵寰，素昧修稟。立身履行，寧免愆違。或害物殺生，曾無惻憫。或摧鋒禦敵，輕賜誅鋤。總戎乖申令之宜，爲政有賞刑之失。幽夜致冤仇之訴，微躬成滯疾之危。又恐往世積生，尚縈釁咎。五行九曜，兼值災蒙。或興修有犯觸之非，或土木有侵傷之所。捫心省過，惟切懺祈。是敢拜奏寶章，崇修大醮。告虔下土，請命諸天。伏惟大道垂慈，至眞鑒祐。勅靈司而解災度厄，流神貺而袪疾延生。落死籙於陰曹，定仙名於陽簡。故傷誤殺，冤債和寧。新罪宿瑕，元慈蕩滌。誓期勵節，永荅道恩。臣某不任。

杜光庭《趙國太夫人某氏疾厄醮詞》 妾聞天眞憫物，大道好生。常宏拯護之慈，俾遂安全之願。顧惟至化，育此含靈。氤氳之二氣裁形，昭灼而三元定命。吉凶罪福，上稟天司。妾以命祿俱衰，納音在墓。雖值合神之吉，又當衝破之凶。遊年既值於天符，本命仍逢於五鬼。身宮之內，暗曜所躔。鈍滯宿中，土星所歷。刑厄位上，復值火星。重叠災衰，遂成疾瘵。未復痊退，彌切憂惶。竊恐前代今生，罪尤未解。負財負命，冤債未除。非憑大醮之筵，難罄懺祈之懇。是敢捨其服玩，備此香饈。嚴設壇場，虔申禱祝。伏惟諸天憫護，衆聖矜憐。申再造之仁，全好生之德。三官五帝，暗曜七元。南斗北辰，天司列宿。嶽瀆尊聖，地府明靈。及妾本宮遊年八卦，内外應感。三界靈司，賜於府曹之中。簡籙之内，有冤仇罪犯，厄運災期。勅命所司，特賜原赦。續其祚祿，加以年齡。蕩滌凶衰，蠲平疾苦。百關宣適，六腑安和。

重睹天光，再履人事。推心勵節，永酬濟祐之恩。念善參元，上副眞靈之澤。不任瀝懇披心希生請命迫切虔祈之至，謹詞。

佚名《對嫂疾得藥判》 顔甲養寡嫂疾求藥無出，有童子授之，化鳥而去，鄰告妖異，甲不伏。

天鑒昭著，神心正直。苟精誠而聿敷，何貺施而靡應。顔甲族承先哲，行不違仁。寧見倨於下機，每防嫌於通問。榮摧棣萼，痛違愛於仁兄。颯起伯梁，遂虔心於寡嫂。衣冠肅敬，方禮國而躬勤。衾枕嬰纏，忽霜閨而寢疾。四時有厲，始見攻裏。五藥無資，爰將瞑眩。至誠攸感，異兆旋臻。豈童子之何知，有神人之叶契。香囊遽委，俄瞻見於靈蛇。斂衽方迴，宛遷形於翥鳥。聯翩彩翮，疑徵入夢之祥。坱圠元功，即降痊疴之慶。勿藥有喜，道則雖殊。無言不讐，義終可尙。鄉黨稱孝，固足當仁。鄰伍生謌，何誠蔽善。

佚名《對病疾判》 得甲爲郡守，賜告養病，而出界歸家，法司科罪，甲不伏。

四岳咨命，九土司牧。功共理於伏熊，期得賢於建隼。淮陽卧理，聞汲黯之政譽。渤海行歌，美龔公之化洽。甲官忝列郡，未著能名。庭無致仕之蘭，院少延年之菊。漳濱卧疾，雖比迹於古人。潁川流譽，何靦顔於今吏。膏肓所及，知藥石之無施。肝膽具披，果祈求而有遂。賜告養疾，宜輟務於公庭。出境而行，何慢官於私第。斷非斥吏，欽漢相之高風。才不逮人，招尸祿之遄謗。予告賜告，議理懸殊。應爲不爲，自貽諸咎。不敬之罰，曷所逃刑。

司馬光《言醫官劄子》 臣伏見舊醫官宋安道等四人，昨以侍先帝醫藥無狀，降授諸州散官。尋以陛下聖體不安，大臣憂恐，權留安道等診候御脈。今已百有餘日，陛下聖體終未平復。安道等方術無驗，較然可知。而其人皆得罪於先帝，臣謂陛下不宜赦其罪戾，留在京師。並乞發遣，令赴貶所。僧志緣本不曉醫，但以妖妄惑人於江淮之間，稱是診人六脈，能知災福，今亦出入禁庭，叨忝章服。察其療疾，實無所益。伏乞奪去紫衣，放歸本州。凡用醫之道，在謹擇其人而專任之，然後良工得盡其術，而功效可見。今聞診御脈者，常以十數，工拙相雜，是非混殽。發言進藥，更相倚仗，前跋後疐，左瞻右顧，雖有俞扁之術，將安所施。於是彊者自專，弱者附會，雷同比周，共爲誣罔，不顧聖體，但爲身謀。俱云脈氣平和，藏府無疾，然而旁側衆人，竊觀形證，豈得爲安寧復舊，如醫官所言哉。日月益深，根柢益固，四海憂畏，焦心墜膽。臣愚伏望陛下，思一身之安危，繫羣生之禍福，深自重惜，不可因循。博訪京邑四方通醫術者，精擇一人，使之專診御脈，聽用其言，服食其藥。若旬日之間全無應效，則斥去不用，別更擇人。如此必遇良醫，痊復有日。臣不勝區區，伏望聖慈少加采察，天下幸甚，取進止。

司馬光《醫官第二劄子》 臣先曾上言，以醫官宋安道等，診候御脈，日久方術無驗，乞行降黜，別擇良醫，使專其事，考其功效，以行賞罰。自後寂然不聞朝廷施行。臣以爲聖體已安，不敢復言。今睹陛下不親虞祭，乃知疾疹殊未痊平。臣子之心，何以自安。臣竊聞宋安道等，每奏皇太后及語大臣，皆云陛下六脈平和，體中無疾。今乃疾狀如此，安道等不惟方術無效，論其面謾之罪，亦宜誅殛矣。且安道等侍先帝疾，至於今日，而猶免於貶竄，宜其無所懲戒，不肯盡心也。臣不知朝廷何意再三惜此數夫，不爲國家正賞罰之法，快天下之志也。夫以四海之廣，捨此數人之外，豈無良醫？患在上之人不求，求而不得，得而不使，使而不專故也。臣亦聞嚮者朝廷選醫官數人，皆委近臣，試以《難經》《素問》，考其通粗，取合格者以爲侍醫，亦有不試而使與安道等雜處共事者。夫良醫由性識敏達，以平生所治之人，考其得失，探其精粹，得之於心，未必皆讀古書也，亦猶誦詩書者，豈盡能治民，讀孫吳者，豈盡能行兵。今以《難經》《素問》試之，是徒得記誦之人，未嘗得醫人也。安道等久在醫局，專利忌能，交結貴近，更相黨庇，使外方新進醫人，與之共處，豈敢展其胸臆，施其方術哉。是以一槩混同，而久不見功也。今若精擇一人，使之專診御脈，旬月之間考其應驗，有功則加以重賞，無功則俟以嚴刑，則術精者得盡其力，術疏者不敢濫進矣。臣又聞病人能自知其病者，未甚病也，憎良藥而不受者，病在內拒之也，今竊聞陛下不安如此，而常自謂無疾，則病已深矣。醫有良藥，而陛下不服，則已爲病所拒矣。若陛下不早覺悟，而更求名醫，強進良藥，縱陛下不自惜，奈宗廟社稷何。此臣所以痛心疾首，前有鼎鑊，而不敢避者也。伏望陛下察臣兩次所奏，罷黜醫人有罪無功者，召募四方名醫，委大臣精選一人，使之專診御脈，聽用其言，服食其藥，以旬月之期，察其能否，如前所云，以保養聖神，爲天下生民之福，取進止。

張耒《錢申醫録序》 予嘗愛太史公述倉公傳，爲記自齊侍御史咸至齊文王病，凡數十人。其察脈觀色，所用藥劑湯熨之法，皆載之以爲後法。所謂黃帝、扁鵲書，今已不盡見，而其遺法往往見於此，世醫所宜刳心而學者也，尚何議焉。予頃年謫官齊安，鄰郡蘄春有龐安時者，高醫也。其於黄帝内外甲乙諸書深矣。予嘗從之遊，喜聞其説，而不能盡究也。居無幾何，安時死。予爲誌其墓，因求其平生所嘗治疾，或奇證變候，有人不能曉者，使具其説，與所用藥，欲載之墓誌之後，以爲後法，而其家不甚曉知，雖有所疏陳數十條，皆無倫叙，勉擇十餘事載之，而予至今以爲憾也。近宛丘閑居，吳人錢申以《醫録》授予，得之欣然，蓋申善醫而著爲録，其治疾之嘗效，言其察脈觀色之方，而往往著其藥物之劑。嗚呼，其用心可見矣。憾予不學醫，不能與君上下其論，願益勉之，求世之高醫而問焉，子將有得焉。

劉攽《贈醫潘況秀才序》 始潘君以術遊京師，疾病之至門者日數人。於是有知潘君者曰：潘君相有病於未病，治已病於無病。潘君視隱如顯，視遠如邇，色喻於目，脈喻於指，聲喻於耳，三者參用，藥至病去，用力少而見功多，所謂國能也。他日往，則疾病之至者益多，日數十百人。則又有知潘君者曰：潘君守學固而處心平，不以人之向己而喜，不以人之去己而沮，汎然唯吾所以自任而已，所謂有道者也。他日又往，則疾病至者無算，舉京師之人將遷焉，則又有知潘君者曰：潘君不爲利疚，不爲勢回，治人以疾病輕重爲差，其視富貴如貧賤，視布衣如王公，得千金之謝，猶簞食之饋，所謂士君子也。嗚呼，天下之事，莫難於持久，持久則善惡自效，賢不肖襲情。若潘君者，自始及終，三譽益隆，人之從之者，百倍於初，期以國能，而卒至於有道士君子者，豈非眞賢也哉。今夫世之爲醫者，誦數守法，嚌甘調辛，未有少得也，則囂囂然以謂已足。於是以人之生死徼倖，乘人之急，以濟其不仁之心；設危辭詭説，以恐喝富貴之人。捩其手而邀之財，得金玉錢帛，滿意盈欲，迺始從事。益投毒藥，與病相違，煩憒昏眩，使其不自聊賴，然後徐徐解治。幸而不死者有矣，則固以爲己功，而妄伋其名，厚求拜謝，以復其勞；若其不活，則其所得金帛固多，恬然持去，不自愧恥。其視貧賤無勢者，則傲然不顧。世皆曰醫賤，與傭徒鬻賈者均，豈醫之實若是哉。昔岐伯和緩之能，乃通於治國修身之際。嗚呼！君子孰能矯正之者？若潘君者，其復何尤。嗚呼！世之事多此類者，獨醫乎哉。僕感潘君守道，出於流俗，故作叙醫以示知者。

蘇軾《蓋公堂記》 始吾居鄉有病寒而欬者，問諸醫。醫以爲蠱，不治且殺。人取其百金而治之，飲以蠱藥攻伐其腸胃，燒灼其體膚，禁切其飲食之美者，期月而百疾作。内熱惡寒而欬不已，纍然眞蠱者也。又求於醫，醫以爲熱，授之以寒藥，且朝吐之，莫夜下之，於是始不能食。懼而反之，則鍾乳烏喙，雜然並進，而漂疽癰疥眩瞀之狀，無所不至。三易醫而疾愈甚。里老父教之曰：是醫之罪，藥之過也，子何疾之有？人之生也，以氣爲主，食爲輔，今子終日藥不釋口，臭味亂于外而百毒戰於内，勞其主，隔其輔，是以病也。子退而休之，謝醫卻藥，而進所嗜，氣全而食美矣。則夫藥之良者，可以一飲而效，從之期月而病良已。昔之爲國者，亦然。吾觀夫秦自孝公已來，至於始皇立法更制，以鐫磨鍛鍊其民，可謂極矣。蕭何、曹參親見其斲喪之禍而收其民於百戰之餘，知其厭苦憔悴無聊而不可與有爲也，是以一切與之休息而天下安。始參爲齊相，召長老諸先生問所以安，集百姓而齊故諸儒以百數，言人人殊，參未知所定。聞膠西有蓋公，善治黄老言，使人請之。蓋公爲言治道貴清凈而民自定。推此類具言之，參於是避正堂以舍蓋公，用其言而齊大治。其後以其所以治齊者治天下，天下至今稱賢焉。吾爲膠西守，知公之爲邦人也，求其墳墓子孫而不可得，慨然懷之。師其言想見其爲人，庶幾復見如公者，治新寢於黄堂之北，易其弊陋，達其蔽塞，重門洞開，盡城之南北相望如引繩，名之曰：蓋公堂。時從賓客僚吏遊息其間而不敢居，以待如公者焉。夫曹參爲漢宗臣，而蓋公爲之師，可謂盛矣。而史不記其所終，豈非古之至人得道而不死者歟。膠西東並海，南放於九仙，北屬之牢山。其中多隱君子，可聞而不可見，可見而不可致，安知蓋公不往來其間乎，吾何足以見之。

文天祥《金匱歌序》 《金匱歌》者，鄉前輩王君良叔之秘醫方也。初，良叔以儒者涉獵醫書，不欲以一家名。一日，遇病數十輩同一證，醫者曰：此證陰也。其用其藥無疑。數人者駢死，醫者猶不變。良叔曰：是證其必他有以合。少更之，遂服陽證藥，自是皆更生焉。良叔冤前者之死也，遂發念取諸醫書，研精探索，如其爲學然，久之無不通貫。辨證察脈，造神入妙，如庖丁解牛，傴僂承蜩，因自撰爲方劑，括爲歌詩，草紙蠅字，連帙累牘，以遺其後人曰：吾平生精神，盡在此矣。其子季浩，以是爲名醫。其子庭舉，蚤刻志文學，中年始取其所藏讀之，今醫遂多奇中。一日出是編，予然後知庭舉父子之有名於人，其源委蓋有所自來矣。天下豈有無本之學哉！世道不淑，清淳之時少，乖戾之時多，人有形氣之私，不能免於疾。世無和、扁，寄命於嘗試之醫，斯人無辜，同於巖墻桎梏之歸者，何可勝數！齊高彊曰：三折肱知爲良醫。《楚辭》曰：九折臂而成醫。言屢嘗而後知也。《曲禮》曰：醫不三世，不服其藥。言嘗之久而後可信也。人命非細事，言醫者類致謹如此。然則良叔，齊楚人所云醫也。若庭舉承三世之澤，其得不謂之善醫矣乎。予因謂庭舉曰：凡物之精，造物者秘之，幸而得之者不敢輕，然其久未有不發。周公金縢之匱，兄弟之秘情也，至成王時而發；藝祖金匱之誓，母子之秘言也，至太宗時而發。君所謂《金匱歌》者，雖一家小道，然祖宗之藏本，以爲家傳世守之寶，其爲秘一也。子之發之也，以其時考之，則可矣。庭舉曰：大哉斯言，予祖之澤，百世可以及人，予爲子孫，不能彰悼先志，恐久遂沈泯，上貽先人羞，敢不承教以廣之於人。予嘉庭舉之用心，因爲序其本末如此。良叔諱朝弼，季浩諱淵，庭舉名槐云。

陳言《醫經正本書跋》 言幼觀《素問》，若有所得，思竟其業。於是研精覃思，至老而不厭。以之看扁鵲、倉公以來諸家方論，其得失淺深眞贋，輒能辯之，如視黑白而數一二也。常恨士夫不肯爲此學，一有疾病，委性命於市井膚淺之人，每爲嘆息，淳熙丁酉之孟夏，獲與進賢令君程公可久會於松陽，辱示《醫經正本書》一卷，凡十四篇，大指言傷寒疫疾，並無傳染，以捄世俗親人自相棄絶之謬。因汎出本朝李唐兩代醫政與夫權量脈診湯液方論，贊其是而絀其否，可謂精且博矣。因與講論久之，無一辭不契合者，不覺悚然起敬，曰：公之書必盛傳，傳則助風教而長慈愛，正人心而革媮薄，當與長沙太守之名並見於永久，豈曰小補云乎哉？公名迥，可久其字也，睢陽沙隨人，由太學生登隆興元年進士第云。六月一日，鶴溪老人陳言無擇跋。

硯堅《東垣老人傳》 東垣老人李君，諱杲，字明之。其先世居眞定，（審）〔富〕於（臺射）〔金財〕。大定初，校籍眞定河間，戶冠兩路。君之幼也，異於群兒。及長，忠信篤敬，慎交游，與人相接，無戲言。衢間衆人以爲懽洽處，足跡未嘗到，蓋天性然也。朋儕頗疾之，密議一席，使妓戲狎，或引其衣，即怒罵，解衣焚之。由鄉豪接待國使，府尹聞其妙齡有守也，諷妓強之酒，不得辭，稍飲，遂大吐而出。其自愛如此。受《論語》、《孟子》於王內翰從之，受《春秋》於馮內翰叔獻。宅有隙地，建書院，延待儒士。或不給者，盡周之。泰和中，歲饑，民多流亡，君極力賑捄，全活者甚衆。母王氏寢疾，命里中數醫拯之，溫涼寒熱，其說異同，百藥備嘗，以水濟水，竟莫知爲何證而斃。君痛悼不知醫而失其親，有願曰：若遇良醫，當力學以志吾過。聞易水潔古老人張君元素，醫名天下，捐金帛詣之，學數年，盡得其法。進納得官，監濟源稅。彼中民感時行疫厲，俗呼爲大頭天行。醫工徧閱方書，無與對證者。出己見，妄下之，不效。復下之，比比至死。醫不以爲過，病家不以爲非。君獨惻然于心，廢寢循流討源，察標求本，製一方，與服之，乃效。特壽之于木，刻揚於耳目聚集之地，用之者無不效，時以爲僊人所傳，而鏨之於石碣。君初不以醫爲名，人亦不知君之深於醫也。君避兵往梁，遂以醫游公卿間，其明效大驗，具載別書。壬辰北渡，寓東平，至甲辰還鄉里。一日，謂友人周都運德父曰：吾老，欲遺傳後世，艱其人奈何？德父曰：廉臺羅天益謙父，性行敦樸，嘗恨所業未精，有志於學，君欲傳道，斯人其可也。他日，偕往拜之。君一見曰：汝來學覓錢醫人乎？學傳道醫人乎？謙父曰：亦傳道耳。遂就學，日用飲食，仰給於君。學三年，嘉其人而不倦也，予之白金二十兩，曰：吾知汝活計甚難，恐汝動心，半塗而止，可以此給妻子。謙父力辭不受。君曰：吾大者不惜，何吝于細。汝勿復辭。君所期者可知矣。臨終，平日所著書檢勘卷帙，以類相從，列於几前，囑謙父曰：此書付汝，非爲李明之、羅謙父，蓋爲天下後世，慎勿湮沒，推而行之。行年七十有二，寔辛亥二月二十五日也。君歿，迨今十有七年，謙父言猶在耳，念之蓋新。噫嘻，君之學，知所託矣。

余閱《元史·李杲傳》，頗病其不詳，而復採眞定路儒學教授，邛城硯堅所爲《東垣老人傳》，以益之。然猶病其不盡載著述，甚矣，叙事之難也。蓋東垣所著，有《醫學發明》、《脾胃論》、《內外傷辨惑論》、《蘭室秘藏》、《此事難知》、《藥象論》，總若干卷，而《試效方》乃其門人羅天益所輯著也。魯齊許先生曰：東垣之醫，醫之王道也。有志於學醫者，必盡讀東垣之書，而後可以言醫。

吳海《贈醫師郭徽言序》 舉天下之術，利惠足以及人，溥而不窮者，惟醫爲然。古人以醫與相並稱，蓋相賢否繫天下安危，醫良庸關斯人壽夭。大小不侔，顧其類同耳。

許衡《與李才卿等論梁寬甫病症書》 梁寬甫證候：右肋肺部也，嗽而唾血，舉動喘促者，肺診也。發熱脈數不能食者，火來刑金，肺與脾俱虛也。脾與肺俱虛而火乘之，其病爲逆如此者，例不可補瀉。蓋補金則慮金與火相賈氏疏又以五藥爲五毒，則鄭既失經之意，而賈又失鄭之意也。東坡嘗論學儒不但費紙而正俚語之非，唐庚論陶隱居注《本草》與《易》之説非知言者。蓋儒術之大，無對非，可與醫並言者也。然衆技校之，則李明之常言蘇沈良方猶唐宋類詩，蓋言不能詩者之集詩，猶不知方者之集方也。一詩之不善，誠不過費紙而已，一方之不善，則其禍有不可勝言矣。友人爲醫者，求予書其醫瘍也，故云。

王惲《醫説贈胡君器之》　醫者精微之術也，又曰醫者意也，得於中而可以應諸外，通乎微而後可以達其變，此必然理也。予素有中脘疾，二十年間凡三舉發。初得於燕也，醫袁以玄胡劑療之，法既緩，再宿而疾乃已。在趙，藥以神寶名者，攻其中堅，瞑眩搜索，上痛方厲，而下動大作，猶一敵未退，而復生一敵，物雖去而泄不止。予頹然而卧，力不勝而氣已憊矣，間日而氣始平。其作於邢也，陳氏亦以類趙劑者投之，而爲苦與先尤加劇焉。今者蹶動，感似輕，而痛則一。上閧於中州，旁刺於兩脅。後延於膂膜，撞搪衝拉，頭岑岑而氣翕翕，求少寐以休吾煩，且不得也。胡君器之亦探藥之粒如珠者曰硃砂圓下之，予顧其劑微於先，疑爲力更峻。器之曰：無慮爲。第下嚥，覺腸間少鳴而微痢，則痛隨止矣。已而果然。繼以厚朴湯調之，忽醒然而寐，如釋重負而濯清風也。寤日高三丈許，予體中已平，曾泄之不復作，而氣之不少憊也。器之天資高，業顓而學博，識明而善斷，出新意而不泥古，知其常而通其變。嘗曰人具五行，禀之者不一。天有六氣，感之者無常。病雖名同而證實有異者，苟以一槩治之，吾未見其能也，故證之壞者往往濟而獲安。昔霍嫖姚行師少屻多勝，正以不至泥古兵法，顧所遇，吾應之者爲如何，且予於器之亦然，作醫説以貽之。

姚燧《醫隱閻君阡表》　至元二十有六年，蒼龍在赤，奮若余月初吉，士子宏也，持所自爲其祖事狀來請曰：昔漢故民吳仲山，他傳記無見，嘗由發藏賑施其鄉而碑之，至今千年。風雨斷剝之餘，過而誦者，猶懷其人不置也，非托筆金石力耶。嗚呼！我先祖者，生不策名於天官，殁不受謚於太常，處地卑約，功烈無所表見一世，獨有修之於家，與所惠活。斯人者，顧不可碑之，託銘善言之士，使得以示今而垂後，比漢故民乎。敢以是累公，燧哀其志揚親，又喜克用力於文，故序之曰：維閻氏曹之漆園人，後徙陳之西華。曾祖諱遵，令陳之宛邱。祖諱某，考諱孟，兩世不仕。君諱瑀，字潤夫，生而明

持而喘嗽益增，瀉火則虛火不退位而痃癖反盛。正宜補中益氣湯，先扶元氣，少以治病藥加之。聞已用此藥而不獲效，意必病勢苦逆而藥力未到也，當與寬甫熟論，遠期秋涼庶就平復。蓋肺病惡春夏火氣，至秋冬則退也，止宜於益氣湯中隨四時陰陽升降浮沉溫涼寒熱及見有證增損服之。或覺氣壅，間服，加減枳朮丸。或有飲河間服局方枳術湯，數月後庶逆氣少回，逆氣回則治法可施。但恐今日已至色青、色赤，及脈弦、脈洪則無及矣。近世論醫，有主河間劉氏者，有主易州張氏者。張氏用藥依準四時陰陽升降而增損之，正內經四氣調神之義。醫而不知此，妄行也。劉氏用藥務在推陳致新，不使少有拂鬱，正造化新新不停之義。醫而不知此，無術也。然而主張氏者，或未盡張氏之妙，則瞑眩之劑，終莫敢投，至失機後，時而不救多矣。主劉氏者，或未悉劉氏之蘊，則劫效目前，陰損正氣，遺禍於後者多矣。能用二家之長而無二家之弊則治庶幾乎？寬甫病候，初感必深，所傷物當時消導不盡，停滯淹延，變生他證，以至於今。恐亦宜倣劉氏推陳致新之意，少加消導藥於益氣湯中，庶有漸緩之期也。鄙見如此，未敢以爲必然，惟吾才卿元甫子益共商論之。

劉因《呈丞相乞致仕狀》　許某呈。某舊患腳氣，復因憂戚變爲腫。此等病候，類多難治。三數年來，止以忌慎之嚴，苟延視息。今乃叨居要地，陪列元臣，乏德乏才，既不足以辦事。非勳非舊，又不足以服人，虛負寵恩，莫任憂畏。以故耳增重聽，心苦多忘，腰痛未已，而手痲腹滿，纔輕而溲澁，有困危之勢，無安養之期。望加矜憐，特賜聞奏，使退循常分，仍守舊資，豈惟免尸位之愆，亦可效育才之助。心獲無歉，病庶有瘳，仰惟高明，伏幸裁處。右謹具呈。

劉因《書示瘍醫》　《周禮·瘍醫》：凡療瘍以五毒攻之，以五氣養之，以五藥療之，以五味節之。五毒疑即醫師所聚毒藥。凡五藥之有毒者，非謂一方五藥，而可以盡攻諸瘍也。攻與療所以去其疾也，養與節所以扶其本也。蓋攻則必養之，療則必節之，攻視療加急，養視節加密，理勢然也。鄭氏釋五毒，以黃堥置石膽丹砂雄黃礜石慈石其中燒之，三日三夜，其煙上著，以鷄羽取之，以祝創惡肉，破骨則盡出。宋楊文公見楊嵎驗之，果如鄭所云，此蓋古方五毒藥之一爾。若即以是爲五毒，則不惟聖人之言不如是之狹而執，兼與下文五氣五藥五味之言，亦不類矣。予又恐以楊之偶中而致，人之不中也。

穎孝謹。長由其外舅申璉與張子和同侍疾英邸，故盡得其術。業醫事親，加以潛覃究誦先秦兩漢方書八年，詣到積中，故施驗於外者，疾輒已。人德報之，則曰：天實生之，非必一出吾術也。人聞不自矜矞，求藥其門者，日亦滋衆。壬辰，踰河而北，僑居宣德府，以所取醫直，衣食寒士申岳陳邃孫周郭通。至則館其廬，去則驢之，魏學士邦彥玉峰亦略行位與遊。時召諸道醫，悉領於奉御田闊，將以君偕北，進尙醫列。固以學識淺淺，不可親上辭，稍居南。留眞定二年，踰河，將復郾城，以先業蕭條，無誰與鄰。留鄢陵十年，徙洧川，年五十，飭其子曰：吾從學良醫，又勤心奇書古方，卒遇一疾，猶眩迷於先民數十成說，竟不敢必何方定可已疾，殆以疾試方。況若無吾問學者，得吾術，自已其疾則可，無輕出治人也。遂亦自棄醫，儒服敎子孫讀書。恭儉質直，異不忤物，而同不狥俗，介不附勢，而强不赫威。又精衛攝，凡飲弈談謔，無益汩戕魂神者，終身絕不蹈爲，故能壽考。八十二，卒。實至元二十三年十月二十有八日。妻申，渤海宦族，能通《孝經》《論語》。天父天夫，孝賢兩聞。年六十二，凡前君卒十七年。至是合葬洧川某原。二子，鼎吉，今尉潭之瀏陽縣，逢吉前君卒一年。女子二人，一適太原劉麟，一適鄢陵張琮。男孫八人，宏也獻民天民舜民，他未名。女孫七人，幼。男曾孫二人，益幼。銘曰：

彼函工，猶擅仁，矧君醫，志全人。業卅年，起死頻，以其羸，及士貧。晚棄學，篤自信。父一鄉，儒冠巾，八十二，年疇倫。高可隱，墳洧濱。夷考先，由令陳，阤三世，迭不振。維穹蒼，運環循，屈之久，宜寢伸。傳瀏陽，初命臣，授汝戈，盜之晌。在後昆，奚異身，非於歲，磨不磷，默然信，斯玆珉。

姚燧《易安齋記》　醫之爲業，有相道焉。伊尹耕莘，說築傳巖之野，太公釣渭，諸葛亮耕南陽，之數子者，其始豈有心求商湯高宗周文與漢昭烈之知己乎哉。彼四君者知有命世之才可與共天位，故或三聘，或俾以形旁求天下，或見於卜兆，或聞之水鏡，三顧草廬之中，身先求之，深拒固閉，弗得弗已。彼數臣者，由禮至情篤，始起而應之，是與夫醫者不求疾家而疾家懇懇夫我，奚以異哉，是一也。彼爲相者，見時君任己貳而不專，則解冠納履而去。是與夫醫之爲彼疾家不專主己，參以他醫，則卷其術不發藥而委去，亦奚以異哉，是二也。其甚不異者，古賢相之爲治也，必當天下阽危之際，其君任之信之，成焉由汝，圮焉由汝，而後爲相者，始自任天下之重，展其所蘊措，幅員於天下四維之安天下，後世誦之曰：彼相之才能易危而安者也。夫人誰不有疾，非必委頓之劣而後爲危，凡小不康失治於蚤者，皆危漸也。爲醫者，惟疾家知之仗之，生焉惟汝死焉惟汝，而後始敢盡其搦髓擢胃剔蛇斃犬之技，如扁鵲、華佗之爲而易危爲安。范文正公之言曰：得志願爲賢宰相，不得志願爲良醫，其眞知言哉。醫師趙君濟和，鄧之良醫也。秦和，古之良醫。趙君字和，其尊其名者，已與秦和者符，況其讀書多學，以濟其術乎。其居有亭，故扁以易安，蓋取晉陶淵明《歸去來辭》也。或嫌與婦人李易安名同，謂余可更。余曰：更不必也。變去爲入聲讀，則義意自異矣。余思醫與相皆易危爲安者，故以是諶之。然又思余不難於徙居而難於其居之學無師友，而疾無良醫焉。今穰城有濟和求吾身之危將託以易而安者，舍之其誰？賴于二者之中，先有其一矣。

袁桷《慶元路醫學記》　醫之書作於上古乎？後人猶疑焉。陰陽氣運之說，與《易》、《書》、《禮》相胳合，蟲魚草木之精，詳於《詩》尤近之。然其辭義奧古，卒莫能通曉，非專治者不能也。先王知之，始爲之師以敎之，後復立學以長之，生人之本，繇是備矣。至元壬辰，濟南陳公祥爲肅政廉訪副使來四明，遵詔旨，立醫學。學成甫十有八年，燬焉。其地近市狹紊，咸病。展事鄞縣西，有故主簿廳事基及傍近地，蕪礫不治，於是敎授徐君源道等請於郡，遷以廣之，廼斥其舊地，得財若干，以治土木。郡侯完顏公首爲之勸，推官賀某贊補其役，隸於醫籍者，胥率錢以輔之。逾年而學完，殿廡翼成，軒闊深靜。會予自京師還里，屬記其事。余幼嘗聞長老言：鄉里多名醫，皆脩謹退讓，吶吶然若不勝衣。察脈視色，必原於井谷經絡之微眇，調製湯液，必通乎風土之宜。甘辛燥濕，內外相爲表裏者，悉參取於經傳，故其術百不一失。懷疑審問，求正於勝己，無忌悻之謬。道同而氣和，相遜以禮，相處以義，而昔時公卿家激厲獎與之道，又能使盡其術而無愧。噫，亦盛矣！今皇宇恢廓，五方士民參雜乎州里，拘而不達，將不勝其弊，率焉以僥倖，懼其深有所失也。徐君世儒醫，敎授是邦今二十餘年，重靜而不撓，昔之所聞，徐君深知之。廣天子好生之德，諄諄然語之，使後之學者，誦其書毋執一以自滿，虛心遜志，復昔時之長厚。不幸罹於疾病，將得盡其順受無夭閼之害，則徐君之敎不亦闡乎！余歸田里，尙幸而有見也。

袁桷《昌國州醫學記》　醫之道即夫人身以備三才，其說與《易》、《箕嚏》、《詩》、《禮》相表裏，亦大矣哉。蓋昔之君師聰明神聖，因夫五行以寓於五常之形氣，致坎離之用以合其陰陽，推其運行以齊夫寒暑，考九州風土之宜，别溫涼燥濕之高下，蟲魚草木纖悉備具，非博習廣聞者不能也。至於七情既發之偏，必求其中以返於正，皆吾儒傳心之極論。有察於聲氣臭味之眇忽，考之於遺書，受之於家庭，積歲年不能以竟，而掌政令者從是稽其醫事以制廩祿，是則寧有夭閼疵癘之憾也哉？南北地氣有大不同，而爲之醫者各執己論。近者急於好尚而恣縱，不能商度，十失五六，誠可罪也。秦漢之主卒望海求不死藥，藥詎能令不死？蓋其空巖絕島，磅礴於巨浸之際，絕囂塵、接雲霧，靈根異草，得地氣之正。方外隱士時採其奇絕精良，以療治輒奇中而功倍。今所謂海上方皆其苗裔，而昔之集方論者，復蒐類於蛟龍之窟穴，海於天地間號宬鉅，焉得以有遺也。昌國爲州，四履皆海。至元二十九年始立三皇祠，綿蕝不稱。韓侯治儒學既竟，復莅醫學，兹曷以奉揭處，廣其故址而二倍之。泰定元年冬十月正殿成，復立論堂，翼以東西，前爲儀門，外爲神門，廊廡有序，祠象儼赫。首以圭租，勸民胥成，不三月咸樂以助。復遵詔旨爲惠民藥局，工既畢，書來，俾書其事於石。桷嘗謂疾痛苛癢切於吾身者猶民之身也，民困魚鹽，侯能紓之；儒病徵科，侯能復之。既憂其生，又懼其罹於疾病，使夫習爲醫者，講肄以精其術，故余歷叙醫家者流，其學實難。三聖之書昭然具存，反覆紬繹皆得以完其生，是侯仁政之本，愈遠而愈不可忘也。

袁桷《日生堂記》 天台道士項君子虚，通岐黄書。其治病不擇富貧，輒徒步以往，處藥候脈有源委。蓋所居鄉有老醫，能理傷寒，受其説。傷寒首經絡，未有不通是而能爲醫者。治所居室，名之以日生，且求記於余。噫，今之醫，未嘗不以生爲心也。技薄而學淺，貿貿然以遊人之門，恣意剖決，遂使夫人之壽夭，不得以盡其正命，十蓋有五六者焉。薄人之危，剛燥疏補，重其疾以利厚貲，則凡所謂生者，不存於其心矣。天地之於品物，寒暑代謝，日用而不能以知，爲之君師以正其綱常，爲之醫以療其疾病，是醫之道，其贊化育者，厥功茂著，仁爲人心操存，動止於醫，殆得其全矣。余嘗聞道家者言，陶弘景增本草飛走蟲魚類例，有殺生心，此蓋誘俗鄙俚之論，犧牲養人，千萬世不能以易，藝不如古人，挾一囊以自行。巢氏之説，畢具於所挾，矯誣滋甚，矧有若予前所言者，其爲醫之禍最速矣。子虚氣正而色剛，立志不苟，視財帛如糞土，耐習勞苦，師全眞之説養心，若保赤子，其未通者必有以日廣，活人愈多，仰俯不怍，斯其爲德也，大矣。庸俟以紀，至治三年九月袁桷記。

袁桷《贈醫者陳生》 鄞衣冠家爲宬盛，閭里棟宇相接屬，議醫藥尤尚選擇。輒考論其世，又察其詞色溫謹涉於儒者始得進焉。每視疾，必先告以虚實先後，始筆簡牘，識其月日，以校輕重。有不如式者，爭詬病詆笑，於時待之也良厚。而所謂醫者，亦咸自愛重，不敢妄試，車軌混合，南土游宦居多，中原人壤高氣厚，所服餌率宜寒涼，由是羣醫爭視，好尚迎合，間有奇中，遂復以施於鄉黨，十失其半。夫泥於古者非通論，而強試其所不可，吁，亦殆矣。余官京師時，遇南士之稍適於時者，服食嗜好，茫不可分辨，疑誠中州人也。節宣之不時，亦復以攻導之法自治。問者未退，已倉卒不復救。輕千金之軀以夸眩，誠有罪，猶諉曰是不通。至於業醫，捨風土燥濕之宜以逐近利，利未獲而害日以甚。吾不知其爲何心也。里中陳氏子某，世爲醫，祖父篤厚君子也，力訓諸子，讀古醫書，長子辨論開博，余每見之，則曰醫不可以泥古，徇今則非矣。又未幾而死，心每悼之。後二十年，其孫復自立不墜，余廼有言曰：夸言以爲容，非術之工也；媚時以自售，非術之究也。相其州里，審其表裏，神而行之，日踵於門者，莫可禁。雖嫉媢遏抑，不足爲子懼，勗哉！以樹道何憂焉。

吳澄《贈醫人陳良友序》 臨川良醫陳良友種德三世矣，醫不擇家之富貧，不計貲之有無。一旦，其里之惡少以重役斂之，與語未及酢，則推而内之溝，折兩股，雖斷續益損，竟不復常，至今杖而行，倚而立，不能坐，或謂爲善如此而獲報如此，施者其怠乎。良友不然，益自誓以濟物爲己任，至感於神明，形於夢寐，日理丹鼎藥裹，孜孜若不及，慊慊若不足，吁，賢哉，於是肅政廉訪使程公作詩以美之，命其客吳某同作而又爲之序。

直躬爲惠不爲貪，股折肱存幸未三。施報稍乖疑有怠，精堅自誓轉無慚。人雖微疾肯坐視，藥試奇功在立談。丹候孰知消息事，相逢一笑問圖南。

吳澄《贈醫家吳教授序》 儒之道無所不通，醫之道一伎爾，而於儒之道爲近何也？儒之道仁而已，愛者仁之用，而愛之所先，愛親愛身最大。親者身之本也，不知愛親則忘其本。身者，親之枝也，不知愛身則傷其枝。愛親愛身而使之壽且康，非醫其孰能？故儒者不可以不知醫也。醫之道賾矣。炎皇博物明理而有《本草》之經，黄帝爲民立命而有《靈》《素》之經，今世所傳，雖或不無後來之所附益，要之其原，必出於上古生知之聖。伊尹之先覺，而論湯液以齊量五氣五味之配合。周公之多藝，而設官職以參兩九藏九竅之動變。皆因炎黄之明物理，立民命者充之也。醫之道詎可易視乎？武王之養疾於親也，常欲審其力之所能勝。夫子之慎疾於身也，不敢嘗其心之所未達，知藥之不可苟也。聖人之愛親愛身何如哉？惟其愛親愛身之至，所以重醫之道與。吴成，學儒道者也，少而孝於親，慕醫道而未及學，中歲身有痼疾，慨思此身爲親之遺體，有疾而不治，則非唯不愛身，是亦不愛親也，師門講求於善醫之人竟能已其疾，由是志於醫，既足以保其親之身，而醫院又官之，自新昌州醫學正勅授餘干州醫學教授。將赴官，過予，予嘉其留意於醫也，爲述炎黄武王伊周孔子六聖人仁民濟世愛親愛身之道以開廣其志，且俾人人知醫道之重不可視之爲一伎而忽之也。成字山則，醇謹篤厚，女弟之子妻之，予是以贈之言焉。

吴澄《送范文孺痔醫序並詩》　痔之爲疾最下，而痔之爲醫最上，何也？其方秘，其術奇，而能者鮮也。豫章范文孺之於醫，外父家之業也，七世，其父壻其門，傳其業。古人稱三世之醫。今文孺自外氏傳其父，父又傳之子，凡九世矣。父子爲人已疾，奚啻數百人？去年療吾友，其疾甚，三月愈。今年療吾兒，其疾輕，一月愈。皆先攻之以毒藥去惡肉，然後養之以善藥長新肉。如士之治己，去其惡疾，而養其良心。如農夫之治田，去其惡草，而長其良苗。如吏之治國，去其惡類，而養其良民。其事殊，其理一也。凡有血氣之屬，疾雖小不可有於身，況痔之久爲漏，漏不已則殺人。工於已此疾者得不爲上醫也哉？余愛之重之，言之不足而詠之以歌，其辭曰：蒙莊超世外，有患不到身。寓言貶秦醫，託以譏時人。遑知血肉軀，微苦尤嚬呻。安得希文者，普救疾疢民。

吴澄《贈董起潛序》　予雖不學醫而好觀《內經》、《難經》、《脈經》等書，頗曉人身脈理大概。然自少而老，由南而北，欲訪求一明醫而不可得。其下品率是意病加藥，其高品亦不過對證用藥而已，孰能究脈之精微，察病之原本哉？樂安雲蓋鄉之董，宦家名族，前代以儒科仕者不翅百數，文物之盛，甲於一邑。逮宋亡科廢，舍儒而習醫，有董氏起潛焉。往年初見之，未深知也，近年從孫春抱奇疾，醫莫能療，而更生於起潛之手，因爲予診脈，聽其議論，通達陰陽造化，審別藏府經絡，井井不紊，予驚竦曰：是間乃有此明醫乎！慨相遇之晚，而未有病可以試其伎也。至順元年冬過予，謂予明年夏秋之交有重病，其時當來供藥。今年六月病果作，其病日輕日劇，醫以爲瘧，起潛至曰：似瘧非瘧也，以瘧治之則誤矣。診之六脈浮緊，右寸口獨浮而短，外證有寒熱，胸膈氣滯，蓋由肺氣內傷，先以五膈寬中散暢導其氣，寒熱未除，脈尚浮緊，此爲客邪在表，用桂枝加附子湯溫散表邪，表證既罷，獨兩尺脈弦遲，爲腎藏虛寒，用四柱散加薑桂，以暖其下部，又獨脾脈微弦，用治中湯加附子，以理中焦，繼用參香飲，參苓白朮散相間飲之，以漸底於平復。自初服藥，每進藥一盃，則病退數分，再服一盃，則病又退數分，蓋病勢甚惡而藥力亦峻。予生平服藥未有若是其速效速驗者也。史遷《倉公傳》載淳于意自述其爲人治病名狀二十五條，纖悉該備，至今令人想見其醫術之神。起潛於予之病，凡四易藥，先後倫紀，毫髮靡忒，今倣《倉公傳》所述筆而爲序以貽之，非特表起潛之明於醫，亦以自許耄叟之明於知醫也。倘天下之醫人人如起潛，天下之病人人遇起潛，則可以保身，可以盡年，而舉世無枉夭之患。良醫之功，其博濟於民，視良相奚異。周官醫師之職，十全爲上，失一失二失三爲次，失四爲下，所謂十全者，十病之中可治則治之，不可治則不治，或治之而生，或不治而死，十病皆中而不失一也。起潛能於未病而言方來之有病，於已病而言此去之無病，脈之可疵者，病雖輕必言其可憂，脈之無虧者病雖劇必言其不害，有言輒中，斯其可爲十全之醫也夫。

吴澄《贈醫士章伯明序》　昔之神醫秦越人撰八十一難，後人分其八十一爲十三篇。予嘗慊其分篇之未當，釐而正之，其篇凡六，一至二十二論脈，二十三至二十九論經絡，三十至四十七論藏府，四十八至六十一論病，六十二至六十八論穴道，六十九至八十一論鍼法。夫秦氏之書與《內經》、《素》、《靈》相表裏，而論脈論經絡居初，豈非醫之道所當先明此者歟。予喜讀醫書，以其書之比他書最古也。喜接醫流，以其伎之比他伎最高也。年十五六時始與人交際，逮今七十年，自神京輔畿通都會府以放乎天下所聞有名之醫，已往者不可見矣，所見可用之醫，於千百人中僅得二人焉，而皆在吾郡，一曰董某起潛，一曰章晉伯明，二人皆涉獵儒術，精究醫方。去秋予在家有疾，董治之，今冬予在城有疾，章治之。試之而有實能，用之而有實效。明脈而明於經絡者董也，明經絡而明於脈者章也。初得一董已喜，再得一章益喜。老年遇二巧醫，異事，異事。然董雖奇，人未深知之，知之深自予始。章雖奇，人亦未深知之，知之深亦自予始。董之伎方今盛行於豫章，章之伎此去盛行於遠邇，可必也。蓋伯明於近代中原諸名醫所著述博覽通貫，非特研習周秦漢晉以前之醫經方論而已。予以耋耄中寒氣累日，不粒食，其所用藥三劑止八服，悉本仲景，如印劵勘鑰，不差毫釐，其驗神速，儻病者人人得此醫則世豈有難愈之疾哉。予之疾既瘳，將由城歸鄉，不能已於言而書此以贈。

吴澄《贈竹隱醫士序》 昔扁鵲秦越人，得長桑君之術，以醫行天下，遍歷諸國，往往各隨國俗所尚，變易其名，以售其術。或爲帶下醫，或爲小兒醫。吁，秦氏誠多能，然巧於售其術也亦甚哉。故一望桓侯而識其有疾，可謂見病於未然者矣。桓侯之不信也，反疑其好利而以不病者爲病，竟至於死，夫孰不以桓侯爲愚。噫，豈惟桓侯哉。世之安其危，利其菑，護疾而忌醫者，總總而是也。醫能治之而弗使，此洛陽年少之所爲痛哭流涕也，豈獨桓侯於扁鵲爲然哉。然則爲越人計者，宜何如？曰：深藏而不市，必俟夫人之求，不得已而後應，自貴自重於己，庶乎其見信見用於人也。或曰：子爲醫者計，則可獨不爲病者計乎？且無乃楊氏爲我之學，而非仁人扶危救急之心乎？曰：然。救急扶危，仁人有是心也。危且急者，不我信，不我用也，則奈之何哉？必夫人之見信見用也，而後救急扶危之心得以遂。善售其術者，無他，亦唯自貴自重而已矣。吾是以於竹隱醫士之行，懇懇爲是言也。竹隱，隱於醫者也，一旦翬然以詩從臾之行四方，是欲顯其術也。吾之意唯恐其術之不隱，愈隱則愈貴，愈貴則愈重，愈重則愈信，愈信則愈用，愈用則雖以隱自名而其名豈終於隱哉。歸覲蕭令君試以吾之言問焉。

吴澄《贈王相士序》 中州王生，年少而多能，既能醫又能相。寓荆門之當陽，謂京師衆大之區人物之淵藪，於是挾二技而來遊，將博其所施，廣其所覽也。夫二技者，能其一已難，而兼其二尤難。竊嘗聞古之神醫，望人顔色以見其病，不待問證切脈而後知，斯殆與相人同一法。扁鵲得長桑君之傳，洞見人之肺肝，則不但能察外色之顯，並與內藏之隱，而一目瞭然矣。其目亦神矣哉。以此目而相人，雖咸負又何加焉。然則醫與相二術固可通爲一也。又嘗聞相人之術，相形不如論心，形顯而易見，心隱而難知故也。生於所相之人，每言某賢某否、某正某邪，是隱而難見之心，且能燭之，則夫顯而易見之形，其孰爲貴孰爲富，又何難辨之有？故予喜生之能相心，愈於世之徒能相形者也。然生之至此也，熏炙名利之都府，所相皆達人顯官，其貴其富各已前定，予不復問，他日寬閑之野，寂寞之濱，有耕釣之夫，果爲賢，果爲正，而可伊可呂者，儻識其人，予之所願聞也。生以德元名，朝佐其字。

虞集《承天仁惠局藥方序》 欽天統聖至德誠功大文孝皇帝，以聰明叡知之資，臨御宇內，推一心之至仁，參兩儀而中立，照宣三光，調順四時，播五行之精，御六氣之辨，協士鈞之音，通八風之化。九功既叙，盛德大業至矣哉。是以億兆萬姓，休養生息，於壽域之中而不識，不知者也。而皇上至德無外，視民如傷，仁厚思恕之心恆若不及，乃命隆祥使司作承天仁惠藥局，俾大醫院使臣耿某取和劑局方、御藥院方、張長沙傷寒論、宣明論端效方、朱氏活人書、嚴氏濟生方、楊氏方、錢氏小兒方，擇其藥之適用者，分廿六門，凡二百七十五方，又勑中書右丞臣撒迪、太禧院使臣晃忽兒不花、大司農臣張金界奴與奎章閣大學士臣阿榮，相與詳定進，上命刻其書，而出大承天獲聖寺庫金，製藥開局，以施萬民之有疾苦者，十月廿二日，臣金界奴至學士院奉宣聖旨，命臣集識而序之。臣聞古者帝王之於民也，其爲之衣食以生養之，又爲之謹禬禳治砭焫以救札瘥之不測。此所謂先王有不忍人之心，斯有不忍人之政者也。今皇上一日萬幾，而思慮之周，至於仁惠局之設，可謂至且盡矣。傳曰：天地之大德曰生。生也者，所以爲我皇元億萬斯年無疆之福也哉。

虞集《跋黄思順醫説後》 傳言：善養民者，必曰如保赤子。心，誠求之，不中不遠矣。若思順保赤子於疾疢而數中焉，不以誠求之而能若是乎？孫先生，郡之師表，既亟稱之，危太樸勤敏忠厚好學之士也，又往從學焉，則思順世學豈他人所可及哉。

劉駰《答醫者羅謙父》 八月二日，駰頓首再拜復太醫先生侍下：人來領書，及見賜諸醫書，前後受賜稠叠矣。僕自六月七日，中山會葬妻父，七月五日迴，目疾暴發，至今昏花。所謂《醫經辨惑》纔檢校二三簡而已。昨日定興奔舅氏喪迴，而知專人來，且以繕寫《脾胃論》見命，則愈增稽緩之媿也。然目疾纔愈，尚不敢久視，且一二日間，欲於門側建一草亭，又不免監督之役。恐久曠日期，而虚來人之傭直也。今日早飯竟，故遣歸，其二書約兩月可畢，至期使之來取可也。仲實近出來，即送書去。比良晤，惟以任重自愛不宣，克溫無異此，駰再拜太醫先生侍下。

元好問《周氏衛生方序》 定襄周侯夢卿，弱冠從其兄戶籍，判官器之，作舉子。遭罹兵亂，投跡戎行，屢以戰多，取千戶封，佩金符，然其舉子習氣故在也。中年以來，頗以醫藥卜筮爲事，孤虛、壬遁、風角、鳥占，俱號精備。軍旅問病患，倉猝爲之投劑，救療既廣，遂爲專門之業。以夏課綴葺之勤，而移之芝朮蔓桂之下。好事者有祕方可責目前之效者，必來告之。歲月既久，浸成卷帙，凡若干卷，若干首，以《周氏衛生方》目之。予以世契之故，得傳録焉。竊謂毉藥，大事也。古人以爲藥猶兵然，兵，殺人之器，善用之者能以殺人者生人，不善用之則反以生人者殺人。世之君子，留意於性命之學者，良有旨哉。予於周侯，不獨美其已試之功與兼愛之心，又以見角逐風塵之際，雖有獨掃千軍之勇，果非樂於戰鬬，以人命爲輕者，故爲道所以然者冠諸篇。遺山元某引。

傅若金《贈儒醫嚴存性序》 儒者，通六籍之義，明萬物之故，其於百家之言，弗事則已，事之必探其本始，索其蘊奧，極其變故，弗異夫庸衆弗止焉。醫家自炎黄氏下及秦漢以來，岐伯、楡柎、倉、扁之徒，凡以醫名世者，其書籠天地之化，括陰陽之運，綜人物之生。凡四時晝夜、風雨寒暑、晦明消長之變，與夫民生喜怒憂樂，以及日夜興作、食息、屈伸、噓吸、百骸九竅之動，靡不備至其術。鍼人血脈，滌人五藏，投之藥石，以攻其疾，養之穀味，以衛其生，若是豈易言哉！世之誦其書求其術者，非夫人通六籍之義，明萬物之故而能識其理者亦鮮矣。是故醫之良雖不必盡儒者，而儒者爲醫，吾知必良也。里人嚴存性，年少而力學，博涉經史，旁及醫藥百家之言，方將以儒術取進士，第以是用於世而科舉廢矣。於是益取醫家之書而讀之，求盡其術以遊四方而行其志焉。元統間，嘗以其學行京師搢紳間矣。不幸家有故而歸，其志不能以大遂。然往年余留京師，聞京師之人多稱之；今年余還鄉里，又聞鄉之人多德之；及與之語，出入百家，徵以六籍；於是知存性果儒者而爲醫也，其爲醫果異夫庸衆者也。今聞其復將出遊，請贈一言以别。夫醫近儒者治人之道，故善醫者醫國。今吾民病且甚，而有司治之不以其道。存性行四方，有問者，具以其道告之，吾民且庶幾有瘳乎！由是存性之醫大行，吾道行矣。

傅若金《贈世醫李宜卿序》 醫之論，世尚矣。《曲禮》曰：醫不三世，不服其藥。故疾者，人之所慎也。疾而必世醫之求，以其業之專而施治之習耳。業專則視證必明，施治習則取驗必速。新學之士，苟非儒者有博辨明敏之資，得名人而師之，則於軒岐以來醫家之書讀且不能句，況望深究其理以達於治哉！醫之明暗，病者之死生係矣，不慎得乎？新淦李宜卿，儒而世其醫者也，以儒故明乎理，以世故習於施治。祖若父皆嘗爲醫官，四方大夫士多敬禮之。至宜卿嗣守先業，益充其學問而不求聞於時。頃年有自京師來者，以太醫檄授宜卿醫學官，宜卿謝不受，曰：吾本隱於市，醫以行吾志耳，奚以名爲哉！平居蓄善藥，遠近有疾者，無貧富貴賤，有叩焉輒應之，無所擇，且不盡責其利。家有堂名曰誠求，即其所取義而存心可知矣。孔子曰：君子素其位而行不願乎其外。宜卿守世業以行其志，非素位歟？辭太醫檄不受其名，非不願乎外歟？是亦可謂君子也已。傳所稱韓伯休、宋清者，豈斯人之徒歟。

高啓《贈醫師何子才序》 余嘗與脩《元史》，考其故實，見士之行義於鄉能濟人之急者，皆具録焉。或謂死喪疾病之相救助，固鄉黨朋友之事，非甚難能者，夫何足書？余則以爲自世教衰，人於父子昆弟之恩猶或薄焉，其視他人之危，能援手投足以拯之者，於世果多得乎？不多，則君子宜與之，不可使遂泯也。乃采其尤卓卓者，爲著於篇。自退伏鄉里，聞有斯人之風者，猶復爲興慕焉。一日，趙子禎氏謁余城南，言曰：近僕自淮南攜累而東歸也，奔走水陸之艱，觸冒霜露之慘，既抵家而俱疾焉。蓋老稚數口無免者。呻吟呷嚶，僵卧滿室，湯粥之奉不時，恤問之友不至，相視眄然爲溝壑矣。醫師何子才日見來視之，療治周勤，藥裹成績，僕有慚心，而子才無倦色。既彌月，而皆起焉。今以衰暮之年，與老父幼孫復得相依，以保其生者，皆子才之賜也。顧無以報，願惠一言，識區區之感焉。余以子禎家素貧，固非常有德於子才，而子才亦非有冀於子禎者，乃活其闔門於瀕死，豈非以濟人之急爲心，而世所不多得者乎？若是固不可使無聞也。然余文思荒落，不能張子才之賢，姑序以復於子禎氏。子才能存此心而不息，義聲積著，則固有當代之執筆者書矣。

高啓《贈醫士徐仲芳序》 昔柳子傳宋清，言清居善藥，有就清求藥者，雖不持錢皆與之，積券如山，度不能報，輒焚券。余固疑清之未善也。苟不責報，尚何以券爲哉。又言清取利遠故大而卒以富，是知清猶未免於利耳。吳醫徐仲芳世攻治小兒，至仲芳而益精。人之請於門者相屬也。仲芳視其爲上大夫及窮乏者，輒先焉。雖烈風赤日，乘一驢兀兀黃埃中，周臨其廬，無敢後。其視疾必謹，與劑必良。嬰稚之賴以不殤者蓋衆矣。有奉物詣仲芳謝者，卒卻去。或問之，則曰：士大夫吾所敬，窮乏吾所憫，義皆不可取。吾非爲詭也。彼資雄而仕達者，固又何辭。故人皆德仲芳。雖後有復請，仲芳赴之益先。人至有愧心，而仲芳無倦色。嗚呼，若是可不謂賢乎！世嘗言今之人不及於古遠矣，觀清之焚券而仲芳並券有不取，清猶以利而仲芳以義，是則仲芳之賢不止於及清而已也。余友戴伯庸氏，一日來，告曰：僕有弱息，嘗苦多疾，獲仲芳而愈，數欲報仲芳，而仲芳不吾受也。度終不可以虛其德，願求子之文以贈之。余謂仲芳之賢，既可書，且余以嘗德仲芳者，戴不余請余可已乎哉。雖然宋清以柳子之文而傳，今仲芳之賢雖過於清而余文不足以及柳子，顧能使之傳邪？然戴之欲之也。姑爲書其概以俟如柳子者徵焉。

王褘《贈葛仲正序》

友人陳舜道爲予言，吾往年留吳門，得疾傷寒，他醫莫能治，病勢向劇。有太常者，吾所厚也，爲致葛仲正來視，以其術治之，疾旋愈。吾既感劉君愛我，且念葛君爲術之良，非言以彰之，則無以著吾私。子能言者，幸爲我一言之。予觀近時言醫者莫盛於中吳，而中吳世業醫者，莫盛於葛氏。葛氏之醫，其術善於推五運六氣之盛衰，以審病證而定治法。此仲正之術所以異於人人也，蓋仲正之諸父曰恆齋者，嘗自著書，其說以謂醫當視時之盛衰爲損益。劉守眞、張子和輩，値金人強盛，民悍氣剛，故多用宣洩之法。及其衰也，兵革之餘，饑饉相仍，民勞志困，故張絜古、李明之輩，多加補益之功。至宋之季年，醫者大抵務守護元氣，而不識攻伐之機，能養病而不能治病，失在不知通其變也。其爲說如此，可謂能明。夫氣運之變，而通於陰陽之化者矣。嗟乎！醫之爲術，至於劉、李諸君子出而藝極矣。以予觀乎其書，其言甚明，其理甚微，其用物也簡而近，其取驗也速而著。而其要在使人觀形察脈，求病之所始，以施其術，而不膠於一定之古方。蓋無非推明所謂五運六氣之說。今其書大行於世，學者非其術弗道也。而葛氏之傳，獨得其要如此。以仲正有得於承傳之素，推其家之遺書，以博極乎諸君子之書，其術之良，而有異乎人人也固宜矣。仲正之季曰可久，於其術尤精。予嘗與爲友，以故因得識仲正。而仲正之諸子業其術者，復彬彬焉。嗟乎！葛氏之盛，固未艾也。

王褘《贈醫師張君序》

古之言良醫者，出於秦爲多。《春秋》內外傳所載若醫和、醫緩，以及尸子所稱醫竘者，皆在秦以良醫名。和能察肓上膏下，而知疾之不可爲。緩能辨六氣五味五色五聲六疾，而知疾之所由致，而非止此也。和之對晉大夫也，以謂可以醫及國家。而緩於晉侯，謂其良人將死，天命不佑。則其思慮之所及，固又不止湯熨鍼石之際而已。一則曰良醫，二則曰良醫，皆於秦乎出。謂之秦多醫，豈不信然。以予觀之，今之良醫，蓋其多莫逾於中吳矣。夫豈以吳地富饒，人鮮輕身重財，故挾是術者，趍之恆多歟。將習俗之盛，淵源之傳，有所自也。然吳醫之多，予固未嘗敢以淺中窺之，而求夫庶幾於古良醫者。張君志行殆其人焉，志行之良於醫。夫人之所知也，而夫人之所不能知者，吾意非志行不足以盡之。夫所貴乎醫者，以其能以意爲之也。《靈樞》《素問》諸書，遺說昭然，固在所必守。而人之疾病有萬不同。若夫推五運六氣之標本，察陰陽升降之左右，以定五臟六府之虛實，以合經緯血氣之流注，而知疾病之候，死生之期者，必於脈見之。唐許胤宗謂脈之妙處不可傳，唯思慮精則得之。又曰：吾意所解，口不能宣也。由胤宗之言觀之，則脈之不可易審必矣。和、緩之能知疾不可爲，與疾之所由致，而其思慮所及，不止於湯熨鍼石之際者。夫豈外是而他求乎？然則志行其殆知審於脈者乎？不然，何其術之良，而人稱之者之衆矣。是故人之稱志行，知其術之良，而予知志行者，固在此而不在彼也。郡人秦文剛，君子人也。嘗得疾，志行治之隨愈，秦君因求予文以道其美。夫志行之術之所施，其效不止於秦君。而秦君獨得之之深者，非志行則莫之能爲其疾也。吳醫之良，不止於志行。而予輒樂道其美者，因夫人之稱信，而術之良爲可書也，使志行於是益精其思慮，而愼其術焉，將見今世求良醫於吳者，必求志行。而吳多良醫，世亦將謂吾言有不妄矣。

劉基《贈陳伯光詩序》

陳君伯光，以醫名於栝者也。栝故多良醫，而伯光爲能世其祖父業。傳有之曰：醫不三世，不服其藥。蓋其傳之也遠，而試之也詳，其可信而無惑也宜矣。往歲伯光徵予文，予時迫戎事，不克應所請。今至栝，伯光又來，予乃問之曰：昔者神農肇嘗草木蟲魚玉石，酌其酸苦辛鹹以辨燥濕寒溫，披陳其性情，表章其好惡，定爲君臣佐使，秩以九等，命之曰藥。黃帝岐伯著爲經書，難疑答問，以闡神用。醫之爲教，不亦大彰明矣。岐伯既沒，則有若越人、華佗、淳于意、張仲景、孫思邈之流，莫不能籢弄化機，竊用五材，出沒鬼神，造法立方，轉移陰陽，皆可以血氣朽骨生色腐肉，制人命於掌上。何昔有而今無耶？伯光愀然歎曰：君何莫之思也。人亦有言，情隨習遷，事與時殊。昔之爲術者，早夜以謀道，故道成而功日彰。今之爲術者，早夜以謀食，故智昏而道與窮。若是非一日矣。且夫三才一理，治道無二，天地將病，祲祥豫形，人身將病，氣色先徵，病之將至，其幾乃萌，防微遏幾，百病不生，幾動形見，力倍功半，知及此者，其神人乎！醫乎？醫乎！堯舜之爲天下，亦不外矣乎。宜其昔有而今亡也。予甚韙其言，因序，而繼以詩。

劉基《贈醫學録江仲謙序》　或稱良醫之用藥，猶良將之用兵，其信然哉。人之死生倚於醫，國之存亡倚於將，反掌之間，吉凶分焉。不得其良而用之，是以人與國棄也。故良將投其兵於敵，而敵失其所禦；良醫投其藥於病，而疾失其所聚。兵可以殺敵，藥可以殺病，人皆知之。用之有舛，則殺病之藥不於病而於其人，殺敵之兵不於敵而於其國，可不慎哉！故人之將死，而得良醫，國之將亡，而得良將，天下幸，無有大於此者，而天下之功亦無有逾於此者。以之並言，良非過矣。紹興江仲謙，以醫良於其郡。甲午之歲，余挈家來紹興，紹興地卑濕，歲又寒暑易常度，家人疾病相連屬不絶。延仲謙診之，劑所投無不愈。由是倚仲謙以爲安，而信其以良稱不虚矣。方予家人之疾也，仲謙來視曰某當某日愈，某當變某疾，疾作後幾日愈。無不驗。有所餽謝則堅拒不受。予嘗讀史，見趙充國論邊事無不如其先言，魏公子救邯鄲於垂亡而却不受賞，古今所稱以爲賢。今以仲謙觀之，良醫之與良將，其用心眞有不期而吻合者，良可駭也。剡溪姚古道從師於越，得疾焉，遇仲謙而愈，仲謙又不取餽謝，郡士之與古道交者多賦詩以美仲謙，而予又爲知仲謙者，故爲序。

劉基《題醫者王養蒙詩卷後》　李君一初序王養蒙之爲醫，且美其不屑爲吏，予獨謂此無足怪者。虎豹鷹鸇，日殺物以養其軀，至死不厭，騶虞視生草而不折，見生蟲而不踐，其嗜好不同，出於天性，易之則兩死，物理然也，何獨疑於人哉？故吏與醫爲二道，活人以爲功者，醫之道也，其心慈以恕，而仁者好之。利己而無恤乎人者，吏之道也。其心忍以刻，而不仁者好之。故以吏之心爲醫者，業必喪；以醫之心爲吏者，身必窮。又何怪乎善醫者之不屑爲吏也哉！雖然，今之以醫道爲吏者未見也，而以吏道爲醫則有矣。然則養蒙賢乎哉！吾故發李君之言以附于孟氏論巫匠之末。

劉基《醫説贈馬復初》　或稱醫藥出於上古聖人，神農黄帝皆身爲之，其果然乎？儒者疑之，懼世之以是小聖人也。孟子稱堯舜憂民而不暇耕，夫耕后稷實親爲之，豈以是爲非聖人所事哉？天下之事不止於耕，教之者有其官，業之者有其人，則堯舜之憂不在耕而有大焉者，此孟子之意也。天地闢而人生蠢蠢焉，聖人出而後異於物，於是垂衣裳，造書契，作爲舟車、網罟、弧矢、杵臼之器，載在《易經》，不可誣也。凡可以前民用者，聖人無不爲之，而況於醫乎？辨陰陽於毫毛，決死生於分寸，其用心之難，又豈直舟車、網罟、孤矢、杵臼而已哉！吾固有以知其作於神農、黄帝無疑也。聖人之道，包天地，括萬物，一體而毫分焉，莫非道也。故天之大也，分而爲日月、爲星、爲雲、爲雨、爲雪、爲霜、爲露，莫非天也，而後各形其形焉。地之廣也，結而爲山，融而爲川，生而爲草、爲木、爲石、爲玉、爲金銀銅鐵，爲五穀，莫非地也，而後各形其形焉。故見其形而不知其出之原，非知道者也。是故，知醫之不足以盡聖而不知其爲聖之事，非知聖者也。今有酌海於盃，曰：海也。人皆知其不可也，而謂之非海出也，可乎哉？天下之術多矣，惟醫以救死扶生爲功效，故志之者，可以存其不忍人之心而於道爲有益，至於節嗜欲，調陰陽，時寒暑，去邪養正，流通血脈，其爲道也。引而伸之，治天下不能外。致遠而不泥，其斯而已矣。紹興馬復初，以醫藥從左丞帖理帖木爾公招輯海寇，其爲人也，粹而溫，其於術也，精以造，其劑之所投，無宿疾也。予甚敬之，懼其日用而不知也，作醫説以贈之。

宋濂《贈醫師周漢卿序》　余聞松陽周君漢卿，以醫名者久矣。一日余壻鄭叔韡復來青蘿山中，述其詳，曰：周君之醫精甚，他固不能知，姑即士君子所常道者言之。括蒼蔣仲良，左目爲馬所蹄，其睛突出，懸如桃。工相顧曰：是系絡既損，法當瞀。周君笑不答，以神膏封之。越三日，目如初。華川陳明遠患瞽者十齡，百藥屢嘗而不見效，自分爲殘人。周君視之，曰：是翳雖在內尚可治。用鍼從背入睛背掩其翳下之，目欻然辨五色，陳以爲神。武成男子病胃痛，當痛不可忍，嚙齒刺刺作聲，或奮擲乞死弗之得。他醫用大攻湯治，皆不愈。周君以藥納鼻竅中，俄大吐，吐出赤蟲尺餘，口眼咸具，痛即止。東白馬氏婦有妊，歷十四月不產，形瘠尪且黑。周君脈之，曰：非孕也，乃爲妖氣之所乘耳。以藥下之，一物如金魚，疾旋已。永康應童嬰腹疾，恆痾僂行，久不伸。周君解裳視之，氣衝起腹間者二，其大如臂。周君刺其一，魄然鳴，又刺其一亦如之，稍按摩之，氣盡解平，趨無留行。長山徐嫗遘驚疾，初發，手足顫掉，褫去裳衣羸而奔，或歌或哭，或牽曳如舞木偶。粗工見之吐舌走，以爲鬼彪所惑，周君獨刺其十指端，出血，已而安。虎林黄氏女生瘰癧，環頸及腋凡十九竅，竅破白瀋出，右手拘攣不可動，體火熱，家人咸憂，趣匠製棺衾。周君爲剔竅每長二寸，其餘以火次第烙，數日成痂，痂脫如恆人。于越楊翁項有疣，其鉅類瓜，因醉仆階下，疣潰，血源源流。凡疣破，血出不休，必殺人。他醫辭不進。周君用劑糝其穴，血即止。烏傷陳氏子腹有肉隱起，捫之如罌，或以爲奔豚，或以爲癥瘕。周君曰：脈洪且芤，癰發於腸也。即用燔針如筴者刺入三寸餘，膿隨針射出，其流有聲，愈。檽概黄生背善曲，杖而行，人以風治之。周君曰：非風也，血澀不通也。爲刺兩足崑侖穴，頃之，投杖而去。其醫之甚精如此。薦紳先生宜有以褒之揚之，敢以序文爲請。余惟古之神醫，一撥見病之應，因五臟之輸，乃割皮解肌決脈，結筋搦髓，揲荒爪幕，以爲治，所謂鍊精易形者也，今則人誰知之？其次則湯液醴灑，鑱石撟引、案抗毒熨之法耳，是法亦絶不傳，其僅存於世者，往往不能用，用或乖戾，以致夭閼而傷生者多矣。夫醫者，民命所繫，一投丸之間，一授箴之際，則安危由此而分，何可不致謹於斯邪。昔司馬遷立《倉公列傳》，其所治自齊侍御史而下凡十有餘人，皆歷疏其病狀，辭雖繁而不殺者，其意蓋有見於此也。余敢竊取斯義，備以叔韡所述，序次成文以遺周君，又安知他日脩史傳者，無采於余之言哉。余耄矣，且有脾禍，吐涎日二三升，蔓延將四稔，叔韡尚邀周君以起余之疾者乎。

宋濂《送戴原禮還浦陽序》 醫之爲道至矣。故周官有疾醫，視萬民四時之病，春之痟首，夏之痒疥，秋之瘧寒，冬之嗽欬。二氣皆分而治之。驗其狀而制其祿，甚爲不輕也。後世官寖失職，故於其術每擇之不精。有人於此，能合於古者之道，豈不猶空谷足音之可喜者乎。如吾同縣戴原禮氏是已。原禮生儒家，習聞詩禮之訓，惓惓有志於澤物，乃徒步至烏傷，從朱先生彥修學。先生見其穎悟倍常，傾心授之。原禮自是識日廣，學日篤。出而治疾，往往多奇驗。予請得而詳道之。原禮從叔仲章，六月患大熱，面赤口譫語，身發紅斑。他醫投以大承氣湯，而熱愈極。原禮脈之曰：左右手皆浮虛無力，非眞熱也。張子和云：當解表而勿攻裏，此證似之，法當汗。遂用附子、乾薑、人參、白朮爲劑，烹液令飲之，大汗而愈。檽概方氏子婦，瘧後多汗，呼媵人易衣不至，怒形於色，遂昏厥若死狀，灌以蘇合香圓而蘇，自後聞人步之重，鷄犬之聲，輒厥逆如初。原禮曰：脈虛甚，重取則散，是謂汗多亡陽，正合經意。以黄芪、人參日補之，其驚漸減，至浹旬而安。松江諸仲文，長夏畏寒，身常挾重纊，食飲必熱如火，方下咽，微溫則嘔。他醫授以胡椒煮伏雌之法，日啖雞者三，病逾亟。原禮曰：脈數而大，且不弱，劉守眞云，火極似水，此之謂矣。椒發陰經之火，雞能助痰，祇以益其病爾。以大承氣湯下之，晝夜行二十餘，頓減纊之半，復以黄連導痰湯益竹瀝飲之，竟瘳。姑蘇朱子明之婦，病長號數十聲，暫止，復如前。人以爲厲所憑，莫能療。原禮曰：此鬱病也。痰閉於上，火鬱於下，故長號則氣少舒。經云，火鬱則發之是已。遂用重劑涌之，吐痰如膠者無算，乃復初。樂原忠妻亦蘇人，因免乳後，病驚身，翩翩然如升浮雲之上，舉目則室廬旋運，持身弗定。他醫飲以補虛治驚，皆無驗。原禮曰：左脈雖芤且澀，神色不動，是因驚致心，包絡積污血爾。法宜下之。下積血如漆者一斗即愈。留守衛吏陸仲容之内子，病熱妄見神鬼，手足瞤動。他醫用黄連清心湯不中。原禮視之，曰：形瘦而色不澤，乃虛熱耳，法當以李杲甘溫除大熱之法爲治，即經所謂損者溫之者也。服人參、黄芪而安。他若此者甚衆。予備聞賢士大夫恆言之，今不能悉數也。嗚呼，有人如此，可不謂之合於古道者乎。夫醫之爲道，本於《素問内經》，其學一壞於開元，再壞於大觀，習俗相仍，絶不知究其微指，唯執一定之方，類刻舟求劍者。人訾之，則曰：我之用此，不翅足矣，又惡事《内經》爲？宋之錢仲陽獨得其秘，於遺經而擴充之，金之張、劉、李諸家，又從而衍繹之，於是《内經》之學大明。劉之學，朱先生得之最深。大江以南，醫之道本於《内經》，實自先生發之。原禮乃其高第弟子，其用心也篤，故造理爲特精。其傳授有要，故察證無不中，亦可謂賢也已矣。近來京師，薦紳之家無不敬愛之，服其劑者，沈痾豁然如洗，或欲薦爲醫官，辭不就，遂賦詩以餞其東還，且請予爲序。昔者司馬遷作《倉公傳》，載其應詔所對，自齊御史成至公乘項處，凡二十有三，書治病之狀甚具。予倣此義，稍陳原禮療疾奇中者繫之首簡，並告周官疾醫四時治證之概，世之知言君子，必有所擇焉。原禮之從父能軒翁，予之同志友也。幸以余言質之。

宋濂《贈醫師葛某序》 古之醫師必通於三世之書。所謂三世者，一曰

《針灸》，二曰《神農本草》，三曰《素女脈訣》。脈訣所以察證，本草所以辨藥，針灸所以祛疾。非是三者不可以言醫。故記《禮》者有云：醫不三世，不服其藥也。傳經者既明載其説，復斥其非，而以父子相承三世爲言，何其惑歟。夫醫之爲道，必志慮淵微，機穎明發，然後可與於斯，雖其父不能必傳其子也。吾鄉有嚴生者，三世業醫矣。其爲醫，專事乎大觀之方，他皆憒憒，絶弗之省。又有朱聘君，家世習儒，至聘君始以醫鳴，醫家諸書則無不精覽。一少年病肺氣上，喀喀鳴喉中。急則唾，唾血成縷。嚴曰：此瘵也。後三月死。聘君曰：非也。氣升而腴，中失其樞，火官司令，爍金於爐。是之謂肺痿，治之生。已而果成生。一六十翁患寒熱。初，毛洒淅，齒擊下上，熱繼之，盛如蒸甑。嚴曰：此瘀也。不治將差。聘君曰：非也。脈淫以芤，數復亂息，外彊中乾，禍作福極。是之謂解㑊，藥之則瘳，不藥則劇。已而果劇，治乃愈。一女婦有巇疾，每吐涎數升，腥觸人。人近亦巇。嚴曰：此寒巇也。法宜溫。聘君曰：非也。陽陰未平，氣苞血聚，其勢方格，靡有攸處。是之謂惡阻。在法不當治，久則自寧，且生男。言後輒驗。夫嚴生之醫三世矣，聘君則始習爲之，而優劣若是者，醫其可以世論否耶？嗟夫，昔之名醫衆矣，未暇多論。若華元陀，若張嗣伯，若許智藏，其治證皆入神，初不聞其父子相傳也。自傳經惑於是非，使《禮》經之意晦而不白，三千年矣。世之索醫者，不問其通書與否，見久於其業者，則瞀瞀焉從之。人問其故，則曰：是記《禮》者云爾也。其可乎哉。葛生某，淮之鉅族也，明於醫，三世之書皆嘗習而通之。出而治疾，決死生，驗差劇若燭照而龜卜，無爽也者。士或不能具藥，輒注之，不索其償。士君子翕然稱譽之，名上丞相府，賜七品服，俾提舉諸醫官。有疾者遂倚之以爲命。嗚呼，若葛生者，其無愧古之醫者歟。

宋濂《贈賈思誠序》 同里張君以書來謂濂曰：壬辰之秋，兵發中原，大江之南，所在皆繹騷。時惟伯嘉納公持部使者節來蒞浙東，慎簡羣材，官而任之，以保障乎一方。余雖不敏，公不以爲無似，俾攝録事判官。判官職在撫治一城生聚，凡其捍禦綏輯之策，不憚晝夜而勤行之，以酬公知遇之萬一。然節宣之功不加，日積月深以勞而致疾。疾之初作，大熱發四體中，繼之以昏仆，迨其甦也，雙目運眩，耳中作秋蟬鳴，神思恍惚，若孑孑然離羣而獨立，若御驚飆而遊行太空，若乘不繫之舟以簸蕩於三峽四溟之間，殊不能自禁。聞丹溪朱先生彥脩醫名徧四方，亟延治之。先生至，既脈，曰：內摇其真，外勞其形，以虧其陰，以耗其生，宜收視返聽於太虛之庭，不可專藉藥而已之也。因屬其高第弟子賈君思誠留以護治之。賈君即視余如手足之親，無所不致其意。慮余怒之過也，則治之以悲。悲之過也，則治之以喜。喜之過也，則治之以恐。恐之過也，則治之以思。思之過也，則治之以怒。左之、右之、扶之、掖之，又從而調柔之。不特此也，其逆厥也，則藥其涌泉以寤之，其怔忡也，則按其心俞而定之，如是者數年，不可一朝夕離去，寧食不鮮羞，衣不裼裘，何可一日以無賈君；寧士不魯鄒，客不公侯，何可一日以無賈君。余疾於是乎告瘳，而賈君有功於余者甚大矣。子幸賜之一言，多賈君之善，而昭余之不敢忘德於賈君，不識可不可乎？余發張君之書，重有感焉。世之爲民宰者，恆飽食以嬉，其視吾民之顛連，漠然若秦越肥瘠之不相維繫，非惟不相維繫，又盬其髓，刳其膏，而不知止，孰有如張君勤民成疾者乎？世之醫者酬接之繁不暇雍容，未信宿輒謝去，至有視不暇脈，脈不暇方而不可挽留者，孰有如賈君調護數年之久而不生厭者乎？是皆可書。余方執筆以從文章家之後，此而不書，烏乎書。雖然今之官政苛虐，敲扑椎繫，惟曰不足，我民病此久矣。我瞻四方，何林林乎州邑之間，其有賢牧宰能施刀圭之劑以振起之者乎？設有是，余雖不敏，猶能研墨濡毫大書而不一書，是爲序。

宋濂《贈醫師賈某序》 醫之爲道，難言久矣。然必審診以起度量，立規矩稱權衡，合色脈表裏、有餘不足，順逆之法，復參其人之動靜與其息之相應，然後從而治之，則其事爲甚不輕矣。非洞明應世羣書之得失，尚可與於斯乎？《黃帝內經》雖疑先秦之士依倣而託之，其言深，其旨邃以宏，其考辨信而有徵，是當爲醫家之宗。下此則秦越人。和緩無書可傳。越人所著《八十一難經》則皆舉《內經》之要而推言者也。又下此則淳于意。華佗之能經鴟顧，固亦導引家之一術。至於刳腹背、湔腸胃而去疾，則涉於神怪矣。意之醫狀，司馬遷備志之，其所謂迵風沓風者，今人絶不知爲何證，況復求於治療之深旨乎。又下則張機。機之《金匱玉函經》及傷寒諸論，誠千古不刊之典，第詳於六氣所傷，而於情欲、食飲、罷勞之所致者，略而弗議，兼之文字錯簡，亦未易以序次求之也。又下此則王叔和。叔和纂岐伯、華佗等書爲《脈經》，叙陰陽內外，辨三部九候，分人寧、氣口，條陳十二經絡，洎夫三焦五藏六府之病，最爲著明。惜乎爲妄男子括以膚陋之脈歌，遂使其本書不盛布於世也。又下此則巢元方。其《病源候論》，似不爲無所見者，但言風寒二濕而不著濕熱之文，乃其失也。又下此則王砅。砅推五運六氣之變，撰爲《天元玉策》，周詳切密，亦人之所難，苟泥之則局滯而不通矣。又下此則王燾、孫思邈。思邈以絶人之識，操慈仁惻厚之心，其列《千金方翼》，及工害人之禍，至爲憤切，後人稍闖其藩垣，亦足以其術鳴，但不知傷寒之數，或弗能無遺憾也。燾雖闇劣《外臺祕要》，所言方證符禁灼灸之詳，頗有所祖述，然謂針能殺生人而不能起死人者，則一偏之見也。又下此則錢乙、龐安時、許叔微。叔微在準繩尺寸之中，無所發明，安時雖能出奇應變而終未離於範圍，二人皆得張機之粗者也。惟乙深造機之閫奧而擷其精華，建爲五藏之方，各隨所宜，肝有相火則有瀉而無補，腎爲眞水則有補而無瀉，皆啓《內經》之秘，尤知者之所取法，世概以嬰孺醫目之，何其知乙之淺哉。其遺書散亡，出於閻孝忠所集者多孝忠之意，初非乙之本眞也。又下此則上谷張元素、河間劉(光)〔完〕素，睢水張從正。元素之與(光)〔完〕素，雖設爲奇夢異人以神其授受，實聞乙之風而興起焉者。若從正則又宗夫(光)〔完〕素者也。元素以古方新病決不能相値治疾，一切不以方，故其書亦不傳，其存於今者，皆後來之所傳會，其學則東垣李杲深得之。杲推明内外二傷而多注意於補脾土之說，蓋以土爲一身之主，土平則諸藏平矣。從正以吐汗下三法同寒暑濕火燥六門爲醫之關鍵，其治多攻，其劑多峻厲，不善學者殺人。(光)〔完〕素論風火之病，以《內經》病機氣宜十九條，著爲元病式，簡奧粹微，有非大觀局諸醫所可彷佛，究其設施，則亦不越補攻二者之間也。嗟乎，自有《內經》以來，醫書之藏有司者凡一百七十九家，二百九部，二千三百五十九卷，亦不爲不多也。他未遑深論，即今所論者，言之世之醫師，果能盡心於斯否乎？脱或未盡心於斯，則夫起度量，立規矩，稱權衡，合色脈之屬，焉能察而行之不至以人命爲戲也，幾希矣。雖然亦有要焉。逆與順之謂也，曰升降，曰浮沈，吾則順之，曰溫涼，曰寒熱，吾則逆之，果能此道矣，則去夫先醫之所治，雖不中，不遠矣。然又未易以一蹴至也。非求之極博而觀其會通，安可遽反於至約之域乎？醫之道所以難言者，蓋若此而已。烏傷賈思誠，濂外弟也，性醇介，有士君子之行，嘗同濂師事城南聞先生學治經，久之，思誠復去受醫説於彥修朱先生之門，諸儒家所著，無所不窺，出而治疾，往往有奇驗，薦紳間多爲賦詩而屬濂以序，濂非知醫者，將何以爲思誠告哉，而思誠請之不倦，因爲直疏歷世羣書之得失，而勖思誠以學者如此，初不暇如他作者簸弄筆舌交錯以成文也。

方孝儒《非非子醫書序》 非非子既老，著書辯黜昔之論醫者，其說以爲雖扁鵲復生，不易吾言，信乎，非非子有志也。道術之傳，豈有古今哉？智者知之，衆人惑之，今與古皆然也。由衆人而視智者，雖同時猶莫能及，況古人乎？由智者而視才之用者，則今與古何相遠之有？古之言未必皆善，今之言未必皆非，後乎千百載，未必無善於今之人者也。顧智者知之耳。孔子，聖人也，聖人之言固不敢及，與聖人並時，今人豈無過之者乎？故道惟視善與否，今古不足論也。學者之患，在乎慕古而不知道。聞其出於古，則以爲善，雖有未至，不察也；聞其出於今，則以爲不善，雖有至者，不察也。此道之所以不明，實學者之過也。余嘗以爲秦以下言治道者，漢之賈誼，董仲舒、王吉，唐之魏徵、陸贄，宋范仲淹、司馬光，皆近時捄俗之論耳。比之三代聖賢匡世範民之政，豈特不及其垣牆哉？其可議者蓋衆矣。每欲爲一書，明先王之意，以正流俗之失，懼人謂吾爲僭也，卒未敢爲。而非非子之於醫，獨不顧舉世之惑，指斥其所尊信而不疑，非果有志者，其能然乎？醫術余雖不足以應之，若非非子之志，其過於余也遠矣。然余聞之：聖人，天地之醫也；賢者，民物之醫也。此醫之大者也。漢之善醫者，莫過於賈誼。誼當無事之時，流涕痛哭，以爲痱腫跤盭，其後病發於數世之間，果驗。此以何術預知之乎？誼之策雖不即用，然其方書具存，後世可以用之否乎？使聖人生漢之初，必能制其本，疾必無自而發矣。不知聖人用何道已天下之疾也。非非子多才能，而善論大事，語多驚人，苟取賈誼以下之言，定其是非，著其方書，俾疾病者，可按書而治，則余將謂非非子果有志者也。果不可以今古論也。

王守仁《與劉元道》 來喻欲入坐窮山，絶世故，屏思慮，養吾靈明，必自驗。至於通晝夜而不息，然後以無情應世故。且云於靜求之，似爲徑直，但勿流於空寂而已。觀此足見任道之剛毅，立志之不凡。且前後所論，皆不爲無見者矣，可喜可喜。夫良醫之治病，隨其疾之虛實、強弱、寒熱、內外而斟酌加減，調理補泄之要在去病而已。初無一定之方，不問證候之如何，而必使人人服之也。君子養心之學，亦何以異於是？元道自量其受病之深淺，氣血之強弱，自可如其所云者而斟酌爲之，亦自無傷。且專欲絶世，故屏思慮，偏於虛靜，則恐既已養成空寂之性，雖欲勿流於空寂，不可得矣。大抵治病，雖無一定之方，而以去病爲主，則是一定之法。若但知隨病用藥，而不知因藥發病，其失一而已矣。閒中且將明道定性書，熟味意況，當又不同。憂病不能一一，信筆草草無次。

歸有光《贈醫士張雲崖序》 技術之事，微矣。自司馬子長傳扁鵲倉公，自後爲史者概取神奇詭怪之說以附於正史。予頗疑其非經世之要，欲爲後世立史法削去方伎傳，庶幾不詭於聖人。然觀《周禮》，周公所以治天下者，無一事之不備。至於醫師，特令上士爲之，下迨於鳥獸，亦有醫。以是知百家伎藝，皆聖人之所創制，民生之不可一日無者。其爲經綸參贊之功，至矣。今世醫亦有官，而四方之爲醫者不少，求如史傳之可紀者，未之或聞。其或有稱於一時，考其實不迨者多矣。嗟夫，世道之變，豈獨士大夫學術之不古，而伎術亦然，可歎也哉。嘉靖己亥，吾族之諸父有病危者，醫士張雲崖起之，圖所以爲謝，因命予述雲崖之能。予於雲崖所治病狀未詳，不能依太倉傳例，而獨聞雲崖世爲武弁，其家在京師，而雲崖爲醫，自軒岐以來，百七十九家之言，靡不洞徹，談論滚滚，治人生死立效。正德間，巨璫用事頗以權力致天下之伎能，當是時，雲崖遊其門，四方之言醫者莫能難也。其後事敗，雲崖不與其禍，來居淞江後，乃遷吳門，所至皆有利於人。噫，若求其可紀者，或者其在斯人也。

姚夔《題櫻寧生傳後》 醫其得天地生人之意乎？天地能生人而不能不使人病，病而致於死，天地不能爲之力也。天地豈樂人病且死邪？勢不能爲之力也。勢不能爲之力而人至於病且死弗顧焉？則生人之意不幾於熄乎？於是聖人者製爲醫藥以濟人之病，俾不致於死。雖死焉而援救之意，不絶於人，而人因是以全者多矣，於乎，天地生人之意何其大哉。醫蓋體天地生人之意而售其技者也。醫罔體天地生人之意，技雖良，非醫也。非非醫也，技醫而心弗醫也。心弗醫而技何售焉？雖售焉無濟乎人也。無濟乎人，則人亦無賴乎醫也。是乃天地之賊，不仁之甚者也。醫云乎哉。

胡居仁《贈醫士胡琳》 予患疾數載，畏風怯寒，屢至危困。里中胡君琳，業醫而尚儒，察其脈曰：病雖深，幸五臟之氣未絶。但元氣衰弱，外爲風寒所乘。治療之法，當內壯元氣，外避風寒，俟其久而漸安可也。噫，胡君可謂善醫者矣。夫人稟氣以生，含氣以長，氣壯則外邪不侵，氣衰則風寒暑濕皆足以爲吾之害。故善醫者，雖隨其冷熱虚實，施之以治法，必以調扶元氣爲本焉。世之庸醫，不知此而妄殺人者多矣。今病小愈，因以君醫而思吾道。蓋人之身，元氣不壯，外邪得以干之，猶人之學，大本不立，外物得以奪之。若國之治亦然，非以賢才不用，暴虐得以爲害歟。故立大本，所以壯學者之元氣；用賢才，所以壯國家之元氣也。必立大本，然後理可明而德可修；必用賢才，然後政可立而民可安。否則百病交侵，其滅德而喪邦也必矣。君雖爲名醫，而雅尚儒術，併以儒道言之，以廣其志云。

江寬《吳氏醫話二則·跋》 余幼稟虚寒，因讀書勞神，患夢遺症，水虚火炎，醫家不知先壯水制火，遽用參芪，反使陽火愈旺，金氣受傷，病益增劇。遍訪時醫，改用寒涼，初服覺稍快，遂恣用百劑而夢泄倍前，虚火更甚，且加胸腹脹滿，食寢不安，命幾危殆。先君憂甚，凂同學胡萬子先生訪求名醫，而胡先生曰：有歙西同學芳洲吳先生者，乃天士老先生之令嗣君也，家學淵源，明經相繼，而又貫通醫理，克紹先志，七代傳流，每遇危症，應手取效。先君聞言心慕，時丁亥麥秋，凂舍親王介維兄造請求治，猥蒙不棄，惠然肯臨。先生代加診視，對先君云：腎經眞陰虚極，則水不制火，以致虚陽上泛，醫不用引火歸原，又悞過服寒涼，將腎中眞陽盡滅，是眞陰虚而眞陽亦虚，陰陽兩虧矣，病人安得有生理乎？先生朝用八味直入腎經，水火雙補，午服理中寬胸健胃，服十餘劑，頓覺精神旺、飲食進，切中病竅，先君甚喜，後因感冒，不敢發散前藥，又不知增減，脹滿復作，復請教先生。先生曰：此乃命門無火之故，《內經》所謂臟寒生脹滿也。因附桂力薄，每日加服硫黄丸數錢，從此日效一日，永獲全愈，恩同再造，迄今銘勒弗忘，屢欲酬報，塵羈未遂。今於辛未秋特踵府叩謝，兼拜門下，求老先生遺書以啓愚頑，蒙先生出其家刻見示，內有《醫驗録》二集，未經全梓，其序文破俗醫匕，凡例及二卷，已經刊行，仍有一卷《傷寒》並三四卷雜症俱存未刻，余本欲全書盡鐫，奈自揣力綿，因思一卷《傷寒》爲治世津梁，暫授剞劂，以表先生之厚德，且廣老先生濟世之仁澤，酬報之念庶或稍伸於萬一云爾。

汪春溁《吳氏醫話二則·醫醫十病跋》 醫之須醫，非先生創爲是說也。若醫之爲病，病之有十，則自先生闡明其說。蓋先生能隔垣視物，洞見病人之臟腑，即洞見病醫之臟腑。見之眞，斯言之甚悉，而醫之爲病無遁形，醫醫之法無餘蘊矣。第病在人易醫，病在醫不易醫。病在人，人即自知其病，而急于求醫。病在醫，醫並不自知其病而何知病之當醫。嗚呼！醫不自知其病之當醫而欲其能醫人也？得乎此，先生所以言之切，而望之深也。殆具正法眼，而又具菩薩心者哉。乃或有讀之而生憎心者，此猶之醜婦對鏡，不自愧其貌之醜，而反憎夫鏡之明也。是又增一病也。

元奎《吴氏醫話二則・跋》 醫醫之説，古昔有之，而發明盡義，使諸醫蕩滌邪穢，專以活人爲心，則自家天士先生始。余早請以授梓，先生有難色，蓋恐世有譏其言之刻者。余曰：而不見夫君相之治人乎。夫民間疾苦至不可窮，使君相盡勞其身而一一噢咻之，安全之，極其效，終歲不過數十百人而止，惟良有司能喻乎君相治人之意，而又能得乎君相治人之方。源清流潔，利興弊除，然後舉一世而登于仁壽無難已。今先生之醫，君相之治人也，先生之醫醫，君相之嚴治有司以治人也。由於斯旨，雖謂天地存心可也，而又何刻之有哉。

曹泰雲《吴氏醫話二則・跋》 竊嘗問於先生曰：諸説云云，向習聞之，然多出於名醫之口，而先生謂之俗説，何也？先生曰：吾論理，不論名。其言苟合於理，雖販夫牧豎之言，亦爲格言，其説苟不合於理，雖行時名醫之説，亦爲俗説。雲思之，不覺恍然悟曰：若是乎俗乃名之府乎，不入俗那得名，倖得名，愈入俗，惟俗所共曉，斯名所共推，此名醫之所以得成其爲名醫也，此俗説之所以罔知其爲俗説也。今賴先生力爲破之，不啻撥雲霧而見青天，燭迷途而開覺路，俾從前枉死之冤得白，自是求生之道無訛，豈不當與《金匱》、《玉機》諸論，共垂不朽也哉。昔孟子闢異端，息邪説，後賢推尊之爲功不在禹下，而當日猶稱其好辨。今先生之破俗，亦必有稱爲好辨者，要其救世之苦心，與孟子同一不得已也。孟子功在正人心，先生功在全人身，此其功又當何如推尊耶。

程銓《吴氏醫話二則・跋》 先生文章妙天下，品望軼羣倫。落筆驚人，久登壇於藝苑；隔垣見物，曾飲水於上池。具老婆心，出廣長舌。駕慈航以渡世，既明人鬼分關；燃寶炷以啓迷，還令天魔退舍。言言透闢，字字靈通。讀兹破俗十六條，恍若受師百頓棒。揭開皎日，黄雲無復蔽空；唤醒癡人，白晝何爲説夢。誰同頑石，亦應聞法而點頭；我是鈍根，急願皈依而捧足。

周亮工《問友人病》 足下病不可求速愈。欲速，藥必過劑，爲害甚大。夫藥非能去病，能殺其勢耳。勢殺則駸駸乎不能終日。邪氣日衰，元氣日長，故病去而身安。否則元氣受傷矣。故曰：大毒治病，十去其六。小毒治病，十去其七。常毒治病，十去其八。無毒治病，十去其九。不欲至盡也。肉不可使勝食氣，藥不可使勝元氣。夫老稺相反也。藥病相反也。然而老過成稺，藥過成病，凡事忌盡，雖病亦須留餘地與之也。

周亮工《與巨源書》 弟病猶昔，但嘔血差少耳，少則更可慮也。昨始檢得故方，以麻油炒東向女貞木嫩條，煮酒服之，小僮買麻油爲市賈所紿，雜以桐油，夜半食脘如爲鬼掌所扼，俄而吐瀉交作，沈痾既未得痊，而虚服一碗毒藥，薄命可歎如此。

尤怡《醫學讀書記・自跋》 夫治病猶治國也。治國者，必審往古理亂之事跡，與正治之得失，而後斟之以時，酌之以勢，而後從而因革之。治病者，必知前哲察病之機宜，與治療之方法，而後合之氣體，辨之方土，而從而損益之。蓋未有事不師古而有濟於今者，亦未有言之無文而能行之遠者。予自弱冠即喜博涉醫學，自軒岐以迄近代諸書，搜覽之下，凡有所得，或信或疑，輒筆諸簡，雖所見未廣，而日月既多，卷帙遂成。昔眞西山修《讀書記》，謂門人曰：此人君爲治之門，如有用我者，執此以往，予之是集，即西山《讀書記》之意也。執此以往，亦可以應變無窮矣。

王琦《跋不表出之以爲戒》 張景岳以醫術著聲於明萬曆天啓間，所輯《類經》暨《景岳全書》二種，流播宇内殆遍。惟《質疑録》一帙，雖已爲東海石氏所刊，而人間見者甚少。其書於古名家，若劉李朱張輩所言，稍有偏著，必加辯正，蓋恐後之不善讀者，守其一説，未得化裁之用，而因以夭札生民之命，故不憚昌言劇論以明之，夫豈好於前人洗垢索瘢哉。考其所列諸論，有已見《全書》《類經》中者，亦有與《全書》《類經》之説少異，而悔疇昔立言之未當者。人以此疑其爲晚年未定稿，又以此知其所學愈老愈明，未嘗自矜已得，而孜孜日求正於至當爲可則也。就中惟論傷寒春變溫病，夏變暑病之非，此一條殊未是，蓋亦智者千慮之一失耶。葉敬問爲景岳作《類經》序稱：爲會稽傑士，幼稟明慧，六經諸子無不考鏡。魯謙菴作《景岳全書》序稱：其於書無所不窺，壯年好談兵，思有所用於世，筮易得天山《遯》卦，始決意石隱。黄梨洲作《景岳傳》，稱其於象數、星緯、堪輿、律呂，皆能究其精蘊，至於遼陽之敗亡，中原之擾亂，皆預決於數年之前，是其所學甚博，不特醫術一端矣。

王琦《侶山堂類辯・跋》 聞之耆老，自順治至康熙之初四十年間，外郡人稱武林爲醫藪。蓋其時，盧君晉公以禪理參證醫理，治奇疾輒效，名動一時。張君隱菴繼之而起，名與相埒，搆侶山堂，招同學友生及諸門弟子講論其中，參考經論之同異而辨其是非，於是談軒岐之學者咸向往於兩君之門，稱極盛焉。兩君所著書，皆堪傳世。張氏所輯者俱已授梓行世，甫及百年，流傳日少，其《針灸秘傳》及《侶山堂類辯》二種已難得購，余尋之有年，始得《類辯》一種。觀其準古衡今，析疑糾謬，足爲後學規矩準繩。亟爲重梓，以廣其傳。後之學者，苟以此爲指南，庶能得正道而由之，甯有岐路之迷，邪徑之誤哉！隱菴初爲糧道書吏，糧道患癃閉，諸醫用藥皆罔效。或薦隱菴，隱菴以補中益氣湯投之，一劑而愈。或問之曰：人治以降利之藥而不效，子易以昇提之藥而效，其理安在？隱菴曰：公不見夫水注子乎？閉其上而倒懸之，點滴不能下也，去其上之閉而水自通流，非其法耶。今閱編中所釋，將欲下之，必先舉之，而引轆轤之繩以喻，正是此理。人能以此法觸類而通之，醫法固無盡藏哉。茲事余蓋聞之黃君觀石者如是。近又聞張君東扶言：盧晉公事糧道，患內閉溺不得下，勢甚亟，諸醫皆束手。晉公先生以人參麻黃各一兩定劑，諸醫囁嚅不敢謂是。糧道不疑而飲其藥，不踰時溺下。糧道喜，以千金贈晉公。與予前所聞者異辭。予意盧張二君所治各一當事，而傳者均屬之糧道，致有異同之疑耳。黃張二友皆非妄言者，故並紀之以爲治癃閉之法，並以證此帙中名言精理所藴不少，人當殫思細參，以收其益，慎毋視爲淺近而忽之也。

袁枚《與薛壽魚書》　談何容易！天生一不朽之人，而其子若孫必欲推而納之於必朽之處，此吾所爲悁悁而悲也。夫所謂不朽者，非必周孔而後不朽也。羿之射，秋之弈，俞跗之醫，皆可以不朽也。使必待周孔而後可以不朽，則宇宙間安得有此紛紛之周孔哉？子之大父一瓢先生，醫之不朽者也，高年不祿，僕方思輯其梗概，以永其人，而不意寄來墓志無一字及醫，反託於與陳文恭公講學云云。嗚呼！自是而一瓢先生不傳矣！朽矣！夫學在躬行，不在講也。聖學莫如仁，先生能以術仁其民，使無夭札，是即孔子老安少懷之學也。素位而行學，孰大於是？而何必捨之以他求。陽明勛業爛然，胡世寧笑其多一講學，文恭公亦復爲之，於余心猶以爲非。然而，文恭，相公也，子之大父，布衣也。相公借布衣以自重，則名高，而布衣挾相公以自尊，則甚陋。今執途之人而問之曰：一瓢先生非名醫乎？雖子之仇，無異詞也。又問之曰：一瓢先生其理學乎？雖子之戚，有異詞也。子不以人所共信者傳先人，而以人所共疑者傳先人，得毋以藝成而下之說爲斤斤乎？不知藝即道之有形者也。精求之，何藝非道，貌襲之，道藝兩失。燕噲子之何嘗不託堯舜以鳴高，而卒爲梓匠輪輿所笑。醫之爲藝，尤非易言，神農始之，黃帝昌之，周公使冢宰領之，其道通於神聖。今天下醫絶矣，惟講學一流轉未絶者，何也？醫之效立見，故名醫百無一人；學之講無稽，故村儒舉目皆是。子不尊先人於百無一人之上，而反賤之於舉目皆是之中，過矣！即或衰年無俚，有此附會，則亦當牽連書之，而不可盡沒其所由來。僕昔疾病，性命危篤，爾時雖十周、程、張、朱何益？而先生獨能以一刀圭活之，僕所以心折而信以爲不朽之人也。慮此外必有異案良方，可以拯人，可以壽世者，輯而傳焉，當高出語録陳言萬萬。而乃諱而不宣，甘捨神奇以就臭腐，在理學中未必增一僞席，而方伎中轉失一眞人矣。豈不悖哉！豈不惜哉！

袁枚《送醫者韓生序》　仁無術而不行。堯舜之政，周孔之敎，神農之藥，皆術也，皆所以行其仁也。使堯舜、周孔、神農雖仁其民如嬰兒而無術以及之，其奚能爲。雖然，後之人爲政敎醫藥其厲民加倍焉。豈古人之術不仁歟？曰：仁者見之謂之仁也。見何？在志。是已孔子稱志於道，孟子稱尙志。又曰：夫志，氣之帥也。志之所在，不特慧力與俱，而精誠之至，天亦相之。今之爲政敎醫藥者，推其志，果可以見周公、孔子、神農乎？然則其術之不工也，乃其志之不仁也。韓君宗海挾醫術來白門，白門之人或疕瘍，或宿瘤，或嗌疾而腰急，或創未合而陷焉以深，或申且呼謈嗷嗷然，目不得一瞑，君治之脫手愈，用是名稱噪於時。韓君大言曰：得諸公千譽，不如得隨園一序。故人蔣用菴爲通其意甚婉。余以初測交故筆染復休者屢矣。亡何，相遇於用菴處，極道所遲遲序君意。君又大言曰：吾索序非欲繩我美也，顧吾懷欽欽在抱，無有能宣究之者。吾始任戴冠即通儒兼通鑄凝家言，以爲均不足以仁吾氓。故溺苦於醫爲品庶。每生計此志也，非公聲之於文，則誰了我於冥冥者？嗟乎，君之志如是，君之術可知。且夫古之醫者，皆刀錐鍼砭撟引毒熨之爲，非徒恃湯液也，故藥瞑眩而效亦易徵，今轉科而別之，內治爲優，外治爲絀，是何異爲政敎者抱黃圖赤縣爲兢兢而遺視九寰八陔耶。君之術能治內而專以治外名，是則君之所以取效致功，即其所以探本扼要也。余悲夫世之人知君術之工而不知其所以工，故序君說以送君，而兼以勗世之行仁者、擇術者、立志者。

黄凱鈞《橘旁雜論・跋葉氏醫案》 或問：近來習醫者，案頭無不置一《葉氏醫案》，究竟其書何如？予曰：先生乃吳中之名醫也，始習幼科，後學力日進，擴充其道，於内科一門，可稱集大成焉。其論肝風内動，非外來之風，用和陽熄風之法，發前人所未發。於暑症一門，雖宗河間，而用方工細。亦可謂青出於藍。其於痢疾，輒用溫補，瘧疾少用柴胡，未免美玉微瑕。其案辨症多而論脈少，夫切後於問，豈可厚非？更如肋痛用入絡之品，或青葱管、新絳、旋覆、桃仁之類，腹痛用甲己化土，亦開後來無窮之秘。但欲觀是書，須讀張、李、劉、朱各家之説，然後探究葉氏方意所從來，庶不爲無根之萍，亦免隨波逐浪之誚。

辭章雜記總部

醫林形色部

雜録

《**素問·移精變氣論**》　黃帝問曰：余聞古之治病，惟其移精變氣，可祝由而已。今世治病，毒藥治其內，鍼石治其外，或愈或不愈，何也？岐伯對曰：往古人居禽獸之間，動作以避寒，陰居以避暑，內無眷慕之累，外無伸官之形。此恬憺之世，邪不能深入也，故毒藥不能治其內，鍼石不能治其外，故可移精，祝由而已。

《**靈樞·賊風**》　黃帝曰：夫子言賊風邪氣之傷人也，令人病焉。今有其不離屏蔽，不出空穴之中，卒然病者，非不離賊風邪氣，其故何也？岐伯曰：此皆嘗有所傷於濕氣，藏於血脈之中，分肉之間，久留而不去。若有所墮墜，惡血在內而不去，卒然喜怒不節，飲食不適，寒溫不時，腠理閉而不通，其開而遇風寒，則血氣凝結，與故邪相襲，則爲寒痹。其有熱則汗出，汗出則受風，雖不遇賊風邪氣，必有因加而發焉。黃帝曰：今夫子之所言者，皆病人之所自知也，其毋所遇邪氣，又毋怵惕之所志，卒然而病者，其故何也？唯有因鬼神之事乎？岐伯曰：此亦有故邪留而未發，因而志有所惡，及有所慕，血氣內亂，兩氣相搏，其所從來者微，視之不見，聽而不聞，故似鬼神。黃帝曰：其祝而已者，其故何也？岐伯曰：先巫者，因知百病之勝，先知其病之所從生者，可祝而已也。

《**說苑·辨物**》　上古之爲醫者曰苗父。苗父之爲醫也，以菅爲席，以芻爲狗，北面而祝，發十言耳，諸扶而來者，輿而來者，皆平復如故。

《**史記·龜策列傳**》　今某病困。死，首上開，內外交駭，身節折。不死，首仰足肣。

《**潛夫論·浮侈**》　其麻女也婆娑，今多不修中饋，休其蠶織，而起學巫祝，鼓舞事神，以欺誣細民，熒惑百姓。婦女羸弱，疾病之家，懷憂憒憒，皆易恐懼，至使犇走便時，去離正宅，崎嶇路側，上漏下濕，風寒所傷，姦人所利，賊盜所中，益禍益祟，以致重者，不可勝數。或棄醫藥，更往事神，故至於死亡，不自知爲巫所欺誤，乃反恨事巫之晚。

《**古今醫統大全**》**卷三引**《**良醫**》　《物理論》曰：夫醫者，非仁愛之士不可託也，非聰明達理不可任也，非廉潔淳良不可信也。是以古之用醫，必選明良，其德能仁恕博愛，其智能宣暢曲解，能知天地神祇之次，能明性命吉凶之數，處虛實之分，定順逆之節，原疾病之輕重，而量藥劑之多少，貫微通幽，不失細少。如此乃謂良醫，豈區區俗學能之哉？

皮日休《**祀瘧癘文**》　昔夏后氏鑄鼎象物，使民知神姦。或魑魅之外，魍魎之餘，匿天命，竊帝威，不見形於鼎上者，自夏后氏去，繼爲禍於人間。被之者，始若處水監，復若落炎井。眩瞀熒惑，視之累形，聽音重聲，骨節重如山。已傾始，或醒時奪人之情，喪人之精。兀若木偶，昏如宿酲。噫，或飲食不節，哀樂失所，病於人者，上則湯劑，次則礦艾，愈矣。凡在是病者，人也，又非天也。湯劑不可理，礦艾不可攻。嗚呼，癘之能禍人，是非有知也。既有知，奚不效神爲聰明，正直不加崇於君子焉。遂爲文，祀而逐之。曰：

癘乎，癘乎，有事君不盡節，事親不盡孝，出爲叛臣，入爲逆子。天未降刑，尚或竊生，爾宜癘之。有專祿恃威，偕物行機，上弄國權，下戲民命，天未降刑，尚或竊生，爾宜癘之。有賣交取祿，諂交結族，一言不善，禍發如鏃，天未降刑，尚或竊生，爾宜癘之。美曼之色，媚於君側，巧笑未足，已亡於國，天未降刑，尚或竊生，爾宜癘之。柔佞之言，惑於君前，委順未足，國步移焉，天未降刑，尚或竊生，爾宜癘之。四星之位，奉於紫宸，蕭牆禍起，帝座蒙塵，天未降刑，尚或竊生，爾宜癘之。見災幸久，聞禍樂成，含羞冒貴，忍垢貪榮，天未降刑，尚或竊生，爾宜癘之。癘乎癘乎，爾目不盲，爾耳不聾，如向來所陳，奚不禍於其躬。仁者必有厄，義者必有窮。見仁義而勿癘，遇奸佞而肆凶。非唯去乎物患，抑亦代乎天功。癘乎癘乎，苟依吾言而若是，吾將達爾於帝聰。

《**聖濟總録·治法·祝由**》　上古移精變氣，祝由而已。蓋其俗淳，其性樸，其病微，至誠不二，推病由而祝之，以通神明，故其精可移而氣可變也。

其或捨慤爲疑惑，指祝由爲無益之術，而精氣不遂，邪毒深蓄，雖有祝由，不能已者，非古今异術，人心異也。善醫者察病淺深，雖不概以此治，至於病有鬼神之注忤，蟲獸之螫毒，必歸於祝由。是以周官瘍醫掌衆瘍祝藥劀殺之齊，必先之以祝，蓋醫之用祝尚矣，瘍尤宜焉。大抵意使神受，以正驅邪，則一也。

《皇朝類苑・神醫》 陳昭遇者，嶺南人，善醫。隨劉鋹歸朝，後爲翰林醫官。所治疾多愈，世以爲神醫。絕不讀書，詰其所習不能答。常語所親，曰：我初來都下，持藥囊抵軍壘中，日閱數百人，其風勞冷氣之候皆默識之。然後視其長幼虛實，按古方用湯劑，鮮不愈者。實未嘗尋脈訣也。莊周所謂懸解，董遇以爲讀書百遍義自見，豈是之謂歟。

《棠陰比事・曹摅明婦裴均釋夫》 晉曹摅字顔遠，爲臨淄令日，有寡婦養姑甚謹。姑以其年少，勸令改適。婦守節不移。姑愍之，密自殺。親黨乃以誣其婦。婦不勝官司拷訊，即自誣伏。摅初到，疑其冤，更加辨究，具得情實。時稱其明。

唐裴均鎮襄陽日，里俗妻有外情，乃託骨烝之疾，云醫者須得獵犬肉食之則愈。謂其夫曰：東隣有犬，每來盗物，君可屠之。夫乃依其言，獻肉於妻。妻食之，餘乃留於篋笥。夫出，命隣告之，遂聞於公。夫到官，因述妻之所欲。公曰：斯乃妻有他奸，躓夫於禍耳。令劾之，具得其情，並以外情者俱付法。其夫遂釋。

《棠陰比事・歐陽左手惟濟右臂》 都官歐陽曄知端州。有桂陽監民爭舟毆死。獄久不決。曄出囚，飲食之。皆還於獄，獨留一人，留者色動。曄曰：殺人者，汝也。囚不知所以然。曄曰：吾視食者皆以右手，汝獨以左，今死者傷右肋，此汝殺之，明也。囚乃服。

錢惟濟知絳州。有條桑者，盗強奪之，不得，乃自斫其右臂，誣以殺人。官司莫能辨。公乃引問。面給以食，而盗以左手舉匕。因語之曰：他人行刃，則上重下輕，今上輕下重，正用左手傷右臂也。誣者引伏。

《棠陰比事・沈括顙喉南公塞鼻》 沈內翰云：世人以竹木牙骨之屬作叫子，置喉中，顙之能作人言。予謂瘖者，苦煩冤無以自明，取叫子，令顙之作聲如傀儡子，粗能辨其一二，冤或可伸。

尚書李南公爲河北提刑時，有班行犯罪下獄。案之不服，閉口不食者百餘日。獄吏不敢拷訊，甚以爲患。南公曰：吾能立使之食。引出問曰：吾以一物塞汝鼻，汝能終不食乎？其人懼，即食。蓋彼善服氣，以物塞鼻，則氣結而不通，是以自服。

《棠陰比事・高防劾病》 （高）防初事周爲刑部郎中。宿州有民剚刃其妻，而妻族受賂，奪州言病風狂不語，並不孝。掠以具獄，上請大理。斷令决杖。防覆之云：某人病風不語，醫工未有驗狀，憑何取證，便坐杖刑？况禁繫旬月，豈不呼索飲食？再劾其事，須見本情。周相然之，終寘於法。

《洗冤集録・服毒》 凡服毒死者，屍口眼多開，面紫黯或青色，唇紫黑，手、足指甲俱青黯，口、眼、耳、鼻間有血出。

甚者，遍身黑腫，面作青黑色，唇捲發皰，舌縮或裂拆爛腫微出，唇亦爛腫或裂拆，指甲尖黑，腹肚脹作黑色生皰，身或青斑，眼突，口、鼻、眼內出紫黑血，鬢髮浮不堪洗。未死前須吐出惡物或瀉下黑血，穀道腫突，或大腸突出。

有空腹服毒，惟腹肚青脹，而唇、指甲不青者；亦有食飽後服毒，惟唇、指甲青而腹肚不青者；又有腹臟虛弱老病之人，略服毒而便死，腹肚、口唇、指甲並不青者，卻須參以他證。

生前中毒而遍身作青黑，多日，皮肉尚有，亦作黑色。若經久，皮肉腐爛見骨，其骨黲黑色。

死後將毒藥在口內假作中毒，皮肉與骨只作黃白色。

凡服毒死或即時發作，或當日早晚；若其藥慢，即有一日或二日發。或有翻吐或吐不絕。仍須於衣服上尋餘藥，及死屍坐處尋藥物器皿之類。

中蠱毒，遍身上下、頭面、胸心並深青黑色，肚脹或口內吐血，或糞門內瀉血。

鼠莽草毒，亦類中蠱，加之唇裂，齒齦青黑色。此毒經一宿一日方見九竅有血出。食果實、金石藥毒者，其屍上下或有一二處赤腫，有類拳手傷痕，或成大片青黑色。爪甲黑，身體肉縫微有血，或腹脹，或瀉血。

酒毒，腹脹或吐、瀉血。

砒霜、野葛毒，得一伏時，遍身發小皰作青黑色，眼睛聳出，舌上生小刺皰綻出，口唇破裂，兩耳脹大，腹肚膨脹，糞門脹綻，十指甲青黑。

金蠶蠱毒，死屍瘦劣，遍身黃白色，眼睛塌，口齒露出，上下唇縮，腹肚塌。將銀釵驗作黄浪色，用皂角水洗不去。一云如是，只身體脹，皮肉似湯火皰起，漸次爲膿，舌頭、唇、鼻皆破裂，乃是中金蠶蠱毒之狀。

手腳指甲及身上青黑色，口鼻内多出血，皮肉多裂，舌與糞門皆露出，乃是中藥毒、菌蕈毒之狀。

如因吐瀉瘦弱，皮膚微黑不破裂，口内無血與糞門不出，乃是飲酒相反之狀。若驗服毒，用銀釵皂角水揩洗過，探入死人喉内，以紙密封，良久取出，作青黑色。再用皂角水揩洗，其色不去；如無，其色鮮白。

如服毒中毒死人，生前吃物壓下入腸臟内，試驗無證，即自穀道内試，其色即見。凡檢驗毒死屍，間有服毒已久，蘊積在内，試驗不出者，須先以銀或銅釵探入死人喉，訖，卻用熱糟醋自下盦洗，漸漸向上，須令氣透，其毒氣熏蒸，黑色始現。

如便將熱糟醋自上而下，則其毒氣逼熱氣向下，不復可見。或就糞門上試探，則用糟醋當反是。

又一法，用大米或占米三升炊飯，用淨糯米一升，淘洗了，用布袱盛，就所炊飯上炊饋。取鷄子一個打破，取白拌糯米飯，令匀。依前袱起，着在前大米、占米飯上。以手三指緊握糯米飯如鴨子大，毋令冷，急開屍口，齒外放着。及用小紙三、五張，搭遮屍口、耳、鼻、臀、陰門之處。仍用新綿絮三、五條，釅醋三、五升，用猛火煎數沸，將綿絮放醋鍋内煮半時，取出。仍用糟盤罨屍，卻將綿絮蓋覆。若是死人生前被毒，其屍即腫脹，口内黑臭，惡汁噴來綿絮上，不可近。後除去綿絮，糯米飯被臭惡之汁，亦黑色而臭，此是受毒藥之狀；如無，則非也。試驗糯米飯封起，申官府之時，分明開説。此檢驗訣，曾經大理寺看定。

廣南人小有爭怒，賴人，自服胡蔓草，一名斷腸草，形如阿魏，葉長尖，條蔓生，服三葉以上即死。乾者，或收藏經久作末食，亦死。如方食未久，將大糞汁灌之，可解。其草近人則葉動，將嫩葉心浸水，涓滴入口即百竅潰血。其法：急取抱卵不生鷄兒細研，和麻油開口灌之，乃盡吐出惡物而甦，如少遲無可救者。

《**洗冤集録・病死**》　凡因病死者，形體羸瘦，肉色痿黄，口眼多合，腹肚低陷，兩眼通黄，兩拳微握，髮髻解脱，身上或有新舊針灸瘢痕，餘無他故，即是因病死。

凡病患求乞在路死者，形體瘦劣，肉色痿黄，口眼合，兩手微握，口齒焦黄，唇不着齒。

邪魔中風卒死，屍多肥，肉色微黄，口眼合，頭髻緊，口内有涎沫，遍身無他故。

卒死，肌肉不陷，口鼻内有涎沫，面色紫赤。蓋其人未死時，涎擁於上，氣不宜通，故面色及口鼻如此。

卒中死，眼開睛白，口齒開，牙關緊，間有口眼喎斜，并口兩角、鼻内涎沫流出，手腳拳曲。

中暗風，屍必肥，肉多滉白色，口眼皆閉，涎唾流溢。卒死於邪祟，其屍不在於肥瘦，兩手皆握，手足爪甲多青。或暗風如發驚搐死者，口眼多喎斜，手足必拳縮，臂腿手足細小，涎沫亦流。

傷寒死，遍身紫赤色，口眼開有紫汁流，唇亦微綻，手不握拳。

時氣死者，眼閉口開，遍身黄色，量有薄皮起，手足俱伸。

中暑死，多在五、六、七月，眼合，舌與糞門俱不出，面黄白色。

凍死者，面色痿黄，口内有涎沫，牙齒硬，身直，兩手緊抱胸前，兼衣服單薄。檢時，用酒醋洗，得少熱氣，則兩腮紅，面如芙蓉色。口有涎沫出，其涎不黏，此則凍死證。

饑餓死者，渾身黑瘦，硬直、眼閉、口開，牙關緊禁，手腳俱伸。

或疾病死，值春、夏、秋初，申得遲，經隔兩三日，肚上、臍下、兩脅肋骨縫，有微青色，此是病人死後，經日變動，腹内穢污發作，攻注皮膚，致有此色。不是生前有他故，切宜子細。

凡驗病死之人，纔至檢所，先問原申人：其身死人來自何處，幾時到來，幾時得病，曾與不曾申官取責口詞，有無人識認。如收得口詞，即須問：原患是何疾病，年多少，病得幾日方申官取問口詞，既得口詞之後幾日身死。如無口詞，則問：如何取口詞不得。若是奴婢，則須先討契書看，問：有無親戚，患是何病，曾請是何醫人，吃甚藥，曾與不曾申官取口詞；如無，則問不責口詞因依。然後，對衆證定。如别無它故，祇取衆定驗狀，稱説：遍身黄色，骨瘦，委是生前因患是何疾致死。仍取醫人定驗疾色狀一紙。如委的衆證因病身死分明，原初雖不曾取責口詞，但不是非理致死，不須牒請覆驗。

《**洗冤集録・針灸死**》　須勾醫人驗針灸處，是與不是穴道；雖無意致殺，亦須說顯是針灸殺，亦可科醫不應爲罪。

《洗冤集録·救死方》 若縊，從早至夜，雖冷亦可救；從夜至早，稍難。若心下溫，一日以上猶可救。不得截繩，但欵欵抱解放卧，令一人踏其兩肩，以手拔其髮，常令緊。一人微撚整喉嚨，依先以手擦胸上，散動之。一人磨搦臂足屈伸之，若已僵，但漸漸強屈之。又按其腹。如此一飯久，即氣從口出，復呼吸，眼開，勿苦勞動。又以少官桂湯及粥飲與之，令潤咽喉，更令二人以筆管吹其耳內，若依此救，無有不活者。又法：緊用手罨其口，勿令通氣，兩時許，氣急即活。

又用皂角、細辛等分爲末，如大豆許，吹兩鼻孔。

水溺一宿者尚可救，搗皂角以綿裹，納下部內，須臾，出水即活。

又屈死人兩足着人肩上，以死人背貼生人背擔走，吐出水即活。又先打壁泥一堵，置地上，卻以死者仰卧其上，更以壁土覆之，止露口眼，自然水氣翕入泥間，其人遂甦。洪丞相在鄱陽，有溺水者身僵氣絕，用此法救即甦。又炒熱沙覆死人面，上下着沙，只留出口、耳、鼻，沙冷濕又換，數易即甦。又醋半盞灌鼻中。又綿裹石灰納下部中，水出即活。又倒懸，以好酒灌鼻中及下部。又倒懸解去衣，去臍中垢，令兩人以筆管吹其耳。又急解死人衣服，於臍上灸百壯。

暍死於行路上，旋以刀器掘開一穴，入水擣之，卻取爛漿以灌死者，即活。中暍不省人事者，與冷水喫即死。但且急取竈間微熱灰壅之，復以稍熱湯蘸手巾，熨腹脅間，良久甦醒。不宜便與冷物喫。

凍死，四肢直，口噤。有微氣者，用大鍋炒灰令暖，袋盛，熨心上，冷即換之。候目開，以溫酒及清粥稍稍與之。若不先溫其心，便以火炙，則冷氣與火爭必死。又用氈或藁薦捲之，以索擊，令二人相對踏，令滾轉往來，如衽氈法，候四肢溫即止。

魘死，不得用燈火照，不得近前，急喚多殺人。但痛咬其足根及足拇指畔，及唾其面必活。

魘不省者，移動些小卧處，徐徐喚之即省。夜間魘者，原有燈即存，原無燈切不可用燈照。又用筆管吹兩耳，及取病人頭髮二七莖，撚作繩，刺入鼻中。又鹽湯灌之。又研韭汁半盞灌鼻中，冬用根亦得。又灸兩足大拇指聚毛中三七壯。又皂角末如大豆許，吹兩鼻內，得嚏則氣通，三四日者尚可救。

中惡客忤卒死，凡卒死或先病及睡卧間忽然而絕，皆是中惡也。用韭黄心於男左女右鼻內，刺入六七寸，令目間血出即活。視上唇內沿，有如粟米粒，以針挑破。又用皂角或生半夏末如大豆許，吹入兩鼻。又用羊屎燒煙薰鼻中。又綿浸好酒半盞，手按令汁入鼻中，及提其兩手勿令驚，須臾即活。又灸臍中百壯，鼻中吹皂角末，或研韭汁灌耳中。又用生菖蒲研取汁一盞灌之。

殺傷，凡殺傷不透膜者，乳香沒藥各一皂角子大，研爛，以小便半盞、好酒半盞同煎，通口服。然後用花蕊石散或烏賊魚骨或龍骨爲末，傅瘡口上立止。

推官宋瑑定驗兩處殺傷，氣偶未絕，亟令保甲，各取葱白熱鍋炒熟，遍傅傷處。繼而呻吟，再易葱，而傷者無痛矣。曾以語樂平知縣鮑旂。及再會，鮑曰：葱白甚妙，樂平人好鬥，多傷。每有殺傷公事，未暇詰問，先將葱白傅傷損處，活人甚多，大辟爲之減少。出《張聲道經驗方》。

胎動不安，凡婦人因爭鬥胎不安，腹內氣刺痛，脹、上喘者：

川芎一兩半 當歸半兩

右爲細末，每服二錢，酒一大盞，煎六分。炒生姜少許在內尤佳。又用苧麻根一大把，凈洗，入生薑三五片，水一大盞，煎至八分，調粥飯與服。

驚怖死者，以溫酒一兩盃灌之，即活。

五絕及墮打卒死等，但須心頭溫暖，雖經日亦可救。先將死人盤屈在地上，如僧打坐狀，令一人將死人頭髮控放低，用生半夏末以竹筒或紙筒、筆管吹在鼻內，如活，卻以生薑自然汁灌之，可解半夏毒。

卒暴、墮攧、築倒及鬼魘死，若肉未冷，急以酒調蘇合香圓灌入口，若下喉去可活。

《程史·王涇庸醫》 宇文忠惠紹節在樞府，余間見焉。因及五行之理，相與縱譚。有客在坐，偶曰：黠醫王涇者，昨鞭背都市，流遠方。及平原用事，始得歸。稍叙故秩，自言元不曾受杖。嘗袒而示某以背，完瑩無疵。初不解其如何也。後見他醫，言杖皆有瘢，惟噬膚之初，傅以金箔，則瘢立消，意金木之性相制耳。忠惠笑曰：昔人有以胝足之藥售於市者，輒揭扁於門曰供御。或笑其不根，聞於上，召而罪之。既而宥其愚，及出，乃復增四字曰曾經宣喚。今此方無乃其比耶？子將誰售？客亦笑不敢應。時忠惠未識涇也。其二年，余在里下，聞忠惠不起，爲位以哭。及都人來，廼云涇實用錮毒瀉足疾，以致大故。朝廷知之，再命追涇，所復官免，杖流永興。余因憶在京華時，傅著作行簡、姚胄丞師皐，皆甘涇餌，目擊其殞，著作未啓手足，猶進一刀圭，不脱口而逝。余一日隨班景靈，見胄丞殿門下，云痰癖新愈，因相勞苦。則曰：王御醫實生我，癖去矣，痰下者數斗，今顧疲爾，他則無恙。余聞而私憂之，謂未必能勝。未旬果卒。嗟夫，醫之害如此哉！追思疇昔之言，爲之流涕，並志顛末，以悼其庸。

《桯史・黑虎王醫師》余稚年入閩，過福，聞有黑虎王醫師者，富甲一郡。問之則繼先之別名也。繼先世業醫，其大父居京師，以黑虎丹自名，因號黑虎。王家及繼先幸於高宗，積官留後，通國稱爲醫師，雖貶，猶得麗於稱謂焉。初秦檜擅權而未張，頗賂上左右以固寵，繼先實表裏之。當其盛時，勢焰與檜埒，大張去爲，而下不論也。諸大帥率相與父事王勝，在偏校，因韓蘄王以求見，首願爲養子，遂帥金陵軍，聞者爭效，不以爲怪，檜欲貴其姻族，不自言，每請進繼先之黨與官。繼先亦乘間爲檜請諸子。至列延閣，金紫盈門，揜顧賕謝，攘市便腴，抑民子女爲妾侍，罪不可勝紀。而依憑城社中，外不敢議者三十年。紹興辛巳六月，蜀人杜莘老爲南床，擬擊之而未發。會邊釁啓，繼先首輦重寶爲南遁計，都城爲之騷然。上聞之不樂。劉武忠錡帥京口，請以先發制人之策決用兵。上意猶隱忍不決，亶欲以兵應。繼先素怯，猶幸和議之堅以竊安，因間言於上曰：邊鄙本無事，蓋新進用主兵官，好作弗靖欲邀功耳。各斬一二人，和可復固。上不答，徐謂侍貂曰：是欲我斬劉錡耶？於是素軋其下而不得逞者，頗浸潤及之矣。逆亮索我大臣，廷遣徐嚞、張掄往聘。亮以非指，使諫議大夫韓汝嘉至盱眙止之。更令遣所索奏至。上適在劉婕妤閣，當饋輟食。婕妤怪之，問諸侍貂而得其繇，進説寬譬，頗與繼先之言符。上大驚，問曰：汝安得此？婕妤不能隱，具以所聞對。遂益怒。丁未，詔婕妤歸別第，莘老遂上疏列其十罪。初進讀，玉色猶怫然。莘老扣榻曰：臣以執法事陛下，不能去一醫，死不敢退。猶未許。因密言外議。謂繼先以左道幸，恐謗議叢起，臣且不忍聽。上始變色首肯。罷朝，使宣旨曰：朕以顯仁，餌汝藥，故假爾寵，今言者如此，當不復有面目見朕。期三日，有施行，其自圖之。辛亥，遂詔繼先居於福，子孫勒停，都城田宅皆沒官。奴婢之強鬻者，從便。令下，中外大悦。繼先以先事聞詔，多藏遠徙，故雖籍，不害其富也。迄今其故居華棟連甍，猶號巨室。一傳而子弟蕩析，至不能家。或者謂其致不以道，宜於厚亡。趙甡之作《中興遺史》，載繼先始末極詳，參以所聞而著其事。

《醫説・劉從周妙醫》韶州曲江人劉從周，妙於醫術。有自得之見，著書十篇，大抵與世俗異。其論痢疾云：常人以白痢爲冷證，赤痢爲熱證，故所用藥如冰炭。其實不然。但手足和暖則爲熱，當煎粟米湯，調五苓散，繼服感應丸二十粒即愈。手足厥冷則爲寒，當服已寒丸之類。凡治痢當以此別之，初不問赤白也。如盛夏發熱，有傷寒冒暑二證。若熱有進退，則爲冒暑。一向熱不止，則爲傷寒。當以此別之。

《齊東野語・近世名醫》近世江西有善醫號嚴三點者，以三指點間知六脈之受病，世以爲奇，以此得名。余按診脈之法，必均調自己之息，而後可以候他人之息。凡四十五動爲一息，或過或不及，皆爲病脈。故有二敗、三遲、四平、六數、七極、八脱、九死之法。然則察脈固不可以倉卒得之，而況三點指之間哉，此余未敢以爲然者也。或謂其別有觀形察色之術，姑假此以神其術，初不在脈也。

紹興間，王繼先號王醫師，馳名一時。繼而得罪，押往福州居住。族叔祖宮教，時赴長沙倅，素識其人，適邂逅旅舍，小酌以慰薦之，因求察脈。王忽愀然曰：某受知既久，不敢不告。脈證頗異，所謂脈病人不病者，其應當在十日之內，宜亟反轅，尚可及也。因泣以別。時宮教康強無疾，疑其爲妄，然素信其術，於是即日回轅。僅至家數日而殂，亦可謂異矣。

又嘗聞陳體仁端明云：紹熙間，有醫邢氏，精藝絕異。時韓平原知閤門事，將出使，俾之診脈，曰：和平無可言，所可憂者，夫人耳。知閤回軺日，恐未必可相見也。韓妻本無疾，怪其妄誕不倫，然私憂之。洎出疆甫數月，而其妻果殂。又朱丞相勝非子婦偶小疾，命視之，邢曰：小疾耳，不藥亦愈。然自是不宜孕，孕必死。其家以爲狂言。後一歲，朱婦得男，其家方有抱孫之喜，未彌月而婦疾作。急遣召之，堅不肯來，曰：去歲已嘗言之，勢無可療之理。越宿而婦果殂。余謂古今名醫多矣，未有察夫脈而知妻死，未孕而知產亡者，嗚呼，神矣哉！

《雲麓漫抄・秀州醫僧》平江張省幹病傷寒，眼赤，舌縮，唇口破裂，氣喘失音，大便自利，勢甚危篤。諸醫皆欲先止其瀉。適有秀州醫僧寶鑒者，過蘇。張延視診脈，乃投以茵陳五苓散、白虎湯而愈。諸醫問故。僧曰：仲景云：五臟實者死。今大腸通，更止之，死可立待。五苓以導其小便，白虎以導其邪氣，此則醫家之通曉也，何難之有？

《衛生寶鑒・福醫治病》 丙辰秋，楚丘縣賈君次子，二十七歲，病，四肢困倦，躁熱自汗，氣短，飲食減少，咳嗽痰涎，胸膈不利，大便秘，形容羸削，一歲間，更數醫不愈。或曰：明醫不如福醫，某處某醫，雖不精方書，不明脈候，看證極多，治無不效，人目之曰福醫。諺云：饒你讀得王叔和，不如我見過病證多，頗有可信，試命治之。醫至，診其脈曰：此病予飽諳矣，治之必效。於肺腧各灸三七壯，以蠲飲枳實丸消痰導滯，不數服，大便溏泄無度，加腹痛，食不進，愈添困篤。其子謂父曰：病久瘦弱，不任其藥。病劇遂卒。冬，予從軍回，其父以告予。予曰：思《内經》云：形氣不足，病氣不足，此陰陽俱不足，瀉之則重不足，此陰陽俱竭，血氣皆盡，五臟空虛，筋骨髓枯，老者絶滅，壯者不復矣，故曰不足補之，此其理也。令嗣久病羸瘦，乃形不足；氣短促，乃氣不足；病潮作時嗜卧，四肢困倦，懶言語，乃氣血皆不足也，補之惟恐不及，反以小毒之劑瀉之，虛之愈虛，損之又損，不死何待。賈君嘆息而去，予感其事，略陳其理。夫高醫愈疾，先審歲時太過、不及之運，察人之血氣、飲食、勇怯之殊，病有虛實、淺深，在經在臟之別，藥有君臣佐使大小奇偶之制，治有緩急因用引用返正之則。孫眞人云：凡爲太醫，必須諳《甲乙》、《素問》、《黄帝鍼經》、明堂流注、十二經、三部九候、五臟六腑、表裏孔穴、本草、藥對、仲景、叔和諸部經方，又須妙解五行陰陽，精熟《周易》，如此方可爲太醫。不爾，則無目夜遊，動致顛損。正五音者，必取師曠之律吕，而後五音得以正。爲方員者，必取公輸之規矩，而後方員得以成。五音方員，特末技耳，尚取精於其事者。況醫者人之司命，列於四科，非五音方員之比，不精於醫，不通於脈，不觀諸經本草，賴以命通運達而號爲福醫，病家遂委命於庸人之手，豈不痛哉。噫！醫者之福，福於渠者也。渠之福，安能消病者之患焉。世人不明此理，而委命於福醫，至於傷生喪命，終不能悟，此惑之甚者也，悲夫。

《無冤録・病死罪囚》 《通制・獄官條》内病囚分數，刑部准太醫院據諸路醫學提舉司：會集教官，校閲經書，以十分爲率。有得病一二分之輕，漸至八九分之重，而至十分方死者；有得病便至十分，難治而死者。眞心痛、眞頭痛，且發夕死，夕發旦死。又若卒中之證，五臟絶閉，脈道不通，氣不往來，譬如墮溺而死者是也。原夫患病之人，有得之輕而易愈者，有自輕至重而死者，亦有危急之證不及治而死者。特繫獄之囚，身被桎梏，心懷憂苦，與常人不同，故得病便至十分者，尤爲難治。大抵死於久病痼疾，則形體瘦弱，腹肚低陷，或卒死暴亡，則形體不類。然病之輕重，自有分數，而死之遲駛，各有其因，不可以一概論。條格詳明，既有所守，當奉行惟謹可也。

《續醫説・祝由科》 《外臺祕要》載祝由一科，丹溪謂之移精變氣，祝説病由而已，可治小病。若内有虛邪，外有實邪，當用正大之法，然符水惟膈上熱痰，一呷涼水，胃熱得之，豈不清快，亦可取效。若内傷涉虛之人及冬天嚴寒之時，符水下咽，胃氣受傷，反致害者，多矣。予考之文獻志，云祝由，南方神也。或以祝訓斷，謂但斷絶其受病之由。二説兩存之，未知孰是。

《續醫説・至人隱醫》 醫之爲道，由來尚矣。原百病之起瘉，本乎黄帝；辨百藥之味性，本乎神農；湯液則本乎伊尹。此三聖人者，拯黎元之疾苦，贊天地之生育，其有功於萬世大矣。萬世之下，深於此道者，是亦聖人之徒也。賈誼曰：古之至人，不居朝廷，必隱於醫卜。孰謂方技之士豈無豪杰者哉？

《古今醫統大全・苗父》 苗父，上古神醫。古祝由科，此其由也。

《古今醫統大全・時醫》 俗云：明醫不如時醫，蓋謂時醫雖不讀書明理，以其有時運造化，亦能僥效。常自云：趁我十年時，有病早來醫。又云：饒你讀熟王叔和，不如我見病證多。里諺有云：左心小腸肝膽腎，時來每日有千錢。所謂明醫不如時醫，良以此也。《衛生寶鑑》所謂福醫：昔人病，四肢困倦，躁熱，自汗，氣短，飲食少進，咳嗽痰涎，胸膈不利，大便秘，形羸，一歲更數醫不愈。或曰：某處有時醫，雖不精方書，不明脈候，看證極多，治無不效。患者信而延治，及至，診之曰：此病食滯，予治之多矣。許必效，遂灸肺俞，藥以蠲飲等丸並消導之劑，不數服，大便瀉泄，加以腹痛，飲食不進而死。經曰：形氣不足，病氣不足，陰陽俱不足，瀉之則重不足。此陰陽俱弱，血氣皆盡，補之惟恐不及，反以小毒之劑瀉之，虛之又虛，損之又損，不死何待？

夫明醫治病，先審歲運太過、不及，察人形氣勇怯之殊。病有虛實淺深，在臟在腑之別，治有緩急反正之異。孫眞人云：凡爲太醫先通儒書，然後熟解《內經素問》《本草》，仲景、東垣諸書，方可以爲太醫治療司命。如正五音者必取師曠之律呂，成方圓者法公輸之規矩。五音方圓，特末技耳，尚取精於事者，况醫爲人之司命，不精則殺人。今之患者不達此理，委命於時醫，亦猶自暴自棄甘於溝壑者，何異哉？

《古今醫統大全・名醫》 醫爲司命之寄，不可權飾妄造，所以醫不三世，不服其藥，九折臂者，乃成良醫，蓋謂學功精深故也。今之承藉者，多恃衒名價，不能精心研習。京邑諸人皆尚聲譽，不取實學，聞風競獎。其新學該博而名稱未播，以爲始習，多不信用，委命虛名，良可惜也。

支秉中曰：昔越人因魯公扈志强氣弱，足於謀而寡於斷，趙齊嬰志弱氣强，少於慮而傷於專，乃飲以藥酒，易置二人之心，使俱爲名士。予觀今之求醫者，率以有時名者爲重，初不計其書之讀不讀，脈之明不明，謂之時醫、福醫、名醫。一承權貴所舉，輒憑治療，雖殺其身委命無怨。故爲醫者往往奔走權門，諂容卑態以求薦，網利沽名，知者笑議，仁心仁聞毫蔑有也，安得飲以藥酒而俱易其心乎？

《古今醫統大全・巫醫》 《論語》曰：人而無恆，不可以作巫醫。孔子嘆人不可以無恆而善，其言之有理。朱子注云：巫所以交鬼神，醫所以寄死生。歧而二之，似未當也。夫醫之爲道，始於神農，闡於黃帝，按某病用某藥，著有《內經素問》，所謂聖人墳典之書，以援民命，安可與巫覡之流同日而語耶？但學醫者有精粗不同，故名因之有異。精於醫者曰明醫，善於醫者曰良醫，壽君保相曰國醫，粗工昧理曰庸醫，擊鼓舞趨，祈禳疾病曰巫醫。是則巫覡之徒，不知醫藥之理者也。故南人謂之巫醫者，此也。今世謂之端公太保，又稱爲夜行卜士，北方名之師婆。雖是一切虛誕之輩，則亦不可以無恆也，矧他乎？

《類經・論治類・祝由》 黃帝問曰：余聞古之治病，惟其移精變氣，可祝由而已。今世治病，毒藥治其內，針石治其外，或愈或不愈何也？上古以全德之世，邪不能侵，故凡有疾病，惟用祝由而已，以其病不甚而治亦易也。王氏曰：移謂移易，變謂變改，皆使邪不傷正，精神復强而內守也。按國朝醫術十三科：曰大方脈，曰小方脈，曰婦人，曰傷寒，曰瘡疾，曰針灸，曰眼，曰口齒，曰咽喉，曰接骨，曰金鏃，曰按摩，曰祝由。今按摩、祝由二科失其傳，惟民間尚有之。祝，之救切。岐伯對曰：往古人居禽獸之間，動作以避寒，陰居以避暑，內無眷慕之累，外無伸宦之形，此恬憺之世，邪不能深入也。故毒藥不能治其內，鍼石不能治其外，故可移精，祝由而已。古人巢居穴處，故居禽獸之間，動作者，陽生而暖，故可避寒，陰居者，就涼遠熱，故可避暑。伸屈，伸之情。宦，利名之累。內無眷慕，外無趨求，故曰：恬憺之世。恬憺則天眞完固，氣血堅實，邪不能入，故無事於毒藥鍼石，但以祝由，即可移易精氣，而愈其病也。祝、咒同。由，病所從生也。故曰：祝由。王氏曰：祝說病由，不勞針石而已。今之世不然，憂患緣其內，苦形傷其外，又失四時之從，逆寒暑之宜，賊風數至，虛邪朝夕，內至五藏骨髓，外傷空竅肌膚，所以小病必甚，大病必死。故祝由不能已也。帝曰：善。內傷五藏，外逆四時，則表裏俱傷，爲病必甚，故不能以祝由治之也。

數，音朔。空、孔同。愚按：祝由者，即符咒禁禳之法。用符咒以治病，謂非鬼神而何？故《賊風篇》：帝曰：其母所遇邪氣，又母怵惕之所志，卒然而病者，其故何也？唯有因鬼神之事乎？岐伯曰：此亦有故邪。留而未發，因而志有所惡，及有所慕，血氣內亂，兩氣相搏。其所從來者微，視之不見，聽而不聞，故似鬼神。帝又問曰：其祝而已者，其故何也？岐伯曰：先巫因知百病之勝，先知其病所從生者，可祝而已也。只此數語，而祝由鬼神之道盡之矣，愚請竟其義焉。夫曰似鬼神者，言似是而實非也。曰所惡所慕者，言鬼生於心也。曰知其勝，知其所從生，可祝而已者，言求其致病之由，而釋去其心中之鬼也。何也？凡人之七情生於好惡。好惡偏甲，則氣有偏並，有偏並，則有勝負，而神志易亂。神志既有所偏，而邪復居之，則鬼生於心。故有素惡之者，則惡者見；素慕之者，則慕者見；素疑之者，則疑者見；素畏忌之者，則畏忌者見。不惟疾病，夢寐亦然。是所謂志有所惡，及有所慕，血氣內亂，故似鬼神也。又若神氣失守，因而致邪，如補遺刺法等論曰：人虛即神遊失守，邪鬼外干，故人病肝虛，又遇厥陰歲氣不及，則白尸鬼犯之；人病心虛，又遇二火歲氣不及，則黑尸鬼犯之；人病脾虛，又遇太陰歲氣不及，則青尸鬼犯之；人病肺虛，又遇陽明歲氣不及，則赤尸鬼犯之；人病腎虛，又遇太陽歲氣不及，則黃尸鬼犯之。非但尸鬼，凡一切邪犯者，皆是神失守位故也。此言正氣虛而邪勝之，故五鬼生焉，是所謂故邪也，亦所謂因知百病之勝也。又如關尹子曰：心蔽吉凶者，靈鬼攝之；心蔽男女者，淫鬼攝之；心蔽幽憂者，沉鬼攝之；心蔽放逸者，狂鬼攝之；心蔽盟詛者，奇鬼攝之；心蔽藥餌者，物鬼攝之。此言心有所注，則神有所依，依而不正，則邪鬼生矣，是所謂知其病所從生也。既得其本，則治有其法，故察其惡，察其慕，察其勝，察其所從生，則祝無不效矣。如王中陽治一婦，疑其夫有外好，因病失心狂惑，雖投藥稍愈，終不脫然。乃陰令人佯言某婦暴死，殊爲可憐，患者忻然，由是遂愈。此雖非巫，然亦以法而去其所惡之謂也。又如韓世良治一女，母子甚是相愛，既嫁而母死，遂思念成疾，諸藥罔效。韓曰：此病得之於思，藥不易愈，當以術治之。乃賄一巫婦，授以秘語。一日夫謂其妻曰：汝之念母如此，不識彼在地下，亦念汝否。吾當他往，汝盍求巫婦卜之。妻忻諾，遂召巫至，焚香禮拜，而母靈降矣。一言一默，宛然其母之生前也。女遂大泣。母叱之曰：勿泣！汝之生命克我，我遂蚤亡，我之死，皆汝之故。今在陰司，欲報汝仇，汝病懨懨，實我所爲。我生則與爾母子，死則與爾寇讎矣。言訖，女改容大怒曰：我因母病，母反害我，我何樂而思之！自是而病愈矣。此去其所慕之謂也。又如《陰陽應象大論》曰：怒傷肝，悲勝怒；喜傷心，恐勝喜；思傷脾，怒勝思；憂傷肺，喜勝憂；恐傷腎，思勝恐。此因其情志之勝，而更求其勝以制之之法也。又如《外臺秘要》載祝由一科，丹溪謂符水惟膈上熱痰，一呷涼水，胃熱得之，豈不清快，亦可取效；若内傷涉虚之人，及嚴冬天寒之時，符水下咽，胃氣受傷，反致害者多矣。此因其熱而勝以寒也。又如近有患瘧者，厭以符物，每多取效，何也？蓋以瘧之輕者，日發一次，多在半表半裏，少陽膽經。當其邪正相爭，迭爲勝負之際，但得一厭，則膽氣若有所恃，故正勝邪而病退矣。此藉其相勝之氣，以移易其邪正也。又余嘗治一少年姻婦，以熱邪乘胃，依附鬼神，毆詈驚狂，舉家恐怖，欲召巫以治，謀之於余。余曰：不必，余能治之。因令人高聲先導，首懾其氣，余即整容，隨而突入。病者褻衣不恭，瞠視相向。余施怒目勝之，面對良久，見其赧生神怯，忽爾潛遁，余益令人索之，懼不敢出。乃進以白虎湯一劑，諸邪悉退。此以威儀勝其褻瀆，寒涼勝其邪火也。又治一儒生，以傷寒後金水二藏不足，忽一日正午，對余嘆曰：生乎業儒，無所欺害，何有白鬚老者，素服持扇，守余不去者三日矣？意必宿冤所致也，奈之何哉？余笑曰：所持者非白紙扇耶？生驚曰：公亦見乎？余曰：非也。因對以《刺法論》人神失守，五鬼外干之義，且解之曰：君以肺氣不足，眼多白花，故見白鬼；若腎水不足者，眼多黑花，當見黑鬼矣。此皆正氣不足，神魂不附於體，而外見本藏之色也，亦何冤之有哉？生大喜曰：有是哉妙理也。余之床側，尚有一黑鬼在，余心雖不懼，而甚惡之，但不堪言耳，今得教可釋然矣。遂連進金水兩藏之藥而愈。此知其病所從生，而微言以釋之也。諸如此類，皆鬼從心生，而實非鬼神所爲，故曰似鬼神也。然鬼既在心，則誠有難以藥石奏效，而非祝由不可者矣。使祝由家能因岐伯之言而推廣其妙，則功無不奏，術無不神，無怪其列於十三科之一，又豈近代惑世誣民者流所可同日語哉！《賊風》篇義見疾病類三十一，所當互考。又按：鬼神之謂，雖屬眇茫，然《易》曰：精氣爲物，遊魂爲變，是故知鬼神之情狀。孔子曰：鬼神之爲德，其盛矣乎！然則鬼神之道，其可忽哉。故周官之有大祝者，掌六祝之辭以事鬼神，示祈福祥，求永貞也。注曰：告神之辭曰祝號者，尊其名爲美稱也。又有男巫者，春招弭以除疾病。注曰：招吉祥，弭禍祟，而疾病可除矣。又有女祝者，掌王后之內。祭祀以時，招梗禬禳之事。注曰：招以召祥，梗以禦癘，禬以除災害，禳以弭變異，四者所以除疾殃也。以此觀之，則巫祝之用，雖先王大聖未始或廢，蓋藉以宣誠悃，通鬼神而消災害，實亦先巫祝由之意也。故其法至今流傳，如時瘟、骨鯁、邪祟、神志等疾，間或取效。然必其輕淺小疾乃可用之。設果內有虚邪，外有實邪，苟舍正大之法而祟尚虚無，鮮不悞事。奈何末世奸徒，借神鬼爲妖祥，假符祝爲欺誑。今之人，既不知祝由之法，自有一種當用之處，乃欲動輒賴之，信爲實然，致有妄言禍福而惑亂人心者，有禁止醫藥而坐失機宜者，有當忌寒涼而誤吞符水者，有作爲怪誕而蕩人神氣者，本以治病，而適以誤病，本以去鬼，而適以致鬼，此之爲害，未可枚舉，其不爲奸巫所竊笑者幾希矣。故曰拘於鬼神者，不可與言至德。又曰信巫不信醫，一不治也。吁！人生於地，懸命於天。彼鬼神者，以天地之至德，二氣之良能，既不得逆天命以禍福私人，又焉得樂諂媚以祝禳免患？尼父曰：獲罪於天，無所禱也。又曰：敬鬼神而遠之。此則吾心之所謂祝由也。苟有事于斯者，幸鑒余之迂論。運氣類四十四章有按，當考。

《軒岐救正論·醫鑑》 僭評諸醫學識才品，淑慝貞邪，懸此明鑑，願醫爲上醫，願人擇好醫耳。

明醫

粤自三皇肇端，九臣翼贊，創垂醫藥，救民拯物，澤及當時，恩垂萬世，猗且休矣。嗣有懷才抱德之士，繼是業者，仰觀天象，俯觀地法，中觀人事。察五運六氣之亢承，明五藏五行之生克，辨陰陽水火之升降，躬涉遺編，神遊聖域，誦而能解，解而能明，明而能彰，彰而能變化不窮。治於未病，察所由生，別異比類，診合十全。顧何羨揲爪搦髓，易形擅奇，隱橘市壺，習幻云秘哉。明良之工，世不常出，直超儒僊千仞而上之矣。斯爲明醫。

儒醫

嘗稽秦漢以後，有通經博史，脩身慎行，聞人碩儒，兼通乎醫者，精究玄機，洞明至道，每見立言垂教，後學凜爲法程。若通顯之儒，漢張仲景，晉王太僕、殷仲堪，南宋徐熙，唐許叔微，明李瀕湖諸君是也。若隱逸自高之儒，西晉皇甫謐，唐孫思邈、王無功，宋紀齊卿、李東垣，明張景岳諸君是也。若有道因而得位之儒，若唐許胤宗、徐秋夫，明薛立齋諸君是也。故非儒則醫之術不明，非醫則儒之道不該。醫固以儒重者也，儒誠重矣。而獨奈有跅弛之狂儒，背經文而獨創幻談，又有跼蹐之腐儒，守方書而昧通靈變，又有鄉願之賊儒，存兩端而莫剖是非，更其尤者高陽生之《脈訣》，大乖至道，馬宗素之《鈐法》，殊戾宗傳，僞褚之遺書，倒裝五藏，斯則冒竊儒名，實皆蠹醫者也。故樵李黄闇齋先生云：非明理之儒，醫書不可亂讀，信然矣。是所貴於儒醫者，須具有大學問，大見識，大膽力，特明眞假關頭，不失經權妙用，方無忝此司命之責矣，得進而醫國，爕調元鼎，壽君澤民，躋世熙和，斯又爲間出之眞儒已。

隱醫

漢賈長沙有云：古之至人，不居朝廷，必隱於醫卜。司馬公亦曰：達則爲良相，不達則爲良醫。於是丹溪先生，反笈華山，棄舉子業，而即慨然自命曰：士苟精一藝以推及物之仁，雖不仕於時猶仕也。若人也，苟全性命於亂世，不求聞達於諸侯，弁髦軒冕，調元草野，蘊德潛修，斯云隱矣。亦豈必遯跡幽巖，忘懷胞與。陶弘景雖挂冠神武，而留方肘後。江明遠固不受宋室之官，每輒副明主之請。是則皆隱而通，不失其濟物之仁者也。

德醫

昔明太祖治平天下，首著《陰騭録》，設醫局以惠濟羣生，宛與軒岐一揆，遠軼漢唐，誠仁恩周溥無窮矣。稽之往代，若徐文伯、錢仲陽、楊士瀛，皆濟人爲心，不計功利。宋劉潤芳治貧家疾，輒懷金置席下，別時令家人自得之。病者一喜而疾以解。東坡亦常蓄善藥濟人。二公存心固誠善，但博施猶病，日亦不足耳。總不如存一個好念頭，凡診疾，無論貴若王侯卿相，賤如倩傴丐兒，皆一視同仁，亦無計恭慢恩怨，悉心救療。遇有奇病未明，我見不到處，便令再延識者商治，勿專私意，勿諱我短，勿沒人長，期愈人病。遇急來請，勿避風雨。此便是受用不盡的德也。有等粗工庸手，不習經書脈理，不管病症重輕，輕易投劑，陷人垂死，反謗正道，負惡不悛，見有此人，便當逢人說害馬，免使無窮生靈，將來誤於此輩。雖曰隱惡揚善，固稱聖人，若推擴聖人之心，政要救無窮生靈避此粗工庸手，安能恝然忍隱乎。此非不存厚道，但一片苦衷，只知有生靈之性命，不知有同類之包荒也。且亦使若輩改心易行，轉庸手而爲良工，儆戒一番，望其同躋壽域，寧不大幸？至有良工，吾又逢人讚揚，不啻口出。暴庸手之謬，舉良工之善，總爲生靈起見，何恤知我罪我？此尤是善用其德者也。遡昔勳臣鄧禹十三子，各執一藝，而業醫者四，若公者勵操素絲，享士挾纊，榮膺上爵，奈何不遺子孫以溫飽，而獨令其役役於方技之列，以竟所未竟之仁，是公又世滋其德矣。

世醫

語云：醫不三世，不服其藥。誠重之也。又嘗有云：得讀三家書，亦是世醫流。此語殊屬附會。夫醫以世稱者乃弓冶相承，授受最精。故得以擅名當代也。且今昔方書，不啻汗牛充棟，何啻三家可資聞見，可竟斯道。以此而論，可見世間業醫者，僅熟高陽生之《脈訣》，王宗顯之《捷徑》平居略記數十湯頭，遇病朗誦幾首歌括，非專守河澗之法，則偏執丹溪之書，詘李東垣獨理脾胃，吠薛立齋每重命門，不曰傷寒專門，則云雜病獨科，求其始會其全，由博入約者，無有也。雖百世何足觀哉。故宋龐安常不足父祖所授脈訣，獨取《素》《難》，究以玄微，辨晰萬言，垂訓千秋，允爲拔出之英，則犁牛犁角不爲世耀，祇爲世累耳。世醫云乎哉。

流醫

誰謂萍踪浪跡中無高躅乎？而至以醫出濟，學術淺深，品格高下，吾實無以窮其所自來矣。惟有試之之法，便可探索什一。果屬精良，尙恨見晚，而與之商扶正教，共濟斯民，寧非厚願。每見一二流屬，亦能粗譚經方，大率套語示辨，及其處劑，攻補混施，識見膽力，藐無一可，吾知其遠離鄉井者，志惟求食而已矣。大都俗子聞風競新，不察賢愚，舍近騖遠，間有縉紳，亦踵此習。政因踵此習，而大家俗子，益見縉紳許可者，意爲佳士，而亦踵縉紳之習，交相混也，徒自誤已。雖然豈盡乏人，若唐湛一學識優贍，知明百病虛實，程鳳山能別陰陽傷寒，而唐尤余所忝印，祇千百中二三耳。

僧醫

陳眉公謂沙門爲一大養濟院，姚廣孝位極人臣，其姊一寠人婦耳，尙駡他做和尙不了。嗟乎，養濟院中，杰出何英。劉河澗衣鉢，傳自浮屠一秃，雖能宣明運氣，每謂傷寒悉屬熱病，又倡言諸病總歸濕火，又謂諸血無寒，致今庸流，偏宗其說，浪劑殺人，禍世不小。世固誤於河澗，而河澗實誤於浮屠也，有自來矣。余嘗見一二妄秃，侈口談醫，大乖經典，誑言神授，驚炫俗眼，罪可勝誅哉！試舉一二以證其謬：余里林君向次郎，本患夾陰證，而乃枉歿於還俗馬僧，河澗傷寒悉屬熱病之治。又余胞妹丈係明經毛天羽長子，少年不愼，患陰陽俱虛，潮熱發渴，嘔悶便滑，不進飲食，一僧主治以六味丸加黃柏知母，幸余見而沮之，始易方。舉世醫流，大都類此。嗚呼，生靈受害，何日休乎！

名醫

所謂名醫者，非明良之士，乃庸手粗工，藐無實學，巧竊虛聲以炫人者是也。陶氏序云：醫爲司命之寄，不可權飾妄造。今之承籍者多恃衒名，不能精心研習，郡國諸人，皆尙聲譽，不取實學，聞風競奬，委命虛聲，良可惜也。徐春甫曰：術不精則殺人。深怪世醫徒修邊幅，習以口給，凡有治療，率爾狂誕，偶然倖效，需索百端。至誤傷則曰盡命，俗多習此爲套，而曰醫學無難，語云學到知羞處，方知藝不精。則又澌滅愧耻之心矣。支秉中曰：昔越人因魯公扈志強氣弱，足於謀而餒於斷，趙齊嬰志弱氣強，少於慮而傷於專，乃飲以藥酒，而易置二人之心，使俱爲名士。予觀今之求醫者，率以有時名者爲重，初不計其書之讀不讀，脈之明不明，謂之時醫、福醫、名醫。一承權貴所舉，輒憑治療，雖殺其身，委命無怨。故爲醫者往往奔走權門，諂容卑態，以求吹薦，網利沽名，知者笑議仁心仁聞毫蔑有也，安得飲以藥酒而易其心乎？但若輩病入膏肓，牢不可破，眞無法可治者，區區藥酒云乎哉。愚又以爲若輩形之龐也，類有德，聲之宏也，類有能，其黔之驢也夫。

時醫即庸醫

徐東皋云：俗云明醫不如時醫。蓋謂時醫雖不讀書明理，以其有時運造化，亦能僥效。常自矜云：趁我十年運，有病快來醫。又云：饒爾熟讀王叔和，不如我見病多。里諺有云：左心小腸肝膽腎，時來每日有千錢。所謂明醫不如時醫，良以有此也。《衛生寶鑑》有一醫者，一人病四肢困倦躁熱，自汗氣短，飲食少進，咳嗽痰涎，胸膈不利，大便秘，形羸，一歲更數醫不愈。或曰某處有時醫，雖不精方書，不明脈候，看症極多，治無不效。患者信而延治，及至診之曰：此病食滯，予治多矣。許必效。遂炙肺俞，藥以蠲飲等丸並消導之劑，不數服，大便泄瀉，加以腹痛，飲食不進而歿。經云：形氣不足，病氣不足，瀉之則重不足。此陰陽俱弱，血氣皆盡，補之惟恐不及，反以小毒之劑瀉之，虛之又虛，損之又損，不死何待。夫明醫治病，先審歲運太過不及，次察形氣勇怯之殊，病有虛實淺深，在藏在府之別，治有緩急反正之異，況醫爲人之司命，不精則殺人，今之患者不達此理，委命時醫，其與自暴自棄，甘塡溝壑者何異哉！嗟乎，如此庸流，滔滔皆是，其奈之何。

奸醫

《薛氏醫案》云：辛丑年，余在嘉興屠漸山第，有林二守不時昏憒，請余治之。譫語不絕，脈洪大，按之如無，此陽虛之病也。當用參附湯治之。有原醫者陽喜而迎曰：先得我心所同然。遂服之，即靜睡而進食，午後再劑，神思如故，其脈頓斂。余返後又詐云用附子多矣，吾以黄連解之，陰仍用參附湯。竊觀仲景先生治傷寒云：桂枝下咽，陽盛則斃，硝黄入胃，陰盛乃亡，不辨而自明矣。吾恐前言，致悞患者，故表而出之，此立齋先生言也。愚以爲此乃奸詭小人，推是念，何啻專務排擠，操心讒妬已哉。或有窺病家之豐實，則朋謀而索賄，假危言以示嚇者。或病本易治，故投峻劑，致令變症驚惶，從中詐財者。或病屬危急，誘利不遂，姑投緩劑，因致因循誤死者。或値內亂之家，孤孽之子，鬩牆競產，房帷妬寵，訐訟挾讐者，乘病圖害，假手進毒。若輩唯利是圖，絶人之嗣，喪人之生，既壞心術，復壞仁術，密藏陷阱，殘忍窮凶，奸孰奸於此乎？古人教人延醫煎藥必素親信者始可托，旨深矣。其操危慮患之夫，尤當謹毖。

淫醫

俗傳錢鏗以妖淫敗道，殞厥修齡。呂仙亦爲采補，受擿塵寰。今昔縉紳名公，耄年惑於方士，演術御女，遭害傾生者接踵矣。老子曰：房中之術，能生人亦能殺人。吾恐迷情枕席，全生者少，一遘芳華粉黛，誰是鐵心漢，能不動念？乃至捐軀以殉，抑何愚甚。仙茅一藥物耳，《本草》極贊其能壯陽益腎。東海張弼刺之曰：使君昨日纔持去，今日人來乞墓銘。丹溪亦論闢房中補益之非。萬曆年間，江右世醫龔應圓者，一代良工也。著福壽丹書，教人採戰之法，詳列方論，誨淫敗德，絶人長命，眞岐黄之罪人也。近來有等匪人，借醫求食，不通經書，不諳方脈，乃專務旁門，秘煉毒丸，獻媚權貴，枉道取悅，挾此爲載質之資，爲肇名之端，豈知斯藥非剽悍之金石，則毒烈之芳草，燔灼腸胃，耗竭精髓，是醫本以活人，而乃以殺人，故曰淫醫。不特此也，又有素行不端之徒，遇診婺婦寡女，啓念挑淫，綫索傳情，術以濟奸，無良極矣。故孫思邈有云：心欲小而膽欲大，才欲圓而行欲方。是瓜李之嫌，士君子最當避忌，而存心光明正大，尤是醫家本分事。

女醫

語云：寧醫十男子，莫醫一婦人。誠難之矣。世間有等癡愚蠢漢，以妻妾子女之性命付之醫婆之手，被其妄治傷生者衆矣。夫男子業醫，尚且庸謬，況婦人目不識丁，手不辨脈，一憑長舌，取悅裙釵。三指藏刀，甘受隱戮，良足鑒耳。雖然，此等狂潑，豈無所長乎。但其所挾下胎之藥，自謂最驗，故每見閨閫失節之婦，信其誘弄。曖昧隱曲，無所不爲，所以先輩著治家訓禁，六婆不入門，思之。

瘍醫

醫寧小道乎，而習醫之人則多小人也。因人而輕醫所從來矣，至吮癰舐痔，稱曰瘍醫，尤是卑庸之流，世愈薄之。雖曰科分內外，症有表裏，豈知皮毛肌肉，悉繫五藏六腑十二經絡，所聯屬灌溉者，而外之瘡瘍，由內之感發也，何可膜外視之。每見外科之醫，不顧元氣虛實，病機寒熱，固執成方，概投涼劑。夫在元氣形氣病氣俱實者，用之則宜，設若俱虛，寧不傷生乎？若令外科治外，內科治內，必察脈氣完虧，庶免夭枉，若丹溪詳言癰疽之治，義可知矣。

以上十三種醫評，陋識如余不揣方人之譏，總緣生靈起見，特因其品行之貞邪，學識之賢愚而直揭之，使世之患者識所慎擇焉。

《醫權初編·擬黜巫狀》 爲體仁贊化，黜邪崇正事：切思佛老之教，已屬異端。而殺人之慘，流風之惡，未有如巫教之甚者也。巫教之甚行，又在於江海一帶。蓋此地之民，不學無術，易感於鬼祟神怪。藜藿者病多外感，必或寒或熱，日輕夜重，甚則譫妄錯亂，渠不審其病情所致，謬認邪祟。即先請巫跳神，名曰救患。巫者假冒諸神傳體，甚有以東嶽關聖自居者，罪不容誅。裸體蹈舞，捉刀登壇，叱吒咆哮，作惡神狀。覬覦病家少覺溫飽，便誑曰：此災星甚狠，神家難保。衆悚叩懇壇下，准以燒猪。巫方許其生，蓋燒猪則用二三四巫，有過關、跳闕、招魂、捉鬼、送瘟諸事，又有設物、吐紙、懸杯、舞刀、鬭刀諸劇，以悅人觀，徹夜爲度，所費不貲。而每巫重得一兩，輕得五錢。若病輕將退，適湊其巧，則歸功於巫。若病重不應，不憚數數爲之。有病不死，而值巫跳舞叱吒於榻前，魂魄驚散而死者。有汗方出，因噀冷法水復閉汗而死者。有因鑼鼓喧闐，通夜不寐，水愈竭而火愈熾而死者。有因食跳神之酒肉而死者。皆巫殺之也。全終不能愈，方議延醫，但此時財殫力痡，何能再延醫治。即醫延至，而病已人膏肓，雖神丹莫救，亦巫殺之也，反嗤之曰：某跳神得生，某延醫反死。殊不知跳神而愈者病輕而日淺，延醫而死者，病重而日深。又信卜神求籤，巫預賂其解籤者曰：神不准服藥，但許作福。作福者，跳神之別名。噫！巫何黠而民何愚耶？此信巫不信醫之所由來也。病者畏藥之苦口，多不肯服。而鄉灶之家，素不御酒肉，一則無錢，二則恐有乾餱失德之愆。一見患病者，便涎流莫禁，皆借救患之名，而醵分跳神，名曰鬭保。每以十三人爲期，以倣十三太保之諺云。可多而不可少，歡乎聚飲，必使酒無餘瀝，肉無餘臠，云病方能脫體。有周姓者，僞病臥床，鄰人遂醵分跳神。周令先與酒肉啖己，啖畢大噱而起，此予目擊，是志在餔啜。假公濟私，以所畏而值所好所悅，豈不情投意洽，遂成惡例不悛耶。此好巫不好醫之所由起也。聖人以巫醫並言者，借言有恆以警人，非以巫醫並重也。況古之巫，誠以禱神。今之巫，妄以跳神，安可以此語並重巫醫哉。今之不學者信巫，固無足論。間有學者，亦以此言傳會之，可哂也夫。蓋醫創自神農軒岐，立極大聖，繼以伊尹、倉公、長桑公、皇甫謐、孫(士)〔思〕邈、狄梁公等，代有偉人，不可勝數。試問巫者創自何聖，繼之何賢乎？嗚呼！其亦不思而已矣。遂令江海一帶，竟成鬼怪之俗。而巫覡之多，倍蓰於屠劊。天地以好生爲德，聖賢以黜邪爲任。巫術違天地而悖聖賢，蠹吾民而殺吾民，傷風敗俗，陷溺人心，罪莫大焉。禮云：假於鬼神，時日卜筮以疑衆，殺不以聽。律云：師巫假降邪神，自號端公太保者絞。憲天心同天地，德並聖賢，立功立德，贊化體仁，舍此誰歸。昔西門豹頃殺數巫而怪風除，女命得生，千古快心。伏望憲天大老爺，准敕該廉，遍示江海一帶，諭以禮律，嚴行痛禁，限以時期，速令改業。即祈晴禱雨淨獄，用此有何功驗？並禁延巫之人，以罪巫之罪罪之。更令以延巫醵分而延醫，亦可得以聚飲，使病者得其實助，又得疾病相扶持之誼，豈不勝彼猥舉萬萬哉。如此，則惡俗化爲禮義之鄉，地獄改爲天堂之境。然醫師必先命地方耆士保舉，再命老練通醫考中，方許行醫。不然，其風俗雖善於巫，而屠戮更甚於巫矣。上稟。

《吳醫彙講·禱告藥皇誓疏》 康熙三十一年壬申長至日，王家瓚謹以清香禱告於藥皇曰：竊聞《詩》云：上帝臨汝，無貳爾心。《書》曰：作善降之百祥，作不善降之百殃。又曰：惠迪吉，從逆凶，惟影響。此列聖所垂之明訓也。微氓如家瓚，生既不辰，命復多舛，蓋自先祖母五十餘年撫孤植節，一綫單傳，以迄於今。吾父衰齡望八，吾母見背，兩弟繼歿，俱無嗣息。瓚所生兒女六人，亦皆以痘殤，孤危至此，無日不返躬自責也。惟此瘍醫世業，謹守家傳，凡見諸苦惱，無論貧富，先懷悲憫，耿耿此心，惟天可表。第自揣以褊淺之見識，荷司命之擔當，任大責重，豈盡無訛，清夜深思，愈增憂懼，幸而歲戊辰，竟得子，已巳冬出痘矣。庚午又得子，今冬又出痘矣。家瓚向天稽首，未由報答鴻庥，誠恐遷善不力，惡將蝟集，舜蹠之分，間不容髮，敢矢誓願爲承先裕後之基址，其首重者，忍辱安貧，畢生兢守，誓不趨時誇耀。或遇瀕危之症，悉心療治，誓不惜名恝置。或遇輕淺之疾，即時安慰，誓不張皇顯功；或病果疑難，學識未到，必詳審以待高明，誓不耽延貽誤；或遇富厚之家，誓不幸災攫利；或遇貧困之人，隨力救援，誓不市恩而沽譽；或遇當道搢紳，隨緣調治，誓不媚諛以玷祖先。嗟乎！人命至重，冥報難逃，執一得以誤人，昧良心而罔利，均弗爲之，若知之而自犯之，是自絕於天也。設家瓚世味攖心，初終易轍，陽讜陰誅，交加不悔。神祇在上，其明鑒之。惟是力有所不逮，情有所不忍，目擊貧病無告，煙火不繼之家，每有不堪之慘，徹底躊躇，點金乏術。今擬於薪水布袍之外，量爲留餘，製諸藥餌，爲救療貧病之萬一，猶以母靈暴露，力不從心，然一安慈魄，此事亦誓必爲之也。所仰祈者，老父壽而康寧，優遊晚景，二子克自振立，以延列祖書香，以報張太君之苦節，則臣願足矣。若夫一身之榮辱，則家讚命相已定，不敢妄祈，不勝戰栗投誠之至。

丙午之秋，東作陰騭文頌言畢，復命兒輩於祖筆一卷中，檢先大父緘齋公禱告藥皇誓疏底稿，讀之怦怦心動，嗚呼，以慈悲爲命脈，以神明爲監史，以忍辱爲安貧之極致，以種德爲詒謀之首務，苟非深明於天人相與之微，有能如是之憂勤惕厲者乎！東老矣，幸食舊德，以迄於今，綿及曾元，識字讀書，皆先人之賜也，謹録一通，俾兒孫朝夕觀省，相與動心忍性，溫溫惴惴，無忝所生，是則予小子之責也夫。孫岱東百拜謹識，時年七十有三。此篇誓疏，雖非講學之文，然惟有此實心，斯有實學，則是此心亦吾醫所宜亟講也。雲林先生之後，迄今五世矣，不僅良醫代出，抑且書香相繼，安知非此存心之報哉。當弁卷首，以誌我儕講學之一證。

《醫學源流論·祝由科論》 祝由之法，《內經·賊風篇》岐伯曰：先巫知百病之勝，先知其病所從生者，可祝而已也。又《移精變氣論》：岐伯云：古恬憺之世，邪不能深入，故可移精，祝由而已。今人虛邪賊風，內着五藏骨髓，外傷空竅肌膚，所以小病必甚，大病必死，故祝由不能已也。由此觀之，則祝由之法，亦不過因其病情之所由，而宣意導氣，以釋疑而解惑，此亦必病之輕者，或有感應之理，若果病機深重，亦不能有效也。古法今已不傳，近所傳符咒之術，間有小效，而病之大者全不見功，蓋岐伯之時已然，况後世哉。存而不論可也。

《冷盧醫話·醫鑒》 臨海洪虞鄰《南沙文集》曰：余家有經紀人，勞苦嘔血數升。延醫視之，用川連、人參、大黃。余詰之曰：既補矣，又瀉之何也？答曰：古方所制者，因穢血未凈，故瀉之。余曰：是速之死也。亟命勿藥。老米粥，厚滋味，令寢食數日，不一旬而強健如故。蓋勞苦之人，未嘗享有飲食之美，數晨夕之安，得此勝於良藥多矣，其愈也固宜。又有輿夫素無疾，忽腰痛肚飽不食，醫進以大補藥，其夜腰痛益甚，腹大氣喘且死。翌日醫復視之曰：此中鬼箭也，藥物無所施，亟宜禳遣。余歎曰：奈何嫁罪於鬼哉？是中寒傷食者。飲以祛寒化食兩大劑，第三日其人擡轎如故。書之以告世之誤信庸醫者。余謂誤信庸醫，由於不諳方書，不能不求援於醫耳。所可恨者，爲醫而不深究醫理，強作解人，以致誤事而不自知也。

吴郡某醫，得許叔微《傷寒九十論》，奉爲秘本，見其屢用麻黄湯。適治一女子熱病無汗，謂是足太陽表證，投以麻黄服之，汗出不止而殞。蓋南人少眞傷寒，凡熱病無汗，以紫蘇、葱白、豆豉、薄荷等治之足矣，豈可泥古法乎？

朱子暮年腳氣發作，俞夢達薦醫士張修之診視云：須略攻治去其壅滯，方得氣脈流通。先生初難之，張執甚力，遂用其藥。初製黄耆、粟殼等，服之小效。遂用巴豆、三棱、莪茂等藥，覺氣快足輕。向時遇食多不下膈之病皆去。繼而大腑又秘結，再服溫白丸數粒，臟腑通而泄瀉不止矣。黄芽、歲丹作大劑投之，皆不效，遂至大故。蔡九峰《夢奠記》詳載之。觀此知高年人治病，慎不可用攻藥也。

祥符縣醫生胡某，操技精良，當道皆慕名延致。都督某之女，與人私，偶感寒疾。招胡診之，胡謂此孕脈也。某曰：先生之言信乎？胡曰：非識之眞，不敢妄言也。某乃呼女出，以刀剖其腹，視之信然。胡大駭暈仆，良久始蘇，歸病數月即卒。胡之藝工矣。惜乎其不知顧忌也。先祖秋畦公宰密縣時諗知此事，先生祖母顧太孺人恆爲以涖言之。

近世醫者，能讀《內經》鮮矣。更有妄引經語，致成笑端者。如治不得寐，引半夏秫米湯，覆杯則卧，云是厭勝之法。令病者服藥後覆盞几上，謂可安卧。治腳疔，引膏粱之變，足生大疔，以爲確徵，不知足者能也，非專指足而言。又有治痺瘧證，以陰氣先傷，陽氣獨發，爲己任編之言。蓋未讀《內經》《金匱》，第見己任編有是語耳。疏陋若此，乃皆出於懸壺而知名者也。

醫貴專門。歙吴章侯太守端甫，撰花易簡良方中勸行醫說，言之甚爲切至，特録之。古法行醫，各有專科。近見懸壺之輩，往往明日出道，今日從師。牌書內外兩師傳授，甚至兼治痧痘咽喉。探其根底，一無擅長。不過取門數之多，以博錢財。抑知賦質有限，何能兼善。病者不知，恆被貽誤。曾見有人患風痧，醫視爲漆咬而誤用清藥。又有患火焰疔者，醫視爲熱瘡而誤用發散諸品。幾致不治。此皆不專門故也，可不慎哉。

蘇州曹某，狀修偉多髯，醫名著一時，而聲價自高。貧家延請每不至，巨室某翁有女，待字閨中，因病遺僕延曹。僕素憎曹，紿以女已出嫁，今孕數月矣。吳俗大家婦女避客，醫至則於床幃中出手使診。曹按女脈，漫云是孕。翁大駭異。次日，延醫至。使其子僞爲女診之，復云是孕。其子褰幃啓袴視之曰：我男也，而有孕乎？誣我猶可，誣我妹不可恕也。叱僕毆之，並飲以糞。跪泣求免，乃薙其鬚，以粉筆塗其面，縱之去。歸家謝客，半載不出，聲望頓衰。太湖濱瘍醫謝某，技精藥良，而居心貪譎，往往乘人之急以爲利。鄰村某農母患疽求治，以其貧拒之，疽潰遂死。某憤甚，謝有拳勇，數十人不能近，某持刀伏稻間，伺其出，突起刺其腰，謝以所製藥敷治將痊。怒某之刺己也，亟愬之縣，循例擡驗。縣官揭其衣，用力重，衣開皮裂，冒風復潰而卒。某按律抵罪，後遇赦得生。此二人醫術皆良，乃一則以傲敗名，一則以貪傷身。皆可爲戒，故並誌之。

徐靈胎《慎疾芻言》曰：少時見前輩老醫，必審貧富而後用藥，尤見居心長厚，况是時參價猶賤於今日二十倍，尚如此謹慎。即此等存心，今日已不逮昔人矣。此言眞可砭俗。近時所稱名醫，恆喜用新奇之藥，以炫其博，價値之昂不計也，甚至爲藥肆所餌。凡診富人疾，必入貴重之品，俾藥肆獲利，此尤可鄙。

《揚州府志》辨《高郵州志》稱袁體庵班案脈極捷。以爲醫之切脈，以審慎爲工。捷於案脈，乃市醫苟且之爲，班斷不如是云云。吁，今之醫者，鮮不以捷爲工。即延醫者，亦皆以捷爲能，盍深味此言。

南方有割螳螂子之術，小兒蒙其害。徐靈胎《蘭臺軌範》詳辨之，謂即拓乳法，用青黛一錢、元明粉三錢、硼砂一錢、薄荷五分、冰片一分，同研細，擦口內兩頤，一日四五次。北方有割瘄之術，婦人蒙其害，兼及小兒。吳鞠通《溫病條辨雜說》辨之，謂瘄字，考之字書並無是字焉，有是病。此皆庸俗僞造其名，而劣婦秘傳其技，藉以欺世圖利者，明識之人，愼勿爲其所惑。

吾人不能徧拯斯民疾苦，宜廣傳良方，庶幾稍盡利濟之心。每見得一秘方，深自隱匿，甚至藉以圖利，挾索重貲，殊堪鄙惡。唐白華《祕發背方》，遂遭虎阨。歙蔣紫垣《祕解砒毒方》，竟獲冥譴，可以爲鑑。

烏程鈕羹梅福厚，由中書歷官郎中，在都門十餘年，聲望翕然。咸豐八年三月，偶患風溫，惡寒自足而起，漸及四肢，身熱脈浮，舌胎白。醫謂是風寒，用柴胡、葛根、防風、蒼耳子等藥，遂至神昏躁厥，胎黃便結。更醫用石膏、大黃等藥，病益危篤。醫皆都門有名者而悖謬乃若此。更醫又用理陰煎，復脈湯等，卒不能救而歿，年僅五十有六。羹梅爲余舅氏周愚堂先生之壻，好學敦品，氣度雍容，咸謂可享上壽而躋顯秩。乃爲庸醫所戕，亦可惜矣。余見風溫濕溫等證，凡用風藥升提，伏熱陷入心胞，無不神昏厥逆而斃。當此即用清營湯、至寶丹、紫雪丹等，滌中宮，猶可挽回於萬一。使認爲陽明經腑症，一誤再誤，則生路絶矣。

作事宜從容詳愼，爲醫尤甚。不特審病當然，即立方，亦不可欲速貽誤。杭州某醫治熱病，用犀角七分，誤書七錢，服藥後胸痛氣促而殞。病家將控之官，重賄乃已。某醫治暑症用六一散又用滑石，服之不效，大爲病家所詬，此皆由疏忽致咎也。治癰疽之法，不可輕用刀，破膿鍼疾之法，必先精究穴道。一或不愼，適以傷人，過事有可以爲鑑者。杭城有善者，設局延醫以拯貧人，外科李某與焉。農夫某腳生癰，李開刀傷其大筋，遂成廢人，農夫家衆毆李幾斃。吾里有走方醫人治某哮病，以鍼貫胸，傷其心，立時殞命。醫即日遁去。

烏程周岷帆學士學源，才藻華美，咸豐九年，大考一等第二，由編修擢侍講學士。旋丁外艱，回籍十一年，避亂苕南。臀生瘤有年矣，因坐卧不便，就菱湖瘍醫費某治之，費謂可用藥攻去。予以三品一條鎗，大痛數日，患處潰爛翻花，復投以五虎散，藥用蜈蚣、蜣螂、全蝎等味，服後體疲神憒遽卒，年僅四旬。往歲余館湖城，及寓京邸，恆與岷帆談藝論詩，昕夕忘倦。今聞其逝也，深恨庸醫之毒烈，無異寇盜，特書於此，以志恫焉。是年，余避難柳絲，有鄰女陳桂妲手生癰毒，亦爲費某開刀傷筋，痛甚不能收口，就余醫治得痊。大抵近世瘍醫皆從外科正宗治法，專用霸功，誤人甚多，學者當以爲戒。

《冷廬醫話·禁咒治病法》 禁咒治病，自古有之，往往文義不甚雅馴，而獲效甚奇，殆不可以理測。余內人之乳母顧嫗，其父曾習祝由科，傳有二咒甚驗。一治蜈蚣螫，咒云：止見土地神知載靈，太上老君急急如律令勅。治法，以右手按螫處，一氣念咒七遍，即揮手作撮去之狀，頃刻痛止。一治蛇纏，咒云：天蛇蛇，地蛇蛇，臉青地扁烏梢蛇，三十六蛇，七十二蛇，蛇出蛇進，太上老君急急如律令勅。凡人影爲蛇所啄，腰生赤瘰痛癢，延至心則不可救，名蛇纏，亦名纏身龍。治法，以右手持稻幹一枝，其長與腰圍同，向患處一氣念咒七遍，即揮臂置稻幹門檻上，刀斷爲七，焚之，其患立愈。又治蜈蚣螫方，急以手向花枝下泥，書田字，勿令人見，取其泥，向螫處擦之即愈。

炳章按：祝由符籙治病，發原於上古，精其業者，湖南人爲最多，祇能溫飽，不能藉此斂錢置產，故操此業者，多是遊方謀食，無資產者流，如截瘧符，骨鯁符，余目覩亦有效。

《里乘·祝由科》 相傳黄帝有二臣，曰岐伯氏，曰祝由氏，皆善醫。岐伯氏治疾按脈，能知人七十二經，投以藥無不效。祝由氏治疾不用藥，唯以清水一碗，以手捏劍訣，敕勒書符水面，以飲病者，亦無不效。祝由氏爲湖南辰州府人，故今辰州人，多擅此術，名曰祝由科。爲人治疾，誓不受錢幣之謝，或酬以酒食則可耳。然擅此術者雖多，而眞得祕傳者甚少。如得眞傳者，實有起死回生之功，否則第爲僞托其名以欺人。愚夫愚婦受其欺者，往往坐失巨資，悔之無及矣。或曰：得眞傳者，每歲元旦祭禱祝由之神，默占以筶，即預知是年當治幾人之疾，隨緣巧遇，最爲靈驗。吾曩過豫州，其士人言某年汴城，節署旗竿斗損壞。匠人以繩轆轤上升其巔，爲之整理，竿忽爲風所折，匠人墮爲齏粉，僉謂無再生之理。會有辰州木客過此，笑謂無患。乃命人取板四片，以一板上置黄土，將匠人舁置土上，左右夾以二板，又以黄土遍撒其身，以手捏劍訣，敕勒書符，口中喃喃誦咒畢，復吸清水噀其面，上蓋一板，以麻繩束之。七日後，去麻繩啓板視之，氣熱如蒸，匠人竟體大汗，久伸而起，已霍然甦矣。人問及前事，昏然不知，但謂如夢初醒，殊無所苦。噫嘻，其術如此，眞神乎技矣！聞節署前曾泐碑詳記其事，惜匆匆過此，未及訪閱耳。

《里乘·李封公》 吾皖合肥李玉泉封翁文安，道光戊戌進士，生平篤於天性，躬行君子也。官刑部提牢時，例各囚每飯一勺，公散飯必期滿勺，生熟必親嘗之。又自捐米煎粥，以濟晚飯。後收到人犯，獄中瘟疫易作，公懇切爲文禱於神，因病俱起。又預製藥材以濟急。夏則捐頒蒲扇，每秋各司捐棉衣。公於每所，更添棉被十二條，以備病犯發汗養病之用。種種善事，不可枚舉。公著《愚荃畝帚》二種，上卷貫垣紀事，下卷村居雜景。每事各紀七絶詩一首。予多採入詩話。而貫垣紀事一卷，不惟可備掌故，而後之人踵而行之，功德眞非淺鮮。所謂哀矜勿喜，好生之德。洽於民心，封翁有焉。

里乘子曰：聞之蕭山湯敦甫相國云，凡事實事求是，即是爲聖爲賢學問。觀李封翁官提牢時所爲，眞可謂實事求是矣。由是推之，其平日居心行事可知。似續顯貴，方興未艾，其所由來者，不信而有徵乎？

《里乘·吴真人》 吾邑明季有吴某者，性至孝，曾兩刲左右臂療父母疾。家貧，販魚爲業，父母所欲，必竭力奉之，甘旨無或缺。他日販魚歸，見道左一兀丐。兩足自膝以下踝以上，腐爛無完膚，膿血狼籍，臭不可邇。行路者掩鼻而過，吴獨顧而嘆息，心竊憐之。兀丐叱曰：汝何爲者，顧吾足而嘆，得勿憎厭我耶？吴謝曰：否否。吾嘆子之足創甚，而憐其不良於行。恨無術可以療之，何憎厭之與有？丐笑曰：如此甚善。顧我患此數十年，經多醫無少效。僉謂必得一義士，跪而舐之，患當已。汝果惠而憐我，能如醫者言，姑一試之可乎？吴曰：此惠而不費，果能已子之患，快莫大焉，有何不可？丐遽伸兩足，顧謂吴曰：來來，請嘗試之。吴面無難色，果伏地次第跪舐。但覺芳香撲鼻，不聞其臭。舐訖，痂落盈掬，膚柔潤如切肪，光可鑑影，心竊稱異。丐嘆曰：汝眞義士也。實告汝，我非他，乃拐仙也。夙耳汝好義，今果然，眞仙材也。汝能從我遊乎？吴叩首謝曰：仙師不棄，幸甚。徒以有親在，養事需人，不敢奉教。丐贊曰：汝根器甚深，上帝鑒汝孝思，久已名注仙籍。我姑授以大道，汝歸而時習之，至時再來度汝出世。汝掬中痂，慎勿輕棄，一痂可活萬魚，多者汝自食之，可以卻病延年，勝尋常丹藥萬萬也。吴自舐創後，心地光明，頓增智慧，跪受仙教，入耳即悟。歸家試取片痂，置魚籃中，枯魚無數盡活，味且鮮美。自是價倍他販。不數年居然小阜，乃買田潤屋，娶妻生子。親歿，殯葬成禮，廬墓三年。爲子授室，即以家事付之，絶不過問。每遇旱潦，迫於鄉人之請，禱晴祈雨，輒有驗。鄉人多受其福，羣以眞人呼之。邑有某公子者，素好客。吴嘗出入其門，與之遊戲。座上有崔道士，江西人，固天師府法官也。少業儒，嗜酒，父戒不悛，杖之，怒，逃至龍虎山，既爲法官，頗得天師寵任。父歿，家人赴聞，怒不奔喪，天師惡而擯逐之。崔挾術遊江湖。聞公子名，踵門求見。公子試其術，大喜，待以殊禮。邑城東有河，每春水新漲。瀲灩滿岸，公子偶以有事過河，欲渡無舟，崔呼片席成舴艋，登之倏達彼岸，歸時又臨流覓舟。吴笑曰：舟不如騎。戲拾拳石呼之，果成駿馬，鞍韉具備。三人並跨，踏波如履平地。達岸，衣履不濡。視所坐騎，依然拳石也。吾邑春日，兒童爭放紙鳶。公子顧而樂之，崔戲摘柳葉吹之，幻一大鵬，盤旋霄漢。吴戲吹繫馬石，幻成一龍，鱗甲燦爛，夭矯天際，見者皆驚爲眞龍也。公子有別業在龍眠山。秋日，招吴與崔小酌，請各試其術。崔謂能顛倒四時，拂袖一揮，果見滿山紅葉，變成桃李矣。吴笑謂崔曰：汝顛倒四時，盍觀我瞬息千里乎？以公子嘗誇西湖，亦拂袖一揮，果見六橋三竺諸勝景，歷歷在目。崔笑謂吳曰：君能瞬息千里，而謂我不能乎？時京帥某皇親，有花園，名甲海內，公子幼曾從父遊覽，嘗稱道不置，崔謂在此小歆，殊悶悶，請一訪某皇親花園何如？公子曰：甚善。崔擥公子袪，試一舉足，果即至其園。園中景物，與曩時所見無異。公子不勝詫愕，吳笑曰：是何足道，公子倘一遊瑤池，更不知傾倒何若也。公子喜曰：瑤池亦有術可至乎？吳曰：可。乃袖出布帕，方五尺許，挈公子與崔立其上，叱曰：起起。帕果凌空而升，頃刻身登天界。但見仙山樓閣，金碧交目。其中琪花瑤草，千態萬狀。蟠桃多樹，時方着花，五色迷離，其大如琖，芳氣沁骨，一空凡艷。旣至一亭，上榜俯視一切四字，試側身下視，五岳如粒，滄海盈勺，眼界陡擴，胸襟洞開，亭中几榻，皆設錦繡褥。吳拉公子少坐，覺柔軟異常，竟體爽適。吳笑曰：枯坐究屬少趣，臣敢請阿母賞給清醥，派遣仙姬爲勸一觴可乎？公子笑曰：不敢請耳，固所願也。吳下坐，向內稽首者三，口中喃喃不知云何。少選，仙童數輩，果賫酒肴而至，麟脯龍肝冰梨火棗之屬，羅列滿案。吳率公子再拜稽首，遙謝阿母，然後就坐。王母尋命侍兒范成君婉凌華許飛瓊董雙成四仙姬前來勸觴，各起爲禮畢，觥籌交錯，酬獻甚歡。酒酣，吳避席，拜手前致詞曰：臣等猥叨阿母賜醮，榮幸已屬溢分，又蒙命仙姬勸觴，尤爲曠典，惟久慕仙姬等雅擅音樂，敢請一奏天籟。俾洗俗耳，傳之下界，允稱佳話。區區之忱，未審見許否也？諸仙姬俱笑而首肯。須臾，五靈之石，八琅之璈，湘陰之磬，雲和之笙，絲竹鏗將，玲玲盈耳，范成君斂容正襟倡歌曰：二曜左行，蒼蒼右些。左之右之，人增壽些。婉凌華整鬟嚲袂繼歌曰：醯鷄其展翼兮，黍民其交睫兮。載幬其褌祖兮，蚩蚩其一蝨兮。許飛瓊慨然太息而續歌曰：噫嘻，夏何爲而必暄兮。噫嘻，冬何爲而必寒兮。噫嘻，四時何爲而必代謝兮。噫噫，造化何爲而必拘拘不化兮。董雙成掩口含睇而卒歌曰：雲油油而果車耶，風飄飄而果馬耶，眞耶假耶，無可無不可耶。歌畢，四座稱善。吳率公子等再拜興辭，仍登帕凌空，冉冉而下。公子拭目而視，不禁駭詫，去時秋杪，歸已暮春，樹木杈枒，一瞬綠陰成幄矣，始知天上片刻，人間半載尸逾，公子俗念頓空，知吳異人，堅請願從學道。吳謂公子是富貴中人，執不可。崔以吳技出己右，銜之。嘗以足戲蹴吳腹，隱痛下墜。吳知崔將以術殺己，閉門內視。七日腹中下一鐵砧，重十餘斤，惡之，後與崔遇，以掌拍其背曰：君何惡作劇，然鐵砧之惠，不可不報也。崔心痛甚，知吳報己。急辭公子歸家，亦將閉門煉氣以祓除之，計過四十九日，當無患。帀月後吳使人探諸其家，崔子遵父命，拒不使見。其人紿之曰：汝何愚也，我知汝父閉門煉氣，今已月餘矣。焉有人經月餘勺水不嚥，而猶能存活者乎？其子以爲然，試往覘之。甫一推門，見崔趺坐榻上，背有五小虎，口各唧銅釘。而力拔之，釘約長五寸許，拔出過半，見生人至，虎遁而釘仍入內。崔厲聲長嘆，而氣遽絶。吳年至八十，腰脚健於少年。一日有乞丐來訪，與話良久。丐去，吳命子爲治喪具。命畢，端坐無疾而逝，或謂拐仙來度出世，後舁棺輕若無物，蓋尸解云。

里乘子曰：大羅天原無無父之國，吳之孝思，早蒙上帝鑒察。名注仙籍，宜矣。若崔者，初逆父教，繼不奔喪，欲以術殺吳，卒爲吳所殺，是殆亦天假吳手以誅不孝者乎。吳之奇跡甚多，鄉婦孺類能道之，予所聞者如此。並聞吳歿期年，有鄉人遊嵩山，見吳與一道士，藉地飲酒。鄉人愕然問曰：久聞君已仙去，顧尚溷跡風塵耶？吳笑謝曰：仙去則吾豈敢，好事者爲之也。其人歸，急訪諸其家，告以所見，始知尸解之說不謬。

《里乘·錢弗要》 錢福耀，池州府人，其爲人也好善，知醫市藥，爲人治疾，不肯受謝。遇窮乏者，輒施藥以治之。鄉里稱其賢，因共贈以別名曰錢弗要。家本素豐，坐是中落。城外齊山有洞，窈然而深，爲一郡名勝。錢常於歲暮除日，避債洞中。薄暮，又一人貿貿然來。詰之，亦同志者。惻然憐之，問其人，止需錢十千。錢嘆曰：我較君所需，不啻數十倍，不得不爾。十千細事，何必至此。腰槖適存會子錢十千，遂取以授之，曰：此十千汝可攜歸償宿逋，與家人團聚度歲也。其人驚喜曰：君得勿錢勿要先生耶。曰：然。曰：聞名未曾識面，何敢遽領厚貺。錢笑推其背曰：君請速歸，無用多言。其人拜受稱謝而去。昧爽，錢稱娖歸家。行至山腰，見兩叟坐地談醫。一叟蒼髯垂胸，一叟豐頤微髭。錢頓觸所好，拱手請教。蒼髯者笑曰：汝亦知醫耶？對曰：然。曰：醫有三審，汝知之乎？曰：何爲三審？曰：一審色，二審舌，三審脈。凡爲人治疾，先審面色。由色而辨五行，或宜相生，或宜相尅。次審舌，辨其枯潤。次審脈之浮沉遲數，以分表裏虛實，而決其風寒濕熱。三審既確，然後斟酌立方，百不失一。汝第識吾言，神而明之，能事畢矣。錢頓首謝教，請問兩叟姓名。微髭者指蒼髯者謂曰：此三國時華元化先生，予乃唐時孫思邈也。錢大驚，知爲遇仙，急蒲伏叩首。及仰視之，已杳矣。自是醫理日進。會太守有母，暑月患疾，衣重裘尚自惡寒。羣醫僉以熱劑投之，不效。錢除日給票之人，適在署司押。因言錢得仙傳，誇張而遊揚之。太守大喜，急延錢診治，錢觀病者兩顴微赤，舌色黑燥，確係實熱內伏，攻去内熱，外邪自去。急命飽飲瓜汁，少選，泄去惡滯，儽然熟睡。寤後，汗出如雨，其疾良瘥。太守喜，酬以金，固辭不受。太夫人性固好施，召錢謂曰：我疾非汝莫治，酬以金，知汝不受。我私蓄有千金，存汝處施藥濟人，藉爲我種福可也。錢乃頓首受命。亡何，太守以有事晉省，時值中秋，與寮宷謁見中丞某公。公忽白睛上眨，忽然倒地，手足攣搐，多醫相視不敢立方。太守因薦錢醫道甚神，方伯商之廉訪，遂飛檄延錢至。錢見某公，面白微青，舌白而潤，意仲秋金氣得令，涼風乘虛而入，引動内風，症屬虛寒，治宜扶火泄金，培土制木，遂進參芪朮桂等藥，而疾果頓愈。中丞大喜，遂商之僚屬，延錢在省爲官醫，並籌資巨萬，俾錢市藥以廣濟窮人。錢生計日擴，凡求醫者，無不應手立效，不責人謝，人必量力以酬之。年九十餘，腰腳強健，爲人治疾，猶步行，不喜乘輿。三子讀書，連入邑庠。孫十餘人，皆幼慧。僉謂好善之報云。

《里乘·員先生》 粵東馮崧湖宮詹譽驥，言少侍封翁遊宦秦中，會母夫人有疾，百藥罔效。時封翁宰某邑，或謂邑有員先生者，鄉居好道，少得眞仙秘傳，能知過去未來。素精醫理，不輕爲人治疾，治輒奇效。如諸公子自往延請，渠惠然肯來，可保無慮。封翁乃命宮詹兄弟，翌辰徒步踵門延請。甫出城半里許，一人御車迎面而來。見宮詹兄弟，拱手問曰：君等爲馮公子耶？對曰：然。曰：爲母夫人疾來召員某非耶？曰：然。曰：僕即員某，請偕返署可也。宮詹兄弟訝其預知，樂與偕返。比至署中，封翁大喜，命導入寢室，見病者臥床上，寂然不動。員諦審良久，遽索瓷瓶一具，力擲於地，瓶碎如粉，揀取片瓷以鋒砭病者兩太陽穴。少選，血珠迸出，其色紫。再砭之，紫色漸轉爲赤，便聞病者呻吟作響，竟體已能轉側矣。員笑曰：得之矣。亟索紙書方。服藥調理，疾頓瘥。封翁酬以金帛，固辭不受。謂感公子孝思，不召且至。况辱徒步枉顧，敢以小技責謝耶？自是常來署中。宮詹兄弟咸喜從之遊。嘗謂眞仙最喜遊戲人間，俗眼不識，往往交臂失之。曾偕遊終南山，見一道人，清癯如鶴，修髯垂胸，有瀟灑出塵之概。員拱手迎候道左，執禮甚恭。宮詹叩問何人，員低聲附耳曰：此漢張留侯也，那敢不敬。既又見一白衣女道士，員執禮愈恭，謂爲觀音大士。員羽化後，留有小像。有事禱之，輒驗。

《醫詁·禁術》 禁術者，蓋昉於漢之方士。爲神仙家言者，乃演贊其說，古上醫皆能之。《扁鵲傳》所謂受禁方書，飲藥三十日，視見垣一方人，以此視病，盡見五藏癥結，特以診脈爲名耳。《傳》稱長桑君忽然不見，殆非人也。又云飲以上池之水，三十日當知物矣。注謂當見鬼物，是知禁方即禁術之謂，故曰特以診脈爲名，而或以爲秘方，非也。《倉公傳》又云：陰陽禁書，蓋古醫多通數學，《物理論》所謂能明性命吉凶之數，乃爲良醫也。《抱朴子》云：古之初爲道者，莫不兼修醫術，以救近敝。《後漢書》言：徐登善爲巫術，趙炳能爲越方，共以其術療病而稱其禁水禁樹之神，是禁方亦醫之一端。隋唐時猶尚其技，今《千金方翼》附《禁經》二十二篇，皆單行備急之術，宋陳振孫謂用之多驗者是也。

《醫詁·祝由》 今以祝由名科，楚人盛傳。其技有符印，禁呪，治奇疾往往而驗。蓋近於古巫祝之事焉。《列子》宋陽里子華病忘，謁巫，而卜之不吉。《左傳》晉侯病召桑田巫，曰：不及食新麥矣。《韓子》曰：秦昭王有疾，百姓買牛而家爲王禱，是知禳祀除癘殃，猶古之遺治也。其名始見於《素問·移精變氣論》云：毒藥不能治其內，鍼石不能治其外，故可移精祝由而已。隋全元起注：祝由南方神。唐王冰則謂祝說病由，不勞鍼石。今操其術者至人家，輒問病由，書其人姓名，向神方祝福，或呑氣服符，飲人以神水，其技類禁術而無方案。《抱朴子》雜應登涉諸篇言六甲秘祝及符録事亦相類。曹植《辨道論》所謂巨怪者，其此輩與。

《堅瓠集·廣集·祝由科》 《黄帝素問·移精變氣論》有祝由科，謂人病不用鍼石藥餌，可祝而愈。《南史》，劉宋時薛伯宗善徙癰疽，公孫泰患背疽，薛爲氣封之，徙置齋前柳樹，背疽遂消，樹便起一瘤如拳，二十餘日，瘤長膿爛，出汁斗餘，樹遂痿損。又《夷堅志》載溧陽巫能治骨鯁，長巷村人王四，食鵝遭鯁，三日不能食，且死，遣子詣巫。巫於竈內取灰，篩布地上，炷香焚紙錢，誦呪召神，結印，次以葦筒作小犁狀，耕灰中，云骨甚勁。凡一至再，筒中忽微有聲，亟傾注水盌中，乃鵝翅骨也。巫所居距長巷四十里，王子至家，父已平復半日，此即上古祝由之術也。世之巫覡，運神攝氣，書符咒水，劾召鬼神，自有此理，天地間何往而非一氣之流行，一心之運用哉。

《志異續編・富室兒》一富家子，年甫弱冠，起居服食，縱情恣欲，忽得不睡之症。父母止此子，延醫調治，迄無效驗。一日，有搖鈴賣藥翁經門過，召之入視。翁曰：欲治此病，非千金不可。主家允其數，請用何藥。曰：無須，但選一極不堪之屋，移榻其中。明日，我來用藥，可立奏效。主家如言行之。翌晨，翁至診脈，甫按指數息，驚曰：脈已絶矣，尚何治哉？過午未有不氣絶者。父母妻子聞之，嗷然大哭，以及乳媪奴婢，無不哀號。病者見合家哀泣，亦不覺潸焉出涕，悽愴神傷。翁曰：如此光景，是速其死，請且勿哭。少定，再診脈，看生死如何。未幾，病者沉沉睡着。翁曰：生矣。此一睡也，人抵須三日三夜方醒。主家又問：究竟用何藥品醫治？翁曰：哭即藥也，睡即效也。尚何須治哉？不過費我坐待三日耳。

《志異續編・李公堯臣》李公堯臣，安徽人。余遊吳門時，日以詩酒相娱者也。自言前三年前，忽覺有一人，如影隨形，行坐不離，夜亦同卧。始猶不甚顯明，久則眉目畢露。己笑亦笑，己怒亦怒。臨鏡亦宛然二人，服色形貌，與己無異。儼成二我，竟不能辨其孰眞孰假。然惟自視則然，他人覘之無有也。心甚駭異，疑爲狐所憑。聞某道士善驅狐，遂延至家，設壇召將，懸符持咒，迄無驗。又疑爲宿冤所纏，延僧誦經，放焰口，冀得解脱。鈸鼓錚錚者數日，亦無驗。如是數月，捫之不得，刺之不著，呼之不應，驅之不去，心惡之而無如何，日漸尪羸，待死而已。有老於醫者診之曰：無他，此病也，可治。衆皆笑其妄，姑聽其授方。方用人參一錢，辰砂三錢，茯苓三錢，濃煎，日進一劑，服至二劑，覺所見之人，不甚分明，服至四劑，十二時中，偶一見之，服至六劑則全不見矣。後服十全大補湯，遂健如常人。余偶檢醫書，見夏子益奇疾方云，凡人自覺本形作兩人，並行並卧，不辨眞僞者，離魂病也。因知李公所染之疾，爲離魂病。其所服之方，即奇疾方中古方也。可見治病者，誠能見得病症親切，依方以治，無不立效。病，譬之鎖也，方，譬之鑰也。以是鑰開是鎖，鎖無不開。苟非其鑰，非特難開，且機關撥亂，鎖亦從此永不開矣，可不慎哉。

《志異續編・李啓文》李啓文，患咳嗽，且吐血，手足發熱，諸醫罔效。請桃源九溪何公名道乾者診視。何公曰：此虚火上炎也。引火歸源，雖有成法，然以藥治火，不若本人自治之，猶爲切當。今試就火言之，五行中金木水土，各有本體。惟火則以衆物之體爲體，使空諸所有，則火不求滅而自滅。人身之有火也亦然。火隨氣起，氣因心動，誠能平心靜氣，一念不起，則火無所倚，又何從而上炎乎？後未知李子果能如所言否，而其論火也，則甚奇而確。

《志異續編・鄧文會》鄧文會，湖南安福縣人，潛心數學，占事多奇驗。余嘗買舟往澧州，舟中失去銅錢二千文，船戶疑水手等所竊，水手皆不承。時鄧公適在州城，因同船戶往占，布策畢，問船戶曰：汝舟中有姓朱者乎。曰：然。曰：面上有麻乎。曰：然。曰：是其人矣。其錢用藍布單衣包裹，置石橋旁大樹下水中，可取得也。船戶果數日前，失去藍布單衣一件，遍尋未得，因以此言告朱姓，朱姓無可抵賴，遂同至石橋旁樹下起出。鄧公平日，凡占失物及逃亡，如此奇驗者，不一而足，然亦有竟不驗者，想亦尚是數學不精之故。又嘗見人占事，已往甚驗，事後即不驗，此蓋本不精於數，不過用鈎餂之法得之耳。余昔僦居於州屬津市之關帝廟，與一陳姓者同寓，陳姓以卜課爲業者也。時風雨雜沓，竟日不歇，有一人年五十餘，冒雨而至，請占疾病。陳布策甫畢，即問曰：公係南方來乎。曰：然。曰：令郎受疾乎。曰：然。曰：數日來病勢頗重，服藥無效乎。曰：然。曰：三日後當愈。來人驚爲神，置謝金而去。余問陳姓，何以一一預知，若是其神。陳笑應曰：公不觀今日之風乎，竟日北風，其人背乾面濕，必迎風而行，故知從南方來也。余曰：何以知其伊子受病。曰：凡人子之愛父母，終不若父母之愛子，使非子病關心，詎肯冒雨問卜乎。余曰：何以知其病重，服藥無效。曰：我見其形神倉皇，必因病重，服藥無效，無法可設，故來決之於卜也。余曰：何以知其三日後當愈。曰：此不過隨口應酬話，只求一二語，令伊當時信服，誰計事後驗與不驗，況三日後果愈，我之數靈矣。三日後若死，彼見我一一預知，必以我一定知死，不過不肯明言，故以當愈反言之，在我仍不失爲神數也。余笑曰：君標曰神數，神固若是。陳曰：公見天下神於數者幾人，凡算命問卜，皆不離此，能此則神，舍此固無所謂神也。余曰：然則天下之所謂神數者，吾知之矣。

《志異續編・葉天士》葉天士，蘇之名醫也。其治病之法，每爲方書所不載，然無不立愈。嘗聞有富商某，生一子，年二十餘矣。忽得一病，不語不食，惟瞑目卧，延醫投以參耆等補藥罔效。商人大恐，延天士胗視。甫入病人房，至床前，即趨出曰：不必切脈，已知之矣。將病人移於外書房卧，用極陳小便一大桶，置病人頭側，再用空桶一，着人以瓢取小便，高傾入空桶內，取完復又傾，轉約一二回，病人呻吟索飲食，豁然而起。當叩其故。天士曰：吾始進房，即聞異香撲鼻，及至牀側，香愈馥烈，知病者因香竄過甚，正氣耗散而然，故用陳小便之氣，以收之耳。有新婚者，成禮之日，次早夫婦俱不起。叩門呼之，不應，排闥入，則男女俱若死，奄奄一息，急延天士診視。及入房門曰：病已知矣。可取木屑數十石，即鋸木末也，另擇一密室，將木屑厚鋪於地，移病者伏木屑上，仍將門閉緊，須與男女俱活。問其故。曰：余入室，聞漆氣薰人，蓋室內盡屬新置漆木器也，男女俱中漆毒，故氣悶若死，漆毒惟木氣能拔，毒出則氣暢而活矣。有藩憲新到任，升堂之後，目忽失明，當著人請天士。天士問曾莅任何處。曰：京官。曾莅外任否？曰：從未。天士曰：汝速迴面稟，如此請我，我決不來，須全副儀仗來迎。來人如言回稟。是時藩憲，已含怒矣，左右再三婉言，天士平日治病如神，非伊到不可。藩憲曰：且姑依伊言，如不效，定即治罪。於是排列儀仗去迎，及至天士家。天士曰：如此請我，我亦不去，可速回面稟，須官太太親自來迎而後可，復又叮嚀來人，必要一一如言面稟，倘見罪則有我在。來人不得已，如言面稟。藩憲不覺大怒咆哮，左右莫不股栗，怒氣正盛，目忽復明。而天士已到轅門請罪曰：非敢如此無狀，是即所以治病也。蓋心藏神在志爲喜，喜樂無極者，神蕩散而不藏，目者，心之使也，心者，神之舍也，今因過喜神散，目故失明。經云：暴喜傷陽，暴怒傷陰，陽傷則陰愈盛，惟怒則陽氣逆上，故必得大怒，方可抑陰而伸陽。然非如此肆慢，決不得怒，此乃不得已而用之，舍此亦別無良策。藩憲聞言，遂優待焉。一日，天士送客出廳，遇求催生方者，適廳前梧桐，墜一葉下，天士拾而授之曰：煎湯服。如言果生。後凡擬催生方者，僉用梧桐葉引，天士見而怪之。人以某日先生用梧桐葉神效對。天士曰：是日正值立秋之時，又適見梧桐葉落，不過取其得秋氣之先，物遇之而脫落耳，梧桐葉，豈催生之物乎？一士日夜沉睡不醒，即偶醒亦兩目倦開，天士診之。令市一小鼓，於床頭擊之，病者聞鼓聲，徐張目視，漸醒不復倦卧。人問故。天士曰：是人脾困，脾困故倦，小鼓聲，最能醒脾也。有某公子，年方二十，家素富，父爲某省制軍，是秋登賢書，賀者盈門，公子忽兩目紅腫，痛不可忍，日夜咆哮。延葉天士診之。天士曰：目疾不足慮，當即自愈，可慮者，七日內，足心必生癰，毒一發，則不可治矣。天士平日，決生死如燭照，不差累黍，及聞是言，不覺悲懼交集，再三懇其拯救。天士曰：此時不暇服藥，且先以方散毒，如七日內不發，方可再議藥也。當求其方。曰：息心靜坐，以自己左手，擦右足心三百六十遍，又以右手，擦左足心三百六十遍，每日如此七次，俟七日後，再來施治，如方至七日，延天士至曰：目疾果如先生言，已愈矣，未審癰毒，能不發否。天士笑曰：前言發毒者，妄也。公子富貴雙全，事事如意，所懼者死耳，惟以死動之，則他念俱寂，一心注足矣。手擦足心，則火下行，目疾自愈，不然，心益燥，目益痛，雖日服靈丹，庸有效乎？公子笑而厚酬之。天士兒婦生產後，交骨不合，投藥罔效。天士適踐一物有聲，拾視之，蠣殼也，即煎湯與服，頓愈。蓋蛤之屬，形皆兩片相合，性本喜合不喜開，其轉合之竅，亦與人骨竅相類，故以類相求耳。某店一小子，年十四五，坐店內，操貿易業。時當夏月，櫃下有門上飾銅鐶，小子無事，出陽物，入鐶內玩弄，不意陽物暴脹不得脫。小子號啼，觀者填門，咸無法可施。適天士乘肩輿過，邀視。天士附耳語輿夫，著取冷水一大盆，潛至背後，出其不意，從頭傾下，果驚縮而脫。天士平日治病，出人意表，類皆如此，遺事甚夥，聊即其所聞者誌之，以槩其餘。聞岳州府，昔有名醫某，今忘其姓名，每聞聲，即知病之所在。有素相交好某，心微痛，請診之，診畢曰：心將生癰，不可爲也，可預備後事。其人曰：死不足惜，但上有老母，我死，母將誰養。醫曰：實無良法，俟今晚竭志以圖，明日再爲報命。至次日曰：思得一方，姑妄爲之。因用筆於病人左腿上，畫一墨圈，大如杯，戒之曰：務刻刻目注圈內，心想圈內，自以爲紅矣腫矣，發熱矣痛極矣，使一刻不如是，則病必不治。其人如戒，至七日，果紅腫起一大癰。醫曰：心癰已移於此，可保無虞。蓋用志不紛之意，然而神矣，此亦葉天士之流亞也。

《醫醫病書・治內傷須祝由論》 按祝由二字，出自《素問》。祝，告也。由，病之所從出也。近時以巫家爲祝由科，並列於十三科之中。《內經》謂信巫不信醫，不治。巫豈可列之醫科中哉？吾謂凡治內傷者，必先祝由。詳告以病之所由來，使病人知之，而不敢再犯。又必細體變風變雅，曲察勞人思婦之隱情，婉言以開導之，莊言以振驚之，危言以悚懼之，必使之心悅情服，而後可以奏效如神。余一生得力於此，有必不可治病，如單腹脹、木乘土、乾血癆、噎食、反胃、癲狂之類，不可枚舉。葉氏案中謂無情之草木，不能治有情之病，亦此義也。俗語云：有四等難治之人，老僧、寡婦、室女、童男是也。有四等難治之病，酒、色、財、氣是也。難治之人，難治之病，須憑三寸不爛之舌以治之，救人之苦心，敢以告來者。

炳章按文獻志云，祝由南方神也。或以祝訓斷，謂斷絕其受病之由。丹溪謂祝由乃移精變氣之術，誠可已中寒之病，傳疰之氣，疫癘之災，不可廢也。若五勞六慾之傷，七損八益之病，必有待於藥。吳氏謂祝由治內傷者，借祝由以達隱情，使病人知之，而不敢侵犯，此亦心理療法也。又祝由用符水，惟膈上熱痰，一呷涼水，胃熱得之，豈不情快，若內傷涉虛之人，及冬天嚴寒之時，符水下咽，胃氣受傷，反致害者多矣。

《客窗閒話·時醫》 吳某，檇李郡人也。業醫，兼設藥肆。其邑宰有愛女，因感冒之疾，延之診視。用防風散，服之卒。宰怒，命縛治之。幸素識吏，知風而遁，越境乃免。依妻父家，逾歲宰遷他邑，遂攜眷歸，妻弟送之。復整舊業，其鄰里鄉黨集金賀之。開讌招飲，時已昏暮，客皆據席閧飲，興正豪，有叩門求痧子藥者，主人不得閒，囑其妻弟曰：笥內幾隔幾瓶紅色者是，汝往給之。其妻弟酒已醺，隨手撤一瓶開視，皆紅麪包，與其人而入。宴畢，客散，吳醫檢點器具，見一瓶在外，所盛者，信石末也，問何人動此。其妻弟駭曰：我以爲痧子藥，給來人矣。醫愕然曰：來者何人，與藥幾許？曰其人似營伍中者，得錢十餘文，與藥二三錢也。醫曰：殆矣，吾之不得業是者，命矣。夫明日，必興大獄，身家其能保乎？咸咎其妻弟。弟曰：無已，姑乘夜潛逃，以觀其變。乃囑其姊居守，偕醫仍遁。當是時，有都督某大將，腹中如雷鳴。須臾起坐，大叫妙藥妙藥。夫人告以故，呼卒入，詢得其處，曰：良醫也。差弁往聘之，以除吾疾。翌日，命中軍參將，率其卒伍，奉袍服冠履，白金五十，往延先生。中軍至，則藥肆已閉。叩門不應。喚兩鄰問之，僉曰：昨甫開張，今日又閉，必遠鄉之人，延去治療也，然其妻在，我等往後戶問明，以應台命。中軍頷之。鄰人疾呼吳嫂，其妻因弟誤其夫，惴惴憂懼。初聞門外傳呼聲，潛窺之，見馬上長官，同健卒十餘人，盤詰鄰人，知夜來事發，已惶恐飲泣，何敢應門。鄰老不得已，越牆而語之曰：官奉有禮儀，必無惡意，嫂姑納之，無禍及婦人者。其妻不得已啓門，中軍入室，陳其聘物，笑問先生何往，吾奉軍門令，其速赴召也。妻心始安，以下鄉對。中軍呼里長入，使往尋之。鄰老作函招吳醫回。往見大將軍。開閫延入，怡然請教。醫胗之，實不知其疾之由來，謬以虛寒對。云以蔻苓桂附爲丸，厥疾可瘳。大將軍諾諾，遂以百金與之，曰：聊爲藥資。有不敷者，痊日重酬。醫唯唯而退，謂其妻曰：愈疾以信，既重且多，天下之大奇事也。然不可再，其將何藥以應命耶？其妻曰：曷不延其親隨之人，而探其疾源。醫大悟，以酒食交歡於隨官。始悉大將軍以卒伍起家，方其戍守邊徼時，冬無裘衣，朝夕以酒禦寒。酒家以信石入釀，飲之遍體遽暖，故寒士多從之。及大將軍貴，開府南方，無此等惡劣酒，隨成眩疾。醫會其意，以滋補之味，參以信石作引，爲丸以進。終一料而體竟霍然，疾不復發。大將軍深感之。凡所轄四營、八哨、九十餘汛屬下將弁，無論男女有疾，必使延吳先生。愈則強之重謝，若不瘳，則曰：吳先生若不能治，其命盡矣。於是造請者盈門，不數年，成巨業。起大宅，自爲門聯曰：運退防風殺命，時來信石活人。薌厈曰：勝者所用，即敗者之兵，惟其時而已矣。故當世醫無定評，忽賢忽不肖，有幸有不幸，疇能入岐黃之奧，而使蒼生無夭折耶？噫，抱恙者實可危矣。

《明齋小識·庸醫》 東關吳氏婦，偶發寒熱，邀醫視之。曰：暑也。爲治其暑，不能愈，易醫視之。曰濕也，曰風寒也。爲治濕治風寒，又不愈。纏綿四五月，四肢漸腫，腹漸大，心衣不能約，則曰榮衛不和，虛矣。極力補之，腫不退。凡城中讀《靈樞》、《素問》者，悉延之，悉袖手無策。乃請專治鼓症者來，曰此鼓也。久爲庸醫所誤，攻之瀉之。如故。踰旬腹痛，復問前醫。曰痧耳。至晚生子，乃知前此有身也。然以攻補亂投，母與子俱不能生。

《揚州夢·女醫李閨源》 山霧，字宜清，江北人。求多男，娶妾何氏、曹氏、閻氏。何病血潰，曹月事停，閻經行不暢。多醫治之，或全不效，或小效，或反益其病。固始女醫李閨源，國手也。診何曰：經行有常道，順其性則調。前藥多澀劑，如堤畜水，水愈高，堤愈峻；畜愈久，勢愈烈；一旦堤崩，橫流莫治矣。治宜理之歸源。又製丸，時時疏之不滯，則不潰也。診曹曰：曹與何病相反，適以相成，其治則一。經停日久，敗血皆足爲患。肝病盛則入肝助其虐，胃病甚亦然，無病亦復自積成痞塊，散之殊難。經行後，須加峻劑，勿使血凝，乘隙入他癥。診閻曰：此甚易易耳，皆前醫多事累之也。人生無二血，必分之曰此心血，此肺血，此常行血，欲使經通，固心固肺杜它血。不知杜者暢，而暢者滯矣。惟常清其源，於生血處養其神，俾有以養身，則萬血統歸於一，不必杜，不必多藥。但先補劑固其本，而後清劑利之，不一載生男矣。如其言數載，三氏皆健，子且繁滋。

藝文

吴筠《韓康》 伯休抱遐心，隱括自爲美。賣藥不二價，有名反深耻。安能受玄纁，秉願終素履。逃遁從所尚，蕭蕭絶塵軌。

蘇軾《贈眼醫王生彦若》 鍼頭如麥芒，氣出如車軸。間關絡脈中，性命寄毛粟。而况清净眼，内景含天燭。琉璃貯沆瀣，輕脆不任觸。而子於其間，來往施鋒鏃。笑談紛自若，觀者頸爲縮。運鍼如運斤，去翳如拆屋。常疑子善幻，他技雜符祝。子言吾有道，此理君未矚。形骸一塵垢，貴賤兩草木。世人方重外，妄見瓦與玉。而我初不知，刺眼如刺肉。君看目與翳，是翳要非目。目翳苟二物，易分如麥菽。寧聞老農夫，去草更傷穀。鼻端有餘地，肝膽分楚蜀。吾於五輪間，蕩蕩見空曲。如行九軌道，并驅無擊轂。空花誰開落，明月自朏朒。請問樂全堂，忘言老尊宿。

劉宰《贈芮醫》 乳母夜深紉故衣，針墮兒側姥不知。兒膚受針口啼哭，展轉無眠針入肉。明日啼聲甚夜來，問兒疾苦誰能猜？拊摩忽到傷針處，兒啼欲絶姥方悟。醫師睨視了無策，鄰母驚嗟悉來覩。羣兒竊聽聞，肩竦毛髮豎。芮生昂然來，自言醫此屢。探懷出良藥，布指揣針路。斯須穎脱出，肌理自如故。嗟哉此神術，小試輒如許。我聞在昔陳留市，刀鑷工中人避世。至今山谷後山詩，明月夜光光照地。又聞宋人有藥手不龜，世世洴絖無贏貲，客得其方説吴主，大敗越師因胙土。方今北境猶多虞，萬金良藥時所須。汝胡不往此踟躕？芮生莞爾笑，倖利吾所誚，喟彼陳留翁，異世或同調。

劉因《名醫張國綱挽卷》 良醫不出户，眞隱要逃名。宿草今如此，春風宛若生。一囊三世藥，兩子萬籯金。平昔憂多病，懷賢倍有情。

吴澄《送范文孺痔醫》 蒙莊超世外，有患不到身。寓言貶秦醫，託以識時人。遑知血肉軀，微苦尤嚬呻。安得希文者，普救疾疢民。

吴存《水調歌頭・代贈醫者葛道夫》 欲問長生藥，句漏有丹砂。祇今醫國妙手，還屬葛仙家。出入聖神工巧，操縱溫涼寒熱，功用妙無涯。談笑起沈痼，闔郡萬人誇。　又何必，神樓散，紫荷車。火攻更是上策，一灼補千瑕。使子聲流梁楚，使子名齊和緩，當代更誰加。金帛何足報，吾筆解生花。

張雨《鷓鴣天・贈醫士沈德誠》 東老傳家道氣濃，榴皮壁上有仙蹤。耳孫陰德如何限，都在參苓藥籠中。無貴賤，有窮通。活人心事契蒼穹，吾家昆弟能無恙，須藉全生一匕功。

張雨《鷓鴣天・爲朱德輝送醫僧道二首》 龍樹名方，阿師偏得。參苓藥籠眞奇特。閒身偶爾病魔侵，幾番勞動黄金錫。灌溉三田，平和百脈，祇消甘露楊枝滴。八荒壽域太平時，大家都藉慈悲力。

又

春夢還山，藥羅巖上，覺來便覺身無恙。不知引入市廛壺，丹瓢猶掛蒼龍杖。一脈清涼，三關調暢。□□更展滄溟量。還將底事謝先生，山中百斛丹泉釀。

趙鶴《贈殷槃》 鑾江醫客飄長髯，人人呼是殷神仙。囊貧每怯賣藥錢，陰功香案家家懸。

宋禧《贈櫻寧生》 滑公江海客，頻到賀家溪。採藥行雲際，吟詩過水西。

秦康王《送名醫凌漢章還苕三首》 微恙年來不易攻，遠煩千里到關中。尋常藥餌何曾效？分寸鍼芒卻奏功。縶馬未能留信信，趣裝無奈去匆匆。一尊酒盡傷離思，日斷南鴻灞水東。

術傳盧扁字鍾王，底事來遊便趣裝。熟路也知車載穩，清時何用劍生鋩。雞鳴幽谷三更月，楓落吴江兩岸霜。歸到苕溪尋舊侶，畫船詩酒水雲鄉。

束書孤劍到西秦，紅樹青山潑眼新。千里風塵雙短鬢，五湖煙水一閒身。夢迴孤館寒砧急，望入遙空候雁賓。料得紀行多賦咏，雲箋無惜寄陽春。

陳琛《贈楊醫官》 春風挾暖到桐城，習習令人疾體輕。笑我生平空有志，如君可使不知名。炎回大暑爐專美，冷入新秋雁寄聲。附子大黄斟酌用，險中始信藥通靈。

葉承宗《病中洗足》 〔北雙調新水令〕時來頑足也生光，您藏垢污也腌臢了這一晌。你看泥丸雙穴迸，皮繭幾重張。收拾下沐浴香湯，請足下盪一盪。

〔折桂令〕記當年十指遭殃，連襪和鞋丟得精光。還虧您走入民房，着得大履，又抛入蓮塘。踏着火登時泡長，遇屮滿腳鍼芒舉，步如狂冷凍如僵。

不虧你老馬知途，怎能勾引入神堂。

〔雁兒落〕您也曾有時灰內藏，您也曾有時泥中撞。有時節曲拳短被遮，有時節伸出迎風晾。

〔得勝令〕腳也，您還當趁早赴書房，敢還當鎮日走文章。我一生手忙腳不亂，也不曾見你足高氣必揚。你休得心傷，比別個還不算經磨障。與一盞清涼，又何須千金龜手方。

〔收江南〕呀！自從那日落池見水呵，何曾再見些水和湯。你看飲泉渴驥任徜徉，霎時還落瘦行藏。君不須技癢，卻待學新豐洗足馬賓王。

〔煞尾〕出門還得鞋一輛，往常時跣足閒庭暫效狂。腳也，你可也再休學我碌碌平生沒事忙。

姚鼐《良醫行贈涇陽張孝廉菊》 自古良醫多出秦，孝廉晚出當其倫。授受無從古術絕，山川靈異能通神。一戰燕山屈羣士，殿側裁文奏天子。謂知弓冶繼家聲，孰料刀圭起人死。江山地有金陵壯，萬室曾城壓江上。乃翁強項困爲宰，令子活人譬良相。經營智出非禁方，痛瘝情切方無恙。老夫卧病常兼旬，賴子每過情愈親。已信發蓍遄有喜，况聞快論傴可伸。君家孝友稱義門，詔書褒使薄夫敦。乃翁行古非俗吏，餘慶那不遺後昆。帝所諧聲待韶夏，天池奮翼須鵬鯤。地中生木象慎德，况年甫逾冠加元。術如和扁固小技，文高潘陸猶無論。巖辟終南氣未已，當今相國誠賢矣。安知人無邁古才，更與成周閎散比。老夫未死得君醫，拭目人間有見時。願子勉學致其大，一世膏肓皆可治。

謝逢源《市隱廬醫學雜著·題詞》 叔和家學傳三世，彥伯奇方聚一龕。請垂老著書耽市隱，不將鴻寶例淮南。保赤應在養老先，人心慈孝本同然。請將彭氏延年術，并入莊家福幼編。非關人世亦炎涼，心氣元來自感傷。省識性情中有藥，醫和醫緩具眞方。多君一片活人心，三絕韋編字字金。對客不妨彈古調，天涯到處有知音。

枚乘《七發》 楚太子有疾，而吳客往問之，曰：伏聞太子玉體不安，亦少閒乎？太子曰：憊。謹謝客。客因稱曰：今時天下安寧，四宇和平，太子富於年。意者久耽安樂，日夜無極，邪氣襲逆，中若結轖。紛屯澹淡，噓唏煩酲，惕惕怵怵，卧不得瞑。虛中重聽，惡聞人聲。精神越渫，百病咸生。聰明眩曜，悅怒不平。久執不廢，大命乃傾。太子豈有是乎？太子曰：謹謝客。賴君之力，時時有之，然未至於是也。客曰：今夫貴人之子，必宮居而閨處，內有保母，外有傅父，欲交無所。飲食則溫淳甘膬，腥醲肥厚，衣裳則雜遝曼煖，燂爍熱暑。雖有金石之堅，猶將銷鑠而挺解也。况其在筋骨之間乎哉。故曰：縱耳目之欲，恣支體之安者，傷血脈之和。且夫出輿入輦，命曰蹷痿之機；洞房清宮，命曰寒熱之媒；皓齒蛾眉，命曰伐性之斧；甘脆肥膿，命曰腐腸之藥。今太子膚色靡曼，四支委隨，筋骨挺解，血脈淫濯，手足墯窳，越女侍前，齊姬奉後，往來遊讌，縱恣于曲房隱閒之中。此甘餐毒藥，戲猛獸之爪牙也。所從來者至深遠，淹滯永久而不廢，雖令扁鵲治內，巫咸治外，尚何及哉？今如太子之病者，獨宜世之君子，博見彊識，承閒語事，變度易意，常無離側，以爲羽翼。淹沈之樂，浩唐之心，遁佚之志，其奚由至哉！太子曰：諾。病已，請事此言。客曰：今太子之病，可無藥石針刺灸療而已，可以要言妙道說而去也。不欲聞之乎？太子曰：僕願聞之。客曰：龍門之桐，高百尺而無枝。中鬱結之輪菌，根扶疏以分離。上有千仞之峰，下臨百丈之谿。湍流遡波，又澹淡之。其根半死半生。冬則烈風漂霰、飛雪之所激也，夏則雷霆、霹靂之所感也。朝則鸝黄鳱鴠鳴焉，暮則羇雌、迷鳥宿焉。獨鵠晨號乎其上，鵾雞哀鳴翔乎其下。於是背秋涉冬，使琴摯斫斬以爲琴，野繭之絲以爲絃，孤子之鉤以爲隱，九寡之珥以爲約。使師堂操《暢》，伯子牙爲之歌。歌曰：麥秀蔪兮雉朝飛，向虛壑兮背槁槐，依絶區兮臨迴溪。飛鳥聞之，翕翼而不能去。野獸聞之，垂耳而不能行。蚑、蟜、螻、蟻聞之，柱喙而不能前。此亦天下之至悲也，太子能彊起聽之乎？太子曰：僕病，未能也。客曰：犓牛之腴，菜以筍蒲。肥狗之和，冒以山膚。楚苗之食，安胡之飯，摶之不解，一啜而散。於是使伊尹煎熬，易牙調和。熊蹯之臑，芍藥之醬。薄耆之炙，鮮鯉之鱠。秋黄之蘇，白露之茹。蘭英之酒，酌以滌口。山梁之餐，豢豹之胎。小飯大歠，如湯沃雪。此亦天下之至美也，太子能彊起嘗之乎？太子曰：僕病，未能也。客曰：鍾岱之牡，齒至之車；前似飛鳥，後類距虛。穱麥服處，躁中煩外。羈堅轡，附易路。於是伯樂相其前後，王良造父爲之御，秦缺樓季爲之右。此兩人者，馬佚能止之，車覆能起之。於是使射千鎰之重，爭千里之逐。此亦天下之至駿也，太子能彊起乘之乎？太子曰：僕病未能也。客曰：既登景夷之臺，南望荆山，北望汝海，左江右湖，其樂無有。於是使博辯之士，原本山川，極命草木，比物屬事，離辭連類。浮遊覽觀，乃下置酒於虞懷之宮。連廊四注，臺城層構，紛紜玄綠。輦道邪交，黄池紆曲。溷章、白鷺、孔鳥、鶤鵠、鵷鶵、鵁鶄，翠鬣紫纓。螭龍德牧，邕邕群鳴。陽魚騰躍，奮翼振鱗。漃漻薵蓼，蔓草芳苓。女桑河柳，素葉紫莖。苗松豫章，條上造天。梧桐並閭，極望成林。衆芳芬鬱，亂於五風。從容猗靡，消息陽陰。列坐縱酒，蕩樂娱心。景春佐酒，杜連理音。滋味雜陳，肴糅錯該。練色娱目，流聲悦耳。於是乃發激楚之結風，揚鄭、衛之皓樂。使先施、徵舒、陽文、段干、吴娃、閭娵、傅予之徒，雜裾垂髾，目窕心與，揄流波，雜杜若，蒙清塵，被蘭澤，嬿服而御。此亦天下之靡麗皓侈廣博之樂也，太子能彊起遊乎？太子曰：僕病，未能也。客曰：將爲太子馴騏驥之馬，駕飛軨之輿，乘牡駿之乘。右夏服之勁箭，左烏號之彫弓。遊涉乎雲林，周馳乎蘭澤，弭節乎江潯。掩青蘋，遊清風。陶陽氣，蕩春心。逐狡獸，集輕禽。於是極犬馬之才，困野獸之足，窮相御之智巧，恐虎豹，慴鷙鳥。逐馬鳴鑣，魚跨麋角。履遊麕兔，蹈踐麖鹿，汗流沫墜，冤伏陵窘。無創而死者，固足充後乘矣。此校獵之至壯也，太子能彊起遊乎？太子曰：僕病，未能也。然陽氣見於眉宇之間，侵淫而上，幾滿大宅。客見太子有悦色，遂推而進之曰：冥火薄天，兵車雷運，旍旗偃蹇，羽旄肅紛。馳騁角逐，慕味爭先。徼墨廣博，觀望之有圻。純粹全犧，獻之公門。太子曰：善，願復聞之。客曰：未既。於是榛林深澤，煙雲闇莫，兕虎並作。毅武孔猛，袒裼身薄。白刃磑磑，矛戟交錯。收獲掌功，賞賜金帛。掩蘋肆若，爲牧人席。旨酒嘉肴，羞炰膾炙，以御賓客。涌觸並起，動心驚耳。誠必不悔，決絶以諾；貞信之色，形於金石。高歌陳唱，萬歲無斁。此眞太子之所喜也，能彊起而遊乎？太子曰：僕甚願從，直恐爲諸大夫累耳。然而有起色矣。客曰：將以八月之望，與諸侯遠方交遊兄弟，並往觀濤乎廣陵之曲江。至則未見濤之形也，徒觀水力之所到，則卹然足以駭矣。觀其所駕軼者，所擢拔者，所揚汩者，所溫汾者，所滌汔者，雖有心略辭給，固未能縷形其所由然也。怳兮忽兮，聊兮栗兮，混汩汩兮，忽兮慌兮，俶兮儻兮，浩瀇瀁兮，慌曠曠兮，秉意乎南山，通望乎東海。虹洞兮蒼天，極慮乎崖涘。流攬無窮，歸神日母。汩乘流而下降兮，或不知其所止。或紛紜其流折兮，忽繆往而不來。臨朱汜而遠逝兮，中虛煩而益怠。莫離散而發曙兮，內存心而自持。於是澡槩胸中，灑練五藏，澉澹手足，頮濯髮齒，揄棄恬怠，輸寫淟濁，分決狐疑，發皇耳目。當是之時，雖有淹病滯疾，猶將伸傴起躄，發瞽披聾而觀望之也，況直眇小煩懣，酲醲病酒之徒哉。故曰：發蒙解惑，不足以言也。太子曰：善。然則濤何氣哉？客曰：不記也。然聞於師曰，似神而非者三，疾雷聞百里；江水逆流，海水上潮；山出內雲，日夜不止。衍溢漂疾，波涌而濤起。其始起也，洪淋淋焉，若白鷺之下翔。其少進也，浩浩溰溰，如素車白馬帷蓋之張。其波涌而雲亂，擾擾焉如三軍之騰裝。其旁作而奔起也，飄飄焉如輕車之勒兵。六駕蛟龍，附從太白。純馳浩蜺，前後駱驛。顒顒卬卬，椐椐彊彊，莘莘將將。壁壘重堅，沓雜似軍行。訇隱匈磕，軋盤涌裔，原不可當。觀其兩傍，則滂渤怫鬱，闇漠感突，上擊下律。有似勇壯之卒，突怒而無畏；蹈壁衝津，窮曲隨隈，踰岸出追。遇者死，當者壞。初發乎或圍之津涯，荄軫分。迴翔青篾，銜枚檀桓。弭節伍子之山，通厲骨毋之場。凌赤岸，篲扶桑，横奔似雷行。誠奮厥武，如振如怒。沌沌渾渾，狀如奔馬。混混庉庉，聲如雷鼓。發怒庢沓，清升踰跇，侯波奮振，合戰於藉藉之口。鳥不及飛，魚不及迴，獸不及走。紛紛翼翼，波涌雲亂。蕩取南山，背擊北岸。覆虧丘陵，平夷西畔。險險戲戲，崩壞陂池，決勝乃罷。瀄汩潺湲，披揚流灑。横暴之極，魚鼈失勢，顛倒偃側，沋沋湲湲，蒲伏連延。神物怪疑，不可勝言。直使人踣焉，洄闇悽愴焉。此天下怪異詭觀也，太子能彊起觀之乎？太子曰：僕病未能也。客曰：將爲太子奏方術之士有資略者，若莊周、魏牟、楊朱、墨翟、便蜎、詹何之倫。使之論天下之精微，理萬物之是非。孔、老覽觀，孟子籌之，萬不失一。此亦天下要言妙道也，太子豈欲聞之乎？於是太子據几而起曰：渙乎若一聽聖人辯士之言。涊然汗出，霍然病已。

獨孤鉉《碎琥珀枕賦》 琥珀爲枕兮，可保而持；欲加首兮，金瘡是資。況無用於寢戈之日，固非全於枕轡之時。在寶難求，不藉金之堅也。其脆易破，無勞斧以斮之。豈爲我寶，用安爾止。況將展轉之狀，用救通中之痏。分好惡於千歲之姿，定剛柔於一人之捶。莫投金柱，相如之璧則非，不隕霜鋒，子雲之珍焉是。夫其鏗然始解，發耀騰暉。定錙銖詎論乎大小，考多少未極乎精微。異色傍分兮，渙然冰釋。虹光中裂兮，溘爾星飛，然後霞彩斷，角勢違，豈同摘玉之流。去彼取此，殊異毀珠之日。辨是與非，美夫節彼用物。視其豐約，始如席上之珍。忽碎封中之藥，念刮骨之痛。爾將束手於無爲，在抗首之時。我則曲肱而奚若，故遠於患。無或不良，扣兩端兮，乍疑分寶。摧一角兮，尚可含章。在目無全，似假庖丁之術。應手而碎，不同石氏之強。雖謂大道不寶，吾道則屈。固非合散之流，不是羣分之物。假以銜時爲美，絶代稱奇。昔爲永堅之好，今傷善價之儀。偕符氏之堅名，果遭眞石。同五鹿之神角，或遇金鎚。猶能動彩熠熠，馳精杲杲。難分走海之靈，尚認涉洹之寶。徒美夫棄其異而斥其好，曾不知失其枕而獲其道。

王惲《醫學教授趙公仲康真贊》 洹水流潤，太行唯峨。篤生異人，司時之瘥。顯允趙公，被服委蛇。道高而施博，脈明而智多。世以醫名者衆，如公之醫，中而不頗，護養氣元，玉池生波。攻以峻劑，我禁我呵鬱焉，有之以戈，俟其牛襄，濟之以和，開壽域者五十年，良聲番番，其所以溽於公者如是，彼之替歌知陽報之，有在福子孫而爲那也。

姚燧《南京路醫學教授李君墓誌銘》 君李姓，諱綱，字文紀，其先眞定人。祖安道，以字行。考諱顯榮，金廣威將軍，內鄉酒使。歲壬辰，桓山公武仙聞可，將任置爲千夫長，使戰淅川。蓋當太上皇由興元循漢東出兵也。君年方十二，以孝聞，學能詩矣。會鄧之節度使耶律瑗盡以州民降宋，君侍母郝至襄陽，制閫皆處之屬城，分君隨州。明年，還鄧。乙未，歲饑。以皇子庫庫齊徙洛之西。君以儒業醫，故思到精詣，爲人診治，疾輒已。雖先輩善其術，久其道者，君不以年少下之，人亦捨彼不即，而惟君歸也。年二十四，或云廣威君不亡，嘗見之雲中，跰足往求，不獲無有也。號歸失明，乃籲天自悼曰：吾壯而爲世棄，人如母氏之老何？於是將身克慎，攻治益力，蓋三年而視復故。中統元年，制授南京路醫學教授。至二十一年，改襄陽醫學教授。尋詔尚醫今《本草》中土物且遺闕多，又略無四方之藥，宜徧徵天下醫師夙學多聞者，議板增入，君在徵中。三以老丐，不就車。二十六年，歲己丑夏六月三日，年六十九，卒鄧。越五日，葬穰縣亭子坡。嗚呼！人倫之大，莫先能子，有是一者，則天下萬善，可必其畢集吾躬。推是言之，則君處己之慈祥恭儉，與人之忱信和厚者，孝基之也。六子，友直友諒友聞友端友德友諴，恪服訓言，近奉晨夕，遠職官守，皆馴馴有脩謹稱。其化家又何如也，諒前將仕郎提舉靜江府茶鹽，聞前奉訓大夫知壽昌府，君不恙時，四方達官賢士，有過此者，或識不識，必造其廬。州縣牧宰旬存而月問之，亦此邦之雅望。君子獨與燧相能，方疾委篤猶遺端也求書，獲安將揭其寢，尚冀其可速已。會燧疾，不親筆硯，不果，而竟已，此哀哉。娶金徵仕郎化平令胡士元女，六子同出，前君卒三月。女二人，一適張升，一適提領常德路交鈔張居敬。男孫五人，未名。女六人幼。諴也線杖致諸兄命，哭請銘，乃泣繫之銘曰：

維古中壽七十率，有宰物者司入出，偶於君年不足一，子而全歸始曰卒。善遺後人昌後必，魂神徂升降體質，其千斯年安此室。

黄溍《成全郎江浙官醫提舉葛公墓誌銘》 公諱應雷，字震父，世爲平江人。其先仕宋季而未顯，宣義郎思恭，於公爲大父，進義校尉從豫，於公爲父。公少從季父某受周禮，爲舉子業。國朝取宋，場屋事廢，公無仕進意，若將終身焉。初，進義府君業儒，而於九流百家，靡所不通，尤工於醫。公既不得以文學自見，退而取家庭所聞《靈樞》、《素問》諸書之説，研窮精覈。見世之言醫者，執方拘論，而莫究其源委，多與古法背馳。於是推五運六氣之標本，察陰陽升降之左右，以定五臟六腑之虛實，以合經絡氣血之流注，而知疾病之候，死生之期。其處方劑施砭焫，率與他醫異，以此名動一時。浙西提刑按察司判官李公某，中州名醫也，嘗自診視其父疾，復以咨決於公。聞公言，父子相顧駭愕曰，南方何以有此邪，則盡出所藏劉守眞張潔古之書。與公討論，所見無不脗合。江南言劉張之學自公始。公所著書，大旨以爲醫當視時盛衰。劉守眞張子和輩，值金人強盛，民悍氣剛，故多用宣洩之法。及其衰也，兵革之餘，饑饉相仍，民勞志困，故張潔古李明之輩，多加補益之功。至若宋之季年，醫者大抵務守護元氣，而不識攻伐之機，能養病而不能治病，失在不知通其變也。書凡二十卷，名之曰《醫學會同》。摘古語，匾其齋曰恒，蓋用術貴於通變，立志則不可無恒也。士大夫聞公名，奉幣馬迎致之無虛日，延譽益廣。大德十年，用薦者補平江路醫學教授，治廟宇，闢土田，敎育其弟子員，後多爲良醫。尋用省臺交舉，擢江浙等處官醫副提舉；遂爲其提舉，階自醫愈郎陞成全郎。延祐五年也，公前後在官十年，其舉大行於東南。至治二年，丁母憂而歸。居喪過於哀毁，如不欲生，竟以三年春正月十八日卒於家，享年六十。娶盧氏，宋某官鉞之孫女。子男二人，長震孫，先五年卒。次乾孫。女一人，適胡就矩，亦已卒。孫男四人。公資稟和粹，識量明達，外嚴而內寬，事親孝而友愛其弟。鄉鄰有急，拯救之如恐不及，人以長者稱焉。乾孫既以泰定元年春二月二十八日，奉柩葬於吳縣至德鄉望野墩先墓之次。後十有三年，始以前宋進士顔先生堯煥所爲公行狀，屬予爲之銘。予觀前史傳扁鵲、倉公、華佗，皆歷言其已試之效。先生狀公行，皆略弗著，惟論次其所以爲術之本，可謂善序事者也，是用悉取而備陳之。公雖寓跡方技，而未嘗廢詩禮之傳，遭時承平，復以經術網羅天下士，獨周禮爲無所用，乃俾乾孫學爲詩，以應有司之求。乾孫篤於學而敏於文，庶幾能成公之初志者。銘曰：

猗葛公，抱一經，訖不試，以術鳴。帝有命，公是膺，樂其職，不近名。尚有子，蜚儒英，際聖時，伏必興。貽茂恩，耀泉扃，發其兆，在茲銘。

黄溍《成全郎江浙官醫提舉張公墓誌銘》 故成全郎江浙等處官醫提舉張公，諱去非，婺之東陽人。先世祖亮，與宋政和中舉八行，賜號沖素處士。曰志行者，實兄弟行。歿葬縣南乘驄鄉木掘嶺荷塘西原，子孫因家於荆浦。父諱潤，以修德尚義爲鄉善士；母顧氏。有子五人，公其季也。少警有敏大志，既壯而隱於醫，其爲術深超徑詣，精驗如神。然不專於爲人已疾，尤善以太素脈言人吉凶、貴賤、壽夭，率皆奇中。公自號實堂，人罕用爲其稱，而直以藝配其姓稱之曰張太素云。至元二十有六年，大盜竊發於鄰郡，蹂踐縣境。尚書左丞史公弼，宣慰浙東，督諸軍討捕之。一夕氣塡膺逆上，結塞脹滿，寢食併廢。公授以劑，立愈。因留置幕下，及移屯永康縉雲，皆預在行，將卒道病，與藥輒效。事平，計功行賞當得官，公謝，非其本志，不就。乃署公本郡官醫提領。史公入朝，或詢以江南名醫，必首及公，且貽書招致之。大德五年，公至京師，而史公由僉樞拜平章政事行省江西，後二年，召還樞庭，見公歡甚。陛對，亟薦公於上。李叔固丞相時領太醫，奏用公爲尚醫奉御，食五品祿。明年，扈從上京，阿忽都楚王疾劇，有旨命公往視之。王既平，復入謝，上嘉獎焉。又明年，王被命巡朔漠，迴次和寧，三孫明安帖木兒有奇疾，衆醫莫知所爲，遣府僚孫司馬者，詣闕請輟公以來。公以體氣漸衰，不任遠役懇辭。上再三勉諭，出尚方襲衣重裘，安車善馬，資之以行，仍勅有司厚贍其家。公既至，施之鍼焫，投之湯液，閱月而疾良已。王爲之刲羊刑馬，大會宗戚，餞公南還，且遺以交鈔五千緡，白金百兩。內謁者張哥司徒，復言於上及東朝，加賜交鈔五千緡，文綺四端以旌之。由是聲動朝野。太醫刻上其名於中書以聞，擢江西等處官醫提舉，階成全郎。某年也，公過家上冢，即抵官下，居三歲，職事修舉，省臺交譽之。以秩滿去官，僚屬皆泣拜而別。公性溫厚，家食之日，待鄉鄰有恩意。以疾來告者，赴其急無難色。方將於一邱一壑，以怡神引年，而江浙之命下矣。到官數月，俄拂衣而歸，遂以天曆元年三月二十有四日卒於家，享年八十有三。重紀至元之某年十二月某日，葬荆浦之北原。元配何氏，繼室馬氏，皆前卒。至是合祔焉。子男二人，長安道，何氏出，終於杭州路醫學教授；次至道，馬氏出，前昌國州醫學教授，俱能襲父業以醫名。女一人，適厲。孫男六人，女二人。曾孫男五人，女二人。公之葬已久，而墓上之石未刻，於是至道以狀來取文爲銘。且曰：先人在京師時，至道與先兄留治家事，凡先人所遊從，與治療之曲折，言人禍福之徵應，皆莫能知其詳。所可知者，僅如是而止。先兄因赴銓，謁參知政事張公某。公言吾年尚少，求而父切脈，即知吾後當居政路。不自意忝竊至此。而父可謂精於其術者也，今豈可復得哉！由公之言，而推其所不及知，闕軼固多矣。獨先人自序《太素脈訣》，出於蜀之青城山王樸仙翁。而歙人張子元、子發，嘗校其書，傳至楊上善而予得之，始奏請以行於世。其端緒之相承，可概見也。昔劉歆序《七略》，醫經之言人血脈、經絡、陰陽、表裏者，黄帝、扁鵲、白氏內外經及旁篇七家而已。蓋《太素》之書，尤秘而未出，故無得而述焉。庸備著公所序於銘文之首，庶史官傳方伎者有考云爾。銘曰：

《太素》之學，古有別傳。卓哉張公，窮幽極元。爰取諸身，以知來物。活人之功，抑其仁術。帝謂斯人，醫師之良。畀以制書，歸榮故鄉。幡然勇退，遂考終命。前知孔灼，順受其正。公則遠矣，公書具存。發潛明微，在爾子孫。謁文訂實，推述源委。薦諸石章，用裨信史。

辭章雜記總部

醫門趣事部

雜録

《晏子春秋・景公病久不愈欲誅祝史㠯謝晏子諫》景公疥且瘧，朞年不已。召會譴、梁丘據、晏子而問焉。曰：寡人之病病矣，使史固與祝佗巡山川宗廟，犧牲珪璧，莫不備具，數其常多先君桓公，桓公一，則寡人再。病不已，滋甚。予欲殺二子者，以說於上帝，其可乎？會譴、梁丘據曰：可。晏子不對。公曰：晏子何如？晏子曰：君㠯祝爲有益乎？公曰：然。若㠯爲有益則詛亦有損也。君疏輔而遠拂，忠臣擁塞，諫言不出。臣聞之，近臣嘿，遠臣瘖，衆口鑠金。今自聊攝以東，姑、尤㠯西者，此其人民衆矣。百姓之咎怨誹謗詛君於上帝者多矣。一國詛，兩人祝，雖善祝者不能勝也。且夫祝直言情，則謗吾君也；隱匿過，則欺上帝也。上帝神，則不可欺；上帝不神，祝亦無益。願君察之也。不然，刑無罪，夏商所以滅也。公曰：善解予惑，加冠。命會譴毋治齊國之政，梁丘據毋治賓客之事，兼屬之乎晏子。晏子辭，不得命，受相退把政，改月而君病悛。公曰：昔吾先君桓公，㠯管子爲有力邑狐與穀，以共宗廟之鮮，賜其忠臣，則是多忠臣者。子今忠臣也，寡人請賜子州欵。辭曰：管子有一美，嬰不如也；有一惡，嬰不忍爲也。其宗廟之養鮮也。終辭而不受。

《晏子春秋・景公病水夢與日鬭晏子教占夢者以對》景公病水，卧十數日，夜夢與二日鬭不勝。晏子朝，公曰：夕者夢與二日鬭而寡人不勝，我其死乎？晏子對曰：請召占夢者。出於閨，使人以車迎占夢者。至，曰：曷爲見召？晏子曰：夜者公夢二日與公鬭不勝，公曰：寡人死乎？故請君占夢，是所爲也。占夢者曰：請反其書。晏子曰：毋反書。公所病者，陰也，日者，陽也。一陰不勝二陽，故病將已，㠯是對。占夢者入，公曰：寡人夢與二日鬭而不勝，寡人死乎？占夢者對曰：公之所病陰也。日者陽也，一陰不勝二陽，公病將已。居三日，公病大愈。公且賜占夢者。占夢者曰：此非臣之力，晏子教臣也。公召晏子，且賜之。晏子曰：占夢以臣之言對，故有益也，使臣言之，則不信矣。此占夢之力也，臣無功焉。公兩賜之，曰：㠯晏子不奪人之功，以占夢者不蔽人之能。

《晏子春秋・景公有疾梁丘據裔欵請誅祝史晏子諫》景公疥遂痁，期而不瘳。諸侯之賓問疾者多在。梁丘據、裔欵言於公曰：吾事鬼神，豐於先君有加矣。今君疾病，爲諸侯憂，是祝史之罪也。諸侯不知，其謂我不敬，君盍誅於祝固使嚚以辭賓。公説，告晏子。晏子對曰：日宋之盟，屈建問范會之德於趙武，趙武曰：夫子家事治，言於晉國，竭情無私。其祝史祭祀，陳言不愧；其家事無猜，其祝史不祈。建以語康王，康王曰：神人無怨，宜夫子之光輔五君，以爲諸侯主也。公曰：據與欵謂寡人能事鬼神，故欲誅祝史，子稱是語何故？對曰：若有德之君，外内不廢，上下無怨，動無違事，其祝史薦信，無愧心矣。是以鬼神用饗，國受其福，祝史與焉。其所以蕃祉老壽者，爲信君使也，其言忠信于鬼神。其適遇淫君，外内頗邪，上下怨疾，動作辟違，從欲饜私，高臺深池，撞鐘舞女，斬刈民力，輸掠其聚，以成其違，不恤後人，暴虐淫縱，肆行非度，無所還忌，不思謗讟，不憚鬼神，鬼神怒，民痛，無悛於心。其祝史薦信，是言罪也；其蓋失數美，是矯誣也；進退無辭，則虚以求媚，是以鬼神不饗，其國以禍之，祝史與焉。所以夭昏孤疾者，其暴君使也，其言僭嫚於鬼神。公曰：然則若之何？對曰：不可爲也。山林之木，衡鹿守之；澤之萑蒲，舟鮫守之；藪之薪〔蒸〕，虞候守之；海之鹽蜃，祈望守之。縣鄙之人，入從其政，偪介之關，暴征其私；承嗣大夫，彊易其賄；布常無藝，徵斂無度，宫室日更，淫樂不違；内寵之妾，肆奪於市，外寵之臣，僭令於鄙；私欲養求，不給則應。民人苦病，夫婦皆詛。祝有益也，詛(不)〔亦〕有損，聊攝以東，姑尤以西，其爲人也多矣。雖其善祝，豈能勝億兆人之詛！君若欲誅於祝史，修德而後可。公説。使有司寬政，毁關去禁，薄斂已責，公疾愈。

《晏子春秋・景公病瘍晏子撫而對之乃知群臣之野》景公病疽在背，高子、國子請公曰：職當撫瘍。高子進而撫瘍。公曰：熱乎？曰：熱。熱何如？曰：如火。其色何如？曰：如未熟李。大小何如？曰：如豆。墮者何如？曰：如屨辦。二子者出，晏子請見。公曰：寡人有病，不能勝衣冠以出見夫子，夫子其辱視寡人乎？晏子入，呼宰人具盥，御者具巾，刷手溫之，發席傳薦，跪請撫瘍。公曰：其熱何如？曰：如日。其色何如？曰：如蒼玉。大小何如？曰：如璧。其墮者何如？曰：如珪。晏子出。公曰：吾不見君子，不知野人之掘也。

《列子·宋陽里華子》 宋陽里華子，中年病忘，朝取而夕忘，夕與而朝忘，在塗則忘行，在室則忘坐，今不識先，後不識今。闔室毒之。謁史而卜之，弗占。謁巫而禱之，弗禁。謁醫而攻之，弗已。魯有儒生，自媒能治之。華子之妻子，以居產之半請其方。儒生曰：此固非（封）〔卦〕兆之所占，非祈請之所禱，非藥石之所攻。吾試化其心，變其慮，庶幾其瘳乎。於是試露之而求衣，饑之而求食，幽之而求明。儒生欣然告其子曰：疾可已也，然吾之方密傳世，不以告人。試屏左右，獨與居室七日。從之，莫知其所施爲也。而積年之疾，一朝都除。華子既悟，乃大怒，黜妻罰子，操戈逐儒生。宋人執而問其所以，華子曰：曩吾忘也，蕩蕩然不覺天地之有無。今頓識，既往數十年來，存亡得失，哀樂好惡，擾擾萬緒起矣。吾恐將來之存亡得失、哀樂好惡之亂吾心如此也。須臾之忘，可復得乎？

《列子·湯問》 魯公扈、趙齊嬰二人有疾，同請扁鵲求治。扁鵲治之，既同愈。謂公扈、齊嬰曰：汝曩之所疾，自外而干府藏者，固藥石之所已。今有偕生之疾，與體偕長，今爲汝攻之，何如？二人曰：願先聞其驗。扁鵲謂公扈曰：汝志彊而氣弱，故足於謀而寡於斷。齊嬰志弱而氣彊，故少於慮而傷於專。若換汝之心，則均於善矣。扁鵲遂飲二人毒酒，迷死三日。剖胸探心，易而置之。投以神藥，既悟，如初。二人辭歸。於是公扈反齊嬰之室，而有其妻子，妻子弗識。齊嬰亦反公扈之室，有其妻子，妻子亦弗識。二室因相與訟，求辨於扁鵲。扁鵲辨其所由，訟乃已。

《列子·力命》 楊朱之友曰季梁。季梁得疾，七日大漸，其子環而泣之，請醫。季梁謂楊朱曰：吾子不肖如此之甚，汝奚不爲我歌以曉之。楊朱歌曰：天其弗識，人胡能覺。匪祐自天，弗孽由人。我乎汝乎，其弗知乎。醫乎巫乎，其知之乎。其子弗曉，終謁三醫。一曰矯氏，二曰俞氏，三曰盧氏，診其所疾。矯氏謂季梁曰：汝寒溫不節，虛實失度，病由饑飽色欲，精慮煩散，非天非鬼，雖漸可攻也。季梁曰：衆醫也，亟屏之。俞氏曰：女始則胎氣不足，乳湩有餘，病非一朝一夕之故，其所由來漸矣，弗可已也。季梁曰：良醫也，且食之。盧氏曰：汝疾不由天，亦不由人，亦不由鬼，稟生受形，既有制之者矣，亦有知之者矣，藥石其如汝何。季梁曰：神醫也，重貺遣之。俄而季梁之疾自瘳。

《呂氏春秋·至忠》 齊王疾痏，使人之宋迎文摯。文摯至，視王之疾，謂太子曰：王之疾必可已也。雖然，王之疾已，則必殺摯也。太子曰：何故？文摯對曰：非怒王則疾不可治，怒王則摯必死。太子頓首（疆）〔彊〕請曰：苟已王之疾，臣與臣之母以死爭之於王，王必幸臣與臣之母，願先生之勿患也。文摯曰：諾，請以死爲王。與太子期，而將往不當者三。齊王固已怒矣。文摯至，不解屨登牀，履王衣，問王之疾。王怒而不與言。文摯因出辭以重怒王。王叱而起，疾乃遂已。王大怒不說，將生烹文摯。太子與王后急爭之，而不能得，果以鼎生烹文摯。爨之三日三夜，顏色不變。文摯曰：誠欲殺我，則胡不覆之以絶陰陽之氣？王使覆之，文摯乃死。夫忠於治世易，忠於濁世難。文摯非不知活王之疾而身獲死也，爲太子行難，以成其義也。

《孔叢子·宰我使於齊》 宰我使於齊而反，見夫子，曰：梁丘據遇虺毒，三旬而後瘳。朝齊君會大夫衆賓而慶焉，弟子與在賓列，大夫衆賓並復獻攻療之方，弟子謂之曰：夫所以獻方，將爲病也。今梁丘子已瘳矣，而諸夫子乃復獻方，方將安施？意欲梁丘大夫復有虺害當用之乎？衆坐默然無辭。弟子此言何如。夫子曰：汝說非也。夫三折肱爲良醫。梁丘子遇虺毒而獲瘳，諸有與之同疾者，必問所以已之之方焉。衆人爲此故各言其方，欲售之以已人之疾也。凡言其方者，稱其良也，且以參據所以已之之方優劣耳。

《新語》 昔扁鵲居宋，得罪於宋君，出亡之衛。衛人有病將死者，扁鵲至其家，欲爲治之。病者之父謂扁鵲曰：吾子病甚篤，將爲迎良醫治，非子所能治也。退而不用，乃使靈巫求福請命。對扁鵲而呪，病者卒死。靈巫不能治也。夫扁鵲，天下之良醫，而不能與靈巫爭用者，知與不知也。故事求遠而失近，廣藏而狹棄，斯之謂也。

《西京雜記·司馬相如患消渴》 司馬相如初與卓文君還成都，文君姣好，眉色如望遠山，臉際常若芙蓉，肌膚柔滑如脂。十七而寡，爲人放誕風流，故悅長卿之才，而越禮焉。長卿素有消渴疾，及還成都，悅文君色，遂以發痼疾。乃作美人賦，欲以自刺，而終不能改，卒以此疾致死。文君爲誄傳於世。

《韓詩外傳》卷三　楚莊王寢疾。卜之，曰：河爲祟。大夫曰：請用牲。莊王曰：止。古者聖王之祭不過望。濉、漳、江、漢，楚之望也。寡人雖不得河，非所獲罪也。遂不祭。三日而疾有瘳。孔子聞之曰：楚莊王之霸，其有方矣。制節守職，反身不貳，其霸不亦宜乎。詩曰嗟嗟保介，莊王之謂也。

人主之疾，十有二發，非有賢醫，莫能治也。何謂十二發？痿、蹶、逆、脹、滿、支、膈、盲、煩、喘、痹、風，此之曰十二發。賢醫治之何？曰：省事輕刑，則痿不作。無使小民饑寒，則蹶不作。無令財貨上流，則逆不作。無令倉廩積腐，則脹不作。無使府庫充實，則滿不作。無使羣臣縱恣，則支不作。無使下情不上通，則膈不作。上材恤下，則盲不作。法令奉行，則煩不作。無使下怨，則喘不作。無使賢伏匿，則痹不作。無使百姓歌吟誹謗，則風不作。夫重臣羣下者，人主之心腸支體也。心腹支體無疾，則人主無疾矣。故非有賢醫，莫能治也。人皆有此十二疾而不用賢醫，則國非其國也。詩曰：多將熇熇，不可救藥。終亦必亡而已矣。故賢醫用則衆庶無疾，况人主乎。

傳曰：太平之時，無瘖瘧跛眇尪蹇侏儒折短。父不哭子，兄不哭弟。道無襁負之遺育。然各以其序終者，賢醫之用也。故安止平正。除疾之道無他焉，用賢而已矣。詩曰：有瞽有瞽，在周之庭。紂之餘民也。

《史記·高祖本紀》　高祖擊布時，爲流矢所中，行道病。病甚，呂后迎良醫。醫入見，高祖問醫。醫曰：病可治。於是高祖嫚罵之曰：吾以布衣提三尺劍取天下，此非天命乎？命乃在天，雖扁鵲何益！遂不使治病，賜金五十斤罷之。

《漢書·孝宣許皇后傳》　霍光夫人顯欲貴其小女，道無從。明年，許皇后當娠，病。女醫淳于衍者，霍氏所愛，嘗入宮侍皇后疾。衍夫賞爲掖庭戶衛，謂衍可過辭霍夫人行，爲我求安池監。衍如言報顯。顯因生心，辟左右，字謂衍：少夫幸報我以事，我亦欲報少夫，可乎？衍曰：夫人所言，何等不可者！顯曰：將軍素愛小女成君，欲奇貴之，願以累少夫。衍曰：何謂邪？顯曰：婦人免乳大故，十死一生。今皇后當免身，可因投毒藥去也，成君即得爲皇后矣。如蒙力事成，富貴與少夫共之。衍曰：藥雜治，當先嘗，安可？顯曰：在少夫爲之耳。將軍領天下，誰敢言者？緩急相護，但恐少夫無意耳！衍良久曰：願盡力。即擣附子，齎入長定宮。皇后免身後，衍取附子並合大醫大丸以飲皇后。有頃曰：我頭岑岑也，藥中得無有毒？對曰：無有。遂加煩懣，崩。衍出，過見顯，相勞問，亦未敢重謝衍。後人有上書告諸醫侍疾無狀者，皆收繫詔獄，劾不道。顯恐急，即以狀具語光，因曰：既失計爲之，無令吏急衍！光驚鄂，默然不應。其後奏上，署衍勿論。

《風俗通義·窮通》　太尉沛國劉矩叔方爲尚書令，失將軍梁冀意，遷常山相，去官。冀妻兄孫禮爲沛相。矩不敢還鄉里，訪友人彭城環玉都。玉都素敬重矩，欲得其意，喜於見歸，爲除處所，意氣周密。人有請玉都者：禍至無日，何宜爲其主乎？玉都因事遠出，家人不復占問。暑則鬱蒸，寒則凜凍，且饑且渴，如此一年。矩素直亮，衆談同愁。冀亦舉宿，轉薄爲厚，上補從事中郎，復爲尚書令。五卿三公爲國光鎮，玉都慚悔自絕。司徒中山祝恬，字伯休，公車徵，道得溫病，過友人鄴令謝著，著距不通，因載病去。至汲，積六七日，止客舍中。諸生曰：今君所苦沈結，困無醫師，聞汲令好事，欲往語之。恬曰：謝著，我舊友也，尚不相見視。汲令初不相知，語之何益？死生，命也。醫藥曷爲？諸生事急，坐相守，吉凶莫見，收舉便至寺門口白。時令汝南應融義高，聞之驚愕，即嚴便出，徑詣床蓐，手自收摸，對之乘涕曰：伯休，不世英才，當爲國家幹輔，人何有生相知者？默止客舍，不爲人所知，邂逅不自貞哉？家上有尊老，下有弱小，願相隨，俱入解傳。伯休辭讓。融遂不聽，歸取衣車，厚其薦蓐，躬自御之，手爲丸藥，口嘗饘粥，身自分熱，三四日間，加甚劣極，便制衣棺器送終之具，後稍加損。又謂伯休吉凶不諱，憂怖交心，間粗作備具，相對悲喜。宿止傳中數十餘日。伯休強健，入舍後室家，酣宴乃別。伯休到，拜侍中、尚書僕射令、豫章太守、大將軍從事中郎。義高爲廬江太守，八年遭母喪，停柩官舍。章百餘上，得聽，行服未闋，而恬拜司隸，薦融自代，歷典五郡，名冠遠近，著去鄴，淺薄流聞，不爲公府所取。

《風俗通義·怪神》　謹按《晏子春秋》，齊景公病水十日，夜夢與二日鬭而不勝。晏子朝，公曰：吾夢與二日鬭，寡人不勝，我其死也？晏子對曰：請召占夢者。立於閨，使以車迎召占夢者，至曰：曷爲見召？晏子曰：公夢與二日鬭不勝，恐必死也。占夢者曰：請反具書。晏子曰：無反書。公無所病，病者陰也，日者陽也，一陰不勝二陽，公病將已。居三日，公病大愈，且賜。占夢者曰：此非臣之功也，晏子教臣對也。公召晏子將賜之。晏子曰：占夢者以臣之言對，故有益也；使臣身言之，則不信矣，此占夢者之力也，臣無功焉。公召吏而使兩賜之，晏子不爲奪人之功，占夢者不蔽人之能。

又 《禮》：天子祭天地、五嶽、四瀆，諸侯不過其望也。大夫五祀，士門戶，庶人祖，蓋非其鬼而祭之，謟也。又曰：淫祀無福。是以隱公將祭鍾巫，遇賊蔿氏；二世欲解淫神，閻樂刼弑；仲尼不許子路之禱，而消息之節平；荀罃不從桑林之祟，而晉侯之疾間。由是觀之，則淫躁而畏者，災自取之，厥咎響應。反誠據義內省不疚者，物莫能動，禍轉爲福矣。《傳》曰：神者，申也。怪者，疑也。孔子稱土之怪爲墳羊。《論語》，子不語怪力亂神。故采其晃著者曰：怪神也。

又 謹按管子書：齊公出於澤，見衣紫衣，大如轂，長如轅，拱手而立，還歸寢疾，數月不出。有皇士者見，公語，驚曰：物惡能傷公，公自傷也，此所謂澤神委蛇者也，唯霸主乃得見之。於是桓公欣然笑，不終日而病愈。予之祖父郴爲汲令，以夏至日，詣見主簿杜宣，賜酒。時北壁上有懸赤弩照於杯，形如蛇。宣畏惡之，然不敢不飲。其日便得胸腹痛切，妨損飲食，大用羸露，攻治萬端，不爲愈。後郴因事過至宣家闚視，問其變故，云畏此蛇，蛇入腹中。郴還聽事，思惟良久，顧見懸弩，必是也。則使門下史將鈴下侍徐扶輦載宣，於故處設酒，盃中故復有蛇，因謂宣：此壁上弩影耳，非有他怪。宣遂解，甚夷懌，由是瘳平，官至尙書，歷四郡，有威名焉。

《神仙傳·董奉》 董奉者，字君異，侯官縣人也。昔吳先主時，有年少作本縣長，見君異年三十餘，不知有道也。罷去五十餘年，復爲他職。行經侯官，諸故吏人皆往見故長。君異亦往，顏色如昔，了不異故。長宿識之，問曰：君無有道也，昔在縣時，年紀如君輩。今吾已皓白，而君猶少也。君異曰：偶爾耳。杜燮爲交州刺史，得毒病死，已三日。君異時在南方，乃往以三丸藥內死人口中，令人舉死人頭搖而消之。食頃，燮開目動手足，顏色漸還，半日中能起坐，遂活。後四日，乃能語，云：死時奄然如夢，見有數十烏衣人來收之，將載露車上去，入大赤門，徑以寸獄。獄各一戶，戶纔容一人。以燮內一戶中，乃以土從外封之，不復見外。恍惚間，聞有一人言：太乙遣使者來召杜燮，急開出之。聞人以鍤掘其所居戶。良久，引出之。見外有車馬，赤蓋，三人共坐車上，一人持節呼燮上車，將還至門而覺。燮既活，乃爲君異起高樓於中庭。君異不飲食，唯啖脯棗，多少飲酒，一日三爲君異設之，君異輒來就燮處飲食。下樓時忽如飛鳥，便來到座，不覺其下，上樓亦爾。如此一年，從燮求去。燮涕泣留之，不許。燮問曰：君欲何所之，當具大船也。君異曰：不用船。宜得一棺器耳。燮即爲具之。至明日日中時，君異死。燮使人殯埋之。七日，人有從容昌來，見君異，因謝杜侯，好自愛重。燮乃開視君異棺中，但見一帛，一面畫作人形，一面丹書符。君異後還廬山下居。有一人少便病癩，垂死。自載諸君異，叩頭乞哀。君異使此人坐一戶中，以五重布巾韜病者目，使勿動搖，乃勑家人莫近。病人云：聞有一物來舐之，痛不可堪，無處不匝，度此物舌當一尺許，其氣息大小如牛，竟不知是何物，良久乃去。君異乃往解病人之巾，以水與飲，遣去。不久當愈，且勿當風。十數日間，病者身體通赤，無皮甚痛，得水浴，即不復痛。二十餘日，即皮生瘡愈，身如凝脂。後常大旱，百穀燋枯。縣令丁士彥謂綱紀曰：董君有道，必能致雨。乃自賫酒脯見君異，說大旱之意。君異曰：雨易得耳。因仰視其屋曰：貧家屋皆見天，不可以得雨，如何？縣令解其意，因曰：先生但爲祈雨，當爲架好屋。於是，明日，士彥自將吏人，乃運竹爲起屋，屋成當泥塗，作人掘土取壤，欲取水作泥，君異曰：不煩運水，日暮自當雨也。其夜，大雨高下皆足。又君異居山間，爲人治病，不取錢物，使人重病愈者，使栽杏五株，輕者一株，如此數年，計得十萬餘株，鬱然成林。而山中百蟲羣獸遊戲杏下，竟不生草，有如耘治也。於是杏子大熟，君異於杏林下作簞倉。語時人曰：欲買杏者，不須來報，徑自取之，得將穀一器置倉中，即自往取一器杏。云每有一穀少而取杏多者，即有三四頭虎噬逐之，此人怖懼而走，杏即傾覆，虎乃還去。到家量杏一如穀少。又有人空往偷杏，虎逐之到其家，乃嚙之至死。家人知是偷杏，遂送杏還，叩頭謝過，死者即活。自是已後，買杏者皆於林中自平量之，不敢有欺者。君異以其所得糧穀賑救貧窮，供給行旅，歲消三千斛，尙餘甚多。縣令親故家有女爲精邪所魅，百不能治，以語君異，若能得女愈，當以侍巾櫛。君異即爲君勑諸魅，有大白鼉，長丈六尺，陸行諸病者問，君異使人斬之，女病即愈。遂以女妻之，久無兒息。君異每出行，妻不能獨住，乃乞一女養之。女年十歲，君異一旦竦身入雲中去，婦及養女猶守其宅，賣杏取給。有欺之者，虎逐之如故。養女長大，納婿同居。其婿凶徒也，常取諸祠廟之神衣物。廟下神下巫語云：某甲恃是仙人女婿，奪吾衣物，吾不在此，但羞人耳。當爲仙人故無用爲問。君異在民間，僅百年乃升天，其顔色常如年三十時人也。

《神仙傳·壺公》 壺公者，不知其姓名。今世所有召軍符、召鬼神治病王府符，凡二十餘卷，皆出於壺公，故總名爲壺公符。汝南費長房爲市掾時，忽見公從遠方來，入市賣藥，人莫識之。其賣藥口不二價，治百病皆愈。語買藥者曰：服此藥必吐出某物，某日當愈。皆如其言。得錢日收數萬而隨施與市道貧乏飢凍者，所留者甚少。常懸一空壺於坐上，日入之後，公輒轉足跳入壺中。人莫知所在，唯長房於樓上見之，知其非常人也。長房乃日日自掃除公座前地及供饌物，公受而不謝。如此積久，長房不懈，亦不敢有所求。公知長房篤信，語長房曰：至暮無人時更來。長房如其言而往。公語長房曰：卿見我跳入壺中時，卿便隨我跳，自當得入。長房承公言爲試，展足不覺已入。既入之後，不復見壺，但見樓觀五色重門閣道，見公左右侍者數十人。公語長房曰：我仙人也，忝天曹職，所統供事不勤，以此見謫，暫還人間耳。卿可教，故得見我。長房不坐，頓首自陳：肉人無知，積劫厚。幸謬見哀愍，猶如剖棺布氣，生枯起朽，但見臭穢頑弊，不任驅使，若見憐念，百生之厚幸也。公曰：審爾大佳，勿語人也。公後詣長房於樓上曰：我有少酒，汝相共飲之。酒在樓下，長房遣人取之，不能舉，益至數十人，莫能得上。長房白公，公乃自下，以一指提上，與長房共飲之。酒器不過如蚌大，飲之至旦不盡。公告長房曰：我某日當去，卿能去否？長房曰：思去之心，不可復言，惟欲令親屬不覺不知，當作何計？公曰：易耳。乃取一青竹杖與長房，戒之曰：卿以竹歸家，使稱病。後日即以此竹杖置卧處，嘿然便來。長房如公所言，而家人見此竹是長房死了，哭泣殯之。長房隨公去，恍惚不知何所之。公獨留之於羣虎中，虎磨牙張口，欲噬長房，長房不懼。明日，又内長房石室中。頭上有大石，方數丈，茅繩懸之，諸蛇並往嚙繩欲斷，而長房自若。公往撫之曰：子可教矣。乃命噉溷。溷臭惡非常，中有蟲長寸許，長房色難之。公乃嘆謝遣之曰：子不得仙也，今以子爲地上主者，可壽數百餘歲。爲傳封符一卷付之，曰：帶此可舉諸鬼神，嘗稱使者，可以治病消災。長房憂不能到家，公以竹杖與之曰：但騎此到家耳。長房辭去，騎杖忽然如睡，已到家。家人謂之鬼，具述前事，乃發視棺中惟一竹杖，乃信之。長房以所騎竹杖投葛陂中視之，乃青龍耳。長房自謂去家一日，推之已一年矣。長房乃行符收鬼治病，無不愈者。每與人同坐共語，而目瞋訶遣。人問其故，曰：怒鬼魅之犯法耳。汝南郡中常有鬼怪，歲輒數來，來時導從威儀，如太守入府，打鼓周行内外匝，乃還去，甚以爲患。後長房詣府君，而正值此鬼來到府門前，府君馳入，獨留長房。鬼知之不敢前，欲去。長房厲聲呼使捉前來，鬼乃下車，把版伏庭中，叩頭乞得自改。長房呵曰：汝死老鬼，不念温涼，無故導從唐突官府，君知當死否？急復令還就人形，以一札符付之，令送與葛陂君。鬼叩頭流涕，持札去。使以追視之，以札立陂邊，以頸繞札而死。東海君來，早，長房後到東海，見其民請雨，謂之曰：東海君有罪，吾前繫於葛陂，今當赦之，令其作雨。於是即有大雨。長房曾與人共行，見一書生，黄巾被裘，無鞍騎馬，下而叩頭。長房曰：促還他馬，赦汝罪。人問之，長房曰：此狸耳，盗社公馬也。又嘗與客坐，使至市市鮓，頃刻而還。或一日之間，人見在千里之外者數處。

《後漢書·費長房傳》 費長房者，汝南人也。曾爲市掾。市中有老翁賣藥，懸一壺於肆頭，及市罷，輒跳入壺中。市人莫之見，唯長房於樓上覩之，異焉，因往再拜奉酒脯。翁知長房之意其神也，謂之曰：子明日可更來。長房旦日復詣翁，翁乃與俱入壺中。唯見玉堂嚴麗，旨酒甘肴盈衍其中，共飲畢而出。翁約不聽與人言之。後乃就樓上候長房曰：我神仙之人，以過見責，今事畢當去，子寧能相隨乎？樓下有少酒，與卿爲别。長房使人取之，不能勝，又令十人扛之，猶不舉。翁聞，笑而下樓，以一指提之而上。視器如一升許，而二人飲之終日不盡。

長房遂欲求道，而顧家人爲憂。翁乃斷一青竹，度與長房身齊，使懸之舍後。家人見之，即長房形也，以爲縊死，大小驚號，遂殯葬之。長房立其傍，而莫之見也。於是遂隨從入深山，踐荆棘於羣虎之中。留使獨處，長房不恐。又卧於空室，以朽索懸萬斤石於心上，衆蛇競來齧索且斷，長房亦不移。翁還，撫之曰：子可教也。復使食糞，糞中有三蟲，臭穢特甚，長房意惡之。翁曰：子幾得道，恨於此不成，如何！

長房辭歸，翁與一竹杖，曰：騎此任所之，則自至矣。既至，可以杖投葛陂中也。又爲作一符，曰：以此主地上鬼神。長房乘杖，須臾來歸，自謂去家適經旬日，而已十餘年矣。即以杖投陂，顧視則龍也。家人謂其久死，不信之。長房曰：往日所葬，但竹杖耳。乃發冢剖棺，杖猶存焉。遂能醫療衆病，鞭笞百鬼，及驅使社公。或在它坐，獨自恚怒，人問其故，曰：吾責鬼魅之犯法者耳。

《後漢書·韓康傳》 韓康字伯休，一名恬休，京兆霸陵人。家世著姓。常采藥名山，賣於長安市，口不二價，三十餘年。時有女子從康買藥，康守價不移。女子怒曰：公是韓伯休那？乃不二價乎？康歎曰：我本欲避名，今小女子皆知有我，何用藥爲？乃遯入霸陵山中。博士公車連徵不至。桓帝乃備玄纁之禮，以安車聘之。使者奉詔造康，康不得已，乃許諾。辭安車，自乘柴車，冒晨先使者發。至亭，亭長以韓徵君當過，方發人牛修道橋。及見康柴車幅巾，以爲田叟也，使奪其牛。康即釋駕與之。有頃，使者至，奪牛翁乃徵君也。使者欲奏殺亭長。康曰：此自老子與之，亭長何罪！乃止。康因中道逃遯，以壽終。

《拾遺記·白獺髓》 孫和悅鄧夫人，常置膝上。和於月下舞水精如意，誤傷夫人頰。血流污褲，嬌姹彌苦。自舐其瘡，命太醫合藥。醫曰：得白獺髓，雜玉與琥珀屑，當滅此痕。即購致百金能得白獺髓者，厚賞之。有富春漁人云：此物知人欲取，則逃入石穴。伺其祭魚之時，獺有鬬死者，穴中應有枯骨。雖無髓，其骨可合玉春爲粉。歕於瘡上，其痕則滅。和乃命合此膏，琥珀太多。及差而有赤點如朱。逼而視之，更益其妍。諸嬖人欲要寵，皆以丹脂點頰而後進幸。妖惑相動，遂成淫俗。

《齊諧記》 錢塘徐秋夫善治病，宅在湖溝橋東，夜聞空中呻吟聲甚苦。秋夫起，至呻吟處問曰：汝是鬼耶？何爲如此？饑寒須衣食耶？抱病須治療耶？鬼曰：我是東陽人，姓斯名僧平，昔爲樂遊吏，患腰痛死，今在湖北雖爲鬼，苦亦如生，爲君善醫，故來相告。秋夫曰：但汝無形，何由治？鬼曰：但縛茅作人，按穴針之訖，棄流水中可也。秋夫作茅人，爲針腰目二處，並復薄祭，遣人送後河中。及暝，夢鬼曰：已差。並承惠食，感君厚意。秋夫宋元嘉爲奉朝請。

《南齊書·褚澄傳》 時東陽徐嗣，醫術妙。有一傖父冷病積年，重茵累褥，牀下設鑪火，猶不差。嗣爲作治，盛冬月，令傖父髁身坐石，啓以百瓶水，從頭自灌。初與數十瓶，寒戰垂死，其子弟相守垂泣，嗣令滿數。得七八十瓶後，舉體出氣如雲蒸，嗣令徹牀去被，明日立能起行，云此大熱病也。又春月出南籬門戲，聞笪屋中有呻吟聲，嗣曰：此病甚重，更二日不治，必死。乃往視。一姥稱舉體痛，而處處有黝黑無數，嗣還煑升餘湯送令服之，姥服竟，痛愈甚，跳投牀者無數，須臾，所黝處皆拔出長寸許，乃以膏塗諸瘡口，三日而復，云此名釘疽也。事驗甚多，過於澄矣。

《晉書·樂廣傳》 嘗有親客，久闊不復來，廣問其故，答曰：前在坐，蒙賜酒，方欲飲，見杯中有蛇，意甚惡之，既飲而疾。於時河南聽事壁上有角，漆畫作蛇，廣意杯中蛇即角影也。復置酒於前處，謂客曰：酒中復有所見不？答曰：所見如初。廣乃告其所以，客豁然意解，沈痾頓愈。

《晉書·衛玠傳》 衛玠總角時，嘗問廣夢，廣云是想。玠曰：神形所不接而夢，豈是想邪！廣曰：因也。玠思之經月不得，遂以成疾。廣聞故，命駕爲剖析之，玠病即愈。廣歎曰：此賢胸中當必無膏肓之疾！

《南史·宋武帝紀》 帝素貧，時人莫能知，唯琅邪王謐獨深敬焉。帝嘗負刁逵社錢三萬，經時無以還，被逵執，謐密以己錢代償，由是得釋。後伐荻新洲，見大蛇長數丈，射之，傷。明日復至洲，裏聞有杵臼聲，往覘之，見童子數人皆青衣，於榛中擣藥。問其故，答曰：我王爲劉寄奴所射，合散傅之。帝曰：王神何不殺之？答曰：劉寄奴王者不死，不可殺。帝叱之，皆散，仍收藥而反。又經客下邳逆旅，會一沙門謂帝曰：江表當亂，安之者，其在君乎。帝先患手創，積年不愈，沙門有一黃藥，因留與帝，既而忽亡，帝以黃散傅之，其創一傅而愈。寶其餘及所得童子藥，每遇金創，傅之並驗。

《北史·長生子彥傳》 子彥少常墜馬折臂，肘上骨起寸餘。乃命開肉鋸骨，流血數升，言戲自若。時以爲踰於關羽。末年石發，舉體生瘡，雖親戚兄弟以爲惡疾。子彥曰：惡疾如此，難以自明。世無良醫，吾其死矣。嘗聞惡疾蝮蛇螫之不痛，試爲求之，當令兄弟知我。乃於南山得蛇，以股觸之，痛楚號叫，俄而腫死。文帝聞之，慟哭曰：失我良將。贈雍州刺史。

《集異記·邢曹進》 贈工部尚書邢曹進，至德以來名爲河朔之健將也。守職魏郡，爲田承嗣所縻。曾因討叛，飛矢中目，左右與之拔箭，而鏃留於骨，微露其末焉。即以鐵鉗，遣有力者，挾而出之。痛毒則極，其鏃堅然不可搖動。曹進痛楚，計無所施。妻孥輩但爲廣修佛事，用希慈蔭。異日，則又以索縛身於床，復命出之，而特牢如故。曹進呻吟，忍耐俟死而已。忽因晝寢，夢見一僧入於庭中，曹進則以所苦訴之。僧久而謂曰：能以米汁注於其中，當自愈矣。及寤，登言於醫工。醫工曰：米汁即泔也，豈宜漬瘡哉？遂令廣詢於人，人莫諭者。明日，忽有一僧詣門丐食，因遽召入，而曹進中堂遙見，乃昨之所夢者矣。即延之，俯近，告以危苦。僧曰：何不灌以寒食餳，當知其神驗也。曹進遂悟，餳爲米汁，况所見復肖夢中。則取之，如法以點，應手清涼，頓減酸楚然。既夜，其瘡稍癢，即令如前綳縛，用力以拔，鉗纔及瞼，鏃已突然而出。後傳藥，不旬月而差矣。吁！西方聖人，恩祐顯灼，乃若此之明徵邪。

劉禹錫《述病》 劉子嘗涉暑而征，熱攻於腠以致病。其僕也告痡，亦莫能興。逮浹日予有瘳，醫診之曰：疾幸閑矣，顧熱沴而未平，有遺類焉。宜謹於攝衛，攝衛之乖方則病復矣。所苦既微而怠其說，倦眠於衾而興焉，倦隱几而步焉，面不能罷頮，髮不能捐櫛，口不能忘味，心不能無思，如是未移日而疾也瘳。如覆甗於躬，進藥求汗，凡三渙然後目能視。既分則嚮時之僕已睆然執杯圈侍予於前矣。予訝而曰：曩吾與若也，病偕呻也，諄也，若酷之被病也，兀然而無知有間也，亦兀然而無知髮蓬如而忘乎亂，面黔如而忘乎垢。洎疾之殺也，雖飲食是念，無滑甘之思，日致復初，亦不自知也。予喟然嘆曰：始予有斯僕也，命之理畦則蔬荒，主庖則味乖，顓廄則馬瘠，常謂其無適能適，乃今以兀然而賢我遠甚，利與鈍果相長哉，僕更矣。劉子遂言曰：樂於用則豫章貴厚，其生則社櫟賢，唯理所之，曾何膠於域也。

《酉陽雜俎・醫》 盧城之東，有扁鵲冢云。魏時鍼藥之士，以巵臘禱之，所謂盧醫也。魏時有句驪客，善用鍼，取寸髮，斬爲十餘段，以針貫取之，言髮中虛也，其妙如此。荆人道士王彦伯，天性善醫，尤別脈，斷人生死壽妖，百不差一。裴胄尚書子，忽暴中病，衆醫拱手，或說彦伯，遽迎使視脈之，良久曰：都無疾。乃煮散數味，入口而愈。裴問其狀，彦伯曰：中無腮鯉魚毒也。其子因鱠得病，裴初不信，乃鱠鯉魚無腮者，令左右食之，其候悉同，始大驚異焉。柳芳爲郎中，子登疾重，時名醫張方福，初除泗州，與方故舊，芳賀之，且言子病，惟恃故人一顧也，張詰旦候芳，芳引視登，遙見登頂曰：有此頂骨，何憂也。因按脈五息，復曰：不錯，壽且逾八十。乃留方數千字，謂登曰：不服此，亦得。登後爲庶子，年至九十而卒。

《乾𦠆子・蕭俛》 貞元中，蕭俛新及第。時國醫王彦伯住太平里，與給事鄭雲逵比舍。忽患寒熱，詣彦伯求診候，誤入雲逵第。會候門人他適，雲逵立於中門，俛首趨曰：某前及第，有期集之役，忽患。具說其狀。逵延坐，爲診其臂曰：據脈候，是心家熱風。雲逵姓鄭，若覓國醫王彦伯，東鄰是也。俛赧然而去。

《開元天寶遺事》卷下 醒酒花

明皇與貴妃幸華清宫，因宿酒初醒，憑妃子肩，同看木芍藥。上親折一枝，與妃子遞嗅其艷。帝曰：不惟萱草忘憂，此花香艷，尤能醒酒。

吸花露

貴妃每宿酒初消，多苦肺熱。嘗凌晨獨遊後苑，傍花樹，以手攀枝，口吸花露，藉其露液，潤於肺也。

含玉嚥津

貴妃素有肉體，至夏苦熱。常有肺渴，每日含一玉魚兒於口中，蓋藉其涼津沃肺也。

紅汗

貴妃每至夏月，常衣輕綃，使侍兒交扇鼓風，猶不解其熱。每有汗出，紅膩而多香，或拭之於巾帕之上，色如桃紅也。

《鑒誡録・蜀上醫》 昔秦醫在晉，知膏肓之病難醫。楚療於申，辨血氣之容是詐。其次劉根召鬼，不爲無神。文摯封人，顯彰有術。虞少卿洮，蜀之上醫也。長興初，佐蜀。董太尉璋，久患渴疾，遣押衙李彦求醫。孟蜀祖遣虞卿而往。虞卿既至，董公曰：璋之所患，經百名醫而無差者，何也？虞卿對曰：君之疾，非唯渴漿，而似渴士，得其多士，不勞藥石而自愈矣。董公大悦。時董公有南面之志，虞卿故以此言譏之。又曰：洮聞天有六氣，降爲六淫，淫生六疾，害於六腑。六氣者，陰陽風雨晦明也，是以六淫隨焉。六疾者，寒熱末腹惑心也，是以六腑隨焉。故心爲離宫，腎爲水臟，晦明勞役，百疾生焉。大凡視聽至煩，皆有所損，心煩則亂，事煩則變，機煩則失，兵煩則反，五音煩而損耳，五色煩而損目，滋味煩而生疾，男女煩而減壽。古者君子莫不誡之。君今日有萬思，時有萬機，樂淫於外，女淫於內，渴之難療，其由此乎？虞卿之在東蜀也，如處賊圍，節食假寐。董公疾既平復，於是厚禮歸之。乃知蜀之上醫，有知稽古者也。

《稽神録》 陳寨泉州晉江巫也。善禁祝之術，爲人治疾多愈者。有漳州逆旅蘇猛，其子病狂，人莫能療，乃往請陳。陳至，蘇氏子見之，戟手大駡。寨曰：此疾入心矣。乃立壇於堂中，戒人無得竊視。至夜，乃取蘇氏子劈爲兩片，懸堂之東壁，其心懸北檐下。寨方在堂中作法，所懸之心，遂爲犬食。寨求之不得，驚懼，乃持刀宛轉於地，出門而去。主人弗知，謂其作法耳。食頃，乃持心而入，内於病者之腹，被髮連叱，其腹遂合。蘇氏子既悟，但連呼遞鋪遞鋪。家人莫之測。乃其日去家數里，有驛吏手持官文書，死於道傍。初南中驛路二十里置一遞鋪，驛吏持符牒以次傳授，欲近前鋪，輒連呼以警之。乃寨取驛吏心而活蘇氏子，遂愈如故。

又 江南吉州刺史張耀卿，有傔力者陶俊，性謹直，嘗從軍征江西，爲飛石所中，因有腰足之疾，恆扶杖而行。張命守舟於廣陵江口，至白沙市避雨酒肆，同立者甚衆，有二書生過於前，獨顧俊相與言曰：此人好心，宜爲療其疾。即呼俊，與藥二丸曰：服此即愈。乃去。俊歸舟吞之，良久，覺腹中痛楚甚，頃之痛止，疾亦多差，操篙理纜，尤覺輕健。白沙去城八十里，一日往復，不以爲勞。後訪二書生，竟不復見，人疑爲神。

江南刑部郎中張易少居菑川，病熱困惙，且甚恍惚，見一神人長可數寸，立於枕前，持藥三丸，曰：吞此可愈。易受而亟吞之二丸，嗛之一丸，落席有聲，因自起求之不得。家人驚問何爲？具述所見，病因即愈。即日出入里巷，了無所苦。

《北夢瑣言·療疑病》 元頏博士話唐時中表間有一婦人，從夫南中效官，曾誤食一蟲，常疑之，由是成疾，頻療不愈。京城醫者，忘其姓名，知其所患，乃請主人姨妳中謹密者一人，預戒之曰：今以藥吐瀉，但以盤盂盛之，當吐之時，但言有一小蝦蟆走去，然切勿令娘子知之是誑語也。其妳僕遵之，此疾永除。又說有一年少，眼中常見一小鏡子，醫工趙卿診之，與少年期來晨以魚膾奉候少年。及期赴之，延於閣子内，且令從容俟客退後方得攀接。俄而設臺於上，施一甌芥醋，更無他味，卿亦未出。迨日中，久候不至，少年饑甚，且聞醋香，不免輕啜之，逡巡又啜之，覺胸中豁然，眼花不見，因竭甌啜之。趙卿探知方出，少年以啜醋慚謝。卿曰：郎君啜鱠太多，非醬醋不快，又有魚鱗在胸中，所以眼花，適來所備醬醋，只欲郎君因饑以啜之，果愈此疾，烹鮮之會，乃權誑也。請退謀餐。他妙多斯類也。非庸醫所及也。凡欲以倉扁之術求食者，得不勉之哉。

《宋文鑒·醫銘》 晉人武泰，通醫術，守臣獻狀，補太醫正。還鄉里，創起應聖侯廟。藝既成，歸善於師，又將廣懋來學，其志有足稱者。予謫官於是。遷守蒲中，既行，丐文以顯於廟，因作醫銘，嘉乃意勤，遂成其志。知予言有以滋其善也。銘曰：六氣五行，人稟而生，三部九候，納諸和平。昔稱絕技，湔腸滌胃，輔以砭石，因之決潰。察脈之原，當於未然，不攻而勝，庶幾十全。愈世之病，如持國柄，常使衆邪，不得干正。能盡己意，膏肓必起，苟利於藝，毫釐千里。泰也有爲，心不忘師，義利之重，慎乎所治。

《新唐書·則天皇后武氏傳》 儀鳳三年，羣臣、蕃夷長朝后於光順門。即並州建太原郡王廟。帝頭眩不能視，侍醫張文仲、秦鳴鶴曰：風上逆，砭頭血可愈。后内幸帝殆，得自專，怒曰：是可斬，帝體寧刺血處邪？醫頓首請命。帝曰：醫議疾，烏可罪？且吾眩不可堪，聽爲之。醫一再刺，帝曰：吾目明矣。言未畢，后簾中再拜謝，曰：天賜我師。身負繒寶以賜。

《艾子雜說·艾子事齊王》 艾子事齊王，一日，朝而有憂色。宣王怪而問之，對曰：臣不幸稚子屬疾，欲謁告，念王無與圖事者，所朝，然心實係焉。王曰：盍早言乎？寡人有良藥，稚子頓服其愈矣。遂索以賜，艾子拜受而歸，飲其子，辰服，而巳卒。他日，艾子憂甚戚，王問之故。憾然曰：卿喪子可傷，賜卿黄金以助葬。艾子曰：殤子不足以受君賜，然臣將有所求。王曰：何求？曰：只求前日小兒得效方。

《孔氏談苑·本草白字藥多驗》 滕元發云：一善醫者云，取本草白字藥服之多驗。蘇子容云：黑字是後人益之。

《夢溪筆談·王荊公病喘》 王荊公病喘，藥用紫團山人參，不可得。時薛師政自河東還，適有之，贈公數兩，不受。人有勸公曰：公之疾，非此藥不可治，疾可憂，藥不足辭。公曰：平生無紫團參亦活到今日。竟不受。公面黧黑，門人憂之，以問醫。醫曰：此垢汗，非疾也。進澡豆令公頮面。公曰：天生黑於予，澡豆其如予何？

《夢溪筆談·國子博士李餘慶》 國子博士李餘慶知常州，強於政事，果於去惡，凶人惡吏畏之如神。末年得疾甚困，有州醫博士多過惡，常懼爲餘慶所發，因其困，進利藥以毒之。服之，洞泄不已，勢已危。餘慶察其姦，使人扶舁坐廳事，召醫博士杖殺之。然後歸卧，未及席而死，葬於横山。人至今畏之，過墓者皆下。有病瘧者，取墓土着床席間輒差，其敬憚之如此。

《龍川別志》卷下 張安道知成都，日以醫官自隨，重九請出觀藥市。五更，市方合而雨作，入玉局觀避之。至殿上，醫見一道人臨階而坐，往就之，相問勞已。道人曰：張端明入蜀，今已再矣。醫曰：始一至蜀耳。曰：子不知也。凡人元氣十六兩，漸老而耗，張公所耗過半矣。吾與之夙相好，今見子，非偶然也。解衣裙出藥兩圓，曰：一圓可補一兩氣。醫曰：張公雖好道，然性重慎，恐未信也。道人曰：所以二圓，正爲爾也。取一圓並水銀一兩納銚中，以盞蓋之，燒之良久，札札有聲，揭盞以松脂木投之，覺有異，三投而藥成，當知此非凡藥也。醫徑歸，白公試之如其言，每投松脂，燄起照所坐小亭，至三投，燄如金色，傾出則紫金也。乃服其一圓，而使醫遍遊成都，冀復遇焉。後見之孔明廟前，復得一圓藥，然服之亦無他異。

《侯鯖録·王彦伯逸事》 王彦伯醫名既著，列三四竈，煮藥於庭。老幼塞門來請，彦伯指曰：熱者飲此，寒者飲此，風者、氣者各飲此。皆飲而去，效者各負錢而酬，不來者亦不責之。其普眼長者之流歟。

《春渚紀聞·死馬醫》 有名士爲泗倅者，卧病既久，其子不慧。郡有大醫生楊介，名醫也。適自都下還，衆令其子謁之，且約介就居第診視。介亦謙退，謂之曰：聞尊君服藥，且更數醫矣，豈小人能盡其藝耶？其子曰：大人疾勢雖淹久，幸左右一顧，且作死馬醫也。聞者無不絶倒。

《道山清話》卷下 眞宗不豫。荆王因問疾，留宿禁中。宰執亦以祈禳内宿。時御藥李從吉，因對荆王叱小黄門。荆王怒曰：皇帝服藥，爾輩敢近木圍子高聲！以手中熟水潑之。從吉者自言與李文定是族人。仁宗既即位，從吉使其徒乘間言於上曰：頃時先帝大漸，八大王留禁中者累日，宰執恐有異謀，因八大王取金盂熟水，李迪以墨筆攪水中，八大王疑有毒藥，即時出禁中去。上曰：不然，安有是事？若八大王見盂中黑水，便不會根究。翰林司且渲筆在熟水中也，則甚計策。當時八大王纔到禁中，便要出去，卻是孃孃留住，教只在禁中，明日即去，直是無此事，必是李從吉唆使爾輩來説。上即位，未及一年，英悟已如此。

《夷堅志·陳俞治疫驅巫》 陳俞，字信仲，臨川人。豪俠好義，自京師下第歸，過謁伯姐。值其家病疫，閉門待盡，不許人來，人亦不肯至者。俞欲入，婦止之曰：吾家不幸，罹此大疫，傳之於命，無可奈何，何爲甘心召禍。俞不聽，推戶徑前，見門内所奉神像，香火甚肅，乃巫者所設。俞謂姐言：凡疫癘所起，本以蒸郁熏染而得之，安可復加閉塞，不通内外。即取所携蘇合香丸十枚，煎湯一大鍋，先自飲一大盃，然後請姐及一家長少各飲之。以餘湯遍洒房壁，撤去巫具，端坐以俟之。巫人訝門開而具撤，作色甚怒。俞奮身出，掀髯視，叱之曰：汝何物人，敢至此。此家子弟皆幼，病者滿屋，汝以邪術炫惑，使之以旬弗愈，用意安在？是直欲爲盜爾。顧僕縛之，巫猶嘵嘵辯析，將致之官，始引伏請罪。俞釋其縛，使自狀其過。乞從私責，於是鞭之三十，盡焚其器具而逐之。鄰里駭慴，爭前非誚，俞笑不答。翌日，姐一家脱然，誚者乃服。

《夷堅志·上官彦成》 醫者上官彦成，本郡武人，自稱北京駐泊，云宣和中在京師試鍼灸，得翰林醫學，轉至副使，皆妄也。乾道初來鄱陽，其技亦平平，而能大言。宗室公頤頗滑稽善謔，因坐郡客次，有言某人病勢可慮，一客云：可招上官駐泊。公頤感然曰：上官來則下官去矣。坐皆笑倒。蓋州郡每日申時兵校交番，其當直軍員必大聲曰：上番來。當下者繼之曰：下番去。故用此以爲戲。彦成聞而甚病其語，聲譽則日削焉。

《夷堅志·武唐公》 武唐公者，本閬州僧官，嗜酒亡賴。嘗夜半出，扣酒家求沽。怒酒僕啓戶遲，奮拳揕其胸，立死。踰城亡命，迤邐至台州國清寺，自稱武道人。素精醫技，凡所拯療用藥，皆非常法，又必痛飲斗餘，大醉跌宕，方肯診視，然疾者輒愈。後浪遊衢州江山縣，豪族顔忠訓之妻毛氏孕，二十四月未育，武乘醉欲入視，顔曰：道人醉矣，須明旦可乎？武曰：吾自醉爾，病人不醉也。遂入，又呼酒數升，乃言曰：賢室非妊娠，所感甚異，幸其物未出，設更半月，殆矣。吾請言其證，平生好食鷄，每食必遣婢縛生鷄於前，徐觀其死，天明一飽食，終日不復再飯，審如是乎？顔生驚曰：誠然。武與約索錢至二十萬，始留藥一服，戒家人預備巨鉢及利刃，曰：即餌藥，中夕腹痛，當唤我。如期果大痛，急邀之入，入則毛氏正産一物，武持刃斷爲兩，覆以鉢，命婢掖孕者起，繞房行。明旦，啓鉢視之，蓋大鼈也，首足皆成全形，目亦開，特爲膜所絡，動轉未快，故不能殺人。顔生敬謝，欲償元約，且以所主酒坊與之，皆笑不取。曰：吾特戲君耳。建炎中，卒於國清，年八十餘歲，國清僧道益從其學醫，話此事。

《夷堅丙志·韓太尉》 韓公裔太尉，紹興中，以觀察使奉朝請，暴得疾。太上皇帝念藩邸舊人，遣御醫王繼先診之。曰：疾不可爲也。時氣息已絶，舉家發聲哭，繼先回奏。命以銀絹各三百賜其家。臨就木，適草澤醫過門，呼曰：有偏僻病者道來。韓氏諸子試延入，醫眂色切脈，鍼其四體至再三，鼻息拂拂，微能呻吟，遂命進藥，逗晚頓蘇。明日具奏，歸所賻，復賜爲藥餌費。宗室中善謔者，至相戲曰：吾家貧如許，若如韓太尉死得一番，亦大妙。後韓至節度使，又三十年乃卒。

《密齋筆記》卷三　了翁弱冠苦羸疾。因過汴河上，遇道人云：他日聲名滿天下。又謂公曰：曾讀左氏否？左氏諸大戰，反覆熟讀，有快意處，便是得藥。公如其言誦之，旬日間氣體頓壯。讀檄愈頭風，誦詩已痁疾，亦自古有之。

朱文公爲南豐作年譜云：自孟韓子以來，作者之盛，未有至於斯，何世之知公淺也。至語録云：坡谷只是飲酒賦詩快活，後學未喻其去取之由，會當有解其意者。

《密齋續筆記・醫文辨誤》　黄帝曰：夫子數言，熱中消中，不可服高梁、芳草、石藥。石藥發瘨，芳草發狂。注云：多飲數溲曰熱中，多食數溲曰消中，多喜曰瘨，多怒曰狂，高梁之疾也。高梁，米也。石藥，英乳也。芳草，濃美也。富貴之人常服之。今禁也，肥令人内熱，甘令人中滿。石藥氣烈，非緩心和氣人不可以服。是黄帝時已有高梁。又古字通用，世人鄙世祿爲膏梁，不知所出。余村居齩菜根，決無此二證。

《東軒筆録・王安石面䵟》　吕惠卿嘗語王荆公曰：公面有䵟，用園荽洗之當去。荆公曰：吾面黑耳，非䵟也。吕曰：園荽亦能去黑。荆公笑曰：天生黑於予，園荽其如予何？

《游宦紀聞》卷一　《夷堅志》載虞雍公自渠州守召至行在，憩北郭外接待院，因道中冒暑得疾，瀉痢連月，重九日夢至一處，類神仙居。一人被服如仙官延坐，視壁間有韵語藥方，讀之，其詞曰：暑毒在脾，濕氣連腳，不泄則痢，不痢則瘧，獨鍊雄黄，蒸餅和藥，甘草作湯，服之安樂，別法治之，醫家大錯。如方服之遂愈。世南在蜀中徧訪林下人求獨鍊法，鮮有能者。忽一日得青城山道友傳授云：丹經謂捉得龍，伏得雄，言雄黄見火，則飛走爲煙焰，最難伏也。其法用雄黄不拘多少研細，甘鍋火内煅令通紅，取出攛雄黄末入焰硝内，急用桃枝攪轉，即成水矣，急傾出瓦碟内，微側碟子，則清者一邊，俟凝取出，去麤者研細，以宿蒸餅爲元，如萩荳大，每服三元至七元如前法，服雄黄末一兩，大約用焰硝一錢，此乃丹竈家祕法，得之甚艱。古人云：施藥不如施方，故詳記之。

《老學庵筆記》卷五　祖母楚國夫人大觀庚寅在京師病累月，醫藥莫效。雖名醫如石藏用輩皆謂難治。一日有老道人狀貌甚古，銅冠緋氅，一丫髻童子操長柄白紙扇從後過門，自言疾無輕重，一灸立愈。先君延入，問其術。道人探囊出少艾，取一瓢灸之，祖母方卧，忽覺腹間痛甚如火灼。道人自言九十歲，遂徑去。追之，疾馳不可及。祖母是時未六十，復二十餘年，年八十三乃終。祖母没後，又二十年從兄子楫監三江鹽場，偶飲於士人毛氏，忽見道人衣冠及童子，悉如祖母平日所言，方愕然，道人忽自言京師灸瓢事，言訖遽遯去，遍尋不可得。毛君云：其妻病，道人爲灸屋柱十餘壯，病脱然愈，方欲謝之，不意其去也。世或疑神仙以爲渺茫，豈不謬哉。

《儒門事親・内傷形四則》　因憂結塊

息城司候，聞父死於賊，乃大悲哭之。罷便覺心痛，日增不已，月餘成塊，狀若覆杯，大痛不住，藥皆無功。議用燔鍼炷艾。病人惡之，乃求於戴人。戴人至，適巫者在其傍。乃學巫者，雜以狂言以謔病者。至是大笑，不忍回，面向壁，一二日，心下結塊皆散。戴人曰：《内經》言憂則氣結，喜則百脈舒和。又云：喜勝悲。《内經》自有此法治之，不知何用鍼灸哉，適足增其痛耳。

病怒不食

項關令之妻，病食不欲食，常好叫呼怒罵，欲殺左右，惡言不輟。衆醫皆處藥，幾半載尚爾。其夫命戴人視之。戴人曰：此難以藥治。乃使二娼，各塗丹粉，作伶人狀，其婦大笑。次日又令作角觝，又大笑。其旁常以兩箇能食之婦，誇其食美，其婦亦索其食，而爲一嘗之。不數日，怒減食增，不藥而瘥。後得一子。夫醫貴有才，若無才，何足應變無窮。

不寐

一富家婦人，傷思慮過甚，二年不寐，無藥可療。其夫求戴人治之。戴人曰：兩手脈俱緩，此脾受之也。脾主思故也。乃與其夫，以怒而激之。多取其財，飲酒數日，不處一法而去。其人大怒汗出，是夜困眠。如此者，八九日不寤。自是而食進，脈得其平。

驚

衛德新之妻，旅中宿於樓上。夜值盜劫人燒舍，驚墮牀下。自後每聞有響，則驚倒不知人。家人輩躡足而行，莫敢冒觸有聲，歲餘不痊。諸醫作心病治之，人參珍珠及定志丸，皆無效。戴人見而斷之曰：驚者爲陽，從外入也。恐者爲陰，從内出。驚者，爲自不知故也。恐者，自知也。足少陽膽經屬肝木。膽者，敢也。驚怕則膽傷矣。乃命二侍女執其兩手，按高椅之上，當面前，下置一小几。戴人曰：娘子當視此。一木猛擊之，其婦大驚。戴人曰：我以木擊几，何以驚乎？伺少定擊之，驚也緩。又斯須，連擊三五次，又以杖擊門，又暗遣人畫背後之窗，徐徐驚定而笑曰：是何治法？戴人曰：《内經》云：驚者平之，平者常也，平常見之必無驚。是夜使人擊其門窗，自夕達曙。夫驚者，神上越也。從下擊几，使之下視，所以收神也。一二日，雖聞雷亦不驚。德新素不喜戴人，至是終身厭服。如有人言戴人不知醫者，執戈以逐之。

《醫說·董奉》 董奉，侯官人也。時交州刺史杜燮中毒藥而死。奉以太一散和水沃燮口中，須臾乃蘇。燮自說初死時，有一車門直入一處，内燮於土窟中，以土塞之。俄頃，聞太一使至，追杜燮，遂開土窟，燮得出。

《滄寮集驗方·聶醫善士》 儀州華亭人聶從志，良醫也。邑丞妻李氏病垂死，治之得生。李氏美而淫，慕聶之貌。他日，丞往旁郡，李僞稱疾，使邀之。伺其至，語之曰：我幾入鬼録，賴君復生，顧世間物，無足以報德，願以此身供枕席之奉。聶驚懼趍而出。迨夜，李復盛飾而就之，聶絶袖脱去乃止，亦未嘗與人言。後歲餘，儀州推官黄靖國病，陰吏逮入冥證事，且還行，至河邊，見獄吏捽一婦人，剖其腹，濯其腸而滌之。傍有僧語曰：此乃子同官某之妻也，欲與醫者聶生通，聶不許，可謂善士，其人壽止六十。以此陰德，遂延一紀，仍世世賜子孫一人官，婦人減筭，如聶所增之數。所以滌蕩腸胃者，除其淫也。靖國素與聶善。既甦，密往訪之，聶驚曰：方私語時，無一人聞者，而奔來之夕，吾獨處室中，此唯婦人與吾知爾，君安所得聞？靖國具以告聶。死後一子登科，其孫圖南紹興中爲漢中雒縣丞屬。僊井喻迪孺汝礪作隱德詩數百言，以發潛德。此不復載。

《滄寮集驗方·許學士》 許叔微，少嘗以登科爲禱。一夕夢神告曰：汝欲登科，須憑陰德。叔微自念，家貧無力，惟醫乃可。於是精意方書，久乃通妙，人無高下，皆急赴之。既而所活愈多，聲名益著。復夢其神受以一詩曰：藥有陰功，陳樓間處。堂上呼盧，喝六作五。是年登第六名進士第，上一名陳祖言，下一名樓材。及注闕用升甲恩如第五名授職官以歸。與詩中之言無一字差。此則濟人之病急者也。叔微有《本事方》傳於世。

《滄寮集驗方·用詭道以劫流俗》 王居安秀才，久苦痔。聞蕭山有善工，力不能招，遂命舟，自烏程走錢塘，舍於靜邸中，使人迎醫。醫絶江至杭，既見，欣然爲治藥餌。且云：請以五日爲期，可以除根本。初以藥，放下大腸數寸，又以一藥洗之，徐用藥綿結痔，信宿痔脱，其大如桃，復以藥餌調養，數日遂安。此工初無難色，但放下大腸了，方議報謝之物，病者知命懸其手，盡許行囊所有爲酬，方肯治療。又王山周僅調官京師，舊患膀胱氣，外腎偏墜，有貨藥人云：只立談間，可使之正。約以萬錢及三縑之報。相次入室中，施一針，所苦果平。周大喜，即如數，負金帛而去。後半月其疾如故，使人訪醫者，已不見矣。古之賢人，或在醫卜之中。今之醫者，急於聲利，率用詭道以劫流俗，殆與穴坯挾刃之徒無異。予目擊二事，今書之以爲世警。

《滄寮集驗方·段羕務》 宜興段羕務醫術精高，然貪顧財賄，非大勢力者不能屈致。翟忠惠公居常熟欲見之，不可誘，平江守梁尚書邀之始來。既回平江，適一富人病來謁醫。段曰：此病不過湯藥數劑可療，然非五百千爲謝不家。其家始許半酬，拂衣去。竟從其請，別奉銀五十兩爲藥資。段求益至百兩，乃出藥爲治。數日愈。所獲而歸，中塗夜夢一朱衣，曰：上帝以爾爲醫，而厚取貨賂，殊無濟物之心，命杖脊二十。遂勑左右，捽而鞭之，既寤覺，脊痛，呼僕視之，捶痕宛然。還家未幾而死。

《滄寮集驗方·醫不貪色》 宣和間，有一士人，抱病經年，百治不瘥。有何澄者善醫，其妻召至，引入密室中，告之曰：妾以良人抱疾日久，典賣殆盡，無以供醫藥之資，願以身相酬。醫正色拒之曰：小娘子何爲出此言，但放心，當爲調治取效，切不可以此相污。萬一外人知之，非獨使某醫藥不效，不有人誅，必有鬼責。未幾，其夫疾愈。何澄一夕夢人引入神祠，有判官語之：汝醫藥有功，不於艱難之際以色慾爲貪，亂良人婦女。上帝令賜汝錢五萬貫，官一資。未數月，東宮得疾，國醫不能治，有詔召草澤醫。澄乃應詔，進劑而愈。朝廷賜錢三千貫與初品官。自後醫道盛行，京師號爲何藥院家。

《衛生寶鑑·時氣傳染》 總帥相公，年近七旬，戊午秋南征過揚州，俘虜萬餘口，内選美色室女近笄年者四，置於左右。予因曰：總帥領十萬餘衆深入敵境，非細務也。況年高氣弱，凡事宜慎。且新虜之人，驚憂氣畜於內，加以飲食不節，多致疾病，近之則邪氣相傳，其害爲大。總帥笑而不答，其副帥時亦在坐。異日，召予曰：我自十三歲從征回鶻，此事飽經，汝之言深可信矣。至臘月中班師，值大雪三日，新掠人不禁凍餒，皆病頭疼、咳嗽、腹痛、自利，多致死亡者。逮春正月至汴，隨路多以禮物來賀，相公因痛飲數次，遂病，脈得沈細而弦，三四動而一止。其證頭疼、咳嗽、自利、腹痛，與新虜人病無異，其脈短澀，其氣已衰，病已劇矣，三日而卒。邪氣害人，其禍如此。《內經》云：乘年之虛，遇月之空，失時之和，因而感邪，其氣至骨。又曰：避邪如避矢石。錢仲陽亦曰：糞履不可近襁褓，嬰兒多生天弔驚風。亦猶正氣尚弱，不能勝邪故也。由是觀之，聖賢之言，信不誣矣。

《芸窗私志》 神農時，白民進藥獸。人有疾病則拊其獸，授之語。語如白民所傳，不知何語。語已，獸輒如野外，銜一草歸，搗汁服之即愈。後黄帝命風后紀其何草起何疾，久之，如方悉驗。古傳黄帝嘗百草，非也。故虞卿曰：黄帝師藥獸而知醫。

《遼史・方伎傳・耶律敵魯》 敵魯精於醫，察形色即知病原。雖不診候，有十全功。統和初，爲大丞相韓德讓所薦，官至節度使。

初，樞密使耶律斜軫妻有沉痾，易數醫不能治。敵魯視之曰：心有蓄熱，非藥石所及，當以意療。因其聵，聒之使狂，用泄其毒則可。於是令大擊鉦鼓於前。翌日果狂，叫呼怒罵，力極而止，遂愈。治法多此類，人莫能測。年八十卒。

《丹溪治法心要・夢遺》 有陰邪所著者。蔣右丞子，每夜有夢，招予視之，連二日診脈，觀其動止，終不舉頭，但俯視不正當人，此蓋陰邪相感。叩之，不肯言其所交之鬼狀，因問隨出入之僕，乃言：一日至廟中，見一塑侍女，以手於其身摩之，三五日遂聞病此。於是即令人入廟，毀其像，小腹中泥土皆濕，其病即安。

王禕《論醫》 予觀近時言醫者，莫盛於吳中，而吳中世業醫者，莫盛於葛氏。葛氏之醫，其術善於推五運六氣之盛衰，以審病證而定治法，此仲正之術，所以異於人人也。蓋仲正之諸父曰恆齋者，曾自著書，其說以謂醫當視時之盛衰而爲損益。劉守眞張子和輩，值金人強盛，民悍氣剛，故多用宣洩之法。及其衰也，兵革之餘，饑饉相仍，民勞志困，故張潔古李明之輩，多加補益之功。至宋之紀年，醫者大抵務守護氣元，而不知攻伐之機，能養病而不能治病，失在不知通其變也。其說如此，可謂能明夫氣運之變，而通於陰陽之化者矣。

方孝孺《醫原》 昔有貴人病，而天方不雨，更十數醫皆莫效。最後一人至，脈已，則以指計甲子曰：某夕天必雨。竟出，不言治疾之方。貴人疑之，曰：豈謂吾疾不可爲耶？何言雨而不及藥我也？及是夕，果雨。貴人喜起而行乎庭，達旦疾若脱去。明日，此醫來謁，貴人喜且問曰：前日視脈而言雨，今得雨而果瘳，何也？醫對曰：君侯之疾以憂得之，然私計君侯忠且仁，所憂者民耳，以旱爲憂。以雨爲瘳，理固然也。何待藥而愈也？若是醫者可謂得其道矣。方書之所具，成説之所有，夫人皆能用也；求之於言語之外，而得其所不言之意，非奇士，其孰能之！

《疑耀・噴嚏》 廣陵嘗有一名醫，以醫致富。其門如市，即貴顯之家，不輕造也。偶廣陵守署中有病者，亟召之。醫不得已，詣堂下。守適有公事，不及呼前，而此醫適作嚏兩三聲。守問曰：何爲而嚏？醫曰：外人有念醫士者。守笑曰：嚏乃肺家中風耳，而云外人相念，則嚏爲肺病且不曉，何名曰醫？遂叱之去。此醫退，術遂不行。余謂守雖知嚏爲肺病，而不知人相念則嚏，乃古語也。《毛詩・終風》章：願言則嚏。鄭氏箋曰：女思我，心如是，我則嚏也。宋王易《燕北録》：契丹俗，戎主及太后噴嚏，近位番漢臣僚，齊道治夔離，華言萬歲也。今嶺外人噴嚏，亦或呼曰大吉利市者，即此意。故漢《藝文志》有《噴嚏》、《耳鳴》十六卷。則嚏者，古人亦以吉凶有相關者。若《月令》曰：季秋行夏令，則人多鼽嚏。則嚏未必皆肺病也。今《噴嚏》《耳鳴》書已亡，想有可觀者。

《菽園雜記・妊婦藥誤》 崑山周知縣家，一婦病腹中塊痛。有産科專門者診之爲氣積，投以流氣破積之劑，令人以湯餅軸戛之，不效。後得一醫，診之，乃曰：此胎氣也。用四物湯安之而愈。後果生一男。又南京戶部主事韓文亮妻病，腹中作痛，按之若有物在臍之左右。適淛中一名醫至京，請診視之，云是癥瘕，服三稜、蓬朮之劑，以其不效，乃止。旬餘腹漸覺大，至數月生二男。噫，此皆有命而然，可不慎哉。

《雪濤小説・任事》 蓋聞里中有病脚瘡者，痛不可忍，謂家人曰：爾爲我鑿壁爲穴。穴成，伸脚穴中，入鄰家尺許。家人曰：此何意？答曰：憑他去鄰家痛，無與我事。又有醫者，稱善外科。一裨將陣回，中流矢，深入膜內，延使治，乃持并州剪，剪去矢管，跪而請謝。裨將曰：鏃在膜內者，須急治。醫曰：此内科事，不意並責我。噫！腳入鄰家，然猶我之腳也；鏃在膜内，然亦醫者之事也。乃隔一壁輒思委腳，隔一膜輒欲分科，然則痛安能已？責安能諉乎？

《雪濤小説·催科》 昔有醫人自媒能治背駝，曰：如弓者，如蝦者，如曲環者，延吾治，可朝治而夕如矢。一人信焉，而使治駝。乃索板二片，以一置地下，卧駝者其上，又以一壓焉，而即躧焉。駝者隨直亦復隨死。其子欲鳴諸官，醫人曰：我業治駝，但管人直，那管人死？嗚呼！世之爲令，但管錢糧完，不管百姓死，何以異於此醫也哉。雖然，非仗明君躬節損之政，下寬恤之詔，即欲有司不爲駝醫可得耶？

《續醫説·劉觀妄對》 太醫院判劉公觀，常侍太宗左右。大暑中上方束一帶，乃片腦合成者，問觀曰：此帶何如？觀對曰：片腦性寒傷腎，惟有香耳。上遽命解去。按《本草》云：片腦性大辛，善走，故能散熱。今劉謂之性寒，何也？丹溪云：龍腦屬火，諸香皆屬陽。豈有至香之物而反寒乎？噫，劉觀漫言，蓋不學無術之過歟。

《續醫説·醫僧庸妄》 陳汝中嘗病脾胃鬱火之證，求治於盛用美。盛診其脈曰：如此治可生，如彼治可以死，如此治可以少生，如彼治可以速死。既而治之，汝中遲其效。或以浮屠善醫薦者，汝中惑其説，遂求治，飲其藥，嘔血一升，遂死。噫，醫以用藥，藥以攻疾，疾不能去，而反以致死，則何以醫藥爲哉。彼浮屠者，乃庸妄人也。目不知醫經，口不辯藥性，指不察脈候，人之虚實，病之新久，一切置之不問，而惟藥攻擊之，其殺人蓋亦多矣。予咎汝中之不善擇醫而致速死，書此以爲世輕服藥者之戒。

《續醫説·世醫好奇》 老人痰氣及小兒慢驚，脾風欲絶之時，虚痰上攻咽喉，引氣粗大，脈來浮數，是謂陰盛格陽，或誤認爲陽氣已復。又有喉中痰響如鋸，一二日間但閉目不開，此虚極之故。醫者不識覆燈將滅之證，反行下痰之藥，往往痰隨氣下，氣隨痰絶，醫者慎之。頃歲，吴士黄得之妻病羸疾，絶食骨立，延世醫治，遂用猪尾膏療之，藥纔入咽，立斃。余見《顱顖方》書，猪尾膏主治痘瘡血疱，旬日後不結膿窠痂疕，心火炎燥，氣喘妄言，如見鬼物者用之，今乃以治氣血久虚之人，致其速死。觀此，醫其可以世論耶？書此以警好奇者。

《客座新聞·張景芳遇仙》 成化丁酉年七月間，欽天監張臺官景芳領朝命，往陝西秦邸興平王治葬。張至半途，偶獲腹脹之證，醫莫能療。寓居卧龍寺，待盡而已。抵夜見龐眉一叟忽過訪，自云能治此疾。張延診視兩手脈，即口授一方。以杏仁、陳皮、海螵蛸等分，爲細末，佐以穀樹葉、槐樹葉、桃樹枝各七件。翌日正午時汲水五桶，煎三四沸，至星上時，再煎一沸，患者就浴，令壯人以手湯中按摩臍之上下百數，少時轉矢氣，病即退矣。張領教，一如其法。黎明此老復至，病去十之七八矣。酧以禮物，纖毫不受。是夕腫脹平復，此老更不復見矣。或謂張景芳遇仙云。

《名醫類案·鬱》 州監軍病悲思。郝允告其子曰：法當得悸即愈。時通守李宋卿御史嚴甚，監軍向所憚也。允與子請於宋卿，一造問，責其過失。監軍惶怖汗出，疾乃已。

一女許嫁後，夫經商二年不歸。因不食，困卧如癡，無他病，多向裏床睡。朱診之，肝脈弦出寸口。曰：此思想氣結也，藥難獨治，得喜可解。不然，令其怒。脾主思，過思則脾氣結而不食。怒屬肝木，木能尅土，怒則氣升發，而衝開脾氣矣。令激之，大怒而哭。至三時許，令慰解之。與藥一服，即索粥食矣。朱曰：思氣雖解，必得喜，則庶不再結。乃詐以夫有書，旦夕且歸。後三月，夫果歸而愈。

《名醫類案·諸蟲》 一人在姻家過飲，醉甚，送宿花軒。夜半酒渴，欲水不得，遂口吸石槽中水碗許。天明視之，槽中俱是小紅蟲。心陡然而驚，鬱鬱不散，心中如有蛆物，胃脘便覺閉塞。日想月疑，漸成痿隔。遍醫不愈。吴球往視之，知其病生於疑也。用結線紅色者分開，翦斷如蛆狀，用巴豆二粒，同飯搗爛，入紅線丸十數丸，令病人暗室内服之。置宿盆内放水，須臾欲瀉，令病人坐盆，瀉出前物，蕩漾如蛆。然後開窗，令親視之，其病從此解，調理半月而愈。

《名醫類案·醫戒》 進士王日休勸醫云：醫者當自念云，人身疾苦，與我無異。凡來請召，急去無遲。或止求藥，宜即發付。勿問貴賤，勿擇貧富，專以救人爲心，以結人緣以積己福，冥冥中自有祐之者。若乘人之急，切意求財，用心不仁，冥冥中自有禍之者。吾鄉張彦明善醫，僧道貧士，軍兵官員，及凡貧者求醫，皆不受錢，或反以錢米與之。人若來召，雖至貧亦去，富者以錢求藥，不問錢多寡，必多與藥，期於必效，未嘗萌再攜錢來求藥之心。病若危篤，知不可救，亦多與好藥，以慰其心，終不肯受錢。予與處甚久，詳知其人，爲醫而口終不言錢，可謂醫人中第一等人矣。一日城中火災，周迴爇盡，烟燄中獨存其居。一歲牛災尤甚，而其莊上獨全。此神明祐助之明效也。其子讀書，後乃預魁薦，孫有二三，龎厚俊爽，亦天道福善之，信然也。使其孜孜以錢物爲心，失此數者，所得不足以償所失矣。同門之人，可不鑒哉。若常如是存心，迴向淨土，必上品生。若因人疾苦，而告以淨土，則易生信心，使復發大願以廣其傳，以贖宿譴，以期痊愈，必遂所願。若天年或盡，亦可乘此願力，往生淨土。常如是以化人，非徒身後上品化生，現世則人必尊敬，而福報亦無窮矣。

《名醫類案·顛狂心疾》　鄺子元由翰林補外十餘年矣，不得賜還。嘗侘傺無聊，遂成心疾。每疾作，輒昏憒如夢，或發譫語。有時不作，無異平時。或曰：眞空寺有老僧，不用符藥，能治心疾。往叩之，老僧曰：相公貴恙，起於煩惱，生於妄想。夫妄想之來，其幾有三：或追憶數十年前榮辱恩讎、悲歡離合及種種閒情，此是過去妄想也。或事到跟前，可以順應，即乃畏首畏尾，三番四復，猶豫不決，此是見在妄想也。或期望日後富貴榮華，皆如所願，或期功成名遂，告老歸田，或期望子孫登榮，以繼書香，與夫不可必成，不可必得之事，此是未來妄想也。三者妄想，忽然而生，忽然而滅，禪家謂之幻心。能昭見其妄，而斬斷念頭，禪家謂之覺心。故曰不患念起，惟患覺遲，此心若同太虛，煩惱何處安腳。又曰：相公貴恙，亦原於水火不交，何以故？凡溺愛冶容而作色荒，禪家謂之外感之欲。夜深枕上思得冶容，或成宵寐之變，禪家謂之內生之欲。二者之欲，綢繆染著，皆消耗元精，若能離之，則腎水滋生，可以上交於心。至若思索文字，忘其寢食，禪家謂之理障。經綸職業，不告劬勞，禪家謂之事障。二者之障，雖非人欲，亦損性靈。若能遣之，則心火不致上炎，可以下交於腎，故曰塵不相緣，根無所偶，返流全一，六慾不行。又曰：苦海無邊，回頭是岸。子元如其言，乃獨處一室，掃空萬緣，靜坐月餘，心疾如失。

《湧幢小品·藥諫》　景皇帝御醫徐樞有名。帝嘗問藥性遲速，對曰：藥性猶人性，善者千日而不足，惡者一日而有餘。人以爲藥諫云。

《焦氏類林·巧藝》　劉瑱妹爲齊鄱陽王妃。王誅，妃追傷，遂成痼疾。殷蒨善畫人面，與眞不別。瑱令蒨畫王像併圖王寵姬，共執鏡，如欲偶寢。瑱乃密使乳嫗示妃，妃唾之，因罵云：固宜早死。病亦徐差。

《景岳全書·詐病論證》　夫病非人之所好，而何以有詐病？蓋或以爭訟，或以鬭毆，或以妻妾相妬，或以名利相關，則人情詐僞出乎其間，使不有以燭之，則未有不爲其欺者。其治之之法，亦惟借其欺而反欺之，則眞情自露而假病自瘳矣，此亦醫家所必不可少者。

仲景曰：病者向壁卧，聞師到不驚起而盻視，若三言三止，脈之嚥唾者，此詐病也。設見脈自和處，或師持其脈病人欠者，皆無病也。但言此病大重，當須服吐下藥，針灸數十百處乃愈。

新按

予向同數友遊寓榆關，客邸內一友，素耽風月，忽於仲冬一日，譙鼓初聞，其友急叩予戶，啓而問之，則張皇求救。云：所狎之妓，忽得急證，勢在垂危，倘遭其厄，禍不可解。予隨往視之，見其口吐白沫，僵仆於地，以手摸之，則口鼻四肢俱冷，氣息如絕。陡見其狀，殊爲驚駭，因拽手診之，則氣口和平，脈不應證。予意其脈和如此，而何以證危如是？第以初未經識，猶不知其爲詐也。然沉思久之，則將信將疑，而復診其脈，則安然如故，如豁然省悟，豈即仲景之說也。遂大聲於病妓之傍曰：此病危矣，使非火攻，必不可活；非用如棗如栗之艾，亦不可活；又非連灸眉心、人中、小腹數處，亦不可活。余寓有艾，宜速取來灸之。然火灸尚遲，姑先與一藥，使其能嚥，嚥後少有聲息，則生意已復，即不灸亦可，若口不能嚥，或嚥後無聲，當速灸可也。即與一藥，囑其服後即來報我。彼狡奴聞予之言，竊已驚怖，惟恐大艾着身，藥到即嚥，嚥後少頃，即哼聲出而徐動徐起矣。予次日問其所以，乃知爲吃醋而發也。予聞之大笑，始知姊妹行中，奸狡之況有如此。

又予在都中時，一相契金吾公，畜二妾，其一則燕姬也，有母隨之。一日二妾相競，燕妾理屈，其母助惡，叫跳撒賴，遂至氣厥若死。乃令一婢抱持而坐，自暮及旦，絕無甦意。清晨延予療之。予初入室，見其肉厚色黑，面青目瞑，手撒息微，及診其脈，則伏渺如脫，亦意其眞危也。斯時也，欲施溫補，則慮其大怒之後，逆氣或有未散；欲加開導，則慮其脈之似絕，虛極有不能勝。躊躇未決，乃請復診。及入室再見，則不若前次之撒手，而十指交叉，抱腹仰坦於婢者之懷。因疑其前番撒手，今既能叉手，豈他人之所爲乎？及著手再診，則似有嫌不容之意，而拽之不能動，此更可疑也。因出其不意，卒猛一扯，則頓脫有聲，力強且勁。由是前疑始釋，謂其將死之人，豈猶力有如是乎？乃思其脈之若此者，或以肉厚氣滯，此北人稟賦多有之也，或以兩腋夾緊，此奸人狡詐亦有之也。若其面青息微，則怒氣使然，自不足怪。識見既定，因聲言其危，使聞灸法，以恐勝之。遂先投一劑，到咽即活。次日會公，因詢予曰：日昨之病，固料其勢必危矣。然謂其爲眞邪，則何以藥甫其唇，而效之峻速有如此？謂其爲假耶，則何以能終夜做作，而形證之肖似有如此？昨公所用之藥，果亦有何玄秘否？是皆不能無疑也。予曰：予之玄秘，秘在言耳。但使彼懼，敢不速活。經曰：憂可勝怒，正此謂也。是可見人情之巧，其有最難測者皆如此，使昨非再診而再察之，則予亦幾爲所誑矣。是以凡遇此類，不可不加之詳審。

又一姻戚士子，爲宦家所毆，遂臥病旬日，吐血盈盆。因喧傳人命，連及多人，延醫數輩，見其危劇之狀，皆束手遠避，防爲所累也。最後予往視之，察其色，則絕無窘苦之意，診其脈，則總皆和緩如常。予始疑之，而繼則悟之，因潛語之曰：他可欺也，予亦可欺耶？此爾之血也，抑家禽之血耶？其人愕然。浼予無言，遂爲調和，而相銜感而散。又一鄰婦，以妬妾作鬧，詬夫反日，因而病劇，則咬牙瞪眼，僵厥不蘇，若命在呼吸間者。其夫驚皇無措，其妾連遭不堪。浼予救之，則脈非其病，遂用前法治之，愈後其夫感謝，而不知爲其所愚也。若此二人，則又人事中之常態，使不有懸朗之鑑，則此中變幻，有以假病而延成眞病者，有以小忿而延成大禍者，兹予拂之若振埃，但爲人造福，而且可防人之欺，故亦紀之，以資倉卒之急用。

《堅瓠集・嘲醫》 世譏庸醫者甚多。近見《諧史》一條云：一醫治一肥漢而死，人曰：我饒你不告狀，但爲我抬柩至墓所。醫人率妻子共抬，至中途，力不能舉，乃吟詩云：自祖相傳歷世醫。妻續云：丈夫爲事累連妻。長子云：可奈戶肥抬不動。次子云：如今只揀瘦人醫。

《堅瓠續集・人與物交》 《文海披沙》：槃瓠之妻與狗交。漢廣川王，裸宮人與羝羊交，靈帝於西園，弄狗以配人。眞寧一婦與羊交，沛縣磨婦與驢交，杜修妻薛氏與犬交。宋文帝時，吳興孟慧度婢與狗交，利州婦與虎交，宜黃袁氏女與蛇交，臨海鰥寡與魚交，章安史悝女與鵝交，突厥先人與狼交，衛羅國女配瑛與鳳交，陝右販婦與馬交，宋士氏婦與猴交。《耳談》：臨安有婦與狗奸，京師有婦與驢淫，荊楚婦人與狐交。乃知宇宙之大，何所不有。

《聊齋志異・太醫》 萬曆間，孫評事少孤，母十九歲守節。孫舉進士，而母已死。嘗語人曰：我必博誥命以光泉壤，始不負萱堂苦節。忽得暴病，綦篤。素與太醫善，使人召之。使者出門，而疾益劇。張目曰：生不能揚名顯親，何以見老母地下乎。遂卒，目不瞑。無何，太醫至，聞哭聲，即入臨吊。見其狀，異之。家人告以故，太醫曰：欲得誥贈，即亦不難。今皇后旦晚臨盆矣，但活十餘日，誥命可得。立命取艾，灸屍一十八處。炷將盡，牀上已呻，急灌以藥，居然復生。囑曰：切記勿食熊虎肉。其志之。然此物不常有，頗不關意。既而三日平復，仍從朝賀。過六七日，果生太子，召賜羣臣宴。中使出異品，遍賜文武，白片朱絲，甘美無比。孫啖之，不知何物。次日，訪諸同僚，曰：熊膰也。大驚失色，即刻而病，至家遂卒。

《聊齋志異・醫術》 張氏者，沂之貧民。途中遇一道士，善風鑒，相之曰：子當以術業富。張氏曰：宜何從？又顧之，曰：醫可也。張曰：我僅識之無耳，烏能是？道士笑曰：迂哉，名醫何必多識字乎？但行之耳。既歸，貧無業，乃摭拾海上方，即市廛中除地作肆，設魚牙蜂房，謀升斗於口舌之間，而人亦未之奇也。會青州太守病嗽，牒檄所屬徵醫。沂故山僻，少醫工，而令惧無以塞責，又責里中使自報。於是共舉張。令立召之。張方痰嗽，不能自療，聞命大懼，固辭。令弗聽，卒郵送去。路經深山，渴極，咳愈甚。入村求水，而山中水價與玉液等，遍乞之，無與者。見一婦漉野菜，菜多水寡，盎中濃濁如涎。張燥急難堪，便乞餘瀋飲之。少間，渴解，嗽亦頓止。陰念：殆良方也。比至郡，諸邑醫工，已先施治，併未痊減。張入，求密所，僞作藥目，傳示內外，復遣人於民間索諸藜藿，如法淘汰訖，以汁進太守。一服，病良已。太守大悅，賜賚甚厚，旌以金匾。由此名大噪，門常如市，應手無不悉效。有病傷寒者，言癥求方。張適醉，誤以瘧劑予之。醒而悟之，不敢以告人。三日後，有盛儀造門而謝者，問之，則傷寒之人，大吐大下而愈矣。此類甚多。張由此稱素封，益以聲價自重，聘者非重金資安輿不至焉。

益都韓翁，名醫也。其未著時，貨藥於四方。暮無所宿，投止一家，則其子傷寒將死，因請施治。韓思不治則去此莫適，而治之誠無術。往復踱踱，以手搓體，而汗成片，捻之如丸。頓思以此給之，當亦無所害。曉而不愈，已賺得寢食安飽矣。遂付之。中夜，主人撾門甚急。意其子死，恐被侵辱，起，逾垣疾遁。主人追之數里，韓無所逃，始止。乃知病者汗出而愈矣。挽回，款宴丰隆。臨行，厚贈之。

《明史·方伎傳·葛乾孫》　葛乾孫，字可久，長洲人。父應雷，以醫名。時北方劉守眞、張潔古之學未行於南。有李姓者，中州名醫，官吳下，與應雷談論，大駭嘆，因授以張、劉書。自是江南有二家學。

乾孫體貌魁碩，好擊刺戰陣法。後折節讀書，兼通陰陽、律曆、星命之術。屢試不偶，乃傳父業。然不肯爲人治疾，或施之，輒著奇效，名與金華朱丹溪埒。富家女病四支痿痹，目瞪不能食，衆醫治罔效。乾孫命悉去房中香奩、流蘇之屬，掘地坎，置女其中。久之，女手足動，能出聲。投藥一丸，明日女自坎中出矣。蓋此女嗜香，脾爲香氣所蝕，故得是症。其療病奇中如此。

《紅樓夢·王熙鳳毒設相思局賈天祥正照風月鑑》　自此雖想鳳姐，只不敢往榮府去了。賈蓉等兩個常常來索銀子，他又怕祖父知道，正是相思尙且難禁，况又添了債務，日間工課又緊。他二十來歲人，尙未取親，(邇)(還)來想着鳳姐不得到手，未免有些指頭兒告了消乏。更兼兩回凍惱奔波，因此三五下裏夾攻，不覺就得了一病，心內發膨脹，口內無滋味，腳下如綿，眼中似醋，黑夜作燒，白日常倦，下溺遺精，咳痰帶血：如此諸症，不上一年，都添全了。於是不能支持，一頭跌倒，合上眼，還只夢魂顚倒，滿口說胡話，驚怖異常。百般請醫療治，諸如肉桂、附子、鱉甲、麥冬、玉竹等藥，吃了有幾十斤下去，也不見個動靜。

倏又臘盡春回，這病更有沉重。代儒也着了忙，各處請醫療治，皆不見效。因後來吃獨參湯，代儒如何有這力量，只得往榮府裏來尋。王夫人命鳳姐秤二兩給他，鳳姐回說：前兒新進替老太太配了藥，那整的太太又說留着送楊提督的太太配藥，偏偏昨兒我已着人送了去了。王夫人道：就是偺們這邊沒了，你打發個人往那邊你婆婆處問問。或是你珍大哥哥那裏有，尋些來湊着，給人家吃好了，救人一命，也是你們的好處。鳳姐應了，也不遣人去尋，只將些渣末湊了幾錢，命人送去，只說太太送來的，再也沒有了。然後向王夫人只說：都尋了來，共湊了有二兩送去。

那賈瑞此時要命心急，無藥不吃，只是白花錢，不見效。忽然這日有個跛足道人來化齋，口稱：專治冤業之症。賈瑞偏生在內聽了，直着聲叫喊說：快去請進那位菩薩來救命！一面在枕上叩首。衆人只得帶了那道士進來。賈瑞一把拉住，連叫：菩薩救我！那道士歎道：你這病非藥可醫，我有個寶貝與你，你天天看時，此命可保矣。從搭連中取出正反面皆可照人的鏡，背上面鏨着風月寶鑑四字，遞與賈瑞道：這物出自太虛元境空靈殿上，警幻仙子所製，專治邪思妄動之症，有濟世保生之功。所以帶他到世上來，單與那些聰明俊傑、風流王孫等看照。千萬不可照正面，只照他的背面，要緊，要緊！三日後吾來收取，管叫他好了。話畢，倘徉而去，衆人苦留不住。

賈瑞接了鏡子，想道：這道士倒有意思，我何不照一照試試？想畢，拿起風月寶鑑來，向反面一照，只見一個骷髏立在裏面。嚇得賈瑞連忙掩了，罵道士：混帳！如何嚇我？我倒再照照正面是什麼。想着，便將正面一照，只見鳳姐站在裏面點首兒叫他。賈瑞心中一喜，蕩悠悠覺得進了鏡子，與鳳姐云雨一番，鳳姐仍送他出來。到了床上，噯喲了一聲，一睜眼，鏡子從新又掉過來，仍是反面立着一個骷髏。賈瑞自覺汗津津的，底下已遺了一灘精。心中到底不足，又翻過正面來，只見鳳姐還招手叫他，他又進去。如此三四次。到了這次，剛要出鏡子來，只見兩個人走來，拿鐵鎖把他套住，拉了就走。賈瑞叫道：讓我拿了鏡子再走！只說這句，就再不能說話了。

旁邊伏侍的人，只見他先還拿着鏡子照，落下來，仍睜開眼拾在手內，末後鏡子掉下來，便不動了。衆人上來看看，已嚥了氣，身子底下冰涼精濕一大灘精。這纔忙着穿衣抬床。代儒夫婦哭的死去活來，大罵道士，是何妖鏡！若不毀此鏡，遺害世人不小！遂命人架火來燒。只聽空中叫道：誰叫你們瞧正面了的！你們自己以假爲眞，爲何燒我此鏡？忽見那面鏡子從空飛出。代儒出門看時，只見還是那個跛足道人喊道：誰毀風月寶鑑？說着，搶了鏡子，眼看着他飄然去了。

《聽雨軒筆記》卷一　葉天士，蘇州人，名醫也。其母老矣，偶患病。天士自治之不效，遍延城內外醫家治之，亦不效。病日甚，天士憂之。問僕曰：此間醫士，尙有學問深而名未著者乎？僕曰：衛後有章某者，平日自誇技術過主人，然求其診視者，亦寥寥也。天士駭然曰：能爲大言，當有實學，速請之。僕奉命往，章細問病勢何如，主人何所爲而急迫。僕曰：太夫人服藥無效，病勢日增，主人終夜傍徨，口中惟道黃連二字不已。章默識之，至門，延入。診視畢，章索向日所服藥方觀之，沈吟良久曰：藥與症合，理宜奏效，但太夫人病由熱邪鬱於心胃之間，藥中須加黃連，始能愈也。天士躍然起曰：吾久欲用此，因家母年高恐滅眞火，故不敢耳。章曰：太夫人兩尺脈長而有神，本元堅固，且有病則病治之，用之何害？天士大是之。一劑而安，再投而愈矣。天士大喜，踵門拜謝，酬以盃緞，百金副之。章固辭曰：鄙見偶符尊意耳，何足言謝。先生他日若肯爲某緩頰揄揚，則某之蒙惠多矣。尊貺不敢當也。強致之，不得已而後拜受。後有求天士治病者，天士謂之曰：章某術過於我，可請治之，章從此聲價頓起，家累千金。又乾隆壬申，予同里馮在田先生館於楓橋蔡輔宜所。夏日，輔宜自外歸，一蹶不起，氣息奄然，因急延薛生白治之。薛亦蘇州名醫也。及其門，已他往矣，追至某所，以重金賂其輿夫，飛馳而來，則輔宜口目悉閉，六脈皆沈，少妾泣於旁，親朋治後事。生白曰：此虛厥也，不必書方，投以獨參湯無弗愈者。言畢，拱手上輿匆匆去。衆相顧莫敢決，在田曰：予雖不諳醫理，然聞服參不效，則病爲參錮，他藥不可挽矣，盍再請一醫以決之。有符姓者，常熟人，設醫肆於楓橋，與輔宜同里閈，因邀之入視。符曰：此係中暑，當服清散之劑，人參不可用也。衆以二論相反，又相顧莫敢決。在田曰：吾聞六一散能祛暑邪，有益而無損，盍先試之？皆以爲然。以葦管灌藥入，輔宜漸蘇，符遂用解暑藥投之，一劑而起。輔宜厚酬之，並向在田叩首曰：非公力持其事，則吾爲薛生白所誤，已爲泉下人矣。符之名由此大著。拙崖老人曰：葉天士、薛生白皆昭代良醫也。人病經其診視，能悉其所以致病之源，而治不治可立斷焉。然一則骨肉關心，明知黄連之當用而不敢用，一則惑於蔡妾之泣，誤以中暑爲虛脱，幾傷其生。古云盧醫不自醫，又云智人千慮，必有一失，其葉薛二君之謂與。雖然以二君之明，使不偶有所惑，則章符之聲稱，何由而著乎？此中蓋有天焉，故爲章符歐名者，黄連與人蔘也。

《聽雨軒筆記》卷三 世之業醫者，多矣。操術神妙者，固不乏人，而徼倖成名者，亦復不少。試紀數則，以爲笑資。昔有紹興某公，作宦江南，携眷以往，行過常州。其妾忽臨蓐欲産而不下，勢甚危迫。遂於奔牛泊舟，覓醫治之。夜將半矣，其僕上岸，見一旅店猶未開門，入而詢其店主，答曰：醫生惟呂城鎮某姓者最精妙，但離此尚有十餘里。僕告以急，店主曰：若然則吾鄰某人，向亦知醫，東首十餘家是已。僕如所指，往叩其門，醫者素於臨街樓上卧，問是何人，僕以難産奉請告。醫者起而謂其妻曰：可取冷水來洗面，我將往焉。僕於門外聞之，誤聽囑以冷水洗面，然後醫治。遂飛奔回船，告之主人，如法治之，其妾正在昏眩間，忽爲冷物所激，不覺其氣一吸一鬆，而子門開，兒脱穎矣。適醫者至，主人大喜，請其定一産後方，厚酬之而去。醫者自此其名大著。又醫士童姓者，居仁和之獨山村。一日，有謝村人邀之，童命工人操舟往。至則乃患膈症者，心胸飽悶而腹甚饑，食之即吐，不穀食者月餘矣。童以開膈調胃之劑治之，其家留飯而酒甚佳，飲之至醉，下船時行步踉蹌。工人謂之曰：適買桐油一瓶，貯於頭倉，幸勿絆翻。童曲身，手提油瓶置之稱處，口中誦曰：桐油桐油。適送者在岸問藥中當用何引，童方言桐油二字未竟，遽答曰：桐油。遂入艙昏然而卧。到家後，工人問曰：桐油食之即吐，適纔何以加諸藥中？童知爲醉中囈語也，強辭答之，心念此病不食已久，若一大吐，必至元氣散而不救，欲往止之，而路遠時久，料已服藥，遂任其自然。次日將曉，聞叩門甚急，童驚以爲病者死矣，使其妻問之，答曰：昨晚服藥後，忽大吐，濃痰無數，隨之而出，今胸膈已寬，思欲食粥，特請再往視之。其妻恐病家紿以往而辱之，答以業已早出，少頃自來。童隨潛赴謝村探之，病果漸痊，遂至其家，以清理之藥投之而愈。蓋病者積痰上膈，他藥不能動，得桐油吐之而始出也。嗣後求治病者無虛日。又予友沈君懷清，壯而授室矣，未經出痘，某年赴試郡城，偶染時痘之氣，歸家發熱，遍體紅斑。醫家治之，而痘不肯透。時值霉黴，其家市驅穢辟濕之劑，焚之以除潮氣，若大黄、蒼朮、白芷之類，咸列焉，與治痘藥同於肆中市歸，置於一處，其家人誤以其藥煎而使服之，躁熱愈甚，煩悶不堪，舉家驚惶，咸以爲必死矣。未幾，紅斑裂而紫血流，沈沈睡去。及醒則熱已漸解，由此而痘起而上漿而結痂，不日全愈。醫家以爲本屬不治之症，得燥烈之藥，攻火毒而出之，方可醫治，然此等劫藥，以誤服而見神奇，醫者斷無此大手段也。此事出之本家，故傳者絶少，若醫者爲此，則又咸稱國手名家，轟傳通邑矣。嗚呼，世之負不虞之譽者，比比皆此類也。欲求實具盧扁之學，則究何人哉。吾於論醫而深有所感。

《程杏軒醫案續録·堂妹吐證》 堂妹年二旬，因情懷憂鬱，致患吐證。每餐鬲間哽哽，少頃即吐，輕則只吐數口，甚則所食之物，傾囊而出。溫中調氣，清火解鬱，治俱不應。予用安胃制肝法，亦不驗。只得停藥，越十餘年，疾仍如故。肌肉不瘦，産育如常。予見此證數人，藥皆罔效，然亦無損。復有梅氏女一證，案載輯録卷中，其候更加，經期阻閉，纏綿數年，咸目爲殆，出室後得自愈。可見情志之病，藥餌難療。至於病久而血氣無損者，良由胃爲多氣多血之經，腑病較臟病輕耳。若果臟眞損傷，焉能久延不壞乎？

《程杏軒醫案初集·自病臂痛》 嘉慶癸亥歲，予因夏熱，夜卧石地受涼，秋後臂痛，莫能屈伸。初服温經散邪之劑，不效。外貼膏藥，又不效。思筋骨間病，藥力難到。古有熨洗一法，日洗藥水，其痛如故。偶閲《韓氏醫通》云：有痿痺疾者，偎卧患處於壯陰之懷，久之生氣和浹，病氣潛消。試倣其法，將痛臂夜令室人以熱體偎之，數日而愈。按《歸田録》云：人氣能粉犀，則療痺，固其宜矣。

《虞初新志》 劉雲山，萬曆間醫也。然當時其術未行，身死三十七年而名始著。陳子聞之曰：異哉！理可信哉？客曰：杭州巨室某者，子患惡疾垂斃，其家已環而哭之，有一醫突至，曰：我劉雲山也。視畢而病者愈，贈以金不受，去曰：他日晤我毘陵城司徒廟巷。踰月，巨室子果至覓雲山，巷之老人曰：子謬矣！雲山死且三十七年矣。然雲山生時信鬼神，曾夢授斯廟之神，募錢尚書地以廣祠宇，因自爲像於神傍，其形容尚可識也。巨室子躍入，驚顧駭愕，抱其像哭泣而去。由是吾郡之人，觀者拜者祭禱者，奔走無虚日，亦復有驗。陳子聞之曰：異哉！理可信哉！雖然，使雲山之術得展於生時，我固知雲山之志可畢也。乃負其術而不遇其時，此雲山之所以至死而猶不肯泯沒者乎？雖其事近於荒唐怪異，君子亦當憫其志而姑信之也。

蜀中劉文季爲余言，昔獻賊中有所謂老神仙者，事甚怪，能生已死之人，續已斷之肢與骨，賊衆敬如神明焉。其初被擄時將殺之。賊擄人不即殺，審其人凡一技一藝者皆得免。神仙比能以泥塑像獲免，賊中遂以塑匠呼之。一日，塑匠滌大釜，沃水拆屋，爲薪燎之，水沸，沸凡數，以一棒右左攪成膏。賊衆駭，爭相傳。獻賊聞謂妖人，又將殺之。塑匠曰：願一言以死。王不欲成大事耶？何故殺異士？獻賊異而問之，曰：臣有異術，能生人。此膏乃仙授，或刀斧，或搒掠，受重創者，臣能頃刻完好。獻賊即搒一人試之，立驗。獻賊殘忍，日殺人劓刵人，至笞掠無算。笞凡數百，血肉糜潰，氣息僅屬者，付塑匠，以白水膏敷之，無不生，且立刻杖而行。軍中爭趨之，餽遺飲食無虚日，以是衣食囊橐漸充矣。獻賊有愛將某者，攻城爲飛砲所中，去其頬，奄奄一息矣。塑匠曰：易與耳。即生割一人頬按之，敷以膏，一日而甦，飲啖如未創也。時孫可望在賊爲監軍，夜被酒，殺一嬖妾，且行二十里，醒而悔之，道遇塑匠，笑問曰：監軍夜來未醉耶？何有不豫色然？可望告以故，塑匠曰：監軍果念其人乎？吾當回馬覓之。可望曰：唉！起營時尸不知何在，想爲犬豕啖矣。何從覓？塑匠曰：監軍若命我覓，何物犬豕，敢啖貴人乎？可望曰：鼠子紿我！汝欲逃耶？我當遣介士押汝覓。塑匠笑曰：何處覓？覓何能得？可望怒曰：汝何戲我！塑匠指道傍舁一氈橐曰：何需覓，即此是也。可望曰：已朽之骨，何舁之？塑匠笑謂：監軍曷啓之？可望下馬解氈，則星眸宛轉，厭厭如帶雨梨花，帳中之魂已反矣。可望喜躁，一軍皆驚，聞於獻賊。獻賊曰：此神仙也！當封之。口封恐衆未知，時營大澤中，下令軍中，人備一几，以次日集廣原。是時賊數十萬，令以數十萬几累之，最高者謂拜仙臺。於是衣塑匠以深衣，巾以綸巾，方履絲縧。塑匠身長六尺，廣顙闊面，有鬚，望之如世所繪社神者。然命之升臺，臺高且危，塑匠怯，不欲登。獻賊令軍士各持弓矢引滿以向之，曰：不登即射！塑匠不得已，及其半，惴慄惶懼，而萬矢擬之如的，不敢止，勉登其上。獻賊令三軍釋弓矢，羅拜其下，呼老神仙者三。於時聲震天地，自此不復呼塑匠，而皆曰老神仙矣。老神仙亦自此不輕試其術。有渠賊某者，戰敗傷足，脛骨已折，所不斷者，皮僅寸耳。求老神仙治，辭以不易。某哀號宛轉，盛陳金帛以請，老神仙揮之曰：此身外物，吾無需，雖然，吾不忍將軍之創也。吾無子，將軍能養我乎？某指天而誓，願終身父事之。老神仙從容解所佩囊，出小鋸鋸斷其足上下各寸許，取生人脛，度其分寸以接之，敷藥，不數日而愈。自此賊中凡求其藥者，皆不敢侈餽遺，爭投身爲養子矣。獻賊有幸婢曰老腳者，美而慧，善書畫，腳不甚纖，因名。凡賊中移會偵發文字，皆所掌，獻賊嬖之。燕處有所思，老腳見其獨坐，私往侍之，賊不知爲老腳，疑旁人伺，以所佩刀反手擊之，中其腰，折骨劃腹出腸而死。獻賊省之，悔恨惋痛，急召老神仙。老神仙曰：已死不能救。獻賊罵曰：老狡，監軍妾，不亦已死者乎？汝不能救，當殺汝以殉。老神仙逡巡曰：需時日乃可。獻賊急欲其生，限三日。老神仙請期三七。比以酒合藥灌之，一匕喉間格格有聲，老神仙賀曰：可救矣！七日當復。因取水潤其腸，納腹中，引針縫之，敷以藥，夾以木板，均以繩，果七日而老腳走履如常時。及獻賊死，賊衆潰，從蜀奔滇，生平素德於老神仙者，衛之來滇。永歷至，賊衆多爲僞王侯，老神仙嘯傲王侯間，擁厚貲，辟室城東隅，累石成山，鑿井爲池，旁植花木，蓄朱魚數百頭，客至浮白，呼魚出水以娛，醉則高歌而卧，不顧也。迄永曆奔緬甸，老神仙從之。行及騰越，居常向空咄咄，若有所訴。一日，謂文季云：吾老矣！將奈何？文季曰：等死耳，公何惜。但公之異術，素靳不與人，致絕其傳，是可惜。老神仙曰：吾非靳也。吾師授我時有戒也。因訊其所授之由，曰：某陳姓，河南鄧州人，名家子。少嘗入鄉塾，性不樂章句，塾側有塑神佛者，時就與嬉，塾師時撲責之，歸而父母復責以不學，不能耐，遂出亡，倀倀無所適，因禱於關帝，得一籤云：他日王侯卻並肩。自顧一喪家子，何得並肩王侯哉？然神不誣我，與王侯並肩者惟仙人。素聞終南山多隱仙，願往從之。窮登涉，忍饑寒，遍訪無可從者。一日至山後，遙望絕壁上有洞，人出入。因披荊棘，踞巉巖，達於洞，見一道者坐石上，翛然異凡人。余幸曰：此吾師也！因長跪以請。道者不顧，拂袖歸洞。余不敢入，即洞口稽首而已。如是者三日，忽一童子，持一物示余云：師食爾。狀如糕，色白，方僅二寸，味甘如飴，食之，遂不復饑。余竊喜，益信拜求。至七日，道者忽出問余曰：癡子！汝欲何爲？余告以求仙。道者哂曰：去！汝非此中人，何自苦爲？余自念無所歸，惟投崖死耳，涕泣以求。道者已而曰：吾念汝誠，有書一卷授汝，資一生食。好爲之，勿輕泄，泄則雷擊也。速去，毋久留，徒飽虎狼耳。余得書驚喜，倉皇下山，省之皆禁方也，可三十頁。道延安，人爭傳某巡撫者，有愛女戲鞦韆，傷足骨出於外，醫莫能療，募能療者，金二百，騾一匹。余往應募，依方試之，果瘥。余於是囊金乘騾歸。吾父怒出亡，且疑多金。是時賊已起，謂余必從不義，首於官，將置之法。余族兄孝廉某白無辜，出獄，訊其故，因出書。余父聞余出，持大杖奔族兄家。余族兄反復解喻，不信，並陳書以實。余父愈怒，裂書火之。族兄從火中奪得僅四頁，余急懷而逃。今之所用者，皆燼餘之頁耳。年久，其四頁者亦不知往矣。其自述如此。居無何，以疾死。嗚呼！不龜手藥一也，一以封侯，一不免於洴澼絖，顧所用異耳。向使老神仙能體父志，不陷於賊，挾此術遊當世，盧扁華佗不得專於前矣。惜其狃於貨利，遂安神仙之名，而終以賊死。雖然人之遇仙與不遇仙，惟視福德之厚薄，老神仙得其書而不能全其福可知矣。嘗見稗官所誌，侯元者，樵山，遇老人授兵法，卒以作賊，戮其身，事頗類此。常怪仙人不得其人，即秘其傳可也，何往往傳非其人，以致戕害？仙亦何忍哉！且終南道者，亦未必眞仙。聞其膏乃以處子陰戶油煉之，火光滿室，燄升屋梁，光息而膏成，此豈仙人救人之方乎？本草以多用蟲魚，致遲上昇十年，況殺人以救人，不獨一人，且數十百人，是老神仙者，則亦始終一賊而已。

《三異筆談·滇醫》　六詔遠在天末，不但風土人情與中原異，至醫藥一途，尤非平素所喻。乾隆壬子，予遊滇中，督學蕭韶亭先生，山東日照人，以世講稔予，其弟九儀病腫，浼爲診視。同事者武林龐君，議以五皮飲利之不效，以五福飲加減復不效，用八正散。韶亭先生亦解醫，曰：予弟好飲而多慾，腎氣不固，故濕痰難逐，腎氣丸可服否？龐與予皆力贊之。守服此方幾十劑，愈服愈腫，由股而腹而腰，循至胸脯間，衆皆惶惑。一老胥進曰：此間有專門醫瘇脹者，甚驗，何不試之？俯仰間已呼至，其人面目黧黑，短褐不完，竹冠草屨，長揖而不敢坐。蕭公禮之，令診脈，曰：無庸，某治此三世矣，療之易耳。令開方，又曰無庸。予自有藥。蕭公曰：未達不嘗，聖有謨訓。子方或秘，但一開示予。立即付內，予忝視學，斷不能舍翰林而就太醫，以攘子世業。強之良久，乃囁嚅曰：愚不解書，口授而公録之可？公笑從之。一曰上天龍，二曰千頭參，三曰著地鞭。公茫然閣筆，以問土著，亦無有能辨者。醫乃曰：我固曰無庸，出藥一裹，計二錢，曰：昏後以米飲調之，然性頗烈，腹中作跋扈，勿畏也。蕭公慮之，商曰：先服參，顧其本，可乎？即以詢之，醫亦云可。乃以次第進之，腹痛大作，至曉而跳擲不可忍，一炊許，乃呼圊桶，洞然一泄，而腫以頓退矣。午餘來視，自詡曰如何？俗病固不足煩文治。龐公曰：我聞逐水者多速效，再發，恐不可救，奈何？曰：固也。留藥錢許，作一劑，曰：十日再腫，服此。曰：又十日再腫，服此。又以數分，作一劑，後此不復作矣。如其言，信然。至今遍詢諸貨藥人，亦從未有知其名者。未幾，予假令廣通，蔣觀察薦一僕常熟人，居一月疾作，鷄胸鱉背，如承蜩丈人，且尫瘠無見肉，乃置羅川廠中，令主稅吏視其食息，半月來署，博碩肥腯，非復曩狀矣。問之，曰：有土人教以覓七年老鴨，出藥末糝之，縛胸前，一夜而胸平，越數日復得一鴨，縛諸背亦如之，乃霍然耳，考其藥則均不知何草也。腑肺能語，其洞見一方人哉。雖張劉李朱，遷其地不能爲良矣。然以邊醫治中土，則捷於操刃。在杭時，同寅郎錦騏拉予視瘧，視其脈，蝦遊雀啄均現，無可爲矣。詰之曰：昨一友來鈔一經驗方，服之不覺委頓。視之柴胡一兩，麻黃五錢，熟地一兩，附子三錢，餘不能記。大抵仿此，斂手而退。其同鄉孔君龍璋尙爲疏劑，翌日而卒，七竅皆血，與中毒無異。今江湖一帶，提囊售醫者，此輩不少。予謂有司當以蠱毒殺人治之，庸醫不足蔽辜也，庶幾鄭重民命之一端乎。

《三異筆談·偽藥致悞》　金明經良玉銓，工詩善醫。予家小雲臺時，對衡望宇。先府君以叔事之。與外祖蔡尤厚，談必移晷。作劑宗法東垣，其視藥尤嚴，味味揀之，謂某一生謹慎，然幾誤人性命者已屢。一爲某家五歲兒，病肺風。初用麻黄三分，不應。益以五分，又不應。第三劑益至七分，而額汗如珠，脈亦欲脱矣，急以人參五味止之，穋以牡蠣龍骨始痊。訪之，則前所用皆僞者，七分則眞麻黄，不覺已過重矣。一爲某店一主計，病水腫，以十棗湯逐之，再劑不應，因鑒前轍，索藥驗之，朽敗絶無氣味，立飭赴别店易之，一劑而愈。金丈老醫練事，故幸而免，然亦悕矣。己亥，予入都，海上張君，方鬻術燕臺。張爲趙少鈍葭莩，時來延陵昆季邸第，走馬塵坌中，時發浩歎，謂已幸有負郭一頃，門首懸壺。日可得數百文，足供鮭菜。一日，有事外適，令一夥守店，夥忽内迫，邂逅一舊徒，倩之代庖，須臾歸，問徒曰：有市藥者乎？曰：有某人來市，旋覆代赭湯一劑，已撮付之。夥檢點一過，大驚曰：代赭於櫥頂取耶？曰：然。曰：誤矣。此信也。緣鄉人多市以種菜，故蓄之，後慮兒童之戲弄也，故高置之，汝亟往告曰：藥不良，須易之。計尚可及。徒狂走而去。未至數里，忽鄰有猛犬逐而噬，徒駭歸告。夥急自往覘之，則哭聲盈耳矣。訟於官，醫請以藥渣驗，視之，則諸藥均已腐爛，信尚宛然。乃治徒以過失殺人罪，而余家亦破。且從此種芝採朮，故鄉皆無地自容。故三千里外，出此下策也。余笑謂之曰：子以醫被禍故來，不知又有人以醫避禍欲去也。蓋陳君倫文，適來辭行，因述其事於張。陳君吳江人，以謄録生議叙州佐，知醫。一日在寓，見藍翎人牽馬來邀，問何所，但云府中。陳不敢辭，隨之往，至一處，入門數重，有内監出引之，朱門綺戶，愈進愈邃，至一室，則繡帳雙垂，於帳縫中出一手，診之，左右遞診畢，問卧者何人，宦者即叱曰：請君診脈，何問爲？乃易詞以探。曰：曾服過藥否？曰：服，有單可查。即請單驗之。宦曰：可。然此單無驗，不足效也。閲單，略得大概，病者幼婦，症似産後，約略定方而出。明日藍翎人復來，且云今日王爺在府。恐傳見，乃盛服以往，儀郡王坐坑上，以總裁故，識之，見客入，爲起立，命移一椅賞坐。云：病者乃格格，年十六，去年已下降，今春妊。以少年不慎，半産。昨服先生藥大好，幸終療之。且謂左右宦者曰：傳語格格，醫須望問，不必避面。乃復入診，格格出見。穠桃艷李，眞天人也。陳已得解，乃大用芎歸，數劑而愈。再入再見，以大緞一卷，荷包兩對，銀四十兩酬之，曰：曹地山師父，薦汝高明，洵不誣也。今而後，吾府中仗君爲司命矣。拜謝而出，轉計可一不可再，托詞授館灤陽，遁去。張君聞之，胡盧而起，曰：吾方思日詆馬錢一千，亦尚未穩。

《咫聞録·醫者》　醫之道精矣、微矣，奚可淺試乎哉！必其平日有絶大學問，採諸名醫之書，研求摩練，得其旨奥，庶不至殺人如麻焉。浙鄞有徐姓者，住居罌脰湖濱，不農不儒，始依父兄以閒遊，繼有妻子而號苦，思欲養家，爰記醫方，懸牌療疾，計得蠅頭之利，人知底裏，誰肯寄之以命。冬衣敝絮，裏以棉袍。夏衣草衫，蔽以葛衫。日逐遊獵，尋病而醫。人見其濯濯也，以僕隸下人視之。進而坐談，踞身不起，必俟一飯而後歸。一日，有隔里許之姓朱者，偶觸傷寒，八日而死。徐聞之，貿貿然來，入其門，其屍已移房出堂矣。徐按其胸曰：心口尚熱，可醫也。朱之家屬，以天氣炎暑，急治棺成衣，立圖殯，且知其不精於醫也，無人聽之。徐自取楮筆，書白虎湯一方，令其弟姪速檢藥石。其弟姪曰：子非華陀，能挽人於已危乎？子非純陽，能起死以復生乎？子饑難度，不如與我幫忙，同食三朝，不必以拙技嘗試也。徐曰：氣雖絶，胸尚熱，死馬還須當活馬醫之，子與我錢百枚，我往市中沽藥，能生乃汝家之福，不能生，算我假用此錢也。其弟姪厭其纏繞，與之。徐自煎自熬，以藥湯灌死者之口，竟順受而下。須臾，死者手微動，而口有氣。徐曰：生矣。滿堂哀哭之聲畢止。於是復舁至房，調治數日而愈。咸以爲此神醫也，不可貌相，謝銀十兩。由是名聲大振，延者有人。徐欣欣得意曰：白虎一湯，能起死回生，況病而未死之人乎？凡遇病者就之，醫即開白虎湯與之。不及兩月，醫死者十餘人。被人拷打數次，醫道仍然不行。而朱復活二十餘年，是蓋朱之命不應死也。天遣徐以醫之，救一人而殺十餘人，亦由天遣而殺之。從知生死存亡，皆歸於命，有病者可不必醫矣。醫之者，但能醫不死之病，而不能醫不生之命矣。

《冷廬醫話補編·錫餳不辨》　臨海洪僉事若皐《南沙文集》，謂方書金銀玉石銅鐵，俱可入湯藥，惟錫不入。間用鉛粉，亦與錫異。錫白而鉛黑，且須鍛作丹粉用之。明名醫戴元禮，嘗至京，聞一醫家，術甚高，治病輒效。親往觀之，見其迎求溢戶，酬應不暇。偶一求藥者，既去追而告之曰：臨煎時，加錫一塊。元禮心異之，叩其故。曰：此古方爾。殊不知古方乃餳字。餳，即今糯米所煎糖也。嗟乎！今之庸醫，妄謂熟諳古方，大抵皆不辨錫餳類耳。

余謂今之庸醫，不特未識古方也，即尋常藥品，亦不能辨其名。有書新會皮作會皮，蓋不知新會是地名也。有書撫芎作撫川芎，蓋不知川與撫爲二地也。此皆余所目見者。

炳章按：古方之餳，即今飴糖。用大麥芽或糯米蒸煮成之，調補胃氣，如小建中湯所用，即是物也。

《研經言·扁鵲見垣一方人説》《史記·扁鵲傳》載：扁鵲飲長桑君藥，三十日見垣一方人，由是診病，洞見五藏癥結，特以診脈爲名。注方邊也，言見牆垣彼邊之人也。案如注説，是謂能隔牆見人矣。長桑何藥，而乃變易形質若此耶？竊謂此當與紀昌貫虱同義。大抵久竭目力，則所見必異。虱大如輪，以徑言也。垣一方人，以深言也。迹雖不同，理則一致。想扁鵲學望診時，必日視其垣以鍊目力，而以意合之人面，久之則垣中淺者深者，一一分明，便似其中有人在。云一方者，正就其日所注視者言，非彼邊之謂，且彼字尤屬添釋。史文無此義也。余嘗師其意而爲之，雖未能見人，亦似有眉目可別，雖未能洞見藏結，臨症時看人面，及舌色、浮沉、大小、濃淡，一目了然，不待多時而細察。故謬揣史遷此言，係形容之詞，非果隔牆見人。且扁鵲脈法，具載脈經，果以診脈爲名，豈其言皆虚飾耶？史遷於此及倉公兩傳，皆未能實疏所以，但據人間形容之詞，不復顧其過當，良由其於醫事未能了了耳。班書不録，豈無故歟？范書不爲仲景作傳，亦當以其妙難言喻，恐轉滋人惑也。陳志《華陀》傳，多據實質言之。

《里乘·傅青主徵君軼事》山右傅青主徵君山，以書畫著名一時，而不肯輕爲人作。嘗有執友某求畫，請之諄諄，意不可卻。徵君謂畫雖末藝，然必須筆補造化，我每作畫，先擇其時，非遇良辰，不肯下筆。今重違君意，約以中秋夕爲期。如是日天氣晴爽，風定月明，當準備紙筆，惟命是聽。其友第諾。待至其日，果晴爽如所言，友大喜，知徵君善飲，乃備肴酒，迎與痛飲，自晡至昳，始罷席。徵君命侍者爲研濃墨，駢兩几，鋪丈長玉版紙其上，又取銕界尺鎮紙四角，謂俟月上東向，秉燭爲之作畫。少焉月出東山，光鑑毫髮。徵君樂甚，命侍者取所研濃墨一巨鉢置旁几，屏退諸人，獨自命筆。友遙遙窺覷，但見徵君手舞足蹈，或踴或躍，其狀若狂。友大驚，徑趨至背後，以手力抱其腰。徵君狂叫歎曰：孺子敗吾清興，奈何？遂擲筆搓紙，竟作罷論。友見徵君髮鬢須眉，滿頭皆墨，竟體汗下如雨，以徵君酒醉，不能強事丹青。急取水爲之浣濯，遣人送歸，所畫廢紙上惟濃墨一團，大如釜臼，以徵君手筆，不忍捐棄，姑摺疊庋之架上。一夜天陰月黑，室内隱約放光。急往察之，見光出自廢紙，始悟徵君畫果通神，可惜敗興中輟，未竟厥事也。京師打鐘菴募修落成，僧慕徵君名，丐書菴額。以僧無行，辭不許。僧稔某甲與徵君善，啗以重金，求爲轉乞。甲知徵君爲人，不敢遽達，又慮無以報僧，既思得一法，乃沽佳醖，招徵君飲。又預作五絶詩一首，將打鐘菴三字，嵌於詩中。乘徵君微醺，自握筆書此詩，屢書屢自拉棄之，徵君睨之而笑。甲曰：家有屏，欲書此詩刻其上，顧不善塗鴉，致貽君笑。時徵君已醉矣，曰：我爲汝代筆如何？甲喜曰：本不敢相煩，果爾幸甚。徵君遽索紙，縱筆爲之一揮，較常尤勝。甲請曰：既蒙賜書，即求署款，以爲蓬舍光，尤深欣感。徵君笑而許之。後甲刓此三字授僧，榜於門。徵君偶過菴前，訝額署己欵，筆意確是，注視沈思良久，忽憶前爲甲書屏中有此三字，始悟爲甲所賣，遂與絶交。徵君精醫，今所傳世者，僅婦科書，顧不徒精婦科也。有同鄉某客都中，忽然患頭痛，經多醫不效。聞太醫院某公爲國手，斷人生死不爽，特造請診視。公按脈畢，命之曰：此一月症也，可速歸家，料理後事，遲無及矣。某聞怏怏歸寓，急治任兼程旋里。會徵君入都，遇諸途，問某歸意，以疾告。曰：太醫院某君，今國手也，盍請治之？某歎曰：僕此歸，正遵某公命也。乃具告所言。徵君駭曰：果爾奈何？試爲汝脉之。按脉良久，嘆曰：某公眞國手也，某言不謬。某固知徵君技不在某公下，泫然泣曰：誠如君言，某眞無生望矣？然君久著和緩名，竟不能生死人而肉白骨乎？徵君又沈思久之，謂曰：汝疾萬無生理，今思得一法，愈則不任功，不愈亦不任過，汝如法試之何如？某大喜求方。徵君命歸家遍覓健少所着舊氈笠十餘枚，煎濃湯漉成膏，且夕服之當有效。萬一幸愈，可速至都中謁某公，當云何也。某謝諾而別，歸家如法治之，疾果愈。尋至都中，見徵君，喜慰異常。趨往謁某公，公見某至，瞿然曰：君猶無恙耶？某具以徵君所治之法告之。某嘆曰：傅君神醫，吾不及也。吾初診汝疾，係腦髓虧耗，按古方唯生人腦可活，顧萬不能致，則疾亦別無治法。今傅君以健少舊氈笠多枚代之，眞神手，吾不及也。若非傅君，汝白骨寒矣，謂非爲鄙人所誤耶？然則醫雖小道，攻之不精，是直以人命爲兒戲也，吾尚敢業此哉？公送某出，即乞休閉門謝客，絶口不談醫矣。

里乘子曰：予幼時喜玩徵君婦科書，見前臚載軼事數則，今刻本已不載矣。猶憶載徵君所爲艷詞者，有歡床如天，歡身如雲，登天抱雲，歡墮儂身之句，嘆其不愧爲才人吐屬。後覓得所著《霜紅龕全集》，閱之，多不稱意。或謂徵君稿多散佚，其《霜紅龕集》乃村傖湊綴爲之，是或然歟？徵君書畫傳者甚少，予曾見方子箴方伯藏所書大草立幅，筆意在張顛米顛之間，洵可寶貴，而畫則未之見也。

曩在京城，與李子皆同遊流璃廠，見青主墨畫牡丹立幅，甚精妙。子皆以京錢十二千購得之。方子箴識。

《果乘・徐霞客》 徐霞客，名宏祖，江陰縣人。平生有山水癖，曾作遊記，厚尺許，眞奇觀也。相傳霞客得異人術，日可行千里，不携傔從，自負行囊。囊有機括，日暮猱升樹上，懸囊高枝，啓囊展衾枕，蜷卧其中，距地數丈，以遠猛獸。常三至崑崙，山靈厭其貪，夜遣大鵬扇翅，撲折樹枝，墮霞客崖下而損其脛。霞客度無生理，望鄉而泣。昧爽，山靈現壽者相，策杖來問所苦。霞客具告之，且謂身塡溝壑非所惜，奈家有老母何？壽者責曰：崑崙爲宇宙第一山，多眞仙所居，世人欲一至不得，汝乃三至，天惡其貪，故罹此罰。予憐汝孝思，不忍不一援手。袖出藥一丸授之，曰：噍之當愈。然君返奉母，勿再遠遊矣。霞客拜諾，受藥吞之，頓愈。既歸，泣拜母前，足脛復損，自是杜門作遊記，遂不再出。

里乘子曰：予在江陰，聞其里人言之如此。然觀霞客遊記，出遊有時，亦復需舟車，不盡徒行也。霞客嫁妾生子，從母姓李，名奇，字介生。

《里乘・雷擊邵伯民》 邵伯民有伯仲析炊而同居者，伯素樸願，病瘵，瀕死，召仲執手泣謂曰：我病殆將不起，手足從此分矣。先人遺產，不憂餓殍，奈無子息何？顧汝嫂賢，弟所知也，幸有娠，男也，佐嫂善撫之，成人，必教之讀書；女也，亦善視之，爲擇一快婿，不使失所。汝後日子多，當分嗣我，佐汝嫂守柏舟節，吾目瞑矣。弟如重骨肉情，須念我治命，識之勿忘。仲慰之曰：兄第安心調攝，當不至若是。萬一不幸，敢不如命。伯點首者再。不日尋卒。仲爲治喪，殊草草。嫂雖不慊，猶以奢不如從儉，曲諒其無他也。無何嫂分娩，視呱呱者，儼然男也，心大快慰。仲亦欣然，慶兄有後。兒狀甚英偉，但苦善啼。乳之不哺，百方呵撫之不止，延醫締視指紋，僉謂無病，而哭則未嘗一刻輟也。嫂甚憂之，甫三日，竟以不乳殤。嫂抱尸痛泣，幾不欲生。戚黨再三勸慰，乃啜泣召仲謂曰：亡人寄託之言，歷歷在耳。嫂所以忍死須臾者，戀戀此一塊肉耳，今已矣，復何望哉？汝如重骨肉情，必厚其衣衾棺槨，待此藐諸孤以成人之禮，俟殯殮畢，吾亦將從汝兄地下。所有資產，壹以付汝。汝如重違吾意，我夫婦九泉亦必嘿佑也。汝意云何？仲不得已允之，爰市美材殮兒，權厝兄墓之側，嫂復延僧唪誦經咒，所費不貲。仲心怏怏而不敢言。七日事畢，嫂遂絶食粒米，勺水不入於口，終日嚎啕慟哭，血淚俱枯。鄰里聞之，無不寒心。時方冬月，朔風怒號，黑雲四合，氣象愁慘。忽霹靂一聲，天頓晴霽，人言伯與兒棺，均爲雷擊開，有二人跽墓側，不知何故。嫂聞亟揮淚力疾趨視，見伯與兒俱生，而跽者則仲與鄰村某嫗也。急令人舁伯，自抱兒從與俱歸，進食進乳，居然各慶再生矣。先是仲以伯既死，慮生兒不能並其產，以某嫗素爲人接生，重賄之曰：女也則已，男也則爲計戕之，願以五十金爲壽。嫗初不肯，請倍之。嫗利其賄，乃諾之。爲嫂接生時，悄以花鍼納兒臍中，而他人不知也。至是仲與嫗被擊，各手持元寶一枚，臍鍼則拔插嫗額，其半入骨，血縷縷猶未絶也。噫，誰謂彼蒼者憒憒哉？衆議以伯與兒棺殮仲嫗，即同葬其穴。後伯夫婦壽至八十，生四子，憐仲無子，以一嗣焉，兒後舉孝廉。

里乘子曰：或謂雷擊仲嫗誠快，可惜太晚，倘擊於二人賄商時，不較直捷乎？予曰：否否。伯之再生，實嫂之烈感之也。倘擊於賄商時，不過幸免，兒無害，而嫂烈不彰，伯何繇再生也耶？夫嫂之烈，雖伯所素知，而天必試其果否，迨兒死即決意絶食，從伯地下，嚎啕乾哭，人不忍聞，豈天聽在上而忍聞之乎？至是特於冬藏時，爲嫂破格，奮其一擊之威，不惟當時人心稱快，即千載聞之，亦無不同聲稱快。不然，兒生可矣，謂伯與俱生，非嫂之烈有以感之，吾不信也。彼蒼賞罰，歷歷不爽如是，可不畏哉！

《里乘・守貞》 中州某甲，少失怙恃，弱冠娶妻某氏，伉儷甚敦。甲有族叔在京貿易，因挾薄資往依之。頗有營獲，十年始歸。夫妻久别重逢，情倍親切。晚間滅燭登床，甲縱體入懷，忽狂叫一聲頓絶。某氏大驚，急起火而燭之，則見血流股席，甲勢已閹割不留餘蒂，竟不能再甦矣。某氏抱尸大哭，駭懼悲慟，莫測所以。詰旦，親黨鄰舍畢集，互相猜疑，以某氏帷薄素謹，何忽罹此慘變。乃共商議，不得不具狀訴官。官諮諸幕友，謂必因奸謀殺無疑。官然其說，窮詰某氏，備受拷虐，卒不肯承。展轉年餘，不能定讞，而某氏奄奄一息，尋將瘐死獄中矣。勾越有商先生者，年逾七十，精申韓家言。

老遊中州，善斷疑獄。官厚聘延至，與議此獄。商閱爰書，再四思忖，固疑某氏冤枉。爰招某氏至，審其舉止溫存，語言和婉，毫無凶悍之態，益疑之。乃屏去左右，諭令某氏毋羞毋恐，可將當日床笫情形，從直縷述，我當設法爲汝雪冤。某氏見商皤然老者，溫霽和藹，知非輕薄者。聞言感激垂涕，稽顙有聲，歷將當日床笫情形，一一從直縷述。商拈髯諦聽，忽然思得一法，諭令某氏歸房，赤體偃卧，毋容靦覥。乃索豬肉少許，切作人勢狀，以鐵鈎貫其中，命接生某嫗，將肉塞入某氏陰道中，以覘其變。某嫗如言試之，陰道中果有一物，力啣其肉，如魚吞餌，然急拔出視之，其物長七寸許，竟體黄毛，四足修尾，酷類鼩鼪。始悟某甲變生意外，固是物作祟也。見者無不咋舌稱異，僉曰：非商先生高見，而某氏之冤，終難暴白矣。或謂此物名守貞，亦名血鱉，孀婦暮年多有之。他如老處子比邱尼亦間有之，大率多因曠怨鬱結而成，然究不知出何書，當俟質之博雅者。

《香飲樓賓談·醫貧》 吳門葉天士桂精醫理，求治者踵相接。一日，乘肩輿出，有鄉人迎道左，乞視疾，葉停輿診之曰：六脈均調，奚病耶？鄉人曰：公名醫，奇病險症，無不洞悉，小人所患者，貧病也，不識公能療之乎？葉笑曰：是疾也，亦頗易治。子於晚間來取方，一服即愈矣。至暮，鄉人敲其門，乞醫貧良藥。葉令拾城中橄欖核種之，俟苗茁來告，當獲厚利。鄉人如其教，未幾，苗芃芃然。走告葉，葉曰：即日有求苗者，高其值，勿賤售也。葉自是藥引皆用橄欖苗，病者爭往購。數日，苗漸稀，求者益衆，值益昂。鄉人獲錢無算，苗盡而藥引亦除矣。既而鄉人具禮來謝，葉曰：病愈乎？鄉人曰：賴公力，已全瘳矣。葉笑而遣之。至今吳人傳爲美談。

《香飲樓賓談·神醫》 吳門薛生白徵君雪神於醫，治疾屢著奇效。嘗遇數人舁新棺出城，棺縫中血水淋漉，其色甚鮮。薛曰：止。若等舁活人奚往耶？舁者曰：此某家產婦，死已越宿，奚言活也？薛固爭其不死，閧動一市。適縣令至，詢得其故。令素重薛名，曰：君能起死人而肉白骨，誠善。萬一不能活，開棺之罪，將誰承之？薛因索紙筆書自甘承罪狀。遣告喪家，其夫亦至，乃發棺視之。薛曰：此兒抱母心故暈絶，一鍼可活。以長鍼刺其心窩，婦大呼一聲，兒已下，而婦亦漸蘇。視兒手則鍼眼存焉。令連稱神醫而去。越日，夫具禮踵門謝，薛笑而卻之。

《續名醫類案·怒斷相思》 一女與母相愛，既嫁母喪，女因思母成疾，精神短少，倦怠嗜卧，胸膈煩悶，日常懨懨，藥不應。予視之曰：此病自思，非藥可愈。彼俗酷信女巫，巫托降神言禍福，謂之卜童。因令其夫假託賄囑之，託母言女與我前世有冤，汝故托生於我，一以害我，是以汝之生命剋我，我死皆汝之故。今在陰司欲報汝仇，汝病懨懨，實我所爲，生則爲母子，死則爲寇仇。夫乃語其婦曰：汝病若此，我他往，可請巫婦卜之何如？婦諾之。遂請卜，一如夫所言，女聞大怒詬曰：我因母病，母反害我，我何思之？遂不思，病果愈。此以怒勝思也。

《續名醫類案·相思》 薛東明治王生子周歲，忽不乳食，肌肉消盡，醫疑爲疳。薛曰：此相思症也。衆皆嗤笑之。薛命取平時玩弄之物，悉陳於前。有小木魚兒，一見遂笑，疾遂已。

萬密齋治胡三溪子，歲半，日入後忽啼不止。時七夕也，三溪招萬飲，已而報啼甚。請人視之，無病也。飲未竟，兒啼甚，人以兒故意不樂，三溪強再視，細察之，實無病。無病而哭，必心有所欲，不能言也。乃問曰：兒今日所喜弄者何物？乳母曰：馬鞭子。即令取至，乃笑而持之，擊其乳母，不復哭矣。於是暢飲而罷。明日有問者，曰：此小兒害相思病也。可以爲案。

一兒半歲，忽日慘然不樂，昏睡不乳。萬曰：形色無病，將謂外感，則無風寒之症，將謂内傷，則無乳食之症。此兒莫有所思，思則傷脾，乃昏睡不乳也。其父母悟云：有一小廝相伴者，吾使他往，今三日矣。乳母亦云：自小廝去後，便不欣喜，不喫乳。父急命呼之歸，兒見其童嬉笑。父曰：非翁妙術，不能知也。

《續名醫類案·哭笑》 先達李其性，歸德府鹿邑人也。世爲農家，癸卯獲儁於鄉，伊父以喜故，失聲大笑。乃春舉進士，其笑彌甚。歷十年擢諫垣，遂成痼疾。初猶間發，後宵旦不能休。大諫甚憂之，從容與太醫某相商，因得所授，命家人紿乃父云：大諫已歿。乃父慟絶幾殞。如是者十日，病漸瘳，佯而爲郵語云：趙大夫治大諫，絶而復甦。李因不悲，而症永不作矣。蓋醫者意也，喜則傷心，濟以悲而乃和，技進乎道矣。

《續名醫類案·參禪消恐》 盧不遠治沈君魚，終日畏死，龜卜筮數無不叩，名醫之門無不造。一日就診，盧爲之立方用藥，導諭千萬言，略覺釋然。次日侵晨又就診，以卜當十日死。盧留宿齋中，大壯其膽，指菁山叩問谷禪師授參究法。參百日，念頭始定而全安矣。戊午過東瀛吳對亭大參山房，言及先時恐懼狀，蓋君魚善慮，慮出於肝，非思之比，思則志氣凝定，而慮則運動展轉，久之傷肝，肝血不足，則善恐矣。情志何物，非世間草木所能變易其性，惟參禪一着，內忘思慮，外息境緣，研究性命之原，不爲生死所感，是君魚對症之大藥也。君魚病良已，能了知此藥物否。

《志異續編・病丐》　一病丐，往來湖湘間有年矣。手挾一竹杖，餘無所有。寒暑惟一破衫蔽體。人與之食則食，不與，則竟去不顧。一日，行至安鄉縣地，卧於湖畔草際。不飲不食，日曬雨淋，了無所覺。鼻息時聞，百喚不醒，疑其將死也。鄉之人共憫之，爲結小草棚，以蔽風日。約半月矣，其睡如故。有道人經過，見而喚曰：可以醒矣。病丐應曰：我何曾睡？道人曰：如何便住？應曰：何曾是住。即躍起同行。其疾如飛，瞬息不見。或曰：是蓋學道服氣者。

《志異續編・某醫》　某素業醫，家最貧，住錢塘城內，人無有延之者。值歲暮，諸債蠅集，不可摒擋。夫妻相對泣，某與妻訣曰：今屆除夕，甑塵竈蛙，枵腹奈何。生不如死，與子永別矣。妻挽之不得，徑出門去。至西湖畔，獨行徘徊，爲自盡計。有老僧見而異曰：君何面現死氣？某以實告。僧曰：察君之面，雖明露凶氣，卻暗藏吉光，明日當交好運，從此腰纏十萬貫矣，幸勿短見。貧僧雖力不能周，但些許薪米，尚可奉獻。即袖出數金與之。某拜謝，喜躍而歸。妻見其喜形於色，叩故，備述之，夫妻共感謝。里有富翁某，年六十餘矣，生一子，視若珠玉。子甫十月，忽得一疾，不寒不熱，惟不住啼，不食乳。百藥罔效，衆醫束手，舉家倉皇。王生者，某醫戚也，力舉揚某。富翁家距城三十里，聞王生言，即著人持銀二十兩往迎。是時正元旦四鼓，某聞剝啄聲，開戶迎入。具陳來意，且出銀。某收訖，即同去。至則天明矣，細察氣色，詳審脈紋，似無大病，但滴乳不食，哭不絕聲。以藥投之，亦不下咽。某計窮，散步於花園池畔，見一婦年約三十，臨池哭泣。詢故，曰：妾，乳母也，恐兒難救，故悲耳。某曰：既是乳母，必詳悉是兒起病之由，我即醫是兒者，盍備言以便施治。婦欲言囁嚅，半晌，始泣曰：妾不言，諒先生亦不知，但可治則幸甚。萬一不治，審毋洩妾言，如洩則妾死矣。某曰：第言無傷。婦曰：前抱兒在此閒遊，見一田螺，兒欲之，因拾以與兒。不意兒持螺入口吞之，今所以啼哭不食乳者，乃田螺橫哽喉間也。某紿曰：頃察小兒病症，已十得八九，聞子言益信不誣。是病吾能治，但恐爾主人吝貲，不肯重謝耳。婦曰：主人非負德者，如不見信，當令主人先說明謝金，然後施治何如？某曰：可。婦趨白翁，翁即對某啓曰：倘蒙妙劑，保全小兒，闔家頂祝，願奉銀二千兩，稍酬萬一，決不食言。某曰：如能奏效，實屬萬幸，豈敢圖謝，但需用藥方，恐一時難辦耳。翁曰：試言之。曰：須得鴨百隻備用。翁曰：此易耳。俄鴨齊。某令人將鴨握固，自以指探入鴨喉內攪之，用盃刮取指上涎，已攪之鴨不用，復取第二隻。如前再攪再刮，取至數十隻得涎半盃，即用匙灌入小兒喉中，頃刻啼止能乳矣。翁大喜，備銀二千兩，並衣服等類，送至家。某由是著名，延請無虛日，竟成富人。某感僧活命恩，思有以報之。僧故雲遊無定踪，迄不得一遇，遂設位朝夕供奉焉。考鴨涎，本草雖著功用，實無治螺哽之文，乃用之竟效。蓋鴨本食螺，取其相制，亦猶鸕鷀治魚骨哽，貓肉治鼠噬瘡，舊梳治髮哽喉中，敗篦治蝨成癥之意，是醫應變之才，固亦未可多得也。此乾隆五十六年，在吳門聞杭州沈公國楨言如此。今不能舉其姓名矣。

《志異續編・某鄉宦》　某鄉宦家，夏月延一醫生視病。每日供膳，有水晶鷄蛋一盤。醫啖而甘之，每食必盡。後遣家人送醫生歸，途次問水晶鷄蛋果係何物。家人曰：先以大青魚汁，和入鷄鴨、火腿、魚肚、海參、魚翅、燕窩諸品，文武火燉極濃，漉淨渣滓，熬成膏，用鷄蛋開小孔，傾去黃白，以絲綿拭淨，蘸麻油塗其裏，然後以膏灌入卵殼內，滿則封之，浸井中一宿，取出饗客。主人以炎天無嘉肴，聊以此爲敬耳。醫生曰：無怪乎味若是之美也。微子言，吾尚平平視之，詎知乃諸珍物精液所成，吾眞村夫哉。雖然，古人日費萬錢，尚云無下箸處，口腹之慾，固難饜也。爾主人費盡多少心，僅供我入口時一快，雖曰愛客，終覺縱欲。吾聞之有德者，不以口腹累人。爾主人乃以人之口腹自累耶。

《志異續編・儲晝山》　儲晝山先生大文，口吃主靜，綜貫羣書，入翰苑年餘，即乞假歸。所居樓曰晝山。日坐其上，以著述爲事。每日食米，不及二勺。案懸一囊，裝附子大黃各二兩，供口中時時咀嚼。凡五日盡一囊，或問此方出何書。公曰：此予以意會得之。日觀書數寸，恐起心火，大黃所以瀉之，用心過度，恐腎水枯涸，附子所以蓄之。服之頗覺有效，故常年不輟耳。先生一目十行，顧光止寸許，以手持書，旁人但見其一上一下，即盡一頁，故鼻準常黑，先生不自知也。

《志異續編・徐立端》 徐立端，浙江世家子也。少年遊庠，性耽岐黃。嘗自言從一名師，日日隨師臨症。每至一家，師先診脈，然後命視。視畢，即命立方呈政。師或增減一二味，或原方付病家即服。一日視脈畢，立方呈政於師。師神其方，命重入內視病。出問何病，答以火症。師又命入內，細看氣色。出問何色，答以紅中帶紫。師曰：非紫也，乃青也。再入內嗅之，是何氣味？出問之，曰熱中有穢。師問其穢何似，不敢妄對。師曰：其臭是井底污泥氣，此係陰寒凝結在中，如誤服前方，病不可爲矣！觀此可知寒熱虚實四字，稍有錯誤，生死立判，醫可易言哉？

《志異續編・杜子美》 杜子美自負其詩。鄭虔妻病瘧，過之，云當誦予詩，瘧鬼自避。初云日月低秦樹，乾坤繞漢宮。不愈，則誦子章髑髏血模糊，手提擲還崔大夫。又不愈，則誦虬鬚似太宗，色映塞外春。若又不愈，則盧扁無如何矣。《樹萱録》載其説如此，故人謂少陵詩能止瘧。按少陵與鄭虔爲至交，不應作此戲語，且誦詩亦無有能止瘧之理，似不足信。白嵒朱公患氣痛，每當疾發時，取杜詩朗誦數首即止，習以爲常，服藥無是神效。或曰：朱公平日，酷愛杜詩，取所愛讀之，則心恬神適，疾不覺自忘，非眞能止痛也。或曰：氣痛原屬氣不舒暢所致，杜詩氣象萬千，半山老人所謂力能排天斡地，壯顔毅色者也。故讀之令人氣旺，氣旺則不痛矣。然則杜詩既能止氣痛，則止瘧之説，或不盡誣與。

《虞初廣志・天醫星》 葉天士既以醫名，江西張天師因事至蘇郡，適患時癘，延天士治愈之。天師酬以金帛，不受。因使人致意天師曰：願得公一言，則過於金帛遠矣。張曰：苟可言，無不如命。人遂語以故，張諾焉。越數日，公宴天師於虎邱河舫，葉從岸上過，天師忽離席起立，若肅然生敬者。諸官僚請其故，天師曰：適岸上天醫星過耳。諸僚因使從者，登岸詢之，則葉也。由是天醫之名著，而葉之門益如市。

《虞初廣志・薛生白》 薛生白，別號一瓢，清代名醫，能詩。乾隆初，以博學鴻詞自薦，不起。少負膽力，任俠喜游。嘗夜醉歸，遇劫賊於途，奮臂擊斃之。先是，吾蘇王廢基一帶荒僻特甚，賊每夜劫過路者財物，謂之背娘舅，由是遂絶。翌日，人傳斃人於途，官府往驗事。薛因謂其妻曰：殺賊者，我也。妻因乘間言之曰：君之所爲非計，曷不讀書，以期自力。薛曰：讀書誠佳，誰爲我料理薪水？妻曰：君誠能讀書，妾當以女紅佐薪水十年。薛諾之。由是閉戶讀書，起卧一小樓不下者十年，遂博極羣書，尤精於醫。時醫士葉天士，聲名籍甚，薛一出，即能與之抗。葉因於所居室三間，顔之曰：踏雪居。薛亦於南園起宅，號掃葉山莊。薛武勇絶倫，嘗夜卧，聞庭窸窣作聲，啓牖視之，賊於暗中以錢鏢中薛所著履而逸。薛心知非賊，乃訪其藝者也。乃鑄銅杖一以自衛，題曰銅婢。當時題咏甚多，袁簡齋者集中有長歌一首，其結云：一時名士皆有歌，祝君偕老專房多。我獨諷語君應笑，頗聞銅具喚奈何。蓋即咏此也。

《虞初廣志》 葉母病正劇，不敢下藥，語於人曰：能愈吾母疾，願以三百金爲壽。夜不能寐，覃思病源，忽自言曰：若不是親生母，定用青龍白虎湯。其壁外則旅店也，有客以游幕失所，欲歸無資，夜亦不寐，聞語而心異之。明日，問主人，主人俱以故告。客因使主人言於葉，曰：有客能治此疾。葉聞之，欣然迎入，客視其疾，謂葉曰：君精醫，何不用青龍白虎湯乎？葉然其言，一劑而愈。客遂受謝得歸。

《妙香室叢話》卷一四 張溱厓言，平湖有一童子，面黃瘠，減飲食，積年，醫不治。一日，忽遇走方醫搖虎撐者，手擎鐵器，狀若梭，搖琅琅，其術精者，上擊恒過頭，術愈下則愈殺。童子求其醫，出一鈎綫，綴藥於鈎末，令張口吞之，出其綫徐引之，若釣魚，頃曳出，得一小紅蟹猶活。曰：疾去矣。家人喜，厚謝之而去。童自此進飲食，日茁壯云。又一人背生瘤，大如五斗器，痀僂丐市中，艱苦萬狀，後遇虎撐醫教之曰：子能乞得錢二千，與我治藥，當爲醫療。市人欲觀之，皆慂與出錢符其數給醫。醫約三日當來。至日，覓空地，坎二穴，距尺許，深二尺，令病者露背跣足坐，出長針直刺足心，入數寸深，因令就穴次立，以手摩其背。許久，瘤漸萎癟，令起視，則膿血盈坎矣！復出末藥，朱色，水調規其萎皮，又期三日來，以剪刀剪皮盡去，丐者如釋重負，神乎技矣。

《笑笑録・市醫布醫》 外祖病時，數醫皆庸手。有鄭姓者，名頗著，而技尤庸，耽延月餘，病益深。後請陳園來診，遍視方曰：皆爲此等所誤。批鄭某方後云：市醫伎倆，大概相同。越日，醫見之，皆色沮。鄭啃曰：陳某何以呼我輩爲布醫？聞者匿笑，遂號鄭爲布醫先生云。

《古今圖書集成》卷五一〇《醫術名流列傳》引《浙江通志》 俞用古，新昌人。有病人危篤，延用古治。一人無病，欲試其術，亦入帳中，俟病者診畢而後求診。用古曰：初診者可治，次診者必死。主人大笑之。已而果然。王氏數口忽啞，用古問其所嗜，曰雉。用古曰：我知之矣。以薑汁飲之，立愈。蓋雉多啄半夏，其毒在內故也。一女子欠伸，兩手直不能下。用古曰：須灸丹田，因灼艾詐解其裙帶，女子驚護之，兩手遂下。

《古今圖書集成》卷五〇四《醫術名流列傳》引《鄱陽縣志》　張愷，良醫季氏孫，善療奇疾。有女子呵欠，兩臂直上不能下，諸醫莫治。愷令其母解女子裙襦，坐寢室，乃揚言醫入，女忽執手下掩體，舉動遂如故。又小兒坐高處墜跌於地，瞳人倒視，見房舍皆翻覆。愷令有力者，將小兒顛倒數次，其視則順。凡疾非藥石可療者，愷不執方脈，以意治之，無不立愈。

《古今圖書集成》卷五一一《醫術名流列傳》引《武進縣志·徐迪》　一女傷於怒，內向卧不得轉，迪診之，因索花作婦人粧，且歌且笑，患者聞之，不覺回顧大笑而愈。一孕婦仰而探物，遂不能俯。迪令之衣以裙數十層，掖之衆中，以漸而解，每解一裙，輒擲婦前，解至中兪，其婦不覺用手力護，因得俯。

《古今圖書集成》卷五二〇《外編》引《平陽府志》　楊棟，字世資，蒲州人。聰敏博覽，尤精醫。靈寶何御史以童子致幃帳中，以爲女之有疾者，令診之，察脈曰：乃童男無病者。因大奇之。歿後，行醫於河東運司，識其面者，訝曰：此莫非蒲州之楊世資也邪？遂不復見。芮城水門村翟炳，一日詣蒲，向藥室詢姓名，子叙曰：乃故父也，何以問及？炳曰：我與爾父，今月九日，言別有約相訪。時有郭惟良輩詰其故，炳曰：某乃老醫，在我村治病。衆因驚，疑其爲神矣。

《古今圖書集成》卷五二〇《外編》引《曹州志》　嘉靖初，郡人吳侍御楷，年方數歲，感痞疾，煩悶困殆，自擬莫救。一日夜半，忽夢黃冠者，就榻呼之起，以刀抉其脅，出腸胃，刮摩洗滌訖，復納之，外敷以膏。楷醒，頓覺胸膈冰冷，寬爽異常，因以夢語其父。其父引手摸其腹，積塊已消大半矣。驚喜，沉思曰：必神醫示靈活汝也。次早抱楷，詣三皇祠，遍認配享諸名醫，至孫眞人象，遂躍然指之曰：此即夢中醫我疾者也。其父因設祭，拚新其祠，楷自是脫然。登第後，每宦遊旋里，必詣祠祭享，視棟楹瓴甋，加葺飾以終其身焉。

藝文

杜甫《眼病二首》　散亂空中千片雪，蒙籠物上一重紗。縱逢晴景如看霧，不是春天亦見花。僧說客塵來眼界，醫言風眩在肝家。兩頭治療何曾差，藥力微茫佛力賒。

眼藏損傷來已久，病根牢固去應難。醫師盡勸先停酒，道侶多教早罷官。案上謾鋪龍樹論，合中虛撚決明丸。人間方藥應無益，爭得金篦試刮看。

《敦煌詞·定風波三首》　陰毒傷寒脈已微，四肢厥冷慽難醫。更遇盲醫與宜瀉，休也，頭面大汗永分離。時當五六日，頭如鍼刺汗微微。吐逆黏滑脈沉細，全胃潰，斯須兒女獨孤栖。

夾食傷寒脈沉遲，時時寒熱汗微微。只爲臟中有結物，虛汗出，心脾連胃睡不得。時當八九日，上氣喘粗人不識。身顫舌焦容顏黑，明醫識，垛積千斤醫不得。

風濕傷寒脈緊沉，遍身虛汗似湯淋。此是三傷誰識別，情怯，有風有氣有食結。當時五六日，言語惺惺精神出。勾當如同強健日，名醫識，喘粗如睡遭沉溺。

白居易《初病風》　六十八衰翁，乘衰百疾攻。朽株難免蠹，空穴易來風。肘痺宜生柳，頭旋劇轉蓬。恬然不動處，虛白在胸中。

白居易《病氣》　自知氣發每因情，情在何由氣得平。若問病根深與淺，此身應與病齊生。

白居易《眼暗》　早年勤倦看書苦，晚歲悲傷出淚多。眼損不知都自取，病成方悟欲如何。夜昏乍似燈將滅，朝闇長疑鏡未磨。千藥萬方治不得，唯應閉目學頭陀。

白居易《齒落辭》　開成二年，予春秋六十六。瘠黑衰白，老狀具矣。而雙齒又墮，慨然感歎者久之，因爲齒落辭以自廣。其辭曰：嗟嗟乎雙齒，自吾有之爾。俾爾嚼肉咀蔬，銜杯漱水。豐吾膚革，滋吾血髓。從幼逮老，勤亦至矣。幸有輔車，非無斷齶。胡然捨我，一旦雙落。齒雖無情，吾豈無情？老與齒別，齒隨涕零。我老日來，爾去不迴。嗟嗟乎雙齒，孰謂而來哉？孰謂而去哉？齒不能言，請以意宣。爲口中之物，忽乎六十餘年。昔君之壯也，血剛齒堅。今君之老矣，血衰齒寒。輔車斷齶，日削月朘。上參差而下頷齶，曾何足以少安？嘻，君其聽哉：女長辭姥，臣老辭主，髮衰辭頭，葉枯辭樹。物無細大，功成者去。君何嗟嗟？獨不聞諸道經，我身非我有也。蓋天地之委形，君何嗟嗟？又不聞諸佛說：是身如浮雲，須臾變滅。由是而言，君何有焉？所宜委百骸而順萬化，胡爲乎嗟嗟於一牙一齒之間？吾應曰，吾過矣，爾之言然。

李商隱《藥轉》 鬱金堂北畫樓東，换骨神方上藥通。露氣暗連青桂苑，風聲偏獵紫蘭叢。長籌未必輸孫皓，香棗何勞問石崇。憶事懷人兼得句，翠衾歸卧繡簾中。

歐陽修《病暑賦》 吾將東走乎泰山兮，履崔嵬之高峰。蔭白雲之摇曳兮，聽石溜之玲瓏。松林仰不見白日，陰壑慘慘多悲風。邈哉，不可以坐致兮，安得仙人之術，解化如飛蓬。吾將西登乎崑崙兮，出於九州之外。覽星辰之浮沒，視日月之隱蔽。披閶闔之清風，飲黄流之巨派。羽翰不可以插余之兩腋兮，畏舉身而下墜。既欲泛乎南溟兮，瘴毒流膏而鑠骨。何異避喧之趨市兮，又如惡影之就日。又欲臨乎北荒兮，飛雪層冰之所聚。鬼方窮髮無人跡兮，乃龍蛇之雜處。四方上下皆不得以往兮，顧此大熱吾不知夫所逃。萬物並生於天地，豈余身之獨遭？任寒暑之自然兮，成歲功而不勞。惟衰病之不堪兮，譬燎枯而灼焦。矧空廬之湫卑兮，甚龜蝸之跼縮。飛蚊幸余之露坐兮，壁蝎伺余之入屋。賴有客之哀余兮，贈端石與蘄竹。得飽食以安寢兮，瑩枕冰而簟玉。知其無可奈何而安之兮，乃聖賢之高躅。惟冥心以息慮兮，庶可忘於煩酷。

邵雍《旋風吟二首》 近日衰軀有病侵，如何醫藥不求尋。軒前密葉自成幄，砌下黄花空散金。閒看蜜蜂收蜜意，静觀巢燕壘巢心。非關天下知音少，自是堯夫不善琴。

自是堯夫不善琴，非關天下少知音。老年難做少年事，年少不知年老心。將養精神便静坐，調停意思喜清吟。如何醫藥不尋訪，近日衰軀有病侵。

王安石《和微之藥名勸酒》 赤車使者錦帳郎，從客珂馬留閑坊。紫芝眉宇傾一坐，笑語但聞鷄舌香。藥名勸酒詩實好，陟釐爲我書數行。眞珠的皪鳴槽牀，金罌琥珀正可嘗。史君子細看流光，莫惜覓醉衣淋浪，獨醒至死誠可傷。歡華易盡悲酸早，人間沒藥能醫老。寄言歌管衆少年，趁取烏頭未白前。

王安石《送陳景初》 慘淡淮山水墨秋，行人不飲奈離愁。藥囊直入長安市，誰識柴車載伯休。

王安石《車螯》 海於天地間，萬物無不容。車螯亦其一，埋沒沙水中。獨取常苦易，衛生乏明聰。機緘誰使然，含蓄略相同。坐欲腸胃得，要令湯火攻。置之先生盤，噉客爲一空。蠻夏怪四坐，不論殼之功。狼籍堆左右，棄置任兒童。何當強收拾，持問大醫工。

王安石《疥》 浮陽燥欲出，陰濕與之戰。燥濕相留連，蟲出乃投間。搔膚血至股，解衣燎鑪炭。方其愜心時，更自無可患。呼醫急治之，莫惜千金散。有樂即有苦，愜心非所願。

王安石《京兆杜嬰大醇卒以詩二首傷之》 京兆杜嬰大醇能讀書，其言近莊，其爲人曠達而廉清，自託於醫。無貴賤，請之輒往。卒也，以詩二首傷之。

蕭瑟野衣巾，能忘至老貧。避囂依市井，蒙垢出埃塵。接物工齊物，勞身耻爲身。傷心宿昔地，不復見斯人。

叔度醫家子，君平卜肆翁。蕭條昨日事，髣髴古人風。舊宅雨生菌，新阡寒轉蓬。存亡誰一問，嗟我亦窮空。

王安石《送陳景初金陵持服舉族貧病煩君藥石之功》 舉族貧兼病，煩君藥石功。長安何日到，一一問歸鴻。

尹穡《庸醫行》 南街醫工門如市，爭傳和扁生後世。膏肓可爲死可起，瓦屑蓬根盡珍劑。歲月轉久術轉疏，十醫九死一活無。北市醫工色漸動，大字書牌要驚衆。偏收棄藥與遺方，仙草神丹亦無用。實者爲虛熱爲寒，幾因顛倒能全安。君不見形神枵然卧一室，醫方爭工藥無必。左手檢方右顧金，兩手雖殊皆劍戟。

陸游《擣藥鳥》 白髮無情日日生，敲愁聊復作山行。幽禽似欲嘲衰病，故學禪房杵藥聲。

陸游《小疾兩日而愈》 病骨羸然山澤臞，故應行路笑形模。記書身大似椰子，忍事癭生如瓠壺。美酒得錢猶可致，高人折簡孰能呼。不如淨掃茅齋地，臨看微香起瓦爐。

文天祥《和朱松坡》 學醫未至太醫王，笑殺年年折臂傷。屏裏江山如出色，亭皋松菊已成行。細衆不語禪三昧，靜對無弦琴一張。多謝嶺頭詩寄我，蒲園梅意弄春光。

文天祥《贈蜀醫鍾正甫》 炎皇覽衆草，異種多西州。爲君望岷峨，使我雙淚流。向來秦越人，朝洛夕邯鄲。子持鵲經來，自西亦徂南。江南有羈羽，豈不懷故營。何當同皇風，六氣和且平。

文天祥《彭通伯衛和堂》 理身如理國，用藥如用兵。人能保天和，於身爲太平。外邪奸其間，甚於寇搶攘。守護一不謹，乘間敵益勍。古有黄帝書，猶今六韜經。悍夫命雄喙，仁將資參苓。羽衣爲其徒，識破陰陽爭。指授別生死，錚然震能名。道家攝鉛汞，膚腠如重扃。到頭關鍵密，六氣無敢嬰。君方建旗鼓，不敢走且驚。他時櫜吾弓，閉門讀黄庭。

趙必瑑《鷓鴣天・戲贈黄醫》 湖海相逢盡賞音，囊中粒劑值千金。單傳扁鵲盧醫術，不用楊高郭玉鍼。　三斛火，一壺冰，藍橋搗熟隔雲深。無方可療相思病，有藥難醫薄倖心。

孫叔順《中吕・粉蝶兒》 海馬閑騎，則爲瘦人參請他醫治，背藥包的劉寄奴跟隨。一腳的陌門東，來到這乾閣內。飛簾簌地，能醫其鄉婦沉疾，因此上共賓郎結成歡會。

〔醉春風〕說遠志訴蓮心，靠肌酥偎玉體。食膏粱五味卧重裀，陽起是你。你，受用他笑吐丁香，軟柔鍾乳，到有些五靈之氣。

〔迎仙客〕行過芍藥圃，菊花籬，沉香亭色情何太急。停立在曲檻邊，從容在芳徑裏。待黄昏不想當歸，尚有百部徘徊意。

〔紅綉鞋〕半夏週蛇牀上同睡，芫花邊似燕子雙飛。則道洞房風月少人知，不想被紅娘先蹴破，使君子受淩遲，便有他白頭公難救你。

〔耍孩兒〕木賊般合解到當官跪，刀筆吏焉能放你。便將白紙取招伏，選剝了裩布無衣。蓽澄茄拷打得青皮腫，玄胡索拴縛得狗脊低。你便穿山甲應何濟，議論得罪名管仲，畢撥得文案無疑。

〔三煞〕他做官司的剖决明，告私情的能指實。監囚在裏人心碎，一箇旱蓮腮空滴白凡淚，一箇漏蘆腿難禁苦杖笞，弔疼痛，添憔悴。問甚么干連你父子，可惜教帶累他烏梅。

〔二煞〕意濃甜有苦參，事多凶大戟。今日箇身遭縲絏，猶道是心甘遂。清廉家卻有這糊突事，時羅姐難爲官宜妻，浪蕩子合當廢，破故紙揩不了腥臭，寒水石洗不盡身肌。

〔一煞〕向雨餘涼夜中，對天南星月底。說合成織女牽牛會，指望常山遠水恩情久。不想這剪草除根巾幘低，那一箇畫不成青黛蛾眉。

〔尾〕罵你箇辱先靈的蔣太醫，我看你乍回鄉歸故里。蔓荆子續斷了通姦罪，則被那散杏子的康瘤兒笑殺你。

無名氏《賞花時》 卧枕着牀染病疾，夢斷魂勞怕飲食，不索請名醫。沉吟了半日，這證候兒敢蹺蹊。

參的寒來恰禁起，忽的渾身如火氣逼，厭的皺了雙眉，豁的一會價精細，烘的半晌又昏迷。

減精神，添憔悴，把我這瘦損龐兒整理，對着那鏡兒裏容顔不認得，呆答孩轉轉猜疑，瘦腰圍，寬盡羅衣。一日有兩三次頻將帶績兒移。覷了這淹尖病體，比東陽無異，不似俺害相思出落與外人知。

劉因《觀藥爐自戲二首》 無病不服藥，此懷清更嘉。歐陽或有道，韓子豈無瑕。羸疾嗟予久，名方信彼誇。回頭謝鷄犬，何日是仙家。

地髓服仙草，黄精失採花。徵求遍親友，炊爨罄樵車。屢敗從人笑，偶成容我誇。側聞僮僕語，辛苦是仙家。

張羽《贈義興宣瘍醫》 長橋下壓蛟龍宮，岸上人家如鏡中。道人賣藥臨溪水，醫得青蛇是龍子。報恩不受千金珠，龍伯親傳海藏書。門前扶杖人如市，妙術何愁三折臂。燕支山前白草秋，冷入金瘡淚欲流。安得金丹從爾乞，提携玉龍還向敵。

張羽《王醫士杏林》 山人種杏白雲中，谷口花開千樹紅。自惜朦朧帶朝露，莫愁零落向春風。春風幾度花間日，煉得丹成應可食。妙年有術濟人多，况君自是餐霞客。

徐春甫《嘲庸醫》 不肖誰知假，賢良莫知眞。庸醫不蚤死，誤盡世間人。

王世貞《張伯起作懷賢行念予與彭孔嘉病中有日日禮醫王語戲作俚句為答》 今者歲閏愁黄楊，又聞處士星無光。彭翁病消走病痟，張君日日延醫王。醫王耳奪世人口，世人欲殺君獨否。揭來攬鏡忽大笑，髡黔刵劓無不有。朝供一茱粥一甌，束書萬卷從蠹謀。鮑家累句時觸吻，肯共花鳥爭春愁。世人視我贅疣耳，於中近得希夷理。八百年後君自知，斷不相從老彭死。

吴錫麒《遣瘧》 遷延爲謁三醫誤，禳除翻惹羣邪侮。陰陽渾似天公錯，炎涼直逼人情苦。炙殺人也麼哥，噤殺人也麼哥，恁不怕杜陵放出驚天句！

嚴廷中《尋醫》 病相如看看瘦損，俏文君越越輕盈。葠苓九，歸地頭，都發付春風雙鬢。壚邊灰了歸琴心，才醫得腌臢渴症。

褚人獲《老態詩》 蕭山魏文靖驥，正統初爲司訓，矍然若不勝衣。一日席間袁柳莊相之曰：公異日必至極品。衆皆掩口，自亦以袁爲諂己。後以教導有功，陞少卿，至吏部尚書。性好吟咏，不以工拙爲計，有老態詩：漸覺年來老病磨，兩肩酸痛脊梁駝。耳聾眼暗牙根蛀，腿軟腰疼鼻涕多。臟毒頭風時又舉，痔瘡疝氣不能和。更兼酒積微微發，三歲孩童長若何。老態年來日日添，黑花飛眼雪生髯。扶衰每藉過眉杖，食肉先尋剔茜籤。右臂拘攣巾不裹，中腸慘戚淚常淹。移床獨坐南窗下，畏冷思親愛日簷。

張説《錢本草》 錢味甘，大熱有毒。偏能駐顔，彩澤流潤。善療饑寒困厄之患，立驗。能利邦國，汙賢達，畏清廉。貪婪者服之，以均平爲良。如不均平，則冷熱相激，令人霍亂。其藥采無時，采至非理則傷神。此既流行，能役神靈，通鬼氣。如積而不散，則有水火盗賊之災生。如散而不積，則有饑寒困厄之患至。一積一散謂之道，不以爲珍謂之德，取與合宜謂之義，使無非分謂之禮，博施濟衆謂之仁，出不失期謂之信，入不妨己謂之智。以此七術精鍊方可。久而服之，令人長壽，若服之非理，則弱志傷神，切須忌之。

元好問《心規》 元子病，遊世歸於商餘山中。以酒自肆，有醉歌里。夫公聞之，飯元子之酒，請歌之。歌曰：元子樂矣。俾和者曰：何樂亦然，何樂亦然。我曰：我雲、我山、我林、我泉。又曰：元子樂矣。俾和者曰：何樂然爾，何樂然爾。我曰：我鼻、我目、我口、我耳。歌已矣夫。公曰：自樂山林可也，自樂耳目何哉？人誰無此。元子引酒當夫。公曰：勸君此杯酒，緩飲之，聽我説：子行於世間，目不隨人視，耳不隨人聽，口不隨人語，鼻不隨人氣，其甚也，則須封包裹塞。不爾，有滅身亡家之禍，傷汙毁辱之患生焉。雖王公大人亦不能自主口鼻耳目，夫公何思之不熟耶！

龔信《箴三首警醫一首》 明醫箴

今之明醫，心存仁義。博覽羣書，精通道藝。洞曉陰陽，明知運氣。藥辨溫涼，脉分表裏。治用補瀉，病審虚實。因病製方，對癥投劑。妙法在心，治變不滯。不衒虚名，惟期博濟。不計其功，不謀其利。不論富貴，藥施一例。起死迴生，恩同天地。如此明醫，芳垂萬世。

庸醫箴

今之庸醫，衒奇立異。不學經書，不通字義。妄想矜誇，以欺常世。爭趨人門，不速自至。時獻苞苴，問病爲意。自逞其能，百般貢諛。病家不審，模糊處治。不察病原，不分虚實。不畏生死，孟浪一試。忽然病變，忽自散去。誤人性命，希圖微利。如此庸醫，可耻可忌。

病家箴

今之病家，多惜所費。不肯急醫，待至自愈。不求高明，希圖容易。不察病情，輕投妄試。或禱鬼神，諸般不啻。履霜不謹，堅冰即至。方請名醫，病已將劇。縱有靈丹，難以救治。懵然不語，遲誤所致。惟説命盡，作福未至。這般糊塗，良可嘆息。如此病家，當革斯弊。

警醫箴

至重惟人命，最難卻是醫。病源須洞察，藥餌要詳施。當奏萬全效，莫趁十年時。死生關係大，惟有上天知。叮嚀同志者，濟世矜如斯。

辭章雜記總部

志異部

雜録

《**山海經·神人**》有神人二八，連臂，爲帝司夜於此野。在羽民東。其爲人小頰赤肩。盡十六人。

《**山海經·奇肱之國**》奇肱之國在其北，其人一臂三目，有陰有陽，乘文馬。有鳥焉，兩頭，赤黄色，在其旁。形夭與帝至此爭神，帝斷其首葬之常羊之山，乃以乳爲目，以臍爲口，操干戚以舞。

《**山海經·一臂國**》一臂國在其北，一臂一目一鼻孔，有黄馬虎文，一目而一手。

《**山海經·三身國**》三身國在夏后啓北，一首而三身。

《**山海經·柔利國**》柔利國在一目東。爲人一手一足，反膝，曲足居上。

《**山海經·一目國**》一目國在其東，一目中其面而居，一曰有手足。

《**山海經·無䏿之國**》無䏿之國在長股東，爲人無䏿。

《**山海經·無腸之國**》無腸之國在深目東，其爲人長而無腸。

《**淮南子·長人**》大秦國人長十丈。小秦國人長八尺。一足國人長九寸。

《**淮南子·短人**》短人在康居國北。男女皆長三尺。

《**搜神記·女子化男**》魏襄王十三年，有女子化爲丈夫。與妻，生子。京房《易傳》曰：女子化爲丈夫，兹謂陰昌，賤人爲王；丈夫化爲女子，兹謂陰勝陽，厥咎亡。一曰：男化爲女，宮刑濫；女化爲男，婦政行也。

《**搜神記·人生角**》漢景帝元年九月，膠東下密人年七十餘，生角。角有毛。京房《易傳》曰：冢宰專政，厥妖人生角。《五行志》以爲人不當生角，猶諸侯不敢舉兵以向京師也。其後遂有七國之難。至晉武帝泰始五年，元城人年七十，生角。殆趙王倫篡亂之應也。

《**搜神記·兒啼腹中**》哀帝建平四年四月，山陽方與女子田無嗇生子。未生二月前，兒啼腹中。及生，不舉，葬之陌上。後三日，有人過，聞兒啼聲，母因掘收養之。

《**搜神記·女化男**》惠帝元康中，安豐有女子曰周世寧，年八歲，漸化爲男。至十七八，而氣性成。女體化而不盡，男體成而不徹，畜妻而無子。

《**搜神記·兒生兩頭**》漢平帝元始元年六月，長安有女子生兒，兩頭兩頸，面俱相向，四臂共胸，俱前向，尻上有目，長二寸所。京房《易傳》曰：睽孤，見豕負塗。厥妖人生兩頭。下相攘善，妖亦同。人若六畜首目在下，兹謂亡上，政將變更。厥妖之作，以譴失正，各象其類。兩頸，下不一也；手多，所任邪也；足少，下不勝任，或不任下也。凡下體生于上，不敬也；上體生于下，媟瀆也；生非其類，婬亂也；人生而大，上速成也；生而能言，好虚也。群妖推此類。不改，乃成凶也。

《**搜神記·兩頭共生**》靈帝中平元年，六月壬申，雒陽男子劉倉，居上西門外。妻生男，兩頭共身。至建安中，女子生男，亦兩頭共身。

《**搜神記·男子化女**》獻帝建安七年，越巂有男子化爲女子。時周群上言：哀帝時亦有此變，將有易代之事。至二十五年，獻帝封山陽公。

《**搜神記·一身二體**》惠帝之世，京洛有人，一身而男女二體，亦能兩用人道。而性尤好淫。天下兵亂，由男女氣亂而妖形作也。

《**搜神記·任喬妻**》晉愍帝建興四年，西都傾覆，元皇帝始爲晉王，四海宅心。其年十月二十二日，新蔡縣吏任喬妻胡氏，年二十五，産二女，相向，腹心合，自腰以上，臍以下，各分。此蓋天下未一之妖也。時內史呂會上言：按《瑞應圖》云：異根同體，謂之連理；異畝同穎，謂之嘉禾。草木之屬，猶以爲瑞，今二人同心，天垂靈象，故《易》云：二人同心，其利斷金。休顯見生於陳東之國，蓋四海同心之瑞。不勝喜躍，謹畫圖上。時有識者哂之。君子曰：知之難也。以臧文仲之才，猶祀爰居焉。布在方冊，千載不忘。故士不可以不學。古人有言：木無枝謂之瘣，人不學謂之瞽。當其所蔽，蓋闕如也。可不勉乎！

《**搜神記·異體**》太興初，有女子，其陰在腹，當臍下。自中國來至江東。其性淫而不產。又有女子，陰在首，居在揚州，亦性好淫。京房《易妖》曰：人生子，陰在首，則天下大亂；若在腹，則天下有事；若在背，則天下無後。

《**搜神記・一婦四十子**》 周哀王八年，鄭有一婦人，生四十子。其二十人爲人，二十人死。其九年，晉有豕生人。吳赤烏七年，有婦人，一生三子。

《**褚氏遺書・受形**》 男女之合，二情交暢，陰血先至，陽精後衝，血開裹精，精入爲骨，而男形成矣。陽精先入，陰血後參，精開裹血，血入居本，而女形成矣。陽氣聚面，故男子面重，溺死者必伏；陰氣聚背，故女子背重，溺死者必仰。走獸溺死者，伏仰皆然。陰陽均至，非男非女之身。精血散分，駢胎品胎之兆。父少母老，產女必羸，母壯父衰，生男必弱。古之良工首察乎此，補羸女先養血壯脾，補弱男則壯脾節色。羸女宜及時而嫁，弱男宜待壯而婚。此疾外所務之本，不可不察也。

《**朝野僉載**》 久視年中，襄州人楊元亮，年二十餘，於虔州汶山觀傭力，晝夢見天尊云：我堂舍破壞，汝爲我修造，遣汝能醫一切病。悟而說之，試療無不愈者。贛縣里正背有腫，大如拳，亮以刀割之，數日平復。療病日獲十千。造天尊堂成，療病漸漸無效。

如意年中，洛州人趙元景病，卒五日而蘇，云：見一僧與一木，長尺餘，教曰：人有病者，汝以此木拄之即愈。元景得見機上尺，乃是僧所與者，試將療病，拄之立差。門庭每日數百人。御史馬知己以其聚衆，追禁左臺，病者滿於臺門。則天聞之，追入內，宮人病，拄之即愈。放出任救病百姓，數月以後，得錢七百餘貫。後漸無驗，遂絕。

《**舊小說・王布女**》 永貞年，東市富民王布，有女年十四五，艷麗聰悟，鼻兩孔各垂息肉，如皂莢子，其根細如麻綖，長寸許，觸之痛入心髓。其父破錢數百萬治之，不瘥。忽一日，有梵僧乞食，因問布，知君女有異疾，可一見，吾能止之。布大喜，即見其女。僧乃取藥，色正白，吹其鼻中。少頃，摘去之，出少黃水，都無所苦。布賞之百金，梵僧曰：吾修道之人，不受厚施，唯乞此息肉。珍重而去，勢疾如飛。布亦異其賢聖也。約僧去五六里，復有一少年，美如冠玉，騎白馬扣門曰：適有胡僧到無？布遽延入，具述胡僧事。其人吁嗟不悅，曰：馬小蹶足，竟後此僧。布驚異，詰其故。曰：上帝失藥神二人，近知藏於君女鼻中。我天人也，奉命來取。不意此僧先取之，吾當獲譴矣。布方作禮，舉首而失。

《**舊小說・句容佐史**》 句容縣佐史能啖鱠，至數十斤，恆食不飽。縣令聞其善啖，乃出百斤。史快食至飽，因覺氣悶，久之吐出一物，狀如麻鞋底。縣令命洗出安鱠所，鱠悉成水。累問醫人術士，莫能名之。命小吏持往揚州賣之。高舉其價，冀有識者。其人至揚州四五日，有胡人求買。初起一千，累增至三百貫，胡輒還之。初無酬酢，人謂胡曰：是句容縣令家物，君必買之，當相隨去。胡因隨至句容。縣令問此是何物？胡云：此是銷魚之精，亦能銷人腹中塊病。人有患者，以一片如指端，繩繫之，置病所，其塊即消。我本國太子少患此病，父求愈病者，賞之千金。君若見賣，當獲大利。令竟賣半與之。

《**酉陽雜俎・貶誤**》 相傳云德宗幸東宮，太子親割羊脾，水澤手，因以餅潔之，太子覺上色動，乃徐捲而食。司空贊皇公著《次柳氏舊聞》，又云是肅宗。劉餗《傳記》云：太子使宇文士及割肉，以餅拭手，上屢目之，士及佯不寤，徐捲而啖。相傳云：張上客藝過十全，有果毅，因重病虛悸，每語腹中輒響，詣上客請治，曰：此病古方所無。良久思曰：吾得之矣。乃取本草讀之，凡歷藥名六七不應，因據藥療之，立愈。據劉餗《傳記》，有患應病者，問醫官蘇澄，澄言：無此方，吾所撰本草，網羅天下藥，可謂周。令試讀之，其人發聲輒應，至某藥再三無聲，遇至他藥復應如初，澄因爲方，以此藥爲主，其病遂差。

《**北夢瑣言・眼中異見妙治**》 又說有一少年，眼中常見小鏡子。醫工趙卿診之，與少年期來晨以魚膾奉候。少年及期赴之，延於閣子內，且令從容，俟客退後，方得攀接。俄而設臺于上，施一甌芥醋，更無他味。卿亦未出。迨日中，久候不至，少年饑甚，且聞醋香，不免輕啜之，逡巡又啜之，覺胸中豁然，眼花不見，因竭甌啜之。趙卿探知方出，少年以啜醋慚謝。卿曰：郎君啜鱠太多，非醬醋不快。又有魚鱗在胸中，所以眼花。適來所備醬醋，只欲郎君因饑以啜之，果愈此疾。烹鮮之會，乃權誑也，請退謀餐。他妙多斯類也，非庸醫所及也。凡欲以倉、扁之術求食者，得不勉之哉！

《**行營雜録・悲哀生怪兒**》 又云岳侯軍中一兵犯法梟首，妻方懷妊。後誕一子如常人，而首極細，軀幹甚偉。首僅如拳，眉目皆如雕刻。則知胞胎所係，父母相爲應感。

《括異志・女變男》 廣州有蕭某家者，嘗泛舶過海，故以都綱呼之。有侍婢忽娠妊，蕭疑與奴僕私通。苦詰之，則曰：與大娘子私合而孕也。蕭有女，年十八，向以許嫁王氏子。自十歲後，變爲男子而家人不知也。自此始彰焉。吳中舍潛時隨兄官番禺，曾假玉仙觀爲學，蕭子亦預焉。好讀文選略皆上口，雖鬚出于頤，然其舉止體態亦婦人也。時景祐五年，任諫議中郎知廣州。

《夢溪筆談・縮身疾》 世有奇疾者。呂縉叔以制誥知潁州，忽得疾，但縮小，臨終僅如小兒。古人不曾有此疾，終無人識。有松滋令姜愚，無他疾，忽不識字，數年方稍稍復舊。又有一人家妾，視直物皆曲，弓紘、界尺之類，視之皆如鈎，醫僧奉真親見之。江南逆旅中一老婦，啖物不知飽餘。德占過逆旅，老婦愬以飢，其子恥之，對德占以蒸餅啖之，盡一竹簣，約百餅，猶稱饑不已。日食飯一石米，隨即痢之，飢復如故。京兆醴泉主簿蔡繩，予友人也，亦得飢疾，每飢立須啖，稍遲則頓仆悶絶。懷中常置餅餌。雖對貴官，遇飢亦便齕啖。繩有美行，博學有文，爲時聞人，終以此不幸。無人識其疾，每爲之哀傷。

《醫說・刳腹視脾》 又有人病腹中，攻痛十餘日，鬢髮墮落。華佗曰：是脾半腐，可刳腹治也。使飲藥令臥，破腹就視脾，果半腐壞，以刀斷之，割去惡肉，以膏傅之，即差。魏太祖聞而異之，召佗常在左右。太祖苦頭風，每作心亂目眩，佗針鬲，隨手而愈。

《醫說・婦人異疾》 陳子直主簿妻有異疾，每腹脹則腹中有聲如擊鼓，遠聞于外，行人過門者皆疑其家作樂，腹脹消則鼓聲亦止。一月一作。經十餘醫皆莫能名其疾。

《醫說・飛絲入眼》 飛絲入人眼，令人睛漲白突出，痛不可忍。即以新筆兩三管，濡好墨運睛上，則飛絲纏筆而出，即安。

《醫說・嘔物如舌》 鎮陽有士人嗜酒，日嘗數斗，至午夜飲興一發則不可遏，家業殘破。一夕大醉，嘔出一物如舌，初視無痕竅，至欲飲時，眼偏其上，矗然而起，家人沃之以酒立盡，至常日所飲之數而止，遂投之猛火，急爆烈爲十數片，士人自此惡酒。

《醫說・消食籠》 《齊諧記》云：江夏郡安陸縣隆安中有人姓郭名坦，兄弟三人。大兒得天行病後遂大能食，一日食斛米。其家給可五年，貧罄後乞。至一家門前，已得飯，又復乞於其後門。此家出語之：汝已就前門食了，那得復從後門來？其人答曰：實不知君家有兩門，腹大饑不可忍。後門有三畦薤而一畦大蒜，因啗之兩畦，便大悶極卧地，須臾大吐，吐一物似籠，因出地漸漸小，主人持飯出，不復食，遂撮飯著所吐物上即消成水。此病尋差。

《醫說・孕婦腹内鐘鳴》 有一貧士於常賣處買得一藥方冊子，其間有一方能治婦人腹内鐘鳴。用鼠窟前畚土研羅爲末，每服二錢，麝香湯調，其疾立愈。

《醫說・怪石鏡》 在日南國之西南有石鏡，方數百里，光明瑩徹，可鑒五臟六腑，亦名仙人鏡。國人若有疾輒照其形，遂知病起某臟。採藥餌之，無不差者。

《醫說・寒熱注病》 又有婦人長病經年，世謂之寒熱注病。冬月中，華佗令坐石槽中，平旦用冷水汲灌，云當滿百。始七十灌，冷戰欲死。佗令滿數，至八十灌，熱氣乃蒸出，囂囂然，高二三尺。滿百灌，佗乃使燃火溫牀厚覆衣，良久汗洽出着粉，燥便愈。

《癸辛雜識・兩性人》 趙忠惠帥維揚日，幕僚趙參議有婢慧黠，盡得同輩之歡，趙昵之，堅拒不從。疑有異，強即之，則男子也。聞於有司，蓋身具二形，前後姦狀不一，遂置之極刑。近李氏民嘗於福州得徐氏虜子，年十五六，交際一再，漸具男形。蓋天真未破，則彼亦不自知。然小說中有池州李氏女及婢添喜事，正相類，而此外絶未見於古今傳記等書，豈以穢污筆墨不復記載乎。嘗考之佛書，所謂博叉半釋迦者，謂半月能男，半月不能男。又《遺像經》有五種不男，曰生堅妬變半。變半者，二形人中惡趣也。晉《五行志》謂之人痾。惠帝時京洛有人兼男女二體，亦能兩用人道，而性尤淫亂，此亂氣所生也。《玉曆通政經》云，男女兩體，主國淫亂，而《二十八宿真形圖》，所載心房二星，皆兩形，與丈夫婦人更爲雌雄，此又何耶。《異物志》云：靈狸一體，自爲陰陽，故能媚人。《褚氏遺書》云：非男非女之身，精血散分。又云：感以婦人，則男脈應診，動以男子，則女脈順指，皆天地不正之氣也。

《夢花州閒録・戰慄奇疾》 參政孟庾夫人徐氏，有奇疾，每發，於見聞即舉身戰慄，至於幾絶。其見母與弟皆然。母至死不相見。又惡聞徐姓及打銀打鐵聲。嘗有一婢，使之十餘年，甚得力，極喜之。一日偶問其家所爲業，婢曰打銀，疾亦遂作，更不可見，竟逐去之。醫祝無能施其術，蓋前世所未嘗聞也。

《古今藥石・鄺子有疾》 鄺子有疾，聞眞空寺老僧善治。一日，叩之。僧曰：貴恙起於煩惱，生於妄想。夫妄想之來，其幾有三：或追憶數十年前榮辱恩讎、悲歡離合及種種閒情，此是過去妄想也。或事到眼前，可以順應，卻乃畏首畏尾，三番四復，猶豫不決，此是見在妄想也。或期望日後富貴榮華皆如其願，或期望功成名遂，告老歸田，或期望子孫登庸，以繼書香，與夫一切不可必成、不可必得之事，此是未來妄想也。三者妄想，忽然而生，忽然而滅，禪家謂之幻心。能照見其妄而斬斷念頭，禪家謂之覺心。故曰不患念起，惟患覺遲。此心若同太虛，煩惱何處安腳。至若思索文字，忘其寢食，禪家謂之理障。經綸職業，不告劬勤，禪家謂之事障。二者之障，雖非人欲，亦損性靈。若能遣之，則心火不至上炎，可以下交於腎。故曰塵不相緣，根無所偶，返流全一，六用不行。又曰苦海無邊，回頭是岸。子元如其言，乃獨處一室，掃空萬緣，靜坐月餘，心疾如失。

《輟耕録・木乃伊》 回回田地有年七十八歲老人，自願捨身濟衆者，絶不飲食，惟澡身啖蜜，經月，便溺皆蜜。既死，國人殮以石棺，仍滿用蜜浸，鐫志歲月于棺蓋，瘞之。俟百年後，啓封則蜜劑也。凡人損折肢體，食少許，立愈。雖彼中亦不多得。俗曰蜜人，番言木乃伊。

《二酉委譚摘録・異證二》 予歷籓、臬於寮寀間，見異證二，因録以俟知醫者。一，秦方伯淦右轄楚中時，背脇間生一痰核，漸大如瘤。聞荆南有善醫者，須服藥滿百貼始除，即九弗效也。如數服之，果愈。遷爲豫章左，至時了無恙。亡何足微蹇，問之云，足面似簇筋，令童子捫之傷皮耳。已遂愈。數日而病痢，提學江公以東私謂同寮曰：大夫其非痢之謂，疾殆不起乎。余怪而問之。曰：余非知醫者，先大夫先患足創，一如秦公，已而下痢，竟不治。蓋創毒所發也。秦公乃竟死。一，閩參政王公懋德，自延平歸，忽瘦甚，鬚髮皆枯。云是消渴證，百方藥之弗效。先是延平一鄉宦潛謂人曰：王公病曾有嘗其溺否？向有患者，溺甚甜，此不治驗也。王後聞之，初試微甘，已而漸濃愈益甜。王亦自知必不起。云：消渴病聞之，溺甜則未之前聞也。豈亦糞甜苦之類乎？二事皆醫說所不載。

《焦氏筆乘・噎膈》 《廣五行記》：永徽中，絳州僧病噎不下食，告弟子：吾死之後，便開吾胸，視有何物。言終而卒。弟子依言，開視胸中得一物，形似魚而有兩頭，遍體肉鱗。弟子致器中，跳躍不止，戲以諸味，皆隨化盡。時夏中藍盛作澱，一僧以澱致器中，此蟲遂遶器中走，須臾化爲水矣。

《疑耀・開脇而產》 陸終氏娶鬼方之女，孕而不育。十一年，開其左脇而出三人焉。又開其右脇，而出三人焉。長曰昆吾，次參胡，次彭祖，次會人，次安，次季連，皆有名德於世，而受姓爲侯伯。譙周作《古史考》，乃以爲妄，廢而弗論，見亦隘矣。彼修己背坼而生禹，簡狄胸坼而生契，皆爲帝王。是天將興之，必有異於人者，非常理所可測也。魏黄初五年，汝南屈雍妻王氏生男，從右脇下水腹上出，而平和自若。數月創合，母子無恙。宋時，莆田有市人妻生男，從股髀間出，亦無恙。此亦足以明陸終氏之非妄矣。

《偃曝餘談・人異》 檮杌狀如虎，長三尺，人面虎爪，口牙一丈八尺，人或食之，獸鬥終不退卻，惟死而已。甚哉史官之宜死於是職也。又史者示往知來者也，檮杌之爲物，能逆知來事，故以此目之。朱紫陽訓爲紀惡者，又一義也。歷查古人異相見於書史者，如呂望芝眉；唐叔生而有文在手曰虞，遂以爲名；吳夫差肉食而有墨色；仲子魯惠公夫人，生有手文，曰爲魯夫人；干將子眉廣三寸；公孫呂，面長三尺，廣三尺；張良手紋如琴；陳平手紋有兵符，其妻蕭氏手有帝金花印；諸葛亮手長八尺，形細面麤，猶如松柏，皮膚枯槁，文理潤澤；石崇聲似鼓；顧思遠頭有肉角，長寸許，壽一百二十歲，七子，迨死，少子六十矣；杜皇后長猶無齒，晉成納采之日，一夕盡生；劉曜鬚髯百根，長五尺，身長九尺三寸；苻秦背有紋隱起，曰草付；慕容皝版齒；呂光左肘有肉印；劉元鬚三尺，當心有赤毫三根，長三尺；蕭道成鱗文遍體；梁武舌文八字，兩髈駢骨項上隆起，有文在右手，曰梁武簡文，眉翠色；梁武妃丁貴嬪，左臂有赤痣，上有五采，而體多疣，納之其疣并失；沈約左目重瞳，腰有紫痣；王敬則兩腋下生乳，各長數寸；侯景左足上有赤瘤，狀如龜，戰應克捷，瘤則隱起分明，如不勝，瘤低，及王僧辨至石頭，瘤隱陷肉中；又左足偏短，不便弓馬；章昭達少遇相者曰：卿貌甚善，須小虧則貴。後醉墜馬，鬢角小傷，侯景之亂，中流矢眇一目，相者曰：卿相善矣。仕陳位至司空。釋曇如足白於面，雖跣涉泥水，未嘗污濁；陳武章皇后手爪長五寸，色并紅白，每遇期功之服，則先折一爪；張麗華髮長七尺；後魏拓跋濬立，髮委地，每卧則鬚垂至臍，高澄賈子儒相之曰：人有七尺之軀，不如一尺之面，

一尺之面，不如一寸之目。崔浩纖妍潔白，如美婦人；楊大眼眼如車輪；盧曹身長九尺，臂毛逆如猪鬣，力能拔樹，嘗卧病，猶申足舉二人；黃巢足有黃巢二字；唐高祖體生三乳，馬周妻賣餅媪也，袁天綱見之，言法當貴，周納之，封夫人；高力士胸有七黑子；安祿山雙足黑痣有毫；李光弼之母有鬚數十，長五寸，誥封韓國夫人；王欽若項有附疣；朱仲晦面有七星；秦檜眼有夜光；呂文德足長尺餘有咫；趙子昂尖頭小書生。

《風月堂雜識・膽大如斗》《三國志・姜維傳》：殺鍾會及維，維死時見剖，膽如斗大。又《山房隨筆》載宋厓山破張世傑，舟覆而薨。翊日獲屍，棺斂焚化，其膽如斗大，而焚不化，諸軍感動。

《都公譚纂・陰中奇疾》無錫有金生者，嘗有役事至湖廣荼陵州。時暑天，經溪澗，浴之，忽陰中痛。及歸，痛時作，每作覺其中有物。用力出之，其物類棗核，堅硬如鐵。後每痛必出，不久竟死。又有周某者，蓄一黑犬，甚愛之，食必親飼。後犬病瘦，周恐傷人，鎖之屋柱。一日飼之，被嚙其臂，周且痛且怒，乃烹食之。食已，疾作，口出犬聲，有物如蚯蚓狀，從陰中出，痛不可忍，諸藥莫療而死。

《堅瓠廣集・六十生子》《眞珠船》載隰寧張娼之女，十二歲而得男，長安劉氏之婦，六十二而育女，是胚胎之結，亦有不假天癸者，見者以爲其説似誕。近聞揚州某商，老而乏嗣，妻年六十而生一子。族人爭疑之，訟於郡守。守廷鞫之，商言可據。當堂滴血，驗係果眞。衆議方息。又見《金史》載金之始祖函普，初從高麗來，年已六十餘矣，居完顔部，部有賢女，年六十而未嫁，部人以賢女許始祖，始祖乃以青牛爲聘禮而納之，後生二男，長曰烏魯，次曰斡魯，一女曰注思板。是六十生子，古亦有之，未盡誣也。

《堅瓠廣集・人物同胞》人有與物同產者。漢竇武母，產武時，幷產一蛇一鶴，蛇鶴送之林中。後母卒，有大蛇與鶴徑至喪所。晉懷帝永嘉五年，枹罕令嚴根妓，產一女一龍一鵝。丹陽張慶婦，產一男一虎一狸。劉毅妻郭氏，產一男一鼠，毅怒殺兒，鼠走逸，後郭病死方斂，鼠來跳入棺中。劉聰劉后，產一蛇一虎。萬曆丁巳，廣寧一婦，產一蛇一猴二角，已爲異事；群談採餘，崇寧元年六月，西京民家，豬生二男一女一豬，則尤異也。

男人生子

《庚巳編》齊門臨甸寺一僧，年少美姿容，病死。其師建齋會衆荼毗，忽爆響腹開，中有一胞，胞内一小兒，長數寸，面目眉髮俱具，衆所共見。又嘉靖四年乙酉正月，吳縣民孔方腹痛，穀道出血，產下一胞，妻沈氏割開，有一男，長一尺，髮長二寸，五官俱全，鄰里驚報府縣申詳，巡按朱實昌具本奏聞，以爲人異，乃知史載牡馬生駒，未足異也。

《堅瓠續集・白血無血》人言白血無血，蓋戲言爾。然史書實載其事。石廣斬李子揚，頸無血，十餘日，而面色無異於生。見《石季龍傳》。景僧錄受刑無血。宋景平元年，魏陷虎牢，人被殺者不出血。並見《通鑑》。黃巢殺周樸，湧白乳尺五寸。巢又以劍斫懶安塔，亦湧白乳三尺。見《八閩志》。孫琳殺徐光而無血。見《搜神記》。宋建炎間，荆州長陽民婦向氏，爲賊皮仲所執，不受辱，被殺。白乳自吭流至踵。《荆州記》。宋李廷芝死節，血無一點。見《韋居聽輿》。漢軍執一僧，取其銀，復斬其首，白乳湧出。孔平仲《談苑》。

《堅瓠續集・吳中異人》郡昔有人雙目皆瞽，以推命爲生，旁無相者，日走蘇城之内外，不失尺寸，街坊巷陌，無不知之。又一人眉目鼻耳俱無，面如被剝，止有口且小，日於閶門市中吹笛，乞錢度日。一人一足不伸，一足履地，雀躍而行，日走二三十里。一婦隻手無十指，在機房繅絲，極便捷。一人兩手俱無，以足指與人博錢，收錢時，雖疾手者，不若也。

《堅瓠集・四乳》文王四乳，見《淮南子》。又《雜記》載范鎭兄鎡卒，有遺腹子在外，鎭求之兩蜀。二年得之曰：吾兄異於人，體有四乳，是兒亦然。驗之果四乳。《聞見巵言》載浙中一女，亦四乳，上兩乳略開，下兩乳略近，如兩服兩驂，齊首如手狀，上者房小，下者房大，乳子亦僅用下兩房。殊形異體，不可謂世間無有也。

《堅瓠續集・食人》隋麻叔謀朱粲，常蒸小兒以爲膳。唐高瓚蒸妾食之。薛震，獨孤莊，張茂昭，五代萇從簡，趙思綰，宋王繼勳，林千之，《草木子》載元劉太保，以人爲糧。明兩廣提督韓觀，皆嗜食人。然皆菹醢而食，未有生啖者。《三國志》載吳將高澧好飲人血。《文海披沙》：梁羊道生，見罪人被縛，拔刀刳其睛呑之。宋王彥升俘獲胡人，置酒宴飲，手裂其耳，咀嚼，俘者痛楚號叫，而彥升談笑自若，前後凡啖數百人，即虎狼不若也。

《堅瓠續集・身具二形》《玉曆通誌》載心房二宿，具男女二形，婦人感之而孕，所生亦具二形。《晉史》惠懷之世，京洛有兼男女體者，能兩用人道。《七修類稿》載杭友蘇民詞娶一妾，下半月女形，上半月則陰戶出陽勢矣。

《雜記》載成化中山西桑冲，《碣石剩談》載嘉靖中瑞州藍道婆，皆身具男女二形，假女紅姦人婦女，事露刑死。《聞見卮言》載禾郡城隍廟道童，陰囊之後，穀道之前又具女形，年長而美，兩乳亦發。

人生尾

《獨異志》載大曆中洛陽尉苗登有尾長二尺餘。《夷堅丙志》載臨安米市橋傍賣荳萁者，腰間生尾四尺餘，每出必用繩索纏縛數匝，猶爲小兒窘逐求觀，又一丐亦有之，然僅長數寸，閱者必施一文錢。

《堅瓠續集·張成善走》 成化中臨清張成，以善走得名，日行五百里，上官命入京師，往返僅七日，善馬弗能逮。足有長毫，夜宿圓器中，每走勢發，足不得住，抱樹乃止。吳有舉人過臨清，知州與有舊，留之宿。舉人求蕭縣大梨，知州召成往市，明旦已持梨來，疑其近處得之，使人往驗，果然。蓋百餘里路，僅一昏時也。

《堅瓠續集·女鬚》 《雞肋編》載唐李光弼之母，有鬚數十，長五寸許。《宋史》載都下朱節妻，鬚長尺許，徽宗賜爲女冠。《七修》載洪武初，南京齊化門東街達達婦人，有髭鬚，長尺許。《庚巳編》載弘治末，應山縣女子，生鬚長三寸餘。見《邸報》。予里人卓四者，商於鄭陽，見主家一婦，美色，頷下有鬚三綹，長數寸，人目爲三鬚娘。《開州志》載正德十三年，臨河城靳氏女，將笄，忽生鬚，長四寸許，剪之復出。

《堅瓠廣集·產異》 婦人孿生，已爲異事。有一產而三至四五六七者，諸書所載，備録於左。《天都》載，宋自建康至天禧中，產兩男一女者三。石勒時，堂陽陳豬妻，漢隱帝時，內黃武進妻，俱一產三男。天聖至治平，一產三男者四十有四。《從信録》永樂戊子，靈丘李天秀妻米氏，《仙里塵談》，嘉靖初，京師米鑑妻，香山蓮塘鄭七仔妻，廣州黃世綱妻，俱一產三男。《續巳編》，汝寧燕秀才妻，一產三男，光州民婦，一胎三女，光州知州陸人傑鍾見而異之，配爲夫婦。萬曆中，高平縣吳守倉妻牛氏，松江有民妻，俱一胎三子。康熙癸丑，黃州衛生員李宏妻張氏，乙丑五月，諸暨張茂妻李氏，俱一產三男，撫臣疏請，部議給布六疋，米五石。《濯纓亭筆記》，成化間，嘉善縣鄒亮妻，初乳生三子，再乳生四子，三乳生六子，漢永寧中，南昌有婦人一產四子。宋建康中一胎四男者三，一男三女者二，石勒時，黎陽陳武妻，一產三男一女，北魏延興三年，秀容郡有婦人一產四男。四產十六男。大同有婦人一產四男，治平中，一胎四男者二。萬曆戊申，福州蘇九妻鄧氏，一產兩男兩女。《庚巳編》，正德中，長洲吳奇妻，一產四男。武進張廡妻，一產五男。《西樵野記》，天順中，揚州有民婦一產五男。《耳談》，萬曆庚寅，南宿州有民婦一產七子，膚髮紅白黑青各異，以爲妖，屬一人瘞之江滸，是夜里有長者，夢神謂曰：明日有七將軍在阨，過爾門，爾救之，當獲福佑，長者起覘之，果見有人携一筐，以衣覆其上，發視之，果七兒，因以錢勞之，留育於家。

《堅瓠集·啓棺出女》 毛鶴舫先生，言康熙戊寅八月初六日，杭城北關門外枯樹灣，有鍾姓者，婢產一女而母即死，家人以無人乳育，并納棺中而殯，權厝郊外。至十二日，農人鋤地其傍，聞啼聲，初疑爲鬼，佇聽久之，乃知爲嬰兒。歸告其同里，聞於官，命啓棺出女，抱置城中育嬰堂，傳爲異聞。乃知《搜神記》所載漢哀帝建平四年，方與女子生兒不舉，葬之陌上，後三日有人過，聞兒啼聲，報其母掘出收養之，非誣也。

《堅瓠續集·腹裂生子》 《夷堅志》載淳熙中，建康杜屠婦，於左脅下，裂腹生子。《客坐新聞》載成化辛丑，鳳陽宿州張珍妻王氏，有孕當產，臍下右側，痛不可忍，一日忽裂，生男。御史周蕃聞於朝，官爲給養。《從信録》載嘉靖辛酉眞定民婦，於右脅下產一男。馬弢菴《聞見録》：萬曆癸巳，吳中李翰林家楊文妻，裂腹下右裏股，生一男子，母亦無恙。《異苑》載晉義熙中，魏興李宣妻樊氏，懷妊過期不孕，面額上有瘡，兒穿之以出，名胡兒，長爲將。

《柳南隨筆·一門四皓》 番禺陂頭之鄉，有四潘翁者，同母之兄弟也。一曰秉彝，壽至九十有八。一曰岣嶁，壽至九十有六。一曰慶存，壽至八十有九。一曰慶餘，壽至八十有八。康熙間，其族人以聞有司，有司表其閭，曰一門四皓。

《閱微草堂筆記·灤陽消夏録四》 余長女適德州盧氏，所居曰紀家。莊嘗見一人卧溪畔，衣敗絮呻吟，視之則一毛孔中有一虱，喙皆向內。後足皆鉤于敗絮，不可解，解之則痛徹心髓。無可如何，竟坐視其死。此殆夙孽所報歟。

《閱微草堂筆記·灤陽消夏録五》 《左傳》言：深山大澤，實生龍蛇。小奴玉保，烏魯木齊流人子也。初隸特納格爾軍屯，嘗入谷追亡羊，見大蛇巨如柱，盤於高崗之頂，向日曬鱗，週身五色爛然，如堆錦繡，頂一角，長尺許。有群雉飛過，張口吸之，相距四五丈，皆翩然而落，如矢投壺。心知雉爲所吞矣。乘其未見，循澗逃歸，恐怖幾失魂魄。軍吏鄔圖麟，因言此蛇至毒，而其角能解毒，即所謂吸毒石也。見此蛇者，攜雄黄數斤，於上風燒之，即委頓不能動，取其角，鋸爲塊，癰疽初起時，以一塊著瘡頂，即如磁吸鐵，相粘不可脱，待毒氣吸出，乃自落，置人乳中，浸出其毒，仍可再用。毒輕者乳變緑，稍重者變青黯，極重者變黑紫。乳變黑紫者，吸四五次，乃可盡。餘一二次愈矣。余記從兄懋園家，有吸毒石，治癰疽頗驗，其質非木非石，至是乃知爲蛇角矣。

又　乾隆壬戌癸亥間，郇落男婦，往往得奇疾。男子則尻骨生尾，如鹿角珊瑚枝，女子則患陰挺，如葡萄、如芝菌。有能醫之者，一割立愈，不醫則死。喧言有妖人投藥於井，使人飲水成此病，因以取利。內閣學士永公，時爲河間守，或請捕醫者治之。公曰：是事誠可疑，然無實據。一村不過三兩井，嚴守視之，自無所施其術，儻一逮問，則無人復敢醫此證，恐死者多矣。凡事宜熟慮其後，勿過急也。固不許，患亦尋息。

《閲微草堂筆記·如是我聞三》　奴子紀昌本姓魏，用黄犢子故事，從主姓。少喜讀書，頗嫻文藝，作字亦工楷。最有心計，平生無一事失便宜。晚得奇疾，目不能視，耳不能聽，口不能言，四支不能動。周身丼痿痺，不知痛癢。仰置榻上，塊然如木石，惟鼻息不絶，知其未死。按時以飲食置口中，尚能咀嚥而已。診之乃六脈平和，毫無病狀。名醫亦無所措手。如是數年乃死。老僧果成曰：此病身死而心生，爲自古醫經所不載。其業報歟？然此奴亦無大惡。不過務求自利，算無遺策耳。巧者造物之所忌，諒哉！

《閲微草堂筆記·槐西雜志三》　交河黄俊生言：折傷骨者，以開通元寶錢，燒而醋淬研爲末，以酒服下，則銅末結而爲圈，周束折處。曾以一折足雞試之，果接續如故。及烹此雞，驗其骨，銅束宛然，此理之不可解者。銅末不過入腸胃，何以能透膜自到筋骨間也？惟倉卒間，此錢不易得。後見張鷟《朝野僉載》曰：定州人崔務，墮馬折足，醫令取銅末酒服之，遂痊平。及亡後十餘年改葬，視其脛骨折處，銅末束之。然則此本古方，但云銅末，非定用開通元寶錢也。

《閲微草堂筆記·姑妄聽之四》　引據古義，宜徵經典，其餘雜説，參酌而已，不能一一執爲定論也。《漢書·五行志》以一產三男列於人痾，其説以爲母氣盛也，故謂之咎徵。然成周八士，四乳而生，聖人不以爲妖異，抑又何歟？夫天地絪緼，萬物化醇，非地之自能生也。男女構精，萬物化生，非女之自能生也。使三男不夫而孕，謂之人痾可矣。既爲有父之子，則父氣亦盛可知，何獨以爲陰盛陽衰乎？循是以推，則嘉禾專車，異畝同穎，見於書序者，亦將謂地氣太盛乎？大抵《洪範》、五行説多穿鑿，而此之難通爲尤甚，不得以源出伏勝，遂以傳爲經。國家典制，凡一產三男，皆予賞賚，一掃曲學之陋説，眞千古定議矣。余修《續文獻通考》，於祥異考中，變馬氏之例，削去此門，遵功令也。癸丑七月，草此書成，適儀曹以題賞一產三男本稿請署。偶與論此，因附於書末。

《閲微草堂筆記·灤陽消夏録一》　阿公偶問余形天干戚事，余舉《山海經》以對。阿公曰：君勿謂古記荒唐，是誠有也。昔科爾沁臺吉達爾瑪達都，嘗獵於漠北深山，遇一鹿負箭而奔，因引弧殪之，方欲收取，忽一騎馳而至。鞍上人有身無首，其目在兩乳，其口在臍。語啁哳自臍出，雖不可辨，然觀其手所指畫，似言鹿其所射，不應奪之也。從騎皆震懾失次，臺吉素有膽，亦指畫示以彼射未仆，此射乃獲，當剖而均分。其人會意，亦似首肯，竟持半鹿而去，不自拘於見聞耳。案：《史記》稱《山海經》、《禹本紀》所有怪物，余不敢信，是其書本在漢以前。《列子》稱大禹行而見之，伯益知而名之，夷堅聞而志之，其言必有所受，特後人不免附益，又竄亂之，故往往悠謬太甚，且雜以秦漢之地名，分别觀之可矣，必謂本依附《天問》作《山海經》，不應引《山海經》反註《天問》，則太過也。

又　神仙服餌，見於雜書者不一。或亦偶遇其人，然不得其法，則反能爲害。戴遂堂先生言，嘗見一人服松脂十餘年，肌膚充溢，精神強固，自以爲得力。然久而覺腹中小不適，又久而病燥結。潤以麻仁之類不應，攻以硝黄之類，所遺者細僅一綫，乃悟松脂粘挂於腸，中積漸凝，結愈厚則其竅愈窄，故束而至是也。無藥可醫，竟困頓至死。又見一服硫磺者，膚裂如磔，置冰上痛乃稍減。古詩：服藥求神仙，多爲藥所誤。豈不信哉！

《志異續編·患消症》　某翁患消症。每食兼數人之量，少頃即餒。一日探女，女家離市甚遠，入門已晚，猝不及辦饌品。適一貓爲犬所斃，遂烹而獻之。翁食之而甘，問何肉，以野味對。既睡。夜半腹痛起溺，下洩不止，以火燭之，小鼠滿器。自是飲啖如常人。

《志異續編·鬼氣》　鄉人某犁地，被土塊將外踝擦傷。當覺微痛，因並未破皮，略不介意。晚歸，用溫水洗脚，擦傷處起一小泡，遂覺奇癢奇痛。夜間竟大痛不止，紅腫至膝，三日後，大腿亦腫，至半月，踝上穿一眼，大如指，膿血淋漓。半年間，腿盡紫黑，以手按之，內若稀泥，蓋一腿盡內潰矣。有老人見之曰：此鬼氣所中，內有惡物，可拾狗屎，不拘多少，要乾枯而白者，燒煙向瘡口薰之，當有惡物出。如言，瘡口內果有清水，涓涓流出約數盌，尋見瘡口內，有黑物阻塞，拔出，乃亂髮一團，卷束作結如指大，不知何以入內。徐又有髮如前，共拔出十三團，水亦不流，痛亦減半。次日濃血亦減，半月水乾瘡合，但腿已黑枯，僅餘筋骨，痛癢不知如木矣。其人腿雖就痊，然虛弱已極，惜未早得是方，竟至不起。又一婦因折足，醫治已愈，惟踵內異痛，不能履地。聞乾狗屎能薰鬼氣，遂拾而漫薰之。薰一次無驗，至第二次，踵下突出肉釘三個，形如棗核，乃硬肉結成者，拔出，痛即若失。按：狗屎能薰鬼物邪氣，方書不載，乃用之無不驗，亦奇方也。

《志異續編·人首蛇》 人首蛇，粵西常有。客經山路行，往往聞喚姓名聲，切不可應，應則夜間即來啖之。故飯鋪主人，客到必問，今日路上有人喚否。答曰無有則已，如有，主人即授以一篋，藏諸枕畔。夜睡蛇來，篋中輒作風雨聲。客啓篋，有蟲飛去，始免於患。翌日，即有一蛇死於店門，主人索謝，量力酬之。或曰此蟲名飛蜈蚣，又云葛仙蜂，能制此蛇，否則雖萬里之外，亦無他術以避之，故飯店常蓄此，以待宿客。

《志異續編·换足》 某，一足腫，色紫赤。廣東常有此症，謂之紫檀風。患此者，每終身不愈。雖不痛楚，苦不輕便。某患此數年矣，多方醫治，毫不見效。偶夜行迷路，因步履維艱，不能前進。遇墦間有樹青葱如蓋，可蔽雨露，因向一家致禮借宿，遂睡於樹下。夜深，夢中聞數人語曰：此人一足著靴，殊不便爽，盍代除之？似有舉其病足而曳之者。明日某起，病足已消，居然好足，感謝不盡。時有同病者，途遇某，見其足腫頓消，叩故，備告之。其人亦於墦間向冢致禮，宿樹下，冀有所遇也。未幾，夢中聞數人語曰：今又有一足著靴者，昨夕所脫之靴現在，何不代伊著上，免致兩足一輕一重。言畢，似有舉其好足而著之者。明晨，其人起，好足已腫，與病足無二，不勝疲憊焉。蓋天下緣之所在，不必盡善，可以無心遇，不可以有心求。一有心求，則善者皆惡矣。鬼以人著一靴不便，代脫之，美意也，又見人著一靴不便，加著之，亦美意也，而受之者苦樂判焉。無他，有心與無心之間耳。世之欲脫靴而反著靴者多矣，尚其知所自反也可。

《志異續編·尸身不朽》 尸有不朽者。湖南永興縣，沿河上二十五里，地名青浦灘，河邊石壁上有一洞，離河高約二丈，人可緣而上。洞口甚寬，深約一丈。洞內停一棺，色白，棺蓋半掩，內有一尸，衣衾半朽爛，兩足十指露出，足掌上白裹巾猶存。土人云：昔著朝靴，因看者多以手摸，近手則成灰，今朽矣。足指如金漆色，面色如之，齒黃白，兩目一垂簾，一破陷。土人云：近四五年間始破也，相傳爲明朝人，駕船爲業，死後以草席捲置洞內，後子孫發跡，易以棺，家頓敗，子孫亦絕，云地是犀牛形，以木置喉中，牛哽死矣。此不經之談，第血肉之軀，胡以歷久不朽，且蟲蟻亦不稍損，果地氣祥和與？抑有靈氣呵護與？尤可異者，洞內地下，毫無纖芥微塵，若日日有人灑掃者，然凡舟經此，莫不往觀，余亦與焉。時嘉慶十一年，九月十五日也。

《志異續編·產難》 產難催生方甚多，然或驗或不驗。朱文貴妻，每難產，患之。會友招仙，朱叩催生方，仙書曰：不作意，任自然，即此語，是靈丹。有頃，復書曰：人物一理，靜觀自知。嘗即仙語推之，若馬若牛，若羊犬豕，無不易生，或驅策失宜，或傾跌致損，則坼副菑害者有之，否則無是也。禽鳥雖屬卵生，其理則一。問有禽生卵不下者乎？且山林之鳥，卵無不成，家禽則往往多卵，豈盡雌之不才與？余嘗於松月山房畜鷄數對，內有鷄常作哺聲，忽一日，引雛十三而至，跡之，始知哺於叢竹內，數殼，適符十三之數，此即不作意任自然之明徵也。竊謂生產，乃自然之理，斷無有難易之分。或平日嗜慾不節，致胎氣不固，臨產又復大驚小怪，產婦心慌氣亂，於是或橫生，或逆產，其或欲生不生，接生者從而迎之送之，復令產婦用力以生之，勢必至於力竭氣耗，氣耗則血不行，血不行則胎滯，僉以爲難產，不知非產之難，乃人自難也。昔人著《達生篇》，有六字訣云：睡忍痛，慢臨盆。誠爲臨產秘訣。今仙語，不作意，任自然，亦可謂之六字訣云。

《明齋小識·四乳獨腎》 予表弟陸馥蓉，邑增廣生，幼穎慧，十三經皆瀾翻。有異稟，四乳獨腎。予姑夫鍾愛之。年未四十，奄然物化。直木先伐，甘井先竭，令人有玉樹着土中之憾。

《明齋小識·女化男》 崇禎時，泗涇諸生李玉樹，老而無子，女嫁莫姓。琴瑟未服，黃昏散，歸甯弗復返。日後侍婢有身，詰所從來，知日與女交股睡。復詰女，云化男子已久，驗臍下觸手盈把，緜是得螽斯慶。余妻弟陳墨莊娶李氏，爲其裔冑。

《履園叢話・一乳六男》 乾隆五十七年，嘉定縣菜區南四圖地方，有周姓者，一胞生六男，此亦僅見者。知縣吳盤齋謂余言，載入縣志。

《島居隨録・男女異化》 男有化爲女者。《華陽國志》，武都丈夫化爲女子，蜀王寵之，至亡國。《漢書》云：哀帝建平中，豫章男子化爲女子，嫁人生一子。獻帝建安二十年，越巂男子化爲女子。劉曜時，武功男子蘇撫、陝男子伍長平，并化爲女子。隆慶二年，山西御史宋纁上言，靜樂縣民李良雨，娶妻張氏，已四載矣。後因貧，出其妻，自傭於人。隆慶元年正月，偶得腹痛，時止，二年二月初九日，大痛不止，至四月，内腎囊不覺退縮入腹，變爲女人陰戶，次月經水亦行，始換女粧，時年二十八矣。

女有化爲男者。《洪範》五行傳云，魏襄王十三年，有女子化爲丈夫。漢末女子徐登，化爲丈夫，有幻術。《晉書》云：惠帝元康中，安豐女子周世寧，八歲漸化爲男子，至十七八而性氣成。又孝武帝康寧初，南郡女子唐氏，漸化爲丈夫。劉聰時，内史女人化爲丈夫。北燕馮跋，太平十七年二月，北部趙壽女，既嫁，化爲男子，娶妻而無子。《南史》云，宋文帝元嘉二年，燕有女子化爲男。《唐書》，僖宗光啓二年春，鳳翔郿縣女子朱齔，化爲丈夫，旬日而死。宋乾道三年，永州支氏女，慶元三年，袁州黃念四女，《括異志》，廣州蕭氏女大娘子，并化爲男子。嘉靖二十八年，大同右衛舍人馬録女，年十七歲，化爲男子。按：房京《易占》云，男化爲女，宮刑濫也；女化爲男，婦政行也。又云：女子化爲丈夫，玆謂陰昌，賤人爲王。《春秋潛潭巴》云：男化女，賢人去位；女化男，賤人爲王。

《島居隨録・物生》 計然曰：人受命於天地變化而生。一月而膏。二月而脈。三月而胚，謂如水泡之狀。四月而胎，謂如水中蝦蟆胎也。五月而筋。六月而骨，謂血氣變爲肉，肉爲脂，脂爲骨也。七月而生形。八月而動。九月而躁。十月而生。

陳楚之間，凡人獸乳而雙產謂之釐孳。秦晉之間曰健子。趙魏之間曰孿生。

孿生有隔日隔月者。殷祖甲以卯日生嚚，巳日生良。嘉靖初，京師民米鑑妻，二月十一日生一子，十二日生一子，十三日生一子。萬曆年間，工部范鈁妻生一女，四閏月矣，又生一男。

人有不及十月而生者。《魏略》云：黃牛羌人，孕六月而生。《博物志》云：荊州極西南界至蜀諸民曰獠子，婦人妊娠，七月而產。今人孕七月八月生者，常有之。七月者多可育，八月者多難育，七變而八不變也。宋濂七月生。

人有過十月而生者。伏羲母孕十二年生。黃帝母孕二十四月生。堯、契、禹及漢昭帝母皆孕十四月生。又《漢武帝内傳》云：王夫人孕十四月而生武帝。《晉書》云：符堅母孕十二月生。《十六國春秋》：劉淵母孕十五月生。劉聰母亦孕十五月生。慕容垂母孕十三月生。李雄十四月生。《前涼録索綏》云：老子母懷孕十年乃生。《老子傳》又云：胎八十一年乃生。《太平廣記》：葉法善十五月生。《博物志》云：大人國其人孕三十六年，生而白頭。唐李泌母周氏，懷孕三年生泌，泌始生，髮即至眉。宋供奉官郭坦母孕二十二月生。萬曆年間，中書馬呈德，大同人，其妻孕八歲而生子，子亦不甚大，但髮長尺。張舜民《畫墁録》云：鳳翔婦與黃冠通姦即妊，不能決，在禁中四年，至英廟登極，赦到，宣竟而婦生子，髮被面齒滿口。余未之信，至岐下取案文閱之，不悞。《異苑》云：太原溫磐石母懷身三年，然後生，墜地便坐而笑，髮覆面，牙齒皆具。宋林靈素，永嘉人，母孕二十四月而生。

人有不因交合而孕者。太昊母華胥，履巨人跡，意有所動，青虹繞之，遂因而孕。黃帝母附寶，見大電光繞北斗樞星，照於郊野，感之而孕。少昊母女節，見大星如虹，下流華渚，感之而孕。顓頊母女樞，見瑤光貫月，感之而孕。帝嚳次妃慶都，感赤龍之精，孕堯。帝嚳元妃姜嫄，出野見巨人跡，心忻然悦而踐之，身動如孕，期而生稷。帝嚳三妃簡狄，祈於高禖，見玄鳥墜卵，吞之孕契。瞽瞍妻握登，感大虹而孕舜。一云感樞星之精而孕。禹母修己，一曰女狄，山行見流星貫昴，意感慄然，又於石紐山下泉中得月精如雞子，愛而吞之，遂孕。湯母扶都，感白氣貫月而孕。老聃母嬰敷，見日精下落如流星，飛入口中而孕。周昭王夫人觀白虹而有娠，生子兩手握拳不開。昭王撰之即開。左手有文曰公，右手有文曰羽，遂賜姓翁氏，食采翁山。古哀牢國，即今雲南永昌軍民府也，相傳一婦名沙壺，浣絮水中，觸沉木有感，因孕，產九男，其季子長而黠，遂推爲酋長。《魏書》云：鮮卑兵投鹿候，從匈奴三年，其妻在家有子，怪而殺之。妻言嘗行仰天視雨雹，入口吞之而生子，號檀石槐，後遂爲鮮卑大人。梁王曇逸母晝寢，夢靈鳳集其身，因有娠。梁任昉母裴氏，夢五色綵旗，四角繫金鈴，墜鈴於懷中，覺而有孕。徐陵母臧氏，夢五色雲化爲鳳，集其肩左，因而有孕。隋王通母銅川夫人，經山梁履巨石而有孕，遂生文中子。漢末零陵郡太守，有女悅門下書佐，令婢取其盥手水飲之而有娠，既而生子能行。太守抱兒使求其父，兒直上書佐膝上，書佐推之，兒仆地化爲水。桓玄母馬氏，見流星墜銅水甕中如火珠，取入瓢吞之，有感而孕，後遂生玄。宋邵雍母李氏，因山行於雲霞間見大黑猿，有感遂孕。《南史》：東海有女國，二三月競入水，則妊娠，六七月產子。女人胸前無乳，項後生毛，根白，毛中有汁，以乳子。百日能行，三四年則成人矣。《北史》：竇泰之母，夢風雷而有娠。朝鮮靈巖郡西，有崔氏園，諺傳新羅人崔氏，園中有瓜，長尺餘，一家頗異之。崔氏女潛摘食之，歆然有孕，彌月生子。其父母惡其無人道而生，置之竹林。居數日，女往視之，鳩燕來覆翼之，還告於父母，父母往見，異之，取而養之。及長爲僧，名道詵，入唐傳一行地理法而還，後名其地曰鳩林。順慶府達州鷺鷥山有井，井側有巨人足跡，有女子履其跡而孕，生一子，棄諸野，馬牛避弗踐，鷺鷥以羽覆之。母乃收而養之，長爲高僧，即圭峰禪師也。《宋書》：百濟國出自索離國，其王出行，其侍兒於後妊娠。王還欲殺之，侍兒曰前見天上有氣，如大鷄子來降，感故有娠。王捨之，後生男。王置之豕牢，豕以口氣噓之，不死。後徙於馬闌，亦如之。王以爲神，命養之，名曰東明。及長善射，王惡而欲殺之。東明乃奔走，南至淹滯水，以弓擊水，魚鼈皆爲橋，乘之得渡，至夫餘而王焉。

人有不從產門出者。《世本》云：陸終氏娶鬼方氏之妹，謂之女嬇，是生六子。孕三年，啓其左脇，三人出焉。破其右脇，三人出焉。修己背拆而生禹。簡狄胸拆而生契。《魏志》云：黃初六年，魏郡太守孔羨，表言汝南屈雍妻王氏，以去年十月十二日生男兒，從右腋下小腹上而出，其母自若，無他畏痛。今瘡已愈，母子全安。《異苑》云：晉義熙中，魏興李宣妻樊氏懷妊，過期不生，而額上有瘡，兒從瘡出，長爲將軍，名胡兒。又云：晉時常山趙宣母妊，身如常，而髀上作癢，搔之成瘡，兒從瘡出，母子平安。太康中，焉耆國王龍安遣子入侍，安妻妊娠十二月，剖脇生子，名曰會，後嗣爲王。《廣五行記》云：李勢末年，涪陵民馬氏婦妊，從脇生，子母無恙。宋武帝時，武陵楊歡妻妊女，從股中生，至齊猶在。後魏肅宗熙平二年，并州祈縣人韓僧眞女令姫，從母右脇而出，靈太后命付掖庭。《野史》云：莆田尉舍之左，有市人妻生男，從股髀間出，瘡合，母子無恙。浮屠氏言：釋迦生下摩耶之右脇。《神仙傳》言：老子生時，剖母左腋而出。《嵩高記》云：陽翟有婦人，妊三十月，乃生子，從背出，五歲便入山學道，爲母立祠，曰開母祠。《瑯琊抄》云：成化中，宿州一婦孕，脇腫如癰，及期兒從癰出，瘡痏隨合，其子名佛記兒。又成化十八年三月，宿州民張眞妻王氏孕，當產，臍下右邊痛不可言，歷三月，腹右畔開裂，產出一男，鼻準中有黑痣。嘉靖四十年三月，眞定一婦人，於右脇下產一男，甚雄偉，六歲而死。又隆慶五年二月，唐山縣民婦有孕，左脇腫起，兒從脇生，俱無恙。甲辰徐州一婦脇骨生一肉瘤，漸長如核大，皮益瑩薄，彌月兒從此產。

人生三子四子者甚多。王冰《玄珠密語》云：人生三子，主太平。人生三女，國淫失。人生十子，諸侯競位。人生肉塊，天下饑荒。雖有此說，然從來未聞有一生十子者。按後漢《方術傳》云：南昌有婦人生四子。劉祇以問唐檀，檀以爲京師當有兵氣，其禍發於蕭牆。此或一時之占驗，未必爲定論也。唐哀帝時，潁州汝陰縣彭文妻，一產三男。宋至道三年，南劍民劉相妻，一產三男。永樂六年，山西靈丘縣民李天秀妻朱氏，一產三男。萬曆元年，沙縣民黃壽妻，一產三子。《續已編》：汝寧士燕生者，妻一乳三男。吳陸鐘知光州時，過其家，生呼三男出，皆髫秀。其髻一向左，一向右，一在中。以貌類難別，故髻以識之。他日生率三子來州謁見，云：聞此有一乳三女者，與兒同年，欲求爲配。陸奇之，爲議而聘焉。石勒僭位三年，黎陽人陳武妻，一產三男一女，勒以爲祥，賜乳婢一口，穀一百石，雜綵四十疋。拓跋魏高祖延興三年秋，秀容郡婦人，一產四男，四產十六男。唐永徽六年，淄州高苑民吳威妻，嘉州民辛道護妻，寶曆二年十二月，延州人賀文妻，皆一產四男。宋太平興國七年，鴈門縣民劉習妻，產四男。祥符元年，高郵軍民王言妻，產四男。八年，永嘉縣民張保妻，產四男。元至元二十年二月，高州民張丑妻李氏，一產四子，三男一女。大德元年十一月，遼陽打鴈孛蘭奚戶那懷妻和里迷，一產四男。十年正月，江州湖口縣民方丙妻甘氏，一產四男。致和元年，當塗縣楊泰妻吳氏，一產四子。嘉靖十一年，當塗縣民吳倫妻，一產三男一女。萬曆年間，大同民一產四男。三十六年十一月二十二日，福州東門守軍蘇九郎妻鄭氏，一產二男二女。侯甸《西樵野記》載天順間，揚州民家一產五男，體貌無異，無一夭者，母亦無恙。陸粲《庚巳編》載武進人張廐妻，一產五男。成化間，嘉善縣蘇亮妻，初乳生三子，再乳生四子，三乳生六子。萬曆庚寅，宿州村民婦，一產七子，膚髮紅白黑青諸色各異，以爲妖也，潛屬一人瘞之江滸。里有富長者，夜夢神謂曰：明日有七將軍在阨，過爾門，宜救之，當獲福佑。長者起覘門外，果見所識人抱一筐，衣覆其上，發視之。問知其由，以錢勞之，語曰：是兒神已托夢於我，我當鞠之，爾但歸報已瘞。勿泄也。越三年，婦老，竟無子，頗聞育在富長者家，訪得之，屬人懇求。長者曰：神以兒屬我，安有還理？於是與見，而兩家幷子之焉。嘉靖六年，河間民李公窩婦陳氏，一產七女。《弇山堂記》：戊午舉人顧合璧、聯璧，其父四舉胎八子，與周八士同。《獨異志》：淮南程幹，本富人，二年間爲水火蕩盡，妻茅氏，連八年孳生十六子，相持行乞於市。宋乾道年，潮州城西婦，孕過期，產子如指大，五體皆具者百餘，蠕蠕能動。

男人有生子者。《宋史》云：宣和六年，都城有賣青果男子，孕而生子，蓐母不能收，易七人始娩而逃去。《西樵野記》云：嘉靖乙酉，橫涇傭農孔方，忽患膨脹，憒憒幾數月，自脇產一肉塊，剖視之一兒，肌體毛髮悉具。周文襄忱撫姑蘇時，有報男子生子者，周不答，但目諸門子曰：汝輩慎之。萬曆丁巳正月二十八日，寧波府奉化縣後陽村男子張一，產兒，自穀道出，一與同村盧某負販出往，托宿必與俱，若夫婦然，兒之孕，似盧爲之父。

人有生於獸者。《史記》：秦孝公二十一年，有馬生人。《異苑》云：漢末有馬生人，名曰馬異，及長亡入胡地。漢靈帝光和元年，司徒長史馮巡馬，生人。《風俗通》曰：巡馬生胡子，問養馬胡蒼頭，乃奸此馬以生子。梁時有村人翰文秀，見一鹿產一女子在地，遂收養之。及長與凡女有異，遂爲女冠。梁武帝爲別立一觀，號曰鹿娘，後死入棺。武帝致祭，開棺視之，但聞異香，不見骸骨，蓋尸解也，遂葬棺於毘陵，因號其葬處爲眞山，在今江陰東一十八里。唐乾符二年，河北馬生人。中和元年九月，長安馬生人。泰州治東四十里天目山，仙人王治，隱居於此，有五色鹿，產一女於山左草莽間，聞啼聲往視之，見鹿乳焉，治挈養於菴，至七歲爲築鹿女臺居之。治飛昇後，女欲南渡，邑人餞之江浦，云後百年復來，履江水而去。景雲二年十一月，山忽鳴，聲聞遠近，會敕遣天台山女道士王妙行，行天下名山大川，洞天福地，投金龍玉璧，王妙行即鹿女，計百年矣。《西寧志》云：西羌之先，爲水渾可汗子孫，乃狼種也。《隋書》：突厥之先，國於西海之上，爲鄰國所滅，只留一小兒，與牝狼交，狼有孕，兒復被殺，狼逃至高昌之西北，後生十男，其一姓阿史那氏，最賢，遂爲君長。

人有生於竹木者。漢時夜郎女子，浣溪上，有三節竹，流至足間，聞嬰兒聲，剖竹得男，收養之，及長自稱夜郎王，以竹爲姓。隋時黎陽人王德祖，撤其皮，見一孩抱胎而出，因收養之，至七歲問誰育我，具以實告。因林木而生，名曰梵天，後改梵志，作詩諷人，甚有義旨，蓋菩薩示化也。劉宋時，東陽鎮朱氏，聞木巢中兒啼，收育之，後爲高僧，即寶誌公也。

凡物九竅者胎生，八竅者卵生，而人又有生於卵者。《博物志》：徐君宮人娠而生卵，以爲不祥，棄之水濱。有犬名曰鵠倉，獵於水側，銜歸。獨孤母以爲異，覆煖之，遂蚺生兒，生時正偃，故以爲名。徐君宮中聞之，乃更録取，長而仁智，襲君徐國，即徐偃王也。後鵠倉臨死，生角而九尾，實黃龍也。《尸子》云：徐偃王有筋無骨。《平陽志》：晉永嘉中有韓媪者，偶拾巨卵，歸育之，得嬰兒，字曰橛。方四歲時，劉淵築平陽城不就，募能城者，橛因變爲蛇，令媪舉灰誌後曰，憑灰築城可立就。果然。淵怪之，遂投山穴間，露尾數寸，忽有泉涌出成池。後人名爲金龍池，在府城西南。《雷州志》：陳時民陳氏，獲一卵，圓及尺餘，攜歸。忽一日，雷震而開，生子。有文在左手曰雷，在右手曰州，及長名文王。陳大建三年，拜本州刺史，多善政，沒而神靈，立廟以祀，名雷公廟，在府城西南。《瓊州志》：建安縣南四百里五指山，一名黎母山，一云婺女星見此山，因名黎婺，後訛呼黎母。黎母廟在府城西。舊傳雷攝一卵在山中，生一女，歲久有交阯蠻過海採香者，因與成婚，子孫甚衆，是爲黎母，乃黎人之祖也。故郡建廟祀之。唐時南詔洱海邊，漁者得雕卵，破得嬰兒，乳之長成，人稱爲宗摸師，能以符咒化水土爲酒食，千百人皆醉飽。一日化爲雕，飛集高興寺，不知所止。高興寺在玉案山崇福寺之北，今屬賓川州。《宋書》：高句麗其先出夫餘王，嘗得河伯女，因閉於室內，爲日所照，引身避之，日影又逐，既而有孕，生一卵，大如五升。夫餘王棄之與犬，犬不食；與豕，豕不食；棄於路，牛馬避之；棄於野，衆鳥以毛茹之。王剖之，不能破，遂還其母。母以物裹置煖處，有一男破而出，及長字之曰朱蒙。其俗言朱蒙者，善射也。夫餘之臣謀殺之，朱蒙走至紇升骨城，遂居焉，號曰高句麗，因以高爲氏。

人有生異類者。漢竇武母產武，而幷產一蛇，投之林中。後母卒，有大蛇徑至喪所，以頭擊柩，若哀泣者，少間乃去。漢末張魯女，浣衣石上，感赤光之祥而懷孕，生二龍。及女死將殯，柩車忽騰躍升山，遂葬焉，今謂之女郎山，在成都府溫江縣。一云今漢中府洋縣大龍小龍二溪，即張魯女生龍處。溪邊大石山有赤書展溪二字。庾信詩所云南國女郎砧也。晉太康間，暨陽農人任谷，倦臥樹下，夢羽衣人與淫，遂期羽士復至，以小匕抉其臍下，出一白蛇，羽士挾蛇徑去。谷陽漸瘻，貌類寺人。又詭言道術，得入宮，次寺人籍。永嘉中，吳郡萬詳婢，生子，鳥頭，兩足馬蹄，一手，尾黃，大如枕。愍帝建興二年十一月，枹罕令嚴根妓，產一女，一龍，一鵝，其龍子色似錦文，常就母乳，遙見神光，少得就視，未幾帝竟淪沒。劉聰后劉氏，產一蛇一虎，時平陽雨肉，長三十步，廣二十七步，旁有哭聲，晝夜不絕，臭聞百里，劉后所生一蛇一虎，各害人而走，尋之不得，頃之見於隕肉之旁，俄而后死，諸妖俱不見。東晉隆安中，吳郡有繆氏，家於陽山之下，其女始笄，因出歸途日暮欲雨，忽遇白衣老人，假館避雨，語竟，遽失老人所在，已而有娠，父母惡而逐之，乞食於鄉，踰年三月十八日，產一肉塊，棄之水中，塊忽破，有白龍出，蜿蜒母前，母驚仆地，須臾，雷電晦冥，風雨交作，良久開霽，白龍復還產處，視母已死，乃飛騰而去。於是鄉人葬其母，仍建廟祀之。每歲是日龍必歸省，見形或長尋丈，隱顯於衆山，或小如蜥蜴，依伏於廟側，暴風雷雨，則其驗也。今白墡嶺前，有龍湫靈濟廟是也。梁武帝太清元年，丹陽有莫氏妻，生男，眼在頂上，大如兩歲兒，墮地便言曰，兒是旱疫鬼，不得住。母曰：當令我得過。鬼曰：有上官，何得自由？母可急作絳帽，故當無憂。母不暇作絳帽，以絳繫髮。自是旱疫者二年，揚徐兗豫尤甚。隋大業四年，鴈門宋谷村有一婦人，生一肉卵，大如斗，埋之。後數日，所埋處雲霧盡合，從地雷震而上，視之洞穴，失卵所在。六年，趙郡李來玉婢，產一物，大如卵。唐大順中，資州王全義妻孕，而漸下入股至足，大拇指折而生珠，漸長大如杯。建昌府南豐縣八十里有龍母墓。宋熙寧間農夫游賤妻劉氏，浴於溪，遇黃犬逼之，有娠。期年產兩鮎魚，驚異以大缸貯之水中，須臾雷電晦冥，失魚所在。後三日劉死，葬於溪東磯阜之上，數日大雨，溪漲，衆見兩魚循繞墓旁，所行處地輒陷，疑以爲龍也。

人有幼生、老生者，潘塤《楮記室》載元順帝至元三年，民間謠言拘刷童男女，以故婚姻不問長幼。平江蘇達卿，時爲上海縣吏，有女年十一，贅里人浦仲明之子爲婿，明年生一子。《遼史》載：金始祖函普妻，年六十餘，生二男一女。又《留青日札》載：唐張詧妻孟媪，貌類其夫。詧事郭汾陽，既死，媪僞爲丈夫衣冠，稱爲詧弟，續事汾陽。汾陽薨，媪年已七十二，軍中累奏兼御史大夫，忽思老而煢獨，遂改適三原縣董橋店潘老爲夫婦，復誕二子，曰滔、曰渠。滔年五十有五，渠年五十有二，媪年百餘歲。人呼爲張大夫。此皆異常之事也。

人有多子者。漢中山王勝，有子百二十人。晉慕容廆之弟吐谷渾，有子六十人。胡藩嗣子世隆又有庶子六十人。北燕王馮跋有子百餘人。姚弋仲有子四十二人。蕭梁鄱陽王恢，男女百人。宋張耆有子四十二人。或傳耆開窗直廏舍，先以馬合，縱婢隔觀，從而御之，罔不成孕。李仙哲眞州揚子縣人，任本州刺史，生男女六十九人，子孫忝見，或忘其年名，披簿以審之。晉藩慶成端順王奇湞，有子百人。嘉靖三十四年冬，王壽八十，撫臣王崇上疏，乞請旌表，詔賜書嘉獎，賚以金帛。

《島居隨筆·傀異》 人有五不男，天、犍、漏、怯、變也。天者，陽痿不用，古云天閹是也。犍者，陽勢割去，寺人是也。漏者，精寒不固，常自遺洩也。怯者，舉而不強，見敵不興也。變者，體兼男女，俗名二形，又名婆羅門半釋迦，能兩用人道，或上半月爲男，下半月爲女。又或從子至午則男，從未至亥則女。《晉書》以爲亂氣所生，謂之人痾。其類有三：有值男即女，值女即男者；有半月陰半月陽者；有可妻不可夫者。五不女，螺、紋、鼓、角、脈也。螺者，牝竅內旋，有物如螺也。紋者，竅小，即實女也。鼓者，無竅如鼓。角者，有物如角，古名陰犍是也。脈者，一生經水不調，及崩帶之類是也。

女人有生鬚者，唐李光弼母有鬚數十根，長五寸許。封韓國夫人。《宣政雜録》云：宋宣和初，都下朱節妻，年四十，一夕頷癢，至明鬚出，長尺餘。《草木子》云：元至正間，京師一達婦，髭鬚長尺餘，宏治初，隨州應山縣女子生鬚，長三寸許，郿縣一婦人美色，生鬚三繚，約數十莖，長可數寸，人目爲鬚娘云。

《里乘·富翁子》 富翁某，羣雌粥粥，中年舉一雄，喜甚。兒甫周晬，忽終日啼哭，滴乳不食。舉家憂皇，急延多醫商治，並云但求兒愈，不吝厚酬。羣醫籌商立方，藥不下咽，束手無策，次第散去。中有某醫者，素專治小兒，其術甚精，再四諦視指紋，知兒固無病，竊希厚酬，獨留不去，而展轉思維，卒不喻其啼哭不乳之故。偶遊後園，見乳姆于荷池爲兒洗濯衣褲，蓬頭悲泣，問其何泣之哀。答曰：妾一家老幼，不下十口，皆賴妾在此乳兒，得不凍餒。今兒疾不治，一家斷難存活，那得不哭。醫聞是乳姆，其心忽動，乃曰：我，醫也，再四諦視指紋，兒實無病，但不喻其啼哭不乳之故。汝若知之，可悉告吾，我當設法治之。若是，則汝家溫飽，我亦得厚酬矣。未審汝知之否？乳母聞之，皇遽投地，稽顙有聲，悄謂之曰：先生必秘勿告翁，妾敢言。醫曰：諾。乃曰：前日抱兒戲池畔，兒掬石上生螺，納諸口中，妾急以指掬之，已哽喉際，從此啼哭，滴乳不食。此致病之由，唯妾一人知之，先生慎勿多言。未審果能治之否？醫撫掌笑曰：得之矣。以好言慰乳姆，並誓不泄言。乳姆叩謝而去。醫特見翁笑賀曰：連日爲郎君故，幾忘寢食，頃思得一良法，疾可立效，但不知郎君愈後，所謂厚酬者幾許耳。翁喜，拈髯笑曰：小兒果愈，請以五百金爲先生壽可乎？醫笑曰：請益之。曰：倍之，何如？醫點首曰：可矣。乃囑翁速購肥鴨百頭，繩繫其足，而倒懸之，以盎承鴨嘴，所流瀺沫若干，用銚頻挹注兒口中。不炊許時，兒啼哭頓止，且以手索乳哺矣。翁顧而狂喜，以千金酬其醫。

里乘子曰：揚州鹺商某，中指頂螺紋中忽生一紅毛，根圍紅盤大于豆，毛鋭如針，觸之痛徹心髓，醫治罔效。且稽古方無是症，群醫無可如何，相率辭去。吾邑嚴肇基名醫也，適遊廣陵，商耳其名，禮延診治。嚴稽群醫所立方，或敗毒，或瀉火，俱無少效。默思中指屬心，毛乃血之餘，其色赤屬火，必心火與腎水不能既濟，君火動而血無所統，致釀此患。治當滋腎，以金匱腎氣老法加減。三日而毛色頓黑，痛頓減。又三日而色黄，痛漸止，再三日而色黄轉白，越日毛隨盤結痂俱落，疾良瘥。所謂醫者意也。彼小兒鯁螺，以鴨見螺必嘬，取其涎以淪之，故立愈。證以嚴醫之法，益知醫以意爲之，較執古方，不更可操勝券乎。

《里乘·杭城某翁》 杭城某翁，富埒王侯，而艱於子，姬妾甚衆，卒無蘭兆。翁年已逾曰艾，自念無嗣，何需多金，遂矢行善事，且不求人知。逾年某姬果舉一雄，方頤豐下。賀者群稱英物，翁心頗慰。兒七歲就傅，徇齊殊衆，一家珍愛之。無何，兒環唇生七疔，痛徹心髓，症甚危殆。凡精岐黄者，皆羅致家中，翁署券患愈酬白金三千鎰。諸醫涎其賞，商榷立方，卒無效。創且日甚，水漿不入。醫謂唇疔最毒難治，此多至七枚，遍稽古書，皆無此症。群謝無能，相率辭去。翁愁思無策，惟率諸姬環榻，相向而泣。兒僅存息一絲，坐待其斃而已。忽有媪丐於門，聒求無厭。閽者以少主垂危，訶之。翁聞，出責閽者，如言給媪，媪合手稱謝。見翁淚承睫，詰知兒疾。曰：老婦有幼兒亦患此，曾遇異人，謂名七星攢月，危症也。惟十二歲內小兒所下蚘蟲百條，搗餅叠敷之可治。試之良瘥。後以方傳人皆效。今公子得遇老婦，合是有緣，敢爲翁賀。翁喜如媪言，懸格徵求，凡有小兒者，咸以藥下蚘蟲，爭獻求賞，敷之果愈。先是翁聞媪言，入諭於衆，比出延媪，不知所往。而所給之物固在。或謂翁素虔奉天竺觀音，此蓋菩薩化身，以旌善人云。兒弱冠成進士，事親不仕，生子五，皆讀書成名，至今科第不絶，尚稱素封焉。

《里乘·僵尸》 家大人嘗訓之曰：爾曹客遊日多，如遇生地，必使僮僕同室宿，且切不可滅燈，以防不測。因言壯年客姑孰，寓某庵中，時方初秋，天氣嫩涼，夜就枕，反側不能成寐。目微啓，見案上秋燈，光暗如螢，距榻尺有咫，一物從地出，半身長尺許，黄毛毿毿，狀類獮猴，掉頭望榻上，氣咻咻然。目碧色，炯如貓睛，其半身尚在地下，聞人轉側聲，欻遁不見。大駭，以爲目昏瞀，所見不確，起挑燈再就枕，心煩躁，復不能寐，始啓目覘之，燈復暗，前物復自地出，聞人聲依舊遁去。如是者三，燈光益暗，前物出地益高，遂不敢復就枕，呼僕叩僧門，告以所見。僧乃點首笑曰：良有之，老衲以君文星，當無患，不虞其亦敢乃爾也。爰爲移榻別室，方得安寢。越數歲，聞姑孰人言前室地下，故叔枯棺，年久成僵尸，今已掘去矣。然當日幸未睡熟，且未滅燈，故不致罹意外患也。

《里乘·吴解元子》 江浦吴解元家楣，有女年十八，于歸有日，忽下體腫痛，卧不能興。翌晨，自以手捫之，儼然變爲偉男也。庸通和尚，飛錫滬瀆，曾親見之。時年已及壯，且娶妻生子多年矣。并言其兩耳尚有釧孔，兩足以纖瘦，不能納履，終年但着吉莫鞾，中實以架，大不過五寸許耳。予聞而異之，謂非作大善事，不能致此。後聞解元家固臨江，行人來往，恆苦無渡，乃倡捐於兩岸，各製舟楫，創設義渡，永占利涉，萬口交頌，時解元齒已垂老，殊苦無子，一旦化雌爲雄，足見天報善人爲不爽也。

《里乘·溧陽史仲皋言三事》 鄉里有某生者，素好習武，凡擊刺超距，無所不能。嘗授徒鄉里。暑月，輒逾牆出，盜瓜解熱。一夜摘瓜回，忽見一人，距躟尾其後，審其步趨與人異，意是僵尸。急迂道斜行以避之。乃彼亦躡迹相從追逐，不少寬縱。生大恐，踉蹌疾奔三四里許，甫至己塾，急飛步躍登牆上，尸亦三踴三躍，所不及牆者盈咫。牆上故覆以瓦，後一躍用力較猛，落地時頰挂仰瓦上，虛懸空中，竟不能動。生俯首諦視，且駭且笑，知其不能爲患，掌摑其面者再而去。翌晨趨往觀之，一無所有，牆下但餘黑水一窪，其臭刺鼻，不可嚮邇。

某生，讀書寺中。間壁有空舍，中停枯柩，歷年嘗出爲祟。生素豪於膽，夜伏窗隙窺之。漏二下，果聞舍內窸窣作響，一老者衣冠自內出，蹀躞向外而去。生燭其舍，見棺蓋已開，遂爲闔之，料其不能再入，又恐與己作難，乃返室猱升梁上，伏而察之。少選，老者歸舍，果以棺蓋不能再入，跡至生室，意甚憤怒，偏室搜尋，見生伏梁上，瞪而仰視，目光綠若貓睛，三踴三躍，愈躍愈高，去梁幾不盈尺。生大恐，袖攜《易經》，急俯以擲其首，老者仆地傾僵。天明人來，生始敢下。歷述其異，共視其尸，已幻爲棺蓋。焚之，臭聞數里。自是毀柩掃舍，怪異遂絶。

某處有厝柩，白日嘗出爲怪，一鄉患之。有木工某甲，笑謂衆曰：諸君如醵金作筵飲我，當爲除怪。衆果如言，作筵招甲。飲畢，問何時除怪，甲躊躇久之，乃曰：必俟天氣晴爽，日方中時乃可，然須諸君往佐之。衆諾，訂約而去。至日中來邀衆同往，袖出尺周量棺蓋，取墨繩彈於蓋之當中者三，三彈，而棺中皆飄飄有聲，意似痛楚，初聲較厲，後以次遞殺。又取斧微削棺之四隅，謂衆曰：怪已除矣。自是果絶。衆大喜，乃厚酬甲。

《里乘・屍變》　江蘇葛生，客遊楚南，爲觀察某公記室。公展覲入都，以期迫兼程前馳，生與廝僕督裝在後。一日趁程較遠，投旅店過晚，宿客已滿，再三商之主人，只求一榻地，聊以栖止。主人沈思久之，始首肯。導生至後一室，内故有南北兩炕，中設一几，上置燈檠，光熒熒如豆。剔而亮之，幞被南炕。時方暑月，見北炕已有一客仰卧其上，頭蒙氈笠，不辨老少。以天熱尚着氈笠，疑是病夫，姑呼而問之，不答，意其睡熟，遂置之。枯坐取管吸建烟，漸覺倦怠，將拂簟就寢，忽見北炕客坐起，瞪目直視，生諦審之，面色慘白，不類生人。試問之，寂然不語，慮是屍變，心駭且懼，欲遁匿床下，計僵屍身不能佝，或可幸免。奈甎炕四圍砌密，無從竄入，益復惶悚。嘗聞俗言僵屍必借人生氣乃得起，其瞪目視人，人亦瞪目視之，四目相向，陽尅陰永不能動，如目少眨，則陽氣便散，彼即乘勢而起。生憶其說，遂亦瞪目對視，不敢稍瞬。良久漸難支持，幸南炕旁近雙扉，反手以烟管撥其扭頓脱，急起拔關趨而出，屍亦躍起直追，緣生出戶匆遽，雙扉爲衣風拽掩，屍撞觸之，遂闔，阻不得出。方生之出也，迫急失足顛踣，暈不能興，逾時始力疾起，呼廝僕召主人至，厲聲叱責。主人忸怩謝過，且言客家小康，距此不過一舍地，今午過此，得暴疾卒，已遣人召其妻孥，會當即至。正譁論間妻孥果至，主人歷訴其故，見生顴青鼻腫，并損二齒，俱稽顙謝罪。急欲入室，雙扉爲屍撐拄，猝莫能開。同破壁入，見屍直仆門上，十指入木如釘，牢不可拔。妻孥環哭，斧扉以停其屍，又見几燈爲屍觸翻，油潑南炕，衾席，污漬狼藉。乃厚償生資，共舁屍而去。葛生與吾友葛菊人同族，菊人歷歷言之如此。

《里乘・產怪》　同治七年七月，某官需次皖省，其婦分娩產一物，微具人形，尖嘴鷹鼻三目，左右額生二角，手足皆鳥爪，墮地一躍，高二三尺許。接生嫗大驚，急以被蒙其身，猛力按捺，又令人善視產婦，放帳安寢，不使見之，恐驚駭致疾也。然後呼人以索縛此怪，殺而投諸江中，後亦無他異。此嫗識見甚高，處分亦甚得法。袁竹畦參軍起所目見者。或謂熱天婦人不可露宿，馬桶褻物，俱不宜夜置野處，倘妖氣侵之，即不免感生怪物，是或一道也。爰筆識之，使妊婦知所自謹焉。

《里乘・秦氏婦》　姑蘇有秦與蔡二姓，自祖以來，合計在楚貿易。後生業日隆，資盈百萬。鄉人蔣某，羨而且嫉。會秦有悍婦，武斷烈於鬚眉。蔣因以甘言囮之，唆與蔡氏割業分資。婦信之，遂搆衅興訟。不十年，兩姓家業，凋敗殆盡。悍婦忽膺奇疾，矢從口出，醫不能治。未幾蔣患舌創，中斷如割，狂叫一聲而逝。是可爲聽信讒言，及陰險搆衅者戒。此葛菊人所言，兩姓皆與菊人有瓜葛也。

里乘子曰：兩人奇疾，足見冥罰之當。

《里乘・產鬼畏傘》　鄉民畢酉，素有膽識。嘗以妻有娠將產，月夜趁墟回家。道逢一女子，蹣跚獨行，同路數里，略不聞其鼻息，心竊異之。試叩其氏族，當此午夜，獨行何之。女子答曰：妾非人，乃產鬼也。前村畢家婦分娩在即，特往討替去。酉大驚，默籌所以制之，佯笑答曰：此大好事，汝得替投生好人家，可賀也。曰：此非所望，然得脱離鬼趣，即爲萬幸。因問酉姓名，乃詭對之。談論甚洽。酉又問：汝爲鬼幾何年矣？曰：於今十有三年矣。曰：求替何遲遲也。曰：陰曹必計平生善惡，以判遲速，孽滿方准求替，故遲遲以至於今也。曰：求替亦有術乎？曰：有。凡產鬼喉間各有紅絲一縷，名曰血餌，以此縋入產婦腹中，繫其嬰胞不使遽下，又暗中頻頻抽掣之，令其痛徹心髓，雖健婦只三五抽掣，則命畢矣。酉佯笑曰：此術誠巧，未審有法制之否？鬼但笑而不言。酉又固詰之，則曰：制之亦自有法，但君切不可告人。酉指天申誓，決不泄語。鬼悄謂曰：產鬼最畏雨傘，以一傘置戶後，即不敢入房矣。酉曰：然則更無別術乎？曰：君必勿洩，乃敢畢其詞。酉曰：固申誓矣，倘泄語，即與汝等。鬼喜其誠，又曰：如不能入房，則伏屋上，以血餌縋入產婦口中，亦可。倘於床頂再張一傘，使血餌不能下縋，則鬼術窮矣。以君長者，故敢質告，倘泄語，則我無生望矣，願君諒之。酉曰：諾。既至家，妻正以難產，勢甚危殆，酉如鬼言，急以一傘置戶後，又張一傘於床頂，不逾時，果呱呱墮地，而妻得無患。少選，聞空中呼酉名而詈之。曰：促狹兒，我不幸爲汝所紿，又要遲此一次，汝如再告他人，致我永無生望，則天良喪盡矣。歎息恨恨而去。酉聞而匿笑，爲妻細述之，妻甚惡此苦，囑徧告於人，凡有娠之家，各如法預防之，果皆無恙。

《里乘・周孝廉妻》　成都周孝廉紹鑾，年少倜儻。妻某氏美而賢，琴瑟靜好，秦徐不啻也。某氏體素弱，孕將分娩，殊形委頓。一日晝寢，忽見一村婦至榻前謂曰：妾求代多年，今甫得娘子，此係帝命，莫怨妾也。某氏訝其語不倫，力疾起坐，問汝何人，所言何謂，我殊不解。村婦笑曰：娘子不知也耶？妾前村某氏婦，以產難死。今娘子不幸，亦當罹此厄。妾奉帝命，在此候代。娘子不知也耶？某氏聞之大驚，婉語哀求，謂向無冤仇，乞賜憐宥。村婦不肯。再三哀之，怒謂娘子休得嘵舌，此何等事，而可徇情也耶。由此日坐榻前，刻不少離，他人不見，惟某氏獨見之。孝廉知之，欲延僧懺解。村婦笑謂周妻曰：汝家官人，大不懷好意，欲延僧驅我。我奉帝命，雖釋迦如來，又將如我何哉！某氏聞之，以告孝廉，相對愁悶，而病因之日益加劇。居亡何，又一女子搴帷入，年可二十許，靚粧高髻，風致翩婉，徑至榻前，笑謂某氏曰：夫人別來無恙？某氏欠身答曰：姊姊何人？素昧平生，枉顧何爲？乞賜明告。女曰：妾蘇州惠氏，嫁夫周某，以產難死。今奉帝命，特來候代。村婦聞之，瞪目讓曰：我奉帝命在先，汝不得橫來妄爭。惠氏笑曰：汝奉帝命，我獨非奉帝命耶？請與汝約，汝代於晝，我代於夜，視產期以判，彼此無相爭也。村婦語塞。某氏聞之益憂，然相處日熟，知其是鬼，即亦不畏。久之，察惠氏意，似不甚惡。瞯村婦不在側，輒哀求救護。惠亦深爲太息，意似首肯。鄰生有扶鸞者，惠氏忽降壇書一絕云：昨觴阿母赴瑤京，遊徧崑崙第五城。戲擲硃砂塡恨海，人間多少不平平。款署妾吳門周惠氏也。慕諸君風雅，戲題小詩，以博一噱。鄰生故與孝廉善，素耳孝廉家事，因諷之曰：伏讀佳作，足見婆心，豈疇昔周孝廉家坐守索命者，非子也耶？乩書：慚愧慚愧，天乎冤哉。妾本死於產難，甚惡此苦，不肯代求，且時陰以救人，上帝嘉妾一念之善，冊爲鬼仙，無所拘束，與周夫人有緣，知其將爲村婦之代，欲救之而苦無法，君等何不諒予心也。孝廉聞之，急來拜求。乩曰：大難大難，倘婦人產於夜分，萬一可救，然不必可也，子姑待之。一日某氏方倚枕，與惠氏閒話，見門外一蓬首女鬼，招村婦去。某氏問何事，惠氏以目止之。會鄰生又扶鸞，惠氏又降壇曰：久欲救周夫人，今幸得一策，君可爲孝廉賀。生急招孝廉至，問其所以，曰：此事甚密，君須祕之。村婦之來，實奉帝命。今君對門賣漿者婦，蠢健有力，亦應以產難死，數應某婦求代，某婦力弱不敵，招村婦爲助，始畢其命。君能爲賣漿者具詞控於城隍，謂村婦事不干己，橫傷人命，冥法至公，惡其多事，必拘村婦，不准求代，如此則夫人無事矣。孝廉大喜，使人偵於賣漿者之家，其妻日昳果以產難死。乃如惠氏言，祕爲具詞，控於城隍。越日某氏見鬼役持銀鐺拘村婦去，自是不復再至。惠氏拊掌笑曰：此大快事，夫人可安心，靜俟弄璋，保無他慮矣。不數日果舉一子，一家歡慶，然某氏以體弱，產後血崩不止，勢甚危殆，孝廉心甚憂之。某氏又見一青面鬼，紫髯如磔，口稱要命，但蹀躞戶外，不能進房。孝廉又央鄰生扶鸞，請惠氏降壇，求爲營救。惠氏書云：妾爲夫人費煞心力，甫得安枕，不料又變生意外，此係宿孽，妾實不能爲計。孝廉再三哀求，久之，又書云：憐君誠懇，心殊不忍。頃思得一法，次月朔日，太白星君道過成都，君於是日平明，衣冠至西門敬候，見有白髯老者，將葫蘆剖開，分挂兩脅，兩手拄杖，俟其入城，迎面祝求，聽所言云何，再看緣法。君須切記，成敗在此一舉，斷無有忽。孝廉拜謝，屆日遵往西門，曉關初放，行人如蟻，內果有一丐，白髯垂胸，如惠氏所云者，急迎面拜祝。老者不顧，孝廉追隨約半里許，但聞老者低頭自語，放他去罷，放他去罷。俄頃，市人益衆，一轉瞬間，忽失老者所在。孝廉回家，某氏喜謂曰：頃聞戶外鬼云：太白星君有命，放他去罷，吾不敢在此矣。踉蹌而去。孝廉大喜，妻病尋瘥。此亦公所目覩，爲予言者。

《里乘·産蛇》 合肥李季荃督軍鶴章，言其鄉農人某，家頗小阜，妻某氏最惡生女，每産，男則字之，女則溺之，年將三十，業戕五六命矣。既又有身，將分娩腹痛甚，比産一卵，内蠕蠕動，剖之，蛇也，鱗甲金光爛然，舉首，目炯炯望母，侈口蜿舌，意似索乳。農人欲殺之，妻搖首止之曰：此宿孽也。安知非妾平日溺女之報？倘再戕其命，結怨益深，其何以解？不如縱之，聽其自然爲善，農人然其言，廼置諸筐，而放之深山叢莽中。迨夜漏二下，聞戶外隱隱有聲，見蛇蜿蜒入，徑上榻投母懷中，以口哺乳，嘬吮儼然嬰兒。某氏痛徹心髓，而竟無如之何。蛇飽則蜷蜷卧枕際，飢則就乳如初，日輒三哺。某氏甚苦之，向蛇哀告曰：我與汝類分人畜，義屬母子，汝齒日長，我乳實不足以果汝腹，况汝日大，則毒未免尤甚，我不堪痛楚，命合休矣，縱係宿孽，而以子殺母，其曲在汝，汝心安乎？今與汝約，以飯代乳何如？蛇頷之。自是日飼以飯，蛇漸長大，不三年，已粗如碗，十石瓮。藉以草，蟠卧其中，日三餐，必需斗米。農人家由此漸落。蛇今尚在，人多見之，究竟不知何若也。

《咫聞録·異疾》 高淮齊人，有内姪某，十五歲時，曾得一病，每小遺則陰囊疼痛，如有人閹割者，溺中有紅白牛毛數十莖。後數月，不藥而愈。又新村劉乙，盛夏有事赴郡，遷延月餘，忽腹中痛不可忍。房主恐其病斃遺累，令兩人扶出。劉亦無計，急買肩輿馳歸，延醫治之。醫念劉久客他所，炎歊暑炙，鬱火内結，用大黄芒硝等劑下之。三劑，忽瀉黑殼小蟲升餘，水乾則羣然飛去。病雖治，而醫者不知何症，後亦無他異，書之以俟扁盧叩焉。

《郎潛紀聞·高壽》 定例凡壽民壽婦年登百歲者，由本省督撫題請恩賞，奉旨給扁建坊，以昭人瑞。考乾隆二十六年，廣東南海縣民楊能啓，年一百歲，其妻黄氏，年一百一歲。三十五年，安徽太湖縣民朱憲章，同妻劉氏，年俱一百歲。四十五年，安徽亳州縣民陳洪如，年一百六歲，妻王氏，年一百一歲，均蒙純皇帝御製詩章，渥加寵賚。又二十七年，山東章邱縣民王欣然，年一百三歲，其弟王瑞然，年一百歲。五十五年，山東清平縣民張玫，同弟張珩，均年逾百齡，亦蒙特旨旌表。夫期頤上壽，振古稀逢，至以一家骨肉之親，同膺百歲延洪之算，又恭值高宗純皇帝御宇周甲，五世同堂，曼福洪祺，君民同慶，則誠昇平嘉話，壽宇祥徵，書契已還，於斯爲盛者也。

《郎潛紀聞·眼力過人》 相傳翁覃谿學士，垂老康彊，目力尤勝。六七十時，猶能於燈下作細書，閱蠅頭字，不假靉靆。每歲元旦，必用西瓜子仁書四楷字。五十後曰萬壽無疆；六十後曰天子萬年；七十後猶能寫天下太平云。可謂異稟。

《茶香室三鈔·人生尾》 國朝楊炳堃自定年譜云：吕麗堂長孫落褥時，尻上有扁尾，約長寸許。從前安徽光藩司聰諧尻尾長尺許，其形圓尖，後官階至二品，因名其孫爲志光。

按：國朝褚人穫《堅瓠集》引《獨異志》、《夷堅丙志》，載人生尾事，然皆微賤之人，不謂達官中亦有此也。

《觚賸·産龍》 竇四者，沈丘槐店竇生之佃也。康熙庚午夏日，四婦將逼娩期，夢黑丈夫頎而髯，謂之曰：我欲暫托汝家，幸勿加害，當有以報。次日之晡産一龍。蜒蜿踰尺，鱗角俱備，項間有黄鬣，如馬鬣，拂拂而動。婦極驚怖，意欲斫除。忽飛蟠屋梁，因憶前夢，姑置豢焉。不三日長數丈，夭矯遊行，就乳則體仍縮小如初生時，熟習日久，飼以鷄卵，亦能啖也。沈丘范令親往其家視之。

《茶餘客話·名人健啖》 《歸田録》言張僕射飲啖過人，晏元獻所食至少，明高新鄭兄捷攫食猪首惡狀，幾不可耐。彭覲芝侍郎樹葵，嘗説王覺斯鐸飲量尤寬，乞書者治酒邀之，飲無算爵，或烹雞卵數十枚，盛巨盎，破餺飥蒸餅數十投其中，啖之立盡。又李殿撰蟠，廷試日啖三十六餑餑，好事者詩以嘲之。徐健菴司寇歸吴，飲門下士賈生齋，庖人窮極豐腆，巨鼎高豆，每食必盡。門人輪執爵，更番爲壽。繼賈生以玉缸進，腹隆然凸起高出案。每食一器，令左右二伻先置玉盤於心胸凸起之處以盛豆，自以巨叉攫而啖之，須臾輒盡數器。飲酒則門生故吏，爭爲侑進，夜以繼日，而司寇如未嘗飲食，殆所謂塡巨壑灌漏卮者耶。張京江夜卧從不解衣，未辨色輒起。每食粥一甌，或冬春米飯數匙，炒米少許，山藥極薄者五七片，日不過兩餐。李安溪每秋冬夜永，飽餐炳炬攤書，斷生蘿蔔寸許者，滿置大盂，每精詣深思時，輒停筆嘗一二寸，盡盂乃就寢。

《香飲樓賓談·香暈》 揚州富室子某，夜與一姬同寢。比曉，姬先覺，呼之不應，撫其體已冰矣，惟胸間微溫，而肢體忽長數寸，不知以何疾致斃，急延醫療救。醫入其室，覺牀帷香烈異常，審視良久，曰：得之矣。此薰香過多，骨節鬆懈，因而暈絶，非死也。令舁濃糞十餘桶，圍繞卧榻，窗縫間密糊以紙，毋令氣洩。久之，體縮如故，聲息並出。投以酸斂之劑，一服而愈。

辭章雜記總部

神話部

雜録

《**史記·孝武本紀**》文成死明年，天子病鼎湖甚，巫醫無所不致，不愈。游水發根乃言曰：上郡有巫，病而鬼下之。上召置祠之甘泉。及病，使人問神君。神君言曰：天子毋憂病。病少愈，強與我會甘泉。於是病愈，遂幸甘泉，病良已。大赦天下，置壽宮神君。神君最貴者太一，其佐曰大禁、司命之屬，皆從之。非可得見，聞其音，與人言等。時去時來，來則風肅然也。居室帷中。時晝言，然常以夜。天子祓，然后入。因巫爲主人，關飲食。所欲者言行下。又置壽宮、北宮，張羽旗，設供具，以禮神君。神君所言，上使人受書其言，命之曰書法。其所語，世俗之所知也，毋絶殊者，而天子獨喜。其事祕，世莫知也。

《**列仙傳·偓佺**》偓佺者，槐山採藥父也。好食松實，形體生毛，長數寸，兩目更方，能飛行逐走馬。以松子遺堯，堯不暇服也。松者，簡松也。時人受服者，皆至二三百歲焉。

《**列仙傳·方回**》方回者，堯時隱人也。堯聘以爲閭士，煉食雲母，亦與民人有病者。隱於五柞山中。夏啓末爲宦士，爲人所劫，閉之室中，從求道。回化而得去，更以方回掩封其戶。時人言，得回一丸泥塗門，戶終不可開。

《**列仙傳·瑕丘仲**》瑕丘仲者，甯人也，賣藥於甯百餘年，人以爲壽矣。地動舍壞，仲及里中數十家屋臨水，皆敗。仲死，民人取仲尸，弃水中，收其藥賣之。仲披裘而從，詣之取藥。棄仲者懼，叩頭求哀。仲曰：恨汝使人知我耳，吾去矣。後爲夫餘胡王。驛使復來至甯，北方謂之謫仙人焉。

《**列仙傳·任光**》任光者，上蔡人也。善餌丹，賣於都市里間。積八十九年，乃知是故時任光也。皆說如數十歲面顔。後長老識之，趙簡子聘與俱歸。常在栢梯山上，三世不知所在。晉人常服其丹也。

《**列仙傳·崔文子**》崔文子者，太山人也。文子世好黄老事，居潛山下。後作黄散赤丸，成石父祠。賣藥都市，自言三百歲。後有疫氣，民死者萬計。長吏之文所請救。文擁朱旛，繫黄散以徇人門，飲散者即愈，所活者萬計。後去，在蜀賣黄散。故世寶崔文赤丸黄散，實近於神焉。

《**列仙傳·赤須子**》赤須子，豐人也。豐中傳世見之云，秦穆公時主魚吏也。數道豐界災害水旱，十不失一。臣下歸向，迎而師之。從受業，問所長，好食松實天門冬石脂，齒落更生，髮墮再出。服霞絶後，遂去吳山下，十餘年，莫知所之。

《**列仙傳·山圖**》山圖者，隴西人也。少好乘馬，馬蹋之折脚。山中道人教令服地黄當歸羌活獨活苦參散，服之一歲，而不嗜食，病愈身輕。追道人問之，自言五嶽使，之名山採藥，能隨吾，使汝不死。山圖追隨之六十餘年。一旦歸來，行母服於家間，期年復去，莫知所之。

《**列仙傳·毛女**》毛女者，字王姜，在華陰山中，獵師世世見之，形體生毛，自言秦始皇宮人也。秦壞，流亡入山避難。遇道士谷春，教食松葉，遂不饑寒，身輕如飛。百七十餘年。所止巖中，有鼓琴聲云。

《**列仙傳·文賓**》文賓者，太丘鄉人也。賣草履爲業。數取嫗，數十年，輒棄之，後時故嫗壽老，年九十餘，續見賓年更壯。他時嫗拜賓涕泣，賓謝曰：不宜，至正月朝，儻能會鄉亭西社中邪。嫗老，夜從兒孫行十餘里，坐社中待之。須臾，賓到。大驚，汝好道邪，知汝爾，前不去汝也。教令服菊花地膚桑上寄生松子，取以益氣。嫗亦更壯，復百餘年見云。

《**列仙傳·赤斧**》赤斧者，巴戎人也。爲碧雞祠主簿，能作水澒錬丹，與硝石服之，三十年反如童子，毛髮生皆赤。後數十年上華山，取禹餘糧餌，賣之於蒼梧湘江間。累世傳見之，手掌中有赤斧焉。

《**列仙傳·負局先生**》負局先生者，不知何許人也，語似燕代間人，常負磨鏡局徇吳市中衒。磨鏡一錢，因磨之，輒問主人得無有疾苦者，輒出紫丸藥以與之，得者莫不愈。如此數十年。後大疫，病家至戶到與藥，活者萬計。不取一錢，吳人乃知其眞人也。後主吳山絶崖頭，懸藥下與人。將欲去時，語下人曰：吾還蓬萊山，爲汝曹下神水。崖頭一旦有水，白色，流從石間來，下服之，多愈疾。立祠十餘處。

《列仙傳·朱璜》 朱璜者，廣陵人也。少病毒瘕，就睢山上道士阮丘。丘憐之，言：卿除腹中三尸，有眞人之業可度教也。璜曰：病愈，當爲君作客三十年，不敢自還。丘與璜七物藥，日服九丸，百日病下，如肝脾者數斗。養之數十日，肥健，心意日更開朗。與老君黃庭經，令日讀三過，通之，能思其意。丘遂與璜俱入浮陽山玉女祠。且八十年，復見故處，白髮盡黑鬢，更長三尺餘，過食止，數年復去。如此至武帝末，故在焉。

《列仙傳·玄俗》 玄俗者，自言河間人也。餌巴豆，賣藥都市，七丸一錢，治百病。河間王病瘕，買藥服之，下蛇十餘頭。問藥意，俗云：王瘕，乃六世餘殃下墮，即非王所招也。王常放乳鹿麟母也，仁心感天，故當遭俗耳。王家老舍人自言，父世見俗，俗形無影。王乃呼俗日中看，實無影。王欲以女配之，俗夜亡去。後人見於常山下。

《神仙傳·彭祖》 彭祖者，姓籛名鏗，帝顓頊之玄孫。至殷末世，年七百六十歲，而不衰老。少好恬靜，不恤世務，不營名譽，不飾車服，唯以養生治身爲事。殷王聞之，拜爲大夫。常稱疾閒居，不與政事。善於補養導引之術，并服水桂雲母粉麋鹿角，常有少容。然其性沉重，終不自言有道，亦不作詭惑變化鬼怪之事，窈然無爲。時乃游行，人莫知其所詣，伺候之竟不見也。有車馬而不常乘，或數百日，或數十日，不持資糧，還家則衣食與人無異。常閉氣內息，從平旦至日中，乃危坐拭目摩搦身體，舐唇咽唾，服氣數十乃起行，言笑如故。其體中或有疲倦不安，便導引閉氣以攻其患。心存其身，頭面、九竅、五藏、四肢至于毛髮皆令其存覺。其氣行體中，起於鼻口中達十指末，尋即平和也。王自詣問訊，不告之，致遺珍玩前後數萬，彭祖皆受之，以恤貧賤，略無所留。又有采女者，亦少得道，知養形之方，年二百七十歲，視之年如十五六。王奉事之於掖庭，爲立華屋紫閣，飾以金玉。乃令采女乘輜軿而往問道於彭祖。采女再拜請問延年益壽之法，彭祖曰：欲舉形登天上補仙官者，當用金丹，此元君太一所服，白日昇天也。然此道至大，非君王所爲。其次當愛精養神，服餌至藥，可以長生，但不能役使鬼神乘虛飛行耳。不知交接之道，雖服藥無益也。采女能養陰陽者也，陰陽之意可推而得，但不思之耳，何足枉問耶？僕遺腹而生，三歲失母，遇犬戎之亂，流離西域，百有餘年。加以少怙，喪四十九妻，失五十四子，數遭憂患，和氣折傷，令肌膚不澤，榮衛焦枯，恐不得度世。所聞素又淺薄，不足宣傳。今大宛山中有青精先生者，傳言千歲，色如童子，行步一日三百里，能終歲不食，亦能一日九餐，眞可問也。采女曰：敢問青精先生所謂何仙人也？彭祖曰：得道者耳，非仙人也。仙人者，或竦身入雲，無翅而飛。或駕龍乘雲，上造太堦。或化爲鳥獸，浮游青雲。或潛行江海，翱翔名山。或食元氣，或茹芝草。或出入人間，則不可識。或隱其身草野之間，面生異骨，體有奇毛，戀好深僻，不交流俗。然有此等雖有不亡之壽，皆去人情，離榮樂，有若雀之化蛤，雉之爲蜃，失其本眞，更守異器。今之愚心，未之願也。人道當食甘旨，服輕麗，通陰陽，處官秩，耳目聰明，骨節堅強，顔色和澤，老而不衰，延年久視，長在世間。寒溫風濕不能傷，鬼神衆精莫敢犯，五兵百蟲不能近，憂喜毀譽不爲累，乃可貴耳。人之受氣，雖不知方術，但養之得宜，當至百二十歲，不及此者，皆傷之也。小復曉道，可得二百四十歲，能加之可至四百八十歲。盡其理者，可以不死，但不成仙人耳。養壽之道，但莫傷之而已，夫冬溫夏涼，不失四時之和，所以適身也。美色淑姿，幽閒娛樂，不致思欲之惑，所以通神也。車服威儀，知足無求，所以一其志也。八音五色，以玩視聽，所以導心也。凡此皆以養壽。而不能斟酌之者，反以速患。古之至人，恐下才之子未識事宜，流遁不還，故絕其源也。故有上士別床，中士異被，服藥千裏，不如獨卧。五色令人目盲，五味令人口爽，苟能節宣其宜適，抑揚其通塞者，不減年筭而得其益。凡此之類，譬猶水火，用之過當，反爲害耳。人不知其經脈損傷，血氣不足，內理空疏，髓腦不實，體已先病，故爲外物所犯，因風寒酒色以發之耳。若本充實，豈當病耶？凡遠思強記傷人，憂恚悲哀傷人，情樂過差傷人，忿怒不解傷人，汲汲所願傷人，戚戚所患傷人，寒暖失節傷人，陰陽不交傷人。所傷人者甚衆，而獨責於房室，不亦惑哉。男女相成，猶天地相生也。所以導養神氣，使人不失其和，天地得交接之道，故無終竟之限。人失交接之道，故有殘折之期。能避衆傷之事，得陰陽之術，則不死之道也。天地晝離而夜合，一歲三百六十交而精氣和。合者有四，故能生育，萬物不知窮極。人能則之，可以長存。次有服氣得其道，則邪氣不得入，治身之本要也。其餘吐納導引之術，及念體中萬神有含影守形之事一千七百餘條，及四時首向責己謝過，卧起早晏之法，皆非眞道，可以教初學者以正其心耳。愛精養體，服氣鍊形，萬神自守。其不然者，則榮衛枯瘁，萬神自逝，非思念所留者也。

愚人爲道，不務其本，而逐其末，告以至言，又不能信。見約要之書，謂之輕淺，而晝夕伏誦。觀夫太清北神中經之屬，以此疲勞，至死無益也，不亦悲哉。又人苦多事，又少能棄世獨住山居穴處者，以順道教之，終不能行是，非仁人之意也。但知房中之道，閉氣之術，節思慮，適飲食則得道矣。吾先師初著《九都節解》、《韜形隱遁》、《無爲開明》、《四極九室》諸經萬三千首，爲以示始涉門庭者耳。采女具受諸要以教王。王試爲之有驗。欲秘之，乃令國中有傳彭祖道者誅之，又欲害彭祖以絶之。彭祖知之乃去，不知所在。其後七十餘年，聞人於流沙之西見之。王能常行彭祖之道，得壽三百歲，力轉丁壯如五十時。鄭女妖淫，王失其道而殂。俗間相傳言彭祖之道殺人者，由於王禁之故也。彭祖去殷時，年七百七十歲，非壽終也。

《神仙傳·魏伯陽》　魏伯陽者，吴人也。本高門之子，而性好道術，不肯仕宦。閒居養性，時人莫知之。後與弟子三人入山作神丹，丹成，知弟子心不盡，乃試之曰：此丹今雖成，當先試之。今試飴犬，犬即飛者，可服之；若犬死者，則不可服也。伯陽入山，特將一白犬自隨，又有毒丹轉數，未足合和，未至服之，暫死。故伯陽便以毒丹與白犬食之即死。伯陽乃問弟子曰：作丹惟恐不成，丹既成而犬食之即死，恐未合神明之意，服之恐復如犬，爲之柰何？弟子曰：先生當服之否？伯陽曰：吾背違世俗，委家入山，不得仙道，亦不復歸，死之與生，吾當服之耳。伯陽乃服丹，丹入口即死。弟子顧相謂曰：作丹欲長生，而服之即死，當柰何？獨有一弟子曰：吾師非凡人也，服丹而死，將無有意耶？亦乃服丹即復死。餘二弟子乃相謂曰：所以作丹者，欲求長生，今服即死，焉用此爲？若不服此，自可數十年在世間活也。遂不服。乃共出山，欲爲伯陽及死弟子求市棺木。二人去後，伯陽即起，將所服丹内死弟子及白犬口中，皆起。弟子姓虞，遂皆仙去。因逢人入山伐木，乃作書與鄉里，寄謝二弟子，弟子方乃懊恨。伯陽作《參同契》、《五行相類》，凡三卷。其説似解《周易》，其實假借爻象以論作丹之意，而儒者不知神仙之事，反作陰陽注之，殊失其大旨也。

《神仙傳·劉根》　劉根，字君安，長安人也。少時明五經，以漢孝成皇帝綏和二年舉孝廉，除郎中。後棄世道，遁入嵩高山石室中。峥嶸峻絶，高五千丈，自崖北而入。冬夏無衣，毛長一二尺。其顔如十四五許人。深目多鬚，鬢皆黄，長三四寸。每與坐，或時忽然變著高冠玄衣，人不覺换之。時衡府君在潁川，自説其先祖有與根同歲者。王莽數使使請根，根不肯往。衡府君道廟掾王珍問起居，根不答。再令功曹趙公往山達敬，根惟言謝府君，更無他言。後潁川太守高府君到官，民人大疫，郡中死者過半，太守家大小悉病。府君使珍從根求消災除疫氣之術。珍叩頭述府君意，根敎於太歲宫氣上穿地作孔，深三尺，以沙着中，以酒沃之。君依言，病者即愈，疫氣登絶。後常用之，有效。後太守史祈，以根爲妖妄，欲殺之。遣使呼根，舉郡皆諫，以爲不可，祈殊不肯止。諸吏先使人以此意報根。使者至，根曰：太守欲吾來何也？吾當往耳。不往者，恐汝諸人必得罪，謂卿等不來呼我也。根即詣郡。時賓客盈坐，祈令根前，使庭下五十餘人將繩索鞭杖立于根後。祈厲聲問曰：君有道耶？根曰：有道。祈曰：有道能召鬼使我見乎？若不見，即當戮汝。根曰：甚易耳。遂借祈前筆硯書作符，扣階，鏘錚然作銅聲，因長嘯，嘯音非常清亮，聞于城外，聞者莫不肅然，衆賓客悉恐。須臾，廳前南壁忽開數丈，見四赤衣吏傳呼避道，赤衣兵數十人，操持刀劍，將一科車直從壞壁中入到廳前。根勅下車上鬼，赤衣兵發車上烏被，上有一老公、一老姥，反縛囚繫大繩的頭。熟視之，乃祈亡父母也。祈驚愕，愴然流涕。父母亦泣，責罵祈：我生時，汝仕宦未達，不得汝祿養。我死後，汝何爲犯忤神仙尊官，使我被收束囚辱如此。汝亦何面目立於人間！祈下階叩頭，向根乞放赦先人。根乃勅赤衣兵將囚出去。廳前南壁復開，車過，尋失車所在，根亦隱去。祈恍惚若狂，其妻暴卒，良久乃蘇，云：見君家先被捉者，大怒云：何以犯觸大仙，使我被罪，當來殺汝。後月餘，祈及妻兒幷卒。少室廟掾王珍，數得見根，顔色歡悦之情，伏地叩頭，請問根從初得道之由。根説昔入山精思，無處不到。後入華陰山，見一人乘白鹿，從千餘人，玉女左右，四人執彩旄之節，年皆十五六。余再拜頓首，求乞一言。神人乃住，告余曰：汝聞昔有韓衆否乎？答曰：嘗聞有之。神人曰：即我是也。余自陳少好長生不死之道，而不遇明師，頗習方書，按而爲之，多不驗。豈根命相不應度世也？今日有幸逢大神，是根宿夜夢想從心所願，願見哀憐，賜其要訣。神未肯告余，余乃流涕自搏重請。神人曰：坐，吾將告汝。汝有仙骨，故得見我。汝今髓不滿，血不煖，氣少腦減，筋急肉沮，故服藥行氣不得其力。必欲長生，且先治病十二年，乃可服仙之上藥耳。夫仙道有昇天躡雲者，有游行五嶽者，有食穀不死者，有尸解而仙者，要在於服藥。服藥有上下，故仙有數品也。不知房中之事，行氣導引而不得神藥，亦不能仙也。藥之上者，唯有九轉還丹及太乙金液，服之，皆立便登天，不積日月矣。其次雲母雄黄之屬，能使人乘雲駕龍，亦可使役鬼神，變化長生者。草木之藥，唯能治病補虚，駐年返白，斷穀益氣，不能使人不死也。高可數百年，下纔全其所稟而已，不足久賴矣。余乃頓首曰：今日受教，乃天也。神人曰：必欲長生，先去三尸。三尸去，則意志定，嗜欲除也。乃以神方五篇見授，云：伏尸常以月望晦朔上天，白人罪過，司命奪人筭紀，使少壽。人身中神欲人生，而三尸欲人死。死則神散，返於無形之中，而三尸成鬼，而人享奠祭祀之，則得歆饗，以此利在人速死也。夢與惡人鬬爭，此乃神與尸相戰也。根乃從次合作服之，遂以得仙。珍又言：數見投符於地，有所告召，即見如取之者，然不見人。又惟聞有所推問，有人答對，而不見形也。或聞有鞭杖聲，而或地上見血，莫測其端也。教珍守一，行氣存神，先生三綱六紀，謝過上古之法，不知珍能得仙名耳。根後入鷄頭山中仙去矣。

《神仙傳・沈建》　沈建者，丹陽人也。世爲長史，而建獨好道，不肯仕宦。學導引服食之術，遠年卻老之法。又能治病，病無輕重，遇建則差，舉事之者千餘家。一日，建當遠行，留寄一奴一婢，并驢一頭，羊十口，各與藥一丸，語主人：但累舍居，不煩主人飲食也。便決去。主人怪之曰：此君所寄口有十三，不留寸資，當若之何？建去之後，主人飲啖奴婢，奴婢聞食皆吐逆，以草與驢羊，驢羊皆避而不食，便欲觝人，主人乃驚。後百餘日，奴婢面體光澤，轉勝於初時，驢羊悉肥如飼。建去三年乃還，又各以一丸藥與奴婢驢羊，乃卻飲食如故。建遂斷穀不食，能輕舉，飛行往還。如此三百餘年，乃絕迹，不知所之也。

《神仙傳・沈羲》　沈羲者，吳郡人也。學道於蜀中，但能消災治病，救濟百姓，而不知服食藥物。功德感於天，天神識之。羲與妻賈氏共載詣子婦卓孔寧家，道次忽逢白鹿車一乘，青龍車一乘，白虎車一乘，從數十騎，皆是朱衣。仗節，方飾，帶劍，輝赫滿道，問羲曰：君見沈道士乎？羲愕然曰：不知何人耶？又曰：沈羲。答曰：是某也。何爲問之？騎吏曰：羲有功於民，心不忘道。從少已來，履行無過，壽命不長，筭祿將盡。黄老愍之，今遣仙官來下迎之。侍郎薄延者，白鹿車是也。度世君司馬生者，青龍車是也。送迎使者徐福者，白虎車是也。須臾，忽有三仙人在前，羽衣持節，以白玉版、青玉介，丹玉字授與羲。羲跪受未能讀。云：拜羲爲碧落侍郎，主吳越生死之籍。遂載羲昇天。時道間鋤耘人皆共見之，不知何等。須臾，大霧。霧解失其所在，但見羲所乘車牛入田食苗。或有識是羲牛者，以語其家弟子。數百人恐是邪魅，將羲藏於山谷間，乃分布於百里之內，求之不得。而後四百餘年，忽來還鄉，推求得其數世孫名懷喜。懷喜告曰：聞先人相傳說家祖有仙人，今仙人果歸也。留數十日，羲因話初上天時，不得見天尊。但見老君東向坐，有左右勑，羲不得謝，但默坐而已。見宮殿鬱鬱有如雲氣，五色玄黄不可名字。侍者數百人，多女子及少男。庭中有珠玉之樹，蒙茸叢生，龍虎辟邪，遊戲其間。但聞琅琅有如銅鐵之聲，不知何物，四壁熠熠有符書著之。老君形體略高一丈，披髮垂衣，頂項有光，須臾數髮。有玉女持金盤玉盃盛藥賜羲曰：此是神丹，服之者不死矣。妻各得一刀圭。告言飲畢而謝之。服藥後賜棗二枚，大如鷄子，脯五寸，遣羲去曰：汝還人間，救治百姓之疾病者。君欲來上天，書此符懸於竿杪，吾當迎汝。乃以一符及仙方一首賜羲，羲奄忽如睡，已在地上。後人多得其方術者也。

《神仙傳・黄盧子》　黄盧子者，姓葛名起，甚能理病。若千里，只寄姓名與治之，皆得痊愈，不必見病人身也。善氣禁之道，禁虎狼百蟲皆不得動，飛鳥不得去，水爲逆流一里。年二百八十歲，力舉千鈞，行及奔馬。頭上常有五色氣，高丈餘。天大旱時，能至淵中召龍出，催促便昇天，即便降雨。數數如此。一旦乘龍而去，與諸親故辭別，遂不復還矣。

《神仙傳・趙瞿》　趙瞿者，上黨人也。病癩歷年，衆治之不愈，垂死。或云：不及活，流棄之。後子孫轉相注易，其家乃賫糧將之送置山穴中。瞿在穴中自怨不幸，晝夜悲歎涕泣。經月，有仙人行經過穴，見而哀之，具問訊之。瞿知其異人，乃叩頭自陳乞哀。於是仙人以一囊藥賜之，教其服法。瞿服之，百許日，瘡都愈，顔色豐悅，肌膚玉澤。仙人又過視之，瞿謝受更生活之恩，乞丐其方。仙人告此是松脂耳，此山中更多此物，汝鍊服之，可以長生不死。瞿乃歸家，家人初謂之鬼也，甚驚愕。瞿遂長服松脂，身體轉輕，氣力百倍，登危越險，終日不極。年百七十歲，齒不墮，髮不白。夜卧，忽見臺間有光大如鏡者，以問左右，皆云不見。久而漸大，一室盡明如晝日。又夜見面上有綵女二人，長二三寸，面體皆具，但爲小耳，遊戲其口鼻之間。如是且一年，此女漸長大，出在其側。又常聞琴瑟之音，欣然獨笑。在人間三百許年，色如小童。乃入抱犢山去，必地仙也。

《神仙傳·王遥》 王遥者，字伯遼，鄱陽人也。有妻無子，頗能治病，病無不愈者。亦不祭祀，不用符水針藥。其行治病，但以八尺布帊，敷坐於地，不飲不食，須臾病愈，便起去。其有邪魅作禍者，遥畫地作獄，因召呼之，皆見其形物入在獄中。或狐狸黿蛇之類，乃斬而燔燒之，病者即愈。遥有竹篋，長數寸。有一弟子姓錢，隨遥數十年，未嘗見遥開之。常一夜，大雨晦瞑，遥使錢以九節杖擔此篋。將錢出，冒雨而行，遥及弟子衣皆不濕。又常有兩炬火導前，約行三十里許，登小山，入石室。室中先有二人，遥既至，取弟子所擔篋發之。中有五舌竹簧三枚，遥自鼓一枚，以二枚與室中二人，並坐鼓之。良久，遥辭去，三簧皆内篋中，使錢擔之。室中二人出送，語遥曰：卿當早來，何爲久在俗間？遥答曰：我如是當來也。遥還家百日，天復雨，遥夜忽大治裝。遥先有葛單衣及葛布巾，已五十餘年未嘗著此，夜皆取著之。其妻即問曰：欲捨我去乎？遥曰：暫行耳。妻曰：當將錢去否？遥曰：獨去耳。妻即泣涕。因自擔篋而去，遂不復還。後三十餘年，弟子見遥在馬蹄山中，顔色更少，蓋地仙也。

《神仙傳·太山老父》 太山老父者，莫知其姓名。漢武帝東巡狩，見老父鋤於道間，頭上白光高數尺，怪而呼問之。老父狀如年五十許人，而面有童子之色，肌體光華，不與俗人同。帝問有何道術耶？老父答曰：臣年八十五時，衰老垂死，頭白齒落。有道士教臣絶穀服朮飲水，并作神枕。枕中有三十二物，其二十四物以象二十四氣，其八物以應八風。臣行之，轉老爲少，黑髮更生，齒墮復出，日行三百里，臣今年百八十矣。武帝愛其方，賜之金帛。老父後入岱山中去，十年五年時還鄉里，三百餘年乃不復還也。

《神仙傳·巫炎》 巫炎者，字子都，北海人也。漢武帝出見子都於渭橋，其頭上鬱鬱有紫氣，高丈餘。帝召而問之，君年幾何，所得何術而有異氣乎？子都答曰：臣年今已百三十八歲，亦無所得。將行，帝召東方朔使相此君有何道術，朔對曰：此君有陰術。武帝屏左右而問之，子都對曰：臣昔年六十五時，苦腰背疼痛，腳冷不能自溫，口中乾苦，舌燥涕出。百節四肢各各疼痛，又足痺不能久立。得此道已來，已七十三年，有子三十六人，身體強健，無所病患，氣力乃如壯時，無所憂患。帝曰：卿不仁，有道而不聞於朕，非忠臣也。子都頓首曰：臣誠知此道爲眞，然陰陽之事，公中之私，臣子之所難言也。又行之皆逆人情，能爲之者少，故不敢以聞。帝曰：勿謝，戲君耳。遂受其法。子都年二百餘歲，服餌水銀，白日昇天。武帝後頗行其法，不能盡用之，然得壽最勝於他帝遠矣。

《神仙傳·尹軌》 尹軌者，字公度，太原人也。博學五經，尤明天文理氣，河洛讖緯，無不精微。晚乃奉道，常服黄精，日三合。年數百歲，而顔色美少。常聞其遠祖尹喜，以周康王昭王之時，居草樓，遇老君與説經。其後周穆王再修樓觀，以待有道之士。公度遂居樓觀焉，自云：喜數來與相見，授以道要。由是能坐在立亡，變化之事。蘇并州家先祖頻奉事之，累世子孫見之，顔狀常如五十歲人。遊行人間，或入山，一年半年復見，無妻息。其説天下盛衰治亂之期，安危吉凶所在，未嘗不效。晉永康元年十二月，道洛陽城西一家求寄宿。主人以祭蜡不欲令宿，良久，公度語其姓名，主人乃開門迎公度，與前設酒食，又以數斛穀與公度所乘青騾。公度竟不飲啖，騾亦不食穀。明旦去，謂主人曰：君是不急難人耳。先雖不欲受我宿，後更有勤意吾及騾。雖不食君所設，意望相酬耳。今賜君神藥一丸，帶以隨身，明年當有兵死者滿地，此藥可以全君體命。明年，洛中果有趙王倫之亂，死者數萬。舉家有從軍者，皆不還。在家又爲劫殺皆盡，惟餘得藥一人耳。公度腰中帶漆竹管數十枚，中皆有藥，入口即活。天下大疫，有得藥如棗者，塗其門，則一家不病，病者立愈。又弟子黄理，居陸渾山中，患虎爲暴。公度使斷大木爲柱，去家四方各一里外埋一柱，公度即以印印之，虎即絶跡。又有怪鳥止其屋上，以語公度。公度爲書一奏符，著鳥鳴處。至夕，鳥伏死符下，遂絶。有人遭大喪，當年而貧窮不及，公度見而嗟之。孝子説其孤苦，公度愴然曰：君能得數斤鉛否？孝子曰：可得耳。乃具鉛數十斤。公度將入山中小屋下，鑪火中銷鉛，以神藥如棗大投沸鉛中，攪之，皆成銀。以與之，曰：吾念汝貧困，不能營葬，故以相與，慎勿言也。復又有一人，本士族子弟，遇公事簿書不明，當陪負官錢百萬，出賣田宅車牛，不售，而見收繫。公度語所識富人曰：可暫以百萬錢借我，欲以救之，後二十日頓相還也。富人即以錢百萬與公度，公度以與遭事者，乃語曰：君致錫百兩，其人即買錫與之。公度於鑪中洋錫，以神藥一方寸匕投沸錫中，變成黄金。金即秤賣，得錢百萬還錢主。公度後到南陽太和山昇仙去也。

《神仙傳·封君達》 封君達者，隴西人也。服黄精五十餘年，又入鳥鼠山，服錬水銀，百餘歲。往來鄉里，視之年如三十許人，常騎青牛。聞人有疾病時死者，便過與藥治之，應手皆愈。不以姓字語人。世人識其乘青牛，故號爲青牛道士。後二百餘年，入玄丘山仙去矣。

《神仙傳·甘始》 甘始者，太原人也。善行氣，不飲食，又服天門冬。行房中之事，依容成玄素之法，更演益之，爲一卷，用之甚有近效。治病不用針灸湯藥。在人間三百餘歲，乃入王屋山仙去也。

《搜神記·段醫》 段醫字元章，廣漢新都人也。習《易經》，明風角。有一生來學積年，自謂略究要術，辭歸鄉里。醫爲合膏藥，幷以簡書封於筒中，告生曰：有急，發視之。生到葭萌，與吏爭度。津吏撾破從者頭。生開筒得書，言：到葭萌，與吏鬪，頭破者，以此膏裹之。生用其言，創者即愈。

《搜神記·韓友》 韓友字景先，廬江舒人也。善占卜，亦行京房厭勝之術。劉世則女病魅積年，巫爲攻禱，伐空冢故城間，得狸鼉數十，病猶不差。友筮之，命作布囊，俟女發時，張囊著窗牖間。友閉戶作氣，若有所驅。須臾間，見囊大脹，如吹，因決敗之。女仍大發。友乃更作皮囊二枚，沓張之，施張如前，囊復脹滿。因急縛囊口，懸著樹，二十許日，漸消。開視，有二斤狐毛。女病遂差。

《搜神記·華佗》 沛國華佗，字元化，一名旉。瑯邪劉勳爲河內太守，有女年幾二十，苦腳左膝裏有瘡，癢而不痛。瘡愈，數十日復發。如此七八年。迎佗使視。佗曰：是易治之。當得稻糠黃色犬一頭，好馬二匹，以繩繫犬頸，使走馬牽犬，馬極輒易。計馬走三十餘里，犬不能行。復令步人拖曳，計向五十里。乃以藥飲女，女即安卧，不知人。因取大刀，斷犬腹近後腳之前。以所斷之處向瘡口，令二三寸停之。須臾，有若蛇者從瘡中出，便以鐵椎橫貫蛇頭。蛇在皮中動搖良久，須臾不動，乃牽出，長三尺許，純是蛇，但有眼處，而無瞳子，又逆鱗耳。以膏散著瘡中，七日愈。

《搜神記·蠐螬炙》 盛彥字翁子，廣陵人。母王氏，因疾失明，彥躬自侍養。母食，必自哺之。母疾既久，至於婢使，數見捶撻。婢忿恨，聞彥暫行，取蠐螬炙餄之。母食，以爲美，然疑是異物，密藏以示彥。彥見之，抱母慟哭，絕而復蘇。母目豁然即開，於此遂愈。

《搜神記·楚僚》 楚僚早失母，事後母至孝。母患癰腫，形容日悴，僚自徐徐吮之，血出，迨夜即得安寢。乃夢一小兒語母曰：若得鯉魚食之，其病即差，可以延壽。不然，不久死矣。母覺而告僚。時十二月冰凍，僚乃仰天歎泣，脫衣上冰卧之。有一童子，決僚卧處，冰忽自開，一雙鯉魚躍出。僚將歸奉其母，病即愈，壽至一百三十三歲。蓋至孝感天神，昭應如此。此與王祥、王延事同。

《搜神記·蚺蛇膽》 顏含字宏都，次嫂樊氏，因疾失明。醫人疏方，須蚺蛇膽，而尋求備至，無由得之。含憂歎累時。嘗晝獨坐，忽有一青衣童子，年可十三四，持一青囊授含。含開視，乃蛇膽也。童子逡巡出戶，化成青鳥飛去。得膽藥成，嫂病即愈。

《搜神記·庾袞》 庾袞字叔褒，咸寧中，大疫，二兄俱亡，次兄毗復殆。癘氣方盛，父母諸弟，皆出次於外，袞獨留不去。諸父兄強之，乃曰：袞性不畏病。遂親自扶持，晝夜不眠，間復撫柩，哀臨不輟。如此十餘旬。疫勢既退，家人乃返。毗病得差，袞亦無恙。

《搜神記·張小小》 余外婦姊夫蔣士，有傭客，得疾下血。醫以中蠱，乃密以蘘荷根布席下，不使知。乃狂言曰：食我蠱者，乃張小小也。乃呼小小亡云。今世攻蠱，多用蘘荷根，往往驗。蘘荷或謂嘉草。

《後漢書·方術傳·王和平》 北海王和平，性好道術，自以當仙。濟南孫邕少事之，從至京師。會和平病歿，邕因葬之東陶。有書百餘卷，藥數囊，悉以送之。後弟子夏榮言其尸解，邕乃恨不取其寶書仙藥焉。

《後漢書·方術傳·徐登》 徐登者，閩中人也。本女子，化爲丈夫。善爲巫術。又趙炳，字公阿，東陽人，能爲越方。時遭兵亂，疾疫大起，二人遇於烏傷溪水之上，遂結言約，共以其術療病。各相謂曰：今既同志，且可各試所能。登乃禁溪水，水爲不流，炳復次禁枯樹，樹即生荑，二人相視而笑，共行其道焉。

《晉書·藝術傳·韓友》 韓友字景先，廬江舒人也。爲書生，受易於會稽伍振，善占卜，能圖宅相家，亦行京費厭勝之術。

龍舒長鄧林婦病積年，垂死，醫巫皆息意。友爲筮之，使畫作野豬著卧處屏風上，一宿覺佳，於是遂差。舒縣廷掾王睦病死，已復魄。友爲筮之，令以丹畫版作日月置牀頭，又以豹皮馬鄣泥卧上，立愈。劉世則女病魅積年，巫爲攻禱，伐空冢故城間，得狸鼉數十，病猶不差。友筮之，命作布囊，依女發時，張囊著窗牖間，友閉戶作氣，若有所驅。斯須之間，見囊大脹如吹，因決敗之，女仍大發。友乃更作皮囊二枚，沓張之，施張如前，囊復脹滿，因急縛囊口，懸著樹二十許日，漸消，開視有二斤狐毛，女遂差。

宣城邊洪以四月中就友卜家中安否，友曰：卿家有兵殃，其禍甚重。可伐七十束柴，積於庚地，至七月丁酉放火燒之，咎可消也。不爾，其凶難言。洪即聚柴。至日，大風，不敢發火。洪後爲廣陽領校，遭母喪歸家，友來投之，時日已暮，出告從者，速裝束，吾當夜去。從者曰：今日已暝，數十里草行，何急復去？友曰：非汝所知也。此間血覆地，寧可復住！苦留之，不待食而去。其夜洪欻發狂，絞殺兩子，并殺婦，又斫父妾二人，皆被創，因出亡走。明日，其宗族往收殯亡者，尋索洪，數日，於宅前林中得之，已自經死。

宣城太守殷祐有病，友筮之，曰：七月晦日，將有大鸜鳥來集廳事上，宜勤伺取，若獲者爲善，不獲將成禍。祐乃謹爲其備。至日，果有大鸜垂尾九尺，來集廳事上，掩捕得之，祐乃遷石頭督護，後爲吳郡太守。

友卜占神效甚多，而消殃轉禍，無不皆驗。干寶問其故，友曰：筮卦用五行相生殺，如案方投藥治病，以冷熱相救。其差與不差，不可必也。友以元康六年舉賢良，元帝渡江，以爲廣武將軍，永嘉末卒。

《晋書·藝術傳·幸靈》 幸靈者，豫章建昌人也。性少言，與小人羣居，見侵辱而無愠色，邑里號之癡，雖其父母兄弟亦以爲癡也。嘗使守稻，羣牛食之，靈見而不驅，待牛去乃往理其殘亂者。其父母見而怒之，靈曰：夫萬物生天地之間，各欲得食。牛方食，奈何驅之！其父愈怒曰：即如汝言，復用埋壞者何爲？靈曰：此稻又欲得終其性，牛自犯之，靈可以不收乎！

時順陽樊長賓爲建昌令，發百姓作官船於建城山中，吏令人各作箸一雙。靈作而未輸，或竊之焉。俄而竊者心痛欲死，靈謂之曰：爾得無竊我箸乎？竊者不應。有頃，愈急，靈曰：若爾不以情告我者，今眞死矣。竊者急遽，乃首出之。靈於是飲之以水，病即立愈。行人由此敬畏之。船成，當下，吏以二百人引一艘，不能動，方請益人。靈曰：此以過足，但部分未至耳。靈請自牽之。乃手執箸，惟用百人，而船去如流。衆大驚怪，咸稱其神，於是知名。

有龔仲儒女病積年，氣息財屬，靈使以水含之，已而强起，應時大愈。又呂猗母皇氏得痿痹病，十有餘年，靈療之，去皇氏數尺而坐，冥目寂然，有頃，顧謂猗曰：扶夫人令起。猗曰：老人得病累年，奈何可倉卒起邪？靈曰：但試扶起。於是兩人夾扶以立。少選，靈又令去扶，即能自行，由此遂愈。於是百姓奔趣，水陸輻輳，從之如雲。皇氏自以病久，懼有發動，靈乃留水一器令食之，每取水，輒以新水補，處二十餘年水清如新，塵垢不能加焉。

時高悝家有鬼怪，言語訶叱，投擲內外，不見人形，或器物自行，再三發火，巫祝厭劾而不能絶。適値靈，乃要之。靈於陌頭望其屋，謂悝曰：此君之家邪？悝曰：是也。靈曰：知之足矣。悝固請之，靈不得已，至門，見符索甚多，謂悝曰：當以正止邪，而以邪救邪，惡得已乎！並使焚之，惟據軒小坐而去，其夕鬼怪即絶。

靈所救愈多此類，然不取報謝。行不騎乘，長不娶妻，性至恭，見人即先拜，言輒自名。凡草木之夭傷於山林者，必起理之，器物之傾覆於途路者，必舉正之。周旋江州間，謂其士人曰：天地之於人物，一也，咸欲不失其情性，奈何制服人以爲奴婢乎！諸君若欲享多福以保性命，可悉免遣之。十餘年間，賴其術以濟者極多。後乃娶妻，畜車馬奴婢，受貨賂致遺，於是其術稍衰，所療得失相半焉。

《舊唐書·方伎傳·葉法善》 道士葉法善，括州括蒼縣人。自曾祖三代爲道士，皆有攝養占卜之術。法善少傳符籙，尤能厭劾鬼神。顯慶中，高宗聞其名，徵詣京師，將加爵位，固辭不受。求爲道士，因留在内道場，供待甚厚。時高宗令廣徵諸方道術之士，合鍊黄白。法善上言：金丹難就，徒費財物，有虧政理，請覈其眞僞。帝然其言，因令法善試之，由是乃出九十餘人，因一切罷之。法善又嘗於東都凌空觀設壇醮祭，城中士女競往觀之，俄頃數十人自投火中，觀者大驚，救之而免。法善曰：此皆魅病，爲吾法所攝耳。問之果然。法善悉爲禁劾，其病乃愈。法善自高宗、則天、中宗歷五十年，常往來名山，數召入禁中，盡禮問道。然排擠佛法，議者或譏其向背。以其術高，終莫之測。睿宗即位，稱法善有冥助之力，先天二年，拜鴻臚卿，封越國公，仍依舊爲道士，止於京師之景龍觀，又贈其父爲歙州刺史。當時尊寵，莫與爲比。

法善生於隋大業之丙子，死於開元之庚子，凡一百七歲。八年卒。詔曰：故道士鴻臚卿員外置越國公葉法善，天眞精密，妙理玄暢，包括祕要，發揮靈符，固以冥默難源，希夷罕測。而情棲蓬閬，迹混朝伍，保黄冠而不杖，加紫綬而非榮，卓爾孤秀，泠然獨往。勝氣絶俗，貞風無塵，金骨外聳，珠光內應。斯乃體應中仙，名升上德。朕當聽政之暇，屢詢至道，公以理國之法，數奏昌言。謀參隱諷，事宣弘益。歎徽音之未泯，悲形解之俄留，曾莫憗遺，殲良奄及。永惟平昔，感愴于懷，宜申禮命，式旌泉壤。可贈越州都督。

《雲笈七籤·張讓黃神印救疾驗》 張讓家于桂州，客遊湘鄂間，因得心疾，初則迷忘，在途忘行，在室忘坐，惑於昏曉，迷其東西。累月之後，復多狂怒，詬責鬼神，凌突於人。至於裸露馳騁，不知避忌，履水火，冒鋒刃，不爲憂患，時亦燒灼害之，傷割及之。道士袁歸眞新刻黃神越章印醮祭方畢，試爲焚香，依法以印印之，印心及背，讓正狂走，執而印焉，昏然而睡，歸眞知印之效也。復染丹炷香再印其心，倏然疾愈。有物如鵲從其口中飛去數丈之外，墜於地上。衆往視之，乃大蝙蝠耳。背上印字宛然，讓乃平復如舊。歸眞持此印所在救疾，大獲靈驗。

《宋史·方伎傳·王仔昔》 王仔昔，洪州人。始學儒，自言遇許遜，得大洞、隱書豁落七元之法，出游嵩山，能道人未來事。政和中，徽宗召見，賜號冲隱處士。帝以旱禱雨，每遣小黃門持紙求仔昔畫，日又至，忽篆符其上，仍細書，焚符湯沃而洗之。黃門懼不肯受，強之，乃持去。蓋帝默祝爲宮妃療赤目者，用其說一沃，立愈。進封通妙先生，居上清寶籙宮。獻議九鼎神器不可藏於外。乃於禁中建圓象徽調閣以貯之。

《夢溪筆談·神奇》 熙寧七年，嘉興僧道親號通照大師，爲秀州副僧正。因遊溫州雁蕩山，自大龍湫回，欲至瑞鹿院，見一人衣布襦行澗邊，身輕若飛，履木葉而過，葉皆不動。心疑其異人，乃下澗中揖之，遂相與坐於石上。問其氏族、閭里、年齒，皆不答。鬚髮皓白，面色如少年。謂道親曰：今宋朝第六帝也，更後九年當有疾，汝可持吾藥獻天子。此藥人臣不可服，服之有大責，宜善保守。乃探囊出一丸指端，大紫色，重如金錫，以授道親曰：龍壽丹也。欲去，又謂道親曰：明年，歲當大疫，吳越尤甚，汝名已在死籍，今食吾藥，勉脩善業，當免此患。探囊中取一柏葉與之。道親即時食之。老人曰：定免矣，慎守吾藥，至癸亥歲，自詣闕獻之。言訖，遂去。南方大疫，兩浙無貧富皆病死者，十有五六。道親殊無恙。至元豐六年夏，夢老人趣之曰：時至矣，何不速詣闕獻藥！夢中爲雷電驅逐，惶懼而起，徑詣秀州，具述本末，謁假入京，詣尚書省獻之。執政親問，以爲狂人，不受其獻。明日因對奏知。上急使人追尋，付內侍省問狀，以所遇對。未數日，先帝果不豫，乃使勾當御藥院梁從政持御香，賜裝錢百千，同道親乘驛詣雁蕩山求訪老人，不復見，乃於初遇處，焚香而還。先帝尋康復，謂輔臣曰：此但預示服藥兆耳，聞其藥至今在彰善閣，當時不曾進御。

引用書目表

書名	作者	年代	版本
山海經	不詳	上古(約前十一世紀)	上海古籍出版社
周禮	不詳	春秋(前七七一年)	四部叢刊本
晏子春秋	晏嬰	春秋(約前五〇〇年)	四部叢刊本
黃帝內經素問	不詳	戰國(約前五〇〇年)	人民衛生出版社影印本
靈樞經	不詳	戰國(約前五〇〇年)	四部叢刊本
左傳	左丘明	春秋(前四七五年)	四部叢刊本
國語	不詳	戰國(前四五五年)	四部叢刊本
墨子	墨翟	戰國(前三七六年)	四部叢刊本
列子	列御寇	戰國(前三七六年)	百子全書本
莊子	莊周	戰國(前三六九年)	百子全書本
尸子	尸佼	戰國(前三三八年)	百子全書本
韓非子	韓非	戰國(前二三二年)	四部叢刊本
呂氏春秋	呂不韋	秦(前二三〇年)	四部叢刊本
戰國策	不詳	漢(前二〇七年)	四部叢刊本
新語	陸賈	漢(前二〇六年)	四部叢刊本
新書	賈誼	漢(前一六八年)	四部叢刊本
孔叢子	孔鮒	漢(前一四〇年)	四部叢刊本
史記	司馬遷	漢(前九一年)	中華書局
鹽鐵論	桓寬	漢(前八八年)	四部叢刊本
說苑	劉向	漢(前五〇年)	四部叢刊本
列仙傳	劉向	漢(前四七年)	上海古籍出版社
揚子方言	揚雄	漢(前十八年)	四部叢刊本
西京雜記	劉歆	漢(十三年)	景明刻本

論衡	王充	漢(七七年)	四部叢刊本
漢書	班固	漢(八二年)	中華書局
潛夫論	王符	漢(一五二年)	四部叢刊本
韓詩外傳	韓嬰	漢(一五六年)	中華書局
風俗通義	應劭	漢(一九〇年)	四部叢刊本
申鑒	荀悅	漢(二〇九年)	四部叢刊本
申論	徐乾	漢(二一八年)	四部叢刊本
釋名	劉熙	漢(二二〇年)	四部叢刊本
越絶書	袁康	漢	四部叢刊本
搜神記	干寶	晉(三二二年)	中華書局
抱朴子	葛洪	東晉(三四一年)	四部叢刊本
神仙傳	葛洪	東晉(三四一年)	中華書局
東谷所見	李之彥	晉	說郛本
物理論	楊泉	晉	人民衛生出版社
後漢書	范曄	晉(四二五年)	中華書局
褚氏遺書	褚澄	南北朝(四七〇年)	說郛本
南齊書	蕭子顯	梁(五二七年)	中華書局
魏書	魏收	北齊(五五四年)	中華書局
顔氏家訓	顔之推	北齊(五八〇年)	中華書局
晉書	房玄齡	唐(六四八年)	中華書局
南史	李延壽	唐(六五九年)	中華書局
北史	李延壽	唐(六五九年)	中華書局
藝文類聚	歐陽詢	唐初	中華書局
王子安集	王勃	唐(六七八年)	四部叢刊本
幽憂子集	盧照鄰	唐(六七九年)	四部叢刊本
六臣注文選	李善等	唐(六八九年)	中華書局
朝野僉載	張鷟	唐(七三〇年)	四庫全書本
杜工部集	杜甫	唐(七五〇年)	四部叢刊本
集異集	薛用弱	唐(七五四年)	說郛本
李遐叔文集	李華	唐(七六四年)	四庫全書本

唐柳先生集	柳宗元	唐(八〇七年)	四部叢刊本
昌黎先生文集	韓愈	唐(八一四年)	四部叢刊本
沈下賢文集	沈下賢	唐(八一五年)	四部叢刊本
劉夢得文集	劉禹錫	唐(八三二年)	四部叢刊本
元氏長慶集	元稹	唐(八三七年)	四部叢刊本
長江集	賈島	唐(八四三年)	四部叢刊本
白氏文集	白居易	唐(八四六年)	四部叢刊本
酉陽雜俎	段成式	唐(八五〇年)	歷代筆記小說本
乾𦠆子	溫庭筠	唐(八五六年)	龍虎秘書本
李氏刊誤	李涪	唐	說郛本
李義山詩集	李商隱	唐(八五八年)	四部叢刊本
皮日休文集	皮日休	唐(八六六年)	四部叢刊本
無能子	不詳	唐(八九一年)	子彙本
舊唐書	劉昫	五代(九四五年)	中華書局
開元天寶遺事	王仁裕	五代	顧氏歷代史本
鑒誡録	何光遠	五代	知不足齋叢書本
北夢瑣言	孫光憲	五代	稗海本
兼明書	丘光庭	五代	說郛本
稽神録	徐鉉	宋(九八二年)	古今圖書集成本
雲笈七籤	張君房	宋(一〇一六年)	四部叢刊本
東原録	龔鼎臣	宋(一〇三四年)	涵海樓本
歐陽文忠公集	歐陽修	宋(一〇五二年)	四部叢刊本
新唐書	歐陽修	宋(一〇六〇年)	中華書局
溫國文正公文集	司馬光	宋(一〇六三年)	四部叢刊本
行營雜録	趙葵	宋	說郛本
括異志	張思政	宋	說郛本
伊川擊壤集	邵雍	宋(一〇六七年)	藝海本
談苑	孔仲平	宋(一〇六七年)	藝海本
道山清話	不詳	宋(一〇七〇年)	學津討源本
臨川先生文集	王安石	宋(一〇七六年)	四部叢刊本

夢溪筆談	沈括	宋（一〇八五年）	四部叢刊本
蘇沈良方	沈括	宋（一〇八五年）	叢書集成初編本
彭城集	劉邠	宋（一〇八九年）	叢書集成初編本
艾子雜說	蘇軾	宋（一〇九一年）	顧氏文房本
東坡先生詩	蘇軾	宋（一〇九一年）	四部叢刊本
經進東坡文集事略	蘇軾	宋（一〇九一年）	四部叢刊本
張右史文集	張耒	宋（一一〇四年）	四部叢刊本
柯山集	張耒	宋（一一〇四年）	聚珍版
龍川別志	蘇轍	宋（一一一二年）	叢書集成初編本
泊宅編	方勺	宋（一一一八年）	中華書局
聖濟總録	官修本	宋（一一一八年）	人民衛生出版社
侯鯖録	趙令畤	宋（一一二一年）	稗海本
春渚紀聞	何薳	宋（一一二五年）	叢書集成初編本
龜山集	楊時	宋（一一二五年）	四庫全書本
能改齋漫録	吳曾	宋（一一二七年）	筆記小說大觀本
醫經正本書	程迥	宋（一一六三年）	明初刻本
漫塘文集	劉宰	宋（一一七〇年）	四庫全書本
閬風集	舒岳祥	宋（一一八七年）	四庫全書本
夷堅志	洪邁	宋（一一九二年）	十萬卷樓本
密齋筆記	謝采伯	宋（一二〇二年）	琳琅密室叢書本
桯史	岳珂	宋（一二〇八年）	四部叢刊本
老學庵筆記	陸游	宋（一二一〇年）	津逮本
劍南詩稿	陸游	宋（一二一〇年）	中華書局
棠陰比事	桂萬榮	宋	四庫全書本
洗冤集録	宋慈	宋	上海科技出版社
東軒筆録	魏泰	宋	稗海本
游宦紀聞	張世南	宋	知不足齋叢書本
外史	張唐英	宋	四庫全書本
宋文鑒	呂祖謙	宋	中華書局
清異録	陶穀	宋	說郛本

欒城遺言箴	蘇籀	宋	說郛本
省心録	林逋	宋	說郛本
雲麓漫抄	趙彥衛	宋	稗海本
儒門事親	張從正	宋(一二一八年)	上海科技出版社
醫說	張杲	宋(一二二四年)	上海科技出版社
文山先生文集	文天祥	宋(一二六四年)	四部叢刊本
皇朝類苑	江少虞	宋	說郛本
澹寮集驗方	繼洪	宋(一二八三年)	日本藍川愼抄本
齊東野語	周密	宋(一二八八年)	中華書局
癸辛雜識	周密	宋(一二八八年)	歷代筆記小說本
蓼花州閒録	高文虎	宋	說海本
許魯齋集	許衡	元	正誼堂全書本
聞過齋集	吳海	元	嘉業堂叢書本
醫史	硯堅	元初	實事求是書樓本
遺山先生文集	元好問	元(一二五七年)	四部叢刊本
魯齋遺書	許衡	元(一二七一年)	四庫全書本
靜修先生文集	劉因	元	四部叢刊本
衛生寶鑒	羅天益	元(一二八九年)	人民衛生出版社
吳文正集	吳澄	元(一二二三年)	四庫全書本
陰證略例	王好古	元(一二九二年)	中國醫學大成
秋澗先生全集	王惲	元(一二九四年)	四部叢刊本
牧庵全集	姚燧	元(一三〇三年)	四部叢刊本
靜軒集	閻復	元(一三〇四年)	藕香零拾叢書本
瀛奎律髓	方回	元(一三〇七年)	紀昀刊誤本
黃文獻公集	黃溍	元(一三二一年)	叢書集成初編本
清容居士集	袁桷	元(一三二五年)	四部叢刊本
無冤録	王與	元(一三二六年)	上海科技出版社
道園學古録	虞集	元(一三三八年)	四部叢刊本
傅與礪詩文集	傅若金	元(一三四一年)	四庫全書本
芸窗私志	陳芬	元	說郛本

遼史	脱脱	元（一三四四年）	中華書局
丹溪醫集	盧和	元（一三四八年）	人民衛生出版社
九靈山房集	戴良	元（一三七三年）	四部叢刊本
王忠文公集	王褘	明（一三六八年）	金華叢書本
輟耕録	陶宗儀	明（一三六九年）	津逮足本影印
胡仲子集	胡翰	明（一三七一年）	金華叢書本
誠意伯文集	劉基	明（一三七五年）	四部叢刊本
宋學士全集	宋濂	明（一三七五年）	金華叢書本
宋文憲公全集	宋濂	明（一三七五年）	四部備要本
古今醫鑒	龔信、龔延賢	明（一三八九年）	明萬曆刻本
病榻寤言	陸樹聲	明（一三九二年）	寶顔堂秘笈
遜志齋集	方孝儒	明（一四〇二年）	四部叢刊本
靜居集	張羽	明（一四八九年）	四部叢刊本
王文成公全書	王守仁	明（一五〇〇年）	四部叢刊本
續醫説	俞弁	明（一五二二年）	四部叢刊本
名醫類案	江瓘	明（一五四九年）	人民衛生出版社
古今醫統	徐春甫	明（一五五六年）	人民衛生出版社
震川先生集	歸有光	明（一五七一年）	四部備要本
本草綱目	李時珍	明（一五七三年）	臺灣影印本
弇州四部稿	王世貞	明（一五八〇年）	四庫全書本
古今藥石	宋纁	明（一五八三年）	得月叢書本
胡敬齋集	胡居仁	明（一五八五年）	叢書集成初編
焦氏類林	焦竑	明（一五八七年）	粤雅堂叢書
姚文敏公遺稿	姚夔	明（一五八七年）	叢書集成初編
醫學入門	李梴	明（一六一九年）	上海廣益書局本
醫史	李濂	明	實事求是書樓本
松窗寤言	崔金先	明	説郛本
西齋凈土詩	釋梵琦	明	四部叢刊本
二酉委譚摘録	王世懋	明	紀録彙編本
焦氏筆乘	焦竑	明	粤雅堂叢書本

疑耀	張萱	明	嶺南叢書本
群碎録	陳繼儒	明	上海古籍出版社
偃曝餘談	陳繼儒	明	歷代小說筆記選
都公譚纂	都穆	明	叢書集成初編本
玉笑零音	田藝衡	明	上海古籍出版社
長安客說	蔣一葵	明	上海古籍出版社
寒檠膚見	毛元仁	明	上海古籍出版社
撞戶録	楊愼	明	今獻彙言本影印
比事摘録	佚名	明	上海古籍出版社
求志編	王文祿	明	上海古籍出版社
遒循篇	呈秉敬	明	上海古籍出版社
客座新聞	沈周	明	說郛(續)本
菽園雜記	陸容	明	四庫全書本
雪濤小說	江盈科	明	說郛(續)本
涌幢小品	朱國楨	明	天津科技出版社
庸菴集	宋禧	明	四庫全書本
風膣雜識	姜南	明	歷代小說筆記選
類經	張介賓	明(一六二四年)	萃英堂本
景岳全書	張介賓	明(一六四〇年)	人民衛生出版社
軒岐救正論	肖京	明(一六四四年)	中州古籍出版社
修慝餘編	陳藎	明(一六五二年)	藝海珠塵本
全唐詩	彭定求	清初(康熙年間)	中華書局
醫燈續焰	潘楫	清(一六五〇年)	人民衛生出版社
牧齋有學集	錢謙益	清(一六五四年)	四部叢刊本
壽世青編	尤乘	清(一六六七年)	珍本醫書集成
笠翁偶集	李漁	清(一六七〇年)	民國十七年石印
尺牘新鈔	周亮工	清(一六七二年)	海山仙館叢書本
吳氏醫話二則	吳楚	清(一六八四年)	上海科學技術出版社
西河文集	毛奇齡	清(一六八五年)	四庫全書本
醫通	張路玉	清(一六九三年)	寶翰樓本

醫經允中	李熙和	清（一六九三年）	道光十七年刻本
堅瓠集	褚人獲	清（一六九五年）	筆記小説大觀
聊齋志異	蒲松齡	清（一七〇五年）	鑄雪齋抄本
曝書亭集	朱彝尊	清（一七〇八年）	四部叢刊本
醫權初編	王三尊	清（一七二一年）	珍本醫書集成
醫學讀書記	尤在涇	清（一七三九年）	中國醫學大成本
明史	張廷玉	清（一七三九年）	中華書局
宋詩紀事	厲鶚	清（一七五二年）	四庫全書本
醫學源流論	徐大椿	清（一七五七年）	中國醫學大成本
質疑録	王琦	清（一七六四年）	醫林指月本
侶山堂類辨	張隱庵	清（一七六九年）	醫林指月本
小倉山房文集	袁枚	清（一七七〇年）	中華書局
閲微草堂筆記	紀昀	清（一七八一年）	中華書局
金臺醫話	俞廷舉	清（一七八四年）	清乾隆抄本
紅樓夢	曹雪芹	清（一七九一年）	上海古籍出版社
聽雨軒筆記	清涼道人	清（一七九一年）	上海進步書局
吳醫彙講	唐大烈	清（一七九二年）	成都昌福公司印本
雕菰集	焦循	清（一八〇八年）	文選樓叢書
明齋小識	諸聯	清（一八一一年）	歷代筆記小説選
友漁齋醫話	黄凱鈞	清（一八一二年）	中華醫學大成本
醫醫偶録	陳修園	清（一八一三年）	珍本醫書集成
全唐文	董誥	清（一八一四年）	中華書局影印本
惜抱軒文集	姚鼐	清（一八一五年）	四部叢刊本
洄溪道情	徐大椿	清（一八一七年）	道光甲申洄溪草堂刻本
醫學源流論	徐大椿	清（一八一七年）	中華書局
全上古三代秦漢三國六朝文	嚴可均	清（一八二三年）	中華書局
履園叢話	錢泳	清（一八二五年）	筆記小説大觀
程杏軒醫案	程杏軒	清（一八二七年）	中國醫學大成本
三異筆談	許仲元	清（一八二七年）	上海進步書局
虞初新志	張潮	清	古今圖書集成

島居隨録	盧若騰	清（一八三一年）	筆記小說大觀
咫聞録	慵訥居士	清（一八四三年）	歷代筆記小說選
知醫必辨	李冠仙	清（一八四九年）	中國醫學大成本
市隱廬醫學雜著	王德森	清（一八五三年）	中國醫學大成本
潛齋醫話	王士雄	清（一八五三年）	中國醫學大成本
冷廬醫話補編	陸定國	清（一八五八年）	中國醫學大成本
世補齋醫書文集	陸九芝	清（一八六六年）	光緒甲申本
研經言	莫牧士	清（一八七一年）	中國醫學大成本
里乘	許叔平	清（一八七四年）	筆記小說大觀
醫學輯要	吳烽	清（一八七四年）	同治七年山陰陳氏刻本
香飲樓賓談	陸長春	清（一八七七年）	上海進步書局
先哲醫話	［日本］淺田惟常	清（一八七九年）	中國醫學大成本
郎潛紀聞	陳康祺	清（一八八〇年）	筆記小說大觀
蠢子醫	龍之章	清（一八八二年）	珍本醫書集成
續名醫類案	魏之琇	清（一八八六年）	人民衛生出版社
茶香室三鈔	俞樾	清（一八八七年）	筆記小說大觀
一得集	心禪	清（一八八九年）	珍本醫書集成
醫話	鄭文焯	清（一八九〇年）	光緒戊戌平江梓文閣副本
醫醫病書	吳瑭	清（一九〇一年）	民國四年紹興育新書局石印本
對山醫話	毛祥麟	清（一九〇二年）	上海書店
志異續編	青城子	清	筆記小說大觀
虞初廣志	姜泣群	清	天津科技出版社
妙香室絲語	張培仁	清	上海進步書局
笑笑録	獨逸窩	清	天津科技出版社
南漘楛語	蔣超伯	清	筆記小說大觀
李氏春秋	馬國翰	清	四部叢刊本
觚賸	鈕琇	清	歷代筆記小說選
茶舍客話	阮葵生	清	筆記小說大觀
揚州夢	周生	清	上海文明書局

《中華大典》辦公室

主　　任：于永湛

副 主 任：伍　杰

　　　　　姜學中

工作人員：趙含坤

　　　　　崔望雲

　　　　　宋　陽

　　　　　周紅霞

　　　　　工　雁

封面裝幀設計：章耀達

《中華大典》四川編纂處

主　　任：段志洪

副 主 任：馮　杰

《中華大典·醫藥衛生典》

項目負責人：段志洪

　　　　　　王大厚

項目組成員：李　嘉　白亞輝

　　　　　　况正兵　謝正强

圖書在版編目（CIP）數據

中華大典·醫藥衛生典·醫學分典·醫學通論總部／醫家總部／典制總部／辭章雜記總部／《中華大典》編委會
—成都：巴蜀書社，2008.12
ISBN 978-7-80752-279-9

Ⅰ. 中… Ⅱ. 中… Ⅲ. ①百科全書—中國—現代②中國醫藥學—百科全書③人物—醫學 Ⅳ. Z227 R2-61

中國版本圖書館 CIP 數據核字（2008）第 182414 號

中華大典·醫藥衛生典·醫學分典

醫學通論總部 典制總部
醫家總部 辭章雜記總部

編纂：《中華大典》工作委員會
《中華大典》編纂委員會

責任編輯：馮 杰 胡新農 况正兵

出版：四川出版集團·巴蜀書社
（四川省成都市槐樹街二號 郵政編碼 六一〇〇三一）

印刷：成都東江印務有限公司
（四川省成都市溫江區涌泉街道辦事處共耕工業園 H-12
電話：八二六〇一五五一 郵政編碼 六一一一三〇）

經銷：新華書店

成品尺寸：一八五毫米×二六〇毫米 印張：七七·七五

二〇〇九年五月第一版 二〇〇九年五月第一次印刷

定價：肆佰圓

ISBN 978-7-80752-279-9

書號：ISBN 978-7-80752-279-9